Zetkin–Schaldach
Wörterbuch der Medizin
in 2 Bänden

Zetkin–Schaldach:

Wörterbuch der Medizin

6., unveränderte Auflage
herausgegeben von
Herbert Schaldach

Band 2

M–Z

Deutscher
Taschenbuch
Verlag

Georg Thieme
Verlag
Stuttgart

1980
Ausgabe in der Bundesrepublik Deutschland
Deutscher Taschenbuchverlag GmbH & Co. KG, München
Georg Thieme Verlag, Stuttgart

Printed in the German Democratic Republic

Lichtsatz: INTERDRUCK Graphischer Großbetrieb Leipzig – III/18/97
Offsetdruck: Grafische Werke Zwickau III/29/1
ISBN dtv 3-423-03029-1
ISBN Thieme 3-13-382206-3

M

M.: 1. (anatom.) *Abk* für Musculus, Muskel; [1] 2. Vorsatzsilbe Mega- 10^6; [8] 3. *Abk* in der Rez. für misce, mische. Anweisung an den Apotheker, die im Rezept aufgeführten Stoffe zu mischen; z. B. ↑M.D.S.; M.f.p. [44]

M: molekulares Drehungsvermögen. [8]

m: Längeneinheit Meter. [8]

m-: 1. Vorsatzsilbe milli- = 10^{-3}; 2. Substituent in meta-Stellung; 3. in der Titrimetrie molare Lösung. [8]

µ: 1. Vorsatzsilbe Mikro- = 10^{-6}; 2. Mikron (bei Spektraldaten) = µm = 10^{-6} m (Mikrometer). [8]

M-Faktor ↑Blutgruppen-MNSs-System. [11]

mA: *Abk* für Milliampere = 0,001 Ampere. [54]

Mac.: *Abk* in der Rezeptur für Maceratio, ↑Mazeration. [44]

MAC = Maximum allowable concentration, im Deutschen ↑MAK-Werte. [58]

Macacus rhesus: Rhesusaffe; kleine Affenart von Bengalen bis China verbreitet; ↑Blutgruppen-Rh/rh-System. [11]

MacBurney, Charles (1845–1913), Chirurg, New York.

MacB' Punkt: ein für die Appendizitis charakterist. Druckpunkt auf einer Linie zwischen dem Nabel u. dem re. vorderen oberen Darmbeinstachel (Spina iliaca anterior superior). [18]

MacGinty-Test: eine Testmethode für Progesteron. [31]

MacEwen, William (1848–1924), Chirurg, Glasgow.

M' Linie: Linie von der Incisura parietalis des Schläfenbeins zur Spitze des Processus mastoideus. [20]

Mach, René, Sigmund, zeitgen. schweizer. Internist u. Endokrinologe, Genf.

M' Syndrom: Definition, Krankheitsbild der „idiopathischen Ödeme" mit Hyperaldosteronurie (Formenkreis: Hyperaldosteronismus). Nach Zufuhr von mehr als 4 g Kochsalz kommt es zur Entwicklung von sog. idiopath. Ödemen bei Mädchen. – D. D.: Alle Formen des Hyperaldosteronismus. [32]

Mach' Täuschung: gehört in das Gebiet der opt. Simultankontraste, ↑Kontrast. An der Grenze zweier verschieden heller Graufelder erscheint ein dunkler Streifen (Mach' Kontraststreifen). Dieser kann sich bei der Beurteilung von Röntgenbildern als Fehlerquelle auswirken. [36]

Mache, Heinrich (*1876), Physiker, Wien.

Mache-Einheit: *Abk* ME; Maßeinheit für den Emanationsgehalt im Wasser. 1 ME wird definiert als diejenige Emanationsmenge in 1 Liter Wasser, die in einer Ionisationskammer bei vollständiger Ausnutzung der radioaktiven Strahlung einen Sättigungsstrom von 1.10^{-3} elektrostat. Einheiten liefert. [54]

Mackenzie' Zonen: Muskelpartien mit vermehrter neuromuskulärer Erregbarkeit auf Grund dorthin segmental projizierten Organschmerzes; ↑Head' Zonen. [10]

Macintosh-Spatel: gekrümmtes Spatelblatt für das Laryngoskop. [27]

MacLagans' Probe ↑Thymoltrübungstest. [47]

Macleod, John James Richard (1876–1935), Physiologe, Cleveland (Ohio), Toronto (Kanada). 1923 Nobelpreis (mit Banting, Frederick Grant) für die Entdeckung des Insulins. [53]

Macleod, W. M., zeitgen. brit. Pneumologe, London.

M' Syndrom: klin.-radiolog. Krankheitsbild der spast. einseitigen Obstruktion von Bronchiolen (Formenkreis: Lungendystrophie-S); wahrscheinlich Spätfolge einer in der frühen Kindheit überstandenen Bronchiolitis obliterans. [32]

Macracanthorhynchus hirudinaceus ↑Kratzer. [58]

Macula ⟨*lat*⟩ *f:* Fleck; *Adj* macularis, zum Fleck gehörend. Umschriebene Hautverfärbung, die das Niveau der umgebenden Haut nicht überragt. [43]

M. adhaerens: Bestandteil des ↑Schlußleistenkomplexes. [6]

M-ae caeruleae = Tâches bleues: hellblaue Flecken, die nach Läusestichen an der Haut zurückbleiben (bes. bei der ↑Phthiriasis am Unterbauch). [43]

M. corneae: feinere bis mittelstarke Hornhautnarben, ↑Leukoma, ↑Nubecula corneae. [36]

M. densa: bes. Epithelbezirk des Mittelstückes des Tubulus renalis mit eng aneinander liegenden Zellen (↑Niere, mikroskop. Anatomie). Die M. densa liegt im Kontakt zur Arteriola afferens des Nierenkörperchens. Zusammen mit der Arteriola (Vas) afferens bildet die M. den juxtaglomerulären Apparat, der in die örtliche Durchblutungsregelung der Glomerula eingreifen kann. Die Zellen der M. densa reagieren wahrscheinlich auf die Zusammensetzung der Tubulusflüssigkeit u. damit auf den Stand der Verarbeitung des Glomerulum-Filtrates durch die Tubuli. Dementsprechend kann die Durchblutung des zugehörigen Glomerulums verändert werden. Außerdem spielt die

M. densa bzw. der juxtaglomeruläre Apparat eine wichtige Rolle bei der Freisetzung des ↑Renins. [7]

M. germinativa: Keimfleck; der im Kern der Eizelle eingeschlossene Nukleolus. [3]

M. gonorrhoica: roter Hof um die Ausführungsgänge der Bartholin' Drüse, der paraurethralen Gänge u. der kleine Vorhofsdrüsen, bes. bei Gonorrhoe (Sänger' Fleck), kommt aber auch bei unspezif. Entzündungen vor.

M. lactea = M. tendinea: Sehnenfleck; fleckförmige Fibrosen oder Sklerosen des Herzbeutels von weißer, sehnenähnlicher Farbe. Restzustand umschriebener Entzündungen oder Druckschwielen durch den Anschlag des Herzens an die vordere Brustwand. [43]

M. lutea: gelber Fleck, 4 mm temporal der Papilla nervi optici (Sehnervenpapille) gelegener, ovaler, etwa 2 mm großer Bezirk der Netzhaut, der durch gelbe Pigmentierung ausgezeichnet ist. Der zentrale Teil der M. lutea wird als ↑Fovea centralis bezeichnet u. enthält nur Zapfenzellen. Der „gelbe Fleck" ist die Stelle des schärfsten Sehens. Die gelbe Farbe wird bei Ophthalmoskopie im rotfreien Licht oder im Sonnenlicht sichtbar. [2]

M. materna: Muttermal; ↑Nävus. [43]

M. sacculi: Rezeptor für die Gleichgewichtsempfindung an der medialen Wand des Sacculus gelegen, bestehend aus Sinnesepithel u. einer auf dem Epithel liegenden gallertigen, ↑Statolithen enthaltenden Membran. Elektronenmikroskop. wurden an den Sinneszellen Nervenendigungen der Fasern des N. vestibulocochlearis (Pars vestibularis) nachgewiesen. Erregung der Sinneszellen erfolgt durch Änderung der Belastung des Sinnesepithels durch die Statolithenmembran.

M. staticae: Bezirke von Sinnesepithel (Sinneszellen u. Stützzellen) für die Gleichgewichtsempfindung, im häutigen Labyrinth gelegen. Man unterscheidet M. sacculi u. M. utriculi.

M. utriculi: Rezeptor für die Gleichgewichtsempfindung, am Boden des Utrikulus gelegen. Der feingewebliche Aufbau gleicht dem der ↑M. sacculi. [2]

maculosus ⟨*lat*⟩: fleckförmig, fleckenreich. [43]

Madarosis ⟨*griech*⟩ *f:* chron., meist skrophulöse oder ekzematöse Lidrandentzündg., bei der sich die Kanten des Randes „abschleifen" u. die Wimpern ausfallen u. oft infolge Zerstörung ihrer Wurzeln auch nicht wieder wachsen. [36]

Maddox, Ernest Edm. (1860–1933), Ophthalmologe, Edinburgh.

M' Prisma: Doppelprisma zur Bestimmung der Heterophorie bzw. des Strabismus.

M' Skala: Meßplatte zur Bestimmung des Schielwinkels.

M' Stäbchen oder **Zylinder:** in allen Probiergläserkästen enthalten. Durch eine Reihe feiner Prismen, die rot gefärbt sind, verwandelt es eine punktförmige Lichtquelle in einen roten Strich u. hebt die Fusion auf. Dient zur subjektiven Schielwinkelmessung. [36]

Madelung, Otto Wilhelm (1846–1926), Chirurg, Rostock, Straßburg.

M' Deformität: die Hand erscheint gegenüber dem Vorderarm volar verschoben u. nach radial abduziert. Keine äußere Ursache, keine Subluxation, sondern Wachstumsstörung des Radius.

M' Fetthals: symmetr. Lipomatose im Bereich von Hals u. Rücken.

M' Syndrom ↑Madelung' Fetthals.

M' Zeichen: Temperaturunterschied über fünf Teilstriche hinaus zwischen Achselhöhlen- u. Mastdarmmessung bei eitriger Bauchfellentzündung. [18]

Maden: Larven von Fliegen.

-krankheit ↑Myiasis.

~wurm: Kinderwurm, *Enterobius* (früher *Oxyuris*) *vermicularis;* parasit. Art der Nematoden; Männchen 3–5 mm, mit eingerolltem Hinterende, Weibchen 9–12 mm; im Dickdarm, bes. bei Kindern. Die reifen Weibchen (mit 12000 Eiern) wandern nachts aus dem After (Juckreiz], legen Eier in der Analfalte ab. Durch Kratzen gelangen die Eier unter die Fingernägel, von da in den Mund (Massenbefall bei Kindern durch Autoinfektion); oder sie fallen von der Analfalte ab, gelangen in den Bett- u. Zimmerstaub („verstäubte Eier") u. kommen mit der Atemluft oder durch verschmutzte Hände. Nahrungsmittel in den Verdauungskanal; oder die Larven schlüpfen in der Analfalte aus den Eiern u. wandern durch den After in den Darm ein (Retrofektion). Jungwürmer 2–3 Wochen im Dünndarm, dann im Dickdarm. [58]

madescens, madidans ⟨*lat*⟩: nässend. [43]

Madlener, Max (1868–1951), Chirurg, Kempten i. Allgäu.

M' Operation (1923): Operationsmethode nach Madlener zur Behandlung dem Mageneingang nahe gelegener Magengeschwüre, die selbst nicht entfernbar sind oder nur durch hohe Magenresektion oder Magenektomie eliminiert werden könnten. Nach Belassung des Geschwürs u. weit distal von diesem durchgeführter Magenresektion nach Billroth 2 heilte dieses dann spontan. [18]

Madonnenfinger: Spinnenfingrigkeit; Arachnodaktylie; ↑Marfan' Syndrom. [5]

Madurafuß (nach der Stadt Madura in Vorderasien benannt): Myzetom, Mycetoma pedis. Chron. geschwürige Erkrankung des Fußes u. des Unterschenkels mit Eiterherden, Sequestration, Fistelbildung u. Infiltration der umgebenden Weichteile. Infektion im Orient weit verbreitet, erfolgt bei Barfußgehern meist durch Dornen. Erreger aus verschiedenen Gattungen (Actinomyces, Nocardia, Aspergillus, Madurella u. a.). [40]

Mafucci, Angelo (1845–1903), italien. Pathologe.

M' Syndrom: seltene Entwicklungsstörung der Gewebe mesodermaler Herkunft mit Dyschondromatose u. multipler Angiomatose (Syn. Chondrodysplasie-Hämangiom-Syndrom), evtl. mit Pigmentstörungen (dann: Mafucci-Kast' Syndrom). [4]

Magen = Ventriculus ⟨*lat*⟩ = Gaster ⟨*griech*⟩: stellt eine sackartige Erweiterung des Verdauungsrohres dar u. ist dem Darm als Aufnahmeraum, als Speisereservoir vorgeschaltet. Er nimmt die Menge einer Mahlzeit in kurzer Zeit auf, um sie in Stunden für die weitere Verdauung vorbereitet an den Dünndarm abzugeben. Beim Magen unterscheidet man die Einmündung des Ösophagus als Kardia, den Magenausgang als Pylorus, den Kuppelraum oberhalb der Kardia als Fundus oder auch als Fornix (Gewölbe) u. den Hauptteil als Korpus. In der Vorderansicht hat der Magen zwei ungleich lange u. ungleich stark gekrümmte Ränder, die Curvatura major, den li. Magenrand, der den Fundus mit einschließt, u. die Curvatura minor, den re. Magenrand, der in Fortsetzung der Speiseröhre einen kürzeren Bogen darstellt. Die kleine Kurvatur zeigt einen scharfen Knick, Incisura angularis, so daß ein mehr senkrecht stehender Teil, Corpus ventriculi, von einer horizontalen Pars pylorica abtrennbar bleibt. Die Magenwand ist 2–3 mm stark u. hat vier Schichten, Serosa, Muskelschicht, Submukosa u. Mukosa mit drei Arten von Drüsen, mukoide Kardiadrüsen, im Korpus u. Fundus Gg. gastricae propriae (mit drei Zellarten: Haupt-, Neben- u. Belegzellen) sowie im pylorusnahen Teil Gg. pyloricae, die Schleim produzieren. Fassungsvermögen des Magens bei Neugeborenen 30 ml, bei Erwachsenen 1600 bis 2400 ml. [1]

M.-Darm-Katarrh ↑Gastroenteritis. [9]

H.-Darm-Schwimm-Probe: von Breslau (1866) angegebene Lebensprobe. Magen u. Teile des Dünndarms evtl. des Dickdarms schwimmen bei Neugeborenen, die geatmet haben, auf Wasser (↑Lungenschwimmprobe). Je nach Füllung der Darmabschnitte vorsichtige Schlüsse auf die Dauer des Gelebthabens möglich. Speiseröhre muß durchgängig sein; ↑Ösophagusatresie. [52]

M.-Darm-Trakt: Magen-Darm-Kanal; Gesamtheit des Verdauungsschlauches vom Magenmund bis zum After. [5]

Magen|atonie ⟨*lat*⟩: Magenlähmung; Lähmung der motor. Funktion der Magenmuskelwand (Atonie) nach Operationen im Bauch, bei Bauchfellvereiterung u. paralyt. ↑Ileus.

~ausheberung: Entleerung des Magens durch Einführen eines Magenschlauches, z. B. bei akuten Vergiftungen. [18]

~ausheberung, fraktionierte: in der Klinik ist die einmalige Magenausheberung mit Hilfe des dicken Kussmaul' Magenschlauches allmählich durch die „fraktionierte" mit der dünneren Einhorn' Verweilsonde abgelöst worden. Diese Verweilsonde gestattet es bei geringerem Rückfluß des alkal. Duodenalsaftes in den Magen, den Sekretionsablauf des Magens über längere Zeit zu verfolgen. Die aus der Titrationsuntersuchung der einzelnen Proben erhaltenen Titrationsaziditätswerte können kurvenmäßig eingetragen werden. Man erhält sog. Aziditätskurven, die jedoch diagnost. nur beschränkten Wert, z. B. für die Diagnose des Reizmagens, Gastritis u. Ulcus ventriculi et duodeni haben. Wesentlich ist die Erfassung der Anazidität, des Fehlens der Salzsäure, im Magensaft u. die Feststellung, ob auch durch Reizung, wie Koffein, Aqua dest. u. Histamin, Insulin, Gastrin keine HCl-Sekretion zu erreichen ist. ↑Histaminprobe. [47]

~blase: die Luft, die sich beim stehenden oder sitzenden Pat. in der Fornix des Magens ansammelt. [26]

~chromoskopie: bei liegender Magenverweilsonde werden nach Absaugen des Nüchterninhalts 5 ml 1,5% Neutralrot i. v. injiziert, u. durch wiederholtes Aspirieren der Sonde wird geprüft, wann eine Rotfärbung des Leersekrets auftritt (bei Anazidität Proben ansäuern!). Eine verzögerte oder völlig erloschene Farbstoffexkretion findet sich bei Schleimhautatrophie. Die Probe ist nicht durch psych. Faktoren beeinflußbar u. daher zur Abgrenzung funktioneller von organ. Störungen geeignet. [9]

Magendie, François (1783–1855), Physiologe, Paris. Nach ihm das ↑Bell-Magendie' Gesetz; Foramen Magendii = Apertura mediana rhombencephali, median gelegene Öffnung am unteren Ende der ↑Medulla oblongata, die die 4. Hirnkammer mit dem Subarachnoidalraum verbindet. [1]

Magen|erweiterung: krankhafte Ausweitung des gesamten Magens bei zunehmendem Verschluß des Magenausgangs (Pylorus) durch Geschwür oder (seltener) Krebs. [18]

~faktor: ident. mit ↑Intrinsic-Faktor Castle. [11]

~fistel: operativ angelegte röhrenförmige Verbindung zwischen Mageninnerem u. Bauchdeckenoberfläche zum Zwecke künstlicher Ernährung. Im physiolog. Experiment werden seit Heidenhain u. Pawlow Magenfisteln an Versuchstieren (Hunden) angelegt, um den Verlauf der Magensaftabsonderung u. ihre Gesetzmäßigkeiten verfolgen zu können. [7]

~fornix bzw. **~fundus** ↑Fundus ventriculi. [1]

~geschwülste: 1. seltenere, gutartige Formen sind Lipome, Fibrome, Myome, Adenome, Dermoide, Polypen (multipel als „Polyposis ventriculi"); 2. häufiger bösartige Formen, wie Lymphogranulomatose, Sarkome (als Myo-, Lipo- oder Retothelsarkom) u. (am häufigsten) das Karzinom; letzteres als Adenokarzinom, Szirrhus, Markschwamm oder Gallertkrebs. Als Symptome imponieren am häufigsten okkultes Blut im Stuhl, bei bösartigen Geschwülsten oft histaminrefraktäre Anazidität u. Milchsäurennachweis im Magensaft, unbestimmte mäßige Magenbeschwerden, Gewichtsabnahme, Abneigung gegen Fleischnahrung. Beim pylorusnahen Ulkuskarzinom können normale oder hyperazide Salzsäureverhältnisse im Magen bestehen. [25]

~geschwür ↑Ulcus ventriculi. [18]

~krampf: heftiger Magenschmerz bei Ulkus, Karzinom u. Tabes (gastr. Krisen), seltener rein nervös bedingt. [9]

~krebs ↑Magengeschwülste. [25]

~lähmung ↑Magenatonie. [18]

~neurosen: Erbrechen, Magenschmerzen u. Dyspepsie auf nervöser Basis. [9]

~perforation: Durchbruch eines Magengeschwürs mit sofortigem, messerstichartigem Schmerz u. bretthарter Bauchdeckenspannung. Beigegeben sind Schockerscheinungen, wie kalter Schweiß u. Kreislaufzusammenbruch. Sofortige Operation u. Übernähung des Geschwürs – oder seltener: Magenresektion – sind die allein lebensrettenden Maßnahmen, die vor einer sonst tödlichen Bauchfellvereiterung schützen.

~resektion: teilweise operative Entfernung des an Geschwür oder Krebs erkrankten Magens mit nachfolgender neuer Vereinigung des Magenstumpfes mit dem Darm (Gastroenterostomie); ↑Billroth' Operationsmethoden.

~ruptur: durch stumpf auf den Oberbauch auftreffende Unfallskräfte hervorgerufenes Aufplatzen des Magens. [18]

Magensaft: farblose klare Flüssigkeit von stark saurer Reaktion, die täglich in einer Menge von 1,5–2 l ausgeschieden wird; ↑Körperflüssigkeiten. Seine Aufgabe ist die Vorverdauung der Eiweiße im Magen durch das Pepsin u. die Abtötung des ganz überwiegenden Teils der mit der Nahrung aufgenommenen Mikroorganismen durch die HCl. Das Oberflächenepithel des Magens u. die Drüsen der Kardia- u. Pylorus-Schleimhaut sondern dauernd (10–20 ml/h) ein alkal. muzinöses Sekret ab; die Bildung der Salzsäure erfolgt in den Parietaldrüsen des Fundus, deren Konzentration etwa 0,16 n HCl ist, die Bildung von Pepsinogen in den Hauptzellen, das dann durch Pepsin autokatalyt. in das bei *p*H 2 optimal wirksame Pepsin umgewandelt wird. Daneben finden sich noch das Gastricsin, der Intrinsic-Faktor, Gastrin, Histamin u. vor allem die oben erwähnten Schleimsubstanzen an den akzessor. Zellen, die eine wichtige Schutzfunktion ausüben. Mit der Sonde entnommener Mageninhalt ist je nach der Art von Probetrunk, Probefrühstück, Probemahlzeit, nach der Menge des Speichels u. des regurgitierten Duodenuminhalts verschieden zusammengesetzt. Die Hauptmenge der HCl-Produktion erfolgt etwa 1 h nach der Mahlzeit; sie ist beim Säugling noch sehr gering (Bedeutung des Gastricsins!), steigt bei 80% der Probanden bis zum 15.–20. Lebensjahr an, ist bei Männern größer als bei Frauen u. fällt bei Männern nach dem 30., bei Frauen nach dem 50. Lebensjahr langsam ab. Die Ausscheidung von Pepsin u. HCl wird nerval u. humoral stark beeinflußt: Anblick u. Geruch von Speisen steigern durch bedingte Reflexe bes. den Appetit; Zorn u. Trauer wirken je nach dem psych. Typ verschieden mit erhöhter Sekretion u. verstärkter Motilität des Magens oder Hemmung von Sekretion u. Motilität. Humoral ist von bes. Bedeutung das Verdauungshormon Gastrin; die Hemmung seiner Absonderung im Pylorusgebiet durch HCl u. Sekretin im Duodenum wirkt wesentlich mit bei der Regelung der Magensaftsekretion. Fleisch (u. Bouillon) wirken sekretionsfördernd, ebenso Koffein u. Alkohol, am stärksten Histamin-HCl bei s. c. bzw. i. v. Applikation; hemmend wirken Fette. – In der Mehrzahl der Fälle braucht Anazidität keine Störungen von seiten des Magens zu verursachen; patholog. tritt Anazidität immer auf bei perniziöser Anämie, in 60% der Fälle bei Magenkarzinom, chron. Gastritis bewirkt zunehmende Hemmung der Sekretion; Hypochlorhydrie u. Achlorhydrie können auch auftreten im akuten Fieber, bei Unterernährung, Gallenblasen-Affektionen, Addison' Krankheit, Sprue, Acne rosacea, chron. Arthritis. Eine Hyperazidität tritt immer auf beim Duodenalgeschwür u. beim Pylorusverschluß; sie kann verursacht sein durch abnorm verlängerte Sekretion, verzögerte

Magenentleerung u.a. – Die H^+ der in den Parietaldrüsen abgesonderten HCl sind etwa 4 Millionen mal konzentrierter als im Blut; diese HCl entsteht wahrscheinlich unter dem Einfluß der Carboanhydrase aus dem CO_2 des Blutes, das über H_2CO_3 in H^+ u. HCO_3^- dissoziiert, wobei die H^+ in einem noch nicht geklärten Mechanismus, an dem wohl eine bas. Aminosäure des Enzyms beteiligt ist, konzentriert u. in das Magenlumen sowie die HCO_3^- in das Blut ausgeschieden werden, wobei vorwiegend das NaCl des Blutes die Gegenionen für die HCl u. das $NaHCO_3$ liefert. – Einige Schnecken sondern statt HCl in ihrem Magensaft H_2SO_4 ab. [8]

Magen|schlauch (Kussmaul, 1869): typ. Gummischlauch mit abgerundeter Spitze zur Magenausheberung u. -spülung.

~schleimhautentzündung ↑ Gastritis. [9]

~sekretin ↑ Gastrin.

~senkung = **Gastroptose:** Herabsinken des Magens aus der normalen Lage. Vorkommen bei Abmagerung; ↑ Enteroptose. [5]

~spülung: durch Einführung eines Magenschlauches bewerkstelligte Entleerung gestauten oder schädlichen Inhalts bei akuten Vergiftungen mit anschließender Spülung. Auch zur Behandlung von Schleimhautkatarrhen. [18]

~steifung = Gastrospasmus: durch starke Muskelkontraktion brettharte Magenwand; reflektor. ausgelöst durch Pylorusstenose u. Superazidität. [18]

~straße (Waldeyer): der Bezirk an der Innenseite der kleinen Kurvatur, in dem sich Längsfalten der Schleimhaut befinden. Hier soll die aufgenommene Nahrung vorwiegend fortbewegt werden. [1]

~tetanie ↑ Tetanie durch gehäuftes Erbrechen (HCl-Verlust, mit folgender Alkalose). [9]

Magermilch: entrahmte (fettarme) Vollmilch, die jedoch noch das gesamte Eiweiß u. Mineralien enthält u. deshalb ein hochwertiges Nahrungsmittel darstellt. Fettgehalt etwa 0,1%, schwankt je nach Herstellung zwischen 0,02–0,6%. [8]

Magersucht: wie Fettsucht u. Fettleibigkeit unterschieden werden, so muß man auch einen Unterschied zwischen Magersucht u. Magerkeit machen. Unter M. versteht man die Disposition zum Abmagern, wenn sie nicht durch kachekt. Krankheiten, wie Tuberkulose, Karzinom, Syphilis usw. bedingt ist. Sie ist konstitutionell oder endokrin verursacht. Das Zwischenhirn u. die Hypophyse spielen hierbei eine Hauptrolle. Nervalen Ursprungs ist die lokalisierte M. bei Hemiatrophia faciei oder bei Lipodystrophia progressiva. Die hypophysäre Form (Simmond Kachexie) kann bis zu einem gewissen Grad durch Hypophysendrüseneinpflanzungen gebessert werden. Die Krankheit wird heute vielfach von der ↑ Anorexia nervosa abgegrenzt. [12]

Magill-Tubus: gekrümmter Endotrachealkatheter aus Gummi oder Plastikmaterial (mit u. ohne Abdichtungsmanschette) zur Intubation der Trachea. [27]

M' Zange: abgewinkelte Zange zum Führen eines Nasotrachealtubus unter Sicht durch die Stimmbänder. [28]

magistral ⟨*lat*⟩ (magister = Meister, Lehrer, Ratgeber): in der Rezeptur: Nach Vorschrift des Arztes bereitetes Arzneimittel. [44]

Magistralformel = **Formula magistralis:** erprobte ärztliche Vorschriften, die in gewissen Formelsammlungen, z.B. in den Formulae Magistrales Berolinenses (F.M.B.) enthalten waren. Diese Formelsammlungen wurden früher unter der Bezeichnung RF 17 (Rezeptformeln), heute als DRF (Deutsche Rezeptformeln) zusammengefaßt. [44]

Magma ⟨*griech*⟩ *n:* Teig, Brei. [4]

M. reticulare: zwischen dem Mesoderm der Embryonalanlage u. dem Throphoblasten gelegenes, zur Ernährung u. wohl auch zum Schutz der Embryonalanlage dienendes, netzartiges Fadenwerk. [3]

Magn.: *Abk* für magnitudo Größe; in der Rezeptur nur noch selten angewendet. [44]

Magnan, Valentin (1835–1916), Psychiater, Paris.

M' Zeichen: das Empfinden, kleine Körper (auch Staub, feines Pulver) unter der Haut zu haben, die dauernd ihren Ort wechseln; bei Kokainismus. [34]

Magnesia usta: Magnesiumoxid, gebrannte Magnesia, MgO bildet mit Wasser wenig $Mg(OH)_2$. Adsorptivum für gewisse Vergiftungen u. als Neutralisationsmittel bei Säurevergiftungen sowie als Antazidum zur Bindung überschüssiger Magensäure. [44]

Magnesium: Erdalkalimetall, Symbol Mg; lebenswichtig für alle Lebewesen, Gehalt in den Geweben mehr Mg als Ca, in den Körperflüssigkeiten mehr Ca als Mg. Mg liegt in den Zellen u. Körperflüssigkeiten hauptsächlich als Ion vor (Ausnahme Knochen), zum kleineren Teil als Proteinat. Es ist Co-Faktor verschiedener Enzyme, an die es dissoziabel gebunden ist. Im Chlorophyll liegt es in organ. Bindung vor. M. aktiviert die Phosphat-Transferasen u. einige Dekarboxylasen. Als künstliches Radio-Isotop wird biochem. der β^--Strahler $^{28}_{12}Mg$ verwendet (0,3 MeV; Halbwertszeit 21 h). [8]

M. ascorbinatum: Verwendung als Antitetanikum u. zur Narkose.

M. peroxydatum DAB 7: Magnesiumperoxid. MgO_2; weißes, unlösl. Pulver, wird als Antazidum bei Hyperazidität verwendet. **M. sulfuricum** DAB 7 = Magnesiumsulfat: Bittersalz, $MgSO_4 \cdot 7H_2O$; Sedlitz-Salz. 1. als Abführmittel 5–20 g in isoton. Lösung; 2. zur Duodenalspülung 10–40%; 3. zur Injektion 10–25% als Antitetanikum. [44]

Magnesium|ammoniumphosphat: Tripelphosphat; ↑Harnsediment. [8]

~mangel-Syndrom: Bild der ↑Tetanie, Magnesium wird in gleicher Weise wie das Kalzium vom Parathormon beeinflußt. Vorkommen bei fast ausschließlicher Milchernährung (Milch ist sehr magnesiumarm), bei Diabetes, im Delirium tremens. Tetan. Symptome treten bei Absinken des Serummagnesiums unter 1 mg% auf (normal 1,6–2,4 mg%). [9]

~narkose: durch intravenöse Applikation einer hohen Dosis löslicher Magnesiumsalze kommt es auf Grund einer an den ↑Synapsen angreifenden Blockade der Erregungsübertragung zu einer Lähmung des Zentralnervensystems; Kalziumionen wirken antagonistisch. [7]

~sulfat-Wässer ↑Heilwässer. [45]

Magnetismus: die Eigenschaft bestimmter Körper (natürlicher Magneten), gewisse Stoffe anzuziehen (ferromagnet. u. paramagnet. Stoffe) oder abzustoßen (diamagnet. Stoffe).

M., tierischer oder **animalischer** ↑Mesmerismus. [7]

Magnus, Georg (1883–1942), Chirurg, Bochum, München.

M' Knochennaht: Fixierung der Knochenfragmente einer Schräg- oder Spiralfraktur durch Drahtumschlingungen. Heute meist mit Knochenbruchnagelung nach Küntscher oder Pinnung nach Rush kombiniert oder ersetzt. [18]

Mahler, Richard (*1895), Arzt, Budapest.

M. Zeichen: Kletterpuls ohne Temperatursteigerung als Frühzeichen der Wochenbett-Thrombose. [29]

Mahlzähne: die letzten 3 Seitenzähne, Molaren oder Dentes molares, auf jeder Seite des Gebisses. Sie folgen auf die Backzähne oder Prämolaren u. sind im Unterkiefer gewöhnlich zweiwurzlig, im Oberkiefer drei- bis vierwurzlig; der erste ist stets der größte, der dritte oder Weisheitszahn der kleinste. Menschliche M. sind 4- bis 5höckrig, die Höcker durch Furchen getrennt. Das Milchgebiß enthält nur 4mal 2 M., welche die Stelle der Prämolaren des bleibenden Gebisses einnehmen. Der erste Milchmolar unterscheidet sich in seiner Form vom zweiten u. ähnelt seinem Nachfolger, dem ersten Prämolaren, während der zweite Milchmolar die Form des ersten bleibenden M. nachahmt. [37]

Ma Huang: chines. Droge (getrocknete, fruchtbare Zweige; Herba Ephedrae, Ephedrakraut. Hauptinhaltsstoff ist ↑Ephedrin. [44]

Maidismus: Vergiftung durch verdorbenen Mais. [16]

Maiglöckchen ↑Convallaria majalis. [44]

Main et pied en lorgnette ↑Arthritis mutilans. [13]

Maische („Mischung") *f:* bei Wein, mittels der Traubenmühle zerkleinerte Traubenmasse; bei Bier, das mit Wasser angesetzte zerkleinerte Darrmalz, bei Spiritus die gedämpften Kartoffeln, das Getreide usw., mit gequetschtem Grünmalz u. Wasser gemischt. [16]

Maislat' Streifen ↑Tractus iliotibialis (Maisiati). [10]

Maisonneuve, Jacques-Gilles (1809–1897), Chirurg, Paris. Nach ihm benanntes Urethrotom zur Urethrotomia interna, im Prinzip ähnlich dem ↑Kolimann-Urethrotom. [24]

Maisquellwasser: Wasser, in dem die Maiskörner zwecks Weiterverarbeitung eingequollen worden sind. Wichtiger mikrobiolog. Nährboden (z. B. für die Antibiotikaproduktion). International übliche *Abk* CSL (Corn steep liquor). [42]

Mala (Podkwassa): ein Enzymsystem (Milchsäurebakterien in Langstäbchen oder Kokkenform), das zur Herstellung von Joghurt verwendet wird. [16]

Majocchi, Domenico (1849–1929), Dermatologe, Bologna.

M' Syndrom: Purpura teleangiektoides anularis; seltene Form einer Purpura mit punkt-, ring- oder sternförmigen Teleangiektasien meist an den Unterschenkeln auf der Grundlage einer erhöhten Kapillarfragilität. [11]

Majortest: ↑Blutgruppenkreuzprobe: bei der Kreuzprobe wird eine Aufschwemmung von Spendererythrozyten in physiolog. NaCl-Lösung mit Empfängerserum zur Reaktion gebracht. [32]

Makrenzephalie ⟨*griech*⟩ *f* ↑Megalenzephalie. [5]

Makroästhesie ⟨*griech*⟩ *f:* Empfindungstäuschung, hierbei werden Gegenstände größer empfunden als sie sind. Wurde früher bei der Hysterie häufiger beschrieben. [34]

Makro|blose ⟨*griech*⟩: Langlebigkeit. Unter M. versteht man die Kunst, das Leben zu verlängern. Als entscheidende Momente für die Erreichung eines hohen Lebensalters beschreibt Hufeland in seiner „Makrobiotik": „Fröhlicher Gleichmut, Mäßigkeit im Essen u. regelmäßige körperliche Bewegung." Von einer Pharmakotherapie (Hormone, Vitamine, Organextrakte usw.) ist keine echte Lebensverlängerung zu erwarten. [17]

~blast: in der Regel polychromat., noch etwas größere kernhaltige Vorstufe des Erythrozyten. [11]

~cheilie: abnorme Vergrößerung der Lippen, meist durch angeborene diffuse Lymphangiektasien oder diffuse Hämangiome; ↑Cheilitis granulomatosa.

~cheirie: angeborener örtlicher Riesenwuchs mit Vergrößerung der Hand. [5]

~daktylie: patholog. Übergröße der Finger. Nicht zu verwechseln mit der Arachnodaktylie, dem gesteigerten Längenwachstum bei verminderter periostaler Knochenapposition. [12]

~filarien: erwachsene Filarien im Gegensatz zu deren Larven, den ↑Mikrofilarien. [58]

~gameten der Malaria: stärker basophil gefärbte, mindestens erythrozytengroße, bei Tertiana noch größere weibliche Geschlechtsformen der ↑Malariaplasmodien mit randständigem Chromatinkern. [41]

~genitosomie *f:* bei männlichen Kindern ab 3. Lebensjahr als Folge von Nebennierentumor mit hormoneller Störung im Rahmen des kortikoandrogenen Symptomenkomplexes vorkommend; Vergrößerung des Penis, der Hoden; vorzeitige Schambehaarung u. Pubertas praecox, manchmal mit Zwergwuchs. [24]

~gliazellen: große, sternförmige, verzweigte Gliazellen mit langen (Langstrahler) oder kurzen (Kurzstrahler) Fortsätzen, vorkommend in der weißen u. grauen Substanz des Zentralnervensystems. Sie werden auch als Astrozyten bezeichnet; ↑Neuroglia. [2]

Makroglobulinämie (Waldenström, 1944): irreversible Eiweißstoffwechselstörung. Es handelt sich um eine neoplast. Wucherung des lymphoretikulären Zellsystems (Wuhrmann), die mit dem ↑Plasmozytom sehr nahe verwandt ist. Als Ausdruck der Proteinstoffwechselstörung ist das Auftreten von Immunolog. abartigen Makroglobulinen mit einem Molekulargewicht über 1 Mill. zu werten. Klin.: langsam progredientes Leiden, oft Hepatosplenomegalie u. Lymphknotenschwellungen, häufig tritt eine hämorrhag. Diathese auf, abnorm hohe Senkungsreaktion, positiver ↑Siatest, gelegentlich kann der Nachweis von Kryoglobulinen geführt werden. Elektrophoret. findet sich eine schmalbasige homogene Zacke im β- oder γ-Bereich. Immunelektrophoret. läßt sich ein abartiges IgM-Globulin nachweisen. In der Ultrazentrifuge zeigt sich im allgemeinen eine Vermehrung der Makroglobulinfraktion über 15%. Im Sternalpunktat finden sich überwiegend lymphoretikuläre Elemente. Die Diagnose einer M. kann nur mit Hilfe der Ultrazentrifuge u. der Immunelektrophorese gesichert werden. Sek. Makroglobulinämie = symptomat. Makroglobulinämie: bei Neoplasien, chron. Infektionskrankheiten u. Leberzirrhosen können gelegentlich die physiolog. Makroglobuline über 5% vermehrt sein. [11]

Makro|glossie *⟨griech⟩ f:* vergrößerte Zunge, kann angeboren vorkommen, aber auch bei Lymphangiektasie, bei Myxödem, bei Amyloidose, Paramyloidose, bei Akromegalie. [12]

~gnathie ↑Prognathie des Oberkiefers, Gegensatz ↑Mikrognathie. [37]

~graphie: Neigung zu übermäßig großen Schriftzügen, gelegentlich bei Kleinhirnprozessen u. Herd im Gyrus angularis. [20]

~gyrie: abnorme Größe der Hirnwindungen als Folge einer Entwicklungsstörung. [5]

~hämaturie: Blutbeimengung im Harn, die so stark ist, daß der Harn blutig gefärbt erscheint, also rosa, rot, dunkelrot bis schwarzrot aussieht, manchmal auch Klumpen von geronnenem Blut (Koagulum) enthält. [24]

~kephalie ↑Makrozephalie. [5]

~konidien: bei Pilzen, die Konidien zweierlei Größe bilden, werden die großen M., die kleinen Mikrokonidien genannt. M. sind oft mehrzellig, Mikrokonidien einzellig. [42]

Makrolith *⟨griech⟩ f:* Vorstufe der Harnsteine; ↑Konkrementbildung der Harnwege. [24]

Makromelie *⟨griech⟩ f:* Gigantismus; Riesenwuchs. [12]

Makromeren *⟨griech⟩ n, Pl:* Bezeichnung für die am vegetativen Pol bei inäqualer totaler Eifurchung entstehenden großen Zellen im Gegensatz zu den am animalen Pol entstehenden kleinen Zellen, den Mikromeren. Bes. deutliche Unterschiede zwischen Mikro- u. Makromeren bei der Amphibieneifurchung; ↑Furchung. [3]

makromolekular ↑hochmolekular. [8]

Makromoleküle: Riesenmoleküle mit einem Molekulargewicht von über 10000 z.B. Eiweiße, Glykogen, Stärke, Zellulose, Nukleinsäuren, Kautschuk sowie synthet. Stoffe (Plaste u. Elaste), entstanden durch Polymerisation (wie Buna, Polymethylakrylsäureester), Polykondensation (Nylon, Dederon), Polyaddition (Polyurethane). [8]

Makrophagen *⟨griech⟩ m, Pl:* ↑Phagozyten, kommen bei schwerer Sepsis, Peritonitis, schweren akuten Infekten, ganz selten in ähnlicher Zahl wie bei Sepsis lenta vor, sind aber durch das völlig andere Krankheitsbild abzugrenzen. [11]

Makropodie *⟨griech⟩ f:* Riesenwuchs der Füße, wie er z.B. bei Akromegalie vorkommt. [12]

Makropsie ↑Dysmegalopsie. [36]

makroskopisch ⟨*griech*⟩: mit bloßem Auge sichtbar, im Gegensatz zu mikroskop. [2]

Makrosomie ⟨*griech*⟩ *f*: Gigantismus, Riesenwuchs. [12]

Makrostoma ⟨*griech*⟩ *n* = Fissura buccalis congenita: quere Wangenspalte; Hemmungsmißbildung mit seitlicher Erweiterung der Mundspalte bei ausbleibender oder unvollständiger Verschmelzung des Ober- u. Unterkieferfortsatzes zur Bildung der Wange. Häufig verbunden mit Mißbildungen der Ohrmuschel. [5]

Makrotie ⟨*griech*⟩ *f*: abnorm große Ohrmuschel. [28]

Makrozephalie ⟨*griech*⟩ *f*: abnorme Vergrößerung des Schädels. [5]

Makrozyten: physiolog. junge Erythrozyten, Polychromaten, die früh entkernt sind u. die noch die Größe der Vorstufe haben: ↑Makroblast. [11]

Makula: Kurzform für ↑Macula lutea.

~degeneration: Degeneration des Gebietes der Fovea centralis u. Macula lutea der Netzhaut, wobei man auch Prozesse mit einrechnet, die über das Gebiet hinausreichen. Man unterscheidet erbliche u. nicht erbliche Formen; die ersteren oft in Verbindung mit Stoffwechsel u. zerebralen Prozessen; makulo-zerebrale ↑Degeneration. Häufig die senile M., oft bei allgemeiner oder nur örtlicher Arteriosklerose. Kein unmittelbarer Parallelismus. Nach Sautter unterscheidet man die trockene rein degenerative u. die feuchte exsudative, proliferativ-hämorrhagische Form. Letztere wird bei starker Ausbildung als „Pseudotumor" bezeichnet; Übergänge, auch zeitlich nacheinander häufig. Klass. Beschreibung durch Junius u. Kuhnt, nach denen das Leiden oft benannt wird. Zuweilen auch nicht von der Coats' Retinitis zu trennen. [36]

MAK-Werte: *Abk* für Maximale Arbeitsplatz-Konzentration = Maximum allowable concentration; maximale Werte für die Luftverunreinigung (hygien. Beurteilung der Luft) am Arbeitsplatz bei 8stündiger Arbeit, d.h. Richtsätze für zulässige Höchstkonzentrationen an schädlichen Gasen, Dämpfen, Nebel, Rauch, Staub usw. [16]

mal: *Abk* für malaxo ⟨*lat*⟩; geschmeidig machen. In der Rezeptur kaum noch gebräuchlicher Ausdruck. [44]

Mal ⟨*frz*⟩: Malum, Übel, Krankheit, Leiden. [9]

Mal de Meleda: Verhornungsanomalie an Händen, Füßen, auf Unterarme u. Unterschenkel übergreifend. Rezessiv vererbbare Krankheit, die vorwiegend bei Bewohnern der Insel Meleda (Mijet) im Adriatischen Meer beobachtet wird (Keratosis extremitatum hereditaria progrediens).

M. de Pinto ↑Pinta. [43]

Mal perforant ⟨*frz*⟩ *n* ↑Malum perforans. [43]

Mala ⟨*lat*⟩ *f*: die Wange. [1]

Malabsorptions-Syndrom: zusammenfassende, sehr breit gefaßte Bezeichnung für alle Krankheiten, die mit einer enteral bedingten verminderten Resorption der Nährstoffe aus dem Magen-Darm-Kanal im Sinne einer Verdauungsinsuffizienz einhergehen. Demgemäß gehören zum großen Formenkreis des Syndroms u.a. zyst. Pankreasfibrose, Zoeliakie-S., Sprue-S. sowie zahlreiche vor allem den Kohlenhydrat- u. Eiweißstoffwechsel betreffende angeborene Enzymdefekte, z.B. Laktasemangel, Fruktoseintoleranz, Disaccharidintoleranz u. Saccharosemangel. [32]

Malachitgrün-Agar (Lentz): ein Triphenylmethanfarbstoff; zur Typhus- u. Paratyphusdiagnostik geeignet; 2%iger neutraler Nähragar mit Malachitgrünzusatz. Malachitgrün dient zur Wachstumshemmung der Begleitflora, insbes. von Escherichia coli. Farbstoffkonzentration im Agar 1:6000. Typhuskolonien bewirken Gelbfärbung des Agars. [41]

Malacia ⟨*griech*⟩ *f* ↑Malazie. [4]

Malacoplacia vesicae urinariae ⟨*griech, lat*⟩ *f* (v. Hansemann, 1903): beetartige oder pilzförmige, flache, in der Mitte etwas eingedellte weißliche, gelbliche, graue oder (selten) braune Herde (Infiltrate) von rundlicher schüsselförmiger Gestalt mit rotem (hyperäm.) Saum, die an mehreren Stellen der Blase zu sehen sind, wobei die übrige Blase meist intakt, völlig reizlos ist, manchmal aber auch samtartige diffuse Zystitis aufweisen kann, auch als „Cystitis chronica en plaques" bezeichnet. Sitz vor allem in der Gegend des Blasenhalses, leicht zu verwechseln mit Papillomatose oder tuberkulösen Geschwüren. Diagnose: Zystoskopie u. Probeexzision. Histolog. große blasige Zellen u. Einschlüsse von konzentr. geschichteten Gebilden. Haufen von Kolibakterien. M. kommt auch in den oberen Harnwegen vor (Harnleiter, Nierenbecken). [24]

Maladie du grette ↑Keratoplastik. [36]

Malaienfuß: Abstehen der Großzehen. [43]

Malaria ⟨*ital*⟩: Syn. Wechselfieber, Sumpffieber, Paludismus; verbreitetste endem.-epidem., durch Fiebermücken der Gattung Anopheles übertragbare, anzeigepflichtige Protozoeninfektion vor allem der warmen Länder. Erreger Malariaplasmodien (3 immunolog. differente Arten, *Plasmodium vivax, Pl. malariae, Pl. falciparum*). Inkubation 1–3–6 Wochen, auch länger; akuter bis chron. rezidivierender, mit typ. Rhythmusfieber (nach unkomplizierter Erstinfektion), Schüttelfrost u. Schweißausbruch, Anämie u. Milzschwellung einhergehender Verlauf: Malaria tertiana (Drittetagsfieber, Fieberanfall jeden 3. Tag, Erreger *Pl. vivax*), M. tertiana ist die verbreiteste Malariaform: M. quartana (Viertetagsfieber, Fieberanfall jeden 4. Tag, Erreger *Pl. malariae*), M. tropica (Perniziosa, Fieberanfälle unregelmäßig, Erreger *Pl. falciparum*). Komplikationen (Organschäden, Kreislaufversagen) vor allem bei M. tropica. Letalität unbehandelt bei M. tertiana u. M. quartana 1% M. tropica 10%. Rezidive bei M. tertiana u. nach Jahren bei Quartana (Immunität gegen Blut-, nicht gegen Gewebsparasiten), Spontanheilung der M. tropica. Parasitolog. Diagnose durch mikroskop. Erregernachweis (Blutausstrich, Dicker Tropfen). Chemotherapie durch „Suppressivmittel" gegen Blutschizonten mit Resochin○ (Chloroquin□), meist kombiniert mit „Kurativmitteln" gegen Gewebsphase u. Gameten (Plasmochin○); prophylakt. Vernichtung von Mücken u. deren Brut, Gewässersanierung, Entwässerung der Sümpfe, persönliche Prophylaxe auch Moskitonetze u. Chemoprophylaxe. Mückensichere Unterbringung (Isolierung) der Erkrankten. [40]

M. allochthone: die Infektion wurde an einem anderen Orte erworben als dort, wo sie zum Ausbruch kam (z.B. Infektion in den Tropen, Erkrankung aber erst in der Heimat); ↑M. autochthone.

M. autochthone: die Infektion wurde am Erkrankungsort erworben (epidemiolog. wichtig, wenn dort die Krankheit nicht heim. ist, aber von einem ↑Gametenträger durch Vermittlung einer ↑Anopheles-Mücke doch eine Übertragung stattfinden konnte); Gegensatz ↑M., allochthone. [58]

M. larvata: unter anderen klin. Symptomen, z.B. Grippe, Pappataci-Fieber, rheumatoide Erscheinungen, verlaufende chron. Malariaform. [11]

Malaria|desinsektion: von Rose eingeführter Begriff für die gezielte Anopheles-Bekämpfung nur in Innenräumen, um damit selektiv die infizierten Malariamücken zu erfassen. Nicht 100%ig wirksam, aber unter schwierigen Malariaverhältnissen die rationellste Teilmethode. [58]

~enzephalitis: Hirnbeteiligung bei Malaria tropica; histolog. ↑Dürck' Knötchen. [5]

~index: Prozentsatz der Malariaverbreitung in einer bestimmten Gegend. Absolut nicht meßbar, deshalb unterscheidet man ↑Milzindex (↑Ross-Index), ↑Parasitenindex u. ↑Mückenindex. Untersucht werden vielfach (z.B. 10jährige) Schulkinder. [58]

~kur: künstliche Infektion mit Malaria tertiana; von Wagner-v. Jauregg als Behandlung der progressiven Paralyse eingeführt. Auch heute noch neben der Penizillinbehandlung angewandt, wird jedoch vielerorts durch unspezif. Fieberkuren ersetzt. [34]

~mittel: Chemotherapeutika gegen parasitäre Erkrankungen; z.B. Chloroquin□, Proguanilhydrochlorid□, Primaquin□, Mepacrin□. Je nach Angriffspunkt werden Schizonten- (Mepacrin□) u. Gametenmittel (Pamaquin□) unterschieden. [44]

~phagozyten ↑Pigmentophagen. [11]

~pigment: Blutfarbstoffabkömmling, der durch Einwirkung von Malariaplasmodien aus dem Hämoglobin der befallenen Erythrozyten entsteht; wird in Zellen des ↑Retikulohistiozytären Systems gespeichert; starke Grade der Pigmentierung färben Organe (Leber, Milz, Knochenmark) rauchgrau bis schwarz. Das Pigment löst sich in angesäuertem Alkohol u. Alkalien, nicht in Fettlösungsmitteln, läßt sich bleichen, ist eisenhaltig, gibt aber erst nach 24stündiger Behandlung mit HCl eine pos. Berliner-Blau-Reaktion. [4]

Malariaplasmodien: zur Klasse der *Sporozoa*, der Ordnung *Coccidia*, der Unterordnung *Haemosporidia* gehörende Protozoen. Für den Menschen pathogen: *Plasmodium vivax* (Malaria tertiana), *P. malariae* (M. quartana), *P. falciparum* (M. tropica). Übertragung auf den Menschen durch Stechmücken der Gattung Anopheles. Im Entwicklungsgang findet sich ein Generationswechsel: die ungeschlechtliche Vermehrung durch Schizogonie führt zur Bildung von Geschlechtsformen, aus deren Kopulation die geschlechtliche Generation für die Sporogonie hervorgeht. Dieser Generationswechsel ist mit einem Wirtswechsel verbunden. Schizogonie u. Geschlechtszellenbildung erfolgen im Körper des Menschen, Befruchtung u. Sporogonie im übertragenden Insekt. Bei der Parasitenentwicklung im Menschen werden 2 Phasen unterschieden: die Gewebsinfektion (in den Parenchymzellen der Leber) u. die Blutinfektion. Allgemein lassen sich bei der exoerythrozytären Gewebsinfektion in der Leber die aus den Sporozoiten entstehenden Schizonten bis zum Auftreten der ersten erythrozytären Stadien von den Gewebsschizonten nach dem Beginn der Blutinfektion unterscheiden, man trennt erstere als präerythrozytäre Stadien von den eigentlichen exoerythrozytären Parasiten der verbleibenden Gewebsinfektion. Das exoerythrozytäre Stadium nach Auftreten der Blutinfektion (fehlt bei *Pl. falciparum)* kann zur Ursache von Rezidiven werden. In der erythrozytären Entwicklungsphase erscheinen die jüngsten Stadien in den Erythrozyten als Ringformen mit randständigem Kern, sie stimmen bei allen Plasmodienarten überein. Die hieraus entstehenden Schizonten sind viel kleiner u. bilden im Gegensatz zu den Gewebsformen nur wenige Merozoiten. Die frei gewordenen Merozoiten befallen neue Blutkörperchen u. wachsen wieder zu Schizonten oder zu geschlechtsdifferenzierten Stadien heran. Die weiblichen werden als Makrogameten bezeichnet, die männlichen als Mikrogametozyten, aus denen die eigentlichen Mikrogameten hervorgehen. Im Magen der Mücke befruchten die Mikrogameten die Makrogameten. Letzterer wandelt sich in den zu gleitender Bewegung befähigten Ovokineten um, dringt in eine Magenwandzelle ein u. entwickelt sich hier zur Oozyste. Aus dieser entstehen durch ungeschlechtliche Teilung die Sporozoiten, welche in die freie Bauchhöhle gelangen u. von hier aus über die Hämolymphe in die Speicheldrüsen der Mücke. Die Unterschiede, welche die Plasmodienarten in der erythrozytären Phase bezüglich der Morphologie u. Entwicklungsweise zeigen, sind die wesentlichen Grundlagen für die Diagnose der vorliegenden Malariaform. In dem Entwicklungsabschnitt, der sich in der Stechmücke abspielt, stimmen die Plasmodienarten so weitgehend überein, daß eine morpholog. Unterscheidung kaum in Frage kommt.

P. vivax: Entwicklung einer Generation der schizogon. Vermehrung dauert 48 h, der Synchronie der Parasitenentwicklung entspricht der 48 h-Rhythmus der Fieberanfälle. Die Erythrozyten sind vergrößert, abgeblaßt u. zeigen Schüffner-Tüpfelung. Der Schizont enthält etwa 16 Kerne.

P. malariae: agame Generation dauert 72 h, Schizont enthält 6–12 Kerne, Erythrozyten nicht vergrößert, nicht abgeblaßt, keine Schüffner-Tüpfelung.

P. falciparum: agamer Zyklus dauert 48 h, ist aber weniger synchron, Ringformen sind sehr klein, Teilungsformen (14–20 Kerne) nur selten im peripheren Blut. Maurer-Körnelung der befallenen Erythrozyten. Die Gameten zeigen charakterist. Halbmondform. [41]

Malariatyphoid: sehr schwere, typhusähnliche Malariaform mit kontinuierlichem Fieber u. Benommenheit. Komplikation mit Typhus oder Paratyphus ist diagnost. auszuschalten. [11]

Malassez, Louis Charles (1842–1910), Chirurg, Paris.

M' Epithelnester: gruppenweise Ansammlung von Epithelzellen aus Resten der Zahnleiste oder Epithelscheide des Zahnkeims. Durch entzündliche Reize aus dem Pulpenraum können sie in Wucherung geraten u. zum Keimfeld odontogener Kieferzysten werden. [37]

Malassezia furfur = *Microsporon furfur:* Dermatophyt; Erreger der ↑ Pityriasis versicolor. [43]

Malat: Salz der Äpfelsäure.

M.-Dehydrogenasen: 4 Enzyme (EC 1.1.1.37 bis 40), die z.T. im Zitratzyklus mitwirken; sie dehydrieren L-Malat mit NAD zu Oxalazetat.

$$HO_2C \cdot CHOH \cdot CH_2 \cdot CO_2H \underset{+2H}{\overset{-2H}{\rightleftharpoons}} HO_2C \cdot CO \cdot CH_2 \cdot CO_2H$$

oder mit NAD bzw. NADP unter gleichzeitiger Abspaltung von CO_2 zu Pyruvat. [8]

Malazie ✱ **Malacia** ⟨*griech*⟩ *f:* Erweichung, z. B. Chondro- oder Osteomalazie. [4]

Maleinsäure: cis-Äthylendikarbonsäure; ist in der Natur nicht gefunden worden, während die Trans-Verbindung (↑ Fumarsäure) ein Zwischenprodukt im Zitratzyklus ist. [8]

Malgaigne, Joseph-François (1806–1865), Chirurg, Anatom, Paris.

M' Beckenringbruch: bes. Form des Beckenbruches (doppelter Vertikalbruch) mit Bruchstellen der Schambeinäste des Hüftbeins oder Kreuzbeins in vertikaler Richtung oder auch mit Sprengung des Hüftbein – Kreuzbeingelenks. [18]

M' Grube = Fossa carotica (Malgaigne) ↑ Trigonum caroticum (PNA). [1]

M' Operation: Exartikulation des Fußes im unteren Sprunggelenk. Es bleibt vom Fuß nur das Sprungbein erhalten (Exarticulatio sub talo). [23]

Malherbe' Epitheliom: an der Stirn vorkommende, bes. Art des Basalioms, das zur Kalzifikation neigt. [43]

Maliasmus ⟨*griech*⟩ ↑ Rotz. [40]

Malic encyme (Malat-Enzym) ↑ Malatdehydrogenasen. [16]

maligne ✱ **malignus** ⟨*lat*⟩: ungünstig, bösartig; im medizin. Sprachgebrauch maligne zur Charakterisierung eines bösartigen Krankheitsverlaufes (z. B. maligne Diphtherie) u. vor allem zur Kennzeichnung bösartiger Gewächse (z. B. malignes Hypernephrom); Gegensatz: benigne. [4]

Malignität ⟨*lat*⟩: Bösartigkeit, bes. eines Tumors; im weiteren Sinne auch von Krankheiten. [5]

Malignitätsgrad ⟨*lat*⟩: Grad der Bösartigkeit eines Tumors. [5]

Malignom ⟨*lat*⟩: sprachlich schlechte, überflüssige Bezeichnung für bösartige Geschwülste. [25]

Malioidosis ⟨*griech*⟩ *f:* im südöstlichen Asien vorkommende rotzähnliche, für den Menschen meist tödlich verlaufende, typhöse Erkrankung. Übertragung auf den Menschen durch Ratten u. andere Nagetiere meist über infizierte Nahrungsmittel. Der Erreger *Malleomyces pseudomallei* ist, im Gegensatz zu Rotzbakterien, beweglich u. für Pferde in der Regel nicht pathogen. [40]

Mallein: ein entsprechend dem Tuberkulin aus Rotzbakterien hergestellter Extrakt. Bei Pferden kutan, intrakutan, subkutan, jetzt vorwiegend palpebral verabreicht. Bei rotzigen Tieren treten spezif., lokale u. allgemeine Reaktionen auf. Die Malleinprobe findet zur Diagnose des Rotzes beim Menschen kaum Anwendung. [44]

~reaktion ↑Straus' Reaktion. [39]

Malleolarfraktur ↑Knöchelbruch. [23]

Malleolus ⟨*lat*⟩ *m:* Hämmerchen, anatom. für Knöchel, *Adj* malleolaris zum Knöchel gehörend. [1]

Malleomyces: gramneg. unbewegl. Stäbchen, wechselvolle Form u. Größe. Pathogene Bedeutung des *Malleomyces mallei* ↑Rotzbakterien. [41]

Malleus ⟨*lat*⟩ *m:* 1. Hammer, ein Gehörknöchelchen; 2. ↑Rotz. [41]

M. farciminosus: Hautrotz, ↑Rotz. [43]

M. humidus: Nasenrotz, ↑Rotz. [28]

Mallophaga ⟨*griech*⟩: Kieferläuse; beißende, den saugenden Läusen (Anoplura) nahe verwandt, bei Vögeln (Federlinge) u. Säugetieren (Haarlinge) vorkommend, nicht beim Menschen (höchstens gelegentlich von toten Vögeln vorübergehend überlaufend); M. liefern durch ihre Wirtsspezifität u. parallele Evolution zu ihren Wirten wichtige Stützen der Abstammungslehre. [58]

Mallory, Frank Burr (1862–1941), amerikan. Pathologe, Boston.

M. bodies ⟨*engl*⟩: hyaline Einschlußkörperchen in Leberepithelien bei portaler Zirrhose, die entgegen früheren Auffassungen nicht für eine alkohol. Genese beweisend sind.

M.-Färbung: histolog. Färbemethode zur elektiven Darstellung der kollagenen Fasern. [4]

Mallory, G. K., zeitgen. amerikan. Arzt, Mitautor des Mallory-Weiss' Syndroms (1929).

M.-Weiss' Syndrom: oberflächliche, längsgerichtete, beiderseits über die Kardia reichende Schleimhautläsionen; meist bei Alkoholismus u. starkem Erbrechen, sollen Folge der Überdehnung des Magens sein. [4]

Malmsten, Per Hendrik (1811–1883), Chirurg, Stockholm. Beschrieb 1845 das Trichophyton tonsurans. [43]

Malonitril: *Abk* MDN, $N{\equiv}C{-}CH_2{-}C{\equiv}N$; wurde in der Psychiatrie als Antiepileptikum verwendet. Es besitzt sympathikolyt. Eigenschaften. [44]

Malonsäure: Methandikarbonsäure $CH_2(COOH)_2$; findet sich in Pflanzen; M. ist als Malonyl-CoA-Verbindung auch am Fettaufbau beteiligt. Sie hemmt kompetitiv die Dehydrierung der Bernsteinsäure im Zitratzyklus, also die Gewebsatmung. [8]

Malonyl: Radikal der Malonsäure. [8]

~harnstoff ↑Barbitursäure. [44]

Malpighi, Marcello (1628–1694), Anatom, Bologna, Pisa, Rom.

M' Körperchen der Milz = Lymphonoduli lienales (Malpighi): rundliche oder ovale Lymphozytenansammlung in den Maschen des retikulären Bindegewebes der Milz in der Umgebung einer Arterie (Zentralarterie), die makroskop. als weiße Körperchen sichtbar sind u. zusammen mit dem Trabekelsystem der Milz die sog. weiße Pulpa bilden. Die hellen Bezirke inmitten der Lymphonoduli lienales werden als ↑Keim- oder Reaktionszentren bezeichnet.

M' Körperchen der Niere = Corpuscula renis (Malpighi): etwa 300 µm große, aus einem Kapillarknäuel (Glomerulum) u. einer das Glomerulum umgebenden Capsula glomeruli (↑Bowman' Kapsel) bestehende Körperchen, die einen Gefäßpol (Hilus) mit Arteriola afferens u. Arteriola efferens u. einen Harnpol (Collum) mit Abgang des Hauptstückes des Tubulus renalis aufweisen. Die Aufgabe besteht in Abgabe des ↑Primärharnes.

M' Schicht = Stratum germinativum (Keimschicht) der Oberhaut (Epidermis): bestehend aus einer basalen zylindr. Zellschicht (Stratum cylindricum) u. einer polygonalen Zellschicht mit deutlicher Interzellularbrückenentwicklung (Stratum spinosum). [2]

Maltafieber: Syn. Mittelmeerfieber, Febris undulans melitensis, ↑Brucellose. [40]

~bakterien: *Brucella melitensis;* Art der Gattung *Brucella,* der Familie *Brucellaceae,* der Ordnung *Eubacteriales* (nach Bergey 1957). Gramneg. unbewegliche kokkoide Stäbchen, Erreger der Brucellosen der Ziegen u. Schafe. In Erstkulturen Wachstum unter normalen aeroben Bedingungen, bilden kein H_2S, Wachstum auf Fuchsin-, Thionin- u. Gentianaviolett-Platten, auf Eisubstraten mit u. ohne Malachitgrün, schwache Ureaseaktivität (einige Stämme auch sehr aktiv). Serolog. Typendifferenzierung mittels monospezif. agglutinierender Seren (durch Absättigung hergestellt) möglich, Beweiskraft wird unterschiedlich eingeschätzt. [41]

Maltase: jetzt ↑α-1,4-Glucosidase, die Maltose hydrolytisch in 2 Moleküle Glukose spaltet. M. zeigt eine geringe Substratspezifität, so daß auch Polysaccharide gespalten werden. [8]

Maltodextrine: ein Gemisch der beim enzymat. Abbau durch Amylasen aus Stärke gebildeten Zwischenprodukte; daneben liegt Maltose vor; es handelt sich um ein in die Gruppe der ↑Dextrine gehörendes Gemisch von Verbindungen (Sacchariden). [16]

Maltose: Syn. Maltobiose, Malzzucker; 4-α-Glucosidoglucose; $C_{12}H_{22}O_{11} \cdot 1H_2O$; besteht aus 2 Molekülen Glukose. M. ist Baustein der Stärke u. des Glykogens, kommt gelegentlich vor neben Traubenzucker beim Diabetes mellitus im Harn, ferner im Blut; findet sich frei in geringen Mengen im Bienenhonig, in verschiedenen Wurzeln u. Knollen. Entsteht in großen Mengen bei der enzymat. Spaltung der Stärke durch β-Amylase neben Dextrinen (auch im Verdauungstrakt), wird zu Glukose aufgespalten durch die α-Glucosidase. M. hat 60% der Süßkraft des Rohrzuckers; $[\alpha]_D^{20} = +138{,}3°$.

M.-Nachweis: Maltose zeigt als reduzierend wirkendes u. durch Hefe vergärbares Disaccharid prakt. die gleichen, nur graduell unterschiedlichen Eigenschaften wie andere reduzierende u. vergärbare Mono- u. Disaccharide. Der Nachweis u. die zumindest halbquantitative Bestimmung erfolgt am besten nach chromatograph. Isolierung. als Phenylosazon bzw. enzymat. [8]

M.-Pepton-Agar ↑Sabouraud' Substrate. [41]

Malum ⟨*lat*⟩: Übel, Krankheit, Leiden.

M. Contugnii (Contagno 1764) ↑Ischias. [9]

M. coxae senile ↑Arthrosis deformans des Hüftgelenks. [23]

M. perforans pedis = Mal perforant du pied ⟨*frz*⟩: schmerzlose, torpid verlaufende Geschwürbildung an der Fußsohle, unter einer Oberhautverdickung beginnend u. zu einer tiefgreifenden Nekrose führend; auch „neuroparalytisches Geschwür" genannt; bes. bei Tabes dorsalis u. Syringomyelie bekannt, gelegentlich auch bei Spina bifida auftretend. [33]

M. Potti: von Pott beschriebener spitzwinkeliger Rückenbuckel nach Zusammensinken eines oder mehrerer zerstörter Wirbel zu sog. Keilwirbeln bei Spondylitis tuberculosa (Gibbus). [18]

M. suboccipitale rheumaticum: gelenkrheumat. Erkrankung im Bereich der Halswirbelsäule. [9]

M. suboccipitale vertebrale: Tuberkulose der obersten zwei Halswirbel (Atlas u. Axis) mit Übergreifen auf die Gelenke zwischen beiden Wirbeln. [15]

Malz: gekeimte u. getrocknete Gerste; enthält neben Malzzucker u. Amylasen zahlreiche Wirkstoffe u. wird als diätet. Nahrungsmittel (Malzextrakt) u. als mikrobiolog. Nährboden verwendet. [42]

~diastase: pflanzliche Diastase, die auch bei Abwesenheit von Salzen wirksam ist. [8]

~suppe ↑Keller' Malzsuppe. [32]

~zucker ↑Maltose. [16]

mamelonné ⟨*frz*⟩: warzenförmig. Etat mamelonné: durch Verdickung u. Wulstungen felderartig angeordnete Erhebungen der Magenschleimhaut entweder als Form einer hypertroph. Magenschleimhautentzündung oder durch einen bes. Kontraktionszustand der Muscularis mucosae bedingt. [43]

Mamilla ⟨*lat*⟩ *f:* die Brustwarze; *Adj* mamillar, mamillaris zur Brustwarze gehörend, brustwarzenähnlich. [1]

Mamillar|linie ↑Linea mamillaris (medioclavicularis). [1]

~reflex: Erektion der Brustwarze bei Reizung des Warzenhofes durch Berührung oder Kälte. [33]

Mamma ⟨*lat*⟩ *f:* die Brust, weibliches, paariges Organ, das Milchdrüsen zur Ernährung des Neugeborenen enthält, Sekretion physiolog. während Gravidität u. nach Entbindung, patholog. bei Erkrankungen der Drüse (sehr oft bei Geschwulst!).

M., aberrierte: zusätzliche Brustwarze mit oder ohne Brustdrüsengewebe, Vorkommen entlang den Milchleisten. [29]

M., akzessorische: die paarigen Brust- bzw. Milchdrüsen entstehen beim Menschen wie bei allen Säugetieren aus zwei seitlich über den Bauch laufenden Längsleisten des Epithels. In der Regel werden bei der Frau nur ein Paar brustständige Drüsenfelder ausgebildet. Selten treten aber auch überzählige Milchdrüsen in der Achsel- oder Leistengegend auf. [3]

M., blutende: Entleerung von bräunlichem oder blutigem Sekret aus der Brustwarze. Häufigste Ursachen sind chron. Entzündung oder Tumoren der Mamma. Achtung auf Bösartigkeit!

M. pendulans: Mastoptose, Hängebrust, Ursache meist Bindegewebsschwäche. [29]

Mamma|fibroadenom ⟨*lat, griech*⟩ *f:* häufige gutartige, meist scharf begrenzte Geschwulst der weiblichen Brustdrüse, die je nach Verhalten des wuchernden Bindegewebes in intrakanalikuläre (zapfenförmiges Vorwuchern gegen Drüsenschläuche mit Einstülpung derselben) u. perikanalikuläre (Wucherung um die Drüsenschläuche) Fibroadenome unterteilt wird. [5]

~karzinom: Krebs der weiblichen oder männlichen Brustdrüse. [25]

~plastik: operative Korrektur einer Hängebrust oder auch einer zu großen Brust. Operationsverfahren nach Lexer u. Gohrbandt. [29]

~tuberkulose: durch hämatogene Infektion

der Brustdrüse oder Übergreifen von einer Rippenkaries entstehende Tuberkulose. [5]

Mammo|graphie, ~gramm: Röntgenaufnahmen der Mammae mit weichen Strahlen. Es werden stets beide Mammae (zum Vergleich) in 2 Ebenen (kranio-kaudal u. seitlich) aufgenommen. [26]

mammotrop ⟨*lat, griech*⟩: auf die Brustdrüse wirkend. [31]

Manager-Krankheit: problemat. Bezeichnung für Erkrankungen des Herzkreislaufsystems, die durch dauernde phys. u. psych. Überforderungen u. dadurch bedingte vegetative Fehlregulation entstehen. Aus funktionellen Störungen sollen sich allmählich vorzeitig Koronarsklerose oder Zerebralsklerose mit Tendenz zu Myokardinfarkt oder zerebralen Insulten entwickeln. [9]

Manchester-Operation: Operationsmethode zur Beseitigung einer Senkung (↑Deszensus) von Scheide u. Uterus. [29]

Mandel ↑Tonsille.

~entzündung: Tonsillitis; ↑Angina.

~hypertrophie: Mandelvergrößerung, angeboren, oft aber infolge von Entzündungen. [28]

Mandelate: Salze der ↑Mandelsäure. Therapeut. Anwendung finden Ammonium- u. Kalziummandelat. [44]

Mandelkernregion: Teil des ↑Limbischen Systems. Sie befindet sich in der Nähe des Hippokampus u. unter dem unteren Schläfenlappen. Experimentelle Reizung oder Zerstörungen dieses verhältnismäßig kleinen Hirngebietes führen zu Veränderungen im vegetativen Nervensystem, im endogenen System u. zu Störungen von Triebzuständen, insbes. der Sexualsphäre. [7]

Mandelöl = Oleum amygdalarum: Bestandteil von Emulsionen, die bei innerlicher Verabreichung reizmildernd wirken. [44]

Mandelpfröpfe: weißgelbliche Massen in den Gaumenmandelkrypten, bestehen vorwiegend aus abgestoßenen Epithelien, Leukozyten, Zelldetritus, zahlreichen Bakterien; Ausdruck eines chron. Kryptenkatarrhs. [28]

Mandelsäure: Phenylglykolsäure $C_6H_5 \cdot CHOH \cdot CO_2H$, Bestandteil des Amygdalins. Sie wird im Organismus nicht abgebaut u. verläßt die Nieren unverändert. Sie übt im sauren Milieu eine bakteriostat. Wirkung auf Kolibakterien u. Bact. proteus aus. Durch Hemmung der Pantothensäurebildung Anwendung als Harndesinfizienz bei Infektionen der ableitenden Harnwege. [8/44]

Mandelsteine: harte Konkremente in den Mandeln infolge Stagnation patholog. Sekrets mit sek. Ablagerung vorwiegend von Kalksalzen. [28]

Mandibula ⟨*lat*⟩ *f:* der Unterkiefer; *Adj* mandibular, mandibularis zum Unterkiefer gehörend. [1]

Mandibular|bogen: Kieferbogen; ↑Kiemenbogen. [3]

~reflex ↑Unterkieferreflex. [33]

Mandragora officinarum *n:* ↑Alraune, Nachtschattengewächs. In Südeuropa u. im Mittelmeergebiet vorkommende Pflanze aus der Familie der Solanaceae, die Atropin, Scopolamin u. Mandragorin, eine atropinähnliche Base enthält. [44]

Mandrin ⟨*frz*⟩ *m:* 1. Einlagestab in Kanülen, um diese sauberzuhalten oder deren Verstopfung beim Einstich zu vermeiden, wie bei der Lumbalpunktionskanüle; 2. Führungsstab für weiche Katheter, z.B. bei Pezzer-Katheter. [18]

Manegebewegung ↑Reitbahnbewegung. [33]

Mangan: chem. Symbol Mn, Schwermetall, 2-, 4-, 7wertig, seltener 1-, 3-, 5- u. 6wertig, für Pflanzen u. Tiere lebensnotwendig als Aktivator für Aminopeptidasen, Arginase, Malat-Enzym, Isocitrat-Dehydrogenase. M. vermag bei den Phosphatasen Mg zu ersetzen. Mangelerscheinungen sind Sterilität u. Knochenmißbildungen; die Transportform ist Mn^{3+} im β_1-Plasmaglobulin. Als künstliche Radionuklide sind biochem. geeignet als β^- u. γ-Strahler $^{52}_{25}Mn$ u. $^{54}_{25}Mn$ mit den Halbwertszeiten 5,7 d bzw. 310 d; ↑Spurenelemente. [8]

~staub: überwiegend als Staub von Manganerzen (Braunstein), die Mangandioxid enthalten, führt zu gehäuftem Auftreten von genuinen Pleuropneumonien, die durch hohe Sterblichkeit gekennzeichnet sind; ↑Manganvergiftung.

~vergiftung: überwiegend durch Staub von Mangandioxid (Braunstein, MnO_2) hervorgerufene meldepflichtige Berufskrankheit. Äußert sich infolge degenerativer Vorgänge im ZNS u. in den großen Nervenstämmen durch Schlafbedürfnis, Gangstörungen (Pro- u. Retropulsion, Hahnenschritt), erhöhten Muskeltonus, Steigerung der Reflexe, Pfötchenstellung der Hände bei erhobenen Unterarmen u. abgewinkelten Oberarmen, mim. Starre (Zwangslachen, Zwangsweinen), Makro- u. Mikrographie, stotternde monotone Sprache. [49]

Mangel|bildungen = Monstra per defectum: Mißbildungen durch Entwicklungshemmung oder Rückbildung vorher vorhandener Gewebeteile oder Organe. [5]

~ernährung: Nahrungszufuhr, bei der einseitig die minimal notwendigen Mengen an Eiweiß, Fett, Kohlenhydraten, Mineralien, Vitaminen für längere Zeit unterschritten werden. Sie ist zu unterscheiden von einer chron. ↑Unterernährung. [8]

~krankheiten: Insuffizienz-Krankheiten; 1. Avitaminosen; 2. Erkrankungen, hervorgerufen durch eine quantitativ oder qualitativ nicht ausreichende, oft einseitige Ernährung; 3. Mangelerkrankungen z. B. bei angeborenem oder erworbenem Mangel an Enzymen (Enzym-Insuffizienz); im Gefolge davon Intoleranz für bestimmte Nährstoffe („Mal-Absorption"). [16]

Mangoldt, Heinrich (1860–1909), Chirurg, Dresden.

M' Epithelaussaat (1895): zur Granulationsanregung in Knochenhöhlen, auf Wunden oder granulierenden Flächen eingebrachter Epidermisbrei. [18]

maniacus ⟨*griech*⟩ *m:* manisch, Bezeichnung für einen hyperthymen (hypoman.) Psychopathen; ↑ Manie, ↑ Hypomanie, ↑ Hyperthymie. [34]

Manie ⟨*griech*⟩ *f:* Phase der manisch-depressiven Erkrankung, heiterer Erregungszustand, Selbstüberschätzung mit Enthemmung der Persönlichkeit, Ideenflucht (ständiger Themenwechsel), sexuelle Erregung, gesteigerte Motorik, Vielgeschäftigkeit, Schlaflosigkeit; schwere psychot. Formen mit Denkverworrenheit, Hyperkinesen. Leichte Form ist Hypomanie (M. in der alten Psychiatrie Bezeichnung für jeden Erregungszustand). [34]

Manifestation ⟨*lat*⟩: Erscheinung, Zutagetreten, *Adj* manifest offenkundig, in Erscheinung tretend; z. B. einer latenten Erkrankung oder einer Erbanlage. [18]

Manipulation ⟨*lat*⟩: allgem. Handgriff; Hantierung, Handlung, Handhabung. [18]

Manisches Syndrom: man. Bild bei man.-depressiver Erkrankung, auch bei organ. Hirnerkrankung, z. B. progressiver Paralyse, Hirngeschwulst (Orbitalhirntumor), Enzephalitis, Arteriosclerosis cerebri, seniler Demenz, Intoxikation (Alkohol). [34]

Mann, Ludwig (1866–), Neurologe, Breslau.

M' Syndrom: zerebellare Ataxie, Störungen der Augenmotilität u. Hirnnervenausfälle als Folge einer Kleinhirnkontusion (Corpus restiforme). [20]

Mann' Färbung: zur Darstellung der Negri' Körperchen bei Tollwut mit Methylenblau u. Eosin. Ergebnis: Negri' Körperchen u. Innenkörperchen leuchtend rot, Nervenzellen blau bis dunkelblau, Erythrozyten rosafarben, übriges Gewebe hellblau. Modifikation dieser Färbung nach Lentz (1907). [41]

Manna ⟨*hebr*⟩ *f* oder *n:* bräunlicher Saft aus der Rinde von Fraxinus ornus, einem im nördlichen u. östlichen Mittelmeergebiet wild wachsenden Baum oder Strauch, der Mannaesche. Die Droge enthält bis 90% D-Mannit. Anwendung als reizmilderndes Laxans (Sirup. Mannae, Inf. Sennae comp.), als Zusatz zu bestimmten Nährböden in der Bakteriologie, als Nährmittel für Diabetiker. [44]

Manirieren, Manieren: Geziertheit, eigenartige Formen der Bewegungen, bizarre Entstellungen gewohnter Handlungen; Haltungs-, Bewegungs-, Sprach-, Schriftmanieren bei Schizophrenie (Katatonie). [34]

manisch ⟨*griech*⟩: manieartig, zum Symptomenkreis der Manie gehörig. [34]

Manisch-depressive Erkrankung: manchmal auch als Zyklothymie bezeichnet. Es handelt sich um die klass. Gemütskrankheit ohne nachweisbare Ursachen. In unregelmäßigen Abständen (bisweilen erst nach mehreren Jahren) treten Krankheitsphasen auf, entweder monopolar (Depression oder Manien) oder abwechselnd bipolar (Depression u. Manien). Im ersteren Falle kommt es nach Abklingen der depressiven Phase öfters zu einer manischen Nachschwankung u. umgekehrt. Depressive Phasen sind häufiger. Nicht immer erreichen die Phasen den Krankheitswert einer Psychose. Eindeutig ist derselbe bei schwer gehemmter Depression, die bis zum depressiven Stupor gehen kann, bei agitierter Depression u. bei verworrener Manie. [34]

Mannesschwäche ↑ Impotenz. [33]

Mannit (D-Mannit): sechswertiger Zucker-Alkohol [Hexit; $C_6H_8(OH)_6$]; in der Natur weit verbreitet (z. B. Manna, Algen, Pilze, Zichorie, Olive); entsteht aus Mannose oder Fruktose durch Reduktion u. geht bei milder Oxydation in die beiden Zucker über; auch durch spez. Gärungsvorgänge aus Zuckern gebildet (Mannitgärung); im Harn normalerweise enthalten. [16]

Mannose: (D-Mannose; Seminose); eine Aldohexose $C_6H_{12}O_6$, teils im freien Zustand in Pflanzen vorkommend, meist als Baustein einer Reihe von Verbindungen, z. B. in Bananen (Steinnuß, Johannisbrot, Dattel- u. Palmkerne), ferner in komplexen Kohlenhydraten (Membran- u. Schleimsubstanzen, in Glykosiden usw.). [16]

Mannuronsäure ↑ Uronsäure der ↑ Mannose. [8]

Manometer ⟨*griech*⟩ *n:* Gerät zum Messen des Druckes in Flüssigkeiten u. Gasen. Im einfachsten Fall U-förmig gebogenes Glasrohr, das zum Teil mit einer Flüssigkeit (Quecksilber oder wäßriger Lösung) gefüllt ist; die Höhendifferenz in den beiden Schenkeln ist dann ein Maß für den Druckunterschied. Zur Messung geringer Druckunterschiede werden die Schenkel schräg gelegt. Bei den Metallmanometern wird die Durchbiegung einer dünnen federnden Metallplatte oder einer dünnwandigen Metallkapsel stark vergrößert an einem Zeigerwerk abgelesen. Für die Messung sehr hoher Drücke wird die Widerstandsänderung von Manganindraht oder die Bildung elektr. Spannungen an Quarzplatten (piezoelektr. Effekt) ausgenutzt. [54]

Manschette ⟨*lat, frz*⟩ *f:* Form eines empfindungsgestörten Hautbezirkes an den Extremitäten, für Simulation verdächtig. [34]

Manson, Sir Patrick (1844–1922), Tropenarzt, Hongkong, London.
M.-Antigen: isoliertes gereinigtes Antigen von geschlechtsreifen Darmpärchenegeln (Schistosoma mansoni) für die Komplementbindungsreaktion. [41]
M' Färbung: prakt. sehr brauchbare, alkalisierte Methylenblaufärbung für Blutausstriche, stellt rapid Blutparasiten, basophile Zellen, Polychromaten u. basophile Punktierung dar. [11]

Mansonia richiardii: Stechmückenart, bes. an den großen norddeutschen Seen sehr lästig. Larven kommen zum Atemholen nicht an die Wasseroberfläche, sondern bohren submerse Pflanzenteile an. [58]

Mantelkante: Übergang der dorsolateralen Großhirnkonvexität zur medialen Hirnoberfläche. [20]

Mantelkanten-Syndrom: neurolog. Symptomenkomplex bei doppelseitiger Schädigung der Mantelkante: spast. Diplegie, zentrale Blasen-Mastdarmstörungen, Sensibilitätsausfälle. [20]

Mantelzellen = Satelliten: zur Glia periphera gehörige, an der Oberfläche der Nervenzellen im Bereich des peripheren Nervensystems (z. B. sensible u. vegetative Ganglien) gelegene kleine Zellen, deren Bedeutung noch umstritten ist. [2]

Mantoux, Charles (1877–1947), Arzt, Le Cannet.
M' Reaktion (1908) ↑Mendel-Mantoux-Tuberkulinprobe. [15]

Manualhilfe: nichtoperative Geburtsleitung der Beckenendlagengeburt, wobei der Geburtshelfer ohne Eingehen in die Vagina die Spontangeburt mit der Hand (manual) dirigiert; Methoden nach Bracht, Müller, Veit, Smellie. [29]

Manubrium ⟨*lat*⟩ *n:* Henkel, Griff, Handgriff.
M. sterni: oberster Teil des Brustbeins. [1]

Manus ⟨*lat*⟩ *f:* die Hand; *Adj* manuell mit der Hand. [1]

Manusturpatio ⟨*lat*⟩: Selbstbefriedigung, ↑Onanie. [52]

marantisch ⟨*griech*⟩: *Adj* zu ↑Maramus; z. B. marant. Thrombose, Thrombose als Folge herabgesetzter Kreislauffunktion bei Marasmus. [4]

Marasmus ⟨*griech*⟩: allgemeiner Verfall, Kräfteschwund, meist als M. senilis (Alters-M.). [4]

Marchand, Felix (1846–1928), Pathologe, Leipzig.
M' Nebennieren: akzessor. Nebennieren in der ↑Plica lata. [5]

Marchesani, Oswald (1900–1953), Ophthalmologe, Hamburg.
M' Syndrom ↑Dystrophia mesodermalis. [36]

Marchiafava, Ettore (1847–1953), italien. Pathologe.
M' Anämie: chron. hämolyt. Anämie mit nächtlicher Hämoglobinurie = Anaemia Marchiafava-Micheli-Strübing. Erworbener Membrandefekt der Erythrozyten, Formveränderungen an den Erythrozyten fehlen, keine Heredität nachweisbar, keine patholog. Serumfaktoren vorhanden. Normaler Hämoglobinaufbau. Ätiologie u. Pathogenese noch nicht restlos geklärt. Untersuchungen des Erythrozytenstromas ergaben einzelne Abweichungen: Verminderung der erythrozytären Cholinesterase, Veränderungen des Lipidgehaltes. Auch die Ursachen der im Schlaf verstärkten Hämolyse sind unklar. Eine Verschiebung des *p*H oder ein Anstieg der CO_2-Spannung im Blut werden diskutiert. Klin. Bild: Ikterus, Milzvergrößerung, hämolyt. Anämie. Thrombosen sind gefürchtete Komplikationen. Prognose ist ungünstig. Behandlung schwierig, da jegliche Maßnahmen (gewaschene Erythrozyten, Leberpräparate, auch Heparin) die Hämolyse verstärken können. [11]
M.-Bignami' Syndrom ↑Balkendegeneration. [33]

Marfan, Jean Bernard Antonie (1858–1942), Pädiater, Paris.
M' Syndrom = Arachnodaktylie; Dolichostenomelie: familiär bedingtes Auftreten von Deformitäten am Skelett (exzessive Länge der Extremitätenknochen, bes. der Finger u. Zehen) mit Hypotonie der Muskulatur u. Stellungsanomalie sowie mangelhafter Anlage der Zähne. Angeborene Dysplasien am Auge (Linsenektopie, Megalokornea), am Ohr u. am Herzen (Ventrikelseptumdefekt). Bei fehlender Progression relatives Wohlbefinden u. Leistungsfähigkeit. Ätiolog. besteht wahrscheinlich eine dominant vererbbare gestörte Anlage des Mesenchyms. [1]

Margaritom ⟨*griech*⟩ *n* ↑Cholesteatom. [5]

marginalis ⟨*lat*⟩: zum Rand gehörig, am Rand befindlich. [1]

marginatus ⟨*lat*⟩: gerändert. [18]

Margines ⟨*lat*⟩ *m, Pl* von Margo: der Rand.
M. fibulares bzw. **tibiales digitorum pedis** (JNA) = M. laterales bzw. mediales digitorum pedis (BNA, PNA): die äußeren bzw. inneren Zehenränder.
M. radiales bzw. **ulnares digitorum manus** (BNA, JNA) = Facies laterales (radiales) bzw. mediales (ulnares) digitorum manus (PNA):

die äußeren (radialen) bzw. inneren (ulnaren) Fingerflächen (= Fingerränder). [1]

Margo ⟨*lat*⟩ *m:* der Rand; *Pl* Margines.

M. acutus lienis (JNA) ↑M. superior lienis (PNA).

M. aditus orbitae: der Rand der knöchernen Augenhöhle.

M. anterior (ulnae, radii, tibiae, fibulae): vordere Leiste (von Elle, Speiche, Schienbein, Wadenbein).

M. anterior pulmonis: der vordere Lungenrand.

M. anterior testis: der vordere, freie Rand des Hodens.

M. axillaris scapulae (JNA) ↑M. lateralis scapulae (PNA).

M. ciliaris iridis: der äußere Rand der Regenbogenhaut.

M. cranialis scapulae (JNA) ↑M. superior scapulae (PNA).

M. dexter et sinister uteri: re. u. li. Gebärmutterrand.

M. diaphragmaticus pulmonis (JNA) ↑M. inferior pulmonis (PNA).

M. falciformis (fasciae latae): der sichelförmige Rand (der Oberschenkelfaszie) am Hiatus saphenus.

M. frontalis ossis parietalis: der Vorderrand des Scheitelbeins.

M. inferior hepatis: der untere (vordere) Rand der Leber.

M. inferior lienis: der untere, stumpfe Rand der Milz.

M. inferior pulmonis: der untere Lungenrand.

M. interosseus (ulnae, radii, tibiae, fibulae): durch Anheftung der ↑Membrana interossea hervorgerufene Leiste (an Elle, Speiche, Schienbein, Wadenbein).

M. lacrimalis maxillae: der an das Tränenbein grenzende Rand des Oberkiefers.

M. lambdoideus ossis occipitalis: der der Sutura lambdoidea zugewandte Rand des Hinterhauptbeines.

M. lateralis (radialis) antebrachii: der äußere (radiale) Rand des Unterarmes.

M. lateralis humeri: der an der Speichenseite gelegene Rand des Oberarmknochens.

M. lateralis renis: der seitliche Nierenrand.

M. lateralis scapulae: der äußere, achselhöhlenwärts gelegene Rand des Schulterblattes.

M. lateralis unguis: der seitliche Rand des Finger-(Zehen-)nagels.

M. liber ovarii: der freie Rand des Eierstockes.

M. liber testis (JNA) ↑M. anterior testis. (PNA).

M. liber unguis: der freie Rand des Finger-(Zehen-)nagels.

M. linguae: der seitliche Zungenrand.

M. mastoideus ossis occipitalis: der dem Warzenfortsatz zugekehrte Rand des Hinterhauptbeines.

M. medialis glandulae suprarenalis: der mediale Nebennierenrand.

M. medialis humeri: der an der Ellenseite gelegene Rand des Oberarmknochens.

M. medialis renis: der mediale Nierenrand.

M. medialis scapulae: der innere, wirbelsäulenwärts gelegene Rand des Schulterblattes.

M. medialis tibiae: die mittlere Schienbeinkante.

M. medialis (ulnaris) antebrachii: der innere (ulnare) Rand des Unterarmes.

M. mesovaricus ovarii: der an einer Bauchfellduplikatur befestigte Rand des Eierstockes.

M. mesorchicus testis (JNA) ↑M. posterior testis (PNA).

M. nasalis ossis frontalis: der dem Nasenbein zugekehrte Rand des Stirnbeines.

M. obtusus lienis (JNA) ↑M. inferior lienis (PNA).

M. occipitalis ossis parietalis: der dem Hinterhauptbein zugekehrte Rand des Scheitelbeins.

M. occipitalis ossis temporalis: der dem Hinterhauptbein zugekehrte Rand des Schläfenbeines.

M. occultus unguis: der verborgene Rand des Nagels (der in der Nageltasche steckt).

M. parietalis ossis frontalis: der zum Scheitelbein gerichtete Rand des Stirnbeines.

M. parietalis ossis temporalis: der zum Scheitelbein gerichtete Rand des Schläfenbeines.

M. pedis lateralis (fibularis): der (wadenbeinseitige) Außenrand des Fußes.

M. pedis medialis (tibialis): der (schienbeinseitige) Innenrand des Fußes.

M. posterior radii: der Hinterrand der Speiche.

M. posterior testis: der hintere, mit einer Bauchfellduplikatur verwachsene Rand des Hodens.

M. posterior ulnae: der Hinterrand der Elle.

M. pupillaris iridis: der Innenrand der Regenbogenhaut.

M. sagittalis ossis parietalis: der der Pfeilnaht zugekehrte Rand des Scheitelbeines.

M. sphenoidalis ossis frontalis: der dem Keilbein zugekehrte Rand des Stirnbeins.

M. sphenoidalis ossis temporalis: der dem Keilbein zugekehrte Rand des Schläfenbeines.

M. squamosus alae majoris: der der Schläfenbeinschuppe zugekehrte Rand des großen Keilbeinflügels.

M. squamosus ossis parietalis: der der Schläfenbeinschuppe zugekehrte Rand des Scheitelbeines.

M. sternalis pulmonis (JNA) ↑M. anterior pulmonis (PNA).

M. superior glandulae suprarenalis: der Oberrand der Nebenniere.

M. superior lienis: der obere, scharfe, gekerbte Rand der Milz.
M. superior scapulae: der obere Rand des Schulterblattes.
M. supraorbitalis ossis frontalis: der der Augenhöhle zugekehrte Rand des Stirnbeines.
M. ventralis hepatis (JNA) ↑M. inferior hepatis (PNA).
M. vertebralis scapulae (JNA) ↑M. medialis scapulae (PNA).
M. volaris radii (JNA) ↑M. anterior radii (PNA).
M. volaris ulnae (JNA) ↑M. anterior ulnae (PNA).
M. zygomaticus alae majoris: der dem Jochbein zugekehrte Rand des großen Keilbeinflügels. [1]

Marie, Julien, zeitgen. Pädiater, Paris.
M' Syndrom: maligne dermato-pulmonale Retikuloendotheliose des Säuglingsalters. DD. Interstitielle plasmazelluläre Pneumonie.
M.-Sée' Syndrom: akutes gutartiges Hydrozephalie-Syndrom des jungen Säuglings bei Vitamin-A-Intoxikation. [32]

Marie, Pierre (1853–1940), Neurologe, Paris.
M' Krankheit: nach M. werden benannt 1. Akromegalie; 2. Heredoataxia cerebellaris; 3. Osteoperiostitis ossificans toxica; Ostéoarthropathie hypertrophiante pneumique. [5]

Marihuana ⟨*span*⟩ *n:* Bezeichnung für ↑Haschisch; Zubereitung aus den Inhaltsstoffen des Hanfes ↑Cannabis indica; Rauschgift; Drug dependence. [44]

Marinesco-Sjögren' Syndrom: seltenes Erbleiden mit Ataxie, Katarkt u. Oligophrenie. [33]

Marion, Henri, zeitgen. französ. Pädiater.
M' Syndrom: kongenitale Blasenhalsstenose durch submukose Fibrose bedingt, die mit fieberhaften Harnwegsinfektionen (Restharn!) einhergeht. [32]

Mariotte, Edme (1620–1648), französ. Physiker, Dijon, Paris.
M' Fleck: blinder ↑Fleck. [36]

Maritus ⟨*lat*⟩ *m:* Gatte, Sexualpartner. [18]

Mark: deutsche Bezeichnung mit verschiedener Bedeutung: 1. Rückenmark; 2. M., verlängertes ↑Medulla oblongata; 3. M. des Gehirns (weiße Substanz); 4. Knochenmark; 5. die Marksubstanz verschiedener Organe, bei denen Rinde u. Mark unterschieden wird (z. B. Niere, Nebenniere, Thymus). [1]
~ausstrich ↑Hämomyelogramm. [11]

Marker: genet. Merkmale von Viren, von bes. Bedeutung für die Differenzen von wilden u. attenuierten Stämmen, spez. bei Poliomyelitisviren. [50]

Mark|fibrom der Niere: umschriebene Knoten aus Bindegewebe, durch das erhaltene Harnkanälchen ziehen; örtliche Fehlbildung (Hamartom). [5]
~höhle: der im Knochen innerhalb der Substantia compacta, zwischen den Knochenbälkchen der Substantia spongiosa gelegene Raum, der von ↑Knochenmark ausgefüllt ist. [2]
~nagelung ↑Knochennagelung. [18]

Markraum, primärer: der bei Beginn der Verknöcherung im Knorpel sich bildende Markraum, der durch das Eindringen von peripheren Blutgefäßen in den Knorpel entsteht. Er ist mit prim. Knochenmark gefüllt, d. h. mit Blutgefäßen, Chondroklasten, Osteoblasten, Mesenchymzellen u. isolierten, zerfallenden Knorpelzellen. [3]

Markscheide: bisherige Auffassung aufgrund lichtmikrokop. Untersuchungen: myelinhaltige Hülle (↑Myelin) um den Achsenzylinder sog. markhaltigen Nervenfasern, bestehend aus röhrenförmigen, den Achsenzylinder umgebenden, Myelin enthaltenden Gliazellen (Neurolemmzellen). Durch elektronenopt. Untersuchungen konnte nachgewiesen werden, daß die Markscheide aus kompliziert gestalteten Lamellenspiralen besteht. Diese Lamellen werden von den Neurolemmzellen (Schwann) gebildet, indem Zytoplasmamembranen von diesen Zellen auswachsen u. den Achsenzylinder umwickeln; dabei bildet das Zytoplasma der Schwann' Zellen eine sehr dünne Proteinschicht, die beiderseits vom ↑Mesaxon begrenzt wird. Unter Mesaxon sind die miteinander verbundenen Zytoplasmamembranen der Schwann' Zellen zu verstehen, die aus feinen Lipidschichten bestehen. Diese Lipidschichten bilden die stark vergrößerte Zelloberfläche der Schwann' Zelle; ↑Nervenfasern. [2]

Markscheidenzerfall: der im Gefolge traumat. Durchtrennung, von Entzündungen u. Geschwülsten auftretende morpholog. u. chem. Abbau des Myelins der einzelnen Nervenfasern. Die Markscheide nimmt zunächst eine wabige Struktur an u. zerfällt danach in kettenförmig angeordnete Markballen mit einfacheren Fettverbindungen. Weiterer Abbau zu Neutralfetten, erreicht nach sechs Wochen seinen Höhepunkt; ↑Waller' Degeneration. [5]

Mark|schwamm = Carcinoma solidum medullare: undifferenziertes Karzinom mit Überwiegen der (epithelialen) Krebsstränge gegenüber dem Bindegewebe; Gegensatz ↑Szirrhus. [5]
~strahlen der Niere: zentraler Teil des Markstrahlläppchens. Die M. der Niere bestehen aus der Pars recta des Haupt- u. Mittelstückes, dem Überleitungsstück (dünner Teil der Henle' Schleife) u. dem Sammelrohr. [2]
~substanz des Kleinhirnes (Corpus medullare): besteht aus Nervenfasern u. Gliazellen. Zu den aufsteigenden Fasern gehören die

Kletterfasern, die zur Molekularschicht verlaufen u. mit den Dendriten der Purkinje' Zellen in synapt. Verbindung treten. Die ebenfalls die Erregung zur Kleinhirnrinde leitenden Moosfasern enden in der Körnerschicht im Bereiche der Glomeruli cerebellares. Neuerdings hat Jontow aufsteigende Fasern nachgewiesen, die am Zelleib der großen Körnerzellen synapt. enden. Zu den absteigenden Fasern gehören die Neuriten der Purkinje' Zellen. [2]

Marmorknochen-Krankheit: Syn. Osteopetrosis, Albers-Schönberg' Krankheit; genbedingte, familiärvererbbare, bereits im 3. Fetalmonat beginnende Mißbildung der Knochen mit zunehmender Ossifikation des Markraumes. Klin. Erscheinungen ähneln der ↑Osteomyelosklerose der Erwachsenen, zusätzlich Spontanfrakturen. [11]

Marsch|albuminurie: Albuminurie nach längeren Fußmärschen. [24]

~fraktur (Deutschländer): Ermüdungsbruch des II., seltener des III. Mittelfußknochens. [23]

~hämoglobinurie: Auftreten eines hämoglobinhaltigen Harns im Anschluß an anstrengende Märsche. Morpholog. unauffällige Erythrozyten, immunbiolog. normale Befunde. Das männliche Geschlecht wird bevorzugt befallen. Nach Davidson (1964) erfolgt die mechan. Hämolyse im Gefäßbereich der Fußsohlen. Unter Verwendung weicher Einlagen soll das an u. für sich harmlose Leiden zu vermeiden sein. [11]

~probe: bei Verdacht auf Nieren- oder Harnleiterstein wird der Morgenurin des Pat. mikroskop. auf das Vorhandensein von Erythrozyten untersucht; anschließend längerer Marsch u. hernach erneute Urinsedimentuntersuchung: wenn Erythrurie verstärkt, Stein höchstwahrscheinlich vorhanden. [24]

Marsdenia condurango: ein in Südamerika heim. Kletterstrauch, dessen Rinde, Cortex Condurango, pharmazeut. genutzt wird. Inhaltsstoffe: bitterschmeckendes, saponinartiges Glykosid Condurangin, äther. Öl, kautschukartige Substanzen, Harze, organ. Säuren, Stärke. Anwendung als Stomachikum. [44]

Marseille-Fieber: Boutonneuse-Fieber; fleckfieberähnliche Erkrankung, die im Mittelmeer, Nahen Osten u. in Teilen Afrikas beheimatet ist. Erreger durch Zecken übertragene Rickettsien (*Rickettsia conori*); ↑Fleckfieber. [40]

Marsh, James (1790–1846), Chemiker, Wollwich.

M' Probe: empfindlicher Arsennachweis. Das zu untersuchende Material (z.B. vergiftete Speisen, Mageninhalt) entwickelt in Gegenwart von naszierendem Wasserstoff flüchtige Arsenverbindungen (Arsenwasserstoff, AsH_3), wenn es arsenhaltig ist. Beim Durchleiten des AsH_3 durch eine glühende Glasröhre schlägt sich ein schwarzer Spiegel von metall. Arsen an deren Wandung nieder. [44]

Marshall, John (1818–1891), Chirurg, London.

M' Vene ↑V. obliqua atrii sinistri. [1]

Martin, August (1847–1933), Gynäkologe, Greifswald.

M' Handgriff ↑Wigand-Martin-Winckel' Handgriff. [29]

Martin, Eduard Arnold (1809–1875), Gynäkologe, Jena, Berlin.

M' Beckenzirkel: Zirkel mit nach innen gebogenen konkaven Branchen, Meßstab zur äußeren Beckenmessung. Wichtige Untersuchung im Rahmen der Schwangerenberatung. [29]

Martin, E., zeitgen. Arzt, Genf.

M.-Albright' Syndrom: familiäres Leiden mit hypokalzäm. Tetanie (refraktär gegen Parathormon), Minderwuchs, Adipositas, Debilität, verkürztem 4. u. 5. Finger. Ursache wahrscheinlich z.T. zentralnervös, z.T. ungenügendes Ansprechen der Nierentubuli auf Parathormon. [9]

Martiusgelb ↑Dinitronaphthol. [11]

Martorell, Fernando (*1906), Arzt, Barcelona.

M' Syndrom: symmetr. Unterschenkelgeschwüre bei Hypertonie infolge lokaler Gefäßspasmen u. endarterieller Proliferation. [9]

Maschinengeräusch ↑Ductus arteriosus Botalli. [10]

Masern = Morbilli: endem.-epidem.-pandem., aerogen übertragbare (nur im Falle des Todes meldepflichtige) Infektionskrankheit. Erreger Masernviren, Inkubation 9–11 Tage. Bizykl. fieberhafter, normierter Verlauf, katarrhal. Vorstadium mit Konjunktivitis u. bellendem Husten (Masernkrupp), Bedeutung der ↑Koplik' Flecke, exanthemat. Hauptstadium, Exanthembeginn hinter den Ohren, dann Gesicht u. übriger Körper in bestimmter Reihenfolge. Gefahren des akuten Kreislaufversagens (nach „innen geschlagene" Masern ohne Exanthem), der bakteriellen Sekundärinfektionen u. der Masernenzephalitis; Aktivierung einer Lungentuberkulose. Letalität 1–3%, lebenslange Immunität; virolog. Diagnose durch Erregerzüchtung aus Blut u. Nasen-Rachen-Sekret (die ersten 5 Krankheitstage) u. Antikörperbestimmung mit Hämagglutinations-Hemmungsreaktion oder Komplementbindungs-Reaktion. Symptomat. Therapie; bakterielle Mischinfektionen Chemotherapie. Prophylaxe, neben Isolierung, passive Immunisierung mit Gammaglobulinen, wirksame Anwendung innerhalb der ersten 5 Inkubationstage. Aktive Immunisierung mit Masernlebendimpfstoff; ↑Enders-Vakzine. [40]

~riesenzellen: vielkernige, von den Alveolarepithelien abstammende Riesenzellen bei Masernpneumonie, die auch bei Keuchhusten u. selten bei Diphtherie oder Grippe vorkommen. Riesenzellen (Warthin-Finkeldey' Riesenzellen) finden sich auch im Prodromalstadium der Masern in der Appendix u. im lymphat. Rachenring. [4]

~viren: 80–100 nm große RNS-Viren (↑Myxoviren); Erreger der ↑Masern. [40]

Masken|gesicht: starres Gesicht, Bewegungslosigkeit, Amimie (abgeschwächt Hypomimie); bei Parkinsonismus, doppelseitiger Fazialislähmung, Muskeldystrophie, Grippe-Enzephalitis; psych. bei Depression, Schreckreaktion, Schizophrenie. [34]

~narkose: Narkose unter Verwendung von Mund u. Nase bedeckenden Maskenkörpern aus weichem Gummi, Metall mit Weichgummibezug oder Plaste, in Verbindung mit Kreislauf- oder -Pendelsystemen. [27]

Maskulierung ⟨*lat*⟩: Vermännlichung.

Masochismus: von Krafft-Ebing nach dem Schriftsteller v. Sacher-Masoch (1835–1895) benannte Schmerzgeilheit; Wollust bei Erleiden von Schmerzen, Erniedrigungen usw., meist durch das andere Geschlecht; ↑Sadismus. [52]

Massa ⟨*lat*⟩: Masse; in der Rez. Bezeichnung für Träger- oder Füllstoffe, z. B. M. pilularum = Grundmasse für die Pillenzubereitung. [44]

Massa intermedia: Syn. Adhaesio interthalamica; Verklebungsstelle beider Thalami an ihrer medialen Fläche hinter dem Foramen interventriculare; kann fehlen. [20]

Massage ⟨*frz*⟩: Methode der physikal. Therapie. Anwendung einer Anzahl verschiedener Handgriffe wie Streichung, Reibung, Knetung, Walkung, Klopfung, Hackung, Klatschung, Erschütterung, Schüttelung. Zur mechan. Beeinflussung der Haut u. der darunterliegenden Gewebe mit nerval-reflektor. Wirkungen auf das Gefäßsystem, innere Organe, Stoffwechsel usw.; Bindegewebsmassage, Sportmassage, Krankenmassage, z. B. bei Erkrankungen u. Leiden des Bewegungsapparates, Kreislaufs usw. [46]

M., synkardiale: apparative, Ekg-gesteuerte, rhythm. Druck-Sog-Massage, durch die die Zirkulation im Blut- u. Lymphkreislauf angeregt wird. [46]

Maßanalyse = Titrieranalyse: chem. quantitative Analyse, bei der Lösungen bekannter Komponenten, aber unbekannten Gehaltes mit Lösungen bekannten Gehaltes (Normallösungen) bis zum Abschluß einer Reaktion zusammengebracht werden. Das Ende einer solchen Reaktion (Titration) wird meist durch einen Indikator festgestellt, d. h. mit Stoffen, die bei Abschluß der Reaktion z. B. einen Farbwechsel (Farbindikatoren) augenfällig verursachen; Beurteilung auch nach dem Auftreten bzw. Verschwinden von Niederschlägen; Heranziehen physikal. Methoden zur Endpunktbestimmung. Vorteil gegenüber der Gewichtsanalyse (Gravimetrie) ist die Zeitersparnis. Man unterscheidet Alkalimetrie, Azidimetrie, Oxymetrie, Jodometrie, Fällungsanalyse usw. [16]

Masse: Stoffmenge eines Körpers als Maß seiner Trägheit, Maßeinheit 1 kg = 1000 g. Beziehung zwischen Masse u. Energie wurde von Einstein durch die Formel $E = mc^2$ (c = Lichtgeschwindigkeit) dargestellt. [54]

Massen|bewegungen des jungen Säuglings: ohne äußere Reize drängen primitive Bewegungszeichen zur Entladung. Dies hängt mit der Unreife motor. Hirnzentren zusammen, die sich auch in spezif. Reflexen äußert; ↑Moro-Reflex. [32]

~blutung: meist auf der Grundlage eines Hochdruckes u. einer Arteriosklerose nach Zerreißung der Gefäßwand bes. im Gehirn entstehende große Blutung, die die Hirnsubstanz zerstört u. verdrängt u. in die Hirnkammern einbrechen kann; häufige Todesursache bei essentieller Hypertension; ↑Apoplexie. [5]

~impfungen: Impfaktionen zur Bekämpfung u. Lokalisierung seuchenartig auftretender Infektionskrankheiten (z. B. Pocken, Typhus, Cholera). [40]

~ligaturen: zur ↑Skelettierung innerer Organe werden deren zuführende Gefäße nicht einzeln auspräpariert, sondern in Gewebsbrücken – meist Fettgewebe in Mesenterien – inmitten ihres Fett-Bindegewebslagers unterbunden u. dann durchtrennt.

~reduktion, ~reposition: auch En-bloc-Reposition; beim Versuch, Darmschlingen aus dem Bruchsack in die Bauchhöhle zurückzubringen, wird der Bruch im ganzen unter die Bauchdecke neben den Bruchring geschoben (Scheinreposition), wodurch die Einklemmung nicht behoben wird. [18]

Massenwirkungsgesetz (Guldberg u. Waage, 1867): für eine Reaktion zwischen den Stoffen A u. B in den Konzentrationen a u. b unter Bildung der Stoffe M u. N nach der Gleichung $aA + bB = mM + nN$ gilt für den Fall des Gleichgewichts

$$\frac{[A]^a \times [B]^b}{[M]^m \times [N]^n} = K_c,$$

wo K_c eine von der Temperatur abhängige Konstante u. die in eckige Klammern eingeschlossenen Symbole die Konzentrationen als Grammolekeln pro Liter bedeuten. Bei der Bildung bzw. Verseifung von Estern

$$H_3C{\cdot}COO{\cdot}C_2H_5 + H_2O \rightleftharpoons H_3C{\cdot}COOH + C_2H_5OH$$

ist nach dem Massenwirkungsgesetz

$$\frac{[H_3C{\cdot}COO{\cdot}C_2H_5] \times [H_2O]}{[H_3C{\cdot}COOH] \times [C_2H_5OH]} = K_c.$$

Die Bildung von Estern wird stark beschleunigt, wenn das Wasser durch z. B. konzentrierte Schwefelsäure gebunden wird u. die Verseifung, wenn die gebildete Essigsäure durch Laugen aus der Reaktion entfernt wird. Für die Bildung u. den Zerfall von Jodwasserstoff $H_2 + J_2 \rightleftharpoons 2HJ$ gilt

$$\frac{[H_2] \times [J_2]}{[HJ]^2} = K_c.$$

Die Bildung von HJ kann sowohl durch die Erhöhung der H_2- wie der J_2-Konzentration vermehrt werden. Die Kenntnis des M. gestattet also die bewußte Lenkung chem. Reaktionen. [8]

Massenzahl: Nukleonenzahl (Atomgewicht); Kennziffer für die Isotope. Nach einem Beschluß auf dem 15. Kongreß der Internationalen Union für Chemie soll die Massenzahl li. oben neben das Elementsymbol geschrieben werden; z. B. ^{32}P, ^{198}Au; ↑Isotope. [54]

Masseter *⟨griech⟩ m:* Kurzbezeichnung für M. masseter (der vom Jochbogen zum Unterkieferwinkel ziehende große Kaumuskel). [1]

Masseterenklonus ↑Unterkieferreflex. [33]

Masseterreflex ↑Unterkieferreflex. [33]

Massini' Punktionsnadel: bogenförmige Kanüle mit plattenartigem Griffansatz, meist zur Venenpunktion benutzt. [18]

Masson, Antoine Philibert (1806–1860), Physiker, Paris.

M' Scheibe: Gerät zur Messung der Empfindlichkeit für geringste Helligkeitsunterschiede. Weiße Scheibe, auf der ein in gleichen Abständen durchbrechender schwarzer Radius eingezeichnet ist. Die Scheibe wird zur raschen Rotation um eine zentrale Achse gebracht. Dadurch erscheinen dem Beobachter dunkle Kreise, die desto dunkler gesehen werden, je näher sie dem Zentrum liegen, u. desto heller, je weiter sie davon entfernt sind. Je mehr Kreise eine Versuchsperson sieht, desto feiner ist ihr Empfindungsvermögen für Helligkeitsunterschiede. [36]

Mastalgie *⟨griech⟩* ↑Mastodynie. [29]

Mastdarm = Intestinum rectum oder einfach Rektum: der am After (Anus) mündende Enddarm, aus dem die Kotsäule ausgestoßen wird. Neuerdings bezeichnet man den letzten Abschnitt des Darmes von den Valvulae anales bis zum After als Analkanal (↑Canalis analis). [1]

~bruch: 1. Ausbuchtung des Mastdarms in einen Scheidenvorfall hinein (Rektozele); 2. Bruch, der sich durch die Muskelschicht der Mastdarmwand in die Mastdarmhöhle vorwölbt (Hernia in recto).

~fistel ↑Analfistel.

~karzinom: Mastdarmkrebs, bösartige Wucherung, von der Mastdarmschleimhaut ausgehend; erste Anzeichen: Blut- u. Schleimabgang unwillkürlich, dazu krampfhafter Entleerungsdrang ohne Ausscheidung. [18]

~scheidenfistel = Fistula rectovaginalis: Verbindungsgang zwischen Mastdarm u. Scheide. Abgang von Stuhl u. Winden aus der Scheide. Kann – selten – angeboren sein als Mißbildung oder infolge von Erkrankungen (bes. Krebs) oder Operationen auftreten. [29]

~schrunde: Mastdarmrhagade, Rhagade; sehr schmerzhafter, oberflächlicher Schleimhautriß am After. [18]

~tripper: gonorrhoische Mastdarmentzündung, bes. bei Frauen durch den aus der Scheide fließenden Eiter hervorgerufen; kann zu Stenose führen. Bei Männern durch homosexuelle Akte hervorgerufen. [43]

~verschluß: beim Neugeborenen zu beobachtende, in der frühen Embryonalzeit entstandene Hemmungsmißbildung im Bereich des Enddarmes u. Afters in verschiedener Variation, z. B. Atresia ani simplex: Verschluß des Anus durch eine dünne durchscheinende Membran, seltener durch normal entwickelte Haut u. Bindegewebe. Infolge der angelegten Analmuskulatur markiert sich die Stelle des Afters als Aftergrübchen. Atresia recti: als Blindsack oft ziemlich weit oberhalb der vorhandenen Afteröffnung (bzw. als Aftergrübchen) endendes Rektum. Die Analmuskulatur ist meist angelegt. Atresia ani et recti: vollständiges Fehlen des Aftergrübchens u. der Analmuskulatur, als Blindsack endendes Rektum in verschiedener Höhe des Beckeneingangs. Neben diesen Formen kommen noch Verschlußbildungen mit Nebenausmündungen vor. Die Prognose hängt von der Operationsmöglichkeit ab. Eine frühzeitige Operation ist anzustreben u. pflegt bei der Atresia ani relativ einfach (oft ist die Durchtrennung manuell möglich), bei der Atresia recti je nach Lage des Darmblindsackes schwieriger, bei der Atresia ani et recti wegen des hohen Sitzes des Rektums u. der fehlenden Aftermuskulatur nur in Form einer ↑Kolostomie möglich zu sein. Symptome des Mastdarmverschlusses: zunehmende Unruhe des Neugeborenen, Nahrungsverweigerung, Obstipation, Erbrechen, Auftreibung des Leibes, Ileussymptome. Gelingt die Operation nicht, gehen die Kinder an Intoxikation oder Peritonitis zugrunde. [32]

~vorfall: angeboren, häufiger erworben; bei fehlerhafter Anlage u. allgemeiner Bindegewebsschwäche. Verschiedene Grade des

Vorfalls vom Schleimhautvorfall, zumeist verbunden mit Hämorrhoiden, bis zum vollständigen ↑Prolapsus ani et recti. [5] Bei Frauen Vorfall durch die hintere Scheidenwand (Rektozele) durch das Septum rectovaginale. [18]

Master' Zweistufen-Test: Belastungsprüfung im Ekg, indem eine Zweistufentreppe auf- u. abgestiegen wird. Die Belastung wird je nach Alter u. Geschlecht verschieden dosiert. [10]

masticatorius ⟨*lat*⟩: zum Kauen gehörend. [1]

Mastigophora: Geißeltierchen, ↑Protozoen. [40]

Mastisol: Lösung von 20,0 Mastix (Harz der Pflanze Pistacia lentisca L.) in 50,0 Chloroform oder Benzol mit Leinölzusatz. Harz, das bei Bestreichen der Umgebung einer Wunde oder des Operationsfeldes klebt, schnell trocknet u. zur Befestigung von Verbänden benutzt wird. [44]

Mastitis ⟨*griech*⟩ *f:* Brustdrüsenentzündung, am weitaus häufigsten als M. puerperalis s. lactantium in der 2.–6. Woche nach der Entbindung auftretend. Erreger heute meist *Staphylococcus aureus* (oft penizillinresistent!). Eintrittspforte infolge Rhagaden (Schrunden) der Mamille, Ausbreitung parenchymatös, phlegmonös; Übertragung oft vom Kind auf die Mutter. Vor der Abszedierung Frühbehandlung oft erfolgreich (kalte Kompressen, entzündungshemmende Mittel). Nach Abszedierung Inzision meist unvermeidlich. Radiäre Inzision am gebräuchlichsten. Vorzuziehen ist die Operationsmethode nach ↑Bardenheuer. [29]

M. adolescentium: Brustdrüsenentzündung bei Jugendlichen (Knaben u. Mädchen). Die Ursachen sind meist traumat. Natur. [29]

M. chronica cystica ↑Mastopathia fibrosa cystica. [5]

M. neonatorum: Brustdrüsenentzündung der Neugeborenen; unabhängig vom Geschlecht vorkommende, nicht selten abszedierende Entzündung der durch die Plazentahormone stimulierten fetalen Milchdrüse; spontan, bes. aber nach dem verpönten Abdrücken der „Hexenmilch" vorkommend. [29]

Mastix ⟨*griech*⟩ *m:* braungelbes Harz von Pistacia lentisca, einem auf der Insel Chios kultivierten Baum. Es enthält äther. Öl, freie Harzsäuren, Resene u. einen Bitterstoff. In Chloroform oder Benzol gelöst wird es als ↑Mastisol verwendet. Die Mastixreaktion, eine ↑Kolloidreaktion, hat eine Bedeutung in der Liquordiagnostik. [44]

~reaktion ↑Kolloidreaktionen. [33]

Mastodynie ⟨*griech*⟩ *f:* schmerzh. Empfindungen in der Brust, gelegentl. mit Überempfindlichkeit u. Rötung der Haut kombiniert. [29]

Mastoid ⟨*griech*⟩ *n:* Kurzbezeichnung für Processus mastoides (Warzenfortsatz); *Adj* mastoideus warzenförmig, zum Warzenfortsatz gehörend. [28]

Mastoidektomie = Antrotomie: Entfernung des gesamten Proc. mastoides. [28]

Mastoiditis ⟨*griech*⟩: Entzündung der Schleimhaut in den lufthaltigen Räumen des Warzenfortsatzes (Proc. mastoides) im Verlauf von Mittelohrentzündungen; führt oft bei akuten Prozessen zur Knocheneinschmelzung u. zum Durchbruch des Eiters in die Weichteile bzw. die Schädelhöhle; ↑Bezold' Mastoiditis. [28]

M., okkulte: bei Säuglingen kann eine Mastoiditis (Antritis) bestehen, die örtlich keine erkennbaren Erscheinungen (weder Druckschmerz noch Schwellung über dem Mastoid) verursacht. [32]

Mastokalziphylaxie: bes. Form der ↑Kalziphylaxie; durch Provokatoren, welche eine Entladung der Mastzellen bewirken, erfolgt am Ort der Heparinfreisetzung eine Verkalkung. [4]

Mastomenie ⟨*griech*⟩ *f:* period., mit Blutung einhergehende Sekretion aus der Mamille anstatt einer Monatsblutung; sehr selten. [29]

Mastopathie ✱ **Mastopathia** ⟨*griech*⟩ *f:* Erkrankung der Brustdrüse.

M. chronica cystica: Schrotkugelbrust; Mamma mit multipler Zystenbildung. Harmlose, wenn auch schmerzhafte Veränderung, jedoch kann gelegentlich auch eine bösartige Geschwulst daraus entstehen. [29]

M. fibrosa cystica: Zystenmamma; hormonal bedingte Wucherung von Drüsen u. Bindegewebe in der Brustdrüse mit Ausbildung von Zysten. Unterschieden werden eine einfache gutartige Form u. eine proliferierende Form, die den Boden für die Entwicklung eines Brustkrebses bereiten kann; ↑Mammakarzinom. [5]

Masto|pexie ⟨*griech*⟩: Fixierung der Hängebrust, Methodik der ↑Mammaplastik. [18]

~ptose ↑Mamma pendulans. [29]

~tomie = Antrotomie: Aufmeißelung des Warzenfortsatzes u. Ausräumung aller erreichbaren Zellen unter Eröffnung des Antrum mastoideum (Schwarze, 1875). Indikation bei Otitis media acuta mit Knocheneinschmelzung des Warzenfortsatzes (Mastoiditis). [28]

Mastozytose der Haut = Urticaria pigmentosa (Nettleship): in früher oder späterer Kindheit oder im Erwachsenenalter auftretende Dermatose mit flachen, gelbbraunen, nach Reiben urtikariell werdenden Papeln. Verschiedene Abarten möglich (Tumoren, Blasen). Bei der diffusen Mastozytose Hautveränderungen mit Hepatosplenomegalie, evtl. auch Lymphknotenbeteiligung (Reticulosis mastocytica), manchmal leukäm. Mastzellenretikulose. Histolog. zahlreiche Mastzellen im Gewebe, Mastzellgranula enthalten Mukopolysaccharide u. bilden Heparin („Heparinozyten"), Histamin u. Serotonin. [43]

Masturbation ⟨*lat*⟩ ↑ Onanie. [52]

Mastzellen: ↑ Heparinozyten; im Blut u. in Geweben relativ selten anzutreffende Zellen mit leicht löslichen, auffallend metachromat. basophilen Granula, die Heparin u. andere Mukopolysaccharide enthalten. Die Gewebsmastzellen entstehen im perivaskulären Bindegewebe, werden dem RES zugerechnet u. nicht ins Blut ausgeschwemmt.

~leukämie: 1. prim. Form mit über 40% basophilen Granulozyten im Blut, akut verlaufend, sehr selten; 2. sek. Form als Varietät der chron. ↑ Myelose meist im Endstadium.

~retikulose: exzessive, lokalisierte oder generalisierte Vermehrung der Mastzellen mit starker Faserbildung, teils reaktiver, teils tumoröser Natur, selten; ↑ Mastozytose. [11]

Masugi-Nephritis: Masugi (1935) erzeugte im Tierexperiment eine der menschlichen patholog.-anatom. wie klin. gleichende akute diffuse ↑ Glomerulonephritis. Die Versuchsanordnung erwies eine Antigen-Antikörper-Reaktion als wesentlichen Faktor in der Entstehung der Glomerulonephritis. [5]

Mate ⟨*indian*⟩ *m:* Paraguaytee, südamerikan. Tee; es sind die getrockneten Blätter (Folia Mate) von Ilex paraguariensis, eines in Paraguay u. Südbrasilien vorkommenden Strauches. Inhaltsstoffe sind ↑ Purinderivate (Koffein 0,8–1,2% u. Theobromin), Gerbstoffe, äther. Öl, Harz. Genußmittel, das durch seinen Koffeingehalt anregend auf das ZNS wirkt u. diuretisch. [44]

Mater ⟨*lat*⟩ *f:* die Mutter; wird in der Anatomie im Sinne von Umhüllung gebraucht (↑ Gebärmutter!); z. B. Dura mater oder harte Hirnhaut u. Pia mater oder weiche (eigentlich: fromme) Hirnhaut. [1]

Maternität ⟨*lat*⟩: Mutterschaft. [29]

Maternitätstetanie: tetan. Zustände bei Graviden u. Wöchnerinnen. [29]

Matricaria chamomilla: echte Kamille. Inhaltsstoffe: äther. Öl, Chamazulen, Parnesen, Sesquiterpenalkohole (1-(-)-Bisabolol), Matricarin, Matricin, Cholin, Kumarinderivate, flavonoide Verbindungen. Anwendung als Kamilleninfus: 1. peroral als Spasmolytikum bei Erkrankungen des Magen-Darm-Kanals u. der Gallenwege, als Karminativum u. mildes Antidiarrhoikum; 2. lokal: antiphlogist. Wirkung. [44]

Matrimonium ⟨*lat*⟩ *n:* die Ehe. [52]

Matrix ⟨*lat*⟩ *f:* Keimschicht; Schicht, in der etwas gebildet wird, z. B. Nagelmatrix. In der Geschwulstlehre das Gewebe, das als natürliches Vorbild eines Tumors angesehen wird. [5]

Matrizentheorie: Immunitätstheorie (Haurowitz), nach der die Antikörperbildung in immunglobulinsynthetisierende Zellen nach Aufnahme u. längerem Verbleib des Antigens in der Zelle erfolgt. Das Antigen bzw. dessen Determinante prägt die entstehenden Globulinmoleküle an typ. Stelle zu spiegelbildlich konformierten spezif. Antikörperglobulinmolekülen um; ↑ Klon-Selektionstheorie. [40]

Matroklinie ⟨*lat, griech*⟩ *f:* Ähnlichkeit des Bastards mit der Mutter (↑ Patroklinie). [3]

Maturation ⟨*lat*⟩ (Reifung): spez. Phase innerhalb des Virusreplikationszyklus, die Reifung des Virion, d. h. der Zusammenbau aus seinen Grundkomponenten Nukleinsäure u. Virusprotein, erfolgt allgemein im Zytoplasma der Wirtszelle nach einer Art Kristallisationsprozeß, für den keine zusätzliche Energie erforderlich ist; ↑ Self-Assembly. [50]

Maturitas ⟨*lat*⟩ *f:* Reife; verwendet meist als Eigenschaftswort maturus, z. B. in der Augenheilkunde in Cataracta matura (Katarakt) u. allgemein z. B. für Geschlechtsreife. [36]

Mathieu, Albert (1855–1917), Internist, Paris.

M' Krankheit: Bezeichnung der Franzosen für ↑ Weil' Krankheit. [40]

Mathieu, R. (gest. 1901), Instrumentenmacher, Paris.

M' Spekulum: Scheidenspekulum aus Metall, bestehend aus vorderem u. hinterem Blatt. [29]

Matratzennaht ↑ Kürschnernaht. [18]

M. praecox: vorzeitige Reife; als normale untere Grenze der Reife wird gewöhnlich das Alter von 9–10 Jahren angenommen; ↑ Pubertas praecox. [12]

matutinus ⟨*lat*⟩: morgendlich; z. B. Vomitus matutinus morgendliches Erbrechen. [18]

Maulbeer|form der Erythrozyten: Gestaltsänderung, die die roten Blutkörperchen nach Schrumpfung unter dem Einfluß hyperton. Lösungen aufweisen; ↑ Stechapfelform. [11]

~stadium: Entwicklungsstadium; ↑ Morula. [3]

~steine: dunkelbraune bis schwarze höckrige oder stachlige in Niere oder Blase zu findende Steine aus Kalziumoxalat, die in Größe u. Aussehen den Maulbeeren ähnlich sind. [24]

Maul- u. Klauenseuche: Syn. Aphthenseuche, Stomatitis epidemica; enzoot.-epizoot. Seuche der Rinder, Ziegen, Schafe u. Schweine, die gelegentlich durch Kontakt auf den Menschen übertragen wird. Erreger Maul- u. Klauenseuche-Viren (3 Serotypen mit zahllosen Subtypen). Inkubation 3–5 Tage.

Gutartiger, mit Fieber einhergehender schmerzhafter Bläschenausschlag an Hand, Fuß, Lippen oder im Mund. Typspezif. mehrjährige Immunität. Virolog. Diagnose durch Erreger-Nachweis aus Bläscheninhalt in der Meerschweinchen-Fußsohle. Prophylaxe durch veterinärpolizeiliche Absperrung, Ausmerzung der befallenen Tierbestände, aktive Immunisierung der Tiere (polyvalente Totvakzine), Pasteurisierung der Milch. [40]

Maul- u. Klauenseuche-Viren: etwa 20 nm große RNS-Viren, Erreger der kosmopolit. auftretenden ↑Maul- u. Klauenseuche. [40]

Maulwurfhand: kurze breite Hand u. Finger beim angeborenen Kretinismus. [23]

Maurer-Körnelung (M., Georg, Arzt auf Sumatra): Perniziosafleckung; bei ↑Malaria tropica. Auftreten von unregelmäßigen, tiefroten Flecken in den Erythrozyten, z. B. nach Giemsafärbung. [41]

Mauriac, Pierre, zeitgen. französ. Arzt.

M' Syndrom: kindlicher ↑Diabetes mellitus mit Lebervergrößerung, Zwergwuchs u. Infantilismus. Dabei besteht eine schwere Kohlenhydratstoffwechselstörung mit paradoxer Glykogenspeicherung, häufig auch Fettablagerung in der Leber. Das M. Syndrom wird auf eine Minderwertigkeit des insulären u. kontrainsulären Systems bezogen u. als eine zwischen dem Diabetes mellitus u. der Glykogenspeicherkrankheit stehende Stoffwechselstörung angesehen. [5]

Mauriceau, François (1637–1709), Vorstand des Chirurgenkollegiums vom Hl. Kosmas in Paris. Empfahl als geburtshilfliche Maßnahme häufigere Anwendung der Wendung auf die Füße.

M.-Levret' Handgriff ↑Veit-Smellie' Handgriff. [29]

Mäuse- bzw. Ratteneinheit: *Abk* M.E.; eine von Biedl eingeführte Standardisierung des Hypophysenvorderlappenhormons, die heute kaum mehr gebraucht wird, da internationale Maßeinheiten an ihre Stelle getreten sind. Es ist die kleinste Hormonmenge, die in drei Einzeldosen innerhalb eines Tages bei weiblichen Mäusen oder Ratten zum Verschwinden der Leukozyten u. Auftreten von kernlosen Epithelien im Scheidenabstrich führt. [12]

Mäuse|leukämie: bei Versuchsmäusen entdeckte spez. Leukämie, die sich durch längere Fortzüchtung der Stämme sehr stark steigern läßt, so daß schließlich der größte Teil aller Tiere spontan erkrankt. Die Anlage ist vererbbar, wichtiges Studienobjekt. [11]

~typhusbazillus: Bezeichnung für *Salmonella typhi murium.* [41]

Maxilla ⟨*lat*⟩ *f:* der Oberkiefer; *Adj* maxillaris zum Oberkiefer gehörend. [4]

Maximaldosis: amtlich festgelegte Höchstabgabemenge eines Arzneimittels, die nach klin. Erfahrungen für jede Applikationsart eines Arzneimittels gesondert festgelegt wird u. im Bereich zwischen der therapeut. u. tox. Dosis für Erwachsene liegt. Eine Überschreitung der M. muß auf dem Rezept gekennzeichnet werden durch ein Ausrufezeichen, das hinter die Dosisangabe gesetzt werden muß. Mit dieser Kennzeichnung übernimmt der Arzt die Verantwortung für alle Konsequenzen, die sich aus der Überhöhung der Dosis ergeben (z. B. Atropin bei Parkinsonismus). Für eine große Anzahl der im DAB 7 angeführten Stoffe u. Zubereitungen sind Maximaldosen für die Einzel- u. Tagesgaben bei einer Verordnung festgelegt. [44]

May, Franz Anton (1742–1814), Arzt, Heidelberg. Erkannte Beziehungen zwischen ↑Gesundheit u. sozialer Lage; „Entwurf einer Gesetzgebung über die wichtigsten Gegenstände der medizinischen Polizei als Beitrag zu einem neuen Landrecht in der Pfalz" (1800). [48]

May, Richard (1863–1937), Kliniker, München.

M.-Grünwald-Färbung: methylalkohol. Methylenblau-Eosinlösung für Blutkörperchenfärbung (1902). Vorzug besteht in fixierender Farblösung, die nach Wasserzusatz Körnchen u. reife Kerne der Granulozyten gut färbt, der aber der ↑Romanowski-Effekt fehlt.

M.-Grünwald-Giemsa-Färbung: von Pappenheim angegebene Kombination; panchromat. Färbung. Vorzug ist deutlichere Darstellung der Granula u. der Kernstruktur der Leukozyten.

M.-Hegglin' polyphile Reifungsstörung: sehr seltene erbliche Reifungsstörung der Granulozyten u. Monozyten mit Auftreten einer herdförmigen Basophilie im Zytoplasma der Zellen u. Ausbildung von Riesenthrombozyten, deren funktionelle Minderwertigkeit zur hämorrhag. ↑Diathese führt. [11]

Maydl' Operation (1894): Einpflanzung der Harnleiter mitsamt dem Trigonum vesicae en bloc in das untere Sigma bzw. obere Rektum zur Therapie der ↑Ectopia vesicae urinariae. [24]

Mayer, Karl Wilhelm (1795–1868), Gynäkologe, Berlin.

M' Ring: Gummipessar bei Gebärmuttervorfall.

M' Spekulum: Milchglasspekulum zur Entfaltung der Scheide. [29]

Mayer, Karl (1862–), Psychiater, Innsbruck.

M' Grundgelenkreflex: bei starker passiver Beugung der vier ulnaren Finger in den Grundgelenken wird der Daumen opponiert, adduziert, im Grundgelenk gebeugt u. im Endgelenk gestreckt. Physiolog., aber inkonstanter

Reflex, dessen (bes. einseitiges) Fehlen als Pyramidenzeichen in Betracht zu ziehen ist. [33]

Mayer, S. (*1889), Physiologe, Prag.

M' Blutdruckwellen: langsame Schwankungen des mittleren arteriellen Blutdruckes um ±10 mm Hg mit einer Periodendauer von 20–30 s. Sie sind bes. ausgeprägt bei abgesunkenem Blutdruck u. bei Sauerstoffmangel. In beiden Fällen werden die Chemorezeptoren des ↑Karotissinus gereizt, was über die Vasomotorenzentren im verlängerten Mark zu einem Anstieg des Blutdruckes u. einer vertieften Atmung führt. Auf Grund dessen verschwindet die Chemorezeptorenreizung, u. der Zyklus beginnt von neuem; ↑Traube-Hering' Wellen. [7]

Mayo, Charles (1865–1939), Chirurg, Gründer (mit seinem Bruder) der Mayo-Klinik in Rochester (USA).

M' Tubus: ein zum Offenhalten der oberen Atemwege im Rachenbereich bestimmtes Instrument bei der Vollnarkose.

M' Operation: durch Sehnenblattdoppelung erzielte bes. Nahtsicherung beim Verschluß großer Nabelbrüche. [18]

Mazeration ⁎ **Maceratio** ⟨*lat*⟩ *f:* 1. Erweichung, die abakterielle enzymat.-autolyt. Veränderung abgestorbenen Gewebes (abgestorbene Frucht); 2. Auszug einer Droge mittels Wasser bei Zimmertemperatur. Die Dauer der Extraktion beträgt 30 min. Nach der Extraktion wird der Rückstand durch Kolieren abgetrennt.

M. des Knochens: dabei wird durch bestimmte Verfahren die Fäulnis beschleunigt, um die organ. Anteile des Knochens zu zerstören u. um so ein reines Knochenpräparat zu erhalten. [1]

MBF: *Abk* für m-Bromphenylcholinäther. Es führt zu einer Erregung der vegetativen Ganglien. [44]

mcd: *Abk* für Millicurie détruit; ↑mgh. [59]

McGregor' Linie: Syn. Basallinie; Verbindungslinie zwischen Hinterrand des harten Gaumens u. unterstem Punkt des Os occipitale. Der Dens axis liegt bei basilarer Impression mehr als 1/2 cm über dieser Linie. [20]

mch: *Abk* für Millicuriestunde; ↑mgh. [59]

MCL: *Abk* für Medioklavikularlinie (↑Linea mamillaris). [1]

McMaster' Krankheit: aseptische ↑Knochennekrose der Sitzbeinhöcker. [5]

MdE ↑Erwerbsminderung.

M. D. S.: *Abk* in der Rez. für misce, da, signa: mische, verabreiche u. bezeichne. [44]

Meatomie ⟨*lat, griech*⟩ *f:* plast. urolog. Operation zur Erweiterung der äußeren Harnröhrenmündung. [24]

Meatus acusticus ⟨*lat*⟩ *m:* Gehörgang. [28]

Meatusstenose ⟨*lat, griech*⟩: angeborene oder erworbene Verengung der Harnröhrenmündung. [5]

Meckel, Joh. Friedrich (1781–1833), vergleichender Anatom, Halle. Schüler von Cuvier.

M' Divertikel: Rest des embryonalen Dotterganges, der bei etwa 2% der Menschen als eine 6–10 cm lange Ausstülpung des Mitteldarmes erhalten bleibt; ↑Ductus omphaloentericus.

M' Knorpel: der embryonal angelegte Knorpel, der die Grundlage bildet für den Hammer (Gehörknöchel) u. den als Belegknochen sich überlagernden Unterkiefer (Dentale); ↑Kiemenbögen. [3]

Meckerstimme ↑Ägophonie. [9]

Medawar, Peter, Brian (*1915), Zoologe, vergleichender Anatom, London. 1960 Nobelpreis (mit Burnet, Frank Macfarlane) für die Entdeckung der erworbenen immunolog. Toleranz. [53]

Media ⟨*lat*⟩ *f:* Kurzbezeichnung für Tunica media, die mittlere Schicht der Gefäßwandung; bei Arterien muskulären Types, bestehend aus rechtwinklig zur Gefäßachse verlaufenden Zügen glatter Muskulatur mit spärlich dazwischenliegenden elast. Fasern; bei Arterien elast. Typs, bestehend aus elast. Membranen u. dazwischenliegenden glatten Muskelfasern (↑Benninghoff' Spannmuskeln); bei Venen u. Lymphgefäßen bestehend aus spiralig, ringförmig (seltener) oder auch parallel zur Gefäßachse verlaufenden Muskelfasern mit dazwischenliegenden elast. Fasern. Bes. kräftige Entwicklung der muskulären Elemente ist bei Venen der unteren Körperhälfte zu beobachten. [2]

medial ⁎ **medialis** ⟨*lat*⟩: nach der Mittelebene des Körpers zu gelegen. [1]

Medianebene: die durch die Medianlinie gelegte Sagittalebene, die den Körper in symmetr. Hälften teilt. [1]

Medianekrose ⁎ **Medionecrosis** ⟨*lat, griech*⟩ *f:* herdförmiger Gewebsuntergang in der mittleren Wandschicht von Arterien aus unbekannter, tox. oder traumat. Ursache, auch bei örtlichen Ernährungsstörungen, bes. in der Aorta (Medionecrosis aortae). Ausheilung in Narbengewebe; auch Gefäßwandzerreißung möglich, selten Ausbildung von Aneurysmen. [5]

Medianlinie: die durch die Mitte des Körpers gelegte Vertikale. [1]

medianus ⟨*lat*⟩: in der Mitte liegend; auch als Kurzbezeichnung für N. medianus. [1]

Medianus|lähmung: Lähmung der N. medianus; Symptome sind: Schwächung der Pronation des Vorderarmes, der Beugung des Handgelenks (bes. auf der radialen Seite), Ausfall der Beugung im Mittel- u. Endgelenk der 3 radialen Finger („Schwurhand"), mangelhafte Daumenopposition. Der Daumen steht mit den übrigen Fingern in einer Ebene („Affenhand"). Die Muskelatrophien treten bes. am Daumenballen in Erscheinung. Sensibilitätsstörungen (oft auch Atrophie der Haut) im Ausbreitungsgebiet des Nerven an Hand u. Fingern.

~phänomen: Krampf im Medianusgebiet bei Druck auf den Nervenstamm: Tetanie-Symptom. [33]

Mediasklerose ⟨*lat, griech*⟩ (Mönckeberg) ↑ Mediaverkalkung. [5]

mediastinal ⚹ **mediastinalis** ⟨*lat*⟩: zum Mittelfell gehörend. [1]

Mediastinal|emphysem: Ansammlung von Gas im Mittelfellraum 1. durch gasbildende (putride) Infektionserreger, z. B. nach Ösophagus- oder Kavernenperforation; 2. durch Luft, die infolge einer Verletzung der Trachea oder des Bronchialbaumes, auch bei Pneumothorax u. Pneumoperitoneum mit jeder Ateminspiration in das Mittelfell eintritt u. eine solche Drucksteigerung verursachen kann, daß es zu Einflußstauungen ins Herz durch Kompression der großen Venen mit tödlichem Ausgang kommen kann. [18]

~flattern: seitliche Pendelbewegung des Mittelfells (Mediastinum) durch die Atmung bei offenem Pneumothorax u. nach Plastikoperation mit erheblicher Beeinträchtigung der Tätigkeit von Herz u. Kreislauf. [9]

~hernien: Impressionen der Pleura mediastinalis, die erst bei Pleuradruckschwankungen wie beim offenen Pneumothorax oder bei Anlage eines Pneumothorax, zu Ausbuchtungen der Pleura ins hintere Mediastinum nach der Gegenseite hinführen. Kaum gebräuchliche Bezeichnung. [18]

~raum ↑ Mediastinum. [1]

~tumoren: Geschwülste des Mediastinums, z. B. retrosternale Strumen, Sarkome, Lymphogranulomatose, Lymphknotenmetastasen, kontinuierlich fortwachsende Bronchial-, Pleura-, Ösophaguskarzinome, auch Aortenaneurysmen usw. [25]

Mediastinitis: Entzündung des Mediastinum durch prim. Verletzung von außen her (Schuß, Stich) oder sek. durch Ausbreitung von einer Entzündung eines Mediastinalorgans aus (Ösophagus, Trachea, Hiluslymphknoten). Auch kann die Entzündung von einem Halsorgan ausgehen u. sich entlang von Faszienspalträumen ins Mediastinum senken. – Sehr selten hämatogen-metastat. Komplikation bei Sepsis. [18]

Mediastino|graphie: röntgenolog. Darstellung des Mediastinums mit wasserlöslichem Kontrastmittel. [20]

~perikarditis: Herzbeutelentzündung, die von einer Infektion des Mediastinum auf das Perikard übergreift. Die Mediastinopericarditis adhaesiva (Morbus Friedreich) geht mit Verwachsung in die Umgebung einher; ↑ Broadbent' Zeichen. [18]

~skopie: Betrachtung des oberen ↑ Mediastinums durch das Mediastinoskop nach kollarer ↑ Mediastinotomie.

~tomie: Eröffnung des Mediastinums; 1. extrapleural, von vorn durch das Brustbein oder von hinten paravertebral; 2. transpleural, Eröffnung nach Rippenresektion durch Spaltung der Pleura mediastinalis; 3. kollar, vom Kocher' Kragenschnitt aus. Eröffnung vom Halse her. [18]

Mediastinum ⟨*lat*⟩ *n:* Mittelfell; ein die beiden Pleurasäcke bzw. Lungen voneinander trennender, sagittal gestellter, z. T. spaltförmiger, von lockerem Bindegewebe u. zahlreichen Organen (Herz, große Gefäße, Thymus, Luft- u. Speiseröhre, Nerven, Lymphknoten) erfüllter Raum in der Brusthöhle, der vom Brustbein bis zur Brustwirbelsäule reicht. [1]

Mediator ↑ Überträgerstoffe. [7]

Mediaverkalkung: herdförmige Kalkablagerungen in der mittleren Wandschicht von Arterien; fast nur im Alter, selten bei jüngeren Menschen infolge von Mineralstoffwechselstörungen (Vitamin-D-Überdosierung). Die M. gehört zur Arteriosklerose im weiteren Sinne; ↑ Mönckeberg' Mediasklerose. [5]

Medikation ⟨*lat*⟩: Arzneiverordnung, -verschreibung. [44]

Medin, Karl Oskar (1847–1927), Pädiater, Stockholm.

M' Krankheit ↑ Poliomyelitis. [40]

Medinawurm ↑ *Dracunculus medinensis.* [58]

Medioklavikularlinie: von der Mitte des Schlüsselbeines senkrecht nach abwärts gezogene Linie. [34]

Medionecrosis aortae ⟨*lat, griech*⟩ ↑ Medianekrose. [10]

Mediorotationsbruch ↑ Inversionsbruch. [23]

Medipestviren: unter dieser Bezeichnung werden aus Masern (measles)-, das Staupe (distemper)- u. das Rinderpestvirus zusammengefaßt. Sie wurden 1966 durch Melnick in die Paramyxovirusgruppe eingegliedert. Die immunolog. Verwandtschaft beruht auf der Basis einer gemeinsamen Antigenkomponente. [50]

Meditation ⟨*lat*⟩: bes. Form des Nachdenkens, ein In-sich-Versenken. Überlassen dem eigenen Gedankenstrom mit eingeengtem Bewußtsein u. herabgesetzter Spontaneität. [34]

Mediterrananämie ⟨*lat, griech*⟩ ↑ Thalassämie. [11]

Medium ⟨*lat*⟩ *n:* Mittel, ⟨*frz*⟩ Milieu; 1. Stoff, in dem sich ein physikal. (z. B. Lichtausbreitung) oder chem. Vorgang (z. B. saures oder alkal. Medium) abspielt; 2. von den Anhängern des Spiritismus u. anderen Sekten als Mittler zwischen der wirklichen u. der „Geisterwelt" betrachtete Personen. Vielfach handelt es sich bei diesen selbst um sog. „Sensitive", Menschen mit gewissen, an Hysterie erinnernden Einzelzügen oder auch mit ausgesprochen hyster. anmutendem Gesamtgepräge. [35]

Medizin *⟨lat⟩ f:* 1. Heilkunde; die ärztliche Wissenschaft vom gesunden u. kranken Menschen. Sie umfaßt die Gesamtheit aller Maßnahmen in Wissenschaft, Forschung u. Praxis, die Gesundheit des Menschen zu fördern, Krankheiten vorzubeugen, zu heilen oder zu lindern, sowie Folgen von Dauerschäden oder Leistungsminderung auf das geringste Maß herabzusetzen. Demzufolge sind die tragenden Säulen der Medizin die Prophylaxe, Diagnostik, Therapie u. Metaphylaxe sowie Rehabilitation. Mit ihren Disziplinen Anatomie, Histologie, Embryologie, Genetik, Physiologie, Biochemie, Biophysik, Nuklearmedizin, Pharmakologie, Toxikologie, Pathologie, Ethnologie, Anthropologie, Psychologie ist die Medizin eine Naturwissenschaft. Die ständig sich erweiternden Erkenntnisse der medizinischen Wissenschaft erfordern eine immer weitere Spezialisierung u. Aufteilung in z. B. Innere Medizin, Hämatologie, Chirurgie, Herzchirurgie, Orthopädie, Traumatologie, Urologie, Anästhesiologie, Gynäkologie u. Geburtshilfe, Pädiatrie, Neonatologie, Ophthalmologie, Neurologie, Neurochirurgie, Psychiatrie, Stomatologie, Dermatologie, Venerologie, Otorhinolaryngologie, Röntgenologie, Radiologie, Physiotherapie, Arbeitsmedizin, Sozialhygiene, allgemeine Hygiene, Mikrobiologie, Epidemiologie, Sportmedizin, gerichtliche Medizin; ↑Medizin-Soziologie. 2. Arzneimittel. [0]

M., psychosomatische: dieser Zweig der M. legt besonderen Wert auf die Bedeutung seelischer Vorgänge (der Psyche) für Entstehung u. Ablauf körperlicher (somatischer) Krankheiten, sowohl funktioneller als auch organischer.

M., soziale: ↑Sozialhygiene; im angelsächs. Sprachgebrauch auch Bezeichnung für medizin. Fragen auf dem Gebiet der Versicherung (Versicherungsmedizin). [48]

Medizin-Meteorologie: moderne Bezeichnung für das von den beiden Wortbestandteilen bezeichnete Grenzgebiet mit vorwiegender Beziehung auf den Menschen, bes. den Kranken. Weitere Begriffe sind Bioklimatologie, Meteorobiologie, speziellere Meteorophysiologie, Meteoropathologie. [13]

Medizin-Soziologie: Teilgebiet der Soziologie; erforscht die sozialen Bedingungen u. Beziehungen von Menschen im Zusammenhang mit ↑Gesundheit u. Krankheit. Zwei Hauptrichtungen der Medizin-Soziologie: a) Soziologie in der Medizin (medizin. Soziologie), untersucht den Einfluß der sozialen Bedingungen u. Beziehungen der Menschen auf den Gesundheitszustand im allgemeinen sowie auf Krankheitsverursachung u. -verlauf, auf die Effektivität von ↑Prophylaxe, Therapie u. ↑Metaphylaxe im speziellen; b) Soziologie des Gesundheitswesens (als Institution), erforscht die Sozialstruktur, die Gesetzmäßigkeiten der Bildung, Entwicklung u. Vermittlung der sozialen Beziehungen innerhalb u. zwischen den Gruppen (Arzt, Schwester u. a.). [48]

Medizinal|gewicht: vor dem Jahre 1872 gebräuchliche Apothekergewichte. 20 Gran (je 0,0567 g nach heutigem Gewicht) bildeten 1 Skrupel, 3 Skrupel (je 1,135 g) 1 Drachme, 8 Drachmen (je 3,404 g) bildeten 1 Unze u. 12 Unzen (je 29,232 g) das Pfund (libre; 1 lb = 350,783 g). [54]

~polizei ↑Gesundheitspolizei.

~statistik: jetzt Statistik des Gesundheitswesens; Erfassung u. Analyse von Zahlen über das Gesundheitswesen mittels statist. Methoden; medizin. ↑Statistik.

~wesen: Bezeichnung für die Gesundheitsverwaltung in den Ländern des früheren Deutschen Reiches, die sich vorwiegend auf Seuchenbekämpfung u. medizinalpolizeiliche Kontrolle beschränkte. [48]

Medulla *⟨lat⟩ f:* das Mark.

M. oblongata: das verlängerte Mark, eine rostrale Fortsetzung oder Verlängerung des Rückenmarkes. Da es im Vergleich zu diesem keulenförmig verdickt ist, nannte man es früher Bulbus medullae spinalis. An seiner ventralen Seite befinden sich zwei längliche Vorwölbungen, die Pyramiden, u. jederseits lateral von diesen wieder je eine ovale Vorwölbung, die beiden Oliven.

M. ossium ↑Knochenmark.

M. ossium flava: gelbes Knochenmark, Fettmark.

M. ossium gelatinosa: gelatinöses Knochenmark, Gallertmark.

M. ossium rubra: rotes, blutbildendes Knochenmark.

M. renis (PNA) = Substantia medullaris renis (JNA): die Marksubstanz der Niere.

M. spinalis ↑Rückenmark. [1]

Medullar|anästhesie *⟨lat, griech⟩*: Rückenmarkbetäubung; ↑Lumbalanästhesie. [27]

~krebs ↑Markschwamm. [25]

~platte, ~rohr ↑Nervenplatte. [3]

Medulloblastom *⟨lat, griech⟩ n:* zellreiche, rasch u. infiltrierend wachsende bösartige Geschwulst aus kleinen, oft in Pseudorosetten gelagerten Zellen, die an Elemente der embryonalen Gehirnentwicklung (Medulloblasten) erinnern; Sitz bevorzugt in der Mittellinie des Kleinhirnes; Vorkommen fast ausnahmslos im Kindes- u. Jugendalter; ↑ Retinoblastom, ↑ Pinealoblastom, ↑ Sympathoblastom. [5]

Medullose, funikuläre ↑ Myelose, funikuläre. [11]

Medusenhaupt ↑ Caput medusae. [9]

Meeh' Formel: zur Errechnung der Körperoberfläche von Meeh (1879) angegebene (heute nur noch für Tiere gebräuchlich) Formel:

$$O = K \cdot \sqrt[3]{G^2}$$

wobei O = Oberfläche in cm^2;
K = Konstante, G = Gewicht in g ist. Für den Menschen ist K = 12,3 nach Meeh; später von Benedikt revidiert: K = 11,0. Für verschiedene Warmblüter $K = 10^{\pm} 1$. Heute erfolgt die Berechnung beim Menschen nach der ↑ Dubois' Formel u. a. [32]

Meersalz: als Würzmittel angeboten; enthält nahezu alle Elemente in Spuren, entspricht aber in seiner Zusammensetzung recht wenig dem Bedarf des Menschen an lebensnotwendigen Spurenelementen, ganz abgesehen davon, daß die Resorptionsraten für die einzelnen Bestandteile sehr unterschiedlich sind. [16]

Meerschweinchen-Einheit: jene Menge Schilddrüsenpräparat, die täglich sechs Tage lang verabfolgt, bei wenigstens drei von vier Meerschweinchen das Gewicht um etwa 10% vermindert; Syn. Cavia-Einheit, Heyl–Laqueur-Einheit. [12]

Meer|wassertrinkkur: Trinkkur mit keimfreiem Meerwasser; ↑ Meersalz. [45]

~zwiebel ↑ Bulbus scillae. [44]

Mess' Nagelband: etwa acht Wochen nach Arsen- oder Thalliumvergiftung auftretender, 1 mm breiter Querstreifen über dem Nagel von mattgrauer Farbe; 1. bei Arsen (As hier nachweisbar); 2. bei Thalliumvergiftung (Th hier nicht nachweisbar). [52]

Megakaryozyten *⟨griech⟩ m, Pl:* aus myeloblastenähnlichen, wahrscheinlich retikulären Zellen bis zur Größe von etwa 100 µm anwachsende, sehr verschieden gestaltete Zellen mit anfänglich runden, später immer vielgestaltigeren u. oft teilweise segmentierten Kernen. Protoplasma anfangs basophil, später feinkörnig azurophil bestäubt, in den reifsten Formen mit kleinfleckiger Felderung; Mutterzelle der Blutplättchen. Bei starken Ausschwemmungen auch in die Peripherie tretend u. dann in den Lungenkapillaren meistens abgefangen. [11]

~leukämie: leukämieähnliche Ausschwemmung von Megakaryozyten ins periphere Blut mit entsprechender Wucherung in Knochenmark, Leber u. Milz. Zumeist liegt eine Osteomyelofibrose bzw. Osteomyelosklerose vor. Manchmal findet sich gleichzeitig eine Thrombozytose. [11]

Megakaryozytose: Vermehrung der Megakaryozyten, meist reaktiv bei ↑ Purpura Werlhof, bei Polyzythämie, Osteomyelosklerose u. anderen Blutkrankheiten. Als selbständige Erkrankung ist die ↑ Megakaryozytenleukämie abzugrenzen. [11]

Megakolon *⟨griech⟩ n:* Erweiterung des ganzen Kolons oder von Teilen desselben, bes. des Colon sigmoideum mit Wandverdickung in den proximalen Dickdarmabschnitten. Als klin. Formen werden unterschieden: 1. aganglionäres Megakolon (= Megacolon congenitum, Hirschsprung' Krankheit, Morbus Hirschsprung) als Folge einer dynam. Passagebehinderung im Darm durch Fehlen der intramuralen Ganglienzellen in Teilen des Rektosigmoids; 2. symptomat. M. als Folge vorwiegend mechan. Passagebehinderung (Strikturen, abgeborener Stenosen im Enddarm, Klappenbildungen u. a.) oder einer Passagebehinderung infolge abnormer Länge des Kolons (Dolichokolon); 3. idiopath. M., dessen Ursache unbekannt ist u. von dem man neuerdings ein psychogen entstandenes M. abgrenzt. Kardinalsymptome aller 3 Formen: hartnäckige Obstipation, Meteorismus, großer Bauch. [32]

Megalenzephalie *⟨griech⟩ f:* abnorm großes Gehirn. [5]

Megalerythema *⟨griech⟩ n* ↑ Fünfte Krankheit. [43]

Megaloblasten *⟨griech⟩ m, Pl:* bes. große (bis über 12 µm messende) kernhaltige Erythrozyten, die von Ehrlich zuerst als charakterist. für ↑ Anaemia perniciosa entdeckt wurden. [11]

Megaloblastose: Sammelbezeichnung für einen Teil der hyperchromen Anämien (↑ Anämie), die durch eine Reifungsstörung der ↑ Erythropoese mit Auftreten von Megaloblasten charakterisiert sind. [11]

Megalo|graphie *⟨griech⟩ f:* Neigung zu übermäßig großen Schriftzügen infolge ↑ Dysmetrie bei Kleinhirnkranken. [33]

~manie: blühende Größenideen bei Manie. [34]

~psie ↑ Makropsie, ↑ Dysmegalopsie. [36]

~spermie: starke Vergrößerung der Samenfäden; Gegensatz ↑ Mikrospermie. [52]

Megalosplenie *⟨griech⟩ f:* Krankheiten mit erheblichen Milztumoren als klin. führendes Symptom; ↑ Splenomegalie.

M., erythrophagische (V. Schilling, 1951): Krankheitsbild mit mächtiger Phagozytose von Erythrozyten u. Normoblasten unter stärkster Vergrößerung der Milz, u. im sonstigen Retikulum (Leber, Knochenmark). [11]

Megalo|zephalie *⟨griech⟩ f* ↑ Makrozephalie. [9]

~zyten *m, Pl:* große, stark hämoglobinhaltige, hyperchrome, meist etwas ovale Erythrozyten von 8–10–12 μm Durchmesser; ↑Megaloblasten, ↑Anaemia perniciosa. [11]

Megaoesophagus: oberhalb des Sphinkters fehlen oder sind die Ganglienzellen des Auerbach' Plexus vermindert. [32]

Megasigma, Megasigmoideum ⟨*griech*⟩ *n:* angeborene Vergrößerung u. Erweiterung der S-Schleife des unteren Dickdarms mit chron. Verstopfung. [18]

Megastomum ↑Lamblia intestinalis. [41]

Megaureter ⟨*griech*⟩ *m:* Riesenharnleiter; angeborene ein- oder doppelseitige Erweiterung des (aganglionären) Harnleiters (bis Kinderarmdicke!). Harnleitermündung nicht verengt, Verschlußmechanismus intakt. Operationsergebnisse zweifelhaft, deshalb Vorsicht bei Indikation. [24]

Megavoltstrahlung: nach strahlentherapeut. Gesichtspunkten wird die Megavoltstrahlung in 3 Bereiche eingeteilt: 1. niedrige Megavoltenergien unter 3 MeV; 2. mittlere Megavoltenergien von 3–20 MeV; 3. hohe Megavoltenergien über 20 MeV. Bestrahlungsgeräte zu 1 Resonanztransformatoren, van-de-Graff-Generatoren u. Geräte mit Kobalt 60 u. Caesium 137; zu 2 u. 3 Linearakzeleratoren u. Betatron (↑Elektronenschleuder, ↑Elektronentherapie). Im Hochspannungsbereich der Megavoltstrahlung erreichen die Tiefendosiskurven der Elektronen- u. der Röntgenstrahlung optimale Verhältnisse; ↑Strahlentherapie. [26]

Megazystis ⟨*griech*⟩ *f:* 1. angeborene Mißbildung mit riesenhaft distendierter Blase bei Kleinkindern. Genese wie Megakolon u. Megaureter; Verminderung der Ganglienzellen in der Blasenwand; hohe Restharnmengen ohne nachweisbares Abflußhindernis; 2. erworben bei Erwachsenen: Hypo- bzw. Atonie der Blase, Restharn über 1000 ml. [24]

Mehl|nährschäden: chron. Ernährungsstörungen des Säuglings, die auf eine einseitige Ernährung mit Mehlen (Kohlenhydraten) ohne Milchzusatz zurückzuführen sind. Ein so ernährter Säugling sieht blaß u. gedunsen aus, ist außerordentlich anfällig gegen Infektionen u. magert rasch ab. Weitere Symptome: Gärungsdyspepsie, Ödeme, Muskelhypertonie, Vitaminmangelsymptome wie Keratomalazie. Abhilfe durch Zufuhr von eiweißreicher Nahrung (Eiweißmilch, Buttermilch usw.). Hydropisch-pastöse Form mit starken Ödemen, atroph.-hyperton. Form mit ausgeprägter Erhöhung des Muskeltonus. [32]

~type (besser Mehltyp): Charakterisierung der Getreidemehle (Weizen, Roggen) aufgrund des Aschegehaltes; Weizenmehl Type 405 bedeutet z. B. ein Produkt, dessen Gehalt an Asche in der Mehltrockensubstanz im Mittel 0,405% beträgt (zulässige Schwankung 0,380–0,440%); die Typenzahl, die den Ausmahlungsgrad charakterisiert, ist der mit 1000 multiplizierte Gehalt an Asche; neuerdings geht man dazu über, die Helligkeit eines Mehles, bestimmt mit dem Leukometer, zur Festlegung des Ausmahlungsgrades heranzuziehen (kontinuierliche Überwachung der Ausmahlung während der Verarbeitung des Getreides). [16]

Mehrfach|teste: mit Hilfe der Uristix-Stäbchen kann der Harn auf Eiweiß- u. Glukose getestet werden. Der Combur-Test gestattet, das Vorhandensein von Glukose u. Eiweiß nachzuweisen u. den Urin-*p*H zu bestimmen. Der Combi-Uristix-Test ermöglicht zusätzlich noch den Nachweis von Blut. [32]

~vakzine *n, Pl:* Impfstoff, der eine Kombination gegen verschiedene Erreger oder ihre Toxine enthält; verwendet z. B. bei der Dreifachimpfung (DPT = Diphtherie-Pertussis-Tetanus) ↑Kombinationsimpfstoffe. [39]

Mehrlinge: gleichzeitig geborene Geschwister; Entstehung durch Polyovulation (mehreiig) oder durch Teilung eines Keimes (eineiig); ↑Zwillinge. [3]

Mehrstärkengläser ↑Bifokalgläser. [36]

Meibom, Heinrich (1638–1700), Arzt u. Anatom, Helmstedt.

M' Drüsen ↑Glandulae tarsales. [1]

Meige' Hautschwellung: (M., Henry, franz. Arzt, Paris) ↑Trophödem. [9]

Meigs' Syndrom: gynäkolog. Krankheitsbild, Kennzeichen dafür sind: Ovarialfibrom, Hydrothorax u. Aszites. [29]

Meinert' Bogenfasern: Nervenfasern, die U-förmig von Gyrus zu Gyrus ziehen u. die wesentlichen Anteil an den interkortikalen Verbindungen haben. [20]

Meinicke, Ernst (1878–1945), Bakteriologe, Berlin, Ambrock-Hagen.

M' Klärungsreaktion: *Abk* MKB II: Syphilis-pos. aktiviertes Patientenserum wird nach Zugabe von Extraktverdünnung geklärt; durchsichtig.

M' Trübungsreaktion: *Abk* MTB; Vermischen von nicht inaktiviertem Patientenserum mit verdünntem Pferdeherzextrakt. Trübung dieser Mischung bedeutet pos. Reaktion auf Syphilis. [43]

M' Tuberkulosereaktion: Antikörperreaktion zur ↑Serodiagnostik der Tuberkulose. Mit der Trübungsreaktion lassen sich aktive progrediente Formen zu 80–90% erfassen. Bei beginnenden, wenig ausgedehnten, wenig aktiven oder bei sehr schweren Fällen ist sie so häufig neg., daß der prakt. Wert der Reaktion fraglich wird. [15]

Meiose ⁎ **Meiosis** ⟨*griech*⟩ *f:* Bezeichnung für den Kernteilungsmodus bei den Reifeteilungen der Keimzellen. In der Prophase paaren sich die homologen väterlichen u. mütterlichen Chromosomen. Die Meta- u. Anaphase ist charakterisiert durch die Trennung der homologen Partner. In den 2 rasch aufeinanderfolgenden Reifeteilungen wird die Chromosomenzahl auf die Hälfte reduziert; ↑Spermiogenese, ↑Oogenese, ↑Mitose. [3]

Meissner, Georg (1829–1905), Anatom, Physiologe u. Zoologe, Basel, Freiburg i. Br., Göttingen.

M' Plexus = Plexus submucosus: multipolare, ein Geflecht bildende Nervenzellen u. deren Fortsätze, umgeben von peripheren Gliazellen (Mantelzellen, Neurolemm) im Bereich der Tunica submucosa des Magen-Darm-Kanals. Verantwortlich für die Innervation der Schleimhautmuskulatur (Lamina muscularis mucosae) u. der Schleimhaut selbst, einschließlich der Drüsen.

M' Tastkörperchen ↑Corpuscula tactus. [2]

Mekapion: in Aufbau u. Wirkungsweise dem Hammer-Dosimeter ähnlich. Ableitung u. Zusammensetzung des Namens sollen zum Ausdruck bringen, daß das Instrument Hochohmwiderstände (z. B. von Isolatoren), die in Megaohm gemessen werden, Kapazitäten u. Ionisationsströme mißt. [26]

Mekonium ⟨*griech*⟩: Mohnsaft; 1. Opium (heute nicht mehr als solches bezeichnet); 2. Kindspech (wegen der an Opium erinnernden Farbe u. Konsistenz). Zähe, homogene, luftfreie, dunkelgrüne Masse, die vom Neugeborenen in den ersten Tagen aus dem Darm entleert wird u. sich in der Fetalzeit aus Darmschleim, Darmepithelien, Darmsekreten, verschlucktem Fruchtwasser, Lanugohaaren, Hautfett u. den in den Darm abgegebenen Gallenfarbstoffen gebildet hat. Vor der Geburt wird M. nur bei Zuständen von schwerer Asphyxie des Feten in das Fruchtwasser entleert, so daß dieses grün verfärbt ist. [32]

~ileus (Landsteiner, 1905): Darmverschluß der Neugeborenen als Folge einer starken Eindickung des Mekoniums, das spontan nicht entleert werden kann. Klin.: aufgetriebener Leib u. Fehlen von Mekoniumabgang; ist eine Variante der zyst. ↑Pankreasfibrose.

~peritonitis: meist schon kurz vor der Geburt auftretende Bauchfellentzündung nach Perforation bei Mekoniumstauung durch Darmatresie oder Mekoniumileus. [5]

Mekonsäure: zweibasische Säure, an die verschiedene Alkaloide des Opiums gebunden sind, z. B. Narcophin. [44]

Mel ⟨*lat*⟩ *n:* Honig. M. depuratum, M. despumatum, Mellitum simplex (gereinigter Honig). Die Reinigung des Honigs dient der Klärung u. Konservierung. M. depuratum wird als Vehikel für andere Arzneistoffe verwendet. [44]

Melaena ⟨*griech*⟩ *f:* Blutstuhl, „Schwarzdurchfall", „Schwarzruhr"; Schwarzfärbung des Stuhls durch Anwesenheit von Blut; teerfarbiger ↑Stuhl.

M. neonatorum = M. vera: beim Neugeborenen meist zwischen dem 2. u. 4. Lebenstag, selten später im Magen-Darmtrakt auftretende Blutungen, die zu blutigen oder teerartigen Stühlen mit u. ohne Bluterbrechen, oder auch nur zu Bluterbrechen führen können. Gefahr: Verblutungstod. Beim Zustandekommen der Blutungen spielt postnataler Vitamin-K-Mangel eine Rolle.

M. spuria = M. falsa, M. neonatorum spuria: beim Neugeborenen oder jungen Säugling exogen, durch bei der Geburt oder aus Brustwarzenrhagaden der Mutter verschlucktes Blut entstehende Teerstühle. [32]

Melancholie ⁎ **Melancholia** ⟨*griech*⟩ *f:* Schwermut (von Hippokrates auf Überfluß der schwarzen Galle zurückgeführt), vital gefärbte Depression, gekennzeichnet durch eine stabil traurige Grundstimmung, Niedergeschlagenheit, Hoffnungslosigkeit, oft mit somat. Mißempfindungen (Herz-, Magenbeschwerden), mit Gehemmtheit aller psych. Vorgänge (Antrieb, Denk-, Willensabläufe usw.) u. der Motorik. Wahnhafte Erscheinungen wie Kleinheits-, Verarmungs-, Versündigungsideen, Selbstvorwürfe (die sich z. B. auf frühere Masturbation beziehen können), Schuldgefühle. Bei starker ängstlicher Erregung auch große motor. Unruhe (agitierte Form), Selbstmordgefahr! Die vitale Färbung kommt nicht zuletzt in einer mangelnden Beeinflußbarkeit auf psych. Weise zum Vorschein (↑Depression). – Ungebräuchl. Einteilung der M. nach alter psychiatr. Schule.

M. agitans oder **agitata:** Getriebenheit, Unruhe, lautes Jammern aus starker ängstlicher Erregung.

M. anxia: hochgradige ängstliche Depression.

M. attonita: Spontaneitätsverlust mit Bewegungsarmut, Stupor.

M. errabunda: erregte ängstliche Depression mit Umherirren.

M. gravis: schwerste Form der Melancholie mit Sinnestäuschungen u. Erregung; ↑Raptus melancholicus.

M. paranoides: mit Beziehungs- u. Verfolgungsideen.

M. religiosa: religiöse Gedanken beherrschen das Bild.

M. nostalgica: mit Heimwehreaktion gemischt (z. T. abnorme Erlebnisreaktion).

M. saltans: Unruhe, Depression bei Chorea. [34]

Melanidrosis ⟨*griech*⟩ *f* (Jadassohn): dunkelgefärbter Schweiß, hervorgerufen angeblich durch Einwirkung von Oxydase auf einen noch unbekannten Stoff. [43]

Melanikterus ⟨*griech*⟩ *m* ↑Melasikterus. [5]

Melanine: im Tier- u. Pflanzenreich weitverbreitete, stickstoffhaltige braune oder schwarze Pigmente. Bei Mensch u. Tier erfolgt die Bildung aus aromat. Aminosäuren (spez. Tyrosin) durch Einwirkung von Phenolasen. Bildungsort ist eine Zellschicht unter der Epidermis. M. bedingen die Färbung von Haut, Haaren, Iris u. Chorioidea; sie sind in Leberflecken u. Sommersprossen vermehrt. Sie rufen die Bräunung der Haut hervor u. wirken als Strahlenfilter. Die Hautfärbung bei Addison' Krankheit geht auf M. zurück; ↑Melanozytoblastome, ↑Melanoidine, ↑Melanophorenhormon. [8]

Melaninflockungsreaktion ↑Melanoflokkulation. [41]

Melanoblastom ⟨*griech*⟩ *n* ↑Melanom. [5]

Melanodermia reticularis calorica: nach Wärmeeinwirkung, wie sie z. B. bei Heizern, Glashüttenarbeitern, Schmieden usw. stattfindet, folgen der Hyperämie entsprechende Pigmenteinlagerungen. [49]

Melano|dermie ⚹ **Melanodermia** ⟨*griech*⟩ *f:* flächenhafte sek. Pigmentierung der Haut. Durch Einlagerung von Melanin oder anderer Chromogene (z. B. bei der ↑Hämochromatose, Arseneinnahme); ↑Melanose.

~dermitis toxica: Schwarzsucht. Auf Einwirkung tox. Substanzen (Schmieröle, Teer) von außen u. Sonneneinwirkung zurückzuführende tox. Hautentzündung, die mit Erythem beginnt u. in schwarze Pigmentierung übergeht. [43]

~flokkulation (Henry): Seroflokkulation, die für Malaria spezif. sein soll u. bei der Erkennung chron. Malariaerkrankungen Bedeutung hat. Als „Antigen" findet das Melaninpigment aus der Chorioidea des Ochsenauges Verwendung. Es ist nicht sicher, ob tatsächlich zwischen dem Malariapigment u. dem Chorioideapigment eine Antigenverwandtschaft besteht oder ob es sich lediglich um eine Euglobulinfällung handelt, wobei das Melaninpigment als Indikator fungiert. [41]

Melanogen ⟨*griech*⟩ *n:* Vorstufe von Melanin, die vor allem beim Melanozytoblastom im Harn ausgeschieden wird. Durch Oxydationsmittel wird sie in das eigentliche Melanin übergeführt. Hierfür werden spez. Reaktionen klin. verwendet. 1. Thormälen: zu Harn wird ähnlich wie bei der Legal-Azetonprobe frisch bereitete Nitroprussidnatriumlösung, Kalilauge u. dann konzentrierte Essigsäure gegeben. Intensive Blaufärbung = positiv; 2. durch Eisenchlorid nach vorgehendem Ansäuern mit Schwefelsäure (v. Jaksch), Bromwasser, Salpetersäure oder Chromsäure (Kaliumdichromatlösung) entsteht tiefdunkle Färbung. Der dunkle Farbstoff kann mit Barytwasser gefällt werden. Der Niederschlag erscheint braungelb. Physiolog. Melaninbildung ↑Dopa-Reaktion. [47]

Melanoglossie ⟨*griech*⟩ *f* ↑Haarzunge. [43]

Melanoidine *n, Pl:* in ihrem Aufbau nur teilweise bekannte ungesättigte, braun gefärbte, stickstoffhaltige, lösliche bis unlösliche polymere Produkte, die durch Wechselwirkung zwischen Aminosäuren (Protein) u. reduzierenden Zuckerarten – ohne Beteiligung von Enzymen – zustande kommen (nichtenzymat. Bräunung); beim Umsatz werden die Aminosäuren (vor allem Lysin u. Arginin usw.) festgelegt, so daß sie physiolog. nicht bzw. nur partiell verwertbar sind; dies bedeutet eine Erniedrigung des biolog. Wertes, wenn essentielle ↑Aminosäuren in Mitleidenschaft gezogen werden. Diese Produkte – entstanden nach der Maillard-Reaktion – spielen bei einer sehr großen Zahl lebensmittelchem. u. -technolog. Prozesse eine bedeutsame Rolle. [16]

Melanokarzinom ⟨*griech*⟩ *n* ↑Melanozytoblastom. [5]

Melanom ↑Melanozytoblastom. [25]

Melanophorenhormon ⟨*griech*⟩: Syn. Chromatophorenhormon, Intermedin, B-Hormon; Proteohormon, das die Änderung der Körperfarbe bewirkt. Beim Menschen in den basophilen Zellen im Vorderlappen, bei Tieren im Zwischenlappen der Hypophyse gebildetes Hormon. Die Rolle, die es beim Entstehen von Pigmentation des Menschen spielt, ist unklar. [12]

Melanosarkom ↑Melanozytoblastom. [25]

Melanose ⚹ **Melanosis** ⟨*griech*⟩ *f:* Syn. Melanismus, Melanodermie; Dunkelfärbung der Haut oder Schleimhaut durch Ablagerung von Melanin oder ihm ähnlichen Farbstoffen, z. B. Arsenmelanose der Haut bei chron. Arsenzufuhr; ↑Melanosis coli.

M. coli: schwarzbraune, krokodillederartig gezeichnete Verfärbung der Dickdarmschleimhaut. Der Charakter des im Schleimhautgrundgewebe abgelagerten Pigmentes ist ebenso wie die Ursachen, die zu dieser Pigmentierung führen, nicht ganz aufgeklärt. Keine klin. Bedeutung. [5]

M. lenticularis ↑Xeroderma pigmentosum. [43]

M. praecancerosa *od* **praeblastomatosa** (Dubreuilh): ungleichmäßig dunkel gefärbte, unregelmäßig geformte, das Hautniveau nicht oder wenig überragende Flecke, die im Laufe des Lebens auftreten, langsam wachsen. Am häufigsten ist die Gesichtshaut befallen. In dem melanot. Bezirk kann es jederzeit zum Auftreten maligner Melanome kommen. [25]

Melanosom ⟨*griech*⟩ *n:* die Melanosomen entstehen in Melanozyten im Bereich des

Golgi-Feldes aus Vesikeln, die bei der Umbildung zu Melanosomen lamelläre Innenstrukturen entwickeln u. reich an Tyrosinase sind. In ihnen bildet sich Melanin, wenn die Körper sich zu reifen Melaningranula umwandeln. [6]

Melanotrichia linguae *⟨griech, lat⟩ f* ↑ Haarzunge. [43]

Melanozytoblastom *⟨griech⟩ n:* durch Ablagerung von Melanin gelb- bis schwarzverfärbte maligne Geschwulst an Haut, Schleimhäuten oder im bzw. am Auge. Häufig rasches, infiltrierendes Wachstum u. frühe Metastasierung. Differentialdiagnose gegen andere pigmentierte Geschwülste klin. sehr schwierig. Behandlung: sehr radikale Exstirpation; wenn diese nicht möglich, hohe Vorbestrahlung. Der Melaningehalt kann so gering sein, daß er makroskop. nicht auffällt; amelanot. Melanom. [25]

Melanurie *⟨griech⟩ f:* Schwarzharnen. Bei melanot. Geschwülsten wird der normal gefärbte Harn beim Stehen an der Luft dunkelbraun bis schwarz (Oxydation des Melaninogens zu Melanin). [24] Auch Melaninurie; im erweiterten, heute üblichen Sprachgebrauch jedes nachgewiesene Melanin- oder Melanogenvorkommen im Urin. [25]

Melasikterus *⟨griech⟩ m* = Melanikterus; intensive gelb-grüne bis graue Verfärbung der Haut bei lange bestehendem Verschluß der äußeren Gallengänge durch Steine oder Tumoren. [5]

Melasma *⟨griech⟩ n* = Pityriasis nigra: dunkle Hautflecken.

M. suprarenale: durch Insuffizienz der Nebenniere hervorgerufene dunkle Hautverfärbung bei Addison' Krankheit; ↑ Chloasma. [43]

Meldepflicht ↑ Anzeigepflicht.

Meliatin: Syn. Loganin, Bitterstoff aus ↑ Menyanthes trifoliata, Bitter- oder Fieberklee. [44]

Melioidosis ↑ Malioidosis. [40]

Melker|knoten: kleine Granulationsgeschwülste an den Händen, hervorgerufen durch eine Pockenvirusart, meist bei Melkern u. Stallarbeitern beobachtet, werden zu den „paravakzinalen“ Erkrankungen gezählt. Pockenimmunität schützt nicht gegen M. [49]

~krampf ↑ Beschäftigungsneurosen. [49]

~lähmung: Beschäftigungslähmung im Medianusgebiet, vornehmlich im Daumenballen, bei Melkern (ähnlich bei Schlossern, Zahnärzten, Friseuren); ↑ Karpaltunnelsyndrom. [33]

~panaritium: berufstyp. Abszeß infolge Eindringens von Kuhhaaren in Rhagaden, führt zu knotigen Gebilden (Melkergranulom) mit Fistelbildung. Krebsige Entartung wurde beobachtet. [49]

~schwielen = Tylositas symmetrica pollicis (Arzt): umschriebene Schwielenbildung an den Streckseiten der Grundphalangen beider Daumen; Berufsstigma bei Melkern. [43]

Melkersson-Rosenthal' Syndrom: Symptomentrias, bestehend aus rezidivierender Fazialisparese, angioneurot. Ödem einer Gesichtshälfte u. Faltenzunge (wozu sich noch andere Symptome, wie Makrocheilie, gesellen können). Mitwirkung allerg. Momente von Fall zu Fall wahrscheinlich (Gesichtsödem?). Beziehungen zur ↑ Cheilitis granulomatose u. Besnier-Boeck-Schaumann' Krankheit umstritten. [37]

Mellitin: „Pikringift“ der Biene; wird erhalten durch Fällung mit Pikrinsäure u. Umsetzung mit Azeton-Salzsäure. [41]

mellitus *⟨lat⟩*: honigsüß, z. B. ↑ Diabetes mellitus. [14]

Mellitus-Syndrom (Mohnike): gemeinsames Auftreten von ↑ Hyperglykämie u. ↑ Glukosurie; meist, jedoch nicht unbedingt, gleichbedeutend mit ↑ Diabetes mellitus. [14]

Melorheostose *⟨griech⟩ f:* Syn. Leri' Syndrom; seltene Knochenerkrankung, durch Auftreten länglicher Verdichtungsherde in der Knochensubstanz meist nur einer Extremität charakterisiert. Neben dieser enostalen Neubildung kompakten Knochens häufig auch periostale Knochenneubildung; im Röntgenbild an einer Kerze herablaufendem Wachstropfen vergleichbar. [5]

Meloschisis *⟨griech⟩*: Wangen- oder Gesichtsspalte; angeborene Mißbildung in Gestalt der schrägen u. queren Gesichtsspalte = Makrostoma; ↑ Gesichtsspalten. [37]

Melotie *⟨griech⟩ f:* angeborene Ohrmuschelmißbildung mit Verlagerung nach vorn in die Wangengegend. [28]

Membran ✳ Membrana *⟨lat⟩ f:* ↑ Elementarmembran. Ubiquitärer Bestandteil der Zelle u. ihrer Organellen z. B. Kernmembran, Mitochondrienmembranen, Membranen des Golgi-Feldes, der Lysosomen, des endoplasmat. Retikulums, Zellmembran. Aufgaben der Membranen u. a. die Einteilung der Zelle in Kompartimente, als Träger vieler Enzyme, Transportfunktion, Diffusionswiderstand, Grenzflächenpotentiale. [6]

M., elastische: flächenhafte Ausbreitung elast., untereinander zusammenhängender Fasern in der Tunica media der Arterien elast. Typs (z. B. Aorta, Truncus brachiocephalicus, A. subclavia, A. carotis). Die Tunica media der Aorta enthält etwa 40–50 hintereinandergestellte elast. Membranen, die durch zwischen den Lamellen gelegene glatte Muskelfasern gespannt werden, ↑ Benninghoff' Spannmuskeln. [2]

M., hyaline: (histolog.) glasig durchscheinendes strukturloses Häutchen. [2] (patholog.) bandförmige homogene Gebilde, die Alveolen

u. Alveolargänge auskleiden. Entstehen aus einem eiweißreichen Ödem, das auf Permeabilitätsstörungen unterschiedlicher Ursache zurückzuführen ist; hauptsächlich bei Frühgeborenen, selten bei reifen Neugeborenen, älteren Kindern u. Erwachsenen. [5]

M., semipermeable: Membran, z. B. aus Kollodium, die nur für das Lösungsmittel Wasser durchgängig ist, nicht aber für die darin gelösten Teilchen bzw. Ionen. Sie ist Bestandteil von Osmometern. In der Osmometerkammer befindet sich die Lösung, z. B. 1%ige NaCl-Lösung, außerhalb davon reines Wasser. Es strömt durch die s. M. so lange in die Kammer, bis die Dampfdrücke innen u. außen annähernd gleich geworden sind. Der im Inneren entstehende Druck kann mit einem Steigrohrmanometer gemessen werden. [7]

M. atlanto-occipitalis anterior u. **posterior:** die Membran zwischen Hinterhauptsbein u. vorderem bzw. hinterem Atlasbogen. Die letztere muß bei der Subokzipitalpunktion durchstochen werden.

M. basilaris: Basilarmembran; aus kollagenen Fasern bestehende, zwischen der Lamina spiralis ossea u. dem Ligamentum spirale sich ausspannende, das ↑Organum spirale tragende Membran, die an der Schneckenbais eine Faserlänge von etwa 100 μm u. an der Schneckenkuppel von etwa 500 μm aufweist. Nach der Hörtheorie von Helmholtz werden die unterschiedlich langen Faserzüge der Membrana basilaris als Resonatoren angesprochen. Durch die neue Wanderwellen-Hörtheorie des ungar. Nobelpreisträgers v. Békésy hat die Resonatoren-Hörtheorie von Helmholtz an Bedeutung verloren. [2] (physiolog.) Die vom Trommelfell über die Gehörknöchelchenkette gesteuerten Schwingungen der Steigbügelplatte erzeugen in der Flüssigkeit der Schnecke, der Scala vestibuli u. der Sc. tympani Druck- u. Schlauchwellen. Dort wo die Resonanzfrequenz der M. basilaris mit der Amplitudenzunahme u. Geschwindigkeitsabnahme der Wanderwellen einer bestimmten Frequenz zusammenfallen, entsteht eine Ausbiegung der Basilarmembran u. eine Reizung der dort gelegenen Hörzellen. Helmholtz war von der falschen Annahme ausgegangen, daß die Fasern der M. basilaris frequenzspezifisch in Resonanzschwingungen versetzt würden, ähnlich dem Prinzip des Zungenfrequenzmessers. [7]

M-ae intercostales externae: membranöse Bänder in den Zwischenrippenräumen dort, wo sich keine Mm. intercostales externi befinden.

M-ae intercostales internae: membranöse Bänder in den Zwischenrippenräumen dort, wo sich keine Mm. intercostales interni befinden. [1]

M. interossea antebrachii bzw. **cruris:** Haut aus straffem Bindegewebe, die sich zwischen den beiden Knochen des Unterarmes bzw. Unterschenkels ausspannt. [1]

M. reticularis: zusammengesetzte, mosaikartige Membran, die durch Zusammenlagerung der Phalangen der ↑Deiters' Zellen, der Pfeilerzellen u. der Oberfläche der Hensen' Zellen entsteht u. bei Betrachtung des Organum spirale in der Aufsicht erkennbar ist. Die in der M. reticularis vorhandenen Lücken dienen der Aufnahme u. Fixierung der Hörzellen; ↑Organum spirale.

M. tectoria: aus feinsten Fasern bestehende, am Limbus spiralis des ↑Organum spirale befestigte Membran, die das Organum spirale schürzenförmig bedeckt u. bei Schwingungen der M. basilaris mit den Hörzellen Kontakt aufnimmt. [2]

M. tympani: Trommelfell mit Pars flaccida (oberer, kleiner, schlaffer Teil) u. Pars tensa (unterer, großer, straffer Teil). Ein wesentlicher Unterschied im Aufbau ist das Fehlen der Bindegewebsschicht (Lamina propria) in der Pars flaccida.

M. tympani secundaria: eine feine Haut, die das runde Schneckenfenster (Fenestra cochleae) verschließt. [1]

M. vestibuli: auch Reissner' Membran genannt. Sie liegt im gewundenen Schneckengang des Innenohres u. begrenzt den ↑Ductus cochlearis nach oben. Unter ihr liegt die ↑Basilarmembran, auf der die Hörzellen angeordnet sind. [7]

membranaceus ⟨*lat*⟩: hautartig, häutig. [18]

Membranfilter: bakteriendichte ↑Filter. [42]

membranosus ⟨*lat*⟩: membranreich. [18]

Membran|polarisation: auf Grund ungleicher Durchlässigkeit einer für ↑Ionen im Prinzip passierbaren Membran entsteht über der Membran ein elektr. Potential (Diffusionspotential). Hinzu kommt eine Ungleichverteilung der neg. u. pos. Ionen, wenn auf der einen Seite der Membran Protein in höherer Konzentration vorliegt als auf der anderen Seite; ↑Donnan-Gleichgewicht. Die Membran von Muskel- u. Nervenzellen ist in Ruhe innen neg. gegen außen, u. zwar infolge eines Kalium-Diffusionspotentials. Dieses Ruhepotential beträgt etwa 90 mV. Im Anfang der Erregung wird die Membran umpolarisiert (außen neg.), was im wesentlichen auf den vermehrten Einstrom von Na^+ in die Zelle zurückzuführen ist (Natrium-Diffusionspotential). Man spricht auch von Depolarisation bzw. von Anfangsstück des ↑Aktionspotentials.

~potential ↑Membranpolarisation.

~theorie: Theorie der Bildung bioelektr. Potentiale, die auf der Vorstellung beruht, daß die Grenzfläche zwischen Zelle u. Umgebung ein membranartiges Gebilde darstellt, dessen Durchlässigkeit für verschiedene Ionen unterschiedlich ist, so daß eine für das Membranpotential (Ruhepotential) charakterist. Ionenverteilung entsteht; ↑ Membranpolarisation. Die Entstehung von ↑ Aktionspotentialen bei einer Erregung erklärt sich durch eine ↑ Depolarisation der Membran infolge veränderter Durchlässigkeit im Ergebnis einer Reizeinwirkung. [7]

Membrum *(lat)* *n* *(Pl* Membra): Glied, Extremität; meist in der Bedeutung von M. virile = Penis, männliches Glied. M. inferius: untere Extremität; M. superius: obere Extremität. [1]

Menadionᴰ ↑ Vitamin K. [21]

Menagoga remedia *(griech, lat)* *n, Pl:* Mittel, die bei gestörter Ovarialfunktion das Eintreten der Menstruation fördern; z. B. alternierende Gabe von Follikel- u. Gelbkörperhormonen. [44]

Menarche *(griech)* *f:* Zeitraum, in dem die erste Monatsblutung stattfindet (etwa 12. Lebensjahr in Mitteleuropa). [29]

Ménard-Shenton' Linie ↑ Gocht-Ménard–Shenton' Linie. [23]

Mende' Syndrom: erbliches Leiden, das durch die Kombination eines partiellen Albinismus mit angeborener Taubstummheit u. typ. Habitus charakterisiert ist. [32]

Mendel, Gregor (1822–1884), Brünn. Führte als Augustinerabt Kreuzungsversuche an Erbsen durch u. leitete aus dem Verhalten der Merkmale in den Tochtergenerationen die nach ihm benannten Regeln ab (1865); ↑ Mendelismus. [3]

Mendel, Kurt (*1874), Neurologe, Berlin.

M.-Bechterew' Reflex: Fußrückenreflex, Plantarreflexion der Zehen bei Schlag mit dem Reflexhammer auf den Fußrücken; Variante des ↑ Rossolimo' Reflexes. [33]

M.-Mantoux' Tuberkulinprobe: Mendel schlug zu gleicher Zeit wie Mantoux die intrakutane Einspritzung von Tuberkulin zur Erkennung einer tuberkulösen Infektion vor; ↑ Tuberkulinreaktion. [15]

Mendelejew, Dimitri Iwanowitsch (1834 bis 1907), Chemiker, Petersburg. Stellte 1869 das Periodische System der Elemente auf. (Gleichzeitig mit Lothar Meyer [1830–1895], aber unabhängig von diesem.) [53]

Mendelismus: die auf der Grundlage der von J. G. Mendel entdeckten Regeln entwickelte Bastardierungs-(Kreuzungs-)Genetik. 1. Uniformitätsregel: die erste Nachkommengeneration (F_1) homozygoter Eltern (P) ist untereinander gleich. Auch reziproke Bastarde sind gleich. 2. Spaltungsregel: die Nachkommen der F_1 sind untereinander nicht gleich, sondern spalten auf, indem die Merkmale der Eltern (P) wieder in Erscheinung treten. Bei einem intermediären Erbgang ist das konstante Aufspaltungsverhältnis so, daß je 25% der Individuen der 2. Nachkommengeneration der P-Generation u. 50% die Bastardmerkmale der F_1 tragen. Bei einem dominanten Erbgang tragen 75% aller Individuen der 2. Nachkommengeneration das dominante Merkmal, während bei 25% das rezessive Merkmal in Erscheinung tritt. 3. Regel von der Neukombination der Merkmale: bei der Vererbung zweier oder mehrerer Merkmale ergeben sich in der 2. Nachkommengeneration Neukombinationen, d. h., die Merkmale werden unabhängig voneinander übertragen (Ausnahme ↑ Kopplung). [3]

Ménétrier' Syndrom: Krankheitsbild der sog. exsudativen eiweißverlierenden Gastroenteropathien (Formenkreis: Proteinverlust-S.). Symptome: Gastroduodenitis, Ödeme, Aszites, Hypoproteinämie u. Hypalbuminämie, Hyponatriämie, Hypokaliämie, Hypokalzämie. Normaler Harnbefund. [32]

Menge, Karl (1864–1944), Gynäkologe, Heidelberg.

M' Keulenpessar: keulenförmige Prothese, die bei Vorfall der Gebärmutter in die Scheide gelegt wird. Heute nur noch wenig gebräuchlich. [29]

Menidrosis *(griech)* *f:* anstatt der Monatsblutungen kommt es zu Schweißausbrüchen; kommt gelegentlich in der ↑ Pubertät oder im ↑ Klimakterium vor. [29]

Menière, Prosper (1799–1862), Arzt, Paris.

M' Symptomenkomplex (kurz Menière): umfaßt Schwindelanfälle mit Erbrechen u. objektiv nachweisbarem Nystagmus, Innenohrschwerhörigkeit u. Ohrensausen. Beginn plötzlich, oft sogar apoplektiform. Der Symptomenkomplex tritt meistens anfallsweise auf u. läßt mitunter recht lange freie Zeitintervalle (bis zu mehreren Jahren). Ätiologie nicht einheitlich. Im allgemeinen hat sich die Auffassung der angioneurot. Spasmen im Bereich der Labyrinthgefäße mit nachfolgendem Hydrops im Innenohr durchgesetzt (angioneurot. Oktavuskrise Kobrak). M' Symptomenkomplex wird außerdem beobachtet bei vielen anderen Erkrankungen, z. B. bei Labyrinthaffektionen, Tumoren u. Entzündungen des N. acusticus, Zirkulationsstörungen, Erkrankungen des Groß- u. Kleinhirns oder der Meningen u. a. m. Die verbreitete Bezeichnung Menière' Krankheit dürfte unzutreffend sein, da es sich um keine einheitliche Krankheit, sondern um ein Syndrom handelt. [28]

meningeal *(griech)*: die Hirnhäute betreffend. [1]

Meningen ✻ **Meninges,** *Pl* von Meninx *(griech)* *f:* Häutchen; Hirn- bzw. Rückenmarkshäute, bestehend aus 1. Dura mater oder Pachymeninx, harter Hirnhaut; 2. Leptomeninx, weicher Hirnhaut, die wieder aus Arachnoidea u. Pia mater besteht. [1]

Meningeom ✻ **Meningeoma** ⟨*griech*⟩ *n*: gutartige Geschwulst der Hirnhäute; geht vom inneren Blatt der ↑ Dura mater oder den Deckzellen der ↑ Arachnoidea, selten vom ↑ Ependym der Hirnkammern aus. Hauptlokalisation an der Falx cerebri, parasagittal, am Keilbein im Kleinhirnbrückenwinkel, am Tentorium u. im Rückenmarkkanal. Histolog. werden unterschieden M. endotheliomatosum, M. fibromatosum u. M. angiomatosum. Sarkomatöse Entartung ist selten. [5]

meningeus ⟨*griech*⟩: zur Hirnhaut gehörig, die Hirnhaut betreffend. [1]

Meningiom ⟨*griech*⟩ ↑ Meningeom. [5]

Meningismus: allg. Bezeichnung für meningit. Reizerscheinungen, also vor allem bei den verschiedenen Formen der ↑ Meningitis, bei ↑ Subarachnoidalblutung, bei meningealer Reizung im Zusammenhang mit Infektionskrankheiten aller Art, gelegentlich auch nach Lumbalpunktion. Besteht vor allem in Kopfschmerz, Brechneigung u. Nackensteifigkeit; ↑ Kernig' Zeichen. [33]

Meningitis ⟨*griech*⟩ *f*: Entzündung der Hirn- u. Rückenmarkshüllen (M. cerebralis, M. spinalis, M. cerebrospinalis), vor allem der Leptomeninx; ↑ Pachymeningitis. Allg. Symptomatik: Kopfschmerzen, Erbrechen, Nackensteifigkeit, Opisthotonus, Kernig' Zeichen, Brudzinsky' Phänomen, Kahnbauch, Bewußtseinsstörungen (von Somnolenz bis zum Koma). Charakterist. Liquorsyndrome; dazu Fieber, Blutstatusveränderungen u. sonstige Auswirkungen des Infektes; bei Beteiligung der Hirnbasis auch Hirnnervenausfälle (N. abducens, N. oculomotorius usw.). Nach der Ätiologie unterscheidet man verschiedene Formen. [33]

M., abakterielle ↑ Virusmeningitis.

M. epidemica ↑ Meningokokken-Meningitis.

M. leptospirosa ↑ Leptospirose.

M. porcinarii: Schweinehüterkrankheit; ↑ Feldfieber. [40]

M. purpulenta: eitrige M., entweder traumat. (nach offenen Schädelverletzungen) oder fortgeleitet (vom Ohr oder den Nebenhöhlen her) oder metastat. (bei eitrigen Erkrankungen der Brusthöhle) entstehend. Da in der Regel die Hirnkonvexität bes. beteiligt ist („Konvexitätsmeningitis"), sind Krampfanfälle häufig.

M. syphilitica: sowohl im Sekundärstadium der Syphilis als M. serosa („Meningealkatarrh") wie im Tertiärstadium als meningit. Form der ↑ Syphilis cerebri mit bevorzugtem Sitz an der Hirnbasis (Hirnnervenausfälle, insbes. partielle oder totale Okulomotoriuslähmung), von dort längs der Gefäße in das Hirn vordringend. Neben reflektor. nicht selten auch absolute Starre der oft mydriat., meist verschieden weiten Pupillen. Sicherung der Diagnose durch Liquorbefund.

M. serosa: Sammelbegriff für meist leichtere Affektionen der Meningen verschiedenartiger, bisher nur teilweise aufgeklärter Ätiologie; dahin gehören die „idiopathische" oder „aseptische" M. („M. lymphocytaria benigna"), wahrscheinlich auf eine prim. Virusinfektion der Meningen zurückzuführen, die Meningitiden bei Grippe, Masern, Varizellen, Mumps usw., die „allergische" M., die „sympathische M.", eine Reaktion der Meningen auf entzündliche Prozesse in der Nachbarschaft.

M. tuberculosa: in der Regel hämatogen bei Lungen-, Knochen- usw. Tuberkulose entstanden, vornehmlich bei Kindern u. Jugendlichen. Starke Beteiligung der Hirnbasis („Basalmeningitis"), daher vielfach Hirnnervenausfälle, Sicherung der Diagnose durch Liquorbefund (Nachweis von Tuberkulosebakterien) u. im Tierexperiment. [33]

Meningococcus ↑ Meningokokken. [41]

Meningoenzephalitis: Gehirnhautentzündung, die auf das Hirn übergreift; hervorgerufen u. a. durch Eitererreger, Tuberkulosebakterien, Syphilistreponemen u. verschiedene Viren. [41]

Meningogramm: Färbung des sedimentierten Liquorausstriches auf einem Eiklar vorbehandelten Objektträger läßt eine weitere morpholog. Differenzierung der Zellbilder durchführen. [32]

Meningokokken: Art der Gattung *Neisseria* der Familie *Neisseriaceae* der Ordnung *Eubacteriales* (nach Bergey 1957) = *Neisseria intracellulares, Diplococcus intracellularis meningitidis.* 1887 von Weichselbaum im Liquor entdeckt, Erreger der epidem. Meningitis; gramneg. formvariable Diplokokken. [41]

Meningokokken|-Meningitis: Syn. Meningitis epidemica, epidemische Genickstarre, übertragbare Hirnhautentzündung, ↑ Virusmeningitis; endem.-epidem., aerogen übertragbare, anzeigepflichtige Infektionskrankheit. Erreger Meningokokken (*Neisseria meningitidis*, mehrere Serotypen). Inkubation 1–3 Tage. Akute, hochfieberhafte, eitrige Entzündung der Hirnhaut (im Bereich der Hemisphären) mit Nacken-Rückenstarre, Kopfschmerz oder Bewußtlosigkeit u. Krämpfen, Gefahren der Defektheilung (Verblödung). Letalität unbehandelt 50% u. höher. Bakteriolog. kultureller Erregernachweis aus Liquorsediment (intrazelluläre gramneg. Doppelkokken) bzw. Nasen-Rachen-Abstrichen. Therapie mit Sulfonamiden u. Penizillin. Prophylakt. Isolierung, Desinfektion, Chemoprophylaxe einschließlich der Keimträger. [40]

M.-Sepsis: Allgemeininfektion durch Meningokokken; schweres Krankheitsbild mit perakutem Verlauf; klin. Symptome der Sepsis u. Nebenniereninsuffizienz; patholog.-anatom. Hautblutungen u. Nebennierenblutungen, bei weniger raschem Verlauf auch Meningitis; ↑Waterhouse–Friderichsen' Syndrom. [5]

Meningom ⟨*griech*⟩ *n* ↑Meningeom. [5]

Meningo|myelitis: eine auf das Rückenmark fortgeleitete ↑Meningitis.

~myelozele: Vorfall von Rückenmarkabschnitten, die von den Rückenmarkhäuten umgeben sind, durch einen Spalt der Wirbelsäule, meist in deren Lumbalteil. Angeborene Mißbildung; ↑Spina bifida.

~pathie, traumatische: Schädigungen der Rückenmarkhäute durch stumpfe Gewalteinwirkungen auf die Wirbelsäule, die zu narbigen Verwachsungen der Hüllen mit der Rückenmarkoberfläche führen u. spinale Reiz- u. Kompressionserscheinungen bewirken können; ↑Arachnoiditis. [33]

Meningose ↑Meningismus. [33]

Meningotyphus: Typhuserkrankung, bei der die Symptome einer gleichzeitig bestehenden Hirnhautentzündung im Vordergrund stehen; ↑Typhus abdominalis. [40]

Meningozele: meist angeborene, selten erworbene (traumat. oder „spontan") von Flüssigkeit erfüllte (deshalb auch: Hydromeningozele) Hernie der Hirn- oder Rückenmarkhüllen (ohne Hirnteile). Die häufigere dorsale M. findet sich bei kongenitalen Defekten des Schädeldaches (meist: okzipitale M.) u. bei ausbleibender Verschmelzung der Wirbelbögen (zervikale, thorakale, lumbale, allgemein: spinale M.). Sehr selten ist die laterale M., die (meist intrathorakal) dem Formenkreis der Neurofibromatosis Recklinghausen zugerechnet werden muß (röntgenolog. ausgeweitete Foramina intervertebralia) oder (lumbal) auf eine angeborene Wirbelsäulenmißbildung („Halbwirbelbildung") zurückzuführen ist. [4]

M. traumatica: auch Billroth' Krankheit genannt; vornehmlich bei Kindern zustande kommende pralle Weichteilschwellung der Kopfhaut durch Austritt von Hirnwasser nach Bruch der Schädeldecke u. feinem Einriß der harten Hirnhaut (Dura). Keine Beteiligung der Hirnsubstanz, deshalb keine Komplikation durch Lähmung. [18]

Meninx, -ingis ⟨*griech*⟩ *f* ↑Meningen. [1]

Meniskus ⟨*griech*⟩ *m:* medialer u. lateraler Meniskus. Faserknorpelringe im Kniegelenk. [23]

~riß: entsteht durch Unfall oder durch fehlerhafte Dauerbelastung nach Degeneration des Meniskus. Die Formen sind: Einriß, Korbhenkel- u. zungenförmiger Abriß. Der mediale Meniskus reißt leichter ein, da er mit dem Längsbund fest verwachsen ist. Die Zeichen sind Einklemmungserscheinungen, Schmerzen, Gelenkerguß, später Atrophie des M. quadriceps. [23]

Menkin-Faktoren: von Menkin beschriebene Polypeptide, die bei der Entzündung eine Rolle spielen u. teilweise aus den Leukozyten stammen; ↑Leukotaxin, Exudin, Nekrosin, Pyrexin u. a. [11]

Mennell' Zeichen: von Mennell angegebene spez. Untersuchungsmethoden zur Charakterisierung u. Unterscheidung der Erkrankung des Articulus sacroilicus gegenüber Erkrankung des Lumbosakralgelenkes. [13]

Menopause ⟨*griech*⟩ *f:* Aufhören der Menses im Klimakterium. Es findet keine Reifung, kein Wachstum u. kein Platzen der Follikel statt. Die Folge ist ein Nachlassen der Sexualhormonproduktion u. eine Zurückbildung des Genitale; physiolog. Vorgang im durchschnittlichen Alter von 50 Jahren; große individuelle Schwankungen. [29]

Menorrhagie ⟨*griech*⟩ *f:* verlängerte u. verstärkte Regelblutung, auch Hypermenorrhoe. Ursachen: ↑Myome, entzündliche Affektionen der Adnexe oder hormonelle Störung. [29]

Menorrhoe ⟨*griech*⟩ *f* ↑Menstruation. [29]

Menostase ⟨*griech*⟩ *f:* Ausbleiben der monatlichen Regelblutung. [29]

Menotoxin ⟨*griech*⟩ *n:* hypothet. Stoff mit Giftwirkung, der im Blut, Harn u. Schweiß menstruierender Frauen vorkommen soll. [8]

Mensendieck' Gymnastik: Methode der Gymnastik, die bes. auf Schulung der Haltung, vor allem der des Beckens u. Schultergürtels, ausgerichtet ist. [46]

Menses ⟨*lat*⟩ *f:* Monatsblutung, ↑Menstruation. [29]

Mensinga, Wilhelm (1836–1910), Gynäkologe, Flensburg.

M' Pessar: Okklusiv-Pessar zur Konzeptionsverhütung. [29]

menstrual, mensual ⟨*lat*⟩: monatlich, die Menstruation betreffend. [29]

Menstruation ✳ **Menstruatio** ⟨*lat*⟩ *f:* monatliche Regelblutung, Periode, Monatsblutung, Menses, Katamenien. Sie wiederholt sich etwa alle 28 Tage u. dauert im Mittel 4 Tage. Die Blutung erfolgt aus der sekretor. umgewandelten Schleimhaut, die sich, da keine Befruchtung eingetreten ist, in Fetzen abstößt. Regulation der Vorgänge durch hormonelles Zusammenspiel u. Wechselwirkung mit dem zentralen Nervensystem. [29] Die typ. Periodik bei der M. erfolgt durch die Wechselwirkung von 3 Hypophysen- u. 2 Keimdrüsenhormonen, durch die die morpholog. Veränderungen gesteuert werden. Durch das FSH (Follikelstimulierendes Hormon; früher Prolan A) kommt es zur Reifung der Follikel. Das IZSH (interstitielle-Zellen-stimulierendes Hormon oder auch luteinisierendes Hormon; früher Prolan B) regt die interstitiellen Zellen zur Bildung des Östradiols an, das einerseits die weitere Bildung des FSH hemmt, so daß keine weiteren Follikel wachsen, u. andererseits die Bildung von IZSH u. LTH (luteotropes Hormon oder auch Prolaktin) anregt. Das Östradiol bewirkt die Proliferation des Uterus. Bei einem bestimmten Verhältnis von IZSH : FSH kommt es zum Follikelsprung, wobei der Gelbkörper entsteht, der unter dem Einfluß des LTH Progesteron erzeugt, das die drüsige Umwandlung der Uterusschleimhaut für die Aufnahme eines befruchteten Eies bewirkt. Es hemmt die weitere Bildung von LTH, wodurch wieder die Progesteronbildung zurückgeht, so daß die M. eintritt. Nach Befruchtung des Eies geht das Corpus luteum nicht zugrunde, sondern entwickelt sich zum Schwangerschaftsgelbkörper, der weiterhin Progesteron zur Erhaltung der Uterusschleimhaut erzeugt, u. zwar bis zum 4. Monat, wenn die Plazenta voll entwickelt ist, die als endokrine Drüse die Hauptmenge des Östradiols u. des Progesterons bildet. Die beiden Hormone hemmen die Produktion des LTH, bewirken aber die Entwicklung der Milchdrüsen. Nach der Geburt u. Ausstoßung der Plazenta fallen das Östradiol u. das Progesteron im Blut schnell ab, die Bildung des LTH wird enthemmt; die Milchsekretion setzt jetzt ein. [8]

M. praecox: vorzeitige Geschlechtsreife mit auftretender Regelblutung; seltenes Vorkommnis, kann durch hormonal wirkende Tumoren verursacht sein. [29]

Menstruations|psychosen: Begriff der alten Psychiatrie für psych. Störungen, die sich im Anschluß an die Menstruation zeigen; verschiedene Ätiologie, z. B. Psychopathie, Affektlabilität, äußere Belastungen. Fast alle vegetativen Funktionsstörungen, Psychopathie, Psychosen sind in ihrer Intensität vom Menstruationszyklus abhängig. [34]

~tetanie: Krampfanfälle zur Zeit der Regelblutung. [31]

menstruus ⟨*lat*⟩: monatlich; vielfach gebraucht in Verbindung mit der monatlichen Blutung der Frau im generativen Alter, wie: Menstrualblut, prae-, inter-, postmenstruum. [29]

mentalis ⟨*lat*⟩: 1. von mentum zum Kinn gehörend; 2. von mens zum Geist gehörend, geistig. [1]

Mentalität ⟨*lat*⟩: Denk- u. Anschauungsweise einzelner Personen oder kollektiv vereinter Menschengruppen mit mehr oder weniger deutlichem Sondergepräge. [35]

Mentha piperita ⟨*lat*⟩ *f:* Pfefferminzpflanze, sie enthält 10–15% Kohlenwasserstoffe (z. B. Phellandren, Limonen), 40–55% 1-Menthol, 10–30% Ketone, 4–14% Menthylester (z. B. Menthylazetat), 0,3% freie Säuren, 4–10% Menthofuran, 3,5–4,5% „Labiaten-Gerbstoffe", flavonoide Substanzen. Oleum Menthae piperitae DAB 7, Pfefferminzöl. Es hat eine kräftige cholagoge u. spasmolyt. Wirkung. Es wirkt außerdem schwach entzündungswidrig. Der Hauptinhaltsstoff, das ↑Menthol, bewirkt durch Reizung der kälteempfindlichen Nervenendigungen ein Kältegefühl. Das Pfefferminzöl ist außerdem ein Geschmackskorrigens (Zahnpasten, Mundwasser, Likör). Folia Menthae piperitae, Pfefferminzblätter. Die Drogenauszüge wirken spasmolyt. bei spast. Zuständen im Bereich des Magendarmkanals u. der Gallenwege, ferner als Cholagogum. Durch seinen Gerbstoffgehalt ist es ein mildes Antidiarrhoikum. [44]

Mentholum, DAB 7: Menthol, 1-Methyl-4-isopropyl-cyclohexanol-3, der vom Kohlenwasserstoff Menthan sich ableitende Alkohol, gehört zu den Terpenen. M. ist der Hauptbestandteil des Pfefferminzöles (Oleum ↑Menthae piperitae), bes. im Öl von Mentha arvensis enthalten. Durch Reizung der kälteempfindlichen Nervenendigungen wird ein Kältegefühl auf der Haut u. Schleimhaut ausgelöst. Gleichzeitig wirkt es schwach anästhesierend. Bestandteil von Kühlsalben, zur Juckreizlinderung, als Geschmackskorrigens. [44]

mentoanterior ⟨*lat*⟩: (in der Geburtshilfe) mit dem Kinn nach vorn liegend, zur Symphyse hin, bezeichnet bei Gesichtslage die Beziehung des vorangehenden Kindsteils zum Geburtskanal. Im gleichen Sinn mentoposterior: mit dem Kinn nach hinten liegend. [29]

Mentum ⟨*lat*⟩ *n:* Kinn; *Adj* mentalis zum Kinn gehörend. [1]

Menyanthes trifoliata: Bitter- oder Fieberklee. Die Pflanze kommt auf der ganzen nördlichen Erdhalbkugel vor. Inhaltsstoffe sind ein Bitterstoff, das Loganin. Es ist ein Glykosid, das bei der Hydrolyse in Loganetin u. Glukose zerfällt. Neben Gerbstoffen wurden 3 Flavonolglykoside gefunden. Anwendung als Amarum (Fol. trifolii fibrini), auch als Fiebermittel u. gegen Migräne angewandt (Extr. trifol. fibr., Spec. nerv.). [44]

Mephenesin□: Glyzerin-a-o-tolyläther; besitzt in niederen Dosen zentral-sedative Wirkungen, in höherer Dosierung auch muskelrelaxierende Eigenschaften. Es hemmt spezif. die polysynapt. Reflexe u. hat im Rückenmark eine dem ↑Strychnin direkt entgegengesetzte Wirkung. Außerdem greift es peripher an den Muskelspindeln bzw. den δ- u. γ-Fasern an; ↑Muskelrelaxans. [44]

Meprobamat□● (Cyrpon®, Miltaun®): 2-Methyl-2-n-prophyl-1,3-propan-dioldicarbamat; ↑Antikonvulsivum, ↑Tranquilizer (Gefahr des Mißbrauches). [44]

Merakranie ⟨*griech*⟩: partielles Offenbleiben des kranialen Neuralrohres mit Aplasie von Teilen der Hirnanlage, ↑Akranie. [4]

Meralgia paraesthetica ⟨*griech*⟩ *f:* auch Bernhardt' Lähmung, schmerzhafte Parästhesien (Gefühl des „Wundseins") im Ausbreitungsgebiet des N. cutaneus femoris lat., eine etwa handgroße ovale Fläche an der Außenseite des Oberschenkels einnehmend; meist auf mechan. Schädigung des Nerven zurückzuführen. [33]

Mercier, Louis, Auguste (1811–1882), Urologe, Paris. Er ließ Katheter u. Sonden aus Metall u. bald auch aus Kautschuk produzieren, die am Schnabel in einem Winkel von 25–40 Grad abgebogen waren. Diese Mercierkrümmung haben heute noch viele Zystoskope. [24]

Mercuria lentis: Auflagerung von Quecksilber auf die Linse nach Verwendung quecksilberhaltiger Medikamente. [36]

Meristom ⟨*griech*⟩ *n:* auch Zytoblastom; rein zellige, unreife, bösartige Geschwulstform, die bei Fehlen jeglicher Differenzierung weder den Sarkomen noch den Karzinomen zugeordnet werden kann. [5]

Merkaptane *n, Pl:* R·SH; Thioalkohole; leiten sich vom Schwefelwasserstoff ab, in denen ein H durch eine Kohlenwasserstoffgruppe ersetzt ist; sie entstehen u. a. im Dickdarm aus schwefelhaltigen Aminosäuren u. zeichnen sich durch einen widerlichen Geruch aus. [8]

Merkapto-amino-monokarbonsäuren: natürliche Aminosäuren dieser Klasse sind L(−)-Zystein, L(−)-Methionin, L(−)-Zystin u. L(−)-Lanthionin. [8]

Merkaptopurin□ (Purinethol®): Zytostatikum. Es ist ein Purinantagonist, der das für die Nukleinsäuresynthese notwendige 6-Aminopurin oder das 6-Oxypurin verdrängt. Das Präparat dient vor allem zur Behandlung der unreifzelligen Leukosen. [44]

Merkel, Johann Friedrich Siegmund (1845 bis 1919), Anatom, Rostock, Königsberg, Göttingen.

M' Tastscheiben: in den unteren Schichten der Epidermis gelegene helle Epithelzellen mit scheibenförmigen Nervenendigungen. [2]

Merk|fähigkeit: Fähigkeit, dem Gedächtnis neue Eindrücke (Engramme) hinzuzufügen.

~prüfung: Methode zur Prüfung der Merkfähigkeit, z. B. durch Vorsprechen von vier- oder sechsstelligen Zahlen, von Worten, Erzählen einer kurzen Geschichte, die der Untersuchte nach einiger Zeit wiederholen muß.

~störung: Merkunfähigkeit; verminderte Fähigkeit, neuen Gedächtnisstoff zu sammeln (dabei kann der alte Gedächtnisstoff noch zur Verfügung stehen), bei allen organ. Hirnschädigungen (z. B. progressive Paralyse, Arteriosklerose, senile Demenz, Kohlenoxidvergiftung, Alkoholismus). Hochgradige Merkstörung oder Merkunfähigkeit führt zur örtlichen u. zeitlichen Desorientierung, Erinnerungslosigkeit für das zuletzt Erlebte, Konfabulation; Amnestisches Syndrom, Korsakow' Syndrom. [34]

Merkurialismus ↑Quecksilbervergiftung. [49]

Merkurialzittern ↑Quecksilberzittern. [49]

Merochromie ⟨*griech*⟩ *f:* Sammelbezeichnung für dichromat. Farbensinnsysteme, bei denen eines der 3 Pigmente fehlen soll, also nur ein Teil vorhanden ist. [36]

Merogonie ⟨*griech*⟩ *f:* Entwicklung einer befruchteten Eizelle oder eines Teilstücks derselben nach künstlicher Entfernung oder Abtötung des Eikerns. – Eiplasma von der Mutter, Kern vom Vater. [3]

Merozyten: Kerne von Furchungszellen, die bei meroblast. Eiern das Dottersynzytium bilden, das für die Resorption des Dotters wichtig ist. An der Bildung dieses Synzytiums beteiligen sich auch die nicht zur Vereinigung mit dem Eikern gelangten, in das Ei eingedrungenen überzähligen Spermatozoen. [3]

Merozoiten ⟨*griech*⟩ *m, Pl:* Jugendformen der Malariaerreger; ↑Malariaplasmodien. [58]

Merseburger Trias: Symptomtrias der ↑Basedow' Krankheit (nach dem Ort benannt, wo Basedow wirkte) mit Pulsbeschleunigung, Kropf u. Glotzauge. [9]

Merulius ↑Hausschwamm. [42]

Meryzismus ⟨*griech*⟩ *m:* Wiederkäuen, ↑Rumination. [32]

Merzbacher, Ludwig (*1875), Internist, Neurologe, Buenos Aires.

M' Krankheit ↑Pelizaeus–Merzbacher' Krankheit. [9]

Mesaortitis ⟨*griech*⟩ *f:* meist als Spätfolge einer Syphilis (M. syphilitica) in der mittleren u. äußeren Wandschicht der Körperhauptschlagader auftretende Entzündung, die nach Zerstörung elast. Fasern Narben bildet u. der Innenhaut dadurch eine charakterist. baumrindenartige Struktur verleiht. Häufig von sek. Arteriosklerose überdeckt. Die M. syphilitica beschränkt sich auf den Brustteil, die umstrittene M. rheumatica soll den Bauchteil der Aorta bevorzugen. Häufig auftretende Komplikationen der M. sind ↑Koronarinsuffizienz infolge entzündlich-narbiger Einengung der Abgänge der Herzkranzschlagadern, ↑Aorteninsuffizienz nach Übergreifen der Entzündung auf die Aortenklappen, ↑Aortenaneurysma infolge Ausfalls elast. Gewebes der Aortenwandung. [5]

mesaraicus ⟨*lat*⟩ ↑ mesentericus. [1]

Mesarteriitis ⟨*griech*⟩ *f:* Entzündung der mittleren Wandschicht der Arterien. [5]

Mesaxon ⟨*griech*⟩ *n:* schmaler Kanal u. die ihn begrenzende Zellmembran der Schwann' Zellen, von der aus sich die Myelinscheide entwickelt; ↑ Markscheide. [6]

Mesenchym ⟨*griech*⟩ *n* (Hertwig): embryonales Bindegewebe, dessen sternförmig lokker gelagerte Zellen sich bei den Wirbeltieren aus dem epithelialen Verband der Keimblätter ablösen u. aus dem die verschiedenen Stütz- u. Bindegewebsarten, wie auch die ersten Blutzellen, lymphat. Organe u. Milz entstehen. [3]

Mesenchymitis: in der Literatur verschiedentlich zu findender Ausdruck für diffuse mesenchymale Reaktionen im Bereich des ubiquitär vorkommenden Bindegewebes (subkutanes Binde- u. Fettgewebe, Haut, Gefäße, viszerale Organe) unter dem Bilde subakuter bis akuter Kollagenkrankheiten. [13]

Mesenchymose ↑ Ehlers-Danlos' Syndrom. [43]

mesenterial ⟨*griech*⟩: zum Mesenterium, Gekröse gehörend. [1]

Mesenterial|arterienembolie, ~arterienthrombose: bei Verschluß des Hauptstammes oder größerer Äste der Mesenterialarterien durch Embolie bzw. durch einengende Arteriosklerose mit oder ohne Thrombose entwickelt sich in den zugehörigen Darmteilen ein hämorrhag. Infarkt (wie bei Mesenterialvenenthrombose) oder eine Nekrose mit paralyt. Ileus bzw. Durchwanderungsperitonitis. [5]

~lymphknotentuberkulose: die prim. Infektion des Darms durch Fütterung mit Tuberkulosebakterien (Milch usw.) führt entweder mit zur Erkrankung des Darms oder allein zu einer tuberkulösen Erkrankung der Mesenteriallymphknoten. Sie kann auch als Teil einer generalisierten Lymphknotentuberkulose auftreten; oft verknüpft mit einer Bauchfelltuberkulose. [15]

~venenthrombose: im Anschluß an ↑ Pfortaderthrombose oder örtliche Entzündung auftretende Blutpfropfbildung in den Mesenterialvenen; Folgen sind blutige Durchtränkung der zugehörigen Darmschlingen mit nachfolgendem Gewebstod u. Durchwanderungsperitonitis bzw. paralyt. Ileus. Gleiches klin. Bild u. ähnlicher patholog.-anatom. Befund auch nach ↑ Mesenterialarterienembolie bzw. -thrombose. [5]

mesentericus ⟨*lat*⟩: das Mesenterium, Gekröse betreffend. [1]

Mesenteriolum ⟨*griech*⟩ *n:* kleines Mesenterium; das Gekröse des Wurmfortsatzes. [1]

Mesenterium ⟨*griech*⟩ *n:* das in der Mitte der Baucheingeweide liegende Dünndarmgekröse; Aufhängeband des Jejunum u. Ileum, heftet diese Dünndarmabschnitte an die hintere Bauchwand. Zwischen den beiden Bauchfellblättern des Mesenteriums liegt eine stärkere Bindegewebsschicht, in der neben Fettmassen Lymphknoten, Gefäße u. Nerven enthalten sind; ↑ Mesokolon, ↑ Mesostenium. [1]

M. ileocolicum commune: Hemmungsmißbildung mit Ausbleiben der sek. Verklebung des Mesocolon ascendens mit der hinteren Bauchwand, wodurch ein gemeinsames Gekröse von Ileum u. Anfangsteil des Kolon entsteht, das eine abnorme Beweglichkeit bes. des letzteren ermöglicht. Gefahr der ↑ Strangulation u. ↑ Invagination. [5]

Mesenzephalitis ⟨*griech*⟩: entzündliche Erkrankung des Mittelhirns mit den der Lokalisation entsprechenden klin. Symptomen, wie Schlafsucht, Augenmuskelstörungen, Tremor usw.; bekannteste Form die ↑ Encephalitis epidemica. [33]

Mesenzephalon ✻ **Mesencephalon** ⟨*griech*⟩ *n:* Mittelhirn; dorsal reicht es vom unteren Rand der Vierhügelplatte bis zur Wurzel des Corpus pineale, ventral vom vorderen Rand der Brücke bis zum kaudalen Rand der Corpora mamillaria. An der Grenze von Mittel- u. Zwischenhirn ist die Längsachse des Gehirns fast rechtwinklig abgeknickt. Der ventrale Abschnitt wird von den beiden Großhirnschenkeln, Crura cerebri, gebildet. Das M. wird vom Aquaeductus mesencephali (Sylvii) durchzogen, der den 3. Ventrikel im Zwischenhirn mit dem 4. Ventrikel im Rautenhirn verbindet. Das M. ist vorzugsweise für die Regulierung der Bewegungen verantwortlich. [1]

mesial ✻ **mesialis** ⟨*lat*⟩: nach der Mitte zu; in der Zahnheilkunde übliche Bezeichnung für eine Lage oder Bewegung auf die Gesichtsmitte zu. [37]

Mesialbiß: Vorbiß des Unterkiefers, Sammelbegriff für verschiedene Formen der ↑ Progenie. [37]

Mesiodens ⟨*griech, lat*⟩ *m:* von der embryonalen Zahnleiste überzählig gebildeter verkümmerter Zahn (Zapfenzahn) zwischen den mittleren oberen Schneidezähnen, meist retiniert u. inzystiert u. die Nachbarzähne verdrängend; ↑ Zahnüberzahl = Hyperodontie. [37]

Meskalin: Alkaloid aus Lophophora Williamsii, einem in Mexiko wachsenden Kaktus. Es wird synthet. hergestellt u. ist chem. 3.4.5-Trimethoxyphenyl-2-aminoäthan. Es ist ein ↑ Rauschgift, führt zu vegetativen Störungen, die zentralen Ursprung haben (Übelkeit, Kopfschmerz, Schwindel, Schweißausbruch, Mydriasis) u. zu psych. Störungen. Im Vordergrund stehen Halluzinationen, die sowohl visuell als auch auditiv sind. [44]

~rausch: zeigt bizarre, oft bunte opt. Halluzinationen u. Wahrnehmungsstörungen, die denen der Schizophrenie ähneln. [34]

Mesmer, Franz Anton (1733–1815), Arzt, Wien, Paris, Frauenfeld. Begründer der Lehre vom ↑Mesmerismus. [35]

Mesmerismus: auf dem Boden der Anschauungen F.A. Mesmers entwickelte Doktrin, die von der Behauptung ausging, daß zwischen den menschlichen Organismen Beeinflussungen durch ein magnet. Fluidum zustande kämen. Mesmer hatte seine Heilmethode auf die Hypothese gestützt, daß der dem einzelnen menschlichen Individuum in verschiedener Stärke innewohnende „animalische Magnetismus" Wirkungen auf Kranke, insbes. Nervenkranke, auszuüben gestatte. Durch seinen Schüler M. De Puységur wurde beim Experimentieren die Möglichkeit, Somnolenz u. Somnambulie hervorzurufen, entdeckt. Dadurch entstand dann eine Verknüpfung zwischen der ursprünglichen „magnetischen" Kurmethode Mesmers u. spiritist. Konfabulationen u. Praktiken. Trotz der Mißdeutung der Beobachtungen, von denen der M. ausging, wurde er praktisch zum Vorläufer der Hypnose- u. Suggestionstherapie. [35]

meso- ⟨*griech*⟩: Präfix für mitten, zwischen; in chem. Verbindungen, die zwar asymmetr. Kohlenstoffatome haben, aber infolge einer intramolekularen Symmetrieebene optisch inaktiv sind, z.B. meso-Weinsäure, meso-Inosit. [42]

mesocolicus ⟨*griech*⟩: zum Mesokolon gehörend. [1]

Mesoderm ⟨*griech*⟩ *n:* mittleres Keimblatt; lagert sich bei den Tieren mit echter Leibeshöhle, also auch bei den Vertebraten zwischen die beiden prim. Keimblätter. Es ist in seinen Leistungen sehr vielseitig u. liefert nebst den aus dem Mesenchym hervorgehenden Bindegeweben die quergestreifte Rumpfmuskulatur, die Epithelien der Niere, des Harnleiters usw., die Rinde der Nebenniere, die epitheliale Auskleidung der Leibeshöhle. [3]

Mesogastralgie ⟨*griech*⟩ *f:* Leibschmerz im mittleren Oberbauch, bes. durch Durchblutungsstörungen bei Arteriosklerose. [18]

Mesogastrium ⟨*griech*⟩ *n:* 1. Magengekröse; zwei Bauchfellduplikaturen (M. dorsale u. M. ventrale), die zum Magen ziehen; 2. Bauchmitte, Regio mesogastrica, die Mittelbauchgegend, zwischen Epigastrium u. Hypogastrium. [1]

Mesohepaticum laterale dextrum (JNA) ↑Lig. triangulare dextrum hepatis (BNA, PNA).
M. laterale sinistrum (JNA) ↑Lig. triangulare sinistrum hepatis (BNA, PNA).
M. ventrale (JNA) ↑Lig. falciforme hepatis (BNA, PNA). [1]

Mesoinosit: Syn. Inosit, Myo-Inosit, Bios; Hexaoxyhexahydrobenzol, Zyklit; der natürlich vorkommende Mesoinosit ist optisch inaktiv. Vorkommen in vielen tier. Organen, bes. in Muskeln, weit verbreitet in Pflanzen u. Mikroorganismen; in pflanzlichen Samen als ↑Phytinsäure = Mesoinosit-hexa-phosphorsäure, deren Ca-Mg-Salz ↑Phytin ist; Vitamin B-Faktor. [8]

Mesokardium ⟨*griech*⟩ *n:* Herzgekröse; nur am embryonalen Herzen vorhandenes mesodermales Doppelblatt. [1]

Mesoklimatologie ⟨*griech*⟩: ein Mittelding zwischen ↑Großklimatologie u. ↑Mikroklimatologie. Unter M. versteht man demnach die Lehre vom Klima eines Hanges, eines Tales, eines Waldrandes, einer Waldlichtung u.ä. [13]

Mesokolon ⟨*griech*⟩ *n:* Aufhängeband (Mesenterium) des Dickdarmes an die hintere Bauchwand; eine Duplikatur des Bauchfells; Dickdarmgekröse.
M. ascendens (dextrum): das schmale Gekröse des aufsteigenden Dickdarmes, das diesen fast unbeweglich an die hintere Bauchwand fixiert.
M. descendens (sinistrum): das schmale Gekröse des absteigenden Dickdarmes; gestattet ebenfalls keine Ortsveränderungen des an ihm befestigten Darmteiles.
M. sigmoideum: die Bauchfellfalte, die den s-förmigen Teil des Dickdarmes überzieht u. diesem eine ausgiebige Beweglichkeit gestattet.
M. transversum: das breite Gekröse, an dem der querliegende Teil des Dickdarmes ziemlich gut beweglich hängt. [1]

Mesometrium ⟨*griech*⟩ *n:* Teil der Plica lata zu beiden Seiten der Gebärmutter. [29]

Mesonephros ⟨*griech*⟩ *m:* entwicklungsgeschichtlich Urniere (beim Menschen 5. Woche der Embryonalentwicklung), aus der sich später die Nachniere (↑Metanephros) bildet. [24]

Mesopharynx ⟨*griech*⟩ *m:* Pars oralis pharyngis (Mundrachenraum); mittlerer Anteil des Rachens; ↑Pharynx. [28]

mesophil ⟨*griech*⟩: zur Kennzeichnung von Organismen, deren Wachstumsoptimum in bezug auf Temperatur oder auf Feuchtigkeit bei mittleren Werten liegt. Gegensätze sind thermophil-psychrophil bzw. hygrophil-xerophil. [42]

Mesophlebitis ⟨*griech*⟩: Entzündung der ↑Media von Venen. [4]

Mesorchium ⟨*griech*⟩ *n:* eine aus dem embryonalen Bauchfell entstehende Gekrösefalte, die zusammen mit der Tunica vaginalis die innere Hülle des Hodens bildet. [3]

Mesosalpinx ⟨*griech*⟩ *f:* Bauchfellduplikatur, die den Eileiter umgibt. [29]

Mesostenium ⟨*griech*⟩ *n* ↑Mesenterium

des beweglichen Dünndarms (Jejunum u. Ileum). [1]

Mesotenon ⚹ **Mesotenonium** ⟨*griech*⟩ *n:* gefäßführendes Bindegewebe in Sehnenscheiden, das vom parietalen zum viszeralen Blatt der Sehnenscheide zieht. [23]

Mesothel ⟨*griech*⟩ *n* ↑ Deckzellen. [2]

Mesotheliom ⟨*griech*⟩ *n:* Syn. Endotheliom; von den ↑ Deckzellen (u. dem Bindegewebe) abzuleitender, umschriebener solider u. dann meist gutartiger, häufig aber flächenhafter u. biolog. bösartiger Tumor der Körperhöhlenauskleidung (Pleura, Perikard, Peritoneum u. Tunica vaginalis testis); ↑ Pleuraendotheliom. [5]

Mesothorium: 2 natürliche Radionuklide M1 u. M2 als radioaktive Umwandlungsprodukte des Thoriums. Nach α-Zerfall bildet ${}^{232}_{90}$Th Mesothorium 1 ${}^{228}_{88}$MsTh1 (Halbwertszeit 6,7 a), dies nach β^--Zerfall Mesothorium 2 ${}^{228}_{89}$MsTh2 (Halbwertszeit 6,1 h) u. weiter nach β - u. γ-Strahlung Radiothorium ${}^{228}_{90}$RaTh (Halbwertszeit 1,9 a), dies als α- u. γ-Strahler Thorium x ${}^{224}_{88}$Thx. Als α-Strahler der Nachfolgeprodukte ersetzt M. in vielen Fällen für Bestrahlungen u. für radioaktive Leuchtfarben das Radium, da es ungleich billiger sowie spezif. aktiver ist, allerdings eine wesentlich kürzere Halbwertszeit (etwa 20 a) besitzt. [8] Thorium x wurde früher zur Behandlung der Polyzythämie u. Leukämie verwendet, wo es durch Vernichtung der strahlenempfindlichen Mitosestadien der Blutstammzellen eine „normalisierende" Wirkung zeigte. Wegen der Gefahr der Überdosierung mit nachfolgender ↑ Agranulozytose oder ↑ Aleukie heute nicht mehr gebraucht. Auch die Verwendung als Röntgenkontrastmittel bei Arteriographie ist heute wegen der Speicherungstendenz in den hämatopoet. Organen mit sek. Strahlenschädigung aufgegeben. [11]

Mesotrophie ⟨*griech*⟩ *f:* Name für ein von W. Kollath experimentell ernährungsmäßig erzeugtes chron. Mangelkrankheitsbild in Verbindung mit dem fehlenden „Vollwert" der Nahrung; ↑ Zivilisationsschäden. [16]

Mesovarium ⟨*griech*⟩ *n:* Teil des hinteren Blattes der Plica lata. [29]

Mesoxalylharnstoff ↑ Alloxan. [8]

Mesozephalus ⟨*griech*⟩ *m:* Mittelkopf. Kopfform, zwischen Kurzkopf (↑ Brachyzephalus) u. Langkopf (↑ Dolichozephalus) bestehend. [5]

Messenger-RNS: *Abk* mRNS = Boten-RNS (bRNS); Ribonukleinsäure, die als Matrize für die Proteinsynthese dient. Durch die lineare Aufeinanderfolge von ↑ Codons in der mRNS wird die Sequenz der Aminosäuren im Protein bestimmt. Polyzistron. Messenger-RNS: lineare Aufeinanderfolge von mehreren, verschiedenen ↑ Zistrons in einem Polynukleotidstrang. Die Zistrons werden durch Terminator- u. Initiator-Codons funktionell voneinander getrennt. [8]

Messing|intoxikation: meist durch falsches Zahngold auftretende Vergiftungserscheinungen mit Schleimhautschäden, Magenerkrankungen, Gewichtsverlust u. neurolog. Symptomen. [33]

~körperchen (Manaberg): messingähnlich-gelbverfärbte Erythrozyten bei Betrachtung von Malariablut im natürlichen Präparat, Vorstufe der Ausbildung der spezif. Tüpfelung oder Fleckung (↑ Malaria), früherdiagnost. wichtig. [11]

Mester-Reaktion (Mester, Rheumatologe, Krakau): bei intrakutaner Einspritzung von Salizylsäure soll eine eintretende Leukopenie bes. bei Muskelschmerzen auf rheumat. Erkrankung deuten. Die Reaktion ist umstritten. [13]

Mestranolᴰ: 17α-Äthinylöstradiol-3-methyläther. Östrogen in ↑ Ovulationshemmern.

Met: *Abk* für ↑ Methionin. [8]

Metabiose ⟨*griech*⟩ *f:* Zusammenleben zweier Organismen, wobei nur einer begünstigt erscheint; eine Abart der Symbiose. [56]

Metabolic Pool ⟨*engl*⟩ (Sammelbecken des Intermediärstoffwechsels): die mit der Nahrung exogen zugeführten, verdauten u. resorbierten Bestandteile der Nahrung mischen sich mit den endogen im Zwischenstoffwechsel entstandenen Abbauprodukten der Körperbausteine im „Metabolic Pool", aus dem der Organismus wirtschaftet. Je nach Angebot u. Nachfrage wird das im Pool vorhandene Material zur ↑ Biosynthese organ. Substanz bzw. zum Umbau derselben entnommen, oder es wird zum Abbau zwecks Energiegewinnung eingesetzt; auf diese Weise werden mannigfache Querverbindungen zwischen den Wegen des Stoffwechsels hergestellt, die das biochem. wichtige „Fließgleichgewicht" im Organismus sicherstellen. [16]

metabolisch ⟨*griech*⟩: veränderlich, aus dem Stoffwechsel entstanden. [10]

Metabolismus ↑ Stoffwechsel. [16]

Metabolit *m:* Sammelbezeichnung für die im normalen Stoffwechsel (↑ Metabolismus) auftretenden Intermediärprodukte, die die metabol. Reaktionen (Reaktionsketten, Reaktionszyklen) fortsetzen. Man unterscheidet endogene u. exogene Metaboliten. Endogene Metabolite, wie z. B. die Hormone, Enzyme werden vom Organismus selbst synthet. dargestellt. Exogene Metabolite, z. B. Vitamine, werden aus der Umwelt aufgenommen, nachdem sie durch andere Organismen erzeugt wurden; ↑ Antimetabolite. [8]

metacarpeus (metacarpicus) ⟨*lat*⟩: zur Mittelhand (↑ Metakarpus) gehörend. [1]

Metachromasie ⟨*griech*⟩ *f:* Farblösungen können Gewebsbestandteile in einem von der angewandten Farblösung abweichenden Farbton färben; z. B. Thioninlösung (violett) färbt die Granula der Mastzellen rot. Metachromat. Färbungen sind z. B. Bleiazetat-Toluidinblau zum Nachweis chromotroper Substanzen. Molybdänhämatoxylin zur Darstellung mukoider Substanzen mit rotvioletter Färbung. Thionin-Weinsteinsäure-Färbung (Feyrter) als Ergebnis Markscheiden metachromat. rotgefärbt. [2] (hämatolog.) In der Blutfärbung ↑Romanowsky' Effekt; in der Parasitenfärbung (Chromatinkerne der Protozoen, Spirochäten usw.), in der ↑Supravitalfärbung. [11]

Metagenese ⟨*griech*⟩ *f* ↑Generationswechsel. [3]

Metakarpus ✻ **Metacarpus** ⟨*griech*⟩ *m:* Mittelhand, zwischen Handwurzel u. Fingern; setzt sich aus den 5 Metakarpalknochen (Ossa metacarpalia) zusammen. [1]

Metakinese ⟨*griech*⟩ *f:* Metaphase der Zellteilung; ↑Mitose. [3]

Metalldampffieber ↑Gießfieber. [49]

Metalle ⟨*griech*⟩ *n, Pl:* Elemente mit typ. Glanz („Metallglanz") u. guter Leitfähigkeit für Wärme u. Elektrizität; chem. dadurch charakterisiert, daß ihre Sauerstoffverbindungen meist Basen, seltener amphotere Hydroxyde bilden (Ausnahme z. B. Chromtrioxid mit sauren Eigenschaften). Die gute Leitfähigkeit für den elektr. Strom ist damit zu erklären, daß die M. die äußeren (Valenz-) Elektronen leicht abspalten können; viele Metalle tun dies schon beim Glühen oder Belichten (lichtelektr. Effekt). [8]

Metallimprägnation: Behandlung von Gewebsstücken oder -schnitten, entweder fixiert oder unfixiert, mit Lösungen von Gold- oder Silbersalzen zur Darstellung von Neurofibrillen, Gliafasern, argyrophilen Fasern (Retikulin), der Zellgrenzen u. der Sekretkapillaren. Die bekanntesten Imprägnationsverfahren sind angegeben von Golgi, Cajal, Bielschowsky u. neuerdings von Jabonero. Bes. Bedeutung haben die Imprägnationsverfahren in der Neurohistologie erlangt. Es muß jedoch hervorgehoben werden, daß die verschiedenen neurohistolog. Imprägnationsmethoden in vielen Fällen neben der nervalen Substanz auch nicht nervale Gewebsteile imprägnieren (z. B. Retikulin bei der Imprägnation nach Bielschowsky-Gros), was zu erheblichen Verwechslungen Anlaß gegeben hat. [2]

Metallisation: Metalleinsprengung durch elektr. Flammenbogen beim elektr. Unfall. Wichtig für Feststellung von ↑Strommarken. [52]

Metallklang: auskultator. u. perkutor. wahrnehmbare Schallerscheinungen von metall. Charakter durch Mittönen luftgefüllter Hohlräume (Kavernen, Pneumothorax, Aszites mit Meteorismus). [9]

Metalloflavoproteide: ↑Flavinenzyme, die noch Metalle enthalten; bisher sind bekannt M. mit Magnesium, Eisen, Kupfer, Molybdän. [8]

Metalloide *n, Pl:* Nichtmetalle, die die Wärme u. Elektrizität sehr wenig leiten, im Gegensatz zu den Metallen lichtdurchlässig sind u. eine ausgeprägte Neigung zur Bildung saurer Ionen besitzen. Zu den M. werden auch die sog. Übergangselemente oder Halbmetalle, Arsen, Germanium, Tellur, gerechnet. Von den bekannten Elementen sind etwa 1/4 Metalloide, 3/4 Metalle. [8]

Metallophobie ⟨*griech*⟩ *f:* abnorme Furcht, Metallgegenstände anzufassen (gehört zum anankast. Syndrom). [34]

Metallosen: in der Ophthalmologie gebräuchliche Bezeichnung für Schäden, die im Auge durch metall. Fremdkörper entstehen. Es handelt sich in erster Linie um Eisen u. Kupfer u. deren Verbindungen sowie zuweilen um Quecksilber; ↑Siderosis, ↑Chalkosis, ↑Mercuria lentis. Die Auflagerungen von Silber (Argyrosis) oder Gold (Chryrosis) bei äußerer oder innerer Behandlung werden im allgemeinen nicht eingerechnet. Frühsymptom der M. ist eine Schädigung des Elektroretinogramms. [36]

Metallproteide: Metalle können als solche oder in spezif. Form wie z. B. die Eisen-Porphyrin-Komplexe in den Hämoproteiden an Proteine gebunden sein. Die Bindung der Metalle oder ihrer Komplexe an das Protein ist sehr unterschiedlich; z. T. dissoziabel oder wie im Hämoglobin als Eisenporphyrin sehr locker an das Protein gebunden, im Zytochrom c dagegen sehr fest. Die Funktion der M.: 1. für Enzyme; Alkalimetalle (Na, K) für einige Amylasen u. einige ATPasen; Erdalkalimetalle (Mg, Ca) für einige Phosphatasen, einige ATPasen sowie Carboxylasen u. a.; Schwermetalle ↑Spurenelemente; 2. für Transport u. Speicherung; 3. Bindung körperfremder Metalle. Am längsten bekannt sind die Funktionen der Eisen-M.: 1. Hämoglobin u. Myoglobin zum Transport u. zur Speicherung von molekularem Sauerstoff; 2. Zytochrome, Katalase, Peroxydase u. a. als Fe-haltige Enzyme; 3. Transferrin als Transporteiweiß für Fe; 4. Ferritin u. Hämosiderin als Speicher-M. für Eisen. [8]

Metallsuchgeräte: Apparate, die auf elektron. Wege Metallsplitter im Körper nachzuweisen gestatten. Ein dabei entwickelter Ton erlaubt auch eine Differenzierung des Metalls. Eine sondenartige Spitze wird dem vermuteten Sitz des Fremdkörpers genähert

u. die Störung eines Stromkreises durch Röhrenrelais hörbar gemacht. [36]

Metalues ⟨*griech, lat*⟩ *f* ↑ Metasyphilis. [40]

Metamerie ⟨*griech*⟩ *f:* Gliederung des Körpers von Artikulaten u. Chordaten in hintereinanderliegende, zumindest embryonal gleichartige Abschnitte. Reste der M. beim erwachsenen Menschen, z. B. Gliederung der Rumpfmuskulatur, segmental abgehende Nervenwurzeln aus dem Rückenmark u. damit im Zusammenhang die verwischt metamere Hautinnervierung. [3]

Metamorphopsie ⟨*griech*⟩ *f:* verzerrte Wahrnehmung von Gegenständen, bes. u. zuerst auffällig an geraden Linien, Schriftzeilen usw.; Ursachen zuweilen Veränderungen der brechenden Medien, meist aber solche der Netzhaut. Sehr häufig bei Makuladegeneration u. wichtiges Frühsymptom (oder auch Restsymptom) bei Netzhautablösung. [36]

Metamorphose ⟨*griech*⟩: Umwandlung von den embryonalen zu den larvalen u. zu den geschlechtsreifen Formen (zoolog.). Bei den Insekten unterscheidet man die unvollständige Metamorphose oder Hemimetabolie u. die vollständige Metamorphose oder Holometabolie, bei der sich zwischen das Larvenstadium u. die definitive Form ein Puppenstadium schiebt.

M., regressive: Rückbildung während der Formumwandlung; z. B. bei Insekten, Einschmelzung von larvalen Organen während der Puppenruhe vor Umwandlung zur geschlechtsreifen Form. In der Säugetierentwicklung Rückbildung des Urnierengewebes bis auf kleine Reste. [3]

M., visköse: bei der Gerinnung auftretender Formenwandel der Thrombozytenoberfläche (Pseudopodienbildung, Rund- u. Sternform) unter Einwirkung von Proteinen der Gefäßwand u. von Thrombin. Dabei Abgabe gerinnungsaktiver Bestandteile der Blutplättchen u. Verklebung der Thrombozyten, führt zur Bildung des weißen Abscheidungsthrombus. [11]

Metamyelozyten ⟨*griech*⟩ *m, Pl* (Pappenheim): Zwischenstufe zwischen rundkernigen Myelozyten u. segmentkernigen reifen Leukozyten, nicht nach der Kernform, sondern nach dem allgemeinen Reifungscharakter bezeichnet, nicht ident. mit Jugendlichen, die etwa den li. Flügel bilden würden. [11]

Metanephros ⟨*griech*⟩ *m:* Nachniere; entwicklungsgeschichtlich die zuletzt gebildete, endgültige (Dauer-)Niere, die sich aus der Urniere entwickelt hat. [24]

Metaphase ⟨*griech*⟩ *f:* Phase der Kernteilung, in der die Chromosomen in der Äquatorialplatte der Spindel angeordnet sind. [3]

Metaphylaxe ⟨*griech*⟩ *f:* Gesamtheit aller nachgehenden gesundheitlichen, medizin. u. sozialen Maßnahmen mit dem Ziel der Erhaltung bzw. Verbesserung des Behandlungseffektes; Teil der ↑ Rehabilitation. [48]

Metaphyse ⟨*griech*⟩ *f:* der Teil eines Röhrenknochens, der zwischen Diaphyse (Mittelstück) u. Epiphyse (Endstück) gelegen ist. Längenwachstumszone. [1]

Metaplasie ⟨*griech*⟩ *f:* Umwandlung einer Gewebsart in eine andere. Man unterscheidet: 1. Prosoplasie – Höherentwicklung, Weiterdifferenzierung; 2. direkte M. – direkte Umwandlung einer differenzierten Zelle in eine andere differenzierte; 3. indirekte M. („regeneratorische Metaplasie" von Fischer-Wasels) – Umdifferenzierung nach zwischengeschalteter Entdifferenzierung. Von dieser echten M. muß abgetrennt werden: 1. die falsche M. (auch Pseudometaplasie oder formale Akkommodation, Allo- oder Dysmorphie), Formveränderungen von Zellen ohne Änderung ihres Differenzierungsgrades (↑ Allomorphie); 2. Verschiebungen an Gewebsgrenzen, etwa an der Plattenepithel-Zylinderepithelgrenze der Portio uteri; ↑ Erosio falsa. [5]

Metaplasma ⟨*griech*⟩ *n:* spezif., für die jeweilige Zellart charakterist. Differenzierungsprodukt des Protoplasmas. An diese metaplasmat. Strukturen sind die für den betreffenden Zellverband jeweils typ. Leistungen gebunden. 1. ↑ Tonofibrillen zur Festigung des Epithelverbandes; 2. ↑ Myofibrillen zur Kontraktilität; 3. ↑ Neurofibrillen. [2]

metapneumonisch ⟨*griech*⟩: im Anschluß an eine Pneumonie auftretend. [9]

Metastase ⟨*griech*⟩ *f:* an andere Körperstellen verschleppte Geschwulstzellverbände, wobei die histolog. Struktur der M. der des Primärtumors meist gleicht. Nach der Art der Absiedlung unterscheidet man regionäre M., die auf dem Lymphweg entstehen, u. hämatogene Fernmetastasen. Implantationsmetastasen entstehen z. B. beim Ovarialkarzinom durch Aussaat auf das Peritoneum, Abklatsch- oder Kontaktmetastasen durch Implantation auf anliegende Schleimhäute (z. B. Unterlippenkarzinom auf Oberlippe), Impfmetastasen durch Implantation im Operationsgebiet, in Stichkanälen usw., ↑ Metastasierungstyp. Man spricht auch von Abszeß-Metastasen oder metastat. Entzündungen durch Verschleppung von Bakterien auf dem Lymph- oder Blutweg.

M., osteoklastische: frühere Bezeichnung osteolytische Metastase; Zerstörung von Knochen durch Krebsmetastasen, häufig zur Spontanfraktur führend.

M., retrograde: Verschleppung von Geschwulstzellen entgegen der Blutstromrichtung. [25]

Metastasierung: Bildung von ↑ Metastasen. [4]

Metastasierungstyp ⟨*griech*⟩: Eigenart verschiedener Organkarzinome, auf bestimmten Wegen (z. B. bevorzugt lymphogene Metastasierung eines skirrhösen Magenkarzinoms) in bestimmte Organe, Gewebe oder Körperhöhlen zu metastasieren (z. B. Bevorzugung des Skelettsystems durch die Metastasen eines Prostatakarzinoms). Der M. kann Hinweise auf den Sitz des Primärtumors geben. Walther (Schweizer Röntgenologe) hat vier Metastasierungstypen aufgestellt, für die er die Filterwirkung der Organe innerhalb des Kreislaufes verantwortlich macht: 1. Lungen-, 2. Leber-, 3. Hohlvenen-, 4. Pfortadertyp der Metastasierung. Metastasierung neben dem Sitz des Primärtumors aber auch abhängig von Tumorgröße, histolog. Typ u. anderen oft nicht faßbaren Faktoren. [5]

Metastellung: (m-) = 1,3-Stellung der Substituenten an einem Benzolring oder anderem Ringsystem; ↑0-Stellung. Ein Dichlorbenzol in m-Stellung heißt 1,3-Dichlorbenzol oder meta-Dichlorbenzol oder m-Dichlorbenzol. [8]

Metasyphilis: Syn. Metalues; Nachkrankheit der Syphilis. Heute nicht mehr übliche Bezeichnung für Tabes u. Paralyse, von der Vorstellung ausgehend, daß Tabes u. Paralyse nicht direkt durch das *Treponema pallidum,* sondern mehr indirekt infolge tox. Einflüsse hervorgerufen werden. [40]

Metatarsalgie ⟨*griech*⟩ *f* ↑Morton' Neuralgie. [23]

Metatarsalknochen = Ossa metatarsalia: Mittelfußknochen; ↑Metatarsus. [1]

Metatarsus ⟨*griech*⟩ *m:* Mittelfuß; zwischen Fußwurzel u. Zehen gelegener Teil des Fußes. Er besteht aus den fünf Metatarsalknochen. [1]

M. varus: meist angeborene Fußdeformität mit Varuskrümmung im Mittel- u. Vorfuß. [23]

Metathalamus: hinter dem Sehhügel (Thalamus) gelegene Gehirnteile: die Kniehöcker (Corpus geniculatum laterale u. mediale). [1]

metatraumatisch ⟨*griech*⟩: im Anschluß an Verletzungen entstehend. [4]

Metazerkarien: das für Endwirte infektiöse Entwicklungsstadium der ↑Trematoden, das sich im zweiten Zwischenwirt („Hilfswirt") enzystiert; die nicht in einem weiteren Zwischenwirt, sondern im Freien, z. B. sich an Grashalmen einkapselnden Zerkarien (wie im Falle des ↑Leberegels, wo sie dann so von Rindern u. Schafen aufgenommen werden), wurden früher ebenfalls als Metazerkarien bezeichnet, sind aber zum Unterschied von diesen als Adoleskarien zu unterscheiden. [58]

Metenolon: 1-Methyl-Δ^1-Androstenolonacetat. Anabolikum. Primobolan○.

Metenzephalon ✱ **Metencephalon** ⟨*griech*⟩ *n:* Hinterhirn; Teil des Rautenhirns, bestehend aus Brücke u. Kleinhirn; ↑Gehirn. [1]

Meteorismus ⟨*griech*⟩: Aufgeblasensein; Gasansammlung u. Aufblähung in den Gedärmen. [18]

Meteoro|biologie ⟨*griech*⟩: nach B. de Rudder die Lehre bzw. die Wissenschaft, die mit dem Einfluß meteorolog. Vorgänge auf biolog. Systeme befaßt (Meteorophysiologie, Meteoropathologie).

~logie: Lehre von den Witterungserscheinungen u. vom Wettergeschehen; als moderne Wissenschaft der Teil der Geophysik, der sich mit der Lehre von den Vorgängen in der Lufthülle u. an ihrer unteren Begrenzung beschäftigt.

~path: ein Mensch, der auf Wettervorgänge in krankhafter Weise reagiert. [13]

~pathologie: eine Reihe von Krankheiten wird als „meteorotrop" bezeichnet, d. h., ihr Entstehen hängt mit bestimmten Wettervorgängen, z. B. Föhn, Durchgang polarer Luftmassen usw. zusammen. Die Lehre von diesen Krankheiten, aufgestellt von B. de Rudder, wird als Meteoropathologie bezeichnet; ↑Meteorotropismus. [38]

~physiologie: die Lehre bzw. die Wissenschaft, die sich mit dem Einfluß meteorolog. Vorgänge auf die Funktionen der Pflanze sowie des tier. u. menschlichen Körpers befaßt.

~tropismus: meteorotrope Krankheiten; Krankheiten oder krankhafte Zustände, die durch Wettervorgänge (z. B. Föhn, Durchgang polarer Luftmassen u. dgl.) ausgelöst werden können. Als solche werden genannt Eklampsie, Thrombose, Lungenkomplikationen nach Operationen, akutes Glaukom, Angina, Diphtherie, tuberkulöse Lungenblutungen, Schlaganfall. Die statist. mit oft hoher Wahrscheinlichkeit gesicherten Zusammenhänge sind nicht immer unbestritten. [13]

Methadon□: zur ↑Morphingruppe gehörend, = 6-Dimethylamino-4.4-diphenylheptanon; seine analget. Wirkung ist stärker als die des Morphin, aber es führt wie dieses zu Gewöhnung u. Sucht. Da aber die Abstinenzerscheinungen weniger stark sind, ist eine Entziehungskur bei ↑Morphinismus möglich. l-Methaden□ = l-Polamidon®. [44]

Methämoglobin ⟨*griech, lat*⟩ *n:* enthält dreiwertiges Eisen gegenüber dem zweiwertigen normalen Hämoglobin, entsteht physiolog. während des Sauerstoffaustausches im Erythrozyten u. wird sogleich reduziert. Normales Oxy-Hb. läßt sich durch Ferro-Zyankali, Nitro- u. Amidostoffe u. a. leicht in Met-Hb (Hämiglobin) umwandeln u. wird zur genaueren Hämoglobin-Messung verwendet (Bürker, Havemann). [11]

Methämoglobin|ämie: Erhöhung des Methämoglobingehaltes im Blut. Durch Oxydation des Hämoglobineisens von der zwei- zur dreiwertigen Stufe entsteht Methämoglobin. Dieses Hämoglobinderivat vermag keinen molekularen Sauerstoff mehr zu binden u. scheidet daher für den Sauerstofftransport aus. Unter physiolog. Bedingungen bestehen 0,7% des Gesamtblutfarbstoffes des Menschen aus Methämoglobin. Die Erythrozyten enthalten ein enzymat. System, das die ständig entstehenden kleinen Mengen von Methämoglobin reduziert, so daß der Methämoglobingehalt niedrig bleibt u. die Sauerstofftransportfunktion gewährleistet ist. Sind 20–40% des Gesamtblutfarbstoffes in Methämoglobin umgewandelt, treten toxische Symptome auf (Atemnot, Zyanose), 60–80% Methämoglobin führen zum Tod. Formen der Methämoglobinämie: 1. idiopathische M.: a) durch Enzymopathien bedingt, z. B. Mangel an reduzierenden Enzymsystemen in den Erythrozyten (NAD-Methämoglobin-Reduktase); b) durch Hämoglobin-Anomalien bedingt (z. B. Hb F, C, D, E, S); 2. toxische M.: gewerblich oder medizinal bedingt: a) direkte Methämoglobinbildung: Kaliumchlorat ($KClO_3$); b) indirekte Methämoglobinbildung: Arsenwasserstoff, Nitrite, aromat. Nitro- u. Aminoverbindungen. Das Blut wird schokoladenbraun. Die meisten methämoglobinbildenden Gifte denaturieren die Erythrozyten. Dieser Prozeß erstreckt sich auf die Membran, das Stroma, u. die Globinkomponenten; es treten sog. Heinz' Innenkörperchen auf. Die Zerstörung der Erythrozyten führt zum Auftreten eines hämolyt. ↑Ikterus, zur Leber- u. Milzschwellung, zur Nierenschädigung. [44]

~reduktase-Mangel: kongentiale enzymopen. Methämoglobinämie. Rezessives, autosomales Erbleiden infolge Fehlens der Methämoglobinreduktase in den Erythrozyten. Durch den Enzymdefekt entsteht ein Anstau von Methämoglobin im Blut, der sich beim Anlageträger in einer chron. Zyanose, meist ohne Rückwirkung auf das Allgemeinbefinden auswirkt.

~vergiftung ↑Innenkörperanämie. [11]

Methakrylat: polymerisierende Ester der Methakrylsäure. Es wurde in der Anfangszeit der Elektronenmikroskopie als Einbettungsmittel benutzt. Wird heute wegen des schlechten Erhaltungszustandes des Gewebes nicht mehr angewendet. [6]

Methamphetamin□ (Pervitin○): α, N-Dimethyl-phenaethylamin; Weckamin. Es führt zu Suchterscheinungen, daher den Betäubungsmitteln gleichgestellt.

Methan *n:* Kohlenwasserstoff (CH_4), das Anfangsglied der sog. Paraffinreihe, kommt in der Natur vor in Erdgasquellen, in Kohlengruben (Grubengas), in Sümpfen (Sumpfgas); u. ist in den Darmgasen enthalten. Es bildet sich dort, wo Kohlenstoffverbindungen der bakteriell reduktiven Zersetzung unterliegen; M. ist wesentlicher Bestandteil des Leuchtgases. [16]

Methanol ↑Methylalkohol. [8]

~vergiftung: schwere Gesundheitsstörungen infolge Eintritt von Methanol in den Körper über Nahrungs- u. Atmungsweg. Als Ursache wird die Bildung von Formaldehyd als Abbauprodukt des Methanols mit Eiweißfällung u. Hemmung enzymat. Vorgänge angesprochen. Charakterist. Symptome sind Sehstörungen infolge Schädigung des N. opticus bis zur völligen Erblindung. [49]

Methanthelin: quartäre Ammoniumbase, Xanthen-9-carbonsäure-diäthyl-aminoäthylestermethylhydroxid; anticholinerg. u. ganglienblockierende Eigenschaften, zur Ulkustherapie verwendet. [44]

Methaqualon□ (Revonal®) = 2-Methyl-3-o-tolyl-4(3H)-chinazolon; Hypnotikum u. Sedativum mit größerer therapeut. Breite als die ↑Barbiturate. Vergiftungen mit kleinen u. mittleren Dosen (4–8 g) unterscheiden sich nicht von anderen Schlafmittelvergiftungen entsprechender Schweregrade. Sie haben eine günstige Prognose. Hohe M.-Dosen haben eine kapillartox. Wirkung (Lungen- u. Hautödeme, erhöhte Blutungsneigung, Hirnödem, Blickkrämpfe, Atemdysrhythmie). [44]

Methicillin□ (Cinopenil®): partialsynthet. Penizillin, Dimethoxybenzoylaminopenizillinsaures Natrium. Es wird durch die Salzsäure des Magens inaktiviert u. ist deshalb nur nach parenteraler Applikation wirksam, es wird aber durch die Penicillinase nicht zerstört u. ist deshalb gegenüber resistenten Staphylokokken wirksam. [44]

Methin: die dreiwertige Gruppe −CH=, wie sie z. B. im Benzol, Pyrrol u. als Methinbrücke im Porphin u. seinen Derivaten, den Porphyrinen vorliegt. [8]

Methional: 3-Methylmerkapto-Propanal ($H_3C{\cdot}S{\cdot}CH_2{\cdot}CH_2{\cdot}CHO$) aus Methionin unter Einfluß von Licht oder Wärme gebildet; geruchsintensive Verbindung; ruft „Sonnenlichtgeruch" der Milch hervor, ist wesentlicher Bestandteil z. B. des Brotaromas; auch im Käse nachgewiesen. [16]

Methionin: L-α-Amino-γ-methyl-tiobuttersäure ($H_3C{\cdot}S{\cdot}CH_2{\cdot}CH_2{\cdot}CH(NH_2){\cdot}COOH$), sauerstoff- u. hitzeempfindliche, essentielle Aminosäure; ist neben Zystein u. Zystin die Hauptquelle für den Schwefelgehalt der Proteine; wichtiger Lieferant von Methylgruppen (Methyldonator) beim Ablauf des Intermediärstoffwechsels (↑Transmethylierung); als „lipotroper" Faktor am Abtransport der Fettsäuren aus der Leber u. an der Phosphatidsynthese beteiligt. Methioninmangel führt zu Störungen im Leberstoffwechsel (Fettleber). [16]

Methoxychlor: ein dem DDT nahestehendes Insektizid. [58]

Methoxyfluran = Penthrane: 2,2-dichlor-1,1-difluoräthylmethyläther; dampfförmiges Inhalationsnarkotikum (Siedepunkt 104,6°C) mit relativ großer Narkosebreite. M. besitzt gute analget. u. nur geringe muskelrelaxierende Eigenschaften. [27]

Methyl: einwertiges Radikal des Methans von der Formel $-CH_3$. [16]

~alkohol: Methanol (CH_3OH), einfachster Alkohol (Siedepunkt 65°C); weitere Bezeichnungen Karbinol u. Holzgeist; fast geruchlos, wirkt stark giftig (↑Methanolvergiftung). M. entsteht bei der trockenen Destillation des Holzes, deshalb im rohen Holzessig enthalten; tritt beim Verglimmen von Holz auf (Räuchern von Fleisch) sowie im Tabakrauch; ferner enthalten im Trester- u. Hefebranntwein (entstanden aus den Methoxygruppen des Pektins). (hämatolog.) Fixierungsmittel für Blutausstrich, ↑Jenner, May–Grünwald–Giemsa-Färbung. [16]

~arsensäure: $CH_3 \cdot AsO(OH)_2$; ↑Kakodylsäure. [8]

~bromid: (CH_3Br); ein viel verwendetes Begasungsmittel zur Konservierung von Lebensmitteln (Mehl, Kartoffeln, Gemüse, Getreide); es tritt teilweise in die Substanz der Lebensmittel über. [16]

~butadien ↑Isopren. [8]

~chlorid: Chlormethan (CH_3Cl), farbloses, äther. riechendes Gas, durch Druck verflüssigbar, in Stahlbomben im Handel, in der Kälteindustrie verwendet; flüssiges M. ruft wegen seines raschen Verdampfens auf der Haut Kältegefühl hervor, wird zur Lokalanästhesie (Vereisung) benutzt; in größeren Mengen eingeatmet, wirkt es giftig. [16]

Methyldopa: L-3-(3,4-Dihydoxy-phenyl)-2-methylalanin. Antisympathotonikum. Aldometil○, Presinol○, Sombrina○

~ekgonin: chem. Strukturbestandteil des ↑Kokain. Im Kokain ist die Karbonsäure- u. die Hydroxygruppe des Ekgonins mit Methylalkohol bzw. Benzoesäure verestert. [44]

Methylenblau *n* = Methylenum coeruleum•: Tetramethylthioninchlorid; bas. Farbstoff der sog. Thiazinfarbstoffreihe; in Wasser leicht mit blauer Farbe löslich; wird zum Färben mikroskop. Präparate benutzt; spielt bei physiolog.-chem. Untersuchungen eine Rolle als Indikator zur Bestimmung des Redoxpotentials, als Wasserstoff-Akzeptor (unphysiolog. Akzeptor).

~probe ↑Chromozeptoskopie. [16]

Methylenum coeruleum○ ↑Methylenblau. [44]

Methylergometrin□ = Methergin®: Homologes des Ergometrins, D-Lysergsäure-(+)-butanolamid-(2). Es hat eine rasch einsetzende u. relativ lang anhaltende uteruskontrahierende Wirkung. Es verkürzt die Plazentarperiode u. vermindert die Geburtskomplikationen. Es ist stärker wirksam als Ergometrin; ↑Mutterkorn. [44]

Methyl|glukoside: Das α- u. das β-D-Methylglukosid sind Methylierungsprodukte des Traubenzuckers.

~glykokoll ↑Sarkosin.

~glyoxal:

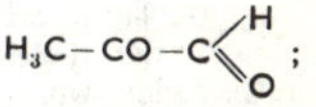

wird in schwach alkal. Lösung u. durch das Gewebsenzym Glyoxalase in Gegenwart des Coenzyms Glutathion in Milchsäure umgewandelt, stellt aber kein Zwischenprodukt bei der Glykolyse dar; es ist Glied des Aminoazeton-Zyklus.

~guanidin: kommt bei Vertebraten in Muskulatur u. anderen Organen sowie in Blut, Milch, Harn vor. M. wirkt blutdrucksteigernd u. sekretionsanregend.

~guanidoessigsäure ↑Kreatin.

~indol ↑Skatol. [8]

Methylierung: ↑Methyl; da die Methylgruppe, die in zahlreichen Naturstoffen vorkommt, im tier. Körper nicht ausreichend gebildet wird, muß sie hauptsächlich im ↑Methionin, ferner im ↑Cholin mit der Nahrung zugeführt werden, da sie zur Synthese von Adrenalin, Kreatin u.a. benötigt wird. Die Übertragung erfolgt über das S-Adenosylmethionin, das aus Methionin u. ATP unter Abspaltung von Phosphat u. Pyrophosphat als Sulfoniumverbindung mit „aktiver Methylgruppe" gebildet wird:

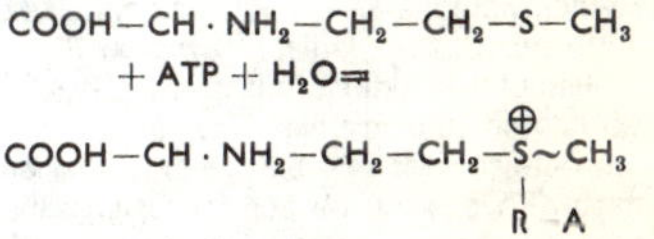

(R = Ribose, A= Adenin)

Diese Reaktion erfolgt mit dem Enzym Methionin-Adenyltransferase (EC 2.5.1.6). Aus Methionin entsteht nach der Methyl-Übertragung ↑Homozystein, das u.a. wieder methyliert werden kann. [8]

Methylium salicylicum: Salizylsäuremethylester ist eine charakterist. riechende ölige Flüssigkeit u. wesentlicher Bestandteil des ↑Wintergrünöles. Es wird von der äußeren Haut leicht resorbiert u. in Form von Salben oder Linimenten perkutan verwendet. M. ist Bestandteil zahlreicher hyperämisierender Handelspräparate zur perkutanen Rheumatherapie. [44]

Methyl|ketone: Verbindungen von der allgemeinen Formel $CH_3 \cdot CO \cdot R$; R kann sein

CH_3, C_2H_5, C_3H_7 usw.; solche Produkte (z. B. Methylheptyl-, Methylnonylketon) entstehen beim Ketonigwerden (↑Ranzigkeit) von Butter, Kokos- u. Palmkernfett durch die Tätigkeit von Schimmelpilzen; sie sind wichtige Träger des Aromas der obligaten Schimmelpilz-Edelkäse (Roquefort-, Gorgonzola-, Camembert-Käse). [16]

~orange: Helianthin. *p*H-Indikator in 0,01%iger wäßriger Lösung, im sauren Medium rot, im alkal. gelb; Farbumschlag bei *p*H = 3–4. [42]

Methyloxydation der Fettsäuren: entspricht der ω-Oxydation, wobei es sich um eine Oxydation der endständigen Methylgruppe der Fettsäuren im Körper handelt. Sie erfolgt nur, wenn die Karboxylgruppe nicht frei vorliegt, sondern als Ester oder Säureamid gebunden ist. Schwer spaltbare Fettsäureester oder Säureamide werden daher als Dikarbonsäuren ausgeschieden, da die Dikarbonsäuren mit 6, 8 u. 10 C-Atomen schwer oxydierbar sind. [8]

Methyl|pentinol□ (Allotropal®): 3-Methyl-1-pentin-3-ol, ein ungesättigter Alkohol; Sedativum, schnell wirkendes Hypnotikum, ↑Tranquilizer. [44]

~pentosen: von Pentosen leiten sich Kohlenhydrate ab, in denen ein Wasserstoff der prim. Alkoholgruppe durch eine Methylgruppe ersetzt ist. Die Benennung kann nach den Hexosen erfolgen, mit denen sie die gleiche räumliche Stellung der H u. OH an den asymmetr. C-Atomen haben, u. Anhängung der Silbe „methylose". Die L-Rhamnose ist danach eine L-Mannomethylose, D-Fukose eine D-Galaktomethylose. [8]

Methylprednisolon: 11β, 17, 21-Trihydroxy-6α-methylpregna-1,4-dien-3,20-dion. Glukokortikoid. (Depo-) Mediate○, Urbason○.

Methylrot-Reaktion: mit dieser Reaktion wird durch Zugabe einiger Tropfen Methylrot (*p*H-Bereich: rot 4,4–6,2 gelb) frühestens nach 48 h geprüft, ob bei der Glukosespaltung durch den Testkeim ein höherer oder niedrigerer Säuregrad erreicht wird. [41]

Methylthiouracil□ (Thyreostat®): Thyreostatikum, das zu einer intrathyreoidalen Hemmung der Schilddrüsenhormonsynthese führt. Bei längerer Anwendung Gefahr der Agranulozytose! [44]

Methylviolett = Gentianaviolett, Pyoktanin: ein Gemisch von Penta- u. Hexamethylpararosanilinchlorid (Greifswalder Farbstoffmischung). Bas. Farbstoff zur Bakterienfärbung, Desinfektionsmittel, Harndesinfiziens, Oxyurenmittel. [44]

Methyomanie ⟨*griech*⟩ *f:* Säuferwahnsinn. [34]

Meticillin: Na-6-(2,6-Dimethoxybenzol-amino)-penicillanat. Antibiotikum. Cinopenil□.

Metopion ⟨*griech*⟩ *n:* 1. Stirn, Glatze; 2. Schnittpunkt der Verbindungslinie beider Stirnhöcker mit der Medianlinie des Schädels. [1]

Metopitis granulomatosa: Schwellung der Stirn bei ↑Melkersson–Rosenthal-Syndrom. [43]

Metopon□: zur ↑Morphingruppe gehörend = Methyldihydromorphinon. Es wirkt stärker analget. als Morphin, ist zur peroralen Behandlung geeignet. Die Gefahr einer Euphomanie entspricht der des Morphin. [44]

Metopopagus, Metopagus ⟨*griech*⟩ *m:* im Bereich der Stirn verwachsene Doppelmißbildung. [5]

Metöstrus: 4. Phase des Vaginalzyklus bei Nagern, insbes. Ratte u. Maus; entspricht der Sekretionsphase des menschlichen Zyklus. Morpholog. gekennzeichnet durch Epithelien u. Leukozyten sowie restliche Schollen im Vaginalabstrich. Entsteht nach dem Follikelsprung aus dem reinen Schollen-Östrusstadium. [29]

Metras-Katheter: ein Satz Spezialkatheter zur Bronchographie mit strahlenundurchlässigen Spitzen. Die Krümmungen der Katheter sind den Lappen- u. Segmentbronchien angepaßt. [26]

Metreurynter ⟨*griech*⟩ *m:* Gummiballon, der sterilisiert in die kreißende Gebärmutter eingelegt, mit steriler Flüssigkeit aufgefüllt u. durch Zug belastet wird, um die Muttermundseröffnung zu beschleunigen. Heute praktisch nicht mehr verwendet. Durch Anwendung der ↑Vakuumextraktion kann gleicher Effekt besser erzielt werden. [29]

Metreuryse ⟨*griech*⟩ *f:* Anwendung des ↑Metreurynters. [29]

Metritis ⟨*griech*⟩: Entzündung der Gebärmuttermuskulatur meist infolge aufsteigender Infektion aus der Scheide. [29]

Metromanie ⟨*griech*⟩ *f* ↑Ovariomanie. [35]

Metronidazol: 1-β-(Hydroxyäthyl)-2-methyl-5-nitroimidazol. Bei Infektionen mit Trichomonas vaginalis. Clont○.

Metro|pathia haemorrhagica: die bei übermäßiger Proliferation des Endometriums (glanduläre Hyperplasie) eintretende Gebärmutterblutung. [30]

~phlebitis: Entzündung der Uterusvenen, ausgehend von einer ↑Endometritis; formalgenet. bedeutungsvoll für die Puerperalsepsis u. die Sepsis post abortum. [5]

~ptose: Senkung bzw. Vorfall des Uterus. [29]

Metrorrhagie ⟨*griech*⟩ *f:* Blutungen aus der Gebärmutter außerhalb der normalen Regel, kann ein Zeichen für eine Geschwulst sein. [29]

Metschnikoff, Ilja Iljitsch (1845–1916), bedeutender russ. Zoologe u. Mikrobiologe, Petersburg, Noworossisk, Paris. Erhielt 1908 zusammen mit Ehrlich den Nobelpreis; bekannt bes. durch seine Arbeiten über ↑ Phagozytose.

M' Makrophagen ↑ Phagozyten. [2]

Meulengracht, Einar (*1887), Internist, Kopenhagen.

M.-Diät: bei Magenblutungen wird vom 1. Tag an volle Breikost gegeben, als Zwischenmahlzeit Milch. [18]

M' Syndrom = Icterus intermittens juvenilis Meulengracht: meist bei Jugendlichen beobachtete intermittierende, konstitutionelle Hyperbilirubinämie, die familiär auftreten kann u. wahrscheinlich auf einer Funktionsstörung der Leberparenchymzellen (Insuffizienz der Glukuronidase) beruht. [32]

Mevalonsäure: 3,5-Dihydroxy-3-methylvaleriansäure

$[CH_2(OH)\cdot CH_2\cdot C(CH_3)OH\cdot CH_2\cdot COOH]$,

wichtiges Stoffwechsel-Intermediärprodukt, aufgebaut aus Azetyl-Coenzym A u. Azetoazetyl-Coenzym A; Einsatz bei der Biosynthese der Isoprenoidverbindungen (Squalen, Sterine usw.; auch Karotinoide). [16]

Mexican hat ⟨*engl*⟩: mexikan. Hutzellen, amerikan. Bezeichnung für ↑ Kokardenzellen. [11]

Meyer, Robert (1864–1947), Arzt, Berlin, New York. Bekannt durch grundlegende Arbeiten auf dem Gebiet der gynäkolog. Pathologie (Myome, Ovarialtumoren, Embryologie, Karzinom).

M' Pseudoerosion: lange Zeit als gültig anerkannte, heute nicht unwidersprochene Theorie der Entstehung der Portioerosion (Erosio vera, Pseudoerosion, Epidermisierung vom Rand u. von Plattenepithelinseln abhängig von Entzündung u. Scheidenmilieu). [0]

Meyer' Schlinge: Bündel der sek. Sehstrahlung, die vom Corpus geniculatum laterale zuerst nach vorn im Schläfenlappen verläuft u. danach eine Schlinge um die Spitze des Unterhornes bildet. [20]

Meyerhof, Otto (1884–1951), Biochemiker, Kiel, Berlin, Heidelberg, USA. Erhielt 1922 den Nobelpreis (mit Hill, A. V.) für die Entdeckung des gesetzmäßigen Verhältnisses zwischen dem Sauerstoffverbrauch u. dem Milchsäureumsatz in Muskeln. [53]

M.-Quotient: stellt die Beziehung der im Stoffwechsel der Gewebe u. Einzelzellen insgesamt verschwundenen Milchsäure zur Atmung dar:

$$\frac{Q_M^{N_2} - Q_M^{O_2}}{Q_{O_2}}$$

Der Wert für den M.-Q. ist nicht konstant; er schwankt zwischen 3–6 u. mehr. Das besagt, daß etwa 1/3–1/6 der Milchsäure verbrannt wird, während die übrige Menge (2/3 bzw. 5/6) wieder zu Kohlenhydraten resynthetisiert wird (Kreislauf der Kohlenhydrate). [8]

Meynert, Theodor (1833–1892), Neurologe, Wien.

M' Bündel = Fasciculus retroflexus (Tractus habenulo-intercruralis): das Faserbündel, das vom Nucleus habenualis entspringt u. nach vorne u. unten quer über die laterale Seite des Nucleus ruber zum Nucleus interpeduncularis zieht. [1]

M-Faktor ↑ Blutgruppen-MNSs-System. [11]

M. f. p.: misce, fia(n)t pulvis (pilulae); Mische u. bereite Pulver (Pillen). [44]

mg %: mg Substanz in 100 ml Lösungsmittel bzw. in 100 g. [8]

mgeh: *Abk* für ↑ Milligramm-Element-Stunden. [26]

mgh: *Abk* für ↑ Milligrammstunde. [59]

Miasma ⟨*griech*⟩ *n:* Bezeichnung für (früher angenommene) Krankheiten verursachende Verseuchung der Luft oder giftige Ausdünstung des Bodens; widerlegt durch die Entdeckung der Krankheitserreger.

Mibelli, Vittorio (1860–1910), Dermatologe, Parma.

M' Krankheit: 1. ↑ Porokeratosis; 2. ↑ Angiokeratoma. [43]

Michaelis, Gustav Adolf (1798–1848), Gynäkologe, Kiel.

M' Raute: rhomb. Feld zwischen Dornfortsatz des 5. Lindenwirbels als obere Begrenzung, oberer Spitze der Gesäßfurche als unterer u. der beiden Spinae ilicae dors. cran. als seitlicher Begrenzung. Asymmetrie der Raute zeigt ziemlich sicher Beckendeformierung an. Wichtige Untersuchung im Rahmen der Schwangerenberatung. [29]

M' Zeichen: leichte Temperaturerhöhung ist in Verbindung mit relativ hoher Pulsfrequenz suspekt auf Venenentzündung (Phlebitis, Thrombophlebitis); ↑ Mahler' Zeichen. [10]

Michel, Gaston (1875–1937), Chirurg, Nancy.

M' Klammern ↑ Hautklammern. [18]

Michaelis, Leonor (1875–1950), Biochemiker. Untersuchungen über Enzyme: Einfluß des *p*H, Pufferwirkung, isoelektrischer Punkt, Reaktionsmechanismus; ↑ Michaelis-Konstante.

M' Konstante: Die M.-K. (K_m) stellt ein begrifflich gut bestimmbares u. vor allem wichtiges zahlenmäßiges Charakteristikum der Enzyme dar. Nach der Theorie von Michaelis u. Menten wirkt ein Enzym *E* in der Weise, daß es mit dem Substrat *S* nach dem Massenwirkungsgesetz einen Substrat-Enzymkomplex *ES* bildet, der dann in das Reaktionsprodukt *P* unter Freisetzung des Enzyms nach

$$E + S \underset{k_{-1}}{\overset{k_{+1}}{\rightleftharpoons}} ES \xrightarrow{k_{+2}} E + P$$

Zur experimentellen Bestimmung der M.-K. wird bei gleichbleibender Enzymkonzentration diejenige molare Substratkonzentration [*S*] ermittelt, bei der die Reaktionsgeschwindigkeit *v* gerade halb so groß wie die maximale Reaktionsgeschwindigkeit *V* ist, da hier $\frac{V}{v} - 1$ gleich 1 wird. Die M.-K. bedeutet also diejenige [*S*], bei der die eine Hälfte des Enzyms in freier Form, die andere an das Substrat gebunden vorliegt, wo also der Enzym-Substratkomplex *ES* zur Hälfte dissoziiert ist. Damit stellt K_m als M.-K. die Dissoziationskonstante von *ES* dar; sie ist ein Maß der Affinität zwischen Enzym u. Substrat, wobei niedrigere Konstanten einer hohen Affinität entsprechen. – Für die graph. Darstellung werden nach Lineweaver u. Burk die Ergebnisse nicht mehr in einem Diagramm mit [*S*] u. *V* aufgetragen, sondern als reziproke Werte $\frac{1}{[S]}$ u. $\frac{1}{V}$. Man erhält dann eine Gerade, die die $\frac{1}{V}$-Ordinate in einem scharfen Schnittpunkt schneidet; $\frac{K_m}{V}$ stellt die Neigung der Geraden dar. – Mit der M.-K. kann u. a. ermittelt werden, ob eine (reversible) Hemmung einer Enzymreaktion eine kompetitive oder nichtkompetitive Hemmung ist, u. zwar ist bei einer kompetitiven Hemmung die M.-K. K_m stets verändert bei gleichbleibender Reaktionsgeschwindigkeit *V*, während bei einer nichtkompetitiven K_m gleich bleibt u. *V* verändert ist. – Die K_m-Werte sind sehr verschieden groß; K_m beträgt z. B. für die Succino-Dehydrogenase $1 \cdot 10^{-3}$, für die Katalase $6 \cdot 10^{-7}$. Da die [*S*] im intermediären Stoffwechsel meist sehr gering ist, funktioniert ein Enzym mit niedrigem K_m im lebenden Organismus mit maximaler Aktivität, während ein Enzym mit hohem K_m evtl. nur eine schwache Wirkung ausübt. [8]

Michaelis-Guttmann' Körperchen: typ. Körperchen bei ↑Malakoplakie; die im Granulationsgewebe reichlich vorhandenen Makrophagen enthalten neben Leukozyten- u. Erythrozytentrümmern konzentr. geschichtete, kalk- u. eisenhaltige, lichtbrechende Einschlüsse. [4]

Microbodies ⟨*engl*⟩ *Pl:* Gruppe von sphär. oder ovoiden Körpern, die kleiner als Mitochrondrien sind u. von einer einfachen Membran umgeben werden. Sie enthalten eine feingranuläre Matrix u. im Zentrum häufig ein Kristalloid. Die hauptsächlichen in ihnen lokalisierten Enzyme sind die Urikase, Katalase u. D-Aminosäureoxidase. An Urikase bes. reiche Körper werden auch ↑Urikosomen genannt, solche mit einem hohen Gehalt an Peroxiden ↑Peroxisomen. [6]

Micrococcaceae: Familie der Ordnung *Eubacteriales*, enthält die Gattungen *Micrococcus, Staphylococcus, Gaffkya, Sarcina, Methanococcus* u. *Peptococcus.* [41]

Micrococcus ⟨*griech, lat*⟩ *m* ↑Mikrokokken. [41]

M. ascoformans: Erreger der ↑Botryomykose. [42]

Microlithiasis pulmonum ⟨*griech, lat*⟩: Lungenkrankheit mit zahlreichen feinsten Kalkablagerungen im Lungengewebe u. in den Alveolen. [15]

Microsporum ↑Mikrosporon. [40]

Middeldorpf, Albrecht Theodor (1824 bis 1868), Chirurg, Breslau.

M' Triangel: dreieckförmig gewinkelte u. gepolsterte Pappschiene zur Lagerung des Oberarmes in Abduktionsstellung, heute ersetzt durch Triangel aus ↑Cramer-Schienen. [18]

Middlebrook' Reaktion: Hämagglutinations- u. Hämolysereaktion nach Middlebrook-Dubos. Nachweis von Antikörpern gegen Tuberkulosebakterien im Serum durch Agglutination von Erythrozyten (vom Hammel oder vom Menschen der Blutgruppe 0), die mit Tuberkulin oder anderen Extrakten aus Tuberkulosebakterien sensibilisiert wurden. Bei tuberkulösen Kranken etwa 70% pos. Ausfall, aber auch pos. Reaktion nach BCG-Schutzimpfung. [15]

Miescher, Friedrich (1844–1895), schweizer. Physiologe. Entdeckte 1869 in Tübingen die Nukleinsäuren. [8]

Miescher, Guido (1877–1961), Dermatologe, Zürich.

M' Syndrom ↑Acanthosis nigricans, kombiniert mit Diabetes mellitus. [43]

Miescher, Joh. Friedrich (1811–1887), Pathologe, Basel.

M' Schläuche: schlauchartige Sporentierchen (Ordnung Sporozoen), die in den quergestreiften Muskelfasern mancher Haustiere schmarotzen u. mit Trichinen verwechselt werden können. [56]

Migliano-Test: Mikroreaktion auf Syphilis (sog. Schnellreaktion), auch als Trockenblutreaktion brauchbar. [43]

Migräne ⁎ **Migraine** ⟨*frz*⟩ (wahrscheinlich Verballhornung von „Hemicrania", ⟨*griech*⟩): anfallsweise, oft einseitig auftretende, Kopfschmerzen, die gewöhnlich stundenlang anhalten, meist mit Übelkeit, Erbrechen u. Überempfindlichkeit der Sinnesorgane verbunden sind u. zu period. Wiederkehr neigen. Eine häufige Begleiterscheinung ist das ↑Flimmerskotom. Neben solchen flüchtigen Sehstörungen („Hemianopsia fugax") kann es auch zu passageren motor. Lähmungen, aphas. u. anderen zerebralen Herderscheinungen kommen. Bei schweren Auftritten sind Bewußtseinsalterationen bis zu (Migräne-) Dämmerzuständen nicht selten. Als Ursache wird heute eine abnorme Reaktionsbereitschaft der Kopfgefäße angenommen, der wiederum konstitutionelle (auch erbbedingte), Momente, Allergien u. sonstige humorale Besonderheiten zugrunde liegen. Exogene Momente, wie die hormonellen Schwankungen des weiblichen Zyklus, Magen-Darm-Affektionen, psych. Erregungen kommen als auslösendes Moment des jeweiligen Anfalls in Frage; auch Brechungsfehler des Auges spielen eine Rolle. Als Migraine ophtalmique („Augenmigräne") bezeichnet man Fälle, bei denen vorübergehende Sehstörungen (Flimmerskotom bis zu kurz dauernden Verdunkelung einer Gesichtsfeldhälfte) im Vordergrund stehen, als Migraine ophtalmoplégique (Charcot) solche, bei denen es zu period. Okulomotoriuslähmung (Ptosis usw.) kommt (Aneurysma der basalen Hirnarterien ausschließen!). Bei der (sehr seltenen) Migraine cérébelleuse beherrschen Kleinhirnsymptome das Bild. Die Migraine cervicale (Bärtschi–Rochaix) zeigt neuralgieforme, unter mechan. Einflüssen momentan exazerbierende Schmerzparoxysmen im Nacken u. Hinterkopf mit Ausstrahlung nach Schläfe u. Stirn, häufig verbunden mit Ohrgeräuschen u. Schwindelgefühl. Die Beschwerden werden in Zusammenhang gebracht mit traumat. oder degen. Veränderungen der oberen Halswirbelsäule. Abortive M.-Anfälle, gekennzeichn. durch Magenkrämpfe, saures Aufstoßen, Schwindelgefühl, werden manchmal (nach Moebius) Migräne-Äquivalente genannt. [33]

migrans ⟨*lat*⟩: wandernd, z.B. Pneumonia migrans, eine mehrere Lungenlappen nacheinander befallende Lungenentzündung. [4]

Mikrenzephalie ⟨*griech*⟩ *f:* Kleinheit des Gehirnes, häufig Unterentwicklung. [5]

Mikroautoradiographie ⟨*griech, lat*⟩ ↑Autoradiographie. [59]

Mikroben ⟨*griech*⟩ *Pl* von Mikrobe *f* oder Mikrobion *n:* kleinste, nur mit dem Mikroskop sichtbare tier. u. pflanzliche Lebewesen. Erstmalig im Mikroskop nachgewiesen von Leeuwenhoek, 1683. [41]

Mikrobide: Hautausschläge, die im Gefolge von Hautinfektionen (Bakterien, Pilze) auftreten u. Überempfindlichkeitsreaktion darstellen. [43]

Mikrobiologie ⟨*griech*⟩: Lehre von den Mikroorganismen (Mikroben, Kleinlebewesen). Objekte der M. sind: Bakterien, Viren, Pilze, Algen, Protozoen. [42]

mikrobiostatisch ⟨*griech*⟩: den Mikrobenwuchs hemmend. [42]

mikrobiozid ⟨*griech*⟩: Mikroben abtötend. [42]

Mikro|blasten ⟨*griech*⟩ *m, Pl:* auffallend kleine kernhaltige Vorstufen der Erythrozyten in Blut u. Knochenmark als Zeichen insuffizienter Erythropoese bei chron. Anämien. [11]

~cheilie ⟨*griech*⟩ *f:* Entwicklungsstörung mit zu klein ausgebildeten Lippen. [5]

~daktylie: Mißbildung in Form abnorm kleiner Finger oder Zehen. [5]

~elektrode: eine im Gegensatz zur ↑Makroelektrode sehr feine, biegungssteife Ausführung eines leitenden Materials in Nadelform, bestehend entweder aus feinst zugespitztem Metalldraht, der mit Lackisolierschicht überzogen ist, oder aus einer zu feiner Spitze ausgezogenen Glaskapillare, die mit Elektrolytlösung, meist Kaliumchlorid gefüllt ist. Spitzendurchmesser in der Regel kleiner als 5 µm. Die M. erlaubt es, elektr. Erscheinungen von einzelnen Zellen isoliert abzuleiten. Vielfach verwendet in der ↑Neurophysiologie sowie bei elektr. Untersuchungen an Skelett- u. Herzmuskelfasern. [7]

Mikrofilarien ✱ **Microfilaria** ⟨*griech, lat*⟩ *f, Pl:* im Blut schwimmende Embryonen der gewebsschmarotzenden erwachsenen ↑Filarien. Microfilaria perstans (*Acanthocheilonema perstans*) sind sehr bewegliche, relativ große Blutparasiten, 200–300 µm lang. *M. nocturna* (*Wuchereria Bancrofti,* früher *Filaria Bancrofti*) erscheint nur nachts im Blut, da sie von nachts stehenden Insekten der Gattung *Chrysops,* in deren Rüsselscheide sich die Filarien aufhalten, übertragen wird, *M. diurna* (*Filaria Loa-loa*) tags, die anderen ständig. Darstellung im natürlichen Blut, im Dicken Tropfen oder Ausstrich, zur guten histolog. Färbung Spezialverfahren; ↑Loa-loa u. Filarien.

M. ozzardi: Larve von *Mansonella ozzardi,* Gewebsfilarien in Süd- u. Mittelamerika. [11]

Mikrogameten ⟨*griech*⟩ *m, Pl:* aus dem Mikrogametozyten im Mückenmagen entstehende männliche Geschlechtsform des Malariaparasiten. [41]

Mikrogasanalyse: Bestimmung von PCO_2, PO_2, *p*H u. anderen Größen aus dem kapillaren Mischblut der hyperämisierten Fingerbeere oder des Ohrläppchens ohne arterielle Punktion. M. erfolgt mit Hilfe z.B. der Mikro-Astrup-Einheit. [27]

Mikro|gastrie ⟨*griech*⟩ *f:* angeborene abnorme Kleinheit des Magens. [5]

~genie: fetale Wachstumshemmung des Unterkiefers, auch Zustand nach Unfall oder Ostitis; ↑Brachygnathie. Gegensatz Makrogenie, ↑Akromegalie. [37]

~gliazellen: kleine Zellformen der ↑Neuroglia; ↑Oligodendrogliazellen, ↑Hortega-Zellen; Mikroglia im engeren Sinne.

~glossie: abnorm kleine Zunge. [5]

~gnathie: Kleinheit des Oberkiefers; täuscht oft eine Progenie vor; ist entweder angeboren oder entsteht durch Narbenzug nach zu früh operierten Lippen- u. Lippen-Kiefer-Gaumenspalten. Behandlung prothet. oder operativ durch angleichende Verkürzung des Unterkiefers; ↑Brachygnathie. [37]

~graphie: Neigung zu übermäßig kleinen Schriftzügen bei pallidären Erkrankungen; ↑Parkinsonismus. [33]

~gyrie: Fehlbildung mit abnormer Kleinheit der Hirnwindungen, zugleich unregelmäßiger Anordnung derselben. [5]

~klasmatose: Ausstoßung von Antikörperglobulinen zusammen mit Grundplasma u. Teilen des endoplasmat. ↑Retikulums aus Plasmazellen oder anderen antikörperbildenden Zellen. [6]

~klimatologie: Lehre vom Klima der Lufthaut am Boden, an einem Blatt oder in einer Blüte usw. Die Beobachtung der M. verlangt bes. Meßgeräte. [13]

Mikrokokken ⚹ **Micrococci** ⟨*griech, lat*⟩ *m, Pl:* Gattung der Familie *Micrococcaceae,* mit zahlreichen Arten, saprophytär, unterscheidet sich kulturell biochem. von der Gattung ↑*Staphylococcus,* obligate Aerobier. [41]

M. Fischer-Schick: ein von N. Fischer u. F. Schick in Tonsillen u. Zähnen entdeckter u. kulturell nachweisbarer Anaerobier. [13]

Mikrokonidien ↑Makrokonidien. [42]

Mikrokorie ⟨*griech*⟩ *f:* Mißbildung der Iris, bei der die Pupille außergewöhnlich klein ist. Meistens ist auch ihre Form u. Lage abnorm. [36]

Mikrokultur: Mikromethode zur Züchtung von Bakterien u. Pilzen, mit deren Hilfe das Verhalten einzelner Mikroorganismen unter verschiedenen Bedingungen beobachtet werden kann, z. B. hängender Tropfen, Objektträgerkultur. [41]

Mikromanie ⟨*griech*⟩ *f:* Wahn, körperlich klein zu sein, wahnhafte Unterschätzung der eigenen Leistungen, der eigenen psych. Persönlichkeit; ↑Kleinheitswahn. [34]

Mikromanipulator ⟨*griech, lat*⟩ *m:* Gerät, mit dem sich Mikroinstrumente (Nadeln, Messer, Kapillaren usw.) unter dem Mikroskop in beliebiger Richtung bewegen lassen. Er dient zum Anlegen von Ein-Zell-Kulturen, zu mikrochirurg. Eingriffen u. ähnlichen Arbeiten in kleinsten Dimensionen unter mikroskop. Kontrolle. [42]

Mikromelie ⟨*griech*⟩ *f:* abnorm kurze plumpe Gliedmaßen als Folge einer Entwicklungsstörung oder Ossifikationsstörung, z. B. bei ↑Chondrodystrophie. [5]

Mikromelus ⟨*griech*⟩ *m:* Individuum mit ↑Mikromelie. [5]

Mikrometer ⟨*griech*⟩ *n:* 1. Gerät zur Ausführung genauer Messungen mit Mikroskop oder Fernrohr, bestehend aus feinem Glasmaßstab (evtl. durch Schraube mit Meßtrommel verschiebbar) im Okular; 2. Meßgerät zur Dickenbestimmung; Bügel mit einer feingängigen Schraube, deren Bewegung mit Meßtrommel u. Nonius auf 0,01–0,001 mm abgelesen werden kann; 3. Maßeinheit für 10^{-6} m, *Abk* µm, früher als Mikron bezeichnet. [54]

Mikromethoden (Bang): Laboratoriumsblutreaktionen, die in sehr kleinen Abmessungen von Blut zur Ersparung der Venenpunktion vorgeschlagen wurden. [11]

Mikromyelie ⟨*griech*⟩ *f:* abnorme Kleinheit des Rückenmarkes. [5]

Mikromyeloblasten: auffallend kleine, meist weitgehend entdifferenzierte u. dadurch lymphozytenähnliche leukozytäre Vorstufen, die bei den entsprechenden Leukämien größtenteils oder ganz körnchen- u. oxydasefrei sind. [11]

Mikron ⟨*griech*⟩ *n:* alte Bezeichnung für ↑Mikrometer, *Abk* µm. [54]

Mikroorganismen ↑Mikroben. [41]

Mikrophagen ⟨*griech*⟩ *m, Pl:* Freßzellen (↑Phagozyten), die im wesentlichen nur kleine Elemente aufnehmen, z. B. Bakterien, Pigmente usw., meist neutrophile Leukozyten (Metschnikow). [11]

Mikrophakie ⟨*griech*⟩ *f:* Kleinheit der Kristallinse; ↑Dystrophia mesodermalis hyperplastica. [36]

Mikrophthalmus ⟨*griech*⟩ *m:* Mißbildung des Auges, bei der es außergewöhnlich klein ist evtl. u. U. nur mikroskop. nachgewiesen werden kann. Daher mitunter die Fehldiagnose Anophthalmus. Keine scharfe Grenze zu hochgradiger Hypermetropie. Oft mit anderen Mißbildungen wie Kolobomen u. Katarakt u. mit Schielen verbunden. Oft erblich, jedoch phänotyp. verschieden ausgebildet. Sehr oft embryopath.; sehr häufig bei Rötelninfektion der Mutter am Beginn der Schwangerschaft. [36]

Mikropinozytose ⟨*griech*⟩ *f:* Aufnahme bes. geringer Mengen in die Zelle; ↑Pinozytose. [6]

Mikropsie ↑Dysmegalopsie. [36]

Mikropyle: feine Öffnung in der Eihaut oder Eischale, die dem Samenfaden bei der Befruchtung das Eindringen in das Eiplasma ermöglicht. [3]

Mikrorchie, Mikroorchidie ⟨*griech*⟩ *f:* abnorme Kleinheit des Hodens. [5]

Mikroröntgenographie ↑Historadiographie. [26]

Mikroskop ⟨*griech*⟩ *n:* opt. Gerät zur Untersuchung sehr kleiner Objekte. Das einfache M. besteht nur aus einem Linsensystem kurzer Brennweite u. wirkt wie eine starke Lupe. Beim zusammengesetzten M. besteht die opt. Ausrüstung aus zwei in der Regel auswechselbaren Linsensystemen, die an den Enden eines durch Zahn u. Trieb einstellbaren Rohres (Tubus) angebracht sind. Das Objektiv entwirft in der Nähe des oberen Tubusrandes ein reelles vergrößertes Zwischenbild des Objektes, das dann durch das Okular als Lupe betrachtet u. nochmals vergrößert wird. Die Gesamtvergrößerung ist also das Produkt der Objektiv- u. Okularvergrößerung. Die Objekte müssen in der Regel dünn u. durchsichtig sein u. werden durch einen Spiegel u. ein lichtsammelndes Linsensystem (Kondensor) beleuchtet. Die Einstellung der Bildschärfe erfolgt durch Bewegung des Tubus mit Zahn u. Trieb, bei hohen Vergrößerungen durch eine bes. Feinbewegung (Mikrometerschraube). Die M.-Objektive sind meist achromat. oder planachromat. (mit geebnetem Gesichtsfeld); bei hohen Ansprüchen an die Farbenreinheit verwendet man Apochromate. Die Vergrößerung kann bis 1400fach betragen; Objekteinzelheiten von 0,3 µm Größe sind noch sicher zu erkennen. Das Auflösungsvermögen kann durch Verwendung ultravioletten Lichtes auf das Doppelte erhöht werden. Die Erkennbarkeit farbloser u. sehr kleiner Objekte läßt sich durch opt. Mittel erhöhen (Phasenkontrast, Dunkelfeld); für kristalline u. mizellare Gebilde benutzt man polarisiertes Licht. Es gibt Spezialmikroskope zur Beobachtung undurchsichtiger Objekte (Beleuchtung von oben her durch das Objektiv, Auflichtmikroskop), z. B. Kapillarmikroskop für Fingerkapillaren, Spaltlampenmikroskop zur Augenuntersuchung, für Beobachtung von Fluoreszenzerscheinungen (↑ Fluoreszenzmikroskop) u. a.; ↑ Elektronenmikroskop. [54]

Mikrosmaten: Tiere, bei denen der osmische Analysator (Geruchssinn) wenig entwickelt bzw. rückentwickelt ist u. daher nicht die wesentliche Rolle in der Wechselwirkung mit der Umwelt spielt. Hierzu gehören z. B. die meisten Vogelarten, auch der Affe u. der Mensch. [7]

Mikrosomen ⟨*griech*⟩ *n, Pl:* kleinste granuläre Protoplasmastrukturen von unterschiedlicher Bedeutung (z. T. Artefakte durch Fixierung, z. T. in der lebenden Zelle nachweisbar). Elektronenmikroskop. zeigen sich in einigen Abschnitten des endoplasmat. Retikulums kleine abgerundete Teilchen von 5–20 µm Durchmesser. Diese sog. ↑ Palade-Granula sind Bestandteil des endoplasmat. Retikulums. [2]

Mikrospermie ⟨*griech*⟩ *f:* krankhaft kleine Samenfäden, die zuweilen Kopfveränderungen zeigen; ↑ Megalospermie. [52]

Mikrosplanchnie ⟨*griech*⟩ *f:* abnorme Kleinheit der Eingeweide. [5]

Mikrosporidien ✳ **Microsporidia** ⟨*griech*⟩ *n, Pl:* Protozoen, die in die Klasse der Sporozoen eingeordnet werden u. deren Sporen intrazellulär sitzen. Jede Spore enthält im Innern eine einzige Polkapsel. Gegenüber den anderen Ordnungen der Unterklasse der Cnidosporidien, zu denen die M. gehören, fehlt den M. eine eigentliche Kapselmembran, u. der Polfaden liegt in einer einfachen Vakuole. Systemat. Einteilung nach der Form der Sporen. Wichtigste Mikrosporidie ist *Nosema bombycis,* der Erreger der Fleckenkrankheit der Seidenraupen. Sonst Erreger mehrer Seuchen der Gliederfüßler u. Fische. [41]

Mikrosporie ⟨*griech*⟩ *f* (Gruby) = Porrigo decalvans: Kleinsporenflechte. Ansteckende, oft endem. Dermatophytie. Menschentyp: bei Kindern einzelne durch 3–5 mm über der Kopfhaut abgebrochene Haare u. geringer Schuppung charakterisierte Herde; heilt in der Pubertät. Isolierung u. Behandlung wegen Infektiosität (Meldepflicht) notwendig. Erreger ↑ *Microsporon audouinii.* Bei Tiertyp Befall des Körpers (aber auch Kopf), auch bei Erwachsenen, entzündliche zirzinäre Herde. Erreger *Microsporon canis* oder *gypseum.* Diagnose durch Fluoreszenz der Pilze unter der UV-Lampe. [43]

Mikrosporon ✳ **Microsporon** ⟨*griech*⟩ *n:* Fadenpilz mit kleinen Sporen.

M. audouini, M. canis, M. gypseum: Erreger der ↑ Mikrosporie.

M. furfur ↑ Malassezia furfur.

M. lanosum: Erreger der ↑ Mikrosporie.

M. minutissimum: (heute *Nocardia minutissima*) Erreger des ↑ Erythrasma. [43]

Mikrosporose ↑ Mikrosporie. [43]

Mikrostomie ⟨*griech*⟩ *f:* angeborene abnorme Kleinheit des Mundes. [28]

Mikrothelie ⟨*griech*⟩ *f:* abnorme Kleinheit der Brustwarze. [5]

Mikrotie ⟨*griech*⟩ *f:* angeborene abnorm kleine Ohrmuschel. [28]

Mikrotom ⟨*griech*⟩ *n:* Präzisionsinstrument, das gestattet, eingebettete Objekte (↑ Einbettung) in sehr dünne Schnitte u. Schnittserien zu zerlegen. Die übliche Schnittdicke beträgt 5–15 µm; es sind jedoch auch Schnitte von 1–3 µm herstellbar. Das gebräuchlichste M., das Schlittenmikrotom, besteht aus einem Messerschlitten mit Messerhalter u. einem Objekttisch mit Objekthalter, einschließlich dem Orientierungsapparat zur Feststellung der Schnittebene; ↑ Gefrierschnittverfahren, ↑ Ultramikrotom. [2]

Mikrotubuli ⟨*griech*⟩ *m, Pl:* zahlreiche intrazelluläre Filamente stellen tatsächlich Mikrotubuli dar. Sie sind 20–27 µm breit u. wechselnd lang. Ihre Funktion ist weitgehend unbekannt. Sie werden als Stützmaterial, kontraktiles Material oder als mikrozirkulator. System angesehen. Aus M. sind z. B. auch die Spindelfasern, das Axoplasma u. die Zilien aufgebaut. In den Muskelfasern lassen sich elektronenmikroskop. feinste Schläuche nachweisen, die als M. bezeichnet werden, z. B. die transversalen Tubuli, die als Substrat für die Ankopplung des Erregungsvorganges an die kontraktilen Elemente, u. die longitudinalen Tubuli, die für den Transport des Kalziums über die erregbaren Membranen verantwortlich sind. [6, 7]

Mikroventrikulie ⟨*griech, lat*⟩ *f:* abnorme Kleinheit der inneren Hirnhohlräume. Pneumenzephalograph. Befund unterschiedlicher Ätiologie mit vermuteter Beziehung zu Migräne, Kopfschmerz, Epilepsie u. a. [33]

Mikrovilli ⟨*griech*⟩ *m, Pl:* Mikrozotten; 0,5–1,5 μm lange Zytoplasmafortsätze an der Oberfläche von Epithelzellen, die ein Lumen begrenzen. Die Gesamtheit der M. bildet den ↑Bürstensaum. Im Inneren der Mikrovilli findet sich vielfach ein zentrales Filament, das im Bereich der Darmepithelzellen in das ↑Terminalgespinst übergeht. An der Oberfläche der M. sind die Antennulae microvillares ausgebildet. [6]

Mikrowellen: Hochfrequenz im Bereich von mehr als 1000 MHz. Erzeugung in Mikrowellentherapiegeräten mit Mehrschlitz-Magnetfeldröhren. Behandlung im elektromagnet. Strahlungsfeld. Wird auch benutzt zur dielektr. Erwärmung (z. B. von Speisen oder Geweben). Meist benutzte Frequenz 2425 MHz (Wellenlänge etwa 12,4 cm). [54]

~therapie: therapeut. Verwendung von Kurzwellen im 12,4-cm-Bereich (= 2400 MHz). Die von einem Dipol ausgehenden Strahlen werden nach dem Radarprinzip durch einen Reflektor gerichtet u. dienen der tiefen Durchwärmung von Geweben. [46]

Mikrozentrum: das von bes. Protoplasma (Archoplasma) umgebene ↑Zentralkörperchen. [2]

Mikrozephalie ⟨*griech*⟩ *f:* abnorme Kleinheit des Schädels. [5]

Mikrozotten ↑Mikrovilli. [6]

Mikrozythämie ⟨*griech*⟩ *f:* auffallend kleine Erythrozyten mit einem Durchmesser unter 6 μm, ↑Sphärozyten der Degenerationsformen von ↑Mikroblasten abstammend. [11]

Miktion ✻ **Mictio** ⟨*lat*⟩ *f:* Harnlassen.

M. involuntaria: unfreiwilliges Harnlassen, unwillkürlicher Harnabgang; ↑Enuresis. [24]

Miktionsurethrogramm ⟨*lat, griech*⟩ *n:* Röntgendarstellung der kontrastgefüllten Blase u. Harnröhre während des Wasserlassens (vesikorenaler ↑Reflux, ↑Zystogramm). [24]

Mikulicz, Johann, v. Radecki (1850–1905), Chirurg, Krakau, Königsberg, Breslau.

M' Klemmen: leicht gebogene Hakenklemmen zum Fassen des Peritoneums beim Bauchschnitt (↑Laparotomie). [16]

M' Krankheit: keine Krankheit im engeren Sinne, vielmehr ein Symptomenkomplex. Nicht schmerzhafte, oft jahrelang bestehende symmetr. Schwellung der Tränen- u. Mundspeicheldrüsen, ohne wesentliche Beeinträchtigung des Allgemeinbefindens. Ätiologisch sollen dem Leiden Syphilis, Tuberkulose, Lymphogranulomatose oder Leukämien zugrunde liegen. [28]

M' Operation: zuerst von v. M. 1889 bekanntgegebene Operationsmethode der radikalen Abtragung des Mastdarmvorfalls. [18]

M' Syndrom: zellige Infiltration der Speichel- u. Tränendrüsen bei a) epitheloidzelligen Granulomatosen (pathogenet. Einheit mit Morbus Besnier–Boeck–Schaumann) = sarkoides M' Syndrom; b) generalisierten Reaktionsformen des lymphat. Systems (Leukämie, Hodgkin, Lymphosarkom) = lymphat. myeloisches M' Syndrom. [28]

M' Tamponade: operative Maßnahme zur breiten Dränage u. vorübergehenden Ausfüllung großer Defekte, z. B. in der Beckenhöhle nach Rektum-Exstirpation. Man breitet eine Gazelage in die Wundhöhle aus, dann wird durch weitere Kompressen der Defekt ausgefüllt, so daß eine Beutel-Dränage entsteht. Die Saugkompressen werden gewechselt u. nach u. nach der Beutel (– die 1. Gazelage –) zuletzt entfernt. [18]

M.-Wladimiroff' Amputation = Resectio tarsea partialis: bei Erkrankung des Kalkaneus u. der übrigen Fußwurzelknochen Resektion des größten Anteils des Tarsus, eines Stückes der Tibia u. Fibula u. der proximalen Köpfchen der Metatarsalia. Die Reste werden axial gegen Tibia u. Fibula gestellt, so daß die Belastung auf den Phalangen erfolgen soll. [23]

MIK-Wert: *Abk* für Maximale Immissionskonzentrationen (im Zusammenhang mit ↑MAK-Werten). [58]

Milben ↑Milbentiere. [58]

~fleckfieber ↑Tsutsugamushifieber. [40]

~tiere = Acarina: zur Klasse der Spinnentiere (Arachnoidea) gehörende Ordnung der Gliederfüßler mit kugelförmigem Körper u. vier Beinpaaren, flügellos. Die Larven haben nur drei Beinpaare. Blutsaugend sind die Zecken u. Laufmilben, die Fieberkrankheiten (Rickettsiosen) übertragen bzw. Exantheme oder Erytheme hervorrufen können. Andererseits gehören hierzu die Hautmilben, insbes. die Krätzmilben u. Haarbalgmilben. Milben an Getreide u. Saatmitteln verursachen bei Beschäftigten landwirtschaftlicher Betriebe chron.-katarrhal. u. asthmat. Erkrankungen der Lunge. [58]

Milch: M. im allg. Sinne ist das Produkt der Milchdrüsen weiblicher Säugetiere u. der Frau. Als prim. ausschließliche Nahrung der Jungen enthält sie gelöst bzw. fein dispergiert die für die Erhaltung u. das Wachstum erforderlichen Nähr- u. Aufbaustoffe in Mengen, die auf den Bedarf der Jungen, allerdings nur für eine beschränkte Zeit, abgestimmt sind. Es sind dies Eiweißstoffe u. andere N-haltige Substanzen, Kohlenhydrate, Fette u. Lipide (mit geringen Mengen Phosphatiden u. Cholesterin), Mineralsalze u. Spurenelemente, Vitamine, Enzyme, Immunstoffe, ferner Hormone u. andere gelöste Substanzen aus dem mütterlichen Blut. Die Milch enthält als Kasein, Laktalbumin u. Laktglobulin biolog. sehr hochwertige Eiweiße, sie ist die Hauptquelle des Kalziums (u. Phosphors) sowie der Vitamine A u. B_2. Dagegen enthält sie nur wenig Vitamin C u. B_1 sowie Eisen u. vor allem zu wenig Vitamin D. Die Zusammensetzung der Milch der einzelnen Tierarten ist individuell verschieden u. schwankt innerhalb einer Art nach der Rasse, vor allem dem Zeitpunkt der Laktation sowie der Ernährung u. anderen Faktoren. Allg. sind insbes. der Eiweiß- u. Mineralsalzgehalt weitgehend der Geschwindigkeit des Wachstums der Jungen angepaßt. In der folgenden Tabelle sind die Inhaltsstoffe im menschlichen Kolostrum u. in der späteren Milch von Frau u. der Kuh angegeben; die Werte für Vitamine u. die Spurenelemente unterliegen sehr starken Schwankungen. Der Gehalt an essentiellen Fettsäuren

Zusammensetzung der Milch (Angaben für 100 ml)

Bestandteil	Mensch		Kuh
	Kolostrum	spätere Milch	spätere Milch
Trockensubstanz, g	13	12	13
Kalorien, kcal		70	67
Asche, g	0,33	0,21	0,8
Eiweiß, g	2,7	1,2	3,4
davon Kasein, g	1,2	0,6	2,8
Laktose, g	5,3	7,0	4,8
Fett, g	2,9	3,8	3,4
Mineralien			
Natrium, mg	40	15	60
Kalium, mg	75	55	140
Magnesium, mg	4	4	12
Kalzium, mg	32	33	135
P (als Phosphat), mg	15	20	96
Cl (als Chlorid), mg	90	45	100
Spurenelemente			
Eisen, µg	90	150	75
Zink, µg	600	500	
Kupfer, µg	50	40	35
Mangan, µg		0,7	8
Kobalt, µg			0,06
Jod, µg	12	7	12
Vitamine			
A (Retinol), µg	100	60	40
B_1 (Thiamin), µg	15	16	40
B_2 (Riboflavin), µg	30	40	160
B_6 (Pyridoxin), µg		50	50
B_{12} (Kobalamin), µg		0,04	
Biotin, µg	0,1	0,4	3,5
C (Askorbinsäure), mg	4,4	4,3	1,6
K (Phyllochinone), (als K_1), µg		2	8
E (Tokopherole), mg	1,3	0,6	0,1
Niacin, µg	75	170	85
Pantothensäure, µg	180	190	350
Folsäure, µg	0,05	0,2	0,2

[8]

beträgt in der Frauenmilch 350 mg%. Von den gesättigten niederen Fettsäuren (C_4–C_{12}) überwiegt in der Frauenmilch die Laurinsäure C_{12}, in der Kuhmilch die Buttersäure C_4. Die Immunglobuline Euglobulin u. Pseudoglobulin finden sich in bes. hoher Konzentration im Kolostrum, aus dem sie vom Darm des Neugeborenen weitgehend resorbiert werden können. – Die Entwicklung der Milchgänge u. des Drüsenparenchyms während der Schwangerschaft erfolgt durch die ↑Östrogene u. das ↑Progesteron, wobei die Östrogene die Abgabe des LTH aus dem HVL hemmen; die Milchsekretion setzt erst ein, wenn mit der Geburt der Östrogenspiegel im Blut stark abfällt u. die Ausscheidung des luteotropen Hormons (LTH) erfolgen kann, das die Milchsekretion auslöst. In den ersten 4–5 Tagen wird das Kolostrum, dann in den nächsten 5–6 Tagen eine Übergangsmilch abgesondert, bis nach 10–11 Tagen die Bildung der eigentlichen M. einsetzt. [8]

~absonderung: während der Schwangerschaft wird die Milchdrüse durch die vermehrte Ausschüttung von Östrogenen aus den Ovarien u. der Plazenta sowie von Progesteron aus dem Gelbkörper zur Entwicklung der Milchgänge u. des Drüsenparenchyms angeregt. Die Östrogene verhindern gleichzeitig die Abgabe des luteotropen Hormons (LTH; Prolaktin) aus dem Hypophysenvorderlappen. Nach dem Abstoßen der Plazenta fällt der Östrogenspiegel des Blutes stark ab, wodurch die LTH-Ausschüttung enthemmt wird u. die Milch nun am 1.–2. Wochenbettstag „einschießen" kann. [8]

~bakterien ↑Laktobakterien. [41]

~behandlung: intramuskuläre Injektion von Milch bei chron. Entzündungsprozessen mit schlechter Heilungstendenz, eine Art der ↑Reizkörperbehandlung mit artfremdem Eiweiß. [9]

~brustgang = Ductus thoracicus: zum größten Teil in der Brusthöhle verlaufendes Lymphsammelgefäß, dessen Inhalt (Chylus) nach fettreichen Mahlzeiten ein milchiges Aussehen hat. Er mündet in den li. Angulus venosus. [1]

~drüse ↑Mamma. [29]

~epidemie: durch Genuß von Milch verursachte epidem. Erkrankungen des Menschen, insbes. die infektiösen Darmerkrankungen (z. B. Typhus, Bakterienruhr u. Virushepatitis). [40]

~faktor ↑Bittner' Milchfaktor. [5]

~fieber: falsch gedeuteter Temperaturanstieg im Wochenbett zur Zeit des „Einschießens" der Milch am 3.–4. Tag. Fieber in Wirklichkeit durch andere Ursachen – meist genital bedingt entstanden.

~fistel: nach Mastitis (Inzision oder Spontanperforation) verbleibende Verbindung zwischen einem Milchgang u. der Mamma-Oberfläche. Heilt nach Abschluß der Laktation spontan. [29]

~gärung: durch Laktobakterien verschiedener Art verursachter Abbau des Milchzuckers zu Milchsäure (Gerinnung der Milch; Fällung des Kaseins). [16]

~gebiß: die 20 Milch- oder Wechselzähne der ersten Dentition = 4 Schneidezähne, 2 Eckzähne, 4 Mahlzähne in jedem Kiefer, keine Prämolaren. Durchbruch vom 5. (6.) Monat bis ins 3. Jahr. Zahnwechsel 6.–12. Jahr in der Reihenfolge: Schneidezähne, erste Mahlzähne, Eckzähne zweite Mahlzähne. [37]

~gerinnung (-koagulierung): Ausfällung des Kaseins der Milch durch Säuren, z. B. bei der ↑Milchgärung sowie Enzymwirkung; ↑Rennin.

~konservierung: Verfahren zum Haltbarmachen, d. h. zur Aufhebung (Sterilisierung) bzw. zeitlichen Verzögerung der Milchgärung. Konservierung mit chem. Frischhaltemitteln ist nach dem Lebensmittelgesetz verboten; Konservieren auf physikal. Wege, z. B. durch Kühlung, Tiefkühlung möglichst sofort nach der Gewinnung, durch Erhitzen, Hocherhitzen (mindestens 85°C), Kurzzeiterhitzen (71–74°C), Dauererhitzung (62–65°C, 30 min), (↑Plasteurisierung) Sterilisierung (112–120°C); eine neue Methode der Erhitzung ist die Ultrakurzzeit-Erhitzung (Schweizer Verfahren der „Uperisation"; Erhitzen durch Dampfinjektion auf 150°C für 0,75 s); uperisierte Milch ist keimfrei, hat Rohmilchcharakter, ist biolog. hochwertig u. von langer Haltbarkeit. Als eigentliche Milchkonserven gelten Trockenmilch (Milchpulver) u. kondensierte (evaporierte) Milch (Blockmilch), hergestellt aus frischer Voll- oder Magermilch, evtl. mit Zuckerzusatz, durch Eindampfen u. Sterilisierung in Büchsen.

~kur: ausschließliche bzw. fast ausschließliche zeitweise Ernährung mit Milch als Entfettungskur, z. B. bei schweren Kreislaufstörungen (↑Karell-Kur). [16]

~leiste: embryonale Anlage der Milchdrüse, die sich als ektodermale Epithelverdickung an der Rumpfwand bildet. Im Verlauf dieser Milchleiste (von der vorderen Axillarfalte bis zur Leistengegend u. zum Oberschenkel) können sich überzählige Brustdrüsen oder Brustwarzen bilden. [5]

~nährschäden (Czerny) der Säuglinge: durch einseitige u. zu reichliche Milchernährung ohne Kohlenhydratzusatz nach vorübergehendem Gedeihen entstehende Dystrophie. Neben der Dystrophie finden sich faulig riechende, feste, fast farblose Kalkseifenstühle, hartnäckige Obstipation, Meteorismus, graue Gesichtsfarbe, Anämie u. Stoffwechselstörungen im Sinne der Azidose. [32]

~pocken ↑Alastrim. [40]

~proben: zur Beurteilung des Zustandes u. der Beschaffenheit der Milch (Kuhmilch) dienen mannigfache, meist routinemäßige Untersuchungsmethoden. Bestimmung des Reinheitsgrades (ungelöste Fremdbestandteile): man filtriert 1/2 Liter Milch durch ein reinweißes Watte- oder Stoff-Filter u. ermittelt den Filterrückstand an Hand von Vergleichstafeln; Reduktase-Probe (Prüfung auf bakterielle Verunreinigung); Bestimmung des Säuregrades: Titration nach Soxhlet-Henkel; im Schnellverfahren nach der Alizarol- oder nach der Alkoholprobe. Unterscheidung von roher u. von erhitzter Milch: Peroxydaseprobe; geht letztere neg. aus (Peroxydase durch Hitze zerstört), dann ist die Milch als ausreichend erhitzt zu betrachten; man verwendet zur Probe auch bestimmte Reagenzien, z.B. Guajakzubereitungen usw. Zum Nachweis stattgefundener Erhitzung von Milch u. Milchprodukten oder zur Erkennung von Rohmilch in hocherhitzter Milch zieht man die Probe auf Phosphatasen unter Einsatz verschiedener Substrate (Phenyl-, Phenolphthaleinester der Phosphorsäure) heran; Zusatz von 0,2% Rohmilch zu kurzzeit- oder dauererhitzter Milch ist noch erkennbar; auf Reaktivierung von Phosphatasen ist Rücksicht zu nehmen. [16]

Milchsäure: $CH_3 \cdot CHOH \cdot COOH$, α-Oxypropionsäure; kommt vor als L-(+)-Milchsäure (Fleischmilchsäure), die bei der Glykolyse in der Muskulatur u. in anderen Organen des tier. Körpers entsteht, als D-(−)-Milchsäure, die von einigen seltenen, darunter pathogenen Bakterien gebildet wird, u. als DL-Milchsäure (Gärungsmilchsäure) in saurer Milch, Sauerkraut, sauren Gurken, mit Sauerteig gesäuertem Brot, Silage usw. M. entsteht aus Glukose bei der Glykolyse nach der Gleichung:

$$C_6H_{12}O_6 = 2CH_3 \cdot CHOH \cdot COOH.$$

Der Mechanismus entspricht weitgehend dem der alkohol. Gärung. Im ruhenden Muskel beträgt der Gehalt an M. 15–26 mg%; er steigt im arbeitenden Muskel an, in der Totenstarre bis auf 600mg%. Die im Muskel bei der anaeroben Tätigkeit gebildete M. tritt in die extrazelluläre Flüssigkeit über, gelangt ins Blut u. wird in der Leber z.T. wieder zu Glykogen aufgebaut. Der Muskel kann andererseits Glukose aus dem Blut aufnehmen u. zum Glykogen aufbauen. Dieser Cori' Zyklus zeigt die hohe Ökonomie im Kohlenhydratstoffwechsel, die durch das Zusammenwirken von Muskulatur u. Leber ermöglicht wird. [8]

Milch|schimmel ↑Geotrichum candidum. [56]

~schorf: Syn. Milchborke, ↑Crusta lactea; kleinschuppige Hautveränderung u. Rötung der Warzen bei Säuglingen während der ersten Lebenswochen. [5]

~stauung: die Folge einer bes. während des Milcheinschusses auftretenden Schwergiebigkeit der Brust u. einer Störung des Entleerungsmechanismus. Begünstigt das Auftreten der ↑Mastitis puerperalis. [29]

~untersuchung: der Verkehr mit Milch – Milch schlechthin ist Kuhmilch; Milche anderer Herkunft sind zu deklarieren – als einem wichtigen Lebensmittel (Kleinkind, alte Menschen, Kranke u. Rekonvaleszenten usw.) wird durch das Milchgesetz geregelt (Vorschriften für Gewinnung, Behandlung, Zusammensetzung, Anforderungen usw.), um den Verbraucher mit Milch von hygien. einwandfreier Beschaffenheit (Schutz vor Gefährdung der Gesundheit durch Milch kranker Tiere, durch infizierte Produkte, durch verdorbene Milch usw.) sowie von geforderter Zusammensetzung (Schutz vor verfälschter Milch) zu versorgen. Hygien. Untersuchung: Sie erstreckt sich auf die Milch kranker Tiere (Ausscheidung von Tuberkulosebakterien, pyogene Erreger, Abortus-Bang-Erreger usw.), auf nachträglich infizierte Milch (Typhus-, Paratyphus-, Enteritis-Bakterien usw.), auf verschmutzte bzw. sinnfällig veränderte Milch (Kuhstall-, Jauchegeschmack; schleimige, salzige, bittere, stickige, verfärbte Milch usw.); derartige Fehler sind oft mittelbar oder unmittelbar bakteriellen Ursprungs. Zum Schutze der Gesundheit besteht Pasteurisierungszwang unter Einsatz vorgeschriebener Apparate (Dauer-, Kurzzeit-, Hocherhitzung) mit angeschlossener Tiefkühlung. Chem. Untersuchung: Sie erstreckt sich in erster Linie auf den Nachweis einer evtl. Verfälschung (Entrahmung, Wässerung; Vermischen von Milchen verschiedener Herkunft) durch Ermittlung der Zusammensetzung anhand von Kenn- bzw. Grenzzahlen (spez. Gewicht von Milch u. ihrem Serum, Fettgehalt, Gefrierpunktserniedrigung, Lichtbrechung usw.), auf den Nachweis von Neutralisierungs- u. Konservierungsmitteln, die nicht zulässig sind, auf den Nachweis ungelöster Schmutzbestandteile (Filtrierprobe) usw.; zu prüfen ist ferner auf die gesetzlich vorgeschriebene Pasteurisierung anhand spez. Untersuchungsverfahren (Reduktase-, Peroxydase-, Guajak-, Phosphataseprobe usw.). [16]

~verdauung: das Kasein der Milch wird durch Pepsin u. Trypsin verhältnismäßig leicht in Peptide bzw. Aminosäuren aufgespalten, nachdem es vorher bei Säuglingen durch das Labenzym (↑Rennin) proteolyt. in das unlösliche Parakasein als Ca-Salz umgewandelt oder durch die Magen-HCl zum Gerinnen gebracht war. [8]

~zähne = Dentes decidui ↑ Milchgebiß. [37]

~zisterne: spindelförmige Erweiterung der Milchdrüsenausführungsgänge. [30]

~zucker ↑ Laktose. [44]

miliar ⟨*lat*⟩: hirsekorngroß. [4]

Miliaraneurysma: hirsekorngroße Aneurysmen, bes. an den Gehirnarterien. [4]

Miliaria ⟨*lat*⟩: Syn. Sudamina, Schweißfriesel; hirsekorngroße Bläschen mit klarem (M. cristallina) oder weißlichem (M. alba) Inhalt, die bei starkem Schwitzen, bes. bei Fieberkranken, auftreten („Prickly heat"). Bei der M. rubra stehen die Bläschen auf rotem Grund; M. epidemica englischer ↑ Schweiß. [43]

Miliaris discreta: blande verlaufende isolierte pulmonale Miliartuberkulose, die auf eine geringfügige hämatogene Streuung zurückzuführen ist u. spontan ausheilen kann. [5]

Miliarlupoid ⟨*lat, griech*⟩ ↑ Sarkoidose. [15]

Miliartuberkel: hirsekorngroßer ↑ Tuberkel. [15]

Miliartuberkulose, akute allgemeine: typ. Krankheitsbild aus dem Formenkreis der hämatogenen Tuberkulose, von Bayle als Granulie beschrieben; entsteht durch Einbruch von Tuberkulosebakterien in die Blutbahn, direkt oder über den Ductus thoracicus bei ausgesprochener Hyperergie. Führt zu typ., hirsekorngroßen (Milium) Knötchen in fast allen Organen. Durch das starke Ergriffensein einzelner Organe entstanden bes. Krankheitsbilder (typhöse, pneumon. u. meningit. Formen). Die Krankheit war früher nahezu immer tödlich, kann jetzt durch Tuberkulostatika gut beeinflußt werden. [15]

Milien ⟨*lat*⟩ *n, Pl* ↑ Milium. [43]

Milieu ⟨*frz*⟩ *n:* Umwelt. Die in der Wechselbeziehung mit der Außenwelt auf den Einzelorganismus einwirkenden Reize (äußeres Milieu). Als inneres Milieu wird in Anlehnung an diesen Begriff die Summe der im Inneren des Organismus auf seine inneren ↑ Rezeptoren einwirkenden Reize, die im Rahmen der Wechselbeziehungen zwischen den Organen u. Geweben entstehen, bezeichnet. [35]

M., genotypisches: als ein Teil der Umwelt können Gene andere Erbfaktoren in ihrer Manifestationsstärke beeinflussen (z. B. gleichsinnig additive Wirkungen Epistasie, Positionseffekt). [3]

~schaden: Beeinträchtigung der körperlichen u. psych. Entwicklung bes. bei Kindern durch ungünstige Umwelteinflüsse (unharmon. Elternehe, falsche Heimerziehung u. dgl.) führt öfters zu dissozialen Erscheinungen (Verwahrlosung), manchmal zu Neurosen. [34]

Milium ⟨*lat*⟩ *n:* Milie; kleines, weißes, in die Haut eingelagertes Knötchen. Histolog. zwiebelschalenartig geschichtete Hornperle im Korium. [43]

Milkman, Louis Arthur, zeitgen. amerikan. Röntgenologe, Seranton.

M' Symptom: multiple symmetr. auftretende Spontanfrakturen mit ausbleibender Heilung, gehört zu den Umbaustörungen des Skelettes ohne Kenntnis ursächlicher Zusammenhänge. Keine Beeinflussung durch D-Vitamin wie bei avitaminot. Spätrachitis. [18]

Millard, Auguste (1830–1915), Arzt, Paris.

M.-Gubler' Lähmung: Form der alternierenden ↑ Hemiplegie, bei der der N. facialis auf der Seite des Herdes (der im hinteren Teil der Brücke anzunehmen ist) u. gleichzeitig die gekreuzten Extremitäten betroffen sind. Reicht der Herd bis ins Gebiet des Abduzenskernes, so spricht man von ↑ Foville' Lähmung. [33]

Miller-Abbot' Sonde: Absauge-Magen-Darm-Schlauch mit Doppellichtung zum Absaugen von rückgestautem Darminhalt bei Ileus (Darmverschluß) aus Magen u. Dünndarm zur Verhinderung der Intoxikation nach Resorption tox. Stoffe des Darminhaltes in den Kreislauf (Sterkorämie). [18]

Miller-Kurzrok' Test: Beurteilung der Penetrationsfähigkeit der Spermien in das Zervikalsekret in vitro; bei Sterilitätsuntersuchungen von Bedeutung. [12]

Milliampere: *Abk* mA = 0,001 Ampere. [54]

Millibar: 1/1000 Bar; früheres Luftdruckmaß der Meteorologie; 1 mb = 3/4 mm Quecksilberdruck. Einem Barometerstand von 75 cm entspricht also ein Luftdruck von 1000 mb; ist durch die Bezeichnung ↑ Torr ersetzt. [13]

Milligramm-Element-Stunden: *Abk* mgeh; Dosierungsangabe (nach Kehrer, 1918) bei der Radiumbehandlung, wobei die Zahl der verabfolgten Stunden (Liegedauer) mit der Menge des eingelegten Präparates in Milligramm multipliziert wird; z. B. ergibt die Einlage von 100 mg Radium-Element für 20 h = 2000 mgeh. [26]

Milligrammstunde: *Abk* mgh; Maßeinheit für die von 1 mg Radium in einer Stunde ausgesandte Energie in Form von γ-Strahlung (hauptsächlich die γ-Strahlung des RaC). mgh wurde früher in der Strahlentherapie unter genauer Beschreibung der Bestrahlungsbedingungen (Form, Dimension u. Aktivität der Präparate, Filterung, Abstand zum Bestrahlungsobjekt, Bestrahlungszeit) zur Festlegung der Strahlendosis verwendet. Bei Anwendung von Radon-Röhrchen wurde wegen der kurzen HWZ des Radons (3,8 d) unter den gleichen Bedingungen mch (mittlere Millicuriestunde) oder mcd (Millicurie détruit) benutzt. mCid gibt die Strahlenmenge an, die von 1 mCi bei vollständigem Zerfall ausgesandt wird. Da 1 g Radium in 1 h 7,55 mCi Radon erzeugt, gilt: 1000 mgh = 1000 mCih = 7,55 mCid. [50]

Millin, Terence, zeitgen. Urologe in England.

M' Katheter: Harnröhrenkatheter aus Weichgummi oder Plast mit Flötenschnabel, also zentraler Öffnung u. 2–3 seitlichen Augen.

M' Operation: retropub., extravesikale ↑Prostatektomie,. Zugang zur Prostata durch das Cavum Retzii (ursprünglich erfunden von J. van Stockum 1909). [24]

Millivalenz: *Abk* mval; wissenschaftliche Definition einer bestimmten Ionenmenge in 100 ml Lösung unter Berücksichtigung der Wertigkeit u. des Molekulargewichtes

$$\text{mval} = \frac{10 \times \text{mg\%} \times \text{Valenz (Wertigkeit)}}{\text{Molekulargewicht}}. \quad [18]$$

Millon, N. A. Eugène (1812–1867), Chemiker, Paris.

M' Reaktion mit Millon-Reagens (Merkurinitratlösung mit salpetriger Säure) erhitzt, färben sich Oxyphenylverbindungen rot. Die Probe wird im Harn als angeblicher ↑Tyrosinnachweis verwendet. Sie wird auch von Eiweiß (Tyrosingehalt) gegeben, im Harn des Menschen wird sie bei Lebererkrankungen (Coma hepaticum) u. Medikamenten oft deutlich pos., beruht aber nicht nur auf Anwesenheit von Tyrosin. [47]

Milroy, William Forsyth (1855–1942), Internist, Ohama (USA).

M' Syndrom ↑Nonne-Meige-Milroy' Syndrom. [32]

Milz = Lien ⟨*lat*⟩ = Splen ⟨*griech*⟩: größtes, in bes. Weise in den Blutkreislauf eingeschaltetes lymphat. Organ, liegt in der Bauchhöhle im li. Hypochondrium in Höhe der 9.–11. Rippe. Maße: 12 × 8 × 3 cm, Gewicht: etwa 150–200 g. Wichtigster Repräsentant des RES, auch stark lymphozytenbildend; in physiolog. u. klin. Sicht Bedeutung als Auffangstelle für Blutverunreinigungen aller Art, Bakterien, Parasiten, Zelltrümmer, Pigmente u. a. Weiße Pulpa, bestehend aus den sagokornartigen, hellen ↑Milzfollikeln oder Malpighi' Körperchen der Milz, auch als „Reaktionszentren" bezeichnet, retikulär eingeordneten, mit einem Wall von Lymphoblasten u. reifen Lymphozyten versehenen Gebilden. Sie sind eingelagert in die rote Pulpa, die aus einem Netzwerk von Retikulumzellen mit zahlreichen polygonalen Blutkammern besteht; ↑Milzgefäße. Normalerweise mit roten u. weißen Blutkörperchen, letztere überwiegend als Lympho- u. Monozyten (Splenozyten), patholog. mit den entsprechenden Zellen angefüllt (bei Leukämien, Tumoren, Retikulosen) oder durch stark vermehrte Phagozyten mit verschiedenem Inhalt vergrößert. Sklerot. Prozesse bewirken eine Verdickung der starken Milzkapsel u. Milzsepten unter Verdrängung der Zellen. Einfache Vergrößerung auch durch Blutstauung (Herzfehler, Pfortader- u. Milzgefäßverengerungen oder Thrombosen); ↑Megalosplenien. [1]

Milzbrand: Syn. Anthrax, Pustula maligna; enzoot. epizoot. Weidekrankheit, eine durch Kontakt, Inhalation oder Nahrungsmittel auf Menschen übertragbare, anzeigepflichtige Infektionskrankheit. Erreger Milzbrandbazillen *(Bacillus anthracis).* Inkubation 2–3 Tage. Je nach Infektionsmodus Hautmilzbrand (Pustula maligna), Lungenmilzbrand (Hadernkrankheit) oder Darmmilzbrand. Hautmilzbrand am häufigsten: schmerzloser Karbunkel mit schwärzlich-nekrot. Zentrum, tiefrotem Hof u. entzündlichem Ödem an unbedeckten Körperstellen. Letalität des äußeren (Haut)Milzbrandes unbehandelt 10%, des inneren Milzbrandes bis zu 100%. Bakteriolog. Diagnose durch mikroskop. u. kulturellen Erregernachweis aus Pusteleiter, Blut, Sputum oder Stuhl, Tierpathogenität. Therapie konservativ mit Penizillin oder Tetrazyklinen; Prophylaxe durch veterinärhygienische Kontrolle tier. Importe, Desinfektion, aktive Immunisierung der gefährdeten Tierbestände mit avirulenter Lebendvakzine (Pasteur), in der Humanmedizin Isolierung u. Desinfektion. Vorkommend als Berufskrankheit in der Landwirtschaft, bei Notschlachtungen, in Gerbereien, Bürstenmachereien, Wollsortierereien usw. [40, 49]

~bazillen ↑Anthraxbazillen. [41]

~karbunkel = Pustula maligna: entsteht durch die Inokulation der Keime (Sporen oder Bazillen) in die Haut. Hautmilzbrand macht etwa 85–90% aller Fälle aus. Inkubation 1–5 Tage. Aus einer kleinen Papel entwickelt sich ein flüssigkeitsgefülltes Bläschen mit wallartigem Entzündungshof. Nach Aufplatzen zeigt sich dunkelroter Geschwürsgrund, der sich mit bräunlichem Schorf bedeckt. Umgebung meist stark entzündet u. geschwollen mit Ödem, Eiterung, Fieber u. Schwellung der örtlichen Lymphknoten. Meist örtliche Beschränkung mit guter Prognose, jedoch auch tödlicher Ausgang. [49]

~serum: Serum zur passiven Immunisierung gegen Milzbrand. Nach Infektion müssen 50–100 ml i. m. gespritzt werden. [39]

Milz|dekompensation, hämodynamische (Ewerbeck): die Milz kann als „Herz" des Pfortaderkreislaufes angesehen werden. Die h. M. entsteht, wenn infolge chron. oder remittierender portaler Stauung der Blutschwamm Milz überdehnt wird. [5]

~exstirpation: operative Entfernung der

Milz, meist wegen traumat. bedingter Ruptur (schwere intraabdominelle Blutung) oder aus Indikation wie hämolyt. Ikterus, ↑Gaucher' Krankheit. [18]

~follikel = Folliculi lymphatici lienales (PNA): ihre Gesamtheit bildet die sog. weiße Pulpa der Milz. Sie werden auch ↑Malpighi' Körperchen genannt, bestehend aus einer meist exzentr. verlaufenden Follikelarterie sowie einem retikulären Maschenwerk, das lymphat. Zellformen verschiedener Reifegrade enthält. Hieraus ergibt sich eine Einteilung in das unterschiedlich ausgeprägte Keimzentrum, eine Lymphozytenzone und eine aus hellkernigen polymorphen retikulären Zellen bestehende Follikelrandzone. Diese geht ohne scharfe Grenze in die rote Pulpa über, die sich aus länglichen Sinusoiden zusammensetzt, welche mantelförmig von einem engmaschigen retikulären Gewebe umgeben werden u. kleine Poren besitzen. Normalerweise enthalten sie vorwiegend reife rote u. weiße Blutkörperchen, bei Hämoblastosen entsprechende patholog. Zellformen oder bes. Phagozyten bei entzündlichen Prozessen. Zahlreiche Erkrankungen gehen mit Milzvergrößerungen, ↑Megalosplenie u. ↑Splenomegalie einher. [11]

~gefäße: am Milzhilus tritt die A. lienalis ein, die in die Trabekelarterie übergeht. Diese ist von dicht verfilztem Bindegewebe der Milztrabekel umgeben. Die sich anschließende vom retikulären Bindegewebe der roten Milzpulpa umgebene Arterie wird als Pulpaarterie bezeichnet. Sie geht in einen Gefäßabschnitt über, der von kugligen oder langgestreckten lymphozytenreichen Bezirken (lymphat. Gefäßscheide) umgeben ist (= Zentralarterie). Zentralarterie u. lymphat. Gefäßscheide bilden die Lymphonoduli lienales (↑Malpighi' Körperchen der Milz). Die Aufteilungen der Zentralarterien werden als Pinselarterien bezeichnet. Sie gehen in die Hülsenarterien über, die von verdichtetem retikulärem Bindegewebe umgeben sind. Aus den Hülsenarterien entwickeln sich die arteriellen Kapillaren, die entweder direkt in die ↑Milzsinus oder in das Retikulum der roten Pulpa übergehen (geschlossener bzw. offener Kreislauf). Das Blut der Milzsinus wird über Pulpavene u. Trabekelvene zur V. lienalis abgeleitet. [2]

~gefäßthrombose: Thrombosierung der Milzgefäße führt zur Sklerose der Milz mit ↑Splenomegalie u. ↑Splenopathie. [11]

~index: als ↑Malaria-Index der Prozentsatz der Verbreitung angeschwollener (palpabler) Milzen (deren Stärke der ↑Ross-Index anzeigt). [58]

~punktion: Verfahren zur Gewinnung von Milzgewebe zur differential-diagnost. Klärung schwieriger Krankheitsbilder oder zur Darstellung der abführenden Blutgefäße (↑Splenoportographie) durch Kontrastmittelinjektion. Die Punktate werden hämatolog. verarbeitet (↑Splenogramm) u. gestatten eine weitgehende Differenzierung der Splenomegalien. [11]

~sinus: in der roten Milzpulpa enthaltene, mit Blut gefüllte Räume, die von bes. gestaltetem retikulärem Bindegewebe ausgekleidet sind. Die Retikulumzellen stellen hier langgestreckte Zellelemente („Längsstäbe") dar, die von bes. differenzierten, ringförmig verlaufenden Retikulinfasern (↑Ringfasern) umgeben sind. Die Wandung der Milzsinus enthält Lücken, so daß eine direkte Verbindung zum umgebenden retikulären Bindegewebe der roten Milzpulpa besteht. Die arteriellen Milzkapillaren gehen z.T. direkt in den Milzsinus über (geschlossener Kreislauf). Andererseits mündet ein Teil der Kapillaren direkt in das Retikulum der roten Milzpulpa; ↑Milzgefäße.

~trabekel = Trabeculae lienis: von der Bindegewebskapsel der Milz ausgehende, unterschiedlich große Bindegewebsbälkchen, die vielfach untereinander in Verbindung stehen u. dadurch ein Stützgerüst des Organs bilden. Die Trabeculae lienis enthalten vielfach Gefäße (Trabekelarterie u. Trabekelvene). Während die Trabekel der Milz des Menschen aus Bindegewebe bestehen, enthalten die Trabekel von Fleischfressern zahlreiche glatte Muskelzellen. Durch Kontraktion dieser Zellen wird bei diesen Tieren das Milzvolumen verkleinert u. dadurch ein Teil des in der Milz befindlichen Blutes in den Kreislauf übergeführt (= Milz vom Speichertyp). [2]

~tuberkulose: regelmäßige Teilerscheinung einer hämatogen streuenden Tuberkulose. Bei massiver Streuung (↑Miliartuberkulose) zahlreiche hirsekorngroße Knötchen, bei gelegentlicher Streuung kann die seltene großknotige M. entstehen.

~tumor: klin. Begriff für jede Vergrößerung der Milz, gleichgültig, ob es sich um Blutstauung, Entzündung, Speicherung oder um eine echte Geschwulst handelt, z.B. bei Infektionskrankheiten; regelmäßig bei Sepsis, Typhus, Malaria, Febris recurrens usw.; bei Blutkrankheiten: lymphat. u. myeloische Leukämie, Anaemia perniciosa, Polycythaemia vera (rubra), Icterus haemolyticus; bei Lymphogranulomatose; bei Pfortaderstauung. [5]

~tumor, spodogener: reaktive Anschwellung der Milz bei verschiedenen Erkrankungen, bes. bei Infektionen u. verstärkter Elimination von Blutzerfallsprodukten, Infektionserregern u. Toxinen durch die Milz. Nach Abklingen der Grundkrankheit bildet sich der s. M. wieder zurück. [11]

~venenthrombose: durch lokale oder fortgesetzte Thrombose bedingte venöse Abflußstauung mit Vergrößerung, gegebenenfalls hämorrhag. Infarzierung des gesamten Organs. [5]

Mimik ⟨*griech*⟩ *f:* Mienenspiel, *Adj* mimisch, das Mienenspiel betreffend. Ausdrucksgehalt des bewegten Gesichts. [35]

Minderung der Erwerbsfähigkeit ↑ Erwerbsminderung.

Minderwertigkeitsgefühl: bei Neurotikern, Psychopathen, abnorme Erlebnisreaktion in der depressiven Verstimmung; ↑ Adler' Individualpsychologie. [34]

Minderwuchs ↑ Wachstumshemmung. [32]

Mineral ⟨*lat*⟩ = Berggut: Sammelbezeichnung für natürlich vorkommende anorgan. Stoffe wie Gesteine, Erze, Salze usw. [8]

Mineralhaushalt: der Gehalt an Mineralstoffen des menschlichen Körpers beträgt 5%, in den meisten Organen etwa 1%, in den Knochen etwa 25%. Von den 3,5 kg Asche, die bei der Verbrennung des ganzen Körpers übrigbleiben, entfallen etwa 2,5 kg auf das Skelett. Da dauernd anorgan. Stoffe in den Körperexkreten (Harn, Kot, Schweiß) ausgeschieden werden, müssen sie durch die Nahrung wieder ersetzt werden. Im allgemeinen sind sie in den Nahrungsmitteln in genügender Menge enthalten. Die elementare Zusammensetzung des menschlichen Körpers in % beträgt

O	63	Ca	1,5	S	0,2
C	20	Na	0,26	P	1
H	10	K	0,25	Cl	0,18
N	3	Mg	0,04	Fe	0,007 (4–5 g).

Eine Entziehung oder zu geringe Versorgung bei sonst ausreichender Ernährung führt zu schweren Schädigungen, ↑ Salzhunger. [8]

Mineralisation: Abbau organ. Stoffe bis zur anorgan. (mineralischen) Stufe, wird in der Natur hauptsächlich durch Bakterien u. andere Mikroorganismen bewirkt. [42]

Mineralkortikoide: Halosteroide der Nebennierenrinde, sind Aldosteron (Δ4-Pregnen-11β,21-diol-3,20-dion-18-al) u. daneben auch das 11-Desoxykortikosteron (Δ4-Pregnen-21-ol-3,20-dion), das nur 1/50 der Wirkung von Aldosteron hat. Bei einem Mangel an M. (Addison' Krankheit u. Waterhouse-Friedrichsen' Syndrom) tritt eine erhöhte Natrium- u. verringerte Kaliumausscheidung auf; dies bedingt Abnahme der extrazellulären Flüssigkeit u. des Blutvolumens sowie Herabsetzung des Blutdrucks mit Schädigung der Nierenfunktion. Hohe Gaben von M. führen zur Retention des Natriums im Körper u. damit zur Ödembildung. Die Kaliumkonzentration ist entsprechend verringert. Die Wirkung der M. ist auch an isolierten Zellen u. sogar an Erythrozyten nachweisbar. [8]

Mineral|schlamm ↑ Peloide.

~wässer: 1. natürliche M. ↑ Heilwässer; 2. künstliche M. Auflösung von natürlichen Quellsalzen oder der gemäß den früher üblichen, aber unrichtigen „Salztabellen" in natürlichen Heilwässern festgestellten hauptsächlichen mineral. Bestandteilen in Aqua dest. [45]

Mingazzini' Phänomen: werden beide Arme bei geschlossenen Augen in Supinationsstellung horizontal nach vorn gestreckt, ist bei einer latenten Hemiparese das Absinken einer Seite u. Abnahme der Supination zu beobachten. Sinngemäß auch an den Beinen durchführbar. [20]

Minimal|luft ↑ Lungenvolumina.

~umsatz: nicht mit dem ↑ Grundumsatz ident., da im Schlaf (durch Erniedrigung von Muskeltonus, Herz- u. Atemminutenvolumen), bei mäßiger Überwärmung (↑ Hyperthermie, ↑ Temperaturregulation) u. im Zustand der Hitzeakklimatisation der Umsatz unter das Niveau des Grundumsatzes fällt. [7]

Minimum: Begriff der physiolog. Optik; 1. M. legibile: kleinste lesbare Optotypen; 2. M. perceptibile, geringste noch wahrnehmbare Lichtintensität unter günstigen Bedingungen. Nach v. Kries für Momentbelichtung 2.10^{-10} erg., Dauerbelichtung $5{,}6.10^{-10}$ erg./s, d. h. 50–60 Photone/s; 3. M. separabile, kleinste noch getrennt wahrnehmbare Gegenstände; 4. M. visibile, meist gleichbedeutend mit 2. gebrauchter Ausdruck; ↑ Sehschärfe, Adaptation, Lichtsinn. [36]

Minkowski, Oskar (1858–1931), Internist, Wiesbaden. Mitentdecker des ↑ Pankreasdiabetes.

M.-Chauffard-Gänsslen' Krankheit: familiär hämolyt. Anämie u. hämolyt. Ikterus; Syn. ↑ Gänssien' Syndrom. [11]

Minor, Lazar Salomowitsch (1855–), Neurologe, Moskau.

M' Probe: Methode zur Sichtbarmachung der Schweißabsonderung nach dem Prinzip der Jod-Stärke-Reaktion.

M.-Oppenheim-Syndrom ↑ Myatonia congenita. [33]

Minortest ↑ Blutkreuzprobe. [32]

Minot, George Richard (1855–1950], Internist u. Physiopathologe, Boston, Cambridge (USA). 1934 Nobelpreis ↑mit Whipple, George Hoyt, u. Murphy, William Parry) für Entdeckungen der Leberbehandlung gegen Anämien. [53]

Minus|dekompensation: von Wollheim beschriebene Herzinsuffizienz, bei der die zirkulierende Blutmenge vermindert ist. [9]

~gläser ↑Zerstreuungslinsen. [36]

~varianten ↑Varianten. [42]

Minutenvolumen des Herzens: Blutmenge, die in einer Minute das Herz verläßt. Diese Förderleistung des Herzens berechnet sich aus dem Produkt von Schlagvolumen mal Herzfrequenz. Sie beträgt in Ruhe etwa 3,5–5,0 l/min. Bei schwerer körperlicher Arbeit kann sie auf über 20 l/min ansteigen. [7]

Minutenvolumenhochdruck: ↑Hypertonie infolge Vergrößerung des Minutenvolumens mit mäßigem Anstieg des systol. u. geringerem Anstieg des diastol. Blutdrucks. [10]

Miosis ⟨*griech*⟩ *f:* Engstellung der Pupille durch Reizung des M. sphincter pupillae oder Lähmung des M. dilatator pupillae oder Verwachsungen. Kann nervös reflektor. herbeigeführt werden (↑Pupillenreaktionen) oder durch Pharmaka oder Eingriffe, die den Parasympathikus reizen oder den Sympathikus lähmen; ↑Horner' Symptomenkomplex. [36]

Miotika ✻ **Miotica remedia** ⟨*griech, lat*⟩ *n, Pl:* pupillenverengende Medikamente, die parasympathikomimet. wirken. Die bekanntesten sind Pilokarpin u. Physostigmin (Eserin), zu denen noch das Nivallin (aus Schneeglöckchen) u. zahlreiche synthet. Stoffe hinzugetreten sind (Carbachol◻ = Doryl○, Mintacol○, Neostigmin◻ = Prostigmin○). Sympathikolyt. Mittel wie Ergotamin u. seine Abkömmlinge Opilon◻, Hydergin○ verengen zwar die Pupille, werden aber kaum dazu verwendet. [36]

Mirazidium ⟨*griech, lat*⟩: aus dem Ei der Saugwürmer (↑Trematoden) entstehende Larve, mit Flimmerepithel bedeckt. [58]

Mirbanöl: Nitrobenzol, falsches Bittermandelöl, Methämoglobinbildner, Riechstoff für billige Seifen, Ausgangsprodukt für Anilin, Dinitro- u. Chlornitrobenzol. [44]

Mirizzi' Syndrom: Krankheitsbild der isolierten Stenose des Ductus hepaticus. Die klin. Erscheinungen entsprechen denjenigen bei Choledochusverschluß. [32]

Misandrie ⟨*griech*⟩: gehässige Abneigung gegen Männer. [35]

Misanthropie ⟨*griech*⟩: Menschenscheu, Menschenhaß. [35]

Mischgeschwulst: Geschwulst, besteht aus verschiedenen geschwulstartig gewucherten Gewebsarten. Die komplizierteste Form der M. ist das ↑Teratom. [4]

Mischinfektion: Infektion, bei der neben dem Erreger der eigentlichen Infektionskrankheit zu gleicher Zeit oder annähernd gleichzeitig noch andere Bakterien in den Körper eingedrungen sind (im Gegensatz zur ↑Sekundärinfektion). [40]

Mischnarkose: Narkose mit fertiger Narkotikummischung, z. B. ACE-Mischung, Billroth-Gemisch, angewandt um 1900 zur Herabsetzung der Toxizität des Chloroforms. Im Gegensatz zum azetotropen Gemisch werden die in der ACE-Mischung vorhandenen Substanzen nicht gleichzeitig, sondern in Abhängigkeit von ihrem Siedepunkt nacheinander resorbiert. [27]

Mischpsychose: seltene Verbindung schizophrener u. manisch-depressiver Komponenten, zeigt phasenhaften Verlauf mit schizophrener Symptomatik (relativ günstige Prognose). [34]

Mischquellen: juvenile Quellen, in deren Quellwege durch Seitenkanäle vadoses Wasser eindringt (vadose ↑Quellen). [45]

Mischschanker ↑Ulcus mixtum. [43]

Mischspritze: Verabfolgung mehrerer Medikamente durch eine Injektion. Dabei muß berücksichtigt werden, daß es Medikamente gibt, die sich gegenseitig ausfällen u. deswegen zur Mischspritze nicht geeignet sind. [18]

Mischtumor ↑Mischgeschwulst. [4]

Mischtyp-Adenom: Hypophysentumor, der neben eosinophilen auch chromophobe Anteile enthält. [20]

Mischungszyanose: die bei physiol. Mischung des arteriellen mit venösem Blut auftretende Zyanose. Kommt bei Kurz- bzw. Nebenschlußverbindungen innerhalb des Herzens oder zwischen den großen Gefäßen zustande; im 1. Fall z. B. bei ↑Ventrikel-Septumdefekt, im 2. Fall z. B. bei offenem ↑Ductus arteriosus Botalli oder sonstigen arteriovenösen Anastomosen; sie ist im Gegensatz zur sonstigen Zyanose meist von bläulichrotem Farbton, da sie fast stets mit einer Vermehrung der roten Blutkörperchen (↑Hyperglobulie) einhergeht. [10]

Mischungszeit: die Zeitdauer, die zu einer vollständigen Durchmischung eines eingeatmeten Fremdgases in den Luftwegen u. der Lunge notwendig ist. Abhängig von der Größe des ↑Residualvolumens, normalerweise 50–100 s. [15]

Miserere ⟨*lat*⟩ *n:* Koterbrechen. [18]

Misogynie ⟨*griech*⟩: gehässige Abneigung gegen Frauen. [35]

Misopädie ⟨*griech*⟩: haßerfüllte Abneigung gegen Kinder. [35]

Missed abortion ⟨*engl*⟩: „verhaltene Fehlgeburt"; Verbleiben einer abgestorbenen unreifen Frucht in der Gebärmutter über Wochen u. Monate. [29]

Missed labour ⟨*engl*⟩ (nach Oldham, 1847): „vermißte Wehen"; Ausbleiben der Wehentätigkeit bei abgestorbener Frucht in den letzten Schwangerschaftsmonaten. [29]

Mitagglutination ⟨*lat*⟩: durch Antigenverwandtschaft bedingte gleichzeitige Agglutination mehrerer Bakterientypen. Tritt z. B. bei der Gruber-Widal' Reaktion auf, da eine große Anzahl Salmonella-Typen gemeinsame O- u. H-Antigene besitzen. Der Bakterienstamm, der dem in Frage stehenden Antikörper (agglutinierendes Serum) entspricht, wird meist auch den stärksten Endtiter haben (Agglutination in höherer Serumverdünnung als der mitagglutinierende Bakterienstamm). Die endgültige Klärung bringt der Castellani' Absättigungsversuch. ↑ Paragglutination. [39]

Mitbewegungen: die bei bestimmten Bewegungsakten erfolgenden zusätzlichen Bewegungen, z. B. das Pendeln der Arme beim Gehen, die Dorsalflexion des Handgelenks bei kräftigem Faustschluß sowie die Pupillenverengerung beim Naheblick, ebenso die Aufwärts- u. Auswärtsbewegung der Augäpfel bei Lidschluß (↑ Bell' Phänomen). Patholog. M. mannigfacher Art treten auf bei Pyramidenbahnaffektionen (z. B. Faustschluß der gelähmten Hand bei Faustschluß der gesunden, Streckung des gelähmten Beines bei aktivem, aber passiv verhindertem Streckversuch des gesunden), bei Erkrankungen des extrapyramidalen Systems (z. B. bei Chorea in Form von Grimassieren bei Händedruck oder symmetr. Innervation der Hand der anderen Seite im gleichen Falle). Ein wichtiges patholog. Zeichen ist auch die Verarmung oder der Mangel an physiolog. M. bei Erkrankungen des Pallidums (↑ Parkinsonismus), auch bei Kleinhirnerkrankungen (auf der Herdseite), z. B. Ausfall des freien Pendelns der Arme beim Gehen; ↑ Wartenberg' Daumenzeichen. [33]

Mitchell, Selas Weir. (1829–1914), Neurologe, Philadelphia (USA).

Mitchell-Kanüle: selbstschließende Injektionskanüle mit schwenkbarer, gepolsterter Blattfeder, die das proximal der Kanülenspitze gelegene Kanülenostium elast. verschließt. [27]

Mitchell' Syndrom ↑ Erythromelalgie. [9]

Mitella ⟨*lat*⟩: aus einem Dreiecktuch hergestellter Trageverband für den Arm; nur für vorübergehende Anwendung wegen Gefahr der Schulterversteifung („Leichentuch der Schulter"). [18]

Mitesser ↑ Komedonen. [43]

Mithridatismus ⟨*griech*⟩: erworbene Giftfestigkeit. Auf Mithridates VI. zurückgehende Bezeichnung, der sich, um sich gegen Giftmord zu schützen, absichtlich an viele Gifte gewöhnt haben soll. [42]

Mitigatio ⟨*lat*⟩ *f:* Milderung, Abschwächung; z. B. Milderung der Ätzwirkung des Silbernitrates (Lapis infernalis) durch Zusammenschmelzen von Silbernitrat mit Kaliumnitrat (Lapis infernalis mitigatus). [44]

Mitochondrien ⟨*griech*⟩ *n, Pl:* Syn. Chondriosomen, Plastosomen, Sarkosomen (in Muskelzellen); in jeder Zelle vorhandene, wechselnd große, meist 1–2 µm lange oder runde ↑ Organellen, die aus einer umhüllenden Doppelmembran (Außenmembran) mit Einfaltungen der Innenmembran (Cristae mitochondriales) oder Tubuli (Tubuli mitochondriales) bestehen, die in den Innenraum (Matrix) hineinragen. Die Matrix enthält außerdem 30–50 nm große osmiophile Granula. Die Zahl der M. je Zelle beträgt je nach Zellart einige 100 bis zu mehreren 10 000 bei Einzellern. Auf Grund ihres DNS-Gehaltes haben die M. auch eine genet. Bedeutung (Plasmagene). Ihre Vermehrung erfolgt entweder durch Teilung oder – seltener – durch Neogenese aus anderen Organellen. Die Hauptfunktionen der Mitochondrien sind die Vorgänge der Atmung, der oxydativen Phosphorylierung u. des Zitronensäure-Zyklus. Die Enzyme der Atmungskette sind den Cristae angelagert. Wahrscheinlich stellen die etwa 10 nm großen Partikel an den Cristae einen derartigen Enzymkomplex dar – die Oxysomen –, was aber bisher nicht allgemein anerkannt ist. [6]

mitogenetisch ⟨*griech*⟩: Mitosen erzeugend. [42]

Mitopodozid: 2-Aethylhydrazid der Podophyllinsäure. Zytostatikum. Proresid©.

Mitose ⟨*griech*⟩ *f:* Syn. Karyokinese; Teilung des Zellkerns mit Chromosomenausbildung. Phasen der Mitose sind Pro-, Meta-, Ana-, Telophase. [3]

M. atypische: von der Regel abweichende Form der mitot. Zellteilung, z. B. bei schnell wachsenden bösartigen Geschwülsten. Kennzeichen sind Chromosomenverklebung, Chromosomenfragmentation oder auch Chromosomenwanderung in mehr als zwei Pole der Zelle (z. B. tri-pluripolare Mitosen). [2]

M., pathologische: Störung des Ablaufes der Kernteilung; 1. ↑ Chromosomenfragmentation; 2. Teilung eines oder beider Polkörperchen (Zentrosomen) durch Verlangsamung der Prophase (dreipolige u. vierpolige Mitosen). Verklumpung der Mitosen der Metaphasenplatte, so daß sich die Tochterkerne nicht richtig trennen können, entsteht das Bild der Pseudomitose; 3. Unterdrückung der Spindelbildung durch Kolchizin, dadurch Verkürzung der Chromosomen. Sie teilen sich zwar, beide Tochterchromosomen bleiben aber auf einem Haufen liegen; es entsteht ein Kern mit doppelter Chromosomenzahl oder viele kleine Kerne; 4. ↑ Endomitose; 5. Störung der Zytoplasmateilung; ↑ Riesenzellen. [4]

~gift ↑Antimitotikum. [25]

Mitra ⟨*griech*⟩ *f:* Mütze, haubenartiger Verband, meist mit zweiköpfiger Binde, spez. für den Kopf verwendbar. [18]

mitral ⁎ **mitralis** ⟨*griech*⟩: die Mitralklappe betreffend oder bei einem Mitralfehler auftretend. [10]

Mitral|bäckchen: bei peripherer Zyanose, die in einer vermehrten Rötung bis schwach lividen Verfärbung der Wangen u. der Ohren besteht. [32]

~fehler ↑Herzklappenfehler.

~herz ↑Mitralkonfiguration des Herzens.

~insuffizienz: Schlußunfähigkeit der Mitralklappe während der Systole, kommt in seltenen Fällen als angeborener Defekt vor, sonst fast immer Folgezustand einer Endokarditis bzw. Endomyokarditis (valvuläre M.) oder Folge einer Erweiterung des Klappenansatzringes bei nachlassender Herzkraft (muskuläre M.). Die Vernarbungen der Mitralklappe können auch verkalken, oder aber es treten ohne vorangegangene Entzündung Verkalkungen im Rahmen einer allgemeinen Atherosklerose auf (Klappensklerose). Die Mitralinsuffizienz ist klin. in ausgesprochenen Fällen gekennzeichnet durch eine „gelbe Zyanose“, wobei die gelbliche Verfärbung durch Leberstauung, die Zyanose durch Lungenstauung zustande kommt. Die Pulsqualität ist nicht bes. verändert, der diastol. Blutdruck meist etwas erhöht. In fortgeschrittenen Fällen können Pulsunregelmäßigkeiten in Form einer ↑Arrhythmia absoluta auftreten. Systol. Geräusch mit Punctum maximum über der Mitralis. [10]

Mitralisation ↑Mitralkonfiguration des Herzens. [10]

Mitral|klappe ↑Herzklappen.

~klappensprengung: besser Mitralstenosensprengung. Operative Sprengung der oft verkalkten Verwachsungen zwischen den beiden Klappensegeln. Die Sprengung kann durch den Finger oder ein Schneideinstrument, z.B. nach Bailey, – eingeführt durch den li. Vorhof zur li. Kammer – erfolgen. Mit Hilfe der Herz-Lungenmaschine wird heute am offenen Herzen die Freilegung zur Wiederherstellung der Klappenöffnung unter Sicht des Auges vorgenommen.

~klappenprothese: zur Behandlung der Mitralinsuffizienz. Nach Resektion oder Rekonstruktion der Klappen Ventilverschlußersatz durch Implantation einer Kugel-Prothese auf den Mitralring zur Behebung der Schlußunfähigkeit während der Systole. [19]

~konfiguration des Herzens: charakterist. Formveränderung des Herzens bei Mitralfehlern, die mit einer „verstrichenen Herztaille“ (Mitralisation) einhergeht, indem sich der li. Vorhof vergrößert u. die physiolog. Bucht der Herzsilhouette zwischen li. Herzohr u. li. Ventrikel ausgefüllt wird. Meist ist auch eine Vergrößerung des re. Herzens erkennbar.

~stenose: Verengung der Klappenöffnung zwischen li. Vorhof u. li. Kammer, selten verursacht durch einen Polypen oder durch äußere Kompression eines Perikardtumors in Höhe der li. Vorhofkammergrenze. Die häufigste Ursache stellen narbige, zum Teil verkalkte Verwachsungen der Klappen nach einer ↑Endokarditis dar. Immer bedingt eine M. eine Minderung des vom li. Vorhof in die li. Kammer fließenden Blutvolumen. Hierdurch Erweiterung des li. Vorhofs u. Rückstauung in die Lungen, Verringerung der aus dem li. Ventrikel ausgeworfenen Blutmenge (hierdurch in ausgesprochenen Fällen Verkümmerung u. Entwicklungshemmungen der Organsysteme). Klin. Symptome der Mitralstenose: blaßbläulichrote Verfärbung der Haut u. Schleimhäute („Apfelbäckchen“); stärkere Lungenstauung (mit ↑Herzfehlerzellen) sowie Leberstauung; kleine Blutdruckamplitude bei meist normalem arteriellem Blutdruck, häufig Vorhofflimmern oder -flattern, oft lauter (paukender) I. Ton mit Punctum maximum über der Mitralis. Diastol. Decrescendo-Geräusch oder statt dessen Doppelung des II. Herztons. Diese Doppelung tritt dann auf, wenn die Mitralklappe nur teilweise narbig verändert ist. [19]

Mitschurin, Iwan Wladimirowitsch (1855 bis 1935), bedeutender sowjet. Obstzüchter u. Biologe, Moskau. Betrieb die Züchtung neuer Sorten durch Kreuzung, vegetative Hybridisation u. gezielte Umweltbeeinflussung; entwickelte aus seinen Erfahrungen theoret. Vorstellungen über Organismus u. Umwelt, Vererbung erworbener Eigenschaften. [3]

Mitsuda-Reaktion: von dem Japaner Mitsuda angegebene, der Tuberkulin-Reaktion entsprechende Methode, bei der Lepromin, eine durch Erhitzen abgetötete Aufschwemmung von Leprabakterien aus Hautknoten als Antigen benutzt wird. [39]

Mitteldruck: arithmet. Mittel aus systol. u. diastol. ↑Blutdruck. [9]

M., arterieller: seine Höhe ist durch das Verhältnis von Füllung zu Weite im arteriellen Gefäßsystem gegeben. Senkung bei abnehmender Herzleistung, Verringerung des Strömungswiderstandes u. Abnahme der zirkulären Blutmenge. M. liegt etwa 43% über dem diastol. Druck, er ist der eigentlich wirksame Druck. Normaler Mitteldruck kann bei verschiedenen Kreislaufsituationen vorliegen. [15]

Mittelfeld ↑Lungenfelder. [26]

Mittelfell(-raum) ↑ Mediastinum. [1]

Mittelfuß ↑ Metatarsus. [1]

Mittelgebirgsklima: Klima der Mittelgebirge, je nach der geograph. Lage u. Berggestaltung etwa von 300 bis 500 m Meereshöhe an zu rechnen, wenn man als Anhalt die häufig, bes. im Winter eintretende Lage oberhalb der Sperrschicht der ↑ Inversion benutzt. Das M. ist aber nicht einfach ein abgeschwächtes Hochgebirgsklima oder Höhenklima. Wichtig ist der Charakter des M. als eines Waldklimas. Die obere Grenze des M. kann man für Mitteleuropa etwa bei 800 m ziehen. [13]

Mittelhand ↑ Metakarpus. [1]

Mittelhirn ↑ Mesenzephalon. [1]

Mittelkapazität der Lungen: Summe von funktioneller ↑ Residualluft u. Atemvolumen, d. h. diejenige Luftmenge, die nach normaler Inspiration in der Lunge vorhanden ist; Lungenvolumina. [15]

Mittellappen|resektion: transurethrale Elektroresektion bei Prostatahypertrophie, wobei nur der Mittellappen abgehobelt wird, um eine „Abflußrinne" für den Urin zu schaffen. Als alleinige Maßnahme (schlechte) Behelfsmethode für Kranke, deren reduzierter Allgemeinzustand eine ausreichende ↑ Elektroresektion oder ↑ Prostatektomie verbietet. [24]

~syndrom: charakterisiert durch sek. entzündliche Veränderungen im Mittellappen der Lunge (Pneumonitis, Bronchiektasen, Abszedierungen) infolge einer zeitweiligen oder dauernden Einengung des Mittellappenbronchus. Häufigste Ursache ist die Tuberkulose, insbes. die Bronchiallymphknotentbk. [15]

Mittelmeerfieber: Maltafieber; ↑ Brucellose. [40]

Mittelohr = Auris media: zum Mittelohr gehören die Paukenhöhle, die Warzenfortsatzzellen u. die Ohrtrompete.

~entzündung ↑ Otitis media.

~sklerose ↑ Otosklerose.

~schwerhörigkeit: Schalleitungsschwerhörigkeit durch Schaden im Schalleitungsapparat des Mittelohres. [28]

Mittelprüfung: Insektizidprüfung, u. zwar ist hierunter in der Regel die Durchführung von Laboratoriumstesten gemeint, im Gegensatz zum ↑ Feldversuch. [58]

Mittelschmerz: kurzer Schmerz im Unterleib der Frau, meist in der Mitte zwischen zwei Monatsblutungen. Ursache dafür ist das Platzen des Follikels mit Reizung des Peritoneums. Gelegentlich begleitet von einer ganz schwachen Blutung aus dem Endometrium. [29]

Mittelstück: Teil des Tubulus renalis, bestehend aus der Pars recta (früher dicker, aufsteigender Teil der Henle' Schleife) u. der Pars contorta (↑ Nieren). [2]

Mixtum compositum: Gemisch verschiedener Wirkstoffe in einer Arzneizubereitung. [44]

Mixtura ⟨*lat*⟩ f: Mischung von Stoffen gleichen Aggregatzustandes, bes. Mischung flüssiger Arzneimittel.

M. agitanda: Schüttelmixtur; Mischung aus festen, unlöslichen (z. B. Zincum oxydatum, Bolus alba, Talcum, Sulfur praecipitatum) sowie flüssigen Bestandteilen (z. B. Glyzerin, Äthanol, Aqua destillata). Sie dienen zur innerlichen u. äußerlichen Anwendung.

M. Pepsin DRF: zur Substitutionstherapie bei Pepsin- u. Salzsäuremangel des Magensaftes.

M. solvens DRF: bei Bronchitis sicca zur Sekretverflüssigung, Expektorans; zur Ansäuerung (Azidose), Diuretikum. [44]

Miyagawanellen: von dem Japaner Miyagawa eingeführter u. früher allgemein als Gruppenbezeichnung für eine Gruppe der großen basophilen Viren benutzter Begriff (später auch ersetzt durch Bedsonia), hierzu gehören die Erreger des Lymphogranuloma inguinale, der Ornithose (Psittakose) sowie Erreger von Tierpneumonien. [41]

Mizellen: flüssige, kugelförmige Gebilde in wäßriger Phase, die aus Molekülkomplexen bestehen u. oberflächenaktiv sind. [40]

MKR: *Abk* für Meinecke-Klärungs-Reaktion. [39]

Mm.: *Abk* für Musculi, *Pl* von Musculus, der Muskel. [1]

Mn: chem. Symbol für ↑ Mangan. [8]

m/n-System ↑ Blutgruppen-MNSs-System. [11]

Mneme ⟨*griech*⟩ *f:* Gedächtnis nach R. Semon (1904) zurückzuführen auf Engramme, bleibende (strukturelle?) Veränderungen, die Wahrnohmungen in der Hirnrinde (in Ganglienzellen) zurücklassen (↑ Reizspuren); Grundlage für die assoziative Tätigkeit u. damit Denken, Strebungen, Haltungen der Persönlichkeit; Engramme werden durch die gleichen Reize, die sie gesetzt haben, wieder reproduziert; ↑ Gedächtnis. [34]

Mnemoskop ⟨*griech*⟩ *n:* von Bangerter angegebenes Gerät zur Behandlung der Schielamblyopie. Eine Zeichenvorlage wird vergrößert projiziert. [36]

Mo: chem. Symbol für ↑ Molybdän. [8]

Mobilisation: chirurg. Maßnahmen, um 1. Bewegungseinschränkungen nach Knochenbrüchen wieder zu beheben, 2. Organe aus ihren bindegewebigen Verbindungen zur Exstirpation zu lösen oder um einen Zugangsweg zu Gebilden unter diesen Organen freizulegen (zu großen Gefäßstämmen). [18]

Modell|rechenmaschine ↑ Rechenautomat.

~regelung: heißt ein techn. kybernet. System, wenn an seinem dynam. Verhalten auf Grund ad hoc hergestellter Struktur- u. Funktionsähnlichkeiten das dynam. Verhalten anderer der Beobachtung weniger leicht zugänglicher kybernet. Systeme studiert werden soll. Modellregelkreise können neben ihrem Erkenntniswert auch heurist. Wert besitzen. [60]

Moderator: Bestandteil von Kernreaktoren zur Abbremsung (Thermalisierung) schneller bei der Kernspaltung entstehender Neutronen. Sog. therm. Neutronen sind bei Reaktoren (außer bei schnellen) zur Aufrechterhaltung der Kettenreaktion notwendig. Dem Stoßgesetz entsprechend, sind leichtatomige Substanzen (H_2O; D_2O; Graphit, Be) als Moderatoren am besten geeignet. H_2O u. D_2O dienen gleichzeitig als Kühlmittel. [59]

Modifikation ⟨*lat*⟩: Ausprägung von Eigenschaften u. Merkmalen im Laufe des individuellen Lebens entsprechend der Reaktionsnorm erblicher Anlagen auf Umweltfaktoren; ↑ Dauermodifikation, ↑ Vererbung erworbener Eigenschaften. [3]

Modifikationsfaktoren: die Disposition zur Erkrankung an Tuberkulose wird durch die verschiedensten Faktoren modifiziert, durch unzureichende Ernährung; körperliche u. psych. Belastungen, Pubertät, Diabetes usw. gefördert, durch günstige soziale Bedingungen gehemmt. [15]

Modiolus ⟨*lat*⟩: die Achse der knöchernen ↑ Schnecke des Gehörorganes. [28]

Moebius, Paul Julius (1853–1907), Neurologe, Leipzig.

M' Krankheit: Augenmigräne, ↑ Migräne.

M' Syndrom: durch Bildungsstörung oder frühzeitigen Schwund motor. (peripherer) Neurone, bes. im Hirnnervenbereich, bedingte Lähmungen, vor allem der Augenmuskeln (Ptose!) u. des N. facialis. Infantiler Kernschwund. [33]

M' Zeichen: Konvergenzschwäche bei Basedow' Krankheit. Die Augen ermüden bei dem Versuch zu konvergieren, so daß das eine nach außen abweicht. Das M' Z. ist auch bei Neuropathen zu beobachten. [12]

Mofette ⟨*frz*⟩ *f* ↑ Gasquellen. [45]

Mogi|graphie ⟨*griech*⟩ *f:* Erschwerung des Schreibens, ↑ Schreibkrampf.

~lalie: Erschwerung des Sprechens, bes. des Aussprechens bestimmter Laute. [33]

Mohn: Papaver somniferum = Schlafmohn. [44]

Mohr' Salz: Eisen-II-ammoniumsulfat $(NH_4)_2Fe(SO_4)_2 \cdot 6H_2O$. Es ist beständiger als Ferrosulfat, enthält aber weniger Eisen; Anwendung bei Eisenmangelanämien. [44]

Mohrenheim, Josef Jacob v. (gest. 1799), Chirurg, Geburtshelfer, Wien, St. Petersburg.

M' Grube = Trigonum deltoideopectorale: grubenförmige Vertiefung unterhalb des Schlüsselbeins zwischen M. deltoideus u. M. pectoralis major. [1]

Mojon' Plazenta-Lösung ↑ Gabastou' Verfahren. [29]

Mol *n:* die Menge eines Stoffes, die dem Molekulargewicht in Gramm entspricht. [8]

molar: Konzentrationsbezeichnung in der Chemie; eine 1molare Lösung enthält 1 Mol = Menge der Substanz, entsprechend ihrem Molekulargew. in g in 1 Liter gelöst. [8]

Molares ⟨*lat*⟩ *m, Pl* ↑ Mahlzähne. [37]

Mole ✱ **Mola** ⟨*lat*⟩ *f:* amorphe Fehlentwicklung des befruchteten Eies, z. B. ↑ Blasen-, Blut-, Fleisch- u. Traubenmole; Gefahr maligner Entartung. [29]

Molekular|bewegung ↑ Brown' Molekularbewegung. [8]

Molekularbiologie: Wissenschaftsgebiet, das sich mit komplexen biolog. Prozessen oder Strukturen auf molekularer Ebene beschäftigt. Die M. ist histor. aus der Untersuchung der dreidimensionalen Struktur von Protein-Molekülen, für die der Ausdruck M. von Astbury das erste Mal angewandt wurde, u. der Untersuchung der molekularen Grundlagen der Vererbung an einfachen Systemen (Phagen, Bakterien) hervorgegangen. Ihre größten Erfolge waren bisher die Entzifferung des genet. Codes, die Aufklärung von Regulations-Phänomenen auf genet. Ebene (Induktion-Repression) u. Enzym-Ebene (Allosterie), die Feststellung der Reihenfolge der Übertragung der genet. Information als DNS → RNS → Protein u. die Aufklärung der dreidimensionalen Struktur von DNS u. zahlreichen Proteinen. Die M. ist vielfach schwer gegen die Biochemie abzugrenzen, bedient sich aber auch genet. u. biophysikal. Methoden u. der elektronenopt. Ultrastruktur-Forschung. Zukünftige Probleme für die M. werden insbes. die Differenzierung höherer Organismen, die Struktur u. Funktion von Zellmambranen u. Vorgänge der höheren Nerventätigkeit sein. [8]

Molekular|gewicht: *Abk* Mol.Gew.; setzt sich additiv aus den Atomgewichten der Atome, die das relative M. angeben, das sich auf die Menge $6{,}23 \times 10^{23}$ Moleküle (↑ Loschmidt' Zahl) bezieht. Das absolute M. ist das Gewicht eines einzelnen Moleküls. Bestimmung des M. ist nach mehreren Methoden möglich, für Gase u. leicht vergasbare Verbindungen meist durch Dampfdruckmessung, für andere nicht dissoziierte Verbindungen kryoskop. für hochmolekulare Verbindungen mittels Sedimentation u. Diffusion. [8]

~krankheiten: von L. Pauling eingeführte Bezeichnung für Erbkrankheiten, die ihre Ursache im Umbau eines einzigen Moleküls haben; z. B. Sichelzellenanämie. Die Mutation des normalen Allels führt hier zur Veränderung der Aminosäuresequenz des Eiweißes durch Austausch einer einzigen von 300 Aminosäuren. [3]

~pathologie (Schade): Lehre von den Veränderungen (im wesentlichen kolloidchem. Natur), die den mikroskop. nachweisbaren Alterationen bei Krankheiten vorausgehen; eine moderne ↑ Humoralpathologie. [5]

~schicht: 1. Kleinhirn: Stratum moleculare; enthält in der Hauptsache die Dendriten der großen Purkinje' Zellen zusammen mit den afferenten ↑ Kletterfasern, u. außerdem kleine Nervenzellen, sog. Korbzellen u. Sternzellen; 2. Großhirn: Lamina molecularis; enthält sehr wenig kleine Nervenzellen u. hauptsächlich tangential verlaufende Nervenfasern. [2]

Molimina ⟨*lat*⟩ *n, Pl:* Schmerzen, z. B. menstrualia, Schmerzen bei der Regel. [29]

Molisch' Zuckerprobe: sehr empfindliche Probe zum Nachweis von freien sowie in Polysacchariden u. in Eiweißen gebundenen Kohlenhydraten. [8]

Molitor hominis: frühere Bezeichnung für das Virus des Molluscum contagiosum.

M. myxomae: frühere Bezeichnung für das Virus der Kaninchenmyxomatose.

M. sylvilagi: frühere Bezeichnung für das Virus des Kaninchenfibroms.

M. tumoris: frühere Bezeichnung für das Rous-Sarkom-Virus der Hühner.

M. verrucae: frühere Bezeichnung für das Warzenvirus, es steht noch nicht sicher fest, ob die verschiedenen Formen der menschlichen Warzen (Verruca vulgaris, V. plana, V. plantaris u. Condyloma acuminatum) durch das gleiche Virus hervorgerufen werden. [41]

Molke: die nach der Abscheidung von Kasein u. Fett durch Säuerung (↑ Milchsäuregärung) oder Lab verbleibende, gelb-grünliche Flüssigkeit, die Laktalbumine, Laktoglobuline, Mineralstoffe u. Milchzucker bzw. Milchsäure enthält; Gehalt an Wasser etwa 94–95%. [16]

Moll, Jakob Anton (1832–1914), Ophthalmologe, den Haag.

M' Drüsen: zur Gruppe der großen Schweißdrüsen gehörende Drüsen im Augenlid (↑ Drüsen). [2]

Möller, Julius Otto Ludwig (1819–1887), Internist, Königsberg.

M.-Barlow' Krankheit: von Möller (1859) u. Barlow (1883) beschriebene, bei Säuglingen u. Kleinkindern auf Vitamin-C-Mangel beruhende, dem Skorbut der Erwachsenen ähnlich verlaufende Krankheit. Die schleichend beginnende Krankheit äußert sich in zunehmender Blässe, Appetitlosigkeit, schmerzhaften Schwellungen des unteren Teiles der Oberschenkel. Blutungsbereitschaft macht sich an den Schleimhäuten bemerkbar in hämorrhag. Schwellung u. Lockerung des Zahnfleisches, von Gaumenschleimhaut-, Konjunktival-, Nasen-, Darm- u. Harnwegblutungen. Fibröse Umwandlung des Knochenmarks, Schwund der Knochensubstanz führen zu Brüchen u. Ablösung der Epiphysen. Später entwickeln sich subperiostale Hämatome. Sind Zähne vorhanden, entsteht bisweilen eine Gingivitis. Bei schweren Fällen bildet sich eine erhebl. Anämie aus. Bei rechtzeit. Therapie: Heilung; unbehandelt tödl. Ausgang. [16]

Mollities ⟨*lat*⟩ *f:* Weichheit, z. B. M. ossium, Knochenerweichung; ↑ Osteomalazie. [4]

Molluscum contagiosum ⟨*lat*⟩: Dellwarze; stecknadelkopf- bis erbsengroße, harte, wachsgelbe, bis rötliche kontagiöse Geschwülste der Haut mit zentraler Eindellung. Bei Druck oder Verletzung entleert sich weißlicher, schmieriger Inhalt, in dem sich mikroskop. die sog. Molluskumkörperchen nachweisen lassen. Diese enthalten den Erreger, ein dermotropes Virus.

M. pseudocarcinomatosum: Syn. Molluscum sebaceum, Keratoakanthom; klin. u. histolog. dem ↑ Spinaliom sehr ähnelnde, rasch wachsende, gutartige Hautwucherung, die unter Narbenbildung spontan abheilt. Ätiologie unbekannt. [43]

Molybdän: chem. Symbol Mo; Schwermetall; 2-, 3-, 4-, 5-, 6wertig; biolog. lebenswichtiges Spurenelement für luftstickstoffbindende Bakterien, Blaualgen, bei Tieren als Atmungskatalysator in der Xanthinoxydase u. Leber-Aldehydoxydase; ↑ Spurenelemente. Ein künstliches Radionuklid ist das $^{99}_{42}$Mo mit der Halbwertszeit von 68 h als β^-- u. γ-Strahler mit 1,23 bzw. 0,75 MeV, das auch in größeren Mengen in Fallout vorkommt. Techn. Anwendung des M. für Stahlveredlung. Ammoniummolybdat $(NH_4)_2MoO_4$ dient als Reagens zum Nachweis u. zur Bestimmung von Phosphat (nicht streng spezif., reagiert auch mit Arsenat u. Silikat). [8]

Momburg, Friedrich (1870–1939), Chirurg, Berlin, Bielefeld.

M' Blutleere: ein um die Taille in starker Spannung angelegter Gummischlauch von Fingerstärke preßt die Aorta gegen die Wirbelsäule u. komprimiert sie. Angewandt ausnahmsweise bei schweren Geburts- u. Nachgeburtsblutungen, bei gynäkolog. Operationen im Beckenbereich, als Notmaßnahme. Kontraindiziert bei Herzfehlern. [18]

Monakow, Konstantin v. (1853–1930), Neurologe, Zürich.

M' Bündel = Tractus rubrospinalis: eine vom roten Kern (↑Nucleus ruber) des Mittelhirns ausgehende u. im Rückenmark endigende Nervenbahn, die zum extrapyramidalmotor. System gehört, beim Menschen jedoch nur schwach ausgebildet ist.

M' Kreuzung ↑Hörbahn. [1]

M' Reflex: bestreicht man den lateralen Fußrand, so wird dieser angehoben; pos. Ausfall weist auf Schädigung der Pyramidenbahn. [33]

Monaldi, Vinzenzo (*1899), italien. Arzt.

M' Saugdränage: Dränage tuberkulöser Einzelkavernen mit einem Katheter durch die Brustwand mit dauerndem Absaugen, führt häufig zu einer Reinigung, Verkleinerung u. in einem Teil der Fälle auch zum Verschwinden der Kaverne. Wegen der häufigen Rückfälle u. der langwierigen Behandlung hat sich die Methode nicht durchgesetzt, auch nicht in Abänderung durch Maurer. [15]

Monarthritis ⟨*griech*⟩: Entzündung eines einzigen Gelenks bei Gonorrhoe oder Tuberkulose. [9]

M. rheumatica: rheumat. Entzündung nur eines Gelenkes. Daß der akute Rheumatismus (rh. Fieber) nur ein einziges Gelenk befällt, ist höchst ungewöhnlich. Nach Edström ist das an einem großen Krankengut nur in 1,5% der Fälle feststellbar. [13]

monartikulär ⟨*griech, lat*⟩: eingelenkig. [1]

Monaster: Einzelstern oder Mutterstern. Bezeichnung für die Figur, die die ungeteilten Chromosomen in der Metaphase der ↑Mitose bilden. [3]

Moncrieff, Alan, zeitgen. brit. Pädiater, London.

M' Syndrom: Störung des Zuckerstoffwechsels (Saccharosurie) mit geistiger Entwicklungshemmung u. Hiatushernie. [32]

Mondbein = Os lunatum: Handwurzelknochen. [23]

~nekrose ↑Lunatum-Malazie. [49]

Mondblindheit: durch Leptospiren verursachte Augenkrankheit (Uveitis) der Pferde. [36]

Mondor, Henri (*1885), Arzt, Paris.

M' Krankheit = fil de fer: nach Thrombophlebitis u. Periphlebitis auftretende örtlich umschriebene Phlebosklerose mit Ausbildung derber, vorwiegend in der Brust- u. Bauchhaut gelegener Stränge. [5]

Mondsüchtigkeit ↑Nachtwandeln. [33]

Monelmetall: soll die Strahlung geschlossener radioaktiver Präparate möglichst vollständig ausgenutzt werden, also auch die weichen γ-Komponenten u. ein wesentlicher Teil der β-Strahlung, so werden dünnwandige Zellen aus dieser Filterlegierung verwendet (60% Ni, 33% Cu, 7 % Fe). [26]

Mongolenfalte ↑Epikanthus. [36]

Mongolismus ↑Langdon-Down-Krankheit.

Monilethrix ⟨*lat, griech*⟩: Spindelhaarkrankheit, Pili moniliformes; abnormer Verhornungsvorgang in den Haarfollikeln. Regelmäßig angeordnete Einschnürungen der Haarschäfte. Die Kopfhaut fühlt sich reibeisenförmig an. Die befallenen Haare sind aschgrau u. brechen leicht ab. Zustandsbild entwickelt sich in der frühesten Jugend, ist oft erblich, nicht heilbar, nur kosmet. zu bessern. [43]

Monilia: weitverbreitete Pilzgattung mit hefen- bis myzelartigem Wachstum. Normale Mund- u. Darmbewohner (Candida). M.-Pilze können durch Ausbreitung im Körper pathogen werden (Moniliasis), werden aber im gesunden Körper durch Antagonismus der Mund- u. Darmbakterien in Schranken gehalten. Nach deren Ausschaltung, etwa durch Antibiotika oder Sulfonamide, besteht Gefahr der Moniliasis. Die phytopathogenen M.-Arten mumifizieren die Obstfrüchte. Einige Arten zeigen starkes Vermögen zur Fettspaltung (Butterschädlinge). Die Gattungen Candida, Monilia, Mycoderma, Oidium u. Oospora sind schwer zu trennen, daher vielfach Synonyme. [42]

Moniliales ↑Hyphomycetes. [56]

Moniliasis ⟨*lat*⟩ ↑Candidamykosen. [40]

Monitor: Fernsehbildschirm, ↑Röntgenfernsehen. [26]

Moniz, Antonio Egas (*1874), Neurochirurg, Lissabon. Bahnbrechende Arbeiten auf dem Gebiet der zerebralen Angiographie u. a.; 1949 Nobelpreis für die Entdeckung des therapeut. Wertes der präfrontalen Leukotomie bei Psychosen (mit Hess, Walter Rudolf für seine Arbeiten auf dem Gebiete zentralnervöser Regulationsvorgänge). [53]

Monoamino|dikarbonsäuren: Aminosäuren, die eine Amino- u. zwei Karboxylgruppen enthalten; sie reagieren sauer. Natürliche Vertreter im Eiweiß sind die L-(+)-Asparaginsäure u. die L-(+)-Glutaminsäure sowie ihre Amide Asparagin u. Glutamin.

~monokarbonsäuren: Aminosäuren, die nur eine Amino- u. eine Karboxylgruppe enthalten. Sie sind elektrochem. annähernd neutral. [8]

Monoaminoxydase: *Abk* MAO; sie oxydiert zahlreiche Monoamine mit prim. oder sek. Aminogruppe zu Aldehyden oder Karbonsäuren. Physiolog. Substrate der MAO sind 5-Hydroxytryptamin, Tryptamin, Dopamin, Adrenalin, Noradrenalin, Phenyläthylamine, Tyramin u. aliphat. Monoamine.

~-Hemmer: Stoffe, die durch Hemmung des Enzymes ↑Monoaminoxydase zu einer Anreicherung von biolog. aktiven Aminen (Serotonin) in verschiedenen Organen, vor allem im Gehirn führen u. dadurch zentrale

Wirkungen entfalten. Therapeut. Anwendung ↑Antidepressiva. Substanzen, die monoaminoxydasehemmende Eigenschaften haben, lassen sich einteilen in drei Gruppen: 1. Stoffe mit Hydrazinstruktur (Phenelzin□, Pheniprazin□); 2. Harminderivate (Harmin, Harmalin, Tetrahydroharmin); 3. Aminabkömmlinge (Tranylcypromin□, Pargylin□). [44]

Monobloc-Prinzip: Exstirpation eines krebstragenden Organs mit Lymphabflußgebiet in geschlossenem Gewebeblock. [25]

Monobrachius ⟨*griech, lat*⟩: angeborene Einarmigkeit. [23]

Monobromessigsäure ↑Halogenessigsäure. [8]

Monochoriate: M.-Zwillinge haben ein gemeinsames Chorion u. erweisen sich dadurch als eineiig u. erbgleich. [3]

Monochromasie ⟨*griech*⟩ *f:* Einfarbensehen, sehr seltene, nur mit komplizierten Eichapparaten nachweisbare Unterart der totalen Farbenblindheit. Es liegt nicht wie bei der gewöhnlichen totalen Farbenblindheit eine Zapfenblindheit (Achromasie) vor, sondern ein nur monochromat. Zapfensehen mit guter zentraler Sehschärfe u. Fehlen von Nystagmus. [36]

monochromatisch: einfarbig. [54]

Monochromator ⟨*griech*⟩ *m:* opt. Gerät, das durch ein System von Linsen u. (oder) Prismen spektralreines einfarbiges Licht liefert. [54]

Monographie ⟨*griech*⟩ *f:* Abhandlung oder Darstellung eines einzelnen wissenschaftlichen Problems, im Druck veröffentlicht. [18]

Monokarbonsäure: organ. Verbindungen, die eine sauer reagierende Gruppe –COOH (Karboxylgruppe) enthalten. [16]

Monokelhämatom ⟨*lat, griech*⟩ *n:* einseitiges ↑Brillenhämotom. [20]

monokrot ⟨*griech*⟩: normale Form der Pulswelle; im Gegensatz zum dikroten ist beim monokroten Puls die zweite (Rückstoß-) Welle niedriger als die Hauptwelle. [10]

Monokultur: Kultivierung einer einzigen Organismenart, z. B. Kiefernwald, Roggenfeld, Reinkulturen von Pilzen oder Bakterien. [42]

Monokulus ⟨*griech, lat*⟩: Bindenverband für ein Auge. [9]

Monolayer-Kultur: in der Gewebekultur verwendeter Begriff für das an der Wand des Kulturgefäßes einschichtig erfolgende Zellwachstum. [40]

Monomakrophagozytose ⟨*griech*⟩ (V. Schilling, 1919, 1949): sehr charakterist., in ausgeprägter Form prakt. nur bei Endocarditis lenta vorkommendes Blutbild. Der Name rührt von dem mehr oder weniger zahlreichen Auftreten von endotheloiden u. monozytoiden Zellen mit phagozytären Einschlüssen (Leukozyten, Erythrozyten, Blutplättchen, Pigmenten u. a.) her. Gleichzeitig findet sich eine starke Anhäufung von Monozyten mit typ. Übergangsformen zu den Makrophagen. Das Phänomen pflegt am stärksten im ersten Blutstropfen aus dem nicht abgeriebenen Ohrläppchen, ebenso örtlich an anderen Körperstellen zu sein u. fehlt fast gänzlich im Fingerblut. Stark pos. sind etwa 1/3 der Lentafälle, manchmal nur zeitweise, ein weiteres Drittel schwach pos. Die Feststellung des Phänomens sichert die Diagnose Endocarditis lenta in zweifelhaften Fällen von Herzklappenentzündung, oft Erstsymptom. Einzelne Makrophagen kommen bei schwerer Sepsis, Peritonitis, schweren akuten Infekten, ganz selten in ähnlicher Zahl wie bei der Sepsis lenta vor, sind aber durch das völlig andere Krankheitsbild abgrenzbar. [11]

Monomanie (Esquirol): Bezeichnung der alten Psychiatrie für isolierte Affekt-, Triebhandlung (keine Beziehung zur Manie), z. B. Poriomanie, Kleptomanie. [34]

monomer ⟨*griech*⟩: Erbgang, der nur von einem einzigen Genunterschied abhängt; Gegensatz polymer. [3]

Monomorphismus ⟨*griech*⟩ *m:* Eingestaltigkeit, vor allem von Ferdinand Cohn u. Robert Koch vertretene Auffassung, daß sich die Bakterienarten nicht verändern, sondern konstant bleiben. Die Auffassung ist durch neuere Forschungen bestätigt worden. [38]

Monomphalus ⟨*griech*⟩ *m:* Doppelmißbildung mit Verwachsung in der Nabelgegend. [5]

Monomyositis ⟨*griech*⟩: Entzündung eines isolierten Muskels, meist des M. biceps brachii mit rezidivierendem Verlauf. [18]

mononukleär: Bezeichnung für Blutzellen mit einem Kern (Mono- u. Lymphozyten) im Gegensatz zu den segmentierten Kernen der Granulozyten. Als große Mononukleäre bezeichnete Ehrlich die rundkernigen Monozyten. [11]

Mononukleose ⁎ **Mononucleosis** ⟨*griech, lat*⟩: 1. infektiöse Form, durch ↑Mononukleoseviren (Epstein-Barr-Virus) hervorgerufene endem.-sporad. bzw. epidem.-zykl. Infektionskrankheit; infektiöse ↑Mononukleose; 2. einfache Bedeutung, überwiegendes Vorhandensein mononukleärer (einkerniger) Zellen im Blutbild, d. h. Lympho-Monozytosen z. B. durch Neutropenie. [11, 40]

M., infektiöse = Mononucleosis infectiosa: Syn. Pfeiffer' Drüsenfieber, Monozytenangina; endem.-epidem., aerogen, seltener durch Kontakt übertragbare zykl. Infektionskrankheit, durch Mononukleoseviren hervorgerufen. Inkubation 7–10 Tage; fieberhafter Verlauf mit Leber-Milz-Lymphknoten-Schwellungen u. peripherer Lymphomonozytose. Letalität weniger als 1%. Symptomat. Therapie. Ansteigender Titer im ↑Paul-Bunnell-Test u. spezif. Absorption sind für die i. M. pathognomonisch.

~antikörper: „K-Antikörper"; a) herkömmlich im Paul-Bunnell-Test nachweisbare heterophile ↑Antikörper; ↑Forssmann-Antikörper; b) mittels Immunofluoreszenz u. Präzipitation nachweisbare, gegen ↑Epstein-Barr-Virus gebildete Antikörper.

~viren: Erreger der infektiösen Mononukleose, das zur Herpesgruppe gehörende Epstein-Barr-Virus. [40]

Monophagie ⟨*griech*⟩ *f:* Einwirtigkeit eines Parasiten, (↑Stenoxenie). [58]

Monophasie ⟨*griech*⟩ *f:* Sprachstörung, Einschränkung des Wortschatzes auf ein einziges Wort oder einen Satz. Wird bei bestimmten Aphasieformen beobachtet, aber auch bei Schizophrenie u. bei Enzephalitis. [34]

Monophobie ⟨*griech*⟩ *f:* abnorme Furcht vor dem Alleinsein. [34]

Monophyodontie ⟨*griech*⟩ *f:* Gebiß mit nur einmaliger Dentition, wie bei Zahnwalen, Zahnlückern (Edentaten) u. Sauriern; ↑Dentition, ↑diphyodont. [37]

Monoplegie ⟨*griech*⟩ *f:* Lähmung eines einzelnen Gliedes oder Gliedabschnittes bei kortikalen oder rindennahen Herden im Gebiet der vorderen Zentralwindung, also der motor. Region der Hirnrinde. [33]

Monorchie ⟨*griech*⟩ *f:* angeborenes Fehlen eines Hodens. [5]

Monorezidiv ⟨*griech, lat*⟩ *n:* Rückfall an einzelnen Organen bei nicht vollständiger Heilung einer Syphilis, z. B. Aufflammen des Primäraffektes, Auftreten von Riesenpapeln u. a. m. [43]

Monosaccharide ⟨*griech*⟩ *n, Pl:* Syn. Monosen; sie sind Aldehyde oder Ketone mehrwertiger aliphat. Alkohole. Nach der Zahl der Sauerstoffatome (nicht der C-Atome!) heißen sie Biosen, Triosen, Tetrosen, Pentosen, Hexosen, Heptosen usw. Die Oxydaldehyde haben den Gruppennamen Aldosen, die Ketozucker Ketosen. Außer der Biose haben alle M. asymmetr. C-Atome, die Aldohexosen 4, die also $2^4 = 16$ verschiedene optisch aktive Formen u. 8 inaktive bilden. Die meisten M. schmecken süß, einige sind jedoch geschmacklos oder schmecken bitter. Das Drehungsvermögen der M. in Wasser ist veränderlich, da es unmittelbar nach der Auflösung zu- oder abnehmen kann, bis es einen konstanten Wert erreicht. Diese Mutarotation beruht darauf, daß die Aldosen u. Ketosen ganz oder überwiegend nicht in der offenen Aldehyd- oder Ketoform vorliegen, sondern als Zyklohalbazetale:

$$CH_2OH \cdot CHOH \cdot CHOH \cdot CHOH \cdot CHOH \cdot CHO \rightleftharpoons$$

$$CH_2OH \cdot \underbrace{CH \cdot CHOH \cdot CHOH \cdot CHOH \cdot \overset{*}{C}HOH}_{O}$$

In diesen liegt ein neues asymmetr. C-Atom vor (mit * bezeichnet), das die Existenz zweier isomerer Zucker bedingt, die nicht opt. Antipoden sind, sondern nur konfigurativ verschieden sind, die als α u. β bezeichnet werden, u. die sich sowohl im opt. als auch sonst im physikal. Verhalten unterscheiden. In der Zyklohalbazetalform geht die O-Brücke, z. B. bei den Hexosen u. Pentosen, zumeist vom C-Atom 1 zum C-Atom 5, wobei ein heterozykl. 6-Ring entsteht, der sich vom Pyran ableitet; geht die O-Brücke von 1- nach 4, so entsteht ein 5-Ring, der sich vom Furan ableitet. Danach werden die normalen Zucker als Pyranosen mit δ-oxydischer Bindung oder Furanosen mit γ-oxydischer Bindung bezeichnet. Es gibt bei den Zuckern auch 4- u. 7gliedrige Ringe. Die M. sind sehr reaktionsfähige Verbindungen; sie wirken stark reduzierend; ↑Zuckerbestimmung. Bei der Oxydation entstehen aus den Aldosen Oxysäuren, die als Onsäuren (Glukonsäure, Mannonsäure) bzw. Uronsäuren (mit Aldehydgruppe) bezeichnet werden, durch stärkere Oxydationsmittel Dikarbonsäuren.

$CH_2OH \cdot (CHOH)_4 \cdot CHO$
Glukose

$HOOC \cdot (CHOH)_4 \cdot CHO$
Glukuronsäure
$—CH_2OH \cdot (CHOH)_4 \cdot COOH$
Glukonsäure
$HOOC \cdot (CHOH)_4 \cdot COOH$
Zuckersäure

Mit Hydroxylamin bilden die Aldosen Oxime; bes. wichtig ist die Reaktion mit Hydrazin u. seinen Derivaten, insbes. Phenylhydrazin, das mit den M. die sehr wichtigen Osazone bildet, die durch Emil Fischer wesentlich zur Aufklärung der Konstitution der M. beitrugen. [8]

Monosen ↑Monosaccharide. [8]

Monosporiose ⟨*griech*⟩ *f* (Radaeli): seltene Hautmykose mit derben, fluktuierenden, fisteldurchsetzten Knoten. An den Knochen stellenweise osteoperiostit. Abszesse. Erreger ist *Monosporium apiospermum.* [43]

monosymptomatisch ⟨*griech*⟩: nur ein Krankheitszeichen aufweisend. [9]

Monotricha ⟨*griech*⟩: Bakterien mit nur einer Geißel. [41]

Monozyten ⟨*griech*⟩ *m, Pl* (Pappenheim):

Sammelname für große Mononukleäre + Übergangsformen Ehrlichs, d. h. 15–20 μm große Leukozyten mit rundem oder gelapptem Kern, fein azurophil bestäubtem rauchblauem Protoplasma u. wechselnder, stets schwacher oder auch fehlender Oxydasereaktion, langsam amöboid beweglich, stark aufnahmefähig für Fremdkörper (Phagozyten, Makrophagen) bis zu ganzen Zellen, Repräsentanten des III. blutleukozytären Systems; ↑ Trialismus. Normal 6 (5–8) % beim Menschen. [11]

~angina (W. Schultz, 1922): lymphoidzellige Angina; fieberhafte, nekrot. Tonsillitis mit diphtherieähnlicher Membran- bzw. Pseudomembranbildung, geht mit generalisierter Drüsenschwellung, Milztumor u. gleichzeitiger starker Vermehrung der Lymphoidzellen bzw. Monozyten im Blut einher, zeigt große Ähnlichkeit mit dem ↑ Pfeiffer' Drüsenfieber. Ist wahrscheinlich ident. mit der infektiösen ↑ Mononukleose. [28]

~leukämie (Reschad u. Schilling, 1913): Syn. Splenozytenleukämie, leukämische Retikulose; eine vom III. retikulären System ausgehende, häufig aleukäm. verlaufende maligne Zellvermehrung. Klin. zeigt sich das Bild der akuten Leukämie, häufig kleinfleckige Hautinfiltrationen, Milztumor. Die Zellen sind typ., größtenteils reife Monozyten; fälschlich damit identifiziert wurden die akuten Promyelozytenleukämien (monozytoide Promyelozytenleukämien), von Naegeli später als „Paramyeloblastenleukämien" bezeichnet. In Amerika wird unterschieden: 1. myeloische Monozytenleukämie Typ Naegeli; 2. retikuläre (echte) Monozytenleukämie Typ V. Schilling. Hittmair unterscheidet daneben noch einen Mischtyp: Myelose mit retikulo-endothelialer starker Reaktion. Vereinzelt sind subakute bis chron. Fälle beschrieben. [11]

Monozytose ⟨*griech*⟩: Vermehrung der Monozyten über 8 %, am stärksten bei chron. Neutropenien als günstiges Zeichen, indem die Monozyten anscheinend vikariierend für die Neutrophilen eintreten, vor allem bei den zykl. Formen der Agranulozytose bzw. Neutropenie. [11]

Monroe, Alexander (1733–1817), Anatom, Edinburgh.

M' Linie: Verbindungslinie zwischen Nabel u. Spina ilica anterior superior.

M' Punkt: Einstichpunkt bei Aszites-Punktion im 3. äußeren Viertel der M' Linie. [18]

Mons pubis ⟨*lat*⟩ *m* ↑ Schamberg.

M. veneris ↑ Schamberg. [29]

Monstrositas ⟨*lat*⟩ *f:* Mißbildung, Mißgeburt. [5]

M. per defectum ↑ Mangelbildungen; Mißbildungen.

M. per excessum: Mißgeburt durch überzählige Bildung von Körperteilen.

M. per fabricam alienam: Mißgeburt durch Bildungen an anomaler Stelle. [18]

Monteggia-Fraktur: Fraktur der Ulna im oberen Drittel mit gleichzeitiger Luxation des Radiusköpfchens nach vorn. [18]

Montgomery, William Fatherston (1797 bis 1859), Geburtshelfer, Dublin.

M' Drüsen: große Schweißdrüsen im Bereiche des Warzenhofes; ↑ Drüsen. [2]

Monticulus ⟨*lat*⟩: Teil des Kleinhirnoberwurmes, der in Culmen u. Declive unterteilt wird. [20]

Moor ↑ Peloide. [45]

~bäder: Moor-Wassermischungen im bestimmten Verhältnis (dünne, dicke Moorbäder, Moorschwebstoffbäder); ↑ Bademoor. Heilanzeigen bei rheumat. Leiden, Frauenkrankheiten. [45]

~beere: Rauschbeere (Vaccinium uliginosum); diese in den Mooren der Voralpen, den europäischen Alpen, Skandinaviens u. Englands häufige, der Heidelbeere ähnliche Beere führt zu einer atropinähnlichen Vergiftung. Nicht die Beere selbst, sondern ein häufig in ihr schmarotzender Pilz (Sclerotinia megalospora) soll Ursache der Intoxikation sein. [44]

Moore-Heller' Probe (M., John, Arzt, Birmingham): Zuckerprobe im Harn, welche auf Kochen des Harnes mit Kalilauge beruht u. kaum noch Verwendung findet, da sie zu Irrtümern Anlaß geben kann. [47]

Moosfasern: zum Kleinhirn (↑ Körnerschicht) ziehende, in den Glomeruli cerebellares endende, wahrscheinlich stammesgeschichtlich jüngere Nervenfasern (Tractus pontocerebellaris u. Tractus olivocerebellaris). [2]

Morax, Victor (1866–1935), Ophthalmologe, Paris.

Moraxella: Gattung Moraxella der Familie Brucellaceae (Bergey 1957), beinhaltet die Arten *Moraxella lacunata (Diplobacterium Morax-Axenfeld, Haemophilus lacunatus,* Erreger der Lidwinkel-Konjunktivitis), *M. liquefaciens* u. *M. bovis.* Kleine kurze sporenlose unbewegliche gramneg. Stäbchen, meist in Diploform gelagert, wachsen nur auf blut- oder serumhaltigen Nährböden. [41]

Morbidität ⟨*lat*⟩ *f:* Erkrankungshäufigkeit. [48]

Morbiditätsziffer: Zahl der Erkrankungen in einem bestimmten Zeitraum (meist 1 Jahr), bezogen auf 1000 oder 10000 der mittleren Bevölkerung im gleichen Zeitraum, Formel:

$$\frac{\text{Zahl der Erkrankungen} \cdot 10\,000}{\text{mittlere Bevölkerungszahl}} \quad [48]$$

Morbilli ⟨*spätlat*⟩ *m, Pl* ↑ Masern. [40]

morbilliform: masernähnlich. [40]

morbiphor ⟨*lat, griech*⟩: krankheitsübertragend. [40]

Morbus ⟨*lat*⟩ *m:* Krankheit, meist mit dem Eigennamen des betreffenden Autors verbunden, in der Schreibweise oft als M. abgekürzt, z. B. M. Werlhof, Addison, Bechterew, Hodgkin, Koch usw., zu finden unter den Eigennamen.

M. anglicus: Englische Krankheit, ↑ Rachitis

M. apoplectiformis: ↑ Menière.

M. asthenicus ↑ Stiller' Krankheit.

M. attonitus ↑ Katalepsie. [9]

M. caeruleus ↑ Blausucht.

M. gallicus ↑ Syphilis. [9]

M. haemolyticus neonatorum ↑ Anämie III.

M. haemorrhagicus neonatorum: Blutungsübel der Neugeborenen. Bevorzugt zwischen dem 2. u. 5. Lebenstag auftretende Blutungen in Haut, Schleimhäuten, Hirn, Lunge, Leber u. Nebennieren (↑ Melaena vera). Patholog.-anatom. stark variierendes Krankheitsbild, das auf eine Gerinnungsstörung (Verminderung der Faktoren VII u. X infolge vorübergehenden Vitamin-K-Mangels) beruht u. bes. bei Frühgeborenen durch eine erhöhte Gefäßdurchlässigkeit u. -zerreißlichkeit unterstützt wird. [5]

M. maculosus haemorrhagicus ↑ Purpura thrombopenica.

M. montanus ↑ Bergkrankheit.

M. nauticus ↑ Seekrankheit. [9]

M. niger: Schwarzsucht, ↑ Ayerza' Krankheit. [10]

M. sacer: frühere Bezeichnung für ↑ Epilepsie. [9]

Morcellement ⟨*frz*⟩ *n:* stückweise Herausnahme eines Myoms bei dessen operativer vaginaler Entfernung. [29]

Morel, Benoît Augustin (1809–1873).

M' Ohr: Ohrmuscheldegenerationen, z. B. Fehlen der Helixeinrollung, Asymmetrie beider Ohrmuscheln, abnorm große Ohrmuschel usw. Sollen bei Geisteskranken häufiger vorkommen als bei normalen Individuen. [28]

Morestin' Plastik: bei Narbenkontraktur an der Finger-Beugeseite. Die Narbe wird am Kamm exzidiert, die Hautränder werden mobilisiert. Die entstandenen Kanten werden alternierend eingeschnitten, bis sich der Finger völlig strecken läßt; danach Vernähung der verlängerten Hautränder. [18]

Morgagni, Giovanni Battista (1682–1771), Anatom u. Pathologe, Padua. Begründer der mikroskop. patholog. Anatomie. [10]

M' Hydatide ↑ Appendix testis, ↑ Appendix epididymidis. [2]

M' Krankheit: entspricht äußerlich dem Adams-Stokes' Symptomenkomplex, der ätiolog. jedoch als Morgagni' Form durch Steigerung des Hirndrucks infolge Hirntumors oder Meningitis ausgelöst wird. [10]

M' Syndrom: zentrale, endokrine Regulationsstörung mit Hyperostosis frontalis interna, Virilismus, Hirsutismus, Kopfschmerzen u. epileptiformen Zuständen, Schlaf- u. Gleichgewichtsstörungen, zunehmendem Fettansatz sowie Störungen im Kohlenhydratstoffwechsel; tritt bes. bei älteren Frauen in Erscheinung. [12]

M' Ventrikel ↑ Ventriculus laryngis. [28]

Morgan, Thomas, Hunt (1866–1945), Genetiker, Pasadena (Kalifornien). 1933 Nobelpreis für seine Entdeckung, welche die Chromosomen als Träger der Vererbung betreffen. [53]

Morganellen: ident. mit der Species ↑ *Proteus Morganii* (Bergey 1957). [41]

Morgenlähmung: bei Poliomyelitis oft über Nacht ohne Prodrome eintretende Lähmungen. [32]

Moria ⟨*griech*⟩ *f:* Geschwätzigkeit mit Witzelsucht als Orbitalhirnsymptom. [34]

moribund ⟨*lat*⟩: sterbend. [9]

Moritz, Friedrich (1861–1938), Internist, Köln.

M' Probe: 1–2 Tropfen einer 5%igen Essigsäure geben in 2 ml eines Exsudates eine Trübung, die in einem Transsudat nicht auftritt; ↑ Rivalta' Probe. [9]

Moro, Ernst (1874–1951), Pädiater, Heidelberg.

M.-Brei: kalor. hochwertiger Buttermehlbrei. 100 g Vollmilch, 7 g Weizenmehl u. 5 g Zucker werden unter Zugabe von ca. 200 g Wasser 20 min lang auf 100 g eingekocht. 5 g Butter werden erhitzt, bis sie klar sind, u. dann in den Brei eingerührt.

M' Ektebin ↑ Ektebin.

M.-Milch: Buttermehlvollmilch, kalor. hochwertige Flaschennahrung für Säuglinge (auf 100 ml Vollmilch, 5 g Butter, 5 g Mehl u. 7 g Zucker).

M' Reaktion: nach Einreiben einer Tuberkulinsalbe zu diagnost. oder therapeut. Zwecken in die mit Äther entfettete Haut, meist über dem Sternum, auftretende Hautreaktion (↑ Tuberkulinreaktion) in Form roter, lichenoider, mindestens stecknadelkopfgroßer Papeln oder auch bläschenförmiger Effloreszenzen in mehr oder minder großer Zahl bei einem mit Tuberkulose infizierten oder gegen Tuberkulose geimpften (BCG-Impfung) Organismus. Heute fast nur noch in der Diagnostik der Tuberkulose, bes. in der Kinderpraxis, angestrebte Hautreaktion. Nicht so sicher wie die Intrakutanprobe nach ↑ Mendel-Mantoux; ↑ BCG-Test.

M' Reflex: ist der Ausdruck einer Bewegungsreaktion auf die Glieder. Bei Rückenlage kommt es durch Erschütterung bei dem Kind zu Abduktion u. Extension der Extremitäten u. Spreizen der Finger u. Zehen. [32]

Morphaea ⟨*griech*⟩: 1. Sclerodermia circumscripta (↑Sklerodermie); 2. lepröse Morphaea = Morbus albus et niger = sklerodermieähnliche Herde bei ↑Lepra. [43]

Morphin ⟨*griech*⟩ *n:* Hauptalkaloid des Opiums (3–23%). M. ist ein Phenanthrenabkömmling. Es wurde 1804 von Sertürner als erstes Alkaloid in reiner Form hergestellt. Morphinum hydrochloricum DAB 7 wirkt analget. (analgiphore Gruppe), euphor., unterdrückt den Hustenreiz, führt zum Erbrechen, zu einer zentral bedingten Miosis, zu einer peripher bedingten Tonuserhöhung des Dünn- u. Dickdarmes sowie zu einer starken Kontraktion der Sphinkteren. Da es ein obligates Suchtmittel ist, unterliegt es den Bestimmungen des Betäubungsmittelgesetzes. [44]

M.-Antagonisten: Morphinabkömmlinge, welche einige Teilwirkungen des Morphins antagonisieren sollen. Hauptvertreter: N-allyl-normorphin (Nalorphin®) u. N-allyl-3-hydroxynormorphinan (Lorfan®). [27]

M.-Gruppe: hierher gehören Stoffe, die in ihrer Wirkung dem Morphin ähneln u. die entweder halbsynthet. durch Eingriff in die Morphinstruktur (Hydrocodon®) oder vollsynthet. (Methadon®) hergestellt werden. In ihrer Struktur enthalten sie die ihre Wirkung bedingende sog. ↑„Analgiphore Gruppe". [44]

Morphinismus: chron. Morphinvergiftung; fortgesetzter Morphingebrauch führt zur obligaten „drug dependence", d. h. zur Morphinsucht (↑Sucht). Symptome: labile Stimmungslage, fahlgelbliches Kolorit, leichte Anämie, Schlaflosigkeit, Impotenz, Ohrensausen, Tremor, Koordinationsstörungen, Obstipation, Injektionsnarben; psych. Verfall (Depressionen, Lügenhaftigkeit). Nach Entzug des Giftes oder nach Gabe von Morphin-Antagonisten (Alorphin®) kommt es zu charakterist. Abstinenzerscheinungen, zu Schrei- u. Weinkrämpfen, Übelkeit, Schweißausbruch, Erbrechen, akute Kreislaufschwäche, Schlaflosigkeit. [44]

Morphinvergiftung: 1. Akute Vergiftung: tödliche Dosen 0,3–1,4 g oral, 0,1 g u. mehr parenteral. Symptome: narkoseähnlicher Zustand mit Muskelerschlaffung; enge, starre Pupillen; oberflächliche, unregelmäßige Atmung (Cheyne-Stokes), Zyanose, herabgesetzte Körpertemperatur, maximal gefüllte Blase, Koma – Tod durch Atemlähmung. Therapie: a) Morphin-Antagonisten (Nalorphin®); b) Magenspülung mit Kaliumpermanganat (parenteral appliziertes Morphin wird durch den Magen ausgeschieden); Natrium sulfuricum, Tierkohle; c) Adrenalinumspritzung bei Injektionen, um die Resorption zu verlangsamen; d) künstliche Beatmung; e) Infusionen, um die Entgiftung zu beschleunigen; f) Darm- u. Blasenentleerung; g) Prophylaxe der Mundschleimhaut (Bekämpfung der Austrocknung der Schleimhäute). 2. Chron. Vergiftung ↑Morphinismus. [44]

Morphium ⟨*griech*⟩ *n* ↑Morphin. [44]

Morphogenese ⟨*griech*⟩ *f:* Entstehung der normalen und pathologischen Strukturen. [4]

Morphologie ⟨*griech*⟩ *f:* Lehre von der Form des Körpers, einschließlich der Form u. Struktur der inneren Organe. Im Rahmen der Erkenntnisse der modernen naturwissenschaftlichen Forschung zeigt sich eine untrennbare Einheit zwischen Form u. Struktur einerseits u. Funktion andererseits, indem die Struktur die Anpassung an das Funktionelle offenbart bzw. die Funktion bes. im molekularen Bereich als Veränderung der Struktur erscheint. [2]

Morphosen ⟨*griech*⟩: Umbildungen in einem Organismus durch äußere Einflüsse, z. B. Bio-M. durch andere Lebewesen (meist Parasiten), Chemo-M. durch Chemikalien, Photo-M. durch Licht usw. [42]

Morquio, Louis (1867–1935), Pädiater, Montevideo.

M' Syndrom = Dysostosis enchondralis metaepiphysaria Typ Morquio: zum Formenkreis der enchondralen Dysostose-Syndrome gehörendes, rezessiv erbliches Krankheitsbild, das durch schwere körperliche Verunstaltungen charakterisiert ist u. sich erst nach der Geburt entwickelt. Symptom: unproportionierter Zwergwuchs, kurzer Hals, lange Arme, Wirbelsäulen-, Brustkorb-, Extremitätendeformierungen. [32]

Morrhuate: Natriumsalze der Lebertranfettsäuren. Die Injektion von Natriummorrhuat übt einen irritierenden u. sklerosierenden Effekt auf die Venenintima aus, der nach einer phlebit. Reaktion den betroffenen Venenstrang außer Funktion setzt; ↑Venenverödung. [44]

Morris, Robert, Tuttle (1857–1945), Chirurg, New York.

M' Punkt: Druckempfindlichkeit bei Appendizitis 4 cm lateral vom Nabel auf der Verbindungslinie Nabel–Spina iliaca anterior superior; ↑MacBurney' Punkt. [18]

Mors ⟨*lat*⟩ *f:* Tod; M. subitanea, plötzlicher Tod; ante mortem, vor Eintritt des Todes; post mortem, nach Eintritt des Todes. [4]

Morsus diaboli ⟨*lat*⟩ *m:* wörtlich Teufelsbiß; früher gebrauchter Ausdruck für den Fimbrientrichter am abdominalen Ende der Tube. [29]

Mortalität ⟨*lat*⟩ *f:* Sterblichkeit, findet ihren Ausdruck in der ↑Sterbeziffer. [48]

Mörtelniere: bei verkäsender Nierentuberkulose entwickelt sich nach Einbruch in das Nierenbecken u. Verstopfung des Harnleiters mit käsigen Massen eine käsige ↑Pyonephrose. Unter narbiger Abkapselung kommt der Zerstörungsvorgang zur Ruhe, der Käse wird eingedickt (Kittniere) u. kann mörtelähnlich von Kalksalzen durchsetzt werden. [5]

Mortificatio ⟨*lat*⟩ ↑Nekrose. [4]

Morton, Thom, George (1835–1903), Arzt, Philadelphia.

M' Neuralgie: Metatarsalgie, plötzlich auftretende Schmerzen zwischen den 2.–4. Metatarsalknochen als Folge des Einsinkens des sog. vorderen Quergewölbes des Fußes (Pes transversoplanus), also beim Spreizfuß. Ob Knochenpressung oder Nervenquetschung den Schmerz verursacht, ist nicht geklärt. [13]

Morula: kleine Maulbeere; Keimform der Frühentwicklung, d. h. der bei totaler Furchung eines Eies entstehende solide Zellhaufen mit höckriger Oberfläche. [3]

~zelle = Mott' Zelle: Knochenmarkplasmazelle mit Einlagerung amorpher Eiweißmassen im Zytoplasma, gelegentlich beim ↑Myelom auftretend. [11]

Morvan, H. M. (1819–1897), Arzt, Lannilis (Frankreich).

M' Syndrom I: „Chorea fibrillaris"; seltener zentralnervöser Symptomenkomplex mit ↑Myokymien, Schmerzen, psych. u. vegetativen Störungen.

M' Syndrom II: verstümmelnde Form der ↑Syringomyelie. [33]

Mosaik-Eier: entwicklungsmechan. Bezeichnung für Eier, deren einzelne Bezirke hinsichtlich ihrer späteren Differenzierung frühzeitig determiniert sind (z. B. Eier von Rundwürmern); Gegensatz sind Regulationseier. [3]

Mosaikstruktur des Knochens: röntgenolog. Zeichen bei der fibrösen Dysplasie (Jaffé-Lichtenstein). [23]

Moschcowitz, Elli (*1879), amerikan. Ärztin.

M' Syndrom: thrombot.-thrombozytopen. Purpura. Nach unbestimmten Prodromen akut einsetzende hämorrhag. Diathese mit Thrombopenie, hämolyt. Anämie u. flüchtigen neurolog. Symptomen wechselnder Lokalisation. Progredienter Verlauf, oft in Schüben, mit letalem Ausgang. Ätiologie noch ungeklärt (Immunolog. Auslösung?), insbes. ist die Entstehung der Thrombose bei gleichzeitiger Thrombopenie unklar. [11]

Moskito ⟨*span*⟩ *m:* Bezeichnung für ↑Stechmücke; nur das Weibchen saugt Blut u. kann Malaria (↑Anopheles) oder Gelbfieber (↑Aedes) übertragen. In Mitteleuropa sehr häufig die gemeine Stechmücke (Culex pipiens). Das russ. Wort „moskity" bezeichnet nicht Stechmücken, sondern Phlebotomen. [58]

~klemme: verkleinerte Arterienklemme nach Kocher zum Fassen kleiner Gefäße, vorwiegend bei plast. Operationen verwandt; ↑Halsted-Klemme. [18]

Motilität ⟨*lat*⟩: Bewegungsvorgänge, vor allem die subkortikal, spinal reflektor. u. vegetativ gesteuerten Bewegungsvorgänge (im Gegensatz zur ↑Motorik). [34]

Motilitätspsychosen: Psychosen mit hyperkinet. Erregung, ziellosen Bewegungsantrieben, Grimassieren, choreiformer Unruhe, abwechselnd mit Akinese (bei symptomat. Psychosen, auch bei Schizophrenie). [34]

Motivation: (physiolog.) von den ↑Grundtrieben abhängige Tendenz, ein bestimmtes der Erhaltung des Individuums u. der Art dienendes Verhalten zu zeigen. So ist das Suchverhalten nach Nahrung von einer Nahrungsmotivation gesteuert. Im Tierexperiment kann durch elektr. Reizung, z. B. des ↑Hypothalamus ein Motivationsverhalten künstlich erzeugt werden. [7]

Motorik ⟨*lat*⟩ *f:* Bewegungsvorgänge des kortikal gesteuerten willkürlichen Systems im Gegensatz zur ↑Motilität. [34]

Mott' Zelle ↑Morulazelle. [11]

Mouches volantes ⟨*frz*⟩ *f, Pl:* sehr kleine, auch mit dem Augenspiegel oft nicht objektivierbare Glaskörpertrübungen, von denen fast kein Auge ganz frei ist, die aber bei Häufung u. bei nervösen Personen sehr lästig sein können. Gegen einen graublauen hellen Hintergrund leicht sichtbar zu machen. In der Regel ohne patholog. Bedeutung. [36]

Moulage ⟨*frz*⟩ *f:* Abguß, Nachbildung von normalen oder krankhaft veränderten Körperteilen in bemalter wachsartiger Masse. [1]

Moynihan' Verschluß (M., Lord Berkeley George, engl. Chirurg): operative Technik des Blindverschlusses einer Darmöffnung mittels der Moynihan' Darmquetsche, an welcher entlang der abfallende Darm abgeschnitten wird u. über welcher durch eine fortlaufende Naht die Darmwandserosa so zusammengezogen wird, daß nach Herausziehen der Darmklemme die Darmlichtung sich ohne Eröffnung u. Austritt von Darminhalt schließt. [18]

M. P.: *Abk* für ↑Multipara. [29]

MS: *Abk* für die multiple ↑Sklerose. [33]

Ms. E.: *Abk* für ↑Meerschweinchen-Einheit. [8]

MSH ↑Intermedin. [44]

Muc.: *Abk* in der Rez. für ↑Mucilago, Schleim. [44]

Much, Hans (1880–1933), Kliniker, Hamburg.

M' Granula: grampos., nicht säurefeste,

reihen- oder häufchenförmig angeordnete Körnchen, die Much als eine Übergangsform zu den typ. alkoholsäurefesten Formen der TB ansah, Zerfallsformen der TB. Nachweis berechtigt nicht zur Diagnose einer Tuberkulose. [15]

M.-Holzmann' Reaktion: angeblich soll das Serum von Kranken mit Schizophrenie, manchen Epilepsieformen u. manisch-depressiven Zuständen die Schlangengifthämolyse von Menschenerythrozyten durch Kobragift verhindern. [47]

Mucilaginosa remedia ⟨*lat*⟩ *n, Pl:* schleimhaltige Arzneimittel, die reizmildernd u. resorptionshemmend wirken. Schleimhaltige Drogen sind Gummi arabicum, Tubera Salep, Tragacantha, Carrageen, Lichen islandicus, Lykopodium. Ein synthet. gewonnener Schleimstoff ist Tylose, ein Zellulosederivat. Anwendung bei Gastroenteritis u. Vergiftungen, sowie zur Herstellung von Emulsionen, Pillen. [44]

Mucilago ⟨*lat*⟩ *m:* Schleim. M. gummi arabici ↑Gummi arabicum, M. Salep, M. Tragacantha, M. Hydroxyaethylcellulosi (Hydroxyäthylzellulose, Methyl- u. Propylhydroxybenzoat). [44]

Mucinosen: schleimige Infiltration des Unterhautbindegewebes, 1. bei Hypothyreose = ↑Myxoedema, 2. bei Hyperthyreose = ↑Myxoedema circumscriptum, 3. bei Euthyreose = ↑Myxoedema papulatum. [43]

Mucinosis follicularis: seltenes Leiden mit feinen, follikulären Papeln u. Haarausfall an behaarter Haut. Histolog. muzinöse Follikeldegeneration.

M. papulosa ↑Myxoedema papulatum. [43]

muciparus ⟨*lat*⟩: schleimbereitend. [4]

Mücken: Nematocera, Unterordnung der Zweiflügler, mit langen Fühlern, z.T. mit stechenden Mundwerkzeugen, Larven im Wasser. Wichtige Familien sind Wiesenschnaken (Tipulidae), Gnitzen (Heleidae), Schmetterlingsmücken (Psychodidae), Stechmücken (Culicidae), Zuckmücken (Chironomidae), Kriebelmücken (Simuliidae).

~gaze: Gaze zur Mückenabhaltung; Maschenweite für Stechmücken (Culicidae) berechnet, nicht auch für Kleinmücken (z.B. Phlebotomus).

~handschuhe: kombinierte Handschuhe aus Stoff (oder Leder) u. Mückengaze, die so gebaut sind, daß durch die Gazeteile Luftzutritt zur Haut ermöglicht wird, aber diese Gazeteile so weit von der Hautoberfläche abstehen, daß Mücken nicht stechen können.

~index: als ↑Malaria-Index der Prozentsatz pos. Anopheles-Befunde. Hierbei wird zwischen ↑Oozystenindex u. ↑Sporozoitenindex unterschieden.

~netz: deutsche Bezeichnung für ↑Moskitonetz, auch Bettnetz genannt (↑Mückenschleier u. ↑Mückengaze).

~schleier: ↑Moskitonetz als Kopfschutz (über den Nacken auf die Schultern hängend). [58]

~sehen ↑Mouches volantes. [36]

~vertilgung ↑Desinsektion. [40]

Mucor: zur Klasse der Algenpilze gehörende Schimmelpilzgattung in vielen Arten, mit querwandlosem Myzel, auf Brot usw. weiße Schimmelrasen bildend; verbreitetste Art ist der Köpfchenschimmel M. racemosus. [56]

Mucoraceae: Familie terrestr. Schimmelpilze; wichtigste Gattungen sind ↑Mucor, Phycomyces u. Pilobolus. [56]

mucosus ⟨*lat*⟩: schleimig; z.B. Tunica mucosa; ↑Schleimhaut. [2]

Mucus ⟨*lat, griech*⟩ *m* (Muzine): Schleimstoffe, uneinheitliche Sekrete der Schleimdrüsen (Schleimzellen) (Speichel, Magensaft, Darmsaft usw.), dienen als natürliche Gleitmittel (Synovia), als Epithelschutz usw.; es handelt sich vor allem um ↑Mukoide. [16]

Muffplastik = Brückenplastik: prakt. nur durchführbar bei Hautdefekten an Fingern, Hand u. Vorderarm. Die zwischen zwei parallelen Bauchhautschnitten liegende Hautpartie wird unterminiert u. der den Hautdefekt tragende Körperteil (Finger, Unterarm) unter die abgehobene Hautpartie geschoben. Der doppelt gestielte Lappen ist bes. gut ernährt, ↑Hautplastik. [18]

Mühlradgeräusch: Syn. bruit de moulin ⟨*frz*⟩: Geräusch eines „laufenden Mühlrades" über dem Herzen bei ↑Pyopneumoperikard u. bei Luftembolie. [10]

Mukoepidermoid-Tumor: Geschwulst der Speicheldrüsen mit Schleim- u. Hornbildung u. verschiedenartigen Gewebselementen (↑Mischtumoren). [18]

Mukoide ⟨*griech*⟩ *n, Pl* ↑Mukopolysaccharide. [8]

Mukoitinschwefelsäure: findet sich in einigen (nicht allen) sauren ↑Mukopolysacchariden wie Chondroitinsulfat, Keratosulfat, Heparin. [8]

Mukoklaoe ⟨*griech*⟩ *f:* Verschorfen der Schleimhaut, z.B. der Gallenblase als selten gebräuchliche Operationsmethode bei Gallenblasenentzündung. [18]

Mukonsäure: COOH·CH=CH·CH=CH·COOH entsteht als trans-Form beim Abbau von Benzol im tier. Organismus. In der durchströmten Leber liefert die M. Azeton. [8]

Mukopolysaccharide: Gruppe komplexer hochmolekularer Substanzen von großer biolog. Bedeutung. Man unterscheidet neutrale u. saure M. Die neutralen M. finden sich neben den sauren im Haut- u. Bindegewebe; sie sind durchweg Zucker-Peptid- oder Zukker-Eiweiß-Komplexe, deren Zucker neben Glukosamin noch aus Galaktose, Mannose, Fruktose bestehen; einige neutrale M. enthalten auch ↑Neuraminsäure. Sie kommen vor allem in den Schleimsubstanzen (Mukoiden) vor, deren Zähigkeit u. damit Schutzwirkung für Schleimhäute auf diese hochmolekularen Glykoproteide zurückzuführen sind, in Speichel- u. Verdauungssäften, Ovarialzysten, in den schleimigen Sekreten der Nase, Luftröhre, Zervix, im Blut als Seromukoid. Sie haben Blutgruppenwirksamkeit. Auch die Haptoglobine sind M. Die sauren M. sind nicht wie die neutralen mit Eiweiß verbunden, sondern enthalten Glukosamine bzw. auch Galaktosamine, die meist in N-azetylierter Form vorliegen, sowie Glukuronsäure u. z.T. sulfurierte Hexosamine als Mukoitin- bzw. Chondroitinschwefelsäure. Die sauren M. wirken als anion. Heteropolysaccharide, die z.T. zusammen mit den neutralen M. in bindegewebigen Organen u. Geweben vorkommen, u. zwar u.a. als Strukturelemente (Stütz- u. Bindegewebe), Schleimstoffe, Immunkörper (Blutgruppensubstanzen), Heparine (Blutgerinnung). Im reifen u. auch im alternden Stütz- u. Bindegewebe finden sich vorwiegend die neutralen M., die sauren M. vorwiegend im unreifen u. im geschädigten Gewebe. [8]

Mukopolysaccharidosen: Oberbegriff für Erkrankungen wie bei den Syndromen Pfaundler-Hurler u. Morquio-Ullrich. [13]

Mukoproteide: weitverbreitete Eiweißstoffe, die als prosthet. Gruppe Kohlenhydrate enthalten. Die Kohlenhydrate sind über die freien Karboxylgruppen von Glutaminsäure u. Asparaginsäure mit den Peptidketten verbunden. Glykoproteide enthalten vorwiegend neutrale Polysaccharide, Mukoide hingegen ↑Mukopolysaccharide. Glykoproteide sind z.B. die Serumproteine ausschließlich des Albumins u. das Thyreoglobulin. Nichtschleimartige Mukoide finden sich im Knochen (Osseomukoid), Knorpel (↑Chondromukoid), Glaskörper u. im Eiklar. Muzine, die vorwiegend Mukoide enthalten, werden von den Schleimdrüsen als Schutz- u. Gleitstoffe gebildet. [8]

mukopurulent ⟨*lat*⟩: schleimig-eitrig. [47]

mukös ⁎ **mucosus** ⟨*lat*⟩: schleimig. [2]

Mukosa = Tunica mucosa ⟨*lat*⟩ *f* ↑Schleimhaut. [2]

Mukoviszidose ⟨*lat*⟩ *f:* angeborene generalisierte Sekretionsstörung mit Auswirkung bes. im Pankreas, den bronchialen Schleimdrüsen u. Darmdrüsen; Dysporia broncho-entero-pancreatica congenita familiaris, zystische ↑Pankreasfibrose. [5]

Mukozele ⟨*griech*⟩ *f:* Ansammlung von Schleim in einem zyst. vorgebildeten Hohlraum, bes. als M. der Appendix, der Nebenhöhlen u.a. [5]

Mulder, Gerardus Johannes (1802–1880), Chemiker, Utrecht.

M.-Neubauer' Probe: Reaktion zum Nachweis von Monosacchariden. [8]

Mulier, mulieris ⟨*lat*⟩: das Weib; *Adj* muliebris weiblich, Syn. feminin. [18]

Mull: lockeres, weitmaschiges Gewebe aus entfetteter Baumwolle. [18]

Müller, Arthur (1863–1926), Gynäkologe, München.

M' Handgriff: typ. Manualhilfe bei ↑Beckenendlage zur Lösung u. Entwicklung der Schultern u. Arme. Meist wird die klass. ↑Armlösung bevorzugt. [29]

Müller, Friedrich (1858–1941), Internist, München.

M' Zeichen: sichtbarer Kapillarpuls im Rachen bei Aortenklappeninsuffizienz, ferner unter dem Nagelfalz (kapillarmikroskop. sichtbar zu machen), bei leichtem Druck auf die Lippen mittels eines Objektträgers oder an der Stirnhaut nach kräftigem Reiben nachweisbar. [10]

Müller, Heinrich (1820–1864), Anatom, Würzburg.

M' Muskel = Fibrae circulares musculi ciliaris; ringförmig verlaufende glatte Muskelzüge im ↑Corpus ciliare, die bei Kontraktion Erschlaffung der Zonula ciliaris Zinni (Apparatus suspensorius lentis) u. damit auf Grund der Elastizität der Linse Abrundung derselben verursachen. [2]

Muller, Hermann Joseph (1890–1967), Zoologe, Austin, Bloomington (USA). 1946 Nobelpreis für die Entdeckung, daß Mutationen mit Hilfe von Röntgenstrahlen hervorgerufen werden können. [53]

Müller, Johannes, (1800–1858) Anatom, Physiologe u. Zoologe, Berlin.

M' Atemversuch: hierbei wird nach tiefster Ausatmung die Stimmritze geschlossen u. eine kräftige Einatmungsbewegung durchgeführt, wobei infolge des Unterdruckes im Brustraum der venöse Blutzufluß zum re. Herzen erhöht wird. Das Füllungsvolumen zuerst des re., dann auch des li. Herzens (Transport des vermehrt angebotenen Blutes über die Lungen zum li. Vorhof u. Ventrikel) steigt an; auch neg. ↑Valsalva' Versuch genannt. [7]

M' Gang: embryonale Vorstufe des ableitenden weiblichen Geschlechtsweges. Er entsteht im 2. embryonalen Monat ventrallateral vom Urnierengang (Wolff' Gang), von dessen Vorhandensein die Bildung des Müller' Ganges abhängig ist. Im männlichen Geschlecht geht der M' G. später bis auf die

Appendix testis u. den Utriculus prostaticus zugrunde. Beim weiblichen Geschlecht erfolgt die Umbildung zur Tube, zum Uterus u. zum oberen Teil der Vagina. [3]

M' Gesetz: Gesetz von den spezif. ↑Sinnesenergien. [7]

Müller, Paul Hermann, (*1899) Chemiker, Basel. 1948 Nobelpreis für die Entdeckung der insektiziden Wirkung des DDT. [53]

Müller, Rudolf (1877–1934), Dermatologe, Wien.

M' Ballungsreaktion: Nebenreaktion in der serolog. Syphilisdiagnostik. Ein dem Serum oder Liquor verdünnt zugesetztes Reagens wird ausgeflockt, es entsteht eine aus Lipiden zusammengeballte Kugel, das „Konglobat". [39]

Multiplier: engl. Ausdruck für Photo-Sekundär-Elektronenvervielfacher. Durch Lichtquanteneinfall auf eine Photokatode werden Elektronen ausgelöst, die im Innern einer Hochvakuumröhre beschleunigt werden, auf Metalloberflächen auftreffen u. dort Sekundärelektronen herausschlagen, die weiter beschleunigt werden u. schließlich gemessen werden können. Große Verstärkungen sind möglich. [54]

Multiplizität: (virolog.) Maß, das die Zahl der zur Infektion notwendigen Viren je Zelle angibt. [50]

Multiplizitätsreaktivierung = multiplicity reactivation: Phänomen, einem inaktiven Virus die Fähigkeit zu verleihen, sich durch Überimpfung bei hoher Multiplizität zu vermehren. [50]

multipolar ⟨*lat*⟩: vielpolig; z.B. multipolare Nervenzellen = Nervenzellen mit mehreren Zellfortsätzen. [2]

Multirotation ⟨*lat*⟩: Syn. Mutarotation; die Erscheinung, daß eine Lösung in Abhängigkeit von der Zeit, die von ihrer Herstellung vergangen ist, eine verschieden starke opt. Drehung aufweist. [8]

Mumie ⟨*arab*⟩ *f:* Leiche nach mehr oder weniger vollständiger Austrocknung unter Erhaltung der äußeren Form (nach Einbalsamierung, in Wüsten-, Steppengegenden, auf Berggipfeln, in Grüften usw., wo Wasserverdunstung u. Austrocknung möglich). [4]

multangulus ⟨*lat*⟩: vieleckig. [23]

multicellularis ⟨*lat*⟩: vielzellig. [1]

Multienzymsysteme ↑Enzyme. [8]

multifidus ⟨*lat*⟩: vielfach gespalten. [1]

multifissus ⟨*lat*⟩: vielspaltig. [1]

Multigravida ⟨*lat*⟩ *f:* Viel- bzw. Mehrgebärende; ↑Pluripara. [29]

Multipara ⟨*lat*⟩ ↑Pluripara. [30]

multipel ⟨*lat*⟩: vielfach, vielfältig. [4]

Mumifikation ⟨*arab, lat*⟩: trockener Brand; Nekrose oberflächl. Körperteile mit Eintrocknung, bes. an Extremitäten, Nabelschnur. [4]

Mumps ⟨*engl*⟩ *m, f:* Ziegenpeter, ↑Parotitis epidemica. [32]

~viren ↑Parotitisviren. [40]

Münchmeyer, Ernst (1846–1880), Arzt.

M' Krankheit = Myositis ossificans multiplex progressiva, zutreffender ↑Calcinosis universalis; Systemerkrankung des Kindes- u. Jugendalters mit Kalkablagerung in den bindegewebigen Septen der Muskulatur, bes. in den sehnigen Ansätzen am Knochen; allmähliche Versteifung, Kontrakturen u. Erstarrung des Körpers. Tod an Erstickung, Marasmus oder interkurrenter Infektion. [5]

Mund|atmung: unphysiolog. Atmung durch den Mund infolge Behinderung der Luftdurchgängigkeit der Nase, z.B. durch Tumoren, Nasenscheidewandverbiegungen, Polypen, Hypertrophie der Rachenmandel, Schleimhautschwellung usw. [28]

~entzündung = Stomatitis, ↑Mundfäule. [37]

~epitheltest: kernmorpholog. Geschlechtsdiagnose nach Moore u. Barr 1955, durch Nachweis des Sex-Chromatins in den Kernen der Mundschleimhautzellen; ↑Barr' Körperchen, ↑Geschlechtsdiagnose. [3]

~fäule = Stomatitis ulcerosa: Fusospirochätose der Mundschleimhaut u. des Zahnfleisches; unter weißlichen Epithelnekrosen scharf konturierte gelbliche Geschwüre mit speckigem Grund. Aashafter Mundgeruch, starker Speichelfluß, Fieber, schmerzhafte geschwollene Lymphknoten, schwierige Nahrungsaufnahme wegen starker Schmerzen. Kieferklemme, wenn die Lokalisation hauptsächlich in der unmittelbaren Umgebung eines Weisheitszahnes liegt. In vorgeschrittenen Stadien Ausbreitung auf Wangen, Lippen u. Zunge, auch auf Tonsille (↑Angina Plaut-Vincenti). Hinter einer Stomatitis ulcerosa kann sich eine Leukämie oder Agranulozytose verbergen! In diesem Falle spezif. interne Therapie neben der lokalen Mundhygiene, die in Mundduschen, Konkremententfernungen, Touchierungen u. nötigenfalls auch in antibiot. Behandlung zu bestehen hat. [37]

~flora: Gesamtheit der im Munde vorkommenden Kleinlebewesen, die z.T. eine Schutzfunktion ausüben; Mischflora von mindestens 30 Arten. I. Standortflora, Aerobier: vergrünende Streptokokken, Laktobazillen, Staphylokokken, Korynebakterien, Neisserien. Pathogene Keime: Staphylococcus aureus u. hämolysierende Streptokokken. Anaerobier: Borrelien, Treponemen, Fusobakterien, Leptothrix, Aktinomyzeten, Veillonellen. Alle Anaerobier Hauptbewohner der Tonsillen, Zahnfleischtaschen, Interdentalräume, Protozoen: *Entamoeba gingiv.*, *Trichom. tenax.* Pilze: Candida-Arten. Viren: Herpesvirus II. Durchgangsflora. Kolibakterien Proteus, Klostridien, Sarzinen, Pseudomonaden, Sporenbildner, Nokardien, Diphtheriebakterien, Influenzabakt., Meningo- u. Pneumokokken. – Keimbesiedlung des Mundes erfolgt von vorn nach hinten, erst Aerobier, mit der Milchdentition auch Anaerobier. Sehr unterschiedliche Verteilung. In der vorderen Mundhöhle hämolysierende Streptokokken nur halb so häufig wie in der Rachenenge. Keimzahlen unterliegen tageszeitlichen Schwankungen, nachts kräftigste Vermehrung. Auf der trockenen Mundschleimhaut der Mundatmer u. bei Schnarchern steigt die Keimzahl um das Dreifache. Zähneputzen u. Spülungen mit Desinfizienzien verringern die Keimzahl nur 1 bis 2 Stunden, danach völlige Restitution. Bei Munderkrankungen keine Änderung der Qualität der Keime, nur starke Vermehrung selektiver Arten; ↑Bakterienflora.

~geruch, übler = Foetor ex ore, ↑Fötor.

~herdinfektion ↑Fokalinfektion. [37]

~höhlengeräusch: ein dem Puls synchrones Geräusch bei Mediastinaltumoren u. Aortenaneurysma, das man mit dem vor den geöffneten Mund gehaltenen Stethoskop hören kann. [9]

~sperrer: Hebelschraubapparat, um den Mund im reflektor. Narkosekrampf zu öffnen oder von vornherein offenzuhalten. Am gebräuchlichsten das Instrument von Heister. [18]

~spirochäten: zu den Gattungen *Spirillum* u. *Borrelia* gehörende Schraubenbakterien. [41]

Mund-zu-Mund-Beatmung: Maßnahme der Ersten Hilfe bei Atemlähmung. Durchführung: Maximale Dorsalflexion der Halswirbelsäule, Einblasung der Exspirationsluft des Retters in die Lungen des Verunglückten von Mund-zu-Mund. Verschluß der Nase des Verunglückten durch Finger oder Wange des Retters. [27]

Mund-zu-Nase-Beatmung: Lufteinblasung durch die Nase des Verunglückten unter dichtem Verschluß seines Mundes; ↑Mund-zu-Mund-Beatmung. [27]

Munro' Abszesse: umschriebene leukozytäre Infiltrate in der Stachelzellschicht der Oberhaut bei Psoriasis. [43]

Münzen|fänger: Instrument zur Entfernung von verschluckten Münzen u. dgl. aus der Speiseröhre. [28]

~klirren: klirrendes Geräusch bei der Perkussion, wenn die Luft aus einem Hohlraum durch eine enge Öffnung ausgetrieben wird (↑bruit du pot felé). [9]

Murexid: saures Ammoniumsalz der ↑Purpursäure. [8]

~probe: dient zum Nachweis von Harnsäure u. Uraten. Diese Reaktion zeigt Purine mit Ausnahme von Adenin u. Hypoxynthin an. [8]

Murexin = Urocanylcholin: eine quartäre Alkanolammoniumbase, kommt in den Hypobronchialdrüsen der Purpurschnecken vor. Es besitzt Nikotin- u. Kurarewirkung, führt zu einer Blutdruckerhöhung bei der Spinalkatze u. beim -hund (Tiere, bei denen durch Querschnitt kurz unterhalb der ↑Medulla oblongata das Rückenmark vom Gehirn isoliert ist), zu Mydriasis u. Vergrößerung der Iris-Chromatophoren bei enukleierten Frosch- u. Oktopusaugen. [44]

muriatisch ⚹ **muriaticus** ⟨*lat*⟩: kochsalzhaltig. [45]

Murphy, William Parry, (*1892), Internist, Cambridge (Mass.). 1934 Nobelpreis (mit Whipple, George Hoyt u. Minot, George Richard) für Entdeckungen der Leberbehandlung gegen Anämien. [53]

Murray-Tal-Enzephalitis ↑Virusenzephalitis. [40]

Mus ⟨*lat*⟩ *m:* Maus, Gattung der Nagetiere. [58]

M. articularis: anatom. Gelenkmaus; freier Gelenkkörper (Corpus liberum), vollständig frei beweglicher erbs- bis eigroßer Körper. Am häufigsten im Kniegelenk u. im Anschluß an Arthrosis deformans. [1]

M. musculus: Hausmaus, nur in Gebäuden oder deren Nähe, Vorratsschädling. [58]

Musca domestica ⟨*lat*⟩: Stubenfliege; menschlicher Gesundheitsschädling als Lästling u. Keimverbreiter. [58]

Muschelvergiftung ↑Miesmuschelvergiftung. [9]

muscularis ⟨*lat*⟩: muskulär, auf den Muskel bezüglich, zum Muskel gehörig. [1]

Muscularis mucosae ↑Tunica muscularis mucosae. [1]

Musculus ⟨*lat*⟩ *m (Pl* Musculi): *Abk Sing.* M., *Pl* Mm., der Muskel. *Adj* muscularis, muskulär, auf den Muskel bezüglich, zum Muskel gehörig; ↑Muskel. [1]

Museux-Zange: Hakenzange, nach dem französ. Chirurgen Museux genannt. [18]

Muskarin: als M. bezeichnet man das im Fliegenpilz (Amanita muscaria) vorkommende Alkaloid. Es ist eine quartäre Ammoniumverbindung. M. erregt die Rezeptoren der postganglionären cholinerg. Fasern (Parasympathikomimetikum). Alle M.-Effekte sind durch Atropin aufhebbar. „Muskarin-Syndrom" ausgelöst durch Giftpilze der Art Inocybe u. Clitocybe, sowie Teilsyndrom der Vergiftung mit Amanita muscaria u. Amanita pantherina: Hitzegefühl, Schweißausbrüche, starke Salivation, mäßige Pupillenverengerung, Akkommodationskrampf, Bradykardie. [44]

Muskatnuß: als Muskatnüsse werden die von der harten Samenschale befreiten Samen des zu den Myristicaceen gehörenden Muskatbaumes bezeichnet. Hauptanbaugebiete sind die Westindischen Inseln. Wichtigster Inhaltsstoff ist das äther. Öl. Es enthält Terpene, Alkohole u. die Hydroxyphenylpropanderivate ↑Myristizin, Safrol, ↑Eugenol u. Isoeugenol, die für die Wirkung von Bedeutung sind. Neben dem äther. Öl enthält die Muskatnuß bis zu 40% Fett (Trimyristin), etwa 30% Stärke, Paktine, Harze, Farbstoffe, Saponin u. Lipase. Anwendung der gepulverten Droge als appetitanregendes aromatisierendes Gewürz. Das äther. Öl wird als Digestivum bei Verdauungsstörungen u. als hautreizendes (durchblutungsförderndes) Mittel verwendet. [44]

~leber: entsteht bei chron. Blutstauung der Leber. Die Schnittfläche zeigt ein dunkelrotes Netzwerk, das gelbliche Inseln umschließt u. dadurch der Schnittfläche einer Muskatnuß ähnelt. [5]

Muskel + Musculus ⟨*lat*⟩ *m:* kontraktiles Organ, das die Bewegung der Körperteile gegeneinander (Skelettmuskeln) u. die Zusammenziehung von Hohlorganen (glatte Muskeln) ermöglicht; ↑Muskelgewebe. In vorliegender Aufstellung bedeutet *U:* Ursprung, *A:* Ansatz, *N:* Nervenversorgung.

Mm. abdominis: Bauchmuskeln.

M. abductor digiti minimi manus: Kleinfingerabzieher. *U:* Os pisiforme, Retinaculum flexorum; *A:* Basis der Grundphalanx; *N:* N. ulnaris.

M. abductor digiti minimi pedis: Kleinzehenabzieher. *U:* Processus lateralis u. medialis des Tuber calcanei, Aponeurosis plantaris; *A:* Tuberositas ossis metatarsalis V, Grundphalanx; *N:* N. plantaris medialis.

M. abductor hallucis: Abzieher der großen Zehe. *U:* Processus medialis des Tuber calcanei; *A:* tibiales Sesambein u. Grundphalanx; *N:* N. plantaris medialis.

M. abductor pollicis brevis: kurzer Daumenabzieher. *U:* Retinaculum flexorum, Tuberculum ossis scaphoidei; *A:* radiales Sesambein, Basis der Grundphalanx; *N:* N. medianus.

M. abductor pollicis longus: langer Daumenabzieher. *U:* Facies posterior von Ulna u. Radius, Membrana interossea; *A:* Basis des Os metacarpale I; *N:* N. radialis.

M. adductor brevis: kurzer Schenkelanzieher. *U:* Vorderfläche des Ramus superior ossis pubis; *A:* Labium mediale der Linea aspera; *N:* N. obturatorius.

M. adductor hallucis: Großzehenanzieher. *U:* 1. Caput obliquum: Os cuboideum, Lig. plantare longum, Basen der Ossa metatarsalia II, III; 2. Caput transversum: Kapsel der Metatarsophalangealgelenke III, IV, (II, V); *A:* laterales Sesambein u. Grundphalanx der 1. Zehe; *N:* N. plantaris lateralis.

M. adductor longus: langer Schenkelanzieher. *U:* zwischen Symphyse u. Tuberculum pubicum; *A:* Labium mediale der Linea aspera; *N:* N. obturatorius.

M. adductor magnus: großer Schenkelanzieher. *U:* Tuber ischiadicum, Ramus ossis ischii; *A:* Labium mediale der Linea aspera, Epicondylus medialis femoris; *N:* N. obturatorius, N. tibialis.

M. adductor pollicis: Daumenabzieher. *U:* 1. Caput obliquum: Basis der Ossa metacarpalia II, III, Os capitatum; 2. Caput transversum: palmare Fläche des Os metacarpale III, Capita der Ossa metacarpalia II, III; *A:* ulnares Sesambein u. Kapsel der Articulatio metacarpophalangea I, Basis der Grundphalanx; *N:* N. ulnaris.

M. anconeus: Knorrenmuskel. *U:* Epicondylus lateralis humeri *A:* oberer Teil der dorsalen Kante der Ulna; *N:* N. radialis.

Mm. arrectores pilorum: Haaraufrichter, Haarbalgmuskeln.

M. articularis genus: Kniegelenkmuskel = distaler Teil des mittleren Schenkelmuskels (M. vastus intermedius). *U:* ventrale Fläche des Femur; *A:* proximale Fläche der Kniegelenkskapsel; *N:* N. femoralis.

M. aryepiglotticus: Kehlkopfmuskel, verengert Kehlkopfeingang. *U:* Spitze der Aryknorpel; *A:* lateraler Epiglottisrand; *N:* N. laryngeus inferior.

Mm. arytenoidei: Kehlkopfmuskeln, bewirken totalen Glottisschluß. 1. M. arytenoideus obliquus: *U:* Processus muscularis des einen Aryknorpels; *A:* Spitze des anderen Aryknorpels (Fortsetzung in der Plica aryepiglottica als M. aryepiglotticus); M. arytenoideus transversus: *U:* laterale Kante u. hintere Fläche des Aryknorpels; *A:* an den gleichen Teilen der anderen Seite; *N:* N. laryngeus inferior.

M. auricularis anterior: vorderer Ohrmuskel. *U:* Galea aponeurotica; *A:* Spina helicis des Ohrknorpels; *N:* N. facialis.

M. auricularis posterior: hinterer Ohrmuskel. *U:* Pars petrosa des Schläfenbeins; *A:* mediale Fläche der Ohrknorpels; *N:* N. facialis.

M. biceps brachii: zweiköpfiger Armmuskel. *U:* Processus coracoideus scapulae (Caput breve); *A:* Tuberculum supraglenoidale radii (Caput longum); *N:* N. musculocutaneus.

M. biceps femoris: zweiköpfiger Schenkelmuskel. *U:* Tuber ischiadicum (Caput longum); Labium laterale der Linea aspera femoris (Caput breve); *A:* Caput fibulae; *N:* N. tibialis (Caput longum), N. peroneus (Caput breve).

M. biventer mandibulae (JNA) ↑M. digastricus (PNA).

M. brachialis: Armbeuger. *U:* Vorderfläche der distalen Humerushälfte, Septa intermuscularis; *A:* Tuberositas ulnae; *N:* N. musculocutaneus.

M. brachioradialis: Oberarm-Speichenmuskel. *U:* Margo lateralis humeri, Septum intermusculare laterale; *A:* Processus styloideus radii; *N:* N. radialis.

M. buccinator: Backen- oder Trompetermuskel. *U:* hufeisenförmig vom Processus alveolaris beider Kiefer (1. Molaren) u. von der Raphe pterygomandibularis; *A:* Fasern gehen gekreuzt in die Fasern des M. orbicularis oris über, obere Fasern zur Unter-, untere Fasern zur Oberlippe; *N:* N. facialis.

M. bulbocavernosus: Muskel der äußeren Genitalien. *U:* Perineum (Centrum tendineum perinei); *A:* bei der Frau Clitoris, Bulbus vestibuli, beim Manne: Corpus cavernosum penis, Corpus spongiosum penis; *N:* N. pudendus.

M. caninus (JNA) ↑M. levator anguli oris (PNA).

Mm. capitis: Kopfmuskeln.

M. capsulopalpebralis ↑Tarsalmuskel.

M. cephalopharyngicus (JNA) ↑M. constrictor pharyngis superior (PNA).

M. chondroglossus: Knorpelzungenmuskel, das mittlere inkonstante Bündel des M. hyoglossus. *U:* kleines Zungenbeinhorn; *A:* Zungenrücken, Übergang in die Fasern des M. longitudinalis superior. *N:* N. hypoglossus.

M. ciliaris: Ziliarmuskel. 1. meridionale Fasern: *U:* hintere Wand des Schlemm' Kanals; *A:* Lamellen der Lamina suprachorioidea (M. tensor chorioidis oder Brücke' Muskel), 2. radiäre Fasern, 3. zirkuläre Fasern, umkreisen Ziliarrand der Iris (Müller' Ringmuskel); *N:* N. oculomotorius durch Vermittlung des Ganglion ciliare (parasympathisch).

M. coccygeus: Steißbeinmuskel (Muskel des unteren Darmendes). *U:* Spina ischiadica u. Lig. sacrospinale; *A:* Seitenrand des Steißbeins. *N:* N. pudendus.

Mm. colli: Halsmuskeln.

M. constrictor pharyngis inferior: unterer Schlundschnürer. *U:* Schildknorpel (Pars thyreopharyngea), Ringknorpel (Pars cricopharyngea); *A:* Raphe pharyngis, den mittleren Schlundschnürer z.T. dachziegelförmig bedeckend; *N:* N. vagus.

M. constrictor pharyngis medius: mittlerer Schlundschnürer. *U:* Cornu minus des Zungenbeins (Pars chondropharyngea), Cornu majus des Zungenbeins (Pars ceratopharyngea); *A:* Raphe pharyngis, den oberen Schlundschnürer z.T. dachziegelförmig bedeckend; *N:* N. vagus.

M. constrictor pharyngis superior: oberer Schlundschnürer. *U:* Lamina medialis processus pterygoidei (Pars pterygopharyngea), Raphe pterygomandibularis (Pars buccopharyngea), Linea mylohyoidea mandibulae pharyngis; *N:* N. glossopharyngeus.

M. coracobrachialis: Hakenarmmuskel *U:* Processus coracoideus scapulae; *A:* Humerus, gegenüber dem Ansatz des M. deltoideus; *N:* N. musculocutaneus.

M. corrugator glabella (JNA) ↑M. corrugator supercilii (PNA).

M. corrugator supercilii: Runzler der Augenbraue. *U:* Os frontale, dicht oberhalb der Sutura frontomaxillaris. *A:* Haut oberhalb des mittleren Drittels der Augenbraue. *N:* N. facialis.

M. cremaster: Aufhängemuskel des Hodens. Fasern des M. obliquus internus abdominis u. des M. transversus abdominis, die zum Samenstrang abzweigen u. bis zum Hoden hinunterreichen.

M. cricoarytenoideus lateralis: Kehlkopfmuskel, Antagonist des Posticus. *U:* oberer Rand des seitlichen Teils des Ringknorpelbogens; *A:* Processus muscularis des gleichseitigen Aryknorpels; *N:* N. laryngeus inferior.

M. cricoarytenoideus posterior: der einzige Kehlkopfmuskel, der die Stimmritze erweitert (von den Klinikern auch kurz als Posticus bezeichnet). *U:* Hinterfläche der Ringknorpelplatte; *A:* Processus muscularis des gleichseitigen Aryknorpels; *N:* N. laryngeus inferior.

M. cricothyreoideus: Ringschildknorpelmuskel. *U:* äußere Fläche des Ringknorpelbogens; *A:* unterer Rand u. Unterhorn des Schildknorpels; *N:* N. laryngeus superior.

M. deltoideus: Deltamuskel. *U:* laterales Drittel der Klavikula, Akromion u. Spina scapulae; *A:* Tuberositas deltoidea humeri; *N:* N. axillaris.

M. depressor anguli oris: Mundwinkelsenker. *U:* mittlerer Teil des unteren Randes der Mandibula; *A:* Haut des Mundwinkels; *N:* N. facialis.

M. depressor glabella (JNA) ↑M. procerus (PNA).

M. depressor labil inferioris: Unterlippensenker. *U:* Unterkiefer unterhalb des Foramen mentale; *A:* Haut des Kinnwulstes u. der Unterlippe; *N:* N. facialis.

M. depressor supercilii: Augenbrauensenker, Fasern des M. orbicularis oculi, die vom Lig. palpebrale mediale zur Haut des Augenbrauenkopfes aufsteigen.

M. digastricus: zweibäuchiger Kiefermuskel. *U:* Incisura mastoidea ossis temporalis (Venter posterior); *A:* Fossa digastrica mandibulae (Venter anterior); *N:* N. mylohyoideus

(Venter anterior), N. facialis (Venter posterior).

M. dilatator pupillae: Erweiterer der Pupille, radiär angeordnete glatte Muskelzellen im Bereich der Ziliarzone der Iris; *N:* sympathisch über den Halsteil des Grenzstranges.

Mm. dorsi: Rückenmuskeln.

M. epicranius: besteht aus dem M. occipitofrontalis mit Venter frontalis (↑M. frontalis) sowie Venter occipitalis (↑M. occipitalis) u. dem ↑M. temporoparietalis. *U* u. *A* siehe bei den entsprechenden Teilmuskeln. *N:* N. facialis.

M. erector spinae: Rückenstrecker; besteht aus dem ↑M. iliocostalis, ↑M. longissimus, ↑M. spinalis.

M. extensor carpi radialis brevis: kurzer radialer Handstrecker. *U:* Epicondylus lateralis humeri; *A:* Basis ossis metacarpalis III; *N:* N. radialis.

M. extensor carpi radialis longus: langer radialer Handstrecker. *U:* Margo u. Epicondylus lateralis humeri; *A:* Basis ossis metacarpalis V; *N:* N. radialis.

M. extensor carpi ulnaris: ulnarer Handstrekker. *U:* Epicondylus lateralis humeri; *A:* Basis ossis metacarpalis V; *N:* N. radialis.

M. extensor digiti minimi: Kleinfingerstrecker. *U:* Epicondylus lateralis humeri, Lig. collaterale radiale, Lig. anulare radii. *A:* Dorsalaponeurose des 5. Fingers; *N:* N. radialis.

M. extensor digiti quinti proprius (JNA) ↑M. extensor digiti minimi (PNA).

M. extensor digitorum brevis: kurzer Zehenstrecker. *U:* dorsale u. fibulare Fläche des vorderen Abschnittes des Kalkaneus; *A:* Dorsalaponeurose der 2.–4. (5.) Zehe; *N:* N. peroneus profundus.

M. extensor digitorum: (gemeinsamer) Fingerstrecker. *U:* Epicondylus lateralis humeri, Lig. collaterale radiale, Lig. anulare radii; *A:* Dorsalponeurose des 2.–5. Fingers; *N:* N. radialis.

M. extensor digitorum longus: langer Zehenstrecker. *U:* Condylus lateralis tibiae, Caput u. Margo anterior fibulae, Fascia cruris, Membrana interossea; *A:* Dorsalaponeurose der 2.–5. Zehe; *N:* N. peroneus profundus.

M. extensor hallucis brevis: kurzer Großzehenstrecker. *U:* obere Fläche des vorderen Teils des Kalkaneus; *A:* Dorsalaponeurose der 1. Zehe; *N:* N. peroneus profundus.

M. extensor hallucis longus: langer Großzehenstrecker. *U:* Fibula (mediale Fläche), Membrana interossea; *A:* Endphalanx der 1. Zehe; *N:* N. peroneus profundus.

M. extensor indicis: (eigentlicher) Zeigefingerstrecker. *U:* Facies posterior ulnae (distales Drittel); *A:* Dorsalaponeurose des Zeigefingers; *N:* N. radialis.

M. extensor pollicis brevis: kurzer Daumenstrecker. *U:* Radius, Membrana interossea; *A:* Grundphalanx des Daumens; *N:* N. radialis.

M. extensor pollicis longus: langer Daumenstrecker. *U:* Facies posterior ulnae, Membrana interossea; *A:* Endphalanx des Daumens; *N:* N. radialis.

Mm. extremitatis pelvinae (JNA) ↑Mm. membri inferioris (PNA).

Mm. extremitatis thoracicae (JNA) ↑Mm. membri superioris (PNA).

Mm. fibulares ↑Mm. peronei; Wadenbeinmuskeln.

M. flexor carpi radialis: radialer Handbeugemuskel. *U:* Epicondylus medialis humeri; *A:* Basis ossis metacarpalis II; *N:* N. medianus.

M. flexor carpi ulnaris: ulnarer Handbeugemuskel. *U:* Caput humerale: Epicondylus medialis humeri, Caput ulnare: Olekranon, Margo posterior ulnae; *A:* über das Os pisiforme als Sesambein zum Os hamatum u. Os metacarpale V; *N:* N. ulnaris.

M. flexor digiti minimi brevis manus: kurzer Kleinfingerbeuger. *U:* Hamulus ossis hamati, Retinaculum flexorum; *A:* Basis der Grundphalanx; *N:* N. ulnaris.

M. flexor digiti minimi brevis pedis: kurzer Kleinzehenbeuger. *U:* Lig. plantare longum, Basis ossis metatarsalis V; *A:* Basis der Grundphalanx; *N:* N. plantaris lateralis.

M. flexor digitorum brevis: kurzer Zehenbeuger. *U:* Processus medialis des Tuber calcanei; *A:* Basis der Mittelphalangen der 2.–4. Zehe; *N:* N. plantaris medialis.

M. flexor digitorum longus: langer Zehenbeuger: *U:* hintere Fläche der Tibia; *A:* Endphalangen der 2.–5. Zehe; *N:* N. tibialis.

M. flexor digitorum profundus: tiefer Fingerbeuger. *U:* Palmarfläche der Ulna, Membrana interossea; *A:* Basis der Endphalangen des 2.–5. Fingers; *N:* N. medianus u. N. ulnaris.

M. flexor digitorum superficialis: oberflächlicher Fingerbeuger. *U:* Caput humero-ulnare: Epicondylus medialis humeri, Processus coronoideus ulnae; Caput radiale: palmare Fläche des Radius; *A:* Mittelphalangen des 2.–5. Fingers; *N:* N. medianus.

M. flexor hallucis brevis: kurzer Großzehenbeuger. *U:* Os cuneiforme mediale, Lig. plantare longum; *A:* mediales Sesambein (medialer Kopf), laterales Sesambein (lateraler Kopf); *N:* N. plantaris lateralis (lateraler Kopf), N. plantaris medialis (medialer Kopf).

M. flexor hallucis longus: langer Großzehenbeuger. *U:* Fibula (hintere Fläche), Membrana interossea; *A:* Endphalanx der 1. Zehe; *N:* N. tibialis.

M. flexor pollicis brevis: kurzer Daumenbeuger. *U:* Caput superficiale: Retinaculum flexorum; Caput profundum: Os trapezium,

Os trapezoideum, Os capitatum, Basis ossis metacarpalis I; *A:* radiales Sesambein der Articulatio metacarpophalangea I; *N:* N. medianus.

M. flexor pollicis longus: langer Daumenbeuger. *U:* Caput radiale: palmare Fläche des Radius, Membrana interossea; Caput humerale (unbeständig): Epicondylus medialis humeri; *A:* Endphalanx des Daumens; *N:* N. medianus.

M. frontalis (JNA) = Venter frontalis des ↑M. epicranius (PNA), Stirnmuskel. *U:* Galea aponeurotica in Höhe der normalen Haargrenze; *A:* Haut der Augenbraue; *N:* N. facialis.

M. gastrocnemius: Zwillingsmuskel. *U:* oberhalb der Condyli femoris; *A:* Tuber calcanei; *N:* N. tibialis.

M. gemellus inferior: unterer Zwillingsmuskel. *U:* Tuber ischiadicum; *A:* Fossa trochanterica; *N:* Plexus sacralis.

M. gemellus spinalis (JNA) ↑M. gemellus superior (PNA).

M. gemellus superior: oberer Zwillingsmuskel. *U:* Spina ischiadica; *A:* Fossa trochanterica; *N:* Plexus sacralis.

M. gemellus tuberalis (JNA) ↑M. gemellus inferior (PNA).

M. genioglossus: Kinnzungenbeinmuskel. *U:* Spina mentalis mandibulae; *A:* strahlt fächerförmig in die Zunge ein; *N:* N. hypoglossus.

M. geniohyoideus: Kinnzungenbeinmuskel. *U:* Spina mentalis mandibulae; *A:* Corpus ossis hyoidei; *N:* N. hyoglossus.

M. glossopalatinus (JNA) ↑M. palatoglossus (PNA).

M. glutaeus maximus: großer Gesäßmuskel. *U:* Darmbein (hinter der Linea glutaea posterior), Kreuzbein, Steißbein, Lig. sacrotuberale; *A:* Fascia lata, Tuberositas glutaea femoris; *N:* N. glutaeus inferior.

M. glutaeus medius: mittlerer Gesäßmuskel. *U:* Außenfläche der Darmbeinschaufel zwischen Linea glutaea anterior u. posterior sowie Labium externum der Crista iliaca; *A:* Trochanter major; *N:* N. glutaeus superior.

M. glutaeus minimus: kleiner Gesäßmuskel. *U:* Außenfläche der Darmbeinschaufel zwischen Linea glutaea anterior u. inferior; *A:* Trochanter major; *N:* N. glutaeus posterior.

M. gracilis: Schlankmuskel. *U:* Rand der Pars symphysica rami ossis pubis; *A:* Tuberositas tibiae (Pes anserinus); *N:* N. obturatorius.

M. hyoglossus: Zungenbeinzungenmuskel. *U:* Zungenbein; *A:* seitliche Ränder der Zunge; *N:* N. hypoglossus.

M. hyopharyngicus (JNA) ↑M. constrictor pharyngis medius (PNA).

M. iliacus: Darmbeinmuskel. *U:* Fossa iliaca, Spina iliaca anterior inferior; *A:* Trochanter minor *N:* ↑M. iliopsoas.

M. iliocostalis: Darmbeinrippenmuskel, bildet zusammen mit dem M. longissimus u. dem M. spinalis den M. erector spinae (Rükkenstrecker). Pars lumborum: *U:* Crista iliaca, Crista sacralis lateralis, Aponeurosis lumbalis; *A:* Winkel der 6–9 unteren Rippen; Pars thoracis; *U:* Winkel der 12.–7. Rippe; *A:* Winkel der 5–6 oberen Rippen; Pars cervicis: *U:* Winkel der 6.–3. Rippe; *A:* hintere Höcker der Querfortsätze des 6.–4. (3.) Halswirbels; *N:* dorsale Äste der Spinalnerven L I, Th I, (C VIII).

M. iliopsoas: Hüftlendenmuskel, besteht aus ↑M. psoas major, ↑M. psoas minor u. ↑M. iliacus; *N:* N. femoralis u. Plexus lumbalis.

M. infraspinatus: Untergrätenmuskel. *U:* Fossa infraspinata scapulae; *A:* Tuberculum majus humeri; *N:* N. suprascapularis.

Mm. intercostales externi: äußere Zwischenrippenmuskeln, jederseits 11. *U:* Außenrand des Sulcus costae u. Außenseite der Rippe; *A:* oberer Rand der nächst tieferen Rippe; *N:* Nn. intercostales.

Mm. intercostales interni: innere Zwischenrippenmuskeln, jederseits 11. *U:* Innenrand des Sulcus costae; *A:* oberer Rand u. ganze Innenfläche der nächst tieferen Rippe; *N:* Nn. intercostales.

Mm. intercostales intimi: innerste Zwischenrippenmuskeln. Zusammen mit den außen von ihnen gelegenen Mm. intercostales interni fassen sie die Zwischenrippennerven u. -gefäße ein.

Mm. intercostales lumbales mediales et laterales (JNA) ↑Mm. intertransversarii mediales et laterales lumborum (PNA).

Mm. intercostotransversarii cervicales ventrales et dorsales (JNA) ↑Mm. intertransversarii anteriores et posteriores cervicis (PNA).

Mm. interossei dorsales manus: 4 dorsale Zwischenknochenmuskeln der Hand. *U:* gegenüberliegende Seitenflächen je zweier Mittelhandknochen (I–IV); *A:* Gelenkkapseln der Articulationes metacarpophalangeae u. Dorsalaponeurosen des 2., 3. u. 4. Fingers; *N:* N. ulnaris.

Mm. interossei dorsales pedis: 4 dorsale Zwischenknochenmuskeln des Fußes. *U:* mit 2 Köpfen von den zugewendeten Flächen des Ossa metatarsalia I–IV; *A:* Basis der Grundphalangen u. Dorsalaponeurose der 2.–4. Zehe; *N:* N. plantaris lateralis.

Mm. interossei palmares: 3 palmare Zwischenknochenmuskeln. *U:* Ossa metacarpalia II (Ulnarseite), IV u. V (Radialseite); *A:* Gelenkkapsel der Articulationes metacarpophalangeae u. Dorsalaponeurosen des 2., 4. u. 5. Fingers; *N:* N. ulnaris.

Mm. interossei plantares: 3 plantare Zwischenknochenmuskeln. *U:* tibialer Rand der Ossa metatarsalia III–V; *A:* Grundphalanx u. Dorsalaponeurose der 3.–5. Zehe; *N:* N. plantaris lateralis.

Mm. interspinales (cervicis, thoracis, lumborum): Zwischendornmuskeln (der Hals-, Brust- u. Lendenwirbelsäule); entspringen u. verlaufen re. u. li. zwischen je 2 Dornfortsätzen benachbarter Wirbel; *N:* von den entsprechenden Rami dorsales der Spinalnerven.

Mm. intertransversarii anteriores et posteriores cervicis: jederseits je 6 kleine Muskeln vorn u. hinten zwischen den Rippenresten der Halswirbelquerfortsätze.

Mm. intertransversarii laterales et mediales lumborum: jederseits je 5 kleine Muskeln jeweils (lateral) zwischen den Processus costarii bzw. (medial) zwischen den Processus mamillares der Lendenwirbel.

M. ischiocavernosus: Muskel der äußeren Genitalien. *U:* Pars pubica rami ossis ischii; *A:* (bei der Frau) Klitoris u. Ligamentum transversum perinei; (beim Manne) Corpus cavernosum penis; *N:* N. pudendus.

Mm. laryngis: Kehlkopfmuskeln.

M. laryngopharyngicus (JNA) ↑M. constrictor pharyngis inferior (PNA).

M. latissimus dorsi: breiter Rückenmuskel. *U:* Angulus inferior scapulae (unbeständig), Dornfortsätze des 7.–12. Brustwirbels, Fascia thoracolumbalis, Crista iliaca, (9.) 10. bis 12. Rippe; *A:* Crista tuberculi minoris humeri; *N:* N. thoracodorsalis.

M. levator anguli oris: Mundwinkelheber. *U:* Fossa canina; *A:* geht in die Fasern des M. depressor anguli oris über; *N:* N. facialis.

M. levator ani: Muskel des unteren Darmendes. *U:* Arcus tendineus fasciae pelvis u. Arcus tendineus musculi levatoris ani; *A:* Rectum u. Ligamentum anococcygeum; *N:* Plexus sacralis.

Mm. levatores costarum breves et longi: kurze u. lange Querfortsatzrippenmuskeln. *U:* Querfortsatz; *A:* zugehörige oder nächst tiefere Rippe; *N:* Nn. intercostales.

M. levator labii superioris: Oberlippenheber. *U:* über Foramen infraorbitale; *A:* Haut der Oberlippe u. des Nasenflügels; *N:* N. facialis.

M. levator labii superioris alaeque nasi: Heber von Oberlippe u. Nasenflügel. *U:* Processus frontalis der Maxilla; *A:* Haut der Oberlippe u. des Nasenflügels; *N:* N. facialis.

M. levator nasi et labii maxillaris lateralis (JNA) ↑M. levator labii superioris (PNA).

M. levator nasi et labii maxillaris medialis (JNA) ↑M. levator labii superioris alaeque nasi (PNA).

M. levator palpebrae superioris: Heber des oberen Augenlides. *U:* Orbita, am Canalis opticus; *A:* Haut bis zu den Wimpern, Oberrand der oberen Tarsalplatte (hintere Schicht), außerdem medialer u. lateraler Zipfel an den knöchernen Wänden der Orbita; *N:* N. oculomotorius.

M. levator scapulae: Schulterblattheber. *U:* hintere Höcker der Querfortsätze des 1.–4. Halswirbels; *A:* Angulus superior scapulae; *N:* N. dorsalis scapulae u. Plexus cervicalis.

M. levator veli palatini: Gaumensegelheber. *U:* Schädelbasis (Felsenbein), vor dem Canalis caroticus; *A:* breit am mittleren Teil der Gaumenaponeurose; *N:* Plexus pharyngeus (N. IX u. N. X).

Mm. linguae; Zungenmuskeln.

M. longissimus: Langmuskel des Rückens. Pars thoracis: *U:* Crista sacralis lateralis, Crista iliaca, Dornfortsätze der Kreuz-, Lenden- u. unteren Brustwirbel, Nebenzacken von den Querfortsätzen der unteren 6 oder 7 Brustwirbel, Processus mamillaris des 1. oder 2. Lendenwirbels; *A:* laterale Zakken; Processus costarii der Lendenwirbel, Winkel der 12.–2. Rippe; mediale Zacken: Processus accessorii der Lendenwirbel, Querfortsätze aller Brustwirbel; Pars cervicis: *U:* Querfortsätze der oberen 4–6 Brust- u. der unteren Halswirbel. *A:* Querfortsätze des 5.–2. (1.) Halswirbels; Pars capitis: *U:* Querfortsätze der oberen Brust- u. unteren Halswirbel; *A:* Processus mastoideus des Schläfenbeins; *N:* dorsale Äste der entsprechenden Spinalnerven (↑M. erector spinae).

M. longitudinalis inferior: unterer (tiefer) Langmuskel der Zunge, von der Zungenspitze bis zur Basis (innerer Zungenmuskel); *N:* N. hypoglossus.

M. longitudinalis superior: oberer (oberflächlicher) Langmuskel der Zunge, von der Zungenspitze nahe der Schleimhaut bis zum Zungenbein; *N:* N. hypoglossus.

M. longus capitis: langer Kopfmuskel. *U:* vordere Höcker der der Querfortsätze des 3.–6. Halswirbels; *A:* Pars basilaris des Os occipitale (neben dem Tuberculum pharyngeum); *N:* Rami ventrales der Nn. cervicales I–IV.

M. longus colli: langer Halsmuskel; a) medialer, vertikaler Teil: *U:* Körper der oberen Brust- (1.–3.) u. unteren (5.–7.) Halswirbel; *A:* Körper der oberen Halswirbel (1.–3.), b) oberer lateraler, schräger Teil: *U:* vordere Höcker der Querfortsätze des 2.–5. Halswirbels; *A:* Tuberculum anterius des Atlas, Körper des Axis, c) unterer lateraler, schräger Teil: *U:* Körper der oberen Brustwirbel; *A:* vordere Höcker der Querfortsätze der beiden letzten Halswirbel; *N:* Rami ventrales der Nn. cervicales.

Mm. lumbricales manus: die 4 Regenwurmmuskeln der Hand. *U:* Sehnen des M. flexor digitorum profundus (in der Hohlhand); *A:* radiale Zipfel der Dorsalaponeurose des 2.–5. Fingers; *N:* N. medianus (i, II), N. ulnaris (III, IV).

Mm. lumbricales pedis: die 4 Fußspulmuskeln. *U:* Sehnen des M. flexor digitorum longus; *A:* Dorsalaponeurose der 2.–5. Zehe; *N:* N. plantaris medialis (I, II), N. plantaris lateralis (III, IV).

M. masseter: Kaumuskel. *U:* Processus zygomaticus maxillae, Os zygomaticum, Arcus zygomaticus; *A:* Tuberositas masseterica des Angulus mandibulae; *N:* N. massetericus.

M. mentalis: Kinnmuskel. *U:* Jugum alveolare des lateralen Schneidezahnes des Unterkiefers; *A:* Haut des Kinns; *N:* N. facialis.

Mm. membri inferioris: Muskeln der unteren Gliedmaße.

Mm. membri superioris: Muskeln der oberen Gliedmaße.

M. multifidus: vielgespaltener Rückenmuskel. *U:* dorsale Kreuzbeinfläche, Crista iliaca, Processus mamillares der Lendenwirbel, Querfortsätze der Brustwirbel, Gelenkfortsätze des 7.–4. Halswirbels; *A:* Dornfortsätze der Lenden- u. Brustwirbel u. des 7.–2. Halswirbels; *N:* Rami dorsales der Spinalnerven.

M. mylohyoideus: Kieferzungenbeinmuskel. *U:* Linea mylohyoidea der Mandibula; *A:* Os hyoideum u. Raphe; *N:* N. mylohyoideus (V, 3).

M. nasalis: Nasenmuskel, besteht aus 2 Partien: 1. M. compressor naris, 2. M. dilatator naris. *U:* Jugum alveolare des Eck- u. des lateralen Schneidezahnes; *A:* mit der Sehne des Muskels der anderen Seite gemeinsam am Rücken der knorpeligen Nase; *N:* N. facialis.

M. obliquus atlantis (JNA) ↑M. obliquus capitis inferior (PNA).

M. obliquus bulbi inferior: unterer schräger Augenmuskel. *U:* vorn am Boden der Orbita; *A:* temporale Hälfte des Augapfels, Sklera hinter dem Äquator; *N:* N. oculomotorius.

M. obliquus bulbi superior: oberer schräger Augenmuskel. *U:* Spitze der Orbita, nasal vom Canalis opticus; *A:* durch Trochlea, inseriert an der Sklera der oberen Augapfelhälfte hinter dem Äquator; *N:* N. trochlearis.

M. obliquus capitis (JNA) ↑M. obliquus capitis superior (PNA).

M. obliquus capitis inferior: unterer schräger Kopfmuskel. *U:* Dornfortsatz des Axis; *A:* Querfortsatz des Atlas; *N:* N. suboccipitalis.

M. obliquus capitis superior: oberer schräger Kopfmuskel. *U:* Querfortsatz des Atlas; *A:* oberhalb des Ansatzes des M. rectus capitis major; *N:* N. suboccipitalis.

M. obliquus externus abdominis: äußerer schräger Bauchmuskel. *U:* Außenfläche der 5.–12. Rippe; *A:* Labium externum der Crista iliaca, Leistenband, Tuberculum pubicum, Linea alba; *N:* Nn. intercostales V–XII.

M. obliquus internus abdominis: innerer schräger Bauchmuskel. *U:* Fascia thoracolumbalis, Linea intermedia der Crista iliaca, Leistenband; *A:* 9.–12. Rippe, Linea alba; *N:* Nn. intercostales VIII–XII, N. iliohypogastricus, N. ilioinguinalis.

M. obturatorius externus: äußerer Hüftlochmuskel. *U:* Rand des Foramen obturatum, Außenfläche der Membrana obturatoria; *A:* Fossa trochanterica; *N:* N. obturatorius.

M. obturatorius internus: innerer Hüftlochmuskel. *U:* Innenfläche des Hüftbeines •unterhalb der Linea arcuata, Membrana obturatoria (Innenfläche); *A:* Fossa trochanterica; *N:* Plexus sacralis.

M. occipitalis (JNA) = Venter occipitalis des ↑M. epicranius (PNA): Hinterhauptsmuskel. *U:* Linea nuchae superior; *A:* Galea aponeurotica; *N:* N. facialis.

M. omohyoideus: Schulterzungenbeinmuskel. *U:* Lig. transversum u. Margo superior scapulae; *A:* Körper des Zungenbeines; *N:* Ansa cervicalis.

M. opponens digiti minimi manus: Kleinfingergegensteller. *U:* Hamulus ossis hamati, Retinaculum flexorum; *A:* ulnarer Rand des Os metacarpale V; *N:* N. ulnaris.

M. opponens digiti quinti pedis (BNA): Kleinzehengegensteller. Dieser Muskel wird sowohl in den JNA als auch in den PNA nicht mehr aufgeführt.

M. opponens pollicis: Daumengegensteller. *U:* Retinaculum flexorum, Tuberculum ossis trapezii; *A:* radiale Seite des Os metacarpale i; *N:* N. medianus.

M. orbicularis oculi: Augenringmuskel. Pars orbitalis: *U:* Crista lacrimalis u. Lig. palpebrale mediale, Fasern umkreisen die Lider; Pars palpebralis: zarte Muskelbündel, liegen den Tarsalplatten auf; Pars lacrimalis: steht in Beziehungen zum Tränensack; *N:* N. facialis.

M. orbicularis oris: Mundring- oder Lippenmuskel, mit einem Randteil, Pars marginalis, u. einem Lippenteil, Pars labialis. In der Hauptsache zirkuläre Fasern, die den Mund umkreisen u. die Grundlage der Lippen bilden. Ein Teil der Fasern kommt vom hinteren Rand des Nasenloches (Origo nasalis), vom Oberkieferbein (Origo maxillaris) u. von einem Bezirk dicht neben dem Ursprungsfeld des M. mentalis (Origo mandibularis); *N:* N. facialis.

M. orbitalis: dünne Lage glatter Muskulatur über der Fissura orbitalis inferior.

M. palatoglossus: Gaumenzungenmuskel, Muskel des vorderen Gaumenbogens. Seine

Fasern gehen in den M. transversus linguae über. *N:* Plexus pharyngeus (N. IX u. N. X).

M. palatopharyngeus: Schlundkopfgaumenmuskel; Muskel des hinteren Gaumenbogens. *U:* unterer Rand des Tubenknorpels, mediale Lamelle u. Hamulus des Processus pterygoideus, hintere Fläche der Gaumenaponeurose; *A:* hinterer Rand des Schildknorpels u. sehnige Platte, die vom Cornu inferius des Schildknorpels ausgeht; *N:* Plexus pharyngeus (N. IX a. N. X).

M. palmaris brevis: kurzer Hohlhandmuskel. *U:* ulnarer Rand der Aponeurosis palmaris; *A:* Haut des ulnaren Handrandes; *N:* N. ulnaris. ulnaris.

M. palmaris longus: langer Hohlhandmuskel. *U:* Epicondylus medialis humeri; *A:* Aponeurosis palmaris; *N:* N. medianus.

M. palpebralis ↑ M. tarsalis (PNA).

Mm. papillares ↑ Papillarmuskeln.

Mm. pectinati (BNA, PNA) ↑ Trabeculae carneae (JNA).

M. pectineus: Kammuskel. *U:* Pecten ossis pubis; *A:* Linea pectinea femoris; *N:* N. obturatorius u. N. femoralis.

M. pectoralis major: großer Brustmuskel. *U:* 1. Pars clavicularis: innere zwei Drittel des Schlüsselbeins, 2. Pars sternocostalis: Brustbein u. 2.–7. Rippenknorpel, 3. Pars abdominalis: vorderes Blatt der Rektusscheide; *A:* Crista tuberculi majoris humeri; *N:* Nn. thoracici (ventrale Äste).

M. pectoralis minor: kleiner Brustmuskel. *U:* 2.–5. Rippe; *A:* Processus coracoideus scapulae; *N:* Nn. thoracici (ventrale Äste).

Mm. perinei: Dammuskeln.

M. peroneus (fibularis) brevis: kurzer Wadenbeinmuskel. *U:* laterale u. hintere Fläche des Wadenbeines; *A:* Tuberositas ossis metatarsalis quinti; *N:* N. peroneus superficialis.

M. peroneus (fibularis) longus: langer Wadenbeinmuskel. *U:* Condylus lateralis tibiae, Caput fibulae, Margo anterior u. lateralis fibulae, Fascia cruris; *A:* Os metatarsale I (II), Os cuneiforme mediale; *N:* N. peroneus superficialis.

M. peroneus (fibularis) tertius: dritter Wadenbeinmuskel. Fünfte Sehne des ↑ M. extensor digitorum longus zu den Basen der Ossa metatarsalia IV u. V oder zur Dorsalaponeurose der 5. Zehe (kann einen selbständigen Muskel bilden).

M. pharyngopalatinus (JNA) ↑ M. palatopharyngeus (PNA).

M. pharyngotubalis (BNA, JNA) ↑ M. salpingopharyngeus (PNA).

M. piriformis: birnförmiger Muskel. *U:* Facies pelvina des Kreuzbeines; *A:* Spitze des Trochanter major; *N:* Ast des Plexus sacralis.

M. plantaris: Sohlenspanner. *U:* oberhalb des Condylus lateralis femoris; *A:* Tuber calcanei; *N:* N. tibialis.

M. popliteus: Kniekehlenmuskel. *U:* Condylus lateralis femoris; *A:* Planum popliteum tibiae; *N:* N. tibialis.

M. procerus: Stirnhautsenker. *U:* Nasenrücken; *A:* Haut der Stirn; *N:* N. facialis.

M. pronator quadratus: viereckiger Einwärtsdreher. *U:* palmare Fläche des distalen Ulnaendes; *A:* palmare Fläche des distalen Radiusendes; *N:* N. medianus.

M. pronator teres: runder Einwärtsdreher. *U:* 1. Caput humerale vom Epicondylus medialis humeri, 2. Caput ulnare vom Processus coronoideus ulnae; *A:* Mitte des Radius an der lateralen u. dorsalen Fläche, distal vom Ansatz des M. supinator; *N:* N. medianus.

M. psoas major: großer Lendenmuskel. *U:* 12. Brust- u. 1.–4. Lendenwirbelkörper; Processus costarii des 1.–5. (4.) Lendenwirbels; *A:* Trochanter minor; *N:* ↑ M. iliopsoas.

M. psoas minor: kleiner Lendenmuskel, beim Menschen unbeständig. *U:* ventrale Fläche des 12. Brust- u. 1. Lendenwirbels; *A:* Fascia iliaca (Eminentia iliopectinea); *N:* ↑ M. iliopsoas.

M. pterygoideus lateralis: äußerer Flügelmuskel. *U:* Lamina lateralis processus pterygoidei, Crista infratemporalis; *A:* Fovea pterygoidea mandibulae, Kapsel u. Discus articularis des Kiefergelenkes; *N:* N. pterygoideus lateralis.

M. pterygoideus medialis: innerer Flügelmuskel. *U:* Fossa pterygoidea des Keilbeins; *A:* Tuberositas pterygoidea mandibulae; *N:* N. pterygoideus medialis.

M. pyramidalis: Pyramidenmuskel. *U:* Schambeinfuge (vor dem Ansatz des M. rectus); *A:* Linea alba; *N:* N. subcostalis.

M. quadratus femoris: viereckiger Schenkelmuskel. *U:* Tuber ischiadicum; *A:* Crista intertrochanterica; *N:* Plexus sacralis.

M. quadratus labii mandibularis (JNA) ↑ M. depressor labii inferioris (PNA).

M. quadratus lumborum: viereckiger Lendenmuskel. *U:* Labium internum der Crista iliaca u. Lig. iliolumbale; *A:* 12. Rippe, Processus costarii des 1.–4. Lendenwirbels; *N:* N. subcostalis u. Plexus lumbalis.

M. quadratus plantae: Sohlenviereckmuskel. *U:* tibiale u. untere Fläche des Kalkaneus; *A:* Sehne des M. flexor digitorum longus; *N:* N. plantaris lateralis.

M. quadriceps femoris: vierköpfiger Schenkelstrecker. Besteht aus: a) M. rectus femoris: gerader Schenkelmuskel. *U:* Spina iliaca anterior inferior u. Rauhigkeit oberhalb des Azetabulums, b) M. vastus medialis: innerer Schenkelmuskel. *U:* Labium mediale der Linea aspera femoris; c) M. vastus lateralis: äußerer Schenkelmuskel. *U:* Labium laterale der Linea aspera femoris, d) M. vastus intermedius; mittlerer Schenkelmuskel. *U:* vordere u. laterale Femurfläche; *A:* gemeinsame Endsehne als Lig. patellae an der Tuberositas tibiae; *N:* N. femoralis.

M. rectococcygeus: zarte glatte Muskelbündel vom 2. oder 3. Steißwirbel zur Längsmuskelschicht des Mastdarms.

M. rectouterinus: feine glatte Muskelzüge, die, nahe der Medianlinie, von der Muskelschicht des Mastdarms zur Muskulatur der Gebärmutter hinüberziehen.

M. rectus abdominis: gerader Bauchmuskel. *U:* 5.–7. Rippenknorpel, Schwertfortsatz des Brustbeins; *A:* Schambein, neben der Schambeinfuge; *N:* Nn. intercostales VII–XII.

M. rectus bulbi inferior: unterer gerader Augenmuskel. *U:* Anulus tendineus communis in der Umgebung des Canalis opticus u. der Fissura orbitalis superior; *A:* vor dem Äquator des Bulbus an der Sklera; *N:* N. oculomotorius.

M. rectus bulbi lateralis: äußerer (temporaler) gerader Augenmuskel. *U:* Anulus tendineus communis; *A:* vor dem Äquator des Augapfels an der Sklera; *N:* N. abducens.

M. rectus bulbi medialis: medialer (nasaler) gerader Augenmuskel. *U:* Anulus tendineus communis; *A:* Äquator des Augapfels, an der Sklera; *N:* N. oculomotorius.

M. rectus bulbi superior: oberer gerader Augenmuskel. *U:* Anulus tendineus communis; *A:* vor dem Äquator des Augapfels an der Sklera; *N:* N. oculomotorius.

M. rectus capitis anterior: vorderer gerader Kopfmuskel. *U:* Querfortsatz des Atlas; *A:* Pars basilaris des Os occipitale; *N:* N. suboccipitalis.

M. rectus capitis lateralis: seitlicher gerader Kopfmuskel. *U:* ventrale Spange des Querfortsatzes des Atlas; *A:* lateral vom Condylus occipitalis (processus paramastoideus); *N:* N. suboccipitalis.

M. rectus capitis posterior major: großer hinterer gerader Kopfmuskel. *U:* Dornfortsatz des Axis; *A:* mittleres Drittel der Linea nuchae inferior des Os occipitale; *N:* N. suboccipitalis.

M. rectus capitis posterior minor: kleiner hinterer gerader Kopfmuskel. *U:* Tuberculum posterius atlantis; *A:* unter dem mittleren Drittel der Linea nuchae inferior; *N:* N. suboccipitalis.

M. rectus femoris ↑ M. quadriceps femoris.

Mm. rhomboideus major et minor: großer u. kleiner Rautenmuskel. *U:* Dornfortsätze des 6.–7. Halswirbels u. des 1.–4. Brustwirbels; *A:* Margo medialis scapulae; *N:* N. dorsalis scapulae.

M. risorius: Lachmuskel. *U:* wandelbare Muskelbündel auf der Fascia parotidea; *A:* Mundwinkel; *N:* N. facialis.

Mm. rotatores: Wirbeldreher (nur an der Brustwirbelsäule). *U:* Querfortsätze der Brustwirbel; *A:* Außenfläche der Bogenbasis des nächsthöheren Wirbels; *N:* dorsale Äste der entsprechenden Spinalnerven.

M. sacrococcygeus dorsalis: dorsaler Kreuz-Steißbeinmuskel (inkonstant). *U:* Hinterfläche des letzten Kreuz- oder 1. Steißwirbels; *A:* untere Steißwirbel; *N:* Ramus ventralis des N. sacralis V.

M. sacrococcygeus ventralis: ventraler Kreuz-Steißbeinmuskel (inkonstant). *U:* ventrale Fläche der Seitenteile der letzten Kreuzwirbel; *A:* ventrale Fläche des letzten Steißwirbels; *N:* aus S IV u. S V.

M. sacrospinalis (BNA, JNA) ↑ M. erector spinae (PNA).

M. salpingopharyngeus: Schlundkopftubenmuskel, inkonstanter kleiner Muskel, Schlundheber. *U:* untere Fläche des verdickten Endes des Tubenknorpels; *A:* seitliche Pharynxwand; *N:* Plexus pharyngeus (N IX u. N. X).

M. sartorius: Schneidermuskel. *U:* Spina iliaca anterior superior; *A:* Tibia (Pes anserinus); *N:* N. femoralis.

M. scalenus anterior: vorderer Rippenhalter. *U:* vordere Höcker der Querfortsätze des 3.–6. Halswirbels; *A:* Tuberculum musculi scaleni der 1. Rippe; *N:* Plexus cervicalis.

M. scalenus medius: mittlerer Rippenhalter. *U:* Querfortsätze des 1. (2.) bis 7. Halswirbels; *A:* 1. Rippe, dorsal vom Sulcus arteriae subclaviae; *N:* Plexus cervicalis.

M. scalenus posterior: hinterer Rippenhalter. *U:* dorsale Höcker der Querfortsätze des 5. (6.) bis 7. Halswirbels; *A:* 2. Rippe; *N:* Plexus cervicalis.

M. semimembranosus: Plattsehnenmuskel. *U:* Tuber ischiadicum; *A:* Condylus medialis tibiae, Hinterwand der Kniegelenkskapsel (Lig. popliteum obliquum), Faszie des M. popliteus; *N:* N. tibialis.

M. semispinalis: Halbdornmuskel, besteht aus den folgenden 3 Abschnitten: a) M. semispinalis capitis. *U:* Querfortsätze des 1.–7. Brust- u. des 7. Halswirbels; *A:* Os occipitale, zwischen Linea nuchae superior u. Linea nuchae inferior; *N:* Rami dorsales der Spinalnerven II u. III, b) M. semispinalis cervicis. *U:* Querfortsätze des 1.–6. Brustwirbels; *A:* Dornfortsätze des 2.–5. Halswirbels; *N:* dorsale Äste der entsprechenden Spinalnerven, c) M. semispinalis thoracis. *U:* Querfortsätze des 7.–12. Brustwirbels; *A:* Dornfortsätze des 1.–6. Brust- u. 6.–7. Halswirbels; *N:* dorsale Äste der entsprechenden Spinalnerven.

M. semitendinosus: Halbsehnenmuskel. *U:*

Tuber ischiadicum; *A:* neben der Tuberositas tibiae (Pes anserinus); *N:* N. tibialis.

M. serratus anterior: vorderer (seitlicher) Sägemuskel. *U:* 1.–9. Rippe; *A:* Angulus superior u. inferior scapulae, Margo medialis scapulae; *N:* thoracicus longus.

M. serratus posterior inferior: hinterer unterer Sägemuskel. *U:* Dornfortsätze des 12. Brust- u. der ersten Lendenwirbel; *A:* kaudaler Rand der 9.–12. Rippe, lateral vom Rippenwinkel; *N:* ventrale Äste des IX.–XII. Thorakalnerven.

M. serratus posterior superior: hinterer oberer Sägemuskel. *U:* Dornfortsätze der beiden letzten Hals- u. der beiden ersten Brustwirbel; *A:* 2.–5. Rippe, lateral vom Rippenwinkel; *N:* ventrale Äste der Thorakalnerven I–IV.

M. soleus: Schollenmuskel. *U:* Kopf u. hintere Fläche der Fibula, Tibia, Arcus tendineus musculi solei; *A:* Tuber calcanei; *N:* N. tibialis.

M. sphincter ampullae hepatopancreaticae = M. sphincter Oddii: ringförmig verlaufende Muskelzüge um den Ductus choledochus vor dessen Ausmündung ins Duodenum.

M. sphincter ani externus: äußerer Schließmuskel des Afters (aus quergestreifter Muskulatur). *U:* innere Fasern umkreisen das kaudale Ende des Rektums, oberflächliche Bündel von Haut, Lig. anococcygeum, hinterer Fläche des Steißbeins; *A:* Haut des Dammes u. Diaphragma urogenitale; *N:* N. pudendus.

M. sphincter ani internus: innerer Schließmuskel des Afters; Verdickung der glatten Ringmuskulatur des Mastdarms um dessen Mündung.

M. sphincter pupillae: Verengerer der Pupille, glatter ringförmiger Muskel in der Iris; *N:* parasympath. über den N. oculomotorius.

M. sphincter pylori: Verdickung der glatten Ringmuskulatur am Magenpförtner.

M. sphincter urethrae: quergestreifter Schließmuskel der Harnröhre. Die Fasern des M. transversus perinei profundus, die die Pars membranacea urethrae (beim Manne) bzw. Vagina u. Urethra (bei der Frau) ringförmig umfassen; *N:* N. pudendus.

M. sphincter vesicae: Blasenschließmuskel; glatte, ringförmig um den Blasenausgang verlaufende Muskulatur.

M. spinalis (capitis, cervicis, thoracis): (Kopf-, Hals-, Brust-) Dornmuskel. *U* u. *A:* entsprechende Dornfortsätze.

M. splenius capitis: Riemen- oder Bauschmuskel des Kopfes. *U:* Dornfortsätze des 3.–1. Brustwirbels u. des 7.–3. Halswirbels; *A:* lateraler Abschnitt der Linea nuchae superior, Processus mastoideus; *N:* dorsale Äste der Nn. cervicales I-III.

M. splenius cervicis: Riemen- oder Bauschmuskel des Halses. *U:* Dornfortsätze des 5.–3. Brustwirbels; *A:* Tuberculum posterius des Querfortsatzes des 3. Halswirbels; *N:* dorsale Äste der Nn. cervicales III-IV (V, VI).

M. stapedius: Steigbügelmuskel. *U:* im Inneren der Eminentia pyramidalis; *A:* Köpfchen des Steigbügels; *N:* N. facialis.

M. sternalis: Brustbeinmuskel (inkonstant). *U:* oberflächliches Blatt der Fascia pectoralis am Ansatz der 5. oder 6. Rippe; *A:* in der Gegend des Manubrium sterni am Rande des Brustbeins in derselben Faszie; *N:* Nn. intercostales.

M. sternocleidomastoideus: Kopfwender. *U:* Pars sternalis: Manubrium sterni, Pars clavicularis: Extremitas sternalis claviculae; *A:* Processus mastoideus, Linea nuchae superior; *N:* N. accessorius u. Plexus cervicalis.

M. sternohyoideus: Brust-Zungenbeinmuskel. *U:* Manubrium sterni (dorsale Fläche); *A:* Zungenbeinkörper; *N:* Ansa cervicalis.

M. sternothyreoideus: Brustbein-Schildknorpelmuskel. *U:* Manubrium sterni (dorsale Fläche); *A:* Linea obliqua des Schildknorpels; *N:* Ansa cervicalis.

M. styloglossus: Griffelfortsatz-Zungenmuskel. *U:* Processus styloideus des Schläfenbeins; *A:* seitlicher Zungenrand bis zur Spitze; *N:* N. hypoglossus.

M. stylohyoideus: Griffelfortsatz-Zungenbeinmuskel. *U:* Processus styloideus des Schläfenbeins; *A:* Cornu majus ossis hyoidei; *N:* N. facialis.

M. stylopharyngeus: Griffelfortsatz-Schlundkopfmuskel. *U:* Processus styloideus des Schläfenbeins; *A:* Schlundwand, Schildknorpel, Kehldeckel; *N:* N. glossopharyngeus.

M. subclavius: Unterschlüsselbeinmuskel. *U:* Knochenknorpelgrenze der 1. Rippe; *A:* Unterfläche der Klavikula; *N:* N. subclavius.

Mm. subcostales: Unterrippenmuskeln. *U:* Innenfläche der hinteren Rippenenden; *A:* verlaufen u. inserieren wie die Mm. intercostales interni, überspringen jedoch 1–2 Rippen; *N:* Nn. intercostales.

M. subscapularis: Unterschulterblattmuskel. *U:* Facies costalis scapulae; *A:* Tuberculum minus humeri; *N:* N. subscapularis

M. supinator: Auswärtsdreher. *U:* Crista musculi supinatoris der Ulna, Lig. anulare radii; *A:* Radius (von der Tuberositas radii bis zum Ansatz des M. pronator teres); *N:* N. radialis.

M. supraspinatus: Obergrätenmuskel. *U:* Fossa supraspinata scapulae; *A:* Tuberculum majus humeri; *N:* N. suprascapularis.

M. tarsalis inferior: glatte Muskelzellen zwischen dem unteren Fornix conjunctivae u. dem Tarsus inferior.

M. tarsalis superior ↑ Tarsalmuskel.

M. temporalis: Schläfenmuskel. *U:* Planum temporale, Fascia temporalis; *A:* Processus coronoideus mandibulae; *N:* Nn. temporales profundi.

M. temporoparietalis: Schläfen-Scheitelmuskel. 1. Pars temporalis (vorderes Stück), entspringt u. endet auf der Galea aponeurotica, 2. Pars triangularis (mittleres Stück), 3. Pars parietalis (hinteres Stück), entspringt von der Galea aponeurotica u. setzt am Ohrknorpel an; *N:* N. facialis.

M. tensor chorioideae ↑ v. Brücke' Muskel.

M. tensor fasciae latae: Spanner der Oberschenkelfaszie. *U:* Spina iliaca anterior superior; *A:* Tuberositas tractus iliotibialis der Tibia; *N:* N. glutaeus superior.

M. tensor tympani: Trommelfellspanner, Hammermuskel. *U:* äußere Mündung des Semicanalis musculi tensoris tympani, benachbarter Teil des großen Keilbeinflügels, obere Wand des Tubenknorpels; *A:* innerer Rand der Wurzel des Hammerhandgriffes; *N:* N. pterygoideus medialis.

M. tensor veli palatini: Gaumensegelspanner. *U:* Fossa scaphoidea ossis sphenoidalis u. laterale Wand der Tuba auditiva; *A:* mittlerer Teil der Gaumenaponeurose von der Seite her; *N:* N. pterygoideus medialis.

M. teres major: großer Rundmuskel. *U:* Angulus inferior scapulae; *A:* Crista tuberculi minoris humeri; *N:* N. subscapularis.

M. teres minor: kleiner Rundmuskel. *U:* Margo lateralis scapulae; *A:* Tuberculum majus humeri; *N:* N. axillaris.

Mm. thoracis: Brustmuskeln.

M. thyreo-arytenoideus: Kehlkopfmuskel. *U:* Innenfläche der Schildknorpelplatte; *A:* Processus muscularis u. laterale Fläche des Aryknorpels; *N:* N. laryngeus inferior.

M. thyreo-epiglotticus: Abspaltung der Pars lateralis des ↑ M. thyreo-arytenoideus zur Epiglottis; *N:* N. laryngeus inferior.

M. thyreohyoideus: Schild-Zungenbeinmuskel. *U:* Hinterfläche der Membrana interossea u. angrenzende Ränder der Tibia u. beins; *N:* Ramus thyreohyoideus des Plexus cervicalis.

M. tibialis anterior: vorderer Schienbeinmuskel. *U:* Condylus lateralis tibiae, Facies lateralis tibiae, Fascia cruris, Membrana interossea; *A:* Os cuneiforme mediale, Os metatarsale I; *N:* N. peroneus (fibularis) profundus.

M. tibialis posterior: hinterer Schienbeinmuskel. *U:* Hinterfläche der Membrana interossea u. angrenzende Ränder der Tibia u. der Fibula; *A:* Tuberositas ossis navicularis, Os cuneiforme mediale, Os cuneiforme intermedium; *N:* N. tibialis.

Mm. transversocostales breves et longi (JNA) ↑ Mm. levatores costarum breves et longi (BNA, PNA).

M. transversooccipitalis (JNA) ↑ M. semispinalis capitis (BNA, PNA).

M. transversus abdominis: querer Bauchmuskel. *U:* Innenfläche des 7.–12. Rippenknorpels, Fascia thoracolumbalis, Labium internum der Crista iliaca; *A:* Linea alba; *N:* Nn. intercostales VII–XII, N. iliohypogastricus, N. ilioinguinalis.

M. transversus linguae: querer Zungenmuskel, Binnenmuskel der Zunge; *N:* N. hypoglossus.

M. transversus perinei profundus: tiefer querer Dammuskel. *U:* Os ischii; *A:* Fasern des Muskels der Gegenseite; *N:* N. pudendus.

M. transversus perinei superficialis: oberflächlicher querer Dammuskel. *U:* Os ischii; *A:* Centrum tendineum perinei; *N:* N. pudendus.

M. transversus thoracis: querer Brustmuskel; dünne, von der Innenfläche des Brustbeins zum 2.–6. Rippenknorpel ausstrahlende Muskelplatte. *N:* ventrale Äste der Nn. intercostales II–VI.

M. trapezius: Kappenmuskel. *U:* Protuberantia occipitalis externa, Lig. nuchae, Dornfortsätze des 1.–11. (12.) Brustwirbels; *A:* Extremitas acromialis claviculae, Akromion, Spina scapulae; *N:* N. accessorius u. Plexus cervicalis.

M. triangularis (JNA) ↑ M. depressor anguli oris (BNA, PNA).

M. triceps brachii: dreiköpfiger Armmuskel, Armstrecker. *U:* Caput longum: Tuberculum infraglenoidale scapulae; Caput mediale: hintere Humerusfläche (distal vom Sulcus nervi radialis), Septum intermusculare brachii laterale; Caput laterale: proximal vom Sulcus nervi radialis; *A:* Olekranon; *N:* N. radialis.

M. triceps surae: dreiköpfiger Wadenmuskel; ↑ M. gastrocnemius u. ↑ M. soleus.

M. uvulae: Zäpfchenmuskel. *U:* Gaumenaponeurose; *A:* Spitze des Zäpfchens. *N:* Plexus pharyngeus (N. IX u. N. X).

M. vastus (intermedius, lateralis, medialis): (mittlerer, äußerer, innerer) Schenkelmuskel; ↑ M. quadriceps femoris.

M. verticalis linguae: senkrecht verlaufende Züge der Binnenmuskulatur der Zunge; *N:* N. hypoglossus.

M. vocalis: Kehlkopfmuskel. *U:* Innenfläche der Schildknorpelplatte; *A:* Vorderfläche u. Processus vocalis des Aryknorpels; *N:* N. laryngeus inferior.

M. zygomaticus major: großer Jochbeinmuskel, der typische Lachmuskel. *U:* Jochbein; *A:* Haut am Mundwinkel; *N:* N. facialis.

M. zygomaticus minor: kleiner Jochbeinmuskel. *U:* Außenfläche des Jochbeins; *A:* Sulcus nasolabialis; *N:* N. facialis. [1]

Muskel|adenylsäure ↑Adenylsäure. [8]

~arbeit: 1. Leistung mechan. Arbeit; Arbeit im mechan. Sinne, die von den Muskeln, vor allem den Skelettmuskeln, bei der Zusammenziehung verrichtet wird. Produkt aus Kraft u. Weg. 2. Leistung stat. Arbeit; hält ein Muskel ein Gewicht dauernd gehoben, so leistet er während des Haltens keine Arbeit im physikal. Sinne. Zur Durchführung dieser Aufgabe ist aber eine fortdauernde Erregung des Muskels notwendig. Sein Stoffumsatz ist erhöht. Zuletzt ermüdet er. [7]

~atrophie: Muskelschwund; von dem einfachen, z.B. durch Inaktivität bedingten, ist der degenerative Muskelschwund infolge Affektion des peripheren motor. Neurons (vom Kerngebiet abwärts bis zum Erfolgsorgan) zu unterscheiden; ↑Lähmung, periphere motorische. Spinale progressive M.: chron. progredientes Leiden, dem ein fortschreitender Untergang der Vorderhornzellen zugrunde liegt. Typ Duchenne-Aran: Beginn in der Regel in den mittleren Lebensjahren. Betroffen von der Atrophie u. Lähmung werden zunächst die distalen Muskeln der oberen Extremitäten (kleine Handmuskeln, Vorderarmmuskeln), im weiteren Verlauf die Muskeln des Schultergürtels u. Oberarms, dann auch die Rückenmuskeln, während die Beinmuskulatur gewöhnlich lange Zeit frei bleibt. Die atroph. Muskeln zeigen Faszikulationen u. Veränderungen der elektr. Erregbarkeit (oft nur quantitativer Art); die Reflexe, die über die betroffenen Rückenmarksegmente geschlossen sind, erlöschen allmählich. Bei der infantilen Form (Typ Werdnig-Hoffmann), einem meist schon in der Kindheit zum Tode führenden Leiden, wird in der Regel zunächst die Muskulatur der Oberschenkel, des Bekkengürtels u. des Rückens befallen, woran sich die Schultermuskulatur anschließen kann. Neurale M. (Charcot-Marie-Tooth)' meist in der Kindheit einsetzende u. sehr langsam fortschreitende, mit einer Degeneration der peripheren Nerven einhergehende, aber in ihren anatom. Veränderungen noch nicht völlig geklärte familiäre Erkrankung, beginnt in der Regel symmetr. in den distalen Muskeln der Beine (kurze Fußmuskeln, Peronäusgruppe), dann folgen die Hand- u. Unterarmmuskeln. Bemerkenswert u. oft auf den ersten Blick auffallend ist das Stehenbleiben der Atrophie an Knie u. Ellenbogen. Die Sehnenreflexe sind meist erloschen. Im Gegensatz zu anderen Formen der Muskelatrophie sind Sensibilitätsausfälle häufig. [33]

~bruch: Muskelhernie. Reißt die umhüllende Faszie ein, dann kann es zu einer Vorwölbung von Muskulatur durch den Fasziendefekt kommen; wird meist am Oberschenkel beobachtet. Nicht zu verwechseln mit ↑Muskelruptur. [18]

~defekte, angeborene: Fehlen von Muskeln oder Teilen von Muskeln (z.B. beim M. pectoralis major). Verwandtschaft zur Dystrophia musculorum progressiva wird erörtert.

~dystrophie ↑Dystrophia musculorum progressiva.

~eigenreflex ↑Eigenreflex. [33]

Muskeleiweiße: die Proteine des Sarkoplasmas lassen sich einteilen in a) lösliche Fraktion (Myogen, Globulin X, Myoglobin) u. b) die unlösliche Fraktion der Myofibrillen (↑Aktin, ↑Myosin, ↑Tropomyosin); zu a): die Myogengruppe umfaßt etwa 30% des Gesamteiweißes, ist gut extrahierbar, enthält vor allem die Glykolyse-Enzyme. Durch Extraktion der löslichen Eiweiße mittels Glyzerin läßt sich ein Funktionsmodell des Muskels darstellen; zu b): die wichtigsten Proteine der Myofibrillen sind Myosin u. Aktin; sie sind maßgeblich am Kontraktionsvorgang beteiligt. Myosin: etwa 35% des gesamten Muskeleiweißes ist ein Globulin mit hohem Molekulargewicht (500000), mit 0,6 M KCl im alkal. u. neutralen *p*H-Bereich extrahierbar. Es ist ein fibrilläres Protein mit α-Helix-Struktur. Seine Lösungen zeigen Strömungsdoppelbrechung. Das Molekül ist fadenförmig (etwa 2,5×200 nm), sehr unbeständig, neigt zu Aggregationen u. Denaturierung. Es ist in der A-Bande der Myofibrillen lokalisiert, zeigt ATPase-Wirkung u. enthält eine essentielle Sulfhydrylgruppe, die vermutlich beim Kontraktionsvorgang von Bedeutung ist. Durch Trypsineinwirkung läßt sich das Molekül in das schwere H-Meromyosin u. das leichtere L-Meromyosin aufspalten. H-Meromyosin behält die ATPase-Aktivität u. kann sich mit Aktin verbinden. L-Meromyosin ist enzymat. inaktiv u. durch Harnstoff in weitere Untereinheiten zerlegbar. Aktomyosin: entsteht durch Komplexbildung zwischen F-Aktin u. Myosin. Aktomyosin-Fäden lassen sich als experimentelle Modelle der Muskelkontraktion verwenden. Sie verkürzen sich unter Entwicklung einer Spannung in einer 0,05M KCl-Lösung in Gegenwart von Mg-Ionen bei ATP-Zusatz, allerdings irreversibel, die ATPase-Wirkung des Myosins wird bei der Aktomyosinbildung hinsichtlich des fördernden bzw. hemmenden Einflusses von Mg- u. Ca-Ionen sowie des *p*H verändert. Tropomyosin: das dritte Strukturprotein macht 5–10% der Muskelmasse aus. Seine biolog. Bedeutung ist noch nicht genügend aufgeklärt. Die Bedeutung der anderen Muskelproteine ist noch zum größten Teil unbekannt. Das Myoglobin ist dem Hämoglobin verwandt u. besitzt sauerstoffspeichernde Funktion. Aktin: neben dem Myosin wichtigste Komponente der Fibrillenproteine, etwa 14% des Gesamtmuskeleiweißes, wie Myosin mit 0,6 M KCl im alkal. u. neutralen *p*H-Bereich extrahierbar, kommt in zwei Formen vor: monomeres u. dimeres G-Aktin, nur in salzfreier Lösung beständig, u. polymeres F-Aktin. Das F-Aktin entsteht aus G-Aktin bei höheren Salzkonzentrationen u. unter Mitwirkung von ATP, zeigt elektronenmikroskop. period. Struktur, das Grundgerüst der Myofibrillen. Der Übergang von G-Aktin in F-Aktin ist ATP-abhängig u. unter bestimmten Bedingungen reversibel. Die Theorie der Muskelkontraktion nach Huxley nimmt eine gleitende Verschiebung der Aktinfilamente an. Die Myosinfäden sollen unverändert bleiben. [8]

Muskel|endplatte ↑Endplatte, motorische. [2]

~ermüdung: sie gehört als Kontraktionsermüdung zur peripheren Ermüdung, die auch Funktionsminderung der Erregungsübertragung vom Nerven auf die Muskelfasern umfaßt. Große u. langdauernde phys. Anstrengung bewirkt die eigentliche Muskelermüdung, während bei langdauernder körperlicher Betätigung mäßigen Grades an zentralnervösen Vorgängen Ermüdungserscheinungen auftreten. Bei M. wird die Ausnutzung der im Stoffwechsel bereitgestellten chem. Energie zur mechan. Arbeitsleistung kleiner, u. es entsteht relativ mehr Wärme. Vermehrt auftretende Stoffwechselzwischenprodukte wie ↑Milchsäure, ↑Azeton u. andere sowie das Stoffwechselendprodukt CO_2 sind nicht nur die Ursache des verminderten Wirkungsgrades u. der abfallenden Muskelleistung, sondern auch die Reizung freier Nervenfaserendigungen im Muskel der Anlaß zur Schmerzempfindung; ↑Muskelkater.

~erregbarkeit: normalerweise werden die Skelettmuskelfasern über die efferenten Nerven durch Erregungsübertragung an der ↑Endplatte erregt. Sie können aber auch (im Experiment) direkt erregt werden, wobei man meistens elektr. Strom benutzt. Die M. ist gekennzeichnet durch den Intensitätsparameter u. den Zeitparameter. Ersterer ist die Erregungsschwelle, ↑Rheobase; letzterer ist die minimale Reizzeit, gemessen bei doppelter Mindestreizstärke, ↑Chronaxie. [7]

~fasern ↑Muskelgewebe. [2]

~fibrillieren: unkoordiniertes kurzzeitiges Zusammenziehen von Muskelfaserbündeln, das bei tox. Schädigung von Nervenzellen des Rückenmarkes auftritt; ↑Fibrillieren.

~geräusch: leiser, tiefer Summton, den man bei aufgelegtem Ohr oder mit dem ↑Phonendoskop über einem sich zusammenziehenden Muskel hören kann. Das M. kommt durch die rhythm. Innervation der Muskelfasern zustande. [7]

~gewebe: Gewebsform, die morpholog. durch Entwicklung von feinen unterschiedlich konstruierten Myofibrillen im Zytoplasma (Sarkoplasma) ausgezeichnet u. deren markantestes funktionelles Merkmal die Kontraktilität ist. Man unterscheidet: 1. Glatte Muskulatur. Diese besteht aus etwa 20–500 μm großen Muskelzellen (Muskelfasern). Die einzelne, spindelförmige leicht isolierbare glatte Muskelzelle ist ausgezeichnet durch einen zentral gelegenen, längsovalen Zellkern, durch opt. sich einheitlich (glatt) verhaltende Myofibrillen, die vom Sarkoplasma (Protoplasma der Muskelfaser) umgeben werden. An der Oberfläche der glatten Muskelfaser befindet sich eine feine Gitterfaserhülle. Elektronenopt. Untersuchungen haben gezeigt, daß die glatte Muskulatur kein Synzytium darstellt, sondern aus einzelnen begrenzbaren Zellen besteht. Die Verbindung der glatten Muskelzellen untereinander wird durch die sog. Haftplatten hergestellt. 2. Quergestreifte Skelettmuskulatur. Diese besteht aus einzelnen unterschiedlich dicken Muskelfasern, die jeweils ein Plasmodium (= vielkernige Zytoplasmamasse) darstellen. Charakterist. für die quergestreifte Skelettmuskulatur sind die randständigen, dicht unter dem ↑Sarkolemm gelegenen ovalen Kerne u. die vom Sarkoplasma umgebenen, quergestreiften ↑Myofibrillen. Nach dem Mengenverhältnis zwischen Myofibrillen- u. Sarkoplasmagehalt unterscheidet man a) weiße, myofibrillenreiche u. sarkoplasmaarme Muskulatur für ausgiebige, rasche Kontraktion bei gleichzeitiger rascher Ermüdung; b) rote, myofabrillenarme u. sarkoplasmareiche Muskulatur für langsame, lang anhaltende Kontraktion mit geringeren Ermüdungserscheinungen. 3. Quergestreifte Herzmuskulatur, bestehend aus einem Raumgitter von sog. Herzmuskelfasern, ausgezeichnet durch große, zentral gelegene Kerne u. im Sarkoplasma liegende Myofibrillen, die aus isotropen u. anisotropen Abschnitten bestehen. An der Oberfläche der Herzmuskelfaser befindet sich ein dünnes Sarkolemm. Charakteristisch für die Herzmuskelfasern sind die sog. ↑Glanzstreifen, die als Zellgrenzen gelten. [2]

~härten: Hartspann, ↑Myogelosen. [13]

~hypoplasie, kongenitale, generalisierte (Krabbe): angeborene erhebliche u. allgemeine Unterentwicklung der Muskulatur.

Ätiolog. werden Enzymanomalie u. intrauterine Muskeldystrophie erwogen. [33]

~kater: schmerzhafte, vorübergehende Ermüdungserscheinung des überbeanspruchten Muskels infolge Anreicherung von Stoffwechselendprodukten. [49]

~katerkrankheit ↑Bornholmer Krankheit. [40]

~kontraktur, ischämische (Volkmann, 1872): zu Zwangshaltung der Fingergelenke führende Muskelschrumpfung durch Faserdegeneration infolge von Durchblutungsmangel u. Ausfällen des N. medianus u. N. ulnaris. Auslösung durch Überstreckungsmechanismus bei suprakondylärer Humerusfraktur u. Ellbogenluxation. Davon zu trennen Durchblutungsstörungen durch einschnürende Gipsverbände der Ellenbeuge-Region. Echte ischäm. Muskelkontraktur nur im Kindesalter. [18]

~lähmung ↑Lähmung, motorische. [7]

~relaxans (*Pl* **~relaxanzien):** Muskelerschlaffungsmittel, Stoffe mit spezif. Wirkung auf den Tonus der quergestreiften Muskulatur (Salze quaternärer Ammoniumbasen, Glyzerinäther). Ihrem Angriffspunkt u. Wirkungsmechanismus entsprechend unterscheidet man: 1. Peripher wirkende M. (Angriffspunkt = motor. Endplatte): a) kompetitive Blocker (d-Tubukurarin, Dimethyl-d-Tubokurarin, Toxiferin, Gallamin etc. = Kuraringruppe). Sie verhindern die Depolarisation der Endplattenmembran durch Verdrängung von Azetylcholin, b) depolarisierende Blocker (Dekamethonium, Succinylcholin = Dekamethoniumgruppe) bewirken eine Dauerdepolaristion der Endplattenmembran. In beiden Fällen wird der Muskel indirekt unerregbar, es entsteht eine schlaffe Lähmung. 2. Zentral wirkende M. (Angriffspunkt: Rückenmark, Hirnstamm) durch Lähmung der Zwischenneurone Erschlaffung der Skelettmuskulatur (Gruppe der Glyzerinäther: o-Kresolglyzerinäther, Guajakol-Glyzerinäther). [27]

~rheumatismus: ursprünglicher, prim. entzündlich-rheumat. oder auf topograph. entfernter Knochen-, Knorpel-, Gelenk-, Eingeweide-Grundlage beruhender sek. Muskelprozeß, der dem Tastgefühl als Hartspann zugänglich ist; subjektiv durch charakterist. Schmerz bekannt. Auch örtliche Kältewirkung sowie alle Vorgänge, die örtlich eine Ischämie bewirken, werden als ursächlich angeschuldigt, bes. wenn durch ↑Fokalinfektion der Organismus überempfindlich ist. Ebenso finden wir zunächst als M. imponierende Zustände regelmäßig bei Arthrosen u. Spondylosen; ↑Fibrositis. [13]

~ruptur: Zerreißung von einzelnen Muskelanteilen, z. B. Bizeps-Riß. [18]

~schwiele: Narbenbildung im Muskel nach Untergang von Muskelfasern; ↑Herzmuskelschwiele. [4]

~schwund ↑Muskelatrophie. [33]

~sensibilität: afferente Nervenfasern aus dem Muskel, die von den ↑Muskelspindeln u. freien Nervenendigungen stammen, melden den Länge- u. Spannungszustand eines Muskels bzw. Störungen seines inneren Muskels, wie sie bei ↑Muskelermüdung auftreten.

~spindeln: Rezeptoren im Muskel, die als Meßfühler für die Anzeige seiner augenblicklichen Länge u. Spannung bzw. deren Änderung dienen. Sie sind 2–10 mm lang, von einer fibrösen Hülle umgeben u. enthalten einige quergestreifte Muskelfasern. Diese werden sowohl efferent-motor. innerviert wie auch afferent-sensibel. Die afferent-sensiblen Fasern können Erregungen aufnehmen sowohl bei passiver Dehnung der Spindeln durch Zerrung am Muskel wie auch bei Kontraktion ihrer eigenen, der sog. intrafesalen Muskelfasern. In der reflektor. Anpassung der Gesamtmuskelspannung spielt das eine große Rolle; ↑Patellarsehnenreflex. Bes. zahlreich finden sich die M. in den Streckmuskeln.

~starre: bei einer extrem langen Erschlaffungsphase des Muskels, z. B. bei starker ↑Muskelermüdung, tritt sie auf. Man spricht von Kontraktur; ↑Muskelkater. Eine spez. Form der M. ist die durch irreversible chem. Änderungen im Muskel auftretende ↑Totenstarre.

~steifigkeit ↑Rigor. [7]

Muskelstoffwechsel: der M. besitzt hohe Anpassungsfähigkeit. Er ist im Ruhezustand niedrig, es wird kein Laktat gebildet. Bei der Kontraktion (ATP-Spaltung) steigt die Atmung der Muskelzellen an, so daß der Sauerstoffbedarf von außen nicht mehr gedeckt werden kann (Sauerstoffschuld). Während dieser Anaerobiose kommt es zu verstärkter Laktatbildung. – Die in der initialen Phase der Muskelkontraktion während der Einzelzuckung freigesetzte Wärme (Anfangswärme) ist unter aeroben u. anaeroben Bedingungen gleich. Zur Resynthese des gespaltenen ATP dient Kreatinphosphat. Die Erhaltungswärme bei tetan. Reizung stammt wahrscheinlich aus der anaeroben Laktatbildung. Die Erholungsphase ist durch eine Wärmetönung (Erholungswärme) charakterisiert, für die metabol. die vollständige Oxydation von 1/5 des Laktats zu CO_2 u. H_2O verantwortlich ist. ATP u. Kreatinphosphat werden vollständig resynthetisiert u. dienen z. T. der Glykogensynthese. [8]

Muskel|tetanus: Dauerverkürzung des Muskels, bedingt durch eine Serie von Reizen, die als eine Summation der von den einzelnen Reizen hervorgerufenen Zuckungen aufzufassen ist. Sind die einzelnen Zuckungen als Zacken in der Kontraktionskurve noch zu erkennen, so daß die Dauerkontraktion gewissermaßen stoßweise erfolgt, so spricht man von einem unvollkommenen Tetanus, erfolgt die Dauerverkürzung kontinuierlich (glatte Kurve), so liegt ein vollkommener (glatter) Tetanus vor. Je höher die Reizfrequenz, um so vollkommener der Tetanus, wobei auch die Intensität der Kontraktion (Amplitude des Tetanus) mit der Reizfrequenz zunimmt. Letzteres ist aber nicht unbegrenzt möglich, da auf jeden Reiz eine refraktäre Phase folgt, so daß sich höchstens 300 Reize in der Sekunde am Muskel auswirken (summieren) können. Wird eine solche Grenzfrequenz (Optimum nach Wedenski) überschritten, so nimmt die Amplitude des Tetanus wieder ab (Pessimum nach Wedenski). Außer von der Reizfrequenz ist die Stärke des Tetanus auch von der Reizintensität abhängig, wobei es auch ein Optimum u. Pessimum der Reizstärke gibt.

~ton ↑ Muskelgeräusch. [7]

~trichinen: Ruhestadium der *Trichinella spiralis* in der Muskulatur des Wirtes; ↑ Trichinen.

~trichinose ↑ Trichinose. [40]

~verhärtung ↑ Myogelosen, ↑ Hartspann. [9]

~verknöcherung ↑ Myositis.

~wogen ↑ Myokymie. [33]

~zuckung: einmalige, durch einen einzelnen Reiz herbeigeführte Tätigkeit des Muskels. Wir unterscheiden eine isoton., isometr. u. auxotone Zuckung. Bei der isoton. Zuckung bleibt die Spannung des Muskels gleich, während er sich verkürzt, bei der isometr. bleibt die Länge des Muskels gleich, während sich seine Spannung ändert, bei der auxotonen handelt es sich um eine Art von Kombination dieser beiden Formen, indem der Muskel zuerst isoton. u. dann isometr. arbeitet oder aber umgekehrt. Ausdrücklich muß darauf hingewiesen werden, daß es eine reine isoton. oder isometr. Zuckung nicht gibt.

~zuckungsgesetz ↑ Pflüger' Zuckungsgesetz. [7]

Muskulatur ⟨*lat*⟩ *f* ↑ Muskelgewebe. [2]

Musset' Zeichen: synchrones Pulsieren des Kopfes mit dem Puls (zuerst bei dem französ. Dichter Musset, 1810–1857, beobachtet); Zeichen für Aorteninsuffizienz. [10]

Mussitatio ⟨*lat*⟩ *f:* leises Gemurmel. [28]

mutagen ⟨*lat, griech*⟩: mutationserzeugend; m. wirken Chemikalien (z. B. Trypaflavin, Rhodanide, Schwermetallsalze, Äthylmethansulfonat), UV- u. Röntgenstrahlen u. extreme Temperaturen; ↑ Mutation. [42]

Mutante: Individuum, in welchem durch Gen-, Chromosomen- oder Genommutationen Veränderungen entstanden sind. [3]

Mutarotation ↑ Multirotation. [8]

Mutation ⟨*lat*⟩: sprunghafte Veränderungen im Erbgefüge eines Organismus, die sich in Änderungen des Phänotyps oder der Reaktionsnorm des Individuums manifestieren. Diese erblichen Änderungen sind den auslösenden Faktoren nicht adäquat. Sie führen also zur Heterogenisierung der Population. M. entstehen ohne erkennbare äußere Ursachen (Spontanmutationen), oder sie können ausgelöst werden durch Temperatur, ionisierende Strahlung oder verschiedenste Chemikalien. Nach der Art der Veränderungen im Kern unterscheidet man Genom-, Chromosomen- u. Genmutationen. [3]

M., bedingte letale: Mutante, deren Gene unter bestimmten Bedingungen normal funktionieren, unter anderen Bedingungen jedoch lebenswichtige Genprodukte nicht bilden können. [50]

Mutationstheorie der Krebsentstehung (K. H. Bauer): nach dieser Theorie liegen der Krebsentstehung spontane oder induzierte (↑ Treffertheorie) Zellkern- oder Plasmamutationen von Somazellen (somat. Mutationen) zugrunde. [5]

mutilans ⟨*lat*⟩: verstümmelnd. [4]

Mutilatio ⟨*lat*⟩: Verstümmelung. [4]

Mutismus ⟨*lat*⟩: Schweigen, Stummheit, psychogen; als Hemmung im depressiven Stupor; als Sperrung oder Folge von imperativen Halluzinationen bei Schizophrenie. [34]

Mutitas ⟨*lat*⟩ *f:* Stummheit. [28]

Muton: aus der Phagengenetik entlehnter Begriff, der das Kleinste, ein phänotyp. Merkmal mutierende Element eines Phagengens beinhaltet (im Minimum ein Nukleotidpaar); ↑ Rekon. [40]

Mutscheller' Dosis ↑ Toleranzdosis. [26]

Mutterband: rundes M. = Lig. rotundum, auch Lig. teres uteri; heute Chorda uteroinguinalis; breites M. = ↑ Lig. latum. [29]

Mutterkorn = Secale cornutum: Dauermyzel des Pilzes Claviceps purpurea. Die Inhaltsstoffe des Mutterkornes stellen ein Gemisch mehrerer Alkaloide dar. Die Alkaloide sind chem. nahe verwandte, bas. reagierende Verbindungen der vom Indol abgeleiteten Lysergsäure mit verschiedenen Aminosäuren. 1. Ergotamingruppe: Ergotamin, Ergosin; 2. Ergotoxingruppe: Ergokristin, Ergokryptin, Ergokornin. Beide Gruppen wirken sympathikolyt. u. haben eine oxytox. Wirkung auf den Uterus; 3. Ergometringruppe: Methylergobasin, Ergometrin. Die Uteruswirkung ist unabhängig von der sympathikolyt. Wirkung. Neben diesen Alkaloiden sind weitere Inhaltsstoffe des Mutterkorns Azetylcholin, Histamin, Tyramin, Cholin, Urazil (2,6-Dioxypyrimidin), Agmatin

(Aminobutylguanidin) u. andere biogene Amine.

~alkaloide, hydrierte: die hydrierten Präparate (z.B. Dihydroergotaminmesylat = Dihydergot®) wirken spezif., da die sympathikolyt. Wirkung im Vordergrund steht u. sie sind weniger toxisch; therapeut. Anwendung als Sympathikolytika.

~vergiftung ↑Ergotismus. [44]

Mutterkuchen ↑Plazenta. [29]

Muttermal: Laienbezeichnung für ↑Nävus. [5]

Muttermund, äußerer ↑Ostium uteri.

M., innerer ↑Orificium uteri internum. [1]

Muttermund|inzision: Beseitigung entzündlich-narbiger bzw. operativ-narbiger Stenosen am Muttermund, die zu einem Geburtshindernis werden können, mit Hilfe von Einschnitten in den starren Muttermund.

~rigidität: Verhärtung vorwiegend des äußeren Muttermundes, häufig bei alten Erstgebärenden, vergesellschaftet mit Verzögerung der Geburt.

~spasmus: Verkrampfung der muskulären Teile des Muttermundes mit Verzögerung der Eröffnungsperiode (Placenta incarcerata). [29]

Mutterschaftshilfe: früher Wochenhilfe; nach der ↑Reichsversicherungsordnung erhält die Versicherte ärztliche Betreuung und Hilfe sowie Hebammenhilfe, Arznei-, Verband- und Heilmittel, Pauschalbeträge für Aufwendungen im Zusammenhang mit der Entbindung, Pflege in einer Entbindungs- oder Krankenanstalt sowie Hilfe und Wartung durch eine Hauspflegerin, schließlich Mutterschaftsgeld für 6 Wochen vor und für 8 Wochen nach der Entbindung.

Mutualismus ⟨*lat*⟩: das Zusammenleben verschiedener Tierarten zum wechselseitigen Nutzen. [58]

Muzine: Schleimstoffe; man unterscheidet nach dem Vorkommen: 1. epitheliales Muzin; physiolog. Vorkommen in Epithelzellen der Schleimhäute u. der Schleimdrüsen; patholog. in von schleimbildenden Epithelien abzuleitenden Karzinomen; 2. konjunktivales (bindegewebiges) Muzin; physiolog. in der Wharton' Sulze; patholog. in Myxomen, Myxosarkomen u.a. ↑Mukoproteide. [4]

mval: *Abk* für Milligrammäquivalent, ↑Grammäquivalent. [15]

Myalgie ∗ **Myalgia** ⟨*griech*⟩ *f:* Muskelschmerz; meist als gleichbedeutend mit ↑Muskelrheumatismus gebraucht, jedoch diagnost. weiter, da auch nichtrheumat.-entzündliche Befunde darunter verstanden werden. [13]

M. acuta epidemica ↑Bornholmer Krankheit.

M. capitis: rheumat. Muskelschmerz im Bereich des Kopfes, vor allem der Kopfschwarte.

M. cervicalis: Schmerzen im Bereich der Nackenmuskeln u. des Kopfnickermuskels (rheumat. Schiefhals).

M. lumbalis ↑Lumbago. [9]

Myastasie ⟨*griech*⟩ *f* ↑Amyostatischer Symptomenkomplex. [33]

Myasthenie ∗ **Myasthenia** ⟨*griech*⟩ *f:* allgemeine Bezeichnung für krankhafte Muskelschwäche oder -ermüdbarkeit. Eine zu den ↑Myopathien gehörende Krankheit, die durch patholog. gesteigerte Ermüdbarkeit der quergestreiften Muskulatur gekennzeichnet ist. Bei wiederholter Durchführung der gleichen Bewegung, z.B. Schließen u. Öffnen der Faust, läßt die Kraft rasch nach bis zur vollständigen „Ermüdungslähmung", um sich nach kurzer Ruhe wieder einzustellen. Doppeltsehen u. Ptosis sind oft die ersten Symptome des Leidens, woran sich Schluck- u. Sprachstörungen u. in fortgeschrittenen Fällen, schließlich tödliche Atemlähmung hinzugesellen können. Alle Erscheinungen pflegen im Laufe des Tages u. nach körperlichen Anstrengungen an Stärke zuzunehmen. Charakterist. ist oft (bes. gegen Abend) das schlaffe, mimikarme Gesicht mit den halbgeschlossenen Lidspalten (myopath. Maskengesicht). Stützung der Diagnose durch die ↑Myasthenische Reaktion, durch Elektromyographie u. durch den Neostigmin▫-Test (Handelspräparat: Prostigmin®). Das Leiden pflegt langsam progredient zu verlaufen; doch kommen weitgehende Remissionen vor, die einer Heilung nahekommen können. Signifikante anatom. Veränderungen sind nicht bekannt. In der Pathogenese spielen Störungen des enzymat. Azetylcholinabbaus die entscheidende Rolle.

M. gravis pseudoparalytica: alte, wenig zweckmäßige Bezeichnung für ein Krankheitsbild, das heute in der Klinik einfach ↑Myasthenie genannt wird. [33]

Myasthenische Reaktion (MyaR): zuerst von Jolly beschriebenes Verhalten der Muskulatur bei ↑Myasthenie gegenüber dem elektr. Strom. Bei farad. Reizung stellt sich nach einigen Minuten eine Abnahme der Kontraktion bis zum völligen Erlöschen ein, die nach kurz dauernder Unterbrechung des Stromes wieder auftritt. [33]

Myatonia congenita ⟨*griech, lat*⟩ *f* (Oppenheim): sehr seltenes angeborenes Leiden, gekennzeichnet durch Schlaffheit der gelähmten Muskulatur, vorwiegend des Beckengürtels u. der unteren Extremitäten mit erloschenen Reflexen u. starker Herabsetzung oder Fehlen der elektr. Erregbarkeit. Spontane Besserungen sind beobachtet worden.

Anatom. findet sich eine Unterentwicklung von Vorderhornzellen im Rückenmark. [33]

Mycetoma pedis *⟨griech, lat⟩ n* ↑ Madurafuß. [40]

Mycobacteriaceae: Familie der säurefesten Stäbchen, zu den Actinomycetales gehörend (Bergey); ↑ Mykobakterien. [40]

Mycobacterium ↑ Mykobakterien. [15]

Mycoderma *⟨griech⟩ n:* Kahmhefe. Pilzgattung von hefen- bis myzelartigem Wachstum. M.-Hefen bilden auf den befallenen Substraten eine zusammenhängende Haut (Kahmhaut); sie verzehren Milchsäure, Essigsäure u. einige andere organ. Säuren. Nützlich durch Verzehr der Milchsäure (gemeinsam mit Oospora lactis) in der Käserei, da Käsereifungsbakterien nicht in saurem Medium wachsen. Schädlich in Sauerkohl, Silofutter, Essig, Wein u.a., da sie die hier erwünschten Säuren verzehren u. dadurch die Haltbarkeit der Nahrungsmittel vermindern. Butter wird durch M.-Befall schnell ranzig; ↑ Monilia. [42]

Mycoplasma ↑ Mykoplasmen. [41]

M. arthritidis: Pleuro-Pneumonia-like-Organism, *Abk* PPLO; ↑ Adjuvans-Arthritis u. ↑ Mykobakterien. [13]

Mycoplasmatales: nach Bergey (1957) X. Bakterienklasse; wichtigste Ordnung ↑ Mycoplasma. [40]

Mycosis *⟨griech⟩ f* ↑ Mykose. [43]

Mycotorula albicans ↑ Candida albicans. [41]

Mydriasis *⟨griech⟩ f* ↑ Pupillenerweiterung.

M., springende: springende Pupillen, ↑ Hippus. [36]

Mydriatika ⁎ **Mydriatica remedia** *⟨griech, lat⟩ n, Pl:* pupillenerweiternde Medikamente. Zwei verschiedene Prinzipien: 1. Paralytische M., die als Parasympathikolytika den M. sphincter pupillae lähmen (Atropin, Skopolamin, Homatropin u. moderne synthet. Mittel; 2. spast.-adrenerg. M., die den M. dilatator pupillae erregen. Sie sind alle Verwandte des Adrenalins oder Ephedrins u. gewinnen in der diagnost. Mydriasis u. der Glaukombehandlung eine zunehmende Bedeutung. Der Prototyp war das Glaukosan von Hamburger; 3. Kombinationen beider Gruppen. [36]

Myelenzephalon ⁎ **Myelencephalon** *⟨griech⟩ n* ↑ Medulla oblongata. [1]

Myelin *⟨griech⟩ n:* Nervenmark; doppelbrechende Substanz, bestehend aus verschiedenen Lipiden u. Eiweißen, die innerhalb der Markscheide (Myelinscheide) der Nervenfasern eine bestimmte, geordnete Verteilung aufweisen. Die Myelinbildung (Myelogenese) erfolgt unter Beteiligung der Schwann' Zellen; ↑ Kephalin, ↑ Sphyngomyelin, ↑ Zerebroside. [2]

~figuren: aus Lipoproteiden aufgebaute Lamellenansammlungen in konzentr. oder anderer Form, die Abbaustadien von Zellmembranen u. intrazellulären Membranen darstellen; bes. häufig in ↑ Zytolysomen zu finden. [6]

~scheide: aus Lipoproteiden aufgebaute, lichtmikroskop. doppelbrechende Markscheide, die das Axon umgibt. Die konzentr. angeordneten Lamellen der M. werden von den Oligodendrozyten im ZNS u. von den Schwann' Zellen im peripheren NS durch Einstülpungen der Zellmembranen um die Axone gebildet. Die hellen u. dunklen, jeweils 7–8 nm breiten Linien der M. stellen Lipoproteidmembranen dar, die an bestimmten Stellen miteinander verschmelzen. [6]

Myelitis *⟨griech⟩:* Rückenmarkentzündung, durch die verschiedensten Krankheitserreger bedingt, teils den ganzen Rückenquerschnitt betreffend (Querschnitts-M.), teils diffus über größere Rückenmarkabschnitte verbreitet, teils herdförmig, in disseminierter Ausbreitung auftretend. Die Symptomatik entspricht dem Sitz der Herde hinsichtlich Höhenlage u. Querschnittslokalisation, wozu sich Allgemeinerscheinungen, Fieber, Schüttelfröste, meningeale Reizerscheinungen usw. gesellen. [33]

Myelo|architektonik *⟨griech⟩ f:* räumliche Verteilung von verschiedenkalibrigen markhaltigen Nervenfasern im Bereich der Großhirnrinde. Aufstellung myeloarchitekton. Hirnkarten. Untersuchungsmethode ist die Weigert' Markscheidenfärbung, bei der eine Blauschwarz-Färbung der Markscheiden eintritt. [2]

~blasten *m, Pl:* Knochenmarkkeimzellen, relativ große, schwach basophile Zellen mit bläschenförmigen runden Kernen, jüngste Vorstufe der myeloischen Leukozyten im Knochenmark. Nach Naegeli auch Vorstufe der Erythrozyten u. Megakaryozyten. Nach heutiger Ansicht sind die M. bereits für die Granulozytenbildung determiniert.

~blastenleukämie: akute Leukämien, deren Zellen bis zu den jüngsten Vorstufen entdifferenziert sind u. selbst die typ. Oxydase verlieren können, so daß sie klin. schwer erkennbar sind (↑ Blastenleukämie). In letzter Zeit anscheinend zunehmend. In der Mikroform mit lymphat. Leukämie oft verwechselt.

~blastom: Syn. Myeloblastomatose; maligne Geschwulst aus Myeloblasten. Nach moderner Auffassung gehören die Leukämien, insbes. die sehr bösartigen akuten Myeloblastenleukämien zu den sarkomartigen Tumoren u. wachsen teilweise gewebszerstörend wie echte Tumoren. Solche Wucherungen können als Myeloblastome bezeichnet werden, werden aber jetzt sehr häufig als maligne Retikulosen, d.h. nicht von den Knochenmark-Parenchymzellen stammende Geschwülste des Zwischengewebes, aufgedeckt. Früher gehörten dazu auch die Myelome, die ebenfalls jetzt als retikulär aufgefaßt werden, das Ewing-Sarkom usw. [11]

~delese *f:* umschriebene Höhlenbildung im Rückenmark nach Verletzungen; ↑Hämatomyelie.

~dysplasie *f:* rudimentäre ↑Spina bifida occulta. [5]

~enzephalitis ↑Enzephalomyelitis. [33]

~fibrose ↑Osteomyelofibrose. [11]

myelogen ⟨*griech*⟩: vom (Knochen-)Mark ausgehend. [5]

Myelographie ⟨*griech*⟩ *f:* Röntgen-Darstellung des Wirbelkanals u. seines Inhalts durch Injektion von Luft oder O_2 oder ↑Kontrastmittel. [26]

Myeloidsarkom ⟨*griech*⟩ *n:* Sarkom, das vom Knochenmark ausgeht. [25]

myeloisch ⟨*griech*⟩: das Knochenmark betreffend. [5]

Myelom ⟨*griech*⟩ *n:* Syn. Plasmozytom, Kahler' Krankheit; selten isoliert, meist generalisiert auftretende, maligne Vermehrung der retikulären Knochenmarkplasmazellen, die zu multiplen, scharf begrenzten osteolyt. Defekten in den blutbildenden Knochen, seltener zur diffusen Osteoporose führt. Klin. Zeichen: „rheumatische" Knochenschmerzen, Spontanfrakturen, Anämie u. Leukopenie infolge Verdrängung der ↑Hämatopoese durch die wuchernden Plasmazellen, die ihrerseits Paraproteine bilden. Die patholog. Eiweiße führen zur starken Beschleunigung der Blutsenkung, Hyperproteinämie, typ. Elektrophorese mit spitzer Globulinzacke, Ausscheidung von Bence-Jones-Eiweißkörpern im Urin sowie zur Ablagerung von Paramyloid in vielen Geweben, insbes. in der Niere, wodurch die häufigste Todesursache einer ↑Niereninsuffizienz bedingt ist (Plasmozytomniere).

M., multiples: generalisierende Form des ↑Myeloms. [11]

Myelomalazie ⟨*griech*⟩ *f:* durch Kreislaufstörungen (Thrombose, Embolie), Entzündung oder Druck (Geschwülste) bedingte Erweichung des Rückenmarkes.

M., angiodysgenetische ↑Foix-Alajouanine' Krankheit. [5]

Myelo|matose ⟨*griech*⟩ *f* ↑Myelom. [11]

~meningitis ↑Meningomyelitis. [33]

~meningozele: Vorwölbung von Teilen des Rückenmarkes u. seiner Hüllen mit vermehrter Flüssigkeitsansammlung in den Rückenmarkhüllen bei ↑Spina bifida. [5]

Myelopathie ✱ **Myelopathia** ⟨*griech*⟩ *f:* wörtlich Markleiden, doppelsinnig gebraucht, 1. vom Rückenmark ausgehendes Leiden, 2. vom Knochenmark ausgehende Bluterkrankung. [11]

M. necroticans ↑Foix-Alajouanine' Krankheit. [33]

Myeloproliferatives Syndrom: von Dameshek entwickelte Konzeption, der die Annahme einer „Stammzelle" mit multipotenter hämopoet. Tendenz zugrunde liegt. Je nach Reaktionslage des Organismus ist unter patholog. Bedingungen die Antwort des Knochenmarkes nicht zwangsläufig auf einen einzelnen Zelltyp beschränkt; verschiedene Krankheitsbilder können auftreten; dem myeloproliferativen Syndrom werden die Polycythaemia vera, Osteomyelosklerose bzw. Osteomyelofibrose, chron. myeloische Leukämie, Erythroblastose, Erythroleukämie u. akute myeloische Leukämie zugeordnet. [11]

Myelosarkom ⟨*griech*⟩ *n:* Geschwulst aus unreifen myeloischen Zellen des Knochenmarkes (sehr selten). [5]

Myelose ⟨*griech*⟩ *f:* aleukämische u. leukämische myeloische ↑Leukämie. [11]

Myelo|sklerose ↑Osteomyelofibrose. [11]

~szintigraphie *f* ↑Myelographie mit radioaktiven Isotopen. [20]

~tomie: operative Eröffnung des Rückenmarkes, z.B. bei intramedullären Tumoren, Hämatomyelie. Ferner zur Behandlung schwerer irreparabler spast. Lähmungen in Form der longitudinalen u. transversalen M., die die spast. Lähmung in eine schlaffe überführt. [20]

~zele: bruchsackartige Vorwölbung von Teilen des Rückenmarkes bei ↑Spina bifida.

~zystozele ↑Myelomeningozele mit zyst. Erweiterung der Rückenmarkshäute. [5]

~zyten *m, Pl:* Knochenmarkzellen; 1. Sammelbegriff für die zahlreichen verschiedenen Arten der im Knochenmark gebildeten Zellen; 2. Reifungsstufe der Granulozyten mit rundem Kern u. bereits charakterist. Granulation. [11]

myentericus ⟨*griech*⟩: zur Muskulatur des Darmes gehörend. [1]

Myenzephalitis ⟨*griech*⟩ *f* ↑Enzephalomyelitis. [33]

Myiasis ⟨*griech*⟩ *f:* Madenfraß; durch parasitierende Dipterenlarven hervorgerufene Erkrankung. Man unterscheidet eine M. der Körperhöhlen (z.B. Nasen-M.), des Darmes oder der Haut. Diese Erkrankungen werden durch verschiedene Fliegenarten, die mehreren Gattungen angehören, verursacht. [58]

Myitis ⟨*griech*⟩ ↑Myositis. [18]

Mykid ⟨*griech*⟩ *n:* Exanthem, das im Verlaufe einer Pilzkrankheit des Körpers auftreten kann. Gewöhnlich handelt es sich um follikulär gebundene Knötchen, die ohne bes. Therapie wieder abheilen. Auftreten bei der Trichophytie als sog. Trichophytid, beim Favus als Favid, bei der Epidermophytie als Epidermophytid usw.; Pilze werden in den Mykiden nur selten nachgewiesen. [43]

Mykobakterien ✻ **Mycobacterium:** nach Bergey zur Ordnung der ↑Actinomycetales u. Familie der Mycobacteriaceae gehörende Gattung säurefester, schlanker, gerader oder gebogener, grampos. 0,2–0,5 x 1–5 µm großer Stäbchen; bilden in älteren Kulturen auch Verzweigungen. Aerobes Wachstum auf Glyzerin- u. Einährböden oder in synthet. Flüssigkeiten mit Serumzusatz. Saprophyt. M. wachsen schneller als parasit. M.; Einteilung der M. nach Wachstum, biochem. Leistungen u. Tierpathogenität. Neben ubiquitären saprophyt. M. gibt es Kaltblüter-Mykobakterien, warmblüterpathogene M. (Tuberkulosebakterien) u. streng menschenpathogene M. (Leprabakterien). Atyp., nicht klassifizierbare M. sind potentiell pathogen u. in der Natur weit verbreitet. [40]

Mycobact. bovis: Erreger der Rindertbk, pathogen auch für Menschen u. Schweine, Kaninchen. Der ↑BCG ist ein virulenzgemindertes M. bovis.

Mycobact. fortuitum: schnellwüchsig, Krankheitserreger bei Kaltblütern (Fröschen u. Schlangen). Unter bestimmten Bedingungen pathogen für Kaninchen u. Meerschweinchen. Ausnahmsweise als Krankheitserreger beim Menschen gefunden.

Mycobact. leprae: Erreger der Lepra; für Tiere apathogen.

Mycobact. leprae murium: pathogen für Ratten.

Mycobact. marinum u. **Mycobact. platypoecilus:** Krankheitserreger bei Fischen.

Mycobact. microti = Volebazillus: pathogen für Erdwühlmäuse; wird auch für Tbk-Schutzimpfung verwendet.

Mycobact. paratuberculosis: pathogen für Rinder; ↑Johne' Krankheit.

Mycobact. phlei: Saprophyt im Boden u. auf Gräsern; nicht tierpathogen.

Mycobact. smegmatis: Saprophyt auf Hautoberflächen (Smegma); nicht tierpathogen.

Mycobact. thamnopheos: pathogen für Schlangen, Frösche.

Mycobact. tuberculosis: Erreger der Tbk des Menschen (Tuberkulosebakterium), auch pathogen für Meerschweinchen und Mäuse. Atyp. Mykobakterien (anonyme oder nicht klassifizierte). Einteilung nach Runyon: Gruppe I: photochromogene M., Gelbfärbung der Kulturen nach kurzer Belichtung. Dazu gehört *Mycobact. kansacii,* das menschenpathogen ist. Gruppe II: skotochromogene M., schon ohne Belichtung mit Pigment wachsend. Gruppe III: non photochromogene M., ohne oder mit ganz geringer Pigmentbildung wachsend; die Kulturen dem *Mycobact. avium* ähnlich. Nach dem ersten Nachweis im Bathey-Hospital auch „Bathey-Typ". Für Hühner nicht pathogen, bei Schweinen vorkommend; können menschenpathogen sein. Gruppe IV: schnellwachsende M. Wachstum innerhalb von 3 bis 5 Tagen; selten menschenpathogen. [15]

Mykologie ⟨*griech*⟩: Pilzkunde. [56]

Mykoplasmen: Syn. PPLO, Gattung der Ordnung Mykoplasmatales (Bergey, 1957), nehmen selbständige Stellung zwischen Bakterien u. Viren ein. Größe 125–150 µm, auf zellfreiem Medium vermehrungsfähig, besitzen keine Zellwand, äußere Begrenzung durch dreischichtige Plasmamembran. Beim Menschen vorkommende M.: *M. hominis Typ 1, M. salivarium, M. orale Typ 1, M. orale Typ 2, M. fermentans, M. pneumoniae* (frühere Bezeichnung: Eaton agent). Letztere als einzige sicher pathogen: Erreger der prim. atyp. Pneumonie, auch leichterer Erkrankungen des Atmungstraktes sowie von Meningitiden. [41]

Mykorrhiza ⟨*griech*⟩ *f:* Symbiose zwischen den Wurzeln höherer Pflanzen u. Pilzen. [42]

Mykose ✻ **Mycosis** ⟨*griech*⟩ *f:* Pilzkrankheit im allgemeinen. Darunter spielen die ↑Dermatomykosen, die Pilzkrankheiten der Haut, die größte Rolle.

M. fungoides (Alibert, 1832): Syn. Granuloma fungoides; keine Pilzkrankheit. Seltene chron. verlaufende Krankheit mit ungünstiger Prognose. Im ersten Stadium vielgestaltiges Erscheinungsbild mit psoriasiformen, lichenoiden oder ekzematösen Effloreszenzen u. starkem Juckreiz. Im zweiten Stadium bräunliche Pigmentierung u. plattenförmige Induration der Haut. Im dritten Stadium Bildung großer tomatenähnlicher Geschwülste mit Neigung zum Zerfall. Im Blutbild Eosinophilie. Tod an Marasmus. Die Ursache des M. f. ist unbekannt. Histolog. handelt es sich im dritten Stadium um polymorphzelliges Granulationsgewebe mit ↑Mykosiszellen.

M. maculosa ↑Pityriasis versicolor. [43]

Mykosiszellen: gelapptkernige oder mehrkernige Riesenzellen (ähnlich den Sternberg' Riesenzellen der Lymphogranulomatose) bei Mycosis fungoides. [4]

Mykosterine: Sterine aus Pilzen; entsprechen den ↑Zoosterinen u. ↑Phytosterinen. Wichtigster Vertreter Ergosterin $C_{28}H_{44}O$ als Provitamin D_2; Ergosterin kommt reichlich in Hefe vor, ferner als Begleiter des Cholesterins, in Mutterkorn, Hühnerei, Regenwurm. [8]

Mykotoxine: intermediäre Stoffwechselprodukte bestimmter Schimmelpilzarten mit warmblütertox. bzw. karzinogenen Eigenschaften, z. B. ↑Aflatoxin. [40]

Mylius-Schürmann' Krankheit ↑Sarkoid. [15]

mylohyoideus ⟨*griech*⟩: den Unterkiefer mit dem Zungenbein verbindend. [1]

Myoblasten ⟨*griech*⟩ *m, Pl:* Bildungszellen der quergestreiften Muskelfasern, die in den Myotomen (Muskelanlage) des Keimlings entstehen u. durch fortgesetzte Kernteilungen ohne Teilung des Zytoplasmas eine vielkernige Zytoplasmamasse (↑Plasmodium) bilden. [2]

~myom *n:* in der Regel gutartige Neubildung, die neuerdings nicht mehr von Muskelfasern, sondern vom peripheren Nervengewebe abgeleitet u. deshalb als granuläres Neurom bezeichnet wird. Vorkommen bes. in der Mundhöhle u. in der Haut. [5]

Myodegeneratio cordis ⟨*griech, lat*⟩ *f:* ↑Herzmuskelentartung. [10]

Myodynie ⟨*griech*⟩ *f* ↑Myalgie. [33]

Myodysplasia fibrosa multiplex ⟨*griech, lat*⟩: selten vorkommender Komplex multipler Mißbildungen mit systemhaften Gelenkfehlbildungen; ↑Arthrogryposis multiplex congenita. [5]

Myodystonische Reaktion (Söderbergh, Melkersson): ton. Nachdauer der Muskelkontraktion nach farad. Reizung bei ↑Parkinsonismus. [33]

Myofibrille ⟨*griech, lat*⟩ *f:* intrasarkoplasmat. gelegenes, kontraktiles Strukturelement des Muskelgewebes. Die Myofibrillen erscheinen entweder opt. einheitlich (glatte Muskulatur), oder sie bestehen aus wechselnden Bezirken doppelbrechender (anisotroper) u. einfachbrechender (isotroper) Substanz, die die Querstreifung der Skelett- u. Herzmuskulatur verursachen. Der isotrope Streifen (I) wird von einem anisotropen Streifen (Zwischenstreifen Z) unterteilt. Der folgende anisotrope Querstreifen (Q) wird wiederum von einem dünnen isotropen Mittelstreifen (M) unterteilt. Zwischen zwei Z-Streifen befindet sich das Myofibrillensegment, das als Sarkomer oder Myomer bezeichnet wird. Elektronenopt. läßt sich dieses Segment noch weiter aufgliedern: zwischen zwei Zwischenstreifen (Z-Streifen) befinden sich folgende Myofibrillenabschnitte: Zwischenstreifen (Z-Streifen), isotroper Streifen (I-Streifen), anisotroper Streifen (A-Streifen), heller Streifen (H-Streifen), Mittelstreifen (M-Streifen), heller Streifen (H-Streifen), anisotroper Streifen (A-Streifen), isotroper Streifen (I-Streifen), Zwischenstreifen (Z-Streifen). Die Myofibrillen bestehen aus 10 bis 20 nm breiten Elementarfibrillen = ↑Myofilamente; ↑Muskelgewebe. [2]

Myofibrosis cordis ⟨*griech, lat*⟩ ↑Myokardfibrose. [5]

Myofilamente ⟨*griech, lat*⟩ *n, Pl:* Grundbestandteile der kontraktilen Substanz der Muskelzellen. Man unterscheidet die Aktinfilamente mit einer Breite von 5 nm im I-Band der Sarkomere u. die Myosinfilamente von 10 nm Breite im A-Band. [6]

Myogelose ⟨*griech*⟩ *f:* Ausdruck für Muskelhärte (↑Hartspann); beruht auf der Vorstellung des Physikochemikers Schade, daß diesen eine Änderung des Solzustandes in den Gelzustand zugrunde läge. Da das notwendig jede Änderung in Spannung oder Turgor des Muskels mit sich bringt, ist der Ausdruck M. überflüssig. [13]

Myogen ⟨*griech*⟩ *n:* neben Myoglobin u. Globulin-x mengenmäßig wichtigster Bestandteil des leichtlöslichen Muskeleiweißes, das 30% des Gesamteiweißes der Muskulatur ausmacht. Das M. enthält im wesentlichen die Enzyme der Milchsäurebildung; ↑Muskeleiweiße. [8]

myogen ⟨*griech*⟩: *Adj* im Muskel entstanden, vom Muskel ausgehend. [8]

Myoglobin ⟨*griech, lat*⟩ *n:* roter Farbstoff der Muskulatur, dem Hämoglobin ähnlich, jedoch nur mit einer Peptidkette u. einer Hämgruppe. Physikal. Funktion nicht O_2-Transport, sondern O_2-Speicher für den Muskel. Nach größeren Verletzungen (Crush-Syndrom), bei Haffkrankheit u. anfallsweise; paroxysmal wurden Muskelfarbstoffausscheidungen (Myoglobinurie) beobachtet u. mit ↑Hämoglobinurie verwechselt. [11]

Myographie ⟨*griech*⟩: graph. Aufzeichnung der Muskelzuckung. In der Regel wird mit dem Muskel ein Hebel verbunden, dessen Spitze die Zuckungskurve aufzeichnet, die Myogramm genannt wird. [7]

myoides ⟨*griech*⟩: muskelähnlich. [1]

Myokard ⟨*griech*⟩ *n:* der eigentliche muskuläre Anteil des Herzens. Besteht aus einer Längsmuskelfaserschicht sowie aus spiralig angeordneten Muskelzügen. Die Muskulatur der Vorhöfe u. Kammern ist durch den ↑Anulus fibrosus voneinander abgegrenzt. Die der Herzlichtung zugewandte Fläche des M. wird durch das ↑Endokard ausgekleidet, während sie an ihrer äußeren Seite vom ↑Epikard überzogen ist. [10]

~fibrose: Vermehrung des interstitiellen Bindegewebes im Herzmuskel als Folge ungenügender Blutzufuhr oder abgelaufener interstitieller ↑Myokarditis. [5]

Myokardie ⟨*griech*⟩ *f* ↑Myokardose. [10]

Myokardinfarkt ⟨*griech, lat*⟩ *m* ↑Herzinfarkt. [10]

Myokardiopexie ⟨*griech*⟩ *f:* eine Form der ↑Kardiopexie, bei der der mobilisierte li. M. pectoralis major nach Eröffnung des

Herzbeutels in den Thorax eingeschlagen u. auf den Herzmuskel aufgesteppt wird, um durch Gefäßneubildung die Herzmuskeldurchblutung zu verbessern (nach C. S. Beck, USA). [18]

Myokarditis ⟨*griech*⟩ *f:* Erkrankung des Herzmuskels, genauer des Myokards, die meist tox.-infektiös bedingt ist; patholog.-anatom. läßt sich eine seröse, parenchymatöse oder interstitielle Form der M. unterscheiden, doch kommt es zu Überschneidungen. Nicht selten ist die M. von einer Endokarditis oder Perikarditis begleitet. Die M. kann infolge Nachlassens der Herzkraft zur Herzinsuffizienz führen (muskuläre Herzinsuffizienz). [10]

M. mononucleosis: entzündliche Erkrankung des Herzmuskels bei der Monozytenangina oder infektiösen Mononukleose; histolog. finden sich im Herzmuskel herdförmige Ansammlungen von mononukleären Zellen u. Lymphozyten im Interstitium u. subendokardial. Elektrokardiograph. handelt es sich nach Wechsler u. Mitarb. meist um einen Außenschichtschaden. [21]

Myokardose ⟨*griech*⟩ *f* (Riesmann, 1929, Wuhrmann, 1950): nicht entzündlich bedingte Myokardveränderungen mit Manifestation an Muskelfasern u. Interstitium. Dazu führen Kreislauf- u. Ernährungsstörungen (Hypoxydose, Hypoproteinämie, Hypoglykämie, Hypovitaminose) sowie Stoffwechselstörungen (Intoxikationen, Thesaurismosen, Elektrolytstörungen, Dysproteinämien). Klin. imponiert ungenügende hämodynam. Leistungsfähigkeit des Herzens. [5]

Myokinase ↑Adenylatkinase. [8]

Myoklonie ⟨*griech*⟩ *f:* rasche, blitzartige, „elektriforme" Zuckungen in einzelnen Muskeln oder Muskelteilen mit meist geringem äußerem Bewegungseffekt. [33]

Myoklonusepilepsie ⟨*griech*⟩ *f* (Unverricht, Lundborg): Erbleiden mit häufigen, in fortgeschrittenen Stadien fast ständigen myoklon. Zuckungen (↑Myoklonie) u. epilept. Krampfanfällen, die in längeren Intervallen aufzutreten pflegen. Anatom. Veränderungen sind im Striatum, Thalamus, der Substantia nigra u. dem Nucleus dentatus des Kleinhirns festgestellt. [33]

Myokymie ⟨*griech*⟩ *f:* Muskelwogen; rhythm. wellenförmige Bewegungen an der Muskeloberfläche; ohne verwertbare diagnost. Bedeutung. [33]

Myolemma ⟨*griech*⟩ *n* ↑Sarkolemm. [2]

Myologie ⟨*griech*⟩: Lehre von den Muskeln. [1]

Myom ✻ **Myoma** ⟨*griech*⟩ *n:* gutartige Geschwulst aus Muskelgewebe. Je nach weiteren Gewebsanteilen bezeichnet man Fibro-, Adeno-, Rhabdo-, Leiomyom. [30]

M. laevicellulare ↑Leiomyom.

M. striocellulare ↑Rhabdomyom. [5]

M. uteri: gutartige Geschwulst der glatten Muskulatur des Uterus. Myomknoten haben rundliche Gestalt, treten meist an mehreren Stellen des Uterus gleichzeitig auf, wachsen verdrängend in Stecknadelkopfgröße bis über Mannskopfgröße. Je nach vorwiegendem Sitz werden submuköse, intramurale, subseröse u. intraligamentäre Myome unterschieden. Die jeweilige Form modifiziert die Symptomatik. In der Menopause tritt Rückbildung, Verkalkung, gelegentlich auch maligne Entartung zum Sarkom auf. [30]

Myomalacia cordis ⟨*griech, lat*⟩ *f:* Myomalazie des Herzens; „Herzmuskelerweichung". Prim. toxisch, entzündlich oder degenerativ verursachte Schädigung des Herzens, die zur Herzinsuffizienz führt; im engeren Sinne wird hierunter die ↑Herzmuskelentartung mit muskulärer Insuffizienz verstanden. [10]

Myomektomie ⟨*griech*⟩ *f:* operative Ausschälung von Myomen aus der Gebärmutter, auch Enukleation. [29]

Myometritis ⟨*griech*⟩ *f:* akute u. chron. Entzündung der Gebärmuttermuskulatur, meist im Gefolge von ↑Endometritis, bes. nach Geburten u. Fehlgeburten. [5]

Myometrium ⟨*griech*⟩ *n:* die aus glatter Muskulatur bestehende Gebärmutterwand. [30]

Myom|heber (Doyen): korkenzieherartiges Instrument, das in das Myom zur besseren Myomenukleation gebohrt wird. [25]

~herz: die häufig bei Myoma uteri beobachteten Herzveränderungen (meist in einer Herzvergrößerung bestehend). Ein ursächlicher Zusammenhang ist nicht ohne weiteres gegeben. [10]

myomotorisch: die Muskelbewegung betreffend. [33]

Myoparalyse ⟨*griech*⟩: Muskellähmung. [33]

Myopathien ⟨*griech*⟩ *f, Pl:* Zusammenfassender Begriff für alle Erkrankungen der Skelettmuskulatur. Dazu gehören: Dystrophia musculorum progressiva, Myotonia congenita (Thomsen), Dystrophia myotonica, Myasthenia gravis pseudoparalytica, paroxysmale Lähmung sowie symptomat. Myopathien bei endokrinen Leiden, Karzinomerkrankung usw.; im weiteren Sinne auch die Myositiden umfassend. [33]

Myopie ⟨*griech*⟩ *f:* Kurzsichtigkeit, *Adj* myop kurzsichtig; die Form der Refraktionsanomalien, bei der die Brechkraft des Auges zu groß ist, der Fernpunkt also im Endlichen vor dem Auge liegt. In der Mehrzahl der Fälle ein Prozeß des Längenwachstums, der mit dem Abschluß der Pubertät oder des Körperwachstums zum Stehen kommt u.

deshalb zu Unrecht als „Schulmyopie" bezeichnet wird. Ein kleiner Teil der Fälle ist nicht als einfache Variante des Längenwachstums des Bulbus u. Mißbildung zu betrachten, sondern ist ein Dehnungsprozeß („Dehnsucht"), der lebenslang fortschreiten kann u. dadurch zu Verdünnung der Augenhäute führt. Dabei treten gefährliche Schäden in der Aderhaut u. Netzhaut auf, nicht nur Verdünnungen, sondern auch Risse u. Blutungen. Die M. ist eine wichtige Ursache der Netzhautablösung u. von Makulaschäden (↑ „Vitium maculae"). [36]

Myoplasma ↑ Sarkoplasma. [8]

Myoplegia periodica ⟨*griech*⟩ *f:* nach Masern u. Scharlach auftretende Gliederlähmungen, die sich period. wiederholen u. stundenlang anhalten können. [5]

Myorelaxanzien ↑ Muskelrelaxanzien. [27]

Myorhythmie ⟨*griech*⟩ *f:* in gleichbleibenden Intervallen auftretende Zuckungen in einem Muskelgebiet; z. B. Nystagmus veli palatini, rhythm. Zusammenziehungen des Gaumensegels bei Herderkrank. i. d. Brückenhaube. [5]

Myosarkom ⟨*griech*⟩ *n:* von Muskelgewebe ausgehendes Sarkom. [25]

Myosiderin ⟨*griech*⟩ *n:* das nach Zerfall des ↑ Myoglobins, des roten Farbstoffes der Muskulatur, frei werdende Eisen, das als Pigment abgelagert werden kann. M. ist dem ↑ Hämosiderin verwandt. [5]

Myosiderose ⟨*griech*⟩ *f:* Ablagerung von ↑ Myosiderin bes. im Retikulo-histiozytären System; Vorkommen z. B. bei progredienter Muskeldystrophie. [5]

Myosin ↑ Muskeleiweiße. [8]

Myositis ⟨*griech*⟩: Muskelentzündung; Narbenstadium = Myositis fibrosa. [18]

M. epidemica ↑ Bornholmer Krankheit. [40]

M. ossificans circumscripta: umschriebene „Verknöcherung" von Muskeln durch Kalkeinlagerungen nach einmaligen starken Traumen (Kontusion) oder wiederholten leichteren Traumen (Reitknochen, Exerzierknochen).

M. progressiva: unaufhaltsam fortschreitende Verknöcherung der gesamten Skelettmuskulatur. (Mangelhafte Mesenchymdifferenzierung (angeboren) u. endokrine Störung). [18]

M. rheumatica: rheumat. Muskelentzündung; Bezeichnung des akuten ↑ Muskelrheumatismus, der sichere frisch entzündliche Symptome bietet. [13]

Myospasmus ⟨*griech*⟩: Muskelkrampf. [18]

Myospastische Reaktion: Wogen der Muskulatur u. Kontraktionsnachdauer während u. nach farad. Reizung, vor allem bei Krampuskrankheit; ↑ Krampus. [33]

Myostatik: das unwillkürliche Zusammenspiel der Körpermuskulatur zwecks Gewährleistung der Körperhaltung einschließlich der Innervationsbereitschaft für willkürlich innervierte Bewegungen. [1]

Myostatische Reaktion: das statische Zusammenwirken von Muskelgruppen. [1]

Myotome ⟨*griech*⟩ *n, Pl:* Muskelplatten; Anlage der metamer gegliederten quergestreiften Körpermuskulatur. Sie bilden sich aus den dorsal-lateralen Abschnitten der Urwirbel. [3]

Myotomie ⟨*griech*⟩ *f:* Muskeldurchschneidung, z. B. bei der Schieloperation oder bei angeborenem Schiefhals. [5]

Myotonie ✱ **Myotonia** ⟨*griech*⟩ *f:* unwillkürliche Fortdauer einer Kontraktion. Symptom verschiedener Muskelleiden. Nach willkürlicher (oder reflektor.) Anspannung eines Muskels (aber auch nach elektr. oder mechan. Reizung) erfolgt eine sekundenlange Nachkontraktion, so daß z. B. die kräftig geschlossene Hand nicht bzw. nur sehr langsam geöffnet werden kann. Die Störung ist offenbar im neuromuskulären Übergang lokalisiert.

M. atrophicans: besser Dystrophia myotonica (Curschmann-Steinert); Kombination von (oft nicht sehr ausgeprägter) M. mit dystroph. Veränderungen der Muskulatur der endokrinen Drüsen (Hodenatrophie, Amenorrhoe), des Ektoderms (Stirnglatzenbildung, Linsenstar) u. psych. Abbauerscheinungen, die oft zu einem sozialen Absinken führen. Das Wesen der oft familiären Erkrankung ist nicht endgültig geklärt. Nebennierenrindenhormone oder Ionenaustauscher bringen vorübergehende Besserung.

M. congenita = Thomsen' Krankheit: dominantes Erbleiden, dessen einziges Symptom die oft erhebliche ↑ Myotonie ist. Die meist männlichen, sonst gesunden Personen (der Erstbeschreiber Thomsen war selbst betroffen) bemerken schon in jungen Jahren die Unfähigkeit der Muskelentspannung, die vor allem bei plötzlichen Bewegungen in Erscheinung tritt u. z. B. bei raschem Gehbeginn zum Hinstürzen führen kann. Im Gegensatz zur ↑ M. atrophicans ist die Muskulatur meist gut entwickelt. [33]

Myotonische Reaktion: *Abk* MyoR; zuerst von Erb beschriebenes Verhalten der Muskulatur bei ↑ Myotonie gegenüber dem elektr. Strom. Bei farad. Reizung zeigt sich Nachdauer, bei galvan. (während des Stromschlusses) Andauer der Muskelkontraktion. Stärkere galvan. Durchströmung bewirkt mitunter ein rhythm. Undulieren des Muskels. [33]

myotrop ⟨*griech*⟩: auf die Muskulatur gerichtet. [2]

Myringektomie ⟨*griech*⟩: Herausschneiden des ganzen oder eines Teiles des Trommelfells. [28]

Myringitis *⟨griech⟩*: Entzündung des Trommelfells, sehr selten isoliert, fast ausschließlich durch Fortleitung entzündlicher Prozesse von der Paukenhöhle u. vom äußeren Gehörgang. [28]

Myringomykose: Pilzrasen auf dem Trommelfell, meist Mucor-Arten. [28]

Myringoplastik *⟨griech⟩*: Deckung von Trommelfellücken durch Verpflanzung von Hautläppchen, Faszie oder anderem Gewebe. [28]

Myringotomie *⟨griech⟩* ↑Parazentese. [28]

Myristinsäure: gesättigte Fettsäure $CH_3 \cdot (CH_2)_{12} \cdot COOH$, findet sich in den meisten tier. u. pflanzlichen Fetten als Glyzerinester. [8]

Myristizin: es ist zu 4% im Muskatnußöl enthalten. M. führt im Tierversuch zu zentraler Lähmung; Fische verfallen in einen reversiblen, narkoseähnlichen Zustand. Beim Warmblüter treten nach kleinen Dosen Halluzinationen auf, nach größeren Dosen werden narkot. Zustandsbilder beobachtet, die mit einer Hypothermie verbunden sind. In diesem Dosisbereich werden Leberschäden beobachtet. Außerdem wirkt M. ähnlich wie ↑Apiol, aber weniger stark u. wird deshalb mißbräuchlich als Abortivum verwendet. [44]

Myrizin: in Alkohol unlöslicher Bestandteil des Bienenwachses; besteht hauptsächlich aus dem Palmitinsäureester von Myrizylalkoholen C_{30}, C_{32} u. C_{34}. [8]

Myrizylalkohol: $CH_3(CH_2)_{29}CH_2OH$; kommt mit Palmitinsäure u. anderen Fettsäuren im Bienenwachs vor. M. ist vielleicht ein Gemisch. [8]

Myroxylon balsamum Pereirae = „duftender, pflanzlicher Saft des Holzes“: es ist die Stammpflanze des ↑Perubalsam, Balsamum peruvianum. Sie gehört zur Familie der Papilionaceen. Der echte Perubalsambaum kommt einzeln oder in Gruppen in 300–500 m hoch gelegenen Bergwäldern an der pazif. Küste Zentralamerikas vor. [44]

Mysophobie *⟨griech⟩ f:* abnorme Furcht vor Beschmutzung, sich durch Berühren von Gegenständen oder Personen zu infizieren; ↑Anankasmus. [34]

Mysost: ein in Skandinavien aus eingedickter Molke hergestellter „Molkenkäse“ von karamelartigem Geschmack; in Alpengegenden als Schottensick oder Molkenzig bekannt. [16]

Mytilit: Syn. Mytilitol, C-Methyl-scylloinosit; es kommt im Schließmuskel der Miesmuschel (Mytilus edulis) u. in Cionia intestinalis vor. [44]

Mytilotoxin: Giftstoffe der eßbaren Miesmuschel (Mytilus edulis); es ist ein Alkaloid, das in seinen Wirkungen u. seiner quantitativen Aktivität dem ↑Kurare entspricht. Die Vergiftungssymptome können exanthemat. Natur sein, choleriformes Gepräge haben oder/und paralyt. Gestalt annehmen. [44]

Myxadenitis labialis *⟨griech, lat⟩* ↑Baelz' Krankheit. [37]

Myxadenom *⟨griech⟩*: Adenom mit schleimiger Umwandlung seiner Grundsubstanz. [4]

Myxidiotie *⟨griech⟩*: infantiles Myxödem mit Kretinismus; ↑Myxödem. [12]

Myxochondrom *⟨griech⟩*: Mischgewächs, aus Schleim- u. Knorpelgewebe bestehend. [4]

Myxödem ✻ **Myxoedema** *⟨griech⟩ n:* schleimige Infiltration des Unterhautbindegewebes, wie sie sich bei einem Mangel bzw. Ausfall der Schilddrüsentätigkeit äußert. Letztere Form tritt bes. bei Frauen im Klimakterium auf. Die Haut ist gedunsen, gelblich, die Hände plump. Die Haare sind dünn u. brechen leicht. Im Ekg sieht man eine Niederspannung. Gelegentlich werden subfebrile Temperaturen sowie eine Anämie beobachtet. Psych. sind die Pat. oft uninteressiert, langsam, träge, energielos. Der Grundumsatz ist niedrig, der Cholesteringehalt im Serum stark erhöht, Wasser- u. Kochsalzretention. Bei angeborenem M. liegt Kretinismus vor. Die Behandlung besteht in Zufuhr von Schilddrüsenpräparaten. Bei ausreichender Therapie gute Prognose. [12]

M. circumscriptum: meist symmetr., manschettenartig die Unterschenkel umfassende Hautverdickung. Durch tiefe Follikelerweiterungen erscheint die Oberfläche höckrig u. wie ein Sieb. Kommt vor bei Basedow' Krankheit, aber auch unabhängig davon.

M. papulatum: sagoähnliche, verstreute oder gruppierte Papeln in der Haut. [43]

Myxo|fibrom: Mischgewächs, aus Schleim- u. kollagenem Bindegewebe bestehend.

~lipom: Mischgewächs aus Schleim- u. Fettgewebe. [4]

Myxom ✻ **Myxoma** *⟨griech⟩ n:* gutartige Geschwulst, aus Schleimgewebe bestehend. [25]

Myxo|myzeten *⟨griech⟩ m, Pl:* Schleimpilze. Primitive Organismen, bestehend aus vielkernigen Plasmamassen, die sich amöboid bewegen; bilden sporangienartige Fruchtkörper. [42]

~neurosis intestinalis membranacea *f:* nervös bedingter Schleimabgang unter Koliken in fetzenartiger (membranartiger) Ausstoßung bei bes. Formen des Dickdarmkatarrhs. [18]

~sarkom *n:* vom Schleimgewebe ausgehende bösartige Geschwulst. [25]

Myxoviren: Unterteilung in die Virusgruppen Influenza A, B u. C. Die Influenza-A-Viren sind in Stämme humaner, porciner, equiner u. aviärer Herkunft unterteilbar. Plötzliches Auftreten neuer Subtypen u. Antigenvarianten, die sich in kurzer Zeit verbreiten u. vollständig früher vorherrschende Stämme ersetzen. Das Influenzavirus besteht aus einem Nukleokapsid mit helikaler Symmetrie (Durchmesser 9 nm), umgeben von einer zusätzlichen Hülle mit zahlreichen Vorsprüngen (Spikes), von denen angenommen wird, daß sie die Hämagglutinine darstellen. Weiterhin enthält die äußere Hülle die Virusneuraminidase u. Bestandteile der Wirtszelle. Gesamtdurchmesser 80–120 nm. Das Nukleokapsid besteht aus RNS u. Protein, die Enveloppe aus Proteinen u. Lipiden. Gewöhnlich sind Myxoviren sphärisch, doch ist eine Pleomorphie (filamentöse Formen) nicht selten. Studien bei Replikationszyklus mit Influenzaviren erbrachten den Nachweis der Penetration der Virus-RNS in den Zellkern, während das Virus-Protein im Zytoplasma verbleibt. Synthese des gruppenspezif. S-Antigens im Zellkern, des stammspezif. V-Antigens im Zytoplasma der Wirtszelle. Influenzaviren sind sensibel gegenüber Temperaturen über 38 °C, sichtbarem Licht, UV, *p*H unter 5,2 u. über 7,8, Äther, Formalin u. Na-Desoxycholat. M. besitzen die Fähigkeit, Erythrozyten verschiedener Tierspezies u. des Menschen zu agglutinieren. Humane Influenzaviren stellen die hauptverantwortlichen Erreger für respirator. Erkrankungen des Menschen mit epidemieartigem Charakter dar. Animale Influenzaviren besitzen unterschiedliche epizootolog. Bedeutung. Die Schutzimpfung stellt bisher die einzig begründete Maßnahme zur effektiven Beeinflussung der Influenza dar. [50]

Myxoxanthin: 4-Keto-β-Carotin, Syn. Echinenon $C_{40}H_{24}O$; ist ein Provitamin A. Vorkommen in Seeigeln u. Rotalgen. [16]

Myzel ✱ **Mycelium** ⟨*griech*⟩: das Hyphengeflecht der Pilze; ein System sehr feiner, bes. reich verzweigter, farbloser Fäden im organ. Substrat, z. B. im Humusboden des Waldes. [56]

~hefen: Hefen, die außer der Sprossung gelegentl. zu längeren, myzelartigen Fäden auswachsen, bes. bei der Askusbildung. [42]

Myzeten ⟨*griech*⟩ *m, Pl:* Pilze. [56]

Myzetismus: Pilzvergiftung. [9]

Myzetom ✱ **Mycetoma** ⟨*griech*⟩: 1. Organe oder Zellgruppen in Tieren, die der Beherbergung u. Ernährung symbiont. Pilze u. Hefen dienen; 2. ↑ Madurafuß; 3. Symbionten beherbergendes bes. Organ z. B. bei blutsaugenden Insekten, welche endosymbiont. Mikroorganismen obligator. beherbergen (z. B. Läuse). [58]

MZK: *Abk* für maximal zulässige Konzentration. [59]

N

N.: (anatom.) *Abk* für Nervus, Nerv; *Pl* Nn.: *Abk* für Nervi. [1]

N: chem. Symbol für ↑Stickstoff (Nitrogenium). [8]

n: 1. Vorsatzsilbe Nano- = 10^{-9}. [8] 2. (physikal.) Symbol für ↑Neutronen. [54]

n-: 1. Verbindung mit normaler (unverzweigter) Kohlenstoffkette; [2] 2. in der Titrimetrie Normallösung. [8]

Na: chem. Symbol für ↑Natrium. [8]

Nabel ⟨*ahd* nabulo⟩ *m* = Umbilicus ⟨*lat*⟩ = Omphalos ⟨*griech*⟩: die einzige physiolog. Narbe auf der Mitte des Bauches als Rest des Nabelschnuransatzes. [1]

Nabel|blutung: bei Neugeborenen durch Lockerung der Nabelschnurunterbindung oder später bei Entzündung, hämorrhag. Diathese, Sepsis, Syphilis auftretende Blutung aus den Nabelgefäßen. [29]

~bruch = Hernia umbilicalis: Vorstülpung des Bauchfells zum Bruch durch den Nabelring, wenn dieser nach Nabelschnurabfall nicht narbig fest verschlossen ist oder diese Narbenplatte nachträglich erweitert u. vorgewölbt wird.

~entzündung: Komplikation bei der Abstoßung des Nabelschnurrestes beim Neugeborenen durch Entzündung.

~fistel: 1. Hemmungsmißbildung infolge unvollständiger Obliteration des Ductus omphaloentericus oder des Urachus; 2. nach Eiterdurchbruch bei Nabelentzündungen oder gelegentlich bei eitriger Peritonitis (Pneumokokkenperitonitis). [18]

~gefäßprobe: H. Jankovich, Debrecen, gab 1940 als neue Lebensprobe die Sondierung der Nabelschlagadern bis zum Nabelring bzw. die Durchströmung der Nabelgefäße mit Wasser an. Bei Totgeburten bleiben die Nabelgefäße offen, während bei Lebendgeburten eine Kontraktion vorliegt. [52]

~granulom ↑Fungus umbilicalis.

~hernie ↑Nabelbruch.

~koliken (Moro, 1913): Leibschmerzen sine materia (Kleinschmidt); rezidivierende, kolikartige Leibschmerzen mit Lokalisierung in die Nabelgegend. Sie werden von Leibschmerzen mit organ. Ursache, z.B. Ileitis terminalis catarrhalis, Schleimhautentzündungen u. Ulzera im Bereich des Magens u. Duodenums, tuberkulösen u. nicht tuberkulösen mesenterialen Lymphknotenentzündungen, Dickdarmaffektionen u.a. als solche ohne faßbare organ. Ursache abgegrenzt. Sie treten meist bei psycholabilen Kindern bzw. Neuropathen auf u. werden häufig durch ausgedehnte Spasmen im Dünn- u. Dickdarm hervorgerufen. Bisweilen stellen sie Migräne- oder Epilepsieäquivalente dar. [32]

Nabelschnur = Funiculus umbilicalis: sie ist bei der Geburt 48–60 cm lang, etwa 1,5 cm dick u. meist spiralig gedreht. Sie weist einen Überzug von Amnion auf, der am Nabel des Fetus in die Bauchhaut übergeht. Die N. enthält die beiden Aa. umbilicales, die das fetale Blut zur Plazenta bringen, u. die Vena umbilicalis, in der das Blut von der Plazenta zum Fetus geleitet wird. Außerdem befinden sich in ihr die Reste des obliterierten Allantoiskanals sowie des Ductus omphalomesaraicus. Ausgefüllt wird die Nabelschnur von der ↑Wharton' Sulze. [7]

~bruch ↑Hernia funiculi umbilicalis. [32]

~geräusch: den fetalen Herztönen synchrones Zischgeräusch, welches mitunter bei Nabelschnurkompressionen (Knoten, Umschlingung) gehört wird.

~knoten: echte Knoten der Nabelschnur entstehen, wenn in frühen Schwangerschaftsmonaten der Fetus durch eine Nabelschnurschlinge schlüpft. Bei kurzer Nabelschnur kann der Knoten dem Fetus u.U. durch Zuziehen verhängnisvoll werden. Falsche N. sind Gefäßknäuel oder Verdickung der Sulze; sie treiben die Nabelschnur lokal auf u. erwecken den Anschein eines Knotens.

~umschlingung: häufiges, meist ungefährliches Vorkommnis. Umschlungen sein kann jeder Teil des Kindes, häufig der Hals. Gefahr für das Kind beim Zuziehen der Schlinge bei kurzer Schnur u. in der Austreibungsperiode.

~vorfall: beim Blasensprung oder später kann ein Teil der Nabelschnur unter ungünstigen Bedingungen (vorangehender Teil dichtet Beckeneingang nicht ab!) aus dem Muttermund herausgleiten u. wird vom nachfolgenden Kind gegen den Beckenrand gequetscht; akute Gefahr für das Kind. Sofortige Maßnahmen durch den Geburtshelfer erforderlich (meist rasche Entbindung, ggf. ↑Sectio, gelegentlich Reposition der Nabelschnur möglich).

~vorliegen: Nabelschnur liegt bei noch nicht gesprungener Fruchtblase vor oder neben dem vorangehenden Teil. Kann gefährlich gequetscht werden, führt meist beim Blasensprung zum ↑Nabelschnurvorfall. [29]

~zeichen: Lösungszeichen der Plazenta vermittels der Nabelschnur. 1. Ahlfeld' Zeichen: Vorrücken eines unmittelbar in Höhe der Labien an der Nabelschnur befestigten

Bändchens; 2. Küstner' Zeichen: tiefes Eindrücken über der Symphyse läßt die Nabelschnur sich nicht mehr zurückziehen; 3. Straßmann' Zeichen: Klopfen am Fundus ist an der Nabelschnur nicht mehr in Form einer Fluktuationswelle tastbar; 4. Klein' Zeichen: beim Pressen rückt die Nabelschnur etwas aus der Vagina heraus, zieht sich aber nicht mehr zurück. [29]

Naboth, Martin (1675–1721), Arzt, Leipzig. Nach ihm benannt die Ovula Nabothi, bläschenförmige Erweiterungen der Gebärmutterhalsdrüsen (Glandulae cervicales uteri); wurden von Naboth fälschlich für Eier des Menschen gehalten. [2]

Nachbilder: subjektive Sehwahrnehmungen, die noch andauern, wenn das Objekt verschwunden ist oder die Augen geschlossen sind oder der Raum verdunkelt ist. „Positive" N. haben die gleiche Farbe, „negative" N. die Gegenfarbe des Objektes. Letztere bewirken auch den „Sukzessivkontrast". N. können sich mehrfach wiederholen, das erste wird als Hering' N., das zweite als Purkinje' N. bezeichnet. [36]

Nachblutung: 1. (geburtshilflich) Nachblutung nach Geburt u. Fehlgeburt; durch Atonie (früh) oder Entzündung (spät) verursachte Blutung aus der Gebärmutter. Oft durch zurückgebliebene Plazentareste verursacht; 2. (chirurg.) Blutung aus dem Operationsgebiet nach Abschluß der Operation oder nach einer Verletzung, wenn in der Zwischenzeit die Blutung zum Stillstand gekommen war. Die frühe N. kommt nach wenigen Stunden oder Tagen durch Gerinnungsstörung, durch Lösung eines Verschlußthrombus oder einer Gefäßligatur zustande. Die späte N. nach 2–3 Wochen wird meist durch Gefäßarrosion infolge eines Fremdkörpers (Drain, Geschoß) oder einer eitrigen Entzündung verursacht. [18]

Nachgeburt ↑ Plazenta. [31]

Nachgeburts|blutung: beträgt im normalen Fall 250–500 ml; ↑ Nachblutung. Blutung in der Nachgeburtsperiode (Zeit der Lösung u. Ausstoßung der Plazenta).

~periode: Zeit nach der Geburt des Kindes bis zur Ausstoßung der Plazenta (Nachgeburt) u. noch zwei Stunden danach. Bedarf sachkundiger Überwachung wegen der Blutungsgefahr. Aktive Leitung: medikamentöse Unterstützung der Uterustätigkeit nach Geburt des Kopfes, dadurch wird nach der Geburt des Kindes eine Dauerkontraktion erzielt, so daß die Plazenta mit dem Credé-Handgriff herausgedrückt werden kann. Als prophylakt. Vorgehen bei Atoniegefahr (belastete Vorgeschichte, Zwillinge, Hydramnion usw.) sehr bewährt. Neuerdings von einigen Geburtshelfern als obligator. Maßnahme empfohlen; Vorteile: Minderung der Nachgeburtsblutung; Nachteile: vermehrte Plazentaretention mit häufiger operativer Plazentaentfernung. [29]

Nachhirn ↑ Medulla oblongata. [1]

Nachimpfung: sie wird vorgenommen, sofern die Erstimpfung gegen Pocken zu keiner klin. feststellbaren Impfreaktion führte. Nicht ident. mit ↑ Wiederimpfung. [40]

Nachladetechnik = Afterloading ⟨*engl*⟩: (radiolog.) eine Technik der Strahlentherapie mit Radionukliden, vorwiegend mit Caesium 137 oder Iridium 192. Ähnlich wie bei der interstitiellen Strahlentherapie wird ein radioaktiver Strahler hoher Aktivität an den Herd gebracht. Die Quelle wird dabei aus einem Container mit Preßluft in vorbereitete Schläuche gedrückt. Die Strahlenbelastung ist dabei für das Personal außerordentlich gering. Infolge der hohen Dosisleistung der Quelle ist die Bestrahlungszeit (Liegedauer) stark herabgesetzt, so daß es auch möglich ist, fraktioniert zu bestrahlen. [0]

Nachnystagmus: wenn eine Drehbewegung plötzlich angehalten wird, macht sich ein ↑ Nystagmus an den Augen bemerkbar, der die entgegengesetzte Richtung des vorher gegebenen aufweist; ↑ Drehnystagmus. [7]

Nachpotentiale: in der ↑ Repolarisationsphase eines ↑ Aktionspotentials, also bei Rückkehr der Potentialspitze auf den Ausgangswert des Membranpotentials einer Nervenfaser, Nervenzelle oder Muskelzelle treten Nachschwankungen auf, zuerst in einer stärkeren Polarisation bestehend (pos. Nachpotential), anschließend in einer leichten ↑ Depolarisation bestehend (neg. Nachpotential), manchmal auch umgekehrt. Mit diesen Schwankungen sind Erregbarkeitsänderungen der Membran verbunden (zuerst vermindert, dann erhöht). [7]

Nachstar = Cataracta secundaria ↑ Katarakt. [36]

Nacht|angst ↑ Pavor nocturnus. [33]

~blindheit ↑ Hemeralopie. [36]

~klinik: dient (wie die Tagesklinik) der psychiatrischen Nachsorge für psychisch Kranke, die aus der stationären Behandlung entlassen sind und bei denen ambulante ärztliche Behandlung allein nicht ausreicht.

~larvenfilarien: Microfilaria nocturna, die nachts im peripheren Blut nachweisbaren Larven von ↑ Wuchereria bancrofti. [58]

~myopie *f:* das emmetrope Auge vereinigt auf der Netzhaut nur Strahlen von derjenigen Wellenlänge, die dem maximalen Helligkeitswert im Spektrum beim Tageslicht entsprechen, d.h. gelbe. Im Dämmerungssehen sind Strahlen kürzerer Wellenlänge – um 450 mm – maßgebend. Diese werden stärker gebrochen u. daher vor der Netzhaut vereinigt. Das Auge steht nun unter den Bedingungen der Myopie. Der Wert derselben beträgt ungefähr 0,4 D. Hinzu kommt, daß wahrscheinlich das ruhende Auge, das nicht scharf fixiert, nicht genau emmetrop ist, weil die sympath. Fernakkommodation nicht zum Tragen kommt. Ähnliche Faktoren dürften auch die sog. ↑Weltraummyopie verursachen. [36]

~sanatorium: halbstationäre Einrichtung des ↑Betriebsgesundheitswesens in der DDR, in der Werktätige ärztlich, pflegerisch u. kulturell betreut werden, ohne ihre berufliche Arbeit zu unterbrechen. Einweisung nach ärztlicher Indikation bei bestimmten geeigneten Krankheitsgruppen, bei denen keine stationäre Behandlung notwendig, aber Betreuung zur Festigung der Gesundheit oder Vermeidung von Rückfällen erforderlich ist. [48]

~sichtigkeit ↑Nyktalopie. [36]

~wandeln: auch Somnambulismus, Schlafwandeln, Noktambulismus, hypnagoger ↑Dämmerzustand; (aus dem Schlaf kommend, wieder in ihn übergehend), unvollkommenes Erwachen, in dem z. T. auch komplizierte Bewegungen sicher ausgeführt werden mit nachfolgender Amnesie. Bei Psychopathen (vor allem epileptoiden), Postenzephalitikern, auch Epileptikern. [34]

Nachwehen: Wochenbettwehen; 2–3 Tage nach der Entbindung fortdauernde, bei Mehrgebärenden oft recht schmerzhafte Kontraktionen der Gebärmutter; beim Stillakt meist verstärkt. [29]

Nacken|schwäre, schwielige ↑Folliculitis nuchae. [43]

~steifigkeit ↑Opisthotonus.

~stich ↑Subokzipitalpunktion.

~zeichen ↑Brudzinski' Nackenzeichen. [33]

NaCl: (chem.) Formel für Natriumchlorid (Natrium chloratum) = ↑Kochsalz. [8]

NAD: *Abk* für ↑Nikotinsäureamid-adenin-dinukleotid; früher DPN; oxydierte Form: NAD, reduzierte Form: $NADH_2$. Die Schreibweise für die Reduktion von NAD (dasselbe gilt für ↑ NADP) wird verschieden gehandhabt, und zwar nach

$$1\quad NAD \underset{-H_2}{\overset{+H_2}{\rightleftharpoons}} NADH_2;$$

$$2\quad NAD \underset{-H_2}{\overset{+H_2}{\rightleftharpoons}} NADH + H^+;$$

$$3\quad NAD \underset{-H_2}{\overset{+H_2}{\rightleftharpoons}} \text{reduz. NAD}$$

(z. B. nach EC 1.1.1.2 Alkohol + NADP → Aldehyd + reduziertes NADP). In der oxydierten Form liegt der Ring-Stickstoff des Nikotinsäureamids (das ein Derivat des Pyridins ist) als Pyridiniumkation mit 5wertigem N (wie im $N^+H_4OH^-$) vor. Bei der Hydrierung (Reduktion) wird der Pyridinring hydriert, der N wird 3wertig, wobei er seine positive Ladung verliert, die von einem Atom H als H^+ übernommen wird. Die $[H^+]$ der Reaktionslösung nimmt also zu. Hier wird die Formulierung nach 1. bevorzugt, da sie satztechnisch u. sprachlich einfacher u. kürzer als die nach 2. und 3. ist. Die Formulierung nach 2. entspricht ferner formal dem Reaktionsschema der Flavinenzyme (FMN u. FAD), wo beide H-Atome direkt an 2 N-Atome des Flavon- (oder Isoalloxazin-) Ringsystems (das als Derivat des Benzopteridins aufgefaßt werden kann) angelagert werden, u. zwar infolge der Verschiebung von 2 Doppelbindungen. Die Schreibweise für die Reduktion des Flavin-adenin-dinukleotids

$$FAD \underset{-H_2}{\overset{+H_2}{\rightleftharpoons}} FADH_2$$

ist auch chem. formal richtig. [8]

Nadel: Spezialinstrument für chirurg. Nähte. Dreikantige, sog. scharfe N. für Nähte in festen Geweben, wie Haut, Faszie; runde N. für zarte Gewebe, bes. bei der Magen-Darm-Naht verwandt; gebogene N. für Nadelhalter u. gerade N. für fortlaufende Nähte mit der Hand; atraumat. N. spez. zur Gefäßchirurgie; hier ist der Faden fest in das öhrlose Nadelende eingefügt, ohne daß es zu einer Fadenduplikatur am Öhr kommt, durch die der Stichkanal vergrößert u. dadurch undicht wird. [18]

~biopsie: Entnahme eines Gewebszylinders durch einfache Probepunktion oder Probebohrung mit rotierender Hohlnadel mit anschließender Aspiration. [25]

Nadelhalter: 1. Instrument zur Führung der Nadel bei der chirurg. Naht; die gebräuchlichsten sind die nach Hagedorn, Hegar, Zweifel; 2. Instrument zum Halten der Nadel oder Öse bei mikrobiolog. Arbeiten. Gebräuchlich der N. nach Kolle. [18]

Nadireaktion: enthält α-**Na**phthol u. **Di**methyl-p-phenylendiamin; ist eine ↑Oxydasereaktion. [44]

NADP: *Abk* für Nikotinsäureamid-adenin-dinukleotid-phosphat; früher TPN, oxydierte Form: NADP; reduzierte Form: $NADPH_2$; ↑NAP. [8]

Naegele, Franz Karl (1777–1851), Gynäkologe, Heidelberg.

N' Becken: schrägverengtes Becken mit Fehlen bzw. Unterentwicklung eines Kreuzbeinflügels.

N' Obliquität ↑ Asynklitismus.
N' Regel ↑ Schwangerschaftsdauer.
N' Zange: geburtshilfliche Zange, besteht aus zwei Blättern, die sich im Schloß kreuzen. Die den Kopf des Kindes fassenden gefensterten Zangenlöffel haben eine zweifache Krümmung; einmal konkav, um sich dem Kopf anzuschmiegen, u. zum anderen eine Aufwärtsbiegung vom Schloß bis zur Spitze des Löffels, so daß die Achse der Zange ähnlich der Beckenachse gekrümmt ist. Diese letztere Krümmung fehlt den geraden Modellen (z. B. nach Kjelland). [29]

Naegeli, Otto (1871–1938), Internist u. Hämatologe, Zürich.
N' Syndrom: Syn. Naegeli' Trias; charakterist. Begleiterscheinung bei schwerer dekompensierter perniziöser Anämie, bestehend aus 1. megalozytärem rotem Blutbild; 2. Leukopenie mit Übersegmentierung der neutrophilen Granulozyten u. 3. mäßig starker Thrombopenie. [11]

Naevo-Xantho-Syndrom: Syn. Fibroxanthoma juvenile; kongenitales Xanthom; generalisierte, gutartige nävusartige Xanthomatose des jungen Säuglingsalters. Schubweise Entwicklung von anfangs makulopapulösen Hautinfiltraten von Stecknadelkopf- bis Pfenniggröße während der ersten Lebensmonate; gelegentlich sind die Hautknoten auch bereits vor der Geburt vorhanden. [32]

Naevus ⟨*lat*⟩ *m:* Nävus; Muttermal; heute weitgefaßter Begriff. Es handelt sich um umschriebene, anlagebedingte oder erbliche Fehlbildungen der Haut, die unter dem Bilde eines Zuviel oder Zuwenig von Gewebsmaterial erscheinen. Sie bestehen teils schon bei der Geburt oder treten später auf. Angeordnet sind sie oft entlang den ↑ Voigt' Grenzlinien der Haut.
N. albus: runder oder ovaler Nävus, der durch völliges Fehlen des Pigments charakterisiert ist.
N. anaemicus: durch Gefäßhypoplasie bedingte umschriebene Weißfärbung der Haut.
N. araneus: Spinnenweben-Nävus („Spider") von kleinem zentralem, knopfförmig. Blutgefäß gehen Radiärgefäßreiserchen aus. [43]
N. coeruleus: im Säuglingsalter in der Kreuzbein- oder Gesäßgegend vereinzelt vorkommende bläuliche Flecke, die keine pathognomon. Bedeutung haben u. verschwinden, sobald die Haut dicker wird. [32]
N. congenitus: angeborener Nävus.
N. elasticus: Vermehrung der elast. Fasern in der Haut.
N. flammeus = Naevus vasculosus: Feuermal; flacher Gefäß-Nävus; meistens schon bei der Geburt vorhanden. Keine spontane Rückbildung. Farbe ist heller oder dunkler, je nach mehr oberflächlichem oder tieferem Sitz, oft segmentale, systematisierte Anordnung. Beziehungen zu den ↑ Phakomatosen (↑ Klippel-Trenaunay-Weber-Syndrom, ↑ Sturge-Weber-Syndrom, ↑ Hippel-Lindau-Syndrom); ↑ Hämangiom.
N. junctionalis ↑ Compound-Naevus.
N. linearis: strich- oder streifenförmig angeordneter, manchmal stärker pigmentierter oder warzenähnlicher Nävus ↑ Voigt' Grenzlinien.
N. maternus: Muttermal.
N. morus: N. von maulbeerartiger Oberfläche.
N. multiplex ↑ N. sebaceus.
N. naevocellularis: aus Nävuszellen zusammengesetzter Nävus. Histogenese der Nävuszellen umstritten, vermutlich vom Nervensystem ausgehend. Runde, kugelige bis kubische, den Stachelzellen, Schwann' Zellen oder Fibroblasten ähnelnde Zellen.
N. neuroticus ↑ N. linearis.
N. osteohypertrophicus ↑ Klippel-Trenaunay-Weber' Syndrom.
N. leukopigmentosus: um einen Pigment-Nävus besteht eine helle, depigmentierte Zone mit leicht überpigmentiertem Rand, multiples Auftreten (Vitiligo perinaevica, Morbus Sutton).
N. pigmentosus: häufigster Nävus, fast bei jedem Menschen vorhanden. Mehr oder weniger erhabene, papulöse bis tuberöse, oft papilläre weiche Gebilde, die sich aus Nävuszellen u. Pigmentzellen evtl. mit stärkeren Haaren zusammensetzen. Nävuszellen können noch mit der Epidermis Kontakt haben (N. junctionalis, Compound-Naevus). Selten Übergang in malignes ↑ Melanom. Kleine Pigmentmäler werden auch als Linsenflecke oder Leberflecke (↑ Lentigo) bezeichnet.
N. pilosus: Pigment-Nävus, in dem als weitere Bestandteile Haare auftreten; erreichen oft sehr große Ausdehnung u. werden dann mit Tierfell-N. (N. pellinus) oder entsprechend dem Sitz als Schwimmhosen-N. bezeichnet.
N. sebaceus: Nävus, der aus den Zellelementen der Talgdrüsen hervorgeht. Er bildet kleine Knötchen oder Platten, oft an der Haut der Wangen; ↑ Adenoma sebaceum.
N. stellatus ↑ N. araneus.
N. spilus: Pigment-Nävus von Linsen- bis Handtellergröße, der bei kaum infiltrierter Haut eine glatte Oberfläche hat. Begrenzung ist rund, oval oder unregelmäßig gezackt.
N. systematicus: meist halbseitig, aber auch doppelseitig in bestimmter Linienführung angeordneter Nävus, oft vom Charakter des N. verrucosus.
N. tardus: lange nach der Geburt entstehender Nävus von mehr oder weniger dunkler Farbe u. manchmal höckriger Oberfläche.

N. vasculosus ↑N. flammeus.
N. verrucosus: N. pigmentosus mit höckriger, warzenartiger oder zerklüfteter Oberfläche (maligne Entartung möglich). [43]

Naffziger, Howard, Christian, zeitgen. Chirurg, San Francisco.
N' Syndrom ↑Halsrippensyndrom.
N' Zeichen: beim Bandscheibenprolaps wird Ischiasschmerz durch Druck auf die Venae jugulares angegeben. [23]

Nagana (eigentl. N' gana): durch ↑Tsetsefliegen übertragene Trypanosomenseuche bei (Wild- u.) Haustieren in Afrika (↑Schlafkrankheit); verhindert Viehzucht in den Hauptverbreitungsgebieten Afrikas; Erreger *Trypanosoma brucei.* [58]

Nagel, Willibald (1870–1911), Physiologe, Rostock. Entwickelte Adaptometer, Anomaloskop, Farbengleichungsapparat (Nagel-Köllner), Tafeln zur Untersuchung des Farbensinnes (Nagel–Vierling). [36]

Nagel = Unguis ⟨*lat*⟩: Hornplatte, die die Streckseiten der Endphalangen der Finger u. Zehen bedeckt. Sie wachsen vom hinteren Nagelfalz nach vorn; an den Fingern entwickeln sie sich in 4–5, an der großen Zehe in 12 Tagen. [7]
N., eingewachsener ↑Unguis incarnatus. [43]

Nagel|band ↑Meess' Nagelband. [43]
~bett = Hyponychium bzw. Matrix unguis: der Teil der Kutis, auf dem der Nagel von der Nageltasche nach vorn wächst. [1]
~brüchigkeit: tritt bei Simmond' Kachexie, Hyperthyreose, Hyposiderose, Hypoparathyreoidismus, Eisenmangel u. peripheren Durchblutungsstörungen auf. [43]
~extension ↑Steinmann' Nagel. [18]
~extraktion: operative Entfernung von Finger- oder Zehennägeln bei Nagelbetteiterung oder Nagelerkrankungen. [18]
~mykosen: durch ↑Dermatophyten, meist Trichophyton-Arten hervorgerufene Nagelinfektion; spezif. Therapie durch Griseofulvin$^{\square}$; ↑Dermatomykosen. [40]
~puls ↑Kapillarpuls. [10]

Nagelung ↑Knochennagelung. [23]

Nagelwurzel: Teil des Nagels, der unter der Haut liegt. [43]

Nageotte, Jean (1866–), Anatom, Paris.
N' Stelle: diejenige Partie des Nervensystems, an der die vordere u. hintere Wurzel eine gemeinsame Durascheide haben. Von N. als Ausgangspunkt der Hinterstrangdegeneration bei Tabes dorsalis angenommen; ↑Redlich-Obersteiner' Zone. [33]

Nahbestrahlung ↑Strahlentherapie, ↑Chaoul' Nahbestrahlung. [26]

Nahpunkt = Punctum proximum: der den Augen am nächsten liegende Punkt, in dem bei stärkster Akkommodation eben noch deutlich gesehen werden kann, d.h. noch ein scharfes Bild auf der Netzhaut entworfen wird. Durch die ↑Presbyopie (Alterssichtigkeit) rückt der Punkt im Laufe des Lebens in immer weitere Entfernung vom Auge. Nach Duane beträgt die Akkommodationsfähigkeit in Dioptrien im Alter von

8 Jahren	13,8 Dioptrien,
16 Jahren	12,0 Dioptrien,
24 Jahren	10,2 Dioptrien,
32 Jahren	8,2 Dioptrien,
40 Jahren	5,8 Dioptrien,
48 Jahren	2,5 Dioptrien,
56 Jahren	1,5 Dioptrien,
64 Jahren	1,1 Dioptrien.

Unter der Voraussetzung genauer Emmetropie ergibt sich der N. durch einfache Umrechnung. Bei Brechungsfehlern verändert er entsprechend seine Lage. [36]

Nähr|agar *m od n* ↑Nährböden. [42]
~böden: feste oder flüssige Stoffe zur Bakterien- u. Pilzzüchtung, aus denen die Keime ihre Nahrung ziehen, z.B. Bouillon, Gelatine, Blut, Serum, Kartoffelscheiben u.a. [42] N., polytrope: Nährböden, deren Zusammensetzung den Nachweis mehrerer Stoffwechselleistungen eines Bakteriums nebeneinander im gleichen Nährboden ermöglicht, z.B. Kligler's Eisenagar bei der Salmonellendiagnostik. [47]
~hefe: Hefe, die zu Futterzwecken verbraucht oder industriell auf Nährmittel oder Therapeutika, z.B. Vitaminpräparate, weiterverarbeitet wird. [42]
~klistier *n:* Einführung von Wasser mit löslichen Nahrungsstoffen in den Mastdarm. Auf diese Weise können allerdings selbst unter günstigen Bedingungen nur 1/3 bis höchstens 1/2 der notwendigen Kalorienmenge dem Organismus zugeführt werden; ↑Ernährung, parenterale. [7]
~klysma ↑Nährklistier. [18]
~mittel: industriell hergestellte Erzeugnisse aus tier. oder pflanzlichen Ausgangsstoffen, oft unter Anwendung physikal., chem. oder biochem. Aufschlußverfahren; enthalten wichtige Nährstoffe, evtl. Wirkstoffe in angereicherter bzw. in leicht verdaulicher u. leicht resorbierbarer Form. Man unterscheidet Eiweiß-, Kohlenhydrat-, Fett-, Vitaminpräparate usw., oft in geeigneter Mischung; diätet. Nährmittel für Säuglinge, Schwangere, Stillende, Genesende usw. [16]
~schaden (Czerny u. Keller): durch Fehlernährung der Säuglinge entstehende, meist chron. Erkrankung; z.B. ↑Milch- u. Mehlnährschaden. [32]

Nährstoffe: im chem. Sinne alle Bestandteile der Lebensmittel, die Wachstum, Erhaltung, Fortpflanzung u. Funktionstüchtigkeit des Organismus gewährleisten. Hauptnährstoffe sind die Fette (Lipide),

Proteine u. Kohlenhydrate, die vor allem Baustoffe u. Energieträger sind; zu den Nährstoffen sind auch Vitamine, Mineralien u. das Wasser zu rechnen. Proteine sind in mehrfacher Funktion Energieträger sowie Bau- u. Wirkstoffe (Enzyme).

N., akzessorische: Ergänzungsstoffe; jetzt allgemein als Vitamine bezeichnet.

N., Nutzwert: Syn. Ausnutzung. Von der analyt. ermittelten Menge der Nährstoffe in der Nahrung ist ein Teil (ausgenommen reiner Zucker wie Glukose, Rohrzucker sowie freie Aminosäuren) für den Organismus nicht zugänglich u. verwertbar. Dies gilt beim Menschen insbes. für pflanzliche Kost. Der Verlust beträgt bei animal. Kost etwa für Eiweiß 3%, Fett 4%, Kohlenhydrat 2%; er ist bei pflanzlicher Kost sehr wechselnd, etwa 25% bzw. 30% bzw. 8%. Bei 82% ausgemahlenem Roggen beträgt der Verlust z.B. an Kalorien 13,5%, an N 40%, bei grünen Erbsen 21% bzw. 29%. Unvollständig ausgenutzt werden auch viele Mineralien, z.B. Kalzium u. Phosphat, die in den Zellmembranen bzw. als Ca-phytat vorliegen, sowie Eisen, das im Blut u. in tier. Geweben vorwiegend als sehr stabiles Häm- u. Hämatineisen vorkommt. Das Verhältnis der im Darm resorbierten Nährstoffe zur Gesamtmenge der mit der Nahrung aufgenommenen Nährstoffe heißt ↑Ausnutzungsquotient. [8]

N., spezifisch-dynamische Wirkung: die bei der resorptiven Aufnahme insbes. von Proteinen erfolgende Steigerung des Stoffwechsels. Die SDW der Proteine hängt u.a. offenbar auch damit zusammen, daß nicht alle von der Verdauung aufgenommenen Aminosäuren zu körpereigenem Eiweiß fixiert werden können, da das den Zellen zuströmende Aminosäurengemisch hinsichtlich seiner essentiellen Faktoren niemals genau der Zusammensetzung der Zellproteine entspricht. Mithin verfallen nichtfixierte Aminosäuren der Glukoneogenese oder der Oxydation. Die vergleichsweise viel geringere SDW der Fette u. Kohlenhydrate erklärt sich dadurch, daß diese beim Anfluten im Blut körpereigene Substanzen im Energiewechsel vertreten bzw. speicherungsfähig sind. Die SDW wird im Mittel für Eiweiße mit 18–30, für Kohlenhydrate mit 4–9 u. für Fette mit 2–4% der mit der Nahrung aufgenommenen Kalorien angegeben u. führt zu Stoffwechselsteigerungen, die über 8h anhalten können. Die SDW ist jedoch auch abhängig von verschiedenen anderen Faktoren (Ernährungszustand, Arbeitsintensität, Zeitpunkt der Nahrungsaufnahme, Darreichungsform der Nahrung, Umgebungstemperatur). [7]

Nährwert: Maßstab für den Nährwert eines Lebensmittels, d.h. für seinen Wert als Bau- u. Betriebsstoff des Körpers, ist der Nähreffekt. Hinsichtlich des Wertes als Bau- u. Betriebsstoff (Energielieferant) gibt man den N. in Kalorien (kcal) an; man findet ihn aus der Zusammensetzung des Lebensmittels, indem man die physiolog. Brennwerte der Nährstoffe zugrunde legt; je 1g Kohlenhydrat u. Eiweiß 4,1kcal, Fett 9,3kcal, Alkohol 7,0kcal. Für essentielle Nährstoffe u. Mineralstoffe sowie für Wirkstoffe (Vitamine, Spurenstoffe) steht ein Maßstab nicht zur Verfügung.

~tabelle: statist. Material über die mittlere bausteinmäßige Zusammensetzung der Lebensmittel nach Nähr- u. Wirkstoffen mit Angabe des in Kalorien (kcal) ausgedrückten Brennwertes (Energiegehaltes). [16]

Nährzucker: Mischungen von Malzzucker u. Dextrin, die beim enzymat. Abbau der Stärke durch Diastase entstehen. Die Nährzucker haben nur geringe Süßkraft u. wirken im Darm gärungshemmend; werden in der Säuglingsernährung u. bei Rekonvaleszenz nach Durchfallserkrankungen angewendet. [16]

Nahrung: Gesamtheit der zum Verzehr zusammengestellten Lebensmittel, die Wachstum, Erhaltung u. Funktionstüchtigkeit des Organismus gewährleisten. [16]

Nahrungs|bedarf: Bedarf des Körpers an Nahrung bzw. an Nähr- u. Wirkstoffen (↑Vitamine), um normales Wachstum bzw. Körpergewicht u. Funktionstüchtigkeit sicherzustellen. Man gibt den täglichen Bedarf an den Hauptnährstoffen meist in % der erforderlichen Kalorien (kcal%) an u. verlangt als Norm, daß rund 55–60% durch Kohlenhydrate, 25–30% durch Fett, 10 bis 15% durch Eiweiß gedeckt werden; dies entspricht je Tag etwa 400–450g Kohlenhydrat, 70–80g Fett u. 80–90g Eiweiß; Gewichtsverhältnis also rund 5:1:1. Bedarf an Mineralstoffen u. Vitaminen wird gewichtsmäßig angegeben (↑Recommended Dietary Allowances).

~mittel: alle aus dem Tier- u. Pflanzenreich stammenden Stoffe oder Stoffgemische, die Wachstum, Erhaltung u. Funktionstüchtigkeit des Organismus sicherstellen; wesentlichste Bestandteile sind die ↑Nährstoffe u. die Wirkstoffe (↑Vitamine); daneben finden sich oft ↑Ballaststoffe. Dem Nahrungsmittel ist der Begriff ↑Lebensmittel übergeordnet.

~mittelvergiftung: in den Naturprodukten (frischer, unverdorbener Zustand) sind mitunter tox. wirkende Stoffe enthalten (Mutterkorn, Solanin in unreifen bzw. grünen Kartoffeln, rohe Bohnen mit tox. Eiweiß, giftige

Fische usw.). Lebensmittel können durch Mikroorganismen, Wurmeier verunreinigt sein (Typhus, Ruhr, Madenwurm, Spulwurm, Bandwurm). Von Vergiftung im eigentlichen Sinne spricht man, wenn die Nahrung von Bakterien zersetzt ist u. sich Gifte (Toxine) gebildet haben (Fischvergiftung, ↑Fleischvergiftung). Auch durch Anwesenheit zufälliger Fremdstoffe aus Verpackung, Gefäßen, Verarbeitung usw. stammend, können Vergiftungen hervorgerufen werden (Metallgifte, Bestandteile aus Plaststoffen, Rückstände von Schädlingsbekämpfungsmitteln usw.), Stickoxidhämoglobinämie bei Kleinstkindern nach Verabfolgung von mit Nitrat überdüngtem Gemüse (Spinat); ↑Lebensmittelvergiftung. [16]

~reflex: einer der unbedingten Reflexe bei Tieren. Nahrungsreflex u. Orientierungsreflex gehören nach Pawlow zu den am häufigsten ausgelösten u. stärksten Reflexen. Eine Fülle verschiedenartigster Reize der Außenwelt pflegt mit dem N. – unter Bildung bedingter Reflexe – verknüpft zu werden. [35]

~schlinger: das Verschlingen der Nahrung, ohne sie vorher zu zerkauen, ist unter den Wirbeltieren am deutlichsten bei Reptilien u. Schlangen ausgeprägt. Der Schlingakt ist phylogenet. an eine hohe Differenzierung der Mundboden-Zungen-Muskulatur gebunden. Bei Vögeln mit sek. rudimentärer Zunge (Pelikane, Störche u. a.) muß deshalb der Bissen erst durch eine Wurfbewegung im Schnabel schlinggerecht gelagert werden. Diese Hilfsbewegung kehrt unter den Säugetieren bei verschiedenen Karnivoren wieder. – Als Schlinger bezeichnet man unter Menschen hastige Esser, die sich aus einer nervösen Unruhe heraus keine Zeit zur Durchspeichelung der Bissen u. zum gründlichen Kauen gönnen. [37]

~stoffe ↑Nährstoffe. [16]

~verweigerung: bei Psychose, Vergiftungsfurcht (bei paranoider Psychose); durch Geschmackshalluzination (Schmecken von Gift im Essen bei Schizophrenie); durch Hemmung (im depressiven Stupor); aus Negativismus (bei Schizophrenie); bei Neurose, die mit hochgradiger Appetitlosigkeit einhergeht, z. T. in Verbindung mit innersekretor. Störungen, ↑Anorexia nervosa; als abnorme Erlebnisreaktion in der Haft. [34]

Naht: künstliche Vereinigung von Gewebsrändern, meist gleicher Art, zum Zwecke fester Fixation bis zur Verheilung. Dabei bedient man sich einer Stahlnadel mit Faden, die durch einen Nadelhalter oder die Hand geführt wird (↑Nahtmaterial). Man unterscheidet Einzelknopfnaht u. fortlaufende Naht, je nachdem ob der Faden nach jedem Durchstich geknüpft wird oder erst nach mehreren Durchstichen; ↑Kürschnernaht, ↑Bleiplattennaht. Je nach Gewebs- u. Organbeschaffenheit bes. Nahtmethoden, wie Gefäß-, Darm-, Sehnen-, Nieren-, Lebernaht usw. Eine bes. Art der Hautrandvereinigung stellt die Klammerung mit Metallklemmchen nach ↑Michel oder v. Herff dar. [18]

N., paraneurale: operative Vereinigung von Nervenenden durch ausschließliche Naht des den Nerven umgebenden Bindegewebes. [20]

N., seroseröse (Lembert, 1826): Nahtmethode in der Magen- u. Darmchirurgie, durch welche unter Fassen der Darmserosa (Bauchfellüberzug) beiderseits neben den Wundrändern diese eingestülpt werden, so daß eine Nahtsicherung durch das schnelle Verkleben der serösen, aneinander gelagerten Bauchfellflächen erfolgt.

N., verzögerte: bei Wunden, deren effektive Reinigung nach Wundtoilette zweifelhaft erscheint, erfolgt die Naht erst 24–28 h nach der Erstversorgung. Das gilt vor allem für buchtenreiche Wunden mit Gewebstrümmer durch teilweise Quetschung u. solche Verletzungen, die später als 8 h in die Hand des Arztes kommen u. unter Infektionsgefährdung stehen. [18]

Naht|granulom: Fremdkörpergranulom um nicht resorbierbares Nahtmaterial, charakterist. Fremdkörperriesenzellen. [4]

~material: zu unterscheiden ist 1. nicht resorbierbares Nahtmaterial wie Metalldraht, Zwirn, Natur- oder Kunstseide, Perlon, Nylon, in der Augenheilkunde Frauenhaare. Der Faden heilt unter mehr oder weniger starker Reaktion („gewebefreundlich" oder nicht) als Fremdkörper ein; 2. resorbierbares Nahtmaterial. Dieses wird nach einer gewissen Zeit vom Körper aufgelöst. Ausgangsprodukt ist tier. Herkunft: Katgut aus der Muskelschicht des Schafdarms, ↑Silk aus dem Seidenwurmdarm.

~methoden ↑Naht. [18]

Nalanane ⟨*afrik*⟩ *f:* in Afrika gebräuchliche Bezeichnung für ↑Schlafkrankheit. [40]

Nalorphin□ ↑N-allylmorphin. [44]

Namenszwang = Onomatomanie: zwanghaftes, oft mit Angstgefühl verbundenes Suchen nach Worten (Namen, Bezeichnungen, die nicht einfallen) oder zwanghaftes Sichaufdrängen von Worten, Namen wie auch Angstgefühl beim Aussprechen von Worten. Gehört zum ↑Anankasmus; bei Depressionszuständen, Psychopathie, auch Schizophrenie. [34]

Nanismus, Nanosomie ⟨*griech*⟩ *m, f* ↑Zwergwuchs. [5]

NAP: *Abk* für Nervenaustrittspunkte. [33]

Napfkucheniris: entsteht, wenn durch Verwachsung des gesamten Pupillenrandes das Kammerwasser, das aus der hinteren Augenkammer durch die Pupille in die vordere fließen soll, abgesperrt wird, u. dadurch die Iris ring- oder napfkuchenartig sich vorwölbt. Sek. Drucksteigerung ist fast immer die Folge; ↑Glaukom, Occlusio pupillae, Seclusio pupillae. [36]

Naphazolin□: 2-Naphthyl-l-methylimidazolin. Gefäßkontrahierendes Mittel zur Schleimhautabschwellung bei Rhinitis usw. Privin®.

Naphthalin: $C_{10}H_8$; aromat. Kohlenwasserstoff, besteht aus zwei kondensierten Benzolkernen. [42]

Naphthochinon: Chinon des Naphthalins. Das 1,4-Naphthochinon ist ein Bestandteil des Vitamins K. [8]

Naphthole: α- u. β-Naphthol; weißes Pulver, gut alkohol- u. fettlöslich; sie sind die den Phenolen entsprechenden Hydroxylverbindungen des Naphthalins u. seiner Derivate. β-Naphthol wirkt ähnlich wie Phenol; die bakterizide Wirkung ist stärker; wird leicht durch die Haut resorbiert; reizt die Nieren. Techn. sehr wichtige Substanz. [8]

β-Naphthylamin: stark karzinogen wirkende Substanz in der Anilinfarbenindustrie, verursacht fast ausschließlich Blasenkarzinom. [25]

Narath, Albert (1864–1924), Chirurg, Heidelberg.

N' Hernie = Hernia femoralis retrovascularis: Schenkelhernie, bei der der Bruchsack hinter den Schenkelgefäßen durchgetreten ist. [18]

Narbe = Cicatrix ⟨*lat*⟩ *f:* Restzustand nach Heilung eines Substanzdefektes oder Organisation von Infarkten, Thromben u. dgl. durch sich bildendes Granulationsgewebe; aus gefäßarmem, derbem Bindegewebe bestehend. [4]

N., rheumatische: drittes u. Endstadium des pathol.-histolog. Bildes des entzündlichen Rheumatismus nach der fibrinoiden Verquellung u. dem Granulom. [13]

Narben|bruch: bei gestörter Wundheilung, Wundinfektion, breiter Dränage, schlechter Operationstechnik weichen die Bauchdeckenschichten zur Bruchlücke u. hierdurch zum Durchtritt von Bauchfell u. Eingeweiden zum „Bruch" auseinander. Therapie: Bauchdeckenplastik zur Rekonstruktion der Bauchdecken.

~keloid *n* ↑Keloid.

~retraktion: auch Narbenkontraktur; durch Narbenzug unter Narbenschrumpfung entstehende Einziehung in Körperhöhlen u. Gelenkbeugen, bes. durch Verbrennungsnarben entstehend. Durch sie oft beträchtliche Bewegungseinschränkungen. [18]

~tetanus: Einheilen von Tetanussporen mit Geschoßteilen oder sonstigen Fremdkörpern an der Stelle der ursprünglichen Verletzung. Bei entsprechender Gelegenheit wie nach Trauma, Operation u. dgl. werden die Sporen, oft Jahre nach der Erstinfektion, mobilisiert, es entsteht das typ. Bild des Wundstarrkrampfes. Prophylaxe durch passive Immunisierung mit Tetanusserum vom Pferd, Rind oder Hammel, heute nach Möglichkeit Gammaglobulin vom Menschen; auch Simultanprophylaxe mit Serum plus Tetanustoxoid; ↑Tetanusschutzimpfung. [40]

Narcose à la reine ⟨*frz*⟩: „Narkose wie bei der Königin" (Entbindung der Queen Viktoria); Chloroformrausch bei Nahen einer Wehe in der Austreibungsperiode u. beim Durchschneiden des Kopfes. In der Wehenpause keine Narkotikumapplikation. Chloroform wird jetzt durch Lachgas oder Trichloräthylen ersetzt. Linderung des Geburtsschmerzes. [27]

Nares ⟨*lat*⟩ *f, Pl* von Naris: die Nasenlöcher; bilden den Eingang zur Nasenhöhle. [1]

Narko|analyse ⟨*griech*⟩ *f:* Erhebung der Vorgeschichte, Befragung nach bestimmten Erlebniszusammenhängen bei psych. Auflockerung (Enthemmung) durch Schlafmittel. Die N. hat vor mehreren Jahren noch viel, in letzter Zeit aber kaum noch Anhängerschaft gefunden. Zu bedenken ist, daß eine N. weder wichtiges Gedächtnismaterial regelmäßig zur Äußerung bringt, noch ist man sicher, daß die Äußerungen während der N. nicht unter tox. Einfluß in konfabulator. Weise zustande gekommen sind. [34]

~lepsie: anfallsweise auftretendes Einschlafen von durchaus imperativem Charakter, aber meist kurzer Dauer, außerhalb der normalen Schlafzeit, das sich im Laufe des Tages mehrfach, ja häufig wiederholen kann. Damit verbinden sich oft der „affektive Tonusverlust" (↑Kataplexie), Wachanfälle (plötzliches nächtliches Aufwachen) u. Einschlafhalluzinationen. Außerdem findet man oft zentrale vegetative Regulationsstörungen wie Fettsucht, Diabetes usw. Als Ursache werden hirnorgan. Veränderungen in der Übertragungsregion vom Zwischen- zum Mittelhirn angenommen. Neben der genuinen oder idiopath. (anlagebedingten) N. kennt man symptomat. Formen, bes. im Gefolge der Encephalitis epidemica u. anderer Enzephalitiden, auch bei Tumoren oder syphilit. Granulationen in dieser Hirnregion, manchmal auch auf der Grundlage einer traumat. Hirnschädigung. [33]

~logie: älterer Ausdruck für ↑Anästhesiologie. [27]

-manie: abnormes Verlangen nach Betäubungs-, Schlafmitteln; z.T. fehlerhafte Gewohnheit, z.T. ausgesprochene Sucht. [34]

~phage: Süchtiger. [18]

Narkose *⟨griech⟩ f:* Allgemeinbetäubung, schlafähnlicher Zustand mit zentraler Schmerzausschaltung, hervorgerufen durch reversible partielle Lähmung (Stoffwechselstörung) der Ganglienzellen des Nervensystems. Genauer Wirkungsmechanismus der Narkotika ist noch unbekannt. Narkosearten: 1. Inhalationsnarkose (Einatmung gas- oder dampfförmiger Narkotika), durchführbar als a) Tropfnarkose, b) Insufflationsnarkose, c) Apparatnarkose, d) Intubations- (Endotracheal-)Narkose; 2. intravenöse N. (i.v. Zuführung flüssiger Narkosemittel, z.B. kurzwirkende Barbiturate, Barbituratnarkose); 3. rektale N. (Applikation flüssiger Narkosemittel als rektaler Einlauf); 4. Kombinationsnarkose (Kombination verschiedener Narkosemittel); 5. potenzierte N. (Wirkungsverstärkung der Narkosemittel durch Nichtnarkotika, z.B. einige Antihistaminika der Phenothiazinreihe), kombiniert mit physikal. Unterkühlung = künstliche Hypothermie (künstlicher Winterschlaf); 6. Neuroleptanalgesie (Kombination schwacher Narkosemittel mit einem starken Analgetikum, z.B. Fentanyl[□] u. einem Neuroleptikum, z.B. Droperidol[□]).

Narkosestadien (nach Guedel): Stadium I, Stadium analgeticum („Rauschstadium"), Abstumpfung gegen Schmerzreize, Analgesie für chirurg. Eingriffe an der Körperoberfläche, Bewußtsein erhalten; Stadium II, Exzitationsstadium, Erregungsstadium, gekennzeichnet durch Bewußtseinsverlust (Hirnrindenlähmung), erhöhte Reflexaktivität, gegebenenfalls motor. Unruhe, unregelmäßige Atmung (Erregung der subkortikalen Zentren); Stadium III, Toleranzstadium, „Stadium chirurgicum", wird unterteilt in 4 Stufen (Planum 1–4): mit der Tiefe zunehmende Reflexlosigkeit u. Muskelerschlaffung sowie Atmungs- u. Kreislaufdepression (Lähmung der subkortikalen Zentren u. des Rükkenmarks); Stadium IV, Asphyxiestadium: zentrale Atemlähmung u. Kreislaufkollaps durch Lähmung der Zentren in der Medulla oblongata.

N., intratracheale ↑Intubationsnarkose.

N., intravenöse (Ore, 1874, Fedoroff, 1903): Einspritzung des Narkotikums (meist kurzwirkende Barbiturate) in die venöse Blutbahn. Diese Form der Narkose ist nur indirekt steuerbar u. wird vorzugsweise zur Einleitung oder Unterstützung von Kombinationsnarkosen bzw. für kurzdauernde Eingriffe verwendet; ↑Injektionsnarkotika.

N., potenzierte: durch Substanzen (Phenothiazine), die selbst keine narkot. Eigenschaften besitzen, vertiefte Narkose.

N., rektale: Darmnarkose; das Narkotikum wird als Einlauf in den Mastdarm gebracht u. bildet dort ein Depot, aus welchem kontinuierlich Narkotikum resorbiert wird. Resorption, Verteilung, Entgiftung u. Ausscheidung halten sich eine Zeitlang die Waage („Automatische Selbststeuerung", Straub), wodurch über längere Zeit gleichmäßige Narkosetiefe erreicht wird. Diese für den Kranken sehr angenehme Narkoseform ist nicht steuerbar u. mit großem Narkotikumverbrauch verbunden. Sie wird daher fast nur noch als Basisnarkose ausgeführt. [27]

Narkose|beatmungsgeräte: Apparaturen zur automat. künstlichen Beatmung in Kombination mit Inhalationsnarkotika (elektr. oder pneumat. Betrieb).

~breite: Spanne zwischen der kleinsten Narkotikummenge, welche einen brauchbaren narkot. Effekt (Analgesie) erzeugt, u. derjenigen Menge, welche zur Erreichung der tiefsten noch erlaubten Narkosestufe (III. Stadium, Planum 4) notwendig ist (nicht ident. mit „Therapeutischer Breite" I).

~gase ↑Narkosemittel, gasförmige.

~lähmung: Lähmung peripherer Nerven z.B. Plexus brachialis, N. radialis, N. facialis. [27]

Narkosemittel, dampfförmige: narkot. wirkende Substanzen, die bei atmosphär. Druck u. Umgebungstemperatur als Flüssigkeiten vorliegen u. mehr oder weniger leicht verdampfen. Inhalation der Dämpfe führt zur Narkose. Zur genauen Dosierung der Dampfkonzentration werden heute konzentrationsgeregelte Verdampfer verwendet. Wichtigste Vertreter dieser Gruppe: Äthyläther, Vinyläther, Trichloräthylen, Halothan.

N., gasförmige: Stickoxydul (Lachgas), Zyklopropan, Narzylen, Äthylen usw. sind bes. gereinigte u. in Stahlflaschen komprimierte Gase mit narkot. Wirkung. Anwendung nur in Verbindung mit Narkoseapparaten. Prakt. Bedeutung besitzen lediglich Lachgas u. Zyklopropan. [27]

Narkose|prämedikation: pränarkot., medikamentöse Vorbereitung des Kranken zur Herabsetzung der Reflexaktivität u. zur Sedierung.

~zeichen: Parameter zur Beurteilung der Narkosetiefe von Kranken. Wichtige N.: Verhalten der Atmung, Bulbusbewegungen, Reflexe des Lidrandes, der Konjunktiva, der Kornea u. der Pupillen sowie Relaxationsgrad der Muskulatur. [27]

Narkotika ⁎ **Narcotica remedia** *⟨griech, lat⟩ n, Pl:* Narkosemittel, Verbindungen verschiedenster chem. u. physikal. Konstitution, welche eine reversible Lähmung der Ganglienzellen des Zentralnervensystems verursachen. Gemeinsame Eigenschaften dieser Mittel sind die Wasser- u. Lipidlöslichkeit. [27]

Narkotin: Alkaloid aus Papaver somniferum, ist ein Isochinolinabkömmling. N. dämpft das Hustenzentrum, wirkt nicht narkot., hemmt die Peristaltik des Magen-Darm-Kanals wie Papaverin, hat aber geringere Wirkungsbreite u. ist wesentlich toxischer. [44]

Narzißmus: Verliebtheit in die eigene Person. Der Begriff lehnt sich an die Sagen von Narcissus, den schönen, in sich selbst verliebten Jüngling, an. In allgemeinerem Sinne wird unter N. Verliebtheit in sich selbst in auffälligem Grade - spez. sofern die Liebe zum Geschlechtspartner dadurch Beeinträchtigung erfährt - verstanden. [35]

Narzylen: für Narkosezwecke gereinigtes Azetylen CH≡CH, farbloses Gas, schnell wirkendes Inhalationsnarkotikum (wenig stärker als Lachgas), sehr explosibel in Sauerstoff- u. Luftgemischen, hat sich daher nicht eingebürgert. [27]

nascens *⟨lat⟩*: naszierend, frei werdend, im Entstehen begriffen, z. B. Status nascendi. [18]

Nasen|bluten ↑ Epistaxis. [28]

~diphtherie: durch Diphtheriebakterien hervorgerufene Erkrankung der Nasenschleimhaut. Häufig mit oder im Gefolge der Rachendiphtherie, selten als selbständige Erkrankung, bes. bei Kindern. [5]

~flügelatmen: blähende Bewegungen der Nasenflügel bei angestrengter Atmung, häufig bei Lungenentzündungen insbes. bei kleinen Kindern, auch bei psych. Erregungen.

~höhle = Cavum nasi: der mit Schleimhaut ausgekleidete paarige Innenraum der Nase, der medial von der Nasenscheidewand (Septum nasi) u. lateral von den ↑ Nasenmuscheln begrenzt wird. Man unterscheidet die den Atmungsvorgängen dienende Regio respiratoria u. die mit Riechepithel ausgekleidete Regio olfactoria, die die Rezeptoren des Geruchssinnes enthält u. nur den obersten Teil der Nasenscheidewand u. die Mitte der oberen Muschel umfaßt.

~katarrh ↑ Rhinitis.

~lippenfurche ↑ Nasolabialfalte.

~muscheln = Conchae nasales *f, Pl:* drei übereinanderliegende, paarige, vorspringende Knochenplatten an der lateralen Wand der Nasenhöhle. Die untere Muschel (Concha inferior) stellt einen selbständigen Knochen dar, die mittlere (C. media) u. die obere (C. superior) sind Teile des Siebbeins. In die auskleidende Schleimhaut der N. sind in der Submukosa, vor allem der unteren Muschel liegt inkonstant eine weitere, vierte, oberste Muschel, C. suprema (Santorini).

~nebenhöhlen: Stirn-, Kiefer-, Keil- u. Siebbeinhöhlen, normalerweise paarig angeordnet, aber häufig in der Ausdehnung stark variierend, wobei bes. die Stirnhöhlen entweder nur einseitig bzw. überhaupt nicht oder nur sehr klein angelegt sein können. Die N. sind mit Schleimhaut (Flimmerepithel, wobei der Flimmerstrom nach Messerklinger ostienwärts verläuft) ausgekleidete Räume, mit der Nasenhaupthöhle über Ostien in Verbindung stehend, ohne erkennbare physiolog. bzw. funktionelle Bedeutung) eine statische Funktion wird diskutiert), normalerweise Luft enthaltend.

~plastik: 1. Künstlicher Aufbau der äußeren Nase bei Fehlen oder Defekten der Nase durch Hautverpflanzung. Indische Methode: Dekkung des Nasendefektes mit einem Lappen aus der Stirnhaut. Italienische Methode: Lappenbildung vom Oberarm; 2. Korrektur von Nasenfehlern (z. B. durch subkutane Unterpflanzung von autoplast. bzw. homoioplast. oder alloplast. Material bei Sattelnase).

~polypen: fibromatöse Wucherungen der Nasen- u. Nebenhöhlenschleimhaut infolge chron. Schleimhautreizung; liegen in der Regel als gestielte, ödematös-glasige Tumoren in der Nasenhöhle; ↑ Choanalpolyp.

~rachenfibrom: derbes, gefäßreiches Fibrom, ausgehend von der Fibrocartilago basilaris am Rachendach. Vorkommen fast ausschließlich beim männlichen Geschlecht in der Pubertätszeit. Infolge seines außergewöhnlich intensiven, verdrängenden, wenn auch nicht infiltrierenden Wachstums u. Neigung zum Rezidivieren steht es an der Grenze der Bösartigkeit; es entsendet zapfenartige Fortsätze in die Nebenhöhlen oder breitet sich durch Knochenlücken in die Augenhöhle, Schläfen- u. Jochbeingegend aus. Spontane Rückbildungstendenz im 3. Dezennium. Anfangssymptom ist Behinderung der Nasenatmung.

~rachenraum ↑ Epipharynx.

~spekulum: Instrument zur Untersuchung des Naseninnern (Rhinoscopia anterior), am gebräuchl. n. Hartmann, Duplay u. Killian.

~tamponade: Ausstopfung der Nasenhöhle mit Tampons, meist zur Stillung einer Blutung. Bei der Gottstein' N. Ausstopfung der Nase mit Wattetampons auf Trägern mit Gewinde, die herausgeschraubt werden; die Tampons entfernt man nach einigen Stunden.

Anwendung bei Ozaena zwecks Lösung der Borken; ↑Bellocq' Röhre. [28]

Nasion: anthropolog. Meßpunkt dort, wo die Sutura nasofrontalis die Medianlinie überkreuzt. [1]

Nasolabialfalte: Nasenlippenfalte, Sulcus nasolabialis; verläuft jederseits von der Seite des Nasenflügels auf den Mundwinkel zu. [1]

Nasopharynx ⟨*lat, griech*⟩ *m:* ↑Epipharynx. [28]

Nasus ⟨*lat*⟩ *m:* die Nase; *Adj* nasalis nasal, zur Nase gehörend. [1]

Natalität ⟨*lat*⟩ *f:* Geburtlichkeit; findet ihren Ausdruck in der ↑Lebendgeborenenziffer. [48]

Nates ⟨*lat*⟩ *f, Pl* von Natis: die Gesäßbakken, die Hinterbacken. [1]

National Health Service ⟨*engl*⟩: durch Gesetz (N.H.S. Act) 1948 verstaatlichtes Gesundheitswesen in Großbritannien. Danach trägt der Staat die Kosten für Leistungen des vorbeug. Gesundheitsschutzes sowie die ambulante u. stationäre medizin. Betreuung. [48]

nativ ✻ **nativus** ⟨*lat*⟩: natürlich, angeboren. [18]

Nativ-Präparat: mikroskop. unfixiertes u. ungefärbtes frisches Präparat. [2]

Nativ-Stoffe: Stoffe, insbes. Proteine, die unverändert (nicht denaturiert) aus Gewebe durch schonende Behandlung erhalten werden, z. B. durch Extraktion in der Kälte mit geeign. Salzlösungen, bei tieferer Temperatur auch mit Alkohol, Azeton u. a. [8]

Natizephalie ⟨*lat, griech*⟩: Kopfform, die durch eine Furche zwischen den Scheitelbeinhöckern gekennz. ist u. an ↑Nates erinnert; bisweilen Degenerationszeichen. [32]

Natrium: chem. Symbol Na, Alkalimetall, 1wertig; für Tiere u. Mensch lebensnotwendig auch für einige, aber nicht alle Pflanzen. Na findet sich als Kation zur Hälfte neben wenig Kalzium in der extrazellulären Flüssigkeit (Hauptkation des Blutplasmas u. der Lymphe) zu 1/3 im Knorpel- u. Knochengewebe, der übrige Teil neben viel Kalium in den Körperzellen. Der menschliche Körper enthält etwa 100 g Na^+. Die tägliche Aufnahme beträgt 10–15 g NaCl, notwendig nur 4–6 g. Ausscheidung durch die Nieren, nur wenig im Kot, höhere Na-Verluste im Schweiß möglich (Hitzearbeiter!). Zufuhr hauptsächlich durch Kochsalz NaCl. Na^+ ist neben K^+ u. Cl^- von bes. Bedeutung für die osmot. u. ionalen Eigenschaften der Körperflüssigkeiten. Na^+ halten Wasser in den Geweben zurück, sie wirken quellend, während K^+ die Ausscheidung von Wasser begünstigen. Na^+ u. K^+ sind für die normale Leistungsfähigkeit der Nerven u. Muskeln unentbehrlich. Eine durch $Na^+ + K^+$ aktivierte ATPase (EC 3.6.1.3), die durch Ouaoain gehemmt wird, ist für die Permeierung bedeutungsvoll, ↑Natriumpumpe, –$^{22}_{11}$Na ist ein seltenes kosmogenes Radionuklid als β^- u. γ-Strahler (0,58 bzw. 1,3 MeV; Halbwertszeit 2,6 a; ballastfrei), wichtig $^{24}_{11}$Na als β^-- u. γ-Strahler (1,39 bzw. 2,76 MeV; Halbwertszeit 15,0 h). [8]

N. carbonicum ↑Natriumkarbonat.

N. citricum ↑Natriumzitrat. [44]

Natriumbestimmung: chem. (früher) auf dem Umweg über die Chloridbestimmung, jetzt chem. physikal. mit Direktbestimmungsmethoden, am besten mit dem Flammenphotometer evtl, mit der Natriumelektrode, wenn die [Na^+] vielfach höher als die [K^+] ist, wie im Serum, Speichel u. a. Körperflüssigkeiten. [47]

Natrium|bikarbonat: Natriumhydrogenkarbonat DAB 7, Natrium bicarbonicum, doppeltkohlensaures Natrium, $NaHCO_3$, weißes, mäßig gut lösliches Pulver, bildet nur schwachalkal. Lösungen. Mittel gegen Hyperazidität, aber ungeeignet, da kurze Wirkungsdauer; bei Überschuß Alkalisierung des Mageninhalts u. damit ungenügende Verdauung. Durch CO_2-Entwicklung Völlegefühl u. Aufblähen des Magens; es gibt keinen Beweis, daß CO_2 die Magensaftsekretion anregt. Bessere Anwendungsmöglichkeit in Kombination mit Salizylaten für die Behandlung von Gicht (zur Alkalisierung des Urins), zur Therapie von Harnweginfektionen u. starker Azidose, lokale Anwendung bei verschiedenen Hauterkrankungen. [44]

~bisulfat-Test: Methode zum Nachweis der sichelförmigen Deformierung der Erythrozyten bei der Sichelzellenanämie. Das Sicheln der Erythrozyten tritt bei einer Verminderung der O_2-Sättigung des Blutes durch den Zusatz des Reduktionsmittels Natriumsulfit in der feuchten Kammer innerhalb von 15 min ein. Wichtiger Test zur Erkennung der Sichelzellanlage bei sonst gesunden Trägern der Anomalie. [11]

~bromid: Natrium bromatum DAB 7; ↑Bromide. [8]

Natriumchlorid ↑Kochsalz. [8]

~blutspiegel: normal 135–154 mval/l Na^+, 97–110 mval/l Cl^-; bzw. 570–620 mg NaCl/100 ml Plasma. Änderungen von Na^+ beeinflussen den osmot. Druck, Änderungen von Cl^- gehen meist denen von Na^+ parallel mit Ausnahme von Verschiebungen in der Bikarbonatkonzentration (metabol. Azidose oder Alkalose), bei denen Cl^- unabhängig vom Na^+ reagiert. [11]

~wässer ↑Heilwässer. [45]

Natriumcyclamat: Cyclohexylsulfaminsäure, Na-Salz. Süßstoff. Assugrin®, Ilgonetten®, Natreen®.

Natrium | hydrogenkarbonat-Thermen ↑Heilwässer. [45]

~hypochlorit: NaCl; enthalten in der ↑Dakin' Lösung: Wunddesinfiziens mit gewebsfreundlicher Wirkung.

~jodid: Natrium jodatum DAB 7, ↑Jodide.

~karbonat: Natrium carbonicum DAB 7, Soda, Na_2CO_3, ist in Wasser stark hydrolysiert u. reagiert alkal.; als Zusatz zur Instrumentensterilisation. [44]

Natriummangel-Syndrom: Schwäche, Hypotonie, Tachykardie, Brechreiz, Oligurie, Urämie, Krämpfe, Austrocknung, Vorkommen bei Morbus Addison, Nierenerkrankungen mit gestörter Rückresorption der Tubuli oder durch zu intensive Therapie mit Kationen-Austauschern. [9]

Natriumnitrit: Natrium nitrosum DAB 7; wirkt wie alle Nitrite gefäßerweiternd, ist Methämoglobinbildner. [44]

Natriumpumpe: Vorstellung der ↑Membrantheorie, daß das aus der Umgebung in die Zelle diffundierende Natrium durch einen aktiven energiefordernden Prozeß (ATP-Spaltung) wieder nach außen befördert wird, wodurch das ↑Ruhepotential aufrechterhalten wird. [8]

Natrium|salizylat: Natrium salicylicum DAB 7, ↑Salizylsäure.

~sulfat: Natrium sulfuricum DAB 7, Glaubersalz, Na_2SO_4, salin. Abführmittel.

~sulfat-Wässer ↑Heilwässer.

~thiosulfat: Natrium thiosulfuricum DAB 7, zur Therapie von Schwermetallvergiftungen (z. B. Thallium) wird eine 10%ige Lösung i. v. gegeben. Wirkt durch Schwefelabspaltung.

~zitrat: Natrium citricum DAB 7, Natriumsalz der Zitronensäure; verhindert die ↑Blutgerinnung. Das Zitration verbindet sich mit dem Kalziumion zum schwer löslichen Kalziumzitrat. Auch Anwendung zur Alkalisierung des Harns. [44]

Natur|heilkunde: Behandlungsart, bei der man unter Verzicht auf Arzneimittel lediglich mit physikal. u. diätet. Therapie auszukommen versucht. Bedeutendste Vertreter im 19. Jahrhundert Priessnitz (Wasserbehandlung), Schroth (Durstkur), Kneipp (Hydrotherapie); steht nach dem allgemeinen Sprachgebrauch in bewußtem Gegensatz zur „Schulmedizin“. Sie sucht ausschließlich durch naturgemäße Lebensweise (Diät, Hydrotherapie, Bewegung, Schwitz-, Luft-, Lichtbäder, rationelle Bekleidung usw.) auf den kranken Organismus einzuwirken. Die moderne Medizin hat experimentell nachgewiesene gute Erfahrungen der N. übernommen, wie die N. Maßnahmen der offiziellen Medizin. [8]

Naturherd: endem. Reservoir von menschenpathogenen Infektionskrankheiten in landschaftsgebundenen Parasiten (z. B. Zecken) oder Wildtieren (z. B. Mäusen).

~infektion: Infektion, die unmittelbar aus einem ↑Naturherd stammt u. von einem dort autochthonen Parasiten übertragen wurde.

~lehre: die von dem sowjet. Parasitologen E. N. Pavlovskij entwickelte Forschungsrichtung der Parasitologie, die sich mit der Erkennung vom ↑Naturherden u. ↑Naturherdinfektionen befaßt. [58]

Naturphilosophen, ionische: (von etwa 600 bis etwa 450 v. u. Z.) Die Naturphilosophen, die Männer der Praxis, Ärzte u. Naturforscher waren, haben auf die theoret. Grundlagen der kommenden hippokrat. Medizin einen sehr großen Einfluß ausgeübt, indem sie die Medizin auf einer naturwissenschaftlich basierten Philosophie aufbauten. Die bekanntesten sind: Thales von Milet, Anaximandros, Xenophanes, Parmenides, Heraklit, Anaxagoras. [53]

Naunyn, Bernhard (1839–1925), Internist, Königsberg, Straßburg, zuletzt Baden-Baden.

N' Zentrum: „Lesezentrum“ im li. Gyrus angularis des Großhirns, heute fragwürdig geworden. [33]

Nausea ⟨*griech*⟩ *f:* Übelkeit, Brechreiz vor dem eigentlichen Erbrechen. [33]

Nauseosa remedia ⟨*griech, lat*⟩ *n, Pl:* Arzneimittel, die Übelkeit (Nausea) erregen. Eine der Nebenwirkungen der ↑Emetika, z. B. bei ↑Morphinderivaten, ↑Radix Ipecacuanhae. [44]

Nävus ⟨*lat*⟩ ↑Naevus.

~zellen: bilden kleine Hauttumoren. [43]

Nearthrose ⟨*griech*⟩ *f:* Gelenkneubildung; 1. durch Krankheit: ektop. Gelenkbildung, bei der das neue Gelenk ein oder auch zwei nicht präformierte Gelenkenden bzw. -flächen hat. Dies ist z. B. der Fall, wenn bei Ausbleiben der knöchernen Konsolidation einer Fraktur (↑Pseudarthrose) an den Bruchenden Knorpel auftritt u. sich eine Gelenkkapsel bildet oder wenn bei Bestehenbleiben der Luxation sich der präformierte Gelenkkörper eine neue Gelenkfläche an nicht präformierter Stelle schafft bei Sekundärpfanne (Hüftluxation); 2. durch Operation: meist bei einem verlorengegangenen Gelenk (Ankylose). [23]

Nebel|kammer: Wilson' Kammer; dient zur Sichtbarmachung von Bahnspuren ionisierender Teilchen. Die längs der Bahnspur (z. B. von α-Strahlen) erzeugten Ionen wirken in übersättigter Dampfatmosphäre als Kondensationskeime u. erzeugen Nebelspuren. N. besteht aus einem meist zylindr. Gefäß von einigen dm Durchmesser mit kolben- oder membranartigem Boden u. stirnseitigem Beobachtungsfenster. Der Innenraum ist wasserdampfgesättigt u. wird durch adiabat. Ausdehnung unterkühlt u. damit übersättigt. Strahlenquelle kann von außen (kosm. Strahlung) oder von innen wirken (α-Präparate). [59]

~katastrophe unter ungünstigen Bedingungen kann es bei Zusammentreffen von Nebel u. hohen Konzentrationen von industriellen Abgasen zu Massenintoxikationen durch Schwefeldioxid, Chlorwasserstoff usw. kommen. Katastrophen dieser Art ereigneten sich im Dezember 1930 in Maastal bei Lüttich, im Dezember 1952 in London. [25]

~sehen: nicht mehr gebräuchtes Syn. „Nephelopsie". Ursache meistens Trübungen in den brechenden Medien. Bes. wichtig als Symptom u. Frühzeichen des kongestiven Glaukoms infolge eines Drucködems der Hornhaut. Trübungen der anderen Medien werden meist anders beschrieben. Erkrankungen des lichtempfindenden u. -leitenden Apparates können auch die Ursache sein. [36]

Nebenblase = Blasendivertikel: ↑Divertikel der Harnblase. [24]

Nebeneierstock ↑Parovarium. [31]

Nebenhoden ↑Epididymis.

~entzündung ↑Epididymitis. [24]

~tuberkulose: tuberkulöse Erkrankung des Nebenhodens; meist hämatogen von einem oft latenten Herd im Körper, seltener Folge einer aufsteigenden Infektion von einer tuberkulösen Samenblasen- oder Prostataerkrankung; mitunter auch absteigend von einer Nieren- bzw. Blasentuberkulose. [15]

Nebenkern, ergastoplasmatischer: aus Bestandteilen des endoplasmat. ↑Retikulums aufgebauter, aber auch andere Zellorganellen beinhaltender, unter bestimmten patholog. Bedingungen auftretender Komplex. [6]

Nebenkropf: auch akzessor. Struma; Struma, ausgehend vom normalerweise im Laufe der Keimesentwicklung wieder zurückgebildeten Teil des Ductus thyreoglossus (z.B. Struma sublingualis oder Zungengrundstruma) oder von embryonal verlagertem Schilddrüsengewebe (z.B. Struma intralaryngealis u. Struma intratrachealis). [5]

Nebenmilz = Lien accessorius: ein, bisweilen viele rundliche bis haselnußgroße Körper aus Milzgewebe, die in der Nähe der Milz, aber auch in ihrer weiteren Umgebung verstreut, ins Mesenterium eingelagert vorkommen können. [1]

Nebenniere = Glandula suprarenalis: dem oberen Pol jeder Niere aufliegende innersekretor. Drüse. Die li. N. hat etwa eine halbmondförmige, die re. eine dreieckige Gestalt. Gewicht etwa bis 18 g. Man unterscheidet die gelblichbraune ↑Nebennierenrinde u. ein weicheres rotbraunes ↑Nebennierenmark. Die Rinde ist mesodermaler Herkunft u. besteht nach der Anordnung der epithelialen Zellen aus einer Zona glomerulosa (Zellen in rundlichen Haufen liegend), Zona fasciculata (Zellen zu Strängen geordnet) u. Zona reticularis (Zellstränge bilden ein Netz). Die Z. fasciculata ist am breitesten u. enthält reichlich Lipide, daher die gelbliche Farbe. Das Mark entwickelt sich aus der Anlage des Sympathikus, ist also ektodermaler Herkunft. Es besteht aus netzartig u. in Gruppen angeordneten chromaffinen Zellen, enthält auch Ganglienzellen u. reichlich marklose Nervenfasern. Die N. weist einen bes. Reichtum an Kapillaren auf u. enthält im Mark einige weite, wandschwache Venen. Von allen Organen im Körper wird die N. mit Blut am reichlichsten (7 ml je 100 g Organ u. 1 min.) versorgt. Die operative Entfernung einer N. hat keine schädlichen Folgen, da ihr Ausfall durch Hypertrophie der anderen ausgeglichen wird. Die doppelseitige Entfernung führt dagegen bald zum Tode (experimentell beim Hunde in 1–2 Wochen). Beim Training des Körpers ist eine deutliche Hypertrophie der N. zu verzeichnen, bes. bei fettreicher Diät ↑Nebennierenrinde, ↑Nebennierenmark. [12]

Nebennieren|apoplexie: große Blutungen in den Nebennieren, meist als Folge von Geburtstraumen oder infektiös-tox. Schädigungen (bes. bei Meningokokkensepsis als Waterhouse-Friederichsen' Syndrom). [5]

~diabetes: die als Insulinantagonisten wirksamen ↑Glukokortikoide der Nebennierenrinde können im Tierexperiment zur Auslösung einer Stoffwechselstörung im Sinne des ↑Diabetes mellitus herangezogen werden; sie bewirken eine Verschlechterung der Kohlenhydratbilanz vorwiegend durch eine Steigerung der ↑Glukoneogenese. Bestimmte Diabetesformen des Menschen weisen ähnliche Charakteristika auf, wenn sie mit Zeichen einer Überfunktion der Nebennierenrinde einhergehen (Cushing-Typ, „Steroid-Diabetes"). [14]

~mark: *Abk* NNM; wichtiges inkretor. Organ, das die Hormone ↑Adrenalin u. Noradrenalin bildet. Da Adrenalin im gesamten chromaffinen Gewebe u. Noradrenalin auch im sympath. Nervengewebe gebildet wird, ist eine Exstirpation des NNM nicht von sehr schwerwiegender Bedeutung. [8]

~mark-Syndrom, hyperhormonales: Syn. ↑Phäochromozytom. [32]

Nebennierenrinde: *Abk* NNR; lebenswichtiger, mesodermaler Anteil der Nebenniere, steht entwicklungsgeschichtlich den Ovarien u. Testes nahe, ist aus drei Schichten aufgebaut; 1. Zona glomerulosa, 2. Zona fasciculata oder Mittelschicht, 3. Zona reticularis oder Innenschicht. Ihre Tätigkeit wird durch das im HVL gebildete Kortikotropin reguliert, umgekehrt beeinflußt auch die NNR die Hypophyse. Die Gesamtzahl der aus der NNR isolierten Steroide beträgt derzeit 41, diejenigen der Pregnanderivate 34. Man teilt sie in 5 Klassen ein: a) Mineralkortikoide mit dem Hauptvertreter Aldosteron, b) Glukokortikoide (Kortisol), c) Androkortikoide, d) Östrokortikoide, e) unbekannte Kortikoide. Während die Mineralo- u. Glukokortikoide lebensnotwendig sind, haben die erst nach der Pubertät auftretenden Androkortikoide keine lebenswichtige Bedeutung für das Individuum. Als dritte Gonade kann die NNR die Funktion der ausgefallenen Testes übernehmen. [12]

Nebennierenrinden|hormone ↑Kortikoide.

~insuffizienz: bei Erkrankung oder infolge operativer Entfernung der Nebennieren stellen sich typ. Ausfallserscheinungen wie Appetitlosigkeit, Durst, Achlorhydrie, Durchfälle, Gewichtsverlust, Adynamie, Pigmentation der Haut u. oberflächlichen Schleimhäute ein (↑Addison' Krankheit). Die Prognose richtet sich nach dem Grundleiden. Je nach der zugrunde liegenden anatom. Ursache kann die Krankheit akut oder chron. verlaufen.

~überfunktion: kann sich je nach der Art der produzierten Hormone klin. als Cushing' Syndrom (Glukokortikoide), Ödem- bzw. Conn' Syndrom (Mineralokortikoide) oder als adrenogenitales Syndrom (Androgene) äußern. [12]

~tumoren: 1. Reife Rindentumoren. Die häufigsten sind die Adenome; 2. Tumoren mit ungenügender Gewebsreifung u. destruktivem Wachstum. Zur Diagnostik der kortikorenalen Tumoren werden die hormonale Analyse des Harns, die retrograde Pyelographie, die perirenale Luft- bzw. Sauerstoffeinblasung u. die tomograph. Röntgenuntersuchung herangezogen. Zu den Tumoren des Nebennierenmarks, die um so bösartigeren Charakter zeigen, je unreifer die Zellformen sind, rechnet man: 1 Sympathogoniome, 2. Sympathoblastome oder Neuroblastome, 3. Ganglioneurome, 4. Phäochromozytome. [12]

Nebenpankreas: als Folge embryonaler Keimversprengung in der Einzahl oder Mehrzahl vorkommende Gewebsknoten, meist in der Wand des Magen-Darm-Kanales von mehr oder weniger typ. Bauchspeicheldrüsenbau. [5]

Nebenplazenta = Placenta succenturiata: häufige Formvariation, bei der einzelne Kotyledonen, getrennt von der Hauptplazenta, im Uterus sitzen. Klin. bedeutsam, da sie gelegentlich im Uterus zurückbleiben; Hauptplazenta erscheint dabei vollständig. Erkennung bei Sorgfalt immer möglich, da durch die Eihäute die Gefäße der Nebenplazenta ziehen. [29]

Nebenpocken: nach Pockenschutzimpfung lymphogen in unmittelbarer Umgebung der Impfpustel in der Ein- oder Mehrzahl auftretende Vakzineeffloreszenzen; harmlos. [32]

Nebenschilddrüsen ↑Epithelkörperchen. [12]

Nebenwirt: die von den ungeschlechtlichen Vermehrungsformen eines Krankheitserregers oder Parasiten befallenen Wirte werden Nebenwirte genannt. Die Nebenwirte sind epidemiolog. wichtig, weil sie als Reservoir dienen können ↑Hauptwirt. [58]

Nebula frontalis ↑Hyperostosis cranialis interna. [26]

Necator americanus ⟨*lat*⟩ *m:* in Zentralafrika u. Amerika weitverbreitete Art der Nematoda, 7–11 mm, im Dünndarm, oft neben dem sehr ähnlichen Ancylostoma duodenale; Ankylostomiasis. [58]

Neck-Dissection ⟨*engl*⟩ *f:* radikale Halstumorenentfernung vornehmlich bei Lymphomen in einem Block einschließlich der Lymphknoten durch Eröffnung der tiefen Gefäßloge (Fossa carotica), der Regio colli lateralis unter Resektion des M. sternocleidomastoideus, der V. jugularis interna, der Glandula submandibularis, unterem Parotispol, N. accessorius, Plexus cervicalis u. überdeckender Zungenbeinmuskeln. [18]

van-Neck-Odelberg' Krankheit: asept. Nekrose im Bereich der Schambein-Sitzbein-Synchrondrose. Meist Knaben zwischen 6.–10. Lebensjahr, häufig innersekretor. gestört; Schmerzen in Hüfte oder Inguinalgegend u. bei Abduktion oder Rotation des Beines der betroffenen Seite; bisweilen reflektor. Hinken. Rektal: umschriebene druckschmerzhafte Schwellung am unteren Schambeinast. Umschriebener Druckschmerz in der Symphysengegend kommt vor. Kann klin. auch völlig symptomlos verlaufen. Röntgenbild: kugelige Auftreibung im Bereich der Synchondrosis ischio-pubica ein- oder doppelseitig. [23]

Negationsdelirum ⟨*lat*⟩: unkorrekte Bezeichnung der alten Psychiatrie für Verneinungswahn; der Kranke bestreitet. z. B. das Vorhandensein seiner Körperteile, seiner eigenen Persönlichkeit (als Negativismus des Denkens zu deuten); ↑Ich-Störungen. [34]

Negative Phase der Immunisierung: die nach der aktiven Immunisierung auftretende

Phase der Schutzlosigkeit, da noch keine Antikörper gebildet sind. Nach Angabe einiger Autoren vermeidbar durch simultane Immunisierung, wobei zugleich aktiv u. passiv immunisiert wird. [39]

Negative staining ⟨*engl*⟩: bes. Färbetechnik für elektronenmikroskop. Untersuchungen, bei der die Bestandteile im Gegensatz zur üblichen Färbung mit Osmiumtetroxid einen neg. Kontrast zeigen. [6]

Negativismus ⟨*lat*⟩: aktives, trotzartiges Widerstreben gegen jede Anregung; der Kranke sperrt sich gegen jede an ihn gerichtete Aufforderung. Motor. Gegenimpulse zeigen sich bei jeder beigebrachten Bewegung, passive Armbeugung führt zur Streckung; soll der Mund geöffnet werden, so schließt der Kranke fest die Zähne; Befehls-N.: Widerstreben gegen eigene Impulse kann zur Nahrungsverweigerung, Kot-, Urinverhaltung führen; innerer N.: Symptom der Willensstörung bei Katatonie (meist bei stuporösen Bildern). [34]

Negri, Adelchi (1876–1912), Pathologe, Pavia.

N' Körperchen: in verschiedenen Teilen des ZNS, bes. in den Ammonshornformationen vorkommende, intraplasmat. Einschlußkörperchen von runder, ovaler oder birnenförmiger Gestalt bei tollwutkranken Tieren u. Menschen. Sie sind ein Reaktionsprodukt der Zellen auf den spezif. Reiz des Virus. Ihre Größe schwankt zwischen 1 u. 27 µm. [40]

Negro' Zeichen ↑Zahnradphänomen. [33]

Nehb' Dreieck: nach Nehb benannte bes. Form der bipolaren ↑Brustwandableitung des Ekg, bei der jeweils beide Elektroden an der Brustwand angelegt werden. Für Ableitung Nehb D (dorsale) wird die re. Armelektrode an der zweiten Rippe re. sternal, die zweite Elektrode (sonstige li. Armelektrode) an der hinteren Axillarlinie angebracht, u. zwar dort, wohin sich die gedachte Linie des Herzspitzenstoßes projiziert. Bei der Ableitung Nehb A (anteriore) wird von der Elektrode an der zweiten Rippe re. sternal sowie von der auf der vorderen Brustwand in der Gegend des Herzspitzenstoßes angelegten sonstigen (Bein)-Elektrode abgeleitet. Die Ableitung Nehb I (inferiore) wird so gewonnen, daß von der letztgenannten Elektrode u. der an der hinteren Axillarlinie angelegten, in der Projektion des Herzspitzenstoßes liegenden (sonst linksseitigen Arm-)Elektrode abgeleitet wird. Die Ableitung Nehb D dient der besseren Erkennung der Hinterwandinfarkte; Nehb A der besseren Diagnostik der Vorderwandinfarkte. [10]

Neill-Mosser' Skrotalreaktion: Tierversuch zum Nachweis von *Rickettsia typhi s. mooseri*, Erreger des murinen oder endem. Fleckfiebers. Versuchstier: männliche Meerschweinchen. Nach intraperitonealer Injektion von rickettsienhaltigem Untersuchungsmaterial kommt es zur Periorchitis mit Rötung u. Schwellung des Skrotums. [41]

Neisser, Albert (1855–1916), Dermatologe, Breslau. Entdecker der Gonokokken (1879).

N' Diplokokken ↑Neisseria. [41]

Neisser, Max (1869–1938), Bakteriologe, Frankfurt a. M.

N' Polkörperchenfärbung: Spezialfärbung für Diphtheriebakterien. Darstellung der ↑Babes-Ernst' Körperchen dunkelblauschwarz. Bakterienleib gelbbraun. Farblösung I besteht aus einer alkohol. Lösung von Methylenblau u. Eisessig, Farblösung II aus einer alkohol. Lösung von Kristallviolett. [41]

Neisseria: Gattung der Familie *Neisseriaceae* der Ordnung *Eubacteriales* (Bergey, 1957). Gramneg. Diplokokken. Species: *Neisseria gonorrhoeae*, Erreger der ↑Gonorrhoe, Neisseria meningitidis, Erreger der Meningitis cerebrospinalis epidemica u. die Gruppe der apathogenen Neisserien. [41]

Nekrobionten ⟨*griech*⟩ *m, Pl:* ↑Saprophyten, bes. gebräuchlich für Saprophyten, die abgestorbene Teile eines noch lebenden Organismus besiedeln. [42]

Nekrobiose ⁎ **Nekrobiosis** ⟨*griech*⟩ *f:* allmählich erfolgendes Absterben. [4]

N. lipoidica diabeticorum: Beginn mit erhabener roter Verhärtung, die sich peripher vergrößert. Später kommt es zu Rückbildungserscheinungen, wobei das Zentrum etwas einsinkt u. sklerot. von Teleangiektasien durchzogene Beschaffenheit annimmt. Meist bei Diabetikern bes. an Unterschenkeln, aber auch an Oberschenkeln u. Händen auftretend; ↑Granulomatosis disciformis chronica. [43]

Nekrohormone: fragliche Hormone oder hormonartige Stoffe, die von nekrot. Geweben (Wundflächen) gebildet werden sollen. Sie wirken fördernd auf die Mitosenbildung u. dadurch auf das Wachstum des angrenzenden Gewebes u. leiten so die Wundheilung ein. [42]

Nekrolysis toxica epidermica = Lyell' Syndrom: dem klin. Bild einer ausgedehnten Verbrennung 1. u. 2. Grades ähnliches Exanthem. Ursache unbestimmt (Arzneimittel, Virus); meist tödlicher Verlauf. [43]

Nekrophanerose ⟨*griech*⟩ *f:* allmähliches Auftreten der morpholog. Zeichen der klass. Nekrose. Beim Herzmuskelinfarkt kommt es z. B. erst 6–8 h nach dem ursächlichen Koronarverschluß zur deutlichen Ausbildung der Infarktzeichen. [4]

Nekrophilie ⟨*griech*⟩ *f:* sexuelle Leichenschändung. [52]

Nekrophobie ⟨*griech*⟩ *f:* abnorme Furcht vor Toten. [34]

Nekropie ⟨*griech*⟩ *f:* Nekroskopie, ↑Obduktion. [52]

Nekrose ⟨*griech*⟩ *f:* örtlicher, intravitaler, d.h. während des Lebens des Gesamtorganismus eintretender Tod von Zellen, Geweben oder Organen. Vor den morpholog. erkennbaren Erscheinungen im Bereich des Kerns (↑Pyknose, ↑Karyolyse, ↑Karyorrhexis) u. den verschiedenen Befunden an den einzelnen Organellen; bzw. gleichlaufend mit diesen Vorgängen kommt es zur Unfähigkeit der Zelle, in normaler Umgebung die spezif. Zusammensetzung des inneren Milieus aufrechtzuerhalten; ↑Koagulationsnekrose, ↑Kolliquationsnekrose. [6]
~faktor: 1. (F. Küster) Im Serum von Kindern mit rheumat. Fieber gefundene tox. Substanz, die nach Injektion in die Haut des Meerschweinchens Nekrosen macht. Wohl ident. mit einem von Watson u. Mitarb. aus hochentzündetem Gewebe bei exp. Streptokokkeninfektion isolierten Toxin. 2. (A. Böni) im Serum von Pat. mit chron. Polyarthritis u. bei einer hereditären Polyarthritis der Ziege häufig gefundener unspezif. Faktor mit diagnost. Bedeutung. [13]

Nekrosin: von Menkin aus entzündl. Exsudat isol. Wirkstoff; ↑Menkin-Faktoren. [4]

Nekroskopie ⟨*griech*⟩ *f:* Leichenschau, ↑Obduktion. [52]

Nekrospermie ⟨*griech*⟩ *f:* Unbeweglichkeit aller im Ejakulat enthaltener Spermien auch nach Stimulierung durch Zusatz von 8 Teilen 5,42%iger Dextroselösung u. 2 Teilen 1/8n Magnesiumsulfatlösung; Zeichen der Funktionsuntüchtigkeit bzw. des Abgestorbenseins der Spermien. [43]

nekrotisch ⟨*griech*⟩: abgestorben. [4]

Nekrotomie ⟨*griech*⟩ = Sequestrotomie: operative Entfernung eines bei Knocheneiterung abgestorbenen Knochenteiles (Sequester) aus der Eiterhöhle im Knochen („Totenlade"). [18]

nekrotroph ⟨*griech*⟩: Ernährung durch abgestorbene Gewebe; ↑Nekrobionten. [42]

Nélaton, Auguste (1807–1873), Chirurg, Paris.
N' Katheter: gerader Weichgummikatheter, der am blasenwärtigen Ende halbkugelig abgerundet ist, ursprünglich mit 1 seitlichem Auge, späterhin auch mit 2 Augen. Neuerdings auch als Kunststoffkatheter. [24]
N' Linie ↑Roser-Nélaton' Linie.
N'Pistolenschiene: Holz- oder Pappschiene mit ellenwärts gerichteter Abspreizung (Ulnarabduktion) zur Behandlung des typ. Radiusbruches. [18]

Nelkenöl: Oleum Caryophylli, aus getrockneten Blütenknospen des Gewürznelkenbaumes Jambosa caryophyllus, besteht zu 70–96% aus ↑Eugenol. Anwendung in der Zahnheilkunde. [44]

Nelson-Test = Treponema-Pallidum-Immobilisierungstest (TPI): von Nelson u. Mayer 1948 angegebener Test zum serolog. Nachweis spezif. syphilit. Antikörper, der sog. Immobilisine. Bisher einzige spezif. Antigen-Antikörper-Reaktion in der Serodiagnostik der Syphilis. Als Antigen dient der in Kaninchenhoden gezüchtete Nichols-Stamm. Zum Test werden die Treponemen in dem Basalmedium aufgeschwemmt u. mit dem inaktivierten Patientenserum u. mit dem Komplement zusammengebracht. Bei pos. Ausfall sind die Treponemen unbeweglich geworden. Pos. TPI beweist, daß der Kranke eine Syphilis hat oder hatte. Den klass. Reaktionen (Wassermann u. Nebenreaktionen) überlegen, da diese keine spezif. Antikörper, sondern nur Reagine nachweisen. Wegen komplizierter Technik keine Routine- oder Suchreaktion. Bes. Bedeutung als Ergänzung zur Klärung schwieriger Fälle, zum Nachweis der Syphilis latens u. zum Ausschluß unspezif. pos. Reaktionen. [39]

Nem: *Abk* für die Einheit des von ↑Pirquet geschaffenen Nährwertsystems. 1 Nem = n (**N**ahrungs-**E**inheit **M**ilch) entspricht 1 g Milch, 5 n 1 g Mehl, 6 n 1 g Zucker usw. [32]

Nematoda ⟨*griech*⟩ *m, Pl:* Nematoden, Fadenwürmer; Klasse der Helminthen; drehrund, langgestreckt, fadenförmig getrenntgeschlechtlich. Freilebende Arten, z.T. Pflanzenschädlinge. Viele Parasiten: Madenwurm, Strongyloides stercoralis, Ancylostoma duodenale, Dracunculus medinensis, Filarien, Peitschenwurm, Trichinella, Ascaris. [58]

Nematospermien ⟨*griech*⟩ *n, Pl:* Spermien mit bes. langem Schwanzteil. [24]

Nennfrequenz: die Frequenz eines Filters bei selektiver Herzschallregistrierung, welche 40% des theoret. Herzschallmaximums wiedergibt. [10]

Neoantigen: auch T-(Tumor-)Antigen, virusspezif., lösliches Antigen, in lyt. Zellen, z.B. nach Adenovirusinfektion u. in Extrakten von Adenotumorzellen vorhanden. [50]

Neo-Arsphenamin®: hat eine größere therapeut. Breite als ↑Salvarsan; kaum noch gebräuchliches Chemotherapeutikum. [44]

Neodarwinismus: Weiterentwicklung der Theorie ↑Darwins über die Entstehung der Arten durch diskontinuierliche ↑Mutationen u. ↑Selektion. Verbindungen moderner genet. Erkenntnisse, vor allem aus der Populationsgenetik, mit der Deszendenztheorie. [3]

Neodym *n:* seltene Erde; wird zur Gerinnungsverzögerung verwandt, ähnlich wie Lanthan, Cer, Samarium; ↑Neophanglas. [11]

Neokortex ⟨*lat*⟩ *m:* stammesgeschichtlich junger Teil der Großhirnrinde, der eine regelmäßige Anordnung der Nervenzellen in horizontalen Schichten (Laminae) aufweist, ↑Großhirnrinde. [2]

Neologismus ⟨*griech*⟩ ↑Wortneubildung. [34]

Neomakrobiotik ⟨*griech*⟩ *f:* Langelebekunst; von ↑Hufeland geschaffener Begriff. Durch systemat. Eudermatia = Hautwohlpflege in Form von Waschungen, Bädern u. nachfolgenden kalten Duschen soll Lebensdauer erhöht werden. [43]

Neomyzin®: Antibiotikakomplex aus *Streptomyces fradiae* (Waksman 1949). Wirkung gegen aerobe Bakterien u. Aktinomyzeten, gute Wirkung gegen *Mycobacterium tuberculosis* (Resistentwerden geringer als bei Streptomyzin). Keine Wirkung gegen Anaerobier. N. B = Streptothrizin II, N. C = Streptothrizin I. Infolge tox. Wirkungen ist die Anwendung begrenzt. [42]

Neonatologie ⟨*lat, griech*⟩ *f:* eine Subspezialisierung der Pädiatrie, die sich mit Fragen der normalen u. patholog. Physiologie, der klin. Pharmakologie u. der Krankheitslehre in der prä-, peri- u. postnatalen Periode des Kindes beschäftigt. [32]

neonatus ⟨*griech, lat*⟩: neugeboren. [32]

Neophanglas: Glas mit Zusatz von Neodymoxid, absorbiert Natriumspektrum u. damit Streulicht, gewährt Blendschutz (↑Neophanbrille) u. Nebelsicht (Neophanglasscheibe im Steuermannsraum von Schiffen). [48]

Neoplasma ⟨*griech*⟩ *n:* Neubildung; meist als Syn. für bösart. Geschwulst gebraucht. [5]

Neosalvarsan® = Neoparsphenamin®: weitgehend überholtes Chemotherapeutikum, früher bei Syphilis sowie anderen Spirochäten- u. Spirilleninfektionen benutzt; ↑Salvarsan. [44]

Neosom ⟨*griech*⟩ *n:* Vorstufe der ↑Ribosomen mit etwa dem halben Proteingehalt der Ribosomen. [6]

Neostigmin: Dimethylcarbamoyloxyphenyltrimethylammoniumbromid. Cholinesterasehemmer. Prostigmin®.

Neostriatum ⟨*griech, lat*⟩ *n:* setzt sich aus Putamen des Linsenkernes u. Nucleus caudatus zusammen. [1]

Neotenie ⟨*griech*⟩: 1. das Eintreten der Geschlechtsreife im Larvenstadium, z.B. ist der Axolotl die geschlechtsreif gewordene Larve einer mexikan. Molchart; 2. unvollkommene Entwicklung eines Organs. [58]

Neovitalismus ⟨*griech, lat*⟩ ↑Vitalismus, ↑Entelechie. [3]

Neozerebellum ⟨*griech, lat*⟩ *n:* phylogenet. jüngerer Teil des Kleinhirns (Kleinhirnhemisphären). [20]

Nephelometrie ⟨*griech*⟩ *f:* Konzentrationsbestimmung von kolloiden Lösungen durch photometr. Messung der Lichtabsorption infolge der Trübung oder durch Messung des seitlich abgebeugten Lichtes. Die Lichtschwächung ist der Konzentration proportional. [54]

Nephralgie ⟨*griech*⟩ *f:* Nierenschmerz. [9]

Nephrektomie ⟨*griech*⟩ *f:* Exstirpation einer Niere, z.B. bei Steinschrumpfniere, Nierentumor, Pyonenphrose, irreparabler fortgeschrittener Tuberkulose, urosept. Niere, funktionsloser Hydronephrose, Nierentrauma usw. Die erste planmäßige N. wurde wegen irreparabler Harnleiterfistel nach gynäkol. Operation am 2.8.1869 von dem Heidelberger Chirurgen Gustav Simon erfolgreich durchgeführt.

N., intrakapsuläre (Ollier, 1886): Ausschälung der Niere nach Spaltung der fibrösen Kapsel u. Ektomie der entblößten Niere unter Zurücklassen ihrer Hüllen; leichte u. elegante Methode für oft schwierige Sekundär-Nephrektomie. [24]

Nephrin: niedrigmolekulares Hormon aus den Nieren von Hochdruckkranken; blutdrucksteigernde Wirkung wie bei ↑Renin. [8]

Nephritis ⟨*griech*⟩: Nierenentzündung. Akute diffuse Glomerulonephritis: tritt häufig im Gefolge von Infekten (bes. Streptokokkenerkrankungen) auf. Fokalherde, Nässe u. Kälte spielen eine Rolle. Pathogenet. deutet man die Erkrankung als ein allerg. Geschehen. Die Krankheit beginnt mit Mattigkeit, Kopfschmerz, Nierenschmerzen, Oligurie. Man findet erhöhten Blutdruck, Herzverbreiterung, Ödeme, am Augenhintergrund zuweilen verengerte Arterien u. verwaschene Papillen. Der Urin ist fleischwasserfarbig, im Sediment finden sich Erythrozyten, Zylinder, mäßige Albuminurie. Reststickstoff u. Harnstoff sind im allgemeinen nur wenig bis mäßig erhöht. Eine akute Nephritis kann bei rechtzeitiger Behandlung ohne Folgen abheilen, sie kann aber auch zum Herzversagen sowie zur eklampt. oder azotäm. Urämie führen oder in eine chron. N. übergehen. Chron. N.: schließt sich entweder direkt an die akute N. an oder tritt erst nach langem Latenzstadium in Erscheinung. Aber auch im Latenzstadium finden sich häufig monosymptomat. oder kombiniert Albuminurie (bei stärkerem Grade spricht man von nephrot. Einschlag), Erythrozyturie, Blutdrucksteigerung, Konzentrationsschwäche der Niere. Es kommt allmählich zum Bild der Schrumpfniere mit Hochdruck, Azotämie, Anämie u. mehr oder weniger ausgeprägter Wassersucht. Exitus erfolgt entweder durch Niereninsuffizienz (Azotämie, Urämie), Herzversagen oder durch apoplekt. Insulte. Herdförmige N.: Herdnephritis 1. mit Entzündung nur weniger Glomerula (embol. bei Endocarditis lenta) u. 2. mit umschriebener entzündlicher Infiltration der Rindenschicht (interstitielle Herdnephritis). Bei diesen Formen bestehen weder Blutdruckerhöhung noch Ödeme. Im Urin finden sich bei 1. Erythrozyten, bei 2. Leukozyten u. leichte Eiweißausscheidung. Die Prognose ist vom Grundleiden abhängig; ↑Koma (C. uraemicum). [9]

nephrogen ⟨*griech*⟩: von der Niere ausgehend. [1]

Nephro|hydrose ⟨*griech*⟩ *f:* Harnaufstauung im Bereich der Nierenkanälchen mit sek. Veränderungen an den Glomerula u. im Interstitium als Folge einer Obturation distaler Tubulusabschnitte durch Eiweißzylinder, Kalkausfällungen u.a. (zu unterscheiden von Hydronephrose). [5]

~lithiasis *f:* Nierensteinleiden; ↑Konkrementbildung der Harnorgane. [24]

~lithotomie: Entfernung eines oder mehrerer Steine aus der Niere unter Spaltung des Parenchyms, also Zugang zum Hohlsystem von der Konvexität der Niere her im Gegensatz zur Pyelolithotomie. Die N. ist nicht zu umgehen, wenn Stein oder Steine im erweiterten Kelch größer als der Kelchhals sind, sich also nicht „nach unten" herausziehen lassen. Bei multipler Steinbildung u. bei Operation von ↑Korallensteinen am häufigsten nötig (↑Sektionsschnitt der Niere). Die N. ist techn. nicht selten leichter als die Pyelolithotomie, aber es wird wesentlich mehr Nierengewebe traumatisiert als bei der Pyelolithotomie, u. die Nachblutungsgefahr ist größer. Der Nierenparenchymdefekt wird mit Catgut-Adaptationsnähten verschlossen (Nachteil: größere Infarktbezirke – bindegewebeartiger Ersatz – Vernarbung, also Ausfall von funktionstüchtigem Nierenparenchym), oder neuerdings nahtlos mit Hilfe von Akrylklebern, z.B. Methyl-2 Cyano-Acrylat (wobei zwar wesentlich weniger Schädigung u. Ausfall von Parenchym, aber Voraussetzung absolute Bluttrockenheit u. Gefahr von Steinbildung um Klebstoffreste). [24]

Nephrologe ⟨*griech*⟩ *m:* Facharzt für („interne") Nierenkrankheiten (u. extrakorporale Dialysen = künstliche Niere). [24]

Nephrologie ⟨*griech*⟩ *f:* Lehre von den (internen) Nierenkrankheiten. [24]

Nephrolyse ⁕ **Nephrolysis** ⟨*griech*⟩ *f:* 1. Auslösen der Niere aus perinephrit. Verwachsungen unter Erhaltung der Capsula propria oder 2. unter gleichzeitiger Spaltung der fibrösen Kapsel, also Dekapsulation z.B. bei Panzerniere. [24]

Nephrom ⟨*griech*⟩ *n:* Nierengeschwulst (gemeint meist bösartige Nierentumoren). [24]

Nephron ⟨*griech*⟩: mikroskop. Einheit in der Niere des Menschen, bestehend aus: I. ↑Malpighi' Körperchen = Corpusculum renis, II. Tubulus renalis = Nierenkanälchen. Der Tubulus renalis besteht aus folgenden morpholog. unterschiedlichen Abschnitten: 1. Hauptstück (Resorption v. Zucker, H_2O, NaCl) a) Pars contorta, b) Pars recta; 2. Überleitungsstück = dünner Teil der ↑Henle' Schleife; 3. Mittelstück, a) Pars recta, b) Pars contorta; 4. Sammelrohre; 5. Ductus papillaris. [2]

Nephro|pathie ⟨*griech*⟩ *f:* sehr allgemeines u. deshalb wenig genaues Wort für Nierenerkrankungen. [24]

~pexie: bei Senk- oder Wanderniere Festnähen der Niere an gehöriger Stelle durch Fixierung an die 12. Rippe; ↑Nephroptose. [18]

~phthise: Nierenschwindsucht, nicht mehr übliche Bezeichnung für Nierentuberkulose; ⟨Tuberkulose des Harn- u. Genitaltraktes. [24]

~ptose = Ren mobilis: Senk- oder Wanderniere, bes. bei Frauen re. nach häufigen Geburten oder Fettschwund mit Herabsenken der Niere im Stehen aus der Lendengegend bis ins Becken. [18]

~pyelitis: (Primäre) Nierenentzündung, die sek. auf die Nierenbecken übergreift.

~rrhagie: Nierenblutung. [24]

~rrhaphie ↑Nephropexie. [18]

Nephrose ⟨*griech*⟩ *f:* degenerative Erkrankung der Nierentubuli; klin. Ödeme u. starke Albuminurie (5–50‰). Im Gegensatz zur Nephritis fehlen Blutdrucksteigerung, Hämaturie u. Azotämie. Das Krankheitsbild kommt bei fieberhaften Infekten vor, bei Amyloidose, als Ausdruck einer Fettstoffwechselstörung (Lipidnephrose), als Vergiftungsfolge (Sublimat, Barbitursäure, Chrom u.a.). Prakt. wichtig sind die sog. Pseudonephrosen, das sind chron. Nephritiden mit starkem nephrot. Einschlag. Abgesehen von der Amyloidnephrose u. der Pseudonephrose, führt die N. nur selten zur Schrumpfniere mit Niereninsuffizienz.

N. des unteren Nephrons: lower nephron nephrosis ⟨*engl*⟩ = akute Nephrose, Crush-Niere, Schockniere, Funktionell handelt es sich um eine akute glomerulotubuläre Insuffizienz. Es gibt zahlreiche ätiolog. Faktoren wie Schock, Hämolyse, Verbrennung, Kochsalzmangel, Gifte, Sulfonamide. Typ. ist der rasche, hohe Anstieg des Rest-N in der obligoanur. Phase u. der Elektrolytverlust in der sich anschließenden polyur. Phase. [9]

Nephrose-Syndrom, kongenitales: familiär-erbliche, angeboren-manifeste Nephrose; Krankheitsbild des Nephrose-Syndroms beim Neugeborenen. Im Urin befindet sich neben der Albuminurie auch eine Aminoazidurie. Familiär-erbliche Störung, deren Mechanismus (Autoimmunreaktion, genet. bedingte Entwicklungsstörung des Nephrons?) noch nicht geklärt ist. [32]

Nephrosklerose ⟨*griech*⟩ *f:* Arterio- bzw. Arteriolosklerose der Nieren, wobei lange Zeit nur eine Blutdruckerhöhung vorhanden ist. Später treten dann fakultative Albuminurie, Konzentrationsschwäche der Niere (Polyurie, Hyposthenurie) u. Zeichen von Niereninsuffizienz hinzu. Es kommt so allmählich zum Bild der prim. oder genuinen Schrumpfniere (sog. sek. Schrumpfniere nach Nephritis, Amyloidnephrose usw.). Die nephrosklerot. Schrumpfniere führt häufiger durch Herzversagen, Apoplexie, Myokardinfarkt zum Tode als durch Niereninsuffizienz mit Urämie; ↑Koma (C. uraemicum). [9]

Nephrostom ⟨*griech*⟩: Öffnung des Vornierenkanälchens in die Leibeshöhle. [3]

Nephrostomie ⟨*griech*⟩ *f:* operatives Anlegen einer Nierenbeckenfistel, d.h. Einführen eines (dicken, aber nicht starren) Katheters durch das Nierenparenchym hindurch zur Ableitung des Harns. Indikation: als Notoperation bei mechan. Verlegung des Harnabflusses z.B. durch eingeklemmten Stein (↑Urosepsis!) oder Stenose oder Zustand nach versehentlich erfolgter Unterbindung des Harnleiters, wenn die endgültige Beseitigung des Hindernisses einen zu belastenden Eingriff bedeuten würde. [24]

Nephrotom ⟨*griech*⟩: Entstehungsgebiet der prim. Exkretionsorgane der Wirbeltiere aus dem Ursegmentstiel, der die Somiten mit den mesodermalen Seitenplatten verbindet. [3]

Nephrotomie ⟨*griech*⟩ *f:* Eröffnung des Nierenhohlsystems durch Spaltung des Nierenparenchyms, z.B. zur Entfernung von Steinen, die vom Nierenbecken aus nicht erreichbar oder schlecht zu entfernen sind. Längsnephrotomie: Eröffnung des Hohlsystems durch Schnitt 1 cm dorsal der Längsachse der Niere (gefäßarme Zone); Quernephrotomie: dgl. quer zur Nierenachse; Sektionsschnitt: große Längsspaltung der Niere (wobei es gewöhnlich erheblich blutet). [24]

Nephroureterektomie ⟨*griech*⟩ *f:* Entfernung einer Niere mitsamt dem dazugehörigen Harnleiter, am besten en bloc unter Mitnahme des Stückes der Harnblasenwand, in dem das Ostium sich befindet. Indikation: Nierenbecken-Harnleitertumoren, Pyonephrose mit Pyureter, manchmal angeborene oder sek. entstandene Hydroureter (früher meistens, heute selten Tbk.). [24]

Nerium oleander: Oleander im Mittelmeergebiet u. im Vorderen Orient heimisch. Alle Pflanzenteile sind stark giftig; enthält das Herzglykosid Oleandrin bzw. Neriifolin, dessen Aglykon mit Gitoxigenin ident. ist. Wurde als mildes ↑Herzglykosid in die Therapie eingeführt, ↑Folinerin. [44]

Nernst, Walter (1864–1941), Physiker, Berlin.

N' Gesetz: die erste Wirkung, die ein elektr. Strom in einem Nerven erzeugt, ist eine Änderung der Ionenkonzentration an den Grenzflächen zwischen zwei verschiedenen Medien. Diese löst dann den Erregungszustand aus. Demgemäß müssen Stromstöße kurzer Dauer die gleiche erregende Wirkung haben, wenn das Produkt aus der Stromstärke u. der Quadratwurzel der Zeit konstant ist, also $i \cdot \sqrt{t} = \text{konstant}$, unabhängig davon, ob es sich um konstanten oder Induktionsstrom bzw. um Kondensatorentladung handelt. Dieses Gesetz wurde bei experimenteller Prüfung innerhalb eines großen Bereichs als gültig gefunden; allerdings sind noch zahlreiche weitere Gleichungen entwickelt worden, die dem Vorgang bei der Nervenerregung mehr oder weniger gerecht werden. [7]

nerval ⟨*lat*⟩: durch Nerventätigkeit erfolgend, zur Nerventätigkeit gehörig. [35]

Nerven ✱ **Nervi** ⟨*lat*⟩ *m, Pl:* aus parallel verlaufenden ↑Nervenfasern bestehende, von Bindegewebshüllen umgebene, Erregungen leitende weißliche Stränge des Nervensystems. Die einzelnen Nervenfasern werden von einem lockeren Bindegewebe aus Gitterfasern, Endoneurium, die Nervenfaserbündel vom Perineurium u. schließlich der gesamte Nerv vom Epineurium umgeben. In diesen Bindegewebsschichten verlaufen Gefäße zur Ernährung der peripheren Nerven. [2]

N., afferente: Nerven, die die Erregung vom Rezeptor in der Peripherie zum ZNS leiten (zentripetale, sensible Nerven).

N., efferente: Nerven, die die Erregung vom ZNS zu den Organen der Peripherie (Muskel, Gefäße, Drüsen) leiten (motor., vasomotor., sekretor. Nerven). [7]

Nerven|atrophie: Nervenschwund, ↑Nervendegeneration. [20]

~austrittspunkte: *Abk* NAP, Stellen, an denen periphere Nerven aus dem Knochen (zumal am Schädel) austreten u. an denen sie zu bes. Druckschmerzhaftigkeit neigen. [33]

~degeneration: wird eine Nervenfaser von ihrer zugehörigen Nerven- oder Ganglienzelle abgetrennt, so stirbt das abgetrennte Stück der Nervenfaser ab (degeneriert) u. verliert seine Leitungsfunktion. Auch am zentralen Teil der Nervenfaser sowie an der Nervenzelle selbst treten in diesem Falle Degenerationszeichen auf (retrograde Degeneration), die sich aber wieder zurückbilden können.

~dehnung: blutiges oder unblutiges gewaltsames Dehnen eines Nerven in Narkose, z. B. des N. ischiadicus bei Ischiasneuritis. [20]

~druckpunkte ↑Valleix' Punkte.

~endorgane: Reizempfänger (Rezeptor) in den verschiedenen äußeren u. inneren Körperregionen, die teils nervösen Ursprungs sind, wie z. B. die Geruchsrezeptoren, teils aus Bindegewebe oder dem Epithelzellengewebe hervorgegangen sind, wie die meisten Rezeptoren.

Endorgan	Autor	Sinnesqualität	Verbreitungsgebiete, vorzugsweise
Tastkörperchen, Corpuscula tactus	Meissner	Druck	Papillen der Lederhaut
Endgeflechte u. Knäule	Ruffini	Wärme	tiefere Hautschichten
Endkolben, Corpuscula bulboidea	Krause	Kälte	oberflächliche Haut- u. Schleimhautschichten
Freie Nervenendigungen	Langerhans	Schmerz	oberflächliche u. tiefere Epidermisschichten
Lamellenkörperchen	Vater u. Pacini	Tiefensensibilität	Unterhautbindegewebe
Endkörperchen	Dogiel		tiefe Schichten der Haut, äußere Geschlechtsorgane u. andere Stellen
Endkörperchen	Golgi-Mazoni		Haut, Nagelbett, Konjunktiva, Bauchfell

[7]

~entzündung ↑Neuritis. [33]

~erregungsleitung: die Erregungsleitung erfolgt im Nerven nach folgenden Gesetzen: 1. Gesetz der anatom. u. physiolog. Kontinuität. Die Erregung kann durch einen Nerven, wie allgemein durch alle irritablen Gewebe, nur dann übertragen werden, wenn die Nervenfaser unversehrt ist. Dadurch unterscheidet sich das irritable Gewebe grundsätzlich von der Übertragung der Elektrizität, die ja ohne weiteres von einem Leiter auf den anderen übergeht, auch wenn diese bloß aneinandergrenzen bzw. -gepreßt werden. 2. Gesetz der isolierten Leitung. Die Nervenerregung, die in einer Nervenfaser abläuft, kann sich in der Querrichtung nicht auf andere danebenliegende Fasern ausbreiten. Ohne diese Eigenschaft der Isolierung gegenüber benachbarten Fasern könnten z. B. gesonderte Leistungen der efferenten u. afferenten Nervenfasern nicht zustande kommen. 3. Gesetz des unabänderlichen Erfolges. An welcher Stelle auch immer eine Nervenfaser gereizt wird, das physiolog. Ergebnis ist immer das gleiche. 4. Gesetz der doppelsinnigen Erregungsleitung. Es hat nur unter bestimmten experimentellen Bedingungen einen Sinn, nämlich wenn der freigelegte Nerv an einer Stelle elektr. gereizt wird. Die Erregung pflanzt sich dann längs der Nervenfasermembran nach beiden Richtungen fort. Normalerweise geht die Erregung von einer Nervenzelle oder einem Rezeptor aus (efferente, afferente Nervenfasern). Die Leitungsgeschwindigkeit bei den markhaltigen Fasern beträgt 10–120 m/s, bei den markarmen sog. C-Fasern unter 10 m/s, im extrem niedrigen Bereich 0,5 m/s. [7]

~extraktion = Neurex(h)airese: bei Trigeminus-Neuralgie (Gesichtsneuralgie) geübte Ausdrehung bzw. Ausreißung schmerzhafter sensibler Gesichtsnerväste; ↑Phrenikusexairese. [18]

~fasern: lange Fortsätze (bis zu 1 m) der Nervenzellen, die aus einem zentralen Achsenzylinder u. einer Gliazellhülle (↑Neurolemm, Schwann' Scheide) bestehen. Nach dem Bau der Neurolemmzellen unterscheidet man markhaltige, markarme u. marklose Nervenfasern. Zwischen den Neurolemmzellen (Schwann' Zellen) befinden sich die sog. ↑Ranvier' Schnürringe, die als Zellgrenzen zwischen den Neurolemmzellen aufgefaßt werden können. Im Bereich der Neurolemmzellen befinden sich bei lichtmikroskop. Untersuchungen als Fixierungsartefakt das Neurokeratingerüst u. ferner die sog. ↑Schmidt-Lantermann' Einkerbungen. [2]

~fieber ↑Fleckfieber. [40]

~geschwülste: gutartige u. bösartige vom Nervengewebe abgeleitete Tumoren. Näheres ↑Neurogliom, Neurom, Neurozytom, Neurofibrom, Neurinom, Neuroblastom. [25]

~gewebe: höchst differenzierte Gewebsform, welche die Fähigkeit der Erregbarkeit (Bildung der Erregung, Erregungsleitung, Verarbeitung der Erregung) besitzt. Nervengewebe besteht aus ↑Nervenzellen (reizleitend) u. Gliazellen (↑Neuroglia), die beide dem gleichen Keimblatt, dem Ektoderm, entstammen. [2]

~kerne = Nuclei ⟨*lat*⟩, *Pl* von Nucleus: kernförmige Ansammlungen von Nervenzellen in der grauen Substanz des Gehirns u. des verlängerten Markes. Man unterscheidet dabei Ursprungskerne (Nuclei originis) u. Endkerne (Nuclei terminales) der Hirnnerven. [1]

~leitungsgeschwindigkeit ↑Nervenerregungsleitung. [7]

~luxation: Verlagerung eines Nerven, wird vor allem am N. ulnaris beobachtet, der dann (aus oft nicht geklärten Gründen) nicht in der Rinne am Epicondylus humeri ulnaris, sondern volar davon im Unterhautgewebe liegt. [33]

~mark ↑Myelin. [2]

~massage ↑Nervenpunktmassage. [46]

~naht: operatives Vernähen eines durchtrennten Nerven durch feinste Nähte, die ausschließlich durch das perineurale Gewebe gelegt werden, nachdem der Nerv angefrischt u. mobilisiert ist, evtl. Umscheidung mit Fettgewebe oder Kunststoffolie (↑Tubulisation). Längere Ruhigstellung. Operation nicht vor Ablauf von 3 Monaten nach der traumat. Durchtrennung. [20]

~parabiose: Änderung der Erregungsleitfähigkeit eines im Experiment isolierten Nerven unter Einwirkung eines auf den Nerven gebrachten narkot. Mittels, von dem russ. Physiologen Wedenski 1900 beschrieben. [7]

~pfropfung: operatives Verfahren, bei dem ein Nerv mit einem anderen anastomosiert wird, um eine wesentliche verlorengegangene Funktion durch Aufgabe einer weniger wichtigen zurückzugewinnen (z. B. Fazialis-Akzessorius- oder -Hypoglossus-Pfropfung). [20]

~platte: Neuralplatte, Medullarplatte. Charakterist. Entwicklungsstadium des Nervensystems der Wirbeltiere; entsteht aus einer breiten Einsenkung des dorsalen Ektoderms u. bildet sich durch Krümmung der Ränder zum Nervenrohr um; ↑Neurula. [3]

~punktmassage (Cornelius): Massage druckempfindlicher Punkte der Haut, der Muskulatur, der Gelenke, die auf einen normalen Reiz mit einer hierzu in keinem Verhältnis stehenden Stärke reagieren. Die „Nervenpunkte" stehen mit sensiblen, sensor., motor., vasomotor. Krankheitserscheinungen im Zusammenhang, so daß durch N. die letzteren verschwinden. [46]

~quetschung: Schädigung eines Nerven durch Druck bei Unfall oder durch fehlerhafte Lagerung bei der Narkose; unsachgemäße zirkuläre Abschnürung des Oberarmes zur Blutstillung; Druck von Prothesen. Therapeut. Anwendung bei der Phrenikusquetschung. [20]

~regeneration: Wiederherstellung der Funktionsfähigkeit (Erregungsleitung) eines peripheren Nerven nach einer Verletzung. Während die Nervenfasern distal von der Schädigungsstelle zugrunde gehen, sprossen nach einer Latenzzeit die noch mit der Ganglienzelle in Verbindung stehenden proximalen Faserenden aus. Ein je nach den Wundverhältnissen mehr oder weniger großer Teil von ihnen findet Anschluß an die erhaltenen Bindegewebsstrukturen des distalen Stumpfes u. wächst darin mit einer Geschwindigkeit von ungefähr 1 mm pro Tag voran. Dabei gelangen zahlreiche Fasern nicht in ihre ursprünglichen Innervationsgebiete. Fasern, die den Anschluß an den distalen Stumpf nicht gefunden haben, wuchern richtungslos u. knäueln sich zu ↑Neuromen auf.

~schock: „Erschütterung" des Nervensystems vage, nur noch im populären, nicht aber klin. Sprachgebrauch übliche Bezeichnung; ↑den allgemeinen Begriff „Schock". [33]

~schwäche ↑Neuropathie, ↑Neurasthenie. [34]

Nervensystem: die Gesamtheit des Nervengewebes als funktionelle Einheit. Die Nervenzellen u. ihre Fortsätze sind zu funktionellen Einheiten (Neuronenketten) zusammengeschlossen, die als Leitungsbahnen bezeichnet werden; ↑Neuronenlehre. Das N. ist befähigt: 1. Reize im Bereiche der sensiblen Endapparate (Rezeptoren) aufzunehmen; 2. in den Rezeptoren für das Nervensystem spezif. Energie (nervöse Erregung) zu bilden; 3. die gebildete Energie zentripetal weiterzuleiten u. im Zentrum zu verarbeiten; 4. zum Zwecke der Reizbeantwortung Erregung zur Peripherie zu leiten; z. B. motor. Endapparate. Aus unterrichtstechn. Gründen werden Einteilungen des Nervensystems vorgenommen, jedoch muß betont werden, daß das gesamte N. sowohl morpholog. als auch funktionell ein einheitliches Ganzes darstellt. I. Einteilung des Nervensystems nach makroskop.-topograph. Gesichtspunkten: 1. Systema nervosum centrale: ↑Zentralnervensystem; ZNS; 2. Systema nervosum periphericum: Peripheres Nervensystem, PNS;

bestehend aus ↑Nerven u. ↑Ganglien. II. Einteilung des Nervensystems nach funktionellen Gesichtspunkten: Im allgemeinen ist die Gliederung des Nervensystems in ein animales u. vegetatives Nervensystem üblich; eine scharfe Trennung zwischen beiden Systemen existiert jedoch nicht. [2]

N., animales: der zerebrospinale Anteil des Nervensystems, der die sog. animal. Funktionen vollzieht, im Gegensatz zum vegetativen ↑Nervensystem. [1]

N., autonomes: von Langley geprägter Ausdruck für das vegetative ↑Nervensystem. [7]

N., vegetatives: jener Anteil des gesamten ZNS, der für die Instandhaltung u. Fortpflanzung des betr. Organismus von ausschlaggebender Bedeutung ist. Es umfaßt alle von den inneren Organen kommenden afferenten Neurone, einige Regionen des ZNS sowie diejenigen effektor. Nerven, die die glatte Muskulatur, das Herz u. die Drüsen versorgen. Es dient vorwiegend der Regelung des inneren Milieus. Seine Wirkung ist strenggenommen nicht autonom, weil die Regelkreise des vegetativen u. des animalischen (somat.) Nervensystems auf allen Schaltstufen des ZNS mehrfach miteinander vermascht sind. Das vegetative N. unterscheidet sich vom animal. Nervensystem dadurch vor allem, daß die Verbindungen zur Peripherie nicht einheitlich sind; sie erfahren eine Unterbrechung, indem zwischen die Zentralstätten u. die peripheren Ausbreitungsgebiete ganglionäre Zwischenstationen eingeschaltet sind. Das v.N. besteht aus 2 Anteilen, dem ortho- u. dem parasympath. Anteil. Auf der einen Seite stimmen diese beiden in verschiedenen Eigenschaften überein, auf der anderen Seite macht sich zwischen ihnen in bezug auf die Art der Beeinflussung innerer Organe ein deutlicher Gegensatz bemerkbar. Indessen muß man daran festhalten, daß die beiden Teile eine Einheit bilden. Das v.N. hat folgende Ausbreitungs- bzw. Versorgungsgebiete: die quergestreifte Muskulatur des Herzens, die gesamte glatte Muskulatur, die ex- u. inkretor. Drüsen, die Blutgefäße u. die kontraktilen Elemente in der Haut. Anatom. weist das v.N. 4 Hauptabschnitte auf: 1. das Mittelhirnsystem. Die Ursprungsgebiete sind in den kleinzelligen Medialkernen des N. oculomotorius zu suchen. Die Fasern sind diesen Nerven angeschlossen. Als Zwischenstation kommt das Ganglion ciliare in Betracht; 2. das bulbäre System. Die Ursprungsgebiete sind verschieden gelagert a) im N. facialis, die Verbindung zur Peripherie erfolgt über den N. petrosus superficialis major u. das Ganglion pterygopalatinum oder aber über die Chorda tympani nach dem Ganglion submandibulare bzw. sublinguale; b) im N. glossopharyngeus, die Verbindung zur Peripherie erfolgt über den N. tympanicus u. N. petrosus superficialis minor nach dem Ganglion oticum; c) im N. vagus, die Ganglienzellen befinden sich in dem von diesen Nerven versorgten Gebiet; 3. den Grenzstrang des Sympathikus. Das Ursprungsgebiet ist in den Ganglienzellen des Seitenhorns zu suchen, u. zwar im Brust- u. Lendenmark. Beim Menschen handelt es sich um die Segmente von Th_2 bis L_2 bzw. L_3. Bei Tieren sind diese Ursprungsgebiete etwas anders gelagert; 4. das sakrale System. Das Ursprungsgebiet liegt im Sakralmark. Die Bahn zur Peripherie verläuft über den N. pelvicus; gewissermaßen als Ganglion ist der Plexus hypogastricus eingeschaltet. 1., 2. u. 4. entsprechen dem parasympath., 3. entspricht dem orthosympath. Anteil des Nervensystems; den Hauptabschnitten sind übergeordnet das Zwischenhirn (Hypothalamus) sowie angeschlossene Hirngebiete, die als ↑Viszeralgehirn bezeichnet werden. [7]

Nervensystem-Regeneration: im peripheren Nervensystem ↑Nervenregeneration. Im zentralen Nervensystem: Bei Fischen, Amphibien wurde eine vollständige Regeneration des Rückenmarkes mit Entstehung neuer Nervenzellen festgestellt, während bei Säugetieren u. Menschen lediglich eine Fortsatzregeneration beobachtet werden konnte. Einige Autoren wiesen mit Sicherheit nach totaler Rückenmarkdurchtrennung bei Säugetieren u. Menschen eine Wiederherstellung einiger motor. Funktionen nach. Bei Fischen u. Amphibien konnte nach Hirnteilentfernung eine vollständige oder partielle Regeneration einschließlich Neubildung von Nervenzellen nachgewiesen werden. Bei Säugetieren u. Menschen kommt es nach Hirnverletzung zu einer Fortsatzregeneration. Von einigen Autoren wurde sogar auch bei Säugetieren eine Neubildung von Nervenzellen nach Hirntrauma beschrieben. [2]

Nerven|tätigkeit: als niedere Nerventätigkeit werden beim höheren Tier die nervalen Vorgänge bezeichnet, die die Beziehungen der einzelnen Teile u. deren Integration sowie die Aufrechterhaltung der großen Beziehungen zur Umwelt zustande bringen. Die feineren Wechselbeziehungen zur Umwelt, die dem äußeren Verhalten sein differenziertes Gepräge verleihen, werden durch die höhere Nerventätigkeit, die Arbeit der Großhirnhemisphären, gewährleistet. Die höhere N. setzt sich, unter Mitwirkung der angeborenen unbedingten, aus den bedingten (zeitweilig entstandenen) Reflexen zusammen, d.h. der Tätigkeit der Großhirnhemisphären in Verbindung mit der der niederen Abschnitte. Sie ist eine sowohl analyt. als auch synthet. Arbeit mit regulierendem Effekt für die Tätigkeit der subkortikalen Zentren. Allgemein besteht die N. nach Pawlow aus Erregungs- u. Hemmungsprozessen, deren Konzentration u. Irradiation. Wesentlich sind die Stärke der Nervenprozesse sowie ihre Beweglichkeit u. das Gleichgewicht zwischen ihnen. Hervorzuheben ist als Funktion der höheren Nerventätigkeit die vor Pawlow allgemein vernachlässigte wichtige Funktion des „Schließens", der Verknüpfung, die zur Arbeit der Großhirnrinde gehört. [35]

~trophik *f:* der Einfluß des Nervensystems auf die Ernährung der Gewebe. Wenn auch die Existenz spezif. troph. Nerven, die spez. die Gewebstrophik regulieren, nicht nachgewiesen ist, so ist doch die Bedeutung des Nervensystems für letztere außer Zweifel; ↑Keratitis neuroparalytica. [7]

~typen: auf Grund langjähriger Beobachtungen stellte Pawlow vier allgemeine Typen des Nervensystems einander gegenüber. Die Merkmale für die Unterscheidung der einzelnen Typen gaben dabei die Stärke. die Ausgeglichenheit u. die Beweglichkeit der Nervenprozesse ab. Unter diesen vier Typen ist am häufigsten der sog. schwache Typ, in der, meist auf die hippokrat. Tradition zurückgeführten Temperamentenlehre als Melancholiker bezeichnet, anzutreffen. Er ist durch die Schwäche aller Nervenprozesse charakterisiert, ängstlich u. wenig leistungsfähig. Merkmale des zügellosen, des sog. choler. Typs sind Unausgeglichenheit, Stärke u. Beweglichkeit der Prozesse. Ausgeglichenheit findet man als hervorstechendes Merkmal beim ruhigen, phlegmat. Typ. Hier sind die Nervenprozesse stark, ausgeglichen, aber wenig beweglich. Der sog. sanguin. Typ ist durch große Beweglichkeit, Ausgeglichenheit u. Stärke der Nervenprozesse ausgezeichnet. Er ist sehr anregbar; seine Leistungsfähigkeit sinkt jedoch herab, wenn Anregungen fehlen. Vorherrschend sind bekanntlich nicht die deutlich ausgeprägten vier Typen, sondern Mischformen, sowohl bei Menschen als bei Tieren. Beim Menschen unterschied Pawlow je nach Vorrangstellung des zweiten bzw. des ersten Signalsystems in der höheren Nerventätigkeit außerdem den Denkertyp (überwiegende Tätigkeit im Bereich des zweiten Signalsystems), den Künstlertyp (überwiegende Tätigkeit im Bereich des ersten Signalsystems) u. den zwischen ihnen stehenden mittleren Typ; ↑Konstitutionstypen. [35]

~wurzeln ↑Rückenmarkswurzeln.

~zellen = Ganglienzellen: hochdifferenzierte, meist größere Zellen des Nervengewebes mit einem großen bläschenförmigen Zellkern u. deutlichem Nukleolus. Das Neuroplasma der Nervenzellen enthält ↑Neurofibrillen u. chromatophile Schollen, ↑Nissl-Schollen; der ↑Golgi-Apparat ist bei Nervenzellen sehr gut ausgebildet. Nach der Anzahl der Fortsätze der N. unterscheidet man unipolare N. (z.B. in der Riechschleimhaut), pseudo-unipolare N. (sensible Ganglien), bipolare N. (z.B. Ganglion spirale in der Schnecke), multipolare N. (z.B. in der grauen Substanz des Zentralnervensystems u. im vegetativen Nervensystem). Multipolare N. besitzen einen ↑Neuriten u. mehrere ↑Dendriten. Gruppenbildungen von Nervenzellen im peripheren Nervensystem werden als Ganglien, im Zentralnervensystem als Nervenkerne bezeichnet. [2]

~zentren: in der grauen Substanz von Gehirn u. Rückenmark gelegene abgrenzbare Bezirke, die nervale Erregungen aufnehmen, verarbeiten, auswerten u. dann entsprechende Impulse aussenden. Auf diese Weise beherrschen u. regulieren sie die Reaktionen u. Funktionen des Organismus, wie z.B. die willkürlichen Bewegungen (motor. Rindenzentren), die Atmung (Atemzentrum) u. andere; ↑Rindenzentren. [1]

Nervina remedia ⟨*lat*⟩ *n, Pl:* (pharmakolog.) Mittel mit Wirkung auf das Nervensystem, z.B. Mixtura nervina (↑Brom). [44]

Nervismus: von dem „Vater der russischen Physiologie" I.M. Setschenow, u. dem Kliniker S.P. Botkin begründete, von I.P. Pawlow u. seinen Schülern weiterentwickelte Lehre von der führenden Rolle des Nervensystems bei den physiolog. Prozessen der mit einem solchen ausgestatteten tier. Organismen. Größte Bedeutung fällt nachweislich stets dem bei der jeweiligen Entwicklungsstufe vorhandenen höchsten Abschnitt der Nerventätigkeit dabei zu. [35]

Nervon ↑Zerebroside. [8]

Nervonsäure: einfach Δ-15-ungesättigte Fettsäure mit 24 C-Atomen; Vorkommen in Phosphatiden u. Zerebrosiden. [8]

nervös ⟨*lat*⟩: wird häufig synonym mit ↑nerval verwendet, außerdem jedoch in der Bedeutung von nervenschwach, übererregt, unbeherrscht, neurotisch. [35]

Nervosität ⟨*lat*⟩ ↑Neuropathie, Neurasthenie. [34]

nervosus ⟨*lat*⟩: nervenreich; in Zusammensetzungen: nervös, Nerven-. [1]

Nervus ⟨*lat*⟩ *m:* der Nerv; *Abk Sing* N., *Pl* Nn.

N. abducens ↑VI. Hirnnerv.

N. accelerans: besser Nn. accelerantes; Bezeichnung für die Nerven, die dem Herzen sympath. Fasern zuführen, welche die Herzaktion beschleunigen.

N. accessorius: XI. Hirnnerv; besitzt Radices craniales u. spinales.

N. acusticus (BNA): Hörnerv; ↑N. statoacusticus (PNA).

N. alveolaris inferior (PNA) = N. alveolaris mandibularis (JNA): versorgt M. mylohyoideus, Venter ant. musculi digastrici, Unterkieferzähne, Alveolen, Zahnfleisch, Kinn- u. Unterlippenhaut.

Nn. alveolares superiores (PNA) = Rami alveolares maxillares (JNA): Äste des N. infra-orbitalis.

N. ampullaris anterior (PNA) = Ramus ampullae superioris (JNA) ↑N. utriculo-ampullaris (PNA).

N. ampullaris lateralis (PNA) = Ramus ampullae. lateralis (JNA) ↑N. utriculo-ampullaris (PNA).

N. ampullaris posterior (PNA) = Ramus ampullae posterioris (JNA): aus Pars vestibularis nervi octavi; versorgt die hintere Ampulle.

Nn. anales (JNA) ↑Nn. rectales inferiores (PNA).

Nn. anococcygei: aus Ansa sacrococcygea; versorgen die Haut über dem Steißbein.

N. articularis: Gelenknerv.

Nn. auriculares anteriores (PNA) = Nn. auriculares temporales (JNA): aus N. auriculotemporalis; versorgen die Haut der Ohrmuschelhöhle.

N. auricularis magnus: aus Plexus cervicalis; versorgt die Haut des Ohres u. seiner Umgebung.

N. auricularis posterior: aus N. facialis; versorgt M. auricularis post., Pars parietalis des M. temporoparietalis u. M. occipitalis.

N. auriculotemporalis: aus N. mandibularis; versorgt Kiefergelenk, Parotis, Haut des äußeren Gehörgangs, der Ohrmuschel u. der Schläfe.

N. axillaris: aus Plexus brachialis; versorgt das Schultergelenk, M. teres minor, M. deltoideus, die Haut der Hinterfläche des Oberarmes bis zur Mitte.

N. buccalis: aus N. mandibularis; versorgt Mundschleimhaut, Haut der Wange.

N. buccinatorius (BNA) ↑N. buccalis (JNA, PNA).

N. canalis pterygoidei (Vidii): aus N. petrosus major u. N. petrosus profundus; zieht zum Ganglion pterygopalatinum.

Nn. capitales (JNA) ↑Nn. craniales (PNA).

N. cardiacus cervicalis inferior: aus Ganglion cervicale inferius; versorgt das Herz.

N. cardiacus cervicalis medius: aus Ganglion cervicale medium; versorgt das Herz.

N. cardiacus cervicalis superior: aus Ganglion cervicale superius; versorgt das Herz.

Nn. carotici externi: aus Ganglion cervicale superius; versorgen A. carotis externa.

N. caroticus internus: aus Ganglion cervicale superius; versorgt A. carotis interna.

Nn. caroticotympanici: aus N. caroticus int.; Verbindung zum Plexus tympanicus.

Nn. cavernosi clitoridis: aus Plexus vesicopudendalis; versorgen den Kitzler.

Nn. cavernosi penis: aus Plexus prostaticus; versorgen die Schwellkörper des männlichen Gliedes.

Nn. cerebrales (BNA) = Nn. capitales (JNA) ↑ Nn. craniales (PNA).

Nn. cervicales: Halsnerven; N. cervicalis inf. aus II. u. III. Halsnerven verbindet sich mit Ramus sup. nervi hypoglossi zur Ansa cervicalis (profunda).

Nn. ciliares breves: aus Ganglion ciliare; versorgen Chorioidea, M. ciliaris, Iris, Kornea.

Nn. cillares longi: aus N. ophthalmicus; Versorgungsgebiet wie Nn. ciliares breves; ↑Ziliarnerven.

Nn. clunium inferiores (caudales): aus N. cutaneus femoris post.; versorgen die Haut der Gesäßgegend.

Nn. clunium medii: aus Rami dorsales der Nn. sacrales I–III; versorgen die Haut dei Gesäßgegend.

Nn. clunium superiores (craniales): aus Rami dorsales der Nn. lumbales I–III; versorgen die Haut der Trochantergegend.

N. coccygeus (coccygicus): Kaudalnerv; versorgt die Haut über dem Steißbein.

N. cochleae (BNA, JNA) ↑Pars cochlearis nervi octavi (PNA).

Nn. corporis cavernosi clitoridis (BNA) ↑Nn. cavernosi clitoridis (PNA).

Nn. corporis cavernosi penis (BNA) ↑Nn. cavernosi penis (PNA).

Nn. craniales ↑Hirnnerven.

N. cutaneus antebrachii lateralis (radialis): aus N. musculocutaneus; versorgt die Haut der Radialseite des Unterarms.

N. cutaneus antebrachii medialis (ulnaris): aus Plexus brachialis; versorgt die Haut über dem M. biceps brachii, an der Palmarfläche u. am Ulnarrand des Unterarms.

N. cutaneus antebrachii posterior (dorsalis): aus N. radialis; versorgt die distale Hälfte der Dorsalhaut des Oberarms u. die Dorsalhaut des Unterarms.

N. cutaneus brachii lateralis (radialis): aus N. axillaris; versorgt die Haut über der hinteren Deltoideushälfte u. an der Rückseite des Oberarms.

N. cutaneus brachii medialis (ulnaris): aus Plexus brachialis; versorgt die Haut der Ulnarseite des Oberarms von der Mitte ab.

N. cutaneus brachii posterior (dorsalis): aus N. radialis; versorgt die Haut der Dorsalfläche des Oberarms über dem Caput ulnare musculi tricipitis brachii.
N. cutaneus colli (BNA, JNA) ↑N. transversus colli (PNA).
N. cutaneus dorsalis intermedius (pedis): aus N. peronaeus superficialis; versorgt die Haut des Fußrückens, des Fibularrandes der 3., beider Ränder der 4. u. des Tibialrandes der 5. Zehe.
N. cutaneus dorsalis lateralis (pedis): aus N. suralis; versorgt die Haut der Ferse, des seitlichen Knöchels, der kleinen Zehe u. der lateralen Seite des oberen Sprunggelenks.
N. cutaneus dorsalis medialis (pedis): aus N. peronaeus superficialis; versorgt die Haut des Fußrückens, des tibialen Randes der großen Zehe u. der gegenüberliegenden Ränder der 2. u. 3. Zehe.
N. cutaneus femoris lateralis: aus Plexus lumbalis; versorgt die Haut der Gesäßgegend u. des lateralen Teils des Oberschenkels bis zur Kniekehle.
N. cutaneus femoris posterior: aus Plexus sacralis; versorgt die Haut der Gesäßgegend, der lateralen Hälfte des Skrotums bzw. der großen Schamlippen u. der Hinterfläche des Oberschenkels.
N. cutaneus surae lateralis: aus N. peronaeus communis; versorgt die Haut des Knies u. des lateralen Teiles u. der Hinterfläche des Unterschenkels.
N. cutaneus surae medialis: aus N. suralis; versorgt die Haut der Hinterfläche des Unterschenkels.
N. depressor (BNA) ↑Depressor.
Nn. digitales dorsales (nervi radialis u. nervi ulnaris): aus Ramus superficialis nervi radialis bzw. Ramus dorsalis manus nervi ulnaris; versorgen die Haut der Dorsalseite der 2 1/2 radialen Finger (N. radialis bzw. der 2 1/2 ulnaren Finger (N. ulnaris).
Nn. digitales dorsales hallucis lateralis et digiti secundi medialis: aus N. peronaeus profundus; versorgen die Haut auf den seitlichen Rückenteilen der 1. u. 2. Zehe u. der entsprechenden Zehengelenke.
Nn. digitales dorsales pedis: aus N. cutaneus dorsalis medialis; versorgen die Haut der gegenüberliegenden Dorsalränder der 2. u. 3. Zehe.
Nn. digitales palmares communes (nervi mediani): aus Nervus medianus; versorgen palmarwärts die Haut beider Seiten des Daumens, des 2. u. 3. Fingers, der Radialseite des 4. Fingers, M. lumbricalis I u. II, die Haut der Dorsalfläche der Endglieder des Daumens, des 2. u. 3. Fingers u. der Radialseite des 4. Fingers.
Nn. digitales palmares communes (nervi ulnaris): aus Ramus superficialis nervi ulnaris; versorgen die Haut am Ulnarrand des kleinen Fingers u. der gegenüberliegenden Teile des 4. u. 5. Fingers.
Nn. digitales palmares proprii (nervi mediani): aus Nn. digitales palmares communes (nervi mediani).
Nn. digitales palmares proprii (nervi ulnaris): aus Nn. digitales palmares communes (nervi ulnaris); versorgen die Haut des Ulnarrandes des 5. u. der gegenüberliegenden Teile des 4. u. 5. Fingers.
Nn. digitales plantares communes: aus N. plantaris med., versorgen die Haut der plantarwärts gegenüberliegenden Teile der 1. bis 4. Zehe.
Nn. digitales plantares proprii: aus Nn. digitales plantares communes; versorgen die Haut der gegenüberliegenden Teile der 1. bis 4. Zehe.
N. dorsalis clitoridis: aus N. pudendus; versorgt die Klitoris.
N. dorsalis penis: aus N. pudendus; versorgt die Penishaut, Corpora cavernosa penis, Glans penis.
N. dorsalis scapulae: aus Plexus brachialis (C_5); versorgt M. rhomboideus major u. minor sowie M. levator scapulae.
N. ethmoidalis anterior: aus N. nasociliaris; versorgt die Haut des Nasenrückens u. die Nasenschleimhaut.
N. ethmoidalis posterior: aus N. nasociliaris; versorgt die Schleimhaut der Siebbeinzellen.
N. facialis: VII. Hirnnerv.
N. femoralis: Oberschenkelnerv; aus Plexus lumbalis (L_{1-4}).
N. fibularis ↑N. peronaeus (die Pariser Nomenklatur akzeptiert beide Bezeichnungen).
N. frontalis: aus N. ophthalmicus; versorgt die Haut der Nasenwurzel, Stirn, Schläfe, des oberen Augenlides u. nasalen Augenwinkels.
N. genitofemoralis: aus Plexus lumbalis; teilt sich in zwei Äste: Ramus genitalis u. Ramus femoralis; versorgt A. iliaca externa, M. cremaster, Tunica dartos, Haut des Oberschenkels in der Umgebung des Hiatus saphenus.
N. glossopharyngeus: IX. Hirnnerv.
N. glutaeus inferior (caudalis): aus Plexus sacralis (S_1 u. S_2); versorgt M. glutaeus maximus u. Hüftgelenkskapsel.
N. glutaeus superior (cranialis): aus Plexus sacralis (L_5, S_1, S_2); versorgt M. glutaeus medius u. minimus, M. tensor fasciae latae.
Nn. haemorrhoidales inferiores (BNA) ↑Nn. rectales inferiores (PNA)
Nn. haemorrhoidales medii (BNA) ↑Plexus rectales medii (PNA).

Nn. haemorrhoidales superiores (BNA) ↑Plexus rectalis superior (PNA).
N. hypoglossus: XII. Hirnnerv.
N. iliohypogastricus: aus Plexus lumbalis; versorgt die Haut am äußeren Leistenring, Gesäßhaut, M. obliquus abdominis externus u. internus, M. transversus abdominis.
N. ilioinguinalis: aus Plexus lumbalis; versorgt die Haut der Leistengegend (medial) u. des angrenzenden Oberschenkels, des Schamberges, des Hodensacks bzw. der großen Schamlippen, M. obliquus abdominis internus u. externus, M. transversus abdominis.
N. infra-orbitalis: aus N. maxillaris; versorgt die Schleimhaut der Kieferhöhle, die Haut der seitlichen Nasenteile u. des Nasenloches, des Unterlides, die Oberkieferzähne, Zahnfleisch, Mundschleimhaut, Haut u. Schleimhaut der Oberlippe; Verbindung zum ↑Ganglion pterygopalatinum.
N. infratrochlearis: aus N. nasociliaris; versorgt den Tränensack, die Haut des medialen Augenwinkels, die Haut des Oberlids, Tränenwärzchen.
N. intercostobrachialis: aus Th_2; versorgt die Haut der Achselhöhle u. der angrenzenden Teile des Oberarms.
N. intermedius: gebildet von den zentralen Fortsätzen der sensiblen Wurzelzellen des ↑Ganglion geniculi; liegt zwischen dem VII. u. VIII. Hirnnerven.
N. interosseus (antebrachii) anterior: aus N. medianus; versorgt M. flexor pollicis longus, M. flexor digitorum profundus, M. pronator quadratus, Membrana interossea, Dorsalfläche des Handgelenks.
N. interosseus (antebrachii) posterior: aus Ramus profundus nervi radialis; versorgt die Membrana interossea, das Periost der Unterarmknochen, die Dorsalseite des Handgelenks, der Karpal- u. Metakarpalgelenke.
N. interosseus cruris: aus Ramus popliteus nervi cutanei surae medialis; versorgt Membrana interossea, Knochenhaut des Schienbeins, Talofibulargelenk.
N. ischiadicus: Hüftnerv, aus Plexus sacralis; versorgt Ober- u. Unterschenkelbeuger, Unterschenkel- u. Fußmuskeln, Haut des Unterschenkels u. des Fußes, Hüftgelenkkapsel, M. obturatorius int., M. gemellus sup. u. inf. M. quadratus femoris.
N. jugularis: aus Ganglion cervicale superius; Verbindungsnerv zum Ganglion superius nervi vagi u. Ganglion inferius nervi glossopharyngei.
Nn. labiales anteriores: Hauptäste des N. ilioinguinalis zum Mons pubis.
Nn. labiales posteriores: Hauptäste des N. pudendus; versorgen die großen Schamlippen.
N. lacrimalis: aus N. ophthalmicus; versorgt Haut u. Bindehaut des temporalen Augenwinkels u. des Oberlids u. die Tränendrüse.
N. laryngeus inferior: aus N. laryngeus recurrens; versorgt alle Kehlkopfmuskeln außer dem M. cricothyreoideus.
N. laryngeus recurrens: aus N. vagus; versorgt Plexus cardiacus, Luft- u. Speiseröhre, Schilddrüse, Kehlkopfmuskeln außer M. cricothyreoideus, Teile der Kehlkopfschleimhaut.
N. laryngeus superior: aus N. vagus (Ganglion inferius); zieht zum Kehlkopf u. versorgt M. constrictor laryngis inf., M. cricothyreoideus, Schilddrüse, Kehldeckel-, Kehlkopf- u. Rachenschleimhaut.
N. lingualis: aus N. mandibularis; versorgt die vorderen Abschnitte der Zunge, die Schleimhaut des hinteren Mundhöhlenbodens, Glandula sublingualis.
Nn. lumbales: Lendennerven, 5 Paare.
N. lumboinguinalis (BNA) ↑N. genitofemoralis (Ramus femoralis) (PNA).
N. mandibularis: III. Ast des N. trigeminus; versorgt Ala major ossis sphenoidalis, Schleimhaut der Warzenfortsatzzellen, Zunge, Unterkieferzähne, Mundboden- u. Wangenschleimhaut, Haut des Unterkiefers, des Kinns, der Schläfe, des äußeren Gehörgangs, die Kaumuskeln u. die Parotis.
N. massetericus: aus N. mandibularis; versorgt M. masseter Kiefergelenk.
N. maxillaris: II. Ast des N. trigeminus; versorgt Oberkieferzähne, Zahnfleisch, Haut des Gesichtes, zwischen Augen u. Mund, Schleimhaut der Nasen- u. Kieferhöhle, Mundschleimhaut.
N. meatus acustici externi: aus N. auriculotemporalis; versorgt die Haut des äußeren Gehörgangs u. das Trommelfell.
N. medianus: Mittelhandnerv, aus Plexus brachialis; versorgt Beugemuskeln des Unterarms mit Ausnahme des M. flexor carpi ulnaris u. des ulnaren Teils des M. flexor digitorum profundus, Ellbogengelenk, Membrana interossea, M. pronator quadratus, Mm. lumbricales I u. II, Muskeln des Daumenballens mit Ausnahme des M. adductor pollicis u. des Caput profundum musculi flexoris pollicis brevis, gegenüberliegende Palmarränder des 1. bis 4. Fingers, radialen Palmarrand des Daumens.
N. meningeus = Ramus meningeus nervi vagi (PNA): versorgt die Dura mater im Bereich der hinteren Schädelhöhle.
N. meningeus (medius) (BNA) = Ramus meningeus (medius) (PNA): aus N. maxillaris; versorgt die Dura mater oben u. vorn.
N. mentalis: aus N. alveolaris inf.; versorgt die Haut des Kinns sowie Haut u. Schleimhaut der Unterlippe.

N. musculi coccygei: aus Plexus pudendus; versorgt M. coccygeus.
N. musculi levatoris ani: aus Plexus sacralis; versorgt M. levator ani.
N. musculocutaneus: aus Plexus brachialis; versorgt M. coracobrachialis, M. biceps brachii, M. brachialis, Haut des Radialrandes des Unterarms, Humerus, Handgelenks u. Daumenballens.
N. mylohyoideus: aus N. alveolaris inf.; versorgt M. mylohyoideus, Venter anterior musculi digastrici, Haut der Kinngegend.
N. nasociliaris: aus N. ophthalmicus; rein sensibel. Er verläuft zur medialen Wand der Augenhöhle u. -winkel, versorgt die Nasenhöhle, den -rücken u. die äußere u. mittlere Haut des Augapfels.
N. nasopalatinus (Scarpae): aus Ganglion pterygopalatinum; versorgt die Schleimhaut des Septums u. des vorderen Gaumens.
N. obturatorius: aus Plexus lumbalis (L_2–L_4); versorgt M. obturator externus M. pectineus, M. gracilis, Adduktoren, Haut der Tibialseite des Oberschenkels.
N. octavus ↑ N. stato-acusticus.
N. oculomotorius: III. Hirnnerv.
Nn. olfactorii (BNA, PNA) = Fila olfactoria (JNA): Riechfäden; ↑ Hirnnerven.
N. ophthalmicus: I. Ast des N. trigeminus; versorgt Tränensack, -drüse, Haut des Oberlids, Binde-, Nasenschleimhaut, Stirn- u. Keilbeinhöhle, Siebbeinzellen, Haut in der Umgebung der Nasenöffnung, Haut der Stirn; äußere u. mittlere Haut des Augapfels.
N. opticus: Sehnerv, II. Hirnnerv.
Nn. palatini: aus G. pterygopalatinum.
N. palatinus anterior (major): versorgt die Schleimhaut des harten Gaumens u. das Zahnfleisch.
N. palatinus medius: versorgt die Gaumenmandeln u. die Schleimhaut der Umgebung.
N. palatinus posterior (minor): versorgt die Schleimhaut des weichen Gaumens.
Nn. perinei (BNA, PNA) = N. perineus (JNA): aus N. pudendus; versorgt die Haut des Damms, des Hodensacks (der großen Schamlippen), die Schleimhaut der Harnröhre, M. bulbocavernosus, M. ischiocavernosus, M. transversus perinei superficialis, M. sphincter ani externus.
N. peronaeus communis: Wadenbeinnerv, aus N. ischiadicus.
N. peronaeus profundus: aus N. peronaeus communis; versorgt die Haut des fibularen Großzehenrückenabschnitts, des tibialen Rückenabschnitts der 2. Zehe, die Zehengrundgelenke I u. II u. die Tarsometatarsalgelenke, M. extensor digitorum longus, M. extensor hallucis longus.
N. peronaeus superficialis: aus N. peronaeus communis; versorgt M. peronaeus longus u. brevis, die Haut des tibialen Randes der Großzehe u. der gegenüberliegenden Dorsalränder der 2.–5. Zehe.
N. petrosus profundus: aus Plexus caroticus int.; stellt die Verbindung zwischen Ganglion cervicale superius nervi sympathici u. Ganglion pterygopalatinum dar.
N. petrosus major: aus N. facialis; stellt die Verbindung zwischen Ganglion geniculi u. Ganglion pterygopalatinum dar.
N. petrosus minor: aus N. tympanicus; stellt die Verbindung zwischen Ganglion oticum u. G. inferius nervi glossopharyngei dar.
N. phrenicus: aus Plexus cervicalis (C_4); versorgt Herzbeutel, Pleura, Zwerchfellmuskulatur.
N. plantaris lateralis (fibularis): aus N. tibialis; versorgt M. quadratus plantae, M. abductor, flexor u. opponens digiti minimi, M. flexor hallucis brevis, M. adductor hallucis, M. lumbricalis III u. IV, Mm. interossei, die Haut der Kleinzehe u. des Fibularrandes der 4. Zehe.
N. plantaris medialis (tibialis): aus N. tibialis; versorgt M. abductor hallucis, M. flexor digitorum brevis, die Haut des tibialen Fußrandes, der seitlichen Teile der 1.–3. Zehe, des Tibialrandes der 4. Zehe.
N. pterygoideus lateralis (externus): aus N. mandibularis; versorgt M. pterygoideus lateralis.
N. pterygoideus medialis (internus): aus N. mandibularis; versorgt M. pterygoideus medialis.
Nn. pterygopalatini (sphenopalatini): aus N. maxillaris; ziehen zum G. pterygopalatinum.
N. pudendus (pudendalis): aus Plexus pudendus (S_3 u. S_4); versorgt die Haut über dem M. glutaeus maximus, der Analgegend, des Dammes, Hodensacks (der großen Schamlippen) des Penis (der Klitoris), M. sphincter ani externus, M. ischiocavernosus, M. transversus perinei superficialis, M. bulbocavernosus u. die Schleimhaut der Harnröhre.
N. radialis: Speichennerv, aus Plexus brachialis; versorgt die Strecker des Ober- u. Unterarmes, M. anconaeus, die Haut der dorsalen Seite des Ober- u. Unterarmes, der radialen Hälfte des Handrückens, der Dorsalränder des 1., 2. u. 3. (nur radial) Fingers mit Ausnahme der Endglieder.
Nn. rectales caudales (JNA) = Plexus rectales medii (PNA): aus Plexus hypogastricus inferior; versorgen den Mastdarm.
Nn. rectales craniales (JNA) = Plexus rectalis superior (PNA): aus Plexus mesentericus inferior: versorgen die oberen Teile des Mastdarms.
Nn. rectales inferiores: aus N. pudendus versorgen Analhaut, M. sphincter ani externus.

N. recurrens (BNA, JNA) ↑N. laryngeus recurrens (PNA).
N. retro-auricularis (JNA) ↑N. auricularis posterior (BNA, PNA).
N. saccularis: aus Pars vestibularis nervi octavi; versorgt den Sacculus.
Nn. sacrales: Kreuznerven, 5 Paare.
N. saphenus: aus N. femoralis; versorgt das Kniegelenk u. die Haut an der tibialen Seite des Knies u. Unterschenkels.
Nn. scrotales anteriores: Hauptäste des N. ilioinguinalis zum Scrotum.
Nn. scrotales posteriores: Hauptäste der Nn. perinei zum Scrotum.
N. spermaticus externus (BNA) ↑N. genitofemoralis (Ramus genitalis) (PNA).
Nn. sphenopalatini (BNA) ↑Nn. pterygopalatini (BNA, PNA).
Nn. spinales ↑Rückenmarknerven.
N. spinosus (BNA) ↑N. mandibularis (Ramus meningeus) (PNA).
N. splanchnicus major: großer Eingeweidenerv, aus Ganglia thoracica trunci sympathici VI–IX; versorgt Plexus aorticus thoracicus, Pleura mediastinalis, Ganglion splanchnicum, Plexus coeliacus (Darmgefäße, Darm).
N. splanchnicus minor: kleiner Eingeweidenerv, aus Ganglia thoracica trunci sympathici X–XI; versorgt Plexus coaliacus u. renalis.
N. stapedius: aus N. facialis; versorgt M. stapedius.
N. staticus (BNA): Gleichgewichtsnerv; ↑N. stato-acusticus (PNA).
N. stato-acusticus = N. octavus: VIII. Hirnnerv.
N. subclavius: aus Plexus brachialis; versorgt M. subclavius.
N. subcostalis: aus N. thoracicus XII (Ramus ventralis); versorgt M. obliquus abdominis externus u. internus, M. transversus abdominis, M. pyramidalis u. die Haut über der Hüfte.
N. sublingualis: aus N. lingualis; versorgt die Glandula sublingualis, die Schleimhaut des Mundbodens u. des Zahnfleisches.
N. suboccipitalis: aus N. cervicalis I (Ramus dorsalis); versorgt M. obliquus capitis inferior u. superior sowie M. rectus capitis posterior major u. minor.
N. subscapularis: aus Plexus brachialis; versorgt M. subscapularis u. M. teres major.
Nn. supraclaviculares: aus Plexus cervicalis; versorgen die Haut der Brust u. der Schulter sowie das Sternoklavikulargelenk.
N. supra-orbitalis: aus N. frontalis; teilt sich in Ramus medialis u. lateralis u. versorgt Stirn- u. Kopfhaut bis zur Scheitelgegend sowie Haut u. Bindehaut des oberen Augenlides.
N. suprascapularis: aus Plexus brachialis; versorgt die Kapsel des Schultergelenks, M. supraspinatus und M. infraspinatus.
N. supratrochlearis: aus N. frontalis; versorgt die Haut des medialen Augenwinkels, des Oberlids, der Nasenwurzel u. angrenzenden Stirn, die Bindehaut des medialen Augenwinkels.
N. suralis: aus N. tibialis; versorgt die Haut der Ferse, des äußeren Knöchels, den Sinus tarsi, das Fußgelenk.
Nn. temporales profundi: aus N. mandibularis; versorgen die vord. u. hint. Abschnitte des M. temporalis u. das Kiefergelenk.
N. tensoris tympani: aus N. pterygoideus medialis; versorgt M. tensor tympani.
N. tensoris veli palatini: aus N. pterygoideus medialis; versorgt M. tensor veli palatini.
N. tentorii (BNA = Ramus tentorii nervi ophthalmici (PNA): versorgt den Sinus transversus, rectus u. petrosus sup. sensibel.
Nn. terminales: feine sensible Nervenfäden, die jeweils mit einem Filum olfactorium durch die Siebbeinplatte ziehen u. sich in der Schleimhaut der Nasenscheidewand ausbreiten. Beim Menschen bedeutungslos. Wohl der Nerv für das Organon vomeronasale, dessen Anlagen nur noch im Embryonalstadium des Menschen auffindbar ist.
Nn. thoracales (BNA) ↑Nn. thoracici (JNA, PNA).
Nn. thoracici: Brustnerven, 12 Paare.
N. thoracicus longus: aus Plexus brachialis; versorgt M. serratus anterior.
N. thoracodorsalis: aus Plexus brachialis; versorgt M. latissimus dorsi.
N. tibialis: Schienbeinnerv, aus N. ischiadicus; versorgt Knie- u. Fußgelenk, M. gastrocnemius, M. plantaris, M. soleus, M. tibialis post., M. flexor digitorum longus, M. flexor hallucis longus, M. popliteus, M. abductor hallucis, M. flexor digitorum brevis, M. flexor hallucis brevis, Mm. lumbricales, M. abductor digiti minimi, M. quadratus plantae, M. flexor digiti minimi, M. opponens digiti minimi, Mm. interossei, die Haut der Ferse, des lateralen Fußrandes, der Fußsohle, des medialen Fußrandes, der Zehen.
N. transversus colli: aus Plexus cervicalis; versorgt die Haut am Hals in der Gegend des Zungenbeins.
N. trigeminus: V. Hirnnerv.
N. trochlearis: IV. Hirnnerv.
N. tympanicus: aus Ganglion inferius nervi glossopharyngei, versorgt die Schleimhaut der Warzenfortsatzzellen, der Paukenhöhe u. der Ohrtrompete.
N. ulnaris: Ellennerv, aus Plexus brachialis; versorgt M. flexor carpi ulnaris, den ulnaren Teil des M. flexor digitorum profundus, M palmaris brevis, Mm. lumbricales III u. IV, Mm. interossei, M. adductor pollicis, M. flexor pollicis brevis (Caput profundum), die

Kapsel des Ellenbogengelenks, die Haut am distalen Drittel des Unterarms, des Kleinfingerballens, des 4. u. 5. Fingers mit Ausnahme der radialen Palmarseite des 4. sowie die Haut der dorsalen Ulnarseite des 3. Fingers.
N. utriculo-ampullaris (PNA) = N. utricularis (BNA): aus Pars vestibularis nervi octavi; versorgt die vordere (obere) u. die seitliche Ampulle sowie den Utrikulus.
Nn. vaginales: aus Plexus uterovaginalis des Plexus hypogastricus inf.; versorgen die Scheide.
N. vagus: X. Hirnnerv.
Nn. vesicales (JNA): aus Plexus vesicalis; versorgen die Blase u. den unteren Teil des Harnleiters.
Nn. vesicales caudales (JNA): aus Plexus pudendus; versorgen die Harnblase.
Nn. vesicales inferiores plexus pudendi (BNA) ↑ Nn. vesicales caudales (JNA).
Nn. vesicales inferiores nervi sympathici (BNA) ↑ Nn. vesicales (JNA).
Nn. vesicales superiores nervi sympathici (BNA) ↑ Nn. vesicales (JNA).
N. vestibuli (BNA, JNA) ↑ Pars vestibularis nervi octavi (PNA).
N. zygomaticofacialis (JNA) = Ramus zygomaticofacialis nervi zygomatici (PNA): aus N. zygomaticus; versorgt die Haut der oberen Wangengegend u. des lateralen Augenwinkels.
N. zygomaticotemporalis (JNA) = Ramus zygomaticotemporalis nervi zygomatici (PNA) aus N. zygomaticus; versorgt die Haut der vorderen Schläfe.
N. zygomaticus: aus N. maxillaris; versorgt die Haut der vorderen Schläfen- u. Wangengegend u. des lateralen Augenwinkels. [1]

Nesselsucht: Nesselausschlag; ↑ Urtikaria. [43]

Nessler (1827–1905), Chemiker, Karlsruhe.
N's Reagens: $HgJ_2 + KJ$ in überschüssiger Kalilauge. Es dient zum Nachweis des Ammoniaks. Spuren von Ammoniak geben eine gelbe Färbung, größere Mengen einen braunen Niederschlag, der aus Quecksilberammoniumjodid besteht. [8]

Nettleship, Edward (1845–1913), brit. Dermatologe.
N' Syndrom: Syn. ↑ Urticaria pigmentosa. [32]

Netz ↑ Omentum. [1]
~bruch: Syn. ↑ Epiplozele; der Inhalt eines Eingeweidebruchsackes besteht aus Omentum (Netz). [18]

Netzhaut ↑ Retina.
~ablösung ↑ Ablatio retinae.
~entzündung ↑ Retinitis.
~korrespondenz: binokulares ↑ Sehen.
~peripherie: darunter versteht man die Netzhaut mit Ausschluß der ↑ Fovea centralis. Sie zeichnet sich durch eine sehr große Adaptationsfähigkeit aus infolge der großen Anzahl dort befindlicher Stäbchen.
~punkte, identische: Panum' Areale; einer festgelegten Netzhautstelle in dem einen Auge entspricht nicht nur ein bestimmter Punkt in dem anderen Auge, sondern ein gewisser Bezirk um diese Stelle. Solange die Abbildung eines Gegenstandes innerhalb dieses Bereiches erfolgt, ist ein binokulares Einfachsehen möglich. Bei Abweichungen um 7 Bogenminuten Quer-oder Höhendisparation tritt Doppeltsehen auf; binokulares ↑ Sehen. [7]
~streifen, angioide ↑ Groenblad-Strandberg' Syndrom.
~zentrum ↑ Fovea centralis. [36]

Netzmittel: chem. Mittel mit großer Oberflächenaktivität (Seife, Waschmittel, Tween). [15]

Netztorsion ⟨*lat*⟩: Drehung des Omentum (Netz) um die eigene Achse in einem Netzbruch mit Erscheinungen einer inneren Einklemmung. [18]

Netzwerk, neuronales: Vielzahl von untereinander mit ↑ Synapsen verbundenen ↑ Neuronen, die gewissermaßen log. Operationen ausführen u. damit bestimmte Funktionseinheiten in der Tätigkeit des Zentralnervensystems darstellen. Gewisse Leistungen des n. N. können auf elektr. Rechenmaschinen simuliert werden, was z. B. in der ↑ Bionik eine Rolle spielt. [7]
N., periterminales (Boeke, J., holländ. Neurohistologe): in der Umgebung der Nervenendigungen (z. B. Endösen der motor. Endplatte) vorhandenes feinstes Netzwerk, welches bei der Übertragung der Erregung, z. B. in der motor. Endplatte als intermediäres Gewebe eine Rolle spielen soll. Die Bestandteile des p. N. sind nicht neurofibrillärer Natur, sondern als sarkoplasmat. Gerinnungsartefakt zu deuten. [2]

Neuberg-Ester: Fruktofuranose-6-phosphorsäure. [8]

Neufeld' Quellungsreaktion ↑ Kapselquellungsreaktion. [41]

Neugebauer-Le-Fort' Operation: Operationsmethode bei Gebärmutter-Vorfall. Anwendung nur bei alten Frauen. Es werden aus der vorderen u. hinteren Scheidenhaut rechteckige Schleimhautlappen entfernt. Nach Zurückstülpung der Gebärmutter erfolgt Vernähung der beiden rechteckigen Flächen. Damit wird ein rein mechan. Verschluß der Scheide erzielt. [29]

Neugeborenen|anämie: ältere Bezeichnung für heute spez. Krankheitsbilder mit bekannten Ursachen, die der Gruppe der Anämie der Neugeborenen zuzuordnen sind; 1. hämolyt. Anämie bei ↑ Morbus haemolyticus neonatorum (Blutgruppen- u. -faktoreninkompatibilität zwischen Mutter u. Kind); 2. Blutungsanämie bei Morbus haemorrhagicus neonatorum (temporäre Funktionsschwäche der Leber in der Bildung von Gerinnungsfaktoren, Vitamin-K-Mangel); 3. Blutungsanämie post partum nach fetomaterneller u. feto-fetaler Transfusion sowie nach Blutungen aus dem Nabelschnurrest; 4. post partum nach intensiver geburtstraumat. bedingter Blutung (u.a. Kephalhämatom); 5. Anämie bei angeborenen Formen des hämolyt. ↑Ikterus. [11]

~ikterus: physiolog. am 2.–3. Lebenstag durch Reduktion der bei der Geburt vorhandenen Polyglobulie (Bilirubin im Serum 5mg%). Patholog. u.a. bei 1. Morbus haemolyticus neonatorum (Blutgruppen- u. -faktoreninkompatibilität zwischen Mutter u. Kind); 2. funktioneller Unreife der Leber (relativer Glukuronyltransferasemangel) vorzugsweise der unreifen Neugeborenen; 3. Hepatitis epidemica; 4. angeborenen Formen des hämolyt. ↑Ikterus; 5. Fehlbildungen der Gallenwege; 6. Sepsis der Neugeborenen; 7. Zytomegalie; 8. konnataler Syphilis. [11]

~periode: sich direkt an die Geburt anschließende Zeit der Umstellung, in der das Neugeborene sich an das extrauterine Leben anpaßt. Im „Internationalen Verzeichnis der Krankheiten und Todesursachen" wird sie mit 28 Tagen angegeben. Die wesentlichsten biolog. Umstellungen erfolgen allerdings in den ersten beiden Lebenswochen: Abfall des Nabelschnurrestes, Abheilung der Nabelwunde, Abklingen mütterlicher Hormoneinflüsse, Ausreifung zellulärer Enzyme, Fortfall der passageren funktionellen Organinsuffizienz (Leber, Niere, Parathyreoidea u.a.). [32]

~sterblichkeit ↑Säuglingssterblichkeit in den ersten 24h auch als „natale Sterblichkeit" bezeichnet. [48]

Neugeborenen-Syndrom, kardio-pulmonales: postpartale Anpassungsstörung des kindlichen Respirations- u. Kreislaufsystems an die Anforderungen des extrauterinen Lebens. Periorale oder universelle Zyanose, Dyspnoe, Tachypnoe, Nasenflügelatmung, Kollapsneigung, Leberschwellung, evtl. Ödeme. Manchmal bestehen zusätzlich Zeichen einer zerebralen Schädigung (Somnolenz, Erbrechen). [32]

~tetanie: tetan. Krampfanfälle in der Neugeborenenzeit, die bedingt sein können durch: 1. physiolog. hochgradige Labilität des Kalzium-Phosphorstoffwechselgleichgewichtes infolge passagerer Insuffizienz der Parathyreoidea, die zur relativen Hypokalzämie (Sinken des Ca/P-Quotienten) führen kann; 2. Hyperphosphatämie infolge zu reichlichen Kuhmilchangebotes bei noch physiolog. insuffizienter Niere; 3. Hypofunktion der Parathyreoidea bei Hyperparathyreoidismus der Mutter. Schwere Verletzung oder Mißbildung zentraler Regulationszentren. [32]

Neumann, Ernst (1834–1918), Pathologe, Königsberg.

N' Zahnscheide: Wandung der Dentinkanälchen, aus bes. differenzierter Dentingrundsubstanz bestehend. [2]

Neumann, Isidor v. (1827–1906), Dermatologe, Wien.

N' Syndrom ↑Pemphigus vegetans. [43]

Neumann, Salomon (1819–1908), Arzt, prägte 1843 den Begriff „Soziale Medizin"; „Die öffentliche Gesundheitspflege und das Eigentum" (1847). [48]

Neunerregel: zur Abschätzung der Verbrennungs-Ausdehnung auf der Hautoberfläche nach Angaben von Wallace: Kopf u. Hals 9%, Rumpf vorn u. hinten je 2mal 9%, Arm 9%, Bein 2mal 9%, bezogen auf die Gesamtoberfläche des Körpers, zutreffend für den Erwachsenen, aber nicht für Kinder. [18]

neural ⟨*griech*⟩: von den Nerven bzw. vom Nervensystem herrührend; ↑Neuron. [1]

Neuralgie ⚹ **Neuralgia** ⟨*griech*⟩ *f:* Nervenschmerz; schmerzhafte Affektion sensibler oder gemischter Nerven in deren Ausbreitungsgebiet ohne klin. Ausfallserscheinungen u. ohne (greifbaren) anatom. Befund, zum Unterschied von den mit entzündlichen Veränderungen einhergehenden ↑Neuritiden. Hauptsymptom ist der Schmerz, der in der Regel anfallsweise auftritt oder exazerbiert. Oft finden sich im Verlaufe der betreffenden Nerven auf Druck empfindliche, „neuralgische" (Valleix') Punkte. Die Ursachen sind unterschiedlich: latente Infekte grippaler oder „rheumatischer" Art (Fokalinfektionen an Zähnen, Mandeln, in den Nebenhöhlen), Stoffwechselkrankheiten (Fettsucht, Diabetes usw.), chron. Intoxikationen durch Alkohol, Blei, Arsen usw., mechan. Schädigungen durch Narben oder Exostosen sowie durch Bandscheibenschäden u. Osteochondrose der Wirbelsäule. Zu den „atypischen" Neuralgien im Bereich des Gesichts u. Kopfes gehören: die Sluder' N. = N. des G. sphenopalatinum mit Schmerzen im inneren Augenwinkel, der Nasenwurzel, in der Tiefe der Nase, in Oberkiefer u. Gaumen, verbunden mit anfallsweisem Niesreiz; die „tiefe Prosopalgie" („tiefer Gesichtsschmerz") auf Grund eines Reizzustandes im vegetativen Karotisgeflecht; die N. des N. glossopharyngeus mit Schmerzattacken in Rachenwand, Gaumenmandeln u. Gaumenbögen, ausgelöst durch Schlucken, Kauen, Sprechen u. verbunden mit Speichelsekretionsstörungen; die Hunt' N. = N. des G. geniculi u. des N. intermedius, bei der die Schmerzen vornehmlich im Trommelfell u. äußeren Gehörgang empfunden werden u. sich mit den Symptomen des Herpes oticus vergesellschaften, auch mit Beteiligung des N. facialis u. anderer Hirnnerven einhergehen können; die Charlin' N. = N. des N. nasociliaris, gekennzeichnet durch Schmerzen im inneren Augenwinkel, die in den Nasenrücken ausstrahlen, durch Hypersekretion der Nasenschleimhaut, auch durch Konjunktivitis, Keratitis, Herpes corneae, gelegentlich Iritis. *N. anoperinealis:* in der Gegend von After u. Damm *N. arteriosclerotica:* nicht selten bei alten Leuten, wohl infolge degenerativer Veränderungen der kleinen Gefäße (Vasa nervorum). *N. brachialis:* im Armgebiet, sehr häufig ausgehend vom Nervengeflecht des Armes („Plexusneuralgie") mit Druckschmerzhaftigkeit in der Oberschlüsselbeingrube, häufig in Form der „Brachialgia paraesthetica nocturna", bei der die schmerzhaften Parästhesien vornehmlich nachts auftreten u. sich oft mit Schwellungen der Finger verbinden, wie überhaupt Durchblutungsstörungen eine wesentliche Rolle spielen. *N. cruralis:* im Bereich des Oberschenkels. *N. intercostalis* ↑ Intercostalneuralgie. *N. ischiadica:* Ischialgie ↑ Ischias. *N. lumbalis:* in der Lendengegend. *N. lumbosacralis:* in Lenden- u. Steißbeingegend. *N. nocturna:* eine wesentlich nachts auftretende N., bes. in der Form der Brachialgia paraesthetica nocturna. *N. obturatoria:* vom Foramen obturatorium zum Knie hin ausstrahlend. *N. occipitalis (suboccipitalis):* im Hinterhauptsgebiet. *N. ophthalmica* ↑ Trigeminusneuralgie.

N. plantaris: im Bereich der Fußsohle. *N. pudendohaemorrhoidalis:* im Samenstrang u. Hodengegend.

N. spermatica: im Samenstrang. *N. supraorbitalis:* im Ausbreitungsgebiet des N. supraorbitalis mit Druckpunkt am Foramen supraorbitale. *N. trigemini* ↑ Trigeminusneuralgie. *N. tympanicus* ↑ Otalgie.

N. viscerum ↑ Viszeralneuralgie. [33]

·**Neuralpathologie** ⟨*griech*⟩: Krankheitslehre, die die Abhängigkeit des krankhaften Geschehens vom Nervensystem in den Vordergrund stellt (Ricker, Speranski, Kalbfleisch). [5]

Neural|platte, ~rinne, ~rohr: aufeinanderfolgende Frühstadien der Entwicklung des zentralen Nervensystems bei allen Wirbeltieren; entstehen aus dem Ektoderm; ↑ Nervenplatte. [3]

Neuraminidase: eine α-Glykosidase, die die ketoglykosid. Bindung der Neuraminsäure spaltet; kommt vor in manchen Virusarten, z.B. Grippeerregern u. verschiedenen Bakterien, bes. Choleravibrionen. Erythrozyten besitzen an ihrer Oberfläche eine Rezeptorsubstanz (Neuraminsäure), an die sich Grippe-Viren auf Grund ihres Gehaltes an Neuraminidase anheften. Dadurch Brückenbildung zwischen einzelnen Erythrozyten u. Agglutination; ist Grundlage des ↑ Hirst-Testes. [4]

Neuraminsäure: Karbonsäure eines Aminozuckers mit 9 C-Atomen, stark saure Polyoxyaminsäure. N. ist in Gangliosiden u. Mukolipiden des Gehirns u. anderer Gewebe enthalten. N-Azetyl- bzw. Glykolylneuraminsäure ist u.a. Bestandteil der Erythrozytenmembran u. spielt eine Rolle als Rezeptor für Viren. Diese Mono- u. Di-azyl-neuraminsäuren sind die ↑ Sialinsäuren, die in gebundener Form sehr weit verbreitet in Gangliosiden, Lipopolysacchariden, Glykoproteiden usw. vorkommen. [8]

Neurasthenie ⟨*griech*⟩ *f:* Nervenschwäche; der alte, von Beard (1879) geprägte, heute bereits sehr verwaschene Ausdruck, der als „reizbare Schwäche des Nervensystems" gedeutet wurde, ist auch gegenwärtig im populären Sprachgebrauch noch sehr geläufig u. gegen die ebenso blasse Bezeichnung „Nervosität" kaum abgrenzbar, wird dagegen in der Klinik nur noch selten verwandt, allenfalls im Sinne der „neurasthenischen Reaktion" oder „Erschöpfungsneurasthenie" als Folge körperlicher u. geistiger Überforderung. Voraussetzung für seine Anwendung ist auf jeden Fall, daß organ. Störungen durch gründliche klin. (neurolog., internist. usw.) Untersuchung auszuschließen sind, es sich also um einen „rein funktionellen" Beschwerdenkomplex handelt. Im Vordergrund stehen: Leistungsabfall, Reizbarkeit, Vergeßlichkeit, Schlafstörungen, körperliche Mißempfindungen u. vegetative Dysregulationen, Appetit- u Potenzstörungen. Es gibt Menschen, die zu neurasthen. Versagen neigen; andere zeigen entsprechende Symptome erst nach schwerer u. dauerhafter Überlastung, wobei sich bes. Kombinationen (etwa beruflicher u. persönlicher Konflikt sowie Schlafentzug) ungünstig auswirken. Die Therapie besteht in Entlastung, Konfliktlösung, medikamentöser u. physikal. Behandlung, Balneotherapie, Training u.a. Neurasthen. Bilder begegnen auch im Verlaufe, bes. im Vorstadium organ. Hirnerkrankungen, z.B. das „neurasthenische Vorstadium" der progressiven Paralyse; ihnen verwandt sind die „hyperästhetisch-emotionellen Schwächezustände"

(Bonhoeffer) in der Rekonvaleszenz symptomat. (infektiös oder tox. bedingter) Psychosen. [33]

Neuraxon ⟨*griech*⟩ *m* ↑ Achsenzylinder. [2]

Neurektomie ⟨*griech*⟩ *f:* Ausschneidung eines Nervenstückes. Indikation bei Neuralgie, z.B. Resektion des V. Hirnnerven bei Trigeminusneuralgie im Gebiet der Schädelbasis, subdurale N. nach Krause mit Exstirpation des Ganglion Gasseri. [20]

Neurenzytium ⟨*griech*⟩: in der grauen Substanz des ZNS von Held beschriebenes, aus Nervenzellen u. Gliazellen bestehendes Netzwerk. Nach dieser Auffassung soll das Neuroplasma der Nervenzellen, das Glioplasma der Gliazellen u. schließlich eine blasse zwischenzellige Substanz die Grundlage dieses Netzes bilden. Auf Grund neuester licht- u. elektronenmikroskop. Untersuchungen konnte eindeutig nachgewiesen werden, daß im Nervensystem kein Neurenzytum existiert, sondern begrenzbare ↑ Neurone, die durch ↑ Synapsen untereinander in Kontakt stehen; ↑ Neuronenlehre. [2]

Neurax(h)airese ⟨*griech*⟩ *f:* ↑ Nervenextraktion. [20]

Neurin: Trimethylvinylammoniumhydroxid $(CH_3)_3N \cdot (OH) \cdot CH{=}CH_2$; biogenes Amin; giftig („Ptomain"), entsteht bei der Fäulnis aus Cholin. [8]

Neurino|fibrom: Tumor, der sowohl vom neuralen Bindegewebe als auch von den Schwann' Zellen abzuleitende Elemente enthält.

~fibromatose ↑ Neurofibromatosis Recklinghausen. [5]

Neurinom ⟨*griech*⟩ *n:* Schwannom; Geschwulst aus Neurolemmzellen. [25]

Neurit ⟨*griech*⟩ *m:* mit einem Ursprungskegel von der Nervenzelle entspringender, Kollateralen aufweisender, langer Fortsatz der Nervenzellen, bestehend aus parallel verlaufenden, im Neuroplasma eingelagerten lichtmikroskop. durch Silberimprägnation nachweisbaren ↑ Neurofibrillen u. den umgebenden peripheren Gliazellen (Neurolemmzellen); ↑ Neurolemm. [2]

Neuritis ⟨*griech*⟩: Nervenentzündung; zum Unterschied von der ↑ Neuralgie spricht man von einer N., wenn anatom. (entzündliche, oft auch degenerative) Veränderungen am Nerven irgendwo in seinem Verlaufe von den Hirn- u. Rückenmarkwurzeln bis zu seinen Endverzweigungen festzustellen oder mindestens anzunehmen sind. Daher ergibt die neurolog. Untersuchung auch objektive Sensibilitätsausfälle in dem betroffenen Nervengebiet sowie periphere motor. ↑ Lähmungen mit allen Zeichen einer organ. Affektion des peripheren motor. Neurons, oft auch troph. Hautveränderungen, vasomotor. Störungen usw. Der periphere Nerv ist oft in seinem Verlaufe druckschmerzhaft. Die spontanen Schmerzen tragen, anders als bei der Neuralgie mit ihren charakterist. Schmerzattacken, gewöhnlich einen kontinuierlichen Charakter. Je nach dem Umfang der Nervenbeteiligung unterscheidet man Mononeuritiden u. Polyneuritiden. Häufig finden sich mehr oder minder typ. Liquorveränderungen in Form von Eiweißvermehrung bei geringer oder fehlender Zellvermehrung u. Verschiebung in den Eiweißrelationen, bes. bei Wurzelneuritiden (Radikulitiden). Als Ursachen kommen in Frage: Entzündungen, Allergien, Stoffwechselstörungen, Toxine, Avitaminose. Nicht selten wirken mehrere ursächliche Faktoren zusammen (z.B. Durchnässung u. mechan. Überbeanspruchung). [33]

N. acustica toxica: Entzündung des Hörnerven, insbes. des N. cochleae bei Infektionskrankheiten, wie Typhus, Scharlach, Diphtherie, Masern, nach Gebrauch von Arzneimitteln, wie Chinin- u. Salizylpräparate, seltener bei Vergiftungen mit Alkohol, Tabak, Blei; verurs. Schwerhörigkeit, Ohrsausen, mitunter Schwindelgefühl. [28]

N. alcoholica: bei chron. Alkoholmißbrauch, meist polyneurit. mit Schmerzen in den Beinen, ASR-Ausfall, distalen Paresen. [33]

N. diabetica: im klin. Sprachgebrauch häufig als diabet. Neuropathie bezeichnet; Sensibilitäts- u. Motilitätsstörungen (sehr häufig aufgehobene Sehnenreflexe) sowie troph. Störungen, die als Folge einer Schädigung der nervösen Substanz durch den gestörten Intermediärstoffwechsel beim Diabetes mellitus aufzufassen sind. Bevorzugt ↑ Ischiadikus-Gebiet; seltene Spezialformen Pseudotabes diabetica, Paraplegia diabetica [14]

N. hypertrophicans: Verdickung peripherer Nervenstämme auf Grund einer Wucherung der ↑ Schwann' Elemente, ein sehr seltener Befund, der wohl der neuralen ↑ Muskelatrophie zuzuordnen ist.

N. migrans: mit der Tendenz zu wechselnder, sei es kontinuierlich oder sprungweise sich ausbreitender Lokalisation.

N. multiplex ↑ Polyneuritis.

N. multiplex endemica: neurit. bzw. polyneurit. Affektion bei ↑ Beriberi. [33]

N. optica (optici): der eigentlich log. Ausdruck Fasciculitis optica wird nicht verwendet. Entzündung des vorderen Sehnervenabschnittes, die auf die Papilla n. optici übergreift u. infolgedessen mit dem Augenspiegel feststellbar ist. Rötung, Schwellung, verwaschene Grenzen, Verstreichen der Exkavation, Blutungen, Hyperämie. Ursachen infektiös, toxisch, vaskulär, Übergreifen von Prozessen aus Orbita u. Nebenhöhlen oder dem Augeninneren. Wichtigste Differentialdiagnosen: Pseudoneuritis, Stauungspaille; ↑Chorioneuro-, ↑Neuroretinitis. [36]

N. optica retrobulbaris: Entzündung im hinteren Sehnervenabschnitt. Die entzündlichen Erscheinungen erreichen die Papille nicht u. sind ophthalmoskop. nicht sichtbar, bis eine sek. absteigende Atrophie als Abblassung die Papille erreicht. Die Funktionsstörungen in Sehschärfe u. Gesichtsfeld können mehr oder minder wieder verschwinden, die blasse Farbe aber bleibt bestehen. Zu unterscheiden: 1. Perineuritis retrobulbaris: Entzündung der Sehnervenscheiden, meist von den Meningen fortgeleitet. Oft nur geringe klin. Erscheinungen; 2. Neuritis retrobulbaris peripherica: Sitz in den bindegewebigen Septen unter der Piascheide, die oft beteiligt ist. Stärkere klin. Symptomatik; 3. Neuritis retrobulbaris axialis: Entzündung im axial verlaufenden papillomakulären Bündel. Prakt. wichtigste u. gefährlichste Form der N.o.r., Herabsetzung des zentralen Sehvermögens bis zur temporären oder dauernden Erblindung; ↑Zentralskotom, später temporale Abblassung. Retrobulbäre Querschnittsneuritis. Entzündung des gesamten Nervenquerschnittes. Starke Sehstörung, totale einfache Abblassung (bes. wichtige Ursachen für 3. Tabak-Alkohol-Abusus, Multiple Sklerose für 4. außer Infekten Methylalkohol). Bedeutung der Nebenhöhlenerkrankungen u. Zahnerkrankungen wurde zunächst überschätzt. Erbliche Formen (z. B. Leber' Atrophie) nicht selten. [36]

N. puerperalis: im Wochenbett (auch schon in der Spätschwangerschaft) auftretende Schmerzen u. Parästhesien im Gebiet von N. radialis, N. medianus, N. ulnaris, u. N. fibularis. Reagiert oft gut auf hochdosiertes Vitamin B_1 (Avitaminose?). [29]

N. rheumatica: anatom. u. neurolog. faßbare Störungen, isoliert (echte Ischias) oder als Komplikation im Verlauf einer entzündlichen rheumat. Krankheit. Der Schmerz ist nicht maßgebend, es gibt schmerzlos auftretende Neuritiden. [13]

N. saturnina: bei Bleiarbeitern, die fast ausschließlich das Radialisgebiet u. in diesem die Hand- u. Fingerstrecker der Gebrauchshand bei Fehlen sensibler Reiz- oder Ausfallserscheinungen betrifft. [33]

Neurobiologie *⟨griech⟩ f:* Querschnittsbezeichnung für Disziplinen, die sich mit morpholog., biochem. u. pharmakolog. Methoden mit Grundlagenforschung über Bau u. Tätigkeit des Gehirns befassen. ↑Neurochemie, ↑Neurophysiologie. [7]

Neuroblasten *⟨griech⟩ m, Pl:* unausgereifte Nervenzellen, die die embryonalen Anlagen für die Ganglienzellen bilden.

~lehre (von His): Behauptung, daß die ↑Axone der Neuroblasten frei in die interstitiellen Räume von embryonalem Gewebe hineinwachsen, die mit extrazellulärer Flüssigkeit ausgefüllt sind. [2]

Neuroblastom *⟨griech⟩* = Neurozytom: Geschwulst aus ↑Neuroblasten. [25]

Neurochemie: derjenige Teil der Biochemie, der sich mit der stofflichen Zusammensetzung des Zentralnervensystems u. den bei der Nerventätigkeit auftretenden chem. Reaktionen sowie den sie beeinflussenden chem. Stoffen befaßt; ↑Neurobiologie. [8]

Neurodermatosen *⟨griech⟩ f, Pl:* Hautkrankheiten auf nervaler Grundlage. [43]

Neurodermitis *⟨griech⟩ f:* zur Ekzemgruppe gehörendes Krankheitsbild. Die gleiche Krankheit wird auch genannt Lichen chronicus Vidal, Dermatitis lichenoides chronica pruriens Neisser, Prurigo-Ekzem Besnier, spätexsudatives Ekzematoid Rost, konstitutionelles Ekzem, Atopic-Dermatitis. Die Krankheit ist mit starkem Juckreiz verbunden. Sie kommt oft mit Asthma gepaart familiär vor. Krankheitsbild: glatte, gelb bis rotbraun gefärbte Knötchen, auch lichenifizierte Flächen. Diese Herde findet man hauptsächlich am Nacken, Hals, Kniekehlen, Ellenbeugen, inneren Oberschenkelflächen sowie um den Mund. Die Neurodermitis wird oft zu den allerg. Krankheiten gerechnet. Man unterscheidet zwei Formen: 1. N. chronica circumscripta; dabei treten an den obengenannten Stellen herdförmig angeordnete Knötchen mit glatter Oberfläche auf. Man erkennt Hautfeldvergrößerungen u. Furchenbildung, 2. N. disseminata, bei dieser Form ist der ganze Körper mit größeren oder kleineren Herden befallen; 3. N. verrucosa, warzige Abart am Unterschenkel. [43]

N. Brocq: anlagebedingte Juckflechte, Sonderform des chron. Ekzems, bei dem sich die prim. Reaktionen in erster Linie in der kutan-vaskulären Gewebsschicht abspielen. Heftige Juckkrisen, im Anschluß daran Lichenifikation, stärker vortretende Hautfelderung der fast stets trockenen Epidermis, am Rand der Herde lassen sich flache, gelblichrote Knötchen nachweisen. Pigmentverschiebung, sek. Pyodermien u. Kratznarben ergänzen das Krankheitsbild. [12]

Neuro|epithel *⟨griech⟩ n* ↑Sinnesepithel. [2]

~epitheliom: Oberbegriff für alle Hirnsubstanzgeschwülste, auch zusammengefaßt als neuroepitheliale Tumoren. [5]

~fibrillen: feinste faserige Bestandteile im Neuroplasma der Nervenzellen u. deren Fortsätzen gelegen, die aus parallel verlaufenden 20–30 nm breiten sog. Protofibrillen bestehen. N. ähnliche Strukturen sind auch in lebenden Ganglienzellen nachgewiesen worden. Sehr leicht lassen sie sich durch Silberimprägnationsmethoden darstellen; ↑Golgi' Imprägnation. Vital sind im Neuroplasma Proteinfadenmoleküle vorhanden, die elektronenmikroskop. durch Zusammenlagerung als Neurofilamente erscheinen. Die im Silberpräparat sichtbaren N. entstehen durch Aggregation von Neurofilamenten. Die N. haben danach Äquivalentcharakter. [2]

~fibrillenveränderung ↑Alzheimer' Fibrillenveränderung. [5]

Neurofibrom *⟨lat⟩ n:* von den bindegewebigen Bestandteilen eines Nerven abgeleitete gutartige Geschwulst. [5]

Neurofibromatose ✳ **Neurofibromatosis** *⟨griech⟩ f* ↑Recklinghausen' Krankheit.

N., vaskuläre (Feyrter): systematisierte Gefäßveränderungen, die bes. das gefäßeigene Nervenendnetz betreffen; tritt isoliert oder im Rahmen der Neurofibromatose (Recklinghausen) auf. [4]

neurogen *⟨griech⟩*: vom Nervensystem ausgehend. [5]

Neuroglia *⟨griech⟩ f:* ektodermales Stützgewebe des Nervensystems, bestehend aus zahlreichen unterschiedlich gestalteten Gliazellen u. Gliafasern. Die N. ist jedoch nicht nur Stützgewebe, sondern dürfte bei den Stoffwechselvorgangen innerhalb des Nervengewebes eine bedeutende Rolle spielen. Die zahlreichen Gliazellen lassen sich verschieden einteilen. Die folgende Einteilung richtet sich nach der Form der Zellen. 1. Makroglia, Astrozyten (↑Makrogliazellen), a) Kurzstrahler; b) Langstrahler; 2. Mikroglia, a) ↑Oligodendroglia, b) ↑Hortega' Zellen; c) ↑Mantelzellen u. ↑Neurolemmzellen. [2]

Neurogliom *⟨griech⟩ n:* von der Neuroglia ausgehende gutartige Geschwulst. [25]

Neurohormone *⟨griech⟩*: Gewebshormone, die bei der Nervenerregung frei werden u. ihrerseits erst den Reiz auf das Erfolgsorgan übertragen, also an der Erregungsauslösung u. Erregungsleitung im Nervensystem sowie an der Erregungsübertragung vom Nerven auf das Erfolgsorgan beteiligt sind (Azetylcholin, Adrenalin, Noradrenalin, Überträgerstoffe). Aktionssubstanzen des vegetativen Nervensystems. Neuerdings werden auch Wirkstoffe aus bestimmten Nervenzellen im Zwischenhirn hinzugezählt, die den Keimdrüsenhormonspiegel im Blut kontrollieren. Die Neurosekrete gelangen über die Portalgefäße der Pars tuberalis des Hypophysenstiels zum Vorderlappen u. beeinflussen dadurch dessen gonadotrope Tätigkeit; ↑Neurokrinie. [12]

neurohumoral *⟨griech⟩*: auf neuralem u. humoralem Wege wirkend, z. B. neurohumorale Reaktionen. [7]

Neurohypophyse *⟨griech⟩ f* ↑Hypophysenhinterlappen. [12]

Neurokeratin: ein Eiweißkörper, der wahrscheinlich überwiegend ident. mit dem Proteinanteil der Phospholipide im Gehirn, in den Nerven u. im Stromaeiweiß vieler Zellen ist; enthält wie das Keratin viel Schwefel (1,7 bis 1,8% S), ist aber mit dem Keratin der Haare usw. wohl nicht verwandt. N. wird von proteolyt. Enzymen nicht angegriffen. [8]

~gerüst: bei der Fixierung markhaltiger Nervenfasern durch Gerinnung der Eiweißkörper u. Lipide im Bereiche des ↑Neurolemms entstehende vakuolige Gerüststrukturen. Bei dem Neurokeratingerüst handelt es sich um ein Fixierungsartefakt. [2]

Neurokrinie: Bildung von Neurosekreten in bestimmten Ganglienzellen des Zwischenhirns, vor allem des Nucleus supraorbitalis u. des Nucleus paraventricularis, die als chem. Überträgerstoffe über die Blutgefäße des Hypophysenstiels (↑Pfortadersystem der Hypophyse) in die Hypophyse gelangen, die dadurch zur eigenen Hormonproduktion angeregt wird. Die Neurosekrete sind wahrscheinlich Peptide. Die N. stellt als inkretor. Funktion von Nervenzellen die Verbindung von hormon. u. nerv. Regulationen dar, die unter dem Einfluß höherer koordin. Zellen, letzten Endes der Großhirnrinde stehen. [8]

Neurolemm (= Neurilemm) *⟨griech⟩ n:* röhrenförmige Gliazellen, die den Achsenzylinder umgeben u. die entweder viel Myelin (markhaltige bzw. markreiche Nervenfasern) oder sehr wenig bzw. kein Myelin bilden (markarme bzw. marklose Nervenfasern). Die Neurolemmzellen der peripheren Nervenfasern werden auch als ↑Schwann' Zellen bzw. Schwann' Scheide bezeichnet. Auf Grund elektronenopt. Untersuchungen wurde eine spiralig lamelläre Zytoplasmastruktur der Schwann' Zellen ermittelt. Diese Zytoplasmalamellen sind durch Membranen miteinander verbunden. Die Membranverwachsungsstellen an den Grenzen der Zytoplasmalamellen bezeichnet man als ↑Mesaxon; ↑Markscheide. [2]

Neurolept|analgesie: Narkoseverfahren unter Verwendung von Neuroleptika (Butyrophenon-Abkömmlinge) u. stark wirkenden Analgetika (Piperidin-Abkömmlinge). N. führt zu Gleichgültigkeit u. Toleranz allen Umwelteinflüssen gegenüber („Mineralisation") bei erhaltenem Bewußtsein. Die in der N. verwendeten Analgetika bewirken erhebliche Atemdepression, die künstliche Beatmung erfordert. Die Kombination mit anderen Narkosemitteln wird als Neuroleptanästhesie bezeichnet.

~anästhesie ↑Neuroleptanalgesie. [27]

Neuroleptika: Gruppe der ↑Psychopharmaka; werden auch ↑Tranquilizer major bezeichnet, im Gegensatz zu den Tranquilizern minor. Sind Pharmaka zur Ruhigstellung von psychomotor. u. psychot. Erregungszuständen verschiedener Genese, z.B. Phenothiazinderivate, Rauwolfia-Alkaloide. Die N. haben antipsychot. Wirkung. [44]

Neurolipomatosis dolorosa ⟨*griech, lat*⟩ *f* (Neuber, 1909) ↑Dercum' Krankheit. [43]

Neurologe ⟨*griech*⟩: Facharzt für Neurologie; meist für Neurologie u. Psychiatrie, „Nervenarzt". [33]

Neurologie ⟨*griech*⟩: Lehre von den Nervenkrankheiten, ihrer Erkennung u. Behandlung samt der einschlägigen anatom., physiolog. u. patholog. Grundlagen (Neuroanatomie, Neurophysiologie, Neuropathologie). Die Bezeichnung Neuropathologie wird öfter auch (im weiteren Sinne) gleichbedeutend mit „Neurologie" gebraucht. [33]

Neurolues ⟨*griech, lat*⟩: klin. gebräuchlicher als ↑Neurosyphilis. [33]

Neurolyse ⟨*griech*⟩ *f:* operative Auslösung von Nerven aus Knochen- (Kallus-) oder Narbengewebe zur Behebung von Schmerzen u. Lähmungen (nach Knochenbrüchen). [18]

Neurom: Gewächs des Nervensystems; 1. echtes Neurom ↑Ganglioneurom; Gewächs der Nervenzellen; 2. falsches Neurom ↑Neurinom, Neurofibromatose, Gewächs der ektodermalen Hüllzellen der Nervenfasern; 3. ↑Amputationsneurom, Regenerationsversuch der aussprossenden Achsenzylinder nach Nervendurchtrennung; 4. N., granuläres ↑Myoblastenmyom. [4]

Neuromimese ⚹ **Neuromimesis** ⟨*griech*⟩ *f:* Nachahmung einer organ. Erkrankung durch Hysterie. [34]

Neuromyelitis optica ⟨*griech*⟩ *f* (Dévic): schwere akute neurolog. Erkrankung mit Erblindung (Optikusneuritis) u. Querschnittslähmung. Fragliche Beziehung zur multiplen Sklerose. [33]

Neuromyositis ⟨*griech*⟩: Myositis mit Beteiligung der peripheren Nervenäste. [33]

Neuron ⟨*griech*⟩ *n* ↑Nervenzelle, ↑Leitungsbahnen, ↑Neuronenlehre. [2]

Neuronen|lehre: die N. besagt in der ursprünglichen Fassung von Ramón y Cajal (1934), daß jede Nervenzelle (Neuron) eine anatom., genet., funktionelle u. troph. (regenerative) Einheit darstellt. Die neuesten Ergebnisse lichtopt. Untersuchungen, die Lebendbeobachtungen, die histochem. Untersuchungen sowie die elektronenopt. Befunde haben die Realität von ↑Synapsen unter Beweis gestellt. Damit konnte nach einem 70-jährigen Kampf die Richtigkeit der N. endgültig bewiesen werden. Diese Lehre stellt heute das sichere wissenschaftliche Fundament der gesamten ↑Neurohistologie, ↑Neurophysiologie u. ↑Neuropathologie dar.

~theorie ↑Neuronenlehre. [2]

Neuronophagie ⟨*griech*⟩ *f:* Neurophagie; Phagozytose zugrunde gegangener Ganglienzellen durch Gliazellen. [4]

Neuroparalyse ⟨*griech*⟩: Lähmung, die von prim. Erkrankungen des Nervensystems ausgeht. [33]

Neuropath ↑Neuropathie. [33]

Neuropathenschopf: Freund' Haarschopf; auffallende Verteilung des Haupthaares bei Säuglingen u. Kleinkindern mit neuropath. Zügen. Bes. starke Ausbildung des Kopfhaares über der Kopfmitte, so daß es zur Ausbildung von einem mächtigen, oft spitz zulaufenden mittleren Haarschopf (Freund) kommt. [32]

Neuropathie ⟨*griech*⟩ *f:* eine konstitutionell verfestigte Neigung zu vasovegetativen Störungen: Kopfschmerzen, Herzklopfen, peripheren Durchblutungsstörungen (kalte Füße u. Hände) oder zu umschriebenen funktionellen Organstörungen: im Bereich des Magen-Darm-Kanals (Spasmen, Erbrechen, Durchfälle, Singultus), der Blasentätigkeit (häufiger Harndrang, Enurese, bes. im Kindesalter), der Sexualorgane (Impotenz, Frigidität, Ejaculatio praecox), meist verbunden mit psych. Auffälligkeiten (Affektlabilität, Neigung zu Verstimmung, Überempfindlichkeit gegen Sinneseindrücke, abnorme Erschöpfbarkeit, Schlafstörungen). Die psych. Auffälligkeiten treten jedoch im Vergleich zur ↑Psychopathie zurück. [34]

N., diabetische ↑Neuritis diabetica. [14]

Neuropathie-Symptom im Kindesalter: allgemeine Unruhe, Schreckhaftigkeit, überstürztes Trinken, Nahrungsverweigerung, Erbrechen. [32]

Neuropathologie ⟨*griech*⟩: Lehre von den krankhaften Lebensvorgängen u. Entwicklungsstörungen (sowie deren Folgen) des zentralen, peripheren u. vegetativen Nervensystems; ↑Neurologie. [4]

Neurophagie ⟨*griech*⟩ ↑Neuronophagie. [4]

Neurophysiologie ⟨*griech*⟩ *f:* bedeutsamer Zweig der modernen Physiologie u. Teil der ↑Neurobiologie, der sich meistens mit elektrophysikal. u. elektron. Techniken der Reizung im Zentralnervensystem u. der Ableitung elektr. Erscheinungen, z.B. in Form der ↑Aktionspotentiale, mit ↑Mikroelektroden u. ↑Makroelektroden befaßt. Zur N. gehört auch die statist. Analyse der so gewonnenen Daten. Die N. besitzt einen engen Zusammenhang mit der Physiologie der höheren Nerventätigkeit. [7]

Neuropil ⟨*griech*⟩ *n* = Neuropilem: von Apathy bei Wirbellosen (Hirudo) beschriebenes Neurofibrillennetz (diffuses Elementargitter), das nach anderen Untersuchern (Bozler) als Geflecht einzelner nicht anastomosierender, sich überkreuzender Nervenfasern aufzufassen ist. [2]

Neuroplasma: Zytoplasma der Nervenzelle. [2]

Neuroplastik: Überbrückung von traumat. Gewebslücken am Nerven durch Verpflanzung von autoplast. Nervenschaltstückchen (Verwendung sensibler Nerven). [20]

Neuroplegika: alte Bezeichnung für ↑Neuroleptika. [44]

Neuroporus: Öffnung am kranialen u. kaudalen Ende des bereits dorsal geschlossenen Neuralrohrs. An diesen Stellen geht das Neuralrohr in die noch offene -rinne über. [3]

Neuroretikulum ↑Terminalretikulum. [2]

Neuroretinitis ⟨*griech*⟩ *f:* gleichzeitige Entzündung der Netzhaut u. der Papilla n. (f.) optici. Es ist oft nicht klar, welcher Teil prim. erkrankt ist; ↑Papillitis, ↑Retinitis, ↑Chorioneuroretinitis. [36]

Neurorezidiv: Verschlimmerung einer ↑Neuro-Syphilis II bzw. erstes Auftreten von neurolog. Erscheinungen unter antisyphilit. Behandlung; ↑Herxheimer' Reaktion. [33]

Neurorrhaphie ⟨*griech*⟩ *f* ↑Nervennaht. [20]

Neurosekrete ↑Neurohormone, ↑Neurokrinie. [12]

Neurosekretion ↑Neurokrinie, neurohormonale ↑Zellen. [2]

Neurosen ⟨*griech*⟩ *f, Pl:* funktionelle Störungen von bestimmter Chronizität im Bereich der höheren Nerventätigkeit mit vorwiegend psych. Symptomatik, die zu einem kleinen Teil Krankheitswert erreichen. Eine abnorme (neurasthen., anankast. oder sonstige abnorme) Konstitution ist pathogenet. nicht selten beteiligt, ohne aber eine notwendige Voraussetzung darzustellen. Eine Psychogenie ist häufig, jedoch sind auch andere Ursachen oft beteiligt: tiefreichende Umstellungen im Lebensregime, unphysiolog. Lebensweise (Bewegungsmangel). In psychogenet. Hinsicht wirken sich chron. Konfliktsituationen in vielen Fällen zur Neurose aus; häufig dabei Fehlhaltungen zu psych. Belastungen. Im Gegensatz zur Psychopathie steht die konstitutionelle Anomalie nicht im Vordergrund u. sind reaktive Momente weit mehr beteiligt. Im Gegensatz zur Simulation sind auch bei Tendenzneurosen unbewußte Vorgänge maßgeblich beteiligt. Die bisherige Einteilung der Neurosen kann noch nicht als definitiv gelten. Einteilung nach Schweregrad (J. H. Schultz): Fremd-N., Rand-N., Schicht-N. u. Kern-N. Einteilung nach dem Erscheinungsbild: aktiv gefärbte Neurosen, hyster. N., querulator. N.; maniforme N.; passiv gefärbte N.; neurasthen.-psychasthen. N.; neurot. Depression, hypochondr. N.; Angstneurosen; anankast. N.; schizoforme N.; ferner Sexualneurosen; Organneurosen. [34] Experimentelle Neurosendarstellung an Hunden gelang Pawlow bei Prüfung bedingter Reflexe durch außergewöhnliche Kombination von Reizen, bes. Umweltverhältnisse, Schreckerlebnisse (Überschwemmung). Unter den Neurosen bei Tieren grenzte Pawlow die bei übermäßig erregbaren u. die bei ungewöhnlich hemmbaren Tieren zu beobachtenden Formen voneinander ab. Sie können experimentell durch sehr starke Erregungs- sowie durch sehr starke Hemmungsprozesse, endlich auch durch den Zusammenprall von Erregung u. Hemmung hervorgerufen werden. [35]

N., traumatische: neurot. Entwicklung im Anschluß an ein ↑Trauma. Dasselbe erklärt nur in seltenen Fällen die anschließende Neurose, vielmehr sind zahlreiche andere Faktoren, oft auch iatrogene Momente beteiligt; ↑Neurosen. [34]

Neurosomen ⟨*griech*⟩ *n, Pl* ↑Mitochondrien der Nervenzellen. [2]

Neurospora: Brotschimmel (Askomyzet); Objekt für Vererbungsversuche. Infolge zahlreicher Defektmutanten Untersuchungsobjekt für den Aminosäurestoffwechsel u. Testorganismus für Aminosäuren. [42]

Neurosyphilis: Bezeichnung für alle syphilit. Erkrankungen des Nervensystems; 1. Konnatale N.: ↑Syphilis connata, führt zu juveniler ↑Paralyse, Hemi- u. Diplegien, Hydrocephalus internus, choreat.-athetot. Syndrome, Muskelatrophien; 2. N. der Frühperiode: frühsyphilit. Meningitis u. Meningoenzephalitis (↑Syphilis II). Außerdem kommt es unter spezif. Behandlung im Primär-u. Sekundärstadium zum ↑Neurorezidiv; 3. N. der Tertiärperiode ↑Syphilis cerebri; 4. „Metasyphilis": Späterscheinungen einer syphilit. Infektion; ↑Tabes dorsalis ↑Paralyse, progressive. [33]

Neurotabes peripherica (Déjérine): veraltete Bezeichnung für Polyneuritis verschiedener Genese, bes. auf dem Boden des chron. Alkoholismus, die dem Bilde der echten (syphilogenen) Tabes weitgehend gleichen kann (aber Pupillenstörungen vermissen läßt); daher auch Pseudotabes genannt. [33]

Neurotisation ⟨*griech*⟩: Regenerationsvorgänge beim durchtrennten Nerven. Einsprossen von Achsenzylindern vom proximalen Stumpf durch das dazwischenliegende Narbengewebe in den peripheren Stumpf. [20]

neurotisch ⟨*griech*⟩ ↑Neurose; mit einer Neurose behaftet, auf einer Neurose beruhend. [34]

Neurotomie ⟨*griech*⟩ *f:* operative Nervendurchschneidung, z. B. bei Neuralgie; ↑Neurektomie. [20]

Neurotonie ⟨*griech*⟩ *f* ↑Nervendehnung. [20]

Neurotoxikosen ⟨*griech*⟩: Krankheiten, bei denen das Nervensystem durch exogene oder endogene Giftstoffe geschädigt wird. [9]

Neurotripsie ⟨*griech*⟩ *f* ↑Nervenquetschung. [20]

neurotrop ⟨*griech*⟩: auf den Nerven wirkend; z. B. neurotrope ↑Reize. [8]

Neurozyten ⟨*griech*⟩ *m, Pl* ↑Nervenzellen. [2]

Neurozytom ⚹ **Neurocytoma** ⟨*griech*⟩ *n* ↑Neuroblastom. [5]

Neurula: charakterist. Entwicklungsstadium bei allen Wirbeltieren; folgt auf Gastrulationsphase. In diesem Stadium bildet der Keim die ↑Nerven- oder Medullarplatte, deren Ränder sich zu den Medullarwülsten einkrümmen u. zum Nervenrohr zusammenschließen. [3]

neutral ⟨*lat*⟩: gleichgültig, ohne bestimmte Wirkungsweise; chem.: Lösung mit gleicher Konzentration an H- u. OH-Ionen (pH = 7); ↑Wasserstoffionenkonzentration. [16]

Neutralbiß: Scherenbiß, Psalidodontie, ↑Orthognathie. [37]

Neutralfette: Ester der einwertigen Fettsäuren mit dem dreiwertigen Alkohol Glyzerin; sie reagieren neutral. Zumeist liegen in den Fetten u. Ölen Triglyzeride mit 2 oder 3 verschiedenen gesättigten u. ungesättigten Fettsäuren vor; die in den natürlichen Fetten u. Ölen in geringer Menge vorkommenden Mono- u. Diglyzeride sind Stoffwechselzwischenprodukte. [16]

Neutralglyzeride ↑Neutralfette. [16]

Neutralisationstest: spezif. serolog. Reaktion in der Virologie. Prinzip: Bringt man ein Virus mit Serum zusammen, das spezif. neutralisierende Antikörper enthält, so verliert es seine Infektiosität. Das Ausbleiben des virusspezif. Effekts wird als Kriterium für die erfolgte Neutralisation des Virus angesehen. Findet Anwendung bei der Diagnose von Virusinfektionen sowohl im Tierversuch als auch in Gewebekulturen. 1. Nachweis fraglicher neutralisierender Antikörper im Patientenserum mit bekanntem Antigen; 2. Identifizierung eines fraglichen Virus mit Immunserum, das bekannte neutralisierende Antikörper enthält. Zum Nachweis von neutralisierenden Antikörpern wird das Virus-Serum-Gemisch empfänglichen Labortieren, z. B. weißer Maus injiziert (Viruzidie-Test, Mäuseschutzversuch). Zur quantitativen Auswertung wird der N. mit fallenden Serummengen u. konstantem Virusanteil oder umgekehrt durchgeführt. [41]

Neutralität, thermische: Umgebungstemperatur, bei der unter den Bedingungen äußerer Körperruhe der Energiewechsel u. Stoffumsatz am niedrigsten sind. Sie beträgt beim bekleideten Menschen 20 °C, beim unbekleideten Menschen 29 °C Lufttemperatur; ↑Indifferenztemperatur. [7]

Neutralrot: Azurfarbstoff für Vital- u. Supravitalfärbung. [11]

~agar ↑Oldekop-Agar.

~test: Verfahren zur Unterscheidung von virulenten u. avirulenten Tuberkulosebakterien (Dubos u. Middlebrock); beruht auf bes. Affinität der virulenten Tbk-Bakterien zu basischen Farbstoffen. Virulente Tbk-Bakterien färben sich rosa bis purpurrot, avirulente sind gelb. [41]

Neutralschwefel: jener Teil des Schwefels im Harn (etwa 5%), der nicht als Schwefelsäure oder -ester vorliegt. Der normale Abbau des S in den S-haltigen Aminosäuren führt bis zur H_2SO_4, von der im Harn neben den 5% N. etwa 10% verestert sind (gepaarte Schwefelsäure). [8]

Neutrino (Fermi): hypothet. neutrales Teilchen; seine Ruhemasse ist wahrscheinlich 0. Die Neutrinen entstehen beim β-Zerfall; sie haben eine sehr große Durchdringungsfähigkeit (z. B. den ganzen Erdball). [59]

Neutron *n:* Bezeichnung ${}^{1}_{0}n$, da es ein Atomkern ohne Ladung (Name!) u. seine Masse etwa gleich der des Protons ist. Protonen u. Neutronen werden als Nukleonen bezeichnet; sie bilden (mit Ausnahme des Wasserstoffs ${}^{1}_{1}H$, der nur ein Proton enthält) die elementaren Bausteine aller Atomkerne. Neutronen entstehen durch Bestrahlung von Kernen mit Protonen, Deuteronen, α-Teilchen u. γ-Quanten. Da die ungeladenen N. die Elektronenhüllen ungehindert passieren können, also sehr durchdringend wirken, vermögen sie leicht mit den Kernen zu reagieren u. neue künstliche radioaktive Isotope u. Elemente zu bilden. Neutronen zerfallen nach einer Halbwertszeit von 12 min in ein Proton, ein Elektron u. ein e-Antineutrino mit einem Massenverlust von 0,15%. [8]

~quellen: Neutronen kommen in der Natur nicht frei vor, sondern müssen durch Kernreaktionen erzeugt werden, z. B. durch Kernspaltung im Kernreaktor oder durch Bestrahlen von leichten Atomkernen (Deuterium, Beryllium u. a.) mit hochenerget. Strahlung in den Neutronenquellen: Ra-Be, Po-Be, Pu-Be, Sb^{124}-Be, Am^{241}-Be. Den Strom von Neutronen, der in der Sekunde durch den Querschnitt von 1 cm^2 fließt, nennt man Neutronenfluß. Hochenerget. Neutronen erzeugen in Wasser u. im lebenden Organismus Rückstoßprotonen, woraus ihre hohe relative biolog. Wirksamkeit (RBW) resultiert. [59]

Neutropenie, maligne *f* ↑Agranulozytose. [11]

neutrophil ⟨*lat, griech*⟩: von Ehrlich gewähltes Adjektiv zur Bezeichnung für die häufigste Gruppe der Granulozyten nach der Triazidfärbung. [11]

Neutrophilie ⟨*lat, griech*⟩ *f:* Vermehrung der neutrophil granulierten polymorphkernigen Leukozyten (der „Neutrophilen“) im peripheren Blut. [4]

Neutuberkulin: Emulsion getrockneter u. mechan. zertrümmerter, virulenter Tuberkulosebakterien; ↑Tuberkulin. [15]

Nevin' Syndrom: postklimakter. Myopathie. [33]

Newcastle disease ⟨*engl*⟩: atyp. Geflügelpest; Erreger: New-Castle-Virus, Übertragung auf den Menschen durch Kontakt- u. Schmierinfektion; klin. hämorrhag. Konjunktivitis; N.-d.-Virus = ↑Pseudo-Geflügelpest-Virus. [41]

Newton, Isaac, Sir (1643–1727), einer der bedeutensten Physiker u. Mathematiker seiner Zeit, Cambridge, London.

N' Ringe: im durchfallenden u. auffallenden Licht sichtbare bunte Zonen als Interferenzerscheinung bei sehr dünnen Schichten (z. B. Luft zwischen zwei aufeinandergepreßten Glasplatten, Ölhaut auf Wasser, Seifenblasen). [54]

Nexus ⟨*lat*⟩ *m:* Verschmelzung der Zellmembranen angrenzender Zellen, z. B. in der glatten Muskulatur oder der Herzmuskulatur, wahrscheinlich zur Übertragung von Aktionspotentialen. [6]

=NH: chem. Formel für ↑Iminogruppe. [8]

$-NH_2$: chem. Formel für ↑Aminogruppe. [8]

Niazin (Niacin) *n:* Syn. für das Vitamin ↑Nikotinsäureamid (PP-Faktor). [16]

~Test: Abgrenzung humaner Tuberkulosebakterien von anderen Mykobakterien auf Grund der unterschiedlichen Nikotinsäurebildung. Der N. ist für *Mycobact. tuberculosis* pos., bei *Mycobact. bovis* u. den atyp. Mykobakterien neg. [15]

Niacinamid: amerikan. Bezeichnung für ↑Nikotinsäureamid. [8]

Nichanin' Syndrom: Krankheitsbild der seltenen kongenitalen familiären idiopath. Polyzythämie. [32]

Nichanier' Syndrom: von Geburt an bestehen bleibende intensive, flächenhafte Zyanose der Haut u. Schleimhäute. Ungestörtes Gedeihen der Kinder, Polyglobulie (5,5 bis 7,5 Mill. Erythrozyten). [32]

Nichol's Treponemen: Stamm des *Treponema pallidum,* der 1913 aus dem Liquor eines Syphiliskranken von Nichol isoliert wurde u. seit dieser Zeit mittels Kaninchenpassagen weitergezüchtet worden ist. Jetzt vor allem beim ↑Nelson-Test gebräuchlich. [43]

Nichtigkeitswahn: bei Depression, Zeichen der Selbstverneinung; ↑Kleinheitswahn. [34]

Nickelkrätze: durch Nickelsalze hervorgerufenes Ekzem an den Händen, vorwiegend bei Galvaniseuren. Ist als entschädigungspflichtige Berufskrankheit anerkannt; ↑Berufsdermatosen. [43]

Nickelkrebs: in engl. Nickelhütten, wo Kupfernickelsulfiderz, das auch Eisen u. Kobalt enthält, mit arsenhaltiger Schwefelsäure verarbeitet wurde, Auftreten von gehäuften Ethmoidalzellenkrebsen. Als wahrscheinl. Ursache wurde Arsen vermutet. [49]

Nickhaut = Palpebra tertia: befindet sich im inneren Augenwinkel von Tieren u. setzt sich aus glatten Muskelfasern zusammen (M. retractor), die vom Sympathikus versorgt werden. Bei seiner Reizung zieht sich die N. zurück, nach seiner Ausschaltung tritt sie schlaff hervor. [7]

Nickkrämpfe: Syn. Salaamkrämpfe, Epilepsia nutans; nach Art des oriental. Salaam anfallsweise sich mehrmals wiederholendes Zusammensinken mit Kopf u. Oberkörper nach vorn (daher auch „Propulsionsepilepsie“), Varianten kommen vor (Aufwärtsschleudern der Arme, Anziehen der Beine). Formenkreis der symptomat. Epilepsie des frühen Kindesalters. [32]

Niclosamidum□ (Yomesan®): N-(2'chloro-4'-nitrophenyl)-5-chlorosalicylamid, geruch- u. geschmacklos, unlöslich in Wasser. Anwendung: Bandwurmmittel. Tötung der Würmer im Darm, nachfolgende Mazeration durch die Verdauungssäfte. Im Stuhl werden nur noch Parasitenteile gefunden. [44]

Nicola' Operation: intraartikuläres Operationsverfahren bei habitueller Schulterluxation. Die lange Bizepssehne wird im Sulcus intertubercularis durchtrennt u. das proximale Ende durch einen Bohrkanal gezogen, der im Sulcus intertubercularis beginnt u. an der Gelenkfläche des Kopfes austritt. Proximaler u. distaler Sehnenstumpf werden dann wieder durch Naht vereinigt. [23]

Nicoladoni, Karl (1847–1902), Chirurg, Graz.

N' Operation: 1. Fingerersatz durch Transplantation einer Zehe oder durch ein frei transplantiertes Periostknochenstück; 2. Ersatz einer durch Lähmung oder Verletzung ausgefallenen Sehne durch Überpflanzung einer gesunden Sehne entweder von Sehne auf Sehne oder von Sehne auf Periost. [23]

Nicolaier, Artur (1862–), Internist, Berlin. 1884/89 Aufdeckung der Wirkungsart des Tetanusbazillus als Ursache des Starrkrampfes. [53]

Nicolle, Charles Jules Henri (1866–1936), Tunis. Erbrachte 1909 den experimentellen Nachweis der Übertragung des Flecktyphus durch Kleiderläuse. 1928 Nobelpreis für Medizin. [53]

Nidation ⟨*lat*⟩ **der Eizelle:** Implantation des Eies; die Einbettung der befruchteten Eizelle in die verdickte, sehr blutreiche, aufgelockerte Schleimhaut (Dezidua) der Gebärmutter. [30]

Niederdrucksystem d. Kreislaufes ↑Kreislauf. [7]

Niederlassung: Tätigkeit als Arzt oder Zahnarzt in eigener Praxis; eine Beschränkung der Niederlassungsfreiheit gibt es nicht mehr. Kassenärzte bedürfen der Zulassung zur ärztlichen Versorgung i. S. der ↑Reichsversicherungsordnung und müssen in das von der Kassenärztlichen Vereinigung geführte Arztregister eingetragen sein.

Niederpasteurisierung: schonende Desinfektion von Flüssigkeiten durch Erhitzen auf 65°C (30 min), ↑Pasteurisierung. Breite Anwendung in der Nahrungsmittelhygiene. [40]

Niederschlagsmembran, semipermeable: eine Membran, die nach Traube aus Ferrozyankupfer besteht u. halbdurchlässig ist. Das Ferrozyankupfer entsteht als Niederschlag bei Behandlung von Ferrozyankalium mit Kupfersulfat; ↑Osmometer. [7]

Niederungsklima: als N. gilt im allgemeinen die Lage unter 400 m. Aber auch schon bei geringeren Höhen sind z. B. klimat. verursachte Änderungen im Blutbild mit Zunahme der roten Blutkörperchen festgestellt worden, wenn diese Höhen nach Aufenthalt im Meeresniveau aufgesucht wurden. Es kommt also immer auf die Ausgangslage u. den Klimawechsel an. [13]

Niehans, P., zeitgen. schweizer. Chirurg.

N' Frischzellentherapie: Organfragmente, unter sterilen Kautelen vom frisch geschlachteten Tier gewonnen, werden als Aufschwemmung i. m. injiziert (heteroplast. Implantation). Indikationen, Wirkungsweise u. therapeut. Effekt sind umstritten. [18]

Nielsen, Hermann, zeitgen. dän. Arzt.

N.-Syndrom ↑Dystrophia brevicollis congenita; multiple Mißbildungen; bes. charakterist. ist die Flughautbildung; ↑Pterygium. [5]

Niemann, Albert (1880–1921), Pädiater, Berlin.

N.-Pick' Krankheit: frühkindliche, wahrscheinlich einfach rezessiv-erbliche, generalisierte, meist im jungen Kindesalter tödlich endende Phosphatidspeicherkrankheit. Symptome: Hepato-Splenomegalie, generalisierte Lymphknotenschwellung, braungelbes Hautkolorit, Abmagerung, Oligophrenie bis zur Idiotie. Oft Seh- u. Hörstörungen, Muskelrigidität, später Tonusminderung. In Knochenmark, Leber u. Milz fast immer, im peripheren Blut seltener pathognomon., große, vakuolisierte Schaumzellen. [32]

Nieren = Renes ⟨*lat*⟩ *m, Pl:* zwei bohnenförmige, etwa 120–200 g schwere Organe im Retroperitonealraum neben der Wirbelsäule. Die re. Niere liegt etwas tiefer als die li., die etwa vom 11. Brust- bis zum 3. Lendenwirbel reicht. Jede Niere ist von einer derben fibrösen Nierenkapsel u. weiter außen von einer Fettkapsel umgeben. [1] Mikroskop. besteht die Niere aus Rinden- u. Marksubstanz u. setzt sich aus 1 Million morpholog. u. funktioneller Einheiten (↑Nephronen) zusammen. Ein Nephron besteht aus: I. Corpusculum renis (Nierenkörperchen, ↑Malpighi' Körperchen). II. Tubulus renalis (Nierentubulus): 1. Hauptstück a) Pars contorta, b) Pars recta. Besonderheiten des Hauptstückes sind morpholog. – Bürstenbesatz (elektronenmikroskop. Mikrovilli), basale Stäbchenstruktur (Reihenanordnung der Mitochondrien), funktionell – Rückresorption von Traubenzucker, Wasser u. Chloriden; 2. Überleitungsstück = dünner Teil der ↑Henle' Schleife. Besonderheiten des Überleitungsstückes sind morpholog. – sehr flaches Epithel mit in das Lumen vorspringenden Kernen, funktionell – Resorption?; 3. Mittelstück: a) Pars recta, b) Pars contorta (Schaltstück); Besonderheiten des Mittelstückes sind morpholog. – isoprismat. Epithel. Elektronenmikroskop. sind einzelne Mikrovilli nachweisbar. Reihenanordnung der Mitochondrien bedingt Stäbchenstruktur. Geringe Affinität der Zelle zu sauren Farbstoffen, funktionell – Wasserresorption; 4. Sammelrohr. Besonderheiten sind morpholog. – isoprismat. bis hochprismat. Epithel mit deutlichen Zellgrenzen. Elektronenmikroskop. Mikrovilli nachweisbar, funktionell – Resorption von Elektrolyten u. Konzentration des Harns. Die gerade verlaufenden Abschnitte des Tubulus renalis (Hauptstück, Pars recta; Mittelstück, Pars recta u. Sammelrohr) bilden die sog. Markstrahlen der Niere (Striae medullares), die von Rindensubstanz umgeben sind (= Lobulus renalis, Markstrahlläppchen). Die Rindensubstanz der Niere besteht aus: Corpusculum renis (Malpighi' Körperchen); Hauptstück, Pars contorta; Mittelstück, Pars contorta. Das Gefäßsystem der Niere (↑Nierengefäße) steht in charakterist. räumlicher u. funktioneller Beziehung zu den mikroskop. Einheiten der Niere. [2] Blutversorgung der Niere ↑Nieren-Blutgefäßsystem. Die nervöse Versorgung der Niere erfolgt durch die Gefäßnerven u. aus dem N. vagus u. N. splanchnicus.

Funktion: Die Nieren sind lebenswichtige Organe. Sie sichern die konstante Zusammensetzung der Körpersäfte, indem sie Endprodukte des Stoffwechsels u. körperfremde Stoffe mit dem Harn ausscheiden u. je nach den Erfordernissen des Organismus Menge, Zusammensetzung, osmot. Druck u. *p*H des Harns ändern. Bei Versagen der Nierenfunktion häufen sich Stoffwechselschlacken an, u. der Organismus geht an Harnvergiftung (↑Urämie) zugrunde.

Die Harnbildung beginnt im Glomerulum. Der Blutdruck preßt einen Teil des Blutplasmas durch die Kapillarmembran in die Kapsel des Nierenkörperchens. Von 1200 ml Blut, die in der Minute durch die N. fließen, werden 130 ml eiweißfreies Ultrafiltrat gebildet. Das sind täglich 180 l Primärharn, aus denen im Tubulus 1,5 l Harn bereitet werden. Im Hauptstück werden einige Stoffe wie Glukose u. Aminosäure vollständig in das Blut zurückgeführt, so daß sie nicht im Harn erscheinen. Andere Substanzen wie Paraaminohippursäure u. Farbstoffe werden zusätzlich in die Tubulusflüssigkeit abgesondert. Im Mittelstück u. Sammelrohr finden Austauschvorgänge von Na^+, K^+ u. H^+ statt, wird Bikarbonat resorbiert u. Ammonium gebildet. Die Transportprozesse erfolgen über bes. Enzymsysteme der Tubuluszellen u. bedingen den hohen (25 l/Tag) O_2-Verbrauch der Nieren. Harnstoff u. Cl^- gehören zu den Stoffen, die nicht aktiv transportiert werden u. deren Wanderung durch den Konzentrations- bzw. elektr. Gradienten verursacht wird. Das Wasser folgt passiv dem osmot. Gefälle u. wird zu 99% im Organismus zurückgehalten. Der größte Teil diffundiert zusammen mit den resorbierten Teilchen durch die Tubuluswand. Der Rest wird aus dem Sammelrohr abgesaugt, weil durch das ↑Gegenstromsystem des Übergangsstückes im Nierenmark eine hohe Konzentration aufgebaut wird.

Die Nierenfunktion wird durch nervöse u. humorale Mechanismen gesteuert. Es können entsprechende bedingte ↑Reflexe ausgearbeitet werden. Das Adiuretin des Hypophysenhinterlappens erhöht die Wasserretention durch die N. Die Mineralkortikoide der Nebennierenrinde beeinflussen den Kationenaustausch. In den N. wird ein Gewebshormon, das ↑Renin gebildet. Es beeinflußt die glomeruläre Durchblutung, steuert die ↑Aldosteronsekretion u. hat Bedeutung für die Blutdruckregulation des Organismus.

Bestandteile	Blutplasma mg%	Harn mg%	Konzentrationsänderung in der Niere	Ausgeschiedene Tagesmengen im Durchschnitt in g bei gewöhnl. Ernährung
Glukose	100	20	1: 0,2	0,3
Harnsäure	4	50	1:12	0,8
Harnstoff	30	2000	1:60	30 –40
Kreatininkörper	1	75	1:75	1 – 2
Natrium	300	350	1: 1	4 – 7 Na_2O
Kalium	20	150	1: 7	2 – 4 K_2O
Kalzium	8	15	1: 2	0,3– 0,5 CaO
Magnesium	2,5	6	1: 2	0,2– 0,4 MgO
Ammoniak	1	40	1:40	0,6– 0,8 NH_3
Chloride	370	600	1: 2	10 –15 NaCl
Phosphate	9	150	1:16	2 – 4 P_2O_5
Sulfate	2	180	1:90	1,5– 3,0 SO_3

[7]

N., künstliche: komplizierte Apparate zur extrakorporalen Dialyse (Dialysatoren), verschiedene Modelle z. B. Alwall (1947), Kolff (1947), Möller (1954), Kolff-Watschinger (1956), Kaden (1964). Prinzip: Das Blut des Kranken wird durch einen Zellophanschlauch gepumpt. Dieser liegt spiralig oder zickzackförmig aufgewickelt in einer „Wasch"-Lösung (Dialysierlösung) u. wirkt als semipermeable Membran. Je nach Zusammensetzung der Waschlösung werden aus dem Blut durch Diffusion in die Lösung abgegeben: Substanzen mit Reststickstoff (vor allem Harnstoff), Anionen von organ. Säuren, Chloridanionen, Kationen (z. B. Kalium), ferner übermäßige Flüssigkeit (durch Dialyse gegen hypertone Elektrolyt- oder Saccharose-Lösungen) sowie gewisse Gifte bei akuten Vergiftungen (z. B. Schlafmittel, Sublimat o. ä.). Indikationen: a) akutes Nierenversagen, Anurie (↑Schockniere, ↑Chromoproteinniere), Elektrolytentgleisungen, vor allem drohende oder schon vorhandene Kaliumintoxikation, Wasserintoxikation (Lungenödem!), b) Überbrückung anurischer Zustände z. B. Chrushniere. Verbrennungen, schwere Unfälle, u. auch bei postoperativen Anurien z. B. nach Operationen an Einzelnieren (↑Urosepsis), c) sog. chron. Dialysen, d. h. Kranke mit irreversiblen Nierenschäden, ↑Pyelonephritis, ↑Schrumpfniere, ↑Zystennieren, die in bestimmten Zeitabständen (z. B. jede Woche einmal) an die k. N. angeschlossen werden.

– Bei allen extrakorporalen Dialysen muß das Blut außerhalb des Körpers (im Schlauchsystem u. im Dialysator) ungerinnbar gemacht werden durch Zusatz von Heparin. Deshalb Anwendung der k. N. höchst gefährlich bei nicht sicher versorgten Blutungen, z. B. bei Zustand nach ausgedehnteren Operationen (vor allem an Nieren, Blasen u. Prostata) oder nach Geburten u. Fehlgeburten sowie bei Kranken mit bestehendem Magenulkus o. ä. Ausweg in solchen Fällen: Nur das aus dem Körper herausfließende Blut wird mit Heparin versetzt, das durch Protaminsulfat vor Rückfluß in den Körper neutralisiert wird (Isolierte Heparinisierung). [24]

N.-Blutgefäßsystem: zwischen den Nierenpyramiden (Lobis renis ↑ Pyramis renalis) verläuft die A. interlobaris, die in die A. arcuata übergeht. Von dieser Arterie gehen die Aa. interlobulares ab, von denen die Vasa afferentia zu den Glomerula der Malpighi' Körperchen führen. Nach Abgabe eines eiweißfreien Ultrafiltrats des Blutplasmas strömt das Blut über die Vasa afferentia zu den Rami capsulares u. Arteriolae rectae. Nach Versorgung des Nierenparenchyms mit arteriellem Blut erfolgt der Rückfluß über den venösen Schenkel des Blutkreislaufes in folgender Weise: Venulae stellatae, Venulae rectae, Venulae interlobulares, Venae arcuatae, Venae interlobares. [2] Die Blutversorgung der Nieren ist außerordentlich stark. Die Niere wird in der Minute von einer Blutmenge durchflossen, die ihr eigenes Gewicht fast um das Doppelte übertrifft. Beim Menschen fließen über 1700 Liter Blut am Tag durch die Nieren. Im ruhenden Zustand des Organismus ist nur ein Teil der Nierenkörperchen vom Blut durchströmt. Auch brauchen in demselben Glomerulus nicht alle Gefäßschlingen gleichzeitig mit Blut gefüllt zu sein. Sobald die Exkretionsvorgänge ein größeres Ausmaß erreichen, nehmen mehr u. mehr Gefäßschlingen u. Glomeruli an der Durchströmung teil. Der Umfang der Durchblutung wird ständig durch Drosseleinrichtungen in den zu- u. ableitenden Gefäßen gesteuert, die unter Umständen einen vollständigen Verschluß bewirken. Hierzu dienen hauptsächlich die epitheloiden Zellen in Form eines ring- bzw. sichelförmigen Polsters in der Wand der Arteriolae afferentes. Als auslösende Stoffe für die Betätigung dieser Gebilde kommen Histamin, Tyramin oder Azetylcholin in Frage. Auch die Arteriolae efferentes schwanken in ihrer Weite ständig. Das ableitende Gefäß braucht entgegen den früheren Annahmen nicht immer einen kleineren Durchmesser zu haben als das zuleitende. Neben diesen Sperrvorrichtungen spielen noch die arteriovenösen Anastomosen für die Umleitung des Blutes u. die Ausschaltung zahlreicher Nierenkörperchen eine wichtige Rolle. [7]

Nierenabszeß: meist in der Mehrzahl, entsteht 1. auf dem Blutwege (hämatogene Abszesse), indem Bakterien in den Kapillaren des Zwischengewebes u. der Glomeruli steckenbleiben u. zahlreiche gleichmäßig in der Nierenrinde u. auf der Oberfläche verteilte stecknadelkopfgroße Abszesse verursachen. Die Bakterien können aber auch in den Harn „ausgeschieden" werden, in Harnkanälchen oder Sammelröhren haftenbleiben u. dann eine umschriebene Entzündung u. die Ausbildung länglich-streifiger Abszesse (Ausscheidungsabszesse) veranlassen; 2. bei aufsteigender Harnweginfektion (häufig im Gefolge einer Harnstauung) entstehen zunächst in den Markkegeln streifige Eiterungen, die nach Erreichen der Nierenoberfläche als gruppiert stehende kleine Abszesse (urinogene Abszesse) erscheinen u. durch ihre Anordnung von den hämatogenen zu unterscheiden sind. Bei besonderer Ausprägung urinogener Abszedierung spricht man von Nierenkarbunkel. [5]

Nierenbecken = Pelvis renalis ⟨*lat*⟩ = Pyelon ⟨*griech*⟩: wird gebildet durch Vereinigung der 8–10 Nierenkelche (Calices renales), kann von verschiedener Form sein; Extreme sind der dendrit. Typ u. der ampulläre Typ. Das N. liegt im Sinus renalis am weitesten dorsal, hinter den ein- u. austretenden Gefäßen. Aus dem N. fließt der Harn durch den Harnleiter (Ureter) in die Harnblase. [1]

~entzündung ↑ Pyelitis u. ↑ Pyelonephritis.

~plastik: plast. Operation(en) zur Verkleinerung erweiterter Nierenbecken bei Harnstauungsnieren (Nierenbeckenresektion) mit gleichzeitiger Beseitigung des Harnabflußhindernisses, also der Ureterabgangsstenose, des oder der aberrierenden Gefäße oder des hohen (spitzwinkligen) Ureterabganges. Es gibt viele Methoden, am häufigsten angewandte Verfahren: Trendelenburg (1886), Albarran (1898), Küster (1891), Fenger (1894), Czerny (1901), Schwyzer (1923), Hryntschak (1936), Foley (1937), Deuticke (1941), Dulp-de Weerd (1951), Bischoff (1953). [24]

Nieren|blockade: 1. Blockierung der Nierenfunktion durch Steineinklemmung; blokkierender ↑ Harnleiterstein; 2. Blockade der nervalen Versorgung der Niere durch Umspritzen des Nierenstieles mit Procain, sog. Nierenstiel- oder Nierenlagerblockade.

~degeneration, polyzystische ↑ Zystenniere. [24]

~dekapsulation (Edebohls, 1901): operative Spaltung der Nierenfaserkapsel, um hierdurch krankhafte Schwellungszustände zu beheben, durch welche die Nierenfunktion beeinträchtigt oder zum Erliegen gebracht werden könnte. [18]

~dystopie *f:* angeborene Verlagerung einer oder beider Nieren. 1. Lumbale Dystopie; 2. Beckenniere(n): im Becken, in Höhe des Kreuzbeines gelegen. Falls doppelseitig, beide Nieren manchmal zusammenhängend als Lumbaldystopie oder Becken-Verschmelzungsniere. Bei kaudal verlagerten dystopen Nieren sind die Harnleiter verkürzt, bei Beckennieren mitunter weniger als 15 cm, deshalb Vorsicht bei Harnleiterkatheterung (!); im Gegensatz zur Ren mobilis (↑Wander-, Senk-, Kipp-Niere), bei der der Harnleiter normal lang ist; lumbal dystope u. Beckennieren haben atyp. Gefäßversorgung (ein oder mehrere Nierenarterien entspringen aus der unteren Aorta oder den Aa. iliacae (bei Ren mobilis nicht); 3. intrathorakale Nierendystopie (selten!). Niere (ggf. überzählige!) oberhalb des Zwerchfells (in einer Zwerchfellhernie) in der Thoraxhöhle liegend (Verwechslung mit Lungentumor möglich); 4. gekreuzte Dystopie: Eine Niere liegt auf der anderen Körperseite, so daß auf einer Seite zwei Nieren (getrennt oder verschmolzen) übereinander liegen, wobei der Harnleiter der einen vor der Wirbelsäule zur anderen Körperseite verläuft u. in einem normal gelegenen Ostium mündet. Nierendystopie zusätzlicher Niere(n) kommt vor, Harnleitermündung evtl. an atyp. Stelle (außerhalb des Schließmuskels oder in der Scheide, wodurch Harn-Inkontinenz vorgetäuscht wird).

~entzündung ↑Nephritis.

~exstirpation *f* ↑Nephrektomie.

~funktionsprüfungen: spez. Methoden zur Beurteilung der Gesamtleistung sowie bestimmter Partialfunktionen der Nieren. Bekannteste Methoden sind 1. direkte (einfache): Überwachung der Flüssigkeitszufuhr u. -ausscheidung u. des spezif. Gewichtes, *p*H-Kontrollen, ↑Volhard' Wassertrinkversuch, ↑Säure-Basen-Belastung nach Sellard (evtl. mit Schnelltestpapierstreifen); 2. indirekte (laborgebundene): blutchem. Bestimmung von Rest-N, Harnstoff, Harnsäure, Kreatinin, Indikan, Xanthoprotein; Elektrolyte (Anionen u. Kationen) im Ionogramm, Phenolrotprobe; ↑Clearanceuntersuchungen zur Prüfung der Nierenpartialfunktionen, z.B. a) der glomerulären Filtration: Inulin, Kreatinin, b) der tubulären Rückresorption: Glukose, c) der tubulären Sekretion: PAH (die gleichzeitig die Nierengesamtplasmadurchströmung anzeigt); 3. seitengetrennte: (bes. wichtig für eilige (!) Indikation zu urolog. Operationen) a) (schnellste) Chromozystoskopie = Blauprobe, b) ↑Urogramm u. ↑Infusionsurographie (beide nicht bei Urämie anzuwenden), c) SUA-Probe nach Rehn, d) seitengetrennte Clearance (da, wie auch c), mit Harnleiterkatheterung verbunden, a) Funktionsausfall der Glomerula (glomerunicht ungefährlich u. nicht fehlerfrei), e) prakt. immer anwendbar ↑Isotopennephrographie u. ↑Szintigraphie, f) ↑Angiotensin-Infusionstest zur Klärung, ob Bluthochdruck (einseitig) renal bedingt, g) ↑Rapoport-Test.

~glaukom ↑Chromoproteinniere.

~grieß: multiple kleinste Nierenkonkremente, nicht selten handelt es sich um Urate (Uratgrieß oder Uratsand). [24]

~hilus ↑Nierenstiel.

~hypertrophie: Vergrößerung einer Niere als Anpassungsvorgang (Arbeitshypertrophie) nach operativer Entfernung oder krankhafter Zerstörung der anderen; auch Vergrößerung beider Nieren bei Menschen, die fortlaufend große Flüssigkeitsmengen zu sich nehmen.

~infarkt: umschriebene keilförmige Nekrose in der Niere infolge Verschlusses der versorgenden Arterie durch Embolie oder Arteriosklerose. [5]

~innervation: die Nieren erhalten ihre Versorgung mit Vasomotoren sowie mit erregenden u. hemmenden sekretor. Nerven aus dem vegetativen Nervensystem. Die parasympath. Fasern verlaufen durch den N. vagus, die orthosympath. durch den N. splanchnicus. Das Zentrum der Vasomotoren für die Nierentätigkeit liegt am Boden des 4. Gehirnventrikels. Eine Verletzung dieser Stelle führt eine Erweiterung der Nierenarterien herbei, so daß die Durchblutung u. der Druck in den Glomerula erheblich ansteigen. Die Harnmenge ist dann unter starker Vermehrung der Kochsalzausscheidung, oft unter Auftreten von Eiweiß u. Blut, vermehrt (Salz- u. Eiweißstich). [7]

~insuffizienz: akut einsetzender (z.B. ↑Schockniere, ↑Chromoproteinniere) oder chron. sich einschleichender Funktionsausfall der Nieren (↑Nierenfunktionsprüfungen), a) Funktionsausfall der Glomeruli (glomeruläre N.), Folge: keine Filtration, klin.: Anurie; b) Funktionsausfall der Tubuli (tubuläre N.) Folge: Störung der tubulären Exkretion u. Rückresorption, klin.: Hyposthenurie (evtl. Polyurie) oder c) beides gleichzeitig. Bei N. kommt es immer zur Harnvergiftung (↑Urämie) u. gleichzeitig zu Elektrolytentgleisung. Bleibt die N. länger bestehen, tritt der Tod ein. [24]

~karbunkel ↑Nierenabszeß. [5]

~körperchen = Corpuscula renis ↑Malpighi' Körperchen. [24]

~krisen: anfallsweise Störungen der Nierenfunktion mit oder ohne Schmerzen; z.B. 1. mechan. bei Wanderniere durch Zug am Gefäßstiel nach längerem Stehen, Laufen, Sitzen mit konsekutiver Störung der Blutversorgung, also Ischämie u. durch Abdrosselung des Harnleiterabganges mit Harnstauung; oder 2. neurogen bei Tabes dorsalis im Rahmen von sog. tab. Krisen.

~migräne (Sticker): an eine Hemikranie (↑Migräne) sich anschließende Schmerzen der Nierengegend mit Albuminurie.

~palpation ↑Guyon' Nierenpalpation; ↑Israel' Palpation der Nieren. [24]

~papillen = Papillae renales: die Spitzen der Nierenpyramiden (Pyramides renales), die in der Regel von je einem Nierenkelch (Calix renalis) umfaßt werden. Hier münden jeweils 20–30 Papillengänge (Ductus papillares) in das Nierenbecken (Pelvis renalis) u. verleihen dadurch der Oberfläche einer jeden Pyramidenspitze ein siebartiges Aussehen, ↑Area cribrosa. [2]

~ptosis ↑Nephroptose. [18]

~resektion (v. Cerny, 1887): besser Nierenteilresektion. Entfernung eines erkrankten Nierenbezirks; 1. obere Polresektion (Entfernung des oberen Nierenpols); 2. untere Polresektion (Entfernung des unteren Nierenpols); 3. mittlere Drittelresektion oder mittlere Keilresektion (Entfernung des mittleren Nierendrittels); 4. Halbresektion der Niere = Heminephrektomie (Entfernung einer halben Niere, auch Entfernung des einen Hohlsystems bei sog. Doppelniere). Indikationen zur Nierenteilresektion: a) Steinnester in einem (oder mehreren?) Kelchen, b) isolierte Kelchhydronephrosen, c) tuberkulöse Prozesse am oberen oder unteren Kelch (oder Pol), d) Tumoren (selten! Nur bei Einzelnieren zulässig). [24]

~schale: nieren-(bohnen-)förmige Schale aus Glas oder Emaille zum Abwurf von Tupfern oder gebrauchten Instrumenten sowie zum Auffangen von Körperflüssigkeiten. [18]

~schrumpfung ↑Schrumpfniere, ↑Nephrosklerose.

~schwund ↑Schrumpfniere, ↑Nephrosklerose.

~senkung ↑Nephroptose.

~starre: mangelnde Verdünnungs- u. Konzentrationsfähigkeit der Nieren (Casper), also tubuläre Störung.

~steine ↑Nephrolithiasis; ↑Konkrementbildung der Harnorgane.

~stiel = Hilus renis (Nierenhilus): A. u. V. renalis, die durch lockeres Bindegewebe aneinander fixiert sind.

~stielklemme: große gebogene, sehr stabile Gefäßklemme zum Abklemmen des Nierenstiels bei ↑Nephrektomie. [24]

Nierensyndrom, extrarenales (Nonnenbruch, W., 1921 u. 1937): (gegenwärtig in den Begriff der „sekundären Nierenfunktionsstörungen" übergehend). Extrarenal ausgelöste Funktionsstörungen der Nieren, von leichter Oligurie mit Hyposthenurie ohne Rest-N-Erhöhung bis Anurie u. Urämie u. vom normalen histolog. Befund bis zur schweren patholog.-anatom. Schädigung reichend. Gruppen I bis IV. I.: a) Exsikkose u. Kochsalzmangel, b) Nebenniereninsuffizienz, c) diabet. Koma. II.: vorwiegend toxische Einwirkungen auf die Nieren: a) eigentliches hepatorenales Syndrom, b) Pneumonie u. Sepsis, c) Plasmozytom (Ursachen von II noch nicht völlig aufgeklärt.) In Diskussion 1. mangelhafte Inaktivierung des ADH durch die erkrankte Leber ↑Oligurie; 2. vermehrter Anfall von Eiweißabbauprodukten bes. bei akuter Leberdystrophie; 3. Kreislaufbeteiligung; bei bestehendem Aszites, bei durch die Lebernekrose bedingten Schockzuständen oder bei gleichzeitig bestehendem starkem Erbrechen u. Diarrhoen Einschränkung der glomerulären Filtration, dadurch bei gleichzeitig vermehrt anfallenden Eiweißabbauprodukten ↑Rest-N-Erhöhung. III.: a) nach Operationen, intestinalen Blutungen, b) bei Herzinsuffizienz, IV.: a) bei nervalen u. zerebralen Störungen, b) bei ↑Urina spastica. [24]

Nieren|transplantation: Organverpflanzung einer Niere. Erstmals im Tierversuch 1902 durchgeführt von Ullmann, erste erfolgreiche N. von Mensch zu Mensch. Murray, J. E., Merrill, J. P. u. Mitarb. in Boston 1954 (eineiige Zwillinge), bis 1967 über 1000 Transplantationen; es ist ein stetiges Ansteigen der N. in der ganzen Welt zu verzeichnen. Zur Transplantation wurden verwendet Nieren von 1. eineiigen Zwillingen, 2. Zwillingen, 3. Geschwistern, 4. Mutter, 5. Verwandten, 6. Fremden, 7. Nieren von gerade Verstorbenen. 8. Affen. Hauptproblem nicht Operationstechnik, die in großen Zügen festgelegt u. standardisiert ist (möglichst kurze Zeit der Ischämie!), sondern in der immunbiolog. Schranke, weil die meisten transplantierten Nieren durch Antikörperbildung autolyt. u. abgestoßen werden. Bei eineiigen Zwillingen ist diese Gefahr nicht so groß wie bei Fremdnieren. Prinzip: Die Blutgefäße der „Spenderniere" wurden gewöhnlich beim Empfänger mit der A. iliaca interna (End-End) u. der V. ilica comm. (End-Seit), der Harnleiter mit der Harnblase anastomosiert. Trotz aller mitgeteilten Erfolge (nicht sämtlich nur von kurzer Dauer, denn vereinzelte Patienten leben 6–9 Jahre mit transplantierten Nieren), steckt die Nierentransplantation noch im Experimentalstadium, hat aber zweifellos Zukunft. [24]

~tuberkulose: über den Blutweg entstandene, vorwiegend chron. verlaufende Tuberkuloseform, bei Männern in 70% der Fälle mit einer Genital- u. Blasentuberkulose verbunden. Kranke mit N. sind für ihre Umgebung hochinfektiös, z.T. infektiöser als bei Lungentuberkulose. [15]

~tumoren: Gewächse der Nieren. Sie können von allen Teilen der Niere, des Nierenbeckens oder der Nierenkapsel ausgehen; 1. gutartige; a) mesenchymale Herkunft: Fibrome (z.B. Markfibrome), Lipome, Myome, Hämangiome, b) epitheliale Herkunft: Adenome der Nierenrinde, Fibroepitheliome (Papillome) des Nierenbeckens (nicht selten bösartig werdend), die leicht in Harnleiter oder Blase metastasieren (Impfmetastasen), c) Pseudotumoren, z.B. Zysten (die aber keine Gewächse im eigentlichen Sinne sind, sondern den „Tumor" klin. vortäuschen); 2. bösartige; a) (selten) Sarkom, b) embryonales Adenosarkom fast nur bei Kindern, Wilms-Tumor, c) (epitheliale Herkunft): ↑Hypernephrom, besser: hypernephroides Karzinom (der häufigste Nierentumor) auch Grawitz-Tumor (1884); dieser glaubte ursprünglich, daß es sich um versprengtes Nebennierengewebe handele, revidierte jedoch seine Ansicht bald. Makroskop. sehr bunte Schnittfläche. Deshalb auch Name „bunte" Tumoren. Weiß u. grau: Tumorparenchym (histolog.: typ. große glykogenreiche „pflanzenzellartige" Zellverbände mit wasserklarem Protoplasma, in späterem Stadium atyp. werdend, Polymorphie), gelb: Lipide, hellrot: angeschnittene arterielle u. blaurot: venöse Blutgefäße, rostrot bis rotbraun: Hämosiderineinlagerungen, schwarzbraun, grünlich oder mißfarbig: Nekrosen. Einbrüche in Nierenbecken (Harnbluten!) oder Nierenvene (hämatogene Lungen- u. Hirnmetastasen), d) prim. Nierenkarzinom, z.B. Adenokarzinom (manchmal zyst. papillär) vorwiegend im Nierenbecken sitzend, oder solide (selten szirrhös). Hauptsymptom aller Nierentumoren: schmerzloses Blutharnen (makroskop. Hämaturie). Diagnose: Palpation der Nieren (nur bei großen Tumoren aufschlußreich), Ausscheidungs- (besser Infusions-) Urographie, retrograde Pyelographie u. (am zuverlässigsten!) Arteriographie bzw. Nierenangiographie. Therapie: Nephrektomie, die aber oft zu spät kommt. [24]

~versagen, akutes ↑Schockniere, ↑Chromoproteinniere.

~zysten ↑Zystennieren. [24]

Niesen: heftiger Exspirationsstoß durch die Nase. Auslösung reflektor. durch sensible Nasennerven (N. trigeminus) oder manchmal auch allein durch Blick ins Helle. Zunächst krampfhafte ↑Inspiration, Verschluß des Nasen-Rachen-Raumes durch den weichen Gaumen, dann plötzliche Exspirationsanstrengung u. Sprengung des Verschlusses. [7]

Nieskrampf = Ptarmus: lang anhaltende Niesanfälle meistens mit wäßriger Hypersekretion der Nasenschleimhaut einhergehend, als Ausdruck einer Reflexneurose, oft sehr erschöpfend. [28]

Nieswurz ↑Rhizoma veratri. [44]

Nievergelt-Erbsyndrom = Nievergelt' Syndrom: sehr seltene, erbliche, systemhafte Mißbildung des Extremitätenskeletts. Symptom: Dysplasie der Ellenbogengelenke mit radio-ulnarer Synostose, Luxation bzw. Subluxation der Ulna oder beider Radiuskörperchen. Dysplasie der Unterschenkel. Genu valgum, Crura rhomboidea, Schiefstand der Epiphysenfugen u. relativ verlängerte Fibulae. Atyp. Klumpfüße, ausgedehnte Synostosierung tarsaler Fußknochen, Deformierung der Großzehen, Androtropie. [32]

Nightingale, Florence (1820–1910), London. Engl. Krankenpflegerin u. Sozialreformerin; organisierte im Krim-Krieg eine verbesserte Verwundetenfürsorge u. hygien. Lazarettbehandlung; mit dem in England gesammelten Nightingale-Fonds begründete sie Schulen für weltliche Krankenpflegerinnen. [48]

Nigrities cutis ⟨*lat*⟩: Schwarzfärbung der Haut; ↑Chloasma, ↑Melanodermie, ↑Melasma.

N. linguae ↑Haarzunge. [43]

Nihilismus ⟨*lat*⟩: wahnhafte Befürchtungen in der Depression, Schizophrenie, den eigenen Körper betreffend (abnorme Leibempfindungen, z.B. der Körper sei innen verfault) oder allgemeiner Art (z.B. es werde nie mehr die Sonne scheinen) oder auf religiösem Gebiet (zur ewigen Verdammnis verurteilt). [34]

Nikolsky, Pjotr Wassiljewitsch (*1858), Dermatologe, Kiew, Warschau, Rostow.

N' Zeichen: Verschiebbarkeit der oberen Epithelschichten beim ↑Pemphigus vulgaris u. foliaceus durch Reiben im Bereich äußerlich nicht veränderter Hautpartien; Zeichen der ↑Akantholyse. [43]

Nikotin: N-Methyl-β-pyridyl-pyrrolidin. Hauptalkaloid der Tabakpflanze Nicotiana tabacum. Starke Base, ölige flüchtige Flüssigkeit, wasser- u. lipidlöslich, sehr stark giftig. Tabak enthält je nach Sorte 0,5–8,0% Nikotin als Salz von organ. Säuren, wird frei durch Hitze u. geht je nach Anwendungsart in wechselnden, aber beträchtlichen Mengen in den Rauch über. N. hat periphere u. zentrale Wirkungen, in sehr kleinen Dosen wirkt es erregend, in höheren lähmend. Arzneilich keine Verwendung, aber Schädlingsbekämpfungsmittel. Resorptivwirkungen bei Gebrauch als Genußmittel. Bei wiederholter Gabe Toleranz. Abbau vor allem in der Leber; ↑Nikotinvergiftung.

Nikotinsäure, ~amid□: Nicobion®, PP-Faktor (Pellagra preventive factor); beide Verbindungen sind Pyridinabkömmlinge, 3-Pyridinkarbonsäure bzw. deren Amid. Beide sind im gleichen Maß als Vitamin wirksam. Bei Niazinmangel „Pellagra", Krankheitssymptome im Magen-Darm-Trakt, Haut u. Nervensystem. Vorkommen u.a. in Leber, Niere, Fleisch, Fisch, Weizenmehl u. Früchten. Tägl. Bedarf 15–20 mg. N. ist Baustein der Coenzyme NAD u. NADP. Ausscheidung beim Menschen hauptsächlich als Methylnikotinsäureamid. Wechselbeziehung zwischen N. u. Stoffwechsel der Methylgruppe. Der Organismus ist zum großen Teil auf die Zufuhr von Nikotinsäure angewiesen, sie entsteht aber auch im Tryptophanstoffwechsel. Nikotinsäure hat gefäßerweiternde Wirkung, Anwendung als Hyperämikum. [44]

Nikotinsäureamid-adenindinukleotid-Coenzyme: stellen Dinukleotide dar, die durch eine Pyrophosphatbindung untereinander verknüpft sind. Hierzu zählen Nikotinsäureamid-adenin-dinukleotid (NAD), früher als Diphosphopyridin-nukleotid (DPN), Coenzym I, Codehydrase I oder Cozymase bezeichnet u. Nikotinsäureamid-adenin-dinukleotidphosphat (NADP), früher als Triphosphopyridindinukleotid (TPN), Coenzym II, Codehydrase II oder Phosphocozymase bezeichnet. NAD u. NADP können in oxydierter u. reduzierter Form vorliegen ($NADH_2$ bzw. $NADPH_2$) u. dienen zahlreichen Oxydoreduktasen als Coenzym. Die unterschiedlichen Extinktionskoeffizienten von oxyd u. reduz. NAD(P) bilden die Grundlage des opt. Testes. [8]

Nikotinursäure: Verbindung von Nikotinsäure mit Glyzin (Glykokoll). Überschüssige Nikotinsäure wird im Organismus z.T. in Form von ↑Trigonellin u. z.T. als N. ausgeschieden. [8]

Nikotinvergiftung: die Höhe der giftigen oder letalen Dosis hängt von der Gewöhnung ab, schon 50–100 mg Nikotin können für den Menschen in wenigen Minuten letal wirken. Bei einer leichten akuten Vergiftung treten Übelkeit, Schwindel, Speichelfluß, Erbrechen, Zittern der Beine u. Hände auf. Ist die akute Vergiftung schwerer, kommt es schnell zum Kollaps mit Bewußtlosigkeit, Krämpfen u. Atemlähmung. Die chron. Vergiftung entsteht meist durch übermäßiges Rauchen, es kommt zu Herz- u. Kreislaufstörungen, Störungen im Magen-Darm-Trakt, Bronchialkarzinom, auch zu Durchblutungsstörungen, die zu intermittierendem Hinken u. pektanginösen Beschwerden führen. [44]

Niktation ⟨*lat*⟩: auch Spasmus nictitans, ↑Blepharospasmus. [36]

Nilblausulfat: bes. geeigneter Farbstoff für vitale Innenkörperfärbung (Friedstein). Technik ↑Supravitalfärbung. [11]

Ninhydrin: Triketohydrindehydrat; bekanntestes Reagens zum Nachweis u. zur quantitativen kolorimetr. Bestimmung von α-Aminosäuren; bei Peptiden u. Eiweißen werden die nicht peptid. gebundenen Gruppen der Seitenketten erfaßt; reagiert auch mit einigen Aminen, schwach auch mit Ammoniak u. Sarkosin, dagegen nicht mit Harnstoff, Kreatinin, Anilin, Hippursäure, Amiden u.a. Da beim Erhitzen in wäßriger Lösung, auch in Gegenwart von Zinn u. anderen Metallsalzen, für verschiedene Aminosäuren sich unterschiedliche Farbausbeuten ergeben, erfolgt die Farbentwicklung in wasserarmer Lösung z.B. in Phenol-Pyridin-Lösung nach Troll u. Cannan. Auch für die papier- u. dünnschichtchromatograph. Bestimmung der Aminosäuren sind geeignete Methoden beschrieben. Toxikolog. zeigt N. eine dem ↑Alloxan ähnliche Wirkung auf das Pankreas. [8]

~reaktion (nach Lehmann-Facius u. Witting 1934): Prüfung von Serum auf den Gehalt an α-Aminosäuren, ↑Ninhydrin.
Krebstest mit relativ hoher Trefferquote, klin. jedoch nicht genügend. [25]

~test: biochem. Verfahren zur Differenzierung von Keimen der *Enterobacteriaceae.* Der Test beruht auf dem Nachweis des dekarboxylierten Lysins = Kadaverin mit Ninhydrin. Im pos. Falle erfolgt Umschlag des fast farblosen Substrates nach Blauviolett. [41]

Nipagin: Nipasol; keimtötende Stoffe, Ester der p-Oxybenzoesäure. [42]

Nisbet, William (1759–1822), Arzt, Edinburgh.

N' Schanker ↑Bubonulus. [43]

Nischenzellen: kleine, kernhaltige Alveolarepithelzellen, die zusammen mit kernlosen Zytoplasmamembranen die Lungenbläschen auskleiden. Die N. besitzen die Fähigkeit der Phagozytose (Steinstaub, Staphylokokken, Tuberkulosebakterien). Elektronenopt. konnten in diesen N. zahlreiche Mitochondrien nachgewiesen werden. Die Reste der bei Kapillarblutungen im Bereich der Alveolenwandung (bei Herzfehler, Mitralfehler) austretenden Erythrozyten werden ebenfalls von den N. aufgenommen u. in Form von Hämosiderin abgelagert. Mit dem Auswurf ausgestoßene hämosiderinhaltige Nischenzellen werden als „Herzfehlerzellen" bezeichnet. [2]

Nisin: Antibiotikum aus Streptococcus lactis; wirksam gegen grampos. Bakterien. [42]

Nisse *f:* becherförmiges, für das Auge wahrnehmbares Chitingehäuse, das das Ei der Filzlaus, Kleiderlaus u. Kopflaus umhüllt. Die N. ist fest an das Haar oder die Nähte der Kleider angekittet. [43]

Nissl, Franz (1860–1919), Psychiater u. Neurohistologe, Heidelberg.

N' Färbung: Färbemethode zur Darstellung der ↑Nissl' Sch''en.

N' Schollen: auch „Tigroid"-Substanz = chromatophile Schollen = Ergastoplasma der Nervenzellen. Im Zytoplasma von Nervenzellen mit bas. Farbstoffen (Toluidinblau-Gallozyanin) darstellbare, chromatophile auch in unfixierten Nervenzellen nachweisbare Schollen, die durch hohen Gehalt an Ribose-Nukleinsäure ausgezeichnet sind. Bei Schädigung der Nervenzellen (z. B. mechan. oder tox.) kommt es zu Veränderungen der chromatophilen Schollen bzw. zu völligem Schwund (= Tigrolyse oder Chromatolyse), ↑Fischaugenzellen. [2]

Nistseuche: in bestimmten geolog. Formationen oder Klimaten endem. vorhandene Seuche; ↑Naturherdinfektion. [40]

Nisus sexualis ⟨*lat*⟩ *m:* Geschlechtstrieb. [52]

Niton (Ramsay): heute ungebräuchliches Syn. für ↑Radon. [8]

Nitrat *n:* Salz der Salpetersäure (NO_3^-, Nitrat-Ion). [41]

Nitratbakterien: Gattung der Familie *Nitrobacteraceae* der Ordnung *Pseudomonadales* (Bergey 1957). Gramneg. Bakterien, die Nitrite zu Nitraten oxydieren; Species: *Nitrobacter* u. *Nitrocystis.* [41]

Nitride *n, Pl:* Verbindungen des Stickstoffs mit Metallen, meist Leichtmetallen (Lithium, Kalzium, Magnesium, Aluminium), z. B. Magnesiumnitrid, Mg_3N_2; stellen Derivate des Ammoniaks (NH_3) dar, dessen Wasserstoff durch Metall ersetzt ist; liefern mit Wasser unter Zersetzung Ammoniak u. Metallhydroxid. [16]

Nitrifikation: Oxydation des Ammoniaks über Nitrit zu Nitrat durch Bakterien (Nitrifikanten). [42]

Nitrile (Alkylzyanide) *n, Pl:* Ester der Zyanwasserstoffsäure (HCN) von der allgemeinen Formel $C_nH_{2n+1} \cdot CN$, z. B. Azetonitril ($CH_3 \cdot C{\equiv}N$); isomere Form: Isonitrile oder Isozyanide, z. B. Methylisozyanid ($CH_3 \cdot N{=}C$); Isonitrile haben widerlichen Geruch u. sind stark giftig. [16]

Nitrit: Salz u. Ester der salpetrigen Säure, z. B. Natriumnitrit $NaNO_2$, Äthylnitrit C_2H_5ONO. [8] Wirken vasodilatator. durch Erschlaffung der Gefäßmuskulatur. In höheren Dosen auch leichte spasmolyt. Wirkung, Anwendung bei Angina pectoris u. arteriosklerot. Gefäßspasmen anderer Organe. N. führen zur Bildung von ↑Methämoglobin. [44]

Nitritbakterien: Gattung der Familie *Nitrobacteraceae* der Ordnung *Pseudomonadales* (Bergey 1957). Gramneg. Bakterien, die Ammoniak zu Nitriten oxydieren. Species: *Nitrosomonas, Nitrosococcus, Nitrosospira, Nitrosocystis, Nitrosogloea.* Apathogen. [41]

Nitritokobalamin ↑Vitamin B_{12}. [42]

Nitrobacter ↑Nitratbakterien. [41]

Nitrobenzolvergiftung: erzeugt im Anfang durch Reizwirkung Polyglobulie, später ↑Innenkörperanämie. [11]

Nitrofurantoin: 1-(5-Nitro-furfurylidenamino)-imidazolidin-2,4-dion. Chemotherapeutikum. Furadantin®, Ituran®.

Nitrogen ↑Stickstoff. [8]

Nitroglyzerin: Salpetersäureester des Glyzerins, ölige Flüssigkeit, sehr leicht explosibel, im Dynamit adsorptiv an Kieselgur gebunden. Wirkt gefäßerweiternd, therapeut. Anwendung in sehr starker Verdünnung (1%ige alkohol. Lösung) bei Migräne, zerebralen Erkrankungen, Asthma bronchiale u. auch bei Angina pectoris. [44]

Nitroprussidnatrium ↑Nitrosoverbindungen. [8]

Nitrosomonas ↑Nitritbakterien. [41]

Nitrosoverbindungen: enthalten die Gruppe −NO nicht ionogen gebunden, z. B. Nitrosoeisen(II)-sulfat $[Fe(NO)]SO_4$, Nitrosobenzol $C_6H_5{-}NO$, Nitroprussidnatrium $[FE(CN)_5NO]Na_2$, das als Reagens auf Azeton, Kreatinin, HS-, Brenztraubensäure, Indol dient. [8]

Nitroverbindungen: organ. Verbindungen mit der Gruppe $-NO_2$, bes. wichtig in der aromat. Reihe. Die Xanthoproteinreaktion beruht auf der Bildung von gelben Nitroverbindungen der aromat. Aminosäuren; auch das Chloramphenicol□ enthält eine Nitrogruppe. Starke Methämoglobinbildner mit ↑Innenkörperanämien. [8]

Nitze, Maximilian (1848–1906), Urologe, Dresden, Berlin. Erfinder des ↑Zystoskops (Dresden 1877). [24]

Niveaudiagnose ↑Höhendiagnose. [33]

Nn.: *Abk* für Nervi, die Nerven. [1]

N. N. N.-Agar: Kaninchenblut-Kochsalz-(bzw. Seesalz-)Schrägagar nach Novy, MacNeal u. Nicolle zur Züchtung von Trypanosomen u. Leishmanien. [41]

NO ↑Stickstoffmonoxid; −NO: Nitrosogruppe; ↑Nitrosoverbindungen. [8]

NO_2 ↑Stickstoffdioxid; $-NO_2$: Nitrogruppe; ↑Nitroverbindungen. [8]

N_2O: Stickoxydul; ↑Lachgas. [8]

Noble' Zeichen: bei Schwangeren nach dem 3. Monat wird das seitliche Scheidengewölbe ausgefüllt getastet, während es sich sonst leer anfühlt. [29]

Nocardia: Gattung aerob wachsender Aktinomyzeten mit etwa 60 Arten. Nach Krassilnikov werden sie gemeinsam mit den anaerob wachsenden Aktinomyzeten in der Gattung *Proactinomyces* zusammengefaßt. Als Krankheitserreger kommen in Betracht: *N. asteroides* (↑Nokardiose), *N. brasiliensis, N.* (*Streptomyces*) *madurae* u. a. (aktinomyzet. Myzeton), *N. minutissima* (Erythrasma). [41]

Nocht, Bernhard (1857–1945), Tropenhygieniker, Hamburg. Gründete 1900 das

Hamburger Institut für Schiffs- u. Tropenhygiene. [53]

Nochtröhrchen: Ansaugrohr (Exhaustor) zum Fang von ↑Anopheles-Mücken (in der Malariaforschung). [58]

nocturnus ⟨*lat*⟩: nächtlich. [4]

Nodositas ⟨*lat*⟩ *f:* Knotigkeit.

N. crinium ↑Trichorrhexis nodosa. [4]

nodosus ⟨*lat*⟩: knotig, knotenförmig. [1]

Noduli ⟨*lat*⟩ *m, Pl:* von ↑Nodulus.

N. Albini: hirsekorngroße Knötchen an der Atrioventrikularklappe von Säuglingen, die sich bis etwa zum 6. Monat zurückbilden. [32]

N. Arantii ↑N. velorum semilunarium. [10]

N. cutanei: Hautknötchen, harte Fibrome. Vorkommen in Einzahl oder Mehrzahl in der Haut der Extremitäten. Hartes, gelb bis braun gefärbtes kutan gelegenes pastillenförmiges Knötchen.

N. laqueati ↑Trichonodosis. [43]

N. velorum semilunarium (Arantii): die im Zentrum der Semilunarklappen an den Schließungsrändern angeordneten Knötchen. Ihre Aufgabe besteht darin, einen möglichst innigen Klappenverschluß zu gewährleisten. [10]

Nodulus ⟨*lat*⟩ *m:* Knötchen.

N. cutaneus = Fibroma simplex: Dermatofibroma lenticulare; geschwulstähnliche gutartige Bindegewebswucherung des ↑Koriums, die im Durchmesser bis 1 cm groß werden kann u. die Epidermis linsenförmig vorbukkelt. Vorkommen bevorzugt bei Frauen an Extremitäten u. Rumpf, meist solitär, gelegentlich auch multipel. [5]

N. cerebelli: Teil des Kleinhirnunterwurmes. [20]

N. vocalis ↑Stimmlippenknötchen. [28]

Nodus ⟨*lat*⟩ *m:* Knoten.

N. arthriticus: Gichtknoten. [9]

N. lymphaticus ↑Lymphknoten. [2]

N. rheumaticus: rheumat. Knoten. [9]

N. vitalis = Nodus vitalis: Lebensknoten bzw. -knötchen; Stelle am hinteren Ende der Fossa rhomboidea, die Flourens als Atmungszentrum auffaßte. Bei der Zerstörung des Lebensknotens treten sofortiger Atemstillstand u. Tod ein. [1]

Noguchi, Hideyo (1876–1928), japan. Pathologe u. Bakteriologe, Tokio, Kopenhagen, New York. Gestorben an einer Laboratoriumsinfektion mit Gelbfieber. Arbeiten über die Syphilistreponemen. [41]

Noguchi Leptospira = *Leptospira icterohaemorrhagica* = *Leptospira icterogenes* ↑Leptospira. [41]

Nokardiose: durch Nokardien (↑Nocardia) hervorgerufene Strahlenpilzerkrankung warmer Länder; ↑Madurafuß. Nokardiose-Therapie durch Sulfonamide. [40]

Noktambulismus ↑Nachtwandeln. [34]

Noma ⟨*griech*⟩ *n,* richtiger *f:* Wangenbrand, Wasserkrebs; fortschreitender fauliger Zerfall der Wange, beginnend mit brandigem Schleimhautgeschwür neben dem Mundwinkel, rasante Ausbreitung in der Fläche u. Tiefe bis zur Perforation der Wange; Übergreifen auf Lippe, Nase, Kieferknochen, weil keine Demarkierung erfolgt. Bakteriolog. Vermehrung der Spirillen, fusiformen Bazillen u. Fadenbakterien neben der gewöhnlichen Mundflora; ergreift vornehmlich Kinder nach erschöpfenden Krankheiten u. Infekten, Erwachsene bes. nach Malaria, Tbk, Typhus abdom. u. in Hungerzuständen. Früher Mortalität 75% u. darüber, heute dank der Antibiotika u. Bluttransfusionen unter 10%. [37]

Nomenklatur, anatomische: einheitliche, von der Anatomischen Gesellschaft auf ihrer Versammlung in Basel 1895 angenommene anat. Namensgebung = Baseler Nomina Anatomica (*Abk* BNA). Sie wurde 1936 durch die Jenaer Nomenklatur = Jenaer Nomina Anatomica (*Abk* JNA) u. diese im Jahre 1955 wieder durch die Pariser Nomenklatur = Pariser Nomina Anatomica (*Abk* PNA) ersetzt. [1]

Nomenklatur nach Stecher: s = stans, stehend; c = cubitans, liegend.

Position	Strahlengang
1	dorso-ventral (p. a. ↑)
2	li. dorsal → re. ventral (1. schräger ∅ = Fechterstellung)
3	links → rechts
4	li. ventral → re. dorsal (2. schräger ∅ = Boxerstellung)
5	ventro- dorsal (a. p. ↑)
6	re. ventral → li. dorsal (1. schräger ∅ = Fechterstellung)
7	rechts → links
8	re. dorsal → li. ventral (2. schräger ∅ = Boxerstellung)

↑Strahlengang. [26]

Nomenklaturregeln: 1. in der Zoologie international vereinbarte Regeln für die wissenschaftliche Namengebung u. Schreibweise der Art- u. Gattungsbenennungen usw. der Tiere (sog. „lateinische Tiernamen"). [58] 2. nach internationalen N. sind Bakterienarten zweinamig, nach der von Linné 1735 (Systema naturae) eingeführten binären Nomenklatur: der Bakteriengattungsname (wird groß geschrieben) u. die Artbezeichnung (wird klein geschrieben), z. B. *Bacillus subtilis.* [40]

Nomokinospermie ⟨*griech*⟩ *f:* der Anteil der progressiv beweglichen Spermien im Spermatogramm beträgt 80 oder mehr Prozent. [12]

nomotop ⟨*griech*⟩: Bezeichnung für die im regelrechten, d. h. prim. Reizbildungszentrum des Keith-Flack' Sinusknotens ausgelösten autonom-nervösen Erregungen des Herzens. [10]

Noninfektion ⟨*lat*⟩: Schutz vor Berührung der Hände des Operateurs mit eitrig-infektiösem Material. „Nicht infizieren ist besser als desinfizieren" (Semmelweis). Der beste Schutz ist der Gummihandschuh. [18]

Nonne, Max (1861–1959), Neurologe, Hamburg.

N.-Apelt-Schumm' Reaktion: orientierende Methode zum Nachweis von Globulinen im ↑Liquor cerebrospinalis. Man bringt 0,5 ml Liquor mit 0,5 ml einer gesättigten, frisch filtrierten Ammonsulfatlösung in einem Reagenzglas zusammen, schüttelt u. beurteilt nach 3 min den Ausfall der Reaktion gegen einen dunklen Hintergrund. Normaler Liquor verändert die wasserklare Flüssigkeit nicht; bei patholog. Liquoren (erhöhten Globulingehalt) tritt Opaleszenz, Trübung oder Fällung ein (N.-A. positiv, +, ++, +++).

N.-Froin' Syndrom ↑Sperrliquor. [33]

N.-Meige-Milroy' Syndrom = lymphatisches Ödem (Virchow): familiäres chron. Trophödem, blasses bzw. leicht livid verfärbtes, hartes, schmerzloses Ödem mit Minderwuchs, Infantilismus, Hypogenitalismus, geistiger u. stat. Entwicklungsrückständigkeit, Adipositas (überwiegend Reithosentyp), Akromikrie, Genu valgum, Pes valgus, Brustwirbelkyphose, Muskelschwäche. Häufig troph., z. T. sek. infizierte Geschwüre im Ödembereich. [32]

Nonnenbruch, Wilhelm (1887–1955), Internist, Prag, Frankfurt/M.

N' Syndrom (1937) ↑Nierensyndrom, extrarenales. [24]

Nonnengeräusch = Nonnensausen: Geräusch, das man durch Auskultation oberhalb des re. Schlüsselbeins zwischen den Ursprüngen des M. sternocleidomastoideus feststellen kann, das ab- u. anschwillt, manchmal auch zischend ist u. das sich beim Einströmen des Blutes aus der V. jugularis communis in den erweiterten Bulbus feststellen läßt. Bei anäm. Menschen ist es bes. leicht zu beobachten. Der Name rührt von Nonne = Kreisel her. Je schneller das Blut in der Vene fließt – es ist dies während der Diastole des Herzens, bei der Einatmung u. bei aufrechter Körperhaltung der Fall –, um so stärker ist es. [7]

Noopsyche ⟨*griech*⟩ *f:* verstandesmäßige, „intellektuelle" Seite der höheren Nerventätigkeit des Menschen. Der Begriff wurde von Stransky geprägt, der einen Einteilungsversuch unternahm, bei dem er der Noopsyche die Thymopsyche (Gemütsseite der höheren Nerventätigkeit des Menschen) gegenüberstellte. [35]

Noorden, Karl v. (1858–1944), Internist, Wien.

N' Haferkur: Kostform für dekompensierte Diabetiker zur Entlastung im Zuckerhaushalt u. zur Beseitigung einer Azidose; besteht aus 150 g Kohlenhydraten pro Tag, ohne Fett u. ohne tier. Eiweiß. [8]

Noradrenalin: Arterenol®, Hormon des Nebennierenmarks, ein demethyliertes ↑Adrenalin, Überträgerstoff des Sympathikus. Charakterist. ist seine starke gefäßverengernde Wirkung, die sich im Gegensatz zum Adrenalin mit Ausnahme der Koronargefäße, die erweitert werden, auf sämtliche Gefäßgebiete erstreckt u. daher zu einer Erhöhung des peripheren Widerstandes mit entsprechendem Blutdruckanstieg führt. Die Herzfrequenz wird dabei im Gegensatz zum Adranalin durch den starken Blutdruckanstieg über die Karotissinusrezeptoren evtl. reflektor. verlangsamt. Die Wirkung auf den Blutzuckerspiegel ist sehr viel geringer als beim Adrenalin; ↑Sympathin. [8]

Noramidopyriniummethansulfonatnatrium□ (Novalgin®): methyliertes u. durch einen Aminomethansulforest löslich gemachtes ↑Aminophenazon□. Es kann parenteral appliziert werden. Seine analget. Wirkung ist so stark, daß ↑Morphium in vielen Fällen ersetzt werden kann. Außerdem wirkt es spasmolyt., antipyret. u. antirheumat. [44]

Norethisteron□**:** 17α-Äthinyl-19-nortestosteronazetat. Gestagen in ↑Ovulationshemmern.

Norgestrel□**:** DL-13-Äthyl-17α-äthinal-17β-hydroxy-4gonen-3on. Gestagen in ↑Ovulationshemmern.

Normal|agglutinine = Isoagglutinine: sie befinden sich im menschlichen Blutplasma u. wirken Blutkörperchen anderer Menschen entgegen, die sie zur Verklumpung bringen. [40]

~antikörper: ohne vorausgegangene Erkrankung bzw. absichtliche Immunisierung nachweisbare Antikörper. Keine serolog. sicheren Unterscheidungsmerkmale zu Immun-Antikörper, die nach spezif. Erkrankung oder künstlicher Immunisierung gebildet werden. [40]

~bedingungen: (physikal.) bei der Messung des Volumens von Gasen (z. B. bei Gaswechselbestimmungen) müssen die bei der Temperatur t (in °C) u. dem Druck p (in Torr = mm Hg) abgelesenen Werte für $V_{t,p}$ um vergleichbar zu sein, auf das international festgelegte „Normalvolumen" V_n bei 0 °C (273,16° absolute Temperatur) u. 760 Torr umgerechnet („reduziert") werden. Aus den Gasgesetzen ergibt sich:

$$V_n = \frac{273{,}16}{273{,}16+t} \cdot \frac{p}{760} \cdot V_{t,p}$$
$$= \frac{0{,}359}{273{,}16+t} \cdot p \cdot V_{t,p}.\quad [54]$$

~elektrode ↑Kalomelelektrode.

~gewicht (Bornhardt): kann durch folgende Formel bestimmt werden

$$\text{Sollgewicht in kg} = \frac{\text{Körperlänge} \cdot \text{mittl. Brustumfang}}{240}.$$

Dabei werden Körperlänge u. Brustumfang in cm angegeben; ↑Broca' Formel für Körpergewicht. [7]

Normalitätsfaktor: bei Normallösungen, die nicht auf eine bestimmte Normalität eingestellt sind, deren genauer Titer aber bekannt sein muß, rechnet man der Einfachheit halber mit dem N.; z. B. hat eine 0,097 n-Lösung den Faktor 0,970, mit dem die für eine Titration verbrauchte Menge der Lösung multipliziert werden muß, um das Volumen einer genauen 0,1 n-Lösung zu erhalten. [8]

Normal|lösung: *Abk* n/1-Lösung; Lösung, die genau 1 ↑Grammäquivalent im Liter enthält (auch n/10 u. n/100 sind bes. gebräuchlich). Anwendung in der ↑Maßanalyse. Normallösungen sind im Handel erhältlich. Herstellung durch Bezug auf Urtitersubstanzen, d. h. Stoffe, die sich gut analysenrein erhalten u. genau einwägen lassen. [8]

~serum: Blutserum gesunder Menschen oder Tiere. [39]

~typ (Ekg): bei normaler Lage der elektr. Herzachse ist die R-Zacke am höchsten in Ableitung II, am zweithöchsten in Ableitung I. Beim Linkstyp findet sich die größte R-Zacke in Ableitung I, beim Rechtstyp in Ableitung III. [10]

Normalverteilung: in der Natur sehr verbreitete statist. Häufigkeitsverteilung verschiedener Meßgrößen (z. B. Körpergröße, Gewicht) entsprechend der Gauß' Kurve, bei der der statist. Mittelwert die größte Häufigkeit aufweist, während mit zunehmendem Abstand oberhalb u. unterhalb des Mittelwerts die Häufigkeit abnimmt. [7]

Normatemporalis (vena) ⟨*lat*⟩ ↑Breschet' Vene. [10]

Normazidität ⟨*lat*⟩: Bezeichnung für normale Säurewerte, hauptsächlich im Magen. [8]

Normergie ⟨*lat, griech*⟩ *f:* Reaktionsweise des Organismus bzw. seiner Teile auf einen Reiz, wie sie unter normalen Verhältnissen gegeben ist. Den Gegensatz bildet die Allergie, Hyperergie bzw. Anergie. Bei der ersteren handelt es sich im wesentlichen um eine gegenüber der Norm veränderte Reaktionsweise, bei der letzteren um eine völlig fehlende Reaktion. [7]

Normoblasten ⟨*lat, griech*⟩ *m, Pl:* kernhaltige Vorstufen der Erythrozyten mit gereiftem, relativ kleinem, meist exzentr., mehr rundem Radkern, Protoplasma von ungefähr normaler Größe, meist polychromat., z. T. orthochromat. Im Blutbild Zeichen plötzlicher starker Ausschwemmung nach schweren Blutungen bei Besserungsblutkrisen, bei Knochenmarkinsuffizienz durch zu frühe Ausschwemmung auch agonal; charakterist. relative Vermehrung bei verdrängenden Knochenmarktumoren, z. B. generalisierende Karzinome, Sarkome, Myelome. [11]

Normoleukozytose (Arneth): normale Beschaffenheit des Leukozytenbildes auch bezüglich der Verschiebung (Isonormoleukozytose). [11]

Normorphin®**:** am Stickstoff demethyliertes Morphin, dadurch prakt. wirkungslos. [44]

normosom ⟨*lat, griech*⟩: von normalem Wuchs (Konstitutionstyp). [4]

Normospermie: normaler Spermiengehalt des Ejakulats wird mit 40–100 Mill. Spermien/ml angegeben. Von diesen sollen über 70% beweglich sein. [43]

Normo|volämie ↑Volämie. [11]

~zyten *m, Pl:* regelrecht gebildete, normal gefärbte, gleichmäßig runde Erythrozyten von einem Durchmesser 7,2–7,5 μm, bikonkav scheibenförmig bis schwach glockenförmig, ungefärbt, hellgelb, 4,5–5 Mill., auch über 5 Mill. bis 5,5 Mill. Im allgemeinen bei Frauen etwa 1/2 Mill. weniger als bei Männern. [11]

Norrie, Gordon, dän. Ophthalmologe.

N.-Warburg' Syndrom: kongenitaler bilateraler Pseudotumor der Retina mit Blindheit. Später entwickelt sich zusätzlich bilaterale Taubheit, Oligophrenie, Androtropie; weibliche Familienangehörige haben stets einen normalen Augenbefund, sie wirken aber als Konduktorinnen. [32]

Nosoagnosie ⟨*griech*⟩: das Nicht-Wahrnehmen der eigenen Erkrankung (z. B. Stirnhirnerkrankung, Arteriosklerose, senile Demenz, ↑Krankheitsbewußtsein) oder umschriebener Defekte, Lähmungen (Herde im Parietalhirn, Thalamus führen zu Wahrnehmungsstörungen der gegenüberliegenden Körperseite). [34]

Nosogeographie ⟨*griech*⟩: Lehre von der geograph. u. klimat. Verbreitung der Krankheiten. [13]

Nosographie ⟨*griech*⟩ *f:* Krankheitsbeschreibung. [4]

Nosologie ⟨*griech*⟩ *f:* Lehre von den Krankheiten. [4]

N., biorheutische: Lehre vom unterschiedlichen Ablauf der Krankheiten in den verschiedenen Lebensaltern. Da sich das Substrat, d.h. der menschliche Organismus mit seinen Organsystemen, laufend im Alternsgang chemisch, strukturell u. funktionell verändert, kommt es auch zu anderen Abläufen vieler Krankheiten. Es ist deshalb undenkbar, daß der Mensch zweimal im Laufe des Lebens auf die gleiche Art erkrankt. Beispiel: Im Alter laufen alle entzündlichen Erkrankungen träger u. ohne ausgeprägte Symptomatik (Leukozytose, Fieber usw.) ab. Die b. N. erklärt auch die Altersabhängigkeit bestimmter Krankheiten. [17]

Noso|manie ⟨*griech*⟩: wahnhafte Überzeugung, an schwerer Krankheit zu leiden (z.B. an Krebs, Geschlechtskrankheit) trotz regelrechten körperlichen Befundes bei hypochondr. Psychopathie, Anankasmus, Depression, Involutionspsychose, Schizophrenie.
~phobie: abnorme Furcht vor Krankheit bei ängstlicher hypochondr. Neurose oder Psychopathie als Zwangssymptom. [34]

Nostalgie ⟨*griech*⟩ ↑Heimweh. [34]

nostras ⟨*lat*⟩: heimisch, z.B. ↑Elephantiasis nostras. [4]

Notalgie ⟨*griech*⟩: Rückenschmerz. [9]

Notatin: Glukoseoxydase aus Penicillium notatum. N. wirkt antibiot. nur bei Gegenwart von Glukose u. bei Fehlen von Katalase. Aus Glukose wird in Gegenwart von molekularem Sauerstoff, der als Wasserstoffakzeptor fungiert, Wasserstoffperoxid gebildet; dieses wirkt antibiotisch. Verwendung zur Blutzuckerbestimmung u. zur Lebensmittelkonservierung. [42]

Notenzephalus ⟨*griech*⟩ *m:* Mißgeburt mit Schädel- u. Rückgratspaltung sowie Nackenlage eines rudimentären Gehirns. [5]

Notfallsyndrom ↑Cannon' Syndrom. [33]

Nothnagel, Hermann (1841–1905), Internist u. Neurologe, Wien.
N' Syndrom: homolaterale Okulomotoriusparese u. kontralaterale Hemiataxie beim Herd in der Vierhügelgegend. [20]

Notomelus ⟨*griech*⟩ *m:* als asymmetr. Doppelmißbildung anzusehende Mißgeburt mit akzessor. Gliedern am Rücken. [5]

Notzucht: außerehelicher Beischlaf 1. mit Gewalt oder durch Drohung mit gegenwärtiger Gefahr für Leib oder Leben von einer Frau erzwungen; 2. mit einer zu diesem Zweck in einen willenlosen oder bewußtlosen Zustand versetzten Frau (§ 177 StGB); ↑Vergewaltigung. [52]

Novobiozin: Inamycin®; Antibiotikum aus Streptomyces niveus u.a. Arten. Hauptsächlich wirksam gegen grampos. Bakterien, auch gegen sonst resistente Staphylokokken, da keine Kreuzresistenz mit bisher bekannten Antibiotika vorhanden ist. Geringe Nebenwirkungen (Schwindel, Exanthem). [42]

Novocain○ ↑Procain●. [44]
~blockade: durch gezielte Umspritzung eines Nerven mit Novocain wird dessen Leitfähigkeit für eine gewisse Zeit, meist 2–3 h, unterbrochen. Wiederholte Injektionen führen zu einer „Umstimmung" des Nerven. Heute meist angewandt für Eingriffe der kleinen Chirurgie, um den sympath. Grenzstrang zu blockieren, bei Durchblutungsstörungen u. bestimmten Neuralgieformen. 1/2–1% Novokain (Procain●) ohne Adrenalinzusatz in Mengen von 10–30 cm^3-Injektionen. [18]

Novy, Frederick George (1864–1957), Bakteriologe, Michigan.
N' Bazillus (Clostridium novyi): Species der Gattung ↑Clostridium, der Familie *Bacillaceae,* der Ordnung *Eubacteriales* (Bergey 1957). Erreger des malignen Ödems; ↑Gasödemerkrankung. [41]

Noxe ✻ **Noxa** ⟨*lat*⟩ *f:* Schädlichkeit, krankheitserregende Ursache. [4]

Noxine: nach E. Gohrbandt zugrunde gegangenes Körpereiweiß bzw. dessen Abbauprodukte, die im Körper eine stark tox. Wirkung entfalten. [8]

nozizeptiv ⟨*lat*⟩: schädigende Reize registrierend; z.B. n. Reflex ↑Fremdreflex. [33]

Nubecula ⟨*lat*⟩ *f:* wörtlich Wölkchen. Feinste noch eben sichtbare Hornhautnarbe. Stärkere Narben werden als Makula oder Leukom bezeichnet. [36]

Nucha ⟨*arab, latinis*⟩: der Nacken; *Adj* nuchalis zum Nacken gehörend. [1]

Nüchternschmerz: tritt bei leerem Magen (z.B. auch nachts) bei Ulcus duodeni auf. [9]

Nüchternwerte: Laboratoriumswerte, die bei Untersuchungspersonen im nüchternen Zustand, gewöhnlich am Morgen nach ausreichender Nachtruhe erhalten werden (z.B. Blutzuckerwerte). [47]

Nuck, Anton (1650–1692), Anatom, Leiden.
N' Divertikel ↑Diverticulum Nucki.
N' Kanal: Canalis Nucki, Processus vaginalis peritonei beim weiblichen Geschlecht; eine Bauchfellausstülpung, die das Entstehen von Leistenbrüchen bei der Frau begünstigt. [1]

Nucleasen: Ezymgruppe, depolymerisieren die Nukleinsäuren ohne Abspaltung von anorgan. Phosphat neben 20–40% höher molekularen Polynukleotiden bis zu den Mononukleotiden, die ausschließlich in Stellung 3' phosphoryliert sind, so daß also die 5'-Esterbindung der Nukleinsäuren hydrolysiert wird. – Die N. spalten in spezif. Weise die DNS u. RNS; sie sind aus Pankreas kristallisiert erhalten. Die Pankreas-RNase gehört zu den bestuntersuchten Proteinen. [8]

Nucleosidasen: N-Ribosylpurin-Ribohydrolase (E.C. 3.2.2.1); spaltet Purinribonukleoside nach: N-Ribosyl-Purin + H_2O → Purin + D-Ribose. Kommt reichlich in Gehirn, Niere u. Erythrozyten vor. [8]

Nucleosiddiphosphatase: Nucleosiddiphosphat-Phosphohydrolase (EC 3.6.1.6): Nucleosiddiphosphat + H_2O → Nucleosidmonophosphat + Orthophosphat. [8]

Nucleosiddiphosphatkinasen = ATP: Nucleosiddiphosphat-Phosphotransferasen (EC 2.7.4.6); ATP + Nucleosiddiphosphat → ADP = Nucleosid-5′-triphosphat, wobei Oligonukleotide als ↑Primer wirken. [8]

Nucleosid-Kinasen: die ATP: Nucleosid-5′-Phosphotransferasen reagieren nach: ATP + Nucleosid → ADP + Nucleosid-5′-monophosphat. [8]

Nucleosidmonophosphat-Kinasen: Nucleosidmonophosphat-Phosphotransferase (EC 2.7.4.4): ATP + Nucleosidmonophosphat → ADP + Nucleosiddiphosphat. [8]

Nucleosidphosphate = Nukleotide ↑Ribonukleosidmonophosphate u. Desoxyribonukleosidmonophosphate. [8]

Nucleosidphosphorylase = Nukleosid: Orthophosphat-Ribosyltransferase (EC 2.4.2.1 bis 2.4.2.4): Nucleosid + Orthophosphat → Nucleobase + α-D-Ribose-1-phosphat. [8]

Nucleosidribosyltransferase = Nukleosid: Purin (Pyrimidin)-ribosyltransferase (EC 2.4.2.5). Enzym, das die Übertragung des Ribosids von Purin- oder Pyrimidin-Ribosiden auf freie Purin- oder Pyrimidinbasen katalysiert. [8]

Nucleotidasen: Ribonucleotid-Phosphohydrolasen, spalten 5'-Ribonucleotide (EC 3.1.3.5) u. 3'-Ribonucleotide (EC 3.1.3.6) hydrolyt. in Ribonucleoside u. H_3PO_4. [8]

Nucleotidpyrophosphorylasen: Enzyme, die Nukleotide Pyrophosphat-abhängig zur freien Nucleobase u. Phosphoribosylpyrophosphat umsetzen: Nucleotide + Pyrophosphat → Nucleobase + 5'-Phosphoribosyl-1'-Pyrophosphat. [8]

Nuhn, Anton (1814–1889), Anatom, Heidelberg.

N' Drüsen = Blandin–Nuhn' Drüsen ↑Glandula lingualis anterior. [37]

nuklear ⟨*lat*⟩: zum Kern gehörend. [2]

Nuklear|medizin: neues medizin. Spezialgebiet, das sich mit der Anwendung offener Radionuklide in der Diagnostik u. Therapie befaßt. Nach Einführung der Schilddrüsenfunktionsuntersuchungen ist es in den vergangenen 20 Jahren zu rapidem Anstieg der Zahl der nuklearmedizin. Untersuchungen u. Verfahren gekommen. Nuklearmedizin. diagnost. Untersuchungen werden im wesentlichen zur Beurteilung von Morphologie u. Funktion von Organen durchgeführt. Morpholog. Untersuchungsergebnisse erhält man vermittels der Szintigraphie nach i.v.-Applikation von γ-Quanten emittierenden Radionukliden. Die Energie der γ-Quanten wird in Szintillationskristallen auf Photonen vorwiegend im UV-Bereich übertragen u. durch Photoelektronenvervielfacher verstärkt. Geeignete Geräte sind Scanner u. Szintillationskamera, die vielfach in Verbindung mit Kernspeichern u. EDV-Anlagen zur Gewinnung optimaler Szintigramme eingesetzt werden. Aus den Szintigrammen erhält man Informationen über Lage, Größe u. Form von Organen. Es besteht die Möglichkeit, Speicherungsdefekte zu erkennen, die durch das Fehlen normalen Gewebes hervorgerufen werden (Tumoren, Abszesse, Bindegewebe, Zysten u.ä.). Szintigramme können von Schilddrüse, Leber, Milz, Nieren, Gehirn, Plazenta, Knochen, Pankreas u. anderen Organen angefertigt werden, wenn die jeweils geeigneten Radionuklide in ihren Verbindungen appliziert wurden (^{125}J, ^{131}I, ^{198}Au, ^{113m}In, ^{99m}Tc, ^{75}Se, ^{85}Sr, ^{87m}Sr, ^{18}F u.a.). Für Funktionsuntersuchungen eignen sich gut radionuklidmarkierte Verbindungen durch die Möglichkeit, ihre Menge außerhalb des Körpers zu messen u. wegen der pharmakolog. unwirksamen Konzentration. Mit abgeschirmten Meßsonden oder Szintillationskameras oder ähnlichen Geräten werden Konzentrationen der applizierten Verbindungen über interessierende Regionen in Abhängigkeit von der Zeit verfolgt. Eine andere Möglichkeiten besteht in der in-vitro-Messung. Funktionsuntersuchungen werden von Schilddrüse, Nieren, Herz u. Kreislauf u.a. durchgeführt. Weitere Verfahren beruhen auf spez. Markierungsverfahren (Überlebenszeit der Erythrozyten) u. Verdünnungsverfahren (Blutvolumen). In zunehmendem Umfang finden in-vitro-Tests mit Radionukliden Eingang in die Diagnostik (Schilddrüsenhormone, Insulin, STH, latente Eisenbindungskapazität u.a.). Durch Einführung kurzlebiger Nuklide, Entwicklung neuer Meßgeräte u. Nuklearpharmaka können neue Anwendungsbereiche erschlossen werden. Radionuklide mit β-Strahlung können bei geeigneter Energie u. Halbwertszeit offen therapeut. angewendet werden, wenn sie an den Ort der beabsichtigten Wirkung gebracht werden können. Durch die kurze Halbwertszeit der β-Strahlung wird die Umgebung geschont. Zur Zeit werden folgende Behandlungen durchgeführt: mit Radiojod (^{131}J) bei bestimmten Hyperthyreosen u. follikulärem Schilddrüsenkarzinom, mit Radiophosphor (^{32}P) bei der Polycythaemia vera, u. intrakavitär mit Radiogold (^{198}Au) bei manchen feinknotigen Peritoneal- u. Pleurametastasierungen. Einige andere Verfahren sind möglich. [59]

~pharmaka: Sammelbezeichnung für radioaktive Substanzen, meist Salze oder markierte organ. Verbindungen, die in der Diagnostik, aber auch in der Therapie verwendet werden. Anwendungsgebiet ↑Nuklearmedizin. [44]

Nukleinsäuren: hochmolekulare Verbindungen, die bei vollständiger Hydrolyse zerfallen in heterozykl. organ. Basen (Purine bzw. Pyrimidine), in Pentosen (Ribose bzw. Desoxyribose) u. Phosphorsäure; ist Ribose am Aufbau beteiligt, spricht man von ↑Ribonukleinsäuren (RNS), liegt Desoxyribose vor, von ↑Desoxyribonukleinsäure (DNS). Man unterscheidet 1. einfache Nukleinsäuren (Mononukleotide = Nukleosid + Phosphorsäure); wichtigste Vertreter sind z.B. die Hefeadenylsäure u. die Adenosintriphosphorsäure (ATP), welch letztere als Energielieferant maßgeblich am Intermediärstoffwechsel u. anderen lebenswichtigen Zelleistungen beteiligt ist; 2. mehrfache Nukleinsäuren (Polynukleotide, mehrere Mononukleoside über Phosphorsäure (Diester-Bindung) zu 1 Molekül verbunden); als wichtiger Vertreter findet sich im Zytoplasma (Ribosomen), im Nukleolus die Ribonukleinsäure; (Beteiligung an der Proteinsynthese); im Zellkern, u. zwar in den Chromosomen, ist vor allem die Desoxyribonukleinsäure lokalisiert.

~stoffwechsel: Gesamtheit der enzymat. gesteuerten Abbau- u. Aufbauvorgänge an den Nukleinsäuren. Die hochmolekularen Nukleinsäuren-Proteide werden zunächst durch eiweißspaltende Enzyme der Eiweißkomponente entkleidet; die verbleibenden Nukleinsäuren werden dann in Mononukleotide u. nach Dephosphorylierung in Nukleoside gespalten; letztere zerfallen in Zucker (Ribose, Deoxyribose), die in den Kohlenhydratstoffwechsel eingehen, sowie in die heterozykl. Basen (Purine, Pyrimidine), von denen die Purine nach hydrolyt. Desaminierung zu Harnsäure oxydiert werden (Ausscheidung derselben im Urin); die Harnsäure kann entstanden sein aus den mit der Nahrung aufgenommenen Nukleinsäuren (exogene Harnsäure) bzw. aus den Nukleinsäuren der Zellen (endogene Harnsäure). Biosynthese der Nukleinsäuren setzt insbes. körpereigene Produktion der Purin- u. Pyrimidinbasen voraus; sie vollzieht sich zumeist aus kleinen Bauelementen, die zum Proteinstoffwechsel in naher Beziehung stehen; dabei wird vielfach die „aktive Ameisensäure" (aktives C_1-Fragment; Tetrahydrofolsäure) herangezogen; für den Aufbau der Nukleotid-Coenzyme sind vielfach Vitamine erforderlich; Störungen des Nukleinstoffwechsels z.B. Gicht, Harnsäurebildung. [16]

Nukleo|basen: in Nukleinsäuren vorkommende heterozykl. N-haltige Basen; Derivate des ↑Purins (Adenin, Guanin) u. ↑Pyrimidins (Zytosin, Urazil, Thymin). Neben diesen Basen kommen in sehr geringer Menge weitere methylierte Basen vor.

~histone: bas. Proteine des Zellkerns, die mit der DNS über Ionenbindungen salzartige Verbindungen bilden; chem. Komponenten der Chromosomen, insbes. der heterochromat. Abschnitte. [8]

Nukleoide ⟨*lat, griech*⟩ *n, Pl:* funktioneller Bakterienzellkern mit ↑Feulgen' Spezialfärbung nachweisbar. [41]

Nukleokapsid: virolog. Einheit, bestehend aus Nukleinsäure u. Kapsid. [50]

Nukleolonemata ⟨*lat, griech*⟩ *n, Pl:* Bestandteil des ↑Nukleolus. [6]

Nukleolus ⚹ **Nucleolus** ⟨*lat*⟩ *m:* Kernchen; innerhalb des Zellkernes gelegenes, verschieden färbbares Kernkörperchen, welches aus Proteinen u. kleinen Mengen von Ribosenukleotiden besteht. Im Zellkern können auch mehrere Nukleolen auftreten. Elektronenopt. konnten im Bereiche der Nukleolen zahlreiche feinste Granula nachgewiesen werden. Der N. kann als Stoffwechselzentrum aufgefaßt werden. In ihm findet die Bildung von Ribonukleinsäure (RNS) statt. Die RNS, die für die Eiweißsynthese wesentlich ist, wird an das Zytoplasma abgegeben. [2] Das Kernkörperchen wird in der zytolog. Diagnostik zur Differenzierung verschiedener Zelltypen mit verwendet, z.B. 3–5 Nukleolen in Myeloblasten gegenüber 1–2 Lymphoblasten (Naegeli), auffallend große Nukleolen in ↑Sternberg' Riesenzellen oder in Tumorzellen. [11]

Nukleo|plasma: Protoplasma des Zellkerns; ↑Protoplasma, ↑Karyoplasma. [6]

~proteide: durch Ionenbindungen bedingte salzartige Bindungen zwischen Nukleinsäuren (Polyanionen) u. bas. Proteinen (Polykationen) wie sie in ↑Nukleohistonen der Chromosomen u. den Ribonukleoproteiden der ↑Ribosomen auftreten. [8]

~protein: die Nukleinsäure mit den durch sie zusammengehaltenen Proteinen bei helikalen Viren, entspricht strukturell dem ↑Nukleokapsid. [50]

Nukleoside = Nucleosid ↑Ribonukleoside u. Desoxyribonukleoside. [8]

Nukleosomen ⟨*lat, griech*⟩ *n, Pl* ↑Karyosomen. [6]

Nukleotide = Nucleotid ↑Ribonukleosidmonophosphat u. Desoxyribonukleosidmonophosphat. [8]

Nukleus ⚹ **Nucleus** ⟨*lat*⟩ *m:* (anatom.) der Kern. Vom Protoplasma der Zelle durch eine zarte Kernmembran abgegrenzter kugeliger, ovaler, bohnenförmiger, stabförmiger u. segmentierter Körper von etwa 5 µm bis 30 µm Durchmesser. Der Zellkern besteht aus dem

Kerngerüst (Achromatin u. Chromatin), dem Kernsaft, dem Kernkörperchen (Nucleolus) u. der Kernmembran. Diese zweischichtige Kernmembran begrenzt den perinukleären Raum u. zeigt zahlreiche Poren. Der Kern hat keine Atmung; er ist daher für seine synthet. Leistungen auf die Zufuhr von Energie in Form energiereicher Verbindungen aus dem Zytoplasma der Zelle angewiesen. Der perinukleäre Raum steht mit dem Labyrinth des ↑Ergastoplasmas in Verbindung; Nucleus (neurolog.) ↑Nervenkerne. [2]

N. ambiguus: der motorische Kern des IX. u. X. Hirnnerven.

N. caudatus: Schweifkern, grauer Kern des Endhirns.

N. commissurae posterioris: veraltete Bezeichnung für den oberen Kern (Nucleus dorsolateralis) des Nucleus nervi oculomotorii. [1]

N. dorsalis columnae posterioris = Stilling' Kern, ↑Clarke' Säule.

N. hypothalamicus (BNA, JNA) ↑N. subthalamicus (PNA).

N. interpeduncularis: beim Menschen wenig ausgeprägte Nervenzellanhäufung im Mittelhirn zwischen den Hirnschenkeln im kaudalen Winkel der Fossa interpeduncularis.

N. lentiformis: Linsenkern, besitzt zwei Anteile ↑Putamen u. ↑Pallidum, von denen das erstere dem Endhirn, das letztere dem Zwischenhirn angehört (Corpus striatum).

N. nervi oculomotorii: der im Mittelhirn gelegene Ursprungskern des 3. Hirnnerven. Er setzt sich zusammen aus je einem Nucleus dorsolateralis, Nucleus ventromedialis, Nucleus caudalis centralis u. Nucleus accessorius (autonomicus). [1]

N. paraventricularis: vegetativer Zentralherd, u.a. für Leukozytenregulierung im ↑Zwischenhirn; ↑Neurokrinie. [11]

N. pulposus ↑Bandscheibe. [33]

N. ruber: rötlichgelbe Anhäufung von Ganglienzellen in der Mittelhirnhaube unter den Colliculi superiores; steht im Dienste des ↑Striopallidären Systems.

N. subthalamicus: grauer Kern des Zwischenhirns; Bestandteil des extrapyramidalen Systems. Bei Affektionen dieses Kernes kommt es zu ballist. (hemiballist.) Erscheinungen; ↑Ballismus. [1]

N. supraopticus: Kerngebiet des Zwischenhirns, das für den Wasser- u. Elektrolythaushalt bedeutungsvoll ist. [20]

Nullipara ⟨*lat*⟩ *f:* Frau, die noch nicht geboren hat; Gegensatz ↑Primipara, ↑Multipara. [29]

Nullperiode: Zeit zwischen dem Einsetzen der eigenen Antikörperbildung der Säugetiere u. der ausklingenden physiolog. Immuntoleranzperiode. [40]

Nullpunkt, absoluter: 0 K (Kelvin) = −273,16 °C. Gedachte Temperatur, bei der nach der klass. Gastheorie ein ideales Gas bei Abkühlung den Zustand $pV = 0$ erreicht (p Druck, V Volumen). Alle vom N. gemessenen Temperaturen werden als absolute Temperaturen T bezeichnet. [8]

nummularis ⟨*lat*⟩: münzenförmig, kreisrund. In dieser Form ordnet sich schleimigeitriges Sputum am Boden eines Wassergefäßes an, wenn es keine Luftblasen enthält. [9]

Nußgelenk = Articulatio cotylica: ein Kugelgelenk, bei dem der Rand der Gelenkpfanne über den größten Umfang des Gelenkkopfes hinweggreift. Das Hüftgelenk ist z.B. ein Nußgelenk; Gegensatz: Sphäroidgelenk; ↑Gelenkformen. [1]

Nutramine (Abderhalden): nicht mehr verwendete Bezeichnung für ↑Vitamine. Abderhalden unterschied die Ergänzungsstoffe (Nutramine) von den appetit- u. sekretionsanregenden Wirkstoffen (Eutonine). [16]

nutricius, nutriens, nutritius ⟨*lat*⟩: ernährend. [16]

Nutrimentum ⟨*lat*⟩: Nahrungsmittel (Lebensmittel). [16]

Nutritio ⟨*lat*⟩ *f:* Ernährung. [16]

Nutritions|störung: Ernährungsstörung. [16]

~reflexe: Reflexe, durch die es zur Auslösung einer Mehrdurchblutung tätiger Organe kommt. Diese ist durch Erweiterung der Blutgefäße bedingt; hauptsächlich im arbeitenden Muskel (↑Arbeitshyperämie). Die gefäßerweiternden Stoffe wirken vorzugsweise auf reflektor. Wege; nicht selten greifen sie unmittelbar an den Kapillaren an. [7]

Nutrix ⟨*lat*⟩ *f:* die Amme. [29]

Nutzstrahlung einer Röntgen-Röhre: das Strahlenbündel um den ↑Zentralstrahl. Es wird durch Blenden oder Tubusse eingeengt. Alle übrige Strahlung wird von der Strahlenschutzhaube der Röntgenröhre aufgefangen. [26]

Nutzperiode: in der Zeit der „Nutzperiode" ändert sich der Zustand des Milchgebisses unter der Ausübung der Kaufunktion ganz wesentlich. Eine Vorverschiebung der ganzen unteren Zahnreihe bzw. des ganzen Unterkiefers bereitet die Einstellung der ersten bleibenden Molaren in der korrekten Verzahnung vor. [32]

Nutzzeit: Mindesteinwirkungsdauer eines elektr. Reizes auf ein erregbares Gewebe, z.B. Nerven, für die Auslösung einer fortgeleiteten Erregung. [7]

Nux, nucis ⟨*lat*⟩ *f:* Nuß, Kern, z. B. Brechnußbaum = Strychnos nux vomica. [44]

Nyktalgie ⟨*griech*⟩ *f:* Nachtschmerz, ↑Neuralgia nocturna. [33]

Nyktalopie ⟨*griech*⟩ *f:* wörtlich Nachtsichtigkeit. Meist als Tagblindheit bezeichnet; 1. angeboren in solchen Augen, die wegen Albinismus, totaler Farbenblindheit, Aniridie oder auch Makulaleiden bes. blendungsempfindlich sind; 2. dioptr. N. (meistens erworben) in solchen Augen, die in der Sehachse Trübungen haben (z. B. Linsen- oder Hornhauttrübungen), u. bei denen die Pupillenverengung auf Licht eine starke Sehstörung verursacht. Mydriatika bessern u. U. erheblich, auch opt. Iridektomien. Im angloamerikan. Schrifttum wird die Bezeichnung auch gegensätzlich im Sinne von Hemeralopie gebraucht. [36]

Nyktometer ⟨*griech*⟩ *n* ↑Adaptometer. [36]

Nyktophobie ⟨*griech*⟩ *f:* Nachtangst, ↑Pavor nocturnus. [34]

Nylander, Claes Wilhelm Gabriel (1835 bis 1907), schwed. Chemiker, Lund.

N.-s Reagens: Reagens zum Nachweis von Monosacchariden im Harn. Es ist ein mit Tartrat in alkal. Lösung gelöster farbloser Wismuthydroxid-Komplex, der in Gegenwart von reduzierend wirkenden Zuckern beim Kochen zu leicht erkennbarem schwarzem metall. Wismut reduziert wird. [8]

Nympha ⟨*griech*⟩ *f:* meist im Plural Nymphen gebraucht, die kleinen Schamlippen. [30]

Nymphe: Entwicklungsstadien der Milben u. Zecken zwischen Larve (Erstlarve) u. Adultus (erwachsenes Tier). Beispiel: bei Zecken kriecht aus dem Ei die sechsbeinige Larve, die sich zu einer achtbeinigen Nymphe häutet, letztere zum achtbeinigen Adultus (Imago). [58]

Nymphitis ⟨*griech*⟩: Entzündung der kleinen Schamlippen. [29]

Nymphomanie ⟨*griech*⟩ *f* ↑Ovariomanie. [35]

Nymphoncus ⟨*griech*⟩ *m:* geschwulstförmige Auftreibung der kleinen Schamlippen. [29]

Nymphotomie ⟨*griech*⟩: operative Entfernung der kleinen Schamlippen. [29]

Nystagmographie ⟨*griech*⟩ *f* ↑Elektronystagmographie. [20]

Nystagmus ⟨*griech*⟩ *n:* Augenzittern = Augenrucken. Unwillkürliche, spontane oder ausgelöste schnell aufeinanderfolgende, rhythm. Augenbewegungen, meist mit einer schnellen u. einer langsameren zweiten Phase. 3 Haupttypeneinteilungen: 1. nach der Richtung: oszillator. N. mit horizontaler oder vertikaler Bewegung in linearer Bahn, rotator. N. mit rollenden Bewegungen in Kreisrichtung; 2. nach dem zeitlichen Ablauf der einzelnen Bewegungsphasen. Pendel-N.: Bewegungen nach beiden Richtungen gleich schnell. Ruck-N.: Bewegung nach der einen Seite ruckartig (nach dieser Seite, also der der schnelleren Bewegung erfolgt die Bezeichnung) u. nach der anderen Seite langsamer; 3. nach pathophysiolog. Charakter: physiolog. N. bei extremen seitlichen Blickrichtungen, auch als Einstellungs- oder Endstellen-N. bezeichnet. Rasch, mit weniger als 10 Rucken erschöpfbar. Optokinet. N. („Eisenbahn-N.") bei Verfolgung bewegter Gegenstände mit dem Blick. Labyrinth-N. bei Drehungen von Kopf u. Körper (Dreh-N.). Patholog. N. bei angeborener Farbenblindheit, bei hochgradiger Amblyopie. Augenzittern der Bergleute (Bergmanns-N.) nach langjähriger Arbeit unter Tage, Berufskrankheit; 4. erblicher N. meist in Verbindung mit anderen Erbleiden wie totaler Farbblindheit. Bei Nervenleiden, bes. Multipler Sklerose, Kleinhirn u. Brückenherden, Leiden des Innenohres. Der optokinet. (Eisenbahn-)N. ist die Grundlage der objektiven Bestimmung der Sehschärfe u. der Dunkeladaptation, wobei man davon ausgeht, daß zwischen dem auslösenden Reiz u. dem Auftreten des N. eine quantitative Beziehung besteht. [36]

N. des Gaumensegels: rhythm. Kontraktionen des Gaumensegels bei Hirnstammerkrankungen. [20]

N. der Stimmlippen: zitternde Bewegung der Stimmlippen bei Atmung, beobachtet bei extrapyramidalen, zerebellaren Erkrankungen z. B. Parkinson, Ataxie. [28]

N., galvanischer: leitet man einen elektr. Gleichstrom von etwa 0,05 mA quer durch den Kopf von einem Warzenfortsatz zum anderen oder von einem Ohr zu einem indifferenten Punkt des Körpers, so tritt ein N. der Augen ein, der bei Gesunden zur Katode hin bzw. von der Anode weg gerichtet ist. [7]

Nystatin□ (Moronal®): fungizides Antibiotikum aus Streptomyces noursei u. anderen Streptomyces-Arten. Chem. gehört es zu den Polyenen. Es ist oral u. parenteral appliziert wirksam. [44]

Nysten, Pierre Hubert (1774–1817), Pädiater, Paris.

N' Gesetz: Nysten stellte 1811 das Gesetz auf, daß die Leichenstarre im allgemeinen in der Kiefermuskulatur beginnt, daß dann Hals u. Arme, Beine, zuletzt die Muskulatur der Sprunggelenke totenstarr werden. [52]

O

O: chem. Symbol für ↑Sauerstoff, Oxygenium. [8]

o: chem. *Abk* für ↑Ortho-Stellung. [8]

O_2: molekularer Sauerstoff. [8]

O_3 ↑Ozon. [8]

ω- [Omega]: endständiges Kohlenstoffatom. [8]

O-Agglutination: durch die O-Agglutinogene des Bakterienkörpers (im Gegensatz zu den H-Agglutinogenen der Geißeln) werden Antikörper gebildet, die O-Agglutinine genannt werden. Die dadurch bewirkte Agglutination ist eine O-Agglutination. Wichtig bei der Einteilung z. B. der Salmonellen, ↑Kauffmann–White-Schema. [42]

O-Antigene: thermostabile Antigene des Bakterienkörpers. Geißellose Bakterien besitzen nur diese Antigene, geißeltragende Bakterien auch die in den Flagellen lokalisierten thermolabilen H-Antigene. [39]

O_2-Äquivalent, kalorisches ↑Sauerstoffäquivalent, kalorisches. [8]

Oat-cell-Karzinom ⟨*engl, griech*⟩: kleinzelliges Karzinom; bes. bekannt als bösartigste Form des Bronchialkarzinoms. [5]

Obdormitio ⟨*lat*⟩ *f:* „Eingeschlafensein" von Gliedmaßen, z. B. durch Druck auf sensible Nerven. [33]

Obduktion ⟨*lat*⟩ *f:* Leichenöffnung, ↑Sektion, ↑Autopsie. [52]

Obduration ∗ **Obduratio** ⟨*lat*⟩ *f:* Verhärtung. [4]

Obduzent ⟨*lat*⟩ *m:* Arzt, der eine Leichenöffnung vornimmt. [52]

O-Bein: bogenförmige Verbiegung des Beines nach außen, die sowohl Oberschenkel (Femur varum) als auch Kniegelenk (Genu varum) oder Unterschenkel (Crus varum) betreffen kann. Angeborenes O-Bein: Crus varum mit säbelscheidenförmiger Verbiegung auch nach vorn; stets einseitig. Gefahr der Pseudarthrosenbildung. [23]

Obelion ⟨*griech*⟩ *n:* 1. Spieß, Pfeil; 2. anthropolog. Begriff für Kreuzungspunkt der Sutura sagittalis mit der Verbindungslinie der (jederseits am oberen Rande des Scheitelbeins gelegenen) Foramina parietalia. [1]

Oberbauch ↑Epigastrium. [1]

Oberbewußtsein: Bezeichnung aus veralteten psycholog. Vorstellungen, daß das Bewußtsein in zwei ganz verschiedene oder gar gegensätzliche Bereiche aufzuteilen sei. Damit wurde das Oberbewußtsein dem ↑Unterbewußtsein gegenübergestellt; ↑Bewußtsein. [34]

Oberflächen|anästhesie: örtliche Betäubung unversehrter Körperoberflächen durch Aufbringung lokalanästhet. wirkender Mittel. Da prakt. nur an Schleimhäuten erreichbar, ist Schleimhautanästhesie zutreffender. Anwendungsgebiete: Auge, Nasen-Rachenraum u. Kehlkopf, Tracheobronchialsystem, Ösophagus, Urethra. [27]

~aussaat: Ausstrich einer Bakteriensuspension mit Spatel oder Öse auf der Oberfläche eines festen Nährbodens. [42]

~biopsie ↑Ayre' Oberflächenbiopsie. [18]

~karzinom: präinvasives Karzinom oder „Carcinoma in situ"; hochgradig unruhiges, atyp., an Mitosen reiches Plattenepithel der Portio uteri, das zwar im Bereich von Erosionsdrüsen oder ortsständigen Zervixdrüsen vordringen kann, ein infiltrativdestruktives Einwachsen in das Stroma aber vermissen läßt. Wird als Präkanzerose angesehen, geht in einem hohen Prozentsatz ohne Therapie in ein echtes Karzinom über. Konisation der Portio wird meist als ausreichende Therapie angesehen. [4]

~kultur: 1. Bezeichnung für Kulturen von Mikroorganismen, die auf festen (erstarrten) Nährsubstraten gewachsen sind. Ein für die Gewinnung von ↑Reinkulturen gebräuchliches Züchtungsverfahren. [40] 2. Emerse Kultur; in der industriellen Mikrobiologie verwendete Kultivierung eines Mikroorganismus an der Oberfläche eines flüssigen Nährsubstrates (Deckenverfahren, z. B. Zitronensäureproduktion mit Aspergillus niger). [42]

~regel (Rubner) ↑Homoiothermie. [7]

~spannung (Grenzflächenspannung): an den Phasengrenzflächen flüssig/gasförmig, flüssig/flüssig u. flüssig/fest treten O. auf, die bestrebt sind, die Oberfläche der Flüssigkeiten soweit wie möglich zu verkleinern, wie in Regentropfen oder Kugeln in Emulsionen. Die O., die an der Phasengrenze flüssig/gasförmig am ausgeprägtesten u. für Wasser (noch mehr bei Quecksilber) besonders hoch ist, beruht darauf, daß die anziehenden Kräfte auf ein Molekül innerhalb einer Flüssigkeit (van der Waal' Kräfte, Dipolkräfte u. dgl.) sich gegenseitig aufheben, dagegen die Moleküle an der Grenzfläche (meist in einmolekularer Schicht) einseitig nach dem Innern der Flüssigkeit gerichtet werden. Die O. spielt bei der Adsorption, Katalyse, Diffusion, in Kapillaren u. bei anderen Vorgängen eine wichtige Rolle. Oberflächenaktive Stoffe sind 1. Materialien mit einer aktiven Oberfläche, die eine große Adsorptionskraft besitzen, wie Aktivkohle, Kieselgel u. v. a.; 2. organ. Stoffe, die die O. von Flüssigkeiten, insbes. Wasser, verringern. Zu ihnen gehören Wasch- u. Reinigungsmittel (Seifen), Netzmittel, Detergenzien, Emulgatoren usw. [8]

~therapie: umfaßt Grenzstrahlen-, Kurzdistanz- u. Halbtiefentherapie; ↑Strahlentherapie. In Hochvoltanlagen gewonnene freie Elektronen werden ebenfalls zur Oberflächentherapie verwendet. [26]

~wasser: das an Mikroorganismen reiche Wasser offener, stehender oder fließender Gewässer. O. ist ungereinigt für den menschlichen Genuß unbrauchbar. [42]

Obergeschoß = Oberfeld ↑Lungenfelder; ↑Lungensegmente. [9]

Oberhaut ↑Epidermis. [45]

Oberkiefer = Maxilla: Oberkieferknochen mit seinen inneren u. äußeren Weichteildecken, Nerven, Gefäßen u. Sinnesorganen. [37]

~empyem: Eiteransammlung in der Kieferhöhle, eitrige Kieferhöhlenentzündung. Ursachen meist dentogen, rhinogen, selten metastat. oder hämatogen. [28]

Oberkieferknochen = Os maxillare: Baukörper des Mittelgesichtes, Hohlknochen durch den Sinus maxillaris (Antrum Highmori, Kieferhöhle); hat 4 Fortsätze, Proc. front. oder Stirnfortsatz, Proc. zygomaticus oder Jochfortsatz, Proc. alveol. oder Zahnfortsatz, Proc. palat. oder Gaumenfortsatz; Entwicklung aus 2 selbständigen Deckknochen (Maxillare u. Prämaxillare). [37]

Oberlippenspalte, mediane: seltene Mißbildung, bei der der mittlere Nasenfortsatz unterentwickelt blieb u. nicht das Niveau der Oberlippe erreichte (D. Starck); oft kombiniert mit mittl. Nasen-; ↑Gesichtsspalten. [37]

Obermayer, Fritz (1861–1925), Internist, Wien.

O' Probe ↑Indikanprobe. [47]

Obermeier, Otto (1843–1873), Arzt, Berlin.

O' Spirochäte = *Spirochaeta recurrens, Borrelia recurrens* (Obermeier, 1868), Erreger des Rückfallfiebers; erster als Krankheitserreger entdeckter Blutparasit. [11]

Oberst, Maximillian (1849–1925), Chirurg, Halle.

O' Anästhesie: Leitungsanästhesie am Finger durch Unterbrechung der Leitfähigkeit der dorsalen u. volaren Fingernerven beiderseits der Grundphalanx. [27]

Oberwurm ↑Kleinhirnwurm. [20]

Obesitas cordis ⟨*lat*⟩: Fettherz; durch übermäßige Nahrungszufuhr bzw. Mast zustande kommend. Sie geht nicht immer mit ↑Atheromatose der Koronarien einher. [10]

Obesität ⁎ **Obesitas** ⟨*lat*⟩ *f:* Fettleibigkeit, ↑Fettsucht. [3]

Obex ⟨*lat*⟩ *m od f:* Riegel; (anatom.) Bezeichnung einer Gewebsleiste im verlängerten Rückenmark. [18]

Obhutspflicht: nach § 223 b StGB wird bestraft, wer Kinder, Jugendliche oder Wehrlose, die seiner Fürsorge oder Obhut unterstehen oder durch ein Dienst- oder Arbeitsverhältnis von ihm abhängig sind, quält oder roh mißhandelt oder sie durch böswillige Vernachlässigung seiner Pflicht, für sie zu sorgen, an der Gesundheit schädigt.

Objektiv ⟨*lat*⟩ *n:* abbildendes Linsensystem beim Mikroskop, beim Fernrohr u. bei photograph. Apparaten. [54]

Objektmikrometer: Strichteilung auf einem Objektträger (meist 0,01 mm); dient zur Eichung der Okularmikrometer. [42]

Objektträger: etwa 7,5 × 2,5 cm große Glasplatte, die zur Herstellung mikroskop. Präparate (bakterieller Ausstrichpräparate, gefärbt oder ungefärbt; Blutausstrichpräparate; histolog. Schnitte) dient. Verwendung von hohlgeschliffenen Objektträgern zur Anfertigung eines hängenden ↑Tropfens u. zur Anlegung von aeroben u. anaeroben Deckglaskulturen. [41]

~ausstrich: dünner Blutfilm auf einem Objektträger durch randfreies Verstreichen eines Bluttropfens mit einem Deckglas hergestellt. Der getrocknete, fixierte u. gefärbte O. ermöglicht die Unterscheidung der Blutzellen u. dient zur Aufstellung des Leukozytendifferentialbildes. [11]

~kultur: Kultivierung von Mikroorganismen auf einem Objektträger zum Zweck der unmittelbaren mikroskop. Beobachtung.

~zellentest: (slide cell test) Fleming 1944; dient der Antibiotikabestimmung. Der Test ist heute wenig gebräuchlich. [42]

Objektumfang: größte an einem Objekt auftretende Differenz der Schwächung der Röntgenstrahlen. [26]

Oblaten: dünnes Gebäck meist aus mit Wasser angerührtem Weizenmehl, das ungesäuert gebacken wird. O. dienen in der Pharmazie zur Umhüllung schlecht schmeckender Medikamente. [8]

Obliquität ⟨*lat*⟩ *f* ↑Asynklitismus. [29]

obliquus ⟨*lat*⟩: schief, schräg verlaufend. [1]

Obliquusreflex (Geigel) = Leistenreflex: beim Bestreichen der Haut der Leistenkanalgegend kommt es zur Zusammenziehung der Bündel des M. obliquus abdominis externus, die in den Leistenkanal ausstrahlen. [18]

Obliteration ⁎ **Obliteratio** ⟨*lat*⟩ *f:* Verödung von Hohlräumen, Ausführungsgängen u. Gefäßen, häufig als Entzündungsfolge; z. B. O. der Pleurahöhle, eines Lymph- oder Blutgefäßes. [4]

O. pericardii ↑Concretio pericardii. [5]

Obliterations-Syndrom ↑Aortenbogensyndrom. [10]

obliterieren ⟨*lat*⟩: verschließen, veröden; ↑Obliteration. [4]

Oblongata-Syndrome: ↑Arteriensyndrome des kaudalen Hirnstamms im Verzweigungsgebiet der A. basialis, z. B. paramedianes O. mit ↑Hemiplegia alternans Jackson, laterales O. ↑Wallenberg' Syndrom u. dorsolaterales O. ↑Babinski-Nageotte' Syndrom. [33]

oblongatus ⟨*lat*⟩: verlängert; z. B. Medulla oblongata, verlängertes Mark. [1]

Obsession ⟨*lat*⟩ *f:* Zwangsvorstellung. [34]

obsolet ⟨*lat*⟩: veraltet, nicht (mehr) gebräuchlich, ungebräuchlich (z. B. obsolete Therapie); auch schlechthin für alt (obsoleter Tuberkel). [4]

obstetricus ⟨*lat*⟩: geburtshilflich. [29]

Obstetrix ⟨*lat*⟩ *f:* Hebamme. [29]

Obstipation ⟨*lat*⟩ *f:* Syn. Constipatio, Obstructio alvi; Verstopfung, erschwerte Kotentleerung infolge Erschlaffung der Darmwand (aton. Obstipation) oder Spasmen der Darmmuskulatur (spast. Obstipation). [9]

obstipus ⟨*lat*⟩: schief, seitwärts geneigt; z. B. Caput obstipum = Schiefhals. [23]

Obstructio ⟨*lat*⟩ *f:* Verstopfung, Verlegung.

O. alvi ↑Obstipation. [9]

obstruens ⟨*lat*⟩: verstopfend, verlegend. [9]

obstruktiv: hemmend; bei obstruktiven Ventilationsstörungen wird die Atemströmung bes. in der Exspiration behindert u. gehemmt durch z. T. ventilartige Einengung des Lumens der Atemwege infolge 1. Schleimhautschwellung; 2. übermäßige Schleimabsonderungen in den Atemwegen; 3. Spasmus der Bronchialmuskulatur oder 4. Kombination mehrerer dieser Faktoren. Die Obstruktion kann spontan oder durch Arzneimittel vollkommen oder teilweise reversibel (Asthma) oder irreversibel sein (Lungenemphysem). [15]

Obturation ✻ **Obturatio** ⟨*lat*⟩ *f:* Verstopfung bes. von Gefäßen (durch Embolie), Bronchien (Obturationsatelektase) oder Darm. [4]

Obturations|atelektase: durch Verstopfung der Atemwege (Einbruch eines tuberkulösen Lymphknotens in den verhältnismäßig schwachen kindlichen Bronchus) wird hinter der Obturation die im Lungengewebe vorhandene Luft langsam resorbiert. [32]

~ileus: mechan. hervorgerufener Darmverschluß (Ileus) infolge Verlegung des Darmlumens durch Druck von außen oder innen meist durch Tumorgewebe, Darmeinklemmung in Bruchpforten, durch verschluckte Fremdkörper, Wurmknäuel, Strangulation durch Verwachsungsstränge, Abknickung durch Achsenumdrehung (Volvulus). [18]

Obturator ⟨*lat*⟩ *m:* Prothese zur Deckung von Gaumendefekten, falls plast. Verschluß nicht möglich oder nicht angezeigt ist, wie z. B. nach erfolglosen Operationen. Histor. Modelle, wie die nach Wärnekros, Süersen u. a., sind überholt; moderne Abformmethoden verbesserten bes. die Funktion des verkümmerten Gaumensegels u. damit der Sprache. [37]

obturatus ⟨*lat*⟩: verstopft. [4]

occipitalis ⟨*lat*⟩: zum Hinterkopf gehörend.

Occiput ⟨*lat*⟩ *n:* Hinterhaupt, Hinterkopf. [1]

Occlusio ⟨*lat*⟩ *f* ↑Okklusion. [1]

O. pupillae: vollständiger Verschluß der Pupille; tritt ein bei massiven zirkulären hinteren Synechien u. Organisation von Blut u. entzündlichen Massen auf der Linse im Pupillenbereich, stärkste Sehstörung, oft Sekundärglaukom. [36]

Ochoa, Severo (*1905), Biochemiker, New York (USA). 1959 Nobelpreis (mit Kornberg, Arthur) für die Entdeckung des Mechanismus in der biolog. Synthese der Ribonukleinsäuren u. der Desoxyribonukleinsäuren. [53]

Ochronose ⟨*griech*⟩ *f:* tintenartige Schwärzung der Knorpel u. des straffen Bindegewebes. Zwei Formen sind bekannt: 1. (endogen) angeborene Eiweißstoffwechselstörung bei Unfähigkeit, Homogentisinsäure abzubauen; 2. (exogen) erworbene Schädigung durch fortgesetzte Phenolzufuhr. Dunkelfärbung des Harns durch Oxydation vermittels des Sauerstoffs der Luft (Alkaptonurie). [5]

Ochropyra ⟨*griech*⟩ *f* ↑Gelbfieber. [40]

Ockerstaublunge: Mischstaubsilikose (↑Silikatose, Silikose); entsteht bei der Verarbeitung von Ockererde (Verwitterungsprodukt eisenoxidhaltiger Feldspatarten) in Abhängigkeit von dem Silikatgehalt (8–40%). [5]

Oculus ⟨*lat*⟩ *m:* das Auge; *Adj* ocularis zum Auge gehörend. [1]

Ödem ✻ **Oedema** ⟨*griech*⟩ *n:* „Wassersucht"; Schwellung eines Gewebes durch vermehrte diffuse Wasseransammlung in den Gewebsspalten, bes. unter der Haut u. im Subkutangewebe, nur bei Infektion schmerzhaft u. gerötet; in Dellen eindrückbar. Als Zeichen schwerer Kreislaufstörung in Organen wie z. B. als Hirn- u. Lungenödem. Ursachen sind Blutabfluß- u. Lymphstauungen sowie Schädigung der Kapillarwand; ↑Stauungsödem. [18]

Oe. anasarka ↑Anasarka.

Oe. circumscriptum ↑Quincke' Ödem. [43]

Oe. glottidis ↑Glottisödem.

Oe. laryngis ↑Kehlkopfödem. [28]

Oe. malignum (Pirogow, 1856) ↑Gasödem. [40]

Ö., angio-neurotisches: nach Intoxikationen bei der Serumkrankheit; ↑Quincke' Ödem.

Ö., endokrines ↑Myxödem.

Ö., entzündliches: örtliches Ö. in der direkten Umgebung des Entzündungsherdes; ↑Entzündung.

Ö., kachektisches = marantisches Ödem: bei Kachexie infolge chron. Infektion, Geschwulstleiden, Tuberkulose, vorübergehend auch bei großen Anstrengungen u. bei Nahrungsmangel (Hungerödem, Kriegsödem); ↑ Hypoproteinämie. [18]

Ö., latentes: relativ geringfügige, noch nicht sichtbare Wasseransammlung im Unterhautgewebe. [4]

Ö., renales: Ödem bei Nierenleiden; zeigt sich zuerst im Gesicht bes. in der Gegend der Lider (verquollene Augenlider) gleichzeitig Albuminurie. [24]

Ö., traumatisches: Weichteilschwellung nach vorangegangener Quetschung oder Prellung; chron. Ödem bedingt durch Lymphstauung wegen verödeter Lymphgänge im Prellungsgebiet. [18]

Ödemato-nephrotisches Syndrom: heute nicht mehr gebräuchlicher Ausdruck; Symptom bei ↑ Schwangerschaftstoxikose. [29]

Ödemnekrose (Jakob): in unmittelbarer Nachbarschaft, bes. bei langsam wachsenden Hirntumoren findet sich ein 1–2 cm breiter Saum nekrot. Hirngewebes. [20]

Öder' Index: Sollgewicht in kg = 2 × Scheitel-Symphysen-Abstand in cm minus 100. [8]

Odontalgie ⟨*griech*⟩ *f:* Zahnschmerz; Ursachen: Pulpitiden, Neuralgien des Trigeminus, Sinusitiden, Parodontiden, Wundinfektion der Zahnalveole nach Extraktion. [37]

Odontiatrie ⟨*griech*⟩ *f:* alter Ausdruck für Zahnheilkunde. [37]

Odontinoid ⟨*griech*⟩ *n* ↑ Denticulus. [37]

Odontitis ⟨*griech*⟩ *f:* Zahnentzündung; ungebräuchlicher Begriff für Entzündungen der Zahnpulpa, des Parodonts (Periodonts), der intra- u. extraoralen Zahnfisteln, Zysten, akuter u. chron. Weichteilentzündungen odontogener Ursache. [37]

Odontoblasten ⟨*griech*⟩ *n, Pl:* Zahnbeinbildner; differenzierte Mesenchymzellen der Zahnpulpa, die der Pulpaoberfläche epithelartig aufliegen u. zeitlebens Dentin bilden. Ihr langer peripherer Fortsatz durchzieht als Thomes' Faser die Dentinkanälchen u. vermittelt chemo- u. biotoxische, sowie Temperaturreize als Schmerzempfindung. [37]

odontogen ⟨*griech*⟩: von den Zähnen ausgehend. [37]

Odontologie ⟨*griech*⟩ *f:* Gebißkunde. [37]

Odontom ⟨*griech*⟩ *n:* gutartiges Gewächs des Zahnkeims, in seinem pathohistolog. Aufbau dem jeweiligen Entwicklungsstadium des Zahnkeims entsprechend, teils weich, knochenverdrängend bis zerstörend, teils knochenhart. Hamartom des Zahnkeims. [37]

Odontoplastik ⟨*griech*⟩: 1. Rück- oder Wiedereinpflanzung (Replantation) von eigenen Zähnen am selben Standort oder in eine künstlich geschaffene Alveole an anderer Stelle. Bei Jugendlichen oft Dauererfolge, bei Erwachsenen beginnt meist im 3. Jahr post op. die Wurzelresorption u. damit die Zahnlockerung; 2. homoioplast. Überpflanzung eines Zahnes = Transplantation, wegen bescheidener Erfolge prakt. ohne Bedeutung; 3. Einpflanzung = Implantation von Kunstzähnen aus Elfenbein, Porzellan, Plasten, sowie von subperiostalen Metallgerüsten als Prothesenverankerung. Mehrjährige Erfolge. [37]

Odor ⟨*lat*⟩ *m:* Geruch, Duft. [28]

Odorimetrie ⟨*lat, griech*⟩: quantitative Prüfung des Geruchssinnes, wobei bestimmt wird, bei welcher Verdünnung des Riechstoffes mit Wasser oder Luft dieser eben noch wahrgenommen wird; Ergebnisse nicht zuverlässig. [28]

O' Dwyer, Josef (1841–1898), Laryngologe, New York.

O' D' Intubationsverfahren ↑ Intubation. [28]

O. E.: *Abk* für ↑ Oxford-Einheit. [41]

Oehlecker, Franz (1874–1958), Chirurg, Hamburg.

Oe' Apparat zur Blutübertragung: aus einem 2-Wege-Hahn u. einer 50-ml-Glasspritze bestehende Apparatur zur heute nur noch ausnahmsweise vorgenommenen Blutübertragung direkt vom Spender auf den Empfänger.

Oe' biologische Probe = biolog. Probe nach Oehlecker: häufig auch falsch als biolog. Vorprobe bezeichnet. Dem Empfänger werden zunächst 10–20 ml des vorgesehenen Spenderblutes schnell übertragen u. danach 2–3 min abgewartet, ob klin. Anzeichen einer Unverträglichkeit auftreten (Urtikaria, Schüttelfrost etc.). Anschließend werden nochmals 30–50 ml Blut übertragen; zeigen sich wiederum keine Unverträglichkeitserscheinungen, so darf die Gesamtblutmenge langsam übertragen werden. [11]

Oenomanie ⟨*griech*⟩ *f:* Säuferwahnsinn. [34]

oesophagicus ⟨*griech*⟩ zur Speiseröhre gehörend. [18]

Oesophagomalacia acida ⟨*griech, lat*⟩ *f:* postmortale Andauung der Ösophagusschleimhaut u. -wandung durch Magensaft, bes. nach Hirnerkrankungen. [5]

Off-Effekt: auch als Off-Reaktion bezeichnet. Im allgemeinen wird darunter die meist vorübergehende Steigerung oder das kurzzeitige Einsetzen der Aktivität einer erregbaren Struktur, z. B. eines Rezeptors, bei plötzlichem Aufhören („off") eines Reizes verstanden. Im besonderen bezeichnet man damit in der Elektrophysiologie des Auges eine kurzzeitige, bei Ableitung von der Hornhaut positive elektr. Schwankung, die beim Ausschalten eines Reizlichtes auftritt, die sog.

d-Welle des ↑Elektroretinogramms; ↑On-Effekt. [7]

Off-Fasern: zumeist bezogen auf das Impulsverhalten einzelner Netzhautzellen bzw. deren im opt. Nerven vorhandenen Fortsätze (Optikusfasern) auf Ausschaltung eines Reizlichtes. Es kommt zu einer vorübergehenden Zunahme der Impulsfrequenz in der Nervenfaser. Ein ähnliches Verhalten zeigen auch die zum opt. (visuellen) Hirnrindenfeld gehörenden Nervenzellen, sofern es sich um Off-Zellen handelt; ↑Off-Effekt. [7]

Offizin ⟨*lat*⟩ *f:* Apotheke, Raum, in dem die Rezepte zubereitet werden. [44]

offizinell ⟨*lat*⟩: im Deutschen Arzneibuch (DAB) aufgenommenes Arzneimittel.

Öffnungs|dauerkontraktion: anod. Verkürzungsrückstand; die Verkürzung des Muskels überdauert in nächster Umgebung der Anode den polarisierenden Strom bei u. nach Öffnung noch eine Zeitlang.

~tetanus: Ritter hat 1798 beobachtet, daß nach Polarisieren einer längeren Nervenstrecke mit einem starken Strom bei der Öffnung statt einer Zuckung des Muskels zuweilen ein lang dauernder Tetanus auftritt. Bei absteigendem Strom hört dieser Tetanus nach Durchschneiden der interpolaren Strecke auf. Beim aufsteigenden Strom verschwindet er dagegen nicht. Der Ö. geht also von der Anode des polarisierenden Stromes aus. [7]

Ogston, Sir Alexander (1844–1929), Chirurg, Aberdeen.

O' Operation: Exkochleation aus der Fußwurzel, vor allem dem Kuboid, mit nachfolgender Redression, um beim schweren Klumpfuß die Fehlform zu beseitigen. [23]

Ohlmüller' Apparat: einfache Glasapparatur zur Prüfung der Resistenz von Erdsporen. [41]

Ohm, Georg Simon (1787–1854), deutscher Physiker. Nach ihm benannt die Einheit des elektr. Widerstandes (Symbol Ω).

O' Gesetz: nach dem elektr. O' Gesetz ist $R = U/i$, wo R der elektr. Widerstand, U die elektr. Spannung u. i die Stromstärke ist. Unter bestimmten Bedingungen, insbes. bei konstanter Temperatur, ist R = const., also unabhängig von U u. i. [8]

Ohnmacht: Ohnmachtsanfall, Kollaps; plötzlicher, auf Gehirnanämie beruhender Bewußtseinsverlust, der bei der gewöhnlichen Form bald vorübergeht. O. tritt ferner auf bei stärkeren (evtl. inneren!) Blutungen, bei Aussetzen der Herztätigkeit (↑Adam-Stokes), bei Epilepsie u. bei verschiedenen Hirnerkrankungen u. ↑Koma. [9]

Ohr = Auris *f:* äußeres Ohr (Auris externa), Ohrmuschel + äußerer Gehörgang; mittleres Ohr (Auris media), Paukenhöhle + Warzenzellen + Ohrtrompete; inneres Ohr (Auris interna), Labyrinth. [28]

Ohrblutmonozytose (Lucey, Wollenberg): bei Entnahme von Ohrbluttropfen ohne vorheriges Reiben findet man bes. bei Personen mit schlechter Zirkulation, eine Anschoppung von Monozyten u. endotheloiden Zellen (ohne Makrophagen), die bei der kunstgerecht ausgeführten Blutentnahme nicht in Erscheinung tritt. Die gleichen Zellen fehlen an anderen Körperstellen. Anscheinend handelt es sich um Anschoppungen in kühlen, teilweise stagnierenden erweiterten Kapillaren; im Gegensatz hierzu ↑Monomakrophagozytose bei Endocarditis lenta. [11]

Ohren|bohren: blinde, aber auch schwachsinnige Kinder neigen zum Ohren- (Augen-, Nasen-) -bohren in exzessiver Form. [32]

~fluß ↑Otorrhoe.

~sausen = Tinnitus aurium ↑Ohrengeräusche. [28]

Ohrenschmalz = Cerumen ↑Ohrschmalzdrüsen.

~drüsen = Glandulae ceruminosae: große, apokrin absondernde Schweißdrüsen in der Wandung des äußeren Gehörganges des Menschen, die ein gelbes Sekret abgeben, welches das Zerumen (Ohrenschmalz) färbt u. erweicht. Das Ohrenschmalz ist demnach nicht das Sekret der Glandulae ceruminosae, sondern ein Gemisch aus abgeschilferten Epithelzellen u. Talg der Glandulae sebaceae. Die fälschlich so genannten O. liefern lediglich den Farbstoff. [2]

Ohrenspiegel ↑Ohrspiegelung. [28]

Ohr|geräusche = Tinnitus aurium: subjektive Geräuschempfindungen (z.B. Ohrensausen), bei Reizzuständen des N. cochlearis als Begleitsymptom jeder Ohrkrankheit möglich, wie z.B. Otosklerose, Mittelohrentzündungen. Eine andere Art der Ohrgeräusche bilden die sog. entot. Geräusche.

~geschwulst ↑Othämatom. [28]

~kanal ↑Canalis auricularis. [1]

~knötchen ↑Chondrodermatitis chronica nodularis helicis. [43]

~lage: sehr seltene Einstellungsanomalie des kindlichen Kopfes im mütterlichen Bekken, wobei der vorangehende Kindsteil das Ohr darstellt, vor allem bei plattrach. mütterlichen Becken. 2 Formen: vordere O., vordere ↑Scheitelbeineinstellung, verstärkte ↑Naegele Obliquität; hintere O., hintere ↑Scheitelbeineinstellung, verstärkte ↑Litzmann' Obliquität. [29]

~pinzette: eine knieförmig abgebogene Pinzette.

~schwindel ↑Schwindel.

~sklerose ↑Otosklerose.

~speicheldrüse = Glandula parotis: größte Mundspeicheldrüse in der Fossa retromandibularis gelegen, den größten Teil des Unterkieferastes, den M. masseter teilweise bedeckend; von der Fascia parotidica eingeschlossen. Der Ausführungsgang Ductus parotidicus (stenoni), durchbohrt den M. masseter u. mündet gegenüber dem 2. oberen Molaren in den Mundvorhof; rein seröse Drüse. Ihre häufigsten Erkrankungen: Parotitis epidem. (Mumps oder Ziegenpeter), Speichelsteine, Blastome (pleomorphes Sialoadenom). [37]

~spiegelung = Otoskopie: Betrachtung des äußeren Gehörganges u. des Trommelfells mittels eines in den Gehörgang eingeführten Metalltrichters unter Beleuchtung des an einem Hohlspiegel (Ohrenspiegel) reflektierten Lichtes. Der in seiner Mitte durchlochte Spiegel ermöglicht dabei das zentrale Sehen.

~trompete = Tuba pharyngotympanica, Tuba Eustachii: verbindet als röhrenförmiger Gang die Paukenhöhle mit dem Pharynx, dient dem Austausch zwischen der in der Paukenhöhle befindlichen Luft u. der Außenluft. [28]

~wurm = Forficula auricularia: ein vom Garten leicht in feuchte Wohnungen verschlepptes Insekt, kann dort zum Gesundheitsschädling werden durch Beschmutzung von Nahrungsmitteln (Kot), Verschleppung von Keimen. [58]

Ohtawara-Versuch: Nachweis geringer Mengen des Variola-Virus in Blut u. Liquor durch Verimpfen des Materials in Kaninchenhoden. Im pos. Falle entwickelt sich innerhalb von 3 Tagen eine Orchitis. [41]

Oidiomykose ⟨*griech*⟩ *f* (De Beurmann, Gougerot u. Vaucher): seltene Mykose mit gummöser Knotenbildung; später Ulzerationen an der Haut. Erreger sind *Oidium cutaneum (Gougerot)* bzw. *Mycoderma cutaneum (Vuillemin).* [43]

Oidium ⟨*griech*⟩ *n:* 1. (morpholog.) Oidien werden die kleinen Teilstücke genannt, in die ein Pilzfaden zerfällt (z. B. Oospora lactis). Diese werden heute als Arthrosporen bezeichnet; 2. (systemat.) Name für verschiedene Pilzgattungen, jetzt begrenzt auf die vegetativen Formen der Erysiphe-(Mehltau-)Arten. Oft noch gebraucht: Oidium lactis, jetzt Oospora lactis. [42]

Okklusion ⁎ **Occlusio** ⟨*lat*⟩ *f:* Verschluß, Verschließung.

O. dentium: Zahnreihenschluß bei Anspannung der Kieferschließmuskeln. Dabei trifft jeder Zahn auf 2 Gegenzähne mit Ausnahme der oberen dritten Molaren u. der unteren mittleren Schneidezähne. Vom Eckzahn ab nach rückwärts beißt immer ein Höcker in eine Vertiefung. Die Außenhöcker der oberen Zähne überragen die unteren nach außen, die unteren Zähne die oberen nach innen. [37]

O. intestinorum: Darmverschluß durch Darmgeschwulst, Abknickung, Umdrehung oder Fremdkörper; mechan. ↑Ileus. [18]

O. pupillae: vollständiger Verschluß der Pupille; tritt auf nach intraokularen Entzündungen durch dichte hintere ↑Synechien meist bei enger bis sehr enger Pupille u. durch unvollständige Resorption u. spätere Organisation von Fibrinbeschlägen auf der Linsenvorderfläche, führt zu fast völligem Schwund des Sehvermögens, oft auch zu Drucksteigerung (Sekundärglaukom). [36]

Okklusions|ikterus ⟨*lat, griech*⟩ ↑Verschlußikterus.

~ileus = Occlusio intestinorum ↑Ileus. [18]

~verband = Okklusivverband: (ophthalmolog.) das Auge völlig verschließender Verband. Einseitig gegeben bei Schielamblyopie zum Verdecken des besseren, zuweilen auch des schlechteren (inverser O.) Auges, oft durch Spezialbrillen ersetzt; ↑Amblyopiebehandlung. [36]

Okklusiv|pessar ⟨*lat, griech*⟩ *n:* Pessar, das zur Empfängnisverhütung auf die Portio gestülpt wird. Verschiedene Arten sind davon im Handel. Das meistbenutzte ist ein haubenförmiges Gummipessar; wegen des Fremdkörperreizes nicht gern verwendet; heute durch hormonelle Konzeptionsverhütung zu ersetzen; ↑Ovulationshemmer. [29]

~verband: (allgemein) Verschlußverbände durch Gips oder Stärkebinden, wodurch ein unmittelbarer Zugang zu Wundbildungen oder zu dem Krankheitsherd vorübergehend unmöglich ist; ↑Okklusionsverband. [18]

okkult ⁎ **occultus** ⟨*lat*⟩: verborgen. [4]

Ökologie ⟨*griech*⟩: Lehre von den Beziehungen zwischen den Lebewesen u. ihrer Umwelt. [58]

Ökotyp: von der Umwelt geprägte Form (einer Tierart; bei Pflanzen z. B. Standortmodifikation). [58]

Oktadekanol: $C_{18}H_{35}OH$, einwertiger Alkohol. O. wird als Antischaummittel bei mikrobiolog. submersen Kulturen verwendet. [42]

Oktana ⟨*lat*⟩ *f:* Fieber, das im Abstand von 8 Tagen wiederkehrt. [9]

Oktavuskrise ⟨*lat, griech*⟩ ↑Menière' Symptomenkomplex. [29]

Okular ⟨*lat*⟩ *n:* dem Auge zugekehrtes Linsensystem bei opt. Geräten (z. B. Mikroskop u. Fernrohr). [54]

~mikrometer: kreisförmiges Glasplättchen von 19 mm Durchmesser mit einer Strich- oder Kontrasteinteilung. Das O. wird auf die Blende eines mikroskop. Okulares aufgelegt u. dient der Ausmessung von Objekten im Mikroskop. Vor Benutzung muß es an einem Objektmikrometer geeicht werden. [42]

~zählfenster: in das Okular des Mikroskops auf die Blende einzulegende Glasplatten mit Abteilungen von Zählfeldern, zur Auszählung bes. von Blutplättchen am Foniopräparat (nach V. Schilling). Vorteil liegt in der Abdeckung des übrigen Präparates u. in der daher objektiven Verschiebung des Gesichtsfeldes. Kompliziertere Netze sind zu verschiedenen Zwecken angegeben (↑ Zählverfahren). Das Ehrlich' Okular kann konzentr. auf beliebige Größe des Zählfeldes eingestellt werden. [11]

Okulist ⟨*lat*⟩: Augenarzt. Der Ausdruck ist nur im ausländischen, nicht im deutschen Schrifttum zu finden. [36]

Okulomotorius ⟨*lat*⟩ *m:* Kurzbezeichnung für Nervus oculomotorius = III. Hirnnerv.

Okulomotoriuslähmung: man unterscheidet die totale O., bei der die inneren u. die äußeren vom N. oculomotorius innervierten Muskeln gelähmt sind; die innere, wo nur der M. ciliaris u. M. sphincter pupillae u. die sehr seltene äußere, wo nur die Mm. rectus medialis, lateralis u. obliquus inferior gelähmt sind, ↑ Ophthalmoplegie. [36]

Okulopupilläres Syndrom ↑ Horner' Symptomenkomplex. [33]

Okulourethrosynoviales Syndrom ↑ Reiter' Syndrom. [13]

Okzipital|neuralgie ⟨*lat, griech*⟩: Neuralgia occipitalis, ↑ Neuralgie.

~punktion ↑ Subokzipitalpunktion.

~syndrom: obere Form des ↑ Zervikobrachialsyndroms. [33]

okzipitofrontal ⟨*lat*⟩: in der Richtung vom Hinterhaupt zur Stirn. [1]

okzipitomental ⟨*lat*⟩: in der Richtung vom Hinterhaupt zum Kinn. [1]

Oldekop-Agar: ursprünglich halbstarrer Agar mit Zusätzen von Glukose u. Neutralrot als Differenzierungsnährboden in der Typhus-Paratyphus-Enteritis-Diagnostik angewandt zur gleichzeitigen Prüfung auf Gasbildung, Neutralrotreduktion u. Beweglichkeit. Heute als halbstarrer Agar ohne Zusätze zur Beweglichkeitsprüfung in der Bakteriendiagnostik gebräuchlich. [41]

Öle, ätherische: Öle mit einem angenehmen charakterist. Geruch; sie hinterlassen auf Papier keinen Fettfleck, sind mit Wasserdampf flüchtig u. werden durch Behandlung von Pflanzenteilen mit Wasserdampf unter anschließender fraktionierter Destillation gewonnen. Chem. bestehen sie aus Estern von niederen Alkoholen u. Säuren, Terpenen, Alkoholen, Aldehyden, Ketonen, Oxiden, Laktonen, N- u. S-haltigen Verbindungen. Im DAB 7 sind aufgeführt: Anisöl, Kümmelöl, Nelkenöl, Ceylon-Zimtöl, Zitronenöl, Eukalyptusöl, Fenchelöl, Lavendelöl, Pfefferminzöl, Senföl, gereinigtes Terpentinöl, Wacholderbeeröl. Sie wirken z. T. spasmolyt. u. lokalanalget.; in bestimmten Konzentrationen entfalten sie lokale Reizwirkungen. [44]

Öle, fette: Fette mit niedrigem Schmelzpunkt; im wesentlichen aus Triglyzeriden (↑ Glyzeride) bestehende Gemische, die auf Papier im Gegensatz zu den äther. Ölen einen bleibenden Fettfleck hinterlassen; z. B. Oliven-, Rüb-, Erdnußöl usw. [8]

Oleandomyzin□ (Oleandocyn®): zur Gruppe der Makrolid-Antibiotika gehörendes Antibiotikum aus Streptomyces antibioticus; wirksam gegen grampos. Bakterien u. gegen Kokken. Kreuzresistenz in gewissem Umfang mit Eythro- u. Karbomyzin. Resistenzentwicklung ziemlich schnell; Applikation oral oder parenteral; Tagesdosis 1,0–3,0 g. [42]

Olefine ↑ Alkene. [8]

Olein ⟨*lat*⟩ *n:* Syn. Elain; ist techn. Ölsäure, die bei der Verseifung ölsäurereicher Öle nach Abtrennung der gesättigten Stearin- sowie Palmitinsäure u. a. erhalten wird. O. dient zur Seifenherstellung, in der Textilindustrie u. zur Herstellung fettlöslicher Farbstoffe. [8]

Oleinsäure ↑ Olein bzw. ↑ Ölsäure. [16]

Olekranon ⟨*griech*⟩ *n:* Hakenfortsatz der Elle. [1]

Oleom ⟨*lat*⟩ *n:* Syn. Elaiom, Oleosklerom, Öltumor; Fremdkörpertumor nach Injektion schlecht resorbierbarer Öle (meist als Vehikel für Medikamente oder aus kosmet. Gründen zur Beseitigung von Falten). Oft nach jahrelanger Latenz Ausbildung des Knotens im Haut- u. Unterhautgewebe; Neigung zur blanden oder eitrigen Einschmelzung; ↑ Paraffinom. [43]

Oleosa remedia ⟨*lat*⟩ *n, Pl:* ölige Arzneimittel. [44]

Oleo|sklerom ⟨*lat, griech*⟩ *n* ↑ Oleom. [43]

~thorax *m:* durch Einfüllung von Paraffinöl in eine Pneumothoraxresthöhle gelingt es, die erkrankte Lunge an ihrer weiteren Entfaltung zu hindern u. auf diese Weise einen dauerhaften Kollaps herzustellen; ↑ Ölplombe. [15]

Oleum ⟨*lat*⟩ *n:* 1. (chem.) „Rauchende" Schwefelsäure oder Vitriolöl, d. h. eine Schwefelsäure mit Überschuß an gelöstem Schwefeltrioxid (SO_3); 2. (pharmakolog.) Öl je nach Herkunft mit den verschiedensten pharmakolog. Eigenschaften. [16]

O. amygdalarum ↑ Mandelöl.

O. Anisi DAB 7 ↑ Pimpinella anisum.

O. Arachidis DAB 7 ↑ Erdnußöl, als Vehikel für fettlösliche Substanzen.

O. Arachidis hydrogenatum: gehärtetes Nußöl, wird nicht ranzig.

O. cacao DAB 7 ↑ Kakaobutter.

O. camphoratum forte DAB 7: starkes Kampferöl, ↑ Kampfer.

O. Carvi DAB 7: Kümmelöl, Karminativum.
O. Caryophylli DAB 7 ↑ Nelkenöl.
O. chaulmoograe ↑ Chaulmoograöl.
O. chenopodii anthelminthici: Wurmsamenöl, aus Chenopodium anthelminthicum durch Wasserdampfdestillation gewonnen. Die wirksamen Bestandteile werden dann durch fraktionierte Destillation isoliert u. enthalten vor allem Askaridol. Das Öl hat eine stark tox. Wirkung auf das Zentralnervensystem, die zu Lähmungen u. Krämpfen führt. Daneben werden auch die Schleimhäute u. Drüsenzellen geschädigt. Deshalb ist bei Verabreichung stets für eine gute Entleerung des Darmkanals durch Abführmittel zu sorgen. Kinder sind bes. empfindlich für das Gift.
O. cinnamomi DAB 7: Zimtöl, Geschmackskorrigens.
O. Citri DAB 7: Zitronenöl, Geschmackskorrigens.
O. citronellae: Zitronellöl.
O. chloroformi: Chloroformöl, Gemisch von gleichen Teilen Chloroform u. Erdnußöl.
O. crotonis ↑ Krotonöl.
O. Eucalypti DAB 7: Eukalyptusöl, ↑ Eucalyptus globulus.
O. Foeniculi DAB 7: Fenchelöl, ↑ Fenchel.
O. hyoscyami: Bilsenkrautöl.
O. jecoris aselli DAB 7 ↑ Lebertran.
O. juniperi DAB 7: Wacholderöl, ↑ Wacholderbeere.
O. lauri: Lorbeeröl, ↑ Laurus nobilis.
O. lavandulae DAB 7: Lavendelöl, ↑ Lavandula vera.
O. Lini DAB 7: Leinöl.
O. Menthae piperitae DAB 7 ↑ Pfefferminzöl.
O. Olivarum DAB 7: Olivenöl.
O. papaveris: Mohnöl.
O. paraffini ↑ Paraffin.
O. persicarum: Pfirsichkernöl.
O. Petroselini: Petersilienöl.
O. Rapae ↑ Rapsöl.
O. Ricini DAB 7 ↑ Rizinusöl.
O. rosae ↑ Rosenöl, Geschmackskorrigens.
O. rusci: Birkenholzteer, ↑ Pix betulina.
O. santali ↑ Sandelholzöl.
O. sesami ↑ Sesamöl.
O. sinapis DAB 7 ↑ Senföl.
O. tanaceti: aus Tanacetum vulgare (Rainfarn).
O. terebinthinae rectificatum: gereinigtes Terpentinöl, ↑ Terpentin.
O. Thymi ↑ Thymianöl.
O. valerianae: Baldrianöl, ↑ Baldrianwurzel. [44]

Olfakto|meter ⟨*lat, griech*⟩ *n* (Zwaardemaker): Apparat zur quantitativen Prüfung des Geruchssinnes, besteht aus zwei ineinandergeschobenen Zylindern, wobei der innere ins Nasenloch eingeführt wird. Durch Verschieben des äußeren, mit der riechenden Substanz imprägnierten Zylinders kann man an der angebrachten Skala die Entfernungen ablesen, in welcher die erste Riechempfindung wahrgenommen wird.
~metrie ↑ Geruchsprüfung. [28]

Olfaktorium ⟨*lat*⟩ *n:* Riechmittel. [28]

Olfaktorius ⟨*lat*⟩: Kurzbezeichnung für N. olfactorius = I. Hirnnerv. [28]

Olfaktus ⟨*lat*⟩ *m:* Geruchssinn. [28]

Oligakisurie ⟨*griech*⟩ *f:* seltenes Urinlassen; im Gegensatz zur ↑ Pollakisurie. [24]

Oligämie ⟨*griech*⟩ *f:* Verminderung der zirkulierenden Blutmenge, ↑ Volämie. [11]

Oligasen: frühere Bezeichnung für Disaccharid- u. Oligosaccharide-spaltende Enzyme, z. B. Maltase, Saccharase, Lactase u. a. [8]

Oligodaktylie ✱ **Oligodactylia** ⟨*griech*⟩ *f* ↑ Ektrodaktylie. [3]
O. peronealis: Greiffuß, großer Abstand zwischen 1. u. 2. Zehe mit weitgehender selbständiger Bewegungsfähigkeit der 1. Zehe, gilt als Zeichen von Atavismus. [34]

Oligodaktylie-Syndrom (Hertwig-Wegers): Symptomenkomplex mit Flügelfellbildung der Ellenbeugen, wobei die Ulna nicht angelegt ist, die unteren Randstrahlen (Ring- u. Kleinfinger) u. ein eigentliches Ellenbogengelenk fehlen. [32]

Oligodendro|blastom ⟨*griech*⟩ *n* ↑ Oligodendrogliom.
~glia *f:* kleine Gliazellen (Mikroglia) des Zentralnervensystems mit nur wenigen Zellfortsätzen. Vermutlich sind diese Gliazellen an der Myelinbildung der zentralen Nervenfasern beteiligt. Sie wären demnach mit den Neurolemmzellen der peripheren Nervenfasern zu vergleichen.
~gliom *n:* Syn. Oligodendrozytom, Oligodendroblastom; eine aus kleinen rundkernigen Zellen mit wabigem Zelleib aufgebaute Hirngeschwulst von meist gutartigem Charakter u. langsamem Wachstum.
~zytom ↑ Oligodendrogliom. [5]

Oligo|dipsie ⟨*griech*⟩ *f:* vermindertes Durstgefühl mit verminderter Flüssigkeitsaufnahme. [9]
~dynamie (Nägeli, 1893): Keimhemmung durch Schwermetallionen, z. B. Kadmium, Silber, Quecksilber, Kupfer. [40]
~globulie ↑ Oligozythämie. [11]
~hydramnie *f:* Vorhandensein einer geringeren Fruchtwassermenge als durchschnittlich zu erwarten; ↑ Anhydramnie. [29]
~menorrhoe *f:* zu seltene Regelblutung als Folge der generativen ↑ Ovarialinsuffizienz. [29]
~peptide: die durch Peptidbindung

$$(-\overset{\displaystyle O}{\overset{\|}{C}}-NH-)$$

aus 2–10 Aminosäuren gebildeten niedrigen Peptide faßt man unter dem Begriff „Oligopeptide" zusammen gegenüber den höheren „Polypeptiden". [16]

Oligophrenie ⁕ **Oligophrenia** ⟨*griech*⟩ *f:* ererbte, angeborene oder im frühen Kindesalter erworbene Geistesschwäche; schwerster Grad Idiotie, mittlerer Grad Imbezillität, leichter Grad Debilität; fließender Übergang zu Dummheit, Beschränktheit. Geistesschwäche im Kindesalter ist differentialdiagnost. von verzögerter Reifung abzugrenzen. (Demgegenüber ist der Ausdruck „Schwachsinn" sachlich unzutreffend, da die Sinne nicht schwach zu sein pflegen, wird aber immer noch häufig verwandt.) [34]

O. phenylpyruvica ↑Fölling' Krankheit. [32]

Oligoplexe ⟨*griech*⟩ *f, Pl:* Mischungen von Pflanzenzubereitungen u. Mineralien in kleinen, unterschwelligen Dosen. Die einzelnen Bestandteile sollen bei gleicher Wirkung, aber verschied. Angriffspunkten zu einem potenziert. Effekt in der Mischung führen. [44]

Oligopnoe ⟨*griech*⟩ *f:* herabgesetzte Atemfrequenz. [9]

Oligosaccharide: aus Monosacchariden unter Wasseraustritt entstehende Glykoside, werden bis zu 8–10 Monosacchariden als O. bzw. zuckerähnliche Polysaccharide bezeichnet. In der Natur finden sich die Di-, Tri- u. Tetrasaccharide, von denen die Disaccharide (Maltose, Saccharose, Laktose) am wichtigsten sind. [8]

Oligosialie ⟨*griech*⟩ *f:* verminderte Speichelabsonderung bei großen Wasserverlusten oder Atrophie der Speicheldrüsen; ↑Sjögren' Zeichengruppe. [9]

Oligospermie ⟨*griech*⟩ *f:* verminderte Samenabsonderung; ↑Sperma. [45]

Oligotrichie ⟨*griech*⟩ *f:* mangelhafter Haarwuchs. [43]

Oligozythämie ⟨*griech*⟩ *f:* geringe Zellzahl, in der Regel für niedrige Erythrozytenzahl gebraucht, kann aber auch für geringe Zellzahl im Knochenmark verwendet werden. [11]

Oligurie ⟨*griech*⟩ *f:* Verminderung der Harnausscheidung, (unter 300 ml tgl.). Länger anhaltende O. führt zur Urämie. Die O. ist keine eigentliche Krankheit, sondern ein Symptom z.B. bei akuten oder chron. Nierenleiden, großen Blutverlusten, schweren Diarrhoen, Herzkrankheiten, Vergiftungen, Epithelkörperchen- oder Nebennierenstörungen, Gravidität, aber auch nach längerem Dursten, großem Flüssigkeitsverlust durch Schwitzen, also auch bei Fieber. O. ist nicht selten Vorstufe einer ↑Anurie; ↑Schockniere, ↑Chromoproteinniere. [24]

Ölimmersion ⟨*lat*⟩ *f:* Ausfüllung des Raumes zwischen mikroskop. Präparat u. Objektiv des Mikroskopes mit einem Medium gleicher Lichtbrechung u. Dispersion (meist Zedernholzöl; $n_D = 1{,}515$). Dies ermöglicht die Konstruktion stärkster Objektive mit bes. hoher numer. Apertur u. dementsprechend hohem Auflösungsvermögen. [54]

Olive ⁕ **Oliva** ⟨*lat*⟩ *f:* (anatom.) Anteil des Gehirns, Hier endet die sog. zentrale Haubenbahn. Von hier nimmt das Hellweg' Bündel seinen Ausgang. [1]

olivaris ⟨*lat*⟩: zur ↑Olive gehörend. [1]

Olivensonde: Ösophagusfremdkörpersonde nach v. Hacker aus einem Fischbeinstab, an deren Einführungssonde auswechselbare Oliven aus Hartgummi oder Metall von verschiedener Stärke befestigt werden. Heute nicht mehr gebräuchlich, da gefährlich. [28]

Oliver, William Silver (1836–1908), Arzt, Farnborough.

O.-Cardarelli' Zeichen: bei Aortenaneurysma u. Mediastinalprozessen wird der Schildknorpel rhythm. herzsynchron nach unten gezogen, was man spüren kann, indem man den Schildknorpel etwas nach oben drückt. [9]

Ölkur: zur Abtreibung von Gallensteinen (täglich nüchtern 100–200 ml Olivenöl) oder zur Behandlung von Supersekretion u. Superazidität (3 × tgl. 1 Eßlöffel Olivenöl nach dem Essen); wirklicher Effekt ist zweifelhaft, meist gehen im Darm entstandene Ölsteine ab. [9]

Ollier, Louis Xaver (1830–1900), Chirurg, Lyon.

O' Syndrom: chondromatöse ↑Dysplasie. [5]

Öl|plombe: aktive Behandlungsmethode der Lungentuberkulose. In die durch Operation entwickelte ↑Pneumolysenhöhle wird entweder sofort (primäre O.) oder nachdem die Pneumolysenhöhle sich durch Luftfüllung stabilisiert hat, steril Paraffinöl eingefüllt (sekundäre Ö.). Paraffinöl kann auch im Verlauf der Pneumolysenbehandlung eingefüllt werden, wenn die Pneumolyse durch Ergüsse einzugehen droht. Die prim. Plombierung ist nicht empfehlenswert; ↑Plombierung, extrapleurale. [15]

~säure = Oleinsäure: 9,10-Oktadezensäure $CH_3{\cdot}(CH_2)_7{\cdot}CH{=}CH{\cdot}(CH_2)_7{\cdot}COOH$; einfach ungesättigte, bei Zimmertemperatur flüssige Fettsäure; als Glyzerinester in wechselnden Mengen in fast allen Fetten enthalten; bes. ölsäurereich sind Oliven-, Erdnuß- u. Mandelöl sowie Fischtran. [16]

Olshausen, Robert (1835–1915), Gynäkologe, Berlin.

O' Handgriff: Modifikation des Ritgen' Hinterdammgriffes zur Entwicklung des im Durchschneiden begriffenen fetalen Schädels. Ein ins mütterliche Rektum geführter Finger schiebt den Kopf von hinten durch den Scheideneingang. [29]

Öl|stühle: übelriechende, fettige Stühle bei ungenügender bzw. fehlender Sekretion der Pankreasenzyme. [9]

~tumor ↑Oleom. [43]

~zysten: Syn. Ölgranulome; Zysten im Fettgewebe, bes. in Fettgewebsgeschwülsten (Lipome), die verflüssigtes Fett enthalten. [5]

Omagra ⟨*griech*⟩ *n,* richtiger *f:* Gicht im Schultergelenk. [9]

Omalgie ✳ **Omalgia** ⟨*griech*⟩ *f:* Schulterschmerzhaftigkeit.

O. rheumatica: Rheumatismus der Schultermuskulatur. [9]

Omarthritis ⟨*griech*⟩: Entzündung des Schultergelenks. [9]

Omarthrokaze *od* **Omarthrokake** ⟨*griech*⟩ *f:* tuberkulöse Erkrankung des Schultergelenks (veraltete Bezeichnung). [15]

Ombrédanne, Louis (1871–1956), Chirurg u. Orthopäde, Paris.

O'Syndrom: unspezif. Krankheitsbild als Folge chirurg. Eingriffe bei Säuglingen u. Kleinkindern mit schlechter Prognose. Sympt.: 6–10 h nach dem chirurg. Eingriff kommt es unter hohem Fieber zu plötzlichem Verfall u. extremer Blässe; Steigerung der Puls- u. Atemfrequenz, Blutdruckabfall, Muskelhypotonie; Verminderung der Alkalireserve, oft Azetonurie. [32]

Omento|kardiopexie ⟨*griech*⟩ *f:* Eingriff zur Verbesserung der Herzmuskeldurchblutung. Das große Netz wird durch einen Zwerchfellschlitz in die li. Brusthöhle gezogen u. nach Eröffnung des Herzbeutels dem Herzmuskel aufgenäht (O' Shangnessy, London 1936); ↑Myokardiopexie.

~pexie *f* ↑Talma–Drummond' Operation. [18]

Omentum ⟨*lat*⟩ *n:* Teil des Bauchfells (Peritoneum); *Adj* omentalis zum Netz gehörend. Man unterscheidet Omentum majus (großes Netz) u. Omentum minus (kleines Netz). [1]

Ommochrome ⟨*griech*⟩ *n, Pl* (A. Butenandt): eine Gruppe von Naturfarbstoffen (Phenoxazonfarbstoffe), die als Augenpigmente, aber auch als Haut-, Flügel- u. Organpigmente bei Insekten u. Krebsen auftreten; einfachster Vertreter ist das Xanthommatin, aus Tryptophan gebildet. Nach Vorkommen u. Eigenschaften unterscheidet man Ommine u. Ommatine, letztere meist an Eiweiß gebunden. Die Bildung der O. erfolgt nach einer von bestimmten Genen abhängigen Folge von Reaktionen, wobei vor allem ↑Tryptophan u. ↑Kynurenin eine Rolle spielen. [16]

omnivor ⟨*lat*⟩: alles fressend, sich von pflanzlicher u. tier. Substanz nährend. [58]

Omodynie ⟨*griech*⟩ *f:* rheumat. Schulterschmerz. [9]

omohyoideus ⟨*griech*⟩: vom Schulterblatt zum Zungenbein ziehend; z. B. M. omohyoideus. [1]

Omoplata ⟨*griech*⟩ *f* = Skapula ⟨*lat*⟩ *f:* alter Ausdruck für Schulterblatt. [1]

Omphalitis ⟨*griech*⟩ *f:* Nabelentzündung; entzündliche Rötung u. Schwellung des Nabels u. der den Nabel umgebenden Haut beim Neugeborenen oder jungen Säugling. [32]

Omphalo|pagus ⟨*griech*⟩ *m:* im Bereich des Nabels zusammenhängende Doppelmißbildung. [5]

~phlebitis *f:* Nabelvenenentzündung. [18]

~phlegmone: Nabelphlegmone; schwere Form oder ↑Omphalitis mit Ausdehnung der entzündlichen bzw. nekrotisierenden Erscheinungen auf die gesamte Bauchhaut, die Muskulatur u. das Peritoneum. [32]

~proptosis ↑Nabelschnurvorfall bei der Geburt.

~rrhagie: Nabelblutung.

~taxie: Reposition eines Nabelschnurvorfalles.

~tomie: Abnabelung, ↑Abnabeln. [29]

~zele ↑Nabelbruch. [32]

Onanie (nach Onan, 1. Buch Mos. 38,9 benannt) *f:* Syn. Masturbation, Manustupration, Ipsismus, Ipsation, Selbstbefriedigung; manuelle Reizung (oft auch mit Hilfe von Gegenständen) der Geschlechtsorgane bis zum Orgasmus. Bei häufiger Ausführung oft depressive Verstimmung. Minderwertigkeitsgefühle, bei psycholabilen Persönlichkeiten Schuldgefühle, bisweilen paranoide Reaktionen (Furcht, daß die Umgebung über die betriebene O. Bescheid weiß). Gelegentliche O. während der Pubertät ist normale Stufe der Sexualentwicklung. [34]

Onchocerca ⟨*griech*⟩ *f:* Nematodengattung, sehr dünne, lange Würmer, in Hautknoten zusammengeknäult liegend, in den Tropen gefürchtete Krankheitserreger; Übertragung durch Stechmücken; ↑Onchocerca volvulus.

O. caecutiens ↑Nachtlarvenfilarien.

O. volvulus: afrikan. Filarie oder Knäuelfilarie, verursacht die afrikan. Onchozerkose (Schädigung der Haut, häufig auch des Auges); sie soll auch Elephantiasis des Skrotums verursachen. Es handelt sich um einen milchweißen Fadenwurm (Nematode), dessen Männchen 3 cm lang wird u. einen spiralig eingerollten Schwanz besitzt; das Weibchen erreicht eine Länge von 50 cm. Sie befinden sich im subkutanen Bindegewebe in der Nähe der Lymphbahnen als „Wurmknoten". Die Weibchen sind vivipar. Die Larven (Mikrofilarien) werden beim Stich der Kriebelmücke Edwardsellum damnosum aufgenommen u. nach Weiterentwicklung wieder durch Stich übertragen. [58]

Onchozerkose ⟨*griech*⟩ *f:* durch Onchocerca verursachte Wurmkrankheit. [58]

On-Effekt: im allgemeinen handelt es sich

dabei um die Zunahme oder das Auftreten einer Aktivität in einem Rezeptor bzw. dem ihm zugehörenden afferenten System (afferente Nervenfasern) beim Auftreffen („on") eines Reizes. In der Elektrophysiologie des Auges versteht man darunter die bei Ableitung von der Hornhaut pos. Eintrittsschwankung, sog. b-Welle des ↑Elektroretinogramms; ↑Off-Effekt. [7]

Oneirodynia ⟨*griech*⟩: nächtliche Unruhe.
O. activa: Nachtwandeln.
O. passiva: Incubus; ↑Alpdrücken. [35]

Oneirogmus, Onirogmus ⟨*griech*⟩ *m* ↑Pollution. [43]

oneiroid ⟨*griech*⟩: traumartig; Erlebnisform bei Psychopathen, psychot. Kranken. [34]

Oneirologie ⟨*griech*⟩: Bemühung, den Sinn von Traumvorstellungen, ihrem Inhalt gemäß, zu verstehen; „Traumlehre". [35]

Oniomanie ⟨*griech*⟩ *f:* abnormes, krankhaftes Kaufen, z. B. bei hyperthymer oder paranoider Psychopathie, im Beginn einer Manie. [34]

Onkobiogramm: Syn. Antitumorogramm; in Anlehnung an das „Antibiogramm" gewählter Begriff für das Ergebnis von Versuchen, mittels in-vitro-Techniken prätherapeut. die Zytostatikasensibilität menschlicher Tumoren zu ermitteln. [0]

onkogen: geschwulstauslösend, z. B. onkogene Viren. [0]

Onkograph ⟨*griech*⟩: Vorrichtung zur Bestimmung der Volumenschwankungen. Zu diesem Zwecke werden einzelne Organe (wie Milz, Nieren) in ein kapselartiges Gerät eingeschlossen, das mit Registriervorrichtungen in Verbindung steht; ↑Plethysmograph. [7]

Onkologie ⟨*griech*⟩ *f:* Lehre von den Geschwülsten. [25]

onkolytisch ⟨*griech*⟩: Geschwülste auflösend. [25]

Onkosphaere ⟨*griech*⟩ *f:* Larve (Embryo) der Bandwürmer, kugelig u. mit 6 Häkchen versehen. Im geeigneten Zwischenwirt entsteht daraus die Finne. Beim Fischbandwurm (Dibothriocephalus latus) trägt die O. ein Flimmerepithel. [58]

onkostatisch ⟨*griech*⟩: das Wachstum von Geschwülsten hemmend. [25]

Onomatomanie ⟨*griech*⟩ *f* ↑Namenszwang. [34]

Onsäuren: besser Aldonsäuren; einbasische Polyhydroxysäuren, die durch Oxydation der Aldehydgruppe zur Karboxylgruppe aus Aldosen (Pentosen, Hexosen usw.) entstehen; z. B. Glukonsäure, Mannonsäure, Gulonsäure, Galaktonsäure, Arabonsäure, Xylonsäure; das Kalziumsalz der D-Glukonsäure findet therapeut. Verwendung; ↑Uronsäuren. [16]

Ontogenese ⟨*griech*⟩ *f* (E. Haeckel): Entwicklung des einzelnen Individuums im Gegensatz zur Stammesentwicklung oder Phylogenese. [3]

Ontogenie ⟨*griech*⟩ ↑Ontogenese. [3]

Onyalai: bes. Form der thrombozytopen. Purpura bei Angehörigen von Stämmen des südl. u. mittleren Afrika; oft erhebliche Blutverluste. [43]

Onychalgia ⟨*griech*⟩: schmerzhafte Empfindlichkeit der Nägel (kann Zeichen vegetativ-vasomotor. Störung sein). [34]

Onychatrophie ⟨*griech*⟩ *f:* Versiegen des Nagelwachstums durch äußere Einwirkung oder innere Störungen; gelegentlich angeborene Anlage. [43]

Onychauxis ⟨*griech*⟩ *f:* verstärktes Nagelwachstum. [9]

Onychia ⟨*griech*⟩ *f:* Entzündung des Nagelbettes; ↑Paronychie. [43]

Onychodystrophie ∗ **Onychodystrophia** ⟨*griech*⟩ *f:* Mißbildung des Nagels entweder durch Verletzung des Nagelbettes oder bei bestimmten inneren Krankheiten.
O. mediana canaliformis: verhältnismäßig seltene Nagelkrankheit, bei der es zu einer rinnenförmigen Einsenkung des mittleren Nagelanteils kommt; vermutlich auf eine Störung im Nagelbett zurückzuführen. [43]

Onycho|gryposis ⟨*griech*⟩: krallenartige Verkrümmung der Nägel mit Volumenzunahme. Hervorgerufen entweder durch Verletzungen, bei Rheumatismus oder (meist) senilen Gefäßveränderungen.
~lysis: partielle Ablösung der Nägel vom Nagelbett kann erblich, idiopath. oder traumat. (Wäscherinnen, O. semilunaris) bedingt sein.
~mykosis: Pilzkrankheit der Nägel durch Infektion mit Epidermophyton, Trichophyton (↑Trichophytia unguium), verschiedenen Hefepilzen (↑Candidiasis) u. Schimmelpilzen (Mucor, Penicillium aleurisma).
~phagie: Nägelkauen; schlechte Angewohnheit bei Kindern, seltener bei neurot. erwachsenen Personen, ↑Dermatomanie. [43]

Onychomadesis ⟨*griech*⟩ *f:* totale Ablösung der Nägel nach Infektionskrankheiten, Diabetes, Vergiftungen usw. Auch ein intermittierender Nagelverlust ist möglich. [43]

Onychomykosen ↑Aspergillose. [40]

Onycho|phym ∗ **Onychophyma** ⟨*griech*⟩ *n:* Nagelgeschwulst.
~rhexis *f:* Einriß des Nagels.
~schisis *f:* Querspaltung des Nagels. [43]

Onychosen ⟨*griech*⟩ *f, Pl:* Nagelkrankheiten. [43]

Onychotillomanie ⟨*griech*⟩ *f:* triebartige Zerstörung der Fingernägel. [34]

Onyx ⟨*griech*⟩: tief zwischen die Lamellen des Parenchyms greifender Hornhautabszeß. [36]

Oogamie ⟨*griech*⟩ *f:* Befruchtung eines Eies durch ein Spermium bzw. Vereinigung des unbeweglichen Makrogameten mit dem kleineren, beweglichen Mikrogameten; ↑Gameten. [3]

Oogenese ⟨*griech*⟩ *f:* Entwicklung vom Oogonium zum reifen Ei. – Auf die Vermehrungsperiode der Oogonien, die beim Menschen wahrscheinlich nur in der Fetalzeit stattfindet, folgt eine Wachstumsperiode, während der das Ei zur Oozyte I heranwächst. Durch die anschließende ↑Meiose wird die Chromosomenzahl der Oozyte I auf den haploiden Satz reduziert. Bei der ersten Reifungsteilung entsteht die Oozyte II. Ordnung u. die 1. Polzelle (Richtungskörperchen), bei der zweiten die reife Eizelle u. die 3. Polzelle, da sich gleichzeitig die 1. Polzelle mit geteilt hat. Die erste Reifeteilung erfolgt beim Menschen kurz vor der Eiablösung aus dem Eierstock. Die zweite Reifeteilung wird erst nach der Befruchtung des Eies in der Tube zu Ende geführt. [3]

Oogonium ⟨*griech*⟩: Ureier im Keimepithel des Ovars. Wahrscheinlich nur bis zur Geburt vermehrungsfähig. Zu diesem Zeitpunkt sind beim Menschen 400000–500000 Oogonien vorhanden. Es folgen Wachstumsperioden u. ↑Oogenese. [3]

Ookinet ⟨*griech*⟩ *m:* die im Entwicklungszyklus der Malariaerreger durch Verschmelzung von Mikro- u. Makrogamet in der Anopheles-Mücke entstehende bewegliche, hüllenlose Zygote, die die Darmwand durchbohrt, sich an der Außenwand festsetzt u. zur Oozyste wird. [58]

Oolemma ⟨*griech*⟩: Oberflächenbildung der Eizelle (Eihaut oder Zona pellucida). [3]

Oomyzeten ⟨*griech*⟩ *m, Pl:* Algenpilze, d.h. schlauchförmige, unseptierte vielkernige, ein verzweigtes Fadengeflecht bildende niedere Pilze, die sich ungeschlechtlich unter Bildung von sog. Zoosporen fortpflanzen, geschlechtlich durch Eindringen von Befruchtungsschläuchen in das Oogonium. Darunter Pflanzenschädlinge, aber auch menschlich parasitäre Formen. [3]

Oophorektomie ⟨*griech*⟩: operative Entfernung der Eierstöcke (in der Geschlechtsreife Kastration).

Oophoritis ⟨*griech*⟩: Eierstockentzündung.

oophorogen ⟨*griech*⟩: vom Eierstock ausgehend. [29]

Oophorom ⟨*griech*⟩ *n* = Oophoroma folliculare ↑Brenner-Tumor. [29]

Oophoron ⟨*griech*⟩ *n:* Eierstock. [30]

Oophoro-Salpingektomie ⟨*griech*⟩: operative Entfernung der Eierstöcke u. der Eileiter. [29]

Oophoro-Salpingitis ⟨*griech*⟩: Eierstock-Eileiterentzündung; ↑Adnexitis. [29]

oophorus ⟨*griech*⟩: eitragend; z.B. Cumulus oophorus, Eihügel. [1]

Oospora lactis: oft noch Oidium lactis; Milchschimmel. Auf Sauermilch, Weichkäse, Sauerfutter u. dergl., Vermehrung durch Oidien. Manche Zuchtstämme werden zur Käserei u. zur makrobiolog. Fett- u. Eiweißerzeugung u. zur Abwasserreinigung verwendet. [42]

Oospore ⟨*griech*⟩: Eispore; die einem Oogonium (einzelliger Eibehälter) befindliche befruchtete Eizelle niederer Pflanzen. [56]

Oozephalie ↑Sphenozephalus. [5]

Oozysten: die in die Magenwand der Anopheles-Mücke eingekapselten verschmolzenen Geschlechtszellen des Malaria-Plasmodiums. Diese sind bei Betrachtung des Mükkenmagens unter dem Mikroskop als Knötchen zu erkennen; ↑Oozysten-Index.

O.-Index: in der Malaria-Epidemiologie der bei mikroskop. Untersuchung von Anopheles-Mägen erkennbare pos. Prozentsatz des Vorhandenseins der durch ↑Oozysten hervorgerufenen Knötchen in der Wand des Mückenmagens. Er dient als Maß für die natürliche Infektion der Anopheles-Mücken u. erlaubt bei gemischten Mücken-Populationen die Entscheidung, welche Anopheles-Art in einer bestimmten Gegend der wichtigste tatsächliche Malariaüberträger ist. [58]

Oozyte ⟨*griech*⟩ *f* ↑Eizelle. [2]

opaleszent, opalisierend ⟨*sanskrit*⟩: perlmutterartig schimmernd, halbdurchsichtig. [47]

Opaleszenz ⟨*sanskrit*⟩: entsteht durch Beugung des Lichtes an im Verhältnis zur Lichtwellenlänge großen Teilchen, die z.B. in einer Lösung suspendiert sein können oder auch in einem Kristall angeordnet sind. Im ersteren Falle entsteht durch die Zerstreuung des Lichtes eine Trübung, im letzteren Falle ein Schillern; ↑Tyndall' Effekt. [7]

Oparin, Alexander Iwanowitsch (*1894), sowjet. Biochemiker, Moskau. Begründer einer materialist. Theorie der Entstehung des Lebens, wonach die ersten Formen lebender Materie aus eiweißähnlichen Substanzen, komplexen kolloiden Systemen, den sog. ↑Koazervaten, die sich in der Uratmosphäre bildeten, entstanden sind. [8]

Opazität: bei einer opt. Anordnung Verhältnis von auftreffendem zu austretendem Lichtstrom. [54]

Operationsileus *m:* verschiedene Formen des Darmverschlusses (↑Ileus) nach Operationen in der Leibeshöhle, bedingt durch Darmlähmung (paralyt. Ileus) oder nach einer gewissen Zeit durch Verwachsungsstränge (mechan. Adhäsions- oder Strangulationsileus). [18]

Operation, stereotaktische: Verfahren

zur gezielten Zerstörung von Gehirngebieten, die unterhalb der Großhirnrinde liegen. Mit Hilfe eines Netzes von Raumkoordinaten des Schädelinneren, die Bezugspunkte an äußeren Kopfteilen, z. B. Jochbein, äußerer Gehörgang, Hinterhauptshöcker, wird jede beliebige Stelle im Hirninneren festgelegt. Hierzu gibt es stereotakt. Hirnatlanten. Ein am Schädel zu befestigendes Zielgerät gestattet die den Raumkoordinaten entsprechende Einführung z. B. einer Elektrode durch eine kleine Schädelöffnung (↑Trepanation) in das Gehirn. Durch Hochfrequenzstrom oder in anderer Weise kann das angezielte Hirngebiet ausgeschaltet werden. Ursprünglich für das Tierexperiment ausgearbeitet, wird dieses Verfahren zu therapeut. Zwecken auch in der Hirnchirurgie eingesetzt. [7]

Operkulum ✳ **Operculum** ⟨*lat*⟩ *n:* der Deckel; *Adj* opercularis zum Deckel gehörig.

O. frontale, O. frontoparietale, O. temporale: die die ↑Insel bedeckende Hemisphärenteile, die zum Stirn-, Scheitel- u. Schläfenlappen gehören. [1]

Ophiasis ⟨*griech*⟩ *f:* bandförmiger, stets am Hinterkopf sitzender Haarausfall; bes. Erscheinungsform der ↑Alopecia areata. [43]

Ophryon ⟨*griech*⟩ *n:* Mittelpunkt der ↑Glabella. [1]

Ophthalmallergose ⟨*griech*⟩ *f:* wenig gebräuchliche Sammelbezeichnung für allerg. Augenkrankheiten, z. B. Skrofulose, Frühjahrskatarrh, Heuschnupfenkonjunktivitis, Medikamentenüberempfindlichkeit u. a. [36]

Ophthalmiatrie ⟨*griech*⟩: nicht mehr übliche Bezeichnung für Ophthalmologie = Augenheilkunde. [36]

ophthalmicus ⟨*griech*⟩: zum Auge gehörig oder dort lokalisiert; z. B. Herpes zoster ophthalmicus. [36]

Ophthalmie ✳ **Ophthalmia** ⟨*griech*⟩ *f:* ältere Sammelbezeichnung für Augenentzündungen; wird fast nur gebraucht im Rahmen der Ophthalmia sympathica oder migratoria. Früher wurde das Trachom als O. aegyptica, die Genoblennorrhoe als O. neonatorum bezeichnet. Der Ausdruck findet sich auch in ↑Photophthalmia electrica u. ↑Panophthalmie. [36]

Ophthalmo|blennorrhoe ⟨*griech*⟩ *f* ↑Augenblennorrhoe.

~diagnostik: seltene Bezeichnung für gewisse klin. Untersuchungen, bei denen das Auge als Testorgan verwendet wird; z. B. die Calmette' Tuberkulinreaktion, der Remky' Test auf Herdinfektion.

~dynamometer *n:* Gerät zur Messung des Druckes in den Netzhautgefäßen. Bekannt sind die Geräte von Billart für die Arterien u. Bauermann für die Venen.

~logie: Augenheilkunde.

~meter: Instrument zur Bestimmung der Radien der brechenden Flächen des Auges, bes. der Hornhaut. Prinzip: der Abstand der Hornhautbildchen zweier bekannter Lichtquellen ist desto kleiner, je stärker die Fläche gekrümmt ist. Bekannteste Konstruktionen von Helmholtz, Javal u. Sutheliff.

~myiasis: Fliegenmadenerkrankung des Auges. Die Maden sitzen meist, allerdings massenhaft, im Bindehautsack, gelangen aber u. U. auch in das Augeninnere; ↑Myiasis. [36]

Ophthalmoplegie ✳ **Ophthalmoplegia** ⟨*griech*⟩ *f:* Lähmung der Augenmuskeln.

O. totalis: Lähmung des N. oculomotorius, N. abducens u. N. trochlearis. Gemeinsames Befallensein wird begünstigt durch die enge Nachbarschaft in der Fissura orbitalis superior, ↑Orbita. Symptome: ↑Ptosis, unbeweglich geradeausblickende Augen; ↑Okulomotoriuslähmung.

O. interna: Lähmung der inneren Augenmuskeln. Isolierte ↑Akkommodationslähmung bei Diphtherie.

O. congenita: angeborene Lähmung der Augenmuskeln, kann in vielen Kombinationen ein- u. doppelseitig, erblich u. nicht erblich vorkommen, oft mit weiteren Mißbildungen kombiniert.

O. internuclearis ant.: supranukleare Mediaparese infolge Schädigung des hinteren Längsbündels in der Nähe des N. oculomotorius-Kernes = Ausfall des R. medialis bei Seitenwendung des Blickes, nicht aber bei Konvergenz.

O. internuclearis post.: supranukleare Lateralislähmung = Divergenzlähmung. Gut nachweisbar durch Seitenwendung bei Vestibularisreizung u. fehlende Abduktion bei Blickbewegung. Blicklähmung.

O. chronica progressiva (Graefe) = obere Bulbärparalyse. [36]

Ophthalmo|reaktion ↑Ophthalmodiagnostik.

~rrhagie: Augapfelblutung; veraltete Bezeichnung, ↑Hämophthalmus.

~rrhexis: Augapfelzerreißung.

~skop: von Helmholtz (1850) angegebenes Gerät zur Untersuchung des Augeninneren, insbes. des Augenhintergrundes. Prinzip: mittels eines Spiegels wird Licht in das Auge geworfen, das, reflektiert durch ein Loch im Spiegel, in das Auge des Untersuchers gelangt. Wenn auch die modernen Geräte techn. u. z. T. auch prinzipiell abweichen, so beruht doch die moderne Augenheilkunde überhaupt auf der Erfindung von Helmholtz. Vorläufer waren Brücke, Kussmaul, Purkinjé. Aus dem Spiegel haben sich die Refraktometer, die Funduskamera u. das Fernsehophthalmoskop entwickelt.

~tonometer *n* ↑Tonometer. [36]

Opiate *n, Pl:* Arzneimittel, die Opium oder Opiumalkaloide enthalten. [44]

Opiophagie ⟨*griech*⟩: Opiumsucht, auch ↑Morphinismus. [44]

Opisthenzephalon ⟨*griech*⟩ *n:* Hinterhirn, ↑Metenzephalon. [1]

Opisthion ⟨*griech*⟩ *n:* dorsaler Medianpunkt des Foramen magnum bei anthropolog. Schädelmessungen. [1]

Opistho|genie ⟨*griech*⟩ *f:* Syn. Mikrogenie; Kurz- oder Kleinwuchs des Unterkiefers, „Vogelgesicht" wegen des vorspringenden Mittelgesichtes. 1. Kongenitale O., oft mit anderen Geburtsfehlern kombiniert (Innenohr); 2. familiäre O. minder auffällig als 1.; Verödung eines oder beider Kiefergelenke durch Geburtstraumen; 3. erworbene O., fibröse oder knöcherne Obliteration durch Verletzungen oder entzündliche Erkrankungen (Kiefergelenkankylose), Kaumuskulatur atrophiert, Zahndurchbrüche erschwert oder verdrängt. Durch Osteomyelitis im Säuglings- u. Kleinkindalter Gesichtsasymmetrie mit Seitenverschiebung des Unter- u. Mittelgesichts. Folgen der O. Bißanomalien, erschwerte Ernährung, Katarrhe der Verdauungs- u. Atmungswege schwerer oder geringer je nach dem Grade der Ankylosierung.

~gnathie *f* ↑Brachygnathie. [37]

Opisthorchis ⟨*griech*⟩ *m* ↑Leberegel, chinesischer.

O. felineus, O. tennicollis: Katzen(leber)egel, 7–12 mm lang, lanzettförmig gestaltet, lebt in den Gallengängen der Leber, seltener in den Kanälchen der Bauchspeicheldrüse von Katze, Hund u. Mensch. Verbreitungsgebiet Europa u. Asien. 1. Zwischenwirt ist die Sumpfdeckelschnecke Bithynia leachi; 2. Zwischenwirt ein karpfenartiger Fisch (Karpfen, Schleie, Plötze, Barbe u. a.), Infektion des Menschen per os. Dieser Saugwurm ruft Magen- u. Darmschädigungen, Blutungen, Anämie u. Ödeme hervor. Der Katzenegel wird als Modellversuch am Tier verwendet, weil die geschlechtsreifen Würmer innerhalb von 24 h ihre Eier ablegen, u. zwar je Wurm etwa 1000 Stück, so daß man von der Eierzahl auf eine Mindestzahl vorhandener Würmer schließen kann. [58]

Opisthotonus ⟨*griech*⟩ *m:* ton. Krampf der Rückenmuskulatur, der zu einer Rückwärtsbeugung des Rumpfes u. des Nackens führt, häufig bei Meningitis, auch bei Tetanus u. Strychninvergiftung. [33]

Opium DAB 7 ⟨*griech*⟩ *n:* durch Anritzen der unreifen Frucht von Papaver somniferum u. anschließendes Trocknen des austretenden Milchsaftes gewonnene Droge. Bereits im Altertum bekannt, durch die Araber u. in Europa durch Paracelsus unter dem Namen Laudanum wieder eingeführt. Im O. sind etwa 25 verschiedene Alkaloide, meist an Mekonsäure oder Apfelsäure gebunden, enthalten. Die wichtigsten sind die der Phenanthrengruppe, wie Morphin u. Kodein u. der Isochinolingruppe, wie Papaverin u. Narkotin. 1804 wurde zum erstenmal durch den Apotheker Sertürner das Morphin aus dem Opium isoliert. Die Hauptwirkung des Opiums beruht auf seinem Gehalt an Morphin; doch wird durch die anderen Alkaloide die reine Morphinwirkung abgewandelt. Gehalt des O. an Morphin mindestens 12%. Opium darf nur zur Herstellung von Extr. opii, Opium concentratum, Opium titratum, Tinctura opii crocata, Tinctura opii simplex verwendet werden. O. als Bestandteil einer Arznei ist stets als Opium titratum anzuwenden. O. u. seine Zubereitungen werden zur Bekämpfung schwerer Schmerzzustände u. als Mittel gegen unstillbare Durchfälle angewandt. Verschreibungen unterliegen der Betäubungsmittelverordnung. [44]

Opium|gesetz: 1929 verabschiedet, wurde 1930 durch die „Verordnung über das Verschreiben Betäubungsmittel enthaltender Arzneien u. ihre Abgabe in Apotheken" ergänzt; ↑Betäubungsmittel. [44]

~kur: klass. Behandlungsmethode der schweren Depression (Verabreichung von Tct. opii). [34]

Opodeldok (Paracelsus) *n:* Linimentum saponatocamphoratum; hyperämisierendes Hauteinreibemittel. [44]

Opotherapie ⟨*griech*⟩: Gewebssaftbehandlung; Organotherapie. [18]

Oppenheim, Hermann (1858–1919), Neurologe, Berlin.

O' Reflex: kräftiges Bestreichen der Tibiakante von oben nach unten mit Daumen u. Zeigefinger führt zu Dorsalflexion der Großzehe u. Vorspringen der Sehne des M. tibialis ant. Zeichen einer Pyramidenbahnläsion, ↑Babinski' Reflex.

O' Krankheit ↑Myatonia congenita. [23]

opponens ⟨*lat*⟩: gegenüberstellend. [1]

Opposition ⟨*lat*⟩ *f:* Gegenüberstellung; z. B. des Daumens gegen die anderen Finger. [1]

Oppressio ⟨*lat*⟩ *f:* Beklemmung. [9]

Opsonin ⟨*griech*⟩ *n, Pl:* Antikörper, der die Bakterien so verändert, daß sie von Leukozyten besser aufgenommen (phagozytiert) werden können. Bereits im Blut Gesunder finden sich Normalopsonine. [39]

~index *m:* phagozytische ↑Zahl.

~technik (nach Wright): diffizile Apparatur mit Glaskapillaren zur Prüfung des Opsoninindex (phagozytische ↑Zahl) der Leukozyten. [11]

Optik ⟨*lat*⟩ *f:* Lehre vom Licht u. vom Sehen. [54]

Optikus ⟨*griech*⟩ *m:* Kurzbezeichnung für ↑N. opticus. [36]

~atrophie: wissenschaftlich exakte Bezeichnung eigentlich: Atrophia fasciculi (n.) optici. Degeneration u. Schwund der Markscheiden u. Achsenzylinder des Fasc. opticus, je nach Ursache Krankheitsbild unterschiedlich. Auf- u. absteigende O. ist möglich. 1. O. nach Papillenschwellung (ungenau meistens postneurit. Atrophie genannt) kommt vor nach Entzündung oder Stauungspapille u. ist im Spiegelbild fast nie zu unterscheiden. Farbe blaß, Grenzen u. Zeichnung unscharf, Exkavation verstrichen, Arterien meist eng, oft eingescheidet; 2. „einfache" O., Farbe blaß, Grenzen scharf, Exkavation vorhanden, umfaßt die ganze Papille oder Teile. Ursachen absteigende O. nach Neuritis retrobulbaris, Durchtrennung oder direktem Druck auf den Fasciculus, durch Gifte, Infekte, Blutverluste. Bes. bekannt früher die „genuine O." bei Tabes, auch fälschlich als Neuritis optica bei Tabes bezeichnet. Erblich: Leber' Atrophie. Vaskuläre O. bei vielen Arterienerkrankungen, bes. Arteriosklerose, Ateriitis temporalis u. a. Die glaukomatöse O. ist die Folge der intraokularen Drucksteigerungen u. der Hauptgrund der Erblindung an ↑Glaukom.

~lähmung, periodische (Möbius): tritt auf bei der Migraine ophtalmoplégique; ↑Migräne. Die Bezeichnung ist anatom. falsch; es sollte besser period. Okulomotoriuslähmung heißen. [36]

Optimierung: (kybernet.) Methode zur Ermittlung der günstigsten (optimalen) Parameter oder Kenngrößen industrieller, technolog., ökonom. u. biolog. Prozesse u. techn. Konstruktionen unter Beachtung gegebener Bedingungen (Nebenbedingungen). Das Ziel der O. besteht darin, Prozesse zu gestalten, die bestmögliche Ergebnisse bzw. Abläufe gewährleisten. Die optimalen Kenngrößen können durch eine Variation der Parameter gewonnen werden. Die Variation erfolgt entweder direkt am Objekt, am Modell des Objektes, oder sie werden durch mathemat.-rechnerische Verfahren bestimmt. Anwendungsmöglichkeiten für die O. gibt es u. a. bei der Diagnose, Therapie u. vor allem auf dem ökonom. Gebiet (z. B. Auslastung von Geräten, optimales Bestellsystem usw.). Die O. ist ein wichtiges Teilgebiet der Operationsforschung. [0]

Optimum ⟨*lat*⟩ *n:* das Beste; *Adj* optimus, optimal, bester.

O. der Reizung: nach dem russ. Physiologen N. J. Wedenski (1852-1922) eine Frequenz der elektr. Impulsreizung eines peripheren motor. Nerven, bei welcher die stärkste tetan. Kontraktion des zugehörigen Muskels zu erzielen ist; ↑Tetanus. [7]

Optodynamometer ⟨*griech*⟩ *n* ↑Ophthalmodynamometer. [7]

Optometer: Gerät zur Bestimmung des Fern- u. des Nahpunktes. In letzter Eigenschaft auch Proximeter genannt (nach Adams, Duane, Schober, Abel). [36]

Optone *n, Pl* (Abderhalden): durch Hydrolyse aus innersekretor. Organen gewonnene Lösungen mit unveränderten Hormonen. [12]

Optotypen: Zeichen, die zur Bestimmung von Sehschärfe u. gewissen anderen Leistungen des Sehorganes verwendet werden; ↑Sehprobentafeln. [36]

oral ⁎ **oralis** ⟨*lat*⟩: zum Mund bzw. zur Mundhöhle gehörend, durch den Mund einzunehmen. [1]

Oralsepsis ⟨*lat, griech*⟩ *f:* von dem engl. Internisten W. Hunter geprägter, aber ungenauer Begriff für Krankheiten, die von Infektionsherden im Munde ausgehen. Zum Unterschied von der sog. ↑Fokalinfektion (Herdkomplex) sollte der Ausdruck O. nur für solche Entzündungen im Mundbereich gebraucht werden, bei denen die kardinalen Symptome einer echten Septikämie nachweisbar sind. Unter ihnen stehen die tonsillogenen obenan, im Abstand folgen die spezif. odontogenen Erkrankungen der Kieferknochen u. die unspezif. Eiterungen der Muskellogen im orofazialen Bereich. [37]

Orange IV ↑Tropaeolin 00. [8]

Orbeli, Leon Abgarowitsch (1882–1958), Physiologe, Leningrad. Sein Hauptforschungsgebiet war die Wirkung des vegetativen Nervensystems auf die Gewebe, bes. die Muskulatur. Zusammen mit Ginezinski beschrieb er die stimulierende Wirkung des efferenten sympath. Nervensystems auf den Skelettmuskel. War dieser durch häufige Reizung seines motor. Nerven ermüdet worden, so traten bei gleichzeitiger Reizung des Sympathikus die Verkürzungen des Muskels wieder auf.

O.-Ginezinski' Phänomen ↑Orbeli. [7]

Orbiculus ⟨*lat*⟩ *m:* kleiner Kreis; *Adj* orbicularis kreisförmig. [1]

O. ciliaris *m:* der etwa 3–4 mm breite, pigmentierte Abschnitt des ↑Corpus ciliare, der bei der Betrachtung der Innenfläche der vorderen Augenhälfte erkennbar ist u. der zahlreiche in Meridianrichtung verlaufende Leisten (Plicae ciliares) aufweist. [2]

Orbikularisreaktion: Westphal-Piltz' Pupillenphänomen; ↑Pupillenreaktionen. [36]

Orbita ⟨*lat*⟩: Augenhöhle. Die knöcherne O. wird gebildet aus Teilen des Stirnbeins, Jochbeins, Oberkieferknochens, Nasenbeins, großen Keilbeinflügels u. Siebbeins. Sie stellt eine vierseitige Pyramide dar mit der Spitze am Foramen opticum. Von ihr entspringen die 6 äußeren, quergestreiften Augenmuskeln. Hinten 4 Öffnungen, die Verbindungen zur Schädelhöhle darstellen (Fissura orbitalis inf. u. sup., Foramen rotundum u. Foramen opticum). Durch sie verlaufen Nerven u. Gefäße vom u. zum Augapfel u. seinen Anhangsorganen. Die O. wird von einem Periost (Periorbita) ausgekleidet u. ist von einem Fettgewebe ausgefüllt, in dem der Augapfel mit seinen Muskeln, Gefäßen u. Nerven in der Tenon' Kapsel u. ein Teil der Tränendrüse ruht. Nach außen wird die O. durch den Bindehautsack u. die Lider abgeschlossen. [36]

Orbitalhirn: basaler Teil des Stirnhirns.

O.-Syndrom: Enthemmung der Antriebs- u. Willenssphäre, Euphorie, Moria, Minderung der Kritikfähigkeit, fehlende Krankheitseinsicht. [20]

Orbitalphlegmone ⟨*lat, griech*⟩ *f:* akute Entzündung der Orbita (starkes Ödem, Conjunctivitis bulbi, Exophthalmus) fortgeleitet von eitrigen oder thrombot. Prozessen, Erysipel der Nasennebenhöhlen, des Gesichts, der Lippen. [18]

Orbitalresektion ⟨*lat*⟩ *f:* temporäre Eröffnung der Augenhöhle durch Resektion eines oder mehrerer Teile der knöchernen Wand. Ursprünglich waren bes. bekannt die Iperationen nach Krönlein u. nach Dollinger. In steigendem Maße wird auch der transfrontale Weg u. der durch die Kieferhöhle gegangen. Als dauernde Resektion ist vor allem die Entfernung großer Wandteile nach Naffziger bei malignem ↑Exophthalmus bekannt.

Orbitotomie ⟨*lat, griech*⟩ *f:* Eröffnung der Augenhöhle bei Eiterungen, Entzündungen, Tumoren oder auch Fremdkörpern mittels eines Schnittes durch die Lider ohne Knochenoperation. Nach Mennig ist die O. verbunden mit Eröffnung der Nebenhöhlen, um Raum zu schaffen. [36]

Orchi|algie ⟨*griech*⟩ *f:* Hodenschmerz (steht oft für Hodenneuralgie). [24]

~dektomie: Entfernung des Hodens, wobei 1. der Hoden mitsamt dem Nebenhoden (Semikastratio), 2. nur der Hoden, 3. nur das Hodengewebe aus der Hodenhülle (Epiorchium) mit scharfem Löffel entfernt wird. [24]

Orchidopexie ↑Orchipexie. [18]

Orchipexie ⟨*griech*⟩ *f:* Syn. Orchidopexie; operative Nahtanheftung des in den Hodensack an gehörige Stelle verlagerten Hodens nach seiner Auslösung aus falscher Lokalisation: nämlich aus der Leistengegend oder höher im Beckenbereich (↑Leistenhoden, Kryptorchismus); Nahtfixierung zur Vermeidung des Zurückschlüpfens. [18]

Orchis ⟨*griech*⟩ *m* = Testis ⟨*lat*⟩ *m:* Hoden. [24]

Orchitis ⟨*griech*⟩ *f:* Hodenentzündung, die 1. oft bei in das Hodengewebe einbrechender Epididymitis zustande kommt, 2. prim. den Hoden befällt (also meist hämatogen!), 3. bei Infektionskrankheiten (ebenfalls metastat. hämatogen) z. B. Typhus abdominalis, Scharlach, Polyarthritis, Endocarditis lenta, Fleckfieber, Variola, Varizellen, Malaria, Grippe, Pneumokokkeninfektion u. a. Am bekanntesten bei Parotitis epidemica, sog. Mumpsorchitis. Wenn doppelseitig, Gefahr der ↑Sterilität. [24]

Orchitomie ⟨*griech*⟩ *f:* wörtlich: Abschneiden des Hodens; ↑Kastration, Verschneidung. [24]

Orciprenalin: 5-(1-Hydroxy-2-isopropylamino-aethyl)-resorcin. Broncholytikum; bei Überleitungsstörungen des Herzens. Alupent®.

Ordnungszahl: Atomnummer eines Elementes im Periodensystem, ist gleich der Zahl der Protonen im Atomkern (Kernladungszahl) u. damit gleich der Zahl der Hüllenelektronen des Atoms. Ein chem. Element besteht aus A. gleicher Ordnungszahl. [59]

Orexie ⟨*griech*⟩ *f:* Eßlust, Verlangen nach Nahrung. [16]

Organ ✱ **Organon** ⟨*griech*⟩, **Organum** ⟨*lat*⟩: Werkzeug; eine aus verschiedenartigen Zellen u. Geweben zusammengesetzte funktionelle Einheit des Körpers. [3]

O., blutbildendes ↑Blut. [11]

O., kritisches: Organ bzw. Organsystem, in dem sich ein Radionuklid bevorzugt ablagert u. das daher bes. strahlengefährdet ist; z. B. für ^{45}Ca, ^{90}Sr, ^{91}Y, ^{140}Ba u. viele radioaktive seltene Erden das Skelett; für ^{106}Ru, ^{203}Hg u. andere Schwermetalle die Nieren; für ^{173}Cs die Muskulatur; für ^{131}J die Schilddrüse; für eine Reihe radioaktiver Kolloide die Leber. [59]

O., statisches ↑Vestibularapparat. [1]

Organe, lymphoepitheliale: Organe, deren lymphoretikuläres Gewebe in inniger Verbindung mit einem Epithel steht, z. B. Tonsilla palatina, lingualis u. pharyngica. [5]

O., rudimentäre: mehr oder weniger funktionsuntüchtige Organe, die aber bei den stammesgeschichtlichen Vorfahren voll ausgebildet waren. [3]

Organellen ⟨*griech*⟩ *f, Pl:* alle außer dem Kern in der Zelle vorhandenen Bestandteile mit einer bestimmten Struktur u. Funktion. Dazu gehören die ↑Mitochondrien, das endoplasmat. ↑Retikulum, das ↑Golgi-Feld, die ↑Lysosomen, die ↑Zentriolen u. auch die ↑Zellmembran. [6] Organartige Zellteile der Protozoen, z. B. Bewegungsorganellen (Geißeln, Wimpern, Pseudopodien), Ernährungsorganellen (Zystostom, Zytopyge), Exkretionsorganellen (pulsierende Vakuolen). [58]

Organisation: Durchwachsung von Nekrosen (Infarkten), Thromben oder geronnenen Exsudaten durch Granulationsgewebe u. anschließend Umwandlung in Narbengewebe. [4]

Organisator: in der Entwicklungsmechanik ein Faktor, der in benachbarten Keimteilen Organbildung induziert; z.B. ruft Keimmaterial der oberen Urmundlippe die Bildung einer Medullaranlage auch an einer anderen als der normalen Stelle hervor. [3]

Organische Chemie ↑Chemie, organische. [8]

Organismen, filtrierbare *od* **filtrable:** Mikroorganismen von so geringer Größe (etwa 100 nm u. kleiner), daß sie von den üblichen bakteriendichten Filtern nicht zurückgehalten werden. Hierher gehören u.a. Viren u. Phagen. [42]

Organismenstrahlung ↑Strahlung, mitogenetische. [7]

Organismus: Gefüge; einheitliches zweckmäßig gegliedertes Ganzes; selbständiges Lebewesen; (kybernet.) der lebende Organismus ist im Sinne der Kybernetik ein aus zusammenwirkenden Teilsystemen bestehendes, sich selbstorganisierendes u. selbstregulierendes, dynam. System, das auf Grund von Einwirkungen der Umwelt eine zweckmäßige Reaktion auf diese Einwirkungen hervorbringt, um schließlich in einen stabilen der Umwelt „angepaßten" Zustand zu gelangen. [60]

Organneurosen ↑Neurosen. [35]

Organon ↑Organ.

O. spirale ↑Organum spirale. [2]

Organotherapie, Organtherapie ⟨*griech*⟩: Behandlung von Krankheiten mit tier. Organpreßsäften oder -sekreten, auch Implantation von inneren Drüsen zur Hormonsubstitutionstherapie; zur O. gehört ebenfalls die „Frischzellentherapie nach Niehans", die Gewebetherapie nach Filatow u. die Behandlung mit antiretikulärem Serum nach Bogomolez. [18]

organotrop ⟨*griech*⟩: auf ein Organ hinwirkend. [12]

organspezifisch: ein bestimmtes Organ betreffend. Organspezif. Gifte sind z.B. Nervengifte, Blutgifte; organspezif. Krankheitserreger z.B. Hautpilze, Viren des Respirationstraktes. [42]

Organum ⟨*lat*⟩ *n* ↑Organ.

O. spirale = Corti' Organ: im Ductus cochlearis der Gehörschnecke gelegener Rezeptor für die Gehörsempfindung,. bestehend aus einem auf der ↑Basilarmembran liegenden Sinnesepithel. Dieses Sinnesepithel besteht aus Sinneszellen (= Hörzellen, 1 innere, 3 äußere), die durch Stützzellen gehalten werden. Zu den Stützzellen gehören die Pfeilerzellen, die ↑Deiters' Zellen, die ↑Hensen' Zellen u. die ↑Claudius' Zellen. Zum Organum spirale (Corti) gehört schließlich die am ↑Limbus spiralis befestigte ↑Membrana tectoria. [2]

Orgasmus ⟨*lat*⟩: Höhepunkt der Lustempfindung beim Koitus u. auch bei der ↑Onanie. [31]

Orientbeule: Leishmaniasis tropica, zahlreiche Synonyma wie Aleppobeule, Bagdad-, Dattel-, Delhigeschwür. In trop. Gebieten endem., durch Phlebotomen von Tieren (Hunde, Nagetiere) auf Menschen übertragbare Hautleishmaniase. Erreger (Leishmania tropica) befallen Endothelzellen der Hautkapillaren von unbedeckten Körperstellen. Inkubation einige Wochen bis Monate; (klin.) Papelbildung, Geschwür u. narbige Abheilung mit langdauernder Immunität. Diagnose durch Parasitennachweis aus Punktaten des Geschwürsrandes. Therapie durch lokale Infiltration mit Atebrinlösung. Prophylaxe durch Mückenvertilgung, aktive Immunisierung mit abgetöteter Leishmania-Kulturvakzine. [40]

Orientierung ⟨*lat*⟩: ungestörte Auffassung von Zeit, Umgebung, eigener Person. [34]

Orientierungs|reaktion: Antwort des Organismus auf Wirkungen in der Umwelt, die sich aus dem Gemisch aller anderen Reizwirkungen (Situationsreizpegel) herausheben. Sie besteht in einer Hinwendung zur Reizquelle bzw. im Sondieren der Umwelt zur Auffindung dieser Reizquelle. Bei mehrmaliger Wiederholung des Reizvorganges erlischt die O. (Habituation). In einer anderen Situationsreizumgebung kann sie jedoch auf denselben Reiz wieder auftreten (Deshabituation). Die O. ist ein Komplex mehrerer Orientierungsreflexe.

~reflex ↑Orientierungsreaktion. [7]

~störung: anamnest., bei hochgradiger Merkfähigkeitsstörung (z.B. Korsakow); bei Bewußtseinstrübung, oft mit phantast. Desorientierung, illusionärer Umdeutung. Wahnhafte O. ist eine doppelte Orientierung (wenn der Wahn sich bei voller Besonnenheit zeigt). [34]

Orificium ⟨*lat*⟩ *n:* die Öffnung; eigentlich etwas, das das Aussehen des Mundes hat.

O. urethrae externum u. internum (BNA, JNA) ↑Ostium urethrae externum u. internum (PNA).

O. uteri externum (BNA, JNA) ↑Ostium uteri (PNA).

O. uteri internum (BNA): innerer Muttermund; die Übergangsstelle des Cavum corporis uteri in den Canalis isthmi. [1]

Origo ⟨*lat*⟩: Ursprung. [3]

Ormond' Erkrankung (1948) (Ormond, J. K., zeitgen. Urologe): flächenhafte, nicht gekapselte Fibrose im Spatium retroperitoneale, die plattenartig mehrere Zentimeter dick werden u. dadurch Organe des Retroperitonealraumes (z. B. Harnleiter, Nieren, Vena cava) komprimieren oder verlagern kann; Männer zweimal häufiger als Frauen betroffen, vorwiegend mittleres Lebensalter bevorzugt; Ursache bis jetzt unbekannt. (Klin.) Beschwerden durch gestörten Harnabfluß mit diffusen ein- oder beidseitigen Nieren- (oder Abdominal-)-schmerzen bis Koliken, Ödem u. Thrombosen durch Kavaobstruktion, Störung der arteriellen Durchblutung. Diagnose vermittels Urogramm, Infusionsurogramm, retrogrades Pyelogramm u. Ablaufpyelogramm, Angiographie, spez. Kavographie u. Lymphographie. Synonyma: bilaterale Ureterobstruktion, Periureteritis plastica oder obliterans, periuretrale Fibrosis, Gerota' Fasziitis, perirenale oder periureterale Fasziitis, idiopath. fibröse Retroperitonitis, stenosierende Periureteritis idiopathica; ↑Harnleiterstenose. [24]

Orn: *Abk* für Ornithin. [8]

L-(+)-Ornithin *n:* α, δ-Diamino-n-valeriansäure; $CH_2(NH_2)\cdot CH_2\cdot CH_2\cdot CH(NH_2)\cdot COOH$; in Eiweißstoffen im allg. als Baustein nicht enthalten, ist im tier. Organismus in der Leber zu finden u. Bestandteil des Antibiotikums Gramizidin S. – O. entsteht innerhalb des Ornithin(Krebs)-Zyklus durch Abspaltung von Harnstoff aus Arginin u. bildet mit Karbamylphosphat Zitrullin, das sich mit Asparaginsäure wieder zum Arginin umsetzt. O. katalysiert somit die Harnstoffbildung aus Ammoniak (starkes Zellgift) u. Kohlendioxid. – O. bewirkt im Organismus der Vögel die Entgiftung der Bensoesäure unter Bildung von Ornithursäure; Fäulnisbakterien dekarboxyl. O. zu Putreszin, 1,4-Diaminobutan. [8]

Ornithodoros: Lederzeckengattung warmer Länder; viele Arten als Plagegeister u. Seuchenüberträger des Menschen gefürchtet. [58]

Ornithose: enzoot. bei vielen Vogelarten auftretende Infektionskrankheiten, durch Staub-, Tröpfchen- oder Schmierinfektion auf den Menschen übertragbar, in diesem Fall anzeigepflichtig. Ornithose: übergeordneter Begriff, Psittakose nur für die Krankheitsformen, die mit Sicherheit durch infizierte Papageien oder Sittiche verursacht worden sind. Nach Inkubationszeit von 1–4 Wochen fieberhafte Allgemeinerkrankung mit besonderer Beteiligung der Lunge u. des ZNS. Nachweis des O.-Virus in den ersten Krankheitstagen aus dem Sputum. Komplementbindende Antikörper erscheinen etwa ab 12. Tag. Niedrige Titer (1 : 8, 1 : 16) als Ausdruck einer latenten Durchseuchung auch bei Gesunden. Die früher gefürchtete Letalität wurde durch Breitbandantibiotika entscheidend verringert. [41]

O.-Virus: Erreger der Ornithose (Psittakose), zur Gruppe der großen basophilen Viren gehörend, komplizierter Entwicklungszyklus. Der früher allgemein als Gruppenbezeichnung benutzte Name Miyagawanellen ist später vielfach durch den Namen Bedsonia ersetzt worden. Nachweis mittels Brutei (Dottersackbeimpfung) u. Tierversuch (weiße Maus). [41]

Ornithursäure: entsteht bei Vögeln nach künstlicher Zufuhr von Benzoesäure durch Kopplung von 1 Molekül Ornithin mit 2 Molekülen Benzoesäure. [8]

Orotsäure: 4-Urazilkarbonsäure; Intermediärprodukt der Uridin-5' -phosphat-Bildung. O. wird enzymat. mit Phosphoribosylpyrophosphat zu Orotidin-5' -phosphat (= Orotidylsäure) umgesetzt, aus dem durch Dekarboxylierung Uridin-5' -monophosphat entsteht. Als ein wichtiger Vorläufer der Synthese von ↑RNS spielt die O. eine Rolle bei der Untersuchung der physiolog. Grundlagen des ↑Gedächtnisses. Gabe von O. beschleunigt die Bildung bedingter Reflexe u. verzögert deren Erlöschen. [7, 8]

Orotubus: einfaches Hilfsgerät zur Atemspende mit Nasenklemme u. Nackenhalteband. Eine Gummiplatte mit Haltegriffen für die Daumen des Atemspenders dichtet den Mund des Verunglückten ab. [27]

Oroyafieber (Oroya, Stadt in Peru): Verruca peruviana, Carrion' Krankheit, Peruwarze. In bestimmten Andenhochtälern (> 500 m Höhe) endem., durch Phlebotomen (Schmetterlingsmücken) übertragbare Infektionskrankheit des Menschen. Erreger Bartonellen (*Bartonella bacilliformis*), Inkubation wenige Wochen bis Monate; akut bis subakut fieberhafter, zur Anämie u. zu warzenähnlichen Geschwülsten der Haut, Schleimhäute u. innere Organe führender Krankheitsverlauf. Hohe Letalität, Überstehen hinterläßt lebenslange Immunität. Prophylaxe durch Mückenvertilgung. [40]

Orphan-Virus: „Waise", ein Virus, das – soweit bekannt – keine bestimmte Krankheit hervorruft. [50]

Orseille-Farbstoff: ein aus Flechten (Roccella-, Variolaria- u. Lecanora-Arten) bewonnener, seit dem Mittelalter zum Färben benutzter Farbstoff von nur geringer Lichtechtheit; dient gelegentlich zum Färben von Lebensmitteln; im Handel auch als Archil, Persio u. Pourpre française bezeichnet. [16]

Örtel, Max Joseph (1835–1897), Laryngologe, München.

Ö' Terrainkur: planmäßige Spaziergänge, zuerst von kurzer Dauer auf ebenen Wegen in einem bestimmten Tempo, allmählich zeitlich verlängert u. auf allmählich zunehmenden Steigungen. Durch die dosierten Anforderungen des körperlichen Trainings soll bes. der durch unzweckmäßige Lebensweise geschädigte Kreislauf (Fettleibige, Stubenhocker, Büroarbeiter) an erhöhte Leistungen gewöhnt werden. [45]

orthochromatisch: eine Färbung eines histolog. Schnittes wird orthochromatisch genannt, wenn sich das betreffende Gewebe in der Eigenfarbe des Farbstoffes färbt; ↑Metachromasie. [2]

Orthodiagraphie ⟨*griech*⟩ *f* (Moritz, 1902, Immelmann, 1906) = Orthoröntgenographie: Röntgendarstellung der Organe in wahrer Größe, frei von perspektiv. Verzerrungen mit Parallelstrahlen. Bei senkrechtem Einfall der Strahlung zur Bildebene wird die Abbildungsgröße nur beeinflußt vom Neigungswinkel des Gegenstandes zur Bildebene. [26]

Orthodontie ⟨*griech*⟩: Behandlung der Gebißanomalien mit orthopäd. Mitteln. Daher heute richtiger als ↑Kieferorthopädie bezeichnet. [37]

Orthogenese ⟨*griech*⟩: geradlinige Weiterentwicklung von Körperformen u. Spezialisierung von Organen in der Stammesgeschichte. [3]

Orthognathie ⟨*griech*⟩ *f:* gerade Kieferstellung, wie bei Schädeln mit einem Gesichts- oder Profilwinkel von 85,0°–92,9° mit senkrecht aufeinandertreffenden Schneidezähnen (Kopf- oder Zangenbiß). [37]

Orthopädie ⟨*griech*⟩: Lehre von der Entstehung, Verhütung u. Behandlung krankhaft veränderter Form u. Funktion des aktiven u. passiven Halte- u. Bewegungsapparates. [23]

Orthophorie ⟨*griech*⟩: liegt vor, wenn die Gesichtslinien beider Augen auf einen (zunächst im Unendlichen) gelegenen Punkt gerichtet sind u. dies auch bei Ausschaltung der Fusion der Fall ist. Voraussetzungen sind normale anatom.-mechan. Verhältnisse in den Augenhöhlen, normale nervöse Einflüsse u. Muskelgleichgewicht. Je feiner die Untersuchungsmethoden werden, desto seltener werden Fälle mit genauester O. u. desto häufiger solche mit meist geringer Heterophorie. Durch die Fusion werden dauernd die feinen Abweichungen korrigiert; ↑Heterophorie. [36]

Orthopnoe ⟨*griech*⟩ *f:* starke Atemnot, so daß der Kranke den Zustand nur in aufrechter Stellung (unter Inanspruchnahme der Atemhilfsmuskeln ↑Auxiliaratmung) ertragen kann. [9]

Orthoptik ⟨*griech*⟩ *f:* Behandlung des Schielens durch Einwirkung auf die Muskeln durch Übungen verschiedenster Art. In der Praxis nicht genau von der ↑Pleoptik zu trennen. [36]

Orthoröntgenographie ↑Orthodiagraphie. [26]

Orthoptist(in): medizin. Personal, dem die Durchführung der konservativen Behandlung des Schielens durch Einwirkung auf die Muskeln (Orthoptik) u. der Amblyopie durch Übungs-, Reiz- u. Okklusionsbehandlung (Pleoptik) obliegt. [36]

Orthostase ⟨*griech*⟩ *f:* aufrechte Körperhaltung; *Adj* orthostatisch auf das Aufrechtstehen bezüglich. [18]

O.-Ekg ↑Steh-Elektrokardiogramm. [10]

O.-Versuch ↑Stehversuch. [10]

Orthostatisches Syndrom: Kreislauflabilität mit Absinken des Pulses entsteht durch vegetative Kreislaufregulationsstörungen, bes. bei asthen. Bindegewebsschwächlingen u. Varikosis. Nach längerem Stehen Blutdruckabfall mit Schwäche, Schwindel, Kollaps. Im Steh-Ekg Verschiebung zum Rechtstyp, Tachykardie, Senkung der ST-Strecken u. Abflachung der T-Zacken in II. u. III. Ableitung. [9]

Ortho-Stellung: (o-), benachbarte Stellung (1,2- oder 5,6-Stellung usw.) zweier Substituenten in einer Ringverbindung. [8]

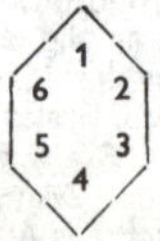

Orthosympathikus ⟨*griech*⟩ *m:* Anteil des vegetativen ↑Nervensystems, auch einfach als Sympathikus bezeichnet. Es handelt sich um die peripheren Abschnitte (afferente u. efferente Nerven) des sympath. Nervensystems. Sie gelangen aus den Seitensäulen des Rückenmarkes mit dessen vorderen u. zum Teil auch hinteren Wurzeln zu den Eingeweiden u. den Blutgefäßen. Dazwischen liegen als Umschaltstationen Ganglien des sympath. Grenzstranges bzw. andere Ganglien, z. B. das Ganglion coeliacum. An den Endigungen der Fasern in den Organen entsteht ein Überträgerstoff (↑Adrenalin bzw. Noradrenalin), der hemmende oder erregende Wirkungen auf die glatte Muskulatur oder auf Drüsenzellen ausübt. Der Überträgerstoff zwischen den präganglionären u. den postganglionären Fasern ist hingegen das weitverbreitete ↑Azetylcholin. Dem O. kann der ↑Parasympathikus bedingt gegenübergestellt werden. [7]

Ortner, Norbert, Internist, Wien.

O' Krankheit ↑Dyspraxia intermittens angiosclerotica abdominalis. [9]

O' Syndrom (1897): linksseitige Kehlkopflähmung bei Mitralstenose. Erweitertes Ortner' Syndrom: Kehlkopflähmung (Rekurrensparese) bei Pulmonalstenose, Vorhofseptumdefekt, offener Ductus Botalli, prim. pulmonale Hypertonie, Perikarditis, Periaortitis. Als Ursache der Kehlkopflähmung ist beim Ortner' Syndrom ein komplexes Geschehen anzunehmen, an dem sowohl die Erweiterung der A. pulmonalis als auch eine Vergrößerung des li. Vorhofes u. eine veränderte Lagebeziehung zwischen Arcus aortae, A. pulmonalis u. li. Vorhof beteiligt sind. [18]

Oryza ⟨*griech*⟩ *f:* Oryza sativa, ↑Reis. [16]

Orzein: rotbraune, chem. uneinheitliche Substanz; Hauptbestandteil des aus Flechten gewonnenen ↑Orseille-Farbstoffes. [16]

~färbung: spez. Färbemethode nach Unna zur Darstellung elast. Fasern. Im Ergebnis sind elast. Fasern stark rotbraun gefärbt [2]

Orzin = Orcin: 3,5-Dihydroxytoluol; Baustein des Orseille- u. Lackmusfarbstoffes; dient als Reagens auf Pentosen, Lignin, Saccharose usw.; gibt mit $FeCl_3$ blauviolette F.; wirkt keimtötend; ↑Orzin-Reaktion. [8]

~färbung: nach Zieler mit Orzinlösung, die mittels Salpetersäure angesäuert ist; Nachfärbung mit Methylenblau; elast. Fasern braun. Die Färbung anderen Gewebes ist mit anderen Farben erreichbar.

~probe (nach M. Bial, modifiziert nach E. Kraft): spez. Nachweis von Pentosen mit dem Reagens nach Kraft. Pentosen pos. bei tiefgrünem Rand im oberen Teil des Harns, dann im ganzen Harn; nach einiger Zeit dunkelgrüner Niederschlag. [16]

~reaktion: chem. Reaktion zum Nachweis u. zur quantitativen Bestimmung von ↑Ribonukleinsäure mittels Orzin in $FeCl_3$-haltigen salzsauren Hydrolysaten, wodurch ein grüner Farbkomplex entsteht, der bei 660 nm photometriert wird. Diese Reaktion ist nicht spezif. für ↑Ribose; daher muß zur Bestimmung des RNS-Gehaltes mittels Orzin auch die DNS-Konzentration bestimmt u. berücksichtigt werden. [8]

Os: chem. Symbol für ↑Osmium. [8]

Ōs, Ōris ⟨*lat*⟩ *n:* der Mund; *Adj* oralis zum Munde (zur Mundhöhle) gehörend. [1]

Ŏs, Ŏssis ⟨*Pl* **Ossa**⟩ ⟨*lat*⟩ *n:* Knochen, Bein, Gebein; *Adj* osseus knöchern. [1]

Os basilare: Schädelbasisknochen; Os occipitale u. Os sphenoidale.

Os breve: kurzer Knochen.

Os capitatum: Kopfbein (Handwurzelknochen).

Ossa carpi: die Handwurzelknochen.

Os centrale carpi: überzähliger Handwurzelknochen, dessen knorpelige Anlage beim Menschen konstant ist. Bei der Verknöcherung in der Regel Verschmelzung mit dem Os scaphoideum.

Os coccygis: Steißbein.

Os costale: Rippenknochen, knöcherner Teil der Rippe.

Os coxae: Hüftbein (Darm-, Sitz- u. Schambein).

Ossa cranii: die Schädelknochen.

Ossa cruris: die Unterschenkelknochen (Schien- u. Wadenbein).

Os cuboideum: Würfelbein (Fußwurzelknochen).

Os cuneiforme mediale, intermedium u. laterale (I, II u. III): 1.–3. Keilbein (Fußwurzelknochen).

Ossa digitorum manus: die Fingerknochen.

Ossa digitorum pedis: die Zehenknochen.

Os ethmoidale: Siebbein; von würfelförmiger Gestalt, aus vielen Knochenblättern zusammengesetzt u. mit vielen Höhlungen versehen. Es liegt vorn in der Mitte der Schädelbasis zwischen den beiden Orbitae, ragt tief zwischen die Gesichtsschädelknochen hinab u. ist mit den meisten derselben verbunden. Es besteht aus der Lamina perpendicularis (mediana) u. den beiden Labyrinthi ethmoidales (Partes laterales). Die letzteren enthalten die Cellulae ethmoidales (Sinus ethmoidales).

Ossa extremitatis pelvinae (JNA) ↑Ossa membri inferioris (PNA).

Ossa extremitatis thoracicae (JNA) ↑Ossa membri superioris (PNA).

Os frontale: Stirnbein; ein muschelförmiger Knochen, der hauptsächlich den Vorderkopf (Sinciput) bildet u. aus vier Teilen besteht: Squama frontalis, Partes orbitales (2) u. Pars nasalis.

Os hamatum: Hakenbein; in der distalen Reihe der Handwurzelknochen.

Os hyoideum: Zungenbein.

Os ilium: Darmbein; Teil des Os coxae (Hüftbein).

Os Incae ↑Inka-Knochen oder Inka-Bein.

Os incisivum = Os intermaxillare ↑Intermaxillarknochen.

Os interparietale: Zwischenscheitelbein; Bezeichnung für Schaltknochen am hinteren Ende der Sutura sagittalis zwischen den Ossa parietalia, auch für das Os Incae gebraucht; ↑Inka-Knochen.

Os ischii: Sitzbein; Teil des Hüftbeins.

Os lacrimale: Tränenbein.

Os longum: langer Knochen, Röhrenknochen.

Os lunatum: Mondbein (Handwurzelknochen).

Ossa membri inferioris: die Knochen der unteren Extremitäten; Beckengürtel u. Beinknochen (Pelvis mit Os sacrum, Os coccygis, 2 Ossa coxae; Femur mit Patella; Tibia, Fibula u. die Ossa pedis).

Ossa membri superioris: die Knochen der oberen Extremitäten; Schultergürtel u. Armknochen (Clavicula, Scapula; Humerus; Ulna, Radius u. die Ossa manus).

Ossa metacarpalia: die Mittelhandknochen.

Ossa metatarsalia: die Mittelfußknochen; fünf zylindrische, leicht gebogene Knochen;

verhalten sich wie die Mittelhandknochen, nur sind sie länger u. stärker.

Os multangulum majus (BNA, JNA) ↑Os trapezium (PNA).

Os multangulum minus (BNA, JNA) ↑Os trapezoideum (PNA).

Os nasale: Nasenbein; ein vierseitiges Knochenplättchen, das mit dem gleichnamigen der anderen Seite den obersten Teil des Nasenrückens bildet.

Os naviculare manus (BNA, JNA) ↑Os scaphoideum (PNA).

Os naviculare (pedis): Kahnbein (Fußwurzelknochen).

Os palatinum: Gaumenbein.

Os parietale: Scheitelbein (Schädeldachknochen).

Os pisiforme: Erbsenbein (Handwurzelknochen).

Os planum: platter Knochen.

Os pneumaticum: lufthaltiger Knochen.

Os Priapi: Priapusknochen; Penisknochen bei Tieren, z. B. Affen, Bären, Hunden usw. Beim Menschen Knochenbildung im Penisgewebe infolge Induratio penis plastica u. anderer Gewebsschädigungen, z. B. nach Blutergüssen, entzündlichen Prozessen u. a.

Os pubis: Schambein; das vordere Stück des Hüftbeins. Es besteht aus einem lateralen hinteren dicken Teil, dem Corpus ossis pubis u. zwei Ästen, einem Ramus superior u. einem Ramus inferior. Diese beiden Äste treffen in einer schmalen, aber ziemlich hohen Knochenplatte zusammen, die an ihrer medialen Seite eine überknorpelte Fläche, Facies symphysialis, trägt.

Os sacrum: Kreuzbein.

Os scaphoideum: Kahnbein; in der proximalen Reihe der Handwurzelknochen gelegen.

Ossa sesamoidea: Sesambeine; kleine plattrunde Knöchelchen in manchen Sehnen.

Os. sphenoidale: Keil- oder Wespenbein (wegen seiner insektenflügelartigen Form); Knochen der Schädelbasis.

Os spongiosum: aus dichtstehenden Bälkchen strukturiert.

Ossa suprasternalia: in seltenen Fällen zwei auf dem kranialen Rand des Manubrium sterni aufliegende Knöchelchen, sollen Abkömmlinge des primordialen Prokorakoids sein.

Os supratalare ↑Pirie' Knochen.

Ossa suturarum: Nahtknochen am Schädel; kleinere oder größere Knochen, die von einer bereits vorhandenen normalen Naht inselartig umschlossen werden.

Ossa tarsi: die Fußwurzelknochen; sieben kurze, verschieden gestaltete Knochen: Talus, Calcaneus, Os naviculare, drei Ossa cuneiformia u. Os cuboideum. Sie sind größer als die Handwurzelknochen, aber nicht wie diese regelmäßig in zwei Reihen gelagert.

Os temporale: Schläfenbein. Es füllt den Raum zwischen Keilbein u. Hinterhauptbein aus u. enthält das Gehör- u. Gleichgewichtsorgan. Der unregelmäßig gestaltete Knochen besteht aus einem vertikalen Teil (Pars squamosa u. Processus mastoideus), der sich an der Bildung der Seitenwand des Schädels beteiligt, u. einem horizontalen Teil (Pars petrosa) ohne Warzenfortsatz, welcher der Schädelbasis angehört, u. Pars tympanica.

Os tibiale externum: akzessorischer Knochen, ↑Doppelknöchel.

Os trapezium: großer vieleckiger Knochen, der in der distalen Reihe der Handwurzelknochen gelegen ist.

Os trapezoideum: kleiner vieleckiger Knochen, der in der distalen Reihe der Handwurzelknochen gelegen ist.

Os tribasilare: Os occipitale u. Os sphenoidale (das aus zwei Teilen hervorgeht).

Os trigonum tarsi (v. Bardeleben): Dreiecksbein, bisweilen (6%) selbständig gewordenes Tuberculum laterale des Processus posterior tali.

Os triquetrum: Dreiecksbein (Handwurzelknochen).

Ossa turbinata ↑Concha nasalis media u. Concha nasalis superior.

Os zygomaticum: Jochbein; knöcherne Grundlage der Wange. [1]

Osazone: Verbindungen von Zuckern mit 2 Molekülen Phenylhydrazin; ↑Monosaccharide. [8]

Oscedo ⟨*lat*⟩ *f:* Gähnen, Gähnkrampf. [28]

Oschelelephantiasis ⟨*griech*⟩ *f:* Elephantiasis des Hodensackes; hochgradige Lymphstörung des Skrotums u. der Hodenscheidenhäute. [24]

Oscheozele ⟨*griech*⟩ *f:* Hernia scrotalis, ↑Hernie. [18]

Öse: ösenförmig gebogener Draht aus Platin oder anderen ausglühbaren Metallen. Dient in der Mikrobiologie zur Überimpfung von Mikroben. Die Sterilisation der Öse erfolgt durch Ausglühen. Der Inhalt einer Öse entspricht etwa 10^9 Bakterien. [40]

Osgood, Robert Bailey (*1873), Chirurg, Boston.

O.-Schlatter' Krankheit: asept. Nekrose an der Tibiaapophyse. [23]

Osiander' Schwangerschaftszeichen: Pulsation der Äste der A. uterina im Zervix-Isthmusbereich bei Schwangerschaft: sonst nur kurz vor der Regel zu tasten; unsicheres Zeichen. [29]

Osler, William (1849–1919), Pathologe, Chicago, Oxford.

O' Krankheit: Syn. hereditäre, hämorrhag. Teleangiektasie oder Angiomatose; vaskulär bedingte hämorrhag. ↑Diathese infolge dominant vererbbarer Gefäßanomalien mit angeborenen, umschriebenen Erweiterungen von Kapillaren u. arteriellen Präkapillaren. Die angiomartigen Gefäßmißbildungen sind Anlaß zu heftigen Blutungen aus Nase, Mundhöhle, Lunge, Verdauungs- u. Harnwegen, die zur posthämorrhag. ↑Anämie führen. [11]

Osmidrosis ⟨*griech*⟩: Absonderung von übelriechendem Schweiß. [43]

Osmium: chem. Symbol Os, Metall der Platingruppe, 6- u. 8wertig. Eine biolog. Bedeutung der Platinmetalle ist nicht bekannt; ↑Osmiumsäure. [8]

~säure: OsO_4; Anwendung in der Licht- u. Elektronenmikroskopie als Fixierungsmittel mit den geringsten Schrumpfungserscheinungen im Strukturbild der Zelle u. in der Mikrobiologie zum Fixieren von Protisten u. Pilzen, ferner zum Nachweis von Fettstoffen u. Lipiden, die sich durch entstehendes Osmiumdioxid gelbbraun-schwarz färben (z. B. Markscheidendarstellung der markhaltigen Nervenfasern). [2]

~tetroxid ↑Osmiumsäure. [8]

Osmologie ⟨*griech*⟩: Syn. Osphresiologie; Lehre vom Geruchssinn. [28]

Osmometer ⟨*griech*⟩ *n:* Vorrichtung zur Messung des osmot. Drucks. Sie besteht aus einem Gefäß, das mit der Lösung gefüllt wird, deren osmot. Druck zu messen ist u. das mit einer semipermeablen Membran gegen seine Umgebung abgeschlossen ist (Boden aus Kollodium oder Zellophan oder Tonzelle, deren poröse Wandung mit einer Niederschlagsmembran aus Ferrozyankupfer versehen ist). Das Gefäß kommt in einen Wasserbehälter u. der Druck, mit dem das Wasser durch die semipermeable Membran in das Gefäß eindringt, wird mittels eines an das Gefäß angeschlossenen Manometers gemessen (statisches O.). Beim dynam. O. wird der Druck gemessen, der auf die Lösung ausgeübt werden muß, um den Wasserzufluß zu verhindern. [7]

Osmoregulation ⟨*griech, lat*⟩: der osmot. Druck der extra- u. intrazellulären Körperflüssigkeit beträgt unter normalen Bedingungen 0,33 osmol. Er ist vor allem durch die Konzentration an Na^+, K^+, Cl^- bedingt. Da der Organismus mit Urin, Kot u. Schweiß ständig Elektrolyte abgibt u. mit der Nahrung eine wechselnde Menge von Mineralien aufnimmt, wird eine Regelung des osmot. Druckes durch den Organismus angenommen. Im Hypothalamus finden sich Rezeptoren, die auf Veränderungen des osmot. Druckes im Blut reagieren. Auf hormonellem Wege wird die renale Ausscheidung der Elektrolyte (↑Mineralokortikoide der Nebennierenrinde) u. des Wassers (↑Adiuretin des Hypophysenhinterlappens) beeinflußt. Über das Trinkzentrum des Hypothalamus wird die notwendige Wasseraufnahme angeregt. [7]

Osmorezeptoren ↑Osmoregulation. [7]

Osmose ⟨*griech*⟩ *f:* Wasserverschiebung zwischen 2 Lösungen mit verschiedenen Konzentrationen über eine semipermeable Membran. Wenn 2 Lösungen durch eine Membran getrennt sind, welche für die gelösten Teilchen undurchlässig ist, wandert das Wasser so lange durch die Scheidewand, bis beide Lösungen die gleiche Konzentration aufweisen. Die Wasserverschiebung kann durch Druck verhindert werden. Der osmot. ↑Druck hängt von der Anzahl der gelösten Teilchen u. der Temperatur ab. [7]

Osmotherapie: therapeut. Maßnahme mit dem Ziel des Wasserentzugs aus Geweben. Durch Einspritzen von Lösungen mit hohem osmot. Druck, d. h. höherer Konzentration, als dem Blutplasma bzw. der Gewebsflüssigkeit entspricht, kommt es zur osmot. Diffusion von Wasser aus dem Gewebe in das Blut. So eignen sich hierfür Lösungen, deren gelöste Teilchen die Blutbahn nur langsam in Richtung zum Gewebe verlassen u. dadurch den erforderlichen osmot. Druckunterschied zwischen Blut u. Gewebe über die Kapillarwände hinweg aufrechterhalten. Man benutzt das Verfahren bei Hirnödem, Lungenödem usw. Meist verwendet man 0- bis 20%ige Glukoselösungen oder neuerdings Lösungen stoffwechselträger Moleküle wie Mannitol u. a. [7]

Osone: aus den Osazonen kann man mit rauchender Salzsäure die beiden Moleküle Phenylhydrazin abspalten, wobei die Ketonaldehyde –CO–CHO der betreffenden Zucker entstehen. [8]

Ösophagektomie ⟨*griech*⟩: Totalentfernung der Speiseröhre wegen Striktur oder Karzinom. Rekonstruktion durch antethorakale oder retrosternale Anastomosierung des verbleibenden Halsteils mit dem Magen, einer Darmschlinge, heute meist mit dem Colon ascendens oder descendens. [18]

Ösophagismus ⟨*griech*⟩ *m* ↑Ösophagospasmus. [28]

Ösophagitis ⟨*griech*⟩: Entzündung der Speiseröhre.

Oe. exfoliativa: bes. Entzündungsform, bei der es zur Abstoßung von röhrenförmigen Membranen aus dem Ösophagus kommt. [18]

Ösophagoduodenostomie ⟨*griech*⟩: operative Vereinigung von Speiseröhre u. Zwölffingerdarm durch Anastomose nach Magenentfernung. [18]

Ösophago|dynie ⟨*griech*⟩ *f:* neuralg. funkt. Schmerzempfindung in der Speiseröhre. Meist durch Schluckakt ausgelöst oder verstärkt, wird dieser Schmerz von dem Kranken hinter dem Brustbein lokalisiert (Ösophagismus); häufig hyster. Spasmus (Kloßgefühl).

~enterostomie: operativ angelegte Verbindung zwischen Speiseröhre u. Darm nach Magenentfernung durch Anastomose.

~jejunostomie: operative Vereinigung der Speiseröhre u. des oberen Dünndarms (die oberen zwei Fünftel des Dünndarms abwärts vom Zwölffingerdarm). [18]

~skopie: direkte Besichtigung der Speiseröhre mittels eines ↑Endoskops (Autoskop Killian, Brünnings, Hasslinger).

~spasmus: Krampf der quergestreiften Muskulatur des Ösophagus, verursacht Schluck- u. Schlingbeschwerden. Vorkommen bei nervösen Individuen, psych. Affektionen, Tabes, Lyssa. [28]

~stomie: Eröffnung des Ösophagus zwecks Anlage einer Speiseröhrenfistel. Sie wird prakt. nur noch bei tierexperimentellen Untersuchungen ausgeführt; ↑Scheinfütterung. [18]

Ösophagotom ⟨*griech*⟩: Instrument, das in den Ösophagus eingeführt wird, um von innen her Strikturen zu durchschneiden u. Probeexzisionen bei Tumoren auszuführen; ↑Oesophagotomia interna. [18]

Ösophagotomie ∗ **Oesophagotomia** ⟨*griech*⟩ *f:* operative Eröffnung der Speiseröhre von außen, meist im Halsteil (Oe. externa cervicalis), z.B. zur Entfernung von verschluckten Fremdkörpern. In den unteren Bereichen heute auf transpleuralem Wege. Das Endziel ist immer der prim. Verschluß durch Naht.

Oe. interna: Einschnitt mit Hilfe eines Spezialinstrumentes (Ösophagotom) von innen her, um z.B. Mediastinalabszesse zu spalten oder bei Mediastinitis Entlastung zu verschaffen. Wird auch durchgeführt zur sog. Schwellendurchtrennung bei Ösophagusdivertikeln. [18]

Ösophagotrachealfistel: abnorme Verbindung zwischen Speiseröhre u. Luftröhre; 1. kongenitale Ö.: als Hemmungsmißbildung aufzufassen, häufig mit Ösophagusatresie verknüpft, die Fistel liegt typischerweise in Höhe der Bifurkation; ↑Ösophagusatresie; 2. erworbene Ö.: bei zerfallendem Ösophaguskarzinom oder anderen wandzerstörenden Prozessen der Speise- oder Luftröhre. [5]

Ösophagus ∗ **Oesophagus** ⟨*griech*⟩ *m:* die Speiseröhre; ein muskulöser, etwa 25 cm langer Schlauch, der am unteren Ende des Pharynx beginnt u. letzteren mit dem Magen verbindet. Den Ö. gliedert man in die drei Abschnitte: Pars cervicalis, Pars thoracica, Pars abdominalis. In seiner Schleimhaut befinden sich zahlreiche Drüsen, welche die Wandung schlüpfrig halten u. damit den Durchgang der Bissen erleichtern. [1]

~ableitungen: besser Ösophagealableitung genannt; wird in der Elektrokardiographie u. a. zur besseren Darstellung von Hinterwandinfarkten benutzt. Hierbei wird eine Ösophagussonde, die an ihrer Spitze einen Metallknopf trägt, an welchem ein Metalldraht angelötet ist, vom Pat. geschluckt u. bis zu 40 cm tief eingeführt. Es wird dann wie bei den unipolaren oder semiunipolaren Ableitungen des Ekg mit Hilfe einer zweiten herzfernen (bzw. Wilson-) Elektrode registriert. [10]

~atresie: durch Hemmungsmißbildung bedingte, abgeborene Undurchgängigkeit der Speiseröhre. Davon kann der Ösophagus in ganzer Ausdehnung betroffen sein; die meisten Verschlüsse liegen jedoch in Höhe der Bifurkation der Trachea u. stehen mit der Luftröhre durch Ösophagotrachealfisteln in Verbindung. Diagnose durch Röntgendurchleuchtung mit Kontrastfüllung; Behandlung durch sofortige Operation.

~ballsonde (nach Sengstaken–Blakemore): zur Nothilfe u. Kompression blutender Varizen der Speiseröhre bei portaler Hypertension.

~blutung: Blutung aus der Speiseröhre; a) nach Verletzungen, b) aus Ösophagusvarizen beim Pfortaderhochdruck, c) bei Ösophagitis. [18]

~divertikel: umschriebene sackförmige Ausbuchtung der Speiseröhrenwand; 1. ↑Pulsionsdivertikel oder Zenker' Divertikel; entsteht durch Innendruck an präformierter gewebsschwacher Wandstelle, u. zwar im Halsabschnitt (zervikales Divertikel) u. oberhalb des Zwerchfelldurchtritts (epiphrenales D.). Das zervikale Ö. wird auch wegen des Sitzes am Übergang von Pharynx zum Ösophagus Grenzdivertikel genannt; 2. ↑Traktionsdivertikel; entsteht durch Zug von außen, z. B. bei schrumpfenden Hilus- u. Bronchiallymphknoten. Sie sitzen daher meist in Höhe der Bifurkation an der Vorderwand (epibronchiales Divertikel).

~ektasie: spindelförmige oder zylindr. Erweiterung der Speiseröhre, bedingt durch Stauung oberhalb einer Tumorstenose, Striktur oder Spasmus. Seltenes Vorkommen beim angeborenen Megaösophagus. [18]

~geschwülste ↑Ösophagustumoren.

~karzinom: Krebs der Speiseröhre. [25]

~krampf = Ösophagospasmus ↑Ösophagismus, Ösophagodynie.

~sonde: lange, stärkere Sonde, nach dem Prinzip der Knopfsonde gebaut. Früher in erster Linie diagnost. verwandt; heute durch Röntgen-Kontrastdarstellung u. Ösophagoskopie verdrängt; ↑Hacker' Sondierung u. Bougie.

~stenose: Speiseröhrenverengung; 1. gutartig infolge angeborener Mißbildung oder als Endzustand nach Verätzungen; 2. bösartig infolge von Tumoren, die das Lumen verlegen. Dabei handelt es sich meistens um Karzinome. [18]

~tumoren: Geschwülste der Speiseröhre; 1. gutartig (selten), Fibrome, Lipome, Hämangiome; 2. bösartig, vorwiegend Plattenepithelkarzinome. [25]

~varizen *f, Pl:* Speiseröhrenkrampfadern; durch Pfortaderhochdruck hervorgerufene Erweiterung der Speiseröhrenvenen, bedingt durch den Kollateralkreislauf des gestauten Pfortaderblutes über die Magenvenen nach den unteren Speiseröhrenvenen. Meist bei ↑Leberzirrhose. Neigungen zu Blutungen, die lebensbedrohliche Formen annehmen können. [18]

Osphresiologie ⟨*griech*⟩ *f:* Syn. Osmologie, Lehre vom Geruchssinn. [28]

Ossein: Gerüsteiweiß (Skleroprotein) der Knochen, gehört zur Gruppe der Kollagene; geht beim Erhitzen in wäßrig saurer Lösung unter Hydrolyse u. Abspaltung von Ammoniak in Leim bzw. Gelatine über. [16]

Ossiculum ⟨*lat*⟩: Knöchelchen; Ossicula tympani: Gehörknöchelchen. [28]

Ossidesmosis hypertrophica ⟨*lat, griech*⟩ (Kienböck): Verknöcherung des Bandapparates an den großen Gelenken, am Becken u. an der Wirbelsäule. [23]

Ossifikation ⟨*lat*⟩: Verknöcherung, Knochenbildung. Man kann unterscheiden: 1. physiolog. O. ↑Knochenentwicklung; 2. patholog. O., zumeist auf der Basis einer vorangegangenen patholog. Verkalkung; z.B. Verknöcherung tuberkulöser Nekrosen (Lunge, Lymphknoten) u. pleurit. oder perikardit. Schwarten (Panzerherz), Knochenbildung in der Gefäßwand bei Arteriosklerose u. bei Mönckeberg' Mediasklerose, in der Muskulatur im Gefolge chron. Reize (Myositis ossificans) u. im Knorpel (Tracheo- oder Bronchopathia osteoplastica). [4]

Ossifikations|kern ↑Knochenkern.

~störungen: Störungen bei der normalen Knochenbildung, bes. bei Rachitis. [4]

Ossikulektomie ⟨*lat, griech*⟩: operative Entfernung der Gehörknöchelchen. [28]

Ostealgie ⟨*griech*⟩: vom Knochen ausgehender Schmerz. [23]

Osteo|akusis ⟨*griech*⟩ *f* ↑Kopfknochenleitung. [28]

~anästhesie: Knochenunempfindlichkeit, z.B. Fehlen der Vibrationsempfindung. [23]

~arthritis: Knochen- u. Gelenkentzündung, deren Entstehungsursache verschieden sein kann. Der Krankheitsherd kann von einem Knochenherd in das Gelenk durchbrechen, wie das z.B. bei Tuberkulose häufig ist, kann aber auch vom Gelenk auf den Knochen übergreifen. [15]

Osteoarthropathie ⟨*griech*⟩: Syn. Osteoarthrose; Mitbeteiligung des Knochens bei einer degenerativen Gelenkerkrankung. Die im Röntgenbild nachweisbaren Knochenrandzacken (-wülste) im Gelenkbereich sind Folge des vegetativ ausgelösten Reizes bei einer Schädigung des Gelenkknorpels; ↑Arthropathia deformans.

O. hypertrophiante (pneumonique) ⟨*griech, frz*⟩ *f* (Pierre Marie) ↑Osteoperiostitis ossificans toxica. [23]

Osteoarthrose ↑Osteoarthropathie. [23]

Osteoblasten ⟨*griech*⟩ *m, Pl:* aus mesenchymalen Zellen entstehende, zytoplasmareiche Knochenbildungszellen, die wahrscheinlich an der in der Umgebung der Zelle stattfindenen Fibrillenbildung beteiligt sind. Durch die Entwicklung von unverkalkter Knochengrundsubstanz (= Osteoid) werden die Osteoblasten schließlich eingemauert u. dann als Osteozyten bezeichnet. Im Knochenmarkpunktat sind mitunter einzelne oder mehrere O. mit granuliertem Zytoplasma nachweisbar. [2]

Osteoblastom ⟨*griech*⟩ *n:* ein vom Knochen ausgehendes Gewächs. [23]

Osteochondritis ⟨*griech*⟩ *f:* im weitesten Sinn Knochen-Knorpel-Entzündung, da meist degenerativ bedingt heute ↑Osteochondrosis genannt.

O. syphilitica: schon pränatal entstehende u. bei der Geburt nachweisbare Störung des enchondralen Knochenwachstums bei konnataler Syphilis. Es kommt zu einer Verbreiterung der Verkalkungszone im Epiphysenfugenbereich, bes. an den langen Röhrenknochen. [23]

Osteochondrolysis ⟨*griech*⟩ *f:* Absprengung von Knochenknorpelstücken aus einem Gelenkkörper im Erwachsenenalter, hervorgerufen durch epiphysäre Ossifikationsstörungen im Wachstumsalter.

O. dissecans coxae: die beim ↑Kretin endokrin bedingte schwere Ossifikationsstörung mit Absprengung von Knorpel-Spongiosastücken aus dem Hüftkopf. Sie führt zu groben Verformungen der Oberschenkelhüftköpfe. [23]

Osteochondrom ⟨*griech*⟩ *n:* auch Chondroma ossificans; Geschwulst aus Knorpel- u. Knochengewebe, auch Chondrom mit Kalkablagerungen, das häufig zusätzlich Ossifikationen aufweist. [25]

Osteochondropathia deformans coxae juvenilis = Osteochondrosis deformans coxae juvenilis (Calvé–Legg–Perthes) = Perthes' Erkrankung: asept. Nekrose des Knochenkerns der Oberschenkelkopfkalotte bei Kindern (4–14 Jahre) mit Kompression, Verlust der normalen Spongiosastruktur u. Verbreiterung des Kopfes u. Schenkelhalses bei intaktem Gelenkknorpel. Röntgenolog.

erscheint der Gelenkspalt verbreitert. Ohne entsprechende frühzeitige Behandlung Kopfdeformierung (Pilzform); Entstehung spontan bei herabgesetzter Tragfähigkeit des Gelenkes, entzündliche oder durch Gefäßverschluß bzw. nach kongenitaler Hüftluxation. „Pfannen-Perthes" osteonekrot. Vorgang an der Hüftgelenkpfanne. Die Perthes' Erkrankung kommt auch familiär vor. [23]

Osteochondrosarkom ⟨*griech*⟩ *n:* bösartige knochen- u. knorpelbildende Geschwulst. [5]

Osteochondrose ⁎ **Osteochondrosis** ⟨*griech*⟩ *f:* degenerativer Knochen-Knorpel-Prozeß, zuweilen gebraucht als Ausdruck für Arthrose, Arthropathie oder für den Bandscheiben u. Wirbel ergreifenden Vorgang bei der Spondylose. [13]

O. deformans coxae juvenilis: Osteochondropathia deformans coxae juvenilis.

O. deformans juvenilis dorsi ↑Scheuermann' Krankheit.

O. dissecans (König): gehört zu den asept. Knochennekrosen. Ein subchondral gelegenes, nekrot. Knochenstück wird gegenüber seiner Umgebung abgegrenzt u. so röntgenolog. nachweisbar (Maus u. Mausbett). Im weiteren Verlauf kann es zur Abstoßung des nekrot. Knochenstückes mit dem darüberliegenden Gelenkknorpel kommen (freie Körper). Der freie Körper kann durch Wucherung des lebend bleibenden Knorpels wachsen. Häufigste Lokalisation Kniegelenk, Hüfte, Ellenbogen u. Sprungelenk. Entstehung mechan.-traumat.; auch Auftreten von Epiphysen-Nebenkernen wird diskutiert. [23]

O. ischiopubica ↑van Neck-Odelberg' Krankheit.

O., juvenile ↑Scheuermann' Krankheit. [32]

Osteodynie ⟨*griech*⟩ *f:* vom Knochen ausgehender Schmerz. [23]

Osteodystrophia (Ostitis) cystica ⟨*griech*⟩ *f* ↑Osteodystrophia fibrosa generalisata.

O. deformans = Ostitis deformans (Paget).

O. fibrosa ↑Osteofibrosis deformans juvenilis.

O. fibrosa generalisata (Recklinghausen) = Ostitis fibrosa generalisata: innersekretor. bedingte Systemerkrankung des Skeletts, die vorwiegend Frauen befällt u. durch Mineralstoffwechselstörungen, schnell fortschreitende Skelettentkalkung u. ein Epithelkörperchenadenom gekennzeichnet ist. Die Stoffwechselstörung wird auf eine übergeordnete zentral-hormonale Funktionsstörung bezogen u. besteht in einer vermehrten Bildung von Epithelkörperchenhormon (Parathyroid-, Parathormon), verstärkter Absonderung von Kalk u. Phosphat durch die Nieren, Hyperkalzämie u. Hypophosphatämie. Das Epithelkörperchenadenom wird heute nicht mehr als Ursache, sondern nur als Ausdruck einer verstärkten Hormonbildung („primärer" Hyperparathyreoidismus) aufgefaßt. Am Knochen diffuse Entkalkung, Verbiegung, Spontanfrakturen. Auftreibungen durch Zysten (Osteodystrophia fibrosa cystica generalisata) u. hämosiderinhaltige Riesenzellgeschwülste (braune Tumoren), die als Resorptions- oder Granulationsgeschwülste anzusehen sind. Mikroskop. gesteigerter Knochenabbau mit lakunärer u. dissezierender Resorption; Osteoidbildung u. Fasermark; schlechte Prognose, gelegentlich Spontanheilung. Folgen sind Nierenverkalkung u. -steine, Nephrose. Umgekehrt können chron. Nierenerkrankungen zu ganz ähnlichen Mineralstoffwechselstörungen (renaler, sekundärer Hyperparathyreoidismus) u. Knochenveränderungen führen (renale O. fibr. gen.). Die Bezeichnung Ostitis fibrosa localisata ist irreführend, der Befund meist Ausdruck umschriebener Knochenzysten, Riesenzelltumoren oder anderer prognost. günstiger Veränderungen, die keine Mineralstoffwechselstörungen aufweisen.

O. fibrosa localisata: braune ↑Tumoren. [5]

Osteoektomie ⟨*griech*⟩ *f:* operative Auslösung eines Knochenteils. [18]

Osteofibrom ⟨*griech*⟩ *n:* ossifizierendes Fibrom, das sek. zum ↑Osteom führt; ↑Knochenfibrom. [25]

Osteofibrose ⁎ **Osteofibrosis** ⟨*griech*⟩ *f:* Zunahme der faserigen Zwischensubstanz im Knochenmark auf Kosten des eigentlichen Parenchyms, in der Regel als Folge von Erkrankungen des zellulären Knochenmarkes. Höchster Grad ist die von Albers–Schönberg beschriebene ↑Marmorknochenkrankheit mit völliger Verknöcherung der neugebildeten retikulären Zellen. Geringere Formen bei Knochenmarkerkrankungen chem. u. entzündlicher Art, bei aplast. Veränderungen als Ersatz des ausgefallenen Parenchyms.

O. deformans juvenilis (Uehlinger) = fibröse Dysplasie (Jaffé–Lichtenstein) = Osteodystrophia fibrosa: in der Kindheit beginnende u. in Schüben verlaufende Knochenerkrankung, die mon- oder polyostot. bes. am Ober- u. Unterschenkel auftritt. Durch Umwandlung des Knochenmarkes in derbes Bindegewebe (Markfibrose), Spongiosierung u. exzentr. Atrophie der Kompakta kommt es zur Auftreibung der langen Röhrenknochen u. zu Spontanfrakturen, die glatt aber ohne Kallus heilen. Die Folge sind starke Verkrümmungen der Knochen (Coxa vara). [23]

osteogen ⟨*griech*⟩: vom Knochen stammend, vom Knochen ausgehend. [23]

Osteogenese ⁎ **Osteogenesis** ⟨*griech*⟩ *f:* Knochenbildung.

O. imperfecta: seltene Erkrankung Neugeborener, die auf eine angeborene Minderwertigkeit des Bindegewebes bezogen wird u. sich bes. in mangelhafter Knochenbildung (Osteoblasteninsuffizienz) ausdrückt. Da der Knochenabbau ungestört ist, entsteht eine abnorme Knochenbrüchigkeit (↑Osteopsathyrose), daneben findet man eine dünne, zerreißliche Haut u. blaue (dünne) Skleren. Die Kinder kommen meist tot zur Welt oder sterben früh. Selten entwickelt sich bei geringerer Ausprägung erst im Laufe des Lebens eine abnorme Knochenbrüchigkeit, Osteogenesis imperfecta tarda. Fast ausschließlich autosomal dominante Vererbung. [5]

O. imperfecta letalis ↑Vrolik' Krankheit. [32]

Osteoid *⟨griech⟩ n:* osteoides Gewebe, unfertiges noch nicht verkalktes Knochengewebe; Vorkommen bei normaler u. krankhaft gestörter Knochenentwicklung, krankhaftem Knochenumbau sowie in Knochengeschwülsten.

~osteom: osteoblastische ↑Krankheit.

~sarkom: bösartige Knochengeschwulst, in der unverkalkte Knochengrundsubstanz (Osteoid) gebildet wird. [5]

Osteo|kampsis *⟨griech⟩ f:* Beseitigung von Knochenverbiegungen.

~klasie: gewaltsames Brechen verkrümmter Knochen mit der Hand über einem Keil oder in einem Apparat (Osteoklast). [23]

~klasten *m, Pl:* aus mesenchymalen Zellen u. aus Kapillarendothelien entstehende etwa 80–100 μm große bis etwa 100 Zellkerne aufweisende Knochenzerstörungszellen, die während des Knochenaufbaues gleichzeitig für den Abbau der Knochensubstanz sorgen. Bes. gut sind diese Knochenumbauvorgänge an den Knochen der Schädeldecke zu beobachten. Die O. zeigen amöboide Beweglichkeit. Sie liegen in muldenförmigen Resorptionsbezirken des Knochens (↑Howship' Lakunen). O. sind mitunter im Knochenmarkpunktat nachweisbar. [2]

~klastom *n* = Ostitis fibrosa localisata: braune ↑Tumoren. [25]

~kopie *f* = Dolores osteocopi nocturni: nächtlich auftretender bohrender oder klopfender Schmerz, bes. am Schienbein bei Knochensyphilis.

~logie: Knochenlehre. [23]

~lyse: Zerstörung von Knochengewebe, z.B. durch Knochentumoren u. Metastasen. [5]

Osteom ⁎ **Osteoma** *⟨griech⟩ n:* gutartige Knochengeschwulst.

O. durum = O. eburneum: aus hartem Knochengewebe bestehend.

O. medullare: Knochengeschwulst, durchsetzt von großen Markräumen mit Fettgewebe, blutbildendem Mark u. Bindegewebe.

O. spongiosum: gutartige Knochengeschwulst, die im Inneren schwammige Knochen- u. Markräume enthält. [25]

Osteomalazie ⁎ **Osteomalacia** *⟨griech⟩ f:* Erweichung der normal entwickelten u. ausgewachsenen Knochen unter starker Kalkverarmung u. unter Auftreten von osteoidem Gewebe, wobei der Knochen biegsam u. schneidbar wird; häufig verbunden mit Osteoporose u. davon nicht immer scharf zu trennen. Ursachen: z.T. Ernährungs- (D-Avitaminosen), z.T. endokrine Störungen. Während der Schwangerschaft oder im Puerperium (physiolog. O.), im Alter (senile O.) bei allg. Ernährungsstörung Hungermalazie. [5]

Osteomyelitis acuta *⟨griech, lat⟩ f:* mit akuten u. schweren Allgemeinerscheinungen beginnende eitrige Knochenmarkentzündung der langen Röhrenknochen, bes. der unteren Extremität, vorwiegend im jugendlichen Alter. Der Primärherd sitzt in der Metaphyse. Durch eitrige Einschmelzung u. Bildung eines Granulationsgewebes kommt es anfangs zu destruktiven Veränderungen. Bei Einbruch in die Markhöhle entwickelt sich die Markphlegmone, bei Durchbruch unter das Periost die eitrige Periostitis. Das von Eiter umspülte u. von Granulationsgewebe abgegrenzte Kompaktagebiet wird nekrot. u. zum Sequester (Mark-, Rinden-, penetrierender, totaler Sequester je nach Lokalisation u. Ausdehnung). Dieser bleibt liegen oder wird ausgestoßen bzw. operativ entfernt. Später führt der Entzündungsreiz zu einer reaktiven Knochenneubildung (Periostitis ossificans, Sklerose). Ein Totalsequester kann dadurch vollkommen von der neugebildeten Knochenschale umgeben werden (Totenlade). Das benachbarte Gelenk kann mitbeteiligt sein (sympath. Erguß oder auch Gelenkempyem, wenn die eitrige Entzündung von dem metaphysären Herd zum Gelenk hin durchbricht). Entstehung 1. hämatogen, 2. durch lokale Infektion. Behandlung u. Verlaufsform durch Einführung der Antibiotika wesentlich geändert. [23]

Osteomyelo|fibrose *⟨griech⟩ f:* Syn. Myelofibrose, Myelosklerose; fortschreitende Vermehrung der faserigen Zwischensubstanz im Markraum auf Kosten des blutbildenden Gewebes. Die Folgen sind ähnlich wie bei der ↑Osteomyelosklerose.

~retikulose ↑Osteomyelosklerose.

~sklerose: Erkrankung mit fortschreitender Fibrosierung (↑Osteomyelofibrose) u. irregulärer Knochenneubildung (Osteosklerose), die zur Einengung des Markraumes mit Verdrängung der normalen Blutbildung führt. Beginn im Stammskelett mit anschließendem Übergreifen auf die Peripherie. Gleichzeitig entwickelt sich eine myeloische ↑Metaplasie, vor allem in Leber u. Milz, die insbes. zur ausgeprägten ↑Splenomegalie führt. Im peripheren Blut bei vorwiegend erhöhten Leukozytenzahlen Auftreten unreifer Vorstufen der Leukopoese (leukämoides ↑Blutbild), häufig auch von Erythroblasten u. freien Megakaryozytenkernen. Typische O. wurden von Heuck u. Assmann beschrieben; bei den sog. Myelosklerosen vom Typ Vaughan-Harrison handelt es sich um Myelofibrosen ohne Osteosklerose. Ätiologie u. Pathogenese des Leidens sind unbekannt, man spricht daher von idiopath. O. Nach Apitz sind die Umbauvorgänge am Mark- u. Knochengewebe Folge einer serösen Entzündung (seröse Myelitis), während Rohr ursächlich eine autonome Gewebswucherung des embryonalen blutbildenden Mesenchyms annimmt u. das Krankheitsbild den neoplast. ↑Retikulosen unter der Bezeichnung Osteomyeloretikulose zuordnet. Neben den idiopath. Formen wurden reaktive Markfibrosen u. -sklerosen im Verlauf anderer Erkrankungen beobachtet (z. B. bei Knochenmarkkarzinose, prim. u. sek. Hyperparathyreoidismus, Knochenmarktuberkulose u. a. sowie nach Behandlung mit ionisierenden Strahlen u. Zytostatika. [11]

Osteon ⟨*griech*⟩ *n:* lamelläre Grundeinheit des Knochengewebes, bestehend aus allen um einen ↑Havers' Kanal konzentr. angeordneten Knochenlamellen. [2]

Osteonekrose ⟨*griech*⟩ *f* ↑Knochennekrose. [23]

Osteoonychodysplasie ⟨*griech*⟩ *f:* angeborene Systemerkrankung mit mesodermalen u. ektodermalen Störungen nach 7. bis 8. Fetalwoche. [23]

Osteopädion ⟨*griech*⟩ *n:* „Knochenkind", ↑Lithopädion. [29]

Osteopathie ✱ **Osteopathia** ⟨*griech*⟩: Knochenerkrankung.

O. haemorrhagica infantum ↑Möller–Barlow' Krankheit.

O. hyperostotica (scleroticans) multiplex infantilis: Syn. Engelmann' Krankheit, Camurati–Engelmann' Syndrom. Im Kindesalter auftretendes familiär-erbliches Leiden mit symmetr. Sklerosierung der Diaphysen der langen Röhrenknochen (wahrscheinlich als Ausdruck einer Verknöcherungsstörung) u. regredienter Myopathie. [32]

O. hypertrophicans toxica ↑Osteoperiostitis ossificans toxica. [23]

Osteoperiostitis ⟨*griech*⟩ *f:* Knochenhautentzündung.

O. ossificans toxica: Syn. Osteopathia hypertrophicans toxica; Marie–Bamberger' Krankheit (Ostéoarthropathie hypertrophiante pneumonique); chron. Periostitis an den langen Röhrenknochen, die durch Knochenneubildung zu einer Schaftverdickung führt. Äthiolog. werden Toxinwirkungen bei chron. Lungen- u. Herzerkrankungen angeschuldigt. Klin. Kennzeichen Knochen- u. Gelenkschmerz (Arthritis), ↑Trommelschlegelfinger. [23]

Osteopetrosis ⟨*griech*⟩ *f* ↑Marmorknochenkrankheit. [5]

Osteophagen ⟨*griech*⟩ *m, Pl* ↑Osteoklasten. [2]

Osteoplastik ⟨*griech*⟩: osteoplast. Operation; Operationsverfahren zur Überbrückung, zur Ausfüllung oder zum Ersatz eines Knochendefektes (z. B. bei Defektpseudarthrosen, bei Defekten nach Tumorexstirpation), zur Gelenkversteifung, zur Versteifung eines Wirbelsäulenabschnittes, bei Luxationen (Pfannendachplastik bei Hüftluxation) u. zum plast. Fingerersatz. Bei allen diesen Operationen wird ein Knochentransplantat verwendet. Dieses kann autoplast., homoioplast. (Knochenbank) oder auch heteroplast. sein. Es kann frei oder auch im Zusammenhang mit einem Hautmuskellappen, unmittelbar oder zweizeitig transplantiert werden. Bei der zweizeitigen Transplantation wird ein freier Span erst unter die Bauchhaut u. später mit dieser verpflanzt (Os novum). Das Knochentransplantat kann aus Spongiosa bestehen (Spongiosaplastik nach Matti), aus einem freien Knochenspan (fester Span, biegsamer Hobelspan, Spanplastik) oder aus einem ganzen Knochenteil. Bei gleichzeitiger Verwendung eines Marknagels spricht man von stabiler Osteoplastik (Lezius). Osteoplast. sind auch verschiedene Amputationsverfahren (Abrashinow, Pirogow, Gritti usw.). [23]

Osteopoikilie ⟨*griech*⟩ *f* (Albers-Schönberg, 1915): seltene Knochenerkrankung mit multiplen bis bohnengroßen fleckförmigen Verdichtungen des Markraumes, bes. der Hand- u. Fußwurzelknochen. Keine nennenswerten klin. Erscheinungen. [5]

Osteoporose ⟨*griech*⟩: bes. im Alter vorkommender Schwund des Knochens mit Abbau der Kompakta von innen u. grobmaschiger Erweiterung der Markräume; ↑Osteomalazie. [5]

Osteopsathyrose ⟨*griech*⟩: angeborene Knochenbrüchigkeit, z. T. erblich, infolge unvollkommener Bildung fester Knochensubstanz von seiten des Periosts u. des Markes. Längenwachstum nicht gestört. Die Knochen sind dünn u. brechen außerordentlich leicht (Glasknochen). Sie heilen aber normal, jedoch mit starken Verkrümmungen. Bei den meisten Jugendlichen schwindet die Neigung zur Knochenbrüchigkeit im 18.–20. Lebensjahr. Sie kann schon bei der Geburt bestehen oder erst später auftreten. Bei der zum gleichen Komplex gehörenden ↑Osteogenesis imperfecta kommt zur Knochenbrüchigkeit eine auffällige Blaufärbung der Skleren u. Schwerhörigkeit hinzu. Die Vrolik' Krankheit ist charakterisiert durch hochgradig blaue Skleren, Frakturen bereits intrauterin, weicher Schädel (Kautschukkopf), frühzeitiger Tod. [23]

Osteosarkom ⟨*griech*⟩ *n:* maligne Tumoren mit prim. Sitz im Skelettsystem; 1. osteogene Tumoren, von der Knochenmatrix ausgehend, osteolyt. (osteoklast.) oder osteosklerot. (osteoplast.) wachsend; 2. vom Knochenbindegewebe im engeren Sinne ausgehend Spindelzell- bzw. Fibrosarkome; 3. vom Knochenmark ausgehend, ↑Ewingsarkom, ↑Retikulosarkom, ↑Plasmozytom, ↑Lymphosarkom; 4. parostale Tumoren; 5. von Gefäßen u. Nerven des Knochens ausgehende Tumoren: Hämangioendotheliom, Neurosarkom; 6. arthrogene Tumoren. [25]

Osteosklerose ⟨*griech*⟩: örtliche (bes. nach Entzündung) oder allgemeine Verdichtung der Knochensubstanz, infolge vermehrten Knochenanbaues. [5]

O. Typ Heuck-Assmann (1897, 1907): charakterist. Knochenbefunde, Verdichtung der Spongiosa, dünnere oder fehlende Diploe des Schädels, in der Regel Milztumor, auch Leber- u. Drüsenschwellungen (extramedulläre ↑Blutbildung). Blutbild verschieden zwischen aplast. Zuständen u. leukämoiden Befunden. [11]

Osteo|synthese ⟨*griech*⟩: operative Knochenbruchfixation in gewünschter Stellung. Die Vereinigung der Bruchenden geschieht durch Drahtnaht, durch Einführung eines Knochenbolzens, durch Einschlagen eines Nagels in die Markhöhle oder durch seitliche Schienung mittels frei transplantierten Knochenspanes oder Metallschienen.

~tomie: Durchtrennung eines Knochens mit Meißel u. Hammer oder Säge zur Verbesserung der Statik (gerade, schräg, bogenförmig, keilförmig, treppenförmig, V-förmig); ↑Drehosteotomie, Verkürzungsosteotomie). [23]

~zyten *m, Pl:* in Knochenhöhlen (= Lakunen) liegende Knochenzellen, die zahlreiche feinverzweigte Protoplasmafortsätze aufweisen. Die O. bilden kein Synzytium, sondern stehen lediglich durch Zellkontakt im Bereich der Fortsätze in Verbindung. [2]

Ostiofollikulitis ↑Follikulitis. [43]

Ostitis ⟨*griech*⟩: Knochenentzündung; O. im engeren Sinne bedeutet Entzündung der Kompakta; diese ist aber fast immer verbunden mit Entzündung des Markraumes u. Periosts.

O. deformans Paget (1876) = **Osteodystrophia deformans P.:** chron. vorwiegend bei Männern in höherem Lebensalter auftretende Knochenerkrankung, die im Laufe von Jahren u. Jahrzehnten zu grandiosem Knochenumbau führt. Befällt bevorzugt Oberschenkelknochen, Schienbein, Schädelknochen u. Wirbelsäule. Selten erkranken einzelne, häufiger mehrere Knochen. Osteosklerot., osteoporot., meist aber gemischte Formen mit bimssteinartiger Umwandlung des Knochens, Neigung zu Spontanfrakturen u. gehäuftem Auftreten von Knochensarkomen. Mikroskop. charakterist. Mosaikstruktur u. Fasermark, im Anfang seröse Exsudation, deshalb als chron. Entzündung (Ostitis) gedeutet. Keine typ. Stoffwechselveränderungen.

O. fibrosa generalisata (Recklinghausen) ↑Osteodystrophia fibrosa generalisata.

O. fibrosa localisata ↑Osteodystrophia fibrosa generalisata, ↑Tumoren, braune.

O. gummosa: im Tertiärstadium der Syphilis in der Ein- u. Mehrzahl auftretende Knochengummen, bevorzugt am Schädelknochen. [5]

O. ilii condensans: meist auf einer Instabilität der Iliosakralfuge beruhende Knochenverdichtung des gelenknahen Iliumabschnittes. [23]

O. ossificans ↑Eburnifikation.

O. purulenta: unspezif. eitrige Entzündung aller Knochenschichten (Markraum, Kompakta u. Periost).

O. tuberculosa: tuberkulöse Knochenentzündung, entsteht meist hämatogen, seltener durch Übergreifen z.B. einer Gelenktuberkulose. Lokalisiert meist in der Metaphyse der langen Röhrenknochen u. Diaphyse der kurzen Röhrenknochen; an der Wirbelsäule als Spondylitis tuberculosa auftretend; ↑Karies.

O. (tuberculosa) cystoides multiplex = Jüngling' Krankheit (1922): chron., gutartig verlaufende Knochentuberkulose, die durch wabig-zyst. Auftreibungen kleiner Röhrenknochen (Finger- u. Zehenknochen) gekennzeichnet ist. Wird zum Formenkreis des Morbus ↑Besnier-Boeck-Schaumann gerechnet.

O. typhosa: während eines Typhus abdominalis oder auch erst Wochen später auftretende Knochenentzündung, die durch Verschleppung von Typhusbakterien auf dem Blutwege entsteht. [5]

Ostium ⟨*lat*⟩ *n:* Mündung, Eingang.

O. abdominale u. uterinum tubae uterinae: Tubenöffnung in die Bauchhöhle u. in die Gebärmutter.

O. aortae: der Eingang von der li. Herzkammer in die Aorta.

O. arteriosum dextrum u. sinistrum (JNA) ↑O. trunci pulmonalis (PNA) u. O. aortae (PNA).

O. atrioventriculare dextrum u. sinistrum: der Eingang vom (re., li.) Vorhof in die (re., li.) Herzkammer.

O. maxillare: Zugang von der Nasen- zur Kieferhöhle am Grunde des Infundibulum ethmoidale.
O. pharyngeum u. tympanicum tubae auditivae: die Pharynx- u. die Paukenhöhlenmündung der Ohrtrompete.
O. trunci pulmonalis: der Eingang von der re. Herzkammer in den Stamm der Lungenarterien.
O. ureteris: Einmündungsstelle eines jeden Harnleiters in die Harnblase.
O. urethrae externum u. internum: die äußere u. innere Öffnung der Harnröhre.
O. uteri: äußerer Muttermund; die äußere Öffnung des Gebärmutterhalses.
O. vaginae: der Eingang vom Scheidenvorhof in die Scheide; vor der Defloration mehr oder minder durch das Jungfernhäutchen (Hymen) verschlossen. [1]

Ostiuminsuffizienz *f:* Verlust des physiolog. Verschlußmechanismus der Harnleitermündung in der Blase ein- oder beidseitig. Das betroffene Ostium ist starr, klafft oder ist trichterförmig eingezogen. Zur. O. kommt es bei fortschreitender Schrumpfblase (Blasenwandstarre) oder auch bei Blasenkarzinom, wo das dem Karzinom gegenüberliegende Ostium insuffizient wird, ferner bei fortgeschrittener Sphinktersklerose sowie bei neurolog. gestörten Blasen (Querschnittlähmung). Folgen: durch das insuffiziente Ostium pflanzt sich der in der Harnblase herrschende Druck in den Harnleiter u. in die Niere fort, z.B. bei der Miktion, so daß der (meist infizierte) Blaseninhalt in die Niere hineingepreßt wird, (konsekutive pyelonephrit. ↑Harnstauungsniere u. schließlich pyelonephrit. ↑Schrumpfniere). Diagnose: ↑Zystogramm. Bei O. sind alle transurethralen (zystoskop.) Manipulationen u. Operationen höchst gefährlich. [24]

Östradiol: $C_{18}H_{24}O_2$; ein Östrogen; es gibt 5 in der Natur vorkommende Ö., von denen das 17β-Östradiol ($\Delta^{1,3,5,(10)}$-Oestratrien-3,17β-diol) das im Brunsttest wirksamste natürliche Östrushormon ist; ↑Östrogene. Bildung hauptsächlich im Ovar, auch im männlichen Organismus. Wirkt mit bei der Ausbildung der prim. u. sek. weiblichen Geschlechtsmerkmale. [8]

Östran: gesättigter Grundkohlenwasserstoff, der dem Follikelhormon zugrunde liegt u. sich vom Androstan durch Fehlen der CH_3-Gruppe am C_{10}-Atom unterscheidet. Es liegt vor als 5α-Ö. u. 5β-Ö. [8]

Östriol: $C_{18}H_{24}O_3$, Molekulargewicht 288,37, Oestratrien-3,16α,17β-triol; Follikelhormonhydrat (Theelol); Stoffwechselprodukt im Sexualhormonhaushalt. Hauptbestandteil des im Harn ausgeschiedenen Follikelhormons; ↑Östrogene. [29]

~glukuronsäure: von Schwangeren werden die schwer in Wasser löslichen Östrone mit Glukuronsäure oder Schwefelsäure gepaart in leichter wasserlöslicher Form durch die Nieren im Harn ausgeschieden; Östriol als Glukuronid; Östron als Schwefelsäureester. [8]

Östrogene (Follikelhormone): weibliche Geschlechtshormone, werden in kleineren Mengen aber auch im männlichen Organismus gebildet. Chem. sind sie Steroide mit 18 C-Atomen, deren Ring A im Gegensatz zu allen anderen Steroiden ein Benzolring ist. Zu den Ö. gehören Östran, Östradiol u. Östriol. Sie bewirken im weiblichen Organismus die Vergrößerung des Uterus, Verdickung der Uterusschleimhaut, Veränderung der Vaginalschleimhaut, Wachstum der Brustdrüsen, Ausbildung der sek. Geschlechtsmerkmale. Im männlichen Organismus verursachen sie das Wachstum der Prostata, der Samenblasen u. des Samenleiters. Sie fördern allgemein die Zellteilung u. insbes. das Knochenwachstum. Auffallend ist, daß das Stilböstrol, ein Stilbenderivat, das chem. keinerlei Verwandtschaft mit den Östrogenen hat, eine sehr starke brunsterregende Wirkung hat. [8]

Östromanie ⟨*griech*⟩ *f* ↑Ovariomanie. [35]

Östron: Oestratrien-3-ol-17-on; $C_{18}H_{22}O_2$, Stoffwechselprodukt des Follikelhormons. Molekulargewicht 270,36; wird im Harn ausgeschieden. 1929 Eliminierung des Ö. durch Butenandt aus Schwangerenharn; ↑Östrogene. [29]

~schwefelsäure ↑Östriolglukuronsäure. [8]

Östrus ⟨*griech*⟩ *m* ↑Brunst.

~zyklus ↑Menstruation. [29]

Ostwald, Wilhelm (1853–1932), Physikalischer Chemiker, Riga, Leipzig. Nobelpreis für Chemie 1909. Untersuchungen über chem. Kinetik, Katalyse, Elektrochemie, Thermodynamik, ↑Ostwald' Farbenlehre. Führender Vertreter des Monismus.

O' Farbenlehre: quantitative Bestimmung der Farben auf der Grundlage der Hering' Anschauungen (↑Hering' Theorie). Unterscheidet zwischen bunten u. unbunten Farbtönen. Aus den ersteren wird eine Grauleiter hergestellt, aus den zweiten der Farbenkreis. Die Mischung aus zwei nahe beieinander liegenden Farben des Farbkreises ergibt eine Mischfarbe, die zwischen ihnen gelegen ist u. eine Ähnlichkeit zu den Nachbarn aufweist. Wenn man die Grauleiter u. den Farbenkreis in 100 Stufen von empfindungsgleichen Abständen einteilt, erhält man für jede Farbe eine Kennziffer, durch die sie eindeutig bestimmt wird. [7]

Oszillation ⟨*lat*⟩: Schwingung, insbes. die durch Puls- bzw. Blutdruckschwankungen an entsprechenden Meß- oder Registrierinstrumenten (Manometer) erzeugten Schwingungen; oszillator. Blutdruckmessung, ↑Oszillometrie. [7]

oszillatorisch ⟨*lat*⟩: schwankend, zitternd. [54]

Oszillo|gramm: geschriebene Pulskurve über den peripheren Gefäßen, wo im wesentlichen die Höhe des Ausschlages verwertet wird.

~graph: 1. Gerät zur Schreibung von peripheren Pulskurven; 2. elektron. Gerät mit einer Elektronenstrahlröhre, die einen Sichtschirm besitzt u. Meßvorgänge abzulesen gestattet.

~graphie: Methode zur Schreibung von Pulskurven an den Extremitäten; wird vorwiegend in der Angiologie angewandt. Bewertet wird die Höhe der Ausschläge. [21]

Oszillometrie ⟨*lat*⟩ *f:* Messung der durch die arteriellen Pulsationen bewirkten Änderungen der Extremitäten mit Hilfe einer luftgefüllten Gummimanschette, die an ein Registriergerät angeschlossen ist; ↑Oszillograph. Die O. dient der Feststellung von arteriellen Durchblutungsstörungen u. Verschlüssen. [9]

Oszillometrischer Index: die bei gesteigertem Druck der Manschette feststellbare maximale Amplitude einer Meßstelle im Vergleich zum Ausgangsdruck. [9]

Oszitation ✻ **Oscitatio** ⟨*lat*⟩ *f* ↑Oscedo. [28]

Otalgie ⟨*griech*⟩ *f:* Syn. Neuralgia tympanica, Otodynie, Otagra; Ohrenschmerz, dessen Ursache sich otoskop. nicht nachweisen läßt; 1. ausgelöst durch den Reizzustand eines das Ohr versorgenden Nerven oder 2. durch Ausstrahlung der Schmerzen bei Entzündungsherden in der Umgebung. [28]

Othämatom ⟨*griech*⟩ *n:* Ohrblutgeschwulst im oberen Drittel der Ohrmuschel infolge tangential einwirkender Gewalt. [28]

Otiater ⟨*griech*⟩: heute nicht mehr benutzte Bezeichnung für Otologe, Ohrenarzt. [28]

Otiatrie ⟨*griech*⟩ ↑Otologie. [28]

oticus ⟨*griech*⟩: zum Ohr gehörend. [1]

Otikodinie, Otikodinose ↑Menière' Krankheit. [28]

Otitis ⟨*griech*⟩ *f:* Ohrenentzündung.

O. externa: Entzündung des äußeren Gehörganges, diffus oder zirkumskript (Gehörgangsfurunkel).

O. externa diphtherica: Diphtherie des äußeren Gehörganges, meistens im Verlauf von diphther. Mittelohrentzündungen, sehr selten.

O. media acuta: akute Mittelohrentzündung. Von der Entzündung ist die gesamte Schleimhaut des Mittelohres befallen. Der Beginn ist plötzlich, mit reißenden, pochenden Ohrenschmerzen, Herabsetzung des Hörvermögens u. Fieber. Der lokale Befund zeigt das Trommelfell gerötet, oft mit deutlichen Gefäßinjektionen, die Konturen sind infolge Vorwölbung des Trommelfells verwaschen, Fehlen des Lichtreflexes. Am 2.–3. Krankheitstag erfolgt meistens eine spontane Perforation des Trommelfells u. Ohrenfluß unter Nachlassen der Schmerzen. Bei Ausbleiben der spontanen Perforation u. starken subjektiven Beschwerden sowie vorgewölbtem Trommelfell wird die Entlastung durch Parazentese herbeigeführt. Infektion geschieht gewöhnlich durch die Tube, seltener auf dem Blutwege oder vom Gehörgang aus, unter Umständen von den erkrankten Meningen her über das Labyrinth. Die häufigste Komplikation ist Mastoiditis. Eine bes. Form der Mittelohrentzündung stellt die Mukosus-Otitis dar, gekennzeichnet durch eine schleichende Entstehung u. einen schleichenden Verlauf, bei geringen subjektiven u. objektiven Erscheinungen, jedoch starker Beeinträchtigung des Hörvermögens. Neigt zu bösartigen Komplikationen, insbes. zu Meningitis. Erreger sind *Streptococcus* (Pneumococcus) mucosus.

O. media chronica: Voraussetzung ist ein gehemmt pneumatisierter Warzenfortsatz. 2 Formen werden unterschieden: 1. chron. Schleimhautentzündung: zentrale Trommelfellperforation u. ausgesprochen fötides Sekret; 2. chron. Knocheneiterung, tritt meist in Form eines sog. Cholesteatoms (↑Pseudocholesteatom) auf oder als chron. Granulationsotitis. Dabei randständiger Trommelfelldefekt u. fötide Sekretion. Die Knocheneiterung ist die gefährlichste Form, da Zerstörungen des umliegenden Knochens auftreten. In Ausnahmefällen kann die chron. O. media auch aus akuten Formen entstehen.

O. media epitympanica: Mittelohrentzündung, vorwiegend in den hinteren Mittelohrräumen – Recessus epitympanicus, Antrum u. Warzenfortsatzstellen.

O. media mesotympanica: Mittelohrentzündung vorwiegend in den vorderen Mittelohrräumen – Tubenpaukenhöhlenraum. [28]

Otoblennorrhoe ⟨*griech*⟩ *f:* eitriger Ohrenfluß, -eiterung, insbes. bei Neugeborenen. [28]

Otodynie ⟨*griech*⟩ ↑Otalgie. [28]

otogen ⟨*griech*⟩: vom Ohr bzw. von einer Ohrerkrankung ausgehend. [28]

Otokephalie: ↑Synotie (analog zu Otozeplidie).

Oto|klisis ⟨*griech*⟩ *f:* operative Korrektur von abstehenden Ohren.

~konien *f, Pl:* Syn. Statokonien, Statolithen, Gehörsand; zahlreiche kleine prismat. Kristalle von kohlensaurem Kalk in der gallertartigen Masse der Otolithenmembran, die die ↑Maculae staticae von Utriculus u. Sacculus im Vorhof des Labyrinthes überlagert; dienen den stat. Funktionen.

~lithen *m, Pl:* Hörsteine, alte Bezeichnung für die Statolithen, denen man früher eine Hörfunktion zuschrieb, ↑ Otokonien.

~lithiasis *f:* Bildung von harten Kalkkonkrementen im äußeren Gehörgang, meistens um einen Fremdkörper unter Einfluß von Bakterien. [28]

Otologe ⟨*griech*⟩: Ohrenarzt. [28]

Otologie ⟨*griech*⟩: Lehre vom Ohr u. seinen Krankheiten, Ohrenheilkunde. [28]

Oto|myiasis ⟨*griech*⟩ *f:* in den Tropen vorkommende Mittelohreiterung verursacht durch Fliegenlarven, die sich bei Hautläsionen im Gehörgang ansiedeln.

~mykosis *f:* Entzündung des äußeren Gehörganges, mitunter auch des Trommelfells durch Schimmelpilze bei Hautläsionen des äuß. Gehörg.; vorzugsweise bei Menschen, die sich in feuchten Räumen aufhalten.

~pexie *f* ↑ Otoklisis.

~rrhagie *f:* Blutung aus dem Ohr, z. B. bei Polypenbildung, Ohrtumoren, oft bei akuter Grippeotitis.

~rrhoe *f:* Ohrenfluß, Ohrenlaufen; Sekretabsonderung aus dem Ohr durch Trommelfelldefekte bei Mittelohrentzündungen.

~sklerose (Tröltsch, 1881): eine vererbbare, in der Regel doppelseitige, progressive Mittelohrschwerhörigkeit, einhergehend mit einer herdförmigen Knochenumwandlung der Labyrinthkapsel unter Bildung eines kompakten Knochens, mit Vorliebe in der Umgebung des ovalen Fensters mit nachfolgender Stapesankylose; gleichzeitig finden sich häufig degenerativ-atroph. Schädigungen des Corti' Organs u. des Hörnerven. Die Erkrankung wird meistens erst im 20. bis 30. Lebensjahr bei plötzlich zunehmender Schwerhörigkeit bemerkt, ist stets von lästigen Ohrgeräuschen begleitet. Frauen erkranken häufiger als Männer. Als Ursache werden u. a. endokrine Störungen angenommen; ↑ Bezold' Trias, ↑ Gellé' Versuch, Schwartze' Zeichen, ↑ Parakusis.

~skop *n:* Instrument zur Besichtigung des Trommelfells. Frühere, völlig unberechtigte Bezeichnung für den Hörschlauch. [28]

Otomykosen ↑ Aspergillose. [40]

Otostroboskop ⟨*griech*⟩ *n:* Vorrichtung, mit deren Hilfe die Schwingungen des beleuchteten Trommelfells unmittelbar gesehen werden. [28]

Otozephalie ↑ Synotie. [28]

Ottawakrankheit (benannt nach der Stadt Ottawa): in Kanada endem. auftretende Syphilis. [40]

Otten' Vakzine (1935): auf Java erprobter avirulenter Lebendimpfstoff gegen Pest; subkutane Applikation. Durch mehrjährige Gewebeimmunität Verminderung von Morbidität u. Letalität. [40]

Ouabain: g-Strophanthin; hemmt wie andere herzwirksame Glykoside den Kationentransport durch biolog. Membranen. [9]

Ouchterlony-Test ↑ Elek-Ouchterlony-Test. [39]

Outlet-Syndrom ↑ Zervikobrachial-Syndrom. [13]

Ovalärschnitt: eiförmige Umschneidung der Haut, angewandt zur möglichst spannungsfreien Wunddeckung eines größeren Hautdefektes durch Verziehen der mobilisierten Hautränder in eine Nahtlinie (Amputationsstumpf, Narbenplastik, Fistelexstirpation). [18]

Ovalbumin: Eialbumin; Glykoproteid mit hohem Gehalt an Glutaminsäure, Leuzin u. Prolin. [8]

Ovalozyten ↑ Elliptozytose. [11]

Ovarektomie ⟨*griech*⟩: Entfernung der Eierstöcke bes. bei Ovarialtumoren. [29]

ovarial ⟨*lat*⟩: zum Eierstock gehörend. [29]

Ovarial|agenesie ⟨*lat, griech*⟩ *f* ↑ Turner' Syndrom. [32]

~insuffizienz: ungenügende Leistung der Eierstöcke. Folgen 1. Unterentwicklung Hypoplasie) des Genitalapparates, ungenügende Ausbildung der sek. Geschlechtsmerkmale (vegetative O.); 2. Störung der Follikelreifung mit Zyklusveränderungen (generative O.). In beiden Fällen häufig Sterilität.

~kystom *n:* zyst. Ovarialgeschwulst; 1. Cystoma pseudomucinosum glandulare; 2. Cystoma serosum papillare. Der letztgenannte Tumor entartet häufiger bösartig als der erste.

~schwangerschaft ↑ Extrauteringravidität mit Sitz der Frucht im Eierstock.

~tumoren: Eierstocksgeschwülste; 1. gutartige O. a) epitheliale (z. B. Cystoma pseudomucinosum glandulare, Cystoma serosum papillare), b) bindegewebige (z. B. Fibrome, Myome); c) ovulogene (z. B. Dermoid); 2. bösartige O. a) epitheliale (Karzinome), b) bindegewebige (Sarkome), c) ovulogene (Teratome); 3. hormonal aktive O.: Granulosazelltumoren, Thekazelltumoren, beide mit gesteigerter Follikelhormonwirkung, Arrhenoblastom mit vermännlichender Wirkung. Die Hormonal aktiven Tumoren sind vorwiegend bösartig. Die histolog. Struktur der hormonal aktiven Tumoren gibt keinen endgültigen Aufschluß, ob gut- oder bösartig, Sonderformen von Ovarialtumoren sind Disgerminom, Brenner' Tumor, hypernephroider Tumor, Struma ovarii. Etwa 1/3 aller Ovarialtumoren sind bösartig; deshalb ist operative Entfernung aller O. notwendig.

~zysten: imponieren klin. als Ovarialtumoren; es handelt sich dabei um keinen echten Tumor mit einem autonomen Wachstum, sondern um eine Flüssigkeitsansammlung in einem präformierten Hohlraum. [29]

ovaricus ⟨*lat*⟩: zum Eierstock gehörend. [1]

Ovarienzange nach Doyen: Adnexklemme; scherenartiges Instrument mit stumpfen, gebogenen Branchen. [29]

Ovario|manie ⟨*lat, griech*⟩: Syn. Metromanie, Östromanie, Nymphomanie; zügelloser Drang nach geschlechtlicher Befriedigung beim weiblichen Geschlecht; „Mannstollheit". [35]

~pexie *f:* Aufhängung u. Fixierung der Eierstöcke durch Nähte am Beckenperitoneum.

~tomie: Eierstocksschnitt.

~zele: Senkung des Eierstocks in einen Leistenbruch. [29]

Ovarium ⟨*lat*⟩ *n* ↑Eierstock; *Adj* ovaricus, ovarial zum Eierstock gehörend. [1]

Overholt-Lage: von Overholt (amerikan. Chirurg) angegebene Speziallagerung bei Lungenresektionen, welche die Aspiration von Sekreten aus der kranken in die gesunde Lunge verhindern soll. Der Kranke wird in Bauchlage gebracht, Beine u. Becken liegen auf dem Operationstisch auf, während eine schmale Brust- u. eine Kopfstütze den Oberkörper in leichter Abwärtsneigung u. Seitwärtskippung fixieren. Tiefste Punkte sind dabei der Kopf (Sekretabfluß) u. die kranke Seite. Die Arme ruhen auf bes. Stützen. [27]

oviger, ovigera, -erum ⟨*lat*⟩: eitragend, eiertragend. [1]

Ovine ⟨*lat*⟩: Schafspocken, ↑Windpocken. [40]

Ovotestis ⟨*lat*⟩: Geschlechtsdrüse des Zwitters, die sich aus sperma- u. eibildenden Bezirken zusammensetzt (z. B. Weinbergschnecke); bei Säugern kaum je funktionstüchtig. [3]

Ovovitellin: Phosphoproteid aus dem Eidotter, das sich in Laugen u. Neutralsalzlösungen löst, nicht aber in Säuren u. Wasser. O. besitzt durch Gehalt an essentiellen Aminosäuren große ernährungsphysiolog. Bedeutung. [8]

Ovoviviparie ⟨*lat*⟩ *f:* beschleunigte Eientwicklung bei manchen Insekten (die abgelegten Eier sind bereits embryoniert). [58]

Ovozyt ⟨*lat, griech*⟩ *m:* die Ovogonien in den Primärfollikeln des Eierstocks enthalten bei ihrem Wachstum nach Eintritt der Geschlechtsreife einen großen bläschenförmigen Kern. Sie werden dann als O. bezeichnet u. machen einen ähnlichen Entwicklungsvorgang durch wie die ↑Spermatozyten. [3]

Ovula ⟨*lat*⟩ *n, Pl:* von ↑Ovulum.

O. Nabothi ↑Naboth. [30]

Ovulation ⟨*lat*⟩ ↑Follikelsprung. [30]

O., parazyklische: Auftreten von mehreren Follikelsprüngen während eines Zyklus. Die Befruchtung ist dann zu jedem Zeitpunkt im Zyklus möglich. [29]

Ovulationsblutung: geringe Blutung aus dem Endometrium zum Zeitpunkt der Ovulation infolge des vorübergehenden plötzlichen Follikelhormonabfalls. [30]

Ovulationshemmer: Präparate zur hormonellen Schwangerschaftsverhütung. Sie bestehen im allgemeinen aus einer Östrogen- u. einer Gestagen-Komponente (↑Ovarialhormone), welche synthet. hergestellt sind. Im Unterschied zu den körpereigenen Ovarialhormonen sind O. auch oral, d. h. durch Einnahme anwendbar. Das Prinzip des Wirkungsmechanismus besteht darin, daß durch Bremsung der Hypophyse, das dem Eierstock übergeordnete Organ die Anregung des Eierstocks ausbleibt u. es dadurch zu keiner Eireifung kommt. Die Verträglichkeit der im allgemeinen zykl. verabfolgten O. (21 Tage Einnahme, 7 Tage Pause mit Abbruchblutung) ist mit wenigen Ausnahmen gut verträglich. Nebenwirkungen kommen vereinzelt vor u. ähneln den Erscheinungen, wie sie zu Beginn einer Schwangerschaft auftreten können (Übelkeit, Gewichtszunahme u. a.); sie gehen nach Aufhören der Einnahme vollständig zurück. [29]

Ovulum ⟨*lat*⟩ *n:* kleines Ei, Eizelle. [30]

Ovum ⟨*lat*⟩ *n* ↑Ei. [30]

Owren' Krankheit: angeborenes Faktor-V-Mangelsyndrom, Parahämophilie; 1943 von Owren beschriebener vererbbarer Faktor-V-Mangel. Dadurch Verzögerung der Prothrombinumwandlung. Klin. stark verlängerte Gerinnungszeit, verlängerte Rekalzifikationszeit, Haut-, Schleimhaut-, Nieren- u. Darmblutungen, Menorrhagien; oft auch andere Degenerationszeichen. [11]

Oxacillin: 5-Methyl-3-phenyl-4-isoxazolyl-penicillin. Antibiotikum. Cryptocillin®, Stapenor®.

Oxalämie: Oxalsäuregehalt des Blutes; normal etwa 0,2–0,8 mg%, aus dem Leberstoffwechsel hervorgehend; gesteigert bei Diabetes, Leberstörungen u. Urämie. [11]

Oxalatblut: durch Zusatz von Oxalaten infolge Ausfällung des Kalziums als Kalziumoxalat ungerinnbar gemachtes Blut; wird verwendet zur indirekten ↑Bluttransfusion, Senkungsreaktion, Plasmauntersuchungen u. a.; Zusatz von löslichen Kalziumsalzen führt die Gerinnung sofort herbei; ↑Oxalatplasma. [11]

Oxalate: Salze der Oxalsäure. Als neutrale u. auch als saure Salze weit verbreitet in Pflanzen, bes. reichlich in Spinat, Rhabarber, Sellerieknollen, Sauerklee u. a. Die neutralen Alkalisalze sind in Wasser leicht, die sauren weniger leicht löslich, insbes. das saure K-Salz (Kleesalz). Schwer löslich, auch in Essigsäure, sind die Erdalkalisalze, so daß mit Oxalat das Ca in Blut u. Plasma ausgefällt u. die Gerinnung verhindert wird. Bei

Mensch u. Tier regelmäßige Bildung im Zwischenstoffwechsel wohl aus C_2-Verbindungen mit Ausscheidung im Harn; ↑Oxalsäure, ↑Oxalämie, ↑Oxalurie, ↑Oxalatsteine. O. bilden mit Schwermetalloxiden wasserlösliche komplexe Oxalosalze (Auflösung von Rost mit Kleesalz). [8]

Oxalat|plasma: Blutplasma, dem oxalsaure Salze zugesetzt sind, u. das nicht gerinnt, weil das für den Gerinnungsvorgang erforderliche ionisierte Kalzium einen Komplex mit der Oxalsäure bildet u. infolgedessen als Ion nicht in Erscheinung tritt; ↑Oxalatblut, ↑Blutgerinnung. [7]

~steine: Harnsteine aus oxalsaurem Kalk von sehr harter Beschaffenheit u. warziger Oberfläche (Maulbeerform); durch Blutfarbstoff braun bis schwarz gefärbt (röntgennegativ). [5]

Oxal|bernsteinsäure: Zwischenprodukt beim Abbau der Zitronensäure zu Bernsteinsäure, entsteht aus Isozitrat. [8]

~essigsäure: Dikarbonsäure $HOOC{\cdot}CH_2{\cdot}CO{\cdot}COOH$, auch als Enolform vorliegend $[HOOC{\cdot}CH{=}C(OH){\cdot}COOH]$. Sie spielt im Intermediärstoffwechsel eine wichtige Rolle; wird im Organismus mit Azetyl-Coenzym A in Zitronensäure umgesetzt; entsteht in der lebenden Zelle aus Brenztraubensäure: $CH_3{\cdot}CO{\cdot}COOH + CO_2 \rightarrow HOOC{\cdot}CH_2{\cdot}CO{\cdot}COOH$ (Reaktion nach Wood u. Werkman) oder durch Transaminierung aus Asparaginsäure. [16]

Oxalsäure: Acidum oxalicum $(COOH_2) + 2\,H_2O$; Dikarbonsäure, die regelmäßig im Harn auftritt u. im Bodensatz als oxalsaures Kalzium (Tagesmenge 20–50 mg) zu finden ist. O. spielt in der Maßanalyse, in dem Färbereiwesen u. als Holzbleichmittel eine Rolle.

~vergiftung: beruflich durch Kontakt mit Oxalsäurelösungen, Hautschädigungen bis zum Brandigwerden von Gliedmaßenteilen infolge Gefäßobliteration. Dämpfe u. Stäube verursachen Reizungen der Schleimhäute, auch gelegentlich Lungenentzündungen. Daneben zeigen sich Erbrechen, Gewichtsverlust, Eiweiß im Urin, Lähmungsgefühl der unteren Gliedmaßen. Bei oraler Vergiftung Dos. let. 2,5–7 g. Antidot: Kalkwasser, Kreide, Kalzium i. v., Analeptika. [49]

Oxalurie: patholog. vermehrte Ausscheidung von ↑Oxalaten im Harn. [8]

Oxford-Einheit: *Abk* OE; Syn. Florey-, Heatly-Einheit; erste biolog. Maßeinheit des Penizillins. Die heutige internationale Einheit (IE) entspricht der Wirkung von 0,6 μg des Na-Salzes des Penizillins G, das eine Wirksamkeit von 1650 O. E./mg hat. [8]

Oxid ⟨*griech*⟩ *n:* jetzt Schreibweise für Oxyd; Verbindung eines Elementes oder eines Radikals mit Sauerstoff. [8]

Oxybiose ⟨*griech*⟩: 1. Oxydationsgärung; Gärungsvorgänge unter Beteiligung molekularen Sauerstoffs; 2. Abbau der organ. Stoffe im Körper in Gegenwart u. unter Vermittlung des Sauerstoffs. [8]

Oxybuttersäure: jetzt β-Hydroxybuttersäure $(CH_3{\cdot}CHOH{\cdot}CH_2{\cdot}COOH)$; tritt bei unvollständigem Abbau von Fettsäuren als Reduktionsprodukt der Azetessigsäure auf u. ist einer der 3 Ketonkörper (Azetessigsäure, β-Hydroxybuttersäure, Azeton), die beim Diabetiker im Blut (Azetonämie) u. Harn (Azetonurie) nachweisbar sind. [16]

Oxyd ⟨*griech*⟩ *n* ↑Oxid. [8]

Oxydasen: sind Oxydoreduktasen, die vorwiegend mit molekularem Sauerstoff unter Bildung von H_2O_2 reagieren. Sie sind zumeist Flavoproteine, wie z. B. die D-Aminosäuren-Oxydasen (EC 1.4.3.3) D-Aminosäure $+ H_2O + O_2 = 2$-Oxosäure $+ NH_3 + H_2O_2$. In anderen O. enthält das Flavoprotein Mo; andere sind Zytochrome, Cu-Proteine, Hämoproteine, Pyridoxalphosphat-Proteine, wie die Diamin-Oxydase (EC 1.4.3.6): Diamin $+ H_2O + O_2 =$ Aminoaldehyd $+ NH_3 + H_2O_2$. Das giftige H_2O_2 wird durch die Katalase zersetzt; es kann u. a. durch Peroxydasen $NADH_2$ sowie $NADPH_2$ zu NAD u. NADP oxydieren, z. B. $NADH_2 + H_2O_2 = NAD + 2H_2O$. [8]

Oxydasereaktion: Peroxydase-Reaktion; Peroxydasen setzen Sauerstoff aus Peroxiden frei, beide sind durch die Winkler–Schulze' Reaktion, die Graham-Peroxydase-Reaktion, die Sato' Oxydasereaktion nachweisbar. Hoher diagnost. Wert in zweifelhaften Fällen, da starke Reaktion stets myeloische Granulozyten, schwache oder fakultative echte Monozyten anzeigen kann, wenn nicht patholog. Oxydaseschwund vorliegt (bei Leukämien). Lymphozyten, Retikulumzellen, erythrozytäre Vorstufen, die meisten Tumorzellen (Karzinom, Sarkom, Myelom) reagieren stets negativ. [11]

Oxydation ⟨*griech*⟩: ursprünglich die Vereinigung eines Elementes oder einer Verbindung mit Sauerstoff; in erweitertem Sinne auch der Entzug von Wasserstoff aus einer Verbindung. Elektrochem. pflegt man ganz allgemein als Oxydation den Entzug von Elektronen zu bezeichnen. Die O. des molekularen Wasserstoffs ist danach zu formulieren: $H_2 - 2e \rightleftharpoons 2H^+$. Unter biolog. O. (biolog. „Verbrennung" der Nährstoffe) ist der Stoffwechsel des Sauerstoffs zu verstehen, eine mehrphas. Reaktionsfolge. [16]

Oxydations|enzym: „altes gelbes Ferment" von Warburg; ist ein Flavinenzym mit Flavonmononukleotid (FMN) als prosthet. Gruppe. Es reagiert schnell mit Methylenblau ($NADPH_2$-Diaphorase), aber nur langsam mit Cytochrom c u. molekularem O_2. Die biolog. Funktion ist noch nicht völlig geklärt. [8]

~gärung ↑ Oxybiose. [42]

Oxydoreduktasen: unter diesem Begriff werden alle Enzyme zusammengefaßt, die Oxydoreduktionsprozesse katalysieren. Hierzu gehören a) Dehydrogenasen, b) Reduktasen, die nach dem Wasserstoffakzeptor benannt werden, c) Transhydrogenasen, die den Wasserstofftransport zwischen NAD u. $NADPH_2$ katalysieren, d) Oxydasen, denen Sauerstoff als Akzeptor dient, e) Oxygenasen, durch die zum mindesten teilweise das Sauerstoffmolekül in das Substrat eingebaut wird, f) Peroxydasen, für die H_2O_2 den Wasserstoffakzeptor darstellt u. g) Katalase. Oxydoreduktasen stellen die 1. Hauptgruppe der Internationalen Enzymnomenklatur dar; ↑ Oxydoreduktion. [8]

Oxydoreduktion: ist die Reaktion in geeigneten Molekülen oder zwischen 2 verschiedenen Molekülen, bei der ein Teil in eine höhere, der andere in eine niedrigere Oxydationsstufe übergeht. Der Prototyp der O. ist die Cannizzaro' Reaktion, wo bei stark alkal. Reaktion aus 2 Molekülen Benzaldehyd das eine zu Benzoesäure oxydiert, das andere zu Benzylalkohol reduziert wird: $2C_6H_5{\cdot}CHO + H_2O = C_6H_5{\cdot}COOH + C_6H_5{\cdot}CH_2OH$. Bei den biolog. wichtigen O. wird durch die Enzyme Oxydoreduktasen zumeist zwischen 2 verschiedenen Molekülen das eine oxydiert, das andere reduziert, wobei ADN- bzw. ADNP-Enzyme als H_2-Überträger den Wasserstoff aus den Substraten entnehmen, ihn an die Flavinenzyme weitergeben, die dann mit den Zytochromen reagieren, wobei der Wasserstoff letzten Endes mit dem Sauerstoff der Luft zu Wasser verbrennt. [8]

Oxyekoia *⟨griech⟩* ↑ Hyperakusis. [28]

Oxygenasen: sind Oxydoreduktasen, die molekularen Sauerstoff in organ. Verbindungen einbauen (EC 1.13.1.1 bis 13), z. B. die Tryptophanoxygenase, ein Hämoprotein, die nach L-Tryptophan + O_2 = L-Formylkynurenin reagiert. Die meisten O. benötigen Fe-Ionen. [8]

Oxygen debt *⟨engl⟩* ↑ Sauerstoffschuld. [8]

Oxygenium *⟨griech⟩* ↑ Sauerstoff. [8]

Oxyglutaminsäure: α-Amino-β-hydroxyglutarsäure, Monoaminodikarbonsäure; in einigen Pflanzen nachgewiesen. [8]

Oxyhämin *⟨griech⟩ n:* Zwischenstufe auf dem Wege der Umbildung des Hämins zum Verdohämin u. zum Gallenfarbstoff; ↑ Hämine. [11]

Oxyhämoglobin *⟨griech, lat⟩ n:* entsteht durch Bindung eines Moleküls O_2 an je 1 Hämanteil aus dem Hämoglobin (Hb); auf der Reversibilität des Vorganges $Hb + O_2 \rightleftharpoons HbO_2$ in Abhängigkeit von der O_2- (u. CO_2-) Spannung beruht die physiolog. Funktion des Hämoglobins als Sauerstoffüberträger für die „Atmung". [16]

ω-Oxymethylfurfurol: entsteht beim Erhitzen von Hexosen, bes. von Ketosen, mit Säuren unter Abspaltung von drei Molekülen Wasser. Das O. zerfällt leicht unter Wasseraufnahme in Lävulinsäure u. Ameisensäure. O. gibt mit Resorzin-Salzsäure eine Rotfärbung (Seliwanow' Reaktion zum Nachweis von Hexosen), mit β-Naphthol u. konzentrierter Schwefelsäure eine dunkle Blaufärbung. [8]

Oxymetrie: Methode zur Bestimmung der Sauerstoffsättigung des arteriellen Blutes; Ausführung mit dem Millikan–Smaller-Oxymeter: Durchleuchtung des Blutes in einer Küvette (blutige Methode) oder im Ohrläppchen (unblutige Methode) mit einer elektr. Lichtquelle u. Registrierung der Lichtabsorption mittels einer Photozelle. Da die Absorption in bestimmten Spektralbereichen vom Gehalt an Oxyhämoglobin abhängig ist, kann bei entsprechender Eichung die Sauerstoffsättigung des Blutes gemessen u. registriert werden (Oxyhämographie); ↑ Sauerstoffelektrode. [16]

Oxynervon: jetzt Hydroxynervon; Zerebrosid, das neben Hydroxynervonsäure (↑ Oxynervonsäure) aus D-Galaktose u. Sphingosin aufgebaut ist.

~säure: jetzt Hydroxynervonsäure; Δ^{15}-2-Hydroxy-tetrakosensäure; Baustein der Zerebroside neben Nervonsäure u. der Δ^{17}-isomeren Säure. [8]

p-Oxyphenylbrenztraubensäure: $HO{\cdot}C_6H_5{\cdot}CH_2{\cdot}CO{\cdot}COOH$; wird ausschließlich in der Leber oxydativ abgebaut, eignet sich also zur Prüfung der spezif. Leberleistung nach Felix u. Teske. Nach Zufuhr von 2 g dieser Säure findet man im Harn des Gesunden nur geringe Mengen davon wieder, höhere Werte, mehr als 0,2–0,3 g sind als krankhaft anzusehen. [8]

Oxyphilie *⟨griech⟩ f* ↑ Azidophilie. [2]

Oxyprolin: jetzt Hydroxyprolin; 4-Hydroxypyrrolidinkarbonsäure (2); Baustein vieler Eiweiße; kommt neben Prolin bes. reichlich (10–15%) in Kollagenen vor. Ein erhöhter Gehalt z. B. in Wurst zeigt unzulässige Beimengung von Bindegewebe an. [8]

α-Oxypropionsäure ↑ Milchsäure. [8]

Oxypurine: jetzt Hydroxypurine; Oxydationsprodukte, die beim Abbau von Adenin u. Guanin auftreten: Hypoxanthin, Xanthin, Harnsäure. [8]

Oxysäuren: jetzt Hydroxysäuren; enthalten eine Hydroxylgruppe u. Karboxylgruppe. Je nach Stellung der Oxygruppe zur Karboxylgruppe α-, β-, γ- usw. -Hydroxysäure; die γ-Hydroxysäuren gehen leicht in ↑ Laktone über. Einfachste α-Hydroxysäure ist die Glykolsäure $CH_2OH \cdot COOH$; biolog. wichtig ist die Milchsäure $CH_3 \cdot CHOH \cdot COOH$; β-Hydroxysäuren entstehen bei der β-Oxydation der Fettsäuren. [8]

O., aromatische: dies sind z. B. die p-Hydroxyphenylbrenztraubensäure u. Homogentisinsäure als Abbauprodukte des ↑Tyrosins. [8]

Oxysomen ⟨*griech*⟩ *n, Pl:* Bestandteile der Cristae mitochondriales, die Enzyme der Atmungskette enthalten sollen; ↑Mitochondrien. [6]

Oxytetrazyklin□ = Terramycin○: Antibiotikum aus Streptomyces rimosus. Wirkungsspektrum sehr breit, ähnlich wie bei Tetrazyklin u. Chlortetrazyklin. Therapeut. werden auch mehrere Derivate verwendet. Nutritiv als Zusatz zu Futtermitteln genutzt, fördert den Fleischansatz bei Kälbern, Schweinen u. Geflügel. Alle Tetrazykline zeigen Kreuzresistenz untereinander. [42]

Oxytozin = Oxytocin□: Wirkstoff aus dem Hypophysenhinterlappen, der selbst in sehr starker Verdünnung eine kräftige rhythm. Zusammenziehung der Gebärmuttermuskulatur bewirkt. Auch die glatte Muskulatur von Dünndarm, Harnleiter, Harnblase, Gallenblase sowie in den Ausführungsgängen der Milchdrüse wird zur Zusammenziehung veranlaßt. Synthetische Präparate = Orasthin®, Syntocinon®. Dosierung nach Voegtlin-Einheiten; ↑Wehenmittel. [29]

Oxytyramin: Syn. für Dopamin (3,4-Dihydroxy-phenylalanin), das durch Hydroxylierung u. anschließende Dekarboxylierung beim Abbau des Tyrosins entsteht u. damit eine Vorstufe des Adrenalins darstellt. Vorwiegend in der Nebenniere (größte Aktivität der Dioxyphenylalanin n-Dekarboxylase!) u. im Zentralnervensystem nachweisbar; wirkt blutdrucksteigernd. [8]

Oxyuriasis ⟨*griech*⟩ *f:* Wurmkrankheit, Befall mit ↑Madenwürmern, Enterobius vermicularis, fälschlich auch als Oxyuren bezeichnet. [58]

Oxyuris vermicularis ⟨*griech, lat*⟩ *f:* veralteter Name für den ↑Madenwurm (Enterobius vermicularis). [58]

Oxyzephalus ⟨*griech*⟩ *m:* Spitzschädel; Abart des Turmschädels, beruht auf einer vorzeitigen Verknöcherung der Schädelnähte. [5]

Ozaena ⟨*griech*⟩ *f:* Stinknase, Rhinitis atrophicans cum foetore; chron. Erkrankung der Nasenschleimhaut, die mit Schleimhautatrophie, eitrigem Sekret mit Borkenbildung sowie widerlichem Gestank durch Zersetzung der Borken einhergeht. Die Borkenbildung kann sich mitunter auf den Nasenrachen, Rachen u. auf den Kehlkopf ausbreiten. Vorkommen vorzugsweise beim weiblichen Geschlecht. Verschiedene Nasenerkrankungen, vornehmlich Syphilis u. Skrofulose können sek. zum Bild einer O. führen.

O. laryngotrachealis: Borkenbildung im Kehlkopf u. in der Luftröhre manchmal mit ↑Fötor, aber ohne Schleimhautatrophie. [28]

Ozon: O_3, hat ringförmige Struktur; Kp −111,5 °C. Geruch ähnlich wie verdünntes Stickstoffdioxid u. Chlor. Entsteht u. a. bei elektr. Entladungen in Luft, unter Einwirkung sehr kurzwelliger ultravioletter Strahlen auf Sauerstoff (Quecksilberquarzlampe). Wirkt sehr stark oxydierend; verwendet zur Entkeimung von Trinkwasser u. Schwimmbädern (diese „Ozonisierung" ist teurer als die Chlorisierung) sowie zur Luftverbesserung. Gehalt der Luft in Erdbodennähe $2–4 \cdot 10^{-6}$% O_3. Die Ozonschicht der Atmosphäre in 25–50 km Höhe entsteht durch die UV-Strahlung der Sonne; sie ist biolog. wichtig, da sie die Troposphäre vor der UV-Strahlung $<$ 300 nm abschirmt. [8]

Ozonisierung ⟨*griech*⟩: Anwendung von Ozon zur Desinfektion von Trink- u. Abwasser; ↑Ozon. [38]

P

P: 1. chem. Symbol für ↑Phosphor; 2. *Abk* in der Rezeptur für Pilula bzw. Pilulae oder Pulvis. [44]

p: 1. techn. Krafteinheit pond; 2. Vorsatzsilbe Pico- = 10^{-12}; 3. chem. *Abk* für ↑Para-Stellung. [8]

P. A.: *Abk* für Primäraffekt der Syphilis. [43]

p. a.: *Abk* für pro analysi; Reinheitsgrad von Chemikalien. [44]

Paarbildung: tritt neben Compton- u. Photoeffekt bei der Absorption von γ-Strahlung auf, wenn die Quantenenergie 1,022 MeV übersteigt (1,022 MeV entsprechen der Ruhmasse von Elektron plus Positron), indem in Gegenwart von Materie sich ein γ-Quant in ein Elektron u. ein Positron verwandelt (Umwandlung von Energie in Materie). Wahrscheinlichkeit der P. steigt mit der Quantenenergie u. der Ordnungszahl des Absorbers. P. kann bei harten γ-Strahlern im zerfallenden Kern selbst erfolgen, indem dann an Stelle des Quantes Positron u. Elektron emittiert werden (innere Paarbildung). [59]

PAB: *Abk* für Para-Aminobenzoesäure; ↑p-Aminobenzoesäure. [44]

Pacchioni, Antonio (1665–1726), Arzt, Anatom, Tivoli, Rom.

P' Granulationen ↑Granulationes arachnoideales. [2]

Pachy|akrie *⟨griech⟩ f:* regelwidriges Dikkenwachstum der Fingerglieder; auch ungebräuchliches Syn. für ↑Akromegalie.

~cheilie ↑Makrocheilie.

~daktylie: angeborene Verdickung der Finger. [5]

Pachydermie ⁎ Pachydermia *⟨griech⟩ f:* Bindegewebshyperplasie; Verdickung u. Verhärtung der Haut, teilweise mit warzigen Auflagerungen (P. vegetans). Man beobachtet die P. bei schlecht durchblutetem Gewebe (Elephantiasis, chron. Ulcera cruris). [43]

P. der Erythrozyten: erhöhte Resistenz durch Verdichtung oder Vermehrung der Stromahülle der Erythrozyten. [11]

P. laryngis: grauweißliche oft papillenartige Wucherungen des verhornenden Plattenepithels an den Stimmbändern infolge chron. Kehlkopfentzündungen. [28]

Pachy|glossie *⟨griech⟩ f* ↑Makroglossie. [5]

~gyrie: abnorm breite Hirnwindungen mit ungenügender Furchung als Hirnentwicklungsstörung. [20]

Pachykuraregruppe: nach Bovet Muskelrelaxanzien, die eine Depolarisierung der Membran der myoneuralen Synapse verhindern (z. B. Kurarin, Flaxedil u. dgl.). [44]

Pachymeningitis *⟨griech⟩ f:* Syn. Perimeningitis; Entzündung der Pachymeninx (harte Hirnhaut).

P. cervicalis hypertrophica (hypertrophicans): entzündliche (meist syphilit.) Schwartenbildung an der Innenfläche der harten Rückenmarkhaut im Halsteil des Rückenmarks, die zu Schädigungen der Vorder- u. Hinterwurzeln (Lähmungen, sensiblen Ausfällen, Schmerzen von segmentalem radikulärem Ausbreitungstyp) u. schließlich, durch Rückenmarkkompression, zu mehr oder minder vollständigen spinalen Querschnittsbildern führt; ↑Querschnittsläsion des Rückenmarks.

P. externa ↑Endokranitis.

P. haemorrhagica interna: Auflagerung flächenförmiger, sehr gefäßreicher Pseudomembranen an der Innenseite der harten Hirnhaut, wobei es immer wieder zu Blutaustritten kommt, die sich organisieren, so daß in der Regel mehrschichtige Membranen entstehen, am häufigsten über der Konvexität der Großhirnhemisphären. Ursachen mannigfach; sehr oft chron. Alkoholismus, chron. Nephritiden, Sepsis, perniziöse Anämie, Traumen. Symptome sind Kopf- u. Nackenschmerzen, verschiedene Reiz- u. Lähmungserscheinungen je nach dem Sitz des Prozesses, z. B. ↑Jackson' Anfälle, spast. Lähmungen, aphas. Störungen, schließlich Hirndrucksymptome. Die Diagnose wird gestützt durch charakterist. pneumoenzephalograph. u. arteriograph. Befunde, nicht selten auch Xanthochromie des Liquors. Operative Entfernung der Blutmassen meist indiziert; ↑Hämatom, intradurales. [33]

P. tuberculosa externa: tuberkulöse Entzündung des Duralsackes, ausgehend von einer tuberkulösen Karies der Wirbelsäule; kann von sich aus ohne höhergradige Veränderungen der Wirbelsäule zu einer ↑Kompressionsmyelose führen. [4]

Pachy|meninx *⟨griech⟩ f* ↑Dura mater. [1]

~onychie *⟨griech⟩ f:* Verdickung der Nagelplatte.

~ostose: sklerosierende Hyperostose. [43]

~zephalie: dicker, kurzer Kopf; durch vorzeitige Verknöcherung der Lambdanaht entstandener abnorm kurzer Schädel. [5]

Pacini, Filippo (1812–1883), Anatom, Florenz.

P' Körperchen = Vater' oder Vater-Pacini' Körperchen ↑Corpuscula lamellosa. [2]

Packung ↑Einpackung. [46]

Pädatrophie *⟨griech⟩ f:* schwerste Form der Dystrophie bei jungen Kindern, vor allem

Säuglingen, z. T. mit völliger Unterernährbarkeit einhergehend. Die altersgemäße Nahrung kann nicht mehr verwendet werden („Toleranzschwäche"), weil eine Herabsetzung des Enzymbestandes im Darmkanal, z. B. der Disaccharidasen, insbes. der Lactase zugrunde liegt. [32]

Päderastie ⟨*griech*⟩ *f:* Knabenliebe; männliche Homosexualität mit Knaben. [52]

Pädiater ⟨*griech*⟩: Kinderarzt; Facharzt für Kinderheilkunde. [32]

Pädiatrie ⟨*griech*⟩ ↑Kinderheilkunde. [32]

Pädonephritis ⟨*griech*⟩ *f:* kaum noch gebräuchliche Bezeichnung für ↑Herdnephritis. Heute nicht mehr berechtigte Bezeichnung für intrainfektiöse Glomerulitis im Genesungsstadium der diffusen Nephritis, nach Infekten (Angina, Grippe, Scharlach) im Sinne einer chron. „Herdnephritis". [32]

Page, Iroine H. (*1901), amerikan. Arzt.

P' Syndrom: dienzephal ausgelöste Form der juvenilen Hypertonie, oft mit Zeichen einer Hyperthyreose einhergehend. [10]

Paget, James (1814–1899), Chirurg, London.

P' Krankheit: 1. ↑Ostitis deformans; 2. bes. Karzinomform im Bereich des weiblichen Warzenhofes. Zunächst als nässendes Ekzem imponierend, zieht sich anschließend die Mamille ein, u. der Warzenhof verdickt sich scheibenartig. Histolog. intraepidermal wachsendes Karzinom mit großen, hellen, protoplasmareichen „Pagetzellen". [25]

P.-v. Schroetter' Syndrom: bei thrombot. Verschluß der Vena axillaris, meist rechtsseitig, durch Trauma oder Überanstrengung bedingt. Folge ist Stauung im Bereich des betroffenen Armes u. Ausbildung von venösen Kollateralen, welche oft unter der Haut sichtbar werden. [10]

Paketleber ↑Hepar lobatum syphiliticum. [4]

Pal, Jakob (1863–1926), Kliniker, Wien.

P' Krisen: Gefäßkrisen mit anfallsweiser starker Blutdrucksteigerung, bei erhöhtem Sympathikustonus, bei Arteriosklerose, Tabes; nach neueren Erkenntnissen sind sie wahrscheinlich oft auch durch ein ↑Phäochromzytom bedingt. [9]

Palade, Georg, E. (*1912), rumän. Elektronenmikroskopiker, New York.

P.-Granula ↑Ribosom. [6]

Palaeokortex ⟨*griech, lat*⟩ *m:* phylogenet. ältester Teil des Cortex cerebri des Menschen, der aus Bulbus olfactorius, Regio retrobulbaris, Area olfactoria, Stria olfactoria lat., Gyrus semilunaris u. Gyrus ambiens besteht. [2]

Palaeostriatum ⟨*griech, lat*⟩ = Priscostriatum ↑Pallidum. [1]

Palaeozerebellum ⟨*griech, lat*⟩ *n:* phylogenet. älterer Teil des Kleinhirns. [20]

palatinus ⟨*lat*⟩: zum Gaumen gehörend, in Zusammensetzungen palato-. [1]

Palato|dynie ⟨*griech*⟩ *f:* halbseitiger Schmerz im Gaumen (N. palatinus) bei Trigeminusneuralgie. [37]

~plastik: operative Wiederherstellung des Gaumens bei angeborenen ↑Gaumenspalten oder Gaumendefekten nach Zerstörung oder Schußverletzung. [18]

~schisis *f* ↑Gaumenspalte, ↑Gesichtsspalten. [37]

Palatum ⟨*lat*⟩ *n:* Gaumen, Dach der Mundhöhle; vorderer Teil der knöcherne oder harte Gaumen, hinterer Teil der muskulöse oder weiche Gaumen. P. durum et molle, letzterer auch Velum palatinum oder Gaumensegel mit medianem Zäpfchen; im Weichteilüberzug des harten Gaumens die Plicae transversae, im weichen Gaumen Schleimdrüsen. Zäpfchen u. vordere Gaumenbogenfalten bilden mit dem Zungengrund die Rachenenge oder den Isthmus faucium. Zwischen vorderen u. hinteren Gaumenbögen liegen die Tonsillen oder Gaumenmandeln. Die Beweglichkeit des Gaumensegels bewirken die Mm. levatores (Gaumenheber) u. Mm. tensores (Gaumenspanner) zusammen mit Ringmuskeln der Schlundenge (Mm. glossopalatini u. pharyngopalatini).

P. fissum ↑Palatoschisis, ↑Uranoschisis, ↑Gaumenspalte. [37]

Palfijn, Jean von Kortrijk (1650–1730), Anatom, Chirurg, Gent. Stellte 1723 das von ihm erfundene geburtshilfliche Zangenmodell den Geburtshelfern zur Verfügung u. machte dadurch die geheimgehaltene Erfindung von Chamberlen überflüssig. [53]

Palilalie ⟨*griech*⟩ *f:* Neigung zu (oft mehrfachem) Wiederholen von Silben u. Wörtern. [33]

Palimnese ⟨*griech*⟩ *f:* Erinnerung, Wiedererinnerung an Vorgänge, die aus dem Gedächtnis geschwunden schienen. [34]

Palingenese ⚹ **Palingenesis** ⟨*griech*⟩ *f:* nach Haeckel die Wiederholung phylogenet. Vorstufen in der Ontogenie, oft durch zänogenet. Vorgänge verändert; biogenet. ↑Grundgesetz. [58]

Pallanästhesie ⟨*griech*⟩ ↑Pallästhesie. [33]

Pallästhesie ⚹ **Pallaesthesia** ⟨*griech*⟩: Vibrationsempfindung; die charakterist., der epikrit. Sensibilität zugerechnete Empfindungsqualität, die beim Aufsetzen einer schwingenden Stimmgabel, bes. auf knochennahe Hautpartien auftritt. Ihre Herabsetzung bis Aufhebung wird als Pallhypästhesie bzw. Pallanästhesie bezeichnet. [33]

Pallhypästhesie ⟨*griech*⟩ ↑Pallästhesie. [33]

Palliativa remedia ⟨*lat*⟩ *n, Pl:* Arzneimittel, deren Wirkung sich auf die Bekämpfung bestimmter Symptome richtet, ohne die Grundursache zu beseitigen. [44]

Palliativoperation ⟨*lat*⟩: Operation, deren Heilergebnis nur gegen gewisse Krankheitssymptome, nicht gegen die Grundkrankheit gerichtet ist, z. B. künstlicher After gegen Darmverschluß bei nicht entfernbarem Mastdarmkrebs. [18]

Pallida-Reaktion: früher als spezif. angesehene Reaktion in der Syphilisdiagnostik. An Stelle des Rinderherzextrakts bei der Wassermann' Reaktion wird hier ein Extrakt aus Spirochätenkulturen verwendet. Da diese Spirochäten (Stamm Reiter) nicht mit den Syphilistreponemen ident. sind, werden nur teilweise Spirochätenantikörper nachgewiesen; dann aber auch noch wie bei der WaR. Lipidantikörper. Das Pallidaantigen von Gaehtgens u. Führer u. die damit durchgeführte Reaktion gehören zu den Routinetesten in der Syphilisdiagnostik. [39]

Pallidostriäres System ↑Striopallidäres System. [33]

Pallidotomie ⟨*lat, griech*⟩ *f:* operativer Eingriff am Pallidum mittels stereotakt. Operation bei Parkinsonismus. [20]

Pallidum ⟨*lat*⟩ = Pars pallida des Nucleus lentiformis: Anteil des ↑Striopallidären Systems. [33]

pallidus ⟨*lat*⟩: blaß. [4]

Pallium ⟨*lat*⟩ *n:* Mantelteil der Großhirnhemisphären. [1]

P.-Syndrom = Apallisches Syndrom Kretschmer: Syndrom bei diffusem Ausfall der Hirnrindenfunktion; Abbau aller höheren Leistungen außer primitiven (Hirnstamm-) Reflexen u. der vegetativen Regulation; allgemeine Lähmung, Starre, Automatismen. [33]

Pallor ⟨*lat*⟩ *m:* Blässe. [4]

Palma ⟨*lat*⟩ *f:* Palme; in übertragener Bedeutung die flache Hand, Handfläche; *Adj* palmaris zur Handfläche gehörend. [1]

Palmar|aponeurose ⟨*lat, griech*⟩ *f* = Aponeurosis palmaris.

~faszienkontraktur: 1. ↑Dupuytren' Kontraktur; 2. akute P.: in wenigen Tagen durch vegetativen Reiz (Trauma, psych. Alterationen) auftretende vegetativ bedingte Fingerbeugekontraktur (darf nicht operiert werden, Gefahr des Sudeck' Syndroms). [23]

~flexion = Volarflexion: Beugung handflächenwärts. [1]

~keratose (erbliche): erbliche Palmarkeratose (Plantar-); Begleitmißbildung bei polyakrodermaler ↑Dysplasie. [32]

Palmar-Syndrom: Syn. Syndrom der roten Palmar-Erythema palmare hereditarium; symmetr., chron. Erythem der Handteller u. Fußsohlen. Angeb. Dysplasie der Vaskularisation auf erbl. Grundlage. Histolog. starke Vermehrung u. Anastomosierung der Kapillaren. [32]

Palmer-Methode: postkoitaler Penetrationstest zum Nachweis lebender Spermatozoen aus dem Fundus uteri. [12]

Palmitaldehyd od Palmitinaldehyd: Aldehyd der Palmitinsäure; Vorkommen in Gehirn- u. Muskelphosphatiden. [8]

Palmitinsäure: n-Hexadekansäure; $CH_3\cdot(CH_2)_{14}\cdot COOH$; eine gesättigte Fettsäure vom Schmelzpunkt 62,9 °C; als Glyzerid in fast allen pflanzlichen u. tier. Fetten enthalten; bes. palmitinsäurereich sind Palmöl (daher der Name; 35–40%), Stillingiatalg (60–70%), Walrat, Butterfett, Depotfett der Haustiere u. Kakaofett (25–35%). Ester der P. mit einwertigen höheren Alkoholen sind im Wachs enthalten. [16]

Palm|kernfett: das aus den Samenkernen der Steinfrucht (Fettgehalt 43–52%) der Ölpalme (Elacis guineensis oder E. melanococca) durch Auspressen, seltener durch Extraktion gewonnene u. raffinierte Fett; weiß bis gelblich, fast geruch- u. geschmacklos; Schmelzpunkt des Fettes 25–30 °C; Verwendung als Nahrungsfett, insbes. bei der Margarineherstellung, ferner als Koch- u. Bratfett sowie in der Seifenindustrie.

~öl: das aus dem Fruchtfleisch der Ölpalme (Elacis guineensis, Westküste von Afrika, Mittelamerika) gewonnene Fett; Verwendung als Nahrungsfett u. zur Herstellung von Seifen. [16]

palpabel ∗ **palpabilis** ⟨*lat*⟩: tastbar. [9]

Palpation ⟨*lat*⟩: Untersuchung durch Abtastung, Abfühlen. [9]

Palpebra ⟨*lat*⟩ *f:* Augenlid; *Adj* palpebral, palpebralis zum Augenlid gehörend. [36]

Palpitation ∗ **Palpitatio** ⟨*lat*⟩ *f:* Zuckung.

P. cordis: Herzklopfen. [10]

Paltauf, Richard (1858–1924), Pathologe, Wien.

P.-Sternberg' Krankheit ↑Lymphogranulomatose. [5]

P.-Sternberg' Riesenzellen: gewucherte Retikulumzellen mit ovalen, gelappten oder auch mehreren Kernen; charakterist. für die ↑Lyphogranulomatose. [4]

Paludismus ↑Malaria. [11]

PAM®: (2-Pyridin-aldoxim-N-methyljodid); Mittel gegen Vergiftungen durch Cholinesterase blockierende Phosphorsäureester; ↑Cholinesterase-Hemmstoffe. [8]

PAMBA®: *Abk* für ↑Para-Aminomethylbenzoesäure, ↑p-Aminomethylbenzoesäure. [44]

pampiniformis ⟨*lat*⟩: rankenförmig. [1]

Panagglutination: durch bakterielle Verunreinigung der Blutkörperchen u. Testseren auftretende Agglutination, die unabhängig von den jeweils vorhandenen Blutgruppen ist. Dadurch kann es zu falschen pos. Reaktionen bei der Blutgruppenbestimmung kommen. Die Ursache der P. ist in einer

Veränderung der Blutkörperchenoberfläche durch Stoffwechselprodukte der Bakterien zu suchen. [11]

Panaritium ⟨*griech*⟩: eitrige Entzündung an Beugesehnen der Finger. Gesonderte Bezeichnung wegen charakterist. Verlaufsform von Eiterung im Fingerbeuge-Bereich, welche nicht nach außen durchbricht, sondern bis zum Knochen in die Tiefe durchdringt u. Nekrosen setzt, so daß oft eitrige Einschmelzung fehlt. 1. Oberflächliche Form am Finger: P. cutaneum; im Subkutangewebe: P. subcutaneum; unter dem Nagel: P. subunguale; im Nagelbett: P. parunguale, ↑Paronychie. 2. Tiefe Form: Einbruch der Eiterung in die Sehnenscheide: P. tendinosum. – Einbruch der Eiterung in das Knochengewebe: P. ossale. – Meist am Fingerendglied. – Einbruch der Eiterung in ein Fingergelenk: P. articulare. Komplikationen: im Hohlhandbereich: Sehnenscheidenempyem: V-förmige Fortleitung der Eiterung durch die Sehnenscheiden der Daumen- u. kommunizierenden Kleinfingerbeuger. Hohlhandphlegmone: Ausbreitung der Eiterung in den Faszienräumen der Hohlhand. – Schwielenabszeß: an der Greifleiste über den Fingergrundgelenken von einer Hornschwielenverletzung ausgehend. [18]

Panarteriitis ⟨*griech*⟩ *f:* Entzündung aller Wandschichten einer Arterie. [5]

Panarthritis ⟨*griech*⟩: Entzündung aller Teile eines Gelenkes; dabei ist von der Infektion auch die Umgebung des Gelenkes betroffen. Der Prozeß endet häufig mit einer völligen Gelenk-Ankylose, bei großem Gelenk (Knie) relativ oft auch Sepsis. [18]

Panchromfärbung (Pappenheim): eine durch Zusatz von Toluidinblau u. Methylviolett verbesserte May-Grünwald-Färbung. [11]

Pancoast, Henry (1875–1939), Röntgenologe, Philadelphia.

P' Tumoren: ursprünglich als bes. Tumorform von der oberen Lungenfurche ausgehend angesehen. Meistens handelt es sich um die Ausbrecherform eines peripheren Bronchialkrebses im Lungenspitzenbereich, der in die umgebenden Weichteile u. Knochen einwächst.

P' Syndrom: röntgenolog. u. klin.-neurolog. Symptomenkomplex bei Tumoren im Bereich der Lungenspitzen (Lungenspitzenverschattung, Knochendestruktionen meistens der oberen Rippen, manchmal auch der Brustwirbel), Brachialgien; ↑Horner' Symptomenkomplex. [3]

Pancreas ⟨*griech*⟩ *n* ↑Pankreas; *Adj* pancreaticus zum Pankreas gehörend. [1]

Pandemie ⟨*griech*⟩ *f:* allgemeine Ausbreitung einer ↑Epidemie über einen, mehrere oder alle Kontinente. [38]

Pandschabgeschwür ↑Orientbeule. [40]

Pandy, Kolomán (1868–), Psychiater, Budapest.

P' Reaktion: orientierende, nicht streng spezif. Methode zum Nachweis von Globulinen im Liquor cerebrospinalis mit einer gesättigten Karbolsäurelösung. [8]

Panenzephalitiden ⟨*griech*⟩ *f, Pl:* zusammenfassender Begriff für alle über das gesamte Gehirn ausgebreiteten Enzephalitiden. Es handelt sich meist um schwere, oft tödliche Krankheitsbilder. Überwiegend verwendet für 1. Gruppe von endem. oder epidem. auftretenden Viruserkrankungen mit akutem bis subakutem Verlauf: Encephalitis japonica, St. Louis-Enzephalitis sowie einheim. Enzephalitisformen; ↑Enzephalitis; 2. Gruppe nicht sicher epidem., auch erregermäßig nicht gesicherter, chron. progredient verlaufender Enzephalitiden, die meist in der Kindheit beginnen u. in Monaten bis Jahren zum Tode führen: Einschlußkörperchen-Enzephalitis Dawson, Panenzephalitis Pette-Döring u. Leukenzephalitis van Bogaert. Einheitliche Verlaufstypen, charakterist. EEG- u. Liquorbefunde legen die Verwandtschaft dieser Leiden nahe. [33]

Paneth, Joseph (1857–1890), Physiologe, Wien.

P' Körnerzellen: oxyphile Körnchenzellen, bes. Drüsenzellen mit azidophilen Granula am Grunde der Glandulae intestinales (Lieberkühn' Krypten) des Dünndarmes. Die azidophilen Granula können als Sekretgranula aufgefaßt werden. Die Bedeutung der P' Körnerzellen ist noch unklar. [2]

Pangenesis ⟨*griech*⟩ *f:* Entwicklungs- u. Vererbungstheorie von Darwin, nach der jede Zelle die Fähigkeit besitzt, Keime (Gemmulae) zu produzieren, die sich durch Teilung vermehren können, in den Körpersäften zirkulieren u. zur Reproduktion von Tochterorganismen beitragen. [3]

Panhypopituitarismus ⟨*griech*⟩ *m:* Hypophyseninsuffizienz, die mit Ausfall der gesamten Inkretion der Hypophyse einhergeht. Hauptursache ist die postpartale Nekrose der Hypophyse (65% bei Frauen zwischen dem 3. u. 4. Lebensjahrzehnt), seltener infolge degenerativer Veränderungen im Hirnanhang durch Riesenzellgranulome, Tumoren, Zysten, Tuberkulose, Syphilis. Zu dem schweren, progredienten P. werden die Simmond' Kachexie, das Sheehan' Syndrom u. die Blutdrüsensklerose Falta gerechnet. [12]

Pankarditis ⟨*griech*⟩: gleichzeitiges Bestehen einer Endokarditis, Myokarditis, Perikarditis. [10]

Pankreas ⚹ **Pancreas** ⟨*griech*⟩ *n:* Bauchspeicheldrüse; von gelblich-rötlicher Farbe, hinter dem Magen in Höhe des 2. Lendenwirbels an der Rückfläche des Netzbeutels gelegen, an der Vorderfläche vom Bauchfell überkleidet. Man unterscheidet: Caput, Corpus u. Cauda pancreatis. Der Ductus pancreaticus mündet an der Papilla duodeni major gemeinsam mit dem Ductus choledochus. Das P. bildet wichtige Verdauungssekrete (↑Pankreassaft). Darüber hinaus ist es ein Organ mit innerer Sekretion (↑Langerhans' Inseln) u. beherrscht als solches den Zuckerstoffwechsel im Körper; ↑Diabetes mellitus. (histolog.) 1. Exokriner Teil: ↑Pankreassaft produzierende seröse Drüse, die aus den Drüsenendstücken (Azini), den Schaltstücken u. den Ausführungsgängen besteht. Die in das Lumen der Azini vorgeschobenen Schaltstückzellen werden als zentroazinäre Zellen bezeichnet. Die Endstückzellen enthalten lumenwärts azidophile sog. Zymogenkörnchen, die als Prosekretgranula aufzufassen sind. Das Ergastoplasma bedingt eine basale Streifung; 2. endokriner Teil: Gesamtheit aller, im Pankreas liegender Hormone (Insulin u. Glucagon) produzierender, inselartiger Zellhaufen, die zuerst von Langerhans beschrieben wurden; ↑Langerhans' Inseln. [1, 2]

P. accessorium: Nebenpankreas; Pankreasgewebe abseits vom Ort der eigentlichen Bauchspeicheldrüse, am häufigsten in den Wandschichten des Magen-Darm-Traktes.

P. anulare: ringförmige Bauchspeicheldrüse, Ringpankreas, umgreift das absteigende Duodenum meist unter gleichzeitiger Einengung desselben. Seltene Mißbildung. [5]

Pankreas|abszeß: entsteht durch Eitererreger auf hämatogenem, kanalikulärem, lymphogenem Wege oder durch Übergreifen bakterieller Entzündungen aus der Nachbarschaft. Kann aber auch im Rahmen einer Pankreatitis oder als Folge einer Pankreasnekrose auftreten. Schweres Krankheitsbild mit sept. Fieber, heftigen Schmerzen im Oberbauch, Leukozytose. Die Diastasen in Blut u. Urin sind in der akuten Phase erhöht, später können sie erniedrigt sein. [9]

~apoplexie: veralteter klin. Begriff für akute hämorrhag. ↑Pankreasnekrose. „Apoplexie" als Ausdruck der plötzlich einsetzenden u. oft tödlich verlaufenden Erkrankung. Akuter Untergang von Pankreasgewebe mit starker blutiger Durchtränkung. [5]

~diabetes *m:* der Zustand der Hyperglykämie u. Glykosurie, den man erzeugen kann, wenn man die Bauchspeicheldrüse aus dem Körper entfernt (v. Mering u. Minkowski, 1889). Dies führt infolge Ausfalls der insulinbildenden B-Zellen der Langerhans' Inseln in kurzer Zeit unter Abmagerung zum Tode. Bei nur teilweiser Entfernung des Pankreas bleibt der Diabetes aus, unter der Voraussetzung, daß das zurückgebliebene Gewebe noch funktionsfähig ist. [7]

~diastase: wahrscheinlich Komplex mehrerer im exkretor. Anteil der Bauchspeicheldrüse gebildeter Verdauungsenzyme für Kohlenhydrate, Hauptbestandteil α-Amylase (Glykogenase); enthält Kalzium in fester Bindung, das für die spez. Wirkung notwendig ist u. wird aktiviert durch Chloridionen; bewirkt Spaltung α-glykosid. Bindungen. Nachweisbar in Pankreassaft, Blut u. Harn, ↑Diastase-Probe. Bei akuten Pankreasentzündungen, Abflußhindernissen im Pankreas u. a., starker Anstieg im Blut, Pankreassaft; ↑Pankreatitis. [14]

~exstirpation: Entfernung der ganzen Bauchspeicheldrüse bei Karzinom oder bei mehreren Inseladenomen, die nicht einzeln zu finden sind u. einen Hyperinsulinismus verursachen. Der ↑Pankreasdiabetes wird dann durch Substitutionstherapie verhindert. [18]

~fettgewebsnekrose *f:* teilweise oder vollständige Selbstverdauung des Fettgewebes im Pankreas durch Einwirkung des fettspaltenden Enzyms Steapsin. Die Nekrosen erscheinen als kalkspritzerartige weiße unterschiedlich große Stippchen u. Flecke. Ursachen sind Sekretstauung, Entzündung, Traumen, regelmäßige Teilerscheinung bei akuter hämorrhag. ↑Pankreasnekrose.

~fibrose, zystische: Zystofibrose des Pankreas; (histolog.) Sekreteindickung, zyst. Erweiterung der Drüsenendstücke u. Ausführungsgänge, interstitielle Bindegewebsvermehrung. Häufig entsprechende Veränderungen auch in den Schleimdrüsen der Luftwege, Speicheldrüsen u. Darmdrüsen. Wird als generalisierte Sekretionsstörung [Dyschylie (Seifert); Mukoviszidose (Farber)] aufgefaßt u. deshalb auch als Dysporia broncho-entero-pancreatica bezeichnet. Die betroffenen Kinder sterben meist während des ersten Lebensjahres, je nach Schwere der Erkrankung u. vorzugsweise befallener Örtlichkeit unter verschiedenen Krankheitsbildern; in der 1.–2. Lebenswoche am ↑Mekonium-Ileus, bis zum 6. Monat an (abszedierender) Bronchopneumonie bei Bronchiektasen, später unter dem klin. Bild einer chron. Bronchitis, Bronchiolitis oder Zöliakie. [5]

~inseln ↑Langerhans' Inseln. [2]

~karzinom: morpholog. werden Gang-, Parenchym- u. Inselzellkarzinome unterschieden. Diagnost. Sicherung auf direktem (selektive Angiographie, Duktographie) u. indirektem (Cholangiographie, Magen-Darm-Breipassage) Wege. Selbst nach Radikaloperation (Duodenopankreatektomie) Dauerheilungen sehr selten. [6]

~nekrose: weitgehende Zerstörung der Bauchspeicheldrüse durch Selbstverdauung, die beim Menschen im Zusammenhang mit einem verschleppten Gallensteinleiden oder ohne erkennbare Ursachen auftritt u. die experimentell beim Tier erzeugt werden kann. Dabei entsteht ein Stoff, der das unwirksame Trypsin der Drüse aktiviert, so daß eine stark verdauende Wirkung in der Umgebung ausgeübt wird. Bei der P. befinden sich im Harn große Mengen von Diastase; ↑Diastaseprobe. [7]

~sklerose: bindegewebige Verhärtung des Pankreas durch chron. entzündliche Prozesse. Die daraus resultierende Enzymschwäche bleibt bei normaler Belastung häufig latent. Nur selten u. bei ganz bestimmten Verlaufsformen kommt es zu einer mechan. Beeinträchtigung des Inselorgans mit ↑Diabetes mellitus. [9]

~steine: Konkremente aus phosphorsaurem oder kohlensaurem Kalk, weiß-gelblich, bis erbsgroß, glatt oder maulbeerartig. Meistens in der Vielzahl in den großen Ausführungsgängen; Entstehen auf dem Boden von Sekretstauung u. Entzündungen. [5]

~stühle: bei mangelhafter Enzymsekretion des Pankreas auftretende Fettstühle (Steatorrhoe) mit unverdauten Muskelfasern (Kreatorrhoe). [9]

Pankreatektomie ⟨*griech*⟩ ↑Pankreasexstirpation. [18]

Pankreatin: 1. Bezeichnung für die proteolyt. wirksamen Enzyme des Pankreassaftes: Trypsinogen, Chymotrypsinogen, Proelastase, Procarboxypeptidase, Aminopeptidasen, Dipeptidasen; 2. Enzympräparat aus dem Pankreas mit proteolytischer Wirkung. [8]

~saft: äußeres Sekret der Bauchspeicheldrüse. Menge u. Zusammensetzung sind von der Art der Ernährung abhängig (↑Tabelle). Beim Menschen beträgt die Absonderung im nüchternen Zustand 15–18 ml/h, nach einer Mahlzeit 30–50 ml/h. Die Tagesmenge schwankt zwischen 0,5 u. 0,8 Liter. Die Absonderung erreicht 2–3 h nach einer Mahlzeit ihren Höchstwert. Der normale P. ist durchsichtig, farb- u. geruchlos, weist einen salzigen Geschmack auf u. kann durch seinen Gehalt an Natriumbikarbonat erhebliche Säuremengen binden. Er reagiert alkalisch (*p*H = 7,5–8,3). Die Absonderung des Pankreassaftes wird einmal auf hormonalem Wege herbeigeführt, u. zwar durch das Sekretin, das aus dem Prosekretin durch Säure aktiviert wird u. das sich in der Schleimhaut des Zwölffingerdarmes bzw. im Anfangsteil des Dünndarmes befindet; zum anderen auf reflektor. Wege über den sekretor. Nerv für die Bauchspeicheldrüse, den N. vagus. Sekretor. Fasern sind ebenfalls im Sympathikus enthalten. Der parasympath. Anteil liefert bei Erregung reichliche Mengen eines dünnflüssigen, der Sympathikus geringe Mengen eines dickflüssigen Saftes.

Absonderung u. Zusammensetzung des Pankreassaftes		Art u. Menge der Nahrung		
		Milch 600 ml	Brot 250 g	Fleisch 100 g
Menge des Pankreassaftes in ml		45	160	130
Dauer der Absonderung in h		$4^1/_2$	$7^1/_2$	$4^1/_4$
mittl. Absonderung je 5 min in ml		0,8	1,8	2,6
Trockenrückstand	in % des abgesond. P.	5,3	3,2	2,5
Asche	in % des abgesond. P.	0,87	0,93	0,91
Org. Substanz	in % des abgesond. P.	4,4	2,3	1,6
Stickstoff	in % des abgesond. P.	0,7	0,4	0,2
Alkaleszenz der Asche in % Na_2CO_3		0,35	0,56	0,59

Die Hauptmenge der organ. Bestandteile des P. sind Eiweiße, darunter viele Nukleoproteide. Dazu kommen Enzyme wie Trypsinogen u. Chymotrypsinogen, Procarboxypeptidase, Pankreasamylase, Pankreaslipase. Unter den anorgan. Bestandteilen überwiegt das $NaHCO_3$ mit 0,9–1,0%. Seine Menge ist vier- bis fünfmal so groß wie die im Blutplasma. Im Pankreassaft sind eine Anzahl von weiteren Salzionen vertreten; ↑Pankreatin. [7]

Pankreatitis ⟨*griech*⟩: Bauchspeicheldrüsenentzündung, kann subakut, akut u. chron. verlaufen; entsteht meist durch Fortleitung einer Infektion im Bereich des Choledochus bei Cholelithiasis, Bauchspeichelsteinen, ferner bei penetrierenden Geschwüren des Magens oder Duodenums. Oft uncharakterist. Beschwerden, wie Völlegefühl, Druck im Oberbauch, Dyspepsie. Die akuten fieberhaften Formen können zum Pankreasabszeß (evtl. Durchbruch in das Omentum majus in die freie Bauchhöhle) führen, die chron. Formen zur Pankreassklerose mit Diabetes mellitus. Es kommen in wechselndem Maße Fett- u. Fleischverdauungsstörungen vor. Stärkere Diastaseerhöhung im Blut u. Urin findet sich im allgemeinen nur bei ↑Pankreasnekrose. Nicht so selten liegt dem Symptombild der P. ein Pankreastumor zugrunde. [9]

Pankreopathie ⟨*griech*⟩: Sammelbezeichnung für einen chron. entzündlichen zirrhot.-indurativen Prozeß des Pankreas mit degenerativen Erscheinungen am Parenchym. Hierbei findet sich Verminderung der exkretor. Pankreasenzyme, nur sehr selten eine solche der Insulinbildung. [9]

Panmyelopathie ⟨*griech*⟩: Knochenmarkinsuffizienz; nach dem Knochenmarkbefund werden aplast., hypoplast., normoplast. u. sog. pseudohyperplast. Formen unterschieden. Als Folge einer mangelhaften u. meist auch fehlerhaften Zellregeneration findet sich eine ↑Panzytopenie im peripheren Blut. Die Ursachen sind vielfältig, selten besteht eine Heredität (Fanconi-Anämie), häufig liegen exogen bedingte tox. Schädigungen vor; vielfach ist die Ätiologie unbekannt = idiopath. Panmyelopathie. Nach dem Verlauf werden akute u. chron. Krankheitsbilder unterschieden. Eine Milzvergrößerung fehlt in der Regel. Weniger gebräuchliche Bezeichnungen sind: aplast. Anämie, Aleucia haemorrhagica, chron. interstitielle Myelitis, Panmyelophthise. [11]

Panmeyelophthise ⟨*griech*⟩ *f:* Syn. für ↑Panmyelopathie. Da die Erkrankung jedoch keineswegs immer mit einem Knochenmarkschwund einhergeht, der diesem Begriff zugrunde liegt, sollte die Bezeichnung nur noch für die aplast. Formen der Panmyelopathie gebraucht werden. [11]

Panner' Syndrom: asept. Epiphysennekrose des Capitulum humeri im Kindesalter. Einschränkung der Beugungs- u. Streckfähigkeit des Ellenbogengelenkes. Meist nur Druckschmerz am Capitulum humeri. Röntgenolog. anfangs Verdichtung u. Auflockerung im Epiphysenkern des Capitulum humeri; später Konvexität des Knochenkerns abgeflacht. [23]

Panneuritis epidemica ⟨*griech*⟩ ↑Beriberi. [16]

Panniculitis ⟨*lat*⟩: Entzündung des Unterhautfettgewebes.

P. non suppurativa febrilis nodularis recidivans: Syndrom Pfeiffer-Weber-Christian; rezidivierende, meist von Fieber begleitete knotige Entzündung des subkutanen Fettgewebes; Ausheilung unter Narbenbildung. [43]

Panniculus ⟨*lat*⟩: Gewebe, Schicht.

P. adiposus: Unterhautfettgewebe. [43]

Pannus ⟨*lat*⟩ *m:* Sammelbezeichnung für Durchsetzung der normalerweise gefäßlosen Hornhaut mit Blutgefäßen. Sitz u. Form gestatten oft eine ursächliche Diagnose. Zu unterscheiden: oberflächlicher P., der aus dem Bindehautgefäßsystem hervorgeht, u. tiefer P., der aus den intraskleralen Gefäßen des Ziliarsystems kommt.

P. crassus: massiver, tief in die Hornhaut eindringender Pannus.

P. degenerativus: entsteht bei spontanen Hornhautdegenerationen, absolutem Glaukom, Phthisis bulbi, alten Verletzungen u. a.

P. eccematosus (oder scrophulosus): oberflächliche unregelmäßig angeordnete Gefäße.

P. trachomatosus („Epaulettenpannus"): vorwiegend oberflächlicher P., der sich in breiter Front vorhangartig von oben über die Hornhaut herabschiebt.

P. interstitialis: besteht nur aus tiefen, oft blutleeren Gefäßen, z.B. nach Keratitis parenchymatosa e lue cong.

P. regenerativus: schlechte Bezeichnung für das Einwandern von Blutgefäßen bei der Abheilung schwerer Geschwüre, z.B. Ulcus serpens. [36]

Panophthalmie ⟨*griech*⟩ *f:* diffuse eitrige Entzündung aller inneren Augengewebe mit massiver Eiteransammlung im Glaskörper u. meistens auch der Vorderkammer; entweder endogen auf dem Blutwege durch sept. Metastasierung in die Uvea oder Retina oder exogen durch infizierte perforierende Verletzungen oder Hornhautgeschwüre oder als Komplikation nach bulbuseröffnenden Operationen. Zuweilen Perforation nach außen. Oft Fieber u. sept. Allgemeinerscheinungen, Meningitisgefahr, schmerzhafte Drucksteigerung nicht selten. Prognose quoad visum sehr schlecht, aber unter antibiot. Therapie nicht ganz aussichtslos, vor allem bei Beschränkung der Infektion auf den vorderen Abschnitt. [36]

Panostitis ⟨*griech*⟩: Entzündung des gesamten Knochens (Periostitis + Ostitis + Osteomyelitis). [23]

Panotitis ⟨*griech*⟩: Entzündung des Mittel- u. des Innenohres. [28]

Panphlebitis ⟨*griech*⟩ *f:* Entzündung aller Wandschichten einer Vene. [5]

Panphobie ⟨*griech*⟩: krankhafte Furcht vor allen äußeren Dingen, Menschen, Tieren, auch Ereignissen. [34]

Panplegie ⟨*griech*⟩: Lähmung der gesamten Körpermuskulatur. [33]

Pansen *m:* Speichermagen der Wiederkäuer. Physiolog. bedeutsam durch den bakteriellen Abbau der pflanzlichen Nahrung, bes. durch den Aufschluß der Zellulose. [42]

Pansinusitis ⟨*griech, lat*⟩: Entzündung sämtlicher Nasennebenhöhlen, doppel- oder einseitig. [28]

Pantherina-Syndrom: Vergiftung durch Fliegen- oder Pantherpilz (Amanita muscaria oder A. pantherina); klin. Bild der Atropinvergiftung, hervorgerufen durch Muskarin u. das sog. „Pilzatropin". [44]

Pantothensäure: Syn. Vitamin B_5, Filtratfaktor, Antikükendermatitis-Faktor; gehört zu den Hautfaktoren der Vitamin-B_2-Gruppe. Der Name drückt die allgemeine Verbreitung aus. Sie ist ein mikrobieller Wuchsstoff (Hefen) u. ein Vitamin für höhere Tiere. Vorkommen in Hefe, Reiskleie u. vor allem in der Leber. P. ist ein Peptid der D-(+)-N-(α, γ)-Dihydroxy-β, β-Dimethylbuttersäure mit β-Alanin. Sein Fehlen bewirkt bei Küken u. Ratten Hautveränderungen u. führt einen Wachstumsstillstand herbei. Außerdem bewirkt ein Mangel an P. das Ergrauen dunkelhaariger Tiere (Hund, Meerschweinchen, Ratte). Beim Menschen ist ein nahrungsbedingter Mangel unbekannt. Doch treten nach Verabreichung eines Antivitamins schon nach 1 Woche Störungen im Allgemeinbefinden u. nach 4 Wochen im Nervensystem auf P. ist ein Bestandteil des Coenzyms A. [8]

Panum' Areale ↑Netzhautpunkte, identische. [7]

Panzer|herz: das bei Pericarditis calculosa von Kalkschalen ganz oder teilweise umgebene Herz, ↑Perikarditis. [10]

~krebs: Endstadium der Hautmetastasierung in der Umgebung des Primärtumors bzw. der Radikaloperationsnarbe bes. bei Mammakarzinom. Dabei fließen die ursprünglich isolierten Knötchen durch flächige Infiltration der Haut in breite derbe Platten zusammen: cancer en cuirasse. [25]

~niere: Syn. Perinephritis fibrosa, scleroticans oder fibrolipomatosa oder Schwartenniere. Die Nierenkapsel ist infolge chron. (jahrelanger) Entzündung (manchmal auch infolge Hämatoms zwischen Nierenoberfläche u. fibröser Kapsel nach Nierentrauma) derb, hart, dick, schwartig geworden, so daß die Niere in einen (mitunter mehr als 1 cm) dicken Panzer eingezwängt ist. Kommt auch bei chron. Pyelonephritis oder (pyelonephrit. Steinniere) ↑Schrumpfniere vor. Manchmal schmerzlos, vor allem bei funktionsloser Niere, oft aber schmerzhaft (Perinephritis dolorosa), falls Niere noch arbeitet. Diagnose: Veratmungspyelogramm, Tomographie ggf. Probefreilegung. Therapie: Resektion der schwartigen Kapsel, bei Steinschrumpfnieren usw. intrakapsuläre Nephrektomie. [24]

~pleura = Pleuritis calcificata: flächenhafte Kalkablagerungen in Pleuraschwielen. [5]

Panzytopenie = Panhämozytopenie: starke Verminderung der Erythrozyten, Neutrophilen u. Thrombozyten im peripheren Blut als Ausdruck einer Knochenmarkinsuffizienz unterschiedlicher Genese. Im Blutbild findet sich eine relative Lymphozytose. Die Anämie ist zumeist normochrom, die Retikulozytenzahlen als Ausdruck der eingeschränkten erythropoet. Knochenmarkfunktion ist herabgesetzt. Vorkommen einer P. vor allem bei einer Panmyelopathie bzw. Panmyelophthise, aleukäm. Phasen einer unreifzelligen Leukose, Verdrängung des hämopoet. Gewebes bei Retikulosen oder Retikulosarkomatosen, Plasmozytom, Knochenmarkkarzinosen, gelegentlich im Verlauf von Osteomyelosklerosen bzw. Osteomyelofibrosen u.a. sowie bei Hypersplenismus als Folge einer splenogenen Markhemmung, dekompensierter perniziöser Anämie, allerg.-tox. Knochenmarkschäden u. nach zytostat. Therapie sowie Einwirkung ionisierender Strahlen. [11]

PAP: *Abk* für ↑Pneumonie, primär atypische. [40]

Papageienkrankheit = Psittakose: Viruserkrankung der Vögel, hat häufig berufspatholog. Bedeutung bei Vogelzüchtern u. -händlern usw., Epidemien bei Lagerhausarbeitern u. Schiffsbesatzungen, auch Laboratoriumsinfektionen sind möglich. Kommt auch bei Umgang mit anderen Vogelarten vor, daher besser ↑Ornithose genannt. Hat außerordentliche Bedeutung in Geflügelfarmen u. -schlachtereien gewonnen. [49] Aerogen oder durch Kontakt auf den Menschen übertragbare, meldepflichtige zykl. Infektionskrankheit durch Psittakose-Ornithoseviren. 1- bis 2wöchige Inkubation. Hochfieberhafter, influenzaähnlicher Verlauf mit Lungenbefall. Letalität der Psittakose unbehandelt 20%, der Ornithose 10%. [40]

Papain: (EC 3.4.4.10) ist eine pflanzliche Proteinase, die Peptide, Amide u. Ester hydrolysiert. *p*H-Optimum zwischen 5,0 u. 5,5; [8] (pharmakol.) Rohextrakt aus dem weißen Milchsaft des in Mexiko heim. Melonenbaumes, Carica papaya. P. enthält proteolyt. Enzyme. Es wird therapeut. als Anthelminthikum verwendet, da es die Körperproteine der Würmer andauen soll. [44]

~test ↑Enzymteste. [11]

Papanicolaou, George Nicholas (1883 bis 1962), Anatom, Athen, Cornell (USA).

P' Karzinomdiagnostik = Exfoliativzytologie: in Abstrichen aus der Vagina, bes. am hinteren Scheidengewölbe, in Ausstrichen von Bronchialsekret, Harnsediment, Spülflüssigkeiten aus Magen u. Rektum, in sedimentierten Pleura- oder Aszitespunktaten lassen sich bei spez. Färbung nach Papanicolaou lichtmikroskop., fluoreszenz- u. phasenkontrastmikroskop. bei Vorliegen eines Krebses häufig typ. Zellen bzw. Zellverbände erkennen. Die Zytodiagnostik allein genügt zur Sicherung der Diagnose Krebs nicht, stellt aber eine äußerst wertvolle Früherkennungsmethode z. B. in der Gynäkologie dar. [25]

Papaver somniferum ⟨*lat*⟩: Schlafmohn; in den Balkanländern, Vorderasien, Persien, Indien u. China kulturmäßig angebaute Papaveracee, die sich durch ihren Alkaloidreichtum auszeichnet. Der eingetrocknete Milchsaft u. Fermentate der unreifen Mohnkapseln werden als Opium bezeichnet. Das Hauptalkaloid des Schlafmohns ist das Morphin, Nebenalkaloide sind Papaverin, Narkotin, Kodein, Thebain u. a. [44]

Papaverin ✳ **Papaverinum hydrochloricum** ⟨*lat, griech*⟩: Dimethoxyisochinolin-dimethoxyphenyl-methan; Alkaloid aus dem Opium. Das Hydrochlorid bildet farblose Kristalle, die gut wasserlöslich sind. Spasmolytikum für glattmuskuläre Organe (Darm, Gallen- u. Harnwege, Gefäße, Bronchialmuskulatur). Keine Suchtgefahr, unterliegt nicht dem Betäubungsmittelgesetz. [44]

Papayotin: gereinigtes Papainenzym; ↑ Papain. [44]

Papel ⟨*lat*⟩ *f* ↑ Papula. [43]

Papier|blase: überdehnte Blase infolge ↑ Blasenhalsobstruktion mit papierdünner Wand ohne Tonus u. Kontraktionsvermögen mit großer Kapazität u. Restharn von 1–2 Litern; anstelle früherer Muskelbalken (↑ Balkenblase) nur noch bindegewebige Stränge. [24]

~chromatographie: Trennung von Stoffgemischen für analyt. Zwecke vermöge ihrer verschiedenen Wanderungsgeschwindigkeit beim kapillaren Aufstieg im Filterpapierstreifen. [54]

~elektrophorese ↑ Elektrophorese. [11]

Papilionazeen ⟨*lat*⟩: Schmetterlingsblütler; Pflanzenfamilie mit etwa 9000 Arten, charakterisiert durch die schmetterlingsförmige Blüte u. meist gefiederten Blätter. Die Frucht ist eine Hülse, einige Arten sind von medizin. Interesse. Die zentralamerikan. Art Myroxylon balsamum liefert den Perubalsam, ein wirksames Krätzemittel. Als harntreibendes Mittel wird die Wurzel der einheim. Hauhechel Ononis spinosa verwendet. Aus den Blättern des Steinklees Melilotus officinalis läßt sich ein schleimlösender Tee herstellen. Astragalus-Arten geben ein Bindemittel für Tabletten (Traganth). Die Wurzel von Glyzyrrhiza glabra dient zur Gewinnung von Süßholz, das als Expektorans in vielen Hustenmitteln Verwendung findet. Bohnenhülsen von der Gartenbohne Phaseolus vulgaris sind ein Volksmittel gegen Diabetes. [56]

Papilla ⟨*lat*⟩ *f:* Papille, warzenartige Erhebung, Warze der Brustdrüse.

P-ae circumvallatae: typ. warzenartige Erhabenheiten, vorzugsweise an der Zungenwurzel, vom N. glossopharyngeus versorgt. In ihnen sind Geschmacksknospen als Empfänger für den Geschmackssinn untergebracht.

P. duodeni major (Vateri): derjenige Anteil der Zwölffingerdarmschleimhaut, in den der Ausführungsgang des Pankreas, der Ductus pancreaticus major (Wirsungi), zusammen mit dem Ductus choledochus mündet u. der sich als eine Erhöhung darbietet. Hier befindet sich eine ringförmige, aus glatten Fasern bestehende Muskellage, die von der übrigen Darmmuskulatur getrennt ist u. als Sphinkter wirkt; ↑ Sphincter Oddii.

P. duodeni minor: die kranial von der P. duodeni major gelegene Einmündungsstelle eines zusätzlichen Ductus pancreaticus accessorius (Santorini).

P. foliata: großes, faltenreiches Geschmacksorgan auf der Zunge des Kaninchens an deren seitlichen hinteren Anteilen. Ihr entspricht beim Menschen am hinteren Seitenrand der Zunge ein Gebilde, das aus parallelen Furchen besteht.

P-ae fungiformes: typ. pilz- oder keulenförmige Erhabenheiten vorzugsweise an der Spitze u. den Rändern der Zunge, durch Fasern der Chorda tympani versorgt. In ihnen sind Geschmacksknospen als Empfänger für den Geschmackssinn untergebracht.

P. nervi optici: Austrittsstelle der Sehnervenfasern aus der Netzhaut u. dem Bulbus. Sie ist blind u. wird als Blinder Fleck bezeichnet. Der horizontale Durchmesser der P. nervi optici beträgt durchschnittlich etwa 5°40′, der vertikale etwa 7°30′. Der Abstand der Papille von der Fovea centralis schwankt, von Mittelpunkt zu Mittelpunkt gemessen, zwischen 12° u. 18°. Auf der Netzhaut beträgt die Strecke im Durchschnitt etwa 3,5 mm.

P-ae renales ↑ Nierenpapillen. [2]

Papillar|körper: oberste Schicht der Lederhaut (↑ Korium); stellt sich histolog. bei senkrecht zur Haut geführten Schnitten papillenförmig dar. [43]

~muskeln: kegelförmig ausgebildete u. in die Herzhöhlen vorspringende Muskelfaserbündel (li. zwei, re. drei Papillarmuskeln), an denen mittels Sehnenfäden die Atrioventrikularklappen befestigt sind. Die P. verhindern ein Zurückschlagen der Segelklappen in die Vorhofshöhlen, indem sie die unteren Flächen u. Ränder der Klappen mittels ihrer Sehnenfäden festhalten. [10]

Papillen|nekrose ⟨*lat, griech*⟩ *f* = Papillitis necroticans (v. Friedrich, 1897): durch Entzündung verursachte Nekrose einer oder mehrerer Nierenmarkpapillen, mit nachfolgender Demarkierung u. Abstoßung. (histolog.) Völlige Nekrose mit leukozytenhaltiger Demarkationszone, (klin.) Hämaturie u. durch im Harnleiter sich einklemmende abgestoßene Papillen Koliken. Typ. Pyelogrammbilder; oft bei Diabetes. [24]

~ödem: Syn. ↑ Stauungspapille. [36]

Papillitis ⟨*lat*⟩: Entzündung des intrabulbären Sehnervenanteils, der Papilla nervi optici. Klin. ist Beteiligung des vorderen anschließenden Sehnervenstammes nicht immer auszuschließen. Ophthalmoskop. Befund u. Differentialdiagnose ↑Neuritis optica. Entstehung wie diese bei Allgemeinerkrankungen, insbes. aber durch Fortleitung von intraokularen Entzündungen, wie Iritis, Zyklitis, Chorioiditis, Retinitis u. angiospast. u. diabet. Netzhautveränderungen; ↑Neuroretinitis. [36]

Papillom ✳ **Papilloma** ⟨*lat*⟩ *n:* gutartige Geschwulst der Haut u. Schleimhäute, die aus gefäßhaltigem Bindegewebe besteht u. mit Epithel bekleidet ist. [5]

P. der Harnblase = Papilloma vesicae: 1. papilläres Fibroepitheliom meist prim. solitär, manchmal selten multipel auftretend, gestielt (deshalb bei Zystoskopie durch seinen Schatten auffallend), mit feinen, flottierenden Ästen, weiß-gelblich. In den Enden der Zotten schimmern die Blutgefäße als dünne Streifen durch. Das echte P. infiltriert nicht in die Blasenwand. Durch Abbrechen von Ästen können Abklatschmetastasen in andere Teile der Blase überimpft werden; 2. atyp. Papillom, gröbere, kompaktere Zotten, die nicht so gut oder nicht flottieren, mehr strauch- als baumförmig; 3. papillärer Rasen, feine Zotten, aber nicht gestielt, sondern flächenhaft der Schleimhaut aufliegend, meist sind bei der Erstuntersuchung schon mehrere rasenförmige Bezirke zu finden; 4. Papillomatose, multiple Papillomwucherungen in der ganzen Blase, sog. maligne Blasenpapillomatose. Bei 2., 3. u. 4. oft Anzeichen der beginnenden Malignität, also Übergangsform zum Karzinom. Grenze zwischen gut- u. bösartig manchmal nur schwer zu ziehen. Klin. wichtig: durch Koagulation, besser Elektroresektion oder Exzision sind die papillären Gewächse der Harnblase im allgemeinen gut u. radikal zu entfernen, da sie nicht in die Muskularis infiltrieren, somit nicht Anschluß an das Lymphgefäßsystem der Blase finden u. demzufolge nicht auf dem Lymphwege (in die Blasenwand u. in die regionalen Lymphknoten) metastasieren. Symptome: schmerzloses Blutharnen, manchmal auch Harnsperren bes. bei langstieligen größeren in der Nähe des Blasenausganges sitzenden Papillomen. [24]

Papillomata ⟨*lat*⟩↑Condyloma acuminatum. [43]

Papillomatosis cutis carcinoides (Gottron): am Unterschenkel vorkommende papillomatöse Wucherung, die histolog. ein karzinomähnliches Bild ergibt, aber benigne ist. [43]

Papova-Viren: Bezeichnung abgeleitet aus **Pa**pilloma-, **Po**lyoma- u. Simian **Va**cuolating Virus 40, Virusgruppe besteht aus den Untergruppen Papilloma (Kaninchen-, Human-, Hunde- u. Rinderpapillom) u. Polyoma (Mäuse-Polyoma-Virus, SV 40, vakuolisierendes Virus des Kaninchens, K-Virus). Papova-Viren besitzen Ikosaederstruktur mit 42 oder 72 Kapsomeren, Größe 40–55 nm, die DNS ist doppelsträngig. Ausgeprägte Stabilität gegenüber physikochem. Einflüssen. Infektion mit Papillomavirus bedingt beim natürlichen Wirt die Ausbildung benigner Papillome. Polyomavirusinfektionen verlaufen unter natürlichen Bedingungen latent. Für die Papillomaviren ist die horizontale Kontaktübertragung als bewiesen anzusehen. Für das Mäuse-Polyoma-Virus ist bei Wild- u. Laboratoriumsmäusen ein hoher Durchseuchungsgrad festgestellt worden. Spezif. prophylakt. Maßnahmen gegenüber dem einzigen bisher bekannten humanpathogenen Vertreter dieser Virusgruppe, dem Papillomvirus, bestehen nicht. [50]

Pappataci|fieber: Syn. Hundsfieber, Dreitagefieber. In Tropen, Subtropen, ausgenommen Amerika, endem.-epidem., durch Phlebotomusmücken von Mensch zu Mensch übertragbare Arbovirose. Erreger Pappatacifieber-Viren (nicht klassifizierte Arboviren, 2 Serotypen), Inkubation 3–6 Tage. Klin.: gutartiges, akutes Fieber mit Kopf-Muskel-Augenschmerzen (Lichtscheu). Jahrelange typspezif. Immunität. Serolog. Diagnose im Virus-Neutralisationstest; symptomat. Therapie, Prophylaxe durch Mückenvertilgung. [40]

~mücke ↑Phlebotomus. [58]

Pappenheim, Arthur (1870–1916), Internist, Berlin.

P' Färbung für Blut: sog. kombinierte May-Grünwald-Giemsa-Färbung; durch die bessere Fixierung mit der May-Grünwald-Lösung u. die zusätzliche Darstellung der azurophilen Strukturen u. bessere Färbung der Lympho- u. Monozyten wurde das Ideal einer panopt. Blutfärbung bisher am besten erreicht.

P' Färbung für Lymphozyten: Methylgrün- u. Pyroninfärbung mit bes. guter Darstellung der Lymphozyten, Monozyten u. Plasmazellen. [11]

P' Färbung für Tuberkulosebakterien im Urin: Färbemethoden zur Unterscheidung gegen Smegmabakterien. [15]

Paprika: Spanischer Pfeffer; die Früchte, Fructus capsici, enthalten einen stark reizenden, blasenziehenden Stoff, das Kapsaizin. Kapsaizinhaltige Präparate werden äußerlich zu Einreibungen verwendet. [44]

~lunge: akute u. chron. Lungenmykose, verursacht durch Schimmelsporen, die den Paprikaschoten anhaften u. bei ihrer Bearbeitung eingeatmet werden; Bronchitis, Peribronchitis, lokalisierte u. generalisierte

Sklerosen infolge mechan. u. tox. Reizung. [49]

Papula ⟨*lat*⟩ *f:* Syn. Nodulus, Tuberculum, Papel, Knötchen; ↑Effloreszenz, die sich aus zelligem Material zusammensetzt u. die Haut bis Erbsgröße überragt. [43]

Papyazin: gereinigtes Papainenzym; ↑Papain. [44]

papyraceus ⟨*ägypt*⟩: papierartig. [1]

Papyri, medizinische: veterinärmedizin. u. gynäkolog. Papyrus von Kahun (um 2000 v. u. Z.). Kleiner Berliner Papyrus (um 1600 v. u. Z.), Papyri Edwin Smith, Ebers, Hearst (um 1550 v. u. Z.), Papyrus London (um 1350 v. u. Z.), Papyrus Chester Beatty (13. bis 12. Jh. v. u. Z.), Papyrus Brugsch (um 1250 v. u. Z.). Sind die wichtigsten Quellen zur Kenntnis der ägypt. Heilkunde, in der Hauptsache Diagnosen u. Rezepte, teils Zaubersprüche. [53]

Paquelin, Claude André (1836–1905), Arzt, Paris.

P' Brenner: techn. vervollkommnete Form des alten Glüheisens. Ein Metallstift, der innen mit fein verteiltem Platin ausgefüllt ist, wird nach Vorwärmung mit Hilfe eines Benzingebläses in Durchglühung gehalten zur Verkochung von Tumorgewebe. Heute durch Diathermie-Schneidbrenner in seiner Anwendung verdrängt. [18]

Para-Aminobenzoesäure ↑p-Aminobenzoesäure. [44]

Para-Aminohippursäure ↑p-Aminohippursäure. [44]

Para-Aminomethylbenzoesäure↑p-Aminomethylbenzoesäure. [44]

Para-Aminosalizylsäure ↑p-Aminosalizylsäure. [15]

Para-Biermer-Anämie (Olmer u. Sarles): typ. Megaloblastosen, die leberrefraktär auf Hefetherapie ansprechen. [11]

Paraballismus ⟨*griech*⟩: eine extrapyramidale Hyperkinese, bestehend in doppelseitigen ballist. Schleuderbewegungen; ↑Ballismus. [33]

Parabiose ⟨*griech*⟩ *f:* Zusammenwachsen oder operative Vereinigung zweier Tiere. Sie ist herbeizuführen, wenn man die Haut des Rumpfes durchtrennt u. die Wundränder der beiden Tiere miteinander vernäht (Bert, 1863; Sauerbruch u. Heyde, 1908). Lösliche Stoffe, selbst Bakterien, gehen von einem Tier auf das andere über. Ein normales Tier kann ein pankreasloses vor dem Auftreten des Diabetes mellitus schützen. Stirbt das eine Tier, so geht auch in kurzer Zeit das zweite zugrunde, wenn man die beiden nicht spätestens im Verlauf einer halben Stunde nach dem Zugrundegehen des einen voneinander trennt. Von Parabioseversuchen spricht man auch, wenn z. B. ausschließlich die Kreisläufe zweier Tiere miteinander operativ verbunden werden.

P. des Nervensystems ↑Nervenparabiose. [7]

Parabulie ⟨*griech*⟩: krankhafte Willensstörung bei Schizophrenie. Unterbrechen oder Entgleisen von Handlungen infolge von Gegenantrieben, führt zu Antriebs- oder Bewegungsstörungen, entstellten Handlungen; ↑Ambitendenz. [34]

Paracelsus, Philipp Theophrast Bombast von Hohenheim (1494–1541), Arzt. Als Naturforscher u. Arzt steht er zwischen Spätmittelalter u. beginnender Neuzeit. Reformierte die Medizin, indem er an die Stelle des stofflichen Denkens der von ihm abgelehnten Humoralbiologie u. -pathologie des Mittelalters eine chem.-biolog.-dynam. Auffassung des Lebens u. der Krankheit setzte. [53]

paracentralis ⟨*griech*⟩: neben den Zentralwindungen des Gehirns liegend. [1]

Paracholie ⟨*griech*⟩: Ikterus durch Leberzellschädigung. [9]

Paracoccidioides brasiliensis: Syn. für *Blastomyces brasiliensis;* Erreger der südamerikan. Blastomykose; ↑Systemmykosen. [40]

paracolicus ⟨*griech*⟩: neben dem Kolon liegend. [18]

Paracolpium ⟨*griech*⟩ *n* ↑Parakolpium. [29]

Paracystium ⟨*griech*⟩ *n* ↑Parazystium. [24]

Paradentitis ⟨*griech*⟩ *f:* ungebräuchliche Bezeichnung für ↑Periodontitis. [5]

Paradidymis ⟨*griech*⟩ *m:* Beihoden; nicht vereinigte u. nicht zurückgebildete Urnierenkanälchen, die als Giraldes' Organ oder Appendix testis nach Ausbildung zu den Ductuli efferentes des Nebenhodens im 4. bis 5. Fetalmonat bestehen bleiben. [24]

Paradiphtheriebakterien: Syn. für *Corynebacterium paradiphthericum;* Haut-Schleimhaut-Saprophyt; ↑Korynebakterien. [40]

paradox ⟨*griech*⟩: widersinnig. [4]

Paradysenterie-Bakterien ↑Shigella. [41]

Paraerythroblasten ⟨*griech*⟩ *m, Pl:* kernhaltige erythropoet. Vorstufen mit ausgeprägten morpholog. Anomalien infolge einer malignen Entartung der Erythropoese bei der ↑Erythroblastose bzw. ↑Erythroleukämie. [11]

Paraffin ⚹ **Paraffinum** ⟨*griech, lat*⟩ *n:* ein aus Erdöl, Erdwachs (Ozokerit) oder Kohle (Braunkohle) gewonnenes oder synthet. dargestelltes (Fischer–Tropsch-Synthese) Produkt, das ein Gemisch aus gesättigten Kohlenwasserstoffen der ↑Paraffinreihe darstellt. Je nach der Molekülgröße der Kohlenwasserstoffe u. ihrem Mischungsverhältnis ist das Gemisch bei Zimmertemperatur flüssig (Paraffinum perliquidum u. subliquidum) oder fest (Paraffinum durum, Zeresin) mit allen möglichen Übergängen. Zur Qualitätserhaltung gibt man Lebensmitteln einen Überzug (Coatings) von geeignetem Paraffin. Durch Oxydation von Paraffin werden Fettsäuren dargestellt, die zur Herstellung von Seifen (Detergenzien) verwendet werden; durch Veresterung solcher Fettsäuren mit Glyzerin sind Glyzeridgemische nach Art der Fette herstellbar; synthet. Fett, das für die Ernährung nicht herangezogen wird. [16]

~einbettung ↑ Einbettung. [2]

~einspritzung, plastische: durch Erstarren der im flüssigen Zustand unter die Haut eingespritzten Paraffinmassen können Unebenheiten u. Defekte ausgeglichen werden, z. B. Sattelnase. Später bildet sich gewöhnlich an diesen Stellen ein ↑ Paraffinom. [43]

~krebs: Hautkrebs, verursacht durch ungereinigtes Paraffin, auch Rohparaffin u. Paraffinöle. Gereinigtes Paraffin ist nicht kanzerogen, Bezeichnung daher besser Krebs der Paraffinarbeiter; ↑ Berufskrebse. [49]

Paraffine: Gruppenbezeichnung für die homologe Reihe der gesättigten aliphat. Kohlenwasserstoffe von der allgemeinen Formel C_nH_{2n+2}; z. B. Methan CH_4, Äthan C_2H_6, Propan C_3H_8, Dekan $C_{10}H_{22}$ usw.; wegen ihrer geringen chem. Reaktionsfähigkeit Paraffine (parum affinis) oder Grenzkohlenwasserstoffe genannt. [16]

Paraffinom: Geschwulst aus reaktiven Bindegewebswucherungen um aus therapeut. oder kosmet. Gründen injiziertes hartes Paraffin. Auftreten nach Monaten oder Jahren; meist Neigung zu weiterem Fortschreiten. Gleiche Erscheinungen auch nach Injektion von Vaseline (Vaselinom). [43]

Paraffinreaktion (Kafka) ↑ Kolloidreaktionen im Liquor. [33]

Paraformaldehyd Paraform, fester, weißer Stoff, der durch Polymerisation von Formaldehyd entsteht. Verwendung in Mischpulvern zur Pulpadesinfektion sowie zur bequemen Raumdesinfektion, da beim Erhitzen wieder der gasförmige Formaldehyd entsteht. [44]

Paragammazismus ⟨*griech*⟩: Sprachfehler, die Verschlußlaute (Gaumenlaute) g u. k werden durch Zahnlaute ersetzt; statt g d, statt k t. [28]

Paraganglien ⟨*griech*⟩ *n, Pl:* von einer bindegewebigen Hülle umgeben, stark durchblutete, netzartige Zellstränge. Man unterscheidet: A. Adrenalinbereitende, chromaffine, mit dem sympath. Nervensystem verbundene Paraganglien, 1. Paraganglion suprarenale = Nebennieren-Mark; 2. Paraganglion aorticum abdominale = Zuckerkandl' Organ; 3. etwa 40 kleine Paraganglien (Watzka) des Neugeborenen, die kurz nach der Geburt weitgehend zurückgebildet werden. B. Nichtadrenalinbildende, nichtchromaffine, mit dem Parasympathikus verbundene Paraganglien, 1. Paraganglion caroticum, Karotisknötchen, wahrscheinlich ein Chemorezeptor; 2. Paraganglion supracardiale (zwischen Aorta u. Arteria pulmonalis gelegen). Ob die Gruppe der nichtchromaffinen Paraganglien Wirkstoffe abgibt, die auf das parasympath. Nervensystem einwirken, ist umstritten. [2]

Paragglutination: Mitagglutination artverwandter u. artfremder Bakterien durch spezif. Antiseren, bedingt durch partielle Antigengemeinschaft; ↑ Kauffmann-White' Schema, Weil-Felix' Reaktion. [40]

Paragliome: Gruppe der neuroepithelialen Tumoren; dazu gehören Ependymom, Plexuspapillom, Neurinom u. Pinealom. [20]

Paragonimus: Saugwurmgattung, deren Arten in Säugetieren u. im Menschen schmarotzen, gewöhnlich paarweise in zystenartigen Höhlungen in der Lunge (daher der deutsche Name Lungenegel). Beim Menschen ein häufiger Parasit in China u. Japan. Die Zysten mit den beiden Trematoden u. ihren Eiern verursachen lokale entzündliche Reaktionen; im Auswurf sind die Eier nachweisbar. Bei Fehlansiedlungen in anderen Organen (z. B. Gehirn) kann es zu schweren Störungen bzw. zum Tod kommen. [58]

P. westermani: Syn. *P. ringeri, P. kellikotti,* P. formosa u. *Distomum pulmonis.* Lungenegel; zu den Plathelminthen gehöriger Wurm; verursacht in Ostasien die Paragonimiasis. Infektion durch den Genuß von infiziertem, ungekochtem Krabben- oder Krebsfleisch. Symptome: Bronchitis, Husten, Auswurf, auch Hämoptysen. Paragonimus-Befall des Gehirns ist selten; befällt bevorzugt das Kindesalter u. führt oftmals zum Tode. Bei Abheilung treten meist erhebliche Intelligenzdefekte auf. [38]

Paragraphie ⟨*griech*⟩: Entgleisungen beim Schreiben, d. h. Verwechseln oder Umstellen von Buchstaben, Silben u. Wörtern; Teilerscheinung des aphas. Symptomenkomplexes („geschriebene ↑ Paraphasien"); ↑ Aphasie. [33]

Parahämophilie: Syn. Owren' Krankheit; Hypoakzelerinämie; angeborener Defekt des Faktors V der Blutgerinnung, der zur ausgeprägten hämorrhag. ↑ Diathese mit bes. häufigem Auftreten von Gelenkblutungen führt. [11]

Parahidrosis ⟨*griech*⟩ *f* ↑ Paridrosis. [43]

Parainfluenza|bakterien: Syn. ↑ *Haemophilus parainfluencae.* [41]

P.-Viren: zu den ↑ Myxoviren gehörend; Erreger von Infektionen des Respirationstraktes. [41]

parakardial ⟨*griech*⟩: neben dem Herzen gelegen. [10]

Parakasein ⟨*griech, lat*⟩ *n* ↑ Kasein. [16]

Parakeratosis ⟨*griech*⟩ *f* ↑Keratosis.
P. variegata (Unna) ↑Parapsoriasis lichenoides. [43]

Parakoli-Bakterien: veraltete Bezeichnung für enzymschwache Stämme der Gattung *Escherichia.* [41]

Parakolpitis ⟨*griech*⟩ *f:* Entzündung der Umgebung der Scheide. [29]

Parakolpium ⟨*griech*⟩ *n:* das die Scheide umgebende Bindegewebe. [29]

Parakusis ⟨*griech*⟩ *f:* falsche akust. Wahrnehmung.
P. duplicata ↑Diaplacusis binauralis.
P. loci: Unfähigkeit, die Schallrichtung zu bestimmen, bei einseitiger oder beidseitiger ungleich entwickelter Schwerhörigkeit.
P. Villisii: Besserhören bei Lärm u. Körpererschütterungen (z. B. auf der Eisenbahn) bei Otosklerose. [28]

Paralalie ⟨*griech*⟩ *f* ↑Paraphasie. [33]

Paralambdazismus ⟨*griech*⟩: Sprachfehler; der l-Laut wird durch einen anderen, z. B. n, d, t usw. ersetzt. [28]

Paralaudin: Hydrierungsprodukt des Heroins, dem es in seinen pharmakolog. Wirkungen gleicht. [44]

Paraldehyd DAB 7: Polymerisationsprodukt aus drei Molekülen Azetaldehyd. Farblose, schlecht schmeckende Flüssigkeit, die ein relativ ungiftiges Schlafmittel darstellt. [44]

Paraleukoblastose ⟨*griech*⟩ *f:* unreifzellige, meist kurzzeitig ablaufende ↑Leukämie mit ganz jungen entdifferenzierten u. gestaltlich atyp. Zellen (Paraleukoblasten), deren Zuordnung zu einem System morpholog. nicht immer möglich ist. [11]

Paralexie ⟨*griech*⟩ *f:* Neigung zum Verlesen als Teilerscheinung des aphas. Symptomenkomplex; ↑Aphasie. [33]

Parallaxe = parallaktische Verschiebung: Ablenkung der Sehlinien, im Winkelmaß berechnet, die dadurch zustande kommt, daß ein weit entfernter Gegenstand von 2 Punkten aus beobachtet wird. Bei mehreren hintereinander liegenden Punkten entsteht bei Bewegungen des Auges senkrecht zur Visierlinie eine gegensätzliche Verschiebung aller der Punkte, die nicht in der Einstellebene des Auges liegen. Liegt ein Punkt vor der Einstellebene, so bewegt er sich entgegen der Augenbewegung; liegt er dahinter, in gleicher Richtung. Diese P. führt zu Ablesefehlern u. kann zur Feststellung von Niveaudifferenzen z. B. mit dem Augenspiegel benutzt werden. [36]

Parallelismus, phylogenetischer ↑Parasitophylese. [58]

Parallergie ⟨*griech*⟩ *f:* veränderte Reaktionsweise im Verhalten gegenüber einer zweiten Krankheit nach vorher überstandener Infektionskrankheit (Moro u. Keller 1925). Bekannt bei den sog. Schrittmacherkrankheiten, z. B. nach Masern u. Keuchhusten erhöhte Anfälligkeit gegen Tuberkulose. Im Tierexperiment erhöhte Reaktionsbereitschaft des allerg. Organismus auch gegenüber unspezif. Reizen, z. B. bei Kältereizen, mechan. Reizen, Histamin. [5]

Paralogie ⟨*griech*⟩: Vorbeireden, mangelnde Konzentrationsfähigkeit, Unaufmerksamkeit, z. B. nach organ. Hirnschädigung, bei Bewußtseinstrübung, bei Schizophrenie (als leichte Form der Zerfahrenheit). [34]

Paralymphoblasten ⟨*griech*⟩ *m Pl:* entartete, sehr junge lymphat. Vorstufen bei akuter lymphat. Leukämie. [11]

Paralyse ✻ **Paralysis** ⟨*griech*⟩ *f:* vollständige motor. ↑Lähmung. [33]
P. agitans (Parkinson, 1817): Schüttellähmung, Parkinson' Krankheit; seltene, erbliche Form des ↑Parkinsonismus, auf einem vorzeitigen Altersabbau von Teilen des ↑Extrapyramidalen Systems (vorwiegend der Substantia nigra) beruhend, mit der charakterist. Symptomentrias: Tremor, Rigor, Hypokinese. Das Leiden beginnt schleichend im 5.–6. Jahrzehnt u. ist im allgemeinen progredient.
P., juvenile: chron. Entzündung u. Schwund der Hirnrinde im Jugendalter, entwickelt sich auf Grund einer konnatalen Syphilis in den Pubertätsjahren mit Nachlassen der Leistung, häufig auch paralyt. Anfälle, Demenz. Oft treten dabei andere Zeichen einer Syphilis connata auf, wie Hutchinson' Zähne, Keratitis parenchymatosa, Sattelnase; ↑Paralyse, progressive. [34]
P., progressive: Syn. Dementia paralytica, Gehirnerweichung; eine durch Syphilis-Treponemen hervorgerufene chron. Entzündung, bes. der Stirn- u. Schläfenhirnrinde mit folgendem Hirnschwund, die sich in fortschreitender Verblödung u. körperlichem Verfall äußert. Zuerst durch Bayle 1822 von den übrigen Geisteskrankheiten abgetrennt; 1913 gelang Noguchi der Treponemen-Nachweis im Gehirn. Die Krankheit entwickelt sich bei etwa 7% der Syphilitiker, 10–15 Jahre nach der Infektion (beginnt meist zwischen dem 4.–5. Lebensjahrzehnt). – Körperliche Erscheinungen sind Anisokorie, träge oder aufgehobene Lichtreaktion, verwaschene Sprache, Silbenstolpern, veränderte Schrift (die schließlich zu unleserlichem Geschmiere wird), ungeschickte Motorik. Im Vordergrund stehen psych. Symptome: schleichend sich entwickelnde Demenz, Nachlassen von Interessen u. Auffassungsfähigkeit, Verlust des Taktgefühls; Rechenvermögen u. Merkfähigkeit leiden besonders. Zunehmender Abbau der Persönlichkeit mit Störung des Urteils. Dieser stumpf demente Verlauf ist häufig,

andere fallen durch affektive Störungen auf. Depressive, hypochrondr. oder man. Stimmung mit blühenden unsinnigen Größenideen, die suggestiv zu steigern sind (expansive Form); auch schizoforme Syndrome (Sinnestäuschungen, paranoide Gedanken). – WaR im Blut u. Liquor pos., im Liquor mäßige Pleozytose u. erhöhte Eiweißwerte. Bes. Formen: Taboparalyse (Verbindung mit Tabes), Lissauer' Herdparalyse (Hemiparese, Aphasie), juvenile Paralyse (entwickelt sich in der Pubertät auf dem Boden einer konnatalen Syphilis), oft mit anderen Zeichen einer Syphilis connata, wie Hutchinson' Zähne, Keratitis parenchymatosa, Sattelnase.

P. myolabio-glosso-pharyngo-laryngea ↑ Bulbärparalyse.

P. spinalis ascendens acuta ↑ Landry' Paralyse.

P. spinalis spastica: spast. ↑ Spinalparalyse. [33]

Paralyseeisen: hämosiderot. Pigment in Adventitialzellen u. Hortega-Zellen der Hirnrinde bei progressiver ↑ Paralyse. [4]

paralytisch ⟨*griech*⟩: auf Paralyse bezüglich, gelähmt. [33]

Paramagnetismus ⟨*griech*⟩ *m:* jeder Stoff besitzt magnet. Eigenschaften. Die paramagnet. Stoffe verhalten sich qualitativ ähnlich wie ferromagnetische. Sie werden im inhomogenen magnet. Feld in Richtung wachsender Feldstärke getrieben, also von einem spitzen Polschuh in geringem Umfang angezogen. Diamagnet. Stoffe werden von einem spitzen Polschuh abgestoßen. Paramagnet. ist u.a. das O_2-Molekül. Diese Eigenschaft wird zur quantitativen Registrierung des O_2 benutzt. [15]

paramastoideus ⟨*griech*⟩: neben dem Warzenfortsatz (Processus mastoideus) des Schläfenbeines liegend. [1]

parametran ⟨*griech*⟩: im Parametrium liegend. [29]

Parametrienabklemmung ⟨*griech*⟩ (Henkel): Methode zur Stillung aton. Blutungen aus der Gebärmutter nach der Geburt. Der Uterus wird stark nach unten u. seitwärts gezogen, um die Klemme von der Scheide aus in Höhe des inneren Muttermundes am Parametrium u. damit an die A. uterina anzulegen. Der Nachteil besteht in der Gefahr des Mitfassens des Ureters. [29]

Parametritis ⟨*griech*⟩: Entzündung des Parametriums (vorwiegend lymphogen). Bekannt ist die P. posterior, bei der die Ligg. sacrouterina bes. betroffen sind. [29]

Parametrium ⟨*griech*⟩: Retinaculum uteri; Beckenbindegewebe zwischen den Blättern der Plica lata; es ist extraperitoneal gelegen. In diesem Bindegewebe verlaufen reichlich Blut- u. Lymphgefäße. Auch finden sich reichlich Nerven (Frankenhäuser' Ganglien). Das Bindegewebe, in dem sich auch glatte Muskelfasern finden, übt eine Haltefunktion auf den Uterus aus. [29]

Parametropathia spastica ⟨*griech*⟩: Syn. pelvic congestion ⟨*engl*⟩; vegetative Dystonie des kleinen Beckens, spast. Kontraktionen des hinteren Teiles des Parametriums (insbes. der Ligg. sacrouterina). Symptome sind Kreuzschmerzen, Unterleibsschmerzen. In letzter Zeit wird bes. die psych. Komponente in der Genese des Krankheitsbildes betont. [29]

Paramilchsäure: Fleischmilchsäure; ↑ Milchsäure. [8]

Paramimie ⟨*griech*⟩ *f:* Abweichung zwischen mimischer Reaktion u. gleichzeitig zustande kommendem Gefühl. Auseinandergehen von Miene u. Gebärde einerseits u. Affektlage (Emotion) andererseits. [35]

Paraminobenzoesäure ↑ p-Aminobenzoesäure. [44]

Paramnesie ⟨*griech*⟩ *f* ↑ Erinnerungsfälschung. [34]

Paramyeloblasten ⟨*griech*⟩ *m, Pl:* anaplast. umgestaltete u. stark bis völlig entdifferenzierte ↑ Myeloblasten bei unreifzelliger, meist akut ablaufender ↑ Leukämie. [11]

Paramyloidose ⟨*griech*⟩ *f:* prim. oder atyp. ↑ Amyloidose; Amyloidablagerung in Organen, die bei allgemeiner (sek. oder typ.) Amyloidose nicht befallen sind. Mesenchymale Gewebe werden bevorzugt (Muskulatur, Lunge, Haut usw.). Häufig fehlt eine Grundkrankheit. [5]

Paramyoklonus multiplex ⟨*griech, lat*⟩ *m* (Friedreich): ätiolog. ungeklärtes Leiden, gekennzeichnet durch ↑ Myoklonien in den verschiedensten Körpergebieten, die attackenweise auftreten, aber auch fast dauernd vorhanden sein können u. bei intendierten Bewegungen geringer zu werden pflegen. [33]

Paramyotonie ⟨*griech*⟩ *f* (Eulenburg): durch Kälteeinwirkung hervorgerufene ↑ Myotonie. [33]

Paramyxoviren: Die Gruppe der Paramyxoviren umfaßt Parainfluenza (1-4)-, Newcastle-Disease-, Mumps-, Masern-, Staupe-, Rinderpest- u. RS (respiratory syncytial)-Virus. Paramyxoviren sind wie Myxoviren helikale RNS-Viren mit lipidhaltiger Envelope. Der Helixdurchmesser beträgt 18 nm, der totale Durchmesser 100–300 nm. P. sind empfindlich gegenüber erhöhten Temperaturen, UV, *p*H unter 5 u. über 9, Äther, Chloroform, Formalin u. Na-Desoxycholat. Die Unterschiede in der Menschen- u. Tierpathogenität der Paramyxoviren sind ursächlich unklar. Dabei ist die Situation innerhalb der Parainfluenzaviren bes. kompliziert. Das Masernvirus beschränkt sich in seiner Pathogenität unter natürlichen Verhältnissen auf Mensch u. Affe, das RS-Virus auf den Menschen. Einige P. besitzen hämagglutinierende (Masernvirus) bzw. hämolytische Eigenschaften (Mumpsvirus). Zur Prophylaxe gegen Parainfluenza (Typ 1 u. 3), Newcastle-Disease-, Mumps-, Masern-, Staupe- u. Rinderpestviren werden Impfstoffe eingesetzt. [50]

paranasal ∗ **paranasalis** ⟨*griech, lat*⟩: neben der Nasenhöhle liegend. [1]

Paranephrin ↑Adrenalin. [44]

Paranephritis ⟨*griech*⟩ *f:* Entzündung des die Niere umgebenden Fettgewebes (also außerhalb der Capsula fibrosa!), bei Einschmelzung: paranephrit. Abszeß. Entstehung: 1. in der Regel hämatogen durch entfernt liegenden Eiterherd als pyäm. Metastase; 2. nach eitriger Nephritis, die auch aus ↑Pyelonephritis entstehen kann, mit rindennahem Abszeß, der zur Nierenoberfläche subkapsulär (Perinephritis) u. schließlich in die Fettkapsel durchbricht; 3. durch infizierte Hämatome nach stumpfer Nierenverletzung. Diagnose: a) palpator. hochdruckempfindliche, teigig ödematöse Flanke, in fortgeschrittenen Fällen Rötung u. Fluktuation, b) ↑Veratmungspyelogramm, d.h. Röntgen-Aufnahme der durch i.v. Gabe von Kontrastmittel gefüllten Niere in Ein- u. Ausatmungsstellung auf einem Film, wobei die Füllungsfigur nicht (wie sonst) um etwa 1–2 Querfinger atemverschieblich ist, c) deutliche Leukozytenvermehrung im Blut, d) Fieber (nicht selten Schüttelfröste), e) oft unauffälliges Urinsediment. Zu warten, bis Durchbruch nach außen erfolgt, ist riskant, da die phlegmonöse Einschmelzung oberhalb der Niere weiter fortschreitend zur Mitbeteiligung der Pleura- oder Bauchhöhle führen kann; deshalb baldmöglichst breite Inzision u. ausgiebige Drainage. [24]

Paranoia ⟨*griech*⟩: Verrücktheit, Geistesstörung mit „systematisiertem Wahn". Seltene Erkrankungsform, von manchen Autoren nicht anerkannt. Von Kraepelin beschränkt auf Fälle, bei denen sich aus inneren Ursachen schleichend ein nicht zu beeinflussendes, unkorrigierbares u. dauerndes Wahnsystem entwickelt, das mit vollkommener Erhaltung der sonstigen Persönlichkeit einhergeht. [34]

Paranoide Reaktion: als Form der abnormen Erlebnisreaktion führt eine wahnhafte Verarbeitung wirklich oder vermeintlich erlittener Bedrohung, Kränkung, Demütigung, Zurücksetzung u. anderer erschütternder Beeinflussungen zur „Verrückung" des Standpunktes, zum „Verrücktsein". Die falsche Deutung entsteht meist auf dem Boden bes. Konstitution, Überempfindlichkeit (sensitive Psychopathie), Mißtrauen; die Reaktion wird begünstigt durch psych. Isolierung, Taubheit, Schwerhörigkeit, sprachfremde Umgebung oder Haft, sowie durch Involutionsvorgänge. [34]

Paranoides Syndrom: krankhaft gesteigertes Mißtrauen, Beeinträchtigungs-, Verfolgungsgedanken, oft dabei ängstlich gespannte Stimmung oder aber expansiv gefärbt mit Größenidee auch mit Umdeutung der Sinneseindrücke (Wahnwahrnehmungen). In Verbindung mit echter Sinnestäuschung entsteht das paranoidhalluzinator. Syndrom (hauptsächlich bei Schizophrenie u. bei Involutionspsychosen); ↑Verfolgungsgedanken, Beeinträchtigungserleben. [34]

Paraoxybenzoesäure: Grundkörper verschiedener desinfizierender Stoffe, wie Nipagin M u.a. In der Pharmazie zur Konservierung von Arzneizubereitungen verwendet. [44]

Paraparese ∗ **Paraparesis** ⟨*griech*⟩ *f:* doppelseitige ↑Parese, insbes. der unteren Extremitäten. [33]

Parapemphigus ↑Dermatitis herpetiformis. [43]

Paraperzeption ⟨*griech, lat*⟩: ungenau unterschiedene Wahrnehmung, bei der Züge des im Augenblick wirkenden zusammengesetzten Reizes mit solchen diesem ähnlicher Reize untermischt sind, die zuvor einmal zur ↑Perzeption gelangt waren. [35]

Paraphasie ⟨*griech*⟩ *f:* sprachliche Entgleisungen, im Rahmen des aphas. Symptomenkomplexes, entweder in Form der Wortverstümmelung oder -entstellung durch Auslassen, Wiederholen oder Umsetzen der Laute (literale P.) oder der Wortverwechslung (verbale P.); ↑Aphasie. [33]

Paraphimose ⟨*griech*⟩ *f:* strangulierende Einschnürung der hinter die Eichel zurückgeschlüpften Vorhaut mit Stauungsschwellung der Eichel durch Stauung des venösen Abflusses. [18]

Paraphonie ∗ **Paraphonia** ⟨*griech*⟩: krankhafte Nebengeräusche bei Stimmbildung, z.B. bei Heiserkeit, beim Sprechen der Taubstummen.

P. puberum: Überschnappen der Stimme aus einer tiefen in eine hohe Stimmlage während des Stimmwechsels. [28]

Paraphrasie ⟨*griech*⟩: Sichversprechen u. Vorbeireden; Wortneubildung der Geisteskranken. [34]

Paraphrenie ∗ **Paraphrenia** ⟨*griech*⟩ *f:* Wahnkrankheit als Form der ↑Schizophrenie, bei der die übrige Persönlichkeit (insbes. das Affektleben) weitgehend erhalten ist. Der Wahn wird daher klar, oft systematisiert vorgetragen. Differentialdiagnose schwierig gegenüber ↑Paranoia. [34]

Paraphrenitis ⟨*griech*⟩: Entzündung des

Pleura- oder Bauchfellüberzugs des Zwerchfells infolge Fortleitung einer Pleuritis oder Peritonitis bzw. infolge Durchwanderung der Entzündung durch das Zwerchfell. [18]

Paraphrosyne *⟨griech⟩ f:* Wahn im Fieber. [34]

Parapinealorgan *⟨griech, lat⟩ n:* ein augenähnliches parietal gelegenes Sinnesorgan bei ↑Zyklostomen u. einigen Reptilien. [12]

Paraplasma *⟨griech⟩ n:* in das Protoplasma eingelagerte Produkte des Zellstoffwechsels (auch Speicherung), die in Form von Schollen, Tröpfchen, Kristallen in der Zelle nachweisbar sind. Zu den paraplast. Bestandteilen des Zelleibes gehören Fettstoffe u. Lipide (in Tropfen- u. Körnchenform), Glykogen (in Körnchenform) u. auch Pigmente. [2]

Paraplegie ⚹ **Paraplegia** *⟨griech⟩ f:* doppelseitige (vollständige) Lähmung, insbes. der Beine; ↑Paraparese. [33]

P. diabetica: beidseitige Lähmung (meist nur der unteren Extremitäten) als (seltene) Form einer ↑Neuritis diabetica. [14]

parapneumonisch *⟨griech⟩*: während des Verlaufs einer Pneumonie auftretend; z.B. parapneumon. Empyem. [9]

Paraproktitis *⟨griech⟩* ↑Periproktitis. [18]

Paraproktium *⟨griech⟩ n:* das den Mastdarm umgebende Bindegewebe. [1]

Paraproteinämie *⟨griech⟩ f:* Auftreten patholog. Eiweißkörper im Blutplasma bei verschiedenen Blutleiden, bes. bei ↑Myelom, die eine sehr starke Beschleunigung der Blutkörperchensenkung erzeugen. ↑Waldenström' Makroglobulinämie; selt. Fälle von myel. u. lymphat. Leukose, „essentielle" Hyperproteinämien, geleg. auch ↑Retikulose. [11]

Parapsoriasis *⟨griech⟩ f* (Brocq): unter dieser Bezeichnung werden 3 seltene Krankheitsbilder zusammengefaßt, die der Schuppenflechte äußerlich etwas ähneln. Das Allgemeinbefinden ist dabei kaum gestört. 1. P. guttata: besteht aus linsengroßen roten Knötchen, die über Stamm u. Extremitäten verstreut sind. In der Mitte des Knötchens findet sich ein Schuppendeckel, nach dessen Abheben eine feuchte glatte Erosion sichtbar wird. Spontane Rückbildung möglich. Sonderform von 1.: Pityriasis lichenoides et varioliformis acuta: plötzliches Auftreten von zahlreichen roten Knötchen mit blutiger Kruste u. etwas eingesunkenem Zentrum. Den Rand bilden kleine Bläschen, Abheilung unter Hinterlassung kleiner Narben; 2. P. en plaques: es finden sich vorwiegend am Stamm gelblich-bräunliche bis rötliche, flächenförmige, unscharf begrenzte, mattglänzende, gefelderte Flecken; 3. P. lichenoides = Parakeratosis variegata; auf geröteter Haut netzförmige dunklere Felderung; dabei leichte Atrophie, Telangiektasien, Schuppung. [43]

Parapylorische Zeichengruppe: Reizerscheinungen mit Schmerzen, Supersekretion u. Supermotilität des Magens bei Spasmophilie. [9]

Pararauschbrandbazillus = **Clostridium septicum:** Syn. *Vibrion septique;* gehört zu den Gasödemklostridien (↑*Clostridium*). Peritrich begeißeltes, schlankes, polymorphes, grampos. bis gramlabiles Stäbchen; menschen- u. tierpathogen durch Toxinwirkung. Nach *Clostridium perfringens* häufigster Gasödemerreger des Menschen. [41]

Pararektalschnitt: Bauchschnitt entlang dem seitlichen Rand des geraden Bauchmuskels (M. rectus). [18]

Pararhythmie *⟨griech⟩*: Nebeneinanderbestehen eines zweiten Rhythmus bzw. Reizbildungszentrums am Herzen, der nicht dem nomotopen Zentrum des Sinusknotens untersteht; ↑Parasystolie. [10]

Pararthria syllabaris *⟨griech⟩*: Stottern. [33]

parasagittal *⟨lat⟩*: neben der Pfeilnaht (Sutura sagittalis) gelegen, parallel zur Medianebene verlaufend. [20]

Parasakralanästhesie *⟨griech⟩ f* (H. Braun): Leitungsanästhesie der Sakralnerven, des N. pelvicus u. des Plexus pudendalis an der Innenfläche des Kreuzbeins. Anästhesieausdehnung auf Beckenorgane, Damm u. äußere Genitalien. [27]

Parasigmatismus *⟨griech⟩*: Sprachfehler, die Zischlaute s, z, sch, ch u. das französ. j werden durch andere, z.B. d, t, w, f usw. ersetzt; physiolog. während der Sprachentwicklung. [28]

Parasitämie *⟨griech⟩ f:* Umlauf von Parasiten im Blut beim Fehlen allgemeiner Erscheinungen. Führt häufig zum Festsetzen des Parasiten in einem Refugialort des Körpers, von wo dann immer wieder neue Schübe ins Blut ausgehen. [58]

parasitär *⟨griech⟩*: schmarotzend, durch Parasiten entstanden. [58]

Parasiten *⟨griech⟩ m, Pl:* A. (zoolog.) Schmarotzer; Organismen, die sich vorübergehend oder dauernd an oder in einem anderen Organismus (dem Wirt) aufhalten u. sich von dessen Leibessubstanz oder Nährsäften ernähren. Man unterscheidet 1. stationäre Parasiten, die sich lange Zeit am oder im Wirt aufhalten, u. zwar a) permanent, während ihres ganzen Lebens (z.B. Läuse), oder b) period., nur während eines Entwicklungsstadiums (z.B. Dasselfliegen; schmarotzen nur als Larve, die Fliegen leben frei); 2. temporäre Parasiten, die nur zeitweilig den Wirt zur Nahrungsaufnahme aufsuchen, in der Zwischenzeit sich aber anderswo aufhalten, u. zwar a) permanent temporäre P., die sich während ihres ganzen Lebens so verhalten (z.B. Zecken, die sowohl als Larve als auch als erwachsenes Tier von Zeit zu Zeit den Wirt zum Blutsaugen aufsuchen), oder b) period. temporäre P., die nur während eines Entwicklungsstadiums sich so verhalten (z. B. Stechmücke, die als Larve frei lebt, als erwachsenes Tier period. Blut saugt). Nach dem Aufenthaltsort unterscheidet man Ektoparasiten, die außen am Wirt schmarotzen, u. Endoparasiten, die im Innern leben. Fakultative P. sind Organismen, die normalerweise frei leben, aber unter bes. Umständen zu P. werden; ↑ Blutparasiten, parasitäre Krankheiten. B. (Mißbildung) rudimentäres Individuum einer Doppelmißbildung; ↑ Autosit.

P., partareale: treten nur in einem Teilgebiet der Verbreitung des Wirtstieres auf; Syn. heterotop; Gegensatz transareal.

P., transareale: kommen im Gesamtverbreitungsgebiet des Wirtstieres vor; Syn. homotop; Gegensatz partareal. [58]

Parasiten|embolie *f:* Verschleppung tier. Parasiten auf dem Blutwege (z. B. Echinokokkusblasen, Trichinen, Zystizerken). [5]

~index: als Malaria-Index der Prozentsatz pos. Blutausstriche oder dicker Tropfen einer Bevölkerungsprobe.

~verbreitung, heterotope: partareale ↑ Parasiten.

~verbreitung, homotope: transareale ↑ Parasiten. [58]

Parasitoide ⟨*griech*⟩ *n, Pl:* parasitenähnliche Gebilde, die bes. in Blutpräparaten Krankheitserreger vortäuschen können, z. B. ↑ Pseudospirochäten. [11]

Parasito|logie ⟨*griech*⟩ *f:* Wissenschaft von den parasit. lebenden Organismen u. ihrer Lebensweise; im engeren Sinne, befaßt sich die P. nur mit tier. Schmarotzern bei Tieren oder beim Menschen. [58]

~phobie *f:* unbegründete Angst, mit Parasiten behaftet zu sein. [43]

~phylese: Entwicklung einer Parasitengruppe bei einer Wirtegruppe in gemeinsamer Evolution, wodurch sich parasitophylet. Korrelationen herausbilden; parasitogenet. ↑ Korrelationsregeln. [58]

parasitotrop ⟨*griech*⟩: auf Parasiten wirkend, z. B. angewandt bei chemotherapeut. auf Parasiten wirkenden Medikamenten. [38]

Parasitozönose: Lebensgemeinschaft aller in einem Organ oder einem Wirt vorhandenen lebenden Organismen. Die P. (z. B. im Darm eines Menschen) ist auch bei demselben Wirtsindividuum Schwankungen unterworfen. Ihre Erforschung ist wichtig, weil sie bestimmend für Entfaltungs- u. Auswirkungsmöglichkeiten der neu in den Organismus eindringenden pathogenen Keime oder Parasiten sein kann. [58]

Paraspadie ⟨*griech*⟩ *f:* seitliche Harnröhrenspalte. (Sehr selten!) [24]

Paraspasmus ⟨*griech*⟩ *m:* Syn. Paraspastik; doppelseitige spast. Hypertonie der Gliedmaßen, insbes. der Beine, „Gliederstarre", gewöhnlich verbunden mit Lähmungserscheinungen u. Pyramidenzeichen.

P. cerebralis: gelegentliche Bezeichnung für ↑ Little' Krankheit. [33]

Para-Stellung: (p) = 1,4- bzw. 2,5- bzw. 3,6-Stellung von 2 Substituenten im Benzolring. [8]

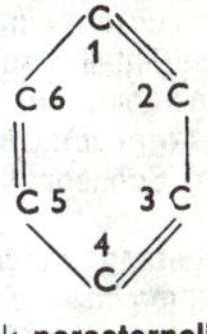

parasternal ∗ **parasternalis** ⟨*griech*⟩: neben dem Brustbein (Sternum) liegend. [1]

Parasternallinie ⟨*griech, lat*⟩: Linie parallel zur Medianlinie (mittlere Sternallinie), in der Mitte liegend zwischen der seitlichen Sternallinie (durch den seitlichen Rand des Brustbeins gehend) u. der Mamillarlinie (durch die Brustwarze gehend) bzw. Medioklavikularlinie (durch die Mitte des Schlüsselbeins gehend). [1]

Parästhesie ⟨*griech*⟩: Mißempfindung in Form von Kribbeln, Taub- oder Pelzigsein der Haut. Zeichen einer partiellen bzw. funktionellen Schädigung der sensiblen Bahnen. Physiolog. als „Einschlafen" bei druckbedingter Anämisierung eines peripheren Nerven. [33]

Parastruma ⟨*griech*⟩ *f:* Geschwulst der Nebenschilddrüse. [5]

Parasympathikolytika ∗ **Parasympathicolytica remedia** ⟨*griech, lat*⟩ *n, Pl:* Stoffe, die den peripheren, cholinerg. Effektor blockieren u. so die Wirkung einer Vagusreizung oder einer Azetylcholininjektion abzuschwächen oder aufzuheben vermögen. [44]

Parasympathikometische Wirkung: durch Arzneimittel ausgelöstes Symptomenbild, das einer Vagusreizung ähnlich ist, z. B. Verlangsamung der Herzfrequenz, Verengung der Bronchien, periphere Gefäßerweiterung, Anregung der Darmperistaltik usw. Parasympathikomimetika sind z. B. Cholin, Neostigmin, Pilokarpin, Physostigmin. [44]

Parasympathikotonie ⟨*griech*⟩ *f:* Verschiebung des Gleichgewichts im vegetativen Nervensystem zugunsten des Parasympathikus; wird auch als Vagotonie bezeichnet, führt zu langsamer Pulsfrequenz, Hypotonie, Leukopenie, Begünstigung der inneren Absonderung der Bauchspeicheldrüse mit allen Folgeerscheinungen. Auch bei allerg. Erkrankungen (hauptsächlich Asthma bronchiale) lassen sich die entzündlichen Reaktionen, ebenso die Störungen des Tonus an den glatten Muskeln auf einen gesteigerten Vagotonus zurückführen. [7]

Parasympathikus ⟨*griech*⟩ *m:* der parasympath. Anteil des vegetativen ↑Nervensystems. [4]

Parasystolie ⟨*griech*⟩ *f:* nebeneinander bestehende Impulsgebung von zwei Reizbildungszentren des Herzens, ohne daß der Grundrhythmus verlorengeht. Es handelt sich also eigentlich um eine ↑Extrasystolie ohne vorzeitigen Einfall (weder des Vorhofes noch des Kammerkomplexes). [10]

Paratendinitis ⟨*griech*⟩: Syn. Paratenonitis; Entzündung des Sehnenhüllgewebes (Paratenonium). [23]

Parathionvergiftung: Vergiftung mit dem als E 605 bekannten Insektizid Parathion (Dimethylparanitrophenylmonothiophosphat). Die Wirkung beim Menschen beruht auf der Cholinesterasehemmung (Antidots: Atropin, PAM) u. äußert sich in Zittern, Herzbeklemmung, Aufschreien, Speichelfluß, Schweißausbruch, Übelkeit, Erbrechen, Unruhe, Vernichtungsgefühl, Paresen u. Parästhesien. [58]

Parathormon ⟨*griech*⟩: Hormon der lebenswichtigen ↑Epithelkörperchen. P. ist ein Polypeptid aus etwa 75 Aminosäuren mit dem Molekulargewicht etwa 8500. Es wirkt offenbar über das Skelett u. die Nieren auf den Ca- u. Phosphatspiegel des Blutplasmas. Bei Unterfunktion (Hypothyreoidismus) ist der Kalziumspiegel des Blutplasmas erniedrigt, der Phosphatspiegel erhöht. Vorherrschendes Symptom ist die Tetanie infolge der neuromuskulären Übererregbarkeit; weitere Symptome sind Katarakt, Entwicklungsstörungen von Haut, Nägeln, Haaren sowie Zähnen, ferner punktförmige Blutungen im Gehirn mit nachfolgender Verkalkung der Blutungsherde. Beim Hyperthyreoidismus ist der Ca-Spiegel des Blutplasmas erhöht, der Phosphatspiegel erniedrigt. Die akute Form kann in wenigen Tagen zum Tode führen, die chron. bedingt schwere Knochenzerstörungen durch Kalkverluste u. Nierenschädigungen durch Verkalkung. Die Regulierung der P.-Ausscheidung erfolgt durch den Ca-Spiegel des Blutes. Ein zweites Hormon der Epithelkörperchen ist das Kalzitonin, das den Kalzium-Blutspiegel schnell senkt. [8]

Parathymie ⟨*griech*⟩ *f:* Gefühlsverkehrung bei Schizophrenie, Zeichen des Auseinanderfallens (Spaltung) von Denkinhalt u. entsprechendem Gefühlston („intrapsychische Ataxie"), zeigt sich oft in albernem, grundlosem Lachen. [34]

parathyreogen ⟨*griech*⟩: von der Nebenschilddrüse ausgehend. [12]

Parathyreoidea ⟨*griech*⟩ *f:* Kurzbezeichnung für Glandula parathyreoidea; ↑Epithelkörperchen. [1]

Paratonsillarabszeß ⟨*griech, lat*⟩ ↑Peritonsillarabszeß. [28]

Paratonsillitis ⟨*griech, lat*⟩ ↑Peritonsillitis. [28]

Paratrachom ⟨*griech*⟩ *n:* von Lindner eingeführte Bezeichnung für Augenkrankheiten, die sich klin. vom Trachom unterscheiden, aber in den Epithelien der Bindehaut ähnliche Einschlüsse (↑Stargard' Zelleinschlüsse) aufweisen wie dieses. Es handelt sich um „Einschlußblennorrhoe" (↑Einschlußkonjunktivitis) u. „Schwimmbadkonjunktivitis". Erregernachweis auch im Genitale möglich. Im histolog. Präparat keine Nekrosen (Trachomzellnekrosen). Therapie durch Sulfonamide u. Tetrazykline. [36, 40]

~viren: Einschlußkonjunktivitisviren; 300 bis 400 nm große Viren, ätherempfindlich. Sie besitzen DNS u. RNS, bilden charakterist. basophile Zytoplasma-Einschlüsse (↑Stargard' Zelleinschlüsse) u. werden vorwiegend durch den Geschlechtsverkehr, auch durch Schmierkontakt übertragen. P. sind die Erreger des ↑Paratrachoms; ↑Einschlußkonjunktivitis. [40]

Paratrophie ⟨*griech*⟩ *f:* Syn. für ↑Dystrophie, ↑Degeneration. [4]

Paratyphlitis ⟨*griech*⟩: Zellgewebsentzündung des den Blinddarm u. Wurmfortsatz mit dem hinter dem Bauchfellsack gelegenen Bindegewebe verbindenden Fasergewebes. [18]

Paratyphus ⟨*griech*⟩: endem.-epidem., anzeigepflichtige, fäkal-oral übertragbare Infektionskrankheit. Erreger Paratyphusbakterien (*Salmonella paratyphosa A, B, C,* in Mitteleuropa Typ B), Inkubation 1–2 Wochen. Klin. abgeschwächter Typhusverlauf mit Fieber, Milzschwellung, Roseolen, Darmgeschwüren. Letalität unbehandelt bis zu 5%; 5% Dauerausscheider. Bakteriolog. Diagnose durch Bakteriennachweis aus Blut (1. Krankheitswoche) sowie Urin u. Stuhl (ab 2. Krankheitswoche), serolog. Paratyphus-Widal (Agglutinationsprobe ab 10. Krankheitstag). Therapie mit Chloramphenicol°, Prophylaxe durch Desinfektion, Toilettenhygiene, Lebensmittelhygiene, Überwachung der Dauerausscheider. [40]

~bakterien: zur ↑Salmonellagruppe gehörend Erreger septikäm. Allgemeinerkrankungen des Menschen. Vorwiegend serolog. klassifizierbare Typen (↑Kauffmann–White-Schema). *S. paratyphi A:* Vorkommen vorwiegend in Osteuropa, Tropen u. Subtropen; Lysotypie möglich. *S. paratyphi B* (Schottmüller): in Mitteleuropa häufigster, in Form größerer oder kleinerer Epidemien auftretender Paratyphuserreger; Dauerausscheider häufig; Lysotypie möglich. *S. paratyphi C:* endem. im Balkan, Ostasien, Zentralafrika u. Südamerika. *S. paratyphi K:* in Ostasien vorkommend. [41]

paraurethral ⁎ **paraurethralis** ⟨*griech*⟩: neb. d. Harnröhre liegend, z. B. Abszeß. [18]

paravenös ⟨*griech, lat*⟩: neben der Vene liegend. [18]

paravertebral ⟨*griech, lat*⟩: neben dem Wirbel liegend. [18]

Paravertebralanästhesie (Sellheim, 1905, Läwen, 1911): Leitungsanästhesie der ↑Spinalnerven im Bereich ihrer Austrittsstelle aus dem knöchernen Wirbelkanal (Foramina intervertebralia). [27]

Parazentese ⟨*griech*⟩ *f:* Durchstechen des Trommelfells mit einer lanzettartigen Nadel zur Schaffung des Sekretabflusses u. Entlastung des Mittelohres bei Entzündungen; der Einstich wird in der Regel im unteren hinteren Abschnitt des Trommelfells gesetzt, um Verletzung der Gehörknöchelchen zu vermeiden. [28]

Parazystitis ⟨*griech*⟩: Entzündung des die Blase umgebenden Bindegewebes. [29]

Parazystium ⟨*griech*⟩: das die Blase umgebende Bindegewebe. [29]

Pareidolien ⟨*griech*⟩ *f, Pl:* phantast., illusionäre Umformung opt. Sinneseindrücke (bei klarem Bewußtsein), die Kranken sehen z. B. auf der Bettdecke Fratzen. [34]

Pareitis granulomatosa ⟨*griech, lat*⟩: entzündliche Wangenschwellung (histolog. knötchenförmige Infiltrationsherde). Reaktion auf hämatogene Streuung unbekannter Ätiologie. [28]

Parenchym ⟨*griech*⟩ *n:* die Gesamtheit aller für das jeweilige Organ spezif. Zellen (z. B. Drüsenzellen); im Gegensatz zum Interstitium, welches im allgemeinen aus Bindegewebe mit Gefäßen u. Nerven besteht (interstitielles Bindegewebe). [2]

parenchymatös ⁎ **parenchymatosus** ⟨*griech*⟩: zum Parenchym gehörend. [5]

Parenchym|embolie ⟨*griech*⟩: Verschleppung kleinster Gewebeteilchen auf dem Blutweg (hämatogene Metastasierung). [18]

~gifte: Stoffe (u. a. Phosphor, Arsenik), die die Parenchymzellen der verschiedenen inneren Organe (bes. Leber u. Nieren) so schädigen, daß die spezif. Leistung dieser Zellen nicht mehr gewährleistet ist. [5]

~ikterus *m:* hepatogener Ikterus; ↑Ikterus.

~nekrosen *f, Pl:* disseminierter, elektiver Untergang von Teilen des ↑Parenchyms meist bei hypoxäm. Zuständen (Arteriosklerose, hochgradiger Anämie, kongenitalen Herzfehlern, Narkose, Kohlenmonoxidvergiftung, Strangulation, vorübergehendem Herzstillstand, Krampfanfällen u. a.) vorwiegend in Gehirn, Herz u. Leber. [4]

~steine: Nierensteine, die in präformierter Höhlung z. B. Abszeßhöhle, Kelchdivertikel, Nebenkelche im Bereich des Nierenparenchyms sich entwickeln, im Gegensatz zu den diffusen Kalkeinlagerungen der ↑Nephrokalzinose (oder der Harnsäureinfarkte bei Kleinkindern); ↑Konkrementbildung der Harnorgane. [24]

Parentalgeneration: P-Generation; Elterngeneration. [3]

parenteral ⟨*griech*⟩: unter Umgehung des Verdauungskanals (z. B. durch subkutane, intramuskuläre oder intravenöse Injektion). [4]

Parergasie ⟨*griech*⟩ *f:* verkehrte Willenshandlung durch Gegenantriebe, z. B. Augenschluß statt Herausstrecken der Zunge. [34]

Parese ⟨*griech*⟩ *f:* motor. Schwäche, unvollständige ↑Lähmung. *Adj* paretisch halb gelähmt, geschwächt. [33]

Paridrosis ⟨*griech*⟩ *f:* Syn. Parahidrosis; Absonderung eines abnorm zusammengesetzten Schweißes, z. B. Chromhidrosis, Hämhidrosis, Uridrosis. [43]

Parierfraktur ⟨*frz, lat*⟩: Ellenschaftbruch, wie er bes. bei der Abwehr mit erhobenem gebeugtem Unterarm gegen Stoß u. Schlag zustande kommt. [18]

Paries, -etis ⟨*lat*⟩ *m:* Wand.

P. jugularis cavi tympani: untere Wand oder Boden der Paukenhöhle; entspricht der Fossa jugularis an der äußeren Schädelbasis. [1]

parietal ⁎ **parietalis** ⟨*lat*⟩: 1. seitlich, wandständig; 2. zum Scheitelbein (Os parietale) gehörig. [1]

parietomental ⟨*lat*⟩: in der Richtung vom Scheitel zum Kinn (z. B. Durchmesser). [29]

Parinaud, Henri (1844–1905), Ophthalmologe, Paris.

P' Konjunktivitis: infektiöse K., die meist einseitig mit starker Hyperplasie, Knötchen- u. Geschwursbildung in der Bindehaut verläuft u. eine starke, zuweilen perforierende Lymphdrüsenschwellung, zeigt. Hornhaut ist meist unbeteiligt, Abheilung mit Restitutio ad integrum in 4–5 Monaten. Das Krankheitsbild hat sich ätiolog. aufgelöst, so daß Gifford die Bezeichnung Konjunktivo-glanduläres Syndrom Parinaud vorschlug. Unter den Ursachen stehen die Tularämie an erster Stelle u. die Infektion mit *Micrococcobacillus polymorphus necroticans Pascheff,* der nach Pillat u. David die mit *Bact. tularense* ident. ist. Es folgen die benigne Lymphoretikulose (Katzenkratzkrankheit), das Boeck' Sarkoid sowie Infekte mit *Bacillus pseudotuberculosis rodentium,* Tuberkulosebakterien u. einer Leptothrixart (Verhoeff), Newcastle-Virus u. a. [36]

P' Syndrom: durch Läsionen im Bereich der Vierhügelplatte entstehende vertikale Blicklähmung, oft auch relative Pupillenstarre u. Augenmuskellähmungen. [33]

Pariser Methode (der Radiumeinlage): Methode der Radiumbehandlung des Kollumkarzinoms, bei der die gesamte Tumordosis in Form einer einzeitigen Langbestrahlung über fünf Tage verabfolgt wird, im Gegensatz zur üblichen Methode, bei der die Gesamtdosis in 3 Abschnitten verabfolgt wird. [29]

Pariser Nomenklatur: 1955 in Paris vom 6. Internationalen Anatomenkongreß genehmigte Neufassung anatom. Bezeichnungen (= PNA). Die neue Nomenklatur wird charakterisiert durch eine weitgehende Ablehnung der seit 1936 gültigen Jenaer Nomenklatur u. durch ihre enge Anlehnung an die alte Baseler Nomenklatur von 1895. [1]

Pariser Nomina Anatomica: *Abk* PNA; ↑Pariser Nomenklatur. [1]

Parisius' Zeichen: bei Kälteagglutinationskrankheit wird bei Druck auf den zyanot. Finger dieser nicht blaß (im Gegensatz zum Morbus Raynaud). [43]

Park, W. H. (1863–1939), amerikan. Bakteriologe.

P.-Williams-Stamm Nr. VIII: international bekannter Stamm von Diphtheriebakterien, zur Antitoxinherstellung verwendet. [41]

Parker-Medium 199: vollsynthet. Nährmedium; in der Gewebezucht gebräuchlich. [40]

Parkes-Weber' Krankheit ↑Haemangiectasia hypertrophicans. [32]

Parkinson, James (1755–1824), Apotheker, Chirurg, Paläontologe, Hoxton/Middlesex, London.

P' Krankheit ↑Paralysis agitans. [33]

Parkinsonismus = Parkinson' Syndrom: häufigstes u. sehr charakterist. extrapyramidales Syndrom mit Tremor, Rigor u. Hypokinese. Nach Hassler isolierter Ausfall von Zellen der Substantia nigra. Es finden sich aber auch häufig Zellschäden in anderen Gebieten des ↑Extrapyramidalen Systems: Ätiolog. 1. heredodegenerativ ↑Paralysis agitans (Parkinson' Krankheit im engeren Sinn); 2. postenzephalit. ↑Encephalitis epidemica; 3. gefäßbedingt ↑Arteriosklerose der Hirngefäße; 4. sonstige Ursachen, Tumoren, Syphilis, Traumen, andere Enzephalitiden, Intoxikationen, hepatolentikuläre Erkrankungen usw. Sympt.: Bewegungsverarmung (Hypokinese); vor allem entfallen die Mitbewegungen z. B. Armpendeln beim Gehen, Versiegen von Mimik u. Gestik, Verlangsamung u. Spärlichkeit der Initiativbewegungen, leise, modulationslose Sprache (bis zur Unverständlichkeit), kleinschrittiger Gang mit ↑Propulsion, ↑Retropulsion; starre, vorgebeugte Haltung. Durch passive Bewegungen ist der ↑Rigor nachweisbar. Der Tremor besteht in Ruhe u. zeigt komplexe, typ. Abläufe (sog. Pillendrehen). Randsymptome (zumal bei postenzephalit. P.): Salbengesicht, Speichelfluß, Schauanfälle; psych.: ↑Bradyphrenie. Der Beginn des Leidens ist schleichend, oft halbseitig. Der Verlauf ist meist langsam progredient, oft bis zur völligen Hilflosigkeit. Therapie: medikamentös (Belladonna, Akineton®, L-Dopa® u. a.), physiotherapeut. (Bewegungsübungen) u. operativ (stereotakt. Operation). [33]

Parnas' Reaktion: zeigt einen Weg für den Wiederaufbau des in der ↑Lohmann' Reaktion bei der Muskelkontraktion aufgespaltenen Kreatinphosphates nach den Gleichungen: ADP + Phosphoenolpyruvat ⇆ ATP + Pyruvat (1); ATP + Kreatin ⇌ Kreatinphosphat + ADP (2). Das Enzym für die Reaktion (1) ist die Pyruvat-Kinase (EC 2.7.1.40), für die Reaktion (2) die Kreatin-Kinase (EC 2.7.3.2). [8]

Parodontitis *⟨griech⟩ f:* Entzündung des Zahnbettes. 1. P. apicalis, die um die Wurzelspitze sich abspielenden akuten u. chron. Primärinfekte nach infizierter Zahnpulpa; 2. P. marginalis chron. progressiva oder auch Parodontopathia inflammata profunda neuerer Nomenklatur, der vom Zahnfleischsaum ausgehende entzündliche Abbau des Zahnbettes mit oder ohne sezernierende Zahnfleischtasche u. zunehmender Zahnlockerung bis zur völligen Ausstoßung des Zahnes. Ätiologie: konstitutionelle u. erbliche Faktoren, Infektionskrankheiten, mechan. u. infektiöse Lokalreize, traumat. Okklusion u. Artikulation. Therapie durch umfassende Gebiß- u. Mundhygiene. [37]

Parodontium *⟨griech, lat⟩ n:* Zahnbett, Zahnhalteapparat, Anatom. Teile: Wurzelzement, Wurzelhaut, knöcherne Alveole u. Zahnfleischrand; entsteht aus dem mesodermalen Zahnsäckchen des Zahnkeims. Das P. ist zu den fibrösen Syndesmosen zu rechnen. Seine Erkrankungen ↑Parodontopathien, ↑Parodontitis, ↑Parodontose. [37]

Parodontopathie ⚹ **Parodontopathia** *⟨griech, lat⟩*: Sammelbegriff für alle Erkrankungen des Zahnhalteapparates, von denen drei von bes. Bedeutung sind: 1. P. inflammata a) superficialis = Gingivitis, b) profunda = Parodontitis; 2. P. dystrophica = Parodontose, 3. P. neoplastica = Epulis. Diese Gruppierung ist heurist. zu werten, da bis jetzt international keine Einigkeit herrscht. [37]

Parodontose ⚹ **Parodontosis** *⟨griech, lat⟩*: Syn. Parodontopathia dystrophica; prim. atroph. Zahnbettschwund ohne merkliche Entzündung u. klaffendes Zahnfleisch; Zahnlockerung erst im weit vorgeschrittenen Zustand. Zahnsteinablagerungen gering oder fehlend. Oft auf einzelne Zähne oder Zahngruppen beschränkt; bei entzündlicher Überlagerung rapider Fortschritt der alveolären Zerstörung. Ätiologie: endokrine Dysregulationen mit lokaler Insuffizienz des Parodontiums zusätzlich der unter Parodontitis erwähnten Lokalreize. Therapie hinhaltend bei umfassender Zahnpflege. [37]

Paromomycin: Antibiotikum aus Streptomyces rimosus var. paromomycinus; nur per os zu verabfolgen. Wirksam gegen Darmkeime (Koli, Salmonellen, Shigellen, Amöben) u. Staphylokokken, auch gegen Mykobakterien (*M. tuberculosis*). Humatin®. [47]

Paronychie ✻ **Paronychia** ⟨*griech*⟩ *f:* ↑Panaritium am Nagelfalz meist durch unspezif. Entzündung; kommt auch als Primäraffekt der Syphilis vor; chron. P. Ursache: Verschneiden des Nagelhäutchens, Staphylokokken, Soor-Infektion. [18]

Paroophoron ⟨*griech*⟩ *n* ↑Paradidymis. [24]

Parorexie ⟨*griech*⟩ *f:* abnorme Geschmacksrichtung, nach bes. Speisen (z. B. bei Schwangeren). [34]

Parosmie ⟨*griech*⟩ *f:* subjektive Geruchsfälschung während der Menstruation u. vor allem während der Schwangerschaft. [7]

Parositis, Parostosis ⟨*griech*⟩ *f:* Neubildung von Knochen nicht in einem alten Knochenbett, sondern in ungeformtem Binde- oder Muskelgewebe. [18]

Parotidektomie ⟨*griech*⟩ *f:* totale Entfernung der Ohrspeicheldrüse. [18]

parotidicus ⟨*griech*⟩: zur Ohrspeicheldrüse gehörend. [18]

Parotis ⟨*griech*⟩ *f:* gebräuchliche Kurzbezeichnung für Glandula parotis; ↑Ohrspeicheldrüse. [1]

~mischtumor: Geschwulst der Ohrspeicheldrüse; histolog. charakterisiert durch verwirrende Vielgestaltigkeit des Gewebsbildes. Früher als Mischung epithelialer u. mesenchymaler Geschwulstanteile aufgefaßt; heute als rein epithelialer Tumor angesehen, als vielgestaltiges Adenom der G. parotis; Vorkommen auch in den anderen großen u. in kleinen Speicheldrüsen (= Speicheldrüsenmischtumor); meist gutartig, aber häufig rezidivierend, bisweilen auch krebsige Umwandlung; deshalb operativ vollständige Entfernung der betroffenen Speicheldrüse. [5]

~pneumozele *f:* Luftgeschwulst bei Glas- oder Instrumentenbläsern. Beim Blasen wird Luft in den Ductus stenonianus u. in die Parotis gedrückt. Geschwulst läßt sich wegmassieren. [49]

Parotitis epidemica ⟨*griech*⟩ *f:* Mumps ⟨*engl*⟩, Ziegenpeter; durch Mumpsviren hervorgerufene, in der BRD nicht, jedoch in der DDR meldepflichtige endem. auftretende zykl. Infektionskrankheit, von der vorwiegend Kinder, jedoch auch Erwachsene befallen werden. Die Empfänglichkeit für das Virus scheint allgemein u. das Nichterkranken im Rahmen einer Endemie auf stille Feiung zurückzuführen zu sein. Inkubation 3 Wochen. Symptome: entzündliche, schmerzhafte Schwellung der Ohrspeicheldrüse, die das Ohrläppchen nach auswärts drängt; bisweilen Kaubeschwerden. Oft sind auch die Glandulae submaxillares u. sublinguales betroffen. Mögliche Komplikationen: Mumps-Meningitis bei 30% der Pat., Gefahr der Dauerfolgen bei Mumps-Enzephalitis (bei 1% der Infektionen), selten Orchitis mit nachfolgender Sterilität (bei 5% der Infektionen nach der Pubertät), Pankreatitis u. Oophoritis. Gefahren der periplazentaren Infektion des Embryos. Passive Immunisierung mit Mumps-Human-Gammaglobulin möglich. [32, 40]

~viren: *Myxovirus multiforme parotitidis;* ↑Myxoviren. [40]

Parovarialzysten ⟨*griech, lat*⟩ *f, Pl:* Zysten am Ligamentum latum, die sich vom Epoophoron (↑Parovarium) ableiten. [5]

Parovarium = Epoophoron: zu unterscheiden vom ↑Paroophoron, Nebeneierstock; an seiner Bildung sind Reste des kranialen Teiles der Urniere beteiligt. Es liegt in dem als Mesosalpinx bezeichneten Teil der Plica lata uteri. [3]

paroxysmal ⟨*griech*⟩: Bezeichnung für einen zum größten Teil krankhaften Vorgang, der sich im plötzlichen Auftreten äußert, z. T. auch anfallsweise. So spricht man von einer paroxysmalen Hämoglobinurie bzw. Tachykardie. [7]

Paroxysmus ⟨*griech*⟩: anfallartige, hochgradige Steigerung von Krankheitserscheinungen. [9]

paroxystisch ⟨*griech*⟩: anfallsweise. [9]

Parrot, Marie Jules (1839–1883), Pädiater, Paris.

P' Lähmung = Parrot' Pseudoparalyse: infolge von ↑Syphilis connata vorzugsweise bei 2–8 Wochen alten Säuglingen durch osteochondrit. bzw. periostit. Knochenveränderungen, Zerstörung der Epiphysen, Epiphysenlösung u. dadurch bedingte Schmerzen; hervorgerufene Scheinlähmung vor allem der Arme. [32]

P' Narben: weißliche Falten u. Narben, die bei ↑Syphilis connata um den Mund herum strahlenförmig angeordnet sind. [43]

P' Syndrom: fetale ↑Chondrodystrophie. [12]

P.-Cornet' Gesetz ↑Cornet' Lokalisationsgesetz. [15]

Parrot fever ⟨*engl*⟩: Psittakose-Ornithose. [40]

Pars ⟨*lat*⟩ *f:* Teil; *Adj* partialis teilweise.

P. amorpha: Teil des ↑Nukleolus.

P. anularis vaginae fibrosae digitorum manus:

Verstärkungsbänder der Sehnenscheiden der Finger in Gelenkhöhe.

P. anularis vaginae fibrosae digitorum pedis: Verstärkungsbänder der Sehnenscheiden der Zehen in Gelenkhöhe.

P. cochlearis nervi octavi: aus N. stato-acusticus; versorgt die Cochlea.

P. cruciformis vaginae fibrosae digitorum manus: im Bereich der Grund- u. Mittelphalanx der Finger gelegene kreuzförmige Verstärkungsbänder der Sehnenscheiden.

P. cruciformis vaginae fibrosae digitorum pedis: kreuzförmige Verstärkungsbänder der Sehnenscheiden der Zehenbeuger im Bereich der Zehen.

P. dorsalis mediastini (JNA) ↑Cavum mediastinale posterius (PNA).

P. gastrolienalis (JNA) ↑Lig. gastrolienale (PNA).

P. gastromesocolica (JNA) ↑Lig. gastromesocolicum (PNA).

P. hepatoduodenalis (JNA) ↑Lig. hepatoduodenale (PNA).

P. hepatogastrica (JNA) ↑Lig. hepatogastricum (PNA).

P. pallida nuclei lentiformis (JNA) ↑Globus pallidus (PNA).

P. petrosa ossis temporalis: Felsenbein (↑Felsenbeinaufnahme), Pyramide; pyramidenförmiger Teil des ↑Os temporale, der Hör- u. Gleichgewichtsorgan beherbergt. Man unterscheidet an ihm je eine vordere (Facies anterior), hintere (Facies posterior) u. untere Fläche (Facies inferior) sowie eine Spitze (Apex partis petrosae).

P. pylorica ventriculi: der vor dem Magenausgang liegende Teil des Magens.

P. squamosa ossis temporalis: Schläfenbeinschuppe.

P. tibiocalcanearis: Teil des Lig. deltoideum, zwischen Schien- u. Fersenbein.

P. tibionavicularis: Teil des Lig. deltoideum, zwischen Schien- u. Kahnbein.

P. tibiotalaris anterior u. **posterior:** Teil des Lig. deltoideum, vorn u. hinten zwischen Schien- u. Sprungbein.

P. ventralis mediastini (JNA) ↑Cavum mediastinale anterius (PNA).

P. vestibularis nervi octavi: aus N. stato-acusticus; versorgt Sacculus, Utriculus u. Ampullen der Bogengänge. [1]

Partheniten: Sammelname für die sich ungeschlechtlich vermehrenden Generationen der Trematoden (z. B. die Sporozysten, Redien u. Zerkarien des ↑Leberegels). [58]

Parthenogenese ⟨*griech*⟩ *f:* Jungfernzeugung; die Fortpflanzung durch unbefruchtete Eier.

P., fakultative: die Eier können sich sowohl befruchtet als auch unbefruchtet entwickeln (z. B. Bienen).

P., künstliche: befruchtungsbedürftige Eier werden durch äußere Einwirkungen zur Entwicklung gebracht. Diese kann durch chem. Stoffe, mechan. Reize, art- u. gattungsfremde Besamung, Besamung mit geschädigten Spermien in Gang gesetzt werden. Die Anregung zur P. ist aber nicht der natürlichen Befruchtung gleichzusetzen, da das wesentliche Merkmal der Befruchtung, die Kernverschmelzung, ausbleibt.

P., obligatorische: die Eier entwickeln sich immer ohne Befruchtung (z. B. Blattläuse). [3]

partial, partiell, partiär ⟨*lat*⟩: teilweise. [1]

Partialantigen ⟨*lat, griech*⟩: Teilantigen; die meisten Bakterienantigene setzen sich aus mehreren Teilantigenen zusammen; ↑Paragglutination. [39]

Partialdruck: Teildruck eines Gases in einem Gasgemisch, berechnet sich aus prozentualem Anteil V_x des Gases x u. dem Gesamtgasdruck P_{tot} zu $P_x = V_x \cdot P_{tot}$. [8]

Partialinsuffizienz (Rossier): ventilator. Verteilungsstörung mit gestörtem Belüftungs-Durchblutungsverhältnis. Die ungleichmäßige Verteilung der Atemgase über die Alveolen mit Hypoventilation einiger Gebiete u. kompensator. Hyperventilation anderer führt im arteriellen Blut zu erniedrigtem Sauerstoffdruck u. normalem oder etwas erniedrigtem Kohlensäuredruck. [15]

Partikel ⟨*lat*⟩ *n:* Teilchen. [1]

Partogramm: graph. Darstellung der klin. Befunde unter der Geburt. Dauer u. Stärke der Wehen, Weite des Muttermundes, Stand des vorangehenden Kindsteils sowie Frequenz der kindlichen Herztöne exakt im P. eingetragen erlauben eine anschauliche Registrierung des Geburtsverlaufs u. eine Beurteilung der jeweiligen Geburtssituation. [29]

Parturitio ⟨*lat*⟩ *f:* Geburtsvorgang. [29]

Partus ⟨*lat*⟩ *m:* Geburt, Niederkunft.

P. immaturus: Fehlgeburt, gebräuchlicher ist ↑Abortus.

P. praecipitatus: Sturzgeburt.

P. praematurus ↑Frühgeburt; Kind unter 2500 g Geburtsgewicht.

P. serotinus: Spätgeburt; Niederkunft später als 2 Wochen nach errechnetem Termin. Früh- u. Spätgeburt sind Zeitbegriffe, die nicht immer mit den ↑Reifezeichen übereinstimmen. [29]

Parulis ⟨*griech*⟩ *f:* antiquierter Ausdruck für akute subperiostale u. submuköse Abszesse, soweit sie sich auf das Gebiet des Alveolarfortsatzes beschränken. Volkstümlich „Zahngeschwür" oder „dicke Backe" Folge einer Pulpengangrän oder akuter Schub einer chron. apikalen Paradontitis. Unförmiges Gesichtsödem, starke Schmerzen,

Fieber, nach 2–3 Tagen spontane Perforation in den Mundvorhof unter Hinterlassung einer bleibenden Fistel, falls keine Radikalbehandlung des apikalen Herdes erfolgt. Die in die muskulären oralen Bindegewebsräume abgleitenden Abszesse sollten nicht als Parulitiden bezeichnet werden! Therapie der echten P.: Abszeßspaltung u. nachfolgend Zahnentfernung oder, wenn dieser noch erhaltungsfähig u. erhaltungswürdig ist, Ausräumung des Primärherdes mit Versorgung des infizierten Wurzelkanals. [37]

parureterius ⟨*griech*⟩: neben dem Harnleiter liegend. [1]

Parvoviren: frühere Gruppenbezeichnung „Picorna". Zur Gruppe der P. gehören die osteolyt. Hamsterviren, Rattenviren, Adenosatelliten u. das Minute-Mäuse-Virus, sie sind nackte kubische Partikel mit 12 oder 32 Kapsomeren u. einem Durchmesser von 18–24 nm, enthalten DNS. P. sind ätherresistent, aber empfindlich gegenüber UV-Strahlen u. erhöhten Temperaturen (80°C). Ihre hauptsächliche Bedeutung besteht in ihrer Wirkung als unerwünschte Kontaminanten, bei den Adenosatelliten als mögliche Erreger respirator. Infektionen. [50]

PAS: *Abk* für ↑Para-Aminosalizylsäure; ↑p-Aminosalizylsäure. [15]

Paschen, Enrique (1860–1936), Internist, Spezialist für Impfkunde, Hamburg.

P' Körperchen = Elementarkörperchen; ↑Vakzinevirus. [41]

Passage ⟨*frz*⟩ *f:* Übertragung eines Mikroorganismus auf einen neuen Nährboden; dieser kann der gleiche oder ein anderer sein wie der vorhergehende, es kann ein saprophyt. (toter) oder ein lebender (Tier, Pflanze) sein. [42]

Passavant, Philipp Gustav (1815–1893), Chirurg, Frankfurt a. M.

P' Trachealkanüle: eine dreiteilige T-Kanüle zur Nachbehandlung von Kehlkopfstrikturen oder nach Laryngotomie.

P' Wulst: bei Kontraktion des M. constrictor pharyngis superior entsteht im Epipharynx ein querer, in das Gaumensegel auslaufender Wulst; oft sichtbar beim Hochheben des Gaumensegels, sobald ein Würgreflex eintritt; beteiligt sich am Abschluß des Nasenrachenraumes bei Schlucken u. Sprechen. [28]

Passenger-Virus: ein Virus, das zufällig in einem Gewebe, z. B. in Tumoren, vorhanden ist. [50]

Passes ⟨*frz*⟩ *f, Pl:* Streichungen; Bestreichen des Körpers oder Ausführung von strichartigen Bewegungen in der Luft dicht über der Körperoberfläche durch den Hypnotiseur, der diese Methode mit zur Herbeiführung des hypnot. Zustandes verwendet. [35]

Paste ⁎ **Pasta** ⟨*lat*⟩ *f:* Arzneizubereitung zum äußeren Gebrauch von teigiger geschmeidiger Beschaffenheit, besteht meistens bis 50% aus Öl, Fett, Vaseline oder anderer Salbengrundlage u. zur anderen Hälfte aus pulverförmigen Arzneimitteln wie Talkum, Zinkoxid, Stärke u. ä. [43]

Pasteur, Louis (1822–1895), bedeutender Chemiker u. Begründer der modernen Mikrobiologie, Paris. Bewies die Unhaltbarkeit der Lehre von der Urzeugung; führte die Schutzimpfung mit abgeschwächten Bakterien bzw. Viren ein. Die Milzbrand- u. Tollwutschutzimpfung geht auf ihn zurück. [39]

P' Effekt: ist die Hemmung der ↑Glykolyse durch die Atmung, so daß mit wenigen Ausnahmen die tier. Gewebe nur in Abwesenheit von Sauerstoff Glukose in Milchsäure aufspalten. Eine hohe aerobe Glykolyse bei hoher Atmungskapazität zeigen Krebszellen (Warburg), ferner Mukosazellen des Darms u. a. sowie geschädigte Zellen in Gegenwart von Entkopplern der oxydativen Phosphorylierung wie ↑2,4-Dinitrophenol. Bei der P' Reaktion spielt der Mangel an Phosphofructokinase eine Rolle. [8]

P' Schutzimpfung: Inkubationsimpfung bei ↑Tollwut mit abgetötetem Virus fixe („Heilimpfung"). [40]

Pasteurella-Gruppe: Gattung der Familie *Brucellaceae* (Bergey, 1957); kleine gramneg., unbewegliche, plumpe Stäbchen, häufig mit Polfärbung, menschen- u. tierpathogen. Menschenpathogene Spezies: *Pasteurella pestis* (Pesterreger), *P. pseudotuberculosis* (Erreger der ↑Lymphadenitis mesenterialis Masshoff), *P. tularensis* (Erreger der ↑Tularämie), *P. multocida* (vorwiegend tierpathogen, beim Menschen Erreger von Pneumonien, Meningitiden u. a.). [41]

Pasteurisieren: die nach Louis Pasteur benannte schonende Erhitzung eines Gutes auf Temperaturen von 60–80 °C während einer bestimmten Zeit; es werden die Mikroben, nicht aber ihre Sporen abgetötet. Anwendung dieses Verfahrens zur zeitlich begrenzten Haltbarmachung von Milch, Obstsäften, Süßmosten, Bier, Wein usw.; ↑Sterilisation. [16]

Pastia' Zeichen: Auftreten feinster ↑Petechien in den Ellenbeugen bei beginnendem Scharlach. Heute kaum noch als bes. diagnost. Zeichen bewertet. [32]

Pastillen ⁎ **Pastilli** ⟨*lat*⟩ *m, Pl:* heute ungebräuchliche Arzneiform, sie bestehen aus dem Arzneimittel, sowie Füll- u. Bindemitteln, die gemischt u. zu bestimmten Formen gepreßt bzw. ausgestochen werden, z. B. Pastilli nitroglycerini. [44]

pastös ⟨*ital*⟩: aufgeschwemmt, gedunsen, oft Vorstufe von Ödembildung. [43]

Patch-Plastik ⟨*engl*⟩: Verschluß von Defekten (Vorhof-, Ventrikelseptumdefekt) bzw. Deckung von Gewebelücken (Erweiterung von Gefäßen im Bereich von Vasotomien bei Gefäßstenosen - Aortenisthmusstenose, Ringstenose der A. pulmonalis, Hypoplasie der A. pulmonalis bei Fallot IV -, Deckung von operativ gesetzten Herzmuskelwanddefekten - Ausflußbahn der A. pulmonalis bei Fallot IV -) mit Hilfe von Kunststoffen. Am gebräuchlichsten sind Filzflecken aus Teflon u. Flecken aus gewebten, gestrickten oder gewirkten Kunstfasern (Teflon, Dacron, Lavsan, Terylen, Lanon usw.). [21]

Patch-Test: der Test beruht auf der Bildung von Silbernitrat, das aus dem in einem Agar-Nährboden suspendierten Silberchromat durch das Kochsalz des Schweißes beim Fingerabdruck entsteht u. wird bei der Diagnostik der ↑Pankreasfibrose angewendet. [32]

Patella ⟨*lat*⟩ *f:* die Kniescheibe; *Adj* patellar, patellaris, zur Kniescheibe gehörend, ↑Tanzen der Patella.

P. bipartita: zweigeteilte Patella; meist teilt der Spalt den äußeren oberen Quadranten ab, gewöhnlich doppelseitiges Vorkommen (Differentialdiagnose zur Patellafraktur). Entstehung durch Ausbleiben knöcherner Verschmelzung der multizentr. Knochenanlage. [23]

Patellar|klonus ⟨*lat, griech*⟩ *m:* ↑Klonus des M. quadriceps femoris. Auslösung: die Patella wird mit Daumen u. Zeigefinger ruckhaft nach distal geschoben u. dort festgehalten.

~(sehnen)reflex: ↑Eigenreflex des M. quadriceps femoris, der durch Schlag des Reflexhammers gegen die „Patellarsehne" (richtiger das Lig. patellae) bei geeigneter Lagerung des Beines ausgelöst wird u. in einer raschen Kontraktion dieses Muskels, also Streckung des Kniegelenks, besteht; bei Läsionen der Segmente L_2–L_4 herabgesetzt bis aufgehoben. [33]

Pathergie ⟨*griech*⟩ *f* (Rössle): krankhaft gesteigerte Empfindlichkeit eines Organismus, wobei an sich unterschwellige Reize bereits zu Reaktionen führen können (umfassender Begriff als ↑Allergie). [4]

Pathobiochemie ⟨*griech*⟩ *f:* patholog. Veränderungen im chem. Aufbau u. Abbau lebender Organismen, z.B. bedingt durch Gen-Defekte als angeborene oder auch als erworbene Enzymopathien. [8]

Pathobiologie ⟨*griech*⟩ *f* ↑Pathologie. [4]

pathogen ⟨*griech*⟩: konstante Eigenschaft einer Keimart, bei natürlichem Infektionsmodus in bestimmten Wirten Krankheitserscheinungen verursachen zu können; ↑Bakterien, pathogene. [41]

Pathogenese ⟨*griech*⟩ *f:* Entstehungsweise von krankhaften Veränderungen (Krankheiten, Mißbildungen usw.). Unterschieden werden formale P., die krankheitsbedingte Gestaltänderung, z.B. Entstehungsweise einer Leberzirrhose, Hydronephrose, u. kausale P., die eigentliche Krankheitsursache, gleichbedeutend mit ↑Ätiologie. [5]

Pathogenität: qualitative Fähigkeit von Mikroben, eine bestimmte Wirtsart lokal oder allgemein zu schädigen; ↑Virulenz. [40]

pathognomonisch ⟨*griech*⟩ pathognostisch, für ein Krankheitsbild kennzeichnend. [9]

Pathoklise ⟨*griech*⟩ *f:* Neigung umschriebener Organteile, gesondert zu erkranken. Von C. u. O. Vogt auf Grund von Untersuchungen am Zentralnervensystem geschaffener Begriff. Der Befall bestimmter Hirnanteile kennzeichnet diese als „Topistische Einheiten", die Erkrankungen als „Topistische Krankheiten". Gültig auch für Rückbildungsvorgänge im Gehirn. [5]

Pathologia animata ⟨*griech, lat*⟩: Krankheitslehre gegen Ende des 17. Jahrhunderts, die besagt, daß fast alle Krankheiten auf Würmern u. Milben beruhen bzw. auf lebendigen Parasiten; daher wurden die vermeintlichen Parasiten durch spezif. Mittel bekämpft. [53]

Pathologie ⟨*griech*⟩: genauer Pathobiologie; Lehre von den krankhaften Lebensvorgängen u. Entwicklungsstörungen sowie deren Folgen. Vielerlei Strömungen: Humoral-, Solidar-, Zellular-, Relations-, Neural-, Molekularpathologie. Geograph. P.: Erforschung der Unterschiede im Auftreten oder Fehlen von Krankheiten in Abhängigkeit von der menschlichen Umwelt (Luftdruck, Temperatur, Feuchtigkeit, Strahlung usw.); Vergleichende P.: Vergleich der krankhaften Lebensvorgänge u. Entwicklungsstörungen des Menschen u. der Tiere. [4]

P., soziale: Bezeichnung für den Einfluß schlechter sozialer Verhältnisse auf das Entstehen von Krankheiten im älteren sozialhygien. Schrifttum; „Soziale Pathologie" ↑Grotjahn. [48]

pathologisch ⟨*griech*⟩: krankhaft. [4]

Patho|mechanismus: ein dem Entstehen einer Krankheit zugrunde liegender Vorgang.

~morphose: Wandel im Erscheinungsbild u. Verlauf einer Krankheit (Hellpach, 1929). [40]

~phobie: abnorme Furcht vor Krankheiten. [9]

~physiologie: Lehre von den gestörten Funktionen der Organe u. Organsysteme sowie der gestörten Umweltbeziehungen des Gesamtorganismus. Bes. Beachtung schenkt die P. der Entstehung u. dem Ablauf gestörter Regulationsvorgänge. Enge Beziehungen zur P. hat die Pathobiochemie, die die gestörten Lebensabläufe auf der Ebene der Zellen u. innerhalb der Zellen, d. h. unter dem molekular-biolog. Aspekt, untersucht. Es gibt fließende Übergänge von der P. zur klin. Physiologie (Funktionsdiagnostik). [7]

Pathothesaurose ⟨*griech*⟩ (Letterer): L. unterteilt die ↑Thesaurismosen, zu denen gewöhnlich nur die Speicherkrankheiten im engeren Sinne, z. B. die Gaucher' Krankheit, gerechnet werden, in Thesauropathien (dazu zählt er z. B. ↑Amyloidose, ↑Silikose u. bezeichnet diese als Speicherungskrankheiten) u. Pathothesaurosen, krankhafte Speicherungen, die Speicherkrankheiten im üblichen Sinne (von L. auch als Stapelungsdystrophie bezeichnet). [5]

Patina ⟨*ital*⟩ *f:* Kupferkarbonat; Grünspan, bas. Kupferazetat. Saure Speisen sollen nicht in kupfernen Gefäßen gekocht oder aufbewahrt werden. Magenstörungen infolge Bildung von im Magen löslichen Cu-Salzen. [52]

Patroklinie: Ähnlichkeit des Bastards mit dem Vater; ↑Matroklinie.

Patronenhülsenform der Metakarpen: Verdickung u. Verklumpung der Metakarpen bei der mit Pachydermien einhergehenden generalisierten hereditären Hyperostose. [23]

Patulin: Antibiotikum aus Penicillium patulum u. Penicillium claviforme; stark tox., daher als Therapeutikum nicht brauchbar. [42]

Paukenhöhle = Cavum tympani: Teil des Mittelohres, von einer zarten Schleimhaut ausgekleideter Hohlraum zwischen Trommelfell u. Labyrinth, mündet in die ↑Ohrtrompete, die vom Plexus tympanicus mit sensiblen u. vasomotor. Fasern versorgt wird; ↑Mittelohr. [7]

Paukenhöhlenröhrchen (Hartmann): an seinem Einführungsende leicht gekrümmtes Metallröhrchen zur Spülung des Kuppelraumes durch Trommelfelldefekte. [28]

Paul, Gustav (1859–1935), Arzt, Wien.

P' Versuch: dient zur Differenzierung von ↑Variolavirus, ↑Vakzinevirus einerseits u. Varizellenvirus (↑Varizellen) andererseits. Pos. bei Variola- u. Vakzinevirus, neg. bei Varizellenvirus. [41]

P.-Bunnell' Reaktion: Syn. Deicher–Hanganaziu–Paul' Reaktion; serolog. Reaktion zum Nachweis der infektiösen ↑Mononukleose. Agglutination von Hammelerythrozyten durch das Serum des Kranken in einer Verdünnung von 1:64 u. mehr wird als beweisend angesehen. Nachweis der bei der infektiösen Mononukleose vermehrt auftretenden heterogenet. Antikörper. [38]

Pause, kompensatorische: verlängerte Ruhepause der Herzkammer nach einer ventrikulären ↑Extrasystole, die dadurch zustande kommt, daß die nächste reguläre Systole ausfällt, weil der entsprechende Sinusimpuls in die refraktäre Phase der Kammer nach der Extrasystole fällt.

P., präautomatische: die Zeit der Einstellung der Herztätigkeit nach Ausschaltung des Sinusknotens, bevor das untergeordnete Zentrum am Atrioventrikulartrichter bzw. Aschoff–Tawara' Knoten seine Tätigkeit wieder aufnimmt. [10]

Pavillon ⟨*frz*⟩ *m:* Schalltrichter; (urolog.) das hintere trichterförmige aufgeweitete Ende des normalen Katheters. [24]

Pavillonsystem ↑Krankenhausbausysteme. [48]

Pavor nocturnus ⟨*lat*⟩ *m:* nächtliches Aufschrecken, bes. bei Kindern, meist ohne bes. Krankheitswert, aber auch in der Vorgeschichte der Epilepsie häufig begegnend. [33]

Pawlow, Iwan Petrowitsch (1849–1936), bedeutender Physiologe, Moskau. Er entwickelte die bahnbrechenden Forschungsergebnisse I. M. Setschenows u. den Nervismus Setschenows u. S. P. Botkins durch experimentelle Studien weiter, die zu großartigen Entdeckungen u. ungemein fruchtbaren neuen Gesichtspunkten für die Ausgestaltung des Gesundheitsschutzes führten. Seine Arbeiten auf dem Gebiet der Physiologie der Verdauungsdrüsen wurden 1904 mit dem Nobelpreis ausgezeichnet. Umwälzende Errungenschaften stellen seine Ermittlungen im Bereich der höheren Nerventätigkeit dar. Diesem Gebiet widmete er sich seit Beginn des neuen Jahrhunderts u. blieb ihm bis ins letzte Lebensjahr treu. 1890 Ernennung Pawlows zum Professor des Lehrstuhls für Pharmakologie der Militärmedizinischen Akademie, 1897 für Physiologie. 1907 Mitgliedschaft der Russischen Akademie der Wissenschaften. 1921 Dekret des Rates der Volkskommissare über die Sicherung der Lebens- u. Arbeitsbedingungen Pawlows. 1926 Gründung der biolog. Station für Evolutionsphysiologie in Koltuschi. 1897 Erscheinen der „Vorlesungen über die Arbeit der Hauptverdauungsdrüsen". 1923 Erscheinen der „Zwanzigjährigen Erfahrungen mit dem objektiven Studium der höheren Nerventätigkeit". 1927 Erscheinen der „Vorlesungen über die Arbeit der Großhirnhemisphären". [35]

Payr, Erwin (1871–1946), Chirurg, Leipzig.

P' Darmkompressorium: weichfassende Darmklemme, angewandt bei der Darmnaht.

P' Schnitt zur Kniegelenkseröffnung: s-förmiger, medial von der Kniescheibe gelegener Schnitt, der die Übersicht über das ganze vordere Gelenk erlaubt.

P' Spritzversuch: Durchgängigkeitsprobe der Gallenwege durch Einspritzung von Kochsalzlösung in den Ductus-cysticus-Stumpf. [18]
P' Zeichen: mit Daumen ausgeübter Druck auf die Fußsohle wird schmerzhaft empfunden, wenn – von lokalen Veränderungen abgesehen – eine Unterschenkelvene entzündet ist. [10]

PBI: *Abk* für proteinbound iodine, proteingebundenes Jod. [25]

PC: *Abk* für ↑Pulmonal-Kapillardruck. [10]

PCG: *Abk* für ↑Phonokardiogramm. [10]

Péan, Jules (1820–1898), Chirurg, Paris.
P' Klemme: stumpfe Blutgefäßklemme ohne Krallen an der Spitze. Zur Gefäßligatur bei operativer Blutstillung. [18]

Peau d'orange ⟨*frz*⟩ *f:* Apfelsinenschalenhaut; eingezogene, höckrige Haut über Brustdrüsenkrebsen. [43]

Pech|haut: ↑Acne cornea; Hautkrankheit mit Komedonenbildung, Follikelentzündung u. Hyperkeratosen bei beruflichem Kontakt mit Teer, Schmieröl, Paraffin. [43]
~krebs ↑Teerkarzinom. [25]

Pecten ⟨*lat*⟩ *m:* der Kamm; kammartiger Vorsprung an Knochen.
P. ossis pubis: Schambeinkamm. [1]

pectinatus ⟨*lat*⟩: kammartig. [1]

pectineus ⟨*lat*⟩: zum Kamm (des Schambeins) gehörend. [1]

pectoralis ⟨*lat*⟩: zur Brust gehörig, Brust-; z. B. M. pectoralis, Brustmuskel. [1]

Pectus ⟨*lat*⟩ *n:* die Brust.
P. carinatum: Kielbrust; kielartiges Vorspringen des Brustbeins infolge Rachitis.
P. gallinaceum = P. carinatum: Hühnerbrust, Kielbrust. [1]

Pediculoides ventricosus: ältere Bezeichnung für Pyemotes ventricosus, die ↑Getreidemilbe. [58]

Pediculus ⟨*lat*⟩ *m:* Laus; Insektengattung, ↑Läuse.
P. capitis ↑Kopflaus.
P. humanus (= P. corporis oder P. vestimenti) ↑Kleiderlaus.
P. pubis: veraltet für Phthirus pubis, ↑Filzlaus. [58]

Pedikulose ∗ **Pediculosis** ⟨*lat*⟩: eine endem.-epidem., durch Kontakt übertragbare Ektoparasitose, durch Menschenläuse (Pediculus capitis u. P. corporis) hervorgerufen. 2–3 Wochen nach dem Befall (Entwicklungsdauer Ei→geschlechtsreife Laus) Hautreizung, Jucken, auch Quaddelbildung u. Hautverfärbung; Komplikation durch bakterielle Sekundärinfektionen; ↑Läuse. [40]

Pedunculus ⟨*lat*⟩ *m:* Füßchen, Stiel.
P. cerebellaris (inferior, medius, superior): unterer, mittlerer, oberer Kleinhirnstiel.
P. cerebri: Großhirnstiel.
P. corporis mamillaris: Stiel des Corpus mamillare.
P. flocculi: Flockenstiel; ↑Flocculus.
P. thalami inferior: unterer Thalamusstiel. [1]

Pedunkulotomie ⟨*lat, griech*⟩ *f* (Walker, 1949): operative Durchtrennung der Pyramidenbahn im Bereich der Hirnschenkel; Indikation bei extrapyramidalen Bewegungsstörungen. [20]

PEG: *Abk* für ↑Pneumoenzephalographie. [33]

Peitschen|hiebverletzung: Rückenmarkschäden durch Zurück-(u. anschließendes Vor-(schleudern des Kopfes eines Fahrers wenn sein (vor allem stehendes) Fahrzeug von hinten gerammt wird. [33]
~wurm: Haarkopf, Trichocephalus trichiura; parasit. Art der Nematodes, 3–5 cm, vorn fadenförmig dünn, hinten dick; über die ganze Erde verbreitet, bes. häufig in feuchtwarmen Ländern, bei Mensch u. Schwein im Blind- u. Dickdarm. Die tönnchenförmigen Eier gelangen mit dem Kot ins Freie; Infektion mit unsauberem Gemüse, verschmutzten Händen; bei starkem Befall Darmkatarrh. [58]

pektanginös ⟨*lat*⟩: *Adj* zu ↑Angina pectoris, im weiteren Sinne werden alle Beschwerden mit stärkeren Herzschmerzen pektanginös genannt. [9]

Pektase ⟨*griech*⟩ *f:* Enzym, eine Esterase, die den veresterten Methylalkohol aus den ↑Pektinen unter Bildung von Pektinsäuren abspaltet (Pektinmethylesterase). [16]

Pektinase ⟨*griech*⟩ *f:* jetzt Polygalacturonase (EC 3.2.1.15); eine Hydrolase, spaltet die α-1,4-D-Galacturonid-Bindungen in Pektinen u. Pektinsäuren sowie in anderen Polygalakturoniden zu niedriger molekularen Poly- u. Oligogalakturoniden bis zur Galakturonsäure. P. wirkt zumeist mit der ↑Pektase, die den Methylalkohol abspaltet. [8]

Pektine (Pektinstoffe) ⟨*griech*⟩ *n, Pl:* im Pflanzenreich weitverbreitete (Apfel, Zitrone, Johannisbeere, Sonnenblume, Zuckerrübe usw.), den Kohlenhydraten analog aufgebaute, die Zellulose begleitende, hochmolekulare Verbindungen (Protopektin) sehr verschiedener Molekülgröße; von H. Braconnet (1825) entdeckt; sie stellen polymerhomologe Galakturonsäureketten dar, deren Karboxylgruppen unterschiedlich stark mit Methanol verestert sind; danach unterscheidet man hoch- u. niederveresterte P., die sich im Verhalten voneinander unterscheiden; Salze der Polygalakturonsäuren nennt man Pektate. P. bilden unter geeigneten Bedingungen mit Zucker in höherer Konzentration Gelee; Herstellung von Marmelade, Obstgelee; Verwendung als Überzugsmassen, als Verdickungsmittel, auch therapeut. (z. B. Haemophobin®). P. finden sich im Handel als viskose Extrakte oder Trockenpräparate (Zerstäubungstrocknung). [16]

Pektinsäuren: das nach der hydrolyt. Abspaltung der veresterten Methylgruppen aus den Pektinen hinterbleibende, polymerhomologe Produkt mit freien Karboxylgruppen; Salze = Pektate. [16]

Pektoralfremitus ⟨*lat*⟩ *m:* ↑ Fremitus; Vibrieren der Thoraxwand beim Sprechen, verstärkt die Lungenentzündung, abgeschwächt bei Pleuraerguß. [9]

Pel, Pieter Klases (1825–1919), Internist, Amsterdam.

P' Krisen: kaum noch gebrauchte Bezeichnung für Augenkrisen bei Tabes dorsalis. Es handelt sich um anfallsweise Neuralgien im Ganglion ciliare, mit Schmerzen im Auge u. seiner Umgebung, Rötung, Epiphora u. Lichtscheu. [36]

P.-Ebstein' Fiebertyp: intermittierender Fiebertyp mit 3–20 Tage anhaltenden Perioden u. ebenso langen fieberfreien Intervallen, als charakterist. für die Lymphogranulomatose beschrieben. [11]

Pelade ⟨*frz*⟩ *f:* Bezeichnung für ↑ Alopezie. [43]

Pelger, K. (gest. 1931), holländ. Tuberkulosearzt.

P.-Huet' Anomalie = Pelger-Huet' familiäre Kernanomalie: P. entdeckte 1928 eine funktionell harmlose Mißbildung der Granulozyten, bei der die reifen segmentkernigen Neutrophilen einen brillenförmigen, mindersegmentierten Kern besitzen, der der Kernform der Stabkernigen ähnelt. Dadurch wird eine starke Linksverschiebung vorgetäuscht. H. entdeckte 1932 die Vererbbarkeit (einfach dominant) der Anomalie, die auch beim Kaninchen vorkommt. Man kann heterozygote Vollträger der Anomalie mit Veränderung aller reifen Neutrophilen u. Teilträger unterscheiden, bei denen nur 15–25% der Zellen die Kernanomalie aufweisen. Häufig auch andere körperliche Mißbildungen. Homozygote Träger der Anomalie sind nicht lebensfähig. [11]

Pelidisizahl: Formel zur Bewertung des Ernährungszustandes eines Kindes:

$$\frac{\sqrt[3]{10 \times \text{Körpergewicht}}}{\text{Sitzhöhe}}$$

Normal: 94,5–100. [32]

Peliosis rheumatica ⟨*griech*⟩ *f* ↑ Purpura rheumatica. [43]

Pelipathia vegetativa: Syn. Parametropathia spastica, Parametritis posterior chronica. Spasmophilia genitalis, zervikales Syndrom, Plexalgia hypogastrica, Congestion-Fibrosis-Syndrom, Broad-Ligament-Neuritis, Osteopathia ovarica; Beckenneuralgie, vegetative Dystonie des kleinen Beckens, insbes. des Hypogastrica-Gefäßgebietes (A. ilica interna). Organ. Veränderungen fehlen meist. Im Vordergrund der Beschwerden stehen Kreuzschmerzen u. allgemeine Unterleibsschmerzen, ätiolog. psych. Störungen, die auf dem Wege Großhirn-Zwischenhirn das vegetative Nervensystem alternieren. [29]

Pelizaeus, Friedrich (1850–1917), Neurologe, Kassel.

P.-Merzbacher' Krankheit: ein seltenes Erbleiden, anatom. gekennzeichnet durch Entmarkungsprozesse in den Großhirnhemisphären, klin. durch spast. Lähmungen, extrapyramidale Bewegungsstörungen (insbes. athetot. Charakters), Nystagmus, Sprachstörungen, Schwachsinn. Beginn in den ersten Lebensmonaten. [33]

Pelkan' Linie: Röntgenolog. darstellbares Aufhellungsband in der Metaphyse der Knochen bei Möller-Barlow' Erkrankung. [23]

Pella ⟨*griech*⟩, **Pellis** ⟨*lat*⟩ *f:* Haut. [43]

Pellagra ⟨*ital*⟩ *n:* multiple Avitaminose, bedingt durch Fehlen vor allem des Nikotinsäureamids (Niazinamid) u. einiger anderer Vitamine des B-Komplexes (↑ Riboflavin, ↑ Pyridoxin) sowie durch Mangel an Tryptophan (Maiseiweiß enthält fast kein Tryptophan). Endem. in Ländern mit vorwiegend maisessender Bevölkerung; in Europa: Italien, Spanien, Balkan; in Amerika: Südstaaten der USA; in Ostasien: Indien, China, Japan. Vor Ausbruch charakterist. Erscheinungen besteht ein oft bis zu 8 Monaten währendes Prodromalstadium mit Gewichtsverlust, Kopfschmerzen, Appetitlosigkeit, Schlaflosigkeit, Magen-Darm-Störungen, Obstipation u. Diarrhoe; im präklin. Stadium treten auf Erregbarkeit, Gedächtnisschwund, Nachlassen der Konzentrationsfähigkeit, Verwirrung, Schmerzen u. stärkere Verdauungsschwierigkeiten. Die klin. P. ist charakterisiert durch Dermatitis, Diarrhoe u. Dementia. Haut: Dermatitis bilateral symmetrisch, vorzugsweise an den belichteten Körperteilen (Casal' Halsband). Erythem mit Schuppen, Blasen, Geschwürs- u. Narbenbildung. Verdauungsorgane: Entzündungserscheinungen an Mund- u. Rachenschleimhaut, Anschwellung, dunkelrote Verfärbung der Zunge mit Riß- u. Furchenbildung (beim Hund tritt die sog. „black tongue" [schwarze Zunge] auf), Erbrechen, Diarrhoe. Nervensystem: Angst- u. Erregungszustände, Bewußtseinsstörung, Verwirrung u. Irresein. Therapie: Nikotinsäureamid (präventive Dosis) 40–50 mg täglich unter Zugabe anderer Vitamine des B-Komplexes u. einer fleischreichen, Eier, Gemüse, Milch u. Biertrockenhefe enthaltenden Kost. Die Pellagra wird oft als die Krankheit der 3 D bezeichnet; Diarrhoe, Dermatitis, Dementia. [16]

~anämie: eine bei schweren Fällen von ↑ Pellagra auftret. Anämieform, die am besten durch den ↑PP-Faktor aufgehoben wird. [11]

~schutzstoff: PP-Faktor, Pellagra Preventive Factor, ist Nikotinsäure (3-Pyridinkarbonsäure), die als ↑Nikotinsäureamid Bestandteil der Coenzyme NAD u. NADP ist. Nikotinsäure u. sein Amid sind als Vitamin gleich wirksam, da die sie im Körper leicht in das Säureamid umgewandelt wird. [8]

Pellet ⟨*engl*⟩: Kügelchen, Pille; in der Laboratoriumstechnik Ausdruck für zentrifugierten Bodensatz. [40]

Pelletier, Joseph (1788–1842), Chemiker, Paris. Entdeckte 1819 das Chinin u. stellte es rein dar (unabhängig von ihm auch durch Runge u. Caventou). [53]

Pelletierin: Alkaloid aus der Rinde des Granatapfelbaumes, Cortex granati, Piperidinabkömmling. P. steigert die Reflexerregbarkeit u. verzögert die Muskelerschlaffung, in hohen Dosen erfolgt eine Lähmung der motor. Endplatten. Es besitzt außerdem starke anthelminth. Effekte (spez. gegen Bandwürmer). Das pulverförmige Pelletierinum tannicum, ein Gemisch der Alkaloide aus Cortex granati wird therapeut. als Anthelminthikum verwendet. [44]

Pellicula ⟨*lat*⟩ *f:* Häutchen, Plasmahäutchen der Protozoen. [18]

pellucidus ⟨*lat*⟩: durchsichtig. [18]

Pellote: Rauschmittel, das verschiedene Anhalonium-Alkaloide, wie Meskalin, Anhalamin, Pellotin enthält; ↑Peyotl. [44]

Pellotin: Alkaloid aus einer mexikan. Kakteenart. [44]

Peloide ⟨*griech*⟩ *n, Pl:* Sammelbezeichnung für unterschiedliche organ. u. anorgan. Substanzen, die u.a. wegen ihrer Wärmeeigenschaften zu Bädern, Packungen, Umschlägen verwendet werden: Moor (Torf); Schlamm, u.a. Sapropel (Faulschlamm), Gyttja (Halbfaulschlamm, z.B. Schollener Pelose), Mineralschlamm; Schlick u. Limane; Kreide; Lehm; Sand. [45]

Pelose ⟨*griech*⟩ *f* ↑Peloide. [45]

Pelotte ⟨*frz*⟩ *f:* unter Federdruck stehende Polsterplatte zur Retention von Baucheingeweiden (Bruchinhalt) in die Bauchhöhle (Bruchband). Auch in Form der Druckmanschette zur Kompression der Arterie am Oberarm für Puls- u. Blutdruckmessung. [18]

Pelottensymptom: vergrößerte Mesenteriallymphknoten (Tbk) lassen sich durch Röntgenuntersuchungen mittels dünnflüssigem Kontrastbrei am sog. Pelottensymptom (Aussparung der betreffenden Stelle durch Lymphknotendruck) erkennen. [32]

Pelveoperitonitis ⟨*lat, griech*⟩ ↑Pelviperitonitis. [29]

Pelvic congestion ⟨*engl*⟩ ↑Parametropathia spastica. [29]

pelvicus ⟨*lat*⟩: zum Becken gehörend. [1]

pelvinus ⟨*lat*⟩: zum Becken gehörend. [1]

Pelviotomie ⟨*lat, griech*⟩: 1. (gynäkolog.) ↑Pubeotomie; 2. (urolog.) Eröffnung des Nierenbeckens. [29]

Pelviperitonitis ⟨*lat, griech*⟩: im Gebiet des kleinen Beckens lokalisierte Bauchfellentzündung. Relativ gute Prognose im Verhältnis zur diffusen Oberbauchperitonitis. Ausgangspunkt sind meist ↑Adnexentzündungen. [29]

Pelvis ⟨*lat*⟩ *f* ↑Becken. P. major: großes Becken; P. minor: kleines Becken. [1]

P. angusta: allgemein verengtes Becken, d.h. ein im Verhältnis zum normalen Becken in allen Beckendurchmessern annähernd gleich stark verengtes Becken, Teilerscheinungen einer allgemeinen Hypoplasie der Gesamtkonstitution.

P. nana: Zwergbecken, höchster Grad des allgemein verengten Beckens. Bei normalgestalteten Zwergen (Körperlänge 120–145 cm). Wenn es der allgemeinen Konstitution entspricht, nicht patholog.

P. obtecta: dachartige Überdeckung des Beckeneinganges, hervorgerufen durch patholog. verstärkte Ausbildung u. Herabsinken einer Kyphose im Bereich der Lendenwirbelsäule.

P. osteomalacica: Verformung des bereits fertig ausgebildeten Beckens durch Störung des synam. Gleichgewichts von Knochenan- u. -abbau (Osteomalazie), dadurch bedingt: Einsinken des Promontoriums, der seitlichen Beckenwände, unregelmäßige Form des Beckeneinganges.

P. plana: Verkürzung der geraden Durchmesser sämtlicher Beckenebenen (einfach plattes Becken).

P. rachitica: (rachit. plattes Becken) Verkürzung des geraden Durchmessers des Beckeneinganges durch Einsinken des Kreuzbeins; bei Erhaltung aller anderen Beckenmaße oder gleichzeitiger ungleichmäßiger Veränderung der ganzen Beckenform (↑Rachitis).

P. spondylolisthetica: Beckenveränderung, bei der der letzte Lendenwirbel über den ersten Kreuzbeinwirbel nach vorn abgeglitten u. gegen die Beckenhöhle zu herabgesunken ist; Folge einer Entwicklungsstörung. [29]

Pelvispondylitis ⟨*griech*⟩ ↑Spondylitis rheumatica ankylosans. [13]

pelzigsein: taubes Gefühl beim Anfassen von Gegenständen, als wenn man sie durch einen Pelz hindurchfühlt. [43]

Pemphigoid: Blasenbildung an Konjunktiven mit nachfolgenden Synechien u. schwerer Schrumpfung, an Mund- u. Genitalschleimhaut geringere Erscheinungen. Befall der Haut möglich.

P. der Neugeborenen ↑ Pemphigus neonatorum. [43]

Pemphigus ⟨*griech*⟩ *m:* eine mit Blasenbildung einhergehende Hautkrankheit. Man unterscheidet verschiedene Formen. P. vulgaris: Krankheit, bei der aus unbekannter Ursache oft bis hühnereigroße Blasen auf normal aussehender Haut aufschießen, die meist schlaff u. mit klar-seröser Flüssigkeit gefüllt sind, an Schleimhaut selten (↑ Pemphigoid). Abheilung ohne Narben; verläuft in Schüben, meist sind ältere Menschen befallen, bei Jugendlichen sehr schlechte Prognose; Tod an ↑ Marasmus. Blasenbildung findet im Stratum spinosum statt ↑ Akantholyse); ↑ Tzanck' Test. Aus dem P. v. kann sich durch Wuchern des Blasengrundes der P. vegetans (Neumann' Syndrom) entwickeln. Lokalisation gern im Bereich des Genitales u. der Axillen. Beim P. foliaceus finden sich neben einzelnen Blasen größere erodierte Flächen, die mit Schuppenlamellen bedeckt sind. Das ↑ Nikolsky' Zeichen ist hier noch stärker pos. als beim P. v. Beim häufigen P. f. in Südamerika („fogo selvagem"). Unterschiede zum echten P. f. in Vorkommen u. Verlaufsform. P. seborrhoicus (oder erythematosus) neben Blasen keratot. Schuppung (Rücken, Brust) u. gelegentlich erythematodesähnliche Hauterscheinungen im Gesicht (Senearusher' Syndrom). Der P. neonatorum (besser als Pemphigoid der Neugeborenen bezeichnet) hat mit dem eigentlichen P. nichts zu tun, sondern ist eine durch Staphylokokken bedingte bullöse Dermatose. Ebenso ist der P. syphiliticus eine veraltete Bezeichnung für das bullöse Syphilid bei der ↑ Syphilis connata. P. chronicus familiaris: unregelmäßig dominante Erbkrankheit, bei der es oft schon in der Jugend zu einer Bläschen- oder Blasenbildung, vorwiegend im Bereich beider Achselhöhlen kommt. Das Nikolsky' Phänomen ist wie beim echten Pemphigus pos. Die Krankheit heilt meist erst nach jahrelanger Dauer spontan ab. [43]

P.-Virus: die Virus-Genese des Pemphigus wird immer wieder diskutiert, aber ein sicheres Pemphigus-Virus ist bisher noch nicht nachgewiesen worden. [43]

Pendel|atmung: paradoxe Atmung (Brauer, 1904); intrapulmonale Atemluftverschiebungen (von der kollabierten zur intakten Lunge u. umgekehrt) bei einseitig offenem Thorax. [27]

~bestrahlung ↑ Bewegungsbestrahlung. [26]

~blut: zwischen zwei Herzabschnitten (z. B. zwischen Vorhof u. Kammer) infolge Klappeninsuffizienz während der Diastole zurückfließendes u. bei der Systole erneut gefördertes Blut. Bedeutet eine starke Volumenbelastung des entsprech. Herzabschnittes. [9]

~luft (Brauer, 1904): der Anteil der Atemluft, der bei einseitig offenem Thorax zwischen der ausgedehnten u. der kollabierten Lunge hin- u. herwandert. [27]

~niere ↑ Wanderniere. [24]

~rhythmus: entspricht dem Rhythmus; wie er auch am embryonalen Herzen beobachtet wird; kann demnach mit dem „Ticktack" einer Uhr verglichen werden, ist also nicht ident. mit dem Rhythmus der sog. ↑ Embryokardie. Entsteht bei Tachykardie, insbes. wenn diese durch Infektionskrankheiten bedingt ist u. gleichzeitig mit einer Blutdrucksenkung einhergeht. [10]

~system (To-and-fro-Methode): besser Pendelatmungssystem; Vorrichtung, bei der die Ein- u. Ausatemluft im gleichen Rohr hin- u. herwandert. [27]

~übungen: 1. Bewegungsübungen ohne Belastung bei völliger Entspannung der Gelenke zur Mobilisierung derselben. „Pendeln" der Unterschenkel bei sitzendem Patienten; angezeigt z. B. bei Arthrosis deformans der Kniegelenke; 2. Methode der Apparategymnastik (Zander). Heute weitgehend verlassen. [46]

Pendhe-Geschwür ↑ Leishmaniose. [43]

Pendl' Überflutung: präsakrale Injektion größerer Mengen einer 1/2%igen Prokain-Lösung, bewährt bei Ischialgie. [23]

Pendred, A. Vaughan, zeitgen. brit. Arzt.

P' Syndrom' Verbindung angeborener Innenohrschwerhörigkeit mit sporad. Kropf durch enzymat. Jodfehlverwertung. [32]

pendulus ⟨*lat*⟩: hängend. [1]

Penetration ⟨*lat*⟩: Durchdringung. [4]

Penetranz: Wahrscheinlichkeit, mit der ein Gen sich im Phänotyp manifestiert. [3]

Penetration ⟨*lat*⟩: Durchdringung. [4]

Penetrationstest: zur Prüfung der Penetrationsfähigkeit der Spermien u. der spermabiolog. Eigenschaften des Zervixsekretes: 1. Postkoital-Test (Sims u. Huhner). Untersuchung des Zervixsekretes auf seinen Gehalt an Spermien einige Stunden nach der Kohabitation, die z. Z. des Ovulationstermins stattfinden muß. Sind keine Spermien vorhanden, muß durch einen Abstrich des hinteren Scheidengewölbes u. der Scheidenwand sichergestellt werden, ob überhaupt Samenfäden in der Scheide deponiert wurden. Die Spermien können den Zervikalkanal bereits wieder verlassen haben! 2. P. in vitro (Miller u. Kurzrok). – Ein Tropfen Sperma u. ein Tropfen Zervixsekret, das z. Z. der Ovulation entnommen wird, werden nebeneinander auf einen Objektträger gebracht u. kommen durch Auflegen eines Deckglases miteinander in Berührung (ohne sich zu vermischen). Invasion der Spermien in das gesunde, alkal. Zervixsekret. Bei neg. Ausfall: 3. gekreuzter

P. (Bourot u. Palmer): das Sperma des zu untersuchenden Ehemannes wird mit dem Zervixsekret einer fremden fertilen Frau zusammengebracht bzw. das Zervixsekret einer zu untersuchenden Frau mit dem gesunden Sperma eines Mannes zusammengebracht. Es soll geklärt werden, ob in den Spermien oder im Zervixsekret die Ursachen für den neg. Ausfall liegen. [29]

penetrierend ⟨*lat*⟩: durchdringend, oft mit Eröffnung von Körperhöhlen oder Einbruch in ein anliegendes Nachbarorgan benutzt. [18]

Penfield, Wilder, Graves (*1891), Neurochirurg, Montreal.

P' Syndrom: paroxysmale Hirndruckzustände bei raumfordernden intrakraniellen Prozessen. [20]

Penicillamin: D-3-Mercapto-valin. Komplexbildner mit Metallen. Metalcaptase®.

Penicilliose: durch Penicilliumarten können bestimmte Organe befallen werden, meist Saprophyten. [43]

Penicillium: zu den Askomyzeten gehörende Pilzgattung. Bekannte Antibiotikabildner sind *P. notatum* u. *P. chrysogenum:* bilden ↑Penizillin, *P. notatum* auch ↑Notatin, *P. patulum* u. *P. claviforme* bilden ↑Patulin. [42]

P. brevicaule: Schimmelpilzart, die auf arsenhaltigen Nährböden das gasförmige Tetraäthyldiarsinoxid entwickelt, das durch einen knoblauchartigen Geruch gekennzeichnet ist. Der Pilz wird zum Arsennachweis (biolog. Arsenprobe) herangezogen. [44]

Penis ⟨*lat*⟩ = **Phallus** ⟨*griech*⟩ *m:* männliches Glied.

P. captivus: durch patholog. Krampf der Beckenbodenmuskulatur kann der Penis beim Koitus in der Scheide so fest eingeklemmt werden, daß es nicht mehr gelingt, ihn herauszuziehen; ↑Vaginismus.

P. palmatus (von Palma = Palmzweig): angeborene Mißbildung in Zusammenhang mit ↑Hypospadie, wobei der Penis abgeflacht ist wie ein Palmblatt. [24]

Penis|fraktur *f:* durch gewaltsames Umbiegen, Schlag, Stoß, Quetschung o.ä. bewirkte Zerreißung der Corpora cavernosa des erigierten Penis, ohne Verletzung der äußeren Haut, ohne oder mit Verletzung der Harnröhre. Sofort gewaltiges Hämatom u. Verschwinden der Erektion. [24]

~horn: durch lokalisierte Leukokeratose mit Akanthose u. Hyperkeratose des Epithels an der Glans penis oder im Sulcus coronarius sich bildende bis 10 cm lange Hörner (Cornua cutanea), als Warze beginnend, mitunter auch nach Phimoseoperationen. Gefahr der karzinomatösen Entartung. [24]

~induration ↑Induratio penis plastica.

~karzinom *n:* Krebs des männliches Gliedes, der häufig entweder vom Eichelkranz oder vom inneren Vorhautblatt ausgeht. Bei Völkern, die die Beschneidung der neugeborenen Knaben vornehmen, ist das P. ganz selten. [5]

~klemme: breitaufliegende weich federnde Spezialklemme (verschiedene Konstruktionen), die nach Anlegen an den Penis im Sulcus coronarius das Ausfließen von Flüssigkeit aus der Harnröhre verhindert, ohne die Blutzufuhr zu gefährden. Verwendungszweck a) ↑Urethrogramm, b) Harnröhrenschleimhautanästhesie, c) manchmal bei Inkontinenz.

~luxation: subkutane Verschiebung (Abrutschen) des Penis unter die Haut der Schambeingegend oder unter die Symphyse infolge Abriß der Vorhaut an der Glans penis. Sofortige Reposition nötig, da sonst ↑Urinphlegmone entsteht! [24]

Penizillin: Antibiotikum aus Penicillium-Arten, von Fleming (1928) entdeckt, von Florey u. Chain isoliert. P. ist ein Thiazolidinabkömmling, an den ein β-Laktamring kondensiert ist. Anstelle des R können verschiedene Seitenketten treten. Durch enzymat. Abspaltung der –CO–R-Gruppe entsteht die 6-Aminopenizillinsäure, die durch Azylierung an der Aminogruppe zu zahlreichen neuen, sog. halbsynthet. Penizillinen geführt hat. P. wirkt bakteriostat. u. bakterizid gegen eine Reihe von Bakterien, bes. gegen Kokken, grampos. Stäbchen u. Treponemen. Als Therapeutika werden Salze verwendet, entweder die leichtlöslichen Na- u. K-Salze oder schwerlösliche Salze mit organ. Basen (Procain®, Dibenzyläthylendiamin u.a.). Diese letzteren werden als Depotpenizilline i.m. injiziert u. bilden im Muskel ein Depot, das sich nur langsam löst. Dadurch wird ein ausreichender P.-Blutspiegel für 24–28 h u. länger aufrechterhalten. Ebenfalls Depotwirkung zeigen Suspensionen von P. in Öl u. Wachs. Applikation: meist parenteral, die leichtlöslichen P. i.m. oder i.v., die säurestabilen auch oral. Die P. werden schnell durch die Nieren ausgeschieden, bei den leichtlöslichen daher Injektionen im Abstand von etwa 3 h. Die schwerlöslichen werden nur i.m. injiziert. Phenoxymethyl-P.

$$(R{=}{-}CH_3{-}O{-}C_6H_5)$$

u. Phenoxyäthyl-P. ($R{=}{-}C_2H_5{-}O{-}C_6H_5$) sind säurestabil (bei *p*H = 1) u. daher zur oralen Applikation geeignet. Die lokale Applikation der Penizilline ist nicht mehr gebräuchlich wegen der Gefahr der Allergisierung (leicht: Hautausschläge, schwer: anaphylakt. Schock). Die Allergisierung kann auch nach Injektionen auftreten. Einige halbsynthet. Penizilline sind gegen penizillinresistente Staphylokokken wirksam, da sie gegen Penizillinase stabil sind. Alle Penizilline – außer den angegebenen Ausnahmen – werden durch Säuren, Basen, Alkohol u. Penizillinasen schnell inaktiviert. Indikation: hauptsächlich bei Infektionen mit Kokken, grampos. Stäbchen u. Treponemen jedoch ist in-vitro-Vortestung bei Keimen mit Resistenzneigung erforderlich. Sowohl Unterdosierung wie auch nur kurzfristige Unterbrechung der Therapie sind wegen Resistenzbildung gefährlich. Staphylokokken werden unter Penizillineinfluß schnell penizillinresistent u. können in Krankenhäusern zu Staphylokokkenhospitalismus führen.

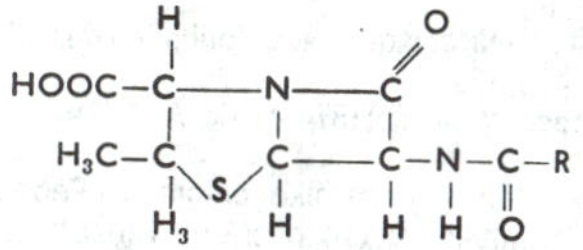

[42]

Penizillinasen: (EC 3.5.2.6) katalysieren die Reaktion

Penizillin + $H_2O \rightarrow$ Penizilloidsäure,

die antibiotisch unwirksam ist. Penizillinase ist ein bakterielles Enzym. Bei einer Penizillinbehandlung kann eine adaptive Enzymsynthese (↑Enzyme) ausgelöst werden, die zu einer Resistenz gegen das verabreichte Antibiotikum führt. Die Penizillinasen öffnen den Laktamring der Penizilline. [8]

Penizillinbestimmung: qualitativ durch Versetzen mit Penizillinase, wodurch die antibiot. Wirkung spezif. aufgehoben wird; quantitativ mikrobiolog. durch ↑Diffusionstest oder in der Verdünnungsreihe, jodometr. durch Rücktitrieren des vom Penizillin nicht verbrauchten Jods oder gravimetr. durch Fällung mit Prokain. In Gemischen mit anderen Penizillinen wird das Benzylpenizillin (Penicillin G®) durch Fällung mit Äthylpiperidin in einem Amylazetat-Azeton-Gemisch bestimmt. [42]

pennatus ⟨*lat*⟩: gefiedert. [1]

Pentachlorphenol: gut wirksames Desinfektionsmittel. [44]

Pentade ⟨*griech*⟩ *f:* Teil des ↑Sarkoplasmaretikulums. [6]

Pentaerythroltetranitrat (Dikoran®): Salpetersäureester mit allmählich einsetzender u. 2–6 h anhaltender vasodilatator. Wirkung; Anwendung in der Behandlung der Angina pectoris. Die klin. Bedeutung dieses Präparats ist fraglich. [44]

Pentamethonium: C_5-bis-trimethylammoniumpentadijodid; hemmt die Reizübertragung in den Synapsen des vegetativen Nervensystems, sog. „Ganglienblocker". Therapeutisch verwendet man es zur Immobilisierung des vegetativen Nervensystems, besonders zur Senkung des Blutdrucks. [44]

Pentamethylentetrazol = Pentetrazol□: ist ein zentrales Analeptikum (Präparat Cardiazol®). [44]

Pentastomiden ↑Zungenwürmer. [58]

Pentastomum taenioides ⟨*griech*⟩ *n:* zu den ↑Zungenwürmern gehöriges wurmartiges Spinnentier, geschlechtsreif selten in der Stirnhöhle des Menschen schmarotzend, häufiger bei Raubtieren (Hund); die Jugendform findet sich in Leber u. Lunge von Hasen u. Kaninchen. [58]

Pentdyopent ↑Wimplinger' Probe. Rotfärbung von Harn beim Kochen mit Na-dithionit in alkal. Lösung mit einem scharfen Absorptionsmaximum im Grün bei 525 nm (Name!). P. ist eine Verbindung aus 2 Pyrrolringen; es entsteht beim Abbau des Blutes u. dem weitergehenden Abbau der Gallensäure. P. fehlt im normalen Harn; es kommt vor unabhängig von der Gallenfarbstoffausscheidung bei allen Ikterusformen u. Herzkrankheiten mit Stauungserscheinungen. Es fehlt bei perniziöser Anämie trotz Urobilinurie, auch bei Lymphogranulomatose u. Leukämie. [8]

Penton: spezif. Kapsomeren bei ↑Adenoviren. [50]

Pentosane: $(C_5H_8O_4)_n$; aus Pentosen aufgebaute Polysaccharide, z. B. das Xylan (Holzgummi), das in Holz, Heu u. Stroh enthalten ist; beim Kochen mit Säure entsteht Xylose. Araban, aus Arabinose, findet sich im Gummi arabicum, Kirschgummi usw. Xylan ist nach der Zellulose und dem Lignin der am weitesten verbreitete organische Naturstoff. [8]

Pentosen ⟨*griech*⟩ *f, Pl:* Monosaccharide von der allgemeinen Formel $C_5H_{10}O_5$; zumeist Aldosen. α-D-Ribose, in den Ribonukleinsäuren, in Coenzymen, Adenosintriphosphat, in Glykosiden. β-L-Arabinose, in Hemizellulosen, Pektinstoffen, Glykosiden; β-D-Arabinose, in Glykosiden, in Schwämmen als Nukleoside Spongothymidin u. Spongouridin. α-D-Xylose, im Xylan, Hemizellulosen, Glykosiden. 2-Desoxy-D-glukose, in einem Kardenolid, Antimetabolit für Krebszellen, hemmt Glykolyse u. alkohol. Gärung. α-L-Fukose (6-Desoxy-L-galactose), Vorkommen in Frauenmilch, herzwirksamen Glykosiden, Algen, Pflanzengummen, blutgruppenspezif. Polysacchariden. D-Digitalose, ist 3-O-Methyl-D-fucose, in Digitalinum verum. L-Rhamnose (6-Desoxy-L-mannose), in Pflanzengummen, in Immunpolysacchariden aus Bakterien. D-Ribulose (D-Riboketose

$HO{\cdot}CH_2{\cdot}CO{\cdot}CHOH{\cdot}CHOH{\cdot}CH_2OH$),

in geringen Mengen im Harn, 1,5-Diphosphat ist Zwischenstufe der Photosynthese u. des Kohlenhydratstoffwechsels. Resorptionsgeschwindigkeit der Pentosen im Darm etwa 10% der der Glukose; die Verbrennung im Körper ist langsamer, bei reichlicher Pentosezufuhr Pentosurie. [8]

Pentosephosphatzyklus: während der klass. ↑Embden-Meyerhof-Weg (vom Glukose-6-phosphat über die beiden Fruktosephosphate u. nach der Spaltung durch die Aldolase über die Triosephosphate zum Pyruvat) den Hauptabbauweg der Glukose im Intermediärstoffwechsel darstellt, ist in den letzten Jahren als weiterer Abbauweg des Glukose-6-phosphats der Pentosephosphatzyklus (auch „direkte" Oxydation der Glukose, „oxydativer Pentoseweg" oder engl. „hexose monophosphate shunt") erkannt worden (Warburg, Dische, Dickens, Horecker, Racker). Dieser Stoffwechselweg konkurriert als „Nebenweg" mit einzelnen Glykolysereaktionen; ihm kommt in verschiedenen Geweben eine unterschiedliche Bedeutung für Kohlenhydrateabbau u. Energiegewinnung zu. Durch die Bildung von Pentosen spielt er eine wichtige Rolle bei der Synthese von Nukleotiden u. Nukleinsäuren. Das durch den Pentosephosphatyklus bereitgestellte reduzierte NADP wird bei der Synthese von Fettsäuren u. Steroiden benötigt, weshalb der oxydative Pentoseweg in der laktierenden Mamma u. in der Nebennierenrinde bes. ausgeprägt ist. Auch in der Augenlinse u. in den Leukozyten überwiegt der P.; seine Bedeutung für den Stoffwechsel der Muskulatur ist gering, für den der Leber umstritten. Angeborener Mangel an Glucose-6-phosphat-Dehydrogenase (Warburgs „Zwischenferment") des Enzyms, das den Pentosephosphatzyklus mit der Oxydation des Glukose-6-phosphats zu 6-Phosphatglukonat einleitet, verursacht im Zusammenhang mit bestimmten Noxen, wie z. B. dem Genuß von Faba-Bohnen (↑Fabismus) oder unter Antimalaria-Medikation, eine hämolyt. Anämie. Der komplizierte Reaktionsablauf der gegenseitigen Umwandlung von Hexose u. Pentose ist aufgeklärt. [8]

Pentosephosphorsäuren: Ester einer Pentose mit Phosphorsäure; wichtigstes Vorkommen in den Nukleinsäuren u. in Coenzymen. [8]

Pentosurie ⟨*griech*⟩: 1. Auftreten vor allem von Arabinose im Harn nach Genuß von Früchten, die größere Mengen Pentose enthalten; 2. Stoffwechselanomalie (Erbanomalie) durch Enzymausfall, bei der im Harn eine Ketopentose (Xyloketose = L-Xylulose) ausgeschieden wird. [16]

Penzoldt' Phänomen: nach Belastungen, insbes. nach Bewegungen, liegt bei fieberfreien Tuberkulösen die Körpertemperatur höher als bei Gesunden; sie geht auch langsamer als bei Gesunden zur Norm zurück. [15]

P-Enzym: jetzt empfohlener Trivialname α-Glucan-Phosphorylase (EC 2.4.1.1), das in Pflanzen den Aufbau u. Abbau der Stärke bewirkt:

$$(\alpha\text{-1,4-Glucosyl})_n + \text{Orthophosphat} = (\alpha\text{-1,4-Glucosyl})_{n-1} + \alpha\text{-D-Glucose-1-phosphat.}$$

Das entsprechende Enzym im Muskel ist die Glykogen-Phosphorylase (früher Muskel-Phosphorylase *a*), das Pyridoxalphosphat enthält. [8]

Pepiomere: morpholog. Einheiten der ↑Enveloppe. [50]

Pepper, William (1874–1947) Arzt, Philadelphia.

P' Syndrom: Sympathikogoniom Typ Pepper, ↑Sympathikoblastom; bes. klin. Verlaufsform einer vom Nebennierenmark oder Grenzstrang des Sympathikus ausgehenden, innersekretor. stummen, malignen Tumorkrankheit, die vorwiegend in die Abdominalorgane metastasiert. Auftreten im Kleinkindes- oder Säuglingsalter. Leitsymptom: hochgradige progrediente Hepatomegalie, schubweiser Verlauf mit Fieberperioden; Prognose infaust. [32]

Pepsin ⟨*griech*⟩ *n:* das wichtigste Enzym des Magensafts (EC 3.4.4.1). P. ist eine Endopeptidase, die vorwiegend solche Peptidverbindungen hydrolysiert, deren Aminogruppe aus einem Tyrosin- oder Phenylalanin-Rest stammt. P. wird als inaktives ↑Pepsinogen in den Hauptzellen des Magenfundus gebildet. Das *p*H-Optimum liegt bei *p*H 1–2; bei *p*H > 6 ist es instabil. Die katalytische Wirkung ist sehr groß; so vermag 1 g des reinen, kristallisiert erhaltenen Pepsin in 2 h 50 kg denatuiertes Eiweiß zu verflüssigen oder 10 000 *l* Milch zur Gerinnung zu bringen. Pepsin kann sich auch selbst verdauen. Die Pepsine verschiedener Tierarten zeigen in Aufbau u. Wirksamkeit große Ähnlichkeiten. [8]

Pepsinogen: Muttersubstanz des Pepsins; Mol.Gew. 42 000; ist auch bei *p*H > 6 beständig, wird bei *p*H < 6 autokatalyt. in Pepsin (Mol. Gew. 35 000) unter Abspaltung von 20% der Aminosäuren aufgespalten. [8]

Peptidasen: spalten hydrolyt. Peptidbindungen. Endopeptidasen (z. B. Pepsin, Trypsin, Chymotrypsin) spalten im Innern der Peptide, während Exopeptidasen (Carboxy- u. Aminopeptidasen) vom Karboxyl- oder Aminoende einer Peptidkette jeweils eine Aminosäure abspalten. [8]

Peptide: Verknüpfung von 2 oder mehr gleichen oder verschiedenen Aminosäuren nach dem Schema:

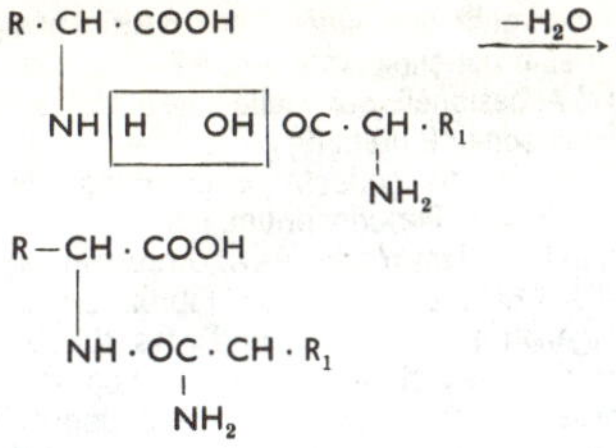

Dipeptid.

Danach unterscheidet man Dipeptide, Tripeptide usw. (Oligopeptide) bis zu den Polypeptiden. [16] (pharmakolog.) Polypeptide, Peptidhormone. Biolog. hochaktive Substanzen wie z. B. ACTH, Amanitin, Angiotensin, Arginin-Vasotocin, Bradykinin, Eledoisin, Insulin, Isotocin, Kallidin, Lysin-Vasopressin, MSH, Oxytocin, Phalloidin, Phalloin, Vasopressin. [44]

Peptidhormone: Hormone, die aus bis etwa 10 Aminosäuren aufgebaut sind. Polypeptidhormone sind formal Hormone, die eine größere Anzahl Aminosäuren enthalten (↑ Proteohormone). Die P. werden beim Erhitzen nicht denaturiert. [8]

Peptisation: Überführung eines ausgefällten Niederschlages in die Form einer kolloiddispersen Lösung (↑ Kolloide). Der auf diese Weise sek. kolloidgelöste Stoff wird als reversibles Kolloid bezeichnet. Beim Auswaschen eines Niederschlages (z. B. von Metallsulfiden) mit dest. Wasser kann das koagulierende Agens (Ionenart; ↑ Ionisation) entfernt werden. Die vorher von ihrer elektr. Ladung befreiten Teilchen des Niederschlages erhalten wieder eine Ladung u. gehen in eine kolloide Lösung über. [16]

peptisch ✳ **pepticus** ⟨*griech*⟩: 1. zur Verdauung gehörend; 2. die Verdauung fördernd; 3. durch Verdauung entstanden. [16]

Peptokokken: Gattung der Familie *Micrococcaceae* (Bergey, 1957); obligat anaerob wachsende Haufenkokken. Wichtigste Species: *Peptococcus aerogenes, P. anaerobius.* Oft Erreger schwerer sept. Prozesse. [41]

Peptone: uneinheitliche, nicht genau abgrenzbare Gemische von Polypeptiden, Aminosäuren u. Salzen. P. entstehen bei partieller Eiweißverdauung, sind nicht koagulierbar u. nicht aussalzbar. P. hemmen die Blutgerinnung u. wirken als Lymphagoga; in der Mikrobiologie finden sie als Nährböden Verwendung. [8]

Peptonwasser, alkalisches: Anreicherungsnährböden für Choleravibrionen. [41]

Peptostreptokokken: Gattung des Stammes *Streptococcaceae* (Bergey, 1957); obligate Anaerobier. Wichtigste Species: *Peptostreptococcus anaerobius, P. foetidus, P. putridus.* Vorkommen auf menschlichen Schleimhäuten, aber auch Erreger von eitrigen Prozessen. [41]

Perchloratwirkung: Perchlorate, Salze der Perchlorsäure $HClO_4$, besitzen eine thyreostat. Wirkung, vermutlich durch eine Hemmung des Jodideinbaus. Trotz hohen O-Gehalts keine desinfizierenden Wirkungen. [44]

per continuitatem ⟨*lat*⟩: kontinuierlich; meist im Sinne einer räumlich-kontinuierlichen Ausbreitung bes. des Krebses (zum Unterschied von metastat. Ausbreitung) verwendet. [4]

Perflation ⟨*lat*⟩ ↑ Pertubation. [29]

perforans ⟨*lat*⟩: durchbohrend. [4]

Perforation ✳ **Perforatio** ⟨*lat*⟩: Durchbohrung; 1. Perforatio uteri. Fehlerhafte Durchbohrung der Gebärmutter (z. B. bei der Kürettage); 2. P. des kindlichen Kopfes bei abgestorbenem Kind unter der Geburt zur Überwindung eines Geburtshindernisses bzw. zur Vermeidung von Verletzungen bei der Mutter; ↑ Embryotomie. [29]

Perforationsperitonitis: Bauchfellentzündung durch Platzen eines Hohlorgans der Bauchhöhle (Magen, Darm, Gallenblase usw.). [18]

Perforatorium ⟨*lat*⟩: scherenförmiges Instrument in der Geburtshilfe zur ↑ Kraniotomie. [29]

Perfusion: künstliche Durchströmung isolierter Organe. Um die nervalen u. humeralen Regulationen im Experiment zu trennen, wird ein Organ vom Blutkreislauf des Gesamtorganismus getrennt u. künstlich durchströmt (perfundiert) unter Beibehaltung seiner nervalen Verbindungen mit dem Gesamtorganismus. Rufen bestimmte der Perfusionsflüssigkeit zugesetzte Substanzen eine Wirkung außerhalb des perfundierten Organs hervor, so kann diese nur auf nervalem Wege zustande gekommen sein. [7]

Pergamentknistern: Phänomen, das bei Knochenzysten, die zu einer Verdünnung der Kompaktawand geführt haben, ausgelöst werden kann. [23]

Periadenitis ⟨*griech*⟩ *f:* Entzündung des eine Drüse, z. B. Speicheldrüse, umgebenden Gewebes. [5]

periapikal ⟨*griech, lat*⟩: die Zahnwurzelspitze umgebend. [37]

Periarteriitis nodosa ⟨*griech, lat*⟩ *f* (Kussmaul, Maier): seltene generalisierte Gefäßerkrankung, jüngere Individuen sind bevorzugt. Histolog. diffuse u. knötchenförmige Verdickungen u. Einengungen der kleinen Arterien; zellige Wucherung im Bereich der Adventitia sowie Entzündung der Media u. Intima mit umschriebenen Nekrosen. Veränderungen gewöhnlich in allen Wandschichten, daher besser Panarteriitis oder Arteriitis nodosa. Die durch die Lokalisation der Krankheit bedingte klin. Symptomatik ist oft von verwirrender Vielfalt. Milz u. Nieren sind fast regelmäßig beteiligt, häufig sind zentrales u. peripheres Nervensystem, Magen-Darm-Trakt, Pankreas, Leber, Lunge u. Haut betroffen. Heute aufgefaßt als allerg.-hypererg. Gefäßerkrankung. [5]

Periarthritis ⟨*griech*⟩: Entzündung der ein Gelenk umgebenden Weichteile. [23]

P. coxae: Weichteilprozesse in der Umgebung des Hüftgelenks, bes. an den Muskelansätzen am Trochanter ohne wesentliche Veränderungen des Hüftgelenkes.

P. destruens: Syn. Arthropathia ovaripriva; endokrin bedingte Erkrankung des periartikulären Gewebes bei intakt bleibendem Knorpel u. Knochen. Bisweilen der chron. Polyarthritis ähnliches Bild, aber mit günstiger Prognose. [13]

P. humeroscapularis (Duplay, 1872): schmerzhafte Schulterversteifung uneinheitlicher Genese. Ursache sind entzündlich-degenerative Vorgänge im Bereich der Schulter. 1. Kapselverklebung durch Ruhigstellung in Adduktion (bes. bei älteren Personen); 2. degenerative Veränderungen der Supraspinatussehne, evtl. mit Riß; 3. Bursitiden; 4. Apophysitiden (Korakoiditis); 5. Arthrosis im Sulcus intertubercularis u. Akromioklavikulargelenk; 6. Osteochondrose der Halswirbelsäule; 7. Blokkierung der mittleren Brustwirbelsäule; 8. vegetative Reizung der Gelenkkapsel durch dauernde Mikrotraumen oder einmaliges Makrotrauma, Überanstrengung. [23]

Peribronchiolitis ⟨*griech*⟩ *f:* Entzündung des die kleinsten Bronchialaufzweigungen, die Bronchiolen, umgebenden Lungengewebes. [5]

Peribronchitis ⟨*griech*⟩: entzündliche Infiltration des Lungengewebes in Umgebung der Bronchien, entsteht fortgeleitet bei Bronchitis. [9]

pericardiacus ⟨*griech*⟩: zum Herzbeutel gehörend. [10]

Pericarpium Aurantii DAB 7: Pomeranzenschale von Citrus vulgaris, enthält ein äther. Öl, das als Geschmackskorrigens in Form von Tinct. bzw. Sirupus aurantii angewendet wird.

P. citri: Zitronenschale, von Citrus limonum. Das äther. Öl dient als Geschmackskorrigens. [44]

Pericementitis ⟨*griech, lat*⟩ *f* ↑Periodontitis. [37]

Pericholangitis ⟨*griech*⟩ *f:* Entzündung des die interlobulären Gallengänge umgebenden Bindegewebes. [5]

Pericholezystitis ⟨*griech*⟩: Entzündung des Gallenblasenüberzugs u. der Gallenblasenumgebung, geht von einer Cholezystitis aus, kann zum pericholezystit. Abszeß u. zu starken ↑Adhäsionen der Gallenblase mit der Nachbarschaft führen. [9]

Perichondritis ⟨*griech*⟩: Entzündung der Knorpelhaut; ↑Perichondrium. [18]

Perichondrium ⟨*griech*⟩ *n:* Knorpelhaut; straffes Bindegewebe, aus Fibrozyten u. kollagenen Fasern bestehend, das für Ernährung, Wachstum u. Regeneration des Knorpels verantwortlich ist. Beim appositionellen Wachstum des Knorpels runden sich die Fibrozyten des Perichondriums zu Knorpelzellen ab, wobei gleichzeitig basophile Knorpelgrundsubstanz entsteht. [1]

Perichromatingranula ⟨*griech, lat*⟩ *n, Pl:* mit besonderen Fixationsmethoden im Elektronenmikroskop darstellbare, 70–80 nm große Granula innerhalb des Karyplasmas, deren Funktion u. Zusammensetzung noch nicht sicher bekannt sind. [6]

Perideferentitis ⟨*griech, lat*⟩ *f:* Entzündung der Samenstrangscheide. [24]

Peridektomie ⟨*griech*⟩: auch Periektomie u. Peritomie genannte Operation. Ausschneidung der Bindehaut rings um den Hornhautrand zwecks Aufhellung eines Pannus trachomatosus; durch modernere konservative Verfahren prakt. überflüssig geworden. [36]

Peridentitis ⟨*griech, lat*⟩ ↑Periodontitis. [37]

Peridural|anästhesie ↑Epiduralanästhesie. [27]

~phlegmone *f:* eitrig-entzündliche Erkrankung des Epiduralraums. [33]

~raum ↑Epiduralraum. [33]

Perienzephalitis ⟨*griech*⟩: Entzündung der Hirnrinde, meist zusammen mit Meningitis. [18]

perifokal ⟨*griech, lat*⟩: in der Umgebung eines Infektionsherdes gelegen. [37]

Perifollikulitis ∗ **Perifolliculitis** ⟨*griech, lat*⟩: auf die nähere Umgebung der Talgdrüsen übergreifende Entzündung.

P. capitis abscedens et suffodiens (E. Hoffmann): Syn. Dermatitis follicularis et perifollicularis conglobata (Spitzer), Wise-Parkhurst-Diseaseknoten; im Bereich des Hinterkopfes auftretende Knoten, die auf Druck schleimigen Eiter entleeren; follikuläre u. perifollikuläre Staphylodermie. [43]

Perigastritis ⟨*griech*⟩: Entzündung des Bauchfellüberzuges des Magens. [18]

periglandulär ⟨*griech, lat*⟩: in der Umgebung einer Drüse liegend. [4]

Perihepatitis ⟨*griech*⟩ *f:* Entzündung der Leberkapsel. [5]

Perikard ∗ **Pericardium** ⟨*griech*⟩ *n* ↑Herzbeutel; *Adj* perikardial zum Herzbeutel gehörend. [1]

~ektomie: Entfernung des Perikards, wenn

dieses durch Schwielen oder Kalkeinlagerungen infolge chron. Entzündungen (Rheuma, Tbk) die Aktionsfähigkeit des Herzens einengt (zur Behebung von Einfluß-Stauungen). [18]

Perikardiotomie ⟨*griech*⟩: Eröffnung des Herzbeutels durch extrapleuralen Zugangsweg, um für Eiteransammlungen Abfluß zu verschaffen u. evtl. Dränagen einzulegen. [18]

Perikarditis ⁎ **Pericarditis** ⟨*griech*⟩ *f:* entzündliche Erkrankung des Perikards, d. h. des viszeralen oder des parietalen Blattes des ↑Herzbeutels. Kommt als isolierte Erkrankung oder in Zusammenhang mit einer Erkrankung des Herzens vor (z. B. Myo- oder Endokarditis). Man unterscheidet: 1. P. sicca (trockene P.), bei welcher die normalerweise glänzenden Herzbeutelblätter trübe werden infolge Fibrinauflagerung (P. fibrinosa) u. über dem Herzen Reibegeräusche (↑Lokomotivgeräusch) zu hören sind. In schweren Fällen kann das Fibrin leistenartig aufgelagert sein (Cor villosum, Zottenherz); 2. P. exsudativa, die mit einer tox.-entzündlich bedingten Vermehrung des Flüssigkeitsgehalts (Exsudats) des Herzbeutels einhergeht u. die von dem transsudativ bedingten Hydroperikard begriffl. zu trennen ist. Bei ausgesprochener P. exsudativa können ferner Kompressionserscheinungen des Herzens auftreten, die zur Zyanose u. Abnahme der Pulsdruckamplitude führen. Röntgenolog. erscheint die Herzfigur dann zeltförmig verbreitert. Die verschiedenen Formen können zur teilweisen Verkalkung der Perikardblätter (P. calculosa) oder auch nur zur bindegewebigen Verwachsung beider Perikardblätter (P. adhaesiva) führen. Kommt es dabei zu einer Abdrosselung der V. cava cranialis oder caudalis, so spricht man von einer P. constrictiva.
P. rheumatica: beim akuten Rheumatismus nicht seltene Herzbeutelentzündung. [10]

Perikaryon: der um den Zellkern (↑Nucleus) gelegene Teil der Zelle (↑Zytoplasma). [2]

Perikolitis ⁎ **Pericolitis** ⟨*griech*⟩: Entzündung des Bauchfellüberzuges des Dickdarms.
P. sinistra: Bauchfellentzündung entlang des li. – absteigenden – Dickdarms. [18]

perikorneal ⟨*lat*⟩: Bezeichnung für ringsherum am Hornhautrand gelegene Prozesse; bes. verwendet in dem Ausdruck perikorneale ↑„Injektion''. [36]

Perikranium ⟨*griech*⟩ *n:* das äußere Periost des Schädeldaches. [1]

Perilymphadenitis ⟨*griech, lat*⟩ *f:* Entzündung des an die Lymphknoten grenzenden Gewebes. [5]

Perilymphangitis ⟨*griech, lat*⟩ *f:* Entzündung des an die Lymphgefäße grenzenden Gewebes. [5]

Perilymphe ⟨*griech, lat*⟩ *f:* klare Flüssigkeit, die sich zwischen dem knöchernen u. häutigen Labyrinth befindet. [2]

Perimeningitis ↑Pachymeningitis. [33]

Perimeter ⟨*griech*⟩ *n:* Gerät zur Bestimmung der Grenzen des Gesichtsfeldes. Das erste brauchbare u. lange Zeit beherrschende Gerät stammt von Förster. Inzwischen wurden neue selbstregistrierende u. elektr. beleuchtete Geräte, die eine konst. Helligkeit u. Farbe von Grund u. Figur gestatten, konstruiert. Bekannte Typen von Maggiore u. von Goldmann; ↑Gesichtsfeld, ↑Perimetrie. [36]

Perimetrie ⟨*griech*⟩: Bestimmung der Grenzen des Gesichtsfeldes. Man unterscheidet qualitative P. (mit Farben) u. quantitative (weiß bis grau) sowie monokulare u. binokulare (kaum verwendete). Die auf Vordrucken eingetragenen „normalen'' Grenzen sind abhängig von der Voradaptation u. Farbstimmung des Auges, Größe, Helligkeit u. Farbe des Objektes, Richtung seiner Bewegung, der Farbe u. Beleuchtung des Grundes, der Pupillenweite, dem Zustand der brechenden Medien. Möglichste Normung der Bedingungen daher erforderlich. Als farbige Objekte sind bekannt die gesättigten „Heidelberger Farben“ u. die „peripheriegleichen, invariablen“ Farben nach Engelking-Eckstein. Moderne Perimeter haben keine handbewegten, sondern projizierte Objekte. Die qualitative P. wird immer mehr zugunsten der quantitativen verlassen, bei der nicht nur die Größe der Objekte, sondern auch ihre Helligkeit variabel sind; ↑Gesichtsfeld, ↑Perimeter. [36]

Perimetritis ⟨*griech*⟩: Entzündung der Umgebung der Gebärmutter. [29]

Perimetrium ⟨*griech*⟩: das den Uterus bekleidende Bauchfell. Der Uterus wird hinten ganz, vorn nur teilweise vom Bauchfell überzogen. [29]

Perimysium ⟨*griech*⟩: aus kollagenen u. argyrophilen Fasern bestehende Bindegewebszüge, die für den Aufbau der Skelettmuskulatur von Bedeutung sind. Das die einzelnen Muskelfasern bzw. Muskelfaserbündel (Primärbündel) umgebende, hauptsächlich aus argyrophilen Fasern bestehende lockere Bindegewebe wird als P. internum (Endomysium) bezeichnet. Das den Muskelbauch bzw. den ganzen Muskel umgebende, hauptsächlich aus kollagenen Fasern bestehende Bindegewebe wird als P. externum bezeichnet. Das P. enthält Gefäße u. Nerven u. dient auch als Verschiebeschicht im Bereich der Skelettmuskulatur. [2]

perinatal ⟨*griech, lat*⟩: Zeit um die Geburt herum, im Zusammenhang mit dem Fetus bzw. Neugeborenen gebräuchlich. [29]

Perineo|plastik ⟨*griech*⟩ *f:* Bildung eines künstlichen Dammes; Dammnaht bei Dammriß, z. B. in der Geburtshilfe.

~tomie: operatives Angehen des Beckens vom Damm aus. [29]

Perinephritis ⟨*griech*⟩ *f:* Entzündung der der Niere unmittelbar aufliegenden fibrösen Kapsel (im Gegensatz zur ↑Paranephritis, der Entzündung außerhalb der Capsula fibrosa); ↑Panzerniere, perinephrit. ↑Abszeß, Spätstadium P. fibrosa, P. scleroticans, P. dolorosa. [24]

Perineum ✳ Perinaeum ⟨*griech*⟩ *n:* das Mittelfleisch, der Damm, zwischen After u. äußeren Geschlechtsteilen; reicht beim männlichen Geschlecht vom Anus bis zum Skrotum, beim weiblichen bis zur Rima pudendi. [1]

Perineuritis ⟨*griech*⟩: Entzündung des ↑Perineuriums, meist im Zusammenhang mit einer chron. Nervenentzündung auftretend. [33]

Perineurium ⟨*griech*⟩ *n:* das hauptsächlich aus kollagenen u. auch argyrophilen Fasern bestehende, ein Nervenfaserbündel umgebende Bindegewebe, welches zahlreiche Gefäße enthält; ↑Nerven. [2]

Periode ⟨*griech*⟩ *f:* 1. vorzugsweise ein abgegrenzter Zeitabschnitt; 2. das Geschehen, das sich in einem solchen Zeitabschnitt abspielt u. sich unter Umständen regelmäßig wiederholen kann, z. B. ↑Herzperiode. Auch die Periode im Sinne einer ↑Menstruation, die sich ebenfalls regelmäßig wiederholt, zählt dazu; 3. bei elektr. u. mechan. Schwingungsvorgängen = Vollschwingung.

P., refraktäre: refraktäre ↑Phase. [7]

Periodeut ⟨*griech*⟩ *m:* so nannte man im alten Griechenland einen Arzt, der seinen Beruf nicht an einem festen Wohnsitz ausübte, sondern umherzog. Dies haben viele Ärzte zeitweilig getan, so z. B. Hippokrates, seine Schüler u. a. [53]

Periodontitis ⟨*griech*⟩ *f:* Wurzelhautentzündung eines Zahnes; traumat. durch Stoß, übermäßig starkes Aufbeißen auf einen harten Gegenstand, infektiös nach Pulpitis u. Gingivitis. Schmerzen beim Aufbeißen wegen des Wurzelhautödems. Im purulenten Stadium Zahnlockerung und u. U. Übergang in ↑Parulis; im Anfangsstadium nach Beseitigung der Ursache reversibel. [37]

Periodontium ⟨*griech*⟩ *n:* Wurzelhaut der Zähne. Das Bindegewebsblatt zwischen Alveolenwand u. Wurzelzement; bewirkt die gelenkartige Verbindung des Zahnes mit seiner Alveole; entsteht ontogenet. wie das ganze Parodontium, aus dem Zahnsäckchen. Das reife P. ist reich an Nerven, Blutgefäßen u. Lymphbahnen. [37]

Perioophoritis ⟨*griech*⟩ *f:* Entzündung der Umgebung des Eierstockes. [29]

Periorchitis ⟨*griech*⟩ *f:* Entzündung der Scheidenhaut des Hodens, serös, eitrig, hämorrhag., tuberkulös. [24]

Periorchium ⟨*griech*⟩ *n* (JNA) = Lamina parietalis tunicae vaginalis testis (PNA): parietales Blatt der Bauchfellhülle von Hoden u. Nebenhoden; ↑Epiorchium. Der Umschlag vom Epiorchium ins Periorchium erfolgt am Nebenhoden im ↑Mesorchium. [1]

Periost ✳ Periosteum ⟨*griech*⟩ *n:* Beinhaut, Knochenhaut. Straffes Bindegewebe; eine aus Fibrozyten u. kollagenen u. auch elast. Fasern bestehende Membran. Man unterscheidet eine äußere fibröse Schicht u. eine innere generative Schicht (↑Kambiumschicht). Das P. hat Bedeutung für das Wachstum, die Ernährung u. die Regeneration des Knochens. Es enthält neben Blutgefäßen auch Lymphgefäße u. Nerven. Die vom P. in die Knochensubstanz eintretenden kollagenen Faserbündel werden als ↑Sharpey' Fasern bezeichnet. [2]

~behandlung: von P. Vogler eingeführtes Verfahren manuell ausgeführter rhythm. Druckanwendungen auf das Periost geeigneter Knochenpartien. Soll der Anregung der Ernährung u. Zellregeneration des Knochens, wie zur reflektor. Beeinflussung ferngelegener Organe dienen. [46]

Periostitis ⟨*griech*⟩: Knochenhautentzündung; Entstehung lokal als Verletzungsfolge, fortgeleitet aus der Umgebung (Osteomyelitis, Weichteilentzündungen) oder hämatogen. Sie kann serös, purulent, ossifizierend sein. [23]

P. gummosa: syphilit. Knochenhautentzündung mit Bildung spezif. Granulationsgewebes (Gumma); platte Schädelknochen bevorzugt.

P. hyperplastica Bamberger ↑Ostéoarthropathie hypertrophiante Pierre Marie. [4]

P. ossificans: chron. Knochenhautentzündung mit ausgesprochener Neigung zur Knochenneubildung. Dicht unter der Haut gelegene Diaphysen (Tibia, Klavikula, Ulna) u. Schädelknochen bevorzugt. Folge unspezif. örtlicher oder blander hämatogener Infektionen, auch bei Syphilis.

P. syphilitica: Knochenhautentzündung, die durch den Erreger der Syphilis verursacht ist. [5]

Periostose ⟨*griech*⟩ *f:* Syn. Enostose, Spongiosklerose; lokale Knochenverdickung (Hyperostose), die bei der Periostose vom Periost u. bei der Endostose vom Endost ausgeht. Die Spongiosklerose betrifft die Spongiosa. Ursache kann jeder lokale Reiz sein, der eine Überaktivität der osteoplast. Schicht des Periosts auslöst, häufig am Schienbein (gehäufte Traumen beim Sport). [18]

Periost|reflexe ⟨*griech, lat*⟩: durch Beklopfen des Periosts, z. B. am Processus styloideus radii (Radiusperiostreflex) auszulösende Muskelreflexe. Tatsächlich ist nicht, wie P. Hoffmann gezeigt hat, die Erregung von Rezeptoren im Periost, sondern eine durch den Schlag bewirkte Dehnung der an diesem Knochen ansetzenden Muskeln über die Reizung seiner ↑Propriorezeptoren reflexauslösend. Sie sind also ↑Eigenreflexe. [33]

~schalenbildung: entsteht bei Vitamin-A-Überschuß durch Aktivierung des Periosts, bes. an Schlüsselbein u. Ulna. [23]

~sporn: periostale Knochenneubildung bei Abhebung des Periosts durch durchbrechende Knochentumoren, oft mit ↑Spicula vergesellschaftet. [25]

Peripachymeningitis ⟨*griech*⟩: Entzündung der Außenfläche der Dura mater. [18]

Peripankreatitis ⟨*griech*⟩: Entzündung der Umgebung der Bauchspeicheldrüse v. einer Pankreatitis aus mit Adhäsionsbildung. [9]

Periphere Wirkungen: pharmakolog. Wirkungen eines Stoffes, die nicht über eine Beeinflussung des ZNS zustande kommen, z. B. direkt glattmuskulär-spasmolyt. Effekte; zum Unterschied davon: zentrale Wirkungen. [44]

Peripherie ⟨*griech*⟩ *f:* Umkreis, Außengrenze; *Adj* peripher, periphericus am Rande, an der Außenfläche liegend. [1]

Periphlebitis ⟨*griech*⟩ *f:* Entzündung der äußeren Venenhaut. [9]

Periporitis ⟨*griech*⟩ *f:* Syn. Pustulosis; multiple kleine, etwa stecknadelkopf-, höchstens linsengroße, gelblichweiße Bläschen, die durch exogene Infektion des in der Epidermis gelegenen Teiles des Schweißdrüsenausführungsganges entstehen u. sich meist bei Säuglingen mit allgemeiner ↑Resistenzminderung entwickeln. [32]

Periproktitis ⟨*griech*⟩ *f:* Zellgewebsentzündung des Mastdarms u. Afters in den umhüllenden Binde-Fettgewebslagern. [18]

Peripylephlebitis ⟨*griech*⟩ *f:* Entzündung des die Pfortader umgebenden Bindegewebes. [5]

perirenal ⟨*griech, lat*⟩: in der Umgebung der Niere liegend. [18]

Perisalpingitis ⟨*griech*⟩ *f:* Entzündung des Peritonealüberzuges der Tube. [29]

Perisigmoiditis ⟨*griech*⟩ *f:* Entzündung des Peritonealüberzuges u. der Umgebung des Colon sigmoideum (↑Kolon); hat bei Frauen häufig Verwachsungen mit den Adnexen zur Folge. [18]

Perispermatitis ⟨*griech*⟩ *f:* Entzündung der Samenstranghüllen. [24]

Perispermatozystitis ⟨*griech*⟩ *f:* Entzündung der Samenblasenumgebung. [24]

Perisplenitis ⟨*griech*⟩ *f:* Entzündung des Bauchfellüberzuges der Milz, meist in Verwachsungen mit dem Zwerchfell u. der Umgebung übergehend. [18]

Peristaltik ⟨*griech*⟩ *f:* Form der Bewegung zum Transport bzw. auch zur Durchmischung von flüssigen oder halbfesten Inhalten in bzw. aus Hohlorganen. Dabei wird ein Teil eines Organs nach dem anderen zur Kontraktion gebracht; bei allen mit Muskulatur ausgestatteten Hohlorganen (Speiseröhre, Magen u. Darm, Harnleiter, Eileiter). Auch die Zusammenziehung des Herzens erfolgt peristaltisch: die Erregung nimmt vom Sinusknoten ihren Ausgang u. ergreift die einzelnen Anteile des Vorhofes nacheinander; ↑Antiperistaltik. [7]

Peritendinitis ⟨*griech, lat*⟩ *f:* Syn. Pseudovaginitis; Entzündung in der Gleithülle scheidenloser Sehnen. [23]

Peritenonium ⟨*lat*⟩ *n:* das die Sehnen umhüll., lockere, gefäßhalt. Bindegewebe. [2]

Peritheliom ⟨*griech*⟩ *n:* seltene Geschwulst, ausgehend von Zellen des Peritheliums. [5]

Perithelium ⟨*griech*⟩ *n:* Perithel; äußerste Zellschicht kleinster Blut- u. Lymphgefäße; wird von flachen Epithelzellen gebildet. [2]

Perithelzellen ↑Adventitialzellen. [2]

Peritoneal|dialyse ⟨*lat, griech*⟩ *f:* Dialyseverfahren zur Eliminierung harnpflichtiger Substanzen aus dem Körper bei Urämie, wobei das Peritoneum als semipermeable Membran dient (Putnam, T. J. u. Ganter, G., 1923 u. 1924 experim. Heusser, H., 1927 u. 1951 am Menschen). Methodik: 2 (bis 4) gefensterte Drains werden in die Bauchhöhle eingelegt, mindestens eines am tiefsten Punkt (Douglas). Einfließenlassen von steriler Dialysierlösung (mit Antibiotikazusatz), die durch das unterste Drain abgesaugt wird (20 Liter u. mehr pro 24 h). Unter ständiger Laborkontrolle der Blutwerte (Elektrolyte, Harnstoff usw.) kann die Peritonealdialysierung solange fortgesetzt (oder wiederholt) werden, bis klin. Besserung eintritt. Heute vielerorts verdrängt durch künstliche ↑Niere, jedoch bei Fehlen einer solchen (oder bei Nachblutungsgefahr nach Operationen) vielerorts erfolgreich angewandtes Verfahren. Gefahren: a) Peritonitis, b) Verstopfung der Drainrohre, c) Überwässerung, d) Eiweißverlust. [24]

~epithel *n* ↑Deckzellen. [2]

peritonealisieren: in der Bauchhöhle operativ gesetzte ↑Serosa-Wunddefekte mit Bauchfell der Umgebung überdecken zur Verhütung von Verwachsungen u. zur Heilungssicherung z. B. von Anastomosen. [18]

Peritonealkarzinose ⟨*griech*⟩: Befall des Peritoneums mit zahlreichen Krebsmetastasen, am häufigsten bei Ovarialkarzinom. [25]

Peritoneoskopie ⟨*griech*⟩ ↑Laparoskopie, aber ohne Lufteinblasung. [18]

Peritoneum ⚹ **Peritonaeum** ⟨*griech*⟩ ↑Bauchfell; seröse ↑Häute. [18]

Peritonismus ⟨*griech*⟩: Syn. Pseudoperitonitis; Krankheitsbild mit peritonitisähnlichen Symptomen. So können z.B. Blutungen in den Bauchdecken oder im retroperinealen Raum eine Bauchfellreizung u. Bauchdeckenspannung herbeiführen. [18]

Peritonitis ⟨*griech*⟩ *f:* Bauchfellentzündung, -vereiterung durch Eindringen von Eitererregern, vornehmlich Koli-Bazillen nach Perforation von Magen u. Darmschlinge, überhaupt von Hohlorganen, nach Durchbruch von Geschwüren u. Geschwülsten, nach unfallbedingten Verletzungen der Bauchdecken, nach Stichverletzungen, nach stumpfem Aufprall des Leibes mit innerer Organperforation. Eine das gesamte Bauchfell beteiligende Entzündung bedeutet wegen der bald eintretenden Darmlähmung (paralytischer ↑Ileus) u. Allgemeintoxikose Lebensgefahr. [18]

P., gallige: durch blande oder bakterienhaltige Galle ausgelöste Bauchfellentzündung; bei Perforation bzw. Verletzung der Gallenblase oder der extra- oder intrahepat. Gallenwege mit Übertritt von Galle in die freie Bauchhöhle. Auch bei Perforation eines Leberabszesses, selten als ↑Durchwanderungsperitonitis bei entzündeter Gallenblase mit tief reichenden ↑Luschka' Gängen.

P. arenosa: chron. Bauchfellentzündung mit Ausbildung sandartiger Knötchen, die in hyalinisierten Wänden neugebildeter Kapillaren durch Kalkablagerung entstehen.

P. carcinomatosa: Krebsaussaat auf dem Bauchfell mit begleitender seröser oder serofibrinöser Entzündung im Gegensatz zur entzündungsfreien Carcinosis peritonei.

P. purulenta: eitrige Bauchfellentzündung. [5]

P. rheumatica: bei rheumat. Fieber manchmal vorhandene seröse P., bisweilen im Rahmen einer Polyserositis rheumatica; abzugrenzen gegen entzündliche Baucherkrankungen, bes. akute Appendizitis. [13]

P. tuberculosa: tuberkulöse Bauchfellentzündung, die entweder fortgeleitet durch eine tuberkulöse Erkrankung der Organe des Bauchraumes oder über den Blutweg (hämatogen) entsteht. Kann mit großem Erguß oder mit erheblichen Fibrinablagerungen u. starken Verwachsungen der Eingeweide einhergehen. [15]

Peritonitisblutbild: Schlagwort für das beim „akuten Abdomen" mit beginnender Peritonitis zu beobachtende Leukozytendifferentialblutbild, das eine zunehmende Linksverschiebung bei oft noch normaler Gesamtleukozytenzahl zeigt. Die Zunahme der Linksverschiebung bei kurzfristiger Kontrolle ist von großer prakt. Bedeutung für die Indikationsstellung zum chirurg. Eingriff. [11]

Peritonsillarabszeß ⟨*griech, lat*⟩ = Paratonsillarabszeß; entsteht im Anschluß an ein akutes Rezidiv oder nach Exazerbation einer chron. Tonsillitis durch Übergreifen der Entzündung auf das die Mandelkapsel umgebende lockere Bindegewebe. Lokalisation meist am vorderen oberen Mandelpol mit halbkugelig vorgewölbtem vorderem Gaumenbogen u. nach der gesunden Seite verdrängter, ödematöser Uvula oder seltener am hinteren unteren Mandelpol mit Anschwellung des hinteren Gaumenbogens u. mundwärts verdrängter Tonsille. Krankheitszeichen sind hohes Fieber, entzündliche Kieferklemme, starker Speichelfluß, kloßige Sprache, starke Schluckbeschwerden u. zum Ohr hin ausstrahlende Schmerzen. [28]

Peritonsillitis ⟨*griech, lat*⟩ = Paratonsillitis: Entzündung des lockeren peritonsillären Bindegewebes, führt oft zur Abszeßbildung, ↑Peritonsillarabszeß. [28]

peritrich ⟨*griech*⟩: Begeißelung von Bakterien wird p. genannt, wenn die Ansatzstellen der Geißeln über die ganze Zelloberfläche verteilt sind. [42]

peritubar ⟨*griech, lat*⟩: in der Umgebung der Tube liegend. [1]

Perityphlitis ⟨*griech*⟩: ältere Bezeichnung für ↑Appendizitis, wobei die Beteiligung des umgebenden Bauchfells bes. kennzeichnend ist. [18]

periureteral ⟨*griech*⟩: den Harnleiter umgebend. [24]

Periureteritis ⟨*griech*⟩ *f:* Entzündung des den Harnleiter umgebenden Gewebes, die den Harnleiter komprimieren kann u. bei narbiger Ausheilung zur starren Einscheidung u. Narbenverziehung führt, wodurch Harnabflußstörungen mit konsekutiver Aufstauung resultieren; ↑Ormond' Erkrankung.

P. plastica: retroperitoneale Fibrosierung, die zur Verziehung u. Strangulation des Harnleiters führt. Kommt vor 1. nach Operationen, auch solchen, die nicht direkt am Harnleiter erfolgten; 2. nach Entzündungen benachbarter Organe, z.B. Appendizitis, Adnexitis; 3. nach Strahlenbehandlung (z.B. Röntgenbestrahlung von Unterleibskarzinom); 4. als selbständige Erkrankung (↑Ormond' Erkrankung). Folge: a) Abflußstörung, b) Stauung oberhalb mit Stauungsharnleiter u. Harnstauungsniere, c) Funktionsausfall der Niere, d) Vereiterung der Niere. [24]

periurethral ⟨*griech*⟩: die Harnröhre umgebend. [24]

Periurethralabszeß ⟨*griech, lat*⟩: Abszeßbildung um die Harnröhre herum. [18]

Perivaskulärraum: ein um die Blutgefäße vorhandener Lymphraum. [2]

Perivaskulitis ⟨*griech, lat*⟩ *f:* Entzündung des lockeren Arterien u. Venen umgebenden Bindegewebes; ↑Periarteriitis, ↑Periphlebitis. [5]

Perixenitis ⟨*griech*⟩: um Fremdkörper herum entwickelte entzündliche Gewebsreaktion. [18]

Perizentese ⟨*griech*⟩ *f* ↑Umstechung. [18]

Perizyten ⟨*griech*⟩ *m, Pl* ↑Adventitialzellen. [2]

Perjodsäure-Färbung: Periodic Acid-Schiff Reaction (PAS-Reaktion) McManus (1946), Hotchkiss (1948), Untersuchung auf Polysaccharide, Monosaccharide u. Mikroproteine. Rotfärbung zeigt Vorhandensein genannter Substanzen an. [43]

Perkolieren ⟨*lat*⟩: Extraktionsmethode für Drogen, deren Wesen in einer laufenden Verdrängung der Extraktflüssigkeit durch das nachfließende Lösungsmittel besteht; bes. angewendet bei der Herstellung von ↑Fluidextrakten. [44]

Perkussion ⟨*lat*⟩ *f* (Auenbrugger, 1761): Abklopfen der Körperoberfläche, um aus den Schallqualitäten auf Grenze u. Veränderungen der Organe zu schließen. Man klopft entweder mit der Fingerspitze oder mittels eines Perkussionshammers locker aus dem Handgelenk, u. zwar in der Regel auf ein ↑Plessimeter oder einen Finger der anderen Hand, der der Körperoberfläche flach aufgelegt wird (Hammer-Plessimeter-, Finger-Plessimeter oder Finger-Finger-Perkussion). [9]

Perkussionsschall, tympanitischer: trommelartiger, voller, musikal. Klopfschall über größeren lufthaltigen Räumen. [9]

perkutan ⟨*lat*⟩: durch die Haut hindurch. [43]

Perkutanreaktion ↑Moro' Reaktion. [43]

Perl' Gerät: Gerät zur Extension u. Kyphosierung der Lendenwirbelsäule. Bei der Behandlung der Wirbelblockierungen u. des Bandscheibenprolapses bewährt. [23]

Perlèche ⟨*frz*⟩ *f* ↑Angulus infectiosus. [43]

Perl|geschwulst ↑Cholesteatom. [4]

~naht: vor dem Knüpfen eines Fadens wird auf jedes Fadenende eine Perle aufgezogen. Ist der Knoten dann geknüpft, so üben die Perlen auf die Wundränder einen Druck im Sinne der Ausstülpung aus. Gleichzeitig wirksam für Entspannung durch flächenhafte Verteilung des sonst umschriebenen Nahtdruckes. [18]

Perlon® = Dederon: vollsynthet. Faser aus Polyamiden (polymerisiertem ε-Kaprolaktam). $[-NH-(CH_2)_5-CO-]_n$. Die Faser zeichnet sich durch große mechan. Festigkeit aus. P. ist sehr gewebsfreundlich u. wird im Körper nur sehr langsam abgebaut. Wird deshalb in der Medizin als Nahtmaterial, als Faszienersatz u. in Form von Perlonwatte in lockeren Kugeln zur Plombierung benutzt. [8]

~plombe: operatives Verfahren zur Behandlung der Lungentbk. In die operativ geschaffene Wundhöhle wird zur Verhinderung einer Schrumpfung Perlonwatte in Form elast. Kugeln eingelegt; ↑Plombierung. [15]

Perlschnur|abszeß: perlschnurartig angeordnete Abszesse bei perforierendem Schädelhirn-Trauma (Schußverletzung) entlang dem Narbenweg. [20]

~finger: Auftreibungen der Phalangenepiphysen bei schwerer florider Rachitis. [32]

Perlsucht: Tuberkulose der Rinder, bei der sich auf den serösen Häuten feinkörnige, perlartige Veränderungen bilden. Der Erreger der P. ist das *Mycobact. bovis,* deshalb auch Perlsucht-Bakterium genannt. [15]

permanent ⟨*lat*⟩: verbleibend, andauernd; *Subst.* Permanenz. [4]

Permanganate: z. B. Kalium-Permanganat (Kalium permanganicum DAB 7), $KMnO_4$; werden wegen ihrer oxydierenden Eigenschaften als Desinfektionsmittel verwendet. [44]

Permeabilität ⟨*lat*⟩: Durchlässigkeit, insbes. von Membranen bzw. ganz allgemein von porenhaltigen Bildungen für bestimmte Stoffe. Trennungsflächen, wie Zellwände, Häute, Protoplasmaschläuche, Folien, Tonzylinder, Metallbleche u. a., lassen Gase oder gelöste Moleküle, Atome oder Ionen durchtreten, nicht aber kolloidale Teilchen, z. B. Eiweißmoleküle. So sind die Zellwände permeabel (durchlässig) vor allem für Wassermoleküle, aber auch für viele Ionen u. a. Ein Palladiumblech z. B. ist durchlässig für Wasserstoff; ↑Semipermeabilität. [7]

Permeabilitäts|pathologie: vor allem von Eppinger (1942 gleichnamiges Werk) vertretene Ansicht, nach der im Mittelpunkt des patholog. Geschehens Permeabilitätsänderungen (Gefäßwand, Grundsubstanzen des Bindegewebes, Zellgrenze, Kernmembran) stehen. [4]

~vitamin: das als Vitamin P bzw. Zitrin beschriebene Substanzgemisch (wahrscheinlich von Hesperetin- u. Eriodiktyolglykosiden; Rutin ist ein Querzetinglykosid, ein Flavonol); wird jetzt nicht mehr als Vitamin angesprochen. Auch die Bedeutung dieser Flavonoide als Pharmakon ist umstritten. [8]

Pernakrankheit: hervorgerufen durch chlorierte Naphthaline (Perchlornaphthalin); vielseitige Beschwerden können auftreten, u. a. Kopfschmerzen, Schwächegefühl mit unsicherem Gang, in schweren Fällen allgemeine Kachexie; an der Haut Komedonenbildung wie bei Chlorakne. [49]

pernasal ⟨*lat*⟩: durch die Nase, vermittels der Nase. [1]

Perniones ⟨*lat*⟩ *m, Pl:* Frostbeulen; gerötete umschriebene Hautanschwellungen durch chron. örtliche degenerative Entzündung, durch Kälte oder Feuchtigkeit; neigen zur Blasen- oder Geschwürsbildung. [18]

perniziös ⁎ **perniciosus** ⟨*lat*⟩: verderblich, bösartig. [4]

Perniziosa ⁎ **Perniciosa** ⟨*lat*⟩ *f:* 1. ↑Malaria (febris) tropica, perniziöse Malaria, Tropenfieber; 2. *Abk* für ↑Anaemia perniciosa. [11]

P. cholerica: perniziöse Malaria mit choleraartigen Symptomen. [40]

P. haemoglobinurica ↑Schwarzwasserfieber. [40]

P.-Fleckung: Tropika-Fleckung; von Maurer entdeckte azurrote Fleckchen auf der Oberfläche der von Malaria tropica befallenen Erythrozyten; sie wurden auf Läsionen durch Enzyme der Parasiten zurückgeführt u. sind nur bei intensiver Giemsafärbung sichtbar; wichtig zur Differenzierung der Malariaart bei wenigen Parasiten. [11]

P.-Parasit = **Plasmodium falciparum:** frühere Bezeichnung *Plasmodium immaculatum*. Erreger der ↑Malaria tropica; ↑Malariaplasmodien. [41]

Pero|brachius ⟨*griech*⟩ *m:* Mißbildung mit Verkümmerung der Arme. [5]

~chirus: angeborene Verstümmelung der Hände. [5]

~daktylie: Verkümmerung der Finger. [23]

~melie: angeborene Gliedverstümmelung.

~melus: Mißbildung mit verkümmerten Extremitäten. [5]

peroneus ⁎ **peronaeus** ⟨*lat*⟩: zum Wadenbein gehörig; auch als „fibularis" gebräuchlich; z.B. M. peroneus, Wadenbeinmuskel (M. fibularis); N. peroneus, Wadenbeinnerv (N. fibularis). [1]

Peroneus|lähmung: Syn. Fibularislähmung; Lähmung (bzw. Schwäche, Parese) des N. peroneus (fibularis). Symptome sind Ausfall der Dorsalflexion des Fußes u. der Zehen, Herabhängen des Fußes in Equinovarusstellung, Schleifen der Fußspitze am Boden, was durch übermäßige Knie- u. Hüftbeugung auszugleichen versucht wird (↑Steppergang). Bei Lähmung eines Astes (des N. peroneus superficialis oder profundus) beschränken sich die motor. Ausfälle auf das Versorgungsgebiet des betreffenden Astes, so daß z.B. im ersteren Falle nur die Abduktion des Vorderfußes u. die Senkung des medialen Fußrandes aufgehoben sind. Die Sensibilitätsstörungen entsprechen dem Ausbreitungsgebiet des betroffenen Astes. [33]

~phänomen: rasches Abduzieren (Pronieren) des Fußes beim Beklopfen des N. peroneus superficialis am Fibulaköpfchen. Das P. wird bei latenter u. manifester Tetanie beobachtet. [32]

~schuh: hoher Stiefel, dessen Wadenteil durch Metall oder Kunststoff so verstärkt ist, daß der gelähmte Fuß beim Anheben des Beines nicht plantarwärts herabfallen kann. [23]

peroneal ⟨*griech*⟩: den N. peroneus betreffend. [32]

Peropus ⟨*griech*⟩ *m:* angeborene Verstümmelung der Beine oder Füße. [18]

peroral *oder* **per os** ⟨*lat*⟩: durch den Mund verabfolgt. [44]

Peroxidasen ↑Oxydoreduktasen. [8]

Peroxisomen ⟨*griech*⟩ *n, Pl:* Bezeichnung für eine bes. Form der ↑Microbodies mit einem hohen Gehalt an Peroxiden. [6]

Peroxydase-Reaktion ↑Oxydasereaktion. [11]

perpendicularis ⟨*lat*⟩: senkrecht. [1]

per primam (intentionem) ⟨*lat*⟩: Primärheilung von Wunden durch unmittelbare Verklebung ohne Eiterung u. ohne Bildung von ↑Granulationsgewebe, z.B. genähter asept. Operationswunden; ↑Wundheilung. [18]

per secundam (intentionem) ⟨*lat*⟩: Sekundärheilung einer Wunde unter Bildung von ↑Granulationsgewebe; ↑Wundheilung. [18]

Persekutionsdelirium ⟨*lat*⟩: nicht mehr übliche Bezeichnung für Verfolgungswahn. [34]

Perseveration ⟨*lat*⟩: Haftenbleiben an einem bestimmten Denk- oder Bewegungsablauf, daher mehrfaches Wiederholen desselben Wortes, derselben Handlung. Bei Somnolenz u. bei organ. Hirnschäden ohne Bewußtseinsstörung, z.B. bei Aphasie, Apraxie, auch bei Schizophrenie, Epilepsie. [34]

Personenverkennung: häufig im Wahnleben Schizophrener, aber auch in deliranten Zuständen; ↑Paraperzeption. [34]

Persönlichkeit: das Gefüge der zeitlich relativ stabile individuell spezif. Verhaltens- u. Bewertungs-, Erlebens- u. Leistungseigenschaften eines Menschen. Sie hängen in biolog. Sicht bes. vom Entwicklungsalter, in sozialer Sicht vom Weltbild, von ideolog. Normen, der soziolog. Einbettung von Handlungen u. Entscheidungen, von der Intelligenzstruktur u. von der individuellen Begabung ab. Abweichungen von der Norm u. die Anlage ihrer Ursachen sind Gegenstand der Pathophysiologie kindlich u. erwachsener Persönlichkeiten (frühkindl. Hirnschäden, Entstehung von Neurosen, Sekundärerscheinungen neurolog. oder endokriner Erkrankungen). Es sind Methoden zur Messung von Ausprägungsgraden individueller Eigenschaften entwickelt (↑Psychodiagnose). [0]

P., präpsychotische: die psych. Konstitution vor Ausbruch einer Psychose. [34]

Perspiration ⁎ **Perspiratio** ⟨*lat*⟩: Abgabe oder Austausch von Stoffen durch die Haut.

P. insensibilis: Hautabsonderung im Sinne eines unmerklichen Wasserverlustes. Schon die trockene Haut des ruhenden Menschen gibt dauernd Wasser in gasförmigem Zustand ab. Es handelt sich um eine rein physikal. Wasserdampfabgabe, d. h. um eine Diffusion von Wasserdampf durch die Epidermis, an der die Schweißdrüsen nicht beteiligt sein sollen (↑Perspiratio sensibilis). Durch die P i. gehen am Tage etwa 500–800 g Wasser von der Körperoberfläche des erwachsenen Menschen ab.

P. sensibilis = Transpiration: Wasserdampfabgabe von der Haut, vermittelt durch den Schweiß, also durch das Produkt der Absonderungstätigkeit der Schweißdrüsen. [7]

Persuasion ⟨*lat*⟩ *f:* psychotherapeut. Methode, die den Kranken von der psychogenen Entstehung seiner Störungen u. der Grundlosigkeit seiner Krankheitsbefürchtungen überzeugen will. [20]

Perthes, Georg Clemens (1869–1927), Chirurg, Tübingen.

P' Kompressor: regulierbare Konstriktionsmanschette nach Art der Blutdruckapparat-Manschette mit Druckmanometer. [18]

P' Krankheit: Osteochondropathia deformans coxae juvenilis. [23]

P' Verfahren: bei eitrigem Pleuraempyem Absaugung des Exsudats nach guter Abdichtung des Dräns mit einem Aspirationsapparat mit Heberdränage; heute wird meist eine Wasserstrahlpumpe verwendet. [15]

P' Versuch: legt man bei Krampfadern oberhalb von diesen eine Staubinde an, so entleeren sich beim Umhergehen die Varizen, wenn die tiefen Venen durchgängig sind. [18]

P.-Jüngling' Krankheit = Jüngling' Krankheit ↑Ostitis cystoides multiplex (Jüngling). [5]

P.-Sudeck' Plastik: bei Ausfall der Finger- u. Handstrecker (bei Verletzung des N. radialis) wird durch Verpflanzen der Handbeuger auf die Streckseite des Unterarmes die Funktion teilweise wiederhergestellt. [20]

Pertik, O. (1852–1913), Pathologe, Budapest.

P' Divertikel: tiefe ↑Rosenmüller' Grube. [18]

pertrochantär ⟨*lat*⟩: durch den Trochanter verlaufend, z. B. pertrochantäre ↑Fraktur. [18]

Pertubation ⟨*lat*⟩ *f:* Luftdurchblasung der Eileiter 1. zu diagnost. Zwecken; Feststellung der Durchgängigkeit bei Sterilität; 2. zu therapeut. Zwecken, um bestehende Verklebungen des Tubenlumens zu sprengen. [29]

Pertussis ⟨*lat*⟩ *f* = Keuchhusten: endem.-epidem. Infektionskrankheit mit bes. Disposition bis zum 10. Lebensjahr, obwohl auch ältere Kinder u. Erwachsene erkranken können. Symptome: charakterist. Hustenanfälle, die aus mehreren Hustenstößen (Stakkato-Husten) mit hörbarer Inspiration bestehen u. sich mehrmals hintereinander zu wiederholen pflegen (Reprise), Zyanose, Apnoe, Erbrechen großer Mengen zähen Schleimes mit oder ohne Nahrungsbeimengung. In schweren Fällen Facies pertussica (gedunsenes Gesicht, geschwollene Augenlider, feuchte, glänzende Augen). Erreger: *Bordetella pertussis* (Bordet–Gengou), Keuchhusten-Bakterium. Infektionsweg: Tröpfcheninfektion. Inkubationszeit: 7–14 Tage. Die Infektiosität ist zu Beginn der Krankheit am größten. Nach der 12. Krankheitswoche besteht auch bei Fortbestehen des Hustens keine Ansteckungsgefahr mehr. Krankheitsstadien: 1. Stadium catarrhale, 2–4 Wochen mit uncharakterist. Husten, 2. Stadium convulsivum, 3–6 Wochen mit typ. Hustenanfällen, 3. Stadium decrementi, Abnahme der Hustenanfälle. Meldepflicht für Todesfall. Unbehandelt im ersten Lebensjahr 25% Letalität. Aktive Immunisierung mit abgetöteten Erregern senkt Morbidität u. Letalität, verhindert nicht die Infektion. [32, 40]

P.-Blutbild: oft ungewöhnlich hohe Lymphozytosen, teils auf den spez. Reiz der Erreger, teils auf Asphyxie, muskuläre Überanstrengung zurückgeführt. [11]

P.-Impfstoff: merthiolatinaktivierte Pertussiskeime, meist an Aluminiumhydroxid absorbiert u. kombiniert mit Antigenkombination inaktivierter Poliomyelitisviren, Diphtherie- u. Tetanus-Formoltoxoid im Vierfachimpfstoff. [40]

Peru|balsam ↑Balsamum peruvianum. [44]

~warze ↑Oroyafieber. [40]

pervers ⟨*lat*⟩: verkehrt, widernatürlich, triebabwegig. [52]

Perversion ⟨*lat*⟩: Verkehrung, abwegige Triebrichtung. [52]

per vias naturales ⟨*lat*⟩: Ausscheidung auf natürlichem Wege, z. B. eines verschluckten Fremdkörpers durch den After, eines Harnsteins durch die Harnwege. Auch in der Geburtshilfe gebräuchlich. [18]

Pervigilium ⟨*lat*⟩: Schlaflosigkeit. [9]

Pervitin®: 1-Phenyl-2-methylaminopropan; gehört in die Gruppe der Weckamine, da das P. eine stimulierende Wirkung auf das ZNS ausübt, insbes. auf die Gehirnrinde. Durch seine euphorisierenden Effekte kann es möglicherweise eine Sucht hervorrufen. Peripher besitzt es sympathikomimet. Wirkungen, wie Stoffwechselsteigerung, Gefäßverengung, Blutdrucksteigerung, Erweiterung der Bronchialmuskulatur. Seine Wirkungen werden jedoch nicht durch Ergotamin aufgehoben. Unterliegt dem Betäubungsmittelgesetz. [44]

Perzeption ⟨*lat*⟩: Wahrnehmung; auch flüchtige Wahrnehmung ohne bes. aufmerksame Beobachtung (im Gegensatz zur scharfen, ausgesprochen deutlichen ↑Apperzeption). *Adj* perzeptiv, die Wahrnehmung betreffend. [35]

Pes ⟨*lat*⟩ *m:* Fuß.

P. abductus: Knickfuß; ↑Pes valgus.

P. anserinus: Gänsefuß; aus der Sehne des M. gracilis, M. sartorius u. M. semitendinosus gebildete Sehnenplatte dicht unterhalb des Kniegelenks.

P. anserinus profundus: die in drei Zipfel ausstrahlende Ansatzsehne des M. semimembranosus. [1]

P. arcuatus ↑Pes excavatus.

P. calcaneus: Hackenfuß; Fußdeformität mit fixierter Dorsalflexion. Der Kalkaneus baut sich um u. ist extrem steilgestellt; angeboren, dann meist kombiniert mit dem Pes valgus; erworben (paralyt., posttraumat., z. B. durch Achillessehnenriß). Beim Gehen wird nur die Ferse belastet, u. Abrollen ist nicht möglich.

P. cavus ↑Pes excavatus.

P. equinovarus: Kombination von Spitz- u. Klumpfuß. Vorkommen bei spast. u. paralyt. Lähmungen (Friedreich' Ataxie).

P. equinus: Spitzfuß; der Fuß ist in Plantarflexion fixiert. Es wird nur der Vorfuß belastet. Bei spast. u. paralyt. Lähmungen, beim Klumpfuß u. posttraumat.

P. excavatus: Hohlfuß; gekennzeichnet durch das abnorm hohe Längsgewölbe u. den hohen Spann, meist kombiniert mit Spreizfuß u. Hammerzehen. Angeboren u. anlagebedingt, dann meist mit der Entwicklung zunehmend (Myelodysplasie). Oft findet sich dabei noch eine Spina bifida u. Bettnässen; erworben nach Lähmungen (Poliomyelitis, multiple Sklerose), selten posttraumat.

P. malleus valgus: Plattfuß mit Hammerzehe.

P. planus ↑Plattfuß.

P. transverso-planus: Spreizfuß, das vordere Quergewölbe des Fußes ist abgeflacht. Die Mittelfußköpfchen II–IV werden mit belastet. Der Vorfuß ist verbreitert, dadurch Großzehe abduziert (Hallux valgus); meist stat. bedingt.

P. valgus: Knickfuß; gekennzeichnet durch Pronationsstellung des Fersenbeines; angeboren u. erworben [paralyt., rachit., traumat., entzündlich u. stat. (O-Bein)]. Beim kontrakten Knickfuß ist die Pronationsstellung des Fußes auch passiv nicht zu beseitigen.

P. varus: Klumpfuß; Fußdeformität, die durch fixierte Supinations- u. Plantarflexionsstellung des Rückfußes u. Adduktionsstellung des Vorfußes gekennzeichnet ist. Er kommt angeboren ein- oder beidseitig vor. Seltener ist er erworben (spast., paralyt., posttraumat.). [23]

Pessar ⁎ **Pessarium** ⟨*griech od. lat*⟩ *n:* Ring; aus Hartkautschuk, Porzellan oder Kunstharz zur symptomat. Behandlung des Vorfalls von Scheide u. Gebärmutter. P. dient auch als mechanisches Mittel zur Verhütung einer Schwangerschaft. [29]

Pessarform der Erythrozyten ↑Anulozyten, bei hypochromer Anämie (↑Anämie I) vorkommende, einem Pessar gleichende Erythrozyten. [11]

Pessimum der Reizung: Nervenreizung von über dem ↑Optimum liegender Frequenz oder Intensität, die eine Abschwächung oder Aufhebung des Tetanus bewirkt, der bei optimaler Reizung entstanden ist, von N. J. Wedenski eingeführter Begriff. [35]

Pest ⁎ **Pestis** ⟨*lat*⟩ *f:* Pestis orientalis; bei Nagetieren (Erdhörnchen, Murmeltieren) enzoot.-epizootische, auf Menschen durch Rattenflöhe (Xenopsylla cheopis), auch aerogen von Mensch zu Mensch übertragbare, anzeige- u. absonderungspflichtige Infektionskrankheit. Erreger Pestbakterien (*Pasteurella pestis*), ↑Pasteurella-Gruppe, Inkubation 2–5 Tage. Hochfieberhafter, schwerer Befall der lokalen Lymphknoten, Bubonenpest (Letalität unbehandelt mehr als 50%), bei Einbruch der Erreger in die Blutbahn Lungenpest (bis zu 100% Letalität). Langjährige Immunität. Bakteriolog. Erregernachweis aus Buboneneiter oder Sputum (mikroskop., Kultur, Tierversuch), serolog. Pest-Widal (Agglutinations-Probe ab 10. Krankheitstag). Therapie mit Sulfonamiden, besser mit Streptomyzin oder Chloramphenicol. Prophylaxe durch Entrattung, Flohbekämpfung, Isolierung u. Desinfektion, aktive Immunisierung gefährdeter Personengruppen mit ↑Otten-Vakzine oder ↑Haffkine-Vakzine.

P. fulminans: Syn. Pestis siderans; schwerste, rasch zum Tode führende Pest-Septikämie. [40]

Pest|bakterium = **Pasteurella pestis:** Species der Gattung *Pasteurella* (↑Pasteurella-Gruppe) der Familie Brucellaceae (Bergey, 1957). 1894 durch Yersin entdeckt. Erreger der ↑Pest. Erregernachweis aus Untersuchungsmaterial auf üblichen Nährböden u. im Tierversuch (Meerschweinchen, Ratten). Antikörpernachweis: Widal, KBR, Hämagglutination, Mäuseschutzversuch. Nachweis von Pestpräzipitinogenen in fauligen Organteilen von Ratten u. Leichen, mit der ↑Ascoli' Reaktion.

~floh ↑Flöhe. [41]

Pestikämie ⟨*lat, griech*⟩ = Pestseptikämie: prim. oder sek. Eindringen von Pestbakterien in die Blutbahn; ↑Pest, Pestis fulminans, ↑Septikämie. [41]

Pestilyzer = Schädlingsbekämpfungsmittel-Rückstandsanalysen-Apparat. [58]

Pest-Impfung ↑Otten-Vakzine, ↑Haffkine-Vakzine. [40]

Pestizide: Sammelbegriff für Schädlingsbekämpfungsmittel. Im einzelnen werden unterschieden Insektizide (gegen Insekten), Akarizide (gegen Milben), Rodentizide (gegen

Nagetiere), Vermizide (gegen Würmer), ↑Anthelminthika), Herbizide (gegen Unkräuter), Nemazide (gegen pflanzenschädliche Nematoden) u. a. m. [58]

Petechial|fieber ↑Fleckfieber. [40]

~index ↑Göthlin' Test. [9]

Petechien ⟨*ital*⟩ *f, Pl:* punktförmige Hautblutungen durch ein Zerreiben der Kapillaren. Zeichen für hämorrhag. Diathese. Vitamin-Mangel (C, P), Purpura usw.; ↑Rumpel–Leede' Phänomen. [43]

Peteosthor: parenterales Thorium-X-Präparat in Platin-Eosin-Sol, früher bei Knochen-Tbk, Arthritiden u. bes. bei Bechterew' Krankheit verwendet. Wegen der unvermeidbaren Beimengung von Strahlern der Thoriumreihe mit langer Halbwertzeit führte P. sehr häufig zu Agranulozytosen, Leukosen u. Knochensarkomen. Anwendung nicht mehr zu verantworten. [59]

Petersilie ↑Petroselinum sativum. [44]

Pethidin$^{\circledR}$**:** Dolantin$^{\circledR}$, 1-Methyl-4-phenylpiperidin-4-carbonsäureäthylester, Analgetikum, Spasmolytikum, unterliegt der Betäubungsmittelverordnung. [44]

Petiolus ⟨*lat*⟩ *m:* Füßchen, Beinchen, Stiel (Verkleinerungsform von Pes); z. B. epiglottidis = der Kehldeckelstiel. [4]

Petit, François, P. D. (1664–1741), Anatom u. Chirurg, Paris.

P' Kanäle: Spatia zonularia: mit Lymphe gefüllte Räume zwischen den Fasern des Aufhängeapparates der Linse. [2]

Petit, J. Louis (1674–1760), Chirurg, Paris.

P' Dreieck ↑Trigonum lumbale.

P' Hernie ↑Hernia lumbalis. [1]

Petit mal ⟨*frz*⟩ *n:* abortiver epilept. Anfall, „kleiner Anfall"; kurz dauernde Bewußtseinstrübung, Verwirrtheit (nicht immer völliger Bewußtseinsverlust), kurzes Lachen oder verworrenes Reden mit leichten motor. Reizerscheinungen, z. B. Zuckungen der Gesichtsmuskulatur, aber keine generalisierten Krämpfe; selten einmal gleitet der Kranke zu Boden, aber er fällt nicht heftig auf; ↑Epilepsie. [34]

PETN: *Abk* für ↑Pentaerythroltetranitrat. [44]

Petragnani-Nährboden: festes Substrat zur Anzüchtung von Tuberkulosebakterien. [41]

Petri, Richard, Julius (1852–1921), Bakteriologe, Berlin.

P.-Schale: runde Glasschale mit übergreifender Deckschale, Durchmesser etwa 10 cm; Verwendung für Bakterienkulturen u. a. [41]

Petrifikation ⟨*griech, lat*⟩: Versteinerung eines Gewebes infolge Kalkablagerung. [4]

Pétrissage ⟨*frz*⟩ ↑Massage. [46]

petrosus ⟨*griech*⟩: felsenartig. [1]

Petruschky, Johann (*1863–), Bakteriologe, Danzig.

P' alkaligene Bakterien ↑*Alcaligenes faecalis.* [41]

Pettenkofer, Max v. (1818–1901), Hygieniker, München. Berechnete 1861 die Stoffwechselbilanz (mit Voit). Erhielt 1865 den ersten ordentlichen Lehrstuhl für Hygiene in Deutschland (München). Prägte 1882 die Bezeichnung „Soziale Hygiene" im Sinne der öffentlichen Gesundheitsfürsorge. Lehrte die örtliche u. zeitliche Gebundenheit der Seuchen im Zusammenhang mit dem Grundwasser u. dem Klima. [53]

Peutz, J. L. A., zeitgen. holländ. Arzt.

P.–Jeghers' Syndrom: Schleimhautpolypen im Magen-Darm-Kanal, vergesellschaftet mit Haut- u. Schleimhautpigmentation; familiäres Vorkommen beobachtet. [5]

Pexiderma ⟨*griech*⟩: Speicherungskrankheit der Haut; ↑Thesaurismose. [43]

Pexie ⟨*griech*⟩ *f:* Anheften bzw. Annähen, meist im Zusammenhang mit einer Organbezeichnung gebräuchlich, z. B. Omentopexie, Ventrikulopexie. Ein seiner natürlichen Lage beraubtes Organ wird in diese durch entsprechende Nahttechnik zurückgehalten. [18]

Peyer, Joh. Conrad (1653–1712), Anatom, Basel.

P' Plaques: auch Haufen oder Platten; Lymphfollikelhaufen (Lymphonoduli aggregati im unteren Dünndarm); werden neuerdings zusammen mit den Gaumentonsillen zu den prim. Immunorganen gerechnet, die für die Entwicklung der antikörperbildenden Zellen verantwortlich sind; ↑Thymus. [40]

Peyotl ⟨*indian*⟩ *f,* auch Peyote: getrocknete Spitzen einer mexikan. Kakteenart. P. enthält einige Anhalonium-Alkaloide, von denen das Rauschgift ↑Meskalin am bekanntesten u. am besten untersucht ist. [44]

Peyronie' Krankheit: Kombination von ↑Dupuytren' Kontraktur u. ↑Induratio penis plastica. [43]

Pezzer-Katheter: Harnblasenkatheter mit großem tellerförmigem, gelöchertem Kopf, der mittels Spanner eingeführt wird. Als Verweilkatheter für suprapub. Fisteln in Gebrauch. [24]

Pfählungsverletzungen: durch Aufschlagen auf einen Pfahl, Zaun oder sonstigen vorstehenden Gegenstand. Verletzung meist in der Darm- u. Beckengegend beobachtet, aber auch z. B. durch Deichselstoß an der Brust. [18]

P-Faktor: Blutkörperchenmerkmal. Immunrezeptor; Serum zum Nachweis wird durch Immunisierung von Schweinen gewonnen. Es gibt p-pos. u. p-neg. Menschen; ↑Blutgruppen-P-System. [39]

Pfannenstiel, Johann (1862–1909), Gynäkologe, Breslau.

P' Querschnitt: querverlaufender Schnitt durch die Bauchdecken an der oberen Behaarungsgrenze des Mons veneris. [29]

P' Syndrom ↑Icterus gravis neonatorum. [11]

Pfannenwanderung: Ausweitung der Hüftgelenkspfanne nach kranial durch Zerstörung des Pfannenerkers u. Verlagerung des Oberschenkelknochenkopfes bei Osteomyelitis u. bei Coxitis tuberculosa. Auf eine prim. Pfannendysplasie geht die P. bei der kongenitalen Hüftgelenksdysplasie u. -luxation zurück. [23]

Pfaundler, Meinhard v. (1872–1947), Pädiater, Innsbruck.

P.–Hurler' Krankheit: Syn. Hunter–Hurler' Krankheit, Dysostosis multiplex, Gargoylismus; erbliche Störung des Phosphatidstoffwechsels (Hepatosplenomegalie) u. Entwicklungsstörungen der Knochen zu mißgestaltetem Zwergwuchs (Chondroosteodystrophie). Gesichtsausdruck der Kinder soll Ähnlichkeit mit Köpfen mittelalterlicher Wasserspeier annehmen. Ferner bestehen Amaurose u. Idiotie. Dazu Dysostosis Morquio, eine auf Stoffwechselstörung u. Entwicklungsstörung der Knochen beruhende Erkrankung mit grotesker Verunstaltung des Thorax, der Wirbelsäule u. der Extremitäten. [5]

Pfeffer ↑Piper niger.

P., spanischer ↑Capsicum annuum. [44]

Pfefferminze = Mentha piperita: Pfefferminzöl, ↑Öl der Mentha piperita. [44]

Pfeifenstein: tabakpfeifenähnlicher Harnblasenstein. Der größere (Pfeifen-)Kopf sitzt in der Blase, der (Pfeifen-)Stiel ragt in die Harnröhre hinein. P. entsteht manchmal nach ↑Prostatektomie, wobei nichtresorbiertes Nahtmaterial den prim. Steinkern bildet. [24]

Pfeifer, Richard Arwed (1877–1957), Hirnforscher, Leipzig. ↑Angioarchitektonik des Gehirns. [34]

Pfeifer, Victor (1846–1921), deutscher Arzt.

P.-Weber-Christian' Krankheit = relapsing febrile nodular non suppurative panniculitis: nichteitrige Entzündung des subkutanen Fettgewebes unbekannter Ursache; geht mit umschriebenen Nekrosen des Fettgewebes einher, die nach bindegewebiger Ausheilung zur Ausbildung tastbarer Knoten führen; begleitet von rekurrierendem Fieber; ↑Panniculitis. [5]

Pfeiffer, Emil (1846–1921), Internist, Wiesbaden.

P' Drüsenfieber: infekt. ↑Mononukleose. [11]

Pfeiffer, Richard (1858–1945), Bakteriologe, Hygieniker, Königsberg, Breslau. Entdeckte 1896 die Bakteriolysine, spezif. Stoffe, die bei einer Infektion im Serum des Blutes auftreten, die den Krankheitserreger selbst vernichten können. Entdecker der ↑Influenzabakterien. [53]

P' Versuch (1896): zum Nachweis von Bakterien, insbes. Choleravibrionen im Tierexperiment. Spezif. Antiserum bewirkt nach Meerschweinchen-i.p.-Applikation eine Bakteriolyse der gemeinsam applizierten Bakterien. Im Kontrolltier bleibt die Bakteriolyse aus; Tod des Tieres. Methode durch ↑Agglutination in vitro ersetzt. [40]

P.–Kolle-Impfstoff: inaktivierter, parenteral zu applizierender Impfstoff gegen Typhus (Pfeiffer u. Kolle 1896) bzw. Cholera (Kolle 1897). [40]

Pfeiler|naht ↑Czerny' Pfeilernaht. [18]

~resektion: bes. Form der ↑Thorakoplastik nach v. Czerny. Zur Verkleinerung einer Brustraumhälfte werden aus den oberen Rippen mehr oder weniger ausgedehnte Knochensegmente reseziert. Zusätzlich kann noch eine Durchtrennung des Knorpelansatzes der gleichen Rippen am Brustbein erfolgen. [18]

Pfeil|gifte: auf der Jagd u. im Krieg von Eingeborenen trop. u. subtrop. Länder verwendet; in Südamerika Curare, in Afrika Samen von Strophanthus-Arten, Extrakte aus Adenium-Arten, Acocanthera-Arten, Calotropis procera, Euphorbia dinteri; in Indonesien Antiaris toxicaria u. Strychnin. [8]

~naht: Sagittalnaht; Schädelnaht zwischen den beiden Scheitelbeinen. [1]

Pferde|enzephalitis: durch Arboviren der Gruppe A hervorgerufene ↑Virusenzephalitis in Nord- u. Südamerika. [40]

~fuß ↑Pes equinus. [23]

~kraft: *Abk PS;* 1 PS = 75 mkps^{-1}, in der Technik vielbenutzte Leistungseinheit; jetzt durch Watt (W) ersetzt, wobei 1000 W = 1,36 PS sind. [8]

Pflaster *n* = Emplastrum: zum äußerlichen Gebrauch bestimmte Arzneizubereitungen. Ihre Grundmasse enthält Bleisalze von Fettsäuren, teilweise im Gemisch mit Ölen, Wachsen oder Harzen. Die Zumischung von Harzen verleiht der Grundmasse klebende Eigenschaften (Heftpflaster, Emplastra adhaesiva). Bleifreie Pflaster mit klebenden Eigenschaften werden durch den Zusatz von Kautschuk hergestellt (Kollemplastra). [44]

Pflaumer, Eduard (1872–1957), Urologe, Erlangen, Nürnberg.

P' Katheter: graduierter Weichgummiharnleiterkatheter von 7–12 Charr. als Verweilkatheter (↑Schienenkatheter) geeignet, der mit Mandrin (Katheterspanner) armiert eingeführt wird.

P' Troikart (P' Punktionsfistelgerät): Spezialtrokar zum Anlegen einer suprapub. Blasenfistel.

P' Woodruff-Katheter: kurzer kon. Harnleiterkatheter, der nur wenig ins Ostium eingeführt wird, erlaubt von „unten" ein „oberes"

Füllungsbild anzufertigen; ↑Pyelogramm. [24]

Pflegeheim: Einrichtung des Gesundheits- u. Sozialwesens der DDR für die Versorgung u. Betreuung der Personen (nach vollendetem 18. Lebensjahr), die infolge phys. oder psych. Schäden einer dauernden pfleger. Betreuung u. ärztlicher Überwachung bedürfen. [48]

Pflegschaft: bei Tauben, Blinden u. anderen Personen, die zwar mündig sind, infolge körperlicher Gebrechen jedoch ihre Angelegenheiten nicht besorgen können, kann vom Gericht mit Einwilligung des Pfleglings nach § 1910 BGB ein Pfleger für die Person u. das Vermögen eingesetzt werden. [53]

Pflüger, Eduard Friedrich W. (1829–1910), Physiologe, Bonn.

P' Zuckungsgesetz (1859): reizt man in einem Nervenmuskelpräparat oder, beim Menschen von der Hautoberfläche, den zum Muskel führenden Nerven mit zwei Elektroden, einer muskelnahen u. einer muskelferneren Elektrode, so entsteht bei Schließung des Stromes eine Erregung unter der Katode u. bei Öffnen des Stromes eine Erregung unter der Anode. Wenn die Anode die muskelnähere Elektrode ist (aufsteigende Stromrichtung), so kann sie bei Schließung eines stärkeren Stromes die von der muskelferneren Katode ausgehende Erregung blockieren, so daß keine Zuckung erfolgt. Nur bei schwachen u. mittleren Strömen wird die katod. Erregung durchgelassen u. es erfolgt die Stromschließungszuckung. Die Stromöffnungszuckung bei muskelnaher Anode (Anodenöffnungszuckung) tritt auf, wenn mittlere u. stärkere Ströme angewendet werden. Bei umgekehrter Anordnung der Elektroden (Katode muskelnahe, absteigende Stromrichtung) führt die Schließung des Stromes immer zu einer Zuckung, da der Anodenblock nicht zwischen Katode u. Muskel liegt. Wird der Strom geöffnet, so ist bei schwachem Strom noch keine Anodenöffnungserregung zu erhalten, wohl aber bei mittleren Stromstärken (Zuckung erfolgt). Bei stärkeren Strömen verhindert ein Katodenöffnungsblock die Weiterleitung der Anodenöffnungserregung zum Muskel (Zuckung bleibt aus). Die Veränderung oder Umkehr der Zuckungsformel weist auf Schädigungen des Nerven hin; ↑Entartungsreaktion. [7]

Pflugfräse (Borchardt): elektr. Bohrer, der schräg am Schädelknochen angreift, um diesen zu durchschneiden. [18]

Pfortader = Vena portae: große in die Leberpforte (Porta hepatis) eintretende Vene, die das Blut aus dem Magen-Darm-Kanal, der Milz u. der Bauchspeicheldrüse sammelt u. hier von den im Darm resorbierten Nahrungsstoffen die Eiweiße u. Kohlenhydrate abtransportiert. [1]

~entzündung ↑Pylephlebitis. [9]

~hochdruck ↑Pfortaderstauung. [1]

~kreislauf: venöses, von den unpaaren Eingeweiden der Bauchhöhle (Magen, Darm, Milz, Pankreas) kommendes, vorwiegend klappenloses, funktionell einheitliches Gefäßsystem, das in die V. portae mündet u. über diese das Blut der Leber zuführt. [5]

~stauung: Pfortaderhochdruck; durch intrahepat. (z. B. Leberzirrhose) oder extrahepat. (komprimierende Tumoren, Thrombose) Faktoren bedingte Abflußbehinderung des Pfortaderblutes. Plötzlicher Verschluß führt in der Regel zum Tod. Bei allmählicher Strombahnbehinderung erweitern sich die Wurzelgefäße u. deren Anastomosen, so daß unter Umgehung der Leber ein Kollateralkreislauf zustande kommt: Entwicklung von ↑Ösophagusvarizen u. ↑Hämorrhoiden (Blutung!). Bes. bei intrahepat. bedingter Stauung kann das Blut über die in der Chorda ductus venosi gelegene, nicht völlig obliterierte V. umbilicalis zum Nabel u. über die Vv. adumbilicales, Vv. epigastricae superficiales der oberen bzw. unteren Hohlvene zugeleitet werden. Die sich konzentr. um den Nabel erweiternden Kollateralen ähneln bisweilen dem mit Schlangen besetzten Medusenhaupt, daher ↑Caput medusae. – In das Pfortadervenensystem ist die Milz nach Art eines Kreislauf u. Venendruck regulierenden funktionellen Sicherheitsventils eingeschaltet, das bei anhaltender Stauung infolge Stauungsinduration u. ↑Sinushyperplasie (Milztumor!) versagt. Weiterhin treten Darmwandödem u. Aszites auf. Diesen Zustand bezeichnet man als hämodynamische ↑Milzdekompensation (Ewerbeck). [18]

~system der Hypophyse: kleine weitlumige, klappenlose Venen, die zwischen Kapillarnetze des Hypophysenstiels u. Sinuskapillaren des Vorderlappens eingeschaltet sind u. starke Kollateralverbindungen aufweisen. [1]

~thrombose ↑Pylephlebitis. [18]

~verschluß: durch Tumoreinbruch (Leber-, Pankreas-, Gallenblasen- u. -gangskarzinom, Metastasen in periportalen Lymphknoten) oder ↑Pylethrombose bedingte Verlegung der V. portae. Bei Verschluß von Pfortaderästen u. gleichzeitiger Herzschwäche bilden sich keilförmige, sog. ↑Zahn' Infarkte (rote Infarkte) in der Leber. [5]

Pfötchenstellung: Beugung in den Hand- u. Ellenbogengelenken, meist kombiniert mit ↑Geburtshelferstellung der Hand. Vorkommen bei ↑Tetanie im Anfall u. durch Stauung des Oberarms (Trousseau). [9]

Pfriemenschwänze: Darmschmarotzer aus der zu den Nematoden gehörenden Wurmfamilie Oxyuridae; z. B. ↑Madenwurm. [58]

Pfropfbastard: Pfropfhybrid; durch Pfropfung erzeugter Mischling bes. bei Pflanzen; vegetative ↑Hybridisation; ↑Mitschurin. [3]

Pfropfschizophrenie: „Aufpfropfung" einer schizophrenen Psychose auf ↑Oligophrenie. Differentialdiagnose gegenüber recht häufigen reaktiv psychot. Komplikationen der Oligophrenie kann schwierig sein. [34]

Pfropfung: 1. nach W. Braun bes. Methode der Hauttransplantation zur Überhäutung von Hautdefekten; ↑Transplantation; 2. künstliche Vereinigung von Teilen verschiedener Individuen mit verschiedenen Eigenschaften, bes. bei Pflanzen (vegetative ↑Hybridisation) u. bei entwicklungsmechan. Experimenten an Tieren (Transplantation). [18]

Pfundnase ↑Rhinophym. [43]

***p*H od *p*H** Kurzbezeichnung für den Meßwert der ↑Wasserstoffionenkonzentration. [54]

Phag-Typ ⟨*griech*⟩: besser Syn. ↑Lyso-Typ. [41]

Phagedaena ⟨*griech*⟩ *f:* fortschreitendes Geschwür, bes. im Genitalbereich; ↑Ulcus phagedaenicum. [43]

Phagedänismus ⟨*griech*⟩: nur noch beim trop. Phagedänismus (Ulcus tropicum, ↑Aleppo-Beule) angewandte Bezeichnung für fortschreitende Geschwüre. [43]

Phagen ⟨*griech*⟩ *m, Pl* ↑Bakteriophagen. [39]

Phago|karyose ⟨*griech*⟩ *f:* Aufnahme von Fett in den Zellkern.

~lysomen *n, Pl* ↑Phagosomen.

~somen *n, Pl:* Syn. Phagolysomen; in die Zelle aufgenommenes, sich in verschiedenen Stadien des Abbaus befindliches Material, das von einer Membran umgeben wird. Zum Abbau werden möglicherweise aus den ↑Lysosomen stammende hydrolyt. Enzyme verwendet. [6]

Phagozyten ⟨*griech*⟩ *m, Pl:* Makrophagen, welche bes. leicht fremde Körperchen, Erreger, andere Zellen usw. aufnehmen. Beim Menschen bes. die Retikuloendothelien u. die von ihnen stammenden Monozyten, in geringerem Grade die Neutrophilen (Mikrophagen). [11]

~theorie: von Metschnikow (1883) erkannte Bedeutung der Mikrophagen u. Makrophagen für die unspezif. Abwehrmechanismen des Körpers. [40]

Phagozytose ⟨*griech*⟩ *f:* Aufnahme von belebten u. unbelebten Bestandteilen in die Zelle. Dabei stülpen sich die Zellausläufer vor u. umhüllen das Material, das dann in das Zellinnere einverleibt wird; ↑Pinozytose; (hämatolog.) diagnost. wichtiges Auftreten von Phagozyten (z. B. ↑Monomakrophagozytose) in Blut, Exsudaten, Darminhalt, Urin; Bakterien werden durch die granulierten Leukozyten aufgenommen u. unschädlich gemacht. [6, 11]

Phakomatosen ⟨*griech*⟩ (van der Hoeve) = Neurokutane Syndrome (Koch): Überbegriff, ursprünglich für tuberöse Hirnsklerose u. Neurofibromatosis Recklinghausen; später von van der Hoeve auf die Lindau' Krankheit (1933) u. das Sturge–Weber' Syndrom (1937) erweitert. Heute als umfassende Bezeichnung für angeborene Krankheiten mit Mißbildungen an Gehirn, Augen u. Haut benutzt.

Phalanx ⟨*griech*⟩ *f:* Bezeichnung für den einzelnen Finger- bzw. Zehenknochen; *Adj* phalangicus zum Finger- oder Zehenknochen gehörend. [1]

Phalloidin: hochtox. Inhaltsstoff des ↑Knollenblätterpilzes, chem. ein dizykl. Heptapeptid. [44]

Phalloplastik ⟨*griech*⟩ *f:* plast. urolog. Operation(en) zur Rekonstruktion des durch Unfall, Schußverletzung oder Amputation zu Verlust gegangenen Penis. [24]

Phallus ⟨*griech*⟩ *m* = Penis ⟨*lat*⟩ *m:* männliches Glied. [1]

Phänogenetik ⟨*griech*⟩ *f:* Arbeitsrichtung, die versucht, die von einem bekannten Gen abhängige Merkmalsbildung bis zur phänokrit. Phase zurückzuverfolgen, d. h. bis auf die Stadien, in denen die Entwicklung verschiedener Allele different wird. [3]

Phänokopie ⟨*griech, lat*⟩ *f:* Nachbildung eines bekannten Genotyps durch exogene Faktoren. [3]

Phänologie ⟨*griech*⟩ *f:* Lehre vom Eintreten einzelner Entwicklungsphasen an der Pflanze oder auch beim wildlebenden Tier in Zusammenhang mit dem Wetter. [13]

Phänomen ⟨*griech*⟩ *n:* Erscheinung, Zeichen. [9]

Phänomenologie ⟨*griech*⟩ ↑Symptomatologie. [9]

Phänotyp ⟨*griech*⟩: Erscheinungsform des Organismus als Ergebnis des Zusammenwirkens von Genotyp u. Umwelt. [3]

Phantasieren ⟨*griech*⟩: Verknüpfung von Vorstellungselementen, auch unter Einbeziehung des abstrakten Denkens u. des Gedächtnisses, zu neuen Vorstellungskomplexen u. Gedanken. Oft Grundlage schöpfer. Tätigkeit (z. B. Phantasieren im reinen Denken, in der Mathematik, in der Kunst), bes. wenn es auf die Realität bezogen ist (Goethes „hervorbringende Einbildungskraft mit möglicher Realität"). Hingegen kann das realitätsferne Phantasieren, exzessiv beim sog. Wachtraum, psychopatholog. Bedeutung gewinnen. Dazu gehört die ↑Pseudologia phantastica (Form der Psychopathie), krankhaft bei Bewußtseinstrübung, im Fieber, im epilept. Dämmerzustand, bei anderen organ. begründbaren Psychosen; auch die bizarren

Wahngedanken, „Wahnspielereien" der Schizophrenen sind Zeichen lebhaften Phantasierens. [34]

Phantasma ⟨*griech*⟩ *n:* Bezeichnung für opt. Sinnestäuschung, Trugbild. [34]

Phantasmie ⟨*griech*⟩ *f* (Ziehen) ↑Pseudohalluzination. [34]

Phantom ⟨*griech, frz*⟩ *n:* 1. Trugbild, eine Sinnestäuschung, wie sie z.B. zu verzeichnen ist, wenn der Betreffende Berührungs-, Druck- oder Schmerzempfindungen in einem Gliedmaßenteil erlebt, über den er in Wirklichkeit gar nicht verfügt, sog. ↑Phantomglied (Phantomschmerz) bei Amputierten; 2. Nachbildung von Teilen des Körpers oder Organen, die z.B. in der Frauenheilkunde beim Unterricht von Wichtigkeit ist, um die Lernenden bei der Ermittlung der Fruchtlage anzuweisen. Derartige Phantome werden auch in der Sinnesphysiologie benutzt, um z.B. Druckreizorte auf der Haut aufzuzeigen. [7]

~glied: schon Descartes hat auf die „Illusion der Amputierten" hingewiesen, später haben Ambroise Paré (französ. Kriegschirurg des 16. Jahrh.) u. Weir–Mitchel das Phänomen genauer studiert. Man versteht darunter die Tatsache, daß Arm- u. Beinamputierte das abgesetzte Glied noch mit mehr oder minder ausgeprägtem Leibhaftigkeitscharakter erleben, ohne indessen (abgesehen etwa unmittelbar nach dem Erwachen aus dem Schlaf) über die mangelnde Objektivität dieses Erlebnisses im unklaren zu sein. In der Regel sind die distalen Partien (Hand u. Finger, Fuß u. Zehen) stärker im Bewußtsein vertreten als die proximalen, wohl infolge der ausgedehnten, kortikalen Repräsentation dieser Gliedabschnitte; das meist verkleinerte Phantomglied rückt oft an den Stumpf heran. Der Betroffene fühlt (bei entsprechenden Bewegungsintentionen) das Glied sich bewegen, kann seine jeweilige Stellung im Raum angeben, empfindet Berührung, Wärme oder Kälte, Schmerzen (↑Phantomschmerz) in dem Phantomglied. Die Theorie der Erscheinung ist noch immer nicht völlig geklärt; Reizungen in der Peripherie, also an der Absetzungsfläche (Stumpfneurome), dürften für die Erklärung nicht hinreichend sein.

~schmerz: schmerzhafte Sensationen im ↑Phantomglied bei Amputierten. [33]

Phäochromoblastom ⟨*griech*⟩ *n:* Syn. für malign. Variante des ↑Phäochromozytoms. [5]

Phäochromozytom ⟨*griech*⟩ *n:* aus den spezif. Zellen des Nebennierenmarkes entstehende Geschwulst, die mit Chromsalzen anfärbbar ist u. histolog. eine auffallende Vielgestaltigkeit ihrer Zellen aufweist. Die hormonell aktive Geschwulst gibt anfallsweise oder kontinuierlich Adrenalin in den Kreislauf ab. Klin. paroxysmale oder Dauerhypertonie bei Hyperglykämie sowie Symptome u. Organveränderungen wie bei essentieller Hypertonie; P. gibt es auch im Bereich des sympath. Nervensystems, dann in der Regel hormonell inaktiv. Das P. der Nebenniere tritt ein- oder doppelseitig auf, kann bis faustgroß werden, maligne entarten u. Metastasen setzen. [5]

Phäoderm ⟨*griech*⟩ *n* (Siemens): verdickte Hornschicht, die durch Austrocknung dunkler gefärbt ist. [43]

Phäohämin b: ein Eisenporphyrin; entsteht aus einem Chlorophyllderivat, dem Phäophorbid b, durch Einführung von Eisen. Seine Absorptionsbanden ähneln dem Hämin des Atmungsenzyms u. dem Spirographishämin. [8]

Pharaoameisen: Monomorium pharaonis, eine aus warmen Ländern in Fernheizungsanlagen u. Krankenhäuser eingeschleppte Art. Als Hygieneschädling gefürchtet (kriecht in Säuglingsbetten, unter Gipsverbände usw., überträgt pathogene Keime). Länge der Arbeiterinnen 2 mm. Sichere Bekämpfung z.B. in Krankenhäusern nur durch Leberköderung u. Zusatz eines Arsenpräparates. [58]

Pharmacopoea internationalis ⟨*griech, lat*⟩ *f:* von der World Health Organisation herausgegebene Pharmakopoe, die wichtige, international verwendete Arzneimittel umfaßt. Die P.i. hat jedoch in der BRD u. DDR keinen amtlichen Charakter. [44]

Pharmako|dynamik ⟨*griech*⟩: Lehre von den Wirkungen der Arzneimittel im Organismus.

~genetik: Lehre von den erblichen Formen der Arzneimittelreaktionen.

~gnosie: Bestimmungs- u. Erkennungslehre der Drogen.

~logie: Lehre von den Arzneimitteln, ihrer Struktur, Wirkung im Organismus, Abbau u. Ausscheidung.

~kinetik: beschreibt den Blutspiegel von Pharmaka unter Berücksichtigung von Dosis, Resorption, Elimination u. Proteinbindung.

~manie: Arzneimittelsucht; ↑Sucht. [44]

Pharmakon, Pharmaka ⟨*griech*⟩ *n:* Arzneimittel. [44]

Pharmakopoë ⟨*griech*⟩ *f:* Arzneibuch; Verzeichnis der offizinellen Arzneimittel. Die P. entwickelte sich aus den „Antidotarien u. Dispensatorien" der Apotheken des Mittelalters, die Sammlung von Vorschriften über Herstellung u. Beschaffenheit von Arzneimitteln darstellten. Die deutsche P., das Deutsche Arzneibuch, 7. Ausgabe (DAB 7) ist seit dem 1.1.67 (DDR), bzw. 1.1.69 (BRD) gültig u. wurde unter Einbeziehung der Nachträge als Neudruck wieder verlegt. Es enthält Monographien, allgemeine Bestimmungen u. Anlagen. [44]

Pharmakopoles ⟨*griech*⟩ *m, Pl:* Arzneimittelhändler im Altertum, eine Art Vorfahren der Drogisten. [53]

Pharmakotherapie ⟨*griech*⟩: Lehre von der medikamentösen Behandlung von Krankheiten. [44]

Pharmazeut ⟨*griech*⟩ *m:* Wissenschaftler auf dem Gebiet der ↑ Pharmazie, Apotheker. [44]

Pharmazie ⟨*griech*⟩: ursprünglich die Kunst, Arzneimittel herzustellen. Heute allgemein als Wissenschaft von der Herkunft, Herstellung, Prüfung von Arzneimitteln, nicht aber ihrer Pharmakodynamik – ↑ Pharmakologie, sowie den gesetzlichen Bestimmungen über Umgang mit Arzneimitteln. [44]

pharyngeus ✻ **pharyngicus** ⟨*griech*⟩: zum Schlund gehörend. [18]

Pharyngismus ⟨*griech*⟩ ↑ Pharyngospasmus. [28]

Pharyngitis ⟨*griech*⟩: Entzündung der Rachenschleimhaut.

Ph. acuta: akuter Rachenkatarrh. Je nach Lokalisation, wenn auch nicht strenggenommen, da fließende Übergänge bestehen, unterscheidet man neben der Ph. diffusa eine Rhinopharyngitis oder sog. Angina retronasalis mit Beteiligung der Rachenmandel sowie eine Ph. lateralis (Seitenstrangangina).

Ph. chronica: chron. Rachenkatarrh, tritt in zwei Erscheinungsformen auf, 1. Ph. hypertrophica, geht mit Hypertrophie der Schleimhaut u. unter Umständen Wucherungen der Lymphfollikel (Ph. granulosa) einher; 2. Ph. atrophica, durch Schleimhautatrophie gekennzeichnet, wird oft von lästiger Trockenheit des Rachens (Ph. sicca) begleitet.

Ph. sicca: häufig in Staubberufen, auch bei Arbeiten in trockener, heißer Luft, gelegentlich Atrophie der Rachenschleimhaut. [28]

Pharyngo|konjunktivalfieber ↑ Virusschnupfen. [40]

~mykose = Pharyngomycosis leptothricia: chron. Entzündung des Rachens mit kleinen umschriebenen Hyperkeratosen, die als harte, festsitzende weiße Pfröpfe im Bereich des adenoiden Gewebes, vornehmlich an den Gaumenmandeln imponieren. Wegen regelmäßigen Vorkommens von Leptothrixpilzfäden bei dieser Erkrankung wurde sie irrtümlicherweise als Pilzerkrankung aufgefaßt, daher der Name.

~plastik: plast. Deckung von Schleimhautlücken des Schlundes.

~rhinoskopie = Rhinoscopia posterior.

~spasmus: Krämpfe der Schlundmuskulatur bei allgemeiner Nervosität, seltener bei Tetanus u. Lyssa sowie bei Tumoren u. Entzündungen in der Nachbarschaft. [28]

~tomie ✻ **Pharyngotomia:** operative Eröffnung des Pharynx; Pharyngotomia subhyoidea, operative Eröffnung des Schlundes von einem Querschnitt aus, dicht unterhalb des Zungenbeins. Andere Formen sind Ph. supra-, trans- u. subhyoidea lat.

~zele: Pulsionsdivertikel (Zenker' Divertikel), bruchsackartige Ausstülpungen der Pharynxhinterwand zwischen den Muskelfasern des M. constrictor pharyngis. [28]

Pharynx ⟨*griech*⟩ *m* u. *f:* der Schlund oder Rachen, liegt unmittelbar hinter der Nasenhöhle, Mundhöhle u. dem Kehlkopfeingang, wird dementsprechend in Epi-, Meso- u. Hypopharynx eingeteilt.

~krisen: schmerzhafte Anfälle von Schluckkrämpfen u. Spasmen im Bereich des Schlundes bei Tabes dorsalis.

~tonsille ↑ Rachenmandel. [28]

Phasen ⟨*griech*⟩ *f, Pl:* 1. (physikal.) homogene (d. h. in allen ihren Teilen physikal. gleichartige), durch scharfe Trennungsflächen abgegrenzte, opt. unterscheidbare, mechan. trennbare Zustandsformen der Stoffe, z. B. Wasser, Wasserdampf u. Eisbrocken, in einem abgeschlossenen Behälter. Ist ein Stoff in einem anderen mehr oder weniger fein verteilt, so spricht man von einer dispersen Phase in einem Dispersionsmittel, z. B. Luft als Dispersionsmittel u. Wassertröpfchen als flüssige Phase, wie im Nebel, oder feste Substanzen in Luft wie im Rauch, Fett in Wasser bei einer Emulsion usw.; [54] 2. Zeitabschnitt oder Entwicklungsstufe im Ablauf von Krankheitsvorgängen; [18] 3. Übergangsstufen bei der Vertiefung von Hirnrindenzellen (so beim Zustandekommen von ↑ Schlaf u. Hypnose). Als solche unterschied Pawlow hauptsächlich drei Stadien: die ausgleichende, die paradoxe u. die ultraparadoxe Phase. In der ersten wirken alle Reize, unabhängig von ihrer Intensität gleich stark; in der zweiten ist die Wirkung der schwachen Reize größer als die starker Reize; in der dritten erzielen die Reize, die zuvor hemmende Wirkung ausgelöst haben, pos. Wirkung u. umgekehrt. Man spricht auch von Phasenzuständen. [35]

Phase, präallergische *f:* die Zeit, die zwischen Infektion u. Auftreten der Allergie liegt. – Bei Tbk-Schutzimpfung bedeutungsvoll, da in der Zeit nach der Impfung mit BCG vor Eintritt der Allergie eine virulente Infektion noch möglich ist. Beträgt etwa 6 Wochen. [15]

Ph., refraktäre: diejenige Zeit, in der ein irritables Gewebe nach Setzen eines Reizes auf einen neu hinzukommenden Reiz nicht antwortet, da die vorangegangene Erregung noch nicht abgeklungen ist. Man unterscheidet eine absolute u. eine relative r. Ph. In der absoluten erweist sich kein Reiz wirksam, selbst wenn er noch so stark ist. In der relativen Phase führt ein erheblich verstärkter Reiz zu einem, wenn auch schwächeren Erfolg als in der Norm.

irritables Gewebe	refraktäre Phase in ms
Skelettnerv	0,4– 0,5
Skelettmuskel	2,0– 3,0
Sinnesnerven (Hörnerv)	1,0
Rückenmark	15 –100
Herz des Menschen	300 –500

[7]

Phasen|analyse (Heckmann): bei der P. werden zeitlich übereinstimmende Punkte der Elektrokymogrammkurven auf eine Pause der Röntgenaufnahmen des Herzens übertragen u. zu Isophasen verbunden. Sekundärbewegungen (Rotation, Pendelung) werden dadurch eliminiert u. das Kurvenbild auf die Pulsationen reduziert. [26]

~chromatographie, umgekehrte: selten benutzte Form der Chromatographie, bei der ein festes Adsorbens durch eine Lösung des zu analysierenden Gemisches hindurchgeführt wird. [54]

~kontrastverfahren: mikroskop. Verfahren zur kontrastreichen Sichtbarmachung ungefärbter toter u. lebender Objekte. Das durch das Objekt (phasenverzögerndes Objekt) fallende Licht wird von diesem teilweise gebeugt, teilweise ungebeugt hindurchgelassen. Das gebeugte Licht wird in seiner Phase gegenüber dem ungebeugten verzögert. Das Objektiv des Mikroskopes sammelt das durch die Größe der Apertur begrenzte Licht infolge der Beugung nicht mehr in seinem Brennpunkt, sondern es entstehen in der Brennpunktebene Beugungsmaxima u. -minima. Da die Beugungsmaxima von kohärentem Licht gebildet werden, kommt dieses nach der Abbe' Theroe der Abbildung im Mikroskop in dem dahinterliegenden Bildraum zur Interferenz. Es entsteht so das sek., durch das Okular u. Auge erfaßte Bild. Da nun die Phasenverzögerung im Auge keinen Eindruck hinterläßt, sondern nur – außer der Wellenlänge – die Amplitude der Lichtwelle, entwickelte ↑Zernike, Groningen, das Ph., mit dem man die Phasenverzögerung in eine Amplitudenverkürzung umwandelt. Es wird in die Brennpunktebene (prim. Bildebene nach Abbé) ein Phasenringplättchen eingelegt, das nur das ungebeugte Licht, d.h. das Hauptmaximum, überdeckt, nicht aber die durch die Beugung entstandenen Nebenmaxima. Dadurch werden die Phasenunterschiede der Nebenmaxima mit dem Hauptmaximum aufgehoben. Es erfolgt nunmehr im hinteren Bildraum die Interferenz der durch das Hauptmaximum u. durch die Nebenmaxima gehenden Lichtwellen, die sich nicht mehr in der Phase, wohl aber in der Amplitude unterscheiden. Mit dieser Phasengleichmachung im prim. Bild u. dem nebenher bedingten, in einem Vektordiagramm klar darzustellenden Auftreten der Amplitudenunterschiede wird ein kontrastreicheres Bild erzeugt, als vorher entstehen konnte. Zur Trennung der Beugungsmaxima trägt wesentlich die Ringblende im Kondensor bei. Sie erzeugt auf das Objekt schräg auffallendes Licht, das stärker gebeugt wird als senkrecht auffallendes. Zur Vermeidung der Farbringe durch Beugung weißen Lichtes wird ein Grünfilter eingeschaltet. Die erste fabrikmäßig hergestellte brauchbare Einrichtung wurde 1940 von W. Loos (C. Zeiss, Jena) herausgegeben. [41]

Phe: *Abk* für ↑Phenylalanin. [8]

Phelps, Abel M. (1851–1902), Orthopäde, Vermont, USA.

P' Operation: Klumpfußoperation; offene Durchtrennung aller die Redression des Klumpfußes hindernden Weichteile im Bereich des inneren Knöchels (Faszie, Sehnen, Gelenkbänder, Kapsel).

P' Stehbett: Reklinationsbett zur entlastenden Ruhigstellung bei Spondylitis. [15]

P.-Gocht' Apparat: Osteoklast; er dient zum Einrichten von Fersenbrüchen, schlecht geheilten Knöchelbrüchen u. zur Osteoklasie winklig verheilter Brüche der Röhrenknochen. [23]

Phenanthren *n:* aromat. dreizykl. Kohlenwasserstoff von der Formel $C_{14}H_{10}$; Grundstoff einiger Opiumalkaloide (Morphin u. a.) sowie terpenartiger Verbindungen (Fichtelit, Abietinsäure). [16]

Phenazetin *n:*

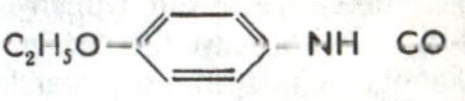

Azetphenetidin; Analgetikum, Antipyretikum; außerdem besitzt P. leichte sedative bzw. hypnot. Wirkungen. Bei chron. Gaben kann eine Intoxikation eintreten, deren Symptome Methämoglobin- bzw. Verdoglobinbildung, Somnolenz, Schweißausbruch usw. sind, ebenso kann es zur Nierenschädigung im Sinne einer interstitiellen Nephritis kommen. [44]

Phenazetursäure: mit Glykokoll „gepaarte" Phenylessigsäure, die enzymat. in der Leber unter Wasseraustritt entsteht u. im Harn ausgeschieden wird. [8]

Phenazon□: Phenyldimethylpyrazolon, Analgetikum, Antipyretikum, Antirheumatikum; Nebenwirkungen sind Agranulozytose, Exantheme, angioneurot. Ödeme; jetzt ersetzt durch das Aminophenazon. [44]

Phenazothioniumsalze ↑Thiazine. [8]

Phenetidin: Grundstoff verschiedener Antipyretika, z. B. ↑Phenazetin. [44]

Phenformin: 1-Phenaethyl-biguanid. Orales Antidiabetikum. D Bretard, Dipar®.

Phenobarbital(um□) *n:* internationale Bezeichnung für ↑Phenyläthylbarbitursäure (Luminal®). [44]

Phenobutiodil□: α-(2,4,6-Trijodphenoxy)-buttersäure; orales Gallenblasenkontrastmittel. Überempfindlichkeitsreaktionen gegen Jod können auftreten. [44]

Phenol ⚹ **Phenolum** DAB 7 *⟨griech, lat⟩ n:* C_6H_5OH, wurde 1834 von Runge im Steinkohlenteer entdeckt u. als Karbolsäure bezeichnet, da das phenol. Hydroxyl saure Eigenschaften besitzt. P. wurde von Lister 1865 zur antisept. Wundbehandlung eingeführt. Grundlage für verschiedene Desinfektionsmittel. In niedriger Konzentration (0,25–0,50%) für bestimmte Sera u. Impfstoffe gebräuchlich. Es dient als Ausgangsmaterial für zahlreiche Harze u. Lacke, künstliche Gerbsäure, Pharmazeutika, Farbstoffe u. Mittel zur Schädlingsbekämpfung. Bei der Eiweißfäulnis im Darm entsteht P., das dann als Schwefelsäureester u. als Glukuronid ausgeschieden wird. [8]

Ph. cristallisatum: farblose bis rosastichige, kristalline Masse von charakterist. Geruch. Die Substanz färbt sich an der Luft allmählich rosa. Dient zur Herstellung von Phenolum liquefactum. [38]

Phenoloxydasen: Polyphenoloxydasen; in die Gruppe der Oxydasen gehörende Enzyme, die die Oxydation von ein- u. mehrwertigen Phenolen bewirken. Ph., die kupferhaltige Proteide darstellen, sind bes. im Pflanzenreich (Kartoffel, Pilze, Obst) verbreitet; hierher gehört z. B. die Tyrosinase, die das Tyrosin über 3,4-Dihydroxyphenylamin („Dopa") zum Chinon oxydiert, das in noch nicht bekannter Weise in Folgereaktionen (Polymerisation) zum braunschwarzen bis schwarzen Melanin führt; Melanine sind die dunkelbraunen Pigmentierungen bei Pflanze u. Tier (Haut, Haare, Harn-Melanurie). „Phenolasen" stellen sog. „mischfunktionelle" Oxydasen dar. [16]

Phenolpapier: mit Phenol getränktes Fließpapier; zum Nachweis von Eisen, mit dem Phenol u. andere aromat. Hydroxyverbindungen farbige Komplexe bilden. [44]

Phenolphthalein: Kondensationsprodukt aus Phthalsäureanhydrid u. Phenol von der Formel $C_{20}H_{14}O_4$. Verwendung als Indikator (im sauren Gebiet farblos, im alkal. rot; Umschlagsbereich *p*H = 8,2–10); als Abführmittel benutzt. [16]

Phenolphthalin: Reduktionsprodukt des ↑Phenolphthaleins. [16]

Phenolrotprobe (Shannon, J. A., 1935): Nierenfunktionsprüfung. Methodik: Pat. trinkt morgens 1 l dünnen Tee, anschließend nach völliger Blasenentleerung 6 mg Phenolsulfonphthaleinlösung i. v.; 15 min später sind beim Gesunden 40% des Farbstoffes durch die Nierentubuli ausgeschieden. Geringere Ausscheidung bei Funktionsstörung, z. B. infolge Mangeldurchblutung, verring. Farbstoffangebot an die Tubuluszellen oder infolge tubul. Schädigung verring. Exkretion. [24]

Phenolschwefelsäure: Ester des Phenols mit Schwefelsäure, der als Alkalisalz ausgeschieden wird. Die Paarung erfolgt hauptsächlich in der Leber. [8]

Phenolvergiftung: konzentriertes Phenol führt lokal zu charakterist. Verätzungen der Haut u. Schleimhäute; 5%ige Lösungen wirken erst nach längerer Einwirkung ätzend. Für Vergiftungen sind charakterist. Störungen von seiten der Nieren, des Zentralnervensystems u. des Kreislaufs. Wichtigste Symptome sind Erregung, Delirien u. Bewußtlosigkeit mit Kreislaufversagen u. Lähmung der Atmung. [8]

Phenothiazin: Grundkörper verschiedener Antihistaminika u. Neuroplegika, z. B. ↑Chlorpromazin, in der Veterinärmedizin als Wurmmittel wichtig. [44]

Phenotypic mixing *⟨engl⟩*: phänotyp. Verhalten von Viren, bei denen sich Genom u. Proteinhülle unterscheiden. [50]

Phenoxymethylpenicillin: Penicillin-V-Kalium. Antibiotikum. Beromycin®, Isocillin®, Oratren®.

Phenprocoumon: 4-Hydroxy-3-(1-phenylpropyl)-cumarin. Vitamin K, Antagonist Marcumar®.

Phentermin: α,α-Dimethyl-phenaethylamin. Appetitzügler, Sympathikomimetika. Mirapront®.

Phenylgruppe: einwertiges Radikal des Benzols, C_6H_5; von ihm leiten sich überaus zahlreiche aromat. Verbindungen ab. [8]

L-(–)-Phenylalanin: α-Amino-β-phenyl-propionsäure, essentielle Aminosäure, Vorkommen zu 7% im Globin des Hämoglobins u. im Serumalbumin. D-Phenylalanin ist Bestandteil des Antibiotikums Gramicidin S. – Die Biosynthese (E. coli) geht vom Erythrose-4-phosphat u. Phosphoenolpyruvat aus. – Der Säugetierorganismus kann P. nicht synthetisieren, er oxydiert aber P. zu Tyrosin. Der Abbau erfolgt über Tyrosin zur Azetessigsäure. – P. kann auch oxydativ zu Phenylbrenztraubensäure desaminiert werden, diese wird bei ↑Phenylketonurie vermehrt im Harn ausgeschieden. – Aus P. bzw. Tyrosin werden über Dihydroxyphenylalanin „Dopa" ↑Noradrenalin u. ↑Adrenalin synthetisiert. [8]

Phenyl|alkylamine: Verbindungen, die die charakterist. Strukturen

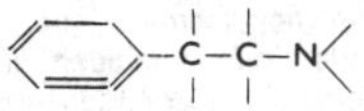

bzw. 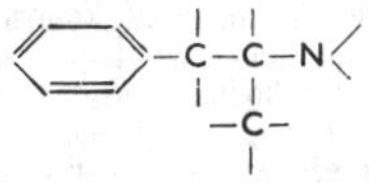

enthalten. In dieser Verbindungsklasse finden sich vor allem zentral- u. kreislaufwirksame Mittel wie Ephedrin●, Benzedrin○, Pervitin○. [44]

~amin: $C_6H_5NH_2$; Aminobenzol; heute ungebräuchliche Bezeichnung für Anilin. [16]

~äthylbarbitursäure: Luminal®; Schlafmittel, das bes. auch auf die subkortikalen Zentren einwirkt. Antiepileptikum u. zur zentralen Dämpfung einer gesteigerten Schilddrüsentätigkeit. [44]

~äthylamin: $C_6H_5{\cdot}CH_2{\cdot}CH_2{\cdot}NH_2$; entsteht durch Dekarboxylierung von ↑Phenylalanin z. B. beim bakteriellen Eiweißabbau. [16]

~azetylharnstoff:

sehr stark wirksames Antikonvulsivum, das aber wegen seiner tox. Nebenwirkungen nur zurückhaltend bei der Epilepsie angewendet werden sollte. [44]

Phenylbrenztraubensäure: Endprodukt des Phenylalaninabbaus bei Phenylketonurie. P. wirkt tox. auf das Gehirn u. führt zu Entwicklungsstörungen u. Schwachsinn. Bei der Phenylketonurie (genet. bedingter Defekt des Enzyms Phenylalanin-4-Hydroxylase) werden Phenylalanin u. dessen Abbauprodukte Phenylbrenztraubensäure u. P. im Harn vermehrt ausgeschieden. Phenylbrenztraubensäure ist Ursache des pos. Ausfalls der ↑Fölling' Probe. P. wirkt als Wuchsstoff. Zu Penicillium-Kulturen zugesetzt, fördert sie die Penizillin-G-Bildung. [8]

~schwachsinn ↑Fölling' Krankheit. [33]

Phenyl|butazon□ (Butazolidin®): 3,5-Dioxy-1,2-diphenyl-4-n-butylpyrazolidin; als Natriumsalz gut wasserlöslich. Guter Lösungsvermittler für ↑Aminophenazon□ (z. B. im Kombinationspräparat Irgapyrin®), besitzt selbst gute analget. u. antiphlogist. Eigenschaften. Hemmt die Ausscheidung von Aminophenazon u. auch die anderer Pharmaka, z. B. von Sulfonamiden. Nebenwirkungen ähnlich wie bei Aminophenazon. [44]

~chinolinkarbonsäure ↑Acidum phenylchinolincarbonicum. [44]

~dimethylpyrazolon(um): Antipyrin○; 1884 entwickeltes Antipyretikum. Es ist wegen seiner intensiven Nebenwirkungen heute nur noch wenig gebräuchlich, stellt aber den Grundkörper einiger gut wirksamer Analgetika u. Antipyretika (Aminophenazon) dar.

~dimethylpyrazolonum salicylicum: Verbindung äquivalenter Mengen von Salizylsäure u. Antipyrin, auch als Fertigpräparat im Handel. Weißes, schwer wasserlösliches Pulver; Antipyretikum, Analgetikum. [44]

~essigsäure: $C_6H_5{-}CH_2{-}COOH$; sie entsteht im Organismus beim Eiweißstoffwechsel, verbindet sich als Abbauprodukt gradzahliger Phenylfettsäuren mit Glyzin zu Phenazetursäure u. wird in dieser Form im Harn ausgeschieden. [8]

~hydrazin: $C_6H_5{\cdot}NH{\cdot}NH_2$; früher bedeutungsvoll als Reagens auf Aldehyde, Ketone u. demgemäß auf Kohlenhydrate. Blutgift, das experimentell zur Erzeugung schwerer tox. hämolyt. Anämien (↑Innenkörperanämie) verwendet wird. Früher auch zur Behandlung der ↑Polyzythämie gebraucht, aber wegen starker Nebenwirkungen verlassen. [11]

~indandion ↑Athrombon. [10]

~ketonurie ↑Fölling' Krankheit; ↑Phenylbrenztraubensäure. [32]

~propionsäure: entsteht im Darm durch Bakterieneinwirkung aus Phenylalanin unter Abspaltung von Ammoniak. [8]

Phenylum salicylicum: Salizylsäurephenylester; weißes, schlecht wasserlösliches Pulver, Dragiermittel, magensaftresistent, bei akutem Gelenkrheumatismus u. Infektionen der Harnwege. [44]

Pherasen, besser Transferasen *f, Pl:* Enzyme, die gewisse Atomgruppen, z. B. die Methyl-, die Aminogruppe, den Phosphorsäurerest usw., von einem Substrat (Donator) auf ein anderes (Akzeptor) übertragen; hierher gehören z. B. die Methylpherasen (Transmethylasen), die Carboxyl- u. die Carbamylpherasen), die Acylpherasen, die Aminopherasen (Transaminasen) usw. Die Pherasen sind wichtige Enzyme des Intermediärstoffwechsels. [16]

Pheromone: Gruppe von Wirkstoffen, die eine humorale Korrelation zwischen den Individuen einer Art vermitteln; Schulbeispiele sind die in bes. Duftdrüsen gebildeten Sexuallockstoffe der Insekten, vom Weibchen ausgesandt, die Männchen anlockend. [16]

Pherone: entsprechend den älteren, allgemeingültigen Vorstellungen über den Bau der Enzyme als zusammengesetzte Verbindung, als „Symplexe", hat man die beiden Konstituenten als „Agone" (Wirkstoffgruppen; Coenzyme) u. „Pherone" (kolloider Träger; Apoenzyme) unterschieden:

Agon + Pheron = Symplex. [16]

Phialide ⟨*griech*⟩ *f:* am Konidienträger gebildetes, flaschenförmiges Myzelstück, von dem die Konidien abgeschnürt werden. [42]

Phialophora: *P. Pedrosoi, P. verrucosa;* Erreger der ↑Chromomykose. [43]

Philadelphiachromosom: Chromosomenaberration im Bereich des langen Armes des akrozentr. Chromosoms 21. Bei der überwiegenden Anzahl der chron. Myelosen in den Blutzellen nachweisbar, wobei Beziehungen zwischen der Chromosomenanomalie u. der fehlenden oder erniedrigten Enzymaktivität der alkal. ↑Leukozytenphosphatase bei dieser Leukose angenommen werden. [11]

Philippiner-Zeichen: ein Kriterium für die Frage der Schulreife. Das Schulkind kann mit der über den Kopf greifenden Hand das Ohr der Gegenseite erreichen. Der Test zeigt an, daß sich der erste Gestaltwandel schon vollzogen hat, der zugleich von tiefgreifenden psych. Veränderungen begleitet ist. [32]

Philtrum ⟨*griech*⟩: in der Mitte der Oberlippe von der Nasenscheidenwand nach abwärts verlaufende Rinne. [28]

Phimose ⟨*griech*⟩: Verengerung der Vorhaut des männlichen Gliedes, so daß diese nicht über die Eichel gleiten kann; meist angeboren, aber auch erworben durch Ulcus molle bzw. durch eine rezidivierende ↑Balanitis. [18]

Phlebalgia ischiadica ⟨*griech*⟩: Syn. Quénu' Krankheit, Ischias varicosa; Ischiasschmerzen durch Stauung in den Venen der Ischiadikusscheide u. in der Gegend des Plexus sacralis. [9]

Phlebarteriektasie ⟨*griech*⟩: Erweiterung von Arterien u. Venen; meist mit fortschreitender Tendenz an Hand u. Fuß beobachtet. [18]

Phlebektasie ⁎ **Phlebectasia** ⟨*griech*⟩ *n:* infolge angeborener oder erworbener Wandschwäche auftretende Venenerweiterungen. Es werden zylindr. oder spindelförmige zirkoide oder serpentine (Längenzunahme u. Schlängelung) u. variköse Phlebektasien, sog. Varizen (sackförmige Wandausbuchtungen) unterschieden; ↑Varix, Hämorrhoiden, Varikozele. [5]

Phlebektomie ⟨*griech*⟩: Entfernung einer Vene oder eines Venenanteils, meist angewandt zur Beseitigung von Varizen oder Thrombosen. [18]

Phlebitis ⟨*griech*⟩: Venenentzündung, hämatogene Entstehung oder durch Übergreifen eines entzündlichen Prozesses des benachbarten Gewebes. In der Regel kommt es dabei zur Venenthrombose; ↑Thrombophlebitis. [9]

Ph. rheumatica: rheumat. Venenentzündung. Sie wird häufig übersehen, ist jedoch wichtig. Patholog.-anatom. nachgewiesen sind in der weiteren Umgebung der Tonsillen bei Leichen von Rheumatikern chron. Entzündungen größerer u. kleinerer Venen im Jugulargebiet, die von perivenösen Lymphbahnen u. Lymphknoten herstammen. Auch schwere proliferierende Endophlebitiden sind möglich, die gelegentlich zu weitgehender Obliteration großer Venen führen können. Ob es sich dabei um Teilerscheinungen allgemein verbreiteter entzündlicher Gefäßerkrankungen handelt, ist noch unentschieden. [13]

Ph. saltans seu migrans: während bei der gewöhnlichen Phlebitis sich der Prozeß lokal abspielt, kommt es bei der Ph. s. s. m. zu einer „exanthematischen Ausbreitung infektionsbedingter Reaktionsvorgänge im Venensystem" (Miescher). Es bilden sich multiple, teils perlschnurartige, derbe, verschiebliche Knötchen unter der Haut. [43]

Phlebofibrose ⟨*griech*⟩ *f:* Ersatz der elast.-muskulären Elemente der Venenmedia durch Bindegewebe; kann zur ↑Phlebektasie führen. [5]

phlebogen ⟨*griech*⟩: von Venen herrührend. [18]

Phlebo|gramm ⟨*griech*⟩: 1. wird erhalten durch Registrierung des Pulses in den Venen. Im Gegensatz zum Arterienpuls (Druckpuls) handelt es sich um einen Volumenpuls bei nur geringen Druckschwankungen; venöser ↑Rückstrom; 2. ↑Phlebographie. [7]

~graphie = Venographie: Röntgen-Kontrastdarstellung der Venen mit jodhaltigen Kontrastmitteln. [26]

~lith *m:* Venenstein, nach Verkalkung eines Thrombus. [4]

~sklerose *f:* auf Bindegewebswucherung beruhende Verdickung der Venenintima. [5]

~tomie: operative Eröffnung einer Vene, gleichbedeutend mit ↑Venae sectio. [18]

Phlebotomus *m:* eine Gattung der Kleinmücken, die in den warmen Ländern der ganzen Welt verbreitet ist, in den Tropen das ganze Jahr über zu finden, in der gemäßigten Zone während der warmen Jahreszeit. Ihre Larven leben in Kot u. Müll. Die Imagines führen eine nächtliche Lebensweise, ihr Stich ist schmerzhaft. Es gibt mehrere Arten. Sie übertragen das Dreitagefieber (↑Pappatacifieber), die Aleppobeule, die amerikan. Hautleishmaniose, die Kala-Azar, die Kinder-Kala-Azar u. das ↑Oroyafieber (↑Verruca peruana). Schutz gewähren nur engmaschige Mückennetze. [58]

Phlegmasia ⟨*griech*⟩: Entzündung. [4]

Ph. alba dolens: schmerzhafte, weiße Anschwellung eines Oberschenkels infolge eines Ödems bei puerperaler Thrombophlebitis der Becken- u. Oberschenkelvenen. [4]

Phlegmatiker ⟨*griech*⟩ *m* ↑Nerventypen. [35]

Phlegmone ⟨*griech*⟩ *f:* eitrige Zellgewebsentzündung mit der Tendenz des Fortschreitens in vorgebildeten Gewebsspalten, z. B. entlang von Sehnen u. Sehnenscheiden oder Muskelsepten. Durch die Ausbreitungsgefahr trotz der Antibiotika ernste Komplikationen für Allgemeinsepsis u. späteren Funktionsausfall der betroffenen Gliedmaßen. [18]

P., paravesikale: Vereiterung u. phlegmonöse Durchtränkung des die Blase umgebenden Gewebes bis zur Beckenphlegmone. Ursache: 1. Durchwanderung oder Durchbruch von entzündlichen Blasenprozessen (Ulzeration) oder zerfallenden Karzinomen; 2. Instrumentenperforation mit Katheter oder Zystoskop (Untertunnelung des Blasenbodens beim Einführen oder auch zu tiefe ↑Elektroresektion!). [24]

phlogisticus ⟨*griech*⟩: entzündlich. [4]

phlogogen ⟨*griech*⟩: entzündungserregend. [4]

Phlogosis ⟨*griech*⟩: Entzündung. [4]

Phloretinsäure: p-Oxyphenylpropionsäure; Bestandteil des ↑Phlorizins. [8]

Phlorizin = Phloridzin: in der Rinde von Obstbäumen (Rosazeen) vorkommendes Glykosid; veranlaßt nach oraler oder subkutaner Applikation ohne vorübergehende Hyperglykämie u. auch trotz tiefsinkenden Blutzuckerspiegels eine anhaltende starke renale Glykosurie (v. Mering), die bei Nierenschädigungen verspätet, schwach oder gar nicht auftritt. [16]

Ph.-Diabetes: durch Ph. ausgelöste Rückresorptionsstörung für Glukose in den Nierentubuli (Ph. ist ein spezif. Gift für intrazelluläre Phosphorylierungsprozesse), die zur ↑Glukosurie führt; klin. dem ↑Diabetes renalis entsprechend. [14]

Phlorogluzin: 1,3,5-Trihydroxybenzol; $C_6H_3(OH)_3$; dreiwertiges Phenol; färbt sich mit Eisenchlorid intensiv violett; in Gegenwart von Salzsäure empfindliches Reagens auf Lignin-(Holz-)Substanz (Rotfärbung); in der Medizin zum Nachweis freier Salzsäure im Magensaft verwandt, ↑Günzburg' Probe.

Ph.-Vanillin-Probe ↑Günzburg' Probe. [16]

Phlorrhizin ↑Phlorizin. [16]

Phlyktäne ⟨*griech*⟩ *f:* kleines rundes Knötchen in der Bindehaut, das bakterienfrei ist u. vorwiegend aus Lymphozyten besteht. Sehr flüchtige, nur selten hartnäckige Effloreszenz, die offenbar auf allerg. Basis entsteht. Der Ausdruck wird oft ungenau mit Skrofulose u. damit wieder mit Tuberkulose identifiziert. Ganz ähnliche Gebilde kommen aber auch bei anderen Krankheiten, vor allem infektiöser Art, vor u. lassen sich experimentell auch abakteriell erzeugen. Manche Autoren verstehen unter P. jedes knötchenartige Gebilde in der Bindehaut, das nicht tumorös ist. „Hornhautphlyktänen" sind sehr schwere tiefe Infiltrate, die im Rahmen der Bindehautphlyktänulose oder auch isoliert vorkommen. Die Bezeichnung, die sehr unklar ist, sollte besser vermieden werden. [36]

Phobie ⟨*griech*⟩ *f:* Zwangsbefürchtung (Bewußtseinsinhalt, der als unsinnig, als grundlos erkannt wird, aber doch nicht zu verdrängen ist), z. B. Furcht, an Krebs zu leiden (Karzinophobie), über einen freien Platz zu gehen (Agoraphobie); ↑Anankasmus. [4]

Phobophobie ⟨*griech*⟩ *f:* Furcht, Angstanfälle (Phobien) zu bekämpfen. [34]

Phokomelie ⟨*griech*⟩ *f:* Robbengliedrigkeit; ↑Phokomelus. [5]

Phokomelus ⟨*griech*⟩ *m:* Mißbildung mit flossenartigem Sitz der Hände bzw. Füße am Schulter- bzw. Hüftgelenk; mangelhafte Entwicklung oder Fehlen der langen Röhrenknochen. [5]

Phon: für eine Normalfrequenz von 1000 Hz wird derjenige Schalldruck (p) bestimmt, der bei Vergleich dem gegebenen Ton beliebiger Frequenz in der Lautstärke durchaus gleich erscheint. Dieser Wert wird zu dem Schwellenwert bei 1000 Hz $\left(p_0\right.$, nach dem Ausdruck $\left.20 \cdot \log \frac{p'}{p_0}\right)$ in Beziehung gesetzt. Der Nullpunkt der Phonskala deckt sich mit der Hörschwelle bei 1000 Hz. International wurde seine Lautstärke auf $2 \cdot 10^{-4}\,\mu b$ festgesetzt. Zwischen 0 u. 130 Phon (↑Tabelle) bewegt sich nun die Lautstärke für eine ganze Anzahl von akust. Erscheinungen. Bei 130 Phon ist die Lautstärke so beträchtlich, daß nicht nur der Gehörs-, sondern auch der Schmerzsinn zur Tätigkeit gebracht wird; ↑Dezibel. [7]

Phonation ⟨*griech*⟩: Stimmgebung. [28]

Phonationszentrum ⟨*griech, lat*⟩: Zentrum für die Stimmbildung in den grauen Massen der Medulla oblongata, ungefähr in Höhe des oralen Abschnittes des Nucleus ambiguus, von dem aus Fasern für die Kehlkopfmuskeln ihren Ausgang nehmen. [7]

Phoneme ⟨*griech*⟩ *n, Pl:* „Stimmen", akust. Sinnestäuschungen, bes. bei Schizophrenie; ↑Halluzination. [34]

Phon|endoskop ⟨*griech*⟩ *n:* mit Membran versehenes ↑Stethoskop, dessen Resonanzhöhle eine verstellbare Öffnung hat. [9]

~entallaxis *f:* Vertauschung von Vokalen u. Diphthongen. [34]

Phonetik: Lautlehre; Lehre von der Atmung, Stimme u. Lautbildung beim Sprech- u. Singvorgang. [28]

Phonieren: Stimmgebung, erforderlich zur exakten Beurteilung der Stimmlippenfunktion bei der indirekten Laryngoskopie. [28]

phonisch ⟨*griech*⟩: die Stimme betreffend. [28]

Phonskala

Phon	entsprechendes Mikrobar (μb)			entsprechendes Geräusch
0	$0{,}0002 \times 10^{0}$	=	0,000 2	Hörschwelle
1	$0{,}0002 \times 10^{0,05}$	=	0,000 224 4	
10	$0{,}0002 \times 10^{0,5}$	=	0,000 632 4	leises Flüstern, Taschenuhrticken
20	$0{,}0002 \times 10^{1}$	=	0,002	Geräuschpegel einer ruhigen Wohnung
30	$0{,}0002 \times 10^{1,5}$	=	0,000 623 4	Rauschen von Bäumen, stille Straße
40	$0{,}0002 \times 10^{2}$	=	0,02	Zerreißen von Schreibpapier
50	$0{,}0002 \times 10^{2,5}$	=	0,063 24	Unterhaltungssprache
60	$0{,}0002 \times 10^{3}$	=	0,2	Straßenbahn
70	$0{,}0002 \times 10^{3,5}$	=	0,632 4	Straßenverkehr auf belebten Plätzen
80	$0{,}0002 \times 10^{4}$	=	2	starker Straßenverkehr
90	$0{,}0002 \times 10^{4,5}$	=	6,324	Motorrad mit Schalldämpfer
100	$0{,}0002 \times 10^{5}$	=	20	lauteste Autohupe
110	$0{,}0002 \times 10^{5,5}$	=	63,24	Blechschmiede
120	$0{,}0002 \times 10^{6}$	=	200	Flugzeugpropeller, Niethämmer
130	$0{,}0002 \times 10^{6,5}$	=	632,4	Schmerzgrenze

Phonismen ⟨*griech*⟩ *n, Pl:* Ton- u. Geräuschempfindung bei opt. Eindrücken. [28]

Phono|kardiogramm: graph. Registrierung der elektroakust. Phänomene des Herzschalls mittels Kondensator- oder piezoelektr. Mikrophon u. Herzschallverstärkerkanal im Elektrokardiographen. Man unterscheidet, je nach Filterung, verschiedene Registriermöglichkeiten des Herzschalls, wobei jeweils die sog. ↑Nennfrequenzen angegeben sind. [10]

~manie: Mordsucht. [52]

~meter (Lucae) *n:* Apparat zur Messung der Intensität der Flüstersprache (Exspirationsdruck) bei der Hörprüfung. [28]

Phonopsie ⟨*griech*⟩ *f:* Farbenhören; audiovisuelle Form der Synästhesie. [36]

Phonoskop ⟨*griech*⟩: Stethoskop mit eingebautem Mikrophon, um Herz- oder Lungenschallphänomene einem größeren Kreis wiederzugeben. [10]

Phoresie: Sichtragenlassen von Parasiten durch geflügelte Insekten; z.B. Wassermilben durch Stechmücken, aasfressende Milben durch Käfer (Totengräber), auch Verschleppung von Kleiderläusen durch Stubenfliegen. [58]

Phosgen: $COCl_2$, giftiges Gas, bewirkt Lungenödem. Kann bei der Zersetzung von Chloroform unter Einwirkung von Licht u. Sauerstoff entstehen. Anwendung als chem. Kampfstoff. [44]

Phosphagene: sind Guanidinophosphorsäuren, in denen eine NH_2-Gruppe des Guanins bzw. des Guanin-Derivats mit Phosphorsäure verestert ist; diese Bindung ist energiereich. Nach Dephosphorylierung der ATP zu ADP durch die Spaltung der P. wieder zu ATP rephosphoryliert; ↑Lohmann' Reaktion, ↑Parnas' Reaktion. Die Resynthese der P. erfolgt anaerob durch die Glykolyse, aerob durch die Atmung. Guanidin-phosphorsäure

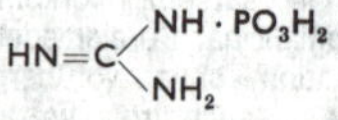

Durch die Spaltung der P. wird den Muskelzellen zusätzlich Phosphat zum Abbau der Kohlenhydrate zur Verfügung gestellt. Die P. sind in verdünnten Alkalien beständig, werden aber durch verdünnte Säuren schon in der Kälte hydrolysiert, wobei die Spaltung der Kreatin-phosphorsäure durch Molybdat stark beschleunigt, die der Argininphosphorsäure nicht beeinflußt wird. Die enzymat. Spaltung erfolgt nicht durch spezif. Phosphatasen, sondern durch die spezif. Kinasen (EC 2.7.3.1 bis 2.7.3.6). [8]

Phosphatasen: Enzyme, die hydrolyt. Phosphorsäuremonoester spalten. Man unterscheidet nach dem *p*H-Optimum eine saure (EC 3.1.3.2) u. eine alkal. (EC 3.1.3.1) Phosphatase. Die saure P. ist hauptsächlich in der Prostata lokalisiert. Bei Prostatakarzinom ist ihre Aktivität im Plasma gesteigert; ↑Esterasen. [8]

Phosphatase-Reaktion: der histochem. Nachweis der sauren u. alkal. Phosphatase erfolgt durch Fixierung des Gewebes in $CaCl_2$-haltiger 4%ig. Formollösung in der Kälte. Mit der Ph.-R. gelingt es, wie allg. in der Histochemie, die Phosphatasen in der Zelle zu lokalisieren. [8]

Phosphate: Salze der 3-bas. Orthophosphorsäure H_3PO_4, die als anorgan. Salze u. Salze organ. Phosphorsäureester in allen Zellen u. Körperflüssigkeiten, bes. im Skelett vorkommen. Die organ. Phosphorsäureester nehmen eine grundlegend wichtige Stellung im Stoffwechsel ein; ↑Phosphorsäure. [8]

Phosphatide: werden wegen ihrer Unlöslichkeit in Wasser u. ihrer Löslichkeit in den meisten organ. Lösungsmitteln (nicht Azeton) zu den Lipiden gezählt. In den Lezithinen u. Kephalinen ist 1 Molekül Glyzerin mit 2 Molekülen Fettsäure u. 1 Molekül Phosphorsäure verestert, die weiterhin mit einer bas. Hydroxyaminoverbindung verestert ist; diese ist in den Lezithinen Cholin, in den Kephalinen Äthanolamin u. Serin. In den Plasmalogenen ist an einer prim. Hydroxylgruppe des Glyzerins statt einer Fettsäure der entsprechende Aldehyd in Enolform ätherartig gebunden. Diese Plasmalogene bedingen die Feulgen' histochem. Plasmalreaktion, bei der mit fuchsinschwefliger Säure eine charakterist. Rotfärbung erhalten wird. Die Phosphatidylinosite enthalten statt der N-haltigen Base den zykl. 6wertigen Alkohol ↑Inosit. Die Sphingomyeline bestehen aus ↑Sphingosin, das mit einer Fettsäure amidartig u. mit Phosphorsäure esterartig verbunden, die ihrerseits wieder mit 1 Molekül Cholin verestert ist. Sphingosin ist ein 2wertiger ungesättigter Alkohol mit 18 C-Atomen; ↑Phosphatidsäuren. [8]

Phosphatidsäuren: sind Diglyzerid-phosphorsäuren,

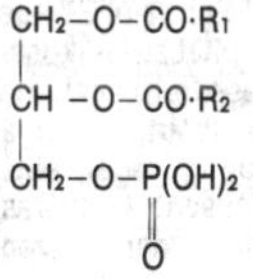

die beim ↑Fettaufbau entstehen oder durch neutrale oder bas. aktivierte Alkohole wie Cholin, Colamin, Serin, Inosit zu ↑Phosphatiden aufgebaut werden. [8]

O-Phosphatidyl-inosit ↑Lezithine. [8]

Phosphatinsektizid: gelegentlich gebrauchte Bezeichnung für Insektizide auf Phosphorsäureesterbasis, z. B. E 605; ↑Parathionvergiftung. [58]

Phosphatmangelrachitis ↑Rathbun' Syndrom. [8]

Phosphatpuffer: Gemisch aus prim. u. sek. Natriumphosphat, das zur Aufrechterhaltung einer bestimmten Wasserstoffionenkonzentration benutzt wird (*p*H zwischen 6 u. 8); ↑Puffer. [8]

Phosphaturie ⟨*griech*⟩ *f:* milchig grau-gelbe Trübung des frischgelassenen Urins (manchmal schlammigbreiiger Urin), in dem sich bei Stehenlassen bald kreidig-weißer Satz niederschlägt, infolge Störung des Lösungsverhältnisses der (leicht löslichen) sauren Monokalziumphosphate u. der (schwer löslichen) Di- u. Trikalziumphosphate (stark alkal. *p*H-Werte). Ursachen: 1. Störungen im Kalkstoffwechsel; 2. Harninfektion mit harnstoffspaltenden Bakterien (Ausfällung von Magnesium-Ammonium-Phosphaten als Sargdeckelkristalle); 3. Hyperazidität des Magens u. Anazidurie, 4. alkalisierende Nahrung oder alkalisierende Medikamente. [24]

Ph.-Test ↑Ellsworth–Howard' Test (1951). [24]

Phospho|amidase: (EC 3.9.1.1), Phosphatase mit bes. Wirkungsbereich. Sie zerlegt Verbindungen des Typs $R{\cdot}NH{\cdot}PO(OH)_2$ durch Wassereintritt in Amin u. Phosphorsäure ($R{\cdot}NH_2 + H_3PO_4$). Ihre Substrate sind die Phosphagene Phosphokreatin u. -arginin.

~enolbrenztraubensäure: spielt beim Zwischenstoffwechsel der Kohlenhydrate eine Rolle $CH_2{:}C(OPO_3H_2){\cdot}COOH$.

~fructokinase: (EC 2.7.1.11) früher Phosphohexikinase, ist ein Enzym der Glykolysekette u. katalysiert die Reaktion:

$$\text{D-Fructose-6-phosphat} + \text{ATP} \rightleftharpoons \text{D-Fructose-1,6-diphosphat} + \text{ADP}.$$

Das Gleichgewicht liegt auf seiten des Fructose-1,6-diphosphats. Fructose-6-phosphat, Fructose-1,6-diphosphat, ADP, anorgan. Phosphat u. zykl. 3,5-AMP aktivieren, Zitrat u. höhere Konzentrationen ATP hemmen die P.

~glucomutase: (EC 2.7.5.1) katalysiert in Gegenwart kleiner Mengen Glucose-1,6-diphosphat die Umwandlung von Glucose-1-phosphat in Glucose-6-phosphat. Das Molekulargewicht des Enzyms beträgt 75 000; *p*H-Optimum 7,5; Aktivierung des Enzyms durch Mg^{++}, Mn^{++} u. Co^{++}. Andere Schwermetallionen u. Fluorid hemmen.

~glukonsäure: Glucose-6-phosphat wird durch die Glucose-6-phosphat-Dehydrogenase (GPDH) (Zwischenferment Warburgs) zu 6-Phosphogluconat dehydriert; ↑Ribulosephosphat.

~glyceromutase: Enzym, das im Zwischenstoffwechsel der Kohlenhydrate reversibel die D-(−)-3-Phosphoglyzerinsäure in die D-(+)-2-Phosphoglyzerinsäure überführt. [8]

~glyzerinsäuren: spielen beim Zwischenstoffwechsel eine Rolle.

Phosphohexose-Isomerase: Enzym bei der Glykolyse u. alkohol. Gärung. Jetzt empfohlener Trivialname Glucosephosphat-Isomerase; wandelt reversibel Glukose-6-phosphat in Fructose-6-phosphat um (EC 5.3.1.9). Die Isomerasen sind intramolekulare Oxydoreductasen, die reversibel Aldophosphate in Ketophosphate umwandeln. Bekannt sind die Isomerasen für Triose-, Tetrose-, Pentose- u. Hexosephosphat u. ihre Derivate (EC 5.3.1.1 bis 5.3.1.14). [8]

Phospho|hexomutase: jetzt nicht mehr verwendete Bezeichnung für das Enzym, das Glukose-6-phosphorsäure reversibel in Fruktose-6-phosphorsäure umwandelt; ↑ Phosphohexose-Isomerase. [8]

~lipasen: spalten hydrolyt. Phosphatide. P. A (EC 3.1.1.4) spaltet den Fettsäureester der sek. alkohol. Glyzeringruppe, wobei Lysophosphatid entsteht. P. B (EC 3.1.1.5) hydrolysiert die Esterbindung am α-C Atom des Glyzerins. P. B wirkt nach Phosphorylase A, so daß eine Glyzerinphosphat-Cholin-Verbindung gebildet wird. P. C (EC 3.1.4.3) spaltet Phosphorsäureester der stickstoffhaltigen Basen ab (z. B. Phosphorylcholin). P. D (EC 3.1.4.4) hydrolysiert die Esterbindung zwischen Phosphat u. stickstoffhaltiger Base. Dabei entstehen Phosphatidsäuren. [8]

Phosphopherase ↑ Transphosphorylase. [8]

Phosphor ⟨*griech*⟩ *m:* chem. Symbol P; am häufigsten 3- u. 5wertig. P. kommt in allotropen Modifikationen vor als weißer (gelber) P., als roter P. u. als schwarzer P., der als „metallische" Modifikation des P. den elektr. Strom leitet. Der weiße P. ist giftig, verbrennt leicht an der Luft zu P_2O_5, während die in allen Lösungsmitteln unlöslichen roten u. schwarzen Modifikationen ungiftig sind. In Form der Salze der ↑ Phosphorsäure u. vor allem ihrer organ. Ester lebensnotwendiges Element; Vorkommen im Menschen etwa 1%, hauptsächlich im Skelett (700 g). Das künstliche Radionuklid $^{32}_{15}P$ (β-Strahler; 1,69 MeV; Halbwertszeit 14,3 d; ballastfrei aus Schwefel zu erhalten) hat entscheidend zur Aufklärung des Zwischenstoffwechsels beigetragen. $^{32}_{15}P$ u. $^{33}_{15}P$ (Halbwertszeit 33 d) sind seltene kosmogene Nuklide.

~kreatin ↑ Kreatinphosphorsäure. [8]

Phosphornekrose ⟨*griech*⟩: befällt bes. den Unterkiefer, meist sind Zahnfleischverletzungen oder kariöse Zähne Ausgangspunkt der Nekrose. Gelegentlich greift der Prozeß vom Oberkiefer aus auf Gaumen, Jochbein u. Kiefergelenk über, ggf. Berufskrankheit; ↑ Phosphorvergiftung. [49]

Phosphorolyse: der enzymat. Abbau der Polysaccharide erfolgt durch die ↑ Phosphorylasen in der Weise, daß ein endständiges 1,4-Glukosemolekül mit Phosphorsäure verestert u. als Glukose-1-phosphat abgespalten wird. [8]

Phospho(r)proteide: saure Eiweißstoffe, bei denen an die Hydroxylgruppe des Serins oder Threonins esterartig Phosphorsäure gebunden ist. P. lösen sich in Wasser kaum, hingegen in Laugen leicht. Die früheren Bezeichnungen Paranukleoproteide u. Nukleoalbumine sind unzutreffend. P. besitzen durch ihren Gehalt an essentiellen Aminosäuren große ernährungsphysiolog. Bedeutung. Zu den P. gehören u. a. Ovovitellin, Kasein u. Pepsin. [8]

Phosphorsäure: Orthophosphorsäure, H_3PO_4, dreibas. anorgan. Säure; Vorkommen im Tier- u. Pflanzenreich, vor allem als Ester, in physiolog. außerordentlich wichtigen Verbindungen: Kohlenhydratphosphorsäureester; Phosphatide; Nukleotide u. Nukleinsäuren, Phosphagene u. a. Ferner Metaphosphorsäure (HPO_3), einbasisch; Pyrophosphorsäure ($H_4P_2O_7$), vierbasisch, durch Wasserabspaltung aus 2 Molekülen Orthophosphorsäure gebildet. [16]

~ester: hochwirksame insektizide Wirkstoffe, meist für den Menschen ebenfalls hochgiftig, z. B. Parathion, ↑ Cholinesterasehemmung, ↑ PAM (Antidot), ↑ Parathionvergiftung; auch weniger warmblütergiftige, sogenannte mindertoxische Wirkstoffe, z. B. ↑ Trichlorfon. [58]

Phosphorvergiftung: peroral schwere Reizerscheinungen mit Erbrechen u. Durchfällen; chron. Knochenschäden, Leberschäden, Ikterus, Phosphorbrandwunden heilen sehr schlecht; am besten Ablösen des Phosphors mit reinstem (!) Tetrachlorkohlenstoff oder Baden mit frisch bereiteter 5%ig. wäßriger Natriumperkarbonatlösung. In entsprechenden Fällen melde- u. entschädigungspflichtige Berufskrankheit. [8]

Phosphorylase: eine Hexosyltransferase, die reversibel Stärke u. Glykogen mit energiereichem Phosphat zu Glukose-1-phosphat abbaut bzw. diese Polysaccharide aus Glukose-1-phosphat aufbaut, wobei also eine Phosphatesterbindung gegen eine glykosid. Bindung ausgetauscht wird. Das Gleichgewicht hängt vom *p*H u. der Konzentration an Glukose-1-phosphat ab. Ein Abbau der Polysaccharide erfolgt mit abnehmender Glukose-1-phosphat-Konzentration. – In Leber u. Muskel kommen 2 Phosphorylasen vor, die in je 2 Formen a u. b auftreten. Die P. finden sich in fast allen tier. u. pflanzlichen Zellen. Für die Synthese ist ein Polysaccharidkeim als Startermolekül notwendig. [8]

Phosphorylierung: ist die Veresterung der Phosphorsäure mit alkohol. u. phenol. Hydroxylgruppen unter Bildung der Phosphorsäureester, die zumeist energiearm sind oder eine Reaktion der Phosphorsäure mit Säuren unter Bildung von Säureanhydriden wie ATP, ADP, Phosphoglyzeraten u. Aminogruppen wie Phosphagene, die energiereich sind. Die P. erfolgen durch die Phospho-Transferasen; sie sind wesentliche Zwischenreaktionen im Zellstoffwechsel. [8]

Phosvitin: ein Phosphoprotein aus Eidotter mit 10% P; kommt in geringer Menge neben dem Vitellin vor, das 1% P enthält. Diese Phosphoproteine liegen wahrscheinlich als Phosphoprotein-Lipid-Komplexe vor. [8]

Photismen ⟨*griech*⟩ *n, Pl:* Licht- oder Farbempfindungen, die als Synästhesien bei

Reizung von nichtopt. Sinnesorganen auftreten. [7]

Photobakterien ↑Leuchtbakterien. [41]

photochromogen ⟨*griech*⟩: Eigenschaft einer Art von atyp. Mykobakterien, nach Lichteinwirkung innerhalb kurzer Frist Farbstoff zu bilden. [15]

Photodermatosen ↑Lichtdermatosen. [43]

Photo|dynamie ⟨*griech*⟩: Erscheinung, daß manche Stoffe, wie Chinin, Eosin u.a., im Licht auf niedere Organismen sehr viel stärker wirken als im Dunkeln. [7]

~effekt: Ablösen von Elektronen aus dem Atomverband bei Quantenschaltung, wobei die gesamte Quantenenergie an das Elektron übertragen wird, oder Abtrennung von Elektronen aus Metalloberflächen bei Quantenabsorption. [54]

~elektronen: die durch den lichtelektr. Effekt aus der Materie losgelösten Elektronen. Legt man an die Elektroden einer evakuierten Röhre eine Spannung (von etwa 220 V) an u. belichtet die Katode mit ultraviolettem Licht, so beobachtet man am Galvanometer einen Elektrizitätsübergang. Die aus der Materie losgelösten Elektronen sind in ihrer Geschwindigkeit von der Intensität des auffallenden Lichtes unabhängig; dagegen hängen sie in hohem Maße von dessen Wellenlänge ab. Je kurzwelliger das Licht ist, um so größer wird die Geschwindigkeit der Elektronen. Infolgedessen kann man bes. Wirkungen mit Hilfe der Röntgenstrahlen erzielen. [7]

Photome ⟨*griech*⟩ *n, Pl:* Helligkeits- u. Farbempfindungen, denen keine objektiven Reize entsprechen u. die zumeist zu den entopt. gezählt werden müssen. Unter physiolog. Verhältnissen handelt es sich um bes. Reizzustände in der Sehsphäre, bei denen sie auftreten. [7]

Photometer ⟨*griech*⟩ *n:* opt. Gerät zum Vergleich der Lichtdurchlässigkeit gefärbter Lösungen in weißem oder (durch Filter) farbigem Licht zur Konzentrationsbestimmung; entsprechende Zusatzvorrichtungen ermöglichen auch Trübungs- u. Fluoreszenzmessungen.

Photometrie ⟨*griech*⟩ *f:* Verfahren zur Messung von Lichtstärken. Es geschieht dies auf dem Wege des Vergleichens einer bekannten u. einer unbekannten Lichtquelle. Dabei wird vielfach von dem quadrat. Entfernungsgesetz Gebrauch gemacht. Die Einrichtungen, die dabei Verwendung finden, heißen Photometer. [54]

Photon ⟨*griech*⟩ *n:* Bezeichnung der Lichtquanten, bes. dann, wenn deren korpuskularer Charakter hervorgehoben werden soll. Ein P. bewegt sich mit Lichtgeschwindigkeit; sein Energiequantum hat den Betrag $h\nu$.

Photon (Einheit): ist die Empfindungsleuchtdichte, die erhalten wird, wenn auf die Netzhaut eine Lichtstärke von 10^{-4} stilb bei einer Pupillenöffnung von 1 mm^2 einwirkt. [54]

Photophobie ⟨*griech*⟩: Lichtscheu, verursacht durch vermehrten Lichteinfall bei unnormal weiter Pupille, bei schwacher Pigmentierung der Iris oder durch erhöhte Erregbarkeit des Netzhautapparates. [7]

Photophorese ⟨*griech*⟩ *f:* Transport von kolloiden, in H_2O verteilten Teilchen, in der Richtung zum Licht bzw. in der Richtung vom Licht. Man unterscheidet danach eine pos. u. eine neg. P. [7]

Photophthalmia (e) ⟨*griech*⟩ *f:* gewöhnlich als Photophthalmia electrica bezeichnet. Akute Entzündung der Binde- u. Hornhaut durch Einwirkung von ultravioletter Strahlung (Schweißapparat, Bogenlampen, Quarzlampe, Gletscherwanderung, Höhenflug). Da die Erkrankung ursprünglich fast nur nach Wanderungen auf verschneiten Gletschern beobachtet wurde, nannte man sie zunächst „Schneeblindheit", obwohl sie mit Blindheit (Amaurose) nichts zu tun hat. Abheilung in 1–2 Tagen. Man findet zahlreiche feinste mit Fluoreszein färbbare kleinste Stellen in der Hornhaut. Populäre Bezeichn. bei Elektroschweißern „Verblitzen". [36]

Photopsie ⟨*griech*⟩ *f:* Syn. Phosphene; subjektive Lichterscheinungen, die durch krankhafte oder mechan., also nicht adäquate Reize in irgendeinem Teil der Sehbahn ausgelöst werden, z.B. vor u. bei Netzhautablösungen, bei Kontusionen, Druck auf das Auge, Hirnprozessen, vor allem vaskulärer Art. Mit Beleuchtung haben sie nichts zu tun u. werden daher auch bei geschlossenen Augen u. in völliger Dunkelheit wahrgenommen, von Halluzinationen nicht immer zu unterscheiden; ↑Flimmerskotome. [36]

Photosensibilisierung ⟨*griech*⟩: Steigerung der Lichtempfindlichkeit der Haut, bes. gegen ultraviolette Strahlen; hervorgerufen u.a. durch Selen, Teer, Pech u. einige äther. Öle. [49]

Photosynthese ⟨*griech*⟩: Erzeugung organ. Verbindungen (prim. Hexosen) in den Zellen grüner Pflanzen u. Purpurbakterien mit Hilfe von Lichtenergie (Sonnenlicht oder künstliches Licht) aus anorgan. Stoffen. [56]

Phototaxis ⟨*griech*⟩ *f:* aktive Bewegung eines Organismus auf eine Lichtquelle zu (pos. Ph.) oder von ihr fort (neg. Ph.). [42]

Phototropismus ⟨*griech*⟩ *m:* Wachsen eines Organismus auf eine Lichtquelle zu (pos. Ph.) oder von ihr fort (neg. Ph.). [42]

Phragmobasidiomyzeten: Basidiomyzeten mit septierter Basidie. Hierher gehören Rost- u. Brandpilze; ↑Uredinales, ↑Ustilaginales. [42]

Phrenalgie ⟨*griech*⟩: Zwerchfellschmerz. [9]

Phrenasthenie ⟨*griech*⟩: Erschöpfungszustand des Zentralnervensystems, Zerebralneurasthenie. [35]

Phrenes ⟨*griech*⟩ *f, Pl:* das ↑Zwerchfell; *Adj* phrenicus, zum Zwerchfell gehörend. [1]

Phrenesie ⟨*griech*⟩ *f:* Wahnsinn. [34]

Phrenikotomie ⟨*griech*⟩ *f:* Durchtrennung des N. phrenicus zur Lähmung u. Stillstellung der betroffenen Zwerchfellhälfte; Methode der Tuberkulosebehandlung der Lunge. Heute kaum noch angewendet; ↑Phrenikusexhairese; ↑Phrenikusquetschung. [18]

Phrenikus ⟨*griech*⟩ *m:* Kurzbezeichnung für N. phrenicus; Nerv aus dem Plexus cervicalis (3.) 4. (5.) Segment; enthält motor. Fasern für das Zwerchfell u. sensible Fasern zu Teilen des Herzbeutels sowie des Brust- u. Bauchfells. [1]

P.-ex(h)airese *f:* operative Teilentfernung des N. phrenicus vom Halse her. Der distale Abschnitt wird mit einer Klemme aufgerollt u. damit aus seinen Verbindungen herausgedreht (wobei auch Nebenäste mitentfernt werden), um über die einseitige Lähmung des Zwerchfells das tuberkulös erkrankte Lungenuntergeschoß ruhigzustellen. Angegeben von Stürtz u. Sauerbruch, 1911.

~lähmung: Lähmung des N. phrenicus durch Exhairese u. durch krankhafte Vorgänge wie z.B. Mediastinalgeschwülste, Aortenaneurysma, Lymphknotenschwellungen am Halse.

~quetschung: um eine Dauerlähmung des N. phrenicus wie bei der Phrenikusexhairese zu vermeiden, wird der Nerv nach Freilegung nicht durchschnitten, sondern mit der Klemme nur gequetscht. Danach bleibt er erholungsfähig. [18]

Phreno|kardie ⟨*griech*⟩ *f:* auf M. Herz zurückgehende Bezeichnung für sexuell ausgelöste Herzbeschwerden, z.B. durch verdrängte Sexualvorstellungen. [10]

~lepsie: Zwangsvorstellung. [34]

~logie: Lokalisation der verschiedenen geistigen Fähigkeiten im Gehirn. Einer bes. Begabung entspricht nach dieser Lehre, die vorzugsweise auf Gall (1758–1828) zurückzuführen ist, eine umfangreichere Entwicklung der betr. Hirnstelle. Seinerzeit fortschrittliche, aber vulgärmaterialist. Auffassung. Heute nur noch von histor. Bedeutung. [7]

~pathie: Geisteskrankheit. [34]

Phrenosin: Zerebron; ↑Zerebroside. [8]

Phrynoderm ⟨*griech*⟩: (= Krokodilhaut); Trockenheit der Haut mit Keratosis superfollicularis (Hypothyreose, Vit.-A-Mangel. [43]

Phthalsäure: Benzol-dikarbonsäure von der Formel $C_6H_4(COOH)_2$. [16]

o-Phthalsäure-bis-diäthylamid: Analeptikum u. Weckmittel. [44]

Phthalylsulfathiazol□: schwer resorbierbares Sulfonamid; zur Verwendung bei bakteriellen Infektionen des Magen-Darm-Kanals; (früher Taleudron®). [44]

Phthiokol: aus den menschlichen Tuberkulosebakterien isoliertes ↑Pigment; es handelt sich um 2-Methyl-3-hydroxy 1,4-naphthochinon; wirksam wie ↑Vitamin K. [16]

Phthionsäure: aus dem Kapselfett der Tuberkulosebakterien isolierte verzweigtkettige gesättigte Fettsäure ($C_{26}H_{52}O_2$) = 3,13,19-Trimethyltrikosansäure. Besitzt antibakterielle Eigenschaften gegen den Erreger der Lepra. [44]

Phthiriasis ⟨*griech*⟩ *f:* Befall mit Filzläusen (↑Anoplura). Bei Erwachsenen meist beim Geschlechtsverkehr übertragen, Vorkommen an Scham-, Achsel- u. Brusthaar; bei Kindern an Augenwimpern u. behaartem Kopf. Stiche der Läuse hinterlassen am Unterbauch ↑Maculae caeruleae. [43]

Phthirius inguinalis: veralteter Name für ↑Filzlaus, richtige Bezeichnung Phthirus pubis. [58]

Phthirus pubis ↑Filzlaus. [58]

Phthise ✱ **Phthisis** ⟨*griech*⟩ *f:* Schwindsucht; auch gebraucht für die chron., ansteckende Lungentuberkulose. [15]

Ph. atra: hochgradige Anthrakose der Lungen mit örtlichem Gewebstod u. Bildung von Zerfallshöhlen (meist Oberlappenspitze). [4]

Ph. bulbi: Atrophia bulbi; Schrumpfung des Augapfels in seiner Gesamtheit; tritt ein, wenn durch eine Verletzung oder eine intraokulare Erkrankung der Ziliarkörper so schwer geschädigt ist, daß ein normaler intraokularer Stoffwechsel u. Flüssigkeitswechsel nicht mehr besteht. Der Bulbus wird immer kleiner, ein Einblick ist kaum oder gar nicht mehr möglich. Verschiedenste Veränderungen der Einzelteile des Auges erfolgen, wie Hornhautdegeneration, meist tiefe Vaskularisation, Abflachung der Hornhaut, Netzhautablösung, Cataracta complicata; Glaskörperabszeß sehr häufig; Druck meistens matschweich, ganz selten auch erhöht. Die geraden Augenmuskeln drücken die Wände des weichen Bulbus ein, so daß er würfelartig aussieht („Bulbus quadratus" richtiger „Bulbus cubicus"). [36]

Ph. florida: sog. galoppierende ↑Schwindsucht. [18]

Phycomyces ⟨*griech*⟩ *m:* Gattung der Phykomyzeten; Ph. Blakesleeanus ist heterothallisch. Zygosporen werden nur bei dem Zusammentreffen eines +Myzels u. eines −Myzels gebildet. Der Pilz bildet Karotine; er braucht Thiamin zum Wachsen u. wird zum Bestimmen dieses Vitamins benutzt. [42]

Phykomyzeten ⁎ **Phycomycetes** ⟨*griech*⟩: Algenpilze; Pilze mit unseptiertem Myzel, mit Zellwand. Mucor, Rhizopus, Phytophthora. Empusa muscae verursacht im Herbst das epidem. Fliegensterben. [42] Wichtige Ordnungen sind die Oomycetales, die zahlreiche Pflanzenkrankheiten hervorrufen, u. die Zygomycetales mit weitverbreiteten Schimmelpilzarten, z. B. Köpfchenschimmel (↑ Mucor). [56]

Phyllo|chinon ↑ Vitamin K.

~erythrin: ein Abbauprodukt des Chlorophylls. Es entsteht aus diesem im Verdauungskanal u. kann sehr leicht in Rhodoporphyrin übergeführt werden.

~porphyrin: Farbstoff, der sehr ähnlich aufgebaut ist wie das Hämatoporphyrin u. sich aus dem Chlorophyll der grünen Blätter gewinnen läßt.

~pyrrol: Spaltstück des Hämins; konnte aus einem Gemisch von Hämopyrrolbasen gewonnen werden. [8]

Phyllodes ⟨*griech*⟩: Syn. für Fibroadenoma intracanaliculare phyllodes mammae gebraucht; Tumor in der weiblichen Brust von blätterartiger Struktur mit tiefen Spalten u. Zysten. [18]

Phylogenese ⁎ **Phylogenesis** ⟨*griech*⟩ *f:* Syn. Phylogenie; Stammesgeschichte, die histor. Entwicklung eines Organismus von den früh. Vorfahren bis zur Gegenwart. [3]

Phylogenie ⟨*griech*⟩ *f* ↑ Phylogenese. [3]

Phyma ⟨*griech*⟩: Knollen, Gewächs, z. B. ↑ Rhinophym. [43]

Physalaemin: Endekapeptid aus der Haut von Physalaemus fuscumaculatus, einer südamerikan. Froschlurchenart, mit vasodilatator. u. hypotensiver Wirkung. [44]

Physalide ⟨*griech*⟩ *f:* Wasserblase; in der patholog. Histologie Bezeichnung für die große blasige Zelle des Chordoms. [4]

Physeter macrocephalus ⟨*griech*⟩ *m:* Pottwal; in den Hohlräumen des Stirnbeins befindet sich eine wachsartige Substanz, ↑ Cetaceum, Walrat, die als Salbengrundlage Verwendung findet. [44]

Physiatrie ⟨*griech*⟩ *f:* Naturheilkunde. [48]

Physikum ⟨*griech*⟩ *n:* ärztliche Vorprüfung. [48]

Physikus ⟨*griech*⟩: alte Bezeichnung für Stadt- oder ↑ Kreisarzt. [48]

Physiognomie ⟨*griech*⟩ *f:* persönliche Gesichtszüge, individuelles Gepräge des Gesichtsausdruckes eines Menschen. [35]

Physiologie ⟨*griech*⟩ *f:* Lehre von den Lebensvorgängen, der Regulation der Körperfunktionen u. des Informationstransportes innerhalb des Körpers sowie zwischen ihm u. der Umwelt. Neben der Medizin, die die Erkenntnisse der Physiologie anwendet, z. B. in der Funktionsdiagnostik, gibt es enge Verbindungen zur Biologie, Physik, Chemie, Mathematik, Kybernetik.

P., pathologische: Lehre von den krankhaften Lebensvorgängen u. Regulationsfunktionen des menschlichen Körpers. [7]

physiologisch ⟨*griech*⟩: die ↑ Physiologie betreffend, den normalen Lebensvorgängen, der Gesundheit entsprechend. [7]

Physiologische Chemie ↑ Biochemie. [8]

Physiosklerose ⟨*griech*⟩ *f:* mit dem Alter zunehmende Verhärtung des arteriellen Gefäßsystems. Sie ist ein physiolog. Vorgang, der sich bei Mensch u. Tier im Lebensablauf entwickelt. Sie ist klin. sehr oft nicht von der Krankheit Arteriosklerose zu trennen, bestimmt aber den Ablauf der Arteriosklerose. Es kommt bei der P. zu einer Schlackenablagerung in die Gefäßwand (Cholesterin, Phosphorlipide, Galaktoside, Kalzium u. Natrium). [17]

physisch ⟨*griech*⟩: natürlich bzw. naturhaft; körperlich, leiblich. [35]

Physo|metra ⟨*griech*⟩ *f:* Gasbildung in der Gebärmutterhöhle durch Fäulniserreger, z. B. bei verschleppter Querlage. Auskultator. besteht Tympania uteri; sehr selten. [29]

~stigmin: Syn. Eserin; in Wasser lösliches Alkaloid der Kalabarbohne (Physostigma venenosum). P. hemmt die Cholinesterase, so daß die meisten P.-Wirkungen durch die Cholinesterasehemmung bedingte Azetylcholineffekte sind; bes. intensiv wirkt es auf das Herz u. die glatte Muskulatur des Magen-Darm-Kanals. Sehr wirksames Gegengift gegen die Kurarelähmung. P. wird als Miotikum zur Verengung der Pupille u. bes. bei der Glaukombehandlung verwendet; ↑ Miotica remedia. [44]

Phytase: eine Esterase (EC 3.1.3.8), die Phytinsäure (Mesoinosit-hexaphosphorsäure) in Mesoinosit u. 6 Mol. Orthophosphorsäure aufspaltet. Vorkommen in phytinhaltigen Pflanzensamen u. auch im menschlichen Darm. Die Menge reicht nicht aus, das schwer lösliche Phytin (Ca, Mg-Phytat) der Zerealien aufzuspalten. [8]

Phytin: Ca-Mg-Salz der Phytinsäure. [8]

Phytinsäure: Hexaphosphorsäureester des Mesoinosits $C_6H_6(OPO_3H_2)_6$; weißes, geruchloses Pulver; leicht wasserlöslich; meist als Salz sehr schwer löslich – in Pflanzen vorkommend (Schalen u. Aleuronschicht der Zerealien); regelmäßiger Bestandteil der Muskulatur (Leber, Lunge, Gehirn); Phytin hemmt die Ca-, Mg-, Eisenresorption aus dem Darm; wird durch ↑ Phytase gespalten. P. wird zur Stabilisierung von Fetten (als ↑ Synergist) benutzt, zur Schönung des Weines (Entfernung des Eisens, daher im Handel als Aferrin bezeichnet); Phytin findet therapeut. Verwendung. [16]

Phyto|bezoar ⟨*griech, pers*⟩ *m:* Magen- oder Darmkonkremente aus verschluckten Pflanzenfasern nach Kauen von Gräsern; ↑Trichobezoar; gebildet aus verschluckten Haaren. [5]

~hormone *n, Pl:* beeinflussen die Lebensvorgänge der Pflanzen wie Wachstum, Blühen, Fruchtreife, Keimruhe, Geschlechtsdifferenzierung. Die P. haben für den Menschen z.T. Vitamineigenschaften. Zu den Wuchsstoffen, die das Streckungswachstum steuern, gehören die Auxine Mesoinosit (früher Bios I), Biotin (früher Bios II), die ↑Indolylessigsäure, ferner die ↑Gibberelline, die das Längenwachstum katalysieren, sowie Pantothensäure (früher Bios III), Folsäure, Kinine, für Mikroorganismen Cholin, Ölsäure, Purine u. Pyrimidine. [8]

Phytol: $C_{20}H_{39}OH$; aus 4 Isoprenresten aufgebauter Alkohol mit 1 Doppelbindung; kommt mit Porphyrin verestert im Chlorophyll vor, als Phytylrest in den Vitaminen E u. K_1; ↑Karotinoide. [8]

Phytomenadion ↑Vitamin K_1.

Phytomonas ⟨*griech*⟩ *f* = *Pseudomonas tumefaciens:* Erreger des Pflanzenkrebses. [42]

Phytonosen ⟨*griech*⟩ *f, Pl:* durch pflanzliche Giftstoffe (Glykoside, Alkaloide, Harze usw.) verursachte Hautreizungen im Sinne der Toxikodermien. [49]

Phytonzide ⟨*griech*⟩ *n, Pl:* pflanzliche Antibiotika; in höheren Pflanzen gebildete Substanzen, die das Wachstum von Bakterien, Pilzen u. Protozoen hemmen. Medizin. Verwendung finden die P. aus Knoblauch, Zwiebeln, Rettich, Eukalyptus u.a. [8]

phytopathogen ⟨*griech*⟩: für Pflanzen krankheitserregend. [42]

Phytophthora ⟨*griech*⟩ *f:* pflanzenpathog. Gattung der Phykomyzeten; *Ph. infestans.* Erreger der Krautfäule der Kartoffel. [42]

Phyto|sterine: pflanzliche Sterine, die den ↑Zoosterinen entsprechen. Das Stigmasterin $C_{29}H_{47}OH$ aus Sojabohnen unterscheidet sich vom Cholesterin $C_{27}H_{46}O$ nur in der Seitenkette; es dient als Ausgangsmaterial für die Synthese von Hormonen der Sterinreihe. Zu den P. gehören auch die Sitosterine aus Weizenkeimlingen; ↑Mykosterine. [8]

~therapie: Behandlung von Krankheiten mit Pflanzenteilen oder pflanzlichen Wirkstoffen, obsolete Therapie. [44]

~toxine: eine Gruppe pflanzlicher Gifte, die Proteine darstellen; hierher gehören das Rizin (aus Ricinus communis), das Albrin (aus Albrus precatorius), das Krotin (aus Croton tiglium), das Robin (aus Robinia pseudoaccacia), das Kurzin (aus Jatropha curcas). [16]

Pia mater ⟨*lat*⟩ *f:* weiche Hirnhaut, liegt dem Gehirn u. Rückenmark dicht an. [1]

Pian ⟨*frz*⟩ *m:* früher in Indochina u. Brasilien übliche Bezeichnung für ↑Frambösie. [41]

Pica' Syndrom: Syn. Pica' Krankheit, Pikazismus; zusammenfassende Bezeichnung für die durch Glanzmann zu den Lustneurosen gerechneten zu Polyphagie, Lecksucht, Geophagie u.ä. führenden, eigenartigen Störungen des Appetits u. deren Begleiterscheinungen (Essen von Lehm, Ton, Erde, Stoffen, Haaren; habituellem Erbrechen, Obstipation, Nabelkoliken, Eisenmangel-Anämie). [32]

Pick, Alois (1859–1924), Internist, Wien.

P' Symptom: bereits in den ersten Krankheitstagen beim Pappatacifieber in charakterist. Weise auftretende Zeichen. Starke Injektion der Konjunktiven u. Reizung mit ausgesprochen streifenförmiger Rötung vom Hornhautrand nach den Augenwinkeln. [32]

Pick, Arnold (1851–1924), Psychiater u. Neurologe, Prag.

P' Hirnatrophie: hirnatroph. Prozeß, in den mittleren Lebensjahren beginnend, mit zunehmender Senkung des Persönlichkeitsniveaus, Minderung der Merkfähigkeit u. Urteilsbildung, im Endstadium hochgradige Demenz. Patholog.-anatom. umschriebene Atrophie vor allem der Stirnhirn-, Temporalhirnrinde; ätiolog. werden Erbfaktoren angenommen. [34]

P' Visionen: eigenartige Störungen der Raumwahrnehmung; der Pat. glaubt Personen, die vor ihm stehen, „durch die Wände hindurch" in das Nebenzimmer treten u. sich dort bewegen zu sehen, die Wände scheinen sich zu verschieben, zu krümmen, umzufallen. Das Phänomen wird auf Läsionen des hinteren Längsbündels u. dadurch bedingte Inkongruenzen zwischen „ophthalmostatischen" u. vestibulären Rezeptionen zurückgeführt; kann mit Doppeltsehen u. Nystagmus einhergehen. [33]

Pick, Friedel (1867–1926), Internist, Prag.

P' Pseudoleberzirrhose ↑Pseudoleberzirrhose, perikarditische. [9]

Pick, Louis (*1872), Ophthalmologe, Königsberg.

P' Retinitis: kaum gebrauchte Bezeichnung für degenerative Veränderungen u. Blutungen in der Netzhaut bei chron. Anämien, z.B. bei Darmerkrankungen u. bösartigen Geschwülsten. Abgrenzung gegen prim. Bluterkrankungen u. Sepsis nicht immer möglich; ↑Roth' Flecken. [36]

Pick, Ludwig (*1886), Pathologe, Berlin.

P' Krankheit ↑Niemann–Pick' Krankheit. [32]

Pickwick' Syndrom: nach der Romanfigur von Dickens benannte Krankheit; durch hochgradige Fettsucht mit Zwerchfellhochstand u. Einengung der Bronchiallichtung kommt es zu Ateminsuffizienz, respiratorischer Azidose, Polyzythämie u. Bewußtseinstörungen.

Picornaviren: zusammengezogener Begriff aus pico (klein) u. rna (ribonucleic acid), kleine RNS-haltige Viren, Rhino- u. Enteroviren. [50]

Picrasma excelsa: ein im trop. Amerika heim. Baum (Simarubaceae), dessen Holz, Lignum quassiae, Bitterstoffe enthält. Der Infus wird als Amarum angewendet. [44]

Piedra ⟨*span*⟩ *f* = Trichosporie: Haarknötchenkrankheit; trop. Haarpilzleiden (P. columbica), geht mit harten Körnern von schwarzer Farbe einher, welche den Haaren seitlich anhaften (schwarze Piedra). Ursachen sind Trichosporon giganteum (Piedraia hortai) oder bei der europäischen P. (P. nostras) Trichosporon beigeli. [43]

Piezometrie: Messung der Eindrückbarkeit des Orbitalgewebes. Man verwendet in der Regel Federapparate (Piezometer). [36]

Pigment ⟨*lat*⟩ *n:* durch Eigenfarbe charakterisierte Zellbestandteile. Sie lassen sich nach Herkunft in endogene u. exogene Pigmente unterteilen. Exogene P. sind z. B. Ruß; endogene P. werden entweder in der Zelle selbst durch spezif. Stoffwechselprozesse, wie ↑Melanin, gebildet oder stellen Abbauprodukte von herdförmig untergegangenen Zellbezirken (↑Zytolysomen, ↑Telolysomen) oder phagozytiertem Material (↑Phagosomen) dar, z. B. Lipofuszin. Bes. Formen des Pigmentes stellen die eisenhaltigen, wie das ↑Hämosiderin dar, die im wesentlichen aus dem Abbau von Erythrozyten entstehen. [6]

~dermatose: krankhafte Vermehrung oder Verminderung von Pigment; ↑Albinismus, Vitiligo, Melanodermie.

~dermie *f:* krankhafte Veränderung der Hautpigmentierung. [43]

~entartung der Netzhaut ↑Chorioretinitis pigmentosa. [36]

~flecken, milchkaffeebraune: oft Zeichen einer Neurofibromatosis Recklinghausen. [23]

~fleckenpolypose ↑Peutz-Jeghers' Syndrom. [25]

~hormon: im ↑Hypophysen-Mittellappen wird das Melanophorenhormon (MSH) Syn. Intermedin gebildet, das insbes. bei solchen Tieren eine Rolle spielt, welche ihre Färbung der Umgebung mit dunklem oder hellem Hintergrund anpassen können. Aus Schweinehypophyse ist das α-MSH mit 13 Aminosäureresten isoliert, die genau die gleiche Sequenz wie die ersten 13 Aminosäuren im ACTH haben u. aus der Rinderhypophyse das β-MSH mit 18 Aminosäureresten, von denen die Aminosäuren 7–13 die gleiche Sequenz wie das kortikotrope Hormon haben. [8]

Pigmentierung ⟨*lat*⟩: häufiges Berufszeichen, hervorgerufen durch Wirkung von Strahlen, Teer, Pech u. anderen Stoffen auf die Haut, auch auf resorptivem Wege möglich (z. B. totale berufliche ↑Argyrose nach Silberaufnahme, aber auch durch Arzneimittel, wie Salben, als bes. Symptom bei Arsenvergiftung Melaninablagerungen oder als Restzustand nach bestimmten Krankheiten oder als Krankheitssymptom ↑Addison' Krankheit). [49]

Pigment|induration ⟨*lat*⟩: mit Pigmenteinlagerung einhergehende oder ihr folgende Bindegewebsvermehrung. [5]

~infarkt ↑Pigmentmetastase. [4]

~körper: meist von einer Membran umgebener pigmenthaltiger Zellbezirk. [6]

~mäler ↑Naevus pigmentosus.

~mangel = Leukodermie: kommt angeboren beim Albinismus u. erworben als Leucoderma acquisitum oder Vitiligo vor. Pigmentlose Flecken mit ebenfalls pigmentlosen Haaren, in bestimmter Anordnung bei Leucoderma syphiliticum. [43]

~metastase: Pigmentverschleppung durch Phagozyten. [43]

Pigmentophagen ⟨*lat, griech*⟩ *m, Pl:* allgemein Zellen mit gefressenen Farbkörnchen, spez. bei Malaria; Monozyten mit Resten von Malariapigment, die auch nach Verschwinden der Parasiten durch Chiningebrauch eine sichere Diagnose ermöglichen. [11]

Pigment|steine: vorwiegend aus Bilirubin bestehende eiförmige bräunliche Konkremente, die sich bes. in den Gallengängen finden.

~zirrhose: Leberzirrhose mit reichlicher Ablagerung eisenhaltigen Pigmentes; im engeren Sinne Leberzirrhose bei ↑Hämochromatose. [5]

Pignet' Index (I): es handelt sich um den unbenannten Zahlenausdruck I = Körpergröße – (Brustumfang + Gewicht). Die Körpergröße u. der Brustumfang werden in cm, das Gewicht in kg angegeben. Die Werte gelten für erwachsene Männer, für Frauen erweisen sie sich um 2–4 Einheiten niedriger. Je größer der Index (I), um so schlechter ist der Konstitutionszustand. Vom P. werden folgende Angaben gemacht:

<10 = sehr kräftige Konstitution
10–15 = starke Konstitution
16–20 = gute Konstitution
21–25 = mittelmäßige Konstitution
26–30 = schwächliche Konstitution
31–36 = sehr schwache Konstitution
>36 = schlechte Konstitution. [7]

Pijper' Messung ↑Beugungsbilder des roten Blutausstriches. [11]

Pikazismus ⟨*lat*⟩: Gelüste der Schwangeren u. der Epileptiker nach ungenießbaren Stoffen; Pica' Syndrom. [34]

Pikrinsäure: 2,4,6-Trinitrophenol; in kristallisiertem Zustand ist sie nur schwach gelb, in wäßriger Lösung intensiv gelb. Sie bildet sich aus den aromat. Bausteinen der verschiedensten tier. u. pflanzlichen Stoffe (wie Wolle, Leder, Seide, Haaren, Indigo) beim Kochen mit konzentrierter Salpetersäure. Ist Bestandteil des ↑Esbach' Reagens. Die P. ist giftig u. explosiv. [8]

Pikrogeusie ⟨*griech*⟩: krankhafter bitterer Geschmack. [28]

Pikromyzin: Antibiotikum aus Aktinomyzesstämmen; zur externen Anwendung. [44]

Pikropegen ⟨*griech*⟩ *f:* Bitterwässer; ↑Heilwässer. [45]

Pikropodophyllin: Inhaltsstoff des Podophyllins mit abführenden Eigenschaften. [44]

Pikrotoxin ⟨*griech*⟩: stickstofffreier Inhaltsstoff der Früchte von Anamirta coccolus (↑Kokkelskörner). Das P. greift vorzugsweise am Zentralnervensystem an, steigert die Reflexerregbarkeit des Rückenmarkes, führt zur Erregung des verlängerten Markes, bes. des Atem- u. Kreislaufzentrums. P. wird bes. in den angelsächs. Ländern als Analeptikum verwendet. In hohen Dosen führt es zu Krämpfen. P. bildet schwer wasserlösliche, farblose, nadelförmige Kristalle; Summenformel $C_{30}H_{34}O_{13}$. [44]

pilaris ⟨*lat*⟩: zu den Haaren gehörend. [1]

Pili ⟨*lat*⟩ *Pl* von Pilus *m:* Haare.

P. anulati: Ringelhaare.

P. moniliformes ↑Monilethrix. [43]

P. torti: gedrehte Haare. Es handelt sich um eine anlagemäßige Haarabnormität, die in der Pubertät abheilt. Die Haare sind in der Langachse um 180° gedreht u. brechen dadurch leicht ab. [43]

Pillen = ↑Pilula; Arzneiform.

P., asiatische ↑Pilulae asiaticae. [44]

~drehen: Form des Tremors beim ↑Parkinsonismus, dessen komplexer rhythm. Bewegungsablauf dem beim P. ähnelt. [33]

Pilobolus: kleiner Algenpilz, der auf Mist von Pflanzenfressern wächst u. sein Sporangium bis 2 m weit dem Licht entgegenschleudert (pos. Phototropismus). [56]

Pilokarpin ⚹ **Pilocarpinum:** Alkaloid aus den Blättern von Pilocarpus jaborandi. Es entspricht in seiner Wirkung dem Muskarin. P. führt zur Sekretionssteigerung der Drüsen (Speichel-, Tränen-, Schweißdrüsen), zur Puls- u. Temperatursteigerung, zur Pupillenverengerung u. zum Akkommodationskrampf. P. setzt den intraokularen Druck herab. Therapeut. wird dieser Effekt verwendet.

P. hydrochloricum DAB 7: salzsaures Salz des Pilokarpins, weiße, zerfließende Kristalle. [44]

Pilula ⟨*lat*⟩ *f:* Pille; feste Arzneiform, bei der die Wirkstoffe mit einer Grundmasse gemischt u. zu Kügelchen geformt werden.

P-ae aloeticae ferratae: eisenhaltige Pillen mit Aloezusatz. Dieser Zusatz soll die bei chron. Eisengabe auftretende Obstipation beseitigen.

P-ae asiaticae: Arsenikpillen (0,001 arsenige Säure/Pille); roborierende Wirkung.

P-ae ferri carbonici: Blaud' Pillen; bei Eisenmangelanämie.

P-ae jalapae: Abführpillen mit Jalapenwurzel u. Jalapenseife als Inhaltsstoffe. Heute hat diese Form der Arzneimittelverabreichung kaum noch Bedeutung. [44]

Pilzagar nach Grütz: Agar zur Kultivierung von Hautpilzen. [42]

Pilzdrusen *f, Pl:* in aktinomykot. Krankheitsherden auftretende Zusammenballung der Pilzfäden mit kolbenförmigen radiär gestellten Anschwellungen am Rand; makroskop. gelbliche Körnchen. [5]

Pilze: heterotrophe Pflanzen, d. h. solche, die sich von organ. Substanz ernähren, u. zwar entweder als Saprophyten (Fäulnispflanzen) oder als Parasiten (Schmarotzer). Sie besitzen keine Organe, sondern bestehen aus Pilzfäden (Hyphen), deren Gesamtheit Myzelium genannt wird. Nur ihre „Fruchtkörper" zeigen eine spezif. Gestalt u. Färbung. Sie dienen zum Teil als Nahrungsmittel, zum Teil sind sie stark giftig. Die Zellmembran der P. besteht vorwiegend aus Chitin, statt Stärke bilden sie Glykogen als Reservestoff. Sie vermehren sich ungeschlechtlich durch Sporen (Zoosporen, Endosporen oder Konidien); bei der geschlechtlichen Vermehrung vereinigen sich Gameten, ganze Gametangien oder auch zwei Körperzellen (Somatogamie). Die echten P. (Fungi) werden in zwei Klassen eingeteilt, die niederen oder Algenpilze (Phycomycetes) u. die höheren Pilze (Eumycetes). Diese werden unterteilt in die beiden Unterklassen Schlauchpilze (Ascomycetes) u. Ständerpilze (Basidiomycetes). Pilze, deren Einordnung nicht möglich ist, weil sie weder Askus- noch Basidienbildung zeigen, werden als Fungi imperfecti oder Deuteromycetes zusammengefaßt. [56] Im engeren Sinn Fruchtkörper einiger höherer Pilze, die eßbaren sind Nahrungsmittel, jedoch schwer verdaulich. 100 g Steinpilze, roh, enthalten etwa 4,5–5 g Eiweiß, 0,3 g Fett, 4–5 g Kohlenhydrate, 100–150 μg Vitamin B_1, 60 μg Vitamin B_2, 5 mg Vitamin C, 5 IE Vitamin D. Pilzkrankheiten des Menschen ↑Mykosen. [8]

Pilz|fäden ↑Hyphen. [56]

~form des Femurkopfes: Kopfdeformierung nach ↑Perthes' Krankheit. [23]

~gifte: Alkaloide oder alkaloidähnliche Verbindungen von hoher Giftigkeit, die in Pilzen, meist Basidiomyzeten, vorkommen (Amanitin, Muskarin, Phalloidin u. a.). [42]

~krankheiten ↑ Mykosen. [5]

~nährböden: Nährböden, auf denen Pilze entweder sich gut entwickeln (z. B. P. nach Sabouraud) oder besser als Bakterien wachsen (z. B. Nährböden mit tiefem *p*H-Wert oder mit Zusätzen bakteriostat. Stoffe wie Tetrazykline). [42]

~sterine ↑ Mykosterine. [8]

~vergiftung: 2 Arten von Pilzvergiftungen sind zu unterscheiden. Die meist weniger gefährlichen Erkrankungen beruhen auf dem Genuß von an u. für sich eßbaren Pilzen, die durch längere Lagerung, bzw. die im zubereiteten Zustand aufbewahrt, in Zersetzung übergegangen sind; dabei können sich gesundheitsschädliche Stoffe bilden. Eigentliche Pilzvergiftungen (Myzetismus) sind solche, die durch den Genuß giftiger Pilze verursacht werden. Hier ist in erster Linie der sehr stark giftige, oft tödlich wirkende grüne Knollenblätterpilz (Amanita phalloides) zu nennen; er enthält neben dem schwächeren Gift Phalloidin als Hauptgift das Amanitin, von dem 0,01 mg für die Maus tödlich ist; man beobachtet Senkung des Blutzuckerspiegels, Krampf mit tödlichem Ausgang. Gefährlich ist, daß die Vergiftungserscheinungen erst nach verhältnismäßig langer Zeit (10 h u. mehr) mit plötzlicher Übelkeit, starkem Erbrechen, Magenschmerzen, Würgen u. Durchfall eintreten können; hinzu kommen Schmerzen in den Waden, Durstgefühl u. Trübung des Bewußtseins; Leberschäden u. allmählich erlahmende Herztätigkeit können zum Tode führen. Weitere Giftpilze sind der rasch wirkende Fliegenpilz (Amanita muscaria; neben anderen Giften vor allem Muskarin enthaltend), der Pantherpilz (Amanita pantheria), die Frühlorchel (Gyromitra; oft mit Morchel verwechselt), der Satanspilz (Tubiporus erythrobus), der Giftreizker (Lactarius torminosus) usw. Beim dosierten Genuß von Fliegenpilz stellen sich rauschähnliche Zustände ein, die einige ostasiat. Völker bewußt herbeiführen. Der Giftstoff der Frühlorchel ist in heißem Wasser löslich u. kann durch Abgießen des Brühwassers weitgehend entfernt werden. Dank der Aufklärung u. der modernen Behandlungsmethoden ist die Zahl der tödlich verlaufenden Pilzvergiftungen zurückgegangen. [16]

Pimpinella anisum *f:* Anis, Gewürz- u. Arzneipflanze; die Früchte, Fructus anisi. [44]

Pimpinellin *n:* Inhaltsstoff der Wurzel von Pimpinella magna u. Pimpinella saxifraga. Die Tinktur von Radix pimpinellae wird mitunter bei Heiserkeit verwendet. [44]

Pinard, Adolphe (1844–1934), Gynäkologe, Paris.

P' Hörrohr: Spezialstethoskop für fetale Herztöne in der Gebärmutter. Zum Unterschied gegenüber dem Holzstethoskop für die Thoraxauskultation ist die Öffnung des Schalltrichters bedeutend weiter.

P' Handgriff: zur Überwindung von Schwierigkeiten beim Herunterholen eines Fußes bei reiner Steißlage wird der Zeigefinger der eingeführten Hand in die Kniekehle des vorn gelegenen Beines gelegt u. der Oberschenkel kräftig gegen den Bauch des Kindes gedrückt; dadurch Herunterrutschen des kindlichen Fußes, der nun besser vom Geburtshelfer gefaßt werden kann.

P' Schwangerschaftszeichen: die in das vordere Scheidengewölbe eingeführten Finger können nach der 16. Schwangerschaftswoche ein Ballottement des durch die Wand des unteren Uterinsegments angestoßenen Kindsteils nachweisen. [29]

Pinea ⟨*lat*⟩ *f:* Bezeichnung für die ↑ Epiphyse wegen ihrer tannenzapfenähnlichen Gestalt, Tannenzapfen. [1]

Pinealoblastom ⟨*lat, griech*⟩: bösartige, dem ↑ Medulloblastom ähnliche Geschwulst der Epiphyse, die aus epithelartigen, von Bindegewebe zu Gruppen angeordneten Zellen besteht. [5]

Pinealom ⟨*griech*⟩ *n:* Syn. Pinealozytom; reife, gut abgrenzbare Geschwulst der Epiphyse. Histolog. große, helle, nestartig angeordnete Zellen von Straßen lymphozytenähnlicher Zellen durchsetzt. Häufig Pubertas praecox. [5]

Pinel, Philippe (1755–1826), Psychiater, Paris. Sah in den Geisteskranken Gehirnleidende u. befreite deshalb 1793 seine geistesgestörten Kranken von ihren bis dahin angelegten Ketten. [53]

Pinguecula ⟨*lat*⟩ *f:* Lidspaltenfleck; fettähnlich aussehende degenerative Veränderung im Lidspaltenbereich, meist nasal von der Hornhaut, seltener temporal. Hyaline Degeneration des subepithelialen Gewebes mit Vermehrung der elast. Fasern. Bei älteren Leuten nicht selten. Ohne klin. Bedeutung. In heißen Ländern häufiger. [36]

Pinguedines ⟨*lat*⟩ *f, Pl:* Sammelbezeichnung für die pharmazeut. verwendeten Fettarten. [44]

Pinozytose ⟨*griech*⟩ *f:* Aufnahmeprozeß von Substanzen ins Zellinnere. Dabei wird das Material zuerst der Zellmembran angelagert. Durch eine Kontraktion des angrenzenden Zytoplasmas wird die Zellmembran mit dem Material bläschenförmig in die Zelle eingestülpt. Danach wird die umgebene Zellmembran um das Bläschen aufgelöst, u. die aufgenommenen Substanzen werden im Zellstoffwechsel verarbeitet. [6]

Pinta ⟨*span*⟩ *f:* Mal de Pinto, Carate; in Mittel- u. Südamerika sowie Westafrika auftretende Hautkrankheit. Äußert sich im Auftreten rötlicher bis bläulicher, später grauweißer, schuppender u. juckender Flecke. Abheilung nach jahrelangem Verlauf unter Depigmentierung der erkrankten Haut. Erreger ist *Treponema carateum.* [43]

Piophila casei ↑Käsefliege. [58]

Piper cubeba: in Indonesien heim. Strauch (Piperaceae), dessen Früchte (Kubeben) äther. Öle enthalten.

P. niger: Pfefferstrauch; (pharmakolog.) die reifen, getrockneten Früchte des Pfefferstrauches (schwarzer Pfeffer). [44]

Piperazin: Hexahydropyrazin $C_4H_{10}N_2$; 2,5-Diketopiperazine entstehen beim Erhitzen von α-Aminosäuren; P. ist ein gut wirksames u. wenig tox. Anthelminthikum bes. bei Askaridiasis u. Oxyuriasis; Uvilon®, Tasnon®, Vermicompren®. [8]

Piperokain: Benzoesäureester mit lokalanästhet. Wirkung. [44]

Piperonylbutoxid: selbst inaktiver, sehr effektiver Synergist zu Pyrethrum in der Insektizidanwendung. [58]

Pipetten: gläserne Saugrohre, die unten zu einer Spitze ausgezogen u. oben verengt sind; sie dienen zum genauen Abmessen von Flüssigkeiten (z.B. in der Maßanalyse). Vollpipetten haben eine Marke, die das Volumen von 1,0, 2,0, 10,0 ml usw. angeben; Meßpipetten eine Graduierung, die die P. in Bruchteile eines Milliliters unterteilt. [8]

Pirie' Knochen = Os supratalare: gelegentlich am Gipfel der Talusnase (eines gezackten Vorsprungs an der Oberkante des Talus) vorkommender, von ihr durch einen feinen Spalt getrennter, isolierter kleiner Knochen, angeblich von A.H. Pirie erstmalig beschrieben (in Wahrheit beschrieb P. aber ein Skelettelement, das heute als Os supranaviculare bezeichnet wird). Dieser Knochen wird besser Os supratalare genannt, da der Ausdruck „Astragulus secundarius" zu unterschiedlichen Auslegungen Anlaß gegeben hat. [1]

piriformis ⟨*lat*⟩: birnenförmig. [1]

Piriformitis ⟨*lat*⟩ *f:* Entzündung des M. piriformis, verursacht Kreuzschmerzen. [18]

Piringer-Kuschinka, Alexandra (*1912), Pathologin, Wien.

P.-K' Syndrom: entzündliche Lymphknotenschwellung bes. der Hals-Nackenregion bei jungen Menschen bei kaum gestörtem Allgemeinbefinden. Vermehrung der β-Globuline. Histolog. Epitheloidknötchen in Gruppen angeordnet; Differentialdiagnose gegen Lymphogranulom abzugrenzen. [15]

Pirogow, Nikolai Iwanowitsch (1810–1881), bedeutender Chirurg u. Anatom, Petersburg, Odessa, Kiew. Begründer der Militärchirurgie. Auf Grund seiner Arbeiten gelangte die russ. Chirurgie zu höchster Blüte.

P' Operation (1852): Amputatio pedis osteoplastica; der Fuß wird so amputiert, daß die beiden Unterschenkelknochen dicht oberhalb des oberen Sprunggelenkes quer durchsägt werden. Dann wird der so geschaffene Knochenstumpf mit dem Tuber calcanei, der senkrecht vom Kalkaneuskörper abgesägt wird, u. einem entsprechenden Hautlappen bedeckt. Werden die Unterschenkelknochen weiter proximal vom Sprunggelenk (3–4 cm) durchsägt, spricht man vom „hohen Pirogow". [23]

Piroplasmen ⟨*lat, griech*⟩ *n, Pl:* Protozoen von birnenförmiger Gestalt, befallen vorwiegend Erythrozyten. Zwei Gattungen: *Babesia, Theileria;* Erreger der ↑Piroplasmose. [41]

Piroplasmose ⟨*lat, griech*⟩ *f:* Infektionskrankheit durch den Sporozoen (parasit. Protozoen) nahestehende, von Zecken (z.T. transovariell) übertragene birnenförmige Schmarotzer in Erythrozyten, sog. ↑Prioplasmen, zu denen mehrere bei Haustieren pathogene Gattung gehören. In Europa z.B. *Babesia divergens:* Erreger des Blutharnens (Hämoglobinurie) des Rindes (Rinderpiroplasmose, z.T. hohe Mortalität). Außereuropäisch am bekanntesten Texasfieber u. Küstenfieber der Rinder. [58]

Pirquet, Clemens Joh. v. (1874–1929), Pädiater, Wien.

P' NEM-System: zur Errechnung der Nahrungsmengen bei künstlich ernährten Säuglingen geschaffenes System, wobei unabhängig von der Qualität der Nahrung die Menge nach NEM berechnet wird u. 1 NEM (Nahrungs-Einheit-Milch) dem Nährwert von 1 g Milch entspricht. [32]

P' Reaktion: ↑Tuberkulinprobe. Mit einem Bohrer (Pirquet-Bohrer) wird die Haut durch das auf diese Stelle gebrachte Tuberkulin angebohrt (skarifiziert), ohne daß es zur Blutung kommt. Die nach 2–3 Tagen auftretende Rötung u. Schwellung ist ein Hinweis auf eine durchgemachte tuberkulöse Infektion. [15]

pisiformis ⟨*lat*⟩: erbsenförmig. [1]

Piskaček, Ludwig (1854–1932), Gynäkologe, Wien.

P' Ausladung: an der Stelle der Eieinnistung kommt es zu einer intensiven Hyperämie, so daß der Uterus eine deutlich tastbare, weiche Beule bekommt, die sogar Palpationsirrtümer verursachen kann. Oft recht frühes, aber unsicheres Schwangerschaftszeichen. [29]

Pistacia lentisca: auf der Insel Chios in Kulturen angepflanzter Baum der Gattung Anacardiaceae, dessen Harz (Mastix) als Klebemittel in der Chirurgie (Wundabdeckung) u. Pharmazie (zur Herstellung von Pflastern) Verwendung findet. [44]

Pithekanthropus ⟨*griech*⟩ *m:* Affenmensch, Pithecanthropus erectus, von Dubois 1891 auf Java gefundene Skeletteile, die auf die Menschwerdung Rückschlüsse ziehen lassen. [4]

pithekoid ⟨*griech*⟩: affenähnlich. [4]

Pithiatismus ⟨*griech*⟩: gesteigerte Beeinflußbarkeit sowohl im Sinne der Hervorrufung als auch im Sinne der Milderung u. Beseitigung von Krankheitserscheinungen, vor allem kennzeichnend für Hysterie (Babinski). [35]

Pituita ⟨*lat*⟩ *f:* Schleim, morgendliches Schleimerbrechen der Alkoholiker. [9]

Pituitarismus: der Zustand, der durch Überfunktion einer Zellart im Hypophysenvorderlappen entsteht. Gebräuchlich ist der Terminus nur im Zusammenhang mit dem Wort basophil. Basophiler P. ist gleichbedeutend mit ↑Morbus Cushing. [12]

Pituizyten ⟨*lat, griech*⟩ *m, Pl:* die im Bereich des HHL vorkommenden spezif. Gliazellen, von denen nach Romeis bisher vier unterschiedliche Zelltypen bekannt sind. 1. Retikulopituizyten: stark verzweigte Zellen, die mit ihren Zellfortsätzen noch untereinander in Verbindung stehen; 2. Mikropituizyten: isolierte, sehr kleine Gliazellen mit sehr unterschiedlich gestalteten Fortsätzen; 3. Faserpituizyten: zahlreichste Zellform mit sehr langen sog. Pituizytenfasern, die unregelmäßige Anschwellungen aufweisen; 4. Adenopituizyten: an Drüsenzellen erinnernde Gliazellen. [2]

Pityriasis ⟨*griech*⟩ *f:* Hautkrankheit mit kleieförmiger Abschilferung, die zur Gruppe der ↑Seborrhoe gehört.

P. capitis: Abschuppung der Kopfhaut, kann langsam zu Atrophie der Haarpapille u. bleibender Kahlheit führen (Alopecia pityrodes).

P. circinata ↑P. rosea.

P. furfuratio: P. simplex.

P. lichenoides chronica (Juliusberg) ↑Parapsoriasis en gouttes.

P. nigra: Pityriasis stark pigmentierter Menschen, meist im Nacken u. am oberen Teil der Brust lokalisiert.

P. rosea (Gibert): blaßbraunrote runde bis ovale Herde mit feinen Schuppen, die meist am Rande ringförmig angeordnet sind. Häufig entsteht zunächst ein einzelner, größerer Herd, der als sog. „Primäraffekt" sichtbar bleibt. Ursache unbekannt. Hinterläßt bleibende Immunität.

P. rubra pilaris (Besnier): Stachelflechte; grau- bis rötlichbraune Knötchen bes. an den Streckseiten der Unterarme, Unterschenkel u. Handrücken.

P. rubra universalis (Hebra): verläuft unter dem Bild einer Erythrodermie mit reichlich kleieförmiger Schuppung, Rötung der Haut u. Lymphknotenschwellung, später Atrophie der Haut, endet mitunter tödlich, vermutlich Retikulose.

P. sicca faciei: Salzflecke; bes. an den Wangen der Kinder sich lokalisierende etwas gerötete, wenig schuppende, trockene Hautherde, evtl. Streptodermie.

P. tabescentium: Hautabschuppung bei kachekt. Kranken.

P. versicolor: Dermatophytie, „Kleienflechte"; bräunlichrote, mit feinen Schuppen bedeckte Flecke. Bei Dunkelhäutigen helle Flecke als P. alba; Erreger *Malassezia furfur.*

P. vulgaris ↑Seborrhoe. [43]

Pitysporum ovale ⟨*griech, lat*⟩ *n:* Flaschenpilze. Auf der unveränderten Haut wachsende, zu den Sproßpilzen gehörende Saprophyten, oft bei der seborrhoischen Dermatitis gefunden. [43]

pius ⟨*lat*⟩: fromm, in Verbindung mit Pia mater. Im Mittelalter von Mönchen aus dem Arabischen falsch übertragen. [1]

Pix ⟨*lat*⟩ *f:* Teer, Pech. Teerprodukte haben krebserregende Eigenschaften.

P. betulina (auch P. betulae): Birkenteer; Oleum rusci, dicke, dunkelbraune Flüssigkeit, lokal reizend. Anwendung bei chron. Hauterkrankungen wie Psoriasis, Ekzeme usw.

P. fagi: Buchenteer. Eigenschaften u. Anwendung wie vorstehend.

P. juniperi: Oleum cadinum; Wacholderteer; dunkelbraune ölige Flüssigkeit.

P. liquida: Holzteer, aus verschiedenen Pinusarten gewonnen, dicke braunschwarze Flüssigkeit.

P. lithanthracis: Steinkohlenteer; bräunliche Flüssigkeit, Anwendung wie bei P. betulina. [44]

Placebo-Effekt: placebo ⟨*lat*⟩ – ich werde gefallen. Psych. Effekt eines Arzneimittels, der von der pharmakodynam. Wirkung unabhängig ist. Die Gabe eines Scheinmedikaments (Placebo) mit dem Aussehen u. dem Geschmack des richtigen Arzneimittels ermöglicht bei entsprechender Versuchsanordnung die Unterscheidung zwischen den echten Arznei- u. der psychischen Wirkungen.

P.-Therapie: gezielte Anwendung einer an sich unwirksamen Substanz zur Erreichung von Heileffekten. [44]

Placenta ⟨*lat*⟩ *f* ↑Plazenta. [29]

Plagiozephalus ⟨*griech*⟩ *m:* Schiefkopf; entsteht durch vorzeitige Verknöcherung einer Kranznahthälfte. [5]

Planck, Max Karl (1858–1947), international bedeutender Physiker, Berlin. Nobelpreisträger für Physik 1918.

P' Wirkungsquantum: *Abk h,* eine für die Atomphysik u. Quantenmechanik fundamentale Naturkonstante. Mit ihr stellte Planck (1900) die Quantenhypothese auf, nach der

Energie niemals kontinuierlich, sondern immer in Quanten auftritt. $e = h \cdot \nu$, d.h., die Energie eines Lichtquantes *e* ist proportional seiner Frequenz ν. Der Proportionalitätsfaktor ist $h = 6{,}6256 \cdot 10^{-27}$erg·s. [59]

Plankton ⟨*griech*⟩ *n:* die ohne erhebliche Eigenbewegung frei im Wasser schwebenden Organismen. [58]

~probe ↑Diatomeennachweis. [52]

Planozyten ⟨*lat, griech*⟩ *m, Pl:* bes. flache, hämoglobinarme Degenerationsformen der Erythrozyten, am häufigsten bei den Eisenmangelanämien; ↑Pessarform der Erythrozyten. [11]

Planta ⟨*lat*⟩ *f:* Fußsohle; *Adj* plantaris, plantar, fußsohlenwärts. [1]

Plantar|flexion ⟨*lat*⟩: Beugung des Fußes nach der Fußsohle. [1]

~reflex: Fußsohlenreflex; bei Bestreichen der Fußsohle mit Nadel oder Reflexhammerstiel kommt es normalerweise zu einer Plantarflexion der Zehen, bei stärkerer Ausprägung auch zu einer Anspannung des M. tensor fasciae latae u. schließlich zu einer Dorsalflexion des Fußes mit Knie- u. Hüftbeugung des Beines („Fluchtreflex"). Oft fehlt der Reflex oder ist nur schwach ausgeprägt; die sog. „stumme Sohle" hat diagnost. Bedeutung nur bei einseitigem Vorhandensein, kommt dann als Pyramidenzeichen in Betracht; auch kann der Fluchtreflex als Hautreflex natürlich bei Läsionen „innerhalb des Reflexbogens" (z.B. Wurzelerkrankungen) fehlen; ↑Babinski' Zeichen. [33]

Planum ⟨*lat*⟩: Ebene; (gynäkolog.) Durchtrittsebene des fetalen Schädels bei der Geburt; am günstigsten ist das am häufigsten zum Durchtritt benutzte P. suboccipitobregmaticum mit durchschnittlich 32 cm Umfang. Bei Deflexionslagen treten Ebenen mit größerem Umfang durch die engen Stellen des Beckens, so daß die Geburt länger dauert u. die Prognose für das Kind ungünstiger wird. [29]

Plaque ⟨*frz*⟩ *f:* umschriebener, erhabener Fleck, ↑Peyer' Plaques. [11]

P.s des fumeurs: Leukoplakie der Mundschleimhaut bei starken Rauchern.

P. jaune: gelbe Narben nach Erweichungsherden im Gehirn.

P. laiteuse ↑Maculae lacteae.

P.s lisses: Leukoplakie.

P. muqueuse: Mundschleimhautpapeln bei ↑Syphilis.

P. opaline: 1. P. muqueuses; 2. Leukoplacia oris; ↑Leukoplakie. [43]

P. sénile: senile Druse; für Altersvorgänge charakterist. Gebilde in der Hirnrinde; bes. bei seniler Demenz u. ↑Alzheimer' Krankheit; elektronenmikroskop. zusammengeballte Nervenzellfortsätze mit abnorm gestalteten Mitochondrien u. Neurofilamenten. [5]

Plaques-Technik: in-vitro-Verfahren, bei denen in einem Bakterien- oder Zellrasen durch Einwirkung biolog. Agenzien (z.B. Bakteriophagen, zellpathogene Viren, lyt. Antikörper) umschriebene Aussparungen (Löcher, Plaques) entstehen. Quantitative Technik durch Abstufen des lyt. Agens möglich. [40]

Plasma ⟨*griech*⟩ *n* ↑Protoplasma u. Blutplasma.

P.-A_C-Globulin: Faktor V der ↑Blutgerinnung.

Plasma|eisen-Clearance: Abstrom einer intravenös injizierten Eisenmenge aus dem Plasma. Wird durch Eisenumsatzuntersuchungen mit dem Isotop ^{59}Fe erfaßt. Normalerweise wird die Hälfte der injizierten ^{59}Fe-Aktivität in 70–140′ aus der Blutbahn eliminiert. Sie ist bei Eisenmangel-, Infekt- u. hämolyt. Anämie beschleunigt, bei der aplast. Anämie verlängert.

~eisenturnover: Eisenmenge, die in einer bestimmten Zeiteinheit im Plasma umgesetzt wird. Beträgt normalerweise 0,36–0,52 mg Eisen/24 h/kg Körpergewicht; wird durch die Eisenumsatzuntersuchung mit dem Isotop ^{59}Fe erfaßt. [11]

~eiweiß: das im Blutplasma zu 7–8% enthaltene Eiweiß; ein Gemisch aus verschiedenen Proteinen, darunter auch Gerinnungsfaktoren (Fibrinogen); es umfaßt die zytoplast. u. die chloroplast. Vertreter ebenso wie die Wirkstoffeiweiße (Zellenzyme); es stellt das im aktiven Stoffwechsel stehende Eiweiß dar. [16]

~expander: Plasmaersatzstoffe zur Auffüllung des Blutvolumens (Infukoll, Makrodex, Rheomakrodex); je höher molekular, desto längere Verweildauer im Kreislauf (z.B. Infukoll 10%ig). [18]

~fraktionen ↑Elektrophorese; ↑Cohn' Fraktionierung oder Cohn-Fraktion. [11]

~koagulase: Syn. Staphylokoagulase; plasmakoagulierende Aktivität der Staphylokokken. Nachweis durch Koagulierung von Kaninchen- oder Menschenzitratblut oder -oxalatplasma. Wichtigstes Pathogenitätszeichen. [41]

~konserve: zur Herstellung der P. wird Spenderblut in einer Blutkonservenflasche mit ↑Stabilisator aufgefangen. Sobald sich die Erythrozyten abgesetzt haben (Spontansedimentation, Zentrifugierung), wird das überstehende Plasma in eine zweite Konservenflasche abgehebert. Plasmakonserven sollen aus relativ frischen, fettarmen u. hämoglobinfreien Blutkonserven hergestellt werden. Die Verwendung von älteren Blutkonserven zur Plasmagewinnung ist wegen des erhöhten Kaliumgehaltes unzulässig. Das Aufbewahren der Konserve mit flüssigem Plasma über Monate ist wegen der Gefahr einer bakteriellen ↑Kontaminierung nicht unbedenklich. Zur längeren Konservierung bedient man sich deshalb des tiefgefrorenen Plasmas u. der Trockenplasmakonserve. [11]

Plasmale ↑Plasmalogen. [8]

Plasmalemm *⟨griech⟩ n* ↑Zellmembran. [2]

Plasmalogene: komplexe Lipide, die ähnlich wie die Lezithine u. Kephaline aufgebaut sind, nur daß sie an einem C-Atom des Glyzerins nicht mit einer Fettsäure, sondern mit einem Fettsäurealdehyd

$$R-CH_2-CHO \rightleftharpoons R-CH=CHOH$$

in seiner Enolform ätherartig verbunden sind. Die P. sind leicht zum Fettsäurealdehyd aufspaltbar u. geben die histochem. ↑Plasmalreaktion (Feulgen). Vorkommen in vielen Geweben, bes. im Gehirn, in Nerven, in der Muskulatur u. a.; in Leber u. in Hühnereiern nur in sehr kleinen Mengen; fehlen in normalem Fettgewebe, sind aber gut nachweisbar bei der Bildung u. dem Abbau des Fettgewebes. – Plasmalogensäuren: entstehen bei der alkal. Spaltung der Plasmalogene. [8]

Plasmalreaktion: die Plasmalogene geben nach kurzer Einwirkung von Sublimat auf die nativen Schnitte mit fuchsinschwefliger Säure (Schiff' Reagens) eine Rotfärbung. [8]

Plasma|membran ↑Zellmembran. [6]

~phorese *f:* Untersuchungsmethode für den Eiweißstoffwechsel, wobei durch Aderlässe ständig Plasmaeiweiß entnommen wird, die abzentrifugierten Erythrozyten jedoch reinfundiert werden. Dabei nimmt der Eiweißspiegel zunächst ab, erreicht aber bald ein neues Gleichgewicht. [5]

~volumen: Gesamtplasmamenge des Organismus, beträgt etwa 5% des Körpergewichts. Die Bestimmung erfolgt durch Injektion einer Farbstofflösung (z. B. Evans-Blue, Kongorot) mit photokolorimetr. Messung des Farbstoffes in einer Blutprobe, dadurch wird die Verdünnung des Farbstoffes erfaßt u. so das P. errechnet. Neuerdings kann es auch durch Erfassung des Verdünnungseffektes des Plasmas auf eine bestimmte in die Blutbahn eingespritzte Aktivität ^{131}J-markierte Eiweißkörper ermittelt werden.

~zellen: von Monozyten- bis Lymphozytengröße, tiefblau im Protoplasma, die kleineren mit einem hellen zentralen u. paranukleären Hof (Typ Marschalko). Der Kern der größeren monozytoid, der kleineren stark gefeldert, oft radkernig; körnchen- u. oxydasefrei, früher abgeleitet vom Lymphgewebe, heute meistens als retikulär angesehen. Sie sind stark sezernierende Zellen, die manchmal ihr Sekret auch im Innern speichern u. es ausstoßen. Nach neuerer Ansicht produzieren sie Antikörper u. Globuline; ↑Plasmozytom.

~zellenleukämie ↑Myelom. [11]

Plasmin ↑Fibrinolysin. [11]

Plasmodesmen *⟨griech⟩ n, Pl:* feinste, fädige Plasmaverbindungen zwischen den Zellen, die im Bereiche des Nervengewebes als Neurodesmen beschrieben wurden. Die P. sind als Fixierungsartefakte anzusehen. [2]

Plasmodien *⟨griech⟩ n, Pl:* schleimartige Protoplasmamassen, die durch Verschmelzung amöbenartiger Zellen entstehen u. großen vielkernigen ↑Synzytien gleichen; Plasmodien der ↑Myxomyzeten u. ↑Malariaplasmodien. [41]

Plasmodium: Protozoe der Gattung ↑*Sporozoa;* durch Insekten übertragbarer Blutparasit, Generations- u. Wirtswechsel. Malariaplasmodien: *P. vivax* Erreger des 3-Tage-Fiebers = Malaria tertiana; *P. malariae* Erreger des 4-Tage-Fiebers = Malaria quartana; *P. falciparum* Erreger der Malaria tropica; *P. ovale* Erreger eines der Tertiana ähnlichen Krankheitsbildes. [41]

Plasmodium = **Symplasma:** Zellverband, entstanden durch wiederholte Kernteilungen ohne nachfolgende Zellteilung (physiolog. Beispiele: quergestreifte Muskelfaser, Hüllplasmodium der Nervenzellen). Hierher gehören die meisten vielkern. Riesenzellen der patholog. Anatomie; ↑Plasmodien. [4]

Plasmolyse *⟨griech⟩ f:* Plasmaablösung; legt man pflanzliches Gewebe in eine konzentrierte Zuckerlösung (Plasmolytikum), so wandert Wasser auf osmot. Wege so lange aus dem Zellinnern nach außen, bis die Konzentration des Zellsaftes derjenigen der Außenlösung entspricht. Nach Entspannung der Zellwand löst sich dabei der Plasmaleib von ihr ab u. schrumpft gegebenenfalls bis zu einer kleinen Kugel zusammen. Bei Anwendung gestaffelter Konzentrationen läßt sich eine Grenzkonzentration (Grenzplasmolyse) finden, die der augenblicklichen Zellsaftkonzentration entspricht. Auf diese Weise kann der osmot. Wert pflanzlicher Zellen gemessen werden (in at). Als Plasmolytika lassen sich alle löslichen Stoffe verwenden, die nicht oder sehr langsam in die Zellen eindringen. Elektrolyte wirken wegen ihrer Ionisation stärker u. können nur im Vergleich mit der Wirkung eines Nichtelektrolyten zur Berechnung dienen. Der Berechnung liegt zugrunde, daß eine einmolare Lösung im Osmometer einen Druck von 22,4 at (Avogadro' Zahl) entwickelt. [56]

Plasmon ↑Erbanlagen. [3]

Plasmosomen *⟨griech⟩ n, Pl* ↑Mikrosomen. [2]

Plasmo|zym ⟨*griech*⟩ *n* ↑Prothrombin.
~zytom ↑Myelom.
~zytose: Vermehrung von Plasmazellen im Blut (buntes ↑Blutbild), auch gebraucht für das Knochenmark bei starker Vermehrung der Plasmazellen als Begleiterscheinung von Reizprozessen verschiedener Art; oft schwer zu trennen vom ↑Myelom. [11]

Plaste (in der Medizin): auf organ.-chem. Basis, meist aus Kohle u. Kalk hergestellter Kunststoff, der in allen Zweigen der Medizin große Bedeutung erlangt hat; ↑Polyamidfaser, Akrylsäure. [18]

Plastein ⟨*griech*⟩ *n:* flockiger oder gallertiger Niederschlag, der bei Einwirkung von Pepsin auf konz. Peptonlösungen entsteht. Es dürfte sich um eine echte Kondensation handeln, doch wird die Bildung wirklicher Eiweißkörper in Zweifel gestellt. [8]

Plastik ⟨*griech*⟩: Bildnerkunst; in der Medizin versteht man hierunter die Methoden der plast. Chirurgie. [18]

Plastik-Lunge: Spezialausführung eines Rumpf-Respirators, bei der der ganze Körper in einen luftdichten Plastikmantel eingehüllt u. künstliche Beatmung durch intermittierenden Unterdruck an der Körperoberfläche erzeugt wird. [27]

Plastokobalt: plast., gut formbares Material, das eine homogene Beimischung von Radiokobalt (^{60}Co) enthält; dient zur Oberflächenbestrahlung von Hauttumoren. [59]

Plasto|konten ↑Mitochondrien.
~somen ↑Mitochondrien. [2]

Platelet-Akzelerator: Thrombozytenakzelerator (Thrombozytenfaktor 1), Plättchenfaktor, der die Umwandlung des Prothrombins in das Thrombin fördert. Es handelt sich um den an der Plättchenoberfläche adsorbierten Plasmafaktor V. Auf Grund abweichender physikal.-chem. Eigenschaften des P. ist aber doch seine Eigenständigkeit als Plättchenfaktor gerechtfertigt. [11]

Plathelminthes ⟨*griech*⟩ *f, Pl:* Plattwürmer; Tierstamm, Körper abgeplattet, Organe in Parenchym eingebettet, meist Zwitter, mit sehr komplizierten Geschlechtsorganen. Zu den P. gehören die Turbellaria (Strudelwürmer), Trematodes (Saugwürmer) u. Cestodes (Bandwürmer). [58]

Platonychie ⟨*griech*⟩ *f:* flache Nägel, Vorstadium der ↑Koilonychie. [43]

Plätschergeräusch: tritt dort auf, wo sich gleichzeitig Flüssigkeit u. Luft in einem größeren Hohlraum befinden, z. B. bei Gastrektasie infolge Pylorusstenose u. bei Seropneumothorax (Succussio Hippocratis). [9]

Plättbrettrücken: flacher steifer Rücken bei der ↑Spondylarthrosis ankylopoetica (Bechterew). [23]

Plättchenthrombus: weißer Abscheidungs-, Agglutinations- oder Korallenstockthrombus, ist vorwiegend aus Blutplättchen aufgebaut; ↑Thrombus. [4]

Plattenepithel: Verband von niedrigprismat. Zellen, entweder einschichtig oder mehrschichtig; ↑Epithelgewebe. [2]
~krebs ↑Karzinom. [25]

Plattenkultur: Züchtung von Mikroorganismen auf festen Nährböden in Kulturschalen (z. B. Petrischale, Drigalskischale). [41]

Plattentest ↑Diffusionstest, ↑Verdünnungsreihe. [42]

Plattfuß = Senkfuß, Pes planus: er ist gekennzeichnet durch die Abflachung des Längsgewölbes u. Abweichung des Vorfußes nach außen. Meist ist er kombiniert mit dem Knickfuß (Pes valgus) zu einem Pes planovalgus. Entstehung des Plattfußes 1. angeboren mit bes. Steilstellung des Talus u. abweichenden Verhältnissen der Talus- u. Kalkaneusachse; 2. erworben (paralyt., rachit., traumat. u. stat.), die wohl verbreitetste Berufsdeformität; gehäuftes Auftreten in allen Berufen, die unter Belastung u. ohne genügenden Wechsel der Beinstellungen viel stehen u. gehen müssen; häufig mit Krampfadern kombiniert.
P., angeborener: Syn. Tintenlöscherfuß, Schaukelfuß; dadurch gekennzeichnet, daß die Fußsohle nicht platt, sondern nach plantar durchgebogen ist. [23]

Platthand: Abflachung der Hohlhandwölbung infolge Subluxation des Metakarpus I, bei konstitutioneller Bänderschwäche u. auch als Folge einer Atrophie der Hohlhandmuskulatur. [23]

Plattwürmer ↑Plathelminthes. [58]

Platybasie ⟨*griech*⟩ *f:* Abplattung der Schädelbasis (Abflachung des Clivus) bei ↑Morbus Paget. [4]

Platyknemie ⟨*griech*⟩ *f:* Abflachung des Schienbeins. [23]

Platysma (myoideum) ⟨*griech*⟩ *n:* der Hautmuskel des Halses. [1]

Platyzephalus ⟨*griech*⟩ *m:* Flachkopf, entsteht durch vorzeitige Verknöcherung der Kranznaht. [5]

Platzangst = Agoraphobie: Angst vor dem Beschreiten eines größeren freien Platzes, gehört zum anankast. Syndrom; ↑Anankasmus. [34]

Platzbauch: Aufplatzen der Bauchwandnaht nach Durchschneiden der Fäden bei ausbleibender Heilung wegen vorgeschrittener Entkräftung mit Störung im Eiweißhaushalt. [18]

Plaut, Hugo Karl (1858–1928), Bakteriologe, Hamburg.
P.-Vincent' Angina ↑Angina Plaut-Vincenti. [28]
P.-Vincent' Spirochäten ↑*Borrelia vincentii.* [41]

Playfair, William Smoult (1835–1905), Arzt, London.

P' Sonde: Uterussonde; auch zu urolog. Behandlungen (Ätzung der Urethra) zu verwenden. [29]

Plazebo ↑ Placebo-Effekt. [44]

Plazenta ✻ **Placenta** ⟨*lat*⟩ *f:* Mutterkuchen, Nachgeburt. Aus Trophoblast (kindlicher Anteil) u. Dezidua (mütterlicher Anteil, Endometrium) entstandenes kompliziertes Organ, das den Stoffaustausch zwischen Mutter u. Fetus besorgt. Gleichzeitig endokrines Organ. Wird nach der Geburt des Kindes ausgestoßen. Größe zeigt gewisse Relation zu Tragzeit u. Kindsgröße.

P. accreta: die Plazenta ist an ihrer Haftstelle infolge des Fehlens der Decidua spongiosa u. der Decidua compacta angewachsen. Die Chorionzotten sind mit der Uterusmuskulatur fest verwachsen. Als Ursache Funktionsminderwertigkeit des Mutterbodens infolge vorausgegangener Schädigungen der Uterusschleimhaut, z.B. Endometritis, fieberhafter Abort, Kürettagen, Ätzung. Entstehung lebensbedrohlicher Blutungen möglich; meist Entfernung des Uterus erforderlich.

P. circumvallata: höherer Grad der Placenta marginata mit allseitiger Einstülpung der Randpartien.

P. extrachorialis (R. Meyer): P. marginata bzw. P. circumvallata.

P. marginata: Plazentaanomalie, bei der die Zotten über den ursprünglichen, noch als ringförmiger Fibrinstreifen angedeuteten Schließring der ↑ Chorionplatte u. damit über die Ansatzstelle der glatten Eihäute hinausgewachsen sind. Die fetale Fläche der Plazenta ist kleiner als die mütterliche.

P. membranacea: dünne, breite, flache Plazenta mit zuweilen ungewöhnlich großer Flächenausdehnung.

P. multilobulata: gelappte Plazenta.

P. praevia: Mutterkuchen vor dem Muttermund, versperrt dem Kind den normalen Geburtsweg; Häufigkeit ca. 1% aller Schwangeren. Hochpatholog. Plazentaansiedlung; bei Einsetzen von Wehen (aber auch ohne solche) kommt es zur Ablösung der P., was zu Blutungen führt, die lebensbedrohlich werden können. Unterscheidung zwischen Sitz zentral vor dem Muttermund (P. p. totalis s. centralis), partiellem Überragen des Muttermundes (P. p. lateralis s. marginalis, tiefer Sitz der P.). Bei zentralem Sitz stets, bei lateralem oft ↑ Schnittentbindung nötig. In günstigen Fällen kann Fruchtblase gesprengt u. vaginale Entbindung durchgeführt werden. Die guten Resultate der Schnittentbindung bei P. p. für Mutter u. Kind verbieten gewagte vaginale Eingriffe. Es erkranken mehr Multiparae als Primiparae. Wegen der Gefährlichkeit muß jede Schwangere mit Blutungen in der 2. Schwangerschaftshälfte unbedingt klin. entbunden werden.

P. succenturiata ↑ Nebenplazenta. [29]

Plazentalösung: Lösung des Mutterkuchens; 1. spontan: Modus nach ↑ Duncan oder ↑ Schultze. Bei Ausbleiben der spontanen Lösung ↑ Retention der Plazenta. Lösungszeichen ↑ Nabelschnurzeichen. Bei Plazentaretention (P. adhaerens, festhaftende; P. accreta, angewachsene; P. in- oder percreta, in die Muskulatur eingewachsene P.; stets mit stärkerer Blutung einhergehend), operative Entfernung der Plazenta nötig, bei P. accreta, increta, percreta Entfernung des Uterus erforderlich; 2. manuell: Eingehen der Hand in den Uterus zur Ablösung u. Entfernung der Plazenta.

P., vorzeitige: vor Geburtsbeginn durch verschiedene Ursachen erfolgende Ablösung mehr oder weniger großer Teile der normal sitzenden Plazenta von der Uteruswand (Schwangerschaftstoxikosen, Traumen, Zerrung der Eihäute bei stark verspätetem Blasensprung, plötzliche Blutdruckschwankungen, Afibrinogenämie). Akuter Zustand, lebensbedrohlich für Kind, ggf. auch für die Mutter; sofortige klin. Behandlung notwendig. [29]

Plazentarblut: es enthält ca. 19% Hb, 6 Millionen rote u. 18000–19000 farblose Blutkörperchen in 1 mm³. Das Blutkörperchenvolumen beträgt etwa 60% des Plasmas. Die Gerinnungszeit ist kürzer, das spezif. Gewicht kleiner, der Eiweißgehalt des Plasmas erheblich niedriger als beim Blut des Erwachsenen. Höher ist der Gehalt an Hämopoetin, an immunbiolog. Stoffen sowie an Follikelhormon u. Prolan. [7]

Plazentareste: Teile der Plazenta, die bei deren Lösung an der Gebärmutter haftenbleiben; sie können zu schweren Nachblutungen oder zur Infektion mit Wochenbettfieber führen; ↑ Plazentarpolyp. [29]

Plazentar|infarkt ⟨*lat*⟩: Herde in der reifen Plazenta von unterschiedlicher Zahl, Größe, Form u. Farbe, die bes. am Rand der Plazenta u. in der Nähe der chorialen Deckplatte u. der mütterlichen Plazentaseite gefunden werden. Nach der vorherrschenden Farbe werden weiße Infarkte (oder Thrombonekrobiosen), die auch verkalken können, u. rote Infarkte unterschieden. Für beide werden ursächlich örtliche Zirkulationsstörungen angenommen; ausnahmsweise Endarteriitis der Stammzottengefäße, Krankheitswert abhängig vom Ausmaß der Veränderungen, schwankt zwischen Unwichtigkeit u. Lebenswidrigkeit (Absterben der Frucht). [5]

~infektion: an sich ist die Plazenta schwer infizierbar u. ein recht sicheres Keimfilter.

Dennoch gibt es keinen Keim, der nicht schon einmal die Plazenta besiedelt oder diaplazentar das Kind infiziert hätte. Prakt. bedeutsam sind Syphilis, Toxoplasmose, Listeriose, Rubeola, Poliomyelitis, sehr selten Tuberkulose.

~polyp: Plazentarest nach Geburt, der durch angelagertes Fibrin usw. makroskop. einem Polypen gleicht u. durch Unterhaltung einer Endometritis mit gelegentlich gefährlichen aton. Blutungen sowie durch Laktationshemmung klin. bedeutsam wird. Vorbeugung durch genaue Plazentabesichtigung u. Nachtastung bei Verdacht auf Unvollständigkeit.

~retention ↑ Retention der Plazenta.

~zeichen ↑ Nabelschnurzeichen. [29]

Plazentitis ⟨*lat*⟩: Entzündung der Plazenta. [29]

Plazentographie: dient zur Bestimmung des Plazentasitzes vor der Geburt (z. B. bei geplanter Punktion der Fruchtwasserhöhle). Röntgenolog. oder – zuverlässiger – mit Hilfe von radioakt. Isotopen durchzuführen. [29]

Plectridium-Form (Plectridium = Schlegel): Bezeichnung für *Bacillaceae* mit endständiger Sporenbildung, z. B. *Plectridium (Clostridium) tetani* = ↑ Tetanusklostridien. [41]

Plegie ⟨*griech*⟩ *f:* motor. Lähmung größerer Körperabschnitte wie eines Gliedes. [18]

Pleiochromie ⟨*griech*⟩ *f:* verstärkte Färbbarkeit der Galle durch 1. chron. Gallenstauung; 2. starken Blutzerfall, bes. bei den hämolyt. Anämien, familiären Ikterusformen usw. [11]

Pleiotropie ⟨*griech*⟩ *f:* die Zuordnung einer Vielzahl von Merkmalen zu einem einzigen Gen. [3]

Pleochroismus ⟨*griech*⟩ *m:* Mehrfarbigkeit; gefärbte doppelbrechende Kristalle zeigen im polarisierten Licht je nach der Betrachtungsrichtung verschiedene Färbung. In opt. einachsigen Gebilden schwankt die Farbe zwischen zwei Extremwerten; man spricht dann von Dichroismus. Durch Einlagerung stark absorbierender Teilchen in farblose mizellare oder geschichtete organ. Körper (z. B. Jod oder Silber in Zellulose) läßt sich künstlich Dichroismus erzeugen. [54]

pleomorph: vielgestaltig; angewandt auf Mannigfaltigkeit der Form von Bakterien. [3]

Pleomorphismus ⟨*griech*⟩ *m:* Vielgestaltigkeit, Gestaltswechsel, ↑ Monomorphismus. [54]

Pleonosteosis (Léri): Systemerkrankung nach Art der Pfaundler-Hurler' Krankheit ohne Hornhauttrübung. [23]

pleophag ⟨*griech*⟩: pleophage Organismen können viele Stoffe zur Ernährung verwerten; ↑ omnivor. [42]

Pleoptik ⟨*griech*⟩: Summe von Verfahren zur Heilung der Schielamblyopie; ↑ Orthoptik, ↑ Amblyopiebehandlung. [36]

Pleorthoptik: kaum gebrauchte Sammelbezeichnung für Orthoptik u. Pleoptik, die in Theorie u. Praxis oft nicht voneinander zu trennen sind. Gewöhnlich sagt man ungenau Orthoptik, obwohl man beides meint. Dies gilt bes. für den Orthoptistenberuf. [36]

Pleozytose ⟨*griech*⟩ *f:* Zellvermehrung, bes. bezogen auf den Liquor cerebrospinalis, der normal keine Zellen enthält, wichtiges Krankheitszeichen; bei Blutungen Erythrozyten; bei eitrigen Entzündungen neutrophile Leukozyten; bei chron. Reizungen Lymphozytose, z. B. bei Tuberkulose, Syphilis, bei frischen Hirnhautentzündungen auf Virusinfekte hindeutend. [11]

Plerozerken ⟨*griech*⟩ *f, Pl:* im Embryonalstadium von bestimmten Bandwürmern entstehende Gebilde, z. B. Zystizerken oder Plerozerkoide. [58]

Plerozerkoide ⟨*griech*⟩ *n, Pl:* Entwicklungsstadium von ↑ Bandwürmern. [58]

Plesch, Johann (*1878), Internist, Berlin. Gab die Finger-Finger-Perkussion an; ↑ Perkussion. [9]

Plessimeter ⟨*griech*⟩ *n:* Plättchen, das dem Körper aufgelegt wird u. zur Perkussion dient. [9]

Plethora ⟨*griech*⟩ *f:* vermehrtes Volumen der im Körper vorhandenen Blutmenge (normal ungefähr 5 Liter), teilweise funktionell durch Atembehinderung, Herzkrankheiten, endokrin durch Einfluß des Hypophysenvorderlappens, durch echte vermehrte Blutbildung (Polyzythämie), teilweise in beschränkten Körpergebieten, z. B. Leber, Milz, Bauchorgane, durch Behinderung des Abflusses.

P. serosa: Vermehrung der Gesamtblutmenge durch Wasser (Hydrämie) oder der eigentlichen Blutflüssigkeit gegenüber den Blutkörperchen, so daß eine Anämie vorgetäuscht werden kann. [11]

Plethysmo|gramm ⟨*griech*⟩ ↑ Plethysmograph.

~graph: Vorrichtung, durch die bei Organen Volumenschwankungen aufgenommen u. verzeichnet werden. Hand, Unterarm oder Finger werden in einen länglichen Behälter gebracht, dessen eine Öffnung mit einer Gummimanschette abgedichtet wird, so daß man den Innenraum mit körperwarmen Wasser füllen kann. Der Innenraum steht durch eine Röhre mit einer Marey' Kapsel oder über einen elektr. Druckabnehmer u. entsprechende Verstärker mit einer geeigneten Registriervorrichtung in Verbindung. Die pulsator. Schwankungen (Volumenpulse), die durch das stoßweise Eintreiben des Blutes bei der Systole des Herzens entstehen, werden auf den Druckabnehmer übertragen u. in einer Kurve, dem Plethysmogramm, registriert. Das Plethysmogramm zeigt aber nicht nur die Pulsationen des Herzens an, sondern auch langsamere Schwankungen der Blutfülle des Organs, wie sie im Gefolge der Atemtätigkeit oder durch eine Verengerung der Blutgefäße unter dem Einfluß äußerer Reize entstehen; ↑Onkograph. [7]

Pleura ⟨*griech*⟩ *f:* Brustfell; spiegelglatte u. glänzende Auskleidung der Brusthöhle u. Überkleidung der Lungen. P. parietalis: der Teil des Brustfells, der nicht der Lunge aufliegt, sondern die Brustwand (P. costalis, Rippenfell), das Zwerchfell (P. diaphragmatica) u. das Mittelfell (P. mediastinalis) überzieht). P. pulmonalis (visceralis): der Teil des Brustfells, der die Lungen überzieht = Lungenfell. [1]

~druck ↑Donders' Druck. [15]

~empyem: eitriger Erguß im Brustfellraum. [9]

~endotheliom *n:* veraltetes Syn. für ↑Pleuramesotheliom. [5]

~erguß: Flüssigkeitsansammlung im Brustfellraum; 1. ↑Exsudat durch Pleuraentzündung (↑**Pleuritis**); 2. Transsudat durch Stauung oder tumoröse Pleuraveränderungen. Zeigt eine nach oben konvexe Begrenzung (↑Damoiseau-Ellis' Kurve); wenn gleichzeitig Luft im Pleuraraum vorhanden ist (Seropneumothorax), stellt sich der Erguß mit waagerechtem Spiegel ein.

~exsudat ↑Pleuraerguß. [9]

~höhle ↑Pleuraspalt. [1]

~karzinose: Befall der Pleura mit Krebsmetastasen, häufig vom Mammakarzinom ausgehend. [25]

~kuppel: der Teil der Pleurahöhle, der die 1. Rippe überragt u. von der Lungenspitze ausgefüllt wird. [1]

Pleuralgie ⟨*griech*⟩ *f:* Pleuraschmerz auf nervaler Basis. [9]

Pleura|mesotheliom ⟨*griech*⟩ *n:* von den Pleuradeckzellen abgeleiteter Tumor, der sich entweder flächenhaft in den Pleurablättern ausbreitet u. mit einem rezidivierenden, häufig hämorrhag. Pleuraerguß einhergeht oder (seltener) einen soliden Knoten bildet. Histolog. große Variationsbreite auch innerhalb eines Tumors; kennzeichnend ist die Spalt- bzw. Hohlraumbildung. Das P. kann metastasieren. [5]

~pneumonektomie *f:* operative Entfernung eines Lungenflügels zusammen mit der gesamten Pleura, also auch der Pleura parietalis (costalis), wobei man zwischen diese u. die Fascia endothoracica eindringt. [18]

~punktion: interkostaler Einstich in den Brustfellraum mit Hohlnadel; 1. zu diagnost. Zwecken (Klärung der Natur einer Dämpfung; morpholog., bakteriolog., chem. Untersuchung einer Pleuraflüssigkeit) oder 2. therapeut. zur Entlastung der Brustorgane, wobei eine Lokalanästhesie anzulegen u. in einer Sitzung nicht mehr als 1 Liter abzulassen ist (Kreislauf, Puls überwachen!). [9]

~rezessus ↑Recessus pleurales (Recessus costodiaphragmaticus, Recessus costomediastinalis). [1]

~schwarte = Pleuraschwiele: bindegewebige Verdickung der Pleura meist mit Verwachsung des parietalen u. viszeralen Blattes, Folgezustand nach Pleuritis. [9]

~schwiele ↑Pleuraschwarte. [5]

~sinus (BNA, JNA) = Recessus pleurales (PNA). [1]

Pleuritis ⟨*griech*⟩: Brustfellentzündung; entsteht meist von entzündlichen Erkrankungen der Lunge aus, vorwiegend bei Tbk, seltener als rheumat. Affektion im Rahmen einer Polyserositis. Die erkrankte Seite schleppt bei der Atmung nach u. ist stark schmerzhaft. Meist besteht Fieber, das aber keinen charakterist. Typ aufweist. Bei der P. sicca (trockenen P.) findet man perkutor. einen Zwerchfellhochstand u. auskultator. ein reibendes oder knarrendes Geräusch bei der Atmung. Bei der P. humida oder exsudativa (feuchte exsudative P.) besteht ein mehr oder weniger großer Erguß mit nach oben konvexem Dämpfungsbezirk (↑Damoisseau-Ellis' Kurve, Garland' Dreieck, Grocco-Rauchfuß' Dreieck). Das Atemgeräusch über dem Erguß ist abgeschwächt oder aufgehoben, Stimmfremitus u. Bronchophonie sind ebenfalls abgeschwächt oder aufgehoben. Die Probepunktion ergibt eine pos. Moritz' bzw. Rivalta' Probe. Tuberkulöse Pleuritiden zeigen zahlreiche Lymphozyten im Ausstrich des Punktatsediments. An bes. Lokalisationen sind zu unterscheiden 1. Interlobärpleuritis: P. im Bereich eines Lungenlappenspalts, Schmerzen in der Gegend 4. bis 6. Rippe, ist einwandfrei nur röntgenolog. zu diagnostizieren (evtl. Kreuzhohlstellung, Tomogramm); 2. basale P., P. diaphragmatica: Schmerzen im Bereich der unteren Thoraxapertur u. der Schulter, Oberbauchschmerzen, evtl. Singultus. Fehlende Atembeweglichkeit u. Hochstand des Zwerchfells, die bes. röntgenolog. gut nachzuweisen sind; 3. P. calcificata ↑Panzerpleura; 4. P. mediastinalis: Schmerzen neben dem Brustbein, Dyspnoe, Schluckbeschwerden, Verbreiterung des Mediastinalschattens im Röntgenbild. P. rheumatica: Gelegentlich bei rheumat. Fieber beobachtete, isolierte, exsudative Pleuritis. [13]

Pleurodynie, epidemische: Myositis epidemica, Bornholmer Krankheit, Muskelkaterkrankheit; endem.-epidem., fäkal-oral übertragbare zykl. Infektionskrankheit, durch Coxsackieviren (Serogruppe B) hervorgerufen. Nach einer 3- bis 5tägigen Inkubation akut fieberhafte, schmerzhafte Muskelentzündung, vor allem im thorako-abdominalen Bereich. Letalität weniger als 1%. [40]

Pleurolyse ⟨*griech*⟩ *f:* Lösung von Pleuraverwachsungen auf operativem Wege meist mit dem Ziel, tuberkulöse Lungenherde ruhigzustellen; 1. endoskop. mit Thorakoskop durchgeführte Strangtrennung (↑Thorakokaustik); 2. extrapleurale Pleurolyse. Lösung der Pleura parietalis von der Fascia endothoracica u. den Rippeninnenflächen. Bei ausgiebiger Lösung, meist im Spitzenbereich, kann die Lunge so weit kollabieren, daß über ihr ein kegelförmiger Hohlraum entsteht. Zur Aufrechterhaltung dieses Hohlraumes erfolgt Luftfüllung – der sog. extrapleurale Pneumothorax – oder der Hohlraum wird mit eingeschlagenem Muskellappen, Ölplombe – früher auch mit Perlonbällen ausgefüllt. Letzteres Verfahren wurde aufgegeben. [18]

Pleuroperikarditis: gleichzeitige Entzündung von Brustfell u. äußerem Herzbeutelblatt; die prim. Erkrankung ist die Pleuritis. [9]

Pleuroperitonealhöhle: gemeinsame Brust- u. Bauchhöhle bei allen Wirbeltieren mit Ausnahme der Säugetiere, bei denen Brust u. Bauchhöhle durch das Zwerchfell getrennt ist. [3]

Pleuro-pneumonia-like-organism ⟨*engl*⟩: *Abk* PPLO; pleura-pneumonie-ähnliche Organismen, gehören zur Gattung *Mycoplasma;* sie sind die kleinsten Mikroorganismen (250 bis 750 μm), die auf künstlichen Nährböden wachsen; unterscheiden sich von Bakterien durch das Fehlen einer starren Membran, sind filtrierbar wie Viren; ↑Mykoplasmen. [38]

Pleuropneumonie: gleichzeitige Rippenfell- u. Lungenentzündung. [9]

P.-Erreger = *Mycoplasma mycoides:* Erreger der kontagiösen Pleuropneumonie des Rindes. Erste bereits 1898 von Nocard u. Roux isolierte Mykoplasma-Species; ↑Mykoplasmen. [41]

Pleurorrhoe ⟨*griech*⟩ *f:* sich ständig erneuernder Pleuraerguß. [18]

~typhus: bes. in der ersten Krankheitswoche des Typhus auftretende exsudative Pleuritis (sehr seltene Erkrankung). [9]

Plexektomie ⟨*lat, griech*⟩ *f:* operative Entfernung des Plexus chorioideus. Indikation: Hydrocephalus (hypersecretorius). [20]

plexiform ∗ **plexiformis** ⟨*lat*⟩: geflechtartig. [1]

Plexiglas: gehört zur Gruppe der Kunstharze u. wird wegen seiner Gewebsfreundlichkeit u. Plastizität zur Alloplastik verwandt; am Schädel zur Deckung von Schädellücken u. am Hüftgelenk zur Hüftkopfplastik nach Judet; ↑Plaste. [18]

Plexus ⟨*lat*⟩ *m:* das Geflecht, netzartige Vereinigung von Gefäßen oder Nerven.

P. aorticus abdominalis: in der bindegewebigen Gefäßscheide der Bauchaortenwand gelegenes sympath. Nervengeflecht.

P. aorticus thoracicus: weitmaschiges sympath. Nervengeflecht um die absteigende Brustaorta herum, das kranial mit dem Plexus cardiacus, kaudal mit dem Plexus coeliacus in Verbindung steht.

P. autonomici: die autonomen (d. h. sympath. u. parasympath.) Nervengeflechte.

P. basilaris: weitmaschiges Venengeflecht auf dem Klivus. Es spannt sich zwischen den beiden Sinus cavernosi u. den Sinus petrosi inferiores bis zum Foramen magnum aus.

P. brachialis: Armgeflecht, wird von Rami ventrales des V.–VIII. Hals- sowie des I. Brustnerven gebildet.

P. bronchiales: sympath. Geflechte um die Bronchien.

P. cardiacus: das Herzgeflecht sympath. Nerven; bedeckt den konkaven Rand des Aortenbogens u. die Teilungsstelle des Truncus pulmonalis u. liegt außerdem zwischen der Aorta u. den Lungenvenen.

P. caroticus communis: sympath. Nervengeflecht um die A. carotis communis herum.

P. caroticus externus: sympath. Nervengeflecht in der Adventitia der A. carotis externa.

P. caroticus internus: sympath. Nervengeflecht, das die A. carotis interna u. alle ihre Äste innerhalb der Schädelhöhle in ihrem Verlauf begleitet, indem es sie umspinnt.

P. cavernosi concharum: schwellkörperähnliche Venengeflechte an der mittleren u. unteren Nasenmuschel.

P. cervicalis: Halsnervengeflecht, gebildet aus den Rami ventrales des I.–IV. Halsnerven.

P. cervicalis uteri (JNA): Venengeflecht zu beiden Seiten des Gebärmutterhalses.

P. chorioideus ventriculi lateralis: Adergeflecht in den Seitenventrikeln des Telenzephalon.

P. chorioideus ventriculi quarti: Adergeflecht im 4. Ventrikel des Gehirns.

P. chorioideus ventriculi tertii: Adergeflecht des 3. Gehirnventrikels.

P. coccygeus: Steißgeflecht, wird gebildet vom Ramus ventralis des IV. u. V. Sakralnerven sowie des N. coccygeus.

P. coeliacus = P. solaris (Sonnengeflecht) = Cerebrum abdominale (Bauchhirn): Bauchhöhlengeflecht; ist mit seinen zahlreichen Ganglien das mächtigste Geflecht des ganzen vegetativen Nervensystems.

P. coronarii cordis (JNA): sympath. Nervengeflechte um die Kranzarterien des Herzens.

P. cavernosus clitoridis (BNA), jetzt Nn. cavernosi clitoridis (PNA): sympath. Nervengeflecht für die Schwellkörper der Klitoris.

P. cavernosus penis (BNA), jetzt Nn. cavernosi penis (PNA): sympath. Nervengeflecht an der unteren Seite der männlichen Harnröhre. Fortsetzung des Plexus prostaticus nach vorn u. unten.

P. deferens: sympath. Nervengeflecht, das den Samenleiter von der Ampulle bis zum Nebenhodenschwanz begleitet u. zahlreiche Äste zum Samenleiter u. zu den Samenblasen abgibt.

P. dentalis inferior (mandibularis): Nervengeflecht im Unterkiefer dicht unter den Zahnwurzeln; von diesem Geflecht gehen Äste zu den Zähnen, zum Zahnfleisch u. zur Wurzelhaut.

P. dentalis superior (maxillaris): Nervengeflecht im Oberkiefer dicht über den Zahnwurzeln, mit Ästen zu den Zähnen, zum Zahnfleisch u. zur Wurzelhaut.

P. entericus: Sammelbegriff für P. subserosus, P. myentericus u. P. submucosus.

P. femoralis: sympath. Nervengeflecht um die Oberschenkelschlagader.

P. gastrici: sympath. Nervengeflechte, die mit den entsprechenden Arterien zur großen u. kleinen Kurvatur des Magens ziehen.

P. gastricus anterior (BNA), jetzt Rami gastrici anteriores nervi vagi (PNA): vorderes Magengeflecht des N. vagus.

P. gastricus posterior (BNA), jetzt Rami gastrici posteriores nervi vagi (PNA): hinteres Magengeflecht des N. vagus.

P. glandulae vesiculosae (JNA): sympath. Nervengeflecht des männlichen Beckens um die Samenblase herum.

P. hepaticus: Nervengeflecht, das auf periarteriellem Wege sympath. Nerven vom P. coeliacus zur Leber bringt.

P. hypogastricus inferior (pelvinus) u. **superior (N. praesacralis):** Ganglienzellenanhäufung, die in den Verlauf der Nn. hypogastrici eingeschaltet ist.

P. iliaci: sympath. Nervengeflechte um die Aa. iliacae herum.

P. intermesentericus: autonomes Nervengeflecht, zwischen den beiden Blättern des Dünndarmgekröses gelegen.

P. ischiadicus (JNA): Nervengeflecht, das zusammen mit dem P. pudendus u. P. coccygeus das Kreuzgeflecht (P. sacralis) bildet. Es setzt sich zusammen aus dem Truncus lumbosacralis u. den Rami ventrales des I. u. II. u. einem Teil des III. Sakralnerven.

P. lienalis: sympath. Nervengeflecht, das mit der A. lienalis zur Milz gelangt.

P. lumbalis: Lendengeflecht; wird gebildet von den Rami ventrales des I.–III. u. einem Teil des IV. Lendennerven.

P. lumbosacralis: Beingeflecht; gebildet von den Rami ventrales der fünf Nn. lumbales u. sacrales. Das Beingeflecht hat einen oberen Abschnitt, P. lumbalis, u. einen unteren, Pl. sacralis.

P. lymphaticus: netzartige Vereinigung von Lymphgefäßen.

P. mesentericus inferior u. **superior:** sympath. Nervengeflechte, die mit der A. mesenterica inf. bzw. sup. zum Darm gelangen u. alle von diesen beiden Gefäßen versorgten Darmabschnitte innervieren.

P. myentericus ↑Auerbach' Plexus.

P. oesophageus: Nervengeflecht um die Pars thoracica der Speiseröhre, gebildet durch den li. u. re. N. vagus; versorgt Muskulatur u. Schleimhaut der Speiseröhre.

P. ovaricus: sympath. Nervengeflecht der A. ovarica zur nervösen Versorgung von Eileiter, Eierstock u. Gebärmutter.

P. pampiniformis: weinrankenähnliche Venengeflechte im Samenstrang.

P. parotideus: netzartige Verbindung der Gesichtsäste des N. facialis in der Ohrspeicheldrüse.

P. pelvinus (pelvicus) ↑P. hypogastricus inferior.

P. pharyngeus: 1. Nervengeflecht, das Muskulatur u. Schleimhaut des Schlundes versorgt u. Äste vom Sympathikus, N. vagus u. N. glossopharyngeus enthält; 2. Venengeflecht an den Wänden des Pharynx.

P. pharyngo-oesophagicus dorsalis u. **ventralis** (JNA): Venengeflechte am dorsalen u. ventralen Umfang von Schlund u. Speiseröhre.

P. phrenicus (BNA, JNA): geflechtartige Verbindung zwischen Ästen des N. phrenicus u. Ästen des Bauchsympathikus an der Unterseite des Zwerchfells.

P. prostaticus: sympath. Geflecht lateral u. hinter der Prostata.

P. pterygoideus: Venengeflecht in der Fossa infratemporalis zwischen den Kaumuskeln.

P. pudendalis (BNA): Venengeflecht zwischen Schambogen sowie Harnblase u. Prostata beim Mann bzw. Harnblase u. Vagina bei der Frau.

P. pudendus (BNA), jetzt N. pudendus (PNA): Schamgeflecht; ein Teil des P. sacralis; besteht aus den ventralen Ästen des III. u. IV. Sakralnerven, evtl. auch noch aus Fasern von anderen Sakralnerven.

P. pulmonalis: Lungengeflecht vor u. hinter den großen Bronchien, an dessen Bildung sich Vagus- u. Sympathikusäste beteiligen.

P. rectales medii; P. rectalis superior: sympath. Nervengeflechte, die mit der A. rectalis media u. superior zum Mastdarm gelangen, sich strangartig verbinden u. an der lateralen Seite des Mastdarms liegen.

P. renalis: Sympathikusäste, die vom Plexus coeliacus mit der A. renalis zur Niere gelangen.

P. sacralis: Kreuzgeflecht; wird gebildet vom kaudalen Teil der Rami ventrales des IV. u.

V. Lumbalnerven u. von den ventralen Ästen der Sakralnerven I–IV. Den P. sacralis teilt man wieder auf in 1. P. ischiadicus u. 2. P. pudendus (aus welchem der N. pudendus hervorgeht).

P. solaris: Sonnengeflecht, ↑P. coeliacus.

P. spermaticus (JNA) ↑P. testicularis (PNA).

P. subclavius: sympath. Nervengeflecht, das die gleichnamige Arterie begleitet.

P. submucosus ↑Meissner' Plexus.

P. subserosus: autonomes Nervengeflecht unter dem Bauchfellüberzug von Magen u. Darm.

P. suprarenalis: sympath. Nervengeflecht der Nebennieren.

P. testicularis: sympath. Nervengeflecht, das mit der A. testicularis im Samenstrang zum Hoden zieht.

P. thyreoideus impar: Venengeflecht auf der vorderen Fläche der Trachea unterhalb des Isthmus glandulae thyreoideae, in das die beiden Vv. thyreoideae inferiores u. die beiden Vv. laryngeae inferiores einmünden.

P. tympanicus (Jacobsoni): Geflecht auf der medialen Wand der Paukenhöhle, gebildet vom N. tympanicus aus dem N. glossopharyngeus u. den Nn. caroticotympanici.

P. uterovaginalis = Frankenhäuser' Geflecht: großes sympath. Nervengeflecht mit reichlich Ganglienzellen im Parametrium beiderseits des Uterus u. der Vagina.

P. vasculosus: netzartige Vereinigung von Blutgefäßen.

P. venosi vertebrales externi (anterior et posterior); P. venosi vertebrales interni (anterior et posterior): Venengeflechte an der Außenfläche der Wirbelsäule bzw. im Wirbelkanal zwischen den beiden Schichten der Dura mater spinalis.

P. venosus prostaticus: engmaschiges Venennetz um die Prostata herum.

P. venosus rectalis: lockere Venengeflechte, die den unteren Teil des Mastdarms umgeben.

P. venosus sacralis: Venengeflecht an der vorderen Kreuzbeinfläche.

P. venosus suboccipitalis: Venengeflecht um das Foramen magnum herum, das nach rostral in den P. basilaris u. nach kaudal in die P. venosi vertebrales interni sich fortsetzt.

P. venosus uterinus: Venengeflecht zu beiden Seiten des Uterus in den Parametrien.

P. venosus vaginalis: Venengeflecht, umgibt die Scheide zu beiden Seiten.

P. venosus vesicalis: Venengeflecht am Blasengrund.

P. vesicalis: sympath. Geflecht an der lateralen Fläche der Harnblase. [1]

Plexus|anästhesie ⟨*lat, griech*⟩ *f:* Leitungsanästhesie im Bereich von Nervengeflechten, z.B. Plexus brachialis (↑Kulenkampff' Plexusanästhesie), cervicalis, coccygeus. [27]

~lähmung: Lähmung des Nervengeflechts der oberen oder unteren Extremität. Lähmung des Plexus brachialis ↑Erb' Lähmung u. ↑Klumpke' Lähmung. Lähmungen des Plexus lumbosacralis bewirken, je nach dem Ort der Läsion, verschiedenartige Ausfälle an den unteren Extremitäten; ↑Entbindungslähmung. Eine gegenwärtig häufige Ursache der P. eines Armes ist der Motorradunfall. Dabei kommt es nicht selten zum Ausriß aller den Armplexus bildenden Nervenwurzeln aus dem Rückenmark, d.h. zu nicht reparabler Armlähmung.

~neuralgie: Schmerz (↑Neuralgie) im Bereich eines die Extremitäten versorgenden Nervengeflechts, meist aber nur einiger Rückenmarkwurzeln.

~neuritis: entzündliche Erkrankung der Fasern eines Nervengeflechtes, meist eines Armes oder Beines. Ursächlich kommen in erster Linie Reizzustände durch Wirbelsäulenerkrankungen in Frage. Heute nur noch selten verwandt. [33]

~papillom *n:* gutartige feinzottige Geschwulstbildung des Plexus chorioideus. [5]

Plica ⟨*lat*⟩ *f:* Falte.

P-ae adiposae (pleurae): in den Recessus pleurales von der Pleura parietalis überzogene lappige Bildungen.

P-ae alares: Flügelfalten; von den Seitenrändern der Patella zum Corpus adiposum infrapatellare genus.

P-ae ampullares: Falten der Tunica mucosa in der Ampulle des Eileiters.

P-ae articulares: gefäßhaltige Falten der Synovialhaut.

P. aryepiglottica: Falte vom Seitenrand der Epiglottis zum Aryknorpel.

P. axillares anterior u. **posterior:** vordere u. hintere Achselfalte.

P-ae caecales: Falten lateral neben dem kaudalen Ende des Intestinum caecum.

P. capitis et caudae epididymidis (JNA) ↑Lig. epididymidis superius bzw. inferius (PNA).

P. chordae tympani: Schleimhautfalte in der Paukenhöhle; bedingt durch die Chorda tympani.

P-ae ciliares: niedrige feine Fältchen in den Tälern zwischen den Ziliarfortsätzen als Fortsetzungen der Leisten des Orbiculus ciliaris.

P-ae circulares ↑Kerckring' Falten.

P. duodenojejunalis (PNA) = P. duodenomesocolica cranialis (JNA): Begrenzung des Recessus duodenalis superior.

P. duodenomesocolica (PNA) = P. duodenomesocolica caudalis (JNA): Begrenzung des Recessus duodenalis inferior.

P. epigastrica (JNA) ↑P. umbilicalis lateralis (PNA).

P. fimbriata: seitlich vom Frenulum linguae.

P-ae gastropancreaticae: sichelförmige Falten vom Tuber omentale pancreatis zur Kardia des Magens, enthalten die A. gastrica sinistra.

P. glossoepiglottica lateralis u. **mediana:** Schleimhautfalten vom Zungengrund zur lingualen Oberfläche des Kehldeckels.

P. ileocaecalis: Falte kranial u. kaudal um die Einmündungsstelle des Ileums in das Zökum.

P. incudis: Amboßfalte; Schleimhautfalte in der Paukenhöhle, hüllt den Amboß ein.

P. interureterica: Querwulst in der Harnblase, hervorgerufen durch die beiden Ureteren, welche die Wand schräg durchbohren.

P-ae isthmicae (tubae uterinae): niedrige Schleimhautfalten im Isthmus der Tube.

P. lacrimalis (PNA) = P. ductus nasolacrimalis (JNA) = Hasner' Klappe: Schleimhautfalte an der Ausmündungsstelle des Tränennasenganges.

P. lata uteri (JNA) ↑ Lig. latum uteri (PNA).

P. longitudinalis duodeni: Längswulst im Duodenum (etwa 10 cm vom Pylorus), endet mit der Papilla duodeni major.

P. mallearis anterior u. **posterior:** vordere u. hintere Hammerfalte; hüllt den Hammer ein.

P. mediastinopulmonalis (JNA) ↑ Lig. pulmonale (PNA).

P. nervi laryngei: Falte im Recessus piriformis des Kehlkopfes.

P-ae palatinae transversae: Querfalten der Schleimhaut des Gaumens.

P-ae palmatae: im Canalis cervicis uteri liegende Schleimhautfalten, die sich ähnlich den Blättern einer Palme ausbreiten.

P. rectouterina (Douglasi): hinter den Uterus gelegene Peritonealfalte mit M. rectouterinus.

P. salpingopalatina (PNA) = P. palatotubalis (JNA): von der vorderen Tubenlippe zur nasalen Fläche des Gaumensegels.

P. salpingopharyngea (PNA) = P. pharyngotubalis (JNA): vom Tubenwulst im Pharynx kaudalwärts ziehend.

P-ae semilunares coli: Falten des Dickdarms, deren Lage entsprechend der Peristaltik wechselt.

P. semilunaris conjunctivae: im nasalen Augenwinkel liegende Schleimhautfalte, bei vielen Tieren als Nickhaut, Membrana nicitans, ausgebildet.

P-ae serosae: Falten u. Erhebungen der Serosa.

P. spiralis ↑ Heister' Klappe.

P. stapedis: Schleimhautfalte in der Paukenhöhle, hüllt den Steigbügel ein.

P. sublingualis: eine die Zunge jederseits umziehende Falte, die vorn mit der Caruncula sublingualis endet.

P. suspensoria ovarii (JNA) ↑ Lig. suspensorium ovarii (PNA).

P. synovialis infrapatellaris: sagittal gestellte Synovialfalte von der Mitte des Corpus adiposum infrapatellare genus frei durch die Kniegelenkhöhle zum vorderen Kreuzband.

P-ae transversales recti: drei zirkuläre Falten im Rektum. Die mittlere (6–6,5 cm re. über dem Anus) wird auch Kohlrausch' Falte genannt.

P. triangularis: an den Seitenrändern der Zunge, am unteren Ende des Arcus palatoglossus.

P-ae tubariae: Längsfalten der Mukosa in der Tuba uterina.

P-ae tunicae mucosae vesicae felleae (PNA) = P-ae reticulares tunicae mucosae (JNA): Gitterwerk von Falten der Mukosa der Gallenblase.

P. umbilicalis lateralis: enthält die Vasa epigastrica inferiora.

P. umbilicalis medialis: paarig, enthält das Lig. umbilicale laterale (früher Chorda arteriae umbilicalis).

P. umbilicalis mediana: enthält das Lig. umbilicale medianum (früher Chorda urachi).

P. venae cavae sinistrae: Wandfalte des Perikardiums, zwischen A. pulmonalis sinistra u. der anliegenden V. pulmonalis.

P. ventricularis: Taschenfalte, Taschenband, falsches Stimmband; oberhalb der Stimmfalte im Kehlkopf mit Fettzellen, Muskelfasern u. Drüsen; ↑ Stimmlippen.

P. vocalis: Stimmfalte; Längsfalte vom Schildknorpel zum Aryknorpel, mit Lig. vocale u. M. vocalis; ↑ Stimmlippen. [1]

Plombe ⟨*lat*⟩: laienhafter Ausdruck für ↑ Zahnfüllung. [37]

Plombierung, extrapleurale: operatives Verfahren zur Behandlung der Lungentuberkulose, mit Schaffung eines Dauerkollapses der erkrankten Lungenteile durch Ablösung der Lunge von der Brustwand in der Pneumolysenschicht (Fascia endothoracica). In die entstandene Höhle wird eine gewebefreundliche, nicht resorbierbare Plombe (Paraffin, Perlon® u. a.) eingelegt. [15]

Plumbum ⟨*lat*⟩ ↑ Blei.

P. aceticum: Bleiazetat.

P. carbonicum: Cerussa, bas. Bleikarbonat, Bleiweiß; Bestandteil verschiedener Bleisalben u. -pflaster, Gefahr der Bleivergiftung. [44]

Plummer, Henry Stanley (1875–1936), Internist, Minnesota, USA.

P' Jodbehandlung: Vorbehandlung für die Strumektomie bei Morbus Basedow mit Jod. [9]

P.-Vinson' Syndrom: Gefühl der Trockenheit u. Schmerzhaftigkeit im Rachen u. Kehlkopf durch Schleimhautatrophie, teilweise mit

Mundrhagadenbildung (↑Hunter' Zunge, ↑Möller' Glossitis), oft gesteigerte nervöse Schluckbehinderung bei Megaloblastosen (↑Anaemia perniciosa) u. achylische Chloranämie. [11]

pluriglandulär ⟨*lat*⟩: viele Drüsen betreffend. [1]

Pluripara ⟨*lat*⟩ *f:* Multipara = Viel- bzw. Mehrgebärende. Von manchen allerdings auch für Mutter von Mehrlingsschwangerschaften gebraucht. [29]

Plusdekompensation (Wollheim): Erhöhung der zirkulierenden Blutmenge bei Herzinsuffizienz, bes. bei Cor pulmonale u. Lungenemphysem. Bei Herzinsuffizienzen u. Minusdekompensation ist die zirkulierende Blutmenge gegenüber der Norm vermindert. [9]

Plusgläser: Syn. ↑Sammelgläser, ↑Konvexgläser. [36]

Plusvarianten ↑Varianten. [42]

Plutonium: chem. Symbol Pu, Ordnungszahl 94, Transuran. Die Isotope des Pu sind radioaktiv (α-Strahler). Wichtigste Pu-Isotope sind ^{239}Pu (HWZ 24300a) u. ^{240}Pu (HWZ 6600a). ^{239}Pu wird durch Bestrahlen von ^{238}U mit Neutronen im Brutreaktor gewonnen.

$$^{238}_{92}\mathrm{U} \xrightarrow{+n} {}^{239}_{92}\mathrm{U} \xrightarrow{-\beta^-} {}^{239}_{93}\mathrm{Np} \xrightarrow{-\beta} {}^{239}_{94}\mathrm{Pu}$$

Pu ist extrem radiotoxisch. Es wird in bestimmten Kernreaktoren als Brennstoff verwendet. [59]

Plv.: *Abk* für ↑Pulvis in der Rezeptur. [44]

P.m.: *Abk* für 1. post mortem (nach dem Tode); 2. Poliomyelitis. [18]

PNA: *Abk* für Pariser Nomina Anatomica, ↑Pariser Nomenklatur. [1]

Pneumarthrosis ⟨*griech*⟩ *f:* nachweisbare Luft- bzw. Gasansammlung in einem Gelenk. Ursachen: 1. traumat. Gelenkseröffnung; 2. Infektion mit gasbildenden Bakterien; 3. Luftfüllung eines Gelenkes zwecks Röntgenuntersuchung; ↑Arthrographie. [18]

Pneumatisation der Schädelknochen: eine Reihe von Schädelknochen (Stirn-, Sieb-, Keil-, Oberkiefer- u. Schläfenbein) enthalten mit Luft gefüllte u. mit Schleimhaut ausgekleidete Hohlräume, die z.T. mit der Nasenhöhle (Nebenhöhlen der Nase), z.T. mit der Paukenhöhle (Cellulae mastoideae) in Verbindung stehen. [1]

Pneumatosis cystoides intestinalis ⟨*griech*⟩ *f:* durch gasbildende Bakterien Entstehung zystenartiger Gasansammlung (vornehmlich subserös) in der Wand des unteren Dünndarms. Klin. entwickelt sich das Bild eines mechan. Ileus. [18]

Pneumatozele ⟨*griech*⟩ *f:* Syn. Pneumonozele, Pneumozele; 1. Luftansammlung innerhalb des Lungengewebes als Folge einer umschriebenen Bronchialwandzerstörung mit Ventilmechanismus; seltene Komplikation der Staphylokokkenpneumonie; 2. Luftansammlung im Gewebe außerhalb des Respirationstraktes; im lockeren Unterhautgewebe, ↑Hautemphysem. Intrakranielle P.: Luftansammlung im Schädelinnern nach penetrierenden Verletzungen u. Schädelbrüchen mit Eröffnung pneumat. Höhlen; extrakranielle P.: periostale Luftzyste, fast nur am Hinterkopf, selten im Stirnbereich. [5]

Pneumaturie ⟨*griech*⟩ *f:* Luft oder Gas im Harn, so daß beim Wasserlassen niesende u. blubbernde Geräusche sich bemerkbar machen. Ursache: 1. Vergärungs- oder Zersetzungsvorgänge (bakterielle), verdächtig auf Diabetes; 2. Blasen-Darmfistel; manchmal erstes Zeichen für Durchbruch eines Karzinoms vom Dickdarm in die Blase oder umgekehrt. [24]

Pneumenzephalographie ⟨*griech*⟩: röntgenograph. Darstellung der liquorführenden Räume innerhalb der Schädelkapsel, d.h. des Ventrikelsystems u. der Subarachnoidalräume durch Luft als Kontrastmittel. Der Luft-Liquoraustausch kann durch ↑Lumbal- oder Zisternalpunktion (↑Subokzipitalpunktion) erfolgen. Aus Form-, Lage- u. Größenveränderungen der Hirnkammern, Erweiterung der Subarachnoidalspalten, Verschwinden der Oberflächenzeichnung usw. im Kontrastbild können wichtige Schlüsse auf Vorhandensein u. Lage raumfordernder Prozesse im Gehirn (Tumoren, Abszesse, Fremdkörper), Hirnnarben, atroph. Prozesse (z.B. Pick' oder Alzheimer' Atrophie), Hirntraumafolgen, verschieden bedingte Arten des Hydrozephalus usw. gezogen werden. Die Röntgenaufnahmen haben in verschiedenen Strahlenrichtungen zu erfolgen, vor allem sagittal (a.–p., d.h. von frontal nach okzipital, p.–a., in umgekehrter Richtung) u. transversal. Eine Verdrängung des Ventrikelsystems nach re. z.B. würde (unter Berücksichtigung der begleitenden Formveränderungen) für einen raumbeanspruchenden Prozeß in der li. Hemisphäre sprechen u. unter weiterer Auswertung des Kontrastbildes unter Umständen eine noch genauere Lokalisation ermöglichen. [33]

Pneumoabdomen ↑Pneumoperitoneum. [18]

Pneumococcus ⟨*griech*⟩ *m* ↑Pneumokokken. [41]

Pneumocystis carinii: von Vaněk u. Jírovec der Klasse *Sporozoa* des Stammes *Protozoa* zugeordnet; Erreger der interstitiellen plasmazellulären Pneumonie (i.p.P.) der Neugeborenen; ↑Pneumonie, interstitielle plasmazelluläre. [41]

Pneumo|enzephalographie ⟨*griech*⟩ ↑Pneumenzephalographie. [33]

~graphie: Aufzeichnung der Atembewegungen des Brustkorbes. [18]

~kardiopexie: von Lezius angegebene Aufsteppung benachbarter Lungenanteile auf dem Herzmuskel, um dessen Durchblutung durch Gefäßneubildung zu verbessern; ↑ Myokardiopexie. [18]

Pneumokokken ⟨*griech*⟩ *m, Pl:* Syn. *Diplococcus pneumoniae;* Species der Gattung *Diplococcus* des Stammes *Streptococcaceae* der Familie *Lactobacillaceae* (Bergey, 1957); grampos. lanzettförmige Diplokokken; in vivo Kapselbildung; auf Blutagar vergrünendes Wachstum (α-Hämolyse). Charakterist. sind Gallelöslichkeit, hohe Optochinempfindlichkeit u. hohe Mäusepathogenität. Über 80 Serotypen. Erreger von Lobär- u. Lobulärpneumonien, Meningitiden, Peritonitiden, Otitiden, Konjunktivitiden u.a. Häufigste Typen: Typ 1, 2, 3 sowie 14. [41]

~sepsis: Allgemeininfektion durch ↑ Pneumokokken, bevorzugt im Säuglings- u. Kindesalter. [5]

~serum: zur passiven Immunisierung benutztes Serum. Da die Seren streng typenspezif. u. über 80 Pneumokokkentypen bekannt sind, wird P. zur Immunisierung nicht mehr verwendet. Die Pneumokokkenseren dienen ausschließlich zur Typenbestimmung der Pneumokokken (Agglutination oder Neufeld' Quellungsreaktion). [39]

Pneumokoniose ⟨*griech*⟩ *f:* Kurzbezeichnung (besser Pneumonokoniose) für alle durch Staubinhalation verursachten Lungenveränderungen; ↑ Koniose. [49]

Pneumolithen ⟨*griech*⟩ *m, Pl* ↑ Lungensteine. [4]

Pneumolyse, extrapleurale ↑ Pleurolyse.

P., intrapleurale ↑ Thorakokaustik. [15]

Pneumolysen|höhle: die Höhle, die operativ durch die Ablösung der Lunge von der Brustwand entsteht. Bei längerem Bestehen bildet sich eine glatte Wand aus.

~schicht ↑ Fascia endothoracica. [15]

Pneumomalacia acida ⟨*griech*⟩ *f:* saure Erweichung des Lungengewebes durch postmortale Einwirkung von Magensaft. [5]

Pneumo|massage: Massage des Trommelfells u. der Gehörknöchelchen durch Erzeugung von Luftdruckschwankungen im Gehörgang; bei Adhäsivprozessen im Mittelohr sowie zur Mobilisierung von unbeweglichen Trommelfellen u. Gehörknöchelchen. [28]

~mediastinum: Gasinsufflation des mediastinalen Bindegewebes, um durch einen Gassaum die Mediastinalorgane im Röntgenbild abzugrenzen. Nach Indikation wird von der Fossa jugularis aus, parasternal, retrotracheal, retroxiphoidal oder präkokzygeal, insuffliert. Erwachsene durchschnittlich 400 ml (200–700 ml), Kinder 40–150 ml Luft oder Sauerstoff; präkokzygeal 1400–1500 ml. Für Säuglinge u. Kleinstkinder ist die retroperitoneale Methode ungeeignet, das Gas steigt nicht zum Mediastinum auf. [26]

Pneumomykosen: Syn. Pneumonomykosen; ↑ Lungenmykosen; Bezeichnung für durch Pilze verursachte Erkrankungen der Lungen. Mögliche Erreger: *Absidia-, Rhizomucor-, Rhizopus-, Mortierella-, Aspergillus-, Penicillium-* u. *Candida*-Arten sowie *Cryptococcus neoformans* u. *Geotrichum candidum,* seltener andere Schimmelpilz- u. Sproßpilzarten. Auftreten eines Lungenbefalls typischerweise oder als Folge einer Generalisierung bei verschiedenen Systemmykosen, z.B. Blastomykosen, Histoplasmose, Kokzidioidomykose. Die durch *Actinomyces israeli* verursachte Lungenaktinomykose u. die durch *Nocardia asteroides* verursachte, unter das Krankheitsbild der ↑ Nokardiose eingereihte Erkrankung der Lungen sind nicht hierzu zu rechnen, da beide Erreger den Bakterien angehören. [41]

Pneumonektomie ⟨*griech*⟩: Syn. Pulm(on)ektomie; operative Entfernung eines ganzen Lungenflügels, meist bei bösartigen Lungentumoren als Radikaloperation angewandt (sprachlich falsch: Pneumektomie). [18]

Pneumonephelose ⟨*griech*⟩ *f:* Schädigung der tiefen Luftwege mit Lungenödem durch Einatmung von giftigen Dämpfen oder Gasen. [9]

Pneumonie ⁎ Pneumonia ⟨*griech*⟩ *f:* Lungenentzündung; es sind eine lobäre (kruppöse, fibrinöse) u. eine lobuläre P. (Bronchopneumonie) zu unterscheiden. Die Aspirations-P. u. die hypostat. P. gehören zum Typ der Bronchopneumonie. Als Erreger kommen die verschiedensten Bakterien u. Virusarten, vor allem Pneumokokken, in Betracht. [9]

P. alba: veraltete Bezeichnung für die interstitielle plasmazelluläre Pneumonie der Frühgeburten u. schlecht gedeihenden Säuglinge. Da häufig bei syphilit. Frühgeborenen gefunden, früher als Ausdruck konnataler Syphilis gedeutet, heute als Folge einer Infektion mit ↑ Pneumocystis carinii u. unabhängig von syphilit. Infektion erkannt. Lunge ist von grau-weißer bis blaßrötlicher Farbe, verfestigt. Mikroskop. Verbreiterung der Alveolarsepten durch dichte plasmazelluläre u. histiozytäre Infiltration; Alveolen von abgeschilferten Alveolardeckzellen u. Erregern erfüllt. [5]

P. carcinomatosa: diffus infiltrierendes, prim. oder metastat. Lungenkarzinom, das sich in den Alveolen ausbreitet u. morpholog. an eine Pneumonie erinnert; z.T. ident. mit der sog. ↑ Lungenadenomatose.

P. dissecans: Sonderform einer interstitiellen Pneumonie, bei der es durch Übergreifen der Entzündung auf die Gefäße u. durch nachfolgende Thrombose zu Parenchymnekrosen u. Sequestrierung kommt.

P. gelatinosa: die gelatinöse oder auch glatte Pneumonie stellt einen spezif. tuberkulösen ↑Desquamativkatarrh dar. Sie kann mit Restitutio ad integrum ausheilen oder in eine P. caseosa (↑Pneumonie, käsige) übergehen. [4]

P. migrans: Pneumonie, die nacheinander sprunghaft verschiedene Lungenlappen befällt. [9]

P., atypische ↑Viruspneumonie. [40]

P., biliöse: Lungenentzündung mit Gelbsucht, die entweder auf vermehrten Zerfall von Erythrozyten (Hämolyse) oder auf tox. Leberschaden beruht. [9]

P., dystelektatische: als paravertebrale oder dystelektat.-katarrhal.-eitrige Pneumonie (Engel) oder auch als Streifenpneumonie (Steffen) bezeichnete Pneumonieform, die in den abhängigen paravertebralen Partien lokalisiert ist, während die vorderen Lungenabschnitte frei von infiltrativen Veränderungen bleiben. Die Erschwerung der Belüftung durch das eitrige Bronchialexsudat führt zu zahlreichen ↑Dystelektasen. [32]

P., interstitielle: P., bei der sich der entzündliche Prozeß vorwiegend im interstitiellen Bindegewebe der Lunge abspielt, während die Exsudation in die Alveolen im Hintergrund steht. Man unterscheidet: 1. Akute – exsudative i.P. (auch Pneumonitis): a) eitrig, peribronchial u. subpleural (dissoziierende P. oder Pneumonia dissecans); b) plasmazellulär (bes. bei Frühgeburten; ätiologisch wird eine Pneumocystiscarinii-Infektion diskutiert). – 2. Chronische – proliferative – produktive i.P. = Lungenfibrose (bes. bei Pneumokoniosen, Syphilis connata, Toxoplasmose, Bestrahlungen); Folge ist eine sog. Lungenzirrhose. [4]

P., interstitielle plasmazelluläre: Pneumozystose; endem.-epidem., von Warmblüter auf Menschen bzw. von Mensch zu Mensch durch Tröpfcheninfektion bzw. Staubinhalation übertragbare Protozoeninfektion des 1. Trimenons. Erreger *Pneumocystis carinii;* Inkubation 2–6 Wochen. Gastrointestinaler Beginn mit nachfolgenden Zeichen der Pneumozystose (Zyanose, Tachypnoe, Dyspnoe) mit akutem bzw. subakutem Verlauf, selten Fieber. Letalität bis zu 50%. Parasitolog. Diagnose durch Parasitennachweis in der Lunge (post mortem); serolog. Komplementbindungsreaktion u. Kutantest mit Pneumozysten-Lungenextrakt-Antigen. Symptomat. Therapie. Vorbeugung durch Isolierung u. Desinfektion. (pädiatr.) Befall vorwiegend Frühgeborene, seltener auch (dystrophe) Säuglinge. Frühzeichen: Anstieg der Atemzahl, Trinkfaulheit – trotzdem plötzlicher Gewichtsanstieg, periorale Zyanose, zunehmende Bewegungsunruhe. Später, bes. bei Belastungen schwere Dyspnoe, exspirator. Keuchen. Relativ geringer physikal. Lungenbefund. Rö.-Bild: „besenreiserartige", vom Hilus ausgehende Streifenzeichnung, die durch milchglasartige Trübung aller Lungenfelder überdeckt sein kann als Ausdruck des Alveolarödems u. der plasmazellulären Zellinfiltration im Interstitium. Therapie mit protozooziden Stoffen, wie Atebrin® oder Plasmochin, wird vorgeschlagen. [32, 40]

P., käsige: tuberkulöse Lungenentzündung bei ausgedehnter Verkäsung des Gewebes. Schwere Form der Lungentbk. [15]

P., primär atypische: *Abk* PAP, sog. Viruspneumonie, endem.-epidem., aerogen übertragbare Infektionskrankheit; Erreger Mykoplasmen (*Mycoplasma pneumoniae*), Inkubation 1–3 Wochen. Hochfieberhafte Lungenentzündung mit Husten, Auswurf, Atemnot, vor allem bei Kindern u. jungen Erwachsenen. Patholog.-anatom. interstitielle Pneumonie mit mononukleären Infiltraten u. meist mononukleärem Alveolarexsudat. Mikrobiolog. Diagnose mikroskop. durch fluoreszenzserolog. Erregernachweis (Sputumausstrich), Züchtung auf Serumagar mit Penizillinzusatz, Antikörpernachweis mit Komplementbindungsreaktion ab 2. Krankheitswoche. Therapie mit Tetrazyklinen; Prophylaxe: Isolierung, Chemoprophylaxe (z. B. bei Schwangeren). [40]

Pneumonie|kapselbakterien ↑*Klebsiella pneumoniae.*

~virus (Eaton agent): *Mycoplasma pneumoniae;* ↑Mykoplasmen. [41]

pneumonisch ⟨*griech*⟩: durch Lungenentzündung bedingt. [9]

Pneumonitis ⟨*griech*⟩ *f:* selten verwendetes Syn. für Pneumonie, bes. für akute interstitielle ↑Pneumonie. [4]

Pneumonokoniose ⟨*griech*⟩ ↑Pneumokoniose. [49]

Pneumonose ⟨*griech*⟩ *f:* nach Brauer durch Membrandiffusionsstörungen bedingte Lungenerkrankung mit Hypoxämie (geringe Sauerstoffaufnahme trotz ausreichender Ventilation). [15]

Pneumomykose ↑Pneumomykosen. [41]

Pneumonozele ⟨*griech*⟩ *f:* Syn. ↑Pneumatozele, Pneumozele. [5]

Pneumopathia osteoplastica: multiple kleine Osteome der Lunge. [4]

Pneumoperikard ⟨*griech*⟩ *n:* Ansammlung von Luft im Herzbeutel, die von äußeren Verletzungen, aus der Lunge oder aus dem Pleuraraum eindringt; Gefahr der ↑Herztamponade. [9]

Pneumoperitoneum ⟨*griech*⟩ *n:* Lufteinfüllung in die Bauchhöhle; 1. bei Lungentbk, die sich unter dem Zwerchfell ansammelnde Luft soll die Lunge nach oben drängen u. so den tuberkulösen Lungenprozeß beeinflussen; 2. zu diagnost. Zwecken, ↑Pneumoröntgenographie. Seltener spontane Luftfüllung nach Gaseintritt vom Magen-Darm her durch Perforation. [15, 18]

Pneumopleuritis: Pleuritis bei Pneumonie. [9]

~pyelogramm (v. Lichtenberg, 1911): Auffüllung des Nierenbeckenkelchsystems mit Luft (oder Sauerstoff) durch retrograd eingeführten Harnleiterkatheter zur Sichtbarmachung von 1. röntgenneg. (Urat-)Steinen; 2. Nierenbeckentumoren. [24]

~retroperitoneum: Gasinsufflation des retroperitonealen Bindegewebes (1200–1500 ml, bei Jugendlichen 1000 ml, bei Kleinkindern 200–300 ml Luft oder Sauerstoff) zur Darstellung der Nieren, Nebennieren u. des Pankreas. Das Gas wird in 15 min präkokzygeal insuffliert u. ist nach weiteren 15 min zu den Nierenlagern u. dem Pankreas aufgestiegen. Zur Pankreasdarstellung wird auch der Magen mit Gas gefüllt (150 ml Luft durch eine Sonde oder 1–2 Brausepulver), u. dann werden Schichtaufnahmen mit frontalem Strahlengang aufgenommen (Pneumostratipankreatographie). [26]

~ureterogramm (v. Lichtenberg, 1911): Luft- (oder Sauerstoff-) Auffüllung des Harnleiters mittels Harnleiterkatheter zur Sichtbarmachung von 1. röntgenneg. Steinen; 2. Harnleitertumoren.

~zystogramm (v. Lichtenberg): Luftfüllung der Blase zur Sichtbarmachung von röntgenneg. Steinen, Tumoren, Prostataadenomen u. -karzinomen, Fremdkörpern (röntgenneg. aus Kunststoff!) u. Blasendivertikeln; ↑Zystogramm. [24]

Pneumosinus dilatans: übermäßige Erweiterung des Sinus sphenoideus. [33]

Pneumo|tachogramm: Aufzeichnung der momentanen Strömungsgeschwindigkeit der Atemluft. [7]

~thorax *m:* Ansammlung von Luft im Brustkorb, in erster Linie im Pleuraraum. Die Luft kann von außen durch Verletzung der Brustwand eintreten (offener P.) oder von der Lunge her durch Einreißen der Lunge u. des Lungenfells (Spontanpneumothorax). Bei ventilartigem Mechanismus kann es durch Verdrängung der Lunge u. fortschreitender Auffüllung der Höhle mit Luft zu bedrohlichen Krankheitsbildern kommen (Ventil-P., Spannungs-P.). Forlanini hat den künstlichen P. zur Behandlung der Lungentbk eingeführt. Dazu wird mittels einer Nadel Luft in den Pleuraraum eingefüllt u. die Lunge zum Zusammenfallen gebracht (Kollapsbehandlung). Die Nachfüllungen müssen über längere Zeit (2–3 Jahre) in gewissen Abständen wiederholt werden. Jetzt weitgehend überholte Methode. [15]

~tomie: Einschnitt in das Lungengewebe, heute meist nur noch angewandt zur Geschoßentfernung, früher auch zur Eröffnung von Lungenabszessen u. tuberkulösen Kavernen, die aber heute in toto mit dem erkrankten Lungenlappen entfernt werden. [18]

pneumotrop ⟨*griech*⟩: auf die Lunge gerichtet. [4]

Pneumo|typhus: Typhuserkrankung, bei der die Symptome einer gleichzeitig bestehenden lobären Pneumonie im Vordergrund stehen, ↑Typhus abdominalis. [40]

~zele ↑Pneumatozele; Pneumonozele.

~zephalus: Luftansammlung in den Hirnkammern.

~zysten ↑Pneumocystis carinii. [5]

~zystose ↑Pneumonie, interstitielle plasmazelluläre. [40]

Pochhammer' Zeichen: bei Abrißfraktur des Trochanter minor ist Beinheben im Liegen nur bei gebeugtem Knie, nicht bei gestrecktem möglich. [23]

Pocken = Variola major: Blattern; endem.-epidem., aerogen, seltener durch Kontakt übertragbare, anzeige- u. absonderungspflichtige Infektionskrankheit. (Bereits der Verdacht ist meldepflichtig!) Hauptkrankheitsherde Asien (Indien, Pakistan, Indonesien), Afrika u. Südamerika. Erreger Pockenviren (*Poxvirus variolae*), Inkubation 12 bis 14 Tage. Klin. bizykl. fieberhafter, normierter Verlauf, zunächst initiales („Rash"), dann pustulöses Exanthem mit Enanthem (Eruption-Suppuration-Exsikkation), Abheilung nach Abschorfung unter Narbenbildung, Letalität 15–30%, lebenslange Immunität. Virolog. Diagnose durch Erregernachweis aus Rachensekret u. Pustelinhalt (Viktoriablau-Färbung, Elektronenmikroskop, Eihaut- u. Zellkultur, Paul' Versuch), ferner Antikörper-Bestimmung (Komplementbindungsreaktion, Virus-Neutralisationsreaktion, Hämagglutinations-Hemmungstest). Symptomat. Therapie, bakterielle Mischinfektionen, Chemotherapie. Prophylaxe durch aktive Immunisierung (↑Pockenimpfung, ↑Impfpocken), Gammaglobulinprophylaxe, z. B. für überalterte Erstimpflinge, auch ↑Herrlich-Vakzine; Chemoprophylaxe mit Thiosemikarbazonen; Isolierung, Desinfektion, Fliegenbekämpfung.

P., weiße ↑Alastrim. [40]

~impfung: von Jenner eingeführte, durch das Impfgesetz von 1874 obligator. Schutzimpfung mit Kuhpocken gegen Variola. Die Erstimpfung (Vakzination) erfolgt intrakutan im 1.–2. Lebensjahr; die Wiederimpfung (Revakzination) im 12. Lebensjahr. [39]

~lymphe: vom Kalb durch oberflächliche Skarifikation u. Einreibung von Kuhpockenvirus, das auf der Kaninchenhaut angezüchtet wurde, gewonnene Lymphe, die zur Pockenimpfung dient. [39]

~vakzine ↑ Pockenlymphe. [40]

~virus ↑ Pox-Viren. [50]

Pockfinnen ↑ Acne necroticans. [43]

Podagra ⟨*griech*⟩ *n* ↑ Gicht der Großzehe, „Zipperlein". [9]

Podalgie ⟨*griech*⟩ *f:* Fußschmerz. [23]

Podophyllin: gelbes Pulver bzw. Stücke des Harzes von Podophyllum peltatum. P. wird durch Extraktion des Wurzelstockes mit Alkohol gewonnen. Es ist ein Gemisch von Substanzen; die wirksamen Bestandteile sind das Podophyllotoxin u. Pikropodophyllin. [44]

Podophyllotoxin: Inhaltsstoff des Podophyllins, besitzt drast. Abführwirkung, spielt in den letzten Jahren als ↑ Antimitotikum eine Rolle in der Krebstherapie. [44, 25]

Podophyllum peltatum: in Nordamerika heimische Berberidazee, deren Wurzelstock laxierende Stoffe enthält. Mitosegift, ↑ Podophyllin. [44]

Podopompholyx ⟨*griech*⟩ *f:* veraltete Bezeichnung für ↑ Dyshidrosis. [43]

Podozyten ⟨*griech*⟩ *m, Pl:* Bezeichnung für die Epithelzellen des Glomerulum der Niere. Sie sitzen mit zahlreichen Füßchen auf der glomerulären Basalmembran. Zwischen den Füßchen liegen die ↑ Schlitzporen. [6]

Poikilo|dermie ✱ **Poikilodermia** ⟨*griech*⟩ *f:* Hautkrankheit mit vielartigen Erscheinungen; 1. P. atrophicans vascularis (Petges–Jakobi). Keine selbständige Krankheit, sondern Symptom entweder einer ↑ Dermatomyositis oder ↑ Mykosis fungoides; 2. P. reticulée pigmentaire de la face et du cou (Civatte) ↑ Melanosis Riehl.

~sklerodermie: Sklerodermie, bei der die Haut ein scheckiges Aussehen infolge von Pigmenteinlagerung u. Gefäßerweiterungen angenommen hat. [43]

~thermie: (kaltblütig), Eigenschaft von Organismen, deren Lebensprozesse ganz von den äußeren Temperaturverhältnissen abhängig sind (bei Vertebraten: Fische, Amphibien, Reptilien). Ihr Energiestoffwechsel ist im Vergleich zu Homoiothermen gering u. zeigt einen positiven Temperaturkoeffizienten. [7] Schwankungen der Körpertemperatur in Abhängigkeit von der Umgebungstemperatur bes. bei unreifen Frühgeburten u. jungen Säuglingen als Ausdruck einer noch unvollkommenen Wärmeregulation. [32]

~zytose: Syn. Poikilozythämie; vielgestaltige Formveränderung der roten Blutzellen (Birnen-, Keulen-, Sichelform u. a.) als Zeichen schwerer Schädigung der Erythropoese. [11]

Points douloureux ⟨*frz*⟩ *m, Pl:* schmerzhafte Punkte; übermäßig gesteigerte Schmerzhaftigkeit oberflächlich gelegener Nerven, vor allem bei Neuralgien. [33]

Poiseuille, Jean Louis (1799–1869), Arzt u. Physiker, Paris.

P' Gesetz: bei stationärer u. laminarer Strömung einer die Rohrwand benetzenden homogenen Flüssigkeit durch ein horizontal liegendes zylindr. Rohr ist der Strömungswiderstand (*W*) der Länge (*L*) des Rohres u. der Viskosität (η) der Flüssigkeit direkt, dem Radius (*r*) des Gefäßes umgekehrt proportional

$$\left(W = \frac{8\eta L}{\pi r^4}\right)$$

Kann als grobe Vereinfachung der Verhältnisse im Blutgefäßsystem betrachtet werden. Bes. augenfällige Abweichungen durch aktive oder druckpassive Änderung der Gefäßweite. [7]

Pol, animaler: derjenige Teil dotterreicher, telolezithaler ↑ Eier, in dem das Bildungsplasma liegt u. wo sich der spätere Keim entwickelt. Der entgegengesetzte Pol wird als vegetativer Pol bezeichnet. An diesem Teil sammelt sich der Nahrungsdotter an. [3]

Polarimeter ⟨*griech*⟩ *n:* opt. Gerät zur Bestimmung der Drehung der Polarisationsebene des Lichtes in opt. aktiven Lösungen (z. B. Zucker oder Eiweiß), bestehend aus zwei polarisierenden Elementen (dem Polarisator u. dem Analysator). Sind die Schwingungsebenen beider Elemente gekreuzt, dann erscheint das Gesichtsfeld dunkel, während es bei doppelbrechenden Objekten in bestimmter Orientierung aufleuchtet. [54]

Polarisation: 1. P. des Lichtes: Isolierung von Schwingungen einer bestimmten Schwingungsrichtung aus dem nach allen Richtungen hin gleichmäßig schwingenden natürlichen Licht. Sie erfolgt durch Reflexion an einem Spiegel unter bestimmtem Winkel (bei Glas 56°) oder durch Doppelbrechung (Nikol' Prisma aus Kalkspat, Polarisationsfilter). Zum Nachweis der Doppelbrechung benutzt man den Polarisationsapparat, das Polarimeter oder das Polarisationsmikroskop; 2. elektrische P.: bei der Elektrolyse wandern die Ionen nach den Elektroden u. können diese verändern. Bei Messungen am biolog. Objekt ist das störend; man verwendet dann unpolarisierbare Elektroden, die aus Metallstäben bestehen, die in eine Salzlösung des gleichen Metalls tauchen (Zn/$ZnSO_4$, Hg/$HgCl_2$, Cu/$CuSO_4$ usw.). Die Übertragung des elektr. Stromes auf das Objekt oder die Ableitung von diesem erfolgt dann mittels Wollfäden, die in eine physiolog. Lösung tauchen u. mit ihrem anderen Ende in den Behälter mit der Elektrolytlösung. [54]

Polarisationsfilter: Folien mit eingelagerten submikroskop. dichroit. Herapatitkristallen oder gereckte Zellulosefolien mit substantiven Farbstoffen, die nur eine Schwingungsrichtung des natürlichen Lichtes passieren lassen. [54]

Polarisationsmikroskop: Mikroskop zur Untersuchung doppelbrechender Objekte. Als Polarisator (unterhalb des Kondensors) u. Analysator (oberhalb des Objektives oder des Okulares) werden Polarisationsprismen (Nikol), heute in der Regel Polarisationsfilter verwendet. [54]

Polarmyopie ↑ Raummyopie. [36]

Polarographie: wurde 1922 von Heyrovsky (Prag) begründet. Das Prinzip dieser analyt. Methode ist, daß an einer tropfenden Quecksilberelektrode eine kontinuierlich steigende Gleichspannung liegt. Die Elektrode wird vollständig polarisiert, so daß kein Strom fließt. Erst wenn eine Spannung erreicht ist, die eine chem. Substanz oxydieren oder reduzieren kann, wird die Elektrode depolarisiert, u. es fließt ein Strom. Aus der polarograph. Stromkurve ergibt sich die qualitative u. quantitative Analyse. Anwendung für gut reduzierbare oder oxydierbare Substanzen, die auch in geringen Konzentrationen in kleinen Lösungsmittelvolumina vorhanden sein können. Störung durch Begleitstoffe, die leicht reduzierbar oder oxydierbar sind. [8]

Polenta: aus Maisgrieß u. -grütze hergestelltes Lebensmittel; weit verbreitet in Italien u. Mittelamerika als Volksnahrung; Maiseiweiß wegen Mangel an Tryptophan unterwertig; bei einseitiger Maisernährung droht ↑ Pellagra. [16]

Poliklinik ⟨*griech*⟩ *f:* medizin. Einrichtung für die (in den meisten Fällen) ambulante Untersuchung u. Behandlung von Kranken, die nicht bettlägerig sind u. die P. aufsuchen können. [48]

Polioenzephalitis ⟨*griech*⟩ *f:* entzündliche Erkrankung der grauen Massen des Gehirns, insbes. des Hirnstammes; ↑ Mesenzephalitis. [33]

Poliomyelitis ⟨*griech*⟩ = P. epidemica: übertragbare Kinderlähmung, Heine-Medin' Krankheit; endem.-epidem.-pandem., fäkaloral übertragbare, anzeigepflichtige Infektionskrankheit. Erreger Polioviren (Serotypen I bis III). Inkubation 10–14 Tage. Biphasisch fieberhafter Verlauf, zunächst uncharakterist. Katarrh der oberen Luft- oder Verdauungswege, dann der (seltene) hämatogene Befall des ZNS (seröse Meningitis, schlaffe Lähmungen, meist der Rumpf- u. Beinmuskulatur, lebensgefährliche bulbopontine Formen mit Befall der Atemmuskulatur). Letalität der paralyt. Form 10%. Virolog. Diagnose durch Virusnachweis aus Stuhl und/oder Rachensekret (Zellkultur), serolog. Antikörperbestimmung mit Komplementbindungsreaktion oder Virus-Neutralisationstest. Symptomat. Therapie, gegebenenfalls künstliche Beatmung (eiserne ↑ Lunge). Prophylaxe durch aktive Immunisierung mit Sabin' Schluckvakzine (↑ Sabin-Vakzine), ggf. Salk-Formolimpfstoff (↑ Salk-Vakzine), akut Gefährdete Gammaglobulinprophylaxe; Isolierung, Desinfektion. [40]

P. anterior acuta ↑ Poliomyelitis. [40]

P. posterior: entzündliche Erkrankung der grauen Hinterhörner des Rückenmarkes. [33]

Poliosis ⟨*griech*⟩ *f:* Ergrauen der Haare. [43]

Polioviren: gehören zu den ↑ Enteroviren; Erreger der ↑ Poliomyelitis epidemica. 3 serolog. unterschiedliche Typen: Typ I (↑ Brunhilde), Typ II (↑ Lansing), Typ III (↑ Léon). Virusnachweis aus Fäzes, Rachenabstrichen u. Geweben des ZNS in der Gewebekultur (z. B. Affennierengewebe) möglich. Antikörpernachweis mit KBR oder Neutralisationstest. [41]

Politzer, Adam (1835–1920), Otologe, Wien. **P' Verfahren** (1863): Lufteinblasung durch die Tube in das Mittelohr mittels eines Gummiballons, dessen Olivenansatz der Größe des Nasenloches angepaßt, es luftdicht verschließt. Dabei wird das andere Nasenloch zugehalten u. der Nasenrachenraum durch Hebung des weichen Gaumens bei der Phonation (z. B. bei Kuckucksagen) oder beim Schlucken abgeschlossen. Das Verfahren dient dem Nachweis der Tubendurchgängigkeit oder als Behandlungsmethode vor allem bei Tubenmittelohrkatarrh. [28]

Pol|kissen: Anhäufung epitheloider Zellen der Arteriola afferens des ↑ Malpighi' Körperchens der Niere. Ob diese Polkissen für die Regulation der Durchströmung des ↑ Glomerulum mit verantwortlich sind, ist noch ungeklärt. [2]

~körperchen: ↑ Babes-Ernst' Körperchen; metachromat., kreisrund bis ellipt., in der Einzahl meist an beiden Enden des Bakterienleibes. Bestehen aus Ribophosphaten. Energiereserve der Zellen. Wichtiges morpholog. Charakteristikum der echten Diphtheriebakterien; Färbung nach Neisser; ↑ Neisser' Polkörperchenfärbung. [41]

Pollakisurie ⟨*griech*⟩ *f:* wörtlich: Oftharnen. Klin.: häufiger Harndrang, wobei jeweils nur kleine Mengen gelassen werden. Ursache: Blasenreizung durch Entzündung, Steine, Prostataleiden, Reizblase, Strahlenschädigung usw. Zu unterscheiden von 1. Polyurie, wobei seltener große Harnmengen gelassen werden; 2. grundsätzlich verschieden ist die nächtliche P., bei der die Pat. manchmal alle 10 Minuten tropfenweise Wasser lassen müssen, von der Nykturie, wobei nachts oder nach längerem Liegen eine große Harnflut einsetzt u. die Pat. mehrmals größere u. große Harnmengen ausscheiden (Herzdekompensation!). [24]

Pollenkrankheit ↑ Heufieber. [9]

Pollex ⟨*lat*⟩ *m:* Daumen. [1]

Pollinosen: allerg. Erkrankungen durch Blütenstaub. [9]

Pollution ⟨*lat*⟩: nächtlicher Samenerguß (oft im Traum). [43]

Pollutiones feminae ⟨*lat*⟩: Sekretion der Bartholin' Drüsen bei sexueller Erregung der Frau ohne masturbator. Manipulationen. [29]

Polozyten ⟨*griech*⟩ *m, Pl:* Polzellen; von den bei der ↑ Reduktionsteilung entstehenden vier Teilen der ↑ Eizelle bildet sich nur einer zum befruchtungsfähigen Ei aus. Die drei übrigen (Polzellen) bleiben als Richtungskörperchen; sind unentwickelt u. gehen zugrunde. [7]

Pol-Pyramidenstar: kommen ein- u. beidseitig angeboren vor; in der Regel sind sie Folge von Entwicklungshemmungen u. Mißbildungen. Starke Sehbehinderung bei enger Pupille (heller Beleuchtung). [32]

Polstar: Linsentrübung im Bereich des vorderen oder hinteren oder beider Pole, angeboren oder erworben. Sehstörung sehr verschieden nach Sitz u. Größe. Oft ↑ Nyktalopie, weil bei Miosis die Sehstörung durch die axiale Trübung bes. stark ist. [36]

Polsterarterien: bes. Schlagadern, die im Bereich der Intima in das Lumen vorspringende, aus glatter Muskulatur bestehende Polster aufweisen. Die Kontraktion dieser Muskelpolster bedingt eine Einengung oder auch einen vollständigen Verschluß des Gefäßlumens. P. dienen der Regulation der Durchblutung u. kommen bes. in Organen mit wechselnder Blutfülle vor, z. B. in Schwellkörpern (↑ Corpus cavernosum). [2]

Polya, Eugene Jeno (1876–1944), Chirurg, Budapest.

P.-Reichel' Operation: Modifikation der Operationsmethode nach Billroth II zur teilweisen Magenentfernung wegen Magen- oder Zwölffingerdarmgeschwürs, wobei der verbleibende Magenstumpf mit der oberen Dünndarmschlinge retrokol. vereinigt wird, nachdem der Stumpfverschluß des Zwölffingerdarms erfolgt ist. [18]

Polyadenitis ⟨*griech*⟩ *f:* multiple Lymphknotenentzündung. [9]

Polyamidfaser: aus Adipinsäure u. Hexandiamin anfallender, im Bauprinzip den natürlichen Eiweißstoffen stark angenäherter Kunststoff, der als Plaste (Knochenersatz, Gefäßersatz, Augenlinse) auch als synthet. Nahtfaden breite Verwendung in der Chirurgie gefunden hat. [12]

Polyämie ⟨*griech*⟩ *f* ↑ Plethora. [11]

Polyarteriitis nodosa ⟨*griech, lat*⟩ *f* ↑ Periarteriitis nodosa. [5]

Polyarthritis ⟨*griech*⟩ *f:* Entzündung zahlreicher Gelenke. Bezeichnung ohne weiteren Zusatz nur als Gattungsbegriff innerhalb der Familie der Arthritiden brauchbar. Arten u. Spielarten sind die rheumat. Arthritisformen, wie sie uns am Kranken entgegentreten. [13]

P. acuta ↑ Rheumatismus, akuter (rheumat. Fieber).

P. chronica fusiformis = Periarthritis destruens (sicca) endocrina (Umber): der Zusatz fusiformis bezeichnet die ausgeprägte spindelförmige Schwellung der Fingergelenke. In Anfangsstadien klin. von der ↑ Polyarthritis chronica unterscheidbar, in späteren Stadien nicht mehr. Ein prakt. Bedürfnis, diese auf Funktionsminderung der Ovarien ohne infektiöse Mitwirkung bezogenen Formen von der chron. Polyarthritis zu trennen, besteht nicht.

P. chronica infantis = Arthritis chronica deformans juvenilis (Rhonheimer): im Kindesalter vor dem 5. Lebensjahr, also vor dem Vorzugsalter des rheumat. Fiebers auftretende, langsam beginnende, zunehmend auf die Gelenke fortschreitende Erkrankung von ausgesprochen chron. Verlauf. Viele Kinderärzte schließen sie aus dem eigentlichen Rheumakreis aus, manche knüpfen Beziehungen zur ↑ Still' Krankheit. Serolog. neigt die P. chr. i. wahrscheinlich in agglutinierende Richtung wie die sog. primär chron. Polyarthritis; in früheren Stadien sind aber auch erhöhte, als spezif. zu erweisende Antistreptolysintiter zu finden, so daß auf den infektiösen Charakter auf Grund einer Tonsillitis zu schließen ist. [13]

Polyarthrosis deformans ⟨*griech, lat*⟩ *f:* viele, bes. auch die Fingergelenke befallende ↑ Arthrose; ↑ Heberden' Knoten. [13]

polyartikulär: Krankheitsablauf in vielen Gelenken gleichzeitig oder rezidivierend. [18]

Polyasen *f, Pl:* Carbohydrasen; Enzymete der Polysaccharidspaltung. [8]

Polyblast ⟨*griech*⟩ *m* (Maximow): Vorstellung einer Zellform, die vielen Arten der Blutkörperchen zum Ursprung dienen könnte, zuletzt eingeschränkt auf den Monozyten, Histiozyten oder auf Retikulumzellen. [11]

Polycholie ⟨*griech*⟩ *f* ↑ Hypercholie. [9]

Polychromasie ⟨*griech*⟩ *f:* Vielfärbigkeit (Ehrlich); Fähigkeit junger Erythrozyten, neben dem Eosin auch das Methylenblau anzunehmen.

P., azurophile: Annahme auch der Azurfärbung (Ferrata) als Folge von patholog. Kernauflösung; ↑ Azur. [11]

Polydaktylie ⟨*griech*⟩ *f:* Ausbildung überzähliger Finger oder Zehen; oft einfach dominant vererbt. [5]

Polydipsie ⟨*griech*⟩ *f:* krankhafte Steigerung des Durstgefühls u. damit der Trinkmenge, insbes. ursächlich verknüpft mit ↑Diabetes insipidus, ↑Diabetes mellitus, aber auch aus anderen Gründen vorkommend (z. B. Psychopathie). [14]

polydispers: kolloid- bzw. grobdisperse Verteilung von Stoffen; sie besteht aus Teilchen verschiedener Größe. [16]

Polyene *n, Pl:* Verbindungen, die sich durch zahlreiche Doppelbindungen, meist in fortlaufender Konjugation auszeichnen. Das niederste Glied dieser Klasse ist das Butadien. Zu den Polyenen gehören wichtige Naturstoffe, z. B. Vitamin A; ↑Karotinoide. [8]

polyenergid ⟨*griech*⟩: eine polyenergide Zelle enthält mehrere Zellkerne. [42]

Polygala Senega: in Nordamerika heim. Kraut aus der Familie der Polygalazeen, dessen Wurzel (Radix senegae, indian. Schlangenwurzel) expektorationsfordernde Stoffe enthält. [44]

Polygalaktie ⟨*griech*⟩: übermäßige Milchproduktion. Milchträufeln kann auch auf Schließmuskelschwäche beruhen u. lediglich P. vortäuschen. [29]

polyglandulär ⟨*griech, lat*⟩ ↑pluriglandulär. [12]

Polyglobulie ⟨*griech, lat*⟩ *f:* symptomat. Vermehrung der roten Blutkörperchen aus bekannter Ursache im Gegensatz zur echten Blutkrankheit ↑Polyzythämie mit klin. gleichem Bild. Unterschieden werden 1. kompensator. P. bei äußerem (Höhenklima) u. innerem Sauerstoffmangel (Lungenemphysem, Pulmonalsklerose, chron. Linksherzinsuffizienz, kongenitales Vitium u. a.) sowie 2. Reizpolyglobulie bei chron. Einwirkung chem. Substanzen (Arsen, Kobalt u. a.) bei Zwischenhirnreizung durch neuro-endokrine Erkrankungen, bei bestimmten Nierenerkrankungen mit vermehrter ↑Erythropoetinbildung u. gelegentlich nach zu häufigem Blutspenden. [11]

Polyhybrid: Kreuzungsprodukt, welches für mehrere Gene heterozygot ist, – ↑Bastard, ↑heterozygot. [3]

Polyhydramnie ⟨*griech*⟩ *f* ↑Hydramnion. [30]

Polykarenz-Syndrom ↑Kwashiorkor-Syndrom. [8]

Polykaryozyt ⟨*griech*⟩ *m:* mehrkernige Riesenzellen im Knochenmark, wahrscheinlich vom RHS abstammend; am häufigsten als Osteoklast vorkommend. [11]

Polyklonie ⟨*griech*⟩ *f:* gelegentliche Bezeichnung für ↑Paramyoklonus multiplex. [33]

Polykorie ⟨*griech*⟩ *f:* Vorhandensein mehrerer Pupillen in einem Auge. Ursache meist Mißbildung, evtl. Trauma. [36]

polykrot ⟨*griech*⟩: Puls, der nicht nur eine Nacherhebung aufweist, sondern mehrere (↑Dikrotie), offenbar im Zusammenhang mit dem Hin- u. Herlaufen von Wellen im Gefäßsystem. [7]

Polylobozyten ⟨*griech*⟩ *m, Pl:* viellappige Zellen, amerikan. Bezeichnung für segmentkernige Leukozyten. [11]

Polymastie ⟨*griech*⟩ *f:* Polythelie, Atavismus, wobei innerhalb der Milchleiste bei der Frau überzählige Brustdrüsenkörper auftreten. In der Regio axillaris nicht selten, schwillt u. schmerzt bei der Laktation. [29]

Polymelie ⟨*griech*⟩ *f:* überzählige Gliederbildung. [5]

Polymenorrhoe ⟨*griech*⟩ *f:* zu häufige Regelblutung; Zeichen einer generativen Ovarialinsuffizienz. Es kann sich dabei sowohl um eine Verkürzung der Corpus-luteum-Phase als auch der Follikelphase handeln. [29]

Polymere (Polymerisation) ⟨*griech*⟩: chem. Verbindungen, die bei prozentual gleicher chem. Zusammensetzung durch Zusammentritt von gleichen Molekülen verschiedene Molekülgröße besitzen; wichtig bei Herstellung von Kunststoffen (Kunstharze, künstlicher Kautschuk usw.); die Polymerisierung kann auch enzymat. gesteuert werden (Polymerasen). [16]

Polymerie ⟨*griech*⟩: 1. chem. Bezeichnung für die Eigenschaft von Verbindungen, polymere Derivate zu bilden; 2. genet. einheitlich erscheinendes Merkmal, dessen Ausprägung von dem Zusammenwirken mehrerer Erbanlagen abhängt. [3]

polymorph ⟨*griech*⟩: vielgestaltig. [2]

Polymorphie ⟨*griech*⟩ = Polymorphismus: in Chemie bzw. Mineralogie die Eigenschaft einer Substanz, in verschiedenen Kristallformen mit unterschiedlichem Schmelzpunkt aufzutreten; Di-, Trimorphismus usw. [16]

polymorphkernig ⟨*griech*⟩: vielgestaltiger Kern, hämatolog. gebraucht für nichtsegmentierte, aber stark gelappte Kernformen wie in Monozyten. Ältere Bezeichnung für neutrophile Leukozyten. Die Kerngestaltung ist genotyp. festgelegt; ↑Pelger–Huet' Anomalie. [11]

Polymyositis acuta ⟨griech, lat⟩: akute multiple Muskelentzündung mit starker Schmerzhaftigkeit der Muskulatur, Übergänge zur Dermatomyositis. [9]

Polymyxine: Antibiotika aus *Bacillus polymyxa.* Therapeut. verwendet wird das Polymyxin B. Es ist mittelstark wirksam gegen gramneg. Bakterien, vor allem gegen *Pseudomonas aeruginosa* (Pyozyaneusbakterien); wirkt tox. auf die Nieren. [42]

Polyneuritis ⟨*griech*⟩: Erkrankung mehr oder minder ausgedehnter Gebiete des peripheren Nervensystems, nicht nur der (bes. betroffenen) Nervenstämme, sondern auch der Rückenmarkswurzeln. Die Reiz- (Parästhesien, Schmerzen, Krampi) u. Ausfallserscheinungen (Sensibilitätsstörungen, Paresen u. Reflexausfälle) beginnen meist distal, bes. an den Füßen. Die Ursachen sind vor allem infektiöser, allerg., tox. u. autotox. Natur. Im einzelnen seien erwähnt die P. alcoholica (↑Neuritis); die Arsenpolyneuritis bei akuten u. bes. chron. Arsenschädigungen, wobei die ↑Arsenmelanose u. die Hyperkeratose diagnost. von Bedeutung sind. Auch Blei, Quecksilber, Kohlenmonoxid, Thallium (zu beachten der Haarausfall), Schwefelkohlenstoff u. andere gewerbliche Gifte erzeugen P. Im 2. Weltkrieg spielte die P. durch Triorthokresylphosphat eine bes. Rolle; auch Sulfonamide können bei übermäßiger Dosierung zu P. führen. Nicht selten ist die P. postdiphtherica im Spätstadium der Diphtherie, manchmal erst mehrere Wochen nach der Infektion auftretend u. gekennzeichnet durch Parese des Gaumensegels u. der Akkommodationsmuskulatur, aber auch der Extremitätenmuskeln. Unter den Stoffwechselgiften spielt das Hämatoporphyrin eine Rolle, ↑Porphyrinurie; bekannt ist auch die P. bei Diabetes, Lebererkrankungen, Magen-Darm-Erkrankungen; ↑Landry' Paralyse. [33]

P. diabetica ↑Neuritis diabetica. [14]

polynukleär ⟨*griech, lat*⟩: Bezeichnung von Ehrlich für segmentkernige Leukozyten, da bei Triazidfärbung die fädigen Verbindungen zwischen den Segmenten nicht sichtbar waren; fälschlich noch vielfach für neutrophile Leukozyten gebraucht; ↑polymorphkernig. [11]

Polynukleotidasen ↑Nucleasen. [8]

Polynukleotide: lineare Sequenz von Nukleosiden, die durch 3'-5'-Phosphodiesterbindungen zwischen den Zuckerresten kovalent miteinander verbunden sind. [8]

Polynukleotidphosphorylase = Nucleosiddiphosphat: Polynucleotid-Nucleotidyltransferase (EC 2.7.7.8); Enzym, das nach Nucleosiddiphosphat + nPolynucleotid = o-Phosphat + (n + 1) Polynucleotid die Synthese von Polynukleotiden aus Nukleosiddiphosphaten unter P-Freisetzung katalysiert u. in Umkehr dieser Reaktion P-abhängig Polynukleotide zu Nukleosiddiphosphaten abbaut. [8]

Polyöle: polymerisierte Öle; im spez. Fall Öle von Seetieren, die durch Erhitzen desodoriert u. dabei polymerisiert worden sind; vom Genuß ist abzuraten, da solche Produkte für die Ernährung nicht geeignet sind. [16]

Polyole: mehrwertige Alkohole (z.B. Glykol, Propylenglykol, Butylenglykol, Glyzerin (englisch Glycerol), Diäthylenglykol, Sorbit); wasserlöslich u. stark hygroskop.; als Feucht- u. Weicherhaltungsmittel (Süßwaren), zur Verbesserung der Schlagfähigkeit von Eiweiß benutzt; P. u. ihre Äther sind gute Lösungsmittel für Aromen u. Farbstoffe. Die Glykole sind unterschiedlich tox.; Anwendung bei Lebensmitteln gesetzlich geregelt. [16]

Polyomavirus *n:* Tumorvirus, das bei Mäusen, Ratten, Kaninchen, Hamstern Leukämien u. verschiedene Organsarkome hervorruft. [25]

Polyorchidie ⟨*griech*⟩ *f:* Vorhandensein überzähliger Hoden. [5]

Polyosen ↑Polysaccharide. [16]

Polyotie ⟨*griech*⟩ *f:* Vorhandensein einer überzähligen Ohrmuschel, sehr selten. Gewöhnlich versteht man darunter die Aurikularanhänge. [28]

Polyp ⟨*griech*⟩ *m:* gestielte, geschwulstähnliche Schleimhauthyperplasie bei chron.-entzündlichen Zuständen (Name wegen der Ähnlichkeit mit zoolog. Polypen). [4]

Polypenzange: bes. konstruierte lange Faßzange zur Entfernung von Polypen aus dem Muttermund. [29]

Polypeptide ⟨*griech*⟩ *n, Pl:* Stoffe, die aus mehr als etwa 8–10 säureamidartig verknüpften Aminosäuren bestehen u. ein Molekulargewicht von etwa 10000 nicht überschreiten. Der enzymat. Abbau erfolgt durch Endo- u. Exopeptidasen; ↑Peptide. [8]

polyphag ⟨*griech*⟩ ↑pleophag. [42]

Polyphagie ⟨*griech*⟩ *f:* 1. Viel-Essen, Gefräßigkeit; häufig Symptom des dekompensierten ↑Diabetes mellitus, ausgelöst durch Phasen der ↑Hypoglykämie; [14] 2. Parasiten mit vielen Wirten; ↑Euryxenie. [58]

polyphän ⟨*griech*⟩: vielmerkmalig; eine Erbanlage ruft gleichzeitig mehrere phänotyp. Merkmale hervor. [3]

Polyphalangie ⟨*griech*⟩ *f:* Mißbildung, charakterisiert durch zu viele Fingerglieder. [23]

Polyphenoloxydasen ↑Phenoloxydasen. [8]

Polyphrasie ⟨*griech*⟩ *f* ↑Logorrhoe. [34]

Polyphyletismus ⟨*griech*⟩ *m* (Undritz): dem ↑Dualismus oder ↑Trialismus gegenübergestellte Lehre von weiteren Blutzellstämmen, u.a. Erythrozyten, Riesenzellen, Plasmazellen usw.; doch waren die obigen Bezeichnungen nur für die obligaten Leukozytenstämme des Blutes gemeint. [11]

Polypionie ⟨*griech*⟩ *f:* Fettsucht. [4]

Polyploidie ⟨*griech*⟩ *f:* Vorhandensein von mehr als zwei haploiden Chromosomensätzen im Zellkern bzw. bei der mitot. Teilung (Tri-, Tetra-, Oktoploidie usw.); sie kann als normale somat. P. innerhalb eines an sich diploiden Organismus auftreten oder durch Einfluß von starken Umweltreizen

(Temperatur, Gifte) den ganzen Organismus betreffen. Vervielfachung oder Verminderung einzelner Chromosomen wird als Aneuploidie bezeichnet. Aneuploidie liegt z. B. in Folge der Trisomie des kleinsten Autosomen bei der Langdon-Down' Krankheit vor. [3]

Polypnoe ⟨*griech*⟩: beschleunigte Atmung. [9]

Polyporus officinalis ⟨*griech, lat*⟩ *m:* Lärchenschwamm; er enthält Agarizin, einen die Schweißdrüsensekretion hemmenden Stoff. [44]

Polyposis ⟨*griech*⟩ *f:* Bildung u. mehrfaches Auftreten von Polypen.

P. intestini: wahrscheinlich dominant vererbbare Erkrankung mit Ausbildung einer Vielzahl von Schleimhautpolypen im Dünn- u. bes. Dickdarm, bisweilen auch im Magen. Die Polypen können frühzeitig karzinomatös entarten; ↑Peutz-Jeghers' Syndrom. [5]

P. ventriculi: polypöse Schleimhautgeschwulst im Magen mit großer Neigung zur bösartigen Entartung. [18]

Polypragmasie ⟨*griech*⟩ *f:* Vielgeschäftigkeit; in der Medizin eingebürgert als Ausdruck der Behandlungsmethode, die ohne klare Konzeption, dafür aber mit einer Vielzahl von Arzneimitteln zum Erfolg kommen will. [44]

Polyradikuloneuritis ⟨*griech, lat*⟩ *f:* Syn. Guillain-Barré' Syndrom; Form der Polyneuritis mit bes. Beteiligung der Rückenmarkwurzeln, Neigung zu aszendierendem Verlauf (↑Landry' Paralyse) u. Rezidiven; wahrscheinlich neurotropes Virus oder allerg. Genese. Charakterist. Liquorveränderungen, albumino-zytolog. ↑Dissoziation. Therapie: Kortikoide. [33]

Polyribosomen: ein bis zahlreiche (bis zu 100), mit ↑Messenger-RNS in einem Komplex vereinigte ↑Ribosomen, welche die Proteinsynthese-aktiven Strukturen der Zelle darstellen. Im Polyribosomenkomplex führen die Ribosomen die Aminoazyl-tRNS u. Messenger-RNS u. damit ↑Anticodon u. ↑Codon spezif. zusammen u. ermöglichen somit die Codon-gerichtete Verknüpfung von Aminosäuren in Peptidketten. Hierbei kann an jedem, im ↑Polysom organisierten Ribosom gleichzeitig, je eine Peptidkette synthetisiert werden, indem an den einzelnen Ribosomen unabhängig voneinander die in der Messenger-RNS codierte Information durch spezif. Codon-Anticodon-Wechselwirkung in die Synthese von Proteinen übersetzt werden kann. [8]

Polysaccharide *n, Pl* = Polyosen: allg. Formel $nC_6H_{12}O_6-(n-1)H_2O$. Verbindungen von zahlreichen ↑Monosaccharidmolekülen unter Austritt der entsprechenden Menge von Wasser. Durch Enzyme oder Kochen mit Säuren werden sie unter Wasseraufnahme gespalten u. in die entsprechenden Zucker umgewandelt; Stärke, Glykogen, Inulin, Galaktogen, Pektinstoffe, Zellulose. [8]

Polyserositis ⟨*griech, lat*⟩ *f:* Entzündung der serösen Häute mehrerer Körperhöhlen, z. B. Pleuritis, Perikarditis u. Peritonitis; Vorkommen bei Rheumatismus = P. rheumatica. [5]

Polyskleradenitis ⟨*griech*⟩ *f:* Verhärtung vieler Lymphknoten im Bereich des ganzen Körpers; oft bei ↑Syphilis II. [43]

Polysklerose ⟨*griech*⟩ *f:* Bezeichnung für multiple ↑Sklerose. [33]

Polysomen ⟨*griech*⟩ *n, Pl:* aus ↑Ribosomen aufgebaute, durch einen Boten-RNS-Faden verbundene, im Zytoplasma frei liegende oder an die Membranen des endoplasmat. ↑Retikulums gebundene Komplexe, die die funktionelle Einheit zur Eiweißsynthese darstellen, deren Spezifität durch die an der DNS des Kerns gebildete Boten-RNS bestimmt wird. Länge, Lokalisation u. Form der P. bestimmen die Art u. Bedeutung des gebildeten Eiweiß; ↑Polyribosomen, Ergosomen, Cochleosomen. [6]

Polyspermie: im Gegensatz zur monospermen Befruchtung dringen mehrere Spermien in das Ei ein. In der Regel vereinigt sich aber auch dann nur ein Samenkern mit dem Eikern zum Furchungskern. – Dotterreiche Eier, z. B. Vogeleier, sind obligator. polysperm. Aus den nicht zur Vereinigung gelangenden Spermakernen entsteht wahrscheinlich ein Teil der ↑Merozyten. [3]

Polystichiasis ⟨*griech*⟩ *f:* durch Mißbildung bedingte Anordnung der Wimpern in mehreren Reihen. Gebräuchlich fast nur die Bezeichnung Distichiasis für 2 Reihen. Entsprechend findet man die Bezeichnung Tristichiasis für 3 u. Tetrastichiasis für 4 Reihen. Nur die erste Reihe wird von echten Wimpern gebildet. [36]

Polythelie ⟨*griech*⟩ *f* ↑Polymastie. [4]

Polythrombophlebitis ⟨*griech*⟩ *f:* mehrfache ↑Thrombophlebitis. [18]

polytop ⟨*griech*⟩ ↑pleophag. [42]

Polytrichie ⟨*griech*⟩ *f:* abnorm starker Haarwuchs. [43]

Polyurie ⟨*griech*⟩ *f:* krankhafte Vermehrung der Harnmenge (im Extrem 10–20 l pro Tag); Symptom des ↑Diabetes insipidus, des dekompensierten ↑Diabetes mellitus; auch bei (z. B. medikamentös bedingter) Ausschwemmung von Ödemen, bei ↑Schrumpfniere (kompensator. P.) u. a. [14]

Polyvinyl|alkohol: Kondensationsprodukt von Vinylalkohol, das gelegentlich zur Steifung von mikrobiolog. Nährböden verwendet wird. [42]

~chlorid: korrosionsfester Kunststoff, verwendet für Infusionsschläuche, Konservenblutbehälter. [11]

polyzystisch ⟨*griech*⟩: viele Zysten enthaltend. [4]

Polyzystisches Syndrom = Potter' Syndrom (II): angeborene polyzyst. Hyperplasie der intrahepat. Gallenwege, des Pankreas u. der Nieren. Symptome: Splenomegalie, chron. Gedeihstörung infolge eines Sprue' Syndroms, schwere Nierenfunktionsstörungen, die zur Niereninsuffizienz führen. [32]

Polyzythämie ✱ **Polycythaemia** ⟨*griech*⟩ *f* = Polycythaemia rubra vera: eine Wucherung des Knochenmarkparenchyms, die überwiegend die Erythropoese betrifft. Das Krankheitsbild steht den ↑Leukosen nahe. Erstmalig von Vaquez, später von Osler genauer bezeichnet. Die Zahl der roten Blutkörperchen ist stark erhöht auf 6–9 Millionen/mm^3 u. vereinzelt noch höhere Werte. Fast regelmäßig finden sich gleichzeitig eine Leuko- u. Thrombozytose mäßigen Grades. Klin. fällt eine ausgeprägte Rötung der Haut u. sichtbaren Schleimhäute auf, die Milz ist zumeist deutlich vergrößert; häufig findet sich eine Blutdruckerhöhung. Eine bes. Form der Erkrankung mit Blutdrucksteigerung (Typ Gaisböck) wird heute nicht mehr als eigenes Krankheitsbild abgetrennt. Als Komplikationen werden insbes. Nasen- u. Gehirnblutungen sowie Blutungen im Bereich des Magen-Darm-Kanals u. eine Thromboseneigung beobachtet. Übergänge in eine unreifzellige Leukose oder chron. Myelose kommen vor. [11]

Polzellen ↑Reifeteilung. [3]

P. der Niere: die Vasa afferentia besitzen nahe dem Gefäßpol epitheloide Quellzellen („Polkissen"), die den Blutstrom regulieren. [4]

Pomeranzenschale = Pericarpium aurantii: die getrocknete Schale von Citrus aurantium, wird als Bestandteil appetitanregender Arzneimittel, z. B. der Tinct. amara verwandt, auch als Geschmackskorrigens. [44]

Pompe' Syndrom: Syn. Pompe' Krankheit; Glykogenose Typus III, Cardiomegalia glycogenica; kardiomegale Form der Glykogenspeicherkrankheit im Säuglingsalter. Erkrankungsbeginn im frühen Säuglingsalter. Zeichen der Herzinsuffizienz mit motor. Unruhe, Dyspnoe, Tachypnoe, Zyanose, Anorexie, Erbrechen, Dystrophie; keine Hypoglykämie u. Hypercholesterinämie, normale Insulin- u. Adrenalinempfindlichkeit; röntgenolog. stark vergrößertes, kugelförmiges Herz. [32]

Pompholyx ⟨*griech*⟩ *f:* Blase; bes. an Händen (Cheiro-) u. Füßen (Podo-P.); ↑Dyshidrose. [43]

Pomum adami ⟨*lat, arab*⟩ (adam = Mann) *n* ↑Adamsapfel. [44]

Poncet, Antonin (1849–1913), Chirurg, Lyon.

P' Krankheit (1905): Polyarthritis bei Tuberkulösen, noch unentschiedener Pathogenese. Daß mischinfizierte tuberkulöse Herde als Fokalinfekt wirken können, ist möglich. Klärung ist durch die neueren serolog. Methoden anzustreben; ↑Serodiagnostik des Rheumatismus. [13]

Ponfick, Emil (1844–1913), Pathologe, Rostock, Göttingen, Breslau. Entdeckte 1879 den Strahlenpilz Aktinomyces.

P' Schatten: in der Blutbahn nachgewiesene farblose Erythrozytenschatten nach Blutauflösung. [11]

Ponndorf, Wilhelm (1864–1948), Arzt, Weimar.

P' Verfahren: P. behandelte u. a. die Lungentbk durch Einreiben von Alttuberkulin in die skarifizierte Haut. [15]

Pons ⟨*lat*⟩ *m:* Brücke, Steg.

P. Varoli: Varolsbrücke, Hirnteil oberhalb des verlängerten Markes, von abgerundet viereckiger Gestalt, zum Metenzephalon gehörig. [1]

Pons-Syndrome: Arterien-Syndrome im Bereich der Brücke. P.-Syndrom, paramedianes, durch Verlegung von paramedianen Arterien mit Hemiplegie; P.-Syndrom, laterales, durch Verlegung einer A. circumferens brevis (beide aus der A. basialis) mit Hemiataxie usw. sowie Syndrom der oralen Brükkenhaube (A. cerebelli superior) mit Hemiataxie, Intentionstremor usw. [33]

Pont' Index: das Verhältnis der Schneidezahnbreiten zur Zahnbogenbreite im Bereich der ersten Prämolaren oder ersten Molaren. Formel: Breite der oberen vier Schneidezähne mal 100 : 80 = Sollabstand der ersten Prämolaren beiderseits voneinander. Das gleiche Verhältnis, geteilt durch 64 = Sollabstand der ersten Molaren auf beiden Kieferseiten. Kieferorthopäd. Maße zur Formung eines individuell harmon. Zahnbogens. [37]

pontinus ⟨*lat*⟩: zur Brücke gehörend. [1]

Pool-Schlesinger' Zeichen: durch starke Beugung im Hüftgelenk bei gestrecktem Kniegelenk entsteht bei Tetanie spätestens nach 2 min ein Streckkrampf im Kniegelenk mit Supinationsstellung des Fußes. [9]

Poples ⟨*lat*⟩ *m:* Kniekehle, Kniebeuge. [1]

popliteus: zur Kniekehle gehörig; z. B. A. poplitea. [1]

Population ⟨*lat*⟩: Gesamtheit der Individuen einer Art in einem begrenzten Verbreitungsgebiet, unbeschadet der erblichen Verschiedenheiten der Individuen. [42]

Populationsgenetik: Wissenschaft vom genet. Aufbau einer Population u. den in der P. wirksam werdenden Evolutionsprozessen (↑Hardy-Weinberg' Regel). [3]

Poren ⟨*griech*⟩ *f:* kleinste Zwischenräume, spez. die Öffnungen der Schweißdrüsen-Ausführungsgänge in der Haut; ↑Porus. [43]

Porenzephalie ⟨*griech*⟩ *f:* Defekte der Hirnsubstanz, die enzephalograph. nachweisbar sein können. Nach der Lokalisation unterscheidet man den inneren (mit dem Ventrikelsystem verbundenen) vom äußeren (mit dem Subarachnoidalraum verbundenen) ↑Porus. Vielförmige Krankheitsbilder je nach Ursache u. Sitz. [32]

Poriomanie ⟨*griech*⟩: dranghaft-unwiderstehliches Wandern, Fortlaufen bei epileptoiden Psychopathen, auch Epileptikern u. Oligophrenen im Verstimmungszustand. [34]

Porokeratose ✳ **Porokeratosis** ⟨*griech*⟩ *f* **Mibelli:** aus zentraler hornstacheltragender Primäreffloreszenz entwickelt sich durch peripheres Weiterwandern eine keratot. Randleiste mit abheilendem braunatroph. Zentrum. Sitz Unterarm u. Unterschenkel. [43]

Porphin: Grundkörper der ↑Porphyrine; besteht aus 4 Pyrrolkernen, die durch 4 Methinbrücken miteinander verbunden sind. P. hat 11 alternierende Doppelbindungen; es ist wie seine Derivate, die Porphyrine, intensiv gefärbt (Name! prophyra = Purpur). Vorkommen in mehreren mesomeren Strukturen, mit starker Resonanz. Große therm. Stabilität u. chem. Beständigkeit. P. u. seine Derivate haben scharfe, charakterist. Absorptionsbanden, die zum Nachweis u. zur Identifizierung dienen. Allen gemeinsam ist die Soret-Bande bei etwa 400 nm. [8]

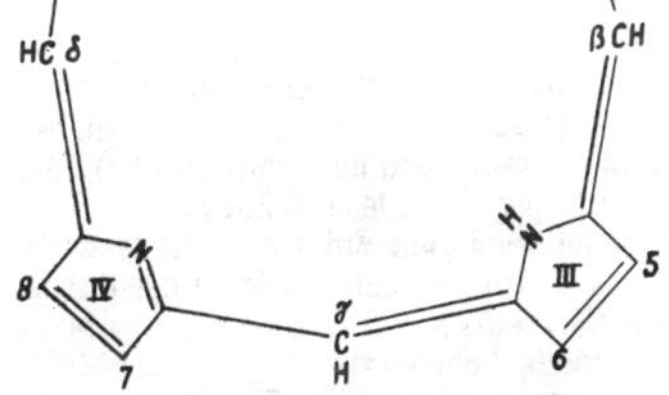

Strukturformel des Porphins

$C_{20}H_{14}N_4$

In der Formel des Porphins ist die konventionelle Numerierung der substitutionsfähigen C-Atome der 4 Pyrrolringe sowie der 4 Methinbrücken angegeben. Die Formel stellt eine Grenzstruktur dar; so kann die Doppelbindung von α nach II, wie auch von α nach I überspringen. Immer liegen alternierende Doppelbindungen vor. In den Porphyrin-Fe-Komplexen ist das koordinative 6wertige Eisen an die 4 N-Atome der Pyrrolringe u. wie im Hämoglobin an das Ring-N von 2 Histidinmolekülen des Globins gebunden. [8]

Porphobilinogen: Zwischenprodukt der Porphyrinsynthese, das bei akuter ↑Porphyrie vermehrt im Harn ausgeschieden wird. Entsteht im Zellstoffwechsel durch Vereinigung zweier Moleküle δ-Aminolävulinsäure, die dem Sukzinat-Glyzin-Zyklus entstammt, unter Wasseraustritt mit Hilfe eines spezif. Enzums.

Porphyrie ✳ **Porphyria** ⟨*griech*⟩ *f:* Entgleisung des Porphyrinstoffwechsels, die mit einer Vermehrung von ↑Porphyrinen oder ihrer Vorstufen einhergeht. Man unterscheidet 1. hepatische P.: a) P. acuta intermittens, gekennzeichnet durch Magen-Darm-Krämpfe u. Nervenlähmungen, b) P. cutanea tarda, Lichtsensibilisierungserscheinungen auf der Haut, c) P. variegata, hauptsächlich in Südafrika vorkommende hepat. Form der Porphyrie; 2. erythropoetische P.: a) P. congenita chronica = Günther' Porphyrie. Massive Überschwemmung des Organismus mit Uro- u. Koproporphyrin I auf Grund eines genet. determinierten Defekts der Isomerase III. Lichtsensibilisierende Wirkung des Uroporphyrins I führt zu Hautnekrosen u. Narbenbildung mit Verstümmelung der Ohren u. Hände. Unter UV-Licht Fluoreszenz des Urins, b) erythropoetische P. = protoporphyrinäm. Lichtdermatose. Vermehrung des Protoporphyrins in den Erythrozyten, vermehrte Ausscheidung im Stuhl. Lichturtikaria, c) kongenitale erythropoet. Koproporphyrie. Koproporphyrinvermehrung in den Erythrozyten. Lichtüberempfindlichkeit bei starker Besonnung. [11]

Porphyrine: Derivate des ↑Porphins durch Substitution der H-Atome 1 bis 8 an dessen 4 Pyrrolringen. Als Substituenten fungieren in den biolog. wichtigen Verbindungen Methyl-, Vinyl-, Azetat- u. Propionatreste, in den biolog. nicht vorkommenden, aber systemat. wichtigen Ätioporphyrinen nur Methyl- u. Äthylreste. Die Zahl der theoret. möglichen Isomeren ist sehr groß, doch findet sich nur eine begrenzte Anzahl davon im Organismus. Sämtliche natürlichen Porphyrine lassen sich entweder dem Isomerentyp I oder dem Isomerentyp III zuordnen. Von größter biolog. Bedeutung sind die P. als Bestandteile der Metall-P.-Proteide, die im tier. Organismus als Blut- u. Muskelfarbstoff (Hämoglobin u. Myoglobin) sowie als Enzyme (Zytochrome,

Peroxydasen, Katalase) fungieren. Die Porphyrinsynthese geht vom Glyzin u. Azetat aus. Von ersterem entstammen alle 4 N-Atome u. die Methinbrücken sowie je ein C-Atom der 4 Pyrrolringe des Porphyrinskeletts, alle anderen Porphyrinatome stammen aus dem Azetat. Wichtiges Zwischenprodukt der Synthese ist das ↑ Porphobilinogen, von dem sich 4 Moleküle unter Desaminierung zum Uroporphyrinogen vereinigen, das durch Dekarboxylierung zunächst in Koproporphyrinogen u. dann durch weitere Dekarboxylierung u. Oxydation über Protoporphyrinogen in Protoporphyrin übergeht. Uroporphyrin u. Koproporphyrin entstehen als Abzweigungen der Protoporphyrinsynthese durch Dehydrierung aus den Leukoformen Uroporphyrinogen bzw. Koproporphyrinogen. Der Hauptweg der Hämsynthese führt zum Protoporphyrin III (IX). Neben dem Protoporphyrin III (IX) entsteht aber auch über Zwischenprodukte vom Typ I sehr wenig Protoporphyrin I (Mengenverhältnis etwa 4000:1). Eine Umwandlung von Produkten der Isomerenreihen I u. III ineinander ist dem Organismus nicht möglich (Dualismus der Porphyrine). Alle erwähnten Reaktionsschritte werden durch spez. Enzyme katalysiert. Bei Störungen des Porphyrinstoffwechsels, den Porphyrinurien u. den Porphyrien, kommt es zur vermehrten Bildung u. Ausscheidung verschiedener Zwischenstufen u. Nebenprodukte der Protoporphyrinsynthese, wobei auch die Stoffe der Isomerenreihe I stark vermehrt sein können. Für den klin. Verlauf ist die Eigenschaft der Porphyrine von Bedeutung, den Organismus gegen Lichteinwirkung zu sensibilisieren. Dieser Effekt beschränkt sich nicht auf den Menschen, sondern ist ein allgemein biolog., der sich an den verschiedensten Versuchstieren, selbst bei Einzellern, nachweisen läßt. Den meisten dieser Verbindungen liegt das Protoporphyrin IX bzw. III in komplexer Bindung an Eisen zugrunde. Der Komplex des Protoporphyrins mit zweiwertigem Eisen ist das Häm, der mit dreiwertigem das Hämin. Die Metall-Porphyrin-Proteide lassen sich also in Häm-Proteide (z.B. Hämoglobin u. Myoglobin) u. Häminproteide (z.B. Methämoglobin, Peroxydase u. Katalase) einteilen, die sich ihrerseits durch das jeweils spezif. Eiweiß unterscheiden. Darüber hinaus kommen auch freie, d.h. nicht an Metall u. Protein gebundene Porphyrine in sehr geringen Mengen im Organismus vor. Sie entstammen z.T. der Nahrung bzw. deren bakterieller Umwandlung im Darm (exogene Porphyrine), vor allem aber als Nebenprodukte der Häm-Synthese dem endogenen Porphyrinstoffwechsel. Insgesamt werden bei fleisch- u. chlorophyllfreier Nahrung täglich etwa 10–100 μg Porphyrine (etwa gleiche Anteile Koproporphyrin I u. III) im Harn, bis 300 μg mit dem Kot ausgeschieden (vor allem die Koproporphyrine I u. III neben Meso- u. Deuteroporphyrin). Die Galle enthält 40–60 μg%. Im Blute kommen Porphyrine fast ausschließlich in den Erythrozyten bzw. deren Vorstufen vor (20–40 mg/100 ml Zellen), überwiegend Protoporphyrin neben etwas Koproporphyrin. Die Leber regelt das Verhältnis von Harn- zu Stuhlporphyrin durch Abfangen der vom Darm resorbierten Porphyrine (entero-hepat. Kreislauf ähnlich wie beim Urobilinogen!); daher können Funktionsstörungen der Leber zur patholog. Porphyrinausscheidung führen (hepat. Porphyrie). [8]

Porphyrinurie ⟨*griech*⟩ *f:* Ausscheidung von Porphyrinsubstanzen im Urin in patholog. Mengen. Auftreten im Gefolge von Lebererkrankungen, bei Alkoholismus, abnormen Fäulnisprozessen im Darm u. bei Intoxikationen. Eine P. wird weiterhin bei hepat. u. erythropoet. Porphyrien beobachtet; ↑ Porphyrie. [11]

Porphyrmilz: Syn. Bauernwurstmilz; an Porphyr erinnernde Umgestaltung der Milz bei Lymphogranulomatose; Durchsetzung des Milzgewebes von weißen, gelben u. roten Knötchen u. Knoten. [5]

Porrigo decalvans ⟨*lat*⟩ *f* ↑ Mikrosporie. [43]

Porro, Eduardo (1842–1902), Gynäkologe, Mailand.

P' Operation: Schnittentbindung mit supravaginaler Uterusamputation, wobei der Uterus erst außerhalb des Abdomens eröffnet wird. Früher sehr beliebte, weil lebenssichernde Operation bei infiziertem Genitale. Seit Einführung der Antibiotika entbehrlich, dagegen zur Sterilisation bei älteren Frauen, bei Uterus myomatosus, bei dekompensierten Herzfehlern (Ausschaltung der infektionsgefährdeten Plazentahaftstelle) wegen des meist sehr glatten postoperativen Verlaufs auch heute noch geübt. [29]

Porropsie ⟨griech⟩ *f:* eine Wahrnehmungsanomalie, bei der alle Gegenstände in die Ferne gerückt erscheinen (z.B. als Form der Umweltveränderung bei Schizophrenie). [34]

Porta ⟨*lat*⟩ *f:* Pforte, Tor, Zugang.

P. arteriarum (pericardii): Austrittsstelle von Aorta u. Truncus pulmonalis an der Kuppel des Herzbeutels.

P. hepatis: Leberpforte.

P. venarum (pericardii): Eintrittspforte der Venen in den Herzbeutel. [1]

portal ⟨*lat*⟩: wörtlich zur Pforte gehörig; gewöhnlich gebraucht unter Bezug auf die Pfortader, V. portae, z.B. portale Hypertension, Hochdruck im Pfortaderkreislauf. [5]

Portes, Louis (1891–1950), Gynäkologe, Paris.

P' Operation = P.-Gottschalk' Operation (1924): Schnittentbindung, bei der der infizierte Uterus vor die Bauchwand gewälzt, entleert u. hier wochenlang bis zur Überwindung der Infektion belassen, später aber ins Abdomen rückverlagert wird. Bei ihrer Einführung 1924 begrüßte Methode, bei der die Verstümmelung durch die ↑Porro' Operation vermieden u. ähnliche Sicherheit erreicht werden konnte. Seit Anwendung der Antibiotika nur noch von histor. Interesse. [29]

Portio (vaginalis uteri) ⟨*lat*⟩ *f:* Teil der Gebärmutter, der in die Scheide hineinragt.

~erosion: oberflächlicher Substanzverlust des Plattenepithels, das Bindegewebe liegt frei. Histolog. handelt es sich meist nicht um eine Erosia vera, sondern um eine Pseudoerosion; ↑Ektopie.

~karzinom ↑Kollumkarzinom. [29]

Portographie: röntgenolog. Kontrastdarstellung des Pfortadersystems, entweder direkt während der Operation durch Punktion u. Kontrastmitteleingabe in die Vena portae selbst oder perkutan in die Milz bzw. Vena lienalis. [18]

Porus ⟨*griech*⟩ *m:* Pore, Durchgang, Ausgang, Öffnung.

P. acusticus externus u. **internus:** äußere u. innere Öffnung des knöchernen Gehörgangs.

P. gustatorius: Geschmacksporus; feine Öffnung im Epithel über jeder Geschmacksknospe.

P. sudoriferus: Schweißpore; Ende des Ausführungsganges (Ductus sudoriferus) jeder Schweißdrüse an der Oberfläche der Haut. [1]

Porzellan|gallenblase: entwickelt sich durch zusätzliche Verkalkung in einer narbig schwielig verdickten Gallenblase; seltener Ausgang einer chron. Gallenblasenentzündung.

~staublunge: Mischstaubsilikose (↑Silikatose, ↑Silikose); entsteht bei Arbeiten in der Porzellanindustrie durch Einatmen des äußerst feinen Mineralstaubes (Kaolin mit Zusätzen von Quarz u. Feldspat). [5]

Positio uteri ⟨*lat*⟩ *f:* Stellung der Gebärmutter im kleinen Becken. Abweichungen von der normalen Stellung sind Ante-, Retro-, Dextro- u. Sinistroposition. [29]

Positionseffekt: kennzeichnet die unterschiedliche Wirkung eines Gens in Abhängigkeit von seiner Lage im Chromosom (z.B. nach Inversionen). [3]

Positronen ⟨*lat*⟩ *n, Pl:* Symbol e^+; pos. Elementarquanten der Elektrizität; Masse u. Ladung wie ↑Elektronen; zerstrahlen mit Elektronen unter Freisetzung von Energie; Existenz sehr kurzzeitig. [54]

Postcholezystektomie-Syndrom: Zusammenfassung der nach Cholezystektomie bisweilen verbleibenden oder neu auftretenden Koliken, Dauerschmerzen, mit Ikterus durch unterschiedliche Ursachen (Rezidivsteine, funktionelle Dyskinesien, Gallengangstenose, chron. Pankreatitis, Cholangitis, Gallenfisteln u. Adhäsionsbeschwerden). [18]

Postdysenterisches Syndrom: nach überstandener Dysenterie auftretender gastroenteraler Symptomenkomplex mit intermittierenden Symptomen. Rezidivierende Leibschmerzen, Diarrhoen, Hypo- oder Achlorhydrie. Verstärkte Empfindlichkeit gegen die verschiedensten allergisierenden Faktoren (bes. Nahrungsmittelallergene) sowie gegen mechan. u. therm. Reize. Oft Zeichen chron. Leberstörungen. Defektheilungen von oft schon jahrelang zurückliegenden Darmerkrankungen. [32]

posterior ⟨*lat*⟩: der hintere. [1]

posterior-anterior ⟨*lat*⟩: in der Richtung von hinten nach vorn. [1]

Postero-lateral-Infarkt: Herzinfarkt, der in seinem Bilde dem Hinterwandinfarkt (↑Lateralinfarkt) entspricht. 1. Frühstadium: a) vertieftes Q in Ableitung II u. III, b) ST-Hebung in Ableitung II u. III, c) T-Senkung in Ableitung II u. III, d) neg. T in V_5 u. V_6. 2. Spätstadium: es kommt zu einem Ansteigen von T_{III}, während Q_{III} sich weiter vertieft. [21]

Posthioplastik ⟨*griech*⟩ *f:* verschiedene plast. Operationsmethoden zur Bildung der Vorhaut mit genügend erweiterter Öffnung; angewandt bei Phimosen oder angeborenen Vorhautverwachsungen. [18]

Posthitis ⟨*griech*⟩ *f:* Entzündung der Vorhaut an der Glans penis. [18]

Postholith ⟨*griech*⟩ *m:* Vorhautstein, bei Phimose auftretend. [18]

posticus ⟨*lat*⟩: hinterer; Postikus Kurzbezeichnung des Klinikers für den ↑M. cricoarytenoideus dorsalis (posterior). [1]

Postikuslähmung ⟨*lat*⟩: Lähmung des Glottisöffners, M. cricoarytenoideus dorsalis (Postikus). Einseitige P. kann symptomlos bleiben, bei doppelseitiger besteht stärkste Atemnot mit Erstickungsgefahr, weil die Stimmlippen während der Respiration in der Medianstellung verbleiben; Stimmbildung meist ungestört. P. gelegentlich als Anfangssymptom einer Rekurrenslähmung auch postoperativ nach Strumektomie. [28]

Postkoital-Test ⟨*lat*⟩ *m* (Sims, Huhner): Beurteilung der Penetrationsfähigkeit der Spermien im Zervixsekret nach stattgefundener Kohabitation. Er vermittelt Hinweise auf die Penetrationspotenz der Spermien u. auf die spermabiolog. Eigenschaften des Zervixsekrets. [12]

Postkommissurotomie-Syndrom ⟨*lat, griech*⟩ *n:* kommt nach operativer Sprengung einer Mitralstenose durch erneute Verwachsungen der Mitralsegel zustande, meist im Gefolge eines endokardit. Rezidivs mit Herzschmerzen, Fieber, Eiweißverschiebungen im Serum. [10]

Postkommotionelles Syndrom: Schwindel, Kopfschmerz, Konzentrationsschwäche usw. nach unzureichend oder unsachgemäß behandelter Gehirnerschütterung. Störung in der Regulation der zerebralen Durchblutung. [33]

postmortal ⟨*lat*⟩: nach dem Tode, z. B. postmortale Veränderungen an Organen. [8]

postnatal ⟨*lat*⟩: bezogen auf das Neugeborene; die Zeit nach der Geburt betreffend; z. B. postnatale ↑Sterblichkeit. [29]

Postposition ⟨*lat*⟩: Verspätung; ↑Gegensatz Anteposition. [3]

postprandial ⟨*lat*⟩: nach der Mahlzeit, nach Nahrungszufuhr. [18]

Postrhinoskopie ⟨*lat, griech*⟩ *f* ↑Rhinoscopia posterior. [28]

Posttachykardie-Syndrom ⟨*lat, griech*⟩ *n* (Cossio): im Anschluß an eine paroxysmale ↑Tachykardie bleibt auch nach Abklingen des tachykarden Anfalls das Ekg zunächst noch patholog. verändert. [10]

Postthrombophlebitisches Syndrom ⟨*lat, griech*⟩ *n:* Ödemneigung, bes. bei längerer stat. Belastung, bleibt auch nach Abklingen einer Thrombophlebitis über längere Zeit bestehen. Das postthrombot. Syndrom macht ähnliche Erscheinungen, resultiert jedoch aus einer nicht prim. entzündlich verursachten Thrombose. [10]

posttraumatisch ⟨*lat, griech*⟩: zeitlich dem Unfall folgend, meist Unfallskomplikation. [18]

Potain, Pierre Charles (1825–1901), Internist, Paris.

P' Flasche: Vorrichtung zum Absaugen von Flüssigkeiten, meist Eiter aus der Brusthöhle, durch eine Flasche, die vor ihrer Verwendung luftleer gepumpt wird u. eine Heberdränage bewirkt. [18]

Potator ⟨*lat*⟩ *m:* Trinker; P. strenuus, starker Trinker. [34]

Potatorium ⟨*lat*⟩ *n:* Trunksucht. [34]

Potentia ⟨*lat*⟩ *f:* Potenz, Fähigkeit; *Adj* potent fähig, meist nur im Sinne der Geschlechtsfähigkeit.

P. coeundi: Fähigkeit zum Beischlaf.

P. concipiendi: Empfängnisfähigkeit.

P. generandi: Zeugungsfähigkeit. [33]

Potentiale, hervorgerufene: bioelektr. Erscheinungen im Zentralnervensystem, die meist durch elektr. Einzelreizung eines peripheren afferenten Nerven oder durch stoßartige Reizung von Rezeptoren, z. B. mit Lichtblitz bei der Netzhaut hervorgerufen u. mit Elektroden aus der entsprechenden Projektionszone abgeleitet werden. Das hervorgerufene Potential legt sich dem ↑EEG-Wellenbild auf. Es können dabei mehrere Phasen, positiv u. negativ usw., unterschieden werden, die sich aus den Besonderheiten der Erregungsausbreitung im Potentialgebiet ergeben.

P., synaptische: mit ↑Mikroelektroden aus der Nähe des Synapsenspaltes bzw. aus dem Inneren der nachgeschalteten Nervenzelle ableitbare Potentiale, die die Ionenfluxe über die Membran der nachgeschalteten, postsynapt. Nervenzelle begleiten. Falls der synapt. Überträgerstoff eine Erregung u. damit Depolarisation dieser Zelle herbeiführt, entsteht das erregende postsynapt. Potential (EPSP), bei Übertragung einer Hemmung das IPSP (I = inhibitorisch, hemmend). Letzteres geht mit einer Hyperpolarisation der Membran einher. Die an den Synapsenspalt heranlaufenden, den Überträgerstoff freisetzenden Potentiale heißen präsynapt. Potentiale. [7]

Potentialgefälle ↑Luftelektrizität. [13]

Potentiometer ⟨*lat, griech*⟩ *m;* 1. elektr. Gerät zur variablen Spannungsteilung; 2. Gerät zur elektr. Messung der Wasserstoffionenkonzentration. [54]

Potenz ↑Potentia. [33]

Potenzierung: Verstärkung der Wirkung bei der Kombination zweier Arzneimittel, die über eine reine Summation der Einzeleffekte hinausgeht. In der Homöopathie: Durch Verdünnung eines Mittels zur Hochpotenz sollen dessen Kräfte (Potenz) unermeßlich steigen; wissensch. unhaltbare, irrige Annahme. [44]

Potio Riverii: Brausepulver, Gemisch von Natriumkarbonat u. Zitronensäure. Beim Auflösen in Wasser wird gasförmiges CO_2 frei. Erfrischendes Getränk, dem Arzneimittel zugemischt werden können. [44]

Potomanie ⟨*lat, griech*⟩ *f:* Trunksucht. [34]

Pott, Percival (1714–1788), Chirurg, London. Nach ihm benannt Malum Potti, tuberkulöse Wirbelsäulenentzündung, Spondylitis tuberculosa.

P' Buckel ↑Gibbus. [15]

P' Fraktur = Dupuytren' Fraktur: Bimalleolarfraktur. Der tibiale Knöchel ist in Sprunggelenkhöhe, der fibulare etwas weiter proximal gebrochen. Pronationsbruch. [23]

P' Geschwulst: umschriebenes Ödem über dem Bereich einer Schädeldachosteomyelitis. [20]

P' Krankheit: Malum Potti, Wirbeltuberkulose.

P' Lähmung: Querschnittslähmung bei Wirbeltuberkulose (Malum Potti). [33]

Pottasche: Kalium carbonicum crudum, rohes Kaliumkarbonat. [44]

Potter, L., Edith (*1901), amerikan. Pathologin u. Gynäkologin, Chicago.

P' Syndrom (I) = Dysplasia renofacialis: seltener, typ. Mißbildungskomplex; charakterist. Gesichtsbildung: Hypertelorismus, Epikanthus, Abflachung u. Verbreiterung der Nasenwurzel, tiefsitzende dysplast. Ohrmuscheln, Mikrognathie, bisweilen greisenhaftes Aussehen der Neugeborenen (= Potter' Facies). Mißbildungen der unteren Extremitäten: Sympodie, Anchipodie, Sirenenbildung, Klumpfuß u. a. Mißbildungen der Wirbelsäule: Block- u. Keilwirbelbildung, Wirbelspalten u. a. vor allem im Bereich der oberen BWS u. der LWS sowie des Kreuzbeines, Nierendys- oder -agenesie; andere Mißbildungen des harnbereitenden u. ableitenden Systems. Genitalmißbildungen u. a. Mißbildungen. Geburtsuntergewicht. Androtropie.

P' Syndrom (II) ↑Polyzystisches Syndrom. [32]

Potts, zeitgen. amerik. Chirurg.

P' Aortenklemme: schaltet nur einen seitlichen Teil der Gefäßwand aus zur Anlage einer Anastomose, so daß der Blutstrom in der Aorta während der Operation unbehindert bleibt.

P' Operation: bei der Fallot' Tetralogie wird eine Anastomose zwischen Aorta u. A. pulmonalis angelegt. [18]

Pottwal ↑Physeter macrocephalus. [44]

Poupart, François (1616–1708), Anatom u. Chirurg, Paris.

P' Band = Lig. inguinale (Leistenband): Sehnenstreifen zwischen vorderem oberem Darmbeinstachel u. Tuberculum pubicum. Dieses Band bildet die untere Umgrenzung für den Leistenkanal u. die obere für den Schenkelkanal. Beide Kanäle sind Bruchpforten. Als äußere u. untere Begrenzung des Schenkelkanals gehen Fasern zum Pecten ossis pubis ab (Fascia iliopectinea). Die innere Verstärkung des Poupart' Bandes, die den Winkel zwischen diesem u. dem Pecten ausfüllt, also die mediale Begrenzung des Schenkelkanals, in dem der N. femoralis u. die Schenkelgefäße liegen, heißt Lig. lacunare (Gimbernati). [1]

Pox- (Pocken) Viren: Die Pockenviren bestehen aus mindestens 6 Untergruppen (Variola-Vaccinia-Viren, Orfvirus u. verwandte Viren, Viren mit Affinität zu Huf- u. Klauentieren, Geflügelpockenviren, Myxomavirus u. verwandte Viren, unklassifizierte Pockenviren). P. sind die größten bisher bekannten animalen Viren (200–350 nm). Die Mehrzahl besitzt eine rektanguläre Morphologie u. gehört zu den Quaderviren. Innenkörper DNS-haltig. Die Widerstandsfähigkeit gegen Änderungen der physikal. Bedingungen ist relativ groß. Pockenviren gehören zu den dermatropen bzw. epitheliotropen Virusarten. Unter natürlichen Bedingungen scheint jede Tierspezies nur durch einen bes. Pockenvirusstamm oder -typ infizierbar zu sein. Allen Pockeninfektionen gemeinsam ist die Bildung von Einschlußkörpern in den infizierten Zellen. Zu den Pockenviren mit onkogenen Eigenschaften gehören das Fibromvirus des Kaninchens, das Fibromvirus des Eichhörnchens u. das Yaba-Affentumor-Virus. Beim Menschen u. den einzelnen Säugetierarten rufen P. unterschiedlich schwere Krankheitsbilder hervor: schwere fieberhafte Allgemeinerscheinungen, Hauteffloreszenzen unterschiedlicher Lokalisation u. unterschiedlichen Ausmaßes bzw. gutartige örtliche Hauteruptionen. Eine überstandene Pockenerkrankung hinterläßt bei Mensch u. Tier lebenslängliche, zumindest aber jahrzehntelange Immunität oder Teilimmunität. Wichtigste Endemiegebiete des Pockenvirus des Menschen sind Südamerika, Afrika u. Südostasien. Schutzimpfungen sind gegen das Variola- u. das Geflügelpockenvirus gerichtet. [50]

p. p.: *Abk* für 1. per primam (intentionem) ↑Wundheilung; 2. post partum nach der Entbindung. [18]

PP-Faktor: pellagra preventive factor; ↑Nikotinsäureamid. [21]

PPLO: *Abk* für ↑pleuro-pneumonia-like-organism ⟨*engl*⟩; zellwandlose vielgestaltige Mikroben; ↑Mykoplasmen. [40]

Pp.-System ↑Blutgruppen-P-System. [11]

PQ: im Elektrokardiogramm bezeichnet das Intervall PQ die Überleitungszeit u. umfaßt die Strecke vom Beginn der P-Zacke bis zum Anfang der Q-Zacke. Die P-Zacke entspricht der Erregungsausbreitung in den Vorhöfen, der restliche Anteil entfällt auf die Erregungsleitung in AV-Knoten, Stamm u. Schenkeln des His' Bündels. [10]

Präalbumin: elektrophoret. schneller als das Albumin wandernde Fraktionen; 1. wurde von Schultze als tryptophanreiches Präalbumin erkannt; 2. ist ein Lipoprotein. Im Liquor cerebrospinalis ist offenbar nur 1. vorhanden. [47]

praecox ⟨*lat*⟩: vorzeitig, frühreif; ↑Dementia praecox. [34]

Praecuneus ⟨*lat*⟩ *m:* der Vorkeil, der Vorzwickel; ein kleines viereckiges, vor dem Cuneus gelegenes Rindenfeld auf der Facies medialis hemisphaerii cerebri, hinter dem Lobulus paracentralis. [1]

Prädetermination: Vorausbestimmung des Phänotyps in mütterliche Richtung durch plasmagebundene Determinanten. Die Mendel-Spaltung eines solchen Merkmals wird um eine Generation verschoben. [3]

Prädilektionsstelle ⟨*lat*⟩: für eine Krankheitsentwicklung bevorzugte Stelle im Organismus, wegen der dort für die Krankheit günstigen patholog. Bedingungen. [10]

Präeklampsie ⟨*lat, griech*⟩ *f:* auch ↑Eklampsismus; häufigste Form der Schwangerschaftsspättoxikosen (auch Spätgestosen; Unterschied zu Frühtoxikosen u. Organtoxikosen). Symptomenkomplex (Blutdruckerhöhung, Proteinurie, Ödeme u. a.), der durch eine ungenügende Anpassungsfähigkeit des Organismus an die bestehende Schwangerschaft entsteht. Begünstigt durch präexistente Leiden (Blutdruckerhöhung, Nierenerkrankungen); in solchen Fällen spricht man von ↑Pfropfgestose. In schweren Fällen kann es zu lebensbedrohlichen Krampfanfällen (↑Eklampsie) kommen. Vorbeugung durch rechtzeitige Erkennung u. Behandlung im Rahmen der Schwangerenberatung. [29]

präepileptisch ⟨*lat, griech*⟩: 1. dem epilept. Anfall vorangehende bes. Störungen meist vegetativer oder affektiver Art, die sich schon vor einem Anfall zeigen können, z. B. hochgradige Verstimmungszustände; 2. bes. konstitutionelle Merkmale (epilept. Konstitution), die vor Manifestierung des epilept. Anfallleidens erkennbar sind. [34]

Präformationstheorie: diejenige Entwicklungstheorie, der zufolge der fertige Organismus bereits im Keim in allen Einzelheiten vorgebildet ist. Allgemein anerkannte Vorstellung im 17. u. Beginn des 18. Jahrhunderts. Auch als Evolutions-(Auswicklungs-)Theorie bezeichnet. Präformisten waren Swammerdam, Ch. Bonnet, A. v. Haller. Reste der präformist. Gedankengänge sind auch noch in modernen Entwicklungstheorien enthalten. Gegensatz ist die Epigenese. [3]

Prager Handgriff, umgekehrter: wenn bei Beckenendlagengeburt der Kopf oberhalb des Beckeneinganges mit dem Kinn auf der Symphyse hängenbleibt, ist der Mund oft unerreichbar u. damit der ↑Martin-Wiegand-v. Winckel' Handgriff ausgeschlossen. Als Notlösung wird der umgekehrte P. H. versucht, der selten ein lebendes Kind ergibt: die eine Hand faßt von hintenher gabelförmig wie bei Veit-Smellie über die Schultern, die andere schwingt den bei den Knöcheln ergriffenen Feten in einem großen Bogen um die Symphyse, so daß das Kind schließlich auf dem Bauch der Mutter liegt. [29]

Prager Typ: bes. Form von ↑Cushing' Syndrom mit universeller Fettsucht, Schlafsucht, Hypertonie, Polyglobulie, Hypercholesterinämie, Osteoporosis u. Störungen im Wasserhaushalt. Patholog.-anatom.: Hyperplasie der Nebennierenrinde mit starker Vermehrung der basophilen Zellen. [12]

präkanzerös ↑präkarzinomatös. [15]

Präkanzerose ⟨*lat*⟩ *f:* der klin. Begriff Präkanzerose (Präneoplasie) wurde 1896 von Dubreuihl für gewisse Vorstufen des Hautkrebses geprägt. Später wurde er auf prämaligne Gewebsveränderungen u. Krebsrisikokrankheiten (risk disease) ausgedehnt. Aus klin. Sicht sind unter dem Begriff P. nur die Gewebsveränderungen zu verstehen, die einer malignen Transformation unmittelbar vorausgehen u. die so häufig maligne antarten, daß bei Risikovergleich das Entartungsrisiko höher zu bewerten ist als das Therapierisiko bzw. der therapiebedingte Defekt. Aus morpholog. Sicht sind P. lokale oder multiple Herde nicht ausdifferenzierter, teilungsfähiger, mehr oder weniger atyp. Regenerationszellen (Matrixzellen), die eine gewisse Neigung zur Überschreitung der Gewebsgrenzen zeigen können, aber keine destruktive Wachstumstendenz aufweisen. [0]

Präkapillare ⟨*lat*⟩ *f* ↑Arteriole. [1]

präkardial ⟨*lat, griech*⟩: bezeichnet den vor dem Herzen gelegenen Bereich der Brustwand, im weiteren Sinne auch die li. seitlich über bzw. neben dem Herzen gelegenen Partien der Brustwand; ↑Ableitungen im Ekg. [10]

Präkardialgie ⟨*lat, griech*⟩ *f:* Schmerzen im vor dem Herzen gelegenen Bereich der Brustwand, die in die Umgebung ausstrahlen können. Es handelt sich um eine Überempfindlichkeit im Bereich der oberflächlich gelegenen Head' sowie der tiefer gelegenen Mackenzie' Zonen, wie dies meist bei Herzerkrankungen, bes. bei Koronarerkrankungen, zu beobachten ist. Kann auch durch krankhafte Veränderungen in der Brustwand zustandekommen, ohne daß eine Beteiligung des Herzens selbst vorliegt. [10]

präkarzinomatös ⟨*lat, griech*⟩: vorbereitende oder begünstigende Epithelveränderungen, z. B. durch chron. Entzündungen oder Eiterungen, Narben usw., die im Sinne der Synkarzinogenese ein echtes Geschwulstwachstum komplettieren können. [15]

Präklimakterium: unmittelbare Zeit vor dem Klimakterium, gekennzeichnet durch Unregelmäßigkeiten im Menstruationszyklus. [29]

Präkoma ⟨*lat, griech*⟩ *n:* Vorstadium eines ↑Komas. [14]

Prämenstruelles Syndrom: wiederkehrendes Auftreten bestimmter Symptome (Kopfschmerzen, Stauungszustände, psych. Verstimmung, Mastodynie) bzw. Verschlimmerung bestehender Krankheiten (u. a. Migräne, Epilepsie, gastrointestinale Störungen) in den letzten Tagen vor Eintritt der Menstruationsblutung. Die Pathogenese wird in einer hormonalen u. neurovegetativen Dysfunktion gesehen. [29]

Prämenstruum ⟨*lat*⟩ *n* ↑Antemenstruum; *Adj* prämenstruell ↑antemenstruell. [29]

Prämolare ⟨*lat*⟩ *m, Pl:* Dentes praemolares, Bikuspidaten. Die auf die Eckzähne proximal folgenden, teils eckzahn-, teils molarenähnlichen Zähne mit höckriger Kaufläche. Die Wurzel der oberen ersten P. ist in der Regel in 2 Äste gespalten. Im Urgebiß 4 Prämolaren auf jeder Kieferseite; beim Menschen auf 2 reduziert. [37]

prämolar ✳ **praemolaris** ⟨*lat*⟩: vor einem Molaren liegend, ↑Prämolare. [37]

Prämorbidität ⟨*lat*⟩ *f:* bereits vor Auftreten der Krankheit faßbare Veränderungen; Begriff wird bes. in der Psychiatrie verwendet. [9]

prämortal ⟨*lat*⟩: vor dem Tod auftretend. [4]

Prämunität ⟨*lat*⟩ oder Infektionsimmunität: bei bestehender (evtl. chron. oder latenter) Infektion tritt keine erneute Infektion ein, solange die Erreger im Körper vorhanden sind; bekannt z. B. bei Protozoeninfektionen, bei Fleckfieber (Brill–Zinsser' Krankheit), Tuberkulose. [39]

pränatal ⟨*lat*⟩: auf den Feten bezogen, vor der Geburt liegend. [29]

Präneoplasie ⟨*lat, griech*⟩ *f* ↑Präkanzerose; Carcinoma in situ. [5]

Präparalytisches Stadium ⟨*lat, griech*⟩ *n:* beim Ablauf der Poliomyelitis acuta die Zeitspanne zwischen den ersten allgemeinen Krankheitszeichen u. dem Auftreten der Lähmungen. [18]

Präputialstein ⟨*lat*⟩ ↑Postholith. [18]

Präputium ✳ **Praeputium** ⟨*lat*⟩ *n:* Vorhaut; *Adj* präputial zur Vorhaut gehörend.

P. clitoridis: Vorhaut des Kitzlers.

P. penis: Vorhaut des männlichen Gliedes. [1]

Präsaturnismus ⟨*lat*⟩: objektives Vorstadium der eigentlichen Bleierkrankung (Saturnismus). Kardinalsymptome sind basophil getüpfelte Erythrozyten, vermehrte Porphyrinurie. [49]

Präscription = Ordinatio ⟨*lat*⟩: Teil des Rezeptes, der die verordneten Arzneimittel oder Bestandteile einer Rezeptur u. deren Dosierung beinhaltet. [44]

Präsenium ⟨*lat*⟩: Zeitspanne vor dem Greisenalter bzw. allmähliche Einleitung des Seniums. Bei entsprechender Disposition kann es hierbei zu präsenilen Psychosen kommen; ↑Greisenkrankheiten. [17]

Präsentationszeit ⟨*lat*⟩: Mindestdauer eines Reizes, nach der es zu einer Reaktion kommt. [42]

Präsenz ⟨*lat*⟩ *f:* Häufigkeit des Auftretens von Parasiten; z. B. die Zahl der wirklich von Mückenlarven besiedelten Brutgewässer, dividiert durch die Zahl der möglichen; oder die Zahl der Parasitenträger, dividiert durch die Zahl der Gesamtbevölkerung. Syn. Extensität, Gegenstück ↑Abundanz. [58]

Präservativ ⟨*lat*⟩: Vorbeugungsmittel, meist im Sinne der Schwangerschaftsverhütungsmaßn., insbes. für ↑Kondom gebraucht. [43]

Präserven: Lebensmittel, die z. B. beim Erhitzen leicht zerfallen, werden unter schonenden Bedingungen konserviert; auf diese Weise entstehen nichtsterile Zubereitungen von nur beschränkter Haltbarkeit: Halbkonserven oder Präserven (in der Fischindustrie von Bedeutung) zum Unterschied von den Vollkonserven; zum alsbaldigen Verbrauch bestimmt. [16]

Präsklerose ⟨*lat, griech*⟩ f: 1. im Verhältnis zum Lebensalter u. der physiolog. zu erwartenden Aderverhärtung vorzeitige u. verstärkte allgemeine Arteriosklerose, zumeist mit intellektuellem Abbau u. emotionalen Störungen. 2. Vorstadium der Arteriosklerose noch ohne eindeutige Symptomatik, evtl. Blutdrucksteigerung.

Präskorbutischer Zustand: C-Hypovitaminose. Die sog. Frühjahrsmüdigkeit soll ein solcher präskorbut. Mangelzustand sein. Ein ungenügender Gehalt an Vitamin C in der Nahrung wirkt sich dann bes. ungünstig aus, wenn die Ernährung auch kalorienmäßig unzureichend ist. [8]

Prästase ⟨*lat, griech*⟩ *f:* stark verlangsamte Blutströmung in den Blutgefäßen. Vorstufe des Blutstillstandes; ↑Stase. [5]

präsystolisch ⟨*lat, griech*⟩: vor der Systole, z. B. präsystolisches ↑Geräusch. [10]

praeternaturalis ⟨*lat*⟩: widernatürlich (künstlich); ↑Anus praeternaturalis. [18]

präventiv ⟨*lat*⟩: vorbeugend, verhütend. [48]

Präventiv|behandlung: therapeut. Maßnahmen, die den Ausbruch einer Krankheit verhüten sollen. [9]

~impfung: vorbeugende Impfung gegen Infektionskrankheiten, z. B. alle Schutzimpfungen gegen Pocken, Diphtherie, Typhus, Fleckfieber u. a. [5]

~medizin: zusammenfassender Begriff für Aufgabengebiet der vorbeugenden medizin. Maßnahmen.

~mittel: Verhütungsmittel spez. beim Geschlechtsverkehr; soll Ansteckung mit einer Geschlechtskrankheit u. Befruchtung verhüten. [48]

~verkehr: Geschlechtsverkehr mit Anwendung empfängnisverhütender Mittel. [29]

Praxis ⟨*griech*⟩ *f* ↑Arztpraxis. [48]

Präzession: epidemiolog. Vorrücken einer Seuche in jüngere Altersstufen als Funktion der Bevölkerungsdichte. Je dichter die Wohnverhältnisse sind, um so früher im Leben erfolgt die Infektion; ↑Retrozession. [40]

Präzipitat ⟨*lat*⟩ *n:* 1. Niederschlag; 2. ↑Präzipitation. [8]

Präzipitate ⟨*lat*⟩ *n, Pl:* Hornhautpräzipitate, Zeichen einer meist schleichenden intraokularen Entzündung unter maßgeblicher Beteiligung des Ziliarkörpers. Sie bestehen vorwiegend aus Lymphozyten. Infolge der Kammerwasserströmung ordnen sie sich in Form einer nach oben spitzen Pyramide („tannenbaumartig") vorwiegend in der unteren Hälfte der Hornhauthinterfläche an, können sich aber auch ausbreiten. Im frischen Stadium rund u. grau-speckig, später gezackt u. pigmentiert; allmähliches Verschwinden; große Neigung zur Bildung von hinteren Synechien. Zu unterscheiden: „Linsenpräzipitate", die mit obigem nichts zu tun haben u. aus Linsenresten nach Traumen oder Operationen bestehen. Eine spez. Form sind die äußerlich ähnlichen, aber weniger systemat. angeordneten Präzipitate bei der ↑Heterochromie (Fuchs). [36]

Präzipitat-Impfstoff: mittels Aluminiumphosphat gefälltes Impfantigen. [40]

Präzipitation ⟨*lat*⟩: 1. Vorgang des Ausfällens. Aus einer klaren Lösung fallen bei diesem Geschehen bestimmte Anteile in fester Form aus; die ausgefallenen Bestandteile heißen Präzipitate; 2. immunolog. eine ↑Antigen-Antikörper-Reaktion, bei der gelöste Antigene („Präzipitinogene", Teilchengröße <100 nm) durch homologe Antikörper (↑Präzipitine) als Komplex ausgefällt werden; ↑Präzipitine. [8, 40]

Präzipitatsalbe: Unguentum hydrargyri album DAB 7; enthält 10% weißes Quecksilberpräzipitat (Hydrargyrum praecipitatum album, ein weißes Pulver, das bei Zusatz von Ammoniak zu Sublimatlösungen ausfällt. Anwendung bei Hautkrankheiten (Vorsicht bei Hg-Überempfindlichkeit). [44]

Präzipitine ⟨*lat*⟩ *n, Pl:* Antikörper, die mit dem entsprechenden Antigen in Form einer ↑Präzipitation (Ausflockung) spezif. reagieren. In der Kriminalistik zur Unterscheidung menschlichen u. tier. Blutes, in der Lebensmittelkontrolle zur Feststellung einer evtl. Beimischung von Fleischsorten verschiedener Spezies (Uhlenhuth) verwendet. In der Streptokokkendiagnostik werden die Streptokokkengruppen nach Lancefield mittels Präzipitation ermittelt. Wichtig ist die Thermopräzipitation nach Ascoli zur Feststellung einer Milzbrandinfektion. ↑Präzipitationsreaktionen werden in der Kapillare (Ausflockung), in Röhrchen (Ringpräzipitation) oder im Agargel (nach Oudin oder Ouchterlony) durchgeführt. Die Flockungsreaktionen auf Syphilis sind ihrem Wesen nach Präzipitin-Reaktionen. [39]

Präzipitinoide: Präzipitine, bei denen durch Erhitzung die Funktionsgruppe zerstört ist. Es kommt wohl noch zur Bindung des Präzipitinogens an den Antikörper, nicht aber mehr zur sichtbaren Präzipitation. [39]

Präzisionspipetten: zur exakten Abmessung kleiner Flüssigkeitsmengen in der Hämatologie viel gebraucht (↑Zählungsverfahren für Blutzellen; ↑Hämokolorimeter); bes. dünne Kapillaren mit übersichtlicher Graduierung u. mechan. Ansaugvorrichtung. Wegen der bedeutenden Fehler, die durch mangelhafte Pipetten unbeabsichtigt entstehen können, ist eine genaue Eichung erforderlich. [11]

prdptr.: *Abk* für ↑Prismendioptrie. [36]

Precursor ⟨*engl*⟩ *m:* Vorläufer; Vorstufe eines von einem Organismus gebildeten Stoffes. Oft als Zusatz zu mikrobiolog. Kulturen gebraucht, um in diesen die Bildung eines gewünschten Stoffes anzuregen. [42]

Prednisolon□: Dehydro-hydrokortison mit Doppelbindung $C_1{=}C_2$ (Metikortandralin), synthet. Steroid mit NNR-Hormonwirkung. Kann durch Dehydrierung entweder auf chem. oder mikrobiolog. Wege aus Kortison bzw. Kortisol erzeugt werden. Präparate: Decortin®-H, Deltacortril®, Ultracorten®-H.

Prednison□: Dehydrokortison mit Doppelbindung $C_1 = C_2$. Synthet. Glukokortikoid, 4- bis 5fach stärkere Wirkung als Kortison u. fast ohne Elektrolytwirkung. Präparate: Decortin®, Ultracorten®.

Pregl, Fritz (1869–1930), Chemiker, Graz. Begründer der Mikro-Elementaranalyse.

P' Lösung: isoton. Lösung mit Jodat, Jodid u. Hypojodit, bildet im sauren Milieu freies Jod; Desinfektionsmittel. [44]

Pregnan: gesättigter zykl. Kohlenwasserstoff $C_{21}H_{36}$ als 5α-P. u. 5β-P.; P. ist ein Steroid mit 21 C-Atomen, zu dem die Gelbkörperhormone, als wichtigstes das Progesteron, u. die Kortikoide, die Hormone der Nebennierenrinde gehören. Es sind über 100 Derivate des P. bekannt, die in ihrer Konstitution genau bekannt sind. Pregnandiol: $C_{21}H_{36}O_2$; von den 7 bekannten isomeren P. ist das 5β-Pregnan-3α-20α-diol am wichtigsten. Wird von Frauen nur in der Lutealphase des Menstruationszyklus, nicht in der Follikelphase im Harn hauptsächlich als Glukuronid ausgeschieden, meist neben 5α-Pregnan-3α-ol-20-on-glucuronid; findet sich auch im Harn von Schwangeren, von Männern (z.T. aus dem im Hoden gebildeten Progesteron); Ausscheidung auch entsprechend bei Tieren. [8]

Pregneninolon□: synthet. dargestellter progesteronartiger Körper, der peroral voll wirksam ist. [44]

Preiß–Nocard' Bacterium: *Corynebacterium pseudotuberculosis = C. ovis.* Species der Gattung *Corynebacterium* der Familie *Corynebacteriaceae* (Bergey, 1957). Grampos., unbewegliches, nicht säurefestes Stäbchen; verursacht Pseudotuberkulose der Schafe u. eitrige Prozesse bei Schweinen u. Rindern sowie ulzeröse Lymphangitis der Pferde. [41]

Prellschuß: abgeprалltes Geschoß, keine Wunde, lediglich Abschürfung der Oberhaut u. subkutaner Bluterguß. [18]

Prellung: häufigste Form der stumpfen Verletzung durch Stoß auf eine Körpergegend, meist ohne schwere anatom. Zerstörungen, z.B. Kopfprellung; stumpfe Kopfverletzung ohne Gehirnerschütterung u. Schädelbruch. Fußgelenkprellung: stumpfe Fußgelenkverletzung ohne Knochenbruch, Bänderriß oder Luxation. [18]

Presbyakusis ⟨*griech*⟩ *f:* Altersschwerhörigkeit, reine Innenohrschwerhörigkeit infolge des physiolog. Abbaus, wie Schwund der Hörsinneszellen, Änderungen der Rückstellkräfte der Basilarmembran, Abnahme der Hörfasern, zerebrale Änderungen u.a. [28]

Presbyophrenie ⟨*griech*⟩ *f:* bes. Form der senilen Demenz, zeigt amnest. Syndrom mit Neigung zu Konfabulationen, heitere Grundstimmung, gesteigerte Gemütsansprechbarkeit mit hypoman. Redseligkeit. [34]

Presbyopie ⟨*griech*⟩ *f:* Alterssichtigkeit; allmählicher Verlust des Naheinstellungsvermögens der Augen, der auf einer progressiven Linsensklerose, die schon im jugendlichen Alter beginnt, zustande kommt. P. betrifft alle Menschen u. kann nur u. U. durch andere Mängel des Auges, z.B. Linsenmyopie verdeckt werden, d.h. dem Pat. nicht auffallen. Der Nahpunkt rückt immer weiter in die Ferne. Refraktionsfehler interferieren mit der P.; Therapie: Brillengläser, meistens Konvexgläser; ↑Nahpunkt, ↑Akkommodation. [36]

Preßdruckversuch (nach Bürger): Methode zur Prüfung der Herzleistung nach folgendem Prinzip: beim Pressen nach tiefer Inspiration steigt der intrathorakale Druck an. Der Blutfluß ins re. Herz u. damit auch in das li. Herz wird vermindert. Das führt zu einer Abnahme des Schlagvolumens u. des Blutdruckes. Während beim Gesunden während des Pressens nur ein geringer Druckabfall um 5–10 mm Hg beobachtet wird u. nach Beendigung des Pressens der Druck sofort etwas überschießend ansteigt, kommt es bei Herzinsuffizienz zu starkem Druckabfall ohne sofortigen Anstieg nach Beendigung des Pressens. [21]

Preßhefe: gepreßte Hefe (obergärige Bierhefe, *Saccharomyces cerevisiae*) zu Backzwecken. [42]

Preßluft|erkrankung ↑Caissonkrankheit.

~werkzeugerkrankung: patholog. Veränderungen an Muskeln, Knochen, Gelenken u. Nerven nach Arbeiten mit durch Rückstoß gefährdenden Preßluftwerkzeugen. Gilt unter entsprechenden Voraussetzungen als Berufskrankheit. [49]

Pressorrezeptoren: Rezeptoren in der Wand der Aorta u. des Karotissinus, die auf Dehnung bei Druckerhöhung in den Gefäßen ansprechen; auch Blutdruckzügler genannt. Die Blutdruckzügler senden afferente Nervenimpulse aus, die sich über die gesamte Formatio reticularis ausbreiten u. sich sogar auf das Großhirn erstrecken können. Bei Zunahme des Blutdruckes kommt es durch ihre Vermittlung zu Bradykardie, neg. inotroper Wirkung am Herzen, Abnahme des Vasokonstriktorentonus, Dilatation von Venen u. Venolen u. zur Atmungshemmung. Bei starkem Druckanstieg kann es zur Herabsetzung des Skelettmuskeltonus u. zu Bewußtseinsverlust kommen. P. zeigen ausgesprochenes Proportional-Differentialverhalten. Drucksenkung erbringt die entgegengesetzte Wirkung; ↑Blutdruckregulation. [7]

Preßstrahlgeräusch: charakterist. Geräusch über der Sternummitte beim ↑Ventrikelseptumdefekt. [10]

Preßwehen: Uteruskontraktion unter der Geburt nach Beendigung der ↑Eröffnungsperiode. Bei diesen Wehen der Austreibungsperiode wird reflektor. die Bauchmuskulatur maximal angespannt, wodurch der Bauchinhalt unter Druck gerät u. das Kind nach unten herausgepreßt wird. [29]

Priapismus ⟨*griech, lat*⟩ *m:* (Abgeleitet von Priapos, Sohn der Aphrodite u. des Dionysos in der griech. Sage, als (Halb-)Gott der Fruchtbarkeit bildlich mit übergroßem erigiertem Penis dargestellt.) Krankhafte, meist schmerzhafte Dauererektion des Penis, nicht durch sexuelle Erregung hervorgerufen u. ohne Wollustgefühle, Orgasmus u. Ejakulation; betroffen nur die Corpora cavernosa penis (arterieller Zufluß u. venöser Abfluß über A. u. V. profunda penis, nicht das Corpus cavernosum urethrae mit Glans penis als seinem vordersten Teil. Ursachen: 1. neurogen: a) neurofunktionell oder in Verbindung mit Rückenmarkerkrankungen, Wirbelsäulentraumen u. nervalen Systemerkrankungen, manchmal (vorwiegend nachts) stundenlang anhaltend, also transitor. (verlängerte) Erektionen: allg. reversibel; b) Übergehen in Dauerzustand möglich, schwer oder nicht reversibel; a) u. b) teilweise auch als „idiopathischer P." bezeichnet; 2. lokale (prim. u. sek.) Blutzirkulationsstörungen: a) Blockierung des venösen Abflusses, meist infolge Thrombose (sog. „thrombotischer" Priapismus); b) Tumor als Abflußhindernis; Metastasierung auch bei Blasenkrebs; c) Entzündung: Kavernitis, Urethritis, Prostatitis, paravesikale Phlegmone; d) Toxineinwirkung. Klinisch: Erigierter Penis, stark geschwollen, schmerzhaft, blau verfärbt (venöse Hyperämie), Glans penis sieht aber normal aus (!). 1b meist, 2a bis d immer irreversibel.

Penis erschlafft erst nach Okklusion der arteriellen Zuflüsse. Deshalb möglichst bald (richtige!) Therapie. 1. in Frühfällen: Lumbal- oder Periduralanästhesie; 2. Antikoagulation; 3. Vena-saphena-Schwellkörpershunt-Op. (bis 3. Tag); 4. oder Ableitung der beiden abflußgestörten Corpora cavernosa in das (normal abfließende) Corpus cavernosum urethrae durch doppelseitige direkte ellipt. Anastomose (bis 7. Tag), 5. oder (u. in Spätfällen) Punktion, Absaugung oder Inzision der Corp. cavernosa. Infektionsgefahr bei allen aktiven Maßnahmen (hochdosierte gezielte Antibiose!). Verschwinden des P. bei konservativem Verhalten erst nach 2–14 Wochen. Folgen sehr oft Impotenz. [24]

Price ↑Carr-Price-Reaktion. [8]

Price–Jones' Kurve: Ausmessung des Durchmessers von hundert oder mehr Erythrozyten im gefärbten Blutausstrich mit Okularmikrometer u. Einordnung der Meßwerte in eine Binominalkurve, deren Gipfel sich bei patholog. Änderung der Erythrozytengröße nach li. oder re. verschiebt. [11]

Prießnitz, Vincenz (1790–1851), Heilpraktiker, Jesenik (Gräfenberg).

P' Umschlag: einige Lagen Leinwandtücher werden in kaltes Wasser getaucht, ausgewrungen u. als Ganz-, Teilpackung appliziert. Darüber Lagen trockener Leinwandtücher u. Woll- oder Flanelltücher. [45]

Primachin: 8-(4-Amino-1-methylbutylamino)-6-methoxy-Chinolin; gut wirks. Malariamittel, das vorwiegend auf die geschlechtlich. Formen der Plasmodien wirksam ist, sog. „Sanierungsmittel". [44]

Primaquine ↑Primachin. [44]

Primäraffekt ⟨*lat*⟩ *m: Abk* PA; erste Manifestation einer Krankheit, bes. bei ↑Syphilis. [43]

Primäreffloreszenzen ⟨*lat*⟩ *f, Pl:* Grundbegriffe zur Morphologie der Hautkrankheiten; ↑Sekundäreffloreszenzen.

1. Fleck (macula) 2. Quaddel (urtica) 3. Knötchen (papula) a) Knoten (tuberculum) b) Knollen (phyma) c) Geschwulst (tumor)	von festem Gewebe
4. Bläschen (vesicula) a) Blase (bulla) b) Eiterbläschen (pustula) c) Zyste (cystis)	mit einem oder mehreren Hohlräumen

[43]

Primärelektron: Sammelbezeichnung für die bei der Wechselwirkung von Quantenstrahlung mit Materie auftretenden Photo-, Compton- u. Paarbildungselektronen. [59]

Primärharn = Vorharn: Ultrafiltrat des Plasmas, welches durch den Blutdruck aus den Kapillarschlingen des Glomerulum in die Kapsel des Nierenkörperchens abgepreßt wird u. aus dem im Tubulus der Harn bereitet wird; ↑Niere. [7]

Primärheilung: per primam intentionem; ↑Wundheilung. [18]

Primärkaverne: Kaverne, die durch Zerfall eines tuberkulösen Primärherdes (↑Primärkomplex) der Lungen entsteht. [4]

Primärkomplex (Ranke, 1916): Bezeichnung für die bei einer tuberkulösen oder syphilit. Erstinfektion an der Eintrittspforte der Erreger (Lunge, Darm, Genitale) entstehende örtliche Erkrankung (Primärherd, Primäraffekt) zusammen mit dem gleichzeitig befallenen regionären Lymphknoten am Längenhilus, Mesenterium oder in der Leistengegend. [15]

Primärtumor ⟨*lat*⟩ *m:* Erstlingsgeschwulst, von der Tochtergeschwülste (↑Metastasen) in den verschiedensten Organen angesiedelt werden können. [5]

Primelkrankheit = Dermatitis venenata: eine durch Überempfindlichkeit gegen chines. u. japan. Primelarten hervorgerufene Hautentzündung, meist im Gesicht u. an den Händen, aber auch an anderen Stellen, sogar an der Mundschleimhaut. [43]

Primer ⟨*engl*⟩: „Starter"-Moleküle, die für die Synthese von Makromolekülen notwendig sind, indem gleiche Bausteine anpolymerisiert werden. P. wirken stöchiometr. u. gehen in das Produkt ein (z. B. Glykogensynthese; Polynukleotidsynthese mittels Polynucleotidphosphorylase). [8]

Primipara ⟨*lat*⟩ *f:* Erstgebärende; „alte" P. heute meist ab 30. Jahr gerechnet. [29]

Primitivreaktion: Trieb- oder Erlebnisreize führen unmittelbar zur Handlung (im Gegensatz zur Wahlhandlung, die vom Intellekt kontrolliert, vom Willen gelenkt wird) vor allem in der Pubertät, bei Debilität u. sonstiger psych. Primitivität, bei Epilepsie, bei organ. Hirnschädigung. [34]

primordial ⟨*lat*⟩: vom Ursprung an, ursprünglich. [1]

Primordialfollikel: Primärfollikel, d. h., eine ↑Eizelle, die von einschichtigem Keimepithel u. Bindegewebe umgeben, in der Rindenzone des Ovars liegt; ↑Graaf' Follikel. [3]

Primordialkranium: der Primordialschädel; die Gesamtheit der auf knorpeliger Grundlage entstehenden Schädelknochen (= Primordialknochen). [1]

Primula elatior ⟨*lat*⟩ *f:* Primelart; Anwendung wie Primula officinalis.

P. obconica: Primelart, meist als Zierpflanze gehalten. Ihre Drüsenhaare enthalten stark lokalreizende Stoffe, die bei empfindlichen Menschen Dermatitiden hervorrufen können; ↑Primelkrankheit.

P. officinalis: Schlüsselblume; die Wurzel, Radix primulae, enthält Saponine, die expektorationsfördernde Eigenschaften aufweisen. [44]

Primulin: Farbstoff zur Fluoreszenzfärbung. [42]

Primum nil nocere ⟨*lat*⟩: vor allem keinen Schaden zufügen! Grundsatz des ärztlichen Handelns. [40]

Pringle, John-James (1855–1922), Dermatologe, London.

P' Krankheit ↑Adenoma sebaceum. [43]

Prinzing, Friedrich (1859–1938), Medizinalstatistiker. Seit 1885 prakt. Arzt in Ulm. Mitglied des Internationalen statist. Instituts; Mitglied des damaligen Reichsgesundheitsrates. „Handbuch der medizinischen Statistik" (Jena 1906). [48]

Prioritätsprinzip: nach den Internationalen Regeln der zoolog. Nomenklatur hat von zwei dem gleichen Tier gegebenen Namen der ältere den Vorrang, wobei jedoch ältere Literatur als 1758 nicht berücksichtigt wird. [58]

Prisma ⟨*griech*⟩ *n:* dreiseitiger Glaskörper (bzw. aus durchsichtigem Material) zur Ablenkung u. spektralen Zerlegung von weißem Licht. [54]

Prismen|dioptrien ↑Prismengläser.

~gläser: bestehen aus zwei Planplatten, die in einem bestimmten Winkel gegeneinander geneigt sind. Die Gerade, in der sich die Platten schneiden, heißt brechende Kante. Unter Hauptschnitt des Prismas ist eine dazu senkrecht stehende, durch das Prisma verlaufende Ebene zu verstehen. Alle im Hauptschnitt einfallenden Strahlen werden beim Durchgang durch das P. abgelenkt, u. zwar immer von der brechenden Kante hinweg. Für die Ablenkung γ gilt $\gamma = \epsilon_1 + \epsilon_2 - x$, wobei ϵ_1 der Winkel ist, unter dem ein Strahl im Hauptschnitt das Prisma trifft, u. ϵ_2 der Winkel, unter dem er es verläßt, während x der Prismenwinkel ist, unter dem die beiden Platten sich schneiden. Man rechnet die Ablenkung durch ein Prisma im Winkelmaß, in der Brillenoptik aber in Prismendioptrien (prdptr.), u. man versteht unter 1 prdptr. die Ablenkung eines Strahles um 1 cm bei 1 m Abstand. Das entspricht einem Winkel von 34,4′. Alle Prismen zeigen bei Verwendung eines nicht monochromat. Lichtes Zerlegung in Spektralfarben u. immer Astigmatismus. Beides ist bei kleinen Prismenwinkeln nicht störend. In der Brillenoptik finden Prismen als ↑Abduktions- u. ↑Adduktionsprismen bei horizontalem Schielen oder als Höhenprismen bei Vertikalschielen Verwendung. Bei mittleren u. stärkeren Brillengläsern wird durch Dezentrierung im Gestell eine P.-Wirkung erzielt. Bezeichnet man die Brechkraft eines Brillenglases mit ϕ, die angestrebte Ablenkung in prdptr. mit p, so muß das Glas um v mm = p/ϕ dezentriert werden. Bei schlecht angepaßten Brillengläsern tritt diese Wirkung als Fehler u. Beschwerdenquelle auf. [36]

Pro: *Abk* für ↑Prolin. [8]

Proaktinomyzeten: zu der Ordnung ↑*Actinomycetales* gehörende Bakterien, die von verschiedenen Autoren unter diesem, nach den Regeln der Nomenklatur entsprechend latinisierten Namen in verschiedene Klassifikationsgruppen unterschiedlicher systemat. Rangordnung gestellt werden, wobei in diesen Gruppen Arten unterschiedlich zusammengefaßt werden. Bergey (1957) führt diese Namen nur als Synonyme. [41]

Proaktinomyzin: Antibiotikum aus *Nocardia* gardneri; wegen zu hoher Toxizität eignet sich P. nicht für die Therapie. [44]

Proakzelerin ⟨*lat*⟩ *n:* ein Faktor der Blutgerinnung, ein Pseudoglobulin (Owren), das durch Thrombin zum Gerinnungsfaktor Akzelerin wird, ↑Blutgerinnung. [11]

Proband ⟨*lat*⟩ *m:* der zu Prüfende, Versuchsperson. Zu wissenschaftlichen Fragestellungen diejenige Person eines Verwandtenkreises, die den Ausgangspunkt bildet. [58]

Probe|abrasio ⟨*lat*⟩ *f:* Ausschabung der Gebärmutterschleimhaut zu diagnost. Zwekken. [29]

~agglutination: Bezeichnung für die als Suchreaktion im Objektträgerverfahren unter Verwendung agglutinierender polyvalenter Immunseren durchgeführte Gruber' Reaktion; ↑Agglutination. [41]

~exzision: operative Ausschneidung von Gewebestücken aus einem erkrankten Organ zur mikroskop., chem. oder mikrobiolog. Untersuchung. [18]

~kost: bestimmte Kostformen, mit deren Hilfe die Funktion des Magen-Darm-Kanals untersucht wird. [16]

~laparotomie: Bauchhöhleneröffnung zur Diagnose von Erkrankungen der Bauchorgane nach Versagen anderer diagnost. Methoden oder zur Feststellung der Operabilität.

~punktion: Punktion von Körperhöhlen u. Abszessen zur Diagnose des Sekretes; ↑Punktion.

~thorakotomie: Brusthöhleneröffnung zur Prüfung der Operationsmöglichkeit eines Leidens. [18]

Probenecid□ (Benemid®): p-Dipropylsulfamoylbenzoesäure; verzögert die renale Ausscheidung durch Tubulusblockade, z. B. von Penizillin, PAS; ↑Antiarthritikum. [44]

Procain□● = Novocain□, p-Aminobenzoyldiäthylaminoäthanolhydrochlorid. Meist gebrauchtes Lokalanästhetikum, das zwar schwach in der Wirkung, aber ungiftig u. sehr gewebefreundlich ist. [44]

P.-Penizillin: salzähnliche Verbindung von Procain (Base) u. Penizillin (Säure). Das Procain-Penizillin-G ist in Wasser schwer löslich; ↑ Penizillin. [42]

Procainamid□ (Novocamid®): p-Amino-N-(2-diäthylamino-äthyl)-benzamid; Verbindung mit ähnlichen Eigenschaften wie das Procain□. P. vermindert infolge seiner endoanästhet. Wirkung u. a. die Erregbarkeit u. die Erregungsleitung im Herzen u. wird deshalb bei Rhythmusstörungen des Herzens angewendet. [44]

Processus ⟨*lat*⟩ *m* = Apophysis ⟨*griech*⟩ *f:* der Fortsatz.

P. accessorius (vertebrarum lumbalium): kleiner Fortsatz an der Basis der Querfortsätze der Lendenwirbel.

P. alae parvae (JNA) ↑ P. clinoideus anterior (BNA, PNA).

P. alaris (ossis frontalis) (BNA, JNA), jetzt Ala cristae galli (PNA): paariger kleiner Zakken der C. galli im mittl. Teil des Siebbeines.

P. alveolaris (maxillae): der Alveolarfortsatz des Oberkiefers.

P. anterior (longus) mallei: der gekrümmte, dünne, platte, zugespitzte, vordere Fortsatz des Hammers; ↑ Malleus.

P. articularis inferior (vertebrae): unterer Gelenkfortsatz des Wirbelbogens.

P. articularis (mandibulae) (JNA) ↑ P. condylaris (mandibulae) (PNA).

P. articularis superior (ossis sacri): der Gelenkfortsatz neben dem Eingang in den Canalis sacralis des Kreuzbeins.

P. articularis superior (vertebrae): oberer Gelenkfortsatz des Wirbelbogens.

P. caudatus (hepatis): die längliche Hervorragung an der Leber, die sich vom Lobus caudatus zum Lobus dexter erstreckt u. als eine Brücke von Lebersubstanz diese beiden Teile miteinander verbindet.

P. ciliares: die 70–80 meridional gestellten Ziliarfortsätze des Corpus ciliare, die den Strahlenkranz (↑ Corona ciliaris) aufbauen.

P. clinoideus anterior: der vordere Fortsatz, der am hinteren Rande eines jeden kleinen Keilbeinflügels hervorspringt.

P. clinoideus medius: der paarige mittlere Fortsatz zu beiden Seiten des Tuberculum sellae.

P. clinoideus posterior: die paarige kleine, lateral-vorwärts gerichtete Zacke der oberen Ecke der Sattellehne.

P. cochleariformis: der Vorsprung am vorderen Ende der medialen Wand des Cavum tympani.

P. condylaris (mandibulae): Gelenkfortsatz des Unterkiefers.

P. coracoideus: Rabenschnabelfortsatz.

P. coronoideus (mandibulae): Kronen- oder Muskelfortsatz des Unterkiefers.

P. coronoideus (ulnae): Kronenfortsatz der Elle.

P. costarius (vertebrarum lumbalium): der Querfortsatz der Lendenwirbel. Es handelt sich um Rippenreste.

P. costotransversarius (vertebrarum cervicalium) (JNA): alte Bezeichnung für den Querfortsatz der Halswirbel.

P. dorsi sellae (JNA) ↑ P. clinoideus posterior (BNA, PNA).

P. ensiformis (JNA) ↑ P. xiphoideus (BNA, PNA).

P. ethmoidalis (conchae nasalis inferioris): Fortsatz der unteren Nasenmuschel, der sich an den Processus uncinatus des Siebbeins anlagert.

P. falciformis (ligamenti iliolumbalis) (JNA): vom Tuber ischiadicum an der Pars pubica rami ossis ischii entlang ventralwärts verlaufender Faserzug des Lig. iliolumbale; jetzt nicht mehr bes. benannt.

P. falciformis (ligamenti sacrotuberalis): der sichelförmige Fortsatz des Lig. sacrotuberale.

P. frontalis (maxillae): der Stirnfortsatz des Oberkiefers.

P. frontalis (ossis zygomatici): der Fortsatz des Jochbeins, der dasselbe nach oben mit dem Processus zygomaticus des Stirnbeins u. dem großen Keilbeinflügel verbindet.

P. intrajugularis (ossis occipitalis): die kleine Zacke am vorderen Ende der Incisura jugularis der Pars lateralis des Hinterhauptbeins.

P. intrajugularis (ossis temporalis): hervorspringende Zacke der Pars petrosa an der Incisura jugularis des Margo posterior pyramidis.

P. jugularis (ossis occipitalis): der hinter dem Processus intrajugularis lateralwärts gerichtete Fortsatz der Pars lateralis des Hinterhauptbeins.

P. lacrimalis (conchae nasalis inferioris): einer der drei Fortsätze der unteren Nasenmuschel; zieht zum Tränenbein aufwärts u. hilft zur Mitbildung des Canalis lacrimalis.

P. lateralis (brevis) mallei: der dicke, kurze, lateralwärts gerichtete Fortsatz des Malleus.

P. lateralis (fibularis) tali: der lateralwärts hervorragende Fortsatz des Sprungbeins.

P. lateralis tuberis calcanei: der fibulare Vorsprung am Tuber calcanei.

P. lenticularis (incudis): das ovale Köpfchen des Amboß an der Spitze seines Crus longum.

P. mamillaris (vertebrarum lumbalium): der stumpfe Höcker am hinteren Rande des oberen Gelenkfortsatzes der Lendenwirbel.

P. marginalis (ossis zygomatici) (BNA), jetzt Tuberculum marginale (PNA): die stumpfe Zacke am hinteren Rande des Jochbeins unterhalb des Processus frontalis.

P. mastoideus ↑Warzenfortsatz.

P. maxillaris (conchae nasalis inferioris): einer der drei Fortsätze der unteren Nasenmuschel; legt sich der Facies nasalis der Maxilla an.

P. maxillaris (ossis zygomatici) (JNA): breiter, gezahnter, dreieckiger Fortsatz, durch den das Jochbein mit dem Jochfortsatz des Oberkieferbeins in Verbindung steht; jetzt nicht mehr bes. benannt.

P. medialis tuberis calcanei: der tibiale Vorsprung am Tuber calcanei.

P. muscularis (cartilaginis arytenoideae): der stumpfe Fortsatz des Aryknorpels, der die laterale Ecke seiner Basis darstellt.

P. muscularis (mandibulae) (JNA) ↑P. coronoideus (BNA, PNA).

P. orbitalis (ossis palatini): der vordere größere der beiden Fortsätze an der Lamina perpendicularis des Gaumenbeins.

P. palatinus (maxillae): der Gaumenfortsatz des Oberkiefers.

P. papillaris (hepatis): die nach unten u. li. ragende kegelförmige Erhabenheit der Leber am Lobus caudatus.

P. paramastoideus: ein öfters neben dem Processus jugularis der Pars lateralis des Hinterhauptbeins abwärts ragender Fortsatz.

P. posterior sive sphenoidalis (cartilaginis septi nasi): häufig vorkommender zungenförmiger Fortsatz des hinteren Winkels des Nasenscheidewandknorpels.

P. posterior tali: der größere kurze der beiden rauhen Höcker am hint. Rande des Talus.

P. pterygoideus: Flügelfortsatz des Keilbeins.

P. pterygospinosus: der Vorsprung am hinteren Rande der Lamina lateralis des Processus pterygoideus des Keilbeins.

P. pyramidalis (ossis palatini): der dreiseitige Pyramidenfortsatz an der hint. lat. Ecke der Lamina horizontalis des Gaumenbeins.

P. retroarticularis (ossis temporalis) (JNA): ein niedriger Wulst hinter der Gelenkgrube des Schläfenbeins; jetzt nicht mehr bes. benannt.

P. retromandibularis (glandulae parotis): der mediale Teil der Ohrspeicheldrüse.

P. sellae medius (JNA) ↑P. clinoideus medius (BNA, PNA).

P. sphenoidalis (ossis palatini): der hintere der beiden Fortsätze an der Lamina perpendicularis des Gaumenbeins.

P. spinosus (vertebrae): Dornfortsatz des Wirbels.

P. styloideus (ossis metacarpalis III): die kurze breite Zacke an der Dorsalseite der Basis des III. Mittelhandknochens.

P. styloideus (ossis temporalis): dünne spitze Griffelfortsatz des Schläfenbeins.

P. styloideus (radii): der stumpf-pyramidale Fortsatz an der Daumenseite des distalen Endes der Speiche.

P. styloideus (ulnae): der kurze griffelförmige Vorsprung an der Kleinfingerseite des distalen Endes der Elle.

P. supracondylaris (humeri): ein öfters vorkommender hakenförmiger Fortsatz oberhalb des Epicondylus medialis am unteren Endstück des Oberarmbeins.

P. temporalis (ossis zygomatici): einer der beiden gezackten Fortsätze des Jochbeins; dient zur Verbindung mit dem Processus zygomaticus des Schläfenbeins.

P. transversus (vertebrae): der Querfortsatz des Wirbels.

P. trochlearis (calcanei) (JNA) ↑Trochlea peronaealis (PNA).

P. uncinatus (ossis ethmoidalis): das dünne, gezackte Knochenblatt, das von der vorderen unteren Abteilung des Siebbeinlabyrinths ausgeht u. nach unten hinten zieht.

P. uncinatus (pancreatis) (Winslowi): der hakenartig umgebogene dorso-kaudale Teil des Pankreaskopfes.

P. vaginalis (ossis sphenoidalis): der platte dreieckige Fortsatz an der Wurzel der Lamina medialis des Processus pterygoideus.

P. vaginalis fasciae transversalis: Scheidenfortsatz der Fascia transversalis. Ausstülpung der letzteren durch den Leistenkanal in den Hodensack, wo sie als Fascia spermatica interna (früher Tunica vaginalis testis et funiculi spermatici) Hoden u. Samenstrang gemeinsam umgibt.

P. vaginalis peritonei: der Teil des Peritoneums, der in den Hodensack hinabsteigt.

P. vermiformis (BNA, JNA) ↑Appendix vermiformis (PNA).

P. vaginalis testis: Scheidenfortsatz des Hodens.

P. vocalis (cartilaginis arytenoideae): die vordere Ecke der Basis des Aryknorpels.

P. xiphoideus: Schwertfortsatz.

P. zygomaticus (maxillae): der Jochfortsatz des Oberkiefers.

P. zygomaticus (ossis frontalis): der kurzgezackte Fortsatz jederseits vom Arcus superciliaris bzw. Margo supraorbitalis der Pars orbitalis des Stirnbeins.

P. zygomaticus (ossis temporalis): die längliche Leiste am unteren Ende der Facies temporalis der Schläfenbeinschuppe. [1]

Proctos ⟨*griech*⟩ *m:* 1. Anus, After; 2. Rektum, Mastdarm. [1]

Prodigiosus-Bakterien ↑*Serratia marcescens.* [41]

Prodrom ⟨*griech*⟩ *m:* Vorläufer; *Adj* prodromal vorausgehend. [4]

Prodromalerscheinung: Symptom, das den eigentlichen Krankheitserscheinungen vorausgeht. [9]

Proenzyme: die der Verdauung dienenden Proteinasen liegen in der Zelle als unwirksame P. vor, um die Zelle vor einer ungeregelten Selbstverdauung zu schützen. Die Aktivierung der Proteinasen erfolgt durch begrenzte u. spezif. Proteolyse, z.T. durch Autokatalyse, wodurch das aktive Zentrum des Enzyms freigelegt wird. Eine andere Form sind die Inhibitoren, die mit den Proteinasen feste Verbindungen bilden, die enzymat. unwirksam sind. Die wichtigsten P. sind Pepsinogen, Trypsinogen, Chymotrypsinogen, Proelastase u.a. [8]

Proerythroblast ⟨*griech*⟩ *m:* sehr junge Vorstufe des Erythrozyten mit tiefblauem Protoplasma u. noch wenig charakterist. Erythroblastenkern, noch hämoglobinfrei. [11]

Profenamin: Diaethylaminopropyl-phenothiazin. Neuroleptikum, Antiparkinsonmittel. Dibutil®.

Profibrin ⟨*lat*⟩ *n:* früher Bezeichnung für ein Umwandlungsprodukt des Fibrinogens, das spontan in Fibrin übergehen sollte. Nach den heutigen Kenntnissen (↑Blutgerinnung) wird das dimere Fibrinogen 1. durch Thrombin proteolyt. unter Abspaltung von 2 Peptiden u. Sacchariden in ein Fibrin-Monomeres umgewandelt; bilden 2. n-Fibrin-Monomere wieder mit Thrombin ein polymeres $(Fibrin)_n$; vernetzen 3. $x(Fibrin)_n$ durch den Fibrin-stabilisierenden-Faktor (FSF) u. Ca^{2+} zum Fibrinnetz. [8]

Profibrinolysin: stabiler Eiweißkörper, der vorwiegend im Blutplasma vorkommt, inaktive Vorstufe des ↑Fibrinolysins. [11]

Profichet, Georges, Charles (*1873), französ. Arzt.

P' Krankheit ↑Calcinosis circumscripta. [43]

Profilnische: röntgenolog. Nachweis eines kontrastmittelgefüllten Ulcus ventriculi oder Ulcus duodeni, das durch Drehung des Kranken randständig projiziert wird; en-face-Nische. [26]

profundus ⟨*lat*⟩: tief, tiefliegend. [1]

profus ⁎ **profusus** ⟨*lat*⟩: sehr ausgeprägt, sehr stark, reichlich. [1]

Progenese: verfrühte Entwicklung, bes. für verfrühte Geschlechtsentwicklung gebraucht. [3]

Progenie ⟨*griech*⟩ *f:* Vorstehen des Kinns u. der unteren Zähne bei Überbildung des Unterkieferkörpers oder überstrecktem Kieferwinkel = echte P., vorwiegend erblich u. zunehmend bis zur Reifezeit. Extreme Fälle nur durch Osteotomie am Kieferkörper oder Kieferast zu bewältigen. Unechte oder Pseudoprogenie: Wachstumshemmung des Oberkiefers durch Hypodontie, Anodontie u. Gaumenspalten. Progener Zwangsbiß: Bei der ersten oder zweiten Zahnung geraten, oft durch Steillage der Zahnkeime, die durchbrechenden unteren Schneidezähne vor die oberen. Diese erworbene Anomalie kann spontan ausheilen; andernfalls durch kieferorthopäd. Behandlung beseitigt werden. [37]

Progenitur ⟨*lat*⟩ *f:* Nachkommenschaft. [58]

Progerie ⟨*griech*⟩ *f* = Hutchinson-Gilford' Krankheit: Vorvergreisung, Vergreisung im Kindesalter u. proportionierter Kümmerwuchs infolge polyglandulärer Insuffizienz. Pergamentartige, runzelige Haut, Akromikrie, Kopfhaar dünn, ergraut, herabgesetzte Intelligenz, manchmal Hydrozephalie, allgemeine Gefäßatheromatose, Genitalhypoplasie, Osteoporose. Prognose schlecht; die Kranken werden selten älter als 20 Jahre. [12]

Progesteron□ (Proluton®): Corpus-luteum-Hormon, luteotropes Hormon; ↑Geschlechtshormone. [8]

~test: diagnost. Methode bei prim. oder sek. ↑Amenorrhoe; 2×20mg Progesteron an zwei aufeinanderfolgenden Tagen. Im Falle der Blutungsauslösung (PT +) war Schleimhaut bereits in Proliferation. Prognost. günstige Situation = Amenorrhoe I. Grades = generative Amenorrhoe. Bei neg. Ausfall besteht Schwangerschaft oder kein Endometrium im Uterus (Atresie), oder Ovar bildet auch keine Östrogene mehr. Nächste Untersuchungsphase: Östrogentest. [29]

Proglottiden ⟨*griech*⟩ *n, Pl:* Glieder der Bandwürmer; gehen oft einzeln ab, bleiben beweglich, kriechend verstreuen sie dann die Bandwurmeier. [58]

Prognathie ⟨*griech*⟩ *f:* Vorstehen des Oberkiefers. Es ist aber zu unterscheiden zwischen alveolärer bzw. prämaxillärer Protrusion mit teils orthognather, teils psalidodonter Zahnstellung u. den dysgnathen Protrusionen. Auch diese können den Alveolarfortsatz oder den Oberkiefer betreffen. Erstere sind umweltbedingt, letztere hereditär. Unter den alveolären sind zu unterscheiden eine P. mit flachem Gaumen u. lückig stehenden Frontzähnen (Lutschp.), die andere mit hohem u. engem Gaumen, aber geschlossener Zahnreihe (rachit.?). Therapie der peristat. P. kieferorthopäd. [37]

Prognose ⁎ **Prognosis** ⟨*griech*⟩ *f:* Vorhersagen, Beurteilung des zu erwartenden Krankheitsverlaufs. [9]

Progonische Trias ⟨*griech*⟩ *f* (Westenhöfer): Stehenbleiben bestimmter Organe auf einer phylogenet. tieferen Entwicklungsstufe. In etwa 30% sind Anomalien am Wurmfortsatz (trichterförmiger Abgang) mit solchen der Niere (Lappung) u. der Milz (mehrfache Kerbung) gekoppelt. [4]

Programmierung: ein Zweig der angewandten Mathematik. Soll eine Aufgabe durch einen Rechenautomaten gelöst werden, so ist hierzu die Umwandlung der zur Lösung führenden mathemat. Rechenvorschrift in die „Sprache" des betreffenden Automaten erforderlich. Welche Operationen u. in welcher Reihenfolge diese vom Rechenautomaten zu vollziehen sind, muß als Arbeitsprogramm für die jeweils vorliegende Aufgabe aufgestellt u. dem Rechenautomaten eingegeben werden; ↑Algol. [60]

Progranulation ⟨*lat*⟩: eine stark azurophile Vorstufe der verschiedenen Körnungen der Leukozyten in der Stufe der Promyelozyten. [11]

progredient ✱ **progrediens** ⟨*lat*⟩: progressiv, fortschreitend; z. B. progressive Paralyse. [4]

Progressivbeschleunigung: im Unterschied zur Winkel- oder Drehbeschleunigung, die das Rezeptororgan der Bogengangsampulle des Labyrinths erregen würde, sprechen auf die auch als Linearbeschleunigung, Fallbeschleunigung bezeichnete P. die Statolithenorgane des Utriculus u. Sacculus an. Durch die Wirkung auf die Statolithen (winzige Steinchen) wird an den Sinneshaarteppich eine Scherung erzeugt. [7]

Projektionen: auch Protrusionen; (virolog.) Vorsprünge des Kapsids bzw. der Enveloppe mit spezif. Funktionen; Vorkommen bei verschiedenen Virusgruppen, z. B. bei Myxo-, Paramyxo- u. Leukoviren; ↑Spikes. [50]

Projektions|feld: Gebiet innerhalb der Großhirnrinde, wohin die Erregungen der Rezeptoren über den ↑Thalamus geleitet werden, z. B. visuelles P.: Sehhirnrinde im Hinterhauptlappen. [7]

~zone: hirnphysiolog. u. hirnanatom. Begriff. Es handelt sich um ein begrenztes Gebiet der Hirnrinde, auch der Kleinhirnrinde, das von der spezif. afferenten Nervenbahn, nach Umschaltung in subkortikalen Gebieten, Erregungen erhält. Beispiel: Für die Rezeptoren der Netzhaut des Auges ist die (neokortikale) Projektionszone das Sehfeld im Okzipitallappen. [7]

Prokaryonten: Blaualgen u. Bakterien; die ersten autotrophen Organismen; ohne ausgesprochenen Zellkern, es fehlen eine Kernmembran, wohldefinierte Chromosomen u. Zellorganellen; Vermehrung fast ausschließlich durch einfache Teilung in zwei ident. Zellteile. Wahrscheinlich als Fossilien nachgewiesen in 2(bis 3)·10^9 Jahre alten Einschlüssen. Der Übergang zu den Eukaryonten mit durch eine Zellmembran abgegrenztem Zellkern, wohldefinierten Chromosomen u. mitot. Zellteilung erfolgte nach Fossilienfunden wahrscheinlich vor 1,1 (bis 1,4)·10^9 Jahren. [8]

Prokonvertin = Konvertin, Faktor VII der Blutgerinnung; ein gerinnungswichtiges Globulin; ↑Blutgerinnung. [11]

Proktalgie ⟨*griech*⟩ *f:* nervös-reflektor., krampfartige Schmerzen im Mastdarm. [18]

Prokteuryse ⟨*griech*⟩ *f:* Dehnung des Mastdarms bei Wehenschwäche mittels des Prokteurynters nach P. Klein mit dem Ziel, das Ganglion cervicale uteri (Frankenhäuser) zwischen vorangehendem Kindsteil u. dem in den Mastdarm eingeführten Gummiballon unter Druck zu setzen; heute unüblich. [29]

Proktitis ⟨*griech*⟩: Entzündung des Mastdarms. [18]

Prokto|plastik ⟨*griech*⟩: operative Anlegung eines Ersatzafterverschlusses bei Schließmuskelschädigung.

~rrhagie: Mastdarmblutung.

~skopie ↑Rektoskopie.

~spasmus: schmerzhafter Krampf im After bzw. im Mastdarm, bes. durch Afterschrunden ausgelöst; ↑Fissura ani.

~stase: Form der Verstopfung durch Austreibeschwäche im Mastdarm.

~tomie: Schnitteröffnung des Mastdarms, z. B. bei angeborenem Mastdarmverschluß.

~zele ↑Mastdarmvorfall. [18]

Prolactin: neben dem ↑FSH u. dem ↑ICSH das dritte auf die Gonaden einwirkende Hormon des Hypophysen-Vorderlappens. Syn. Laktogenes Hormon, luteotropes Hormon (LTH). P. ist ein Protein vom Mol.Gew. 24200 mit sehr verschiedenen biolog. Wirkungen: 1. stimuliert die Zellen des Corpus luteum zur Bildung des Progesterons; unterhält deren sekretor. Funktion (Name LTH!); 2. bewirkt die Proliferation des Drüsengewebes in der durch das östrogene Hormon vorbereiteten Milchdrüse u. unterhält die Milchsekretion; 3. bewirkt eine starke Vergrößerung der Kropfdrüsen der Taube (bei beiden Geschlechtern). [8]

Prolamine = Gliadine: eine Gruppe von im Getreide, vor allem im Endosperm des Weizenkorns, vorkommenden Proteinen, die kein Lysin, aber viel Prolin sowie Asparagin- u. Glutaminsäure enthalten; in 50- bis 90%igem Äthanol u. anderen wasserhaltigen Alkoholen löslich. P. sind eine Komponente des Weizenklebers (↑Kleber; Gluten). [16]

Prolan A: frühere Bezeichnung für Follikel-stimulierendes ↑Hormon (FSH); gonadotropes Hormon des HVL; wirkt auf das Keimdrüsenepithel bei beiden Geschlechtern. [8]

Prolan B: frühere Bezeichnung für Interstitielle-Zellen-stimulierendes ↑Hormon (IZSH; im engl. ICSH); gonadotropes Hormon des HVL. Stimuliert Bildung u. Ausscheidung der Geschlechtshormone bei beiden Geschlechtern (Östradiol, Progesteron, Testosteron) u. steuert funktionelle Vorgänge bei den Geschlechtsorganen. [8]

Prolaps ⁎ **Prolapsus** ⟨*lat*⟩ *m:* Vorfall innerer Organe durch physiolog. (P. des Uterus) oder künstliche Öffnungen (Hirn-P. nach Verletzung). [4]

P. ani et recti: Vorfall des Mastdarms bzw. des Afters, d. h. Ausstülpung des Mastdarms durch den After. [18]

P. cerebri ↑ Hirnprolaps. [33]

P. uteri ↑ Gebärmuttervorfall über die Vulvagrenze hinaus.

P. vaginae ↑ Scheidenvorfall. [29]

Prolidasen = Imidodipeptidasen (EC 3.4.3.7); spalten die Dipeptide vom Typ des Aminoacyl-L-prolin in Aminosäure u. Prolin, die Iminodipeptidasen (früher Prolinasen, EC 3.4.3.6) entsprechend die L-Prolyl-aminosäuren. [8]

Proliferation ⟨*lat*⟩ *f:* Wucherung; erhebliche Zellneubildung im Rahmen einer ↑ Entzündung. [4]

Proliferations|phase: Wachstum des Endometriums nach der menstruellen Abstoßung bis etwa zum 14. Tag bei regelmäßigem vierwöchentlichem Zyklus. [30]

~zentren: umschriebene Herde gesteigerter Wachstums-, Vermehrungs- u. Wucherungsvorgänge im Rahmen einer Entzündung oder Geschwulst. [5]

Prolin: L-Pyrrolidin-α-karbonsäure; ohne eine eigentliche Aminosäure zu sein, stellt das zykl. P. mit seiner in den Kern eingebauten bas. Iminogruppe einen weitverbreiteten Eiweißbaustein dar; Gleiches gilt für das ↑ Hydroxyprolin (L-4-Hydroxy-pyrrolidin-2-karbonsäure), in Gerüstproteinen (Kollagen) vor allem auftretend; zum Nachweis von Bindegewebe in Fleischerzeugnissen benutzt. [16]

Prolinase: eine Exopeptidase aus der Darmschleimhaut, Hefe usw., die spezif. aus Peptiden mit endständigem Prolylrest das Prolin abspaltet. [8]

Promazin□**:** 10-(3-Dimethylamino-propyl)-phenothiazin. Neuroleptikum, Protactyl®, Verophen®.

Promegaloblast ⟨*griech*⟩ *m:* relativ große, tiefblaue protoplasmat. Vorformen der Megaloblasten, noch hämoglobinfrei bei starken ↑ Megaloblastosen. [11]

Promethanzinhydrochlorid□**:** Atosil®, 10(2-Dimethylaminopropyl-)phenothiazin; Antihistaminikum, Sedativum, gut wirksam gegen Bewegungskrankheiten. [44]

prominens ⟨*lat*⟩: vorragend; z. B. Vertebra prominens, der 7. Halswirbel (wegen seines relativ weit nach hinten vorragenden Dornfortsatzes so genannt). [1]

Prominentia ⟨*lat*⟩ *f:* der Vorsprung (Knochenvorsprung).

P. canalis facialis u. **P. canalis semicircularis lateralis:** Vorwölbungen an der medialen Wand des Aditus ad antrum mastoideum.

P. laryngea ↑ Adamsapfel.

P. mallearis: Vorwölbung an der Außenseite des Trommelfells, entspricht dem lateralen Fortsatz des Hammers.

P. spiralis: spiralenförmiger Wulst der Stria vascularis im Ductus cochlearis.

P. styloidea: Hervorragung am Paries jugularis der Paukenhöhle; entspricht dem oberen Ende des Processus styloideus. [1]

Promiskuität ⟨*lat*⟩ *f:* Geschlechtsverkehr mit häufig wechselnden Geschlechtspartnern. [52]

Promontorium ⟨*lat*⟩ *n* (BNA, PNA) = Promunturium (JNA): das Vorgebirge; der ins Becken vorspringende Winkel an der Grenze zwischen 5. Lendenwirbel u. Kreuzbein; spielt bei der gynäkolog. Untersuchung eine wichtige Rolle. [1]

Promotion ⟨*lat*⟩ *f:* Verleihung bzw. Erlangung des akadem. Doktorgrades. [48]

Promunität (Morgenroth): unspezif., einige Tage währende Steigerung der lokalen Resistenz gegen Bakterien nach Vorinjektion gleicher oder anderer Bakterien, Bakterienprodukte oder unspezif. Substrate (z. B. Bouillon, physiolog. Kochsalzlösung). Beruht wahrscheinlich darauf, daß lokal eine entzündliche Reizung des Gewebes entsteht, die auf die nachfolgende Infektion trifft. [40]

Promyelozyt ⟨*griech*⟩ *m:* Übergangsstufe zwischen Myeloblast u. Myelozyt mit Azurprogranulation feinerer u. gröberer Art, aus der sich die neutrophilen, basophilen u. eosinophilen Granula entwickeln. [11]

Pronation ⟨*lat*⟩ *f:* Einwärtsdrehung des Armes, so daß der Daumen nach einwärts zeigt, an den Füßen Senkung des inneren Fußrandes; Gegensatz ist ↑ Supination. [1]

Pronationsphänomen: läßt man beide Arme bei geschlossenen Augen in Supinationsstellung vorstrecken, so neigt der Arm der kranken Seite zu Übergang in Pronationsstellung. Bei deutlicher Ausprägung Kleinhirnzeichen. [33]

Pronator ⟨*lat*⟩ *m:* der Neiger; z. B. M. pronator, Muskel, der im Sinne der Pronation wirkt. [1]

Pronephros ⟨*griech*⟩ *m:* Vorniere. [18]

Pronukleus: Vorkern, Bezeichnung von van Beneden für den weiblichen, resp. männlichen Kern in der Eizelle vor deren Vereinigung zum Furchungskern. [3]

Proöstrus: 2. Phase des Vaginalzyklus bei Nagern, insbes. Ratte u. Maus, entspricht der Proliferationsphase des Zyklus. Morpholog. gekennzeichnet durch Auftreten von Epithelzellen im Vaginalabstrich von jugendlicher Form mit Kern, geht durch Östrogeneinfluß über in das Östrusstadium = Schollenstadium (Allen–Doisy-Test). [29]

Propädeutik ⟨*griech*⟩ *f:* einführender Unterricht über eine Wissenschaft. [9]

Propentdyopent ↑ Pentdyopent. [11]

Propepsin ↑ Pepsinogen. [8]

Properdin: von Pillemer isolierte für die Bakterizidie des Serums mit verantwortliche Komponente. Hochmolekulares Euglobulin (Gammaglobulin). Konzentration im Menschenserum 2 mg/100 ml. Wird zwischen 16 bis 17 °C selektiv an Zymosan adsorbiert u. kann unter geeigneten Bedingungen hochgereinigt eluiert werden. Bedarf zur Entfaltung der bakteriziden Wirkung gewisser Komplementbestandteile sowie Magnesium-Ionen. Bildet mit diesen das Properdinsystem. Zunächst als Prototyp der unspezif. humoralen Infektabwehr angesehen, wird es heute als „Familie kreuzreagierender Antikörper gegen Polysaccharide" aufgefaßt. [41]

Prophagen: inaktive, nichtinfektiöse Form der Bakteriophagen in der Wirtszelle. [40]

Prophase: Phase der Kernteilung, in der die Chromosomen in dem Interphasenkern (sog. Ruhekern) sichtbar werden, die Kernmembran sich auflöst, u. die Spindelfigur sich bildet; ↑ Mitose. [3]

Prophylaktika ⚹ **Prophylactica remedia** ⟨*griech, lat*⟩ *n, Pl:* vorbeugende Mittel, z. B. vorbeugende Anwendung von Chinin oder Resochin® gegen Malariaerkrankung. [44]

prophylaktisch ⟨*griech*⟩: vorbeugend, verhütend, krankheitsverhütend; *Adj* zu ↑ Prophylaxe. [48]

Prophylaxe ⟨*griech*⟩ *f:* Krankheitsvorbeugung, -verhütung. Maßnahmen zur Gesundheitsförderung u. -erhaltung, zur Abwendung von Gesundheitsschäden sowie zur Erfassung u. Beeinflussung von Krankheitserscheinungen im Frühstadium. [48]

P. meteorobiologische: Bestreben, durch meteorolog. Vorhersagen von herannahenden Fronten usw. Richtlinien für ärztliche Handlungen zu gewinnen, z. B. dafür, nicht dringliche Operationen zu unterlassen, wenn die Wetterlage biotrop. ungünstig erscheint. Nach dem unter pathogener ↑ Wetterlage Gesagten erscheint die meteorobiolog. Prophylaxe fragwürdig. [13]

Propicillin: α-Phenoxy-n-propyl-penicillinkalium. Antibiotikum. Baycillin®, Oricillin®.

Propionibacterium: Gattung der Familie *Propionibacteriaceae* der Ordnung *Eubacteriales* (Bergey, 1957); grampos., sporenloses, unbewegliches Stäbchen, vorwiegend anaerob anzüchtbar. Spaltet Milchsäure, Kohlenhydrate u. Polyalkohole unter Bildung von Propion- u. Essigsäure. Vorkommen in Milchprodukten, für den Menschen apathogen. [41]

Propionsäure: (Propansäure) $CH_3 \cdot CH_2 \cdot COOH$, findet sich in Schweiß u. Galle. [8]

Proportionalzähler: dient zum Nachweis ionisierender Teilchen oder Quanten (z. B. α-, β-, Röntgenstrahlung) u. bes. zu deren Energiebestimmung. Der mechan. Aufbau entspricht dem des Geiger-Müller-Zählrohres. Die Zählgasfüllung richtet sich nach dem Verwendungszweck u. kann z. B. aus Methan, Methan u. Edelgas oder aus reinem Dampf (z. B. Methanol) bestehen. P. arbeitet sowohl bei vermindertem als auch unter Normaldruck. Durch Wirkung des elektr. Feldes werden die neg. Ladungsträger zum Zähldraht hin beschleunigt. So kommt es für jedes prim. Elektron zur Bildung einer Ionenlawine. Die Lawinen laufen unabhängig voneinander zum Zähldraht, werden dort gesammelt u. gehen über Proportionalverstärker u. ggf. Diskriminator schließlich zum Zählgerät. Die Impulsgröße am Ausgang des Zählrohres bzw. des Proportionalverstärkers ist der Zahl der prim. erzeugten Ionenpaare proportional u. damit unter bestimmten Bedingungen ein Maß für die Energie des ionisierenden Teilchens. Der P. hat keine Totzeit u. ist deshalb zur Zählung sehr hoher Impulsraten (10^6 Teilchen/s) geeignet. Seine Lebensdauer ist wegen des geringen Zählgasverbrauches gegenüber der des Geiger-Müller-Zählrohres außerordentlich hoch (10^{12} Zerfälle). [59]

Propranolol: 1-Isopropylamino-3-(1-naphthyloxy)-propan-2-ol. Beta-Rezeptorenblokker. Dociton®.

proprius ⟨*lat*⟩: zugehörig, eigen, allein zugehörig. [1]

Proptosis ⟨*griech*⟩ *f:* älterer, namentlich im angloamerikan. Schrifttum verwendeter Ausdruck für Vortreibung des Augapfels (Exophthalmus). Gelegentlich wurde damit auch ein Irisprolaps bezeichnet. [36]

Propulsion ⟨*lat*⟩: Neigung zum Vorwärtsschießen bzw. Verlust der Fähigkeit, das Laufen gehörig zu bremsen; bei ↑ Parkinsonismus, ↑ Retropulsion, ↑ Lateropulsion. [33]

Propyl|alkohol: n-Propanol, $CH_3-CH_2-CH_2OH$, Desinfektionsmittel.

~piperidin ↑ Konilin.

~thiourazil ↑ Thiourazil. [44]

Prosekretgranula ⟨*lat*⟩ *n, Pl:* körnchenförmige Sekretvorstufe im Protoplasma der Drüsenzellen. [2]

Prosekretin ⟨*lat*⟩: inaktive Vorstufe des ↑ Sekretins. [8]

Prosektor ⟨*lat*⟩ *m:* Zerleger. Der Gehilfe, der früher bei öffentlichen Sektionen die Zergliederung der Leiche vornahm, während der Professor dazu die notwendigen Erklärungen abgab oder aus einem Buche vorlas. Heute nur noch Bezeichnung des Inhabers einer Planstelle an anatom. u. patholog.-anatom. Instituten. [1]

Prosenzephalon ⚹ **Prosencephalon**

⟨*griech*⟩ *n:* das Vorderhirn, besteht aus dem Dienzephalon u. dem Telenzephalon. [1]

Prosopagnosie ⟨*griech*⟩ *f:* physiognom. Agnosie, bei der das Gesicht zwar als Gesicht, aber nicht als das einer bestimmten Person erkannt werden kann. [34]

Prosopalgie ⟨*griech*⟩ *f:* Gesichtsschmerz, gelegentliche Bezeichnung für ↑Trigeminusneuralgie. [33]

Prosoplasie ⟨*griech*⟩ f: höhere Differenzierung im Gegensatz zur Entdifferenzierung (↑Kata-Anaplasie), bes. gebraucht bei Geschwülsten. [5]

Prosopo|plegie ⟨*griech*⟩ *f:* Gesichtslähmung, gelegentliche Bezeichnung für ↑Fazialislähmung. [33]

~schisis *f:* angeborene Gesichtsspalte.

~thorakopagus *m:* Doppelmißbildung mit Verschmelzung der Vorderseiten im Bereiche der Brust u. des Gesichtes. [5]

prospektive Bedeutung: entwicklungsmechan. Ausdruck, der nach Driesch (1896) bezeichnet, was aus einem Keimteil in der Normalentwicklung entsteht, während die p. Potenz die Entwicklungsmöglichkeiten eines Keimteiles angibt. [3]

Prostaglandine: eine neue Hormongruppe, die mit etwa 1 µg/g Frischgewicht in den meisten Organen der Säugetiere u. mit 100 µg/ml in der Samenflüssigkeit des Menschen, jedoch nicht bei Tieren vorkommt. Die biolog. Wirkungen sind uneinheitlich: Sie senken den Blutdruck, stimulieren die Mobilität des schwangeren Uterus, wirken antagonist. zu den Katecholaminen, fördern die Bildung von zykl. Adeninmonophosphorsäure. Chem. bestehen sie aus ungesättigten Hydroxysäuren mit 20 C-Atomen u. 1 Zyklopentanring an einer unverzweigten langkettigen Fettsäure. Es sind zahlreiche Vertreter bekannt. [8]

Prostata ⟨*griech*⟩ *f:* Vorsteherdrüse; ein etwa walnußgroßes unpaares Organ, das den Anfangsteil der männlichen Harnröhre umgibt. Von derber Konsistenz, da sie viel glatte Muskulatur besitzt. Sie besteht aus 30–50, in einem Muskelschwamm eingeschlossenen Einzeldrüsen, die ihr Sekret bei der Ejakulation dem Samen beimischen, ↑Prostatasekret. [1]

~abszeß: eitrige Einschmelzung der entzündeten Prostata (akute Prostatitis). Entstehung: a) hämatogen metastatisch, b) urogen aszendierend, c) nach instrumenteller Untersuchung (Katheterung, Zystoskopie) bei bestehender Prostatitis; oft jüngere Leute betroffen. Klinisch: Druck u. starke Schmerzen am Damm, in Harnröhre, Blase u. Rektum, Fieber, Schüttelfrost, plötzlich erschwertes Wasserlassen bis zur Harnsperre. Diagnose: rektale Palpation läßt stark angeschwollene, pralle, hochdruckempfindliche, manchmal schwappende Prostata erkennen. Bei Probepunktion (vom Damm aus) läßt sich Eiter aspirieren. Verlaufsformen: a) (relativ oft) Spontanperforation in die hintere Harnröhre oder Blase, b) (höchst gefährlich) foudroyante Sepsis, die, bes. bei widerstandslosen, geschwächten Kranken u. vor allem bei Diabetikern, rasch zum Tode führt. Deshalb Therapie: baldmöglichst Inzision vom Damm aus (Spaltung durch Elektroresektion kann unzureichend sein).

~adenom *n* ↑Prostatahypertrophie.

~atrophie *f* ↑Sphinktersklerose.

~bettstriktur: narbige Verengung der prostat. Harnröhre nach ↑Prostatektomie mit Dysurie, Restharn, Harnsperre.

~exprimat: das durch rektales Ausdrücken der Prostata (Prostatamassage) gewonnene aus der äußeren Harnröhrenmündung heraustropfende Prostatasekret. Fixierter Ausstrich (Methylenblau- oder Gram-Färbung) zeigt je nach Fall Prostatakugeln, Leukozyten, Bakterien, Samenfäden usw. Erregerdifferenzierung durch bakteriolog. Kultur.

~hypertrophie *f:* international gebräuchliche, aber eigentlich unrichtige Bezeichnung für Gewächse der hinteren Harnröhre u. des Blasenhalses (Blasenhalskropf). Entstehung: Mit Nachlassen der Produktion von männlichen Keimdrüsenhormonen (Androgene) kommt es jenseits des 45. Lebensjahres zu einem Mißverhältnis zwischen weiblichen Hormonen u. männlichen. Infolge des gestörten Hormonquotienten wird im periurethralen Gewebe des entwicklungsgeschichtlich bisexuell angelegten Harnröhrenabschnittes (Pars prostatica urethrae) ein Wachstumsimpuls ausgelöst. So entwickeln sich knotige Wucherungen, die, expansiv wachsend u. mit der Zeit immer größer werdend, die eigentliche Prostata verdrängen, bis diese schließlich als platt u. flachgedrückte Schale die bis zu Faustgröße angewachsene Wucherung als sog. chirurg. Prostata-Kapsel umschließt. Histolog. finden sich unterschiedliche Typen, 1. vorwiegend drüsige Wucherungen = Adenomatose aus den periurethralen u. den akzessor. Drüsen im Trigonumbereich; 2. vorwiegend bindegewebige Wucherungen = Fibromatose aus dem Bindegewebe des betreffenden periurethralen Gebietes; 3. vorwiegend muskuläre Wucherung = Myomatose aus den muskulären Elementen des gleichen Abschnittes sowie (am häufigsten) Mischformen; 4. Adenomyomatose; 5. Adenofibromatose; 6. Adenomyofibromatose. Die Wucherung kann aus vielen kleinen Knötchen bestehen (Johannisbeerform) oder aus soliden großen Knoten oder Knollen. Meist entwickeln sich 3 größere Anteile: zwei P.-Seitenlappen, die die hintere Harnröhre flach zusammendrücken, wodurch sie zum längsovalen, senkrecht zur Achse stehenden Spalt wird (Säbelscheidenurethra) u. ein P.-Mittellappen; falls dieser weit in die Blase vorspringt u. gestielt ist, kann er als sog. Homo-Lappen ventilartig den Blasenausgang verschließen, so daß kein Urin ausfließen kann, wobei durch zunehmende Füllung der Blase der Ventilverschluß noch fester zugedrückt wird. Das gesamte Gewächs kann sich vorwiegend in den Blasenhohlraum hinein entwickeln (intravesikale P.) oder vor der Blase u. mehr zum Rektum hin (subvesikale P.). Vorkommen: bei 70jährigen in 75% der Fälle, aber nur bei einem Bruchteil der Betroffenen klin. Beschwerden. Klin.: durch die an Größe zunehmende Wucherung wird der Harnabfluß erschwert u. kann völlig verlegt werden (↑ Harnsperre). Folge der chron. Harnabflußbehinderung: Muskelhypertrophie der Blasenwand (als kompensator. Gegenregulation) mit Ausbildung von dicken Muskelbündeln (↑ Balkenblase), zwischen denen Ausbuchtungen liegen (↑ Pseudodivertikel). Da schließlich die Blase nicht völlig entleert wird, kommt es zu Restharn, ammoniakal. Zersetzung, Bakterieneinwanderung, Zystitis, Dysurie, Pollakisurie, bes. nachts (durch stärkere Blutfülle der Beckenorgane im Liegen). Bei subvesikal entwickelter P. Druckgefühl im Mastdarm u. bei großen Wucherungen Erschwerung des Stuhlganges. Über kurz oder lang aszendierende Infektion mit konsekutiver ↑ Pyelonephritis; dabei wirkt die Einflußstauung der Harnleiter (übernormal dicke Blasenwand u. Verziehung der untersten Harnleiterabschnitte, infolge des Gewächses sog. Hörnchenphänomen) begünstigend. Akute Entzündungsschübe rufen urosept. Erscheinungen hervor. Bei Dekompensation der gegen das Abflußhindernis arbeitenden Balkenblase kann diese erschlaffen, erheblich dilatiert u. der willkürliche Miktionsvorgang vollkommen verloren werden, so daß aus der übervollen Blase unentwegt Urin abtropft; sog. Überlaufblase mit ↑ Ischuria paradoxa. Schließlich kommt es zur Urämie u. zum Tode infolge Nierenversagens bzw. ↑ Urosepsis. Diagnose: 1. Rektale Untersuchung; 2. Restharnbestimmung, entweder durch Ausscheidungs-Urogramm mit Spätaufnahme nach vorherigem Urinieren (nur bei nicht erhöhtem Harnstoff erlaubt), oder ↑ Katheterung (bei noch nicht infizierten Fällen Gefahr der iatrogenen Infektion u. ↑ Urosepsis!); 3. ↑ Zystogramm: kaudale Aussparung durch P. Therapie: bei akuter Harnsperre Katheterung, notfalls suprapub. Kapillarpunktion, im übrigen Operation; a) ↑ Prostatektomie, b) transurethrale Elektroresektion; ↑ Prostataresektion.

Prostata|index, Prostatiker-Index (Staehler, 1942): Wertungszahl zur Indikation für geplante Prostataoperationen. Ergebnis der Gesamtblauprüfung (5 ml Indigokarmin i. v. erscheint beim Nierengesunden nach 3–6 min im Urin), Bewertung des Volhard' Wasser- u. Konzentrationsversuchs (Becher, Leistungszahl), Blutharnstoffwert u. Alter des Pat. werden nach folgender Formel addiert: Gesamtblau · 2 + Becher' Zahl + Zehner des Blutharnstoffwertes (in Milligramm) + Zehner des Alters. Beispiel Gesamtblau $4^1/_2$ min, Becher' Zahl 2, Harnstoff 44 mg%, Alter 72, also 9 + 2 + 4 + 7 = 22. P-Index über 30 nicht operieren, 25 bis 30 Elektroresektion zumutbar, unter 25 Ektomie oder Elektroresektion möglich.

~karzinom: entwickelt sich (hormonell gesteuert) aus der eigentlichen Prostata, meist, nachdem diese durch (gutartige) Knotenbildung (↑ Prostatahypertrophie) zur sog. chirurg. Kapsel plattgedrückt ist. Das Karzinom wächst also fast immer von außen (von der Kapsel her) in das Prostataadenom hinein. Langsames Wachstum, aber frühzeitig (osteoplast.) Knochenmetastasen; deshalb häufig als erste Symptome Ischiasschmerzen (Knochendruck auf die Nervenwurzeln). Diagnose: 1. Rektale Palpation: harte, oft holz- oder eisenharte Prostata, nicht selten auch harte Knoten bei sonst normaler Konsistenz, Rektumschleimhaut schlecht oder nicht verschieblich; 2. Probepunktion (Spezialkanülen); 3. Probeelektroresektion (die aber unsichere Ergebnisse zeitigt) zur Gewebsentnahme für histolog. Untersuchung; 4. Erhöhung der sauren Serumphosphatase (kann aber auch infolge anderer Krankheiten erhöht sein!). Therapie: Methode der Wahl: gegengeschlechtliche Hormonbehandlung, also Östrogene, Cyren®, Honvan® als Langzeittherapie. Das P. ist z. Z. der einzige Krebs, bei dem mit medikamentöser Behandlung mehr zu erreichen ist als mit Operation. Bei Restharn: transurethrale Elektroresektion.

~konkremente ↑ Prostatasteine.

~resektion: Elektroresektion (*Abk* Elres.) = transurethrale elektrochirurg. Resektion (Tur) (Mc. Carthy, 1931). Prinzip: Mit Spezialzystoskopen, sog. Resektoskopen, die auf natürlichem Wege durch die Harnröhre einzuführen sind, wird mit Hilfe hin- u. herbeweglicher Drahtschlingen (Schneidelektroden) u. hochfrequenten Wechselströmen das den Blasenhals u. die Harnröhre einengende Gewebe (Prostatahypertrophie, Prostatakarzinom, Blasenhalsbarre, Sphinktersklerose, gelegentlich auch Blasentumor oder Harnröhrentumor) stückchenweise abgetragen. Auf diese Weise kann entweder 1. so viel Gewebe reseziert werden, daß die Obstruktion beseitigt u. die Harnpassage wieder frei wird (Teilresektion, palliative Methode. Elres. oder TUR), oder 2. mit modernen Resektoskopen die gesamte Wucherung Schnitt für Schnitt unter Sicht bis zur sog. chirurg. Kapsel (↑Prostatahypertrophie) abgetragen werden (Totalresektion, „transurethrale Prostatektomie", Nesbit 1939 u. a.). Bei entsprechender Erfahrung sehr gute Op.-Ergebnisse. In ungeübten Händen gefährlich, da leicht Durchresektion (Perforation) möglich.

~sarkom: selten; Auftreten bei Kindern im 1. Lebensjahrzehnt u. nach dem 40. Lebensjahr. [24]

~sekret: dünnflüssig, milchig, mit dem eigentümlichen Samengeruch durch das ↑Spermin; *p*H 6,3–6,45; Gehalt an Eiweiß etwa 1,5%. P. enthält 0,5–2,5%Zitronensäure, wenig Glukose, etwa 0,3% Gesamtlipide u. viel saure Phosphatase. Die Prostata erhält motor. Nerven aus den Nn. pelvici (parasympath.-motor.) u. sekretor. aus den Nn. hypogastrici (sympath.). [8]

~steine: entweder aus Corpora amylacea (Prostatakörperchen) kolloidalen Eiweißmassen, die durch Wasserverlust eingedickt werden u. schließlich verkalken, oder aus abgestoßenen Drüsenepithelien mit Anlagerung von Kalksalzen entstehende multiple, stecknadelkopf- bis erbsgroße Steinnester, die bei normaler Röntgenaufnahme etwas über oder hinter der Symphyse liegen. Nicht selten kombiniert mit Abszeßbildung, wobei der Abszeß prim. u. die Steinbildung in der resultierenden Höhle sek. oder (öfter) prim. die Steinbildung u. darauffolgend die Abszeßbildung beobachtet werden.

~zysten: sehr seltene Zysten des Müller' Ganges hinter der Blase u. manchmal auch retroprostat. gelegen. [24]

Prostatektomie ⟨*griech*⟩ *f:* chirurg. (sog. offene) Ausschälung u. Entfernung der Prostataadenomknoten aus der zur chirurg. Kapsel plattgedrückten eigentlichen Prostata (↑Prostatahypertrophie), Verschiedene Zugangswege: 1. suprapub., transvesikal (Fuller, E., 1895, Freyer, P. J. 1901) verbessert durch Spezialnähte der blutenden Prostataloge u. dadurch möglichen prim. Blasenverschluß (Harris, S. H. 1929 u. Hryntschak, Th. 1940); 2. perineal, also vom Damm aus (Zukkerkandl, O. 1899); 3. ischiorektal (Voelcker, F. 1919); 4. retropub., extravesikal (v. Stockum, 1909, Millin, T., 1947). [24]

prostaticus ⟨*griech, lat*⟩: zur Vorsteherdrüse gehörig. [24]

Prostatitis ⟨*griech*⟩ *f:* Entzündung der Prostata, meist bakteriell (Koli-Kokken-Mischinfekte). Infektionswege: a) urogen: (intrakanalikulär) Harnröhre, obere Harnwege u. Blase, b) genitogen: spermiokanalikulär, c) lymphogen, d) hämatogen. Formen: 1. akute, katarrhal., eitrige, phlegmonöse P., ↑Prostataabszeß, periprostat. Abszeß, retroprostat. Phlegmone; 2. chron. P., nicht selten Mitbeteiligung der übrigen Genitalorgane (bes. der Samenblasen) als chron. ↑Adnexitis des Mannes, a) chron. bakteriell, b) vegetativ (katarrhal.) infolge Fehlsteuerung oder vasoneurot. Reaktionen des vegetativen Nervensystems (Reizadnexitis), c) Stauungs-P. (Kongestions- u. Retentions-P.), d) Herdadnexitis (P. wirkt als Herd, oder ein ferner Herd unterhält die P.); 3. Prostataneurose (stark vegetativ u. psych. gesteuert; 4. P. tuberculosa (↑Tbk der Urogenitalorgane), 5. P. gonorrhoica (oder postgonorrh.) u. syphilitica (oder postsyphilitica). Diagnose: Zwei- (oder Drei-) Gläserprobe, rektale Untersuchung, ↑Prostata-Exprimat, ↑Spermiogramm, ↑Spermatozystogramm. [24]

Prostatorrhoe ⟨*griech*⟩ *f:* Abgang von Prostatasekret aus der Harnröhre ohne Wollustgefühl nach Miktion oder nach Defäkation; tritt bei chron. Reizzuständen, insbes. Prostatitis, auf, wahrscheinlich durch Tonusstörung der Ausführungsgänge bedingt. [24]

Prosthetische Gruppe ⟨*griech*⟩: nichteiweißartiger Bestandteil der Proteide; bei Enzymen auch Agon, Wirkungsgruppe oder bevorzugt Coenzym genannt. [8]

Prosthion ⟨*griech*⟩ *n:* Punkt am Alveolarrand des Zwischenkiefers zwischen den beiden mittleren Schneidezähnen. Wichtiger anthropolog. u. kieferorthopäd. Meßpunkt. [37]

Prostigmin○: Neostigmin□, Dimethylkarbaminsäureester des m-Oxyphenyltrimethylammoniums. Quartäre Ammoniumbase, die als Bromid (enterale Applikation) oder als Methylsulfat (parenterale Applikation) verwendet wird. Die pharmakolog. Wirkungen lehnen sich eng an die des Physostigmins an, jedoch steht beim P. die Wirkung auf die quergestreifte Muskulatur stärker im Vordergrund. Therapeut. wird P. vor allem bei der Myasthenia gravis, als Gegenmittel bei Kurareintoxikationen u. zur Erregung der Darm- u. Blasenmuskulatur angewendet. [44]

Prostration ⟨*lat*⟩: hochgradige Erschöpfung der Körperkräfte. [9]

Protagon: histor. Bezeichnung für ein Gemisch aus Zerebrosiden u. Sphingomyelinen, von Liebreich aus Gehirn dargestellt u. damals als einheitliche Verbindung bezeichnet; auch das aus Rinderniere dargestellte Carnaubon ist ein solches Gemisch. [16]

Protaminase: (EC 3.4.2.2) ein Zinkprotein; empf. Trivialname Carboxypeptidase B; spaltet aus Protaminen, allgemein Peptiden, endständige Lysin- u. Argininreste ab. Die Carboxypeptidase A spaltet aus Peptiden endständige bas. Aminosäuren oder Prolin ab. [8]

Protamine: Gruppe von stark bas. Polypeptiden mit einem Molekulargewicht von 1000–5000; aufgebaut aus relativ wenigen Aminosäuren; vorwiegend beteiligt die Hexonbasen u. bes. das Arginin; finden sich vor allem im Sperma von Fischen, z. B. im Klupein des Herings, im Salmin des Lachses, im Zyprinin des Karpfens usw.; P. werden durch Pepsin nicht gespalten. [16]

Protamin-Insulin = P.-Zink-Insulin ↑Depotinsulin. [44]

Proteasen: sind Enzyme, die hydrolyt. Peptidbindungen spalten.

$$R_1{-}CO{-}NH{-}R_2 + H_2O$$
$$= R_1{-}COOH + H_2N{-}R_2$$

Eine Unterteilung der P. in eiweißspaltende Enzyme = ↑Proteinasen u. peptidspaltende = ↑Peptidasen ist nur begrenzt möglich, da viele Proteine auch niedermolekulare Peptide spalten können. Wie bei den Glykosiden kann man auch bei den P. unterscheiden die Endopeptidasen, die vorzugsweise Innenglieder einer Peptidkette spalten u. Exopeptidasen, welche nur Endglieder abspalten. [8]

Proteide: nach der ursprünglichen Einteilung der Eiweißkörper (Hoppe-Seyler, 1875) „zusammengesetzte Eiweiße", d. h. solche, die außer Aminosäuren noch andere Bestandteile, z. B. Phosphat, Kohlenhydrate, Lipide, Eisenporphyrinkomplexe enthalten. Neuerdings erscheint dieses Merkmal problemat., da auch in vielen typ. ↑Proteinen der klass. Einteilung Nichteiweißkomponenten in kleinen Mengen, z. B. Kohlenhydrate in vielen Globulinen, manchen Albuminen, Skleroproteinen oder sogar im Pepsin nachgewiesen werden konnten. Daher wird neuerdings vorgeschlagen (Rapoport u. Egger), als Proteide nur solche Eiweiße zu bezeichnen, die eine relativ leicht aufzuspaltende Verbindung zwischen Protein u. der Nicht-Eiweißkomponente darstellen, hingegen zu den Proteinen alle Eiweiße zu zählen, deren Fremdkomponente festgebunden ist u. einen integrierenden Bestandteil des betreffenden Eiweißkörpers darstellt. Als feste Bindungen werden hierbei solche bezeichnet, die der Peptidbindung in ihrer Stabilität gleichen, als lockere alle leichter spaltbaren Bindungstypen (z. B. Wasserstoffbrücken u. Ionenbindungen). Unter diesen neuen Gesichtspunkten bleiben die klass. Bezeichnungen Lipo-, Glyko-, Nukleo-, Hämo-, Flavo- u. Metallproteide beibehalten, während die ehemaligen Phosphoproteide den Proteinen zuzuordnen wären. [8]

Proteidenzyme: früher auch Proteidfermente; Enzyme, die sich unter bestimmten Bedingungen in Apo- u. Coenzyme aufspalten lassen. [16]

Proteinasen: ↑Proteasen; kommen in allen Tieren, Pflanzen u. in Mikroorganismen vor; greifen bevorzugt Eiweiße an, die von ihnen als Endopeptidasen bis zu den Polypeptiden bzw. Peptiden aufgespalten werden. Freie Aminosäuren werden nur in geringem Umfang gebildet; Pepsin spaltet z. B. etwa 30% der Peptidbindungen, Chymotrypsin im Laktoglobulin etwa 15%. Die fibrillären Skleroproteine Keratin, Kollagen, Elastin u. a. werden von den P. des Menschen kaum angegriffen, dagegen leicht von spez. P. der Motten sowie anderer Insekten u. ferner von Mikroorganismen. Globuläre Proteine werden bes. leicht nach ihrer Denaturierung, z. B. durch Kochen, aufgespalten. Viele P. können Blut sowie Milch zur Gerinnung bringen. Man kann die P. einteilen: 1. in die P. der Verdauung; 2. in die P. der Körperzellen; 3. in die P. des Blutplasmas. Zu 1. An der Verdauung sind beteiligt das ↑Pepsin, das aus den Drüsen des Magenfundus als ↑Pepsinogen abgesondert wird, das Trypsin, Chymotrypsin u. Elastase, die aus dem Pankreas als Trypsinogen, Chymotrypsinogen u. Proelastase abgesondert werden ↑Proenzyme, sowie das Rennin (Labferment) bzw. Gastricsin. Der Angriff dieser P. auf die Eiweiße ist verschieden: Pepsin spaltet z. B. die Peptidbindungen mit einer aromat. oder Dikarbonsäureaminosäure, Trypsin spaltet Peptidbindungen, wo Karboxylgruppen an Lysin- oder Argininreste gebunden sind, die Chymotrypsine A u. B spalten Peptidbindungen, wo Karboxylgruppen mit aromat. Aminosäuren verbunden sind. Trypsin u. Chymotrypsin hydrolysieren auch Ester sowie Amide. Zu 2. Zu den P. der Gewebszellen gehören die Kathepsine mit verschiedenen Spezifitäten u. *p*H-Optima, die meist zwischen *p*H 4–6 liegen. Sie kommen in allen Zellen vor, zumeist in maskierter Form innerhalb der Lysosomen oder an andere Zellstrukturen gebunden; bei der Phagozytose oder bei der Zellzerstörung (Autolyse) werden sie freigesetzt u. damit wirksam. Zu 3. P. im Blutplasma. Bes. bedeutungsvoll sind die verschiedenen bei der ↑Blutgerinnung mitwirkenden aktivierenden u. hemmenden Faktoren, die fast alle in inaktiven Vorstufen vorliegen u. erst während der Gerinnung aktiviert werden. Der zentrale Vorgang ist die Umwandlung von Prothrombin in Thrombin, das nun die Umwandlung der Fibrinogene in Fibrin bewirkt. Durch Plasmin (↑Fibrinolysin) wird Trypsin wieder aufgelöst. Im Blutplasma wird durch das aus der Niere stammende Renin aus dem Hypertensinogen, einem Globulin, über eine Zwischenstufe das hochwirksame blutdrucksteigernde ↑Angiotensin gebildet. Die P. der Verdauung kommen im Plasma normalerweise nur in geringen Mengen, meist in unwirksamer Form, vor. – Harn enthält auch Pepsin u. Trypsin ebenso wie die anderen Verdauungsenzyme (Diastase!) als regelmäßige Bestandteile; Pepsin ist bei Typhus u. Lungentuberkulose stark erhöht, Trypsin bei Pankreaserkrankungen, bes. bei -nekrose. Im Kot wird regelmäßig Trypsin gefunden. [8]

Proteine: im Sinne der klass. Definition von Hoppe–Seyler einfache Eiweißkörper, d. h. solche, die nur aus Aminosäuren bestehen. Zu der modernen Erweiterung der Definition ↑Proteide. Nach ihrer Molekülform lassen sich die P. einteilen in globuläre, zu denen die Albumine u. Globuline gehören, in fibrilläre, zu denen die Skleroproteine (Gerüsteiweiße) wie das Kollagen u. Keratin gehören, sowie Übergangsformen, z. B. Fibrinogen u. Myosin. [8]

P., C-reaktive: *Abk* CRP; Proteine in der Globulinfraktion des Serums, die mit dem C-Polysaccharid von bestimmten Pneumokokken-Stämmen präzipitiert werden. CRP-pos. Reaktionen haben u.a. in der ↑Rheumaserologie Bedeutung zur Unterscheidung von akuten u. prim.-chron. Formen (bei letzteren im allgemeinen neg.); treten bei allen entzündlichen u. mit Gewebszerfall einhergehenden Prozessen im Serum auf. [40]

Protein|enzyme: früher auch Proteinfermente; Bezeichnung für Enzyme, die sich nicht in die selbständigen Teile des Apo- u. des Coenzyms aufspalten lassen, bei denen diese beiden Teile gewissermaßen im Molekül vorhanden sind; davon zu unterscheiden die Proteidenzyme, bei denen unter bestimmten Bedingungen Trennung in Apo- u. Coenzym möglich ist. [16]

~hydrolysate: durch Hydrolyse von Proteinen erhaltene Aminosäuregemische. Werden als Eiweißsubstituens zur parenteralen Ernährung u. für Bakteriennährboden verwendet. [44]

~körperbehandlung: Injektion körperfremder Eiweißstoffe zum Zwecke einer Umstimmung des Organismus mit Aktivierung der Heilungsvorgänge. [9]

Proteinocholie (schlechter auch Albuminocholie): Eiweißdiapedese in die Gallenröhrchen, evtl. mit Bildung von Eiweißzylindern (enthalten sie Gallenfarbstoff, werden sie Gallenzylinder oder „Gallethromben" genannt), z. B. bei Hepatitis infectiosa. [4]

Proteinochrom: violette Färbung, die in Gegenwart von Eiweiß mit Chlor bzw. Brom entsteht; sie beruht auf dem Tryptophangehalt des Eiweißstoffes; ↑Liebermann' Probe. [16]

Protein|reserve: entgegen der früheren Anschauung, wonach der Organismus über gespeichertes Eiweiß nicht verfügt, weist Whipple auf die Existenz von „Reserveprotein" hin. Es wird bei guter Ernährungs- u. Stoffwechsellage, z. B. vorzugsweise in den Leberzellen, in allerdings beschränktem Ausmaß, angereichert u. kann in Mangelzeiten – ohne erhebliche metabol. Störung der Zellfunktion – zur Bildung von ↑Plasma-Eiweiß oder von Enzymen herangezogen werden. [16]

~silberkomplexe: Argentum proteinicum, Albumose-Silber. P. enthalten ca. 8% Silber in komplexer Bildung, das bei der Anwendung als Ion langsam freigesetzt wird. Anwendung bei Schleimhautentzündungen, insbes. als Antigonorrhoikum. [44]

Proteinurie ↑Albuminurie. [8]

~verlustsyndrom: Syn. Eiweißverlust-Syndrom; Gesamtbezeichnung u. Oberbegriff für die mit einem Verlust von Plasmaeiweißen aus der Blutbahn einhergehenden Krankheitsbildern. Hierzu gehören: Nephrose-Syndrom (= renales PVS), Exsudative Enteropathie (Ménétrier' Syndrom = enterales PVS), chron. Eiterungen, chron. Dermatosen, ausgedehnte Verbrennungen, große Blutverluste. Symptome: markante Hypoproteinämie – Dysproteinämie, Ödeme; ↑Symptome des Grundleidens. [32]

Proteohormon: eiweißartige Hormone aus mindestens 80–90 Aminosäuren, die beim Erhitzen denaturiert werden u. deren Mol.-Gewicht größer als 10000 ist. Viele P. sind Glykoproteide; ↑Peptidhormone; ↑Proteide. [8]

Proteolyse ⟨*griech*⟩: Aufspaltung von Eiweiß bis zu den Aminosäuren durch Enzyme, Säuren bzw. Alkalien; Abbau durch Einschmelzung von Gewebseiweiß u. damit des betroffenen Gewebes. [8]

proteolytisch: gleichbedeutend mit eiweißabbauend, eiweißverdauend. [16]

Proteosen ↑Albumosen. [16]

Proteusbakterien: Gattung der Familie *Enterobacteriaceae* (Bergey, 1957); gramneg., sehr bewegliche, sporenlose Stäbchen, Species (nach Bergey): *P. vulgaris, P. mirabilis, P. morganii* (↑Morganellen), *P. rettgeri* (↑Rettgerellen). Vorkommen in Boden u. Wasser, Fäulniserreger, Saprophyt im menschlichen Intestinaltrakt. Können außerhalb des Darmkanals Erkrankungen hervorrufen. Erreger von Entzündungen des Urogenitaltraktes, Peritonitis, Cholangitis, Cholezystitis u. a. Bestimmte Serotypen (z. B. OX 19, OX 2, OX K) werden auf Grund einer partiellen Antigengemeinschaft mit bestimmten Rickettsien zur Serodiagnostik von Rickettsiosen (außer Fünftagefieber) verwendet; ↑Weil-Felix-Reaktion. [41]

Protheobrominum®: 1-(β-Hydroxypropyl)-

3,7-dimethylxanthin = 1-(β-Hydroxypropyl)-theobromin, Kardiotonikum. [44]

Prothese ✱ **Prothesis** ⟨*griech*⟩ *f:* künstlich geschaffenes Ersatzstück für einen verlorengegangenen Körperteil. [23]

P. ocularis: Augenprothese, Kunstauge; aus Silikatglas geblasen. Einfache Form Schalenform; verbessert durch A. Müller in Form der lufthaltigen „Reformprothesen". In neuester Zeit haben Prothesen aus Plaststoffen, vor allem Piakryl breiten Raum gewonnen. Der Iristeil wurde hier durch Photographie des anderen Auges gewonnen. Vorteile der Kunststoffprothesen: leichteres Gewicht, Haltbarkeit, Unzerbrechlichkeit. Ektoprothesen sind solche, die an einem Brillenglas befestigt sind u. bei Zerstörung der Augenhöhle u. der Lider gegeben werden. Auch in Moulagen können sie angebracht werden. [36]

Prothesenrandknoten: auch Becher- oder Köcherrandknoten. Durch Reibung oder Fremdkörpereinlagerung in der Haut eines Amputationsstumpfes entstehender chron. Entzündungsherd mit Granulationsgewebe in Höhe des Prothesenrandes. Vorkommen bes. am Oberschenkel u. Oberarm; evtl. auch Abszeß- u. Fistelbildung. [23]

Prothrombin: ein im Plasma vorhandener Eiweißkörper mit einem Molekulargewicht von 68900, der unter Einwirkung von Gewebs- u. Blutthrombokinase in Gegenwart von Ca^{++}-Ionen u. unter Beteiligung der Faktoren V, VII u. X in das Thrombin umgewandelt wird; ↑Blutgerinnung.

~akzelerator: Faktor V der Glutgerinnung = labile factor = Akzeleratorglobulin; beschleunigt die Umwandlung des Prothrombins zum Thrombin in der 1. Phase der ↑Blutgerinnung.

~bestimmung nach Quick: besser Bestimmung der Thromboplastinzeit, auch Prothrombinzeit genannt. Bestimmung der Zeit, welche ein Plasma nach Zusatz aktiver Gewebsthrombokinase zur Gerinnung braucht. Mit Hilfe einer aus Normalplasmen hergestellten Verdünnungseichkurve läßt sich der relative Gehalt des Prothrombins (richtiger des Prothrombinkomplexes, da mit diesem Verfahren nicht nur der Faktor II, sondern auch andere Gerinnungsfaktoren erfaßt werden) errechnen u. in Prozent ausdrücken. Die P. ist unbedingt zur Kontrolle der Antikoagulanzientherapie durchzuführen, wobei der Spiegel des Prothrombinkomplexes zwischen 10–20% gehalten werden soll. Bei weiterer Herabsetzung besteht Blutungsgefahr.

~zeit nach Quick ↑Prothrombinbestimmung nach Quick. [11]

Prothrombokinase: nach Ansicht einiger Autoren im Plasma vorkommende Vorstufe der ↑Thrombokinase, die ohne Mitwirkung der Thrombozyten gerinnungsaktiv ist (↑Blutgerinnung). Nach heutigen Anschauungen existiert eine derartige präformierte Vorstufe der Thrombokinase im Plasma nicht. [11]

Protisten ⟨*griech*⟩ *m, Pl:* zusammenfassende Bezeichnung für alle einzelligen bzw. aus lockeren Verbänden gleichartiger Zellen bestehende Organismen des Tier- u. Pflanzenreiches. [41]

Protochlorhämin: α-Chlorhämin, Teichmann' Kristalle mit 3wertigem Eisen; 1,3,5,8-Tetramethyl-2,4-divinylprophin-6,7-dipropionsäurechlorferrisalz; entstehen als länglich dünne Plättchen beim Erhitzen von Erythrozyten oder auch Blut mit Eisessig u. Kochsalz. Wichtigstes Porphinderivat. [8]

Protohäm: Syn. Häm. 1,3,5,8-Tetramethyl-2,4-divinylporphin-6,7-dipropionsäureferrosalz; mit 2wertigem Eisen. P. ist das Porphyrin aus Hämoglobin. Mit nativem Globin verbindet sich das P. bzw. Häm wieder zu funktionstüchtigem Hämoglobin; mit CO, Pyridin, Nikotin, Zyan usw. zu den entsprechenden ↑Ferrohämochromen. Das P. wird leicht zum Hämatin oxydiert. [8]

Protokuridin: aus Kurare isoliertes Alkaloid. [44]

Protokurin: Alkaloid aus dem südamerikan. Pfeilgift Kurare. [44]

Protonen ⟨*griech*⟩ *n, Pl:* Bausteine der Atome, die sich im Atomkern befinden. Das Proton hat eine Masse von $1{,}672 \cdot 10^{-24}$ g mit einer pos. (+) Ladungseinheit. Die Masse eines Protons ist 1837mal so groß wie die eines Elektrons. Die Zahl der Protonen, die im Kern vereinigt sind, hängt von der Art des Elementes ab. So besteht der Wasserstoffkern aus einem Proton. Jedes chem. Element besitzt in seinem Kern so viele P., als seine Ordnungszahl angibt. Dabei zeigt diese Ordnungszahl zugleich die Stellung des betreffenden Elementes im Periodischen System an. [54]

~strahlung: hochbeschleunigte, energiereiche Wasserstoffkerne, werden zur Auslösung von Kernreaktionen angewendet. [59]

protopathisch ⟨*griech*⟩ ↑idiopathisch, primär. [9]

Protoplasma ⟨griech. protos = der erste⟩ *n:* frühere Bezeichnung für die lebende Substanz der menschlichen, tier. u. pflanzlichen Zelle, deren wichtigster Bestandteil Eiweiße sind. Es wurde unterteilt in Zellplasma u. Kernplasma. [8]

~gifte: alle Einflüsse physikal., chem. u. biolog. Art, die das Zellplasma zu schädigen vermögen, z.B. Röntgen-, Radiumstrahlen, Lost, Bakteriengifte. [5]

~hysteresis *f:* sek. Verfestigung des Protoplasmas im Ablauf des Lebens als Alternsprozeß. Hierdurch werden in zunehmendem Maße die chem. Umsetzungen u. damit alle Lebensvorgänge gehemmt. Durch P. wird Möglichkeit zur Schlackeneinlagerung gegeben. [17]

~strömung: Lebensäußerung des Zellplasmas bes. gut in manchen pflanzlichen Zellen als Zirkulations- u. Rotationsströmungen (0,2 bis 1,55 mm/min) zu beobachten. Temperaturerhöhung u. chem. Reize beschleunigen die Protoplasmabewegungen. – Plasmaströmungen, die auf lokalen Änderungen der Oberflächenspannung beruhen, ermöglichen den Amöben, wie auch den weißen Blutkörperchen ihre Kriechbewegungen. [3]

~strukturen ↑ Zytoplasma. [2]

Protoplasten ⟨*griech*⟩: zellwandfreie, vielgestaltige grampos. Bakterien. P. können wachsen, sich teilen u. nach vorangegangener Infektion Bakteriophagen produzieren. In hypotoner Lösung platzen P. Die zurückbleibenden Membranen nennt man „Gespensterzellen" ⟨engl. „ghosts"⟩; ↑ Sphäroplasten. [40]

Protrypsin ↑ Trypsinogen. [8]

Protoveratrin: Alkaloid aus den Wurzeln der weißen Nieswurz, Veratrum album. Die pharmakolog. Wirkungen entsprechen denen des Veratrins, einem Alkaloidgemisch aus der Droge. [44]

Protozoen ✳ **Protozoa** ⟨*griech*⟩ *n, Pl:* unterster Stamm des Tierreiches, Urtierchen, einzellige Lebewesen, bestehend aus Zellkörper (Plasma), Zellkern, Organellen zur Nahrungsaufnahme u. Fortbewegung; sexuelle u. asexuelle Vermehrung. Teils freilebend, teils Parasiten. Humanpathogen u. a. Erreger der Amöbenruhr, Malaria, Schlafkrankheit, Toxoplasmose. Einteilung in vier Klassen: Flagellata (Geißeltierchen), Rhizopoda (Wurzelfüßer), Sporozoa (Sporentierchen), Ciliophora (Infusorien). Untersuchungsmethoden: mikroskop. im gefärbten Direktpräparat, Blutausstrich, dicker Tropfen, Dunkelfeld, Phasenkontrast; Kulturen u. a. [41]

Protozoologie ⟨*griech*⟩ *f:* Lehre von den ↑ Protozoen. [58]

protrahiert ⟨*lat*⟩: verzögert. [42]

Protrusio ⟨*lat*⟩ *f:* Vortreibung.

P. acetabuli: intrapelvine Pfannenvorwölbung, zentral gerichtete Pfannenwanderung, Koxarthrolisthesisbecken, Otto-Chrobak' Becken, Symptomenkomplex mit Verkürzung des Beines der allein oder hauptsächlich befallenen Seite, Innenrotationsstellung, Hinken oder bei doppelseitiger Erkrankung Watscheln, Abduktions- u. Streckbehinderung nach dorsal. Ätiologie häufig unklar; manchmal nach Osteomyelitis oder Gonorrhoe; auch bei Ostitis deformans Paget, Osteoarthrosis deformans, Polyarthritis chronica u. nach Luxatio centralis des Femurkopfes. [23]

P. bulbi: Vortreibung des Augapfels; ↑ Exophthalmus. [36]

Protuberantia ⟨*lat*⟩ *f:* Hervorragung.

P. mentalis: Kinndreieck; breite dreiseitige Erhabenheit in der Mitte der Außenfläche des Corpus mandibulae.

P. occipitalis externa: tastbarer Höcker in der Mitte der äußeren Fläche der Squama occipitalis.

P. occipitalis interna: Vorsprung in der Mitte der inneren Fläche der Squama occipitalis, zugleich Kreuzungsstelle des Sulcus sinus sagittalis superioris u. des Sulcus sinus transversi. [1]

Provenienz ⟨*lat*⟩ *f:* Herkunft; Ursprung. [18]

Providencia-Gruppe: nach Kauffmann Gattung des Stammes *Proteae* der Familie *Enterobacteriaceae;* gramneg., sporenlose, bewegliche Stäbchen. Gelegentliches Vorkommen im Darmtrakt Gesunder, Erreger von Infektionen des Urogenitaltraktes. [41]

Provitamin: von Natur aus zunächst physiolog. unwirksame Verbindungen, die durch physikal. (z. B. Belichtung) oder chem. (z. B. enzymat. Spaltung) Einwirkung physiolog. aktiv werden. [16]

Provitamin A: Gruppe fettlöslicher, gelber Farbstoffe (↑ Karotinoide), die sich in Pflanzen befinden; in Mohrrüben zu 5 mg%, in Tomaten, aber auch in allen frischen grünen Pflanzenteilen, im Kopfsalat 10 mg%, im Spinat zu 8 mg%. In kleinen Mengen sind sie auch im Grünkohl enthalten; Provitamin D_2 ↑ Ergosterin; Provitamin D_3 ↑ 7-Dehydrocholesterin. [8]

Provokation ⟨*lat*⟩: Anwendung bes. Reizmittel, um eine im latenten Zustand befindliche Krankheit wieder zum Aufflackern zu bringen (benutzt zur Feststellung der Heilung bei ↑ Gonorrhoe). [43]

Prowazek, Stanislaus, Edler von Lanov (1875–1915), Bakteriologe, Rovigno, Batavia.

P' Zelleinschlüsse ↑ Halberstädter-Prowazek' Körperchen. [41]

Prowazekia: *Rickettsia prowazeki;* ↑ *Rickettsia.* [41]

proximal ✳ **proximalis** ⟨*lat*⟩: Lagebezeichnung für näher zum Rumpf gelegene Teile einer Extremität; Gegensatz ist distal. [1]

Proximeter ↑ Optometer. [36]

Prozerkoid: Vorfinne; ↑ Bandwürmer. [58]

Prozeß ⟨*lat*⟩ *m:* Vorgang, in der Medizin vor allem fortschreitender, zerstörender Krankheitsvorgang, z. B. tuberkulöser Prozeß oder schizophrene Prozeßpsychose. [34]

Prozonenphänomen: Zonenphänomen, gelegentliche Erscheinung bei antikörperhaltigen Seren, die in vitro bei spezif. Antigen-Antikörper-Reaktionen in hohen Serumkonzentrationen einen neg. Reaktionsausfall zeigen, in stärkeren Verdünnungen dagegen pos. reagieren. Das Phänomen wird u.a. auf das Vorhandensein von inkompletten Antikörpern zurückgeführt. In der Blutgruppenserologie kann auch ein hoher Hämolysingehalt in nicht inaktivierten Seren P. verursachen. [41]

Prüfung, kalorische: Funktionsprüfung des Gleichgewichtsorgans (Vestibularapparat), bei welcher der Gehörgang mit wärmerem oder kälterem Wasser als die Körpertemperatur gespült wird. Die umschriebene Abkühlung oder Erwärmung führt zu einer Endolymphströmung u. löst einen Nystagmus aus. Allgemein üblich heute die kalor. Schwachreizprüfung: Spülung mit 5–10 ml Wasser von 47° u. 20°–27 °C. Bei Unerregbarkeit kann die kalor. Starkreizprüfung (Bárány) mit größeren Mengen (bis 1 l) Wasser von 20° oder 40 °C durchgeführt werden. [28]

P., organoleptische (sensorische): Sinnenprüfung zur Beurteilung der Lebensmittel; z. B. Geschmacks-, Geruchsprüfung usw. [16]

Prurigo ⟨*lat*⟩ *f:* stark juckende Dermatose, die durch Knötchen oder Knoten gekennzeichnet ist. *Adj* pruriginös juckend.

P. acuta (Strophulus): befallen werden hauptsächlich Kinder, eruptives Auftreten von juckenden, etwa 1 cm im Durchmesser großen Papeln, oft mit Bläschen in der Mitte; schubweiser Verlauf.

P. aestivalis: Sommerjucken, der ↑Hidroa vacciniformia verwandte Lichtdermatose.

P. chronica Hebra: in der Kindheit auftretende sog. Juckblattern; es entstehen senfkorngroße Knoten, die aus der Haut herausgekratzt werden, Vergrößerung der Lymphknoten. Meist kommen durch das Kratzen Sekundärinfektionen hinzu. Die chron. Krankheit kann sich aus einem Strophulus entwickeln.

P. chronica nodularis (Hyde): im vorgeschrittenen Alter auftretende, sehr stark juckende Dermatose mit erbs- bis bohnengroßen, derben hautfarbenen Knoten. Bevorzugter Sitz sind die Streckseiten der Extremitäten. [43]

Pruritus ⟨*lat*⟩ *m:* Hautjucken, Begleitsymptom zahlreicher Haut- u. mancher Stoffwechselkrankheiten (Hepatitis, Diabetes); ↑Juckempfindung. [43]

Prussak, Alfred (1839–1897), Otologe, Petersburg.

P' Raum = Recessus membranae tympani superior: Schleimhautbucht zwischen dem Hammerhals, der Pars flaccida des Trommelfells u. dem Lig. mallei lateralis, kommuniziert oben mit dem Kuppelraum. [28]

Pryce' Mikrokultur: Objektträgerkulturverfahren zur Züchtung von ↑Tuberkulosebakterien; Ergebnis schon nach 5–8 Tagen. [41]

p. s.: *Abk* für „per secundam"; ↑Wundheilung. [18]

Psalidodontie ⟨*griech*⟩: Scheren-, Regel- oder Neutralbiß, bei dem die oberen Frontzähne die unteren um 1½–3 mm überdecken bei orthognather bis mesognather Stellung des Alveolarfortsatzes. Regelbiß bei Europäern, Chinesen, Japanern u. Malaien. Übergang zu den Dysgnathien des Deck- u. „tiefen Bisses" mit mehr als 3 mm Überbiß. [37]

Psammokarzinom ⟨*griech*⟩ *n:* ein Krebs mit feinkörniger (sandartiger) Verkalkung; Vorkommen bes. bei Ovarialkarzinom. [5]

Psammom ⟨*griech*⟩ *n:* eigentlich Sandgeschwulst (Virchow); ein Teil der Meningeome enthält zwiebelschalenähnlich geschichtete Geschwulstzellen, die hyalinisieren u. verkalken, sog. Psammomkörperchen. [4]

Psammotherapie ⟨*griech*⟩: Verwendung von Sand zu therapeut. Zwecken (Sandbäder, Sandpackungen). [45]

Psellismus ⟨*griech*⟩: Stammeln. [28]

Pseudarthrose ⟨*griech*⟩ *f:* falsches Gelenk; von P. im weiteren Sinne spricht man immer dann, wenn die knöcherne Heilung einer Fraktur ausbleibt. Die fibröse Vereinigung der Bruchenden kann straff oder schlaff sein (straffe bzw. schlaffe P.). Sie läßt eine dementsprechend abnorme Beweglichkeit zu. Die Ursache der ausbleibenden knöchernen Konsolidation ist meist mechan. Natur (Überdehnung durch zu starken Gewichtszug, dauernde mechan. Irritation der Fraktur, Auswirkung von Biegungs- u. Scherkräften). Sie ist evtl. aber auch chem.-biolog. Natur (Allgemeinerkrankungen). Unter P. im engeren Sinne versteht man die Bildung eines neuen Gelenkes im Frakturbereich mit den Zeichen eines echten Gelenkes (Knorpelüberzug, Gelenkkapsel, synoviaähnliche Flüssigkeit) (↑Nearthrose). Hat die Knochenverletzung einen größeren Knochendefekt zur Folge, dann entwickeln sich die bes. schlaffen Defektpseudarthrosen. Die sog. kongenitale Schienbeinpseudarthrose ist anlagebedingt, entwickelt sich aber meist postnatal. [23]

Pseudarthrose-Verriegelung nach Lexer: Operationsverfahren zur Behandlung einer Pseudarthrose, bes. am Unterschenkel. Nach Resektion der Pseudarthrose mit Eröffnung der Schienbein-Markhöhle wird an dem gleichseitigen Schienbein ein Knochenspan entnommen u. zur Verriegelung über dem Knochendefekt verschoben. [18]

Pseudoacholie ⟨*griech*⟩ *f:* entfärbter Stuhl durch Reduktion des Sterkobilins (ohne Vorliegen eines Ikterus). [9]

Pseudoagglutination ⟨*griech, lat*⟩ *f:* keine echte Agglutination auf dem Boden einer Antigen-Antikörper-Reaktion, sondern unspezif. Aneinanderlagerung (Geldrollenbildung) von roten Blutkörperchen. Ursächlich spielen Verschiebungen in der Zusammensetzung der Eiweißfraktionen eine Rolle. Albuminverminderung u. Zunahme des Fibrinogens u. Globulins begünstigen die P. Die Ballungsneigung ist in Seren mit beschleunigter Blutsenkungsreaktion bes. häufig. Die echte Agglutination kann von einer P. dadurch leicht unterschieden werden, daß letztere nach Verdünnen mit physiolog. NaCl-Lösung verschwindet. [11]

Pseudoalternans ⟨*griech, lat*⟩ *m:* 1. P. des Pulses; bei regelmäßiger Extrasystolie (↑Bigeminie) ist die Füllung eines Gefäßrohres nach einer Normalerregung jeweils geringer. Kommt auch atembedingt bzw. bei respirator. Arrhythmie vor. Steht im Gegensatz zum echten Pulsus alternans, bei dem die unterschiedliche Füllung nicht durch eine Extrasystolie, sondern durch rhythm. wechselnde Herzkraft zustande kommt; 2. P. des Ekg: unterschiedliche Amplituden der einzelnen Ekg-Zacken, entsprechend dem Rhythmus der Atmung. [10]

Pseudoamitose ↑Chromosomenfragmentation, ↑Mitose, pathologische. [4]

Pseudoanaemia angiospastica ⟨*griech, lat*⟩ ↑Scheinanämie. [11]

Pseudoappendizitis ⟨*griech, lat*⟩: scheinbare Blinddarmentzündung, vorgetäuscht durch nervale Reize ohne objektiven Befund durch Verstopfung. [18]

Pseudo|ataxie: ataxieartige Unsicherheit der Bewegungen bei Muskelparese.

~babinski: Dorsalflexion der Großzehe wie beim ↑Babinski' Zeichen, aber durch andere Ursachen, wie Athetose, periphere Paresen usw. hervorgerufen. [33]

~bradykardie: nur scheinbar langsamer Puls bei ↑Bigeminie. Bei einer dicht auf den Grundrhythmus folgenden Extrasystole reicht die diastol. Anfüllungzeit nicht aus, um einen deutlich palpablen Druckzuwachs im peripheren Gefäßrohr zu bewirken, so daß scheinbar nur die halbe Frequenz vorliegt, kann ohne weiteres durch Ekg u. Pulsregistrierung erkannt werden. [10]

~bulbärparalyse: auf Erkrankung des zu den motor. Hirnnervenkernen ziehenden Teils der Pyramidenbahn (Tractus corticobulbaris) beruhende Lähmungserscheinungen im Gesichtsbereich, vor allem in der Kau-, Schluck- u. Atmungsmuskulatur (↑Lähmung, zentrale motor.). Durch das Fehlen von Atrophien von der (peripheren Lähmung bei) ↑Bulbärparalyse zu unterscheiden. Ursächlich handelt es sich meist um mult. (beidseit.) arteriosklerot. Herde im Hirnstamm. [33]

~cholesteatom des Ohres: zystenartige Gebilde der Epidermis mit abgestoßenen zwiebelschalenartig angeordneten Plattenepithellamellen im Inneren, stellen perlmuttgraue Geschwülste dar, deren äußere Begrenzung die sog. Cholesteatommatrix bildet. Entstehung 1. durch Einwandern des Gehörgangs- oder Trommelfellepithels durch einen randständigen Trommelfelldefekt in die hinteren oberen Anteile des Mittelohres (sek. P.); 2. infolge Hineinwucherung der Epidermis der Shrapnell' Membran in den Kuppelraum ohne vorangehende Trommelfellperforation (prim. P.). Das expansive Wachstum der Geschwulst führt zur Knochenzerstörung. [28]

~cholinesterase: unspezif. Serum-Cholinesterase, die u. a. die Spaltung des depolarisierenden Muskelrelaxans Succinylbischolin katalysiert. [27]

~croup ↑Pseudokrupp. [32]

~demenz *f:* vorgetäuschte Geistesschwäche, ↑Demenz, ↑Ganser' Syndrom. [34]

Pseudodiphtheriebakterien: Spezies der Gattung *Corynebacterium* (Bergey, 1957) (↑Korynebakterien); früher nach dem Entdecker Hofmann–Wellenhof' Bazillus genannt. Heute übliche Bezeichnung „Anazide Pseudodiphtheriebakterien". Grampos. Stäbchen, von echten Diphtheriebakterien morpholog. durch Form u. Lagerung, biochem. durch fehlende Kohlenhydratspaltung sowie durch Fehlen des Hämolysierungsvermögens u. der Pathogenität unterschieden. Vorkommen u. a. auf Nasen- u. Rachenschleimhaut, Konjunktiva. [41]

Pseudodivertikel: 1. funktionelle oder Barsony' Pseudodivertikel; spast. Einschnürungen des Ösophagus („Korkenzieher-Speiseröhre"), meist mit erheblichen Beschwerden. Sie haben patholog.-anatom. mit echten Divertikeln nichts zu tun. Mit hohen Atropin- oder Papaverindosen sind sie nur selten zu lösen; 2. flache Ausbuchtungen bei der ↑Balkenblase. [24, 26]

Pseudodysenteriebazillen: von Kruse eingeführte, heute nicht mehr übliche Bezeichnung für die nur endotoxinbildenden Dysenteriebakterien im Gegensatz zu den „echten" ektotoxinbildenden Shiga–Kruse-Dysenteriebakterien; ↑*Shigella.* [41]

Pseudo|elephantiasis neuroarthritica ⟨*griech*⟩ *f:* von Mathieu beschriebene Form des ↑Trophödems. [43]

~enzephalitiden *f, Pl:* nicht auf echte entzündliche, sondern auf degenerative Prozesse, Blutungen usw. zurückzuführende Hirnerkrankungen, vor allem des Stammhirns, als deren Repräsentant die Polioencephalitis haemorrhagica superior gilt. [33]

~eosinophile *m, Pl:* bei manchen Tierarten, z. B. Kaninchen, vorkommende, stark eosinfärbbare Granulationen, die der schwachfärbbaren neutrophilen Klasse des Menschen entsprechen. [11]

~erosion der Portio uteri (R. Meyer): Syn. glanduläre Erosion oder Ektopie; makroskop. zeigt sich eine meist vom Muttermund ausgehende, eine oder beide Muttermundslippen betreffende, oft den Muttermund völlig umschließende, scharf begrenzte Veränderung, in deren Bereich die Portio samtartig rot erscheint. Histolog. handelt es sich um einen Ersatz des Plattenepithels der Portio durch Zylinderepithel. Von diesem Epithel senken sich, wie in der Zervikalschleimhaut, Drüsenschläuche in die Tiefe. [4]

~erysipel *n (Rost):* Phlegmone mit erysipelähnlicher Rötung der Haut.

~fibromatose: fibromähnliche Bildungen im Sinne der Neurofibromatose. Die bei der Akrodermatitis chronica atrophicans sowie bei der Sklerodermie gelegentlich auftretenden Fibrome werden von einigen Autoren als Pseudofibrome bezeichnet. [43]

~fluktuation: bei einem Kniegelenkfungus kann beim Prüfen des Ballottements der Eindruck eines Ergusses unter der Kniescheibe erweckt werden. [23]

Pseudo-Fröhlich' Syndrom: Syn. Pseudo-Dystrophia adiposogenitalis; in Präpubertät u. Pubertät auftretender gutartiger Fettsuchttyp mit Pseudo-Genitaldystrophie. Symptome der Krankheit beginnen meist im 9. Lebensjahr. Fettsucht vom Gürteltyp, verzögertes Wachstum, verzögerte Pubertätsentwicklung, Akromikrie, x-Beine, Knick-Senkfuß; Fettsucht nach Pubertät meist schwindend. [32]

Pseudo|gallensteine: Kalkseifenkonglomerate im Stuhl bei Ölkur. [9]

~geflügelpest-Virus ↑Newcastle disease Virus. [41]

~glioma retinae: amaurotisches ↑Katzenauge. [36]

Pseudoglobulin ⟨*griech, lat*⟩ *n:* nach früherer Einteilung einer der beiden Anteile des Serumglobulins. P. wird durch Halbsättigung mit Ammoniumsulfat ausgefällt u. ist wasserlöslich im Gegensatz zum ↑Euglobulin, das bei Drittelsättigung mit Ammoniumsulfat ausfällt. [8]

Pseudogonokokken ⟨*griech*⟩: in der Klinik übliche Bezeichnung für die den Gonokokken morpholog. ähnlichen, aber nicht mit diesen ident. gramneg. Diplokokken, die unspezif. Urethritiden hervorrufen. [41]

Pseudo-Graefe' Symptom: Sichtbarwerden eines Sklerastreifens oberhalb des Hornhautrandes nicht infolge Retraktion des Oberlides auf endokriner Grundlage, sondern infolge einer Ptosis auf der anderen Seite, die eine abnorm starke Mitinnervation des Oberlidhebers auf der gesunden verursacht. [36]

Pseudo|gravidität: wörtlich Scheinschwangerschaft; durch Zufuhr von weiblichen Sexualhormonen künstlich erzielte Veränderungen an den weiblichen Genitalien u. im Gesamtorganismus, die den Veränderungen während einer Frühschwangerschaft ähneln. Therapeut. u. a. ausgenutzt bei der Behandlung von Hypogenitalismus u. Endometriose. [29]

~halluzination: lebhafte Vorstellungsbilder (z. T. durch lebhaftes ↑Phantasieren), die fast den Charakter einer echten Wahrnehmung haben, aber doch als unwirklich, als Täuschung erkannt werden (im übermüdeten Zustand Gesunder, bei Psychopathie). [34]

~hämoglobin: entsteht beim Behandeln von Hämoglobin mit O_2 u. H_2S unter Bildung der grüngefärbten Verdoglobine, wobei das Porphyrinringsystem des Hämoglobins unter Verlust der α-Methinbrücke zwischen Ring I u. II oxydativ aufgespalten wird. In den P. ist die Bindung an das Globin u. das Eisen erhalten. [8]

~hämophilie: eine von der echten ↑Hämophilie abweichende hereditäre Blutungsneigung, die unterschiedlicher Pathogenese ist u. auf dem isolierten Vorkommen einer Vaso-, Thrombo- oder Koagulopathie oder auf einer sehr variablen Kombination dieser Gerinnungsstörungen beruht. Wahrscheinlich liegt die Ursache im Fehlen eines noch nicht sicher definierten Antiblutungsfaktors. Charakterist. ist für die P. im Gegensatz zur echten Hämophilie die verlängerte Blutungszeit. [11]

~hydrarthros genus *m:* Vortäuschung eines Kniegelenkergusses bei seröser Bursitis im Kniegelenkbereich (Bursa prae-, supra- u. infrapatellaris), Patella tanzt nicht. [23]

~hypertrophie: scheinbare Vergrößerung eines meist atroph. Organs (bes. Muskels) infolge Wucherung von Fettgewebe. P. der Muskulatur: Zunahme des Muskelvolumens nicht auf Grund einer echten Hypertrophie der kontraktilen Substanz, sondern durch Wucherung des Zwischengewebes, womit also keine Leistungssteigerung verbunden ist. Vor allem bekannt bei der infantilen Form der ↑Dystrophia musculorum progressiva, z. B. in Form der „Gnomenwaden". [33]

~hypoparathyreoidismus: periphere, durch mangelnde Auswirkungsmöglichkeit des Parathormons hervorgerufene Tetanie, geht mit niedrigen Kalzium- u. hohen Phosphatwerten bei normalem Phosphatasespiegel des Blutes einher. Refraktäres Verhalten gegenüber Verabfolgung von Parathormon. Diese seltene Krankheit geht mit kleinem, gedrungenen Habitus, kurzen Metakarpalia u. leichtem Schwachsinn einher.

~hypophysektomie: degenerative Veränderungen im HVL u. im endokrinen System infolge Unterernährung wie nach Hypophysektomie. Zustand pluriglandulärer Insuffizienz. [12]

~ileus: vorübergehende Krampfzustände des Darmes ohne eigentlichen Darmverschluß, ausgelöst durch reflektorisch-nervale Reize. [18]

Pseudoischias myalgica *f:* nicht im Hüftnerven selbst zu lokalisierende ischiasähnliche Erscheinungen, die sich als muskulär bedingt erweisen. [13]

Pseudoisochromatische Tafeln: Tafeln zur Prüfung des Farbensinnes. Stilling führte das Prinzip ein, Optotypen, die aus farbigen Punkten zusammengesetzt u. auf farbigem Grunde stehen, von dem sie sich nicht durch die Helligkeit, sondern nur durch die Farbe unterscheiden, anzubieten. Der Farbenuntüchtige kann sie nicht lesen, da Grund u. Figur ihm farbgleich (pseudoisochromat.) erscheinen. Das Prinzip wurde mannigfach abgewandelt durch Verwendung der verschiedensten Zeichen u. Zufügung des Vexierprinzips, indem blaue, dem Farbentüchtigen nicht auffallende Punkte ein anderes Zeichen ergeben, das der Farbenuntüchtige liest, oder indem der Farbenuntüchtige nur einen Teil des Zeichens sieht u. es daher fehldeutet. Außerdem wurden Tafeln gezeichnet, die den farbigen Simultankontrast provozieren, der bei Farbenuntüchtigen gesteigert ist. Es gibt auch Proben, bei denen bestimmte Farben auszuwählen oder einander zuzuordnen sind. Bekannt sind die Tafeln von Stilling, später von Hertel, dann von Velhagen weiterentwickelt, Ishihara, Bostroem, Schaaff, Kugelberg, Rabkin, Nagel-Vierling, Hardy-Rand-Rittler, das Farbfleckverfahren von W. Trendelenburg u. der Farnthworth–Munsell-Test, bei dem die Objekte zu ordnen sind. [36]

Pseudo|kanzerose *⟨griech⟩ f* (Gottron): Hautkrankheiten, die karzinomähnlich sind, auch ein krebsähnliches histolog. Bild zeigen können, aber im Verlauf gutartig sind, z. B. ↑ Papillomatosis cutis carcinoides oder ↑ Molluscum pseudocarcinomatosum. [43]

~kernverschiebung ↑ Pelger–Huet' Anomalie. [11]

~krise: vorübergehender rascher Fieberanfall. [9]

~krup(p): im Zusammenhang mit Viruserkrankungen (Grippe, Masern, Herpes, Varizellen) kann es bei Kindern zwischen dem 8. Lebensmonat u. dem 3. Lebensjahr plötzlich zu einem lebensbedrohlichen Krankheitsbild kommen. Symptome: inspirator., im Verlauf der Krankheit auch exspirator. Stridor bis zur schwersten Atemnot mit perioraler Zyanose, Kreislaufverschlechterung u. steigender Tachykardie. Die Stimme wird heiser, aber nicht aphon., bellender Crouphusten. Bei starker Atemnot mit tiefen jugularen u. sternalen Einziehungen kann eine Tracheotomie indiziert sein. Ursächlich ist eine Laryngitis subglottica mit Glottiskrampf anzunehmen. [32]

~kyesis *f:* eingebildete Schwangerschaft. [12]

~kystom *n:* gutartige zyst. Eierstockgeschwulst mit zähschleimigem oder gallertartigem Inhalt. Zum Unterschied von echtem Schleim durch Essigsäure nicht fällbar (Pseudomuzin). Ein- u. beidseitig vorkommend. Bisweilen karzinomatöse Entartung; ↑ Ovarialtumoren. [5]

~leberzirrhose, perikarditische (Pick, 1896): Stauungsinduration der Leber mit Aszites bei adhäsiver Perikarditis mit Einengung der V. cava caudalis. [9]

~leukämie *f:* von Cohnheim 1860 geprägter Begriff für die später ↑ Aleukämie genannte Form der Leukämie. Unter der Bezeichnung P. verbargen sich damals auch andere nichtleukäm. Erkrankungen (z. B. Lymphogranulomatose, Lymphosarkom u. a.), deren Pathogenese erst später abgeklärt wurde, so daß der Begriff P. heute nur noch histor. Interesse hat. [11]

Pseudo' LE-Zellen: 1. ↑ Tart-Zellen; 2. A-Zellen, Einlagerung chromatinenthaltender Kernsubstanz in Leukozyten; 3. B-Zellen, weniger Chromatin in Kernsubstanz als bei 2. [43]

Pseudo-Little: übermäßige Gliederstarre im Säuglingsalter bei verzögerter Markscheidenreifung ohne organ. Schädigung mit guter Prognose; ↑ Little' Krankheit. [33]

Pseudologia phantastica *⟨griech, lat⟩*: krankhafte Neigung zur Erfindung wahrheitswidriger Behauptungen, zu Angaben u. Schilderungen mit Entstellung der Tatsachen u. Zusammenhänge. [35]

Pseudolyssa = Pseudorabies: Viruserkrankung der Haustiere mit Zeichen der Meningoenzephalitis. Geringe Pathogenität für den Menschen: starkes Hautjucken für einige Tage, keine Lähmungen, keine Beziehung des Erregers zum Tollwut- u. Lähmungswutvirus. [40]

Pseudo|melanose *⟨griech⟩*: grünblauschwarze, postmortal entstandene Verfärbung der Darmschleimhaut, Leber- u. Milzunterfläche u. a. durch Schwefeleisen, meist infolge Einwirkung von Schwefelwasserstoff (Fäulnis!) auf vital gebildetes Hämosiderin (keine Melanineinlagerung).

~membran: im Gegensatz zur echten Membran (aus lebenden Zellen u. Bindegewebsfasern aufgebaute dünne Gewebsplatte) nur „häutchenartige Auflagerung", die aus einem

Fibrinnetz, darin eingeschlossenen Exsudatzellen u. teilweise nekrot. Schleimhaut besteht. Bei pseudomembranöser Entzündung unterscheidet man 1. kruppöse (z. B. in der Luftröhre bei Diphtherie), 2. diphtheroide (z. B. auf den Gaumenmandeln bei Diphtherie) u. 3. verschorfende Formen (z. B. im Darm bei Ruhr). [4]

~meningokokken: frühere Bezeichnung für die Gruppe der apathogenen ↑Neisserien. Species: *Neisseria sicca, N. haemolysans,* Flavusgruppe, *N. catarrhalis.* Vorkommen saprophytär in den oberen Atmungswegen. *N. catarrhalis* fakultativ pathogen, kann Bronchitiden hervorrufen. [41]

~menstruation: Blutung zur Zeit der fälligen Regel, die keine echte Menstruation darstellt; anovulator. Zyklus, Follikelabbruchblutung, Entzugsblutung. [29]

Pseudomikromelie: stummelförmige Glieder bei der Osteogenesis imperfecta letalis (Vrolik). [23]

Pseudomnesie ⟨*griech*⟩ *f* ↑Erinnerungsfälschung. [34]

Pseudomonas aeruginosa: wichtigste Species der Gattung Pseudomonas (↑Pseudomonas-Gruppe). Bildet die Farbstoffe ↑Pyozyanin u. Fluoreszein u. die antibiot. wirkende ↑Pyozyanase. Entzündungs-, Mischinfektions- u. Erreger des blauen oder blaugrünen Eiters. [41]

P.-Gruppe: Gattung der Familie *Pseudomonadaceae* (Bergey, 1957); gramneg., bewegliche, sporenlose Stäbchen. Wichtigste Species: ↑*Pseudomonas aeruginosa, Pseudomonas fluorescens, Pseudomonas syncyanea.* [41]

Pseudomonomanie ⟨*griech*⟩ *f* ↑Monomanie. [34]

Pseudomuzin ⟨*griech*⟩ *n:* Metalbumin, schleimähnliche Substanz, die in Ovarialkystomen – den Pseudomuzinkystomen – vorkommt. [29]

Pseudo|myopie: eine solche Myopie, die nicht eine echte Achsen- oder Indexmyopie ist, sondern auf einem Krampf des Ziliarmuskels, also einer Akkommodationsanspannung beruht. Sie wird ausgelöst durch Angewöhnung, auch Hysterie oder Enzephalitis, durch die Gewöhnung an falsche Brillengläser (unnötige oder zu starke Konkavgläser) oder durch miot. wirkende Medikamente. Es handelt sich also eigentlich um einen Brechungsrefraktionsfehler; ↑Refraktionsanomalien. [36]

~myxödem *n:* Hautveränderungen, die dem Myxödem ähneln u. durch Syphilis oder Menopause sowie Dementia praecox hervorgerufen werden können; ↑Chagas' Krankheit. [5]

~myxoma peritonei *n:* Aussaat auf das Peritoneum, von gallertartigen u. schleimigen Kystomen des Eierstockes u. der Appendix ausgehend. Histolog. meist gutartig, klin. oft bösartig. [29]

~neuritis optica = Pseudostauungspapille: angeborene Anomalie der Papilla fasciculi (nervi) optici, die unveränderlich ist u. eine große Ähnlichkeit mit echter patholog. Papillenschwellung durch Entzündung oder Stauung hat (Rötung, unscharfe Grenzen, Prominenz, Verstrichensein der Exkavation). Blutungen fehlen immer. Atrophie folgt nicht. Oft mit Brechungsfehlern vor allem Hyperopie, seltener Myopie gepaart. Differentialdiagnose von vitaler Bedeutung für den Kranken. Diagnose oft nicht nur mit dem Augenspiegel, sondern mit feinsten Funktionsproben. Beobachtung u. photograph. Dokumentation möglich. [36]

Pseudoparalyse ⟨*griech*⟩: 1. der progressiven Paralyse symptomatolog. ähnliche Krankheitsbilder, z. B. bei Alkoholintoxikation, Stirnhirntumor, Pick' Atrophie (von Syphilis durch serolog. Untersuchung abzugrenzen); ↑Parrot' Lähmung; 2. Bewegungsstörung ohne Lähmung (psychogen oder infolge von Schmerzen, Gelenkerkrankung); 3. ↑Pseudobulbärparalyse. [34]

Pseudoparaplegie ⟨*griech*⟩ *f:* Scheinlähmung der Extremitäten bei intakter Nervenfunktion. Früher zur Bezeichnung der rachit. bedingten Muskelschlaffheit an den Beinen gebraucht. [32]

Pseudoparasit ⟨*griech*⟩: zufällig in einen Wirt gelangter Organismus, der selbst kein Parasit ist, aber (wie manche Insektenlarven) beispielsweise den Darm lebend passiert. [58]

Pseudopelade (Brocq) ↑Alopecia atrophicans. [43]

Pseudopodien ⟨griech⟩ *n, Pl:* zeitweise vorhandene füßchenartige Fortsätze von Zollen, die bes. bei der Fortbewegung u. bei der ↑Phagozytose gebildet werden. [6]

Pseudopolyarthritis rhizomelica: von J. D. Kersley (1951) beschriebenes Syndrom eines entzündlichen, rheumat. Prozesses an Schulter- u. Beckengürtel, von französ. Autoren als Pseudopolyarthrite rhizomélique bezeichnet. Vorkommen bei älteren Pat. oberhalb 50 Jahren, Frauen bevorzugt, Sitz in der Muskulatur der Stammgelenke, BSG extrem beschleunigt, manchmal Fieber u. starke Abmagerung, spontaner Rückgang in 1–2 Jahren oder mehr. Komplikation mit Arteriitis temporalis. Nosolog. Probleme weitgehend ungelöst. [13]

Pseudopolyglobulie ⟨*griech, lat*⟩ *f:* scheinbare Vermehrung der Erythrozyten infolge Bluteindickung bei starkem Flüssigkeitsverlust (chron. Durchfälle, langdauerndes Erbrechen u. a.), Durst oder lokalen Wasserverschiebungen. Abzugrenzen von der ↑Polyglobulie. [11]

Pseudo|porenzephalie: Hirnsubstanzdefekte (Porenzephalie), die nicht auf eine Entwicklungsstörung, sondern auf eine frühkindl. Hirnschädig. zurückzuführen sind. [33]
~pterygium ↑ Pterygium. [36]
Pseudopylorusstenose des Neugeborenen ↑ Fibiger-Debré' Syndrom; ↑ Dyskortizismus. [32]
Pseudo|rheumatismus: einige Autoren sprechen von falschem Rheumatismus, wenn es sich nicht um den echten akuten Rheumatismus (rh. Fieber) handelt, der auch als Rheumatismus infectiosus specificus verus bezeichnet wird, sondern um den sog. fokalen Rheumatismus. Der Name P. erscheint überflüssig. [13]
~sepsis allergica ↑ Subsepsis hyperergica.
~sklerose (Westphal-Strümpell): „Hepatolentikuläre ↑ Degeneration".
~sklerose, spastische ↑ Jakob-Creutzfeldt' Erkrankung. [33]
~sklerosering: ringförmige Einlagerung in der Hornhaut, ↑ Kayser-Fleischer' Ring. [36]
Pseudospirochäten ⟨*griech*⟩: feine, sich ringelnde u. drehende spirochätenähnliche Fäden im Blut Fiebernder, in Blutkonserven, angewärmten natürlichen Präparaten, aus der Cholesterin-Lezithinhülle der Erythrozyten sich entwickelnd, für Geübte leicht von wirklichen Spirochäten zu unterscheiden. Davon zu trennen sind die aus den Zentren der Erythrozyten sich entwickelnden Fadenstrukturen; ↑ Erythromiten. [11]
Pseudospondylolisthesis ⟨*griech*⟩ *f:* durch Kombination einer Höhenabnahme der Zwischenwirbelscheibe (Osteochondrose) mit einer Arthrosis deformans des zugehörigen kleinen Wirbelgelenkes wird das Bewegungssegment locker, so daß der ganze Wirbel nach hinten verschoben werden kann. [23]
Pseudostauungspapille ↑ Pseudoneuritis optica. [36]
Pseudotabes: Krankheitsbild, dessen Symptome der Tabes dorsalis ähneln, dessen Ursache aber eine Polyneuritis ist. [33]
P. alcoholica: durch chron. Alkoholmißbrauch entstandene Polyneuritis (Areflexie, Ataxie) u. Polioenzephalitis mit Beeinträchtigung der Lichtreaktion der Pupillen, meist verbunden mit psych. Defekt (↑ Korsakow' Syndrom), von Syphilis durch die neg. serolog. Befunde (WaR, Nelson-Test) zu unterscheiden. [34]
P. diabetica: (seltene) Form der ↑ Neuritis diabetica mit ähnlicher klin. Symptomatik wie bei der ↑ Tabes dorsalis. [14]
P. peripherica: bei peripheren arteriellen Durchblutungsstörungen.
P. postdiphtherica: recht häufige Nacherkrankung der ↑ Diphtherie. [33]
Pseudotachykardie ⟨*griech*⟩: durch einen dikroten (doppelschlägigen) Puls (↑ Dikrotie) wird die doppelte Zahl der Pulsschläge vorgetäuscht. Läßt sich durch Pulsregistrierung schnell aufklären. [10]
Pseudotruncus arteriosus (communis): Mißbildung, bei der Aorta u. A. pulmonalis nur scheinbar ein gemeinsames Gefäß bilden (↑ Truncus arteriosus communis). In Wirklichkeit findet sich lediglich eine hochgradige Verengerung eines der beiden Gefäße. [9]
Pseudotuberkel ⟨*griech, lat*⟩ *n:* Fremdkörpertuberkel; makroskop. u. mikroskop. knötchenförmige tuberkelähnliche Bildungen, die durch einheilende kleinste Fremdkörper bedingt sind, z. B. Talkum, Pilze, Parasiten, Sulfonamidkristalle u. a. [5]
Pseudotuberkulose ⟨*griech, lat*⟩ *f:* tuberkuloseähnliche, bes. bei Nagetieren verbreitete Krankheit, hervorgerufen durch *Pasteurella pseudotuberculosis* (Pseudotuberkulosebakterien); verursacht beim Menschen die abszedierende retikulo-histiozytäre ↑ Lymphadenitis mesenterialis (Masshoff). [5]
Pseudotumor: Scheingeschwulst; Anschwellung, der keine echte Gewächsbildung zugrunde liegt. [4]
P. cerebri: Krankheitsbild mit Hirntumorzeichen wie Paresen, Stauungspapille, Erbrechen usw. ohne entsprechenden Hirnbefund. Meist Hirnschwellung entzündlicher oder gefäßbedingter Ursache. [33]
P. der Netzhautmitte: entsteht im Rahmen der senilen Makuladegeneration von Junius-Kuhnt u. der Retinitis Coats. Keine einheitliche Ursache. Differentialdiagnose gegen Melanosarkom sehr schwierig. [36]
Pseudouridylsäure: Isomeres der Uridylsäure (↑ Ribonukleosidmonophosphate), in dem die Ribose mit C_1 nicht N_3-glykosid. am Urazil, sondern über eine C_1–C_5-Bindung am Urazil gebunden ist (= 5-Ribosylurazil); kommt vor allem in der ↑ Transport-RNS vor. Die Umwandlung vom $N_3 \rightarrow C_1$-Glykosid in die $C_5 \rightarrow C_1$-Bindung erfolgt enzymat. im Polynukleotid. [8]
Pseudowut ↑ Pseudolyssa. [40]
Pseudoxanthoma elasticum ⟨*griech, lat*⟩ *n:* Systemkrankheit der elast. Fasern. Selten. Überwiegend an der Haut sich abspielende anlagebedingte unter Bevorzugung des weiblichen Geschlechts auftretende Krankheit. Weiche gelbliche Papeln vorwiegend in den Gelenkbeugen u. an den seitlichen Halspartien. Feingeweblich handelt es sich um Degeneration des elast. Gewebes (Elastorrhexis u. Elastoklasis) mit Lipidspeicherung. Gelegentlich im Verlauf der Krankheit zentrale Chorioretinitis mit sek. Atrophie der Papille (engl. angioid streaks) u. Kalzinose der Gefäße (Groenblad-Strandberg' Syndrom). [43]

Pseudoxanthomzellen: relativ große, oft in epithelartigen Gruppen zusammenliegende, Lipide enthaltende Histiozyten. Das Plasma dieser Zellen ist nach Alkoholbehandlung (HE-Schnitt) hell u. wabig („Schaumzellen"). Vorkommen in älterem Granulationsgewebe (z. B. „pyogenetische" Membran von Abszessen), im spezif. Granulationsgewebe der Aktinomykose, im Nierenstroma bei chron. Glomerulonephritis oder Lipidnephrose u. a. Ähnliche Zellen werden im ZNS, wo sie allerdings zum Teil von Gliazellen abstammen, als ↑Abraumzellen, Wabenzellen oder ↑Fettkörnchenzellen bezeichnet. [4]

Pseudozirrhose ⟨*griech*⟩ *f* ↑Pseudoleberzirrhose. [5]

Pseudozyanose ⟨*griech*⟩: Vortäuschung der klin. wichtigen, echten Zyanose, die durch reduziertes Hämoglobin bei Atmungs-Kreislaufstörungen hervorgerufen wird, durch andersgefärbte Verbindungen des Hämoglobins mit Blutgiften (z. B. Kohlenmonoxidhämoglobin, Verdoglobin, Hämatin usw.). [11]

Pseudozylinder ⟨*griech*⟩ *m, Pl:* im Gegensatz zu echten Zylindern ist der Befund nicht von so erheblicher klin. Bedeutung. Es handelt sich hierbei um Zylindroide. Sie erscheinen mehr abgeplattet, bandartig, häufig aufgefasert u. bestehen aus Schleim, Uraten, Harnsäure, Bakterien oder Leukozyten. [47]

Pseudozyste ⟨*griech*⟩ *f:* parasitolog., Parasitenbefall u. -vermehrung in Wirtszellen unter Auflösung des Zellkerns. Die Zellmembran umhüllt bis zu mehreren hundert Parasiten. Pseudozystenbildung durch ↑*Toxoplasma gondii;* Größe der P. zwischen 30 bis 60 µm im Durchmesser. [40]

Psicain○**:** opt. Isomer des Kokains, das als saures Tartrat im Handel ist. Schleimhautanästhetikum; macht keine Gewöhnung oder Sucht, unterliegt nicht der Betäubungsmittelverordnung.

P.-Neu: Chlorhydrat des Benzoyl-a-pseudotropinkarbonsäure-propylesters. Schleimhautanästhetikum. Unterliegt nicht der Betäubungsmittelverordnung. [44]

Psilosis ⟨*griech*⟩ *f* ↑Sprue, außerdem Bezeichnung für Alopezie; ↑Madarosis. P. linguae ↑Sprue. [43]

Psittakose ⟨*griech*⟩ *f* ↑Papageienkrankheit. [4]

Psittakose-Virus ↑Ornithose-Virus. [41]

Psoas ⟨*griech*⟩ *m: Abk:* für M. psoas, Lendenmuskel (psoa = Lendengegend). [1]

~abszeß: typ. Form des tuberkulösen Senkungsabszesses bei Spondylitis tuberculosa der untersten Brust- u. oberen Lendenwirbelsäule durch Wanderung des Eiters auf der Psoasfaszie zur Leistengegend. [15]

~randsymptom (Hutter, 1932): auch Hutter' Psoasrandzeichen; kommt bei hypotonem Nierenbecken u. Harnleiter vor, darf aber allein nicht als patholog. Zustand gewertet werden. Bei einem bestimmten Füllungsgrad (Ausscheidungs- oder retrogrades Pyelogramm), der nicht zu stark sein darf, legt sich das Nierenbecken an den Psoas an, so daß dessen gerader Rand das Nierenbecken gradlinig begrenzt.

~randunschärfe: Psoasrand ist im Röntgenbild dann unscharf, verwaschen oder ausgelöscht, wenn er von großer Niere, z. B. Harnstauungsniere, Tumor, Zyste, Zystenniere o. ä. oder pararenaler Abszeßbildung oder Hufeisenniere (Brücke) überdeckt ist. [24]

~zeichen: durch Entzündung im Bereich des M. iliopsoas auftretender Krampfzustand mit Spannungsschmerz bei Kontraktion des Muskels, auslösbar durch Strecken u. Beugen des Oberschenkels im Hüftgelenk (Prüfung bei Blinddarmentzündung). [18]

Psoitis ⟨*griech*⟩ *f:* von der Umgebung her fortgeleitete Entzündung des M. psoas major, z. B. beim Psoasabszeß; stellt sich klinisch meist als Hüftbeugekontraktur dar. [23]

Psoriasis ⟨*griech*⟩ *f:* Schuppenflechte. Eine der häufigsten Hautkrankheiten, deren Genese trotz zahlreicher Theorien bisher noch nicht aufgeklärt worden ist. Erblicher Faktor u. infektiöse Genese werden diskutiert. Auftreten in jedem Lebensalter, schubweiser Verlauf, Frühjahr u. Herbst bevorzugt. Die Schleimhäute bleiben frei. Krankheit selbst bisher nicht heilbar. Oft lebenslanger Verlauf. Die häufigste Form ist die P. vulgaris: hier finden sich ohne Störung des Allgemeinbefindens mit einer silbergrauen Schuppung bedeckte, entzündlich gerötete mehr oder weniger scharf umschriebene scheibenförmige Herde an der Haut. Nach Abspänen der Schuppen tritt das sog. Kerzenfleck-Phänomen (silbriger Glanz der Schuppen, wie beim Abkratzen eines Stearintropfens) auf, bei gänzlicher Ablösung kommt es zu einer feinen kapillaren Blutung aus den kapillären Hautgefäßen (Phänomen des blutigen Taus). Prädilektionsstellen sind der behaarte Kopf, Streckseiten der Extremitäten unter Bevorzugung der Ellenbogen u. der Knie sowie über dem Kreuzbein. Ferner kann es zu Störungen des Nagelwachstums kommen (Grübchennägel). Bei der P. inversa sind die Herde entzündlicher u. die Beugeseiten stärker befallen. Mit mehr oder weniger schweren rheumatoiden Gelenkerscheinungen geht die P. arthropathica einher, die zu Versteifungen (Ankylose) bes. der kleinen Gelenke führt. Verschiedene Rheumatologen betrachten die P. a. als bes. nosolog. Einheit. Ein ebenfalls schweres Krankheitsbild kann die P. pustulosa zeigen. Bei dem 1. Typ (Barber) treten neben typ. meist stärker entzündlichen Herden Pusteln u. Eiterungen an den Fingern u. Zehen, beim 2. Typ (Zumbusch) auch an anderen Körperstellen auf. Selten ist eine Generalisation der P. in Form der P. universalis. Weitere Formen unterscheidet man lediglich nach dem Aussehen der einzelnen Herde, z. B. P. gyrata = girlandenförmige Erscheinungen; P. geographia (landkartenähnlich); P. guttata (als wären Kalktropfen auf die Haut gespritzt); P. nummularis (Scheiben von Münzengröße); P. punctata (punktförmig); P. serpiginosa (in Schlangenlinien). [43]

Psorospermosis follicularis ⟨*griech, lat*⟩ *f* ↑ Darier' Krankheit. [43]

PSR: *Abk* für Patellarsehnenreflex. [33]

Psychalgie ⟨*griech*⟩ *f:* Schmerzhaftigkeit in begrenzten Abschnitten des Rumpfes, des Kopfes oder der Gliedmaßen, die sich nicht mit dem Verlauf der dort befindlichen Nerven u. ihrer Verzweigungen deckt, P. werden deshalb von Neuralgien unterschieden u. als Symptome neurot. Krankheitsbilder aufgefaßt. [35]

Psychalgnie ⟨*griech*⟩ *f:* durch Ausmalen geschlechtlicher Handlungen in der Vorstellung hervorgerufene geschlechtliche Erregung. [35]

Psychasthenie ⟨*griech*⟩ *f:* seelische Schwäche; bes. Form der ↑ Neurose u. der ↑ Psychopathie. [34]

Psychiater ⟨*griech*⟩ *m:* Facharzt für ↑ Psychiatrie.

Psychiatrie ⟨*griech*⟩ *f:* Wissenschaft von den seelischen Störungen und den Geisteskrankheiten einschließlich ihrer Behandlung.

psychisch ⟨*griech*⟩: seelisch, geistig.

Psycho|analeptika ⟨*griech*⟩ *n, Pl:* Leistungsstimulanzien mit euphor. Komponente (↑ Euphorie); z. B. Pervitin® u. a. [44]

~chirurgie: chir. Behandlung von psych. Veränderungen u. Schmerzzuständen durch Unterbrechung bestimmter Bahnsysteme; ↑ Leukotomie. [20]

~chromästhesie: „Farbenhören"; Miterregung im Bereich des opt. Analysators bei Erregung des akust. Analysators u. umgekehrt. [35]

~diagnose: Diagnostik charakterist. Verhaltensweisen, Intelligenzleistungen u. anderer psych. Eigenschaften bei psych. Störungen mittels charakterist. Tests (↑ Rorschach, Wartegg, Murray usw.), deren Ergebnis niemals losgelöst von der klin. Untersuchung des Gesamtorganismus u. der Untersuchung der höheren Nerventätigkeit betrachtet werden darf. [34]

psychogen ⟨*griech*⟩ ↑ Psychogenie. [34]

Psychogenie ⟨*griech*⟩ *f:* Verursachung von Krankheiten durch Vorstellungen u. durch Gemütsbewegungen bes. Art oder in bes. Verkoppelung u. Aufeinanderfolge. [35]

Psychoide ⟨*griech*⟩ *n, Pl:* von E. Bleuler bei niederen Organismen angenommene Vorform des ganzheitlichen Reagierens, das auf den höheren Stufen tier. Entwicklung durch die Nerventätigkeit gewährleistet ist; ↑ Mnemismus. [35]

Psychokatharsis: kathartische ↑ Behandlung. [34]

Psychologie: Seelenkunde, das normale (sowohl das bewußte als auch das unbewußte) Seelenleben betreffend.

Psychomotilität ⟨*griech, lat*⟩: Einfluß (ungewollt, meist auch unbewußt) psych. Vorgänge auf die ↑ Motilität. [34]

Psychoneurosen ⟨*griech*⟩ *f, Pl:* alter, heute als überholt zu betrachtender Begriff, unter dem man „funktionelle" bzw. psychogene Zustände, vor allem Neurasthenie u. Hysterie, zusammenfaßte u. den organ. Nervenkrankheiten gegenüberstellte. [33]

Psychoorganisches Syndrom: organisches ↑ Psychosyndrom. [34]

Psychopathen: Personen, die durch eine konstitutionelle psych. Abartigkeit gekennzeichnet sind; ↑ Psychopathie.

P., fanatische: abwegige, sthen., streitsüchtige Naturen, von einer Idee besessen, z. B. Querulanten, Sektierer, Spiritisten; bisweilen Übergang zur psychot. Paraphrenie. [34]

Psychopathie ✱ **Psychopathia** ⟨*griech*⟩ *f:* konstitutionelle psych. Abartigkeit, die angeboren oder früh erworben sein kann. Gekennzeichnet durch regelmäßiges Versagen gegenüber den Lebensaufgaben, hauptsächlich in den zwischenmenschlichen Beziehungen. Intellektuelle Mängel gehören nicht zum Wesen der P., vielmehr erhebliche Fehlentwicklungen im Triebleben, im emotionalen u. Willensbereich. Konstitutionelle Verfestigung psych. abartiger Züge u. mangelnde Beeinflussung derselben (z. B. durch Psychotherapie) sind wichtige differentialdiagnost. Kriterien bei der Abgrenzung gegenüber einer Neurose. P. ist keine Krankheit (wichtig in forens. Hinsicht), jedoch kann eine P. Krankheitswert erreichen, z. B. bei paranoiden Entwicklungen auf dieser Grundlage. Verschiedene Formen, z. B. hyperthyme, depressive, anankast., psychasthen. Psychopathie; querulator., hyster. Formen.

P. sexualis *f* (Krafft–Ebing): sexuelle Abwegigkeit, Perversion; heute überholte unkorrekte Bezeichnung, weil Perversion auch ohne weitere psych. Auffälligkeit vorkommt (also nicht nur bei Psychopathie), außerdem bei Schizophrenie, Epilepsie, Oligophrenie, Demenz. [34]

Psycho|pathologie ⟨*griech*⟩ *f:* Lehre von den krankhaften Abweichungen der psych.

Vorgänge. Kann nur Bestand haben auf der Grundlage der psychiatr. u. neurolog. Krankheitslehre, d. h. unter steter Berücksichtigung der Physiologie u. Pathologie des Nervensystems. Da auch die Grenzzustände zwischen gesunden u. krankhaften psych. Vorgängen behandelt werden, spielt dabei die medizin. Psychologie eine wichtige Rolle. [34]

~pharmaka: Neuro-Psychopharmaka sind Substanzen, die psych. Funktionen, z. B. Stimmungslage oder seel. Verhaltensweisen beeinflussen. Es gehören dazu: Tranquilizer, Neuroleptika, Antidepressiva, Psychostimulanzien, Psychosomimetika. [44]

~physik: Teilgebiet der experimentellen ↑Psychologie. Gegenstand der P. ist die Frage nach den Transformationsgesetzen zwischen Reizgrößen u. Empfindungsgrößen. F. Th. Fechner (1860) fand das Grundgesetz der Psychophysik: $E = K \cdot \log R + C$ (E = Empfindungsgröße, k = Proportionalitätsfaktor des Sinnesgebietes, R = Reizgröße u. C = eine Konstante). Das Gesetz kann auch als Potenzfunktion dargestellt werden (Stevens). Methoden der P.: Schwellenmessung in verschiedenen Sinnesmodalitäten, absolute u. Unterschiedschwellen (Grenzmethode, Treffermethode u. a.). Psychophysiolog. Methoden (Messung evozierter Potentiale) haben das Transformationsgesetz bestätigt. [0]

psychophysisch ⟨*griech*⟩: gleichbedeutend mit „leib-seelisch". Beim Gebrauch des Begriffes wird im allgemeinen ein Nebeneinander des Psychischen u. des Physischen im Sinne eines Parallelismus oder im Sinne der Wechselwirkung unterstellt; seine Verwendung ist daher durchweg nicht im Einklang mit der wissenschaftlichen Feststellung, daß das Psychische die subjektive Seite der höheren Nerventätigkeit des Menschen ist, in der besonderen, nur ihm eigenen Art der Widerspiegelung der Umwelt. [35]

Psycho|plegika ⟨*griech*⟩ ↑Neuroplegika. [44]

~prophylaxe *f:* Verfahren der vorbeugenden Beeinflussung von Menschen, denen bes. Anspannungen bevorstehen, oder die ungewöhnliche Beanspruchungen, insbes. Schmerzen, erwarten, durch systemat. Aufklärung, durch Beruhigung, Zuspruch, Überzeugung, gegebenenfalls auch durch Hypnose u. Suggestion. Wertvolle Einwirkungen können auch durch Eingliederung in geregelte Unterweisung u. Beschäftigung im Kollektiv im Rahmen eines entsprechenden Heilregimes bei stationärer Aufnahme erfolgen. [35]

~reflexe: Reflexe, die an die Mitwirkung psych. Vorgänge gebunden sind. [34]

Psychose ⚹ **Psychosis** ⟨*griech*⟩ *f:* zerebral bedingte psych. Störung von ausgesprochenem Krankheitswert, von einem Schweregrad, daß z. B. die Voraussetzungen für die strafrechtliche Zurechnungsfähigkeit entfallen. Unterschieden wird im allgemeinen: 1. endogene P. (Schizophrenie, manisch-depressive Erkrankung, Epilepsie); dabei drückt der Begriff des „Endogenen" nur unsere Unkenntnis von der Ätiologie dieser Erkrankungen aus, so daß besser von „Psychosen ohne nachweisbare Ursachen" zu sprechen wäre; 2. exogene P., sie werden eingeteilt in P. bei organ. Hirnerkrankung (z. B. progressive Paralyse, hirnarteriosklerot. bedingte Psychose), bei körperlicher Allgemeinerkrankung (Pneumonie, Typhus, Urämie), die oft als „symptomatische" P. angesehen werden u. bei Intoxikation durch körperfremde Gifte (Alkoholismus, LSD), sowie reaktive Psychosen; atypische ↑Psychosen.

P., atypische (ohne nachweisbare Ursache): Karl Leonhard beschrieb zykloide Psychosen, „die zwischen den Schizophrenien u. der manisch-depressiven Krankheit liegen". Dabei unterschied er: Motilitätspsychose, Verwirrtheitspsychose u. Angst-Glücks-Psychose. Außerdem beschrieb er atyp. Schizophrenien, ↑Schizophrenie. Sein Lehrer Karl Kleist beschrieb Randpsychosen, von anderen Autoren seien genannt: P. Schröder (Degenerationspsychosen), R. Gaupp (Mischpsychose).

P., hyperkinetische: von Kleist gebrauchte Bezeichnung für psych. Erkrankungen, bei deren Symptomatik ständige Unruhe, gesteigerte Motorik, Rededrang, Neigung zum Schreien voranstehen. Die Psychose kann period. auftreten als atyp. Manie, oft zeigt sie schizophrene Symptomatik, Mischpsychose.

P., klimakterische: schizophrenieähnliches Bild, das sich häufig aus einer klimakter. Depression entwickelt, gesteigertes Mißtrauen mit paranoider Haltung, Steigerung zum Wahnhaften (auch zum echten Wahn), Sinnestäuschungen opt., akust., hapt. Art abnorme Leibempfindungen. Das Erhaltenbleiben der psych. Persönlichkeit, ihrer Kontaktfähigkeit geben Bedenken an der Diagnose Schizophrenie, bes. wenn die psychot. Symptomatik sich ohne Resterscheinungen zurückbildet u. die Vorgeschichte keinen Hinweis für einen früher überstandenen Schub gibt.

P., polyneuritische = Psychosis polyneuritica; amnest. Syndrom, Verlust von Merkfähigkeit u. Gedächtnis, Orientierungsstörung, Konfabulationen, Demenz bei gleichzeitig bestehender Areflexie; meist tox. entstanden, durch chron. Alkoholismus; ↑Korsakow' Syndrom.

P., reaktive: in der Zeit vorherrschender Endogenitätstheorien wurden allenfalls abnorme Erlebnisreaktionen für möglich erachtet. Neuerdings werden von zahlreichen Autoren echte reaktive P. hauptsächlich depressiver u. paranoider Symptomatik anerkannt. Voraussetzung sind sehr hochgradige Lebensbelastungen, soziale Entwurzelung u. Isolierungssituationen, z. B. bei zunehmender Schwerhörigkeit. Bei Fortbestehen der pathogenen Lebensumstände kann Chronifizierung eintreten. [34]

P., symptomatische: problemat. Bezeichnung für Psychose als Symptom einer körperlichen Allgemeinerkrankung mit zerebraler Auswirkung, z. B. Fieberdelir, Generationspsychosen, Psychose bei Anämie, Basedow' Erkrankung, Herzleiden, Typhus, Pneumonie usw. Manche Allgemeinerkrankungen führen unmittelbar eine Enzephalitis herbei, z. B. Fleckfieber, so daß die betreffenden P. dann nicht als symptomat. zu erachten sind. Besser wird allgemein von organ. begründbaren Psychosen, z. B. vom exogenen Reaktionstyp gesprochen. [34]

Psychosomatik ⟨*griech*⟩: psychosomatische ↑Medizin. [35]

psychosomatisch ⟨*griech*⟩: wörtlich seelisch-körperlich. Der Begriff dient im allgemeinen zur Bezeichnung für körperlich feststellbare Reaktionen des menschlichen Organismus auf diese u. jene Reize, hauptsächlich im Rahmen gesellschaftlicher Umweltbeziehungen. Meistens wird dabei jedoch unbemerkt eine dualist. Gegenüberstellung von Körper u. Seele im Sinne eines heterogenen Nebeneinanders u. im Sinne von gegenseitigen Wechselwirkungen vollzogen. [35]

Psychosomimetika: auch Psychotika, Depersonalisantia, Halluzinogene, Psychotomimetika genannt. Substanzen, die wie z. B. Meskalin u. LSD zu psychoseähnlichen Zuständen bzw. Modellpsychosen führen. [44]

Psychosyndrom, endokrines ⟨*griech*⟩ *n:* Geistesstörungen bei endokrinen Erkrankungen, die nicht Folge allgemeiner Stoffwechselkrisen oder diffuser Hirnschädigungen sind, also nicht dem akuten exogenen Reaktionstypus oder dem amnestischen. Psychosyndrom oder dem erworbenen Schwachsinn zugehören. [12]

P., organisches: von E. Bleuler beschriebene psych. Störungen auf der Grundlage einer diffusen chron. Hirnschädigung mit mnest. Störungen u. Reduzierungen des Intellekts (z. B. Arteriosclerosis cerebri). Ihm sind die von M. Bleuler beschriebenen Störungen bei hirnlokalem Psychosyndrom u. endokrinem Psychosyndrom an die Seite zu stellen. [34]

Psychotherapie ⟨*griech*⟩: Verfahren der Krankenbehandlung, die eine Beeinflussung des Seelenlebens des Menschen durch systemat. Einwirkung mittels Aufklärung, Zuspruch u. Überzeugung (rationale Psychotherapie), Eingliederung in ein Heilregime im Kollektiv (Arbeitstherapie), Hypnose, Suggestion oder Konzentrations- u. Entspannungsübungen (Autogenes Training) herbeiführen. Einzelne Schulen u. Richtungen wie die ↑Freud' „Psychoanalyse", das ↑Adler' „individual-psychologische" Vorgehen u. die Methode der ↑„Psychokatharsis" strebten Heilung durch Aufdeckung sog. „psychischer Traumen" an. [35]

Psychotika ↑Psychosomimetika. [44]

Psychotomimetika ↑Psychosomimetika. [44]

Psychotrin: Nebenalkaloid aus Radix ipecacuanhae, der Wurzel von Uragoga ipecacuanha, einer in Brasilien heim. Rubiazee. [44]

Psychro|algie ⟨*griech*⟩: schmerzhaftes Kältegefühl.

~ästhesie: subjektives Kälte- oder Nässegefühl, ohne bes. diagnost. Bedeutung, gelegentlich bei Neuritiden u. Polyneuritiden, z. B. auf alkohol. Grundlage. [33]

Psychro-Bakterien: psychrophile Bakterien, Kälte-Bakterien; Wachstums-Temperaturoptimum bei 15–20 °C, kein Wachstum bei >30 °C; haben als „Kühlschrankflora" eine Bedeutung (↑Lebensmittelvergiftung) u. bewirken die „Selbstreinigung" der Gewässer im Winter sowie die Mineralisierung. [40]

Psychrometer ⟨*griech*⟩ *n:* Gerät zur Bestimmung der Luftfeuchtigkeit aus der Differenz der Temperatur eines trockenen u. eines feuchten Thermometers. [54]

psychrophil ⟨*griech*⟩: kälteliebend, z. B. psychrophile Bakterien. [42]

P-System ↑Blutgruppen-P-System. [11]

PT: 1. *Abk* für ↑Pulmonalton; 2. dänisches ↑Tuberkulinpräparat. [8]

PTA: 1. *Abk* für Plasma-Thromboplastin-Antecedent, Faktor XI der ↑Blutgerinnung; ist in der Gerinnungsvorphase zur Bildung der Blutthrombokinase erforderlich. Sein angeborenes Fehlen führt zum Krankheitsbild des PTA-Mangels bzw. der Hämophilie C. [11] 2. *Abk* für Pharmazeutisch-technische(n) Assistent(in).

Ptarmika ⁎ **Ptarmica remedia** ⟨*griech, lat*⟩: Arzneimittel, die durch Reizung der Nasenschleimhaut den Niesreflex auslösen. [44]

Ptarmus ⟨*griech*⟩ *m* ↑Nieskrampf. [28]

PTC: *Abk* für Plasma-Thromboplastin-Component, Faktor IX der ↑Blutgerinnung, Gerinnungsfaktoren. Ein im Blut vorkommender Eiweißkörper, der zur Bildung der Blutthrombokinase erforderlich ist. Sein angeborenes Fehlen führt zum Krankheitsbild der Hämophilie B. [11]

Pteridine, Pterine: Derivate eines heterozykl. Ringsystems aus einem Pyrimidin- u. einem Pyrazinring. Derivate der P. sind die ↑Folsäuren u. das ↑Biopterin; entdeckt wurden Derivate als Flügel- u. Augenpigmente bei Insekten sowie in den Schuppen von Fischen u. Pigmentzellen von Amphibien. [8]

Pteroylglutaminsäure ↑Folsäure. [8]

Pterygium ⟨*griech*⟩ *n:* Flügelfell; degenerative, nicht entzündliche Wucherung der Augapfelbindehaut auf die Hornhaut. Dreieckform mit Basis am Hornhautrand, Spitze nach der Hornhautmitte gerichtet, nur wenig mit der Hornhaut verwachsen. In den gemäßigten Zonen meist erfolgreich operabel. In heißen Ländern viel häufiger mit starker Rezidivneigung. Ursache unbekannt; äußere Einflüsse sicher wichtig. Lage in der Lidspaltenzone, öfter nasal als temporal. Zu unterscheiden vom „Pseudopterygium", das eine echte Narbe darstellt. [36]

P. colli: eine angeborene flughautartige Hautfalte zwischen Warzenfortsatz u. Akromion. [1]

P.-Syndrom: Oberbegriff für einen charakterist. Komplex multipler Abartungen mit dem Leitsymptom des ↑Pterygiums. Es lassen sich bisher 4 Untergruppen abgrenzen: 1. Status Bonnevie-Ullrich Pterygonuchealer Infantilismus mit Gonadenagenesie, ↑Ullrich–Turner-Syndrom; 2. Status Ullrich unilateralis; 3. Dystrophia brevicollis congenita Nielsen; 4. ↑Pterygoarthromyodysplasia congenita Rossi, wobei die ersten 2 obligator., die letzten 2 fakultativ mit dem Pterygium-Syndrom gekoppelt sind. [32]

Pterygoarthromyodysplasia congenita ⟨*griech, lat*⟩ *f:* Rossi' Syndrom; Kombination des ↑Pterygium-Syndroms mit der ↑Arthrogryposis multiplex congenita. [32]

pterygoideus ⟨*griech*⟩: flügelförmig, zum Processus pterygoideus des Keilbeins gehörend. [1]

Pterygopalatinum-Syndrom ↑Sluder' Syndrom. [28]

Pterygota = **Pterygogenea:** Gegensatz zu ↑Apterygota; zusammenfassende Bezeichnung für alle geflügelten oder sek. flügellosen (d.h. von geflügelten Vorfahren abstammenden) Insekten. [58]

Ptomaine ⟨*griech*⟩: in faulenden Eiweißstoffen entstehende „Leichengifte". Man verstand darunter zuerst nur das aus Lysin bzw. Ornithin durch Dekarboxylierung gebildete Kadaverin bzw. Putreszin, die beide jedoch wenig giftig sind. Jetzt werden als P. allgemein die Stoffwechselprodukte von Fäulnisbakterien bezeichnet, die auch die giftigen Bestandteile verdorbener Lebensmittel wie Fleisch, Fisch, Muscheln usw. bilden. Sie sind chem. u. toxikolog. sehr verschiedenartig, z.T. ähneln sie manchen Pflanzengiften wie Strychnin, Atropin u.a. [8]

Ptomatropinismus ⟨*griech*⟩: Vergiftung mit Leichenfäulnisprodukten; das klin. Bild ähnelt der Atropin-Vergiftung, daher der Name. [4]

Ptose ⟨*griech*⟩: Senkung. [18]

Ptosis ⟨*griech*⟩ *f:* Herabhängen des Oberlides infolge Lähmung eines der beiden Lidheber; 1. bei Okulomotoriuslähmung, oft kombiniert mit Lähmungen äußerer (u. auch der inneren) Augenmuskeln, vor allem einer solchen des M. rectus sup. (bes. bei der häufigen angeborenen Form); 2. bei Lähmung des Halssympathikus u. damit des glatten Müller' Lidhebers. Teil des ↑Horner' Syndroms. Diagnose durch Kokainversuch. (Bei Einträufeln von 4% Kokain erweitern sich auf der gesunden Seite die Pupille u. Lidspalte, auf der kranken nicht.); 3. bei entzündlichen u. narbigen Liderkrankungen, wichtiges Frühzeichen des Trachoms. [36]

Ptyalin ⟨*griech*⟩ *n:* histor. Bezeichnung für die von den Speicheldrüsen sezernierte Carbohydrase; gehört – wie die Pankreas-Amylase – in die Gruppe der α-Amylasen. [16]

Ptyalismus ⟨*griech*⟩: (vermehrter) Speichelfluß; ↑Sialorrhoe, ↑Salivatio z.B. bei ↑Parkinsonismus. [33]

P. gravidarum: vermehrte Speichelsekretion in der Schwangerschaft, tritt nur gelegentlich auf. [29]

Pubeotomie ⟨*lat, griech*⟩ *f:* Syn. Hebetomie, Hebosteotomie; Durchtrennung der Schambeinknochen einseitig neben der Symphyse mittels Drahtsäge. Veraltete geburtshilfliche Operation mit dem Ziel, ein enges Becken zu erweitern. Fast vollständig zugunsten der Schnittentbindung aufgegeben. [29]

Pubertas ⟨*lat*⟩ *f:* Pubertät, Eintritt der Geschlechtsreife.

P. praecox: körperliche u. geistige Frühreife (unterhalb von 9–10 Jahren), die zu verzeichnen ist, wenn die Bildung des Hormons der Epiphyse vorzeitig erlischt; kommt bei Tumoren der Zirbeldrüse vor (meist bei Männern), auch bei Geschwulst der Keimdrüsen u. der Nebennierenrinde. Sie gehört ferner zu den häufigsten Symptomen bei der polyostot. Dysplasia fibrosa. Bei Eintritt eines Interrenalismus vor der Pubertät ist ebenfalls eine geschlechtliche Frühreife feststellbar. Im strengen Sinne darf man von P. p. nur bei Vorliegen einer verfrühten Funktion der Keimdrüsen sprechen. [12]

Pubertäts|chlorose ⟨*lat, griech*⟩: in der Entwicklungszeit weiblicher Personen auftretende ↑Chlorose. [11]

~drüse: die Gesamtheit aller Leydig' Zwischenzellen. [2]

~gynäkomastie: leichte Vergrößerung der Brustdrüse bei Knaben in der Pubertät. Prognose gut; spontane Rückbildung; ↑Klinefelter' Syndrom, femininisierende Tumoren oder Intersexualität. [32]

~irresein: Bezeichnung der alten Psychiatrie

für schizophrene Prozesse, die in der Pubertät hervortreten (↑Hebephrenie, ↑Dementia praecox). Differentialdiagnost. Abgrenzung gegen abnorme Erlebnisreaktion als Entwicklungsstörung. [34]

~krisen: krisenhafte Zuspitzung von Verhaltensstörungen, die mit der sexuellen u. sonstigen Reifung in der Pubertät zusammenhängen. [34]

~magersucht ↑Anorexia nervosa. [33]

~phthise: käsig-pneumon. Form der Lungentuberkulose bei ungeimpften Jugendlichen, die infolge ungünstiger Reaktionslage während der Pubertät unter Kavernenbildung u. Hämoptoe innerhalb von Wochen oder wenigen Monaten zum Tode führen kann. [5]

~struma: durch einen Mehrbedarf an Schilddrüsenhormonen kann in der Pubertät eine Struma ausgelöst werden. Neigt meist spontan zur Rückbildung. [32]

Pubes ⟨*lat*⟩ *f:* 1. Schamgegend; 2. Schamhaare. [1]

pubicus ⟨*lat*⟩: zur Schamgegend gehörend. [1]

Pubotomie ⟨*lat, griech*⟩ *f* ↑Pubeotomie. [29]

Pudendum femininum ⟨*lat*⟩ *n* = Cunnus = Vulva: die äußeren weiblichen Schamteile, bestehend aus den großen u. kleinen Schamlippen, der Schamspalte, der Klitoris, dem Scheidenvorhof u. der Scheide. [1]

pudendalis ⟨*lat*⟩: zur Schamgegend gehörend. [1]

pudendus ⟨*lat*⟩: zu den Schamteilen gehörend; z. B. A. pudenda, Schamarterie – N. pudendus: Schamnerv. [1]

Pudendus-Anästhesie: Leitungsanästhesie des N. pudendus. Ausbreitungsgebiet: Beckenboden, Damm u. unteres Vaginadrittel. Anwendung zur Schmerzausschaltung für Gebärende in der Austreibungsperiode. [27]

Puder: fein pulverisierte Stoffe, 1. mineral. P.: Talcum venetum (Talkum), Zincum oxydatum u. a.; 2. vegetabil. P.: Amylum tritici (Weizenstärke), Amylum orycae (Reisstärke) u. a., Wirkungsweise ist kühlend, trocknend, aufsaugend. Anwendung allein oder als Zusatz zu anderen Externa; vielfältiger Verwendungszweck. [43]

Puerilismus ⟨*lat*⟩: kind., läpp. Verhalten mit ↑Faxensyndrom, ↑Clownismus; 1. als abnorme Erlebnisreaktion (↑Pseudodemenz, ↑Ganser' Syndrom); 2. bei Schizophrenie (Hebephrenie). [34]

Puerpera ⟨*lat*⟩: Wöchnerin; ↑Puerperium. [29]

puerperal: das Wochenbett betreffend. [29]

Puerperal|eklampsie ⟨*lat, griech*⟩ *f:* Wochenbetteklampsie. Meist werden die ersten zwei Stunden nach der Geburt noch nicht zum Wochenbett gezählt; ↑Eklampsie.

~fieber: Kindbettfieber; sept., vom Genitale ausgehende, auch heute noch gefährliche Erkrankung der Wöchnerinnen. Als Infektionskrankheit sowohl nach der Geburt als auch nach Fehlgeburt meldepflichtig! Keimeinschleppung meist unter der Geburt durch vaginale Untersuchung oder Operationen. Vorbeugung durch streng asept. Geburtsleitung. Bei sachgemäßer antibakterieller Therapie (Antibiotika, Sulfonamide) selten noch tödlich. [29]

~psychosen: psych. Erkrankungen, die im Wochenbett auftreten, 1. akute Psychose von exogenem Reaktionstyp als Folge von Geburtskomplikationen (fieberhafter Infekt oder starker Blutverlust) mit amentiell-deliranter Bewußtseinstrübung, klingt nach Tagen oder Wochen ab; „endogene" Psychose (Depression oder Schizophrenie); 2. reaktive Depression bei labilen Persönlichkeiten u. belastenden Lebenssituationen. [34]

~scharlach: entsteht im Wochenbett von der Plazentarwunde oder von Dammrissen aus. [29]

Puerperium ⟨*lat*⟩: Wochenbett, Kindbett. Frühwochenbett betrifft die erste Woche, Spätwochenbett sechs bis acht Wochen nach der Entbindung. [29]

Puffer: Substanzgemische, die den ↑*p*H-Wert in wäßrigen Lösungen (z. B. auch in Blut, Lymphe usw.) weitgehend konstant halten (Pufferung). Pufferlösungen enthalten schwache Säuren u. deren Salze mit starken Basen oder schwache Basen u. deren Salze mit starken Säuren. Das bekannteste u. physiol. wichtigste Beispiel für ein Puffergemisch ist das menschliche Blut; dieses hat normalerweise bei 37 °C einen *p*H-Wert von 7,35; Schwankungen zwischen 7,28–7,4 sind möglich. Stärkere Abweichungen von diesem *p*H-Wert sind lebensgefährlich u. müssen vermieden werden. Da der Mensch am Tag etwa 1,5 kg Kohlendioxid ausatmet (dieses gibt mit Wasser z. T. die schwach sauer reagierende Kohlensäure (H_2CO_3) u. da bei der Muskelarbeit als Zwischenprodukt Milchsäure entsteht, besteht die Gefahr einer zu starken Ansäuerung des Blutes. Dieser Gefahr wird durch das Puffergemisch begegnet; ↑Puffergemisch. Wegen dieses Puffergemisches aus Natriumbikarbonat (dessen Pufferwert nur etwa 1,25% der gesamten Pufferung erreicht), Natriumphosphaten u. Eiweißstoffen wird die Blutreaktion ziemlich konstant gehalten. Wenn durch übermäßige Säureeinwirkung (Säurevergiftung) der ganze Pufferungsapparat überwältigt wird, so tritt der Tod ein. Bei der Einwirkung von Laugen (z. B. NaOH) finden die entgegengesetzten Vorgänge statt; es wird dann ein Teil der freien Kohlensäure des Blutes in Natriumbikarbonat verwandelt.

~färbung: zur Sicherung der notwendigen H-Ionenkonzentration empfohlene Zusätze für empfindliche Färbungen, z.B. Giemsafärbung: nach Weise mit Phosphatpuffer vom *p*H 7,2. [11]

Puffergemisch: sind Substanzen oder Substanzgemische, die H^+ oder Oh^- so zu binden vermögen, daß sich ihre Wasserstoffionenkonzentration $[H^+]$ innerhalb der Pufferkapazität nur unwesentlich verschiebt. Das beruht darauf, daß ein Salz aus einer schwachen Säure mit einer starken Base (z.B. Na-azetat) bei Zusatz einer starken Säure die schwachdissoziierte Säure bildet:

$$CH_3{\cdot}COONa + HCl \rightleftharpoons CH_3{\cdot}COOH + NaCl.$$

Entsprechend puffert ein Salz aus einer schwachen Base u. einer starken Säure eine stärkere Base ab. Die biolog. wichtigsten P. sind H_2CO_3 mit ihrem Salz $NaHCO_3$, das Gemisch der Salze von prim. u. sek. Phosphat, sowie vor allem die amphoter reagierenden Eiweiße u. Aminosäuren. Ein Gemisch aus $NaH_2PO_4 + Na_2HPO_4$ reagiert mit HCl ganz vorwiegend unter Bildung des nur schwach sauer reagierenden Monophosphats aus dem Diphosphat $Na_2HPO_4 + HCl = NaH_2PO_4 + NaCl$, mit NaOH vorwiegend unter Bildung des nur schwach bas. reagierenden Diphosphats aus dem Monophosphat $NaH_2PO_4 + NaOH = Na_2HPO_4 + H_2O$. Die Pufferwirkung nimmt mit der Verdünnung ab. Sie ist am größten, wenn das P. die Säure u. ihr Salz bzw. die Base u. ihr Salz in nahezu gleichen Mengen enthält. Es ist eine sehr große Zahl von P. für die einzelnen $[H^+]$-Bereiche beschrieben worden. Zu beachten ist, daß die Puffersubstanzen die zu untersuchende Reaktion nicht beeinflussen dürfen. [8]

Pufferluft: entspricht der funktionellen Residualluft. Durch ihr Vorhandensein werden Schwankungen der alveolären Gasspannung zwischen In- u. Exspiration auf sehr geringe Werte reduziert (Rossier). [15]

Pukall, Wilhelm (1860–1937), Chemiker, Berlin, Bunzlau.

P' Filter: Hartfilter zum Nachweis filtrierbarer Viren, besteht aus Kaolin-Quarzmischung, die im Porzellanfeuer bei 1200°C gebrannt wird, Formung zu dünnwandigen Gefäßen. Kann nach Gebrauch zur Sterilisierung u. Wiederherstellung der Porosität geglüht werden. [41]

Pulex ⟨*lat*⟩ *m,* Pulices *Pl:* Floh; Flöhe sind kleine, flügellose Insekten mit seitlich abgeflachtem Körper u. mit stechenden u. saugenden Mundwerkzeugen. Sie sind weltweit verbreitet; Parasiten der warmblütigen Wirbeltiere. Die zwei hauptsächlichsten Vertreter sind Pulex irritans – der Menschenfloh – u. Pulex oder Xenopsylla cheopis – der Rattenfloh. Humanmedizin. haben sie Bedeutung bei der Übertragung der Erreger der Pest u. des Rattenfleckfiebers. [38]

Pulfrich-Photometer: Vorrichtung zur genauen Messung der Lichtextinktion von Lösungen in verschiedenen Spektralgebieten. Sie wird zur Bestimmung der Harn-, Plasma- u. Serumfärbung benutzt. Unter Verwendung entsprechender Zusatzgeräte kann das Photometer auch zur Trübungsmessung benutzt werden; ↑Nephelometrie. [7]

Pulicosis: Befall mit ↑Flöhen („leiterartige" Einstiche mit Erythem u. zentraler Purpura); Juckreiz. [43]

Pulmo ⟨*lat*⟩ *m,* Pulmones *Pl:* Lunge; *Adj* pulmonal, pulmonalis, zur Lunge gehörig. [1]

Pulmonal|atresie ⟨*griech, lat*⟩ *f:* angeborene Fehlbildung des Herzens mit Verschluß der Pulmonalklappe; re. Ventrikel dabei gewöhnlich schwach entwickelt. Lebensfähigkeit nur bei Septumdefekt u. offenem Ductus Botalli.

~embolie ↑Lungenembolie. [5]

Pulmonalisblockierung: Verschluß einer Lungenschlagader mit Hilfe eines spez. Herzkatheters (Hansen), um die Durchblutung einer Lunge vorübergehend zu unterbrechen. [15]

Pulmonalkapillardruck: *Abk* PC; bei Katheterisierung des re. Herzens erlaubt der PC Rückschlüsse auf den Druck im li. Vorhof; die Katheterspitze wird vom re. Herzen über die A. pulmonalis bis zu den Abzweigungsstellen mittlerer Pulmonalarterien vorgeschoben. Von den dort erhaltenen Meßwerten schließt man auf den systol. (PC_s) Pulmonalkapillardruck. Unter PC_d versteht man den arithmet. Mittelwert zwischen PC_s u. PC_d. [10]

Pulmonalklappen ↑Semilunarklappen. [1]

~insuffizienz: zentrale oder am Klappenansatz vorliegende Erweiterung des Pulmonalostium, so daß die Pulmonalklappen während ihrer Schließungsphase offenbleiben. Dies kann angeboren oder erworben sein. Hiervon abzugrenzen ist die Pulmonalisinsuffizienz, bei der die A. pulmonalis in ihrem Anfangsteil erweitert ist (pulmonale Ektasie, angeboren oder erworben). In beiden Fällen hört man ein diastol. Geräusch, bei der Pulmonalisinsuffizienz evtl. auch ein systol. Geräusch, wobei das Punctum maximum über der Auskultationsstelle der A. pulmonalis im 2. ICR li. neben dem Sternalrand gelegen ist.

~stenose: Verengerung der Semilunarklappen der A. pulmonalis. Man unterscheidet eine Konus- sowie Infundibulumstenose im Bereich des Kegels bzw. Trichters der A. pulmonalis, die meist angeboren ist, von einer Stenose infolge Verwachsung der Pulmonalklappen als Folge einer Endokarditis. Die

A. pulmonalis kann in dem unmittelbar auf die Stenose folgenden Abschnitt erweitert sein (poststenot. Erweiterung). Die isolierte P. ist selten u. ist meist mit anderen Klappenveränderungen oder angeborenen Defektbildungen kombiniert (z. B. bei Fallot' Tetralogie). Auskultator. stellt man bei der P. ein systol. Geräusch über der A. pulmonalis, röntgenolog. einen kleinen Pulmonalbogen sowie eine verminderte Lungendurchblutung fest. [10]

Pulmonal|sklerose *f:* ↑Arteriosklerose der Lungenschlagader u. ihrer Äste; 1. sog. prim. P., wird heute nicht als einheitliche Erkrankung angesehen, ihr kann eine prim. entzündliche Gefäßerkrankung (isolierte Endarteriitis pulmonalis), eine echte Arteriosklerose oder eine prim. funktionelle Hypertonie im kleinen Kreislauf zugrunde liegen; 2. sek. P., bei Drucküberlastung im kleinen Kreislauf, z. B. bei ↑Cor pulmonale u. organ. Herzklappenfehlern an der Mitralis. [5]

~ton: zweiter Herzton über dem re. Herzen, der durch den Schluß der Semilunarklappen in der A. pulmonalis herbeigeführt wird. Der P. kann bei Überfüllung im kleinen Kreislauf u. Hypertrophie der re. Kammer verstärkt sein (betont im Vergl. zum II. Aortenton). [10]

Pulmotor ⟨*lat*⟩ *m:* Apparat zur künstlichen Beatmung, der auf dem Prinzip des Blasebalgverfahrens beruht. [49]

Pulpa ⟨*lat*⟩ *f:* Fleisch; Zahnpulpa = Pulpa dentis: Zahnmark; Aufbau- u. Ernährungsorgan des Zahnes, die ausgereifte Zahnpapille. Histolog. ein jugendliches retikuläres Bindegewebe, reich an Nerven u. Gefäßen als Endarterien, aber arm oder frei von Lymphbahnen; an der Peripherie von den Odontoblasten epithelartig bedeckt. Mit zunehmendem Alter Atrophie. Erkrankungen: Pulpitiden u. Dentikel. [37]

P. lienis: Parenchym der ↑Milz. 1. Weiße P.: Gesamtheit der Milzfollikel; 2. Rote P.: übriges Milzgewebe. [5]

P. tamarindorum: Tamarindenmus, Fruchtfleisch von Tamarindus indica, einer in Ostindien heim. Papilionazee. Vegetabil. Abführmittel. Das wirksame Prinzip sind nicht näher untersuchte Alkaloide. Das Tamarindenmus ist Bestandteil des Wiener Trunkes, Infusum sennae compositum. [44]

~arterie: eine von der roten Milzpulpa (Pulpa rubra, ↑Milz) umgebende Arterie, die aus der Trabekelarterie stammt u. in die Zentralarterie übergeht. [2]

~granulom *n:* umschriebene granulierende Entzündung der Zahnpulpa. [5]

~vene: eine von der roten Milzpulpa (↑Milz) umgebene Vene, die durch Zusammenfluß der Milzsinus entsteht u. in die Trabekelvene übergeht. [2]

~zellen: im Milzpunktat nachweisbare rundliche, häufig auch langgestreckte Zellformen mit runden bis ovalen Kernen, die meist etwas exzentr. liegen. Protoplasma oft schwanzförmig ausgezogen, von graublauer Farbe mit zahlreichen rötlichen Granula, vereinzelt finden sich auch gröbere rötliche Einschlüsse. Die P. sind wahrscheinlich mit den Sinusendothelien identisch. [11]

Pulpitis ⟨*lat*⟩ *f:* Entzündung des Zahnmarkes. Häufigste Ursache Infektion durch Karies, seltener durch Parodontitiden u. – im Oberkiefer – Sinusitiden; ferner durch Traumen, wie Frakturen, Abkauung, Beschleifen, Überhitzung, gewerbliche Schäden u. a. Purulente u. putride P. mit Ausgang in ↑Parulis; chron. P. von oft jahrelanger Dauer u. irrtümlich für echte Trigeminusneuralgie gehalten! Seltene bes. Form der chron. P. der Pulpenpolyp (= granulierende Entzündung bei frei liegender Pulpa). Diagnost. Hauptsymptom aller Pulpitiden außer der granulierenden P. stechende oder brennende Schmerzen. Therapie: Ausheilung nur bei Reizzuständen u. im serös-entzündl. Stadium, alle fortgeschrittenen Entzündungen erfordern Exstirpation der Pulpa. [37]

pulposus ⟨*lat*⟩: aus weicher Substanz (Pulpa) bestehend; z. B. Nucleus pulposus. [1]

Pulposushernie: gekürzter Ausdruck für Nucleus-pulposus-Hernie; ↑Bandscheibenvorfall. [18]

Pulque ⟨*span*⟩: alkohol. Getränk, das durch Vergärung des Agavensaftes mittels Bakterien der Gattung *Pseudomonas* hergestellt wird. [42]

Puls ⁎ Pulsus ⟨*lat*⟩ *m:* auf die diskontinuierliche Beschleunigung des Blutes durch das Herz zurückzuführende rhythm. Schwankung von Druck (Druckpuls), Stromstärke oder Strömungsgeschwindigkeit (Strompuls) u. Volumen eines Gefäßabschnittes oder dessen Querschnitt (Volumen oder Querschnittspuls). Größe u. Ausbreitungsgeschwindigkeit der pulsator. Schwankungen sind wesentlich vom Spannungszustand der Gefäßwand (bestimmt durch Gefäßinnendruck u. elast. Verhalten der Gefäßwand) abhängig. Je größer dieser ist, desto höher ist die Ausbreitungsgeschwindigkeit (4 bis 10 m/s). Die Form der Pulswelle ist vom Verhältnis der Wellenwiderstände zu den Reibungswiderständen abhängig. Letztere nehmen in den peripheren Gefäßen zu. Deswegen kommt es hier zum Vorauseilen des Druckpulses vor dem Strompuls. Außerdem treten durch plötzliche Widerstandsänderungen vielfache Pulswellenreflexionen auf. Gewöhnlich stellt man dem Puls in einem herznahen Gefäß (zentraler Puls) einen solchen in der A.

radialis, z. B. als peripheren Puls gegenüber. Unter anderem unterscheidet sich der zentrale Druckpuls durch die Aorteninzisur vom peripheren. Der periphere Puls wird am distalen Radiusende an der Volarseite des Unterarms gefühlt („palpiert"), indem man auf diese Stelle den Mittelfinger unter leichtem Druck auflegt, während der Zeige- u. Ringfinger zur Regelung des Zu- u. Abflusses benutzt werden. Es sind zu prüfen 1. die Wandbeschaffenheit der Arterie; 2. die Frequenz des Pulses; 3. der Rhythmus des Pulses; 4. die Spannung des Pulses; 5. die Größe des Pulses; 6. der Druckablauf des Pulses. Der P. kann auch mit Hilfe eines ↑Sphygmomanometers graph. registriert werden. Die wichtigsten Arten (Pulsqualitäten) sind P. aequalis: gleichmäßig gefüllter Puls; P. alternans: unterschiedliche Füllung des Pulses im regelmäßigen Wechsel 1:1 oder in einem anderen Verhältnis. Kommt durch wechselnde Herzkraft zustande; ↑Pseudoalternans; P. capricans: „Bocksprungpuls", überdikroter Puls mit einem Vorschlag vor dem eigentlichen Schlage; P. celer: schneller Anstieg der einzelnen Pulswelle (schnellender Puls); P. contractus = oppressus: harter, kleiner Puls bei einer starr verengten Arterie: P. dicrotus: doppelschlägiger Puls (↑Dikrotie); P. differens: unterschiedliche Pulsqualität bei Palpation der re. u. li. A. radialis, z. B. bei Aorteninsuffizienz, Aortenaneurysma, Hypoplasie oder Verlegung einer Armarterie; P. durus: gespannter (harter) Puls, der schwer mit dem palpierenden Finger zu unterdrücken ist; P. filiformis: fadenförmiger Puls; P. frequens: mehr Pulse (über 100) als durchschnittlich 72 pro Minute; P. inaequalis: ungleichmäßig gefüllter Puls; P. intermittens: aussetzender Puls. P. irregularis: Puls mit unregelmäßiger Schlagfolge (Unterschied in der Dauer der Perioden größer als ± 4%). P. magnus = fortis: große Pulswelle; P. mollis (debilis): weicher Puls, der leicht zu unterdrücken ist; P. paradoxus: während der Einatmung kommt es, im Gegensatz zur physiol. Zunahme, zu einer Abnahme der Pulsamplitude bei pleuromediastinalen Verwachsungen; P. parvus: kleine Pulswelle; P. pseudodeficiens: am peripheren Gefäßrohr nicht tastbarer Puls, obgleich die Herzaktion weitergeht; P. rarus: weniger (unter 50) Pulse als durchschnittlich; P. regularis: Puls mit regelmäßiger Schlagfolge; P. tardus: langsamer Anstieg des Pulses; P. undulosus; undulierender, d. h. unbestimmter Puls; P. vibrans: schwirrender Puls mit fühlbarem oder hörbarem Schwirren der Gefäßwand. [7, 10]

P., penetrierender: durchschlagender Puls; man versteht darunter die Tatsache, daß der Puls durch die erweiterten Kapillaren hindurchschlägt u. sich die Pulsbewegung aus den Arterien bis in die Venen fortsetzt. [10]

Pulsamplitude: Größe des Druckanstieges bzw. der Pulsfüllung während der Systole. Im arteriellen Gefäßsystem liegt ein Druckpuls, im venösen ein Volumenpuls vor. [10]

pulsans = pulsierend ⟨*lat*⟩: für rhythm. oder arhythm. Zunahme des Volumens bzw. Druckes innerhalb eines Organs (Leberpuls) oder Gefäßes. [10]

Pulsatio epigastrica ⟨*lat, griech*⟩ *f:* Pulsation im Epigastrium. Bereits physiologischerweise ist eine Pulsation im epigastr. Winkel synchron. mit der Herzaktion fühlbar. Sie wird verstärkt beobachtet bei Hypertrophie des re. Ventrikels sowie bei Anschwellung des li. Leberlappens infolge Rechtsinsuffizienz, falls gleichzeitig eine Trikuspidalinsuffizienz vorliegt (↑Leber(venen-)puls). In den tiefer gelegenen Abschnitten des Epigastriums ist ferner normalerweise die pulsierende Aorta abdominalis zu tasten, deren Pulsationen jedoch bei Aortenaneurysma oder Aortensklerose verstärkt fühlbar werden. [10]

Puls|beschleunigung: Zunahme der Pulsfrequenz, d. h. Zunahme der Zahl der Pulsschläge in der Minute (Pulsus frequens, ↑Puls); ↑Tachykardie.

~defizit: unterschiedliche Zahl der Puls- u. Herzschläge. Kommt bei Extrasystolie, bes. aber der schnellen Form der absoluten Arrhythmie zustande, indem bei der diastol. Anfüllungszeit die Füllung des Gefäßrohres nicht ausreicht, um den Puls peripher palpator. wahrzunehmen. Läßt sich durch Pulsregistrierung mittels empfindlicher Pulsschreiber (z. B. Infratonsphygmomanometer nach Boucke-Brecht) vermeiden.

~druck = Pulsdruckamplitude: Differenz zwischen systol. u. diastol. arteriellem ↑Blutdruck. Eine vergrößerte P.-Amplitude kann demnach bei erhöhtem systol. oder gesenktem diastol. Blutdruck zustande kommen.

~frequenz: Zahl der Pulsschläge in der Minute. [10]

Pulseless disease: engl. Bezeichnung für ↑Aortenbogensyndrom. [33]

Pulsionsdivertikel ⟨*lat*⟩ *n:* Zenker' Divertikel, Grenzdivertikel; umschriebene Ausbuchtung von Hohlorganen bei krankhafter Wandschwäche u. häufig gesteigertem Innendruck; bes. gebraucht für den Ösophagus, hier meist an der Hinterwand im oberen Ösophagusdrittel, am Übergang zum Pharynx, gelegen, daher auch Grenzdivertikel genannt; ↑Divertikel, ↑Traktionsdivertikel. [10]

Puls|qualitäten ↑Puls.

~verlangsamung: Abnahme der Pulsfrequenz, d. h. Abnahme der Zahl der Pulsschläge in der Minute (Pulsus rarus); ↑Bradykardie.

~verspätung (Δt): ist gleich der zeitlichen

Differenz zwischen Einsatz der Karotis- u. Femoralispulswelle.

~welle: die über die Gefäße hinweglaufende Schwingung des Druckes, der Stromstärke u. des Querschnittes, die auf die diskontinuierliche Herztätigkeit zurückzuführen ist. Sie ist von der Herzkraft während der Austreibungszeit, vom Zustand der Herzklappen, von elast., Trägheits- u. Reibungswiderständen u. von deren Änderung im Verlaufe der Gefäße (Wellenreflexion) abhängig; ↑Puls. [10]

~wellengeschwindigkeit: Ausbreitungsgeschwindigkeit (*c*) der Pulswelle in m/s; ist abhängig von der Elastizität (*κ*) des Gefäßrohres, die sich mit der Art des Gefäßes, dem Innervationszustand, dem Alter u. dem Innendruck ändert u. der Dichte (*ρ*) des Blutes:

$$c=\sqrt{\frac{\kappa}{\rho}}.$$

[7]

~wellenverspätung: zeitlicher Abstand zwischen Auftreten des Karotispulses u. des Femoralispulses.

~zahl ↑Pulsfrequenz. [10]

Pulverbläser: dient zur Zerstäubung von pulverförmigen Medikamenten, z. B. ins Ohr oder in die Nase. [28]

Pulverschmauch: verbrannte Pulverteile an Kleidung oder entblößten Körperteilen in der Gegend des Einschusses als forens. Zeichen dafür, daß es sich um einen Nahschuß gehandelt hat. [52]

Pulvinar ⟨*lat*⟩ *n:* Kissen, Polster; z. B. Pulvinar thalami, das hintere Ende des ↑Thalamus im Gehirn. [1]

Pulvis ⟨*lat*⟩ *m:* Pulver; Arzneiform für die innerliche u. äußere Anwendung. Gleichmäßige Mischung fester Arznei- u. Füllstoffe. Es gibt zwei Arten von Pulvern, 1. Schachtelpulver: nicht abgeteilte P., die Dosierung bleibt dabei dem Pat. überlassen. Nur für indifferente Mittel; 2. Einzelpulver: abgeteilte P., sie werden in Papiersäckchen abgefüllt.

P. adspersorius: P. zum Bestreuen der frisch hergestellten Pillen, um deren Zusammenkleben zu verhindern. Es wird dazu meist Lykopodium (Bärlappsporen), mitunter auch gemahlene Zimtrinde verwendet.

P. Doveri ↑Dover' Pulver.

P. gummosus: Gummipulver, es enthält Gummi arabicum, Süßholz u. Zucker. Einhüllendes Mittel bei Gabe von schleimhautreizenden Medikamenten.

P. ipecacuanhae opiatus ↑Dover' Pulver.

P. liquiritiae compositus ↑Kurella' Brustpulver.

P. magnesiae cum rheo: Pulver aus 10 Teilen Magnesiumkarbonat, 3 Teilen Rhabarber u. 7 Teilen Fenchel-Ölzucker. Mildes Abführmittel, bes. für Kinder.

P. salicylatus cum talco: Talkum mit 3% Salizylsäure, Streupuder gegen Fußschweiß. [44]

Punch-Operation ⟨*engl*⟩ *m:* Stanz-Operation; Teilresektion bei ↑Prostatahypertrophie u. ↑Sphinktersklerose mittels Punch(= Stanz)-Gerät im Gegensatz zum elektr. Schneidverfahren der ↑Elektroresektion. [24]

Punctum ⟨*lat*⟩ *n,* Puncta *Pl:* der Punkt.

P. maximum: die Stelle am Brustkorb, an welcher der zu untersuchende Herzton am lautesten auskultiert werden kann.

P. proximum ↑Nahpunkt.

P. remotum ↑Fernpunkt. [10]

Punica granatum: Granatapfelbaum. In Vorderasien u. den Mittelmeerländern heim. Myrtazee, deren Rinde anthelminth. wirksame Alkaloide, z. B. Pelletierin, enthält. [44]

Punkte, elektromotorische: Hautstellen, von denen aus die elektr. Reizung der Muskeln u. Nerven den deutlichsten Erfolg (Muskelzuckung) gibt, auf die also (zu elektrodiagnost. Zwecken) die Reizelektrode aufzusetzen ist; Pflüger' Zuckungsgesetz. [33]

Punktion ⟨*lat*⟩: Stich; Einstich in ein Blutgefäß, ein Organ oder einen vorgebildeten Hohlraum bzw. eine neugebildete Höhle mittels einer ↑Kanüle (↑Punktionsnadel), teils um Material (Blut, Organgewebe, Exsudat) für diagnost. (mikrobiolog. u. histolog. Untersuchung) oder therapeutische Zwecke (Entleerung, ↑Punktionsflüssigkeiten) zu entnehmen, teils um Medikamente zu injizieren; z. B. Arterien- u. Venenpunktion, Pleurapunktion, Leber-, Milz-, Knochenmark- oder Drüsenpunktion, Punktion von Abszessen (kombiniert mit Injektion von Antibiotika statt Inzision). [18]

Punktions|flüssigkeiten: unter krankhaften Bedingungen sammelt sich in Körperhöhlen Flüssigkeit an, die mittels ↑Punktion entnommen u. einer Untersuchung zugeführt werden kann. Solche Flüssigkeiten finden sich in der Pleurahöhle (Pleuritis), im Herzbeutel (Perikarditis), in zyst. Geschwülsten (wie z. B. einer Ovarialzyste, auch in Echinokokkuszysten), im übrigen an allen Stellen, wo sich, vorzugsweise durch Bakterienwirkung, Eiter angesammelt hat. Als Punktionsflüssigkeit unter normalen Verhältnissen ist auch der Liquor cerebrospinalis anzusehen. [18]

~nadeln: für spez. Punktionen zweckdienliche ↑Kanülen, wie 10–15 cm lange, 1–2 mm weite Nadeln, für Leber- oder Milzpunktion, kurze dickere Nadeln für Drüsenpunktion, Spezialnadeln mit Hemmvorrichtung für Sternalpunktion, lange, feine Nadeln mit Mandrin für Liquorpunktion, dicke pfriemenartige Punktionsinstrumente mit Hülle zur Punktion des Aszites. [11]

pupillaris ⟨*lat*⟩: zur Pupille gehörig. [36]

Pupillarreflex ⟨*lat*⟩ ↑Pupillenreaktionen. [36]

Pupille ⁎ Pupilla ⟨*lat*⟩: Sehloch. Es ist die zentrale Aussparung der Regenbogenhaut, die durch Rückbildung der Membrana pupillaris entsteht. Sie ist von einem Pigmentsaum umgeben. Ihre Bewegungen werden durch den vom N. oculomotorius parasympath. innervierten M. sphincter pupillae u. den vom Sympathikus innervierten M. dilatator pupillae verursacht. Sie befindet sich in einem dauernden feinen Pupillenspiel („Pupillenunruhe"), das nur bei Lähmungen, Gifteinwirkungen u. Katatonie fehlt. [36]

Pupillen|differenz: Anisokorie, ungleiche Weite der Pupillen, a) angeboren, b) bei intraokularen Krankheiten oder deren Folgen (z. B. Iritis, Glaukom, Verletzungen), c) bei Allgemeinkrankheiten u. solchen des ZNS (Syphilis u. andere Infektionen, Reizung durch subdurales Hämatom, vaskuläre Störungen, Meningitis, Enzephalitis). Umstritten bei Erkrankungen der Brust- u. Bauchorgane, ↑Adie' Syndrom.

~entrundung ↑Pupillenform.

~erweiterung: Mydriasis; medikamentös durch Parasympathikolytika u. Adrenergika. Auf Beschattung, bei psych. u. sensiblen Reizen, bei Sympathikotonie, zuweilen Thyreotoxikose, bei Psychosen u. im epilept. Anfall, bei Blinden, im Glaukomanfall.

~form: a) rund (normal), b) entrundet angeboren oder erworben durch örtliche Augenkrankheiten, bes. solchen mit Synechie- oder Defektbildung, nach Operationen u. Verletzungen; durch neurolog. Leiden, bes. Syphilis.

~gleichheit: physiolog. Zustand beim Gesunden.

~prüfung: erstreckt sich auf Form, Weite, Seitenvergleich u. Reaktionen.

~reaktionen: 1. Reaktion auf Lichteinfall. Physiolog. prompte gleiche Verengung bds. u. Verengung der Gegenseite bei Belichtung der anderen (konsensuelle Reaktion), Abweichungen ↑Pupillenstarre; 2. P. auf Konvergenz bzw. Naheinstellung (Mitbewegung); 3. P. auf Lidschluß (↑Westphal-Piltz' Orbikularisphänomen); 4. P. auf sensible, sensor., psych. (Schreck) Reize, a) Miosis zuweilen auf Trigeminusreiz u. im Schlaf (Schlafmiosis) u. Medikamente u. Gifte, b) Mydriasis bei Schmerz, Freude, Seitwärtsblick, tiefem Einatmen.

~reaktion, paradoxe: im Gegensatz zur normalen Reaktion erfolgt auf Lichteinfall keine Verengerung, sondern eine Erweiterung der Pupille. Sehr selten. Zuweilen wohl durch Untersuchungsfehler vorgetäuscht (Pat. fixierte ein nahes Objekt, z. B. den Arzt u. blickt dann in die Ferne, so daß die Pupille wieder weiter wird u. eine schwache Lichtreaktion überwindet).

~reflexe: Syn. ↑Pupillenreaktionen.

Pupillenstarre: 1. amaurot. P. (bei einseitiger Blindheit nur auf dieser Seite). Das blinde Auge kann konsensuell reagieren, das sehende nicht; 2. hemianop. P., tritt ein, wenn die blinde Gesichtsfeldhälfte beleuchtet wird u. der Herd nicht hinter dem Corpus genic. lat. liegt (neuerdings umstritten) ↑Hemianopsie; 3. absolute P.; Pupillen meist mittelweit oder darüber; keinerlei Reaktion.

P., pseudoreflektorische: vorgetäuschte reflektor. Starre (↑Argyll-Robertson), wenn der M. sphincter pupillae durch eine restl. oder unvollständige Lähmung so weit geschwächt ist, daß der stärkere miotische Impuls bei der Naheinstellung u. Konvergenz ankommt, ein Lichtreiz, der nur mittelstark ist, aber nicht. Auch Alkoholismus soll das Symptom verursachen. Wenn man unter echter reflektor. Pupillenstarre nur die metasyphilit. Fälle versteht, so gehören hierher auch die Fälle von Enzephalitis (Economo) u. auch wenigstens teilweise vom Adie' Syndrom.

P. reflektorische: Syn. Argyll-Robertson' Phänomen; pathognomon. für Tabes und Taboparalyse, wenn folgende Kriterien erfüllt sind: 1. mittelweite oder enge Pupille, übernormale Naheinstellungs(Konvergenz-)reaktion, fehlende Lichtreaktion. Die nicht syphilit. Fälle erfüllen in der Regel die ersten beiden Voraussetzungen nicht; pseudoreflektorische ↑Pupillenstarre. [36]

Pupillen|unruhe ↑Pupille.

~verengung ↑Miosis. [36]

Pupillo|meter: Gerät zur Messung der Pupillenweite bzw. des Durchmessers. Einfachster Typ von Haab.

~skop: Gerät zur quantitativen Prüfung der Pupillenreaktionen.

~statometer: Gerät zur Messung des Pupillenabstandes nach Ostwald.

~tonie: differentialdiagnost. hochwichtiges Symptom. Die Pupille, die oft übermittelweit ist, verengt sich nur sehr langsam auf Naheinstellung u. auf Licht oft nur bei maximalen Reizen. Die Wiedererweiterung erfolgt ebenfalls ganz langsam. Auf die Miotika der Karbaminoylcholingruppe Verengung, oft vergesellschaftet mit Fehlen des Achillessehnen- u. des Patellarreflexes (↑Adie' Syndrom). Deshalb häufig Verwechslung mit Tabes oder Syphilis cerebri, mit denen der völlig harmlose, nicht progrediente Zustand nichts zu tun hat. P. kann vorgetäuscht werden durch Alkoholvergiftung u. abklingende traumat. oder anders geartete Pupillenlähmungen. [36]

Pupiparie: sog. Puppengebären von Fliegen (statt Eier werden Larven geboren, die bereits ausgewachsen u. verpuppungsreif sind); z. B. Lausfliegen; Tsetsefliegen. [58]

Puppe: äußerliches Ruhestadium der sich holometabol (↑Holometabolie) entwickelnden Insekten, während dessen sich die völlige Verwandlung von der Larve zum erwachsenen Insekt (↑Imago) vollzieht. [58]

Puppen|gesicht: das etwas ausdruckslose, an eine Puppe erinnernde Gesicht bei Dystrophia adiposogenitalis, ferner beim ↑v. Gierke' Syndrom (= Glykogenspeicherkrankheit). [12]
~organe: durch Wasserverlust bei mäßiger Hitze (Verbrennung) gegen ihren Gefäßstiel zurückgezogene u. geschrumpfte Organe. Bei völliger Eintrocknung evtl. Zerfall. [52]

pur: in der Rez. *Abk* für purus rein. [44]

Purgans ⁎ Purgantia remedia ⟨*lat*⟩ *n, Pl:* Purgativa remedia; Gruppe von ↑Abführmitteln. [44]

Purin: kondensiertes System aus einem Pyrimidinring u. einem Imidazolring (= Imidazolo-4,5-α-Pyrimidin). Strukturformel:

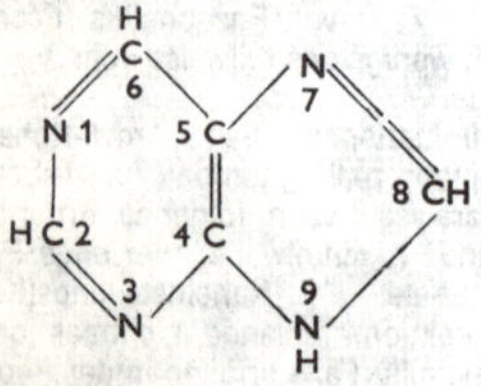

Grundkörper der Harnsäure sowie des Adenins u. Guanins als Baustein von Coenzymen (wie ATP) u. der Nukleinsäuren. Kommt frei in der Natur nicht vor. [8]
~desamidasen: zur Gruppe der Desamidasen (z. B. Glutaminase, Asparaginase) gehörende Enzyme, die die Abspaltung von Ammoniak aus den Aminoderivaten der Purine (Adenin u. Guanin) bewirken; Überführung derselben in Oxypurine. [16]
~diurese: Förderung der Harnausscheidung durch Purinderivate, vor allem Methylxanthine. [8]

Purkyně (in der älteren deutschsprachigen Literatur meist phonet. transkribiert mit Purkinje), Johannes Evangelista (1787–1869), tschech. Physiologe u. Pathologe, Breslau, Prag. Gründete in Breslau das erste physiolog. Institut in deutschsprachigen Ländern. [12]
P' Phänomen: ein rotes u. ein blaues Papier, die im Tagessehen gleich hell erscheinen, verändern sich beim Übergang in einen Raum mit schwacher Beleuchtung. Die Farben sind nicht mehr zu erkennen, das Rot erscheint tiefdunkelschwarz, während sich das Blau als eine helle Fläche darbietet. Bei herabgesetzter Beleuchtung werden keine Farben mehr erkannt. Die Helligkeitsverteilung des Spektrums ist im Tages- u. Dämmerungssehen ganz verschieden. Die größte Helligkeit ist im Tagessehen bei einer Wellenlänge von 589 µm, entsprechend einem Gelb, die größte Helligkeit ist im Dämmerungssehen bei einer Wellenlänge von 540 µm, entsprechend einem Blau, festzustellen. Das sog. erweiterte P' Phänomen besteht also in einer Helligkeitsverschiebung nach dem kurzwelligen Anteil des Spektrums. [7]
P' Zellen: bes. große, stark verzweigte, multipolare Nervenzellen in der Kleinhirnrinde, die mit den Ausläufern der Korbzellen, Kletterfasern u. Sternzellen in synapt. Verbindung stehen. [2]
P.-Sanson' Spiegelbilder: die Bildchen, die von einem leuchtenden Gegenstand im Auge entstehen. Wir kennen vier solche Bildchen, die von Purkyně 1823 u. von dem französ. Augenarzt Sanson 1837 beschrieben wurden. Es handelt sich um die Spiegelbilder auf der vorderen u. hinteren Hornhaut- sowie auf der vorderen u. hinteren Linsenfläche. Die drei erstgenannten Flächen sind Konvexspiegel, die an vierter Stelle genannte Fläche ein Konkavspiegel. Infolgedessen entstehen auf den drei ersten Flächen virtuelle aufrechte Bilder; vermittelt durch die letztgenannte Fläche, entsteht ein reelles umgekehrtes Bild. Die vier Bilder unterscheiden sich voneinander durch ihre Größe u. ihre Lichtstärke. Das größte ist das Hornhautvorderflächenbild; es folgen dann das Hornhauthinterflächenbild, das Linsenvorderflächen- u. zuletzt das Linsenhinterflächenbild nach. Was die Lichtstärke anbelangt, so ist die Reihenfolge: Hornhautvorderflächen-, Linsenhinterflächen-, Linsenvorderflächen- u. Hornhauthinterflächenbild. Dabei ist das leuchtendste Bild das Hornhautvorderflächenbild. Um diese Bilder zu beobachten, läßt man am besten auf das Auge eines Menschen von der Seite her zwei Strahlenbündel von dreieckigem Querschnitt fallen. Der Beobachter kann dann in der Pupille der Versuchsperson 4 Spiegelbilderpaare erkennen. Die Linsenflächenbilder erfahren bei dem Vorgang der Akkommodation eine Veränderung ihrer Größe; bei der Nahakkommodation werden sie kleiner. [7]

Puromyzin□**:** Antibiotikum aus *Streptomyces alboniger,* wirksam gegen Entamoeba u. gegen einige Trypanosomen. Auch ist Wirkung gegen einige Tumoren vorhanden. [42]

Purpura ⟨*lat*⟩ *f:* Auftreten von stecknadelkopfgroßen, seltener fleckförmigen Blutungen an Haut u. Schleimhäuten. Hauptursache: allerg.-tox. Kapillarschädigung, oft kombiniert mit Störungen des Thrombozytenapparates; bes. bei Einwirkung von Medikamenten (Jod, Chinin, Salvarsan® u. a.), bei Infektionskrankheiten (Scharlach, Typhus, Fleckfieber, Variola, Endokarditis), bei Blutkrankheiten u. bei Vitamin-C-Mangel (Skorbut, Möller-Barlow' Erkrankung).

P. abdominalis: isoliert am Darm auftretende allerg. Purpura, beschrieben 1874 von Henoch, mit Darmblutungen, Erbrechen, Koliken u. Gelenkschmerzen.

P. allergica od P. anaphylaktica (Glanzmann): allerg. bedingt, auf Schädigung kleinster Gefäße beruhend, bes. an den unteren Extremitäten auftretende, stecknadelkopfgroße Blutungen, oft in Verbindung mit anderen Hauteffloreszenzen, manchmal kombiniert mit Rheumatismus oder Nephritis.

P. anularis teleangiektoides (Majocchii): rosalividrote Flecke, bedingt durch Kapillarerweiterung mit späteren Einblutungen. Herde symmetr., vergrößern sich durch exzentr. Wachstum mit Entwicklung von Ringformen, führt zur Hautatrophie. Auch Blutplättchenschädigung nachweisbar.

P. cerebri: makroskop. punktförmige histolog. kugel- oder schalenartige Blutungen in der Hirnsubstanz, zurückzuführen auf tox. bzw. infektiös-tox. Kapillarschädigung (auch bei Fettembolie des Gehirns).

P. fulminans: seltenes, vorwiegend bei Kindern auftretendes oft zum Tode führendes Krankheitsbild, ↑Waterhouse-Friderichsen' Syndrom. Wahrscheinlich schwere Kapillarschädigung als Ausdruck einer Überempfindlichkeitsreaktion.

P. hyperglobulinaemica: 1944 von Waldenström beschriebenes Krankheitsbild mit schubweisem Auftreten von petechialen Blutungen an den unteren Extremitäten, Abheilung in Form brauner Pigmentierungen. Starke Hypergammaglobulinämie, Kapillarschädigung u. Hypokoagulabilität durch Paraproteine im Blutplasma.

P. klimakterica: durch hormonelle Dysregulation auftretende Purpura im Klimakterium.

P. nekrotica (Sheldon): entspricht Purpura anaphylaktica.

P. orthotastica: nach plötzlicher Belastung bei vorher vorhandener Kapillarwandschädigung auftretende stecknadelkopfgroße Blutungen an den unteren Extremitäten.

P. rheumatica ↑Purpura anaphylactica.

P. Schönlein-Henoch = Purpura rheumatica oder Purpura anaphylactica.

P. senilis: Blutungen an den Extremitäten bei älteren Leuten, bedingt durch abnorme Gefäßbrüchigkeit (Arteriosklerose, Anoxämie der Gefäßwand).

P. simplex: geringgradige Blutungen an den unteren Extremitäten, ohne Störung des Allgemeinbefindens u. Schleimhautbeteiligung. Normale Blutgerinnungsfunktion.

P. thrombopenica: Blutungen, bedingt durch starke Verminderung der Blutplättchen. Essentielle Form: Morbus Werlhof, Syn. Morbus maculosus Werlhofi, sek. Form bei verschiedenen Blut-, Leber- u. Infektionserkrankungen. Auftreten bei Verminderung der Plättchenzahl unter 30000, oft gleichzeitig noch Thrombozytenfunktionsschädigung.

P. thrombotische, P. thrombozytopenische: Mikroangiopathia thrombotica; Krankheitsbild mit Thrombopenie, hämorrhag. Diathese, hämolyt. Anämie, leukämoider Reaktion, Azotämie u. fokalen neurolog. Ausfällen. Bildung von Thromben in den Kapillaren innerer Organe. Wahrscheinlich Antikörperreaktion. [11]

Purpureaglykoside: Sammelbezeichnung für die herzwirksamen Glykoside des roten Fingerhutes; ↑Digitalis purpurea. [44]

Purpurine: sind wie Phorbine, Chlorine, Rhodine Abbauprodukte des Chlorophylls, die noch opt. aktiv sind. [8]

Purpursäure: ihre Bildung spielt bei der Murexidprobe auf Harnsäure eine Rolle. Murexid ist das Ammoniumsalz der P. [8]

Purtscher, Otmar (1854–1927), Ophthalmologe, Innsbruck, Klagenfurth.

P' Netzhautschädigung = Angiopathia traumatica: nach schweren Kompressionen des Rumpfes u. Kopftraumen werden in der Netzhaut Blutungen u. hellgelbliche Extravasate beobachtet, die mit größeren weißen Flecken vorwiegend in Gefäßnähe einhergehen können. Man nimmt eine Rückstauung der Lymphe in den Gefäßscheiden u. Austritt in das Netzhautgewebe an. Völlige Rückbildung ist möglich. Da die Fettfärbungen pos. sind, wird auch an Fettembolie gedacht. [36]

purulent ⚹ **purulentus** ⟨*lat*⟩: eitrig. [18]

Pus ⟨*lat*⟩ *n:* Eiter. Alte chirurg. Grundregel. ubi pus, ibi evacua = dort, wo Eiter vorhanden, muß man ihn ablassen. [18]

Pustel ⚹ **Pustula** ⟨*lat*⟩ *f:* mit Eiter gefülltes Bläschen; ↑Effloreszenz. [43]

P. maligna ↑Milzbrandkarbunkel. [43]

Pustulosis ⟨*lat*⟩: Pustulation an der Haut.

P. subcornealis (Sneddon-Wilkinson): selten, auf klin. unveränderter Haut aufschießende Pusteln, vornehmlich am Rumpf. Selbständigkeit wird bezweifelt.

P. varioliformis acuta = Kaposis varicelliform eruption; ↑Ekzema herpeticatum. [43]

Putamen ⟨*lat*⟩ *n:* Schale, Hülse; äußerer Teil des Linsenkernes im Endhirn; ↑Striatum. [1]

Putreszenz ⟨*lat*⟩ *f:* Fäulnis. [4]

Putreszin ⟨*lat*⟩ *n:* α, δ-Diaminobutan, Dekarboxylierungsprodukt des Ornithins, gehört zu den „biogenen Aminen“; P. wird wie die anderen Polyamine in sehr geringer Menge regelmäßig in Zellen gefunden u. auch in

Ribosomen, die die Polyamine fest zu binden vermögen. In größerer Menge findet es sich im Darm, insbes. bei abnormen Fäulnisvorgängen, es wird dann im Harn ausgeschieden; wird zu den ↑Ptomainen gerechnet. [8]

putrid ⟨*lat*⟩ faulig, übelriechend; z.B. putride Gangrän. [4]

Putrifikusklostridien: veraltete Bezeichnung, beinhaltet *Clostridium putrificum verrucosum* u. *Cl. putrificum tenue*, gehören nach Zeissler zur Gruppe *Clostridium sporogenes*. Apathogene Anaerobier. Sollen oft in Symbiose mit pathogenen Anaerobiern in Krankheitsprozessen vorkommen u. u.U. als Mischinfektionserreger den Verlauf ungünstig beeinflussen können. [41]

Putti, Vittorio (1880–1940), Orthopäde, Bologna.

P' Syndrom: Ischialgie (Ischias) infolge arthrit. oder arthrot. Veränderungen im Bereich der unteren Lendenwirbelsäule. Ein- oder beiderseitige Ischialgie, homologe oder heterologe Skoliose. Rö.: Veränderungen im Bereich der Flächen der Intervertebralgelenke. Bildungsanomalien der unteren Lendenwirbelsäule. [23]

PVC: *Abk* für ↑Polyvinylchlorid. [8]

Pyämie ⟨*griech*⟩ *f:* Syn. Septikopyämie, metastasierende Sepsis; Allgemeininfektion, bei der Bakterien u. deren Gifte im Blut kreisen, sich hier vermehren, in den Organen ansiedeln u. Abszesse hervorrufen. Die nicht metastasierende Form ist die sog. ↑Septikämie oder Sepsis im engeren Sinne. [5]

Pyarthros ⟨*griech*⟩ *m:* Eiteransammlung im Gelenkraum bei Arthritis purulenta. [23]

Pyaskos ⟨*griech*⟩ *m:* Eiteransammlung im Peritonealraum. [41]

Pybuthrin: Pyrethrum zur Insektenbekämpfung unter Zusatz von Piperonylbutoxid als Synergist. [58]

Pyelektasie ⟨*griech*⟩ *f:* Erweiterung des Nierenbeckens; ↑Hydronephrose. [5]

Pyelitis ⟨*griech*⟩ *f:* Entzündung des Nierenbeckens ohne Mitbeteiligung der Niere. Nach neuesten Erkenntnissen kaum allein vorkommend, sondern prakt. immer gleichzeitig auch Entzündung des Nierengewebes, ↑Pyelonephritis. [24]

P. gravidarum: Nierenbeckenentzündung der Schwangeren, meist in der zweiten Schwangerschaftshälfte auftretende bakterielle Entzündung. Entstehung als typ. Schwangerschaftsfolge durch Verlangsamung des Harnabflusses, leichte ↑Obstipation u. Auflockerung des Gewebes. [29]

Pyelo|gramm ⟨*griech*⟩ *n:* Röntgendarstellung des Nierenhohlsystems durch Kontrastmittelfüllung, 1. retrogrades Pyelogramm (Kümmell, H., Voelcker, F., v. Lichtenberg, A., 1906): Hochführen eines Harnleiterkatheters mit Hilfe eines Zystoskops durch den Harnleiter bis in das Nierenbecken u. Auffüllen des Nierenbeckenkelchsystems mit wäßriger Kontrastmittellösung (trijodierte Kontrastmittel). Nach Entfernen des Katheters wird durch weitere Aufnahmen das Abfließen des kontrastmittelhaltigen Urins erfaßt, wobei Abflußverzögerungen durch Hindernisse erkannt werden (Ablaufpyelogramm). Mit ↑Pflaumer-Woodruff- oder Cheyassu-Katheter kann auch vom unteren Harnleiter aus gefüllt werden (Ureterogramm). Bei ↑Ostiuminsuffizienz kann, falls die Blase mit Kontraststoff gefüllt wird, ein (unfreiwilliges) retrogrades Pyelogramm zustande kommen. Statt Kontrastmittel kann zur Füllung auch Luft oder Sauerstoff verwendet werden (Pneumopyelogramm, v. Lichtenberg u. Dietlen, 1911); 2. i.v. Pyelogramm, ↑Urogramm, ↑Infusionsurogramm.

~lithotomie: Entfernung von Nierensteinen vom operativ eröffneten Nierenbecken aus (v. Czerny, 1880). Man unterscheidet: 1. P. posterior (Nierenbeckeneröffnung auf der Dorsalfläche; 2. P. anterior, dgl. durch Inzision der ventralen Nierenbeckenwand; 3. P. inferior, wobei nach Anheben des unteren Pols das Nierenbecken von kaudal her gespalten wird.

~neostomie: Neueinpflanzung oder Neuanpflanzung des (abgetrennten) Harnleiters in oder an das Nierenbecken, z.B. bei Resektion einer oberen Harnleiterstenose oder bei nicht resezierbaren Nierenblutgefäßen, die durch Harnleiterabknickung oder -drosselung zur Harnstauungsniere geführt haben. [24]

Pyelon ⟨*griech*⟩ *f:* Nierenbecken. [24]

Pyelonephritis ⟨*griech*⟩ *f:* bakterielle Entzündung des Nierenbeckens u. der Niere. Häufige Sekundärkomplikation von prim. urolog. Erkrankungen, spez. Harnabflußstörungen, z.B. Stein, ↑Harnleiterstenose, Harnleiterknick, kreuzende Gefäße, ↑Ostiuminsuffizienz, ↑Prostatahypertrophie, ↑Sphinktersklerose, ↑Harnröhrenstriktur, auch Abflußstörung bei Gravidität (sog. Schwangerschaftspyelitis) u.a. Aber auch prim. Auftreten möglich. Deshalb 2 Bezeichnungen: 1. urogene (= urinogene) „aszendierende" P., 2. hämatogene „deszendierende" P., auch „Nephropyelitis" genannt; a) akute P.: die aszendierende (häufigste) Form befällt zuerst das Nierenbecken (Pyelitis), Schleimhautrötung, -schwellung u. katarrhal. Entzündung mit Eiterabsonderung; bes. anfällig die Kelche. Die Entzündung dringt in die Marksubstanz ein, 1. durch die Sammelröhrchen, 2. auf den intrarenalen Lymphbahnen, 3. (bei akuter Stauung sehr bald) infolge Durchwanderung der Nierenbeckenwand u. von da direkten Einbruch in das interstitielle Gewebe vom Nierensinus aus. Bildung zahlreicher Abszesse, eitrige Nephritis, die auf der Nierenoberfläche punktförmig oder konfluierend, im Mark radiär streifenförmig angeordnet sind. Histolog. Harnkanälchen mit Leukozyten angefüllt im Interstitium (der Marksubstanz), Leukozyteninfiltrate, teilweise Einschmelzungen, also Abszesse u. Phlegmonen. Einschmelzung u. Abstoßung der Markpapillen durch ↑Papillennekrose. Erreger der aszendierenden P. meist *Escherichia coli,* Enterokokken, Proteus, Pseudomonas; der hämatogenen Form Staphylokokken, Streptokokken. Gefährlichste Form der akuten P. ist die „iatrogene, perakute, einseitige anurische P.", die nach instrumenteller Untersuchung (mißglückte Harnleiterkatheterung oder Schlingen„versuch") bei noch bestehendem Abflußhindernis auftritt. Die betroffene Niere löst ↑Urosepsis aus („septische Niere") u. gleichzeitig durch Toxinwirkung (auf dem Blutwege) eine akute Nephrose der Gegenseite („toxische Niere"), so daß beide Nieren ihre Funktion – allerdings aus verschiedener Ursache – einstellen u. klin. ↑Anurie resultiert. Wegen akuter Lebensgefahr bei dieser Form der P. sofortige Beseitigung des tox. Herdes, also Nephrektomie der prim. geschädigten (urosept.) Niere trotz bestehender Anurie, damit die andere Niere (ggf. unter Überbrückung mit ↑Künstlicher Niere) sich erholen kann, b) chronische P.: meist schubweise verlaufend. Durch jeden neuen Schub werden weitere Teile der Niere befallen, die, bindegewebig sich ausbreitend, mit der Zeit zur pyelonephrit. ↑Schrumpfniere führen. Klin. Symptome der P.: 1. Schmerzen, dumpf bis kolikartig (chron. Form nur beim akuten Schub), 2. Fieber bei akuter P. hoch, sept. Kurvenverlauf oder Kontinua, Schüttelfröste (chron. Form nur bei neuen Schüben mäßige oder höhere Temperaturzacken), 3. Harnsediment: Leukozyten, Bakterien, manchmal Erythrozyten u. Epithelien. Zylinder kommen vor. (Sonderform: sog. abakterielle P., unrichtige, aber gebräuchliche Bezeichnung für P., wenn im Sediment keine Bakterien gefunden werden, z. B. Ruhezustand einer chron. P., auch bei Tbk vorkommend), 4. Nierenfunktionsstörungen bis zum völligen Funktionsausfall, 5. (vor allem bei akuter P.) je nach Schwere stark gestörtes Allgemeinbefinden, fahle Blässe, pyelonephrit. Zunge: trocken, rissig, braunrot, manchmal auch hochrot wie lackiert, starker Durst, in schweren Fällen Kachexie (toxisch), 6. Blutduckveränderungen a) bei perakuter P. bakteriell-tox. Schock möglich (immunolog. Reaktion) (↑Schockniere), b) bei chron. P., bes. bei Schrumpfniere, Bluthochdruck; 7. je nach Verlauf u. Form Urämie; 8. bei P. unterschiedliche typ. Röntgenbilder. Therapie: gezielte Chemotherapie; bei chron. P. sog. Langzeittherapie. Bei schweren Funktionsstörungen evtl. künstliche Niere. Falls möglich, Ursache der P. (Abflußhindernis u. a.) beseitigen durch Operation. Bei fortgeschrittener einseitiger P., die zur irreparablen Schädigung der Niere geführt hat, Nephrektomie. [24]

Pyeloplikation ⟨*griech, lat*⟩ *f:* operative Verkleinerung des Nierenbeckens durch Faltung der Wandung. [5]

Pyelo|skopie ⟨*griech*⟩ *f:* 1. indirekte P., Besichtigung des entweder instrumentell retrograd (↑Pyelogramm) oder mittels Ausscheidungsurographie (↑Urogramm) mit Kontrastmittel aufgefüllten Nierenbeckenkelchsystems unter dem Röntgendurchleuchtungsschirm, neuerdings noch besser mit Elektronenbildverstärker. Mit dem Zielgerät werden Serienaufnahmen geschossen. Wichtig die Beobachtung der Entleerung von Kelchen u. Nierenbecken (anatom. oder funktionelle Abflußbeschleunigung, -verzögerung oder -behinderung); 2. direkte P. mit abgewinkeltem oder flexiblem (↑Glasfiber) Sichtgerät, a) nach operativer Nierenfreilegung, b) nach transkutaner Einführung eines Pyeloskops mit Hilfe des sog. Röntgenpeilers, d. h. 2 gekoppelten Röntgenröhren (v. Rohr, 1960).

~spasmie: hypertoner Zustand des Nierenbeckens (meist gleichzeitig auch der Kelche = Kalikospasmie); funktionelle Störung. Pyelon u. Kelche neigen zu Spasmen; im Röntgenbild enggestelltes Nierenbecken, Kelchhälse nicht dargestellt, Kelche wenig gefüllt, sehr schneller Abfluß. Erhebliche Beschwerden bis Koliken möglich.

~tomie: operative Eröffnung des Nierenbeckens.

~zystitis ↑Zystopyelitis. [24]

Pyemotes: Gattungsname der ↑Getreidemilbe. [58]

Pygist ⟨*griech*⟩ *m* ↑Päderast. [34]

Pygmalionismus (nach dem zyprischen König u. Bildhauer Pygmalion): sexuelle Erregung beim Beschauen u. Betasten von Standbildern. [52]

Pygopagus ⟨*griech*⟩ *m:* Doppelmißbildung mit Verschmelzung im Bereich des Steißbeines. [5]

Pykniker ⟨*griech*⟩ *m* (Kretschmer): stämmiger, breit u. kurz gebauter Mensch; ↑Konstitution. [1]

Pyknokardie ⟨*griech*⟩ *f:* dicht aufeinanderfolgende Herzschläge. Dieser Ausdruck wurde von Landois an Stelle des heute gebräuchlicheren Ausdruckes paroxysmale ↑Tachykardie vorgeschlagen. [10]

Pyknolepsie ⟨*griech*⟩: Häufung von kleinen

Anfällen (↑Petit mal) bis zu 100 u. mehr an einem Tage, vorwiegend bei Kindern; gehört zur ↑Epilepsie. [34]

Pyknometer ⟨*griech*⟩ *n:* Dichtemesser; Vorrichtung, die dazu dient, die ↑Dichte (das spezif. Gewicht) von Flüssigkeiten zu bestimmen u. die darauf beruht, daß das Volumen konstant gehalten wird. Man füllt ein Glasgerät bekannten Volumens zuerst mit Wasser, dann mit der betr. Flüssigkeit u. vergleicht die beiden Gewichte untereinander. Die spezif. Gewichte sind den Gewichten unmittelbar proportional. [7]

Pyknose ⟨*griech*⟩ *f:* im Verlaufe des Zelltodes auftretende Verdichtung des Karyoplasmas mit gleichzeitiger Schrumpfung des Kerns. [6]

Pyle' Syndrom: systematisierte, familiär-erbliche Dysplasie der Metaphysen bes. der Röhrenknochen mit Verdickung am distalen Femuranteil, Verlängerung der lumbalen Wirbelkörper, Leontiasis ossea, behinderter Nasenatmung u. Schalleitungsschwerhörigkeit. Sehr selten vorkommend. [28]

Pyle|phlebitis ⟨*griech*⟩ *f:* Pfortaderentzündung; entsteht durch hämatogene Bakterienverschleppung aus dem Quellgebiet der Pfortader (z. B. bei eitriger Appendizitis) oder aus der Pfortaderumgebung örtlich fortgeleitet durch Übergreifen einer eitrigen Entzündung auf die Gefäßwandung (z. B. pericholezyst. Abszeß).

~thrombose: Pfortaderthrombose; entsteht nach entzündlicher oder traumat. Schädigung der Wandung, Kompression durch Geschwülste u. als fortgesetzte Thrombose aus dem Quellgebiet (z. B. nach Milzvenenthrombose). [5]

Pylorektomie ⟨*griech*⟩: Pylorusresektion; Operationen, bei denen zur Behebung von Ausgangsverengerungen des Magens der Pylorus entfernt wird. [18]

pyloricus ⟨*griech*⟩: zum ↑Pylorus gehörend. [18]

Pylorisches Syndrom: period. auftretender Nüchtern- u. Spätschmerz bei Geschwüren u. Entzündungen der ↑Pylorusgegend. [9]

Pyloro|myotomie ⟨*griech*⟩: Weber–Ramstedt' Operation der ↑Pylorusstenose des Säuglings, bei der die derbe, verdickte zirkuläre Muskelschicht am Pylorus unter Schonung der Schleimhaut durchtrennt wird.

~plastik ↑Pyloromyotomie.

~spasmus: Magenpförtnerkrampf. Heute meist Syn. für spast. hypertroph. ↑Pylorusstenose gebraucht.

~stenose ↑Pylorusstenose. [32]

Pylorus ⟨*griech*⟩ *m:* der Pförtner, Torwächter; der Magenausgang, die enge Übergangsstelle zwischen Magen u. Darm (Duodenum), die mit einem kräftigen Ringmuskel versehen ist. [1]

~drüsen: sie bestehen nur aus einer Art von Zellen, im Gegensatz zu den ↑Fundusdrüsen des Magens, u. liefern keine Salzsäure. Das Sekret stellt in seiner Zusammensetzung einen Übergang der Leistung der Fundus- in die der Duodenaldrüsen dar. [7]

~hypertrophie: muskuläre Wandhypertrophie des Magenausganges; angeboren bzw. als Folge eines Pylorospasmus bei jungen Säuglingen (↑Pylorusstenose des Säuglings) oder erworben als Folge einer Einengung des Pylorus durch Geschwüre, Geschwürsnarben oder Geschwülste. [5]

~reflex: die Öffnung u. Schließung des Pylorus erfolgt auf reflektor. Wege. Dabei können diese Reflexe sowohl von der Magen- als auch von der Zwölffingerdarmschleimhaut aus in Gang gebracht werden. Eine Öffnung ist dann zu verzeichnen, wenn Wasser, alkal. Flüssigkeiten oder Salzlösungen die Zwölffingerdarmschleimhaut berühren. Es kann dann durch Einsetzen der Magenperistaltik ein Übertritt von Mageninhalt nach dem Zwölffingerdarm erfolgen. Wird aber die Schleimhaut des Zwölffingerdarms von saurem Mageninhalt berührt, so wird ein weiterer Nachschub durch Verschließen des Pylorus unterbrochen, u. er bleibt unterbrochen, bis der Inhalt des Zwölffingerdarms neutralisiert bzw. nach dem Dünndarm (Jejunum) weitergeführt ist. Erst dann kann der Pylorus den Weg für den nächsten Anteil des Mageninhalts freigeben. Ein Schluß des Pylorus kommt vom Zwölffingerdarm aus auf mechan. u. chem. Wege zustande. Im ersten Falle spielt der Dehnungsreiz eine Rolle, den der Speisebrei beim Anfüllen des Zwölffingerdarms auslöst. Vor allem wird aber der Schluß des Pylorus durch chem. Reize herbeigeführt, wenn nämlich die Schleimhaut des Zwölffingerdarms von sauren Stoffen berührt wird, wie dies beim Übertritt von saurem Mageninhalt aus dem Magen in den Zwölffingerdarm der Fall ist. Ebenso wird der Pylorusschluß vom Duodenum aus durch die Anwesenheit von freien Fettsäuren (Bestandteil des Fettes) herbeigeführt. Unter bestimmten Bedingungen kann es bei Vorhandensein reichlicher Säuremengen im Magen bzw. bei fettreicher Nahrung zu einem Zurücktreten von Darmsaft, Bauchspeichel sowie von Galle aus dem Duodenum in den Magen kommen. [7]

~resektion ↑Pylorektomie. [18]

Pylorusstenose ⟨*griech*⟩: Verengung des Magenausgangs bis zur völligen Undurchgängigkeit. Erworben durch narbige Schrumpfung eines Geschwürs in Magenausgangsnähe (benigne Stenose) oder infolge einer

Geschwulst, meist Karzinom (maligne Stenose). [18]

P. des Säuglings: Syn. Pylorusspasmus, infantile hypertroph. spast. Pylorusstenose. Durch heftiges Erbrechen im Bogen nach jeder Nahrungsaufnahme charakterisierte Krankheit der ersten 3 Lebensmonate. Das explosive Erbrechen setzt meist zwischen der 3. u. 5. Woche, spätestens Ende des 2. Monats ein. Als weitere Symptome kommen hinzu: Obstipation, sichtbare Magenperistaltik (Steifungen), fühlbarer Pylorustumor, bekümmerter Gesichtsausdruck mit Stirnrunzeln. Folge sind: Gewichtsverlust, Dehydratation, Kochsalz-, spez. Chlormangel, Kaliumverlust, Zunahme der Alkalireserve u. allgemeine Resistenzminderung gegen Infektionen aller Art. Therapie: entweder medikamentös mit zusätzlichen diätet. Maßnahmen oder Operation nach Weber-Ramstedt, ↑Pyloromyotomie. [32]

Pyodermie ✻ **Pyodermia** ⟨*griech*⟩ *f:* eitrige Entzündungen der Haut u. ihrer Anhangsgebilde, hervorgerufen durch Infektion mit Staphylo- u. Streptokokken oder (seltener) anderen Erregern, ↑Follikulitis, Furunkel, ↑Impetigo contagiosa, ↑Hidradenitis, ↑Ekthyma simplex.

P. bullosa manuum: an den Händen lokalisierte Form der ↑Impetigo contagiosa oft als mit bläulich-rotem Saum umgebene Blase mit meist trübserösem Inhalt auftretend.

P. chronica papillaris et exulcerans: chron. vegetierende Pyodermie. Oft nach Verletzungen vorwiegend bei Männern auftretende Infiltrate mit papillären verrukösen Wucherungen u. Bildung kleiner Fisteln. Erreger sind Staphylokokken. [43]

pyogen ⟨*griech*⟩: Eiter erzeugend; z. B. pyogene Bakterien = Eitererreger. [41]

Pyo|kolpozele ⟨*griech*⟩ *f:* Vorwölben der hinteren Scheidenwand durch Eiter in der Bauchhöhle (↑Douglas' Abszeß, ↑Douglas-Exsudat).

~metra: Eiteransammlung in der Gebärmutterhöhle. Die Ursache ist häufig ein Korpuskarzinom. [29]

~nephrose: Nierenvereiterung, vereiterte Sackniere. Das Nierenbecken ist prall voll Eiter, das Nierenparenchym eitrig durchsetzt, praktisch zerstört. Zustandekommen: a) durch eitrige Nephritis, ↑Pyelonephritis, b) durch sek. eitrige Infektion einer (prim. nicht infizierten) Harnstauungsniere ↑Hydronephrose. [24]

~perikard *n:* Eiteransammlung im Herzbeutel infolge ↑Perikarditis, die selten isoliert, sondern meist in Zusammenhang mit einer eiterbildenden Allgemeinerkrankung auftritt.

~pneumokard ↑Pyopneumoperikard.

~pneumoperikard: Ansammlung von Eiter u. Luft im Herzbeutel bei eitriger Perikarditis u. gleichzeitiger äußerer Verletzung oder bei gasbildenden Erregern (meist ↑Anaerobiern). [10]

~pneumothorax *m:* Ansammlung von Eiter u. Luft im Rippenfellraum 1. infolge Durchbruchs einer spezif. Kaverne (Tbk) oder eines unspezif. Lungenabszesses in die Pleurahöhle; 2. nach offenen Brustkorbverletzungen, die eine Bronchialfistel zur Folge haben.

~pneumothorax subphrenicus: Bezeichnung für subphren. Abszeß mit Gasbildung. Der im Röntgenbild nachweisbare Flüssigkeitsspiegel mit Gashaube liegt zwar im Bereich des knöchernen Brustkorbs, aber immer außerhalb des Rippenfellraumes unterhalb des Zwerchfells. [18]

~spermie *f:* eitrige Samenflüssigkeit. Vorkommen bei Samenblasen-, Prostata-(Samenleiter-)entzündung, nicht selten bei Go., infizierter Steinbildung, (zerfallendem) Karzinom, gelegentlich auch bei Tuberkulose dieser Organe. [24]

Pyorrhoe ✻ **Pyorrhoea** ⟨*griech*⟩ *f:* Eiterfluß, eitriger Katarrh. [4]

P. alveolaris ↑Alveolarpyorrhoe. [37]

Pyothorax ⟨*griech*⟩ *m:* Pleuraempyem. [18]

Pyovar ⟨*griech*⟩ *n:* Abszeß im Eierstock. [29]

Pyo|zele ⟨*griech*⟩ *f:* infizierte u. vereiterte ↑Mukozele; ↑Hydrozele. [24]

~zephalus: Eiteransammlung in den Hirnventrikeln. [33]

Pyozyanase: antibiot. wirkendes Stoffwechselprodukt der ↑*Pseudomonas aeruginosa.* [41]

Pyozyaneusbakterien ⟨*griech*⟩ ↑*Pseudomonas aeruginosa.* [41]

Pyozyanin: blauer, wasserlöslicher Farbstoff der ↑Pseudomonas aeruginosa, durch Chloroform extrahierbar, ein Phenazinfarbstoff; wirkt antibiotisch. [41]

pyramidalis ⟨*lat*⟩: zur Pyramide gehörend. [1]

Pyramide: 1. längliche Vorwölbung beiderseits an der ventralen Fläche der Medulla oblongata, hervorgerufen durch die ↑Pyramidenbahn; 2. pyramidenförmiger Teil des ↑Os temporale. [1]

Pyramidenbahn = Tractus corticospinalis: wird von den Neuriten der ↑Betz' Riesenpyramidenzellen in der Rinde des Gyrus praecentralis (motor. Rindenregion) gebildet u. verläuft durch die ↑Stabkranzfaserung, die ↑Capsula interna, den Hirnstamm u. das Rückenmark in dessen ↑Vorderhörner. In der Medulla oblongata bildet sie an der ventralen Seite eine bes. Vorwölbung, die Pyramide, der sie ihren Namen verdankt u. wo eine Kreuzung der beiderseitigen Bahnen erfolgt (↑Pyramidenkreuzung). Die P. ist die motor. Hauptbahn des ZNS, die nicht nur nervale Impulse für die willkürlichen Bewegungen leitet, sondern sie auch hemmt, d. h., sie dämpft außerdem noch die Reflexe. Bei ihrer Ausschaltung tritt Reflexsteigerung auf (spast. Lähmung, ↑Pyramidenbahnläsion). [1]

~läsion: Schädigung der ↑Pyramidenbahn, gleichviel an welcher Stelle ihres Verlaufes u. unabhängig von der Ursache des Schadens. Ausfälle ↑Pyramidenbahnsymptome.

~symptome: klin. Ausdruck einer ↑Pyramidenbahnläsion; 1. zentrale motor. Lähmung; 2. Erhöhung der Erregbarkeit der Eigenreflexe mit Auftreten sog. patholog. Eigenreflexe wie Trömner, Rossolimo, Mendel-Bechterew; 3. Erhöhung des ↑Tonus infolge 2. (Eigenreflextonus) mit ↑Taschenmesserphänomen; 4. Auftreten von patholog. Fremdreflexen: ↑Babinski (Oppenheim, Gordon), ↑Beugesynergie; 5. Herabsetzung bis Aufhebung von physiolog. Fremdreflexen, insbes. der Bauchdeckenreflexe; ↑Abdominalreflexe. [33]

Pyramiden|kreuzung = Decussatio pyramidum: unterhalb der Pyramide in der Medulla oblongata gelegen. Hier kreuzen die Fasern der ↑Pyramidenbahn zum größten Teil auf die andere Seite hinüber u. verlaufen danach als ↑Pyramidenseitenstrangbahn im Rückenmark abwärts. Die nichtgekreuzten Fasern ziehen auf der gleichen Seite als ↑Pyramidenvorderstrangbahn weiter.

~seitenstrangbahn: Tractus corticospinalis lateralis.

~vorderstrangbahn: Tractus corticospinalis anterior. [1]

Pyramidenspitzen-Syndrom ↑Gradenigo' Syndrom. [20]

Pyramiden|zeichen ↑Pyramidenbahnsymptome. [33]

~zellen: charakterist., pyramidenförmige, multipolare Nervenzellen im Bereich der ↑Großhirnrinde (Lamina pyramidalis externa u. Lamina pyramidalis interna). Sie besitzen mehrere Dendriten u. einen von der Zellbasis abgehenden Neuriten; Betz' Riesenpyramidenzellen. [2]

Pyramis (cerebelli) ⟨*griech, lat*⟩ *f:* Teil des Kleinhirnunterwurmes. [20]

P. renalis: die menschliche Niere besitzt etwa 12 pyramidenförmige Körper, die mit ihrer Spitze zum Nierenbecken gerichtet sind. Die Spitzen der Pyramiden bilden die Papillae renales, die von den Nierenkelchen (Calices renales) umgeben sind. Die Nierenpyramiden bestehen in der Hauptsache aus: den Überleitungsstücken, den Ductus papillares u. den Sammelrohren. Nierenpyramide u. überhängende Kappe von Rindensubstanz bilden den sog. Nierenlappen (Lobus renis = Renculus). [2]

Pyran: heterozykl. Sechserring mit einem Sauerstoffatom im Ring; vom hydrierten P. leiten sich die ↑Pyranosen ab; ↑Furanosen. [8]

Pyranometer ⟨*griech*⟩: P. dienen zur Messung der Globalstrahlung. Das P. nach Angström enthält vier dünne Manganinstreifen, von denen zwei mit Platinmoor geschwärzt u. 2 mit einer Schicht Magnesiumoxid überzogen sind. Die auf die Plättchen treffende kurzwellige Strahlung wird von den geschwärzten Streifen absorbiert, während die Magnesiumschicht sie fast völlig reflektiert. Die langwellige Strahlung wird dagegen an allen Plättchen in fast gleicher Weise absorbiert; die kurzwellige Strahlung ruft zwischen den schwarzen u. weißen Streifen einen Temperaturunterschied hervor, der durch Thermoelemente angezeigt wird; ↑Aktinometer. [38]

Pyranosen: stabile Zucker mit Pyranring; ↑Monosaccharide. [8]

Pyrazin:

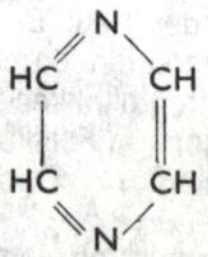

heterozykl. Verbindung, 1,4-Diazin, pyridinähnlich riechende Kristalle; zu den benzokondensierten Pyrazinen gehören die Chinoxaline u. das Phenazin. Das Hexahydrid des P. ist das ↑Piperazin. [8]

~amid□: Pyrazinkarbonsäureamid; Tuberkulostatikum mit geringerer klin. Wirkung als INH; lebertoxisch. [15]

Pyrazol: Grundgerüst verschiedener Antipyretika u. Analgetika, z. B. Aminophenazon. [44]

Pyrenophor: Syn. ↑Perikaryon. [2]

Pyretika ⁎ **Pyretica remedia** ⟨*griech, lat*⟩ *n, Pl:* fiebererzeugende Mittel, z. B. Pyrogene aus Bakterien (Polysaccharid) Fremdeiweiße. Eine künstliche Fiebererzeugung wird meist verwendet, um die Abwehrreaktionen des Organismus bei chron. Krankheiten in Gang zu bringen bzw. zu fördern. Unterstützung bestimmter Arzneimittelwirkungen. [44]

Pyrexie ⟨*griech*⟩ *f:* Fieber. [9]

Pyrgozephalie ⟨*griech*⟩ *f* ↑Turmschädel. [5]

Pyridin: C_5H_5N; heterozykl. Verbindung, in der ein CH des Benzolrings durch N ersetzt ist. P. ist ein ausgezeichnetes Lösungsmittel. Derivate sind Nikotinsäureamid als Baustein von NAD u. NADP u. als Antipellagra-Vitamin, Pyridoxin□ als Vitamin B_6, sowie Isonikotinsäurehydrazid INH. [8]

~aldoxim-methyljodid: *Abk* PAM; Antidot gegen die Cholinesterasehemmung durch Phosphorsäureester-Insektizide, z. T. derartigen Präparaten zugesetzt (z. B. bei deren Injektion in den Rinderkörper zur innertherapeut. Dasselfliegenlarvenbekämpfung). [58]

~nukleotide ↑ Nikotinsäureamid-adenin-dinukleotid-Coenzyme. [8]

Pyridoxal ↑ Vitamin B_6. [8]

Pyridoxamon ↑ Vitamin B_6. [8]

Pyridoxin□: Adermin = Vitamin B_6. [8]

Pyridoxinmangel-Anämie: seltene mit einer Störung der Eisenverwertung einhergehende hypochrome ↑ Anämie, Vitamin B_6. [11]

Pyridoxinmangel-Syndrom: Syn. Vitamin-B_6-Mangel-Syndrom; Krankheitsbild des konstitutionellen, wahrscheinlich erblichen, auf einer Tryptophanstoffwechselstörung beruhenden Vitamin-B_6(= Pyridoxin)-Mangels. Gehäufte Krampfanfälle im Neugeborenen- u. Säuglingsalter, vor allem bei Kindern, die langdauernd mit pyroxinarmen Trockenmilchpräparaten ernährt worden sind. Die Anfälle sistieren nach Vitamin-B_6-Zufuhr. Eisenrefraktäre, hypochrome Anämie, pos. Tryptophan-Xanthurensäuretest. Ätiolog.: genbedingte Störung, deren Pathogenese noch nicht geklärt ist (mangelnde Funktion des Kynureninase-Systems oder Blockierung der Bildung der Nikotinsäure aus dem Tryptophan?). [32]

Pyrimethamin□: Daraprim®, 2,4-Diamin-5-(p-chlorphenyl)-6-äthylpyrimidin; Therapeutikum bei Malaria. [44]

Pyrimidin: 1,3-Diazin, m-Diazin, Miazin; Grundkörper der Nukleinsäurebausteine Zytosin, Urazil u. Thymin. Vom P. leiten sich ferner die ↑ Purine ab. Strukturformel:

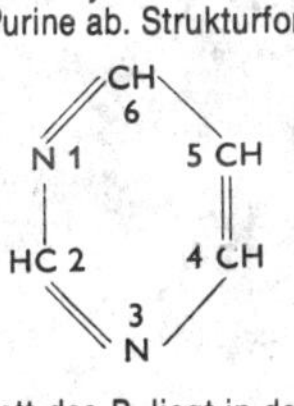

Das Ringskelett des P. liegt in den zykl. Ureiden vor, zu denen auch die Barbitursäure gehört. [8]

Pyrogallol: Pyrogallussäure, Acidum pyrogallicum, Trioxybenzol; besitzt starke Reduktionswirkung, wird therapeut. bei chron. Hautkrankheiten, wie Psoriasis, Lupus usw. verwendet. Hinterläßt schwarze Flecken auf den behandelten Stellen. Erzeugt auch Hämoglobinurie durch Blutzerfall. [44]

Pyrogene: pyrogene Stoffe; fiebererzeugende Stoffe bakterieller Herkunft, die schon in kleinsten Mengen (Mikrogramm/kg Körpergewicht) nach intravenöser Injektion typ. Fieberreaktionen, Blutbildveränderungen u. gelegentlich gefährliche Kreislaufreaktionen bei höheren Tieren u. Menschen entfalten. Im wesentlichen Poly- bzw. Oligosaccharide, z. T. auch Polypeptide, deren Struktur bei den einzelnen Bakterienarten nicht einheitlich ist. Können mitunter zu Transfusions- u. Infusionszwischenfällen führen. Vernichtung durch Heißluftsterilisation (1 h bei 200 °C), Chemikalien (Alkali- u. Säurelösungen, $KMnO_4$, H_2O_2 usw.) u. Filtration (Seitz-Asbest-, Göttinger-Membran-Filter). [40]

Pyrogenfreiheit: Freisein von fiebererzeugenden Substanzen. Injektionsflüssigkeiten, Medikamente, Impfstoffe u. Heilsera müssen auf P. geprüft werden (Kaninchentest). [40]

Pyromanie ⟨*griech*⟩ *f:* triebhafte Brandstiftung als Drang- oder Impulshandlung bei Psychopathen, Oligophrenen, Epileptikern Hirngeschädigten, als Heimwehreaktion der Pubertierenden; ↑ Monomanie. [34]

Pyronin-Methylgrünfärbung ↑ Pappenheim' Färbung für Lymphozyten. [11]

Pyrophobie ⟨*griech*⟩ *f:* krankhafte Furcht vor Feuer, Zündhölzern, Brandstiftung, gehört zum anankast. Syndrom; ↑ Anankasmus. [34]

Pyrophosphatasen: Enzyme mit großer biolog. Bedeutung; spalten Phosphorsäureanhydride; a) die anorgan. P. (Pyrophosphat-Phosphohydrolase, EC 3.6.1.1) spaltet anorgan. Pyrophosphat nach $H_4P_2O_7 + H_2O = 2H_3PO_4$; b) die ATPase (ATP-Posphohydrolase, EC·3.6.1.3) ATP nach $ATP + H_2O = ADP + Orthophosphat$; c) ferner die Nucleosid-Diphosphatasen in Nukleotid u. Orthophosphat. [8]

Pyrophosphorsäure: Säureanhydrid der Phosphorsäure $H_4P_2O_7$. Organ. Derivate spielen als ATP, ADP, NAD u. NADP eine sehr wichtige Rolle. In der P. der ATP u. der ADP ist die P-Bindung energiereich. [8]

Pyrosis ⟨*griech*⟩ *f:* Sodbrennen. [9]

Pyrrol *n:* C_4H_5N; die wichtigste der fünfgliedrigen heterozykl. Verbindungen; reagiert nur sehr schwach basisch. Seine Dämpfe färben einen mit Salzsäure befeuchteton Fichtenspan feuerrot (Name!). P. ist Baustein der Porphysine wie Hämoglobin, Zytochrome, Chlorophyll; in hydrierter Form als Pyrrolidinderivate in den Aminosäuren ↑ Prolin u. ↑ Oxyprolin sowie in verschiedenen Alkaloiden wie Atropin, Kokain, Nikotin; in Farbstoffen wie Indigo. [8]

~farbstoffe: biolog. sehr wichtige, mit dem Pyrrolring zusammenhängende Farbstoffe wie Hämoglobin, Myoglobin, Zytochrome Zellfarbstoffe, Oxydationsferment Warburg, die alle vom Tetrapyrrolporphyrinring abzuleiten sind. [11]

Pyrrolidin: C_4H_9N; hydriertes Pyrrol; stark basische, ammoniakal. riechende Flüssigkeit.

~karbonsäuren: L-(−)-Prolin ist Pyrrolidin-α-karbonsäure u. L-(−)-Hydroxyprolin ist 4-

Hydroxy-pyrrolidinkarbonsäure. Zykl. Aminosäuren der Eiweiße, die strenggenommen nicht der Definition der α-Aminosäuren mit einer freien Aminogruppe entsprechen; die benachbarte Iminogruppe des Kerns hat stark bas. Charakter. [8]

Pyruvat: Salz der ↑Brenztraubensäure.

~Carboxylase ↑Kohlenhydratstoffwechsel.

~Decarboxylase ↑Carboxylase.

~Dehydrogenase: 2 Enzyme; die Pyruvat-Cytochrom b 1-Oxydoreductase, (EC 1.2.2.2) mit Cytochrom als Akzeptor ist ein Flavoprotein; es reagiert nach:

Pyruvat + Ferricytochrom b1
= Acetat + CO_2 + Ferrocytochrom b1;

die Pyruvat-Lipoat-Oxydoreductase (EC 1.2.4.1) mit Lipoat als Akzeptor, reagiert nach:

Pyruvat + oxydiertes Lipoat
= 6-S-Acetylhydrolipoat + CO_2.

Beide P. benötigen Thiaminpyruvat. [8]

Pyruvatkinase: (EC 2.7.1.40) katalysiert die Reaktion: Phosphoenolpyruvat + ADP ⇌ Pyruvat + ATP. Das Gleichgewicht der Reaktion liegt auf seiten des Pyruvats. Mg^{++} ist für die Reaktion notwendig, K^+ aktiviert das Enzym. [8]

P.-Mangel: autosomal, rezessiv vererbbarer Mangel an Pyruvatkinase in den Erythrozyten, führt beim Anlageträger zu einer schweren nichtsphärozytären hämolyt. ↑Anämie. [11]

Pyureter ⟨*griech*⟩ *m:* vereiterter Stauungsharnleiter. [24]

Pyurie ⟨*griech*⟩ *f:* 1. bakterielle Ausscheidung von eitrigem Urin bei Entzündungen der ableitenden Harnwege oder der Genitalrien; 2. sog. abakterielle P., im Sediment Leukozyten ohne Bakterien. Höchst verdächtig auf Tuberkulose; 3. Bakteriurie: nur Bakterien, keine Leukozyten im Urin, bei chron. Pyelonephritis vorkommend (Wildbolz). [24]

P-Zacke ↑Elektrokardiogramm. [10]

Q

Quaddel ↑Urtika. [43]

~probe (nach MacClure u. Aldrich): Methode zum Nachweis der Ödembereitschaft. Eine intrakutan gesetzte Quaddel von 0,2 ml physiolog. Kochsalzlösung ist normalerweise nach 40–85 min nicht mehr nachweisbar. Das Verschwinden der Quaddel bereits nach 3–30 min weist auf eine vorwiegende Ödembereitschaft hin. [21]

quadrangularis ⟨*lat*⟩: vierwinkelig, viereckig, vierkantig. [1]

Quadrant ⟨*lat*⟩ *m:* Kreisviertel; man unterteilt kreisförmige u. kreisähnliche Organflächen zur topograph. Unterteilung in vier Quadranten, so z. B. das Trommelfell, die Mamma. [1]

Quadranten|hemianopsie ⟨*lat, griech*⟩ *f:* Hemianopsie, die sich auf ein Viertel des Gesichtsfeldes erstreckt; ↑Hemianopsie. [36]

~syndrom ↑Körperviertelsyndrom. [33]

quadratus ⟨*lat*⟩: viereckig, quadratisch. [1]

quadriceps ⟨*lat*⟩: vierköpfig. [1]

Quadriplegie ⟨*lat, griech*⟩ *f* ↑Tetraplegie. [33]

Quant: kleinster absorbierter oder emittierter Energiebetrag einer Strahlung. [54]

Quantenstrahlung, ultraharte ↑Strahlentherapie. [26]

Quantimeter: Instrument zur Prüfung bzw. Dosierung der Röntgenstrahlenmenge. [26]

Quantasom ⟨*griech*⟩ *n:* vorwiegend auf Proteinen aufgebautes Körperchen von einigen nm Größe. [6]

Quarantäne ⚹ **quarantaine** ⟨*frz*⟩ *f:* Absonderung infektiöser oder der Infektion verdächtiger Menschen u. Tiere in bes. Räume oder in Sperrgebiete. Der Begriff entstammt dem Italienischen. Ursprünglich wurden alle aus pestverdächtigen Ländern in den italien. Häfen ankommenden Fremden einer Absonderungszeit von 40 (quaranta) Tagen unterzogen. Heute wird die Quarantänefrist entsprechend der Inkubationszeit festgelegt. Durch die „International Sanitary Regulations" der WHO vom 1. 5. 1961 wurden für die quarantänepflichtigen Infektionskrankheiten folgende Fristen festgelegt: Pocken 14, Cholera 5, Gelbfieber 6, Pest 6, Fleckfieber 14, Rückfallfieber 8 Tage. (Nach den Internationalen Gesundheitsvorschriften 1969 gelten Fleckfieber u. Rückfallfieber nicht mehr als „quarantänepflichtige" Krankheiten.) [38]

Quartalstrinker ↑Dipsomanie. [34]

Quartana ⟨*lat*⟩ *f:* Viertetagsfieber; ↑Malaria quartana. [40]

Quarz: Mineral aus kristallisiertem Siliziumdioxid SiO_2, härter als Glas u. Stahl, ungefärbt als Bergkristall bzw. Quarzsand, aus dem durch Schmelzen Quarzglas hergestellt wird. Q. u. Quarzglas sind chem. sehr widerstandsfähig (werden nur von Flußsäure u. auch schmelzenden Alkalihydroxyden u. -karbonaten gelöst); sehr beständig auch gegenüber großem Temperaturwechsel wegen ihres sehr geringen Ausdehnungskoeffizienten u. sehr durchlässig für ultraviolettes Licht. In reinem Zustand verwendet für chem. Geräteglas, in der Optik, zur Erzeugung von Ultraschall durch rasche elektr. Schwingungen, in unreiner Form als Sand zur Herstellung von Mörtel, Zement usw.; ↑Silikose. [8]

~lampe: zur Erzeugung ultravioletter Strahlen verwandte Quecksilberdampflampe; sog. künstliche Höhensonne. [18]

~staublunge ↑Silikose. [49]

Quassia amara: Simarubaceae-Baum in Zentralamerika, das Holz, Lignum quassiae enthält Bitterstoffe. Verwendung als ↑Amarum. [44]

Quats: *Abk* für quaternäre Ammoniumbasen; ↑Ammoniumverbindungen. [42]

Quebrachin ⟨*indian*⟩ *n:* aus Quebrachorinde isoliertes Alkaloid, das später mit ↑Yohimbin ident. gefunden wurde. [44]

Queckenstedt' Symptom: Kompression der Venae jugulares führt zur Steigerung des intrakraniellen Liquordrucks, der sich bei unbehinderter Liquorpassage durch den Spinalkanal fortpflanzt u. zu einer Erhöhung der Tropfenzahl an der äußeren Öffnung der Lumbalpunktionskanüle führt; ein Ereignis, das bei Passagehindernis, z. B. durch Tumoren, vermißt wird („negativer Q"). [33]

Quecksilber: Hydrargyrum, chem. Symbol Hg, flüssiges Metall, 1- u. 2wertig, spezif. Gewicht 13,6. Quecksilberlegierungen heißen Amalgame. Alle Quecksilberverbindungen sind giftig. In geringen Mengen weit verbreitet im Pflanzen- u. Tierreich. Ein künstliches Radionuklid ist $^{203}_{80}Hg$ als β- u. γ-Strahler (0,21 bzw. 0,28 MeV; Halbwertszeit 47,9 d); ↑Hydrargyrum-Präparate. [8]

~ausschläge: bei lokaler Anwendung von Quecksilber (graue Salbe oder seltener weiße Präzipitatsalbe) oder beruflichem Kontakt (auch Quecksilberdämpfe) kommt es gelegentlich zum Auftreten einer Follikulitis oder allerg. Dermatitis, letztere vornehmlich an sich berührenden Hautstellen. Bei innerlicher Verabfolgung u. Injektion (durch Überempfindlichkeit): 1. Erytheme (masern-, scharlachähnlich); 2. Dermatitiden (schwer, universell) a) Exanthema mercuriale simplex (starke Hautrötung, heftiges Jucken, universell, kurz dauernd), b) Exanthema mercuriale complicatum (langer Verlauf, nässend, starke Schuppung); 3. Purpura; 4. Stomatitis mercurialis; ↑Quecksilberstomatitis. [43]

~chlorid ↑Kalomel, ↑Sublimat. [8]

~dampflampe ↑Quarzlampe. [18]

~diuretika: wirksam durch Hemmung der tubulären Rückresorption von Na^+, Cl^- u. sekundär von Wasser durch ionisiertes Quecksilber. Bei wiederholter Anwendung Gefahr einer Nierenschädigung vorwiegend im proximalen Tubulus durch Schädigung der SH-Gruppen der Enzyme u. Zellproteine. [44]

~öl ↑Oleum cinereum. [44]

~präparate ↑Hydrargyrumpräparate.

~salbe ↑Präzipitatsalbe, graue Salbe.

~schmierkur ↑Graue Salbe. [44]

~stomatitis = Stomatitis mercurialis: durch chron. Hg-Vergiftung hervorgerufene geschwürige bis nekrot. ↑Stomatitis u. ↑Gingivitis, Geschwüre auf Zunge, Wangen, Gaumen, Lockerung der Zähne bis zum Ausfall, Knochennekrosen, Speichelfluß u. aashafter Mundgeruch; Plaut-Vincent' Bakterienflora. Im Anfang der Erkrankung pathognomon. ein schwarzblauer Sulfidsaum am Zahnfleischrand. Die schweren akuten Erkrankungen sind heute nur selten, chron. z. B. bei unvorschriftsmäßiger Zubereitung von Amalgamfüllungen in der zahnärztlichen Praxis. Therapie: Ausschaltung der Vergiftungsquelle, peinliche Mundhygiene, Jodoformglyzerinbrei lokal. [37]

~vergiftung: Aufnahme des Quecksilbers erfolgt hauptsächlich durch die Atemorgane, seltener im beruflichen Leben durch die Haut. Veränderungen in der Mundhöhle sind ↑Quecksilberstomatitis u. -gingivitis. Einlagerung von Quecksilbersulfid in der Mundschleimhaut (Quecksilbersaum); lackartige kupfer- bis brandrote Verfärbung des Rachens u. Gaumens (Kußmaul' Lackrachen). Von seiten des Nervensystems sind der Erethismus u. der Tremor mercurialis (Quecksilberzittern als Intentionstremor bei beabsichtigten Zweck- u. Zielbewegungen) wichtige Erscheinungen. Selten zentrale Gefühlsstörungen. Der Blutfarbstoffgehalt u. die Zahl der Erythrozyten sind oft leicht herabgesetzt. Als melde- u. entschädigungspflichtige Berufskrankheit anerkannt.

~zittern ↑Tremor mercurialis; Symptom der ↑Quecksilbervergiftung. [49]

Queenslandfieber ↑Q-Fieber. [40]

Quellen, alkalische ↑Heilwässer.

Q., akratische: veraltete Bezeichnung für Akratopegen u. Akratothermen; ↑Heilwässer.

Q., erdige ↑Heilwässer.

Q., juvenile: aus großen Tiefen des Erdinnern stammendes Wasser. Dämpfe u. vulkan. Gase werden von erkaltenden unterird. Magmaherden exhaliert. Beim Emporsteigen kühlen sie sich allmählich ab, wandeln sich zu Kondenswasser um (Kondensationstheorie) u. treten mit Mineralstoffen gesättigt zutage. Meist handelt es sich bei den aufsteigenden Gasen um Wasserstoff, der zu Wasserdampf oxydiert u. beim Aufsteigen infolge des auf ihm lastenden Druckes u. der Abkühlung zu Wasser verflüssigt wird. Viele dieser Quellen besitzen eine Temperatur bis 90°C u. mehr. Eigenart der juvenilen Q. ist ihre oft über viele Jahrhunderte nachweisbare Unveränderlichkeit der Temperatur, der qualitativen Zusammensetzung u. der Schüttung.

Q., muriatische ↑Heilwässer.

Q., salinische ↑Heilwässer.

Q., vadose; leiten ihre Entstehung aus Wässern des oberflächlichen Wasserkreislaufs her, der sich in Atmosphäre, Hydrosphäre u. Lithosphäre vollzieht u. dem nach der Tiefe zu durch die zunehmende Temperatur u. den allmählich alle Risse verschließenden Druck eine Grenze gesetzt ist. Sie nehmen auf ihrem Weg durch die Gesteine der Erdrinde die Stoffe auf, die sie zu lösen imstande sind. [45]

Quellstift ↑Laminaria. [29]

Quellung: Einlagerung von molekularem Wasser unter Volumenvergrößerung; ↑hydrophil, ↑Hydratation. [42]

Quellungs|reaktion ↑Kapselquellungsreaktion. [41]

~wasser: Syn. Hydratationswasser; jener Anteil des Wassers des Organismus, der infolge seines Dipolcharakters nicht frei vorhanden, sondern an gewisse Verbindungen (Proteine, Glykogen, Lipide, Nukleinsäuren usw.) gebunden ist (elektrostat. Bindung; Wasserstoffbrückenbildung): charakterist. für den gequollenen Zustand der lebenden Substanz. [16]

Quellzellen: hellplasmat., auch als epitheloide bezeichnete Zellen der arteriovenösen Anastomosen (bes. reichlich im Glomus coccygicum), die durch Quellung zum Anastomosenverschluß u. durch Wasserabgabe zur Wiedereröffnung der arteriovenösen Kurzschlüsse führen sollen. Möglicherweise sondern diese Zellen auch einen gefäßerweiternden Stoff ab. [4]

Quengeln: durch langwirkende kleinste Kräfte schonendes Beseitigen einer Kontrakturstellung eines Gelenkes (Mommsen). Dadurch wird manchmal sogar die Gelenkbeweglichkeit wiederhergestellt. Q. wird in

Quengelverbänden (Gips, Schienen) mit Hilfe von Quengelschnüren, Schraubenpelotten, Wantenspanner usw. durchgeführt. [23]

Quénu, Jean Augustin Edouard (*1889), Chirurg, Paris.

Q.' Krankheit ↑Phlebalgia ischiadica. [9]

Q.' Operation: Operationsmethode zur Entfernung des Mastdarmes wegen Krebsleiden, wobei zunächst unter Eröffnung der Bauchhöhle der unterste Dickdarmanteil (Sigma) ausgelöst, dann nach Umlagerung des Kranken auf die Seite vom Kreuzbein her der anhängende Mastdarm einschließlich After ausgeschält werden. Die Operation schließt mit der Anlage eines künstlichen Afters des verbliebenen, zuführenden Dickdarmstumpfes ab. [18]

Q-Enzym: Enzym bei der Biosynthese von Amylose, Amylopektin u. Glykogen, das zu den ↑Transglykosylasen gehört u. aus den unverzweigten, 1,4-verknüpften Glukoseketten 1,6-Verknüpfungen, d. h. Verzweigungen bildet (Amylopektin, Glykogen); näher untersucht das Q-Enzym der Kartoffel. [16]

Querbett: Operationslagerung, bes. in der Geburtshilfe, bei der die Kreißende quer ins Bett gelegt wird, so daß der Steiß auf die Bettkante zu liegen kommt. Die Beine werden außerhalb des Bettes auf Stühle gestellt oder von Hilfspersonen gehalten. [29]

Querfortsatz: Wirbelfortsätze, die zu beiden Seiten in der Querrichtung von den Wirbelbögen abgehen. [1]

Querkolon = Colon transversum ↑Kolon. [18]

Querlage: Gegensatz zur Längslage; ↑Kindslage. In 1% der Geburten auftretende Regelwidrigkeit, bei der die Körperachse der Frucht quer zur Körperachse der Mutter verläuft. Ursachen: Uterusmißbildung, Placenta praevia (13%), schlaffer Uterus bei Vielgebärenden. Die Q. bedeutet für Mutter u. Kind eine große Gefahr, wenn nicht durch Kunsthilfe (Wendung, Schnittentbindung) eingegriffen wird. [29]

Querriegel|interposition ↑Querriegelkolporrhaphie.

~kolporrhaphie (G. Döderlein, 1947): bes. Operation zur Behebung eines Gebärmuttervorfalles, indem die vordere u. die hintere Scheidenwand vor der Portio miteinander vereinigt werden. Fixierung der Blase auf die Hinterwand des Corpus uteri. Eine Scheidendammplastik wird angeschlossen. [29]

Querscheibe = Querstreifen: Teil der ↑Myofibrille. [2]

Querschnitt: klin. Kurzbezeichnung für ↑Querschnittslähmung. [33]

Querschnitts|diagnostik: derjenige Teil der top. Diagnostik der Rückenmarkläsionen, der, in Ergänzung zur Höhendiagnostik, die Feststellung des Sitzes u. der Ausdehnung eines Herdes innerhalb des Rückenmarkquerschnitts zum Ziele hat.

~lähmung: klin. Bild bei ↑Querschnittsläsion des Rückenmarks, das aus der Unterbrechung der Verbindung zwischen Gehirn u. den kaudal der Schadstelle gelegenen Körperpartien resultiert (Querschnittssyndrom). Die Schwere des Bildes nimmt zu, je weiter kranial die Läsion lokalisiert ist, bis zu akuter Lebensgefahr ab C_4 (↑Atemlähmung). Komplikationen: Dekubitus u. Infektion der Harnwege. Behandlung: Behebung des Grundleidens, Vermeiden der Komplikationen, intensive ↑Rehabilitation.

~läsion: umschriebene Schädigung des Rückenmarks, die das klin. Bild einer Querschnittslähmung hervorruft. In Abhängigkeit von der Intensität des Schadens u. seiner Ausdehnung im Rückenmarkquerschnitt kann sie partiell oder total sein. Hauptursachen: Verletzungen (vor allem Frakturen u. Luxationen der Wirbelsäule), Kompression durch ↑Rückenmarktumoren (oder Wirbelmetastasen), ↑Myelitis u. andere.

~syndrom: typ. neurolog. Symptomgruppe bei ↑Querschnittsläsion. Motor. u. sensible Lähmung aller Segmente unterhalb der Läsion einschließlich Vasomotorik u. willkürlicher Beherrschung der Blasen- u. Mastdarmfunktion. Zu der zentralen motor. ↑Lähmung (durch Unterbrechung der Bahnen) kommen periphere Ausfälle in den Schädigungssegmenten selbst (durch Zerstörung der Vorderhornzellen u. a.). [33]

Querstand, tiefer: geburtshilflicher Befund, bei dem der am Beckenboden stehende Kopf sich so einstellt, daß die Pfeilnaht quer zur Sagittalebene der Frau eingestellt ist. Der tiefe Q. ist patholog., wenn der Kopf trotz entsprechender Lagerung der Frau u. ausreichender Wehentätigkeit in dieser gebärunfähigen Situation verharrt u. nicht die Normaldrehung in den tiefen Geradstand vornimmt. [29]

Querulantenwahn ⟨*lat*⟩: in der Mehrzahl der Fälle kein eigentlicher Wahn, sondern eine wahnähnliche Reaktion, die im ganzen noch verständlich ist, Form der abnormen ↑Erlebnisreaktion; auf dem Boden einer hyperthymen (expansiven) u. sensitiven Konstitution (überempfindlich, leicht verletzbar, aber zum Kampf bereit infolge einer sthen. Veranlagung) entwickelt sich im Anschluß an ein wirklich oder vermeintlich erlittenes Unrecht eine kämpfer. Haltung, eine Prozessiersucht, die schließlich jedes vernünftige Maß überschreitet. Der Querulant beschimpft, verleumdet Richter, Staatsanwalt, verwendet sein Vermögen zum Prozessieren. In leichten Fällen kann es sich um eine Neurose handeln. Bei schweren Ausprägungen kommt es zu einer paranoiden Entwicklung auf der Grundlage einer Psychopathie. [34]

Quervain, Fritz de (1868–1941), Chirurg, Basel, Bern.

Q' Krankheit ↑ Tendovaginitis, stenosierende. [23]

Q' Luxationsfraktur ↑ Luxation, interkarpale.

Q' Thyreoiditis: nicht eitrige, hämatogene Entzündung der Schilddrüse, wonach gelegentliche thyreotox. Folgeerscheinungen hinterbleiben. [18]

Querzetin: Pentahydroxyflavon; Vorkommen in der Speisezwiebel, Johanniskraut u. a.; sein Rhamnosid ist das ↑ Rutin. [44]

Quest, Robert (*1874), Pädiater, Lwow.

Q' Zahl = Quest' Regel: Richtzahl für Gewichtsverlust bei Säuglingen. Sie besagt, daß eine Gewichtsabnahme von mehr als 1/3 des Höchstgewichtes vor Eintritt der Störung nur noch selten mit dem Leben vereinbar ist. [32]

Quetelet, L.A.J. (1796–1874), Mathematiker, Brüssel.

Q' Regel ↑ Broca' Formel. [8]

Quetsch|präparate: durch Quetschung hergestellte Präparate, gewöhnlich zur mikroskop. Untersuchung. Für den Nachweis von Tuberkulosebakterien aus dem Sputum wird eine kleine, festere Sputumflocke auf einen Objektträger gebracht u. mit Hilfe eines zweiten Objektträgers unter leichtem Druck gequetscht u. abgezogen; anschließend Färbung nach Ziehl-Neelsen. [47]

~wasser ↑ Synärese. [42]

~wunden: durch stumpfe Gewalteinwirkung Zermalmung von Gewebsschichten im Wundbereich. Das betroffene Gewebe wird durch mangelnde Durchblutung brandig u. stirbt nekrot. ab. Der brandige Wundboden bietet guten Nährboden für Bakterien, daher ist Infektion bis zur Vereiterung unausbleiblich, deshalb offene Wundbehandlung ohne jede Naht. [18]

Q-Fieber: *Abk* von Query-Fieber, „Fragezeichenfieber"; Queenslandfieber, Balkangrippe. Enzoot.-epizoot., aerogen oder durch Kontakt, auch durch Zecken auf Menschen übertragbare, anzeigepflichtige Pneumorikkettsiose. Erreger Rickettsien *(Coxiella burneti),* Inkubation 2–4 Wochen. Akut fieberhafter, influenzaartiger Verlauf mit atyp. Pneumonie. Letalität: unbehandelt 1–3%. Jahrzehntelange Immunität. Serolog. Diagnose durch Komplementbindungsreaktion mit Coxiellen-Dottersack-Antigen. Therapie mit Chloramphenicol oder Tetrazyklinen. Prophylaxe durch Pasteurisierung der Milch, Desinfektion, aktive Immunisierung mit formolinaktivierter Coxiellen-Dottersack-Vakzine für gefährdete Berufe. [40]

Quick, Armand James (*1894), amerikan. Hämatologe.

Q.' Methode: spezif. Methode für 1. Bestimmung der ↑ Thromboplastinzeit, 2. Bestimmung des ↑ Prothrombinverbrauchs. [11]

Quillaja saponaria ⟨*indian, lat*⟩ *f:* in den südlichen Anden heim. Rosacee, deren Rinde Cortex quillaja (Seifenrinde) enthält ein amorphes Saponin (Quillajasaponin), als Sapogenin Quillajasäure, Zucker, Stärke u. Kalziumoxalat. Der Dekokt der Rinde wird als Expektorans, ferner als Schaumbildner in Zahnpasten u. ä. verwendet. [44]

Quincke, Heinrich Irenaeus (1842–1922), Internist, Kiel. Hat als erster ein Verfahren zur ↑ Lumbalpunktion entwickelt. [9]

Q.' Kapillarpuls: bei Aorteninsuffizienz auftretender Kapillarpuls. [10]

Q.' Lagerung: Erhöhung des Fußendes des Bettes bei Bronchiektasen, um den Abfluß des Sekrets zu erleichtern. [9]

Q.' Ödem: in den Formenkreis der ↑ Urtikaria gehörige starke Schwellung der Lider; allerdings fehlt der Juckreiz. [43]

Quintana ⟨*lat*⟩ *f* ↑ Fünftagefieber. [40]

quoad: in bezug auf. [0]

Quotidiana ⟨*lat*⟩ *f:* Febris quotidiana; Malariafieber, bei dem täglich ein Anfall auftritt, nicht durch ein bestimmtes Malariaplasmodium hervorgerufen. Ist klin. eine bes. Form. des Tertiana, Quartana- oder des Tropenfiebers (z. B. durch Entwicklung mehrerer Plasmodieninfektionen nebeneinander). [40]

Quotient ⟨*lat*⟩ *m:* Beziehungen von Faktoren zueinander, die zur Beurteilung der Vorgänge bzw. Leistungen von Wichtigkeit sind.

Q., kalorischer ↑ Kalorimetrie.

Q., ökonomischer: die Beziehungen zwischen der von einer Maschine aufgebrachten mechan. Arbeit zu der in der Maschine investierten Arbeit u. Wärme. Der Nutzeffekt der Muskeln ist keine konstante Größe, sondern hängt von der Art der geleisteten Arbeit ab. Zur Leistung einer bestimmten Arbeit ist für den Körper etwa das Drei- bis Vierfache ihres Wertes an aufgewandter chem. Energie notwendig.

Q., oxydativer: klass. Bezeichnung für das Verhältnis zwischen jenem Anteil der beim Glukoseabbau anfallenden Milchsäure, der unter Verbrauch von O_2 wieder zu Kohlenhydrat resynthetisiert wird, u. jenem Anteil, der vollständig zu CO_2 u. H_2O oxydiert wird. Er bewegt sich zwischen 3 u. 6 u. mehr, je nach Anteil an dem aeroben oder dem anaeroben Glukoseabbau.

Q., respiratorischer ↑Respiratorischer Quotient. [7]

QRS: im Elektrokardiogramm die Kammeranfangsgruppe; zeigt die Erregungsausbreitung in den Herzkammern an. [9]

Q.s.: in der Rez. *Abk* für quantum satis

QAT-Dauer (relative, korrigierte): im Elektrokardiogramm ist die QT-Dauer (Gesamt-Kammerkomplex) von der Herzfrequenz abhängig, falls nicht krankhafte Veränderungen vorliegen. Die relative QT-Dauer gibt die jeweilige prozentuale Abweichung von der frequenzbezogenen Dauer an u. ist aus Tabellen abzulesen. [9]

Q-Zacke ↑Elektrokardiogramm. [10]

R

R: 1. (Rez) recipe• (Nimm!) oder Radix (Wurzel); 2. in chem. Formeln Symbol für ↑Radikal; 3. Kennzeichnung von Warenzeichen (registered as trade mark); 4. *Abk* für ↑Gaskonstante; 5. *Abk* für Internationale Röntgeneinheit; früher r; Dosiseinheit Röntgen. [8]

°**R:** Temperaturgrad für Réaumur-Skala. [8]

Ra: chem. Symbol für ↑Radium. [8]

Rabbit disease ⟨*engl*⟩ ↑Tularämie. [40]

Rabbit-Skin-Test ⟨*engl*⟩: am Kaninchen intrakutane Injektion einer Toxoplasmenaufschwemmung mit verschiedenen Verdünnungen des zu untersuchenden Serums. Bei fehlenden Antikörpern kommt es zu zentralen Hautnekrosen bzw. abgestuften Hautreaktionen. [41]

Rabenschnabelfortsatz = Processus coracoideus: knöcherner Fortsatz am Schulterblatt. [1]

Rabies ⟨*lat*⟩ ↑Tollwut. [40]

Racemasen ↑Isomerasen. [8]

Rachen ↑Pharynx.

~bräune: alte Bezeichnung für ↑Diphtherie.

~diphtherie ↑Diphtherie.

~enge ↑Isthmus faucium.

~entzündung ↑Pharyngitis.

~mandel = Rachentonsille, Tonsilla pharyngica: Ansammlung von lymphat. Gewebe im Nasenrachen am Rachendach; adenoide ↑Vegetationen. [28]

~reflex: Würgbewegung bei Berührung der hinteren Rachenwand, ein individuell verschieden stark ausgeprägter Reflex, dessen Fehlen nicht ohne weiteres als krankhaft zu bewerten ist, aber auch auf eine organ. Läsion im Bereich des N. glossopharyngeus (vor allem seines Kerngebietes bei ↑Bulbärparalyse) hinweisen kann. [33]

Rachen|ring, lymphatischer (Waldeyer): umfaßt die lymphat. Gebilde im Mund- u. Nasenrachen; die beiden Gaumenmandeln, Tubenmandeln, die Zungen- u. Rachenmandel sowie die versprengten lymphat. Inseln an der Rachenhinterwand u. am weichen Gaumen. [28]

~tubus: („orale Luftbrücke") abgeplattetes, dem Verlauf der Mund- u. Rachenhöhle angepaßtes Rohr zur Behebung der Obstruktion der oberen Luftwege bei Narkose u. anderen Zuständen von Bewußtlosigkeit. Die gebräuchlichsten Instrumente sind R. nach Guedel oder Mayo. [27]

R(h)achipagus ⟨*griech*⟩ *m:* Doppelmißbildung mit Verschmelzung der Wirbelsäule. [5]

R(h)achischisis ⟨*griech*⟩ *f:* Hemmungsmißbildung mit freiliegendem, platt ausgebreitetem Rückenmark bei fehlendem Schluß der Wirbelbögen. [5]

Rachitis ⟨*altgriech*⟩ *f:* sachlich falsche aber nicht mehr auszumerzende Bezeichnung für Vitamin-D-Mangelkrankheit. (R. bedeutet „Wirbelsäulenentzündung". Der Begriff wurde in England im 17. Jahrhundert vermutlich wegen des Gleichklanges mit dem engl. Wort für Buckel = rickets, einer damals häufig beobachteten Folge der Rachitis, eingeführt.) Das Wesen der Erkrankung liegt in einer Störung des Phosphorkalkstoffwechsels, die eine verzögerte Ossifikation der Knorpelgrundsubstanz u. osteoide Wucherungen vor allem an den Metaphysen nach sich zieht. Klin. Symptome: Mattigkeit, Kopfschweiße, Muskelhypotonie, Froschbauch, Sitzbuckel, ↑Kraniotabes. Caput quadratum durch Osteophytenauflagerungen im Zentrum der Frontal- u. Parietalknochen, rosenkranzähnliche Auftreibungen an den Knorpel-Knochengrenzen der Rippen (rachit. Rosenkranz). Verdickung der distalen Meta- u. Epiphysen, bes. an den Hand- u. Fußgelenken, ↑Perlschnurfinger. Bei längerem Bestehen der R. kommt es zu Thoraxverformungen (Harrison' Furche, Glockenthorax), O- oder X-Beinen, rachit. Beckenverengung, Kyphose, Skoliose, Zurückbleiben des Längenwachstums (rachit. Zwergwuchs). Die Milchzähne brechen häufig verspätet durch, die bleibenden Zähne zeigen Schmelzdefekte. [32]

R. renalis: auch renale Rachitis; rachitisähnliche Knochenveränderungen, die durch Störungen der Phosphatexkretion oder -rückresorption infolge tubulären Schadens im Rahmen von chron. Nierenschäden (chron. Pyelonephritis oder chron. Interstitielle Nephritis) bei Kindern zustande kommen u. schlimmstenfalls Zwergwuchs zur Folge haben kann; a) hypophosphatäm. renale Osteopathie (abnorm niedriger Phosphatgehalt des Blutes!) infolge verminderter tubulärer Rückresorption von Phosphat, b) hyperphosphatäm. renale Osteopathie (abnorm hoher Phosphatgehalt des Blutes!) führt zu Hyperfunktion u. Hypertrophie der Nebenschilddrüsen, die dann vermehrt Parathormon ausscheiden. Dadurch Mobilisierung von Kalzium aus den Knochen u. konsekutive Ossifikationsstörungen wie bei ↑Ostitis fibrosa. Durch die sek. Hyperparathyreose kann es zur Hyperkalzurie mit nachfolgender ↑Nephrokalzinose u. schließlich zur Steinbildung kommen. Rachitis renalis ist Vitamin-D-resistent. [24]

R. tarda = Rachitis adolescentium; Spätrachitis; erst im Schulalter bzw. in der Pubertät einsetzende Rachitis mit Knochen- u. Muskelschmerzen, Gehbeschwerden, den der frühkindlichen Rachitis ähnlichen Osteopathien, Osteoporose u. partiellen Frakturen. [32]

Racketschnitt ↑Rakettschnitt. [18]

Radekrankheit: endem. ↑Syphilis in Norwegen. [43]

Radgelenk = Drehgelenk: einachsiges Gelenk, bei dem die Drehachse mit der Achse des sich bewegenden Knochens zusammenfällt; z. B. Gelenk zwischen Elle u. Speiche, Gelenk zwischen Zahn des ↑Axis u. dem vorderen Atlasbogen. [1]

radialis ⟨*lat*⟩: 1. zum Radius gehörend; 2. strahlenförmig. [1]

Radialis ⟨*lat*⟩: Kurzbezeichnung für N. radialis.

~lähmung: Lähmung des N. radialis. Bei vollständiger R. sind betroffen: die Mm. triceps brachii, brachioradialis, supinator, die Extensoren des Handgelenks u. der Fingergrundglieder, der M. abductor pollicis longus, bei mehr distal gelegenen Läsionen sind die Oberarmmuskeln, evtl. auch Brachioradialis u. Supinator verschont. Bes. charakterist. ist die Fallhand, das Herabhängen von Hand (u. Fingern) beim Vorstrecken des Armes. Paresen geringeren Grades können sich durch mangelhafte Kraft des Faustschlusses (infolge schwächerer Innervation der synerg., zur Erreichung eines kräftigen Faustschlusses erforderlichen Streckung im Handgelenk) bemerkbar machen. Die Sensibilitätsstörungen entsprechen dem Ausbreitungsgebiet der betroffenen Hautäste.

~phänomen: beim Faustschluß kommt es synergist. zur Dorsalflexion im Handgelenk. [33]

radiär ⟨*lat*⟩: strahlenförmig. [18]

Radiatio ⟨*lat*⟩ *f:* Strahlung. *Adj* radiatus mit Strahlen versehen, ausstrahlend.

R. acustica: Hörstrahlung; Teil der zentralen Hörbahn.

R. corporis callosi: Balkenstrahlung; vom ↑Corpus callosum zu den Hemisphären ziehende Fasern.

R. corporis striati (BNA, JNA): Fasern, die von der Rinde des Stirn- u. Scheitellappens zum Corpus striatum ziehen.

R. optica ↑Sehstrahlung.

R. thalami: Thalamusstrahlung, ↑Stabkranz des Thalamus.

R. tractus optici: Strahlung des ↑Tractus opticus mit Pars geniculata, Pars mesencephalica u. Pars thalamica. [1]

Radiation ⟨*lat*⟩ *f:* Wärmetransport durch langwellige Strahlung gemäß dem Gesetz von Stefan Boltzmann:

$$Q_s = \delta \cdot \epsilon \, (T_O^4 - T_U^4)$$

wobei δ die Strahlenkonstante, T_O die absolute Temperatur der strahlenden Fläche u. T_U die absolute Temperatur der empfangenden Fläche, deren Strahlenabsorption mit ε angegeben wird, bedeuten. Bei schwarzen Körpern nimmt infolge totaler Absorption ε den Wert = 1 an. Die menschliche Haut kommt diesem Wert sehr nahe (ε = 0,95). [7]

Radiergummizeichen: beim Streichen über die Haut lösen sich feine Schuppen ab wie beim Gebrauch eines Radiergummis. Kommt bei Fleckfieber vor. [43]

Radikale ⟨*lat*⟩ *m, Pl:* Atomgruppen, die Bestandteile von Verbindungen u. im allgemeinen frei nicht beständig sind. Bei dem Versuch, sie frei zu erhalten, assoziieren oder polymerisieren sie meist. Freie R. sind bes. bei Verbindungen mit mehreren Phenylresten erhalten worden, wo sie durch Resonanz stabilisiert sind. So steht das farblose Hexaphenyläthan mit dem gelben Triphenylmethyl (mit 3wertigem C) in einem Gleichgewicht: $(C_6H_5)_3C{-}C(C_6H_5)_3 \rightleftharpoons 2(C_6H_5)_3C$. Es ist wahrscheinlich, daß fast alle chem. Reaktionen über (sehr kurzlebige) Radikale verlaufen. [8]

Radikaloperation ⟨*lat*⟩: vollkommene Entfernung eines Krankheitsherdes, z. B. eines Krebses durch Organexstirpation; Gegensatz zu Palliativ-Operation, die nicht Heilung bringt, sondern nur ein Krankheitssymptom behebt (z. B. Ileus bei Dickdarmkrebs). [18]

Radikalsanierung ⟨*lat*⟩: Vorgehen, wonach nicht nur der z. Z. für ein entzündliches rheumat. Leiden etwa anzuschuldigende Herd gesucht, sondern überhaupt jeder nur in Frage kommende Fokus (↑Fokalinfektion) beseitigt werden soll; – heute nicht mehr zu verantworten. [13]

Radikotomie ⟨*lat, griech*⟩ *f:* operative Durchschneidung von Rückenmarkwurzeln; Foerster' Operation. [20]

Radikulalgie ⟨*lat, griech*⟩ *f:* Wurzelneuralgie. [33]

Radikulitis ⟨*lat*⟩: wörtlich Entzündung von Spinalnervenwurzeln. In der Regel ein Irritationssyndrom sensibler u. vegetativer Art, meist bedingt durch degenerative oder entzündliche Wirbelsäulenveränderungen. [13]

Radio|aktivität: Fähigkeit instabiler natürlicher oder künstlich (z. B. durch Neutronenbeschuß im Kernreaktor) gewonnener Atomarten, sich spontan unter Emission von Alphastrahlung (Heliumkernen), Betastrahlung (Elektronen oder Positronen)

u. meist auch Gammastrahlung (kurzwelliger Röntgenstrahlung) in andere Atomarten umzuwandeln. Die Geschwindigkeit des Zerfalls wird durch die Halbwertszeit charakterisiert. Maßeinheit für die Strahlung ↑ Curie. Die Radioaktivität emanationshaltiger Quellen wird in Mache-Einheiten gemessen. Es ist 1 Mache = $3.64 \cdot 10^{-10}$ Curie/Liter. [59]

~arsen: radioaktives Isotop des Arsens Symb. $^{74}_{33}As$; Halbwertszeit 18 d; emittiert gleichzeitig Positronen sowie γ-Quanten u. erleidet K-Einfang. Wird, als Natriumarsenat injiziert, zur Hirnszintigraphie verwendet.

~biologie: Strahlenbiologie. Neuer aus der Radiologie bzw. Biophysik entwickelter Wissenschaftszweig, der in jüngerer Zeit zu immer größerer Bedeutung u. Selbständigkeit gelangte. Befaßt sich vorwiegend mit der Wirkung von Strahlungen auf den lebenden Organismus u. Fragen des biolog.-chem. ↑ Strahlenschutzes.

~chrom: radioaktives Isotop des Chroms; Symbol $^{51}_{24}Cr$, γ-Strahler 0,32 MeV mit einer Halbwertszeit von 27,8 d wird zur in-vitro-Markierung von Erythrozyten verwendet; nach Reinjektion der markierten Zellen Bestimmung der Erythrozytenlebensdauer (Differentialdiagnose von Anämien). Wird neuerdings zur Markierung von Inulin verwendet.

~chromatographie: Verfahren, bei dem nach chromatograph. Trennung radioaktiv markierter Substanzen die Chromatogrammstreifen an einem Strahlendetektor (Geiger-Müller-Zählrohr oder Szintillationszähler) vorbeigeführt werden u. so, wenn möglich automat. Registrierung erfolgt, eine Aktivitätskurve aufgenommen werden kann. [59]

~dermitis: durch Röntgenstrahlen, Radium, Thorium X hervorgerufene Entzündung der Haut. Äußert sich, außer in einem 12–24 h nach der Bestrahlung auftretenden Früherythem, in 1–2 Wochen durch Rötung (1. Grad), Blasenbildung (2. Grad) oder Geschwürsbildung (3. Grad). Abheilung oft unter Hinterlassung von Narben, Pigmentverschiebungen u. Gefäßerweiterungen. Spätschädigungen können auch als narbig-sklerot. Atrophie, mit Neigung zur Bildung von Spinaliomen auftreten. [43]

~eisen: radioaktive Isotope des Eisens; 1. $^{55}_{26}Fe$, K-Strahler mit 2,6a Halbwertszeit; 2. ^{59}Fe (fast stets mit ^{55}Fe verunreinigt), β-, γ-Strahler mit 45,1 d Halbwertszeit; dienen zur in-vivo-Markierung von Erythrozyten; ^{59}Fe wird in der hämatolog. Diagnostik zur Prüfung der Hämoglobinsynthese u. Erythropoese eingesetzt. [59]

Radiogold: radioaktives Isotop des Goldes; Symbol $^{198}_{79}Au$; im Kernreaktor erzeugt, physikal. Halbwertszeit 2,7 d, β-Energie: 0,959 MeV, γ-Energie: 0,411 MeV (95% Zerfallshäufigkeit). Diagnostik: Verwendung als kolloidale Lösung; Registrierung der γ-Strahlung. i. v. Injektion von ^{198}Au-Makrokolloid (Partikelgröße ca. 30 nm; 300–700 μCi): Speicherung überwiegend im RHS der Leber, Bestimmung der Leberdurchblutung, Verwendung zur Leberszintigraphie. s.c. Injektion von ^{198}Au-Mikrokolloid (Partikelgröße 2–5 nm; 100–200 μCi): Lymphszintigraphie. Therapie: 1. intrakavitäre Instillation von 100–150 mCi ^{198}Au-Makrokolloid zur Palliativbehandlung von Ergüssen bei pleuraler u. peritonealer Karzinose bzw. Tumormetastasierung (Strahlenwirkung durch β-Strahlung). Instillation in Gelenkspalt (Kniegelenkerguß); 2. Interstitielle Bestrahlung mit metall. Radiogold (Golddraht bzw. Drahtnadeln, sog. seeds) zur Hypophysenausschaltung (Implantation mit Spezialgerät, sog. „Pistole"), zur Spickung von Tumoren (Zungenkarzinom). Der gewebsfreundliche Draht wird nicht wieder entfernt; 3. Injektion von ^{198}Au-Kolloid oder ^{198}Au-enthaltenden keram. bzw. plast. Mikrokörper in Tumorgewebe; z. B. Prostatakarzinom. [59]

~test ↑ Isotopenteste. [8]

Radio|intoxikation ⟨*lat, griech*⟩: Vergiftung des Organismus durch Aufnahme radioaktiver Substanzen. Kann zum akuten ↑ Strahlensyndrom oder zu chron. Strahlenschäden durch Bestrahlung des Organismus „von innen her" führen. [59]

~isomerie: ↑ Isomerie, ↑ Stereoisomerie. Chem. Verbindungen, die formel- u. strukturgleich sind u. auch den gleichen räumlichen Bau haben, können durch den Einbau von radioaktiven Isotopen (u. natürlich auch von stabilen Isotopen) eine neue Art von Isomerie eingehen. Von der Essigsäure, von der nur eine „normale" Form bekannt ist, können so durch den Einbau von 1 oder 2 ^{14}C-Atomen insgesamt 4 radioisomere Formen abgeleitet werden: 1. $CH_3 \cdot CO_2H$; 2. $^{14}CH_3 \cdot CO_2H$; 3. $CH_3 \cdot {}^{14}CO_2H$; 4. $^{14}CH_3 \cdot {}^{14}CO_2H$. Die radioisomeren Formen bieten oft die einzige Möglichkeit, das Schicksal der einzelnen C-Atome im Stoffwechsel (Aufbau u. Abbau) zu entscheiden. Das chem. Verhalten dieser Verbindungen ist prakt. das gleiche wie bei den nicht markierten Verbindungen, soweit nicht sek. Störungen durch die Strahlung auftreten; nur das (stabile) D_2O wirkt bei Zufuhr sehr großer Mengen schweren Wassers giftig. Neben $^{14}_{6}C$, der ein β^+-Strahler mit 0,155 MeV u. der physikal. Halbwertszeit von 5568 a ist (die biolog. Halbwertszeit beträgt je nach dem Substrat nur Stunden, Tage, allenfalls Wochen), werden als biolog. Nuklide noch verwandt: $^{3}_{1}H$ (Tritium) als β^+-Strahler mit 0,018 MeV u. der Halbwertszeit 12,26 a (die biolog. Halbwertszeit ist wie beim Kohlenstoff sehr kurz), $^{32}_{15}P$ als β^+-Strahler mit 1,71 MeV u. der Halbwertszeit von 14,45 d, $^{35}_{16}S$ als β^+-Strahler mit 0,167 MeV u. der Halbwertszeit von 87 d sowie die Nuklide Na, K, Mg, Ca, Fe, Co, J, u. a. – Neben den radioaktiven Nukliden werden in der biolog. Forschung die stabilen Isotope $^{2}_{1}H$ (Deuterium), $^{15}_{7}N$ u. $^{18}_{8}O$ eingesetzt.

~isotope: radioaktive ↑Isotope. [59]

Radiojod: radioaktive Jodisotope; 1. ^{131}J (↑Spaltprodukt) β-γ-Strahler mit einer Halbwertszeit von 8,06 d, als $Na^{131}J$ in erster Linie für den ↑Radiojodtest der Schilddrüse verwendet, aber auch vielfach zur radioaktiven Markierung verschiedenster organ. Verbindungen, die für diagnost. Untersuchungen in der Klinik oder im Rahmen von Stoffwechseluntersuchungen in der Forschung Verwendung finden, z. B. ^{131}J-Dijodfluoreszein, ^{131}J-Rose bengale, ^{131}J-Insulin, ^{131}J-Triolein, ^{131}J-Human-Serumalbumin, ^{131}J-Hippurat. 2. In letzter Zeit wird auch ^{132}J wegen seiner kürzeren Halbwertszeit (2,33 h) für den Radiojodtest empfohlen. 3. ^{125}J, Halbwertszeit 60 d, K-Strahler, wird neuerdings auch für die Markierung der unter 1. genannten Verbindungen verwendet. Herstellung aus ^{124}Xe im Reaktor.

~test der Schilddrüse: Funktionstest der Schilddrüse durch orale Gabe von ^{131}J als NaJ u. anschließende Radioaktivitätsmessung mittels Szintillationszählers; 1. über der Schilddrüse (Jodaufnahme, sog. Uptake-Kurve); 2. des im Serum erscheinenden proteingebundenen Jods (Hormonproduktion). Meist auch gleichzeitige Anfertigung eines Schilddrüsenszintigramms; ↑Szintigraphie.

~therapie: Radiojod (^{131}J) wird selektiv von den Schilddrüsenzellen gespeichert. Auf die Zelle wirkt dabei hauptsächlich die β-Strahlung des Radiojods. Therapeut. Verwendung bei Hyperthyreosen, euthyreot. Strumen u. Schilddrüsentumoren, auch zur Dämpfung der Schilddrüsenfunktion bei therapieresistenten Herz- u. Kreislaufinsuffizienzen, Angina pectoris. Bei der Dosierung sind das Schilddrüsengewicht, die effektiven Halbwertszeiten u. die maximale Speicherung zu berücksichtigen. Dosis bei Hyperthyreosen etwa 10 000 rep (4 bis 50 mCi ^{131}J). Bei Hypothyreosen jüngerer Menschen R. wegen der Gefahr der Kanzerisierung der Schilddrüse mit langer Latenzzeit nur bei vitaler Indikation. [59]

Radio|kalium: radioaktive Isotope des Kaliums; Symbol: 1. $^{40}_{19}K$ β-γ-Strahler mit einer Halbwertszeit von $1{,}27 \cdot 10^9$ a kommt in der Natur vor, stellt einen beträchtlichen Anteil der natürlichen Radioaktivität in Pflanze, Tier u. Mensch; 2. $^{42}_{19}K$, β-γ-Strahler mit 12,4 h Halbwertszeit; wird für Stoffwechseluntersuchungen verwendet.

~kalzium: radioakt. Isotop des Ca; Symbol $^{45}_{20}Ca$, β-Strahler mit einer Halbwertszeit von 165 d, besitzt sehr hohe Radiotoxizität.

~kardiographie: nach i. v. Injektion eines γ-Strahlers (^{131}J-Humanserumalbumin) wird über dem Herzen eine Aktivitätszeitkurve mit einem Szintillationsdetektor registriert. Aus einer zweigipfligen Kurve, die den Durchgang des Strahlers durch das li. u. re. Herz repräsentiert, u. einem nach der Durchmischung eingetretenen Kurvenplateau können mit Hilfe des nach dem Verdünnungsprinzip ermittelten Blutvolumens Herzminuten- u. Schlagvolumen des li. u. re. Herzens getrennt bestimmt werden. Weiterhin ist die Bestimmung der Koronardurchblutung, der Nachweis von Shunts, die Messung enddiastol. Volumina bei Vitien u. a. möglich. [59]

Radiokarpalgelenk = Articulatio radiocarpea: Speichen-Handwurzelgelenk oder proximales Handgelenk. [1]

Radio|kobalt: radioaktive Isotope des Kobalts; Symbol: 1. $^{60}_{27}Co$, β-γ-Strahler mit 5,2 a Halbwertszeit, findet Anwendung in der Strahlentherapie maligner Tumoren, teils für die Fernbestrahlung (↑Telekobalttherapie), teils anstelle von Radium für die Implantation von Kobaltdrähten u. a. in bösartige Geschwülste bzw. in präformierte Hohlräume oder zur Oberflächentherapie (↑Plastokobalt). Teilweise dient ^{60}Co auch zur Markierung von Verbindungen, z. B. Vitamin B_{12}; 2. ^{58}Co verdrängt in letzter Zeit ^{60}Co bei der Markierung wegen seiner kürzeren Halbwertszeit (71 d) u. der damit geringeren radiotox. Eigenschaften; 3. ^{57}Co, HWZ 270 d, K-Strahler. Wird neuerdings zur Markierung von Vitamin B_{12} verwendet; geringe Strahlenbelastung. [59]

~kohlenstoff: radioaktives Isotop des Kohlenstoffs; Symbol $^{14}_{6}C$, weicher β-Strahler mit einer Halbwertszeit von 57,30 a, spielt zur radioaktiven Markierung organ. Verbindungen ähnlich dem Tritium eine große Rolle. Vielfach war es möglich, mit ^{14}C-markierten Substanzen, wie ^{14}C-Glukose, ^{14}C-Glyzin oder ^{14}C-Purinkörpern, wesentliche neue Aufschlüsse über bislang noch ungeklärte Stoffwechselvorgänge zu erlangen. ^{14}C eignet sich gut für autoradiograph. Untersuchungen. [59]

~krypton: $^{85}_{36}Kr$, Halbwertszeit 10,6 a; β-Strahler, $E_{\beta max}$ 0,67 MeV; emittiert 0,7% γ-Strahlung, E_γ- 0,51 MeV; wird gasförmig für Untersuchung der Lungendurchblutung u. in physiolog. NaCl-Lösung zur Diagnostizierung von Herzshunts verwendet. [59]

Radiologie: Strahlenkunde; Lehre von den Strahlen (Röntgen-, Radiumstrahlen usw.) u. ihrer Anwendung. [26]

Radiometer *n:* Apparat zur Messung von Röntgenstrahlenqualität u. -quantität. [18]

~natrium: radioaktives Isotop des Natriums; Symbol $^{24}_{11}Na$, β-γ-Strahler mit 15,0h Halbwertszeit; wird als $^{24}NaCl$ vielfach für radiozirkulograph. Untersuchungen verwendet.

~nuklide: radioaktive Kernarten. [59]

~osteonekrose *f:* asept. Knochennekrose nach Radium- oder Röntgenbestrahlung, bes. am Schenkelhals (auch Osteoradionekrose genannt) führt zum Schenkelhalsbruch, der gute Heilungstendenz hat. [23]

~papierelektrophorese: Trennung radioaktiv markierter Substanzen durch Papierelektrophorese u. anschließende Radioaktivitätsmessung des Elektropherogramms. Methodik wie bei der Radiochromatographie. Häufig zur Prüfung von Nuklearpharmaka angewendet.

Radiophosphor: radioaktives Isotop des Phosphors; Symbol ^{32}P, ein relativ harter β-Strahler mit 14,3d Halbwertszeit, wird häufig zur Therapie maligner Erkrankungen verwendet, in erster Linie zur Behandlung der Polycythaemia vera, versuchsweise auch bei Myelosen. Zur Diagnostik von Hauttumoren, spez. für die Differentialdiagnose maligner Melanome, kann er gleichfalls mit Erfolg angewendet werden (bösartige Geschwülste speichern Phosphor deutlich stärker als normale Gewebe). Ferner dient ^{32}P zur in-vitro-Markierung von Erythrozyten.

~test ↑Isotopenteste. [59]

Radio|quecksilber: Symbol: 1. ^{197}Hg, Halbwertszeit 65h, K-Strahler, Energie der emittierten Quanten 77MeV; wird in Form markierter Verbindungen, Chlormerodrin u. Mersalyl, zur Nierenszintigraphie verwendet; 2. ^{203}Hg, Halbwertszeit 47d, β-γ-Strahler; $E_{\beta\,max}$ 0,21MeV, E_γ- 0,279MeV. Med. Anwendung wie 1.

~schwefel: radioaktives Isotop des Schwefels; Symbol ^{35}S; ein weicher β-Strahler mit 87,1d Halbwertszeit, wird angewendet zur Markierung organ. Verbindungen u. Stoffwechseluntersuchungen (z.B. Knorpelstoffwechsel). Ist gut geeignet für autoradiograph. Untersuchungen.

~skopie ↑Röntgendurchleuchtung. [26]

~strontium: radioaktive Isotope des Strontiums; 1. ^{90}Sr, wichtiges Spaltprodukt, β-Strahler mit 29a Halbwertszeit, radioaktives Tochterprodukt. ^{90}Y (↑Radioyttrium), kritisches Organ: Knochen, wegen der Versuchsweiten Verbreitung infolge der Versuchsexplosionen nuklearer Waffen, der Knochenspeicherung u. der langen Verweildauer im Körper muß ^{90}Sr als eines der biolog. gefährlichsten Radionuklide angesehen werden. Der Gehalt an ^{90}Sr in Nahrungsmitteln (Milch) u. in Knochen von Tier u. Mensch ist in den letzten Jahren ständig angestiegen, hat aber noch nicht die maximal zulässige Konzentration erreicht. ^{90}Sr wird in der ↑Isotopentherapie in umschlossenen Strahlenquellen zur Oberflächenbestrahlung angewandt (Dermatologie, Ophthalmologie); 2. ^{89}Sr, Spaltprodukt, β-Strahler mit 51d Halbwertszeit; 3. ^{85}Sr, K-Strahler mit 65d Halbwertszeit, Herstellung aus angereichertem ^{84}Sr im Reaktor oder Bestrahlung von ^{85}Rb mit Deuteronen im Beschleuniger.

~tantal: radioaktives Isotop des Tantals; Symbol ^{182}Ta, β-γ-Strahler mit 115d Halbwertszeit, findet in Form von Drähten u.ä. in der Isotopentherapie Verwendung. [59]

Radiotelemetrie: Funktelemetrie; drahtlose Übertragung physiolog. Meßwerte von prim. elektr. Natur, z.B. Elektrokardiogramm, oder mechan. Natur, z.B. Atembewegungen, nach Wandlung in eine elektr. Größe über Entfernung von wenigen Metern bis zu vielen Kilometern wie in der Kosmonautik. Der am Meßobjekt (Mensch, Tier) befestigte Miniatursender strahlt elektromagnet. Wellen im Hochfrequenz- oder Ultrahochfrequenz- (UHF, VHF) Bereich ab. Diesem Träger sind die zu sendenden elektr. Größen aufmoduliert, wobei man sich wegen der größeren Störungsfreiheit meist der Frequenzmodulation bedient. Das Verfahren gewinnt zunehmend an Bedeutung in der Sport- u. Arbeitsmedizin, wo es bes. um das beeinflussungsarme Erfassen von physiolog. Parametern unter Freifeldbedingungen geht; ↑Endoradiosonde. [7]

Radiotelestimulation: Funktelestimulation; drahtlose Reizung eines Organs über eingeheilte Elektroden, die den Reizstrom vom beim Versuchstier angebrachten Kleinstempfänger für elektromagnet. Wellen erhalten. Angewendet vor allem in der Verhaltensphysiologie als drahtlose Fernreizung des Gehirns im Freifeldversuch. [7]

Radio|thulium: radioaktives Isotop des Thuliums; Symbol ^{159}Tm, Halbwertszeit 127d, ist wegen seiner weichen, im Röntgenbereich liegenden elektromagnet. Wellenstrahlung (84keV) als Strahlenquelle für transportable Röntgendiagnostikgeräte vorgeschlagen worden.

~toxizität: Eigenschaft von Radionukliden, durch die von ihnen emittierte Strahlung im Organismus zu Schädigungen funktioneller u. morpholog. Natur zu führen, ↑Radiointoxikation.

~wismut: radioaktives Isotop des Wismuts mit der Massenzahl 206; Halbwertszeit 6,24d; K-Strahler; emittiert gleichzeitig zahlreiche Gammalinien von 0,11–1,90MeV. Wird zur Hirnszintigraphie verwendet. Neuerdings wird mit R. die Behandlung der lymphat. Leukämie versucht.

~yttrium: 1. ^{91}Y, bedeutsames Spaltprodukt, relativ harter β-Strahler mit 58 d Halbwertszeit, kritische Organe: Leber u. Knochen; 2. ^{90}Y, Tochterprodukt von ^{90}Sr, harter β-Strahler mit einer Halbwertszeit von 64 h. Es wird sehr häufig in der ↑Isotopentherapie verwendet.

~zäsium: radioaktives Isotop des Zäsiums; Symbol ^{137}Cs, bedeutsames Spaltprodukt, β-, γ-Strahler mit 30 a Halbwertszeit, spielt in letzter Zeit eine zunehmende Rolle in der Strahlenhygiene wegen seiner weltweiten Verbreitung in der Atmosphäre. Wurde mehrfach in Nahrungsmitteln (Milch, Fleisch) nachgewiesen, wobei die Konzentration mit der Zeit eine steigende Tendenz aufwies. Wird auch in der ↑Telecurietherapie u. neuerdings in der ↑Kontakttherapie eingesetzt.

~zirkulographie (P. G. Waser u. W. Hunzinger): nach Injektion von $^{24}NaCl$ i. v. Messung der Aktivität über dem Herzen, den großen Gefäßen u. den Extremitäten zur detaillierten Bestimmung der Kreislaufzeiten im kleinen u. großen Kreislauf. [59]

Radium ⟨*lat*⟩ *n:* das wichtigste der natürlichen radioaktiven Elemente (1898 durch das Ehepaar Curie als geringe Beimengung im Uranerz entdeckt); silberglänzendes zweiwertiges Erdalkalimetall, das über mehrere kurzlebige Zwischenprodukte aus Uran entsteht u. sich spontan über eine Reihe von Zwischenstufen unter Emission von α-, β- u. γ-Strahlen schließlich in das stabile Radiumblei umwandelt. Die Glieder dieser Zerfallsreihe sind radioaktive Isotope der Emanation sowie von Polonium, Blei, Wismut u. Thallium. Zwischen diesen Stoffen stellt sich ein „radioaktives Gleichgewicht" ein.

Element	Atomnummer	Atomgewicht	Isotop von	Strahlung	HWZ	
Radium	88	226	Ra	α (γ)	1500	Jahre
Radon	86	222	Em	α	3,825	Tage
Radium A	84	218	Po	α	3,05	min
Radium B	82	214	Pb	β, γ	26,8	min
Radium C	83	214	Bi	(α) β, γ	19,7	min
Radium C′	84	214	Po	α	145	s
Radium C″	81	210	Tl	β, γ	1,32	min
Radium D	82	210	Pb	β, γ	22	Jahre
Radium E	83	210	Bi	β	5	Tage
Radium F (Polonium)	84	210	Po	α, β, γ	140	Tage
Radium G (Radiumblei)	82	206	Pb		stabil	

Das Radium wird als Sulfat oder Chlorid in Normalröhrchen aus Platiniridium von 15 mm Länge, 2 mm Durchmesser u. 0,3 mm Wanddicke mit 10 mg aktiver Substanz u. in einseitig zugespitzten Hohlnadeln von 10–30 mm Länge bei 15 mm äußerem Durchmesser u. 0,5 mm Wandstärke mit 1 mg je cm Länge verwendet. Infolge der Platinfilterung kommt fast ausschließlich die Gammastrahlung zur Wirkung, die hauptsächlich von den Zerfallsprodukten Radium B, C u. C" ausgeht, die zusammen nur einen verschwindend geringen Bruchteil der Gesamtmenge ausmachen. Hauptsächlich Behandlung von bösartigen Geschwülsten, bes. solcher, die ihrer Lage nach der Röntgenbehandlung schwer zugänglich sind oder Schädigung der Umgebung befürchten lassen (z. B. Kollumkarzinom) u. von Hämangiomen. Der Vorteil besteht in der Möglichkeit, die Strahlungswirkung auf das erkrankte Gewebe zu lokalisieren. Bei der „Spickmethode" werden die radiumhaltigen Hohlnadeln unmittelbar in den Krankheitsherd eingestochen. Über die Anwendung radioaktiver Isotope ↑Elemente, radioaktive. [54]

~behandlung: Behandlung mit Radium (vorwiegend von Karzinomen) in Form von Kontaktbestrahlung (z. B. Portio uteri) u. Spikkung (bes. bewegliche Organe, z. B. Zunge). [26]

~emanation ↑Radon. [13]

~punktur: Gewebsspickung mit Radiumnadeln, meist zu 1 oder 2 mg Radiumelement pro Zentimeter strahlender Länge. Verwendung nur noch zur Behandlung bösartiger Tumoren üblich, früher auch häufig zur Behandlung von Hämangiomen angewendet. Anordnung nach geometr. Regeln (Paterson-Parker; Quimby). Vorteil gegenüber anderen Bestrahlungsarten: hohe Dosis im Tumor, größtmögliche Schonung der gesunden Umgebung. Für genannte Zwecke wird zunehmend ^{60}Co wegen größerer Sicherheit angewendet. [59]

~schäden: durch beruflichen Umgang mit Radium, Mesothorium, Radiothorium, Thorium, radioaktiven Isotopen usw. Schädigende Einwirkung erfolgt durch Strahlung von außen, durch Einatmung, durch Verschlucken radioaktiver Teilchen. Erkrankungen verlaufen ähnlich wie die durch Röntgenstrahlen verursachten Schädigungen, jedoch ist nachhaltige Wirkung von abgelagerten Massenteilchen ausgehend, zu beachten. Als melde- u. entschädigungspflichtige Berufskrankheit anerkannt. [49]

~schutz: Schutz vor der zwar schwachen, aber dauernden durchdringenden Gammastrahlung von Radiumpräparaten ist ebenso notwendig wie bei Röntgenstrahlen. 10 mg Radium erzeugen im Abstand von 3 mm bereits nach 10 min Exposition ein Hauterythem. Für 10 mg Radium sind in 10 cm Entfernung 8 mm Blei zum Strahlenschutz erforderlich. Bester Schutz ist großer Abstand! [54]

Radiumstrahlenwirkung: die Strahlen radioaktiver Stoffe wirken im Organismus wie die Röntgenstrahlen unspezif. durch die Auslösung von Elektronen, die ihrerseits Ionisation u. Anregung der getroffenen Moleküle erzeugen. Dadurch werden lebende – vor allem auch wachsende – Zellen geschädigt u. die Mutationsraten erhöht; ↑Treffertheorie. [54]

Radius ⟨*lat*⟩ *m:* Speiche; der auf der Daumenseite gelegene Unterarmknochen. [1]

~fraktur, typische: häufig, meist durch Fall auf die Hand indirekt entstehender Bruch am distalen Radiusende, 1–3 cm oberhalb der Gelenklinie mit dorsoradialer Abweichung des distalen Fragmentes. Klin. an der Bajonettstellung der Hand (bajonettförmige Knickung) bzw. dem Gabelrücken erkennbar. [23]

~periostreflex: Schlag mit dem Reflexhammer auf den Processus styloideus radii des leicht gebeugten, in Mittelstellung zwischen Pro- u. Supination befindlichen Vorderarmes bewirkt eine Zuckung in den M. brachioradialis, M. biceps brachii u. M. brachialis mit entsprechender Beugebewegung im Ellbogengelenk. Über die richtige Deutung dieses Reflexes ↑Periostreflexe, über seine Bewertung ↑Eigenreflexe. [33]

~test: becherartige Auftreibung der Metaphysen bei der Rachitis, röntgenolog. zuerst am distalen Radiusende nachzuweisen. [23]

Radix, radicis ⟨*lat*⟩ *f:* Wurzel; 1. (anatom.) Ursprungsstelle eines Organs z. B. Radix linguae (Zungenwurzel), R. mesenterii (Gekrösewurzel); 2. (botan.) Pflanzenteile, die sich im allgemeinen unter der Erde befinden. Wegen ihrer Inhaltsstoffe sind einige Wurzeln bedeutungsvoll für die Pharmakologie.

R. Althaeae DAB 7: Wurzel der in Mitteleuropa heim. Malvazee Althaea officinalis (Eibisch), enthält Schleimstoffe. Der aus der Wurzel gewonnene Sirup althaeae dient als Geschmackskorrigens, u. die Wurzel ist Bestandteil der Species pectoralis.

R. belladonnae: Wurzel von Atropa belladonna (Tollkirsche), einer einheim. Solonazee mit den Hauptalkaloiden ↑Hyoszyamin u. ↑l-Skopolamin.

R. galangae: Wurzelstock der in Südostasien vorkommenden Alpinia officinarum, enthält äther. Öl. Der Drogenauszug ist Bestandteil der Tinctura aromatica.

R. Colombo: Wurzel von Jatrorrhiza palmata. Die Inhaltsstoffe (Bitterstoffe, Schleim, Stärke) wirken als Amarum u. Muzilaginosum.

R. Gentianae DAB 7: Wurzel von Gentiana-Arten, enthält neben Zucker, dem Alkaloid Gentianin einen Bitterstoff Gentiopikrin u. Amaropikrin. Therapeut. verwendet als Bittermittel, als Extrakt oder Tinktur.

R. Ipecacuanhae DAB 7: Wurzel der in Mittel- u. Südamerika heim. Rubiazee Uragoga ipecacuanhae (Brechwuzel). Zur Aufbereitung wird nur die Wurzelrinde verwendet. Sie enthält neben anderen Alkaloiden Emetin u. Zephaelin (Isochinolinabkömmlinge). Anwendung: Therapie der vegetativen Formen der Amöbenruhr, Expektorans (Emetinwirkung), als Emetikum Zephaelinwirkung.

R. Levistici DAB 7: Wurzel des einheim. Levisticum officinale (Liebstöckel) Gehalt an äther. Ölen (vorwiegend Phthalide) bedingt schwache diuret. Wirkung (Spec. diureticae).

R. Liquiritiae DAB 7: Wurzel von Glycyrrhiza glabra (Süßholz), heim. von Südeuropa bis Mittelasien, enthält Schleimstoffe u. das Glykosid Glyzyrrhizin, einen saponinartigen Stoff. Der wäßrige getrocknete Extrakt (Succus liquiritiae) dient als Geschmackskorrigens, als Konstituens, als Expektorans, zur Ulkus-Therapie (nicht blutende Ulzera).

R. Ononidis: vom heim. Hauhechel (Ononis spinosa), diuret. Wirkung durch den Gehalt an äther. Öl.

R. Primulae: DAB 7: Wurzel der einheim. Schlüsselblume (Primula officinalis od. P. elatior), saponinhaltig; Expektorans.

R. Ratanhiae DAB 7: Wurzel des Krameria-triandra-Strauches aus den Anden, enthält Ratanhia-Gerbsäure. Verwendung als Tinktur bei Gingivitis, als Dekokt bei Diarrhoen, als Zusatz zu Mitteln gegen Frostbeulen u. Hämorrhoiden. [44]

R. Saponariae: Seifenwurzel (Saponaria

officinalis), saponinhaltig; Dekokt als Expektorans.

R. Senegae: Wurzel der nordamerikan. Polygala senega; Expektorans durch das Saponin Senegin.

R. Taraxaci: Wurzel des einheim. Taraxacum officinale (Löwenzahn), enthält Taraxazin (Bitterstoff) Struktur noch unbekannt; Amarum.

R. Tormentillae: Wurzel der Potentilla silvestris, enthält hauptsächlich Katechingerbstoffe; Adstringens.

R. Valerianae DAB 7: Wurzel der Valeriana officinalis, Baldrian. Die äther. Öle haben ihren charakterist. Geruch durch Isovaleriansäureester. Mildes Sedativum.

R. ventralis ↑Rückenmarkwurzeln. [1]

Radkern: auffallende kreisrunde Kernform mit Nabe u. Speichen, hämatolog. wertvoll zur Erkennung von erythropoet. Vorstufen (Normoblasten), von Plasmazellen, angedeutet auch in patholog. Lymphozytenformen. [11]

Radon: chem. Symbol Rn; radioaktive Edelgase, die bei dem spontanen Zerfall von Uran $^{238}_{92}U$ (über Radium), von Actinouran $^{235}_{92}U$ u. über Aktinium u. Thorium $^{232}_{90}Th$ entstehen; sie werden bezeichnet als ^{222}Rn (Radon, Radiumemanation; Halbwertszeit (3,8 d), ^{219}Rn (Aktiniumemanation, Halbwertszeit 3,9 s) u. ^{220}Rn (Thoriumemanation; Halbwertszeit 54,5 s). Rn vermag wie Xenon u. Krypton trotz der Edelgaskonfiguration chem. Verbindungen zu bilden. R. findet sich in Quellen u. im Heilschlamm in der Nähe radioaktiver Lagerstätten; therapeut. Anwendung bei Rheuma, Gicht, Ischias u.a. [8]

Radspeichenhand: gespreizte Fingerstellung der Hand der chondrodystroph. Kinder. [23]

Raffinose: Trisaccharid aus der Zuckerrübe, bestehend aus je einem Molekül Glukose, Fruktose u. Galaktose. Spaltbar durch untergärige Hefen u. Aspergillus oryzae. [42]

Rahmenwirbel: bei der Osteoporose tritt infolge der allgemeinen Knochenatrophie die Kompakta der Wirbelkörper strichartig vor, so daß es scheint, als sei der Wirbelkörper eingerahmt. [23]

Rainfarn: Tanacetum vulgare; Bestandteile: Tanacetin = Bitterstoff, Gerbsäuren, äther. Öl; veraltetes Wurmmittel, Vergiftungsgefahr durch Thujon-Gehalt im äther. Öl. [44]

Rakettschnitt: Schnittführung bei Gliedmaßenamputation, zirkulär-ovaler Hautschnitt mit Längsschnitt; vorwiegend beim Absetzen von Fingern angewendet. [18]

Ramdohr' Naht: nach Resektion eines Darmstückes wird das orale Darmende in das aborale hineingeschoben u. durch Naht fixiert (Teleskopmethode). Heute verlassene Methode. [18]

Rami ⟨*lat*⟩ *m, Pl* von Ramus: Ast, Zweig.

R. communicantes: Verbindungsäste.

R. communicantes albi: die weißen Verbindungsäste, die das Rückenmark mit dem Grenzstrang des Sympathikus verbinden. Sie führen die (vorwiegend markscheidenhaltigen) präganglionären Nervenfasern u. kommen demzufolge nur im Bereich der Segmente C_8 bis L_{2-3} vor.

R. communicantes grisei: die grauen Verbindungsäste, die den Grenzstrang des Sympathikus mit den Rückenmarknerven verbinden. Sie führen die (vorwiegend markscheidenlosen), postganglionären Nervenfasern u. kommen auf der Höhe aller Segmente vor. [1]

Ramificatio ⟨*lat*⟩ *f:* Verästelung, Verzweigung. [18]

Ramstedt, Conrad (*1867), Chirurg, Münster.

R.-Weber' Operation: Operationsmethode zur Behebung von Magenpförtnerkrampf durch quere Durchtrennung des im Krampfzustand befindlichen Pförtnermuskels. [18]

Ramus ⟨*lat*⟩ *m:* Zweig; *Pl* ↑Rami. [1]

Rand|ektasie der Hornhaut: spielt sich meist am Hornhautrand im Bereich des Gerontoxon ab, also dort, wo die vaskuläre direkte Ernährung aufhört u. die Hornhaut bes. anfällig ist (↑Randkeratitis). Auf dystroph. u. entzündlicher, auch rheumat. Grundlage verdünnt sich das Hornhautparenchym so, daß die Deszemet' Membran schließlich unter dem intraokularen Druck sich in manchmal grotesker Weise vorwölbt u. – falls nicht eine operative Sicherung gelingt – aufplatzt. [36]

~gliose *f* (Alzheimer): Abnahme der Nervenfasern u. Ganglienzellen in der Großhirnrinde bei gleichzeitiger Zunahme der Gefäße; Befund bei Epilepsie. [34]

~körnchen ↑Chromatinkörnchen. [11]

~leisstenstörung: Teil der ↑Scheuermann' Krankheit; führt zur Kyphose = Adoleszentenkyphose. [23]

~phlyktäne ↑Phlyktäne.

~schlingennetz: konjunktivales Gefäßnetz, das den Hornhautrand umgibt u. ein wenig in ihn eindringt. Es vermittelt die Ernährung der gefäßlosen Hornhaut durch Abgabe der ernährenden, nicht geformten Blutbestandteile in das Saftspaltensystem. Zerstörung des R., z.B. bei Verätzungen, gefährdet die Hornhaut äußerst stark. Daher hat die moderne Therapie bei Verbrennungen u. Verätzungen als erstes Ziel die Wiederherstellung des R. auf operativem u. medikamentösem Wege. [36]

~sinus: schmaler, Lymphe enthaltender Raum im Bereich der Rindensubstanz des Lymphknotens, der nach außen von einer bindegewebigen Kapsel abgegrenzt ist. Die Lymphe wird dem R. von den Vasa afferentia des Lymphknotens zugeführt u. strömt dann durch die Rindensubstanz dem Intermediär- u. Marksinus zu; ↑Lymphknoten. [2]

~strahlen: Strahlen, die nach den Randbezirken einer opt. Trennungsfläche ziehen. Sie weichen infolge der sphär. Aberration nach der Brechung vom Verlauf der Zentralstrahlen ab. [7]

~zone: Lissauer' Randzone = Zona terminalis des Rückenmarks; ein in Richtung der Hintersäule bis an die Oberfläche (Rand) der dorsalen Seite des Rückenmarks reichender Bezirk, in dem unmittelbare Fortsetzungen von Hinterwurzelfasern mit ihren Kollateralen verlaufen, die zum Eigenapparat des Rückenmarks gehören. [1]

Ranke, Karl Ernst (1870–1926), Arzt u. Philosoph, München. Schuf auf Grund klin., patholog.-anatom. u. immunbiolog. Beobachtungen die Stadienlehre der Tuberkulose, durch welche die einzelnen Entwicklungsformen zur immunbiolog. Reaktion des Organismus in Beziehung gesetzt werden. Am Beginn der Tbk steht nach R. der ↑Primärkomplex mit Primärherd u. Lymphknotenherd. Im Sekundärstadium, dem Stadium der Generalisation, erfolgt die Ausbreitung der Tbk in erster Linie durch hämatogene Aussaat. Ihm schließt sich das 3. Stadium der isolierten Organ-Tbk an, in dem die Ausbreitung vorwiegend durch Kontaktwachstum oder intrakanalikuläre Aussaat erfolgt. Die Stadienlehre wird heute zurückhaltend beurteilt, war aber bedeutend für die Weiterentwicklung der Pathogenese der Tbk. [15]

Ranken|angiom ⟨*griech*⟩ *n:* Syn. Rankenaneurysma, Angioma cirsoides; unter der Haut gelegene pulsierende arterielle Geschwülste im Kopfbereich. [43]

~neurom: starke Schlängelung u. rosenkranzartige Auftreibung von Nervensträngen infolge Neurombildung (plexiformes Neurom). [3]

Ranula ⟨*lat*⟩ *f:* Fröschleingeschwulst, bläschenartige Zystenbildung unter der Zunge im Kinnabschnitt des Mundbodens, meistens als Retentionszysten der Glandula sublingualis. [28]

R. pancreatica: rosenkranzartige Retentionszysten des Pankreas, die durch Verschluß oder Einengung des Ductus pancreaticus oder einzelner Abschnitte entstehen. [5]

Ranvier, Louis Antoine (1835–1922), Histologe, Paris.

R' Schnürring: bei markhaltigen ↑Nervenfasern vorhandene zirkuläre Einschnürung im Bereich der Myelinhülle der Nervenfaser. Die R' Schnürringe können als Zellgrenzen der ↑Neurolemmzellen aufgefaßt werden (saltator. ↑Erregungsleitung). Elektronenopt. Untersuchungen haben gezeigt, daß die Zytoplasmalamellen benachbarter Schwann' Zellen im Bereiche des R' Schnürringes fingerförmige Fortsätze aufweisen, die gegeneinander verzapft sind. [2]

Ranzigkeit: Summenbegriff für das bei Aufbewahrung von Fetten u. fetthaltigen Lebensmitteln organolept. in Erscheinung tretende Verderben; letzteres kann einmal durch Mitwirkung mikrobiolog., zum anderen durch physikal. u. chem. Faktoren ausgelöst bzw. begünstigt werden. Je nach der Art der auftretenden Verderbensstoffe unterscheidet man das Verdorbensein, z.B. als Sauersein (Abspaltung freier Fettsäuren aus den Glyzeriden), als Aldehydigkeit (Bildung von freien bzw. präformierten Aldehyden), als Ketonigkeit (Bildung von Methylketonen; Parfümranzigkeit) usw. [16]

Raphe ↑*griech*⟩ *f:* Naht.

R. scroti ↑Skrotum. [1]

Rapoport, Samuel Mitja, (*1912) Biochemiker, Berlin.

R.-Test (1960): seitengetrennte Nierenfunktionsprüfung (bes. zur Frage der Mangeldurchblutung einer Seite bzw. einseitig bedingter renaler arterieller Hypertonie). Prinzip: Wasserrückresorption im distalen Tubulus kann (bis zu einem gewissen Grade) unabhängig von Natriumrückresorption durch Mangeldurchblutung der Niere begünstigt werden. Technik: Nach Einlegen von 2 Harnleiterkathetern Bestimmung der Urinkonzentration von Natrium u. (zur Prüfung der Wasserfiltration u. Rückresorption) von Kreatinin oder Inulin; Einsetzen der gefundenen Werte in die Formel:

$$\frac{Na^+L}{Na^+R} \cdot \frac{\text{Kreatinin R}}{\text{Kreatinin L}}$$

Werte unter 0,6 weisen auf linksseitige, Werte über 1,6 auf rechtsseitige Nierenarterienstenose (Mangeldurchblutung!) hin. [24]

Rapport ⟨*frz*⟩ *m:* erhaltene Aufnahmefähigkeit des Hypnotisierten ausschließlich für Anweisungen u. Suggestionen des Hypnotiseurs. Die Wirkung der im hypnot. R. übermittelten Aufträge u. Angaben ist sehr stark. [35]

Raptus melancholicus ⟨*lat, griech*⟩ *m:* Erregungszustand bei Melancholie (↑Depression), dabei Gefahr gefährdender Handlungen (Suizid, erweiterter Suizid). [34]

Rareficatio ⟨*lat*⟩ *f:* Schwinden von Gewebs-

bzw. Strukturelementen; am Knochen Spongiosa- u. Kortikalisschwund. [23]

Rash ⟨*engl*⟩ *n:* flüchtiges, scharlachähnliches Exanthem, das in seltenen Fällen bei Varizellen, häufiger bei Variola vor der Bläscheneruption, aber auch bei anderen Erkrankungen gesehen wird u. mitunter zu Verwechslungen mit Scharlach führen kann. [40]

Rasierflechte: Sammelname für ↑Folliculitis barbae oder ↑Trichophytia profunda der Bartgegend. [43]

Raspatorium ⟨*lat*⟩ *n:* raspelartiges Instrument zum Abschieben der Knochenhaut. [18]

Rasselgeräusche: *Abk* RG; auskultator. wahrnehmbare Geräusche über der Lunge. Trockene RG bei Vorhandensein zähen Schleims in den Bronchien, feuchte RG bei Flüssigkeit in den Bronchien, groß-, mittel- u. kleinblasig je nach dem Kaliber der betreffenden Bronchialäste. Klingende RG bei gleichzeitiger Infiltration des Lungengewebes, bes. bei Tuberkulose; Knister-RG ↑Krepitation. [9]

Rasterbestrahlung ↑Siebbestrahlung. [26]

Rathbun-Syndrom = Hypophosphatasie, Phosphatasemangel-Rachitis: der Vitamin-D-Mangel-Rachitis in der Symptomatik fast völlig gleiches Krankheitsbild, das jedoch durch eine Phosphataseaktivitätsstörung entsteht. [32]

Rathke, Martin Heinrich (1793–1860), Anatom, Physiologe, Pathologe, Königsberg.

R' Schädelbalken: diejenigen paarigen Teile der prim. knorpeligen Schädelbasis, die die Hypophysenanlage umgreifen. [3]

R' Tasche: Hypophysentasche; Aussackung der prim. Mundhöhle, aus der sich der Vorderlappen der Hypophyse entwickelt. [1]

Ratten-Antidermatitis-Faktor: ident. mit ↑Vitamin B_6. Durch bestimmte Kostsätze, z.B. vorwiegend aus Weißmehl bestehend, wird bei Ratten eine symmetr. Dermatitis um Maul, Nase, Ohren, Augen, Pfoten mit Wachstumsstillstand, Schwellung usw. (Gesamtbild der sog. ↑Akrodynie) erzeugt; wegen ihres pellagraähnlichen Aussehens als „Rattenpellagra" bezeichnet. P. György wies nach, daß der mangelnde Faktor nicht ident. mit dem Antipellagrafaktor (Nikotinsäureamid) ist, sondern daß es sich vor allem um einen Mangel an Vitamin B_6 handelt. [16]

Ratten|bekämpfung ↑Desinsektion.

~bißfieber: Rattenbißkrankheit, Sodoku; endem.-sporad., durch Ratten-, seltener Mäuse-, auch Katzenbiß auf Menschen übertragbare Infektionskrankheit. Erreger Rattenbiß-Spirillen *(Spirillum minus)* oder Streptobazillen *(Streptobacillus moniliformis)*, Inkubation 1–3 Wochen. Mit Lymphdrüsenschwellung u. Exanthem, gelegentlich polyarthrit. Erscheinungen u. unter Umständen monatelang remittierenden Fieberschüben einhergehender Verlauf. Letalität: unbehandelt bis zu 10%. Bakteriolog. Diagnose durch Verimpfung von Patientenblut (im Fieberanfall) oder Lymphdrüsenpunktat intraperitoneal auf Meerschweinchen oder Maus. Therapie mit Penizillin, Prophylaxe durch Rattenvertilgung, Tragen von dicken Handschuhen u. festen Stiefeln, nach Rattenbiß Penizillinprophylaxe. [40]

~einheit: früher benutztes Maß für die biolog. Prüfung von Hormonen in Form eines unter bestimmten Bedingungen an Ratten erzielten Hormoneffektes. Daneben gab es Mäuseeinheiten u. internationale Einheiten. 1 Mäuseeinheit ist derjenige östrogene Wirkungseffekt, der durch 0,1 mg reines Östron bei subkutaner Injektion bei mehr als der Hälfte der Versuchstiere hervorgerufen wird. 1 Ratteneinheit (RE) ≅ 5 ME ≅ 0,5 µg Östron, 1 Mäuseeinheit (ME) ≅ 1/5 RE ≅ 0,1 µg Östron. Heute vergleicht man die Wirkung besser mit den in London nach dem Dezimalgewicht festgelegten Eichungen. [12]

~test: biolog. Nachweismethode für Östrogene bzw. Gonadotropine; Verwendung von erwachsenen kastrierten Rattenweibchen. Durch zugeführte Östrogene wird das Vaginalepithel zur Verhornung gebracht (Schollenstadium). Nachweis erfolgt durch Vaginalabstrich (Allen-Doisy-Test). Bei Verwendung infantiler, nicht kastrierter Rattenweibchen erfolgt durch zugeführte gonadotrope Hormone eine vorzeitige Ovarialtätigkeit mit Bildung von Östrogenen. Diese bewirken ebenfalls Schollenstadium des Vaginalepithels = Rattenöstrustest (RÖT) (Hohlweg) = modifizierter ↑Aschheim-Zondek-Test (↑Schwangerschaftsnachweis). Vorteil: infantile Ratten sind widerstandsfähiger als infantile Mäuse, außerdem entfällt die Tötung der Tiere. [29]

Rattus: Hausratte; sie bevorzugt in Gebäuden obere Stockwerke (Böden) u. ist nicht häufig. Sie wird meist verwechselt mit der häufigeren u. stärkeren Wanderratte.; (R. norvegicus), die bevorzugt in Ställen, aber auch in Wasserläufen u. auf Müllplätzen vorkommt (sie schwimmt gut) u. heute die Hausratte fast völlig verdrängt hat. [58]

Raucedo ⟨*lat*⟩ *f* ↑Heiserkeit. [28]

Rauchfuss, Karl (1835–1915), Kliniker, Petersburg.

R' Dreieck ↑Grocco-Rauchfuss' Dreieck. [9]

R.-Schwebe: Schwebegurt zur ↑Reklinationsbehandlung der Wirbelsäulentuberkulose. [15]

Raucitas ⟨*lat*⟩ *f* ↑Raucedo. [28]

Räude: eine durch Räudemilben hervorgerufene Hauterkrankung verschiedener Haustiere. Die entsprechenden Schmarotzermilben beim Menschen, die sog. Krätzemilben ↑Sarcoptes scabiei), verursachen die Krätze oder ↑Skabies. [58]

Rauhformen der Bakterien: 1. (morpholog.) Die Kolonieform der Bakterien betreffende Variation; entsteht i.A. bei Subkultivierung aus der ↑Glattform (= S-Form, S-R-Formenwechsel, S von smooth ⟨*engl*⟩ = glatt, R von rough ⟨*engl*⟩ = rauh). Mit der morpholog. Variation der Kolonieform geht auch meist eine Veränderung der O-Antigenstruktur einher (O-Antigenverlust); 2. (serolog.) Kulturelle Glattform, bei welcher es bereits zu einer O-Antigenstrukturveränderung (O-Antigenverlust), gekommen ist. [41].

Raum, perivitelliner: der Zwischenraum, der nach der Befruchtung zwischen Ei u. Befruchtungsmembran bzw. beim Menschen zwischen Ei u. Zona pellucida, entsteht. Er ist mit Flüssigkeit gefüllt, die nach dem Eindringen des Samenfadens aus dem kleiner werdenden Ei austritt. [3]

R., toter, des Respirationssystems ↑Totraum. [7]

Raum|dosis: für die Gesamtwirkung einer Strahlendosis ist außer der zeitlichen Dosisverteilung das Volumen maßgebend, das diese Dosis erhält. R. oder Volumendosis ist das Produkt aus Dosis u. durchstrahltem Volumen; sie charakterisiert die Gesamtbelastung des Körpers. Maßeinheit ist das Röntgenliter (Rl); ↑Herdraumdosis. Statt der Volumendosis wird auch die Integraldosis verwendet. Sie ist das Produkt aus Dosis u. bestrahlter Masse. Maßeinheit ist das Grammröntgen (gR) bzw. Megagrammröntgen (1 MgR = 10^6 gR). [26]

~durchgasung: geschlossene Räume, (Schiffe, Speicher, Wohn- u. Arbeitsräume) werden durch das Einleiten giftiger Gase entwest (↑Entwesung), z.B. Schwefeldioxid, Äthylenoxid, Blausäure. Die R. wird von Desinfektoren bzw. Schädlingsbekämpfern durchgeführt. [40]

~entwesung ↑Entwesung, ↑Formalinverdampfungsapparat. [38]

~erleben, gestörtes: abnorme Größeneinschätzung: die Gegenstände erscheinen klein (Mikropsie) oder groß (Makropsie) oder weit entfernt (Porropsie); bei Schizophrenie, auch in der Aura eines epilept. Anfalles, bei Depression, bei hochgradiger Übermüdung. [34]

~luftdesinfektion: 1. Raumluftfiltration durch Filter aus Glaswolle, Glasfasern, Mischungen mit Asbest oder Asbest-Watte sowie Kohlefilter; 2. Strahlendesinfektion durch UV-Strahlen (Wellenbereich 254 nm); 3. Durchgasung mit Formalin bzw. neuerdings Triäthylenglykol, evtl. in Kombination mit UV-Bestrahlung; ↑Desinfektion. [40]

~myopie: Form der Kurzsichtigkeit, die durch die Leere des Gesichtsfeldes bei Flügen in großen Höhen entsteht u. auf einem Akkommodationskrampf beruhen soll. Sie findet sich auch in der eintönigen Polarlandschaft. Dämmerungsmyopie ist ähnlich, aber nicht ident.; viele weitere Faktoren (z.B. O_2-Druck) spielen hinein. [36]

~parasit: Organismus, der innerhalb eines anderen Organismus lebt, ohne diesem zu nutzen oder zu schaden. [42]

~schwelle: Ausdruck für den Grad des Auflösungsvermögens gegenüber zwei gleichzeitig auf eine rezeptive Fläche, z.B. Haut (= taktiles Auflösungsvermögen) oder Netzhaut (visuelles Auflösungsvermögen), einwirkender räumlich eng begrenzter Reize. Die R. gibt den Mindestabstand an, den 2 Reize haben müssen, damit sie als getrennt einwirkend wahrgenommen werden. An der Fingerbeere z.B. beträgt sie etwa 2 mm, an der Zungenspitze weniger; ↑Sehschärfe. [7]

~sehen: stereoskopisches ↑Sehen. [36]

Raupendermatitis: nach Kontakt mit Raupen („Bärenraupen" u. behaarten Raupen, Goldafter, tropische Raupen), strichförmige, papulöse Hautentzündungen. [43]

Rausch: akute Intoxikation mit Bewußtseinsstörungen, z.B. durch Alkohol, ↑Rauschnarkose. [34]

R., pathologischer: ein durch Alkohol ausgelöster ↑Dämmerzustand mit anschließender Amnesie. Wichtig für forens. Beurteilung; dispositionelle u. konstitutionelle Faktoren sind zu berücksichtigen. [34]

Rausch|beere ↑Moorbeere. [8]

~brand: weitverbreitete Gasödeminfektion der Tiere insbes. der Rinder, Schafe u. Ziegen. (↑Gasödemerkrankung) Erreger: Rauschbrandbazillus (*Clostridium chauvoei*) ↑Gasödembazillen; für Menschen nicht pathogen. [41]

Rauschgifte: Psychopharmaka bzw. Psychogifte, welche starke Veränderungen des Bewußtseinszustands, mitunter verbunden mit Halluzinationen, erzeugen. Bei üblichen R. treten sowohl Erregungs- wie Lähmungserscheinungen des Zentralnervensystems auf; Störungen der Widerspiegelungsfunktion, Enthemmung (oft als Folge einer Partiallähmung), Verschiebung des inneren Gleichgewichts zwischen den Affektzustand bestimmenden nervösen Zentren (Lust-Unlust; Liebe-Haß; usw.) u. spez. bei den Opiaten Lähmung von Unlust u. Schmerz (Euphorie). R. mit überwiegend lähmenden

Effekten sind die Opiate u. Haschisch, erregende Mittel sind Kokain, Mescalin, Lysergsäurediäthylamid (LSD). Alkohole, Barbiturate, bestimmte Atropinderivate, Pervitin u. andere Weckamine können auch als Rauschgifte angesehen werden. Bei wiederholtem Gebrauch kommt es zu adaptiven Veränderungen des Zentralnervensystems, welche den Dauergebrauch zum Bedürfnis werden lassen (Abhängigkeit = Sucht). Bes. leicht entwickelt sich Abhängigkeit bei den Opiaten, hier kann beim Süchtigen die Weitergabe ärztlich indiziert sein. Abhängigkeit wird auch beobachtet bei Alkonol u. Barbituraten wie Pervitin. Ursachen für Dauergebrauch kann auch eine abnorme Persönlichkeitsstruktur sein, welcher der Rauschzustand an sich ein Bedürfnis ist (Kokain, Mescalin, Lysergsäurediäthylamid). Infolge der zentralnervösen Funktionsstörungen wie auch peripherer Wirkungen der einzelnen Drogen führt der Dauergebrauch prakt. aller Rauschgifte zu chron. Erkrankungen (z.B. Leberzirrhose beim Alkoholiker), welche den durch psychopharmakolog. Wirkung bedingten sozialen Verfall beschleunigen. Durch die ↑Betäubungsmittelgesetzgebung wird die mißbräuchliche Verwendung der wichtigsten Rauschgifte eingedämmt. [44]

Rauschgiftsucht ↑Rauschgifte [44]

Rauschnarkose: Ätherrausch (Sudeck, 1901); Chloräthylrausch (Kulenkampff, 1911). Oberflächlicher Narkosegrad, der noch vor Eintritt des Exzitationsstadiums erreicht wird, gekennzeichnet durch Analgesie u. meist Amnesie bei erhaltenem, getrübtem Bewußtsein. Bisher nur durch bestimmte Inhalationsnarkotika (Äther, Lachgas, Chloräthyl, Trichloräthylen) erzielbar. Vorteile: normale Reflexaktivität, keine Atmungs- u. Kreislaufbeeinträchtigung, rasches Erwachen, keine Nachwirkungen. [27]

Raute ↑Michaelis' Raute. [29]

Rauten|grube: Boden der vierten Hirnkammer.

~hirn ↑Rhombenzephalon. [1]

Rauwolfia serpentina: in den trop. Gebieten Asiens heim. Apocynacee, Klettenpflanze, enthält zahlreiche Alkaloide: ↑Reserpin, ↑Rescinamin, ↑Ajmalin, Yohimbin. Die Reinalkaloide sowie Zubereitungen aus der Wurzel besitzen vorwiegend zentral sedative u. blutdrucksenkende Wirkungen. Ajmalin hat herzrhythmusregulierende Wirkung. Zubereitungen der Gesamtalkaloide als Raupina. [44]

Rayleigh' Gleichung: Verfahren, in einem Spektralapparat (der nicht immer das ganze Spektrum umfassen muß) Rot u. Grün so zu mischen, daß es in Farbe u. Helligkeit einem Gelb gleicht. Das Mischungsverhältnis ist für Farbentüchtige in engen Grenzen konstant. Die Gleichung wird daher zur Untersuchung des Farbensinnes benutzt; ↑Farbenblindheit, ↑Anomaloskop, ↑Anomalenquotient. [36]

Raymond, Fulgence (1844–1910), Neurologe, Paris.

R' Syndrom: Syn. kaudales Brückensyndrom; homolaterale Abduzenslähmung u. kontralaterale Hemiparese bei Herd im Bereich des Abduzenskernes u. bei Mitbeteiligung der Pyramidenbahn.

R.-Cestan' Syndrom: homolaterale Abduzenslähmung, Blickparese u. zerebellare Ataxie, kontralaterale Hemiparese u. -hypästhesie; Herd in der oralen Brückenhaube. [20]

Raynaud, Maurice (1834–1881), Neurologe, Paris.

R' Krankheit (1862): symmetr. auftretende Spasmen der Arm- oder Beingefäße mit starken Schmerzen, Parästhesie u. Abkühlung, Blässe oder starker Zyanose der Extremitäten, kann zu Gangrän der Finger oder Zehen führen; gehört zur Gruppe der ↑Vasoneurosen. [9]

R' Symptom: paroxysmale Vasokonstriktion der Arteriolen der Extremitäten. Dadurch Blässe, Zyanose, reaktive Hyperämie; oft bei Männern, wenig kälteabhängig, einseitig. Symptom zahlreicher Kreislauf- u. Stoffwechselkrankheiten; ↑Raynaud' Krankheit. [43]

Razemat ⟨*lat*⟩ *n:* Mischung zu gleichen Teilen von spiegelbildlich stereoisomeren Verbindungen. Razemate sind opt. inaktiv. [8]

Razemkörper: gleiche Teile der beiden opt. ↑Antipoden einer opt. aktiven Substanz können opt. inaktive Molekülverbindungen eingehen, die Razemkörper genannt u. gegenüber den Bezeichnungen D- u. L- der opt. aktiven Verbindung mit DL- bezeichnet werden. Während sich die D- u. L-Formen in keiner anderen physikal. oder chem. Eigenschaft als dem Drehungssinn unterscheiden, haben die R. verschiedene Schmelzpunkte, Löslichkeiten usw. [8]

Rb: chem. Symbol für ↑Rubidium. [8]

R.B.W.: *Abk* für relative biologische ↑Wirksamkeit. [59]

R.C.T.: *Abk* für Race-Coombs-Test; ↑Coombs-Test. [40]

rd: *Abk* für ↑Rutherford-Einheit. [59]

RDE ↑Receptor destroying enzyme. [40]

RE: *Abk* für ↑Ratteneinheit. [8]

Read, James U., zeitgen. Arzt, San Francisko.

R' Formel: dient zur ungefähren Bestimmung des ↑Grundumsatzes. Verwendet die Tatsache, daß Pulszahl u. Blutdruckamplitude bei gesteigertem Stoffwechsel (Morbus Basedow) vergrößert sind. Grundumsatzabweichung in Prozent von der Norm = 0,75 (p + 0,74a) – 72, wobei p Pulszahl/min u. a Blutdruckamplitude bedeuten. [9] Nicht bei Hypertonien mit einem Wert von systol. über 160, Aorteninsuffizienz, arteriovenösen Fisteln, absoluter Arrhythmie oder gehäuften Extrasystolien mit Pulsdefizit anzuwenden. Grundumsatz in Kalorien pro m^2 Körperoberfläche:

$$\text{für Männer: } \frac{p \cdot a}{200} \cdot 27$$

$$\text{für Frauen: } \frac{3p \cdot a}{700} \cdot 24. \quad [10]$$

Reafferenzprinzip: formuliert von E. v. Holst (1950); die auf einen äußeren Reiz entstehende Afferenz (Exafferenz) führt zu einer Reaktion (Efferenz). Ein im ZNS davon aufbewahrte „Efferenzkopie" vergleicht dann die auf Grund der Reaktion erneut auftretende Afferenz (Reafferenz) u. optimiert auf diese Art die Einwirkung des Organismus auf die Umwelt; ↑Aktionsakzeptor, ↑Afferenzsynthese. [7]

Reagens *n, Pl* Reagenzien ⟨*lat*⟩: chem. Stoff, der mit der Substanz, auf die geprüft wird, reagiert u. durch Fällung oder Farbreaktion usw. damit ihr Vorhandensein anzeigt.

~papier: Papier(streifen), auf die ein ↑Reagens aufgetragen ist; häufig benutzt man Lackmuspapier, Kongopapier, Kurkumapapier, Lyphanpapier u. Universalpapier für pH-Prüfung; Bleiazetatpapier für Schwefelwasserstoff; Stärkepapier für Jod. [8]

reagieren ⟨*lat*⟩: 1. (chem.) von Substanzen – in Wechselwirkung mit anderen Stoffen Veränderungen eingehen; 2. (biolog.) von lebender Materie oder lebenden Organismen – auf irgendeinen äußeren Reiz, sei es einen Gegenstand oder sei es einen Vorgang, in irgendeiner Weise ansprechen bzw. antworten. [8]

Reagine: 1. nicht präzipitierende R. sind Antikörper im Serum von Allergikern, die sich an Zellen binden u. die Haut gegen Allergen empfindlich machen; 2. Syphilis-Antikörper, Nachweis in der Wassermann' Reaktion mit dem Wassermann'Lipidantigen; ↑Kardiolipin. [40]

Reaktion ⟨*lat*⟩: 1. Prozeß der chem. Umwandlung von Stoffen; 2. saure u. bas. Eigenschaften von Lösungen; 3. (biolog.) Antwort lebender Materie oder eines lebenden Organismus auf eine Umweltveränderung; ↑Reiz. [8]

R., aktuelle ↑Azidität, pH, Ionen. [8]

R., anamnestische (Weichardt, Bielig): Titeranstieg eines früher gebildeten spezif. Antikörpers im Serum durch eine unspezif. Reizstoffwirkung, z. B. das Auftreten eines hohen Titers der ↑Gruber-Widal' Reaktion nach voraufgegangener Typhus-Schutzimpfung anläßlich eines banalen Infektes usw. [11]

R., hypochondrische: Form einer abnormen Erlebnisreaktion, unbegründete Befürchtung, an schwerer Krankheit zu leiden, z. B. nach Pflege von Krebskranken oder nicht verstandenem Studium medizin. Schriften. [34]

R., karzinolytische: Abderhalden' Abwehrproteinasenreaktion; ↑Freund-Kaminer' Reaktion. [25]

R., konsensuelle der Pupille: reflektor. Verengung der Pupille eines Auges bei Belichtung nur des anderen. Sie verläuft gleichzeitig mit der direkten Lichtreaktion des anderen Auges. Bei einem blinden Auge kann sie ausgelöst werden, wenn das andere Licht empfindet u. belichtet wird. Wird nur das blinde Auge belichtet, so tritt die Reaktion weder auf diesem noch auf dem sehenden Auge ein. Wichtig bei der Frage der Simulation, Voraussetzung, daß keine mechan. Hindernisse oder zentrale Prozesse Pupillenreaktionen verhindern oder beeinträchtigen; konsensuelle ↑Reflexe. [36]

R., monomolekulare ↑Reaktionskinetik. [8]

R., pathologische: Gegenwirkung des menschlichen u. tier. Körpers auf schädliche Eingriffe, z. B. ↑Entzündung. [8]

R., spirillotoxische ↑Herxheimer' Reaktion. [33]

Reaktionsgeschwindigkeit: Geschwindigkeit, mit der sich ein chem. bzw. physikal.-chem. Vorgang abspielt. Auch bei Lebensvorgängen kennt man eine R., die in ihrem Ausmaß von der Art der reagierenden Zelle oder des reagierenden Gewebes abhängt (langsame Reaktion des ↑Mesenchyms, rasche Reaktion von Nerven u. Muskeln). Reaktionsgeschwindigkeits-Temperaturregel ↑RGT-Regel. [7]

Reaktionskinetik: beschreibt den Ablauf chem. Reaktionen. In homogenen Systemen können die Reaktionen vollständig (irreversibel) oder unvollständig verlaufen. Je nach der Anzahl der an der Reaktion beteiligten Teilchenarten (Atome, Ionen, Moleküle) teilt man die chem. Reaktionen ein in monomolekulare, bimolekulare u. trimolekulare bzw. Reaktionen erster bzw. zweiter bzw. dritter Ordnung. Wenn k die Geschwindigkeitskonstante (spezif. Reaktionsgeschwindigkeit), a bzw. b die Anfangskonzentration, x die in der Zeit (t) umgesetzte Menge sind, dann gilt für eine Reaktion 1. Ordnung in integraler Form:

$$k = \frac{1}{t} \cdot ln \frac{a}{a-x},$$

für eine Reaktion 2. Ordnung bei gleichen Anfangskonzentrationen

$$(a = b) : k = \frac{1}{t} \cdot \frac{x}{a(a-x)},$$

bei ungleichen Anfangskonzentrationen

$$(a \neq b) : k = \frac{1}{t(a-b)} \cdot ln \frac{b(a-x)}{a(b-x)},$$

für eine Reaktion 3. Ordnung für

$$a = b = c : k = \frac{1}{t} \cdot \frac{2ax - x^2}{2a^2(a-x)^2}.$$

Reaktionen 1. Ordnung $A \rightarrow B + C$ sind der Zerfall radioaktiver Elemente sowie der therm. Zerfall organ. Verbindungen. Viele Reaktionen höherer Ordnung haben anscheinend monomolekularen Charakter, insbes. Esterspaltungen in saurer Lösung, wenn bei der Esterspaltung $R_1–COO–R_2 + H_2O = R_1 - COOH + R_2 - OH$ in verdünnter wäßriger Lösung das Wasser in großem Überschuß vorliegt, seine Konzentration sich prakt. also nicht verändert. Reaktionen 2. Ordnung sind z.B. die Verseifung der Ester: $R_1–COO–R_2 + NaOH = R_1–COONa + R_2–OH$. Reaktionen 3. (oder höherer) Ordnung sind selten, da es bei ihnen zu einem gleichzeitigen Zusammentreffen der bei der Reaktion beteiligten Teilnehmer kommen muß. Bes. in heterogenen Systemen kommen Reaktionen nullter Ordnung vor, wo die Reaktionskurve eine Gerade ist, *k* also = konstant ist. Viele biolog. Reaktionen sind umkehrbar (reversibel): $A + B \rightleftharpoons AB$, wo die Reaktion dort zum Stillstand kommt, wo die Bildungs- u. Zerfallsgeschwindigkeit gleich groß sind, also im Gleichgewicht stehen, das stets ein dynam. u. kein stat. ist. [8]

Reaktions|norm: die im Genotyp festgelegte Reaktionsfähigkeit auf Umweltfaktoren. [3]

~typen, exogene ↑Bonhoeffer. [34]

~zeit: bei der Blutgerinnung ↑Gerinnungszeit. [11]

~zentren: in lymphat. Organen (z.B. Lymphknoten, Tonsillen, Milz) vorhandene Ansammlung von bes. großen Rundzellen (Lymphoblasten) mit chromatinarmem Kern, die von einer Zone chromatinreicher kleiner Lymphozyten umgeben sind. Nach der einen Auffassung sind die kleinen dunklen Lymphozyten aus den zentralen Lymphoblasten entstanden u. dann nach außen verlagert (Keimzentrum). Nach anderer Auffassung sollen die Lymphozyten auch gegen Toxine reagieren u. z.T. zugrunde gehen (Reaktionszentrum). Bei Toxineinwirkung ist im Tierexperiment eine Zunahme der Anzahl der R. nachgewiesen. [2]

reaktivieren ⟨*lat*⟩: wieder wirksam machen, z.B. Reaktivierung (Aufflackern) eines ruhenden Krankheitsprozesses (Tuberkulose). [18]

Reamputation ⟨*lat*⟩: Nachamputation bei schlechten Stumpfverhältnissen. [23]

Reanimation ⟨*lat*⟩: Wiederbelebung, Resuszitation; Wiederherstellung lebenswichtiger Funktionen bei klin. Tod, schwersten Intoxikationen u.a. durch entsprechende therapeut. Maßnahmen. [27]

Reanimationszentrum ↑Beatmungszentrum. [27]

Réaumur, René-Antoine Ferchault de (1683–1757), französ. Physiker u. Zoologe. Temperaturskala nach R. (1730 von ihm eingeführt) gibt den Gefrierpunkt des Wassers gleich der Celsiusskala mit 0°, den Siedepunkt aber mit 80° an. Heute nicht mehr gebräuchlich. Als Maßeinheit galt 1 Reaumur (nicht Réaumur!) = 1 R. [7]

Rebound ⟨*engl*⟩ *m:* Rückschlag. Die nach Ablauf eines Eigenreflexes eintretende Innervationsstille (silent period) kann von einer stark synchronisierten Entladung der am Reflex beteiligt gewesenen motor. Nervenzellen des Rückenmarkes gefolgt sein, so daß eine zweite Zuckung des Muskels erfolgt. Im weiteren Sinne versteht man unter R. das Wiederauftreten einer zentralnervösen Erregung nach zeitlich zwischengeschalteter Hemmung. [7]

Rebound-Effekt ⟨*engl*⟩ *m:* Bewegung eines Objektes in der einer Einwirkung entgegengesetzten Richtung, vor allem funktionell zu verstehen; bei plötzlichem Absetzen einer längeren Kortisonmedikation beispielsweise kommt es infolge vermehrter ACTH-Ausschüttung der Hypophyse zu einer verstärkten Kortisoneigenproduktion der Nebennierenrinde, nicht zu der erwarteten Minderung. [9]

Rebuck' Hautfenstermethode: Verfahren zur Untersuchung der lokalen Zellreaktion nach Vornahme einer kleinen Hautläsion. Diese wird mit einem Deckglas bedeckt, das nach bestimmten Zeitabständen gewechselt wird. Nach entsprechender Färbung der Deckgläser erfolgt Differenzierung der verschiedenen aufgewanderten Zellformen. Hieraus ergeben sich interessante Einblicke in die Reaktionslage des Gesamtorganismus bei zahlreichen Erkrankungen. Die Hautfenstermethode hat sich zum Studium der lokalen zellulären Abwehrreaktion gut bewährt. [11]

rec: *Abk* für ↑recipe. [44]

Receptor destroying enzyme ⟨*engl*⟩: *Abk* RDE; bei Bakterien (z.B. Vibrionen) u. bestimmten Virusarten (z.B. Myxoviren) vorkommendes Enzym, das mukoproteidartige Rezeptoren der Zellmembran spaltet u. damit für die Adsorption genannter Viren ungeeignet macht. Wirkung wie Neuraminidase, da hierbei N-Azetylneuraminsäure frei wird. [40]

Recessus ⟨*lat*⟩ *m:* Aushöhlung, Bucht, Grube.

R. anterior (BNA) = R. rostralis (JNA): vorderer Teil der Fossa interpeduncularis.

R. axillaris: Ausbuchtung der Gelenkhöhle des Schultergelenkes, verschwindet beim Erheben des Armes.

R. camerae posterioris (oculi) (JNA): Teil der hinteren Augenkammer, zwischen Ziliarfortsätzen u. Iriswurzel.

R. cochlearis: Ausbuchtung des Vorhofes, die in die Schnecke führt.

R. costodiaphragmaticus: der Spaltraum im Bereich des spitzen Winkels, in dem sich die Pleura costalis auf die Pleura diaphragmatica umschlägt.

R. costomediastinalis: der Spaltraum dort, wo sich die Pleura costalis auf die Pleura mediastinalis umschlägt.

R. duodenalis inferior u. superior: untere u. obere Bauchfelltasche an der Flexura duodenojejunalis; geben mitunter Anlaß zur Bildung einer Treitz' Hernie.

R. duodenomesocolicus caudalis u. cranialis (JNA) ↑R. duodenalis inferior u. superior (PNA).

R. ellipticus: flache, ovale Vertiefung an der medialen Wand des Vestibulums für den Utrikulus.

R. epitympanicus: Kuppelraum oder Attikus, oberer Teil der Paukenhöhle, enthält Kopf u. Hals des Hammers.

R. ileocaecalis inferior u. superior: Bauchfelltaschen unter- u. oberhalb der Einmündung des Ileum in den Dickdarm.

R. inferior omentalis: untere Abteilung des Netzbeutels zwischen Magen u. Pankreas.

R. infundibuli: Ausbuchtung der 3. Hirnkammer in den Hypophysenstiel (Infundibulum).

R. intersigmoideus: Bauchfelltasche an der li. Fläche des Mesosigmoideums.

R. lateralis ventriculi quarti: seitliche Ausbuchtung der 4. Hirnkammer.

R. lienalis omentalis: li. Abteilung des Netzbeutels; erstreckt sich bis zum Milzhilus.

R. membranae tympani anterior u. posterior: vordere u. hintere Trommelfelltasche, zwischen Trommelfell u. vorderer bzw. hinterer Hammerfalte.

R. membranae tympani superior: obere Trommelfelltasche oder Prussak' Raum, zwischen Trommelfell (Pars flaccida) auf der einen u. Hammer u. Amboß auf der anderen Seite.

R. opticus: Ausbuchtung der 3. Hirnkammer, zwischen Lamina terminalis u. Chiasma opticum.

R. paracolici (BNA, JNA) ↑Sulci paracolici (PNA).

R. pharyngeus = Rosenmüller' Grube: Schlundtasche hinter dem Tubenwulst.

R. pinealis: Ausbuchtung der 3. Hirnkammer in die Zirbeldrüse (Corpus pineale).

R. piriformis: Schlundbucht zwischen Schildknorpel auf der einen, Ring- u. Gießbeckenknorpel auf der anderen Seite.

R. pleurales: Reserve- oder Komplementärräume der Pleurahöhle; die von der Pleura parietalis ausgekleideten Spalträume, die bei tiefster Inspiration ganz oder teilweise eröffnet werden können, indem die Lunge in sie eindringt.

R. posterior (BNA): hinterer Teil der Fossa interpeduncularis.

R. retrocaecalis: Bauchfelltasche hinter dem Blinddarm (Caecum).

R. subpopliteus: hintere Ausbuchtung der Gelenkkapsel am Ellbogen- u. proximalen Speichen-Ellengelenk.

R. sacculi (JNA) ↑R. sphaericus (BNA, PNA).

R. sphaericus: flache, rundliche Vertiefung an der medialen Wand des Vestibulums für den Sacculus.

R. sphenoethmoidalis: Bucht der Nasenhöhle zwischen der oberen Muschel (Siebbein) u. der Vorderfläche des Keilbeinkörpers.

R. subpopliteus: hintere Ausbuchtung der Kniegelenkhöhle; steht stets in Verbindung mit der Bursa musculi poplitei.

R. superior: vordere Ausbuchtung der Kniegelenkhöhle oberhalb der Patella zwischen Quadrizepssehne u. Oberschenkelknochen; steht stets in Verbindung mit der Bursa suprapatellaris.

R. superior omentalis: obere Abteilung des Netzbeutels; reicht bis zur Pars affixa der Leber.

R. suprapinealis: oberhalb der Zirbeldrüse (Corpus pineale) gelegene Ausbuchtung der 3. Hirnkammer.

R. triangularis (BNA, JNA): kleine dreieckige Grube zwischen der Commissura ant. u. den Columnae fornicis als Ausbuchtung der 3. Hirnkammer.

R. utriculi (JNA) ↑R. ellipticus (BNA, PNA). [1]

Rechenautomat: kybernet. Maschine – heute meist elektron. Art – die auf Grund eingegebener ↑Algorithmen (↑Programmierung) einfache bis komplizierte Rechenaufgaben löst. Es werden zwei Grundtypen von R. unterschieden: 1. Analogierechner (Modellrechenmaschinen), bei denen den mathemat.

Rechenwerten kontinuierlich sich ändernde Werte physikal. Größen meist elektr. Ströme oder Spannungen zugeordnet werden. Der gewünschte mathemat. Rechenvorgang wird hierbei durch den Ablauf physikal. Gesetzmäßigkeiten modellmäßig dargestellt. Zum Schluß werden die erhaltenen Werte der physikal. Größen rückübersetzt in die entsprechenden mathemat. Rechenwerte. Die Rechengenauigkeit der Analogierechner ist durch die Meßgenauigkeit der physikal. Größen beschränkt. Deshalb ist das Hauptaufgabengebiet der Analogierechner die orientierende Erfassung funktioneller Zusammenhänge in kybernet. Systemen hinsichtlich der beteiligten Parameter; 2. Digitalrechner (Ziffernrechenmaschine), die im Unterschied zu den Analogierechnern das Auftreten oder Nichtauftreten eines physikal. Zustandes, z.B. Fluß oder Sperrung eines Stromes durch eine Röhre, zur binären Darstellung von Zahlenwerten benutzt. Der Rechenvorgang selbst vollzieht sich auf Grund schaltungsmäßig nachgebildeter log. Verknüpfungen (Schaltalgebra). Die Genauigkeit der Digitalrechner läßt sich durch Erhöhung des techn. Aufwandes beliebig hoch steigern u. übertrifft darin die Analogierechner. [60]

Rechte, staatsbürgerliche: hierzu gehören u.a. aktives und passives Wahlrecht, Übernahme öffentlicher Ämter, auch familienrechtlicher Ehrenämter wie Vormund und Pfleger; Aberkennung durch das Gericht, evtl. als Nebenstrafe, jedoch nicht im Jugendstrafrecht.

Rechts|drehung: optische ↑Aktivität. [42]

~händigkeit: Unterschied in der Vollkommenheit bes. der fein abgestuften, koordinierten Motorik des Unterarmes u. der Hand zugunsten der re. Seite. Es gibt keine allgemein anerkannte Theorie über die Ursache der Händigkeit. Sie hängt aber sicher mit der größeren funktionellen Vollkommenheit der li. Großhirnrindenhälfte zusammen (die motor. u. sensiblen Bahnen kreuzen zwischen Hirnrinde u. Peripherie auf die andere Körperseite). Durch Übung kann die Bewegungsschicklichkeit zwischen beiden Händen annähernd gleichgestaltet werden, was bei Linkshändern von Bedeutung ist. [7]

~hypertrophie: Muskelhypertrophie des re. Herzens bei Widerständen im Lungenkreislauf wie Asthma bronchiale, Emphysem, aber auch Pulmonalklappenfehlern u. Mitralstenosen; ↑Cor pulmonale. [18]

~insuffizienz ↑Dekompensation. [10]

~kurven ↑Kolloidreaktionen. [33]

~positionstyp: im Elektrokardiogramm ↑Rechtstyp mit gleichgerichtetem Ausschlag der T-Zacke entsprechend der R-Zacke, bei Steillage des Herzens. Keine Hinweise auf Hypertrophie oder Schädigung des re. Herzens. [9]

~typ: ein R. liegt dann vor, wenn der Winkel α zwischen dem Integralvektor (=elektr. Herzachse) von R u. der Horizontalen 120° (±15°) beträgt. R_{III} ist am höchsten, während R_I sehr klein ist oder sogar neg. sein kann. T_I u. T_{III} sind diskordant, d.h. sie verlaufen gegensinnig zu R_I u. R_{III}. Ausgesprochene Rechtstypen findet man bes. bei Mitralstenosen, Polyzythämie, Pulmonalsklerose u. bei einer Reihe von angeborenen Herzfehlern (z.B. Pulmonalstenose, Fallot' Tri-, Tetra- u. Pentalogie). Voraussetzung für die Entstehung eines R. ist die Überlastung, Vergrößerung oder Schädigung der re. Herzkammer. [21]

~verschiebung: von Arneth eingeführter Ausdruck für das Auftreten höher segmentierter Leukozyten, die in seinem Schema nach re. von der Norm abgezeichnet wurden. [11]

~verspätung: im Elektrokardiogramm ↑Rechtstyp mit Diskordanz (gegensinnig zu den R-Zacken gerichtete T-Zacken) in Ableitung I u. III u. Verbreiterung von QRS. Vorkommen z.B. bei Mitralstenose, Pulmonalsklerose. [9]

recipe ⟨*lat*⟩: *Abk* rp. Rp., oder rec. Nimm! Aufforderung auf dem Rezept an den Apotheker, die aufgeführten Stoffe in gewünschter Form abzugeben. [44]

Recklinghausen, Friedrich Daniel v. (1833 bis 1910), Pathologe, Königsberg, Würzburg, Straßburg.

R' Krankheit: 1. ↑Osteodystrophia fibrosa generalisata; 2. Neurofibromatosis generalisata (1888); erbliche, gelegentlich mit Mißbildungen (Spina bifida, Genitalhypoplasie) vergesellschaftete Erkrankung, die durch zahlreiche (bis zu Hunderten), vor allem in der Haut sitzende schmerzhafte Knötchen (↑Neurofibrome) u. Pigmentflecke gekennzeichnet ist. Bei gleichzeitiger Haut- u. Unterhautwucherung elephantiast. Lappenbildung (sog. Rankenneurom; ↑Elephantiasis neurofibromatosa Virchow). Die Geschwülste entstehen aus Nervenbindegewebe u. Zellen der Schwann' Scheide. Bisweilen auch spindelige oder knollige Verdickungen der größeren Nervenstämme u. Kombination mit Geschwülsten des Zentralnervensystems (Gliome, Meningeome). Nicht selten sarkomatöse Entartung, eines Neurofibromknotens. [5]

Recklinghausen, Heinrich v. (*1867), Arzt, München.

R' Tonometer: oszillatorische Blutdurckmessung. [9]

Reclus, Paul (1847–1914), Chirurg, Paris.

R' Krankheit: gehäuftes Auftreten von gutartigen Zysten in der Mamma (Schrotkugelbrust, Mastopathia chron. cystica). [18]

Recommended Dietary Allowances (RDA): die vom USA National Research Council – Unterkomitee Food and Nutrition Board – herausgegebenen, von Zeit zu Zeit ergänzten Empfehlungen über die nach Art u. Menge wünschenswerte Höhe der Nahrungszufuhr (Menge an Kalorien, Eiweiß, Fett, Kohlenhydrat, Wasser, Mineralstoffen, Spurenelementen, Vitaminen). [16]

Recoss' Scheibe: von dem unter Helmholtz arbeitenden Mechaniker R. konstruierte Scheibe mit einer Reihe von Linsen zur Ergänzung des Augenspiegels, die es ermöglicht, die Refraktion (Brechungszustand des Auges) zu bestimmen u. eigene Refraktionsfehler des Untersucherauges auszugleichen; ↑Refraktion, ↑Refraktionsophthalmoskop. [36]

Rectum ⟨*lat*⟩ *n* ↑Rektum. [1]

recurrens ⟨*lat*⟩: zurücklaufend. [41]

recurvatus ⟨*lat*⟩: nach rückwärts gekrümmt. [23]

Red boy ↑Kwashiorkor-Syndrom. [8]

Red palms ⟨*engl*⟩: Rotwerden der Handfläche unter Penizillinbehandlung, bei zerebralen Affektionen u. Leberkrankheiten (Liver palms). [43]

Rededrang: Zeichen einer motor. Erregung im Sprechapparat; die Kranken sprechen sinnlos, unaufhörlich (z.B. dabei Perseverieren, Verbigerieren); bei Schizophrenie, Manie. [34]

Redien: Larvenform der Trematoden; ↑Leberegel. [58]

Redlich, Emil (1866–1930), Neurologe u. Psychiater, Wien.

R' Zeichen: bei Hysterischen im Anfall auftretende Pupillenerweiterung mit Lichtstarre, jedoch bei erhaltener Konvergenzreaktion. Gilt als umstritten. [34]

R.-Obersteiner' Zone: Durchtrittsstelle der Hinterwurzeln durch die Pia mater; vermutete Bedeutung in der Pathogenese der Tabes dorsalis wie ↑Nageotte' Stelle. [33]

Redoxasen ↑Oxydoreductasen. [8]

Redoxindikatoren: R. sind reversibel oxydierbar-reduzierbare Farbstoffe, die in der reduzierten Form anders gefärbt, oft farblos sind. Der Farbumschlag erfolgt bei den einzelnen Farbstoffen bei verschiedenem *p*H u. liegt in einem *p*H-Bereich von etwa 2 *p*H-Stufen. Zur *p*H-Messung hat man Reihen von R. zusammengestellt, deren Umschlagspunkte etwa 2–3 *p*H-Stufen auseinanderliegen. Durch Eingrenzen findet man den R., in dessen Umschlagbereich der *p*H des zu messenden Systems liegt. Bekannte R. sind Neutralrot, Methylenblau u.v.a. [7]

Redoxpotential: *Abk* aus Reduktions-Oxydationspotential, ist die elektromotor. Kraft (EMK) in einem ↑Redoxsystem, gemessen als elektr. Spannung in Volt oder Millivolt. Da die absoluten Werte des R. nicht meßbar sind, wird das Potential einer Normalwasserstoffelektrode willkürlich als Nullpunkt mit der EMK 0,00 („Normalpotential") verwendet u. diese in geeigneter Anordnung mit dem zu prüfenden Redoxsystem verglichen. Dies ist ein mit fein verteiltem Platin überzogenes Platinblech, das bei 10 °C in 1n-Schwefelsäure (*p*H = 0) mit Wasserstoff bei 760 Torr gesättigt wird; hierbei nimmt der vom Platin absorbierte H_2 metall. Eigenschaften an. Oxydationsmittel geben pos. Reduktionsmittel neg. Potentiale, u. zwar um so höhere, je stärker das Oxydations- bzw. Reduktionsmittel ist; das R. gibt also einen Vergleichsmaßstab für die oxydierende Kraft des Oxydationsmittels bzw. die reduzierende Kraft des Reduktionsmittels wieder. Solche Potentiale sind eingehend für die verschiedenen Redoxsysteme untersucht, deren Kenntnis von großer wissenschaftlicher u. techn. Bedeutung ist. – Als Methoden werden verwendet ein elektrochem. Verfahren (sehr genau, aber großer apparativer Aufwand), ein polarograph. (weniger genau, mit den käuflichen Polarographen für quantitative wie auch qualitative Bestimmungen geeignet) u. kolorimetr. Verfahren (wenig genau, höchstens 0,015 Volt; mit den käuflichen Redox-Indikatoren leicht durchführbar u. vielfach verwendet). – Das R. ist stark vom *p*H abhängig; man bestimmt es daher meist bei *p*H 7,0. Eine Lösung von höherem R. vermag eine Lösung von niederem R. so weit zu oxydieren, bis beide dasselbe Potential zeigen u. umgekehrt. Als unmittelbares Maß der Reduktionskraft wird insbes. in der Physiologie zur vereinfachten Darstellung analog der *p*H-Skala eine rH-Skala benutzt, wobei rH der neg. dekad. Logarithmus des Wasserstoffdrucks ist. Der rH-Wert ist die beim selben *p*H-Wert zwischen einem Redoxsystem u. einer H_2-Elektrode von 760 Torr auftretende Potentialdifferenz ($\Delta^{I}E$), dividiert durch den halben Nernst' Potentialfaktor der jeweiligen Versuchstemperatur

$$-\log pH_2 \equiv rH = \frac{\Delta^{I}E}{0{,}5 \cdot E_N}$$

Der *r*H-Wert 0 hat die gleiche Reduktionsintensität wie ein mit Platin aktivierter Wasserstoff von Atmosphärendruck; der *r*H-Wert 12 entspricht der Reduktionsintensität eines Wasserstoffdrucks von 10^{-12}. Die *r*H-Skala reicht von 0-42; *r*H = 0 entspricht einer stark reduzierenden Lösung wie etwa Titan-III-Lösung, *r*H = 42 ist das Potential einer sog. (nicht genau realisierbaren) Sauerstoffelektrode mit hoher oxydierender Wirkung wie Permanganat, Cer-III-Salze. Lösungen mit einem *r*H über 25 wirken deutlich oxydierend, solche unter 15 deutlich reduzierend. [8]

Redoxsystem: *Abk* aus Reduktions-Oxydations-System; ↑Redoxpotential. Die frühere Definition einer Oxydation als Aufnahme von Sauerstoff oder Abgabe von Wasserstoff ist jetzt auf Grund der elektrochem. Deutung chem. Prozesse erweitert worden, wonach eine Oxydation eine Abgabe von Elektronen aus den Atomen eines Elements ist; eine Reduktion ist entsprechend nicht nur die Abgabe von O oder die Aufnahme von H, sondern besteht in der Zufuhr von Elektronen. Ein Oxydationsmittel (ein Oxydans) nimmt Elektronen auf, wird also reduziert; ein Reduktionsmittel (ein Reduktor) gibt Elektronen ab, wird also oxydiert. Oxydation u. Reduktion erfolgen immer zusammen. – Als Beispiele von Redoxreaktionen seien genannt: 1. die Auflösung von unedlen Metallen in Säuren

$$Zn + 2HCl = ZnCl_2 + H_2$$
$$\text{bzw. } Zn + 2H^+ = Zn^{++} + H_2;$$

2. in verschiedenen Oxydationsstufen auftretende Schwermetallsalze können reduzierend bzw. oxydierend wirken:

$$Fe^{++} - e^- \rightleftharpoons Fe^{+++}$$

Die Reaktion verläuft von li. nach re., wenn in Wasser gelöstes schwach grün gefärbtes $Fe(II)SO_4$ bei neutraler Reaktion u. Zimmertemperatur zu braunrot gefärbtem $Fe_2(III)(SO_4)_3$ durch den Sauerstoff der Luft oxydiert wird. Eine solche Reaktion wie bei den anorgan. Salzen erfolgt auch bei dem Fe-haltigen Zytochrom, dessen Fe^{++} durch molekularen Sauerstoff zu Fe^{III} oxydiert wird, das nun wieder durch die reduzierten Coenzyme der Flavin-Dehydrogenasen zu Fe^{II} reduziert wird. Die Reaktionen, die die biolog. Atmung der aeroben Lebewesen mit Sauerstoff ermöglichen, erfolgen nach:

$$\begin{array}{l} 4\,Fe^{++} - 4e^- \rightarrow 4\,Fe^{+++} \\ O_2 \quad + 4e^- \rightarrow 2\,O^{--} \\ \hline 4\,Fe^{++} + O_2 \rightarrow 4\,Fe^{++} + 2\,O^{--}. \end{array}$$

Das O^{--}-Ion reagiert sofort mit Wasser nach $O^{--} + H_2O \rightarrow 2OH^-$. – Zu beachten ist, daß für die Reduktion von 1 Molekül O_2 4 Moleküle Zytochrom benötigt werden. Es ist noch nicht bekannt, in welcher Weise dieser Vorgang abläuft. Die Reduktion des Fe^{+++} im Zytochrom a erfolgt hauptsächlich auf dem Weg: Zytochrom a Zytrochom c; Flavinproteide, Nikotinproteide, Substratwasserstoff.

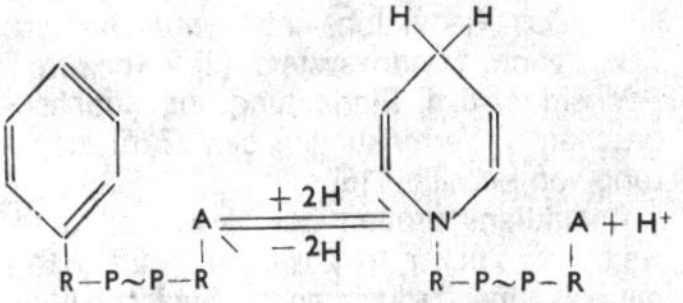

(R Ribose, A Adenin, P~P Pyrphosphat)

Das NAD (dehydrierte Form) liegt als Pyridiniumkation vor. Bei der Wasserstoffaufnahme wird der Pyridinring reduziert, so daß er seinen aromat. Charakter verliert; (dieses hydrierte NAD besitzt ein Absorptionsmaximum bei 340 nm, das für die Bestimmung des $NADH_2$ u. damit der Lage des Gleichgewichts von großer Bedeutung ist; opt. Test!). – Die Reaktion zwischen den reduzierten Formen der Dehydrogenasen u. den Zytochromen mit $3\,Fe^{+++}$ ist ein Redoxprozeß aus 2 R. Im Fall des NAD lauten die abgekürzten Gleichungen:

$$\begin{array}{c} NADH_2 \rightleftharpoons NAD + 2e \\ 2\,Fe^{+++} + 2e \rightleftharpoons 2\,Fe^{++} \\ \hline NADH_2 + 2\,Fe^{+++} \rightleftharpoons NAD + 2\,Fe^{++} \end{array}$$

Es handelt sich hier wieder um ein Redoxgleichgewicht, dessen Lage vom Oxydationsvermögen der betreffenden R. abhängt, d. h. von ihrem mehr oder weniger großen Vermögen, Elektronen aufzunehmen oder abzugeben; die Lage des Gleichgewichts hängt ferner von der Konzentration der Reaktionsteilnehmer ab, falls die *r*H-Werte (↑Redoxpotential) nicht zu weit auseinanderliegen. [8]

Redressement ⟨*frz*⟩ *n:* unblutige Korrektur bzw. Überkorrektur einer Deformität (Klumpfuß, Knickfuß, X-Bein usw.). Sie kann manuell oder mit Hilfe entsprechender Apparate (z. B. Stille–Lorenz) durchgeführt werden. Das Ergebnis des R. wird mittels Gipsverband fixiert. Es kann auch im Gipsverband etappenweise redressiert werden. Dieser wird dann in Fehlstellung angelegt u. nach Ein- bzw. Aussägen entsprechender Gipsteile in Etappen umgestellt. Heute wird nur noch manuelles R. durchgeführt. [23]

R. forcé: blutige Einrenkung von irregulär stehenden einzelnen Zähnen in den normalen Zahnbogen. Zuweilen in der Kieferorthopädie noch angewandt. [37]

Reduktasen ↑Oxydoreduktasen. [8]

Reduktion ⟨*lat*⟩: 1. (chem.) Gegenteil der Oxydation, Wegnahme von Sauerstoff aus sauerstoffhaltigen Verbindungen, Anlagerung von Wasserstoff (Hydrierung), Verminderung der Wertigkeit; allgemein Zufuhr von

Elektronen, auch wenn Sauerstoff oder Wasserstoff bei der Reaktion nicht beteiligt sind. Das Reduktionsmittel wird oxydiert; ↑Oxydation; ↑Redoxsystem. [8] 2. (chirurg.) Reposition, d.h. Einrichtung von Knochenbrüchen u. Verrenkungen bzw. Zurücklagerung von Hernien. [18]

Reduktions|proben der Hexosen: Nachweis von Zucker in Lösungen (Blut, Harn) mittels seiner reduzierenden Eigenschaften, z.B. Böttger', Fehling', Mulder-Neubauer', Silber- u. Trommer' Probe; Nylander' Reagens; Hagedorn-Jensen' Verfahren. Für qualitative Bestimmung im Harn zumeist Fehling' oder Nylander' Probe, für quantitative Bestimmung im Blut Hagedorn-Jensen u.a. Die Reduktionsproben sind nicht spezif.; halbquantitative Schnellbestimmung im Harn mit Testpapieren. Spezif. für Glukose ist die enzymat. Bestimmung mit Hilfe der Glukose-Oxydase zusammen mit einer Peroxydase sowie eine chem. Bestimmung für Aldosen mit aromat. Aminen, insbes. o-Toluidin. [8]

~teilung: vor Erlangung der Befruchtungsfähigkeit machen alle Keimzellen zwei (seltener drei) Reifeteilungen durch. Während der 1. (Prä-) oder der 2. Reifeteilung (Postreduktion) wird die Chromosomenzahl auf die Hälfte herabgesetzt. Bei der Eireifung entstehen aus Oozyte ein Ei u. drei zugrunde gehende Polzellen (Richtungskörper); bei der Samenreifung aus der Spermiozyte vier funktionsfähige Samenzellen; ↑Oogenese, ↑Spermiogenese. [3]

Redundanz: in der ↑Informationstheorie soviel wie „Übereinstimmung". Eine Information weist R. auf, wenn trotz Kürzung der verwendeten Elemente kein Informationsverlust eintritt. [60]

Reduviidae: Raubwanzen, von denen in Südamerika die Gattungen Rhodnius u. Triatoma Trypanosomen auf den Menschen übertragen. [58]

Redux ⟨*lat*⟩: beim Abklingen einer Pneumonie auskultierbares feines Knisterrasseln; ↑Krepitation. [9]

Reevolution ⟨*lat*⟩: frühere Bezeichnung für das Stadium des Erwachens aus einem epilept. Anfall; dabei charakterist. Sprachstörungen wie Echolalie, Paraphasie, Verbigeration, mangelhafte Orientierung, inkohärenter Gedankengang. [34]

Refektion ⟨*lat*⟩: „Selbstversorgung" mit ↑Vitamin-B-Komplex; bei der Ratte beobachtet. Ratten, B-frei ernährt, scheiden bei Futter mit reichlich roter Stärke Faeces aus, die bei Verabfolgung per os an das gleiche Tier bzw. an andere Tiere die Insuffizienzsymptome der Avitaminose beheben bzw. zeitlich verzögern. [16]

Referenzpräparate: Bezugspräparate mit gleichbleibenden biolog. Eigenschaften; ↑Standardpräparate. [40]

Refertilisierung ⟨*lat*⟩: Wiederdurchgängigmachen der Samenleiter (nach Sterilisierung usw.). [52]

Reflektor ⟨*lat*⟩ *m:* konkaver Spiegel zur Untersuchung im reflektierten Licht, z.B. Ohrenspiegel, Augenspiegel, Kehlkopfspiegel. [54]

Reflex ⟨*lat*⟩ *m:* Beantwortung einer physikal. oder chem. Einwirkung auf Rezeptoren (= Reizeinwirkungen) durch eine Muskelverkürzung (motor. Reflexe) oder eine andere nervös in Gang gesetzte Reaktion, z.B. der Drüsen (sekretor. Reflexe), der Blutgefäße (vasomotor. Reflexe); ↑Reflexbogen.

R., bedingter: wenn durch annähernd gleichzeitige Verabfolgung zweier unterschiedlicher Reize, z.B. Tonreiz u. Geschmacksreiz bei der Nahrungsaufnahme, der eine Reiz (Ton), isoliert angewendet, die Wirkung des anderen Reizes (Nahrungsaufnahme) herbeiführt, so spricht man von bedingtem Reflex. In dem geschilderten Beispiel handelt es sich um einen bedingten akust. Nahrungsreflex, wobei der Ton zum bedingten Reiz für die Abgabe von Speichel geworden ist (der unbedingte Reiz hierfür war vorher ausschließlich der Nahrungsreiz = unbedingter Nahrungsreflex).

R., konsensuelle: bei Reizung von Rezeptoren eines umschriebenen Körpergebietes kommt es nicht nur in den dort vorhandenen Effektoren zu einer reflexartigen Antwort, sondern auch in anderer, davon entfernt gelegenen, symmetr. angeordneten Körpergebieten; z.B. Verengung von arteriellen Gefäßen auch in anderen, nicht vom Reiz direkt betroffenen Körperregionen (konsensuelle Vasokonstriktion), Verengung der Pupille auch des anderen Auges bei Lichteinfall auf nur ein Auge (konsensuelle ↑Reaktion der Pupille), Kontraktion der Mittelohrmuskeln des anderen Ohres beim Einwirkenlassen eines starken akust. Reizes über nur einen Gehörgang (konsensueller Stapediusreflex).

R., monosynaptischer ↑Reflexbogen. [7]

R., pathologischer: eine Schädigung des ersten motor. Neurons (Pyramidenbahn) anzeigender Reflex. Es sind die Zeichen der Babinski-Gruppe (die mit Sicherheit eine organ. Schädigung anzeigen) zu unterscheiden von denen, die lediglich eine gesteigerte Eigenreflextätigkeit ausdrücken (Trömner, Rossolimo). Diese kann auch funktionell bedingt sein, so daß ein organ. Hinweischarakter bei deutlicher Seitendifferenz besteht. [33]

R., propriozeptiver ↑Eigenreflexe.

R., psycho-galvanischer ↑Hautreflexe. [7]
R., renorenaler: reflektor. ausgelöste Funktionsstörung (mit oder ohne Schmerzen) der gesunden Gegenseite bei einseitiger Nierenerkrankung; (wahrscheinlich über N. splanchnicus minimus). [24]
R. tonischer: reflektor. Vorgang, durch den der ↑Tonus der quergestreiften (u. glatten) Muskulatur geregelt wird.
R., unbedingter: darunter versteht man sämtliche angeborenen bei bestimmtem Reifegrad des Organismus u. geeigneten Voraussetzungen stets durch den entsprechenden Reiz auslösbaren Reaktionen (Tätigkeitselemente), z. B. gehört hierher der Muskelreflex auf Beklopfen der Sehne des Oberschenkelstreckmuskels, der „Patellarsehnenreflex"; ↑Reflex, bedingter.
R., viszero-kutaner: die bei Störung der Funktionen innerer Organe veränderte afferente Erregung in den Viszeralnerven zum Rückenmark kann zu einer Empfindlichkeitssteigerung gegenüber Berührungsreizen derjenigen Hautstellen führen, die vom gleichen Rückenmarkabschnitt versorgt werden, ↑Head' Zonen. Es handelt sich eigentlich um eine Bahnung aff. Impulse aus der Haut u. nicht um einen Reflex im eigentl. Sinne.
R., viszero-viszeraler: von den Interorezeptoren der Thorako-Abdominalorgane ausgehende u. auf diese zurückwirkende Einflüsse von Reflexcharakter. Beteiligt sind afferente Fasern, z. B. des ↑Splanchnikus aus dem Magen-Darmtrakt, des Sympathikus u. efferenter Fasern des Sympathikus u. Parasympathikus. Die v. R. spielen eine Rolle bei der Regulation der Tätigkeit vor allem der Verdauungsorgane. Zu den v. R. gehört z. B. die Zunahme der Peristaltik des Dickdarms bei Erregung der Magenwand während der Nahrungsaufnahme. [7]

Reflex|aphasie ↑Aphthongie. [28]
~bahnung ↑Bahnung. [35]
~bogen: Strecke, die die Erregung von der Einwirkungsstelle des Reizes über das Zentralnervensystem bis zum Erfolgsorgan zurücklegt, also Rezeptor – afferenter Nerv – nervöses Zentrum (z. B. im Rückenmark) – efferenter Nerv – Erfolgsorgan (z. B. Muskel). Da die Tätigkeit des Erfolgsorganes nicht ohne Rückwirkung auf die reflexauslösenden Rezeptoren bleiben kann, spricht man besser von Reflexkreis. Der R. wird gewissermaßen zwischen Effektor u. Rezeptor mittels der vom Effektor ausgehenden Wirkung teilweise „kurzgeschlossen". Bei den einfachsten Reflexbögen gibt es im nervösen Zentrum nur eine Umschaltstelle: monosynapt. Reflex. [7]
~dystrophie, sympathische ↑Sudeck' Syndrom. [33]
~epilepsie: epilept. Anfälle, hervorgerufen durch Reizung einer Hautnarbe, peripherer Nerven, eines Amputationsneuroms, ebenso durch akust., opt. Reize; Voraussetzung zur R. ist eine erhöhte Anfallsbereitschaft. Es ist nicht sicher, ob es eine eigentliche R. gibt. Zweifellos können jedoch epileptische Anfälle durch äußere Reize provoziert werden.
~erythem der Haut: das Übergreifen der Hautreaktion, die durch mechan. Reize herbeigeführt wird, auf die weitere Umgebung des Reizortes wird auf das Eingreifen des spinalen Reflexbogens zurückgeführt u. daher als ein irritatives Geschehen bezeichnet; ↑Dermographismus.
~hemmung: durch psych. oder patholog. Einflüsse von seiten des Großhirns erschwerte Auslösung eines Reflexes. [7]

Reflexion ⟨*lat*⟩ *f:* Spiegelung von Strahlung (Licht, Röntgenstrahlung, Schall, Ultraschall). [54]

Reflexionsgesetz: der auf eine spiegelnde Fläche unter einem bestimmten Winkel einfallende Lichtstrahl wird unter dem gleichen Winkel reflektiert. Dabei liegen Einfallslot, einfallender u. reflektierter Strahl in einer Ebene. [36]

Reflex|kollateralen ⟨*lat*⟩ *f, Pl:* Nervenfasern, die die anatom. Grundlage für die Ausbreitung der Reflexe bilden. Ein Teil der Fasern der hinteren Wurzeln verläuft durch das Hinterhorn nach vorn u. teilt sich um die großen motor. Vorderhornganglienzellen auf. Außerdem geben die im Hinterstrang auf- u. absteigenden Äste der hinteren Wurzelfasern in ihrem Verlauf überall Kollateralen ab, die ebenfalls zu den Vorderhornganglienzellen gelangen.
~krampf: ausgebreitete, ungeordnete Reflexe; sie treten in Form tetan. oder klon. Zuckungen auf, an denen sich viele Muskeln beteiligen. Solche Reflexkrämpfe sind bei Anwendung von Strychnin, aber auch bei Einwirkung von Bakterientoxinen (Wundstarrkrampf, Tollwut) zu verzeichnen.
~kreis ↑Reflexbogen. [7]
~theorie: Lehre von der gesetzmäßigen Beantwortung äußerer u. innerer Reize des Organismus auf dem Wege nervaler Vorgänge. Den Anstoß zu ihrer Entwicklung gab Descartes, der die determinist. Auffassung, daß ein Stimulus eine Antwort hervorrufe, freilich auf die von ihm mit Maschinen verglichenen Tiere beschränkte. Konkreter formuliert wurde sie durch Prochazka. Auf die psych. Vorgänge wurde der Reflexbegriff erstmalig von Griesinger angewandt. Ihren Ausbau zu einer umfassenden Theorie erhielt die Reflexlehre durch die von Setschenow u. Pawlow begründete

Lehre der Reflextätigkeit. Pawlow gelang es, experimentell Einblick in die Dynamik der zentralen Stationen des Reflexbogens zu bekommen. Seine Feststellungen über die Hirnrindentätigkeit u. die durch sie erwirkten zeitweiligen Verbindungen (bedingten Reflexe) haben die zuvor bestehenden Unklarheiten hinweggeräumt. Durch seine Untersuchungsergebnisse wurde bewiesen, daß die Theorie der Reflextätigkeit mit den drei Hauptgrundsätzen exakter wissenschaftlicher Forschung im Einklang steht, dem Prinzip des Determinismus (keine Wirkung ohne Ursache), – dem Prinzip der Analyse u. Synthese (Zergliederung u. Zusammenfassung) – u. dem des Gebundenseins der Kraftwirkung an räumliche Strukturiertheit (Verbindung der Dynamik mit der Struktur). [35]

~tonus: von Brondgeest 1890 entdeckt; ton. Betätigung quergestreifter Muskeln unter dem Einfluß afferent geleiteter Nervenimpulse (Aktionspotentiale). Bei einem Frosch ohne Großhirn werden die herabhängenden Hinterbeine auf Grund des R. angezogen gehalten. Durchschneidet man auf der einen Seite die sensible afferente Nervenbahn, so hängt das Bein dieser Körperseite schlaff herunter, obwohl die motor. Nerven in keiner Weise beeinflußt wurden u. nach wie vor eingreifen können.

~umkehr: die Erscheinung, daß derselbe Reiz je nach Lage des betreffenden Gliedmaßenteils zu verschiedenen, oft sogar zu entgegengesetzten Reflexbewegungen führt. [7]

Reflexzonenmassage: Massage, zumeist mit Hilfe der sog. klass. Massagegriffe zur reflektor. Beeinflussung krankhafter Vorgänge innerhalb einzelner Segmentbereiche; ↑Bindegewebsmassage. [46]

Reflux ⟨*lat*⟩ *m* ↑Regurgitation. [10]

R., kolopelviner: Einströmen von Darminhalt in Harnleiter u. Nieren nach ↑Coffey' Operation. Röntgenleeraufnahme zeigt ein oder beide Nierenhohlsysteme luftgefüllt; ↑Pneumopyelogramm durch Darmgase.

R., pelvirenaler: pyelorenaler ↑Reflux.

R., pyelorenaler: auch als pyelorenaler Influx bezeichnet; Übertritt von Kontrastmittel (u. kontrastmittelhaltigem, oft infiziertem Urin) aus dem ableitenden Harnsystem, also Nierenbecken, Kelchen oder Harnleiter in die Umgebung (Staehler), besser gesagt in das eigentliche Nierengewebe (Kneise) bei retrograder Pyelographie. Einteilung nach Keller: nach dem Weg, wohin der Reflux erfolgt. 1. pyelointerstitieller R., 2. pyelolymphatischer R., 3. pyelovenöser R., 4. pyelotubulärer R. u. zusätzlich (nach Staehler) 5. pyelokapsulärer (subkapsulärer) R., Sinusextravasat; 6. perineales Extravasat, 7. periureterales Extravasat. Ursachen: a) Pyelo- bzw. Kalikospasmophilie (Kalikopapillitis), b) allerg. Zustände, c) akute Harnstauungsnieren, d) Entzündungen der Schleimhaut (bis zur Phlegmone), e) Verletzungen (Nierentrauma, Unfall), f) parasitäre Erkrankungen, g) Verletzungen mit Harnleiterkatheter.

R., renaler: a) vesiko-ureteraler R., b) vesikorenaler R. infolge ↑Ostiuminsuffizienz wird der Blasenurin bei ansteigendem Innendruck der Harnblase (z.B. bei Miktion) nach oben durch den Harnleiter nierenwärts gepreßt. (Unfreiwilliges) ↑Pyelogramm bei Zystogramm; c) pyelorenaler R., pyelovenöser R. [24]

Reflux|ösophagitis: Entzündung des unteren Ösophagus durch Magensaftrückfluß; tritt bei funktionellen Störungen der Kardia oder nach deren operativer Entfernung auf u. verursacht retrosternales Sodbrennen u. Regurgitation. [18]

~zeit: grob orientierende Bestimmung der Umlaufzeit auf Grund der Beurteilung der Zeit, die bis zur Rötung eines vorher durch Blutabsperrung anäm. gemachten Bezirkes (z.B. Hand) gebraucht wird. Die normale R. beträgt 1–2s; bei Verlängerung der R. kann man auf eine Verlangsamung der Kreislaufumlaufzeit schließen. [21]

refraktär ⟨*lat*⟩: unempfindlich, schwer oder nicht beeinflußbar. [4]

Refraktärperiode: refraktäre ↑Phase. [58]

Refraktion ⟨*lat*⟩: unter R. (Brechungszustand) wird der in Dioptrien ausgedrückte Abstand des vorderen Hauptpunktes vom Fernpunkt des Auges verstanden. Liegt der Fernpunkt wie beim Rechtsichtigen (Emmetropen) in ∞, so mißt die R $1/\infty = 0$ dptr, bei Myopie z.B. in 2m Entfernung vor dem Auge – ½dptr., bei Hypermetropie z.B. in 2m Entfernung hinter dem Auge + ½dptr. in der Brillenoptik wird, je nachdem, ob der Fernpunkt li. oder re. vom vorderen Hauptpunkt liegt, die Entfernung von diesem – oder + gezählt. Die Lichtrichtung ist dabei von li. nach re. angenommen. [36]

Refraktions|anomalie ⟨*griech, lat*⟩ *f:* Syn. Refraktionsfehler, Ametropie, Brechungsfehler, Fehlsichtigkeit; jede Abweichung von der normalen Refraktion (↑Emmetropie Syn. Rechtsichtigkeit). Jedes Auge, dessen Fernpunkt in einer endlichen Entfernung vor oder hinter dem vorderen Augenpunkt liegt, hat eine R. Der Pathogenese nach zu unterscheiden: 1. Achsen-R. Diese beruht auf einer abnormen Länge oder Kürze der Längsachse des Auges u. stellt den größten Teil der Fälle; 2. Brechungs-R. Dies ist eine solche, bei der die Krümmung der brechenden Teile abnorm ist (z. B. Keratoglobus, Kugellinse); 3. Index-R. ist eine solche, bei der der Brechungsindex der brechenden Medien abnorm ist (z. B. bei Diabetes in der Linse durch Änderung der Wasserbindung, im Kammerwasser durch Änderung seines Eiweißgehaltes). Formen von Brechungsfehlern sind 1. Hyperopie (zu geringe Brechkraft); 2. Myopie (zu hohe Brechkraft); 3. Astigmatismus (von der Kugelform abweichende Brechung). Nach der Ursache steht die Vererbung im Vordergrund. Sie bedingt den größten Teil der Achsenfehler, die also zunächst als Mißbildungen oder Varianten um den Normwert erscheinen, um den sie sich in einer Sinuskurve verteilen. Dazu treten seltene krankhafte Einflüsse (Embryopathien u. Krankheiten). Die Achsenhyperopie ist nach Abschluß des Wachstums, das eine Tendenz zur Emmetropisierung hat, unveränderlich, ebenso die Myopie in der Mehrzahl der Fälle, in einer Minderzahl bleibt sie als echte Krankheit progressiv. Die Brechungs- u. Index-R. sind nach ihrer Ursache veränderlich. Der Ausgleich der R. erfolgt durch ↑Sehhilfen. [36]

~bestimmung: Feststellung der Refraktion 1. subjektiv mit Hilfe der Sehprobentafel u. des Probierbrillenkastens; 2. objektiv a) mit der Skiaskopie, b) mit Hilfe eines Refraktometers, c) mit Hilfe eines Refraktionsaugenspiegels. Zur fachgerechten Untersuchung gehört mindestens eines der Verfahren von 2 u. nach Möglichkeit auch 1. Die R. ist eine ärztliche Leistung.

~gesetz: das Produkt aus Brechungsindex des Ausgangsmediums u. Sinus des Einfallswinkels = dem Produkt aus Brechungsindex des Einfallsmediums u. Sinus des Brechungswinkels.

~ophthalmoskop *n:* Augenspiegel, der durch eine ↑Rekoss' Scheibe oder deren Modifikationen es ermöglicht, den Brechungszustand des Untersuchten zu bestimmen. Prinzip: Das vom emmetropen, nicht akkomodierenden Untersucher gesehene Bild des Augenhintergrundes des nicht akkommodierten Pat. wird nur dann scharf erscheinen, wenn ein etwaiger Refraktionsfehler desselben durch eine Linse des R. ausgeglichen ist. Die Stärke dieser Linse gibt zugleich die Stärke des Refraktionsfehlers (Brechungsfehlers) an. [36]

Refraktometer: opt. Instrument zur Bestimmung des Brechungsindexes eines Stoffes, meistens durch Ermittlung des Grenzwinkels der Totalreflexion bzw. des streifenden Austrittes. Dabei gilt

$$\frac{\sin 90°}{\sin \phi} = \frac{n'}{n} + \frac{n}{n'} = \sin \phi$$

Bekannt sind R. nach Abbé u. nach Pulfrich, das Eintauchrefraktometer, das Kristallrefraktometer nach Abbé. In der Augenheilkunde dienen R. zur Bestimmung der Refraktion. Bekannt sind das Astronrefraktometer, das Prismenrefraktometer von Rodenstock, das Parallaxenrefraktometer u. das Koinzidenzrefraktometer nach Hartinger. [36]

Refrakturierung ⟨*lat*⟩: Wiederbrechen eines in schlechter Stellung geheilten Knochenbruches zum Zwecke der Stellungskorrektur. [23]

Refrigerantia remedia ⟨*lat*⟩ *n:* abkühlende Mittel. [44]

Refrigeratio ⟨*lat*⟩: Erkältung, Abkühlung. [9]

Refrigerationslähmung: Erkältungslähmung durch Neuritis oder Muskelrheumatismus. [9]

Refsum' Syndrom: Syn. Heredopathia atactica polyneuritiformis; Syndrom mit Polyneuritis, Retinitis pigmentosa u. Ataxie. [33]

Regelabweichung ↑Regelung. [60]

Regelanomalien: Abweichung von den normalen Vorgängen bei der Regelblutung (Eumenorrhoe). Es wird bezeichnet: 1. bezügl. der Stärke: die zu starke Regel als Hypermenorrhoe, die zu schwache als Hypomenorrhoe; 2. bezügl. der Dauer: (normale Regel dauert 4–5 Tage) die verlängerte Regelblutung (meist gleichzeitig auch verstärkt) als Menorrhagie; 3. bezügl. der Wiederkehr (Regeltempoanomalien): die zu häufige Regel als Polymenorrhoe (z. B. Regel alle 21 Tage); die zu seltene Regel als Oligomenorrhoe (z. B. Regel alle 35 Tage); 4. eine schmerzhafte Regelblutung als Dysmenorrhoe. [29]

Regelgröße ↑Regelung. [60]

Regelklasse: in der Statistik diejenige Klasse, die die größte Häufigkeit aufweist. [4]

Regelkreis ↑Regelung. [60]

Regelstrecke ↑Regelung. [60]

Regelung: Vorgang, bei dem durch eine Anordnung entsprechend aufeinander einwirkender Glieder eines Wirkungskreises (Regelkreis) der vorgegebene Wert (Sollwert) einer Größe (Regelgröße) fortlaufend auf Grund der meßtechn. Erfassung der Abweichung von diesem Wert (Regelabweichung) hergestellt u. aufrechterhalten wird. Verläuft der Vorgang ohne Eingreifen des Menschen, liegt eine selbsttätige R. vor. Biolog. ↑Regulationssysteme enthalten stets selbsttätige R. Grundbegriffe der Regelung: Regelgröße ist diejenige Größe eines beliebigen dynam. Systems, deren Wert durch die Regelung gegen störende Einflüsse aufrechterhalten werden soll. – Regelkreis ist die zu einem geschlossenen dynam. System verbundene Einheit von

Regler u. Regelstrecke. Kennzeichnend für einen Regelkreis ist, daß er einen nur in einer Richtung durchlaufenen Wirkungskreis darstellt. Der Regelkreis ist nicht der Weg der Energie oder Massenströme, die durch die Regelung beeinflußt werden. [60]

Regenbogenhaut ↑ Iris. [2]

Regeneration ⚹ **Regeneratio** ⟨*lat*⟩: Heilung, biolog. Wiederherstellung. [18]

R. der Nerven ↑ Nervenregeneration. [33]

Regenerations|stoffwechsel: jener Teil des Stoffwechsels, der den durch konsumptive Krankheit usw. geschwächten Organismus bzw. das betroffene Organ zu regenerieren erstrebt; die Ernährungsweise ist diätet. auf die Zielsetzung auszurichten. [16]

~theorie der Krebsentstehung: geht auf die Reiz(Irritations-)Theorie von R. Virchow (1863) zurück. Die von Fischer-Wasels (1927) weiterentwickelte Theorie der Krebsentstehung sieht das primäre in einem ständigen Wechsel von Zerstörung u. Regeneration des Epithels. Durch Fehlregenerate soll es zur Krebsentwicklung kommen (z. B. Karzinom auf dem Boden eines chron.-rezidivierenden Ulcus ventriculi; Gallenblasenkrebs nach chron.-vernarbender Cholezystitis bei Cholelithiasis; Leberkarzinom auf dem Boden einer Leberzirrhose). [4]

~zeichen bei Anämien: 1. Auftreten vermehrter Polychromaten (↑ Retikulozyten); 2. bei überstürzter Regeneration Auftreten von kernhaltigen Vorstufen der Erythrozyten; 3. Zunahme von Erythrozyten u. Farbstoff. [11]

~zone: Syn. Umwandlungszone (Hinselmann): Bezirk auf der Portio mit Vorgängen zur Wiederherstellung des Plattenepithels im Bereich einer ↑ Ektopie. Überwachsen von der Peripherie u. von Plattenepithelinseln (R. Meier) oder durch regenerator. Metaplasie (B. Fischer-Wasels). Bei beiden Formen sekundäre Ausdifferenzierung zu normalen oder Übergang in patholog. Epithelformen möglich. Letzteres vor allem bei undifferenziertem Regenerationsepithel. [0]

Regio ⟨*lat*⟩ *f:* Gegend, in der Anatomie insbes. für Körpergegend. [1]

Regitintest: spielt in der Hypertoniediagnostik eine Rolle. Mit seiner Hilfe kann man feststellen, ob der hohe Blutdruck auf krankhafte Wucherung von Adrenalin produzierendem Gewebe (↑ Adrenalin), dem Phäochromozytom, zurückzuführen ist. [7]

Regler: ist die Gesamtheit der Glieder eines Regelkreises, die den Regelungsvorgang an der Regelstrecke bewirkt. Stellmotor ist das Funktionsglied eines beliebigen Reglers, dessen Aufgabe die Verstellung des ↑ Stellgliedes im erforderlichen Sinne ist. Der Stellmotor benötigt im allgemeinen eine äußere Energiezufuhr. Regelstrecke ist ein Ausdruck, der alle diejenigen Teile eines Regelkreises umfaßt, die zur Realisierung der Regelgröße notwendig sind. Jede Regelstrecke ist nur für eine bestimmte Regelgröße u. eine bestimmte ↑ Störgröße definierte ↑ Regelung. [60]

regressiv ⟨*lat*⟩: zurückschreitend, sich zurückbildend. [18]

Regressive Vorgänge: Verlust spezif. Funktionen von Zellen durch Einwirkung schädigender Noxen. Diese Vorgänge sind meist mit morpholog. Veränderungen verbunden, wie Störung der Zellteilung, Atrophie, Veränderungen an Protoplasma u. Zwischensubstanzen (Degeneration) oder völligem Zell- u. Organtod (Nekrose). [4]

Regulationen, humorale: Regulationsvorgänge, die durch die Körperflüssigkeiten, vor allem die Blutbahn vermittelt werden. Dazu gehört sowohl die Wirkung von Stoffwechselprodukten (z. B. des CO_2 auf die Atmungsregulation) als auch die Wirkung spezif. humoraler Wirkstoffe (↑ Hormone). [7]

Regulations|aspekt: moderne Betrachtungsweise der Funktionen des Organismus, die in bestimmter Weise voneinander abhängen u. einander beeinflussen. Die Regulation geschieht auf allen Ebenen der Organismusfunktionen, der zellulären, der organ., der organsystem. Ebene u. in der Wechselwirkung von Organismus u. Umwelt. [7]

~eier: Begriff aus der Entwicklungsmechanik. Bei der Regulationsentwicklung ist die prospektive Potenz größer als die prospektive Bedeutung; das heißt, daß Defekte zum Teil wieder ausgeglichen werden können. Gegensatz: Entwicklung der ↑ Mosaikeier. [4]

~krankheit: Krankheit, die aus einer Störung eines Funktionskreises auftritt; z. B. Störung der Wechselbeziehungen zwischen ZNS, Endokrinium, Blutspiegel eines Metaboliten u. dessen intrazellulärer Verwertung. Katsch charakterisierte den ↑ Diabetes mellitus als Prototyp einer R. [14]

~pathologie: Krankheitslehre, in der die Steuerung (Regulation) der Lebensvorgänge der Körperteile u. ihre Störungen in den Vordergrund gestellt werden. Die R. versucht als funktionelle Pathologie (Relationspathologie Rickers, Pawlow), sich aus den Grenzen der morpholog. begründ. ↑ Zellularpathologie Virchows zu befreien. [5]

~störung, orthostatische: starke Zunahme der Pulsfrequenz auf über 100 je min; systol. Druck: deutliches Absinken; diastol. Druck: geringes Absinken, damit Amplitudenverminderung. [21]

~system: alle Teile eines Organismus, die an der Aufrechterhaltung des quantitativen Wertes einer bestimmten biolog. Größe beteiligt sind, bilden ein R. Biologische R. enthalten analoge Funktionselemente wie die Regelkreise der Technik. Höhere biolog. Organismen weisen eine Vielzahl über das ZNS z.T. miteinander verknüpfter R. auf. Beispiele für biolog. Größen, deren Wert durch R. geregelt werden: Blutdruck, Blutspiegel, Körpertemperatur, osmot. Zelldruck; ↑Regelung. [60]

Regurgitation ⟨*lat*⟩: 1. Wiederhochkommen verschluckter Speisen u. Flüssigkeiten sofort nach der Nahrungsaufnahme bei Stenosen des Ösophagus. Es besteht dabei keine Antiperistaltik wie bei Brechreiz, die Speisen sind aber gezwungen, trotz normaler Ösophaguskontraktionen durch Stagnation an der Stenose nach oben auszuweichen (Frühsymptome bei Hypopharynxtumoren); 2. Zurückströmen des Blutes durch insuffiziente, d.h. schlußunfähige Herz- u. Gefäßklappen. [28]

Rehabilitation ⟨*lat*⟩ *f:* Wiederherstellung eines höchstmöglichen Grades an ↑Erwerbsfähigkeit bzw. Lebenstüchtigkeit u. Eingliederung oder Wiedereingliederung in das gesellschaftliche Leben bzw. in den Prozeß der Arbeit für phys. oder psych. geschädigte Menschen. R. erfolgt durch medizin. u. pädagog., arbeitspsycholog., techn., ökonom. u. soziale Maßnahmen (auf der Grundlage gesetzlicher Bestimmungen. Im sozialist. Staat ist R. Teil des Gesundheitsschutzes u. damit gesamtgesellschaftliche Aufgabe). [48]

Rehn, Eduard (*1880), Sohn von Ludwig R., Chirurg, Freiburg i. Br.

R' Kutislappenplastik ↑Kutislappenplastik. [18]

R' Probe (1919 u. 1923) ↑Säure-Alkali-Umschlagprobe. [24]

Rehn, Ludwig (1849–1930), Chirurg, Frankfurt a. M.

R' Haken: rechtwinklig gebogener Haken für intraabdominelle Operationen zum Zurückhalten der Eingeweide.

R.-Delorme' Operation: eine von Rehn u. Delorme (frz. Chirurg) entwickelte Operationsmethode zur Behebung des ↑Mastdarmvorfalles (Resektion des Schleimhautzylinders, Muskularisraffung). [18]

Reibegeräusch, pleuritisches: schabendes, reibendes Atemgeräusch bei Pleuritis sicca durch fibrinöse Ausschwitzung der Pleurablätter; ↑Knarren. [9]

Reiben, extraperikardiales: Reibegeräusch, das sich wie trockenes Lederknarren anhört oder auch in einem „Lokomotivgeräusch" zum Ausdruck kommt. Es ist an umschriebener Stelle über dem Herzbeutelbereich auskultator. wahrnehmbar u. entsteht durch die atembedingte Verschiebung der entzündlich angerauhten Oberfläche des äußeren Herzbeutelblattes mit der ebenfalls entzündlich veränderten Pleura mediastinalis oder Pleura pulmonalis. Daher wird es auch pleuroperikardiales Reibegeräusch genannt.

R., pleuroperikardiales: Reibegeräusch bei Pleuroperikarditis, ↑Reiben, extraperikardiales. [10]

Reichel' Krankheit: Chondromatose des Kniegelenks, wobei die gestielten Chondrome von der Gelenkkapsel ausgehen. [18]

Reichensteiner Krankheit: chron. Arsenvergiftung der Bevölkerung von Reichenstein durch den Genuß von Trinkwasser, welches durch Auslaugung arsenhaltiger Schlacke des Reichensteiner Bergbaus bis zu 14,8 mg Arsen pro Liter enthielt. Nach dem Bau einer einwandfreien Wasserleitung traten keine Vergiftungen mehr auf. Wässer mit einem Arsengehalt von mehr als 0,7 mg/l gelten als Arsenwässer. (Die Dürkheimer Maxquelle, unweit von Mannheim, die Quelle mit dem stärksten Arsengehalt Europas, enthält 17,4 mg/l.) [38]

Reichert, Karl Bogislaus (1811–1883), Anatom, Berlin.

R' Haken: leicht gekrümmtes Instrument zur Aufrichtung der Epiglottis zwecks Freilegung des durch die Epiglottis verdeckten Kehlkopfeinganges bei Kehlkopfspiegelungen. Das fischschwanzähnliche Ende des Hakens wird zwischen Zungengrund u. Epiglottis unter Druckausübung nach vorn eingesetzt. [28]

R' Knorpel: Zungenbeinknorpel.

R' Membran = Lamina limitans anterior (Bowmani) der Hornhaut des Auges.

R' Recessus = Recessus cochlearis. [1]

Reichmann, Nikolaus (1851–1918), Internist, Warschau.

R' Krankheit, R' Syndrom: dauernder Magensaftfluß, oft durch den Reiz eines Ulcus ad pylorum oder duodeni mit Sodbrennen u. Erbrechen von Magensaft. [9]

Reichstein, Tadeusz (*1897), Chemiker, Basel. 1950 Nobelpreis (mit Hench, Pilip Showalter u. Kendall, Edward Calwin) für die Entdeckung des Aufbaus u. der biolog. Wirkungen der Hormone der Nebennierenrinde. [53]

Reichsversicherungsordnung (Abk RVO): umfassendes Gesetz aus dem Jahr 1911, seitdem immer wieder geändert und der Weiterentwicklung des Sozialrechts angepaßt. Die RVO regelt die gesamte gesetzliche Kranken-, Unfall- und Rentenversicherung; ↑Sozialversicherung.

Reifeteilung der Geschlechtszellen (Gameten): aus den Ursamenzellen (Spermatogonien) gehen Spermatozyten erster Ordnung hervor, deren diploider Chromosomensatz durch Teilung zum haploiden reduziert wird. (Reduktionsteilung, ↑Meiose). Durch den darauffolgenden Teilungsschritt (Äquationsteilung) entstehen aus der Spermatozyte 2. Ordnung oder Präspermatide 4 haploide Spermatiden, die zu Spermatozoen ausreifen. Die R. der weiblichen Gameten (Eier) verläuft grundsätzlich gleichartig, nur wird das Plasma ungleichmäßig verteilt. Es entstehen ein befruchtungsfähiges Ei u. 3 abortive Polkörper. [3]

Reifezeichen der Neugeborenen: Zeichen für das Ausgetragensein der Frucht (frühestens am 229. Tag nach der Empfängnis beobachtet). Mindestmaße 48 cm lang, 2500 g schwer, Lanugo nur noch im Schulterbereich, Nägel bedecken oder überragen die Fingerkuppen, kleine Labien von großen bedeckt, Hoden im Skrotum, Ohr- u. Nasenknorpel fest. R. können bei Vaterschaftsprozessen von forens. Bedeutung sein. [29]

Reifungszeichen der Blutzellen: Entwicklung der spezif. Granulationen oder Protoplasmafärbungen, Zunahme der Kernfärbbarkeit mit Verdichtung der Struktur, Ausbildung der normalen Kernformen. Kern- u. Plasmareifung stehen normal in bestimmter Beziehung (↑Kernplasmarelation). Unreife Zelltypen deuten auf Regeneration oder patholog. Zustände der Stammorgane hin. [11]

Reihe, lyotrope ↑Hofmeister' Reihe. [8]

Reihenknorpel: bei der indirekten Ossifikation (Ersatzknochenbildung) entstehende, reihenförmige Anordnung der Knorpelzellen bei gleichzeitiger blasenförmiger Auftreibung derselben. Die aufgetriebenen Knorpelzellen werden schließlich durch Chondroklasten zerstört, u. die zwischen den zerstörten Knorpelzellen zurückbleibenden Sparren von Knorpelgrundsubstanz verkalken u. werden von Osteoblasten zum Zwecke der Bildung von Knochensubstanz umlagert; ↑Knochenentwicklung. [2]

Reihenuntersuchung: medizin. Untersuchung von Personengruppen (in Betrieben, Schulen, Wohngebieten) mit vorwiegend prophylakt. Zielsetzung; verbreitete Form als allgemeine ärztliche R.; daneben gezielte R. zur Früherfassung bestimmter Krankheiten, zumeist unter Verwendung medizin.-techn. Verfahren, z. B. ↑Röntgenreihenuntersuchung, onkolog. R. zur Früherkennung des Kollumkarzinoms, R. mit Teststreifen auf Diabetes mellitus usw.; R. gewinnt zunehmende Bedeut. für die Bestimmung des Gesundheitszustandes der Bevölkerung. [48]

Reil, Johannes Christian (1759–1813), Anatom, Halle, Berlin.

R' Finger = Digitus mortuus (toter Finger): infolge eines plötzlichen Gefäßkrampfes werden ein oder zwei Finger blaß u. gefühllos. Der Krampf löst sich nach wenigen Minuten; rein funktionelle Störung im Sinne einer vasokonstriktor. Neurose. (Bei Frauen häufig hormonell.) [18]

R' Insel ↑Insel.

R' Linien: 2–3 mm breite, weiße Querstreifen der Fingernägel nach fieberhaften Infekten; ↑Beau-Reil' Querfurchen. [9]

Reilly' Syndrom: ätiolog. uneinheitliches Bild mit Darniederliegen des vegetativen Tonus, Erweiterung der kleinen Gefäße mit Stase u. Thromboseneigung, Endothelzellwucherung, Rückbildung des lymphat. Gewebes; entspricht in etwa dem Erschöpfungsstadium des ↑Adaptationssyndroms. [9]

Reimplantation ⟨*lat*⟩: Wiedereinpflanzung, Wiedereinheilung. [18]

Rein, Herrmann (1896–1953), Physiologe, Göttingen, Heidelberg.

R' Stoffwechselapparat: zur fortlaufenden quantitativen Verfolgung der O_2-Verarmung u. der CO_2-Anreicherung in der Atemluft hat Rein empfindliche elektr. Meßverfahren entwickelt, bei denen der Wärmeübergang zwischen einem Hitzdraht u. der strömenden Luft kurvenmäßig dargestellt wird. Der Wärmeverlust, den ein Hitzdraht durch einen genau geregelten konstanten Luftstrom erfährt, steht zu dem CO_2-Gehalt der Luft in einer einfachen Beziehung. Der O_2-Gehalt läßt sich in der gleichen Anordnung unter Benutzung geeigneter Absorptionsvorrichtungen für CO_2 ermitteln. Gleichzeitig wird das Atemvolumen nach Art einer Stufenkurve verzeichnet, so daß die Möglichkeit besteht, auch Zahl u. Tiefe der einzelnen Atemzüge abzulesen.

R' Stromuhr = Thermostromuhr: Messung der Blutströmungsgeschwindigkeit mit Hilfe eines Thermoelementes, indem an einem Blutgefäß ober- u. unterhalb einer Heizstelle die Temperaturdifferenz gemessen wird, die infolge der kühlenden Wirkung des Blutstroms diesem umgekehrt proportional ist. Ähnliche Verfahren wurden auch für die Messung der Durchblutung unmittelbar am Gewebe (Haut, Muskel, Leber u. a.) ausgearbeitet. [7]

Reinduration ⟨*lat*⟩: Wiederaufflammen eines syphilit. Primäraffektes an der Stelle eines anscheinend abgeheilten. [43]

Reinelement: chem. Element, das nicht aus mehreren Isotopen besteht. Seine Kerne haben alle die gleiche Anzahl von Neutronen u. gleiche Massenzahl. [59]

Reinfektion: erneute Infektion eines Organismus, der schon früher von gleichen Keimen infiziert war, diese Infektion aber ohne Allergie oder verbliebene Immunität überwunden hat (biolog. Ausheilung). [15]

Reinfusion ⟨*lat*⟩ *f:* Wiedereinlaufenlassen von zuvor zu therapeut. Zwecken (↑ Hämodialyse, Arterialisierung in der Herz-Lungen-Maschine) entnommen oder durch Verletzung (Tubenruptur, Milzruptur) in die Bauchhöhle ausgetretenem Blut in das Gefäßsystem des gleichen Kranken unter sterilen Bedingungen. [11]

Reinheitsgrade (der Scheidenflora): mikroskop. Nachweis von Beimengungen im Scheidensekret, eingeteilt in 4 Grade, wobei der 1. Grad des physiolog. Bild von Scheidenepithelien u. Vaginalbazillen bietet. Die weiteren Grade umfassen eine ansteigende Beimengung von Leukozyten sowie Ausbildung einer Mischflora verschiedener Kokken; ↑ Vaginalflora. [29]

Reinke' Kristalle: in den interstitiellen Zellen des Hodens (Leydig' Zwischenzellen) vorkommende stäbchenförmige Eiweißkristalle. [2]

Reinkultur: Vorhandensein nur einer morpholog. u. mikroskop. einheitlich erscheinenden Bakterienart bei kultureller Züchtung. [41]

Reinversion ⟨*lat*⟩: Wiedereinstülpen der ausgestülpten Gebärmutter; Inversio uteri. [29]

Reis = Oryza sativa: eine der ältesten u. wichtigsten, zu den Grasgewächsen (Zerealien) gehörende Getreideart der trop. u. subtrop. Gebiete; heute auch in der gemäßigten Zone angebaut (Norditalien, Ungarn usw.); Abarten sind z. B. Bergreis, Wasserreis, Klebreis. Die natürlichen Reiskörner (Paddyreis) sind von rauhhaarigen Spelzen u. einer darunterliegenden gelblich-weißen bis rötlichen „Silberhaut“ umgeben. Der geschälte Reis (Vollreis) wird „geschliffen“, „poliert“ oder „gebürstet“, mitunter noch „glasiert“ u. verliert dabei prakt. das gesamte Vitamin B_1. Bruchreis ist der beim Schälen, Schleifen u. Polieren beschädigte Reis. Reisflocken (Puffreis) sind durch Walzen gequetschte, gedämpfte Reiskörner. Reisgrieß, -mehl u. -flokken werden als Diätkost, bei der Kinderernährung usw. eingesetzt. Reisstärke ist sehr feinkörnig, findet in großem Umfang in der Kosmetik als Puder Verwendung sowie in der Textilindustrie als Glanzstärke. Arrak ist der aus vergorener Reismaische abdestillierte Branntwein; man stellt ferner Reisbier u. Reiswein (Sake, Saki) in Ostasien her. [16]

Reischauer, Fritz (*1896), Chirurg, Essen.

R' Etagenbehandlung ↑ Etagenbehandlung. [23]

R' Syndrom ↑ Zervikobrachial-Syndrom. [13]

Reiskörperchen = Corpora oryzoidea: freie Gelenkkörper ähnlich Samenkörnern aus Fibrinniederschlägen u. Degenerationsprodukten bes. im Kniegelenk bei Tuberkulose. [18]

Reiskörperhygrom ⟨*griech*⟩ *n:* chron. Sehnenscheiden- u. Schleimbeutelentzündung mit Zystenbildung, Wandverdickung u. Entwicklung eines Exsudates, das eingedickte reiskörperähnliche Fibringerinnsel enthält; Ursache oft Tuberkulose. [5]

Reissner' Faden: im Zentralkanal des Rückenmarkes liegender feiner Faden, der bei zahlreichen Wirbeltieren nachgewiesen ist u. vom Subkommissuralorgan im Dach des Zwischenhirns seinen Ausgang nimmt. Die Funktion des R' Fadens ist noch nicht eindeutig geklärt. [2]

Reisstärke ↑ Amylum oryzae. [44]

Reiswasserstühle: die charakterist., meist farb- u. geruchlosen, reiswasserähnlichen Schleimflocken u. Epithelfetzen enthaltenden Stühle der Cholerakranken. [40]

Reiter, Hans (*1881), Bakteriologe Berlin.

R' Syndrom: allerg. Nachkrankheit, z. B. nach Ruhrbakterien-Infektion, gekennzeichnet durch die Trias Polyarthritis, Urethritis, Konjunktivitis. [9]

reiteretur ⟨*lat*⟩: (Rez.) es möge erneut angefertigt werden, ärztliche Anweisung auf dem Rezept. Trotz dieses Vermerkes dürfen nicht alle Arzneimittel ein zweites Mal abgegeben werden z. B. Barbiturate. [44]

Reitgefühl: prickelndes, stechendes u. brennendes Gefühl an den Innenseiten der Oberschenkel als Symptom schädigender Kohlendioxideinwirkung. [49]

Reithosenanästhesie: Sensibilitätsstörungen im Gebiet der äußeren Geschlechtsteile, Damm, Anus u. Umgebung. Auftreten bei Schädigungen der Segmente S_3-S_5 des Rückenmarkes oder der Cauda equina, meist vergesellschaftet mit Blasen- u. Mastdarmstörungen. [33]

Reitknochen: durch Myositis ossificans localisata hervorgerufene Knochenbildung in den Adduktoren der Oberschenkel bei chron. Traumen der Reiter. [23]

Reiz: physikal. u. chem. Vorgänge bzw. Zustände, die aus der Umwelt oder dem Inneren des Organismus auf entsprechende Reizempfänger, Rezeptoren, wirken u. dort eine Erregung verursachen, werden Reize genannnt. Ihre Einteilung erfolgt sowohl nach der Art der Einwirkung (akust., opt., chem., therm.) oder dem Reizort (exterozeptiv, interozeptiv) bzw. der Empfindung des Subjektes (Geschmacksreize, Schmerzreize usw.). Interozeptive R. sind auf Vorgänge in den inneren Organen zurückzuführen, exterozeptive R. entstehen durch die Umweltwirkungen. Außerdem gibt es propriozeptive R., die meist mechan. Natur sind u. an den Längen- bzw. Dehnungsrezeptoren der Muskeln angreifen. Man nennt einen R. adäquat, wenn er mit einer minimalen Stärke, die der ↑ Reizschwelle des betroffenen Rezeptors entspricht, nur in einer bestimmten Art von Rezeptoren Erregungen hervorruft. So ist der adäquate R. für die Netzhaut des Auges ein bestimmtes Frequenzband bzw. bestimmte Längen elektromagnet. Wellen (Licht). [7]

Reizbarkeit: Eigenschaft von Geweben, sich beim Einwirken eines ↑ Reizes in ihrer Tätigkeit zu verändern, zu „reagieren". Im engeren Sinne: erhöhte Veränderbarkeit, gesteigerte Reaktion. [35]

Reizblase: Hyperästhesie der Blase (irritable bladder); die Beschwerden entsprechen einer akuten Blasenentzündung, jedoch Ruhe nachts. Fehlen von zystoskop. u. Sedimentbefund; 1. durch Abkühlung, Medikamente u. Gewürze; 2. hormonelle Reizblase bei hormonaler Unterfunktion, auch Dystrophie; 3. klimakter. Reizblase, allerg.-hormonell bedingt; 4. häufiger Befund bei Vergiftungen durch aromat. Amine. Harndrang, Dys- u. Strangurie sowie Blutharnen können auftreten. An der Blasenschleimhaut, bes. am Trigonum u. am Blasenhals, zeigen sich fleckenhafte subepitheliale Blutungen (Purpura vesicae). [24]

Reize, formative: nach Virchow (Zellularpathologie, 1858) Reize, die zur Vermehrung der Zellenzahl anregen. Nach entwicklungsphysiolog. Definition alle Ursachen, welche in qualitativer Hinsicht Formbildungsprozesse auslösen. [3]

Reiz|effekt, isomorpher: Koebner' Phänomen; bei bestimmten Hauterkrankungen, wie z.B. Psoriasis, Lichen ruber u. anderen treten an Stellen, die in irgendeiner Weise gereizt wurden (wie z.B. beim Kratzen, beim Hinwegfahren über die Hautstellen) durch exogene Läsionen der Haut Effloreszenzen auf, die den ursprünglichen Effloreszenzen der Krankheit gleichen. [43]

~formen (im Blutbild): qualitativ veränderte Lymphozyten mit Verbreiterung des Zytoplasmas u. Auflockerung des Kerns. Charakterist. ist eine ausgeprägte Basophilie der Zellen. Es handelt sich um Reaktionsformen, die aus den kleinen u. mittleren Lymphozyten im lymphat. Gewebe entstehen. Hierunter fallen auch die sog. Türk' Reizformen u. Lymphoidzellen. Sie finden sich im peripheren Blut bes. bei Virusinfekten, vor allem der infektiösen Mononukleose sowie der Virushepatitis u.a., auch bei Überempfindlichkeitsreaktionen. Bei starken Kernlappen können sie Monozyten ähneln. [11]

~gase: typ. Vertreter sind Chlor, schweflige Säure, Arsen- u. Phosphorchloride, nitrose Gase u. Phosgen. Ihre Wirkung ist örtlich; sie haben keine resorptiven Wirkungen, etwa auf Blut, Gehirn oder andere entfernt liegende Organe. Lungenödem entsteht als schwerste Folge der Reizgasewirkung auf die tiefen Atemorgane durch nitrose Gase u. Phosgen nach einer Latenzzeit. [49]

~klima: im Gegensatz zum Schonungsklima ein solches, dessen Reizgrößen überwiegen oder zu überwiegen scheinen. Im Hochgebirge sind das z.B. Luftkälte u. Strahlung. Da aber mit kräftigen Reizgrößen ebenso deutliche Schonungsgrößen, im Hochgebirge z.B. Trockenheit der Luft u. eine im Jahresverlauf gleichmäßige u. in ihren häufigsten Werten niedrig liegende Abkühlungsgröße, verknüpft sein können, läßt man die allgemeinen Ausdrücke Reiz- u. Schonklima am besten fallen u. spricht höchstens von reizmilden u. reizstarken Klimaten, die man nach den Werten der Abkühlungsgröße abtrennt. [13]

Reizkörpertherapie: unspezif. Aktivierung von Abwehrmechanismen des Organismus (z.B. humorale Abwehrkräfte, vegetative Umstimmung) durch parenterale Verabfolgung von arteigenem oder artfremdem Eiweiß, Gold, Silber, Kupfer, Schwefel u. anderen Stoffen. R. wird angewendet bei chron. entzündlichen Erkrankungen (z.B. Gelenkrheumatismus), Anämien u. Allergosen. [44]

Reizleitungssystem des Herzens ↑ Erregungsleitungssystem des Herzens. [7]

Reizmengengesetz: in einem bestimmten Bereich reproduzierbarer Reizeinwirkungen können sich Reizzeit u. Reizintensität vertreten. Je größer die Intensität, um so kleiner die zur Erregung nötige Zeit (↑ Nutzzeit). Der Reizerfolg ist also abhängig von der Reizmenge, z.B. bei elektr. Reizung von der Elektrizitätsmenge. [7]

Reiz|punkte, elektrische: Hautstellen, von denen aus die Muskeln oder die motor. Nerven durch Aufsetzen der (differenten) ↑ Elektrode am leichtesten durch elektr. Reizung erregt werden können. Die R. der Nerven liegen im ganzen dort, wo der Nerv bes. dicht unter der Haut verläuft. Bei Aufsetzen der Elektrode auf den R. des Muskels spricht man von direkter, bei Aufsetzen auf den Nerven von indirekter Reizung. [33]

~schwelle: diejenige Intensität eines Reizes, die erforderlich ist, um in Abhängigkeit von der Reizform u. den momentanen Eigenschaften des Reizempfängers (Rezeptor), eine Erregung des Rezeptors herbeizuführen. Die Reizintensitäten werden nach Möglichkeit in Einheiten des physikal. Maßsystems angegeben, z.B. ↑ erg. [7]

~serum: durch Reiben syphilit. Primäraffekte oder Papeln gewonnenes Serum zum Zwecke des Nachweises des Syphiliserregers *Treponema pallidum.* [43]

~spuren: Nachwirkungen vorangegangener Reizungen. So kann man nachprüfbar bedingt-reflektor. Vorgänge durch Reize auslösen, die zum Zeitpunkt der Reaktion nicht mehr wirksam sind; ↑Gedächtnis. Gedächtnisspuren nennt man ↑Engramme. [35]

~stromgenerator: in der Elektrophysiologie u. Elektrotherapie verwendete elektron. Geräte zur Erzeugung elektr. Impulse verschiedener Form (Rechteck-, Sägezahnimpulse, sinusförmige Wechselströme), Intensität u. Frequenz zwecks elektr. Gewebereizung. [7]

~theorie: stellt die zuerst von Virchow erfaßte Bedeutung äußerer Einflüsse für die Entstehung von Geschwülsten heraus. Nach ihr sollen chron. Reize (chem. Agenzien, physikal. Einwirkungen, Parasiten) an der Stelle ihrer Einwirkung Tumoren verursachen können. [25]

~therapie ↑Reizkörpertherapie. [9]

Reizzeit = Reizintensitätskurve; Darstellung der Abhängigkeit zwischen der Zeit, die ein Reiz einwirken muß, um eine Erregung hervorzurufen, u. der dabei jeweils notwendigen Reizstärke. Dabei werden auf der Ordinate die Intensitäten (bei elektr. Reizen z. B. in mA) u. auf der Abszisse die Reizzeiten (z. B. bei der Prüfung der elektr. Nervenerregbarkeit in msec) aufgetragen; ↑Chronaxie, ↑Rheobase. [7]

Rekalzifikationszeit: die Zeit, in welcher eine mit Na-Oxalat ungerinnbar gemachte Blutprobe nach Zusatz einer definierten Kalziumchloridlösung wieder gerinnt. Die Bestimmung der R. wird zur Differentialdiagnostik der hämorrhag. Diathesen benutzt. [11]

Rekalzifierung ⟨*lat*⟩: Zusatz einer definierten Kalziumchloridlösung zu einer mit Na-Oxalat, Na-Zitrat oder Na_2EDTA ungerinnbar gemachten Blutprobe führt sofort zur Gerinnung derselben. [11]

Rekanalisation ⟨*lat*⟩ *f:* Wiedereröffnung eines Gefäßlumens nach Thrombosierung dadurch, daß im organisierten Thrombus vorhandene „Restlücken" mit Endothel ausgekleidet werden u. daß sich so gefäßartige Hohlräume neu bilden, die eine Verbindung der vor u. hinter dem Thrombus freigebliebenen Gefäßstrecke herstellen. [4]

Rekelsyndrom: ton. Streckinnervation großer Partien der quergestreiften Muskulatur bei Ermattung. Es kommt zur Erhöhung des venösen Rückstromes sowie zu einer Zunahme der afferenten Erregungen aus Muskel- u. Gelenkrezeptoren in das ZNS, was zu einer verstärkten Bahnung des Aktivierungssystems der ↑Formatio reticularis zur Großhirnrinde führt u. dadurch Ermüdungserscheinungen vorübergehend aufheben kann. [7, 33]

Reklimatisation ⟨*lat, griech*⟩: Vorgänge, die auf den Organismus bei der Rückkehr aus einem zu Heilzwecken aufgesuchten Klima zu Hause auftreten können, bes. wenn der noch labile u. noch nicht wieder ganz gesundete Mensch durch ein ungünstiges Heimatklima verstärkt belastet wird, oder Wiedereingewöhnung in das heimatliche Klima, z. B. nach längerem Tropenaufenthalt. [13]

Reklination ∗ **Reclinatio** ⟨*lat*⟩ *f:* Zurückbiegung, das Zurückbiegen. Örtliche Behandlungsmethode der Wirbelsäulentuberkulose bei Gibbusbildung durch schnell oder allmählich durchgeführte Geradebiegung der Wirbelsäule bis zur Lordosierung. Die allmähliche R. im Gipsbett mit Wattekreuz nach Finck u. a. hat gelegentlich gute Erfolge, bedarf jedoch größter Vorsicht. [15]

R. der Linse ↑Staroperation. [36]

Rekombinant: Virus mit phänotyp. Merkmalen beider Elternviren unter Ausbildung eines neuen Genotyps im Verlauf einer echten Rekombination (Neukombination von Erbanlagen). [50]

Rekombination ⟨*lat*⟩: Austausch genet. Materials durch Konjugation, ↑Transduktion u. ↑Transformation bei Bakterien. [41]

Rekompensation ⟨*lat*⟩: Wiederherstellung der ↑Kompensation nach vorangegangener ↑Dekompensation, z. B. bei chron. rezidivierender Herzinsuffizienz durch geeignete Behandlung. [10]

Rekon: aus der Phagengenetik stammende Bezeichnung für die kleinste austauschbare, nicht teilbare Untereinheit eines Gens; ↑Muton (im Minimum ein Nukleotidpaar). [40]

Rekonvaleszenz ⟨*lat*⟩ *f:* Genesung.

Rekoss' Scheibe ↑Refraktionsophthalmoskop.

Rekrudeszenz ⟨*lat*⟩ *f:* erneute Verschlechterung im Ablauf einer Krankheit. [9]

Rekrutierung: Zuschaltung von Erregungsvorgängen zu einem schon vorhandenen, aber noch schwachen, gleichartigen Erregungsvorgang, zunehmende Beteiligung der Fasern eines Skelettmuskels am Kontraktionsvorgang bei erhöhter Innervationsstärke zum Zweck der Steigerung der Gesamtkontraktionskraft des Muskels. [7]

Rektalfisteln ⟨*lat*⟩ *f, pl:* im Gebiet des Mastdarmes u. Afters entwickelte Röhrengänge, meist nach vorangegangenen Abszeßbildungen, bisweilen auf tuberkulöser Grundlage. [18]

Rektalgie, nervöse: Krampfschmerz im Mastdarm; meist durch Hämorrhoiden hervorgerufen. Hierbei kommt es zu Stauungen von kleinen Kotmengen im Rektum (Schafkot). [18]

Rektal|infusionen ⟨*lat*⟩: Eingießen oder Einfließenlassen von größeren Flüssigkeitsmengen in den Mastdarm; meist in Form einer Dauertropfinfusion, zum Flüssigkeitsersatz oder als Nährklysma; ↑Nährklistier. [18]

~narkose ↑Narkose, rektale. [27]

~temperatur: die im Mastdarm gemessene Körpertemperatur; ↑Körperwärme. [7]

Rektopexie ⟨*lat, griech*⟩ *f:* operative Fixierung von Mastdarmanteilen an das Kreuzbeinperiost durch Nähte; Sudeck' Operation. [18]

Rektoskop ⟨*lat, griech*⟩ *n:* zur Spiegelung des Mastdarmes konstruiertes Rohr, welches mit einer Optik versehen ist u. diagnost. Feststellungen (Krebs) in den höheren Mastdarmabschnitten erlaubt. [18]

Rektoskopie ⟨*lat, griech*⟩ *f* = Romanoskopie: endoskop. Spiegeluntersuchung des Mastdarms u. des unteren Sigmoids. Nach Einführung eines ↑Rektoskops in den After wird durch Lufteinblasung die Darmschleimhaut entfaltet, so daß sie inspiziert werden kann. Auch sind durch das Rektoskop Probeentnahmen von Gewebe zur feingeweblichen Untersuchung möglich. [18]

Rektovaginalfistel ↑Mastdarmscheidenfistel. [29]

Rektozele ⟨*lat, griech*⟩: durch das schlaffe Septum rectovaginale bei Scheidensenkung oder durch den Damm nach Steißbeinsektion anläßlich der Rektum-Karzinom-Exstirpation vorgewölbtes Rektum. [18]

Rektum ⁎ **Rectum** ⟨*lat*⟩ *n:* Kurzbezeichnung für Intestinum rectum, gerader Darm; jedoch entspricht die latein. Bezeichnung nicht der anatom. Form. Letzter Teil des Darmtraktes, der Mastdarm, im kleinen Becken gelegen. Sein unterster Abschnitt (Pars analis, JNA) wird jetzt getrennt aufgeführt u. als Canalis analis (PNA) bezeichnet. [1]

Rektus|diastase ⟨*lat, griech*⟩ *f:* Auseinanderweichen der Mm. recti abdominis (große längs gestellte Bauchmuskeln) in der Schwangerschaft, nach Geburten, nach Operationen, als Konstitutionsanomalie. Vorbeugung u. Therapie durch gymnast. Übungen. [29]

~randschnitt: Zugangsschnitt in die Bauchhöhle längs pararektal re. oder li. möglichst unter Schonung der von außen-seitlich herantretenden Interkostalnervenäste; ↑Kulissenschnitt. [18]

~scheide: Einhüllung der beiden Mm. recti abdominis durch eine vordere u. hintere Sehnenplatte. [18]

Rekurrens: klin. Kurzbezeichnung für Nervus recurrens (JNA) = N. laryngeus recurrens (PNA).

Rekurrens|fieber ↑Rückfallfieber. [40]

~lähmung: Lähmung des N. laryngeus recurrens = N. recurrens, eines Astes des N. vagus. Die ↑Postikuslähmung mit Medianstellung des Stimmbandes vielfach als Vorstadium der Rekurrenslähmung bezeichnet (Rosenbach-Semon' Gesetz) gilt heute als widerlegt. Sowohl die Medianstellung als auch die ↑Intermediärstellung können prim. u. unabhängig voneinander bei R. auftreten. Symptome sind bei einseitiger Intermediärstellung Heiserkeit, bei doppelseitiger Aphonie u. Unmöglichkeit des thorakalen Pressens u. Hustens. Bei einseitiger Medianstellung keine Symptome, bei doppelseitiger hochgradige Atemnot, aber im allgemeinen gute Stimmbildung. [28]

~spirochäten ↑Obermeier' Spirochäte. [11]

Relaparotomie ⟨*lat, griech*⟩: operative Wiedereröffnung der Bauchhöhle zu einer Nachoperation. [18]

Relaps ⟨*lat*⟩ *m:* Rückfall, Wiederkehr. [18]

Relationspathologie ⟨*lat, griech*⟩: 1924 durch Ricker begründet. Er stützte sich dabei auf Beobachtungen am lebenden Versuchstier (↑Stufengesetz); alle Zell- u. Gewebsvorgänge haben zum Blut, zum Strombahn- u. Nervensystem enge kausale Beziehungen (Relationen), wobei die nervalen die primären sind. [4]

Relaxans ⟨*lat*⟩ *n, Pl* Relaxanzien ↑Muskelrelaxans. [9]

Relaxation ⁎ **Relaxatio** ⟨*lat*⟩ *f:* Erschlaffung, Entspannung. [33]

R. diaphragmatica: angeborene, kuppelförmige Ausstülpung des schlaffen Zwerchfells in den Brustraum; meist linksseitig; keine echte Hernie. [5]

Reluxation ⟨*lat*⟩: Wiederausrenkung; 1. bei traumat. Luxation kurzfristig nach Einrenkung, wenn durch das Trauma Gelenkkörper, Kapsel u. Bänder zerstört sind, so daß der nötige Gelenkschluß fehlt; 2. bei neuropath. Gelenkerkrankungen (Tabes, Syringomyelie); 3. infolge mangelhafter Entwicklung der Gelenkkörper z.B. angeborener Hüftluxation (Pfanne u. Kopf). [23]

Rem.: *Abk* im Rezept für Remanentia, Rest oder auch für Remedium, Heilmittel. [44]

rem: *Abk* für „roentgen equivalent man" ⟨*engl*⟩; international angewendete biolog. Dosiseinheit für sämtliche Arten ionisierender Strahlung. Die Dosis von 1 rem einer beliebigen Strahlenart besitzt die gleiche biolog. Wirkung wie 1 R Röntgenstrahlung hoher Erzeugungsspannung; ↑Dosimetrie. [59]

Remak, Ernst Julius (1849–1911), Neurologe, Berlin.

R' Ganglion: Ganglienzellenanhäufung im Sinus venosus. In sie treten die Fasern aus dem Para- u. Orthosympathikus ein. Die Fortsetzung bilden die beiden Scheidewandnerven. In den vorderen treten die re. gelegenen, in den hinteren die li. gelegenen Anteile des Vagosympathikus ein. [7]

R' Lähmung (Syndrom) ↑Neuritis saturnina.

R' Zeichen: bei spast. Lähmung löst das Bestreichen des Oberschenkels Dorsalflexion des Fußes u. Anziehung des Beines aus; ↑Femoralreflex. [33]

Remak, Robert (1815–1865), Anatom, Berlin.

R' Bündel: Achsenfaden (Axon) der Nervenfaser.

R' Faser: marklose Nervenfaser.

R' Geflecht: Plexus submucosus Meissneri.

R' Kernteilung: Amitose. [4]

Remanenzen: die in gewissen Erinnerungszentren der Hirnrinde nach früheren sensiblen oder motor. Erregungen zurückbleibenden Dauererregungen ermöglichen, wenn sie durch neue Impulse wieder geweckt werden, das bewußte Erinnern u. Vorstellen sowohl von Empfindungen als auch von Bewegungen. [34]

Remedium ⟨*lat*⟩ *n, Pl* Remedia: *Abk* Rem., Heilmittel.

R-a simplicia: einfache Heilmittel, Rohdrogen. Im Gegensatz dazu stehen die Galenika, die Auszugsformen. [44]

Remission ⟨*lat*⟩: vorübergehendes Zurückgehen von Krankheitserscheinungen. [9]

remittierend ⟨*lat*⟩: zeitweilig zurückgehend; z. B. remittierendes Fieber; bei diesem betragen die Tagesdifferenzen der Körpertemperatur 1–1,5 grd. [9]

Remotion ✱ **Remotio** ⟨*lat*⟩: Abtragung, Ablösung, Entfernung. [10]

REM-Schlaf: Schlafphase, in der es zu ruckartigen Bewegungen der Augenbulbi unter geschlossenen Lidern kommt (rapid eye movements). Da das ↑EEG Ähnlichkeit mit dem des Wachzustandes besitzt, spricht man auch von paradoxem Schlaf. Das Träumen fällt mit den mehrere Male während eines Nachtschlafes auftretenden REM-Phasen zusammen; ↑Schlaf. [7]

Ren ⟨*lat*⟩ *m* ↑Niere; *Adj* renal, renalis zur Niere gehörend.

R. arcuatus, concretus *od* unguliformis ↑Hufeisenniere.

R. informis ↑Klumpenniere.

R. mobilis ↑Nephroptose, ↑Wanderniere.

R. scutulatus ↑Kuchenniere. [24]

Renculus ⟨*lat*⟩ *m:* Lappen der fetalen Niere. [1]

Rendu-Osler-Weber' Krankheit ↑Osler' Krankheit. [11]

Renes ⟨*lat*⟩ *m, Pl* von Ren ↑Niere. [24]

Renin: Gewebshormon der Niere; wird wahrscheinlich von epitheloidalen Zellen in der Tunica media der afferenten Arteriole nahe dem Gefäßpol des Nierenkörperchens produziert. Das R. ist eine Protease u. katalysiert die Spaltung des Angiotensinogens in das ↑Angiotensin I. Dem Renin-Angiotensin-System wird Bedeutung zugeschrieben für die intrarenale vasomotor. Regelung der Glomerulumfiltratmenge, für die Aldosteronsekretion u. für die Blutdruckregulation des Organismus. [7]

Rennin: (EC 3.4.4.3) Syn. Chymosin oder Labenzym; hydrolysiert Peptide. Die hauptsächliche Wirkung besteht in der Milchgerinnung, wobei das Kasein der Milch in Gegenwart von Ca^{++} in eine unlösliche Form überführt wird. R. wurde im Labmagen des Kalbes nachgewiesen. Gastricsin stellt ein ähnliches Enzym dar, das aus dem Magensaft des Menschen isoliert werden konnte. R. entsteht aus dem Prorennin. [8]

Renographie ⟨*lat, griech*⟩ *f:* Röntgendarstellung der Niere. [24]

Renovasographie ⟨*lat, griech*⟩ *f:* Röntgendarstellung der Nierenblutgefäße durch Kontrastmittelinjektionen in die Aorta (Dos Santos, 1929), wobei nach der Originalmethode die lumbale Aorta punktiert, nach der verbesserten (u. weniger gefährlichen) Technik von Seldinger (1953) von der A. femoralis aus ein Kunststoffkatheter retrograd in die Aorta bis zum Abgang der Nierenarterie(n) hochgeschoben u. dann das Kontrastmittel installiert wird. Durch Spezialkatheter kann statt beider nur das Gefäßsystem einer Niere mit Kontraststoff aufgefüllt werden (selektive Nierenangiographie). Die R. hat heute ihren unbestrittenen Platz in der Nierendiagnostik, z. B. zur Klärung von Tumoren, Mißbildungen, atyp. Gefäßen, Hypoplasien oder Aplasien, Nierenarterienstenosen (Frage nach Ursache eines einseitigen renalen Hochdrucks), Tuberkulosen, stummen Nierenzonen (Infarkten), Traumen usw. [24]

Renshaw-Hemmung: nach dem engl. Neurophysiologen Renshaw benannte rückläufige Hemmung der sog. ton. motor. Neurone der Rückenmarkvordersäule (α-Motoneurone für die Innervation der Skelettmuskulatur). Von den Axonen dieser Zellen noch innerhalb des Rückenmarkes abzweigende u. auf ein kurzes Zwischenneuron, die R.-Zelle, zurücklaufende Kollateralfasern erregen das Zwischenneuron, das seinerseits die motor. Zellen hemmt u. dadurch deren Impulsabgabe rückkoppelnd modifiziert. [7]

Rente: regelmäßige, in gleichen Zeitabständen geleistete Zahlung entweder zeitlich unbegrenzt oder als „Rente auf Zeit". Rentenzahlungen z. B. wegen Alters, ↑Berufsunfähigkeit oder ↑Erwerbsunfähigkeit durch ↑Landesversicherungsanstalten oder ↑Bundesversicherungsanstalt für Angestellte, wegen einer Kriegs- oder Wehrdienstbeschädigung oder eines gesundheitlichen Schadens durch nationalsozialistische Verfolgungsmaßnahmen. R. auch an Hinterbliebene (Witwenrente, Waisenrente, Elternrente); ↑Sozialversicherung. Auch private Versicherungsunternehmen zahlen R., z.B. die Haftpflichtversicherung des Kraftfahrers an einen Unfallverletzten oder die private Unfallversicherung an den Versicherten.

Rentenneurosen: abnorme Erlebnisreaktionen, meist in Anschluß an einen entschädigungspflichtigen Unfall oder an einen anderen schädigenden Vorgang (z.B. Kriegsbeschädigung); unbestimmte körperliche und seelische Beschwerden, Mißverhältnis zwischen subjektiven Empfindungen und objektivem Befund.

Renversé ⟨*frz*⟩ *n:* Bindengang beim Anlegen eines Verbandes, u. zwar die Umschlagtour bei konisch zulaufenden Gliedmaßen. [18]

Reorganisation ⟨*lat*⟩: Neubildung zugrunde gegangener Zellen u. Gewebe. [4]

Reoviren (*r*espiratory *e*nteric *o*rphan virus): sind bisher bei Mensch, Affe, Rind, Maus u. Vögeln bekannt, besitzen Ikosaedersymmetrie, Größe 70–75 nm, Kapsid besteht aus 92 Kapsomeren, keine Envelope, RNS liegt als Doppelstrang vor. R. sind gegen höhere Temperaturen relativ resistent, ebenso gegenüber Chloroform u. Äther. Beobachtete Erkrankungen des Menschen durch Reovirusinfektion verlaufen mit uncharakterist. Fieber, Rhinitis oder Diarrhoe, meist jedoch klin. inapparent. Reovirusinfektionen sind häufig Begleiter von Mäusetumoren. Begrenzte Reovirus-Epidemien sind in Kinderheimen u. Tierpopulationen bekannt. Eine spezif. Prophylaxe wurde bisher nicht entwickelt; ↑Diplorna-Viren. [50]

Rep.: *Abk* für repetatur ⟨*lat*⟩; es soll wiederholt werden. Aufforderung auf dem Rezept an den Apotheker, erneut das Arzneimittel abzugeben. [44]

rep: *Abk* für „roentgen equivalent physical" ⟨*engl*⟩, früher häufig angewendete Dosiseinheit für ionisierende Strahlung, 1 rep entspricht einer Energieabsorption von 93 erg/g Gewebe; ↑Dosimetrie. [59]

Reparation ⟨*lat*⟩: Ersatz von Gewebsdefekten durch ein minderwertiges Flickgewebe, d.h. durch ein unspezif. Granulations- u. Narbengewebe. [4]

Repellents ⟨*engl*⟩ *n, Pl:* Abschreckmittel, z.B. zum Einreiben gegen Stechmücken, meist auf Phthalsäurebasis, wirken mehrere Stunden, aber gegen verschiedene Arten u. bei verschiedener Witterung oft sehr unterschiedlich. [58]

Replantation ⟨*lat*⟩ ↑Reimplantation; ↑Odontoplastik. [18]

Replikasen ↑RNS-Synthetase, ↑DNS-Polymerase. [8]

Replikation: ident. Reduplikation von DNS u. RNS, indem die „Eltern"-Polynukleotidstränge als ↑Template für die Synthese der „Tochter"-Stränge dienen. Vorgang, durch den die Speicherung der genet. Information gewährleistet wird. [8]

reponibel ⟨*lat*⟩: zurückführbar, für ↑Hernien gebräuchliche Bezeichnung, wenn der Bruchinhalt (Darmschlingen, Netz) in die Bauchhöhle zurückschiebbar ist. [18]

Reposition ⁎ **Repositio** ⟨*lat*⟩: Einrichtung von Knochenbruchfragmenten zu anatom. Stellung; auch Bezeichnung für Zurückschieben ausgetretener u. in Bruchsäcken verfangener Baucheingeweide bzw. Darmschlingen; ↑Hernie.

R., reduction en bloc, en masse ⟨*frz*⟩: eine Scheineinrichtung bzw. Zurückschiebung von Bruchanteilen, welche nicht nur den eigentlichen Bruchinhalt, sondern gleichzeitig auch die Bruchhüllen erfaßt, wobei dieses Zurückbringen nicht in die eigentliche Bauchhöhle, sondern in Nischen innerhalb der Bauchdecke erfolgt. Dadurch weiteres Bestehenbleiben von Einklemmungen mit der Gefahr der Gangrän. [18]

Repression: Unterdrückung der Fähigkeit der Zelle, Enzyme zu synthetisieren, durch in der Zelle vorhandene, vererbbare Hemmstoffe (Repressoren); die Hemmung wird durch das geeignete Substrat (Induktor) aufgehoben. [16]

Reprise ⟨*frz*⟩ *f:* hörbare, krähende Inspiration während eines Keuchhustenanfalles, der dann unmittelbar eine Reihe von weiteren Hustenstößen zu folgen pflegt. [32]

Repugnanz ⟨*lat*⟩ *f* (Martini, 1959): Oberbegriff für Immunität, Prämunition u. prim. Resistenz. [58]

RES: *Abk* für ↑Retikulo-endotheliales System. [4]

Resazurin: Redoxfarbstoff, der bes. bei der Güteprobe der Milch verwendet wird; ↑Redoxindikatoren. [42]

Rescinamin: Alkaloid aus ↑Rauwolfia serpentina, Indolabkömmling; entspricht in seinen Wirkungen dem ↑Reserpin. [44]

Resektion ⟨*lat*⟩: Ausschneidung eines Teiles von einem Organ oder Körperglied, z.B. Darm, Extremität, Knochen, Gelenk usw. [18]

R., osteoplastische: Knochenresektion zur Schaffung neuer Berührungsflächen der Knochen zwecks Anregung der Kallusbildung (z.B. Fußresektion nach Wladimirow-

Mikulicz), Temporär wird eine osteoplast. R. durchgeführt, wenn damit ein Zugangsweg in die Tiefe geschaffen werden soll (z. B. osteoplast. Kniegelenksresektion nach Kirschner). [23]

R., temporäre: vorübergehende, nur eine bestimmte Zeit dauernde Resektion mit nachfolgender Wiederherstellung der ursprünglichen Verhältnisse (z. B. Anus praeter nach Tumorresektion des Sigma im Ileus). Nach Abklingen des letzteren Wiederherstellung der Dickdarmkontinuität durch Resektion des Anus praeter u. Darmanastomose. [18]

Resektoskop ⟨*lat, griech*⟩ *n:* Schneidgerät zur Beseitigung von Blasenhalsabflußhindernissen (↑Prostataresektion) oder Blasentumoren, zahlreiche Typen im Handel. Die meisten schneiden mit Hochfrequenzstrom vereinzelte arbeiten „kalt" (↑Punch) nach dem Stanzverfahren (Young-Bumpus). Normalkaliber der Resektoskope 28 bis 24 Charr., schwachkalibrige 16, 14 u. (für Kleinkinder) 12 Charr. Neuerdings sind viele Resektoskope mit Kaltlicht (Glasfiber) ausgestattet, wodurch eine 8–12fache Steigerung der Helligkeit im Operationsgebiet erreicht wird. [24]

Reserpin: Alkaloid aus ↑Rauwolfia serpentina, Indolabkömmling; ↑Neuroleptikum ↑Antihypertonikum; Zubereitung als Serpasil®. [44]

Reserve|blut ↑Restvolumen. [10]

~eiweiß: Eiweiß, das z. B. in Pflanzensamen, teilweise in kristalliner Form, als Reservestoff – wie z. B. die Stärke – für die mit dem Keimen beginnende neue vegetative Phase gespeichert wird; wichtigste Träger sind die Samen der Kruziferen, Leguminosen, Zerealien, Kompositen, Palmae; jährlicher Anfall wird auf 5–15 Mill. t Protein geschätzt; in der Tierwelt wird ein echtes Reserve-Eiweiß – bis auf einige Beispiele (Eier) – prakt. nicht gebildet. [16]

~kraft: Leistungsreserve; Grenze des Arbeitsstoffwechsels, innerhalb der das Herz suffizient bleibt. Wird diese Grenze überschritten, so entsteht eine energet.-dynam. (Hegglin) oder muskuläre ↑Herzinsuffizienz. Die R. nimmt mit zunehmendem Alter ab u. ist auch nach Infektionskrankheiten oder während sonstiger Erkrankungen eingeschränkt. Sie läßt sich bestimmen durch dosierte Belastung mit dem ↑Ergometer in Verbindung mit einem ↑Spirometer. [10]

~luft ↑Reservevolumen, exspiratorisches. [15]

~raum Differenz zwischen dem Volumen der knöchernen Schädelhöhle u. dem des Gehirns; besteht vorwiegend aus den liquorführenden Räumen. [33]

Reservevolumen, exspiratorisches: die Luftwege, die über das normale Atemvolumen hinaus durch maximale Exspiration aus der Lunge entleert werden kann (etwa 20–25% der ↑Vitalkapazität, 800–1500 ml).

R., inspiratorisches: die Luftmenge, die über das normale Atemvolumen hinaus durch maximale Inspiration in die Lungen aufgenommen werden kann (etwa 35–40% der Vitalkapazität, 1500–2000 ml (Komplementärvolumen); ↑Lungenvolumina. [15]

Reservoirwirt: ein Nebenwirt, in dem sich der Parasit halten kann, u. von wo aus er seinen Ausgangspunkt für einen Neubefall des Hauptwirtes nehmen kann; epidemiolog. können Reservoirwirte ähnliche Bedeutung erlangen wie Keimträger. [58]

Residual|epilepsie ⟨*lat, griech*⟩: epilept. Anfälle als Folge einer Hirnerkrankung (z. B. Entzündung, Unfall, tox. Schädigung). [34]

~harn ↑Restharn. [24]

~kapazität, funktionelle: die Summe vom exspirator. Reservevolumen u. Residualvolumen. Sie ist relativ konstant. Beim Lungenemphysem ändert sich aber das Verhältnis von Residualvolumen zum exspirator. Reservevolumen des letzteren. Damit nimmt das Volumen der insgesamt ventilierbaren Luft ab; ↑Lungenvolumina. [15]

~körper ↑Telolysam. [6]

~lähmung: die nach Schlaganfällen zurückbleibenden Dauerausfälle bestimmter Muskelgruppen; ↑Wernicke-Mann' Prädilektionsparese. [33]

~luft ↑Lungenvolumina. [7]

~stickstoff ↑Reststickstoff. [8]

~volumen ↑Lungenvolumina. [7]

~wahn: der (meist unterdrückte, dissimulierte) Wahnrest nach remittierter paranoider Schizophrenie, auch nach abgeklungenem epilept. Dämmerzustand oder nach Alkoholpsychose mit Wahnbildung. [34]

Residuum ⟨*lat*⟩ *n:* Rückstand. [8]

Resina ⟨*lat*⟩ *f:* Harze.

R. Jalapae: braun-graues Harz aus den Wurzelknollen von Exogonium purgans, enthält die Glykoside Convolvulin u. Jalapin. Abführende Wirkung gebunden an unversehrte Glykosidmoleküle, Bestandteil des Extr. Rhei compositum.

R. Podophylli: Harz aus dem Wurzelstock von Podophyllum peltatum, auch als ↑Podophyllin bezeichnet; Laxans. [44]

Resinate: Harzseifen. In der Medizin auch für Harzkomplexe gebräuchlich z. B. Phenterminumresinat = Harzkomplex des Dimethylphenyläthylamin (Appetitszügler), Kabipastin® = Harzkomplex der Paraaminosalizylsäure (Tuberkulostatikum). Verwendung von Kunstharzkomplexen z. B. Polymethacrylaten als Wund- u. Schutzverbände. [44]

Resistenz ⟨*lat*⟩ *f:* Widerstand; 1. Widerstandsfähigkeit oder angeborene, unspezif. (natürliche, physiolog.) Unempfänglichkeit eines Individuums gegen Infektionserreger u. deren Gifte (spezif. Unempfänglichkeit, ↑Immunität). Sie entsteht nicht durch die Einwirkung eines Erregers auf das Individuum, sondern ist bedingt durch natürliche innere Schutzvorrichtungen des Organismus. Solche Schutzvorrichtungen finden sich als Abwehrstoffe a) im Blutserum: Alexine, Bakteriolysine, Opsonine, Agglutinine, Präzipitine, sowie der neuentdeckte resistenzsteigernde Serumfaktor Properdin (Pillemer); b) als zellige Bestandteile des Blutes bzw. der Gefäßwände: Phagozyten (Metschnikoff); c) als Schutzstoffe der Haut u. Schleimhäute: Leukotaxin (Menkin), Lysozyme von Tränen- u. Nasensekret (Flemming), Inhibine des Speichels (Dold), Mutine u. Dissozine (Dold, Hirszfeld). Die R. kann durch mannigfache Einwirkungen, wie Traumen, Unterkühlungen, Erschöpfung, Unterernährung, Stoffwechselstörungen, Alkoholismus u. a. abgeschwächt werden. 2. Widerstand eines Gewebeabschnittes (Verhärtung, Tumor) bei Betastung; 3. Widerstandsfähigkeit eines Krankheitserregers gegen ein Antibiotikum oder Chemotherapeutikum (↑Resistenzentwicklung); 4. Widerstandsfähigkeit der Erythrozyten gegen ↑Hämolyse. [40, 42]

R., bakterielle: Widerstandsfähigkeit von Bakterien gegen Antibiotika oder Chemotherapeutika. Natürliche R.: betrifft alle Stämme einer Bakterienart; hier spricht man besser von Unwirksamkeit des Medikamentes gegenüber der betreffenden Bakterienart. Primäre R.: Ansteckung u. Erkrankung mit resistenten Erregern durch einen Kranken, bei dem sich eine sek. Resistenz entwickelt hat. Sekundäre R.: Entwicklung einer R. bei Bakterienstämmen während der Behandlung mit Antibiotika oder Chemotherapeutika; beruht auf der Selektion vereinzelt resistenter Mutanten, insbes. bei langfristiger Behandlung. Vermeidung durch Kombination mehrerer antibakterieller Medikamente. Die R. ist spezif., jedoch bestehen komplette oder partielle ↑Kreuzresistenzen gegenüber chem. verwandten Antibiotika oder Chemotherapeutika. [15]

R., primäre: Widerstandsfähigkeit gegen einen bestimmten Parasitenbefall, die erblich oder durch gute Konstitution des Wirtes festgelegt ist u. nicht erst sek. durch erfolgte Immunisierung (auch ↑Prämunition) hervorgerufen wurde. [58]

Resistenzbestimmung: Bestimmung der Widerstandsfähigkeit von Bakterien gegenüber verschiedenen Antibiotika mit Hilfe der ↑Verdünnungsreihen (Röhrchen- u. Plattentest) oder der ↑Diffusionsteste (Loch-, Zylinder- u. Blättchentest). [42]

R. der Erythrozyten: geprüft wird die Resistenz der Erythrozyten gegenüber osmot. u. mechan. Alterationen. Die osmot. R. erfolgt durch Einbringen der roten Blutkörperchen in hypotone Kochsalzlösung in fallender Konzentration von 0,9 bis 0,1% u. Beobachtung der einsetzenden Rotfärbung der Kochsalzlösung, deren Intensität vom Grad der fortschreitenden ↑Hämolyse abhängt (normal: Beginn der Hämolyse bei 0,42 (schwache Rötung,) komplette Hämolyse bei 0,28% NaCl-Konzentration). Verminderung der Resistenz (Beginn der Hämolyse bei 0,6–0,8% NaCl-Konzentration), bei verschiedenen, spez. angeborenen Formen der hämolyt. ↑Anämie. Bei der mechan. Resistenz wird der Grad der Hämolyse nach vorhergehender zeitlich begrenzter Rotation der Blutprobe mit Glasperlen bestimmt. [11]

Resistenz|entwicklung: Entwicklung eines Widerstandes, einer Unempfindlichkeit gegenüber äußeren Krankheitsursachen, Entwicklung einer Unempfindlichkeit von Mikroorganismen gegenüber Chemotherapeutika. [44]

~minderung: Zunahme der Krankheitsbereitschaft, vornehmlich gegen bakterielle u. virale Infektionen. [32]

Resolution ⟨*lat*⟩: Lösung einer Krankheit, Resorption eines Ergusses oder einer entzündlichen Schwellung. [9]

Resolventia remedia ⟨*lat*⟩ *n, Pl:* lösende Heilmittel. [44]

Resonanztheorie: eine von Helmholtz entwickelte Vorstellung, wonach die in dem Schneckengang des Innenohres ausgespannte ↑Basilarmembran bei bestimmten Schallfrequenzen an bestimmter Stelle dadurch selektiv in Schwingungen gerate, weil die radiären Fasern dieser Membran sich wie ↑Resonatoren verhielten. Die R. war von Bedeutung, mußte aber aus physikal. Gründen wieder verlassen werden. Sie gehört zu den ersten Formen der sog. ↑Einortstheorien des Hörens. [7]

Resonatoren ⟨*lat*⟩ *m, Pl:* Vorrichtungen, die Helmholtz konstruiert hat u. dazu dienen, einen Klang oder ein Geräusch in die einfachen Bestandteile zu zerlegen. Die Vorrichtungen arbeiten nach dem Prinzip der Verstärkung durch Mitschwingen.

~theorie: diese Theorie wurde später vor allem unter dem Einfluß von Waetzmann (1912) als ↑Einortstheorie bezeichnet. [7]

Resorbentia remedia ⟨*lat*⟩ *n, Pl:* Heilmittel, die die Resorption von Ergüssen begünstigen. [44]

resorbieren ⟨*lat*⟩: aufsaugen; ↑Resorption.

Resorbentia: die ↑Resorption fördernde Mittel.

Resorption ⟨*lat*⟩: Aufnahme, Aufsaugung. In der Physiologie versteht man darunter die Aufnahme von Stoffen in Blut, Lymphe bzw. in andere Körperflüssigkeiten. 1. Aufnahme der verdauten (resorbierbaren) Bestandteile der Nahrung aus dem Verdauungstrakt in die Lymph- bzw. Blutbahn. Bes. geeignet zur R. ist der Darmkanal (Dünndarm); es folgen Magen, Speiseröhre u. Mundhöhle; auch von den Nasenhöhlen aus können Stoffe in die Blutbahn resorbiert werden. Lungengewebe vermag außer reinen Gasen auch Dämpfe, Nebel sowie Flüssigkeiten verhältnismäßig schnell aufzunehmen; 2. Aufnahme von im Körper bzw. in Körperhöhlen ausgetretenen Flüssigkeiten (Ergüsse) bzw. subkutan, intramuskulär oder intraperitoneal beigebrachten Stoffen; Heilvorgang; 3. verschiedene Stoffe können von der Haut aus resorbiert werden. Im angelsächs. u. französ. Schrifttum ist der Begriff „Absorption" mit „Resorption" synonym. [16]

Resorptions|atelektase ⟨*lat, griech*⟩ *f:* Verstopfungsatelektase. Bei Verlegung eines Bronchus durch Schleim, Aspirat oder Tumor wird die im zugehörigen Lungengewebe noch vorhandene Luft nach u. nach resorbiert, u. es kommt zur ↑Atelektase. [5]

~fieber: Fieber durch Aufsaugung von zerfallendem Gewebe (nach Operationen), Blutergüssen oder tox. Material. [18]

~ikterus ↑Okklusionsikterus. [4]

~theorie der Harnabsonderung (Carl Ludwig, 1844, Cushny, 1917): sie besagt, daß der Harn mit allen seinen Bestandteilen schon fertig aus der Blutbahn in den Glomeruli durch Filtration unter Wirkung des Blutdruckes ausgeschieden wird. Er ist nur weitgehend verdünnt, so daß er in seiner Zusammensetzung dem Blutplasma bis auf die Proteine nahezu entspricht. Aus diesem sog. Vorharn wird in den Harnkanälchen u. a. Wasser in die Blutbahn zurückresorbiert u. auf diese Weise zu seiner normalen Konzentration gebracht. [7]

~tuberkel, perifokale: miliare Tuberkel in der Umgebung des Primärherdes. Diese perifokale Aussaat erfolgt lymphogen. [4]

Resorzin: 1,3-Dihydroxybenzol; schmeckt süß; gibt mit Ketosen beim Kochen mit konzentrierter Salzsäure Rotfärbung (Seliwanoff' Reaktion). R. wird wegen seiner bakteriziden u. ätzenden Wirkung therapeut. verwendet. [8]

~fuchsin-Färbung: histolog. Färbemethode (nach Weigert) zur Darstellung der elast. Fasern. [2]

~probe: 1. Probe nach Seliwanoff: zum Nachweis von Ketosen (Fruktose), z. B. im Harn; 2. nach Boas: dient zum qualitativen Nachweis der freien Salzsäure im Mageninhalt; eine äthanol. 5%ige Lösung von Resorzin, die 3% Rohrzucker enthält, führt beim Erhitzen in Gegenwart freier Salzsäure zu einer Rotfärbung. [16]

Respiration ⟨*lat*⟩ *f* ↑Atmung. [7]

Respirations|apparate: Geräte zur Messung des Gaswechsels, der seinerseits der Bestimmung des Energiewechsels (z. B. Grundumsatz) dienen kann. Man unterscheidet geschlossene u. offene Systeme. Bei den ersteren atmet die Versuchsperson aus einem geschlossenen Luftkreislauf, wobei das ausgeatmete Kohlendioxid von einer alkal. Substanz (Natronkalk, Kalilauge u. a.) absorbiert wird. Der Sauerstoffverbrauch kann an Hand der Abnahme des Luftvolumens im geschlossenen zirkulierenden System gemessen u. an einem Spirometer abgelesen werden. Zur Bestimmung der Kohlendioxidabgabe muß entweder der Absorber gewogen oder das Kohlendioxid durch Säurezusatz wieder ausgetrieben u. dann auch spirometr. gemessen werden. So arbeiten die Apparate nach Benedict bzw. Knipping. Bei den offenen Systemen atmet die Versuchsperson Außenluft, wobei das Atemvolumen in einem bestimmten Zeitabschnitt gemessen u. Atemluftproben auf ihren Sauerstoff- u. Kohlendioxidgehalt analysiert werden. Aus den Volumen- u. Analysewerten werden dann die Gaswechselwerte nach einer Formel errechnet (Verfahren nach Douglas u. Haldane). Das von Rein angegebene Verfahren zur elektr. Gasanalyse ermöglicht eine fortlaufende Registrierung des Gaswechsels. [7]

~luft: die Luftmenge, die bei einem Einatmungszug aufgenommen, bei einem Ausatmungszug abgegeben wird. Sie beträgt im Durchschnitt 500 ml. [7]

~trakt: Atemwege, bestehend aus dem Nasen-Rachenraum, dem Kehlkopf, der Luftröhre u. den Bronchien. Nasen-Rachenraum, Kehlkopf u. Luftröhre stellen die oberen, die Bronchien die tieferen Luftwege dar. [7]

Respiratorischer Quotient: *Abk* RQ; Verhältnis der bei der Verbrennung von Nahrungsstoffen entbundenen Menge an CO_2 zur verbrauchten Menge an O_2. Abhängig von der chem. Zusammensetzung der Nahrungsstoffe:
Kohlenhydrate: RQ 1,0; Fette RQ 0,7; Eiweiße: RQ 0,8; aber auch abhängig von ihrer Mischung in der Nahrung. Analog zur Berechnung eines mittleren kalor. O_2-Äquivalents ergibt sich der mittlere RQ:

$$RQ = \frac{1{,}0x + 0{,}7y + 0{,}8z}{100}$$

x, y u. z bedeuten die prozentualen Anteile an Kohlenhydrat, Fett u. Eiweiß. Da jedoch der normale Eiweißanteil an der Ernährung mit 15% relativ konstant bleibt, wird der RQ in seiner Höhe vorzüglich vom Verhältnis Kohlenhydrat zu Fett bestimmt. Legt man der Berechnung von mittlerem RQ u. mittlerem kalor. O_2-Äquivalent gleiche Mischungen aus Kohlenhydrat u. Fett zugrunde, so ergeben sich – 15% Eiweißanteil vorausgesetzt – folgende äquivalente Beziehungen:
RQ:
1,00; 0,95; 0,90; 0,85; 0,80; 0,75; 0,70
kcal/l O_2:
5,05; 4,99; 4,93; 4,87; 4,81; 4,75; 4,69
wobei eine Verschiebung des Eiweißanteils um +5% eine Korrektur des kalor. O_2-Äquivalents um – 0,02 kcal/l O_2 erfordert. Alle Berechnungen tragen stöchiometr. Charakter, die energet. Umsetzungen im Gesamtorganismus werden hingegen von zahlreichen intermediären Stoffumwandlungsprozessen sowie von Blut-*p*H-Regulationen überspielt, die den sog. Momentan-RQ mitunter über 1 ansteigen (z.B. bei Fettmast, der Umwandlung von Kohlenhydraten zu Fetten, bei metabol. Azidose u. bei Hyperventilation) oder unter 0,7 (z.B. bei Glukoneogenese, metabol. Alkalose, Hypoventilation) abfallen lassen. [7]

respiratorius ⟨*lat*⟩: respiratorisch, zur Atmung gehörend. [18]

Respiratory syncytial ↑RS-Viren. [40]

Rest|blut ↑Restvolumen. [10]

~empyemhöhle ↑Empyemresthöhle. [9]

~feuchte: die nach einem Trocknungs- (oder Gefrierungsprozeß) in einem Stoff (Gewebe) zurückbleibende Feuchtigkeit, angegeben in % der Ausgangsfeuchtigkeit. R.-Bestimmung: 1. physikal. (Wägemethode), 2. chem. (Methode nach Karl Fischer). [4]

~harn: 1. die nach spontaner (u. je nach Vermögen vollständiger) Miktion in der Blase zurückbleibende Harnmenge. Beim Gesunden entleert sich die Blase restharnfrei; Pat. mit mechan. (z.B. Blasenhalshindernisse in Form von Prostatahypertrophie, Prostatakarzinom, Blasenhalsbarre, Sphinktersklerose, Harnröhrenstriktur usw.) oder neurolog. (z.B. Querschnittslähmung oder neurogene Dilatationsblase) Abflußstörung vermögen dies nicht; 2. Restharn kann auch in Nierenkelchen bei Entleerungsstörungen zurückbleiben. [24]

Restitutio ad integrum ⟨*lat*⟩ *f:* völlige Wiederherstellung des normalen Zustandes. [9]

Restkohlenstoff: analog der Fraktion des ↑Reststickstoffs spricht man von einer solchen des Restkohlenstoffes. Diese Fraktion gibt den Gehalt an Kohlenstoff an, der sich im Serum nach vollständiger Enteiweißung vorfindet. Er beträgt etwa 0,180% u. repräsentiert die Kohlenhydrate, Lipide sowie den Kohlenstoff der verschiedenen Reststickstoff-Fraktionen; ist daher bei Steigerung des Reststickstoffs ebenfalls vermehrt. [16]

Reststickstoff: Gesamtgehalt an Nichteiweißstickstoff (Stickstoff in organ. Bindung) im Plasma von Blut bzw. Lymphe nach vollständiger Enteiweißung. Die verbleibende N-haltige Fraktion umfaßt Aminosäuren, ferner Endprodukte des metabol. Eiweißumsatzes, vor allem ↑Harnstoff, ↑Harnsäure, ↑Kreatin u. ↑Kreatinin; Beispiel für den R. des normalen menschlichen Blutplasma (100 ml) nach Krebs: Gesamt Rest-N 25 mg (18–30); davon Amino-N 4,25 mg (3,6–5,7); Ammoniak-N (auf 100 ml Gesamtblut bezogen) 0,05 mg; auf die einzelnen Verbindungen bezogen, ergibt sich für Harnstoff 28 mg (21,5–36,5) für Harnsäure 4 mg (2–6), für Kreatinin u. Kreatin 1,3 mg (0,9–1,6). Der Reststickstoff ist bei Störungen der Ausscheidungsfunktion der Niere, u.a. bei akuter Nierenentzündung u. bei Schrumpfniere, signifikant erhöht; bes. gesteigert ist der Gehalt an Harnstoff, aber auch der an Harnsäure u. Kreatin/Kreatinin. Man spricht auch bei Milch von einem Reststickstoff. [16]

Restvolumen ⟨*lat*⟩ *n:* während der Tätigkeit des Herzens wird nicht das ganze Blutvolumen der Ventrikel ausgeworfen, sondern es bleibt jeweils ein Rest zurück, der die nötige Faserausgangsspannung des Herzmuskels für die nächste Systole gewährleistet. Physiologischerweise ist das R. gering. Es ist vergrößert als „Reserveblut“ bei Sportlern oder als „Restblut“ bei Herzinsuffizienz. [10]

Resuszitation ⟨*engl*⟩ *f:* Wiederbelebung, ↑Reanimation. [27]

Retardation ⟨*lat*⟩ *f:* Ergebnis einer Hemmung im phys. oder psych. Entwicklungsablauf; *Verb* retardieren hemmen, verlangsamen. [48]

Rete ⟨*lat*⟩ *n:* Netz.

R. Malpighi: das bei Betrachtung der abgelösten Epidermis von unten sichtbar werdende Relief von Epidermisleisten, die netzartig untereinander zusammenhängen. [2]

R. mirabile ↑Wundernetz.

R. testis: Hodennetz; Beginn der samenableitenden Wege im Hoden.

R. vasculosum: Arteriennetz, eigentl. Gefäßnetz.

R. venosum: Venennetz. [1]

Retention ∗ **Retentio** ⟨*lat*⟩ *f:* Zurückhaltung. [4]

R. der Plazenta: Verzögerung der Plazentaausstoßung, die normalerweise innerhalb von 10–30 min nach Geburt des Kindes erfolgt. [29]

R. dentis: durch Engstand der Zähne, sowie durch Schädigung, Mißbildung oder Verlagerung am Durchbruch verhinderter Zahn; ↑ Dentitio difficilis. [37]

R. testis ↑ Kryptorchismus. [4]

R. urinae ↑ Harnverhaltung, ↑ Restharn. [24]

Retentions|ikterus: eine Unterform des hepatozellulären ↑ Ikterus, bei dem als Ausdruck der Leberzellenschädigung eine Ausscheidungsschwäche für das von RHS produzierte Bilirubin besteht. [4]

~zysten: Zystenbildung durch Sekretverhaltung in Hohlräumen infolge Abflußbehinderung. [4]

reticularis ⟨*lat*⟩: retikulär, netzartig; z. B. ↑ Formatio reticularis. [1]

Reticulum ⟨*lat*⟩ *n (Dimin.* von Rete): kleines Netz. [1]

Retikulärsystem ↑ Formatio reticularis. [33]

Retikulinfasern: feinste, echte Netze bildende, mit Silbersalzen schwärzbare zug- u. biegungselast. Bindegewebsfasern, die mit den kollagenen Fibrillen der kollagenen Fasern in direktem Zusammenhang stehen u. sich in kollagene Fibrillen umwandeln können (Präkollagenfasern). R. werden in Pepsinlösung verdaut, jedoch nicht in Trypsinlösung. Vorkommen in Basalmembranen, im retikulären Bindegewebe, in der Umgebung der glatten Muskelzellen u. quergestreiften Muskelfasern u. der Fettzellen, im Endoneurium, in der Wandung der Blut- u. Lymphkapillaren, ferner in zahlreichen Organen, z. B. Leber (↑ Gitterfasern), Niere, Drüsen, Haut, Schleimhäute. [2]

Retikulo-endotheliales System ⟨*lat, griech*⟩ *n: Abk* RES; von Aschoff geprägter Begriff für das funktionelle System der biolog. äußerst aktiven Endothel- u. Retikulumzellen, die durch die Fähigkeit der Phagozytose, der Speicherung u. der Immunkörperbildung ausgezeichnet u. bei verschiedenen Stoffwechselvorgängen von Bedeutung sind. Zum RES werden folgende Zellen gerechnet: 1. Retikulumzellen u. Sinusendothelzellen im Knochenmark, Milz, Lymphknoten, Tonsillen; 2. Sternzellen der Leberkapillaren; 3. Histiozyten des lockeren Bindegewebes. [2] Da es sich bei den diesem System zugehörigen endothelialen Elementen nicht um sämtliche Endothelzellen (im bes. nicht um die „common endothelial cells" des anglo-amerikan. Schrifttums), sondern nur um Endothelzellen mit histiozytären Eigenschaften („special endothelial cells") handelt, spricht man heute besser von einem Retikulohistiozytären System (RHS). [4]

Retikulo-histiozytäres System ⟨*lat, griech*⟩ *n: Abk* RHS; ↑ Retikulo-endotheliales System. [4]

Retikulohistiozytose der Haut (Pautrier-Woringer) ↑ Retikulozytose, lipomelanotische. [43]

Retikulom ⟨*lat*⟩ *n:* aus Retikulumzellen gebildete gutartige Lymphknotengeschwulst mit versilberbarem Fasernetz; Existenz umstritten. [5]

Retikulopituizyten ↑ Pituizyten. [2]

Retikulo|sarkom, ~sarkomatose: bösartige Geschwulst des RES, Entwicklung am häufigsten im Lymphknoten des Halses sowie anderer Regionen, den Tonsillen, der Milz, den lymphat. Strukturen des Nasen-Rachen-Raumes, Magen- u. Darmschleimhaut. Auftreten in allen Organen möglich. Liegt eine generalisierte Form vor, so spricht man von einer Retikulosarkomatose, ↑ Ewing-Sarkom. Prim. Lokalisation im Stammskelett u. den langen Röhrenknochen; befällt in der Regel Kinder u. Jugendliche, frühe Metastasierung. Genet. vom primitiven Knochenmarkretikulum abgeleitet. Von Uehlinger u. a. wurde das primäre Knochenretikulosarkom als zweiter maligner Geschwulsttypus des Knochenmarks vom Ewing-Sarkom abgetrennt, klin. durch geringere Metastasierungstendenz u. günstigere Prognose gekennzeichnet. [11]

Retikulose ⟨*lat*⟩: Syn. Retikuloendotheliose, Retotheliose, Retikulohistiozytose. Unter R. verstehen die meisten Autoren eine generalisierte bzw. systematisierte Hyperplasie aller zum RES bzw. RHS (retikulo-histiozytäres System) gehörenden Zellelemente. Der Begriff wird unterschiedlich weit gefaßt. Neben geschwulstartigen Retikulosen werden auch Lipidspeicherkrankheiten, reaktive Retikulosen u. infektiöse Granulomatosen hinzugezählt. R. im engeren Sinne sind: a) die akute Säuglingsretikulose (Letterer-Siwe' Krankheit), b) akute u. chron. Retikulosen älterer Kinder u. Erwachsener, c) Monozytenleukämien, d) hämozytoplast. Retikulosen. [5]

R. der Haut: da die Haut reich an retikulären Elementen ist, können sich in ihr verschiedene Formen der retikulären Proliferation entwickeln. Obwohl kein einheitliches Schema, unterscheidet man: 1. monomorphe R., diese ist mehr oder weniger lange auf die Haut beschränkt in Form von kleinen oder größeren knotigen Tumoren; eine bes. Form ist die Retikulohistiozytose, die Mastozystose; 2. die bösartigen Wucherungen, wie das Retothelsarkom, die sog. Retikulosarkomatose Gottron, bei der es sich um eine eigentlich nur auf die Haut beschränkte Blastose handelt; 3. die Mykosis fungoides. Von manchen Autoren werden auch die ↑Speicherungskrankheiten zu den Retikulosen gerechnet. Die Erythrodermien gehören global nicht hierher. [43]

Retikulozyten ⟨*lat, griech*⟩ *m, Pl:* aus dem Knochenmark ausgeschwemmte Vorstufen (Proerythrozyten nach Undritz) der ↑Erythropoese, die in 4–5 Tagen im peripheren Blut zum fertigen Erythrozyten heranreifen; erkennbar an einem Netzwerk (Reticulum) im Plasma bei Vitalfärbung, bei Giemsafärbung an der Polychromasie, woher sich die Namensgebung R. oder polychromat. Erythrozyten ableitet. Mißverständlich wird die Bezeichnung R. gelegentlich für abgeschilferte Zellen des Retikulo-endothelialen Systems benutzt. [11]

~kontrolle: Feststellung der aktuellen Zahl (normal 8–15‰ R.) in einfachster Form im Dicken Tropfen, mit feuchter Kammerfärbung, oder spez. Zählverfahren, da Zu- oder Abnahme der Retikulozyten einen empfindlichen Gradmesser für den Funktionszustand der ↑Erythropoese (z.B. unter der Therapie mit differenten Heilmitteln) abgeben.

~krise: innerhalb weniger Tage einsetzende Vermehrung der Retikulozyten (Anstieg auf mehrere hundert ‰ als Zeichen für eine reaktive Steigerung der Erythropoese (nach Blutverlust) oder als Antwort auf eine wirksame Therapie bei Anämie. [11]

Retikulum, endoplasmatisches ⟨*lat*⟩ *n:* aus paarförmigen Membranen aufgebautes intrazelluläres System, das sich zisternenartig oder auch vakuolär (unter patholog. Bedingungen) erweitern kann. Das e.R. ist in der granulären rauhen Form mit angelagerten ↑Ribosomen u. in der glatten agranulären Form vorhanden. Die granuläre Form hat bes. Bedeutung bei der Eiweißsynthese. Sie entspricht, bes. bei der Zusammenlagerung zu größeren Komplexen, dem Ergastoplasma u. den basophilen Substanzen bei lichtmikroskop. Untersuchungen. Die agranuläre Form u. die in ihr lokalisierten Enzyme haben Bedeutung für die Vorgänge der Glykogenolyse u. der Glykogenbildung, der Detoxikation, der Biosynthese von Steroidhormonen, für den Exzitations- u. Kontraktionsvorgang in Muskelzellen u. für die Chloridsekretion in den Belegzellen des Magens. [6]

Retikulumzellen: stark verzweigte Bindegewebszellen des retikulären ↑Bindegewebes; Vorkommen z.B. im Knochenmark u. allen lymphat. Organen. Die R. bilden kein Synzytium, sondern zeigen im Elektronenmikroskop deutliche Zellgrenzen. [2]

Retina ⟨*lat*⟩: Netzhaut; Tunica oculi interna (innere Augenhaut), bestehend aus einem lichtempfindlichen (Pars optica) u. blinden (Pars caeca) Abschnitt, abgegrenzt durch die Ora serrata. Der lichtempfindliche Teil der R. enthält Sinneszellen (I. Neuron, Stäbchen- u. Zapfenzellen), Ganglienzellen (II. u. III. Neuron) u. Stützzellen (Müller' Stützzellen, Oligodendrogliazellen, Astrozyten). Die Retina (Pars optica) besteht aus folgenden Schichten: 1. Stratum pigmenti retinae, 2. Stäbchen- u. Zapfenzellen a) Außenglieder, b) Innenglieder; 3. Membrana limitans externa; 4. äußere Körnerschicht; 5. äußere plexiforme Schicht; 6. innere Körnerschicht; 7. innere plexiforme Schicht, 8. Ganglienzellschicht; 9. Nervenfaserschicht; 10. Membrana limitans interna. Im Bereiche der inneren Augenhaut sind der sog. gelbe Fleck (Macula lutea mit Fovea centralis = Stelle des schärfsten Sehens) u. die Papilla nervi optici (blinder Fleck = Eintritt des Sehnerven). [2]

Retinaculum ⟨*lat*⟩ *n:* Halteband.

R. caudale (PNA) = R. caudale cutis (JNA) = Lig. caudale sive apicis coccygis (BNA): der fibröse Streifen der Foveola coccygea, der die Rückfläche der Steißbeinwirbel mit der bedeckenden Haut verbindet. Durch seine Insertion ruft er auch den Vortex coccygeus hervor.

R-a cutis: stärkere Bindegewebszüge, die vom Corpus reticulare der Lederhaut ausgehen u. an der Unterlage der Haut (Faszien, Sehne, Periost) befestigt werden.

R. extensorum: querer Verstärkungszug der Unterarmfaszie; überbrückt die dorsalen Sehnenscheiden der Hand.

R. flexorum: queres Handwurzelband; spannt sich zwischen der Eminentia carpi radialis u. ulnaris aus.

R-a mammae: der aus Bindegewebssträngen bestehende Aufhängeapparat der Brustdrüse.

R. musculorum extensorum inferius: Verstärkungszug der Unterschenkelfaszie zwischen Malleolus lateralis u. medialis zum tibialen u. fibularen Fußrand.

R. musculorum extensorum superius: Verstärkungszug der Unterschenkelfaszie, zwischen Schien- u. Wadenbein lateral dicht oberhalb des oberen Sprunggelenkes.

R. musculorum flexorum (PNA) = Lig. laciniatum (BNA, JNA): Verstärkungszug der Unterschenkelfaszie, vom Malleolus medialis zum Calcaneus u. Os naviculare ziehend.

R. musculorum peronaeorum (fibularium) inferius u. superius: stärkere Faserzüge der Unterschenkel- u. Fußrückenfaszie, die als unteres u. oberes Halteband für die Sehnen

der Wadenbeinmuskulatur dienen.
R. patellae laterale u. mediale: äußeres u. inneres Halteband der Kniescheibe.
R-a unguis: halfterartige Bänder, welche die Nagelwurzel am Periost der Endphalanx befestigen.
R. uteri ↑ Parametrium. [1]

Retinal: ein Aldehyd des ↑ Retinols, das im Dunkeln als 11-cis-Retinal mit dem Eiweiß Opsin den Sehpurpur (Rhodopsin) bildet, das bei Belichtung in das alltrans-R. übergeht; diese Form ist nur noch locker an das Opsin gebunden. Die raumisomere Rückbildung erfolgt auf verschiedenem Wege, wohl hauptsächlich über das Retinol. [8]

Retinin: ein Karotinoid, prosthet. Gruppe des Sehpurpurs (Rhodopsin), der aus Retinin u. dem Protein Opsin besteht. [8]

Retinitis ⟨*lat*⟩ Netzhautentzündung. Der Name wird aus histor. Gründen oft ungenau auch für solche Netzhautprozesse gebraucht, die im strengen Sinne keine echten Entzündungen sind; ↑ Retinopathie. [36]

Retino|blastom ⟨*lat, griech*⟩ *n:* Syn. Neuroepithelioma retinae, Glioma retinae; im frühen Kindesalter auftretende bösartige Geschwulst der Netzhaut; oft autosomal dominant vererbt; ↑ Medulloblastom. [5]
~chorioditis ↑ Chorioretinitis, ↑ Chorioneuroretinitis. [36]
~graphie: bes. in Südamerika gebräuchliche Bezeichnung für Photographie des Augenhintergrundes mit einer Netzhautkamera (Funduskamera). [36]

Retinol: neuere Bezeichnung für das ↑ Vitamin A (Axerophthol). [8]

Retinopathie ⚹ **Retinopathia** ⟨*griech*⟩ *f:* nicht entzündliche Netzhauterkrankung früher oft als Retinitis bezeichnet.
R. angiospastica sive albuminurica: Verengung der Netzhautgefäße durch Einwirkung von Nephrin oder Renin. Folgen: Blutungen, Ödem, weiße Flecken (cotton wool), oft in Sternfigur um die Makula angeordnet, meistens Albuminurie u. erhöhter Blutdruck. Prognose quoad vitam sehr ernst.
R. apoplectica: kaum noch gebräuchliche Bezeichnung für arteriosklerot. u. hyperton. Netzhautblutungen mit ihren Folgen.
R. diabetica: gehört zur diabet. Mikroangiopathie. Erfaßt nach 10 Jahren die Hälfte der Diabetiker, u. nach 20 Jahren fast alle. Symptome kleinste Blutungen u. Aneurysmen, klin. nicht immer zu unterscheiden, weiße Flecken, destruktive Retinitis proliferans mit weiteren Komplikationen. Je mehr das Leben der Diabetiker durch die moderne Behandlung verlängert wird, desto mehr erreichen sie das Stadium der R., das sie früher nur seltener erlebten. Bisher keine wirksame Therapie. [36]
R. hypertonica: bei rotem Hochdruck (essentielle Hypertonie) Verbreiterung der Arterien mit breitem Reflexstreifen (Kupferdrahtarterien), Schlängelung der kleinen Gefäße, bes. auch der Venolen, Stauung der Venen an den Kreuzungen mit den Arterien (häufige Folge Thrombose); Symptome von Mareus, Gunn u. Salus. Blutungen, weiße Flecken, Kaliberungleichheiten. Oft Übergang in die angiospast. Form. Stadieneinteilungen nach Kiel. [36]
R. pigmentosa ↑ Chorioretinitis pigmentosa. [36]

Retinoskopie ↑ Skiaskopie. [36]

Retothel ↑ Retikulo-endotheliales System. [4]
~sarkom: Syn. Retikulosarkomatose; aus ↑ Retikulumzellen gebildete bösartige Geschwulst; unterschieden werden: a) unreifes, reinzelliges, afibrilläres R., in dem die kennzeichnende argyrophilen Fasern noch nicht ausgebildet sind, b) fibrillenführendes = diktyozytäres R., c) polymorphzelliges R., das eine atyp. Lymphogranulomatose vortäuschen kann. Das R. geht meist vom Lymphknoten aus. Die Ausbreitung der Geschwulst beschränkt sich meist auf das lympho-retikuläre Gewebe (Lymphknoten, Lymphfollikel, Knochenmark). Bei frühzeitiger Generalisierung ist der Ausgangspunkt nicht erkennbar, deshalb dann als Retothelsarkomatose bezeichnet. [5]

Retraktion ⟨*lat*⟩: Zurückziehung, Schrumpfung. [4]

Retraktozym ⟨*lat, griech*⟩: nach Glanzmann eine Substanz, die in der Endphase der Blutgerinnung aus den Blutplättchen freigesetzt wird. Sie soll die Zusammenziehung des Blutgerinnsels auslösen, wodurch die Trennung in Blutkuchen u. Serum bewirkt wird. [11]

Retransfusion ⟨*lat*⟩: Wiedereinbringung nicht geronnenen asept. Blutes in die Gefäßbahn, z. B. aus der Bauchhöhle bei geplatzter Tubargravidität; ↑ Autotransfusion, ↑ Reinfusion. [18]

retro|aurikulär ⟨*lat*⟩: hinter der Ohrmuschel gelegen. [28]
~bulbär: Bezeichnung für hinter dem Augapfel gelegenen Prozesse u. dort stattfindenden Manipulationen (z. B. Injektionen). [36]

Retrocollis spasmodicus ⟨*lat, griech*⟩ *m:* krampfbedingte Rückwärtsbeugung des Kopfes. [18]

Retrofektion: In der Epidemiologie des Madenwurms ↑ Enterobius vermicularis abweichend von der normalen Autoinfektion (Ei mit Finger vom After zum Mund gebracht) die Möglichkeit, daß ein in der Analfalte aus dem dort abgelegten Ei geschlüpfter junger Wurm durch den After „rückwärts“ in den Darm kriecht. [58]

Retroflexio uteri ⟨*lat*⟩ *f:* Abknickung des Gebärmutterkörpers gegen die Zervix nach hinten. 2 Möglichkeiten: 1. R. uteri mobilis: Abknickung mit beweglichem Corpus; 2. R. uteri fixata: Corpus uteri hinten verwachsen, Aufrichtung nur operativ möglich.

R. uteri incarcerata = Retroflexio uteri gravidi incarcerata: Einklemmung des nach hinten verlagerten schwangeren Uterus im kleinen Becken. Meist kommt es zur Fehlgeburt, wenn nicht vorher Aufrichtung der Gebärmutter mit Hilfe eines Pessars erfolgt. [29]

retroflexus ⟨*lat*⟩: zurückgebogen. [18]

retrograd ⟨*lat*⟩: rückläufig, z. B. retrograde Amnesie, retrograde Metastasen. [18]

retronasal ✻ **retronasalis** ⟨*lat*⟩: hinter der Nasenhaupthöhle gelegen. [28]

retropelvikal ✻ **retropelvicalis** ⟨*lat*⟩: von der Beckenrückwand her. [1]

retroperitoneal ✻ **retroperitonealis** ⟨*lat, griech*⟩ *f:* hinter dem Bauchfell liegend, z. B. Retroperitonealraum: Spaltraum, in welchem umhüllt von Fett- u. Bindegewebe z. B. die Nieren, die Bauchspeicheldrüse, die großen Gefäßstämme der ↑Aorta u. der V. cava gelegen sind. [18]

retropharyngeal ✻ **retropharyngealis** ⟨*lat, griech*⟩: hinter dem Pharynx liegend. [18]

Retropharyngealabszeß: Eiteransammlung im Bindegewebe vor der Halswirbelsäule hinter der Membrana pharyngo-basialis. Bei Kindern meist durch prim. Vereiterung der dort gelegenen Lymphknoten, sonst als Senkungsabszeß bei tuberkulöser oder syphilit. Spondylitis der oberen Halswirbel, selten infolge Trauma. Symptome sind Schluck- u. Atembeschwerden. Durch Hinabsteigen der Entzündung Gefahr einer ↑Mediastinitis. [28]

retroplazentar ⟨*lat*⟩: hinter der Plazenta, zw. Plazenta u. Uteruswand gelegen. [29]

Retroplazentarblut: das während der Lösung der Plazenta bzw. nach Geburt der Plazenta abfließende, mütterliche Blut.

Retropneumoperitoneum ⟨*griech, lat*⟩ *n:* Pneumoretroperitoneum oder retroperitoneale Luftinsufflation. Einblasen von Luft (oder Sauer- oder Stickstoff) in den retroperitonealen Raum zur röntgenolog. Darstellung der Nieren (u. Nebennieren)-Konturen. [24]

Retroposition ✻ **Retropositio** ⟨*lat*⟩ *f:* Verlagerung nach hinten.

R. uteri: Verlagerung des Uterus im Beckenraum kreuzbeinwärts. [29]

retropubisch ✻ **retropubicus** ⟨*lat*⟩: hinter der Symphyse befindlich. [1]

Retropulsion ✻ **Retropulsio** ⟨*lat*⟩ *f:* mangelnde Fähigkeit, beim Rückwärtslaufen zu stoppen, so daß es zum Straucheln oder Fallen kommt. Symptom des Parkinsonismus, entspr. der ↑Pro- u. ↑Lateropulsion. [33]

retrosternal ⟨*lat, griech*⟩ hinter dem Brustbein liegend. [18]

Retrosternalschmerzen: Schmerzen hinter dem Brustbein, bei Aortalgie, Speiseröhrenverletzungen, Mediastinitis, Reizgasvergiftung. [9]

Retrotonsillarabszeß ↑Peritonsillarabszeß. [28]

Retrovakzine ⟨*lat*⟩ *f:* bei ausschließlicher Verwendung von humanisierter Lymphe verliert der Impfstoff an Wirksamkeit. Rückimpfung (Retrovakzination) auf das Rind vom Menschenarm hat eine Erhaltung der Wirksamkeit der Lymphe zur Folge. [39]

Retroversion ✻ **Retroversio** ⟨*lat*⟩ ↑Versio. [29]

retrozäkal ✻ **retrocaecalis** ⟨*lat*⟩: auch retrozökal, hinter dem Blinddarm gelegen. [18]

Retrozession ⟨*lat*⟩ *f:* (epidemiolog.) das jahrelange Fehlen von bestimmten Infektionserregern der Kinderkrankheiten führt zum Zurückweichen der Erstinfektion in höhere Altersklassen. Man spricht von R. der Krankheit, im Gegensatz zur ↑Präzession. [40]

Rettgerellen: ident. mit der Spezies ↑*Proteus rettgeri* (Bergey 1957). [41]

Retzius, Anders (1796–1860), Anatom, Lund.

R.-Formel: Gleichung zur Bestimmung der Schädelform aus den Längen- u. Breitenmaßen.

$$\text{Schädelindex } I = \frac{\text{größte innere Breite (cm)} \times 100}{\text{größte innere Länge (cm)}}$$

$I = 70–80$ mesozephal
$= < 70$ dolichozephal
$= > 80$ brachyzephal [20]

R' Raum = Spatium retropubicum (PNA) = Spatium praevesicale (JNA) ↑Cavum Retzii.

R' Venen: Anastomosen von kleinen Venen in Darmwand u. Mesenterium zwischen den Gebieten der V. portae u. der V. cava inf.; paraportale Resorption. [1]

Reubold' Flecken ↑Koplik' Flecken. [32]

Revakzination ⟨*lat*⟩: Wiederimpfen, ↑Pockenimpfung. [39]

Reverdin, Jacques Louis (1842–1908), Chirurg, Genf.

R' Nadel: gestielte Nadel, mit der der Faden rückläufig durch die zu vereinigenden Gewebsschichten geführt wird.

R' Transplantation: Epidermisübertragung; kleine, flach abgeschnittene Hautstückchen werden auf frische Wunden oder granulierende Wundflächen gebracht. [18]

reversibel ⟨*lat*⟩: umkehrbar, in beiden Richtungen verlaufend. Die meisten Vorgänge chem. bzw. biolog. Natur sind r., z. B. die Reaktionen des Zwischenstoffwechsels, da ihre Gleichgewichte durch Redoxprozesse eingestellt werden, an denen mindestens zwei ↑Redoxsysteme beteiligt sind. [8]

Reversion ⟨*lat*⟩: 1. Gesamtheit der Vorgänge, die beim Erhitzen von Monosacchariden in saurer Lösung bzw. der sauren Hydrolyse von Oligo- u. Polysacchariden zur Bildung von neuen Oligo- u. Polysacchariden führen; weil die Hydrolyse von Saccharose als „Inversion" bezeichnet wird, hat man den entgegengesetzten Vorgang des Wiederaufbaues R. benannt. 2. Unter R. versteht man den Geschmacks- u. Geruchsumschlag bei der Lagerung von Nahrungsölen (z. B. Sojaöl, Fischöl, Leinöl), die durch totale Raffination geschmack- u. geruchlos gemacht worden waren; es tritt ein fremdartiger Geruch u. Geschmack auf (heuartig, strohig, fischähnlich usw.) u. die Farbe kann sich vertiefen. [16]

Revolutio cordis ⟨*lat*⟩ ↑Herzrevolution. [10]

Reynold' Zahl ↑Laminarströmung. [7]

rezent ⟨*lat*⟩ (Rez.) recenter paratum, frisch zubereitet. [44]

Rezept ⟨*lat*⟩ *n:* schriftliche mit Ort, Datum, Namensstempel u. Unterschrift versehene Anweisung eines approbierten Arztes, Zahnarztes oder Tierarztes an eine Apotheke zwecks Herstellung und/oder Abgabe eines Arzneimittels. [44]

Rezeptoren ⟨*lat*⟩ *m, Pl:* 1. ↑Seitenkettentheorie; 2. Reizempfänger, aufnehmende u. Reiz empfangende Bestandteile des Nervensystems. Es gibt opt., akust. R., Geschmacks-, Geruchs-R., taktile R., auch Baro-, Chemo-R. Nach dem Sitz werden R. für Reize der Außenwelt (Exterorezeptoren) u. solche für Reize im Innern des Organismus (Interorezeptoren, z. B. Vasorezeptoren) unterschieden. Im Bereich der Innervation durch den Sympathikus bzw. der Wirkungen von Adrenalin u. Noradrenalin werden spez. rezeptive Strukturen unterschieden; ↑alpha-, beta-Rezeptoren. [7]

rezessiv: überdeckt, nennt man eine Eigenschaft, die nur dann in Erscheinung tritt, wenn sie homozygot vorhanden ist; ↑Dominanz. [3]

Rezidiv ⟨*lat*⟩ *n:* Rückfall. [9]

R-Form: Wachstum von Bakterien- u. Hefekolonien mit rauher Oberfläche; ↑S-Form. [42]

RG: *Abk* für ↑Rasselgeräusche. [9]

RGT-Regel: *Abk* für Reaktions-Geschwindigkeit-Temperatur-Regel, van t' Hoff' Gesetz; da die Geschwindigkeit einer chem. Reaktion I. Ordnung um so größer ist, je häufiger in der Zeiteinheit die miteinander reagierenden Moleküle aufeinanderstoßen, beeinflußt die Temperatur als Maß der mittleren kinet. Energie der Moleküle die Reaktionsgeschwindigkeit derartig, daß sich ihre Reaktionsgeschwindigkeitskonstante bei Erhöhung der Temperatur um 10 grd um den Faktor 2–4 vergrößert (RGT-Regel). Dieser Faktor ergibt sich mithin durch Division der durch 10 grd unterschiedlichen Geschwindigkeitskonstanten k_t u. k_{t+10} einer Reaktion u. wird als Temperaturkoeffizient Q_{10} bezeichnet:

$$Q_{10} = \frac{k_{t+10}}{k_t} = 2-4$$

Für physikal. Vorgänge (Diffusion, Osmose, Leitfähigkeit) ist der Q_{10}-Wert kleiner (1,1 bis 1,4). Die Anwendbarkeit der RGT-Regel auf die Stoffwechselvorgänge der Organismen ist umstritten; sie trifft höchstens in sehr begrenzten Temperaturbereichen u. für Einzelreaktionen zu; denn im komplexen Geschehen des Organismus werden die Reaktionsgeschwindigkeiten durch Kettenreaktionen, Substratdiffusionen, Diffusionswiderstände u. durch diverse Transportprozesse determiniert u. durch reg. Eingriffe überspielt. [7]

Rh: 1. Chem. Symbol für ↑Rhodium; 2. *Abk* für Rhesus-Faktor, ↑Blutgruppen-Rhesus-System. [11]

rH ↑Redoxpotential. [8]

Rhabarber: ↑Rheum palmatum; medizin. Rhabarber = gemeiner Rhabarber; Pontischer Rhabarber = Speiserhabarber. [44]

Rhabditis stercoralis ⟨*griech, lat*⟩ ↑Strongyloides stercoralis. [58]

Rhabdomyom ⟨*griech*⟩ *n:* gutartige Geschwulst aus quergestreiften Muskelfasern. [30]

Rhabdomyosarkom ⟨*griech*⟩ *n:* bösartige Geschwulst der quergestreiften Muskelfasern. [5]

Rhabdonema intestinale ⟨*griech, lat*⟩ *n* ↑Strongyloides stercoralis. [58]

Rhabdoviren: in der Gruppe der Rhabdoviren sind Viren der Säuger u. Vögel (z. B. Virus der vesikulären Stomatitis, Tollwutvirus, Marburg-Virus), der Fische, Insekten u. Pflanzen zusammengefaßt. Es sind RNS-Viren mit geschoßähnlicher (bullet-shaped) Gestalt. Die äußere Hülle trägt Protrusionen mit einer knopfförmigen Verdickung an deren distalen Enden. Länge des Virions 180–200 nm, Durchmesser 75 nm. Die R. werden inaktiviert durch Lipidlösungsmittel, Trypsin, Formalin, quaternäre Ammoniumbasen, ß-Propiolakton, UV, Sonnenlicht, Hitze (80 °C) u. Säure (*p*H 3,0). Hämagglutinierende Eigenschaften sind beim Virus der vesikulären Stomatitis u. dem Tollwutvirus vorhanden. Grundlegende diagnost. Bedeutung für eine Tollwutinfektion besitzen die Negri-Körperchen, die vorzugsweise in den Medullakernen, im Ammonshorn u. im Kleinhirn auftreten. Die Prophylaxe gegen Tollwutvirusinfektionen umfaßt allgemein die Ausschaltung infizierter Tiere als alleinige Ansteckungsquelle für den Menschen u. spez. die Anwendung von Impfstoffen unterschiedlicher Herstellungsverfahren. Die Bekämpfung der vesikulären Stomatitis richtet sich vorwiegend gegen die als Vektoren auftretenden Arthropoden. Hinsichtlich des Marburg-Virus konzentriert sich die Prophylaxe auf hygien. Maßnahmen bei Transport u. Haltung von Versuchsaffen sowie auf das Verbot der Verwendung von Affennierenzellkulturen als Substrat für parenteral zu applizierende Impfstoffe. [50]

Rhachianästhesie ⟨*griech*⟩ *f:* Rückenmark-, Medullar-, Spinal-, Lumbalanästhesie. [27]

Rhachipagus ⟨*griech*⟩ *m:* ↑R(h)achipagus. [5]

Rhachiotomie ⟨*griech*⟩: Eröffnung des Wirbelsäulenkanals durch Operation. [18]

Rhachisagra ⟨*griech*⟩ *n:* Gicht der Wirbelgelenke. [9]

Rhachischisis ⟨*griech*⟩ *f:* schwerste Form der Spaltbildung im Bereich der Wirbelsäule (Hemmungsmißbildung), die eine teilweise (R. partialis) oder vollständige (R. totalis) offene flache Rinne bildet. Durch Mitbeteiligung des Rückenmarkes an der Fehlbildung treten schwere neurolog. Ausfälle auf. [20]

Rhachitis ↑Rachitis. [32]

Rhagaden ⟨*griech*⟩ *f, Pl:* Schrunden; kleine schmerzhafte Einrisse, entweder nur der Hornschicht oder auch des Epithels an dünnen Hautstellen (Lippe, After, Brustwarze u. a.). [43]

Rhagozyten: von französ. Autoren (F. Delbarre et al.) beschriebene Leukozyten in der Synovia von Kranken mit chron. Polyarthritis, die Einschlußkörper von Weinbeeren bzw. Weinbeerkern-Form zeigen. Außer bei PCP, weniger häufiger auch beim Reiter' Syndrom u. der Psoriasisarthritis zu finden sowie bei Erythematodes-Arthritis u. Periarteriitis nodosa. Mechanismus der Entstehung u. immunopatholog. Bedeutung noch weitgehend unbekannt. Als Routinediagnostikum brauchbar. [13]

Rhamnose: L-Mannomethylose (Isodulzit), eine endständig durch die Methylgruppe substituierte Pentose; ist Zuckerbestandteil (Glykon) zahlreicher in der Natur vorkommender Glykoside (Solanin, Strophanthin, Anthozyane usw.); findet sich ferner in Schleim- u. Gummisubstanzen. [16]

Rhamnus cathartica: Kreuzdorn, enthält Emodinderivate, der Sirup ist als mildes Laxans bes. in der Kinderpraxis beliebt.

R. frangula ↑Faulbaum.

R. purshiana: nordamerikan. Faulbaumart, deren Rinde entsprechend der Faulbaumrinde verwendet wird. (Cascara sagrada) [44]

Rhaphe ⟨*griech*⟩: Naht. [18]

Rheese-Goalwin' Aufnahme: sie dient der Röntgendarstellung des Sehnervenkanals oder richtiger seiner orbitalen Öffnung. Der Pat. liegt mit Nase u. Jochbein der zu untersuchenden Seite schräg auf der Platte. Zur Verfeinerung des Verfahrens wurden zahlreiche Hilfsapparate angegeben. [36]

Rhenchospasmus ⟨*griech*⟩: Schnarchkrampf, Schnarchtick. [33]

Rheobase ⟨*griech*⟩: Intensitätsbegriff bei elektr. Gleichstromreizung. Sie stellt diejenige Stromstärke dar, die bei langdauernder Einwirkung gerade noch eine Erregung auslöst. Sie ist somit die ↑Reizschwelle bei theoret. unendlich langer Einwirkungszeit des Reizes; ↑ Reizzeit, ↑Chronaxie. [7]

Rheographie ⟨*griech*⟩ *f* ↑Rheokardiographie. [10]

Rheokardiographie ⟨*griech*⟩ *f:* von Holzer u. Polzer entwickeltes Verfahren, das auf einer Durchströmung des Körpers mit hochfrequentem Wechselstrom beruht, wobei die während der Herzaktion auftretenden elektr. Widerstandsänderungen des Herzens mittels nachgeschaltetem Ekg registriert werden. Die Methode dient dazu, außer den elektr. auch die mechan. Phänomene der Herztätigkeit zu erfassen. Sie wird ferner zur Erkennung von Durchblutungsstörungen z. B. des Schädels, angewandt (Schädelrheographie). [10]

Rheoplethysmographie ⟨*griech*⟩ *f:* nach dem Prinzip der ↑Rheokardiographie aufgebaute ↑Plethysmographie, bei der die Volumenschwankungen eines von Hochfrequenzstrom durchströmten Körperteils (Extremität) anhand seiner Widerstandsänderungen elektr. registriert werden. [7]

Rheotaxis ⟨*griech*⟩: durch strömende Flüssigkeiten beeinflußte aktive Bewegungsrichtung von Organismen. Positiv rheotakt. sind z. B. die Spermatozoen der Säugetiere, die in den weiblichen Geschlechtsgängen vorwärts schwimmen, rheotakt. gereizt durch den ihnen entgegenkommenden Strom schleimiger Flüssigkeit, der durch das Flimmerepithel der Eileiter erzeugt wird. – Rheotropismus ist die durch strömendes Wasser beeinflußte Wachstumsrichtung von Pflanzenteilen; positiv rheotrop. sind z. B. die Wurzeln der Cruciferen, die strömendem Wasser entgegen wachsen;

negativ rheotrop sind u. a. die Hyphen von Mukorazeen.

Rheotron: Elektronenschleuder, Betatron; Gerät zur Erzeugung hochbeschleunigter Elektronen; im Prinzip ein Transformator, bei dem an Stelle einer Sekundärwicklung Elektronen in einem ringförmigen Vakuumgefäß, das um den Eisenkern angeordnet ist, beschleunigt werden. Durch einen Injektor werden die durch eine Glühkatode erzeugten Elektronen in die Umlaufbahn geschossen. Durch eine zusätzliche Magnetspule werden die hochbeschleunigten Elektronen aus der Bahn gezogen u. durch ein Fenster ins Freie geleitet oder auf ein Target zur Erzeugung von Quantenstrahlung geschossen. Für therapeut. Zwecke werden heute Betatrons für 15 u. 40 MeV serienmäßig gebaut. Zur Kernforschung gibt es Geräte für mehrere hundert MeV. [59]

Rheotropismus ↑Rheotaxis. [8]

Rhesus-Faktor ↑Blutgruppen-Rhesus-System. [11]

Rheum palmatum: Rhabarberart; Verwendung findet der unterird. Pflanzenteil, ein Rübengeophyt (aus der Hauptwurzel gebildetes Speicherorgan), der fälschlicherweise als Wurzelstock ↑Rhizoma Rhei bezeichnet wird. [44]

Rheumatismus ⟨*griech*⟩ *m:* vielfach zu weit gefaßter Begriff. Wird heute eingeengt auf die entzündlichen Formen der rheumat. Krankheiten, z. B. in der Sowjet-Union auf den akuten R. Diesem liegen ganz bestimmte ätiolog. pathogenet., morpholog. u. immunolog. Tatsachen zugrunde, die die übrigen Arten u. Abarten „des Rheumatismus" nicht oder nicht so ausgeprägt zeigen. So ist der Ausdruck „degenerativer Rheumatismus" unlogisch u. zu vermeiden. Diese Arthrosen u. Spondylosen sowie die dazugehörigen Weichteilprozesse (Fibrositis) sind „Krankheiten mit dem Rheumasymptom", worunter lediglich „Schmerzen an den Bewegungsorganen" zu verstehen sind.

R., akuter = akuter Gelenkrheumatismus, akute Polyarthritis, Polyarthritis rheumatica acuta, rheumatisches Fieber, Bouillaud-Sokolski' Krankheit; vorwiegend bei Kindern im Schulalter u. Jugendlichen, oft nach Rachen- u. Mandelentzündung mit Beteiligung der ß-hämolysierenden Streptokokken der Gruppe A. Dem entspricht ein in der Regel stark erhöhter Antistreptolysintiter, der in der Genesung gesetzmäßig zur Norm zurückkehrt, während die Agglutinationsreaktionen (↑Waaler-Rose, Latextest u. L-Agglutination) neg. sind. Befall des Herzens fast regelmäßig. Übergang in ein chron. Stadium möglich, aber selten, soweit die Gelenke in Frage kommen, falls man nicht die rheumat. Herzfehler als „chron." Folge bezeichnen will. Nicht ansteckend, Rezidive durch Neuinfektion mit Streptokokken für das Herz zunehmend gefährlich u. durch Prophylaxe mit Penizillin zu verhüten.

R., chronischer: im deutschen medizin. Sprachgebrauch früher in eine sek. chron. u. prim. chron. Form geschieden. Jetzt einheitlich als chron. Rheumatismus oder chron. Polyarthritis, zunehmend nach angelsächs. Muster als rheumatoide Arthritis bezeichnet. Im sowjet. Schrifttum: infektiöse, nicht spezif. Arthritis, in Frankreich auch Charcot' Krankheit genannt. Chron., fortschreitende, nicht ansteckende, entzündliche Allgemeinerkrankung; schubweise immer mehr Gelenke, vorwiegend u. charakterist. die kleinen Gelenke der Finger u. Zehen symmetr. ergreifende Entzündung mit Neigung zur Versteifung in typ. Stellungen, bes. der Finger. Beginn bei Erwachsenen mit Überwiegen der Frauen, oft in den Wechseljahren, aber auch schon früher, ja im jugendlichen u. kindlichen Alter (↑Polyarthritis chronica infantis). Außer der klass. gibt es atyp. Formen mit plötzlichem Beginn, zuweilen nach Angina, zunächst mono- oder oligoarthritisch, später erst polyarthritisch. Für die Differenzierung dieser Spielarten wertvoll die ↑Serodiagnostik. Charakterist. für den chron. R. sind pos. Agglutinationsproben (↑L-Agglutination, ↑Latex-Test, ↑Svartz-Schloßmann u. ↑Waaler-Rose); dagegen ↑Antistreptolysin-Reaktion innerhalb u. weit unterhalb der Norm von 200 E/ml. Werte unter 100 E/ml in atyp. u. Frühfällen verdächtig auf später sich entwickelnden klass. chron. Rheumatismus. Übergänge vom subakuten oder chron. streptokokkenbedingten, oft postanginösen Gelenkrheumatismus ohne wesentliche Herzbeteiligung über eine serolog. Mischform zum ausgeprägten Agglutinationstyp des chron. R. zunehmend zu beobachten. Streptokokkenbedingte, durch bes. serolog. Verfahren als spezif. erwiesene subakute u. chron. R.-Formen einzige Typen dieser Art, die als herdbedingt (↑Herd) oder fokalbedingt (↑Fokalinfektion) anzusehen sind. Tonsillektomie angezeigt. Versagt gewöhnlich beim vollendeten Agglutinationstyp des chron. Rheumatismus.

R. nodusus: Knotenrheumatismus; gewöhnlich kein selbständiges Symptombild, sondern Begleiterscheinung des chron. R., Rheumatismusknoten hirsekorn- bis taubeneigroß. Bevorzugte Lokalisation in Gelenknähe auf den Streckseiten. Ausgang von der Gelenkkapsel, vom Periost, den Sehnen u. Sehnenscheiden, bis in die Kutis reichend; histolog. große Granulome.

R., Frühschaden: nach dem Mainzer Pathologen Klinge findet man das rheumat. ↑Frühinfiltrat mit fibrinoider Degeneration u. ödematöser Verquellung 14 Tage nach Erkrankung an akutem R. Da diese Form des entzündlichen R. regelmäßig als Vorkrankheit eine akute oder aufgeflammte chron. Tonsillitis aufweist, wären die frühesten rheumat. Bilder histolog. in der Umgebung der Mandeln zu vermuten. Das ist in der Art der Klinge' Vorstellung mit Entwicklung zum Aschoff' Knötchen sicher sehr selten. Dagegen hat Bolck die drei Merkmale der serofibrinösen Bindegewebsdurchtränkung, der Narbenbildung u. der lympho-plasmozytären Infiltration in der Rachenschleimhaut von Rheumatikern zahlenmäßig weitaus an erster Stelle gefunden, u. zwar ist die Umgebung der Gaumentonsillen im Gegensatz zu den Leichen nicht rheumat. erkrankt gewesener Menschen am stärksten befallen. Der Ausgang dieser Veränderungen von einer rezidivierenden interstitiellen serofibrinösen Entzündung der Tonsillen selbst wurde nachgewiesen. Die Befunde sind beim R. wesentlich stärker u. tiefer reichend als bei den Vergleichsfällen. Diesem quantitativen Unterschied entspricht jedoch nicht ein qualitativer, der etwa eine „Spezifität" der „Rheumatonsillen" zu erkennen erlaubte. [13]

Rheumatoide ⟨*griech*⟩ *n, Pl:* dem Rheumatismus ähnliche Erkrankungen, kommen vor bei fast allen schweren sept. Prozessen, bei der Endocarditis lenta, der Puerperalsepsis, beim Erysipel, ferner nach Scharlach, Röteln, Ruhr, Typhus, Grippe, auch anderen pneumon. Erkrankungen, bei Morbus Bang, Maltafieber, Trichinose, außerdem bei Gonorrhoe, Syphilis, Lymphogranulom u. Tuberkulose (Poncet' Krankheit). [13]

Rheumatoidfaktor oder Rheumafaktor (RF): bei chron. Polyarthritis in über 80% u. bei anderen Kollagenosen nachweisbare Substanz. Makroglobulin mit einer Ultrazentrifugen-Sedimentationskonstante von 19S. Produkt einer Reaktion mit 7S-γ-Globulinen, die ihrerseits selbst Antikörpercharakter besitzen u. in der Synovialmembran an die Immunkomplexe gebunden sind. Der RF ist mithin höchstwahrscheinlich ein Antikörper gegen denaturiertes menschliches γ-Globulin. Mit bestimmten Gm-Gruppen bestehen bestimmte Korrelationen. Vorkommen bei Blutsverwandten von Kranken mit chron. Polyarthritis weist auf hereditäre Bedingungen. Der RF ist vielleicht ein Bestandteil der Leukozyten-Inklusionen in der Synovial-Flüssigkeit u. -Membran (↑Rhagozyt). Die Erforschung der Zusammenhänge mit antinukleären Faktoren ist noch im Fluß, das letzte Wort über die Natur der RF noch nicht gesprochen. Nachweis durch Agglutinationsreaktionen wie Waaler-Rose-Reaktion u. Latextest. [13]

Rhexis ⟨*griech*⟩ *f:* Zerreißung; z.B. Haemorrhagia per rhexin, Blutung infolge Gefäßzerreißung. [4]

Rhinallergose ⟨*griech*⟩ *f* ↑Heufieber. [28]

Rhinenzephalon ∗ **Rhinencephalon** ⟨*griech*⟩ *n:* Riechhirn der der Geruchsfunktion dienende vorderste Teil des Gehirns. [1]

Rhinitis ⟨*griech*⟩ *f:* Schnupfen, Nasenkatarrh, Koryza. Akute R: akute. katarrhal. Affektion der Nasenschleimhäute, vielfach begünstigt oder verursacht durch eine Erkältung; geht mit geringen Störungen des Allgemeinbefindens einher. Im Anfangsstadium besteht ein lästiges Trockenheitsgefühl u. Kitzeln im Rachen u. in der Nase, dem bald eine zunächst wäßrige, später eitrig-schleimige Sekretion folgt. Durch die Schleimhautschwellung ist die Nasenatmung behindert (verstopfte Nase). Im Abklingen nimmt das Nasensekret wieder einen mehr wäßrigen Charakter an. Durchschnittsdauer etwa 10 Tage. Chronische R: R. chron. simplex: makroskopisch keine Gewebsveränderungen erkennbar. Volle Schrumpf- u. Schwellfähigkeit der Nasenschleimhaut erhalten R. chron. hypertrophicans: Gewebsneubildungen, Induration u. Oberflächenveränderungen bleibender Natur erkennbar. Schrumpf- u. Schwellfähigkeit der Mukosa eingeschränkt. Hauptsymptom behinderte Nasenatmung. R. atrophicans sine foetore: geht mit Schleimhautatrophie ohne Borkenbildung u. ohne Gestank einher. R. atrophicans cum foetore ↑Ozaena. R. sicca anterior: atroph. R. auf den vorderen Abschnitten der Nasenscheidewand beschränkt ↑Ulcus perforans septi rotundum. Sonstige Formen: R. anaphylactica ↑Heufieber. R. vasomotorica: anfallsweise auftretende starke Absonderung von dünnflüssiger, wasserklarer, aus der Nasenschleimhaut stammender Flüssigkeit. Die Hypersekretion geht mit einer Verstopfung der Nase infolge Schwellung der Nasenmuscheln u. der Schleimhaut einher u. ist als Ausdruck einer nasalen Reflexneurose im Bereich der vasomotor. Nerven aufzufassen. Bei sehr starker Sekretion spricht man von Hydrorrhoea nasalis. [28]

Rhinoblennorrhoe ⟨*griech*⟩ *f:* eitrige Nasensekret., insbes. bei Neugeborenen. [28]

rhinogen ⟨*griech*⟩: nasalen Ursprungs. [28]

Rhino|lalie ∗ **Rhinolalia** ⟨*griech*⟩ *f:* näselnde Sprache. Man unterscheidet 1. R. aperta (Hyperrhinolalie), offene Nasensprache infolge mangelhaften oder fehlenden Abschlusses des Epipharynx gegen den Mesopharynx; z.B. bei Gaumensegellähmung,

Gaumenspalte; 2. R. clausa (Hyporhinolalie), geschlossene Nasensprache bei Verlegung oder Einengung der Nase, z. B. durch adenoide Vegetation, Nasenpolypen usw.; 3. R. mixta, das gemischte Näseln. Es ist eine Komponente einer offenen u. einer geschlossenen Nasensprache.

~lith *m:* Nasenstein; Bildung von harten, kalkhaltigen Konkrementen in der Nase, meist um einen Fremdkörper als Kern.

~logie: Lehre von der Nase u. ihren Krankheiten.

~myiasis *f:* vorwiegend in den Tropen vorkommende Krankheit der Nase, verursacht durch Ansiedlung von Fliegenlarven. Führt oft zu ausgedehnten Zerstörungen auch des knöchernen Nasengerüstes, ↑ Myiasis.

~mykosis *f:* Schimmelpilzerkrankung der Nasenschleimhäute mitunter auch der äußeren Nase infolge Ansiedlung des Pilzes bei Schleimhaut- bzw. Hautläsionen. [28]

~pharyngitis ↑ Virusschnupfen. [40]

~pharyngoskopie *f:* direkte Besichtigung des Nasenrachens (Epipharyngoscopia directa) vom Munde aus unter Hebung u. Vorziehung des weichen Gaumens mittels eines spez. Gaumenhakens (Lindt).

~phonie ↑ Rhinolalia.

~phym *n:* Knollennase, Pfundnase; knollige Verdickung u. Auftreibung der äußeren Nase meist in Form von lappigen tumorartigen Gebilden bei Rosazea, infolge Hypertrophie der Drüsen, Hautbälge u. des Unterhautzellgewebes; geht mit Gefäßneubildung u. -erweiterung einher.

~plastik ↑ Nasenplastik.

~rrhagie: starkes Nasenbluten.

~sklerom (Hebra, 1870): harte Infiltrate von blasser Farbe in den Naseneingängen, in der Regel beiderseitig (im Gegensatz zu Tumoren) ohne Neigung zum geschwürigen Zerfall, entstellen oft durch Auftreibung knollenartig die äußere Nase. Ausbreitung vom Naseninnern mitunter nach dem Rachen auch in den Kehlkopf u. in die Trachea (Pharyngo-, Laryngo-, Tracheosklerom). Vorkommen vor allem in Osteuropa u. im Orient. Erreger sind die ↑ Sklerombakterien *(Klebsiella rhinoscleromatis)* V. Fritsch; ↑ Sklerom. [28]

Rhinorrhoe ⟨*griech*⟩ *f:* Liquorfluß aus der Nase, z. B. bei frontabasaler Schädelfraktur. [20]

Rhinoskopie ✳ **Rhinoscopia** ⟨*griech*⟩: Besichtigung des Naseninnern unter Spiegelbeleuchtung; 1. R. anterior: Nasenuntersuchung von vorn mit Nasenspekulum; 2. R. posterior: Untersuchung der hinteren Nasenabschnitte, der Choanen u. des Nasenrachenraumes (Epipharyngoskopie, Postrhinoskopie) mittels eines kleinen in den Mundrachen eingeführten Spiegels; 3. R. media: Nasenuntersuchung mit dem langbranchigen Killian' Nasenspekulum, insbes. des mittleren Nasenganges u. der Riechspalte. [28]

Rhinosporidium Seeberi: primitiver Phykomyzet; einzellige Kugel, die von 6 μm (Spore) bis zu 300 μm (Sporangium) anwachsen u. durch Bildung zahlreicher Sporen sich im Körper verbreiten. Ruft bei Menschen, Pferden, Rindern in Schleimhäuten der Nase, im Ohr in den Konjunktiven, im Tränensack, am Penis weiche, blutende Geschwülste hervor (Rhinosporidiose), die schwer abheilen u. auch nach chirurg. Entfernung oft rezidivieren. Vorkommen in den trop. Gegenden von Asien, Afrika u. Amerika. [42]

Rhinoviren: 15 bis 30 nm große RNS-Viren (↑ Picornaviren), die durch Tröpfchen-, seltener Kontaktinfektion übertragen werden. Lokalisation vorwiegend Nasen-Rachenraum als Erreger des ↑ Virusschnupfens. Zahllose Serotypen, deshalb ist noch keine spezif. Prophylaxe möglich. [40]

Rhipicephalus ⟨*griech*⟩ *m:* Gattung der Zecken, wichtig als Überträger von Piroplasmosen auf Haustiere, z. B. die Hundezecke (R. sanguineus), in allen warmen Ländern, neben anderen Zeckenarten Überträger der Hundepiroplasmose. [58]

R. sanguineus: Hundezeckenart, die die *Rickettsia conorii,* den Erreger des Mittelmeerfleckfiebers, überträgt. [41]

Rhizobium ↑ Knöllchenbakterien. [42]

Rhizoide ⟨*griech*⟩ *n, Pl:* wurzelhaarähnliche Gebilde der niederen Pflanzen (Moose, Algen, Pilze). Sie dienen der Wasseraufnahme u. der Befestigung der Pflanze. [42]

Rhizoma, Rhizom ⟨*griech*⟩ *n:* Wurzelstock.

R. Calami: Kalmuswurzel, Wurzelstock des einheim. Acorus calamus, enthält Bitterstoffe, äther. Öl, dient als Amarum.

R. Filicis: vom Wurmfarn, Aspidium filix mas, enthält Filixsäure, Filmaron, Phloroglucinabkömmlinge. Durch äther. Extraktion wird das offizinelle Extractum filicis gewonnen; ↑ Anthelminthikum.

R. Hydrastis: vom Hydrastis canadensis. Hauptwirkstoffe: Alkaloid Hydrastin, Isochinolinderivat. Für Drogenwirkung weniger bedeutend das Berberin. Anwendung der Auszüge, des Reinalkaloids wegen der gefäßverengenden Wirkung zur Stillung von Uterusblutungen.

R. Rhei DAB 7: von Rheum palmatum. Wirkstoffe: Anthrazenderivate (laxierende Wirkung), Tannoglykoside (adstringierende Wirkung) u. Begleitstoffe z. B. amorphes Harz (laxierende Wirkung).

R. Veratri: Wurzelstock der weißen Nieswurz ↑Veratrum album, einer in den europäischen Hochgebirgen vorkommenden Liliacee.

R. Zedoariae: Wurzelstock von Curcuma zedoaria, eine ind. Zingiberacee. Das äther. Öl ist Bestandteil der Tinct. aromatica.

R. Zingiberis: Ingwer, Wurzelstock des ind. Zingiber officinale. Die Tinktur, die das äther. Öl enthält, wird als Stomachikum verwendet, Bestandteile der Tinct. aromatica. [44]

Rhizomorphen ⟨*griech*⟩: strangähnliche, aus parallelen Hyphen bestehende Gebilde in Myzelien, hauptsächlich bei Mykorrhizapilzen u. bei Holzzerstörern (Hausschwamm). [42]

Rhizopoda: Klasse der Protozoen, Krankheitserreger in der Gattung ↑Entamoeba. [40]

Rhizopus ⟨*griech*⟩: Gattung der Mucoraceae (*Phycomycetes*). Sporangien auf Stielen büschelweise, dazwischen Ausläufer; Myzel mit Rhizoiden. R. nigricans gemein auf Brot u. Lebensmitteln, Optimum 20 °C; R. Cohnii (R. suinus) in Schweinen, Optimum 37 °C; pathogen im äußeren Gehörgang. R.-Arten können Δ^4-3-Ketosteroide in 11-Stellung oxydieren. [42]

Rhizosphäre ⟨*griech*⟩ *f:* unmittelbare Umgebung der Pflanzenwurzel. In der R. herrschen andere biolog. Bedingungen als im Boden, dementsprechend ist eine andere Bakterien- u. Pilzflora vorhanden. [42]

Rhizotomia posterior ⟨*griech, lat*⟩ *f:* ↑Foerster' Operation; Durchschneidung der hinteren Rückenmarkwurzeln zur Behandlung von Schmerzzuständen u. Spasmen. [20]

Rhodan: Rhodanid-Ion CNS^-, Rhodankalium u. Rhodannatrium werden als Reagens auf dreiwertiges Eisen (Rotfärbung) u. zur Zurückdrängung von Bakterien in Pilzkulturen gebraucht, da sie Bakterien stärker hemmen als Pilze. Rhodanide wirken mutagen. [42]

~salze: finden sich im Blut, Harn, Speichel; im Speichel nur beim Menschen, nicht bei Tieren; der Gehalt im Blut, der normal 1,3 mg% beträgt, ist bei Rauchern u. nach kleinen Gaben von HCN erhöht. Die Sulfurierung des Zyanids zu Rhodanid wird durch verschiedene Enzyme, die Transsulfurasen, aktiviert. [8]

~wasserstoffsäure: HSCH=Thiozyansäure; sie ist in wäßriger Lösung fast vollständig dissoziiert. Die R. u. ihre Salze, die Rhodanide haben desinfizierende Wirkung; ↑Sepso. [44]

Rhodium: chem. Symbol Rh, seltenes Edelmetall der Platingruppe, keine Isotope, meist 3wertig, selten 1-, 2-, 4- u. 6wertig. Sehr beständig auch gegenüber Königswasser, gegen H_2S; verwendet u. a. als Katalysator, in Thermoelementen u. als Schutzschicht (rhodinieren) auf Silberspiegeln (Augen- u. Ohrenspiegel). In Pflanzen u. Tieren nachgewiesen; keine biolog. Bedeutung. [8]

Rhodnius: zu den ↑Reduviidae gehörige Raubwanzengattung, die in Südamerika wie ↑Triatoma Seuchenverbreiter ist. [58]

Rhodopsin ↑Sehpurpur, ↑Lumirhodopsin. [7]

Rhombenzephalon ✻ **Rhombencephalon** ⟨*griech*⟩ *n:* Rautenhirn; besteht aus Hinterhirn (↑Metenzephalon) u. Nachhirn (Myelenzephalon, ↑Medulla oblongata). [1]

rhomboideus ⟨*griech*⟩ rautenförmig. [1]

Rhonchus ⟨*griech*⟩ *m* ↑Rasselgeräusch; ↑Schnarchen.

R-i sibilantes: pfeifend-zischende Rasselgeräusche.

R-i sonori: tiefbrummende Rasselgeräusche. [9]

Rhopheozytose ⟨*griech*⟩ *f:* bes. Form der ↑Pinozytose; anfangs nur für die Aufnahme von Ferritin in Erythroblasten gebraucht, heute teilweise synonym für Pinozytose. [6]

Rhotazismus: falsches Aussprechen oder Fehlen des R-Lautes. [28]

RHS: *Abk* für Retikulo-histiozytäres System. [2]

Rhynchota ⟨*griech*⟩: veralteter Sammelname für Wanzen u. verwandte Insekten. [58]

Rhypia ⟨*griech*⟩ ↑Rupia. [43]

Rhypophobie ⟨*griech*⟩: krankhafte Angst vor Schmutz u. Verunreinigung. [34]

Rhythmus ⟨*griech*⟩ *m:* Wiederholung des gleichen Vorganges in gleichen Zeiträumen. Eine period. Änderung im Ablauf des Geschehens ist die Grundlage für einen R. Physikal. läßt sich ein solcher Vorgang bereits in Schwingungen erblicken, die in bezug auf Verlauf u. Länge der Periode sehr große Unterschiede aufweisen können; biolog. ist R. die Tätigkeit verschiedener Organe, vor allem der Herzens u. des Atemsystems. Die Strenge des R. kann man an der Größe der Abweichungen der einzelnen Perioden feststellen. Beim Herzen spricht man von einer rhythm. Tätigkeit, wenn die Abweichung der einzelnen Perioden allerhöchstens ± 4% beträgt. Sind sie größer, so ist schon eine Arrhythmie gegeben, die sich sinnlich ohne Benutzung von Registriervorrichtungen feststellen läßt.

R., atrioventrikulärer: die Arbeitsweise des Herzens unter dem Einfluß des Aschoff-Tawara' Knotens bzw. des Atrioventrikulartrichters (↑Erregungsleitungssystem). Die Frequenz des Herzens ist dann meist erheblich niedriger, als wenn es vom Sinusknoten gesteuert wird. [7]

Rhythmustransformation: die von Wedenski bei der Nervenparabiose festgestellte u. für die motor. Endplatte u. andere Synapsen gleichermaßen geltende Erscheinung, daß ein an der parabiot. Stelle oder Synapse eintreffender Erregungsrhythmus (meßbar an der Anzahl elektr. Impulse oder Aktionspotentiale in der Zeiteinheit) nicht unverfälscht weitergeleitet, sondern reduziert wird. Das Ausmaß dieser Reduktion (Rhythmustransformation) ist ein Maß der funktionellen Beweglichkeit (↑ Labilität) des erregbaren Gebildes. [7]

Rhytidektomie ⟨*griech*⟩: Korrektur unschöner Hautfalten durch kosmet. Operationen [43].

Rhytidosis ⟨*griech*⟩ *f:* infolge Nachlassen des Hautturgors auftretende Faltenbildung. [43]

Ribbing, Seved (*1902), Röntgenologe, Upsala.

R' Syndrom: nur auf die Gelenkepiphysen beschränkte Dysostoseform. Röntgenolog. Kleinheit u. Deformierung vieler Epiphysenkerne an großen u. kleinen Gelenken mit Neigung zur Osteomalazie. Nach Röntgenbefund an der proximalen Femur-Epiphyse hat W. Müller 3 Typen unterschieden: a) Typ des muldenförmigen Epiphysendefektes, b) Typ der niederen, aber scharf begrenzten Epiphysen, c) Typ der Mikroepiphysen. Gewöhnlich normales Längenwachstum, da die epiphysäre Ossifikation am Längenwachstum kaum beteiligt ist; es kommt aber auch Minderwuchs mit gestörten Proportionen vor. Subjektiv Schmerzen u. Steifigkeit der Gelenke, am häufigsten der Hüft- u. Kniegelenke; manchmal bestehen gleichzeitig hypothyreot. Zeichen. [23]

Ribemond-Bong' Säge: Kettensäge zur ↑ Dekapitation des abgestorbenen Kindes unter der Geburt. [29]

Ribodesose: besser Desoxyribose; Reduktionsprodukt (Desoxyzucker) der ↑ Ribose. Die 2-Desoxy-D-Ribose (Thyminose) ist die Zuckerkomponente z. B. der Thymonukleinsäure bzw. der Desoxyribonukleinsäuren allgemein. [16]

Riboflavin ↑ Laktoflavin. [16]

Ribonucleasen: Enzyme, spalten RNS hydrolyt. zu Oligonukleotiden. Pankreas-RNase (EC 2.7.7.16) spaltet RNS zu Purinoligonukleotiden mit terminalem Pyrimidinnukleosid-3′-phosphat u. Pyrimidin-3′-Mononukleotiden. Aus Takadiastase gewonnene T_1-RNase (EC 3.1.4.8) spaltet spezif. Phosphodiesterbindungen der RNS zwischen Guanosin-3′-phosphat u. den benachbarten Nukleotiden unter Freisetzung von 3′-Guanylsäure u. Oligonukleotiden mit terminaler Guanylsäure. R. aus Pankreas des Rindes besteht aus einer einzigen Peptidkette von 138 Aminosäuren (Molekulargewicht 12700). [8] Brachet, Laves u. a. behandelten Blutzellen im Reagenzglas u. Ausstriche u. konnten auf diese Weise bestimmte Strukturen (Nukleolus, Netzsubstanz der Erythrozyten) als Ribonukleinsäure erkennen. [11]

Ribonukleinsäuren: *Abk* RNS; durch 3′–5′ lineare Verknüpfung von Ribonukleotiden aufgebaute Polymere mit z. T. räumlich geordneter, helikaler Struktur. In der Regel einfache Polynukleotidstränge unterschiedlicher Polymerisationsgrade. Funktionell verschiedene RNS-Typen: Messenger RNS, ribosomale RNS, Transport-RNS, Virus-RNS. [8]

R.-Färbung: mit Pappenheims Methylgrün-Pyronin (grün Nukleinsäuren; rötlich Ribonukleinsäuren) werden jugendliche Substanzen in Kern- u. Protoplasma der Blutzellen dargestellt, was Rückschlüsse auf Vermehrung jugendlicher Zellelemente erlaubte. [11]

Ribonukleosiddiphosphate: 5′-Pyrophosphorsäureester der Ribonukleoside. Substrate der primer-abhängigen ↑ Polynukleotidphosphorylase für die Polyribonukleotidsynthese; Spaltprodukte des phosphatabhängigen Polyribonukleotidabbaues mittels Polynukleotidphosphorylase nach: Nukleosiddiphosphat + n Primer-RNS ⇌ Orthophosphat + (n + 1) RNS. [8]

Ribonukleoside: N-Glykoside eines Purins (N_9) oder Pyrimidins (N_3) mit Ribose (C_1). Adeninribonukleosid = Adenosin, Guaninribonukleosid = Guanosin; Zytosinribonukleosid = Zytidin; Urazilribonukleosid = Uridin. R. sind die Nukleosidreste der Ribonukleinsäuren, die über 3′-5′-Phosphodiesterbindungen im ↑ Polynukleotid miteinander kovalent gebunden sind. Die 5′-3′ u. 2′-Phosphorsäureester der Ribonukleoside sind die Ribonukleotide (↑ Ribonukleosidmonophosphate); R. sind Abbauprodukte der Nukleotide. [8]

Ribonukleosidmonophosphate: Monoribonukleotide, 5′-, 3′- oder 2′-Monophosphorsäureester der ↑ Ribonukleoside. Bausteine der Ribonukleinsäuren; im Polyribonukleotid über 3′-5′-Phosphodiesterbindungen kovalent miteinander verbunden. Bei Alkaliabbau sowie Einwirkung von Milzphosphodiesterase treten 2′- u. 3′-Nukleosidphosphate (= a- bzw. b-Nukleotide), bei Einwirkung von Schlangengift-phosphodiesterase 5′-Nukleosidphosphate als Spaltprodukte des RNS-Abbaues auf. Adenosinmonophosphat = Adenylsäure (2′-, 3′- oder 5′-Phosphorsäureester des Adeninribonukleosids); Guanosinmonophosphat = Guanylsäure: Zytidinmonophosphat = Zytidylsäure;

Uridinmonophosphat = Uridylsäure; ↑Adenylsäuresystem. [8]

Ribonukleosidtriphosphate: 5'-Triphosphorsäureester der ↑Ribonukleoside (= 5'-Nukleotidpyrophosphorsäureester). Substrate der DNS-abhängigen RNS-Polymerase u. der RNS-abhängigen RNS Synthetase für die Polyribonukleotidsynthese; ↑Adenosintriphosphorsäure. [8]

Ribonukleotide: bestehen aus Purin oder Pyrimidin, Ribose u. Phosphorsäure; ↑Ribonukleosidmonophosphorsäure, Ribonukleosidphosphate. [8]

Ribose = α-D-Ribofuranose: nicht vergärbar. In Form des zykl. Halbazetals Zuckerkomponente der ↑Ribonukleoside; komplex gebunden in den Nukleotiden als Coenzyme u. in den Ribonukleinsäuren, ferner in Glykosiden. [8]

Ribosomale RNS (rRNS): chem. Bausteine der Ribosomen. In bakteriellen Ribosomen etwa 35–40%, in Ribosomen eukaryoter Organismen etwa 50% der Ribosomenmasse. Pro Ribosom 2 Moleküle rRNS (eines je Untereinheit; ↑Ribosomen), die sich in ihren Molekulargewichten u. der Nukleotidzusammensetzung unterscheiden; MG der rRNS bei Eukaryoten ≈ 0,6 u. $1{,}3 \times 10^6$, bei Prokaryoten ≈ 0,5 u. $1{,}2 \times 10^6$. Isolierte rRNS ist in vitro bei μ = 0,1 u. t = 20°C zu etwa 50% helikal organisiert. [8]

Ribosomen ⟨*griech*⟩ *n, Pl:* proteinsyntheseaktive, partikulär organisierte Zellorganellen sphär. Gestalt; ∅ 20–30 nm. Aus Proteinen u. Ribonukleinsäure (RNS) (↑Ribosomale RNS) aufgebaut (= Ribonukleoproteidpartikel); bestehen morpholog. aus 2 Untereinheiten mit gleichem RNS/Proteinverhältnis jedoch unterschiedlicher Funktion. Die kleine Untereinheit ist der Bindungsort für ↑Messenger-RNS, die große Untereinheit besitzt einen Bindungsort für ↑Aminoazyltransport-RNS u. einen für die am Ribosom zu synthetisierenden Peptidkette (Peptidyl-Transport-RNS-Bindungsort; auch Polyribosomen). Die beiden Ribosomenuntereinheiten führen Messenger-RNS u. Transport-RNS u. damit ↑Codon u. ↑Anticodon spezif. zusammen, wodurch am Ribosom (↑Polyribosomen) die Codon-gerichtete Verknüpfung von Aminosäuren zu Peptiden erfolgen kann. Die proteinsyntheseaktiven Orte bzw. Strukturen der Zelle sind die in Polyribosomen (Messenger-RNS plus Ribosomen) organisierte Ribosomen. Ribosomen u. Polysomen kommen hauptsächlich im zytoplasmat. Raum der Zelle vor, u. zwar sowohl frei im Zytosol als auch membranständig am endoplasmat. Retikulum. Jede Untereinheit ist aus einem Molekül RNS (ribosome RNS) u. einer Vielzahl verschiedener, meist basischer Proteine aufgebaut, die im Partikel durch Ionenbindungen strukturell geordnet miteinander verbunden sind. Die beiden Untereinheiten unterscheiden sich im MG u. in der Nukleotidzusammensetzung ihrer RNS sowie der Anzahl u. den Eigenschaften der Proteine. Die Ribosomen prokaryoter u. eukaryoter Organismen sind unterschiedlich im chem. Aufbau u. ihren physikochem. Eigenschaften. Ribosomen von Prokaryoten: Sedimentationskonstanten S_{20w} = 70 S, Partikelgewicht = ca. $2{,}8 \times 10^6$, 35–40% Protein; Untereinheiten 50 S u. 30 S, Partikelgewicht ca. 1,8 u. $0{,}9 \times 10^6$; MG der ribosomalen RNS ca. 0,5 u. $1{,}2 \times 10^6$ Ribosomen der Eukaryoten: Sedimentationskonstanten S_{20w} = 80 S, Partikelgewicht ca. $4{,}1 \times 10^6$; 48–52% Protein; Untereinheiten 60 S u. 40 S, Partikelgewichte ca 2,7 u. $1{,}4 \times 10^6$; MG der ribosomalen RNS ca. 0,6 u. $1{,}3 \times 10^6$. [8]

Ribulose: die der Ribose entsprechende Ketopentose; Ribulosephosphat u. -diphosphat treten beim biolog. Übergang der Zucker ineinander u. bei der Photosynthese (Assimilierung des Kohlendioxids in der grünen Pflanze) auf. [16]

R.-1,5-diphosphat: wird als Primärakzeptor für CO_2 in der Photosynthese des Chlorophylls angesehen: Ribulosediphosphat + CO_2 = 2,3-Phosphoglyzerinsäure; ↑Ribulose-5-phosphat.

R.-5-phosphat: ist ein Zwischenprodukt beim Abbau der Pentosen, wobei diese über ihre phosphorylierten Verbindungen durch Transketolasen u. Transaldolasen in Fruktose-6-phosphat überführt werden mit Erythrose-4-phosphat, Seduheptulose-7-phosphat u. 3-Phosphoglyzerinaldehyd als Zwischenprodukten. [8]

Richards, Dickinson Woodruff (*1895), Arzt, New York. 1956 Nobelpreis (mit Forssmann, Werner u. Cournand, André) für die Entdekkung der Herzkatherisierung. [53]

Richet, Karl (1850–1935), Physiologe, Paris. Entdeckte 1902/03 die ↑Anaphylaxie; 1913 Nobelpreis. [53]

R' Phänomen: bringt man ein fremdes Eiweiß in den Organismus ein, so ist beim ersten Male noch keine Reaktion festzustellen. Diese wird aber außerordentlich stark, sowie man nach einiger Zeit die Einverleibung wiederholt. Es ist im Organismus auf den ersten Eingriff hin zu einer Umstimmung gekommen, die die krankhafte Reaktion ermöglicht; ↑Anaphylaxie. [7]

R.-Toulouse' Therapie: Behandlung der Epilepsie mit kochsalzarmer Diät bei gleichzeitigen Bromgaben. [34].

Richter, August, Gottlieb (1742–1812), Chirurg, Göttingen.

R' Linie = Monro-R' Linie: Verbindungslinie zwischen Nabel u. vorderem oberem li. Darmbeinstachel. [18]

Richtungshören: Wahrnehmung der seitlichen Lagen einer Schallquelle in der näheren u. weiteren Umgebung des Kopfes. Befindet sich die Schallquelle z. B. in 100 m Entfernung halb re. vor dem nach vorn orientierten Kopf, so erreicht die Schallwellenfront das re. Ohr um Bruchteile von Sekunden früher als das li. Ohr. Diese im Richtungsschwellenbereich nur 1/10000 s betragende Differenz führt zu Phasenverschiebungen, die in subkortikalen Zentren des zentralnervösen Hörsystems (↑Hörbahn) so verrechnet werden, daß eine direkte Richtungswahrnehmung zustande kommen kann. Der Schwellenwinkel zur Mittelebene beträgt 5°. [7]

Ricker, Gustav (1870–1948), Pathologe, Magdeburg. ↑Relationspathologie, ↑Stufengesetz. [4]

Ricketts, Howard Taylor (1871–1910), Pathologe, Chikago. Nach ihm benannt ↑*Rickettsia*. [41]

Rickettsia: Gruppe von Mikroorganismen, zwischen Bakterien u. Viren stehend. Gramneg. Stäbchen, unbeweglich, außer Coxiella nicht durch Berkefeldfilter filtrierbar. Obligate Zellparasiten, daher außer *Rickettsia quintana* nicht auf künstlichen Nährböden züchtbar. Erreger der ↑Rickettsiosen.

R. burneti = Coxiella burneti: Q-(Query-(= Fragezeichen)) Fieber, Queensland-Fieber.

R. conorii: Boutonneuse-Fieber, Marseille-Fieber, Mittelmeerfieber.

R. mooseri: murines = endem. Fleckfieber.

R. orientalis: Tsutsugamushifieber.

R. prowazeki: epidem. Fleckfieber, Syn. Flecktyphus, Typhus exanthematicus, klass. Fleckfieber, englisch: typhus.

R. rickettsi: Rocky Mountain spotted fever = Felsengebirgsfieber. [41]

Rickettsiaceae: Familie der *Rickettsiales* (Bergey); gramneg. pleomorphe Stäbchen der Größe 0,3 × 0,6 µm. Ihre Vermehrung erfolgt durch Querteilung innerhalb bzw. in Gegenwart lebender Zellen. Sie sind Arthropodenparasiten; Gruppe der Rickettsia. [40]

Rickettsiosen: klin. u. epidemiolog. verschiedene durch Rickettsien verursachte Fleckfiebererkrankungen, ↑Fleckfieber, ↑Q-Fieber, ↑Fünftagefieber; ↑Rickettsia. Übertragung auf den Menschen durch Kot infizierter Läuse, Milben oder Zecken. Nachweis der Rickettsien aus dem Blut Erkrankter durch Tierversuch (Meerschweinchen, Mäuse, Kaninchen). Außerdem Diagnose der Erkrankung durch Agglutination mit Proteusstämmen: ↑Weil-Felix-Reaktion, außer bei *Rickettsia quintana*. Hier Agglutination nur mit reiner *R. quintana*-Aufschwemmung möglich. [41]

Riebeling' Reaktion ↑Salzsäure-Kollargol-Reaktion. [8]

Riech|hirn ↑Rhinenzephalon. [1]

~schleimhaut = Regio olfactoria: spezif. Sinnesapparat (= Geruchsorgan) im Bereiche der oberen Nasenmuschel u. im oberen Abschnitt der Nasenscheidewand (↑Regio olfactoria). Die R. besteht aus dem Riechepithel (Pars olfactoria der Nasenhöhlenschleimhaut) u. der Lamina propria. Das Riechepithel ist ein Sinnesepithel, das aus Riechzellen (= Sinneszellen) Stützzellen u. basalen Ersatzzellen besteht. An den Riechzellen unterscheidet man den Zellkörper mit Kern, den peripheren Fortsatz mit dem Endkegel u. Riechhärchen u. den zentralen Fortsatz. Alle zentralen Fortsätze der Riechzellen ergeben die ↑Fila olfactoria. Die Lamina propria der R. besteht aus locker verfilztem Bindegewebe mit Gefäßen, Nerven u. zahlreichen Drüsen (Glandulae olfactoriae), die ein eiweißhaltiges Sekret abgeben. [2]

Rieckenberg-Phänomen: im Blut mit Trypanosomen infizierter u. dann geheilter oder auch chron. infizierter Laboratoriumstiere lassen sich Antikörper nachweisen, die sich dadurch kundtun, daß Trypanosomen einer Ratte oder Maus in einer Zitratblutaufschwemmung dieser Tiere mit Blutplättchen beladen werden (Thrombozytobarine). Die gleiche Beobachtung kann man mit Leptospiren machen. Die Erscheinung ist streng spezif, d. h., sie tritt nur ein, wenn zur Reaktion homologe Trypanosomen- oder Leptospiren-Stämme benutzt werden; Immunadhärenz. [39]

Riedel, Bernhard, M. (1846–1916), Chirurg, Göttingen u. Jena.

R' Lappen: über der Gallenblase zungenförmig ausgezogener Fortsatz der Leber, der bei Gallensteinkrankheit durch Zug der immer schwerer werdenden Gallenblase entsteht. [5]

R' Struma: chron. Schilddrüsenentzündung mit Narbenbildung sowie Atrophie u. Schwund der Follikel. Der zäh-festen Konsistenz wegen auch „eisenharte Struma" genannt; soll aus der Struma lymphomatosa Hashimoto hervorgehen können. [5]

Rieder, Hermann (1858–1932), Röntgenologe, München.

R' Syndrom: motor. u. sensible Parese der Arme infolge Armplexusschädigung durch mechan. Druck des Plexus brachialis im Bereich der Supraklavikulargrube. Druckempfindlichkeit der Nervenstämme im Bereich der supraklavikularen Gegend, manchmal auch an der Innen- u. Außenseite des betroffenen Oberarmes. Hypo- u. Parästhesien im Bereich des Armes. Motilitätsstörung der ganzen oberen Extremität, Herabsetzung der groben Kraft. Erschwerung der Beuge- u. Streckbewegung, so daß oft das aktive Heben des Armes unmöglich ist. Meist abgeschwächte Sehnen- u. Periostreflexe; ↑Halsrippen-, Kostobrachial-, Kostozervikal-, Skalenus-Syndrom. [23]

Riegel, Franz (1843–1904), Internist, Wien, Würzburg, Köln, Gießen.

R' Mahlzeit: Probemahlzeit; mittags Verabfolgung von einem Teller Fleischsuppe, 200 g Beefsteak, 50 g Brot u. einem Glas Wasser, um anschließend den durch Sonde gewonnenen Mageninhalt auf Salzsäure u. Enzyme zu untersuchen. [9]

Riehl, Gustav (1855–1943), Dermatologe, Wien.

R' Melanosis: netzförmige Pigmentierung, Schuppung u. follikuläre Hyperkeratosen der Gesichtshaut u. anderer belichteter Hautpartien. Möglicherweise muß ein bisher unbekannter alimentärer Faktor verantwortlich gemacht werden. [43]

Riesen|blase: angeborene Riesenblase durch Klappenbildung in der Urethra; geht mit starker Auftreibung des Abdomens einher; ↑Megazystis. [32]

~blutplättchen: bei schweren Störungen der Blutbildung auftretende atyp. Plättchenformen, die fast Erythrozytengröße erreichen können u. gelegentlich Vakuolisierung zeigen. Ob es sich immer um atypt. Zerfallsprodukte der Megakaryozyten oder um Protoplasmaabrisse anderer patholog. Blutzellen handelt, ist noch unklar. [11]

~chromosomen: die im Ruhekern der Speicheldrüsen von Fliegen (z. B. Drosophila) vorhandenen Chromosomen, die aus zahlreichen parallelgelagerten Chromosomen bestehen u. wegen der bandförmigen Anordnung der Chromomeren für die Chromosomentheorie der Vererbung ausgewertet wurden. [3]

~kerne, bes. große Zellkerne, bedingt durch wiederholte ↑Endomitose.

~kernzellen: Zellen mit einem abnorm großen, sonst wohlgestalteten, polyploiden Kern (zu unterscheiden von den meist mehr- oder vielkernigen ↑Riesenzellen) Entstehung durch ↑Endomitose. [4]

~kinder: bei Neugeborenen mit einem Gewicht von mehr als 5000 g oder einer Länge von mehr als 60 cm spricht man von Riesenkindern, die aber keineswegs übertragen zu sein brauchen (oft Kinder diabet. Mütter). [32]

~magnet: dient zur Entfernung von Eisensplittern aus dem Augeninnern (in seltenen Fällen auch aus anderen Körperteilen). Nachdem man früher nur kleinere Handmagnete, bestes Modell von Hirschberg, benutzt hatte, konstruierte Haab 1892 den ersten großen Magnet. Weitere Typen von Schumann u. Mellinger (Ringmagnet). Ständig weitere Verbesserungen. [36]

~nervenfasern: aus mehreren Neuriten bestehende bei verschiedenen Wirbellosen vorkommende bes. große Nervenfasern, die für neurophysiolog. Experimente bes. geeignet sind.

~pyramidenzellen ↑Pyramidenzellen ↑Betz' Riesenpyramidenzellen. [2]

~stabkernige: auffallend große jugendliche Vorstufen der Neutrophilen u. Eosinophilen mit breiten Hufeisenkernen, nach V. Schilling meist nicht vollendete Mitosen, u. a. bei Anaemia perniciosa, Leukämien; ↑Zwillingszellen. [11]

~wuchs: bedeutet im engeren Sinne des Wortes Hochwuchs mit Massenzunahme nicht nur der Knochen, sondern auch der Muskeln u. Organe (Panhistie). Neben einem in der Ursache unbekannten Riesenwuchs gibt es einen endokrinen, d. h. eine hypophysäre u. eine eunuchoidale Form; ↑Gigantismus. [12]

Riesenzellen: große Zellen, die infolge einer Zellteilungsstörung unförmige, gelappte oder multiple Kerne besitzen; ↑Langhans', Sternberg', Fremdkörperriesenzellen, Riesenzellsarkom, Epulis gigantocellularis, Masernriesenzellen, Touton' Riesenzellen. Unterscheide: ↑Riesenkernzellen, große Zellen mit wohlgestalteten großen Kernen (z. B. in der Leber), durch Endomitose entstanden; ↑Zytomegalie. [4]

R. im Blut ↑Megakaryozyten, Zwillingszellen. [11]

~geschwulst: gutartige Resorptions- bzw. Granulationsgeschwulst mit vielkernigen Riesenzellen-Hämosiderinablagerung u. Lipidspeicherung. Früher fälschlich als Sarkom oder Myelom bezeichnet. Vorkommen 1. am Knochen, bes. bei Jugendlichen, einzeln oder in der Mehrzahl bei Osteodystrophia fibrosa generalisata, am Alveolarfortsatz als Epulis, bisweilen bösartig; 2. in der Haut, bes. cholesterinreich, deshalb auch als Xanthom bezeichnet, immer gutartig; 3. an Sehnen u. -scheiden, immer gutartig. [5]

~leukämie ↑Megakaryozytenleukämie. [11]

~pneumonie: Pneumonie mit vielkernigen, von den Alveolarepithelien abstammenden Riesenzellen, pathognomon. für Masern u. Keuchhusten; kommen selten auch bei Diphtherie oder Grippe vor. [4]

~sarkom: undifferenziertes ↑Sarkom, das viele Riesenzellen enthält. [25]

~tuberkel: Tuberkel, die reichlich typ. Langhans' Riesenzellen enthalten; zum Unterschied von reinen ↑Epitheloidzellentuberkeln. [4]

Rietti-Greppi-Micheli' Syndrom ↑Thalassaemia minor. [11]

Rifampicinᴰ: 3-([(4-Methylpiperazin-1yl)-imino]methyl)-rifamycin SV. Tuberkulostatikum. Rifa®, Rimactan®.

Rifamycin Vᴰ: Tuberkulostatikum gewonnen aus Streptomyces mediterranei. Applikation als Infusion, zur lokalen Therapie. Tox. Wirkungen bisher nicht bekannt. Heute meist in der Form von ↑Rifampicinᴰ benützt.

Rifttalfieber (rift valley fever): Virusinfektion, Hepatitis mit herdförmigen Nekrosen u. Einschlußkörperchen. Vorkommen: Rifttal in Ostafrika (Kenya). [4]

Riga-Fede' Syndrom ↑Fede-Riga' Geschwür. [32]

rigide ⋇ **rigidus** ⟨*lat*⟩: steif, starr; „rigider Damm", fester, derber Damm bei alten Erstgebärenden, auch bei Sportlerinnen. [29]

Rigiditas dorsalis myopathica ⟨*lat, griech*⟩ *f:* muskuläre Rückensteife durch Myositis. [9]

Rigiditätsmessung ↑Tonometrie. [36]

Rigor ⟨*lat*⟩ *m,* **Rigidität:** Erhöhung des Muskeltonus vom Charakter einer gleichmäßigen, „teigigen" Steifigkeit, die während der ganzen Dauer einer passiven Bewegung vom Untersucher wahrgenommen wird u. oft einen „sakkadierten" Charakter hat (↑Zahnradphänomen). Der R. steht im Gegensatz zur ↑Spastik. Er ist ein Symptom extrapyramidaler Schädigungen; ↑Parkinsonismus. [33]

R. mortis ↑Totenstarre. [52]

RIHSA: *Abk* für radioiodinated human serum albumin ⟨*engl*⟩, ^{131}J-markiertes menschliches Serumalbumin, wird in der Isotopendiagnostik mehrfach verwendet; z. B. Plasmavolumenbestimmung, Messung der Leberdurchblutung, Lokalisationsdiagnostik von Tumoren. [59]

Rikoschettschuß ⟨*frz*⟩: Geschoß, das erst irgendwo aufschlägt, abprallt u. dann eine Verletzung setzt (z. B. Abprall an der Schädeldachinnenwand). [52]

Rilass' Dilatatoren: Stifte zur Erweiterung des Muttermundes; ähnlich den ↑Hegar' Stiften. Die Stifte sind durchlöchert, damit ein Eindringen von Luft in die Gebärmutterkörperhöhle vermieden wird. [29]

Riley-Day' Syndrom: seltenes familiäres Krankheitsbild mit Störungen in der Funktion des vegetativen u. zentralen Nervensystems. Leitsymptom: fehlende oder spast. Tränensekretion. Weitere Symptome: Erytheme, pustulöse Hautveränderungen, starkes Schwitzen (bes. bei Erregungen u. während des Essens), Speichelfluß jenseits des Säuglingsalters, auffallende psych. Labilität, Koordinationsstörungen, Reflexanomalien u. verminderte Schmerzempfindlichkeit. [32]

Rilliet' Druckpunkte: Druckschmerzhaftigkeit des Kiefergelenkes, hinter dem Unterkieferwinkel, unter dem Warzenfortsatz u. in der Gegend der G. submandibularis als Frühsymptom des ↑Ziegenpeters. [28]

Rima ⟨*lat*⟩ *f:* Spalte, Ritze.

R. glottidis ↑Stimmritze.

R. oris: Mundspalte.

R. palpebrarum: Lidspalte.

R. pudendi: Schamspalte.

R. vestibuli (laryngis): Vorhofspalte, zwischen den Taschenbändern des Kehlkopfes. [1]

Rinde: äußere Schicht von Organen, die im Zentrum einen anderen Gewebsaufbau zeigen, z. B. Nebenniere, Niere, Gehirn. [4]

Rinden|ataxie: Koordinationsstörung bei Rinden- oder rindennahen Herden im Stirn-, Scheitel- oder Schläfenlappen des Gehirns. [33]

~blindheit: Form der Blindheit, die bei gesunden Augäpfeln u. Sehnerven durch Ausfall der kortikalen Sehsphäre entsteht. Da mitunter ein kleines makulares Gesichtsfeld erhalten bleibt, das dem Träger nichts nützt u. ihm sogar unbekannt sein kann, ist keine scharfe Trennung von der doppelseitigen ↑Hemianopsie möglich. [36]

~epilepsie ↑Jackson' Epilepsie. [34]

~fixationsnystagmus (Bartels): kortikale Nystagmusform, die bei Schädigung des Fußes der zweiten Hirnwindung entsteht. Ein seitlich schlagender Nystagmus beim Blick nach re. oder li., der oft bei Tumoren der Stirnhirnkonvexität oder der Meningen dieser Gegend auftritt. [36]

~ischämie ↑Schockniere. [24]

~star = Cataracta corticalis ⟨*lat*⟩ ↑Katarakt. [36]

~zellen des Großhirns: höchst entwickelte Zellen im Organismus der höheren Wirbeltiere. Das Mosaik der funktionell verknüpften Hirnrindenzellen, in dem sich die höhere Nerventätigkeit vollzieht, ist beim Menschen die höchste Instanz der Regulierung der Wechselbeziehungen der inneren Organe u. das Verhältnis des Organismus als Ganzem zur natürlichen u. gesellschaftlichen Umwelt. [35]

~zentren: gebräuchlicher Ausdruck für Großhirnrindenfelder, d. h. für Hirnrindengebiete, die sich ihrer Funktion u. ihrem feingeweblichen Aufbau nach unterscheiden. Ein Teil der Felder sind Projektionsgebiete der peripheren Rezeptoren bzw. Sinnesorgane, z. B. Sehfeld im Hinterhauptlappen, Hörfeld im Schläfenlappen. Weiterhin gibt es sek. Projektionsfelder u. assoziative Felder. Das motor. Feld, also ein efferentes Gebiet, befindet sich in der vorderen Zentralwindung. Es steht jedoch in engem Zusammenhang mit dem Projektionsfeld der Haut u. der Muskelrezeptoren. Beide Felder heißen daher auch sensor.-motor. Zone. Höhere psych. Funktionen sollen durch Assoziationsfelder in Zusammenwirken mit den Projektionsfeldern sowie mit anderen Hirngebieten (Thalamus, Hirnstamm u. a.) realisiert werden. Man darf sich die R. nicht als voneinander u. vom übrigen Gehirn isolierte Gebilde vorstellen. Pawlow nannte die Gesamtheit der Felder Analysatoren u. faßte darin sowohl die einfacheren Projektionsfunktionen wie die komplizierten Assoziationsleistungen zusammen. [7]

Rinder|bandwurm: Rinderfinnenbandwurm, Taeniarhynchus saginatus, 4–10 m lang, Kopf mit 4 Saugnäpfen, 20–35 Uterusdivertikel in den reifen Bandwurmgliedern, die sich ablösen, selbständig aus dem After kriechen u. sich noch im Freien bewegen können. Eier werden durch Zerfall dieser Proglottiden frei, enthalten die Larve (Onkosphaere), die im Zwischenwirt, dem Rind, in der Muskulatur zu einer 7–9 mm langen Finne wird. Nimmt der Mensch durch Genuß von finnigem Fleisch die Finne auf, geht aus ihr der Bandwurm hervor, der 10–14 Jahre alt werden kann. [58]

~galle: Nährboden mit R. dient der Anreicherung von Typhusbakterien. [42]

~tuberkulose: Erreger *Mycobacterium tuberculosis typ. bovinus;* übertragbar auf den Menschen. [42]

Rindfleisch, Georg Eduard (1836–1908), Pathologe, Zürich, Bonn, Würzburg.

R' Falte: Umschlagfalte des Perikards am Anfangsteil der Aorta. [4]

R' Zellen ↑Typhuszellen. [4]

Ring|biopsie: Exzision eines flachen ringförmigen Gewebsstückes bei verdächtigen Portioveränderungen zur histolog. Untersuchung. [29]

~blase ↑Scheele' Operation. [24]

~blutungen des Gehirns: räumlich röhrenoder schalenförmige, im histolog. Schnitt ringförmige Blutaustritte um Gefäße (Purpura cerebri) bei tox. u. infektiösen Schädigungen; innerhalb der Blutung nekrot. Hirngewebe. [4]

Ringel|schnitt: von dem Chirurgen Rindfleisch angegebene heute verlassene Varizenoperation an unteren Extremitäten. In 3–6 etwa 10 cm voneinander entfernten, spiraligen Hautschnitten bis auf die Faszie werden die erweiterten Venen durchtrennt u. doppelt unterbunden. [18]

~schuß: auch Konturschuß genannt, Geschoß verläuft infolge Ablenkung, z. B. durch eine Rippe, um den Körper herum u. wird dort im Unterhautfettgewebe des Rückens aufgefunden, ohne den Brustkorb durchschlagen oder eröffnet zu haben. [52]

Ringer, Sydney (1835–1910), Pharmakologe, London.

R' Lösung: isoton. Elektrolytlösung zur Durchströmung isolierter Organe (Kalt- u. Warmblüter) in der experimentellen Medizin. Zur Volumenauffüllung bei Flüssigkeitsverlusten, Zusammensetzung: 0,65% (Kaltblüter) oder 0,95% NaCl, 0,02–0,007% KCl, 0,02% $CaCl_2$, 0,01–0,02% $NaHCO_3$, evtl. 0,1% Glukose. [41]

Ring|fasern: bes. angeordnete ringförmig verlaufende argyrophile Bindegewebsfasern (↑Retikulinfasern), die die Längsstäbe der ↑Milzsinus umgeben. [2]

~knorpel = Cartilago cricoidea: bildet einen geschlossenen festen Ring, auf dem der Schild- u. die Gießbeckenknorpel ruhen. Er grenzt kaudal an die Luftröhre. [7]

~körper in Erythrozyten ↑Cabot' Ringe. [11]

~messer ↑Adenotom. [28]

Ringworm ⟨*engl*⟩ ↑Trichophytie. [40]

Rinne, Heinrich Ad. (1819–1868), Psychiater, Hildesheim.

R' Versuch: Vergleich der Hörfähigkeit für Knochen- u. Luftleitung desselben Ohres. Eine tönende Stimmgabel wird auf den Warzenfortsatz gesetzt, bis der Ton (über die Knochenleitung) nicht mehr zu hören ist. Unmittelbar danach wird die Stimmgabel vor die Ohrmuschel (Luftleitung) gehalten. Bei Normalhörendem ist der Ton dann immer noch zu hören, d. h., die Luftleitung hält länger an als die Knochenleitung, (pos. Rinne); auch bei Schallperzeptionsstörungen (Innenohrschwerhörigkeit) fällt der R' Versuch pos. aus, jedoch ist hier sowohl die Knochen- als auch die Luftleitung gegenüber der Norm verkürzt. Bei Schalleitungsstörungen (Mittelohrentzündungen, Otosklerose) ist umgekehrt die Knochenleitung länger als die Luftleitung (neg. Rinne); ↑Kopfknochenleitung. [28]

Riolan, Jean, jr. (1577–1657), Anatom u. Arzt, Paris.

R' Bogen: Bogen des Mesocolon transversum.

R' Knochen: der Schaltknochen zwischen Hinterhauptsbein u. Felsenbein (selten).

R' Muskel: Pars palpebralis des M. orbicularis oculi. [1]

Rippe ↑Costa. [1]

Rippen|atmung ↑Atemtyp. [7]

~bogenaufklappung: von dem Chirurgen Marwedel entwickelte Operationsmethode, durch welche Zugang zum oberen Bauchraum unter der li. Zwerchfellkuppe dadurch gewonnen wird, daß Rippenanteile des li. Rippenbogens so durchtrennt werden, daß damit der Rippenbogen im ganzen aufgeklappt werden kann. [18]

~fell = Pleura costalis ↑ Pleura parietalis. [1]

~fellentzündung ↑ Pleuritis. [9]

~randschnitt: 1-2 Querfinger unterhalb des Rippenbogens u. parallel zu diesem verlaufender Bauchschnitt, re. früher als Zugang zur Gallenblase angewandt. [18]

~resektion: teilweise oder völlige Entfernung einer Rippe meist zur operativen Eröffnung der Brusthöhle, u. bei der ↑ Thorakoplastik oder Rippentumorexstirpation. [18]

Risikokrankheit des Krebses = risk disease ⟨*engl*⟩: auch Krebsrisikokrankheit; hierunter versteht der Kliniker chron., unspezif. Gewebsläsionen bzw. erworbene oder angeborene Defektzustände (Organdispositionen), die mit einem statist. ermittelten erhöhten Entartungsrisiko einhergehen, ohne daß mit diesem Terminus eine Aussage über den kausalen Zusammenhang zwischen Vor- bzw. Begleitkrankheit u. maligner Transformation verbunden wäre (z. B. Colitis ulcerosa, chron.-atroph. Gastritis, Reflexösophagitis, Narbenstenosen u. a.). [0]

Rißfraktur: indirekter Knochenbruch, der durch Abriß eines Knochenstückes gekennzeichnet ist. Der Abriß erfolgt an den Insertionsstellen starker Bänder oder kräftiger Sehnen u. kommt zustande durch plötzlichen starken Bänderzug (Distorsion, z. B. am Knöchel) oder durch plötzlichen kräftigen Muskelzug (Tuberositas tibiae, Trochanter minor, Spina iliaca anterior superior, Querfortsätze der LWS usw.). Zuweilen liegt auch ein patholog. Knochenbruch vor. [23]

Rissmann, Paul (1867–1932), Gynäkologe, Hamburg.

R' Aortenkompressorium: einfaches Gerät zum Zudrücken der Bauchaorta bei Blutung nach der Geburt. [29]

Risus ⟨*lat*⟩ *m:* das Lachen, z. B. Risus sardonicus ↑ Gesichtsstarre. [0]

Ritgen, F. A. M. Fr. (1782–1867), Gynäkologe, Gießen.

R' Handgriff ↑ Hinterdammgriff. [29]

De Ritis-Quotient: der Quotient Serum-Glutaminsäure-Oxalessigsäure-Transaminase zu Serum-Glutaminsäure-Brenztraubensäure-Transaminase wird zur Abgrenzung einer Hepatitis von einem Herzinfarkt benutzt. Wenn der Quotient über 1,3 liegt, so ist eine Schädigung des Herzmuskels, bei Werten unter 0,7 eine Schädigung des Leberparenchyms anzunehmen. Die Normalwerte u. die Werte bei chron. Leberschäden liegen etwas über 1,0. [11, 47]

Ritterhain, Gottfried v. (1820–1883), Pädiater, Görlitz.

R' Krankheit: Dermatitis exfoliativa neonatorum; exsudative, mit flächenhafter Epidermisablösung einhergehende Hautentzündung Neugeborener oder junger Säuglinge. Wahrscheinlich handelt es sich um eine Staphylokokkeninfektion, die bisweilen zur Sepsis führt. Die Letalität war früher hoch (etwa 50%). Seit Einführung der Sulfonamide u. Antibiotika in die Therapie hat sich die Prognose der Erkrankung wesentlich gebessert. [32]

Rivalta, Fabio (*1863), Pathologe, Bologna.

R' Probe: ein Spitzglas wird mit etwa 200 ml Wasser u. zwei Tropfen Eisessig gefüllt. In die schwach saure Lösung läßt man einen Tropfen des zu prüfenden Punktates fallen. Bei pos. Ausfall tritt eine deutliche Wolkenbildung auf. Es handelt sich dann um ein ↑ Exsudat. Beim Vorliegen eines ↑ Transsudates tritt keine Trübung auf. [47]

Riva-Rocci, Scipione (1863–1937), Pädiater, Pavia.

R.-Apparat: Apparat zur Blutdruckmessung mit Manschette u. Quecksilbermanometer, daher die gebräuchliche Abkürzung RR für Blutdruck; ↑ Blutdruckmessung. [9]

Rivero-Carvallo-Phänomen: Beschleunigung der Blutströmung innerhalb des Thorax während der Inspiration. [10]

Rivus ⟨*lat*⟩ *m:* Bach, Kanal. [1]

Rizin, Ricin: ein das Blut agglutinierendes Toxalbumin aus dem Samen von Ricinus communis, einer in den Tropen, Subtropen u. in der gemäßigten Zone heim. Euphorbiazee. Medizin. Verwendung als Laxans findet das durch kalte Pressung gewonnene Rizinusöl. Rizin geht nicht in das Öl über. Um aber völlig sicher zu sein, daß das Öl rizinfrei ist, wird das medizin. verwendete Öl anschließend mit Wasser gekocht. [44]

Rizinolsäure: ungesättigte Fettsäure, die als Triglyzerid den Hauptbestandteil des Oleum Ricini bildet u. der wirksame Stoff desselben ist. [43]

Rizinusöl = Oleum Ricini DAB 7: wird aus den Samen von Ricinus communis gepreßt, hat eine gelbliche Farbe, kaum wahrnehmbaren Geruch u. Geschmack; enthält ↑ Rizinolsäure. [44]

RN: *Abk* für ↑ Reststickstoff. [16]

Rn: chem. Symbol für ↑ Radon. [8]

RNP-Granula ↑ Ribosomen. [6]

RNS: *Abk* für ↑ Ribonukleinsäure. [8]

RNS-Polymerase = Nukleosidtriphosphat: RNS-Nucleotidyltransferase (EC 2.7.7.6). Enzym, das durch 3′ → 5′-Verknüpfung von Ribonukleosidphosphatresten die Synthese von RNS aus ↑ Ribonukleosidtriphosphaten unter Freisetzung von P ~ P katalysiert, wobei DNS als Matrize dient (DNS-abhängige RNS-Synthese). [8]

RNS-Replikase ↑ RNS-Synthetase. [8]

RNS-Synthetase: Enzym, das durch

3′ → 5′-Verknüpfung von Ribonukleosidphosphatresten die Synthese von RNS aus Ribonukleosidtriphosphaten unter Freisetzung von P~P katalysiert, wobei RNS als Matrize dient (RNS-abhängige RNS-Synthese; Replikationsmechanismus viraler Ribonukleinsäuren). [8]

RNS-Viren: Viren, deren Nukleosid aus RNS (↑Ribonukleinsäure) besteht; ↑Myxoviren, ↑Arboviren, ↑Picornaviren. [40]

Robbengliedrigkeit ↑Phokomelie. [23]

Robbins, Frederik Chapman (*1916), Bakteriologe, Cleveland (O.). 1954 Nobelpreis (mit Enders, John Franklin u. Weller, Thomas Huckle) für die Entdeckung, daß in Gewebkulturen verschiedener Art Poliomyelitis-Viren gezüchtet werden können. [53]

Robert, Heinrich, L. F. (1814–1878), Gynäkologe, Wiesbaden.

R' Becken: Beckenmißbildung, bei der beide Kreuzbeinflügel fehlen; quer verengt. [29]

Roberts, William, Sir (1830–1899), Internist, London.

R' Probe: Bestimmung des Traubenzuckergehaltes durch Gärung. Die Probe beruht darauf, daß das spezif. Gewicht einer Traubenzuckerlösung infolge der Gärung abnimmt. Dies beruht sowohl auf dem Verschwinden des Traubenzuckers als auch auf Bildung von Alkohol, der das spezif. Gewicht erniedrigt. Durch Bestimmung des spezif. Gewichtes vor u. nach der Gärung kann der Traubenzuckergehalt ermittelt werden. Abnahme des spezif. Gewichts um 0,001 entspricht nach R. einem Zuckergehalt von 0,230%. Geeignetes Verfahren nach Schlosser u. Lohnstein.

R.-Stolnikow-Brandenburg' Methode: Bestimmung des Eiweißgehaltes im Harn; wird dieser so weit verdünnt, daß die Heller' Probe nach 2–3 min gerade noch pos. ausfällt, dann enthalten 10 ml dieses Harns etwa 3,5 mg Eiweiß. [47]

Robertson, Douglas Argyll (1837–1909), Ophthalmologe, Edinburgh. Nach ihm das Phänomen reflektor. Pupillenstarre (1869) benannt; ↑Pupillenstarre, reflektorische. [7]

Robin, Pierre (1867–1950), Zahnarzt, Paris.

R' Syndrom: kombinierte Mißbildung, bestehend in starker Unterentwicklung des Unterkiefers, Glossoptose u. Gaumenspalte. Begleitsymptome: Gliedmaßenmißbildungen, offener Ductus Botalli u. offenes Foramen ovale u. a. m. – Formale Genese der mundbezüglichen Befunde: angeborene Störung hauptsächlich in der deutero-enzephalen Blastemzone, d. h. im Bildungsmaterial des Urdarmdaches auf der Stufe der Neurula, aus welchem normogenet. die Basalplatte des Knorpelschädels, sowie Teile der Kiefer, der 1. Schlundtasche u. des Ohres hervorgehen. – Manche Fälle sind erblich. Kausalgenet. sind in Betracht zu ziehen Viruskrankheiten der Mutter, chron. Sauerstoffmangel der Frucht u. Avitaminosen. Klin. Symptome: Stridor inspiratorius u. Asphyxie infolge der Glossoptose u. träger Schlundreflexe. Schwierige Aufzucht der Säuglinge. [37]

Robinson-Power-Kepler-Test: Nebennierenrindenfunktionstest. In 15–30 min trinkt der Pat. 1500 ml Wasser. Der in den nächsten 5 h ausgeschiedene Urin wird gesammelt u. analysiert. [31]

Robles' Krankheit: afrikan. Onchozercose; ↑Onchocerca volvulus. [58]

Roboranzien ⁎ **Roborantia remedia** *⟨lat⟩ n, Pl:* allgemein kräftigende Mittel, stärkende Mittel wie etwa ↑Glukose, ↑Vitamine, anabole ↑Steroide. [44]

Robson, Arthur Mayo (1853–1933), Chirurg, Windsor, Greenwich, Leeds, London.

R' Punkt: Schmerzpunkt bei Gallenblasenentzündung am Übergang vom unteren zum mittleren Drittel der Verbindungslinie Nabel – re. Brustwarze. [18]

Rocky Mountains spotted fever *⟨engl⟩ n:* Spotted fever of the Rocky Mountains, Felsengebirgsfieber, amerikan. Zeckenfieber, amerikan. ↑Fleckfieber. [40]

rodens *⟨lat⟩*: nagend, fressend. [43]

Rodentizide *⟨lat⟩ n, Pl:* Nagetierbekämpfungsmittel, für Wild- u. Menschen im allgemeinen toxisch. [25]

Rodentolepis nana ↑Hymenolepis nana. [58]

Roederer, Johann Georg (1726–1763), Geburtshelfer u. Gynäkologe, Göttingen. Er gründete 1751 die erste geburtshilfliche, dem akadem. Unterricht gewidmete Klinik innerhalb der damaligen Grenzen Deutschlands. Durch ihn wurde die Geburtshilfe zu einer Wissenschaft erhoben.

R' Kopfeinstellung: Anpassung des Kopfes an die Raumbeschränkung des allgemein verengten Beckens durch extreme Beugehaltung. Kinn forciert gesenkt u. fest auf die Brust gepreßt. [29]

Roemheld, Ludwig (1871–1938), Internist, Gundelsheim a. Neckar.

R' Symptomenkomplex: gastrokardialer Symptomenkomplex; Hochdrängung des Zwerchfells u. damit des Herzens durch große Magenblase oder Meteorismus; Übelkeit, Extrasystolen, Herzdrücken, Stenokardie. [9]

Roger, Henry L. (1809–1891), Arzt, Paris.

R' Krankheit: Maladie de Roger; ↑Ventrikelseptumdefekt. [10]

Roh|faser (Holzfaser; inkrustierte Zellmembran): Summe jener Kohlenhydrate u. verwandter Stoffe, die bei einer bestimmten Behandlung der Lebensmittel (Futtermittel) mit verdünnten Säuren u. Alkalien in der

Hitze nicht löslich gemacht werden u. als Rückstand verbleiben; es handelt sich vor allem um Zellulose, Lignin, gewisse Hemizellulosen usw. Die Rohfaser, art- u. mengenmäßig uneinheitlich, gehört zu den sog. Ballaststoffen.

~kost: Nahrungsmittel pflanzlicher Herkunft, die im rohen, ungekochten Zustand genossen werden, z. B. Salate, Brei usw. von Tomaten, Karotten, Obst, Kopfsalat, Kraut, Sauerkohl usw.; Vitamin- u. Mineralstoffträger, aber kalorienarm u. meist reich an Rohfaser, deshalb mitunter nicht gut verträglich. [16]

Röhl' Randkörper (1890): kleine lichtbrechende vitalfärbbare Gebilde am Rande roter Blutzellen, mit Phasenkontrastverfahren gut darstellbar, treten bes. bei Anämien auf u. vermehren sich in stehendem Blute. Nach bisheriger Kenntnis nicht ident. mit Innenkörpern. [11]

Röhrenspekulum: zylinderförmiges Instrument aus Glas, Porzellan oder Metall zur Besichtigung von Portio u. Vagina. [29]

Rohrer, Fritz (1888–1926), Physiologe, Zürich.

R' Index: der Index gibt Aufschluß über die Körperfülle:

$$\frac{\text{Gewicht} \cdot 100}{\text{Länge}^3}$$

Dabei wird das Gewicht des Betreffenden in g, seine Länge in cm ausgedrückt. Normalerweise pendelt dieser Index um 1,4. [7]

Rohrzucker ↑Saccharose; *engl.* Sucrose.

~diät: zur Heilung von akuten Darmkrankheiten gibt man steigende Gaben von 10%igen Lösungen von ↑Saccharose nach einer 2 bis 3tägigen Fastenzeit. [16]

Rokitansky, Karl v. (1804–1878), Pathologe, Wien.

R' Divertikel: Traktionsdivertikel des Ösophagus; ↑Ösophagusdivertikel.

R' Krankheit: akute gelbe ↑Leberatrophie.

R' Niere ↑Amyloidnephrose.

R' Theorie: wegen der Stauungshyperämie kommt es bei einer Mitralstenose nicht zur Entwicklung einer Lungentuberkulose. [18]

Rolando, Luigi (1773–1831), Anatom, Turin.

R' Furche = Sulcus Rolandi = Sulcus centralis: die Zentralfurche an der Konvexität des Großhirns. [1]

Rolitetracyclin□**:** Pyrrolidino-methyl-tetracyclin. Antibiotikum. Reverin®.

Rollappen ↑Rundstiellappen, ↑Hautplastik. [18]

Rollenzug: Gewichtszug, der über eine oder mehrere Rollen läuft. Die Rollen werden so angeordnet, daß damit die Zughöhe u. Zugrichtung, zweckentsprechend eingestellt ist. Einzeln oder gleichzeitig können Längs-, Seiten-, Vertikal u. Horizontalzüge angebracht werden. Zweckdienlich ist das Lochstab-Extensionsgerät. Verwendung finden Rollenzüge in der Frakturbehandlung sowie in der medikomechan. Nachbehandlung. [23]

Roller tubes ⟨*engl*⟩ *Pl:* Rollerröhrchen; ↑Rollerröhrchen-Methode. [4]

Rollerröhrchen-Methode: eine in der Gewebekultur angewandte Technik, bei der die Kulturröhrchen in nahezu waagerechter Lage sehr langsam aber ständig um ihre Längsachse bzw. um die Längsachse des techn. Systems gedreht werden. Die Explantate selbst sind an der Röhrchenwand oder auf einem in die Eprouvette eingeführten schmalen Deckglas angesetzt. Sie werden von dem flüssigen Kulturmedium beim „Rollen" period. bespült. [4]

Rollgelenk ↑Scharniergelenk. [23]

Rollkur: zur Behandlung von Gastritis u. Magengeschwür. Nach Einnahme einer adstringierenden Flüssigkeit z. B. Targesinlösung, auf nüchternen Magen nimmt der Kranke jeweils für einige Minuten Rückenlage, re. u. li. Seiten- sowie Bauchlage ein. Hierdurch soll es zu einer allseitigen Benetzung der gesamten Magenschleimhaut kommen. [9]

Romanoskopie ↑Rektoskopie. [18]

Romanowsky, Dimitri Leonidowitsch (1861 bis 1921), Internist, Leningrad.

R' Effekt: in alten „ausgereiften" Methylenblaulösungen auftretende Farbstoffe, die eine metachromat. ↑Farbwirkung hervorrufen. [11]

R' Färbung ↑Giemsafärbung. [41]

Romberg, Moritz Heinrich (1795–1873), Neurologe, Berlin.

R' Phänomen: starkes Schwanken oder Fallneigung beim Stand mit aneinandergestellten Füßen u. geschlossenen Augen; vorwiegend bei Erkrankungen des Kleinhirns oder der Hinterstränge (z. B. durch ↑Tabes dorsalis). [32]

R' Syndrom ↑Hemiatrophia faciei progressiva. [33]

Römerbandage: orthopäd. Apparat zur Abstützung eines arthrot. Kniegelenkes. [23]

Röntgen, Wilhelm, Conrad (1845–1923), Physiker, Straßburg, Gießen, Würzburg. Entdeckte 1895 die von ihm bezeichneten X-Strahlen, die später nach ihm Röntgenstrahlen genannt wurden. 1901 erster Nobelpreis für Physik. [53]

Röntgen|aufnahme ↑Röntgenbild.

~belichtungsautomatik: Apparatur mit registrierender Ionisationskammer zwischen Streustrahlenblende u. Filmkassette, die die Belichtung nach Angabe der für das jeweils verwend. Filmmaterial erford. Dosis einstellt.

~bild: Abbild eines Körperteiles mittels Röntgenstrahlen (↑Röntgenoptik) auf einer photograph. Platte (Röntgenaufnahme) oder einem fluoresz. Schirm (Leuchtschirm, ↑Röntgendurchleuchtung), wobei sich die strahlenundurchlässigen Gebilde (z. B. Knochen) als Schatten darstellen (auf der photograph. Platte, dem Röntgenfilm, weiß, da keine Schwärzung durch Röntgenstrahlen erfolgt), während strahlungsdurchlässige Teile (z. B. die lufthaltige Lunge) hell erscheinen (auf dem Röntgenfilm schwarz). Andere Organe geben je nach ihrer Dichte oder ihrem Luftgehalt mehr oder weniger intensive Schatten. Flüssigkeiten in lufthaltigen Hohlräumen stellen sich mit horizontaler oberer Begrenzung dar (sog. Spiegelbildung) z. B. Mageninhalt, Seropneumothorax u. a. [26]

~bildverstärker: *Abk* RBV; Apparaturen zur elektron. u. elektronenopt. Kontrast- u. Helligkeitsverstärkung des röntgenoskop. Bildes. Mit der sonst notwendigen Dosis kann im Hellen durchleuchtet werden (z. B. bei Operationen). Bei Durchleuchtung mit Dunkeladaption ergibt bereits 1/20 der Dosis ein helleres u. besseres Durchleuchtungsbild. Die Objektausschnitte haben Kreisdurchmesser von 5–12,5 Zoll (= 12,5–31 cm). Moderne Geräte besitzen Einrichtungen zur elektron. Ausschnittsvergrößerung (elektronenopt. Lupe) u. zur automat. Helligkeitsstabilisierung. Anschlußmöglichkeiten an den Bildverstärkerausgang ↑Angiokardiographie. Verfahren zur Verstärkung des Röntgen-Leuchtschirmbildes: 1. Das auf dem Leuchtschirm sichtbare Röntgenbild wird mit Hilfe einer lichtstarken Optik auf die Photokatode eines elektronenopt. Bildverstärkers oder einer Fernsehaufnahmeröhre abgebildet u. verstärkt. 2. Das Röntgenbild wirkt direkt auf die Leucht- oder Umwandlungsschicht einer elektronenopt. Röntgenbildverstärkerröhre. Beim eigentlichen Röntgenbildverstärker ist der primär von den Röntgenstrahlen erregte Leuchtschirm unmittelbar in der Bildverstärkerröhre mit untergebracht, wobei das Röntgenleuchtschirmbild unmittelbar auf die Photokatode einwirkt. 3. Das zu untersuchende Objekt wird durch ein enges Röntgenstrahlenbündel punktweise abgetastet bzw. durchstrahlt. Die vom Objekt durchgelassene oder evtl. auch die reflektierte Strahlung wird von einer röntgenstrahlenempfindlichen Schicht zeitlich nacheinander absorbiert u. in elektr. Impulse umgesetzt. Diese elektr. Impulse werden dann z. B. mit den Mitteln der Fernsehtechnik, wieder in ein sichtbares Bild umgewandelt. 4. Das Röntgenbild wirkt unmittelbar auf die röntgenstrahlenempfindliche Halbleiterschicht einer Vidikon-Fernsehaufnahmeröhre ein; ↑Röntgenvidikon. [26]

~dermatitis: die Reaktionen der Haut auf Röntgenstrahlung werden nach Holzknecht in vier Grade eingeteilt: 1. leichte Schädigung, die mit Pigmentbildung, Haarausfall u. geringerer Abschilferung einhergeht; 2. Dermatitis hyperaemica mit Schuppung u. Pigmentierung (Röntgenerythem). Diese Reaktion dient als Grundlage der biolog. Dosierung (↑Dosiseinheiten, ↑Hed); 3. Dermatitis bullosa, langsame Abheilung mit Narbenbildung u. Gefäßerweiterung (Teleangiektasie); 4. Dermatitis gangraenosa, nicht heilendes, schmerzhaftes Geschwür.

~doppelkontrastdarstellung: Kombination von 2 Röntgenkontrastverfahren. Das Organ wird meistens durch eine Insufflation (↑Pneumoperitoneum, ↑Pneumoretroperitoneum, ↑Pneumomediastium) zur Markierung der äußeren Konturen u. Kontrastmittel- oder Luftfüllung eines Lumen dargestellt; ↑Parietographie. [26]

~durchleuchtung: Untersuchung eines Pat. mit Röntgenstrahlen vor einem fluoreszierenden Schirm. Das dabei entstehende ↑Röntgenbild ist zwar weniger scharf als eine photograph. Röntgenaufnahme, bietet aber den Vorteil, durch Bewegung (Drehung) des Pat. die räumlichen Beziehungen der abgebildeten Schatten besser erkennen u. die Dynamik von Bewegungsabläufen z. B. Magen- u. Darmperistaltik, erfassen zu können. Charakterist. Momente eines Bewegungsablaufes u. dabei zutage tretende Organveränderungen, z. B. Magen- u. Darmgeschwüre können durch „Schießen" von Momentaufnahmen fixiert werden. [26]

Röntgen|einheit ↑Dosiseinheiten.

~erythem: ist die Hautrötung, die normalerweise 8–10 Tage nach einer therapeut. Röntgenbestrahlung mit 1 HED auf der normalen Haut auftritt; ↑Röntgendermatitis.

~dosis: Hauterythemdosis, Hauteinheitsdosis (HED); bei einzeitiger Gabe 550 R.

~fernsehen: an den ↑Röntgenbildverstärker kann eine Fernsehkette angeschlossen werden, die die Radioskopie (Röntgendurchleuchtung) auf einen Fernsehschirm (Monitor) überträgt, dessen Aufstellung vom Röntgenapparat unabhängig ist, oder auf einen Röntgenbildspeicher; ↑Röntgenbildbandgerät, ↑Angiokardiographie. [26]

~filter: Strahlenfilter zur Absorption des langwelligen Anteils (sog. weiche Strahlung) des von der Röntgenröhre ausgehenden Strahlenspektrums zugunsten des kurzwelligen Anteils (sog. harte Strahlung). Dadurch erreicht man sowohl bei der Röntgendiagnostik als auch bei der Röntgentiefentherapie eine Hautschonung, da die weichen Strahlen in den obersten Körperschichten völlig absorbiert werden, also zum Bildaufbau bzw. zur therapeut. Tiefenwirkung nicht beitragen, aber die Haut bes. schädigen. Als Filtermaterial verwendet man in erster Linie Aluminium u. Kupfer. [26]

~funktionsdiagnostik: röntgenolog. Kontrolle von Funktionsabläufen innerer Organe; z. B. Magen-Darm-Passage (MDP); ↑ Pharmakoradiographie.

~ischiometer: durchsichtiger Winkelmesser zur Auswertung der Röntgenaufnahme bei Luxationshüfte (Luxatio congenita coxae).

~karzinom: ein Hautkrebs, der in der durch Röntgenstrahlen geschädigten Haut entsteht. [5]

~kastration: Unfruchtbarmachung durch Röntgenbestrahlung der Keimdrüsen in der Gynäkologie therapeut. angewendet.

~kinematographie: durch Filmaufnahmen der ↑ Röntgendurchleuchtung werden schnell ablaufende Bewegungsvorgänge untersucht, bei denen dem Auge Details entgehen. Breite Anwendung in der ↑ Angiokardiographie (angeborene Herzfehler, Klappenfunktion bei erworbenen Herzfehlern u. a.); ferner in der Funktionsdiagnostik der Sprachorgane, der Speiseröhre, der Magen- u. Dünndarmdiagnostik u. bei Funktionsuntersuchungen der Gallenwege. Erste Versuche Mc. Intyre 1896; systemat. Untersuchungen Janker 1926–1930. Seit Einführung der Röntgenbildverstärker (RBV) 1955 wurden die Methoden, bei denen während der Röntgendurchleuchtung die Vorgänge auf dem Leuchtschirm gefilmt wurden, wegen geringer Bildhelligkeit u. hoher Strahlenbelastung verlassen. Jetzt Helligkeitsverstärkung (1000- bis 5000fach) elektron. durch RBV oder durch optisch-elektron. Systeme (Leuchtschirm-Spiegeloptik-optischer Bildverstärker). Die Kinokamera ist an die Linsenoptik des RBV-Ausgangs montiert (Röntgen-Arriflex). Ein weiteres Verfahren ist die Fernseh-Sichtbild-Kinematographie; dabei wird die Röntgendurchleuchtung auf dem Fernsehschirm (Monitor) gefilmt. Wegen des geringen Auflösungsvermögens des Gesamtsystems eignet es sich für die Erfassung langsamer Organbewegungen bei geringeren Ansprüchen an die Detaildarstellung. Bei der RBV-Kinematographie mit kontinuierlich strahlender Röntgenröhre wird nur ein Teil der Strahlung genutzt, da die Belichtung nur bei Filmstillstand während des Hellsektors der Kameraumlaufblende erfolgt; im Dunkelsektor wird der Film transportiert (sog. Durchlauftrieb). Im sog. Pulsbetrieb dagegen wird die Röntgenröhre elektron. durch einen Kontaktgeber an der Kamerablende so gesteuert, daß nur während des Hellsektors eine kurzzeitige Strahlung von wählbarer Dauer auftritt (z. B. Cinepuls-System). Die gepulste R. ermöglicht eine Verminderung der Strahlenbelastung des Pat. um etwa 50% u. eine entscheidende Verbesserung der Bildqualität durch Verkürzung der Belichtungszeit mit Verminderung der Bewegungsschärfe. Die Kamerafrequenz liegt bei allen röntgenkinematograph. Verfahren im Routinebereich zwischen 10–20 Bildern/s. Zur Erfassung von Bewegungen der Herzklappen u. für andere Spezialprobleme sind Frequenzen bis 200 Bilder/s nötig. Durch spez. Kameratechnik (Raffung, Zeitlupe) kann der Aussagewert gesteigert werden. [26]

~kontaktaufnahme: Röntgenaufnahme, bei der die Röhre dem Objekt direkt aufgesetzt ist, so daß durch die starke Divergenz der Strahlen die röhrennahen Objektabschnitte unscharf u. nur die filmnahen scharf dargestellt werden. Dadurch werden vor allem flache Objekte, die nahe der Körperoberfläche liegen, gut dargestellt (z. B. Patella, Sternum). [26]

Röntgenkontrast|darstellung: bei der Röntgenuntersuchung der Organe, die nicht durch ihre eigene Dichte zu differenzieren sind, erfolgt die Darstellung mit Hilfe eines Kontrastmittels. Dieses kann per os (Magen-Darm), durch Einlauf (Mast- u. Dickdarm), intraarteriell oder intravenös (Gefäße, ableitende Harnorgane), durch Katheter (Bronchographie, Angiographie, retrograde Pyelographie) oder instrumentell verabfolgt werden (Hysterosalpingographie, Myelographie).

~mittel: zur Kontrastdarstellung des Magen-Darm-Traktes wird vorwiegend eine Aufschwemmung von Bariumsulfat verwandt. Alle sonstigen Kontrastdarstellungen werden mit Jodkontrastmitteln durchgeführt. Die öligen Jodkontrastmittel werden weitgehend durch wäßrige Jodkontrastmittel ersetzt. [26]

Röntgenkymographie ↑ Kymographie.

~liter ↑ Raumdosis. [26]

Röntgeno|gramm: Röntgenbild, Röntgenaufnahme auf einer photograph. Platte. [26]

~graphie: photograph. Aufnahme mit Röntgenstrahlen.

~logie: Lehre von der medizin. Verwendung u. den hierbei auftretenden Eigenschaften der Röntgenstrahlen. [26]

Röntgenoptik: Röntgenstrahlen sind elektromagnet. Schwingungen sehr kleiner Wellenlänge, die sich gradlinig mit Lichtgeschwindigkeit fortpflanzen u. auf ihrem Weg je nach Dicke u. Dichte der durchstrahlten Objekte geschwächt werden. Der Nachweis erfolgt entweder photograph. oder durch ihre Fähigkeit, in bestimmten Stoffen (z. B. Bariumplatinzyanür, Zinksulfid, Zinkkadmiumsulfid) starke Lumineszenz auszulösen (Röntgendurchleuchtung). Die Schirmbilder bzw.

photograph. Röntgenaufnahmen sind reine Schattenbilder, deren Schärfe von der Größe des Brennfleckes in der Röntgenröhre u. dem Verhältnis des Abstandes Brennfleck/Objekt zu Brennfleck/Bildschirm abhängt. Opt. Abbildung durch Brechung läßt sich nicht erzielen. Wohl aber werden die Röntgenstrahlen an dem regelmäßigen Atomgitter von Kristallen gebeugt u. liefern Beugungsspektren, die sich im Röntgenspektrometer zur Wellenlängenbestimmung bzw., zur Analyse der molekularen Struktur von Kristallen u. kristallähnlichen Objekten (z. B. Zellulosefasern, Wolle usw.) ausnutzen lassen (↑Röntgenspektrographie). Durch Reflexion an gekrümmten Kristallen bei streifendem Einfall lassen sich schließlich auch röntgenopt. Abbildungen kleiner Objekte erhalten. [54]

Röntgenoskopie ↑Röntgendurchleuchtung. [26]

Röntgenreihenuntersuchungen ↑Röntgendurchleuchtung. [26]

Röntgenröhre: weitgehend luftleer gepumptes Glasgefäß, in dem sich als Katode eine Glühwendel befindet, an der bei hoher Temperatur Elektronen austreten, die je nach der angelegten Spannung mit mehr oder minder großer Geschwindigkeit auf die (in der Regel mit Wolfram belegte) Anode (Antikatode) zufliegen, dort abgebremst werden u. dabei die Röntgenstrahlen erzeugen. Durch einen sog. Wehneltzylinder um die Katode läßt sich der aus Elektronen gebildete Katodenstrahl bündeln, so daß auf der Anode ein kleiner Brennfleck entsteht (Röntgenröhrenfokus), von dem die Röntgenstrahlen ausgehen. Beim Auftreffen auf die Glaswand erzeugen die Röntgenstrahlen eine Sekundärstrahlung, die ebenso unerwünscht ist wie die unter großen Winkeln von der Anode ausgehende Primärstrahlung. Die Röntgenröhren werden deshalb (zur Vermeidung von Schädigungen des Bedienungspersonals) mit einem bleihaltigen Strahlenschutzmantel versehen, der nur einen begrenzten Strahlenkegel austreten läßt, oder in ein Schutzgehäuse mit entsprechenden Blenden eingebaut. Röntgenröhren zu diagnost. Zwecken werden mit Spannungen von 35–150 kV (meist um 60 kV), Therapieröhren mit Spannungen bis zu 400 kV betrieben. Es besteht die Tendenz, noch höhere Spannungen – u. damit noch härtere Röntgenstrahlen zu verwenden. Bei hochbelasteten Röhren kommt die Anode im Betrieb zu heller Glut, u. es besteht die Gefahr der Zerstörung. Man verwendet daher jetzt in solchen Fällen Röhren, deren Anode in rasche Rotation versetzt wird („Drehanodenröhren") u. dadurch bessere Abkühlungsmöglichkeit erhält. Weichstrahlröhren für dermatolog. Zwecke, die nur mit 10–12 kV Betriebsspannung arbeiten, müssen wegen der geringen Durchdringungsfähigkeit ihrer Strahlung sehr dünne Fenster aus bes. durchlässigem Glas („Lindemann-Fenster") erhalten. [54]

Röntgen|schäden: als berufliche Schäden meist nur chron. Die Haut ist faltig, glänzend, papierdünn, rissig u. zeigt Erweiterung der Kapillaren. Haarausfall, Schädigung der Nägel. Schwerheilende Geschwüre können entstehen, die sich zum Röntgenkrebs zu entwickeln vermögen. Daneben Zeichen einer allgemeinen Erkrankung sowie starke Müdigkeit, nervöse Beschwerden, Funktionsstörungen der Geschlechtsdrüsen bis zur Röntgenkastration. Beachtung verdient die Blutschädigung mit frühzeitiger Verminderung der granulierten Leukozyten. Die Entstehung eines Augenstars durch Röntgenstrahlen ist umstritten. Als melde- u. entschädigungspflichtige Berufskrankheit anerkannt. [49]

~schichtverfahren: Syn. Tomographie, Stratigraphie, Planigraphie; Spezialverfahren zur Darstellung einzelner Objektebenen auf dem Röntgenbild. Für Schichtaufnahmen ist das Fehlen der Summation kennzeichnend. Röntgenröhre u. Filmkassette sind gekoppelt u. bewegen sich während der Aufnahme gegenläufig um einen Drehpunkt, der verändert werden kann u. vor jeder Aufnahme eingestellt wird. Der Drehpunkt entspricht der Schichttiefe. Der Pat. bewegt sich während der Aufnahme nicht. Durch die Bewegung von Röhre u. Kassette werden alle vor u. hinter der eingestellten Schichttiefe (Drehpunkt) liegenden Partien verwischt u. nur die eingestellte Schicht scharf dargestellt. Beim Simultan-Schichtverfahren werden mit einer Spezialkassette außer der eingestellten Schicht 6 weitere gleichzeitig dargestellt. Dabei entspricht 1 cm Objektabstand 1,2 cm Filmabstand. Die Kassette enthält einen Satz von 7 Folienpaaren mit unterschiedlicher Verstärkerwirkung. Bildqualität gleich gut wie Einzelschichtaufnahmen. Indikationen: Kavernen, Bronchialtumoren, Gefäße, Thoraxraum, Schädel, urolog. Konkrementnachweis. In Kombination mit Retropneumoperitoneum: Nieren- u. Nebennierentumoren, Pankreas. Larynx (mit Kontrastmittelspray). Als Zusatzuntersuchung zur i. v. Cholangio-Cholezystographie. [26]

~schirmbildverfahren: bei der Reihenuntersuchung großer Bevölkerungsteile zur Erfassung der Lungentuberkulose u. anderer Erkrankungen der Thoraxorgane (Lungenkrebs) angewandte Röntgentechnik. Dabei wird durch eine geeignete Optik das Bild eines Spezialleuchtschirms auf einem Filmstreifen photographiert. Man verwendet meist Kleinbildformat (Bildgröße 24 × 36 mm), aber auch Mittelformat (Bildgröße 68 × 68 mm oder 9 × 12 cm usw.). Die Bildauswertung erfolgt beim Kleinformat mit Hilfe eines Projektionsapparates, beim Mittelformat durch Lupenbetrachtung im durchfallenden Licht.

~spektrographie ↑ Kristallgitter.

~stereoskopie ↑ Stereoröntgenographie. [26]

Röntgenstrahlen: kurzwellige, elektromagnet. Strahlen mit Wellenlängen von 10^{-7} (weiche R.) bis 10^{-10} (harte R.) cm, 1895 von Röntgen entdeckt u. als X-Strahlen bezeichnet. Sie entstehen in ↑ Röntgenröhren u. durchdringen alle Stoffe, u. zwar um so leichter, je geringer die Dichte des Stoffes u. je härter die Strahlung ist. Die photograph. Platte wird geschwärzt. Mit Fluoreszenzschirmen (z. B. aus Bariumplatinzyanür) lassen sich R. sichtbar machen (↑ Röntgenoptik). Biolog. wirken sie zellschädigend, bes. leicht auf Krebszellen, Dosierungsangaben in R (Dosiseinheiten). [54]

R. ultraharte: ein mittels Elektronenschleuder (Betatron) stark beschleunigtes Elektronenbündel erzeugt, wenn es von einem Target (Antikatode) abgebremst wird, eine extrem harte Röntgenstrahlung. [26]

~schutz: alle Maßnahmen u. Vorrichtungen, die unerwünschte oder schädliche Wirkungen der Röntgenstrahlen verhüten, z. B. Bleihüllen, -platten, -glas, -gummischürzen, -gummihandschuhe, Filter, Blenden, Tubusse, auch Schutz gegen Hochspannung usw.; ↑ Strahlenschutz. [26]

Rorschach, Hermann (1884–1922), Psychiater, Herisau (Schweiz).

R.-Test: Projektionstest, bei dem aus der Deutung symmetrischer Klecksfiguren durch den Untersuchten Rückschlüsse auf dessen Persönlichkeit gezogen werden.

Rosazea ⚹ **Rosacea** ⟨*lat*⟩ *f:* Rotfinnen; Dermatose auf seborrhoischer Grundlage, tritt in mittleren Lebensjahren auf. 1. R. erythematosa: unscharf begrenzte Rötung an Wangen, Nase, Kinn u. Stirn mit Gefäßerweiterungen; 2. papulöse bzw. pustulöse Form (R. papulosa oder pustulosa). Außer Rötung u. Gefäßerweiterungen treten papulöse u. pustulöse Follikulitiden auf. Durch Wucherungen der Talgdrüsen u. gleichzeitige Venenerweiterungen entsteht 3. ↑ Rhinophym, die Knollen- oder Pfundnase. Als Nebenerscheinungen treten Blepharitis, Konjunktivitis u. Keratitis auf. Magen-Darm-Erkrankungen, Obstipation, Alkoholismus, endokrine Störungen u. Hitzeeinwirkungen haben ursächliche Bedeutung. [43]

Rose ↑ Erysipel. [43]

Rose, Edmund (1836–1914), Chirurg, Zürich, Berlin.

R' Reaktion ↑ Waaler-Rose' Reaktion.

R' Syndrom ↑ Kopftetanus. [18]

Rose-Extron' Reaktion: spezif. Reaktion zum Nachweis von Indikan im Harn. [47]

Rosenbach, Anton J. Fr. (1842–1923), Chirurg, Göttingen.

R' Krankheit ↑ Erysipeloid. [18]

Rosenbach, Ottomar (1851–1907), Internist, Leipzig, Berlin.

R' Gallenfarbstoffreaktion ↑ Gmelin' Probe.

R' Test: Kältehämolysine bei Kranken mit Kältehämoglobinurie werden dadurch nachgewiesen, daß die Hände des Kranken 15 bis 20 min in Eiswasser getaucht werden. Intravasal tritt Hämolyse ein, u. im Harn kann danach Hämoglobin nachgewiesen werden; ↑ Donath–Landsteiner' Reaktion u. Ehrlich' Fingerversuch. [47]

R.–Semon' Gesetz: Rosenbach u. Semon versuchten die Zeitfolge der laryngealen Lähmungserscheinungen gesetzmäßig zu erklären. Sie unterschieden vier Stadien einer Kehlkopflähmung: a) isolierte Lähmung der Glottiserweiterer („Postikuslähmung"); b) spast. Kontraktur der gelähmten Stimmlippe zur Mediallinie; c) „Kadaverstellung" nach Lähmung aller Rekurrenszweige; d) kompensierende Überkreuzung der gesunden Stimmlippe über die Mediallinie. Die R.–Semon' Regel entspricht nicht mehr den neuen experimentellen u. klin. Erfahrungen. [28]

Rosenkranz ↑ Rachitis. [32]

Rosenmüller, Johann Christian (1771–1820), Anatom u. Chirurg, Leipzig.

R' Drüse = Rosenmüller' Lymphknoten: in der Lacuna vasorum unter dem Leistenband gelegener Lymphknoten; zählt zur Gruppe der tiefen Lymphknoten der Leistenbeuge.

R' Grube ↑ Recessus pharyngeus. [1]

Rosenöl = Oleum Rosae: aus verschiedenen Rosensorten gewonnenes äther. Öl. Hauptbestandteil ist der Alkohol Geraniol. Anwendung in der Galenik als Geruchs- u. Geschmackskorrigens; Kosmetikum. [44]

Rosenthal' Vene: Vv. Rosenthali, ↑ Vv. basales. [20]

Roseola ⟨*lat*⟩ *f:* stecknadelkopf- bis linsengroße, hellrote unscharf begrenzte Hautflecken, sind Ausdruck umschriebener tox. Gefäßerweiterungen, lassen sich mit Glasspatel wegdrücken, bakterienhaltig.

R. infantum = Exanthema subitum, Dreitagefieberexanthem: hochfieberhafte masernähnliche exanthemat. Krankheit des frühen Kindesalters (selten).

R. syphilitica: bes. am Stamm auftretende, rundliche, zunächst hellrote, später blaurot werdende Flecken als Zeichen des sog. 2. Stadiums der ↑ Syphilis.

R. typhosa: beim Typhus abdominalis am Ende der ersten oder zu Beginn der zweiten Krankheitswoche auftretendes, vorwiegend am Bauch lokalisiertes Exanthem.

R. vaccinalis: nach Pockenimpfung gelegentlich auftretendes Exanthem. [43]

Roser, Wilhelm (1817–1888), Chirurg, Tübingen, Marburg.

R.-Braun' Zeichen: bei operativer Freilegung der Dura (Laminektomie) pulsiert diese nicht, z. B. bei raumfordernden Prozessen (spinale Tumoren). [20]

R.-König' Mundsperrer: Scherenförmiges Instrument, dessen Branchen zwischen die Zahnreihen geführt werden u. durch Schließen der Handgriffe die Kiefer öffnen. [18]

R.-Nelaton' Linie: Verbindungslinie zwischen der Spina iliaca ant. sup. u. dem Tuber ischiadicum. Bei gebeugtem Hüftgelenk liegt auf der Mitte dieser Linie die Spitze des Trochanter major des Oberschenkelknochens. [1]

Rosettenstar ⟨*frz*⟩: rosettenartige Linsentrübung, die traumat., vor allem bei Kontusionen, wenn die Linsenkapsel platzt, u. bei kleinen Perforationen entsteht. Sie liegt zunächst unmittelbar subkapsulär, wird aber im Laufe der Zeit durch Auflagerung von kleinen Fasern in die Tiefe der Linse abgedrängt (traumat. Spätrosette). Versicherungsrechtlich u. U. von großer Bedeutung. [36]

Rosin, Heinrich (1863–1934), Internist, Berlin.

R' Probe: auf Bilirubin im Harn (nach Trousseau u. Dumontpellier, 1863). Harn wird im Reagenzglas mit erheblich verdünnter alkohol. Jodtinktur überschichtet. An der Berührungsstelle der beiden Flüssigkeiten bildet sich ein grasgrüner Ring, der auf Bildung von Biliverdin beruht. [47]

Rosolsäure: *p*H-Indikator (*p*H 6,9–9,0); sauer gelb, basisch rot; ↑Indikatormethode. [42]

Ross, Ronald Sir (1857–1932), Tropenmediziner, Liverpool. 1902 Nobelpreis für seine Arbeiten über Malaria. [53]

R' Index: wenn man den ↑Milz-Index der Malariadurchseuchung feststellt u. die Vergrößerung der Milzen mit 1–5 unterscheidet (0 - keine feststellbare Milzvergrößerung), dann gibt der R' Index den durchschnittlichen Grad der Milzvergrößerung an, wenn man nur die vergrößerten Milzen zählt. [58]

Rossi-Syndrom ↑Pterygoarthromyodysplasia congenita. [32]

Roßkastaniensolebäder ↑Brandungsbäder. [45]

Rossolimo, Grigorij Iwanowitsch (1860 bis 1928), Neurologe, Moskau.

R' Reflex: Schlag gegen die Plantarseite der Zehen ruft bei Eigenreflexsteigerung eine kurze Beugebewegung der Zehen hervor. Bewertung ↑Eigenreflexe. [33]

Rostpilze ↑Uredinales. [42]

Rotameter: „trockener“ Strömungsmesser für Gase, bestehend aus einer graduierten kon. Röhre u. einem rotierenden Kegel, der auf dem durch die Röhre geleiteten Gasstrom „schwimmt“ u. die durchfließende Gasmenge anzeigt. [27]

Rostrum ⟨*lat*⟩ *n:* Schnabel; *Adj* rostralis zum Schnabel gehörig, zum vorderen Körperende hin gelegen. [18]

Rotandaspritze: Injektionsspritze, mit einem Zweiwegehahn fest verbunden, der durch Drehung der Spritze um ihre Längsachse auf Ansaugen oder Ausspritzen eingestellt wird; sie dient zur Entleerung größerer Ergüsse; früher zu Bluttransfusionen benutzt, aber verlassen wegen der Gefahr der Gerinnselübertragung. [18]

Rotations|bestrahlung ↑Bewegungsbestrahlung. [26]

~bruch: Torsionsbruch oder Schraubenbruch; gehört zu den indirekten Knochenbrüchen u. kommt durch übermäßige Drehbeanspruchung zustande. Die Frakturlinie hat die Form einer Schraubenlinie. Vorkommen an den langen Röhrenknochen (Oberarm, Oberschenkel, Unterschenkel). [23]

~gelenk ↑Radgelenk; ↑Gelenkformen. [1]

~thrombelastographie (Jürgens): Aufzeichnung des Kurvenverlaufs einer in vitro gerinnenden Blutprobe im ↑Thrombelastographen vor u. nach Belastung der Blutplättchen durch genormte Rotation der Blutprobe in Glasgefäßen. Wertvoll zum Nachweis von Thrombozytenfunktionsstörungen. [11]

Rotator ⟨*lat*⟩ *m:* Dreher. [1]

Rotblindheit ↑Protanopie, ↑Farbenblindheit. [36]

Röteln = Rubeola, Rubeolen: endem.-epidem., aerogen übertragbare Infektionskrankheit. Erreger Rötelnviren, Inkubation 1–3 Wochen. Klin. Beginn mit fieberhaftem Katarrh der oberen Luftwege u. Lichtscheu, dann Masern- oder scharlachähnliches Exanthem mit mehrwöchiger Schwellung der peripheren, insbes. zervikalen u. subokzipitalen Lymphknoten. Lebenslange Immunität, keine Kreuzimmunität mit Masern. Rubeolen der ersten drei Schwangerschaftsmonate führen in 20% der Fälle zum Absterben der Frucht bzw. zu Embryopathien. Virolog. Diagnose durch Virusnachweis in Zellkulturen u. serolog. im Neutralisations-Test. Symptomat. Therapie, bei Meningoenzephalitis Kortikoide. Prophylakt. Fernhalten einer Infektion in den ersten drei Schwangerschaftsmonaten, ggf. Schutzimpfung mit Lebendvirusimpfstoff bzw. passive Immunisierung mit Gammaglobulin, besser Immungammaglobulin (aus Rekonvaleszentenserum). [40]

~viren: um 200 nm große, ätherempfindliche Viren, kosmopolit. vorkommend. Übertragung überwiegend durch Tröpfchen, seltener durch Kontakt oder transplazentar; Erreger der ↑Röteln. [40]

Roter Fingerhut ↑Digitalis purpurea. [44]

Rotes Kreuz: in einigen Ländern Roter Halbmond, Roter Löwe oder Rote Sonne auf weißem Grund ist Wahr- u. Schutzzeichen im Sinne der Genfer Abkommen zum Schutze der Kriegsopfer vom 12. August 1949 (Verwundete, Kranke, Schiffbrüchige, Kriegsgefangene, Zivilbevölkerung u. das die Verwundeten u. Kranken pflegende Personal). Die Verwendung der Zeichen unterliegt genauen Regelungen; unberechtigter Gebrauch ist strafbar. Henri Dunant, Schweizer Schriftsteller u. Philanthrop (1828–1910), Gründer u. eifriger Förderer der internationalen Verbindungen zur Pflege u. Schonung der im Kriege Verwundeten, gab durch sein Buch „Un souvenir de Solferin" (1862, deutsch 1895), den Anlaß zur Genfer Konvention von 1869 u. zur Gründung des Roten Kreuzes. Er erhielt 1910 den Friedens-Nobelpreis (zusammen mit P. Passy in Paris). In BRD u. DDR Deutsches Rotes Kreuz; in BRD: Erste Hilfe, Krankenpflege, Suchdienst; Rote-Kreuz-Schwestern u. ehrenamtl. Helferinnen u. Helfer.

Rotfinnen ↑Rosazea. [43]

Rotgrünblindheit ↑Farbenblindheit. [36]

Roth, Moritz (1839–1914), Pathologe, Greifswald, Basel.

R' Flecken: weiße, regellos verstreute Flecken in der Netzhaut bei Sepsis, oft daneben u. getrennt Blutungen; Ursache bakterielle Metastasen. [36]

Roth, Wladimir, Karlowitsch (1848–1916), Neurologe, Moskau.

R.-Bernhardt' Krankheit ↑Meralgia paraesthetica. [33]

Rothenspieler' Zeichen: 1. beim Abbiegen der Wirbelsäule nach der Seite erschlafft normalerweise der M. sacrospinalis auf der konkaven Seite u. spannt sich auf der konvexen; tritt diese einseitige Erschlaffung nicht ein, so spricht das für einen krankhaften Prozeß auf der konkaven Seite, z.B. eine einseitige ↑Lumbago; 2. bei ↑Ischias tritt bei seitlichem Abbiegen der Wirbelsäule nach der gesunden Seite kein Schmerz auf, umgekehrt entsteht beim Abbiegen nach der kranken Seite auf dieser ein heftiger, manchmal ins Bein strahlender Schmerz. [13]

Rothmund' Syndrom: mit Hauterscheinungen (Poikilosklerodermat. Bild, Katarakt, Hypogonadismus) u. anderen ekto- u. mesodermalen Störungen einhergehendes heredofamiliäres Leiden; Beginn im Kindesalter. [43]

Rotlauf ↑Erysipeloid. [41]

~bakterien: *Erysipelothrix nisidiosa,* im Boden, Abwasser u. bei Tieren weitverbreitete kleine zarte, grampos. Stäbchen der Familie *Corynebacteriaceae;* Erreger des ↑Erysipeloids. [40]

Rotsehen = Erythropsie ↑Chromatopsie. [36]

Rotter, Josef (1857–1924), Chirurg, Berlin.

R' Operation: Radikaloperation der Mamma mit Ausräumung des Achselhöhlenfettgewebes u. der regionären Lymphknoten bei Krebserkrankungen. [29]

Rottlerin: Methylen-bis-Phloroglucin-Derivat. Taenizider Wirkstoff der Drüsen u. Büschelhaare der ↑Kamala. [44]

Rotz: Malleus, Wurm; enzoot. Erkrankung der Einhufer, eine durch Kontakt auf Menschen übertragbare, anzeigepflichtige Infektionskrankheit. Erreger Rotzbakterien (*Actinobacillus mallei*), Inkubation 3–5 Tage. Hochfieberhafte Knötchen- u. Geschwürsbildung mit Abszedierung, an Händen oder im Gesicht u. Nasen-Rauchenraum; sept. Metastasen. Letalität bei akutem Verlauf unbehandelt 100%, bei chron. Rotz 50%. Erregernachweis aus Geschwürs- u. Nasensekret mikroskop. u. kulturell. Behandlung mit Sulfonamiden oder Streptomyzin u. Breitbandantibiotika. Prophylaxe durch veterinärmedizin. Tilgung befallener Pferdebestände, humanmedizin. Isolierung, Desinfektion. [40]

~bakterien: *Actinobacillus mallei* Syn. *Bact. mallei, Malleomyces mallei* (Löffler u. Schütz, 1882); Erreger des Rotzes, gramneg. kleines, an den Enden meist abgerundetes, unbewegliches, sporenloses Stäbchen. [41]

Rous, Francis (*1879), Pathologe, New York.

R' Sarkom: übertragbares Hühnersarkom, virusbedingt. [5]

R' Sarkom-Virus: 70 nm großes RNS-Virus, Erreger des Rous' Sarkoms. [40]

Roussy-Cornil-Syndrom ↑Neuritis hypertrophicans. [33]

Roussy-Lévy-Syndrom: hereditäre areflektor. ↑Dystasie; Sonderform der Friedreich' Ataxie. [33]

Roux, Philibert Josef (1780–1854), Chirurg, Paris.

R' Haken: an beiden Enden gebogener Haken zum Auseinanderspreizen der Bauchdecken bei Operationen. [18]

Rovsing, Thorkild (1862–1927), Chirurg, Kopenhagen.

R' Symptomenkomplex (bei Hufeisenniere): Schmerzen in der Bauchmitte bei Überstrekkung der Wirbelsäule, teils durch Kapselspannungen, teils durch Gefäßschmerzen bedingt. [24]

R' Zeichen: bewährtes Symptom zur Diagnose der Blinddarmentzündung, indem durch kurze Erschütterungen der li. Unterbauchgegend Schmerzäußerungen über der Wurmfortsatzgegend ausgelöst werden. [18]

Rowley, P., zeitgen. amerikan. Mikrobiologe, New York.

R.-Rosenberg' Syndrom: Krankheitsbild der gestörten renalen tubulären Rückresorption fast aller Aminosäuren. Sympt.: Wachstumsverzögerung u. stat. Retardierung schon im ersten bis zweiten Lebensjahr manifeste Dystrophie rezidivierende pulmonale Infekte u. Atelektasen mit Hypoxämie. Cor pulmonale. Harn: Hyperaminoazidurie fast aller Aminosäuren bei normalem Plasmaspiegel der Aminosäuren. Sonst normale Nierenfunktion. Schlechte Prognose. [32]

Rp: (Rez.) *Abk* für recipe ⟨*lat*⟩ nimm! [44]

RPR ↑Radiusperiostreflex. [33]

R.-P.-Stoffe ↑Phenothiazin. [44]

R.Q.: *Abk* für respirator. ↑Quotient. [16]

RR: *Abk* für ↑Riva-Rocci bei Angabe der Blutdruckhöhe. [9]

Rr: *Abk* für ↑Rami. [1]

RRU: *Abk* für ↑Röntgenreihenuntersuchung; in der DDR auch VRRU = Volksröntgenreihenuntersuchung. [48]

RS-Viren: Respiratory syncytial virus; ätherempfindliche RNS-Viren, Größe um 100 nm, Erreger von Virusschnupfen, ↑Viruspneumonie. [40]

RT 23: *Abk* für Renset Tuberkulin ⟨*dän*⟩; gereinigtes Tuberkulin des Statens Serum Institut Kopenhagen. Die Charge 23 ist in großer Menge gefertigt u. von der WHO für weltweite Tuberkulintestungen empfohlen. [15]

Ru: Symbol für ↑Ruthenium. [8]

Rubazonsäure: Kondensationsprodukt aus 2 Molekülen Dimethylaminophenazon beim Metabolismus; bewirkt Rotfärbung des Urins nach Aminophenazongaben beim Menschen. [44]

Rubefazienzien ✻ **Rubefacientia remedia** ⟨*lat*⟩: hyperämisierende Hautreizmittel z.B. Senfpflaster. [44]

Ruben-Balg: mit Schaumgummi ausgekleideter, sich selbsttätig ausdehnender Atembeutel. [27]

R.-Ventil: kombiniertes Nichtrückatmungsventil für Spontanatmung u. künstliche Beatmung. [27]

Rubeola ⟨*lat*⟩ *f* ↑Röteln. [40]

R. scarlatinosa = Dukes-Filatow' Krankheit: Kinderkrankheit zwischen Scharlach u. Röteln stehend. Verlauf wie leichter Scharlach. Exanthem etwas heller, rosa, keine oder nur geringe Temperaturerhöhung. Keine Komplikationen. Soll auch Kinder befallen, die schon an Scharlach u. Röteln erkrankt waren. [43]

Rubidium: chem. Symbol Rb; Alkalimetall; nur 1wertig; große Ähnlichkeit mit Kalium. In sehr geringen Mengen in Pflanzen u. Tieren weit verbreitet. R. kann in einigen Bakterien, grünen Algen, Schwämmen u.a. das Kalium ersetzen. Eine biolog. Bedeutung für höhere Tiere ist nicht bekannt. Das natürliche Isotop $^{87}_{37}Rb$ ist (wie K) ein β-Strahler (Gehalt im R. 27,2%, 0,132 MeV; Halbwertszeit $6{,}9 \cdot 10^{10}$a). [8]

Rubinikterus (Brugsch): gelbrote Hautverfärbung, vorwiegend bei nicht mechan. hepatozellulärem Ikterus. [9]

Rubinstein, Jack, zeitgen. amerikan. Kinderpsychiater u. Pädiater, Cincinnati, Ohio.

R' Syndrom: Entwicklungsstörung mit Schwachsinn, Kranio-mandibulofazialer Dysmorphie u. Extremitätenmißbildungen. Sympt. Minderwuchs, geistige Retardierung, psychomotor. Unruhe, charakterist., eigenartige Fazies: stark vorspringende „Schnabelnase" mit vorverlagertem Nasensteg, Hypertelorismus, schräger Lidachsenverlauf, Strabismus, Ptosis, Epikanthus, Ohrmuscheltiefstand, steile vorspringende Stirn. Verkürzung u. Verklumpung der Phalangen von Daumen u. Großzehen. In einem Teil der Fälle bestehen auch Mißbildungen innerer Organe. [32]

Rüböl = Oleum Rapae: wird gewonnen aus Samen von Brassica-Arten. Eigenschaften: dickflüssig, gelb-bräunlich, eigenartiger Geruch u. Geschmack. Zur Bereitung von Salben u.ä. [44]

Rubor ⟨*lat*⟩ *m:* Rötung, entzündliche Hautrötung; eines der Hauptsymptome der ↑Entzündung. [18]

Rückbildung ↑Involution. [12]

Rückblickoptik: Endoskopoptik mit rückwärtiger (retrograder) Blickrichtung (also auf den Untersucher zu); ↑Klapp-Prisma, ↑Urethrozystoskop. [24]

Rückenmark = Medulla spinalis: Teil des ZNS; ist umgeben von den Rückenmarkhäuten, in den Wirbelkanal eingeschlossen u. reicht in ihm beim Erwachsenen bis zum 2. Lendenwirbel abwärts. [1]

R., Wurzeldurchschneidung ↑Rhizotomia posterior. [20]

Rückenmark|anästhesie ↑Lumbalanästhesie, Spinalanästhesie. [27]

~erschütterung: Syn. ↑Commotio (medullae) spinalis. Traumafolge mit flüchtigen neurolog. Ausfällen. [20]

~häute: wie am Gehirn werden drei Hüllen (↑Meningen) unterschieden: 1. Dura mater spinalis; 2. Arachnoidea spinalis; 3. Pia mater spinalis. Zwischen dem Periost des Wirbelkanals u. 1. befindet sich das Cavum epidurale, zwischen 1. u. 2. das Cavum subdurale u. zwischen 2. u. 3. das Cavum subarachnoideale. [1]

~segmente: die zusammenhängenden Folgestücke des Rückenmarks, die den austretenden Nervenpaaren entsprechen (segmentäre ↑Innervation). Von kranial nach kaudal werden folgende Segmente unterschieden: C_{1-8}, Th_{1-12}, L_{1-5}, S_{1-5} u. Co_1. [1]

~tumoren: Geschwülste des Rückenmarks. Man unterscheidet intramedulläre (in der Rückenmarksubstanz selbst entstandene) u. extramedulläre (von den Rückenmarkhüllen ausgehende) R. Ihrem Gewebscharakter nach sind erstere vorwiegend Gliome, letztere überwiegend Meningeome oder Neurinome. Der Sitz des Herdes wird durch die Höhen- u. die Querschnittsdiagnostik ermittelt, die durch die ↑Liquordiagnostik u. die ↑Myelographie ergänzt wird.

~wurzeln: Nervenfaserbündel, die den Ursprung der ↑Rückenmarknerven darstellen, u. zwar gibt es in jedem Segment je 2 Wurzeln auf jeder Seite, eine vordere, durch die die von der Vorderhörnern entspringenden motor. Fasern austreten u. eine hintere, durch die die in die Hinterhörner mündenden sensiblen Fasern eintreten. [33]

Rückensaite ↑Chorda dorsalis. [3]

Rückfallfieber: Rekurrensfieber, Febris recurrens; anzeige- u. hospitalisierungspflichtige, epidem. durch Kleiderläuse von Mensch zu Mensch übertragbare Infektionskrankheit. Erreger Rückfallfieberborrelien (*Borrelia recurrens*, endem. Abarten in warmen Ländern, Übertragung von Tieren auf Menschen durch Zecken), Inkubation 5–7 Tage. Wiederkehrende Fieberzyklen mit mehrtägigen fieberfreien Intervallen, Milztumor, Gefährdung des Kreislaufes. Letalität unbehandelt 10%. Vorübergehende typspezif. Immunität. Bakteriolog. Diagnose durch Erregernachweis während des Fieberanfalls im Blutausstrich oder Dicken Tropfen (Giemsapräparat), gegebenenfalls Blutkultur u. Mäuseversuch. Behandlung mit Penizillin oder Streptomyzin. Prophylaxe durch Läusevertilgung, Zeckenrückfallfieber durch Rattenbekämpfung. [40]

Rückfalltyphus: Syn. ↑Rückfallfieber. [40]

Rückgrat ↑Wirbelsäule. [1]

~spalte ↑Spina bifida. [5]

~verkrümmung: patholog. Verbiegung der Wirbelsäule; ↑Kyphose, ↑Skoliose, ↑Kyphoskoliose, ↑Gibbus. [1]

Rückkopplung: ein zur Aufrechterhaltung der relativen ↑Stabilität eines dynam. Systems dienendes Prinzip, bei dem die Abweichung vom vorgesehenen Sollwert der zu stabilisierenden Größe des Systems (↑Regelgröße) kontinuierlich oder in passend gewählten Zeitabständen durch ↑Fühler gemessen u. dieser Differenzwert einem Regler zugeführt wird, der seinerseits über ein geeignetes ↑Stellglied eine der Abweichung gegensinnige Veränderung (negative R.) der zu stabilisierenden Größe herbeiführt. Das Regulationsprinzip der negativen Rückkopplung hat universellen u. fundamentellen Charakter. Jedes kybernet. System, ob techn., biolog. oder soziolog. Art, enthält als wesentlichen Bestandteil die negative R. [60]

Rückstauungstheorie bei Stauungspapille ↑Stauungspapille. [36]

Rückstoßphänomen ↑Rebound-Phänomen. [12]

Rückstreuung: in der Röntgentherapie der Anteil der im Körper entstehenden Streustrahlung, der an der Haut als Zusatzdosis zur Einfalldosis wirksam wird. Die R. wächst mit zunehmender Härte bis etwa 1 mm Cu HWS u. fällt dann wieder ab. [26]

Rückstrom, venöser: für den Transport des Blutes von den Venolen zum re. Herzen liegt nur ein Gefälle des venösen Mitteldruckes von etwa 8 mm Hg vor. Wichtige zusätzliche Mechanismen sind eingeschaltet: 1. Pumpwirkung der Extremitätenmuskulatur im Verein mit Venenklappen; 2. inspirator. Sogwirkung der äußeren Atmung zwischen thorakalen u. abdominalen Venen u. 3. Begünstigung des venösen Zustromes zum Herzen durch die Bewegung der Ventilebene des Herzens u. elast. Rückstellkraft des systol. verformten Myokards. In den herznahen Venen, z. B. der Jugularvene, kann ein durch die Tätigkeit des re. Herzens (Kontraktion, Erschlaffung, Klappenspiel während einer Herzschlagperiode) verursachter Venenpuls beobachtet werden. Bei Funktionsstörungen des Herzens kann seine auch unblutige Registrierung von diagnost. Wert sein. [7]

Ructatio ⟨*lat*⟩ *f:* Aufstoßen. [9]

Rudiment ⟨*lat*⟩ *n:* Überrest, -bleibsel. [3]

Ruffini, Angelo (1864–1929), Anatom, Siena, Bologna.

R' Körperchen: sensible Endkörperchen (Wärmeempfindung?) in der menschlichen Haut, bestehend aus einem bis zu 1 mm langen, von einer bindegewebigen Kapsel umgebenen Neurofibrillengeflecht, in dem sich zahlreiche Endösen bzw. Endknöpfe nachweisen lassen. R' Körperchen sind ferner in der Subkutis u. der Dura mater nachgewiesen worden. [2]

Ruga ⟨*lat*⟩ *f:* Runzelfalte.

R. vaginalis: querverlaufende Falten der Scheidenschleimhaut. [43]

Ruggery' Reflex: Pulsbeschleunigung, wenn Pat. die Augäpfel stärker konvergiert; gilt als Zeichen für erhöhten ↑Sympathikotonus. [10]

Ruhedehnungskurve des Herzens: eine auch als Kurve der Tätigkeitsminima bezeichnete Beziehung zwischen Füllungsvolumen u. -druck des ruhenden Herzens. Stellt die Gesamtheit aller möglichen enddiastol.

Ausgangslagen dar, wobei die Steilheit ein Maß für die Elastizität der erschlafften Ventrikelmuskulatur abgibt. [7]

Ruhe|kapazität ↑Residualvolumen. [15]

~kern: Bezeichnung für den Zellkern zwischen zwei Zellteilungen (Interphasenkern) oder nach der letzten Zellteilung. Das „Ruhen" des Kernes steht nur im Gegensatz zu den Teilungsbewegungen der Karyokinese. Der „Ruhekern" ist metabol. aktiv. [3]

~potential: das in jedem irritablen Gewebe bereits im Ruhezustand zwischen dem elektr. neg. Zellinnern u. der elektr. pos. Zelloberfläche bestehende elektr. Potential. Seine Größe hängt von der Art des Gewebes ab (markhaltiger Nerv, markloser, Muskelfaser): 40–80 mV; ↑Membranpolarisation.

~stadium ↑Dauerformen.

~stoffwechsel ↑Grundumsatz.

~strom: der auf Grund des ↑Ruhepotentials in einem irritablen Gewebe von der Oberfläche zum Zellinnern (z. B. einem Querschnitt = Verletzungsstrom) ableitbare elektr. Strom. [7]

~tremor: Zittern der Finger in Ruhe, entweder bei völlig entspannter Muskulatur, wenn z. B. die Hand im Schoße liegt („passiver R.", wozu auch die Bewegung des „Pillendrehens" bei Parkinsonismus gehört) oder bei aktiver Spreizung der vorgestreckten Finger („aktiver R".). Gegensatz ↑Intentionstremor.

~zittern ↑Ruhetremor. [33]

Ruhr ⟨*althochdeutsch*⟩ ↑Bakterienruhr, ↑Amöbenruhr.

~amöben ↑*Entamoeba histolytica.*

~bakterien ↑Shigellen. [40]

Rührseligkeit: Weinerlichkeit, Zeichen einer Affektinkontinenz (z. B. Tränenvergießen bei trauriger Erzählung), ohne adäquate affektiv-emotionale Beteiligung, bei Hirnarteriosklerose, bei anderen organ. Hirnerkrankungen, auch bei schweren Erschöpfungszuständen. [34]

Rumination ⟨*lat*⟩ = Meryzismus: mit Lustgefühlen verbundenes ↑Wiederkäuen. [32]

Rumpel, Theodor (1862–1923), Internist, Hamburg.

R.-Leede' Phänomen: Auftreten von ↑Petechien in der Ellenbeuge nach künstlicher venöser Stauung am Oberarm während etwa 5 min, Vorkommen bei verminderter Kapillarfestigkeit u. anderen hämorrhag. Diathesen. [9]

Rumpf, H. Th. M. (*1851), Internist, Bonn.

R.-Symptom: Auslösung von Herzbeschwerden bei Berühren bestimmter Zonen, wahrscheinlich auf dem Wege des kutiviszeralen Reflexbogens; ↑Mannkopf-Rumpf' Symptom. [10]

Rumpfataxie: Schwanken des Rumpfes beim Sitzen, bes. bei Herdstörung im Kleinhirnwurm; prognost. ungünstiges Zeichen. [20]

Rumpfhautbasaliom: (Arning' Karzinoid) ↑Basaliome, die sehr langsam flächenhaft wachsen, manchmal multipel vorkommen u. deren Geschwulstparenchym von den Basalzellen der Epidermis ausgehen. [43]

Rumpf-Respirator (Cuirass-R.): den Thorax umschließende Luftdruckkammer, die durch wechselnde Luftfüllung rhythm. Thoraxexkursionen u. dadurch künstliche Atmung bewirkt. [27]

Rundherd: Lungenherd im Röntgenbild, ziemlich scharf abgegrenzt, von ungewöhnlicher Größe (bis zu 5 cm Durchmesser). Differentialdiagnose: oft schwierig. Tbk., Bronchuskarzinom, gutartige Lungentumoren, Tumormetastasen, Echinokokkus u. a. Die tuberkulösen R. haben eine verschiedene Genese u. können durch Abkapselung verkäster Bezirke sowie durch Auffüllung einer Kaverne mit käsigen Massen entstehen (↑Tuberkulom). Die Klärung der Genese des R. ist erforderlich. [15]

Rundles-Falls' Syndrom: 1946 von amerikan. Hämatologen beschriebene geschlechtsgebundene erbliche hämolyt. Anämie, bei der die Männer an einer mikrozytären hypochromen Anämie erkranken. Die Frauen fungieren als Überträgerinnen. Das Krankheitsbild ist der Thalassaemia minor ähnlich. [11]

Rundstiellappen: Methode, Hautdefekte mit Haut dadurch zu überkleiden, daß durch einer vom Defekt fernen Entnahmestelle ein Lappen umschnitten wird, der brückenartig mit zwei kurzen Seiten im Gewebsverband verbleibt, während die freien Ränder zu einer Rolle zusammengenäht werden. Ablösung u. Neueinpflanzung eines Endes der Rolle auf einen Extremitätenanteil bis zum neuen Durchblutungsanschluß erlauben den Lappen als Wanderlappen bis zum Einnähen an die Defektstelle ohne Gefährdung der Blutzufuhr gelangen zu lassen; ↑Hautplastik. [18]

Rundwürmer ↑Nematoda. [5]

Rundzellensarkom ↑Sarkom. [5]

Runge' Zeichen der Übertragung: Mazeration u. Braunfärbung der Haut des Kindes, Fehlen der Vernix caseosa, Atrophie, bräunliche Verfärbung des Fruchtwassers, „Waschfrauenhände", „Greisengesicht". Diagnose der echten ↑Übertragung vor der Geburt ist sehr schwierig. [29]

Runt disease ⟨*engl*⟩: „Kümmerwuchs"; thymektomierte neugeborene Mäuse haben Ausfälle in der immunolog. Entwicklung (keine Tuberkulin- u. Transplantatreaktion, Lymphopenie, Lymphatrophie) u. sterben häufig an runt disease. [40]

Rupia ⁎ **Rhypia** ⟨*griech*⟩: (Schmutz); dicke Kruste von austernschalenähnlichen Schichten.

R. syphilitica: bei der Syphilis maligna treten Rupien auf kreisförmigen schmerzhaften Geschwüren auf. [43]

Ruptur ⟨*lat*⟩ *f:* Zerreißung. [4]

Rush pin ⟨*engl*⟩ *m:* massiver Federstab zur elast. (dynam.) nicht starren Osteosynthese von Frakturen, bes. zur Verspannung gelenknaher Fragmente. [18]

Russel, William (1852–1940), Arzt, Edinburgh.

R' Körperchen: mit Karbolfuchsin gut färbbare rundliche Körperchen im Zelleib der Plasmazellen. Vorkommen bei chron. plasmazellulärer Entzündung u. Geschwülsten. [5]

Rußkrebs: Hautkrebs, verursacht vor allem durch Teerprodukte; ↑ Berufskrebse. [49]

Rust, Johann N. (1775–1840), Chirurg, Krakau, Berlin.

R' Syndrom: durch zerstörende Knochenprozesse im Bereich der beiden obersten Halswirbel entstehender Symptomenkomplex. (Spondylitis tuberculosa suboccipitalis, Geschwülste.) Es zeigen sich: Nackenschmerzen, Nackensteifigkeit, Schwellung der Subokzipitalgegend, Stützbedürfnis des Kopfes. Haltungsabweichungen des Kopfes nach der gesunden Seite. Neuralgien im Trigeminusgebiet, Hypoglossuslähmung mit Zungenatrophie, zuweilen Tachykardie infolge Vaguslähmung. [23]

Ruthenium: (Ruthen), chem. Symbol Ru, seltenes Edelmetall der Platingruppe; Vorkommen in Pflanzen u. Tieren, aber nicht lebensnotwendig; RuO_4 ist sehr giftig. ^{103}Ru u. ^{106}Ru mit Halbwertszeiten von 40 d bzw. 365 d sind wichtige Fallout-Produkte bei der Kernspaltung. [8]

Rutherford, Ernest, Baron of Nelson (1871 bis 1937), engl. Physiker, Nobelpreisträger.

Rutherford-Einheit: *Abk* rd; wurde von National Bureau of Standards als Einheit der Radioaktivität vorgeschlagen u. ist definiert als die Menge eines radioaktiven Präparates, das in einer Sekunde 10^6 Zerfälle erleidet.

$$1\,\text{rd} = 27\,\mu\text{Ci (Mikrocurie)}$$

Die von der UPAC (Union of Pure and Applied Chemistry) u. der UPAP (Union of Pure and Applied Physics) angenommene Einheit der Radioaktivität ist das Curie (Ci) = $3{,}7 \cdot 10^{10}$ Zerf./s. [59]

Rutilismus ⟨*lat*⟩: Neigung zum Erröten. [34]

Rutin: Querzetinrutinosid = Flavonabkömmling; wird zusammen mit ↑ Zitrin als Vitamin P bezeichnet. Rolle als Vitamin u. Wirkungsmechanismus noch unklar. Anwendung: kapillarabdichtende Wirkung. Birutan®, Rutinion®. [44]

Rutinose: Disaccharid aus Rhamnose u. Glukose, findet sich im ↑ Rutin u. anderen Glykosiden. [8]

R-Zacke ↑ Elektrokardiogramm. [10]

S

S: 1. chem. Symbol für Schwefel; 2. (ophthalmolog.) Sehschärfe, Sehleistung; 3. ↑ Svedberg-Einheit. [0]

S_{1-5}: anatom. Bezeichnung für die zu den Sakralnerven gehörigen Rückenmarkssegmente, die den ↑ Conus medullaris des Rükkenmarks bilden. [1]

s (*od sec.*): *Abk* für Zeitmaß Sekunde. [8]

s: (Rez.) *Abk* für signa oder signetur; für solve; für semis. [44]

S. a. (Rez.): *Abk* für ↑ secundum artem. [44]

Sabadillessig: Läuseessig; aus Semen sabadillae, einer Veratrumart; gegen Kopfläuse. Seine Anwendung bei Vorhandensein größerer Kratzwunden kann zu Allgemeinintoxikation mit Herz- u. Kreislaufkollaps führen. [44]

Sabadin: Alkaloid aus Semen sabadillae.

Säbel|bein: Verkrümmung des Unterschenkels mit Konvexität nach außen; bes. bei Rachitis.

~scheidentibia: Verkrümmung des Schienbeines mit Konvexität nach vorn. Ursächlich entweder konnatale Syphilis oder Rachitis. [23]

~scheidentrachea: säbelscheidenähnliche Einengung der Luftröhre durch Umschnürung von außen, z. B. durch übergroßen oder substernalen Kropf, oft mit Erweichung der Knorpelringe verb.; ↑ Tracheomalazie. [18]

Sabanejeff' Operation: eine osteoplast. Amputation am Knie, die sich von der Gritti' Operation dadurch unterscheidet, daß die Absetzlinie diakondylär verläuft u. der entstandene Knochenstumpf nicht mit der Kniescheibe, sondern mit einem dem vorderen Tibiakopf entnommenen Knochenstück, das mit dem Kniescheibenband in Zusammenhang bleibt, gedeckt wird. [23]

Sabin, A. B. (*1906), amerikan. Virologe.

S' Schluckvakzine: Impfstoff gegen Poliomyelitis mit lebenden attenuierten Poliovirusstämmen Typ I bis III, die nach oraler Einnahme, Ansiedlung u. Vermehrung im Magen-Darm-Trakt den Organismus immunisieren u. virulente Polioviren verdrängen. [40]

S.-Feldman' Syndrom: konnatales durch Hydrozephalus oder Mikrozephalie u. zentrale Chorioretinitis charakterisiertes Syndrom ungeklärter Genese. Im Gegensatz zur ↑ Toxoplasmose-Trias fallen die serolog. Reaktionen auf Toxoplasmose neg. aus, bisher fehlender Nachweis von *Toxoplasmae gondii.*

S.-Feldman-Test: Verfahren zum Nachweis von Toxoplasmose-Antikörpern im Serum. Beruht darauf, daß das Protoplasma lebender Toxoplasmen nach Einwirkung von Antikörpern bei Anwesenheit von Aktivatorserum sich nicht mehr mit Methylenblau anfärben läßt. Die Reaktion ist pos., wenn mehr als 50 von 100 Toxoplasmen ungefärbt bleiben. Pos. Ergebnisse werden von Titern angegeben. [41]

S.-Tschumakow-Impfstoff ↑ Sabin' Schluckvakzine. [40]

Sabinismus: meist kriminelle Vergiftung infolge eines Abtreibungsversuches mit Sabinaöl (Juniperus sabina) mit Erbrechen, Koliken, Krämpfen, Bewußtlosigkeit, Lähmung des Atem- u. Kreislaufzentrums. [44]

Sabouraud, Raymond, Jacques Adrien (1864–1938), Dermatologe, Nantes.

S' Substrate: Substrate zur Pilzanzüchtung, -weiterzüchtung u. -konservierung unter Verwendung von Peptone granulée bzw. von Mykopeptonen. Folgende Modifikationen: Sabouraud-Maltose-Agar zur Anzüchtung u. Weiterzüchtung, Sabouraud-Dextrose-Agar zur Routinepilzdiagnostik, Sabouraud-Pepton-Agar für Konservierungszwecke, Sabouraud-Honig-Agar zur Anzüchtung u. Weiterzüchtung.

S' Syndrom ↑ Monilethrix.

S' Zähne: Hypoplasien der ersten oberen Backenzähne bei Syphilis connata. [43]

Sabulum ⟨*lat*⟩ *n:* Sand, Gehirnsand. [4]

Sacch.: *Abk* für ↑ Saccharose (Rohr- oder Rübenzucker). [16]

Saccharase: wie Invertase u. β-h-Fructosidase veraltete Bezeichnung für das hauptsächlich ↑ Saccharose (Rohrzucker) spaltende Enzym β-Fructofuranosidase (EC 3.2.1.26). S. spaltet speziell β-D-Fructofuranoside; sie kommt wahrscheinlich im menschlichen Verdauungstrakt nicht vor, wo die Spaltung der Saccharose mit von der α-Glucosidase (Maltase) übernommen wird. S. findet sich in der Hefe u. vielen anderen Mikroorganismen, die Saccharose verwerten können. Technolog. werden S.-Präparate für die Aufspaltung von Saccharose für die Herstellung von Glukose u. Fruktose sowie von Invertzucker für Kunsthonig u. andere Süßungsmittel eingesetzt, die rationeller als die Säurehydrolyse ist. [8]

Saccharasemangel-Syndrom: Syn. Saccharoseintoleranz-Syndrom, kongenitaler intestinaler Saccharasemangel; erbliche Enzymopathie (Saccharasemangel) mit ungenügender Saccharoseausnützung u. Unverträglichkeit im Darm. Sympt.: Unverträglichkeit von Rohr- u. Rübenzucker (auch von Milchnahrung, die mit solchem gesüßt ist) in Form von Gedeihstörungen, heftigen Durchfällen u. Entwicklungsverzögerung. Nahrungen, die eine Mischung von Glukose u. Fruktose oder Laktose (Frauenmilch) enthalten, werden dagegen gut vertragen. Nach oraler Verabreichung von gewöhnlichem Zucker steigt der Blutzucker nicht an, wohl dagegen bei Gaben von Glukose oder Fruktose. Im Verlaufe von Jahren bessert sich die Saccharoseunverträglichkeit, so daß die Kranken im Erwachsenenalter meist erscheinungsfrei sind. [32]

Saccharide ⟨*griech*⟩: Gruppenbezeichnung für ↑Kohlenhydrate. [16]

Saccharimetrie ⟨*griech*⟩: Bestimmung von Saccharose u. auch anderen Sacchariden mittels des Polarisationsapparates (Saccharimeter). [16]

Saccharin ⟨*griech*⟩ *n* (Sachillen®, Sukrinetten®): o-Benzoesäuresulfimid,

$$C_6H_4{\cdot}CO{\cdot}SO_2{\cdot}NH;$$

weiße, feinkristallinisierte, in kaltem Wasser schwer lösliche Substanz, die als physiolog. unschädlicher Zuckerersatz (Süßungsmittel; künstlicher Süßstoff) dient. S. – meist als leicht wasserlösliches Natriumsalz (Kristallsaccharin; Krystallose) verwendet – besitzt in Abhängigkeit von der Konzentration eine 200- bis 700fache Süßkraft gegenüber Saccharose, hat aber keinen Nährwert. Wichtiges Süßungsmittel in der Therapie (Zuckerkrankheit, Gicht, Fettleibigkeit usw.). Saccharin kommt auch, mit Natriumhydrogenkarbonat gemischt, in Tablettenform in den Handel. [16]

Saccharometer: Gärungsröhrchen; ↑Gärungsprobe. [8]

Saccharomyces ⟨*griech*⟩: Gattung der *Saccharomycetaceae; S. cerevisiae* u. *S. carlsbergensis* Bierhefen, *S. ellipsoideus* Weinhefen, in zahlreichen Rassen. Weitere Arten dienen zur Herstellung von Kefir u. alkohol. Getränken. Der Wirkstoffgehalt der Hefen ist je nach der Rasse sehr verschieden. Aufbereitungen von Hefe (Hydrolysate u. a.) werden als Zusätze für techn. mikrobiolog. Prozesse, zu therapeut. Zwecken u. in der Nahrungsmittelindustrie verwendet; ↑Nährhefe, ↑Faex medicinalis. [42]

Saccharomycetaceae: echte Hefen. Askomyzeten bzw. *Fungi imperfecti.* Die Askusbildung erfolgt in einer Einzelzelle nach somatogamer oder ohne Kopulation mit 8, 4 oder selten 2 Sporen. Die Vermehrung erfolgt durch Sprossung oder durch Teilung, selten wird ein leicht zerfallendes Myzel gebildet (Endomyces). Viele Arten techn. wichtig als Ursache der alkohol. Gärung, der Fett- u. Eiweißbildung u. der Bildung von Wirkstoffen; ↑Nährhefe, ↑Faex medicinalis. [42]

Saccharose: Rohr- oder Rübenzucker, engl. Sucrose; Disaccharid aus D-Glukose u. D-Fruktose. S. ist ein α-D-Glucopyranosil-β-D-fructofuranosid. Sie kommt wohl in allen Pflanzen vor, bes. reichlich in den Zuckerrüben u. in den Stengeln des Zuckerrohrs, ferner auch neben Monosacchariden im Nektar der Blüten u. im Obst. Sie hat große Bedeutung als Süßungs- u. als Nahrungsmittel. Die Spaltung in Glukose u. Fruktose erfolgt leicht durch Hydrolyse mit verdünnten Säuren in der Wärme, sowie enzymat. durch die ↑Saccharase als β-D-Fructofuranosidase sowie durch die ↑Maltase als α-Glucosidase. Der Rohrzucker dreht die Ebene des polarisierten Lichtes nach re., von den beiden bei der Spaltung entstehenden Monosacchariden dreht die Glukose auch re., die Fruktose aber stärker li., so daß das entstehende Glukose-Fruktose-Gemisch nach li. dreht, die Drehung also invertiert wird. Das Zuckergemisch wird daher auch Invertzucker genannt, wie er z. B. im Bienenhonig vorliegt, u. das Enzym (veraltet) Invertase Syn. Invertin. S. reduziert nicht Fehling' Lösung. Mit Hefen unterliegt sie leicht nach enzymat. Aufspaltung durch die Hefe-Saccharase der alkohol. Gärung. [8]

Saccharum ⟨*lat* aus *griech*⟩: Allgemeinbezeichnung für Zucker; z. B. S. album = Rüben- oder Rohrzucker; S. amylaceum = Glukose; S. officinarum = Zuckerrohr; S. Saturni = Bleizucker; S. uvae = Traubenzucker; S. lactis = Milchzucker (Laktose). [16]

Sacculus ⟨*lat*⟩ *m:* Säckchen; rundliches Säckchen im häutigen ↑Labyrinth, das die ↑Macula sacculi enthält. [28]

S. alveolaris: durch Aufteilung des ↑Ductus alveolaris entstehender letzter Abschnitt des Atemweges, dessen Wandung lediglich aus Lungenbläschen (↑Alveolen) besteht. [2]

Sachs, Bernhard Parney (1858–1944), Neurologe; New York.

S' Krankheit: amaurot. ↑Idiotie (Tay-Sachs). [34]

Sachs, Hans (1877–1945), Serologe, Heidelberg.

S.-Georgi' Reaktion: *Abk* SGR; Nebenreaktion in der serolog. Syphilisdiagnostik (Flokkungsreaktion). [39]

Sack|lunge: entwicklungsbedingte oder erworbene sackartige Hohlraumbildung in der Lunge; ↑Lungenzyste; Wabenlunge; Zystenlunge. [5]

~niere ↑Hydronephrose. [24]

Sacks' Krankheit ↑Libman–Sacks' Syndrom. [5]

sacralis ⟨*lat*⟩: zum Kreuzbein gehörig. [1]

Sacrum acutum ⟨*lat*⟩: Spitzkreuzbein; Winkel zwischen LWS u. Kreuzbein verkleinert (normal 143°) gibt ungünstige stat. Verhältnisse.

S. arcuatum: bogenförmiges Kreuzbein; obere Kreuzbeinwirbel steil nach hinten gerichtet, die unteren scharf nach unten abgebogen. [23]

Sadismus (nach Marquis de Sade [französ. Romanschriftsteller 1740–1814]): Schmerzgeilheit; geschlechtliche Erregung durch Zufügung von Schmerzen usw. bis zum Lustmord, manchmal nur Wortsadismus, Gegensatz ist ↑ Masochismus. [52]

Safar-Tubus: Hilfsmittel zur Atemspende, aus 2 aneinandergesetzten Guedel-Tuben bestehend. [27]

Safran ↑ Crocus. [8]

Safranin: gelber Farbstoff für bakteriolog. u. biolog. Färbungen. [42]

Safranleber ⟨*arab*⟩: hochgradige Verfettung u. gleichzeitiger Ikterus der Leber, deren Farbe dadurch safranähnlich wird. [5]

Saftkanälchen ↑ Golgi' Apparat. [2]

sagittal ✱ **sagittalis** ⟨*lat*⟩: die Richtung des abgeschossenen Pfeiles (Sagitta) besitzend. Beim menschlichen Körper wird die Bezeichnung sagittal für den Stamm verwendet u. bedeutet die Richtung von ventral nach dorsal. [1]

Sagittalebenen: alle parallel zur Mediansagittalebene gelegten Ebenen. Die Mediansagittalebene ist die Ebene, die in ventrodorsaler Richtung den Körper in zwei spiegelbildlich gleiche Teile zerlegt. [1]

Sagomilz ⟨*indones*⟩: Milzamyloidose mit vorwiegendem Befall der Follikel, die dadurch größer u. durchsichtig werden u. an gekochte Sagokörner erinnern. [5]

~typ der periretikulären Form der Amyloidose: Amyloidablagerung in Milzfollikeln (Follikelamyloidose), in der Leber entlang den Sinusoiden u. in der Schleimhaut des Magen-Darm-Kanals; ↑ Schinkenmilztyp. [4]

Sagradarinde = Cortex Purshianae: amerikan. Faulbaumrinde, enthält Glykoside von Anthrazenderivaten. Durch Hydrolyse im Magen-Darmkanal (Abspaltung der Zucker) Freiwerden der wirksamen Substanz Emodin. Anwendung als Abführmittel. [44]

Sahli, Hermann (1856–1933), Hämatologe, Bern.

S' Glutoidprobe ↑ Glutoidprobe.

S' Hämoglobinometer ↑ Hämoglobinometer.

S' Scheinanämie ↑ Scheinanämie. [11]

Saint-Syndrom: Symptomentrias von Hiatushernie, Cholelithiasis u. Divertikulose des Dickdarms. Noch ungeklärt, ob echtes Syndrom oder Pseudosyndrom, da Cholelithiasis sehr häufig. Das verbindende Glied sei eine Bindgewebsschlaffheit, die sowohl zur Hernie wie zur Divertikulose führe. Möglicherweise spielt eine Hypothyreose eine mitverursachende Rolle. Das Leiden kann bis ins hohe Alter klin. latent verlaufen. [18]

Saisonkrankheiten ⟨*frz*⟩: jahreszeitlich gehäuft auftretende Krankheiten, wie z.B. Durchfallserkrankungen im Spätsommer, Rachitis im Frühjahr usw. [9]

Saitengalvanometer (Einthoven): Vorrichtung zur Aufnahme u. Messung schwacher elektr. Ströme. Der Strom fließt durch einen Platin- oder versilberten Quarzfaden von 2–3 µm Dicke, der zwischen den Polen eines Elektromagneten ausgespannt ist. Die Bewegungen der Saite werden photograph. aufgenommen. Das S. diente zur Aufnahme der Aktionsströme irritabler Gewebe, vor allem des Herzens (Ekg), seit Mitte der 20er Jahre durch ↑ Verstärkertechnik ersetzt. [7]

Sake ⟨*jap*⟩ *m* ↑ Reisbier. [42]

sakkadiert ⟨*frz*⟩: ruckartig, in mehrfachen Absätzen; z.B. sakkadiertes Atemgeräusch, kommt bei Lungenspitzentuberkulose vor. [9]

sakral ✱ **sacralis** ⟨*lat*⟩: zum Kreuzbein (Os sacrum) gehörend. [1]

Sakralanästhesie ⟨*lat, griech*⟩: Leitungsanästhesie der Nervenwurzeln im Bereich des Kreuzbeins; ↑ Epiduralanästhesie. [27]

Sakralisation ⟨*lat*⟩: angeborene Wirbelsäulenanomalie am Übergang von Lendenwirbelsäule zum Kreuzbein. Der 5. Lendenwirbel ist mit dem Kreuzbein vereinigt. [23]

Sakraltumoren ⟨*lat*⟩: angeborene Geschwülste, meist ↑ Dermoide oder ↑ Teratome, die von der Vorderfläche des Kreuz- oder Steißbeins ausgehen u. sich zum Damm zu entwickeln. [25]

Sakro|dynie ⟨*lat, griech*⟩ *f:* Schmerz in der Kreuzbeingegend. [9]

~iliakalgelenk = Articulatio sacro-iliaca: Gelenk zwischen Kreuzbein u. Darmbein. [1]

~iliakaltuberkulose: Form der Skelett-Tbk, dabei häufigster tuberkulöser Prozeß im Bereich des Beckens. Diagnose auch durch das Röntgenbild schwierig. Kann mit örtlichen (Sakrokoxalgie) u. ausstrahlenden Schmerzen im Bereich des N. ischiadicus sowie mit Gehbehinderung verlaufen.

~koxalgie *f:* Schmerzen im Bereich des Kreuzbeins u. der Hüfte; ↑ Sakroiliakaltuberkulose. [15]

Saktosalpinx ⟨*griech*⟩ *f:* durch Flüssigkeitsansammlung in einem Eileiter entstandene sackartige Auftreibung. Ursache ist meist ein durch entzündliche Verklebungen entstandener Verschluß des Eileiters. [29]

Sal ⟨*lat*⟩ *m* u. *n:* Salz.

S. Carolinum factitium: künstliches ↑ Karlsbader Salz. [44]

Salaamkrämpfe ⟨*arab*⟩ ↑ Nickkrämpfe. [32]

Salacitas ⟨*lat*⟩ *f:* Geilheit, gesteigerter Sexualtrieb. [34]

Salbe = Unguentum: Salben sind für den äußerlichen Gebrauch bestimmte Arzneimittel. Als Grundsubstanz dienen Stoffe verschiedener Herkunft, die weiche Konsistenz besitzen u. sich deshalb leicht verschmieren oder verreiben lassen, z.B. Paraffinkohlenwasserstoffe (Vaseline), Fette (Schweineschmalz), Wachse (Wollfett), Emulsionen, Gelatine, Gelees (Salbengrundlage). [44]

Salbei ↑Folia Salviae DAB 7; Salvia officinalis; der Infus wird als leicht adstringierendes Mundwasser benutzt. [44]

Salbengesicht ↑Seborrhoe der Gesichtshaut bei u. nach Encephalitis lethargica. [43]

Salbengrundlage ↑Salbe. [44]

Salep ⟨*arab*⟩ *m:* Tubera salep; Wurzelknollen verschiedener Orchideenarten Europas u. Kleinasiens. Mit heißem Wasser angerührt, geben sie eine weißlichgraue schleimige Flüssigkeit; Mucilago salep. Bei Durchfall eßlöffelweise, evtl. mit Tanninzusatz, auch als Adjuvans bei Verschreibung schleimhautreizender Arzneimittel. [44]

Saligenin ↑Salizin. [44]

salinisch ⟨*lat*⟩: salzartig, salzig, z.B. salin. Wässer. [44]

Saliva ⟨*lat*⟩ *f:* Speichel, *Adj* salivalis. [34]

Salivatio ⟨*lat*⟩ *f:* krankhaft gesteigerter Speichelfluß bei örtlicher Reizung, Folgezustand nach Enzephalitis, Oligophrenie. [34]

Salizin: Glykosid aus der Rinde verschiedener Weidenarten; Cortex salicis, liefert bei Spaltung Saligenin (Salizylalkohol), der nicht so wirksam ist wie ↑Salizylsäure. [44]

Salizylamid: $C_6H_4(OH)CONH_2$, Salizylsäureamid; gut verträgliches Antineuralgikum u. Antirheumatikum. In zahlreichen Spezialitäten mit anderen Wirkstoffen kombiniert. Einige Derivate zeigen antimykot. Wirkung. [44]

Salizylsäure: Acidum salicylicum DAB 7, $C_6H_4(OH)COOH$, o-Aydroxybenzoesäure. Als Methylester im Wintergrünöl, ferner im Salizin der Weidenrinde (Cortex salicis). S. hat lokale antisept. Wirkung u. wird deshalb als Konservierungsmittel im Haushalt angewandt. In höheren Konzentrationen wirkt sie keratolyt., ferner juckreizlindernd u. lokal schweißhemmend. Resorptiv wirkt sie analget., antipyret., antiphlogist., antiallerg., spezif. antirheumat. Verabfolgung auch als Natriumsalz (Natriumsalizylat, Natrium salicylicum). Bei hohen Dosen zeigen sich Ohrensausen, Schwindel, Erbrechen, Rauschzustände, Dyspnoe. Letale Dosis etwa 30–40 g.

~phenylester: mildes Harndesinfiziens. [44]

Salk, Jonas E. (*1914), Virologe, Pittsburgh (USA).

S.-Vakzine: erster brauchbarer inaktivierter Impfstoff zur aktiven Immunisierung gegen Poliomyelitis, bestehend aus einem Gemisch der in Gewebekulturen gezüchteten u. durch Einwirkung von Formalin u. Wärme abgetöteten drei Poliovirustypen I–III; s.c.- oder i.m.-Applikation; ↑Poliomyelitis, ↑Sabin' Schluckvakzine. [41]

Salkowski' Probe: eine Lösung von Cholesterin in Chloroform färbt sich nach Durchschütteln mit konzentrierter Schwefelsäure rot, während die Schwefelsäure eine grünliche Fluoreszenz aufweist. [8]

Salmiak ⟨*lat*⟩ *m:* Ammonium chloratum DAB 7, ↑Ammoniumchlorid. [44]

Salmin: ein Protamin; Arginin-reiche Verbindung, die sich in den Spermatozoen des Lachses findet; ↑Clupein. [8]

Salmon, Daniel Elmer (1850–1914), amerikan. Bakteriologe. Nach ihm benannt die ↑Salmonellagruppe. [39]

Salmonellagruppe, Salmonellen: gramneg. stäbchenförmige begeißelte Darmbakterien; Wachstum auf allen üblichen Nährsubstraten, auf ↑Laktose-Indikator-Platten als farblose Kolonien. Die S. gehören nach Bergey zur Familie der *Enterobacteriaceae.* Die wichtigsten S. menschlichen Ursprungs sind *Salmonella typhi* u. *S. paratyphi A, B* u. *C,* die Erreger von ↑Typhus abdominalis bzw. ↑Paratyphus. S. tier. Herkunft sind die Erreger der ↑Salmonellen-Enteritis. [40]

Salmonellen-Enteritis: (Gastro)Enteritis infectiosa, Fleischvergiftung, bakterielle Lebensmittelvergiftung. Als Gruppenerkrankung auftretende, von Tieren auf Menschen übertragbare, anzeigepflichtige Darminfektion. Erreger Salmonellen (Salmonella-Arten, verschiedene Serogruppen mit zahllosen Serotypen). Inkubation 8–48 h, enteraler Angriff der in Nahrungsmitteln nach Vermehrung u. Zerfall der Bakterien präformierten Endotoxine. Akut fieberhafter, mit Brechdurchfall, Exsikkose u. Kreislaufreaktionen einhergehender Krankheitsverlauf. Bei Kindern gelegentlich zyklische, typhusähnliche Erkrankung. Letalität unbehandelt bis zu 5%. Bakteriolog. Diagnose durch kulturell-serolog. Erregerisolierung u. Identifizierung aus Stuhlproben u. infizierten Nahrungsmitteln. Therapeut. Kreislaufbehandlung, wenn nötig Chloramphenikol. Prophylaxe durch Lebensmittelhygiene, Desinfektion, Überwachung der Dauerausscheider, hygien. Verwertung der Abwässer. [40]

Salmonellose ↑Typhus, ↑Paratyphus, ↑Salmonellen-Enteritis. [40]

Salol: *Abk* ⟨*frz*⟩ für Salizylsäurephenylester (Phenylum salicylicum); gelegentl. noch verwendet als mildes Harndesinfiziens, ferner als Überzug für magenresistente Pillen u. Dragees. [44]

Salpeter: spez. Kaliumnitrat; dann aber auch alle anorgan. Salze der Salpetersäure wie Natron-, Ammon-, Kalksalpeter usw.

~säure: HNO_3, starke oxydierende Säure;

ihre Salze heißen Nitrate. Konzentrierte S. = 64%ig, spezif. Gewicht 1,4; auch Scheidewasser genannt, da Gold nicht, Silber aber gelöst wird; rauchende Salpetersäure 86%ig, spezif. Gewicht 1,5; rote rauchende Salpetersäure enthält Stickoxide. [8]

Salpetrige Säure: HNO_2, frei nicht sehr beständig, zerfällt zu Salpetersäure u. Stickstoffmonoxid. Ihre Salze heißen Nitrite, aus denen sie beim Ansäuern auch schon mit schwachen Säuren wie Essigsäure entsteht. [8]

Salpingektomie ⟨*griech*⟩ *f:* operative Entfernung eines Eileiters. [29]

Salpingitis: Entzündung des Eileiters, gewöhnlich gleichzeitig des Ovars (↑Adnexitis) spezif. oder unspezif. Genese; meist durch aufsteigende Infektion aus der Scheide entstanden; kann im akuten Stadium ein schweres Krankheitsbild sein (Gefahr der ↑Pelveoperitonitis). [29]

Salpingo|graphie ⟨*griech*⟩ *f* ↑Hysterosalpingographie.

~lysis: konservative Operation am Eileiter, bei der lediglich Verwachsungen gelöst u. das verklebte abdominale Eileiterende aufgezupft wird; im Rahmen der Sterilitätsbehandlung.

~oophorektomie: operative Entfernung des Eileiters u. des Eierstockes.

~oophoritis: Eileiter-Eierstockentzündung.

~profluenz: plötzliches, in Abständen erfolgendes Abfließen größerer Mengen flüssigen Tubeninhaltes nach der Uterushöhle u. der Scheide.

~stomatoplastik, ~stomie: konservative Eileiteroperation, bei der nur ein Teil des Eileiters entfernt wird u. plast. ein neuer Mund (Stoma) gebildet wird; im Rahmen der Sterilitätsbehandlung.

~tomie: Eröffnung des Eileiters im Rahmen der Sterilitätsbehandlung. [29]

Salpinx ⟨*griech*⟩ *f:* die Trompete; nur in Zusammensetzungen als Salpingo- gebraucht. Gleichbedeutend mit Tuba ⟨*lat*⟩ *f:* Tube, Trompete, Röhre. [1]

Saltation ⟨*lat*⟩: Entstehung neuer Typen bei Pilzen auf asexuellem Wege durch Entmischung (Segregation) oder Neukombination der Erbanlagen bei somat. Zellteilungen oder Hyphenanastomosen. [42]

Salubrität ⟨*lat*⟩: gesunder Zustand. [9]

Saluretika: Mittel, die über eine vermehrte Natriumausscheidung eine gesteigerte Harnausscheidung zur Folge haben; ↑Karboanhydrasehemmer, Acetazolamid□, (Diamox®). Durch die Karboanhydrase, ein Enzym der Nierentubulizellen, wird die Dissoziation der Kohlensäure in Bikarbonat u. Protonen beschleunigt. Die Protonen werden gegen Natriumionen aus dem Primärharn ausgetauscht. Karboanhydrase hat eine verstärkte Natriumausscheidung u. eine ↑Azidose zur Folge. ↑Quecksilberdiuretika. Mersalyl-Theophyllin□ (Salyrgan®). Aktive Rückresorption von Natriumionen ist als Stoffwechselleistung der Nierentubuli energieverbrauchend. Quecksilber hemmt die schwefelhaltigen Enzyme u. Proteine der Nierentubuli, dadurch reversible Funktionseinschränkung der Zellen, so daß Natrium verstärkt ausgeschieden wird; ↑Alkalose. Quecksilberdiuretika sind mit Karboanhydrasehemmern häufig kombiniert. Thiazide: Hydrochlorothiazid□ (Dichlotride®, Esidrix®), Trichlormethiazid□ (Esmarin®), Hemmung energieliefernder Prozesse u. auch der Karboanhydrase der Nierentubuli, aktive Rückresorption von Natrium-, Kalium-, Bikarbonat- u. Chlorid-Ionen eingeschränkt (genauer Wirkungsmechanismus weitgehend unbekannt). Gleichzeitig blutdrucksenkend. Furosemid□, Sulfonamidderivat (Lasix®). [44]

salutatorius ⟨*lat*⟩: mit Grußbewegungen einhergehend, gelegentlich für gewisse Tickbewegungen angewandt. [33]

Salvarsan○: m-Diamino-p-dioxyarsenobenzoldichlorhydrat; Antisyphilitikum, von Ehrlich zuerst hergestellt. Gelbes, leicht zersetzliches Pulver, in 5%iger Natronlauge löslich. Darf nur als frisch hergestellte Lösung injiziert werden. Gut wirksam auch bei Angina Plaut-Vincenti, Rückfallfieber, Malaria, Frambösie; nur noch als ↑Neo-Salvarsan in Benutzung. [44]

Salvia officinalis ⟨*lat*⟩ *f* ↑Salbei. [44]

Salvioli' Krankheit ↑Osteopathia neuroendocrina familiaris. [33]

Salz: im allgemeinen Sprachgebrauch Kurzbezeichnung für ↑Kochsalz' ↑Salze. [8]

Salz|bäder: 1. natürliche: mit Natriumchlorid-Wässern (↑Heilwässer I) oder mit Meerwasser; 2. künstliche: 4–6 kg Staßfurter Salz (Karnallit), Kochsalz, Meersalz oder 1–3 Liter Mutterlauge (eingedampfte Sole) auf ein Vollbad. Nach Salz- bzw. Solebädern nicht abspülen! Salzmantel eine Zeitlang auf die Haut einwirken lassen. [45]

~diurese: vermehrte Nierentätigkeit u. Harnausschüttung bei Zunahme eines einzelnen Salzes im Blute. Nach Zuführung starker Salzlösungen in die Blutbahn wirken die Wasser- u. die Salzdiurese zusammen. Wegen des großen osmot. Druckgefälles tritt reichlich Wasser aus den Geweben in die Blutbahn über. [7]

Salze: Verbindungen, in denen die Wasserstoffionen der Säuren durch Metallionen ersetzt sind, entstehen aus Basen u. Säuren durch Neutralisation; saure Salze enthalten noch abdissoziierbaren Wasserstoff, basische Salze abdissoziierbares Hydroxyl; Doppelsalze enthalten mehrere Arten von Kationen oder Anionen, z. B. Alaun. Komplexsalze, z. B. Kalium-hexazyanoferrate dissoziieren in komplexe Ionen. Die Lösungen „neutraler" Salze aus starken Säuren u. schwachen Basen, z. B. Eisenchlorid $FeCl_3$, reagieren sauer, die aus starken Basen u. schwachen Säuren, z. B. Natriumkarbonat Na_2CO_3 basisch, da diese S. hydrolyt. zerfallen. [8]

Salz|fieber ↑Kochsalzfieber. [32]
~flecke ↑Pityriasis sicca faciei. [43]
~haushalt ↑Mineralhaushalt.
~hunger ↑Kochsalzhunger.
~lösung, äquilibrierte: entspricht in Zusammensetzung u. osmot. Druck (isoton. Lösung) den Körperflüssigkeiten z. B. ↑Ringerlösung oder ↑Tyrodelösung. [7]

Salzmangel|-Syndrom ↑Kochsalzmangel-Syndrom. [9]
~urämie: als Folge eines Natriummangels (Stoffwechselstörung, extrarenale Verluste durch Erbrechen, Diarrhoe, Dünndarmfistel, auch in der polyurischen Phase nach akutem Nierenversagen bei pyelonephrit. Schrumpfniere, salt-loosing-Nephritis u. ä.). Während bei „gesunden" Nieren ein Natrium-Mangel im allgemeinen ohne Einfluß auf die Urinausscheidung bleibt, reagieren Nierenkranke schon bei geringer Verminderung mit Oligurie u. Retention harnpflichtiger Substanzen; gleichzeitig Verschiebung der extrazellulären Flüssigkeit in den intrazellulären Raum, dadurch Verringerung des zirkulierenden Flüssigkeitsvolumens. Exsikkose, Plasmavolumeneinschränkung mit Ausschüttung von ADH u. Aldosteron mit Oligurie ↑Stickstoffretention, also Anstieg des Rest-N im Blutserum ↑Harnvergiftung. Therapie: NaCl-Infusionen. 50–100 ml 5,85%iger Lösung. Falls Na über 130 ml muß man NaCl-Infusion abbrechen, sonst Vergrößerung des extrazellulären Raumes u. Gefahr von Lungenödem. Wenn zum Ausgleich salzarme Flüssigkeit zugeführt wird (Infusionen, Getränke) kommt es zur ↑Wasserintoxikation. [24]

Salzödem: Ödem bei dystroph. Kindern infolge übermäßiger Kochsalzzufuhr oder bei bestimmten Störungen der Nierenfunktion. [32]

Salzsäure: Chlorwasserstoffsäure, HCl, starke Säure, konzentrierte = 37%ig, spezif. Gewicht 1,19. Ihre Salze heißen Chloride. Bei 110°C siedet unter Normaldruck eine S. mit 20,24% Chlorwasserstoff. Die verdünnte S. des DAB 7 enthält ca. 10% Chlorwasserstoff.
S. des Magens: Produkt aus den Belegzellen der Fundusdrüsen des Magens. Sie ist gärungs- u. fäulniswidrig u. hemmt die Bakterien entweder in ihrer Entwicklung oder tötet sie sogar ab. Die Salzsäure ist entscheidend wichtig für die Pepsinverdauung der Eiweißkörper. Sie spielt eine Rolle bei der Säuregerinnung des Kaseinogens; ↑Magensaft.
S.-Kollargol-Reaktion (Riebeling): Fällungsreaktion von Kollargol im Reihenansatz (12 Proben) mit 0,1 ml Blutserum u. Phosphatpuffer (*p*H 7) nach 12–24 h bei Raumtemperatur (Leberparenchymschädigungen, Urämie, perniziöse Anämie, Tuberkulose, Polyarthritis, Endokarditis); ↑Kolloidreaktionen im Liquor. [8]

Salzstauungs-Syndrom ↑Exsikkations-Syndrom, ↑Dehydrations-Syndrom. [32]

Salzstich: durch Einstich in den Boden des 4. Gehirnventrikels erzielt man eine Lähmung der Vasomotoren, also auch derjenigen der Niere. Es kommt zur Erweiterung der Nierenarterien, der Druck in den Glomeruli steigt erheblich an. Neben vielem Wasser wird auch viel Salz ausgeschieden. Das Zentrum für den S. u. die anschließenden Erscheinungen bilden die Ganglienzellen in der Substantia reticularis an der medialen Seite des Pedunculus cerebellaris inferior (früher Corpus restiforme). [7]

Samarium: seltene Erde, ↑Neodym. [11]

Sambucus nigra ⟨*lat*⟩ *f:* Holunder; Flores sambuci, Holunderblüten werden als schweißtreibender Tee benutzt, wird heiß getrunken, unspezif. Effekt. [44]

Samen = Sperma ↑Spermium. [2]
~blase ↑Vesicula seminalis. [1]
~blasentest: zum Nachweis androgener Wirkstoffe wird das Wachstum der Samenblase bei Ratten u. Mäusen benutzt. [8]
~fluß ↑Spermatorrhoe.
~epithel ↑Keimepithel. [18]
~leiter = Ductus deferens: Ausführungsgang des Hodens, der aus dem Ductus epididymidis hervorgeht, den Leistenkanal passiert u. mit dem Ausführungsgang eines Samenbläschens auf dem ↑Colliculus seminalis in die Harnröhre mündet.
~strang = Funiculus spermaticus: Inhalt des männlichen Leistenkanals; enthält die Hodenhüllen mit Ausnahme des Bauchfells, den ↑Samenleiter sowie zahlreiche Blutgefäße u. Nerven. Im Skrotum ist er oberhalb von Hoden u. Nebenhoden als derber Strang zu tasten. [1]

Sammel|gläser ↑Linse. [36]
~rohr: nierenbeckennaher Teil der Nierentubuli. In jedes S. münden mehrere distale Tubuli. In den Sammelrohren wird die in den distalen Tubuli beginnende fakultative Wasserrückresorption beendet, d. h. die Endkonzentration des Harns je nach der Wasserbilanz des Organismus eingestellt. [7]
~trieb: triebhaftes Sammeln u. häufig Verstecken von z. T. wertlosen Abfällen, Papier usw. bei Defektschizophrenie, Oligophrenie,

fortgeschrittenen Involutionsprozessen, Epilepsie; ↑ Kleptomanie. [34]

Samoapocken ↑ Alastrim. [40]

Sanarelli, Guiseppe (1864–1940), Serologe, Siena, Pisa.

S.-Shwartzman' Phänomen (1916 u. 1928): hämorrhag. Reaktion im Gewebe mit Nekrosebildung durch wiederholte Injektion eines Endotoxins ausgelöst, wobei die Applikationsart des Toxins (intrakutan, intraperitoneal oder intravenös) mitbestimmend ist für die Lokalisation u. den Umfang der Gewebsreaktion. Ursache: Sensibilisierung des Gefäßendothels (keine Antigen-Antikörperreaktion) u. Störung der Gerinnung; ↑ Koagulopathie. [11]

Sanatio ⟨*lat*⟩ *f:* Heilung. [9]

Sanatorium ⟨*lat*⟩ *n:* ärztlich geleitete stationäre Einrichtung zur ärztlichen Behandlung sowie Pflege von Kranken, die nicht oder nicht mehr des Krankenhausaufenthaltes bedürfen; therapeut. werden neben klin. überwiegend physikal.-diätet. Maßnahmen angewandt. [48]

Sandbäder: Sand von etwa 2 mm Korngröße wird auf etwa 52–55°C gleichmäßig erhitzt u. dann in Holzwannen geschüttet. Pat. wird bis zum Hals unter Freilassung der Brust eingesandet. Nach dem etwa 20–45 min dauernden Sandbad folgt Reinigungsbad. Heilanzeigen chron. Frauenleiden (spez. Beckenexsudate), rheumat. Erkrankungen, Neuralgien. [45]

Sanddornbeeren: gelbrote Beeren des Sanddorns (Hippophae rhamnoides; Familie der Seidelbastgewächse); die Beeren sind sehr reich an Vitamin C (210 mg/100 g); Sanddornsaft ist als angenehm säuerlich schmeckendes Getränk im Handel. [16]

Sandelholzöl = Oleum santali: früher im Orient zum Einbalsamieren u. zu kosmet. Zwecken benutzt, besitzt antisept. u. fäulniswidrige Eigenschaften. In hohen Dosen narkot. Wirkung. [44]

Sand|fliegen: richtig ↑ Sandmücken.

~floh ↑ Flöhe.

~mücken: Phlebotominae, Mückenunterfamilie, kleine, behaarte Mücken mit kräftigen Stechwerkzeugen; Weibchen durch nächtliches Blutsaugen sehr lästig; vorwiegend in wärmeren Ländern, Überträger vieler Krankheiten (Pappatacifieber, Aleppobeule, Kala-Azar). [58]

Sandkörperchen ↑ Corpora arenacea; Psammom. [5]

Sandström, Ivar Victor (1852–1889), Histologe, Upsala.

S' Körperchen ↑ Epithelkörperchen. [2]

Sanduhr|blase: angeborene Mißbildung; querverlaufende Einschnürung der Harnblase u. dadurch Trennung in zwei übereinanderliegende Hohlräume, die miteinander durch enge Öffnung verbunden sind. [24]

~geschwulst ↑ Zwerchsackgeschwulst. [20]

~magen: ein durch ringförmige Einschnürung zweigeteilter Magen. Die Einschnürung wird hervorgerufen durch Ulkusnarben, Tumoren, Spasmen (intermittierend oder als Begleitspasmus bei frischem Ulkus) oder perigastrit. Prozesse. [26]

Sänger, Max (1853–1903), Gynäkologe, Prag.

S' Fleck ↑ Macula gonorrhoica. [43]

Sängerknötchen = Nodulus vocalis: als S. bei Sängern, Stimmlippenknötchen bei Sprechern u. als Schreiknötchen bei Kindern. Bilateral-symmetr. Verdickungen am freien Rand der Stimmlippen; Ursache vorwiegend unphysiolog. Stimmgebrauch. [28]

sanguinisch ⟨*lat*⟩: eine der vier Bezeichnungen aus der Temperamentenlehre der griech.-röm. Ärzteschulen. Mit ihr wird der starke, ausgeglichene u. zugleich lebhaftbewegliche Nerventyp in der Typengegenüberstellung Pawlows getroffen; ↑ Nerventypen ↑ Temperamente. [35]

sanguinolent ⟨*lat*⟩: durch Blutbeimischung gefärbt, blutig. [11]

Sanguis ⟨*lat*⟩ *m:* Blut, *Adj* sanguineus blutig. [11]

Sanitätspolizei ↑ Gesundheitspolizei. [48]

Santalum album ⟨*lat*⟩: Sandelbaum, Ostindien; ↑ Sandelholzöl. [44]

S-Antigen: soluble, lösliches Antigen, auch als G (gebundenes)- oder RNP (Ribonukleoprotein)-Antigen bezeichnet, eine Antigenkomponente bei Myxoviren, ermöglicht die serolog. Trennung der 3 Typen des Influenzavirus, typenspezif. Antigen, im inneren Teil des Virion gelegen. [50]

Santonin: Wurmmittel aus Flores cinae (Artemisia maritima s. cina), vor allem gegen Askariden. Nebenwirkungen sind lokale Reizerscheinungen wie Erbrechen u. Durchfall, dazu kommen Gelbsehen, Pulsbeschleunigung, bei hohen Dosen Krämpfe u. Lähmungen des Atemzentrums. [44]

Santorini, Giovanni Domenico (1681–1737), Anatom u. Arzt, Venedig.

S' Knorpel ↑ Cartilago corniculata. [1]

SAO: *Abk* für Schweizer Arbeitsgemeinschaft für Osteosynthesefragen. Durch Kortikalisschrauben fixierte Druckplatten pressen Knochenbruchflächen unverrückbar aufeinander, so daß bereits am Operationstag aktive Übungen, etwas später sogar Belastungen, ermöglicht sind. Stabile Osteosynthese als Maßnahme gegen Muskel- u. Bänderschrumpfungen u. Gelenkversteifungen. [18]

saphenus ⟨*hebr*⟩: verborgen; z.B. V. saphena. [1]

Sapo ⟨*lat*⟩ *m:* Seife; S. jalapinus: Jalapenseife, Laxans; S. kalinus: Kaliseife, Schmierseife; S. medicatus: Arzneiformen mit Seife als Grundmasse; S. picis liquidus: Holzteerseife. Grundmasse: Natrium- u. Kaliumsalze von Fettsäuren; ↑Invertseifen. [44]

Saponifikation ⟨*lat*⟩ *f:* Verseifung; Abart der Leichenzersetzung mit Fettwachsbildung, bei der die äußere Form der Leiche sehr lange erhalten bleiben kann; ↑Adipocire. [5]

Saponine ⟨*lat*⟩: Steroidglykoside mit zumeist 27-C-Atomen im Aglykon; Zucker (Glukose, Galaktose, Xylose; bis 5 Moleküle) sind kettenförmig glykosid. am C-Atom 3 gebunden. Die Glykoside wirken stark hämolyt. u. geben schäumende Lösungen (sapo = Seife); die Aglykone wirken sehr viel schwächer. Die S. werden als Expektoranzien verwendet, da sie anscheinend auch lokal den Wasserdurchtritt durch das Gewebe erleichtern. [8]

Saponinresistenz: Widerstandsfähigkeit der Erythrozyten gegen die Hämolyse durch Saponin. [11]

Sapotoxine ⟨*lat, griech*⟩: bes. giftige ↑Saponine. [44]

Sappey, Marie Philibert Constant (1810 bis 1896), Anatom, Paris.

S' Nerv ↑Nervus mylohyoideus.

S' Paraumbilikalvenen ↑Venae paraumbilicales (Sappeyi). [1]

Sapphismus (griech. Dichterin Sappho): gleichgeschlechtliche Liebe u. gegenseitige sexuelle Befriedigung zwischen Personen weiblichen Geschlechts. [35]

Saprämie ⟨*griech*⟩ *f:* durch Fäulnisbakterien verursachte ↑Septikämie, als Folge einer Wundinfektion. [18]

saprogen ⟨*griech*⟩: fäulniserregend. [41]

Sapromykose ⟨*griech*⟩ ↑Saprophytie. [42]

Saprophyten ⟨*griech*⟩ *m, Pl:* Mikroorganismen, die keine krankmachenden Eigenschaften besitzen. Gegensatz pathogene Mikroorganismen (↑Parasiten). Es bestehen zwischen Saprophytismus u. Parasitismus fließende Übergänge. [39]

Saprophytie ⟨*griech*⟩ *f* der Haut: Vorhandensein von Mikroorganismen (meist Pilze) auf Haut oder Schleimhaut ohne krankhafte Erscheinungen hervorzurufen. [43]

Sarafoff, Dimiter, zeitgen. Chirurg, Sofia.

S' Operation: Umschneidung des Afters bzw. des Afterschließmuskels, um durch nachfolgende ringförmige Narbenstriktur Mastdarm- u. Aftervorfall zu beheben. Erfolg unsicher, deshalb ist ↑Sudeck' Rektumprolapsoperation zu bevorzugen. [18]

Sarcina ↑Sarzinen. [41]

Sarcocystis: Gattung der Sarcosporidia; ↑Sarkosporidien. [58]

Sarcolemma ⟨*griech*⟩ *n* ↑Sarkolemm. [2]

Sarcopsylla: veralteter Name für den Sandfloh Tunga penetrans; ↑Flöhe. [58]

Sarcoptes: Krätze- oder Räudemilben. [43]

S. scabiei: die Sarcoptesmilbe (Krätzemilbe des Menschen); Erreger der menschlichen Krätze (↑Skabies) Kleine Milbe von schildkrötenähnlichem Aussehen mit vier Beinpaaren. Sie ist mit hornartigen Rückenstacheln versehen. Das Weibchen ist wesentlich größer als das Männchen, gräbt Gänge in die Oberhaut, bes. zwischen den Fingern u. an den Gelenkbeugen. In den Gängen werden die Eier (20–30) u. auch der Kot abgesetzt, wodurch die Gänge als feine, dunkle geschlängelte Linien sichtbar werden. Aus den Eiern schlüpfen nach 4–6 Tagen sechsbeinige Larven, die nach drei Häutungen zur geschlechtsreifen Milbe heranwachsen. Andere Sarcoptes-Unterarten erzeugen bei den Haustieren die Räude. [58]

Sargdeckelkristalle im Harn: Kristalle von Ammoniummagnesiumphosphat (Tripelphosphat), die in verdünnter Essigsäure löslich sind. [8]

Sarin: organ. Phosphorsäureester (Methylfluorphosphorsäureisopropylester) hochaktiver Cholinesterasehemmer; ↑Trilone. [44]

Sarkoid ⟨*griech*⟩ *n:* diese Krankheit ist mit verschiedenen Eigennamen verbunden, Besnier, Boeck, Schaumann. Im angelsächs. Schrifttum wird meist von Sarkoidose gesprochen. Bei dem von Boeck ursprünglich als Hautkrankheit beschriebenen Krankheitsbild handelt es sich um eine Allgemeinerkrankung mit epitheloidzelligem Aufbau der Einzelherde in den verschiedenen Organen. Bevorzugt befallen sind Haut, Lymphknoten, Lunge, Knochensystem, Regenbogenhaut des Auges. Je nachdem, ob ein bestimmtes Organ vorwiegend ergriffen war, wurden verschiedene Krankheitsbilder herausgearbeitet: benignes Miliarlupoid, Lupus pernio, Ostitis cystoides multiplex (Jüngling), Lungen-Boeck, torpide, sklerosierende Tbk, Uveo-Parotitis, Mylius–Schürmann' Krankheit oder universelle sklerosierende tuberkulöse großzellige Hyperplasie usw. Allen diesen Krankheitsbildern ist neben dem histolog. Befund gemeinsam, daß die Kranken eine neg. Tuberkulinreaktion haben, trotzdem nach dem patholog.-anatom. Befund u. dem klin. Verlauf Beziehungen zur Tbk wahrscheinlich sind. Die Ätiologie ist jedoch noch nicht klar. Neben der Theorie, daß es sich um tuberkulöse Prozesse in einem hoch resistenten Organismus mit pos. Tuberkulinanergie handelt, steht die Annahme, daß auch andere Faktoren das vielgestaltige Krankheitsbild, das meistens gutartig verläuft, bedingen können. Einteilung der Lungensarkoidose: Stadium I: beiderseitige Hiluslymphknotenerkrankung, Stadium II: Lungen-Boeck, a) retikuläre Form, b) miliare Form, c) kleinfleckige Form, d) grobknotige Form; Stadium III: Endstadium a) Konglomeratform, b) Fibrose. Bei Hautsarkoidosen ähnliche Stadien, an den Augen Iridozyklitis (Heerfordt' Syndrom). [43]

Sarkoidose ↑Sarkoid. [43]

Sarkolemm ✻ **Sarcolemma** ⟨*griech*⟩ *n:* Umhüllung der quergestreiften Muskelfasern, bestehend aus einer Basalmembran u. feinsten argyrophilen Bindegewebsfasern, die eine strumpfartige Hülle um die Muskelfasern bilden. [2]

Sarkom ✻ **Sarcoma** ⟨*griech*⟩ *n:* vom mesodermalen Gewebe (bes. Bindegewebe) abgeleitete bösartige Geschwulst. Unterschieden werden: 1. undifferenzierte Sarkome, die keine oder nur wenig Interzellularsubstanz enthalten u. nach der überwiegenden Zellart bezeichnet werden (Rund-, Spindel-, Riesenzellsarkom); 2. differenzierte Sarkome, deren Strukturen eine Ähnlichkeit mit normalem Gewebe erkennen lassen (z. B. Fibro-, Myo-, Lipo-, Osteo-, Chondrosarkom). [5]

S. gigantocellulare (xanthomatodes): Riesenzellsarkom; Zellen besitzen, wie beim Xanthom die Fähigkeit, Lipide zu speichern. Dieser bösart. Tumor hat keine Beziehung z. Xanthom, er ist ein abgewandeltes Fibrosarkom.

S. idiopathicum multiplex haemorrhagicum (Kaposi): Geschwulstkrankheit der Haut mit schmerzhaften, münzgroßen, blauroten Knoten meist an Unterschenkeln u. Füßen; gelegentlich Neigung zu ausgedehnten Tumoren. In schweren Fällen Ausdehnung auf Genitalien, Gesicht u. Hals, Abheilung mit atroph. Narben u. Pigmentverschiebungen bei Neigung zu distalen Ödemen der Gliedmaßen. Über Jahre protrahierter Verlauf, wobei Metastasen in den inneren Organen auftreten können (Systemangiosarkomatose). Tod an Marasmus. Histolog. Gefäßneubildungen, Hämosiderinablagerungen sowie rund- u. spindelzellige Gewebswucherungen. [43]

Sarkomatose ⟨*griech*⟩: dichte Sarkommetastasenaussaat in Organe oder Körperhöhle, auch Generalisierung. [25]

Sarkomere ⟨*griech*⟩ *f:* von Z–Z-Streifen reichender, je nach Kontraktionszustand zwischen 1,0–2,5 μm langer Bezirk der ↑Myofibrillen der noch zahlreiche Zwischenbänder (N-Streifen, H-Streifen) besitzt. Eine S. besteht aus myosinhaltigen Myofilamenten des A-Bandes u. den aktinhaltigen Filamenten des I-Bandes, die in das A-Band hineinreichen. Bei der Kontraktion kommt es – nach der Vorstellung der Gleittheorie – zu einem Ineinandergleiten der Filamente unter Energieverbrauch aus der Spaltung energiereicher Phosphate. [6]

Sarkomyzin: Antibiotikum aus *Streptomyces erythrochromogenes;* starke Wirkung gegen Ehrlich-Aszitestumor bei Mäusen; als Therapeutikum gegen Krebs in Japan produziert. [42]

Sarkoplasma ⟨*griech*⟩ *n* = Myoplasma: Protoplasma der Muskelfasern, in das die ↑Myofibrillen eingelagert sind. [2]

~retikulum: ein dem endoplasmat. ↑Retikulum anderer Zellen entsprechendes intrazelluläres System in Muskelzellen. Es besteht aus einem transversalen, in Verbindung mit dem Sarkolemm stehenden Anteil u. einem longitudinalen Anteil. In Höhe der Z-Streifen bzw. des I-Bandes der ↑Sarkomere verbinden sich beide Teile miteinander zu Dyaden, Triaden oder Pentaden, je nach Anordnung der aus Bläschen beider Teile zusammengesetzten Komplexe. Der transversale Teil des Sarkoplasmaretikulum wird auch als T-System bezeichnet. [6]

Sarkosin ↑N-Methylglykokoll. [8]

Sarkosomen ⟨*griech*⟩ *n, Pl* ↑Mitochrondrien der Muskelzellen. [6]

Sarkosporidien ✻ **Sarcosporidia:** wenig bekannte Protozoen, werden zu den Sporozoa gezählt. Muskelparasiten, anfangs amöboid, später vielkernige Schläuche (Miescher-Schläuche) in einer bindegewebigen Hülle des Wirtsgewebes vorwiegend bei Säugetieren, selten beim Menschen; ↑Sarcocystis. [58]

Sarkozele ⟨*griech*⟩ *f:* Hodengeschwulst durch Elephantiasis, Krebs, Tuberkulose. [24]

Sarzinen ✻ **Sarcina** ⟨*lat*⟩ *f, Pl:* Gattung der Familie *Micrococcaceae* nach Bergey (1957). Grampos. Kokken vom Durchmesser 1–2 μm, die eine dreidimensionale Wachstumstendenz zeigen u. sich in „Warenballenform" lagern. Kommen als *S. ventriculi* im hypaziden Magensaft u. als Luftkeime mit bes. Farbstoffbildung vor. *S. flava,* hellgelb, *S. ureae* schwachgelb, *S. aurantiaca* orangegelb, *S. citrea* zitronengelb, *S. lutea* schwefelgelb. Apathogen. [41]

Satelliten ⟨*lat*⟩ *m, Pl:* Anhänge an ↑Zentriolen. [6]

Satellitismus: obligate Assoziation zwischen zwei Viren, bei der das eine Virus von Teilfunktionen des anderen abhängig ist; Auftreten in der floralen u. animalen Virologie bekannt. [50]

Sato' Oxydasereaktion: zur Färbung der Oxydasegranula; Vorbehandlung mit 1/2%iger Kupfersulfatlösung, die mit Benzidin-Wasserstoffsuperoxid-Lösung abgespült wird. Nachfärben mit Safranin. [11]

Sattel|gelenk = Articulatio sellaris: zweiachsiges Gelenk, dessen Gelenkflächen in einer Richtung konvex, senkrecht dazu konkav sind; z. B. das Karpo-Metakarpalgelenk

des Daumens. Es ermöglicht Bewegungen in zwei senkrecht zueinander stehenden Ebenen: die Adduktion u. Abduktion sowie die Opposition; ↑Gelenkformen. [1]
~haken: bes. Form eines stumpfen Hakens nach Fritsche. [18]
~kopf = Kreuzkopf: bei Rachitis vorkommende Auftreibung an den Stirn- u. Scheitelbeinhöckern, zwischen denen Pfeil- u. Kranznaht furchenförmig einsinken. [5]
~nase: bleibender Restzustand einer Nasenskelettzerstörung bei ↑Syphilis connata. [43]

Sättigungsdefizit: Maß für die Feuchtigkeit bzw. Trockenheit der Luft; gleich der Differenz zwischen dem herrschenden Dampfdruck u. dem der Lufttemperatur entsprechenden Sättigungsdruck. Für Orte verschiedener Temperatur sind die Werte des S. unvergleichbar. Besser berechnet man das physiolog. S., gleich der Differenz zwischen dem Sättigungsdruck bei 37°C u. dem Dampfdruck der freien Luft. Das S. beeinflußt die Wasserdampfabgabe durch die Lungen u. die Verdunstungsgeschwindigkeit des ausgeschiedenen Schweißes von der Körperoberfläche. [13]

saturnin ⟨*lat*⟩: infolge Bleieinwirkung, bleihaltig. [49]

Saturnismus ⟨*lat*⟩ ↑Bleikrankheit. [49]

Saturnus ⟨*lat*⟩ *m* ↑Blei. [44]

Satyriasis ⟨*griech*⟩ *f:* krankhaft gesteigerter Drang des Mannes zur geschlechtlichen Vereinigung mit einer weiblichen Partnerin [35]

Saucerisation ⟨*frz*⟩: Verfahren der operativen Knochenmuldenbildung bei Ausräumung chron.-osteomyelit. Nekroseherde. [18]

Sauerbruch, Ferdinand (1875–1951), Chirurg, München, Zürich, Berlin. Begründer der Thoraxchirurgie.
S' Diät ↑Gerson' Diät.
S' Druckdifferenzverfahren: erste Methode um Lungenkollaps u. Pneumothorax bei operativen Eingriffen an den Brustorganen zu verhindern; ↑Druckdifferenzverfahren.
S' Hand: Hand- u. Armprothese, die durch die Stumpfmuskulatur mittels Hebelmechanismen, die in Muskelkanälchen der Beuge- u. Streckmuskulatur des Stumpfes angebracht sind, bewegt werden kann. Bes. Bedeutung für Ohnhänder (Doppelarmamputierte).
S' Umkippplastik: bei Zerstörung des Oberschenkelknochens durch eine Geschwulst wird nach Entfernung des Oberschenkelknochens der Unterschenkelknochen in die erhaltenen Oberschenkelweichteile hochgekippt u. in die Hüftgelenkspfanne eingepflanzt. Auf diese Weise wird ein prothesegerechter Stumpf geschaffen. [18]

Säuerlinge ↑Heilwässer, II. [45]

Sauerstoff: Oxygenium; Symbol O; 2wertig; Siedepunkt −183°C, lebenswichtiger Bestandteil der Luft mit 20,9%; entsteht bei Assimilation der Pflanzen (↑Photosynthese), wird verbraucht bei der ↑Dissimilation der Nahrungsstoffe. Der natürliche S. besteht aus 99,76% $^{16}_{8}O$; 0,04% $^{17}_{8}O$ u. 0,20% $^{18}_{8}O$. Da die künstlichen Radionuklide von S. kürzere Halbwertszeiten als 2 min besitzen, wird biochem. das stabile $^{18}_{8}O$ für die Markierung von Verbindungen verwendet. Beim Menschen führt 24stündige Inhalation eines Luftgemisches mit 90% O_2 zu Tachykardie, Parästhesien, Bronchitis, bei vielen Tierarten 80–90% O_2 zu Lungenödem; Konzentrationen unter 60% scheinen unschädlich zu sein. Die Zufuhr von O_2 kann auch intraarteriell erfolgen. [8]
S., naszierender: Sauerstoff im Augenblick des Entstehens (in statu nascendi), d. h. als atomarer S., z. B. aus Ozon oder Superoxiden ($O_3 \rightarrow O_2 + O$; $H_2O_2 \rightarrow H_2O + O$), hat bes. gute Oxydationswirkung. [8]

Sauerstoff|äquivalent, kalorisches: Anzahl von Kalorien (kcal), die beim Verbrauch von 1 l Sauerstoff entstehen, wenn dieser einen Nahrungsstoff (Fett, Eiweiß oder Kohlenhydrat) oder ein Nahrungsstoffgemisch oxydiert. Für Kohlenhydrate beträgt es 5,0 für Fett 4,7 u. für Eiweiß 4,5 kcal. Bei der vereinfachten Umsatzbestimmung bezieht man das kalor. Äquivalent auf einen RQ-Wert von 0,85 entsprechend einer angenommenen Oxydation einer bestimmten Mischung aus den drei organ. Stoffgruppen im Organismus; ↑Kalorimetrie, indirekte. [7]
~atmung: zusätzliche Gaben von reinem Sauerstoff sind bei CO-Vergiftungen u. beim Aufenthalt in großen Höhen angezeigt. Weitere Anwendung bei ↑Hypoxämie u. ↑Anoxämie. [9]
~aufnahmefähigkeit: gestattet Rückschlüsse auf die Leistungsfähigkeit des Herzens, vorausgesetzt, es liegt keine respirator. Insuffizienz vor. Die O_2-Aufnahmefähigkeit hängt von der Größe des Herzminutenvolumens ab. Mit Hilfe des Böhlau' Metabolimeters kann man durch Ermittlung des Erholungsquotienten (EQ) Aussagen über die Leistungsfähigkeit des Herzens machen

$$EQ = \frac{O_2\text{-Mehrverbrauch während d. Arbeit}}{O_2\text{-Mehrverbrauch während d. Erholung}}$$

Normalwerte: 20 Jahre: EQ = 3,53
30 Jahre: EQ = 3,37
40 Jahre: EQ = 3,40
50 Jahre: EQ = 2,99

Bei verminderter Herzleistung zeigt der EQ kleinere Werte als normal. [21]
~ausschöpfung ↑Sauerstoffutilisationskoeffizient. [7]
~defizit: das über die tatsächliche Sauerstoffaufnahme hinausgehende Sauerstoff-

bedürfnis bei Arbeit. Der oxydative Muskelstoffwechsel wird in diesem Umfang durch anaerobe energieliefernde Prozesse ersetzt, deren Endprodukte (Milchsäure, Brenztraubensäure) teilweise gespeichert u. erst in der Erholungsphase unter O_2-Mehraufnahme zu CO_2 u. H_2O oxydiert werden (↑ Sauerstoffschuld). Diese ist stets größer als das ursprüngliche O_2-Defizit, da der Wirkungsgrad des anaeroben Stoffwechsels nur etwa 50% des aeroben beträgt. Das respirator. oder spirograph. Sauerstoffdefizit ist die Differenz zwischen der spirograph. bestimmten O_2-Aufnahme unter O_2-Atmung u. Luftatmung; von Uhlenbruck u. Knipping zur Aufdeckung einer Ateminsuffizienz eingeführt. Die Konstanthaltung der O_2-Konzentration im Spirometer ist dabei unbedingte Voraussetzung. [15]

~defizit, kardio-pulmonales (Uhlenbruck): vermehrte O_2-Aufnahme bei reiner O_2-Atmung gegenüber der Luftatmung, z. B. bei pulmonalen Prozessen, kardiopulmonalen Stauungen u. Behinderungen des Kapillaraustausches. [21]

~differenz, arterio-venöse: Differenz des Gehaltes an Sauerstoff in ml/100 ml Blut, wenn das Blut die Gewebskapillaren von der arteriellen nach der venösen Seite passiert u. eine der Stoffwechselintensität proportionale Menge an Sauerstoff abgegeben hat. Auf den gesamten großen Kreislauf bezogen, beträgt die S. von 20 auf 15 ml/100 ml Blut = 5 ml oder 5 „Vol.-%". [7]

~dissoziationskurve des Blutes: sie stellt graph. die Beziehung des Partialdruckes (pO_2) des Sauerstoffes zu dem Anteil des Oxyhämoglobins am Gesamthämoglobin des Blutes dar. Dabei wird im allgemeinen pO_2 in der Abszisse, HbO_2 bzw. Hb in der Ordinate eingetragen. Der Kurvenverlauf ist annähernd S-förmig. Mit steigendem Partialdruck des Sauerstoffs steigt die Kurve nach anfänglich flachem Anstieg steil an (vgl. Tabelle) u. verläuft zuletzt der Abszisse parallel.

pO_2 in mm Hg	HbO_2 in %	Hb in %
0	0	100
10	50	50
20	72	28
30	80	20
40	85	15
50	87	13
60	89	11
70	92	8
80	94	6

Der Verlauf der Kurve ist abhängig, 1. von der Temperatur; 2. vom *p*H; 3. vom Partialdruck des CO_2; 4. vom Elektrolytgehalt des Blutes bzw. Hämoglobins. [7]

~elektrode: für die fortlaufende Messung des Sauerstoffdruckes in einem Gewebe bzw. im strömenden Blut. Es wird die physikal. Erscheinung ausgenutzt, daß die Größe eines elektr. Stromflusses über eine ins Gewebe eingeführte Elektrode (z. B. Platin) bei unveränderlicher Spannung nur von dem im Elektroden vorhandenen Sauerstoffdruck in einer linearen Funktion abhängt. Es handelt sich um eine polargraph. Methode. [7]

~gerät: meist als Rettungsgerät benutzt, macht den Träger räumlich unabhängig; Sauerstoffbedarf wird aus Sauerstoffflasche gedeckt. [49]

~hämoglobin ↑ Oxyhämoglobin. [11]

~kapazität des Hämoglobins, spezifische: diejenige Menge Sauerstoff, die je 1 g Fe¨ (aus dem Hb) bei einem pO_2 von 150 mm Hg und 15 °C aufgenommen wird. Im HbO_2 kommt 1 Molekül Sauerstoff auf 1 Atom Eisen. Auf 1 Grammatom Fe (etwa 56 g Fe) entfällt also 1 Grammolekül Sauerstoff. Dieses nimmt ein Volumen von 22427 ml ein; infolgedessen entfallen auf 1 g Fe 400 ml Sauerstoff. 100 g Hb enthalten 0,335 g Fe; diese binden also 134 ml Sauerstoff, 1 g Hb demgemäß 1,34 ml Sauerstoff. [7]

~mangelatmung: sie veranlaßt fürs erste keine Veränderung des respirator. Gaswechsels. Bei Anwendung eines Luftgemisches mit 10 Vol.-% Sauerstoff ist die Atmung vertieft, bei 8% Sauerstoff tritt Unbehagen ein, bei 7% Schweratmigkeit u. Bewußtlosigkeit. Ein Sauerstoffgehalt von nur 4,5% bewirkt eine hochgradige Dyspnoe. Bei 3,0 Vol.-% kommt es rasch zum Ersticken. [7]

~puls: die pro Herzschlag im Schlagvolumen vorhandene O_2-Menge. Sauerstoffpuls ist also gleich Sauerstoffverbrauch dividiert durch Pulsfrequenz in ml. Kennzeichnendes Kriterium für Leistungsbreite u. -anpassung des Kreislaufes. [10]

~schuld: derjenige Anteil des bei einer körperlichen Belastung auftretenden Mehrbedarfs an Sauerstoff, der erst nach Beendigung der Arbeit in der Erholungsphase verbraucht wird u. in der Erholungsphase einen höheren O_2-Verbrauch bedingt. [8]

~therapie, hyperbare: Anwendung von Sauerstoff unter überatmosphär. Druck (2–3 atü); Anwendung zur Therapie von CO-Intoxikationen, von Anaerobierinfektionen u. Durchblutungsstörungen sowie in der Herzchirurgie. [27]

~utilisationskoeffizient: Verhältnis von arterio-venöser ↑ Sauerstoffdifferenz u. arterieller Sauerstoffkonzentration in %,

$$(U_{O2} = avD\,O_2/O_2 \text{ art.} \times 100).$$

~wärmewert: kalorisches ↑Literäquivalent des Sauerstoffs. [7]
~zehrung (Morawitz): Verbrauch von Sauerstoff in einer luftabgeschlossenen Blutmenge durch die atmenden Blutzellen. Normal beträgt dieser Verbrauch nur 4–5% unter Bildung von CO_2. Da allgemein nur kernhaltige lebende Zellen atmen, führte Morawitz die S. auf die vorhandenen weißen Blutkörperchen zurück, konnte aber feststellen, daß bei Vorhandensein junger roter Blutzellen während der Regeneration von Anämien usw. auch ohne Auftreten von kernhaltigen Erythrozyten der Verbrauch von Sauerstoff auf etwa 70% ansteigen kann, bes. bei den durch Blutverluste entstehenden Anämieformen. Teilweise entspricht diese Steigerung dem Auftreten von Polychromaten (↑Retikulozytenkrise), doch bleibt die Fähigkeit der S. auch nach Verlust der blaufärbbaren Netzsubstanz den jungen Erythrozyten noch kurze Zeit erhalten, so daß unter Umständen die S. noch eine morpholog. nicht mehr erkennbare Blutregeneration aufdecken kann. [11]
~zelt: zeltförmige Vorrichtung zur Zuführung von Sauerstoff für Schwerkranke bei denen vermehrte Sauerstoffbeatmung erforderlich ist. Neuere Sauerstoffzelte bieten den Vorteil wählbarer Temperatur u. Feuchtigkeit. [27]

Säuferwahn ↑Alkoholpsychosen. [34]

Saug|behandlung (A. Bier, 1905): Verfahren, bei dem über dem Krankheitsherd durch Glasglocke mit angeschlossenem Gummiballon Unterdruck u. dadurch Hyperämie im Gewebe hervorgerufen wird. Verfahren wurde durch R. Klapp ausgebaut.
~dränage ↑Perthes' Verfahren, ↑Monaldi' Saugdränage. [18]
~biopsie (nach Heinkel u. Henning): ein Stückchen Magenschleimhaut wird durch Ansaugen in ein Loch gezogen, das in einem Schneidinstrument am Ende eines Magenschlauches sitzt. Die Schleimhaut wird abgetrennt u. mit dem Schlauch entnommen, um histolog. untersucht zu werden. [47]
~elektroden: Hohlnäpfe aus nicht oxydierendem Metall von etwa 3 cm Durchmesser. Durch Gummiballon wird ein leichter Unterdruck erzeugt, wodurch die zwecks Ableitung eines ↑Ekg benutzten S. an der gewünschten Abnahmestelle haften. [10]

Säugling: konventionelle Bezeichnung für Kind im 1. Lebensjahr, wobei der namengebende Grund, das Trinken an der Brust, nicht mehr von Bedeutung ist. [32]

Säuglingsfertignahrung: mit β-Laktose, Nährzucker, hochmolekularen Polysacchariden u. Vitaminen angereichertes Milchpulver zur Gewinnung einer 2/3 Milch. Infolge Entzug der Molke geringer Salzgehalt. Feine Eiweißflockung, daher gute Verträglichkeit, im Darm Erzeugung einer Bifidumflora. Säuremilch ist mit Milchsäure oder Zitronensäure angesäuert. Adaptierte Milch ist der Frauenmilch angepaßt, der Fettgehalt wird erhöht durch Pflanzenfette mit höherem Gehalt an ungesättigten Fettsäuren.
~gewicht ↑Körpergewicht. [32]
~listeriose: Granulomatosis infantiseptica; schwere, tödlich verlaufende Form der in utero perplazentar erworbenen Infektion mit *Listeria monocytogenes;* ↑Listeriose. [40]
~phthise ↑Lungentuberkulose bei ungeimpften Säuglingen, die infolge der hohen Infektionsbereitschaft des Säuglings meist ungünstig verläuft. [5]
~schälflechte: Erythrodermia desquamativa, ↑Seborrhoe. [43]
~skorbut ↑Möller-Barlow' Krankheit. [32]
~sterblichkeit: findet ihren Ausdruck in der Säuglingssterblichkeitsziffer, die Zahl der gestorbenen ↑Säuglinge, bezogen auf 1000 Lebendgeborene des gleichen Zeit- u. Lebensraums. Höhe der S. ist abhängig von zahlreichen biolog., medizin. u. sozialen Faktoren, die bei einer Analyse als Merkmal benutzt werden, z. B. Geschlecht, Alter, Reifegrad, Legitimität, Todesursache usw. Der große Einfluß der sozialen Faktoren bedingt, daß S. als ein Gradmesser für den Gesundheitsschutz der Bevölkerung angesehen wird. [48]

Saug|maske ↑Kuhn' Maske. [27]
~reflex: reflexartige Saugbewegung, auslösbar durch einen Berührungsreiz der Lippen, der Umgebung des Mundes, der Zunge, der Wangenschleimhaut oder des harten Gaumens. Für den Säugling bes. lebenswichtiger Reflex. [32]
~würmer ↑Trematodes. [58]

Säule, flämische: andere Bezeichnung für Bambusstabform der Wirbelsäule bei versteifender Spondylarthritis ankylopoetica. [23]

Säulenchromatographie: klass. Ausführungsform der Chromatographie, bei der die Komponenten eines zu analysierenden Stoffgemisches in einer mit Adsorbens gefüllten Säule durch ein strömendes Lösungsmittel mit verschiedener Geschwindigkeit mitgeführt werden, so daß man sie in der Säule selbst mechan. isolieren oder am Ende der Säule getrennt auffangen kann, bes. für präparative Zwecke geeignet. [54]

Säulenknorpel: bei der Verknöcherung der langen Röhrenknochen im Bereich der Epiphyse auftretender Bezirk von Hyalinknorpel, der durch reihenförmige Anordnung der Knorpelzellen ausgezeichnet ist. Die zu Reihen angeordneten Knorpelzellen vergrößern sich bes. in Nähe der Markhöhle u. gestalten sich hier zu großen blasigen Räumen um. Die Knorpelgrundsubstanz zwischen den aufgelösten Knorpelzellreihen verkalkt schließlich u. dient den von der Markhöhle kommenden Osteoblasten als Richtungspfeiler bei der Ablagerung von Knochensubstanz. [2]

Saunabad ⟨*finn*⟩: beim Saunabad handelt es sich weder um ein reines Dampf- noch um ein reines Heißluftbad. Vorbedingungen sind: Temperaturen von etwa 60–85°C bei einer durchschnittlichen relativen Luftfeuchtigkeit von etwa 10% u. period. Wassergüsse (etwa je 1/2 l) auf rotglühende Steine. Nach dem Wasserguß steigt die luftelektr. Feldstärke in Holzsaunen von etwa 100 V/m sofort auf etwa 2000–6000 V/m, um alsbald wieder zur Norm abzusinken. Während des Saunabades evtl. Birkenreiserklopfmassage. Aufenthalt in der Sauna 10–20 Minuten. Danach Abkühlung mit kaltem Wasser. Hierauf erneuter Aufenthalt in Sauna 5–10–15 Minuten u. anschließend wieder Abkühlung. Prozedur kann individuell 2–4mal wiederholt werden. Wöchentlich ein Saunabad. Heilanzeigen u. a. Abhärtung, rheumat. Beschwerden, Fettsucht. [45]

Säure-Alkali-Umschlagprobe: auch Säure- u. Alkaliprobe, *Abk* SUA (nach E. Rehn, 1919 u. E. Rehn u. Günzberg, 1923); Methode zur Prüfung der Nierenfunktion. Prinzip: die gesunde Niere vermag peroral oder intravenös zugeführtes Alkali schnell auszuscheiden, die kranke Niere nur verlangsamt oder gar nicht. Nach kräftiger Alkalizufuhr wird der Urin der gesunden Niere nach kurzer Zeit alkalisch reagieren, der der kranken Seite bleibt länger (oder überhaupt) sauer. (Säurestarre der kranken Niere[n] bes. bei Tbk.) SUA-Probe ist: 1. nicht sehr genau, 2. für Pat. unangenehm u. nicht ungefährlich (Harnleiterkatheterung nur in wirklich begründeten Fällen!). Heute stehen ↑Clearance-Untersuchungen, ↑Isotopennephrographie, ↑Szintigraphie, ↑Infusionsurographie u. ↑Renovasographie als bessere Methoden zur Verfügung. [24]

Säureamide = Amide: Derivate der organ. Säuren, in denen das $-OH$ der Karboxylgruppe durch die NH_2-Gruppe ersetzt ist:

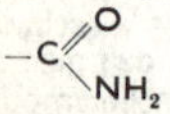

Einfachste Vertreter sind Formamid u. Azetamid. Zu den S. gehört auch Azetanilid: $CH_3 \cdot CO \cdot NH \cdot C_6H_5$. Biolog. wichtige S. sind ↑Glutamin u. ↑Asparagin. Einige S. wie Bromdiäthylazetamid oder Diäthylallylazetamid besitzen sedative Eigenschaften, andere haben narkot. oder spasmolyt. Wirkungen. [8, 44]

Säurebakterien ↑Laktobakterien. [41]

Säure-Basen-Belastung: 1. Alkalibelastungsprobe nach Sellard, Technik: nüchtern 2stündl. 5 g Natrium bicarb. per os, Harnreaktion wird mit Indikator überprüft; normale Nierenfunktion: erst nach größeren Alkalimengen erfolgt Umschlag der Reaktion. Gefahr: Schädigung durch Alkalose; 2. Säurebelastung mit 5 g Ammoniumchlorid, bei Unvermögen, sauren Harn trotz System-Azidose zu bilden, z. B. bei hypochloräm. Azidose (↑Light-Wood-Albright-Syndrom), a) normal: *p*H des Urins sinkt nach 4–6 h unter 5, b) patholog.: *p*H sinkt nur bis 6 z. B. bei renaler Azidose; ↑Säure-Alkali-Umschlagprobe. [24]

Säureexponent ↑Umschlagspunkt. [4]

Säuren: anorgan. u. organ. Verbindungen, die in wäßriger Lösung Wasserstoffionen H^+ abspalten u. mit Basen unter Wasseraustritt Salze bilden; nach Definition von Brönsted Stoffe, die Protonen abgeben. Dadurch wird der Säurebegriff auch auf Kationen u. Anionen erweitert, somit für Betrachtung biolog. Elektrolytsysteme vorteilhafter. Lewis definiert die S. als Elektronenakzeptoren. Wichtigste Vertreter in der organ. Chemie mit ausgesprochenem Säurecharakter sind die Verbindungen mit einer Karboxylgruppe

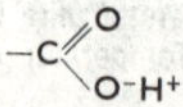

u. Hydroxylgruppen, die an einem doppelt gebundenen C-Atom sitzen, wie phenol. Hydroxyl u. enol. Hydroxyl $-CH{=}C(O^-H^+)-$. [8]

Säure|nekrose der Zähne: Entkalkung des Schmelzes u. Brüchigwerden der Zähne durch Einwirkung von Mineralsäuren (Salz-, Schwefel-, Salpetersäure), weniger von organ. Säuren; schließlich ist der Zahn oberhalb des Zahnfleisches, auch bis in die Zahntasche hinein, geschwunden. Die Zuckerbäckerkaries, vom Zahnhals ausgehend, hat die Verarbeitung von Fruchtsäuren u. Hefe als wesentliche Voraussetzung. Als melde- u. entschädigungspflichtige Berufskrankheit anerkannt. [49]

~wecker: 1. physiolog. Stoffe zur Anregung der Magensäurebildung, z. B. Koffein, Alkohol, Histamin, Fleischextrakte, Fleischbrühe; 2. bei der Lebensmittelherstellung Kulturen von milchsäurebildenden Mikroorganismen zur Säuerung von Milch oder Rahm bei der Butter- u. Käsefabrikation, zur Herstellung von Sauerkohl, Sauerteig des Brotes usw. [16]

~zahl der Fette: diejenige Menge von KOH in mg, die zur Neutralisation der freien, unveresterten Fettsäuren in 1 g Fett erforderlich ist. Frische Fette u. Öle sind fast säurefrei; bei längerem Lagern nimmt die Menge der nicht an Glyzerin gebund. Fettsäuren zu. [8]

Sauton-Lösung: synthet. Substrat zur Herstellung von verschiedenen Nährböden zur Anzüchtung von ↑Tuberkulosebakterien; enthält Asparagin, KH_2PO_4, $MgSO_4$, Ferriammoniumzitrat u. Zitronensäure. [41]

Savill, Thomas Dixon (1856–1910), Arzt, London.

S' Krankheit: epidem. exfoliative Dermatitis, ähnlich der Pityriasis rubra. [43]

Sayers-Test: Bestimmungsmethode für Kortikotropin. Nach Injektion von Kortikotropin wird der Askorbinsäuregehalt der Nebenniere bestimmt. [31]

Sayre, Lewis Albert (1820–1901), Chirurg, New York.

S' Verband: Fixierung des Armes an den Oberkörper beim Schlüsselbeinbruch durch bestimmte Heftpflastertouren. Im Grundprinzip dem Desault' Verband sehr ähnlich. [18]

SBR: *Abk* für Schaf-Blutkörperchen-Agglutination-Reaktion, ↑Waaler-Rose-Reaktion. [13]

Scabies ⟨*lat*⟩ *f* ↑Skabies. [43]

Scala ⟨*lat*⟩ *f:* die Treppe.

S. tympani et vestibuli: Pauken- u. Vorhofstreppe. Der Binnenraum der ↑Schnecke ist durch die Lamina spiralis ossea et basialis als Scheidewand in zwei Hälften geteilt; in die S. tympani mit dem runden Fenster u. die darüberliegende S. vestibuli. [28]

scalenus ⟨*griech*⟩: ungleichseitig-dreieckig; ↑Skalenus. [18]

Scanzoni, Friedrich Wilhelm (1821–1891), Gynäkologe, Prag, Würzburg.

S' Zange: Drehzangenoperation in der Geburtshilfe; z.B. bei Umwandlung einer hinteren in eine vordere Hinterhauptslage. Da bei der Schulzange der vordere Löffel nicht unter der Symphyse hindurchzudrehen ist, muß die Zange abgenommen u. ein zweites Mal angelegt werden. [29]

Scapha ⟨*griech*⟩ *f:* Kahn, Nachen; Grube zwischen Helix u. Anthelix der Ohrmuschel; *adj* scaphoides kahnförmig. [1]

Scapula ⟨*lat*⟩ *f:* das Schulterblatt; *Adj* scapularis zum Schulterblatt gehörend. [1]

Scapus ⟨*lat*⟩ *m:* Stock, Schaft.

S. pili: Haarschaft. [1]

Scarlatina ⟨*arab, ital*⟩ *f* ↑Scharlach. [40]

Scarlatinella ⟨*arab, ital*⟩ *f* ↑Vierte Krankheit. [32]

Scat.: *Abk* in der Rez. für Scatula ⟨*lat*⟩, Schachtel. [44]

Scelus recurrens: frühere Bezeichnung des Erregers des ↑Herpes simplex.

S. suillum: frühere Bezeichnung des Erregers der Pseudowut (↑Aujeszky' Krankheit). Virus befällt hauptsächlich Rinder, Katzen, Hunde, Schweine, Wildschweine, Schafe, Ziegen, Füchse, Dachse u. Ratten. Menschliche Erkrankungen sind selten u. verlaufen harmlos. Lähmungen treten beim Menschen im Gegensatz zu den Tieren nicht auf. [41]

Sceno-Test ↑Staabs-Sceno-Test.

Schaben: zur Ordnung der Geradflügler gehörende Insekten mit Laufbeinen u. z.T. verkürzten Flügeln u. entsprechend reduziertem Flugvermögen. Schaben pflanzen sich durch Ablage von Eipaketen fort. Vorratsschädlinge u. Krankheitsüberträger (Blatta, Blatella), häufiges Vorkommen in Krankenhäusern.

Schablonen, motorische: von Kretschmer eingeführte Bezeichnung für automatisierte Bewegungsabläufe, die früheren Entwicklungsstufen angehören u. bei krankhaftem Abbau der höheren Hirnleistungen wieder in Erscheinung treten. [33]

Schachtelton: lauter u. hypersonorer Klopfschall bei Lungenemphysem oder gasförmiger Ansammlung in den Weichteilen, z.B. bei Gasbrand oder Hautemphysem. Auch für einen bes. Klopfschall des Schädels bei Hirndruck u. klaffenden Nähten im Kindesalter verwandt. [9]

Schädelauskultation: Abhören des Schädels mit dem Stethoskop zum Nachweis von Gefäßgeräuschen bei Aneurysmen u. Tumoren des Schädels. [9]

Schädel|basisfraktur: Bruch des Schädelgrundes, durch Röntgenuntersuchung selten nachweisbar. Deshalb ist die Diagnose auf klin. Zeichen zu stützen: 1. Frakturhämatom in der vorderen Schädelgrube wird als ein- oder beidseitiges Brillenhämatom sichtbar; 2. bei Fraktur der mittleren Schädelgrube Blutaustritt ins Innenohr bei intaktem Trommelfell (Hämatotympanon), bei Trommelfellriß freier Austritt von Blut, Liquor oder selten auch Hirnsubstanz aus Ohr oder 3. aus Nase. Gefahr der Meningitis u. Enzephalitis entlang der Liquorfistel. Bisweilen gleichzeitige Hirnerschütterung. 4. Bei schweren Schädelbasisfrakturen kann es durch Abscherung oder Quetschung zu Ausfällen einzelner Hirnnerven kommen.

~brüche ↑Schädelfrakturen.

~dachfraktur: Bruch der Schädelkalotte, der Schädelkonvexität, nahezu immer im Röntgenbild sichtbar. Bei schwererer Impression ist operativ Behebung der Einpressung möglichst schnell durchzuführen. Auch kann bei harmlos erscheinenden Bruchlinien der Lamina externa eine schwere Zerstörung der Lamina interna mit Durarissen u. versprengten Knochensplittern in der Hirnmasse vorliegen, ↑Schädelfrakturen.

~frakturen: Brüche des knöchernen Schädels. Einteilung: 1. nach der Lokalisation: a) Konvexitätsbruch der Schädelkalotte, ↑Schädeldachfraktur, b) Schädelbasisfraktur der Schädelgruben; 2. nach der Bruchentstehung: a) Biegungs- u. Impressionsbruch im allgemeinen durch stumpfe Gewalt, b) Berstungsbrüche meist als indirekte Schädelbrüche, wobei die Bruchlinie vom Schädeldach auf die Basis übergreifen kann durch Formveränderungen des Gesamtschädels infolge beidseitiger Kompression z. B. durch Überfahrung oder Pufferquetschung. Durch Summierung der über den ganzen Schädel sich fortsetzenden u. auf der Gegenseite zusammentreffenden traumat. Schwingungen entstehen Brüche durch „Contre-coup" Explosionsbrüche durch Nahschuß infolge hydrodynam. Sprengung. Schädelschußbrüche sind meist komb. Bruchformen. [18]

~hyperostosen = Hyperostosis cranialis interna: flache beetartige oder höckerige Knochenanlagerungen der Dura auf der Tabula interna vorwiegend des Stirnbeins u. der Scheitelbeine, seltener des Hinterhauptes u. der Schläfenschuppen, auf den Orbitaldächern u. den kleinen Keilbeinflügeln; in der Regel symmetr. Die Furchen der Duragefäße u. Venensinus sind vertieft, die Impressiones digitatae nicht. Die Tabula externa bleibt frei. Hyperostosen bei 1% aller Schädelaufnahmen; über 90% Frauen (gilt als Symptom des ↑Morgagni' Syndroms). Beginn in der 2. Lebenshälfte, Verlauf schleichend. Hauptsymptom konstanter Kopfschmerz, sonstige Symptome sind inkonstant. [26]

~index: anthropolog. Kennziffer zur Charakterisierung der Schädellänge, indem die größte Schädelbreite in Prozent der Schädellänge ausgedrückt wird.

~lage: Kopflage; häufigste Lage des Kindes unter der Geburt, wobei der Kopf vorangeht. [29]

~rheographie ↑Rheokardiographie, ↑Rheoplethysmographie. [10]

Schädlingsbekämpfer: Berufsbezeichnung für den früheren Kammerjäger, heute Spezialist für die Bekämpfung von Gesundheitsschädlingen; Lehrberuf mit dreijähriger Lehrzeit. [58]

Schädlingsbekämpfung: Maßnahmen zur Vernichtung oder Niederhaltung von Schädlingen an Pflanzen, Tieren u. Menschen oder in menschlichen Behausungen u. Ställen. Es werden biolog., physikal.-techn. u. chem. Methoden angewendet. Bei unsachgemäßer Anwendung können in der freien Natur Störungen des biolog. Gleichgewichtes auftreten. [38]

Sch., biologische: Insektenbekämpfung durch andere als chem. Verfahren, nämlich z. B. durch Bakterien, Hyperparasiten, Feinde, Sterilisationsmethoden, genet. Methoden. [58]

Schädlingsbekämpfungsmittel: Zubereitung von Chemikalien zur Vernichtung oder Niederhaltung von Schädlingen jeder Art. Sammelbegriff ist Pestizide. [38]

Schafblattern ↑Windpocken. [40]

Schaf-Blutkörperchen-Agglutinations-Reaktion: *Abk* SBR; ↑Waaler-Rose' Reaktion. [13]

Schafgarbe ↑Achillea millefolium. [44]

Schafhaut ↑Amnion; genannt nach der Eihaut der Opfertiere. [3]

Schafpocken ↑Windpocken. [40]

Schäl|blasen: Schälblattern, ↑Pemphigus.

~flechte = Erythrodermia desquamativa (Leiner) ↑Seborrhoe.

~rötelsucht ↑Dermatitis exfoliativa generalisata. [43]

Schalenpessar: schalenförmiges durchlöchertes ↑Pessar zur symptomat. Behandlung bei Gebärmutter- u. Scheidenvorfall. [29]

Schalentemperatur: Temperatur der Körperoberfläche, die infolge des Wärmeverlustes an der Körperoberfläche geringer als im Körperinnern ist; ↑Kerntemperatur. [27]

Schall|bildertheorie (Ewald, I. E., 1899): eine der älteren Hörtheorien; nach ihr bringt jeder Ton die ganze Basilarmembran zum Mitschwingen, wonach es zum Auftreten einer Reihe von stehenden Wellen kommt, die in ihrer Gesamtheit als Schallbilder bezeichnet werden. Einem jeden Ton entspricht ein bestimmtes Schallbild. [7]

~druck: durch den Anprall der Längsschwingungen der Luftteilchen an einen Körper entstehender Druck, gemessen in dyn/cm^2. Der minimale Sch. für das Ohr beträgt $2 \times 10^{-4} dyn/cm^2$, was einer Schalleistung von $10^{-16} W/cm^2$ entspricht (absolute Schwelle des Gehörs).

~geschwindigkeit: die Geschwindigkeit, mit der sich ein an einer Stelle im Raum erzeugter Schall nach allen Seiten fortpflanzt. In der Luft beträgt sie 340 m/s bei 16 °C, in Wasser 1435 m/s, in Kautschuk 50 m/s, in Aluminium 5100 m/s.

~leitung zum Innenohr: sie kann auf zwei Wegen erfolgen. 1. über die Luft im äußeren Gehörgang, das Trommelfell, die Gehörknöchelchenkette u. die Fenestra ovalis (Luftleitung); dabei kann auch die Fenestra rotunda in Schwingungen geraten; 2. über die Knochen des Schädels (Knochenleitung): Schwingungen der Fenestra ovalis können auch durch die Kopfknochenleitung zustande kommen; daran brauchen Trommelfell u. Gehörknöchelchen nicht beteiligt zu sein; ↑Rinne' u. ↑Weber' Versuch.

~stärkemessungen: man benutzt dazu eine logarithm. Vergleichsskala, bei der als Einheit das ↑Dezibel dient. Der Unterschied zweier Schalldrücke ist $20 \cdot \log p/p_0$ Dezibel. In dieser Definition bedeutet p den Schalldruck eines beliebigen Tones, d. i. seine Druckamplitude, p_0 den Schalldruck für die Hörschwelle bei Anwendung eines Tones von 1000 Hz. Schall- u. Lautstärke sind dann gleich; ↑phon. [7]

Schaltalgebra ↑Rechenautomat. [60]

Schalt|kerne: Nervenzellansammlungen (↑Nucleus) im Gehirn, z. B. innerhalb des ↑Thalamus, die die aus der Peripherie über die afferenten Nervenbahnen einlaufenden Impulse auf ein anderes Neuron über ↑Synapsen weiterleiten. [7]

~lamellen: zwischen den konzentr. Lamellen (↑Havers) gelegene Lamellensysteme im Bereiche der Substantia compacta des Röhrenknochens; ↑Knochengewebe. [2]

~neuronen: auch als Zwischenneurone bezeichnet. Nervenzellen mit mehreren, meist relativ kurzen Fortsätzen, die Erregungs- u. Hemmungsimpulse zwischen anderen Nervenzellen mit meist langen, aus größerer Entfernung eintreffenden Fortsätzen (Axonen) vermitteln. Sie finden sich sowohl im Rükkenmark wie in höheren Abschnitten des ZNS. [7]

~stück: 1. bei den serösen Drüsen sich an den Azinus anschließender von einem niedrigprismat. Epithel ausgekleideter Gang, der das Sekret der Drüse befördert; 2. in der Niere (↑Niere, mikroskop. Anatomie). [2]

Schambein = Os pubis. [1]

Schamberg, Jay Frank (1870–1934), Dermatologe.

Sch' Krankheit = Dermatose pigmentaire progressive ⟨*frz*⟩: an unteren Extremitäten „Cayennepfeffer"-artige Punkte um hyperpigmentiertes Zentrum (Diapedese von Erythrozyten). [43]

Scham|berg = Mons pubis, bei der Frau Mons veneris: physiolog. Fettpolster oberhalb der vorderen Kommissur der großen Schamlippen bzw. oberhalb des Penis, mit Schamhaaren bedeckt.

~fuge ↑Symphyse.

~haare = Pubes: Haare auf dem Schamberg mit je nach Geschlecht charakterist. Schamhaargrenze.

~lippen: Teil des äußeren weiblichen Genitales; je zwei einander bedeckende Hautfalten, die großen u. die kleinen Sch.

~spalte = Rima pudendi: Spalte zwischen den beiden großen Schamlippen. [1]

Schanker: Geschwür bei Geschlechtskrankheiten; harter Schanker ↑Syphilis; weicher Schanker ↑Ulcus molle. [43]

Schanz, Alfred (1868–1931), Orthopäde, Dresden.

Sch' Krankheit: ↑Scheuermann' Krankheit; die Wirbelsäulenerkrankung wurde zuerst von Schanz als Lehrlingskyphose beschrieben u. von ihm als primäre Muskelinsuffizienz aufgefaßt.

Sch' Verband: 1. Festverband mit Heftpflaster oder Elastoplast unter Betonung des Fußgewölbes beim Anlegen (Mittelfußbruch u. Plattfußbehandlung); 2. Sch' Krawatte, zirkulärer Verband am Hals der meist durch Extension angelegt wird. Mehrere zirkuläre Watteschichten werden mit Binden festgewickelt. Den Abschluß kann eine Stärke- oder Gipsbinde bilden. Der Verband dient zur Ruhigstellung u. Entlastung der Halswirbelsäule bei Verletzungsfolgen, Osteochondrose, Spondylosis bzw. unter einseitiger Betonung der Extension beim Neugeborenen-Schiefhals. [23]

Schapiro, Heinrich (1852–1901), Arzt, Odessa.

Sch' Zeichen: fehlende Herzverlangsamung nach Einnahme einer Ruhelage spricht für Myokardschaden. [10]

Scharbock ⟨*mittelniederländ. schorbuch*⟩: alte, volkstümliche Bezeichnung für ↑Skorbut. Volksheilmittel „Scharbockskraut" Löffelkraut; Gattung Ficaria). [16]

Schardinger-Dextrine: kristallisierte, 1903 von Schardinger entdeckte Abbauprodukte der Stärke, die durch Einwirkung von *Bacillus macerans* gebildet werden; man unterscheidet 3 nichtreduzierende Produkte als α-, β- u. γ-Dextrine.

Sch.-Enzym: ein in Milch, Leber, Niere usw. vorkommendes, 1902 von Schardinger nachgewiesenes Enzym, ein Molybdän enthaltendes Flavoprotein von geringer Spezifität; das Enzym ist ident. mit der Aldehyd-Dehydrogenase der Milch [Nachweis frischer, nicht erhitzter Milch: Schardinger-Probe: mit Formaldehyd als Wasserstoffdonator werden geeignete Farbstoffe als Wasserstoffakzeptoren (Methylenblau, Resazurin, Tetrazoliumverbindungen) rasch entfärbt]. Das Sch.-Enzym ist Xanthinoxydase (EC 1.2.3.2), das Xanthin u. Hypoxanthin zu Harnsäure oxydiert u. Aldehyde zu Karbonsäuren dehydriert. [16]

Scharlach *m* ✱ **Scarlatina** ⟨*arab, ital*⟩ *f:* endem.-epidem., meist aerogen übertragbare, anzeigepflichtige Infektionskrankheit. Erreger Scharlachstreptokokken (*Streptococcus scarlatinae,* serolog. Gruppe A mit verschiedenen Serotypen), Inkubation 3–6 Tage. Akuter hochfieberhafter Verlauf mit Angina (Himbeerzunge) u. Exanthem; Bedeutung des erythrogenen Streptokokken-Ektotoxins, ↑Dick-Test u. ↑Auslöschphänomen. Gefahr pyogener Komplikationen (z. B. Otitis media) u. rheumat. Nachkrankheiten. Letalität unbehandelt 1% u. höher; jahrzehntelange Immunität; bakteriolog. Diagnose durch kulturellen Erreger-Nachweis aus Rachen-Abstrichen. Behandlung mit Penizillin, Prophylaxe durch Isolierung u. Desinfektion. [40]

~kolloidtest (Maizels, Duzzi): Flockungsreaktion durch Versetzen von 0,5 ml Blutserum mit 0,5 ml Veronalpuffer (*p*H = 7,53) u. 2,5 ml Scnarlachrot-Sol nach 24 h bei Raumtemperatur, die hauptsächlich auf Vermehrung der γ-Globuline beruht (Leberparenchymschädigungen, chron. entzündliche Erkrankungen, Differentialdiagnose der Gelbsuchtformen). [47]

~linie: Wachstumsstörung der Nägel, bes. am Daumen, bei Scharlach, ↑Beau-Reil' Querfurchen. [43]

~rot: Azofarbstoff; als Scharlachrotsalbe zur Anregung der Epithelialisierung bes. bei Verbrennungen u. mit großen Hautdefekten verbundenen Defekten verwandt. [44]

~serum: antitox. Serum; durch Immunisierung von Pferden mit hämolysierenden Streptokokken u. deren Toxinen gewonnen; wird heute nur noch bei hochtox. Fällen benutzt. [39]

Scharniergelenk = Ginglymus: die Gelenkfläche stellt den Abschnitt eines Zylinders oder Kegels dar, auf dem die andere mit entsprechender Höhlung gleitet, z. B. bei Finger- u. Zehengelenken. Diese Gelenke gestatten Beugung u. Streckung. [7]

Schartenspuren: Verletzungen am Knochen mit bestimmten Schürf- oder Rillenmuster. Ermöglichen gerichtsärztlich die Identifizierung des verursachenden Werkzeuges. [52]

Schatten|effekt: Beeinflussung der Anzeige von Ionisationskammern durch die Mittelelektrode. [54]

~probe ↑Skiaskopie. [36]

Schatz, Christian Friedrich (1841–1920), Gynäkologe, Rostock.

Sch' Operation: Hebung der Gebärmutter durch Verkürzung der Chorda utero-inguinalis beiderseits. [29]

Schauanfall ↑Blickkrampf. [34]

Schaudinn, Fritz Richard (1871–1906), Zoologe, Hamburg. Entdeckte 1905 gemeinsam mit dem Dermatologen Erich Hoffmann den Syphiliserreger, das *Treponema pallidum* (*Spirochaeta pallida*). [43]

Schaukeldiät ↑Wechselkost. [16]

Schaumann, Jörgen (1879–1953), schwed. Dermatologe.

Sch' Körperchen: im Plasma der Langhans' Riesenzellen liegende zwiebelschalenartige geschichtete Lamellen, die aus zerfallenen elast. Fasern oder Resten thrombosierter Kapillaren entstehen sollen.

Sch' Krankheit = Besnier-Boeck-Schaumann' Krankheit (auch Schaumann-disease) ↑Sarkoid. [4]

Schaumbad: in die Wanne wird etwa 10–15 cm hoch warmes Wasser eingelassen, Saponinextrakt zugegeben u. dann unter Druck Wasser zugelassen oder mittels eines Verteilers am Wannenboden Luft ins Wasser eingeblasen, bis die sich entwickelnde Schaumschicht den Wannenrand erreicht. Am vorteilhaftesten ist die Verwendung der Schaumbadpräparate, auch der Ölschaumbadpräparate der chem.-pharm. Industrie (↑Brandungsbad). Heilanzeigen bes. bei Fettsucht u. für kosmet. Zwecke. [45]

Schaum|organe: durch gasbildende Bakterien hervorgerufene postmortale Veränderungen von Organen, die bienenwabenoder schwammähnliches Aussehen erhalten; z. B. Schaumleber, Emphysema hepatis. [5]

~pilz: grauweißlicher Schaum vor Nase u. Mund bei längerem Liegen eingetrocknet, krümelig. Mischung von Wasser, eiweißhaltigem Sekret der Schleimhäute der Luftwege u. Luft als Zeichen der vitalen Reaktion, z. B. beim Ertrinken. Rosig (blutig), z. B. beim Lungenödem (z. B. Herztod bei beginnender Anschoppung der Lungen, Erwürgen usw.). [52]

Schaumvirus = foamy virus ⟨*engl*⟩: Kontaminant z. B. von Affennierenzellkulturen, zur Papovavirusgruppe zugehörig. [50]

~zellen ↑Xanthomzellen. [5]

~zellen-Pneumonie: Cholesterin-Pneumonie; chron.-abszedierende Pneumonie, Alveolarepithelien speichern Cholesterinester u. Fette. [4]

Schauta, Friedrich (1849–1919), Gynäkologe, Wien.

Sch.–Stoeckel' Operation: vaginale Radikaloperation beim Muttermundskrebs unter Mitnahme der Parametrien (Freilegung des Harnleiters) u. eines Teils der Scheide.

Sch.–Wertheim' Operation ↑Wertheim' Operation. [29]

Scheckhaut ↑Vitiligo. [43]

Schede, Max (1844–1902), Chirurg, Bonn.

Sch' Operation: intrapleurale Methodik der Beseitigung von Empyemresthöhlen, indem unter Schonung der Interkostalnerven u. -gefäße Rippen reseziert u. entzündliche Schwarten zwischen Brustwandweichteilen u. Pleura pulmonalis entfernt u. schließlich zur Ausfüllung der Resthöhle ein Hautmuskellappen eingeschlagen werden. [18]

Scheele' Operation = Ringblase nach Scheele (1922): Vergrößerungsplastik der (geschrumpften) Harnblase durch Anlagerung eines aus der Darmpassage abgeschalteten Ileumabschnittes, der in sich zu einem Ring verbunden mit der zu kleinen Harnblase Seit-Seit anastomosiert wird. Die Harnleiter können bei Bedarf in die Ringblase implantiert werden. Gegenwärtig totaler Blasenersatz durch abgeschaltete Dünndarm- oder Dickdarmabschnitte relativ oft geübte Operationsmethoden; ↑Dünndarmblasen. [24]

Scheibenmeniskus: Zwischenknorpel im Kniegelenk, der infolge einer Entwicklungsstörung zu breit ist u. oft ein Schnappen erzeugt; lateraler Meniskus bevorzugt. [23]

Scheibenrose ↑Erythema exsudativum multiforme. [43]

Scheide: 1. (mikrobiolog.) aus verhärtetem Schleim entstehende Hülle der Chlamydosporen; 2. (gynäkolog.) Teil des weiblichen Geschlechtsorgans; 3. (anatom.) bindegewebige Hülle von Organen, z.B. Sehnenscheide, Rektusscheide. [42, 1]

Scheiden|beckenbodenschnitt ↑Schuchard' Schnitt.

~dammriß ↑Dammriß.

~eingang = Ostium vaginae: äußere Mündung der weiblichen Scheide.

~fortsatz ↑Processus vaginalis.

~gewölbe ↑Fornix vaginae.

~entzündung ↑Kolpitis.

~krampf ↑Vaginismus.

~plastik, vordere bzw. hintere: Operation bei Senkung der vorderen u. hinteren Scheidenwand zur Straffung der Scheide u. der Blase u. zur Raffung der Beckenbodenmuskulatur. [29]

~schleimhaut = Tunica mucosa vaginae: Schleimhaut der Scheide, die aus einem mehrschichtigen, unverhornten Plattenepithel u. einer bindegewebigen (elast. u. kollagene Fasern) Lamina propria besteht. Das Epithel ist reich an Ribosomen u. Mitochondrien u. zeigt in Abhängigkeit vom ovariellen Zyklus Veränderungen (Papanicolaou) im Aufbau u. in der zytolog. Beschaffenheit der Epithelzellen. Aus abgestoßenen Epithelzellen wird Glykogen frei, aus dem durch die Döderlein' Stäbchen (Bazillen) Milchsäure gebildet wird. Das Scheidensekret enthält 0,5% Milchsäure. [2]

~schnitt ↑Episiotomie.

~spekulum: Instrument zur Entfaltung u. Besichtigung der Scheide u. Sichtbarmachung der Portio. In der Gynäkologie sind gebräuchlich: 1. ein Paar Spekula zur Entfaltung der vorderen u. hinteren Vaginalwand mit vorderem u. hinterem Blatt; 2. ↑Röhrenspekulum; 3. selbsthaltendes Spekulum, entweder als Schnabelspekulum oder ein vorderes u. ein mittels Gewicht sich selbst haltendes hinteres Blatt (selten verwendet).

~vorfall = Prolapsus vaginae: Vortreten der Scheide vor die Vulva. Geringere Grade werden als Senkung bezeichnet. Meist kombiniert mit Aussacken der Blase (↑Zystozele) u. des Rektums (↑Rektozele). [29]

Scheinanämie = Pseudoanaemia angiospastica: starke, manchmal extreme Hautblässe, die eine schwere Anämie erwarten läßt, aber auf Verengerung der feinsten Blutgefäße bei annähernd normalen Hämoglobin- u. Erythrozytenwerten beruht; konstitutionell u. durch Nierenkrankheiten, Neurosen, seltener durch chron. Krankheiten, wie Syphilis, Tuberkulose usw. hervorgerufen. [11]

Scheiner, Christoph (1573–1650), Physiker, Rom, Neiße.

Sch' Versuch: betrachtet man mit Hilfe eines Auges nach Vorschalten eines Schirmes mit zwei kleinen Öffnungen zwei ungleich weit vom Auge entfernte Nadeln, so erlebt man ein einfaches Bild nur dann, wenn man mit dem Auge auf eine dieser Nadeln eingestellt ist. Die andere erscheint gleichzeitig doppelt. Der Sch' Versuch ist ein Beweis für die ↑Akkommodation des Auges. [7]

Schein|fütterung: man legt nach Pawlow beim Hund eine Speiseröhren- u. eine Magenfistel an. Gibt man einem derartig operierten Hund zu fressen, so fällt das Futter zur oberen Speiseröhrenfistel hinaus. Die Absonderung von Magensaft kommt jedoch bald in Gang u. hält längere Zeit an. Auf diese Weise war man in der Lage, reinen Magensaft zu gewinnen u. einer Untersuchung zuzuführen. Außerdem zeigt das Verfahren den reflektor. Charakter der Magensaftabsonderung. [7]

~myopie ↑Pseudomyopie. [36]

~reduktion ↑Reposition en bloc. [18]

~tod: Bewußtlosigkeit mit Aussetzen der Atmung; z.B. blaue u. weiße Apnoe bei Neugeborenen, bei elektr. Unfällen, Schlafmittel- u. anderen Vergiftungen, Erfrierung, psych. Schock usw. (↑Vita minima). Durch Feststellung sicherer Todeszeichen wie Totenflecke, Totenstarre, Lebensproben, ausschließbar; klin. ↑Tod. [52]

~zwitter = Pseudohermaphroditismus ↑Hermaphroditismus. [5]

Scheitel|beineinstellung ↑Asynklitismus. [29]

~brechwertmesser: opt. Gerät zur Bestimmung der Stärke eines gegebenen Brillenglases unter Berücksichtigung der durch den Hornhautscheitelabstand notwendigen Korrektur. [36]

~lage: Haltungsanomalie; der kindliche Kopf tritt in einer indifferenten Haltung – Übergangsform zwischen Flexions- u. Deflexionshaltung – durch das mütterliche Becken. [29]

Schellacksteine: Harzsteine; Fremdkörper aus Schellack im Magen-Darm-Kanal; finden sich bei alkoholsüchtigen, gewohnheitsmäßig politurtrinkenden Tischlern. [5]

Schellong, Friedrich (1891–1953), Internist, Heidelberg, Prag, Münster.

Sch.-Test: Test, der zur Einteilung der Kreislaufregulationsstörungen in hypotone u. hypodyname Formen dient. Der vollständige

Sch.-Test setzt sich zusammen aus Bestimmung der Pulsfrequenz, des arteriellen systol. u. diastol. Blutdrucks u. des Verhaltens der QRS-Dauer im Ekg in Ruhe, nach Kniebeugenbelastung sowie im ↑Stehversuch. [10]

Schenkel|block: Erkrankung eines oder beider Tawara-Schenkel oder des His' Bündels des ↑Erregungsleitungssystems führt im Ekg zum Bild des Sch., das u.a. durch eine Verbreiterung der QRS-Gruppe etwa auf 0,12 s Aufsplitterung der QRS-Gruppe sowie durch diphas. Deformierung der Nachschwankung gekennzeichnet ist. Man unterteilt die verschiedenen Schenkelblockformen in: Linksschenkelblock, Rechtsschenkelblock sowie in die partiellen Schenkelblockbilder; so entsteht bei nur partieller rechtsseitiger Läsion des Tawara-Schenkels ein Wilson-Block oder ein Bayley-Block. [10]

~bruch: 1. Syn. ↑Hernia femoralis; 2. Syn. ↑Schenkelhalsbruch. [18]

~geschwulst, weiße ↑Phlegmasia. [9]

~haken ↑Küstner' Steißhaken. [29]

Schenkelhals: Zwischenstück zwischen Gelenkkopf u. -schaft des Oberschenkelknochens. [1]

~bruch: im Alter sehr häufig auftretender Bruch. Beim medialen Sch. liegt die Bruchfläche dicht am Kopf (subkapital, intrakapsulär), beim lateralen näher dem Rollhügelmassiv (extrakapsulär). Die beim medialen Sch. ungünstigen, auf den Bruchspalt wirkenden mechan. Kräfte verhindern bei konservativer Behandlung oft eine knöcherne Heilung. Zur Ausschaltung dieser Kräfte dient die ↑Schenkelhalsnagelung u. die Umlagerungsosteotomie (Pauwels). Ursachen des Schenkelhalsbruches: 1. Gewaltbruch; 2. Ermüdungsbruch; 3. patholog. Bruch (Tumor, Radionekrose).

~nagelung: operative extraartikuläre Behandlungsmethode (Osteosynthese) des Schenkelhalsbruches. Nach Einbohren eines Führungsdrahtes (Kirschner-Draht) von der Außenseite des Oberschenkelschaftes unterhalb des großen Rollhügels durch den Schenkelhals in den Schenkelkopf, wird nach Röntgenkontrolle der über den Führungsdraht geschobene Dreilamellennagel (Smith-Petersen, Johansson) eingeschlagen. Küntscher nimmt die Nagelung des Schenkelhalses von der Markhöhle des Schaftes aus vor, wobei der Nagel steil liegen muß. Die Nagelform entspricht der eines Oberschenkelnagels, an dessen Kopf sich eine Reihe von Gewindelöchern befinden. Ein bes. Zielgerät oder Führungsinstrument ist nicht erforderlich. Zur Bestimmung der richtigen Stelle für das Anlegen des Bohrloches auf der Außenseite des Oberschenkelknochens wird auf ein Röntgenbild von der Schenkelhalsfraktur ein Oberschenkelmarknagel gelegt, der durch die Mitte des Kopfes geht u. dem Adam' Bogen aufliegt. Der Schnittpunkt des Nagels mit der Oberschenkelkortikalis ist der gesuchte Punkt. Eine Halteschraube wird durch ein Loch des Nagelkopfes eingeschraubt. [23]

Schenkelschall: völlig gedämpfter Klopfschall wie über dem soliden Gewebe des Oberschenkels; ↑Perkussion. [9]

Scheren|biß ↑Psalidodontie. [37]

~diszission: Durchschneidung des Nachstars mit der Schere (meist „Weckerschere") in Fällen, bei denen die Nachstarplatte so dick ist, daß die gewöhnliche Diszission mit einem Messerchen nicht durchführbar ist. [36]

Scherpilzflechte ↑Trichophytie. [49]

Scherungsempfindlichkeit: Sinneshaare von Rezeptoren, z.B. im Gleichgewichtsorgan (↑Macula sacculi), werden alle in einer Richtung so abgebogen wie bei einer Scherung. Dadurch entsteht die Erregung in den Rezeptorzellen. [7]

Scheuerdesinfektion: gebräuchliche Form der Raumdesinfektion mit Seifenlösungen oder verdünnten Grobdesinfektionslösungen, mit denen der Fußboden u. die Wände bis 1,5–2,0 m Höhe abgescheuert werden; ↑Desinfektion. [38]

Scheuerfrauenknie: Entzündung u. Erguß des vor der Kniescheibe liegenden Schleimbeutels. [23]

Scheuermann, Holger Werfel (1877–1960), Orthopäde, Kopenhagen.

Sch' Krankheit = Osteochondropathia juvenilis deformans: eine mit Veränderungen an den Bandscheiben u. Abschlußplatten bzw. den Randleisten der Körper der unteren Brust- u. oberen Lendenwirbel einhergehende Erkrankung im jugendlichen Alter (10.–16. Lebensjahr). Es kommt zu Einbrüchen von Bandscheibengewebe in die Abschlußplatten (Schmorl' Knorpelknötchen) u. zu keilförmiger Deformierung der Wirbelkörper (starrer Rundrücken, Adoleszentenkyphose). Frühzeitige Folge: Spondylosis. Als ursächliche Momente werden konstitutionelle Faktoren, endokrine u. andere Stoffwechselstörungen, übermäßige Belastung (Bauernrücken, Lehrlingsrücken) angegeben. [23]

Scheuklappenhemianopsie ↑Hemianopsie, bitemporale. [36]

Scheutauer-Marie-Sainton' Syndrom ↑Dysostosis cleidocranialis. [32]

Schichtaufnahme ↑Röntgenschichtverfahren. [15]

Schichtstar = Cataracta zonularis ↑Katarakt. [36]

Schick, Béla (*1877), Pädiater, Wien, New York.

Sch' Reaktion: Reaktion auf Diphtherie-

Antitoxingehalt im Blutserum. 1/50 der Diphtherie-Toxinmenge, die für ein 250 g schweres Meerschweinchen tödlich ist, wird in die Haut des Armes gespritzt. Ist Diphtherie-Antitoxin im Blut, wird das Diphtherie-Toxin neutralisiert, eine Rötung der Stichstelle bleibt aus. Bei Reihenuntersuchungen eignet sich die Schick' Probe als Maßstab für die Durchseuchung der Bevölkerung mit Diphtherie. [39]

Schiefhals ↑Caput obstipum. [23]

Sch., nystagmischer: da die Augenrucke in der einen Blickrichtung wesentlich größer zu sein pflegen als in der anderen, besteht in der Regel eine kompensator. Kopfdrehung. Der nystagm. Sch. kann durch Augenmuskeloperation gebessert werden. [32]

Sch., okulärer: wird bei nicht seitengleichem Visus beobachtet. [36]

Schiefwuchs ↑Skoliose. [23]

Schielen ↑Strabismus. [36]

Schielwinkel: Abweichung der Augenachsen von der Parallelstellung beim Blick in die Ferne. Messung mit objektiven u. subjektiven, in letzter Zeit sehr verfeinerten Methoden; bes. bekannt die Tangentenskala nach Maddox u. das Synoptophor. [36]

Schienbeinschmerzen: reißende, bohrende, ziehende Schmerzen, bes. charakterist. bei Fünftagefieber, die mitunter derartige Heftigkeit erreichen, daß Narkotika nötig werden; sind als neuralg. Symptome zu werten. [40]

Schienenhülsenapparat: aus Stahlschienen u. schnürbaren Walklederhülsen bestehender Stütz- oder Entlastungsapparat bei Gelenk- u. Knochenerkrankungen sowie bei schlaffen Lähmungen. [23]

Schienenkatheter: Schienen- oder Schienungsrohr; (Kunststoffschlauch oder ↑Pflaumer-Weichgummikatheter, der nach Nierenbecken- oder Harnleiterplastiken eingelegt, von Niere zur Blase u. nach außen (Ureterschienung) oder vom Harnleiter durch Nierenparenchym (transrenale Schienung) nach außen oder (als Durchzugsschiene) von oben durch Nierenwunde, Niere, Harnleiter, Blase u. Harnröhre hindurchgezogen (u. mit vielen Augen versehen ist), den Harn temporär ableitet zum Schutz der Operationsnähte (am Nierenbecken oder Harnleiter). [24]

Schierling, gefleckt = Conium maculatum: Inhaltsstoffe tox. Piperidinalkaloide, Coniin, N-Methylconiin, y-Conicein, weniger tox. sind Conhydrin u. Pseudoconhydrin; nikotin- u. kurareähnliche Wirkung. Bei Vergiftung erst kurzzeitige Erregung, dann aufsteigende Lähmung der Rückenmarkzentren (motorisch) u. schließlich der ↑Medulla oblongata. Unter vollem Bewußtsein Tod durch Atemlähmung. (Im Altertum Schierlingsbecher zur Hinrichtung, Tod des Sokrates). [44]

Schießscheiben|zelle ↑Kokardenzelle. **~zellenanämie** ↑Thalassämie. [11]

Schifferknoten: der Faden wird einmal re. u. einmal li. geknotet u. kann sich dann nicht mehr aufziehen, wie es bei dem zweimal gleichsinnig geknoteten Weberknoten der Fall ist. [18]

Schiff' Reagens: 1. Nachweis von ↑Aldehyden, aber nicht streng spezif. Das Reagens ist eine mit Schwefeldioxid entfärbte wäßrige Lösung von Fuchsin (0,25 : 1000); es färbt sich in Gegenwart schon sehr geringer Mengen an Aldehyd violettrot; 2. Nachweis von ↑Phenolen; das Reagens ist eine wenig Salzsäure enthaltende Lösung von Eisenchlorid ($FeCl_3$); Violettfärbung mit Phenol ↑Salizylsäure, Salizylaldehyd, Saligenin (↑Salizin); Blaufärbung mit Gerbsäure (↑Gerbstoffe), Gallussäure, Pyrogallol, Arbutin; Grünfärbung mit Äskulin; Rotviolettfärbung mit ↑Phlorrhizin; ↑Tyrosin. [16]

Schilddrüse = Glandula thyreoidea: inkretor. Organ, das aus einzelnen Bläschen oder Follikeln besteht, die mit einer Kolloidmasse ausgefüllt sind. Das Hormon der Schilddrüse ist hauptsächlich das ↑Thyroxin. Eine Minderung der Schilddrüsentätigkeit verursacht erhebliche Störungen (↑Hypothyreoidismus); das gleiche ist der Fall, wenn die Schilddrüse zu stark arbeitet (↑Hyperthyreoidie). Die normale Schilddrüse wird vom HVL über das thyreotrope ↑Hormon sowohl hinsichtlich der Synthese von Schilddrüsenhormonen wie auch seiner Ausschüttung in die Blutbahn gelenkt. [7]

Schilddrüsenadenom ⟨*griech*⟩ *n:* gutartige geschwulstmäßige Wucherung des Schilddrüsengewebes von unterschiedlicher Größe u. Feinstruktur; ↑Struma. [5]

Schilder, Paul (1886–1940), Psychiater.

Sch' Krankheit = Encephalitis periaxialis diffusa: sehr seltenes, zur Gruppe der diffusen ↑Sklerose gehörendes familiäres Krankheitsbild. [33]

Schildknorpel = Cartilago thyreoidea: wichtiger Knorpel für die Formgebung des Kehlkopfes; bildet den ↑Adamsapfel. [1]

Schiller' Jodprobe: Such-Methode im Rahmen der Frühdiagnostik des Portiokarzinoms. Abtupfen der Portio mit Jodlösung. Jodnegativer Bezirk (fehlende Braunfärbung) deutet auf verdächtiges Gewebe u. erfordert weitere diagnost. Maßnahmen. Der Nachteil der Methode besteht darin, daß jeder plattenepithelentblößte u. zylinderepithelbedeckte Oberflächenbezirk ebenfalls jodnegativ reagiert. [29]

Schilling-Test: nach dem amerikan. Arzt Schilling benannter Radio-B_{12}-Harnexkretionstest, bei dem nach Verabreichung von mit ^{60}Co- markiertem Vitamin B_{12} die ausgeschiedene Aktivität im Harn zur Diagnostik der Perniziosa gemessen wird. In einem ähnlichen Test kann auch die Exkretion in den Fäzes gemessen werden. [47]

Schimmelbusch, Curt (1860–1895), Chirurg, Berlin.

Sch' Narkosemaske: aus einem leichten Drahtgestell bestehend, mit auswechselbarer Gazelage bedeckt; die gebräuchlichste Maske bei Tropfnarkose.

Sch' Trommel: rund- oder würfelförmiger Metallbehälter zur Aufbewahrung von Verbandstoffen, der Form nach in einen Sterilisationsapparat passend. An Boden u. Deckel sind verschiebbare Gitter angebracht, bei deren Öffnung der sterilisierende Dampf durch die Trommel hindurchzieht u. nach deren Verschluß die erzielte Asepsis gewahrt bleibt. [18]

Schimmelpilze: Pilze mit entwickeltem typ. Myzel (*Mucor, Aspergillus, Penicillium* u.a.). Nicht zu den Sch. werden gerechnet; 1. Pilze, die sich nur durch Sprossung oder Teilung vermehren (echte Hefen); 2. Pilze, die große Fruchtkörper bilden; 3. Basidiomyzeten. Sch. können pathogen werden, wenn sie bei hohen Temperaturen wachsen (33–37 °C), z.B. *Aspergillus niger* u. *A. fumigatus* in der Luftröhre u. Lunge (↑ *Aspergillus*). „Schimmelpilz" ist ein morpholog., kein systemat. Begriff. [42]

Schinkenmilztyp der periretikulären Form der Amyloidose: Amyloidablagerung in der Milzpulpa (Schinkenmilz), in den Nierenglomerula, in der Nebennierenrinde (ferner in den Arterien der Leber u. anderer Organe); ↑ Sagomilztyp. [4]

Schinnen ⟨*niederdt*⟩ *f, Pl:* Kopfschuppen; kleieförmige Abschuppung der Kopfhaut, ↑ Pityriasis capitis. [43]

Schiötz' Tonometer ↑ Tonometer. [36]

Schipperkrankheit: infolge Mißverhältnis zwischen Knochenfestigkeit u. Muskelkraft entstehender Ermüdungsbruch. Abrißbrüche der Dornfortsätze an den unteren Hals- u. oberen Brustwirbeln; ↑ Abrißfraktur. Als melde- u. entschädigungspflichtige Berufskrankheit anerkannt. [49]

Schirmbild|einheit: die durch einen lichtsicheren u. strahlenundurchlässigen Tubus zusammengehaltene Einheit: Leuchtschirm – Optik – Film (Kamera); ↑ Röntgenschirmbildverfahren. [26]

~photographie ↑ Röntgenschirmbildverfahren. [37]

Schistosoma ⟨*griech*⟩ *n:* Pärchenegel; Gattung der *Trematodes,* Blutschmarotzer mit schwachen Saugnäpfen, getrenntgeschlechtlich. Das Männchen schlägt die Seitenteile seines Körpers medial ein u. umfaßt das stielrunde Weibchen.

Sch. haematobium: Blasenpärchenegel; Männchen 10–15 mm, Weibchen 15–20 mm lang, Parasit im venösen Pfortaderblut des Menschen, meist paarweise vereint. Die mit Stacheln versehenen Eier werden in die Kapillaren der Harnblase abgelegt, durchdringen sie u. gelangen mit dem Harn ins Freie. Zwischenwirt ist eine Lungenschnecke des Süßwassers, in deren „Leber" sie Zerkarien erzeugen, die ins Wasser gelangen u. menschliche Haut in 10 Minuten durchdringen. Infektion auch per os durch Trinkwasser. Befall verursacht die ↑ Schistosomiasis der Blase („Blasenbilharziose"), gefährliche Entzündungen in der Harnblase, verbunden mit Blutharnen. Blasenkrebs als mögliche Spätfolge. Verbreitet in Afrika u. Ostasien, bes. im trop. Bereich; ↑ Leberegel.

Sch. japonicum: in Japan u. China, Infektion durch die Haut, erzeugt die Katayamakrankheit.

Sch. mansoni: in Afrika u. Asien, Infektion mit Trinkwasser oder durch die Haut, erzeugt die Schistosomiasis des Darmes („Darmbilharziose"). [58]

Schistosomiasis ⟨*griech*⟩: Syn. Bilharziosis; in Afrika u. Ostasien endem.-epidem. Wurmerkrankung des Menschen. Übertragung durch Wurmlarven beim Baden oder mit dem Trinkwasser. Erreger Pärchenegel (Schistosoma-Arten), Schistosomiasis intestinalis (*Schistosoma mansoni*) = Darmbilharziose, Proktitis mit ruhrähnlichen Symptomen, polypöse Wucherungen der Rektalschleimhaut; geschlechtsreife Würmer im Pfordadersystem (Leberzirrhose, ägypt. Splenomegalie). Schistomiasis urogenitalis (*Schistosoma haematobium*) = Blasenbilharziose, Beginn mit Allgemeinerscheinungen (Fieber, Darmkatarrh), später Blutharnen, Zystitis, Blasentumoren. Geschlechtsreife Würmer im Pfortadersystem, begattete Weibchen zwecks Eiablage in Gefäßen der Harnwege u. Harnblase (ägypt. Hämaturie). Schistomiasis japonica (*Schistosoma japonicum*) = hepatolienale (ostasiat.) Bilharziose, Beginn wie Schistosomiasis der Blase, dann Leber-Milz-Darmentzündungen, auch Darmkrebs. Geschlechtsreife Würmer in Venen u. Arterien; nur in die Darmwand abgelegte Eier gelangen ins Freie. Parasitolog. Diagnose durch Wurmeiernachweis aus Harn (Sediment) und/oder Kot (gegebenenfalls Anreicherung nach Telemann); Haut-Test mit Bilharzia-Antigenen (Wurm- oder Zerkarien-Extrakt). Therapie mit Antimonpräparaten, prophylakt. Desinfektion von Abortinhalt, Bedeutung der Schwemmkanalisation u. hygien. Abwasserbeseitigung. [40]

Schizogonie ⟨*griech*⟩ *f:* Form der ungeschlechtlichen Vermehrung; Zerfall einer

Zelle bzw. eines einzelligen Lebewesens (Schizonten) in mehrere Teilprodukte (sog. Merozoiten), z. B. die ungeschlechtliche Entwicklung des Malariaerregers im Blut des als Zwischenwirt anzusehenden Menschen. [40]

schizoid ⟨*griech*⟩: mangelnde emotionale Entwicklung, mangelnde Kontaktfähigkeit u. -bereitschaft anderen Menschen gegenüber (↑Autismus), oft verschrobene Sonderlinge (abortive Schizophrenie?); ↑Astheniker. [34]

Schizomyzeten ⁎ **Schizomycetes** ⟨*griech*⟩ *m, Pl:* Spaltpilze; einzellige Mikroorganismen, Vermehrung erfolgt durch Querteilung („Spaltung"). Spaltpilze sind die Bakterien im weiteren Sinne u. die Aktinomyzeten. [42]

Schizonten ⟨*griech*⟩ *m, Pl:* die nach dem Eindringen in rote Blutkörperchen aus den Infektionskeimen (Merozoiten) der Malariaerreger durch Zerfallsteilung (Schizogonie) hervorgehenden, amöboid beweglichen Zellen. [58]

~mittel: Malariatherapeutika, die zwar gegen die Schizontenphase (im Blut), nicht aber gegen andere Phasen insbes. Gameten wirken, z. B. Chloroquin (Resochin). [40]

Schizophasie ⟨*griech*⟩ *f:* hochgradige Sprachzerfahrenheit bei Schizophrenie. [34]

Schizophrenie ⟨*griech*⟩ *f:* häufige prozeßhaft in Schüben verlaufende Psychose ohne bisher nachweisbare Ursache, als „endogen" bezeichnet, Erbfaktoren spielen eine Rolle. Zunächst von Kraepelin als Dementia praecox (Jugendirresein) beschrieben, später von E. Bleuler zum Begriff der „Gruppe der Schizophrenien" erweitert. Auch als Spaltungsirresein bezeichnet, weil sich die elementarsten Störungen in einer mangelhaften Einheit, in einer Zersplitterung u. Aufspaltung des Denkens, Fühlens u. Wollens u. des subjektiven Gefühls der Persönlichkeit zeigen. Wesentlich dabei eine affektive Indifferenz. Die früher als sehr ungünstig angesehene Prognose wurde bereits von Bleuler in Frage gestellt u. hat sich nach Ausschaltung von Hospitalisierungsschäden u. unter neuzeitlicher Pharmako-, Schock- u. Soziotherapie noch gebessert. Die früher angenommene Häufigkeit von 0,8–0,9% der Gesamtbevölkerung erscheint zu hoch gegriffen, da schizophrenieähnliche Involutions- u. a. Psychosen zu wenig differentialdiagnost. berücksichtigt wurden. Hauptsymptome: Denkstörungen (Zerfahrenheit, Gedanken erscheinen „von außen gemacht" oder „entzogen"), Willensstörungen (Kranke glauben sich unter fremden Einfluß, unter Hypnose stehend), affektive Störungen s. o., Bewegungsstörungen (Stupor, Katalepsie, d. h. Beibehalten von passiv beigebrachten Körperstellungen) oder psychomotor. Erregungszustände, Wahnbildungen, Halluzinationen hauptsächlich akust. Art. Defektzustände mit Initiativeverlust, affektiv-emotionaler Versandung, Autismus. Keine Bewußtseinsstörungen (abgesehen von Zuständen psychomotor. Erregung), keine Gedächtnisstörungen, kein Verlust der formalen Intelligenz. Wichtigste Krankheitsbilder: paranoisch-halluzinator. Form (bes. häufig), Paraphrenie (systematisierte Wahnbildung bei relativ erhaltener Persönlichkeit, selten), Katatonie (psychomotor. Störungen im Vordergrund), Hebephrenie (läppisch-heitere Note bei zunehmender Gemütsverödung), Schizophrenia simplex (symptomarmer Verlauf mit Antriebserlahmung). – Atypische Schizophrenien nach Karl Leonhard: affektvolle Paraphrenie, period. Katatonie, Schizophasie. [34]

Schizoprosopie ⟨*griech*⟩ *f* ↑Gesichtsspalten. [37]

Schizothym ⟨*griech*⟩: von Kretschmer aufgestellter Typ: empfindlich, kühl, dabei feinsinnig, Neigung zu schwärmer. Zärtlichkeit; gehört vorwiegend zum leptosomen, asthen. Körperbau; ↑introvertiert. [34]

Schizotrichie ⟨*griech*⟩ *f:* Aufspaltung der Haare. [43]

Schizotrypanum cruzi: Art der Trypanosomen; in Süd- u. Mittelamerika Erreger der ↑Chagas-Krankheit, übertragen durch Wanzen der Gattung Triatoma. [58]

Schizozyten ⟨*griech*⟩ *m, Pl:* Abschnürungen von Erythrozyten. [11]

Schlackenkost: Diätform, die viel unverdauliche Bestandteile (vor allem Zellulose) enthält u. durch Darmfüllung peristaltikanregend wirkt. Sie besteht vor allem aus Obst, Gemüse, Hülsenfrüchten, Schwarzbrot usw., wird bei Obstipation, bei Übergewichtigen (Reduktionskost) angewendet. [16]

Schlaf: auf die Hemisphärenrinde u. die tieferliegenden Abschnitte des Gehirns ausgebreiteter Hemmungsprozeß. Er entsteht im Sinne einer aktiven Hemmung sowohl im regelmäßigen Wechsel mit dem Wachen als auch gegebenenfalls infolge bestimmter Einwirkung von (monotonen) Reizen. Die auf das Hirn ausgebreitete aktive Hemmung erstreckt sich nicht auf alle Abschnitte u. jeden Punkt; sie ist nicht total, sondern partiell. Einzelne Punkte bleiben ausgespart (sog. Wächterpunkte). Es kommt auch vor, daß neben den lebensnotwendigen innerkörperlichen Bewegungen gewisse koordinierte Bewegungen von Gruppen quergestreifter Muskeln ausgeführt werden. Durchweg nimmt der Schlafende aber Ruhelage ein. Beim „hypnotischen Schlaf" bleibt die Verbindung mit den verbalen Äußerungen des Hypnotiseurs (↑Rapport) erhalten. Beim Entstehen der Schlafhemmung durchschreitet der nervale Prozeß mehrere Phasen: die ausgleichende, die paradoxe u. die ultraparadoxe. Durch Einschränkung oder Ausbleiben erregender Reize kann auch (passiver) Schlaf entstehen, so nach Zerstörung mehrerer Rezeptoren oder Blockierung des Verbindungsweges zwischen ihnen u. den höheren Abschnitten des Gehirns. [35] Eine wichtige Rolle bei der Organisierung des Schlafzustandes im Gehirn spielt das aufsteigende aktivierende System der ↑Formatio reticularis des Mittelhirns u. des Thalamus. Die Herabsetzung ihrer Tätigkeit, die sowohl stoffwechselbedingte innere Ursachen wie auch äußere Ursachen, z. B. Herabsetzung des Umweltreizpegels, hat, schränkt die aufsteigende, sich auf die Großhirnrinde auswirkende Aktivierungsfunktion ein. Dabei gibt es einen Rückkopplungskreis zwischen der Großhirnrinde u. den aktivierenden Systemen, da die Großhirnrinde die Hemmung des Aktivierungssystems verstärken bzw. auch prim. herbeiführen kann (telenzephaler Schlaf). [7]

Sch., paradoxer: eine bestimmte Phase innerhalb des Tiefschlafes, wo ↑EEG-Wellen auftreten, die Ähnlichkeit mit dem Wachzustand aufweisen. Während der Phasen des paradoxen Sch. sollen die Träume zustande kommen.

Sch., rhombenzephaler: von Zentren des Rautenhirns ausgehende, auch die Hirnrinde beeinflussende, meist kurzzeitige, aber häufige, mit dem Träumen einhergehende Phasen des gewöhnlichen Tiefschlafes (telenzephaler Schlaf); ↑REM-Schlaf. [7]

Schlaf|anfälle ↑Narkolepsie. [34]

~drucklähmung ↑Drucklähmung. [33]

Schläfen|bein = Os temporale: Schädelknochen, zwischen Keilbein, Hinterhauptsbein u. Scheitelbein gelegen; bildet die Schläfen. [1]

~lappenepilepsie ↑Epilepsie. [34]

~linie ↑Linea temporalis. [1]

Schlaf|krankheit: Afrikan. Schlafkrankheit, Trypanosomiasis. In Äquatorial- u. Südafrika endem. durch Stechfliegen (Glossinen, Tsetsefliegen) von Mensch zu Mensch übertragbare Trypanose. Erreger Trypanosomen (*Trypanosoma gambiense* u. *rhodesiense*); Inkubation einige Tage. Zykl.-fieberhafter Krankheitsverlauf, beginnend mit Primäraffekt (Trypanosomenschanker) u. regionärer Lymphadenitis, gefolgt von Parasitämie mit Milz-Lymphknotenschwellungen u. Befall des ZNS mit zunehmender Apathie u. Kachexie. Unbehandelt 100% Letalität der meningo-enzephalit. Form. Parasitolog. Diagnose durch mikroskop. Erregernachweis aus Schanker-Reizsekret, Blutausstrich, Lymphknotenpunktat, Liquorsediment. Chemotherapie im Frühstadium mit Bayer 205 oder Pentamidin (Lomidine®), im Liquorstadium Tryparsamid bzw. Melarsoprol, prophylakt. Fliegenbekämpfung. [40]

~lähmung ↑Drucklähmung. [33]

~miosis *f:* im tiefen Schlaf bzw. Koma dringen Reize nicht mehr bis zum Bewußtsein vor. Dadurch tritt eine Tonusminderung im Sympathikus ein u. damit auch im M. dilatator pupillae. Die Folge ist ein Übergewicht des vom Parasympathikus (N. oculomotorius) innervierten M. sphincter pupillae u. dadurch eine Pupillenverengung. [36]

Schlafmittel: Verbindungen, die einen sog. „medikamentösen" Schlaf bewirken oder einen natürlichen Schlaf induzieren. Nach der Wirkungsdauer unterscheidet man: 1. Einschlafmittel, kurz wirksame Verbindungen wie Hexobarbital, die vorwiegend bei Einschlafstörungen verwendet werden sollen; 2. Durchschlafmittel, Wirkungsdauer etwa 6–7 h (Vertreter: Zyklobarbital); 3. Dauerschlafmittel, Verbindungen, deren Wirkung sich über 8–10 h erstreckt u. die in der Regel noch sog. posthypnot. Effekte hinterlassen, wie Schwindel u. Benommenheit. Vertreter ist z. B. die Diäthylbarbitursäure. Ihrer chem. Konstitution nach kann man die Sch. in verschiedene Gruppen unterteilen, wie Barbiturate, Alkohole, Aldehyde, Harnstoffderivate, Urethane u. a. [44]

Schlafmohn ↑Papaver somniferum. [44]

Schlaf|spindeln: schnelle, in eine langsame Schwankungsaktivität der Hirnpotentiale eingestreute Serie von zackenartigen Potentialänderungen des ↑Elektroenzephalogramms; bes. beim Einschlafen zu beobachten. [7]

~stellung der Augen: im Schlaf wandern die Bulbi in eine Stellung nach oben außen (ebenso bei beabsichtigtem Lidschluß), wobei sich auch die Pupille verengt (Schlafmiosis); ↑Bell' Phänomen. [36]

~sucht: patholog. Schlafbedürfnis bei organ. Hirnkrankheit (Enzephalitis, Tumoren), Intoxikation. [34]

~tiefe: sie nimmt beim gesunden Erwachsenen zunächst schnell zu u. erreicht einen Höhepunkt nach 1–2 h Schlaf. Darauf flacht der Schlaf allmählich wieder ab. Bei einer nervösen Erschöpfung oder bei Überarbeitung pflegt die Vertiefung des Schlafes erst wesentlich später u. langsamer einzutreten oder auch gänzlich zu fehlen. Die Schlafkurve des Neurasthenikers verläuft also gleichsam entgegengesetzt zur Schlafkurve des Nervengesunden. [7]

~wandeln ↑Nachtwandeln. [34]

Schlag: volkstümliche Bezeichnung für ↑Apoplexie. [5]

Schlagader ↑ Arterie.
~verkalkung: volkstümliche Bezeichnung für ↑ Arteriosklerose. [5]

Schlaganfall, Schlagfluß: volkstümliche Bezeichnung für ↑ Apoplexie. [33]

Schlagschatten der Iris: entsteht, wenn tiefere Schichten der Linse getrübt, oberflächliche aber noch klarer sind, durch seitliche Beleuchtung. Beweist, daß eine Linsentrübung noch nicht total, eine Katarakt im Sinne der ↑ alten Operateure also noch nicht reif ist. Klin. Bedeutung seit Erfindung der Spaltlampe u. Modernisierung der Operationsindikationen u. -technik nur noch gering. [36]

Schlagvolumen des Herzens: die bei einem Herzschlag aus dem Ventrikel ausgeworfene Blutmenge; mißt etwa die Hälfte (bei Normalpersonen) oder einen noch kleineren Teil (Sportler, geschädigte Herzen) des enddiastol. Ventrikelvolumens u. liegt normalerweise zwischen 60–70 ml (Bestimmung indirekt aus dem Herzminutenvolumen u. der Herzfrequenz). Das Sch. wird bei Leistungssteigerung trotz zunehmenden Minutenvolumens bei Normalpersonen kleiner, während es bei Trainierten anfangs ansteigt (Herzfrequenzunterschiede!); ↑ Restvolumen. [7]

Schlamm, Schlammbad ↑ Peloide. [45]

Schlammfieber ↑ Feldfieber. [49]

Schlange, Hans (1856–1922), Chirurg, Hannover.
Sch' Zeichen: bei beginnendem mechan. Ileus sind oral vom Verschluß die Darmgeräusche verstärkt im Gegensatz zur Peritonitis (paralyt. Ileus), wo sie überall abgeschwächt, schließlich frühzeitig aufgehoben sind. [18]

Schlangen|biß: hämorrhag. Entzündung an der Bißstelle u. Allgemeinvergiftung mit Hämolyse, Nervenlähmung u. Herz- u. Kreislaufstörung. In Mitteleuropa ist prakt. nur die Kreuzotter (Vipera berus) giftig. Alkoholgaben sind nutzlos. Umschnürung des betreffenden Gliedes oberhalb der Bißstelle. Umschneidung der Bißstelle u. Umspritzung mit 1‰iger Kaliumpermanganatlösung. Auswaschen u. Verband mit dieser Lösung oder 1%igem Wasserstoffsuperoxid oder mit Aufschwemmung von Tierkohle. Abführmittel u. Tierkohle per os, bei Bedarf Herz- u. Kreislaufmittel. Nach 2 h langsame, schubweise Lösung der Umschnürung. Möglichst frühzeitige Injektion in die Umgebung der Bißstelle u. i. m. Gabe von je 5–10 ml Schlangenserum. [9]
~gift: es gibt eine große Anzahl von giftigen Eiweißen, die aus dem tier. Organismus stammen, vor allem von Schlangen. Man unterscheidet: Neurotoxine, hauptsächlich im Kobragift, bewirken rasche Lähmung des Atemzentrums; Hämorrhagine, vor allem Klapperschlange u. auch Kreuzotter, verursachen durch Schädigung der Intima der Gefäße Schwellungen; Hämolysine, finden sich neben den Hämorrhaginen, lösen die Erythrozyten auf; Dehydrasen-Hemmstoffe, in Schlangen- u. Bienengiften, schädigen die Verbrennungsvorgänge; Zink erhöht die Giftresistenz der Gewebe; Kardiotoxine, bewirken Herzstillstand; Koaguline, bewirken Blutgerinnung. Viele Sch. haben Curarewirkung; das Gift der indischen Kobra schaltet Schmerzempfindungen aus. Verwendung der Sch. zur unspezif. Reiztherapie bei Ischias, Rheuma, chron. Muskel- u. Gelenkentzündungen usw. [8]
~serum: Heilserum gegen Schlangengifte; die Zusammensetzung des Serums richtet sich je nach den hauptsächlich vorkommenden Giftschlangen; in Mitteleuropa gegen Kreuzotterbiß; ↑ Serumtherapie. [39]

Schlatter, Carl (1864–1934), Chirurg, Zürich.
Sch' Krankheit: meist im Alter von 12–18 Jahren auftretende Verknöcherungsstörung (asept. Nekrose) am Schienbeinhöcker, der mit einem eigenen Knochenkern angelegt ist. Vorkommen oft doppelseitig. Als ursächliche Momente werden Knochenstoffwechselstörungen, chron. Traumen u. Überlastung angegeben. [23]

Schlauchpilze ↑ Askomyzeten. [42]

Schlauchwellen: in der ↑ Scala vestibuli der Innenohrschnecke sich ausbreitende Wellen auf Grund der schallsynchronen Bewegungen des Steigbügels am ovalen Fenster. Es handelt sich um Wanderwellen, die je nach Frequenz des Schalles an unterschiedlichen Orten im Schneckengang zu einer stehenden Ausbiegung der ↑ Basilarmembran führen u. dadurch die Sinneshärchen des Hörorganes reizen. [7]

Schleich, Carl Ludwig (1859–1922), Chirurg, Berlin. Entwickelte 1894 die Infiltrationsanästhesie. [53]

Schleiden, Mathias, Jacob (1804–1881), Botaniker, Jena. Erkannte 1853 die Zelle als Formelement der Pflanze u. die Entwicklung der Pflanze aus der Zelle. [53]

Schleifenbahn ↑ Lemniscus.

Schleifenoszillograph: die elektron. verstärkten Potentialschwankungen eines biolog. Objektes, z. B. Aktionspotentialschwankungen des Herzens (↑ Ekg), lenken eine Meßschleife in einem Magnetfeld aus. Ein auf der Schleife befestigtes Spiegelchen lenkt den Strahl einer feststehenden Lichtquelle aus u. projiziert ihn auf fortbewegten Film oder lichtempfindliches Papier. Für Routinemessungen z. B. des Ekg werden heute Direktschreiber verwendet, wo die Meßschleife ein Papierschreibwerk betreibt. [7]

Schleim = Mucus: Produkt der Schleimdrüsen, das sich vorzugsweise aus den Muzinen zusammensetzt. In großen Mengen wird Sch. von den Drüsen abgesondert, deren Ausführungsgänge in der Mundhöhle endigen. Sch. wird von den Oberflächenepithelien des Magens u. des Darmes geliefert. Er schützt die Oberfläche der Schleimhaut vor dem Angriff der Pepsinsalzsäure. In der Galle befinden sich echter Sch. u. ein schleimähnliches Nukleoproteid, das diese Körperflüssigkeit fadenziehend macht. Die durchschnittliche Tagesmenge beträgt 1 g Muzin. Schleimbeimengungen finden sich ferner im Harn (↑Nubekula). Sie entstammen vor allem den Drüsen in der Harnblase. Die flüssige Substanz des Auswurfes aus den Atemwegen reagiert meist alkalisch u. enthält viel Sch. aus den Schleimdrüsen u. Becherzellen, etwas Nuklein, Fette u. Lipide sowie in schwankenden Mengen Bestandteile, die sich im Speichel finden. [7]

Schleim|beutelentzündung ↑Bursitis. [23]

Schleimbildung, mikrobiologische: kommt bei Hefen u. Bakterien vor. Durch Zusatz von Tusche wird im mikroskop. Präparat der Schleim als heller Hof um die Zelle sichtbar. [42]

Schleim|drüsen: muköse Drüsen; ↑Drüsen, die ein schleimiges Sekret absondern. [4]

~gärung ↑Schleimbildung. [42]

~granulom: nach Austritt von epithelialem (nicht von mesenchymalem!) Schleim in das Bindegewebe kommt es zu einer entzündlichen Reaktion. Die dabei entstehenden „Schleimgranulome" (Hamperl) trifft man an Stellen, wo Schleimdrüsen leicht Traumen ausgesetzt sind (z. B. Lippen); ↑Fremdkörpergranulom. [4]

Schleimhaut = Tunica mucosa: Auskleidung von Hohlorganen des Körpers, bestehend aus einem Epithel (einschichtig oder mehrschichtig, stets unverhorntes niedrig- oder hochprismat. Epithel oder Übergangsepithel) u. einer bindegewebigen Lamina propria. In manchen Fällen (z. B. Magen-Darm-Trakt) ist noch eine bes. Lamina muscularis mucosae vorhanden, welche die Mukosa von einer Lamina submucosa (Submukosa) abgrenzt. [2]

~anästhesie ↑Oberflächenanästhesie. [18]

~polypen *m, Pl:* fibroepitheliale Geschwülste auf den mit Schleimhaut überzogenen inneren Oberflächen. [5]

~reflexe: reflektor. Vorgänge, die durch Beeinflussung der Schleimhäute von außen hervorgerufen werden. Hierher gehören 1. der Kornealreflex; 2. die Konjunktivalreaktion; 3. der Gaumenreflex; 4. der Rachenreflex. [7]

Schleim|körperchen: zellige Beimischung (Leukozyten, Epithelien) zu schleimigem Sekret. [4]

~pilze ↑Myxomyzeten. [42]

~säure: Dikarbonsäure, die durch beiderseitig terminale Oxydation der ↑Galaktose entsteht; $HOOC \cdot (CHOH)_4 \cdot COOH$; ist schwer wasserlöslich; dient zur Identifizierung der Galaktose sowie der galaktosehaltigen ↑Laktose. [16]

~zylinder ↑Pseudozylinder; ↑Harnzylinder. [47]

Schlemm, Friedrich (1795–1858), Anatom, Berlin.

Sch' Kanal = Sinus venosus sclerae: sammelt das Kammerwasser u. führt es durch die Kammerwasservenen in das allgemeine Venennetz ab. Er liegt hinter der Sklerokornealgrenze ringförmig in der vorderen Sklera u. steht durch das Lig. pectinatum mit der Vorderkammer in Verbindung; Auskleidung endothelial. Spielt eine große Rolle im Flüssigkeitswechsel des gesunden u. kranken Auges. [36]

Schlenz' Bad: Überwärmungsbad, inauguriert von der Hebamme Schlenz; modifiziert von Walinski, Lampert. Temperatur des Bades von 38°C wird durch Zulauf von heißem Wasser im Verlauf von 20–30 min allmählich auf 41–43°C erhöht. Wanne wird derart abgedeckt, daß nur das Gesicht aus dem Bade herausschaut; Badedauer 1–2 h; Körpertemperatur steigt auf 39–40°C. [45]

Schlickbäder ↑Peloide. [45]

Schliephake, Erwin (*1894), Internist, Würzburg, Gießen.

Sch' Elektroden: Luftabstandselektroden, die vor allem für die Tiefenbehandlung der Kurzwellentherapie geeignet sind. Meist runde Metallscheiben sind in Schalen aus Jenaer Geräteglas beweglich zur Änderung des Abstandes der Platten von der Hautoberfläche angebracht. Die Sch' E. werden mit Haltearmen aus nichtleitendem Material in die gewünschte Stellung gebracht. [46]

Schließmuskel ↑Sphinkter. [1]

Schließung: Ausbildung einer nervalen Verbindung; (physiolog.) Prozeß beim Zustandekommen bedingter Reflexe; eine der hauptsächlichen Funktionen des Nervensystems, die sich vor allem in den Großhirnhemisphären abspielt. [35]

Schließungsdauerkontraktion = Katodenschließungstetanus: tetan. Kontraktion, wenn man durch einen Muskel einen starken elektr. Gleichstrom durchleitet. Der Muskel verharrt während des Stromdurchganges auf der Seite der Katode in dauernder Verkürzung (↑Öffnungsdauerkontraktion). [7]

Schlirf' Titration: Methode zur Typendiagnostik der Diphtherie-Bakterien; beruht auf der quantitativ unterschiedlichen Glukose-,

Galaktose- u. Stärkespaltung der einzelnen Typen. [41]

Schlitzporen: schlitzförmige Öffnungen zwischen den Füßchen der ↑Podozyten. [6]

Schloffer, Hermann (1868–1937), Chirurg, Prag.

Sch' Operation: von Sch. entwickelte plast. Operation zur Behebung der ↑Phimose.

Sch' Tumor: nach Sch. bezeichneter entzündlicher Bauchdeckentumor nach Operationen, bes. nach Blinddarm- u. Bruchoperation. [18]

Schloffer' Operation: transfrontale Freilegung des Canalis opticus zur Entlastung desselben bei Turmschädel („Kanaloperation"). Beruht auf der Annahme, die umstritten ist, daß die Sehnervenatrophie bei Turricephalus durch knöchernen Druck der Kanalwände auf die Sehnervenfasern entsteht. [36]

Schloßmann, Arthur Hermann (1867–1932), Kinderarzt, Dresden, Düsseldorf. Eröffnete 1894 erste Kinderpoliklinik Deutschlands in Dresden; entwickelte ↑Sozialhygiene des Kindesalters, wies Einfluß der Umweltfaktoren auf das Gedeihen des Säuglings nach. [48]

Schlottergelenk: abnorme Lockerung eines Gelenkes mit fehlendem aktivem oder passivem Gelenkschluß. Sie kann bedingt sein 1. knöchern, bei Zerstörung der Gelenkkörper (Trauma, Tumor etc.), nach ausgedehnter Gelenkresektion; 2. kapsulär, bei Kapselüberdrehung (chron. Gelenkergüsse), bei Kapselbandverletzungen; 3. muskulär, bei Muskelausfällen; 4. neurogen, Kinderlähmung; 5. neuropathisch, z. B. Tabes dorsalis, Syringomyelie. [23]

Schlottern der Iris ↑Iridodonesis. [36]

Schluck|impfung: orale Verabreichung von Impfstoffen zur Aufnahme der Impfstoffe durch die Darmschleimhaut, z. B. Polio-Schluckvakzine mit attenuierten, lebenden Polioviren; ↑Sabin' Schluckvakzine, Typhus-Oralvakzine. [40]

~lähmung: Lähmung der Gaumen- u. Schlundmuskulatur, z. B. bei Diphtherie, Arsenvergiftung, zentralen u. peripheren Nervenerkrankungen; Gefahr der Aspiration durch Verschlucken. [28]

~pneumonie: Aspirationspneumonie; entsteht durch Aspiration beim Verschlucken von Speiseteilen, Blut usw. in die Lunge, gehört zum Typ der ↑Bronchopneumonie; ↑Pneumonie. [9]

~reflex: die Schluckbewegung wird willkürlich eingeleitet u. führt zum Vorschieben des Bissens bis an die Schluckstellen. Nach dem Durchgang des Bissens durch die Gaumenbögen erfolgt das Geschehen in Form eines wohlgeordneten Reflexvorganges, der dem Willen entzogen ist. Die afferenten Fasern für den Sch. befinden sich im N. glossopharyngeus. Er versorgt die sog. Schluckstellen, die sich beim Menschen vorzüglich an den vorderen Gaumenbögen befinden. Das Zäpfchen u. der weiche Gaumen sind viel weniger empfindlich. Das Schluckzentrum selbst liegt am Boden des vierten Hirnventrikels oberhalb des Atemzentrums. Es wird oft durch Erkrankungen, die sich in den sensiblen Gaumen- u. Rachennerven abspielen, in Erregungszustand versetzt. Die efferenten Fasern verlaufen in den motor. Ästen des Plexus pharyngeus. [7]

Schlummerzellen (Grawitz): Zellen, die nach Grawitz' umstrittener Theorie unfärbbar im Gewebe liegen sollen u. erst bei Entzündungsprozessen aktiviert u. sichtbar werden. [11]

Schlund ↑Pharynx.

~bögen ↑Kiemenbögen.

~krampf ↑Pharyngospasmus.

~lähmung: Lähmung der Schlundmuskulatur, häufig mit Anästhesie der Schleimhaut einhergehend.

~sonde: Magensonde zur künstlichen Ernährung oder Magenausheberung auch als solider Gummistab zur Sondierung des Schlundes. [28]

~taschen = Kiementaschen: fünf paarige, von dorsal nach ventral verlaufende taschenförmige Ausstülpungen der seitlichen Wand des kranialen Endes des embryonalen Vorderdarms nach außen. [1]

Schlußdesinfektion: Durchführung von Desinfektionsmaßnahmen nach Räumung des Krankenzimmers. Sie besteht aus chem.-mechan. Scheuerdesinfektion u. anschließender Raumdurchgasung mit Formaldehydgas. Sie wird von einem staatlich geprüften Desinfektor vorgenommen. [38]

Schlußleistenkomplex: nahe der freien Oberfläche an benachbarten Zellen ausgebildeter Komplex von spez. Modifikationen der Zellmembranen u. des Interzellularraumes. Der Sch. besteht aus der Zonula occludens, einer Verschmelzung der beiden Zellmembranen, der Zonula adhaerens, bei der ein mit dichter Substanz gefüllter Interzellularraum wieder sichtbar wird, u. der der Macula densa (= Desmosom) mit einer dichten Linie im Interzellularraum u. der Zellmembran innen angelagertem dichtem Material, von dem bei bestimmten Zellen ↑Tonofilamente ausgehen. [6]

Schmauchhöhle: durch Wirkung der Pulvergase, die sich nach Verlassen des Laufes ausdehnen, beim absoluten Nahschuß entstandene Höhle unter der Haut, in der verbrannte Pulverreste (Schmauch) u. verbranntes Pulver abgelagert sind. [52]

Schmecksphäre: sie befindet sich im ↑Operkulum der hinteren Zentralwindung

(Gyrus postcentralis), der Riechsphäre benachbart. [7]

Schmelz: Zahnschmelz, Substantia adamantina, der die Kronen der Zähne umschließende Hartgewebsmantel. Mineral. Materie 96 bis 98% als Hydroxylapatit in faserartigen Prismen, die in flachen Windungen radiär auf dem Dentinkern stehen. Die interprismat. Substanz läßt im Elektronenmikroskop eine netzartige, fibröse Struktur erkennen u. verdichtet sich an der Schmelzoberfläche zu einer Membrana limitans, dem Schmelzoberhäutchen. Das organ. Gerüst des Sch. steht mit den Tomes' Fasern des Dentins u. somit mit der Pulpa in Verbindung u. ermöglicht, zumindest im jugendlichen Alter, eine Durchsaftung des Sch.; dem Speichel gegenüber verhält sich der Sch. wie eine semipermeable Membran. [37]

Schmelzbildner ↑ Adamantoblasten, Ganoblasten. [3]

Schmelzerstar ↑ Glasbläserstar. [49]

Schmelz|organ: von der Zahnleiste im 3. Monat der Fetalentwicklung abknospende Epithelwucherung, die später kappenartig das Dentin der Zähne umgeben. Die inneren Zellen des Schmelzepithels wandeln sich in lange primat. Zellen, die ↑ Adamantoblasten, um. [3]

~punkt: Temperatur, bei der feste Stoffe in den flüssigen Zustand übergehen. Schmelzpunkt des Eises 0 °C; ↑ Gefrierpunkt. [8]

~tropfen: Schmelzkügelchen in der Nähe des Zahnhalses u. der Teilungsstelle der Wurzeläste, entstanden aus Divertikeln des schmelzbildenden Epithels während der Keimbildung der Zähne. [37]

Schmerz, Hermann (*1881), Chirurg, Graz.

Sch' Klammer: Metallklammer, bei der jederseits ein scharfer Zahn am Knochen angreift, um auf den Knochen bei der Extensionsbehandlung einen Zug auszuüben. Vorläufer des Extensionsbügels nach ↑ Kirschner. [18]

Schmerz: zu unterscheiden brennender, stechender, krampfender, ziehender, drükkender Schmerz. Schmerzrezeptoren an den freien Nervenendigungen führen über die Schmerzbahnen im Rückenmark zum Thalamus in das erste Schmerzzentrum. Auch die Hirnrinde – vor allem für die feineren Lokalisationen – ist von großer Bedeutung, das Stirnhirn insbes. für das Schmerzerlebnis. Der Sch. ist als Schutz des Körpers aufzufassen, wodurch die Verbindung zur Umwelt aufrechterhalten wird. [18]

Schmerzen, lanzinierende: heftige, blitzartige (wie durch Lanzenstich erzeugte) Schmerzen, meist an Beinen oder Rumpf u. vorwiegend im Bereich eines Nervensegmentes. Reizerscheinungen der Nervenwurzeln bei ↑ Tabes dorsalis. [33]

Sch., phlebogene: neuralg. Beinschmerzen bes. bei tiefliegenden Phlebektasien. Der Schmerz macht sich vor allem im Stehen bemerkbar. [23]

Schmerz|losigkeit, kongenitale: seltene angeborene Besonderheit mit Fehlen jeglicher Schmerzwahrnehmung. [33]

~mittel: schmerzstillende Präparate; ↑ Analgetika, Antineuralgika. [44]

~sinn ↑ Leitungsbahn. [7]

Schmetterlings|figur: 1. (anatom.) Kontur der grauen Substanz des Rückenmarks auf dem Querschnitt mit den Vorderhörnern u. den Hinterhörnern; 2. schmetterlingsförmige Hautausschläge im Gesicht. Typisch für chron. ↑ Erythematodes, gelegentlich auch bei ↑ Erysipel. [43]

~hämatom: bei Harnröhrenverletzungen im Bulbusbereich (Pfählungsverletzung, Schußverletzung, Beckenfraktur mit Harnröhrenzerreißung sowie auch nach Perforation mit Instrumenten, z. B. gewaltsames Einführen eines Zystoskops, bildet sich beim Mann ein beidseits von der Raphe charakterist. sich ausbreitendes Hämatom, das in der Form einem Schmetterling mit ausgebreiteten Flügeln ähnelt. Typ. Zeichen für hintere Harnröhrenverletzung. Lebensgefahr nicht wegen des Hämatoms, sondern infolge des gleichzeitig austretenden Urins; ↑ Harnphlegmone; ↑ Urosepsis. [24]

~wirbel: sagittaler Spaltwirbel, gekennzeichnet durch eine persistierende median-sagittal verlaufende Spaltbildung im Wirbelkörper. Die Wirbelkörperhälften sind dabei zum Spalt hin höhengemindert u. eingedellt. [23]

Schmidt, Adolf (1865–1918), Internist, Halle.

Sch' Probekost: dient zur Stuhluntersuchung für die Feststellung von Pankreas-, Darm- u. Leber-Gallen-Erkrankungen. Prinzip: Gabe von Fett, Eiweiß u. Kohlenhydraten, deren schlechte Ausnutzung laboratoriumstechnisch (z. B. mikroskop.) festgestellt werden kann. [47]

Sch' Syndrom: homolaterale Lähmung der Hirnnerven IX, X, XI, kontralaterale Hemiparese u. -hypästhesie beim Herd im latero-kaudalen Bereich der Medulla oblongata. [20]

Schmidt, Henry D. (1823–1888), Anatom, New Orleans.

Sch.-Lantermann' Einkerbungen: Lantermann arbeitete 1877 bei Waldeyer an der Straßburger Anatomie. Er erwähnt in seiner Arbeit über periphere Nerven H. D. Schmidt. Seither führen die von beiden zuerst gesehenen Gebilde den Namen Schmidt-Lantermann' Einkerbungen (nach Herrlinger). Bei markreichen Nervenfasern des peripheren Nervensystems im Bereiche des Markmantels auftretende schräge Einschnitte, die meist als Kunstprodukt aufgefaßt wurden. Auf Grund elektronenopt. Untersuchungen konnte festgestellt werden, daß die Schmidt-Lantermann' Inzisuren Erweiterungen der Membranen der Schwann' Zellen darstellen; ↑Nervenfasern. [2]

Schmidt' Zeichen: rasche Kontraktion des oberen Rektus der betreffenden Seite bei tiefer Inspiration bei Pleuritis diaphragmatica. Das Zeichen wurde unabhängig von R. Schmidt auch von Bittorf (Breslau, Leipzig) beschrieben. [9]

Schmieden, Viktor (1874–1946), Chirurg, Halle, Frankfurt.

Sch' Darmnaht: bes. Technik der äußeren Naht bei Magen- u. Darmanastomosen unter Einstülpung der bauchfellüberzogenen Außenwandschichten.

Sch' Hernienoperation: Methode, nach der Bruchsackversorgung des männlichen Leistenbruches den inneren Leistenring dadurch zu verlagern, daß der vorgezogene Hoden durch einen Schlitz im M. obliquus internus u. M. transverus medial vom Leistenring durchgezogen wird. Danach Bildung der hinteren Leistenkanalwand nach Bassini. Der Leistenring ist bei dieser Methode allseits von Muskulatur umgeben, was einen sicheren Verschluß ohne Einschnürung des Samenstranges bieten soll. [18]

Schmier|infektion: Übertragungsmodus von Krankheitserregern durch direkten Kontakt („After-Finger-Mund-Weg"), z. B. bei Typhus abdominalis, Ruhr, Hepatitis infectiosa. [40]

~kur ↑Graue Salbe. [43]

Schmorl, Christian, Georg (1861–1932), Pathologe, Dresden.

Sch' Knorpelknötchen: hernienartiger Einbruch eines Teiles der Zwischenwirbelscheibe in den Wirbelkörper durch Defekte der Wirbelkörperdeckenplatte, meist symptomlos. [5]

Schmutzinfektion: durch sanitär-hygien. Mißstände bedingte ↑Schmierinfektion. [40]

Schnabel, Isidor (1842–1908), Ophthalmologe, Wien.

Sch' Kavernen: kavernöser Sehnervenschwund, vor allem bei Glaukom, wohl auch bei Myopie u. im Alter. Sowohl im intraokularen als auch im retrobulbären Sehnerventeil bilden sich durch Zerfall der Nervenelemente Kavernen. Ursache wahrscheinlich Erkrankung feinster Gefäße. [36]

Schnabelbecken: Beckendeformierung bei ↑Osteomalazie mit schnabelartig vorspringender Symphyse u. nach vorn abgeknicktem Kreuzbein; das ↑Kartenherzbekken ist ein Vorstadium des Sch; ↑Beckenformen. [5]

Schnake: 1. örtlich Stechmücke; 2. (Tipulidae) Mückenfamilie, nicht stechend, teilweise sehr groß; Larven vielfach Pflanzenschädlinge. [58]

Schnallenbildung: tritt bei Asko- u. Basidiomyzeten bei der Kernteilung in der Paarkernphase auf. Aus der Hyphe wächst ein Auswuchs heraus, der sich zurückkrümmt u. mit der ursprünglichen Zelle wieder verschmilzt. Der eine Kern teilt sich in der Hyphe, der andere gleichzeitig in der Schnalle (konjugierte Kernteilung). [42]

Schnappatmung ⟨*engl* gasping⟩: agonaler Atemtyp, der als primitiver Grundatemrhythmus des Automationszentrums der Atmung in der Formatio reticularis gilt u. normalerweise durch Koordinationszentren in Pons u. Medulla oblongata überlagert wird. [27]

Schnarchen: Geräusche, die während des Schlafes durch Bewegungen des erschlafften Gaumensegels erzeugt werden, u. zwar beim Atmen durch den Mund. Die Öffnung des Mundes kommt dadurch zustande, daß – bes. im vorgerückten Alter – der Tonus der Kiefermuskulatur im Schlaf stark nachläßt. [7]

Schnarchkrampf ↑Rhenchospasmus. [28]

Schnauzkrampf: 1. rüsselartiges Vorschieben der Lippen bei katatoner Schizophrenie; rechnet zu den Haltungsstereotypien; ↑Stereotypien; 2. Symptom bei Tetanie. [34]

Schnecke ↑Cochlea. [28]

Schneckenfenster = Fenestra rotunda cochleae: rundes Fenster, mit einer Membran verschlossene Verbindungsöffnung zwischen Cavum tympani u. Cochlea. [7]

Schneeballknirschen: knirschendes reibendes Geräusch, das bei der Betastung von Hygromen, geronnenen Blutergüssen oder fibrinösen Gelenkergüssen auftreten kann. [18]

Schneeberger Lungenkrankheit: durch das Vorkommen von Radiumemanation in manchen Gebieten des Erzbergbaus hervorgerufener Lungenkrebs; ↑Berufskrebse. Als melde- u. entschädigungspflichtige Berufskrankheit anerkannt. [49]

Schneeblindheit ↑Photophthalmia electrica. [36]

Schneidezähne ↑Incisivus. [37]

Schnepper ↑Francke' Nadel. [18]

Schnittentbindung: bessere Bezeichnung für Kaiserschnitt; ↑Sectio caesarea.

Sch., vaginale = Sectio caesarea vaginalis (Dührssen): vaginale Hysterotomie; ↑Sectio caesarea. [29]

Schnittveraschung ↑Aschenbild. [2]

Schnitzler-Metastasen: Abtropfmetastasen im Cavum Douglasi (wie Krukenberg' Tumor der Ovarien), bes. bei Magenkarzinom. [4]

Schnupfen ↑Rhinitis. [28]

Schnupftabaksprostata: Bildung von dunkelgefärbten Konkrementen (Corpora amylacea) in erweiterten Drüsen der Prostata infolge Sekretstauung u. -eindickung. [5]

Schnupfversuch ↑Müller' Atemversuch. [10]

Schnürfurche: 1. unter Bezug auf die Leber: quer über die Vorderfläche der Leber verlaufende Furche als Folge unmittelbarer Einschnürung durch Korsagen bzw. durch Einpressung des Rippenbogens in die Leber; so auch bei starken Verkrümmungen des Brustkorbes; 2. jede andere Schnürfurche, z. B. durch einen Verwachsungsstrang am strangulierten Darm. [5]

Schober' Distanz: man markiert die Spitze des Dornfortsatzes von L_5 u. einem zweiten Punkt der Dornfortsatzlinie 10 cm kranialwärts am stehenden Pat. Bei maximaler Beugung der WS nach vorn verlängert sich der Abstand der beiden Punkte normalerweise auf 15–16 cm, bei Erkrankungen wie der ankylosierenden Spondylitis ist er stark herabgesetzt oder fehlt ganz. [13]

Schock ⟨*niederl*⟩ *m:* Sch. oder Kollaps (von der früheren scharfen Trennung dieser beiden Begriffe ist man abgekommen) bezeichnet eine akute Unterschreitung des benötigten Blutvolumens, wobei Lokalisation, Ausdehnung u. Intensität variabel sind. Die hämodynamische Störung kann sich normalisieren, eine gewisse Zeit fixiert bleiben oder zum Tod führen. Ursache des Sch. ist meist ein starker nervöser Reiz, oft im Zusammenhang mit einem schweren Trauma. Der verfallen aussehende Kranke mit blasser, meist kühl-feuchter Haut u. getrübtem oder verlorenem Bewußtsein hat einen stark beschleunigten kleinen, oft kaum merkbaren Puls u. verträgt keinerlei weitere Belastung durch Transport oder Operation; keine Narkose, Flachlagerung, Analeptika, Blut- oder mindestens Flüssigkeitsinfusionen. Durch Anwendung der Phenothiazinkörper u. der Bluttransfusion hat sich z. Z. ein völliger Umbruch der Schocktherapie angebahnt.

Sch., anaphylaktischer: akutes Kreislaufversagen, Blässe, Exanthem, Quaddeln, Gesichts-, Lid-, Glottisödem als Folge einer Übersensibilisierung durch artfremdes Eiweiß, z. B. bei erneuter Injektion von Pferdeserum nach vorausgegangener Sensibilisierung; ↑Anaphylaxie.

Sch., apoplektischer: Blässe, Schweißausbruch, Tachykardie bei Apoplexie u. Verletzungen des Gehirns. [18]

Sch., hypoglykämischer: durch Zuckerverarmung im strömenden Blut hervorgerufener Symptomenkomplex, spez. dessen sympathikotone Komponente; ↑Hypoglykämie. [14]

Sch., renaler (Staehler, 1959): nach Auffüllung großer stummer Hydronephrosen mittels retrograder Pyelographie, aus denen jodhaltiges Kontrastmittel überhaupt nicht abfließt, kann renaler Sch. eintreten, der innerhalb 2 Tagen zum Tode führt. Eine prall kontrastmittelgefüllte Niere noch Stunden nach retrograder Pyelographie gilt als ein sofortiges Alarmzeichen! In den ersten Stunden organerhaltende Operation noch möglich, später nur noch Nephrektomie lebensrettend, sofern diese nicht auch schon zu spät kommt; ↑Ablaufpyelogramm. [24]

Schock|behandlung: 1. Maßnahmen zur Überwindung eines Schockzustandes, ↑Schock; 2. therapeut. Maßnahmen durch Herbeiführen eines Schockzustandes, ↑Insulinschock, ↑Elektrokrampf. [34]

~leukopenie: eine beim Schock eintretende sturzartige Verminderung der Leukozyten; ↑Adaptationssyndrom. [11]

~niere: auf Grund (akuter) Hypoxie oder Anoxie d. h. Mangeldurchblutung (↑Rindenischämie) kommt es nach Wiedereinsetzen der Durchblutung, also postischäm., in kürzester Frist zu einem übermäßigen Wassereinstrom in die Deckzellen der proximalen Tubuli u. die ihnen eng verwandten Deckzellen der Glomerula. Dadurch wird der zwischen ihren Füßchen (Podozyten) u. der Zellmembran (Basalmembran) befindliche Hohlraum (Labyrinth) infolge Protoplasmaquellung verstopft (tamponiert). Durch diese Tamponade wird die Filtration gebremst bzw. unmöglich gemacht; Folge: Anurie. Die Zellen der Tubuli degenerieren u. werden sehr bald durch Zerreißen der Basalmembran (Tubulorrhexis) irreparabel u. nekrot. (akute Tubulusnekrose, Desquamation nach ca. 5 Tagen). Folge: Funktionsausfall (Anurie) dauert länger an als Schädigung (akutes Nierenversagen). Die Regeneration des Tubulusepithels benötigt 5–10 Tage, sofern sie überhaupt noch möglich ist (Überbrückung dieser Zeit durch extrakorporale Dialyse). Zuerst kommt die Filtration wieder in Gang, die tubuläre Exkretion u. Resorption hinkt nach, bes. die Rückresorption von Wasser; Folge: überschießende Ausscheidung von wenig konzentriertem abgefiltertem Primärharn, sog. polyurische Phase; Gefahr: Elektrolytentgleisungen. Es entsteht (Kompensationsmechanismus, Rotter) Nephrohydrose: Sammelrohre nur wenig elast., deshalb Abflußmöglichkeit begrenzt, infolgedessen Stauung u. Erweiterung der oberhalb befindlichen Tubuli bis zu den Bowman' Kapseln, bis Druck im Röhren- u. Glomerulumhohlraum größer ist als Filtrationsdruck, dadurch Abbremsen der zu großen Flüssigkeitsfiltration. Schließlich Einregulierung nach 10–14 Tagen (bis 2–4 Wochen), die klin. erkennbar ist an Normalisierung der Harnmenge, Ausscheidung u. Rückresorption harnpflichtiger Stoffe, also Normalisierung der erhöhten Rest-N-Werte u. der Elektrolyte. Da die „unteren" Tubulusabschnitte, die Deckzellen der Henle' Schleifen, am empfindlichsten reagieren, spricht man auch von ↑„lower nephron nephrosis". Patholog. Geschehen bei Schockniere im großen u. ganzen analog bei allen Formen des „akuten Nierenversagens" oder „akuter tubulärer Insuffizienz", obwohl die Ursachen sehr unterschiedlich sein können; z.B. Schock infolge großen Blutverlustes, hämodynam. Kollaps infolge Sepsis, Peritonitis, Infektionskrankheiten, bakterieller Schock oder Schock durch Bakterientoxine, wobei außer der Anoxie eine direkte Gifteinwirkung auf die in erster Linie betroffenen Tubuluszellen im Vordergrund steht; durch solche Toxinwirkung (Nephrotoxine) werden wiederum Gefäßspasmen ausgelöst, d.h., Rindenischämie wird verstärkt. (Dieser Vorgang ist Hauptursache für das Zustandekommen der Anurie nach Harnleiterkatheterung bei bestehendem Abflußhindernis mit iatrogener Infektion! ↑Urosepsis!) Analoge Genese durch Hämolyse oder freigesetztes Myoglobin. (Fehltransfusion!!, Schlangengift, Verbrennungen, ausgedehnte Gewebs- u. Muskelzertrümmerung (Crush-Syndrom), Seifenwasserabort u.a.; ↑Chromoproteinniere). Therapie der Schockniere u. der übrigen Formen der akuten tubulären Insuffizienz: 1. Beseitigung der Mangeldurchblutung (also des Schockzustandes); 2. Beseitigung der zusätzlichen (oder auslösenden) Noxen, Toxine, Infektion o.ä.; 3. Überbrückung des anur. Zustandes durch künstliche Niere; 4. Substitution der Elektrolytstörungen; 5. Überwachung bis zur Normalisierung der Nierenfunktion. Bei Einseitigkeit der Erkrankung, falls Gegenseite in Ordnung ist, Nephrektomie (die nicht zu spät kommen darf!). [24]

Schoenlein, Johann Lukas (1793–1864), Internist, Berlin.

Sch.-Henoch' Purpura = Schoenlein' Krankheit ↑Purpura. [11]

Schokoladenzyste: Syn. Teerzyste; von „teerartig" eingedicktem Blut erfüllte Eierstockzysten, 1. nach Blutungen in ein Corpus luteum; 2. bei zyst. ↑Endometriose. [5]

Schollenstadium: bei Nagern kommt es im Östrus zur Verhornung der obersten Zellen, d.h. zum Auftreten von kernlosen verhornten Epithelienschollen. Mit seiner Hilfe können Hypophysenvorderlappenpräparate u. Östrogene getestet werden. [31]

Scholz, Willibald (*1889), Neurologe u. Psychiater, München.

Sch' Syndrom: Syn. Syndrom der subakuten, juvenilen, familiären, diffusen Hirnsklerose (Typus Scholz); kindlich-juvenile Sonderform der Leukodystrophia cerebri progressiva hereditaria (Formenkreis ↑Hirnsklerose). Manifestationsalter 2.–10. Lebensjahr. Verlauf subakut, progredient. Verminderung der geistigen Leistungsfähigkeit, progrediente spast. Tetraplegie mit Kontrakturen. Skandierende Sprache, Schluckstörungen; epileptiforme Anfälle, im Endzustand Bild der Enthirnungsstarre. [32]

Schonhaltung der Wirbelsäule: seitliche Verbiegung der Wirbelsäule bei Ischiasreizung. [23]

Schonungs|faktoren: im Hochgebirge sind das Faktoren, die durch Minderung der Wärmeansprüche u. Herabsetzung der Erkältungsgefahren den sonst ausgeprägten Charakter des Höhenklimas als Reizklima mildern.

~klima: ein Klima, das eine durchschnittliche Abkühlungsgröße von 10–20 cal/cm²/s besitzt. [13]

Schorf: Deckschicht aus eingetrocknetem Blut u. Lymphe auf Wunden. Verschorfende Entzündung (oder Verschorfung): Bildung einer oberflächlichen Schicht nekrot. Gewebes, die meist pigmentiert ist (Typhus im Darm: schmutzig grau-grüne Farbe vorwiegend durch Gallepigment; verschorfende Entzündung der Harnblasenschleimhaut). [4]

~sucht ↑Dermatitis dysmenorrhoica. [43]

Schornsteinfegerkrebs: Bezeichnung für Hautkrebs, bevorzugte Lokalisation am Skrotum infolge Teereinwirkung auf die Haut; ↑Rußkrebs. Als melde- u. entschädigungspflichtige Berufskrankheit anerkannt. [49]

Schottmüller, Hugo (1867–1937), Internist, Hamburg. Grenzte als erster das Krankheitsbild des ↑Paratyphus ab. Nach ihm wurde die *Salmonella paratyphi B* genannt. Bezeichnete den *Streptococcus viridans* als Erreger der Endocarditis lenta. [41]

Sch' Krankheit ↑Paratyphus. [40]

Schrägröhrchen: Reagenzröhrchen mit festem Nährsubstrat, das in Schräglage erstarrt ist. Geeignet zur Züchtung sich langsam entwickelnder Keime. Bessere Erhaltung des Feuchtigkeitsgehaltes des Substrates als bei der Plattenkultur. [41]

Schramm' Phänomen (1920): Syn. Burns-Schramm-Alexejew' Syndrom; Klaffen des Blasenhalsgebietes bei Betrachtung mit Normalzystoskop. Übersicht vom Colliculus seminalis bis zu beiden Ostien möglich, d.h., alle 3 sind in einem Gesichtsfeld. (Dies ist sonst nie der Fall.) Meistens besteht gleichzeitig noch als sog. „zweites Sch' Phänomen" eine „feintrabekuläre Blase"; höchst verdächtig auf degenerative Rückenmarkerkrankung bzw. Störungen im ZNS. Sch' Phänomen u. veränderte Blasendruckkurve (↑Blasenmanometrie) häufig als erste Symptome von beginnender multipler Sklerose. [24]

Schrauben|bruch ↑Rotationsbruch.

~zwinge: Apparat zur Knochenbruchbehandlung, der aus zwei Pelotten tragenden Metallstücken u. einer Schraubenspindel mit Handgriff besteht. Verwendet wird die Sch. bes. bei Fersenbeinbrüchen u. Schienbeinkopfbrüchen, um die auseinandergewichenen Bruchstücke durch den Pelottendruck aneinanderzupressen. [23]

Schreck|neurose ↑Schreckreaktion.

~reaktion: akutes Angstsyndrom bei plötzlicher, unerwarteter Gefährdung (Panik, Erdbeben) mit vegetativ-motor. Symptomatik, Kreislaufstörung, Schweißausbruch, „Emotionslähmung". Nach abgeklungenem Schreck kann Symptomenfixierung, z.T. aus Angst vor Wiederkehr des Schreckens, z.T. aus Zwecküberlegung erfolgen; ↑Hysterie. [34]

Schreib|krampf = Graphospasmus: Ursache liegt in Überanstrengung der zum Schreiben notwendigen Handmuskulatur (Mm. interossei u. lumbricales des Daumens u. Kleinfingerballens, die Fingerflexoren, bes. des Daumens u. Zeigefingers) u. des mitbetroffenen Teils des nervalen Apparates; ↑Beschäftigungsneurosen. [49]

~leseschwäche ↑Legasthenie. [33]

~zentrum: ein Hirnrindengebiet (↑Rindenzentrum), bei Rechtshändern vor allem li. funktionierend, das auf Grund klin. Beobachtungen (Verletzungen, Tumoren) für das Schreiben verantwortlich sein soll. Es handelt sich, hirnphysiolog. gesehen, um ein sensor.-motor. Hirnrindenfeld mit vorwiegender Projektion der Handmuskulatur, deren feine Koordination für das Schreiben, aber nicht nur dafür, Voraussetzung ist. [7]

Schreileukozytose: bei Kleinkindern nach konvulsiv. Schreien beobachtete ↑Leukozytose. [11]

Schridde, Hermann (1875–1928), Pathologe, Dortmund.

Sch' Granula ↑Altmann' Bioblasten. [11]

Sch' Syndrom: nur noch selten gebrauchte Bezeichnung für ↑Hydrops congenitus. [32]

Schrittmacher des Herzens: Sinusknoten im re. Herzvorhof. Ansammlung von spezialisierten Herzmuskelzellen mit der schnellsten Spontandepolarisation, die jeweils die Erregungsausbreitung im Herzen einleitet u. dadurch die Geschwindigkeit der Herzschlagfolge bestimmt; ↑Herzautomatiezentren.

Sch. im Gehirn: umschriebene Hirngebiete, deren rhythm. Nervenzellentladungen fern davon gelegene Hirngebiete in ihrer Erregbarkeit rhythm. steuern. [7]

Sch., künstlicher = Pacemaker ⟨*engl*⟩: künstliche Sch. sind elektron. Geräte, mit deren elektr. Impulsen das Herz bei fehlenden Eigenimpulsen (Asystolie, Erregungsüberleitungsstörungen im Sinne von totalen, intermittierenden oder iatrogenen AV-Blöcken) zur rhythm. Aktion gezwungen werden kann, unter Beachtung der für die Herzmuskelarbeit notwendigen Voraussetzungen (Bekämpfung des Schocks u. der damit zusammenhängenden Störung im Säure-Basen- u. Elektrolythaushalt). Formen: 1. Externe Sch.: außerhalb des Körpers befindliche Geräte mit Impulsation über externe, transvenös-intrakardiale bzw. myokardiale Elektroden; 2. Interne Sch.: implantierbare Kleinstgeräte mit Impulsation über transvenös-intrakardiale bzw. myokardiale Elektroden. Funktionsweise: 1. fixierte, unveränderliche Impulsfrequenz; 2. variable Impulsfrequenz, a) unabhängig von Sinusknoteneigenfrequenz, b) gesteuert von eigener Sinusknotenfrequenz (sog. P-Wellen-Steuerung), c) gesteuert von QRS-Frequenz bzw. Ventrikelaktion (Demand- bzw. Stand-by-Prinzip). [21]

Schröder, Karl (1838–1887), Gynäkologe, Berlin.

Sch' Zeichen: Lösungszeichen der Plazenta. Fundus uteri, der zunächst am Nabel stand, rückt nach oben (u. meist nach re.), wird schmal u. kantig (dachfirstartig). [29]

Schröpfen: lokale Blutansaugung in die Haut mittels luftleer gemachter Glas- oder Gummiglocke (Schröpfkopf). Entweder wird das Gewebe durch die Saugwirkung nur blutig imbibiert (trockenes Sch.), oder man legt zuvor feine Hautschnitte, so daß das Blut abfließen kann (blutiges Sch.). Bei der zweiten Methode kommt zu der umstimmenden, kutiviszeral reflektor. Wirkung noch die eines Aderlasses hinzu. [9]

Schroth, Johannes (1798–1856), Naturheilkundiger, Lindewiese.

Sch' Kur: eine sog. Trockenkur (Durstkur), bestehend aus trockenen Semmeln, Brei von Reis, Grieß u. dgl. in Wasser, Butter u. Salz gekocht, etwas Haferschleim u. Zitronensaft, wenig Flüssigkeit. Die Kur, die in Verbindung mit Schwitzpackungen durchgeführt wird, ist sehr anstrengend u. kann nur bis zu 6 Wochen ausgedehnt werden; bes. angewandt bei hartnäckiger Fettsucht, chron. Eiterungen, chron. Muskel- u. Gelenkrheumatismus, Gicht u. dgl. [16]

Schrotkugelbrust ↑Mastopathia cystica fibrosa; ↑Reclus' Krankheit. [18]

Schrotschußbilder: im Knochen, röntgenolog. Zeichen beim Plasmozytom. [23]

Schrumpf|blase: Verkleinerung der Harnblase, Reduzierung ihres Fassungsvermögens auf 50 ml u. weniger; 1. funktionelle Schrumpfblase: in Lumbal- oder Periduraloder Relaxationsanästhesie normal auffüllbar. Verminderte Kapazität durch nervöse Einflüsse, z.B. starke Schmerzen infolge Entzündung; 2. anatom. Schrumpfblase: trotz vollständiger Anästhesie u. Relaxation nicht auffüllbar, weil (durch Vernarbung oder Karzinom) die Blasenwand starr u. undehnbar geworden ist; ↑Scheele' Operation. [24]

~gallenblase: Schrumpfung der Gallenblase durch chron.-vernarbende Entzündung meist im Rahmen eines Gallensteinleidens. Das Lumen kann völlig veröden.

~leber: deutscher Ausdruck für ↑Leberzirrhose.

~magen: Endzustand nach verschiedenen Magenerkrankungen, z.B. zirrhöses Karzinom, Magengeschwüre, chron. Entzündung u. nach Verätzungen. [4]

~niere: 1. Verkleinerung der Niere durch Untergang von Parenchym u. bindegewebigem Ersatz mit narbiger Schrumpfung. Ursache: chron. Entzündung, z.B. ↑Pyelonephritis (pyelonephrit. Schrumpfniere), Steine, bes. große Korallen (Steinschrumpfniere); 2. Sch. in weiterem Sinne: Schrumpfung des funktionsfähigen Parenchyms, z.B. infolge dauernden Überdrucks in der Niere bei ↑Hydronephrose oder durch zunehmende Vermehrung u. Füllung von Zysten bei Zystenniere, wobei die Nieren selbst immer größer werden, ihr leistungsfähiges Parenchym aber immer weiter zusammenschrumpft. Typ. für Schrumpfnieren: Isosthenurie, oft Blutdrucksteigerung. [24]

Schrumpfnieren-Syndrom, familiäres juveniles: Syndrom der familiären juvenilen Nephrophthise (↑Fanconi), familiäre nicht entzündliche Schrumpfniere. Krankheitsbild der familiären, juvenilen, nicht entzündlichen Schrumpfniere mit prim. tubulärer u. sek. globaler Niereninsuffizienz. (Formenkreis: Zwergwuchs-S., renalis). Sympt.: schleichender Krankheitsbeginn mit Entwicklungs- u. Wachstumsverzögerung u. fieberhaften Zuständen im Verlauf der Kindheit. Polyurie, Polydipsie, Nykturie, Albuminurie. Allmählich progrediente Insuffizienz des Glomerulums; schleichende Azotämie, Hyperphosphatämie, Hypokalzämie, Störungen des Säure-Basen-Gleichgewichts (Verminderung der Alkalireserve). Infauste Prognose. [32]

Schubert (gest. 1939), Gynäkologe, Beuthen.

Sch' Scheidenbildung: künstliche Scheidenbildung bei Fehlen der Scheide durch einen Teil des Mastdarmes. [29]

Schubladensymptom: abnorm passive Verschieblichkeit des Schienbeinkopfes gegenüber den Oberschenkelkondylen nach vorn (vordere Schublade) u. hinten (hintere Schublade). Bei Prüfung des Symptoms sitzt oder liegt der Pat., der Unterschenkel ist gebeugt u. der Fuß aufgesetzt. Das Schubladenzeichen weist auf einen Kreuzbandschaden, evtl. auch auf eine Verletzung des medialen Seitenbandes hin. [23]

Schuchardt, Karl August (1856–1901), Chirurg, Stettin.

Sch' Schnitt: Scheidendammschnitt durch die seitliche Scheidenwand bis zum Levator u. durch den seitlichen Damm. Dient der Erweiterung der Scheide bei operativen Eingriffen. [29]

Schüffner, Wilhelm (1867–1949), dtsch. Tropenpathologe, Amsterdam.

Sch' Tüpfelung: eine bei intensiver Giemsafärbung hervortretende feine rötliche Punktierung der von Malaria tertiana befallenen Erythrozyten, diagnost. wichtig. [11]

Schuhform des Herzens ↑Aortenkonfiguration des Herzens. [10]

Schüller, Arthur (*1874), Neurologe, Wien.

Sch.–Christian' Krankheit ↑Hand–Schüller–Christian' Krankheit. [32]

Schulkonjunktivitis ↑Follikularkatarrh. [36]

Schulter, lose: abnorme Beweglichkeit der Schultern infolge Schwundes der Muskeln des Schultergürtels, bes. bei ↑Dystrophia musculorum progressiva. [33]

Schulter-Arm-Syndrom: bes. von amerikan. Autoren zusammengefaßte Zeichengruppe, die bald mehr einer Periarthritis humero-scapularis, bald mehr einer Brachialgie oder einem Skalenus-Syndrom entspricht; auch der Begriff der „frozen shoulder" gehört hierher. Häufig werden osteochrondrot. Prozesse im Halsteil der Wirbelsäule gefunden, die zusammen mit vegetativ-nervalen, auf den Grenzstrang zu beziehenden Anzeichen das Bild erklären. Orthopäden wie Schede betrachten jedoch auch die Wirbelsäulenveränderungen als sek. u. sehen als Anfang des Symptomenkomplexes einen Haltungsverfall mit kyphot. Dauerhaltung der Brustwirbelsäule, die die Reizung des Schultergelenks, die Muskelhärten u. die neuralg. Zustände einleiten. [13]

Schulterlage: Eintreten der Schulter des Kindes als vorangehender Teil in das kleine Becken der Mutter nach Blasensprung bei Querlage. Sehr gefährliche Situation, bei der sofort eingegriffen werden muß. [29]

Schultz, Friedrich (1848–1935), Neurologe, Bonn.

Sch' Komma: ein im Brustteil des Rückenmarks zwischen dem Funiculus gracilis u. cuneatus gelegenes Feld, das troph. Fasern für die Hinterstränge enthält. [7]

Schultz, J.H. (*1884), Psychiater, Berlin.

Sch' autogenes Training: autogenes ↑Training. [35]

Schultz, Werner (1878–1949), Hämatologe, Berlin.

Sch' Syndrom: nekrotisierende Angina bei ↑Agranulozytose. [11]

Schultze, Bernhard Sigismund (1827–1919), Gynäkologe, Jena.

Sch' Modus der Plazentarlösung: schüsselförmige Ablösung der Plazenta von der Haftstelle, wobei sie mit der fetalen Seite voran durch die Rißstelle der Eihäute schlüpft; ↑Duncan' Modus.

Sch' Schwingungen: verlassene, gefährliche Methode zur Wiederbelebung asphykt. Neugeborener. [29]

Schulz, Hugo (1853–1932), Pharmakologe, Greifswald.

Sch.-Arndt' Gesetz ↑Arndt-Schulz' Gesetz. [8]

Schüppel' Lymphom (1871): auch hyperplast. oder großzellige Lymphknotentuberkulose; rein produktive, epitheloidzellige Lymphknotentuberkulose. [4]

Schuppen|flechte ↑Psoriasis. [32]

~index: in der Anopheles-Artdiagnostik die Berücksichtigung unterschiedlicher Schuppenzahlen auf dem Flügelgeäder. [58]

Schürfsaum: früher auch Kontusionsring genannt (Einschußzeichen); entsteht infolge Einstülpung u. Schürfung der obersten Hautschichten beim Durchtreten des Geschosses; fehlt am Ausschuß. Hier gelegentlich Verwechselung mit Dehnungssaum. Verziehung des Schürfsaumes nach der Seite kann Schußrichtung angeben. [52]

Schürzentamponade (Mikulicz): Einführung eines Beutels (bestehend aus großem quadrat. Stück Gaze mit zentralem Faden) in die Wundhöhle, in den nach Entfaltung Gaze bis zur lockeren Füllung eingelegt wird, z.B. in sakrale Wundhöhle nach Rektumamputation. [18]

Schuster|brust: Trichterbrust; Eindellung am Brustbein, früher fälschlich als Effekt eines Berufsschadens (Schuster, Töpfer u.a.) angesehen. [23]

~krampf: idiopath. Tetanie, selten u. sporad. in gewissen Gegenden u. zu gewissen Jahreszeiten bei bestimmten Berufen, aber auch endemieartig vorkommend; Vitaminmangel, Azidose. Kommt in manchen Familien gehäuft vor, befällt immer nur männliche Familienmitglieder. Beginnt mit Parästhesien in den Fingern, beschränkt sich meist auf die oberen Extremitäten u. Gesichtsmuskulatur. [12]

~span: dünnes Furnierholz zur Verstärkung von Gipsverbänden. [18]

Schußwunden = Vulnera sclopetaria: 1. Prellschuß; 2. Tangentialschuß (Streifschuß, Rinnenschuß, Haarseilschuß, verläuft teilweise unter der Haut); 3. Durchschuß; 4. Steckschuß; 5. Ringel- oder Konturschuß (läuft z.B. an einer Rippe entlang); 6. Rikoschettschuß (Aufschläger oder Prellschuß); 7. Querschläger (trifft nicht mit der Spitze auf). [52]

Schüttel|frost: unwillkürlich rasche Zitterbewegungen der Skelettmuskulatur, wobei durch periphere Wirkungen (Durchblutungsdrosselung der Haut) u. zentrale Einflüsse eine Kälteempfindung entsteht. Das Muskelzittern kann physiolog. bei plötzlicher starker u. anhaltender Kälteeinwirkung auftreten. Es steigert beträchtlich die Wärmeproduktion. Von Sch. spricht man spez. bei Muskelzittern aus patholog. Ursache, nämlich Heraufsetzen des Temperatur-Sollwertes im Zwischenhirn durch Einwirken chem. Substanzen auf das Zentralnervensystem; ↑Fieber, ↑Pyrogene. [7]

~geräusch ↑Succussio. [9]

~kultur: Form der Submerskultur, bei der der Nährboden durch Schütteln des Kulturgefäßes umgewälzt wird. [42]

~lähmung ↑Paralysis agitans. [33]

~mixtur = Mixtura agitanda: besteht aus einer festen Phase (Zincum oxydatum, Bolus alba, Magnesia usta u.a.) u. einer flüssigen Phase (Alkohol, Glyzerin, Zuckerlösung u.a.). Meist kommen auf vier Teile feste Phase sechs Teile flüssige Phase; Stabilisierungsmittel sind Zucker (wirksam durch Erhöhung der Viskosität) oder Gummi arabicum (Schutzkolloid). Sowohl zum inneren als auch zum äußeren Gebrauch. Vor Anwendung muß diese Suspension aufgeschüttelt werden. [44]

Schutz|einheit, immunologische: diejenige Menge einer immunogenen Substanz im Milliliter (lebende oder inaktivierte Impfantigene, Toxoide, Immunkörper in Schutz- bzw. Heilsera), die im aktiven oder passiven ↑Schutzversuch, im Vergleich zu einem ↑Standardpräparat, eine bestimmte Schutzwirkung ausübt. [40]

~hemmung: aktive Hemmung, welche bei bes. Inanspruchnahme der Hirnrindenzellen eintritt u. einer Erschöpfung entgegenwirkt. Pawlow zeigte, daß Schutzhemmungen bei Krankheiten auftreten u. den Verlauf u.U. günstig beeinflussen können. [35]

~impfung: Impfung mit lebenden, meist abgeschwächten (z.B. Pockenschutzimpfung nach Jenner) oder abgetöteten Erregern sowie mit entgifteten Toxinen (Toxoiden). Das Eindringen der als ↑Antigen wirkenden Impfstoffe ruft im Organismus die Bildung von ↑Antikörpern hervor, die den Organismus gegen die Infektionskrankheit, mit deren Erregern er immunisiert wurde, schützen; ↑Immunisierung. [39]

~koeffizient (C): Verhältnis der Bleidicke zu der Dicke eines Röntgenschutzstoffes, die eine Röntgenstrahlung im gleichen Maß schwächt. Meist dient als Maßzahl der reziproke Wert, der Bleigleichwert. [26]

~kolloide: lyophobe Kolloide können sich mit lyophilen durch Absorption verbinden, sie werden gleichsam eingehüllt. Sie verhalten sich dann den Neutralsalzen gegenüber wie lyophile Teilchen u. verbleiben daher im Solzustand, sonst (d. i. bei Abwesenheit der lyophilen Kolloide) würden sie ausflocken. So verhindern z. B. organ. Kolloide, wie Eiweißlösungen, bei einer bestimmten Konzentration die Fällung von Metallkolloiden aus ihrer Lösung. Dieser schützende Einfluß auf die lyophoben Kolloide ist für die Stabilität vieler Körperflüssigkeiten von Wichtigkeit. Er bildet auch eine Erklärung dafür, daß z. B. im Harn meist mehr Harnsäure enthalten ist, als es deren geringer Löslichkeit entspricht. [7]

~stoffe: 1. spezif. Sch. ↑ Immunglobuline; 2. unspezif. Sch., a) der Körpersäfte ↑ Komplement u. ↑ Properdin, b) der Zellen, z. B. ↑ Interferon.

~versuch: ein biolog. Test, um die schützende Kraft einer immunogenen Substanz nachzuweisen. a) Aktiver Sch.: geeignete Tierkollektive werden mit dem zu testenden Impfantigen aktiv immunisiert u. anschließend mit einer sicher tödlichen Dosis der virulenten Testkeime bzw. Testgifte belastet. b) Passiver Sch.: geeignete Tiere, Zellen- oder Gewebekulturen werden mit fertigen Serum-Schutzkörpern (Antikörpern) behandelt u. anschließend wie a) belastet. Als Kontrolle dienen unvorbehandelte Tiere (a + b) bzw. Zell- u. Gewebekulturen (b). [40]

Schwabach, Dagobert (1846–1920), Otologe, Berlin.

Sch' Versuch (1885): Vergleich der Knochenleitung des zu Untersuchenden mit einem normalhörenden Ohr (des Untersuchers). Eine tönende a^1-Stimmgabel wird abwechslungsweise auf den Warzenfortsatz bzw. Scheitel des Pat. u. des Untersuchers aufgesetzt u. die Hördauer festgestellt. Ist die Hördauer gegenüber der Norm verlängert (S. positiv oder verlängert + n Sekunden), so spricht das für Schalleitungsstörung (Mittelohrschwerhörigkeit), bei Verkürzung (S. negativ, verkürzt – n Sekunden) für eine Schallperzeptionsstörung (Innenohrschwerhörigkeit); ↑ Rinne' Versuch. [28]

Schwachsichtigkeit ↑ Amblyopie. [36]

Schwachsinn: verbreitete aber unkorrekte Bezeichnung für Oligophrenie, angeborene oder früh erworbene Geistesschwäche, da die Sinne nicht schwach zu sein pflegen. [34]

Schwalbenschwanzbildung: Form von Stichverletzungen. Wird das Stichinstrument wieder aus der Wunde herausgezogen, kommt es durch leichte Verkantung infolge der schneidenden Bewegung zu einem zweiten Wundwinkel, der mit dem ersten beim Einstich entstandenen die Form eines Schwalbenschwanzes bildet. Wichtig für die Beurteilung, ob ein- oder zweischneidiges Instrument. [52]

Schwalm' Kollapstest: dieser Test gestattet eine Aussage darüber, ob eine sofortige Transfusion zur Verhinderung eines drohenden Kollapses notwendig ist (z. B. nach großen chirurg. Eingriffen usw.). Durch Stauung mit etwas über dem diastol. Druck liegenden Werten an den Oberschenkeln wird ein „innerer Aderlaß" von 700–1200 ml Umfang erzeugt. Während bei genügender Kreislaufauffüllung nur ein unwesentliches Absinken des systol. Druckes mit geringer Amplitudenverminderung u. geringe Pulsfrequenzsteigerung auftreten, kommt es bei Kollapsneigung zum starken systol. Druckabfall mit Verkleinerung der Amplitude u. starker Frequenzzunahme. [21]

Schwamm: 1. Bezeichnung für die Fruchtkörper der höheren Pilze; 2. primitive wasserbewohnende Metazoen. Das Gerüst der meeresbewohnenden Hornschwämme dient als Trägersubstanz für Bakterienkonserven, da das Spongin gegen Enzyme stabil ist. [42]

~biopsie: endoskop. Entnahme zytolog. Materials aus Körperflüssigkeiten oder durch Abreiben von Tumoroberflächen mit Gelatineschwamm, der dann als histolog. Präparat fixiert u. bearbeitet wird. [25]

~dränage (Peiper): Methode zur Hirnabszeßbehandlung. Ist eine Totalexstirpation nicht möglich, wird der Abszeß „entdeckelt", abgesaugt u. mit Gummischwamm tamponiert. Häufiger Schwammwechsel notwendig. [20]

~niere ↑ Zystenniere. [24]

Schwämmchen: volkstümliche Bezeichnung für Soor; ↑ Candidamykosen. [42]

Schwangerschaft = Gravidität: Zustand der Frau während der Tragzeit von der Empfängnis bis zur Geburt.

Sch., eingebildete ↑ Grossesse nerveuse.

Sch., interstitielle: Form der Eileiterschwangerschaft (Tubargravidität), bei der das befruchtete Ei sich in dem Teil der Tube ansiedelt, der bei ihrem Einmünden in den Uterus durch die Uterusmuskulatur hindurch verläuft (interstitieller Tubenabschnitt). Führt beim Wachstum des Eies zu Anschwellung u. Einreißen der Ansiedlungsstelle, lebensbedrohlicher Zustand, erfordert operative Behandlung. [29]

Schwangerschafts|anämie: häufige, meist

in der zweiten Schwangerschaftshälfte einsetzende mittelschwere Blutarmut, die zu über 95% der Fälle als hypochrome (Eisenmangel-)Anämie (↑Anämie I) in Erscheinung tritt; sehr selten als hyperchrome Anämie (symptom. perniziöse Anämie, ↑Anämie II) oder als tox. hämolyt. Anämie (↑Anämie III) in Verbindung mit anderen Intoxikationszeichen auftretend. [11]

~dauer: berechnet vom 1. Tag der letzten Regel; 280 Tage im Mittel mit 14 Tagen Streuung nach unten u. oben. Hiernach sind es zehn Monate von je 28 Tagen oder 40 Wochen. Frühgeburt u. Übertragung kommen vor. Geburtstermin wird nach der Naegele' Regel vom 1. Tag der letzten Regel her berechnet (3 Monate subtrahieren u. 7 Tage addieren!). [29]

~dermatosen: Hautkrankheiten, die nur oder vorwiegend während der Schwangerschaft auftreten. Zu solchen Dermatosen zählen die Striae distensae, Chloasma uterinum, Herpes gestationis (es handelt sich bei dieser Krankheit sicherlich um eine Dermatitis herpetiformis während der Gravidität), Prurigo gestationis (stark juckende Knötchen, die in der ersten Hälfte der Schwangerschaft auftreten), Impetigo herpetiformis. [43]

~diabetes: die normale Schwangerschaft, bes. die Spätschwangerschaft ist gekennzeichnet durch eine Belastung des ↑Inselorgans; vermehrte Produktion kontrainsulinärer Hormone (Hypersomatotropismus durch wachstumshormonähnliche Substanzen der Plazenta, Hyperkortizismus durch eingeschränkte Kortisolbindung an Transkortin), Insulin-Inaktivierung durch die Plazenta, Erniedrigung der Nierenausscheidungsschwelle für Glukose. Das Inselorgan der gesunden Schwangeren kompensiert diese Mehrbelastung. Beim potentiellen oder latenten ↑Diabetes mellitus kann es darunter zur klin. Manifestation dieser Stoffwechselstörung kommen (diabetogene Wirkung der Gravidität). Besonderheiten der Schwangerschaft bei Diabetes mellitus: Neigung zur ↑Hypoglykämie, Insulinbedarf sinkt in der Frühschwangerschaft ab; Tendenz zur Verschlechterung der Kohlenhydratbilanz u. zur Ketoazidose ab Mitte der Schwangerschaft entsprechend einer Steigerung des Insulinbedarfs vor allem im VII. Lunarmonat; gehäuftes Auftreten von ↑Hydramnion, ↑Spätgestose, intrauterinem Fruchttod in den letzten Schwangerschaftswochen (diabet. Plazentainsuffizienz); erhöhte neonatale Mortalität durch Fetopathia diabetica (Übergröße bei gleichzeitiger Unreife mit respirator. u. metabol. Anpassungsstörungen „Fetus dysmaturus") als Folge der Stoffwechselstörung u. des gestörten Hormonhaushalts („Dyshormonose"); Embryopathia hypoglykaemica (hohe Mißbildungsfrequenz, zerebrale Störungen) durch insulinbedingte Hypoglykämien in der Frühschwangerschaft. Prognose für Mutter unter klin. Überwachung günstig. Perinatale kindliche Mortalität beeinflußbar durch exakte therapeut. Führung (Frühschwangerschaft: Vermeidung von Hypoglykämien; Spätschwangerschaft: straffe Insulinierung zur Erzielung einer Normoglykämie), vorzeitige Entbindung (37.–38. Schwangerschaftswoche) u. Behandlung der Übergangsstörungen der Neugeborenen (wie Frühgeburten). [14]

~diagnose ↑Schwangerschaftsreaktionen, Schwangerschaftszeichen.

~diagnose nach Abderhalden ↑Abwehrfermente. [8]

~leukozytose: physiolog. ↑Leukozytose. [11]

~nachweis ↑Schwangerschaftsreaktionen, ↑Schwangerschaftszeichen.

~narben ↑Striae gravidarum.

~neuritis ↑Neuritis puerperalis.

~niere: Funktionsänderung der Niere durch Anpassung an die Leistungsanforderungen der Schwangerschaft. Bei Anpassungsinsuffizienz kommt es zu patholog. Veränderungen; ↑Gestose. [29]

~pyelitis ↑Pyelonephritis. [24]

~reaktionen: chem., biolog. u. immunolog. Teste zum Nachweis einer Schwangerschaft. Im prakt. Gebrauch werden fast nur die biolog. u. neuerdings auch immunolog. Nachweise angewandt. Die meisten Proben beruhen auf dem Nachweis der starken Vermehrung des Choriongonadotropins im Urin oder Serum der Schwangeren. 1. ↑Aschheim–Zondek' Schwangerschaftsreaktion (AZR); 2. Friedmann–Lapham-Test am Kaninchen; 3. Rattenöstrustest: weiblichen infantilen Rattenweibchen wird Urin der fraglichen Schwangeren injiziert. Nach 50 u. 75 h wird ein Abstrich aus der Scheide vorgenommen. Zeigt das Scheidenepithel nach 75 h eine Östrusreaktion, so liegt eine Schwangerschaft vor; 4. Methode mit dem afrikan. Krallenfrosch (Xenopus laevis) (Krötentest); 5. Schwangerschaftsreaktion nach Birkhäuser u. Zeller: chem. Schwangerschaftsreaktion, stützt sich auf das vermehrte Vorkommen von Enzymen (Diamin-Oxydase) jenseits der 10. Schwangerschaftswoche; 6. Immunolog. Schwangerschaftstest ↑Gravimun. [12]

~streifen ↑Striae gravidarum.

~toxikose ↑Gestose.

~unterbrechung = Interruptio (graviditatis); ärztlicher Eingriff zur Beendigung einer bestehenden Schwangerschaft. In der BRD ist die Sch. nur dann zulässig, wenn aus der Schwangerschaft eine ernste Gefahr für Leben oder Gesundheit der Mutter erwächst

(medizinische Indikation). Ob das der Fall ist, wird von einer Ärztekommission festgestellt, die im gegebenen Fall die Sch. genehmigt. Eine Änderung dieser gesetzlichen Bestimmung wird diskutiert.
In der DDR gilt als gesetzliche Grundlage das Gesetz über die Unterbrechung der Schwangerschaft (GBl. der DDR I Nr. 5 S. 89) vom 9.3.1972. Zusätzlich zu den bestehenden Möglichkeiten der Empfängnisverhütung wurde der Frau das Recht übertragen, über die Unterbrechung einer Schwangerschaft in eigener Verantwortung zu entscheiden (↑Geburtenregelung). Hiernach ist die Schwangere berechtigt, die Schwangerschaft innerhalb von 12 Wochen nach deren Beginn durch einen ärztlichen Eingriff in einer geburtshilflich-gynäkologischen Einrichtung (staatl. Kliniken u. Krankenhäuser) unterbrechen zu lassen. Die Unterbrechung einer Schwangerschaft ist auf Ersuchen der Schwangeren u. nur nach den Bestimmungen dieses Gesetzes u. der zu seiner Durchführung erlassenen Rechtsvorschriften zulässig. Im übrigen gelten die §§ 153–155 des Strafgesetzbuches vom 12.1.1968 (GBl. I S. 1). Die Unterbrechung ist unzulässig, wenn die Frau an einer Krankheit leidet, die im Zusammenhang mit dieser Unterbrechung zu schweren gesundheitsgefährdenden oder lebensbedrohlichen Komplikationen führen kann. – In anderen Ländern bestehen andere gesetzliche Regelungen.

~vergiftung ↑Gestose.

~zeichen: 1. sichere Sch., Nachweis des Kindes (Herztöne, Nabelschnurgeräusche, Tasten des Kindes, Röntgennachweis kindlicher Knochen); 2. wahrscheinliche Sch. (Genitalveränderungen der Mutter wie bläulichrote Verfärbung von Vulva, Vagina u. Portio, Auflockerung u. Wachstum der Gebärmutter, ↑Hegar' Schwangerschaftszeichen, Ausbleiben der Regel, Wachstum der Brust u. Kolostrum); 3. mutmaßliche Sch. (Pigmentation des Gesichtes, der Brustwarzen, der Linea alba, die zur Linea fusca wird, Striae, Leibeszunahme, subjektive Sensationen, wie morgendliches Erbrechen, nächtliches Wasserlassen, orthostat. Kollapsneigung, abnorme Gelüste); Abderhalden' Reaktion ↑Abwehrfermente. [29]

~zellen des Hypophysenvorderlappens: während der Schwangerschaft vermehren sich die Hauptzellen des HVL u. gehen in eosinophile granulierte Gebilde über, die man als Schwangerschaftszellen bezeichnet. Hierdurch wird eine Vergrößerung, zugleich eine Gewichtszunahme der Hypophyse um 0,4–0,6 g herbeigeführt, die nach der Geburt nicht vollständig zurückgeht. Bei einer nachfolgenden Schwangerschaft tritt sie von neuem auf; das Gewicht des HVL bei einer Frau, die mehrere Schwangerschaften durchgemacht hat (Multipara), ist nahezu doppelt so groß wie das einer Frau, die niemals Kinder geboren hat (Nullipara). [7]

Schwann, Theodor (1810–1882), Anatom, Physiologe, Berlin, Leuven, Lüttich. Gilt als Begründer der ↑Zellenlehre. Von ihm stammt der Nachweis der kernhaltigen tier. Zelle. Er entdeckte das Pepsin.

Sch' Scheide ↑Neurolemm. [2]

Schwannom: als Syn. für ↑Neurinom bes. im angelsächs. Sprachgebrauch. [5]

Schwärm|platte: Spezialnährböden nach Gard (schwed. Bakteriologe) zur besseren Ausbildung der Geißeln von Salmonellen. [41]

~sporen: Zoosporen; Sporen niederer Pflanzen, die sich im Wasser mit Hilfe von Geißeln oder Wimpern bewegen. [42]

Schwartze, Hermann (1837–1910), Otologe, Halle.

Sch' Operation ↑Antrotomie.

Sch' Zeichen: durch das Trommelfell durchscheinende Rötung der medialen Paukenhöhlenwand, namentlich des Promontoriums infolge Hyperämie; gelegentlich Vorkommen bei Otosklerose. [28]

Schwarzenbach' Handgriff: zur äußeren Untersuchung bei Kreißenden, wenn mit dem IV. Leopold' Handgriff der Kopf nicht mehr tastbar ist. In Seitenlage ist vom Hinterdamm der vorangehende Teil zu tasten, wenn er die Interspinalebene erreicht. Man kann mit dem Sch' H. die Geburt gut u. wenig belästigend verfolgen. Wenn der Kopf so tastbar wird, ist die Beckenenge überwunden. [29]

Schwarz|sucht ↑Melanodermitis toxica. [43]

Schwärzung (opt. Dichte): in der Photographie u. der Röntgenographie wird die Schwärzung (S) eines belichteten ausfixierten Filmes dadurch bestimmt, daß die Schwächung eines durch die geschwärzte Schicht gehenden Lichtstromes gemessen wird. Die Angabe des Verhältnisses der Intensitäten vor u. hinter der geschwärzten Schicht erfolgt im dekadischen Logarithmus.

$$S = \log \frac{I\ \text{(auffall. Lichtmenge)}}{I'\ \text{(durchgelass. Lichtmenge)}} = \log I - \log I'. \quad [26]$$

Schwarzwasserfieber: akute Hämolysereaktion mit Hämoglobinämie u. -urie unter Chininbehandlung bei schwerer Malaria, vorwiegend ↑Malaria tropica. Anscheinend kommt die schwere Hämolyse durch Zusammenwirken einer direkt toxisch-hämolyt. mit einer durch Autoantikörper bedingten hämolyt. Komponente zustande. Die Verbindung von Chinin u. Erythrozyt, vielleicht auch mit dem Malariaparasiten, scheint die Antikörperbildung gegen eigene Erythrozyten zu stimulieren. [11]

Schwarzwucherhaut ↑Acanthosis nigricans. [43]

Schwebelaryngoskopie (Killian): heutzutage selten geübte bes. Technik der Kehlkopfspiegelung. Ausführung in Rückenlage bei freihängendem Kopf; durch das Gewicht des hängenden Kopfes wird der in den Kehlkopf eingeführte Spatel in seiner Lage fixiert, während sein anderes, hakenförmig abgebogenes Ende an einem seitlich angebrachten Galgen aufgehängt wird. [28]

Schwebungen: sek. Klangerscheinungen, die zu verzeichnen sind, wenn auf das Ohr gleichzeitig zwei Töne einwirken, deren Schwingungszahlen sich nicht stark voneinander unterscheiden. Man beobachtet dann ein An- u. Abschwellen des betreffenden Klanges. Die Zahl der Schwebungen je Sekunde entspricht der Differenz in der Schwingungszahl der beiden Töne. [7]

Schwefel: chem. Symbol S (Sulfur); nichtmetall. Element, 2-, 4-, 6wertig; Vorkommen elementar, gebunden in vielen Mineralien als Sulfid u. Sulfat, ferner in physiolog. wichtigen Verbindungen, wie den Aminosäuren Zystein u. Zystin, Methionin, im Vitamin B_1 (Aneurin), Coenzym A, als Schwefelsäureester in den sauren Mukopolysacchariden u. als freie Schwefelsäure im Magensaft von Schnecken. Das künstliche Radionuklid $^{34}_{16}S$ ist ein biochem. verwendeter β″-Strahler (aus Chlor ballastfrei erhalten, 0,168 MeV, Halbwertszeit 87,1 d). [8]

~bäder: 1. natürliche, mit schwefelhaltigen Wässern (↑Heilwässer); 2. künstliche, Zusatz zum Badewasser (in Holzwannen!) von Kalium sulfur. 150 g oder Acid. sulfur. crud. 30 g. Vorteilhafter ist die Verwendung von Fertigpräparaten der chem.-pharmazeut. Industrie. Heilanzeigen Hautleiden, rheumat. Leiden, Leberkrankheiten, Metallvergiftungen. [45]

~bakterien: besser Schwefelmikroben; sulfurizierende Bakterien; Mikroorganismen, die die Energie für die Lebensvorgänge ganz oder teilweise aus der Oxydation von Schwefelwasserstoff oder anderen Schwefelverbindungen gewinnen. Die Schwefelorganismen gehören den verschiedensten systemat. Gruppen an: *Beggiatoa, Bacterium thiooxidans,* Purpurbakterien. [42]

~bleiprobe: aus S-haltigen organ. Verbindungen wird beim Kochen in stark alkal. Lösung H_2S abgespalten, das zugesetztes Bleiazetat unter Bildung von Bleisulfid gelb, braun bis schwarz färbt. Reaktion dient zum Nachweis von (zysteinhaltigem) Eiweiß in Körperflüssigkeiten. [8]

~blüte: Sulfur sublimatum, Flores sulfuris, durch Sublimation gewonnenes gelbes, feinstkristallines Pulver. Durch Auswaschen von Verunreinigungen (Arsenverbindungen) mit Ammoniak bekommt man Sulfur depuratum DAB 7. [44]

Schwefeldioxid-Entwesung: Schwefeldioxid wird als SO_2-Gas zur Entwesung geschlossener Räume, z. B. Speicher, Kühlzellen usw. verwendet. Bes. bewährt hat sich SO_2-Gas zur Bekämpfung von Ratten u. Mäusen. [41]

Schwefelkohlenstoff: CS_2, Flüssigkeit mit hohem Brechungsindex, Siedepunkt 46 °C, die Dämpfe sind leicht entzündlich u. giftig. Reinster S. riecht angenehm aromat., der S. des Handels durch Verunreinigungen meist schlecht. [8]

~vergiftung: Einatmung der Dämpfe von Schwefelkohlenstoff u. Hautresorption führen zur Vergiftung, welche durch akute narkot. Wirkung u. chron. Einwirkung auf Kreislauf u. Nervensystem gekennzeichnet ist. [49]

Schwefelmilch ↑Sulfur praecipitatum DAB 7. [44]

Schwefelquellen (-wässer) ↑Heilwässer. [45]

Schwefelsäure: H_2SO_4, konzentrierte 98%ig, spezif. Gewicht 1,84, Siedepunkt 338°, starke Säure, sehr hygroskop., große Verdünnungswärme (bei Verdünnen konzentrierter Säure diese stets vorsichtig in Wasser fließen lassen, nie umgekehrt wegen explosionsmäßigen Verspritzens). Wirkt in der Hitze oxydierend, kommt frei statt HCl im Magensaft von Schnecken vor. Ihre Salze heißen Sulfate.

Sch., gepaarte: wasserlösliche Schwefelsäureester von hydrophoben Stoffen, z. B. von Indoxyl (↑Indikan), Phenolen, Östrogenen [8]

~verfahren: dient zur Abtötung der sporenlosen Begleitbakterien vor der Züchtung von ↑Tuberkulosebakterien. [41]

Schwefelthermen ↑Heilwässer. [45]

Schwefelwasserstoff: H_2S, sehr giftiges Gas, schon in sehr geringen Konzentrationen charakterist. Geruch nach faulen Eiern, etwas löslich in Wasser (als schwache Säure), Vorkommen in schwefelhaltigen Wässern. Er entsteht biolog. bei der Fäulnis von Eiweißen. Der Nachweis gelingt mit Bleiazetat-Papier infolge Schwarzfärbung durch Schwefelblei; Bildung von Sch. im Dickdarm unter dem Einfluß der Darmflora. Speichel vermag aus Rettich, Zwiebeln u. Knoblauch Sch. abzuspalten. [8]

~vergiftung: bei hohen Konzentrationen schnelle Bewußtlosigkeit oder Tod infolge Lähmung des Atem- u. Vasomotorenzentrums; subakut Benommenheit u. Bewußtseinstrübung. Später Reizerscheinungen der oberen Luftwege, Bronchitis u. Lungenödem, Gastritis, Durchfälle, unregelmäßige Herztätigkeit, psych. Störungen. Bei entsprechenden Bedingungen als melde- u. entschädigungspflichtige Berufskrankheit anerkannt. 0,08 Vol.-% Schwefelwasserstoff sind nach 5–10minütiger Einatmung letal; ↑Spinnerauge. [49]

Schweflige Säure: H_2SO_3, entsteht durch Lösen von Schwefeldioxid in Wasser, Oxydations- u. Reduktionsmittel, Bleichmittel in der Textilindustrie. Ihre Salze heißen Sulfite. [8]

Schweigepflicht, ärztliche: Nach §300 StGB wird mit Strafe (Freiheits- und/oder Geldstrafe) bedroht, wer unbefugt ein fremdes Geheimnis offenbart, das ihm in seiner Eigenschaft als Arzt anvertraut oder bekannt geworden ist. Die Pflicht zur Verschwiegenheit gilt auch für den Zahnarzt, den Apotheker und die Angehörigen anderer Heilberufe, die eine staatlich geregelte Ausbildung erfordern (Krankengymnast, Masseur, Krankenpfleger, Hebamme, med.-techn. Assistentin) und den berufsmäßig tätigen Gehilfen des Arztes, Zahnarztes und Apothekers (z.B. Sprechstundenhilfe) u. schließlich auch für denjenigen, der sich auf den Beruf des Arztes, Zahnarztes und Apothekers vorbereitet, also für den Studenten. Die Einwilligung des Kranken befreit von der Schweigepflicht. Diese besteht auch nach dem Tod eines Patienten fort.

Schweine|bandwurm = Taenia solium: bewaffneter Bandwurm, 2–8 m, Kopf mit 4 Saugnäpfen u. Hakenkranz, 7–10 Uterusdivertikel in den reifen Bandwurmgliedern, die sich in Gruppen von 5–6 ablösen u. mit dem Kot abgehen (↑Rinderbandwurm). Sie werden vom Zwischenwirt, dem Schwein, gefressen. Aus den Eiern werden die Larven (Onkosphaere) frei, bohren sich in die Darmwand, gelangen mit dem Blut in gutgenährte Muskeln, wo sie zur 6–20 mm langen Finne (Zystizerkus) werden. Im Darm des Menschen (Endwirt) stülpt sich der im Innern der Finnenblase entstandene Kopf nach außen, heftet sich fest u. wird zum Bandwurm. Übertragung durch Genuß finnenhaltigen Schweinefleisches. [58] Die Eier des Sch. können durch Genuß von kopfgedüngtem, ungewaschenem Salat u. durch verschmutztes Trinkwasser in den menschlichen Darm gelangen; auch Fliegen kommen bei der Übertragung auf Nahrungsmittel in Frage. Im Laboratorium ist bei unvorsichtiger Untersuchung von abgetriebenen Bandwurmgliedern die Möglichkeit einer Schmutz- u. Schmierinfektion gegeben. Die Gefahr einer Übertragung der von Bandwurmträgern selbst ausgeschiedenen Eier (Selbstinfektion) besteht bes. bei Kindern. Bei einer solchen Infektion vom Darm aus kann es auch beim Menschen zu ↑Zystizerkose kommen. [39]

~finnenbandwurm ↑Schweinebandwurm. [38]

Schweinehüterkrankheit: Schweinehirtenkrankheit, Meningitis porcinarii; eine bes. in der Schweiz u. Frankreich (Savoyen) vorkommende Leptospirose (↑Feldfieber) mit Fieber, Meningismus, Milzvergrößerung; Übertragung auf Menschen durch Urin infizierter Schweine. Erreger Leptospiren verschiedener Typen, bes. Leptospira pomona u. Leptospira tarrassovi (früher hyos oder mitis). Wird unter entsprechenden Bedingungen als melde- u. entschädigungspflichtige Berufskrankheit anerkannt. In Mitteleuropa durch Maßnahmen des Arbeitsschutzes u. der Stallhygiene Gefahr für Schweinepfleger gering; gefährdet sind Schweineschlächter (abhängig von der Zahl geschlachteter Leptospirenträger). [40, 38]

Schweine|pestbakterien ↑Suipestiferbakterien. [41]

~rotlauf: septikäm. Infektion der Schweine, Erreger Schweinerotlaufbakterien; Erkrankung des Menschen ↑Erysipeloid. [40]

Schweinfurter Grün: Verbindung von essigsaurem u. arsenigsaurem Kupfer, früher als grüner Farbstoff (Tapeten) verwendet. Wie aus anderen Arsenverbindungen setzt der Pilz *Penicillium (Scopulariopsis) brevicaule* auch aus Schweinfurter Grün flüchtige organ. Arsenverbindungen frei, die zu Vergiftungen führten. Heute nur noch gelegentlich zur Bekämpfung pflanzlicher Parasiten benutzt; ↑Arsenprobe, biologische. [42]

Schweiß: Absonderung der Schweißdrüse; enthält außer 99% Wasser Kochsalz, Harnstoff, flüchtige Fettsäuren [Ameisen-(Methan), Butter-(Butan-), Kaprylsäure (Oktansäure)] u. etwas Cholesterin. [43]

Schweißdrüsen = Glandulae sudoriferae: knäuelförmige, schweißabsondernde, kleine Drüsen (Gg. sudoriferae minores) u. große Drüsen (Gg. sudoriferae majores) im Bereich der menschlichen Haut. [2]

~abszeß: Abszeßbildung in der Achselhöhle durch Einschmelzung entzündeter Schweißdrüsen. [18]

~adenom ↑Hidradenom, ↑Syringom. [4]

~entzündung ↑Hidradenitis.

~friesel ↑Miliaria. [43]

Schweißzysten ↑Syringom. [43]

Schweitzer, Albert (1875–1964), bekannter Humanist u. Friedenskämpfer, Theologe, Philosoph, Tropenarzt, Kaysersberg/Oberelsaß. Gründer des weltbekannten Tropenspitals Lambarene (1913) am Ogowefluß in Gabun/Zentralafrika. Bekannt durch seine philosoph. u. religionswissenschaftlichen

Werke sowie durch seine zahlreichen Vorträge in vielen europäischen Ländern; Friedensnobelpreisträger. [53]

Schweizerkäsegehirn: durch Ausbreitung gasbildender Bakterien nach dem Tode bedingte Zersetzung u. Höhlenbildung im Gehirn. [5]

Schwelle: 1. ↑Schwellenwert; 2. die niedrigste Konzentration einer Substanz, bei der diese von einem Exkretionsorgan ausgeschieden wird, z. B. Zuckerschwelle der Niere. [7]

Schwellen|prüfung des Lichtsinns ↑Adaptometrie.

~reiz: Reiz von Schwellenwert; ↑Reizschwelle. [7]

~substanz des Harns: ausgehend von der ↑Filtrationstheorie der Harnbildung, wurden von A. Cushny (1917) die Harnbestandteile in Schwellen- u. Nichtschwellenstoffe geschieden. Die Sch. werden in den Harnkanälchen reabsorbiert u. gelangen nur dann in den Endharn, wenn ihre Konzentration im Ultrafiltrat eine bestimmte Nierenschwelle überschreitet. Die Unterscheidung ist heute überholt, weil festgestellt wurde, daß auch Nichtschwellenstoffe reabsorbiert werden u. daß in den Nierenkanälchen außer den Resorptions- auch Sekretions- u. Exkretionsvorgänge ablaufen.

~wert: diejenige Reizgröße, die erforderlich ist, gerade eine Erregung in einem irritablen Gewebe herbeizuführen. Der Schwellenwert des Reizes wird um so kleiner, je empfindlicher das betreffende Gewebe oder Organ ist.

~(wert)perkussion: ganz leise Perkussion zur Bestimmung der absoluten Herzdämpfung u. Untersuchung der Lungenspitzen. [7]

Schwellkörper ↑Corpus cavernosum bzw. Corpus spongiosum. [1]

~schwielen ↑Induratio penis plastica. [24]

Schwellung, hydropische: Wassereinlagerung in das Zytoplasma; 1. trübe Schwellung: Vergrößerung eines Organs bei schlaffer Konsistenz. Die Schnittfläche zeigt ein opales, mattgrau-gelbliches Aussehen („wie gekocht"). Ursache ist eine Wasser- bzw. Eiweißaufnahme in die Mitochondrien (sphär. Transformation) der Zellen. Sie ist teils Zeichen einer gesteigerten Leistung, teils einer infektiös-tox. Schädigung. Nicht verwechseln mit kadaveröser Trübung!; 2. vakuolige Umwandlung: reversible oder irreversible Schädigung der Zelle; Einlagerung von Wasser in Vakuolen, enthalten außerdem oft Eiweißkristalle; Ursache: Hypoxämie, intrazelluläre Atmungsstörung wie Blausäurevergiftung; 3. blasige Entartung: führt immer zum Zelltod. Ungehinderter Wassereinstrom. Elektronenmikroskop.: Vesikulation des endoplasmat. Retikulums. Zellkern ist pyknot.; Ursache: beim Menschen selten; Tetrachlorkohlenstoff- u. Kokainvergiftung im Experiment. [4]

Schwerbesinnlichkeit: Zeichen einer leichten Bewußtseinstrübung; ↑Benommenheit, ↑Wachträumerei. [34]

Schwererziehbarkeit: ungenügende Leistungen in der Schule; mangelnde soziale Einordnung (Übergang zur Verwahrlosung), kann viele Ursachen haben, wie ungünstige Sozialverhältnisse, falsche Erziehungsmethoden, die zu Angst- oder Trotzreaktionen führen, zu psych. Fehlhaltung, Neurose. Es spielen öfters hinein: konstitutionell abnorme Wesenszüge, unterdurchschnittliches intellektuelles Niveau, frühkindlich entstandene organ. Hirnschädigungen (Enzephalopathie). [34]

Schwerhörigkeit: vermindertes Hörvermögen; 1. Mittelohrschwerhörigkeit (Schallleitungsstörung) bei Mittelohrentzündungen, Adhäsivprozessen, gekennzeichnet durch eine verlängerte Knochenleitung (↑Rinne' Versuch) u. das Heraufrücken der unteren Tongrenze; 2. Innenohrschwerhörigkeit (Schallperzeptionsstörung) bei Labyrinthaffektionen, Altersschwerhörigkeit; die Knochenleitung ist verkürzt, die obere Tongrenze herabgesetzt. [28] Im Berufsleben durch starken Lärm über 80 Phon Atrophie der Endzellen sowie der dazugehörigen Nervenfasern des Corti' Organs mit durch Lärm verursachter Taubheit oder an Taubheit grenzender Schwerhörigkeit (Otitis interna). Unter entsprechenden Bedingungen als melde- u. entschädigungspflichtige Berufskrankheit anerkannt. [49]

Schwermetalle: Dichte größer als 5, im Gegensatz zu den Leichtmetallen; biolog. wichtig als Spurenelemente, z. B. Eisen, Kupfer, Mangan, Kobalt, Zink. [8]

Schwermetallvergiftung ↑Bleikrankheit, ↑Manganvergiftung, ↑Quecksilbervergiftung. [49]

Schwermut ↑Melancholie. [34]

Schwerpunkt des Körpers: Punkt, in dem man sich die ganze Masse des Körpers vereinigt denken kann, wobei dann die gleichen Kräftewirkungen erzielt werden wie beim ganzen lebendigen Organismus. Er befindet sich bei normaler Körperhaltung im Canalis sacralis, kranial vom zweiten Kreuzwirbel. [7]

Schwiele = Tyloma: 1. umschriebene, harte Verdickung der Hornschicht der Haut infolge anhaltender Druckwirkung (Melkerschwiele, Daumenlutscherschwiele); 2. derbe bindegewebige ↑Narbe, z. B. Herzmuskelschwiele nach Herzinfarkt. [4]

Schwielen|bildungen (Kallositäten): gehören zu den häufigsten u. typischsten ↑Stigmata des Berufes. Meistens an den

Händen, jedoch auch an anderen Körperstellen, wenn diese bei der Arbeit dauerndem Druck oder ständiger Reibung ausgesetzt sind. [49]

~kopfschmerz: akute Myalgie der Kopfschwartenmuskeln mit fühlbaren Härten. Zu unterscheiden von Neuralgien, z. B. Okzipitalneuralgie, die mit Osteochondrosen der Halswirbelsäule zusammenhängen. [13]

~panaritium: Zellgewebseiterung unter Hornschwielen an der Beugeseite von Fingern u. Hand. [18]

Schwimmbadkonjunktivitis: Viruserkrankung der Bindehaut durch ↑Paratrachomviren. Beim Ausbleiben einer Mischinfektion kein Pannus, keine Narben, keine Xerose; Restitutio ad integrum. Epidem. in Schwimmbädern mit schlecht gereinigtem oder schlecht desinfiziertem Wasser, ↑Paratrachom. [36]

Schwimmhautbildung: angeborene Hautfaltenbildung zwischen den Grundphalangen der Finger u. Zehen. [43]

Schwimmhosennävus: meist Pigment- oder Tierfellnävus, der durch Sitz u. Ausbreitung den Eindruck erweckt, daß der damit Behaftete eine Schwimmhose trägt, ↑Nävus. [43]

Schwimmprobe ↑Lungenschwimmprobe. [52]

Schwindbeule ↑Skrofuloderm. [15]

Schwindel: verschiedenartiges, schwer zu definierendes Gefühl des gestörten Gleichgewichts, oft verbunden mit vegetativen Störungen (Schweiß, Übelkeit, Erbrechen); 1. kreislaufbedingt (Schwächegefühl, Schwarzwerden vor den Augen) bei Hypotonie (auch Vasolabilität), Hypertonie (Nephritis), Anämie, Leukämie, Arteriosklerose, Magenerkrankungen, schweren Allgemeinerkrankungen; 2. psychogen (Höhenschwindel); 3. optischer Schwindel bei Augenmuskellähmungen; 4. vestibulärer Schwindel bes. bei Tonusdifferenz beider Labyrinthe. Drehschwindel, dabei Nystagmus u. oft Fallneigung. Schwankschwindel, Liftschwindel bei Störungen des Otolithenapparates. Bei Labyrinthitis, Trauma (Felsenbeinfraktur), Zoster oticus, Menière, Neuritis, toxisch bes. durch Streptomyzin, auch Salizylate, Blei, Arsen, Autointoxikation, Akustikusneurinom, Bewegungskrankheiten; 5. infolge Erkrankungen des ZNS bei Kleinhirntumoren, Syringobulbie, Syphilis III u. Tabes, multipler Sklerose, disseminierter Enzephalitis, Epilepsie, nach Schädel- u. Hirntraumen, toxisch bei Alkohol, Nikotin, Chinin, Botulismus u. a. [28]

Schwind|finnen = Lupus miliaris disseminatus ↑Tuberkulide.

~flechte = Tuberculosis cutis luposa ↑Tuberkulose der Haut. [43]

~geschwüre ↑Tuberculosis ulcerosa. [15]

~knollen ↑Sarkoid.

~knoten = Tuberculosis indurativa ↑Tuberkulide. [43]

~pocken ↑Tuberculosis papulonecrotica. [4]

Schwindsucht = Phthise: die mit schnellem Schwund der Körpersubstanz einhergehende Tuberkulose. [15]

Sch., galoppierende: volkstümliche Bezeichnung für die schnell fortschreitenden exsudativ-käsigen Tuberkuloseformen. [15]

Schwindwarze ↑Tuberculosis cutis verrucosa. [43]

Schwingung: (physikal.) period. Zustandsänderungen einer Größe in Abhängigkeit von der Zeit. [54]

Schwüle: Empfindung unangenehm feuchter Wärme, bedingt durch Nichtmehrfunktionieren der regulator. Anpassung des Menschen an Temperatur u. Feuchte der Umgebung (Aussetzen der Wärmeabgabe durch Perspiration). Bei Windstille u. im Schatten liegt die Schwülegrenze bei einer Äquivalenttemperatur von 56 °C; es bestehen aber sicher erhebl. individ. Unterschiede. [13]

Schwund- u. Haftphänomen: als Grundlage dient der ↑Nelson-Test. Syphilisreaktion, die mit dem *Treponema pallidum* als Antigen arbeitet u. darauf beruht, daß die Treponemen in Gegenwart eines spezif. Antikörpers an Erythrozyten angelagert werden. [43]

Schwurhand: typ. Stellung von Hand u. Fingern bei der ↑Medianuslähmung, bedingt durch den Ausfall der Beuger für die 3 radialen Finger. [33]

Sciaskopia ⟨*griech*⟩ *f* ↑Skiaskopie. [36]

Scilla maritima ⟨*griech, lat*⟩ *f:* Meerzwiebel; ↑Bulbus scillae. [44]

Scillaren○**:** Herzglykosid aus Scilla maritima (Bulbus scillae); Scillaren A: Kristallisierbares Glykosid mit 2/3 der Wirkung der Gesamtglykoside; Scillaren B: Gemisch verschiedener Glykoside mit digitalisähnlicher Wirkung aus Bulbus scillae. [44]

Scintiscanner ⟨*engl*⟩ ↑Szintigraphie. [59]

Scirrhus ⟨*griech*⟩ *m* ↑Szirrhus. [25]

Sclerema ↑Sklerem. [43]

Sclerosis cordis *f:* Kardiosklerose; ↑Koronarsklerose. [10]

S. multiplex: multiple ↑Sklerose. [33]

Scolex ⟨*griech*⟩ *m* ↑Skolex. [48]

Screening ⟨*engl*⟩: Sieb, Raster; zunächst im angelsächs. Sprachgebrauch verwendet für gezielte organisierte Vorsichtsuntersuchungen der Bevölkerung eines Territoriums zur Krebsfrüherkennung; in jüngster Zeit verallgemeinert angewandt auf alle Arten von Reihenuntersuchungen zur Früherkennung von Krankheiten. [48]

Scrobiculus cordis ⟨*lat*⟩ *m:* Herzgrübchen; Herzgrube. [10]

Scrophuloderma ulcerosum: skrofulöses Geschwür der Haut, ↑Tuberkulose der Haut. [43]

Scrophulosis ⟨*lat, griech*⟩ *f* ↑Skrofulose. [32]

Scrotum ⟨*lat,*⟩ *n:* Hodensack, ↑Skrotum; *Adj* scrotalis zum Hodensack gehörig. [1]

Scrub-Typhus ⟨*engl*⟩: Buschgelbfieber, Tsutsugamushifieber, ↑Fleckfieber. [40]

Scutulum ⟨*lat*⟩: Schildchen; beim ↑Favus linsengroßes, schwefelgelbes, schüsselförmig vertieftes Pilzgeflecht, das in der Mitte von einem Haar durchbohrt ist. [43]

S. D.: *Abk* für 1. Standarddeviation ⟨*engl*⟩ ↑Standardabweichung; 2. Systolendauer. [10]

Se: chem. Symbol für ↑Selen. [8]

Seabright-Bantam' Syndrom ↑Pseudohypoparathyreoidismus. [12]

Sea-Test: *Abk* für Schaf-Erythrozyten-Agglutinationstest. Der Heller' Sea-Test wird zum Nachweis der Rheumafaktoren bei rheumatoider Arthritis durchgeführt. [39]

sebaceus ⟨*lat*⟩: aus Talg bestehend. [2]

Sebazinsäure: Dikarbonsäure

$$HOOC{\cdot}(CH_2)_8{\cdot}COOH;$$

auf dem Wege über die ω-Oxydation entsteht S. z. B. aus Kaprinsäure $CH_3{\cdot}(CH_2)_8{\cdot}COOH$. [8]

Sebolith ⟨*lat, griech*⟩ *m:* Talgdrüsenstein. [5]

Seborrhoe ⁎ **Seborrhoea** ⟨*lat, griech*⟩ *f:* Steatorrhoe, Talgfluß, Schmerfluß; gesteigerte Absonderung der Talgdrüsen, Konstitutionsanomalie. Häufiger im Kleinkindesalter u. in der Pubertät. Der Gegensatz ist die Sebostase, der verminderte Talgfluß, die trockene Haut. Verschiedene Hautkrankheiten werden mit beiden Sekretionstypen in Verbindung gebracht. 1. Im Kleinkindesalter der „Milchschorf", Crusta lactea „Gneis", eine fettige Schuppenkrustenbildung auf dem behaarten Kopf, daraus eine Dermatitis seborrhoides an Kopf, Hals u. Gesäßbereich (Windeldermatitis). Komplikation ↑Impetiginisation, ↑Soor, Erythrodermia desquamativa Leiner als generalisierte Erscheinungen. Meist bei Brustkindern in den ersten drei Lebensmonaten; 2. ↑Akne vulgaris in der Pubertät; 3. ↑Pityriasis capitis als meist trockene Schuppung am behaarten Kopf; 4. Dermatitis seborrhoides Unna' Krankheit (seborrhoisches Ekzematid). Verschiedene Formen: a) figurierte Herde in vorderer u. hinterer Schweißrinne (Dermatitis mediothoracica), b) psoriasisähnliche Erscheinungen, c) Pityriasis rosea ähnliche Herde, d) follikuläre Anordnung; 5. ↑Rosacea. [43]

Sebostase ↑Seborrhoe. [43]

Sebozystomatosis ↑Atherom, falsches. [43]

Sebum ⟨*lat*⟩: Talg.

S. bovinum: Rindertalg.

S. cutaneum: Hauttalg (chem. ein Wachs).

S. ovile: Hammeltalg, Grundlage für feste Salben.

S. palpebrale: Absonderung der Meibom' Drüsen.

S. salicylatum: Salizyltalg: Hammeltalg mit Zusatz von 2% Benzoesäure u. 1% Salizylsäure zur Verzögerung der Zersetzung, gegen Wundlaufen u. Schweißfuß. [44]

Secale cornutum ⟨*lat*⟩: Mutterkorn; auf Roggenähren wachsendes Sklerotium von Claviceps purpurea. Hauptalkaloide sind Ergotamin, Ergosin (Ergotamingruppe), Ergokristin, Ergokryptin, Ergokornin (Ergotoxingruppe) u. Ergobasin (Ergometrin). Der Extrakt aus S. cornutum wird bei Uterusatonie verwendet. Die Ergotamin- u. Ergotoxingruppe (bes. in hydrierter Form) werden auch bei Durchblutungsstörungen u. Migräne verwendet. [44]

Secessio epiphysium ⟨*lat, griech*⟩ *f* ↑Epiphysenlösung. [32]

Sechste Krankheit ↑Exanthema subitum. [40]

Sechster (VI.) Punkt: im IV. Interkostalraum, einen Querfinger neben dem li. Sternalrand, befindet sich ein Punctum maximum für Geräusche über der Mitralis bei Mitralstenose. [10]

Seclusio pupillae ⟨*lat*⟩ *f:* ringförmige geschlossene Verwachsung des Pupillenrandes der Iris mit der Linsenvorderfläche durch hintere ↑Synechien. Meist entsteht dadurch die „Napfkucheniris" (↑Iris bombé) mit Sekundärglaukom; ↑Occlusio pupillae. [36]

Secondary stimulus ⟨*engl*⟩ ↑Booster-Effekt. [40]

Second-look-Operation ⟨*engl*⟩: bei Krebsleiden im Bauchraum empfohlene zweite Operation 6 Monate nach dem ersten Eingriff zur Kontrolle, ob Rezidiv oder Metastasen in der Zwischenzeit gewachsen sind. Verdächtige Tumoren (vergrößerte Lymphknoten) werden ausgeräumt, soweit hierfür Operabilität besteht. [18]

Second-set-reaction ⟨*engl*⟩: verstärkte, schnellere Immunantwort nach Zweit-Transplantation; ↑Booster-Effekt, ↑Transplantatreaktion. [40]

Secretum ⟨*lat*⟩ ↑Sekret. [8]

Sectio ⟨*lat*⟩ *f:* Schnitt.

S. alta: sog. hoher Blasenschnitt über der Symphyse extraperitoneal. [18]

S. caesarea = Hysterotomie ⟨*griech*⟩: Kaiserschnitt; bessere Bezeichnung Schnittentbindung.

S. c. abdominalis oder **intraperitonealis:** Schnittentbindung durch die Bauchhöhle, häufigst angewandte Methode; zervikale bzw. isthmische S. c.: nach Bauchdeckenschnitt u. Abpräparieren der Blase Stichinzision im ausgezogenen Isthmusbereich, die stumpf nach den Seiten erweitert wird, so daß das Kind entwickelt werden kann. Längsschnitt im unteren Uterussegment selten gebräuchlich. – Verlassene, wenig gebräuchliche u. atyp. Methoden: klassische S. c.: Korpuslängsschnitt; Fritsch' Fundusquerschnitt; ↑Dörfler' S. c.; S. c. nach ↑Porro; S. c. nach ↑Gottschalk–Portes, ↑Portes' Operation.

S. c. extraperitonealis: Schnittentbindung ohne Eröffnung der Bauchhöhle; gedacht für infizierte Fälle zur Vermeidung einer Peritonitis.

S. c. vaginalis (Dührssen): Schnittentbindung von der Scheide aus. Selten angewandte Methode zur Entbindung von noch nicht ausgetragenen fraglich lebensfähigen Kindern. Belastung der Frau geringer als bei der abdominalen S. c. [29]

S. lateralis: Zugang zur Harnblase vom Damm her seitlich durch die Fossa ischio-rectalis. Heute nicht mehr angewandt. [18]

S. legalis: gerichtliche Sektion gemäß § 87 StPO. Sie muß im Beisein des Richters, von zwei Ärzten, von welchen einer Gerichtsarzt sein muß, durchgeführt werden. Der Arzt, der den Verstorbenen unmittelbar vor dem Tod behandelt hat, darf die gerichtliche Leichenöffnung nicht vornehmen, kann jedoch aufgefordert werden, ihr beizuwohnen und Aufschlüsse aus der Krankheitsgeschichte zu geben.

S. mediana: Eröffnung der Blase vom Harnröhrenbulbus aus.

S. perinealis profunda: Eröffnung der Blase vom Damm aus; die beiden letzteren früher als „klassischer Steinschnitt", heute nur noch von histor. Bedeutung. [24]

Secundipara ⟨*lat*⟩ *f:* Zweitgebärende. [29]

Secundum artem ⟨*lat*⟩: kunstgerecht. [8]

Sedativa remedia ⟨*lat*⟩ *n, Pl:* Beruhigungsmittel. [44]

Sedes cruentae ⟨*lat*⟩ *f, Pl:* blutige Stühle. [9]

Sediment ⁎ **Sedimentum** ⟨*lat*⟩: Bodensatz; durch Stehenlassen oder Zentrifugieren einer (Körper-)Flüssigkeit; ↑Harnsediment.

S. lateritium: Ziegelmehlsediment; rotgefärbter Niederschlag bei Abscheidung von Harnsäuresalzen, die sich in Wärme wieder lösen. Die rote Farbe des Ziegelmehlsedimentes rührt gewöhnlich von Uroerythrin her, falls nicht andere Farbstoffe vorliegen. [47]

Sedimentationskonstante: Ausdruck für die Sedimentationsgeschwindigkeit in der Ultrazentrifuge, deren Einheit (↑Svedberg-Einheit) durch den Sedimentationskoeffizienten $10^{-13}\,cm^2\,s^{-1}\,dyn^{-1}$ in Wasser bei 20 °C definiert wird. [40]

Sedoheptulose: eine erstmals aus Sedum spectabile dargestellte Ketoheptose, die in saurer Lösung unter intramolekularer Abspaltung von Wasser in Sedoheptulosen übergeht. Dieser Zucker hat großes Interesse gewonnen, einmal weil er als Zwischenprodukt bei der Photosynthese (Kohlendioxid-Assimilation) in grünen Pflanzen (auch in Hefe) auftritt, zum anderen weil er an der wechselseitigen, durch Transaldolase u. Transketolase gesteuerten Umwandlung von Hexose in Pentose (Bildung von z. B. Ribose) im tier. Stoffwechsel sowie am „Pentosephosphat-Zyklus" beteiligt ist. Die S. tritt dabei in aktiver Form als Sedoheptulose-7-Phosphat sowie als Sedoheptulose-Diphosphat in Reaktion. [16]

Sedum spectabile: eine in die Gattung Sedum der Familie Crassulaceae gehörige Pflanze, aus der im Jahre 1917 von La Forge u. Hudson erstmals die Ketoheptose ↑Sedoheptulose dargestellt worden ist. [16]

Seebäder: Seebäder u. Seeheilbäder müssen direkt an der Meeresküste oder in deren nächster Nähe liegen. Außer den Reizwirkungen des Meerwassers u. des Wellenschlages beim Baden kommen noch Einflüsse durch Strahlung, Luft, Klima usw. hinzu. Baden im Meer wird meist mit Sonnen- u. Luftbädern kombiniert. Heilanzeigen u. a. bei unspezif. Katarrhen der Luftwege, Gefäßstörungen (ohne Dekompensation), Allergien, sek. Anämien, Kinderkrankheiten. [45]

Seehundflosse: Ulnarabweichung der Finger in ihren Grundgelenken (Polyarthritis). [23]

Seeklima: Reizklima ist ausgezeichnet durch die stets bewegte Luft, den häufigen Wechsel des Wetters, die Luftverhältnisse der Brandung, den Charakter des Aerosols, die Abkühlungsgröße, die Strahlungsverhältnisse u. die unterschiedlichen Temperaturen. [13]

Seekrankheit ↑Kinetose. [9]

Seele ↑Psyche. [35]

Seelen|blindheit: optisch-dingliche Agnosie, Objektagnosie; Unfähigkeit, Gegenstände, die nur mit dem Sehorgan wahrgenommen werden können, zu erkennen. Lissauer unterschied apperzeptive u. assoziative S. Nach Poppelreuter ist S. kein theoret. fest begründetes Krankheitsbild. Man vermutet als Substrat Prozesse in den Randzonen der Sehsphären. Die Frage ist noch umstritten u. die Abgrenzung von Rindenblindheit nicht immer scharf; ↑Agnosie. [36]

~lähmung (Bruns): die eigenartige Erscheinung, daß die Kranken ein Glied spontan nicht bewegen können, manchmal dasselbe auch nicht beachten (↑Nosoagnosie), während sie auf Aufforderung dazu imstande sind. Zur Erklärung nimmt man an, daß die an sich intakten motor. Zentren nicht mehr die entsprechenden Anregungen von anderen Zentren (Scheitellappen) auf dem Wege über die Assoziationsbahnen empfangen. Der Ausdruck ist den Bezeichnungen Seelenblindheit u. Seelentaubheit nachgebildet. Der Zustand findet sich vor allem bei unvollkommenen hemipleg. Lähmungen oder auch als Vorläufer von solchen. Im besonderen ist eine S. des Schauens (Balint) beschrieben worden.

~taubheit = akustische Agnosie ↑Agnosie. [33]

Seeligmüller, Otto Ludwig (1837–1912), Neurologe, Halle.

S' Neuralgie: doppelseitige Neuralgie des N. auriculotemporalis; bevorzugt bei syphilit. Basismeningitis. [33]

Seemanns|haut ↑Landmannshaut.

~krebs: Hautkrebs bei Seeleuten, wahrscheinlich durch den Reiz langjähriger intensiver Licht- u. Wettereinwirkung verursacht; meist ↑Spinaliome. [43]

Segelklappen ↑Atrioventrikularklappen. [5]

Segment ✻ **Segmentum** ⟨*lat*⟩ *n:* Abschnitt; so ist der Wirbeltierkörper aus einzelnen, hintereinander gelegenen Abschnitten, Metameren oder Segmenten, zusammengesetzt; z. B. Rückenmarksegmente. [1]

S., zylindrokonisches: bei markhaltigen Nervenfasern im Bereich des Markmantels vorhandene zylindr. Bezirke zwischen den ↑Schmidt-Lantermann' Einkerbungen. [2]

Segmentation ⟨*lat*⟩ *f:* 1. Bildung von Segmenten, spez. Furchung; 2. bes. Form der Kernteilung (segmentkernige Leukozyten); 3. Trennung der Herzmuskelfasern in den Kittliniengrenzen; sehr selten; ↑Fragmentation. [5]

Segmentdiagnose: auf Grund der segmentalen Innervation der einzelnen Körperabschnitte kann die Höhe eines erkrankten Rückenmarksegmentes festgestellt werden, z. B. bei spinalen Tumoren. [20]

Segmentkernige: Leukozyten, deren Kern gelappt, segmentiert (polymorphkernig) ist als Zeichen der Ausreifung. Wichtig für die prakt. Blutbildbeurteilung; ⟨Hämogramm, ↑Leukozytendifferentialbild. [11]

Segment|massage: Massage reflektor. Zonen, von Glaeser u. Dalicho erarbeitet u. von ihnen als S. bezeichnet. Gezielt ansetzende Behandlungsmethode mit der Technik der klass. Massage, die bei verschiedenen Krankheitsbildern u. Funktionsstörungen in bestimmten Körperbereichen Anwendung findet. Gehört in die Gruppe der Reflexzonenmassagen wie Massage des muskulären Hypertonus nach Kohlrausch, Bindegewebsmassage nach Dicke u. Teirich-Leube, Periostbehandlung nach P. Vogler. [46]

~resektion: operative Entfernung eines Lungensegments; häufig geübtes Verfahren zur Entfernung von tuberkulösen Veränderungen, Bronchiektasen, Tumoren, Bronchialfisteln. [15]

~therapie: Behandlungsverfahren, das die Beeinflussung innerer Organe über die reflektor. Zonen der Haut zum Ziele hat. Therapeut. Maßnahmen erregen segmentgebundene kutiviszerale Reflexe u. üben Wirkungen auf die segmental zugeordneten inneren Organe aus. Dies gilt beispielsweise für alle Wärme- u. Kälteanwendungen, Einreibungen mit hautreizenden Mitteln, Massagen, Ultraschallbehandlung, Applikation von lokalanästhet. Substanzen. Der therapeut. Vorgang ist an die Intaktheit der segmentzugehörigen spinalen u. vegetativen Nervenbahnen u. Rückenmarkabschnitte gebunden. [46]

Segregation ⟨*lat*⟩: somat. Entmischung der Erbanlagen bei Pilzen; ↑Saltation. [42]

Seh|bahn: S. des menschlichen Auges zieht von der Papilla fasc. optici, richtiger von der Nervenfaserschicht der Retina bis zum hinteren Hirnpol. Abschnitte: Nervenfaserschicht, Papille, prim. Sehzentren (vordere Vierhügel, Corpus geniculatum laterale), Gratiolet' Sehstrahlung, Fissura calcarina. [36]

~behindertenschulen ↑Sehschonungsschulen.

~dinge: von Hering eingeführte Bezeichnung für die subjektiven Eindrücke, die durch den Gesichtssinn von äußeren Gegenständen (Dingen) gewonnen wird, also nicht ident. mit den Objekten; ↑Sehfeld, ↑Gesichtsfeld.

Sehen, binokulares: beidäugiges Sehen mit Verschmelzung beider Einzelbilder zu einem Bild. Im sog. ↑Panum-Bereich erscheinen auch Objekte, die nicht auf korrespondierenden Stellen abgebildet werden, nicht doppelt. Damit ist nicht unbedingt, aber in der Regel das dreidimensionale stereoskop. Sehen verbunden, für das es eine von mehreren Voraussetzungen bildet. Untersuchung in ↑Haploskopen.

S., mesopisches: Dämmerungssehen; Beleuchtung etwa 0,01–100 asb = Zwielichtsehen; wird nicht immer von Nachtsehen unterschieden.

S., photopisches: Tagessehen (Beleuchtung über 100 asb); ↑Adaptation, ↑Duplizitätstheorie.

S., skotopisches: Nachtsehen; Beleuchtungsstärke ca. 10^{-8} sb. Wird oft nicht vom mesop. (Zwielicht-) getrennt; ↑Dämmerungssehen.

S., stereoskopisches: bedeutet eigentlich Raumsehen schlechthin, im engeren Sinne aber die Verwendung des Binokularsehens zur Wahrnehmung der 3. Dimension der

Tiefenwahrnehmung, nicht auf Grund der Betrachtung der Gegenstände selbst, sondern von Bildern derselben; ↑Stereoskop, ↑Binokularsehen. [36]

~feld: weniger gebräuchlicher Ausdruck, der in Verbindung mit dem Begriff ↑Gesichtsfeld folgendermaßen angewendet wird: Es ist nach Trendelenburg zutreffender das Gesichtsfeld als „Sehdingfeld" zu definieren, d.h. als Gesamtbild aller gleichzeitig in der Wahrnehmung befindlichen Sehdinge (nicht Objekte!). Schon der Doppelwahrnehmungen wegen weicht das Sehdingfeld vom Dingfeld (der Gesamtheit aller abgebildeten Gegenstände) ab. Hering bezeichnet das Sehdingfeld als psych. Sehfeld. Das somat. Sehfeld wird nach seiner Bezeichnungsweise von den Netzhäuten, den Sehnerven u. den zugehörigen Hirnteilen gebildet.

~gruben: Augenanlage beim Embryo bds. lateral am apikalen Ende der bereits fast zum Rohr geschlossenen Medullarrinne. Entwickeln sich später zu den Augenblasen.

~hilfen: dienen dazu, die nicht normale Sehschärfe zur Norm anzuheben oder für bestimmte Zwecke die normale über die Norm zu erhöhen. 1. Brillen sind die gewöhnlichsten S. Sie gleichen Brechungsfehler aus. Die dabei eintretenden Vergrößerungen u. Verkleinerungen sind unbeabsichtigte Nebenwirkungen, beeinträchtigen aber bei hoher Kurzsichtigkeit die zu erreichende Sehschärfe; 2. Fernrohr- u. Lupenbrillensysteme erhöhen durch beabsichtigte Vergrößerungswirkung auf Kosten des Gesichtsfeldes u. der Helligkeit die erreichte Sehschärfe bis auf ein Vielfaches; 3. Haftgläser vermeiden die durch den Hornhaut-Scheitelabstand der Brillengläser verursachten Fehler (Aniseikonie, prismat. Ablenkung, Verkleinerung u. damit die Herabsetzung der Sehschärfe) bei hoher Myopie. Sie können auch irregulären Astigmatismus ausgleichen, was mit Brillengläsern nicht möglich ist; 4. Intraokulare Linsen in der vorderen oder hinteren Kammer sind wegen der häufigen Spätkomplikationen kaum noch in Gebrauch; ↑Brillen. [36]

~hügel ↑Thalamus. [1]

~leistung: im deutschen Sprachgebiet verwendete Bezeichnung für die ohne Sehhilfen erreichte ↑Sehschärfe. [36]

Sehne = Tendo *m:* Verbindung des Muskels mit dem Knochen. [1]

Sehnen|fäden: 1. ↑Chordae tendineae; 2. Fasern des Erregungsleitungssystems des Herzens, die quer durch die Herzkammern ziehen, sog. falsche S. [1]

~fasern: in den Sehnen vorhandene, parallel verlaufende, kollagene Fasern, die jeweils durch lockeres Bindegewebe zu Faserbündeln zusammengefaßt sind. [2]

~fleck: umschriebene fleckförmige Verdikkung des Epikard von sehnenartiger Beschaffenheit; entsteht entweder als Reaktion auf wiederholte mechan. Reize, z.B. durch Reibung des Herzens an der vorderen Brustwand bei der Herzarbeit oder durch Ausheilung einer umschriebenen Epikarditis (z.B. Epicarditis epistenocardica). [5]

~knötchen: 1. seit 1881 bekanntes Granulom an den Ansatzstellen von Sehnen mit Überwiegen der exsudativ-degenerativen Prozesse über die proliferativen. Unter Berücksichtigung dieser Besonderheit sind die S. den Aschoff-Geipel' Knötchen gleichzusetzen; [13] 2. umschriebene knötchenförmige Verdickung im Verlaufe einer Sehne. Meist in den Fingerbeugesehnen beobachtet, u. zwar innerhalb der Sehnenscheide, so daß durch sie die Gleitbehinderung beim schnellenden Finger verursacht werden kann. [23]

~naht: die Nahtvereinigung zweier Sehnenstümpfe verlangt bes. Technik, da wegen mangelhafter Blutversorgung (bradytrophes Gewebe) die Heiltendenz schlecht ist u. da die Sehne im Nahtbereich leicht mit der Umgebung fest verwächst, wodurch das Sehnengleiten stark beeinträchtigt oder sogar ganz aufgehoben werden kann; ↑Sehnentransplantation.

~plastik: Wiederherstellung defekter oder funktionsloser Sehnen; 1. Verlängerung von Sehnen durch Z-förmige Schnittführung mit anschließender Naht; 2. Sehnenüberpflanzung nach neuentwickelten Methoden, vor allem an der Hohlhand nach Bunnell; ↑Sehnentransplantation, Tenoplastik. [18]

~reflex: bei mechan. Einwirkung (Stoß, Schlag) auf die Sehnen der Gliedmaßen erfolgende reflektor. Muskelkontraktion (Patellarsehne, Achillessehne usw.). Ausbleiben dieser Reflexe ist Hinweis auf eine Schädigung der Rezeption, der Leitung oder der übergeordneten Zentren im Reflexbogen (z.B. bei Tabes dorsalis). Die in der Diagnostik üblicherweise geprüften Sehnenreflexe zählen zu den propriorezeptiven unbedingten Reflexen ↑Eigenreflexe. [35]

~scheide = Vagina (fibrosa u. synovialis) tendinis: Bindegewebsschlauch, in dem die Sehne gleitet. Der Gleitspalt ist von Synovialhaut ausgekleidet, die auch die Sehne überzieht. Der Spalt selbst ist mit ↑Synovia gefüllt.

~scheidenentzündung ↑Tendovaginitis. [1]

~schwirren: reibende u. knarrende Geräusche an Sehnen vor allem im Handbereich bei Bewegungen; ↑Tendovaginitis.

~transplantation: zur Wiederherstellung von Sehnenfunktionen durch Überpflanzung von Sehnen 1. durch freie Transplantation, heute z.B. Methode der Wahl an der Hohlhand;

2. durch gestielte Transplantation zur Sehnenverlängerung oder zur Verlagerung von Muskelfunktionen bei Lähmungen u. Defektüberbrückungen. [18]

~verknöcherung: Knochenbildung im Verlauf einer Sehne. Meist tritt sie an den Sehnenansatzpunkten (Fersenbeinsporn, Oberarmsporn usw.) oder nach Traumen (Tendinitis ossificans) auf. [23]

~zellen ↑Flügelzellen. [2]

Sehnerv = N. opticus = Fasciculus opticus: wenn er auch als Gehirnnerv bezeichnet wird, so handelt es sich bei dem S. nicht eigentlich um einen Nerven, sondern einen vorgeschobenen Gehirnteil. Seine Neuriten liegen in der Netzhaut des Auges u. sammeln sich an der Papille zum Sehnerven, der intraorbital S-förmig gekrümmt u. dann durch den Canalis fasc. optici verläuft, um intrakranial das Chiasma fasciculorum opt. zu erreichen, wo die medialen Fasern beider Seiten, die von den nasalen Netzhauthälften kommen, kreuzen. Hinter dem Chiasma laufen die nunmehr zur Hälfte gekreuzten Fasern als Tractus opticus nach Umschaltung im Thalamus zum prim. Sehzentrum.

Sehnervenatrophie: Atrophia n. oder fasc. optici = Sehnervenschwund; A. prim., genuine S., auch einfache Atrophie genannt; Schwund der Nervenfasern bei unbedeutender Gliabildung, scharfe Grenzen, weiße Farbe (Albination); Gefäße kaum verändert, eventuell später etwas verengt. Eine absteigende Atrophie der inneren Netzhautschichten folgt. Ursachen: früher in erster Linie Tabes u. Taboparalyse, nicht Syphilis cerebri, Vergiftungen, Verletzungen, z. B. Schädelbasisbruch, direkte Kompressionen (Tumoren, Aneurysmen, massive Blutungen in der Orbita oder im Kanal); 1. teilweise S. („temporale Abblassung") z. B. bei Polysklerose, Tabak-Alkohol-Abusus; 2. vaskuläre S. in Verbindung mit Verschluß der Zentralarterie, Arteriosklerose, Hochdruck u. Nierenleiden; 3. senile S., von Arteriosklerose nicht immer zu trennen; 4. glaukomatöse S. (↑Glaukom); 5. erbliche S.; 6. Meningoenzephalitis, bes. bei Kleinkindern. B. Sek. S. = S. nach Papillenschwellung, 1. nach Entzündungspapille (Neuritis fasc. opt.); 2. nach Stauungspapille; 3. „wachsartige" S. bei Chorioretinitis pigmentosa. [36]

Seh|probentafeln: dienen zur subjektiven Bestimmung der Sehschärfe u. zur Brillenverordnung. Sie sind nach dem Prinzip von ↑Snellen konstruiert, wobei die einzelnen Zeichen (Optotypen) unter einem Winkel von 5 min erscheinen u. ihre Strichdicke unter 1 min. Die Zeichen gleicher Größe sind mit einer Ziffer gekennzeichnet, die die Entfernung angibt, in der ein gesundes Auge die Zeichen noch lesen kann. Aus dieser Ziffer u. der tatsächlichen Leseentfernung wird ein Bruch gebildet, der die Sehschärfe angibt u. als echter oder Dezimalbruch geschrieben wird (im Nenner die Sollentfernung, im Zähler die Istentfernung). Ursprünglich wurden einfache Papptafeln mit Druckbuchstaben u. Ziffern oder Bilder für Analphabeten u. Kinder verwendet. Verbesserungen erfolgten in Richtung auf einheitliche Beleuchtung u. Konstanz des Grundes. Jetzt haben sich projizierte Optotypen durchgesetzt. Um psycholog. Fehler auszuschalten, führte Landolt die nach ihm benannten Ringe ein, die keinen weiteren Erkennungswert haben. Für die Nähe hat man bes. Nahsehproben, die nicht mehr genau nach dem Prinzip von Snellen herstellbar sind. Die bekanntesten sind die von Nieden u. von Birkhäuser. Für bes. Zwecke wurden viele Spezialkonstruktionen entworfen, z. B. zur Entlarvung von Simulanten. Zur objektiven Bestimmung der Sehschärfe wird der optokinet. Nystagmus verwendet.

~purpur = Rhodopsin: von Boll entdeckter Stoff, der Träger des Sehens der Stäbchen ist, bei Belichtung zerfällt u. bei Dunkelheit regeneriert wird. Zum Aufbau ist Vitamin A bzw. das Provitamin Karotin erforderlich. Die Ausbleichung verläuft über Sehorgane in Indikatorgelb; ↑Sehstoffe, ↑Karotin.

~rinde ↑Sehsphäre. [36]

Sehrt, Ernst (*1879), Chirurg, Freiburg.

S' Aortenkompression: durch große Schraubenklemme in Höhe des Abdomens angesetzt, wird die Aorta gegen die Wirbelsäule abgeklemmt. Wirkung ähnlich wie bei der ↑Momburg' Blutleere. Nur bei frisch entbundenen Frauen wegen völlig erschlaffter Bauchdecken u. Ausweichmöglichkeiten der Darmschlingen im erweiterten Bauchraum anwendbar. [18]

Seh|schärfe: sie wird mit dem kleinsten Gesichtswinkel bestimmt, unter dem 2 Punkte noch getrennt wahrgenommen werden können. Der Wert von 1 min wird als normal angegeben, wenn auch viele Augen eine höhere S. haben. Daß der Wert ungefähr in dieser Größenordnung liegt, ergibt sich aus der Größe der Netzhautzapfen. Für die tatsächliche Leistung spielt der Grenzkontrast eine große Rolle. Die Sehschärfe ist von vielen Bedingungen abhängig, zuerst von der Beleuchtung (↑Duplizitätstheorie), von der Wellenlänge, von der Bewegung. Die Bestimmung der S. erfolgt subjektiv mit Sehprobentafeln, objektiv mit dem optokinet. Nystagmus.

~schonungsschulen: die Aufgabe der S. ist es, Kindern, die zu schlecht sehen, um ohne Nachteil dem Unterricht in der Normalschule folgen zu können, aber doch noch ein solches Sehvermögen haben, daß sie mit Hilfsmitteln Schrift lesen u. schreiben können, einen Unterricht zu vermitteln, der das gleiche Bildungsziel hat wie das der Normalschule. Lehrgrundsätze: kleine Klassen, bes. Lehrmittel, opt. Hilfsmittel, viel Erholungspausen. Die Organisation in Schulen, in bes. Klassen, oder die Zusammenfassung der betroffenen Kinder nur zu bestimmten Stunden ist örtlich verschieden geregelt. Man findet auch vor allem in den Oberschulzügen Zusammenlegung mit Blindenschulen.

~schwäche: häufig ungenau für Herabsetzung der Sehschärfe oder Schwachsichtigkeit (↑Amblyopie) oder asthenop. Beschwerden benutzt. Wissenschaftlich nur dann zulässig, wenn gesagt wird, daß über die Ursache noch keine Klarheit besteht.

~schwachenschulen ↑Sehschonungsschulen.

~sphäre: Sehzentrum; liegt am hinteren Pol des Sehhirns u. umfaßt 3 Rindenfelder des Okzipitallappens. Die Area striata ist gekennzeichnet durch die Gennari' Streifen. Sie ist der zentrale Sitz des Gesichtsfeldes; ein weiteres Feld hat wahrscheinlich motor. Funktionen (opt. ausgelöste Einstellbewegungen, Führungsbewegungen, optokinet. Nystagmus). Im dritten Feld sind wahrscheinlich die weiteren Funktionen lokalisiert (optisch-räumliches u. optisch-dingliches Erkennen). Bei Schädigung hier agnost. Ausfälle; ↑Seelenblindheit. [36]

~stoffe: auch als Sehpigmente bezeichnet. Sie befinden sich in den Netzhautrezeptoren, den Stäbchen für das Dämmerungssehen u. den Zapfen für das Tages- u. Farbsehen. Sie absorbieren Licht bestimmter Wellenlängen, die dem blauen, grünen u. roten Licht entsprechen (bei den Zapfen). Die Stäbchen enthalten das Pigment Rhodopsin, das bes. Licht von kurzer Wellenlänge absorbiert u. dabei in Komponenten zerfällt. In Dunkelheit oder bei rotem Licht regeneriert es wieder. [7]

~strahlung: Gratiolet' Sehstrahlung: sie ist die Verbindung der prim. Sehzentren im Gebiet der vorderen Vierhügel u. seitlichen Kniehöcker mit den Sehzentren im Bereich der Fissura calcarina des Okzipitallappens. Sie ist keine kompakte Masse von Fasern wie der Tractus opt., sondern bildet eine sog. Marklamelle.

~zentrum: 1. Sehzentrum, bestehend aus den Corpora geniculata lat. u. den vorderen Vierhügeln. Hier liegt auch die Umschaltstelle zum Kerngebiet des 3. Hirnnerven (N. oculomotorius), die die Pupillenreflexe u. reflektor. Augenbewegungen vermittelt, 2. kortikale Sehzentren ↑Sehsphäre. [36]

Seiden|fibroin: jener Teil der zu den ↑Skleroproteinen gehörenden Seide (Naturseide), dem die Seide ihre Verspinnbarkeit verdankt. [16]

~gespinstkatheter: halbstarre Harnröhren- oder Harnleiterkatheter unterschiedlicher Konstruktion u. Stärke, aus Seidenschläuchen gefertigt, mit mehreren Lackschichten überzogen. Die S. werden gegenwärtig in zunehmendem Maße durch Kunststoffkatheter (PVC u. Polyäthylen) verdrängt. [24]

~leim: Serizin; wasserlöslicher Eiweißstoff, der über 40% Serin enthält; er dient im Seidengespinst der Insekten u. Spinnen als Kittsubstanz. [8]

Seidlmayer' Syndrom = Kokardenpurpura: im frühen Kindesalter auftretende, postinfektiöse Purpura mit symmetr. pfennig- bis markstückgroßen roten Flecken an den Streckseiten der Extremitäten. Zentrale Blutung u. umgebender anäm. Hof erzeugen das Bild einer Kokarde. Die Ursache ist wahrscheinlich in einer allerg.-tox. Kapillarschädigung zu suchen. [11]

Seifen: Alkalisalze der höheren Fettsäuren; Kernseifen oder Natronseifen, Schmierseifen meist als Kaliseifen. Herstellung der Seifen durch Verseifung von Fetten mit NaOH, KOH oder enzymat., auch Verwendung synthet. Fettsäuren. Seifenlösungen reagieren alkalisch. Von diesen S. im engeren Sinne sind die synthet. Waschmittel, wie die Fettalkoholsulfonate zu unterscheiden, die zumeist neutral reagieren. [8]

~abort: Abtreibung durch das Einspritzen einer Seifenlösung in den Uterus. Außer der Möglichkeit einer Luftembolie besteht noch die Gefahr, daß die Seifenlösung in die Blutbahn gelangt u. zur Seifenintoxikation führt. [53]

~bad: 250 g Kernseife oder 200–250 g Sapo kalinus venalis oder 100–120 g Spir. saponat. kal. auf ein Vollbad. Oder man reibe den Körper mit Schmierseife ein, lasse die Seife 5–10 min einwirken u. steige in ein lauwarmes Bad. Heilanzeige bei Hautleiden, Wunden, Eiterungen. [45]

~blasenbild des Knochens: bei Knochenzysten oder Plasmozytom. [23]

~stuhl: Kalkseifenstuhl; fester, bröckliger, weißer oder grauer, alkal. riechender Stuhl, der dem Glaserkitt ähnelt; charakterist. für den ↑Milchnährschaden. [32]

Seignette, Pierre (1660–1719), Apotheker, La Rochelle.

S.-Salz: Kalium-Natriumtartrat, gemischtes Salz der Weinsäure; wird durch Neutralisation von Kaliumhydrogentartrat mit Soda gewonnen; zur Herstellung von Fehling' Lösung verwandt. [47]

Seiltänzergang: Koordinationsprüfung.

Der Pat. wird aufgefordert, einen Fuß vor den anderen zu setzen. Starkes Schwanken oder Fallneigung (oft seitenbetont) gilt als Ataxiezeichen. [20]

Seiten|hörner des Rückenmarks = Seitensäulen (Columnae laterales): Ausbuchtungen jeweils in der lateralen Seite der li. u. re. Vordersäulenbasis, die sich über die Rücken marksegmente C_8-$L_{2/3}$ erstrecken u. im Brustmark am deutlichsten sind. Sie enthalten die spinalen Wurzelzellen des Orthosympathikus, deren Neuriten als präganglionäre Fasern durch die Rami communicantes albi zum Grenzstrang ziehen. [1]

~kettentheorie: von Paul Ehrlich entwickelte Theorie der Immunitätsmechanismen u. Antikörperentstehung. Sie beruht auf dem Prinzip des spiegelbildlichen Baues der Wirkgruppen des Antikörpers u. ursächlichen Antigens. Ehrlich bezeichnete die spiegelbildlichen Strukturen der Zelle als Seitenketten (Rezeptoren), die der Blutflüssigkeit als Antikörper. [40]

~strangangina ↑ Pharyngitis acuta. [28]

~stränge: 1. die weiße Substanz im Rückenmark zwischen Vorder- u. Hintersäule jeder Seite (Funiculus lateralis); 2. Plica salpingopharyngea, insbes. die darin enthaltenen lymphat. Knötchen. [1]

~strangsklerose: Verhärtung der Pyramidenseitenstränge im Rückenmark, z. B. bei multipler Sklerose, amyotroph. Lateralsklerose, u. a. [33]

Seitz-Filer: Firmenbezeichnung für bakteriendichte Filter auf Asbest-Grundlage. Bei Verwendung von Asbestfiltern können Verluste an Volumen u. wirksamer Substanz des filtrierten Mediums auftreten; hält pyrogene Substanzen zurück; ↑ Sterilisation. [41]

Sekret ⟨*lat*⟩ *n:* Drüsenprodukt, das nach außen oder nach innen abgesondert (sezerniert) wird, je nachdem, ob es sich um eine außen- oder innersekretor. Drüse handelt. Im ersten Fall gerät das Sekret an die Oberfläche der Haut bzw. Schleimhaut, im zweiten Fall in die Blut- oder Lymphbahn bzw. in den Liquor cerebrospinalis (Inkret). Sekrete sind streng zu trennen von Exkreten. S. sind für den menschlichen u. tier. Organismus verwertbar (Speichel, Magen- u. Darmsaft), während Exkrete abgeschieden u. entfernt werden müssen (Schweiß, Harn u. Kot).

~granula: körnchenförmige Gebilde, die sich in sekretor. Zellen von Drüsen in der Ruhe dicht anhäufen u. während der Absonderung verbraucht werden. Die Sekretionszellen der Speicheldrüsen sind durch das Vorhandensein zahlreicher S. ausgezeichnet. Die Abgabe der Körnchen führt zu einer nachweisbaren Verkleinerung der Drüsenzellen, die durch neue Körnchenbildung wieder ausgeglichen wird. Derartige S. findet man auch in den Hauptzellen der Magenschleimhaut (nicht in den feinkörnigen Belegzellen!) u. auch in den Pankreaszellen, bes. in denjenigen, die außensekretor. Zwecken dienen. [7]

Sekretin: gehört neben Gastrin zu den bisher bestuntersuchten Hormonen des Magen-Darmtrakts; S. entsteht bei der Berührung der Duodenalschleimhaut mit dem sauren Mageninhalt (allgemein mit Säuren); es regt auf dem Blutweg das Pankreas zur Absonderung eines stark alkal. aber enzymarmen Saftes an, der hauptsächlich zur Neutralisation dient u. dadurch das Wirksamwerden der Pankreas- u. Darmenzyme ermöglicht (ein enzymreicher aber wenig alkal. Pankreassaft wird auf nervalem Wege durch Reizung des Vagus gebildet, vielleicht auch humoral durch das ebenfalls durch Säureeinwirkung entstehende Pankreozymin). S. stimuliert auch die Gallebildung in der Leber, wie auch Galle die Pankreassaftabsonderung anzuregen vermag. S. ist ein Polypeptid. – Starling u. Bayliss wiesen 1902 am S. erstmalig eindeutig nach, daß es von einem bestimmten Organ gebildet, als „chemischer Sendbote" an das Blut abgegeben wird u. dann ein anderes Organ zur Tätigkeit anregt. Für Substanzen dieser Art wurde der Name Hormon vorgeschlagen. [8]

Sekretion ⟨*lat*⟩ *f:* Absonderung; man unterscheidet eine äußere u. eine innere Sekretion; ↑ Sekret. [7]

S., apokrine: Absonderungsform von Drüsenzellen, wobei das Sekret kuppenartig abgeschnürt wird. Vorkommen von apokriner S. in Mamma lactans, Gg. sudoriferae axillares, Gg. areolares mammae, Gg. circumanales, Gg. ceruminosae, Gg. ciliares (Moll), Gg. sudoriferae nasales.

S., ekkrine: bes. Art des merokrinen ↑ Sekretionsvorganges, bei dem das im Zytoplasmaleib der Drüsenzelle gebildete Sekret durch die freie Oberfläche der Zelle abgegeben wird (apokrine ↑ Sekretion). Die Neubildung des Sekretes steht mit der Aktivität des ↑ Golgi-Apparates im Zusammenhang. Während der S. nimmt die Zelle an Größe ab und beginnt nach einer Erholungsphase (Wachstumsphase) erneut mit der S.

S., holokrine: Sekretionsvorgang exokriner Drüsen, bei dem sich die Drüsenzelle in Sekret umwandelt, z. B. Talgdrüsen, ↑ Drüsen.

S. merokrine: Sekretionsform, bei der ein Teil der Zelle als Sekret abgegeben wird; ↑ Drüsen. Die beiden Formen der merokrinen Sekretion sind: 1. apokrine Sekretion; 2. ekkrine Sekretion. [2]

S., paralytische: bei den Verdauungsdrüsen, vor allem bei den Speicheldrüsen zu beobachten; Absonderung eines enzymarmen, dünnflüssigen Sekretes in großer Menge kurz nach Verletzung oder Durchschneidung zuführender Nerven des vegetativen ↑Nervensystems. [7]

Sekretions|druck: Druck in den Drüsenausführungsgängen; in den Gallenwegen bei Tätigkeit der Leber auf 20 cm H_2O, im Harnleiter auf 60–90 cm H_2O; bei den Speicheldrüsen kann er 300 cm H_2O übersteigen. Er ist also höher als der Druck in der Aorta. [7]

~phase ↑Menstruation. [29]

~starre: gleichbleibende Tagesmenge u. -portionen der Harnabsonderung, unabhängig von unterschiedlicher Flüssigkeitsaufnahme. [24]

Sekretionstheorie der Harnabsonderung ↑Filtrationstheorie. [7]

sekretorisch ⟨*lat*⟩: Absonderung, Sekretion betreffend. [9]

Sekret|retention: Entleerungsstörung (Verhaltung) von Drüsenabsonderungen durch unterschiedlichen Verschluß der Ausführungsgänge. [18]

~rohr: in serösen Speicheldrüsen (z. B. Parotis) vorkommende, Sekret leitende Gänge, deren hochprismat. Epithel eine basale Streifung aufweist (Streifenstücke). Diese Streifung wird durch bes. starke Zytoplasmalamellen verursacht. Ob die Anwesenheit solcher Streifung für die Resorption von Wasser oder für Sekretionsvorgänge spricht, ist zur Zeit noch nicht eindeutig geklärt. [2]

Sektion ⁎ **Sectio** ⟨*lat*⟩ *f:* Schnitt (chirurg.) ↑Sectio; dann die kunstgerechte Leichenöffnung u. -zergliederung. [18]

Sektionsschnitt der Niere: Längsaufklappung der Niere zur operativen Entfernung von Korallensteinen; ↑Nephrolithotomie. [24]

Sektor ⟨*lat*⟩ *m:* Kreisausschnitt. Sektorenbildung tritt auf bei Pilz- u. Aktinomyzetenkolonien, die von einem Zentrum aus wachsen. Bei Mutation oder Saltation ändert sich das Wuchsbild an einer Stelle, der neue Typ wächst in Form eines Kreisausschnittes (Sektors). [42]

Sekundär|effloreszenzen: Grundbegriffe zur Morphologie der Hautkrankheiten: Schuppe (Squama); Schwiele (Tylosis); Kruste oder Borke (Crusta); Schuppenkruste (Crusta lamellosa); Hautabschürfung (Excoriatio, Erosio); Schrunde (Rhagus); Geschwür (Ulcus); Eiterhöhle (Abscessus); Narbe (Cicatrix); Atrophie (Atrophia); ↑Primäreffloreszenzen. [43]

~elektronen: beim Auftreffen von Elektronen auf Materie durch Ionisation dort ausgelöste Elektronen. [54]

~glaukom ↑Glaukom. [36]

~heilung = Sanatio per secundam (intentionem): Heilung einer Wunde ohne prim. Naht über das Stadium der Wundreinigung u. Granulation oder nach Entfernung prim. Nähte, wenn es zu einem Wundabszeß gekommen ist. Gegenteil ist Primärheilung. [18]

~infektion: 1. Infektion eines von pathogenen Mikroben bereits befallenen Organismus durch den gleichen oder einen anderen Krankheitserreger; dem zweiten Erreger wird die Ansiedlung, Vermehrung u. Ausbreitung durch den ersten Infektionserreger ermöglicht bzw. erleichtert; ↑Superinfektion, ↑Reinfektion, ↑Mischinfektion; 2. Infektion von Wunden, Gegenständen, Lebensmitteln u. dgl., die vorher keimfrei waren. [40]

~knötchen: Rindenknötchen des ↑Lymphknotens, die einen hellen zentralen Bezirk (↑Reaktionszentrum oder Keimzentrum) enthalten. [2]

~naht: eine nicht völlig saubere Wunde wird erst der Reinigung durch Granulationen ohne prim. Naht überlassen u. später im Stadium frischer sauberer Granulationen meist mit Draht vernäht. Bes. Form der sek. Naht ist die verzögerte Naht von Unfallwunden 1–2 Tage nach der Verletzung, wenn keine Eiterung der ursprünglich auf Infektion verdächtigen Wunde eingetreten ist. [18]

~strahlenblende: Streustrahlenblende; ↑Blenden. [26]

Sekunden|herztod: plötzlicher Tod 1. infolge abgeschwemmter Kugelthromben oder Polypen, wodurch es zum embol. Gefäßverschluß lebenswichtiger Zentren kommt; 2. bei Blutung oder ↑Embolie in lebenswichtigen Bezirken, z. B. Medulla oblongata oder Ruptur eines lebenswichtigen Gefäßes; 3. als ↑Myomalacia cordis oder Fragmentatio cordis, bei schweren mit Myokarditis einhergehenden Herzkrankheiten; 4. bei Herzwandruptur, Herzschuß mit ↑Herztamponade; 5. bei ↑Herzinfarkt; 6. bei apoplekt. ↑Insult; 7. bei ↑Thymustod; 8. bei plötzlicher (mechan.) Reizung des abdominellen Parasympathikus (z. B. durch Tiefschlag beim Boxen), auch Vagustod genannt. Es gibt Überschneidungen, z. B. Reflextod bei Lungenembolie oder Myocarditis diphtherica. [10]

~phänomen ↑Huneke' Fokaltest. [13]

~volumen: die vom Herzen in einer Sekunde ausgeworfene Blutmenge; ↑Schlagvolumen, ↑Minutenvolumen. [10]

Selbstbefriedigung ↑Onanie. [52]

Selbstbewußtsein: Form des Persönlichkeitsbewußtseins, zu dem das Selbstwertgefühl (gestört z. B. bei Manie, Depression) u. das Bewußtsein des eigenen Seins (gestört bei Schizophrenie gehören; ↑Ich-Störungen. [34] Für das Zustandekommen eines ungestörten Selbstbewußtseins ist das geregelte Zusammenwirken der Tätigkeit der subkortikalen Abschnitte des Gehirns mit dem ersten u. dem zweiten Signalsystem, wie auch dieser miteinander, eine wichtige Voraussetzung. Die Herausbildung des S. erfolgt im Zuge der Entwicklung abhängig von den konkrethistor. Lebensbedingungen, unter denen die Menschen heranwachsen, in unterschiedlichem Alter. [35]

Selbstdifferenzierung: entwicklungsmechan. Begriff (W. Roux, 1885) für eine mosaikartige Entfaltung der Anlagen auf Grund einer frühzeitigen Determination der Eistruktur. Die Teilentwicklungen sind unabhängig vom Ganzen. Darum werden zerstörte Keimbezirke nicht wieder ersetzt. Transplantate entwickeln sich herkunftsgemäß; ↑Mosaikeier. [3]

Selbstentwicklung der Querlage: Spontangeburt eines Kindes aus Querlage ohne vorherige Wendung. Äußerst seltenes Ereignis bei kleinen, lebensunfähigen oder toten Früchten, deren Eintritt normalerweise nicht erwartet werden kann u. darf (Gefahr der tödlichen Uterusruptur). Zu unterscheiden von der ↑Selbstwendung. [29]

Selbstmord, besser **Selbsttötung** ↑Suizid. [34]

Selbstreinigung: Begriff aus der Wasserhygiene; Gewässer reinigen sich bis zu einem gewissen Grade selbst durch Zufluß, wodurch eine Verdünnung eintritt, oder durch Sinken der im Wasser vorhandenen Trübstoffe. Ferner durch Oxydation sowie durch Einwirkung niederer Organismen aus der Pflanzen- u. Tierwelt (biolog. Reinigung). [38]

selbstunsicher: Eigenschaft, die auch bei Normalpersonen vorkommen kann, z.B. in der Pubertät, in stärkerer Ausprägung bei Neurosen, bei beginnender Depression. [34]

Selbstverdauung ↑Autolyse. [42]

Selbstvergiftung ↑Autointoxikation. [40]

Selbstverstümmelung: Impulshandlung bei Schizophrenie; bei abnormer Erlebnisreaktion (z.B. in der Haft). [34]

Selbstwendung: spontane Geradrichtung einer Querlage unter der Geburt im Gegensatz zur ↑Selbstentwicklung; nicht ganz seltenes Ereignis bei Querlagen im überdehnten Uterus Mehrgebärender, wenn dieser durch die ersten Wehen erst einen Tonus bekommt u. dem Fruchtsack eine längsovale Form aufzwingt. Statt die S. abzuwarten, ist es besser, die äußere Wendung zu versuchen, wenn die Geburt beginnt. [29]

Selektion ⟨*lat*⟩ *f:* Auslese geeigneter Elterntiere u. -pflanzen bei der Züchtung zur Erzielung bestimmter, für den Menschen vorteilhafter Eigenschaften bei den Nachkommen. Darwin sah in der Natur eine ähnliche Auslese als wesentlichen Faktor der Veränderung u. Höherentwicklung der Tiere u. Pflanzen an (Selektionslehre) u. betrachtete als auslesenden Faktor den ↑Kampf ums Dasein u. das Überleben der bestangepaßten Formen. [3]

Selektionstheorie ↑Klonselektionstheorie. [40]

Selektivpneumothorax: teilweiser ↑Pneumothorax, bei dem nur der krankhaft veränderte Lungenlappen kollabiert. [18]

Selen: chem. Symbol Se; 4, ferner 2- u. 6wertig, Element; kommt wie Schwefel in mehreren allotropen Modifikationen vor. Graues metall. S. wird in Selenbrücken u. Selensperrschichtphotozellen verwendet, da diese Form bei Belichtung reversibel den elektr. Strom bis 1000mal besser leitet als im Dunkeln. Kommt in geringen Mengen in Pflanzen u. Tieren vor; vermag anscheinend im Tier Vitamin E zu ersetzen. Selenwasserstoff ist noch giftiger als Schwefelwasserstoff. Das künstliche Radionuklid $^{75}_{34}$Se ist ein K- u. γ-Strahler mit 0,4 MeV u. der Halbwertszeit 125 d. [8]

Selenomethionin-^{75}Se: reichert sich wegen chem. Ähnlichkeit mit dem Methionin im Pankreas an. Unter günstigen Bedingungen lassen sich 1–2 h nach i.v. Injektion bis zu 7% der injizierten Radioaktivität im Pankreas nachweisen. S. wird deshalb zur Pankreas-Szintigraphie verwendet. [59]

Self-Assembly ⟨*engl*⟩: Selbstzusammenfügung; Prozeß der automat. Montage bzw. ein Syntheseprozeß, bei dem die Baukomponenten eines Virus nach bestimmten Gesetzmäßigkeiten zusammengefügt werden. Die Vorteile eines derartigen Vorganges bestehen in der möglichen biolog. Kontrolle auf jeder Organisationsebene, die eine Zurückweisung fehlerhafter Komponenten ermöglicht. Biolog. Strukturen werden somit nicht durch Zusammenfügen von Fertigteilen, sondern über den Weg der Self-Assembly aufgebaut. [50]

Selig' Operation: Durchtrennung des N. obturatorius bei Adduktorenspasmus der Beine. [20]

Seliwanow, Fjodor Fjodorowitsch (*1859), Chemiker, Nowaja Alexandria, Odessa.

S' Probe: chem. Nachweis von Fruktose durch Überführung derselben mittels Säure in Hydroxymethylfurfurol; letzteres gibt mit einer Lösung von Resorzin in Salzsäure eine intensiv kirschrote Färbung. [16]

Sella ⟨*lat*⟩ *f:* Sattel *Adj* sellaris zum Sattel gehörend. [1]

S. turcica: Türkensattel; Grube auf dem Keilbeinkörper zur Aufnahme der Hypophyse. Bei patholog. Vergrößerung der Hypophyse (Hypophysentumor) röntgenolog. nachweisbare Verbreiterung u. Abflachung der Sella turcica. [1]

Sellaatrophie: Atrophie der Sella turcica, bes. Sellalehne, -boden Klinoidfortsätze durch direkten Tumordruck (prim. S.) oder als Folge einer allgemeinen chron. intrakraniellen Drucksteigerung (sek. S.). [20]

Sellard' Alkalibelastungsprobe: im Harn wird zugeführtes Bikarbonat erst dann ausgeschieden, wenn eine etwaige Azidose behoben ist u. die Bikarbonatkonzentration im Plasma bestimmte Werte überschreitet. Nierenkranke reagieren erst auf große Dosen Bikarbonat, u. es kann bei ihnen infolge zu geringer Elimination des Bikarbonats zur Alkalose kommen. Der Test erlaubt Rückschlüsse auf das Säure-Basengleichgewicht.

S' Probe ↑Alkalibelastung. [47]

Seltenerden: seltene Erdmetalle; hierzu rechnet man die vorwiegend 3wertigen Elemente der Gruppe IIIa des Periodischen Systems (s. Tab. Anhang). Es sind zunächst die 3 Elemente Scandium ^{21}Sc, Yttrium ^{39}Y, Lanthan ^{57}La, u. dann 14 auf das Lanthan folgende Elemente, die auch als Lanthaniden bezeichnet werden vom Cer ^{58}Ce bis Lutetium ^{71}Lu (s. Tab.) sowie auch das Actinium ^{89}Ac. Am häufigsten von den S. sind Yttrium u. Cerium, die in größerer Menge als Blei, Brom, Quecksilber, Silber vorkommen. Techn. am wichtigsten ist das Cer für Feuersteine u. Neodym in der Optik. Samariumchlorid färbt Gläser gelbgrün, Praseodymchlorid grünlich, Neodymchlorid rotviolett. Einige S. dienen auch als Reaktorkontrollstäbe. Die S. werden hauptsächlich in den Monazitsanden gefunden. Eine biologische Bedeutung ist nicht bekannt. [8]

Selter, Paul (*1866), Pädiater, Solingen.

S' Krankheit ↑Feer' Krankheit. [32]

Selye, Hans (*1907), ungar. Physiologe, Montreal (Kanada).

S' Theorie der Adaptationskrankheiten: sie fußt darauf, daß eine Störung der Beziehungen zwischen Hypophyse u. Nebennierenrinde angenommen wird; ↑Adaptationssyndrom, Stress. [11]

Semaschko, Nikolai, Aleksandrowitsch (1874–1949), Arzt, Moskau. Mitbegründer des sowjet. Gesundheitsschutzes; erster Volkskommissar für das Gesundheitswesen in der Sowjet-Union; 1926 Ordinarius für soziale Hygiene in Moskau; entwickelte die ↑Sozialhygiene auf marxist. Grundlage weiter. [48]

Semen ⟨*lat*⟩ *n:* Samen, *Pl* Semina. [44]

S. Calabar: Kalabarbohne, wichtigstes Alkaloid: Physostigmin (= Eserin), Wirkung durch Cholinesterasehemmung; Azetylcholin wird nicht mehr ausreichend abgebaut, Anhäufung des Überträgerstoffes. Erregung der glatten Muskulatur, der quergestreiften Muskulatur (dabei auch Eigenwirkung des Physostigmins), des Zentralnervensystems. Bei Vergiftung Tod durch Lähmung des Atemzentrums. Physostigmin heute in der Therapie durch Synthetika, wie Neostigmin□ verdrängt; nur noch in der Augenheilkunde bei der ↑Glaukomtherapie. [44]

semi- ⟨*lat*⟩: halb- in Zusammensetzung z. B. semilunaris, semilateral. [1]

Semikarbazid: als Hydrochlorid Reagens bei der enzymat. Alkohol- oder Milchsäurebestimmung im Blut. Fängt Azetaldehyd bzw. Brenztraubensäure als störende Reaktionspartner ab. [47]

Semilunarklappen ⟨*lat*⟩: halbmondförmige Klappen, auch Taschenklappen genannt. Sie befinden sich im Anfangsteil der Aorta sowie der A. pulmonalis. Diese dreizipfligen Klappen öffnen sich, sobald bei der Systole der Ventrikelbinnendruck den Druck in den genannten Gefäßen übersteigt. Sie schließen sich im Beginn der Diastole, um ein Zurückfließen des Blutes in die Kammern zu verhindern; ↑Herzklappen. [10]

semimembranosus ⟨*lat*⟩: halbhäutig; zur Hälfte aus Sehne bestehend. [1]

Semina cucurbitae ⟨*lat*⟩ *n, Pl:* geschälte Kürbissamen (Cucurbita maxima, C. Pepo), Bandwurmmittel. [44]

seminifer ⟨*lat*⟩: samentragend. [18]

Seminom ⟨*lat, griech*⟩: bösartige Hodengeschwulst, auch als Hodenkarzinom zu bezeichnen. [25]

Seminurie ⟨*griech*⟩ *f* ↑Spermaturie. [43]

Semiologie, Semiotik ⟨*griech*⟩ *f* ↑Symptomatologie. [9]

Semipermeabilität ⟨*lat*⟩: Halbdurchlässigkeit; ↑Membran, semipermeable. [7]

semis ⟨*lat*⟩: Rez. halb; die Hälfte. [44]

Semmelweis, Ignaz Phil. (1818–1865), bedeutender Gynäkologe, Wien, Budapest. Er erkannte die infektiöse Ursache des Kindbettfiebers, das seinerzeit in den Entbindungsanstalten wütete, u. wurde durch Anwendung u. fanat. Publikation der geburtshilflichen Händedesinfektion zum „Retter der Mütter". 1847 wurde von S. durch die Einführung der Händedesinfektion mit Chlorwasser in der Geburtshilfe die ↑Antisepsis begründet. [29]

Semon, Sir Felix (1849–1921), Laryngologe, London.

S.-Rosenbach' Gesetz ↑Rosenbach-Semon' Gesetz. [28]

Semple-Impfstoff (Semple, engl. Virusforscher): karbolinaktivierte, teilweise gereinigte Virus-fixe-haltige Hirnvakzine gegen ↑Tollwut. [40]

Semstwo-Medizin ⟨*russ*⟩: ein von den lokalen ländlichen Selbstverwaltungsorganen (Semstwos) geschaffenes Gesundheitswesen in einigen Gouvernements des zarist. Rußlands (Ende des 19. Jahrhunderts); Träger – liberales Bürgertum u. liberale Gutsbesitzer.

Im Rahmen dieser Organisation führten fortschrittliche Ärzte erste wissenschaftliche Untersuchungen über den Einfluß der Lebensbedingungen auf den Gesundheitszustand der Bevölkerung. Dabei verwendete medizinalstatist. u. epidemolog. Methoden bilden z.T. die Grundlage moderner Morbiditätsstatistik. [48]

Sendaivirus (Sendai = Stadt in Japan) ↑Parainfluenzavirus, Typ 1. [40]

Senear-Usher-Syndrom ↑Pemphigus erythematosus. [43]

Seneszenz ⟨*lat*⟩ *f:* durch das Altwerden bedingte Veränderungen. [17]

Senf|bad ↑Kräuterbad. [45]

~gas ↑Dichlordiäthylsulfid. [8]

~öl: aus dem Samen von Brassica nigra. Beim Anrühren des Senfmehls mit Wasser erfolgt enzymat. Freisetzung des stark reizenden Allylsenföls. S. in Form von Senfmehlpackungen u. Senfpapier wird zur Erzeugung einer lokalen Hyperämie verwandt. Unter Senfölen versteht man chem. Alkylisothiozyanate, z.B. Allylsenföl. [44]

~teig: Senfmehl mit wenig Wasser angerührt, zu Senfpackungen; hautreizendes Mittel. [41]

~wickel: Anwendung von Senfmehlaufschwemmungen oder Senfölemulsionen mit Hilfe von Wickeln zur Erzeugung starker u. nachhaltiger Hauthyperämie. [46]

Senilitas ⟨*lat*⟩ *f* ↑Senium.

S. praecox: vorzeitiger Eintritt des Greisenalters, der vor allem durch den frühzeitigen Rückgang aller geistigen Fähigkeiten gekennzeichnet ist. [17]

Senium ⟨*lat*⟩ *n:* Greisenalter, das durch einen allmählichen Rückgang geistiger u. körperl. Fähigkeiten charakterisiert ist. [17]

Senkfuß ↑Plattfuß. [23]

Senkniere ↑Wanderniere. [24]

Senkung = Ptosis: von Organen der Bauchhöhle, meist im Alter durch Fettschwund oder Bindegewebsschwäche, wodurch funktionelle u. anatom. Störungen, wie z.B. ein Prolaps von Uterus oder Scheide entstehen können. [18]

Senkungs|abszeß: Ansammlung tuberkulösen Eiters, der sich durch Verflüssigung des in tuberkulösen Knochen oder Lymphknotenherden entstandenen Käses bildet u. sich auf vorbezeichneten Bahnen zwischen Muskeln, längs der Gefäße u. Nerven, seinen Weg sucht u. an weniger dicken u. widerstandsfähigen Stellen mit einer Anschwellung an die Oberfläche tritt. Senkungsabszesse treten bei tuberkulöser Erkrankung der tiefen, großen Gelenke u. der Wirbelsäule auf u. haben je nach der Lokalisation der Erkrankung ihre typ. Verlaufsrichtung. [15]

~geschwindigkeit der Erythrozyten ↑Blutkörperchensenkung. [11]

~hyperämie: vermehrte Blutfüllung in abhängigen Körperpartien. Die S. ist ein ursächlicher Faktor für die hypostat. Pneumonie. [9]

~reaktion ↑Blutkörperchensenkungsreaktion. [11]

Sennesblätter ↑Folia sennae. [44]

Sensation ⟨*lat*⟩: Empfindung, bes. mit dem Gefühl der Aufregung einhergehend. [35]

Sensenverletzung: Durchschneidung der Achillessehne, was meist in seiner Tragweite erst erkannt wird, wenn ein Hackenfuß entstanden ist. [23]

sensibel ⟨*lat*⟩: empfindlich; 1. sensible Nerven, Empfindungsnerven, leiten die Erregung von den Rezeptoren zum ZNS, wo sie Empfindungen vermitteln; 2. im übertragenen Sinne nennt man sensibel einen Menschen, der psych. bes. empfindlich ist u. auf schwache äußere Reize phys. oder psych. Natur schon stark reagiert. [7]

Sensibilisierung: Empfindlichmachung des Körpers oder bestimmter Gewebe gegen fremdartige Eiweißstoffe, Arzneimittel u.a. durch wiederholte Injektion oder auf natürlichem Wege, Hauteinreibung, Einatmung, Verdauung usw., so daß bei späterer Wiederberührung mit dem sensibilisierenden Stoff Überempfindlichkeitserscheinungen entstehen; ↑Allergie, ↑Anaphylaxie. [11]

Sensibilität ⟨*lat*⟩: Empfindlichkeit von Sinnesorganen, insbes. der Rezeptoren der Haut, der Schleimhäute u. tieferen Gewebe. So unterscheidet man neben der Haut- u. Schleimhautsensibilität, bedingt durch das Eingreifen von Druck-, Warm-, Kalt- u. Schmerzsinn, die Tiefensensibilität, die durch Interorezeptoren in Muskeln u. Gelenken bedingt wird. Die analysator. Funktion der Sensibilität mit der Fähigkeit, Druck- u. Temperaturreize zu differenzieren u. unter der Einbeziehung der Tiefensensibilität (motor. Analysator) räumliche Verhältnisse zu beurteilen, bezeichnet man als die epikrit. Sensibilität. Die prim. (unbedingtreflektor.) Schutzfunktion der S. gegenüber übermäßigen Kälte- u. Hitzereizen sowie Schmerzreizen (insbes. auch Eingeweideschmerz) nennt man die protopath. Sensibilität. Die Leitungsbahnen für die epikrit. S. sind der Goll' u. der Burdach' Strang, für die protopath. S. die Edinger' Bahn. [7]

Sensibilitäts|prüfung: Untersuchungsmethode, die zur Feststellung von Störungen der Empfindungsfähigkeit dient. Man unterscheidet: Prüfung der Oberflächensensibilität (Berührung, Schmerz, Temperatur u. Diskriminierung) u. Prüfung der Tiefensensibilität (Bewegungsempfindung, Gewebsschmerz). Für erstere werden benutzt: Pinsel (Wattebausch), Nadel, verschieden erwärmte

Röhrchen, Tastzirkel, für die zweite feine Gliederbewegungen u. Knochenhautreize.

~störungen: Verminderung (Hypästhesie) bis Aufhebung (Anästhesie) oder abnorme Steigerung (Hyperästhesie) der Empfindungsfähigkeit. Nach der Sinnesqualität werden unterschieden: Hyp-, Hyper-, Analgesie für Störungen der Schmerzempfindung; Therm-hyp-(usw.)ästhesie für solche der Warm-Kalt-Empfindung, ferner ↑Pallästhesie u. a. Von großer prakt. Bedeutung ist die Unterscheidung von Störungen der protopath. u. der epikrit. ↑Sensibilität (↑Empfindungsstörung, dissoziierte). Die Ausbreitung der S. zeigt an, ob ein peripherer Nerv, eine Nervenwurzel, die Rückenmarkbahnen oder die Hirnzentren bzw. -bahnen geschädigt sind. S. können auch psychogen sein; ↑Parästhesien. [33]

Sensomotilität ⟨*lat*⟩: die normalen Bewegungen, vor allem die der quergestreiften Muskeln, gehen unter stetiger Kontrolle afferenter Antriebe, also reflektor., vor sich u. werden dadurch gesteuert. [7]

sensorisch, sensoriell ✱ **sensorius** ⟨*lat*⟩: auf das Empfindungsvermögen bezüglich. [33]

Sensorium ⟨*lat*⟩: klin. gebräuchliche Bezeichnung für Bewußtsein unter dem Gesichtspunkt des Erhaltenseins, der Klarheit bzw. Trübung der Sinneswahrnehmung. [33]

Sensus ⟨*lat*⟩ *m:* Sinn, Empfindungsvermögen. [33]

Separanda ⟨*lat*⟩ *n, Pl:* gesondert aufzubewahrende Arzneimittel. [44]

Sepsis ⟨*griech*⟩ *f* ↑Septikämie.

S., kryptogenetische: Sepsis aus verborgener Ursache. [11]

S. lenta: schleichend verlaufende Sepsis, die bes. durch vergrünende Streptokokken u. Enterokokken hervorgerufen wird; anatom. Endocarditis ulcerosa; Milztumor; ↑Endocarditis lenta. [5]

S., stomatogene: von einem Krankheitsherd (Fokalinfektion), der im Bereich des Mundes (z. B. devitalisierte Zähne, Pulpitis) u. angrenzender pneumat. Höhlen sowie der Gaumentonsillen liegt, ausgehende sept. Erkrankung (↑Septikämie). Diagnose durch wiederholt pos. Blutkultur, Fokusdiagnose. Therapie durch chirurg. Herdsanierung, hoch- u. langdosierte Antibiotikabehandlung. [40]

S. tuberculosa gravissima s. acutissima = Typhobazillose Landouzy: Sonderform der hämatogenen Miliartuberkulose. Völlig neg. Anergie. Fast alle Organe sind dicht von miliaren, selten größeren Käseherden durchsetzt, ohne daß zelluläre Reaktionen vorliegen. In dem Käse massenhaft Tuberkulosebakterien. [4]

Sepso-Tinktur®: zur Desinfektion der Haut vor chirurg. Eingriffen, als Ersatz bei Jodüberempfindlichkeit von Jodtinktur empfohlen. Gemisch von zahlreichen Substanzen, in der Hauptsache eine Bromeisenrhodanverbindung, Spiritus, Kampfer u. Salizylsäure enthaltend. Desinfizierende Wirkung von Rhodan ist jedoch anzuzweifeln. [44]

Septikämie ⟨*griech*⟩ *f:* Sepsis, Blutfäulnis; gebräuchlich für Überschwemmung des Blutes mit Bakterien u. deren Giften (volkstümlich Blutvergiftung) mit hohem Fieber, starken Schweißausbrüchen, schwerer Veränderung des weißen Blutbildes (Hyperleukozytose mit starker Kernverschiebung), Milztumor, Petechien usw.; keine Metastasenbildung im Gegensatz zur ↑Pyämie. [41]

Septiko|pyämie ⟨*griech*⟩ *f* ↑Pyämie. [5]

~urämie ↑Urosepsis. [24]

Septum ⟨*lat*⟩ *n:* Scheidewand.

S. anococcygicum (JNA) ↑Lig. anococcygeum (PNA).

S. anuli femoralis (JNA ↑S. femorale (Cloqueti) (BNA, PNA).

S. atriorum (BNA, JNA) ↑S. interatriale (PNA).

S. atrioventriculare: der membranöse Teil des S. interventriculare, der auf der re. Seite von der Basis des septalen Segels der Valvula atrioventricularis dextra gekreuzt wird.

S. bulbi urethrae (BNA, JNA): dünne, fibröse Scheidewand im Bulbus corporis spongiosi penis.

S. canalis musculotubarii: horizontal gestelltes Knochenplättchen im Canalis musculotubarius, teilt diesen in zwei Gänge.

S. cartilagineum (nasi) (BNA) = Pars cartilaginea (septi nasi) (PNA): knorpeliger Teil des Nasenseptums.

S. cervicale intermedium: feine Bindegewebsfäden in der Arachnoidea spinalis, die diese mit der Dura mater verbinden.

S. corporum cavernosorum (clitoridis): Scheidewand im Corpus clitoridis, welche die Crura voneinander trennt.

S. dorsale (JNA) ↑S. posterius (PNA).

S. femorale (Cloqueti): bindegewebige Scheidewand im Bereich der Lacuna vasorum.

S. foraminis ovalis: kulissenartige Scheidewand, die nach der Geburt das Foramen ovale verschließt.

S. glandis (penis): Scheidewand in der Glans penis.

S-a interalveolaria: 1. Knochenscheidewände zwischen den Alveolen der Zähne; 2. die an kollagenen u. elast. Fasern reichen Septen zwischen den Lungenbläschen.

S. interatriale: Scheidewand zwischen den beiden Vorhöfen des Herzens.

S-a intermuscularia: bindegewebige Scheidewände zwischen einzelnen Muskelgruppen.

S-a interradicularia: knöcherne Wurzelscheidewände in den Zahnfächern.
S-a intersaccularia: die bindegewebigen Scheidewände zwischen den Alveolarsäckchen der Lunge.
S. interventriculare: Kammerscheidewand, welche die Grenze zwischen re. u. li. Kammer bildet u. die aus einem kurzen oberen membranösen Anteil u. anschließend aus einem größeren muskulären Anteil besteht. Das S. ist beiderseits von Endokard überzogen.
S-a intraalveolaria (JNA) ↑Septa interradicularia (PNA).
S. linguae: teilt die Zunge unvollständig in eine re. u. li. Hälfte.
S. nasi: die Nasenscheidewand; man unterscheidet an ihr einen häutigen, knorpeligen u. knöchernen Teil.
S. orbitale: dünne, bindegewebige Platte, die am oberen bzw. unteren Rand der Augenhöhle befestigt ist u. dicht hinter dem M. orbicularis oculi zum äußeren Rand der Tarsalplatte zieht.
S. pellucidum: zwischen den Vorderhörnern der Seitenventrikel des Gehirns liegende Scheidewand.
S.-pellucidum-Zyste: patholog. Erweiterung des Cavum septi pellucidi mit vielfältigen neuropsychiatr. Symptomen.
S. penis (BNA, PNA) = S. pectiniforme corporis cavernosi penis (JNA): mediane Scheidewand zwischen den Rutenschwellkörpern, trennt diese nur unvollständig.
S. posterius: vom Sulcus medianus posterior ausgehende bindegewebige Scheidewand; trennt die Hinterstränge des Rückenmarks voneinander.
S. scroti: Scheidewand zwischen beiden Hoden im Hodensack.
S. sinuum frontalium: Scheidewand zwischen beiden Stirnhöhlen.
S. sinuum sphenoidalium: Scheidewand zwischen beiden Keilbeinhöhlen.
S. ventriculorum (BNA, JNA) ↑S. interventriculare (PNA). [1]

Septum|defekt: angeborene Mißbildung, bei der es zu teilweisem Fehlen der Vorhofscheidewand oder der Kammerscheidewand kommt. Fehlt die Vorhofscheidewand völlig, so spricht man von einem Cor triloculare monatriatum; bei Fehlen der Kammerscheidewand von einem Cor triloculare biatriatum, auch single ventricle ⟨*engl*⟩ genannt. [10]
~deviation: Nasenscheidewandverbiegung, oft Ursache behinderter Nasenatmung, chron. Nasenkatarrhe u. Nebenhöhlenaffektionen.
~resektion, submuköse (Kilian): Entfernung der verbogenen knorpeligen bzw. knöchernen Septumanteile unter Ablösung u. Erhaltung der Schleimhaut von einem parallel dem vorderen Rand des Septums verlaufenden Schnitt zur Korrektur von Nasenscheidewandverbiegung. [28]

Sequester ⟨*lat*⟩ *m:* abgestorbenes, vom gesunden Gewebe demarkiertes Organstück (z. B. Knochensequester bei eitriger Osteomyelitis, aber auch in Lunge, Milz u. a.). [4]

Sequestration ⟨*lat*⟩: Vorgang der Sequesterbildung, d. h. Abstoßung eines toten Organteils; ↑Sequester. [4]

Sequestrotomie: Herauslösen eines nekrot. Knochenspans aus der „Totenlade" bei Osteomyelitis chronica. [18]

Sergent, Emile (1867–1943), Internist, Paris.
S' Zeichen = ligne blanche ⟨*frz*⟩: der über die Bauchhaut streichende Finger hinterläßt nicht eine rote, sondern eine weiße Linie als Ausdruck einer Nebennierenrindeninsuffizienz mit arteriellem Unterdruck. [9]

Serienangiogramm: ↑Angiogramm, bei dem durch eine Serie von kurz aufeinanderfolgenden Aufn. der Blutdurchfluß durch das Organ aufgenommen werden kann. [33]

Serin: α-Amino-β-hydroxypropionsäure ($CH_2OH{\cdot}CHNH_2{\cdot}COOH$; zuerst im Leim der Seide, später auch im Schweiß aufgefunden), in den meisten Proteinen vorkommend (bis zu 2%), findet sich vor allem im ↑Kasein, ferner in den sog. Serinphosphatiden. [16]

Serizin: jener Teil der zu den ↑Skleroproteinen gehörenden Seide (Naturseide), der das ↑Seidenfibroin umhüllt; auch ↑Seidenleim genannt. [16]

Serodermatosen ⟨*lat, griech*⟩ *f, Pl:* mit seröser Exsudation einhergehende Hautkrankheiten; Blasen, Ödeme usw. [43]

Serodiagnostik, Serumdiagnostik ⟨*lat, griech*⟩: umfassender Begriff für alle vom Substrat Serum ausgehende spezif., auf Antigen-Antikörper-Reaktionen beruhenden Untersuchungsverfahren. Nach abgeschlossenem Gerinnungsvorgang wird das Serum vom Blutkuchen des im allgemeinen durch Venenpunktion gewonnenen Nativblutes abgehoben. Serolog. Untersuchungen schließen sich an (↑Serologie), z. B. S. des Rheumatismus, Syphilisserodiagnostik sowie S. weiterer Infektionskrankheiten (siehe dort). [11]

Serofarbtest ↑Sabin–Feldman-Test. [47]

serofibrinös ⟨*lat*⟩: Beimengung von Fibrin zum serösen Exsudat. [4]

Serologie ⟨*lat, griech*⟩: Lehre von den Serumproteinen (↑Antikörperglobulinen), deren Bestimmung durch Antigen-Antikörper-Reaktionen erfolgt; ↑Serodiagnostik, ↑Seroreaktionen. [40]

Serom ⟨*lat*⟩ *n:* Ansammlung von Flüssigkeit lymphogenen Ursprungs postoperativ unter verschlossenen Wunden, meist durch geringe Blutbeimengung von fleischwasserartiger Farbe. Große Neigung zur Vereiterung; deshalb frühzeitige Entleerung. [18]

seronegativ ⟨*lat*⟩: neg. Ausfall der ↑Seroreaktionen (meist bei den Reaktionen auf Syphilis gebraucht). [43]

Seropneumothorax ⟨*lat, griech*⟩ *m:* Ansammlung von Luft u. serösem Exsudat zwischen beiden Pleurablättern, meist als Komplikation eines therapeut. Pneumothorax. [18]

seropositiv ⟨*lat*⟩: pos. Ausfall der ↑Seroreaktionen (meist bei Reaktionen auf Syphilis gebraucht). [43]

Seroreaktionen: spezif., im Reagenzglas (in vitro) ablaufende Antigen-Antikörper-Reaktionen, z.B. ↑Agglutination, Komplementbindungsreaktion, Präzipitation, Virusneutralisation. [40]

serös ⟨*lat*⟩: aus Serum bestehend oder stark mit Serum durchmischt, bes. bei Wundsekretionen, Ergüssen, Punktaten, Liquorbeimischungen ohne große Zellzahl (im Gegensatz zu eitrig). [11]

Serosa = Tunica serosa ⟨*lat*⟩ *f:* seröse Häute. [1]

Serosazysten: kleine, bes. in Höhe der Eileiter vorkommende Zysten des Bauchfells, die durch Einsenkungen bzw. entzündlich bedingte Abschnürungen des Serosaepithels (Mesothels) entstehen. [5]

Serositis ⟨*lat*⟩: entzündliche Erkrankung seröser Häute (↑Pleuritis, ↑Perikarditis, ↑Peritonitis), tritt meist im Rahmen einer rheumat. oder tuberkulösen Allgemeinerkrankung auf. [10]

Seroskop ↑Agglutinoskop. [41]

serosus ↑serös. [11]

Serotherapie ↑Serumprophylaxe; ↑Serumtherapie. [39]

Serotina ⟨*lat*⟩ = Decidua basilaris ↑Dezidua. [29]

Serotonin = Enteramin: 5-Hydroxytryptamin, ein ↑Katecholamin, das von Lembeck u. Ratzenhofer (1953) in ↑Karzinoiden des Verdauungsschlauches (gelbe Zellen) u. ihren Metastasen nachgewiesen wurde. [4] Im Darmtrakt, Blutplättchen, Milz u. ZNS vorkommendes biogenes Amin. Ein Überträgerstoff im zentralen Nervensystem. Periphere Wirkungen: Konstriktion der glatten Muskulatur (Darm, Bronchien). Kreislaufwirkung komplex, da sich direkte Serotoninwirkungen, reflektor. Antworten auf das Kreislaufsystem u. jeweilige Reaktionslage überschneiden. Meist Blutdruckanstieg mit nachfolgendem Kollaps. Vermutlich beruhen manche Hypertonieformen auf Störungen des Serotoninstoffwechsels. [44]

~antagonisten: Verbindungen, die die Effekte exogenen oder endogenen ↑Serotonins aufzuheben oder abzuschwächen vermögen. Stoffe, die die nervale Efferenz unterbrechen, wie Atropin u. Ganglienblocker (indirekte Serotoninantagonisten). Stoffe, die direkt mit Serotonin am Ort seiner Wirkung konkurrieren wie Sekalepräparate, Yohimbin u. LSD (direkte Antagonisten). [44]

~syndrom ↑Karzinoidsyndrom. [25]

Sero|typ: auf Grund serolog. Merkmale abgrenzbarer u. definierter Bakterienstamm innerhalb einer Art oder eines Genus; bildet z.B. die Grundlage der Unterteilung der Salmonellabakterien.

~vakzination ↑Simultanimpfung. [39]

~zele *f:* seröse Flüssigkeit enthaltende Zystenbildung. [18]

Serozym (Bordet): alte, nicht mehr gebräuchliche Bezeichnung für das Prothrombin, den Faktor II der ↑Blutgerinnung. [11]

serpens ⟨*lat*⟩: serpiginös; bogenförmig fortschreitend. [43]

Serratia marcescens = *Bact. prodigiosum:* nach Bergey (1957) Art der Gattung *Serratia* der Familie *Enterobacteriaceae.* Kurzes, bewegliches, sporenloses, gramneg. Stäbchen. Fakultativer Anaerobier. Auf gewöhnlichem Nährsubstrat bei Zimmertemperatur durch Bildung des Pigments Prodigiosin rot gefärbte Kolonien. Vorkommen: Erdboden, Wasser, Milch, Nahrungsmittel. Meist apathogen, starker Sauerstoffzehrer; Verwendung in der Anaerobenzüchtung (↑Fortnerplatte). [41]

Serraticeps canis ⟨*lat*⟩: Hundefloh; befällt häufig auch den Menschen; ↑Flöhe. [43]

Serratuslähmung: Lähmung des M. serratus lateralis durch Läsion des N. thoracalis long.; Hauptsymptome sind ↑Scapula alata u. Einschränkung der seitlichen Hebung des Armes infolge mangelhafter Drehung der Skapula um die Sagittalachse. [33]

Sertoli, Enrico (1842–1910), Physiologe, Mailand.

S' Zellen: Fußzellen; langgestreckte Stützzellen im Bereiche des Samenepithels des Tubulus contortus des Hodens, die mit breiter Basis der Basalmembran aufsitzen u. einen birnenförmigen chromatinarmen Kern mit deutlichem Nukleolus besitzen. Sie dienen zur Ernährung des Samenepithels. [2]

S' Zelltumor: von den Sertoli' Zellen der Hodenkanälchen abgeleiteter Tumor; sehr selten, meist bösartig. [5]

Sertürner, Friedrich Wilhelm Adam (1783 bis 1841), Apotheker, Einbeck, Hameln. Isolierte 1803–1805 das Morphin aus dem Opium. [53]

Serum ⟨*lat*⟩ *n* (sanguinis) ↑Blutserum. [11]

S., anallergisches: Heilserum, das keine antigenen Eigenschaften für den Menschen enthält, das also keine Antikörperbildung gegen sich selbst hervorrufen u. das auch keine Antigen-Antikörper-Reaktionen mit schon evtl. vorhandenen Antikörpern verursachen kann. Das anallerg. S. erzeugt also keine ↑Allergie u. wirkt nicht ↑anaphylaktisch.

S. antitoxisches: Serum, das Antitoxine enthält, die durch künstliche Immunisierung oder durch Überstehen der Krankheit erzeugt sind. Antitox. S. wird für vorbeugende (Tetanus) oder für therapeut. Zwecke (Diphtherie, Gasbrand usw.) verwandt.

S., polyvalentes: Serum, welches gegen mehrere Erreger Antikörper aufweist. Teilweise bei der passiven Schutzimpfung verwendet (z.B. Peritonitisserum), z.T. agglutinierende Seren gegen eine größere Anzahl von Bakterientypen (z.B. Salmonellen), um damit eine Einengung der in Frage kommenden Typen vorzunehmen, die dann mit monovalenten Seren genau bestimmt werden. [39]

Serum|agar *m:* Nähragar mit 15–20% Serum. [42]

~akzeleratorglobulin = Akzelerin; Faktor VI; ↑Gerinnung.

~albumine: Albumine des Blutserums, machen etwa 62% des Gesamtblutplasmaeiweißes aus; kristallisierbar, enthalten Zystin u. Lysin; kleine Moleküle, gut wasserlöslich.

~antithrombin: langsam wirkende Antithrombinfraktion, Gerinnungsfaktor X; ↑Gerinnung.

~diagnostik ↑Serodiagnostik.

~eisen: zirkulierendes Plasmaeisen, beim Manne etwa 125 ng%, bei der Frau etwa 90 ng%, bei Anämien erniedrigt (sideropen. Anämie, Behandlung mit Eisenpräparaten), bei Leberschäden erhöht.

~enzyme: im tier. u. menschlichen Blutserum vorhandene Enzyme, die als Biokatalysatoren im intermediären Stoffwechsel wirksam sind. Die quantitative Bestimmung der S. erlangt heute in der Diagnostik der verschiedensten Erkrankungen zunehmende Bedeutung.

~farbwert (nach Heilmeyer): Stärke der Farbstoffkonzentration des Blutserums. Die Messung erfolgt durch Lichtauslöschung mit einem Spektrophotometer oder dem Zeiss-Stufenphotometer. Grobe Beurteilung durch die Farbe der Blutserumsäule bei Bestimmung der ↑Blutkörperchensenkung: schwach gelblich bei Chlorose; auffallend rötlich bei hämolyt. u. megalozytären Anämien; zitronen- bis braungelb bei Gallen- u. Leberleiden.

~globulin: Globulin des Blutserums, fällt bei 50%iger Sättigung mit Ammonsulfat aus, besitzt relativ große Moleküle. Zerfällt in grobmolekulares Euglobulin mit 28- bis 30%iger Ausfällung, wasserunlöslich, u. Pseudoglobulin mit 32- bis 50%iger Ausfällung, wasserlöslich. Aminosäurenbausteine für die Serumglobuline sind: Arginin, Histidin, Zystein, Zystin, Methionin, Tryptophan, Tyrosin, Serin, Threonin, Leuzin, Isoleuzin, Valin, Prolin, Phenylalanin, Lysin, Glykokoll, Alanin, Asparaginsäure, Glutaminsäure. Durch ↑Elektrophorese lassen sich α, β- u. γ-Globuline trennen; starke Zunahme der Globuline ist als patholog. zu bewerten. [11]

Serum-Glutamat-Oxalazetat-Transaminase: *Abk* SGOT; das Enzym kommt in allen tier. Geweben u. im Blut vor. Es katalysiert die Reaktion Glutaminsäure + Oxalessigsäure ⇌ Asparaginsäure + α-Ketoglutarsäure (↑Transaminasen). Die Bestimmung der SGOT wird zur Abgrenzung des Herzinfarktes von anderen Herzerkrankungen u. vom Lungeninfarkt benutzt. Erhöhte SGOT-Werte auch bei Lebererkrankungen, spez. Hepatitis u. Skelettmuskelschädigungen. Zur Abgrenzung des Herzinfarktes von der Hepatitis wird zusätzlich die SGPT bestimmt u. der de-Ritis-Quotient ermittelt.

S.-G.-Pyruvat-Transaminase: *Abk* SGPT; das Enzym kommt in allen Organen u. im Blut, mit Abstand jedoch in der Leber vor. Es katalysiert die Reaktion Glutamat + Pyruvat ⇌ Alanin + α-Ketoglutarat. Die SGPT ist bei Parenchymschäden der Leber vermehrt u. wird diagnost. zur Abgrenzung der Hepatitis von anderen Lebererkrankungen als empfindlichster Nachweis herangezogen. [11]

Serum|gonadotropin: Gonadotropin von trächtigen Stuten, vorwiegend FSH-Wirkung. [31]

~hepatitis ↑Hepatitis, hämatogene, ↑Virushepatitis.

~ikterus, homologer: Serumhepatitis, ↑Hepatitis, hämatogene, ↑Virushepatitis. [40]

~konserve: reines Blutserum, auch getrocknet, als Blutersatz. Das Serum ist frei von Blutgruppenantikörpern, wenn das Blut von mehreren Spendern mit unterschiedlichen Blutgruppen gemischt wird u. die Isoantikörper durch entsprechende Blutkörperchen abgebunden werden. Bei Fehlen von inkompletten Antikörpern u. Hämolysinen kann die S. Menschen aller Blutgruppen u. Rh-Typen übertragen werden. Nachteil: es fehlen fast alle Gerinnungsfaktoren.

~krankheit (v. Pirquet): nach Injektion von artfremdem Eiweiß, vor allem nach Sensibilisierung auftretende, heftige Krankheitserscheinungen mit Fieber, Ödem, Hautausschlägen, rheumatoiden Gelenkschmerzen, Drüsenschwellungen, unter Umständen Nierenschädigung mit Albuminurie. [11]

Serumlabilitäts|proben: zeigen die Labilität der Serumeiweißzusammensetzung bei verschiedenen Krankheiten an. Häufig pos. Ausfall bei Leberleiden, weshalb die Proben fälschlich Leberfunktionsproben genannt werden; ↑Serumlabilitätsreaktionen.

~reaktionen: zu ihnen gehören unter vielen

anderen die Takata-Reaktion, der Thymoltest, das Weltmann' Koagulationsband, die Kadmiumsulfatreaktion. Es sind dies Untersuchungsmethoden, die Aufschlüsse über die Zusammensetzung der Serumeiweißkörper geben, die unter normalen Verhältnissen bei Zusatz bestimmter Fällungsmittel in empir. ermittelter Konzentration in Lösung bleiben. Patholog. Zusammensetzung des Serums läßt sichtbare Fällungen in Form von Trübung oder Flockung auftreten. Auch kolloidale Systeme werden durch patholog. Seren verändert. Diese Labilität des Serums sollte Aufschluß über spezif. Krankheiten geben, vor allem auch über Veränderungen der Leberfunktion, doch sind die Proben Gruppenreaktionen u. geben nur Aufschluß über bestimmte Konstellationstypen der Eiweißzusammensetzung des Serums. Sind auf keinen Fall Leberfunktionsproben! [47]

Serum-Milchsäure-Dehydrogenase ↑Lactat-Dehydrogenase. [11]

S.-M.-Hydrogenase: *Abk* SMDH; katalysiert die Gleichgewichtsreaktion: Brenztraubensäure ⇌ Milchsäure. Zum Nachweis im Serum wird die Farbänderung durch Oxydation von reduziertem Diphosphopyridinnukleotid (DPNH) zu Diphosphopyridinnukleotid bei der enzymat. Umwandlung von Brenztraubensäure in Milchsäure benutzt. Beim Herzinfarkt ist die SMDH-Aktivität vergrößert. [15]

Serumnährboden: Nährboden mit Serumzusatz als wachstumsfördernde Substanz für die Züchtung bestimmter Keimarten. [41]

Serumphosphatasen: Phosphomonoesterasen, die aus verschiedenen Organen an das Blut abgegeben werden. Ihre Bestimmung hat diagnost. Bedeutung. Es gibt eine „saure" S. mit dem Wirkungsoptimum bei *p*H 4,5–6 u. eine „alkalische" S. bei *p*H 7–9,5. Für die Untersuchung wird entweder das bei der enzymat. Hydrolyse aus einem zugesetzten Substrat wie β-Glycerophosphat (nach Bodanski) freigesetzte anorgan. Phosphat ermittelt oder das entstehende Restmolekül wie Phenol bei Phenylphosphat (z. B. als Farbstoff nach Diazotierung) oder Nitrophenol bei Nitrophenylphosphat u. a.

S., alkalische: da die Galle 100mal mehr alkalische S. enthält als das Blut, ist die alkalische S. bei Verschlußikterus stets stark erhöht, nur wenig beim Parenchymikterus u. nicht beim hämolyt. Ikterus. Bei starker Erhöhung u. fehlendem Ikterus ist an Ostitis deformans u. Morbus Paget zu denken. Unterschiedliche Erhöhungen liegen bei Rachitis, Osteomalazie u. Knochenmetastasen vor. Eine Verminderung der alkalischen S. wird bei alkohol. Leberzirrhose, bei Darmerkrankungen wie Enteritis, Kolitis, Ulcus ventriculi, beim Morbus Addison, bei kachekt. Zuständen wie Karzinom, Simmond' Kachexie, bei Kretinismus, Skorbut, Chondrodystrophie gefunden.

S., saure: eine saure Phosphatase findet sich bes. in der Prostata. Die saure S. ist deshalb spez. beim (unbehandelten) Prostatakarzinom stark erhöht. Die Wachstumshemmung des Prostatakarzinoms durch Östrogene verringert die saure S. [8]

Serum|polyneuritis: im Rahmen der Serumkrankheit auftretende Polyneuritis mit vorwiegendem Befallensein der Nerven der oberen Extremität. [33]

~prophylaxe: prophylakt. Injektion immunkörperhaltiger Seren (passive Schutzimpfung) bei vermuteter Infektion. Obligator. bei erdverschmutzten Verletzungen, sofern keine aktive Tetanusschutzimpfung vorausgegangen war, bei gleichzeitiger aktiver Immunisierung; ↑Simultanimpfung. [39]

~schock: akute, mit starken Kreislaufreaktionen einhergehende, lebensgefährdende Form einer ↑Serumkrankheit. [40]

~therapie: Verfahren der passiven Immunisierung; ↑Serumprophylaxe. Die gebräuchlichsten Seren für Therapie u. Prophylaxe beim Menschen sind: Botulismus-Serum (antitoxisch, multivalent), Diphtherieserum (antitoxisch), Gasödemserum (antitoxisch, multivalent), Schlangenserum, Tetanus-Serum. [39]

Servo-Anästhesie: Bezeichnung für eine von den Hirnströmen des Pat. automat. gesteuerte Allgemeinbetäubung. Die automat. Steuerung betrifft lediglich die Gasabgabe des Narkoseapparates. [27]

Sesambein = Os sesamoideum: kleine rundliche Knöchelchen (oder Knorpel) in Gelenkkapseln, Sehnen oder Bändern, insbes. an Händen u. Füßen. [1]

Sesamöl = Oleum sesami: Öl der Samen von Sesamum indicum; Vehikel für öllösliche Verbindungen oder zur Herstellung von Emulsionen u. Suspensionen. [44]

sesqui ⟨*lat*⟩: (Rez.) um die Hälfte mehr. [44]

Setaceum ⟨*lat*⟩: Haarseil; aus Haaren gedrehte Schnur, die früher zur Ableitung von Eiter u. sonstigen Sekreten in Wunden eingelegt wurde. [43]

Setschenow, Iwan Michailowitsch (1829 bis 1905) „Vater der russischen Physiologie". Entwickelte Gesichtspunkte, die für die Erforschung der höheren Nerventätigkeit entscheidende Bedeutung erhielten. 1863 wies er mit seiner Schrift „Die Reflexe des Gehirns" erstmals auf die universelle Rolle der Reflexe hin u. deutete auch psych. Reaktionen u. bewußte Handlungen als Reflexe. Mitbegründer des Nervismus. [35]

Seuche: meist plötzlich auftretende übertragbare Krankheit von bestimmter Schwere, die zahlreiche Menschen befällt; man unterscheidet je nach den zeitlichen und örtlichen Gegebenheiten zwischen Endemie, Epidemie und Pandemie.

~bekämpfung: gesetzlich geregelt durch das Gesetz zur Verhütung und Bekämpfung übertragbarer Krankheiten beim Menschen (Bundes-Seuchengesetz) vom 18.7.1961 (BGBl. I Seite 1012) mit mehreren Änderungen, zuletzt vom 28.8.1971 (BGBl. I Seite 1401). Das Gesetz nennt diejenigen Krankheiten, die meldepflichtig sind, enthält Vorschriften für die Beschaffenheit des Trink- und des Brauchwassers sowie für die Abfallbeseitigung und die Bekämpfung tierischer Schädlinge, für Schutzimpfungen (im Seuchenfall) und für im Lebensmittelgewebe Beschäftigte, für Arbeiten und Verkehr mit Krankheitserregern; es nennt die Ermittlungen und die weiteren Schutzmaßnahmen, z. B. Absonderung, Berufsverbot, Verbot von Menschenansammlungen, die im gegebenen (Seuchen-)Fall anzustellen und durchzuführen sind; das Gesetz enthält besondere Vorschriften für Schulen und andere Gemeinschaftseinrichtungen und regelt schließlich Kosten und Entschädigungen, auch die Entschädigungsleistungen bei Impfschäden nach gesetzlich angeordneten oder öffentlich empfohlenen Schutzimpfungen.

Nach dem Bundes-Seuchengesetz besteht Meldepflicht bei jeder Erkrankung, jedem Erkrankungsverdacht und jedem Todesfall an:

1. Aussatz,
2. Botulismus,
3. Cholera,
4. Enteritis infectiosa
   a) Salmonellose,
   b) übrige Formen,
5. Fleckfieber,
6. übertragbarer Gehirnentzündung,
7. Gelbfieber,
8. übertragbarer Kinderlähmung,
9. Mikrosporie,
10. Milzbrand,
11. Ornithose
    a) Psittakose,
    b) übrige Formen,
12. Paratyphus A und B,
13. Pest
14. Pocken (auch: Alastrim und Variolois),
15. Rückfallfieber,
16. Ruhr
    a) bakterielle Ruhr,
    b) Amöbenruhr,
17. Tollwut,
18. Tuberkulose
    a) der Atmungsorgane (aktive Form),
    b) der Haut,
    c) der übrigen Organe,
19. Tularämie,
20. Typhus abdominalis.

Meldepflicht besteht bei jedem Erkrankungs- und Todesfall an:

1. Brucellose
   a) Bang-Krankheit,
   b) Maltafieber,
   c) übrige Formen,
2. Diphtherie,
3. übertragbarer Hirnhautentzündung
   a) Meningokokken – Meningitis,
   b) übrige Formen,
4. Hepatitis infectiosa (auch: Hepatitis epidemica und homologe Serumhepatitis),
5. Kindbettfieber
   a) bei oder nach Geburt,
   b) bei oder nach Fehlgeburt,
6. Leptospirose
   a) Weil-Krankheit,
   b) Feldfieber,
   c) Canicola-Fieber,
   d) übrige Formen,
7. Malaria
   a) Ersterkrankung,
   b) Rückfall,
8. Q-Fieber,
9. Rotz,
10. Scharlach,
11. Toxoplasmose,
12. Trachom,
13. Trichinose,
14. Wundstarrkrampf.

Meldepflichtig ist jeder Todesfall an:

1. Grippe (Virusgrippe),
2. Keuchhusten,
3. Masern.

Meldepflichtig ist auch jeder Ausscheider von Erregern von

1. Enteritis infectiosa (Salmonellose),
2. Paratyphus A und B,
3. bakterieller Ruhr,
4. Typhus abdominalis.

Schließlich besteht noch Meldepflicht, wenn bestimmte (im Gesetz aufgeführte) übertragbare Krankheiten in Krankenanstalten oder Entbindungsheimen nicht nur vereinzelt auftreten.

Die Meldung ist dem für den Aufenthalt des Erkrankten zuständigen Gesundheitsamt unverzüglich, spätestens innerhalb 24 h nach Kenntnis zu erstatten. Zur Meldung sind verpflichtet (die Aufzählung entspricht der Rangfolge): der behandelnde oder sonst hinzugezogene Arzt, in Krankenhäusern und Entbindungsheimen der leitende Arzt bzw. der leitende Abteilungsarzt, jede sonstige mit der Behandlung oder der Pflege des Erkrankten berufsmäßig beschäftigte Person,

die hinzugezogene Hebamme, das Familienoberhaupt bzw. in Pflege- und Gefangenenanstalten, Heimen, Lagern usw. der Leiter, schließlich der Leichenschauer.
Geschlechtskrankheiten werden nicht vom Bundes-Seuchengesetz erfaßt, sondern unterliegen dem Gesetz zur Bekämpfung der Geschlechtskrankheiten vom 23. 7. 1953; ↑ Geschlechtskrankheiten.
Die Bekämpfung der sogenannten quarantänepflichtigen Krankheiten Pest, Cholera, Gelbfieber u. Pocken im internationalen Reiseverkehr wird geregelt durch die Internationalen Gesundheitsvorschriften der Weltgesundheitsorganisation vom 25. 7. 1969, denen die BRD mit Gesetz vom 1. 7. 1971 beigetreten ist.

Sevenbaum (Sadebaum): Juniperus sabina; ↑ Sabinismus. [44]

sexotrop ⟨*griech*⟩: geschlechtsgebunden, auf die Sexualsphäre gerichtet, im bes. androtrop: auf das männliche Geschlecht einwirkend, gynäkotrop: auf das weibliche Geschlecht bezogen. [12]

sexual, sexuell ⟨*lat*⟩: geschlechtlich. [35]

Sexual|beratung ↑ Eheberatung. [48]

~empfindung, konträre: dem eigenen Geschlechtscharakter widersprechende Sexualempfindung; die S., welche dem andersgeschlechtlichen Sexualpartner eigen sein müßte. [35]

~empfindungen, perverse: krankhafte Geschlechtsempfindungen, 1. quantitativ; 2. qualitativ. Krankhafte Abweichung der S. u. des Triebes (Hypersexualität, Geschlechtskälte, Masochismus, ↑ Sadismus, ↑ Fetischismus, ↑ Exhibitionismus usw.). [52]

~hormone, männliche: das in den Testes entstehende Hormon; Testosteron u. seine Stoffwechsel- u. Ausscheidungsprodukte wie Androsteron, ferner das aus der Nebennierenrinde (NNR) stammende Dehydroandrosteron; ↑ Hormone. [8]

~hormone, weibliche: in den Ovarien gebildete Hormone Progesteron, Östradiol u. die gonadotropen Hormone der Hypophyse bzw. (in der Schwangerschaft) der Plazenta; ↑ Hormone. [12]

~neurasthenie: sexuelle Neurasthenie, Störung der geschlechtlichen Leistungsfähigkeit, z. B. Unfähigkeit zur Ausübung des Geschlechtsverkehrs, vorzeitiger Samenerguß, Pollutionen, auf dem Boden einer Neurose.

~proportion: Zahl der neugeborenen Knaben, bezogen auf 100 oder 1000 neugeborene Mädchen, berechnet für Lebendgeborene, Totgeborene oder Geborene insgesamt; in Mitteleuropa über längeren Zeitraum für Lebendgeborene relativ konstant bei 106 Knaben : 100 Mädchen. [48]

~zentrum, nervöses: liegt im Conus terminalis des Rückenmarks, ist maßgebend für Erektion, Ejakulation u. Uteruskontraktion. [9]

Sexus ⟨*lat*⟩ *m:* Geschlecht; *Adj* sexuell geschlechtlich. [12]

Seyderheim, Richard (1888–1940), Internist, Göttingen.

S' Lösung: Färbeverfahren zum Färben von Harnsedimenten; enthält Trypanblau u. Kongorot. [47]

sezernieren ⟨*lat*⟩: absondern; ↑ Sekret. [7]

sezieren ⟨*lat*⟩: eine ↑ Sektion durchführen. Eröffnung einer Leiche nach besonderer im Einzelfalle zu variierender Technik durch einen Arzt (patholog. Anatom, Gerichtsarzt) zwecks Feststellung der Todesursache u. Feststellung bestimmter Spuren zur Tat- bzw. Unfallrekonstruktion. [52]

s. f. ⟨*lat*⟩: *Abk* für sub finem, am Ende. [44]

s. f. c. a.: (Rez). *Abk* für sub finem coquendi adde, setze am Ende des Kochens zu. [44]

S-Form ⟨*engl, smooth*⟩: Wachstum von Bakterien- u. Hefekolonien mit glatter Oberfläche; ↑ R-Form. [42]

SGOT: *Abk* für ↑ Serum-Glutamat-Oxalazetat-Transaminase. [11]

SGPT: *Abk* für ↑ Serum-Glutamat-Pyruvat-Transaminase. [11]

Sharp' Amputation (Sharp, 1765): Amputation im Mittelfußbereich (Amputatio metatarsea). Es bleiben das proximale Drittel der Mittelfußknochen u. damit die Ansätze wichtiger Muskeln erhalten. [23]

Sharpey, William (1802–1880), Anatom, Edinburgh, London.

S' Faser: kollagene Bindegewebsfasern, die vom Periost aus in die Knochengrundsubstanz eindringen oder von der Wurzelhaut des Zahnes (Periodontium) in die Substantia ossea (Zement) des Zahnes einstrahlen. [2]

Shaver, Cecil Gordon, zeitgen. amerikan. Pathologe.

S' Syndrom ↑ Korundschmelzerlunge. [49]

Sheehan' Syndrom: infolge ischäm. Nekrose der Hypophyse, die durch eine starke Blutung meist intra partum entstanden ist. Insuffizienz aller Fuktionen des Hypophysenvorderlappens. Die meist charakterist. Syndrome sind Trägheit, Frösteln, Blässe, trokkene Haut, Asthenie, Apathie, Schwinden der Libido u. Potenz; Ausfall der Achsel- u. Schamhaare, bei Frauen Amenorrhoe. Dieser Symptomenkomplex ist zumeist nur bei länger bestehender u. sehr weitgehender Zerstörung des Hypophysenvorderlappens vollständig ausgeprägt; ↑ Simmonds' Kachexie. [31]

Shell-freezing ⟨*engl*⟩ *n:* Verfahren zum raschen Einfrieren von Flüssigkeiten (Serum, Plasma usw.) in Ampullen für die Gefriertrocknung. Durch Rotation der Ampullen (Zentrifugalkraft) wird ein möglichst dünner

Flüssigkeitsfilm u. eine möglichst große Verdampfungsoberfläche erhalten. [4]

SH-Enzyme: Enzyme, die als aktive Wirkgruppe mindestens eine freie SH-Gruppe enthalten; dazu gehören Vertreter ganz verschiedener Wirkspezifität (vor allem Dehydrogenasen u. Hydrolasen); sie werden durch Blockierung der SH-Gruppe inaktiviert, z.B. durch Schwermetallionen (Hg^{++}, Ag^{+}, Pb^{++}, Cu^{++} usw.), ferner durch Jodazetat, Jodazetamid, p-Chlormerkuribenzoat. [16]

Sherman, Henry Clapp (1875–1955), Chemiker, New York.

S.-Einheit: für Vitamin B_1 u. Ratteneinheit nach Sherman u. Bouquin für Vitamin B_2. [8]

Sherrington, Sir Charles Scott (1859–1947), Physiologe, Liverpool. 1932 Nobelpreis (mit Adrian, Edgar Douglas). Er befaßte sich eingehend mit der Reflexlehre, bes. im Hinblick auf die Tätigkeit des Rückenmarkes, prägte den Begriff der integrativen Funktion des Zentralnervensystems, beschrieb die Enthirnungsstarre u. teilte die Reflexe in extero- u. interozeptive ein. [7]

S' Gesetz: jede spinale dorsale Wurzel versorgt einen zusammenhängenden Hautbezirk; diese Bezirke überschneiden sich. [33]

Shiga, Kiyoshi (*1870), Bakteriologe, Tokio. Entdeckte 1889 den Dysenterieerreger (gemeinsam mit Kruse). 1900 gelang ihm die Darstellung eines Dysenterieserums. [53]

Shigella: nach Shiga benannter Gattungsname der ↑Dysenteriebakterien, umfaßt die Erreger der bakteriellen Ruhr. Genus S. gehört nach Bergey (1957) zur Familie der *Enterobacteriaceae.* Gramneg., unbewegliche, sporenlose Stäbchen, Einteilung in die biochem. Untergruppen: A. *S. dysenteriae* mit den Serotypen 1–10. B. *S. flexneri* mit den Serotypen 1–5, Serotyp 6 mit 3 biochem. Subtypen, sowie den Varianten X u. Y. C. *S. boydii* mit den Serotypen 1–15. D. *S. sonnei* (Kruse–Sonne-Bakterien, E-Ruhr-Bakterien) mit Phase I u. II, neben den Ruhrbakterien der Flexner-Gruppe häufigste Dysenterieerreger in Mitteleuropa. [41]

Shigellose ↑Bakterienruhr. [40]

Shoemaker J. (1871–1940), Chirurg, Den Haag.

S' Linie: bis zur Bauchmittellinie verlängerte Verbindungslinie vom Trochanter major zum vorderen oberen Darmbeinstachel. Sie schneidet normalerweise die Bauchmittellinie oberhalb des Nabels. Verläuft sie unterhalb des Nabels, dann besteht ein Hochstand des Trochanter major. [23]

Shope' Kaninchenpapillom: 1933 von Shope beschriebenes, spontan auftretendes Hautpapillom des Wildkaninchens; durch Viren hervorgerufen, erzeugt bei Verimpfung auf andere Wildkaninchen wieder Papillome. Beim Hauskaninchen treten nach mehreren Passagen Hautkarzinome auf. [4]

Shòshin ⟨*jap*⟩ *n:* plötzliches Herzversagen unter dem Bild eines Asthma-cardiale-Anfalls bei B_2-Avitaminose infolge akuter Rechtsinsuffizienz. [10]

Shrapnell, Henry Jones (1761–1841), engl. Anatom.

S' Membran = Pars flaccida membranae tympani: schlaffe, dünne Membran im oberen Anteil des Trommelfells oberhalb des Hammervorsprungs; besteht im Gegensatz zu dem übrigen Trommelfell nur aus der Fortsetzung der Gehörgangshaut u. der Paukenhöhlenschleimhaut. [28]

Shunt ⟨*engl*⟩ *m:* Nebenschluß; ein aus der Elektrotechnik übernommener Begriff, der medizin. als Bezeichnung für eine abnorme Verbindung zwischen großem u. kleinem Kreislauf bzw. li. u. re. Herzen benutzt wird; auch für operative Verbindung des Pfortaderkreislaufes mit der unteren Hohlvene [5]

~umkehr: beim Shunt wird an sich das Blut vom Gebiet höheren Druckes zum Gebiet niedrigeren Druckes geleitet. Falls durch die vermehrte Volumenarbeit im Gebiet des zunächst niedrigeren Drucks eine Hypertrophie mit erhöhter Druckleistung zustande kommt, kann sich die Stromrichtung des Shunt teilweise oder ganz umkehren. [10]

Shwartzman, Gregory (*1896), Bakteriologe, New York.

S.-Sanarelli' Phänomen ↑Sanarelli-Shwartzman' Phänomen. [39]

Si: chem. Symbol für ↑Silizium. [8]

Sialadenitis ⟨*griech*⟩: Entzündung der Speicheldrüsen. [28]

Sialagoga remedia ⟨*griech, lat*⟩ *n, Pl:* Mittel, welche Speichelfluß erregen. [44]

Sialographie ⟨*griech*⟩: Röntgen-Kontrastdarstellung der Speicheldrüsen. [26]

Sialolithen ⟨*griech*⟩ *m* ↑Speichelsteine. [28]

Sialorrhoe ⟨*griech*⟩ *f:* verstärkte Speichelsekretion dauernd oder längere Zeit anhaltend. [28]

SIA-Test: durch Eintropfen weniger Tropfen Serum in destilliertes Wasser kommt es bei Vermehrung der Euglobuline zu einer groben Ausflockung. Unspezif. Suchreaktion auf eine Vermehrung des Gamma-Globulinkomponentensystems, die zur Diagnose der ↑Makroglobulinämie u. des ↑Myeloms wertvoll sein kann. [11]

sibilans ⟨*lat*⟩: pfeifend. [9]

Sicard, Jean Athanase (1872–1929), Neurologe, Paris.

S' Syndrom ↑Glossopharyngeus-Neuralgie. [20]

siccus ⟨*lat*⟩: trocken; siccatus getrocknet. [44]

Sichelband ↑Lig. falciforme hepatis. [1]

Sichelfuß = Pes adductus: Abweichen der Vor- u. Mittelfußknochen nach medial, durch Keimfehler entstanden. [23]

Sichelzellenanämie = Drepanozytose: von Herrick 1910 entdeckte u. von Huck 1923 als genet. determinierte Erythrozytenanomalie beschriebene Krankheit der Bewohner Afrikas. Auftreten von sichelförmigen Erythrozyten im peripheren Blut. Die Krankheit beginnt meist im Kindesalter, kann aber in allen Lebensaltern erstmalig in Erscheinung treten. Mäßige Anämie, Milz- u. Lebervergrößerung, Herzvergrößerung. Die Milzvergrößerung ist vor allem in den ersten Lebensjahren vorhanden, sie bildet sich später wieder zurück. Pathogenet. bedeutsam ist das Vorhandensein eines anomalen Hämoglobins (Hb S), so daß die Erkrankung der Gruppe der ↑Hämoglobinopathien zuzuordnen ist. In homozygot vererbter Form führt die Krankheit nach mehrjährigem Siechtum zum Tode. Die heterozygote Form kann klin. belanglos bleiben. [11]

Sicherungsmaßregeln, gerichtliche: Sie können bei Begehung einer strafbaren Handlung in einem gerichtlichen Urteil neben oder unabhängig von einer Strafe angeordnet werden (§42a StGB). Ziel derselben ist der Schutz der Gesellschaft vor einer weiteren Begehung ähnlicher Handlungen durch die betreffende Person. Dazu gehören u. a. Unterbringung in einem Arbeitshaus, Sicherungsverwahrung, Verbot der Berufsausübung. S. können auch zusammen mit Maßregeln zur Besserung angeordnet werden.

Sideramine: Wachstumsfaktoren aus Mikroorganismen, die den Komplex Eisen(III)-trihydroxamat enthalten. [42]

Sideroblast ⟨*griech*⟩ *m:* dem ↑Siderozyt entsprechende kernhaltige Vorstufe der Erythropoese mit groben Eisenkörnchen, normal etwa 20–40% S. im Knochenmark. Bei Störung der Eisenverwertung (= sideroachrest. Anämie) Anstieg der S. auf Werte bis 80%. [11]

Sideromyzine: Antibiotika aus Mikroorganismen, die den Komplex (Eisen(III)-trihydroxamat enthalten, z. B. ↑Albomyzin. [42]

Sideropenie ⟨*griech*⟩ *f:* Eisenmangelzustand des Organismus infolge 1. ungenügender Eisenzufuhr mit der Nahrung, selten; 2. gestörter Resorption aus dem oberen Magen-Darmkanal (Salzsäuremangel, chron. Gastroduodenitis, Magenresektion u. a.); 3. vermehrten Bedarfs (Wachstum, Pubertät, Schwangerschaft, chron. Infektion) oder 4. von Eisenverlusten (größere oder langdauernde kleine Blutungen, häufiges Blutspenden). Klin. werden unterschieden a) latente S. mit ungenügender Bildung von ↑Gewebshäminen. Folgen: Plummer-Vinson' Syndrom, Haarausfall, Koilonychie, leichte Erschöpfbarkeit u. a.) u. erhöhtes Eisenbindungsvermögen ohne Anämie u. b) manifeste S. mit gleicher Symptomatik u. deutlicher hypochromer (Eisenmangel-)Anämie (↑Anämie I) u. erniedrigtem ↑Serumeisen. [11]

Siderophagen: eisenspeichernde Zellen bei erhöhtem endo- oder exogenem Eisenangebot; meist Abkömmlinge des ↑RHS, z. B. in Milz, Leber (Kupffer' Sternzellen), Knochenmark, Lunge, Pankreas. [4]

siderophil ⟨*griech*⟩: eisenfreundlich. [11]

Siderophilie ⟨*griech*⟩ *f:* wörtlich eisenliebend oder -aufnehmend, doppelsinnig gebraucht als Syn. für ↑Hämochromatose oder als Adjektiv zur Charakterisierung der auf Eisenbehandlung ansprechenden siderophilen Anämieformen (↑Anämie I). [11]

Siderophilin = Transferrin: elektrophoret. mit dem β-Globulin im Blutplasma wandernde Eisen-Eiweißverbindung, die als Transportform den Austausch des Eisens zwischen dem Ort der Resorption (Magen-Darm-Kanal), den Eisendepots (Leber u. Milz) u. den Verbrauchsorganen (Knochenmark, Muskulatur) ermöglicht. [11]

sideropriv ⟨*griech*⟩: wörtlich eisenermangelnd; z. B. sideroprive Anämie = Eisenmangelanämie. [11]

Siderose ∗ **Siderosis** ⟨*griech*⟩ *f:* Ablagerung von Eisen in Körpergeweben.

S. bulbi: Verrostung des Augapfels, die erfolgt, wenn oxydationsfähige Eisensplitter längere Zeit im Auge verbleiben. Einlagerung von kohlensauren Eisensalzen in die Augenhäute. Klin. bräunliche Verfärbung der Iris u. der Linse mit Kataraktbildung. In der Netzhaut Degeneration der nervösen Elemente u. schwere Funktionsstörung, die schon sehr früh durch Erlöschen des ERG erkennbar ist; ↑Elektroretinogramm, ↑Metalloson. [36]

S. cutis: Einsprengung von Eisenteilchen in die Haut. [43]

S. pulmonum: rostbraune Verfärbung u. knotige oder diffuse Verhärtung der Lungen infolge Inhalation eisenhaltigen Staubes (↑Pneumoconiosis siderotica, „Feilenhauerlunge".) [5]

Sideroskop ⟨*griech*⟩ *m:* von Asmus eingeführte Magnetapparatur, worin ein astat. Nadelpaar bei Annäherung an Eisen Ausschläge macht, die durch Spiegelung an der Wand sichtbar gemacht werden. Seit Verfeinerung der Röntgentechnik u. Einführung der elektron. Metallsucher kaum noch im Gebrauch. [36]

Siderozyt ⟨*griech*⟩ *m:* 1943 von Domiach, Grüneberg u. Pearson beschriebener Erythrozyt, in dessen Plasma mit der ↑Berliner-Blau-Reaktion ein bis mehrere blaugefärbte Eisenkörnchen nachweisbar sind. Im peripheren Blut 0–3% Siderozyten normal, erhöhte Werte bei vielen hämolyt. Anämien, Bleivergiftung u. nach Splenektomie. [11]

Siebbein ↑Os ethmoidale. [1]

~zellenkrebs: selten auftretender Nasenkrebs nach langjährigem Arbeiten in Nickelbetrieben (Nickelkrebs). [49]

Siebbestrahlung: Tiefentherapie (↑Strahlentherapie), bei der auf der Haut des Einfallfeldes eine Bleigummiplatte (mit 1,2 mm Bleigleichwert) mit Löchern (in der Regel Apertur oder Öffnungsverhältnis 40%) liegt. Wegen der unterschiedlichen Strahlenqualitäten im Bereich der Sieblöcher u. -stege erfolgt die Angabe der Dosis „frei Luft" = Einfalldosis (EfD). Bei der analogen Rasterbestrahlung wird statt des Siebes ein Raster verwendet. [26]

Siebbrille: nach dem Prinzip der stenopäischen Brille ist eine undurchsichtige Scheibe mit zahlreichen Löchern siebartig durchsetzt, wodurch die Gesichtsfeldeinschränkung der einfachen stenopäischen Brille subjektiv erleichtert wird. [36]

Siebenmann' Röhrchen: gebogene Metallkanüle zur Spülung u. Funktion der Kieferhöhle vom mittleren Nasengang aus. [28]

7(Sieben)-S-Antikörper: ↑Immunglobuline im Serum höherer Wirbeltiere, deren Molekulargewicht (Sedimentationskonstante) durch die Summe zweier leichter Polypeptidketten (Molgew. jeweils ca. 20 000) u. zweier schwerer Polypeptidketten (Molgew. jeweils ca. 55 000) zustande kommt. [40]

Siebentagefieber: 1. durch Dengueviren verursacht; ↑Denguefieber; 2. durch bestimmte Leptospiren-Typen, z. B. *Leptospira pomona, L. tarassovi* (früher *L. hyos* bzw. *L. mitis*), in Mitteleuropa verursachte fieberhafte Infektion des Menschen (Leptospirose); in Australien als austral. S. bezeichnet; klin. Leitsymptome akutes Fieber mit Meningismus. Liquordiagnostik (Erregernachweis); Antikörperuntersuchung im Leptospiren-Widal (Agglutination). [40]

Siebold, Eduard K. J. v. (1801–1861), Gynäkologe, Göttingen.

S' Perforatorium: scherenförmiges, spitzes Instrument zur Eröffnung des Schädels für die ↑Embryotomie. Es wird die Spitze durch eine Knochenlücke gestoßen. Die Schneiden befinden sich an der Außenseite der Branchen, so daß beim Spreizen der „Schere" die Stichwunde erweitert u. das Schädelinnere zugänglich wird. [29]

17(Siebzehn)-D-Impfstoff: Gelbfieber-Lebendimpfstoff; hühnereiadaptierter Stamm 17 D („Asibi"). Subkutan-Impfung mit mehrjähriger Gewebeimmunität bietet einen Schutz vor einer Infektion. Die Nachimpfung erfolgt alle 10 Jahre. Es werden nur von der WHO zugelassene Impfstämme verwandt. [40]

Siedepunktserhöhung: die Erhöhung des Siedepunktes eines reinen Lösungsmittels durch gelöste schwerflüchtige Substanzen. Die molekulare (molale) S. hat für jedes Lösungsmittel einen charakterist. Wert (E_s), die ebullioskop. Konstante, den eine nicht dissoziierende Verbindung hervorruft, wenn 1 Mol. in 1000 g Lösungsmittel gelöst ist. E_s beträgt z. B. für Wasser 0,521 °C, für Essigsäure 3,08 °C. Die S. dient wie die ↑Gefrierpunktserniedrigung zur Bestimmung des Molekulargewichts nach

$$M = \frac{p}{\Delta t} \cdot E_s,$$

wo M das Molekulargewicht, p = g gelöste Substanz für 1000 g Lösungsmittel, E_s = molale S. und Δt die gefundene S. gegenüber dem reinen Lösungsmittel ist. [8]

Siegelringzellen: durch Schleimretention aufgetriebene helle Zellen mit randständigem Kern (charakterist. für ↑Gallertkarzinom). [4]

Siegemundin, Justine (1648 bis um 1705), Kurbrandenburg. Hofwehemutter. „Gedoppelter Handgriff der Siegemundin". 1690 von ihr angegebene Methode, schwierige Wendungen dadurch zu erleichtern, daß man zunächst einen erreichbaren Fuß anschlingt. Durch diesen genialen Kunstgriff hat man während der Wendung in jeder Situation die Möglichkeit, am Fuß zu ziehen bzw. ziehen zu lassen u. kann so „mit beiden Händen" im Uterus die Wendung beenden. [29]

Siegle, Emil (1833–1900), Otologe, Stuttgart.

S' Ohrtrichter (1864): pneumat. Ohrtrichter zur Prüfung der Beweglichkeit des Trommelfells. Auf den in den Gehörgang luftdicht eingeführten Trichter wird ein Zylinder mit einer schrägen Glasplatte bzw. Bikonvexlinse (zwecks Vergrößerung) aufgesetzt. Der unter dem Glas abgeschlossene Luftraum wird durch einen seitlich mit einem Schlauch einmündenden Gummiballon verdichtet u. verdünnt u. dadurch das Trommelfell in Bewegung versetzt. Modifikation nach Brünnings. [28]

Sigma (der Buchstabe „S" des griech. Alphabetes) *n:* Bezeichnung für das Colon sigmoideum, den S-förmig gekrümmten Teil des Dickdarms. [1]

Sigmatismus ⟨*griech*⟩ ↑Lispeln. [28]

Sigmoiditis ⟨*griech*⟩: Entzündung des S-förmigen Dickdarmanteils, des ↑Sigma. [18]

Sigm(oid)oskop ⟨*griech*⟩ *n:* opt. Röhrensystem zur Ausspiegelung von Sigmaanteilen zu diagnost. Zwecken. [18]

signa, signetur ⟨*lat*⟩: *Abk* s.; mache die Aufschrift (Gebrauchsanweisung für den Pat. in der üblichen Landessprache auf dem Rezept, muß vom Apotheker in gleicher Weise auf die Arzneigefäße übertragen werden). [44]

Signa mortis ⟨*lat*⟩ *n, Pl* ↑Todeszeichen. [52]

Signal: im Sinne der Informationstheorie jeder Träger, der zur Übermittlung von Informationen geeignet ist (z. B. Schallwellen, elektromagnet. Wellen, Uhrzeiger, Signalalarm). Veränderungen am S. vermitteln Informationen bei Zugrundelegen entsprechender Kodierung. [60]

~symptom ↑Jackson' Epilepsie. [33]

~system: Empfindungen u. Vorstellungen, die sich auf das äußere u. das innere Milieu beziehen, sind nach Pawlow die ersten u. dabei konkreten Signale der Wirklichkeit (erstes Signalsystem des Menschen). Der Mensch hat diese mit den Tieren gemein. Die Sprache u. das Denken bilden eine zweite Widerspiegelung der Wirklichkeit, ausgehend von den kinästhet. Reizen, die der Hirnrinde von den Sprachorganen übermittelt werden. Dieses zweite Signalsystem fußt auf dem Wort, dem Signal der ersten Signale, das die Möglichkeit der Verallgemeinerung erbrachte. Beide Systeme sind eng miteinander verbunden u. beim gesunden Menschen nicht ohne Beziehungen zueinander. [35]

Signatur ✶ **Signatura** ⟨*lat*⟩ *f:* Aufschrift auf Arzneigefäße über die Verordnungsweise. [44]

signifikant ⟨*lat*⟩: wesentlich, bezeichnend. Im statist. Sinne wird ein Unterschied zwischen zwei (oder auch mehr) Maßzahlen, Häufigkeitsverteilungen u. a. dann als signifikant bezeichnet, wenn er so groß ist, daß die Wahrscheinlichkeit seines Nichtbestehens geringer als eine vorgesehene Irrtumswahrscheinlichkeit (üblich 5%, 1% oder 0,1%) ist, d. h., wenn er die durch Irrtumswahrscheinlichkeit festgelegte Grenze des Zufälligkeitsbereiches überschreitet. [48]

Signum ⟨*lat*⟩: Zeichen; z. B. S. mali ominis: böses Vorzeichen im Sinne einer schlechten Prognose. [18]

Silber, Henry K. (*1918), amerikan. Pädiater, Denver.

S' Syndrom: multiple Abartung in Form von kongenitaler Körperasymmetrie, Minderwuchs u. gestörter Geschlechtsentwicklung (Formenkreis: Dysmorphie-Syndrom, Kranio-Mandibolo-fazialis- u. Kieferbogen-Syndromie). Das S' Syndrom ist wahrscheinlich mit dem Russel' Syndrom u. dem Rubinstein' Syndrom nahe verwandt. Geburtsuntergewicht nach normaler Tragzeit u. verzögertes Längenwachstum. Allgemeine somat. u. psychomotor. Entwicklungsverzögerung mit vermindertem Skelettalter, verspäteter Zahnung, verspäteter allgemeiner stat. Entwicklung, Asymmetrie des Körperbaus, Verkürzung des 5. Fingers sowie Zygodaktylie. Ätiologie unbekannt; Chromosomenverhältnis normal. [32]

Silber: Argentum; Symbol Ag, Edelmetall; 1wertig, selten 2- u. 3wertig. Das Silber für Gebrauchsgegenstände ist mit 10–20% Kupfer legiert, wodurch es härter wird. S. ist weit verbreitet in Pflanzen u. Tieren, bes. in Meerestieren, aber sehr wahrscheinlich kein lebensnotwendiges Element; ↑Argyrie; ↑Oligodynamie; ↑Silbernitrat. [8]

~drahtarterien: Engstellung der Netzhautarterien (oft mit Kaliberungleichheiten u. völliger Blutleere mancher Abschnitte gepaart bei Retinopathia angiospastica. Infolge des geringen Blutgehaltes sehen die Arterien wie feine glitzernde Fäden aus. [36]

~fasern: argyrophile ↑Fasern. [4]

~fischchen: Lepisma sacharina, ein Urinsekt (prim. flügellos), wenige mm lang, mit langen Schwanzborsten, silbrig bestäubt, in feuchten Wohnungen häufig. Frißt Tapetenkleister, Papier, Nahrungsmittel, Gesundheitsschädling, ekelerregend. [58]

~folie: dünn gewalztes Silber, zum Abdecken von oberflächlichen Wunden u. zum Anreiz der Epithelbildung. [18]

~häutchen: 1. dünne, pergamentartige, fetthaltige, Vitamin B_1 enthaltende Schale (Samenschale) des Reiskornes, die unter der Spelze liegt. Durch Polieren, d. h. durch Entfernen dieses Häutchens, wird Vitamin B_1 entzogen; der einseitige Genuß solcher Produkte führt in Reisländern zur Mangelkrankheit der ↑Beriberi; 2. innere, dünne Samenhaut der Kaffeebohne, die von der äußeren derben, sog. Pergamentschale, umgeben ist; wird beim Rösten weitgehend entfernt. [16]

~imprägnation ↑Versilberungstechnik. [2]

Silbermann, N. Frederic (*1914), amerikan. Arzt.

S' Syndrom: Syn. Prämature Synostose des Sternums; Entwicklungsanomalie des Sternums. Prämature Synostose aller sternalen Knochenkerne; oft sek. Ausbildung einer Hühnerbrust. Gleichzeitig kommen angeborene Herzmißbildungen häufig vor. [32]

Silbernitrat ↑Argentum nitricum. [44]

Silent period ⟨*engl*⟩: auf die Muskeltätigkeit bezogener Begriff (stumme, inaktive Phase). Nach Ablauf eines ↑Eigenreflexes kommt es zu einem 50–100 ms anhaltenden Verschwinden der efferenten Innervation, so daß in dieser Periode auch die sonst immer vorhandene ton. Innervation zur Aufrechterhaltung der Muskelgrundspannung (Ruhetonus) fehlt. [7]

Silikagel: Kieselsäuregel; ↑Blaugel. [42]

Silikatose ⟨*lat*⟩: Staublungenkrankheit durch silikathaltige Stäube. Krankheitsverlauf ähnlich wie bei ↑Silikose. Bei objektiv feststellbarer Leistungsminderung von Atmung oder Kreislauf oder in Verbindung mit aktiver Lungentuberkulose als melde- u. entschädigungspflichtige Berufskrankheit anerkannt. [49]

Siliko-Arthritis ↑Caplan' Syndrom [13]

Silikone, Polysiloxane: siliziumorgan. makromolekulare Verbindungen aus

$$-\overset{|}{\underset{|}{Si}}-O-\overset{|}{\underset{|}{Si}}-,$$

in denen an das Si organ. Gruppen wie Methyl-, Äthyl-, Vinyl-, Phenyl- u. a. in unterschiedlichen u. wechselnden Mengen gebunden sind. Chem. sehr resistent, physiolog. völlig inaktiv, hydrophob, hitze- u. kältebeständig. Je nach Herstellung u. Zusammensetzung Silikonöle u. -fette, Silikonkautschuk u. -gummi sowie Silikonlacke u. -harze. Für medizin. Geräte verwendet als Innenauskleidung von Ampullen („Klarglasampullen") u. anderen Glasgeräten, Transfusionsgeräten (Herz-Lungenmaschine), Antischaummittel, Salbengrundlage. [8]

Silikose ⟨*lat*⟩: bindegewebige Veränderung des Lungengewebes auf Grund des Reizes des in die Lungen geratenen kieselsäurehaltigen Staubes. Röntgenstadium I: Verstärkung der peribronchit. Stränge u. der Gefäßzeichnung, allerkleinste weiche Tüpfelungen meist im Mittelgeschoß; Stadium II: vermehrte Lungenzeichnung, kleine Tüpfelungen; Stadium III: unter Zunahme der netz- u. wabenförmigen Marmorierung der Lungen, vor allem in den mittleren Lungenpartien, Auftreten von Fleckschatten wechselnder Schattentiefe u. unregelmäßiger Größe bis zur Bildung von Tumorschatten. Begleitendes Emphysem führt zur Aufhellung der unteren Lungenpartien, Schrumpfungserscheinungen der Silikoseschwielen führen zur Hochziehung des Herzbeutels u. Ausziehungen des Zwerchfells, zur Mittelstellung u. Drehung des Herzschattens. Subjektive Kurzatmigkeit u. Luftmangel infolge Einschränkung der Atmungsbreite u. des herabgesetzten Lungenfassungsvermögens sowie Beeinträchtigung der Herzfunktion. Häufig mit Tuberkulose verbunden. Bei objektiv feststellbarer Leistungsminderung von Atmung oder Kreislauf oder in Verbindung mit aktiver Lungentuberkulose als melde- u. entschädigungspflichtige Berufskrankheit anerkannt. [49]

Silikotuberkulose: gleichzeitige Erkrankung der Lunge an Silikose u. Tuberkulose; ↑Silikose. [49]

Siliquidreaktion: kolloidale 0,25%ige Lösung von Kieselsäureanhydrid (Siliquid) wird tropfenweise mit Blutserum versetzt u. die Tropfenzahl ermittelt, bei der eine stärkere Trübung auftritt. Patholog. Reaktionen bei Leberschäden. S. gehört zu den Serumlabilitätsproben. [47]

Silizium: chem. Symbol Si, 2- u. hauptsächlich 4wertig; in Verbindungen weitverbreitetes Element, ↑Kieselsäure. Siliziumdioxid SiO_2 Quarz, Bergkristall, Kieselgur; Silikate in vielen Gesteinen, Ton, Porzellan, Glas; Silikagel (Blaugel) als Trockenmittel; polymerisierte ↑Silikone (organ. Siliziumverbindungen); ↑Silikose. [8]

Silkwormgut ⟨*engl*⟩ *n:* Nahtmaterial, das aus dem Spinnsaft der Raupe hergestellt wird. [8]

Silo-Krankheit: durch die Einlagerung von Getreide, Reis, Sojabohnen, Grünfutter, Tabak, Heu u. keimenden Kartoffeln entwickelt sich durch natürliche „Atmung" Kohlendioxid u. gefährdet Menschen beim „Befahren" der Behälter, wenn nicht für Abfluß des Gases an der untersten Stelle des Silos gesorgt ist. [49]

Silvester Henry Robert (1828–1908), Arzt, London.

S' Atmung ↑Atmung, künstliche. [27]

Silvestroni-Bianco' Syndrom ↑Thalassämie. [11]

Silvose: Bezeichnung für den durch Hydrolyse aus Holz (Zellulose) hergestellten Traubenzucker. [16]

Simian virus 40: bei Affen bzw. in Affen-Zellkulturen vorkommendes, gegenüber Hamstern onkogenes (krebserzeugendes) DNS-Virus mit einem Durchmesser von ca. 40 nm. [40]

Similia similibus (curantur) ⟨*lat*⟩: Grundsatz der ↑Homöopathie. Mittel, die bei Gesunden in hohen Dosen Vergiftungserscheinungen mit bestimmten Symptomen hervorrufen, werden in niedriger Dosierung Pat. verabreicht, bei denen durch eine Krankheit gleiche Symptome aufgetreten sind. [44]

Simmonds, Morris (1855–1925), Pathologe, Hamburg.

S' Krankheit (Kachexie): Hypophysenvorderlappeninsuffizienz, verursacht durch Tumor, Tuberkulose oder Syphilis; ↑Sheehan' Syndrom. [31]

Simon, Georg, zeitgen. Pädiater, Düsseldorf.

S' Herde: hämatogen entstandene tuberkulöse Streuherde im Bereich der Lungenspitze; finden sich im Rahmen einer Frühstreuung, zeigen ausgesprochene Neigung zur Rückbildung. [4]

Simon, Gustav (1824–1876), Chirurg, Heidelberg.

S' Operation ↑Kolpokleisis. [29]

Simonart, Pierre Joseph Cécilien (1817 bis 1874), Gynäkologe, Brüssel.

S' Bänder: amniot. Stränge; Verwachsungsbänder von den Eihäuten zum Fetus können beim Feten zu intrauterinen Amputationen u. Deformitäten der Gliedmaßen führen. [29]

Simpson, Jakob (1811–1870), Gynäkologe, Edinburgh, Entdecker der Chloroformnarkose, 1847. [27]

Sims, James Marion (1813–1883), Gynäkologe, New York.

S' Operation: Durchschneidung des Sphincter cunni auf beiden Seiten bei Vaginismus.

S' Spekulum: rinnenförmiges Doppelspekulum zur Entfaltung der Scheide.

S' Uterussonde: leicht gebogene Sonde mit Graduierung zum Messen der Länge der Gebärmutterhöhle. Die Biegung entspricht dem Winkel, den Corpus u. Collum uteri miteinander bilden. [29]

Sims-Huhner-Test: in vitro auszuführender ↑Penetrationstest. Wenige Stunden nach der Kohabitation wird der Zervikalschleim auf das Vorhandensein u. die Anzahl lebender Spermien untersucht. [29]

Simson' Schmerzen: wehenartige Schmerzen beim Korpuskarzinom; selten zu beobachten. [29]

Simulation ⟨*lat*⟩: Vortäuschung, demonstrative Darstellung einzelner Krankheitserscheinungen oder ganzer Krankheitsbilder. Leichtere Grade bezeichnet man als Aggravation, Übertreibung, wobei also vorausgesetzt wird, daß gewisse (organ. bedingte) Störungen tatsächlich vorhanden sind. Nachweis der S. verlangt gründliche Untersuchung u. bes. Erfahrung. [33]

Simulium: Gattung der ↑Kriebelmücken, in den Tropen z. T. Überträger gefürchteter Wurmkrankheiten u. a. Seuchen. [58]

Simultan|impfung: gleichzeitige aktive u. passive ↑Immunisierung. [39]

~raumschwelle: kleinster Abstand, den zwei gleichzeitig gegebene punktförmig wirkende Reize, z. B. leichte Berührungen der Haut mit zwei Spitzen, noch haben können, damit sie von der Person als zwei Reize wahrgenommen werden. Sie hängen von der Dichte der Rezeptoren ab. An der Zungenspitze ist sie in bezug auf die taktile Empfindung am kleinsten („Tastlupe"), mithin liegen dort die (taktilen) Rezeptoren am dichtesten. [7]

~schichtverfahren ↑Röntgenschichtverfahren. [26]

~schwelle ↑Simultanraumschwelle. [7]

Sinapis ⟨*griech*⟩ *f:* Semen Sinapis nigrae; Samen von Brassica nigra (schwarzer Senf); enthalten fettes Öl, Proteine u. das Glykosid Sinigrin. Im Samen vorhandenes Enzym Myrosinase spaltet Allylsenföl ab, entscheidender Wirkstoff bei Senfpackungen als hautreizendes Mittel. Semen Sinapis albae: Samen von Brassica alba; weißer Senf; enthält das Glykosid Sinalbin, aus dem durch Myrosinase Sinalbinsenföl entsteht, wirkt schwächer reizend als Allylsenföl. Wärme u. Wasser führen zur Einleitung der enzymat. Prozesse. Bei Lagerung wird Senfmehl unter diesen Bedingungen schnell unwirksam (Schutz vor Licht u. Wasser). [44]

Sinciput ⟨*lat*⟩ *n:* ɔrderkopf. [1]

Sinding-Larsen-Johansson' Syndrom ↑Larsen-Johansson' Syndrom. [23]

Singultus ⟨*lat*⟩ *m:* Schluckauf, Schlucken; inspirator. Geräusch, das durch ruckartige Kontraktion des Zwerchfells mit nachfolgendem Verschluß der Stimmritze hervorgerufen wird. Vorkommen nach stärkerem Alkoholgenuß, bei Reizung des Zwerchfells durch Magenerkrankungen, bei Peritonitis, Enzephalitis, Hysterie. [7]

Sinigrin ↑Sinapis. [44]

Sinistropositio ⟨*lat*⟩ *f:* Linksverlagerung, z. B. S. uteri, Linksverlagerung der Gebärmutter. [29]

Sinistroversio ⟨*lat*⟩ *f* ↑Versio. [29]

Sinnes|energie, spezifische: von Johannes Müller geprägter Begriff. Die mit ihm gekennzeichnete Abhängigkeit der Empfindung vom jeweils gereizten Sinnesorgan rückt eine Seite der Wechselbeziehung zwischen dem Agens, das auf den Rezeptor einwirkt, u. dem Organismus in den Vordergrund. Wenn man die Genese der im Laufe der phylogenet. Entwicklung herausgebildeten Organe mit spezif. Rezeptoren berücksichtigt (S. L. Rubinstein), bewahrt man sich vor den irrigen agnostizist. Rückschlüssen, zu denen sich nicht wenige durch eine entsprechende Auslegung haben verleiten lassen. [35]

~epithel: Bezeichnung für einen epithelialen Zellverband, der aus Sinneszellen u. Stützzellen besteht (z. B. Riechepithel, Geschmacksknospen, Retina, Organum spirale, Macula utriculi u. sacculi). [2]

Sinnes|täuschung ↑Illusion, ↑Halluzination, ↑Pseudohalluzination, ↑Pareidolien. [34]

~werkzeuge: Organe, die über zahlreiche spezif. Rezeptoren verfügen u. den Organismus über seine Umwelt informieren. Von Pawlow als Analysatoren der Außenwelt aufgefaßt u. bezeichnet. Man unterscheidet im allgemeinen 5 Sinneswerkzeuge, den Gesichts-, Gehörs-, Geruchs-, Geschmacks- u. den Tastsinn, wobei der letztere in Wirklichkeit mehrere Sinnesfunktionen umfaßt, nämlich den Druck-, Warm-, Kalt- u. Kraftsinn. Wenn man den Schmerz sowie den Gleichgewichtsapparat ebenfalls als Sinnesfunktion auffaßt, erhöht sich die Anzahl der Sinneswerkzeuge auf 10. Jedes Sinneswerkzeug besteht aus 3 Abschnitten: der peripheren Sinnesfläche (peripherer Abschnitt des Analysators nach Pawlow), die die Rezeptoren sowie Zusatzvorrichtungen enthält, die die Aufnahme ganz bestimmter Reize durch die Rezeptoren gewährleisten, z. B. der Lichtbrechungsapparat am Auge, die Schallaufnahmeorgane wie Ohrmuschel, Trommelfell, Gehörknöchelchen am Ohr usw.; der nervalen Leitung (leitender Abschnitt des Analysators, Sinnesnerven nebst Leitungsbahnen); der zentralen Sinnesfläche (zentraler Abschnitt des Analysators nach Pawlow, Ganglienzellen in den entsprechenden Nervenzentren, von denen die in den Rindenzentren auch als Empfinder bezeichnet werden). Die Vermittlung von Sinnesempfindungen ist aber nur eine Seite der Funktion der S., da die Empfindungen nur der subjektive Ausdruck ihrer analysator. Funktion sind, die in der Herstellung der Umwelt angepaßter, für den Organismus zweckmäßiger Reaktionen nach dem Prinzip der bedingten Reflexe besteht. [7]

~zentren: Stellen der Großhirnrinde, an denen die Sinneseindrücke zum Bewußtsein kommen; ↑Rindenzentren, ↑Projektionsfelder. [1]

Sinopulmonales Syndrom: Syn. Sinobronchitis, Broncho-Sinusitis-Syndrom; koordiniertes Vorkommen von mehr oder minder chron. Bronchitis u. chron. Entzündung einer oder mehrerer Nasennebenhöhlen. Sympt.: chron. hartnäckiger Husten, chron. schleimig-eitrige ↑Sinusitis, Schleim-Eiterstraße im Rachen; Adenoide mit Mundatmung, Hypertrophie der paratrachealen u. hilären Lymphknoten, Kopfschmerzen; röntgenolog. sind die Hili verdichtet, Verschattung einer oder mehrerer Nebenhöhlen. Grundlage der Krankheit ist eine gemeinsame exsudative Diathese der Schleimhäute der Nasennebenhöhlen u. der Bronchien. [32]

Sinugraphie ⟨*lat, griech*⟩ *f:* röntgenolog. Darstellung der Sinus durae matris durch Injektion von Kontrastmittel direkt in die Sinus oder während der venösen Phase des zerebralen Angiogrammes. [20]

Sinus ⟨*lat*⟩ *m:* Busen, Vertiefung, Winkel. In der Anatomie auch für geschlossene Kanäle, Erweiterungen von Blut- u. Lymphgefäßen u. lufthaltige Räume im Knochen.

S. anales: Vertiefungen zwischen je zwei Columnae anales.

S. aortae (Valsalvae): die taschenförmigen Räume zwischen den Valvulae semilunares u. der Aortenwand.

S. arteriae pulmonalis (JNA) ↑S. trunci pulmonalis (PNA).

S. caroticus: Erweiterung der A. carotis communis an ihrer Teilungsstelle; kann sich auch noch auf die A. carotis interna erstrecken.

S. cavernosus ↑Hirnsinus.

S. coronarius: venöser Raum in der Herzkranzfurche an der Hinterfläche des Herzens auf der Vorhof-Kammergrenze. Nimmt die V. cordis magna u. parva auf, mündet in den re. Vorhof des Herzens.

S. durae matris ↑Hirnsinus.

S. epididymitis: zwischen Hoden u. Nebenhoden gelegene, nach lateral offene Bauchfelltasche.

S. ethmoidales = Cellulae ethmoidales = Labyrinthus ethmoidalis: Siebbeinhöhlen oder Siebbeinlabyrinth, paarig.

S. frontalis: die Stirnbeinhöhle, luftgefüllte Nasennebenhöhle im Stirnbein; steht mit der Nasenhöhle in Verbindung.

S. intercavernosi: Querverbindungen zwischen den beiden Sinus cavernosi, wodurch um die Hypophyse ein Venenring gebildet wird.

S. lactiferi: die spindelförmige Erweiterung eines jeden Milchganges vor dessen Ausmündung auf der Brustwarze.

S. lienis: Milzsinus (↑Milz).

S. mammarum: Busen; längliche Furche zwischen den weiblichen Brüsten.

S. maxillaris (Highmori): Kieferhöhle; lufthaltige Nasennebenhöhle im Oberkiefer; steht mit der Nasenhöhle in Verbindung.

S. nasales (JNA) ↑S. paranasales (BNA, PNA).

S. obliquus pericardii: Ausbuchtung, die sich aufwärts hinter das li. Atrium erstreckt u. jederseits von serösen Herzbeutelfalten begrenzt wird, welche die Endteile der li. u. re. Lungenvenen einschließen.

S. paranasales: die Nebenhöhlen der Nase; ↑Nasenhöhlen.

S. phrenicocostalis (BNA, JNA) ↑Recessus costodiaphragmaticus (PNA).

S. piriformis ↑Recessus piriformis (PNA).

S. pleurae (BNA, JNA) ↑Recessus pleurales (PNA).

S. posterior (cavi tympani): tiefe Grube am hinteren Teil der medialen Paukenhöhlenwand zwischen Eminentia pyramidalis u. Promontorium.

S. prostatici: kleine Aussackungen der Harnröhre beiderseits vom Colliculus seminalis, wo die Ausführungsgänge der Vorsteherdrüse münden.

S. rectales (BNA, JNA) ↑S. anales (PNA).

S. renalis: der vom Nierenhilus her zugängliche, mit Bindegewebe erfüllte Raum, der von der Nierensubstanz umgriffen wird u. in dem das Nierenbecken u. die großen Gefäße liegen.

S. sphenoidalis: die Keilbeinhöhle; luft-

haltige Nasennebenhöhle, die mit der Nasenhöhle in Verbindung steht u. im Körper des Keilbeins liegt.
S. tarsi: die zwischen Sprungbein u. Fersenbein gelegene Bucht in der Fußwurzel.
S. tonsillaris: der Raum zw. beiden Gaumenbogen; enthält die Tonsilla palatina.
S. transversus pericardii: der mit Perikard ausgekleidete Spalt zwischen Aorta u. Truncus pulmonalis einerseits u. den Vorhöfen andererseits.
S. trunci pulmonalis: die taschenförmigen Räume zwischen den Valvulae semilunares u. der Wand des Truncus pulmonalis.
S. tympani: die Grube am hinteren Teil der medialen Paukenhöhlenwand zwischen der Eminentia pyramidalis u. dem Promontorium.
S. unguis: der Nagelfalz. Die rinnenförmige Vertiefung, die vom Nagelwall umwölbt wird.
S. venarum cavarum: das erweiterte Einmündungsende der Hohlvenen in den re. Vorhof.
S. venosus sclerae (Schlemmi) ↑ Schlemm' Kanal. [1]
Sinusarhythmie: im Elektrokardiogramm unregelmäßige Herzschlagfolge bei sonst normalem Ekg-Befund. Kommt entweder bei Veränderungen der Herzmuskulatur im Bereich des Sinusknotens im re. Vorhof als regellose S. oder – ohne patholog. Bedeutung – als respirator. S. mit Frequenzzunahme im Inspirium u. Frequenzabnahme im Exspirium vor. [9]

Sinus-cavernosus-Syndrom: charakterist. Symptomenkomplex bei Schädigung der Hirnnerven am Sinus cavernosus (Hypophysentumoren, Keilbeinflügelmeningeome u.a.); homolaterale Augenmuskellähmungen (N. oculomotorius, N. abducens, N. trochlearis) mit Trigeminusbeteiligung. [20]

Sinus|druckversuch ↑ Vagusdruckversuch. [10]
~endothelien *n, Pl:* die die Lymphstraßen (Sinus) der Lymphknoten auskleidenden Zellen. [5]
~extravasat *n:* pyelorenaler ↑ Reflux. [24]
~hyperplasie *f:* Erweiterung, Wandverdickung u. Vermehrung der Milzsinus; entsteht als Folge länger dauernder Stauung im Pfortaderkreislauf, z. B. bei Leberzirrhose. [5]

Sinusitis ⟨*lat*⟩: Entzündung eines Sinus; 1. Entzündung eines Hirnblutleiters (↑ Sinusphlebitis); 2. Entzündung der ↑ Nasennebenhöhlen (↑ Sinus paranasales) z. B. S. maxillaris – Kieferhöhlenentzündung. [28]

Sinus|katarrh: Erweiterung der Lymphstraßen (Sinus) in den Lymphknoten u. Ausfüllung derselben mit gewucherten Retikulumzellen u. abgeschilferten Sinusendothelien als Ausdruck einer akuten oder chron. unspezif. Entzündung. [5]
~knoten ↑ Erregungsleitungssystem. [7]
~kurve: eine Kurve, bei der die Ordinate y von der Abszisse x nach der Gleichung $y = \sin x$ abhängig ist. Die meisten Schwingungsvorgänge (z. B. Schallwellen oder elektromagnet. Schwingungen) verlaufen nach Art einer Sinuskurve (Abhängigkeit der Amplitude vom Sinus der Frequenz, die als kreisender Vorgang, sog. Kreisfrequenz aufgefaßt wird, was die Berechnung des Sinus ermöglicht). [7]
~nerv: vom Karotissinus ausgehender Nerv. [1]
~phlebitis: Entzündung eines Hirnblutleiters; meistens infolge Fortleitung der Entzündung aus der Nachbarschaft bei Meningitis, Warzenfortsatzeiterungen, Oberlippenfurunkel, selten durch Schädeltrauma; führt häufig zu ↑ Sinusthrombose. [28]
~punktion: Punktion des Sinus sagittalis sup. zur Entnahme von Venenblut bei Säuglingen mit noch offener großer Fontanelle. [32]
~rhythmus: normaler Rhythmus der Herztätigkeit unter dem Einfluß des Sinusknotens; ↑ Erregungsleitungssystem. [7]
~thrombose: Thrombose der ↑ Hirnsinus; schweres, akutes bis subakutes Krankheitsbild, vorwiegend bei zu Marasmus führenden Allgemeinleiden. Kopfschmerz, Benommenheit bis Bewußtlosigkeit, herdbetonte Anfälle u. Paresen (Hirnerweichungen), meningeale Reizerscheinungen, Stauungspapille, Eiweißerhöhung im Liquor. Bei Thrombose des Sinus cavernosus Lidschwellung u. Exophthalmus, des S. transversus Schwellung des Proc. mastoideus, des S. longitudinalis Nasenbluten; ↑ Orbitalphlegmone. [33]

Siphonaptera ↑ Flöhe. [58]

Siphonospora polymorpha (Brehmer): irrtümlich als Krebserreger beschriebenes Bakterium. [25]

Sippy, Bertram Welton (1866–1924), Internist, Chicago.
S' Kur 1–3 Monate dauernde Kur bei Ulcus ventriculi, bestehend aus 180 ml lauwarmem Gemisch aus Sahne u. Milch stündlich, 1/2 h darauf jedesmal 1/2 Teelöffel Magnesia usta, Natriumbikarbonat zur Neutralisation des Magensaftes; diese Kur wird häufig in der Modifikation nach Umber angewendet. [16]

Sirene *f* (nach den Fabelwesen der Odyssee): Syn. Sirenomelus, Symmelie, Sympodie, Sympus; Mißbildung mit unterschiedlich starker Verschmelzung der unteren Extremitäten bei Defektbildungen des Beckens u. der unteren Wirbelsäule sowie zumeist weiteren Mangelbildungen. [5]

Sirup ✳ **Sirupus** ⟨*arab, lat*⟩ *m:* Zuckerlösung; in verschiedener Zubereitung Obstsirup, Stärkesirup, Speisesirup; in der Arz-

neimittelzubereitung als Geschmackskorrigens.
S. Althaeae: aus Radix althaeae, Eibischwurzel, Geschmackskorrigens.
S. Aurantii: Pomeranzensirup, aus Pericarpium aurantii, Geschmackskorrigens.
S. Cerasi: Kirschsirup.
S. ferri oxydati: Eisenzuckersirup, etwa 1% Fe.
S. kalii sulfoguajacolici: Guajakolsirup, bei Bronchitiden.
S. liquiritiae: Lackritzensirup, Korrigens.
S. mannae: Mannasirup, von Fraxinus ornus (Mannaesche).
S. rhei: Rhabarbersirup, mildes Laxans.
S. Rubi Idaei: Himbeersirup.
S. simplex: Zuckersirup, Vehikel u. Korrigens.
S. Thymi: Thymianextrakt mit Zuckersirup, bei akuten Katarrhen der Luftwege. [44]

Sitieirgie ⟨*griech*⟩ ↑Nahrungsverweigerung, z. B. bei Depression, Schizophrenie. [34]

Sitis ⟨*lat*⟩ *f:* Durst. [8]

Sitkowski' Symptom: bei Appendizitis treten in der li. Seitenlage Schmerzen in der Appendixgegend auf. [18]

Sitolipin: von Uroma aus Weizenkeimlingen isoliertes Antigen zur Syphiliskomplementbindungsreaktion; ähnlich dem ↑Kardiolipin. [43]

Sitophobie ⟨*griech*⟩ *f* ↑Nahrungsverweigerung. [34]

Sitosterine: zu den Phytosterinen gehörende Sterine. Am verbreitesten ist das β-S. (22-Dihydrostigmasterin), das sich vom Cholesterin nur durch die Seitenkette am C-Atom 17 unterscheidet
$-CH(CH_3){\cdot}CH_2{\cdot}CH_2{\cdot}CH_2{\cdot}CH(C_2H_5){\cdot}CH(CH_3)_2$.
Vorkommen in den Keimölen von Roggen, Weizen, Baumwollsamen, Brennesseln u. a. Das γ-S. ist mit dem Zoosterin Clionasterin ident.; Vorkommen im Sojaöl, in Schwämmen. Das α-S. ist wahrscheinlich ein Gemisch; beschrieben sind weitere Isomere. [8]

Situationsafferenz: Gesamtheit des Erregungszuflusses von den Rezeptoren bzw. Sinnesorganen in das Gehirn zu einem bestimmten Zeitpunkt. Sie wird von der ↑Afferenzsynthese mit verarbeitet u. bildet den Hintergrund, auf dem biolog. bedeutsame Reize ein bestimmtes Verhalten auf bedingtreflektor. Wege auslösen. [7]

Situationsphobie: Situationsangst; Furcht vor bestimmten Situationen, so z. B. ↑Agoraphobie, ↑Klaustrophobie, ↑Anankasmus. [34]

Situs ⟨*lat*⟩ *m:* Lage, Stellung (z. B. der Organe in den Körperhöhlen).
S. inversus cordis: spiegelbildliche Verlagerung des Herzens nach re.
S. inversus viscerum: Umkehrung der normalen Lage der Eingeweide, so daß sie ein Spiegelbild der normalen Verhältnisse darstellen. [1]

Sitz|bein = Os ischii: unterer Teil des Hüftbeins, schließt sich an das Darm- u. Schambein an, umfaßt mit diesen das ↑Foramen obturatum u. bildet den Sitzbeinknorren, der die Knochenstütze beim Sitzen darstellt. [1]
~buckel: Kyphose im Bereich des dorsolumbalen Übergangs der Wirbelsäule bei Neugeborenen u. Kleinkindern, durch Rachitis, bes. durch zu frühes Sitzen entstanden, aber auch bei Dysostosen (angeboren). [23]
~höhe: die Entfernung von den Sitzbeinknorren bis zum freien Kopfende (Scheitel). Der Darm ist etwa 7mal so lang wie diese Strecke. [7]

sive, seu ⟨*lat*⟩: oder (in latein. Termini mit zweifacher Bezeichnungsmöglichkeit). [8]

Siwe' Krankheit ↑Letterer-Siwe' Krankheit. [11]

Size-lenses: Brillengläser, die durch Verwendung bes. Materials die ↑Anisoikonie ausgleichen; ↑Anisometropenbrillen. [36]

Sjögren, Henrick Samuel Conrad, zeitgen. Ophthalmologe, Jönköping.
S' Zeichengruppe: Krankheitsbild mit Keratoconjunctivitis filamentosa, Rhinolaryngopharyngitis sicca, chron. Arthritis, Hyperproteinämie, starker Vermehrung der Globuline im Serum, erheblicher Blutsenkungsbeschleunigung, Plasmazellvermehrung im Knochenmark. Histolog. finden sich chron. Entzündung u. Atrophie der Speichel-, Tränen- sowie Schleimhautdrüsen in den oberen Luftwegen. Zuweilen besteht dabei eine perniziöse Anämie, vielleicht auf Grund einer Atrophie der Magenschleimhautdrüsen. Die Ätiologie ist umstritten. S. schuldigt eine Infektion an. [9]

Sjögren, Torsten, zeitgen. Psychiater, Stockholm.
S' Syndrom: angeborene Katarakt u. Oligophrenie. [33]

Sjöqvist, C. Olof (*1901), Neurochirurg, Stockholm.
S' Operation ↑Traktotomie. [20]

Skabies ✱ **Scabies** ⟨*lat*⟩ *f:* Krätze; Erreger ist die Krätzemilbe (↑Sarcoptes scabiei). Endem.-epidem. durch Kontakt von Mensch zu Mensch übertragbare Hautparasitose. Das Weibchen bohrt sich in die Hornschicht ein u. legt in diesen Gängen Eier u. Kot ab, wodurch Entzündungen u. Hautjucken bes. in der Wärme entstehen. Beginn des Befalls an typ. Stellen (Hände, Achselfalten, Brust, Nabel, Genitale, Füße). Die Entwicklung vom Ei bis zur geschlechtsreifen Milbe beträgt ca. 17 Tage. [40, 43]
S. crustoasa, seu Boecki: Krätze mit eigen-

artiger Reaktionsform des Körpers auf die Krätzemilbe unter Bildung von Krusten u. Hornschwielen bei debilen Personen. [43]

Skala ⟨*lat*⟩ *f:* Gradeinteilung. [54]

Skalenotomie ⟨*griech*⟩: Durchschneidung des M. scalenus anterior bei ↑Skalenus-Syndrom. [18]

Skalenuslücke: die Lücke zwischen dem M. scalenus ant. u. M. scalenus medius, durch welche die A. subclavia u. der Plexus brachialis hindurchtreten. [1]

Skalenus-Syndrom: die Aufgabe des M. scalenus ist die Hebung der ersten Rippe. Hebt der Muskel diese infolge Verkürzung oder spast. Kontraktionen zu hoch, so verengt sich der Spalt zwischen Rippe u. Schlüsselbein, u. das hier durchlaufende Nerven- u. Gefäßbündel des Plexus brachialis wird zusammengedrückt. Die Kompression wird bei Einatmung stärker. Senkung der Schulter z. B. beim Tragen schwerer Lasten u. schwere körperliche Arbeit können Beschwerden auslösen. Die Symptome sind die gleichen wie beim Kostoklavikular-, Kostobrachial-Halsrippensyndrom. [23]

Skalpell ⟨*lat*⟩ *n:* Bezeichnung für Operationsmesser für Inzisionen u. Präparation. [18]

Skalpierung ⟨*altnord, engl*⟩: völlige Abtrennung der behaarten Kopfhaut vom Schädel durch den Zug an den Haaren, meist wenn diese bei Arbeitsunfall in die Transmission einer Maschine geraten. [18]

Skaphozephalie ⟨*griech*⟩ *f:* Kielkopf, kahnförmiger Schädel mit steil abfallenden Seiten bei vorzeitiger Verknöcherung der Pfeilnaht. [5]

Skapula ⁎ **Scapula** ⟨*lat*⟩ *f:* Schulterblatt.
S. alata: flügelförmig abstehendes Schulterblatt bei Lähmung des M. serratus ant. (durch Läsion des N. thoracicus longus).
S. scaphoidea: Skapula mit konkavem medialem Rand. [1]

Skapularkrachen ⟨*lat*⟩: Schulterblattkrachen; ein fühl- u. hörbares Bewegungsgeräusch, das beim aktiven Verschieben des Schulterblattes auftritt. Es hat verschiedene Ursachen, z. B. Exostosen an Rippen u. Schulterblatt, Veränderungen im intermuskulären Gleitgewebe oder in der Muskulatur selbst (Myogelosen). [23]

Skarifikation ⟨*lat*⟩: zahlreiche kleine, künstlich erzeugte Ritzungen in die Haut aus verschiedenen diagnost. u. therapeut. Gründen. [43]

Skarlatinoid ⟨*ital, griech*⟩ *n* ↑Vierte Krankheit. [40]

Skatol ⟨*griech*⟩ *n:* 3-Methylindol (C_9H_9N); charakterist. riechender Stoff des menschlichen Kotes; Abbauprodukt der Aminosäure ↑Trytophan. [16]

Skatophilie ⟨*griech*⟩ *f:* Vorliebe für Schmutz (Kot); Perversität. [52]

skeletotopisch ⟨*griech*⟩: Lagebezeichnung eines Organs zum Knochengerüst des Körpers. [1]

Skelett ⟨*griech*⟩ *n:* auch Skelet; Gerippe, Knochengerüst. [1]
~hand: durch degenerative Muskelatrophie hochgradig abgemagerte Hand, bes. bei der ↑Syringomyelie. [33]

Skelettierung: Auslösen u. Durchtrennen der blutzuführenden Gefäßstränge mittels ↑Massenligaturen zur Organexstirpation. [18]
S., intrauterine: äußerste, bis zur Freilegung der Knochen gehende Auflösung abgestorbener Feten in der Gebärmutter. [29]

Skene, Alexander J. (1838–1900), Gynäkologe, Brooklyn.
S. Gänge: hinter dem Saum der äußeren weiblichen Harnröhrenmündung gelegene 0,5–3 cm tiefe Gänge, die zu schlauchförmigen Drüsenkomplexen, den Skene' Drüsen (Analoga der männlichen Prostata) führen. [29]

Skiameter ⟨*griech*⟩ *n:* Schattenmesser, Instrument zur Messung der Röntgenstrahlenintensität. [18]

Skiaskopie ⟨*griech*⟩ *f:* Methode zur objektiven Bestimmung der Refraktion, also der Bestimmung des Fernpunktes des untersuchten Auges. Der Untersucher wirft mit einem durchbohrten Planspiegel Licht in das untersuchte Auge. Die Pupille leuchtet durch die Reflexion des Lichtes vom Augenhintergrund rot auf. Bei Drehung des Spiegels vor dem Beobachterauge um seine Achse tritt in der Pupille ein Schatten auf, dessen Verlaufsrichtung bei Emmetropie u. Hyperopie gleichsinnig u. bei Myopie gegensinnig zur Spiegeldrehung erfolgt (bei Verwendung eines Hohlspiegels umgekehrt). Bei der „Labilen S." nähert sich der Untersucher dem Patientenauge, bis kein Schatten mehr zu beobachten ist. Die Entfernung zwischen Planspiegel u. untersuchtem Auge gibt in dptr. ausgedrückt die Refraktion an. Bei der „Stabilen S." bleibt der Untersucher immer in gleicher Entfernung vom untersuchten Auge, vor das er in einem Brillengestell oder einer Skiaskopierleiste angeordnete Gläser schaltet, bis ebenfalls kein Schatten mehr auftritt d. h. der Umschlag zwischen Hell u. Dunkel schlagartig erfolgt. Das vorgeschaltete Brillenglas, vermehrt oder vermindert um die in dptr. umgerechnete Beobachtungsentfernung, ergibt die Refraktion. Wichtigste Bestimmungsmethode. Viele moderne elektrische Geräte. [36]

Skinpocken ↑Melkerknoten. [15]

Skirrhus ↑Szirrhus. [5]

Sklera ⁎ **Sclera** ⟨*griech*⟩ *f:* Lederhaut;

äußere Hülle des Auges, bestehend aus einem gefäßarmen Netzwerk von vorwiegend kollagenen Bindegewebsfasern mit wenigen eingestreuten sog. fixen Sklerazellen u. vereinzelten Pigmentzellen. Nach vorn umgreift sie falzartig die Hornhaut in der sklerokornealen Randzone. Hinten läßt sie durch die Siebplatte (Lamina cribrosa sclerae) den Sehnerv (Fasciculus opticus) mit den Zentralgefäßen der Netzhaut durch. Sie bildet, da die Bindehaut durchsichtig ist, das „Weiße" im Auge. [36]

Skleradenitis: Lymphknotenverhärtung (syphilit. bedingt); ↑Bubo. [43]

Skleral|band: Bezeichnung für den Limbus corneae.

~ruptur: Platzwunde der Lederhaut, meist infolge stumpfer oder vorwiegend stumpfer Gewalteinwirkung, die vorzugsweise parallel zum Limbus in der Äquatorgegend liegt (mit Ausnahmen). Bes. wichtig die im Gegensatz zu der offenen subkonjunktival liegende u. meist von einem Hyposphagma bedeckte u. leicht übersehene subkonjunktivale S., Behandlung meist operativ. [36]

Sklerektasie ⟨*griech*⟩ *f:* umschriebene Vorwölbung eines Sklerabezirkes als Folge entzündlicher, narbiger Verdünnung, meist mit intraokularer, Drucksteigerung. Schiefergraue Verfärbung rührt von dem durchscheinenden Uveapigment her; ↑Staphylom. [36]

Sklerektomie ⟨*griech*⟩ *f:* von Lagrange beschriebene Operation des Glaukoms. Am Limbus wird ein sklerokornealer Randstreifen ausgeschnitten u. mit einem Bindehautlappen bedeckt. Prinzip einer fistelbildenden Glaukomoperation, die das Kammerwasser in den subkonjunktivalen Raum ableiten soll, wenn der Schlemm' Apparat nicht genügt. [36]

Sklerem ✻ **Sclerema** ⟨*griech*⟩ *n:* sklerodermieartige Krankheit der Säuglinge; 1. S. oedematosum (Sklerödem), oft zum Tode führende Krankheit bei dystroph. Kindern. Weiche ödematöse Schwellung der Haut. Bei Druck bleibt keine Delle; bedingt durch Ansammlung einer eiweißreichen Flüssigkeit in Subkutis u. Muskulatur; 2. S. adiposum (Fettsklerem), gewöhnlich zum Tode führende Krankheit bei Kindern in den ersten Lebenswochen. Beginn an den unteren Extremitäten. Haut blaß, kalt, verhärtet, wie gefroren; 3. S. adultorum = Staitinodermie; nach fieberhaften Krankheiten tritt akut im Bereich des Gesichtes, übergreifend auf Hals, Brust, Rücken, Gesäß, Arme eine diffuse teigige Schwellung auf; meist spontane Rückbildung. [43]

Skleren, blaue: blaue Verfärbung der Lederhaut; Zeichen einer Bindegewebsschwäche bes. bei der angeborenen Knochenbrüchigkeit (Osteogenesis imperfecta, Fragilitas ossium hereditaria). [23]

Skleritis ⟨*griech*⟩ *f:* Lederhautentzündung des Auges. [36]

Sklerodaktylie ⟨*griech*⟩ *f* ↑Sklerodermie der Finger oder Zehen. [5]

Sklerödem ✻ **Scleroedema** (Buschke) ⟨*griech*⟩ *n* = Sclerema oedematosum ↑Sklerem. [43]

Sklerodermie ✻ **Sclerodermia** ⟨*griech*⟩ *f:* Hautverhärtung; spontane Verdickung u. Verhärtung der Haut u. des Unterhautgewebes, umschrieben oder diffus. Die Partien haben oft wachsartiges, leicht glänzendes Aussehen. I. Stadium elevatum: die leicht erythematösen Herde sind über das Hautniveau erhaben; II. Stadium atrophicum: zeigt Atrophie der Hautbezirke.

S. circumscripta: umschriebene S., a) solitär oder multipel, meist am Rumpf (Morphaea), atroph., derb-sklerot. Zentrum u. livider Randwall (lilac-ring); b) bandförmige Herde (S. en bandes), bes. an der Stirn (S. en coup de sabre) oder Extremitäten; c) kleinfleckige Herde (S. en plaques), dazugehörige der ↑Lichen sclerosus (white spot disease) werden nicht zur S. gerechnet, da histolog. Unterschiede.

S. diffusa oder **progressiva:** ↑Kollagenose, Systemkrankheit des Gefäßbindegewebes; nicht aus der umschriebenen Form hervorgehend. Prodromal Fieber, Unwohlsein, zunehmende Hautverhärtung, meist zuerst an den Händen u. Fingern, die zu Bewegungseinschränkung (Sklerodaktylie) u. bei ausgedehntem Befall zu Atembehinderung führen kann. Fortschreitend auch auf Schleimhäute, Zunge, Speiseröhre, Magen, Lunge, Herz. Langsames Siechtum.

S. neonatorum ↑Sklerem. [43]

Sklerom ✻ **Scleroma** ⟨*griech*⟩ *n:* 1. ↑Sklerodermie; 2. harte, blasse Schleimhautinfiltrate oder Knoten im Bereich der oberen Luftwege, meistens ihren Ausgang von der Nase nehmend, aber auch als prim. Erkrankung des Rachens, Kehlkopfes oder der Trachea; ↑Rhinosklerom. [28]

Skleromalacia perforans ⟨*griech, lat*⟩ *f:* ursächlich oft nicht zu klärende Erkrankung, bei der mit meist nur geringen Entzündungserscheinungen Teile der Sklera sequestriert werden. Zuweilen bei chron. Rheumatismus u. bei Porphyrinurie zusammen mit Hauterscheinungen. [36]

Sklerombakterien ↑*Klebsiella rhinoscleromatis;* Erreger des ↑Rhinoskleroms. [41]

Skleroproteine: Gerüsteiweißstoffe mit Faserstruktur. S. werden nur im tier. Organismus gefunden u. erfüllen hier mechan. Funktionen. Sie enthalten fast ausschließlich Monoaminomonokarbonsäuren, sind in

Wasser unlöslich u. gegen proteolyt. Enzyme relativ widerstandsfähig. Zu den S. gehören Kollagen, Keratin, Elastin, Chondrin, Fibroin, Spongin u.a. Frühere Bezeichnungen: Albuminoide, Proteinoide. Die biolog. Wertigkeit als Nahrungseiweiß ist wegen des Fehlens oder geringen Gehaltes an einigen essentiellen Aminosäuren gering; bes. hoch ist der Gehalt an Glycin (28–30%), Valin (14–17%) u. Prolin (15–17%). Der hohe Prolingehalt wird nahrungsmittelchem. zur Untersuchung auf Wurstverfälschungen mit Bindegewebe verwendet. [8]

Sklerose ✱ **Sclerosis** ⟨*griech*⟩ *f:* Verhärtung eines Organs oder Organteils infolge Verdickung u. Neubildung der Retikulinfasern u. ihre Umbildung in kollagene Fasern wie Verdickung der letzteren (z.B. in Leber, innersekretor. Organen, Arterien u.a.). Im ZNS Bildung von Glianarben (z.B. bei multipler Sklerose). In der Dermatologie Hautveränderungen im I. Stadium der Syphilis, sog. Initialsklerose; ↑Primäraffekt. [4]

S. des Herzens ↑Koronarsklerose. [10]

S. des Ohres ↑Otosklerose. [28]

S., diffuse: seltenes neurolog. Krankheitsbild, in der Regel familiär nachweisbar, das schon im Kindesalter, manchmal bereits im 1. Lebensjahr aufzutreten pflegt u. in wenigen Jahren zum Tode führt. Anatom. handelt es sich um ausgedehnte Entmarkungsprozesse in den Großhirnhemisphären. Die klin. Erscheinungen bestehen in spast. Lähmungen, atakt. Erscheinungen u. extrapyramidalen Hyperkinesen meist athetot. Charakters. Sprachstörungen, Nystagmus u. Optikusatrophie gesellen sich hinzu. Psych. besteht eine fortschreitende Demenz.

S. multiple: eine der häufigsten organ. Krankheiten des ZNS, deren anatom. Grundlage in einer mehr oder minder großen Zahl über Gehirn u. Rückenmark verstreuter Herde besteht, woraus sich die von Fall zu Fall unterschiedliche klin. Symptomatik erklärt. Nach der bevorzugten Lokalisation dieser Herde unterscheidet man einen parapleg., lumbosakralen, zerebellaren, bulbären, hemipleg. Typ usw. Als Hauptsymptome haben zu gelten Nystagmus, fehlende, abgeschwächte oder seitendifferente Bauchdeckenreflexe, spast. Lähmungen, Blasen- u. Potenzstörungen, Parästhesien in verschiedenen Hautgebieten, „skandierende" (silbenmäßig abgehackte) Sprache, Intentionstremor u. (oft schon frühzeitig) Sehstörungen. Letztere 1. als Doppeltsehen (Augenmuskelstörungen); 2. als Gesichtsfeldausfall (meist Zentralskotom durch ↑Neuritis optica retrobulbaris). Der Verlauf ist meist remittierend; den schubweisen Verschlimmerungen folgt Besserung, jedoch selten ohne Defekt. Daneben kommen chron. progrediente Verlaufsformen u. akute Verläufe vor. Oft gehen flüchtige Sehstörungen, wenig charakterist. Blasenstörungen oder Extremitätenparesen dem Auftreten massiverer Krankheitserscheinungen um Jahre voraus. Histolog. lassen die Herde im akuten Stadium entzündliche Veränderungen erkennen, an die sich ein Schwund der Markscheiden der Nervenfasern anschließt, was die Krankheitsbezeichnung disseminierte Entmarkungsenzephalomyelitis (Pette) rechtfertigt; schließlich werden die zugrunde gegangenen nervösen Elemente durch ein dichtes Gliafilzwerk ersetzt, wodurch die Herde eine harte Konsistenz (daher „Sklerose") erhalten. Die Ätiologie des Leidens ist noch nicht geklärt. Histologie u. Liquorbefunde sprechen für entzündlichen Charakter, doch steht der Erregernachweis aus. Schaltenbrand vor allem vertritt die Virustheorie, während andere Autoren, bes. Pette eine Neuro-Allergose (eine auf das ZNS gerichtete Antigen-Antikörperreaktion) als pathogenet. Grundprozeß annehmen; ↑Charcot' Trias.

S., tuberöse: seltene, autosomal dominant vererbbare Krankheit, gekennzeichnet durch knotige, die Größe einer Walnuß erreichende, aus stark gewucherter Glia bestehende Mißbildungsherde in der Hirnrinde u. das charakterist. ↑Adenoma sebaceum; auch sonst werden verschiedenartige Tumorformen beobachtet, darunter an Gehirn (Ependymom) u. Nieren. Die klin. Symptome bestehen in zerebralen Krampfanfällen u. fortschreitendem Schwachsinn; auch spast. Lähmungen kommen vor. [33]

Sklerotien ⟨*griech*⟩ *n, Pl:* Dauerform von Pilzen, deren Myzel zu einem harten Körper verwächst. Sklerotien des Mutterkornpilzes *Claviceps purpurea* ↑Secale cornutum. [42]

Sklerotom ⟨*griech*⟩ *n:* Mesenchymhaufen, die sich um die Chorda dorsalis sammeln, aus denen sich später die Wirbelkörper bilden. Intrasegmentalspalten, die späteren ↑Bandscheiben teilen die Sklerotome in zwei Hälften, von denen die jeweils kraniale mit der folgenden kaudalen zum Wirbel verwächst. Diese Umgliederung der Wirbelsäule hat zur Folge, daß die Muskelsegmente (↑Myotome) die Wirbelgrenzen überschneiden. So wird die Beweglichkeit der Wirbel ermöglicht. [3]

Sklerotomie ⟨*griech*⟩ *f:* Glaukomoperation. Bei der vorderen S. wird die Lederhaut im korneoskleralen Randbereich durchschnitten. Dieser Eingriff ist weitgehend durch die Goniotomie ersetzt, bei der der Schlemm' Kanal unter Beobachtung mit dem Gonioskop von hinten eröffnet wird. Bei der hinteren S. wird die Sklera hinter dem Äquator des

Bulbus durch Stich oder Trepanation eröffnet, um eine Verbindung zwischen Glaskörperraum u. Tenon' Raum zu schaffen. [36]

Skolex ⁎ **Scolex** ⟨*griech*⟩ *m:* Bandwurmkopf. [58]

Skoliose ⟨*griech*⟩ *f:* Seitenverbiegung der Wirbelsäule, in der Regel mit einer Torsion (Rippenbuckel, Querfortsatzbuckel im Lendenbereich) verbunden. Nach der Form der Seitenverbiegung werden einfache u. zusammengesetzte, z. B. s-förmige u. mehrbogige S. unterschieden. Dabei weist ein kurzer Bogen auf ein örtliches Geschehen, ein langer Bogen auf eine stat. Genese hin. Man unterscheidet auch angeborene u. erworbene Skoliosen; 1. angeboren, Schaltwirbel, Beckenverdrehung nach Kaiser, Siebenersyndrom nach Mau; 2. rachit. (Sitzbuckel) (heute selten); 3. bei Knochenstoffwechselstörungen (z. B. seitliche Apophysennekrose); 4. stat. (bei Beckenschiefstand z. B. durch Beinverkürzung); 5. reflektor. (Schmerzskoliose, z. B. Ischialgie); 6. neuropath., z. B. Lähmungsskoliose bei schlaffer Lähmung der Bauch- u. Rückenmuskulatur oder bei Torsionsdystonie usw.; 7. habituell (Ursachen kennt man nicht); 8. traumat., selten; 9. knöchern durch Wirbelzerstörung (Tumor, Entzündung); 10. durch Narbenschrumpfung (nach Pleuraempyem u. a.); 11. hyster.; 12. postoperativ nach Thorakoplastik. [23]

Skopolamin = L-Hyoszin; Scopolaminium hydrobromicum: früher Hyoscinum hydrobromicum; Alkaloid aus Atropa belladonna, Mandragora, Hyoscyamus, in denen es neben dem ähnlich gebauten Atropin (DL-Hyoszyamin) vorkommt. Hat eine zentral dämpfende Wirkung; wird zur Abschwächung von Erregungserscheinungen u. zur Potenzierung der Wirkung narkot. Mittel angewendet. Ebenso zur Beruhigung von Geisteskranken, bei Parkinsonismus, Folgezuständen der Encephalitis lethargica. Die peripheren Wirkungen entsprechen denen des Atropins (Hemmung der Drüsensekretion, Pupillenerweiterung usw. EMD = 0,0005, TMD = 0,001! [44].

Skopulariopsis-Mykose ⟨*griech*⟩ *f* (Bloch u. Vischer): seltene Hautmykose mit derber Knotenbildung. Nach Erweichen u. Perforation bilden sich mit Kursten u. Hornmassen bedeckte Herde; Erreger ist Scopulariopsis (Blochi). [43]

Skorbut ⟨*norw*⟩ *m:* eine der am längsten bekannten Avitaminosen; beruht auf Mangel an Vitamin C (↑Askorbinsäure); entsteht beim völligen Fehlen an Vitamin-C-haltigen Lebensmitteln nach etwa 4–6 Monaten; außer dem Menschen sind Meerschweinchen, Affe u. Reh auf Zufuhr von Vitamin C angewiesen. Voll ausgebildete C-Avitaminose wird in den mittleren Breitengraden prakt. nicht, vereinzelt nach lang dauernder einseitiger Ernährung beobachtet. Verbreitet sind dagegen präskorbut. Erscheinungen, die sich bei länger andauernder, ungenügender Zufuhr von Vitamin C bemerkbar machen, bes. in den Frühjahrsmonaten: Mattigkeit, Schwäche, Frühjahrsmüdigkeit, Gliederschmerzen, Anorexie, gesteigerte Infektionsbereitschaft, Zahnfleischbluten usw. Auffällige Skorbutsymptome sind hämorrhag. Diathese (Erhöhung der Kapillardurchlässigkeit); (↑Rumpel–Leede' Zeichen), gekennzeichnet durch multiple Blutungen in Zahnfleisch, Muskulatur, subkutanem Gewebe, Fettgewebe u. Haut (↑Petechien, flächenhafte Blutungen); hier auch typ. Veränderungen im Sinne einer Hyperkeratose der Haarfollikel. Charakterist. ist das Aussehen des skorbut. Zahnfleisches mit Rötung, Ödem, Schmerzhaftigkeit, Blutungsneigung (↑Gingivitis), Lockerung u. Verlust der Zähne. Dem S. des Erwachsenen entspricht beim Säugling die ↑Möller–Barlow' Krankheit, für die subperiostale u. muskuläre Hämatome sowie erhöhte Knochenbrüchigkeit charakterist. sind. [16]

Skorpion: zu den Spinnentieren (8 Beine!) gehörige, krebsartig gepanzerte u. ähnlich aussehende Tiere, die vorn Beine mit großen Scheren u. hinten (am Körperende) einen Stachel tragen (Gift, bei manchen Arten tödlich!). [58]

~gift: sehr giftiger Eiweißstoff, der parenteral bereits in Mengen von 0,2 mg je kg Körpergewicht Merrschweinchen zu töten vermag. [8]

skotochromogen ⟨*griech*⟩: im Dunkeln Pigment erzeugend. [15]

Skotodynie ⟨*griech*⟩ *f:* Schwindel mit Ohnmachtsanfall. [28]

Skotom ⁎ **Scotoma** ⟨*griech*⟩ *n:* Ausfall mehr oder minder großer Teile des Gesichtsfeldes. Absolutes S.: völliger Ausfall; relatives S.: Herabsetzung des qualitativen oder quantitativen Sehvermögens; Zentralskotom: Ausfall in der Gesichtsfeldmitte (bes. bei Neuritis retrobulbaris u. Makulaleiden); Ring-S.: ringförmiger Ausfall eines intermediären Gürtels (häufig bei Chorioretinitis pigmentosa); zentrozökales Skotom: Ausfall, der Zentrum u. blinden Fleck umfaßt; Bjerrumskotom = blinder Fleck = Mariotte' S.; Flimmerskotom ↑Migräne; Farbenskotom: Nichterkennen von Farben im Bereich des S., ↑Perimetrie, Gesichtsfeld. [36]

Skrilljevo: endem. ↑Syphilis in Bosnien. [43]

Skrofuloderm ⁎ **Scrophuloderma** ⟨*lat, griech*⟩ *n* ↑Tuberkulose der Haut. [15]

Skrofulose ⁎ **Scrophulosis** ⟨*lat*⟩ *f* = Skrofeln: früher häufiges, heute seltenes Syndrom, meist bei tuberkulinpos. Kindern mit exsudativer Diathese u. Pflegeschaden. Charakterist. Merkmale: Gesichtsveränderungen durch chron. Rhinitis u. sek. ekzematöse oder ulzeröse Veränderungen am Naseneingang, rüsselförmige Verdickung der Oberlippe, chron. impetiginöse Infekte im Gesicht, bes. an Ohren u. Nase (Facies scrophulosa), oft auch Otitis media, ↑Keratoconjunctivitis scrophulosa mit kleinen Infiltraten am Limbus corneae oder der Konjunktiva (dabei ist stets ein starker ↑Blepharospasmus vorhanden); Lymphknotenschwellungen am Nacken, Hals u. Unterkieferwinkel, teils tuberkulöser, teils unspezif. Natur. Zuweilen finden sich Zeichen einer aktiven Tuberkulose (Lungeninfiltration, Knochenprozesse oder Hauttuberkulide). [15]

Skrotalreflex: Kontraktion der Tunica dartos des Hodensackes, bei Berührungs- oder Kältereiz (erkennbar an der Hautrunzelung); klin. ohne bes. Bedeutung. [33]

Skrotum ⁎ **Scrotum** ⟨*lat*⟩ *n:* Hodensack, beutelartige Hauttasche, die Hoden u. Nebenhoden enthält; entsteht durch Zusammenwachsen der embryonalen Geschlechtswülste. Verwachsungsstelle = Raphe scroti. *Adj* scrotalis = skrotal, zum Hodensack gehörig. [43]

Skybala ⟨*griech*⟩ *n, Pl:* harte Kotballen. [4]

Slide cell test ⟨*engl*⟩ ↑Objektträgerzellentest. Auch in deutschsprachigen Arbeiten gebräuchlicher Ausdruck. [42]

Slow-Viren: Gruppe bestimmter, bisher nicht klassifizierter Viren, die in der Regel einen Durchmesser unter 50 nm u. relative Resistenz gegen physikal. u. chem. Einflüsse besitzen. Zu den bekannten Slow-Viren gehören das Scrapie-Virus bzw. die Islandvariante Rida, das Viana-Virus, das Maedi-Virus, das Virus der infektiösen Adenomatose der Schafe, das Virus der Aleutenkrankheit der Nerze u. das Kuru-Virus. [50]

Slow-Virus-Infektion: Virusinfektion mit extrem langer Inkubationszeit, durch Sigurdson 1957 als progressiv patholog. Prozeß definiert, der durch ein Agens verursacht wird, das klin. über lange Zeiträume (Monate bis Jahre) unbekannt bleibt, um dann chron., progredient verlaufende Erkrankungen mit tödlichem Ausgang zu verursachen. [50]

Sluder, Greenfield (1865–1925), Rhinolaryngologe, St. Louis.

S' Syndrom ↑Neuralgie. [33]

Sludge ⟨*engl* Schlamm⟩: reversible intravasale Erythrozyten-, Leukozyten- u. Thrombozytenaggregationen u. -präzipitationen; vorwiegend bei allen Arten von Schock gefunden. Bei ausgedehnten Gewebsquetschungen u. Verbrennungen führen Knisely u. Mitarb. sogar einen sludge shock an, wobei das gesamte zirkulierende Blut zu einem steifen Schlamm geworden ist. Auslösend ist eine Kreislaufverlangsamung durch periphere Vasokonstriktion u. einer Änderung der Suspensionsstabilität. Es folgt eine Viskositätsänderung. Die Aggregate führen zu einer lokalen Stase mit nachfolgender Gewebsazidose, feststellbar durch zentrale u. periphere Hämatokritbestimmung. Peripherer Hämatokrit ist größer als zentraler. [21]

Sluka' Dreieck: keilförmige, mit der Spitze nach außen gerichtete, dem Hilus aufsitzende Verschattung. Häufige Form der Bronchiallymphknotentuberkulose. [15]

van Slyke' Apparat ↑Kohlensäurebestimmung im Blut, gasometrische. [47]

Smear ⟨*engl*⟩ *n:* Scheidensekret; erlaubt Zyklus- u. Karzinomdiagnostik. [29]

Smegma ⟨*griech*⟩ *n:* „Vorhauttalg"; gelbliche schmierigtalgige Absonderung im Vorhautsack u. zwischen den Schamlippen. [43]

~bakterien = *Mycobacterium smegmatis:* Vorkommen auf Genitalschleimhäuten (Smegma praeputii u. clitoridis) des Menschen u. des Hundes; seltener beim Menschen auf den Tonsillen, im Zahnbelag, ferner im Sputum bei Bronchiektasien u. Lungengangrän. Grampos. Stäbchen; säurefest, jedoch nicht alkoholfest; entfärben sich nach Ziehl-Neelsen-Färbung mit Salzsäurealkohol. Saprophyten. Kulturell rasches Wachstum auf den üblichen Nährböden in wenigen Tagen, in Gegensatz zu den Tuberkulose-Bakterien. [5]

Smegmolith ⟨*griech*⟩ *m* ↑Präputialstein. [5]

Smellie, William (1697–1763), Gynäkologe, London.

S' Handgriff ↑Veit-Smellie' Handgriff. [29]

Smith, Carl Henry, zeitgen. Pädiater, New York.

S' Syndrom ↑Lymphocytosis infectiosa acuta. [11]

Smith-Dietrich' Reaktion zum histolog. Nachweis von Lipiden; nach Beizung mit Chromlösung, Färbung mit Eisenhämatoxylin u. Differenzierung mit Boraxferrizyankaliumlösung; Lipide schwarzblau (Cholesterin u. Neutralfett ungefärbt). [4]

Smith-Peterson' Nagel: Dreilamellennagel zur ↑Schenkelhalsnagelung. [18]

Smith-Syndrom: Sympathogoniom Typ Smith, ↑Sympathikoblastom. Im Gegensatz zum ↑Pepper' Syndrom metastasiert dieser Tumor vorwiegend in das subkutane Gewebe. [20]

Smithwick' Operation: thorakolumbale Grenzstrangresektion im unteren thorakalen u. oberen lumbalen Bereich mit zusätzlicher Durchtrennung der Nn. splanchnici bei ↑Hypertonie. [18]

Smog ⟨*engl*⟩ *m:* engl. Kunstwort, zusammengesetzt aus smoke = Rauch u. fog = Nebel, zur Charakterisierung der mit Giftstoffen, bes. karzinogenen, angereicherten Luft über Industriestädten. [25]

Sn: chem. Symbol für ↑Zinn (Stannum). [8]

Snellen, Hermann (1834–1908), Ophthalmologe, Utrecht. Erfinder der nach ihm benannten Sehprobentafeln.

S' Sehprobentafel ↑Sehprobentafeln. [36]

Soda ⟨*arab*⟩ *f od n* ↑Natriumkarbonat. [8]

Sodabäder: 400 g Soda auf ein Vollbad; Heilanzeige bei Hautleiden. [45]

Sodbrennen: brennendes Gefühl in Magen u. Speiseröhre durch Fettsäuren; kommt bei Hyper-, aber auch bei Anazidität vor. [9]

Sododu ⟨*chin*⟩ *n* ↑Rattenbißfieber. [40]

Sodomie *f* (von der biblischen Stadt Sodom): Knabenliebe (Päderastie); Formen 1. mutuelle Onanie; 2. Coitus per anum. Verkehr mit Tieren heißt richtiger Bestialität oder Zoophilie. [52]

Soemmering, Samuel Thomas v. (1755 bis 1830), Arzt, Frankfurt a. Main; ↑Substantia nigra Soemmeringi. [4]

S' Krystallwulst: bes. Form des Nachstares, die entsteht, wenn in der Peripherie der in der Mitte eröffneten Linse die Vorderkapsel mit der Hinterkapsel verklebt u. dabei einen ringförmigen Rest von Rindenmassen einschließt, die nun nicht resorbiert werden können, da die Verbindung zum Kammerwasser fehlt. Wucherungen von Kapselepithelien wirken mit; meist opt. bedeutungslos, da er peripher vom Pupillenbereich liegt. [36]

Sofortreaktion ↑Frühreaktion. [40]

Sohle, stumme ↑Fußsohlenreflex. [33]

Sohlen|platte ↑Endplatte, motorische.

~reflex ↑Fußsohlenreflex. [33]

Soja|bohne ⟨*chin, jap*⟩: Schmetterlingsblütler; Samen wegen ihres hohen Gehaltes an hochwertigem Eiweiß sehr geschätztes Nahrungsmittel als Bohnenbrei, Soße, Würze usw.; angepflanzt in China, Korea, USA. Zusammensetzung (in % bzw. in 100 g): 32% Eiweiß, 19% Fett, 27% Kohlenhydrate, Asche 5%, 110 IE Vit. A, 1,1 mg Vit. B_1, 0,3 mg Vit. B_2, 2,5 mg Nikotinsäure, 230 mg Ca, 600 mg P, 5 mg Fe. In der S. findet sich eine Urease. Aus dem in ihr befindlichen Stigmasterin ($C_{29}H_{28}O$) kann Progesteron synthet. hergestellt werden; ↑Sojaöl. S. enthält in rohem Zustand viel Anti-Trypsinfaktor. [8]

~nahrung: Verwendung von Sojamehl im zubereiteten Zustand bei Diätformen, die Eiweißreichtum anstreben.

~öl: chin. Bohnenöl; aus dem Samen der ↑Sojabohne (Soja hispida); durch Extraktion (Rückstände proteinreiches Futtermittel) gewonnenes, halbtrockenes, fettes Öl (50 bis 55% Linolsäure, 30–35% Ölsäure, daneben Palmitinsäure, Linolensäure, Arachinsäure u. a.); Verwendung: raffiniert als Speiseöl; zur Margarineherstellung, vor allem im gehärteten Zustand; als Rohöl in der Seifen-, Firnis-, Lack- u. Kunstharzindustrie. S. neigt (hoher Gehalt an polyolefin. Fettsäuren) bei der Lagerung schon nach kurzer Zeit zu einer Geschmacksabwertung (Geschmacksreversion). [16]

Solanin: Glykosid des Solanidins, ein Sapoalkaloid, das bei der Hydrolyse des S. entsteht. Vorkommen in Nachtschattengewächsen, für den Menschen bedeutungsvoll: in Kartoffeln u. in sehr geringem Prozentsatz in Tomaten. Höchsten Saponingehalt in den Kartoffelpflanzen haben die Früchte, sehr wenig oder kein S. ist in den reifen Knollen, dagegen mehr in unreifen oder vergrünten; bes. viel in den Kartoffelkeimen. [44]

~vergiftung: Solanismus; Vergiftung mit Solanin bzw. mit solaninhaltigen Pflanzen. Solanin wirkt, parenteral eingeführt, hämolyt. u. reizt stark die Schleimhäute. Durch Aufnahme per os verursacht es Brennen u. Kratzen im Hals, Übelkeit, Brechreiz, Brechdurchfall, Benommenheit, Nieren- u. Gallenentzündung, Herzschwäche, Angstzustände, Schweißausbruch, Atemnot, Bewußtlosigkeit; es können Krämpfe auftreten; Tod durch Atemlähmung. [16]

Solanum: Gattung der Blütenpflanzen (etwa 1500 Arten), zur Familie der Nachtschattengewächse (Solanaceae) gehörend, meist wärmeliebend, viele mit giftigen Beeren (Tollkirsche), aber auch wichtige Kulturpflanzen (Kartoffel, Tomate). [56]

Solarisation: Abnahme der Schwärzung photograph. Emulsionen bei sehr großen Belichtungswerten. [54]

Solar|konstante: Energiemenge, die an der Obergrenze der Erdatmosphäre senkrecht von der Sonne her in 1 Minute auf den Quadratzentimeter auftrifft. Sie beträgt im Mittel 1,94 cal/cm^2 · min. [13]

~plexus: Plexus solaris, ↑Plexus coeliacus. [1]

~thermen: warme Salzseen (u. a. in Rumänien), die Solen enthalten u. mit Salzschächten oder Salzstöcken in Verbindung stehen. Ihre Wärme stammt nicht, wie früher angenommen wurde, von warmen Zuflüssen, sondern ist auf die Speicherung der Sonnenwärme zurückzuführen. [45]

Solästhin: Dichlormethan (CH_2Cl_2), farblose Flüssigkeit, Siedepunkt 39,2°–40 °C, schnell wirkendes Inhalationsnarkotikum (ähnlich dem Chloräthyl) zur Rauschnarkose, nicht explosibel. [27]

Solbäder ↑Heilwässer. [45]

Sölder' Linien: zwiebelschalenförmig, konzentr. um die Mundöffnung angeordnete Projektionsfelder des Trigeminuskerngebietes. [20]

Sole ↑ Heilwässer. [45]

Soleus ⟨*lat*⟩ *m:* Kurzbezeichnung für ↑ Musculus soleus. [1]

Solfataren ↑ Gasquellen. [45]

Solidarpathologie ⟨*lat, griech*⟩: wohl erstmals von Asklepiades (*124 v. d. Z., Prusa in Bithynien) vertretene, auf die Atomlehre Demokrits (470–360 v. d. Z.) gegründete Auffassung der Krankheit als einer Veränderung der aus Atomen aufgebauten festen Teile des Körpers; sog. physikal. Auffassung der Krankheit; im Gegensatz zur chem., der ↑ Humoralpathologie. [4]

solidus ⟨*lat*⟩: fest. [18]

solitär ⚹ **solitarius** ⟨*lat*⟩: vereinzelt. [18]

Solitär|bündel: aus dem unteren Halsmark aufsteigende Wurzel des IX. u. X. Hirnnerven (= Tractus solitarius). [1]

~follikel ↑ Lymphonodulus solitarius. [2]

~tuberkel: durch Zusammenballung u. Verschmelzung einzelner Tuberkel entstandene pfefferkorn- bis apfelgroße knotenartige Bildungen (Konglomerattuberkel), die gewöhnlich derb-käsig sind, meist eine Kapsel besitzen u. zur Verkalkung neigen. Sie kommen in verschiedenen Organen vor (Gehirn, Leber, Milz, Niere) u. können je nach dem Sitz die Symptome eines Tumors erzeugen. [15]

Solluxlampe: Wärmestrahllampe zur Erzeugung lokaler Hyperämie. [9]

Sollwert: statist. Mittelwert aus Untersuchungen an einer möglichst großen Anzahl gesunder Versuchspersonen, die nach Geschlecht, Alter, Größe, Gewicht u. a. zweckmäßig gruppiert sind; wird für die entsprechende Größe (z. B. Atemvolumen, Herzminutenvolumen, Grundumsatz, Hämoglobingehalt usw.) als Norm der jeweiligen Personengruppe angesehen. [15] 2. (physiolog.) Bei einem Regelvorgang wird der vorgegebene Wert einer Größe aufrechterhalten, unabhängig davon, mit welcher Stärke, Häufigkeit u. Richtung (Zunahme, Abnahme) äußere Einwirkungen als Störgrößen auftreten. Der vorgegebene Wert wird als S. bezeichnet. Die durch die Störgrößeneinwirkungen in dem Regelkreis bedingten Abweichungen vom S. sind Ist-Werte. Der Regelvorgang läuft so ab, daß der Ist-Wert mit dem S. in Übereinstimmung gebracht wird. Als S. aufzufassende physiolog. Größen sind (u. v. a.): Blutdruck, CO_2- u. O_2-Konzentrationen des Blutes, Körpertemperatur, Glukosekonzentration im Blut. [7]

Solustibosan: Natriumsalz der Antimon-V-glukonsäure; Chemotherapeutikum bei trop. Seuchen; ↑ Antimon. [8]

Solutio ⟨*lat*⟩ *f:* Lösung, *Abk* Sol. (Rez.). [44]

S. retinae: älterer Ausdruck für ↑ Ablatio oder Amotio retinae (Netzhautablösung). [36]

solutus ⟨*lat*⟩: gelöst. [44]

solvatur: (Rez.) es werde gelöst! [44]

Solvens ⚹ **Solventia remedia:** Syn. für ↑ Expektoranzien, lösende Mittel bei Husten. [44]

Soma ⟨*griech*⟩ *n:* Gesamtheit der Körperzellen im Gegensatz zu den Geschlechtszellen; ↑ Keimbahn. [3]

Soman: organ. Phosphorsäureester (Methylfluorphosphorsäurepinakolylester), hochaktiver Cholinesterasehemmer; ↑ Trilone. [44]

somatisch: den Körper betreffend, oft im Gegensatz zu vegetativ gebraucht. [3]

Somatogamie ⟨*griech*⟩ *f:* Kopulation zweier Körperzellen, die nicht zu Geschlechtszellen differenziert sind. Kommt bei Pilzen vor. [42]

somatogen ⟨*griech*⟩: Bezeichnung für Eigenschaften, die vom Körper neu erworben u. (angeblich) nicht erblich sind. [4]

Somato|logie ⟨*griech*⟩: Lehre von den Körpereigenschaften. [4]

~rezeptoren: nehmen die im Organismus selbst entstehenden Änderungen wahr. Unter S. werden also zusammengefaßt: ↑ Propriorezeptoren der Muskulatur, die Rezeptoren in der Haut, sowie die Viszero- oder ↑ Interorezeptoren. [7]

~skopie: körperliche Untersuchung. [4]

somatotopisch: Anordnung (Topik) zentralnervöser Strukturen, entsprechend der Lage der Körperteile zueinander. So ist z. B. in der motor. Hirnrindenregion die Repräsentation von Kopf, Arm, Rumpf u. Bein wie bei einer kleinen Figur angeordnet. [33]

Somazellen ↑ Soma. [4]

Somiten ↑ Ursegmente. [3]

Sommer' Sektor: Teil des Hippocampus (Ammonshorn), dem bei der genuinen Epilepsie eine Bed. zugesprochen wird. [20]

Sommer|diarrhoe, ~durchfälle: Durchfälle bei Säuglingen in der warmen Jahreszeit; ↑ Sommersterblichkeit. [32]

~cholera ↑ Cholera aestiva. [40]

~gipfel: regelmäßige u. meist sehr ausgeprägte Häufung von Krankheiten im Sommer, teils durch direkte Wirkung der Sonnenstrahlen, teils durch Überhitzung (↑ Sommersterblichkeit der Säuglinge) u. durch noch unbekannte Faktoren wie bei der ↑ Poliomyelitis epidemica. [13]

~grippe: unkorrekte Bezeichnung für jahreszeitliche grippeähnliche Erkrankungen durch Coxsackie-Viren (↑ Coxsackie-Viren), durch Echoviren (↑ Echoviren), durch Leptospiren (↑ Leptospirose). [40]

~jucken ↑ Prurigo aestivalis. [43]

~krankheit ↑ Pappatacifieber. [40]

~sprossen ↑ Ephelides. [43]

~sterblichkeit: erhöhte Sterblichkeit der Säuglinge in der heißen Jahreszeit, vor allem infolge gehäufter tox. Dyspepsien; ↑Sommerdiarrhoe. [32]

Somnambulismus ⟨*lat*⟩ ↑Nachtwandeln. [34]

Somniloquie ⟨*lat*⟩ *f:* Sprechen im Schlaf. [34]

Somnolenz ⟨*lat*⟩ *f:* krankhafte „Schläfrigkeit", Benommenheit, leichterer Grad der Bewußtseinsherabsetzung. Im Unterschied zu den stärkeren Graden (Sopor, Koma) sind die Kranken durch Anrufen, Berühren usw. vorübergehend erweckbar. [33]

Sonde ⟨*frz*⟩ *f:* starres oder biegsames stabförmiges Instrument zur Austastung von physiolog. Körperhohlräumen, Gängen, Zerfallshöhlen u. Fisteln. In Röhren- oder Schlauchform (Hohlsonde) zum Einfüllen oder Ablassen von Flüssigkeiten (z. B. ↑Magenschlauchsonde, ↑Duodenalsonde). Je nach dem Zweck kennt man verschiedenartig geformte Sonden, z. B. Tränengang-S., Nasen-Rachen-S., Schlund- u. Ösophagus- oder Magen-S., Gebärmutter-S., Harnröhren-, Blasen- u. Harnleiter-S. Bei Wundfisteln kommen meistens Knopfsonden u. Hohlsonden (Rinnen- u. Myrtenblatt-S.) zur Anwendung. [18]

Sonden|ernährung, ~fütterung: Einführung flüssiger Nahrung mittels einer Schlund-, Magen- oder Duodenalsonde; Anwendung bei Nahrungsverweigerung, bei Krankheiten der Speiseröhre, bei Schlinglähmung, nach Mundoperationen usw.; vielfach Anwendung bei Tierexperimenten. [16]

~phänomen: bei der Tuberculosis cutis luposa (Lupus vulgaris) bricht die Sonde in die infiltrierte Haut ein. [43]

~versuch: Einbrechen der Sonde in das Gewebe bei Karzinom des Muttermundes; ↑Chrobak' Sondenversuch. [29]

Sonderling: hebt sich durch ungewöhnliche Eigenheiten von der Umwelt ab, fällt auf durch schrullige Manieren, oft Einzelgänger mit verschrobenem Wesen; ↑schizoid. [34]

Sonderschulen: S. sind Erziehungs- u. Bildungseinrichtungen für Kinder u. Jugendliche, die auf Grund wesentlicher körperlicher oder geistiger Mängel im normalen Erziehungs- u. Bildungsprozeß nicht so entwickelt u. gefördert werden können, daß sie das Ziel der allgemein- u. berufsbildenden Schulen erreichen. Einige Arten von Sonderschulen arbeiten nach den gleichen Lehrplänen wie die Normalschulen, für andere gelten spez. Lehrpläne oder Lehrplanrichtlinien. Eine wichtige Voraussetzung für die Lösung der Aufgaben der S. ist die enge Zusammenarbeit von Sonderschulpädagogen u. Ärzten. In der BRD u. der DDR gibt es folgende Arten von Sonderschulen: Gehörlosen-, Schwerhörigen-, Blinden-, Sehschwachen-, Sprachheil-, Körperbehindertensowie Hilfsschulen. Es gibt auch Sonderschulteile bzw. -klassen an Krankenhäusern zur Erziehung u. Bildung langdauernd hospitalisierter belastbarer Kinder u. Jugendlicher. [48]

Sondierung ⟨*frz*⟩ *f:* Sondenaustastung von Fisteln, Zerfallshöhlen u. präformierten Gängen. Sondierung ohne Ende ↑Hacker' Sondierung. [18]

Sonitus aurium ⟨*lat*⟩ *m:* Ohrenklingen; Ohr- u. entot. Geräusche. [28]

Sonnenblumenkatarakt ↑Kupferstar; ↑Katarakt. [36]

Sonnengeflecht ↑Plexus coeliacus. [1]

Sonnen|stich: meningit. Reizung bzw. ↑Meningitis serosa durch längere Einwirkung von Sonnenstrahlen auf den unbedeckten Kopf. Kopfschmerzen, Übelkeit, Schwindel, Kollaps. Schwere Fälle können zum Tode führen. Behandlung besteht in Frischluftzufuhr, i. v. Traubenzuckerinfusionen, Kreislauf- u. Herzmitteln, Lumbalpunktion, Injektion von Nebennierenrindenhormon. [9]

~strahlung: die Energieabgabe der Sonne in Form von Wellenstrahlung. Als Einstrahlung die wichtigste Energiequelle für das Leben auf der Erde, ebenso für das Wetter. Nur der viermilliardste Teil der gesamten S. erreicht die Erde. [13]

Sonnentau = Drosera rotundifolia: rundblättriger Sonnentau; kleine insektenfangende Moorpflanze, aus deren Blättern eine alkohol. Tinktur gegen Keuchhusten hergestellt wird. Zu beachten ist, daß die Pflanze unter Naturschutz steht. [56]

Sonnentierchen ↑Heliozoen. [58]

Sonnenuntergangsphänomen: charakterist. Zeichen bei hochgradigem Hydrozephalus. Von der Kornea u. Iris ist bei geöffneten Augen meist nur der obere Rand sichtbar („untergehende Sonne"). [20]

sonor ⟨*lat*⟩: tönend; der normale Klopfschall über den Lungen ist s.; ↑hypersonor, ↑Schenkelschall. [9]

Soor ↑Candidamykosen. [40]

~pilz ↑Candida albicans. [42]

Sopor ⟨*lat*⟩ *m:* stärkerer Grad der Bewußtseinsherabsetzung, über die Somnolenz hinausgehende, jedoch den höchsten Grad (das Koma) nicht erreichend. Die Kranken können nur durch starke Reize vorübergehend zum Bewußtsein erweckt werden. [33]

Sorbinsäure: 2,4-Hexadiensäure;

$$CH_3{\cdot}CH{=}CH{\cdot}CH{=}CH{\cdot}COOH;$$

eine konjugierte Fettsäure, natürlich in Vogelbeeren enthalten, auch synth. gewonnen; sie u. ihre Natrium-, Kalium- u.

Kalziumsalze entfalten spez. fungistat. Wirkung (Verhütung der Schimmelbildung bei Brot, Käse, Malzextrakt, Schmelzkäse, Margarine usw.) u. sind in den erforderlichen niedrigen Konzentrationen für den Menschen als physillog. unbedenklich, da die Säure im Stoffwechsel umgesetzt wird, zur Anwendung als Konservierungsmittel zugelasen. [16]

Sorbit: im angelsächs. Schrifttum = Sorbitol; sechswertiger Alkohol (Zuckeralkohol; $HOCH_2 \cdot (CHOH)_4 \cdot CH_2OH$); wird im großen durch Druckhydrierung oder elektrochem. Reduktion von Glukose hergestellt; in der Natur weit verbreitet, z. B. in den Früchten der Rosazeen (Vogelbeere, Pflaume, Kirsche, Apfel, Birne usw.), nicht vorhanden im Traubenwein (Unterscheidung von Obst- u. Traubenwein). Ausgangsprodukt für die Synthese von Askorbinsäure; dient unter gesetzlich geschützten Bezeichnungen (Sionon®, Karion® F) als Süßungsmittel für Diabetiker (Herstellung von Marmelade, Schokolade, Süßgebäck usw.), ferner infolge seiner wasserstabilisierenden Eigenschaften als Feuchthaltemittel für Lebensmittel. [16]

Sorbose, l(–)-Sorbose: Hexose, die aus d-Sorbit durch biolog. Oxydation (Dehydrierung) entsteht. Als Mikroorganismen für diesen Prozeß werden verwendet; *Bacterium xylinum, Acetobacter suboxidans* u. andere Acetobacter-Arten. Aus S. wird auf chem. Wege l-Askorbinsäure hergestellt. [42]

Sordes aurium ⟨*lat*⟩ *f* ↑Zerumen. [28]

Soskin-Test: klin. Schwangerschaftstest mittels 3 subkutanen Injektionen von Prostigmin®. [31]

Souque, Alexandre Achille (*1860), Neurologe; Paris.

S' Phänomen: fordert man einen Hemiplegiker auf, den gelähmten Arm zu heben, so kommt es zur Fingerspreizung. [33]

Southey, Reginald (1835–1899), Arzt, London.

S' Röhrchen: Spezialkanülen mit seitlichen Öffnungen, die in das subkutane Gewebe eingestochen werden, um große Ödeme zum Abfluß zu bringen. Große Infektionsgefährdung! Heute nicht mehr angewendete Methode. [18]

Soxhlet, Franz v. (1848–1926), Chemiker, München.

S' Apparat: 1. Apparat zur Milchsterilisierung; 2. kontinuierlich arbeitender Extraktionsapparat für feste Substanzen; in entsprechender Abwandlung für die Extraktion flüssiger Substrate geeignet.

S' Nährzucker: enzymat. hergestelltes Maltose-Amylose-Gemisch; ↑Nährzucker. [32]

Sozial|fürsorge: von der S. (Sozialämter, Wohlfahrtsverbände) wird Sozialhilfe als Geldleistung, Sachleistung und als persönliche Hilfe gewährt. Man unterscheidet offene und geschlossene (Anstalts-)Fürsorge. Neben den Hilfen zum Lebensunterhalt gibt es Hilfen in besonderen Lebenslagen, z. B. Krankenhilfe, Hilfe zur Wiederherstellung der Arbeitsfähigkeit, Ausbildungshilfe, Eingliederungshilfe für Behinderte.

~gerichtsbarkeit: zuständig für die Rechtsprechung bei Streitigkeiten auf den Gebieten der Sozialversicherung, des Kassenarztrechts, der Arbeitslosenversicherung und der Kriegsopferversorgung. 3 Instanzen der Sozialgerichtsbarkeit: Sozialgericht, Landessozialgericht, Bundessozialgericht. Die Sozialgerichte sind mit Berufsrichtern und mit Beisitzern aus den Kreisen der Versicherten besetzt.

~hygiene: die S. als Wissenschaft untersucht die Einwirkung der gesellschaftl. Umwelt auf den Gesundheitszustand der Bevölkerung u. dessen Auswirkungen auf die Gesellschaft; sie erarbeitet die wissenschaftl. Grundlagen für Prophylaxe, Diagnostik, Therapie u. Metaphylaxe; die wesentliche Zielstellung der S. besteht in der Schaffung wissenschaftl. Voraussetzungen für die Förderung u. Erhaltung der Gesundheit der Menschen sowie der Bekämpfung von Krankheiten mit Massencharakter; sie bedient sich natur- u. gesellschaftswissenschaftlicher Methoden.

~versicherung: der Begriff umfaßt die (gesetzliche) Krankenversicherung, Unfallversicherung, Rentenversicherung und die Altershilfe für Landwirte. Träger der gesetzlichen Krankenversicherung sind die ↑Krankenkassen. Die Unfallversicherung (zu der auch Leistungen wegen ↑Berufskrankheiten rechnen) wird von den ↑Berufsgenossenschaften wahrgenommen. Die Rentenversicherung (Rente wegen ↑Berufsunfähigkeit und ↑Erwerbsunfähigkeit, Altersruhegeld und Hinterbliebenenrente) obliegt der Bundesversicherungsanstalt für Angestellte und (für Lohnempfänger) den regionalen Landesversicherungsanstalten sowie den Knappschaften. Diese Institutionen führen auch Vorsorgeuntersuchungen, Präventivbehandlungen, Unfallverhütungs- u. Umschulungsmaßnahmen sowie Heilverfahren (Badekuren) durch; die Zuständigkeiten sind abgegrenzt.

Die rechtliche Regelung der Sozialversicherung erfolgt durch die ↑Reichsversicherungsordnung. Finanzierung der Sozialversicherung aus Beiträgen der Arbeitgeber und der Arbeitnehmer, z. T. durch Zuschüsse der öffentlichen Hand.

Der Sozialversicherung im weiteren Sinne sind zuzurechnen: die Arbeitsförderung und Arbeitslosenversicherung, die Versorgung der Kriegs- und Wehrdienstopfer (einschließlich der Hinterbliebenen gefallener und verstorbener Soldaten), die Leistungen (Rente, Heilbehandlung) nach dem Bundesgesetz zur Entschädigung für Opfer der nationalsozialistischen Verfolgung und Vergünstigungen und Leistungen nach dem Schwerbeschädigtengesetz (z. B. Kündigungsschutz, berufliche Fortbildung) und nach dem Bundessozialhilfegesetz (u. a. Tuberkulosehilfe, Blindengeld).

Soziologie ⟨*griech*⟩: Gesellschaftslehre; Wissenschaftsdisziplin, die sich mit der Beobachtung u. Ordnung sozialer Phänomene beschäftigt. Es existieren verschiedene Richtungen der Soziologie, z. B. die historisch-geschichtsphilosophische, die marxistisch-leninistische und die empirische (diese besonders in den USA), bei der nicht theoretisches Wissen, sondern reale sozialpolitische Maßnahmen im Vordergrund stehen. Die empirische Soziologie bedient sich bereits ausgearbeiteter u. angewandter Methoden wie z. B. der Beobachtung, Dokumentenanalyse, Befragung, des Experiments, des Samples, der Auswahlverfahren, Korrelationsverfahren, der Faktorenanalyse, Skalierung u. Soziometrie.

~Medizin ↑ Medizinsoziologie.

Spallanzani, Lazzaro (1729–1799), italien. Naturforscher u. Entdeckungsreisender.

S' Gesetz: die Regenerationsvorgänge bei jungen Individuen vollziehen sich sehr viel schneller u. vollständiger als bei alten der gleichen Art. [7]

Spaltalgen ↑ Cyanophyceae. [42]

Spaltamnion ↑ Amnion. [3]

Spalt|brille: als stenopäische Schlitzbrille nur noch wenig verwendet bei Einzelfällen von irregulärem Astigmatismus. Der Spalt verjüngt sich, vom li. Brillenrand ausgehend, zur Mitte. Dadurch wird beim Lesen die Schrift in der Nähe der Spaltspitze deutlich gesehen u. zugleich die gesamte Zeile überblickt. Die S. ist in der Arktis u. Zentralasien noch als Lichtschutzbrille in Gebrauch u. wird auch bisweilen in Europa verwendet. Im Straßenverkehr wegen der Gesichtsfeldeinschränkung äußerst gefährlich. [36]

~bruch: Anriß, Sprung des Knochens (Fissur). Die spaltförmige Zusammenhangstrennung durchsetzt nicht den ganzen Querschnitt des Knochens. Sie kann auch in der Längsachse verlaufen. Frakturzeichen wie abnorme Beweglichkeit u. Verschiebung, fehlen; nur röntgenolog. erkennbar. [23]

~hefen: Hefen, die sich nicht durch Sprossung, sondern durch Zellteilung vermehren. [42]

~lampe = Spaltleuchte: Gerät zur Untersuchung des Auges, vor allem im vorderen Abschnitt in Verbindung mit Mikroskopie des lebenden Auges. Basiert auf dem Prinzip der fokalen Beleuchtung, bedeutet aber einen epochalen Fortschritt. Angegeben von dem schwed. Ophthalmologen ↑ Gullstrand, 1911 als Nernstspaltlampe bezeichnet, weil damals noch leistungsfähige Niedervoltglühlampen fehlten. Ein Teil des Strahlenkegels einer seitlich vom Auge schwenkbar angebrachten Lichtquelle wird durch einen Spalt von veränderlicher Breite ausgeschnitten. Die Abbildungslinsen (aplanat., asphär. Gullstrand' Linse) erzeugen ein sehr helles Lichtbüschel u. gestatten die Untersuchung der Teile des vorderen Augenabschnittes im opt. Schnitt unter verschiedenen Vergrößerungen. Die Montierung der Gullstrand' Beleuchtungseinrichtung auf dem Henker' Arm u. dessen Befestigung u. Verbindung mit dem Tisch u. dem Capsky' Binokularmikroskop ergab das eigentliche Spaltleuchtengerät, das oft nachgebaut u. vervollkommnet wurde, z. B. von Comberg u. von Goldmann. Durch Zusatzgeräte wird die S. auch zur Untersuchung des Kammerwinkels u. des Augenhintergrundes verwendet. Gonioskopie ↑ Hruby' Linse. Auch zur ↑ Aplanationstonometrie kann sie verwendet werden; ↑ Tonometer. [36]

~pilze ↑ Schizomyzeten. [42]

Spaltung der Herztöne: bereits physiologischerweise liegt eine Spaltung des I. sowie des II. Herztones vor; beim I. Herzton dadurch, daß sich der re. Ventrikel um etwa 0,02 s vor dem li. kontrahiert; beim II. Herzton wegen der ebenfalls nicht synchronen Schließung der Semilunarklappen. Bei einseitiger Herzhypertrophie oder sonstigen vorwiegend einseitigen Erkrankungen kann sich diese Distanz etwas vergrößern. Ist sie größer als etwa 0,04 s, so spricht man nicht mehr von Spaltung, sondern von Doppelung der Herztöne. [10]

Spaltung, thioklastische: Syn. thiolytische Spaltung; letzter Schritt bei der β-Oxydation der Fettsäuren als Fettsäure-CoA, indem aus dem β-Ketoazylthioester durch die Azetyl-CoA-Azyltransferase (EC 2.3.1.16; früher β-Ketothiolase) Essigsäure als Azetyl-CoA abgespalten wird. [8]

Spaltungsgärung ↑ Anoxybiose. [42]

Spaltungsirresein ↑ Schizophrenie. [33]

Spaltwirbel ↑ Spina bifida. [5]

Spaltzunge ↑ Glossoschisis. [5]

Spanlang-Tappeiner' Syndrom: ektodermale Systemkrankheit, palmoplantare Keratose, Hyperhidrose, Alopezie, Keratosis. [43]

Spannungs|irresein: Bezeichnung für ↑ Katatonie; ↑ Schizophrenie. [34]

~klemme = voltage clamp ⟨*engl*⟩: durch gleichstromführende Elektroden, die eine im

Inneren einer Zelle oder Faser (Nervenzelle, Muskelzelle), die andere an der Außenseite der erregbaren Membran, wird der Membran ein Potential aufgezwungen. Dieses Potential wird mit einer innen liegenden Ableitelektrode (Spannungs- oder Meßelektrode) abgeleitet u. durch einen Regelkreis konstant gehalten, unabhängig davon, wie sich das ↑Aktionspotential ändert. Gemessen wird der im Außenkreis jeweils sich einstellende Strom. Mit dieser Methode kann das sehr schnell ablaufende Aktionspotential über längere Zeit festgehalten werden, was für das Studium der Ionenaustauschvorgänge über die erregbare Membran der Zelle oder Faser wichtig ist. [7]

~peritoneum: durch entzündliche Reizerscheinungen ausgelöster Spannungszustand des Bauchfelles; ↑Abdomen, akutes. [18]

~pneumothorax: Syn. Ventilpneumothorax; nach Verletzung der Lunge tritt bei geschlossener Brusthöhle Luft in den Pleuraraum ein. Wenn die eingeflossene Luft durch Ventilverschluß der Lungenverletzung nicht wieder entweichen kann, entsteht intrapleuraler Überdruck mit zunehmender Kompression des Lungenflügels u. der venösen Einflußbahnen im Mediastinum für das Herz. Steigerung der Kreislauf- u. Atemstörungen bis zu lebensbedrohlicher Gefährdung. Der S. kann sich im Anschluß an jede geschlossene Lungenverletzung, aber auch nach einer Lungennaht einstellen. Auch der Spontanpneumothorax kann durch den S. kompliziert werden. [18]

~ton des Herzens: der im Beginn der Systole entstehende I. Herzton; ↑Herztöne. [10]

Spartein: Alkaloid aus Spartium scoparium (Besenginster), mit nikotinähnlicher Wirkung. Hemmt die Reizbildung u. Reizleitung am Herzen; Herzmuskelfunktion wird depressiv beeinflußt, glatte Muskulatur von Darm u. Uterus erregt. Therapeut. mitunter bei Rhythmusstörungen des Herzens u. als Uterotonikum verwendet. [44]

Spasmodermie ⟨*griech*⟩ *f:* krampfhafte, motor. Reaktionen der Haut, z. B. ↑Cutis anserina. [43]

Spasmodynia cruciata ⟨*griech, lat*⟩ *f* (Oppenheim): seltenes Erscheinungsbild bei Halbseitenläsion des Rückenmarks (↑Brown-Séquard' Syndrom), bestehend in spinalen Krampferscheinungen auf der Seite der Läsion, Schmerzen auf der gekreuzten Körperseite. [33]

Spasmolyse: Krampflösung mittels Medikamenten, z. B. Atropin. [9]

Spasmolytika ⁎ **Spasmolytica remedia** ⟨*griech*⟩ *n, Pl:* Verbindungen, die zu einer Erschlaffung glattmuskulärer Organe führen. Der Angriffspunkt liegt in der Muskelzelle selbst (Vertreter: Papaverin). Auch können Stoffe die Erregungsübertragung vom vegetativen Nervensystem auf glattmuskuläre Organe beeinflussen, spasmolyt. Effekte hervorrufen (z. B. Atropin am Magen-Darm-Kanal, Adrenalin an der Bronchialmuskulatur). [44]

Spasmophilie ⟨*griech*⟩ *f:* rachitogene Tetanie; Komplikation der klin. manifesten Rachitis. Symptome: vorwiegend ton. Krampfzustände, Karpopedalspasmen, Laryngospasmen, Bronchotetanie, mechan. u. elektr. Übererregbarkeit der Muskulatur, die auch im Stadium der Latenz nachzuweisen ist. Zeichen der mechan. Übererregbarkeit: Chvostek', Trousseau', Erb' u. Peroneus-Phänomen. Zeichen der elektr. Übererregbarkeit: Verminderung der Reizschwelle für Katodenöffnungszuckung (unter 5 mA) ↑Pflüger' Zuckungsgesetz. Ausgelöst werden die Symptome durch Absinken des Serum-Kalzium-Gehaltes infolge Verminderung des Anteiles an ionisiertem Kalzium. Gleichzeitig besteht eine Vermehrung von Phosphor im Serum. [32]

S. der Harnorgane: Tonusschwankungen mit spast. Phasen, wodurch Koliken (Nieren-, Kelch-, Nierenbecken-, Harnleiter-S.) oder ↑Dysurien, ↑Pollakisurien u. ä. ausgelöst werden können (↑Kaltfußdysurie]. [24]

Spasmus ⟨*griech*⟩ *m:* Verkrampfung; gebraucht in verschiedener Zusammensetzung u. Bedeutung. *Adj* spastisch, krampfartig, krampfend. [33]

S. cynicus ↑Gesichtsstarre. [18]

S. facialis: Reizzustand im Bereich des motor. Gesichtsnerven (VII. ↑Hirnnerv) mit unregelmäßig auftretenden raschen synchronen Kontraktionen der Gesichtsmuskulatur. [33]

S. glottidis ↑Stimmritzenkrampf.

S. lumborum ↑Lumbago. [18]

S. mobilis: unregelmäßig auftretende Tonuserhöhung der Muskulatur, meist im Sinne des Rigors; gilt als Zeichen einer Schädigung des extrapyramidalen Systems. [33]

S. nictitans: chron. Krampf der Lidmuskeln, der sich in Form eines krankhaften Blinzelns äußert. [36]

S. nutans ↑Nickkrämpfe.

S. palatinus ↑Gaumensegelkrampf.

S. rotatorius: veraltete Bezeichnung für ↑Torticollis spasticus. [33]

Spastik ⟨*griech*⟩: Tonuserhöhung der Muskulatur durch Schädigung des 1. motor. Neurons; auf Steigerung der Eigenreflexerregbarkeit beruhend u. meist mit zentraler motor. Lähmung verbunden; ↑Rigor. [33]

Spastizität: Grad der ↑Spastik. [33]

Spät|apoplexie (Bollinger): Tage oder

Wochen nach stumpfer Schädelverletzung erfolgende Gehirnblutung, entweder in der Umgebung des Aquäduktes oder in der Nähe der Rinde mit entsprechenden anatom. u. klin. Folgeerscheinungen. Vorkommen der S. wird neuerdings in Zweifel gezogen. [33]

~chlorose: ältere, heute nicht mehr gebräuchliche Bezeichnung für die essentielle hypochrome Anämie; ↑Anämie. [11]

~epilepsie: Manifestation des Anfallsgeschehens nach Abschluß des dritten Lebensjahrzehntes, gibt zunächst den Hinweis auf symptomat. ↑Epilepsie; kann auch als Spätmanifestation der genuinen Epilepsie vorkommen. [34]

Spatiokardiographie: Verfahren der Stereovektorkardiographie (nach Laufberger); ↑Vektorkardiographie. [21]

Spatium ⟨*lat*⟩ *n:* Raum, Zwischenraum.

S. epidurale ↑Cavum epidurale (PNA).

S. retropubicum (PNA) = S. praevesicale (JNA) = Cavum Retzii: mit lockerem Bindegewebe angefüllter Verschiebespalt zwischen Fascia transversalis u. Bauchfell hinten oberhalb des Schambeines, in dem die sich füllende Harnblase aufsteigen kann. Ermöglicht die Punktion der Harnblase ohne Eröffnung des Peritonealraumes.

S. subachrachnoidale (leptomeningicum) ↑Cavum subarachnoidale (PNA).

S. subscapulare ↑Tenon' Raum.

S. subdurale ↑Cavum subdurale (PNA). [1]

Spät|rachitis ↑Rachitis tarda. [32]

~reaktion: Antigen-Antikörper-Reaktion in vivo; nach Berührung mit dem spezif. Antigen (Allergen) kommt es innerhalb 24–48 h zu einer lokalen Haut- bzw. Gewebsreaktion (Entzündung mit zelliger Infiltration, ggf. Nekrose); ↑Frühreaktion. [40]

~reflex ↑Verspätung. [7]

~rezidiv: in der Geschwulstlehre verwendeter Begriff für das Wiederauftreten eines Tumors nach lange zurückliegender scheinbar vollständiger Beseitigung desselben. [5]

~schmerz: der mehrere Stunden nach dem Essen auftretende Magenschmerz, bei Ulcus duodeni. [9]

~sterblichkeit: Sterbefälle im Säuglingsalter vom 8. Tage nach der Geburt bis zum Ende des 1. Lebensjahres. [32]

~syphilis: Jahre nach der Infektion oder bei der angeborenen Form lange nach der Geburt auftretende Erscheinung der ↑Syphilis III. An Haut u. Schleimhaut zwei Formen: 1. Syphilis tuberosa; 2. Syphilis gummosa; außerdem Erscheinungen an allen anderen Organen, bes. am Gefäß- u. Nervensystem. [43]

~tetanus: Auftreten eines Wundstarrkrampfes (↑Tetanus) durch Mobilisation von Tetanusbazillen oder ihrer Sporen, die gelegentlich einer Monate oder Jahre zurückliegenden Verletzung in den Körper gelangt sind, z. B. nach operativer Entfernung eines Granatsplitters. [5]

Spatz, Hugo (*1888), Neuropathologe, Berlin, Gießen.

S.-Stiefler' Reaktion: Probe zum raschen Nachweis des Paralyseeisens in der Gehirnsubstanz durch Schwefelammonium (Schwarzfärbung). [5]

Spec.: in der Rez. *Abk* für ↑Spezies. [44]

Spechtschlagrhythmus ↑Kyniklokardie. [10]

Speck' Test: kaum noch angewandte aszendierende Methode zur Beurteilung der Tubendurchgängigkeit. [29]

Speckhaut: die in jedem gerinnenden Blut sich abscheidende speckartig aussehende Fibrinmasse, die im Mittelalter den Ärzten zur Beurteilung der Gesundheit des Blutes u. bei schlechter Ausfällung, Verfärbung, schlechter Abgrenzung als prognost. ungünstiges Krankheitszeichen gedeutet wurde. [11]

~gerinnsel: postmortales, vorwiegend aus Fibrin bestehendes, weißgelbes Blutgerinnsel. In den groben Fibrinmaschen sind eingeschlossen Thrombo- u. Leukozyten. [4]

speckig: betrifft Beschaffenheit der Organe bei ↑Amyloideinlagerung. [4]

Speck|leber: speckartige Beschaffenheit einer blutarmen Leber bei ↑Amyloidose.

~milz: speckartige Beschaffenheit einer blutarmen Milz bei ↑Amyloidose der Milzpulpa.

~niere: speckartige Beschaffenheit einer blutarmen Niere bei Amyloidose. [5]

Speiche ↑Radius. [1]

Speichel: erstes körpereigenes Produkt, mit dem die Nahrung in Berührung kommt, besteht zu 99,5% aus Wasser, sein *p*H-Wert schwankt je nach Art der aufgenommenen Nahrung u. der Tätigkeit der Speicheldrüsen zwischen 5,6 u. 7,6. Es enthält vor allem Na, K, Ca, Mg sowie Cl, PO_4, HCO_3, u. an organ. Bestandteilen Muzin, Spuren von Harnstoff u. Harnsäure sowie ein kohlenhydratspaltendes Enzym (↑Amylase). Während der Verdauungsspeichel viel Enzym sowie Schleimstoffe enthält, ist der Spülspeichel oder Abwehrspeichel arm an diesen Substanzen. [7]

~drüsen: die drei großen paarigen Mundspeicheldrüsen: Glandula parotis (Ohrspeicheldrüse), G. submandibularis (Unterkieferdrüse) u. G. sublingualis (Unterzungendrüse) sowie das Pankreas (Bauchspeicheldrüse). [1]

~fistel: abnorme Verbindung einer Speicheldrüse oder ihres Ausführungsganges mit der Außenfläche der Wange (äußere S.) oder der Mundhöhle (innere S.) durch Verletzung oder als Entzündungsfolge. Äußere S. wurden von Pawlow zur Untersuchung der Verdauungsfunktion experimentell angelegt, um den Speichel während der Nahrungsaufnahme auffangen, mengenmäßig messen u. qualitativ untersuchen zu können. Sie gaben Anlaß zur Entdeckung der bedingten ↑Reflexe. Auch heute noch weitverbreitete Methode zur Untersuchung der höheren ↑Nerventätigkeit. [5]

~fluß ↑Salivatio. [7]

~körperchen: weiße Blutkörperchen, die ständig durch die Mundschleimhaut, insbes. auch durch die Mandeln ausgeschieden werden u. im Speichel quellen u. zerfallen, wobei ihre Enzyme u. Schutzstoffe frei werden u. der Speichel zusätzliche verdauende Eigenschaften erhält. Außer einigen abgestoßenen Endothelien findet man oxydasepositive, oft stark vakuolisierte Neutrophile, die als Mikrophagen auch Bakterien aufnehmen, Makrophagen (Monozyten) u. zahlreiche kleine Einkernige (Lympho- u. Histiozyten). [11]

~steine = Sialolithen: Konkremente aus phosphorsaurem Kalk in den Ausführungsgängen der Speicheldrüsen, vorwiegend der des Mundbodens. [28]

Speichenbruch ↑Radiusfraktur. [23]

Speicherkrankheiten, Speicherungskrankheiten ↑Thesaurismosen. [32]

Speichervolumen, systolisches: Teil des während eines Herzschlages aus der li. Herzkammer ausgetriebenen Blutvolumens, das in der Aorta u. den großen Arterien verbleibt, deren Fassungsvolumen durch den Austreibungsdruck elast. vergrößert wurde. Es fließt erst während der Diastole der Herzkammern als diastol. Abflußvolumen weiter; ↑Windkessel. [7]

Speicherzellen: Sammelname für phagozytär tätige Retikulumzellen, die Pigmente, Fettstoffe, Fremdkörper, Zellreste u.a. längere Zeit auffangen u. langsam abbauen können. [11]

Speiseröhre = Ösophagus: ein mit geschichtetem Plattenepithel ausgekleideter Muskelschlauch, der den Speisebrei vom Schlund in den Magen leitet. Man unterscheidet einen Hals-, Brust- u. Bauchteil sowie drei physiolog. Engen, nämlich am Eingang, in Höhe der Bifurcatio tracheae (Aortenenge) u. die unterste entsprechend dem Zwerchfelldurchtritt. [1]

Spektral|analyse: Methode zum Nachweis der Zusammensetzung eines Stoffes mit Hilfe des Emissions-, Absorptions- oder Fluoreszenzspektrums. [54]

~bereiche: die einzelnen Abschnitte des Sonnenspektrums, die biolog. verschiedene Wirkungen haben. [13]

~photometer ↑Spektrophotometrie. [7]

Spektro|photometrie ⟨*lat, griech*⟩: tritt Licht eines bestimmten Spektralbereiches durch eine Farbstofflösung hindurch, so ist die durch Absorption bedingte Schwächung der Lichtstärke bei gleicher Dicke u. Konzentration der absorbierenden Schicht immer gleich groß, unabhängig davon, ob das durchfallende Licht hohe oder schwache Intensität besitzt. Man ermittelt mit Hilfe der S. den ↑Extinktionskoeffizienten, der für einen bestimmten Spektralbereich der Konzentration der gefärbten Flüssigkeit direkt proportional ist. Das Verhältnis Konzentration zu Extinktionskoeffizient (Absorptionsverhältnis) ist also konstant. Kennt man das Absorptionsverhältnis für einen bestimmten Spektralbereich, so läßt sich aus dem beobachteten Extinktionskoeffizienten die Konzentration des Farbstoffes herleiten. Gerichts- u. gewerbemedizin. sehr wichtig ist die spektrophotometr. Blutuntersuchung zur Erkennung von Giftstoffen im Blut u. zur Sonderung der verschiedenen Hb-Veränderungen, bes. geeignet für Oxy-Hb, reduziertes Hb, Met-Hb, CO-Hb, Kreatin, Hämochromogen, Porphyrine, Urobilin; mikrospektrograph. Untersuchungen einzelner Blutzellen mit wertvollen Ergebnissen. [7]

~skop *n:* Apparat zur Zerlegung des weißen Lichtes in seine Spektralfarben durch Brechung in einem Prisma oder durch Beugung an einem feinen Gitter, [54]

Spektrum ⟨*lat*⟩ *n:* Auflösung eines Strahlengemisches aus Komponenten verschiedener Frequenz (u. damit verschiedener Wellenlänge). Im sichtbaren Licht wird das S. durch Brechung in einem Prisma oder durch Beugung an einem feinen Gitter als farbiges Band mit Übergang von Rot über Orange-Gelb-Grün nach Blauviolett erhalten. Es umfaßt Strahlen von 800 nm (rot) bis 400 nm (violett) Wellenlänge. Jenseits des Sichtbaren setzt sich das Spektrum fort: jenseits des Rot liegt das Infrarot ($\lambda > 800$ nm) mit vorwiegend Wärmewirkung; jenseits des Violett folgt das Ultraviolett ($\lambda < 400$ nm) mit starker chem. u. biolog. Wirksamkeit. Man unterscheidet das ↑Absorptionsspektrum u. das ↑Emissionsspektrum. [54]

Spekulum ⟨*lat*⟩ *n:* Spiegel; Gerät zur Betrachtung verborgener, dem Auge nicht ohne weiteres zugänglicher Organe (Spiegelung), z.B. Nasenspekulum, Scheidenspekulum, Blasenspiegel. [18]

~entbindung: Spiegelentbindung (Bauereisen, 1947); Methode zur Geburtsbeendigung. Man geht mit Spekula in den noch nicht vollständig eröffneten Muttermund ein, um ihn während der Wehen durch dehnende aufziehende Bewegungen vollständig zu eröffnen, die Scheide zu dehnen u. durch Druck auf den Nervenplexus reflektor. Wehen anzuregen; dadurch beschleunigte Geburtsbeendigung. [29]

Speleoskopie *⟨griech⟩*: Untersuchung einer ↑Kaverne mit einem ↑Endoskop. [18]

Speleostomie *⟨griech⟩ f:* Eröffnung u. Tamponade tuberkulöser Kavernen zu ihrer Reinigung u. allmählichen Heilung. Rezidivgefahr, daher später Muskellappeneinlagerung zwecks Verschluß des Dränagebronchus. [18]

Speleotomie *⟨griech⟩ f* ↑Kavernentamponade, chemotherapeutische (Maurer). [15]

Spemann, Hans (1869–1941), Zoologe, Freiburg. 1935 Nobelpreis für die Entdeckung des Organisator-Effektes während der embryonalen Entwicklung. [53]

Speranski, Alexej Dmitrijewitsch (1888 bis 1961), sowjet. Pathologe u. Physiologe, Leningrad. Schüler Pawlows, hat die Bedeutung des Nervensystems, insbes. der Nerventrophik, für den Ablauf zahlreicher patholog. Prozesse, insbes. Infektionskrankheiten, festgestellt. Entsprechende Therapievorschläge, ↑Liquorpumpe. [7]

Sperma *⟨griech⟩ n:* Samen; reife Samenzellen (↑Spermien) zusammen mit dem Sekret der akzessor. Geschlechtsdrüsen (Prostata, Samenblasen, Gg. bulbourethrales, Gg. paraurethrales). 1 mm^3 Samenflüssigkeit enthält nach Bargmann etwa 60000 reife Samenzellen. Bei einer ↑Ejakulation werden normalerweise etwa 200–300 Millionen Spermien ausgestoßen, wobei beim gesunden Manne bis zu 1% andere Zellelemente beigemischt sein können (z.B. unreife Samenzellen, Stützzellen); ↑Ejakulat.

~kristalle: beim Eintrocknen bzw. Abkühlen des ↑Spermas auftretende, unterschiedlich gestaltete Kristalle (Böttcher), die als Zerfallsprodukte des Nukleins (Sperminphosphat) aufzufassen sind. [2]

Spermatiden *⟨griech⟩ f, Pl:* die kleinsten aus Präspermatiden entstandenen Keimzellen im Bereiche des Hodensamenepithels, die sich in reife Spermien umwandeln (Spermiohistogenese). [2]

Spermatitis *⟨griech⟩* ↑Funikulitis. [24]

Spermato|genese ↑Spermiogenese. [3]

~gonien *f, Pl:* Ursamenzellen, der Basalmembran des ↑Hodenkanälchens unmittelbar anliegende Keimzellen, ausgezeichnet durch runden, chromatinreichen Kern. Die S. teilen sich mitot.; aus ihnen entstehen sowohl ↑Spermatozyten als auch ↑Sertoli' Zellen. [2]

~rrhoe *f:* Entleerung von Samenflüssigkeit bei Defäkation oder Miktion infolge Verschlußinsuffizienz des Ductus ejaculatorius (Urethritis, Spermatozystitis, organ. Rückenmarkleiden u.ä.).

~zele *f:* Samenbruch, Retentionszyste am Hoden, Nebenhoden oder Samenstrang, gefüllt mit trüber (spermienhaltiger) Flüssigkeit. Deshalb oft keine Diaphanie u. demzufolge Verwechslung mit Tumor. [24]

~zoon *n,* Spermatozoen *Pl:* das „Samentierchen" ↑Spermium. [2]

~zystektomie *f:* operative Entfernung einer oder beider Samenblasen (Ullmann, E. 1890), z.B. wegen Tuberkulose oder chron. Entzündung, Tumor. Zugangswege: 1. ischiorektal (Voelcker, F. 1912); 2. perineal (Young, H.H. 1913); 3. suprapub. mit Extraperitonealisierung der Harnblase; 4. suprapub. transvesikal (Thomson-Walker, J. 1924). [24]

~zystitis: Entzündung der Samenbläschen, meist durch Gonorrhoe, oft gleichzeitige ↑Prostatitis u. ↑Funikulitis, sog. männliche Adnexitis. [18]

~zystographie *f:* Röntgenkontrastdarstellung der Samenblase(n) (Belfield, 1913); Technik: a) Sondierung der Samenausführungsgänge mit dünnem Harnleiterkatheter durch Urethroskop (gelingt oft nicht, Bilder häufig unbefriedigend); b) Freilegung eines oder beider Samenleiter, Punktion derselben mit dünnen Injektionskanülen u. Einspritzen von 2½ ml Röntgenkontrastmittel in proximaler Richtung. Anschließend Röntgenaufnahme beim liegenden Pat. in leicht kraniokaudalem Strahlengang, oder indem Pat. auf dem Film sitzt u. bei weit nach vorn gebeugtem Oberkörper die Röntgenstrahlen senkrecht (vom Rücken her) das Becken von oben durchdringen (Mazurek, 1963). Bei normalen Verhältnissen sind die Ductus deferentes u. die Samenblasen kontrastgefüllt dargestellt. Spätaufnahmen nach 2, 8 u. 24 h lassen Abflußverzögerung (Stenose der Ausführungsgänge, entzündliche Atonie wie bei chron. Entzündung oder Tuberkulose u.ä.) erkennen. Zweck: Diagnose von Samenblasenempyem, Tbk., Tumoren, Prostataabszessen (Achsenverschiebung) usw. [24]

Spermatozyten *⟨griech⟩ m, Pl:* männliche Keimzellen im Keimepithel der Hodenkanälchen, ausgezeichnet durch einen großen runden Kern, in dem die Chromosomenschleifen gut sichtbar sind; sie liegen einwärts von den der Basalmembran anliegenden ↑Spermatogonien. [2]

Spermaturie *⟨griech⟩ f:* im Urin finden sich massenhaft Spermien. Ursache: Klaffen des Blasenhalses (des sog. inneren Schließmuskels) nach Prostatektomien u. nach ausgedehnten Elektroresektionen; bei Ejakulation fließt die Samenflüssigkeit in die Blase ab (spritzt also nicht aus der Harnröhre direkt heraus) u. kommt dann bei der nächsten Miktion mit Urin vermengt heraus. (Vor

Prostataoperationen sollten die Kranken darüber aufgeklärt werden, daß dies postoperativ wahrscheinlich eintreten wird.) [24]

Spermazet: Cetaceum, ↑Walrat. [44]

Spermidin: aliphat. Triamin der Formel $H_2N{\cdot}(CH_2)_3{\cdot}NH(CH_2)_4{\cdot}NH_2$; ↑Spermin. [8]

Spermin: aliphat. Tetramin $H_2N{\cdot}(CH_2)_3{\cdot}NH{\cdot}(CH_2)_4{\cdot}NH{\cdot}(CH_2)_3{\cdot}NH_2$; kommt neben (weniger) Spermidin in den meisten tier. Organen vor, bes. reichlich in Sperma u. Prostata; nachgewiesen ferner in Hefe, bei Avertebraten. Einzelne Ribosomenarten enthalten Spermidin u. Putreszin. S. verursacht den charakterist. Geruch des Spermas; es wirkt nicht als Geschlechtshormon. [8]

Spermio|genese ⟨*griech*⟩ *f:* Syn. Spermatogenese; die Entwicklung der männlichen Fortpflanzungszellen von den ↑Spermatogonien zu den ↑Spermien. Sie findet im Keimepithel der Hodenkanälchen statt. Auf eine Vermehrungsperiode der Spermatogonien folgt Einstellung der Teilungen u. Zellwachstum. Es entstehen die prim. Spermatozyten. Die Kerne der Spermatozyten machen ↑Reduktionsteilungen durch. Durch die den beiden Kernteilungen entsprechenden Zellteilungen entstehen sek. Spermatozyten (oder Präspermatiden) u. Spermatiden. Auf die Spermiozytogenese folgt die Spermiohistogenese, die Umwandlung in das reife, befruchtungsfähige Spermium. [3]

~gramm: Feststellung aller am Ejakulat erhobenen Einzelbefunde (insbes. Anzahl, Beweglichkeit, Morphologie der Samenfäden) zur Beurteilung der Befruchtungsfähigkeit eines Mannes. [52]

~histogenese *f:* Umformung der ↑Spermatide zum ↑Spermium; Transformationsphase des Samenepithels. [12]

~zyten *m, Pl* ↑Spermatozyten. [2]

Spermium ⟨*griech*⟩ *n,* Spermien *Pl:* Samenfaden; reife etwa 55–60 µm lange Samenzelle, die aus Kopf, Hals, Mittelstück u. Schwanz besteht. Der Kopf des S. besteht aus Zellkern u. dem ↑Akrosom. Der Hals enthält das Zentriol in Form einer Rosette u außen bandförmige Strukturen. Das Mittelstück zeigt um den Achsenfaden eine Mitochondrienhülle, die lichtopt. als Spiralfaden erscheint. Der Achsenfaden des S., der Hauptbestandteil des Schwanzes besteht aus 2 Zentralfibrillen u. 9 randständigen Fibrillenpaaren. 20–30% aller Spermien können auch bei gesunden Männern mißgestaltet sein (z. B. mehrschwänzige, mehrköpfige Spermien, Riesen- oder Zwergformen); ↑Sperma. [2]

Sperrarterien: arterielle Gefäße, die sich durch Schwellung der epitheloiden Zellen ihrer Wandung oder durch die Tätigkeit ihrer Muskulatur völlig verschließen können. [7]

Sperrliquor = Froin' oder Nonne-Froin' Syndrom: ein durch Absperrung der Liquorzirkulation an irgendeiner Stelle der liquorführenden Räume (bes. im Gebiet des Rückenmarkkanals) bedingtes Liquorsyndrom unterhalb des Passagehindernisses, das durch stark erhöhten Eiweißgehalt bei meist normaler Zellzahl gekennzeichnet ist. Neigung zu ↑Xanthochromie u. Gerinnung. Oberhalb der Sperre bestehen meist normale Liquorverhältnisse. Das Syndrom kann durch die verschiedensten raumbeschränkenden Prozesse bedingt werden, vor allem durch Geschwülste des Rückenmarks oder seiner Hüllen. [33]

Sperrschicht: Luftschicht, in der bei einer ↑Inversion die untere kalte Luft mit der oberen warmen Luft aneinandergrenzen. Bei gewissem Feuchtegehalt der Warmluft scheidet sich hier Wasserdampf ab u. bildet eine Hochnebeldecke, die als S. wirkt u. den vertikalen Luftaustausch verhindert. Bei Anhäufung von Industrieanlagen in engen Tälern können Sperrschichten auf diese Weise die Abfuhr von Verbrennungsprodukten verhindern u. zu gehäuften Erkrankungen u. Todesfällen führen, z. B. bei der bekannten Maastalkatastrophe 1930; ↑Smog. [13

Spezialnährböden: Nährsubstrate, die entweder der Kultur anspruchsvoller Keime (z. B. Casper-Biehling-Nährboden für Gonokokken), der Anreicherung, Elektivdarstellung oder Differenzierung bestimmter Erreger (z. B. Diphtheriebakterien, Salmonellen) oder sonstigen Spezialuntersuchungen, wie z. B. auf Toxinbildungsvermögen der Diphtheriebakterien mit Hilfe der Elekplatte, dienen. Je nach dem Verwendungszweck sind entsprechende Zusätze erforderlich. [41]

Spezies ✳ **Species** ⟨*lat*⟩ *f:* 1. (biolog.) Art, Zusammenfassung von Individuen, die sich in den wesentlichen Merkmalen ähneln u. untereinander fortpflanzen, in der zoolog. u botan. Systematik seit Linné durch Gattungs- u. Artnamen bezeichnet. [58] 2. (pharmakolog.) Gemisch verschiedener Drogen mit gleichartiger Wirkung; meist handelt es sich um Teegemische. [44]

S. diureticae: harntreibendes Teegemisch.

S. laxantes: Abführmittel.

S. pectorales: Brusttee.

S. sedativae: Nervenberuhigungsmittel. [44]

Spezifikum ⟨*lat*⟩: Heilmittel mit ausschließlicher Wirkung gegen eine bestimmte Erkrankung. [44]

spezifisch ⟨*lat*⟩: artmäßig, eigenartig, eigentümlich, bestimmt, abgestimmt, kennzeichnend. [4]

Spezifisch-dynamische Wirkung: Zufuhr u. Verarbeitung (Verdauungsarbeit) von

Nahrung führen im Organismus zu einer Veränderung der Stoffwechselvorgänge; die wenig charakterist. Bezeichnung „Spezifisch-dynamische Wirkung" – besser Beeinflussung der Stoffwechselregulation – stammt von M. Rubner; die s.-d. W. mit ihrer beträchtlich erhöhten Wärmebildung hält etwa 12 h an; ihr Ausmaß beträgt im Mittel für Eiweiß 16% (maximal bis 30% u. mehr) des Brennwertes, für Kohlenhydrate etwa 6%, für Fette etwa 3% (manchmal auch neg. s.-d. W. bei Abfall der Stoffwechselvorgänge); bei normaler Mischkost kann man für den gesunden, im Stoffwechselgleichgewicht befindlichen Menschen, die s.-d. W. mit 8–20% zugrunde legen. Ursache u. Angriffsort der s.-d. W. bisher noch ungeklärt. [16]

Spezifisches Gewicht ↑ Dichte. [8]

Sphacelus ⟨*griech*⟩ *m* ↑ Gangrän. [4]

Sphaeridion ⟨*griech*⟩ *n:* wahrscheinlich funktionell bedingte, kugelförmige, 0,3–1,5 μm große Karyoplasmaverdichtung. [6]

sphärisch ⁎ **sphaericus** ⟨*griech*⟩: kugelig, kugelrund. [1]

Sphäroidgelenk = Kugelgelenk ↑ Gelenkformen. [1]

Sphärokolloide: kolloid verteilte Stoffe, welche in ihren einzelnen Anteilen Kugelform aufweisen. [8]

Sphärometer ⟨*griech*⟩ *n:* Gerät zur mechan. Messung der Krümmung von Linsen. Früher wichtig zur Bestimmung der Stärke gegebener Brillengläser, jetzt für diesen Zweck ersetzt durch opt. ↑ Scheitelbrechwertmesser. [35]

Sphärophakie ⟨*griech*⟩ *f:* Kugellinse; entsteht als Mißbildung u. bei Zuständen, wo der Ziliarmuskel dauernd kontrahiert ist; ↑ Dystrophia mesodermalis hyperplastica. [36]

Sphäroplasten: zellwandarme gramneg. Bakterien. Durch Verdauung der Zellwand mit Lysozym geht ein Teil der Zellwand verloren (↑ Protoplasten grampos. Bakterien). S. können wachsen, sich teilen u. nach vorangegangener Infektion Bakteriophagen produzieren. [40]

Sphärotrichie ⟨*griech*⟩ *f* ↑ Drusen. [43]

Sphärozyt ⟨*griech*⟩ *m:* Kugelzelle; als Zeichen beginnender Hämolyse erleidet der scheibenförmige Erythrozyt infolge Stabilitätsänderung seiner Membran eine sphär. Umwandlung zur Kugelzelle (Naegeli), die bei kleinerem Durchmesser einen unveränderten Rauminhalt aufweist. Dadurch erscheint das Hämoglobin vermehrt, u. der kleinere S. erscheint stärker gefärbt (Mikrosphärozyt). S. treten bei allen hämolyt. Anämien auf, bes. zahlreich bei der konstitutionellen, familiären Form; ↑ Anämie. [11]

Sphenopalatinum-Syndrom ↑ Neuralgie, Sluder' Syndrom. [33]

Sphenozephalus ⟨*griech*⟩ *m:* Syn. Otozephalie; keilförmige Mißbildung des Kopfes, der ↑ Synotie nahestehend, mit Fehlen des Unterkiefers, Verschmelzung der Ohren sowie Entwicklungsstörung der Oberkiefer. Auch gebraucht für keilförmige Gestaltung des Kopfes bei Synostose der Pfeilnaht. [5]

Sphingomyeline: Vertreter aus der Gruppe der ↑ Phospholipide (Sphingolipide; Diaminophosphatide); aufgebaut aus je 1 Mol Fettsäure (amidartig gebunden), Phosphorsäure mit Cholin verestert u. Sphingosin als Aminodialkohol; sie sind Bausteine vor allem der Gehirn-, Rückenmark- u. Nervengewebe; bei ↑ Speicherkrankheiten (Niemann–Pick' Krankheit) tritt starke intrazelluläre Ablagerung in zahlreichen Organen (Leber, Milz, Gehirn) auf; Zwischenprodukte des intermediären Fettstoffwechsels; im Pflanzenreich finden sich die Phytosphingosine als Bausteine ähnlicher Lipide. [16]

Sphingosin: zweiwertiger ungesättigter Aminoalkohol mit 18 C-Atomen, der sich an Stelle des Glyzerins in den Sphingomyelinen findet; ↑ Zerebroside. [8]

Sphinkter ⁎ **Sphincter** ⟨*griech*⟩ *m:* Schnürer, Schnürmuskel, Schließmuskel; Muskel mit ringförmiger Anordnung der glatten oder quergestreiften Muskelfasern, die einen Verschluß von Öffnungen (Harnblasenmündung, After) ermöglicht; ↑ Muskel (M. sphincter). [1]

~dehnung: Dehnung des Afterschließmuskels bei Krampfzuständen u. bei Fissura ani. [18]

~ektomie: Ausschneidung eines kleinen Irisstückchens im Bereich des M. sphincter pupillae aus opt. Gründen. Es handelt sich also um eine kleine nicht bis zur Iriswurzel reichende Iridektomie. [36]

~hypertonie, idiopathische neurogen bedingte Engstellung des Blasenhalses mit Restharnbildung; ↑ Sphinktersklerose. [24]

~plastik: operative Wiederherstellungsmethoden der Schließmuskeln an den Körperöffnungen nach deren traumat. oder krankheitsmäßiger Durchtrennung. [18]

~sklerose: prim., vegetative parasympathikoton. Dystonie der Blase; hypertone Zustände vegetativer Art führen bei chron. Verlauf sek. zur Blasenwandhypertrophie (↑ Balkenblase) u. zur Verstärkung des M. urethrotrigonalis. Folgen: Restharn, Infektion des Restharns → Zystitis bes. des Blasenhalsgebietes, Befall der tieferen Schichten → vermehrte Bindegewebswucherung im Rahmen der „Heilungsvorgänge", Sklerosierung, herabgesetzter Blasentonus, verstärkte Entleerungsschwierigkeiten. Die Plica interureterica wird zur hohen queren Barre, dahinter tiefer Rezessus. Übergreifen der Schrumpfungsprozesse auf die Seitenteile der Blasenwand möglich, durch Einziehung derselben Sanduhrblase. Da S. sich meist im Laufe vieler Jahre schleichend entwickelt, nicht selten Entstehung von ↑Blasendivertikeln, ↑Ostiuminsuffizienz. Klin. Erscheinungen: wie ↑Prostatahypertrophie. S. kommt auch bei Frauen vor. Therapie: Elektroresektion. Verwandt, aber nicht ident.: Blasenhalssklerose, Sphinkterhypertonie (neurogen bedingt, keine Sklerosierung!), neurogene Blasenhalsstarre, Blasenhalsatrophie, tuberkulöse Blasenhalssklerosen, kongenitale Blasenhalsstenosen, Blasenhalskontraktur u. Prostatabettkontraktur (Vernarbung u. hochgradig Einengung des inneren Blasenmundes nach Prostatektomie). Alle diese genet. unterschiedlichen, aber klin. ähnlichen Krankheitsbilder sollten (wie international üblich) sinnvollerweise zusammengefaßt werden unter der zutreffenden Bezeichnung „Blasenhalsbarren, „Blasenhalsstenosen" oder „Blasenhalsobstruktion" (= „bladder neck obstruction").

~starre ↑Sphinktersklerose. [24]

Sphygmo|gramm ⟨*griech*⟩: Verzeichnung des Ablaufes der Pulsdruckkurve, vorzugsweise an arteriellen Gefäßen. Diese Kurve besteht im wesentlichen aus einem aufsteigenden Schenkel, der von einem Abfall gefolgt wird (anakroter bzw. katakroter Teil der Kurve). Der katakrote Anteil wird durch einen zweiten Druckanstieg unterbrochen, die sog. ↑Dikrotie oder den dikroten Nachschlag.

~graph: Gerät zur Registrierung der Pulskurve bes. an oberflächlich gelegenen, gegen eine feste Unterlage (Knochen) andrückbare Arterie, z. B. A. radialis. Es gibt S. mit mechan. Abtastung, mit Luftübertragung zwischen dem in einer Pelotte befindlichen Abtasthebel u. dem Registrierteil, einer Schreibkapsel. Als Pulswellenabnehmer werden heute mechano-elektr. Wandler verwendet, z. B. Piezokristalle, induktive Geber u. andere. Die der Pulswelle isomorphe Spannungsänderung des Wandlers wird elektron. verstärkt.

~manometer: Gerät zur unblutigen Messung des Druckpulses oder nur der systol. u. diastol. Extrema (Blutdruck). [7]

Spica ⟨*lat*⟩: Kornährenverband; die Binde läuft in auf- oder absteigenden Achtertouren um Gelenke, dabei entsteht durch die Kreuzungen der Touren ein kornährenähnliches Bild. [18]

Spicula ⟨*lat*⟩ *n, Pl:* senkrecht zur Knochenlängsachse angeordnete dichtstehende Lamellen oder Sporne, charakterist., wenn auch nicht pathognomon. für osteoplast. Sarkome, auch beim Ewingsarkom, tuberkulösen Knochenerkrankungen, Knochenmetastasen, subperiostalen Blutungen vorkommend. [25]

Spider ↑Naevus araneus. [43]

Spiegel: 1. Gehalt einer Flüssigkeit an einer bestimmten Substanz, z. B. Zuckerspiegel im Blut, Kochsalzspiegel im Harn; je nach Steigen oder Sinken des Gehalts über oder unter die physiolog. Werte ist der Spiegel erhöht oder herabgesetzt; 2. ↑Spekulum. [18]

~bildchen von Purkyně u. Sanson ↑Purkyně-Sanson' Spiegelbildchen.

~bildisomerie: bes. Fall von Stereoisomerie, der sich darin äußert, daß zwei Stoffe so aufgebaut sind, daß der eine das Spiegelbild des anderen darstellt. Auch die Modelle solcher Stoffe u. die Formeln, die Projektionsbilder dieser Modelle auf der Schreibebene, verhalten sich wie Bild/Spiegelbild. [7]

~gesetz: aus dem Reflexionsgesetz folgt das Spiegelgesetz, das aussagt, daß ein Gegenstand ebensoweit hinter einem Planspiegel abgebildet wird, als er sich vor ihm befindet. Das Bild ist virtuell u. seitenverkehrt. Der Hohlspiegel entwirft ein umgekehrtes reelles Bild in seinem Brennpunkt. [36]

~optik: abbildende Systeme, die anstelle von Linsen aus konzentr. Spiegeln mit z. T. asphär. Flächen aufgebaut sind. Sie sind bes. für Infrarot- u. Ultraviolettmikroskopie geeignet, da bei ihnen die Brenn- u. Bildweiten für alle Wellenlängen gleich sind. Die Objekte können daher bei sichtbarem Licht eingestellt u. ohne Schärfeverlust nach Vorschaltung geeigneter Filter mit nicht sichtbarem Licht (Infrarot oder Ultraviolett) photographiert werden. Lichtstarke Spiegeloptik ist auch für die Aufnahme von Röntgenschirmbildern konstruiert worden. [54]

~stereoskop: von Wheatstone 1838 angegeben; es dient zur Vereinigung zweier zusammengehörender perspektiv. Bilder ein u. desselben Gegenstandes durch Verwendung von zwei winkelig gestellten Spiegeln. Dabei ist das eine vom Standpunkt des li., das andere vom Standpunkt des re. Auges aufgenommen. Man bekommt von den flächenhaften Bildern auf diese Weise einen räumlichen Eindruck. [7]

Spiegler, Eduard (1860–1908), Chemiker u. Dermatologe, Wien.

S' Eiweißprobe ↑Sublimatproben. [47]

S.-Fendt-Tumoren ↑Lymphadenosis benigna cutis. [43]

Spielmeyer, Walter (1879–1935), Psychiater.

S' Markscheidenfärbung: histolog. Methode zur Darstellung der Markscheiden mittels Hämatoxylin. [4]

S.-Vogt' Krankheit: amaurotische ↑Idiotie. [33]

Spikes ⟨*engl*⟩: (virolog.) stachelartige Vorsprünge der Virusoberfläche oder der Endplatte bei Phagen. [50]

Spikes and waves ⟨*engl*⟩ ↑Elektroenzephalographie. [20]

Spiller–Frazier' Operation: Durchtrennung der Radix n. trigemini hinter dem Ganglion Gasseri bei Trigeminusneuralgie. [20]

Spilus ⟨*lat*⟩ *m* ↑Naevus spilus; umschriebene Pigmentvermehrung der Haut. [43]

Spina ⟨*lat*⟩ *f:* Dorn, Grat. [1]

S. bifida: Spaltwirbel; Hemmungsmißbildung der Wirbelbögen. Mit normalem Hautüberzug als S. b. occulta; mit Vorwölbung von Rückenmarkteilen bzw. deren Häuten: S. b. cystica; S. b. aperta oder totalis ↑R(h)achischisis. [5]

S. helicis: kleiner Höcker am vorderen Teil des Ohrmuschelknorpels.

S. iliaca anterior inferior: der vordere untere Darmbeinstachel am ventralen Rand des Darmbeins, Ursprung des M. rectus femoris u. iliacus z. T.

S. iliaca anterior superior (BNA, PNA) = S. ilica ventralis (JNA): der vordere obere Darmbeinstachel am ventralen Ende des Darmbeinkammes, Ursprung des M. sartorius u. des Leistenbandes.

S. iliaca posterior inferior (BNA, PNA) = S. ilica dorsalis caudalis (JNA): der hintere untere Darmbeinstachel.

S. iliaca posterior superior (BNA, PNA) = S. ilica dorsalis cranialis (JNA): der hintere obere Darmbeinstachel.

S. ischiadica: der etwas nach innen u. hinten gerichtete Stachel am Hinterende des Sitzbeines, Ansatzstelle für das Lig. sacrospinale.

S. mandibulae (JNA) ↑S. mentalis (BNA, PNA).

S. mentalis: jederseits zwei übereinander angeordnete, median liegende Stachel an der Innenseite des Unterkiefers, die Spina musculi genioglossi u. die Spina musculi geniohyoidei als Ansätze der Muskeln, nach denen sie benannt sind.

S. nasalis anterior: der spitze Stachel am vorderen Ende der Crista nasalis des Gaumenfortsatzes des Oberkieferknochens.

S. nasalis (ossis frontalis): der etwas nach aufwärts gebogene Stachel in der Mitte der Pars nasalis des Stirnbeins.

S. nasalis (posterior): der Stachel am hinteren Ende der Crista nasalis der Lamina horizontalis des Gaumenbeines.

S. ossis sphenoidalis: die nach unten vorragende Spitze der Facies sphenomaxillaris des großen Keilbeinflügels.

S. scapulae: die Schulterblattgräte, ein Knochenkamm auf der Hinterfläche der Skapula, dessen laterales Ende zum Akromion ausläuft.

S. supra meatum: deutlich fühlbare kleine Knochenleiste am oberen, hinteren Umfang der Öffnung des äußeren Gehörganges. Topograph. wichtiger Merkpunkt bei der Aufmeißelung des Warzenfortsatzes.

S. trochlearis: kleiner Stachel im Bereich der Pars orbitalis des Stirnbeins; dient als Befestigung für die Rolle des oberen schrägen Augenmuskels.

S. tympanica major u. minor: zwei kleine Vorsprünge neben dem Sulcus tympanicus am oberen Umfang des äußeren Gehörganges. [1]

S. ventosa: Winddorn; bes. im Kindesalter vorkommende tuberkulöse Auftreibung der Finger- u. Zehenknochen; gutartige, ziemlich häufige Form der Knochentuberkulose. [15]

spinal ⁎ **spinalis** ⟨*lat*⟩: dornig, dornartig; zur Wirbelsäule bzw. zum Rückenmark gehörend. [1]

Spinal|anästhesie: Leitungsanästhesie der Spinalnerven durch Anlegen einer Anästhesieplombe im Subarachnoidalraum. Man unterscheidet eine hohe S. u. eine tiefe S. (↑Lumbalanästhesie). Kontinuierliche S.: wird mit Hilfe eines subarachnoidalen Dauerkatheters u. wiederholten Injektionen erzielt. [27]

~apoplexie ↑Hämatomyelie.

~arteriensyndrom: neurolog. Reiz- u. Ausfallserscheinungen bei Verschluß oder Insuffizienz der A. spinalis ventralis mit Paraspastik der Beine u. meist dissoziierter Sensibilitätsstörung in Abhängigkeit von der Segmenthöhe des Prozesses. [33]

~ganglion: Verdickung der hinteren ↑Rükkenmarkwurzel, die die Ganglienzelleiber der afferenten Rückenmarknerven enthält.

Spinalgie ⟨*lat, griech*⟩ *f:* Wirbelschmerz; bei Bronchiallymphknotentuberkulose der Kinder soll nach Petruschky eine ausgesprochene Druckempfindlichkeit der Dornfortsätze der oberen Brustwirbel vorhanden sein. Wo das Symptom festzustellen ist, kann es für eine Bronchiallymphknotentbk sprechen. Doch fehlt es viel häufiger, als es nachzuweisen ist. [15]

Spinaliom ⟨*lat, griech*⟩ *n:* Syn. Carcinoma spinocellulare, Kankroid, Stachelzellenkrebs (↑Karzinom); epitheliale Haut- oder Schleimhautgeschwulst, tritt im höheren Lebensalter auf. Papillomatöse, verruköse, später flach ulzerierende Tumoren. Infiltrierendes u. destruierendes Wachstum. Übergreifen auf regionäre Lymphknoten, Fernmetastasen sind sehr selten. Lokalisation an den Übergangsschleimhäuten der Körperöffnungen; in Lupusnarben, Verbrennungsnarben, auf alten Geschwüren. Entstehung durch chem. u. physikal. Reize (Lippenkrebs der Pfeifenraucher, Peniskrebs bei Phimose, Schornsteinfegerkrebs, Paraffinkrebs) u. bei bes. Hautdisposition. Histolog. findet man entweder differenzierte oder entartete (anaplast., atyp. Stachelzellen, die den Grad der Malignität kennzeichnen sowie bei verhornenden S. (Hornkrebs) typ. Hornperlen. [43]

Spinallähmung = Spinalparalyse: Rückenmarklähmung; spast. ↑Spinalparalyse. [33]

Spinalparalyse, spastische: neurolog. Syndrom bei isolierter Erkrankung der Pyramidenbahn mit zunehmender Ermüdbarkeit u. Spannungsgefühl in den Beinen, Steifigkeit beim Gehen (spast. Gang) u. fortschreitender Lähmung der Beine, die sich auf die Arme u. die Hals- u. Nackenmuskulatur ausbreiten kann (zentrale motor. Lähmung). Selten als sog. essentielle spastische S. (anlage- bzw. erbbedingt), häufiger als Sonderform der multiplen Sklerose, der zerebrospinalen Syphilis, myelit. Prozesse, der funikulären Myelose, gelegentlich auch im Beginn oder als Durchgangssyndrom von Rückenmarktumoren u. häufiger der amyotroph. Lateralsklerose. [33]

Spinapunktion ↑Knochenmarkpunktion an der Spina des Darmbeinkammes. [11]

Spindel|brücke ↑Intermediärkörper.

~fasern: sich bei der Chromosomenbildung nach Zerbrechen der Kernmembran ausbildende Fasern (↑Mikrotubuli), die von den ↑Zentriolen bzw. ihren Satelliten ausgehen. [6]

~gifte: Substanzen, die einen Mitrosestop in der Metaphase der Zellteilung hervorrufen (Spindelblock) u. so auf die sich teilenden Zellen schädigend einwirken; hierzu gehören Kolchizin u. die Alkaloide der Vinca rosea, geeignet zur Behandlung mancher Leukoseformen. [11]

~haare ↑Monilethrix. [43]

~star ↑Katarakt. [36]

Spindelzellen: 1. Spindelförmige Zellen des bindegewebigen Stromas (Fibroblasten, Fibrozyten); bes. gewuchert im Spindelzellensarkom; [4] 2. (hämatolog.) vertreten bei Tieren mit kernhaltigen Erythrozyten, von den Vögeln abwärts, die Blutplättchen; ovale, aber leicht geschädigte u. dann spindelige relativ kleine Zellen, die sich in Haufen zusammenballen; ↑Blutplättchen. [11]

Spindelzellsarkom: ein Sarkom, das hauptsächlich aus Spindelzellen besteht; ↑Sarkom. [25]

Spin-freezing ⟨*engl*⟩ *n:* Verfahren zum schnellen Einfrieren von Flüssigkeiten, eine Abart von ↑Shell-freezing. Gefäße mit den Flüssigkeiten (Serum, Plasma u.a.) werden in eine Vakuumkammer eingebracht u. mit einer Frequenz von 800 bis 900 U/min rotiert. Durch Entzug latenter Wärme beim Verdampfen erfolgt dann das gewünschte Einfrieren. [4]

Spinnen|finger = Arachnodaktylie: lange, dünne Finger, bei denen vor allem die Mittelhandknochen u. die Grundglieder bes. lang sind; Zeichen einer Systemerkrankung (Marfan' Syndrom). [23]

~gewebsgerinnsel: schleierartiges Fibringerinnsel, das sich beim Stehenlassen der durch Punktion gewonnenen Hirnflüssigkeit bes. bei Meningitis tuberculosa abscheidet. [5]

~nävus ↑Naevus araneus. [43]

~zellen: 1. Zellen der Neuroglia; ↑Astrozyten; 2. die an eine Spinne erinnernden Geschwulstzellen des ↑Rhabdomyoms. [5]

Spinnerauge: punktförmige Trübungen der Hornhaut unter Zerfall der geschädigten Deckzellen (Keratitis superficialis punctata) bei subchron. Schwefelwasserstoffvergiftung. Befallen werden Spinner in Viskosebetrieben; melde- u. entschädigungspflichtige Berufskrankheit. [49]

Spiral|arterien: in der Gelbkörperphase (↑Menstruation) auftretende spiralige Windungen der Endometriumgefäße (in der Funktionalis); kennzeichnend für Sekretionsphase. [29]

~bruch ↑Rotationsbruch. [23]

Spiralen ↑Curschmann' Spiralen. [51]

Spiralhyphen: Hyphen mit zahlreichen (10–15) Windungen. Wichtig bei der Differenzierung, z.B. bei Trichophyton-Arten. [42]

Spiramyzin: Antibiotikum aus Streptomyces ambofaciens; Wirkung bes. gegen grampos. Kokken. Keine Kreuzresistenz mit Penizillin u. Erythromyzin, Applikation oral. Rovamycine®, Selectomycin®. [42]

Spirem ⟨*griech*⟩ *n:* Knäuelstadium während der ↑Prophase der indirekten Zellteilung; ↑Mitose. [2]

Spirillazeen ⚹ **Spirillaceae:** nach Bergey (1957) Familie der Ordnung Pseudomonadales; schraubig gewundene, gramneg., bewegliche Mikroorganismen, beinhaltet u.a. die Gattungen ↑Vibrio u. ↑Spirillum. [41]

Spirillum, *Pl Spirillen:* nach Bergey (1957) Gattung der Familie *Spirillaceae,* schraubenförmige aus 2–3 Windungen bestehende Mikroorganismen mit lophotricher Begeißelung. Wachstum pathogener Formen auf künstlichen Nährböden fehlt ganz oder ist nur sehr kümmerlich.

S. minus: nach Bergey (1957) einzige für den Menschen pathogene Art der Gattung Spirillum. 1915 durch Futaki u. Takaki als Erreger der ↑Rattenbißkrankheit entdeckt. [41]

Spirituosen: Sammelbezeichnung für Getränke mit einem höheren Gehalt an Äthanol (Alkohol), z.B. Trinkbranntweine, Liköre, Mischgetränke (Cocktails). Obst- und Traubenweine (4,5–17 Vol.% Alkohol) sowie Biere (1–7 Vol.%; meist 3,6–5 Vol.%) werden nicht zu den S. gerechnet. [8]

Spiritus ⟨*lat*⟩ *m:* Weingeist; Bezeichnung für Äthylalkohol (Äthanol). Absoluter Alkohol DAB 7 mind. 99,8 Vol.% bzw. 99,7 Gew.%. Spiritus DAB 7 89,5–90,7 Vol.% bzw. 85,0 bis 86,5 Gew.%. Spiritus dilutus DAB 7 69,4 bis 70,2 Vol.% bzw. 61,8–62,7 Gew.%. Verwen-

dung zur Herstellung von Spirituosen (Trinkbranntweine, Liköre usw.), von arzneilichen Zubereitungen, in der Industrie u. im Laboratorium als Lösungsmittel. Brennspiritus ist (mit Pyridinbasen) vergällter Alkohol.
S. absolutus DAB 7: Mind. 99,8 Vol.%
S. aethereus: Ätherspiritus.
S. aetheris nitrosi: versüßter Salpetergeist.
S. camphoratus DAB 7: Kampferspiritus.
S. crinalis: Haarspiritus.
S. dilutus DAB 7: Äthanol 70%, zur Händedesinfektion.
S. formicarum: Ameisenspiritus.
S. melissae: Melissengeist.
S. menthae piperitae: Pfefferminzspiritus.
S. saponatocamphoratus: flüssiger ↑Opodeldok, zu Einreibungen.
S. saponatus: Seifenspiritus, zur Desinfektion u. zu Einreibungen.
S. sinapis: Senfspiritus, Rubefaziens.
S. vini: Weingeist; S. vini gallici: Franzbranntwein. [44]

Spirochaetaceae: nach Bergey (1957) Familie der Ordnung Spirochaetales, biegsamer undulierender Körper, spiralförmiger um einen Achsenfaden gewundener Protoplast; keine deutliche Zellmembran, kriechende Bewegung. Vermehrung: Querteilung. Gramneg., freilebend im Süß- oder Seewasserschlamm, bes. in Gegenwart von Schwefelwasserstoff. Vorkommen in Kloakengewässern u. Faulwässern; Hauptvertreter S. plicatilis. [41]

Spirochäte ⋇ Spirochaeta ⟨*griech*⟩ *f* ↑Spirochaetaceae.
S. pallida ↑*Treponema pallidum.*
S. pertenuis ↑*Treponema pertenue.*
S. recurrens ↑*Borrelia recurrens.* [41]

Spirochätosen: Bezeichnung für Erkrankungen, die durch Vertreter der Ordnung Spirochaetales hervorgerufen werden; z.B. durch Treponemen, Leptospiren u. Borrelien. [41]

Spirochätenfieber, kurzfristiges: eine z.T. mit Ikterus verlaufende Erkrankung, hervorgerufen durch ↑*Leptospira pyrogenes;* übertragen durch Ratten. [41]

Spiroergometrie ⟨*lat, griech*⟩ *f:* ↑Spirometrie unter vergleichender Bestimmung des Sauerstoffverbrauches in Ruhe u. nach dosierter Belastung sowie unter Berücksichtigung der Zeit bis zur Erholung; Knipping' Verfahren. [10]

Spirographie ⟨*lat, griech*⟩ *f:* die automat., fortlaufende Registrierung der Ventilationsgrößen in einem Volumen-Zeit-Koordinationssystem mit Hilfe offener oder geschlossener Gaswechselapparate; ↑Spirometer. [15]

Spirographishämin: das Hämin des marinen Wurms Spirographis, das chem. Ähnlichkeit mit dem Zytochrom a, dem in der Zellstruktur gebundenen Atmungsferment Warburgs hat. Warburg konnte durch spektroskop. Messung der mit CO gehemmten u. durch Belichtung wieder enthemmten Atmung zeigen, daß das O_2 übertragende Enzym der Atmung chem. zu den Häminen gehört. [8]

Spirometer ⟨*lat, griech*⟩ *n:* Gerät zur Messung oder Aufzeichnung der Atemluftbewegungen u. eines Teiles der ↑Lungenvolumina. [7]

Spirometrie ⟨*lat, griech*⟩: die Bestimmung der Atemgrößen mit dem ↑Spirometer. [7]

Spironema ⟨*griech*⟩ *n:* anderer Ausdruck für Spirochäte; ↑*Spirochaetaceae.* [41]

Spironolacton□: 3-(7α-Acetylthio-17β-hydroxy-3-oxoandrost-4en-17α-yl)-propionsäure-γ-lacton. Antagonist des Aldosterons. Aldactone®.

Spiropterakrebs: 1913 hat Fibiger den ersten Krebs experimentell erzeugt. Eine Nematode, die *Spiroptera neoplastica,* lebt im Magen der Ratte, ihre Eier werden von Küchenschaben mit den Exkrementen der Ratte verzehrt. In den Schaben entwickeln sich Larven, die wiederum von den Ratten gefressen werden, wo sich im Vormagen der Ratten die weitere Entwicklung zum Wurm anschließt. Diese u. ihre Giftstoffe verursachen im Vormagen von Laboratoriumsratten bestimmter Rassen eine mit starker Epithelproliferation u. Papillombildung einhergehende Gastritis, aus der sich bis zu 53% ein plurizentr. verhornender Plattenepithelkrebs des Magens u. bis zu 5% ein Zungenkrebs der Versuchstiere entwickelt. Es bilden sich echte Metastasen. Der Krebs ist ohne parasitäre Beimischung durch einfache Zellübertragung verimpfbar. [25]

Spital: abgeleitet von Hospital ⟨*lat*⟩, alte Bezeichnung für ↑Krankenhaus; noch verwendet in einigen deutschsprachigen Gebieten; sonstige Bedeutung: Pflegeheim, Altersheim. [48]

Spitzbauch: ungewöhnliches Vorspringen des Leibes am Ende der Schwangerschaft bei Erstgebärenden, läßt an Verhinderung des Eintritts des Kopfes ins Becken u. an ein enges Becken denken. [29]

Spitzenkatarrh ↑Lungenspitzenkatarrh. [9]

Spitzenpotential: erste, bei Nerven- u. Skelettmuskeln in der Größenordnung von etwa 1 ms Dauer liegende Schwankung des Membranpotentials bei Erregung, ↑Aktionspotential. Es charakterisiert den Verlauf der schnellen ↑Depolarisation der Membran, ihrer Umpolarisation (Überschußpotential) u. beginnenden Repolarisation. Dem S. schließen sich neg. u. pos. Nachpotentiale an. [7]

Spitzenstoß des Herzens: normalerweise im 5. ICR li. innerhalb der Medioklavikularlinie fühlbar. Er ist bei verschiedenen Herzerkrankungen in typ. Weise verändert, z. B. bei Mitralinsuffizienz verbreitert u. hebend, bei Pericarditis exsudativa liegt er medial vom li. Herzrand, bei Basedow' Krankheit ist er schütternd bis schleudernd. [9]

S., hebender: äußert sich dadurch, daß bei Hypertrophie des li. Ventrikels der Spitzenstoß länger u. intensiver auf dem Punkt seiner maximalen Ausdehnung an der vorderen Brustwand verharrt, so daß bei der Registrierung ein plateauförmiger Gipfel entsteht. [10]

Spitz|fuß ↑Pes equinus. [23]

Spitzknötchenflechte ↑Lichen ruber acuminatus. [43]

Spitzkopf ↑Oxyzephalus. [5]

Spitzpocken ↑Windpocken. [40]

Splanchn(ik)ektomie ⟨*griech*⟩ *f:* operative Teilentfernung des N. splanchnicus; sprachlich besser: Splanchnikusresektion; Indikation ↑Splanchnikotomie. [18]

Splanchnikotomie ⟨*griech*⟩ *f:* operative Durchtrennung des N. splanchnicus zur Bekämpfung viszeraler Schmerzen (bei Magen- oder Darmkrebs) oder zur Senkung des Blutdrucks bei ↑Hypertonie; ↑Smithwick' Operation. [18]

Splanchnikus: Kurzform für Nervus splanchnicus.

~anästhesie: Anästhesierung der zum Sympathikus gehörenden Nn. splanchnici zur Ausschaltung des Eingeweideschmerzes bei Oberbauchoperationen. Zugang nach Kappis vom Rücken aus (Einstichstelle 7 cm seitlich von der Dornfortsatzreihe am Unterrand der 12. Rippe), nach Braun von vorn durch die eröffnete Bauchhöhle (Einstichstelle zwischen V. cava u. Aorta dicht unterhalb des Zwerchfells). [27]

~parese *f:* Lähmung des N. splanchnicus, hervorgerufen durch Durchschneidung, um Nebennierenfunktion u. Gefäßregulation bei Bluthochdruck zu beeinflussen. [18]

Splanchno|logie ⟨*griech*⟩ *f:* Lehre von den Eingeweiden.

~megalie: abnorme Vergrößerung der Eingeweide.

~mikrie: abnorme Kleinheit der Eingeweide.

~ptose ↑Enteroptose. [5]

Splen ⟨*griech*⟩ *m:* Milz; *Adj* splenicus zur Milz gehörig. [1]

Splenektomie ⟨*griech*⟩: operative Entfernung der Milz. [11]

Splenisation ⟨*griech*⟩ *f:* milzartig feste Beschaffenheit des Lungengewebes bei ödemerfüllter Atelektase u. Blutstauung; Vorkommen bes. bei Neugeborenen mit hyalinen Membranen. [5]

Splenitis ⟨*griech*⟩: Milzentzündung. [9]

Splenium ⟨*griech*⟩ *n:* Pflaster, Bausch, Wulst; *Adj* splenius pflasterartig. [1]

splenogen ⟨*griech*⟩: zur Milz gehörend, von der Milz verursacht. [18]

Splenohepatomegalie *f:* Milz- u. Lebervergrößerung, z. B. bei Blutkrankheiten, ↑Splenomegalie, ↑Hepatomegalie. [5]

Splenom ⟨*griech*⟩ *n* (Schridde): gutartige, aus Milzgewebe bestehende Geschwülste. [11]

Splenomegalie ⁎ **Splenomegalia** ⟨*griech*⟩ *f:* Vergrößerung der Milz durch 1. entzündliche Schwellung bei vielen einheim. Infektionserkrankungen (z. B. ↑Typhus abdominalis, infektiöse Mononukleose u. a.) u. vielen Tropenkrankheiten; 2. reaktiv hyperplast. Prozesse wie Zirrhose, Überfunktion (Abbau vermehrt zugrunde gehender Blutzellen) u. extramedulläre Blutbildung sowie ↑Thesaurimosen; 3. neoplast. Prozesse wie ↑Hämoblastosen der verschiedenen Systeme u. Tumormetastasen (selten); 4. kreislaufbedingte Schwellung durch Veränderungen der Milzgefäße; 5. Fehlbildungen wie angeborene oder traumat. erworbene Zysten. [11]

S. tropica ↑Kala-Azar. [40]

Spleno|pathie ⟨*griech*⟩ *f:* splenopath. Markhemmung, splenogene Markhemmung; beim Auftreten einer ↑Splenomegalie verschiedenster Genese soll es durch Hyperproduktion von Wirkstoffen der Milz zu einer Zellausreifungs- bzw. Zellbildungsstörung im Knochenmark kommen. Bei nicht zu fortgeschrittenem Krankheitsstadium führt die Splenektomie zur Heilung; splenogene ↑Anämie, splenogene ↑Leukopenie, splenogene ↑Thrombopenie. [11]

~pexie: heute nicht mehr durchgeführte operative Fixation der in den Bauchraum gesunkenen Milz in die li. obere Zwerchfellkuppe. [18]

~portographie: Röntgen-Darstellung des Pfortader- (spleno-portalen) Kreislaufs, seiner Druckverhältnisse u. patholog. Veränderungen. Nach perkutaner Milzpunktion (i. d. ventr. Axillarlinie im 9–10 ICR nach kranial-dorsal) werden 20 ml 70%iges Jodkontrastmittel in 6–8 s injiziert. Anschließend Serienaufnahmen (mindestens 4) mit Beginn kurz vor Schluß der Injektion. Das Verfahren dient vorwiegend der Klärung des portalen Hochdrucks (Thrombose der V. portae u. V. lienalis, Kompression durch ein Neoplasma oder Lymphome, Leberzirrhose). [26]

~tomie: Einschnitt in die Milz, zur Eröffnung von Milzzysten, bei Echinokokkus u. Milzabszeß. [18]

Splenozyten ⟨*griech*⟩ *m, Pl* (Türk): ältere Bezeichnung für ↑Monozyten. [11]

Splitterbruch: Knochenbruch mit stärkerer Zersplitterung der Fragmente. [5]

Spodiomyelitis ⟨*griech*⟩ ↑Poliomyelitis. [40]

Spodogramm ⟨*griech*⟩ ↑Aschenbild. [2]

Spondylarthritis ⟨*griech*⟩: Wirbelgelenkentzündung.

S. ankylopoetica: zur Wirbelsäulenversteifung führende chron. Entzündung der Wirbelgelenke (Bechterew–Pierre–Marie–Strümpell' Erkrankung); in der Regel sind die Kreuzbein-, Darmbein- u. die Rippen-Wirbelgelenke sowie die Wirbelsäulenbänder mit befallen. Auch in den Extremitätengelenken, vorwiegend den rumpfnahen, kann sich die ankylosierende Entzündung abspielen. [23]

Spondylarthrosis ⟨*griech*⟩: degenerative Prozesse an der Wirbelsäule mit Befall der Zwischenwirbelgelenke, falls man nicht darunter auch die von den Wirbelbandscheiben ausgehende ↑Spondylopathia deformans versteht, indem man die Bandscheibenverbindungen ebenfalls als Gelenke betrachtet. [13]

Spondylitis ⟨*griech*⟩: Wirbelentzündung (am häufigsten S. tuberculosa).

S. infectiosa: akut, z.B. Wirbelosteomyelitis mit schwerem klin. Krankheitsbild u. schlechter Prognose; chron. z.B. Wirbelentzündung nach Infektionskrankheiten (Typhus, M. Bang, Pneumonie usw.). [23]

S. rheumatica ankylosans: Bezeichnung, die den rheumat., entzündlichen Charakter der Erkrankung, den Befall der Wirbelsäule in allen ihren Teilen, je nach Ausdehnung auch der ganzen Wirbelsäule u. die knöcherne Versteifung umfaßt. [13]

S. tuberculosa: Wirbeltuberkulose; häufigste Lokalisation der Skelett-Tuberkulose. [23]

Spondylolisthesis ⟨*griech*⟩ *f:* Wirbelgleiten; Verschiebung meist des 5. oder 4. Lendenwirbelkörpers u. seines oberen Gelenkfortsatzes nach vorn, während der restliche Wirbelbogen mit seinen Fortsätzen an Ort u. Stelle bleibt u. nur nach vorn abkippt. Voraussetzung ist eine Spaltbildung im Bogenabschnitt zwischen den Gelenkfortsätzen (Spondylolyse). 2 Theorien: a) kongenitale Spaltbildung (eine Art Spina bifida lat.), b) Dauerbruchvorgang (durch Nußknackerwirkung der Gelenkfortsätze). Das Wirbelgleiten kommt erst in Gang, wenn die darunterliegende Bandscheibe geschädigt ist. [23]

Spondylo|lyse ⟨*griech*⟩ *f* ↑Spondylolisthesis.

~malazie ↑Kümmell–Verneuil' Krankheit. [23]

~myelitis: Kombination von Wirbel- u. Rückenmarkentzündung, meist von der Wirbelsäule auf das Rückenmark fortgeleitet. [33]

~pathia deformans: deformierendes, entartendes Wirbelleiden. Von den Bandscheiben ausgehende, degenerative Prozesse mit charakterist. Randwucherungen, die im Röntgenbild als Zacken, Wülste, Klammern u. Spangen an den Wirbelkörpern zu sehen sind. Spezialaufnahmen lassen oft auch arthrot. Vorgänge an den Zwischenwirbelgelenken erkennen; ↑Spondylarthrosis. [13]

~ptosis: Verschiebung des 4. oder 5. Lendenwirbels nach vorn. [23]

Spondylose ✳ **Spondylosis** ⟨*griech*⟩ *f* ↑Spondylopathia deformans.

S. hyperostotica ↑Hyperostosis vertebralis ankylosans senilis.

S. uncovertebralis *f:* gehört zu den physiolog. altersbedingten Abnutzungserscheinungen der Wirbelsäule, bei der sich Zacken (Uncus = Zacke) am seitlichen oder am hinteren Teil des Processus uncinatus bilden, die das Foramen intervertebrale einengen. Die Randwulstbildung kann sich auch auf den Hinterrand der Wirbelkörper strecken, am häufigsten u. ausgeprägtesten an der Halswirbelsäule, auch nur hier klin. Bedeutung. Erscheinungen: migraine cervicale, Schulter-Arm-Syndrom. [23]

Spondylus ⟨*griech*⟩ *m* = Vertebra ⟨*lat*⟩ *f* der Wirbel. [1]

Spongia ⟨*griech*⟩ *f:* Schwamm, *Adj* spongiosus, spongiös, schwammartig. [1]

Spongin: dem Fibroin ähnlicher Stoff, der das Gerüst der Badeschwämme darstellt. [8]

Spongio|blasten ⟨*griech*⟩: ursprünglich langgestreckte Zellen, die sich im embryonalen Nervensystem zwischen äußerer u. innerer Gliagrenzmembran ausspannen. Ein Teil von ihnen löst später die Verbindung mit der äußeren Grenzmembran u. wird zu Ependymzellen, während die übrigen auch noch den Zusammenhang mit der Ependymschicht aufgeben u. sich in Makrogliazellen (= Astrozyten u. Oligodendrogliazellen) umwandeln. [2]

~blastom *n:* langsam wachsender gutartiger Hirntumor aus der Gruppe der Gliome; histolog. Zellgemisch, in dem spongioblastenoder astrozytenartige Zellen vorherrschen; deshalb Zuordnung der sog. Kleinhirnastrozytome zu den Spongioblasten. [5]

~plasma *n:* das basophile, feinfädige Eiweißgerüst junger Blutzellen. [11]

Spongiosa ⟨*griech*⟩ *f:* Kurzform für ↑Substantia spongiosa. [1]

Spongiosierung: Ausdruck für Knochenatrophie, bei welcher die Kortikalis der Spongiosa ähnlich wird. [18]

Spontan|amputation: spontanes Abstoßen von Gliedern (Zehen, Finger) ohne entsprechende äußere Gewalt infolge lokaler Erkrankungen. [23]

~bewegungen: nach Oppenheim unwillkürliche Bewegungen der Arme, wie sie bei manchen Nervenerkrankungen vor allem bei der Tabes dorsalis vorkommen. [7]

Spontaneität ⟨*lat*⟩: Eigenanregbarkeit, gesteigert in der ↑Manie, herabgesetzt in der vital gefärbten ↑Depression, prakt. aufgehoben im ↑Stupor. [34]

Spontan|fraktur ↑Fraktur. [23]

~keloid ↑Keloid. [43]

~luxation: patholog. ↑Luxation. [9]

~mutation ↑Mutation. [40]

~pneumothorax: durch Einriß des Lungenfells ohne äußere Verletzung entstandener Pneumothorax, der sich durch Luftzufuhr aus der Lunge füllt u. bei ventilartiger Anordnung der Perforationsstelle zum ↑Spannungspneumothorax führen kann. Ursache: Lungentbk, Lungenemphysem, angeborene Veränderungen der Lungenstruktur u.a. Bei Säuglingen u. Kleinkindern kann bei angeborenen zyst. Veränderungen an der Lungenoberfläche ein S. entstehen. [15]

~tumor: in der experimentellen Pathologie für spontan entstandenes Gewächs (gegenüber ↑Induktionstumor), sonst auch zur Unterscheidung vom Berufskrebs verwendeter Ausdruck. [4]

sporadisch ⟨*griech*⟩: vereinzelt auftretend. [38]

Sporangiole ⟨*griech*⟩: kleines ↑Sporangium mit wenig Sporen. [42]

Sporangium ⟨*griech*⟩: bei Algen, Pilzen, Moosen, Farnen u.a. Behälter, in dessen Innerem ↑Sporen gebildet werden. Das S. kann einzellig (Algen, Pilze) sein, dann zerfällt der Zellinhalt in mehr oder weniger zahlreiche Sporen, selten wird nur eine Spore gebildet. Bei den Moosen u. Farnen ist das S. vielzellig. [42]

Sporen ⟨*griech*⟩ *f, Pl:* die Bildung von Sporen bei zahlreichen Organismen (Mikroorganismen, Moose, Farne usw.) dient der Vermehrung u. der Verbreitung sowie dem Überstehen ungünstiger Perioden. 1. S. der Bakterien werden von der Familie *Bacillaceae* gebildet. Sporenbildende Bakterien haben für die Humanmedizin wichtige Eigenschaften: sie sind ubiquitär verbreitet, verursachen große wirtschaftliche Einbußen in der Nahrungsmittelindustrie (↑Lebensmittelvergiftung); sie sind hoch resistent gegen Temperatur- u. Druckeinwirkungen, gegenüber Austrocknung u. Chemikalien u. dienen deshalb als biolog. Testmaterial bei ↑Sterilisationstestungen. S. sind Dauerformen mit ruhendem Stoffwechsel, keine Vermehrungsformen wie Pilzsporen. In einem sporenbildenden Bakterium entsteht nur eine Spore (Endospore), die den Bakterienleib auftreibt (↑Klostridien) bzw. nicht verändert (↑Bazillen). 2. Auf Lufthyphen der Aktinomyzeten entstehen Sporen durch Abschnürung (Konidiosporen). Strahlenpilzsporen sind Dauer- u. Vermehrungsformen. Aktinomyzetensporen sind hoch widerstandsfähige Lebensformen. 3. S. der Pilze werden als Endo- oder Exosporen gebildet. Sie entstehen vegetativ (↑Konidien, ↑Chlamydosporen) oder nach einem sexuellen Vorgang. S. der wasserbewohnenden u. einiger niederer Pilze u. Algen bewegen sich mit Hilfe von Geißeln oder Wimpern im Wasser u. werden Zoosporen genannt. 4. S. der Protozoen (Sporozoen): Sporenbildung durch ↑Schizogonie. Die S. werden meist durch Wind, oft auch durch Wasser verbreitet. Allen S. mit Ausnahme der Zoosporen ist die starke Herabsetzung aller Lebensvorgänge (Vita minima) gemeinsam. [40, 42]

~bildner: Bakterien der Familie *Bacillaceae* (↑Klostridien, ↑Bazillen), die im Inneren des Bakteriums Sporen bilden; bes. resistente Sporen bei Erdbakterien. [42]

~färbungen: zur Darstellung der mit Methylenblau, Fuchsin u. der Gramfärbung nicht färbbaren Bazillensporen. Färbung mit Karbolthionin oder nach May, Orszag, Dorner. Gebräuchlichste Methode von Dorner ähnlich der ↑Ziehl-Neelsen-Färbung. [41]

Spornquetsche: chirurg. Instrument, um zur Rückverlegung eines doppelläufigen ↑Anus praeternaturalis den zwischen beiden Darmschenkeln entstandenen Sporn zu zerquetschen u. damit die Passagekontinuität für den natürlichen Transport des Darminhaltes wiederherzustellen. [18]

Sporogonie ⟨*griech*⟩ ↑Sporozoa. [58]

Sporophyt ⟨*griech*⟩ *m:* bei Pflanzen der Abschnitt in der Ontogenese, der aus der Spore entsteht u. bei dem die Zellkerne diploid sind (Diplophase). [42]

Sporotrichose ⟨*griech*⟩ *f:* lokalisierte oder disseminierte, subkutane, abszedierende Knoten, auch Herde in Schleimhäuten, Knochen, Muskeln, kann bis zur Sporotrichosesepsis führen. Erreger sind *Sporotrichon schenckii* oder *beuermannii.* [43]

Sporotrichum: Pilzgattung, zur Klasse der ↑*Fungi imperfecti* gehörend. Pathogener Vertreter *Sporotrichon schenckii,* Erreger der ↑Sporotrichose. [41]

Sporozoen ∗ **Sporozoa** ⟨*griech*⟩ *n, Pl:* Sporentierchen, Stamm der Protozoen, Endoparasiten, in deren Entwicklungsgang Perioden der Zerfallsteilung (Sporogonie) zur Ausbildung zahlloser Infektionskeime („Sporen") auftreten. Hierher gehören Kokzidien, Hämosporidien, Sarkosporidien. [58]

Sporozoiten ⟨*griech*⟩ *f, Pl:* im Entwicklungszyklus der Malariaerreger durch Zerfallsteilung entstehende „Sichelkeime", die in den Speichel der Anopheles-Mücke gelangen u. beim Blutsaugen auf den Menschen übertragen werden, wodurch die Infektion mit Malaria erfolgt. [58]

~index: in der Malaria-Epidemiologie (↑Malaria-Index) derjenige ↑Mückenindex, der sich auf die Feststellung von Sporozoiten in den Speicheldrüsen der Anopheles-Mücken bezieht. [58]

Sporozyste ⟨*griech*⟩: Keimschlauch, Entwicklungsstadium der ↑Leberegel. [58]

Sport|frakturen: Frakturen, die durch sportliche Betätigung zustande kommen. Jede Sportart fordert ihre bes. Leistungen u. schafft dementsprechend Bedingungen, unter denen eine Fraktur zustande kommen kann, die nach Bruchmechanismus, Lokalisation u. Bruchverhältnissen für die einzelne Sportart charakterist. ist. Es kann sich dabei um einen Gewaltbruch oder Dauerbruch handeln, z. B. Oberschenkelspiralbruch beim Skilauf, Knöchelbruch beim Schlittschuhlauf. [23]

~hämoglobinurie: Hämoglobinurie bei schwerer Muskeltätigkeit. Beobachtet vor allem bei Langstreckenläufern; Beziehung zur ↑Marschhämoglobinurie. Weitere Faktoren wie übernormale Lendenwirbellordose mit Stagnation des Blutes in den Nierengefäßen, scheinen beim Zustandekommen der Hämolyse eine Rolle zu spielen. Abzugrenzen ist die Myoglobinurie. [11]

~herz: infolge vergrößerten Restvolumens kommt es bei Sportlern durch Anpassung zur Dilatation des Herzens, die zur ↑Herzhypertrophie führen kann. Das S. geht ferner mit einer Abnahme der Herzfrequenz (Trainings-Bradykardie) einher. [10]

~medizin: Ist ein Teilgebiet der klin. Medizin. Bearbeitet prakt. u. wissenschaftliche Probleme der Erhaltung, Erhöhung u. Wiederherstellung der Gesundheit sowie der allgemeinen u. sportlichen Leistungsfähigkeit mit den Mitteln u. Methoden der Körperkultur u. des Sports. In der DDR 1963 Gründung des Sportmedizinischen Dienstes, der als medizin. Einrichtung die sportmedizin. Betreuung der sporttreibenden Bevölkerung u. aktiven Sportler wahrnimmt. [48]

Sporula ⟨*griech*⟩ *f:* Verkleinerungsform von Spora ↑Sporen. [42]

Sporulation: Bildung von ↑Sporen. [42]

Spotted fever of the Rocky Mountains ⟨*engl*⟩ ↑Rocky Mountains spotted fever. [40]

Sprache, anginöse: „kloßige" Sprache bei ↑Anginen u. ↑Peritonsillarabszessen infolge Schmerzhaftigkeit der entzündlich veränderten Gaumen- u. Rachenmuskulatur beim Sprechen; Sprechen „wie mit vollem Munde" [28]

S., skandierende: schleppende, silbenmäßig abgehackte Sprechweise infolge zentraler (zerebellarer) Koordinationsstörung; häufiges Symptom der multiplen Sklerose [33]

Sprach|heilschule: Sonderschule für Kinder mit ↑Sprachstörungen, wie Stotterer, Stammler, Polterer, Näseler u. a.

~störung: Störungen der Sprachbildung u. der Aussprache. 1. Sprachrückstand: die Sprache hat sich bis zum 3. Lebensjahr nicht entwickelt; Ursachen: Vererbungs- u. Umweltfaktoren, Defekte der Sprechorgane, Hördefekte, Intelligenzdefekte, frühkindliche Hirnschädigungen. 2. Agrammatismus: Störung der Morphologie u. der Syntax der Sprache; am häufigsten im Kindesalter; Ursachen: angeboren oder Schädigung der Sprachzentren. 3. Stammeln: Unfähigkeit, bestimmte Laute oder Lautverbindungen auszusprechen oder richtig zu bilden; häufigste Sprachstörung im Kindesalter. Partielles Stammeln (1–2 Laute betreffend), multiples Stammeln (mehr als 2 Laute betreffend); Ursache: Sprachrückstand. 4. Sigmatismus (Lispeln): Fehlbildung der Zischlaute. S. interdentalis, lateralis bzw. addentalis; Ursachen: a) funktionell, b) organisch z. B. Zahnstellungsanomalien. 5. Stottern: Störung des Redeflusses; Ursachen: vielschichtig (Erblichkeit, Schädigung des ZNS u. vegetative Teilkomponente); Atmung, Stimmgebung u. Artikulation in der Sprachstörung mit einbezogen. Dauerheilung nicht möglich. Rezidivgefahr bes. z. Z. der Einschulung u. Pubertät. Ton. Stottern, klon. Stottern, evtl. kombiniert. 6. Poltern: überhastete Sprache, bei der es zum Versprechen, zum Auslassen von Silben sowie zu Wort- u. Lautverstümmelungen infolge beschleunigten Sprechantriebes kommt; Ursache: Schädigung des ZNS, Prognose gut. [28]

~verwirrtheit: ungeschickte Bezeichnung (weil keine eigentliche Verwirrtheit besteht) für hochgradig zerfahrene, nicht mehr verständliche Sprachstörung der Schizophrenen (Wortsalat, Schizophasie). [34]

~zentrum: Großhirnregion für die Sprachbildung u. das Sprachverständnis, bei Rechtshändern in der li. Hemisphäre; 1. motor. Sprachzentrum (Broca), im hinteren Drittel der unteren Stirnwindung, dient der Bewegungsvorstellung des gesprochenen Wortes. Von dem Zentrum aus verlaufen die Sprachimpulse zu den beiderseitigen Rindenzentren der beim Sprechen benutzten Muskeln. Bei Zerstörung des motor. Sprachzentrums resultiert die motor. ↑Aphasie; 2. sensor. Sprachzentrum (Wernicke), im hinteren Drittel der oberen Schläfenwindung, dient der Wortklangbildung u. dem Sprachverständnis. Nach bewußter Gehörwahrnehmung eines gesprochenen Wortes wird das Wortklangbild dort bewahrt. Zerstörung des sensor. Sprachzentrums bewirkt die sensor. ↑Aphasie; ↑Rindenzentrum. [28]

Spray ⟨*engl*⟩ *m:* Flüssigkeitsnebel; auch

Apparat zum Zerstäuben von Flüssigkeit. [18]

~impfung: z. B. intranasale Verabfolgung von attenuierter Virus-Vakzine gegen Grippe nach Smorodintsev u. a., meist durch die Düsenimpfung gegen Grippe ersetzt. [40]

Spreading factor ⟨*engl*⟩ ↑ Hyaluronidasen. [8]

Spreizfuß ↑ Pes transversoplanus. [23]

Sprengel, Otto Karl (1852–1915), Chirurg, Braunschweig.

S' Bauchschnitt ↑ Wechselschnitt.

S' Deformität: angeborener, meist einseitiger, selten doppelseitiger Schulterblatthochstand, oft verbunden mit Wirbel-, Rippen- u. Muskelanomalien. [23]

Sprew ↑ Sprue. [6]

Springwurm ↑ Madenwurm. [58]

Spritze: medizin. Gerät zur Durchführung einer Injektion; einzelne Modelle Janet, Lüer, Pravaz, Rekord, Rotanda. [18]

Spritzen|infektionen: Übertragung von Infektionserregern durch ungenügend sterilisierte Spritzen, z. B. Spritzenikterus (↑ Serumhepatitis), Spritzengasbrand, Spritzentetanus. [40]

~lähmung ↑ Injektionsparese. [33]

Spritzkur: regelmäßig in bestimmten Intervallen bis zu einer festgelegten Gesamtmenge des Medikaments verabreichte Injektionen. [9]

Sproß|hefen ↑ Blastomyzeten. [42]

~pilze ↑ Hefe. [56]

Sprossung: Art der vegetativen Vermehrung. An der Mutterzelle entsteht eine kleine Knospe; diese wird abgegrenzt oder abgeschnürt und wächst zur Größe der Mutterzelle heran. [42] (virolog.) Vorgang im Verlauf der Liberationsphase des Virusreplikationszyklus, während dieses Prozesses Ausbildung der ↑ Enveloppe. [50]

Sprue ⟨*engl*⟩ *f:* entspricht einem komplexen Malabsorptionssyndrom. Das schädliche Agens ist im Gluten (Kleberstoff) des Getreides enthalten u. wirkt toxisch, vielleicht auch hyperergisch; letztlich liegt offenbar ein Enzymdefekt vor. Morpholog. kommt es dabei zu Veränderungen des Bürstensaumes der Dünndarmepithelzellen, zu Auftreibungen u. Verklebungen der Dünndarmzotten bis zur Nivellierung der Oberfläche u. zu einer lymphozytären u. plasmazellulären Infiltration des Stromas. Klin. ist das Syndrom durch die Trias Diarrhoe/Steatorrhoe, Gewichtsabnahme u. Schwäche gekennzeichnet. Als Folge der Verwertungsstörungen sind zahlreiche andere Krankheitserscheinungen möglich. [11]

Sprung|bein = Talus: Fußwurzelknochen, der den Gelenkkopf für das obere Sprunggelenk bildet.

~gelenk: 1. oberes S., Articulatio talocruralis, Gelenk zwischen Tibia, Fibula u. Talus, ermöglicht die Beuge- u. Streckbewegungen des Fußes (Scharniergelenk); 2. unteres S., Gelenk zwischen Talus, Calcaneus u. Os naviculare, a) vordere Abteilung = Articulatio talo-calcaneo-navicularis u. b) hintere Abteilung = Articulatio subtalaris (talocalcanearis), ermöglicht vor allem Pronation u. Supination des Fußes. [1]

Spulwürmer ↑ Ascaris. [58]

Spurenelemente: fast alle der im Erdboden ubiquitär verbreiteten Elemente werden von den Pflanzen in geringer Menge aufgenommen u. so Tieren u. Menschen mit der Nahrung zugeführt, wo sie z. T. im Skelett oder anderen Organen gespeichert werden. Im Blut der Wirbeltiere sind 78 Elemente mit mehr als 1 Atom pro Erythrozyt gefunden, von denen nur 18 für den Menschen u. die anderen Wirbeltiere notwendig sind. So findet man in Landwirbeltieren etwa 0,2 mg% Blei oder 0,000023 mg% Gold; für diese Elemente konnte bisher keine biolog. Bedeutung nachgewiesen werden. Als S. werden hier solche Elemente bezeichnet, die lebensnotwendig sind, eine biolog. Bedeutung haben, also unentbehrlich sind u. in geringer Menge vorkommen. Es ist zu beachten, daß die Lebensnotwendigkeit eines Elements nicht für alle Lebewesen gilt; so ist Silizium sicher unentbehrlich für Diatomeen u. Bor unentbehrlich für grüne Algen u. die Angiospermen, während beide für den Menschen u. die Wirbeltiere offensichtlich keine Bedeutung haben. Für den Menschen sind neben C, Ca, Cl, H, K, Mg, N, Na, O, P, S bisher als S. nachgewiesen: Eisen, Jod, Kupfer, Zink, Mangan, Kobalt, Molybdän. In der Tabelle (Anhang) ist die Verteilung dieser Elemente im Körper u. in einigen Organen angegeben; die Werte gebon nur einen Anhaltspunkt, da sie z. T. stark schwanken; als Vergleich ist der Gehalt an Magnesium angeführt, das nicht zu den S. gerechnet wird. [8]

Spurway Eddowes' Krankheit = Eddowes' Syndrom: multiple Abartungen des mittleren Keimblattes mit verstärkter Knochenbrüchigkeit u. blauen Skleren. [32]

Sputum ⟨*lat*⟩ *n:* Auswurf; ist zusammengesetzt aus flüssigen u. zellulären Absonderungen u. Bestandteilen der Lunge sowie der unteren u. oberen Luftwege. Es kann auch Bestandteile der Mundhöhle, Speichel, Nahrungsreste, Blut enthalten. Bei der Untersuchung des S. werden geprüft: 1. die Menge, die bis zu mehreren Litern betragen kann, vor allem bei Erweiterungen u. Entzündungen der Bronchien, Entleerung von Kavernen, Abszeßhöhlen, Empyemdurchbrüchen, Zysten, Blutungen u. a.; 2. die Farbe, die von den Bestandteilen, wie Schleim, Eiter, Blut, Speichel, bestimmt wird. So werden schleimige, eitrige, seröse Sputa u. Mischformen, z. B. schleimig-eitrige, unterschieden. Blutbeimischungen sind von großer klin. Bedeutung. Bei reiner Lungenblutung ist der Auswurf hellrot (arterialisiertes Blut der Lungen). Blutig-tingierter Auswurf, Himbeergelee-Sputum bei Lungenkrebs, rotbraunes S. bei Pneumonie u. a.; 3. die Form des Sputums, z. B. Eiterbestandteile in Linsenform, in Münzenform von Schleimmassen umgeben; 4. Geruch, z. B. stark stinkender Auswurf bei Lungengangrän u. fötider Bronchitis; 5. Konsistenz, wäßriges S., z. B. durch viel Speichelbeimengungen, zähes S. bei Asthma, schaumiges S. bei Lungenödem; 6. Schichtung, beim Stehenlassen von gesammeltem S. im Spitzglas kann sich eine Zwei- oder Dreischichtung ↑ Lungenabszeß, Dreischichtung bei ↑ Bronchiektasen, eitriger Bronchitis, Lungengangrän u. chron. Lungentuberkulose. Bei der makroskop. Untersuchung sind zu beachten Linsen, eitrige Gebilde von Stecknadelkopf- bis Linsengröße bei Tuberkulose, die Tuberkulosebakterien u. elast. Fasern enthalten; Dittrich' Pfröpfe, hirsekorn- bis erbsengroße Bestandteile von käsiger Konsistenz u. üblem Geruch, bes. bei Lungengangrän u. fötider Bronchitis; Fibringerinnsel, grauweiße oder graugelbe etwa 1/2 bis mehrere Zentimeter lange Fibringerinnsel, vor allem bei Hepatisation der kruppösen Pneumonie; ↑ Curshmann' Spiralen, häufig gemeinsam mit ↑ Charcot–Leyden' Kristallen. Mikroskop. im S. nachweisbar sind rote u. weiße Blutkörperchen, eosinophile Zellen, Herzfehlerzellen, elast. Fasern, Fettsäuren, Kristalle, pflanzliche Parasiten z. B. Soor, Leptothrix, Aspergillus, Aktinomyces u. a. tier. Parasiten wie Lungenegel; weiterhin Epithelzellen, Tumorzellen u. a. von bes. Bedeutung ist der Nachweis von Tuberkulosebakterien (↑ Ziehl–Neelsen' Färbung), da dadurch der Nachweis der Ansteckungsfähigkeit einer ↑ Lungentuberkulose (offene Tuberkulose) erbracht wird. [47]

s. q. (Rez.) *Abk* für sufficiens quantitas ⟨*lat*⟩ – ausreichende Menge. [44]

Squalen: $C_{30}H_{50}$; aliphat. Isoprenderivat aus 6 Isoprenen mit 6 Doppelbindungen; Vorkommen hauptsächlich im Haifischleberöl, ferner im Leberöl anderer Fische, im menschlichen Fett, Hefefett u. in vielen pflanzlichen Ölen. S. ist ein Vorläufer des Cholesterins u. wird noch mehr als Azetat für dessen Bildung verwertet. Da es als Isoprenderivat mit den Karotinoiden eng verwandt ist, ist ein gemeinsamer Aufbauweg zwischen Karotinoiden u. Steroiden sehr wahrscheinlich. [8]

Squama ⟨*lat*⟩ *f:* 1. Schuppe, schuppenartig gestalteter Knochen; Adjektiva: squamalis zur Schuppe gehörend, squamatus mit einer Schuppe versehen, squameus schuppig, squamosus reich an Schuppen, schuppig; 2. Hautschuppe, aus Hornzellen bestehende Hautauflagerung.

S. frontalis: Stirnbeinschuppe.

S. occipitalis: platte, dreieckige Hinterhauptschuppe.

S. temporalis (BNA, JNA) ↑ Pars squamosa ossis temporalis (PNA). [1]

squarrosus ⟨*lat*⟩: borkig. [4]

Squatting ⟨*engl*⟩ *n:* „Hockerstellung" der Kinder mit Blausucht auf Grund eines angeborenen ↑ Herzklappenfehlers. Die Hockerstellung wird bereits nach geringer Belastung eingenommen. [10]

S. R.: *Abk* für Senkungsreaktion; ↑ Blutkörperchensenkung. [11]

Sr: chem. Symbol für ↑ Strontium. [8]

Ssabanjeff' Operation: eine osteoplast. Amputation am Knie, die sich von der Gritti' Operation dadurch unterscheidet, daß die Absetzungslinie diakondylär verläuft u. der entstandene Knochenstumpf nicht mit der Kniescheibe, sondern mit einem dem vorderen Tibiakopf entnommenen Knochenstück, das mit dem Kniescheibenband in Zusammenhang bleibt, gedeckt wird. [23]

s. s. n.: (Rez.) *Abk* für signetur suo nomine, Rezepturvorschrift für den Apotheker, alle im Medikament enthaltenen Arzneimittel auf dem Etikett aufzuführen. [44]

s. s. v.: (Rez.) *Abk* für sub signo veneni, mit Giftzeichen versehen. [44]

Staabs, G. von, zeitgen. Kinderpsychiater, Berlin.

S.-Sceno-Test: in der BRD meist Sceno-Test; dient zur Erfassung unbewußter Problematik u. charakterolog. Struktur sowie psychopatholog. Erlebnisweisen u. ist ferner eine Methode zur psychotherapeut. Behandlung. Eine nach tiefenpsycholog. u. dynam. Gesichtspunkten ausgewählte Standard-Miniaturwelt, biegsame Puppenfiguren in Gestalt nächster Umweltpersonen, mit allem, was in der täglichen Umwelt von Bedeutung ist, läßt die Versuchsperson in einer von ihr gestalteten Szene ihre affektiven Beziehungen zu Menschen u. Dingen in der Welt darstellen. [32]

Stäbchen: 1. ↑ Stäbchenzellen der Netzhaut; ↑ Adaptation; 2. Kurzbezeichnung für stäbchenförmige Bakterien. [36]

~perkussion: Beklopfen des ↑ Plessimeters mit einem Stäbchen oder dem Stiel des Perkussionshammers, während daneben auskultiert wird; zum Nachweis von Metallklang über lufthaltigen Hohlräumen in der Lunge. [9]

~zellen: 1. schlanke Sinneszellen der Netzhaut, etwa 100 Mill., die für das Dämmerungssehen verantwortlich sind. Die S. bestehen aus Innengliedern u. Außengliedern. Die Stäbchenaußenglieder enthalten Sehpurpur (Rhodopsin). Elektronenmikroskop. bestehen die Außenglieder aus einem wechselnden Aufbau von eiweißhaltigen Scheibchen mit u. ohne Lipiden. Der sich an das Außenglied anschließende Abschnitt des Innengliedes zeigt zahlreiche parallel angeordnete Mitochondrien. Zwischen den Stäbchenzellen u. den Dendriten der bipolaren Nervenzellen der Retina sind synapt. Verbindungen nachweisbar. Die Funktion der Stäbchenzellen ist von einem normalen Vitamin-A-Haushalt abhängig. [2]

Stabilisator ⟨*lat*⟩ *m:* Aufgabe des Stabilisators ist es, die physiolog. Eigenschaften des Blutes möglichst wenig zu verändern, das Blut ungerinnbar zu machen u. das Stoffwechselgeschehen u. damit das Weiterleben der korpuskulären Blutelemente aufrechtzuerhalten. Die S. werden hinsichtlich der Einwirkung auf einzelne Gerinnungsphasen unterteilt 1a. ACD-Stabilisator (Acid. citric., Natr. citric., Dextrose): Klass. Stabilisator. Ungerinnbarkeit durch Bindung des Kalziums u. Verhinderung der Thrombinbildung. Unterschiedliche quantitative Zusammensetzung (Formel A u. B nach USP XV). Ohne Dextrose Konservierungsdauer höchstens 8 Tage, mit Dextrose 21–30 Tage. Verlängerung der Konservierungszeit durch Zusatz von Adenosin, Guanosin u. Inosin bis 6 Wochen. Menge des Stabilisators je nach Zusammensetzung verschieden, meist 100 ml auf 400 ml Blut 1b. CPD-Stabilisator: Citrat-Phosphat-Dextrose-Stabilisator. Gleiche Wirkungsweise wie 1a. 2. Heparin: Stabilisator im engeren Sinne. 2500 IE Heparin mit 20 ml 5,4%iger Dextrose für 500 ml Blut. Konservierungsdauer 4 Stunden, da dann die Wirkung des Heparins abklingt; Anwendungsbereich Austauschtransfusionen, Herz-Lungen-Maschine. 3. EDTA-Stabilisator: Neutralisierung mit Heparin u. Kalziumchlorid notwendig. Anwendung Herz-Lungen-Maschine. 4. Für spez. Zwecke Ionenaustauschverfahren (Kalziumbindung). [11]

Stabilität, relative ⟨*lat*⟩ *f:* Stabilität eines dynam. Systems liegt vor, wenn bei einer von außen auf das System einwirkenden Störung die Maßbestimmung einer charakterist. Größe des Systems in bestimmten Grenzen erhalten bleibt. Eine absolute, d. h., eine sich auf alle Größen eines dynam. Systems gleichzeitig beziehende Stabilität von beliebiger Dauer gibt es nicht. [60]

Stabkranz ↑ Corona radiata. [1]

Stable factor ⟨*engl*⟩ = Faktor VII der Blutgerinnung, ↑ Gerinnung. [11]

Stabsichtigkeit ↑ Astigmatismus. [36]

Stachelbecken ↑ Akanthopelvis. [29]

Stachelbeerkrankheit ↑ Trombidiose. [43]

Stachelzellen: Epithelzellen, die durch ↑ Interzellularbrücken miteinander verbunden sind (z. B. Stratum spinosum der Epidermis). Aus dem Zellverband herausgelöste Zellen zeigen an der Zelloberfläche die zerrissenen Interzellularbrücken als Stachelbesatz. [2]

~krebs ↑ Spinaliom. [43]

Stacke, Ludwig (1859–1918), Otologe, Erfurt.

S' Operation: Radikaloperation des Mittelohres. Der Kuppelraum wird von der Gehörgangswand aus freigelegt u. von dort aus nach hinten vorgehend das Antrum; ↑ Zaufal' Operation. [28]

Stadtklima: in Städten typ. Klima mit folgenden Eigenschaften: durchschnittlich größere Verunreinigung der Luft durch Verkehrsstaub, Ruß u. industrielle Abgase; bei ruhigem Wetter Bildung einer Dunsthaube. Dadurch Schwächung der einfallenden Sonnenstrahlung um 10–20%, am stärksten im Ultraviolett; dagegen leichte Erhöhung der diffusen Himmelsstrahlung infolge der verstärkten diffusen Zerstreuung. Erhöhte Nebelanfälligkeit der Stadtluft. Erhöhung der Temperatur im Stadtinneren um durchschnittlich 1–2 grd gegenüber dem Freiland. Relativ u. absolut etwas geringere Luftfeuchte. Deutliche Verminderung der Windstärke, jedoch in den Schluchten der Häuser u. Straßen häufig Bildung zugluftartiger Windwirbel. Verringerte elektr. Leitfähigkeit bei erhöhten Absolutwerten des Potentialgefälles u. größerer Feldunruhe. Bei Strahlungswetter über dem stärker erwärmten Stadtareal Bildung eines eigenen Systems des vertikalen Luftaustausches mit Aufsteigen im Stadtkern u. Absinken am Stadtrand u. im Freiland. Alles das wird örtlich verändert durch Bebauungs- u. Verkehrsdichte, Vorhandensein von Grünanlagen u. größeren Wasserläufen sowie Zusammenballung von Industriewerken. [13]

Staehler, Werner, zeitgen. Urologe (Tübingen).

S' Index (1959) ↑ Prostataindex oder Prostatikerindex.

S' Katheter (1942): Weichgummi- (oder Plast)-Harnröhrenkatheter mit geringer Schnabelkrümmung, einem zentralen u. zwei seitlichen Augen; spez. geeignet als Ableitungskatheter nach ↑ Elektroresektion u. ↑ Prostatektomie sowie bei blutenden Blasen.

S' Steinknack-Sauggerät (1939): zystoskop. Lithotriptor mit Dauerspül- u. Absaugvorrichtung; der Saugkanal befindet sich in der feststehenden Branche des Gerätes; ↑ Lithotripsie u. vollständige Litholapaxie in einer

Sitzung ohne Wechsel des Instrumentes. [24]

Stafseth-Agar: Leberbouillon-Viktoriablau-Agar zur Brucellenzüchtung. [41]

Stagnation ⟨*lat*⟩: Stockung, fast völliger Stillstand, bes. des Blutstromes; ↑Stagnationsthrombose. [4]

Stagnationsthrombose: Thrombenbildung (rote Gerinnungsthromben), bei welcher eine erhebliche Blutstromverlangsamung (infolge mangelnder Herzkraft oder örtlicher Gefäßveränderungen) die wesentlichste Rolle spielt. [4]

Stahlquellen ↑Heilwässer. [45]

Stainton' Syndrom: Syn. Capdepont' Syndrom, Odontogenesis hypoplastica hereditaria; erbliche Ancmalie des Schmelzes u. Dentins mit brauner oder bläulicher Verfärbung der Zähne u. schwacher Empfindlichkeit des Zahnbeins. Mit zunehmendem Alter starke Abkauung der Zahnoberfläche; oft verkürzte Wurzeln mit Hyperzementose. Unregelmäßige Begleitsymptome: Knochenbrüchigkeit, Polydaktylie, Keratitis palmoplantaris. [37]

Staltinodermie ⟨*griech*⟩ *f* ↑Scleroedema adultorum. [43]

Stalagmanometer ⟨*griech*⟩: Gerät zur Bestimmung der Oberflächenspannung von Flüssigkeiten; Tropfenzähler. [44]

Stamm: (anatom.) Kopf, Hals u. Rumpf. [1]

Stammeln ↑Sprachstörung. [28]

Stammganglien = Zentralganglien: die großen Ganglien des Hirnstamms, Thalamus u. Striatum. [1]

Stammhirn ↑Hirnstamm. [1]

S.-Syndrom: allgemeine Bezeichnung für die vielfältigen Symptomkombinationen bei Schädigungen des ↑Hirnstammes, darunter ↑Strio-pallidärer Symptomenkomplex, ↑Thalamus-Syndrom, ↑ Zwischenhirnsyndrom, ↑Oblongatasyndrom, ↑Hemiplegia alternans. [33]

Stamm|lösungen: haltbare, konzentrierte Lösungen von Farbstoffen, meist in Alkohol. Zur mikrobiolog. u. histolog. Färbung werden die S. geeignet verdünnt. [42]

~lymphe: die aus Pustelmaterial von ↑Kuhpocken durch Verreibung mit Glyzerin-Kochsalzlösung (1:5) gewonnene Emulsion, aus der dann, je nach der Wirksamkeit, durch weitere Verdünnung die gebrauchsfertige Lymphe hergestellt wird. [39]

~zellen ↑Blutstammzellen.

~zellenleukämie ↑Blastenleukämie. [11]

Standard *m:* Vergleichsmaß; 1. mikrobiolog. gebraucht bei Vergleichslösungen von Vitaminen, Antibiotika; ↑Standardpräparate; 2. die in der Regel häufiger angewandte Methode; 3. der Mittelwert, ↑Standardabweichung. [8]

~ableitungen ↑Ableitungen. [10]

~abweichung: *Abk* σ, diejenige Abweichung einer statist. Meßgröße x vom Mittelwert M einer ↑Normalverteilung, innerhalb derer 2/3 aller Meßwerte liegen. Sie errechnet sich als quadrat. Abweichung aus der Summe der Quadrate aller Abweichungen vom Mittelwert nach der Formel

$$\sigma = \sqrt{\frac{\sum (M-x)^2}{n-1}},$$

wobei n die Anzahl der Messungen bedeutet. [7]

~antitoxin: Testantitoxin, Standardserum; Serum mit genau bekanntem Antitoxingehalt, an dem die Wirksamkeit u. der Gehalt neu hergest. antitox. Seren geprüft wird. [39]

~bedingungen: *Abk* STPD (standard temperature and pressure, dry) Gasvolumen bei 0°C, 760 Torr u. Trockenheit; wichtig bei Bestimmungen des Atemgaswechsels. [7]

~bikarbonat: von Astrup an Stelle der Bezeichnung ↑Alkalireserve empfohlen. Das S. entspricht dem Bikarbonatgehalt unter standardisierten Bedingungen (p_{CO_2} = 40 mm Hg; volle O_2-Sättigung des Hämoglobins; 37°C); wird für Vollblut oder Plasma entweder in ml CO_2 je 100 ml (Vol%) Blut bzw. Plasma oder in mval/Liter oder in mval/l (HCO^-_3) angegeben. Durch die Bestimmung der S. können metabol. Abweichungen aufgedeckt werden. Zur Unterscheidung prim. u. metabol. Störungen u. zur Bestimmung respirator. Abweichungen ist die *p*H-Messung u. die Bestimmung der aktuellen [HCO^-_3] notwendig. [15]

~temperatur: meist als Normtemperatur bezeichnete Werte von 0°C bzw. 20°C, die in vielen Einheitendefinitionen enthalten sind. [54]

~übungstest ↑Herztoleranzteste. [10]

Standardisierung: eine vor allem in der Demographie gebräuchliche, jedoch auch auf anderen Gebieten verwendbare Berechnungsmethode. Verhältniszahlen, die aus Gesamtheiten mit unterschiedlicher Struktur (z.B. unterschiedlicher Altersaufbau) gewonnen werden, sog. „rohe Ziffern", sind nicht miteinander vergleichbar. Erst die Anwendung der Standardisierungsmethode ermöglicht die Ausschaltung der Strukturunterschiede u. die Berechnung vergleichbarer „standardisierter" Ziffern. [48]

Standardpräparate: in der Immunbiologie als Bezugsgrößen verwandte biolog. Substrate (Sera, Impfstoffe) mit bekannter, gleichbleibender Wirksamkeit, ausdrückbar in Gewichtseinheiten der lyophilisierten Präparate; ↑Referenzpräparate. [40]

Stannius, Herm. Friedrich (1803–1883), Physiologe, Rostock.

S' Versuch: Versuch am Froschherzen zur Feststellung, von welcher Stelle die Erregung für die Zusammenziehung des ganzen Herzens ihren Ausgang nimmt. Es werden an verschiedenen Stellen des Froschherzens, das sich aus vier tätigen Abteilungen zusammensetzt, Ligaturen gesetzt. Dabei zeigt sich, daß es im Froschherzen drei Automatiezentren gibt, im Sinus venosus, im Atrioventrikulartrichter u. im Anfangsteil des großen arteriellen Gefäßes, im Bulbus arteriosus. [7]

Stannum ⟨*lat*⟩ *n* ↑Zinn, chem. Symbol Sn. [8]

Stanzfigur: Abdruck der Schußwaffe (Laufmündung usw.) beim Schuß mit aufgesetzter Waffe (absoluter Nahschuß). Wichtig für die Identifizierung der verwendeten Waffe. [52]

Stapes ⟨*lat*⟩ *m:* (anatom.) Steigbügel, eines der Gehörknöchelchen; *Adj* stapedius zum Steigbügel gehörend. [1]

Staphyle ⟨*griech*⟩ *f:* Gaumenzäpfchen (Uvula), auch weicher Gaumen. [28]

Staphylhämatom ⟨*griech*⟩: Hämatom des Gaumenzäpfchens. [28]

Staphylitis ⟨*griech*⟩: Entzündung des Gaumenzäpfchens. [28]

Staphylodermie ⟨*griech*⟩ *f:* durch Staphylokokken hervorgerufene Hautkrankheit. Die Staphylokokken bevorzugen als Eintrittspforte die Haarbälge u. Schweißdrüsen. Klin. Formen: Ostiofollikulitis, Folliculitis simplex, Furunkel, Karbunkel (↑Follikulitis), Abszesse, bes. Schweißdrüsenabszesse der Axilla oder multiple Schweißdrüsenabszesse der Säuglinge (↑Hidradenitis). Auch andere Formen wie ↑Impetigo contagiosa, ↑Dermatitis exfoliativa neonatorum u. Staphylodermia bullosa, bei Kindern meist an den Extremitäten gelegentlich vorkommende Blasen ohne wesentliche Entzündungsmerkmale. [43]

Staphylokinase: Begriff für fibrinolyt. Wirkung der ↑Staphylokokken. Die frühere Verwendung dieses Begriffs für Plasmakoagulase ist überholt. [41]

Staphylokokken ⚹ **Staphylococci** ⟨*griech*⟩ *m, Pl:* nach Bergey (1957) Gattung der ↑*Micrococcaceae.* Grampos., unbewegliche, nicht sporenbildende, fakultativ anaerob wachsende, trauben- oder haufenförmig gelagerte Kugelbakterien, Nachweis im Ausstrichpräparat, Färbung nach Gram (positiv) oder Methylenblau, u. durch Züchtung auf der Blutagarplatte. Einteilung in die Arten *S. aureus Rosenbach* mit orangefarbenen Kolonien u. *S. epidermidis* (Hautkeim, saprophytär) mit weißen Kolonien. Der sog. *S. citreus* (zitronengelbe Kolonien) wird nur noch als Synonym u. der sog. *S. albus* (graue bis weißliche Kolonien) als Variante des *S. aureus* aufgefaßt. Die S. unterscheiden sich von den morpholog. ähnlichen ↑Mikrokokken kulturell u. biochemisch. Die wichtigste Unterscheidung zwischen saprophytären u. pathogenen grampos. Kokken beruht auf dem Nachweis bestimmter enzymat. bzw. tox. Eigenschaften (Pathogenitätszeichen). Für Pathogenität sprechen: Plasmakoagulase, Hyaluronidase, α-Hämolysinbildung, Mannitase u. a. Erreger der ↑Staphylokokkosen. Das wirksame Enterotoxin wird im ↑Dolman-Test (Katzenversuch) nachgewiesen. Obligat anaerobe S.-Stämme nach Bergey (1957) Gattung ↑Peptokokken. [41]

~enteritis *f:* akute Entzündung des Darmtraktes; 1. hervorgerufen durch Enterotoxin bildende Staphylokokken (als Lebensmittelvergifter); 2. verursacht durch antibiotikaresistente Staphylokokken nach Verabreichung von koliwirksamen Antibiotika, insbes. ↑Breitspektrumantibiotika u. Verdrängung der Koli-Flora des Darmes. [5]

~pneumonie *f:* durch *Staphylococcus aureus* verursachte hämorrhag. nekrotisierende u. abszedierende Pneumonie; schwere, häufig tödlich verlaufende Erkrankung. Vorkommen bes. im Säuglings- u. Kleinkindalter; seltener bei Erwachsenen, z. B. als Komplikation einer Virusgrippe. [5]

Staphylokokkosen: durch Staphylokokken hervorgerufene Eiterungen (Pyodermien, Mastitis, Parotitis, Bronchopneumonie u. viele andere), Mischinfektionen, unspezif. Nahrungsmittelvergiftungen (↑Enterokolitis), Hospitalinfektionen. Die Staphylokokken werden direkt durch Kontakt- u. Schmierbzw. Tröpfcheninfektion oder indirekt über infizierte Gegenstände oder Nahrungsmittel übertragen. Lokale S. zeigen die Tendenz zur Abszedierung bzw. zur lymphogenen Ausbreitung bis zur Pyämie. Bedeutung der ungezielten falschen Antibiotikatherapie. Begünstigung der Ausbreitung der S., insbes. des Staphylokokken-Hospitalismus durch unhygien. Verhältnisse. [40]

Staphylolysin: erythrozytenauflösendes Stoffwechselprodukt (Hämolysin), das von Staphylokokken gebildet wird. Es ist ein Antigen u. regt die Bildung von Antistaphylolysin an. [39]

Staphylom ⚹ **Staphyloma** ⟨*griech*⟩ *n:* Vorwölbung des meist schwärzlichen Augeninhaltes nach teilweisem Verlust der festen Bulbushülle durch Entzündung, Degeneration, Verätzung oder Verbrennung. Man unterscheidet daher das Skleral-S., das Korneal-S. u. das an der Grenze beider Häute liegende Interkalar-S. Die Außenwand eines S. ist gebildet aus Teilen der Uvea, die mit Lederhaut u. Bindehautresten oder einem Narbengewebe verwachsen sind. S. verum posticum ist eine degenerative Vorwölbung eines Bereiches am hinteren Pol, der den Sehnerven mit umfaßt, bei hoher Myopie. Das fetale S. bildet eine Ausbuchtung des hinteren Pols, die sich bis zur Geburt wieder verliert. Es wird meist Protuberantia sclerae genannt. [36]

Staphylomykose ⟨*griech*⟩: alte Bezeichnung für Erkrankung durch Staphylokokken; ↑Staphylokokkosen. [41]

Staphylonkus ⟨*griech*⟩ *m:* Uvulageschwulst. [28]

Staphylorrhaphie ⟨*griech*⟩: Gaumennaht bei Gaumenspalten. [28]

Staphyloschisis ⟨*griech*⟩ *f:* gespaltenes Gaumenzäpfchen, meist angeboren; ↑Gaumenspalte. [37]

Staphylotoxin: Sammelbegriff für von Staphylokokken gebildete Ektotoxine, u. a. ein Pyotoxin. [42]

Star: populärer Ausdruck für verschiedene Augenleiden. Unter Star schlechthin wird meist Linsentrübung = grauer Star (↑Katarakt) verstanden. Schwarzer Star alte Bezeichnung von Blindheit ohne makroskop. auffindbare Erklärung, grüner Star = ↑Glaukom. Weißer Star im Russischen verwendete Bezeichnung für Leukom; ↑Staroperation. [36]

Starck' Sonde, S. Dilatator: elast. Metallinstrument zur Dehnung bzw. Sprengung des spast. Schnürringes bei ↑Kardiospasmus ohne blutige Operation. [18]

Stargardt' Syndrom: frühzeitig einsetzende Makuladegeneration u. Optikusatrophie; familiäres, oft mit Demenz verbund. Leiden. [36]

S' Zelleinschlüsse: basophile Zelleinschlüsse bei Neugeborenen-Konjunktivitis durch Paratrachomviren; nicht von den Halberstaedter-Prowazék' Körpern bei Trachommorpholog. zu unterscheiden. [40]

Stärke ↑Amylum.

~verdauung: Aufspaltung der Stärke durch die ↑Amylasen des Speichels (Ptyalin) u. vor allem des Pankreas sowie der Maltosen bis zur Glukose. [8]

Starkstromverletzungen: Einwirken von Starkstrom auf den Körper kann Verbrennungen, Lähmungen u. Herzflimmern verursachen. Bei hoher Amperezahl u. mehr als 100 Volt Lebensgefahr durch Herzflimmern. Brandwunden an Stromein- u. -austrittstellen im Gesamtkrankheitsbild von untergeordneter Bedeutung. [18]

Starling' Gesetze: sind gewonnen mit dem Herz-Lungen-Präparat des Warmblüters. Sie geben eine Aussage über wichtige Funktionsgrößen des Herzens, z. B. das Schlagvolumen, Füllungsdrücke, Vorhofs- u. Venendruck, unter verschiedenen Bedingungen. Die S' Gesetze sind nur bedingt auf den Menschen übertragbar. [9]

Staroperation: operative Beseitigung der getrübten Linse. Die älteste schon bei den Indern geübte (von Kurpfuschern noch verbotenerweise ausgeübte) Methode war die Verlagerung der Linse durch Einstich mit einem spitzen Instrument durch die Sklera oder Hornhaut (Starstich, Skleronyxis, Depressio cataractae, Keratonyxis), ihr folgte die ↑Reklination (Reclinatio lentis). Die Araber erfanden bei weichem Star die Absaugung. Die moderne Operation geht auf Daviel zurück, der 1745 die Ausziehung (Extraktion) der getrübten Linse nach Hornhautrandschnitt angab. Lange Zeit wurde die sog. extrakapsuläre S. bevorzugt, bei der die Kapsel eröffnet wird u. zurückbleibt, während der Alterskern u. die Rindenmassen entbunden werden. Die allerdings nicht immer durchführbare S. „in der Kapsel" hat sich als erste Methode durchgesetzt. Um ihre Ausarbeitung machten sich bes. verdient Smith, Stankuleanu, Török u. Elschnig u. a.; Vorteil außer besserer Optik Ausbleiben von Nachstar. Man unterscheidet die Lappenextraktion, bei der ein Bindehautlappen gebildet wird, u. die Linearextraktion ohne einen solchen. Man näht jetzt allgemein die Wunde. Weitere Verbesserung ↑Kryoextraktion. [36]

Starre, alkalische ↑Totenstarre. [52]

S., rigorfreie (Bostroem): extrapyramidales Syndrom mit ↑Akinese ohne Rigor; ↑Parkinsonismus. [33]

Starrkrampf ↑Tetanus. [40]

Stase ✱ **Stasis** ⟨*griech*⟩ *f:* „Blutstockung"; bes. (gelegentlich reversible) Form des Blutstillstandes in maximal erweiterten Blutgefäßen, gekoppelt mit Blutplasmadiapedese u. Erythrozytenkonglutination. Oft folgt der Stase Gewebstod, Vorkommen: Erfrierung, schwere Entzündung u. a. [4]

Stasobasophobie: durch Angstgefühle bzw. Zwangsvorstellungen bedingte Unfähigkeit zu gehen u. zu stehen; bei Zwangsneurosen. [34]

Station ⟨*lat*⟩ *f:* Grundelement des ↑Krankenhauses, funktionelle, organisator., bauliche Einheit von Krankenzimmern u. dazugehörigen Funktionsräumen. [48]

stationär ⟨*lat*⟩: ortsfest, stillstehend, bleibend, an eine ↑Station gebunden; Gegensatz zu ↑ambulant. [48]

statisch ⟨*lat*⟩: auf das Stehen oder das Gleichgewicht bezogen, Gegensatz zu ↑dynamisch. [18]

Statistik, medizinische: Sammelbegriff für die Anwendung statist. Methoden im Bereich der Medizin u. des Gesundheitswesens. Umfaßt neben der ↑Medizinalstatistik die Anwendung mathemat.-statist. Verfahren auf allen Teilgebieten der medizin. Forschung u. Praxis. [48]

Statokonien ⚹ **Statokonia** ↑Otokonien. [2]

Statolithen ⟨*griech*⟩ *m, Pl* ↑Otokonien. [2]

Status ⟨*lat*⟩ *m:* 1. klin. Befund; 2. bedrohlicher, anfallsartiger Zustand oder Häufung von Anfällen; 3. Zustand im Sinne einer zu bestimmten Krankheiten neigenden Konstitution.

S. anginosus: dicht gehäufte Anfälle von Angina pectoris.

S. apoplecticus: Konstitution der zu Schlaganfall disponierten Menschen mit breitbrüstigem, gedrungenem Habitus, kurzem Hals u. gerötetem Gesicht.

S. asthmaticus: lang dauernder, zuweilen lebensbedrohlicher Asthmaanfall, bzw. dicht gehäufte, in rascher Folge auftretende Anfälle von Asthma bronchiale. [9]

S. dysrhaphicus ↑Dysrhaphie. [18]

S. dysvascularis (Bohnenkamp): erbliche Bindegewebsschwäche der Venenwände mit Neigung zur Varizen- u. Hämatombildung. [4]

S. epilepticus: serienweise Häufung von epilept. Anfällen in so schneller Folge, daß das Bewußtsein in den Zwischenzeiten sich nicht aufhellt; lebensbedrohlicher Zustand (Gefahr der Hirnschwellung u. des Kreislaufversagens). [34]

S. hypoplasticus: hypoplast. Konstitution, angeborene Unterentwicklung u. Funktionsschwäche bestimmter Körperteile u. Organe, wie Herz, Aorta, Nebennieren, Hypophyse, Geschlechtsorgane.

S. idem: unveränderter, gleicher Befund. [9]

S. lymphaticus: lymphat. ↑Konstitution. [12]

S. mamillaris ↑Etat mamelonné. [4]

S. nascendi: Entstehungszustand eines Elements aus seinen Verbindungen, in dem es bes. reaktionsfähig ist; naszierender Wasserstoff liegt dann z. B. in atomarem Zustand vor. [8]

S. paralyticus: gehäuftes „serienweises" Auftreten epilept. Anfälle bei progressiver Paralyse. [34]

S. praesens: gegenwärtiger Zustand oder klin. Befund. [9]

S. seborrhoicus ↑Seborrhoe. [43]

S. thymico-lymphaticus: Konstitutionstyp mit vergrößertem Thymus, stark vergrößerten Lymphknoten; Neigung zu plötzlichem Herztod (Thymustod). Man kann den Ausdruck „Status thymico-lymphaticus" nur noch als Bezeichnung eines Konstitutionstyps gelten lassen. [12]

S. typhosus: der für schweren Typhus typische benommene Zustand. [4]

S. varicosus: häufig familiäres Auftreten von ↑Phlebektasien in verschiedenen Körpergegenden, so daß eine mangelhafte Anlage des gesamten Venensystems angenommen werden kann. [4]

Staub, Hans (*1890), Pharmakologe, Basel.

S' Effekt: Kohlenhydratzufuhr zieht nach anfänglicher Erhöhung infolge starker Insulinausschüttung eine nachträgliche Erniedrigung des normalen Blutzuckerspiegels (hypoglykäm. Nachschwankung) nach sich. Werden während dieser Phase erneut Kohlenhydrate zugeführt, so steigt der Blutzuckerspiegel nur wenig oder gar nicht an. [17]

S.-Traugott-Versuch: dient als Kohlenhydrat-Toleranzprüfung zur Erkennung leichter Diabetes-mellitus-Fälle u. anderer Störungen im Kohlenhydratstoffwechsel. Hierbei bestimmt man den Blutzucker beim Untersuchten als Ruhe-Nüchtern-Wert. Anschließend erhält dieser zweimal im Abstand von 1½ h je 50 g Traubenzucker in Tee. Es werden halbstündlich anschließend an die erste Glukoseabgabe sechs Blutzuckerbestimmungen vorgenommen. Normalerweise übersteigt der 90-Minuten-Wert nach der ersten Traubenzuckergabe den normalen Nüchternwert um höchstens 30%. Nach der zweiten Traubenzuckerabgabe erfährt der Blutzuckerspiegel normalerweise keine oder doch nur eine geringe Erhöhung u. ist nach 2 h wieder normal. Erheblicher Anstieg des Blutzuckerspiegels vor allem nach der zweiten Belastung mit Traubenzucker u. ausgesprochene Verzögerung des Blutzuckerabfalls sind kennzeichnend für Schwäche des Inselapparates; ↑Diabetes mellitus. [47]

Staub: der Luft beigemengte Festteilchen mit 10^{-6}–10^{-2} cm Radius. Man unterscheidet mineral. Grundstaub (ist der Atmosphäre in wechselnder Menge stets beigemengt), natürlichen u. organ. Pollen- u. Sporenstaub (in der Vegetationsperiode vorhanden, ↑Heufieber), Industriestaub (örtlich verschieden starke Anreicherung u. chem. unterschiedliche Zusammensetzung). Die biolog. Wirkung hängt ab von der Staubart (chem. Zusammensetzung), der Staubform (der mineralog. Struktur), Größe u. Anzahl der Teilchen. Maßeinheiten: 1. Gewicht (g) oder Teilchenzahl (T) je Volumeneinheit (ml), 2. Ausfall sedimentiert auf der Flächeneinheit (cm^2) in g/cm^2 oder T/cm^2. Teilchen von 10^{-6}–10^{-4} cm Radius werden von den Atemwegen resorbiert, größere Teilchen wieder ausgestoßen. Verstaubungsnormen für Industriestäube (Teilchenradius 10^{-4} cm) bei Kieselsäureanteil mehr als 50% SiO_2 zuträglich 170 T/ml, desgl. 5–50% SiO_2 700 T/ml, desgl. weniger als 5% SiO_2 1700 T/ml. Verstaubungsnormen (T/ml) für Außenluft u. Luft in bewohnten Räumen (nach Effenberger). [13]

~infektion: Infektion infolge Einatmung von Krankheitskeimen, die an Staub gebunden oder frei in der Luft schweben. [5]

~lunge ↑Pneumokoniose (besser Pneumonokoniose). [49]

~zellen: desquamierte Alveolardeckzellen, die Staub (meist Ruß oder Kohlenstaub) phagozytiert haben. [4]

Stauchung ↑Verstauchung. [23]

Stauchungsfraktur: Knochenbruch, bei dem die Gewalt in der Längsachse des Knochens einwirkte. Durch Ineinanderstauchung der Fragmente kommt es zur Verkürzung u. relativen Stabilität der Fraktur bei fehlender oder nur geringer Achsenknickung. [18]

Stauungs|aszites ⟨*griech*⟩ *m:* Ansammlung von Flüssigkeit in der freien Bauchhöhle bei Abflußbehinderung im Pfortaderkreislauf (bes. Leberzirrhose) oder bei chron. Herzinsuffizienz.

~atrophie *f:* Parenchymschwund bei chron. venöser Blutstauung eines Organes.

~blutung: Blutaustritt aus kleinsten Gefäßen bei anhaltender venöser Stauung in Organen u. Geweben, seltener bei plötzlichen Druckerhöhungen in großen Venenstämmen (z.B. bei Brustkorbquetschung infolge Verschüttung.

~bronchitis *f:* im Rahmen einer Stauungslunge bei Linksinsuffizienz des Herzens auftretende chron. Bronchitis, bei der die blutreiche blaurote Schleimhaut von schleimigem Sekret bedeckt ist. [5]

~gallenblase: Sperre des Abflusses von Gallenflüssigkeit aus der Gallenblase durch Steineinklemmung im Gallenblasengang oder Krampf des Gallenblasensphinkters auf nervöser oder entzündlicher Grundlage. [9]

~hydrops *m:* Ansammlung von Flüssigkeit in den Körperhöhlen bei allgemeiner Blutstauung. [5]

~hyperämie venöse ↑Hyperämie. [18]

~ikterus *m:* 1. Gelbfärbung bes. der Leber u. Haut sowie anderer Organe u. Gewebe bei mechan. Verschluß der abführenden Gallenwege; 2. selten bei starker Blutstauung der Leber u. Untergang von Leberparenchym. [5]

~leber: charakterist. Umgestaltung der Leber bei chron. venöser Stauung; ↑Muskatnußleber.

~(leber)zirrhose: Bindegewebsvermehrung der Leber infolge lang anhaltender chron. Blutstauung; keine echte Zirrhose, Pick' perikardit. ↑Pseudoleberzirrhose.

~lunge: Blutstauung im Lungenkreislauf bei Insuffizienz des li. Herzens (↑Herzinsuffizienz), die bei längerer Dauer zur Lungenstarre führt; ↑Lungeninduration; ↑Herzfehlerlunge.

~milz: venöse Blutüberfüllung u. Verfestigung der Milz bei Herzinsuffizienz; bei chron. Blutstauung stärkere Verfestigung (zyanot. oder Stauungsinduration).

~niere: bei Herzinsuffizienz auftretende venöse Blutüberfüllung der Niere, die dunkelrot, vergrößert u. fest ist. [5]

~ödem: durch Blutstauung bedingter Flüssigkeitsaustritt aus den Gefäßen ins umgebende Gewebe; 1. allgemein als kardiales Ödem bei Herzinsuffizienz; (bes. an den Unterschenkeln); 2. örtlich bei Behinderung des Blutabflusses infolge einer Thrombose oder einer Kompression (z.B. Gewächs, Operations- oder Bestrahlungsnarben).

~papille: von A. v. Graefe beschriebene Schwellung der Papilla n. optici bei hirndrucksteigernden Prozessen jeder Art. Fast immer doppelseitig, wenn auch nicht immer im gleichen Grade ausgebildet. Einseitig zuweilen auch bei intraorbitalen Prozessen. Führt, wenn der Hirndruck nicht normalisiert wird, zur Erblindung durch Optikusatrophie. Zahlreiche Theorien, die aber wohl alle nicht für jeden einzelnen Fall zutreffen. Es wirken zusammen ein Übergreifen der allgemeinen Hirnschwellung auf die Sehnerven in den Hirnscheidenhäuten, die Stauung eines vom Glaskörper durch Papille u. Sehnerv hirnwärts gerichteten Saftstromes, ein Mißverhältnis zwischen dem intraokularen Druck, der diesen Strom treibt, u. dem intrakraniellen Druck, der ihm entgegenwirkt. Dadurch kann es bei plötzlicher Erweichung des Bulbus zur „Stauungspapille ex vacuo" kommen. [36]

Steady state ⟨*engl*⟩: 1. ein System befindet sich in einem Steady state, wenn ein Gleichgewicht besteht zwischen Zustandsänderungen, die durch Störgrößen herbeigeführt werden, u. den Maßnahmen, die das System ergreift, um diese Zustandsänderungen laufend rückgängig zu machen u. somit den ursprünglichen Zustand, z.B. den ↑Sollwert einer Größe, aufrechtzuerhalten. Man bezeichnet daher den steady state auch als Ausdruck eines Fließgleichgewichtes u. nennt ihn dynam. stationärer Zustand. Zur Herbeiführung einer s. s. ist Energie erforderlich. So ist die Bilanz von Wärmebildung im Organismus u. Wärmeabgabe, die in einer gleichbleibenden Körpertemperatur zum Ausdruck kommt, das Ergebnis des Aufrechterhaltens von Fließgleichgewichten. Der Begriff des steady state wird in der Medizin sinngemäß verwendet. [7] 2. Begriff der Atemphysiologie u. Ergometrie. Gleichgewichtszustand nach Anpassung von Atmung u. Kreislauf an eine bestimmte Belastungsstufe, die noch keine Insuffizienzerscheinungen hervorruft. [15]

Stearin: techn. ↑Stearinsäure; Handelsname des festen, weißen Fettsäuregemisches, das aus härteren tier. Fetten (Talg usw.) u. aus Pflanzenfetten (Palmöl) nach Verseifung durch Abpressen der Fettsäuren gewonnen wird; enthält hauptsächlich Stearin- u. Palmitinsäure sowie andere feste Fettsäuren; je nach Fabrikationsweise unterscheidet man Saponifikat- u. Destillatstearin; Verwendung in der Kerzen-, Kunststoff-, Gummi-, Zündholz- u. kosmet. Industrie.

~säure: unverzweigte Fettsäure (Monokarbonsäure); $CH_3 \cdot (CH_2)_{16} \cdot COOH$; Schmelzpunkt 71,5 °C; als Baustein der pflanzlichen u. tier. Fette in der Natur sehr verbreitet. [16]

Stearrhoe ⟨*griech*⟩ *f:* Fettdurchfall, wenn kein Sekret der Bauchspeicheldrüse in den Darm gelangt. [9]

Steatom ⟨*griech*⟩ *n* ↑ Atherom. [43]

Steatopygie ⟨*griech*⟩ *f:* abnorme Fettgewebsentwicklung am Gesäß. [5]

Steatosis ⟨*griech*⟩ *f:* Verfettung, Fettinfiltration. [12]

Steatozele ⟨*griech*⟩ *f* ↑ Fettbruch. [18]

Stechapfel ↑ Datura stramonium. [44]

~form: sternartige Formveränderung des normalgestalteten Erythrozyten durch künstliche Eingriffe oder techn. Tehler (Eintrocknung, Verwendung hypertoner Lösungen u. a.).

Stech|fliege ↑ Stomoxys calcitrans.

~gnitzen ↑ Sandmücken.

~mücken: Culicidae; Mückenfamilie, meist mit Stechrüssel (Weibchen sind Blutsauger). Larven im Wasser; ↑ Aedes, Anopheles, Cules, Theobaldia. [58]

Steckbecken: Unterschieber, Kotschüssel für Bettlägerige. [18]

Steckschuß: Schußverletzung, die Einschuß u. Schußkanal, aber keinen Ausschuß zeigt. Das Geschoß befindet sich noch im Körper; erhöhte Infektionsgefahr mit Tetanus, Gasbrand. [52]

Stegomyia fasciata ↑ Aedes aegypti. [58]

Steh-Elektrokardiogramm: im Stehen nach bestimmten Zeitabständen, z. B. sofort nach Aufstehen sowie nach 10 min Stehen aufgenommenes Ekg; dient nach Schennetten auch zur Abgrenzung myokardialer Schädigung von vegetativen Einflüssen. [10]

Stehltrieb ↑ Kleptomanie. [34]

Stehversuch: Orthostaseversuch; die im Stehen (orthostat. Belastung) auftretenden Veränderungen des arteriellen Blutdruckes, der Pulsfrequenz u. des Elektrokardiogramms wurden von Schellong erstmalig zur Diagnostik der ↑ Kreislaufregulationsstörungen eingeführt. [10]

Steigbügel ↑ Stapes. [1]

Steilheitsbedarf: Eigenschaft eines erregbaren Gewebes, z. B. Nerv, Muskel, nur dann mit einer Erregung zu reagieren, wenn der Reiz mit einer bestimmten Geschwindigkeit seine erregungsauslösende Intensität annimmt. Bei sehr langsam von Null ansteigenden Intensitäten akkommodiert sich das Gewebe an die Reizeinwirkung so, daß die Schwelle für die Erregungsauslösung immer höher liegt als die gerade erreichte Reizstärke. Dies kann bis zur Zerstörung des Gewebes durch den Reiz führen. [7]

Steiltyp (Ekg): findet sich im Elektrokardiogramm bei mittelständig oder steil gestelltem Herzen mit steilgestellter elektr. Herzachse. Dementsprechend findet sich die höchste R-Zacke in Ableitung II, die zweithöchste in Ableitung III. [10]

Steinach, Eugen (1861–1944), Physiologe, Wien.

S' Methode zur Verjüngung: S. glaubte, durch Unterbindung der Samenstränge u. Überpflanzung von Affenhoden eine echte Verjüngung erzielen zu können. Sein Verfahren bewirkt nur eine Erotisierung aller Menschen, aber keine echte Verjüngung. [17]

Steinbildung ↑ Konkrement. [18]

Steinhauerlunge ↑ Silikose. [49]

Steinkind ↑ Lithopädion. [29]

Stein, Irving, zeitgen. amerikan. Gynäkologe.

S.-Leventhal' Syndrom (1935): Kombination der Amenorrhoe oder Oligomenorrhoe bis Dauerblutung, Hirsutismus, zyst. vergrößerte Ovarien. Bei Laparotomie finden sich „große, graue Ovarien" mit verdickter Tunica albuginea, zahlreichen zyst. Follikeln, vermehrter Marksubstanz u. vermehrten Gefäßen in der Rindenschicht; 17-Ketosteroide meist normal, bis mäßig erhöht. Außer Haarwuchs keine weitere Virilisierung. Therapie: 1. Keilexzision der Ovarien (Stein–Leventhal) = Spaltung der Tunica albuginea mit Verminderung des Innendruckes. Erleichterung der Ovulation (mechan. Auffassung); 2. Markausschälung des Ovars (Allend) Entfernung des androgenbildenden Ovarialmarkes (hormonale Auffassung). [29]

Steinmann' Nagel (1907): vierkantiger starker Metallnagel, wird durch das Fersenbein getrieben u. mit Gewichten beschwert; die erste Form der Frakturbehandlung durch ↑ Streckverband. [18]

S' Zeichen beim Meniskusriß: 1. Spontanschmerz im Kniegelenkspalt bei passiver Drehung des gebeugten Unterschenkels, a) Schmerz medial bei Außenrotation = medialer Riß, b) Schmerz lateral bei Innenrotation = lateraler Riß; 2. beim passiven Beugen des Kniegelenks wandert der Druckschmerz am zerrissenen Meniskus von vorn nach hinten. [23]

Steinmole: verkalkte ↑ Blasenmole. [29]

Steinschnitt: zur Entfernung von Harnblasensteinen durch Blasenschnitt oberhalb der Symphyse extraperitoneal; ↑ Sectio alta.

~lage: der Kranke liegt auf dem Rücken, die Beine sind in Knie- u. Hüftgelenk maximal gebeugt u. nach außen gespreizt u. in diese Stellung durch einen Gurt von den Kniekehlen um Hals oder durch Beinstützen fixiert. Dabei muß das Becken stark nach vorn gezogen werden. Auf diese Weise guter Zugangsweg für Operationen in äußerer Genital- u. Dammregion. [18]

Steinthal, Carl (*1859), Chirurg, Heidelberg.

S' Stadien: Gradeinteilung beim Mammakarzinom; Steinthal I: lokal begrenzt; Steinthal II: mit regionären (axillären) Metastasen; Steinthal III: mit Metastasen in Lymphknoten 2. Ordnung (supraklavikulär, subskapulär, mediastinal) u. in innere Organe. [18]

Steißbein = Os coccygis: die 4–5, beim erwachsenen Menschen meist durch Synostose zu einem einheitlichen Knochen verschmolzenen Steißwirbel.

~schmerz: Steißschmerz ↑Kokzygodynie. [1]

Steiß|drüse = Glomus coccygicum: wenige Millimeter großes Organ vor der Steißbeinspitze. [5]

~fußlage: Beckenendlage, bei der der Steiß zusammen mit den Füßen in Führung ist.

~geburt: volkstümliche Bezeichnung für Geburt in ↑Beckenendlage.

~haken ↑Küstner' Steißhaken.

~lage: häufigste Form der ↑Beckenendlage, wobei der Steiß in Führung ist. [29]

~schmerz ↑Kokzygodynie. [33]

~teratom: am Beckenende des Kindes sitzende angeborene dreikeimblättrige Fehlbildung, zum Teil als Doppelmißbildung aufgefaßt; ↑Teratom. [25]

Stella ⟨*lat*⟩ *f:* sternförmiger Verband z. B. als Stella pectoris et dorsi: Brust-Rücken-Sternverband mit Achselschleifen um beide Schultern, Achtertouren mit Kreistouren um Brust u. Rücken. [18]

Stellatumblockade: Anästhesierung des Ganglion stellare mit 10 ml einer 1%igen Novokainlösung ohne Adrenalin. Hierdurch Lähmung der vegetativen Äste des Grenzstranges für den Versorgungsbereich der entsprechenden Kopfhälfte, der Schulter u. des Armes (↑Horner' Syndrom). Technik: es wird die Methode nach Herget bevorzugt. Einstich am liegenden Pat. mit Überstreckung des Kopfes am Innenrand des M. sternocleidomastoideus in der Höhe der Mitte einer Linie zwischen Kehlkopfringknorpel u. oberen Sternalrand (Jugulum). In 2–3 cm Tiefe knöcherner Widerstand durch das Köpfchen der 1. Rippe. An diesem Ort langsame Injektion als Depot. Das Verfahren mit weitem Anwendungsgebiet hat Gefahren, die der ausübende Chirurg kennen muß. [18]

Stell|glied: in techn. Regelungsanlagen derjenige Teil, mit dessen Verstellung eine Einwirkung auf die Regelgröße verbunden ist, z. B. Drosselklappen, Schieber, Ventile, Ruder, elektr. Widerstände u. ä. Der Funktion des S. entspricht in biolog. Regelsystemen etwa die des Effektors; ↑Regelung.

~größe: die Größe eines Regelkreises, die durch den ↑Regler am ↑Stellglied eingestellt wird u. eine Beeinflussung des Wertes der Regelgröße bewirkt; z. B. Querschnitt einer Drosselklappe oder Schiebers, Ausschlag eines Ruders u. ä.; ↑Regelung. [60]

~knorpel ↑Cartilago arytaenoidea. [1]

~reflexe: Reflexe, durch die die Stellung des Kopfes gegenüber dem Körper, z. T. auch die der Gliedmaßen, gegeneinander bestimmt wird; ↑Labyrinthreflexe. [7]

Stellwag v. Carion, Karl (1823–1904), Ophthalmologe, Wien.

S' Zeichen: seltener Lidschlag bei ↑Basedow' Krankheit. [9]

Stenokardie ⟨*griech*⟩ *f:* eigentlich Herzenge; ↑Angina pectoris. [10]

Stenökie: ein Lebewesen stellt ganz bestimmte, strenge Anforderungen an seine Umwelt; bei Parasiten Syn. zu ↑Stenoxenie. [58]

Stenokrotaphie ⟨*griech*⟩ *f:* abnorme Schädelbildung mit Verengerung in der Schläfengegend. [5]

Stenose ⟨*griech*⟩: Verengerung von Gängen (Ureter, Darm u. ä.) oder Öffnungen (Klappenstenose am Herzen). [4]

S., infundibuläre ↑Pulmonalklappenstenose. [10]

Stenosewetter: bes. in der älteren medizin.-meterolog. Literatur oft berichteter Zusammenhang des akuten Kehlkopfkrupps mit bestimmten Wetterveränderungen. Neuere Untersuchungen bestätigten das für Kaltlufteinbrüche, weniger beim Durchzug von Warmfronten, aber auch bei Okklusionen. [13]

stenotherm ⟨*griech*⟩: ein stenothermer Organismus kann nur in einem engen Temperaturbereich gedeihen (↑psychrophil, ↑thermophil). [42]

Stenothorax ⟨*griech*⟩ *m:* enger Brustkorb. [5]

Stenotopie ⟨*griech*⟩ *f:* Beschränkung eines Parasiten auf ein bestimmtes Organ seines Wirtes. [58]

Stenoxenie ⟨*griech*⟩ *f:* Beschränkung eines Parasiten auf einen (oder wenige) Wirtsarten; ↑Euryxenie. [58]

Stenson, auch Steno, Stenonius, Stensen, Niels (1638–1686), Anatom u. Arzt, zuletzt Bischof, Hannover, Münster, Schwerin, Hamburg, Florenz, Kopenhagen.

S' Gang ↑Ductus parotideus.

S' Versuch: Unterbindung der Bauchaorta führt beim Tier rasch zu einer Lähmung der unteren Extremitäten; ist die Aortadrosselung nur kurze Zeit wirksam, kann die Lähmung wieder zurückgehen. [7]

Stenvers' Aufnahmetechnik: Röntgenspezialaufnahme zur Darstellung des Porus u. Meatus acusticus int.; Strahlengang parallel zur Längsachse der Pyramide. Wichtig für die Diagnose eines Akustikusneurinoms. [20]

Stephanion ⟨*griech*⟩ *n:* Kreuzungspunkt der Kranznaht u. der unteren Schläfenlinie. [1]

Steppergang ⟨*engl*⟩: charakterist. Gangstörung bei Peroneuslähmung, wobei das Bein im Hüft- u. Kniegelenk übermäßig gebeugt wird, um ein Schleifen der Fußspitze am Boden oder ihr Hängenbleiben an einem Hindernis möglichst zu verhüten. [33]

Steran: der Grundkohlenwasserstoff der Steroide von der Formel $C_{17}H_{28}$; chem. ein Zyklopentanoperhydrophenanthren (↑ Cholestan). Es besteht aus den 4 Ringen A, B, C u. D; eine vereinfachte Schreibweise mit der Numerierung der 17 C-Atome ist

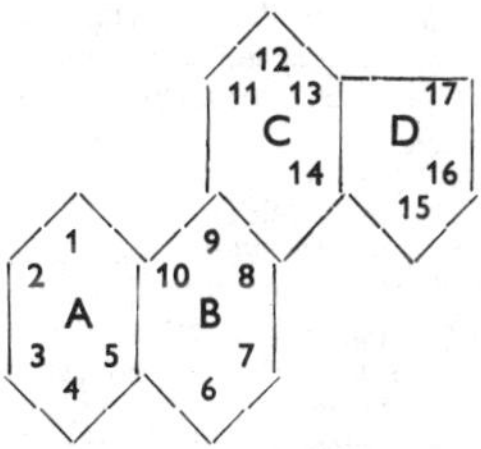

Die meisten natürlichen Steroide haben am C-Atom 13 u. 10 je eine Methylgruppe mit der No. 18 am C-Atom 13 bzw. 19 am C-Atom 10. Viele haben ferner am C-Atom 17 eine Seitenkette, z. B. die C_{21}-Steroide mit 2 C-Atomen, das Cholesterin $C_{27}H_{46}O$ mit 8 C-Atomen usw. – Zu den S. gehören 1. die C_{21}-Steroide, die Gestagene u. Nebennierenhormone, z. B. Progesteron, Aldosteron, Kortikosteron; 2. die Androgene; C_{19}-Steroide, z. B. Androsteron; 3. die Östrogene; C_{18}-Steroide (wo das C_{19} als Methylgruppe am C-Atom 10 fehlt, da Ring A ein Phenol ist), z. B. Östradiol; 4. die Gallensäuren, z. B. Cholsäure u. Desoxycholsäure; 5. die Zoosterine, z. B. Cholesterin; 6. die Mykosterine, z. B. Ergosterin; 7. die Phytosterine, z. B. Stigmasterin; 8. die D-Vitamine; D_2 u. D_3, in denen die Bindung an den C-Atomen 9 u. 10 (Ringe B u. C) gesprengt u. am C-Atom 10 eine Methylengruppe vorliegt; 9. die Herzgifte (u. Krötengifte) sind Glykoside, in denen die Zucker kettenförmig an das C_3-Atom des Steroidgenins gebunden sind; 9a) die Kardenolide (z. B. Digitoxin, die Strophanthine) haben am C-Atom 17 ein Furanderivat gebunden, das Aglykon (Genin) hat also 23 C-Atome; 9b) die Bufadienolide mit 24 C-Atomen haben am C-Atom 17 ein Pyranderivat (z. B. Bufotoxin in der Kröte; Bufatalin in der Kröte u. in der Droge Ch' an Su; Scillaren A. u. B. in der Scilla maritima [Meerzwiebel]); 10. neutrale Saponine (z. B. Digitonin, Gitogenin); in den sich vom Steroidtyp ableitenden Saponinen ist ein C_{16} u. C_{17} aus 8 C-Atomen bestehendes heterozykl. O-Ringsystem gebunden; 11. Steroidalkaloide; in ihnen sind verschieden konstituierte N-haltige Derivate an das Steroidgerüst gebunden, z. B. α-Solanin, Tomatin (mit antibiot. Wirkungen) in Solanum-Arten. [8]

Sterbe|fallüberschuß: Differenz zwischen ↑ Lebendgeborenenziffer u. der allgemeinen ↑ Sterbeziffer, sofern letztere die größere von beiden ist; anderenfalls ↑ Lebendgeborenenüberschuß.

~tafel: eine Übersicht, die zeigt, in welcher Weise eine Gesamtheit von 100 000 ↑ Lebendgeborenen gleichen Geschlechts mit zunehmendem Alter durch den Tod allmählich reduziert wird, bis sie schließlich ausgestorben ist (Absterbeordnung). Eine S. enthält theoret. Zahlen (Überlebende, Gestorbene von 100 000 gleichzeitig Lebendgeborenen, Sterbenswahrscheinlichkeit, ↑ Lebenserwartung u. a. je Altersjahr, die unter Zugrundelegung der Sterblichkeitsverhältnisse eines bestimmten Zeitraumes (meist mehrere Jahre) berechnet werden.

~ziffer: allgemeine S. = Zahl der Gestorbenen in einem bestimmten Zeitraum (meist 1 Jahr), bezogen auf 1000, 10 000 oder 100 000 der mittleren Bevölkerung im gleichen Zeitraum; spezif., besondere oder spez. S. = S. für Teile der Bevölkerung; z. B. Zahl der Gestorbenen eines Jahres einer bestimmten Altersgruppe, bezogen auf 1000 der mittleren Bevölkerung dieser Altersgruppe im gleichen Jahr. Formel:

$$\frac{\text{Zahl der Gestorbenen} \cdot 1000}{\text{mittlere Bevölkerung}}.$$ [48]

Sterblichkeit, perinatale: umfaßt alle Totgeborenen u. bis zum 7. Lebenstage verstorbenen Lebendgeborenen; Hauptursache der perinatalen S. sind Frühgeburt, Geburtstrauma, kindliche Mißbildungen oder Infektionen (Toxoplasmose, Listeriose), Toxikose der Mutter, seltener Rh-Unverträglichkeit, Diabetes u. andere Erkrankungen der Mutter. [29]

Stercora ⟨*lat*⟩ *n, Pl* von Stercus: Exkremente, Kot; *Adj* stercoralis kotig. [4]

Stercus ⟨*lat*⟩ *n* ↑ Stercora. [4]

Stereo|agnosie ⟨*griech*⟩ *f:* Syn. Astereognosie; „Tastlähmung" (Wernicke), taktile Agnosie, Störung oder Verlust der Fähigkeit, einen Gegenstand allein durch Abtasten (ohne Zuhilfenahme der Augen) zu erkennen;

zerebrales Herdsymptom bei Läsionen des mittleren Drittels der hinteren Zentralwindung. Die Störung betrifft nicht nur das geometr. (stereometr.) Formerkennen als solches, sondern kann sich auch auf die Konsistenz (Härte, Weichheit) u. die Oberflächenbeschaffenheit (Glätte, Rauheit) des Gegenstandes beziehen. Von der S. im engeren Sinne ist zu unterscheiden die ↑Stereoanästhesie. [33]

~amaurose: von Sachsenweger vorgeschlagener Ausdruck für völliges Fehlen des räumlichen Sehens.

~amblyopie: von Sachsenweger vorgeschlagener Ausdruck für Schwäche des räumlichen Sehens. [36]

~anästhesie: Aufhebung des Tasterkennens durch Sensibilitätsstörungen; ↑Stereoagnosie. [33]

~effekt (1920 von F. Fertsch entdeckt; später fälschlich C. Pulfrich zugeschrieben): schwächt man den Lichteinfall in das eine Auge, so vermag dieser schwächere Reiz die Empfindung erst in einer etwas längeren Zeit auszulösen. Durch die Verlängerung der Empfindungszeit sind die Wahrnehmungen in den Augen zeitlich unterschiedlich. Ein Gegenstand, der sich in einer Frontalebene bewegt, müßte daher zu einem gegebenen Zeitpunkt an zwei verschiedenen Punkten seiner Bahn wahrgenommen werden. Es entstehen aber keine Doppelbilder, vielmehr verschmilzt der unterschiedliche Eindruck zu einem einheitlichen Bild, dem im Urteil ein gewisser Tiefenwert zugesprochen wird. Eine schwingende Kugel scheint daher aus der Frontalebene abzuweichen, u. zwar jedesmal nach hinten, wenn sie nach der Seite des freien Auges schwingt, nach vorn bei der entgegengesetzten Bewegungsrichtung. Sie beschreibt scheinbar eine ellipt. Bahn. Die Tiefenausdehnung dieses S. ist von einer Anzahl von Faktoren abhängig (Grad der Lichtabschwächung für das eine Auge, Geschwindigkeit der bewegten Marke, Adaptationszustand der Augen).

~eidometer *n* (Monjé): Vorrichtung zur Beurteilung der Tiefenschärfe. Es wird dabei jener Schwellenwinkel bestimmt, der ausreicht, um die Lagerung von Gegenständen gegeneinander in bestimmter Entfernung festzustellen. [7]

~isomerie: ist ein Sonderfall der Isomerie, die die räumliche Gestalt der Moleküle beschreibt. Zur S. gehören 1. die Spiegelbildisomerie (opt. Isomerie bzw. Enantiomerie), die sich am häufigsten bei Verbindungen mit einem asymmetr. C-Atom mit 4 verschiedenen Substituenten als D-, L- bzw. razem. Formen findet. Hierzu gehören wohl alle Naturstoffe mit wenigstens 1 asymmetr. C-Atom wie die Kohlenhydrate, Aminosäuren (Eiweiße), Alkaloide, die Weinsäure (an der diese Isomerie 1848 von Pasteur entdeckt wurde) u. a. Die D- u. L-Formen unterscheiden sich physikal. nur in ihrer Fähigkeit, die Ebene des polarisierten Lichtstrahls entgegengesetzt zu drehen. Chem. beruht auf der räumlichen Verschiedenheit nur die verschiedene Reaktionsfähigkeit mit anderen opt. aktiven Substanzen, vor allem mit den Enzymen, die als Eiweiße ja ebenfalls opt. aktiv sind. 2. Die cis-trans-Isomerie (auch geometrische Isomerie) tritt u. a. auf bei Maleinsäure u. Fumarsäure, bei Azobenzol, bei hydrierten Ringsystemen. 3. Diastereomerie (Epimerie); Glukose u. Mannose sind z. B. epimere Zucker, ebenso α-D-Glukose u. β-D-Glukose, die durch die Aldose 1-Epimerase (EC 5.1.3.3) ineinander umgewandelt werden. 4. Die Rotationsisomerie (Konformations- oder Konstellationsisomerie). Hier sei nur auf die Sessel- bzw. Wannenform des Zyklohexans hingewiesen. Zumeist sind diese Verbindungen nicht isolierbar, sondern können nur mit physikal. Methoden nachgewiesen werden. [8]

~röntgenographie: es werden nach der gleichen Methode wie bei der Stereophotographie zwei Röntgenbilder des gleichen Objekts von zwei in bestimmtem Abstand auf einer zur Bildebene parallel verschobenen Standpunkten aus aufgenommen. Bei der Betrachtung dieser beiden Bilder mit Hilfe eines bes. Apparates (Stereobinokel) entsteht ein virtuelles Raumbild, dessen Plastik es auch gestattet, im Raumbild Messungen auszuführen. [26]

~skop *n:* Apparat, der bei beidäugiger Beobachtung flächenhafter Bilder einen räumlichen Eindruck vermittelt. Die Stellung des re. Auges ist gegenüber einem äußeren Objekt nicht die gleiche wie die des li.; infolgedessen sind die beiden Bilder von demselben Gegenstand nicht gleich. Gelingt es, solche Bilder aufzunehmen, entsprechend darzubieten u. zur Vereinigung zu bringen, so bekommt man einen räumlichen Eindruck. Es gibt Spiegel- u. Prismenstereoskope. [7]

stereoskopisch ⟨*griech*⟩: raumbildlich, raumbildhaft. [26]

Stereopsis ⟨*griech*⟩ *f:* stereoskop. Sehen. [36]

Stereo|typ, dynamischer: Pawlow führte für die wiederkehrende gleichförmige Aufeinanderfolge von reflektor. Vorgängen, welche auf wiederholt in gleicher zeitlicher Anordnung zustande kommende Gruppen von Reizen antworten, die Bezeichnung d. S. ein. Ein großer Teil der neuralen Prozesse, die sich in der Wechselbeziehung zwischen Umwelt u. Organismus herausbilden, verlaufen als solche dynam. Stereotyps. Notwendig werdende Änderung eines S. bedeutet eine beträchtliche Belastung der höheren Nerventätigkeit für den Organismus u. erzeugt unmittelbar Mißbehagen. [35]

~typie *f:* im psychopatholog. Sinne ein leeres automatenhaftes, zweckloses Wiederholen von Worten, Sätzen (Sprachstereotypie) oder von Bewegungsvorgängen (rhythm., z. B. Taktschlagen mit den Händen) oder als Haltungsstereotypie (z. B. Liegen mit hochgehobenem Kopf); bei Schizophrenie (katatone Form); ↑ Echolalie, ↑ Echopraxie. Völlig anders wird dieser Begriff unter neurophysiolog. Aspekt (↑ Stereotyp, dynam.) verstanden. [34]

~vektorkardiographie ↑ Vektorkardiographie. [10]

Stereozilien ⟨*griech*⟩ *f, Pl:* unbewegliche Wimpernhaare einer Zelle; die unbeweglichen Fortsätze des zweistufigen Zylinderepithels, das den Nebenhodengang auskleidet. [43]

Sterigmen ⟨*griech*⟩ *n, Pl:* Stiele, auf denen ↑ Exosporen der Pilze sitzen; oft auch im Sinne von ↑ Phialide gebraucht; ↑ Sporen. [42]

Sterilfiltration: mechan. ↑ Sterilisation durch Filter. [40]

Sterilisation ⟨*lat*⟩: ist das Abtöten oder Entfernen aller pathogenen u. apathogenen Mikroben einschl. der hochresistenten Dauerformen (dagegen ↑ Desinfektion, Konservierung). Sterilisationsvorschriften sind im DAB 7 fixiert. Es gibt physikal. u. chem. Verfahren der S.: 1. physikal. S.: a) S. durch trockene Hitze; selten durch Verbrennen (Ausglühen z. B. der Ösen), Erhitzen im Heißluftsterilisator bei 180°C, Betriebszeit ca. 30 min je nach Art u. Menge des Sterilisiergutes, Betriebsvorschriften der Sterilisiergeräte beachten. Nach der Erwärmungszeit (Erwärmung des Sterilisierraumes auf 180°C) Ausgleichszeit (Erwärmung des Sterilisiergutes auf 180°C), 30 min Abtötungszeit; danach Abkühlung des Sterilisierraumes auf 60°C (insges. Betriebszeit). Nur anwendbar für Gegenstände u. Materialien, die derartig hohe Temperaturen vertragen, wie Metall-, Glas- u. Porzellangeräte usw.; b) S. durch feuchte Hitze; mit gespanntem, gesättigtem Wasserdampf im Hochdrucksterilisator (↑ Autoklav), auf mind. 120°C. Die Betriebszeit eines Autoklaven setzt sich aus der Steigezeit (nach dem Schließen des Ventils Ansteigen der Wassertemperatur auf 120° bzw. 134°C = 1 bzw. 2 atü), Ausgleichszeit (Erwärmen des Sterilisiergutes auf 120° bzw. 134°C), 20 min Abtötungszeit danach Fallzeit (Abkühlen des Sterilisierraumes auf unter 100°C); ↑ Autoklavierung. Mit diesem Verfahren kann prakt. alles sterilisiert werden, wie Wäsche, Verbandstoffe, Instrumente, Geräte. Operationsgummihandschuhe sollten jedoch nur bei 120°C sterilisiert werden; c) mechan. S. durch Filtration. Filter halten die Bakterien durch Sieb- oder Adsorptionswirkung zurück. Gebräuchlich sind Porzellanfilter (Schott-G 5-Fritten), Kieselgurfilter, Asbestfilter, Membranfilter, Ultrafilter. Durch keimfreie Filtration können hitzelabile Eiweiß- u. Kohlenhydratlösungen, Öle sowie Alkohole bakterienfrei gemacht werden; d) Strahlensterilisation durch ionisierende Strahlen. Elektronenstrahlen durchdringen auch das Verpackungsmaterial (z. B. Aluminium, Glas, Pappe); findet großtechn. Anwendung in der Pharmazie u. Nahrungsmittelindustrie. Erhitzen des Sterilisiergutes um höchstens 5 grd ermöglicht eine ↑ Kaltsterilisation. 2. Chem. S.: bleibt meist nur eine ↑ Desinfektion; ↑ Kaltsterilisation mit ↑ Äthylenoxid oder ↑ Beta-Propiolakton. Auch die Entkeimung von Katgut in Lugol' Lösung ist nur bedingt eine S.; ↑ Sterilitätsprüfung. [40]

S., fraktionierte = Tyndallisation: mehrmalige, meist dreimalige Erhitzung des zu sterilisierenden Gutes, bes. mikrobiolog. Nährböden, auf 100°C im Abstand von 24 h, mit Abkühlung auf Zimmertemperatur in den Zwischenzeiten. Die gegen 100°C resistenten Sporen von Bakterien wachsen in den Zwischenzeiten aus u. werden durch die erneute Erhitzung abgetötet. Das Verfahren ist nur bei solchen Substanzen zu verwenden, die ein geeignetes Nährmedium für Bazillensporen darstellen u. dadurch das Auskeimen der Sporen ermöglichen. [42]

Sterilisatoren: für die Durchführung der ↑ Sterilisation benutzte Heißluftsterilisatoren u. Autoklaven, ggf. der Geräte zur ↑ Kaltsterilisation. [40]

Sterilisatorenprüfung: vorgeschriebene Prüfung der ↑ Sterilisatoren vor Inbetriebnahme, bei Verdacht auf bestehende Mängel u. in regelmäßigen Abständen; a) biolog. S.: während der Sterilisation werden Bakteriensporenerdeproben mitgeführt u. unter vorgeschriebenen Bedingungen nach der Sterilisation auf Bakterienwachstum geprüft; b) physikal. S.: Temperaturkontrolle während der Sterilisation an verschiedenen Punkten des Sterilisierraumes durch thermoelektr. Messungen. [40]

Sterilisierung: Sterilisation, Unfruchtbarmachung durch operativen Eingriff ohne Entfernung der Gonaden.

S., temporäre: zeitweilige Unfruchtbarmachung durch Bestrahlen der Eierstöcke mit Röntgenstrahlen; seltenes Verfahren. [29]

Sterilität ⟨*lat*⟩: 1. Freisein von vermehrungsfähigen Mikroben u. deren Dauerformen. S. von Lebendvakzinen bedeutet Freisein von fremden Keimen. S. von Totvakzinen, daß keine Impfkeime den Abtötungsprozeß überlebt haben. [40] 2. Zustand der Unfruchtbarkeit, meist als Folge entzündlicher Krankheiten an den Fortpflanzungsorganen oder durch Entwicklungsstörungen u. Mißbildungen; gelegentlich auch genet. bedingt; z. B. durch Strukturveränderungen an den Chromosomen. [29]

Sterilitätsprüfung: alle in der Medizin u. Pharmazie asept. verarbeiteten, fraktioniert sterilisierten, sterilfiltrierten oder chem. „sterilisierten" Materialien müssen vor der Anwendung u. Verwendung auf ↑Sterilität geprüft werden. An Zahl u. Volumen ausreichender Stichproben werden diese auf Anwesenheit vermehrungsfähiger Bakterien, ggf. auch Pilze u. Viren geprüft. [40]

Sterine (angelsächs. Sterole): Gruppe von stickstofffreien Verbindungen, die sich vom Ringsystem des alizykl. ↑Sterans ableiten, ähnlich wie die sterinähnlichen Verbindungen (↑Steroide); man unterscheidet die Gruppen der tierischen (Zoosterine, z. B. ↑Cholesterin), der pflanzlichen (Phytosterine, z. B. ↑Sitosterin) u. der Pilzsterine (Mykosterine, z. B. ↑Ergosterin). [16]

Sterkoral|abszeß ⟨*lat*⟩: durch Druckerscheinungen von Kotballen ausgelöste Darmwandeiterungen u. Abszeßbildungen in der Darmwand bzw. deren Umgebung.

~geschwüre: durch den Druck verhärteter Kotballen entstehendes Schleimhautgeschwür im Dickdarm.

~tumor: Bildung von steinartigen Kotballen im Dickdarmbereich. [18]

Sterkorämie: Intoxikation bei Ileus durch Resorption tox. Darminhaltes mit zunehmender Kreislaufgefährdung bis zum Kreislaufkollaps. [18]

sternal ⟨*griech*⟩: zum Brustbein gehörend.

Sternalgie ⟨*griech*⟩: Brustbeinschmerz, bei Aortenaneurysma u. Angina pectoris. [9]

Sternal|linie: 1. mittlere: durch die Mitte des Brustbeins verlaufende Medianlinie; 2. seitliche: li. u. re. durch die Seitenränder des Brustbeins gezogene Linie. Topograph. Linien zur Orientierung am Körper. [1]

~punktion ↑Knochenmarkpunktion.

~transfusion (Hennig): Vornahme der Bluttransfusion bei schlechten Venen oder Schockzuständen durch die Knochenmarkpunktionsnadel in die Markräume des Sternums. [11]

Sternberg, Karl (1872–1935), Pathologe, Wien.

S' Krankheit ↑Lymphogranulomatose.

S' (Riesen-)Zellen: monozytenähnliche, aber weit größere, krankhaft umgewandelte Retikulumzellen mit Bläschenkernen u. auffallend großen Nukleolen sowie basophilem bis fein azurophilem Protoplasma; ↑Lymphogranulomatose. [11]

Sternheimer-Malbin' Zellen im Harnsediment (1951): nur bei Entzündung des Nierenparenchyms (Pyelonephritis!) vorkommende Art von Leukozyten, die sich mit Spezial-(Vital-)Färbung nach Sternheimer-Malbin hellblau färbt u. eine Brown' Molekularbewegung aufweist, im Gegensatz zu den übrigen Leukozyten, die kleiner sind u. sich sofort dunkelblau-violett färben. [24]

sternocleidomastoideus ⟨*griech*⟩: von Brust- u. Schlüsselbein zum Warzenfortsatz ziehend. [1]

Sternopagus ⟨*griech*⟩ *m:* Doppelmißbildung mit Verschmelzung im Bereich der Brustbeine; zu den ↑Thorakopagen gehörig. [5]

Sternum ⟨*griech*⟩ *n:* Brustbein, bestehend aus dem Handgriff (Manubrium), dem Mittelstück oder Körper (Corpus) u. dem Schwertfortsatz (Processus xiphoideus). [1]

Sternutatio ⟨*lat*⟩ *f:* Niesen. [28]

Sternutatoria remedia ⟨*lat*⟩ *n, Pl:* Niesmittel. [44]

Sternzellen: 1. in der Leber: ↑Kupffer' Sternzellen; 2. im Kleinhirn: kleine, in der Außenzone des Stratum moleculare der Kleinhirnrinde gelegene Nervenzellen. [2]

Steroiddiabetes ↑Nebennierendiabetes. [14]

Steroide ⟨*griech*⟩ *n, Pl:* Gruppe von Verbindungen, die sich vom Ringsystem des alizykl. ↑Steran ableiten u. in naher Beziehung zu den ↑Sterinen stehen; zu diesen physiolog. wichtigen Stoffen gehören die ↑Gallensäuren (Cholsäuren), die ↑Sexualhormone (Östradiol, Testosteron), die Wirkstoffe der Nebennierenrinde (↑Kortikosteroide), die verschiedenen ↑Vitamine D, die Herzglykoside. [16]

S., anabole: von den Androgenen (Testosteron) abgeleitete synthet. Steroide, bei denen die geschlechtsspezif. Wirkung kaum noch vorhanden u. die anabole Wirkung verstärkt ist. Vor allem wird der Eiweißstoffwechsel im Sinne des Aufbaus körpereigener Eiweiße beeinflußt; z. B. Dianabol®, Durabolin®, Oranabol®. [44]

Steroid|narkose: intravenöse Basisnarkose mit narkot. wirkendem Steroidhormonderivat: Hydroxydion = 21-Hydroxy-pregnan-3,20-dion-Natrium-hemisuccinat. [27]

Steroid-Pseudorheumatismus: Erscheinungsform des Hyperkortisonismus vorwiegend bei Kranken mit chron. Polyarthritis, die sich bei langdauernder Zufuhr von Kortikosteroiden ausbilden kann; man unterscheidet eine benigne u. eine maligne Form. [13]

Stertor ⟨*lat*⟩ *m:* röchelndes, rasselndes Atmen bei reichlicher Flüssigkeitsansammlung in Bronchien u. Trachea. [9]

Stethoskop ⟨*griech*⟩ *n:* das von Laennec 1819 eingeführte, zur ↑Auskultation dienende Hörrohr. [9]

Steuerung: Vorgang, bei dem über eine offene Wirkungskette eine beabsichtigte Änderung des Wertes einer Größe erzielt wird. Zum Unterschied zur ↑Regelung erfolgt die Änderung nicht auf Grund der Messung der zu ändernden Größe. [60]

Stevens' Potenzfunktion: beschreibt den Anstiegswinkel von Geraden in einem doppeltlogarithm. Koordinatennetz; die S' Potenzfunktion hat sich in den letzten Jahren in der Physiologie des Hörens eingeführt. Dabei wird die Empfindungsstärke (Lautheit) gegen den Schalldruck aufgetragen. Für jede Tonhöhe gibt es einen bestimmten Exponenten n, so daß die Anstiegssteilheit der Lautheits-Schalldruckgeraden je nach Schallfrequenz unterschiedlich ist. Die S' Potenzfunktion gilt aber nicht nur für das Gehör, sondern auch für andere reizaufnehmende Organe. [7]

Stevens–Johnson-Syndrom ↑Erythema exsudativum multiforme. [43]

Steviosid: eine in den Blättern des in Paraguay wild wachsenden Strauches (Stevia rebaudiana) vorkommende Verbindung (ein Glykosid mit einem Perhydrophenanthrenkern), das 300mal süßer als Saccharose schmeckt. [16]

Stewart–Morel' Syndrom ↑Morgagni' Syndrom. [12]

STH: *Abk* für somatotropes Hormon, ↑Wachstumshormon. [12]

Stibium ⟨*lat*⟩ ↑Antimon. [8]

Stichelung: Kauterisation mit einer Nadel zur unblutigen u. narbenfreien Entfernung von kleinen Geschwülsten, wie Hämangiomen, Nävus, Warzen. [18]

Stich|kultur: Kultur eines Bakterienstammes in festem Nährboden in hoher Schicht, der mit Impfnadel bis auf den Boden in Form eines feinen Stiches beimpft wurde. S. dient u. a. zur Aufbewahrung von Reinkulturen, zur Prüfung auf Beweglichkeit (im halbstarren Agar nach ↑Oldekop), auf bes. Wachstumsform (aerobe ↑Sporenbildner) oder Wachstumsbedingungen (aerob-anaerob). [41]

~wunde: entsteht durch ein spitzes Instrument (Einstich, Stichkanal, evtl. Ausstich). Bei eindrückbaren Körperstellen kann Stichkanal länger als das benutzte Instrument sein; ebenso kann bei scharfen Instrumenten die Stichwunde breiter sein als die Klinge, da sowohl beim Einstechen als auch Herausziehen der Klinge die Wunde durch Schnitt erweitert wird; ↑Schwalbenschwanzbildung für Feststellung, ob ein- oder zweischneidiges Instrument, wichtig. Gefahr der Infektion u. Verblutung. [51]

Sticker, Georg (1860–1960), Internist, Medizinhistoriker, Gießen, Münster, Würzburg.

S' Krankheit ↑Fünfte Krankheit. [43]

S' Sarkom: Scheidensarkom. [29]

Stickhusten ↑Pertussis. [40]

Stickoxid ↑Stickstoffmonoxid. [8]

Stickoxydul: Lachgas, N_2O; Inhalationsnarkotikum. [27]

Stickstoff: Nitrogenium, chem. Symbol N, 3- u. 5wertiges Element, gasförmig; Luft enthält 78% Stickstoff. Im menschlichen Körper kommen 3% N vor; es ist ein unentbehrlicher Bestandteil der Eiweiße (etwa 16% N), Nukleinsäuren, Aminozucker, vieler Vitamine u. Hormone. Das sehr reaktionsträge N_2-Molekül der Luft wird durch die im Ackerboden befindlichen N-bindenden Bakterien (↑Stickstoffbakterien), ferner durch die Wurzelbakterien der Leguminosen sowie in nur kleinem Umfange durch Blitze in für die Pflanzen verwertbare Formen umgewandelt. Da das längstlebige Radionuklid $^{13}_{7}N$ eine für biochem. Arbeiten zu kurze Halbwertszeit von 10 min hat, wird zum Markieren das stabile Isotop $^{15}_{7}N$ verwendet, das im Stickstoff der Luft neben 99,635% $^{14}_{7}N$ zu 0,365% vorkommt.

~ausscheidung, epikritische: Stickstoffausscheidung im Harn, die bei Infektionskrankheiten erst nach dem Fieberanfall zu verzeichnen ist, da zuweilen stickstoffhaltige Eiweißschlacken während des Fiebers zurückgehalten werden.

~ausscheidung, minimale ↑Eiweißminimum. [8]

~bakterien: zur Familie der *Azotobacteraceae* u. *Rhizobiaceae* gehörige u. in der Ordnung *Eubacteriales* eingruppierte Luftstickstoff fixierende Bakterien (nach Bergey, 1957). Die für den Menschen apathogenen Keime kommen in Kulturböden vor u. stellen für bestimmte Pflanzen wichtige Symbionten dar. [41]

~bedarf: bei eiweißfreier, aber kalor. ausreichender Ernährung (mit Fett u. Kohlenhydraten) beträgt die N-Ausscheidung beim erwachsenen Menschen von 70 kg 2,5 g N entsprechend 15 g Eiweiß. Für eine ausreichende Ernährung müssen also täglich mindestens 15 g biolog. höchstwertiges Eiweiß zugeführt werden, prakt. also mindestens 25–30 g hochwertiges Eiweiß.

~bestimmung ↑Kjeldahl-Analyse.

~dioxid: NO_2, braunes Gas, dimerisiert in der Kälte zu farblosem N_2O_4; entsteht leicht aus Stickstoffmonoxid mit Luftsauerstoff nach $NO + {}^1/_2O_2 = NO_2 + 13{,}6$ kcal.; bildet mit Wasser u. Sauerstoff Salpetersäure. [8]

~gleichgewicht: jener Zustand des gesunden Organismus, bei dem die mengenmäßige Zufuhr an Stickstoff mit der Nahrung – überwiegend in Form von Eiweiß – gleich der Abgabemenge in den Ausscheidungsstoffen (Harn, Kot usw.) ist; den niedrigsten Wert der Eiweißzufuhr, mit dem gerade noch Gleichgewicht erreicht wird, nennt man Bilanz-Minimum. [16]

~lost ↑ Dichlordiäthylsulfid.

~minimum, absolutes ↑ Eiweißminimum.

~monoxid: NO, farbloses Gas, entsteht bei der Verbrennung des Stickstoffes der Luft im elektr. Lichtbogen oder bei der Verbrennung des Ammoniaks an Katalysatoren; oxydiert an der Luft zu braunem NO_2; Zwischenprodukt bei der Salpetersäuredarstellung. [8]

Stieda, Alfred (1869–1966), Chirurg, Rostock.

S' Schatten: am medialen Kondylus des Femur meist erst 3 Wochen nach dem Unfall röntgenolog. sichtbarer Kalkschatten wahrscheinlich nach umschriebenem Periostabriß am Bandansatz. [18]

Stieldrehung ↑ Torsion. [29]

Stieleffekt: bei der Messung ionisierender Strahlung mit Ionisationskammern durch Mitbestrahlung des Kammerstiels auftretender Fehler: zu hohe Anzeige. [59]

Stielknollen ↑ Granuloma teleangiectaticum. [43]

Stielstrahlen: Sammelbegriff für alle Röntgenstrahlen, die nicht vom Brennfleck ausgehen. [26]

Stierhornform (Holzknecht): Form des hyperton., kontrastgefüllten Magens beim Röntgen des stehenden Patienten; ↑ Angelhakenform. [26]

Stieve, Hermann (1886–1952), Anatom, Leipzig, Halle, Berlin. Nachweis der ersten Reifeteilung in der menschlichen Eizelle; Mitteilung über 2 sehr junge menschliche Keimlinge. Arbeiten über den Einfluß starker nervaler Erregung auf die Keimzellen.

S' Fixierungsgemisch: in der histolog. Technik sehr brauchbare Fixierung, bestehend aus: Sublimat 76 ml, Formalin 20 ml, Eisessig 4 ml. [2]

Stiff-man-Syndrom: „Starre-Mann-Syndrom"; sehr seltenes ursächlich ungeklärtes Leiden mit fortschreitender Versteifung der Muskulatur. [33]

Stiftgliom: stiftförmige Gliawucherung des Rückenmarks, die durch Kolliquationsnekrose zum patholog. anatom. Bild der Syringomyelie führen kann. [4]

Stigma ⟨*griech*⟩ *n,* Stigmata *Pl:* 1. Berufszeichen, das durch gleichbleibende, fortgesetzte, bestimmte Beanspruchung zu spezif. Veränderungen der betroffenen Organe führt (z.B. Schwielen); 2. Stippchen, Wundmal, Merkmal. [49]

S. enteroptotica: bei Habitus asthenicus vorkommende Senkung der Eingeweide aus der normalen Lage mit Neigung zu Prolapsen, Brüchen, Skoliose, Plattfuß u.a. infolge mangelhafter Stützgewebsentwicklung; häufig angeborene abnorme Beweglichkeit der 10. Rippe.

S. hereditatis ↑ Degenerationszeichen.

S. hysterica: bes. Kennzeichen der Hysterie. [5]

S., vegetative: Zeichen, die auf eine Funktionsschwäche des vegetativen Nervensystems hinweisen, wie Dermographismus, Neigung zu Ohnmachten, Glanzauge u.a. [9]

Stigmasterin: ein Phytosterin $C_{29}H_{47}{\cdot}OH$; Vorkommen im Öl der Kalabarbohne, Sojabohne, im Hydrokarotin, im Sterin der Mohrrübe, in Kokosfett, Kakaoöl. Ausgangsmaterial für die Synthese von ↑ Progesteron u. ↑ Desoxykortikosteron. [8]

Stilb: *Abk* sb; Einheit der Leuchtdichte oder das Verhältnis der Lichtstärke (candela) einer Lichtquelle zu einem Flächenelement,

$$\text{Einheit cm}^2 : 1\,\text{sb} \equiv \frac{\text{cd}}{\text{cm}^2}.$$

Das Apostilb (asb) ist eine Untereinheit des Stilb. [7]

Stilbamidin®: 4,4'-Diguanyl-stilben; günstige therapeut. Wirkung bei Protozoenkrankheiten, wie Trypanosomeninfektion, Leishmaniosis, auch fungizid wirksam u. zur Behandlung der multiplen Myeloms verwendet. [44]

Stilben: $C_{14}H_{12}$; Ausgangssubstanz für eine Reihe von Stoffen mit Östronwirkung, z.B. Diäthylstilböstrol (Cyren®, Honvan®). [44]

Still, Georg Frederick (1868–1941), Pädiater, London.

S' Krankheit: Still' Syndrom (in der französ. Literatur als maladie de Chauffard–Still bekannt). Sonderform der chron. Polyarthritis im Kleinkindesalter mit Übergangserscheinungen zur Sepsis. Symptome: chron. Arthritis mit symmetr., spindelförmiger Schwellung der Gelenke, bes. der Knie-, Hand-, Fuß- u. Fingergelenke. Im Spätstadium oft totale Gelenkversteifungen u. Wachstumsstillstand der Extremitäten. Hepatosplenomegalie, allgemeine Lymphknotenschwellung bes. in der Nähe der befallenen Gelenke. Häufig period. oder andauerndes Fieber, polymorphe Exantheme. Schubweiser Krankheitsablauf mit Remissionen, bisweilen Iridozyklitis. [32]

Stiller, Berthold (1837–1922), Arzt, Budapest.

S' Krankheit = Morbus asthenicus: besser Stiller' Methodik der konstitutionellen Typologie (1907). Von Stiller vorgenommene Unterteilung der Körpertypen in einen asthen.-aton. Habitus (schmale Typen) u. einen apoplekt.-arthrit.-hyperton. Habitus (breite Typen). Später wurde die Bezeichnung „Stiller'

Habitus" meist nur noch als Syn. für den asthen.-aton. Habitus angewendet. [32]

S' Zeichen: freie Beweglichkeit der 10. Rippe; häufig bei Enteroptose anzutreffen. [23]

Stilling, Benedict (1810–1879), Anatom, Chirurg, Kassel.

S' Kern ↑ Clarke' Säule. [2]

Stilling, Jakob (1842–1915), Ophthalmologe, Straßburg.

S' Tafeln: zur Untersuchung des Farbensinnes, pseudoisochromat. Tafeln, ↑ Farbblindheit. [36]

Stimmband ↑ Lig. vocale. [1]

Stimme, eunuchoide: die hohe Fistelstimme bei Männern, die an Eunuchoidismus leiden u. bei denen es daher nicht zum Stimmbruch gekommen ist. [12]

Stimmenhören ↑ Halluzination, akustische. [34]

Stimmfremitus ↑ Pektoralfremitus. [9]

Stimm|lippen des Kehlkopfes: Man unterscheidet wahre Stimmlippen (Lig. vocale u. M. vocalis) u. falsche Stimmlippen (Taschenbänder); die wahren dienen, falls sie in rhythm. Schwingungen versetzt werden, zur Erzeugung der Stimme. In die Taschenbänder sind reichlich Schleimdrüsen eingelagert. Eine selbständige Beweglichkeit fehlt ihnen unter normalen Bedingungen völlig, da sich in ihnen bis auf seltene Ausnahmen keine Muskelzüge befinden. Bei Einsetzen der Verengung des Kehlkopfeinganges während des Schluckaktes werden die Taschenbänder einander nur genähert, während die wahren Stimmlippen einander völlig anliegen. Von Bedeutung für die Stimmbildung scheinen die Taschenbänder nicht zu sein.

~losigkeit ↑ Aphonie.

~ritze = Rima glottidis: von beiden Stimmlippen begrenzter Spalt. Form u. Weite für Respiration u. Phonation unterschiedlich. Man unterscheidet zwei Abschnitte: 1. Pars intermembranacea (im Thyreoidwinkel); 2. Pars intercartilaginea (im Arytenoidwinkel). Diese hinteren Abschnitte bleiben normalerweise bei der Phonation geschlossen. Bei Kindern bis zum 14. Lebensjahr kann dieser Bezirk in Form eines Mutationsspaltes offenbleiben.

~ritzenkrampf: Verengung oder Verschluß der Stimmritze durch Krämpfe der Kehlkopfmuskulatur, vorwiegend ton. Natur. 1. S. der Kinder, Laryngismus stridulus, verursacht plötzlichen Atemstillstand, dem ziehende u. pfeifende, tiefe Inspirationen vorausgehen. Bei leichten Fällen schnell vorübergehend, bei schweren, lang anhaltenden werden die Kinder zunächst blaß, dann zyanot. Unter Umständen führt der Anfall unter Bewußtlosigkeit u. eklampt. Krämpfen durch Erstickung zum Tode. Teilerscheinung einer spasmophilen Diathese; 2. S. der Erwachsenen, Laryngospasmus, Symptome ähnlich wie in leichten Fällen bei Kindern; 3. phon. S. ↑ Dysphonia spastica. [28]

Stimmung: fortdauernder Zustand der Affektivität u. Emotionalität. [34]

Stimmungslabilität ↑ Affektstörungen. [34]

Stimulans, Stimulanzien = Stimulantia remedia ⟨*lat*⟩ *n, Pl:* anregende oder reizende Mittel, bei bes. Wirkung auf Atem- u. Kreislaufzentren auch als ↑ Analeptika bezeichnet. [44]

stimulieren ⚹ **stimulare** ⟨*lat*⟩: anregen, reizen. [44]

Stimulation, photische: Lichtreizung, z. B. als Provokationsmethode bei der ↑ Elektroenzephalographie. [34]

Stinknase ↑ Ozaena. [43]

Stippchengallenblase = Cholesteatose der Gallenblase: herdförmige Ablagerung von Cholesterinestern im Stroma der Gallenblasenschleimhaut, die dadurch wie von hellen gelblichen Stippchen übersät erscheint. [5]

Stirn|glatze: Glatzenbildung, die auf die Stirnregion beschränkt ist bzw. von dieser ausgeht. Bei der Dystrophia myotonica (↑ Myotonia atrophicans) nahezu obligates Symptom. [33]

Stirnhirn: Vorderseitenflächen u. vorderer Pol der Großhirnrinde. Im S. überwiegen nicht die sensibelsensor. Projektionsfelder (↑ Rindenfelder), obgleich mit elektrophysiolog. Methoden die Beeinflussung seitens innerer Organe (Teil der interozeptiven Projektionen) über das Zwischenhirn festgestellt ist. Das S. ist, wenn auch nicht ausschließlich, für die Realisierung der höheren psych. Leistungen verantwortlich. Eine eindeutige Auffassung ist aber bis heute darüber nicht vorhanden. [7]

~syndrom: durch organ. Schädigung des Stirnhirns auftretende psych. Symptome. Es werden vorwiegend zwei Formen beobachtet: Antriebsverarmung bei Schäden der Konvexität u. Persönlichkeitsabbau bei Schäden des Orbitalhirns. [33]

Stirn|höhle ↑ Sinus frontalis. [1]

~lage: seltenste, ungünstigste ↑ Deflexionslage des kindlichen Schädels unter der Geburt, wobei die Stirn in Führung bleibt, bis der Kopf geboren wird. Als Übergangssituation, aus der sich eine weitere Deflexion (Vorderhaupts-, Gesichtslage) oder eine Hinterhauptslage entwickelt, nicht so selten. [29]

Stock, Wolfgang (1874–1956), Ophthalmologe, Tübingen.

S.-Spielmeyer-Vogt' Syndrom: amaurot. ↑ Idiotie. [34]

stochastisch: dem Zufall unterworfen. [15]

Stochastisches System: System, bei dem

der funktionelle Zusammenhang zwischen den Elementen bzw. den Teilsystemen Wahrscheinlichkeitscharakter trägt; Gegensatz: determinierte Systeme. [60]

Stoeckel, Walter (1871–1961), Gynäkologe, Berlin. Bekannt durch viele Monographien u. Lehrbücher sowie durch neuartige u. verbesserte gynäkolog. Operationsmethoden.

S' Operation: Faszienringplastik nach Goebell–Stoeckel (1921) zur Behebung von Incontinentia urinae. Aus Rektusfaszie u. Mm. pyramidales wird eine Schleife um den Blasenhals gebildet.

S' Syndrom: durch die Progesteronwirkung kommt es in der Schwangerschaft zu einer „Weiterstellung" glattmuskulärer Hohlorgane (Uterus, Ureter, Darm).

S.–Schauta' Operationsmethode ↑ Schauta-Stoeckel' Operation. [29]

Stoffe, anorganische: im Gegensatz zu den organ. Stoffen die chem. Substanzen aus der unbelebten Natur wie Metalle, Nichtmetalle, Basen, Säuren, Salze.

S., organische: im Gegensatz zu den anorgan. Stoffen solche, aus denen sich größtenteils die Substanzen der belebten Natur aufbauen, wie Kohlenhydrate, Proteine, Lipide. Bis Wöhler 1828 den Harnstoff synthet. herstellte, glaubte man, daß diese Stoffe nicht künstlich herzustellen seien. Die sog. organ. S. sind eigentlich die Verbindungen des Kohlenstoffes. [8]

Stoffel, Adolf (*1880), Chirurg u. Orthopäde, Mannheim.

S' Operation: Durchtrennung einzelner motor. Nervenäste bei spast.-zentralen Lähmungen zur Herabsetzung des Spasmus der betroffenen Muskelgruppen; z. B. bei ↑ Little' Krankheit. [18]

Stoffwechsel: Gesamtheit der chem.-biochem. Vorgänge, die den Aufbau der Körpersubstanz aus der resorbierten körperfremden Nahrung, den Umbau sowie den Abbau (zum Zwecke der Energiegewinnung) betreffen.

S., intermediärer: Gesamtheit der chem.-biochem., im wesentlichen enzymat. gesteuerten Vorgänge, die sich an den Zwischenprodukten des Kohlenhydrat-, Fett- u. Eiweißstoffwechsels u. anderen körpereigenen Verbindungen vollziehen; dadurch ergeben sich mannigfache Beziehungen zwischen den verschiedenen Nährstoffen usw.; Zwischenstoffwechsel, Intermediärstoffwechsel.

~enzyme: Gesamtheit jener ↑ Enzyme, die spezif. die gesamten Stoffwechselvorgänge steuern. [16]

~krankheiten: Krankheiten, die mit Stoffwechselstörungen einhergehen oder durch diese verursacht werden, z. B. Diabetes mellitus, Fettsucht, Gicht. [9]

~untersuchung: Hauptmethode der S. besteht in der Aufstellung der Stoff- u. der Energiebilanz. Die Stoffbilanz erfaßt die stoffliche Zusammensetzung der Lebensmittel u. ihre physiolog. Endprodukte; die Energiebilanz stellt den physiolog. Brennwert der zugeführten Lebensmittel u. den der Ausscheidungsstoffe dem Energieumsatz des Körpers (mechan. Arbeit, Wärme usw.) gegenüber. [16]

Stokes, William (1804–1878), Arzt, Dublin.

S' Anfälle ↑ Adam–Stokes' Symptomenkomplex.

S' Atmung ↑ Cheyne–Stokes' Atmung. [10]

S' Kragen: Schwellung der Hals- u. Kopfvenen u. Stauungsödem, verursacht durch Kompression der V. cava cranialis durch Gewächse im Mediastinum. [4]

Stolonen ⟨*griech*⟩: Myzelfäden, die die Büschel der Sporangienträger verbinden (z. B. bei Rhizopus). [42]

Stoma ⟨*griech*⟩ *n* = Os ⟨*lat*⟩ *n:* Mund. [37]

Stomachika ⁎ **Stomachica remedia** ⟨*griech*⟩ *n, Pl:* appetitanregende u. verdauungsfördernde Mittel. [44]

Stomachus ⟨*griech*⟩ *m* = Gaster ⟨*griech*⟩ *f* = Ventriculus ⟨*lat*⟩ *m:* der Magen. [1]

Stomakake, Stomakaze ⟨*griech*⟩ *f:* Mundfäule. [37]

Stomata ⟨*griech*⟩ *n, Pl:* sehr kleine Öffnungen zwischen den ↑ Deckzellen seröser Häute (z. B. Peritoneum). Die Realität dieser S. wird bestritten. [2]

Stomatitis ⟨*griech*⟩ *f:* Mundentzündung.

S. aphthosa ↑ Aphthen.

S. catarrhalis: Mundkatarrh bei Magen-Darm-Störungen u. Erkältungen.

S. electrogalvanica: elektrolyt. Intoxikation mit Metallionen bei Anwesenheit verschiedener Metalle im Munde (Ströme von 1–100 A u. 30 mV–1 Volt u. mehr): Allergenwirkung infolge von Metall-Eiweißverbindungen aus dem Speichel.

S. epidemica ↑ Maul- u. Klauenseuche. [40]

S. gangraenosa ↑ Mundfäule.

S. mercurialis ↑ Quecksilber-Stomatitis.

S. necroticans ↑ Mundfäule.

S. oidica ↑ Soor.

S. scorbutica: Mundentzündung durch Vitamin-C-Mangel beginnt als hämorrhag. Gingivo-Stomatitis u. endet als Nekrose, bzw. Gangrän der Mundschleimhaut u. der Kieferknochen, ↑ Skorbut.

S. ulceromembranacea ↑ Mundfäule. [37]

Stomato|logie ⟨*griech*⟩ *f:* Lehre von den Mundorganen u. deren Erkrankungen (Zahn-Mund-Kieferheilkunde).

~mycosis *f:* Stomatomykose; Soor-Erkrankung des Mundes, ↑ Candidamykose.

~plastik: operative Erweiterung einer durch Narben verengten Mundöffnung.

~schisis ↑ Gesichtsspalten. [37]

Stomoxys calcitrans ⟨*griech*⟩: gemeine Stechfliege oder Stallfliege, besitzt im Gegensatz zur Hausfliege einen Stechrüssel u. weiter auseinander gesperrte Flügel. Kosmopolit; kommt evtl. als Überträger von Infektionskrankheiten in Frage. [41]

Stopflow-Technik ⟨*engl*⟩: tierexperimentelle Methode zur Untersuchung der Funktion der Harnkanälchen. Vom Nierenbecken aus wird ein Mikrokatheter in das Endstück eines Nierenkanälchens (Sammelrohr) eingeführt, so daß der Harnabfluß oberhalb davon zum Stillstand kommt. Die Austauschvorgänge zwischen Nierenkanälchen u. dem Nierengewebe laufen aber weiter. Konzentrationsunterschiede werden deutlicher. Bei Wiederfreigabe des Harnflusses kommen die Abschnitte der Harnsäule der Nierenkanälchen zeitlich gestaffelt an der Katheterspitze an u. können getrennt entnommen werden. Rückrechnend kann der Ort im Nierenkanälchen ermittelt werden, wo sich bestimmte Änderungen in der Harnzusammensetzung während des Stopps ergeben hatten. [7]

Stopfrohr: ein nach After- u. Mastdarmoperationen verwendetes fingerdickes u. mit Gaze umwickeltes, kräftiges Gummirohr, welches Windabgang unterhält u. gegen die Verschwellung bzw. Krampfbildung der Aftergegend wirksam wird. [18]

Storax ↑Styrax. [8]

Storch, Karl (1851–1907), Chemiker, Veterinärhistoriker, Wien.

S' Probe: Methode zur Unterscheidung von roher u. gekochter Milch. [16]

Störgröße: die Größe, die auf ein selbstregulierendes dynam. System so einwirkt, daß durch sie der Regelungsvorgang ausgelöst wird; ↑Regelung [60]

Storm van Leeuwen, Willem (1882–1933), Pharmakologe, Leiden.

S' Kammern: Kammern mit allergenfreier Luft zur Behandlung von allerg. Krankheiten wie Heufieber u. Asthma. [10]

Störung, atmosphärische: in der Meteorologie übliche Bezeichnung für ausgeprägte Wetteränderung, vorzugsweise hervorgerufen durch Fronten (Kalt-, Warmfront). Begriff auch üblich für elektr. Störungen im Rundfunkbereich, hervorgerufen durch atmosphär. elektr. Entladungen. [13]

Stottern = Dysarthria (Anarthria, Pararthria) syllabaris, Balbuties, Dysphemia: krampfhafte (spasmod. Koordinationsneurose der Sprache, vorzugsweise im Kindesalter. [28]

STPD: *Abk* für standard-temperature-pressure dry ⟨*engl*⟩; ↑Standardbedingungen. [7]

Strabismus ⟨*griech*⟩ *m:* Schielen; Abweichung der Augenachsen beim Blick in die Ferne von der Parallelstellung. Formen: S. convergens, divergens, sursum vergens (Einwärts-, Auswärts- u. Höhenschielen, vom letzteren zuweilen noch der S. deorsum vergens, Abwärtsschielen) unterschieden. Ursachen: zu unterscheiden zwischen S. concomitans (Begleitschielen) u. S. paralyticus (Lähmungsschielen). Das erstere ist gemeint, wenn schlechthin von Schielen gesprochen wird. Dabei handelt es sich um ein komplexes Leiden, in dem sich erbliche, mechan. u. exogene Faktoren treffen. Refraktionsfehler wirken stark mit. Erblich sind viele einzelne Faktoren. Folge u. Ursache des S. kann die Amblyopie sein. Die Therapie hat zum Ziel Parallelstellung für die Ferne bei guter Motilität u. guter Konvergenzmöglichkeit, Fehlen einer Heterophorie, gute Sehschärfe beiderseits, binokulares u. stereoskop. Sehen. Grundlage ist der Ausgleich von Refraktionsfehlern. Dazu treten orthopt. Übungen, die die Stellung u. Motilität verbessern, u. pleopt., die die Sehschärfe u. das stereoskop. Sehen verbessern bzw. entwickeln. Dazu dienen Okklusion eines Auges, Reizung der Makula, binokulare u. stereoskop. Geräte (Haploskope, Stereoskope). Weiteste moderne Entwicklung im Synoptophor. Orthopt.-pleopt. Behandlungsstellen dienen spez. diesem Zweck. Voller Erfolg in etwa 50% der Fälle. Früher Behandlungsbeginn u. konsequente Durchführung unentbehrlich. Ungefähr 2% aller Kinder sind von dem Komplex Schielen u. Schwachsichtigkeit betroffen, so daß es die Augenkrankheit ist, die in Mitteleuropa die meisten Sehstörungen verursacht. Der S. paralyticus (Lähmungsschielen) ist durch den Ausfall einer oder mehrerer Muskeln gekennzeichnet. Ursachen mannigfaltig (angeboren, infektiös, toxisch). Bei der erworbenen Form meistens Doppelbilder, deren Abstand in der Zugrichtung des gelähmten Muskels zunimmt. Genaue Feststellung mit Koordimeter oder Hess-Vorhand. Oft sehr auffällige Zwangshaltung des Kopfes, um durch Entspannung des gelähmten Muskels die Doppelbilder zu vermeiden. Der Schielwinkel wird in der Zugrichtung des gelähmten Muskels größer, u. der gesunde Synergist wird übermäßig innerviert, so daß der sek. Schielwinkel größer wird als der prim. Es ist sicher, daß ein bisher unbekannter Prozentsatz von Fällen von S. concomitans aus S. paralyticus hervorgegangen ist, z. T. wohl durch pränatale Schäden. [36]

Strabo|logie ⟨*griech*⟩ *f:* moderne Unterspezialität der Ophthalmologie, die sich mit allen auftretenden Aspekten des Schielens beschäftigt.

~meter: Gerät zur Messung des Schielwinkels durch Strabometrie.

~metrie: Messung des Schielwinkels.

~tomie: Schieloperation; Durchtrennung

des zu kurzen oder Verlagerung des langen Muskels. [36]

Strahlen: ihre Eigenschaften sind abhängig von den Wellenlängen. Sie betragen bei den elektromagnet. S. (Elektrizität) zahlreiche Meter bis zu 10 cm, bei den infraroten (Wärme-) Strahlen 0,33 mm–780 nm, bei den sichtbaren S. (Licht) bis 360 nm, bei den ultravioletten S. von 360 nm bis zu den Röntgenstrahlen von 75 nm bis 0,008 nm. Die Strahlung radioaktiver Substanzen betrifft Wellenlängen von 0,1 nm bis 0,0001 nm; ↑Strahlentherapie. [49] Korpuskularstrahlen: 1 α-Strahlen. Aussendung von Alphateilchen mit großer Geschwindigkeit durch viele radioaktive Stoffe. Diese α-Teilchen sind 2fach pos. geladene Heliumkerne mit nur geringer Reichweite u. sehr kleinem Durchdringungsvermögen; 2. β-Strahlen. Aussendung von Elektronen durch viele radioaktive Stoffe. [59]

~biologie: Lehre von den somat. u. genet. Veränderungen durch ionisierende Strahlen; ↑Radiobiologie.

~härte: Durchdringungsvermögen der Strahlung.

~hygiene: Teilgebiet der allgemeinen Hygiene, das vor allem von der ↑Radiobiologie inauguriert wurde. Beinhaltet im wesentlichen Fragen der Strahlengefährdung des Menschen durch künstliche Strahlenquellen, u. a. auch durch künstliche Radionuklide u. entsprechende Verhütungsmaßnahmen. [59]

~hypophysektomie: funktionelle Ausschaltung u. Destruktion der Hypophyse durch Implantation von ↑Radiogold (^{198}Au) oder Radioyttrium (^{90}Y) bzw. durch energiereiche Protonenbestrahlung. [59]

~kater: vorübergehende Begleiterscheinungen der Strahlentherapie bei Verabreichung größerer Raumdosen, Übelkeit, Mattigkeit, Unlustgefühl, Schwindel, Kopfschmerzen. [26]

~körper ↑Corpus ciliare. [2]

~krankheit = Strahlensyndrom: Symptomenkomplex nach intensiver bzw. ausgedehnter Körperbestrahlung mit ionisierender Strahlung. Beginn, Verlauf, Schwere sind von Strahlenqualität u. Dosis, zeitlicher Verteilung individueller Strahlensensibilität u. weiteren Faktoren abhängig. Verlauf akut oder chron.; die akute Phase kann in einen chron. Verlauf übergehen. Symptome: Lymphozytensturz, Leukopenie, Thrombozytenreduktion, Inappetenz, Gewichtsverlust, Abgeschlagenheit, Absinken der Erythrozyten u. des Hämoglobins, hämorrhag. Diathese. Ulzerationen des Magen-Darm-Traktes, Diarrhoen mit zunehmenden Blutbeimengungen, allgemeine Resistenzschwäche mit Infektkomplikationen, Fieber, Sepsis, Exitus letalis. Pathologie: ausgedehnte Hämorrhagien, Ulzerationen im Magen-Darm-Trakt, bes. im Dünndarm; Milzatrophie; „Knochenmarkatrophie", sept. Veränderungen. Bei Überleben Regeneration der Hämatopoëse, Epilation (meist temporär), signifikant vermehrt Fehl- u. Frühgeburten (bes. bei Strahleninsult im ersten Drittel der Schwangerschaft). [26]

Strahlenpilze ↑Actinomycetales; pathogene Strahlenpilze u. Strahlenpilzerkrankungen; ↑Aktinomykose. [42]

Strahlenpilzsporen ↑Sporen. [40]

Strahlen|pneumonitis: durch ionisierende Strahlen bedingte Reaktion einzelner Abschnitte des Lungenparenchyms, die wenige Wochen nach einer Strahlentherapie im Thoraxbereich (auch bei Bestrahlungen nach Mammaoperationen) auftreten kann, im Röntgenbild unregelmäßige grobfleckige Veränderungen, die sich entweder wieder zurückbilden oder fibrös umgewandelt werden.

~reaktion ↑Röntgendermatitis; Schleimhäute reagieren analog; ↑Strahlenpneumonitis. [26]

~schäden: 1. bei gesteigerter Licht- u. Ultraviolettbestrahlung, vor allem also im Sommer, kommt es gelegentlich zu S. vom leichten bis intensiven Bestrahlungserythem, dem Sonnenbrand über die Sonnendermatitis mit Ödem- u. Blasenbildung bis zum Sonnenstich. Menschen mit erhöhter Strahlenempfindlichkeit, z. B. bei Störungen im Zwischenstoffwechsel, erleiden bes. Formen der S. Übertriebene Bestrahlung kann verborgene Krankheitsprozesse, namentlich tuberkulöser Art, aktivieren. Ein bestimmter Teil des Ultraviolett, die sog. Dorno-Strahlung, kann nach Tierversuchen zur Krebsbildung an der betroffenen Hautstelle führen. Bei Gesunden ist etwas Ähnliches in Mitteleuropa nur beim Zusammentreffen außergewöhnlicher Umstände festzustellen. [13] 2. (radiolog.) ↑Strahlenkrankheit. S. kommen vor 1. als Folge unsachgemäßer therapeut. Anwendung u. bei medizin. Personal infolge Verletzung der Strahlenschutzbestimmungen; 2 als Folge von Kernspaltung, u. zwar sowohl als Unfall bei Kernreaktoren als auch durch Einsatz von Kernwaffen (Hiroshima); ↑Kernwaffenschäden. [0]

~schutz: Maßnahmen u. Vorrichtungen, die vor Schädigungen durch Strahlen aller Art schützen, z. B. Material, welches die Strahlenart, gegen die man sich schützen will, absorbiert (Asbest gegen Wärme, gefärbte Gläser gegen UV-Strahlen, Blei gegen Röntgenstrahlen, ↑Bleigleichwert usw.).

Strahlenschutzverordnung: im Jahr 1960 erlassen, betrifft die medizinische u. nichtmedizinische Anwendung radioaktiven Materials, regelt Genehmigungspflicht, Verantwortlichkeit für den Strahlenschutz, Schutzvorschriften, maximal zulässige Strahlenbelastung, Schutz der Umgebung der Anlage vor radioaktiven Emissionen usw.

~sterilisation: eine Methode der physikal. ↑Sterilisation; ↑Kaltsterilisation. [40]

~therapie: nach Indikation werden verschiedene Strahlenqualitäten verwandt, entscheidend ist die ↑Strahlenhärte bzw. der Dosisabfall in der Tiefe. Die Strahlenqualität wird durch Röhrenspannung (kV; ↑Kilovolt), Fokus-Haut-Abstand (FHA) u. Filter charakterisiert. Grenzstrahlen sind ultraweiche Röntgenstrahlen, die vorwiegend in der Dermatologie zu Therapie der äußeren Hautschichten (z. B. Ekzem) angewandt werden. Nachdem es gelungen ist, das Strahlenaustrittsfenster aus dünnem Lindemann-Glas, das früher für Grenzstrahlröhren charakterist. war, durch Berylliumfenster zu ersetzen, werden jetzt Weichstrahlröhren bis 100 kV hergestellt. Mit Nahbestrahlungs- u. Körperhöhlenröhren (Chaoul, van d. Plaats, Schaefer-Witte) werden Kleinraumbestrahlungen mit hohen Dosen durchgeführt. Charakterist. sind kurze Fokus-Haut-Abstände (beim Chaoul' Nahbestrahlungsgerät bis 5 cm) u. steiler Dosisabfall. Die Nahbestrahlung eignet sich vorzüglich zur Behandlung von Hautkarzinomen. Halbtiefentherapie wird mit Spannungen von (80-) 120 kV (FHA 40 cm) durchgeführt. Bei der Kurzdistanztherapie beträgt der FHA 15–17 cm (Spannung 180 kV). Die Knochenabsorption (z. B. der Rippen) ist dabei geringer als bei der „Halbtiefentherapie". Für die Tiefentherapie (über 140 kV, Filter über 0,2 mm Cu) sind große Fokus-Haut-Abstände (in der Regel 40 cm; 180–250 kV; Filter 0,5–2,0 mm Cu) u. große Felder typisch. Sie wird vorwiegend zur Behandlung von Karzinomen in die Tiefe (3 cm u. tiefer) angewandt; in kleinen Dosen auch zur Behandlung der Osteochondrose, von Arthrosen, Trigeminusneuralgien usw. (sog. Reiztherapie). Die Strahlenbehandlung eines Karzinoms wird entweder von einem oder von mehreren Feldern aus als Stehfeldtherapie (Kreuzfeuerbestrahlung) oder mit Bewegungsbestrahlung durchgeführt. Die Strahlentherapie der Karzinome basiert auf dem Bergonié-Tribondeau' Gesetz, d. h., die Zellen des Karzinoms (als Neubildung) wachsen u. teilen sich schneller als das umgebende Gewebe; sie sind deshalb strahlensensibler. Bei der Dosierung wird beabsichtigt, die Karzinomzellen stark zu schädigen u. das umgebende gesunde Gewebe weitestmöglich zu schonen, um seine Abwehrfunktion zu erhalten. Sie wird oft mit chirurg. Maßnahmen kombiniert. Die alleinige S. wird häufig als kombinierte Radium-Röntgentherapie durchgeführt. Die Teleröntgentherapie (FHA mindestens 1 m) wird bei Systemerkrankungen (Polyzythämie, Leukämien, Lymphogranulomatose), bei ausgedehnter Metastasierung (z. B. Peritonealkarzinose) u. bei Hautkrankheiten (z. B. Mycosis fungoides) angewandt. Sie wird mit kleinen Dosen als Ganz- (bis 10 R OD pro Bestrahlung) oder Teil-Fernbestrahlung (bis 50 R OD pro Bestrahlung) durchgeführt. „Harte Strahlen" sind Strahlen von 150–400 kV Erzeugungsspannung. Die „sehr harte Strahlung" (400 kV bis 3 MV) umfaßt die „Hochvolttherapie" u. die Telecurie-Therapie (Fernbestrahlung mit radioaktiven Stoffen; z. B. Kobalt-60-Einheiten). Die ultraharte Quantenstrahlung (Syn. Ultragammastrahlen, ultraharte Röntgenstrahlen) umfaßt Quantenenergien, die größer als 3 MeV sind, bei denen die Dosiseinheit „r" wegen der großen Reichweite der Sekundärelektronen nicht mehr gilt (Elektronenschleuder, Betatron, Zyklotron). Die Therapie mit „sehr harten" u. „ultraharten" Strahlen ist durch geringe Streustrahlung gekennzeichnet, da die Streustrahlung fast nur in Richtung der Primärstrahlen verlaufen. [26]

~ulkus der Harnblase: Ulcus radiologicum vesicae; Harnblasengeschwür als Folge von Strahleneinwirkung (z. B. nach Röntgenbestrahlung eines Unterleibskrebses) mit Neigung zu Inkrustation, Blutungen u. Perforation); sehr therapieresistent. [24]

Strahlung: Energieübertragung durch Ausbreitung von Elementarteilchen (↑Radioaktivität) oder elektromagnet. Wellen; ↑Röntgenstrahlen, Hochfrequenzstrahlung.

S. durchdringende ↑Höhenstrahlung.

S., kosmische ↑Strahlung. [13]

S., mitogenetische: bei den exothermen Reaktionen des Zellprotoplasmas entsteht eine sehr schwache Ultraviolettstrahlung, die z. B. ↑Mitosen in benachbarten Zellen oder Geweben auslösen soll. Existenz u. vor allem der Wirkungsmechanismus sind aber umstritten.

S., schwarze: weist ein Körper die größtmögliche Absorption für Strahlen auf, so ist bei ihm die Emission größer als die eines jeden anderen Körpers unter sonst gleichen Bedingungen. Daher ist die Strahlung eines erwärmten schwarzen Körpers (darunter versteht man in der Physik einen solchen, der jegliche Strahlung unabhängig von deren Wellenlänge absorbiert), die sog. s. S., in jedem Spektralbereich stärker als diejenige irgendeines anderen Körpers gleicher Temperatur. Er bildet einen Grenzfall aller in der Natur vorkommenden strahlenden Körper. Die Strahlung anderer Körper bleibt hinter derjenigen des schwarzen Körpers zurück, wenn auch in verschiedenem Grade je nach dem Spektralgebiet. [7]

Strahlungs|ablenkung: beim Durchgang durch die Erdatmosphäre wird ein Teil des sich sonst geradlinig fortpflanzenden Sonnenlichts abgelenkt, u. zwar teilweise reflektiert oder gebrochen an Wolken oder an den in der Luft schwebenden Teilchen, z. B. gröberem Großstadtdunst, teilweise diffus zerstreut sowohl an den Gasmolekülen als auch an den feinsten schwebenden Fremdkörperteilchen (z. B. vulkan. u. kosmischer Staub).

~absorption: (physikal.) der Vorgang, daß ein Teil der Sonnenstrahlenenergie in der Atmosphäre aufgenommen u. in Wärme, chem. oder elektr. Energie umgewandelt wird. Sie wird auch von der Erdoberfläche absorbiert. Der menschliche Körper absorbiert die Sonnenstrahlung in den einzelnen Hautschichten u. nach den einzelnen Spektralbereichen verschieden. [13]

~arten: relative biologische Wirksamkeit ionisierender Strahlung; *Abk* R.B.W.; R.B.W.-Werte geben an, um wieviel höher die biolog. Wirkung einer ionisierenden Strahlung ist als diejenige von Röntgenstrahlung; z. B. ist R.B.W. für β- u. γ-Strahlung = 1, für Protonen-, schnelle Neutronen- u. α-Strahlung = 10, für schwere Rückstoßkerne = 20. Für therm. Neutronen wird ein Wert von 5 angenommen. [59]

~relief: wird ein Objekt mit ionisierenden Strahlen (z. B. Röntgen-Strahlen) durchstrahlt, so entstehen durch unterschiedliche Absorption einzelner Objektabschnitte durch Dicke u. Dichte (Ordnungszahl) ein entsprechendes S., das auf einem Röntgen-Film ein analoges Schwärzungsrelief erzeugt. Röntgenograph. kann ein Objektteil nur dargestellt werden, wenn er die Intensität der Röntgenstrahlen anders beeinflußt als die Nachbarteile. [26]

~summe: auch Wärmesumme genannt; bezeichnet die Energiemenge, die der Erde als Ganzes im Laufe eines Jahres zugeführt wird. Sie würde ausreichen, um eine 36 m dicke Eisschicht zu schmelzen. Die wirklich zur Erde gelangende S. ist wesentlich kleiner, so daß z. B. in Potsdam nur eine rund 7,5 m starke Eisdecke abgeschmolzen werden könnte. [13]

~thyreoidektomie: Funktionsausschaltung u. Destruktion der Schilddrüse durch Inkorporation von ↑ Radiojod (^{131}J). [59]

~wirkungen: die biolog. S. greifen fast ausnahmslos an der Haut an. Die verschiedenen Wellenlängen des Sonnenspektrums lösen für sich verschiedene Wirkungen aus, je nachdem die betreffende Strahlenart die Haut durchdringt oder in einer ihrer Schichten absorbiert wird. Am meisten ist die Haut durchlässig für das äußerste Rot, am wenigsten für Ultraviolett. Die künstlichen Ultraviolettstrahler (irreführend „Höhensonnen" genannt) verhalten sich zum Teil abweichend von der natürlichen Strahlung. Gut durchblutete Haut ist weniger durchdringungsfähig. Die längerwelligen leuchtenden u. wärmenden Strahlen erwärmen im sichtbaren Licht mehr die Unterhaut, die langwelligen ultraroten Strahlen bei weitem mehr die Hautoberfläche. Die kurzwellige Sonnenstrahlung erzeugt Erythem u. Pigment. Dabei verändert sich die Haut selbst chem. (↑ Ultraviolett-Strahlung). Weitere S. sind festgestellt auf die Atmung, den Gesamtstoffwechsel, Eiweißstoffwechsel, Kohlenhydrat- u. Fettstoffwechsel, Mineralstoffwechsel, die inkretor. Drüsen, Blut u. Kreislauf, muskuläre Leistungsfähigkeit, Wachstum u. a. m. [13]

Strangulation ⟨*lat*⟩ *f:* 1. innere Einklemmung, z. B. ↑ Strangulationsileus; 2. Zupressen der Kehle (constringere gulam); a) mit den Händen: Erwürgen, b) durch Strangwerkzeuge: Erhängen, Erdrosseln. Bei 2. ist die Abschnürung der Blutgefäße der entscheidende Faktor. [5]

Strangulations|ileus: durch meist entzündliche Strangbildung in der Bauchhöhle bedingte Abschnürung eines Darmabschnittes; ↑ Ileus.

~marke: Abdruck des Strangwerkzeuges in Form eines Eintrocknungssaumes mit mehr oder weniger deutlicher Furchenbildung; wird hervorgerufen durch das Einschnüren des Strangwerkzeuges in die Haut. Die hierbei gesetzte Läsion der Epidermis führt zur postmortalen Eintrocknung. Strangulationsmarken können auch beim Aufhängen einer Leiche entstehen. Beim Einklemmen von Hautfalten können sog. Zwischenkammblutungen entstehen, die als vitales Zeichen gewertet werden. [52]

Strangurie ⟨*griech*⟩ *f:* häufiger, nicht zu unterdrückender quälender Zwang zum Urinieren; bei ↑ Zystitis, Tbk der Harnblase, Blasenkrebs, Prostataleiden (↑ Prostatahypertrophie); ↑ Schrumpfblase.

S., initiale: Schmerzen bei Beginn der Miktion.

S., terminale: Schmerzen am Ende der Miktion oder danach, (z. B. schmerzt die Blase bei vorhandenem Blasenulkus erst nach Entleerung, wenn sie zusammengefaltet ist). [24]

Straßenvirus: unter Haustieren, vor allem Hunden, fluktuierendes Tollwutvirus, das von hier auf den Menschen gelangen kann (↑ Waldvirus, ↑ Virus fixe). [40]

Strassmann, Paul, Ferdinand (1866–1938), Gynäkologe, Berlin.

S' Zeichen ↑ Nabelschnurzeichen. [29]

Stratosphäre ⟨*lat, griech*⟩: Luftschicht oberhalb der ↑ Troposphäre, von dieser durch die Tropopause getrennt. Die S. hat eine mittlere Höhe bis etwa 100 km. [13]

Stratum ⟨*lat*⟩: Schicht, Schichtenlage; zur

anatom. Orientierung dienende Bezeichnung, z. B. Stratum Malpighii. [43]

Straus, Isidor (1845–1896), Internist, Paris.

S' Reaktion = Malleinreaktionen zur Rotzdiagnose: intraperitoneale Injektionen von Rotzbakterien führt beim Meerschweinchen innerhalb von zwei Tagen zur Hodenschwellung. [39]

Strauss, Hermann (*1868, † vor 1945 im KZ) Internist, Berlin.

S' Flügelkanüle: Hohlnadel mit einer Metallplatte zum Anfassen, bes. bei Venenpunktion angewandt. [18]

Streckertonus: Grundspannung der Streckmuskeln, insbes. der unteren Extremitäten. Er wird aufrechterhalten durch afferente Erregungen aus den Muskellängen- u. Muskelspannungsrezeptoren (↑Muskelspindeln), die auf die motor. Nervenzellen des Rückenmarkes einwirken, sowie von Erregungszuflüssen aus dem Hirnstamm u. dem Kleinhirn. Der S. bewirkt das Aufrechtstehen entgegen der Schwerkraft. Die Streckmuskeln sind also Antigravitationsmuskeln. [7]

Streck|krampf, tonischer: der ↑Enthirnungsstarre im Tierexperiment entsprechender Zustand bei schweren Schädigungen des Großhirns bzw. des Hirnstammes oberhalb der Mittelhirnebene; z. B. nach langer Hirnanoxämie oder bei ↑Herniation.

~synergie: automat. Streckung der Beine bei ↑Querschnittslähmung; seltener als die entsprechende ↑Beugesynergie. [33]

~verband: Extensionsverband zur Ausübung eines Dauerzuges (permanente Extension). Wird verwendet in der Frakturbehandlung zur Ruhigstellung (Retention), zur Gelenkpflege, gegen Weichteilschrumpfung u. Kontrakturen, zur Gelenkentlastung bei Tuberkulose u. nach Gelenkresektionen. Technik: Klebeverband (Heftpflaster, Mastisol, Klebrobinden usw.); 2. nicht klebender Verband (Stecknadelverband, Mullbindenverband mit kombinierten Längs- u. Zirkeltouren usw.); 3. Verband mit fertigen Bandagen, Manschetten; 4. Knochen-Extension mit ↑Steinmann' Nagel oder ↑Kirschner' Drahtextension, das heute meist angewandte Verfahren. [18, 23]

Streifen|hügel ↑Corpus striatum. [1]

~pneumonie: paravertebrale pneumon. Anschoppungen, die sich mit Vorliebe im jüngsten Säuglingsalter entwickeln; heute als Dystelektasen aufgefaßt. [32]

Strepitus uterinus ⟨*lat*⟩: selten auskultierbares Geräusch der erweiterten Gebärmutterschlagadern in der Schwangerschaft (Hegar) etwa vom 4. Schwangerschaftsmonat ab. [29]

Streptobacillus ducreyi: veraltete Bezeichnung für *Haemophilus ducreyi;* 1889 von Ducrey entdeckter Erreger des weichen Schankers; gramneg., schlanke, kurze Stäbchen, die im Gewebe parallel laufende Ketten bilden „Prozessionsanordnung". Er weist hämophile Eigenschaften auf u. gehört zur Gattung *Haemophilus* der Familie *Brucellaceae* nach Bergey (1957); hämophile ↑Bakterien. [41]

Streptococcus ↑Streptokokken. [41]

Streptodermie ⟨*griech*⟩ *f:* durch Streptokokken hervorgerufene Hautkrankheit. Die Streptokokken benutzen als Eingangspforte gewöhnlich Läsionen der Oberhaut u. breiten sich flächenhaft aus. Klin. Formen: ↑Impetigo contagiosa streptogenes, ↑Erythema, ↑Erysipel (↑Pityriasis sicca faciei?). [43]

Streptodornase = *Strepto*kokken – *D*es*o*xy*r*ibo-*N*uclein-*A*cid*ase*: ein Enzym von hämolyt. Streptokokken. S. fördert die Auflösung von Polymerisationsprodukten von Desoxyribonukleoproteiden u. Desoxyribonukleinsäuren, die 30–70% des Eiters, von degenerierten Leukozyten u. geschädigten Gewebszellen, ausmachen. Anwendung der S. bei ↑Empyem, ↑Osteomyelitis, Geschwüren u. chron. Eiterungen, gleichzeitig immer Antibiotika, da bei der Auflösung des Eiters streuende Keime in den Kreislauf gelangen. Streptodornase häufig in Kombination mit Streptokinase. [11]

Streptokinase: gereinigtes Stoffwechselprodukt β-hämolysierender Streptokokken, aktiviert das fibrinolyt. System des Blutes. industriell hergestellte Streptokinasepräparate werden heute zur thrombolyt. Therapie bei Thrombosen, Embolien u. Herzinfarkt angewandt (Streptase®).

~toleranztest: es wird diejenige Menge Streptokinase bestimmt, die imstande ist, in vitro 1 ml geronnenes Plasma oder Testvollblut in 10 min zur Auflösung zu bringen. Daraus wird die für die thrombolyt. Behandlung notwendige Dosis der Streptokinase berechnet. [11]

Streptokokken ⟨*griech*⟩ *m, Pl:* Kugelbakterien, nach Bergey (1957) zum Stamm *Streptococcaceae* der Familie *Lactobacillaceae* gehörend. Kettenförmige Lagerung, grampos., sporenlose, fakultative Anaerobier. Vorkommen teils als Saprophyten teils als Krankheitserreger, z. B. von Wundinfektionen, Phlegmonen, Entzündungen, Sepsis, Puerperalfieber, Erysipel usw. Nachfolgeerkrankungen nach Infektion mit β-hämolysierenden Streptokokken: rheumat. Fieber, Glomerulonephritis; ↑Scharlach u. Streptokokkenscharlach. Wachstum auf eiweißhaltigem Nährboden. Wachsen auf Blutplatte mit β-Hämolyse, α-Hämolyse mit Vergrünung oder anhämolytisch. 1. Einteilung der S. in Serogruppen A–T nach Rebecca Lancefield. Wichtigste Vertreter: Gruppe A: *S. pyogenes*, β-Hämolyse; Gruppe B: *S. mastitidis;* Gruppe C: *S. pyogenes animalis, S. pyogenes humanus, S. equi;* Gruppe D: Enterokokken; Gruppe N: *S. lactis*. Außerhalb des L.-Schemas steht die Streptokokkengruppe ohne Gruppenantigene (früher Viridansgruppe) mit *S. salivarius* (Levan pos.) u. *S. viridans* (Levan neg.). 2. Serologische Einteilung nach Griffith, eine von der Gruppeneinteilung unabhängige Typengliederung. Betrifft β-hämolyt. Streptokokken-Stämme der Gruppen A, C u. G. 3. Differenzierung nach Temperatur- u. Toleranztesten. 4. Nach Prévot Einteilung in aerobe u. obligat anaerobe S.; letztere nach Bergey (1957) zur Gattung ↑ *Peptostreptococcus* zusammengefaßt.

S., hämolysierende: Streptokokken mit β-Hämolyse. Hierher gehören nach Sherman mit wenigen Ausnahmen die Gruppe der pyogenen Streptokokken u. einige Enterokokkenstämme, nach der Lancefield-Einteilung Vertreter der serolog. Gruppen A, B, C, D, F, G, H, L, M u. P. [41]

~agglutination ↑ L-Agglutination. [13]

Streptolysin ⟨*griech*⟩ *n:* erythrozytenauflösendes Stoffwechselprodukt (↑ Hämolysin) verschiedener Streptokokken. Bekannt sind zwei Hämolysine, das oxygenempfindliche S. „O", das von ↑ Streptokokken der serolog. Gruppen A, C u. G gebildet wird, u. das serumlösliche S. „S". Ersteres ist antigen u. bewirkt die Bildung von Antistreptolysin; ↑ Antistreptolysinreaktion. [39]

Streptomyces ⟨*griech*⟩ *m:* Gattung der *Streptomycetaceae, Actinomycetales* (Strahlenpilze). Die meisten Antibiotika werden aus Strahlenpilzen der Gattung Streptomyces hergestellt. [42]

Streptomycosis oralis febrilis ⟨*griech*⟩ *f:* fieberhafte Streptokokkenerkrankung der Mundschleimhaut mit weißen Belägen auf dem Zahnfleisch. [37]

Streptomyzin: Antibiotikum aus Streptomyces griseus; wirksam gegen gramneg. Bakterien, bes. gute Wirkung gegen Tuberkulosebakterien; wirkt stark tox. für den Gleichgewichts- u. Gehörnerv. Die entstehenden Schäden (bis zur völligen Taubheit) sind schon in mäßig fortgeschrittenem Zustand irreversibel. S. passiert nicht die Darmwand u. kann daher oral nur bei bakteriellen Erkrankungen im Darm (z. B. Brechdurchfall) verabreicht werden, sonst nur parenteral. Indikationen: in erster Linie bei Tbk. Wegen der Toxizität u. da weniger tox. Antibiotika zur Verfügung stehen, tritt bei anderen Krankheiten S. etwas zurück. Sämtliche Bakterien zeigen unter dem Einfluß von S. schnelle Resistenzsteigerung, oft schon nach der ersten Injektion. [42]

Streptothrix ⟨*griech*⟩ *f:* pathogene Aktinomyzeten, heute zu den Gattungen *Actinomyces* u. *Nocardia* gerechnet (Waksman). [42]

Streptothrizin ↑ Neomyzin. [42]

Streptotricheen ⟨*griech*⟩ *f, Pl:* veraltete Bezeichnung für Aktinomyzeten; ↑ Aktinomyzetales. [42]

Stress ⟨*amerik*⟩ *m* (Selye) Schlag, Stoß; übertragener Ausdruck, der die Gesamtveränderungen im Organismus nach irgendwelcher Schädigung zusammenfaßt u. eine ständig gleichartige Grundreaktion, das ↑ Adaptationssyndrom, bezeichnet. Der vom verletzten Gewebe ausgehende Reiz wird nerval oder humoral dem Vorderlappen der Hypophyse zugeleitet, die darauf das adrenokortikotrope Hormon (ACTH) mobilisiert u. damit eine Ausschüttung der Glukokortikoide, insbes. des Kortisols, bewirkt. Neben dieser Grundreaktion verlaufen andere Reaktionen, die den Erfolg, der in einer vegetativ hormonalen Umstellung zur Überwindung der Schädigung besteht, variieren u. es bei Beeinträchtigung oder Versagen zu den ↑ Adaptationskrankheiten, einer umfangreichen Gruppe von körperlichen Leiden, wie Bluterkrankungen, Hautkrankheiten, Infekten, rheumat. Zuständen, Allergien usw., kommen lassen. Die noch im Ausbau befindliche, umfangreiche Lehre hat zu weitgehender Anwendung des ACTH u. der Glukokortikoide als Heilmittel geführt u. auffallende Erfolge gebracht. Hämatolog. entspricht die Alarmreaktion u. ihre Gegenregulation der biolog. ↑ Leukozytenkurve. [11]

Streustrahlen: sind Röntgenstrahlen, die aus ihrer Richtung abgelenkt wurden. Die Ablenkung ist eine Folge der Wechselwirkung zwischen den Röntgenquanten u. den Elektronen der Atome; man unterscheidet die klass. Streuung von der Quantenstreuung. 1. Klassische Streuung: Die Strahlung wird ohne Energieverlust von den Elektronen, die im Atom gebunden sind, nach allen Seiten wieder ausgestrahlt – ähnlich wie die Lichtstreuung in trüben Medien; 2. Quantenstreuung (Compton' Streuung): sie entsteht durch elast. Aufprall der Röntgenstrahlen auf Elektronen des absorbierenden Stoffes. Die so in Bewegung gesetzten Elektronen (Compton- oder Streuelektronen) erhalten nur einen Teil der Energie der Röntgenstrahlen als Bewegungsimpuls (Energieverlust), während die geschwächten Röntgenstrahlen unter Richtungsänderung als Streustrahlen weitergehen. Diese Streuung wird auch als Sekundärstrahlung bezeichnet. [26]

Streuung ↑ Standardabweichung. [7]

Streuzusatzdosis (SZD): die Dosis ionisierender Strahlen, die ein bestrahltes Volumen durch ↑Streustrahlen erhält (Differenz zwischen der bei voller Feldgröße u. bei möglichst enger Ausblendung gemessenen Dosis). Sie nimmt mit der Feldgröße u. der Strahlenhärte zu. Die Verkürzung des FHA spielt nur eine geringe Rolle, da der steilere Dosisabfall sie teilweise kompensiert. [26]

Stria ⟨*lat*⟩ *f* **Striae** *Pl:* Streifen; *Adj* striatus gestreift.

Striae cutis (distensae): streifenförmige oder fleckförmige umschriebene Hautatrophien durch Zerreißung der elast. Fasern an Brüsten, Hüften, Unterbauch. Ursächlich: Hautdehnung (z. B. Schwangerschaft [S. gravidarum], Fettansatz, Aszites, Ödem); hormonal z. B. bei Morbus Cushing.

S. gravidarum ↑Striae cutis.

S. patellares: an der Streckseite des Kniegelenkes querbogig verlaufende Hautatrophien durch andauernde Flexionsstellung oder bei akuten Infektionskrankheiten (Typhus). [43]

S. vasculares: mehrschichtiges unregelmäßiges Epithel der äußeren Wand des Ductus cochlearis, das Blutkapillaren enthält. Es dient möglicherweise zur Bildung der Endolymphe. [2]

Striäres Syndrom ↑Striopallidärer Symptomenkomplex. [33]

Striäres System ↑Corpus striatum. [33]

Striatum ⟨*lat*⟩ *n:* Kurzform von ↑Corpus striatum. [1]

Striatum-Syndrom ↑Striopallidärer Symptomenkomplex. [33]

Strichkultur: Kultur eines Bakterienstammes auf Oberflächen fester Nährböden in Form einer mehr oder weniger langen Geraden. Geeignet u. a. für Prüfungen auf Stoffwechselprodukte u. deren Einwirkung in vitro auf andere Mikroorganismen; Wuchsformen der ↑Diphtheriebakterien im Plattensatz nach Schröer. [41]

Stridor ⟨*lat*⟩ *m:* pfeifendes Atemgeräusch bei Verengerung der oberen Luftwege. [9]

S. congenitus: Ursache liegt in der überwiegenden Mehrzahl der Fälle in einer Dyplasie des Knorpelgerüstes der Epiglottis u. der proximalen Luftröhrenabschnitte. Die abnorme Weichheit des Kehlkopfes u. der Trachea führt zu erschwerter Inspiration u. lauten Geräuschen. Durch Zurückhängen des Kopfes läßt sich oft ein vorübergehendes Aufhören des Geräusches erreichen. Auch eine gestörte Innervation kann im Spiel sein. Bei schweren zunehmenden Symptomen ist ein Polyp, eine Membran an den Stimmbändern, ein hypoglott. Hämangiom oder eine Rekurrenslähmung (doppelter Aortenbogen) auszuschließen. Der S. congenitus pflegt im Laufe des 2. Lebensjahres zu verschwinden. [32]

Striktur ✻ **Strictura** ⟨*lat*⟩ *f:* erhebliche Verengerung eines Kanals durch Narbenbildung (z. B. des Ösophagus nach Verätzungen). [4]

Striopallidärer Symptomenkomplex: durch Erkrankung des ↑Striopallidären Systems hervorgerufene neurolog. Syndrome. Man unterscheidet das hypokinet.-hyperton. Syndrom infolge Erkrankung des Pallidums, bei dem die vom Striatum ausgeübte physiolog. Bremswirkung voll zum Einsatz gelangt u. eine mit ↑Rigidität verbundene Verarmung aller dem Willen unterworfenen (Initiativ-, Reaktiv- u. Expressiv-) Bewegungen sowie ein Ausfall an Mitbewegungen in Erscheinung tritt (↑Parkinsonismus) u. das hyperkinet.-hypoton. Syndrom infolge Erkrankung des (Neo-) Striatums, bei dem die Bremswirkung wegfällt u. eine mit Muskelhypotonie einhergehende Bewegungsüberproduktion resultiert; ↑Chorea. [33]

Striopallidäres System: Teil des ↑Extrapyramidalen Systems; umfaßt die Kerngebiete des ↑Corpus striatum u. des ↑Pallidum. [33]

Stroboskopie: Bewegungstäuschung, die dadurch entsteht, daß man z. B. eine Radspeiche blitzartig beleuchtet. Ist die Blitzfrequenz so gewählt, daß bei der Rotation des Rades eine Speiche immer oben steht, so scheint es stillzustehen. Wird die Drehung etwas verlangsamt, so steht die 2. Speiche etwas schräg, die dritte noch mehr usw. Das Rad scheint sich ganz langsam zu drehen. Wird die Raddrehung beschleunigt, so tritt der umgekehrte Erfolg ein; das Rad scheint sich rückwärts zu drehen. Mit der S. kann man period. Schwingungen z. B. der Stimmlippen untersuchen. Es ist ein Vorläufer der Kinematographie. [7]

Stroganow, Wassilij (*1857), russ. Gynäkologe.

S' Schema: bei ↑Eklampsie angewandte Morphin-Chloralhydrat-Therapie mit dem Ziel, die Krämpfe zu unterdrücken u. die Eklampsie exspektativ zu behandeln. Man benutzt heute Phenothiazine mit Spasmoanalgetika wie Pethidin u. blutdrucksenkende Substanzen. Vielfach wird heute bei Eklampsie gleichzeitig die ↑Schnittentbindung durchgeführt. [29]

Stroma ⟨*griech*⟩ *n:* das Ausgebreitete; in der Anatomie gebräuchlich für das Binde-Stützgewebe eines Organs; (hämatolog.) Gerüstsubstanz der Erythrozyten (Rollet), die nach Kochsalzhämolyse übrigbleibt. [11]

Strombahn, terminale: jene Teile der am Blutkreislauf beteiligten Gefäße, die durch Wandaufbau u. Strömungsverhältnisse den Stoffaustausch des Blutes mit dem Gewebe u. umgekehrt gestatten: arterielle Präkapillaren, Kapillaren, venöse Postkapillaren. [5]

Strom|dichte: Verhältnis der Stromstärke *i* zum Querschnitt *q* des Leiters (= *i/q*). Sie ist unter sonst gleichbleibenden Bedingungen um so größer, je kleiner der Querschnitt ist. Die Reizwirkung eines elektr. Stromes ist u. a. von der S. abhängig. [7]

~marke: Eintritts- oder Austrittsstelle des elektr. Stromes bei elektr. Unfall; rundliche bis reiskornartige (je nach Form des Leiters) grauweiße, zentral vertiefte Hautstelle. [52]

~messung, elektromagnetische: die strömende Blutsäule bewirkt als bewegter Leiter (2. Ordnung) in einem entsprechenden Magnetfeld die Induktion einer Spannung, die von der Gefäßaußenwand abgegriffen werden kann u. der über den Gefäßquerschnitt ermittelten Blutströmungsgeschwindigkeit proportional ist. Unblutige Messung der Blutströmung in Gefäßen bis zu 1 mm Durchmesser möglich.

~schleifen: Darstellung der Dichte des elektr. Feldes bzw. der Feldverteilung (Feldlinien) zwischen den beiden elektr. Polen in einem Medium, z. B. in Gewebe, das einen inhomogenen Volumenleiter darstellt (Flüssigkeit, dazwischenliegende Zellmembranen). Für eine Erregung des Gewebes ist eine bestimmte Stromdichte oder Feldliniendichte erforderlich. Sie ist relativ am größten in der Nähe von kleinflächigen Polen. Dies wird in der ↑Reizstromtherapie ausgenutzt.

~uhr ↑Rein' Stromuhr. [7]

Strömungs|kalorimeter (nach Hensel): Gerät zur Messung der Hautdurchblutung, beruht auf dem Prinzip der kalorimetr. Messung der Erwärmung einer flüssigkeitsdurchströmten Kapsel, die auf die Haut aufgesetzt wird. Diese Erwärmung ist von der Durchblutung der Haut abhängig. Die Methode wurde später von der Wärmeleitmessung nach Hensel abgelöst.

~widerstand: hier auf die Blutströmung im Kreislauf bezogen; ↑Hagen-Poiseuille' Gesetz. [7]

Strongyloides stercoralis ⟨*griech, lat*⟩: Art der ↑Nematodes; hat zwei erwachsene Generationen; die eine Generation lebt im menschlichen Dünndarm, besteht nur aus 2,2 mm langen Weibchen, die sich parthogenet. vermehren (Zwergfadenwürmer, Darmälchen). Die im Darm aus den Eiern schlüpfenden Larven gelangen mit dem Kot ins Freie; aus ihnen gehen entweder im Freien lebende Männchen u. Weibchen hervor, oder es bilden sich invasionsfähige Larven, die sich durch die Haut bohren oder mit Nahrung oder Wasser in den Darmtrakt gelangen, wo sie in das Gewebe eindringen, mit dem Blutstrom in die Lunge kommen u. über Luftröhre u. Schlund in den Darmkanal gelangen, wo sie wieder zu winzigen, parasit. Weibchen werden. Aus den Eiern der im Freien lebenden Generation gehen invasionsfähige Larven hervor, die parasit. Weibchen ergeben, wenn sie in den Darmkanal des Menschen gelangen. Vorkommen in feucht-warmen Gebieten; selten eingeschleppt (warme Bergwerke). [58]

Strongyloidiasis, Strongyloidosis ⟨*griech*⟩ *f:* Wurmkrankheit des Menschen durch Strongyloides stercoralis. [40]

Strongylus gigas: früherer Name für Dioctophyme renale; ↑Palisadenwürmer. [58]

Strontium: chem. Symbol Sr, Erdalkalimetall; 2wertig. Im Gegensatz zu Barium wenig giftig; wird bei Fütterung S.-haltiger Nahrung z. T. im Knochen eingelagert u. von Pflanzen aufgenommen. Dies gilt vor allem für die radioaktiven Isotope $^{89}_{38}Sr$ (β-Strahler; 1,46 MeV; Halbwertszeit 53 d) u. $^{90}_{38}Sr$ (β-Strahler; 0,61 MeV; Halbwertszeit 29 a). Das $^{90}_{38}Sr$ ist wegen seiner langen Lebensdauer neben $^{137}_{55}Cs$ (30,5 a), $^{125}_{51}Sb$ (2,7 a) $^{147}_{60}Nd$–$^{147}_{61}Pm$ (11 d–2,46 a) u. $^{144}_{58}Ce$ (285 d), (die Zahlen in Klammern sind Halbwertszeiten) das gefährlichste bei Atombombenexplosionen auftretende Spaltprodukt, da es beim Fallout in die Pflanzen u. dann direkt oder indirekt (Milch!) in menschliche Nahrungsmittel gelangt u. so vor allem in den Knochen abgelagert wird. S. ist für Mensch u. Säugetiere wahrscheinlich nicht lebensnotwendig, obwohl es in einigen Bakterien u. Pilzen Ca zu ersetzen vermag u. strukturelle Bedeutung für einige Foraminiferen hat. [8]

g-Strophanthin Quabain DAB 7: kristallisiertes Herzglykosid aus Strophanthus gratus; zuerst als afrikan. Pfeilgift bekannt geworden. Leichter zerstörbar als die Digitalisglykoside, daher oral nicht oder zumindest unsicher wirksam, hat den Vorteil rascherer Wirkung. Therapeut. Dosis 0,1–0,5 mg. Wirkungseintritt nach etwa 30 min, Wirkungsdauer 8 h. Strophanthin führt zu einer ökonom. Ausnutzung des Sauerstoffs durch die Herzmuskulatur u. damit zu einer Verbesserung der Herzleistung bei unverändertem Sauerstoffverbrauch. Gefäßwirkungen werden nicht beobachtet. Wegen der schnelleren Wirkung ist die Gefahr einer Überdosierung größer als bei Digitalisglykosiden. Bes. Vorsicht bei Strophanthingaben nach vorhergegangenen Digitaliserscheinungen. Normalerweise erfolgt die Verabreichung i. v., die perorale Strophanthintherapie ist wegen der unsicheren Resorptionsverhältnisse sehr umstritten u. in ihrem Erfolg fragwürdig. [44]

k-Strophanthin: herzwirksames Glykosid aus Strophanthus kombé. Es bildet sich aus dem genuinen Glykosid der Pflanze, dem K-Strophanthosid, durch Abspaltung von 1 Molekül Glukose. Sein Genin ist das Strophanthidin. Therapeut. bei Herzinsuffizienz verwendet; pharmakolog. Wirkungen wie g-Strophanthin. [44]

Strophanthus: eine Reihe von Strophanthusarten dienen in Afrika u. Indonesien zur Herstellung von Pfeilgiften. Sie besitzen pharmakolog. u. therapeut. Interesse wegen ihres Gehaltes an herzwirksamen Glykosiden. Offiz. in den verschiedenen Pharmakopöen sind S: kombé, S. hispidus und S. gratus; ↑Strophanthin. [44]

Strophulus ⟨*griech*⟩ *m* = Lichen urticatus: trophallerg., häufige Dermatose des Kindesalters, Sonderform der Urtikaria. Es kommt zum Auftreten von stark juckenden, bis linsengroßen, derben mattweißen oder rötlichen Papeln, die mitunter von einem roten Hof umgeben sind. Bei adipösen Kindern sind die Effloreszenzen kleiner, hellrosa oder blaß u. werden meist erst durch den Kratzeffekt deutlich. Prädilektionsstellen: Stamm, Extremitäten; behaarter Kopf u. Schleimhäute bleiben frei (wichtige Unterscheidung gegenüber Varizellen). Mitunter besteht auf der Kuppe des Knötchens ein kleines glasperlenartiges Bläschen (S. vesiculosus), das auch eine zentrale Delle aufweisen kann (S. varicellosus) u. damit zu Verwechslung mit Varizellen Anlaß geben kann. Häufige Verwechslung mit Insektenstichen. [32]

Strudelvenen ↑Vv. vorticosae des Augapfels. [1]

Strugger-Effekt = Strugger' Konzentrationseffekt: Eigenschaft mancher Fluorochrome, je nach Konzentration in verschiedenen Farben zu fluoreszieren u. den mit ihnen behandelten Geweben, in Abhängigkeit von der angewandten Konzentration des Fluorochroms, verschiedene Fluoreszenzfarben zu verleihen. [4]

Struma ⟨*lat*⟩ *f:* Kropf; Bezeichnung für jede Form der Schilddrüsenvergrößerung. Endokrinolog. muß man unterscheiden, ob es sich um eine einfache Vergrößerung handelt oder ob gleichzeitig eine Hypo- oder eine Hyperfunktion der Schilddrüse vorliegt. Morpholog. muß man die parenchymatöse Vergrößerung von der knotigen (Knotenkropf, Struma nodosa, adenomatosa) unterscheiden, wobei es sich um eine Struma nodosa colloides oder eine S. nodosa parenchymatosa handeln kann. Durch Degeneration am Epithel u. Bindegewebs-Gefäßapparat in den Knoten entstehen die Bilder der Struma cystica, haemorrhagica, fibrosa usw. Auch die entzündliche Vergrößerung u. die durch einen malignen Tumor muß man von den anderen Formen abtrennen. Weiterhin wird die Bezeichnung Struma auch für bes. Veränderungen in Ovar, Nebennieren, Hypophyse u. am Zungengrund benutzt. [12]

S. basedowiana: die für Morbus Basedow typ. S., etwas verfestigt u. sehr gefäßreich; mikroskop. hohe Epithelien mit papillären Wucherungen, verflüssigtes Kolloid u. lymphozytäre Infiltrate im Zwischengewebe.

S. basedowificata: S., bei der erst später Basedow-Symptome u. entsprechende histolog. Veränderungen hinzukommen.

S. baseos linguae: entwicklungsbedingte, am Foramen caecum linguae gelegene u. aus dort liegengebliebenen Schilddrüsenanteilen hervorgegangene S.

S. colloides macro-, microfollicularis: Struma mit Ausbildung großer oder kleiner kolloiderfüllter Follikel.

S. colloides nodosa: häufigste Kropfform, die Zystenbildung (S. colloides nodosa cystica), Blutungen (S. nodosa haemorrhagica), Vernarbungen (S. nodosa haemorrhagica fibrosa), Verkalkungen (S. nodosa haemorrhagica calcificata) zeigen kann.

S. diffusa: Drüsenwucherungen gleichmäßig über das ganze Organ verteilt.

S. intralaryngealis ↑Nebenkropf. [5]

S. intratrachealis: Schilddrüsentumoren, in der Luftröhre lokalisiert, die meist auf dem Boden von versprengten Keimen entstanden sind. [18]

S. lymphomatosa ↑Hashimoto-Syndrom.

S. nodosa: Drüsenwucherung in Gestalt einzelner, auch mehrerer Knoten (Adenome).

S. ovarii: eine ganz oder vorwiegend aus Schilddrüsengewebe bestehende Eierstocksgeschwulst, die als einkeimblättriges Teratom zu erklären ist.

S. retrosternalis = S. substernalis: ein Kropf, der sich nach unten bis zum Brustbein ausdehnt. [5]

S. simplex: endem. Kropf, Volumenzunahme der Schilddrüse bei sonst gesunden u. leistungsfähigen Personen, keine eigentliche innersekretor. Erkrankung, sondern Anpassungserscheinungen an exogene Lebensbedingungen (Jodmangel, diätet. Faktoren wie z.B. Kohlarten, Vitaminmangel, geolog. Bodenstruktur, Infekte, unhygien. Lebensbedingungen u.a.). [12]

S. sublingualis: Zungengrundstruma; ↑Nebenkropf. [9]

S. vesicae *od* **S. colli vesicae:** Blasenhalskropf ↑Prostatahypertrophie. [24]

S., wuchernde (Langhans) ↑Langhans' Struma. [4]

Strumektomie ⟨*lat, griech*⟩ *f:* partielle oder totale Entfernung der Schilddrüse bei der Kolloidstruma, beim Basedowkropf u. der Struma maligna. [18]

strumiprivus ⟨*lat*⟩: Syn. thyreoprivus; der Schilddrüsenfunktion verlustig; z.B. Cachexia strumi- oder thyreopriva durch zu radikale operative Entfernung funktionstüchtigen

Schilddrüsengewebes (z.B. bei Radikaloperation wegen Struma maligna). [18]

Strumitis: Entzündung eines Kropfes. [9]

Strümpell, Adolf (1853–1925), Internist, Erlangen, Breslau, Wien, Leipzig.

S' Zeichen: Tibialisphänomen; Kontraktion des M. tibialis ant. (Dorsalflexion des Fußes) bei kräftiger Beugung des Oberschenkels; patholog. ↑ Reflex (inkonstant). [33]

S.–Bechterew–Marie' Krankheit ↑ Spondylarthritis ankylopoetica. [9]

Strychnin: das hauptsächlichste Alkaloid der Brechnuß (Strychnos nux vomica), verbreitet in Indien, Nordaustralien, Ceylon, ist ein typ. Reflexkrampfgift mit bevorzugtem Angriff am Rückenmark. S. wird vom Darm u. den Geweben schnell resorbiert, der größere Teil schnell wieder ausgeschieden, etwa 20% verbleiben längere Zeit im Organismus, so daß die Gefahr der Kumulation bei häufigen Gaben besteht; ↑ Strychninum nitricum DAB 7, ↑ Strychnismus. [44]

Strychninum nitricum DAB 7: Alkaloid aus der Brechnuß, Strychnos nux vomica, führt zur gesteigerten Erregbarkeit der ↑ Schaltneuronen im Hinterhorn des Rückenmarks, weil hemmende Neuronen (Renshaw-Zellen) durch Strychnin gelähmt werden, wodurch auf geringste Reize bereits polysynapt. reflektor. Reaktionen erfolgen. Es kommt zu klon., bei höheren Dosen tetan. Krämpfen. Außerdem kommt es zur erhöhten Erregbarkeit höherer Zentren, wie Kreislauf- u. Atemzentrum, worauf die Anwendung als Analeptikum beruht. Weiterhin findet es Verwendung als Bittermittel. [44]

Strychnismus: Vergiftung mit Strychnin oder mit Brechnüssen. Nach einem Prodromalstadium mit schmerzhafter Muskelsteifigkeit (Kaumuskulatur, Nackensteifigkeit) setzt ein heftiger ton. Krampf sämtlicher Muskeln ein mit Überwiegen der Streckmuskulatur. Durch ton. Krampf der Atemmuskulatur tritt der Tod ein (Erstickung u. Erschöpfung). [44]

Strychnos nux vomica ↑ Brechnuß. [44]

Stuart–Prower-Defekt: beim Stuart–Prower-Defekt, der einem angeborenen Mangel an Faktor X entspricht u. einem rezessiv-autosomalen Erbgang folgt, entsteht ein Krankheitsbild, das weitgehend der Hämophilie gleicht. [32]

Stubenfliege: „große St.“ = Musca domestica; die „kleine St.“, Fannia canicularis, wird besser als Spielfliege bezeichnet; ↑ Fliegen. [58]

Stufen|atrophie: röntgenolog. Befund in der Parodontologie ↑ Parodontitis. [37]

~gesetz (Gustav Ricker): je nach der wechselnden Reizintensität variiert die Durchblutung der terminalen Strombahn gesetzmäßig, wobei das Strombahnnervensystem führend sein soll; ↑ Relationspathologie. [4]

~photometer ↑ Photometer. [54]

~schema der Immunität (nach Günther) ↑ Immunität. [40]

~zystogramm ↑ Zystogramm. [24]

Stuhl, acholischer: infolge Fehlens der Gallenfarbstoffe kalkfarbener Kot, bei Verlegung der Gallenwege durch Gallensteine, Karzinom oder Karzinommetastasen u. bei schweren diffusen Leberkrankheiten. [5]

S., teerfarbiger = Teerstuhl: mit aus den oberen Darmabschnitten u. Magen stammendem Blut vermischter Stuhl, der durch das chem. veränderte Blut eine dunkle Farbe aufweist. Nicht zu verwechseln mit ↑ Mekonium. [32]

Stuhlzäpfchen ↑ Suppositorium. [44]

Stummheit, hysterische: auf der Grundlage einer Neurose oder Psychopathie (im Gegensatz zur ↑ Taubstummheit u. ↑ Aphasie) zeigt der Kranke ↑ Mutismus oder nicht voll ausgeprägt ↑ Aphonie. Er flüstert, kann nicht laut sprechen (als Symptom der abnormen Erlebnisreaktion, Schreck-, Angstreaktion oder tendenzneurot. z.B. in der Haft). [34]

Stumpfheit ↑ Apathie, ↑ Torpor. [34]

Stumpfneurom ↑ Amputationsneurom. [23]

Stumpfrandknoten ↑ Prothesenrandknoten. [23]

Stupor ⟨*lat*⟩ *m:* bewegungsloser Zustand durch Verlust von Antrieb (Impulsverlust, Aspontaneität, auch Aufhören der Fremdanregbarkeit). Der Stuporöse spricht nicht (↑ Mutismus), ißt nicht (muß mit der Sonde gefüttert werden). Reize werden nicht beantwortet, aber das Bewußtsein ist nicht aufgehoben; bei schwer gehemmter Depression, Schizophrenie, „psychogen“ als abnorme Erlebnisreaktion in der Haft, als Schreckreaktion. [34]

Stuprum ⟨*lat*⟩ *n:* Schändung, Notzucht. [52]

Sturge–Weber' Krankheit: enzephalotrigeminale Angiomatose; besteht bei voll ausgeprägtem Krankheitsbild in Naevus vasculosus des Gesichts (meist auch der Chorioidea mit Glaukom) u. Angiomatose der weichen Hirnhäute mit Hirnschädigung u. Kalkablagerungen in der Hirnrinde; neurolog.: fokale oder generalisierte Krampfanfälle, Schwachsinn, Paresen. Die Kalkablagerungen sind röntgenolog. erstmals von Weber als pathognomon. beschrieben worden. Die Ausbreitung des Nävus hält sich meist streng an den Versorgungsbereich eines oder mehrerer Trigeminusäste u. trägt bei Übergreifen auf Rumpf u. Extremitäten segmentären Charakter. Er kann mit Osteohypertrophie einhergehen (↑ Klippel–Trénaunay); in diesen Fällen besteht meist unvollkommenes Sturge–Weber' Syndrom. Das Leiden beruht pathogenet. auf einer Mißbildung, entstanden im frühen Embryonalstadium, in dem auch die Differenzierungen der Dura u. der membranösen Schädelanlage stattfindet (Hallervorden). Mannigfache Beziehungen bestehen zu anderen neurokutanen Mißbildungen u. Angiomatosen ↑Phakomatosen. [33]

Sturmdorf-Plastik: Portioplastik, bei welcher ein Teil der Portio amputiert wird u. die Scheidenschleimhaut vorn u. hinten mit Hilfe einer typ. Nahttechnik zur Deckung des Defektes benutzt wird. [29]

Sturzgeburt: überstürzt mit einer einzigen Preßwehe verlaufende Entbindung. [29]

Stuttgarter Hundeseuche: eine ↑Leptospirose, durch Kontakt auf den Menschen übertragbar. [40]

Stützgewebe ↑Bindegewebe. [2]

Styli ⟨*griech*⟩ *m, Pl:* Stifte, Arzneiform, z. B. S. caustici, Ätzstifte. [44]

styloides ⟨*griech*⟩: griffelförmig. [1]

styloideus ⟨*griech*⟩: zum Griffelfortsatz gehörend. [1]

Styloiditis ⟨*griech*⟩ *f:* schmerzhafte Reizzustände des Proc. styloideus des Schläfenbeins bzw. des Lig. stylohyoideum. [33]

S. radii: Entzündung des Griffelfortsatzes des ↑Radius im Bereich des Sehnenscheidenfaches der Hand- u. Fingerstrecker durch Überanstrengung (Maschineschreiben) ähnlich der ↑Epikondylitis. [18]

Stypsis ⟨*griech*⟩ *f:* Blutstillung. [18]

Styptika ∗ **Styptica remedia** ⟨*griech, lat*⟩ *n, Pl* ↑Antidiarrhoika; ↑Hämostyptika. [44]

Styrax ⟨*griech*⟩ *m:* S. liquidus, Storax, aus der Rinde von Liquidambar orientalis (Hamamelidazee) gewonnene dickflüssige Masse, Anwendung äußerlich bei Hautkrankheiten (Krätze); Vet.-med.: gegen Räude. [44]

SUA-Probe: *Abk* für ↑Säure-Alkali-Umschlagprobe. [24]

subakut: weniger rasch u. heftig verlaufend als akut beginnend. [9]

Subarachnoidalblutung: ↑subarachnoidales ↑Hämatom, Bluterguß in den Liquor-(Subarachnoidal)Raum, klin. vorwiegend gebraucht für arterielle Blutungen an der Schädelbasis. Schweres akutes Krankheitsbild mit plötzlichen erheblichen Kopfschmerzen, Nackensteifigkeit (↑Meningismus), Bewußtseinsstörungen u. Augenmuskelparesen. Ruptur eines sackförmigen Aneurysmas der A. carotis interna im Bereich des ↑Circulus arteriosus cerebri. Blutiger Liquor; Aneurysmanachweis im Arteriogramm. Therapie: sofern möglich operativ. [33]

Subazidität ⟨*lat*⟩ *f* = Hypoazidität ⟨*griech, lat*⟩: Begriff, der bei der Magensafttitration verwendet wird. Er bezeichnet, daß eine Verminderung der zum Farbumschlag des Indikators gebrauchten Laugenmenge bei der Titration des Magensaftes unter die übliche Menge gefunden wird. Die Bestimmung der Gesamtazidität wird gewöhnlich an 10 ml filtrierten Magensaftes vorgenommen, der mit 10 ml Wasser verdünnt wird. Hierzu setzt man 1–2 Tropfen einer 1%igen alkohol. Phenolphthaleinlösung. Es wird mit n/10 KOH bis zum Farbumschlag in Rot titriert. Völlig reiner Magensaft würde etwa 140 ml n/10 KOH entsprechen. 1/2 h nach Probefrühstück (durch Verdünnung) jedoch sind etwa 40–60 ml n/10 KOH beim Gesunden nachweisbar. Subazidität deutet nur auf stärkere Magensaftverdünnung, höchstens auf Subsekretion, da reiner Magensaft einer Salzsäurelösung von etwa 0,5% HCl entspricht. Zur Bestimmung der freien HCl wird bei der Titration eine 0,5%ige alkohol. Lösung von Dimethylaminoazobenzol (Töpfers Reagens) als Indikator verwendet. Der Indikator wird bei Anwesenheit von freier HCl durch den Probesaft rot gefärbt. Es wird bis zum Umschlag in Lachsrot titriert. Die Menge verbrauchter Lauge, mit 10 multipliziert, ergibt die „freie HCl". Weitere Titration bis zu rötlichem Farbton (mit 10 multipliziert) ergibt die Gesamtazidität. [47]

Subdelirium ⟨*lat*⟩: leichte Bewußtseinstrübung mit unvollständiger Verwirrtheit, Vorstufe des ↑Deliriums oder abortives Delirium (bei Intoxikationen, bei organ. begründbaren Psychosen. [34]

subdural ∗ **subduralis** ⟨*lat*⟩: unter der harten Hirnhaut, also hirnwärts zwischen ↑Dura u. Arachnoidea (oder innerhalb dieser) gelegen. – Gegensatz: extradural; ↑Cavum subdurale. [1]

Subdurographie ⟨*lat, griech*⟩ *f:* Darstellung des Subduralraumes mit Luft im Röntgenbild zu diagnost. Zwecken. Früher auch mit therapeut. Absichten (Sprengung von Verklebungen) durchgeführt. [20]

subfebril ↑Fieber. [9]

subgingival ⟨*lat*⟩: unter dem Zahnfleisch gelegen. [28]

Subikterus ⟨*lat, griech*⟩ *m:* leichte Form der Gelbsucht, die fast nur an der Verfärbung der Bindehaut erkannt werden kann. [9]

Subileus ⟨*lat*⟩ *m:* Vorstadium des ↑Ileus; beginnender unvollständiger Ileus. [18]

Subinvolutio uteri ⟨*lat*⟩ *f:* unzureichende ↑Involution der Gebärmutter im Wochenbett. [29]

Subklavia: Kurzbezeichnung für ↑A. subclavia. [1]

Subklavikulargeräusch: 1. systol. blasendes Geräusch, das über der Gegend der A. subclavia, d. h. in Höhe des Schlüsselbeins, bei tiefer Ein- u. Ausatmung auskultierbar ist u. den Verdacht auf eine Lungen-Tbk erweckt; 2. in die A. subclavia fortgeleitetes Geräusch bei angeborenen Herzfehlern; 3. gießendes u. mit Schwirren einhergehendes Geräusch bei Aneurysma der A. subclavia. [10]

Subkonjunktivitis ⟨*lat*⟩ *f:* Entzündung des subkonjunktivalen Raumes, wird auch Tenonitis genannt. Nicht ident. mit Episkleritis. Kommt vor bei Gonorrhoe auf dem Blutwege, nicht durch Infektion vom Bindehautsack her, oft zusammen mit Arthritis gonorrhoica (meist monoartikulär), aber auch bei Polyarthritis rheumatica acuta, bei Gicht u. selten bei anderen Infektionen. [36]

subkortikal ⟨*lat*⟩: unterhalb der Großhirnrinde gelegen. [1]

Subkultur ⟨*lat*⟩: von einer mikrobiolog. Kultur durch Abimpfen angelegte weitere Kultur (Nachkultur). [42]

Subkutis ⟨*lat*⟩ *f:* Unterhautzellgewebe; je nach Körpergegend verschieden dicke Fettgewebsschicht, welche aus Fettläppchen aufgebaut ist. Diese sind durch Bindegewebssepten miteinander u. dem Korium verbunden u. werden von Hautnerven u. Gefäßen durchzogen. [43]

Sublatio ⟨*lat*⟩ *f:* Ablösung, -trennung. [18]

Sublimat ↑ Hydrargyrum bichloratum DAB 7. [44]

~fuchsinreaktion ↑ Takata-Reaktion. [9]

Sublimation: Übergang aus dem festen in den gasförmigen Aggregatzustand unter Umgehung des flüssigen, z. B. beim Jod oder beim Eis bzw. Schnee. [4]

Sublimat|nephrose: bei Sublimatvergiftung auftretende schwere tox. ↑ Nephrose mit Nekrosen u. Verkalkungen der Kanälchenepithelien. [5]

~pastillen: Pastilli hydrargyri bichlorati; mit 50% Kochsalz u. Eosin als Warnfarbe, werden in schwarzes Papier mit der Aufschrift „Gift" eingewickelt, um Verwechslungen vorzubeugen. Zur Desinfektion der Haut 1:1000, der Schleimhaut 1:20000–1:50000; 1%ige Lösungen rufen bereits Ätzungen hervor. [44]

~proben: 1. nach Schmidt; dient zur Erkennung von Gallenfarbstoffen im Stuhl. Stuhl wird in Wasser gleichmäßig zerrieben u. konzentrierte Sublimatlösung zugesetzt. Nach 24 h erscheinen bilirubinhaltige Teile grün (Biliverdin), Sterkobilinogen (Urobilinogen (enthaltende rot (Sterkobilin, Urobilin). Probe veraltet u. klin. durch quantitative Sterkobilinogen-(Urobilinogen)Bestimmungen ersetzt; 2. nach Spiegler; sehr feiner Eiweißnachweis im Harn. Die Probe beruht auf der Bildung einer unlöslichen Eiweißquecksilberverbindung. Bei Eiweißgehalt sofort deutlicher, scharfer, weißlicher Ring. Schärfste Eiweißprobe, daher schon schwach (spät) pos. beim Gesunden; 3. Sublimatreaktion im Liquor ↑ Weichbrodt' Reaktion. [47]

~vergiftung: lokale Ätzwirkungen, wie Perforationen am Magen-Darm-Kanal, blutiges Erbrechen, brennende Schmerzen in der Speiseröhre u. im Magen, weiterhin Speichelfluß, Stomatitis, Dickdarmtenesmen, Geschwürsbildung im Darm, denen später eine schwere Nephrose infolge der Nekrose der Tubulusepithelien mit anschließender Verkalkung folgt, die unter allgemeiner Schwäche u. Urämie zum Tode führt. Die tox. Dosis beträgt etwa 0,1 g, die letale Dosis 0,4 bis 0,5 g. [44]

sublimis ⟨*lat*⟩: hoch, erhaben; fälschlich gebraucht im Sinne von oberflächlich (PNA: superficialis). [18]

sublingual ✳ **sublingualis** ⟨*lat*⟩: unter der Zunge befindlich. [1]

Subluxation ⟨*lat*⟩ *f:* unvollständige Verrenkung, bei der sich die Gelenkflächen noch teilweise berühren, kann angeboren (bes. am Hüftgelenk) oder erworben sein. Letzteres 1. traumatisch; 2. nach Lähmungen (Kapselbandüberdrehung); 3. bei chron. Arthritiden (bes. bei arthrit. Kniebeugekontraktur oder bei lange Zeit bestehenden Gelenkergüssen; 4. bei neuropath. Gelenkerkrankungen (Kapselbandüberdehnung). [23]

submandibular ✳ **submandibularis** ⟨*lat*⟩: unter dem Unterkiefer befindlich. [1]

submaxillar = **submaxillaris** ⟨*lat*⟩: unterhalb des Oberkiefers; irreführend für ↑ submandibular gebraucht. [27]

submeningeal ⟨*lat*⟩: unter der Hirnhaut gelegen, z. B. submeningeale Blutung (↑ Hämatom, subarachnoidales u. subdurales). [33]

submental ⟨*lat*⟩: unter dem Kinn gelegen. [28]

Submerskultur ⟨*lat*⟩: mikrobiolog. Kultur, bei der der flüssige Nährboden durch Rühren, Schütteln oder Einblasen von Luft umgewälzt wird, so daß die Mikroorganismen durch die ganze Tiefe des Nährbodens wachsen können. [42]

submikroskopisch ⟨*lat, griech*⟩: mit dem gewöhnlichen Lichtmikroskop nicht mehr sichtbar. Zur Erforschung der submikroskop. Strukturen dient das ↑ Elektronenmikroskop. [2]

submiliar ⟨*lat*⟩: unter Hirsekorngröße. [43]

Submineralisation, alimentäre: ein durch einseitige Ernährung bedingter Mangel an Mineralien, bes. an Phosphorsäure, Kalzium, Eisen usw. [16]

submukös ✳ **submucosus** ⟨*lat*⟩: außerhalb der ↑ Muscularis mucosae liegend. [4]

Submukosa ⟨*lat*⟩: Kurzbezeichnung für Tunica submucosa; bindegewebige Schicht außerhalb der ↑ Muscularis mucosae. [4]

suboccipito-bregmaticus ⟨*lat, griech*⟩: die Richtung von unterhalb des Hinterhauptbeines zum Scheitel betreffend. [1]

subokzipital ✱ **suboccipitalis** ⟨*lat*⟩: unter dem Hinterhaupt befindlich. [1]

Subokzipitalpunktion ⟨*lat*⟩ = Zisternenpunktion: Punktion der ↑Cisternae leptomeningicae durch Einstich mittels einer Hohlnadel zwischen hinterem Bogen des Atlas u. Rand des Foramen occipitale magnum zum Zweck der Liquorgewinnung oder Einbringung eines Kontrastmittels bei der ↑Myelographie. Ein Vergleich des zisternal u. des lumbal entnommenen Liquors (↑Lumbalpunktion) auf Eiweiß-, Zellgehalt usw. kann diagnost. von Bedeutung sein, um einen Stop in den liquorführenden Räumen zwischen den beiden Entnahmestellen (z. B. durch einen Tumor bedingt) festzustellen; ↑Queckenstedt' Syndrom. [33]

Subordination ⟨*lat*⟩ *f:* Unterordnung; ursprünglich von Lapicque geprägter Begriff, mit dem er die Abhängigkeit der Chronaxie vom ZNS (Subordinationschronaxie) zum Ausdruck bringen wollte zum Unterschied vom konstanten Chronaxiewert des vom ZNS abgetrennten Gewebes (Konstitutionschronaxie). In der Physiologie früher für die Abhängigkeit peripherer Funktionen vom ZNS gebraucht. [7]

Subpektoralphlegmone ⟨*lat, griech*⟩ *f:* Phlegmone zwischen beiden vorderen Brustmuskeln u. der Brustwand oder zwischen beiden Brustmuskeln; lymphogene Entstehung bei Entzündungen von Finger, Hand, Arm, Hals oder Brustdrüse. [18]

Subsaltus tendinum ⟨*lat*⟩: Sehnenhüpfen; hervorgerufen durch leichte unwillkürliche Muskelzuckungen in schweren Fieberzuständen. [18]

Subschallgebiet (P. Courvoisier, Davos): Bereich von Luftdruckschwankungen mit Frequenzen dicht unterhalb der als Schall wahrnehmbaren. Ob vom S. bes. biotrope Wirkungen ausgehen, ist möglich, aber meteorolog. wie physiolog. noch zu beweisen. [13]

Subscriptio ⟨*lat*⟩ *f:* in der Rez. der Teil des Rezeptes, der dem Apotheker die Zubereitung u. Abgabeform der in der Praescriptio aufgeführten Bestandteile der Arzneizubereitung vorschreibt. Dieser an den Apotheker gerichtete Teil des Rezepts wird in latein. Sprache abgefaßt, während die Signatur, die für den Pat. bestimmt ist, in deutscher Sprache geschrieben wird. [44]

Subsepsis hyperergica: Syn. Subsepsis allergica = Wissler-Fanconi' Syndrom = Pseudosepsis allergica; chron.-sept.-hypererg. Allgemeinerkrankung mit allerg. Hautmanifestationen. Symptom: monatelang anhaltendes unregelmäßiges intermittierendes oder kontinuierliches Fieber; ständig wiederkehrende, flüchtige makulopapulöse Exantheme. Vorkommen von subkutanen Knotenbildungen u. rheumatoiden Weichteilschwellungen, bisweilen Myo- oder Perikarditis u. Lymphknotenschwellungen; Milz nur selten vergrößert, bevorzugt befallen Kleinkindalter. [32]

Substantia adamantina ↑Schmelz. [37]

S. compacta ↑Kompakta. [2]

S. glandularis prostatae: Drüsenkörper der Vorsteherdrüse. [1]

S. granulo-filamentosa (Demel): Spongioplasmasubstanz junger Erythrozyten, nachweisbar durch vitale Brillant-Kresylblaufärbung (Ehrlich); ↑Retikulozyten.

S. metachromatica (Demel): eine infolge Metachromasie in dem supravitalgefärbten blauen Netz der Retikulozyten auftauchende Gruppe von einzelnen oder vielen intensiv rotvioletten Tröpfchen. [11]

S. ossea ↑Zement. [8]

S. reticularis ↑Formatio reticularis. [33]

S. spongiosa = Spongiosa: Schwammsubstanz der Knochen, innere poröse Masse der Knochen. [1]

Substanz, chromaffine: Bestandteil der chromaffinen ↑Zellen, der ihre Färbbarkeit mit Chromverbindungen bedingt.

S., graue u. weiße: Anteile des ZNS, die sich nicht nur durch ihre Färbung, sondern auch durch ihre allgemeinen physiolog. Eigenschaften voneinander unterscheiden. Die graue S. besteht vorwiegend aus ↑Nervenzellen u. leitet die Erregung (durch die ↑Synapsen) nur in einer Richtung. Sie ist mit Blutgefäßen reichlich versorgt u. gegenüber Störungen in der Ernährung sehr empfindlich. Die weiße S. besteht aus ↑Nervenfasern u. leitet die Erregung wie die peripheren Nervenfasern nach beiden Richtungen gleich schnell. Sie ist nur spärlich durchblutet u. daher gegenüber einem Mangel an Blut wenig empfindlich.

S., isotrope u. anisotrope: die frischen unveränderten Muskelfasern weisen zwei Schichten auf, eine einfach brechende (isotrope), die hell ist, u. eine doppelt brechende (anisotrope), die dunkel erscheint. Die einfach brechende Schicht ist etwa ebenso hoch wie die doppeltbrechende. Bei Wirbeltieren beträgt sie etwa 3 μm. [7]

S., ketogene: Fettstoffwechselhormon, das nach Burn u. Ling zu erhöhter Azetonausscheidung bei fettreich ernährten Tieren führt; somatotropes ↑Hormon. [8]

Substituent ⟨*lat*⟩ *m:* Atom der Atomgruppe, die ein Wasserstoffatom in einer organ. Verbindung ersetzt; ↑Substitution. [8]

Substitution ⟨*lat*⟩: (chem.) Ersetzen eines

Wasserstoffatoms in einer organ. Verbindung durch einen ↑Substituenten. [8]

Substitutionstherapie: Verabfolgung von Organpräparaten, Hormonen u. a. bei Ausfall oder mangelnder Tätigkeit innersekretor. Drüsen, z. B. Sexualpräparate, Insulin. [8]

Substrat ⟨*lat*⟩ *n:* 1. (allgemein) Grundlage, wesentlicher Bestandteil; 2. (biolog.-chem.) stoffliche Grundlage, auf der ein biolog.-chem. Vorgang abläuft; bei Enzymen ist das S. diejenige Substanz, auf die sie eingestellt sind. [8]

Subtilisbazillen: Bezeichnung für Vertreter der Art *Bacillus subtilis* der Gattung *Bacillus* der Familie *Bacillaceae* nach Bergey (1957), trivial Heubazillen genannt. Aerob wachsende, grampos., bewegliche Sporenbildner. Weit verbreitet in der Natur, wirken u. a. auch als Lebensmittelvergifter. [41]

subungual ∗ **subungualis** ⟨*lat*⟩: unter dem Nagel gelegen. [43]

succedaneus ⟨*lat*⟩: nachfolgend; z. B. ↑Caput succedaneum, ↑Geburtsgeschwulst. [29]

succenturiatus ⟨*lat*⟩: untergeordnet, neben-; z. B. Placenta succenturiata Nebenplazenta. [29]

Succinat: Sukzinat, Salz bzw. Anion der Bernsteinsäure.

~dehydrogenase: (EC 1.3.99.1) ist ein Enzym des Zitratzyklus, das die Dehydrierung des Sukzinats zum Fumarat katalysiert, wobei FAD als Wasserstoffakzeptor fungiert. [8]

~Glycin-Zyklus: wichtiger Stoffwechselweg des Glycins, von Shemin (1955) entdeckt; stellt den Hauptabbauweg des Glycins in den Retikulozyten dar (Rapoport), liefert die δ-Aminolävulinsäure für die Porphyrinsynthese. Unter Beteiligung von Coenzym A u. Pyridoxalphosphat (Vitamin B_6) vereinigen sich Glycin u. Succinat zu der instabilen α-Amino-β-Ketoadipinsäure, die durch Dekarboxylierung in δ-Aminolävulinsäure übergeht. Soweit letztere im Zyklus verbleibt, d. h. nicht in die Porphyrinsynthese abzweigt, wird sie zu α-Ketoglutarsäure desaminiert, die ihrerseits als Glied des Zitronensäurezyklus zu Sukzinat dekarboxyliert werden kann. Bei einmaligem Durchlaufen des so geschlossenen Zyklus wird also 1 Mol Glycin zu 2 Mol CO_2 u. 1 Mol NH_3 abgebaut. [8]

Succinylbischolin: Suxamethonium□, Pantolax®, Succinyl-Asta®: Bischolinester der Bernsteinsäure. Kurz wirksames ↑Muskelrelaxans weil im Organismus rasche Spaltung in Cholin u. Succinat, zwei natürliche Stoffwechselprodukte, erfolgt. [44]

Succuba ⟨*lat*⟩ *f* ↑Alpdrücken. [9]

Succus ⟨*lat*⟩ *m:* Saft.

S. Liquiritiae depuratus: Süßholzsaft (Lakritze); gereinigter Extrakt aus ↑Radix liquiritiae. [44]

Succussio Hippocratis ↑Plätschergeräusch. [9]

Sucht ⟨*ahd* suht Krankheit⟩: 1. volkstümliche Bezeichnung für Allgemeinerkrankung, wie Wassersucht, Schwindsucht usw.; 2. krankhaftes Verlangen nach Betäubungsmitteln u. Rauschgiften (Alkohol, Morphin, Kokain, Methamphetamin, Methadon). [52]

Sucrose: anglikan. Syn. für Saccharose (Rohr- oder Rübenzucker). [16]

Sudabad ↑Darmbad, subaquales. [45]

Sudamina ⟨*lat*⟩ *n, Pl* ↑Miliaria. [43]

Sudan-III-Färbung: histolog. Färbemethode zur Darstellung nahezu aller im Körper vorkommenden Fettarten. Der im Handel erhältliche Fettfarbstoff S. III besteht aus den in ihren Eigenschaften sehr unterschiedlichen Fettfarbstoffen Sudan-Rot, Sudan-Orange u. Sudan-Gelb; ↑Fettfärbung. [2]

Sudanophilie: Eigenschaft vieler Zellen mit patholog. vermehrtem Fettgehalt den Farbstoff Sudanrot anzunehmen. [11]

Sudeck, Paul Hermann Martin (1866 bis 1938), Chirurg, Hamburg.

S' Ätherrausch ↑Rauschnarkose.

S' Maske: Narkosemaske aus Metall mit eingebautem In- u. Exspirationsventil. [27]

S' Operation: bewährte Kreuzbein-Aufhängemethode unter Bauchfell-Einmanschettierung des Rektums bei Mastdarmvorfall. [18]

S' Radialisplastik: Ersatzoperation bei Radialislähmung. Sie wird als „Ein-Sehnen-Plastik" ausgeführt. Die Sehne des M. flexor carpi ulnaris wird auf die Sehnen des gemeinsamen Fingerstreckers sowie die des langen Daumenstreckers verpflanzt.

S' Syndrom (1900): Sudeck' Gliedmaßenatrophie oder Knochenatrophie; an den Extremitäten auftretendes Krankheitsbild, das auf neurozirkulator. Störungen beruht u. sowohl am Knochen wie an den Weichteilen Veränderungen setzt. Die Phase I des Syndroms ist klin. durch starke Schmerzen, Schwellung u. Funktionsstörung gekennzeichnet. Das Röntgenbild zeigt erst nach einer Latenzzeit eine typ. fleckige Atrophie als Ausdruck der überstürzten Umbauvorgänge am Knochen. Die Phase II (dystroph. Stadium) ist klin. durch Schmerzen, zunehmende Gelenkversteifungen u. troph. Veränderungen gekennzeichnet. Im Röntgenbild wird die Knochenatrophie stärker u. homogen (Knochenkonturen wie mit Bleistift nachgezogen). Phase III ist das Stadium der Endatrophie. Das Syndrom tritt meist nach Traumen u. Entzündungen auf. [23]

Sudhoff, Karl (1853–1938), Medizinhistoriker, Leipzig. Gründete 1906 das Institut für Geschichte der Medizin in Leipzig, arbeitete über mittelalterliche Medizin, namhafter Paracelsus-Forscher. [53]

Sudor ⟨*lat*⟩ *m* ↑Schweiß. [43]

Sudoration ⟨*lat*⟩: Schweißabsonderung. [43]

sudorifer ⟨*lat*⟩: schweißtreibend. [34]

Sudorifera remedia ⟨*lat*⟩ *n, Pl* ↑Diaphoretika. [44]

Suffimentum ⟨*lat*⟩: Räuchermittel. [44]

suffizient ⟨*lat*⟩: ausreichend in bezug auf die Funktion eines Organs, Gegensatz zu ↑insuffizient. [9]

Suffokation ∗ **Suffocatio** ⟨*lat*⟩: Erstickung. [32]

Suffusion ⟨*lat*⟩: unter der Haut liegender flächenhafter Bluterguß nach Verletzung oder bei hämorrhag. ↑Diathese. [11]

suggerieren ⟨*lat*⟩: beeinflussen durch ↑Suggestion. [35]

Suggestion ⟨*lat*⟩: ungewöhnlich starke Beeinflussung einer Person oder einer Gruppe von Personen mittels spez. Methoden oder unter spez. Voraussetzungen. Die bes. Bedingungen für das Zustandekommen von Suggestionen sind Maßnahmen zur Herabsetzung der Tonuslage in der Hirnrinde der der Beeinflussung ausgesetzten Personen oder ein schon zuvor bestehender niederer Tonus ihrer Hirnrindentätigkeit. Im Bereich einer Rinde mit solchem Tonus können durch Worte (Verbalsuggestion) konzentrierte isolierte Erregungen von starker u. oft nachhaltiger Wirkung hervorgerufen werden.

S., posthypnotische: infolge eines im hypnot. Zustand erteilten Hinweises oder Auftrages hernach bestehenbleibende oder auch erst hernach in Erscheinung tretende Beeinflussung von unterschiedlicher Dauer. [35]

Sugillation ∗ **Sugillatio** ⟨*lat*⟩: oberflächliche, blutunterlaufene Stelle nach Trauma oder bei hämorrhag. Diathese; stärkerer Grad der ↑Suffusion. [11]

Sulpestiferbakterien: Trivialbezeichnung für *Salmonella cholera suis var. Kunzendorf,* einen Salmonellakeim der Gruppe C. [41]

Suizid ⟨*lat*⟩ *n:* Selbsttötung; kann viele Ursachen haben; bei Geistesgesunden in aussichtsloser Lebenslage; als Kurzschlußhandlung bei Psychopathie, abnormer Erlebnisreaktion (depressive Reaktion, Haftreaktion); als Impulshandlung bei Psychopathie, Epilepsie; als Folge von Versündigungs-, Schuldgedanken in der Depression; als Folge von Wahnbildungen bei der Schizophrenie; als Folge hochgradiger Vereinsamung vor allem in der Involution; bei Entziehungserscheinungen (Morphinismus, Alkoholismus). [34]

Sukkulenz ⟨*lat*⟩ *f:* Saftreichtum, Saftfülle; *Adj* sukkulent saftreich, dickflüssig. [4]

Sukkurrhoe ⟨*lat, griech*⟩ *f:* übermäßige Saftabsonderung, z. B. von Speichel. [18]

Suktion ⟨*lat*⟩ *f:* augenärztliche Operation: Absaugen der Linse bei Star durch Trokar. [36]

sukzedan ∗ **succedaneus** ⟨*lat*⟩: zeitlich nacheinander. [42]

Sukzinat ∗ **Succinat:** Salz bzw. Anion der Bernsteinsäure. [8]

Sulcus ⟨*lat*⟩ *m:* Furche.

S. calcarinus (JNA, PNA) = Fissura calcarina (BNA): der Bereich der grauen „Sehrinde" an der Innenfläche der Hinterhauptslappen. Zerfällt in eine obere u. untere Lippe. Unter der Kalkarinagegend wird meist weniger die Furche als vielmehr die umgebende Sehrinde verstanden.

S. centralis (Rolandi): Zentralfurche an der Konvexität des Großhirns zwischen Stirn- u. Scheitellappen.

S. hypothalamicus: Furche zwischen Thalamus u. Hypothalamus an der Seitenwand des 3. Ventrikels.

S. lateralis (Sylvii) (PNA) = Fissura cerebri lateralis (BNA, JNA): Furche zwischen Stirn u. Schläfenlappen.

S. nasolabialis ↑Nasolabialfalte.

S. nervi petrosi majoris: Furche an der Facies anterior der Pars petrosa des Schläfenbeins für den N. petrosus major.

S. nervi petrosi minoris: Furche an der Facies anterior der Pars petrosa des Schläfenbeins für den N. petrosus minor.

S. paracolici: mehrere inkonstante flache Bauchfelltaschen lat. vom Colon ascendens.

S. parieto-occipitalis (JNA, PNA) = Fissura parieto-occipitalis (BNA): Furche im Bereich der hinteren, oberen Hemisphäre, die den Scheitellappen vom Hinterhauptslappen trennt.

S. urogenitalis sive urethralis ↑Urogenitalrinne.

S. venae cavae: ziemlich tiefe Nische an der Hinterfläche der Leber für die V. cava inferior. [1]

Sulfa-Addition: bei gleichzeitiger Gabe mehrerer Sulfonamide wird die chemotherapeut. Wirkung additiv verstärkt, während sich die Einzelkomponenten in ihrer Löslichkeit nicht beeinflussen. Daraus resultiert bei gleichem chemotherapeut. Effekt eine verminderte Gefahr der Konkrementbildung, z. B. Kombination von Sulfadiazin□ u. Sulfathiazol□. Sulfonamide sind außerdem Hemmer der ↑Karboanhydrase. Bestimmte Abkömmlinge der Sulfonamide werden auf der Basis dieses Effektes als Diuretika, bei ↑Glaukom u. a. verwendet (z. B. Diamox® = Azetazolamid□), andere Sulfonamide haben eine blutzuckersenkende Wirkung, z. B. Invenol®, Nadisan® = Karbutamid□; ↑Harnstoffderivate, blutzuckersenkende. [44]

Sulfaäthylthiodiazol = Sulfaethidol□, Sulfa-Perlongit®: wirksames Sulfonamid, gut löslich u. gut resorbierbar, zur parenteralen Therapie geeignet. [44]

Sulfadiazin□**:** Sulfapyrimidin, wirksames Sulfonamid. [44]

Sulfaguanidin□ **DAB 7:** Resulfon®, schlecht resorbierbares Sulfonamid zur Behandlung von Darminfektionen. [44]

Sulfametoxydiazin□**:** Langzeitsulfonamid. Durenat®.

Sulfanil|amid DAB 7: p-Aminobenzolsulfonamid, einf. Sulfonamid. Früher Prontalbin®. **~säure:** p-Aminobenzolsulfonsäure. [44]

Sulfapyridin: Sulfonamid, ist bes. bei Pneumonien angewandt worden; wegen seiner tox. Nebenwirkungen heute ungebräuchlich (Eubasinum®). [44]

Sulfapyrimidin: ↑Sulfadiazin. [44]

Sulfatasen: sind z. T. unspezif. Schwefelsäureester-Hydrolasen (EC 3.1.6.1 bis 7), die aus Aryl-, Sterin-, Zucker-, Chondroitin-, Cholin-, Zellulosesulfaten die Schwefelsäuren abspalten. Bes. wirksam sind die Nieren-S., die die „gepaarten" Schwefelsäuren wie Phenol-, Indoxylschwefelsäure u. a. zu hydrolysieren vermögen. [8]

Sulfate: Salze u. Ester der Schwefelsäure, z. B. Natriumhydrogensulfat (Natriumbisulfat) $NaHSO_4$; (Mono-)Äthylsulfat ($C_2H_5O-SO_2OH$); Natriumsulfat Na_2SO_4; Diäthylsulfat $(C_2H_5O)_2=SO_2$. [8]

Sulfathiourea□ **DAB 7:** p-Aminobenzolsulfonylthioharnstoff, ↑Sulfonamid, bevorzugt bei Infektionen der ableitenden Harnwege (Badional®). [44]

Sulfatide: Sulfatester der ↑Zerebroside, die zu 1/5 als S. vorliegen. [8]

Sulfatkristalle: kommen im Harn als Kalziumsulfatkristalle (Gips) vor. Sehr seltenes Sediment in stark sauren Harnen, häufiger bei Kindern, als dünne, lange Prismen, teilweise als Rosetten oder in langgestreckten, an den Enden meist schief abgeschnittenen Tafeln ausfallend. Sie sind unlöslich in Essigsäure, Ammoniak, oder Säuren, aber in viel Wasser löslich. [47]

Sulfhämoglobin ↑Verdoglobine. **~ämie** ↑Verdoglobinämie. [11]

Sulf(o)hydrogenismus ↑Schwefelwasserstoffvergiftung. [49]

Sulfhydrylgruppe: der einwertige Rest –SH, den man sich formal aus dem Schwefelwasserstoff H_2S abgeleitet denken kann. Die SH-Gruppe ist von großem biochem. Interesse als Bestandteil der Aminosäure Zystein u. damit für die Struktur der Eiweißkörper u. die Wirkungsweise der SH-Enzyme. [8]

Sulfide: Salze des Schwefelwasserstoffs (Schwefelwasserstoffsäure); normale u. saure, z. B. Ammonsulfid $(NH_4)_2S$, Natriumhydrogensulfid NaHS; S. liegen vielfach in Erzen vor u. haben Bedeutung in der qualitativen anorgan. Analyse. [8]

Sulfite: Salze der schwefligen Säure; normale u. saure, z. B. Natriumsulfit Na_2SO_3, Natriumhydrogensulfit (Natriumbisulfit) $NaHSO_3$. [8]

Sulfokarbonismus ↑Schwefelkohlenstoffvergiftung. [49]

Sulfonal(um): Diäthylsulfondimethylmethan; geschmackloses Schlafmittel mit kurzer Wirkung. Wegen der äußerst gefährlichen tox. Nachwirkungen nicht mehr angewendet; ↑Sulfonalvergiftung. [44]

Sulfonalismus: Krankheitsbild bei ↑Sulfonalvergiftung. [44]

Sulfonalvergiftung: die Schlafmittel der Sulfonalgruppe führen bei häufigerem Gebrauch zu schweren tox. Erscheinungen: allerg. Reaktionen, Porphyrinurie, Polyneuritis. Sie werden deshalb nicht mehr verwendet. [44]

Sulfonamide: Gruppe von chemotherapeut. wirksamen Verbindungen, die in der Regel als gemeinsames Konstitutionsmerkmal die in Parastellung zu einer Sulfonamidgruppe befindliche Amino- oder Azogruppe aufweisen. Als Grundkörper ist das Sulfanilamid, das Amid der Sulfanilsäure (p-Aminobenzolsulfonsäure), anzusehen:

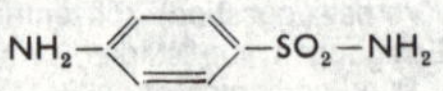

Die S. wirken durch Verdrängung der p-Aminobenzosäure, die Bestandteil der Folsäure, eines Vitamins, ist u. auch für den Stoffwechsel der Bakterien eine wichtige Rolle spielt.

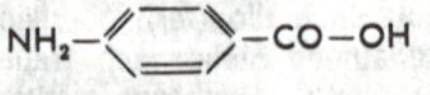

p-Aminobenzoesäure

Die Toxizität der S. ist verhältnismäßig gering, als Nebenwirkungen können Methämoglobinbildung, Beschwerden des Magen-Darm-Kanals, allerg. Erscheinungen mit Fieber, Kopfschmerzen, Hauterscheinungen (Exanthem) u. in schweren Fällen Leberschäden auftreten. Blutbildungsstörungen des weißen Blutbildes sind selten. Schwerlösliche S. können bes. bei saurem Harn, in den Nierenkanälchen auskristallisieren u. zu Störungen der Nierentätigkeit führen. Gleichzeitige Gabe von reichlich Flüssigkeit u. Alkalisieren des Harns mit Natriumbikarbonat verhindern diese Erscheinung. Die neueren S. sind in der Regel gut löslich u. gut resorbierbar, lediglich zur Behandlung von Darminfektionen nimmt man auch heute noch schwerlösliche oder schlecht resorbierbare S. wie etwa Phthalylsylfathiazol, Formosulfathiazol□ (Formolibazol®), Sulfaguanidin□ (Resulfon®) teilweise resorbiert u. daher für die Therapie der Magen-Darminfektionen nicht optimal. Sulfanilamid□, p-Aminobenzolsulfonamid, einfachstes S., nur noch äußerlich als Chemotherapeutikum verwendet. Sulfacarbamid□ (Euvernil®), Sulfamethizol□ u. Sulfaethidole□ (Sulfa-Perlongit®): gut lösliche S., die vom Magen-Darmkanal gut resorbiert werden. Kurze wirksame S. müssen oftmals /die gegeben werden. Sulfacetamid□: gut resorbierbares u. mittellang wirksames S. Depot- oder Retardsulfonamide: werden im Blut fast vollständig an die Plasmaeiweiße gebunden u. deshalb nur sehr langsam ausgeschieden, dadurch niedrigere Dosierung in größerem Abstand möglich, z. B. Sulfamethoxypyridazin□ (Davosin®, Lederkyn®), Sulfametoxydiazin□ (Durenat®), Sulfanilamido-3-methoxypyrazin (Longum®). [44]

Sulfone: chem. Verbindungen mit der charakterist. Sulfongruppe:

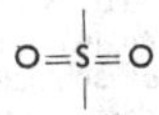

Im engeren Sinne werden hierunter 4,4'-Diaminodiphenylsulfone u. seine Derivate verstanden. Sie besitzen tuberkulostat. u. Antilepra-Wirkungen. Therapeut. werden sie vorwiegend bei Lepra verwendet; die tuberkulostat. Wirkung ist der des Streptomyzins, des Isonikotinsäurehydrazids usw. unterlegen; auch relativ toxisch. [44]

Sulfonyl-Harnstoff-Derivate, blutzuckersenkende ↑Harnstoffderivate, blutzuckersenkende; ↑Sulfonamide. [14]

Sulfosalizylsäureprobe: Harneiweißprobe nach Roch u. Macwilliam; einige ml Harn werden tropfenweise mit einer 10- bis 20%igen Lösung von Sulfosalizylsäure versetzt. Je nach Eiweißgehalt Trübung oder Ausfallen eines Niederschlages. Es werden alle Eiweiße gefällt, auch Albumosen, die beim Erwärmen im Gegensatz zum Eiweißniederschlag in Lösung gehen. Die Probe ist sehr empfindlich. [47]

Sulfur ⟨*lat*⟩ *n* ↑Schwefel.

S. depuratum DAB 7: durch Waschen des Sulfur sublimatum mit Ammoniakwasser gewonnener Schwefel. Größere Teilchen als beim Sulfur praecipitatum. Mildes Abführmittel durch Bildung von H_2S im Darmkanal. Die Reduktion des Schwefels erfolgt durch Darmbakterien.

S. praecipitatum DAB 7: Lac sulfuris, Schwefelmilch; durch chem. Fällung aus löslichen Schwefelverbindungen gewonnen. Wegen der feineren Teilchengröße wirksamer als Sulfur depuratum. Zur äußerlichen Verwendung z. B. in der Dermatologie, innerlich ist präzipitiertes S. kontraindiziert.

S. sublimatum ↑Schwefelblüte. [44]

Sulfurikation ⟨*lat*⟩: Oxydation von Schwefel u. Schwefelverbindungen zu Sulfaten durch Mikroorganismen; ↑Schwefelbakterien. [42]

Sulkowitsch-Probe: grobe Probe auf Kalzium im Harn, das mittels Sulkowitsch-Reagens als Ca-Oxalat ausgefällt wird. Der Grad der auftretenden Trübung gibt Anhalt für die im Harn enthaltene Menge Kalzium u. läßt Rückschluß auf den Kalziumgehalt des Blutes zu. [47]

Sulzberger-Bloch' Syndrom: Syn. Siemens–Bloch' Pigmentdermatose = Melanoblastosis Bloch–Sulzberger = Incontinentia pigmenti Bloch–Sulzberger = Chromatophorennävus = Melanoblastosis cutis linearis sive systematisata = Pigmentdermatose; seltene kongenitale Pigmentdermatose (Pigmentdysplasie) aus dem Formenkreis der multiplen Abartungen. Symptome: meist bereits im Säuglings- u. Kleinkindesalter auftretende eigenartige schmutzig-braune bzw. stahl- bis schiefergraue, spritzerartige Hautpigmentationen verschiedener Form u. Größe. Lokalisation vorwiegend an den seitlichen Rumpfpartien. Wenn Extremitäten befallen werden, sind es vorwiegend Oberarme u. Oberschenkel. Gesicht u. Schleimhäute bleiben meist frei. An anderen Anomalien kommen bisweilen vor: Alopezie, Nageldystrophie, Nävi, Störungen des Zahnsystems Augenveränderungen, Störungen des ZNS, Hirsutismus, kongenitale Hüftgelenkluxation, Gynäkotropie. [32]

Summation ⟨*lat*⟩ *f:* 1. (physiolog.) S. der Erregung, additive Wirkung von Reizen, die bei einer größeren Anzahl von Reizen bei entsprechend kleinem Reizabstand (die Wirkung des 1. Reizes darf noch nicht abgeklungen sein, wenn der nächste Reiz wirksam wird, wobei er auch nicht in die refraktäre Phase fallen darf) zu einer Vergrößerung des Reizeffektes führt (z. B. ↑Muskeltetanus); [7] 2. (pharmakolog.) additives Verhalten der Einzelwirkungen bei Gabe von Kombinationspräparaten. [44]

Summationseffekt bei der Röntgenaufn. wird ein 3-dimensionales Objekt in ein 2-dimensionales Bild transformiert. Alle durchstrahlten Ebenen werden auf einen Film summiert. Durch Summation können Befunde vorgetäuscht werden (Summationseffekt). Summationseffekte können mit Durchleuchtung, Aufnahme in 2 Ebenen, Schichtuntersuchung u. Spezialaufnahmen geklärt werden. [26]

~gifte: z. B. Gifte, bei denen sich die Zuführung auch geringster (an sich unterschwelliger) Dosen summiert u. so durch eine weitere geringe (ebenfalls unterschwellige) Dosis ein tox. Effekt erreicht wird; ↑Insektizide. Gegensatz ↑Konzentrationsgifte. [58]

Summationstöne: läßt man auf das Gehörorgan zwei Töne verschiedener Schwingungszahl n_1 bzw. n_2 einwirken, so hört man, wie Helmholtz zuerst beobachtet hat, durch Addition der Schwingungszahlen neben den Grundtönen auch noch einen hohen Ton, der in seiner Frequenz der Summe der Teiltöne entspricht, also gleich $n_1 + n_2$. Die S. sind nur sehr schwer wahrzunehmen, am besten dann, wenn die beiden prim. Töne mittleren bzw. tiefen Lagen angehören u. von zahlreichen Obertönen überlagert sind. [7]

Summitates ⟨*lat*⟩ *f, Pl:* Zweigspitzen, zur Herstellung volkstümlicher Heilmittel. [44]

Sumpffieber ↑ Malaria. [40]

Sumpfgas ↑ Methan. [8]

Superazidität ⟨*lat*⟩ ↑ Hyperazidität. [8]

Supercilium ⟨*lat*⟩ *n:* Augenbraue; eigentlich das über (super) der Augenwimper (Cilium) Liegende; *Adj* superciliaris zu den Augenbrauen gehörig. [1]

Superfecundatio ⟨*lat*⟩ *f:* Überschwängerung; Befruchtung von verschiedenen Eiern des gleichen Zyklus, wobei eine zweite Befruchtung sich einer bereits bestehenden aufpfropft. Die zweite kann sogar von einem anderen Sexualpartner stammen. Die bis vor wenigen Jahren unbewiesene S. ist neuerdings wahrscheinlich gemacht durch mehrere Beobachtungen von Zwillingen, deren Väter verschiedene typ. Erbeigenschaften besaßen. Hingegen spricht auch extreme Differenz von Zwillingen nicht für S., sondern nur für differente Lebensbedingungen in der Gebärmutter. [29]

Superfetatio ⟨*lat*⟩ *f:* „Überbefruchtung"; Befruchtung einer Eizelle, welche einem Follikelsprung entstammt, welcher bei einer schon bestehenden Schwangerschaft eingetreten ist. Extrem selten, aber auch für den Menschen nachgewiesen. [29]

Superficies ⟨*lat*⟩: Oberfläche; *Adj* superficialis oberflächlich. [43]

Superinfektion ⟨*lat*⟩ *m:* wiederholte Infektion mit dem gleichen Krankheitserreger, bevor Immunität durch die vorangegangene Infektion eingetreten ist. [40]

superior ⟨*lat*⟩: weiter oben gelegen; Komparativ von superus oben gelegen (in den JNA meist durch ↑ cranialis ersetzt). [1]

Superregeneration ⟨*lat*⟩ *f* ↑ Hyperregeneration. [5]

Supersekretion ⟨*lat*⟩ ↑ Hypersekretion. [9]

Supination ⟨*lat*⟩ *f:* Auswärtsdrehung der Hand u. des Vorderarmes; an den Füßen Hebung des medialen Fußrandes; Gegensatz ist ↑ Pronation. [1]

Supinator ⟨*lat*⟩ *m:* Auswärtsdreher; gebraucht als Kurzbezeichnung für den Muskel, der durch Drehung des Unterarms die Handfläche nach oben bzw. vorn richtet; ↑ M. supinator. [1]

Supplement: Konglutinationsmittel; makromolekulare organ. Verbindungen, in denen Erythrozyten aufgeschwemmt werden, um das für den Nachweis inkompletter Antikörper erforderliche kolloidale Milieu herzustellen. [39]

Suppositorium ⟨*lat*⟩ *n,* **-a** *Pl: Abk* Supp., Stuhlzäpfchen; Kegel verschiedener Stärke im Gewicht von 1,0–5,0 g zur rektalen Therapie. Die Grundmasse war früher meist ↑ Kakaobutter mit einem Schmelzpunkt von 30–35 °C; heute werden vielfach auch Fette oder andere Stoffe mit gleichen physikal. Eigenschaften genommen. Das wirksame Medikament wird mit der Grundmasse verrieben, bevor sie in Formen gepreßt oder gegossen wird. Glumae suppositoriae, Hohlsuppositorien. Das Medikament wird in hohle Suppositorien gegeben, die dann durch Deckel aus Grundmasse geschlossen werden. [44]

Suppressorband: schmaler Streifen der Hirnrinde im vorderen Bereich des Gyrus praecentralis (area 4 s). Die Reizung dieser Region bewirkt eine kontralaterale Unterdrückung der durch das motor. Hirnrindenfeld ausgelösten Bewegungen. [20]

Suppurantia remedia ⟨*lat*⟩ *n, Pl:* eiterziehende Mittel; Mittel, die die Einschmelzung eitriger Prozesse oder den Abfluß des Eiters nach außen fördern. [44]

Suppuratio(n) ⟨*lat*⟩: Eiterung; *Adj* suppurativ, eitrig. [4]

Supracortin: veraltete Bezeichnung für Hormone der Nebennierenrinde. [8]

Supraklavikular|grube: Grube, die oberhalb des Schlüsselbeins (Clavicula) gelegen ist; ↑ Fossa supraclavicularis.

~punkt ↑ Erb' Punkt. [1]

supraorbital ⁎ **supraorbitalis** ⟨*lat*⟩: über der Augenhöhle (Orbita) liegend. [1]

Supraorbitalneuralgie ⟨*lat, griech*⟩ *f:* Neuralgie des N. supraorbitalis im Ausbreitungsbereich des N. trigeminus. Sehr häufig bei verschiedenen Infektionen, wie Grippe, Rheuma, Malaria, bei Nebenhöhleninfektionen, ungenügender oder falscher Korrektion von Brechungsfehlern, Augenmuskelstörungen jeder Art von entzündlicher Augenerkrankung u. nicht zuletzt bei Anophthalmus, wohl durch Auskühlung der Augenhöhle. [36]

Suprarenin® ↑ Adrenalin. [44]

supraspinalis, supraspinatus ⟨*lat*⟩: über dem Grate, Dorn (des Schulterblattes) liegend. [1]

Suprasterin I u. II: Überstrahlungsprodukte des Ergosterins; als Vitamin D unwirksam; ↑ Lumisterin. [8]

Supravitalfärbung: korrekterer Ausdruck für Vitalfärbung, da sich nicht die lebenden, sondern die absterbenden Zellen anfärben. Viele Farbstoffe werden dazu verwandt, beliebt ist bes. Brillant-Kresylblau; Retikulozyten-, Innenkörper-, Sudanfärbung. [11]

Sura ⟨*lat*⟩ *f:* Wade. [1]

Suramin° = **Germanin**°: kompliziert zusammengesetztes symmetr. Harnstoffderivat; Beeinflussung des Kohlenhydratstoffwechsels des Erregers der Schlafkrankheit. Vor allem zur Prophylaxe u. im Frühstadium der ↑Schlafkrankheit durch *Trypanosoma gambiense* u. *T. rhodesiense* sowie zur Therapie bei der Onchocerciasis einer Filarienerkrankung durch ↑Onchocerca volvolus. Nebenwirkungen sind tox. Nierenschäden, allerg. Reaktionen, Gerinnungshemmung. [44]

Surditas ⟨*lat*⟩ *f:* Taubheit. [28]

Surdomutitas ⟨*lat*⟩ *f:* Taubstummheit. [28]

Surfactant ⟨*engl*⟩ ↑Antiatelektasefaktor. [15]

Surra: eine Trypanosomen-Erkrankung (Trypanosomiasis) der Haustiere u. Kamele durch *Trypanosoma evansi.* [58]

Surrogat ⟨*lat*⟩ *n:* Ersatzstoff, Ersatzmittel, Behelf. [44]

Susagemisch: Sublimat-Essigsäure-Formalin-Mischung, die gleichzeitig entkalkend wirkt, zur Fixierung von Knochenmark u. sonstigen hämatopoet. Organen für Giemsa-Schnittfärbung. [11]

suspendieren ⟨*lat*⟩: 1. aufhängen; 2. chem. Herstellung einer ↑Suspension oder eines ↑Suspensoids eines festen Stoffes in einem flüssigen Dispersionsmittel. [8]

Suspension ⟨*lat*⟩ *f:* Aufschwemmung (Verteilung, Dispersion) feinster, ungelöster Teilchen (disperser Anteil, dispergierte Phase) in der Größe von über 100 nm in einer Flüssigkeit (Dispersionsmittel); ↑Emulsion. [8]

Suspensionskolloide: grob disperse Systeme von polydisperser Dispersionsart; Teilchengröße über 100 nm; das Dispersionsmittel ist flüssig, der disperse Anteil fest; ↑Suspension. [16]

Suspensoide ↑Suspensionskolloide. [16]

Suspensorium ⟨*lat*⟩: Tragbeutel für Hodensack oder Mamma. [18]

Süßholz ↑Succus Liquiritiae. [44]

Süßstoffe: organ. Substanzen mit höherer Süßkraft als Rohrzucker. Sie dienen zum Süßen von Lebensmitteln, vor allem in der Ernährung von Diabetikern u. auch Übergewichtigen, da sie keinen Nährwert haben. Die S. gehören sehr verschiedenen chem. Stoffklassen an. Am längsten bekannt (seit 1879) ist das ↑Saccharin mit 450- bis 500facher Süßkraft, das in höheren Konzentrationen bitter schmeckt; die duldbare tägliche Aufnahme beträgt für den Menschen 5 mg/kg. Andere S. sind ↑Dulzin mit 250facher Süßkraft, ferner das Cyclamat, die beide bei überhöhter Dosierung nicht unbedenklich zu sein scheinen. Einige Derivate des p-Nitrophenols haben eine 2000- bis 3000fache Süßkraft (Intensivsüßstoffe). Substitutionsprodukte haben analget. u. antipyret. Wirkungen. [8]

Sustentakulum ✱ **Sustentaculum tali** ⟨*lat*⟩ *n:* Knochenvorsprung am Fersenbein nach medial, der das Sprungbein mitträgt. [23]

susurrus ⟨*lat*⟩: sausend oder Sausen, z. B. S. aurium Ohrensausen. [9]

Sutton' Krankheit ↑Naevus leukopigmentosus. [43]

Sutur ✱ **Sutura** ⟨*lat*⟩ *f:* Naht; Knochenverbindung, bei der zwei benachbarte Knochenbänder durch schmale Bindegewebsplatten miteinander verbunden werden; z. B. die Nähte zwischen den Schädelknochen. [1]

Suturdiastase ⟨*lat, griech*⟩ *f:* Sprengung der Schädelnähte bei starker intrakranieller Drucksteigerung. [20]

Suxamethonium°: Bernsteinsäure-bis-cholinester, Muskelrelaxans; myoneuraler ↑Block. Pantolax®, Succinyl-Asta®. [44]

SV 40 ↑Simlan viren 40. [40]

Svartz–Schlossmann' Reaktion (Nana Svartz u. K. Schlossmann, Serologen, Stockholm): prakt. wichtige Modifikation der Reaktion nach ↑Waaler–Rose. Sie bestimmt lediglich den patholog. Anteil bei der Agglutination sensibilisierter Hammelblutkörperchen im Patientenserum, indem die normalen Hetero-Agglutinine, die auch unvorbehandelte Schafblutkörperchen angreifen, durch vorherige Absorption mit nativen Hammelerythrozyten entfernt werden. [39]

Svedberg, Theodor (*1884), schwed. Chemiker. Nach ihm die Svedberg-Einheit, 1926 Nobelpreis für Chemie.

S.-Einheit = S.: Einheit des Sedimentationskoeffizienten im Wasser bei 20°C; ↑Sedimentationskonstante. [40]

S.-Zentrifuge ↑Ultrazentrifuge. [47]

Swaarts' Pilzfärbung (J. Swaarts, 1953): Kontrastfärbung für Pilze in biolog. Material mit Phloxin B nach Aufhellung in Kalilauge u. Laktophenol. [43]

Swift' Krankheit ↑Feer' Krankheit. [32]

Sydenham, Thomas (1624–1689), Arzt, London.

S' Chorea ↑Chorea minor. [33]

Sykosis ✱ **Sycosis** ⟨*griech*⟩ *f:* alte Bezeichnung für ↑Folliculitis barbae (S. non parasitaria, S. vulgaris, S. simplex) oder ↑Trichophytie der Bartregion (S. parasitaria). [43]

Sylvest, Ejnar (1880–1931), dän. Arzt.

S' Syndrom ↑Bornholmer-Krankheit. [9]

Sylvi' Gefäßgruppe: Äste des Inselabschnittes der A. cerebri media. [20]

Sylvius, Frans de le Boë (1614–1672), Anatom, Amsterdam, Leyden.

S' Aquädukt = Aquaeductus Sylvii ↑Aquaeductus cerebri.

S' Furche ↑Sulcus cerebri lateralis. [1]

Sylvius, Jacques du Bois (1478–1555), Anatom, Paris. Nach ihm wurde der M. quadratus plantae (Caro quadrata) benannt. Er verdient Erwähnung als Lehrer Vesals. [1]

Symbionten ⟨*griech*⟩ *m, Pl:* in ↑Symbiose zusammenlebende Organismen. [58]

Symbiose ⟨*griech*⟩ *f:* Zusammenleben verschiedenartiger Organismen zu gegenseitigem Nutzen, meist durch bes. Anpassungen ermöglicht. Der einzelne Symbiont kann in der Regel nicht für sich allein existieren. [58]

S., fusospirilläre ↑Angina Plaut-Vincenti.

~verfahren: bei Züchtung hämophiler ↑Bakterien: gemeinsame Kultur von hämophilen Bakterien, denen der V-Faktor fehlt, z. B. *Haemophilus influenzae,* mit Keimen die den V-Faktor produzieren, z. B. Staphylokokken, auch als Ammenphänomen oder Satellitenwachstum bekannt. [41]

Symblepharon ⟨*griech*⟩ *n:* Verwachsungen zwischen der Conjunctiva bulbi u. tarsi oder der Konjunktiva beider Lider, häufig nach Verbrennungen u. Verätzungen, Verletzungen, Trachom u. Pemphigus. [36]

Symbol|agnosie: eine Form der Agnosie, bei der sich das Nichterkennen nur auf akust., mim. oder graph. Laut- oder Sprachsymbole bezieht.

~erleben ↑Wirklichkeitsbewußtsein.

~handlungen: Grüßen, Winken, Drohen, Zupfen u. Spielen als Sinnbilder geistiger Vorgänge. [34]

Symbolophobie ⟨*griech*⟩ *f:* Zwangsvorstellung, daß eine Handlung, ein Ereignis (z. B. Herabfallen eines Bildes) symbolhaften Charakter habe, Unglück, Gefahr, Verbrechen anzeige. [34]

Syme, James (1799–1870), Chirurg, Edinburgh.

S' Stumpfplastik: Exartikulation im oberen Sprunggelenk mit Abtragung des Innen- u. Außenknöchels; der deckende Hautlappen wird aus der Fersengegend gebildet; ↑Pirogow' Operation. [18]

Symelie ⟨*griech*⟩ *f* ↑Sirene. [5]

Symmers, Douglas (1879–1952), amerikan. Pathologe.

S' Krankheit ↑Brill–Symmers' disease. [4]

Sympathektomie ⟨*griech*⟩ ↑Grenzstrangresektion.

S., periarterielle: operative Entfernung der ↑Adventitia einer Arterie u. damit des sympath. Geflechtes in etwa 10 cm Länge, meist im oberen Drittel der Extremitäten-Hauptschlagader bei Durchblutungsstörungen (Raynaud' Krankheit). [20]

Sympathikoblastom ↑Sympathoblastom. [4]

Sympathikogoniom ↑Sympathogoniom. [4]

Sympathikolytika ⚹ **Sympathicolytica remedia** ⟨*griech, lat*⟩ *n, Pl:* Stoffe, die in der Lage sind, die Effekte einer Sympathikusreizung am Erfolgsorgan (z. B. glatte Gefäßmuskulatur) aufzuheben; in α-Sympathikolytika (Sekalealkaloide, Yohimbin, Dibenamin) u. β-Sympathikolytika (Dichlorisoprenalin, Pronethalol, Propranolol) unterteilt. α-Blocker hemmen die fördernde Adrenalinwirkung, z. B. Blutdruckanstieg, so daß es sogar zur Umkehr des Adrenalineffektes kommt (der Effekt des Pharmakons überwiegt jetzt). β-Sympathikolytika hemmen vor allem die leistungsfördernde Wirkung des Adrenalins auf das Herz. α-Blocker werden deshalb bes. als Antihypertonika angewandt, β-Blocker bei Angina pectoris u. bei Herzrhythmusstörungen; ↑Alpha-Rezeptoren, ↑Beta-Rezeptoren. [44]

Sympathikomimetika ⚹ **Sympathicomimetica remedia** ⟨*griech*⟩ *n, Pl:* Pharmaka, die lokal oder im gesamten Organismus die gleiche Wirkung wie eine Sympathikuserregung erzeugen. Dazu gehören Stoffe, die die Effektorenorgane auf die gleiche Weise aktivieren oder hemmen wie die Überträgersubstanzen des Sympathikus selbst (Adrenalin, Noradrenalin); sie zeigen Verstärkung ihrer Wirkung durch Kokain u. einen Antagonismus zu den Sekalealkaloiden. Die andere Gruppe der Sympathikomimetika wirkt wahrscheinlich indirekt durch Freisetzung von Noradrenalin u. Adrenalin aus den sympath. Nervenendigungen u. dem Nebennierenmark (z. B. Ephedrin). Unterscheidung einer α-Wirkung (Gefäßkonstriktion, bes. des Magen-Darm-Traktes, Blutdruckanstieg, Peristaltikveränderung) u. einer β-Wirkung (Erschlaffung der glatten Muskulatur, bes. des Darmes, der Bronchien, Erweiterung der Muskel- u. Kranzgefäße u. Förderung der Herzleistung) der Sympathikomimetika. Prototyp der α-Wirkung = Noradrenalin, Prototyp der β-Wirkung = Isoprenalin (Aludrin®). [44]

Sympathikotonie ⟨*griech*⟩ *f* (Eppinger): Zustand, bei dem sich der Sympathikus in erhöhter Erregbarkeit befindet. Dadurch kommt es zu einer erhöhten vasomotor. Erregbarkeit mit weiten Pupillen, Tachykardie, Neigung zum Schwitzen. [7]

Sympathikotonus ⟨*griech*⟩ *m:* der Einfluß, den der orthosympath. Anteil des vegetativen Nervensystems auf die ihm unterstellten Organe dauernd ausübt. Dieser kann gegenüber der Norm gesteigert, aber auch herabgesetzt sein. [7]

Sympathikus ⟨*griech*⟩ *m:* Kurzbezeichnung für Truncus sympathicus = Grenzstrang; ↑Orthosympathikus. [1]

~blockade = „Grenzstrangblockade": Injektion einer wäßrigen Prokainlösung in die

Gegend des Sympathikusgrenzstranges bzw. seiner Ganglien in Hals-(↑ Stellatumblockade), Brust- oder Lendenregion zur vorübergehenden Leitungsunterbrechung, wodurch spast. Gefäßzustände, Schmerzen usw. oft günstig beeinflußt werden. [33]

~resektion ↑ Grenzstrangresektion. [20]

Sympathikus-Syndrom, zervikales: Symptomenkomplex bei degenerativen Schäden der HWS; Störung am N. vestibularis, Kopfschmerz im hinteren Schädelbereich, selten Nystagmus. [28]

Sympathin: der Sympathikusstoff; vermutlich ausschließlich das ↑ Noradrenalin als Überträgerstoff der sympath. Nervenendigungen. S. wird auch unterteilt in ein S.I. (= inhibitory), das mit Adrenalin, u. ein S.E. (= exhibitory), das mit Noradrenalin ident. ist. [8]

Sympathoblastom ⟨*griech*⟩ = Sympathikoblastom: bösartige, bes. vom Nebennierenmark u. Grenzstrang ausgehende Geschwulst des frühen Kindesalters. Histolog. protoplasmareiche Zellen, bisweilen in Pseudorosetten, mit Bildung feiner Fasern. Eine unreifere Form, in der noch keine Fasern gebildet werden, wird als Sympathogoniom bezeichnet. [5]

Sympathogoniom ⟨*griech*⟩ ↑ Sympathoblastom. [25]

S. Typ Hutchinson: Ansiedlung der Metastasen vorwiegend im Knochensystem. [4]

S. Typ Pepper ↑ Pepper' Syndrom. [32]

Symphyse ✱ **Symphysis** ⟨*griech*⟩ *f:* die Verwachsung; vorzugsweise gebraucht für Symphysis pubica, die Schambeinfuge oder Schamfuge. [1]

Symphysen|sprengung: Zerreißung der Schambeinfuge durch Kompression des Beckens, entspricht funktionell einem ↑ Bekkenringbruch. [18]

~zeichen ↑ Brudzinsky' Symphysenzeichen. [33]

Symphyseotomie ⟨*griech*⟩ *f:* Durchtrennung der Schamfuge zum Zwecke der Erweiterung des knöchernen Beckenringes unter der Geburt bei engem Becken; veraltete, auf Sigault (1777) zurückgehende Operation, die durch die Schnittentbindungserfolge nur noch vereinzelt Existenzberechtigung hat. [29]

Symplasma ⟨*griech*⟩ *n:* vielkernige Protoplasmamasse, die durch den Ablauf atyp. Kernteilungen mit ausbleibender Protoplasmadurchschnürung entstanden ist (z.B. Fremdkörperriesenzellen, Langhans' Riesenzellen); ↑ Synzytium. [2]

Symplex ⟨*griech*⟩ *n:* nach Willstätter lockere Verbindung aus einem kolloiden Träger mit der Wirkungsgruppe eines Enzyms zu dem Holoenzym; ↑ Pherone. [8]

Sympodie ⟨*griech*⟩ *f* ↑ Sirene. [5]

Symptom ⟨*griech*⟩ *n:* Krankheitszeichen. [9]

symptomatisch: Bezeichnung von Krankheitserscheinungen, die kein selbständiges Leiden darstellen, sondern als Symptom einer umfassenderen Erkrankung zu werten sind. [9]

Symptomatologie ⟨*griech*⟩: Lehre von den Krankheitszeichen. [9]

Symptomenkomplex ⟨*griech*⟩ ↑ Syndrom. [9]

Sympus ⟨*griech*⟩ *m* ↑ Sirene. [5]

Synadelphus ⟨*griech*⟩ *m:* Doppelmißbildung mit Verschmelzung von Kopf u. Rumpf. [5]

Synagotherapie ⟨*griech*⟩: Syn. Cyclotherapie „statique"; ↑ Kreuzfeuertherapie mit vielen konzentr. aufeinander ausgerichteten Stehfeldern (↑ Stehfeldtherapie), bei der mit großem Zeitaufwand für die Einstellung günstige Dosisverteilungen erreicht werden, die denen bei der ↑ Bewegungsbestrahlung ähnlich sind. [26]

Synalgie ⟨*griech*⟩ *f:* schmerzhafte Mitempfindung in einem nicht erkrankten Glied. [33]

Synapse ✱ **Synapsis** ⟨*griech*⟩ *f:* 1. physiolog. u. anatom. nachweisbare umschriebene Verbindungsstelle (Umwertungsstelle der Erregung) zwischen zwei Neuronen (interneuronale Synapse), zwischen einem Neuron (Nervenendapparat) u. dem Erfolgsorgan (Neuro-Effektor-Synapse) u. zwischen einem Neuron (sensibler Endapparat) u. einer Sinneszelle (Neuro-Rezeptor-Synapse). Die interneuronale Synapse besteht lichtmikroskop. aus zwei neurofibrillären Polen, die durch eine Doppelmembran voneinander getrennt sind. Elektronenopt. konnten im prä- u. postsynapt. Gebiet zahlreiche Mitochondrien nachgewiesen worden. Ferner sind bes. im präsynapt. Territorium regelmäßig synapt. Bläschen von 20–60 nm Durchmesser sichtbar. Eine prä- u. postsynapt. Membran begrenzt den etwa 20 nm breiten synapt. Spaltraum. Auch im Bereich des peripheren Nervensystems gibt es keine Kontinuität (kein Terminalretikulum) zwischen Nervenendapparat u. Effektorzelle, sondern echte Neuro-Effektor-Kontaktsynapsen. Die in die Zytoplasmamembran der Schwann' Zellen eingefalteten Axone treten durch Ausfaltung in direkten Kontakt mit dem Erfolgsorgan (Neuro-Effektor-Synapse). Auch diese S. zeigen eine Doppelmembran mit synapt. Spalt von 15–20 nm Durchmesser. In letzter Zeit ist es gelungen, in einigen Abschnitten des ZNS eine Klassifikation der Synapsen auf Grund der submikroskop. Organisation vorzunehmen. So unterscheiden Bargmann u. Mitarb. im Zwischenlappen der Hypophyse a) Synapsen mit synapt. Bläschen (Typus der cholinergen Synapsen), b) Synapsen mit synapt. Bläschen u. kleinen massendichten Granula (Typus der adrenergen bzw. aminergen Synapsen), c) Synapsen mit synapt. Bläschen u. neurosekretor. Elementargranula. Einteilung der Synapsenformen: A. Interneuronale Synapsen: 1. axosomat. Synapsen, a) terminaler Typus, b) kollateraler Typus; 2. axodendrit. Synapsen, a) terminaler Typus, b) kollateraler Typus; 3. axoaxon. Synapsen. B. Neuro-Effektor-Synapsen; C. Neuro-Rezeptor-Synapsen. [2] 2. (physiolog.) Ort an der Membran des Nervenzellkörpers (Soma) oder seinen baumartigen Fortsätzen (Dendriten), wo die über die präsynapt. Fasern anderer Nervenzellen einlaufenden ↑Aktionspotentiale zur Freisetzung eines ↑Mediators führen, die die Membran des Folge-Neurons (= nachgeschaltete Nervenzelle) zur ↑Depolarisation oder zur ↑Hyperpolarisation bringen u. damit eine Erregung oder Hemmung dieser Nervenzelle erzeugen. [7]

Synaptinemalkomplex ⟨*griech*⟩: fädiger, bei der Zellteilung auftretender Bestandteil der Chromosomen. [6]

Synaptotrope Wirkung: 1. auf die Erregungsübertragung in den Ganglien des vegetativen ↑Nervensystems gerichteter Effekt chem. Verbindungen. Neben ganglionär erregenden Stoffen spielen therapeut. vor allem die Verbindungen eine Rolle, die zu einer Unterbrechung der Erregungsübertragung von der prä- auf die postganglionäre Faser führen. Sie werden als ↑Ganglienblokker bezeichnet; 2. auf die Erregungsübertragung von der postganglionären Faser auf das Erfolgsorgan gerichteter Effekt (Cholinesterasehemmer, ↑Atropin, ↑Sympathikomimetika u. Sympathikolytika); 3. auf die Erregungsübertragung von motor. Nerven auf den quergestreiften Muskel gerichteter Effekt (↑Myorelaxanzien). [44]

Synärese ✶ **Synaeresis** ⟨*griech*⟩: Entmischung hydrophiler Kolloide, vor allem beim Stehen; z. B. Absonderung von Flüssigkeit aus gelierter Marmelade; Schrumpfung des Fleisches (Muskeleiweiß) bei der Totenstarre (Rigor mortis); rückläufige Entquellung der Stärke (vor allem des Amylopektins) im frisch gebackenen Brot (Retrogradation der Stärke, Altbackenwerden von Gebäck). [16]

Synarthrose ✶ **Synarthrosis** ⟨*griech*⟩ *f:* Knochenverbindung, bei der die angrenzenden Knochen ohne Gelenkspalt durch Knorpel, Faserknorpel oder Bindegewebe (Synchondrose bzw. Syndesmose) miteinander verbunden sind. Die Knochen sind daher nicht frei gegeneinander beweglich. [23]

Synästhesialgie ↑Kausalgie. [18]

Synästhesie ⟨*griech*⟩ *f:* abnorme Mitempfindung z. B. Licht- oder Farbempindungen bei Schalleindrücken (Phorismen) oder (seltener) Tonempfindungen auf Grund von Lichtreizen; gelegentlich auch auf anderen Sinnesgebieten beobachtet. [33]

Synchilia ⟨*griech*⟩ *f:* Lippenverwachsung; angeboren oder durch Narbenzug erzeugt; Beseitigung durch ↑Stomatoplastik. [37]

Synchisis (corporis vitrei) ⟨*griech, lat*⟩ *f:* Glaskörperverflüssigung, mit der Spaltlampe leicht feststellbar. Häufig bei Myopie, nach Entzündungen u. Verletzungen. Wirkt oft ursächlich bei der Ablatio retinae mit. Der Ausdruck wird dafür weniger gebraucht als in Verbindung S. scintillans im Glaskörper, oft plötzlich auftretende u. das Sehen beeinträchtigende flocken- u. punktförmige Trübungen, die im Licht des Augenspiegels stark glitzern. Sie bestehen aus Cholesterin, Tyrosin, Leuzin, Kalksalzen u. Phosphaten. Beziehungen zu allgemeinen Stoffwechselstörungen kaum nachweisbar. [36]

Syncholie ⟨*griech*⟩ *f:* Ausscheidung von Fremdstoffen mit der Galle. [9]

Syncholika ⟨*griech*⟩ *n, Pl:* Fremdstoffe, die von der Leber mit der Galle ausgeschieden werden. [9]

Synchondrose ✶ **Synchondrosis** ⟨*griech*⟩ *f* = Junctura cartilaginea ⟨*lat*⟩ *f* (PNA): Knorpelhaft; Verbindung zweier Knochen mittels hyalinen Knorpels (z. B. Rippenknorpel u. Epiphysenknorpel) oder Faserknorpel (z. B. Bandscheiben zwischen den Wirbelkörpern oder Symphysenscheibe zwischen den beiden Schambeinen). [1]

Synchromie ⟨*griech*⟩ *f:* hypothet. Form der Farbenblindheit, bei der zwar alle 3 Pigmente vorhanden sein, aber je 2 die gleiche Empfindung hervorrufen sollen, z. B. die Rot-Grün-(R.G.)Synchromie. [36]

synchron ⟨*griech*⟩: gleichzeitig. [54]

Synchrotron ⟨*griech*⟩ *n:* Gerät zur Beschleunigung von Elektronen u. Protonen auf sehr hohe Energien. Weiterentwicklung des ↑Betatrons u. des ↑Zyklotrons. [59]

Syncretio ⟨*griech, lat*⟩ *f* ↑Concretio. [5]

Syndaktylie ⟨*griech*⟩ *f:* Verwachsung von Fingern u. Zehen. [5]

S., akrozephale: angeborene Systemkrankheit des Skeletts mit Turmschädel, dessen Basis der Hinterkopf bildet u. stark vorspringender Stirnmitte als Spitze, Syndaktylie, Synostosen von Radius u. Ulna, Gaumenspalte u. Herzfehler. [23]

Syndektomie ⟨*griech*⟩ ↑Peridektomie. [18]

Syndesmologie ⟨*griech*⟩ *f:* Bänderlehre. [1]

Syndesmose ✶ **Syndesmosis** ⟨*griech*⟩ *f* = Junctura fibrosa ⟨*lat*⟩ *f* (PNA): Bandhaft;

Verbindung zweier Knochen durch zwischengelagertes Bindegewebe (z.B. Membrana interossea zwischen Ulna u. Radius bzw. Tibia u. Fibula). [1]

Syndrom ⟨*griech*⟩ *n:* Symptomenkomplex, eine in typ. Kombination auftretende Gruppe von Krankheitszeichen. Einem S. können ätiolog. u. pathogenet. verschiedene Mechanismen zugrunde liegen. Syndrome siehe unter dem Syndrom-Begriff, z.B. ↑Sudeck' Syndrom. [9]

S. der angeborenen zystischen Hygrome: Syn. angeborene Zystenhygrome; Krankheitsbild der meist multiplen, sog. zyst. Hygrome. Oft multiple, bereits bei der Geburt vorhandene, äußerlich gut sichtbare, schlaffe, mit wäßriger bernsteinfarbiger Flüssigkeit gefüllte, gekammerte Hautsäcke mit bevorzugter Lokalisation im Bereich des Halses u. der Achselhöhle. Ist das sog. Hygroma colli cysticum congenitum bes. groß, kommt es häufig zu Atem- u. Schluckbeschwerden. Ätio.-Patholog.: Persistenz embryonal präformierter Lymphsäcke, von denen der jugulare der größte ist u. vorwiegend auf der re. Halsseite zum zyst. Hygrom disponiert. [32]

S. der blauen Skleren ↑van der Hoeve' Syndrom. [36]

Synechie ⟨*griech*⟩ *f:* Verwachsung der Iris; 1. vordere S. = Verwachsung der Iris mit der Hornhauthinterfläche, ↑Leukoma adhaerens; 2. hintere S. = Verwachsung der Iris mit der Linsenvorderfläche (oder auch Nachstar oder verdichtetem Glaskörper). [36]

Synechiotomie ⟨*griech*⟩ *f:* Durchschneidung von Synechien der Iris, am besten mit dem von Axenfeld angegebenen Synechiotom. [36]

Synephrin□**:** Oxyphenyl-methylaminoaethanoltartrat. Sympathikomimetikum. Sympatol®.

Synergismus ⟨*griech*⟩: Gegenteil ↑Antagonismus. Gegenseitiges Zusammenwirken 1. von Organen, z.B. mehreren Beugeoder mehreren Streckmuskeln; 2. zweier Organismen (Mikroorganismen) a) im Sinne einer beiderseitigen Förderung, z.B. Spirochäten + Fusobakterien bei Angina Plaut-Vincenti, b) im Sinne der Bildung oder Verwertung von Stoffen, die nur von beiden gemeinsam gebildet oder verwertet werden; 3. gegenseitige Beeinflussung mehrerer Therapeutika im Sinne einer gesteigerten oder neuartigen Wirkung. [42]

Synergist ⟨*griech*⟩: in der Insektizidkunde ein für sich selbst nicht giftiger Stoff, der die Giftwirkung eines Insektizids erhöht (in Pyrethrumpräparaten kann man beispielsweise aus Pyrethrum bis zu 90% durch Piperonylbutoxid ersetzen); in der Biochemie Substanzen, die an sich keine oder nur begrenzte antioxydative Wirkung z.B. gegenüber Fetten (Fettverderben) entfalten, die aber im Zusammenwirken mit Fett-Antioxydanzien wirksam werden; hierzu gehören z.B. die Zitronen-, Askorbin- u. Phosphorsäure. [16] (physiolog.) Muskel, der innerhalb einer Muskelgruppe die Wirkungsweise eines anderen Muskels unterstützt. [7]

synergistisch: *Adj* zu ↑Synergismus, gleichsinnig. [44]

syngen ⟨*griech*⟩: neue Bezeichnung für erbgleiche Spender-Empfänger-Beziehungen (eineiige Zwillinge; Inzuchttiere); frühere Bezeichnung isolog. [40]

Synkarion ⟨*griech*⟩ *n:* der durch Verschmelzung zweier hyploider Kerne entstandene diploide Zellkern. [42]

Synkarzinogenese ⟨*griech*⟩ *f* (K.H. Bauer): Kombination zweier oder mehrerer schädlicher Wirkungen, die gemeinsam die Einwicklung eines Krebses bedingen, z.B. Teer u. ultraviolette Strahlen. [5]

Synkarzinolyse ⟨*griech*⟩ *f* (K.H. Bauer): Zusammenwirken mehrerer das Krebswachstum einschränkender Hemmungs- bzw. Heilfaktoren. [5]

Synkinese ⟨*griech*⟩ *f:* Mitbewegung, die durch Bewegung von Muskelgruppen herbeigeführt wird, die an u. für sich für den erstrebten u. gewollten Bewegungsvorgang nicht unbedingt notwendig sind. Wenn z.B. die Finger zum Zwecke des Greifens gebeugt werden, so kommt es gleichzeitig zu einer Dorsalbewegung der ganzen Hand im Handgelenk. Die letztere ist für die Durchführung nicht unbedingt erforderlich, sie unterstützt sie aber u. macht vor allem die Greifbewegung elastischer. [6]

Synklitismus ⟨*griech*⟩: Zusammenfallen der Achse des fetalen Schädels mit der Achse des Geburtskanals beim Durchtritt durch die Beckenenge bei querverlaufender Pfeilnaht; Gegensatz ↑Asynklitismus. [29]

Synkope ⟨*griech*⟩ *f:* Syn. für ↑Kollaps.

S. hysterica: hyster. ausgelöster Ohnmachtsanfall. [10]

Synophrys ⟨*griech*⟩ *f:* Zusammenwachsen der Augenbrauen. [5]

Synophthalmus ⟨*griech*⟩ *m* ↑Zyklozephalie. [5]

Synoptophor ⟨*griech*⟩ *m:* in der modernen Diagnostik u. Differentialdiagnose u. Therapie des Schielens unentbehrliches Gerät, das aus den alten Haploskopen u. Stereoskopen hervorgegangen ist. Es gestattet die Arten der Fusion u. ihrer Störungen u. die ↑Schielablenkung zu messen; auch zur pleopt. ↑Behandlung wichtig. [36]

Synorchidie ⟨*griech*⟩ *f:* angeborene Verschmelzung beider Hoden. [24]

Synostose ✱ **Synostosis** ⟨*griech*⟩ *f:* Knochenhaft; feste sek. Verbindung zweier oder mehrerer getrennt angelegter Knochen durch Verknöcherung (z. B. der Kreuzwirbel im Kreuzbein oder generell nach Schwund eines Gelenkknorpels). [1]

Synotie ⟨*griech*⟩ *f:* Syn. Otozephalie; Mißbildung des Kopfes mit völliger oder weitgehender Verschmelzung der Ohrmuscheln am unteren Pol bei Fehlen des Unterkiefers u. mangelhafter Ausbildung des Mundes. [5]

Synovektomie ⟨*griech*⟩ *f:* operative Entfernung der Synovialis meist des Kniegelenks u. anderer Gelenke, z. B. bei chron. unspezif. Synovitis. [23]

Synovia *f:* von Paracelsus geprägter Terminus für den Ernährungssaft der Organe; jetzt nur noch für die von der ↑Synovialis abgesonderte Flüssigkeit (Gelenkschmiere) gebraucht. [1]

Synovialhaut = Stratum synoviale der Gelenkinnenhaut: gefäß- u. nervenhaltige Bindegewebsschicht, die die Gelenkhöhle begrenzt u. die Gelenkschmiere oder Synovia absondert; ↑Gelenk. [2]

Synovialis ↑Synovialhaut. [2]

Synovialom ⟨*griech*⟩ *n:* aus der ↑Synovialis hervorgehende seltene Geschwulst; Vorkommen bes. am Knie-, Fuß- u. Ellenbogengelenk; histolog. von großer Variationsbreite. Das S. steht an der Grenze der Gutartigkeit, d. h., es kann sich auch wie ein bösartiger Tumor verhalten. [5]

Synovialzotten = Villi articulares: aus Bindegewebe bestehende, von unregelmäßig gestalteten Zellen überzogene zapfenförmige Fortsätze der Gelenkinnenhaut (↑Synovialhaut). Die S. enthalten z. T. zahlreiche Kapillaren, die wahrscheinlich für den Stofftransport zwischen Synovia u. Gelenkinnenhaut von Bedeutung sind. In den S. können mitunter einzelne Fett- u. Knorpelzellen nachgewiesen werden. [2]

Synoviitis ⟨*griech*⟩: Entzündung der Gelenkschleimhaut; Entstehung infolge penetrierender Verletzungen, fortgeleitet von entzündlichen Vorgängen der Umgebung, hämatogen (z. B. bei Tuberkulose) u. auf allerg. Basis. Verlauf akut u. chron. Ihre Folgen sind chron. Gelenkerguß (Gelenkwassersucht), Verdickung der Synovialmembran u. Zottenwucherung (Synoviitis villosa). [23]

S. fungosa ↑Fungus. [15]

Synthese ⟨*griech*⟩ *f:* 1. (chem.) Aufbau von chem. Verbindungen; 2. (physiolog.) Verknüpfung, Zusammenfügung; neben der Zergliederung (Analyse) die zweite ständige Komponente bei der Widerspiegelung der Wirklichkeit u. der Anpassung an die Umwelt. [35]

Synthym: Affektwirkungen, die durch eine allgemeine Stimmung veranlaßt werden, wie bei Euphorie, Depression. [34]

Synthymie: einheitliche Affektivität. [34]

Synton: durch ruhige, ausgeglichene u. offene Wesensart, durch Tatkraft, Aufgeschlossenheit u. Einheitlichkeit im Fühlen, Denken u. Handeln gekennzeichnete psych. Struktur (Gegensatz zu schizoid). [34]

Syntonisation régressive ⟨*lat, frz*⟩ *f:* Wesensveränderung bei endokrin Kranken u. Leukotomierten. Die Persönlichkeit zeigt unbeschwerte, egozentr., trieb- u. stimmungsgebundene Züge. Abbau des sozialen Verantwortungsgefühls bei Erhaltensein von Gutmütigkeit u. emotioneller Kontaktfähigkeit. Den Begriff prägte Barahona Fernandes. [12]

Syntropie ⟨*griech*⟩ *f:* Erscheinung, daß zwei Krankheiten häufiger zusammen auftreten, als es der mathemat. Wahrscheinlichkeit entspricht. [9]

Synzephalus ⟨*griech*⟩ *m* ↑Kraniopagus. [5]

Synzytium ⟨*griech*⟩ *n:* Zellverband, bei dem die einzelnen Zellen in direktem zytoplasmat. Zusammenhang stehen, so daß keine Zellgrenzen feststellbar sind. Vielfach wurde angenommen, daß die Mesenchymzellen, Retikulumzellen, Knochenzellen, glatte Muskelzellen u. Nervenzellen solche Synzytien bilden. Auf Grund elektronenmikroskop. Untersuchungen konnte gezeigt werden, daß im menschlichen Organismus mit Ausnahme des Synzytiotrophoblasten der menschlichen Plazenta keine Synzytien existieren. Es gibt lediglich einige vielkernige Zytoplasmamassen (z. B. quergestreifte Muskelfasern), die durch Kernteilung ohne Zytoplasmateilung entstanden sind; ↑Symplasma. [2] 2. bestimmte Virusarten, z. B. RS-Viren, Herpesviren, bilden infolge Störung der Zellteilung mehrkernige Riesenzellen. [40]

Syphilid ⟨*griech*⟩ *n:* syphilit. Hautausschlag im II. Stadium.

S., erosives: papulöse Syphilide, 1. in Form von runden, roten Erosionen; 2. Schleimhautplaques, auch als Condylomata lata bezeichnet. [43]

Syphilidologie ⟨*griech*⟩: Lehre von der Syphilis. [43]

Syphilidophobie ↑Syphilomanie. [43]

Syphilis: (der Name geht auf Girolamo Fracastoro zurück, einen Veroneser Arzt. Dieser läßt in einem Lehrgedicht, das 1530 veröffentlicht wurde, den Hirten Syphilus wegen Gotteslästerung von der neuen Krankheit befallen) = Lustseuche, falsch Lues (richtiger Lues venerea), harter Schanker; die gefährlichste ↑Geschlechtskrankheit, chron. verlaufende Infektionskrankheit; Erreger ist ↑*Treponema pallidum.* Tierversuch bes. mit Kaninchen u. Affen. Serum- u. Liquordiagnostik: Komplement-Bindungsreaktion (↑Wassermann' Reaktion). Flockungs-, Trübungs- u. Ballungsreaktion (Kahn, Meinicke, Sachs–Witebski u. a.). Trockenblutreaktion (Chediak, Ko-Da Guo, Hämel). Treponema-pallidum-Immobilisationstest (Nelson u. Mayer), Schwund u. Haftphänomen (Nelson). Übertragung meist durch Geschlechtsverkehr, selten extragenital. Man trennt erworbene S. (Syphilis acquisita) von der Syphilis connata (falsch congenita), der angeborenen S., ab. Bei der erworbenen S. unterscheidet man drei Stadien: 1. Syphilis I (Primärstadium). Drei Wochen nach Infektion entsteht an der Infektionsstelle ein sog. Primäraffekt (PA). Beginn mit einem harten Knötchen, das an Größe zunimmt (Initialsklerose) u. bald erodiert (Ulcus durum, harter Schanker). Meist rund oder oval, Rand nicht unterminiert, glatter rotbrauner glänzender Grund, dieser sondert wäßrige Flüssigkeit (↑Reizserum) ab. Meist nur einzelner PA, seltener sind multiple PA. Sitz: Genitale, Glans, Sulcus coronarius, Praeputium, Urethra, Scrotum, Vulva, Portio, Labien, Zervikalkanal; extragenital: Lippen, Tonsillen, Zunge, Mamillen u. an jeder anderen Körperstelle. Oft ist der PA von Ödem, meist von regionärer Lymphknotenschwellung begleitet. Derbe, schmerzlose, abgrenzbare, verschiebliche bis pflaumengroße Knoten, oft noch Lymphstrang tastbar. PA mit der Lymphknotenschwellung wird als Primärkomplex bezeichnet; 2. Syphilis II (sekundäre Syphilis). 5–8 Wochen nach dem PA kommt es zu Allgemeinerscheinungen an der Haut u. Schleimhaut (Syphilide). Der Stamm wird zunächst von einem gleichmäßigen Exanthem (makulös, papulös, pustulös) befallen (↑Roseola syphilitica). Keine Narben bei Abheilung; nässende Papeln am Genitale, Damm, After, an Hautfalten (Zehenzwischenräume, Achselhöhlen) treten als Condylomata lata (breite Kondylome) auf. Darin sind die Treponemen leicht nachweisbar (Haarausfall). An den Schleimhäuten die sog. ↑Plaques muqueuses! In den ersten sechs Wochen nach der Infektion sind die serolog. Reaktionen meist noch nicht pos. Während des 2. Stadiums können auch Erkrankungen der inneren Organe u. des Nervensystems vorkommen; 3. Syphilis III (tertiäre Syphilis) setzt nach 2–5 oder mehr Jahren (dazwischen latenter Verlauf, Syphilis latens, ohne sichtbare Erscheinungen) ein. Es herrschen zerstörende Prozesse vor (Syphilome). Zwei Formen a) tubero-serpigino-ulzeröses Syphilom, b) das Gumma, Gumma syphiliticum, das sowohl an der Haut als auch an den Organen vorkommt. Erscheinungsbild: scharf abgrenzbare Knoten, feste Konsistenz oder weich, schmelzen ein, bilden Geschwüre. Scharfer Rand, unterminiert, Grund speckig, Lokalisation bes. an den Unterschenkeln. Organsyphilis kommt bes. an Knochen, Gelenken, Kreislauforganen, Nieren, Leber u. am Nervensystem (↑Neurosyphilis) vor. Die Syphilis des ZNS wird auch Syphilis IV oder (fälschlich) ↑Meta- oder Parasyphilis bezeichnet; 4. Syphilis connata: angeborene, konnatale S.; selten geworden. Die Ansteckung erfolgt durch den Plazentarkreislauf am Ende der ersten Schwangerschaftshälfte (5. Monat). Ohne syphilit. Mutter kein konnatal syphilit. Kind! Deshalb Untersuchung jeder Schwangeren auf Syphilis. Der S. eigentümlich ist das Ausstoßen toter, oft mazerierter Früchte in der 2. Hälfte der Schwangerschaft. Die rechtzeitig geborenen konnatal syphilit. Kinder können Haut-, Schleimhaut- und/oder Knochensymptome sowie Befunde an den inneren Organen zeigen. Die Plazenta ist schwerer als normal. An der Epiphysengrenze erfolgt erste Ansiedlung der Treponemen beim Fetus (↑Osteochondritis syphilitica). Das kann zu Epiphysenlösungen u. Spontanfrakturen führen. Weiter treten sog. ↑Parrot' Lähmungen oder Pseudoparalysen auf, bei denen eine Extremität wie gelähmt erscheint. Zeichen der Syphilis connata: Blässe, greisenhaftes Aussehen an den Handtellern u. Fußsohlen, Papeln u. Blasen (Pemphigus syphiliticus), die Haut blättert ab. Hautinfiltrate um Mund, Nase, Augen, Hände u. Füße. Makulopapulöses Exanthem. Viszerale Erkrankung (Leber, Milz usw.). Hartnäckiger Schnupfen. Bei S. connata tarda (spätes Kindesalter) ↑Hutchinson' Trias u. Paralyse. Durch rechtzeitige u. ausreichende Behandlung kann das Auftreten von syphilit. Späterscheinungen völlig vermieden werden, desgleichen das Auftreten der Syphilis connata durch Behandlung syphilit. Mütter in der Schwangerschaft. Mittel der Wahl heute Penizillin. [43]

S. cerebri: auch Lues cerebri; nach üblicher Einteilung in drei Formen auftretend, als meningit., endarteriit. (vaskuläre) u. gummöse (letztere selten); nach Spatz ist die (basale) Meningitis fast immer der Ausgangspunkt der Hirnsyphilis, die anderen Veränderungen entwickeln sich gewöhnlich aus der Meningitis heraus. Symptome sind starke, bohrende, oft nächtlich exazerbierende Kopfschmerzen, Pupillenstörungen (reflektor., oft auch absolute Starre), nicht selten Neuritis optica, sehr häufig multiple Augenmuskellähmungen (Mydriasis, Ptosis, Doppeltsehen) u. andere Hirnnervenausfälle (Fazialis, Akustikus usw.); weiter zentrale motor. Lähmungen, oft hemipleg. Art, die sich nicht selten durch ihren flüchtigen Charakter auszeichnen, fokale, aber auch generalisierte Krampfanfälle, aphas., aprakt. u. agnost. Syndrome; ferner psych. Veränderungen in Form gesteigerter

Reizbarkeit u. Ermüdbarkeit, mnest. u. intellektuelle Ausfälle, auch ausgesprochene Psychosen (vor allem die Lues-Halluzinose). Von großer Wichtigkeit ist die Liquordiagnostik. Bei Beteiligung des Rückenmarks u. seiner Häute spricht man von Syphilis cerebrospinalis. Heilungsaussichten bei sachverständiger Behandlung durchaus nicht ungünstig. [33]

S. maligna: zur Sekundärperiode gehörende Form der Syphilis, bei der es auf Grund einer hypererg. Reaktion des Körpers zur Ausbildung von Geschwüren kommt. Kein maligner Verlauf. [43]

S., endemische: Bejel, Njovera. In bestimmten Ländern des östlichen Mittelmeeres, des Vorderen Orients u. Ostafrikas endem., durch häufigen extragenitalen Kontakt in der Kindheit (Finger-Mund-Weg) übertragbare Treponematose. Erreger Syphilistreponemen (*Treponema pallidum*). Inkubation einige Wochen. Klin. im Frühstadium treponemenreiche Mund-Schleimhaut-Läsionen, seltener Befall der Gefäße u. des ZNS in den Spätstadien. Keine Übertragung während der Schwangerschaft. Diagnose durch Erregernachweis (Dunkelfeld), serolog. mit Wassermann-Reaktion u. Nelson-Test; Therapie Penizillin, Vorbeugung durch verbesserte Familienhygiene (Essen, Wohnen, Schlafen). [40].

Syphiloderma: syphilit. Hauterkrankung. [43]

syphilogen: syphilit. Herkunft. [43]

Syphiloid: 1. syphilisähnlich, 2. abgeminderte Form einer endem. Syphilis. [43]

Syphilologe: ein in der Syphilidologie bes. erfahrener Arzt. [43]

Syphilom ✳ **Syphiloma:** Erscheinungen der Syphilis III.

S. anorectale: häufigere Form der Mastdarmspätsyphilis. [43]

Syphilomanie, Syphilophobie: 1. abnorme Furchtvorstellungen vor den weiteren Folgen einer Syphilisinfektion. Übergang zur hypochondr. Depression; 2. Furcht sich syphilit. zu infizieren; kann Zwangscharakter annehmen, der Kranke wagt aus Infektionsangst nicht Türklinken oder Geld anzufassen. [34]

Syphilose: syphilit. Erkrankung. [43]

Syringektomie ⟨*griech*⟩: Herausschneiden einer ↑Fistel. [18]

Syringitis ⟨*griech*⟩: Entzündung der Ohrtrompete. [28]

Syringobulbie ⟨*griech*⟩ ↑Syringomyelie, die sich auf die Medulla oblongata beschränkt oder sich auf diese kranialwärts ausbreitet. [33]

Syringom ⟨*griech*⟩ *n:* Syn. Syringozystadenom; Lymphangioma tuberosum multiplex (Kaposi, 1872); stecknadelkopf- bis erbsengroßes, hellrotes bis gelbrotes, die Haut nur wenig überragendes Knötchen. Multipel. Häufigster Sitz an den Augenlidern u. den oberen Partien des Stammes. [43]

Syringo|mesenzephalie ⟨*griech*⟩ *f* ↑Syringomyelie mit bevorzugtem Befall des Mittelhirns. [20]

~myelie: das auf einer dysontogenet. Störung beruhende Leiden ist anatom. gekennzeichnet durch gliöse Wucherungen innerhalb der Rückenmarksubstanz, vor allem in der Umgebung des Zentralkanals, die in Form eines massiven „Gliastiftes" sich durch ausgedehnte Abschnitte des Rückenmarks erstrecken können u. in der Regel durch Zerfall zu Höhlen- u. Röhrenbildung (daher der Name) führen. Die klin. Symptome werden durch den Sitz der Gliose bestimmt. Sehr charakterist. ist die dissoziierte ↑Empfindungsstörung durch Unterbrechung des Tractus spinothalamicus mit der dadurch bedingten Thermanästhesie u. Analgesie, die häufig zu (nicht oder wenig empfundenen) Verbrennungen u. eiternden Verletzungen der Haut führt; weiterhin durch Beteiligung der Vorder- u. Seitenhörner Muskelatrophien u. periphere Lähmungen sowie troph. Knochen- u. Gelenkveränderungen, vor allem (bei der fast ausschließlichen Lokalisation des Prozesses im Halsmark) an den oberen Extremitäten (Krallenhand, Affenhand, Skeletthand). Die dem Niveau des Herdes entsprechenden Reflexe sind herabgesetzt oder ausgefallen; es finden sich ferner troph. u. vasomotor. Störungen der Haut u. der Nägel, wie Schwielenbildung, derbe Ödeme, Nagelbrüchigkeit, Neigung zu Panaritien u. torpiden Geschwüren. Wo diese Erscheinungen im Vordergrund stehen, spricht man vom Morvan' Typ der S., die zu Verwechslungen mit bestimmten Formen der Lepra führen kann. Bei Schädigung der Pyramidenbahn (durch den Druck der gliösen Massen) zusätzlich zentrale motor. Lähmung der Beine, bei Ausdehnung des Prozesses nach kranial ↑Syringobulbie. [33]

Syringotom ⟨*griech*⟩ *n:* Spezialmesser mit geknöpfter Spitze zur Fistelspaltung. [18]

Syringozystadenom ↑Syringom. [43]

Sysom ⟨*griech*⟩ *n:* Doppelmißbildung mit verwachsenem Rumpf, aber getrennten Köpfen. [5]

System ⟨*griech*⟩ *n:* Zusammenstellung; „das Zusammengesetzte"; objektiv handelt es sich um die Gesamtheit von Dingen oder Vorgängen, die untereinander in gewisser Weise in Beziehung stehen. Logisch handelt es sich um ein einheitliches, nach Prinzipien geordnetes, innerlich zusammenhängendes Ganzes von Erkenntnissen. Der Ausdruck S. findet vor allem in der Physik u. Chemie sowie in der Biologie, Anatomie, Physiologie weitgehend Anwendung, ferner in der Kybernetik, die das Ziel hat der Auffindung der allgemeinen Prinzipien der Funktionen sich selbstregulierender u. selbstorganisierender Systeme u. Teilsysteme. Man spricht z. B. in der Physik von einem opt. S. des Auges, einem dispersen, einem homogenen oder heterogenen S., in der Chemie von einem period. S. der Elemente; in der Physiologie von Organsystemen, z. B. dem Nervensystem, Kreislaufsystem, einem adrenerg. cholinerg., retikulo-histiozytären, einem lymphat. u. myeloischen S., weiter von einem sinoarterialen u. atrioventrikulären S. im Herzen. In der physiolog. Optik spielt das trichromat. S. eine wichtige Rolle. In d. Pathologie gibt es ↑Systemerkrankungen, ↑Signalsystem. [4]

Systemerkrankungen: bes. gebräuchlich in der Theorie der ↑Leukämien. Man versteht darunter eine gleichzeitige krankhafte Vermehrung oder Entartung im gesamten Organismus, z. B. aller lymphat. Herde in Milz, Drüsen, Mandeln, Darmwand, Knochenmark usw., ebenso der anderen Bindegewebszellsysteme. Die moderne Auffassung neigt zur Tumortheorie. [11]

S. des Rückenmarks: Bezeichnung für (meist degenerative) Erkrankungen einzelner Bahn- bzw. Funktionssysteme des Rückenmarks, z. B. der kortiko-spinalen Bahn (spast. Spinalparalyse), der Vorderhornzellen (progressive spinale ↑Muskelatrophie) oder beider gemeinsam (amyotroph. ↑Lateralsklerose). Als S. werden auch die ↑Ataxien, die funikuläre ↑Myelose, von manchen auch einzelne Hirnerkrankungen, z. B. ↑Pick' Atrophie aufgefaßt. [33]

S. des Skeletts: vererbbare Skeletterkrankungen mit unverkennbarer Systematisierung des Krankheitsgeschehens. [23]

System|mykosen: Sammelbegriff für generalisierende Pilzinfektionen, ↑Blastomykosen, ↑Candidamykosen, ↑Sporotrichosen. [40]

Systole ⟨*griech*⟩ *f:* Zusammenziehung, Kontraktion; wird auf jedes muskuläre Hohlorgan angewandt, bes. aber auf das Herz; ↑Diastole.

S. des Herzens: die Phase, in der sich der Herzmuskel zusammenzieht. Ihre Länge hängt vornehmlich von der Herzfrequenz ab.

S. kompensatorische: es ist dies eine gegenüber der Norm deutlich verstärkte S., die im Anschluß an eine kompensator. Pause nach einer Extrasystole beobachtet wird. Ihre Amplitude erweist sich um so stärker, je kleiner die Extrasystole u. je länger die Pause war. [7]

Systolia alternans ↑Hemisystolie. [10]

S-Zacke: Teil des Kammerkomplexes im ↑Elektrokardiogramm. [10]

Szent-György, Albert, von (*1893), Biochemiker, Szeged. Nobelpreisträger 1937; Isolierung der Vitamine C u. B_2, Nachweis von Vitamin P, Erforschung des Mechanismus der biolog. Oxydation u. bes. der Muskelkontraktion. [8]

S.-György' Quotient: die vielfachen Beziehungen zwischen den Ionen, die im menschlichen u. tier. Organismus eine Rolle spielen, wurden formelmäßig durch den Quotienten von György zusammengefaßt.

$$\frac{\text{K}\cdot\text{Phosphat}\cdot\text{Bikarbonat}}{\text{Ca}\cdot\text{Mg}\cdot\text{H}}$$

Beim Überwiegen des Zählers steigt die nervöse Erregbarkeit, beim Überwiegen des Nenners sinkt sie ab. Auf Grund der Fortschritte über physiolog. erregbare Membranen durch andere Formalismen ersetzt. [7]

Szillaren A: genuines Glykosid aus Scilla maritima, das unter Abspaltung von je einem Molekül Glukose u. Rhamnose in das Genin Szillaridin A übergeht. Es besitzt als spezif. Seitengruppe einen doppelt ungesättigten 6gliedrigen Laktonring, ↑Steran; gehört zur Gruppe der herzwirksamen Digitaloide.

S. B: Glykosidgemisch, das neben dem kristallisierbaren Szillaren A in Scilla maritima vorliegt; besitzt ebenfalls digitalisähnliche Wirkung. [44]

Szintigraph ⟨*lat, griech*⟩ ↑Szintigraphie. [59]

Szintigraphie, Szintigramm ⟨*engl.* Scanning, Scan⟩: Registrierung von γ-Quanten eines dem Organismus applizierten Radiopharmakon mit einem Kollimator-Szintillationsdetektorsystem zur Darstellung von topograph. Aktivitätsverteilungsmustern. Man verwendet stationäre (z. B. Gamma-Kamera) u. bewegliche Detektoren; letztere sind mit einem (3-, 5-, oder 8-Zoll-Durchmesser) oder mehreren NaJ (Tl)-Kristallen versehen. Die vom Szintillationszähler registrierten Impulse werden nach Verstärkung u. Impulshöhenanalyse seltener digital, häufiger analog u. synchron in Form von Druck-(Strich-)marken ausgedruckt (lineare Aufzeichnung). Durch farbige Druckmarkenaufzeichnung kann die Differenzierung unterschiedlicher Aktivitätskonzentrationen opt. erleichtert werden (Colorszintigraphie). Nichtlineare Aufzeichnung erfolgt durch Belichtung eines Röntgenfilms mit Hilfe einer Glühbirne bzw. eines Katodenstrahloszillographen, wobei die Lichtintensität den Impulsraten u. damit der Aktivitätskonzentration proportional ist (Fotoszintigraphie). Statische Szintigraphie: Aufzeichnung eines über längere Zeit konstanten Aktivitätsmusters zur Lokalisationsdiagnostik (Lage, Gestalt, Größe u. Speicherungsintensität eines Organs). Funktionsszintigraphie: mehrfach nacheinander wiederholte Szintigramme zur Beobachtung der Kinetik eines Radiopharmakon, damit funktionsdynam. Beurteilung von Organsystemen. [59]

Szintillationszähler: Detektor für Kernstrahlung, bestehend aus Anordnung von Szintillator u. Sekundärelektronenvervielfacher (SEV). Szintillator für γ-Strahlung ist meist ein mit Thallium aktivierter KJ-Kristall. Ionisierende Strahlung erzeugt im Kristall schwache Lichtblitze (Szintillationen), die vom SEV verstärkt werden. Ausgangsimpulse des SEV können dann proportional verstärkt u. einem Zähler oder Impulshöhenanalysator zugeführt werden (γ-Spektrometer). Szintillatoren für α-Strahlung ZNS. Für β-Strahlung (z.B. für die des Tritiums oder ^{14}C) werden neuerdings meist flüssige Szintillatoren (Lösung fester organ. Szintillatoren in Toluol) verwendet. Die zu messende Substanz wird mit dem Toluol gelöst. [59]

Szintillographie ↑ Szintigraphie. [59]

szirrhös: *Adj* zu ↑ Szirrhus. [4]

Szirrhus ⟨*griech*⟩, auch **Skirrhus** *m:* Drüsenepithelkrebs mit starker Entwicklung des bindegewebigen Stromas u. Zurücktreten der epithelialen Elemente, die gewöhnlich nur kleine solide Zellnester u. schmale Zellstränge bilden oder vollständig dissoziiert vorliegen. [4]

T

T: 1. *Abk* für absolute ↑Temperatur; [54] 2. Vorsatzsilbe Tera- = 10^{12}; 3. in den Ribonukleosiden der Polynukleotide Ribosylthymin bzw. deT 2-Desoxyribosylthymin. [8]

T: chem. Symbol für ↑Tritium (^3_1H). [8]

t: Masseneinheit Tonne. [8]

t-: tertiär, III. Ordnung. [8]

Ta.: chem. Symbol für ↑Tantal. [8]

Taarnhøj' Operation: Operationsmethode bei Trigeminusneuralgie. Dekompression der Radix n. trigemini durch Eröffnung der Duratasche am Ganglion Gasseri u. Duraschlitzung bis über den Sinus petrosus sup. [20]

Tabacosis ↑Tabakstaublunge. [49]

Tabak ⟨*kuban*⟩ *m:* getrocknete Blätter von Nicotiana-Arten, enthalten je nach Sorte fermentiert u. getrocknet 0,3–0,7% des Alkaloids Nikotin. [44]

Tabak|alkohol-Amblyopie: Sehstörung durch tox. Schädigung des papillomakulären Sehnervenbündels. Kennzeichnend: Zentralskotom bes. für Rot u. Grün u. später temporale Abblassung; ↑Neuritis retrobulbaris. [36]

~beutelnaht: kreisförmig geführte Nahtanlegung, nach welcher wie beim Zug des Verschlusses an Tabaksbeuteln, ein zirkulärer Verschluß der umsäumten Gewebsabschnitte zustande kommt. [18]

~lunge: Syn. Tabakose, Tabacosis pulmonum; Lungenverstäubung mit Tabakstaub, Tabakstaublunge. [49]

~mosaikvirus: Erreger der ↑Blattfleckenkrankheit, wichtiges Objekt der Virologie. [40]

~vergiftung: laienhafte Bezeichnung für Nikotinvergiftung oder für die durch Tabakgenuß verursachte chron. ↑Kohlenmonoxidvergiftung; ↑Nikotinvergiftung. [49]

Tabanidae: Bremsen (blutsaugende Dipterengruppe), manche Arten sind Krankheitsüberträger. [58]

Tabardillofieber: mexikan. Typhus; endem., in Zentralamerika durch Nagetierflöhe auf Menschen übertragbares ↑Fleckfieber mit relativ gutartigem Krankheitsverlauf. [40]

Tabatière ⟨*frz*⟩ *f* = Fossa radialis: kleine Hautgrube, von den Sehnen der Mm. extensor pollicis longus, extensor pollicis brevis u. abductor pollicis longus begrenzt. In der Tiefe fühlt man den Puls der A. radialis. [1]

Tabes ⟨*lat*⟩ *f:* alte Bezeichnung für „Abzehrung", „Schwindsucht". Jetzt nur noch in der Zusammenstellung T. dorsalis gebräuchlich.

T. dorsalis: Laienausdruck „Rückenmarkschwindsucht", auch „Rückenmarkdarre". Syphilit. Rückenmarkerkrankung. Es wird angenommen, daß der Ausgangspunkt des patholog. Geschehens im Bereich der hinteren Wurzeln des Rückenmarks, ↑Nageotte' Stelle, ↑Redlich-Obersteiner' Zone, gelegen ist u. es sek. zur Degeneration der Hinterstrangbahnen kommt. Symptome: Herabsetzung des Muskeltonus, Abschwächung bis Aufhebung der Eigenreflexe (Patellar-Achillessehnenreflex), Ausfalls- u. Reizerscheinungen auf dem Gebiet der Sensibilität von radikulärem Typus (hyper- u. hypästhet. Zonen, „lanzinierende" Schmerzen, Herabsetzung der Bewegungs- u. Vibrationsempfindung) sowie charakterist. Ataxie (durch die Störung der Bewegungsempfindung), die sich bei gezielten Bewegungen (Knie-Hacken-Versuch) u. in dem unsicheren, schleudernden Gang bemerkbar macht. Zu den Reizerscheinungen gehören auch die ↑Krisen auf dem Gebiet der inneren Organe. Hinzu kommen troph. Störungen, wie abnorme Knochenbrüchigkeit (Neigung zu Spontanfrakturen), Arthropathien, torpide u. schmerzlose Geschwürsbildung der Haut (↑Malum perforans) sowie Pupillenstörungen (reflektor. Pupillenstarre der oft entrundeten u. in der Weite differenten Pupillen), manchmal auch Optikusatrophie mit entsprechenden Sehstörungen. Im Verlauf unterscheidet man allgemein drei Stadien, das präatakt. (neuralg.), das atakt. u. das marant.; neben (seltenen) akuten Verläufen gibt es auch ausgesprochen chron.; auch über Jahre hin stationär bleibende Fälle werden beobachtet. Von „rudimentärer" oder „abortiver" T. d. spricht man, wenn sich über längere Zeit nur einzelne Symptome finden, z. B. reflektor. Pupillenstarre oder Anisokorie (früher auch als „Tabes superior" bezeichnet). Sicherung der Diagnose durch Blut- u. Liquorbefund. [33]

T. infantum = juvenile Tabes: bei Kindern mit Syphilis connata selten vor dem 10. Lebensjahr auftretende Tabes dorsalis. [32]

T. mesaraica: hochgradige, meist zum Tode führende Auszehrung im Rahmen einer Mesenteriallymphknoten-Tb. bei Kindern.

T. scrophulosa ↑Tabes mesaraica. [4]

Tabespsychosen ↑Taboparalyse. [34]

Tabiker ⟨*lat*⟩ *m:* ein an Tabes dorsalis leidender Mensch. [33]

TAB-Impfstoff: Mischvakzine aus hitzeinaktivierten, phenolkonservierten Aufschwemmungen von Typhusbakterien u. Paratyphus-A- u. -B-Bakterien; ↑Tetravakzine. [40]

tabisch ⟨*lat*⟩: zur Tabes gehörend, auf eine Tabes zurückgehend. [33]

Tabo-Achsen-Schema: vom techn. Ausschuß für Brillenoptik festgelegte u. nach seinen Anfangsbuchstaben benanntes Schema zur Bezeichnung der Achsenlage von Zylindergläsern. Entgegen älteren Systemen werden die Achsengrade auf beiden Augen gleichsinnig von li. nach re. gezählt. [36]

Tabo|paralyse: Kombination von Tabes dorsalis mit progressiver ↑Paralyse. [33]

~phobie: krankhafte Angst, eine Tabes zu bekommen. [34]

Tabula ⟨*lat*⟩ *f:* 1. Tafel; 2. Operationstisch.

T. sive lamina externa u. interna (vitrea): die kompakte äußere u. innere Schicht des knöchernen Schädeldaches; dazwischen liegt die ↑Diploë. [1]

Tabun: Äthylester der Dimethylaminozyanphosphorsäure; im 2. Weltkrieg nicht eingesetzter Kampfstoff (Nervengas), wirkt als Cholinesterase-Hemmstoff; bereits 7 mg/m³ in der Einatmungsluft können für den Menschen tödlich sein. [8]

Tâches bleues ⟨*frz*⟩ *f, Pl* ↑Maculae caeruleae. [43]

T. vierges: wachstumsfreie Stellen von 1–5 mm Durchmesser in Bakterienkulturen, die mit einer stark verdünnten Phagenaufschwemmung infiziert sind. An den Tâches vierges sind die Bakterien durch die Phagen zerstört worden. [42]

Tachistoskop ⟨*griech*⟩ *n:* Gerät, mit dem man in kurz bemessener Darbietungszeit Bildmaterial (Buchstaben usw.) sichtbar werden läßt, um Schlußfolgerungen auf die Beobachtungsgabe der damit geprüften Person zu ziehen. [35]

Tachogramm: fortlaufend registrierte Kurve eines schnell veränderlichen biolog. Vorganges, der sowohl diskontinuierlich sein kann (z. B. Herztätigkeit: Kardiotachogramm) oder kontinuierlich veränderlich (z. B. Luftströmungsgeschwindigkeit in den Atemwegen während der einzelnen Atemphasen: Pneumotachogramm). [7]

Tacholiquin○**:** Äthyloxidäther – polymeres Octylphenolformaldehyd-Kondensationsprodukt mit guten mukolyt. Eigenschaften, setzt die Oberflächenspannung an den Schleimhäuten herab u. erleichtert die Expektoration. [27]

Tachykardie ⟨*griech*⟩ *f:* Frequenzbeschleunigung des Herzens, wenn diese über 100 Schläge in der Minute ansteigt. Im Gegensatz dazu ↑Bradykardie.

T., paroxysmale: anfallsweises Herzjagen, d. h. eine nicht ständige Beschleunigung des Herzens. Kann ausgelöst werden durch Aufregungen, bes. im Gefolge von Infektionskrankheiten, die zu einer Miterkrankung des Herzens geführt haben, ferner bei arteriosklerot. bedingten Herzveränderungen sowie bei innersekretor. Erkrankungen, z. B. Morbus Basedow. Außerdem kommt p. T. ohne erkennbare Ursachen vor. Sie äußert sich elektrokardiograph. entweder in Form einer Sinustachykardie, AV-Tachykardie, eines Vorhof- oder Kammerflatterns. Die supraventrikulären p. T. sind harmloser als die ventrikulären. [10]

Tachy|phagie ⟨*griech*⟩ *f:* schnelles, hastiges Essen. [34]

~phylaxie: schnell eintretender Wirkungsverlust bei der wiederholten Gabe eines Pharmakons, der im Unterschied zur Gewöhnung nicht durch eine Erhöhung der Dosis auszugleichen ist; bes. bei einigen Sympathikomimetika zu beobachten (Ephedrin). [44]

~pnoë: beschleunigte Atmung, ↑Atemfrequenz. [9]

Tachysterin ⟨*griech*⟩ *n:* antirachit. unwirksames Nebenprodukt bei der photochem. Umwandlung (UV-Bestrahlung von ↑Ergosterin über das Prävitamin D_2 in das eigentliche Vitamin D_2 (Calciferol); beeinflußt den Blutkalziumspiegel in charakterist. Weise. Noch wirksamer ist sein Hydrierungsprodukt das Dihydrotachysterin, das unter der Bezeichnung AT 10® (antitetan. Substanz 10) bekannt ist; es verhält sich in physiolog. Hinsicht wie das ↑Parathormon. [16]

Taenia ⟨*griech*⟩ *f:* 1. (anatom.) flacher Gewebsstreifen; 2. (zoolog.) Bandwurm; ↑Bandwürmer.

T-ae coli: drei Streifen aus glatter Längsmuskulatur am Grimmdarm; man unterscheidet dementsprechend: a) Taenia libera: frei an der Oberfläche liegend, b) Taenia mesocolica: dem Ansatz des Mesokolon entsprechend, c) Taenia omentalis: dem Ansatz des großen Netzes (am Querkolon) entsprechend. [1]

Taeniarhynchus ⟨*griech*⟩: Bandwurmgattung; ↑Rinderbandwurm. [58]

Taenifuga remedia ⟨*griech, lat*⟩ *n, Pl* ↑Bandwurmmittel. [44]

Taeniophobie ⟨*griech*⟩ *f:* krankhafte Furcht, einen Bandwurm zu bekommen oder zu haben. [9]

Taeniose✱**Taeniosis** ⟨*griech*⟩: Bandwurmbefall, endem.-epidem., von Tieren auf Menschen durch finniges Fleisch übertragbare Darmparasitose (Helminthose). „Erreger" Bandwürmer, 3 wichtige Zestoden-Arten, Taenia saginata = Rinderbandwurm, T. solium = Schweinebandwurm, Diphyllobothrium latum = Fischbandwurm). „Inkubation" (Entwicklung von der Finne zum geschlechtsreifen Wurm) 4–8–12 Wochen. Magen-Darmerscheinungen, Gewichtsverlust, auch nervöse Symptome, bes. bei Kindern; Gefahren der Anämie durch Fischbandwürmer. Parasitolog. Diagnose durch Wurmeiernachweis im Stuhl; Therapie durch Bandwurmabtreibung, Prophylaxe durch Verzicht auf Genuß von rohem Fleisch, Abkochen tötet Bandwurmfinnen. [40]

T.A.F.: *Abk* für ↑Toxin-Antitoxin-Flocken. [39]

Tafelkokken ↑Sarzinen. [41]

Tafelwässer: zur Erfrischung u. zum Stillen des Durstes verwendete mineralarme Wässer (↑Akratopegen) oder andere wohlschmeckende Mineralwässer, meist Säuerlinge. [45]

Tagblindheit ↑Nyktalopie. [36]

Tages|dosis ↑Toleranzdosis. [26]

~klinik: dient (wie die ↑Nachtklinik) der psychiatrischen Nachsorge für psychisch Kranke, die aus der stationären Behandlung entlassen sind, u. bei denen ambulante ärztliche Behandlung allein nicht ausreicht.

~maximaldosis ↑Maximaldosis, ↑Dosis. [44]

~profil: fortlaufende Bestimmung von blutspiegelbildenden Substanzen zu verschiedener Zeit im Laufe eines 24-Stunden-Tages (z.B. Blutzucker, Hormonaktivitäten). Erforderlich für die Beobachtung von Funktionsabläufen u. deren therapeut. Beeinflussung. [14]

~rhythmen: regelmäßige Schwankungen in der Intensität u. Charakteristik von Körperfunktionen, zum Teil dem Schlaf-Wach-Rhythmus untergeordnet; zirkadiane Periodik oder ↑Uhr. [7]

Tagliacozza, Gaspare (1546–1599), italien. Chirurg.

T.-Methode: sog. italien. nasenplast. Methode, bei der der Nasendefekt durch einen gestielten Lappen aus dem Oberarm entw. wird. [18]

Taillendreieck: wird durch die Innenseite des herabhängenden Armes u. die Außenseite des Rumpfes gebildet; ungleiches T. oft erstes Zeichen einer Skoliose. [1, 23]

Takadiastase: Enzympräparat aus Aspergillus oryzae, das neben Amylase noch etwas α-Glucosidose (Maltase) enthält. [8]

Takahara, S., zeitgen. japan. Kliniker, Okajama.

T' Syndrom: Syn. Takahara-Krankheit, Akatalasämie; Krankheitsbild der angeborenen konstitutionellen Akatalassäure (Formenkreis: Enzymopathie-Syndrome). Maligne Alveolarpyorrhoe im Kindesalter, die gangränös fortschreitet; lediglich radikale Zahnextraktion führt zur Ausheilung. Im Blut fehlt das Enzym Katalase, desgleichen in der Mund- u. Nasenhöhle sowie in den inneren Organen. Infolge des Enzymmangels kann das von den vergrünenden Streptokokken der Mundhöhle gebildete Wasserstoffsuperoxid nicht gespalten werden, u. vermutlich entsteht hierdurch die Gangränbildung. [32]

Takamine, Jokichi (1854–1922), Japan. Isolierte 1901 das kristallin. Adrenalin (unabhängig von Thomas Bell Aldrich (1861–1938). [53]

Takata, Maki (*1892), Internist, Kobe (Japan).

T.-Ara-Reaktion: in sodaalkal. Lösung entsteht aus Sublimatlösung Quecksilberoxid, das durch normales Serumeiweiß kolloidal in Lösung gehalten wird. Zunahme der grobdispersen Globuline oder Abnahme des Albumins erhöhen die Flockungsbereitschaft, die durch abgestuften Zusatz von Sublimat titriert werden kann. Die zugesetzte Sublimatkonzentration in mg% zeigt Flockengrenze an. Normal 100 mg%, patholog. von 70–10 mg%. Die Reaktion ist eine Serumlabilitätsprobe, also nicht leberspezifisch! – Modifikationen der Methode durch Mancke u. Sommer u. andere; fotometr. Ein-Reagenzglasmethode am einfachsten. [47]

Takayasu' Syndrom ↑Aortenbogensyndrom. [10]

Taktlosigkeit: als regelmäßige Erscheinung Form der Gemütsarmut oder Zeichen affektiver Enthemmung, fehlende Rücksicht auf die Gefühle anderer (als Konstitutionsmerkmal, im psychiatr. Bereich bei hyperthymer Psychopathie, beginnender progressiver Paralyse, Stirnhirntumor, man. Zuständen, Alkoholismus, zerebralen Abbauprozessen). [34]

Talalgie ⟨*lat*⟩ *f:* Fersenneuralgie. [33]

talaris ⟨*lat*⟩: zum Sprungbein gehörend. [1]

Talg|drüsen = Glandulae sebaceae: tubuloazinöse Hautdrüsen mit holokrinem Sekretionstypus, vorkommend als Haarbalgdrüsen (Talgdrüsen, deren Ausführungsgänge in den epithelialen Haarbalg münden) oder als freie Talgdrüsen (z.B. Lippenrot, Vestibulum nasi, Anus, Glans penis, Praeputium u. Labia minora). [2]

~adenom ↑Adonoma sebaceum [4]

~zysten: Retentionszysten der Haarfollikel; ↑Atherom. [43]

Talipes ⟨*lat*⟩ *m* ↑Klumpfuß. [23]

Talipomanus ⟨*lat*⟩ *f* ↑Klumphand. [23]

Talkose: Staublungenkrankheit durch Talkum; ↑Silikatose. [49]

Talkum ⟨*arab*⟩ *n:* Speckstein, Magnesiumsilikat; Bestandteil vieler Puder u. Pasten. [43]

~granulome: bei Operationen gelangt leicht Talkumpuder, z.B. von porösen Gummihandschuhen in die Wunde. Dies führt zu Fremdkörpergranulomen mit Fremdkörperriesenzellen. [25]

Talma, Sape (1847–1918), Internist, Utrecht.

T.-Drummond' Operation ↑Omentopexie. [18]

Talus ⟨*lat*⟩ *m:* das Sprungbein. [1]

~verlagerung: angeborener Plattfuß, bei dem der Talus evtl. senkrecht zum Kalkaneus steht. [23]

Tampon ⟨*frz*⟩ *m:* Streifen oder Bausch aus Gaze.

Tamponade: festes Ausstopfen von Wundkanälen oder -höhlen mit Gazestreifen; meist angewandt, um eine flächenhafte Blutung zu stillen; ↑Mikulicz-Tamponade.

Tamponkanüle ↑Trendelenburg' Tamponkanüle. [18]

Tangentenskala ↑Maddox' Skala. [36]

Tangentialschuß: Streifschuß; ↑Schußwunden. [52]

Tannalbin = Albumini tannas, Tanninalbuminat: eine wasserlösliche Eiweiß-Gerbsäure-Verbindung, die 50% Tannin enthält. Bei der Passage durch den Darmkanal wird dauernd Tannin abgespalten. Die adstringierende Wirkung erstreckt sich auf den Darmkanal in seiner ganzen Länge. Bei Enteritis verschiedener Genese wirkt es obstipierend durch seinen adstringierenden Effekt. [44]

Tannase: Tannin spaltendes Enzym (EC 3.1.9.20), z.B. aus *Aspergillus niger.* [42]

Tannate: gerbsaure Salze; ↑Gerbstoffe. [8]

Tannin: Acidum tannicum DAB 7 Gerbsäure, Gallusgerbsäure. Die Gerbsäure ist ein Adstringens u. Hämostyptikum, außerdem wirkt sie schwach antisept. Sie ist Antidot bei Vergiftungen mit Alkaloiden u. einigen Metallen, da unlösliche Salze gebildet werden. [44]

~beize: Tannin-Chromsäure (nach Peppler) zur Geißelfärbung; Tannin-Karbolsäure zur Spirochätenfärbung. [42]

Tantal: chem. Symbol Ta; metall. Element, gehört zur Vanadingruppe; hat wegen seiner großen Gewebefreundlichkeit in letzter Zeit bes. Bedeutung als alloplast. Material für die plast. Chirurgie erlangt. [18]

T-Antigene ↑Transplantatantigene. [40]

Tanzen der Patella: charakterist. Symptom, das bei Kniegelenkergüssen dadurch hervorgerufen wird, daß durch Zusammenfließen der Flüssigkeit unter die Patella nach Ausstreichen der Kniegelenkrezessus die in die Flüssigkeit hineingedrückte Patella durch den Gegendruck elast. wieder hochspringt. [18]

Tänzerinnengang: 1. Gehen mit gebeugten Knien u. Spitzfußstellung infolge schmerzhafter Hämatome in der Beinmuskulatur bei Skorbut. 2. Symptom der Manganvergiftung. Der Gang ist breit- u. steifbeinig, die Fußspitzen bleiben am Boden, ebenso die Außenkante des kleinen Zehenballens, während die Ferse gehoben wird; auch Hahnenschritt, Steppergang, Spitzentänzergang. [9, 49]

Tanzwut: früher, bes. im Mittelalter, volkstümliche Bezeichnung für ↑Chorea. [33]

Tapetum nigrum ⟨*lat*⟩ *n:* Pigmentepithel der Netzhaut. Der Name kommt vor allem vor in der Bezeichnung „tapetoretinale Degeneration". [36]

Taphophobie ⟨*griech*⟩ *f:* Furcht, lebendig begraben zu werden. [34]

Tapia, Antonio Garzia (*1875), span. Neurologe.

T' Zeichengruppe: Form der ↑Hemiplegia alternans mit Betroffensein des 11. u. 12. Hirnnerven. [33]

Tapirlippe: Pseudohypertrophie der Oberlippe zu einer Rüsselform. [18]

Tapotement ⟨*frz*⟩ *n:* Klopfungen, Klatschungen, Grundgriffe der Massage. [46]

Taraxacum officinale ↑Löwenzahn. [44]

Taraxazin: Bitterstoff aus Taraxacum officinale; ↑Löwenzahn. [44]

tardiv ⁎ **tardivus** ⟨*neulat*⟩: langsam, verzögert eintretend. [4]

Tardivepidemie: Kontaktepidemie; Epidemie mit allmählichem Anstieg der Erkrankungsziffern. T. treten hauptsächlich auf, wenn die Weiterverbreitung einer übertragbaren Krankheit von Mensch zu Mensch durch Kontakt erfolgt; ↑Explosivepidemie. [38]

tardus ⟨*lat*⟩ ↑tardiv. [4]

Target ⟨*engl*⟩ *n:* Treffbereich; ↑Treffertheorie. [54]

T. cell ↑Kokardenzelle. [11]

Tarozzi, Giulio (*1868), Pathologe, Bologna.

T' Verfahren: spez. Methode der Züchtung anaerober Bakterien in Leberbouillon. Leber enthält einerseits reduzierende Substanzen, andererseits dient sie als organ. N_2-Quelle; luftdichter Abschluß mit Paraffinöl oder Vaseline. [41]

tarsal ⁎ **tarsalis** ⟨*griech*⟩: zum Tarsus gehörend. [1]

Tarsalgie ⟨*lat, griech*⟩: Schmerzen verschiedenster Ursache an der Fußwurzel, meist stat. bedingt. [23]

Tarsalmuskel = M. palpebralis s. tarsalis sup. (H. Müller): komplizierter, glatter, sympath. innervierter Lidheber, von Hesse mit anderen als M. capsulopalpebralis zusammengefaßt. Bei Lähmung des Halssympathikus tritt leichte Ptosis ein, die im Rahmen des Horner' Symptomenkomplexes einen Enophthalmus vortäuscht, der in meßbarem Grade nicht vorhanden ist. Reizung des Sympathikus z.B. durch Einträufeln von Kokain oder Adrenalin in den Bindehautsack führt zu einer mäßigen Hebung des Oberlides u. Erweiterung der Lidspalte. Sie ist auch Teil des Glotzauges bei Morbus Basedow, ist dort aber kaum oder nur zum geringen Teil als sympath. bedingt zu erklären. [36]

Tarsaltunnelsyndrom: entsteht durch Kompression der beiden aus dem N. tibialis hervorgehenden Nn. plantares hinter dem Malleolus internus beim Durchtritt unter dem Lig.

laciniatum; meistens posttraumat. bedingt; Analogien zum Karpaltunnelsyndrom. [13]

Tarsektomie ⟨*lat, griech*⟩ *f:* operative Entfernung von Fußwurzelknochen. [23]

Tarsitis ⟨*lat*⟩: Lidknorpelentzündung, ↑Tarsus. [36]

Tarso|klasie ⟨*lat, griech*⟩ *f:* gewaltsames Zerbrechen der Fußwurzelknochen zur Korrektur knöchern bedingter Fußdeformitäten. [23]

~phalangealreflex ↑Mendel-Bechterew' Reflex. [33]

~ptose *f:* Senkung der Fußwurzelknochen unter Plattfußbildung. [23]

Tarsorrhaphie ⟨*lat, griech*⟩ *f:* operative Verengung der Lidspalte, z.B. bei Fazialislähmung; ↑Lagophthalmus. [36]

Tarsus ⟨*griech*⟩ *m:* 1. die Fußwurzel; 2. Lidfaserplatte, Lidknorpel; bindegewebige Platte im Augenlid. [1]

Tartarus depuratus ⟨*lat*⟩ *m:* gereinigter Weinstein, Kaliumhydrogentartrat, saures weinsaures Kalium,

HOOC·CHOH·CHOH·COOK;

T.d. ist ein mildes Diuretikum; die Wirkung entspricht den K-Salzen; größere Dosen wirken als Laxans. – T. tartarisatus: neutrales weinsaures Kalium. – T. natronatus: weinsaures Kalium-Natrium, Kalium-Natrium tartaricus, Seignettesalz. In kleinen Dosen Diuretikum, in großen Dosen Laxans; Bestandteil der Fehling' Lösung. – T. ammoniatus: K–NH_4-tartrat; medizin. Anwendung selten. – T. stibiatus: Kalium-antimonotartrat, Brechweinstein.

Früher verwendet als Emetikum u. Chemotherapeutikum gegen die Tropenkrankheiten Leishmaniose (Kala Azar), Bilharziose, Filariose. Jetzt völlig ersetzt wegen der schädlichen Nebenwirkungen durch Apomorphin bzw. die Sb-Präparate Neostibosan® u. Solustibosan®, bei denen die Dosis tolerata das etwa 100fache der des Tartarus stibiatus beträgt. [44]

Tartronsäure: COOH–CHOH–COOH; ↑Hydroxymalonsäure. [8]

Tartzelle: Pseudo- ↑Le-Zelle; Monozyten mit aufgenommener Kernsubstanz. [43]

Taschen|bänder ↑Plica ventricularis. [28]

~klappen ↑Semilunarklappen; ↑Herzklappen. [5]

Taschenmesserphänomen: bei spast. Lähmung erzeugt der Versuch, ein Gelenk (z.B. Kniegelenk) rasch passiv zu beugen, zunächst einen federnden Widerstand (Muskeleigenreflex), der bei anhaltendem Beugeversuch plötzlich nachläßt (Verlängerungsreaktion des Muskels) u. ein rasches Umklappen des Gliedes (wie beim Schluß eines Taschenmessers) zuläßt. [33]

Tast|blindheit ↑Stereoagnosie. [33]

~empfindungen: Empfindungen von der Beschaffenheit der Gegenstände, die man erlebt, wenn man über sie die Tastfläche hinwegstreichen läßt. Zu den Empfindungen von seiten des Drucksinnes gesellen sich auch noch solche von seiten des Muskelsinnes, gegebenenfalls des Warm-, Kalt- u. Schmerzsinnes hinzu. [7]

~körperchen: sensible Endapparate zur Aufnahme von Tastempfindung, ↑Corpuscula tactus, Meissner' Tastkörperchen. [2]

~lähmung ↑Stereoagnosie. [33]

Tatauierung ↑Tätowierung. [43]

Tätowierung ⟨*polynes*⟩: Einbringen unlöslicher Farbstoffe (Tusche, Zinnober usw.) in die Haut durch kleine Stiche mit Nadeln oder elektr. Apparaten oder Schnittöffnungen.

T., traumatische: durch Eindringen von Kohle- oder Schlackenpartikel in die Haut (Schmutz-T.). [43]

T. der Hornhaut: wird vorzugsweise aus kosmet., selten aus opt. Gründen (z.B. ein Kolobom zu verdecken) ausgeführt. Abschabung des Epithels u. Aufbringen von schwarzer oder bunter Tusche, besser von Gold- oder Platinchlorid. Bes. bei letzterem Verfahren zunächst ausgezeichnetes Resultat, jedoch wird namentlich aus stark vaskularisierten Leukomen der Farbstoff allmählich wieder abgetragen. Durch die Keratoplastik ist die T. fast verdrängt worden. An Bedeutung gewinnen die ganz oder teilweise gefärbten schwimmenden Hornhautlinsen oder Haftgläser. [36]

Tatum, Edward Lawrie (*1909), Biochemiker, New York. 1958 Nobelpreis (mit Beadle, George Wells u. Lederberg, Joshua) für die Entdeckung der Steuerung des chem. Aufbaus in den Organismen der Gene. [53]

Tatzenhand: kurze, verbreiterte u. verdickte Hand bei Kretinismus, bes. kurz u. gedrungen ist die Mittelhand. DD: Müller-Ribbing' Dysostose bzw. Pseudohypoparathyreodismus. [23]

Taubheit: Gehörverlust. [28]

Taubstummheit: Unvermögen zu sprechen infolge einer angeborenen oder in der frühesten Kindheit erworbenen Taubheit. Bei der ererbten T. unterscheidet man 1. die sporad. rezessive Taubheit mit regelrecht gebauter Schnecke aber Entwicklungshemmungen der nervalen Hörelemente; 2. die hereditär-degenerative Innenohrschwerhörigkeit (dominant vererbbar) zeigt neben den degenerativen Veränderungen an dem gesamten Nervenhörapparat auch Mißbildungen an der knöchernen Labyrinthkapsel. [28]

Taucherkrankheit ↑Caissonkrankheit. [49]

Tauchkropf: Kropf, der vorübergehend durch äußeren Druck oder tiefe Atmung in den Thoraxraum tritt. [9]

Taupunkthygrometer: Gerät zur Bestimmung der Luftfeuchtigkeit. Die Wandung eines Thermometergefäßes aus Glas oder poliertem Metall wird durch im Innern verdunstenden Äther bis zur Taupunkttemperatur der Luft abgekühlt, d. h., bis der Wasserdampf der umgebenden Luft an der Außenwand des Gefäßes kondensiert. Der bei Taupunkttemperatur herrschende Sättigungsdampfdruck der Luft läßt sich aus Tabellen entnehmen. Er ist gleich dem gesuchten Dampfdruck der Luft. [13]

Taurin ⟨*griech*⟩ *n:* Aminoäthylsulfonsäure $NH_2 \cdot CH_2 \cdot CH_2 \cdot SO_2OH$, entsteht durch oxydative Dekarboxylierung aus Zystein über Zysteinsäure; ist in den gepaarten Gallensäuren als Säureamid gebunden; ↑Gallensäuren, ↑Taurocholeinsäure. [8]

Taurocholeinsäuren: Einschlußverbindungen von Fettsäuren in Gallensäuren, an deren Aufbau ↑Taurin beteiligt ist; wirken mit bei der Fettemulgierung u. -resorption im Darmtrakt; ↑Choleinsäuren. [16]

Taurocholsäure: säureamidartig mit ↑Taurin verknüpfte („gepaarte") Cholsäure. [16]

Tauruman: von R. Koch u. Mitarb. hergestellter Impfstoff aus lebenden, virulenten, humanen TB, der Rinder gegen Perlsuchtinfektion schützen sollte. [15]

Taussig, Helen B. (*1898), Pädiaterin, Baltimore.

T.-Bing' Syndrom: angeborene ↑Angiokardiopathie mit hohem Ventrikelseptumdefekt, reitender erweiterter A. pulmonalis sowie rechtsventrikulär abgehender Aorta. [10]

T.-Blalock-Pott' Operation: Anlage eines nach der Idee von T. vorgeschlagenen künstlichen Ductus Botalli, d. h. einer Verbindung des großen Kreislaufes mit dem Lungenkreislauf bei Fallot' Tetralogie durch Anastomose zwischen A. subclavia u. A. pulmonalis (Blalock) oder zwischen Aorta u. A. pulmonalis (Pott). Taussig beobachtete, daß Kinder mit Fallot' Tetralogie bei offengebliebenem Ductus Botalli keine Blausucht zeigten u. leistungsfähiger waren. [18]

T.-Snellen-Albers-Edwards' Syndrom: komplette Pulmonalvenentransposition (↑Transposition der Gefäße). Angeboren; sämtliche Pulmonalvenen münden in die V. brachiocephalica sinistra. Außerdem besteht Vorhofseptumdefekt; klin. keine Zyanose. [10]

Tautologie ⟨*griech*⟩ *f:* Neigung zum Wiederholen gleichsinniger Bezeichnungen bei epilept. Wesensveränderung (Haft-Syndrom). [34]

Tautometrie: ist das Nebeneinanderbestehen in 2 verschiedenen Molekülarten in flüssiger oder gelöster Form; am bekanntesten ist die Keto-Enol-Tautometrie wie im Azetessigester: $CH_3-CO-CH_2-CO_2 \cdot C_2H_5$ (Ketoform) u. $CH_3-C(OH)=CH-CO_2C_2H_5$ (Enolform), in der ↑Askorbinsäure, ↑Harnsäure (Laktamform u. Laktimform) usw. Das an einer C=C-Doppelbindung stehende Hydroxyl spaltet H-Ionen ab; die Enolform ist also eine Säure. Bei einigen tautomeren Verbindungen ist es gelungen, die einzelnen Formen in kristallisierter Form rein zu erhalten (Desmotropie), die dann in Lösung wieder die beiden tautomeren Formen bilden, die in einem Gleichgewicht zueinander stehen. [8]

tautomorph ⟨*griech*⟩: stereoskop. ↑Sehen. [36]

Tawara, Sunao (*1873), Pathologe, Tokio, Marburg, Fukuoka.

T' Knoten ↑Aschoff-Tawara' Knoten, ↑Erregungsleitungssystem. [10]

Taxine: von Menkin beschriebene, die Leukozytenbewegung regulierende Wirkstoffe in Wunden u. entzündlichen Exsudaten. [11]

Taxis ⟨*griech*⟩ *f, Pl* Taxien: 1. Durch Reize hervorgerufene, aktive Bewegung, deren Richtung von der Reizrichtung abhängig ist; pos. – auf den Reiz zu; neg. – von dem Reiz fort; transversal – quer zur Reizrichtung; ↑Chemotaxis, ↑Phototaxis ↑Rheotaxis. [42] 2. Heute nur noch wenig gebräuchliche Bezeichnung für die Einrichtung von Knochen- u. Eingeweidebrüchen. [18]

Taxonomie ⟨*griech*⟩ *f:* Zweig der Biologie, der sich mit der Einordnung u. Klassifizierung von Tieren, Pflanzen u. Mikroorganismen beschäftigt. [15]

T. der Bakterien ↑Bakteriennomenklatur. [40]

Tay, Waren (1842–1908), Ophthalmologe, London.

T.-Sachs' Krankheit: amaurot. ↑Idiotie. [34]

TB: *Abk* für ↑Tuberkulosebakterien. [15]

Tb: chem. Symbol für ↑Terbium. [8]

T-Binde: T-förmig geschnittener Verband, meist am Unterleib angewandt. [18]

Tbk: *Abk* für ↑Tuberkulose. [15]

TBR: *Abk* für Trockenblutreaktion. [11]

tct.: (Rez.) *Abk* für tinctura, ↑Tinktur. [44]

Td: *Abk* für ↑Tiefendosis. [26]

T-Drain (Kehr): ein in der Gallengangschirurgie verwendeter Drain von T-Form, der mit den beiden kurzen T-Schenkeln in den eröffneten Choledochus eingelegt wird. Auf diese Weise ist neben der Ableitung der Galle nach außen durch den langen Schenkel auch der Gallefluß ins Duodenum gewährleistet; meist angewandt bei der ↑Choledochotomie. [18]

TE: *Abk* für 1. ↑Tonsillektomie. [28] 2. *Abk* für ↑Trübungseinheiten; ↑Zinksulfattest. [39]

Te: chem. Symbol für ↑Tellur. [8]

Technetium: chem. Symbol Tc; künstliches

Element mit der Ordnungszahl 43. Sämtliche Isotope des T. sind radioaktiv. Technetium^{99m} wird neuerdings in Form von Pertechnetat zur Hirn- u. Schilddrüsenszintigraphie verwendet. ^{99m}Tc (Halbwertszeit 6 h) entsteht aus ^{99}Mo im sog. ↑Technetiumgenerator.

~generator: Gerät zur mehrmaligen Gewinnung von ^{99m}Tc aus Molybdän-99 (Halbwertszeit 67 h); enthält eine mit bestrahltem Ammoniummolybdat beladene Al_2O_3-Chromatographiesäule. Elution erfolgt mit physiolog. NaCl-Lsg. Nach dem „Melken" des Generators wächst ^{99m}Tc expotentiell entsprechend seiner Halbwertszeit (6 h) nach. [59]

Tee: Genußmittel, das in Form eines Aufgusses genossen wird. – Bei Tee wird im allgemeinen an die getrockneten Blätter des Teestrauches gedacht, die als wirksamen Bestandteil 1–5% Koffein (= Thein) neben sehr geringen Mengen Theophyllin u. Theobromin enthalten; ↑Spezies. [8]

~pause: Ersetzen der Säuglingsnahrung durch Tee, z. B. bei Durchfallserkrankungen. [32]

Teer: dunkelbraune bzw. schwarze Flüssigkeit verschiedener Konsistenz. Gewonnen wird er durch Destillation organ. Materials (↑Pix). Wichtiges Mittel zur äußerlichen Behandlung von Hautkrankheiten.

~akne ↑Akne picea. [43]

Teerkarzinom, Teerkrebs: Hautspinaliom bei Teerarbeitern, hervorgerufen durch jahrelange Einwirkung hochsiedender Teerfraktionen; ↑Berufskrebse. [43]

T., experimentelles: betupft man eine enthaarte Stelle der Rückenhaut einer weißen Maus mehrere Wochen lang etwa zweimal wöchentlich mit einem Tropfen Teer, so entwickelt sich nach einigen Monaten bei einer großen Anzahl der Tiere ein Hautkarzinom. Aus Teeren konnte eine große Zahl kanzerogener Kohlenwasserstoffe isoliert werden, z. B. 3,4-Benzpyren, 1,2-Benzanthrazen etc. [25]

Teer|stuhl ↑Melaena. [32]

~zyste ↑Schokoladenzyste. [5]

Teeven' Fraktur: Schädelbruch, bei dem nur die innere Tafel gebrochen ist. Von Teeven so erklärt, daß die von außen kommende Gewalt durch Flachdrücken der Schädelwölbung die Zugspannung vor allem an der inneren Tafel über die Zugfestigkeitsgrenze erhöht. [23]

Tegmen ⟨*lat*⟩ *n:* die Decke.

T. tympani: knöch. Dach der Paukenhöhle.

T. ventriculi quarti: das Dach der IV. Hirnkammer. [1]

Tegmentum mesencephali ⟨*lat, griech*⟩: die Decke, die Haube des Mittelhirns, Mitteletage des ↑Mesenzephalon; das von der Formatio reticularis im Rauten- u. Mittelhirn eingenommene Gebiet. [1]

Teichmann, Ludwig (1823–1895), Anatom, Göttingen, Krakau.

T' Kristalle: durch Verreiben trockenen Blutes mit Eisessig u. einem Körnchen Kochsalz u. Erhitzen entstehende Häminkristalle.

T' Probe: Reaktion auf okkultes Blut durch Nachweis der Teichmann' Kristalle. [11]

Teildruck eines Gases ↑Partialdruck eines Gases. [7]

Teilkörpertheorie (Heidenhain): Theorie über die Existenz von Gewebseinheiten (Histosystemen), die aus einzelnen Zellen bestehen u. die die Fähigkeit der Spaltung besitzen (z. B. Nierenkanälchen, Geschmacksknospen, Darmzotten u. Drüsenendstück). [2]

Tela ⟨*lat*⟩ *f:* 1. (anatom.) Gewebe, z. B. T. adiposa Fettgewebe, T. ossea Knochengewebe; 2. (pharmakolog.) Verbandstoff, z. B. T. depurata Verbandmull; entfettete Baumwollgaze. [18]

Teleangiektasie∗**Teleangiektasia**⟨*griech*⟩ *f:* sichtbare Erweiterung der Hautkapillaren.

T. hereditaria haemorrhagica (Rendu, Osler, Weber): dominant erbliche Krankheit beiderlei Geschlechts nach dem 2. Lebensjahrzehnt auftretend; ↑Osler' Krankheit. [43]

Telecurie-Therapie: Strahlenbehandlung mit der γ-Strahlung radioaktiver Elemente. Zur T. benutzt man vorwiegend die Isotope ^{60}Co u. ^{137}Cs. Moderne Behandlungsgeräte arbeiten mit Quellen, deren Aktivität z. T. größer als 5000 Ci ist. Diese Geräte sind vorwiegend für die ↑Bewegungsbehandlung mit Quellen-Haut-Abständen von mehr als 60 cm geeignet. Indikationen wie Röntgentherapie. Vorteile: Hautschonung durch Aufbaueffekt, höhere relative Tiefendosis, gleichmäßige Energieabsorption in den verschiedenen Körpergeweben (Fett, Muskeln, Knochen); ↑Strahlentherapie. [59]

Telefon-EEG: Übertragung von EEG-Ableitungen unter Verwendung von Telefonleitungen über beliebige Entfernung. [20]

Telegammatherapie ⟨*griech*⟩: Strahlentherapie mit der γ-Strahlung von Radionukliden, z. B. ^{60}Co, ^{137}Cs, anstelle der konventionellen Röntgentherapie; ↑Telekobalttherapie, ↑Telecurie-Therapie. [33]

Telegrammstil ↑Agrammatismus. [33]

Telekobalttherapie: Bestrahlungstherapie bösartiger Geschwülste mit der γ-Strahlung von Radiokobalt (^{60}Co), wobei als Strahlenquellen Kobaltgeräte mit Aktivitäten zwischen einigen hundert bis mehreren tausend Curie dienen. Vorteil: höhere Tumorselektivität, größere Hautschonung. Ein Teil dieser Bestrahlungsapparaturen gestatten neben der Stehfeld- auch die Pendel- bzw. Rotationsbestrahlung; ↑Strahlentherapie. [59]

Teleky, Ludwig (1872–1957), Sozialhygieniker, Jena, New York. Untersuchte Beziehungen zwischen sozialer Lage, Beruf u. Einkommen; arbeitete bes. auf dem Gebiet der Tuberkulosebekämpfung, der Sozialversicherung u. der Gewerbehygiene. [48]

Telemann' Anreicherungsverfahren von Wurmeiern: klin. erprobtes Verfahren zum Nachweis von Wurmeiern im Stuhl. [47]

Teleneuron ⟨*griech*⟩ *n* (Waldeyer): das periphere motor. Neuron (motor. Vordersäulenganglienzellen u. motor. Hirnnervenkerne) im Gegensatz zum ↑Archineuron. [2]

Telenzephalisation ⟨*griech*⟩ *f:* Ausbildung des aus den beiden Hemisphären u. ihren Verbindungen (Corpus callosum, Lamina terminalis, Commissura rostralis) bestehenden Endhirns im frühesten Kindesalter. [32]

Telenzephalon ⁎ **Telencephalon** ⟨*griech*⟩ *n:* das Endhirn. Es besteht aus den beiden Hemisphären u. ihren Verbindungen (Lamina terminalis, Corpus callosum, Commissura anterior). Die ersteren enthalten jeweils einen Seitenventrikel u. folgende Kerne: Nucleus caudatus, Putamen, Claustrum u. Corpus amygdaloideum. [1]

Telepathie ⟨*griech*⟩ *f:* angebliche zwischenmenschliche Übertragung von Gedanken u. Emotionen über größere Entfernungen, entgegen allen physikal. Erfahrungen. [34]

Teleröntgenographie ⟨*griech*⟩: von Köhler, Moritz u. Dietlen entwickelte Form der Herzfernaufnahme. Ab etwa 1,80 m Röhrenabstand (Abstand Röhrenfokus-Röntgenschirm bzw. Röntgenfilm) verlaufen die Röntgenstrahlen nahezu parallel u. bilden so annähernd die wahre Herzgröße ab, während bei kürzerem Röhrenabstand eine Verzeichnung in dem Sinne eintritt, daß die röntgenolog. Herzsilhouette zu groß wird. [10]

~therapie: Fernbestrahlung, Röntgentherapie mit Fokus-Herd-Abständen größer als 1 m; ↑Strahlentherapie. [26]

Teleutosporen: Dauersporen der Rostpilze mit diploidem Kern; ↑Uredinales. [42]

Tellur: chem. Symbol Te; Halbmetall; Übergangselement zwischen Metallen u. Nichtmetallen, mit vorwiegend nichtmetall. Eigenschaften. T. kommt in Pflanzen u. Tieren vor, in Pflanzen auf Te-reichen Böden bis 0,2 bis 0,25 mg%; sehr giftig für Säugetiere. Nicht lebensnotwendig. T. ähnelt in seinem Verhalten dem Schwefel u. Selen. [8]

Telluritnährböden (Conradi u. Troch, 1913): Verwendung in der Diphtheriediagnostik. Diphtheriebakterien reduzieren im Nährboden enthaltenes Kaliumtellurit zu metall. Tellur. Es färbt die Kolonien schwärzlich; Hemmung von Begleitkeimen. [41]

Telo|dendron ⟨*griech*⟩ *n:* Endbäumchen; feinste bäumchenförmige Aufteilung der Seitenäste (Kollateralen) der Neuriten von ↑Pyramidenzellen im Bereich der Substanz des Zentralnervensystems.

~lemma: weniger gebräuchliche Bezeichnung für den kernhaltigen, die neurofibrillären Endigungen bedeckenden Bezirk der motor. ↑Endplatte. [2]

~lysom *n:* Endstadium des Abbaues von geschädigten zellulären u. phagozytierten Bestandteilen in der Zelle; lichtmikroskop. meist als ↑Pigment zu erkennen. [6]

Telosporidien ⁎ **Telosporidia** ⟨*griech*⟩: nach Reichenow Bezeichnung einer Unterklasse der Sporozoen, einer Klasse im Stamm der Protozoen. Die T. sind, wie alle Sporozoen entoparasit. Protozoen, die in erwachsenem Zustand keine Fortbewegungsorgane haben. Ernährung erfolgt durch Endosmose. Der Name wird durch die Eigenart ihres Generationswechsels begründet; denn sie bilden erst am Ende ihres vegetativen Lebens Sporen. T. sind einkernig; sie werden in folgende Ordnungen unterteilt; 1. *Gregarinida*, meist ohne Schizogonie (*Eugregarinaria*). Sporenbildung im enzystierten Zustand, in der Jugend Zellparasiten; später frei im Darm- oder Leibeshöhle wirbelloser Tiere, z. B. *Gregarina;* 2. *Coccidia* (↑Kokzidien), Zellparsiten. Sporogonie u. Schizogonie in der Fortpflanzungsart abwechselnd; wichtige Unterordnung der Kokzidien: *Haemosporidia.* In roten Blutkörperchen parasitierend. Sporen ohne Zyste, Generationswechsel u. Wirtswechsel. Sporogonie im Zwischenwirt, z. B. ↑*Plasmodium malariae.* [41]

T.E.M.: *Abk* für Triethylenmelamine ⟨*engl*⟩ = Tretamin®; Zytostatikum gegen lymphat. Leukämie (TEM-Lederle). [11]

Temperament ⟨*lat*⟩ *n* ↑Nerventypen. [35]

Temperantia remedia ⟨*lat*⟩ *n, Pl:* Beruhigungsmittel (ungebräuchlich), ↑Sedativa remedia. [44]

Temperatur: Maß für den Wärmezustand eines Körpers, nicht für den Wärmeinhalt. Die T. eines Körpers steigt, wenn ihm Wärme zugeführt, sie sinkt, wenn ihm Wärme entzogen wird. Wärmezufuhr führt nicht immer zur T.-Erhöhung, da die Wärme auch latent aufgespeichert werden kann. Gemessen wird die T. heute in der Regel nach der ↑Celsius-Skala, ↑Réaumur, ↑Fahrenheit; ↑Kelvin; ↑Temperaturregulation. [13]

T., absolute ↑Nullpunkt, absoluter. [54]

T., effektive: in Amerika zuerst gebrauchtes Maß des Behaglichkeitsklimas im Raum. Zum Vergleich der klimat. Verhältnisse in zwei hinsichtlich Temperatur, Feuchte u. Wind genau regulierbaren Klimakammern wird das subjektive Wärmebefinden des Menschen als Maßstab genommen. [13]

Temperatur|regel ↑RGT-Regel, ↑van't Hoff' Regel. [42]

~regulation: die geregelte Größe eines homoiothermen Organismus ist die Körpertemperatur. Abweichungen vom Sollwert beeinflussen eine Reihe zentralnervöser Strukturen insbes. im Zwischenhirn (↑Temperaturregulationszentren), indem diese Strukturen teils selbst als Temperaturfühler funktionieren u. Änderungen der Bluttemperatur erfassen, teils von Thermorezeptoren wie Wärme- u. Kälterezeptoren der äußeren Haut Signale erhalten. Als thermosensitives Regelzentrum setzen diese Strukturen Stellglieder in Gang, die in Größe u. Richtung eine Temperaturstörung kompensieren. Als Stellglieder kommen ↑Wärmebildung (chem. T.) u. ↑Wärmeabgabe (physikal. T.), unterstützt am Freibeweglichen durch verhaltensbedingte Steuerung der Wärmeabgabe, in Betracht. Während bei geringer Kältebelastung vorwiegend physikal. durch Erniedrigung des ↑Wärmedurchgangs geregelt wird, kommt bei stärkerer Kältebelastung die Erhöhung der Wärmebildung hinzu. Eine zunehmende Wärmebelastung führt dagegen anfänglich zu einer Reduktion der Wärmebildung, zu einer Erhöhung der ↑Wärmedurchgangszahl, schließlich zu Schweißsekretion (→Evaporation). Die physikal. T. ist die von subkortikalen Strukturen, insbes. vom ↑Hypothalamus gesteuerte Wärmeabgabe zur Konstanterhaltung der Körpertemperatur. Die Steuerung schließt sowohl den inneren Wärmestrom von Körperkern zu Körperschale durch Regulation des konvektiven Wärmetransportes mit dem Blutstrom an Haut u. Schleimhäute als auch den äußeren Wärmestrom von Körperoberfläche an Umgebung durch Variation von →Radiation, →Konvektion, →Konduktion u. ↑Evaporation ein. Bei Menschen kommt der Hautdurchblutung bes. Bedeutung zu, weil durch sie der Wärmedurchgang des Gewebes, bezogen auf die gesamte Körperoberfläche, um 1:7 variiert u. der Wärmeabstrom von der Haut an die Umgebung durch Konduktion, Konvektion, Radiation u. Evaporation beeinflußt werden kann. Infolge ihres geringen Ruhestoffwechsels u. ihrer großen Oberfläche spielen hierbei die Extremitäten u. Akren eine bes. Rolle: zwischen Kälte u. Wärme kann die Durchblutung der Hand von 1:30, die Durchblutung der Finger von 1:600 variiert werden. Unter chem. T. versteht man Steigerung der Wärmebildung zur Kompensation abgesunkener Körperkerntemperatur (I. chem. T.) bzw. die bei erhöhter Körperkerntemperatur erfolgende Reduktion der Wärmebildung (II. chem. T.). Die bei Abkühlung erfolgende Erhöhung der Wärmebildung beruht z.T. auf Steigerung des Muskeltonus, der bei stärkerer Kältebelastung in Kältezittern übergeht (shivering thermogenesis), z.T. aber auch auf Steigerung der hormonell angesteuerten Stoffwechselvorgänge bes. in Leber u. Muskel durch Adrenalin, Noradrenalin, Serotonin (labile chem. Thermogenese) u. durch Schilddrüsenhormone (stabile chem. Thermogenese). Nach Kälteakklimatisation überwiegt die stabile chem. Thermogenese. Neugeborene regulieren vorzüglich über die labile chem. Thermogenese. Verhaltensbedingte T. („behavioural thermoregulation"). Mit der Möglichkeit, die freie wärmeabgebende Oberfläche durch geeignetes Verhalten des Gesamtorganismus im Lebensraum den jeweiligen Bedürfnissen nach Wärmeabgabe anzupassen, besitzen die Homoiothermen ein weiteres, sehr ökonom. Stellglied zur Aufrechterhaltung ihrer Körperkerntemperatur, weil durch Veränderung der Körperhaltung, durch Zusammenlagerung mit anderen Tieren, aber auch durch Aufsuchen günstigerer Lebensklimate (Aufsuchen von Sonne, Schatten, Wasser, Wind, durch Befeuchten mit Wasser, beim Menschen durch entsprechende Wahl von Bekleidung u. Umgebungstemperatur) eine integrale Störgrößenkompensation erreicht wird. Aber auch die chem. Temperaturregulation kann z.B. durch entsprechende Nahrungswahl hinsichtlich Energieinhalt u. spezif.-dynam. Wirkung unterstützt werden. Die verhaltensbedingte T. ist eine spez. Leistung der Großhirnrinde. [7]

Temperaturregulationszentren: anatom. nicht streng lokalisierbare, zentralnervöse, subkortikale, insbes. hypothalam. Strukturen, die im Verband mit höheren u. tieferen Abschnitten des Zentralnervensystems eine funktionelle Einheit bilden u. deren Hauptaufgabe offensichtlich in der Regulation der Körpertemperatur durch Steuerung von Wärmebildung u. Wärmeabgabe besteht. So nimmt man im rostralen Hypothalamus ein „Kühlzentrum" an, da zahlreiche Spezies (Affe, Hund, Katze, Rind, Ratte, Maus) auf Erwärmung u. Reizung dieser Struktur mit typ. Maßnahmen gegen Überwärmung reagieren. Hypothet. ist dagegen ein dem „Kühlzentrum" antagonist. „Heizzentrum", welches im hinteren Hypothalamus vermutet wird. Diese Strukturen erhalten ihre Informationen über die Regelgröße teils von den Thermorezeptoren, teils direkt über die Bluttemperatur. [7]

Temperatur|rezeptoren ↑Thermorezeptoren. [7]

~sinn: Fähigkeit, auf der Haut verschiedene Temperaturen zu unterscheiden, vermittelt durch temperaturempfindliche Nervenendigungen, die sog. ↑Thermorezeptoren, die in regionär verschiedener Dichte in der Haut verteilt sind; ↑Leitungsbahn. [4]

~umkehr ↑Inversion. [13]

Template-RNS ⟨*engl* = Schablone⟩ ↑Messenger-RNS. [8]

Tempora ⟨*lat*⟩ *n, Pl* (von Tempus): (anatom.) die Schläfe; *Adj* temporalis, temporal zur Schläfe gehörig, in Zusammensetzungen Schläfen-. [1]

Temporallappen ↑Schläfenlappen.

~epilepsie: bes. Form der ↑Epilepsie. Nach einer abdominellen Aura kommt es zu Schmatz- u. Leckbewegungen, dann zur „Dämmerattacke" (sinnloses Laufen, Hantieren, Nesteln), von Minutendauer, anschließend Amnesie. EEG-Befunde legen Beziehung zum Temporallappen bzw. zu mediobasalen Hirnstrukturen nahe.

~resektion: neurochirurg. Eingriff, vorwiegend zur Behandlung der Temporallappenepilepsie; heute sehr eingeschränkte Indikation.

~syndrome: Reiz- u. Ausfallserscheinungen bei Läsionen des ↑Schläfenlappens; u.a. sensor. Aphasie, Gesichtsfeldausfälle, epilept. Anfälle. [33]

Temulenz ⟨*lat*⟩: taumelnder Gang infolge der Wirkung von berauschenden oder giftigen Substanzen, ursprünglich nach Vergiftungen mit Taumellolch (Lolium temulentum). Die Früchte dieses Unkrautes, einer Grasart, sind meist von einem Pilz befallen u. (nur dann) durch ein Alkaloid, Temulin, giftig. [44]

Temulin: ↑Temulenz. [42]

Tenalgia crepitans ⟨*griech, lat*⟩ *f*: schmerzhaftes Sehnenknarren, vor allem bei Sehnenscheidenentzündung. [23]

Tenazität: Widerstandsfähigkeit eines Virus gegenüber äußeren Einflüssen. [50]

Tendenz, determinierende: Obervorstellung, leitet das Denken, bringt Ordnung in den assoziativen Vorstellungsablauf. Tritt die Wirkung der d.T. zurück, so ist der Denkablauf nur durch die Assoziationselemente bestimmt; diese bieten sich kaum beim gehemmten Denken in der ↑Depression, übermäßig aber in der Ideenflucht der ↑Manie, dar. [34]

tendineus ⟨*lat*⟩: sehnig, zur Sehne gehörig. [1]

Tendinitis ⟨*lat*⟩: Sehnenentzündung; der entzündliche Prozeß betrifft das Sehnengewebe selbst (Rheuma, nach Infektionskrankheiten, Syphilis, durch Wundinfektion). [23]

Tendinose: durch vegetative Fehlsteuerung entstandener diffuser Sehnenschmerz. [23]

tendinosus ⟨*lat*⟩: sehnenreich. [1]

Tendo ⟨*neulat*⟩ *m* (*Pl* Tendines): die Sehne.

T. calcaneus (Achillis) ↑Achillessehne.

T. conjunctivus ↑Henle' Band.

T. crico-oesophageus: die sehnig von der Ringknorpelplatte entspringenden Längsmuskelbündel der ventralen Speiseröhrenwand. [1]

Tendofasciitis calcarea rheumatica: Kalkablagerungen in rheumat. Knötchen (↑Sehnenknötchen) an den Sehnen- u. Faszienansätzen in der Nähe von Gelenken. [13]

Tendoperiostosen: Fibrositis der Sehnenansätze; ↑Enthesopathie. [13]

Tendovaginitis ⟨*lat*⟩: Sehnenscheidenentzündung.

T. crepitans: fibrinöse Sehnenscheidenentzündung mit ↑Tenalgia crepitans; ↑Sehnenschwirren.

T. purulenta: eitrige Sehnenscheidenentzündung. [18]

T. stenosierende (de Quervain): Sehnenscheidenverengung u. -verödung durch Narbenschwielenbildung infolge fibrinöser Wucherung. Vorkommen meist im 1. Sehnenfach am Handgelenk (kurzer Daumenstrecker u. langer Daumenabspreizer), seltener an anderen Fingern. [23]

Tenebrio-Test: ein von Kaminski entwickelter biolog. Test in der Insektizidprüfung, der auf der Wirkung von Azeton-Auszügen der Prüfsubstanz in Kartoffelstärke auf darin eingesetzte Mehlkäfer (Tenebrio molitor) beruht. [58]

Tenesmus ⟨*griech*⟩ *m*: schmerzhafter Stuhl- oder Harndrang mit Krampf der Sphinktermuskulatur u. erschwertem Stuhlgang bzw. Wasserlassen. [9]

T. ani *od* **alvi:** krampfartiger Entleerungszwang des Mastdarms bzw. des Afters durch entzündliche Reize in der Darmwand, wodurch Stuhldrang ohne Stuhlentleerung zustande kommt. [18]

T. vesicae: Blasenkrampf; schmerzhafte Zusammenkrampfungen der Harnblasenmuskulatur bei entzündlichen Reizen mit Harndrang. Tenesmen auch bei Behinderung des Harnabflusses durch Fremdkörper (Steine, Blutkoagula oder verstopfte Dauerkatheter). [24]

Tennisellenbogen: durch sportliche Überanstrengung bei Tennisspielern beobachtete ↑Epikondylitis. [23]

Tenodese ⟨*griech*⟩ *f*: Sehnenfesselung; sie besteht in einer Fixierung von Sehnen an den Knochen zur teilweisen oder völligen Aufhebung der Gelenkbeweglichkeit bei schlaffen Lähmungen. Die fixierte Sehne wirkt wie ein Hemmungsband. [23]

Tenon ⟨*griech*⟩ *m* ↑Tendo ⟨*neulat*⟩ *m*. [1]

Tenon, Jacques René (1724–1816), Ophthalmologe, Paris.

T' Kapsel: bindegewebige Hülle, die nach Art einer Gelenkkapsel den Augapfel umhüllt, aber wegen des Durchtrittes der Muskeln sehr viel komplizierter gebaut ist.

T' Raum- = Spatium subscapulare: der Raum

zwischen Bulbus u. Tenon' Kapsel, prakt. nur von kapillarer Ausdehnung u. ohne Endothel reicht von der Orbitaspitze bis zum Subkonjunktivalraum. [36]

Tenonitis = Subconjunctivitis: Entzündung der Tenon' Kapsel, z. B. bei Gelenkrheumatismus, Gonorrhoe, Syphilis u. anderen Infektionskrankheiten, gleichbedeutend mit einer Arthritis. Kommt auch sekundär u. begleitend vor als entzündliches Ödem bei schweren intraokulären Entzündungen u. ist dann meist mit ↑Chemosis verbunden. [36]

Tenoplastik ⟨*griech*⟩: Sehnenplastik; im engeren Sinn werden darunter Operationsverfahren verstanden, die der Überbrückung eines Sehnendefektes dienen. Dies kann geschehen 1. durch plast. Verlängerung der defekten Sehne; 2. durch freie Sehnentransplantation; 3. durch freie Transplantation anderer Gewebsteile (Faszie, Haut, Vene); 4. durch Dazwischenschaltung körperfremden Materials (Seide). Im weiteren Sinne wird darunter auch die Sehnenverlagerung (-verpflanzung) verstanden. Sie kommt vorwiegend aus anderen Indikationen zur Anwendung. (Ersatz eines ausgefallenen Muskels durch einen Kraftspender, Herstellung des Muskelgleichgewichtes zur Vermeidung von Deformitäten usw.); ↑Sehnentransplantation. [23]

Tenorrhaphie ⟨*griech*⟩: Sehnennaht. [18]

Tenosynoviitis ⟨*lat, griech*⟩ ↑Tendovaginitis. [23]

Tenotom ⟨*griech*⟩ *n:* spitzes, leicht gebogenes, schlankes Messer zur subkutanen Sehnendurchtrennung. Meist angewandt bei Beseitigung des angeborenen Schiefhalses durch Lösung des Ansatzes des M. sternocleidomastoideus am Sternum, bzw. Clavicula. [18]

Tenotomie ⟨*griech*⟩: operative Durchtrennung von Sehnen, um diese zu verlagern, zu verkürzen oder zu verlängern. [18]

Tensio ⟨*lat*⟩ *f:* Spannung; *Adj* tensus gespannt. [1]

Tensor ⟨*lat*⟩ *m:* Spanner; z. B. M. tensor fasciae latae. [1]

Tentamen ⟨*lat*⟩ *n:* Versuch.

T. suicidii: Selbsttötungsversuch. [4]

Tentorium ⟨*lat*⟩ *n:* Zelt; z. B. T. cerebelli, Kleinhirnzelt, Teil der Dura mater, der das Kleinhirn zeltförmig umgibt. [1]

~einklemmung: auf Grund der Massenverschiebung besteht bei Hirndrucksteigerung die Möglichkeit der Einpressung des Temporalhirns bzw. des Kleinhirns in den Tentoriumschlitz; ↑Druckkonus. [20]

~riß: geburtstraumat. verursachtes Einreißen des ↑Tentorium cerebelli infolge Pressung des kindlichen Kopfes unter der Geburt; bes. gefährdet sind Frühgeborene. Führt oft zum Tode des betroffenen Kindes; Vorbeugung durch gute Geburtsleitung. [29]

~schlitz: spaltförmige Öffnung im Tentorium, durch die der Hirnstamm hindurchtritt; verbindet mittlere u. hintere Schädelgrube. [20]

tenuis ⟨*lat*⟩: dünn, zart. [1]

Tepa = Triaethylenphosphorsäureamid: Chemotherapeutikum bei malignen Erkrankungen des hämopoet. u. lymphat. Systems. [25]

Tepidarium ⟨*lat*⟩: Badezelle, warmes Bad. [18]

Tepp = Tetraäthylpyrophosphat: synthet. Schädlingsbekämpfungsmittel, wirkt als Cholinesterase-Hemmstoff. Tepp ist auch für den Menschen sehr giftig, kann durch die Haut eindringen (Arbeitsschutz)! [8]

Terata ⟨*griech*⟩ *n, Pl:* Mißbildungen. [4]

T. anadidyma: Mißbildungen, die an den unt. Körperabschnitten verwachsen sind. [5]

Teratoblastom ⟨*griech*⟩ *n:* Syn. Teratoma embryonale; Geschwulstbildung aus Abkömmlingen mehrerer oder aller drei Keimblätter, die unterschiedlich am Aufbau beteiligt sind u. verschiedene unreife Gewebe u. Organanlagen bilden; meist bösartig; Vorkommen bes. im Hoden; ↑Teratom. [5]

Teratogenese, Teratogenie ⟨*griech*⟩ *f:* Entwicklungsgeschichte von Mißbildungen (ihre formale Genese), in Anlehnung an den Begriff ↑Ontogenese. [4]

Teratoid ⟨*griech*⟩ *n* ↑Embryoid. [4]

Teratologie ⟨*griech*⟩: Lehre von den Mißbildungen. [4]

Teratom ✱ **Teratoma** ⟨*griech*⟩ *n:* teratoide Geschwulst; angeborene, durch Störung der Entwicklung entstandene Geschwulstart, meist aus mehreren organartigen Teilen bestehend. Das T. kann teilweise als unvollkommene Entwicklung eines Fetus aufgefaßt werden.

T. adultum *n:* Syn. T. coaetaneum, Embryom; ausgereiftes Teratom; das in ihm enthaltene Gewebe hat etwa den Reifegrad der entsprechenden Gewebe des Tumorträgers erreicht.

T. embryonale ↑Teratoblastom. [4]

Terbium *n:* chem. Symbol Tb; Seltenerdenmetall, in sehr geringen Mengen in Pflanzen u. Tieren; in Tieren hauptsächlich im Skelett; ↑Seltenerden. [8]

Therebinthina ↑Terpentin. [44]

terminal ⟨*lat*⟩: zur Grenze gehörend, dem Ende zugewandt, im Endstadium befindlich. [1]

Terminal colony ⟨*engl*⟩ ↑*Toxoplasma gondii.* [41]

Terminal|gebiete: Anteile des Zentralnervensystems, die erst im 2.–4. Lebensmonat ihre Markscheiden erhalten; ↑Primordialgebiete. [7]

~gespinst: Netzwerk aus Filamenten unterhalb des Mikrovillisaumes der Epithelzellen des Darmes gelegen u. in Verbindung mit dem Schlußleistenkomplex stehend. [6]

~platten ↑ Bandscheibe. [26]

~retikulum *n:* von Ph. Stöhr jr. im Bereich des gesamten vegetativen Nervensystems beschriebenes, neurofibrilläres feinstes Netzwerk, jetzt auf Grund licht- u. elektronenopt. Untersuchungen als Artefakte angesehen. Es ist deshalb zweckmäßig, den Begriff des T. ganz fallenzulassen. [2]

Terminationsperiode, teratogenetische ⟨*lat, griech*⟩: umschriebener Zeitraum der Fetalentwicklung, in dem eine Entwicklungsstörung ausgelöst wurde, die aus der Kenntnis der normalen Entwicklung zu bestimmen ist. [5]

Terminologie, anatomische: Fachsprache, Lehre von den anatom. Fachausdrücken (Termini technici), ↑ Nomenklatur. [1]

Terminus ⟨*lat*⟩ *m:* Grenze, Ende, Bezeichnung (Wort), insbes. Fachausdruck (Terminus technicus). [1]

Termone *n, Pl:* geschlechtsbestimmende Wirkstoffe, ↑ Androtermon, männlich bestimmend, ↑ Gynotermon, weibl. bestimmend. [58]

Terpene: Naturstoffe, die aus 2–3 Isoprenmolekülen (C_5H_8) aufgebaut sind, C_{10}-Verbindungen, auch C_{15}, C_{20}, C_{30} usw. T. kommen in vielen äther. Ölen als Alkohole (dann mit Säuren verestert), Aldehyde, Ketone vor; sie sind wichtige Heilmittel u. Riechstoffe. Zu den azykl. T.-Verbindungen gehören Citronellol, Geraniol usw., zu den zykl. Menthol, Terpineol, Kampfer, Verbenon. [8]

Terpentin = Terebinthina: Harz verschiedener Pinusarten. Inhaltsstofe 1. Harzsäuren, 2. äther. Öl = Terpene, Oleum Terebinthinae, ↑ Terpentinöl, 3. Resene. Die medizin. Anwendung der Droge ist gering, da es nach Resorption größerer Mengen zu einer Nierenschädigung kommt. T. wirkt hautreizend u. entzündungserregend u. ist Bestandteil hautreizender Pflaster. [44]

~öl = Oleum Terebinthinae: äther. Öl aus dem Harz verschiedener Pinusarten. T. ist Bestandteil von Einreibungen, die bei rheumat. u. neuralg. Schmerzen verordnet werden. Inhaliert, findet eine Reizung der Flimmerepithelien der oberen Luftwege statt, Anwendung als Expektorans bei Bronchitis. T. wird techn. bei der Lack- u. Firnisherstellung benutzt. Es dient als Lösungs- u. Verdünnungsmittel für Farben. Perorale Aufnahme des T. führt zur irreversiblen Nierenschädigung. [44]

Terrainkurorte: Kurorte, die sich wegen ihrer Bodengestaltung u. der Wegeanlagen durch Spaziermöglichkeiten zur dosierten Übungsbehandlung spez. von Herzkranken eignen; ↑ Örtel' Terrainkur. [45]

Terramycin○ ↑ Oxytetrazyklin□. [42]

Terry-Report ⟨*engl*⟩: benannt nach dem obersten Bundesarzt der USA Luther L. Terry, bezeichnet umgangssprachlich den Bericht „Smoking and Health" des US Department of Health Education and Welfare von 1963, der gestützt auf ein umfangreiches Untersuchungsmaterial, das sich auf über eine Million Personen bezog, unter Anwendung einer zuverlässigen statist. Methodik den Zusammenhang zwischen Krebs u. Zigarettenrauchen nachwies. [48]

Terry' Syndrom: retrolentale ↑ Fibroplasie; ↑ Pseudogliom. [36]

Tertianaparasit = **Plasmodium vivax** ↑ Malaria. [41]

Tertiärfollikel: Graaf' Follikel; ↑ Eizelle. [2]

Tertiärstellung: wird der Augapfel aus der nach geradeausvorn gerichteten „Primärstellung" nach oben, unten, re. oder li. abgelenkt, so gelangt er in eine „Sekundärstellung", wenn aber eine Stellung aufgesucht wird, in der eine Vertikal- u. eine Horizontalbewegung gleichzeitig ausgeführt werden müssen, so ist dies eine T. [36]

Tesla, Nikola (1856–1943), kroat. Physiker, New York.

T.-Ströme: Ströme von mehreren Millionen Volt Spannung u. hoher Wechselzahl, weswegen sie für den Organismus ungefährlich sind; ↑ Hochfrequenzströme. [7]

Test ⟨*lat*⟩ *m:* Probe, Feststellung.

T., optischer: Methode zur quantitativen Bestimmung von Enzymaktivitäten sowie zur enzymat. Bestimmung von Substraten u. Koenzymen. Grundlage des opt. Tests ist die Änderung der spezif. Lichtabsorption eines Koenzyms ($NADH_2$, $NADPH_2$, $FADH_2$). Diese Koenzyme besitzen im oxydierten u. reduzierten Zustand unterschiedliche Absorptionsspektren. Außer Dehydrogenasen können auch andere Enzyme, die ohne Beteiligung der genannten Koenzyme wirken, mittels des gekoppelten opt. Tests bestimmt werden (z. B. Transaminasen). In diesen Fällen wird die zu bestimmende Reaktion mit einer von diesen Koenzymen abhängigen Hilfsreaktion verbunden. [8]

T., psychodiagnostischer: unterschieden werden im allgemeinen: 1. Intelligenztests z. B. nach Binet–Simon u. Wechsler–Bellevue; 2. Persönlichkeits- u. Charaktertests wie z. B. Minnesota Multiphasic Personality Inventory (MMPI); 3. projektive Tests z. B. Rorschach-Test u. Thematic Apperception Test (TAT) nach Murray; 4. psychomotor. Tests nach Oserezki, Mac Caskill u. a. Der klin. Wert der Persönlichkeits- u. Charaktertests u. der projektiven Tests wird nicht einheitlich beurteilt. Hingegen haben die übrigen Tests bei krit. Anwendung gute Dienste bei der klin.

Diagnostik geleistet. Dies gilt auch für standardisierte Fragebogen-Methoden wie den Maudsley-Persönlichkeits-Fragebogen(MMQ) von H.J. Eysenck, für den Sceno-Test von v. Staabs u. für den Wartegg-Erzähltest, ferner für die Entwicklungstestreihen von Bühler–Hetzer bei der Diagnostik von Kindern. Im Zweifel werden allerdings stets die klin. Befunde unter Berücksichtigung von Anamnese u. Verlauf den Ausschlag bei der diagnost. Klärung geben. Da bei der Intelligenzdiagnostik der Intelligenz-Quotient (I.Q.) oft herangezogen wird, sind folgende Abgrenzungen von Wichtigkeit: I.Q. unter 0,25 Idiotie, von 0,25–0,50 Imbezillität, von 0,5–0,7 Debilität, von 0,7–0,9, z.T. zur Debilität zu rechnen, 0,9–1,10 Intelligenz im Normbereich, 1,10–1,20 höhere Intelligenz, 1,20 bis 1,40 Höchstintelligenz. Im einzelnen Fall wird man ebenfalls krit. Zurückhaltung üben müssen, um nicht einer Pseudo-Exaktheit zu verfallen. [34]

Test|antitoxin ↑Standardantitoxin.

~bakterien: Bakterien, die zur Feststellung der Wirkung von Antibiotika, Desinfektionsmitteln, Sterilisatoren usw. dienen. [39]

~blutkörperchen: Blutkörperchen mit ganz bekannter Gruppen- u. Faktorenzugehörigkeit, die zur Bestimmung von Serumeigenschaften bei der Blutgruppenbestimmung verwandt werden. [11]

Testiculus ⟨*lat*⟩ *m* ↑Testikel; *Adj* testicularis zum Hoden gehörig. [1]

Testierfähigkeit: Fähigkeit, ein Testament persönlich zu errichten. Ein Minderjähriger kann ein Testament erst errichten, wenn er das sechzehnte Lebensjahr vollendet hat. Nicht testierfähig sind Entmündigte sowie Personen, die wegen krankhafter Störung der Geistestätigkeit o.ä. nicht in der Lage sind, die Bedeutung einer von ihnen abgegebenen Willenserklärung zu beurteilen. [52]

Testikel ✱ **Testiculus** ⟨*lat*⟩ *m:* Verkleinerungsform von ↑Testis, Hoden.

~hypogenesie *f:* Krankheitsbild mit fortschreit. Verweiblichung bei früheintretendem Schwund der männl. Keimdrüsen. [33]

Testis ⟨*lat*⟩ *m* = Didymus oder Orchis ⟨*griech*⟩ *m* ↑Hoden: eigentlich der Zeuge. [1]

Testkeime: Bakterien konstanter Empfindlichkeit gegenüber Antibiotika u. Sulfonamiden. Anwendung: Kontrollstamm bei Resistenzbestimmungen, z.B. *Staphylococcus SG 511.* [41]

Testosteron: Geschlechtshormon: C_{19}-Steroid; Bildung hauptsächlich in den Testes, ferner im Ovar, in der Nebennierenrinde. Steuert Zellstoffwechsel in den männlichen Geschlechtsorganen u. fördert Proteinsynthese vor allem in der Muskulatur; ↑Hormone, ↑Steran, ↑Steroide. [8]

Testovar ⟨*lat*⟩ *n:* Keimdrüse, die neben vorwiegend männlichem auch weibliches Keimdrüsengewebe enthält; ↑Ovotestis; ↑Zwitter. [5]

Testoviron°: Testosteronpropionsäureester; männliches Sexualhormon ↑Testosteron enthaltendes Präparat ↑Methyltestosteron°. [44]

Testserum: Serum mit spezif. staatlich geprüften Serumeigenschaften zur Bestimmung der Blutgruppen u. Blutfaktoren. Das T. muß bestimmten Anforderungen genügen: Spezifität, hohe Affinität, ausreichender Titer. Als Testseren werden verwendet: menschliche Isoseren, tier. Heteroseren, menschliche u. tier. Immunseren. Weiterhin werden zur Bestimmung der Blutfaktoren ↑Phytagglutinine verwendet. [11]

Testudo ⟨*lat*⟩ *f:* Verband in dachziegelartigen Bindenlagen bei rechtwinkliger Stellung von Gelenken; Schildkrötenverband. [18]

Tetanie ✱ **Tetania** ⟨*griech*⟩ *f:* Syndrom, das durch Krampfanfälle mit erhaltenem Bewußtsein gekennzeichnet ist. Während der Intervalle pos. Chvostek' Zeichen, Erb' Phänomen, Trousseau' Zeichen u. diffuse vegetative Beschwerden. Es sind zu unterscheiden die kalzipriven Formen, die durch Unterfunktion oder Ausfall der Nebenschilddrüsen (T. parathyreopriva) oder bei abheilender Rachitis (rachitogene T.) entstehen u. die normokalzämischen. Die letzteren entstehen durch Verschiebung der György' Formel in Richtung der alkal. Tendenz, z.B. durch Hyperventilation, durch Erbrechen (Säureverluste), durch stoffwechselbedingte Veränderungen sowie auch durch Herabsetzung der nervösen Reizschwellen (neurogene T.).

T., latente: krankhafte Veränderung der ↑Epithelkörperchen (aber noch nicht deren völliger Ausfall) erzeugt ein Krankheitsbild, das als latente T. bezeichnet wird. Es äußert sich in der mechan. u. elektr. Übererregbarkeit der Nervenstämme, in einer Herabsetzung des Ca-Spiegels sowie einer Erhöhung des P- u. K-Spiegels im Blut gemeinsam mit troph. Störungen.

T. parathyreopriva: Krampfanfälle nach Operationen an den Nebenschilddrüsen. Typ. Symptome sind Opisthotonus u. Pfötchen- oder Geburtshelferstellung der Hände. [9]

T. uteri: Krampfwehen der Gebärmutter. Pausenlose Wehentätigkeit meist bei drohender Uterusruptur, auch falscher Anwendung von Wehenmitteln. Große Gefahr für das Kind, dessen Sauerstoffversorgung gefährdet wird. Oft nur durch tiefe Narkose zu durchbrechen. [29]

Tetaniestar ↑Katarakt. [38]

tetaniform: tetanusähnlich, ↑Tetanus. [40]

tetanisch ⟨*griech*⟩: auf ↑Tetanus (tetan. Zuckungen) oder ↑Tetanie (tetan. Anfälle) bezüglich; ↑Muskeltetanus. [40]

Tetanus ⟨*griech*⟩: 1. Starrkrampf, Wundstarrkrampf; nichtansteckende, auf Kriegsschauplätzen epidem., sonst sporad., anzeigepflichtige Infektionskrankheit. Erreger Tetanusklostridien (*Clostridium tetani*, verschiedene Serotypen mit einheitlichem Neurotoxin); Inkubation 3 Tage bis 3 Wochen; evtl. Monate. Von einer anaeroben erd- oder kotverschmutzten Lokalinfektion ausgehende Vergiftung des ZNS, beginnend mit Trismus (Kaumuskelkrampf), ton. Muskelstarre, gefolgt von klon. Krampfanfällen. Lebensgefährliche Krampfparoxysmen der Atemmuskulatur bei klarem Sensorium. Letalität über 50%, Überstehen hinterläßt im Gegensatz zur aktiven Immunisierung mit Tetanustoxoid keine Immunität. Bakteriolog. Diagnose durch mikroskop.-kulturellen Erregernachweis im Wundsekret sowie Toxinbestimmung in der weißen Maus. Therapie mit hohen Dosen Tetanusantiserum (↑Tetanusserum), medikamentöse Ruhigstellung. Prophylaxe durch aktive Immunisierung mit Tetanusformoltoxoid (↑Tetanusschutzimpfung, Dreifachimpfung) ggf. ↑Simultanimpfung, Friedrich' Wundausschneidung (↑Friedrich' Anfrischung); 2. ↑Muskeltetanus. [40]

T. infantum: Tetanus neonatorum, Neugeborenentetanus; Erkrankung, die durch Infektion mit dem Erreger *Clostridium tetani* entsteht. Eingangspforte für den Erreger ist meist die Nabelwunde. Symptome: am Ende der 1. oder in der 2. Lebenswoche auftretende Trinkschwierigkeiten, Trismus, Muskelrigidität, schwere tetan. Spasmen, Gesichtsstarre, Spasmen der Respirationsmuskulatur mit Zyanose. [32]

T. uteri: ↑Tetania uteri. [29]

Tetanusklostridien = *Clostridium tetani*: Familie *Bacillaceae* mit den Gattungen *Bacillus* u. *Clostridium* (Bergey 1957). Erreger des Wundstarrkrampfes (↑Tetanus); grampos., schlankes anaerob wachsendes, bewegliches Stäbchen mit tennisschlägerartigen Sporen. Wirkung durch thermolabiles Ektotoxin mit den Komponenten Tetanospasmin (neurotrop), Tetanolysin (hämotox.). Vorkommen im Straßenstaub u. gedüngter Erde; ↑Dampfresistenz der Sporen 1–3 h. Im Tierversuch „Robbenstellung" der Maus nach subkutaner Infektion an der Schwanzwurzel, Tiertod. [41]

Tetanus|schutzimpfung: aktive Immunisierung gegen ↑Tetanus mit einem Tetanustoxoidimpfstoff. Hat sich bei der Tetanusprophylaxe sehr bewährt u. ist Bestandteil der Dreifach- u. Zweifachimpfung. Zur Grundimmunisierung sind 2 Injektionen von Adsorbatimpfstoff im Abstand von 4–6 Wochen erforderlich. Nach 1 Jahr Auffrischung, die alle 5 Jahre wiederholt werden sollte. Erspart in vielen Fällen die Serumprophylaxe bei Verletzungen.

~serum: antitox. Serum zur passiven Immunisierung gegen Tetanus. 1. Tier. antitox. Serum von Pferd, Rind oder Hammel (Gefahr der ↑Anaphylaxie); 2. Humanes Tetanus-Immun- bzw. Hyperimmunserum.

~-Simultanimpfung: kombinierte Anwendung der aktiven Immunisierung mit Tetanustoxoid-Impfstoff u. der passiven Immunisierung mit Antitetanusserum vom Tier oder Menschen in Fällen tetanusgefährdender Verletzungen bei ungenügendem oder fehlendem Impfschutz. [40]

~toxin: Gift der ↑Tetanusklostridien, eines der stärksten bekannten Gifte überhaupt. Injektion von 5×10^{-7} ml einer Bouillonkultur tötet Mäuse in kurzer Zeit unter typ. Erscheinungen; ↑Tetanus. [39]

~toxoid ↑Tetanusschutzimpfung. [40]

Tetartanopie ⟨*griech*⟩ ↑Farbenblindheit. [36]

Tetracain®: p-Butylaminobenzoesäure-β-dimethylaminoäthylester ↑Lokalanästhetikum, gute Oberflächenanästhesie, lange Anästhesiedauer, Pantocain®. [44]

Tetrachlorkohlenstoff: CCl_4, Tetrachlormethan; Siedepunkt 77°C, spezif. Gewicht 1,59; Verwendung in Tetrafeuerlöschern, gutes nicht brennbares Fettlösungsmittel, oft in Fleckenwassern; in kleinen Mengen intern gegen Wurminfektionen; chron. Leber- u. Nierenschädigung u. Lungenödem. [8]

Tetrachlormethan ↑Tetrachlorkohlenstoff. [8]

Tetrade ⟨*griech*⟩ *f*: 1. (bakteriolog.) Teilung einer Zelle in vier Tochterzellen, die (z. B. bei Sarcina) zusammenbleiben; 2. (biolog.) Teilung eines Zellkernes in vier Kerne, wobei ein Teilungsschritt die Reduktionsteilung (↑Meiosis) ist; 3. Fallot' Tetrade ↑Fallot' Tetralogie. [10, 42]

Tetragenes: *Gaffkya tetragena*, Ordnung *Eubacteriales*, Familie *Micrococcaceae* (Bergey 1957); bekapselte Kokken in Tetraden oder Paketform, unbeweglich. Gutes Wachstum auf gebräuchlichen Nährböden u. in Bouillon. Vorkommen: Mundhöhle u. Frauenmilch. Mischinfektionserreger bei Tbk (Kavernen), Bronchopneumonien, Angina u. Abszessen, pathogen für Mäuse. [41]

Tetragnoste: Derivate des Phenolphthaleins zur Röntgendarstellung der Gallenblase (Jodtetragnost) u. Prüfung der Leberfunktion (Chlor- u. Bromtetragnost). Das Jodtetragnost ist das Tetrajodphenolphthaleinnatrium. [8]

Tetragon ⟨*griech*⟩ *n:* Viereck. [1]

Tetrahydro-β-Naphthylamin: wirkt fiebererzeugend. [44]

Tetralogie ↑Fallot' Tetralogie. [10]

Tetramethylendiamin ↑Putreszin. [42]

Tetra|parese ⟨*griech*⟩ ↑Tetraplegie. [33]

~peptid: Peptid, das aus vier Molekülen von Aminosäuren besteht. [8]

~plegie *f:* Tetraparese; Lähmung aller vier Gliedmaßen. [33]

~saccharide: Saccharide aus vier Monosaccharidmolekülen; 20 T. sind strukturmäßig aufgeklärt. Maltotetraose u. Zellotetraose sind Abbauprodukte der Stärke u. Zellulose; Laktodifukotetraose in Frauenmilch, wirkt wie Blutgruppensubstanz Le^b. [8]

~thionat ↑Anreicherungsverfahren. [41]

~vakzine: Kombinationsimpfstoff zur aktiven Immunisierung gegen Typhus, Para-A u. B u. gegen Cholera; ↑TAB-Impfstoff. [39]

Tetrazoliumsalze ↑Triphenyltetrazoliumchlorid. [42]

Tetrazyklin®: Syn. Achromycin®; aus Chlortetrazyklin (Aureomyzin®) durch Entfernen des Chlors oder biosynthet. hergestelltes Antibiotikum. Wirkung u. Anwendung des T. entsprechen jenen der anderen Tetrazykline. Die Nebenwirkungen sind etwas geringer. [42]

Tetrosen: Zucker mit vier Sauerstoffatomen, z.B. die Aldotetrosen, Threose, Erythrose, die Ketotetrose Erythrulose. [16]

Tetrulose: Ketotetrose; die Endsilbe „ulose" bezeichnet eine Ketose, einen Ketozucker; Fruktose ist also eine Hexulose; ↑Tetrosen. [16]

Teutschländer, Otto (1874–1950), Pathologe, Heidelberg, Mannheim.

T' Syndrom ↑Lipokalzinogranulomatose. [5]

Th: chem. Symbol für ↑Thorium. [8]

Thalamenzephalon ⟨*griech*⟩ *n:* Gehirnteil, in dem die Thalamuskerne liegen, also ein Teil des Zwischenhirns. [1]

thalamicus ⟨*griech*⟩: zum Thalamus gehörend. [1]

Thalamotomie ⟨*griech*⟩ *f:* operativer Eingriff am Thalamus bei extrapyramidalen Bewegungsstörungen (stereotakt.) oder bei Tumoren. [20]

Thalamus (opticus) ⟨*griech*⟩ *m:* der Sehhügel; eine Ansammlung grauer Kerne im Zwischenhirn, die sich hügelartig zum III. Ventrikel hin vorwölbt. Nach Burdach unterscheidet man eine vordere, mittlere u. seitliche Kerngruppe sowie das Pulvinar. Der T. ist das Tor zum Bewußtsein. Er ist in alle zur Großhirnrinde ziehenden Sinnesbahnen eingeschaltet u. wirkt bei der Koordination der Empfindungen u. ihrer Gefühlsbetonung mit. Er ist außerdem auch noch in efferente Leitungsbahnen eingeteilt. [1]

T.-Hand: Fehlstellung vor allem der Finger, die bes. bei organ. Herden im Thalamus opticus vorkommt; Beugung in den Grund-, Überstreckung in den Interphalangealgelenken.

T.-Symptome: die wichtigsten Zeichen einer Thalamusläsion sind die (herdgekreuzte) Hemihypästhesie für Berührung, Schmerz u. Temperatur, Störung der Tiefensensibilität mit daraus folgender halbseitiger Ataxie u. Stereoanästhesie, andauernde, aber zeitweilig exazerbierende, oft äußerst heftige Schmerzen, die gegen Analgetika sich als refraktär erweisen („zentrale Schmerzen"), die charakterist. thalam. ↑„Hyperpathie", auch (bes. von Head u. Holmes' beschriebene) eigenartige Änderungen der Gefühlsbetonung verschiedener sensibler u. sensor. Reize. Seltener sind hemiathetot. oder hemichoreat. Erscheinungen. Die in letzter Zeit weitgehend vorangetriebene somatotop. u. funktionelle Aufgliederung des Sehhügels gestattet eine differenz. Herdlokalisation. [33]

Thalassämie ⁎ **Thalassaemia** ⟨*griech*⟩ *f:* Syn. Mittelmeeranämie, Mediterrananämie; dem Schweregrad nach werden 3 Formen unterschieden: 1. Th. major (Erythroblastenanämie, Cooley' Anämie); 2. Th. minor (Rietti-Greppi-Micheli' Syndrom); 3. Th. minima. Sie unterscheiden sich durch den Erbgang voneinander: 1. homozygote Genkombination, 2. u. 3. heterogene Genkombination. Krankheitsbild der Th. major: bereits im 1. u. 2. Lebensjahr schwere Hämolyse, Hepatosplenomegalie. Ab dem 3. Lebensjahr charakterist. Knochenveränderungen (Turmschädel, röntgenolog. Bürstenschädel, Osteoporose mit Erweiterung der Markräume, Knochenverformung). Wachstumsverzögerung, Infantilismus. Blutbild: hochgradige Aniso- u. Poikilozytose, starke Mißbildung der einzelnen Erythrozyten (Fragmentozyten, Schizozyten, Schießscheibenzellen = target cells). Auftreten kernhaltiger roter Vorstufen. Knochenmark: extreme Steigerung der roten Blutbildung mit qualitativer Zellveränderung. Typ. ist, daß ein Teil des Hämoglobins als Hb F (fetales Hämoglobin) u. Hb A_2 vorliegt. Th. minor: wesentlich gutartiger; Krankheitsbeginn zwischen dem 3. u. 10. Lebensjahr. Milztumor u. Lebervergrößerung, auch Skelettdeformierung; geringgradige Anämie. Th. minima: braucht klin. nicht in Erscheinung zu treten; Prognose günstig. [11]

Thalassophobie ⟨*griech*⟩: krankhafte Angst vor einer Seereise. [34]

Thalassotherapie: Anwendung des Seewassers u. des Meeresklimas zu Heilzwekken. [38]

Thalidomid®: Kurzbezeichnung für N-Phthalylglutaminsäureimid.

T.-Syndrom: Syn. Contergan-Syndrom; Gesamtbezeichnung für die bei langdauernder Thalidomidmedikation auftretenden klin. Krankheitszeichen. Sympt.: periphere Neuritis mit Parästhesien, zentralnervöse Reizsymptome. Thalidomid-Anwendung während der Frühschwangerschaft führte in gehäuftem Maße zu charakterist. embryopath. Mißbildungen (bis zur ↑Phoko- oder ↑Amelie). Stoffwechselkranke u. Alkoholiker scheinen bes. empfindlich zu sein. [32]

Thallium: chem. Symbol Tl; Schwermetall; Tl u. Tl-Verbindungen sind stark wirkende Gifte, die wahrscheinlich durch Inaktivierung von Enzymen Haarausfall, Sehstörungen, polyneurit. Erscheinungen herbeiführen. In Pflanzen u. Tieren in sehr geringen Mengen. T. ist nicht lebensnotwendig. [8]

~star: Linsentrübung durch Thalliumvergiftung; ↑Katarakt. [36]

~vergiftung: am giftigsten sind die zweiwertigen Verbindungen (Tl-Azetat, Tl-Sulfat); 1. akute Vergiftung: Brechreiz, Erbrechen, hartnäckige Obstipation; nach einer Latenzzeit von 2–3 Wochen Retrosternalschmerzen, hysteriformes Benehmen, Polyneuritis vor allem der unteren Extremitäten, Tachykardie, Haarausfall; 2. chron. Vergiftung: Haarausfall, Polyneuritis mit Unfähigkeit zum Gehen, Amaurose, ausgeprägte Kachexie, patholog. Liquorkurven, organ. Psychosyndrom. [44]

Thallus ⟨*griech*⟩ *m:* Körper der niederen Pflanzen, der noch keine Gliederung in Wurzel, Stamm u. Blatt zeigt. Thallophyten sind Einzeller, Algen, Pilze, Flechten. [42]

Tham: Tris(hydroxymethyl)aminomethan, „Trispuffer", „Tris"; Puffersubstanz zur Behandlung azidot. Zustände. Bindet neben sauren Metaboliten auch CO_2 u. scheidet diese über die Nieren aus. Dehydrierende Wirkung, Anwendung an intakte Nierenfunktion gebunden. [27]

thanatognostisch ⟨*griech*⟩: für einen bestimmten Tod bzw. eine bestimmte Todesart charakteristisch. [5]

Thanatophobie ⟨*griech*⟩ *f:* krankhafte Angst vor unausweichlich erscheinendem Tod, wofür objektiv keine Gefahr besteht. Form schwerer Phobie, erwächst auch aus schweren hypochondr.-depress. Zustandsbildern. [34]

Thea sinensis: Teestrauch; die koffeinhaltigen Blätter sind nach Fermentierung durch Autolyse u. nach Trocknen als „Schwarzer Tee" im Handel. [42]

Thebacon□= Acetyldihydrocodeinon (Acedicon®): Derivat des ↑Thebains; es wirkt etwas schwächer analget. als ↑Morphin u. besitzt eine ausgesprochen hustenstillende Wirkung. Es kann zur ↑Sucht („drug dependence") führen, jedoch weniger als Morphin. [44]

Thebain = Dimethylmorphin: Alkaloid, das in kleinen Mengen im Opium vorkommt. Es hat keine narkot. Wirkung, sondern ist ähnlich dem Strychnin ein Krampfgift; keine therapeut. Wirkung. [44]

Thebesius, Adam Christian (1686–1732), Arzt, Hirschberg i. Schlesien. Thebesian veins ⟨*engl*⟩: Vv. Thebesii, Vv. cordis minimae.

T' Klappe ↑Valvula sinus coronarii. [4]

Theelin: Follikelhormon, jetzige Bezeichnung ↑Östron. [8]

Theelol: Follikelhormonhydrat; jetzige Bezeichnung ↑Östriol. [8]

Theiler, Max (*1899), Arzt, Virologe, New York. 1951 Nobelpreis für die Erforschung des Gelbfiebers u. seine Bekämpfung. [53]

Theileria: nach Reichenow Gattung der Ordnung *Piroplasmida* (Protozoen), in Erythrozyten gelagert. Wichtigste Art: *T. parva,* Erreger des Küstenfiebers der Rinder (Afrika, Indien, Balkan); ↑Piroplasmen, ↑Piroplasmose. [41]

Thein: Substanz aus den Blättern des Teestrauches; ident. mit ↑Koffein. [44]

Theka ⁎ **Theca** ⟨*griech*⟩ *f:* Kapsel, Hülle.

T. folliculi: bindegewebige Kapsel des Tertiär- oder Graaf' Follikels, die dem Follikelepithel (Membrana granulosa) außen anliegt; ↑Eizelle. [2]

Theka|körper = Corpus fuscum: Gebilde, das nur aus den Zellen der Theka besteht. Bei der Ovulation werden in seltenen Fällen mit der Eizelle auch alle Granulosazellen abgestoßen. Aus dem Corpus luteum entwickelt sich dann der sog. Thekakörper.

~luteinzellen: kleine, mit Lutein beladene, aus den bindegewebigen ↑Thekazellen entstandene Gelbkörperzellen, die in den Außenbezirken des ↑Corpus luteum gelegen sind.

~zellen: Zellen der ↑Theca folliculi. [2]

~zelltumor = Xanthofibroma thecocellulare; Ovarialfibrom mit lipidhaltigen Zellen; von den ↑Thekazellen der Follikel abgeleitet; kann als Variante des ↑Granulosazelltumors angesehen werden; z.B. hormonal aktiv (östrogene Substanzen). [5]

Thekom ⟨*griech*⟩ *n* ↑Thekazelltumor. [30]

Thelalgie ⟨*griech*⟩ *f:* Schmerzen an der Brustwarze. [18]

Thelitis ⟨*griech*⟩ *f:* Brustwarzenentzündung. [29]

Thelorrhagie ⟨*griech*⟩ *f:* Blutung aus der Brustwarze. [29]

Thelytokie ⟨*griech*⟩ *f:* die Tatsache, daß bei der Fortpflanzung nur weibliche Nachkommen entstehen. Gegensatz ist ↑Arrhenotokie. [3]

Thenar ⟨*griech*⟩ *n:* Daumenballen. [1]

Theobaldia: Stechmückengattung, wie Culex in Häusern, aber größer. [58]

Theobroma cacao: Kakaobaum; aus den Samen wird Kakao, Kakaobutter (Oleum cacao) u. das Alkaloid ↑Theobromin hergestellt. [42]

Theobromin: 3,7-Dimethylxanthin; ↑Purine; in der Kakaobohne (Kern) zu 1,4–1,8%, in den Schalen zu 0,5–1,3% neben wenig Koffein enthalten; eine Tasse Kakaogetränk enthält etwa 0,1 g Theobromin u. 0,01 g Koffein. T. stellt das anregende Prinzip des Kakaos (Theobroma cacao) dar; farblose Kristalle von bitterem Geschmack, schwer löslich in Wasser, in der Kakaobohne wohl mit Tannin verknüpft; es findet in der Medizin in Form eines Salzes Verwendung; ↑Theobrominum natrium. [16]

Theobrominum natrium salicylicum: nach DAB 7 Mischung von 45–50% ↑Theobromin u. Natriumsalizylat; Anwendung als mildes Diuretikum. [44]

Theodor' Zeichen: Schwellung der peripheren Lymphknoten bei Röteln. [43]

Theophyllin DAB 7: 1,3-Dimethylxanthin; ↑Purine; es kommt in geringen Mengen im Tee neben Koffein (früher als Thein bezeichnet) vor, bildet farb- u. geruchlose Nadeln von schwach bitterem Geschmack u. hat koffeinähnlich anregende Wirkung. T. wirkt stärker harntreibend als Theobromin u. übt eine stärkere Wirkung auf das ZNS aus. [16]

Theorell, Axel Hugo (*1903), Physiologe, Upsala, Stockholm. 1955 Nobelpreis für seine Entdeckungen über Natur u. Wirkungsweise der Oxydationsenzyme. [53]

Therapeutik ⟨*griech*⟩ *f:* Lehre von der Krankenbehandlung; ↑Therapie. [9]

Therapie ⚹ **Therapia** ⟨*griech*⟩ *f:* Gesamtheit der Behandlungsmaßnahmen zur Heilung einer Krankheit. *Adj* therapeutisch die Behandlung betreffend. [9]

T., heterohormonale: kontrasexuelle, gegengeschlechtliche Hormonbehandlung. [12]

T., kausale ↑Kausalbehandlung. [10]

T., rektale: Verabreichung von Medikamenten durch den After, diese gelangen auf dem Weg über die Analvenen u. die Vena cava caudalis in den großen Kreislauf.

T., symptomatische: Behandlungsmaßnahmen, die auf Beseitigung der Symptome einer Krankheit (nicht der Ursache) gerichtet sind.

T. magna sterilisans: das Ziel von Ehrlich, eine Infektionskrankheit durch Abtöten der Erreger mit möglichst einer einmaligen Gabe eines chemotherapeut. Medikamentes zu beseitigen. [9]

Theriaka ⟨*griech*⟩ *n, Pl:* Gegenmittel gegen Gifte. [53]

Thermalbäder ↑Thermen. [45]

Thermanästhesie ⟨*griech*⟩ *f:* Unfähigkeit, Wärmereize wahrzunehmen; ↑Sensibilitätsstörung. [33]

Thermen ⟨*griech*⟩ *f, Pl:* 1. warme Heilquellen (↑Heilwässer); 2. im röm. Imperium wurden außer den warmen Quellen auch Badeanlagen als Thermen (thermae) bezeichnet. [40]

Thermo- ⟨*griech*⟩: in Zusammensetzungen Wärme-. [42]

Thermo|bakterien: wärmeliebende Bakterien. Säurebildner sind *Thermobacterium lactis* in der Milch u. im Darm des Menschen, *T. bulgaricum* im Joghurt; ↑Hitzebakterien. [42]

~element: beruht auf dem Seebeck' Effekt, wonach zwischen den Löt- oder Schweißstellen von 2 verschiedenen Metallen ein elektr. Strom (Thermokraft) fließt, wenn die beiden Lötstellen verschiedene Temperaturen haben. Mit empfindlichen Galvanometern u. geeigneten Metallen liegt der Meßbereich zwischen wenigen °K bis 3300°K u. 10^{-6} V bei 1 grd Temperaturunterschied. Mikro- u. Ultramikro-Ausführungen spielen in der Biologie u. Medizin sowie auch in der Technik wegen ihrer geringen Wärmekapazität eine große Rolle. [8]

~graph: Gerät zur fortlaufenden Aufzeichnung des Temperaturverlaufs.

~hygrograph: Verbindung eines Thermographen mit einem Hygrographen. Temperatur u. Feuchte werden auf einer gemeinsamen Trommel registriert. [13]

~kaustik: Verschorfung einer Wunde (zur Blutstillung) oder von Tumorgewebe u. dgl. durch Glühbrenner oder elektr. Messer.

~kauter ↑Paquelin' Brenner. [18]

thermolabil ⟨*griech, lat*⟩: hitze- bzw. wärmeempfindlich. [39]

Thermo|meter ⟨*griech*⟩ *n:* Gerät zur Temperaturmessung. Flüssigkeitsthermometer mit Quecksilber- oder Alkoholfüllung; Gasthermometer mit abgeschlossenem Gasraum u. Manometer; Metallthermometer mit Bimetallstreifen, die sich bei steigender Temperatur krümmen; ↑Thermoelement. [54]

~morphosen: durch Wärme hervorgerufene ↑Morphosen. [42]

~penetration ↑Diathermie. [46]

thermophil ⟨*griech*⟩: wärmefreundlich, z. B. thermophile Keime, Bakterien, deren optimale Lebensbedingungen bei Temperaturen über 45 °C gegeben sind, meistens zwischen 45° u. 60 °C. Vorkommen: in heißen Quellen; ferner spielen thermophile Keime bei der aeroben Kompostierung eine Rolle, (Selbsterhitzung, z. B. von feuchtem Heu). Gegensätze: ↑psychrophil u. ↑mesophil. [41]

Thermophor ⟨*griech*⟩ *m:* Wärmeträger, Gefäß, Kompresse, Auflage usw. zu örtlichen Wärmeanwendungen. [46]

Thermopräzipitation ⟨*griech*⟩ (Ascoli): Eiweißfällungsreaktion, zur Diagnostik von

Milzbrand aus bereits verfaulten Organen von Tier- oder Menschenleichen geeignet. Verdächtiges Material mit der 5- bis 10fachen Menge physiolog. Kochsalzlösung einige Minuten kochen, Extrakt durch Seitz-Filter filtrieren u. nach Erkalten mit spezif. Immunseren unterschichten. Bei pos. Ergebnis Präzipitationsring an der Berührungsstelle; ↑Präzipitation. [41]

Thermo|regulation ↑Temperaturregulation.

~rezeptoren: Temperatursinnesorgane, die in der Haut lokalisiert entweder unter sog. Warmpunkten auf Wärmereize (Wärmerezeptoren) oder unter sog. Kaltpunkten auf Kaltreize (Kälterezeptoren) mit Erhöhung oder Änderung ihrer Entladungsfrequenz antworten. Dabei ist ihre Entladungsfrequenz-Reiz-Beziehung nicht mit den bekannten Reiz- u. Erregungsgesetzen zu beschreiben, da die T. bei verschiedenen stationären Temperaturen maximale Impulsfrequenzen zeigen. Die Maxima der Kälterezeptoren liegen zwischen 34° u. 20°C, die der Wärmerezeptoren zwischen 38° u. 43°C. Paradoxerweise zeigen Kälterezeptoren jenseits 45°C erhöhte Entladungsfrequenzen, weshalb man sie für die bei dieser Temperatur beobachtete „paradoxe Kaltempfindung" des Menschen verantwortlich macht. Außerdem bestehen im dynam. Verhalten Unterschiede: so reagieren Kälterezeptoren auf schnelle Abkühlung u. Wärmerezeptoren auf schnelle Aufwärmung mit überschießenden Entladungsfrequenzen. Ihre dichteste Häufung auf der Körperoberfläche des Menschen befindet sich im Trigeminusgebiet u. an den Schleimhäuten sämtlicher Körperöffnungen, wobei stets die Zahl der Kälterezeptoren überwiegt. Histolog. handelt es sich wahrscheinlich nicht um einzelne Rezeptoren, sondern um kleine, dichtverzweigte Nervennetze; die Sinnespunkte (Kalt- u. Warmpunkte) der Haut scheinen dabei Stellen maximaler Empfindlichkeit zu sein. Die afferenten Bahnen verlaufen über den kontralateralen Tractus spinothalamicus u. den Tractus thalamo-corticalis zur hinteren Zentralwindung der Großhirnrinde. Die Verbindungen zu den Temperaturregulationszentren sind anatom. noch nicht gesichert. Die T. sind für die unmittelbare Auslösung temperaturregulator. Maßnahmen u. für die Temperaturempfindungen „warm", „kalt" einschließlich aller erkennbaren Intensitätsabstufungen bedeutsam. Dadurch bestimmen sie auch maßgeblich temperaturgerichtete Verhaltensweisen.

~sonde: Punktionsnadel mit Heizelement u. 2 Temperaturmeßstellen, mittels derer die durchblutungsabhängige Wärmeleitfähigkeit von Geweben gemessen werden kann. [7]

thermostabil: wärmebeständig (kochbeständig); Gegensatz zu ↑thermolabil. [41]

Thermostat ⟨*griech*⟩ *m:* Vorrichtung zur Konstanterhaltung der Temperatur. Brutschränke dienen der Konstanthaltung der Lufttemperatur (meist 37°C). Thermostaten für höhere Temperatur benutzt man z. B. bei der Paraffineinbettung in der Mikrotechnik, ferner zur Heißluftsterilisation. Wasserthermostaten dienen der Temperaturkonstanthaltung eines Wasserbades. Der Thermoregulator schaltet die Badheizung bei der gewünschten Temperatur entweder ein oder aus. [54]

Thesaurismosen ⟨*griech*⟩ *f, Pl:* Speicherungskrankheiten, Stoffwechselstörungen, bei denen sich bestimmte Stoffwechselprodukte in den Körpersäften oder Organen anhäufen oder in bestimmten Zellen in ungewöhnlicher Menge gespeichert werden; z. B. Amyloid-T. ↑Amyloidose; Bilirubin-T. ↑Ikterus; Cholesterin-T. ↑Hand–Schüller–Christian' Krankheit; Glykogen-T. ↑Glykogenose; ↑Gierke' Krankheit; Kerasin-T. ↑Gaucher' Krankheit; Melanin-T. ↑Addison' Krankheit; Phosphatid-T. ↑Niemann–Pick' Krankheit; Urat-T. echte ↑Gichtwasser-T. [32]

Theta-Wellen ↑Elektroenzephalographie. [33]

Thevetin: digitalisähnlich wirkendes Glykosid aus dem gelben Oleander (Thevetia neriifolia). [44]

Thiamazol: 1-Methylimidazol-2-thiol = 1-Methyl-2-mercaptoimidazol; ↑Thyreostatikum (Favistan®). [44]

Thiamin: allgemein anerkannte Bezeichnung für Vitamin B_1 (Aneurin), die den erstmals von Windaus (1932) nachgewiesenen Schwefelgehalt (↑Thiazolring) des Vitamins zum Ausdruck bringt. [16]

Thiaminase = Aneurinase: es gibt 2 Enzyme; T. I (EC 2.5.1.2) ist ein in die Gruppe der Transferasen gehörendes Enzym, das den Pyrimidinteil (Pyrimidinbasen) des Thiamins auf einen Akzeptor (zykl. Amine) unter Freisetzung des Thiazols überträgt u. damit die Thiamin-Wirkung ausschaltet. Weit verbreitet bei Warmblütern, Pflanzen, Bakterien. T. II (EC 3.5.99.2) spaltet Thiamin mit Wasser in das Pyrimidin- u. Thiazolderivat auf.

~krankheit: Syn. Chastek-Paralyse; eine Thiamin-(Vitamin B_1)-Avitaminose, hervorgerufen durch Zerstörung des Vitamins durch Thiaminase; die Chastek-Paralyse zuerst bei mit rohen Fischabfällen gefütterten Silberfüchsen beobachtet – („Farnkrautvergiftung" bei Weidetieren; Verfütterung von Heu, das Schachtelhalme enthält) – verläuft im klass. Bild analog der ↑Beriberi.

~pyrophosphat: *Abk* TPP; der Pyrophosphorsäureester des Thiamins (Vitamin D_1) ist ident. mit ↑Cocarboxylase (Lohmann); Coenzym der Dekarboxylasen u. Aldehydtransferasen. [16]

Thiaminkinase (Thiamin-Transphosphatase): enzymat. Überführung von Thiamin (Vitamin B_1) in Thiaminpyrophosphat (Cocarboxylase). [16]

Thiazine: ein mehrkerniges System mit Schwefel u. Stickstoff als Heteroatome, z. B. Phenothiazin. Durch Oxydation in saurer Lösung entstehen daraus farbige Phenazothioniumsalze. Hervorragende Bedeutung besitzt das Methylenblau in der Biologie, z. B. ↑Vitalfärbung. [8]

Thiazol: ein Vertreter der schwefelhaltigen Azole, die sich vom ↑Thiophen herleiten, in denen die in 3-Stellung befindliche CH-Gruppe durch ein N-Atom ersetzt ist. Dem T. kommt physiolog.-chem. als Strukturbaustein des Vitamins B_1 (↑Thiamin) neben dem anderen Baustein Pyrimidin wichtige Bedeutung zu. Ein anderes Derivat der Azole, das Dimethylbenzimidazol, ist Strukturbaustein des ↑Vitamins B_{12}. [16]

Thibièrge-Weissenbach' Syndrom: Kalzinose der Finger- oder Zehen-Endglieder bei ↑Sklerodermia diffusa. [43]

Thiemann' Fingerkrankheit: Nekrosenbildung in den Epiphysen nahe den kleinen Gelenken von Hand u. seltener Zehen, bes. Großzehe im Kindesalter; heilt mit der Pubertät aus. [18]

Thiersch, Karl (1822–1895), Chirurg, Leipzig.
T' Transplantation (1886): freie Überpflanzung dünner Epidermisläppchen auf gran. Wunden z. Überhäutung; ↑Hautplastik. [18]

Thigmotaxis *⟨griech⟩ f:* Reizung durch Berührung; vorüberschwimmende Zellen werden z. B. dadurch veranlaßt, an der Stelle haftenzubleiben. [11]

Thiodiphenylamin: für ↑Phenothiazin in der Anwendung als Anopheles-Larvizid (anstelle von ↑Schweinfurter Grün gebräuchlicher Name). [58]

Thioacetazone◻: p-(Thiosemicarbazonomethyl)-acetanilid = p-Acetamidobenzaldehydthiosemicarbazon (Conteben®), Tuberkulostatikum; geringe therapeut. Wirkung bei ausreichender Verträglichkeit (sog. Tuberkulostatikum der 3. Reihe); geeignet zur Lokalbehandlung u. in Fällen von ↑Ethionamid-Unverträglichkeit. [44]

Thioalkohole: Alkohole, in denen das Sauerstoffatom durch Schwefel ersetzt ist, funktionelle Gruppe –SH (Sulfhydrylgruppe); haben äußerst widerlichen Geruch; auch Merkaptane genannt, da sie schwerlösliche Quecksilbersalze bilden. [8]

Thiobakterien ↑Schwefelbakterien. [42]

2-Thiobarbitursäure (Malonylthioharnstoff): Reagens auf Aldehyde; dient in der Lebensmittelanalytik z. B. zum Nachweis von Furfurol (Pentosen), von Aldehyden, wie sie bei der Autoxydation von Fetten entstehen.
~zahl: kolorimetr. mit T. ermittelte Menge an Aldehyden in ranzigen (autoxydierten) Fetten zur Kennzeichnung ihres Zustandes. [16]

Thiochrom: Farbstoff, der aus der Hefe isoliert wurde u. aus Thiamin durch Oxydation mit Kaliumferrizyanid in alkal. Lösung entsteht. Das leuchtend blau fluoreszierende T. dient auch zur quantitativen Bestimmung des Thiamins. [8]

Thioester: Ester, bei denen die Alkoholkomponente (R–OH) durch eine S–OH-Verbindung ersetzt ist, z. B. durch Coenzym A; dessen Thiolgruppe liefert mit Essigsäure verknüpft das Azetyl-Coenzym A. T. sind sehr reaktionsfähig (energiereich) u. werden biochem. bei wichtigen Reaktionen zur Bildung „aktivierter Säuren" eingesetzt (Fettsäureaufbau u. -abbau, Glyzeridbildung; aerober Kohlenhydratabbau usw.). [16]

Thioglykolsäure ↑Thiosäuren. [8]

Thioharnstoff: $H_2N{\cdot}CS{\cdot}NH_2$; als Konservierungsmittel, als Fettantioxydans, als Thyreostatikum vorgeschlagen; wegen seiner bei Tierversuchen nachgewiesenen kanzerogenen Wirkung in den meisten Ländern verboten; findet bei der Vulkanisierung des Kautschuks als Beschleuniger Verwendung. [16]

Thiocarlide: Tuberkulostatika mit geringer Wirkung bei der Tbk des Menschen; dagegen gute Wirkung bei Lepra. Enthält wie die Thioazetazone eine NH–CS–NH-Gruppe u. wie das Ethionamid die R–CS–NH_2-Gruppe. Weitgehende Kreuzresistenz gegen Thioazetazon, teilweise gegen Ethionamid (Präparate: DAT „Wander", Isoxyl◻). [15]

Thiokinase *f:* Enzym, das das bei der β-Oxydation der Fettsäuren intermediär gebildete Fettsäure-Adenosinmonophosphat in Gegenwart von Coenzym A in das entsprechende Fettsäure-Coenzym A umsetzt. [16]

Thionin ↑Redoxindikator. [42]

Thiopental: Pentothal○, Trapanal○; Äthylmethyl-n-Butyl-Thiobarbitursäure, kurzwirkendes Barbiturat-Narkotikum. [27]

Thiophen: C_4H_4S; heterozykl. Kohlenwasserstoff, Siedepunkt 84 °C, im Rohbenzol als Verunreinigung (etwa 0,15%) enthalten. Durch Destillation schwer abtrennbar. Nachweis mittels Indopheninreaktion. T. wird z. T. klin. angewandt; halogenierte T. dienen als Pestizide. [8]

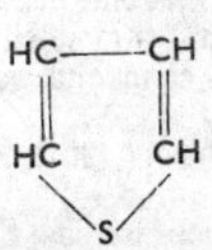

Thiophorasen *f, Pl:* Enzyme, die die Übertragung von Coenzym A von einem Substrat auf ein anderes katalysieren; durch die Reaktion Acetoacetat + Succinyl-Coenzym A ⇌ Acetoacetat-Coenzym A + Succinat wird der Azetonkörper aktiviert u. kann dann in der Muskulatur verwertet werden. [16]

Thiosäuren: Säuren, in denen 1 oder beide Sauerstoffatome der Karboxylgruppe oder in Hydroxykarbonsäuren der Sauerstoff des Hydroxyls durch Schwefel ersetzt sind. In der Kosmetik wird das NH_4-Salz der Thioglykolsäure $CH_2(SH)\cdot COONH_4$ für Kaltwelle verwandt. [8]

Thioschwefelsäure: $H_2S_2O_3$, die freie Säure ist nicht beständig; das Natriumsalz $Na_2S_2O_3$ wird als Fixiersalz Thiosulfat in der Photographie u. als Titrierlösung in der Jodometrie sowie als Antichlor verwendet. [8]

Thiosemikarbazone: Gruppe von tuberkulosewirksamen Mitteln. Internationaler Name: Thioacetazon□. [15]

Thio-TEPA = Triäthylenthiophosphorsäureamid: Chemotherapeutikum bei malignen Erkrankungen des hämopoet. u. lymphat. Systems. [25]

Thixotropie ⟨*griech*⟩ *f:* Eigenschaft mancher gallertartiger Kolloide, sich beim Schütteln reversibel zu verflüssigen (z. B. Vanadinpentoxid, Eisenhydroxid). [54]

Thoma, Richard (1847–1923), Pathologe, Heidelberg.

T.-Zeiß-Zählkammer: von Abbe errechnete Grundform der Zählkammer für Erythrozyten u. Leukozyten mit 0,1 mm Höhe über einem Millimeter-Quadrat. Hiervon leiten sich die übrigen Verfahren ab; ↑Zählverfahren. [11]

Thomas, Theodor Gaillard (1831–1903), Gynäkologe, New York.

T.-Pessar: Hebelpessar mit einer hinteren Aufwärtsbiegung u. einer vorderen Abwärtsbiegung. Der hintere Bügel ist stark aufwärts gebogen u. sehr dick. Anwendung bei ↑Retroflexio uteri mobilis. [29]

T.-Schiene: leichter orthopäd. Apparat zur Entlastung eines Beines. [23]

Thomasschlackenpneumonie: Krankheitsbild einer Pneumonie oder Bronchopneumonie ohne bes. Eigentümlichkeiten, jedoch mit hoher Letalität. Unter entsprechenden Bedingungen als melde- u. entschädigungspflichtige Berufskrankheit anerkannt. [49]

Thomsen, Julius (1815–1896), Arzt, Kappeln. Beschrieb 1876 eine neue Krankheit, die von Westphal als T' Krankheit u. von Strümpell ↑Myotonia congenita genannt wurde. [53]

Thomsen, Wilhelm (*1901), Orthopäde, Bad Homburg.

T' Zeichen: 1. bei ↑Ischias; bringt man das Bein in rechtwinklige Hüftbeugung u. im Kniegelenk in eine Beugestellung von 150°, während der Fuß von einer dritten Person dorsalwärts gedrückt wird, so springt der Hüftnerv in der Kniekehle wie eine gespannte Darmsaite vor. Reißt man ihn wie eine solche an, so meldet sich bei echten Hüftnervenprozessen, also bes. bei Ischiasneuritis, ein charakterist. Schmerz, der oft bis in die Endausbreitung der Nervenäste im Fuß ausstrahlt. Das Zeichen ist den üblichen Zerrphänomenen, wie ↑Lasègue, ↑Bragard überlegen; 2. bei Epicondylitis humeri; drückt man die dorsalgestreckte geballte Faust des Kranken gegen dessen Widerstand bei aufgestütztem Unterarm volarwärts, so tritt durch die aktiv angespannten Extensoren der typ. Zerrungsschmerz an ihrem Ursprungsort, dem Epicondylus radialis ein. Bei Volarflexion mit gestreckten Fingern wird kein oder nur geringfügiger Schmerz ausgelöst. [13]

Thomsen-Phänomen: enzymat. Veränderung von Blutkörperchen durch bestimmte Bakterien in vitro (sog. T-Keime, z. B. Kokken, Kolibakterien, Sporenbildner) führt zur Panagglutinabilität gegenüber „T-Agglutininen", die von α- u. β-Isoagglutininen unabhängig vorhanden sind. Der entsprechende Blutkörperchen-Rezeptor heißt „T-Rezeptor" [40]

Thomson-Effekt: man kann Drücke auch elektr. verzeichnen: die druckaufnehmende Membran trägt eine Spule aus Wismutdraht, die in ein starkes konstantes Magnetfeld eingesenkt ist u. bei Bewegungen der Membran Änderungen ihres elektr. Widerstandes erfährt. Die Schwankungen werden über eine Brückenanordnung durch ein Drehbügelgalvanometer aufgenommen u. geben die Druckänderungen (z. B. Blutdruck) vergrößert u. ohne nennenswerte Verzerrung wieder. In modernen Geräten werden meist andere mechano-elektr. Wandler benutzt. [7]

thoracicus ⟨*griech*⟩: zum Thorax gehörend. [1]

Thorako|bronchotomie ⟨*griech*⟩ *f:* Eröffnung eines Hauptbronchus auf transthorakalem Wege.

~kaustik: 1. Pleurastrangdurchtrennung mit einem mittels eines ↑Thorakoskops eingeführten ↑Thermokauter (Jacobaeus, 1913), um der Lunge einen unbehinderten Kollaps beim therapeut. Pneumothorax gegen Lungentuberkulose zu ermöglichen. Die eigentliche Strangdurchtrennung erfolgt durch galvan. oder Diathermiestrom; 2. erweitert durch Kux auf die transthorakale Resektion der Nn. splanchnici u. des N. vagus aus verschiedenen Indikationen (z. B. Magen-Darm-Geschwür); ↑Sympathektomie, endothorakale.

~lyse: (wörtlich) Brustwandlösung; 1. mehr oder weniger ausgedehnte Resektion an den oberen fünf Rippen bei Brustkorbstarre u. Lungenemphysem; 2. präkardiale T. nach Brauer beim Panzerherz. Teilentfernung von Sternum u. Rippenknorpelansätzen der Brustwand vor dem Herzen, um den Aktionsraum für dieses zu erweitern, wenn eine radikale Entfernung des Schwielenpanzers zu gewagt erscheint.

~metrie: Messungen vor allem des Brustkorbumfanges u. seiner Differenzen bei Ein- u. Ausatmungsstellung. [18]

~pagus: symmetr. Doppelmißbildung mit Verwachsung der beiden Individuen am Brustkorb. [5]

~plastik: Operationsverfahren 1. durch welches verschieden lange Rippenstücke reseziert werden, um durch Einfallen der Brustwand eine Verkleinerung des Brustraumes, Kollaps der tuberkulös erkrankten Lunge u. damit funktionelle Ruhigstellung derselben zu erzielen (Sauerbruch) (extrapleurale Methode); 2. zur Ausheilung von Resthöhlen u. chron. Pleuraempyem subperiostale Rippenresektion u. intrapleurale Schwartenexzision u. -mobilisation, wodurch die Brustwand der geschrumpften Lunge angelegt wird u. die Resthöhle verschwindet (Schede, Heller) (intrapleurale Methode). [18]

~schisis *f:* angeborene ventrale Spaltbildung des Brustkorbes. [5]

~skopie: Besichtigung des Pleuraraumes mit Hilfe eines ↑Thorakoskops, um Veränderungen an der Lungenoberfl. zu beobachten oder die Thorakokaustik durchzuführen.

~tomie: Eröffnung der Brusthöhle durch Operation 1. durch das Lager einer Rippe nach deren Resektion; 2. interkostal durch den Zwischenrippenraum.

~zentese ↑Punktion der Brusthöhle, meist des Pleuraraumes mit Hohlnadel oder ↑Troikar. [18]

Thorax ⟨*griech*⟩ *m:* Brustkorb. [1]

Thorax en bâteau (P. Marie u. Astie) = Kahnbrust: Einsenkung der oberen vorderen Brustkorbteile; bei Syringomyelie u. Status dysrhaphicus.

T., faßförmiger: bei Lungenemphysem.

T., glockenförmiger: bei osteomalaz. Erkrankungen. [23]

T. infantilis: im Querdurchmesser schmaler Brustkorb.

T. paralyticus: flache Brust bei Habitus phthisicus.

T. piriformis (Wenckebach): birnenförmiger Thorax oben breit, nach unten zu verjüngt, bei Enteroptose u. Asthenikern. [1]

Thoraxapertur ⟨*lat*⟩ *f:* Öffnung des Brustkorbes, halswärts: obere T.; bzw. bauchwärts: untere T. [5]

Thoraxkompression ↑Compressio thoracis. [18]

Thorium: chem. Symbol $^{232}_{90}$Th; radioaktives Metall, Halbwertszeit $1{,}4 \cdot 10^{10}$ a; zerfällt in der Thorium-Zerfallsreihe über 15 z. T. sehr kurzlebige Zerfallsprodukte unter α-, β- u. γ-Strahlung in stabiles Thoriumblei $^{208}_{82}$Pb. in Pflanzen u. Tieren in kleinsten Mengen weit verbreitet; reichert sich bei Zufuhr im Skelett an. [8]

Thorium X: $^{224}_{88}$ThX, Radiumisotop; α-Strahler; Zerfallsenergie 5,68 MeV; HWZ 3,64 d; Tochternuklid vom $^{228}_{90}$RdTh (Radiothor) HWZ 1,9 a; für dermatolog. Zwecke wird ThX in Form von Salben oder in Lack oder Alkohol gelöst verwendet. Seine Anwendung geht jedoch zugunsten umschlossener radioaktiver β-Quellen mehr u. mehr zurück. Isotopie mit dem ThX sind das ^{226}Ra; HWZ 1600 a u. das Mesothor I (^{228}Ra) HWZ 6,7 a. [59]

Thormülen' Probe: ist im Harn Melanin enthalten, dann ergibt die ↑Legal' Probe eine Blaugrünfärbung. [47]

Thorn, Georg, Widmer (*1906), amerikan. Kliniker.

T' Syndrom: Syn. Salzverlustnephritis mit Addisonismus; Kombination von symptomat. Nebennierendysfunktion im Sinne des Addisonismus mit symptomloser fortschreitender salzverlierender Niereninsuffizienz bei tubulärer Nephropathie. Zeichen des ↑Addisonismus, Zeichen der Nephropathie: Polyurie, Polydipsie, Hyposthenurie; (chem.) erniedrigtes Serumnatrium, meist erhöhtes Serumkalium (Salzmangel), Azotämie, renale Azidose. [32]

T.-Teste: diagnost. wichtiger Nachweis zur Beurteilung der Nebennierenfunktion. Bei gesunden Menschen fällt die Zahl der eosinophilen Zellen im peripheren Blutbild etwa 4 h nach Injektion von 25 mg ACTH stark ab. Ist die Eosinopenie geringer als 50% oder fehlt sie ganz, so liegt eine prim. oder sek. Rindeninsuffizienz vor. Kann als ACTH-Schnelltest bzw. 4 h i. m. – ACTH-Test, als 48 h i. m. Depot-ACTH-Test, u. als 8 h i. v. ACTH-Test durchgeführt werden; Abfall der Eosinophilen 4 h nach ACTH-Injektion 50–60% des Ausgangswertes = pos. Thorn-Test; Abfall geringer als 50% = neg. Thorn-Test. [12]

Thorn, Wilhelm (1857–1913), Gynäkologe, Magdeburg.

T' Handgriff: Versuch, Stirn- u. Gesichtslagen durch direktes vaginales Eingehen mit einer Hand in Hinterhauptslagen zu verwandeln. [29]

Thoron: Radon-Isotop der Thoriumzerfallsreihe, $^{220}_{86}$Rn, Edelgas; geht unter Aussendung von α-Strahlen in Thorium A über (Halbwertszeit 54,5 s). [8]

Thorotrast: Thoriumdioxidsol; thoriumhaltiges Röntgenkontrastmittel, wird in den Zellen des RHS gespeichert u. führt auf Grund seines radioaktiven Zerfalls in seiner sehr langen Halbwertszeit zu bösartigen Gewächsen (Sarkome der Leber u. des Knochenmarks, selten Karzinome des Augenlides nach Injektion in den Tränenkanal). Als Kontrastmittel heute nicht mehr verwandt. [4]

Thr: *Abk* für ↑Threonin. [8]

Threone: eine Plasma-Thromboplastin-Zwischensubstanz, die vom Faktor VIII u. dem Thromboplastin-Lipid-Faktor der Thrombozyten gebildet wird. T. bewirkt mit Kalziumionen, Faktor V u. VII die Umwandlung des Prothrombins zu Thrombin; ↑Gerinnung. [11]

L-(-)-Threonin: *Abk* Thr, α-Amino-β-hydroxybuttersäure; essentielle Aminosäure, die in vielen Eiweißkörpern vorkommt, z. B. im Myosin, Hämoglobin u. in Phosphoproteiden. T. wird bei der sauren Hydrolyse zerstört. [8]

Thrombangiitis obliterans ⟨*griech, lat*⟩ ↑Endangiitis obliterans. [5]

Thrombarteriektomie ⟨*griech*⟩ *f:* von Leriche empfohlene Resektion thrombot. verschlossener Arterienabschnitte; heute meist kombiniert mit einer Wiederherstellung der Strombahn durch freie Arterientransplantation oder Einbau von Kunststoff-Prothesen. [18]

Thromb(o)arteriitis ⟨*griech*⟩: Arterienentzündung durch Embolie oder mit Thrombose, kann durch bindegewebige Wucherung zum Verschluß des Gefäßes führen.

T. obliterans ↑Endangiitis obliterans. [9]

Thrombasthenie ⟨*griech*⟩ *f:* Syn. Morbus Glanzmann–Naegeli; angeborener Mangel an Adenosintriphosphorsäure (ATP) u. der glykolyt. Enzyme Glycerinaldehyd-3-Phosphatdehydrogenase u. Pyruvatkinase oder angeborene Abgabestörung des ATP bzw. Bildungsstörung des für die Retraktion notwendigen ATP-Mg^{+++}-Komplexes in den Thrombozyten führt zu Störungen energieabhängiger Plättchenfunktionen wie Retraktion, Adhäsivität u. Agglomeration. Die Thrombozytenzahl ist normal, ihre Form u. Struktur jedoch anomal (Riesenplättchen, Anisozytose). Dominantvererbbare, nicht geschlechtsgebundene Erkrankung. Klin. Symptome sind eine Blutungsneigung vom Typ der thrombopen. Blutung u. häufig schwere Nachblutung nach Schnittverletzungen. [11]

Thrombektomie: operative Entfernung des in die großen Blutgefäße hineingeschleuderten oder in ihnen entstandenen Blutgerinnungspfropfens. [18]

Thrombelastograph ⟨*griech*⟩ *m* (nach Hartert): Apparat, der über ein Spiegelsystem auf Photopapier den Gerinnungsablauf u. die Retraktionsspannung einer in vitro gerinnenden Blutprobe aufzeichnet (Thrombelastogramm). Neben den plasmat. ↑Gerinnungsfaktoren beeinflussen vor allem die Thrombozytenzahl u. die Thrombozytenfunktion den Kurvenverlauf. Da bestimmte Parameter des Thrombelastogramms für einige Formen der hämorrhag. ↑Diathesen charakterist. sind, ergibt sich aus der Beurteilung des Kurvenverlaufes ein wertvoller Hinweis zur Differentialdiagnose der abnormen Blutungsbereitschaft. [11]

Thromben ⟨*griech*⟩ *m, Pl* ↑Thrombus. [4]

Thrombin ⟨*griech*⟩ *n:* Eiweißkörper mit einem Molekulargewicht von 14 000, der während der Blutgerinnung aus dem Prothrombin gebildet wird u. eine Schlüsselstellung im Gerinnungsablauf einnimmt, vor allem aber als proteolyt. Enzym die Umwandlung des Fibrinogens in das Fibrin bewirkt. [11]

Thrombin-Co-Inhibitor = Antithrombin: bildet mit Heparin zusammen das eigentliche Antithrombin II, Thrombininhibitor; ↑Gerinnung. [11]

Thromboembolie ⟨*griech*⟩ *f:* Verschleppung eines Thrombus mit dem Blutstrom in andere Gefäßgebiete mit nachfolgendem Verschluß. Dadurch Nekrose des von dem verschlossenen Gefäß versorgten Gewebes (anäm. Infarkt) mit evtl. sek. Einblutungen aus dem entsprechenden Venengebiet (hämorrhag. Infarkt). Klin. Erscheinungen abhängig vom Sitz des Gefäßverschlusses. Am häufigsten Lungenembolie bei Verschleppung eines Thrombus aus den Bein- u. Beckenvenen. Oft auch Embolien bei Ablösung von Thromben aus dem Herzen (Gefäßverschlüsse im Gehirn, in den Bauchorganen u. in den Extremitäten); ↑Embolie. [11]

Thrombogen ⟨*griech*⟩ *n* ↑Proakzelerin. [11]

Thromboglutin (nach Hartert): ein Stoff, der von den Thrombozyten abgegeben wird u. das in der Nähe gelegene Fibrin aufweicht, so daß es mit den Granulomen der Plättchen in Verbindung tritt u. bei der Retraktion des Blutgerinnsels von Bedeutung ist. [11]

Thrombokinase ↑Thromboplastin. [11]

Thrombokinin (Lenggenhager) ↑Thromboplastin. [11]

Thrombolyse ⟨*griech*⟩: Auflösung von ↑Thromben mittels Fibrinolyse aktivierender Pharmaka (↑Streptokinase, ↑Urokinase). [11]

Thrombopathie ⟨*griech*⟩ *f* (v. Willebrand u. Jürgens): dominant erbliche Minderwertigkeit der Blutplättchen mit ungenügender Thrombozytenagglutination, die zur hämorrhag. Diathese führt. [5]

T., konstitutionelle = Willebrand–Jürgens' Syndrom: erbliche Blutungsneigung bei stark vakuolisierten Megakaryozyten u. nur geringen patholog. Veränderungen an den Blutplättchen. [10]

T., Typ Naegeli: entspricht der ↑ Thrombasthenie = Morbus Glanzmann-Naegeli. [11]

Thrombopenie ⟨*griech*⟩ *f:* Verminderung der Blutplättchen im peripheren Blut, die bei stärkerer Ausprägung zur Störung der ↑ Blutgerinnung u. bei Unterschreitung einer krit. Grenze von ca. 30 000 Plättchen/μl Blut (normal 2–300 000/μl Blut) zum Auftreten von Spontanblutungen an Haut u. Schleimhäuten führen kann; ↑ Purpura thrombopenica. [11]

Thrombophilie ⟨*griech*⟩ (Nygaard u. Brown): eine mit zahlreichen Thrombenbildungen in den verschiedensten Organen einhergehende Krankheit, die auf erhöhter Zusammenballungsbereitschaft der Blutplättchen beruhen soll. [11]

Thrombophlebitis ⟨*griech*⟩ *f:* Venenentzündung mit oder durch Thrombusbildung; Schmerzen, venöse Stauung, Ödeme, Fieber. [9]

T. urinaria septica ↑ Urosepsis.

T. renalis ↑ Urosepsis. [24]

Thromboplastin: Syn. Thrombokinase, ein Lipoproteid, das enzymat. aus dem Prothrombin das Thrombin bildet; ↑ Gerinnung. [11]

T.-Lipid-Faktor = Thrombozyten-Lipid-Faktor: Thrombozytenfaktor 3; gerinnungsaktives Lipid der Blutplättchen, das zusammen mit anderen Faktoren der Vorphase (↑ Gerinnung) die Blutthrombokinase bildet. [11]

Thromboplastinogen: Faktor VIII nach Quick; ↑ Gerinnung. [11]

Thromboplastinzeitbestimmung nach Quick: auch Bestimmung der Prothrombinzeit oder des ↑ Prothrombins genannt. [11]

Thrombose ⟨*griech*⟩ *f:* durch Bildung eines Thrombus in den Gefäßen oder im Herzen selbst zu Lebzeiten hervorgerufene Behinderung oder Aufhebung der Strömung in der Blutbahn. Die Entwicklung der T. ist abhängig von 1. einer Gefäßwandschädigung infolge mechan. Einwirkung (Gefäßquetschung mit Intimaverletzung), durch Stoffwechselstörung der Gefäßwand (Arteriosklerose, intramurale Blutung), durch Entzündung des Gefäßes (Übergreifen entzündlicher Prozesse der Umgebung auf die Gefäßwand, Thrombangiitis obliterans, Periarteriitis nodosa), durch Deformierung der Gefäße (Aneurysma, Herzdilatation) oder durch Tumoren der Gefäße (Angiom, Einbruch eines malignen Tumors in ein Gefäß) = örtlich-reaktiv bedingte T.; 2. einer Verlangsamung der Blutströmung bei Varikose, Herzinsuffizienz, Hypothyreose, Schock u. Schwangerschaft = hämodynam. bedingte T.; 3. einer Veränderung der Blutbeschaffenheit durch Aktivierung gerinnungsfördernder Stoffe (nach Operationen, Entzündungen, Geburt), durch Zunahme der Thrombozyten (Polyzythämie), durch Verminderung gerinnungshemmender Faktoren (Antithrombinverminderung bei Leberzirrhose), durch Verminderung der fibrinolyt. Aktivität (nach Kortison) oder durch verstärkte Hemmung der Fibrinolyse. Zu unterscheiden sind arterielle u. venöse T. Das klin. Bild richtet sich nach dem Sitz u. der Ausdehnung der T. sowie nach dem Funktionsausfall der von den verschlossenen Gefäßen versorgten Organen (T. oberflächlicher u. tiefer peripherer Venen, Beckenvenenthrombose, Pfortaderthrombose, Myokardinfarkt u. a.). Therapie: Versuch einer ursächlichen Beeinflussung (z.B. bei Entzündung entzündungshemmende Arzneimittel). Behandlung mit Antikoagulanzien (Heparin, Heparinoide, Kumarin- u. Indandionderivate), neuerdings auch Aktivierung des fibrinolyt. Systems (Streptokinase, Plasminpräparate, Nikotinsäure). Bei entsprechenden Fällen daneben auch Lokalbehandlung (Blutegel, heparin- u. hirudinhaltige Salben bei oberflächlicher Venenthrombose), gefäßerweiternde Mittel (bei Herzinfarkt u. T. von Gehirngefäßen) sowie chirurg. Vorgehen (Thrombektomie, Venenligatur bzw. -resektion) bei gegebener Indikation. [11]

Thrombozyten ⟨*griech*⟩ *m, Pl:* Blutplättchen.

~krise: rapide Vermehrung der Thrombozyten nach Herausnahme einer thrombopen. wirkenden, erkrankten Milz.

~überlebenszeit: nach Untersuchungen mit ^{51}Cr oder DF^{32}P beträgt die T. normalerweise 8–12 Tage. Bei manchen Formen der ↑ Thrombozytopenie, insbes. beim M. Werlhof ist sie verkürzt. [11]

Thrombozytobarine: Antikörper, unter deren Einfluß sich homologe Trypanosomen-, Spirochäten- u. Leptospirenarten mit Blutplättchen beladen. Ihre Bedeutung für die Immunität ist unklar. Diagnost. Verwendung im ↑ Rieckenberg' Phänomen. [41]

Thrombozytolyse: Kaznelson sah die Auflösung der Plättchen in der Milz als Hauptursache der essentiellen Thrombopenie an. Hierfür wird angeführt, daß nach Splenektomie in so kurzer Zeit die ↑ Thrombozytenkrise eintritt, daß so schnell eine gestörte Bildung im Knochenmark nicht repariert sein könnte. [11]

Thrombozytopenie ↑ Thrombopenie. [4]

Thrombozytose ⟨*griech*⟩ *f:* Vermehrung der Blutplättchen, gelegentlich bis zu mehreren Mill./μl ansteigend. Vorkommen nach schweren Blutungen, nach Splenektomie, bei der chron. Myelose, bei der Osteomyelosklerose u. bei der Polycythaemia vera. Paradoxerweise tritt bei einer ausgeprägten T. oft eine verstärkte Blutungsneigung auf. [11]

Thrombus ⟨*griech*⟩ *m:* Blutpfropfbildung, die intravital u. intravasal durch Festwerden des Blutes entsteht. Formen sind: 1. weißer, Abscheidungs-, Korallenstock- oder Agglutinationsthrombus, entsteht im strömenden Blut durch Agglutination von Blutplättchen, in deren Lücken sich ein lockeres Fibrinnetz abscheidet. Hierin liegen Erythrozyten u. Leukozyten; 2. roter, Gerinnungs- oder Koagulationsthrombus, entsteht im stagnierenden Blut durch Gerinnung. Häufig liegen beide Formen gemeinsam als gemischter Thrombus vor; 3. seltene Formen sind der hyaline Thrombus (in Kapillaren) u. der sept. Thrombus (meist in Venen). Thromben können in allen Blutgefäßen u. im Herzen entstehen. Sie können das Gefäßlumen völlig (obturierende T.) oder nur teilweise (wandständiger T.) verschließen. Thromben können am Ort ihrer Entstehung durch Granulationsgewebe organisiert werden, häufig auch Verkalkung oder Erweichung zeigen. [4]

Thymian = Thymus vulgaris: ein Halbstrauch des Mittelmeergebietes, als Kultur auch in Nordeuropa. Hauptwirkstoff ist das an Phenolen reiche äther. Öl. Es enthält ↑Thymol, Carvacrol, Cymol, Pinene, Borneol, 1-Linalool u. die entsprechenden Ester, außerdem finden sich Gerbstoffe, Kaffeesäure u. Flavone sowie die Hydroxytriterpenderivate Oleanolsäure u. Ursolsäure. Die Thymianauszüge (Extr. Thymi fluid., Sirupus Thymi) wirken sekretomotor. u. antisept., sie werden als ↑Expektoranzien verwendet. Das äther. Öl hat eine desodorierende u. schwach anästhesierende Wirkung. Weitere Anwendungsgebiete als Hautreizmittel u. als ↑Anthelminthikum. [44]

thymicus ⟨*griech*⟩: z. Thymus gehörend. [1]

Thymidin: Nukleosid, dessen Base das ↑Thymin ist.

~mangeltod: Absterben von Zellen infolge des Fehlens von Thymin, wodurch die DNS-Synthese gehemmt wird. T. tritt bei thyminabhängigen Mutanten sowie nach Verabreichung von 5-Fluoruracil, das die Thyminbildung blockiert, auf. [8]

Thymin: Derivat des ↑Pyrimidins = 2,6-Dihydroxy-5-Methyl-Pyrimidin; in der Regel hauptsächlich in der DNS vorkommende Nukleobase. [8]

Thymindimerisierung: durch UV-Strahlen (bes. mit λ = 280 nm) bedingte Dimerisierung von zwei in einer Polynukleotidkette benachbarten Thyminen, der offenbar eine Radikalbildung vorausgeht. Die Thymindimere lassen sich enzymat. (Dunkelreaktion) oder durch Photoreaktivierung (λ = 239 nm) wieder spalten; ↑Urazildimerisierung. [8]

thymogen ⟨*griech*⟩: 1. von Thymus herrührend; 2. Syn. von ↑psychogen. [34]

Thymol: 1-Methyl-4-isopropyl-3-Phenol; große, farblose, durchscheinende Kristalle von brennendem Geschmack u. mit charakterist. Geruch. Bakterizide Wirkung: Verwendung als Antiseptikum, Desinfektionsmittel u. zu Konservierungszwecken im Labor. Anthelminthikum; Bestandteil des äther. Öles, das Hauptwirkstoff von ↑Thymian ist. [44]

Thymoleptika ⟨*griech*⟩ *n, Pl:* Psychopharmaka mit spezif. antidepressiven u. psychomotor. aktivierenden Wirkungen, die zur Behandlung depressiver psychot. Zustände angewendet werden. Es sind Dibenzoazepinverbindungen (Imipramin□/= Tofranil®). [44]

Thymoltrübungstest: Syn. Maclagan' Test; Leberfunktionsprobe, gibt man eine gepufferte wäßrige Thymollösung dem Blutserum unter bestimmten Bedingungen zu, dann tritt bei verschiedenen Krankheiten, insbes. bei Leberleiden, eine Trübung auf. [47]

Thymon ⟨*griech*⟩ *n:* Geschwulstbildung im Thymus. [5]

Thymonukleinsäure: alte Bezeichnung für ↑Desoxyribonukleinsäure. [8]

Thymo|pathie ⟨*griech*⟩ *f:* Bezeichnung 1. für Gemütskrankheit; 2. für abwegige Persönlichkeitsstruktur (↑Psychopathie), die vor allem im Gemütsleben auffällt z. B. ↑Hyperthymie. [34]

Thymus ⟨*griech*⟩ *m:* innere Brustdrüse, bei Tieren Bries(el) oder Milcher genannt. Nach Hyrtl gibt es zwei Erklärungen zur Deutung der anatom. Fachbezeichnung: 1. besteht zwischen dem Aussehen des T. frisch geschlachteter Tiere u. den Fruchtbüscheln u. Blütenköpfchen des bei Opferungen mitverbrannten Thymians eine gewisse Ähnlichkeit; 2. wurde in der Brust, bes. im Herzen, dem der T. aufliegt, der Sitz des Gemütes angenommen. Der T. liegt hinter dem Brustbein im oberen Teil des vorderen Mediastinums. Er besteht aus einer lymphozytenreichen Rinde u. einer Markschicht mit den sog. Hassall' Körperchen. Mit zunehmendem Alter wird der T. in einen Fettkörper umgewandelt. Der T. hat die Funktion eines Speicherorgans für Kernsubstanzen (Nukleoproteide); ob in ihm ein Hormon (Thymohormon, Bomskov u. Sladović, 1940) gebildet wird, ist fraglich. [1] Der T. hat (nach Miller u. Mitarb., 1962) eine zentrale Stellung bei der immunolog. Entwicklung der Säugetiere. Man vermutet einen humoralen u. zellulären Thymusfaktor, der immunolog. potente Immunzellen immunolog. kompetent macht. Thymusabhängige Immunzellen werden als T-Zellen, thymusunabhängige, vom Knochenmark (engl. bone marrow) bzw. von der Bursa fabricii der Vögel abhängige Immunzellen als B-Zellen bezeichnet. T-Zellen sind verantwortlich für die zelluläre ↑Immunität, B-Zellen für die humorale Immunität. Viele Antikörper werden durch Zusammenwirken von T. u. B-Zellen gebildet. [40]

~aplasie: angeborene fehlende Antikörperbildung mit Agammaglobulinämie u. lymphoretikulärer Aplasie mit infaustem Verlauf nach dem ersten Trimenon; ↑Immuninsuffizienz. [40]

~histon: bas. Protein mit hohem Gehalt an Diaminomonokarbonsäuren (Lysin, Arginin). Proteinkomponente der Nukleoproteide; ↑Histone. [8]

~hyperplasie ↑Status thymicolymphaticus.

~persistenz ↑Status thymicolymphaticus.

~tod: plötzlicher Tod bei Status thymicolymphaticus. Das Vorkommen eines Thymustodes, bei dem die Thymusdrüse vergrößert vorgefunden wird, wird von vielen Autoren bestritten. Es soll sich vielmehr um einen akuten Herztod handeln. Auch ein Zusammenhang mit einer Anaphylaxie wurde vermutet. [12]

Thyreo|aplasie ⟨*griech*⟩ *f:* angeborenes Fehlen der Schilddrüse; Folge angeborenes ↑Myxödem. [5]

~chondrotomie: operative Durchtrennung des ↑Schildknorpels als Zugang zum Kehlkopf. [18]

thyreogen ⟨*griech*⟩: sich auf die Schilddrüse beziehend, von der Schilddrüse ausgehend, schilddrüsenbedingt. [12]

Thyreoglobulin: ein jodhaltiges Glykoproteid mit einem Kohlenhydratgehalt von 8%, das durch Jodierung eines Globulins entsteht, aus dem dann durch Proteolyse ↑Thyroxin u. Trijodthyronin freigesetzt werden. [8]

thyreoglossus ⟨*griech*⟩: von der Schilddrüse zur Zunge verlaufend. [1]

Thyreoidea ⟨*griech*⟩ *f:* Kurzbezeichnung für ↑Glandula thyreoidea. [1]

Thyreoidektomie ⟨*griech*⟩ *f:* im wörtlichen Sinne operative Totalentfernung der Schilddrüse, z.B. beim Schilddrüsenkarzinom. Meist aber angewandt für die Teilresektion der Schilddrüsenlappen beim Kropfleiden. [18]

thyreoideus ⟨*griech*⟩: schildförmig. [1]

Thyreoidismus ⟨*griech*⟩ ↑Thyreotoxikose.

Thyreoiditis ⟨*griech*⟩ *f:* Schilddrüsenentzündung; 1. akute Form nach Herdinfektion, hochschmerzhafte Schilddrüsenschwellung; 2. chron. Form, z.B. nach Syphilis, Tuberkulose als eisenharte Struma fibrosa Riedel oder Struma lymphomatosa Hashimoto. [12]

T., subakute: nicht eitrige Schilddrüsenentzündung mit Störungen der Jodspeicherungsvorgänge u. resorptiver Gewebsumgestaltung („Kolloidophagie") bes. beim weiblichen Geschlecht im Alter von 10–65 Jahren. [12]

thyreoprivus ⟨*griech, lat*⟩: der Schilddrüse beraubt, ohne Schilddrüse. [12]

Thyreostatika ✳ **Thyreostatica remedia** ⟨*griech, lat*⟩ *n, Pl:* Stoffe, die zu einer Synthesehemmung des Thyroxins in der Schilddrüse führen. Die Folge ist eine Aktivierung der thyreotropen Hormonbildung des Hypophysenvorderlappens, die zu einer funktionell wirkungslosen Hyperplasie der Schilddrüse führt; z.B. ↑Thiamazol®, ↑Methylthiouracil®, Merkaptoimidazol, ↑Perchlorate. [44]

Thyreotomie ⟨*griech*⟩ *f* ↑Thyreochondrotomie. [18]

Thyreotoxikose ⟨*griech*⟩: zusammenfassender Begriff für alle Überfunktionen der Schilddrüse, wobei ungeklärt ist, ob in der großen Gruppe von T. prinzipiell verschiedene Krankheitsbilder vorliegen oder ob es sich nur um graduelle Unterschiede handelt. [12]

Thyroxin: von Kendall isoliertes Hormon der Schilddrüse; als Derivate des Thyronins kommen die Hormone L-Thyroxin (Tetrajodthyronin) u. daneben Trijodthyronin vor

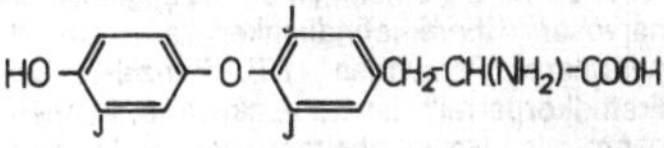

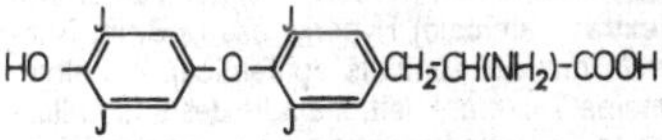

T. u. Trijodthyronin unterscheiden sich im wesentlichen dadurch, daß T. durch seine Bindung an ein spezif. Plasmaeiweiß langsamer in die Zellen eindringt als das an verschiedene Plasmaeiweiße gebundene Trijodthyronin, das also schneller, aber nur kürzere Zeit wirkt. Bei einer Überfunktion (M. Basedow) wird der Grundumsatz bis auf 100% erhöht, bei Unterfunktion (Kretinismus) bis um 40% erniedrigt; die T.-Bildung, normal 250 µg/d, steigt bei Überfunktion bis auf 2500 µg, fällt bei Unterfunktion bis auf 10 µg; das Plasmacholesterin fällt bei Überfunktion von normal 200 mg% auf 140 mg% u. steigt bei Unterfunktion auf 500 mg%. Unterfunktion bewirkt beim wachsenden Organismus Wachstumsstillstand bzw. Zwergwuchs, Verzögerungen in der Knochenbildung, in der Entwicklung der Geschlechtsorgane, des Gehirns usw. Bei Amphibien bleibt die Metamorphose aus. Die Schilddrüse wird durch das TSH = Thyreoidea stimulierendes Hormon aus dem HVL gesteuert, dessen Abgabe durch den Thyroxinspiegel des Blutes geregelt wird. [8]

Tibia ⟨*lat*⟩ *f:* Schienbein; innerer Unterschenkelknochen. [1]

Tibialis-anterior-Syndrom: bei spast. Lähmung bewirkt eine kräftige Beugung des Oberschenkels eine Muskelzusammenziehung im Gebiet des M. tibialis anterior (Strümpell' Zeichen). [23]

Tibialisphänomen ↑Strümpell' Zeichen. [23]

Tibialis-posterior-Reflex: Eigenreflex des M. tibialis post., auslösbar durch Schlag gegen dessen Sehne dicht ober- bzw. unterhalb des Malleolus tibiae. [33]

Tibiofibulargelenk: es gibt ein oberes u. ein unteres T., das obere zwischen Wadenbeinköpfchen u. Condylus lateralis tibiae, das untere zwischen äußerem Knöchel (Malleolus lateralis) u. einer entsprechenden Inzisur des distalen Tibiaendes (Incisura fibularis). [1]

Tic ⟨*frz*⟩ *m:* auch Tick; unwillkürliche, aber oft willkürliche Aktionen nachahmende Bewegungsabläufe in einzelnen oder mehreren (dann synerg. zusammenwirkenden) Muskeln, z. B. Stirnrunzeln, Schnüffeln, Schmatzen usw. (man spricht dann von Blinzel-, Schnüffel-T. usw.). Sie entstehen oft bei allgemeiner nervöser Überempfindlichkeit auf Grund peripherer Reizungen (z. B. Blinzel-T. bei Fremdkörperreiz der Konjunktiva) u. können dann als Gewohnheitsbewegung längere Zeit beibehalten werden, aber auch als striäre (extrapyramidale) Hyperkinese (z. B. im Rahmen der Encephalitis epidemica). Als allgemeine Tickkrankheit, maladie des tics, Gilles-de-la-Tourette-Krankheit bezeichnet man einen Erscheinungskomplex, bei dem es neben ausgebreiteten Tickbewegungen in Gesicht, Armen usw., zu echolal. Reaktionen u. zur Koprolalie (zwangsweisem Ausstoßen obszöner Worte) kommt; die Genese dieses (auch familiär auftretenden Leidens) ist noch nicht hinreichend geklärt.

T. convulsif: Gesichtszucken, tickartige Bewegungen des Fazialisgebietes.

T. douloureux: schmerzhafte Gesichtsverziehungen bei der ↑Trigeminusneuralgie.

T. impulsif: zwangsmäßige koordinierte Bewegungsfolgen im Sinne von Abwehr- oder Ausdrucksbewegungen (Kopfnicken oder -schütteln, Naserümpfen u. dgl.), entweder isoliert oder im Rahmen der allgemeinen Tickkrankheit.

T. rotatoire ↑Torticollis spasticus. [33]

Tidal-Drainage ⟨*engl*⟩ *f:* Ebbe- u. Flut-Drainage; mit an ↑Dauerkatheter angeschlossener nach Prinzip des Hebersystems arbeitender Apparatur wird regelmäßiger Wechsel von Füllung u. Entleerung der nerval gelähmten Harnblase erzwungen (Monro, D., 1937). [24]

Tiefdruckgebiet: ein Gebiet mit gegenüber der Umgebung niedrigerem Luftdruck; ↑Zyklone. [13]

Tiefen|antisepsis (Klapp): erste Versuche von Klapp, durch Injektionen chem. Mittel (Rivanol®) der Infektion eines Gewebes Einhalt zu gebieten. Die richtige Idee konnte sich bei den damals 1920–1925 verfügbaren Mitteln nicht bewähren. Heute mit Erfolg entwickelt in der lokalen Penizillinanwendung, vor allem beim Furunkel, Karbunkel u. Panaritium. [18]

~dosis: Herddosis, *Abk* Td, ist die Wirkungsdosis in einer bestimmten Tiefe des Gewebes bzw. des bestrahlten Körpers (Phantom). Die T. ausgedrückt in Prozenten der Oberflächendosis wird als relative Tiefendosis (rel. Td in %) bezeichnet. [26]

~elektroden: langschaftige, mit gewebsverträglichem Lack oder mit Glas zwecks Isolation (mit Ausnahme der Spitze) überzogene abgesteifte Drähte aus nichtrostendem Stahl oder anderen nichttox. Metallen, die der Ableitung von elektr. Potentialen, z. B. aus dem Muskel oder aus dem Gehirn, oder der gezielten elektr. Reizung dienen; ↑Stereotaktische Technik. [7]

~person: Begriff aus dem Wortschatz von Friedrich Kraus (1858–1936). Bezeichnung für die „vegetative Strömung", die Kraus für den elementaren Grundvorgang im Dasein des menschlichen Organismus hielt u. als den „wahren Hintergrund" aller Reaktionen u. Entwicklung betrachtete.

~schmerz: eine dumpf bohrende oder spannende Empfindung, die von tiefergelegenen Geweben, Muskeln, Sehnen, Faszien ihren Ausgang nimmt. Diese Art der Schmerzempfindung ist grundsätzlich anders als der sog. Oberflächenschmerz. [7]

~sehen: stereoskopisches ↑Sehen. [36]

~sensibilität: geht von den Rezeptoren in den Muskeln, Sehnen u. Gelenken aus; es gibt eine ganze Anzahl von Krankheiten, bei denen die hierher gehörigen physiolog. Leistungen nicht mehr zu verwirklichen bzw. festzustellen sind. Es kommt zur ↑Ataxie, wobei nicht nur an eine Ataxie der Gliedmaßen gedacht werden darf, sondern auch an atakt. Störungen beim Singen u. Sprechen. [7]

~therapie ↑Strahlentherapie. [26]

Tiemann, Georg, Instrumentenmacher, New York.

T' Katheter (1893): aus Weichgummi (neuerdings aus Plasten) hergestellter Harnröhrenkatheter mit leicht geschwungener Krümmung, Olivspitze am Schnabel u. Pavillon am äußeren Ende, ca. 40 cm lang, in den Größen 8–30 Charrière, neben dem ↑Nelatonkatheter der international am weitesten verbreitete Harnröhrenkatheter für Männer, bes. geeignet für Kranke mit Prostatavergrößerung. [24]

Tiere, gnotobiotische: Tiere, deren gesamte nachweisbare Mikro- u. Makroflora u. -fauna bestimmt ist, im Extremfall keimfrei. [50]

T., homoiotherme: gleich warme Tiere mit konstanter Körpertemperatur, Warmblüter (Vögel, Säugetiere). [58]

T., konventionelle: Tiere, die ohne spez. hygien. Maßnahmen gezüchtet u. gehalten werden. [50]

T., poikilotherme: wechselwarme Tiere, „Kaltblüter“, deren Körpertemperatur entsprechend der Außentemperatur schwankt (Wirbellose, Fische, Amphibien, Reptilien). Im Winterschlaf reagieren auch homoiotherme Tiere poikilotherm. [58]

Tier|favus: durch ↑ Trichophyton quinckeanum hervorgerufene, auf den Menschen übertragbare Pilzkrankheit bei Tieren; ↑ Favus.

~fellnävus: dunkel pigmentierter, stark behaarter ↑ Nävus. [43]

~kohle = Carbo medicinalis: sie wird durch Erhitzen unter Luftabschluß aus tier. Produkten (Knochen, Blut) oder Holzkohle, die vorher mit Zinkchlorid- oder Pottaschelösung getränkt wurden, hergestellt. Nach Behandlung mit Wasser u. Trocknung bleibt aktiver Kohlenstoff mit sehr großer innerer Oberfläche zurück. Stark wirkendes Adsorbens bei Vergiftung u. Erkrankungen des Magen-Darm-Traktes. [44]

~passagen: Übertragung von Infektionserregern von einem Tier auf ein anderes, wodurch Änderungen in der Virulenz der Erreger erfolgen können. Anwendung z. B. zur Gewinnung des Impfstammes für Schutzimpfstoffe gegen Pocken, Tollwut; ↑ Attenuierung. [41]

tierpathogen: bei Tieren Krankheitserscheinungen erzeugend, ↑ pathogen. [41]

Tietze, Alexander (1864–1927), Chirurg, Breslau.

T' Syndrom: Chondropathia tuberosa; schmerzhafte Schwellung eines oder mehrerer Rippenknorpel in der Parasternallinie, wird meist irrtümlich für tuberkulös gehalten; Ätiologie noch ungeklärt. (Wahrscheinlich statisch-mechan. Effekte durch altersbedingte Thoraxdeformierung). [18]

Tiffeneau-Test ↑ Atemstoß-Test. [15]

Tigerherz: tigerfellartige (schilderhausartige) Zeichnung des Herzmuskels durch herdförmige Verfettung; Folge hochgradigen Sauerstoffmangels; ↑ Anämie. [5]

tigroid ⟨*griech*⟩: gefleckt. [18]

Tigroidsubstanz ↑ Nissl' Schollen. [2]

Tigrolyse ⟨*griech*⟩ *f:* Auflösung der in den Ganglienzellen gelegenen ↑ Nissl' Schollen, auch als „Tigroid“-Substanz bezeichnet. [5]

Tinct.: *Abk* für Tinctura ⟨*lat*⟩, ↑ Tinktur. [44]

Tinea ⟨*lat*⟩ *f:* ältere Bezeichnung für verschiedene Hautkrankheiten.

T. asbestina: ausgeprägte Form der ↑ Seborrhoea capitis.

T. imbricata = Tokelau: oberflächliche Trichophytie in den Tropen. Es treten regelmäßige, konzentr., schuppende u. stark juckende Herde auf, die schließlich den ganzen Körper u. das Gesicht bedecken. Erreger Trichophyton concentricum. [43]

Tinktion ⟨*lat*⟩: Färbung; *Verb* tingieren färben. [43]

Tinktur ✳ **Tinctura** ⟨*lat*⟩ *f:* dünnflüssiger, gefärbter, meist alkohol. Auszug aus Drogen. [44]

Tinnitus aurium ⟨*lat*⟩ *m:* Ohrgeräusche (Ohrenklingen, Ohrensausen). [28]

Tissulartherapie ↑ Gewebetherapie. [18]

TIT: *Abk* für Treponema-pallidum-Immobilisierungs-Test; ↑ Nelson' Test. [40]

Titer ⟨*frz*⟩ *m:* 1. Konzentration einer Lösung zur Maßanalyse, reziprok zum „Faktor“; ↑ Normalitätsfaktor. [8] 2. In der Serologie diejenige Menge eines Antikörpers oder Antigens, die noch eine pos. Reaktion erkennen läßt, meist bezogen auf die Verdünnung der zu titrierenden Substanz.

~bewegung, ~dynamik: signifikanter Anstieg bzw. Abfall des Titers während u. nach einer ↑ Infektion. Titeranstieg um mehr als zwei Verdünnungsstufen des Faktors 2 ist von prognost. Bedeutung. [40]

Titillatus ⟨*lat*⟩ *m:* das Kitzelgefühl in der Nase, im Rachen, in der Trachea u. im Bronchialbaum, das zu Niesen oder Husten veranlaßt. [28]

Titration, Titrierung: Titrieranalyse, ↑ Maßanalyse. [8]

Titrieranalyse ↑ Maßanalyse. [8]

Titubatio ⟨*lat*⟩ *f:* Schwanken. [33]

Tj-Faktor: Jay-System, ↑ Blutgruppen-Jay-System. [11]

Tjiwides-Impfstamm: von Otten (1935) erfolgreich eingesetzter Lebendimpfstamm gegen ↑ Pest. [40]

TmG: maximale tubuläre Glukosereabsorption, beträgt bei Männern 375 mg/min, bei Frauen 300 mg/min. [7]

Tm_{PAH}: maximale tubuläre Paraaminohippursäureexkretion, beträgt bei Männern 80 mg/min, bei Frauen 70 mg/min. [47]

TMD: *Abk* für Tagesmaximaldosis; ↑ Maximaldosis. [44]

TNM-Klassifikation bösartiger Geschwülste: von Pierre Denoix vorgeschlagenes System zur Beschreibung der anatom. Ausdehnung bösartiger Geschwülste nach der Ausbreitung des Primärtumors T (von T0 bis T4), der regionären Lymphknoten N (meist von N0 bis N3) u. der Fernmetastasen M (M0 oder M1); bisher für 24 Lokalisationen ausgearbeitet u. in Erprobung begriffen. Der klin. Befund darf nach Behandlungsbeginn nicht verändert, aber durch Beschreibung der patholog.-anatom. bestimmten Ausdehnung

(P-Kategorien) u. der histolog. Malignität (G-Kategorien) ergänzt werden. Für Brustkrebs u. Zervixkarzinom ist Zusammenfassung der TNM-Gruppen zu klin. Stadien (Stadium I–IV) möglich. [0]

to-and-fro-Methode⟨*engl*⟩: Pendelatmungssystem; geschlossenes Narkosesystem mit Rückatmung, wobei die ausgeatmeten Gase von der Narkosemaske über den CO_2-Absorber in den Atembeutel gelangen u. in umgekehrter Richtung wieder eingeatmet werden. [27]

Tobsucht: unwissenschaftlicher Ausdruck für hochgradigen psych. Erregungszustand mit motor. Unruhe bei Psychosen von exogenem Reaktionstyp bei ↑Manie, ↑Katatonie, im epilept. ↑Dämmerzustand, bei ↑Idiotie. [34]

Tochtergeschwulst ↑Metastase. [5]

Tod, allgemeiner: 1. Klinischer Tod (Negovski); damit wird die etwa 3 min dauernde Phase nach klin. Atem- u. Herzstillstand (Kammerwogen, Kammerflimmern, eben noch sichtbare Kontraktionen des Herzmuskels) bezeichnet, in der die im Hirn einsetzenden Zellschäden durch Sauerstoffversorgung des ZNS, durch Herzmassage, intraarterielle Bluttransfusion u. intratracheale Sauerstoffbeatmung (↑Reanimation) noch reversibel sind. Für die Herzreanimation ist die Überwindung des Kammerflimmerns am schwierigsten. Führt die Wiederbelebung nicht zum Erfolg oder wurde sie zu spät eingesetzt, kommt es zu irreversiblen Veränderungen im ZNS (Zellerweichung) durch Sauerstoffmangel u. damit zum biolog. Tod. [18] 2. Biologischer Tod; irreversible Beendigung aller Lebensvorgänge wie Beendigung des Stoffwechsels (Assimilation u. Dissimilation), der Reizbarkeit (Irritabilität), der Sekretion, Erregungsleitung, Kontraktion u. Bewegung, der Zellteilung u. Fortpflanzung, des Wachstums u. der Entwicklung. Allmähliche Ausbildung der sicheren ↑Todeszeichen wie Totenstarre (Rigor mortis), Totenflecke (Livores), blutige Imbibition, Leichengerinnsel, Autolyse u. Fäulnis. (Dagegen sind Leichenkälte, Totenblässe u. Tierfraßverletzungen keine sicheren Todeszeichen. Sie können bereits auftreten, wenn die Lebensvorgänge noch nicht irreversibel geschädigt sind.)

T., örtlicher = Nekrose: lokal begrenztes Absterben von Zellen oder Gewebskomplexen bei erhaltener Lebensfähigkeit des umgebenden Gewebes. [4]

Todesursache: zum Tode führende Krankheit oder Verletzung. [48]

Todesursachenstatistik: Teil der ↑Bevölkerungsstatistik. Übersicht über die Todesfälle nach Todesursachen u. weiteren Merkmalen (Geschlecht, Alter); älteste u. vollständigste Statistik über das Vorkommen von zum Tode führenden Krankheiten. Auf der Grundlage eines erstmals 1893 von Bertillon aufgestellten internationalen Todesursachenverzeichnisses – das in 10jährigen Abständen überarbeitet wird – erfolgt die Dokumentation in den meisten Staaten nach einheitlichen Gesichtspunkten. [48]

Todeszeichen: beim biolog. Tode, also nach irreversibler Beendigung der Herz-, Atem- u. Gehirntätigkeit bilden sich allmählich die sicheren Todeszeichen aus. Am wichtigsten sind 1. ↑Totenstarre der Muskulatur; 2. Blutsenkungen, der Schwerkraft folgend (↑Totenflecke, Hypostasen innerer Organe); 3. Autolyse (durch zelleigene Enzyme); 4. Fäulnisvorgänge (Verfärbungen, Auftreibungen durch Gase, Geruch). [4]

Togaviren: nach der von Melnick [1970] vorgeschlagenen Virusklassifikation werden die meisten der Arboviren der Gruppen A u. B sowie das Rötelnvirus den T. zugeordnet. Die Viren dieser Gruppe besitzen eine lipidhaltige Hülle (Enveloppe) mit hämagglutinierenden Eigenschaften u. Ikosaederstruktur. Das Nukleokapsid wird aus 32 Kapsomeren gebildet. Durchmesser des Nukleokapsids 35 nm. [50]

Toilettenhygiene: ↑Grobdesinfektion durch Chlorbehandlung. Wirksames desinfizierendes Prinzip sind dabei Chlor u. Sauerstoff in statu nascendi. Chlorierung tötet neben pathogenen Bakterien auch alle Enteroviren einschl. Hepatitis- u. Polioviren. [40]

Tokelau ↑Tinea imbricata. [43]

Toko|dynamometer ⟨*griech*⟩ *m:* Instrument zur Registrierung der Wehenkräfte. Prinzip besteht meist darin, daß durch die Bauchdecken hindurch der Tonus der Uterusmuskulatur in der Wehenpause u. während der Wehe registriert wird. [29]

~gonie *f:* Elternzeugung; Erzeugung von Nachkommen durch elterliche Individuen. [58]

~gramm: Darstellung der Wehentätigkeit mittels Tokographen auf elektr. oder mechan. Wege.

~graph: Wehenschreiber; Gerät, welches das Hart- u. Weichwerden der Gebärmutter während der Wehentätigkeit registriert; ↑Tokodynamometer.

~logie: Wehenlehre.

~metrie: Wehenmessung. [29]

Tokopherole: chem. Bezeichnung für die Verbindungen mit ↑Vitamin-E-Wirkung. [16]

Tolazolin□ = 2-Benzyl-2-imidazolin (Priscol®): ein adrenerger Blocker. Die Verbindung hat direkte Wirkungen auf den Herz- u. glatten Muskel, die sich in 3 Gruppen einteilen lassen: 1. sympathikomimet. Wirkung, einschließlich der Herzstimulation; 2. parasympathikomimet. Wirkung, einschließlich der Stimulation des Magen-Darm-Traktes, die durch Atropin hemmbar ist; 3. histaminähnliche Wirkung, einschließlich der Stimulation der Magensekretion u. der peripheren Vasodilatation. Therapeut. Anwendung als Vasodilatans bei Endangiitis obliterans, M. Raynaud, Angiosis diabetica, sowie bei Sklerodermie, Glaukom, Iritis, Glaskörpertrübungen. [44]

Tolbutamid: 1-Butyl-3-(p-Aolyl-sulfonal)-harnstoff. Antidiabetikum. Artosin®, Rastinon®.

~test: zur Erkennung von Störungen des Kohlenhydratstoffwechsels. Nach i.v. Injektion von Tolbutamid (1,0 oder 2,0 g) fällt der Blutzucker ab bis zum Minimum, das 30 min nach der Injektion erreicht ist, und steigt innerhalb von 120 min wieder auf den Ausgangswert. Beim Diabetiker kein oder nur geringer Blutzuckerabfall, dementsprechend kein oder nur geringer Wiederanstieg. Bei primärem Hyperinsulinismus verstärkter Abfall, evtl. bis zum hypoglykämischen Schock, und verzögerter Wiederanstieg.

Toleranz ⟨*lat*⟩ *f:* Duldsamkeit, Ertragung; Widerstandfähigkeit des Organismus z. B. gegen Alkohol, Arzneimittel u. Gifte; ↑Immunotoleranz. [4]

~dosis der Röntgenstrahlen: Mutscheller stellte 1925/26 auf empir. Basis eine Toleranzdosis von 0,25 R pro Arbeitstag oder 1,25 R pro Woche auf. Sie ist diejenige Strahlenmenge, die in 20 000 Arbeitsstunden bei einem Arbeitstag von 7 h 600 R (1 HED) ergibt. Die Internationale Kommission für Strahlenschutz forderte 1950 eine Wochendosis von 0,3 R, ohne zwischen Körperdosis u. Gonadendosis zu unterscheiden. Von diesem Wert wird heute noch vielfach ausgegangen. Der Begriff T. ist jedoch nicht unumstritten. In genetischer Hinsicht gibt es sicherlich keine T., allenfalls in individuell-somatischer. Grundsätzlich ist davon auszugehen, daß es eine Strahlendosis, deren Einwirkung über längere Zeit keinen somat. oder genet. Schaden verursachen kann, nicht gibt. [26]

~grenze: gebräuchlicher Ausdruck in der Therapie des Diabetes mellitus: Kohlenhydratmenge in der Diabetesdiät, die eine solche Erhöhung des Blutzuckers herbeiführt, daß es eben zum Auftreten einer Glukosurie kommt; sie unterliegt vielen Faktoren u. kann kaum als individuell konstanter Wert angesehen werden, deshalb ist ihre Bedeutung für die prakt. Stoffwechselführung des Diabetikers nur gering. [14]

~konzentration: unrichtige Bezeichnung für maximal zulässige Konzentration. [59]

~stadium: III. Narkosestadium, in dem die Abwehrreflexe erlöschen; ↑Narkose. [27]

~wert: im Pflanzenschutz bzw. in der Lebensmittelhygiene der höchstzulässige Gehalt an ↑Rückständen von Insektiziden in einem Nahrungsmittel, damit dieses noch als für den Menschen unbedenklich gelten kann. [58]

Tollens, Bernhard Chr. G. (1841–1919), Chemiker, Göttingen.

T' Probe: 1. pentosehaltiger Harn gibt beim Erhitzen mit ↑Orzin bzw. ↑Phlorogluzin u. Salzsäure eine Rot- bzw. Violettfärbung; die gleiche Reaktion wird durch Galaktose hervorgerufen; 2. glukuronsäurehaltiger Harn gibt beim Erhitzen mit ↑Naphthoresorzin u. rauchender Salzsäure eine violettblaue Färbung, die nach Abkühlen u. Ausschütteln mit Äther sichtbar wird. [16]

Tollkirsche ↑Atropa belladonna. [44]

Tollwut = Lyssa, Hundswut, Rabies, Wut: enzoot.-epizoot.-panzoot., anzeigepflichtige, durch Kontakt (Biß, Lecken, Speichelinfektion) von Tieren (vor allem Hund) auf Menschen übertragbare Infektionskrankheit. Erreger Tollwutviren, Inkubation 1–3 Monate, auch länger. Kurzdauernde Enzephalitis mit Fieber, Erregungszuständen (z. B. ↑Hydrophobie), dann fortschreitende Lähmungen, Letalität 100%. Rechtzeitige (!) Behandlung mit abgetötetem Tollwut-Hirnimpfstoff schützt vor Erkrankung. Virolog. Diagnose durch mikroskop. Nachweis von Negri' Einschlußkörpern oder durch direkten Erregernachweis (mikroskop. fluoreszenzmarkierte Tollwut-Antikörper) u. im Tierversuch (Mäuse-Intrazerebraltest). Vakzinetherapie (Heilimpfung) durch Wutschutzbehandlung mit abgetötetem Tollwut-Hirnimpfstoff (↑Virus fixe) nach Hempt (↑Hempt-Vakzine); attenuierte Lebendvakzine, z. B. zur aktiven Immunisierung der Hunde (↑Flury-Vakzine). [40]

T. durch Vampire: Fledermäuse der Familie Desmodontidae, die Blut größerer Säugetiere saugen, vermögen ein modifiziertes Lyssavirus zu übertragen, das in Südbrasilien, Mexiko u. Westindien (Trinidad) unter Pferden u. Rindern die ↑Trinidadkrankheit (↑Lähmungswut) verursacht. Übertragungen auf Menschen nur in Trinidad festgestellt, jedoch erst 21 Jahre nach dem Auftreten der Krankheit beim Tier. Pathogenese noch nicht völlig erforscht. Zugehörigkeit zur Lyssa durch die charakterist. Krankheitserscheinungen, die patholog.-anatom. Befunde am Zentralnervensystem, außerdem durch Tierversuche u. wechselseitige Immunisierungsversuche bewiesen. [41]

~viren: 70 × 150 nm große RNS-Viren mit Hüllenmembran, gehören zur Gruppe der Rhabdoviren; sind enzoot.-epizoot. weltweit (außer Australien) verbreitet; werden durch Speichelinfektion (direkt oder indirekt) von tollwütigen Tieren auf den Menschen übertragen; Erreger der ↑Tollwut. [40]

Toluol: Methylbenzol, Siedepunkt 111 °C, aromat. Kohlenwasserstoff, als Lösungsmittel u. für chem. Synthesen viel gebraucht. [8]

Tomes, John (1815–1895), Zahnarzt, London.

T' Fasern: protoplasmat., in den Dentinkanälchen gelegene Fortsätze der Odontoblasten.

T' Fortsätze: während der Schmelzbildung an der Oberfläche der ↑Adamantoblasten vorhandene Fortsätze, die in die Substanz der Schmelzprismen unmittelbar übergehen.

T' Körnerschicht ↑Körnerschicht. [2]

Tomographie ⟨*griech*⟩ *f:* ↑Röntgenschichtverfahren mittels eines Geräts (Tomograph), das im Gegensatz zur Planigraphie nur Aufnahmen am liegenden Pat. ermöglicht. [26]

Tomomanie ⟨*griech*⟩ *f:* krankhafte Sucht, entweder operiert zu werden oder kritiklos selbst zu operieren. [18]

Tomonten: Bezeichnung für die aus einer aufgeplatzten Pseudozyste frei gewordenen Toxoplasmen. [41]

Tonerde: Aluminiumoxid, Al_2O_3. Aluminiumacetat-tartrat-Lösung DAB 7: Liquor Aluminii acetico-tartarici, Gehalt 1,3–1,45% Aluminium u. 4,3–4,9% Essigsäure. Löste im DAB 7 die unbeständige Essigsaure Tonerdelösung ab. [44]

Tonga ⟨*polines*⟩ *f* ↑Frambösie. [43]

Tongrenzen: eine Tonempfindung im Sinne einer glatten Empfindung kommt erst auf, wenn die Zahl der Druckschwankungen je Sekunde am Trommelfell ein bestimmtes Ausmaß erreicht hat u. keine Unterbrechung vorliegt. Die untere T. (besser als untere Hörgrenze bezeichnet) liegt beim Erwachsenen zwischen 16 u. 24 Hz. Es gibt auch eine obere Ton- oder Hörgrenze, die im allgemeinen bei 20 000 Schwingungen je Sekunde liegt u. mit zunehmendem Alter abnimmt. Der gesamte Bereich der akust. Schwingungen erstreckt sich also über einen Umfang von etwa 10–11 Oktaven. [7]

Tonica remedia ⟨*griech, lat*⟩ *n, Pl:* Roboranzien; Bezeichnung für Kräftigungs- u. Stärkungsmittel, die Lezithine, Hypophosphite u. Glyzerophosphate neben Spuren von schlecht resorbierbarem Eisen, zu geringe Mengen von Strychnin oder Arsen sowie Bittermittel u. Vitamine enthalten. Es sind meistens ↑Placebo-Präparate. [44]

de Toni-Debré-Fanconi' Syndrom ↑Debré-de Toni–Fanconi' Syndrom. [32]

tonisch: mit Erhöhung des Tonus einhergehende, z. B. in ton. (im Gegensatz zur klon.) Phase des Anfalls bei ↑Epilepsie. [33]

tonisieren ⟨*griech*⟩: stärken, kräftigen, den Tonus heben. [9]

Tonlücke: Ausfallserscheinungen innerhalb des Hörfeldes durch krankhafte Veränderungen einzelner Stellen in der ↑Membrana basilaris. [7]

Tönnchenwurm: Peitschenwurm; wegen der tönnchenförmigen Eier so bezeichnet. [58]

Tonnen-Karzinom ↑Zervixhöhlen-Karzinom, das den Zervikalkanal tonnenförmig auftreibt. [29]

Tonofibrillen: aus Eiweißmolekülen bestehende, sehr feine im Epithelverband trajektorienartig angeordnete, in den ↑Interzellularbrücken gelegene Fibrillen, die in den Epithelschichten der Epidermis mit der Eisenhämatoxylinfärbung (Heidenhain) darstellbar sind. Die T. gehen im Bereiche der Interzellularbrücke nicht von einer Zelle auf die andere über, sondern enden im Bereiche der ↑Desmosome. [2]

Tonofilamente ⟨*griech, lat*⟩ *n, Pl:* 5–10 nm breite Filamente der Epithelzellen, die sich zu ↑Tonofibrillen zusammenlagern. [6]

Tono|graphie ⟨*griech*⟩ *f:* in der Augenheilkunde über mehrere Minuten ausgedehnte fortlaufende Registrierung des intraokulären Druckes. Man erhält durch T. Auskunft über die Menge der durchfließenden intraokularen Flüssigkeit u. über den Abflußwiderstand. Wichtig zur Prüfung des intraokularen Flüssigkeitswechsels u. zur Diagnose u. Therapie des ↑Glaukoms. Zur Registrierung dient bes. das Elektrotonometer.

~meter: in der Augenheilkunde wichtigstes Gerät zur Messung des intraokularen Druckes. Zu unterscheiden 1. Impressions-T.; 2. Aplanations-T. Das bekannteste Impressionstonometer ist das nach Schiötz. Prinzip: Messung der Tiefe, um die ein bekanntes Gewicht die Hornhaut bei bestimmter Fläche eindrückt. Das Aplanationstonometer beruht auf der Messung der Hornhautfläche, die durch Aufpressen eines Gewichtes mit bekannter Fläche in der Hornhaut abgeflacht wird. Bekannteste Modelle die von Maklakoff–Kalfa u. von Goldmann. Letzteres kann in Verbindung mit der Spaltlampe montiert werden. Elektrotonometer: Messung nach dem Prinzip des Impressions-T., wird aber elektr. übertragen. Die Ergebnisse der Tonographie sind abhängig von der Rigidität der Bulbushüllen. Diese wird bestimmt durch einen Vergleich der mit beiden Tonometriearten gewonnenen Werte oder von 2 mittels Impressions-T., aber mit verschiedener Gewichtsbelastung gewonnener Werte (Elastometrie). [36]

Tonoplast ⟨*griech*⟩ *m:* Bezeichnung für die an Lipoproteiden reiche Grenzschicht zwischen Zellsaftvakuole u. Plasma. Der T. wurde zuerst (1885) bei pflanzlichen Zellen beschrieben, er umgrenzt aber ebenso Vakuolen in tier. Zellen, z.B. pulsierende Vakuolen der Einzeller. Der T. funktioniert als semipermeable Membran. [3]

Tonsilla ⟨*lat*⟩ *f:* Mandel, ↑Tonsille; *Adj* tonsillaris tonsillar, zur Mandel gehörend. [28]

Tonsillar|abszeß: in der Tonsille selbst gelegener Abszeß infolge Eiterretention in einer Krypte bei chron. Tonsillitis.

~steine: ↑Mandelsteine; Kalkkonkremente in den Gaumenmandelkrypten als Folge lang anhaltender chron. Entzündungen. [28]

Tonsille ✳ **Tonsilla** ⟨*lat*⟩ *f:* Mandel; sämtliches lymphat. Gewebe am Übergang der Nasen- u. Mundhöhle in den Pharynx auch als lymphat. Schlundring (Waldeyer' Rachenring) bezeichnet.

T. lingualis: Zungenmandel, Gesamtheit der Folliculi linguales der Radix linguae.

T. palatina: Gaumenmandel, im Sinus tonsillaris zwischen Arcus glossopalatinus u. Arcus pharyngopalatinus.

T. pharyngica: Rachenmandel, am Dach des Epipharynx.

T. tubalis: Tubenmandel, lymphat. Gewebe in der Umgebung des Ostium pharyngicum der Tuba pharyngotympanica. [28]

Tonsillektomie ⟨*lat, griech*⟩: *Abk* T.E.; operative Ausschälung der ganzen Gaumenmandel. [28]

Tonsillitis ⟨*lat*⟩: Mandelentzündung, insbes. Gaumenmandelentzündung; 1. akut, ↑Angina; 2. chron., ↑Fokalinfektion. [28]

Tonsillotomie ⟨*lat, griech*⟩: Gaumenmandelkappung; teilweise Abtragung der hypertroph., über die Gaumenbögen vorragenden Gaumenmandel, in der Regel mit guillotineartigen Instrumenten, am gebräuchlichsten nach Mathieu–Fahnestock. Methode heute nicht mehr gebräuchlich, da es durch den narbigen Verschluß der Kryptenausführungsgänge zur chron. Eiteransammlung in der Tonsille kommt. [28]

tonsurans ⟨*neulat*⟩: scherend, z.B. Herpes tonsurans. [43]

Tontaubheit: Taubheit für einzelne Töne oder eine Reihe von Tönen, auch Einengung der normalen ↑Tongrenzen durch Ausfall der höchsten (Diskanttaubheit der Kesselschmiede, Altersschwerhörigkeit) oder der tiefsten Töne (Baßtaubheit). [28]

Tonus ⟨*griech*⟩ *m:* Widerstand, den die Muskulatur passiver Dehnung entgegensetzt, so daß eine Haltefunktion zustande kommt, die mit relativ niedrigem Energieverbrauch einhergeht. Der T. wird durch die ständige, auch in Ruhe vorhandene afferente, aus den Rezeptoren der Haut u. des Bewegungsapparates stammende Erregung unterhalten (Erschlaffung bei Hinterwurzeldurchschneidung) u. durch das erste motor. Neuron gedämpft (spast. Tonuserhöhung bei Pyramidenbahnschädigung). Die Substantia reticularis des Hirnstammes hat einen tonisierenden Einfluß (↑Enthirnungsstarre bei Abtrennung der unteren Anteile der Substantia reticularis). Der Parkinsonismus geht mit einer extrapyramidalen Tonussteigerung einher (Rigor). Es gibt Muskulatur mit vorwiegend ton. Funktion (tiefgelegene, ein Gelenk bewegende Muskeln, z.B. M. brachialis u. M. soleus, „rote Muskeln") im Gegensatz zu vorwiegend rasche Bewegungen ausführenden Muskeln (zweigelenkige, „weiße Muskeln", z.B. M. biceps brachii u. M. gastrocnemius). Im übertragenen Sinne wird von T. auch in der Physiologie des ZNS gesprochen, wobei dieser Begriff einen stabilen, gesteigerten Aktivitätszustand von Hirngebieten, z.B. der Großhirnrinde, bezeichnet. Der erwähnte tonisierende Einfluß der Substantia reticularis (↑Formatio reticularis) wird auch im Zusammenhang mit ihrer Aktivierungsfunktion der Großhirnrinde genannt. [7]

T., labyrinthärer: das Labyrinth beherrscht auf reflektor. Wege den Tonus der gesamten Muskulatur im Körper. Es spielt bei der unbewußten Aufrechterhaltung des Körpergleichgewichtes u. bei der Regulierung der Körperbewegungen eine entscheidende Rolle. Nach beidseitiger Zerstörung des Labyrinths ist daher die Muskulatur im gesamten Körper außerordentlich schlaff. Bei Tieren, bei denen das Labyrinth nur einseitig durchschnitten wurde, tritt Totenstarre auf der Seite der Verletzung später ein als auf der anderen. [7]

Tonusbandage: aus Bändern bestehende Bandage, die es Kranken, deren Tiefensensibilität gestört ist, gestattet, besser zu gehen (bes. bei Tabes dorsalis). [23]

Tonusverlust, affektiver ↑Narkolepsie. [33]

Topalgie ⟨*griech*⟩ *f:* örtlich umschriebene Schmerzempfindung. [33]

Topektomie ⟨*griech*⟩ *f:* umschriebene Rindenexzision des Hirngewebes in bestimmten Rindenfeldern (Brodmann). Indikation: unbeeinflußbare, therapieresistente Schmerzzustände, Jackson-Epilepsie. [20]

Töpfer, Gustav (*1865), Arzt, Karlsbad.

T' Reagens: Dimethylaminoazobenzol, wird als Reagens auf freie Salzsäure im Magensaft verwendet. Umschlag von Rot nach Gelb bei *p*H 2,9–4,0. Früher auch als Buttergelb verwendet.

Tophi syphilitici: syphilit. Exostosen; im Tertiärstadium auftret. chron. ossifiz. ↑Periostitis syphilitica d. Schädeldaches. [4]

Tophus, *Pl* **Tophi** ⟨*griech*⟩ *m:* Knoten, bes. als ↑Gichtknoten (Tophus arthriticus). [4]

Topik ⟨*griech*⟩ *f:* Lehre von den Lageverhältnissen der einzelnen Organe im Organismus zueinander; ↑Topographie. [1]

topisch ⟨*griech*⟩: örtlich, z.B. äußerlich; am Ort der Applikation wirk. Heilmittel. [44]

Topographie ⟨*griech*⟩ *f:* Beschreibung des Ortes u. der Lage einzelner Regionen u. Organe zueinander. [1]

Topophobie ⟨*griech*⟩ *f:* Angst vor bestimmten Orten. [34]

Toposkopie: Registrierverfahren der elektr. Potentialschwankungen der Großhirnrinde (↑EEG) wobei von vielen (mindestens 50) auf engem Raum (z.B. 3×3 cm) auf der Hirnrinde angeordneten Kontaktelektroden gleichzeitig abgeleitet wird. Jeder einzelnen Elektrode ist ein Punkt auf dem Leuchtschirm eines ↑Katodenstrahloszillograph zugeordnet, der je nach Potentialhöhe verschiedene Helligkeit annimmt. Photographie des Schirmbildes oder Weiterverarbeitung zur Korrelationsanalyse in einem Computer. [7]

Torcular ⟨*lat*⟩ *n:* Blutleere durch Schlagaderkompression; ↑Tourniquet. [18]

Torf: abgestorbene, gepreßte u. z.T. zersetzte Pflanzenteile eines ↑Moores. Hochmoortorf besteht zum großen Teil aus Sphagnum-Moos, ist sehr mineralarm (etwa 2% Asche) u. kann in lufttrockenem Zustand viel Wasser aufnehmen. Niedermoortorf ist mineralreich (bis zu 50% Asche), unterschiedlich in der Zusammensetzung, teilweise wirkstoffreich; ↑Moorbäder, ↑Peloide. [42]

torisch ⟨*lat*⟩: Bezeichnung für die Oberfläche eines Rotationskörpers, der entsteht, wenn ein Kreis um eine nicht durch seinen Mittelpunkt gehende Achse rotiert. Tor. Flächen haben astigmat. Wirkung; verwendet bei den Katralgläsern. [36]

Torkildsen, A., zeitgen. Neurochirurg, Oslo.

T.-Drainage: Operation zur Schaffung einer freien Liquorpassage bei Hydrocephalus occlusus infolge Verlegung der Liquorwege, insbes. bei mittelhirnnahen Kleinhirntumoren, Aquäduktverschluß usw. Mit Hilfe eines Gummikatheters, der subkutan oder subossal gelegen den Seitenventrikel mit der Cisterna magna verbindet, wird eine Umgehung des Abflußhindernisses erreicht. Bei Verschluß des Foramen Monroi doppelseitige T.-Drainage notwendig. [20]

Tormina ⟨*lat*⟩ *n, Pl:* Beschwerden, insbes. im Bauch; Darmgrimmen, Leibschneiden. [18]

Tornwaldt, Gustav, Ludwig (1843–1910), Arzt, Danzig.

T' Krankheit: Katarrh durch chron. Abszeßbildung in der Rachenmandel. [28]

torpid ⟨*lat*⟩: schlaff, träge, langsam, empfindungslos, vermindert erregbar, unbeeinflußbar. [4]

Torpor ⟨*lat*⟩ *m:* Regungslosigkeit, Stumpfheit.

T. retinae: nicht ganz einheitlich u. nur noch selten gebrauchter Ausdruck für Zustände, bei denen die Netzhautfunktion mehr oder minder erloschen ist, z.B. bei ↑Commotio retinae infolge von Contusio bulbi; ↑Berlin' Trübung. [36]

torquieren ⟨*lat*⟩: drehen. [18]

Torr: Maßeinheit für Druck, entspricht dem Druck von 1 mm Hg = 1,3335 = 1/760 atm. Benannt nach Evangelista Torricelli, der 1643 das Barometer erfand. [54]

Torrés' Einschlüsse: bes. bei ↑Gelbfieber beobachtete azidophile Kerneinschlüsse in den Leberzellen. [40]

Torsion ⁎ **Torsio** ⟨*lat*⟩ *f:* Drehung eines Organs, einer Zyste oder eines frei pendelnden Tumors, meist um die eigene Achse. Bei Organen wird eine T. erst durch unverhältnismäßig lange Haltebänder u. Gefäßstiele möglich (Hodentorsion); im Bereich der Wirbelsäule Teil einer Skoliose. [18, 23]

T. uteri: Achsendrehung der Gebärmutter, hervorgerufen durch Geschwülste der Gebärmutter u. der Eierstöcke. [29]

Torsions|bruch ↑Rotationsbruch. [23]

~dystonie, ~spasmus: seltenes Erbleiden, dessen anatom. Grundlage in degenerativen Veränderungen im extrapyramidalen System (vornehmlich im Striatum) gegeben ist; vor allem gekennzeichnet durch eigenartige, bizarr anmutende, „korkenzieherartige" Verdrehungen des Rumpfes u. der Gliedmaßen, athetoseartige Bewegungen der Extremitätenenden, Überstreckungen der Wirbelsäule u. ausgeprägte lordot. Haltung beim Stehen u. Gehen, Wechsel zwischen Hypotonie u. Hypertonie der Muskulatur („Spasmus mobilis"). Beginn meist gegen Ende des 1. oder im 2. Lebensjahrzehnt, Verlauf schleichend progredient. Ähnliche Symptomenbilder gelegentlich im chron. Stadium der Encephalitis epidemica. [33]

Tortikollis ⁎ **Torticollis** ⟨*lat*⟩ *m:* Schiefhals; ↑Caput obstipum.

T. spasticus: spast. Schiefhals, neurogener Schiefhals, tic rotatoire; Verdrehung des Kopfes infolge ton. oder ton.-klon. Krämpfe der Mm. sternocleidomastoidei u. der tiefen Hals- u. Nackenmuskeln, teils als extrapyramidale Hyperkinese aufzufassen (nicht selten im Gefolge der Encephalitis epidemica), teils „funktionell" (ohne nachweisbare Ursache) oder psychogen bedingt. [33]

Tortuositas vasorum ⟨*lat*⟩ *f:* differentialdiagnost. wichtige u. häufige Anomalie des Netzhautgefäßverlaufes, die in abnorm starken u. häufigen Schlängelungen besteht u. oft mit anderen Mißbildungen verbunden ist. Nie mit Blutungen verbunden. Nicht progressiv, da eine Mißbildung; von arteriosklerot. u. Stauungszuständen oft schwer zu unterscheiden. [36]

Torula-Hefen: Gattung Torulopsis; Sproßhefen mit kugeligen Zellen. Torula utilis u. a. Arten werden als Eiweiß- u. Fettbildner techn. genutzt, da sie nur geringe Ansprüche an den Nährboden stellen. [42]

Torulopsis ↑ Torula-Hefen.

T. neoformans: ↑ *Cryptococcus neoformans;* Erreger der Kryptokokkose; ↑ Blastomykosen. [42]

Torulosis: Syn. Kryptokokkose; europäische ↑ Blastomykose; durch den Pilz *Cryptococcus neoformans* hervorgerufene, fast immer tödlich endende Infektionskrankheit, die zu schweren Veränderungen an der Lunge, Haut u. am Zentralnervensystem (Hefemeningoenzephalitis) führt. Die Infektion soll schon intrauterin, unter oder kurz nach der Geburt erfolgen können. [32]

Torus ⟨*lat*⟩ *m:* Wulst.

T. levatorius: vom M. levator veli palatini bewirkte Vorwulstung der Pharynxschleimhaut unterhalb des Ostium pharyngeum tubae auditivae.

T. occipitalis (BNA): ein inkonstanter querer Wulst der Hinterhauptschuppe zwischen Linea nuchae superior u. Linea nuchae suprema; entspricht der Crista occipitalis der Affen u. gilt als Degenerationszeichen. (In den JNA u. PNA nicht mehr bezeichnet.)

T. palatinus: inkonstanter, der Sutura palatina mediana folgender knöcherner Wulst.

T. tubarius: Tubenwulst. [1]

Total|aphasie: vollkommene motor. u. sensor. ↑ Aphasie. [33]

Totalbestrahlung: Oberflächenröntgenbestrahlung, bei der mehrere Felder nebeneinander aus nahem Abstand ohne Feldabdeckung so bestrahlt werden, daß die durch die Feldüberschneidung bewirkte Dosensummation zu einer ziemlich gleichmäßigen Dosenbelegung der gesamten Oberfläche führt. [26]

Totalexstirpation ⟨*lat*⟩: vollst. operat. Entfernung eines Org. m. seinen Anhängen. [29]

Totalkapazität: das Gesamtfassungsvermögen der Lunge bei tiefster Inspiration. Setzt sich aus ↑ Vitalkapazität u. ↑ Residualvolumen zusammen u. beträgt nach Anthony das 1,32fache der Vitalkapazität, etwa 4500 bis 6500 ml; ↑ Lungenvolumina. [15]

Totalskoliose: großbogige Wirbelsäulenvorbiegung nach einer Seite. [23]

Toten|flecke = Livores: sicheres Zeichen des Todes neben der ↑ Totenstarre. Durch die Blutsenkung nach dem Tode erfolgende Verfärbung der Haut an den abhängigen Partien; normal blaugrau, bei CO-Vergiftung hellrot, bei Methämoglobinvergiftung graubraun usw.; erst wegdrückbar, später infolge Austritt des Blutes aus den Gefäßen nicht mehr (Diffusionstotenflecke). T. können in den ersten Stunden nach dem Tode nach Umwenden der Leiche noch „wandern“ (gerichtsärztlich wichtig). [52]

~kranzarterie ↑ Corona mortis. [1]

~kreuz ↑ Crux mortis. [9]

~lade: bei der Osteomyelitis durch den Entzündungsreiz entstehende verdichtete Knochen umschließt den zum Totalsequester gewordenen nekrot. Knochen. [23]

Totenstarre: Leichenstarre, Rigor mortis; Starrwerden der Körpermuskulatur durch Anhäufung von Säuren (bes. Milchsäure u. Phosphorsäure) in der Muskulatur, die eine Quellung des Muskeleiweißes bewirken. Die T. beginnt 6–8 h nach dem Tode am Kopf u. schreitet nach unten fort (sog. ↑ Nysten' Gesetz). Die Lösung der T. verläuft in gleicher Reihenfolge u. ist in Abhängigkeit von der Außentemperatur nach 48–60 h beendet. [5]

T., kataleptische: Auftreten der T. im Moment des Todes, sehr umstritten, möglicherweise bestehen Zusammenhänge zur sog. ↑ Enthirnungsstarre (sehr selten). Setzt eine Schädigung des Stammhirns in der Umgebung des Nucleus ruber voraus. [52]

Totgeburt: reifes Kind, das unmittelbar vor der oder während der Geburt gestorben ist; Auftreten in etwa 2% der Geburten. Ursachen sind intrauterine Erkrankungen des Feten (Fetosen), schwere Infektionskrankheiten, die durch die Mutter übertragen sind (Syphilis, Listeriose, Toxoplasmose) oder bei Diabetes der Mutter, Übertragungen, Toxikosen, Nabelschnur- u. Plazentakomplikationen oder schweren Schädigungen durch den Geburtsakt. [29]

Toti, Addeo (*1863), Ophthalmologe, Florenz.

T' Operation: Operationsmethode, um bei Verschluß des Tränennasenganges eine neue Verbindung zwischen Tränensack u. Nase zu schaffen. Nach Eröffnung von außen wird ein Knochenloch in die nasale Wand der Fossa nasolacrimalis gemeißelt oder gebohrt u. mit einem in die entsprechende Tränensackwand geschnittenen Fenster verbunden. Zahlreiche, jedoch nicht prinzipielle techn. Modifikationen; ↑ West' Operation. [36]

Totimpfstoff ↑ Totvakzine. [40]

Totraum: Anteil der Atemwege, der nicht am Gasaustausch mit dem Blut teilnimmt (150–200 ml). Anatom. T.: zuführende Atemwege von Mund u. Nase bis zu den Alveolen. Physiolog. T.: anatom. Totraum zuzüglich Luft aus den Alveolen, die nicht durchblutet werden u. Luft aus Alveolen, deren Blut bereits arterialisiert ist. Bestimmung aus exspirator. u. arteriellem CO_2-Partialdruck; ↑ Ventilationskoeffizient.

~Ventilation: Produkt aus physiolog. Totraum u. ↑ Atemfrequenz. [7]

Totschlag: vorsätzliche Tötung eines Menschen, ohne daß ein Mord vorliegt (§212 StGB) [52]

Totvakzine: abgetötete (inaktivierte) Bakterien- u. Virusimpfstoffe, z. B. Hempt-Vakzine gegen Tollwut, Thyphus-Vakzine, Cholera-Vakzine, Haffkine-Vakzine gegen Pest, Keuchhusten-Vakzine, Salk-Vakzine gegen Poliomyelitis. Sie werden meist parenteral appliziert: Schutzdauer einige Monate bis (5) Jahre; überwiegend humorale ↑Immunität; ↑Lebendvakzine, ↑Toxoidimpfstoffe. [40]

touchieren ⟨*frz*⟩: 1. Untersuchung durch den tastenden Finger, heute meist angewandt für die vaginale u. rektale Untersuchung; 2. Ätzung einer granulierenden Wunde mit dem Ätzstift. [18]

Tourette' Krankheit: Gilles-de-la-Tourette' Krankheit; ↑Tic. [33]

Tourniquet ⟨*frz*⟩ *m:* 1. schlingenförmiges Instrument zur Abklemmung der Gefäßwurzel von Organen bei Operationen, z. B. an Niere u. früher auch an Lungenlappen. Die endgültige Versorgung erfolgte dann durch eine Sammelligatur. Die Methode ist heute nicht mehr in Gebrauch. 2. Vorübergehende Abschnürung von Organbezirken mit T. zur regionalen Infusion von Pharmaka, z. B. Zytostatika, um den übrigen Organismus vor der Toxizität zu schützen. [18]

Toux bitonale ⟨*frz*⟩ *m:* heller pfeifender oder krähender, den Husten begleitender Oberton, der infolge einer krankhaften zusätzlichen Einengung der Luftwege vor allem der proximalen Abschnitte der Luftröhre entsteht. Häufig gefunden bei Bronchiallymphknoten-Tuberkulose. [32]

Toxalbumine ⟨*griech, lat*⟩ *n, Pl:* Albumine (Phytotoxine) mit Giftwirkung; hierzu gehört z. B. das Rizin des Samens der Rizinuspflanze (Ricinus communis); es bewirkt Agglutination der Blutkörperchen. [16]

Toxämie ⟨*griech*⟩ *f:* Syn. Toxikämie, verschieden gebrauchte Bezeichnung, wörtlich Kreisen von tox. wirkenden Stoffen im Blut, die sowohl von außen aufgenommen (↑Toxine, Gewerbegifte, Arzneimittel u. a.) als auch im Organismus selbst (körpereigene tox. Stoffwechselprodukte) entstanden sein können. Übertragen gebraucht für tox. Anämie, einer auf Allgemeinschädigung beruhenden Blutarmut bei verschiedenartigen, meist chron. ablaufenden Erkrankungen. [11]

Toxic goitre ⟨*engl*⟩ *n:* tox. Adenom der Schilddrüse mit parenchymreichen Knoten u. gut erhaltenem Epithel, Toxikose; spricht schlecht auf Jodtherapie an. [12]

Toxidermie ⟨*griech*⟩ *f:* tox. Exanthem; Antigen-Antikörperreaktion. Ausschlag, der auftritt durch äußere Berührung oder durch enterale oder parenterale Einnahme des auslösenden Stoffes (meist Arzneimittel). Bei äußerlicher Einwirkung meist urtikariell-erythematös, nach innerlichem Gebrauch ebenfalls urtikariell-erythematös, purpuraförmig, blasig bis gangränös (↑Exanthem, ↑Arzneimittelausschläge). [43]

toxigen ⟨*griech*⟩: durch Vergiftung bedingt. [9]

Toxikämie ↑Toxämie. [11]

Toxikologie ⟨*griech*⟩ *f:* Lehre von den Giften, ihren Wirkungen auf den lebenden Organismus u. den therapeut. Möglichkeiten bei Vergiftung. [44]

Toxikose ⟨*griech*⟩: durch Vergiftung bedingtes Krankheitsbild, insbes. bei körpereigenen Substanzen (im Überschuß) bzw. Giftstoffen (Thyreotoxikose, Gestationstoxikose). [9]

Toxin ⟨*griech*⟩ *n:* tier., pflanzlicher oder bakterieller Giftstoff mit spezif. Wirksamkeit u. unterschiedlich antigenem Charakter. (Chem.) Proteine oder Lipopolysaccharide. Unterscheidung der bakteriellen Giftstoffe in ↑Ekto- u. ↑Endotoxine. Nach Ehrlich besitzt das Toxinmolekül eine haptophore Gruppe zur spezif. Bindung des Toxins an das Protoplasma einer Zelle (↑Zellrezeptoren) u. eine toxophore Gruppe, die für die Giftwirkung verantwortlich ist. [41]

Toxinämie ⟨*griech*⟩ *f:* Überschwemmung des Blutes mit Giften, insbes. Bakteriengiften, z. B. bei Diphtherie; ↑Bakteriämie. [5]

Toxin-Antitoxin-Flocken: *Abk* T. A. F.; sie entstehen bei Vermischung von Toxin u. Antitoxin in günstigen Mengenverhältnissen. Die Flocken enthalten neutralisiertes Toxin (Ramon) u. wurden zur aktiven Immunisierung, z. B. bei Diphtherie, benutzt. [39]

toxisch ⟨*griech*⟩: Ausdruck für giftig, wobei in erster Linie an organ. bzw. organisierte Gifte gedacht wird, die aus der organ. bzw. belebten Welt stammen. [8]

Toxisterin: Überstrahlungsprodukt des ↑Ergosterins. [8]

Toxizität ⟨*griech*⟩: Giftigkeit. [44]

Toxocara canis ↑Hundespulwurm. [58]

toxogen ⟨*griech*⟩: durch Gift (Vergiftung) entstanden bzw. Gift erzeugend. [41]

Toxoide ⟨*griech*⟩ *n, Pl:* entgiftete Toxine unter Erhaltung der antigenen Wirkung, wobei die toxophore Gruppe des Toxins zerstört, die spezif. Haftgruppe noch vorhanden ist (↑Seitenkettentheorie). Die Umwandlung des Giftes in Toxoid erfolgt z. B. mit Hilfe von Formalin bei einer Temperatur von 39 bis 41 °C in einem Zeitraum von 3–4 Wochen (Formoltoxoid, nach Ramon auch Anatoxin genannt). Anwendung zur aktiven Immunisierung des Menschen (z. B. gegen Diphtherie oder Tetanus). [41]

Toxoid-Impfstoffe: bisher parenteral applizierte ↑Toxoide wie Diphtherie-Formoltoxoid, Tetanus-Formoltoxoid. Die erzeugte antitox. humorale ↑Immunität richtet sich gegen die Toxine der jeweiligen lokalen Infektionserreger; sie senkt die Morbidität u. Letalität der Erkrankung. Der Schutz durch Toxoide hält mehrere Jahre an (ca. 5 bis maximal 10 Jahre). [40]

Toxomykose ⟨*griech*⟩ *f* (Közepezy): in Ungarn bei Landarbeitern beobachtete Lungenerkrankung. Hervorgerufen durch Einatmung von Getreidestaub, der stark von Pilzmyzellen (Sphaceloteca sorghi – Line-Clinton) besetzt ist. [5]

Toxoplasma gondii (hominis) ⟨*griech*⟩: Protozoon, 1908 von Nicolle u. Manceaux in Tunis bei Ctenodactylus gundi (gondii) gefunden; später bei vielen Tierarten (Hund, Katze, Kaninchen u.a.) u. auch beim Menschen isoliert. Obligater Zellparasit, bisher zur Gruppe mit unsicherer Stellung gehörend, (man stellt sie heute zu den Sporozoen), scheibenförmig oder intrazellulär oval, mit Methylenblau oder nach Giemsa färbbar, gramneg.; dringt in Wirtszellen ein, mit Ausnahme von Erythrozyten, Vermehrung durch ↑Endodyogenie. Mit T. angefüllte Zelle wird als Pseudozyste oder „terminal colony" bezeichnet. Nach Platzen der Pseudozyste Befall neuer Zellen. Später Ausbildung echter Zysten, die die ↑Infektionsimmunität unterhalten. Toxoplasmen züchtbar im Versuchstier (Maus, Goldhamster), Brutei u. in der Gewebekultur; ↑Toxoplasmose. [41]

Toxoplasmose ∗ **Toxoplasmosis** ⟨*griech*⟩ *f:* enzoot.-epizoot., meist durch Kontakt von Tieren auf Menschen übertragbare, anzeigepflichtige, zykl. Infektionskrankheit. Erreger Toxoplasmen (↑*Toxoplasma gondii*). Inkubation mehrere Wochen, fieberhafte, akut bis subakut verlaufende lymphonoduläre oder pneumon. Formen. Gefahr der perplazentaren Infektion des Feten mit zerebralen Dauerfolgen (pränatale Toxoplasmose). Letalität der viszeralen T. unbehandelt 20%, der zerebralen (pränatalen) T. höher. Verdacht auf pränatale T. durch die Trias Hydrozephalus, intrazerebrale Verkalkung u. Chorioretinitis. Diagnose parasitolog.-serolog. durch Erregernachweis (Fluoreszenz-Antikörper-Methode, Tierversuch bzw. in der Gewebekultur) u. durch Antikörpernachweis im Serofarbtest nach ↑Sabin–Feldman, in der Komplementbindungsreaktion oder im ↑Hämagglutinationstest nach Jacobs u. Lunde. Nachweis stattgefundener Infektion auch im ↑Intradermaltest. [41]

Toxotestgerät: von Eichler u. Knecht entwickeltes Registriergerät nach dem Kymographprinzip zur Aufzeichnung unterschiedlicher Bewegungsverhaltungsweisen eines z.B. mit Insektiziden behandelten Insekts; ↑Insektizidphänologie. [58]

TPE-Gruppe: *Abk* für ↑Typhus-Paratyphus-Enteritis-Gruppe. [41]

TPI-Test ↑Nelson' Test. [43]

TPN, TPNE₂ früher *Abk* für Triphosphopyridinnukleotid, jetzt ↑Nikotinsäureamid-adenin-dinukleotid (NAD). [8]

TPP: *Abk* für Thiaminpyrophosphat = Cocarboxylase. [8]

Trabekel ∗ **Trabecula** ⟨*lat*⟩ *f:* Bälkchen; *Adj* trabecularis zum Bälkchen gehörig.

T-ae carneae (JNA) ↑Mm. pectinati (BNA, PNA).

T-ae corporis spongiosi: das schwammartige Gerüstwerk des Harnröhrenschwellkörpers des Penis.

T-ae corporum cavernosorum: die zahlreichen netzförmig angeordneten Bälkchen aus Bindegewebe u. glatter Muskulatur in den Schwellkörpern des Penis u. der Klitoris.

T-ae lienis: zahlreiche bindegewebige Balken, die netzartig den ganzen von der Kapsel umschlossenen Raum der Milz durchziehen. Zwischen dem Maschenwerk der Milztrabekel liegt die Milzpulpa.

T. septomarginalis: bes. ausgeprägter Muskelbalken des vorderen Papillarmuskels der Trikuspidalklappe; enthält den re. Schenkel des His' Bündels des Reizleitungssystems des Herzens. [1]

Trabekel|arterie: innerhalb der Milzbalken (Trabeculae lienis), verlaufende Äste der A. lienalis, die im Gegensatz zur ↑Trabekelvene eine eigene Muskelschicht in der Wandung aufweist. [2]

~blase ↑Balkenblase. [24]

~vene: innerhalb der Milzbalken (Trabeculae lienis) verlaufende Venen, die in die V. lienalis fließen u. durch Zusammenfluß mehrerer Pulpavenen entstehen; ↑Trabekelarterie. [2]

Tracer-Methode ⟨*engl* trace = Spur⟩: Methode, bei der sehr kleine Mengen meist radioaktiver Isotope zu Stoffen mit natürlicher (oder sonst bekannter) Isotopenzusammensetzung gegeben werden, um bestimmte chem. Elemente (oder deren Verbindungen) in biolog. oder chem. Reaktionsabläufen zu verfolgen. [59]

Trachea ⟨*griech*⟩ *f:* Luftröhre; *Adj* trachealis, tracheal zur Luftröhre gehörig. [1]

Tracheal|kanüle: Kanüle zum Einführen in die Trachea nach der ↑Tracheotomie, um die Tracheotomieöffnung für die Atmung offenzuhalten. Am gebräuchlichsten die Doppelkanüle nach Luer, bei der ein Einsatz zum Reinigen herausgezogen werden kann. [28]

~katheter: Syn. Trachealtubus; Endotrachealtubus bzw. Katheter; verschieden geformte, zur Einführung in die Luftröhre bestimmte Gummi- oder Plastikröhren. Sie dienen zur Freihaltung der Luftwege bei Tracheotomier ten u. Atemgelähmten. [27]

~stenose ↑Tracheostenose. [28]

~ton (Williams): gedämpfter Klopfschall mit tympanit. Beiklang über den obersten Interkostalräumen, der bei geöffnetem Mund verkürzt wird; entsteht im Hauptbronchus bei Infiltration oder Kompression der Lungenspitzen. [9]

~tubus: *Pl* Tubi oder Tuben; ↑Trachealkatheter. [27]

Tracheitis ⟨*griech*⟩ *f:* Entzündung der Luftröhrenschleimhaut; ↑Bronchitis. [28]

Trachelorrhekter ⟨*griech*⟩ *m:* Instrument zur Zerreißung der Halswirbelsäule bei der ↑Embryotomie. [29]

Tracheo|bronchitis: Entzündung der Schleimhaut von Trachea u. Bronchien.

~bronchoskopie: direkte Besichtigung der Trachea u. der Bronchien mittels Bronchoskops; ↑Bronchoskopie.

~laryngotomie ↑Laryngotracheotomie.

~malazie *f:* Erweichung der Trachealringe infolge Druckeinwirkung, z. B. durch Strumen, Tumoren, Aortenaneurysmen u. a., auch angeborene Weichheit der Luftröhre.

~pathia osteoplastica *f:* angeborene Mißbildung der Luftröhre, erst bei Erwachsenen manifest, in Form von knöchernen u. knorpeligen, stecknadelkopf- bis hirsekorngroßen Einlagerungen in die Schleimhaut der Trachea. Diese Schleimhautveränderungen stehen vorwiegend mit den elast. Fasern der Luftröhre, dagegen kaum oder nicht mit dem Knorpel in Verbindung.

~skopie: direkte Besichtigung der Trachea mittels ↑Bronchoskops; ↑Bronchoskopie. T., indirekte: Besichtigung der Luftröhre mittels Kehlkopfspiegels; ↑Kilian-Stellung.

Tracheostenose ⟨*griech*⟩ *f:* Verengung des Luftröhrenlumens.

T., thymische: Verengung der Luftröhre infolge Kompression durch einen vergrößerten substernal gelegenen Thymus bei Kindern oder persistierenden Thymus bei Erwachsenen; oft Ursache eines plötzlichen Todes; ↑Thymustod. [28]

Tracheotomie ✳ **Tracheotomia** ⟨*griech*⟩ *f:* Luftröhrenschnitt; operative Eröffnung der Luftröhre bei Erstickungsgefahr. Je nach Lokalisation des Schnittes oberhalb oder unterhalb des Schilddrüsenisthmus oder nach Isthmusspaltung unterscheidet man eine Tracheotomia superior, inferior u. media. [28]

Tracheozele ⟨*griech*⟩ *f:* Luftröhrenbruch; infolge krankhafter Nachgiebigkeit der Knorpelringe kommt es beim Pressen oder Husten zur Vorwölbung der Luftröhre am Hals. [18]

Trachom ⟨*griech*⟩: Syn. Ägyptische Augenkrankheit, Körnerkrankheit, Conjunctivitis granulosa seu trachomatosa; in trop.-subtrop. Ländern endem.-epidem., in gemäßigten Zonen meist sporad., durch Schmierinfektion von Mensch zu Mensch übertragbare, anzeigepflichtige Infektion der Bindehaut. Erreger Trachomviren. Inkubation 5–10 Tage, auch länger. Klin. mit Follikelbildung der oberen tarsalen Konjunktiva (Körnerkrankheit, Name!), Hornhautpannus u. Bindehautvernarbung einhergehende, eminent chron., zur Erblindung führende Erkrankung. Häufig bakterielle Mischinfektion. Virolog. Diagnose, mikroskop. Halberstaedter-Prowazek' Einschlußkörper in den äußeren Konjunktivalepithelzellen, histolog. Zellnekrosen im Follikel, Viruszüchtung in der Dottersackkultur. Therapie durch Sulfonamide oder Tetrazykline. Prophylaxe durch persönliche Hygiene, Desinfektion, Fliegenbekämpfung. Ca. 400 Millionen Menschen sind befallen; eine Hauptursache der Blindheit, die durch prim. u. sek. Hornhautschäden eintritt. Differentialdiagnose: ↑Paratrachom, (Einschlußblennorrhoe, Schwimmbadkonjunktivitis). Pemphigus, Narben nach Verbrennung u. Verätzung. In Europa fast ausgerottet, in Asien, Afrika u. Südamerika noch verbreitet. [36, 40]

~viren: 300 bis 400 nm große, kugelförmige, ätherempfindliche Viren mit mehreren Hüllmembranen. Sie bilden typ. zytoplasmat. Einschlußkörper (Halberstaedter-Prowazek' Einschlußkörper, 1907) u. werden durch Kontakt- bzw. Schmierinfektion übertragen. Erreger des ↑**Trachoms**. Virusisolierung in der Dottersackkultur bebrüteter Hühnereier; Einschlußkörper im Giemsa' Präparat bzw. durch Fluoreszenz-Antikörper-Nachweis. [40]

Tractus ⟨*lat*⟩ *m:* Zug, Strang, Bahn; insbes. Bezeichnung für Nervenbahnen im Gehirn u. Rückenmark.

T. centralis thymi: zentraler Markstrang des Thymus.

T. corticospinalis ↑Pyramidenbahn.

T. habenulo-intercruralis (JNA) ↑Meynert' Bündel.

T. iliotibialis = Maissiat' Streifen: sehnenartig verstärkter Streifen der Fascia lata des Oberschenkels, der vom Darmbein bis zur Tibia reicht, zugleich Fortsetzung der Ansatzsehne des M. tensor fasciae latae.

T. longitudinalis medialis (JNA) ↑Fasciculus longitudinalis medialis (BNA, PNA). [1]

T. olfactorius: er dient mit dem Bulbus olfactorius für die Übertragung derjenigen Erregungen, die zum Auftreten der Geruchsempfindungen führen. Früher wurden diese beiden gemeinsam als Riechnerv bezeichnet (N. olfactorius). Sie stellen aber einen eigenen

Gehirnteil dar, der beim Menschen gegenüber verschiedenen Tieren mit scharf ausgebildetem Geruchsvermögen etwas verkümmert ist.
T. opticus: Leitungsbahn für die Erregungen, die zum Auftreten der Gesichtsempfindungen Anlaß geben. Der Tractus opticus ist den prim. Optikuszentren vorgeschaltet.
T. rubrospinalis ↑ Monakow' Bündel.
T. solitarius ↑ Solitärbündel.
T. spinocerebellaris: Verbindung des Rückenmarks mit dem Kleinhirn. Es gibt zwei derartige Verbindungen, die ventrale u. dorsale Kleinhirnseitenstrangbahn. Es handelt sich um Bahnen, die im Rückenmark aufwärtsziehen; die Fasern dienen der Leitung von Erregungen, die für die Erhaltung des Körpergleichgewichtes u. für die Koordination von Bewegungen von Bedeutung sind.
T. spinothalamicus: Verbindung der Zellen des Hinterhornes mit dem Thalamus. Wichtige Bahn für die Übertragung von Erregungen, die zum Auftreten von Druck-, Warm-, Kalt- u. Schmerzempfindungen führen. [7]
T. suprapatellaris: wenig oberhalb der Kniescheibe schräg über die Vorderseite des Oberschenkels verlaufender inkonstanter Verstärkungszug der Fascia lata; erzeugt durch Einschnüren des erschlafften M. vastus medialis den sog. Suprapatellarwulst. [1]
T. tegmentalis centralis: Bahnen von u. zum Pallidum, Nucleus ruber, Formatio reticularis u. Nucleus dentatus. [20]
T. vestibulospinalis = Held' Bündel: seine Fasern entspringen aus dem Kerngebiet des N. vestibuli u. verlaufen auf derselben Seite im Seitenstrang des Rückenmarks. Sie enden an den motor. Vordersäulenzellen. Der T. v. ist einer der Faserzüge, die für die Motorik von Bedeutung sind. [7]

Tragacantha ⟨*griech*⟩: Traganth ist der in weißen durchscheinenden Stücken erhärtete Schleim kleinasiat. Astragalusarten. 60–70% bestehen aus dem wasserunlöslichen, stark quellenden Polysaccharid Bassorin. Es dient in galen. Zubereitungen als Binde- u. Gleitmittel u. zur Entfernung kleiner Wassermengen aus org. Lösungsmitteln. [44]

trägerfrei = carrier-free ⟨*engl*⟩: *Abk* c.f.; ohne Zusatz inaktiven Trägermaterials. Als t. werden Präparate von Radionukliden bezeichnet, die lediglich aus radioaktiven Atomen des gleichen Isotops bestehen (was bei Spaltprodukten im allgemeinen nicht der Fall ist, da bei der Uranspaltung auch gleichzeitig nicht radioaktive Isotope des gleichen Elementes entstehen). Zusatz von inaktiver isotop. oder nicht isotop. Trägersubstanz ändert bei gleichbleibender Aktivitätsmenge deren Gewicht u. führt nach Inkorporation evtl. zu einer wesentlichen Änderung im Stoffwechselverhalten des betreffenden Nuklids. [59]

Tragi ⟨*griech*⟩ *m, Pl:* Haare des äußeren Gehörganges. [28]

Tragion ⟨*griech*⟩: kraniolog. wertvoller Meßpunkt für gewisse Schädelebenen u. Winkel am oberen – vorderen Rand des äußeren Gehörganges; auch in der Kieferorthopädie viel benutzter Bezugspunkt. [37]

Tragus ⟨*griech*⟩ *m:* vorn vor der Öffnung des äußeren Gehörganges liegender Vorsprung. [28]

Training, autogenes (J. H. Schultz): methodische Übungen zur Entspannung des Organismus. Es handelt sich dabei um Verstärkung u. Verfeinerung der Selbstwahrnehmung für Änderungen in der Durchblutung der Gliedmaßen mit wohltuender Wirkung auf das Gesamtbefinden, die vermutlich auf einer Angleichung der vorher nicht miteinander in Einklang befindlichen Tonuslage der beiden Signalsysteme beruht. [35]

Traktionsdivertikel ⟨*lat*⟩ *n* ↑ Ösophagusdivertikel. [5]

Traktotomie ⟨*lat, griech*⟩ *f:* operative Durchtrennung des Tractus spinalis n. trigemini im Bereich der Medulla oblongata (Sjöqvist' Operation) bei Trigeminusneuralgie des 1. (u. 2.) Astes. [20]

Traktushemianopsie ⟨*lat, griech*⟩ *f:* homonyme Hemianopsie, die durch einen Herd in einem Tractus opticus entstanden ist; ↑ Hemianopsie. [36]

Trance ⟨*engl*⟩ *f:* dämmerhafter Zustand, Phase im Übergang zum Schlaf, Stadium der Hypnose. [34]

Tränen|drüse = Glandula lacrimalis: eine tubuläre Drüse, die die Tränenflüssigkeit absondert. Ihr orbitaler Teil liegt auf dem oberen äußeren Orbitaldach in der Fossa glandulae lacrimalis, der palpebrale Teil liegt darunter. Die etwa 10–15 Ausführungsgänge münden in die obere Übergangsfalte des Bindehautsackes. Außerdem gibt es kleine akzessor. subkonjunkt. Tränendrüsen. [36]
~flüssigkeit: dient zur Befeuchtung der Korneaoberfläche u. zum Abschwemmen kleiner Verunreinigungen. Die Benetzungsflüssigkeit ist ein Gemisch aus der reinen T. mit dem von den Schleimzellen der Bindehaut abgesonderten Sekret. Die Menge beträgt 1–3 ml/d; *p*H 7,35; Trockensubstanz 1,8%; NaCl 660 mg%; Eiweiß 670 mg% (Albumin 395 mg%, Globulin 275 mg%); Rest-N 50 mg%; „wahre" Glukose 2–3 mg%; ferner in der Eiweißfraktion ↑ Lysozym, das nur in der T. des Menschen vorkommt u. dem für die Infektionsabwehr nur eine beschränkte Bedeutung zugeschrieben wird; ferner Zitrat 0,6 mg%; Vitamin C 0,6 mg%; Laktoflavin 5 μg%. [8]

~organe: Tränenapparat: dazu gehören jederseits Tränendrüse, Tränenwärzchen, Tränensee, je zwei Tränenpapillen, Tränenpunkte, Tränenkanälchen sowie Tränensack u. Tränennasengang. [1]

Tranquil(l)izer ⟨*engl*⟩: to tranquillize – beruhigen, sich beruhigen. Sie werden auch als Ataraktika (ataraxia *griech* = Seelenruhe) bezeichnet. Der dämpfende, beruhigende, Angst u. Spannung lösende Effekt wird nicht von Müdigkeit oder Schlaf begleitet. Durch diese größere Spanne zwischen entspannender u. sedierender bzw. hypnot. Wirkung unterscheiden sich die Tranquilizer von den klass. ↑Sedativa u. ↑Hypnotika. Es sind Verbindungen unterschiedlicher chem. Struktur, die bei psych. u. vegetativer Labilität regulierend, ausgleichend u. stabilisierend wirken. 1. Glyzerinderivate (Mephenesin□); 2. Glykolabkömmlinge (Meprobamat□ = Cyrgon®, Miltaun®); 3. Carbinole (Methylpentynol□ = Allotropal®); 4. Diphenylmethanderivate (Benactyzin□); 5. Benzodiazepinderivate (Chlordiazepoxid□ = Librium®). [44]

Transaminasen: Enzyme, die die ↑Transaminierung steuern; ↑Glutamat-Oxalazetat-Transaminase, ↑Glutamat-Pyruvat-Transaminase. [8]

Transaminierung: enzymat. Übertragung der Aminogruppe in einer reversiblen Reaktion durch die ↑Transaminasen von den beiden Monoaminodikarbonsäuren Glutamat bzw. Aspartat auf eine Ketosäure unter Bildung einer Aminosäure, z. B.

$$\text{Glutamat} + \text{Pyruvat} \rightleftharpoons \alpha\text{-Ketoglutarat} + \text{Alanin.}$$

Auf diese Weise können Aminosäuren aus ihren Ketosäuren gebildet bzw. durch Kopplung von 2 Transaminasen die meisten Aminosäuren ineinander umgewandelt werden. Stoffwechselphysiolog. sehr bedeutsame Reaktion (Reaktion nach Braunstein u. Kritzmann). [8]

Transazetylierung: enzymat. (Transazetylase) Übertragung des „aktivierten" Azetylrestes (Azetyl-Coenzym A) auf ein anderes Substrat, z. B. auf Oxalessigsäure unter Bildung von Zitronensäure; stoffwechselphysiolog. wichtige Reaktion; ↑Zitronensäure-Zyklus; Auf- u. Abbau der Fettsäuren; Bildung von Azetylcholin usw. [16]

Transcription ⟨*engl*⟩: in DNS-abhängiger RNS-Polymerase-Reaktion erfolgende „Überschreibung" der in der DNS in bestimmter Nukleotidfolge gespeicherten genet. Information in RNS mit einer zur DNS Basenkomplementären Sequenz (DNS-abhängige RNS-Synthese; ↑RNS-Polymerase). [8]

Transducer ⟨*engl*⟩: Wandler, Umwandler einer physikal. Größe in eine andere. Bedeutung für die Meßwerterfassung; z. B. wird die mechan. Größe Blutdruck in eine analoge elektr. Größe, in eine Potentialschwankung gewandelt, die dann über Verstärker usw. als fortlaufende Kurve registriert werden kann.

Transduktion ⟨*lat*⟩: in der Bakteriengenetik die Übertragung bakterieller Genomteile einer Spenderzelle auf ein als Empfänger bezeichn. Bakterium durch Bakteriophagen. [3]

Transferasen: sind gruppenübertragende Enzyme, die z. B. Methyl-, Karboxyl-, Amino-, Azetylreste, die Phosphatgruppe usw. übertragen. Sie bilden die zweite Hauptgruppe der Internationalen Enzymnomenklatur. [8]

Transfixio iridis ⟨*lat, griech*⟩ *f:* von E. Fuchs angegebene Operation bei Sekundärglaukom mit Napfkucheniris infolge Seclusio pupillae. Mit einem doppeltgeschliffenen Starmesser wird die vorgewölbte Iris von einer Seite zur anderen in der Regel 4mal durchstochen, so daß 4 Löcher entstehen, durch die Kammerwasser aus der hinteren in die vordere Kammer treten kann. Der erhöhte Druck normalisiert sich meistens sofort. [36]

Transformation ⟨*lat*⟩ *f:* 1. Umwandlung, Umformung; z. B. Transformation der Knochen, d. h. Verlaufsänderung der Knochenstrukturen nach Frakturen entsprechend der neuen stat. Belastung; 2. in der Bakteriengenetik versteht man unter Bakterientransformation die Übertragung einer Eigenschaft eines Donatorstammes auf andere Bakterien (Pneumokokken oder Escherichia-coli-Stämme) durch zellfreien Extrakt. Die transformierte Eigenschaft (Kapselantigene, Arzneimittelresistenz) wird weitervererbt. Das transformierende Agens ist die ↑Desoxyribonukleinsäure. [3]

T., sphärische: Abrundung, Vergrößerung u. Flüssigkeitseinlagerung mit möglicher Eiweißverlagerung der ↑Mitochondrien; trübe ↑Schwellung. [6]

Transformationsphase: die Phase im Genitalzyklus, bei der sich die neugebildeten Zellen umwandeln, so daß die Uterusschleimhaut am Ende dieses Abschnittes zur Einbettung der Eizelle befähigt ist; ↑Desquamationsphase. [30]

Transfusion ⟨*lat*⟩ ↑Bluttransfusion. [11]

Transfusions|hepatitis: nach einer Blut- oder Plasmainfusion beim Empfänger auftretende Hepatitis, die durch die Mitübertragung von Hepatitisviren aus dem Spenderorganismus bedingt ist. Personen, die eine Virushepatitis durchgemacht haben, dürfen nicht zum Blutspenden herangezogen werden. [11]

~siderose: Ablagerung von Hämosiderin in den Körpergeweben, bes. der Leber als Folge gehäufter Bluttransfusionen. [5]

Transfusionssyndrom, fetomaternales:

Syndrom der fetomaternalen Transfusion; schwere Neugeborenenanämie als Folge sog. fetomaternaler Transfusion unter der Geburt. Wiener, A., New York, wies als erster auf die Möglichkeit hin, daß Neugeborenenanämien durch Blutverluste des Kindes in den mütterlichen Kreislauf entstehen können. Angeborene normochrome Anämie, Retikulozytose, Erythroblastose; posthämorrhag. Schock in den ersten Stunden nach der Geburt. Diagnose: Nachweis fetalen Blutes im mütterlichen Kreislauf mit Hilfe der Differential-Agglutination (bei Blutgruppen-Rh-Faktor-Unterschied) oder durch den Nachweis fetalen Hämoglobins im mütterlichen Blut. Frühzeitig beginnende Ablösung der Plazenta unter der Geburt, wobei kindliche Blutgefäße eröffnet werden u. Blut (in den Wehenpausen) in den mütterlichen Kreislauf ablaufen kann. [32]

Transfusionszwischenfall: während oder nach Blutübertragung auftretende Transfusionsreaktion. Einteilung in akute Reaktionen (bis 24 h nach Übertragung) u. Spätfolgen. 1. Serolog. bedingte Transfusionsstörungen: sie werden durch Antigen-Antikörper-Reaktionen an Bestandteilen des Blutes verursacht u. führen zu hämolyt. Transfusionsreaktionen oder geben Anlaß zu einer Immunisierung, die bei erneuter Zuführung des Antigens die Hämolysereaktion auslöst; 2. bakteriell bedingte Transfusionsreaktion; 3. pyrogene Transfusionsreaktion; 4. allerg. Reaktionen; 5. Kreislaufüberlastung; 6. Kaliumintoxikation; 7. Zitratintoxikation; 8. Luftembolie; 9. transfusionsbedingte Infektionen: a) ↑Transfusionshepatitis, b) Malaria, c) Syphilis, d) Brucellose, e) andere Infektionen (Kala-Azar, Rückfallfieber, Trypanosomiasis, Psittakose u. a.). [11]

Transhydrogenasen ↑Oxydoreduktasen. [8]

Transillumination des Schädels ↑Diaphanoskopie. [32]

Transitivismus ⟨*lat*⟩ (Wernicke): Erscheinung, daß psych. Kranke andere Personen für geisteskrank halten. [34]

Transkapsidation: Umhüllung genet. Determinanten eines Virus durch das Kapsid eines nichtverwandten Virus, z. B. Adeno-SV 40-Hybride. [50]

Transketolase (EC 2.2.1.1) überträgt aktiven Glykolaldehyd auf Aldehyde unter Mitwirkung von Thiaminpyrophosphat. Der biolog. wichtigste Donator des Glykolaldehyds ist Xylulose-5-phosphat. [8]

transkortikal ⟨*lat*⟩: die Verbindung zwischen den einzelnen Feldern der Hirnrinde betreffend. [1]

transkutan ⟨*lat*⟩ ↑perkutan. [43]

Translabyrinthäre Operation (Panse, Zange): Operationsmethode bei Tumoren im Bereich des Kleinhirnbrückenwinkels. Vorgehen vom Warzenfortsatz aus durch das Labyrinth nach vorheriger Radikaloperation des Mittelohres. [28]

Translation ⟨*engl*⟩: „Übersetzung" der in der ↑Messenger-RNS enthaltenen genet. Information in die Synthese spezif. Proteine, wobei die lineare Aufeinanderfolge der ↑Codons in der mRNS die Reihenfolge der Aminosäuren bei der Peptidkettenknüpfung bestimmt. [8]

Translokation ⟨*lat*⟩ ↑Chromosomenmutationen. [3]

Transmembranosis ⟨*lat*⟩ *f:* direkter Transport von Substanzen durch die Zellmembran ohne morpholog. nachweisbare Membranveränderungen. [6]

Transmethylasen: Enzyme zur Steuerung der Übertragung der für den Organismus „essentiellen" Methylgruppen von Methyldonatoren auf -akzeptoren; ↑Transmethylierung. [16]

Transmethylierung: enzymat. Übertragung von Methylgruppen (Transmethylasen, Methylpherasen; ↑Pherasen) von einem Substrat (Methyldonator), z. B. Methionin, Cholin, Betain, Sarkosin auf ein anderes Substrat (Methylakzeptor), z. B. auf Guanidinessigsäure → Kreatin; metabol. wichtige Reaktion; in erster Stufe wird die Methylgruppe aktiviert, z. B. zu Adenosylmethionin. [16]

Transmineralisation ⟨*lat*⟩ *f:* 1. Bürger versteht unter T. eine im Lebensablauf regelmäßige Zunahme des Kalziumgehaltes u. eine Abnahme des Kaliumgehaltes. Diese mengenmäßige Verschiebung der Gewebemineralien ist sowohl an bradytrophen u. an tachytrophen Geweben (Gehirn, Muskel) nachweisbar. [17] 2. (balneolog.) beim Trinken von Heilwässern (Mineralwässern), aber auch beim Baden in solchen, werden bestimmte Bestandteile des Mineralwassers meist in Form von Ionen vom Körper je nach Bedarf aufgenommen, andererseits werden im Körper vorhandene Mineralstoffe an das Wasser im Bad abgegeben. Die durch ein verwickeltes, im einzelnen nicht zu überblikkendes u. noch nicht völlig erforschtes Zusammenspiel herbeigeführte Änderung, Auffrischung bzw. Normalisierung des Mineralbestandes des Körpers hat einen maßgeblichen Einfluß auf die lebenswichtigen Regulationsfaktoren u. ist eine der Wirkungsursachen der Heilwässer. [45]

Transparenz ⟨*lat*⟩ *f:* Lichtdurchlässigkeit; *Adj* transparent, durchscheinend. [43]

Transpiration ⟨*lat*⟩: die gesamte Ausdünstung von der Haut aus, wie sie hauptsächlich beim Aufenthalt in Räumen höherer Temperatur zustande kommt (um 30 °C). Zu der starken Absonderung von Schweiß gesellt sich eine gesteigerte Talgdrüsentätigkeit, ferner eine erhöhte ↑Perspiratio insensibilis, an der die Schweißdrüsen offenbar auch beteiligt sind. [7]

Transphosphatasen (Phosphokinasen): biolog. wichtige enzymat. Übertragung (↑Transphosphorylierung) von Phosphatresten, als „Phosphatdonator" fungiert vor allem ATP. [16]

Transphosphorylierung: enzymat. Übertragung von Phosphatresten (Transphosphatasen; Phosphokinasen; Phosphopherasen; ↑Pherasen) von einem Substrat, z. B. von ATP auf ein anderes, z. B. auf Glukose (Glukose-6-Phosphat; Hexokinase), auf Kreatin → Kreatinphosphat (Lohmann-Enzym); Fruktose-6-Phosphat → Fruktose-1,6-Diphosphat (Phosphohexokinase); metabol. wichtige Reaktion. [16]

Transplantatantigene = T-Antigene: liegen in der Zellmembran u. werden durch Gewebeverträglichkeitsgene vererbt. Die T. bewirken die Gewebeverträglichkeit zwischen Spender u. Empfänger.

Transplantation ⟨*lat*⟩: Überpflanzung von Gewebe zur Ausfüllung eines Defektes. Je nach der Herkunft des überpflanzten Gewebes unterscheidet man 1. Autotransplantation, von einem Körperteil auf den anderen des gleichen Individuums; 2. Homoio- oder Homotransplantation, von einem Menschen auf einen anderen Menschen oder von einem Tier auf ein anderes gleicher Rasse; 3. Heterotransplantation, von einem Tier auf ein anderes verschiedener Rasse oder von einem Tier auf den Menschen. In der Medizin kommen zur Anwendung 1. Autotransplantationen a) freie Hautübertragung nach der Technik von ↑Thiersch, Reverdin, ↑Braun oder Hautlappen in ganzer Dicke nach Wulfe-Krause, b) freie Übertragung von Kutislappen nach ↑Rehn, um z. B. Lücken in Bauchdecken oder Zwerchfell, die durch Bruchausbildung entstanden sind, zu decken, c) Übertragung gestielter Hautlappen, z. B. in Form des Rundstiellappens nach Filatow, d) freie oder gestielte Sehnentransplantationen, e) freie Knochentransplantationen: durch Übertragung von Knochenspänen aus Tibia, Beckenkamm oder Rippen zur Überbrückung von Knochendefekten oder zur Anregung der Knochenbildung, f) freie Transplantation von Nerven, um einen Defekt am Nerven zu überbrücken, g) freie Gefäßtransplantation, meist wird ein Stück der V. saphena verwandt, um Defekte an funktionell wichtigen Arterien zu überbrücken, h) freie Faszientransplantation, meist aus der Fascia lata stammend, zum Ersatz großer Sehnen, z. B. der Achillessehne oder von Bändern, z. B. Kreuz- u. Seitenbänder am Kniegelenk; zum Verschluß großer Bruchlücken der Bauchdecken, i) freie Netztransplantation, um große Serosadefekte an den Bauchorganen zu decken. 2. Homoiotransplantationen, hierbei handelt es sich immer um Gewebe, die autoplast. nicht zu gewinnen sind, wobei man von der Gewebskonservierung (↑Gewebebank) Gebrauch macht, deren Hauptprinzip die Unterkühlung ist. Homoioplast. Transplantate heilen nicht an, sondern werden mit der Zeit vom Wirt abgebaut u. durch wirtseigenes, meist fibröses, Gewebe ersetzt, a) Blut, Übertragung von Frischblut u. von Blutkonserve (↑Bluttransfusion), b) Hornhauttransplantation (↑Keratoplastik nach Filatow), c) Blutgefäße. Hier handelt es sich vorwiegend um Überbrückungen von Aortendefekten, z. B. bei der Aorten-Isthmusstenose, da ein gleichkalibriges Gefäß autoplast. nicht zur Verfügung steht, d) Übertragung konservierten Knochens zur Überbrückung von großen Defekten, um eine zusätzliche Schwächung des Skeletts des Empfängers zu vermeiden, e) homoiologe Übertragung konservierten Gewebes zum Zwecke der Gewebetherapie nach Filatow. Hierbei kein Gewebeersatz, sondern therapeut. Beeinflussung des Wirtskörpers durch das konservierte Transplantat, f) die Transplantation ganzer Organe (Herz, Nieren), noch nicht zufriedenstellend, da keine dauernde Einheilung des Homoiotransplantats infolge Allergiereaktion erzielt werden konnte; 3. Heterotransplantation, in der Medizin noch angewandt in Form der Substitutionstherapie von Drüsen innerer Sekretion, z. B. Kalbshypophyse oder Tierhoden. Prakt. verdrängt durch die Entwicklung dosierbarer Drüsenwirkstoffe, ↑Niehans' Frischzellen-Implantation. [18]

T., xenoplastische: Überpflanzung von Geweben auf ein artverschiedenes Individuum. [4]

Transplantations|metastasen ⟨*lat, griech*⟩ *f* ↑Implantationsmetastase. [5]

~tumor: Überimpfung von Geschwulstgewebe eines ursprünglich spontanen oder induzierten Tumors von einem Tier auf ein anderes gesundes Tier der gleichen Art. Derartige T. oder Impftumoren sind unter anderem das Ehrlich' Adenokarzinom der Maus u. das Jensen' Sarkom der Ratte; ↑Impfsarkom. [4]

Transplantatreaktion: das Angehen u. die Ernährung eines Transplantats wird durch die Vaskularisierung u. durch die Lymphdrainage bestimmt. Mit dem Lymphstrom gelangen Antigene des Transplantats (T-Antigene) zum Wirt u. bewirken die T.: 1. zelluläre Reaktion (1. Immunitätsstufe nach

Günther, ↑Stufenschema der Immunität) zwischen Empfängerlymphozyten u. „Zielzellen“ des Transplantats. Lymphozytolyse u. Phagozytenaggregation beeinflussen enzymat. die Gefäßpermeabilität mit Thrombosierung u. Wandnekrose; 2. Zweittransplantation führt meist zur humoralen Reaktion (second set-reaction). In Gegenwart von Komplement kommt es zur Auflösung der „Zielzellen“ des Transplantates durch „zytotox. Antikörper“; Enzyme werden dabei frei. [40]

Transport, aktiver: in der Ernährungsphysiologie ein Transport von Stoffen durch Membranen, der – im Gegensatz zum „passiven“ Transport – nicht nach den Gesetzen der Osmose u. Diffusion u. meist gegen ein Konzentrationsgefälle verläuft; „aktiver“ Transport ist ein energieverbrauchender (endergon.) Vorgang; bei der Resorption werden aktiv transportiert verschiedene Ionen (z. B. Na^+, K^+, Ca^{++}), ferner Glukose, Aminosäuren usw. [16]

Transport|kapazität: Fähigkeit, eine bestimmte Menge einer Substanz in einer bestimmten Zeit zu transportieren. In der Medizin als T. des Sauerstoffs am meisten gebraucht. Es ist jene Menge an Sauerstoff (in ml), die von 100 ml Blut aufgenommen u. dementsprechend zu den Orten des Sauerstoffverbrauchs mit der Blutströmung gebracht werden kann, normal 21 ml (bei einem Hämoglobingehalt von 16 g/100 ml Blut; ↑Utilisationskoeffizient.

~maxima, tubuläre ↑TmG. [7]

~metabolite: Metabolite, die in meist reversibler Reaktion Atome oder Atomgruppen von einem Substrat auf ein anderes übertragen; so übernehmen die Pyridinnukleotide NAD u. NADP als die Coenzyme zahlreicher Dehydrogenasen den Transport von Wasserstoff (H_2) in der Zelle (Zellatmung). [16]

~peristaltik: anhaltende Vorschubperistaltik eines größeren Darmabschnittes, z. B. des Querkolon, die in kurzer Zeit eine größere Menge von Darminhalt analwärts weitertransportiert; ↑Peristaltik. [7]

Transport-(= Transfer-)RNS: *Abk* tRNS; RNS-Moleküle (im löslichen Grundplasma = Zytosol lokalisiert = lösliche RNS), die spezif. Aminosäuren am 3'OH des terminalen Adenosins kovalent binden (↑Aminoacylsynthetasen) u. diese durch Reaktion ihres ↑Anticodons mit ↑Codons in der ↑Messenger-RNS spezif. in die wachsende Peptidkette am Ribosom inkorporieren (↑Ribosomen u. Polyribosomen). Molekulargewicht etwa 25 000–30 000; durch das Vorkommen von sog. seltenen Basen (z. B. Pseudouridin, verschiedenartig methylierte Basen) ausgezeichnet. [8]

Transposition ✱ **Transpositio** ⟨*lat*⟩: Verlagerung.

T. der Gefäße: angeborene fehlerhafte Gefäßursprünge bzw. -einmündung. Bei T. der großen Gefäße des Herzens entspringt z. B. die Aorta aus dem re., die Pulmonalarterie aus dem li. Ventrikel bei normaler Einmündung der Venen. Mit dem Leben nur vereinbar, wenn weitere Mißbildungen des Herzens bestehen, wie Kammerseptumdefekt. [32]

T. viscerum ↑Situs inversus. [18]

Transsudat ⟨*lat*⟩ *n:* aus Blutwasser bestehende eiweißarme (bzw. -freie) Flüssigkeit von niedrigem spezif. Gewicht (unter 1015) in Körperhöhlen, verursacht durch Blutdruckerhöhung (Stauung!) bei gesteigerter Gefäßwanddurchlässigkeit oder Eiweißverarmung des Blutplasmas. (Keine entzündliche Genese wie beim ↑Exsudat.) [4]

Transurane: Sammelbezeichnung für alle Elemente, die im Periodensystem nach dem Uran stehen (Ordnungszahl > 92). Seit 1940 sind folgende T. entdeckt worden: 93 Np; 94 Pu; 95 Am; 96 Cm; 97 Bk; 98 Cf; 99 Es; 100 Fm; 101 Md; 102 No; 103 Lw; sie kommen nicht in der Natur vor, sondern werden z. T. in wägbaren Mengen techn. hergestellt. Größte Bedeutung hat z. Z. das Plutonium. Alle Isotope der T. sind radioaktiv, ihre Kerne sind spaltbar, einige mit therm. Neutronen. T. sind extrem radiotoxisch. [59]

transurethral ⟨*lat, griech*⟩: durch die Harnröhre hindurch; z. B. ↑Blasensteinzertrümmerung, ↑Elektroresektion, ↑Koagulation etc. [24]

Transversal-Schichtverfahren: Verfahren für Schichtaufnahmen von Körperquerschnitten; ↑Röntgenschichtverfahren. [26]

transversarius; transversus ⟨*lat*⟩: querverlaufend. [1]

Transversuslähmung: Lähmung oder Schwäche des unpaarigen Kehlkopfmuskels ↑M. arytaenoideus (Pars transversa). Bei Phonation besteht im hinteren Drittel der Glottis ein dreieckiger Spalt. Symptome: Heiserkeit leichteren Grades. Auftreten im Verlauf Kehlkopfentzündung, während der Mutation. Vorkommen auch gleichzeitig mit Lähmungen bzw. Schächen anderer Kehlkopfmuskeln. [28]

transversikal ⟨*lat*⟩: durch die Harnblase hindurch, z. B. transversikale Prostatektomie. [24]

Transvestiten ⟨*lat*⟩ *m, Pl:* Personen, die Befriedigung darin finden, die Kleidung des anderen Geschlechts anzulegen. [35]

Trapanal® ↑Thiopental□. [27]

Trapezium ⟨*griech*⟩ *n:* das Trapez, das verschobene Viereck; *Adj* trapezius trapezförmig, tafelförmig, trapezoideus trapezähnlich, trapezartig. [1]

Traube, Ludwig (1818–1876), Internist, Berlin.

T' Doppelton: bei Aorteninsuffizienz kann nach dem lauten diastol. Geräusch mittels Stehoskop über größeren peripheren Gefäßen kurz danach ein weiterer Ton wahrgenommen werden. Dieser kommt durch die schnelle Querschnittverkleinerung der Aorta in der Diastole zustande, wodurch erneute Schwingungen der Aortenwand (als Doppelton) ausgelöst werden. [10]

T.–Hering' Wellen: period. Schwankungen des Blutdruckes während der Atmung. [10]

T' Raum: der vom unteren li. Rippenbogen, vom li. Leberrand, von Herz u. Milz begrenzte Raum des Thorax; hat normalerweise tympan. Klopfschall, da er die ↑Magenblase umgibt, ist bei linksseitigen Pleuraergüssen gedämpft. [9]

Trauben|blase: typ. Form einer abflußgestörten Harnblase im Röntgenbild; dreieckig, Spitze des Dreiecks zeigt nach oben, überall kleine Pseudo- (u. vereinzelt echte) Divertikel, einer Weintraube ähnlich. [24]

~haut ↑Uvea. [1]

~kokken ↑Staphylokokken. [40]

~mole ↑Blasenmole. [30]

~pilzkrankheit ↑Botryomykose. [43]

Traubensäure: opt. inaktives Gemisch (↑Razemat) aus gleichen Teilen d- u. l-Weinsäure. [42]

Traubenzucker ↑Glukose.

~belastung, alimentäre: nüchterne orale Gabe von 50–100 g Traubenzucker in 1¼ Liter Tee u. Bestimmung des Blutzuckers vorher u. alle halben Stunden bis 2 h nach Einnahme. Die T. dient zur Bestimmung der Funktion des Inselapparates des Pankreas. Bei Diabetes mellitus ist der Blutzuckeranstieg hoch u. kehrt nicht oder nur spät (nicht in 2 h wie normal) zur Ausgangslage zurück. Die Probe ist nicht spezif., da verschiedene andere Organe, wie Leber, Hypophyse, Nebenniere u. a. den Kurvenverlauf erheblich beeinflussen können; ↑Staub' Effekt. [9]

Trauma ⟨*griech*⟩ *n:* Wunde, Verletzung; heute in weiterer Bedeutung für „Unfall" gebraucht; Gewalteinwirkung von außen auf den Körper. (Im biolog. Sinne ist auch die Operation ein T.) Im prakt. Sprachgebrauch gilt jedoch als T. nur jede ungewollte u. unerwartete einmalige Gewalteinwirkung auf den Körper. Den durch ein T. entstandenen Körperschäden treten die krankheitsmäßigen gegenüber. [18]

T., psychisches: Mißbehagen verursachende Situation (Konflikte), verbunden mit Verdruß u. Kränkung. Große Bedeutung wurde den psych. Traumen von einzelnen Richtungen der Psychotherapie beigelegt, die in der Aufdekkung u. Erörterung früherer Traumen ihre Hauptaufgabe erblickten (Psychokatharsis); ↑Freud. [35]

Traumatin ↑Wundhormon. [42]

Traumatinsäure: trans-Dezen-(1)-dikarbonsäure-(1,10) = $HOOC{\cdot}(CH_2)_8{\cdot}CH{=}CH{\cdot}COOH$; pflanzliches Wuchshormon; aus Schalen junger Bohnen isoliert. [16]

traumatisch ⟨*griech*⟩: durch ein ↑Trauma entstanden, mit einem Trauma zusammenhängend. [18]

Traumatopnoe ⟨*griech*⟩: mit Ein- u. Ausatmung synchron auftretende Geräusche an Brustwandwunden, wenn der Pleuraraum eröffnet worden ist. [18]

Träumen: Entwicklung von hauptsächlich bildhaften Vorstellungsfolgen im Schlaf. Diese sind die subjektive Seite von Erregungen von Hirnrindenzellen durch Reize des äußeren u. des inneren Milieus, welche ohne regulierende Steuerung des (im Schlaf gehemmten) zweiten Signalsystem zustande kommen. T. bei wachem Bewußtsein ist ein Aneinanderreihen kritiklos verknüpfter Vorstellungen, die sich infolge eingeschränkter Tätigkeit des zweiten Signalsystems weitgehend von einer geregelten Widerspiegelung der Wirklichkeit entfernen; ↑REM-Schlaf. [35]

Treffertheorie: Theorie über die Beziehungen zwischen Dosis u. Wirkung ionisierender Strahlen auf den lebenden Organismus (entwickelt u. a. durch Delbrück, Timofeeff-Ressowsky u. Zimmer). Sie geht von der Vorstellung aus, daß biolog. Effekte durch Ionisation oder Anregung von Atomen oder Molekülen hervorgerufen werden. Nach der T. ist die Anzahl der Treffer bei gegebenem empfindlichem Volumen lediglich abhängig von der Dosis. Sie ist völlig unabhängig von der zeitlichen Dosisverteilung. [3]

Trehalose: nicht reduzierendes Disaccarid, aus 2 Molekülen Glukose; wird von Hefe nicht vergoren, ist beständig gegenüber Alkalien; Vorkommen in Hefen (Darstellung aus Preßhefe); Pilzen, Leprabakterien u. einigen höheren Pflanzen; angewandt in Nährböden. [8]

Treibwehen: unüblicher Ausdruck für ↑Preßwehen. [29]

Treitz, Wenzel (1819–1872), Pathologe, Prag.

T' Hernie = Hernia recessus duodenojejunalis: innerer Eingeweidebruch, bei dem die erweiterte Plica duodeno-jejunalis den Bruchsack bildet, der einzelne Dünndarmschlingen oder auch den gesamten Dünndarm enthalten kann. [5]

Trélat, Ulyssee (1828–1890), Chirurg, Paris.

T' Spekulum: Selbsthaltespekulum zur Entfaltung der Scheide u. Sichtbarmachung des

Muttermundes; bevorzugte Anwendung bei der ↑Kolposkopie. [29]

Trema ⟨*griech*⟩ *n:* ein von Rudolf Virchow geprägter Ausdruck für die dominant erbliche Lücke zwischen den oberen mittleren Schneidezähnen (↑Diastema mediale). Normale Tremata in vielen Tiergebissen zwischen den oberen seitlichen Schneidezähnen sowie zwischen den unteren Eckzähnen u. Prämolaren als pithekoides Merkmal. Solche Primatenlücken treten zuweilen auch im kindlichen Milchgebiß auf u. gewähren einen bes. günstigen Zahnwechsel; ↑Diastema. [37]

Trematoden: Saugwürmer, Klasse der Plattwürmer; flache, parasit. Würmer mit Saugnäpfen, ohne After, Zwitter. Hierzu gehören Leberegel, Darmegel, Paragonimus, Schistosoma. [58]

Tremolo, pulsatorisches ⟨*ital, lat*⟩ *n:* eine bei gehäuften Extrasystolen zu beobachtende Form der Pulswelle. [10]

Tremor ⟨*lat*⟩ *m:* Zittern, mehr oder weniger rhythm. Hin- u. Herbewegen von Körperteilen, z.B. Augenlider, Lippen, Zunge usw., vor allem der Hände u. Finger. Man hat zu unterscheiden: nach Frequenz u. Amplitude: grob-, mittel-, feinschlägiger T.; nach der Form: z.B. Streck-, Beuge- oder seitliche Bewegungen der Finger, „Ja"- oder „Nein"-Tremor des Kopfes; nach der Ausgangslage ↑Ruhetremor u. ↑Intentionstremor. Die Stärke des Zitterns pflegt bei Erregungen zuzunehmen, im Schlaf zu sistieren. Den organ. Zittererscheinungen, zu denen auch das Greisenzittern (T. senilis) gehört, stehen die auf tox. (z.B. T. mercurialis bei ↑Quecksilbervergiftung, T. saturninus bei Bleivergiftung, alkohol. Zittern) oder autotox. (Basedow-Zittern) Grundlage gegenüber. Auch bei hochgradigen körperlichen Schwächezuständen (Kachexien) wird Zittern beobachtet. Von allen diesen Phänomen ist streng zu trennen der psychogene („hysterische") T., der sich, bes. in der Erregung, oft zu einem grotesken „Schüttel"- oder „Wackeltremor" steigert (z.B. im Rahmen der sog. „Unfall"- besser „Rentenneurose"). Als essentiellen (hereditären) T. (minor) bezeichnet man ein (seltenes) familiär auftretendes durch Zittererscheinungen gekennzeichnetes Leiden, bei dem vor allem die Hände, aber auch der Kopf, die Zunge u. die Gesichtsmuskeln betroffen werden.

T., akuter zerebraler ↑Zappert' Syndrom.

T., kinetischer ↑Intentionstremor. [33]

Trench fever ⟨*engl*⟩ *n* ↑Fünftagefieber. [40]

Trendelenburg, Friedrich (1844–1924), Chirurg, Leipzig, Berlin.

T' Lagerung: Beckenhochlagerung.

T' Operation: 1. bei Lungenembolie ↑Embolektomie; 2. bei Varizen; Resektion der V. saphena magna für 6–8 cm kurz vor ihrem Einfluß durch das Foramen ovale in die V. femoralis; 3. bei schlechter Stellung nach Knöchelbruch; supramalleoläre Osteotomie.

T' Tamponkanüle: Luftröhrenkanüle mit aufblasbarem Ballon zum dichten Abschluß gegen die Luftröhrenwand zur Verhinderung von Blutaspiration beim Luftröhrenschnitt. Erster Vorläufer der Tuben zur intratrachealen Narkose.

T' Zeichen: 1. bei Hüftgelenksleiden (angeborene Hüftgelenksluxation, Perthes' Krankheit oder Coxa vara): Beim Stehen auf dem Bein der erkrankten Seite sinkt die gesunde Beckenseite ab durch Schwäche des Mm. glutaeus medius u. minimus; 2. bei Varizen infolge Klappenschwäche: Am ausgestrichenen Bein in Hochlagerung wird der Saphenazufluß unterhalb des Leistenbandes komprimiert. Steht der Pat. auf u. löst man die Kompression, so füllen sich die Varizen von oben her infolge Klappenschwäche der Saphena schnell (Trendelenburg pos.); sind die Klappen intakt, dann erfolgt die Füllung langsam (Trendelenburg neg.). [18]

Trenner-Verfahren ↑Turville' Infinity-Balance. [36]

Trepan ⟨*griech*⟩ *m:* meist elektr. betriebener Spezialbohrer zur Eröffnung des Schädeldaches (Trepanation); verschiedene Modelle (de Martel, Jentzer). [20]

Trepanation: Eröffnung des knöchernen Schädels zur Vornahme operativer Eingriffe am Gehirn (Entfernung von Geschwülsten u.ä.). Nach Anlage mehrerer Bohrlöcher über dem erkrankten Hirnabschnitt wird das zwischen den Bohrlöchern liegende Knochengewebe entweder mit dem ↑Kraniotom (Dahlgren' Zange) herausgekniffen oder nach Einführen einer ↑Gigli-Säge zwischen Dura u. Knochen mit Hilfe einer Sonde (Duraschutz) ausgesägt. Die Knochenklappe wird entweder am Muskel u. Periost belassen oder während der Operation zeitweilig vollständig herausgenommen. Osteoplast. Operation (Wagner): Einsetzen der Knochenplatte nach Beendigung des Eingriffes am Hirn u. seinen Häuten. Osteoklast. Verfahren: Entfernung des Schädelknochens ohne Deckung des Defektes, z.B. bei der Entlastungstrepanation zur Herabsetzung des Schädelinnendruckes. [20]

T. bei Glaukom ↑Elliot' Trepanation. [36]

T., sellare: Eröffnung der Sella turcica bei intrasellären Tumoren von der Keilbeinhöhle aus; 1. nach Aufklappung der Nase (Schloffer); 2. von der Augenhöhle her durch das Siebbein (Chiari, Oehneker). [20]

Trepanationszyklodialyse: Zyklodialyse, bei der kein einfacher Lederhautschnitt, sondern ein Loch mit dem Trepan angelegt wird. Operation nur noch selten ausgeführt. [36]

Treponema ⟨*griech*⟩ *n:* Ordnung *Spirochaetales;* Familie *Treponemataceae* (Bergey, 1957) Länge 3–8 µm, 6–14 Windungen, Windungslänge 1–1,2 µm. Die Windungen nehmen nach den Enden zu an Höhe ab. Vermehrung durch Querteilung. Fortbewegung durch Rotation um Längsachse, Vor- u. Rückwärtsgleiten u. durch Knickbewegungen des ganzen Körpers. Nachweis: 1. Lebenddarstellung im Dunkelfeld; 2. Tuschepräparat nach Burri; 3. Färbung des Ausstriches nach Giemsa, nach Gram (gramneg.), im Gewebe nach Levaditi; 4. Kultur möglich, streng anaerob in Serumagar. Ausnahme: *T. pallidum,* bis heute nicht im künstlichen Nährmedium züchtbar; 5. Tierversuch – Affen, Kaninchen. Wichtigste Vertreter: a) T. pallidum: Erreger der ↑Syphilis. Nachweis aus Reizsekret (Primäraffekt oder Papeln) im Dunkelfeld; b) T. pallidum: Erreger der endem. Syphilis (Bejel, Njovera); ↑Syphilis, endemische; c) T. carateum: Erreger der ↑Pinta; d) T. pertenue: Erreger der ↑Frambösie.

T.-pallidum-Haft- u. Schwundtest: von Nelson angegebenes Verfahren der spezif. Syphilisserologie (↑Nelson' Test). Prinzip: Zusatz von Blut eines an Syphilis Erkrankten zu einer Syphilistreponemensuspension führt durch Phagozytose zum Verschwinden der Treponemen. Das Blut von Gesunden hat diese Fähigkeit nicht. Kein Routinetest.

T.-pallidum-Immobilisierungstest ↑Nelson' Test. [39]

Treponemataceae: nach Bergey Familie der Ordnung *Spirochaetales;* beinhaltet die Gattung ↑*Borrelia,* ↑*Treponema* u. ↑*Leptospira.* [41]

Treponematosen ⟨*griech*⟩ *f, Pl:* durch Treponemen verursachte Krankheiten, vener. ↑Syphilis, ↑Frambösie, ↑Pinta, endem. Syphilis. [40]

Triade ⟨*griech*⟩ *f:* Teil des Sarkoplasmaretikulums. [6]

Trialismus: von Schilling in den Jahren 1908–1912 aufgestellte Lehre von der selbständigen Herkunft eines dritten Leukozytensystems, der Monozyten; nach Aschoff-Kiyono (1913) retikulär-endothelialer Abstammung. [11]

Triamcinolon: 9α-Fluor-11β,16α,21-tetrahydroxypregna-1,4-dien-3,20-dion. Glukokortikoid. Delphicort®, Volon®.

Triangulation: Aufteilung der Kugel in Dreiecke, Meßmethode zur Ermittlung der Größe von Ikosaederviren. [50]

Triangulum ⟨*lat*⟩ *n:* Dreieck; *Adj* triangularis dreieckig. [1]

Trias ⟨*griech*⟩ *f:* Dreiheit, die für eine Krankheit typ. Kombination von drei Symptomen oder Symptomgruppen, z. B. Merseburger-Trias.

T., postpneumonische: Fieber, ulzeröse Endokarditis u. eitrige Meningitis als Zeichen einer sept. Komplikation nach protrahiert verlaufender Lungenentzündung. [9]

Triäthylenglykol: Aerosol zur Raumdesinfektion, Vernebelung des T., z. B. um keimarme Luft in klimatisierten Arbeitsräumen zu erzeugen. Unterstützung der Desinfektion durch UV-Strahlen. [40]

Triäthylenmelanin: *Abk* TEM; 2,4,6-Triäthylenimino-1,3,5-triazin (TEM-Lederle). Karzinostatikum u. Mutagen, das bes. bei chron. lymphat. Leukämie u. Polycythaemia vera angewendet wird. Beim Jensen-Sarkom der Ratten erweist es sich als sehr wirksam. Sein Wirkungsmechanismus besteht vermutlich in der direkten Einwirkung der Äthyleniminogruppen auf die Nukleinsäuren der Chromosomen. Andererseits wirkt TEM auch unter bestimmten experimentellen Bedingungen in Kombination mit Krotonöl als sog. inkomplettes Karzinogen krebserzeugend. Überdosierung bei therapeut. Anwendung kann u. a. zu Knochenmarkschädigungen mit Thrombopenie u. Leukopenie bis zur Agranulozytose führen. [8]

~phosphorsäureamid ↑Tepa.

~thiophosphorsäureamid ↑Thio-Tepa. [25]

Triatoma: geflügelte Wanzen, Larven wie die Bettwanzen in Gebäuden lebend, schwer zu bekämpfen, da die erwachsenen Wanzen umherfliegen u. immer wieder in Gebäude eindringen. In Südamerika Verbreiter der ↑Chagas' Krankheit durch Übertragen von Trypanosoma cruzi. [58]

Triazidfärbung (Ehrlich): saure Farblösung aus Orange G, Säurefuchsin u. Methylgrün; stellte zuerst die neutrophilen Granula deutlich dar; heute wenig gebraucht. [11]

Tribade ⟨*griech*⟩ *f:* weibliche Homosexuelle. [35]

Tribadie ⟨*griech*⟩ *f:* gleichgeschlechtliche Liebe zwischen Frauen; ↑Lesbische Liebe. [52]

Tribasilarsynostose ⟨*lat, griech*⟩ *f:* vorzeitige Verknöcherung der Nähte des Os tribasilare; hierdurch kommt es zu einer tiefen Einziehung der Nasenwurzel u. damit zu einem kretinartigen Gesichtsausdruck. Häufig ist damit auch eine Unterentwicklung des Gehirns verbunden. [32]

Triboulet' Probe: durch ein Sublimat u. Essigsäure enthaltendes Reagens wird Eiweiß im Stuhl bei geschwürigen Darmwandveränderungen durch braune Ausflockung nachgewiesen. [47]

triceps ⟨*lat*⟩: dreiköpfig; z. B. M. triceps brachii, dreiköpfiger Armstrecker; M. triceps surae, dreiköpfiger Wadenmuskel. [1]

Trichadenom ⟨*griech*⟩ ↑Trichom. [43]

Trichalgie ⟨*griech*⟩ *f:* bei Neurasthenikern

zu beobachtende eigenartige, nicht näher definierbare Schmerzempfindung beim Bestreichen der Haare. [43]

Trichauxis ⟨*griech*⟩ *f* ↑ Hypertrichosis. [43]

Trichiasis ⟨*griech*⟩ *f:* Bezeichnung für alle Zustände, bei denen durch angeborene Fehler oder Krankheit, z. B. Trachom oder Skrofulose, Verbrennung, die Wimpern auf der Hornhaut scheuern. Man setzt einen wirklichen Mißwuchs der Wimpern voraus, nicht nur ein Entropium, trotzdem ein solches oft dabei sek. entsteht; ↑ Blepharitis, ↑ Distichiasis, Polyotichiasis. [36]

Trichine ⟨*griech*⟩ *f: Trichinella spiralis:* Art der Nematoda, Männchen 1,5 mm, mit zwei Schwanzanhängen, Weibchen 2,5–4 mm; Parasit bei Mensch, Schwein, Katze, Hund, Ratte, Fuchs, Dachs, Bär, gezüchteten Pelztieren; bes. häufig in Amerika; in Europa ist der Fuchs das natürliche Reservoir. Die reifen Trichinen leben im Dünndarm (Darmtrichinen), das begattete Weibchen dringt ins Lymphsystem ein, ist lebendgebärend, bringt 200–1500 Jungtrichinen (0,1 mm) hervor, die in die Blutgefäße gelangen, durch den ganzen Körper verschleppt werden, sich spiralig einrollen u. vom Wirtsgewebe eingekapselt werden (Muskeltrichine). In diesem Ruhezustand beim Menschen 31 Jahre lebensfähig. Weiterentwicklung, wenn die Muskeltrichine in den Darm eines Wirtes gelangt, wo nach Auflösen der Kapsel die geschlüpfte Trichine zur Darmtrichine heranwächst; ↑ Trichinose. [58]

Trichinose, Trichinosis ⟨*griech*⟩: Trichinenkrankheit; enzoot.-epizoot., durch trichinenhaltiges Fleisch (vor allem von Haus- u. Wildschweinen) auf Menschen übertragbare, anzeigepflichtige Wurminfektion. Erreger Trichinen (*Trichinella spiralis*), Inkubation bis zu 1 Woche. Akuter fieberhafter Beginn mit Brechdurchfall (Darmtrichinose), später heftige Muskelschmerzen (Muskeltrichinose) mit unter Umständen lebensgefährlichen Schluck- u. Atemstörungen, Eosinophilie. Im jahrzehntedauernden Ruhestadium rheumat. Beschwerden. Letalität ausgeprägter Formen bis zu 50%. Parasitolog. Diagnose durch Trichinennachweis aus dem Blut Erkrankter (innerhalb der ersten 4 Krankheitswochen) bzw. später aus Muskelstücken, ferner Antikörpernachweis (Komplementbindungsreaktion) nach der 3. Krankheitswoche bzw. Intrakutantest (Trichinella-Antigen). Behandlung der Darmtrichinose mit Abführmitteln, Muskeltrichinose mit Relaxanzien, medikamentöse Ruhigstellung, ggf. künstl. Beatmung. Prophylaxe durch Rattenvertilgung, Trichinenschau, ausreichende Erhitzung des Fleisches. [40]

Trichloräthylen□: Inhalationsnarkotikum, das als zentrales Analgetikum in der Geburtshilfe, der Zahnpraxis u. der kleinen Chirurgie Anwendung findet oder als Adjuvans der Lachgasanästhesie. [44]

Trichloressigsäure: Halogenfettsäure von der Formel CCl_3COOH; sehr starke Säure; Ätzmittel; ↑ Eiweißfällungsmittel. [16]

Trichlorfon: insektizider Wirkstoff auf Phosphorsäureesterbasis. Grundlage zahlreicher Fliegenbekämpfungsmittel (z. B. Dasselfliegenlarvenbekämpfung). [58]

Trichlormethan ↑ Chloroform. [27]

Trichlormethinum□: Tris-(β-chloräthylamin; T. gehört zur N-Lost-Gruppe. Es ist eine alkylierende Substanz. Diese polyfunktionellen Substanzen können mit einer Vielfalt von organ. Molekülen verschiedenster Zellbestandteile reagieren. Es sind keine Mitose sondern Ruhekerngifte; ↑ Zytostatika. [44]

Trichoadenom ⟨*griech*⟩ ↑ Trichom. [43]

Trichoanästhesie ⟨*griech*⟩: Verlust der Empfindlichkeit der Haare (Haarbälge); gelegentlich bei Tabes dorsalis. [33]

Trichobakterien ⟨*griech*⟩ *n, Pl:* nach einer älteren Systematik der Mikroorganismen von den Bakterien im engeren Sinne abzutrennende Keime, gekennzeichnet durch das Auswachsen zu langen, unverzweigten Fäden, die in Stäbchen zerfallen können, häufig mit Ausbildung einer Scheide, in der geformte Stoffwechselprodukte in Gestalt von Körnchen abgelagert werden. Wichtigste Vertreter: Leptotricheen, Cladothrix, Crenothrix u. a. [41]

Trichobezoar ⟨*pers*⟩ *m:* kugelige Knäuelbildung durch verschluckte Haare, welche als freier Körper im Mageninnern liegt. [32]

Trichocephalus trichiura ↑ Peitschenwurm. [58]

Trichoepitheliom ⟨*griech*⟩ *m* ↑ Epithelioma adenoides cysticum. [43]

Trichokinesis ⟨*griech*⟩ *f* ↑ Pili torti. [43]

Trichoklasia idiopathica ⟨*griech*⟩: Abbrechen der Haare ohne bekannte Ursache, ↑ Trichorrhexis nodosa. [43]

Trichom ✻ **Trichoma** ⟨*griech*⟩ *n:* 1. Bezeichnung für Basalzellenkarzinom in der Annahme, daß dieses von der Haaranlage ausgeht; 2. veraltete Bezeichnung für Naevus pilosus. [43]

Trichomonaden ↑ *Trichomonas vaginalis.* [40]

~urethritis: (zunehmend häufiger werdende!) Harnröhren (u. Prostata-)-entzündung durch Trichomonadeninfektion, die beide Geschlechter befällt u. vorwiegend durch Geschlechtsverkehr übertragen wird (Kontaktinfektion), weshalb stets Untersuchung u. Behandlung beider Partner erforderlich ist; ↑ Trichomonasis. [24]

Trichomonas vaginalis: menschlicher Parasit der Harn- u. Geschlechtsorgane, in Zunahme begriffen; zu den ↑Flagellaten gehörig; ↑Trichomonasis. [58]

Trichomonasis ⟨*griech*⟩: endem.-epidem., von Mensch zu Mensch durch Geschlechtsverkehr übertragbare Urogenitalinfektion. Erreger Trichomonaden (*Trichomonas vaginalis*), Inkubation wenige Tage bis Wochen; entweder lebenslange latente Infektionen (häufiger bei Männern) oder Tage-Wochen-Monate währender, rezidivierender Ausfluß meist der Frauen. Parasitolog. Diagnose durch mikroskop. u. kulturellen Erregernachweis auch beim Geschlechtspartner. Chemotherapie mit Imidazolpräparaten; prophylakt. persönliche Hygiene (Wäschewechsel), Toilettenhygiene, ärztliche Infektionsquellenermittlung. [40]

Trichomykose ✱ Trichomycosis palmellina ⟨*griech, lat*⟩: Lepthrix; Umscheidung der Achselhaare durch Anhäufung saprophytärer Trichomykosis-Pilze, die in eine homogene Grundmasse eingelagert sind. Durch Schweiß wird ein Farbstoff, der die unterliegende Wäsche anfärbt, herausgelöst. [43]

Trichomyzeten ⟨*griech*⟩ *m, Pl:* veraltete Bezeichnung für Aktinomyzeten. [42]

Trichomyzin: fungistat. Antibiotikum oder Antibiotikagemisch aus Streptomyces hachijoensis, wirksam gegen *Candida, Trichosporon, Trichomonas, Entamoeba, Treponema,* nicht so stark gegen Bakterien. Applikation oral oder bei Hautpilzen als Salbe. Trichonat®. [42]

Trichonodose ✱ Trichonodosis ⟨*griech, lat*⟩ *f:* durch mechan. Ursachen in Verbindung mit einer bes. Haardisposition zustande kommende Verknotung des einzelnen Haares. Die Haarknötchen treten gleichermaßen an Kopf u. Körperhaaren auf. [43]

Trichophytie ✱ Trichophytia ⟨*griech*⟩ *f:* volkstümliche Bezeichnung „Scherpilzflechte". Durch verschiedene ↑Trichophytonpilze hervorgerufene meldepflichtige Hautkrankheit. Infektion meist von Tier („Kälberflechte") zu Mensch. Erster Ansiedlungsort des Krankheitserregers ist die Hornsubstanz der Hautanhangsgebilde (Haare, Nägel) oder oberste Schicht der Epidermis. Je nach Verlauf u. Art der Erreger unterscheidet man 1. T. superficialis (oberflächliche Trichophytie) oder Herpes circinatus, meist bogig begrenzte, kreisrunde Herde mit schmalem, gerötetem, leicht erhabenem u. mit kleinen Bläschen besetztem Rand. Innerhalb des entzündeten Saumes nach dem Zentrum zunehmende Rötung u. Schuppung, später Abheilung; 2. T. inguinalis (Epidermophytia inguinalis, Eccema marginatum Hebra). In den Leistenbeugen, perigenital u. am Gesäß lokalisierte oberflächliche Trichophytie; 3. T. profunda (tiefe Trichophytie). Vorkommen bei Kindern (häufig) am behaarten Kopf in Form von stark entzündlichen, abszedierten Tumoren (Kerion Celsi). Wochenlanger Verlauf, oft bleiben Narben zurück. Bei Erwachsenen im Bartbereich (T. barbae) oder Unterarme (Männer) oder der Augenbrauen (Frauen); 4. T. superficialis capillitii = oberflächliche T. des behaarten Kinderkopfes (Herpes tonsurans). Erreger ↑*Trichophyton violaceum.* Kleine, aber zahlreiche kahle, etwas schuppende Herde auf dem behaarten Kopf; 5. T. follicularis crurum: an den Unterschenkeln auf dem Boden einer Akrozyanose bei ↑Onychomykose vorkommende Pilzinfektion; 6. Trichophytia unguium = Nagelpilzkrankheit (*Trichophyton rubrum*). Häufigste Ursache der „Nageldystrophie". Die Hornsubstanz der Nagelplatte wird gelockert, milchig, bröckelig, weitgehend zerstört. Meist werden mehrere Nägel befallen. Oft zusätzlich eine ↑Epidermophytie oder Trichophytia follicularis; ↑Onychomykose. [43]

Trichophytin ⟨*griech*⟩: Stoffwechselprodukt verschiedener ↑Trichophyton-Pilze.
T.-Reaktion: intrakutane Injektion von Trichophytin soll bei pos. Ausfall auf eine Pilzinfektion mit Trichophyton-Pilzen hinweisen (ziemlich unspezif. Reaktion). [43]

Trichophyton ⟨*griech*⟩ *n:* Gattungsname für humanpathogene, zu den ↑*Fungi imperfecti* gehörige Pilze, welche z.T. auch tierpathogen sind u. durch Tiere auf den Menschen übertragen werden können. Befallen werden die Haut, Haare u. Nägel (Trichophytie). Erster Versuch einer Einteilung der Dermatophyten auf Grund klin. u. mykolog. Kriterien durch Sabouraud (1910). Dieses System ist heute wenig befriedigend; die sich immer mehr durchsetzende Klassifikation von Emmons (1934) u. Conant u. Mitarb. (1955) beruht auf dem Verhalten der Pilze in der saprophytären Phase. Innerhalb der Gattung *Trichophyton* unterscheiden Conant u. Mitarb. auf Grund kultureller u. morpholog. Eigenschaften (u.a. Art des Wachstums auf den klass. Sabouraud-Nährböden, Pigmentbildung, Bildung von Makro- u. Mikrokonidien, Spiralhyphen, Chlamydosporen usw.) folgende Arten innerhalb der Gattung *Trichophyton:* I. Gypseumgruppe: *Trichophyton mentagrophytes.* II. Rubrumgruppe. *T. rubrum.* III. Crateriformgruppe: *T. tonsurans, T. epilans, T. Sabouraudi, T. sulfureum.* IV. Faviformgruppe: *T. Schönleinii, T. concentricum, T. ferrugineum, T. violaceum, T. verrucosum.* V. Rosaceumgruppe: *T. meningii, T. gallinae.* [43]

Trichophytose ⟨*griech*⟩: Pilzkrankheit der Haare; ↑Trichophytie. [43]

Trichopilarmuskeln ⟨*griech, lat*⟩ ↑Mm. arrectores pilorum; sträuben das Haar; ↑Cutis anserina. [1]

Trichoptilosis ⟨*griech*⟩ *f, Pl:* Syn. Fragilitas crinium, Scissurae crinium; Längsspaltung u. Auffaserung der Haare, so daß oft mehrere Spitzen vorhanden sind u. die Haare wie gefiedert aussehen (Flaumfeder), infolge Trockenwerden der Rindenschicht. Idiopath. Form. Symptomat. Form im Gefolge anderer Krankheiten des Kopfhaares, auch bei Kachexie, Fieber, Lungenleiden usw. sowie durch moderne Haarpflege (?) (Dauerwellen). [43]

Trichorrhexis nodosa ⟨*griech, lat*⟩ *f:* Syn. Clastotrix, Trichoklasie, Nodositas crinium; die Veränderung kann sowohl an der Kopf- als auch an der Körperbehaarung vorkommen. Es handelt sich um knötchenförmige Auftreibungen des einzelnen Haares, welches alsbald an diesen Stellen bricht. Das Ende des befallenen Haares ist pinselförmig aufgefasert. Ursachen: mechan. u. chem.-physikal. Einwirkungen (Heißwelle, Kaltwelle usw.), konstitutioneller Faktor. [43]

Trichoschisis ⟨*griech*⟩ ↑Trichoptilosis. [43]

Trichosis ⟨*griech*⟩ *f:* Anomalien des Haar wachstums; Sammelbezeichnung für 1. Hypertrichosis; 2. Hypotrichosis; 3. Alopecia triangularis congenitalis (Sabouraud); 4. Agenesia pilaris; 5. Monilethrix; 6. Pili torti; 7. Trichiasis. [43]

Trichosporiose ⟨*griech*⟩ *f* (Mantegazza): seltene Hautmykose mit gummöser Knotenbildung, später Umwandlung zu Geschwüren. Erreger ist *Trichosporium mantegazzae* (Pollacci). [43]

Trichosporon: hefeartige, sporenlose Sproßpilze, können pathogen werden (*Trichosporon cutaneum*) auf der Haut u. in den Atemwegen; *T. giganteum* oder *beigelii* Erreger der ↑Piedra. [43]

Trichostasis spinulosa: mehrere in einem Haarfollikel vorkommende Lanugohaare, die den Follikel etwas hervortreten lassen. [43]

Trichotillomanie ⟨*griech*⟩ *f* ↑Haarrupfsucht. [34]

Trichoxerosis ⟨*griech*⟩ *f* ↑Trichoptilosis. [43]

Trichromasie, anomale ↑Farbenblindheit. [36]

Trichromatisches System ↑Farbensinn. [36]

Trichter|becken: Beckenverengung infolge ungewöhnlicher Schmalheit des Kreuzbeines (Entwicklungshemmung). Kontinuierliche Verjüngung vom Beckeneingang zum Beckenausgang hin. Auftreten in 2 Formen: quer u. gerade verengtes T. Der Ausdruck wird gelegentlich auch für ↑Assimilations- oder anderweitig verengte Becken gebraucht; ↑Beckenformen. [29]

~brust, angeborene: trichterförmige Eindellung der distalen Abschnitte am Brustbein u. der angrenzenden knorpeligen Rippenanteile; Rachitis sicher nur ausnahmsweise von ursächlicher Bedeutung. Auch erworben als Berufsschaden (Schusterbrust) unwahrscheinlich. [18]

~schnitt bei Amputation: mehrzeitiger ↑Zirkelschnitt, bei dem die einzelnen Gewebsschichten nicht in der gleichen Höhe durchtrennt werden. Der Hautschnitt liegt am weitesten peripher, der Knochenschnitt zentral. [23]

Triebe: komplizierte Formen der Nerventätigkeit, die vor allem der Erhaltung des Individuums (Selbsterhaltungstrieb, Nahrungstrieb) u. der Erhaltung der Art (Arterhaltungstrieb, Geschlechtstrieb) dienen. Sie sind als komplizierte unbedingte Reflexe, die durch bestimmte Reize hervorgerufen werden, aufzufassen. Den Trieben sehr ähnlich sind die Instinkte, ebenfalls verwickelte unbedingte Reflexe, die angeboren sind. Das Besondere der T. ist ihre Zielstrebigkeit u. ihre Trägheit. Teils richten sie sich auf Beibehaltung, teils auf Veränderung der Verfassung, in der sich der Organismus im Augenblick befindet.

T., krankhafter: unter bes. Bedingungen, manchmal auf dem Boden krankhafter Veränderungen, herausgebildeter dynam. Stereotyp; teils Abwandlung verwickelter unbedingter Reflexe, teils durch komplizierte Reize hervorgerufener Kettenreflex. Von Triebererkrankungen zu sprechen ist widersinnig, da Triebe Reaktionen des Organismus auf die Umwelt sind, welche nicht „erkranken", wohl aber durch andersartige, ähnliche, als „krank" oder auch als „asozial" bewertete, ersetzt, modifiziert werden können. [35]

Triefauge: Laienbezeichnung für alle jene Zustände, bei denen die Tränen über den Unterlidrand hinweg die Wange hinabfließen u. deren Haut u.U. reizen. Ursachen sind Ektropium, Verschluß der Tränenleitung (Fazialislähmung), Epiphora. [36]

Trifokalgläser ↑Bifokalgläser. [36]

Trigeminus ⟨*lat*⟩ *m:* Kurzbezeichnung für N. trigeminus, V. Hirnnerv. [1]

~neuralgie: Quintusneuralgie, „Gesichtsschmerz"; Neuralgie des N. trigeminus (V. Hirnnerv). In der Pathogenese der „genuinen (idiopath.) T." spielt das Ganglion semilunare (Gasseri) nach allgemeiner Auffassung eine maßgebende Rolle, bei den symptomat. Formen sind die Ursachen mannigfacher Art u. nicht immer mit Sicherheit festzustellen, z.B. Diabetes u. andere Stoffwechselkrankheiten, arteriosklerot. Veränderungen, Infektionskrankheiten, Syphilis (Granulationen im Bereich der Schädelbasis), Zahn- u. Nebenhöhlenerkrankungen u.a. Die Neuralgie äußert sich oft in ungemein heftigen Schmerzanfällen, gewöhnlich nur im Gebiet eines Trigeminusastes (meist des zweiten). Die einzelnen Attacken gehen in der Regel rasch vorüber, pflegen sich aber in kurzen oder längeren Intervallen zu wiederholen. Sie gehen mit Gesichtsverzerrungen (daher die Bezeichnung „tic douloureux") u. oft mit Hyperästhesie, Hitze u. Rötung der Gesichtshaut, Tränenfluß u. lokalem Schwitzen, Lichtscheu einher u. werden oft durch Kälte- u. Berührungsreize (Rasieren), Kauen (wodurch die Nahrungsaufnahme erheblich leiden kann), selbst Sprechen ausgelöst. [33]

Trigger points ⟨*engl*⟩: schmerzhafte Druckpunkte über palpablen, umschriebenen subkutanen u. muskulären Konsistenzvermehrungen („Fibrositisknoten"), sonst als Gelosen, Muskelhärten u. ä. bezeichnet. [13]

Trigger-Afferenz: Reize, die auf Grund voraufgegangener ↑Afferenzsynthese u. der Ausbildung eines ↑Aktionsakzeptors bestimmte Verhaltensakte auslösen. [7]

Triggerung: Auslösung einer einmaligen Auslenkung des Elektronenstrahls auf dem Bildschirm des Katodenstrahloszillographen in horizontaler Richtung. Der Auslöseimpuls kann ein Reiz sein, der eine Änderung des EEG-Potentials hervorruft, die vom Elektronenstrahl dargestellt wird. [7]

Triglyzerid: Verbindungen (Ester; Glyzerid) des Glyzerins (3-Hydroxylgruppen) mit Fettsäuren. Man unterscheidet einsäurige (dreimal die gleiche Säure), zweisäurige (zwei verschiedene Säuren) u. dreisäurige (drei verschiedene Säuren) Triglyzeride. Die natürlichen Fette u. Öle sind Gemische aus ein- u. mehrsäurigen Triglyzeriden. [16]

Trigonellin: Methylbetain der Nikotinsäure, in das diese bei Zufuhr größerer Mengen umgewandelt u. im Harn ausgeschieden wird. Der Name stammt von Trigonella foenum graecum (Bockshornklee), in deren Samen sich T. befindet. [8]

Trigonozephalie ⟨*lat, griech*⟩ *f:* dreieckähnliche Deformierung des Schädeldaches mit nach vorn gerichteter Spitze bei vorzeitiger Verwachsung der Stirnbeine. [5]

Trigonum ⟨*griech*⟩ *m:* das Dreieck, *Adj* trigonus, dreieckig.

T. caroticum: Karotisdreieck; wird begrenzt vom Venter posterior musculi digastrici, vom Venter superior musculi omohyoidei u. vom M. sternocleidomastoideus.

T. collaterale: dreieckiges, leicht vorgewölbtes Feld am Boden des Unterhorns der Seitenventrikel des Endhirns.

T. colli laterale: seitliches Halsdreieck; wird begrenzt durch M. sternocleidomastoideus, M. trapezius u. Schlüsselbein.

T. colli mediale: mittleres Halsdreieck; wird begrenzt durch M. sternocleidomastoideus, Mandibula u. die Medianlinie des Halses.

T. deltoideopectorale ↑Mohrenheim' Grube.

T. femorale = Scarpa' Dreieck: dreiseitige Grube zwischen M. sartorius, M. adductor longus u. dem Leistenband, deren Boden von der ↑Fossa iliopectinea gebildet wird.

T-a fibrosa: zwei bindegewebige Zwickel des Herzskeletts dort, wo die Faserringe der Segelklappen mit dem der Aortenklappe zusammentreffen.

T. habenulae: das seitlich von jeder Habenula der Epiphyse gelegene kleine dreieckige Feld = das Schleifendreieck jederseits an der lateralen Fläche der Mittelhirnhaube. Hier liegt der Lemniscus lateralis dicht unter der Oberfläche.

T. lumbale (Petiti): Lendendreieck; Ränder sind M. obliquus externus abdominis, Darmbeinkamm, M. latissimus dorsi.

T. lumbocostale = Bochdalek' Dreieck: dreieckige muskelfreie Lücke zwischen dem Crus laterale, der Pars lumbalis u. der Pars costalis des Zwerchfells sowie der 12. Rippe. Hier können Zwerchfellbrüche auftreten.

T. mentale = Protuberantia mentalis: Kinndreieck der Mandibula.

T. nervi hypoglossi: kleines Dreieck im kaudalen Abschnitt der Rautengrube. Hier liegt der Ursprungskern des N. hypoglossus.

T. nervi vagi: tiefgrauer dreieckiger Bezirk lateral vom vorigen, der früher als Ala cinerea (BNA, JNA) bezeichnet wurde. Unter dieser Stelle liegen zwei Kerne des N. vagus.

T. olfactorium: dreieckige Verbreiterung des Tractus olfactorius an seinem hinteren Ende.

T. omoclaviculare = Fossa supraclavicularis major: topograph.-anatom. wichtiges Dreieck, das begrenzt wird vom M. sternocleidomastoideus, vom M. omohyoideus u. von der Klavikula. Es stellt den unteren Teil des seitlichen Halsdreiecks (T. colli laterale) dar. Der M. omohyoideus teilt das T. colli laterale in ein unteres Dreieck, T. omoclaviculare, u. in ein oberes Dreieck, T. omotrapezoideum.

T. submandibulare: Unterkieferdreieck; gebildet vom M. digastricus zusammen mit der Mandibula.

T. urogenitale ↑Diaphragma urogenitale.

T. vesicae (Lieutaudi): Blasendreieck; gebildet oben seitlich durch die beiden Ostia ureterum u. das Ostium urethrae internum unten als Spitze. Ist ziemlich schmerzempfindlich. [1]

Trihemeronsterblichkeit: Sterblichkeit der Neugeborenen in den ersten 3 Tagen. [32]

Trilodthyronin ↑Thyroxin. [8]

Trikarbonsäurezyklus ↑Zitronensäurezyklus, ↑Krebszyklus. [16]

Triketohydrindenhydrat ↑Ninhydrin. [8]

Trikresylphosphate ↑Weichmacher. [42]

trikrot ⟨*griech*⟩: dreischlägig; eine trikrote Pulswelle liegt vor, wenn auf eine ↑Dikrotie unmittelbar eine Extrasystole folgt. [10]

Trikuspidal|atresie ⟨*lat, griech*⟩ *f:* seltene angeborene Herzmißbildung mit Verschluß der ↑Trikuspidalklappe. [5]

~insuffizienz: verhältnismäßig seltene Form von Herzklappenfehler, die entweder angeboren, postendokardit. erworben oder im Rahmen einer muskulären Insuffizienz (relative T.) auftritt. Hierbei wird die zwischen re. Vorhof u. re. Kammer gelegene Trikuspidalklappe während der Systole schlußunfähig, so daß ihr Blut über den re. Vorhof in die obere u. untere Hohlvene zurückströmt u. dadurch einen pos. Venenpuls an der V. jugularis sowie einen pos. Leberpuls erzeugt. Durch letzteren kommt es zu einer bes. Form der epigastr. Pulsation. Klin. wird die T. ferner erkannt an einem systol. Geräusch mit Punctum maximum über der Auskultationsstelle der Trikuspidalis, d. h. im VI. ICR neben dem re. Sternalrand sowie an einer Hypertrophie des Ventrikels. Der diastol. arterielle Blutdruck ist meist erhöht, außer einer Leberstauung kann ein Subikterus entstehen, während die Lungenstauung bei der T. in der Regel nicht sehr ausgesprochen ist. [10]

~klappe: dreizipflige Segelklappe zwischen re. Vorhof u. re. Herzkammer; ↑Atrioventrikularklappe; ↑Herzklappen. [5]

~leiste ↑Crista supraventricularis. [4]

~stenose: angeborener oder erworbener Herzklappenfehler mit Verengung der Herzklappen zwischen re. Vorhof u. re. Herzkammer. Bei rheumat. bedingter T. liegt fast immer gleichzeitig eine Beteiligung der Mitralklappen u. oft auch der Aortenklappen vor; sie wird deshalb häufig nicht erfaßt. Symptome: diastol. Herzgeräusch, stark erweiterte Venen, pos. Lebervenenpuls, Zyanose, Tendenz zu Leberstauung, Ödemen, Aszites. [9]

Trilabe ⟨*frz*⟩ *m:* erstes brauchbares u. erfolgreich am Menschen angewandtes, durch die Harnröhre eingeführtes Op.-Instrument zur unblutigen Zertrümmerung von Blasensteinen (Civiale, 1824) (historisch). [24]

Trilone: 1. Trilon A = Nitrilo-triessigsäure $N(CH_2{\cdot}COOH)_3$, Trilon B = Äthylendiamintetraessigsäure $(HO_2C{\cdot}CH_2)_2N{\cdot}CH_2{\cdot}CH_2{\cdot}N(CH_2{\cdot}CO_2H)_2$, auch als Komplexone oder Chelaplexe◻ bezeichnet. T. vermögen als Na-Salze Erdalkali u. Schwermetallionen komplex zu binden, sind daher chem. u. biochem. von großer Bedeutung zum Maskieren von Erdalkali- u. Schwermetallionen, als Titrationsmittel zum Auflösen von Nierensteinen, in der Polarographie sowie techn. zum Enthärten des Wassers, in der Färberei usw.; 2. Deckname für Ester der Methylfluorphosphorsäure, Cholinesterase-Hemmstoffe „Sarin" u. „Soman"; im 2. Weltkrieg als Kampfstoffe (Nervengase) hergestellt, aber nicht eingesetzt. [8]

Trimetaphancamphersulfonat◻**:** Ganglienblocker, Antihypertonikum. Arfonad®. [44]

Trimethadion◻**:** 3,5,5-Trimethyloxazolidin-2,4-dion, Tridione®, ↑Antiepileptikum, bes. gegen Petit mal wirksam; es wirkt antagonist. gegenüber ↑Pentetrazol◻ (Cardiazol®) u. antiepilept. in Dosen, die noch keine narkot. Symptome auslösen. [44]

Trimethoprim◻**:** 2,4-Diamino-5-(3,4,5-trimethoxybenzyl)-pyrimidin. Chemotherapeutikum. In Kombination mit Sulfamethoxazol: Bactrim®, Eusaprim®.

Trimethylamin: tertiäres Amin, $N(CH_3)_3$; bei gewöhnlicher Temperatur farbloses Gas, das einen charakterist. widerlichen, fischartigen Geruch aufweist. Es entsteht bei der trockenen Destillation von Melasseschlempe. Vorkommen in den Blüten einiger höherer Pflanzen, Fischen, Harn, Menstrualblut. [8]

Trimetozinum◻**:** 4-(3,4,5-Trimethoxybenzoyl)-morpholin = N-(3,4,5-Trimethoxybenzoyl)-tetrahydro-1,4-oxazin, Trioxazin® ↑Tranquilizer. Es löst Spannung u. Angst, ohne die Leistungsfähigkeit abzuschwächen oder die mono- bzw. polysynapt. Reflexe zu beeinträchtigen; Indikationen ↑Chlordiazepoxid. [44]

Trinidadkrankheit ↑Lähmungswut, Derriengue. [40]

Trinkwasser: klares, farbloses Wasser von einwandfreiem Geruch u. Geschmack u. einer Temperatur von 8–12 °C; darf weder Krankheitserreger noch sonstige die Gesundheit beeinträchtigende Stoffe (z. B. hohen Gehalt an Nitraten) enthalten; bei zentraler Wasserversorgung (Reservoir, Leitungen usw.) dürfen darin keine materialschädigenden Stoffe (z. B. aggressive Kohlensäure) enthalten sein. Diese Bedingungen erfüllt im allgemeinen das Grundwasser aus Tiefen von mindestens 8 m. Bei Verwendung von Wasser bes. Herkunft, von Oberflächenwasser usw., muß Aufbereitung erfolgen: Klärung, Filtration, Entkeimung (Chlorung, Behandlung nach dem Katadynverfahren, Ultraviolettbestrahlung), Entsäuerung, Entgasung, Enthärtung, Enteisenung, Entmanganung.

T., hygienisch einwandfreies: darf a) bei Ortsbesichtigung keinen Anlaß zu Beanstandungen geben u. muß b) einen ↑Kolititer 0 haben. In 100 ml Wasser dürfen keine Kolikeime nachweisbar sein; die ↑Keimzahl im Milliliter soll bei zentraler Versorgung die Anzahl 10, bei Einzelversorgung die Anzahl 100 nicht überschreiten. [40]

~chlorung: Zusatz von Chlor (bakterizide Wirkung) bzw. von Chlor abspaltenden Verbindungen (Natrium-, Kalzium-, Magnesiumhypochlorit; Chlorkalk, Chlordioxid) zum Zwecke der Entkeimung des Wassers. Die Wirkung besteht darin, daß nach $Cl_2 + H_2O = HOCl + HCl$ hypochlorige Säure entsteht, aus der nach $HOCl = HCl + O$ reaktionsfähiger Sauerstoff in statu nascendi entsteht, der die Bakterien abtötet. Aufbereitetes Trinkwasser darf maximal 0,3 mg/l wirksames Chlor enthalten; unter bes. Umständen ist Erhöhung auf 0,6 mg/l zulässig. [8]

~infektion: Übertragung von Krankheitskeimen durch Trinkwasser, z. B. Typhus, Paratyphus, Ruhr, Cholera, Milzbrand, spinale Kinderlähmung, Amöbenruhr. [16]

Triorthokresylphosphat: ölige Substanz, auch als Weichmacher für Kunststoffe benutzt (Igelit). Bei Einwirkung auf den Menschen periphere u. zentrale Nervenschädigungen. [49]

Triosen: Zucker mit 3 Sauerstoffatomen, z. B. Glyzerinaldehyd, Dioxyazeton; wichtiges Zwischenprodukt beim intermediären Kohlenhydratstoffwechsel. [16]

Triosephosphat-Isomerase: (EC 5.3.1.1) katalysiert die reversible Umwandlung des Glyzerinaldehyd-3-phosphats in Dihydroxyazetonphosphat, wobei das Gleichgewicht mit 97% aufseiten des Dihydroxyazetonphosphats liegt. T. wurde 1955 von Beisenherz kristallin dargestellt. [8]

Trioxazin© ↑Trimetozinum□. [44]

Trioxypurin ↑Harnsäure. [8]

Tripelniere ↑Ureter triplex. [24]

Tripelphosphat: Magnesiumammoniumphosphat; ↑Harnsediment. [8]

Tripeptide: peptidartige Verknüpfung von 3 Aminosäuren (↑Peptide); wichtiger Vertreter ist das in allen Zellen von höheren oder niederen Organismen vorhandene ↑Glutathion. [16]

Triphenyltetrazoliumchlorid: *Abk* TTC; biolog. Indikator, in oxydiertem Zustand farblos (TTC, wasserlöslich), reduziert rot (Formazan, wasserunlöslich). Dient der Erkennung von Dehydrogenasen u. Oxydasen, z. B. in Bakterien- u. Hefekulturen u. in keimfähigen Samen. [42]

Triphospho-pyridin-nukleotid: *Abk* TPN, Syn. Coenzym II; Codehydrase II. Jetzige Bezeichnung ↑NADP. [8]

Triplegie ⟨*griech*⟩ *f:* Lähmung dreier Gliedmaßen, z. B. der beiden unteren u. einer oberen. [33]

Tripleskoliose: seitliche Wirbelsäulenverbiegung mit 5 Krümmungen, meist rachit. Natur. [23]

Triplett: lineare Sequenz von 3 aufeinanderfolgenden Nukleotiden, die das ↑Codon für eine Aminosäure bilden. [8]

Triple-Vakzine ↑Dreifachimpfstoff. [40]

Triploidie ⟨*griech*⟩ *f* ↑Polyploidie. [3]

Tripus ⟨*griech*⟩ *m:* der Dreifuß.

T. (coeliacus) Halleri: Teilungsstelle der A. coeliaca in ihre drei Äste. A. gastrica sinistra, A. hepatica communis u. A. lienalis. [1]

triquetrus ⟨*lat*⟩: dreieckig, mit dreieckigem Querschnitt. [1]

Tris ↑THAM. [27]

Trisaccharide: aufgebaut aus 3 Monosaccharidmolekülen. Bekannt u. strukturmäßig aufgeklärt etwa 50; hauptsächlich in Pflanzen u. Mikroorganismen. Maltotriose u. Zellotriose sind Abbauprodukte der Stärke u. der Zellulose. Fukosidolaktose in Frauenmilch; Raffinose aus Galaktose, Glukose u. Fruktose, vergärbar; im Bienenhonig; Trigallakturonsäure, in Hydrolysaten von Pektinsäure. [8]

Trismus ⟨*griech*⟩: ton. Krampf der Kaumuskeln bei Tetanus, Tetanie, Epilepsie, Veitstanz, Meningitis, Schädelbasisfraktur u. intrakraniellen Reizzuständen; ↑Kieferklemme. [37]

Trisomie: Verdreifachung eines einzelnen Chromosoms in der sonst diploiden Zelle (↑Mutationen); z. B. wird die ↑Langdon–Down' Krankheit durch Trisomie eines kleinen, des 21. Chromosoms, hervorgerufen. [3]

Tris-Puffer ↑Trometamolum□. [44]

Tristichiasis ⟨*griech*⟩ *f:* Dreireihigkeit der Wimpern; seltene Mißbildung. [36]

Tritanomalie ⟨*griech*⟩ *f* ↑Farbenblindheit. [36]

Tritanopie ⟨*griech*⟩ *f:* Blaublindheit, ↑Farbenblindheit. [36]

triticeus ⟨*lat*⟩: zum Weizen (Triticum) gehörig, Weizen-, auch weizenkornähnlich. [4]

Tritium: radioaktives Wasserstoffisotop, chem. Symbol ^3_1H oder T; kommt in geringen Mengen in der Atmosphäre vor. Die gesamte Erdatmosphäre enthält etwa 6 g = 57 000 Curie Tritium. Es wird direkt oder indirekt durch Höhenstrahlung gebildet. T. ist reiner β-Strahler mit einer HWZ von 12,26 Jahren u. einer max. Zerfallsenergie von 0,018 MeV. Es gehört in elementarer Form oder als Wasser zu den weniger gefährlichen Radionukliden. Zur Markierung organ. Verbindungen (z. B. ↑Autoradiographie) wird es in steigendem Maße verwendet. Seine Herstellung erfolgt durch Bestrahlung von ^6_3Li mit therm. Neutronen im Kernreaktor. [59]

Trituration ⟨*lat*⟩: feine Pulverisierung. [44]

Trizephalus ⟨*lat, griech*⟩ *m:* Mißgeburt mit drei Köpfen. [5]

Trizepssehnenreflex ↑Eigenreflex des M. triceps brachii. [33]

Troch.: (Rez.) *Abk* für ↑Trochiscus. [44]

Trochanter ⟨*griech*⟩ *m:* Rollhügel; Knochenfortsatz unterhalb des Gelenkkopfes am Oberschenkelknochen, T. major (der

größere) nach außen, T. minor (der kleinere) nach innen gelegen; ↑Roser-Nélaton' Linie.
T. tertius: Höcker an Stelle der Tuberositas glutaea (Variation). [1]

Trochiscus ⟨*griech*⟩ *m:* Zeltchen, eine bes. Arzneiform. [44]

Trochlea ⟨*griech*⟩ *f:* die Rolle; Bezeichnung verschiedener anatom. Gebilde, die rollenförmig aussehen u. auch ähnlich wie eine Rolle wirken.
T. peronealis: ein öfters vorkommender kleiner Fortsatz oberhalb des Sulcus tendinum musculorum peroneorum am Kalkaneus.
T. phalangis (BNA, JNA) ↑Caput phalangis (PNA). [1]

trochlearis ⟨*griech*⟩: zur Rolle gehörig. [1]

trochoideus ⟨*griech*⟩: radförmig. [1]

Trochoskop ⟨*griech*⟩ *n:* Röntgengerät für Durchleuchtungen u. Aufnahmen am liegenden Pat. durch Verschieben der unter dem Tisch befindlichen Röntgenröhre. [26]

Trochozephalus ⟨*griech*⟩ *m:* Rundkopf bei zu früher Verknöcherung der Kranznaht. [5]

Trockenblut|konserve: veraltete Bezeichnung, besser Trockenplasmakonserve, hergestellt durch Gefriertrocknung des abgezogenen Plasmas überalterter Blutkonserven im Vakuum, ↑Plasmakonserve. Vorteil: lange haltbar (5 Jahre u. länger), Nachteil: Gefahr der ↑Transfusionshepatitis bes. bei gepooltem Plasma aus mehr. Blutkonserven. [11]
~probe ↑Chediak' Trockenblutreaktion. [39]

Trocken|bürstenmassage: bes. Art der Streichmassage. Mit großen, trockenen Bürsten wird in langen Strichen die Haut des ganzen Körpers bis zur leichten Rötung bearbeitet; Hautreizung mit kreislaufanregender Wirkung. [46]
~diät: Trockenkost; Ernährung unter Einschränkung der Flüssigkeitszufuhr; ↑Schroth-Kur. [16]
~hefe: durch Trocknen konservierte Hefe; die Aktivität der Enzyme soll erhalten bleiben. Die Trocknung erfolgt nach Alkohol- oder Azetonbehandlung oder bei 25–30 °C oder ↑lyophil. [42]
~kost ↑Trockendiät. [8]
~kultur: durch Austrocknen hergestellte Dauerkulturen von Bakterien u. Pilzen; ↑Konservierung. [42]
~lymphe: lyophil getrocknete ↑Pockenlymphe. [39]
~masse ↑Trockensubstanz. [42]
~milch: zur Säuglingsernährung geeignet, muß aus Milch zubereitet werden, die unter den für die Säuglingsmilch üblichen Kautelen gewonnen wurde. Sie wird pasteurisiert u. vor dem Trocknen, das entweder durch Zerstäubung in Vakuumtürmen mit heißer Luft oder zwischen erhitzten Walzen stattfindet, homogenisiert. [32]
~packung: Einpacken des Körpers in ein Leinentuch u. dicke Wolldecken. Techn. einfachste Maßnahme zur Erhöhung der Körpertemperatur u. Schweißerzeugung, meist nach vorausgegangener wärmezuführender Behandlung, z. B. ansteigendes Bad. Verstärkung des Schweißausbruches durch Zufuhr heißer Getränke. [46]
~pinselung: Gemisch von Flüssigkeiten u. pulverförmigen Stoffen zu gleichen Teilen. Nach Verdunsten des flüssigen Anteils bleibt eine festhaftende Puderschicht auf der Haut zurück. [43]
~plasmakonserve: durch lyophile Trocknung (Gefriertrocknung = Lyophilisation) unabhängig von Kühleinrichtungen wahrscheinlich unbegrenzt haltbares Spenderplasma. In der Praxis schränkt man die zulässige Lagerungszeit auf 5 Jahre ein. Zur Infusion wird das Trockenplasma in Aqua bidest. aufgelöst. [11]
~resistenz: Widerstandsfähigkeit von Organismen oder einzelnen Organen oder Zellen (Sporen, Samen usw.) gegen lang dauernde Trockenheit. [42]
~schrank ↑Thermostat. [8]
~serum: lyophil getrocknetes Serum, in welchem alle Antikörper u. Serumeiweiße über längere Zeit unverändert wirksam erhalten sind. [39]
~starre: bei einigen Tieren (Rotatorien, Protozoen) werden die Lebensvorgänge bei Austrocknung fast völlig eingestellt. In dieser T. können sie lange Trockenperioden überdauern.
~substanz: die Masse einer Substanz (Lösungen oder fester Stoffe), die nach Entfernen von allem molekularen Wasser zurückbleibt. Sie kann als Gewicht oder in Gewichtsprozenten angegeben werden. [42]

Trocknung, adsorptive-lyophile: bes. Form der Gefriertrocknung. [4]

Troell-Junet' Syndrom: tox. Schilddrüsenadenom, Akromegalie, Diabetes mellitus, Schädelhyperostose; kommt nur bei älteren Frauen vor. [12]

Troeltsch, Anton Friedrich (1829–1890), Otologe, Wien, Budapest, Würzburg.
T' Taschen ↑Recessus membranae tympani ant. u. post. [1]

Troicart ⟨*frz*⟩ ↑Trokar. [18]

Troissier-Hanot-Chauffard' Syndrom: Bronzediabetes; Diabetes mellitus infolge Pankreaszirrhose mit Pigmentablagerung in Haut. u. inneren Organen u. splenomegaler Leberzirrhose. Allgemeine Hämochromatose. [12]

Trokar ⟨*frz*⟩ *m:* Troicart, vom frz. Trois-quarts (dreiviertel) herstammend, dient zur Ablassung großer Ergüsse meist dickflüssiger Zusammensetzung. In dem Rohr, das bis fingerdick ist u. zur Ableitung dient, steckt ein Metallzapfen, der das Rohr mit seinem dreikantigen spitz zulaufenden Dorn überragt. Mit dem einliegenden Dorn durchdringt das Rohr die Wand der Flüssigkeitshöhle. Darauf wird der Dorn zurückgezogen, so daß der abfließenden Flüssigkeit der Weg durch das in der Gewebswand verbleibende Rohr freigegeben wird. [18]

~fistel der Harnblase: Anlegen einer suprapub. Blasenfistel mittels Trokar (↑Pflaumer' Katheter) durch den ein Katheterschlauch eingeführt wird, der nach Entfernung des Trokars als Dauerkatheter liegenbleibt. [24]

Trolard' Vene: vertikale venöse Anastomose zwischen Sinus sagittalis sup. u. Sinus sphenoparietalis bzw. cavernosus. [20]

Trombicula akamushi: Kedanimilbe; Milbenart, deren sechsbeinige, haarige, rote Larve Rickettsien als Erreger des ↑Tsutsugamushifiebers überträgt; tritt in manchen Flußtälern nach Überschwemmung massenhaft auf. Andere Trombicula-Arten übertragen in Asien u. Australien ähnliche Krankheiten. In Europa *Neotrombicula autumnalis* ↑Herbstmilbe; ↑Trombiculidae. [58]

T. autumnalis: 1/4–3/4 mm lange Larven, die mit ihrem Speichel die obersten Hautzellen verflüssigen u. die Heukrätze verursachen; ↑Trombidiose. [43]

Trombiculidae: Familie der Milben, zu der die ↑Erntemilben bzw. die ↑Herbstmilbe gehören. [58]

Trombidiose = Erythema autumnale: juckende rote Pünktchen oder Quaddeln auf der Haut, hervorgerufen durch Trombicula autumnalis (früher Leptus autumnalis, Gras-, oder Erntemilbe). Befällt Menschen u. Vieh im Sommer u. Herbst; nach 48 h fällt die Milbe von selbst ab. [43]

Trometamolumᴰ**:** Tris(hydroxymethyl)aminomethan (Tham)

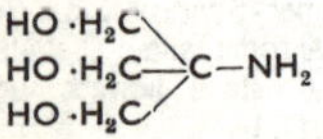

Puffer zur Behandlung von respirator. Azidosen. [44]

Trommelfell = Membrana tympani: häutige Scheidewand zwischen dem äußeren Gehörgang u. dem Mittelohr.

~entzündung = Myringitis: nie isoliert, stets Übergreifen einer Otitis media oder Otitis externa. Formen: Gefäßinjektion (bes. entlang des Hammergriffs), allgemeine Hyperämie, seröse Durchtränkung, schollige Trübung (durch Abstoßung der Epidermisschicht), Perforation. Sonderformen: bullöshämorrhag. Entzündung bei Grippe, nekrotisierende Entzündung bei Scharlach.

~perforation: bei den bleibenden Trommelfelldefekten wichtiger Unterschied zwischen zentraler Perforation u. randständiger Perforation mit fortschreitender Zerstörung der Mittelohrschleimhaut u. des Knochens; ↑Cholesteatombildung.

~reflex: 1. kegelförmiger Lichtreflex am Trommelfell bei Beleuchtung mit dem Reflektor. 2. Kontraktion der Mittelohrmuskeln (M. tensor tympani, M. stapedius) bei plötzlich einsetzender Schallwirkung hoher Intensität; ↑Hyperakusis. [28]

Trommelschlegelfinger = Digiti hippocratici: Auftreibung der Fingerendphalangen, sowohl der Knochen wie der Weichteile, häufig dabei Uhrglasnägel. Vorkommen bei Blausucht, angeborenen Herzfehlern u. chron. Lungenerkrankungen mit Verminderung der gasaustauschenden Atmungsfläche. [9]

Trommelschlegelform: Anschwellung an einem Ende eines Bakteriums; z. B. bei ↑*Clostridium tetani*. [42]

Trommelsucht ↑Meteorismus. [9]

Trommer, Karl August (1806–1879), Chemiker, Eldena.

T' Probe (1841): erste chem. Reaktion zum Nachweis von Traubenzucker im Harn; jetzt meist durch Fehling' oder Nylander' Probe ersetzt. [8]

Trommlerlähmung: Lähmung des N. extensor pollicis longus u. Ruptur seiner Sehne als Folge eines Dauerschadens durch Trommeln (li.), bei Bildhauern, Schmieden, Kellnern. [18]

Trömner' Reflex: Schlag gegen die Endglieder der Finger von volar löst kurze Beugebewegung der Finger aus. Es handelt sich um den Eigenreflex der Fingerbeugemuskeln, Bewertung als patholog. Zeichen; ↑Eigenreflexe. [33]

Trompetenbakterien = Trompeterbazillen: Bezeichnung für apathogene säurefeste Stäbchen nach ihrem Fundort an den Mundstücken von Trompeten; zu den Mykobakterien gehörend. [41]

Tronnier-Färbung: Spezialfärbung zur Darstellung von Nukleoiden in Bakterien mit Azur-Eosingemisch. Es handelt sich um eine Modifikation der Romanowski-Färbung mit Eosin-Methylenblau. Die Strukturfeinheiten sollen besser erkennbar sein als bei der Verwendung der HCl-Giemsa-Technik nach Piekarski–Robinow. [41]

Tropacocainum hydrochloricum: Benzoylpseudotropein, ↑Alkaloid aus der javan. Koka u. ein synthet. Produkt. Bei halber Toxizität u. lokalanästhet. Wirkung des ↑Kokain kontrahiert es die Gefäße nicht, sondern führt zu einer Hyperämie u. Ödembildung. Die lokale Verträglichkeit ist schlechter als die von Kokain. Es wird als Lokalanästhetikum nicht mehr verwendet. [44]

Tropacolin 00: Orange IV, Neugelb; Kaliumsalz der Phenylaminoazobenzolsulfonsäure. Es wird als Reagens zum Nachweis freier Salzsäure im Magensaft benutzt (rot bei *p*H 1,4, gelb bei *p*H 2,6); Farbstoff für Wolle u. Seide. [8]

Tropen|anämie: früher auf Einwirkung des trop. Klimas bezogene Anämie, die sich aber mit Besserung der hygien. Verhältnisse mehr u. mehr verlor. Einerseits Komplex der zahlreichen anämisierenden Infekte in den Tropen, insbes. der Malaria u. der Wurmkrankheiten, andrerseits Scheinanämie durch Vermeiden von direkter Sonnenbestrahlung u. langen Zimmeraufenthalt während der heißen Tageszeiten. Übertragen gebraucht auch für die trop. Malariaanämie. [11]

~dysenterie ↑ Amöbenruhr.

~fieber ↑ Malaria. [40]

~koller: Sammelname für verschiedene Formen psych. Störungen, die sich nach längerem Tropenaufenthalt zeigen, wie Neigung zu Gewalttaten, Selbstüberschätzung, abnorme Reizbarkeit, Wutanfälle, Wahngedanken, Halluzinationen (ausgelöst oder gesteigert durch bes. Lebensweisen, Alkoholmißbrauch, Infektionskrankheiten mit Enzephalitis). [34]

~krankheiten: Krankheiten, die vorzugsweise in den trop. Ländern vorkommen (z. B. Amöbenruhr, Gelbfieber, Schlafkrankheit, trop. Malaria).

~ruhr ↑ Amöbenruhr.

Tröpfchen|infektion: unmittelbare Übertragung von Erregern übertragbarer Krankheiten beim Husten, Niesen oder Sprechen (maximal 1–2 Meter). In Form feinster Tröpfchen können insbes. die Erreger der Grippe u. anderer respirator. Virusinfektionen, Pokken, Scharlach, Masern, Keuchhusten, epidem. Genickstarre, Tuberkulose, Diphtherie u. a. von kranken Menschen bzw. Keimträgern auf andere Menschen unmittelbar übertragen werden; aerogene ↑ Infektion. [38]

~kultur: Tröpfchenverfahren nach Lindner; Verfahren zur Herstellung einer Ein-Zell-Kultur. Aus einer Bakteriensuspension werden mit einer sterilen Schreibfeder mehrere Tröpfchen auf ein Deckglas gebracht u. diese über einem Hohlschliffobjektträger durchgemustert. Tröpfchen, die nur eine Zelle enthalten, können zur Anlage von Reinkulturen verwendet werden. [42]

Tropfeinlauf ↑ Tropfklistier. [18]

Tropfen, hängender: mikroskop. Methode zur Prüfung auf Beweglichkeit von Mikroorganismen. Auflegen eines Deckgläschens mit einem Tropfen von Bakterienaufschwemmung an der Unterseite auf die Exkavation eines Hohlschliffobjektträgers. Im Mikroskop freie Beweglichkeit oder Molekularbewegung erkennbar. [41]

Tropfenherz: schmales, mittelständig gelagertes Herz, bei Asthenie als Hinweis auf eine Hypoplasie des Herzens. Der Ausdruck geht auf Friedrich Kraus zurück. Wird auch als Cor asthenicum bezeichnet, darf jedoch nicht mit dem ebenfalls schmalen Emphysemherzen verwechselt werden, das infolge des Zwerchfelltiefstandes tropfenförmig erscheint. [10]

Tropfentabelle: da die Tropfengröße bei verschiedenen Flüssigkeiten je nach deren Oberflächenspannung verschieden ist, erfolgt die Bestimmung der Tropfenzahl mit einem Tropfglas, deren Abtropffläche so groß ist, daß 1,0 g Wasser bei 20 °C 20 Tropfen liefert. Die Tropfenanzahl z. B. alkohol. oder äther. Lösungen entnimmt man der Tropfentabelle DAB 7 Anlage IV. [44]

Tropf|glas = Vitrum guttatorium, Vitrum patentatum: Flasche mit bes. konstruiertem Stopfen, der ein genaues Abzählen der Tropfen ermöglicht. [44]

~klistier: tropfenförmig über längere Zeit verabfolgte Eingießung in den Mastdarm zum Ersatz oder zur Ergänzung gestörter oraler Nahrungsaufnahme. Durch die tropfenförmige Verabfolgung bleibt das Stuhldranggefühl aus. [18]

~körper: Einrichtung bei der biolog. Abwasserreinigung, bei der das Abwasser in einem Turm über Schlacken unter Belüftung zwecks mikrobiolog. Reinigung heruntertropft oder -rieselt. [42]

~kugel (A. Martin): Glaskugel zur Tropfenregulierung bei Tropfinfusionen u. Einläufen. [18]

~narkose: Inhalationsnarkose mit dampfförmigen Narkotika, (Äther, Chloräthyl, Chloroform). Das Narkosemittel wird auf eine mit etwa achtfacher Mull-Lage bedeckte Schimmelbusch-Maske aufgetropft. [27]

Trophallergie ⟨*griech*⟩ *f:* durch Genuß bestimmter Lebensmittel hervorgerufene ↑ Allergie. [16]

trophane Stoffe: in den Körper aufgenommene Stoffe, die diesen ohne Veränderung durch den Urin wieder verlassen. [16]

Trophik ⟨*griech*⟩ *f:* Bezeichnung für Ernährungs-(Stoffwechsel-)Zustand eines Gewebes, Organes oder Gliedes, vorwiegend sofern er grob-morpholog. erkennbar ist. Spez. Bedeutung hat der Begriff in der Pädiatrie (Dystrophie, Eutrophie) u. in der Neurologie (Atrophie, vorwiegend Muskelatrophie). Die T. ist nicht nur von der Stoffzufuhr u. dem Fehlen tox. Substanzen, sondern auch von einer intakten Innervation abhängig. [33]

trophisch ⟨*griech*⟩: auf die Ernährung bezüglich; z. B. troph. Stoffe = Nährstoffe usw.; troph. Nerven = Nerven, die den Stoffwechsel steuern. [16]

Trophoblast ⟨*griech*⟩ *m:* die Außenwand der Säugetier- bzw. menschl. Keimblase (↑Blastozyste), besteht aus einer Lage flacher polygonaler Zellen, den Zyto-Trophoblast-Zellen. Diese entsprechen einem früh differenzierten Chorionepithel. Der T. nimmt bei der Nidation des Eies die Beziehungen zur mütterlichen Schleimhaut auf u. wird zum Spongio-Trophoblasten, dem Ernährungsorgan des Keimes, indem er durch Falten u. Zotten seine Oberfläche vergrößert u. in das ↑Chorion eingeht. Die Blutversorgung übernimmt die ↑Allantois. [3]

Trophödem ⟨*griech*⟩ *n* = Lymphoedema congenitale: Meige' Hautschwellung; chron., oft symmetr. Ödem, meist der Unterschenkel, seltener der Arme oder des Gesichts. Hauptsächlich bei Frauen, gewöhnlich zur Zeit der Pubertät auftretend. Derb, schmerzlos, bei normal aussehender Haut, z.T. mit Nervenerscheinungen einhergehend, der Elephantiasis-Gruppe zugehörig. Ähnlich dem dominant vererbbaren ↑Nonne–Milroy–Meige' Syndrom. [43]

Trophodermatoneurose ⟨*griech*⟩ *f* ↑Atrophoderma neuroticum. [43]

Trophoneurosen: zusammenfassende Bezeichnung für mannigfache Krankheitsbilder, bes. aus dem Bereich der Dermatologie, die durch Erkrankungen oder Verletzungen des zentralen oder des peripheren Nervensystems verursacht werden (z. B. ↑Malum perforans); auch die troph. Gelenkerkrankungen (z. B. die Arthropathien bei Tabes dorsalis u. Syringomyelie) gehören hierher; verwandt die ↑Angioneurosen. [33]

Trophospongium ⟨*griech*⟩ ↑Golgi-Apparat. [2]

Tropika ↑Malaria. [40]

Tropine: phagozytosefördernde spezif. ↑Immunkörper, thermostabil, im Blut vorkommend (Neufeld). [41]

Tropismenlehre: Bakterien vermögen wie Pflanzen u. niedere Tiere chem., elektromagnet. u. therm. Reize mit gerichteten Bewegungen zu beantworten. Die Fähigkeit solcher gerichteten Bewegungen bezeichnet man bei frei beweglichen Organismen als Taxien (↑Taxis), bei gerichteten Organbewegungen fest gewachsener Pflanzen spricht man von Tropismen (↑Tropismus), wobei keine strenge Begriffstrennung im Mikrobenbereich erfolgt. [41]

Tropismus ⟨*griech*⟩: Wachsen von Pflanzenorganen auf eine Reizquelle hin (pos. T.), von ihr fort (neg. T.) oder quer zur Reizrichtung (transversaler T.). [42]

Tropomyosin ↑Muskeleiweiße. [8]

Troposphäre ⟨*griech*⟩: die unterste Schicht der Atmosphäre von 0 bis etwa 12 km Höhe reichend. [13]

Trotter, Wilfred (1872–1939), engl. Chirurg.

T' Syndrom: einseitige Neuralgie in Unterkiefer, Zunge u. Ohr mit homolateraler Mittelohrtaubheit u. Bewegungshemmung des weichen Gaumens durch Epipharynxtumoren mit Druckwirkung auf den N. mandibularis, Verschluß der Tube u. Infiltration des M. levator veli palatini u. des M. pterygoideus internus. [25]

Trousseau, Armand (1801–1867), Internist, Paris.

T' Flecken: urtikarieller Dermographismus bei Meningitis u. anderen Krankheiten, wobei auch in der Umgebung rote Flecken auftreten. [43]

T' Zeichen: Provokation von Pfötchenstellung, Karpopedalspasmus bzw. eines Anfalls bei ↑Tetanie u. ↑Spasmophilie durch Druck auf die Nervenstämme der Extremitäten oder eine 5 min dauernde arterielle Abschnürung einer Extremität. [9]

Trübungs|einheit: *Abk* TE, Meßeinheit bei der ↑Nephelometrie. [54]

~faktor: Maß für die Reinheit der Atmosphäre. [13]

~messung ↑Nephelometrie. [54]

Trugwahrnehmung ↑Illusion. [34]

Trümmerfeldzone: bei C-Hypovitaminose (Skorbut u. Morbus Möller–Barlow) Störung der enchondralen Ossifikation. Umwandlung des Zellmarkes in fibröses Gerüstmark bei ungestörter Knochenresorption. Bei Belastung Zusammenbruch des sehr schwachen Spongiosa; dadurch entstehen an den Epiphysen pathognomon. Trümmerfeldzonen. In leichten Fällen zeigen die Röntgenaufnahmen schaftaufwärts eine schmale, helle Zone, die Gerüstmarkzone (Lehndorff). [26]

Truncus ⟨*lat*⟩ *m:* Stamm, Strunk eines Baumes; Rumpf, Gefäß- oder Nervenstamm. [1]

T. arteriosus communis: gemeinsamer Arterienstamm; Hemmungsmißbildung des Herzens, bei der Aorta u. A. pulmonalis ein gemeinsames Gefäß bilden, das über einem Ventrikelseptumdefekt entspringt; dagegen ↑Pseudotruncus arteriosus. [5]

T. brachiocephalicus: aus dem Aortenbogen re. entspringender gemeinsamer Arterienstamm für die Versorgung des Armes (A. subclavia dextra) u. des Kopfes (A. carotis communis dextra).

T. cerebri ↑Hirnstamm.

T. coeliacus: Bauchhöhlenschlagader aus Aorta abdominalis.

T. corporis callosi: Stamm des ↑Balkens.

T-i lymphatici: die Lymphstämme.

T. pulmonalis: Stamm der Lungenarterien, reicht von der re. Herzkammer bis zur dichotom. Aufgabelung in die beiden Aa. pulmonales.

T. sympathicus ↑Grenzstrang. [1]

Try: *Abk* für ↑Tryptophan. [8]

Trypaflavin: intensiv orange gefärbter, in Lösung fluoreszierender Akridinfarbstoff: 2,8-Diamino-10-methyl-acridiniumchlorid. Von Ehrlich als trypanozides Mittel in die Therapie eingeführt. Geeignet zur Wunddesinfektion, wirkt noch bakterizid bei 0,01%; Phagozytose u. Leukozytose werden nicht gehemmt. [8]

~test: Bestimmung der Kreisumlaufzeit mit Hilfe von 1 ml 0,5%igem intravenös appliziertem Trypaflavin. Beurteilt wird die Zeit bis zum Entstehen einer gelblichen Fluoreszenz an den Nagelfalzkapillaren. Normalerweise beträgt diese Zeit 16–18 s. [21]

Trypanosen ⟨*griech*⟩ *f, Pl:* durch ↑Trypanosomen verursachte Krankheiten: ↑Schlafkrankheit. [40]

Trypanosomen ⟨*griech*⟩ *n, Pl:* Trypanosomidae; Familie der Flagellaten, Endoparasiten mit einer Vordergeißel, Geißel mit dem Körper oft durch eine undulierende Membran verbunden; intrazelluläre Entwicklungsstadien ohne Geißel (↑Leishmaniaform), im Darm der wirbellosen Wirtstiere eingeißelig u. ohne undulierende Membran (Leptomonasform) oder eingeißelig u. mit kurzer undulierender Membran (Crithidiaform); im Blut des Wirbeltierwirts mit Geißel u. langer undulierender Membran (Trypanosomaform). – *Trypanosoma gambiense,* im trop. Afrika ist Erreger der ↑Schlafkrankheit. *Trypanosoma rhodesiense* ruft bes. schwere Form der Schlafkrankheit hervor. Zu den Trypanosomen gehört noch das *Trypanosoma cruci,* der Erreger der Chagas' Krankheit. [58]

T.-Nachweis: im peripheren Blut meist schwierig, direkt im natürlichen Präparat, Dunkelfeld oder Phasenkontrast durch die lebhafte Bewegung der Erythrozyten auffallend. Bei sehr spärlichem Auftreten sicherster Nachweis im Dicken Tropfen zur Zeit der Fieberhöhen mit Giemsa-Färbung. [11]

Trypanosomiasis ↑Schlafkrankheit. [40]

Trypsin ⟨*griech*⟩ *n:* früher Name für das eiweißspaltende Prinzip des Pankreas, das jedoch aus mehreren Enzymen besteht; für die Gesamtheit der Proteasen des Pankreas wird der Name Pankreatin vorgeschlagen. T. (EC 3.4.4.4) hydrolysiert L-Arginyl- oder L-Lysylbindungen von Peptiden. Die Aktivierung des im Pankreas gebildeten Trypsinogens geschieht über Enteropeptidase oder T., wobei ein Hexapeptid abgespalten wird. Molekulargewicht 23800; kristallin; *p*H- Optimum zwischen *p*H 7 u. 9. [8]

~bouillon: zum Nachweis der Indolbildung von Bakterien aus Tryptophan, das im durch Trypsin angedauten Pepton enthalten ist. [41]

~inhibitor: ein bas. Polypeptid im Pankreas vom Mol.-Gew. etwa 9000, das mit dem Trypsin im Verhältnis 1:1 einen unwirksamen Trypsin-Inhibitor-Komplex bildet. Ähnliche Inhibitoren findet man im Blutplasma (Schutzwirkung!) sowie in tier. u. pflanzlichen Geweben. Der in Sojabohnen vorkommende T. bedingt die Schwerverdaulichkeit der Sojabohnen, wenn er nicht durch längeres Kochen oder Rösten zerstört wird. [7]

Trypsinogen: im Pankreas gebildete unwirksame Vorstufe des ↑Trypsins; aus dem in Gegenwart von Ca^{2+} im Darm durch Abspaltung eines Hexapeptids durch die Enteropeptidase das wirksame Trypsin entsteht. Die Bildung des T. ebenso wie die des Pepsinogens u. anderer unwirksamer Vorstufen dient dem Schutz des Organs vor der Selbstverdauung. [7]

Tryptamin: prim. Amin ($C_8H_6N{\cdot}CH_2{\cdot}CH_2{\cdot}NH_2$) aus ↑Tryptophan, durch enzymat. Abspaltung von CO_2 hervorgehend (Dekarboxylierung); T. gehört in die Gruppe der biochem. wichtigen proteinogenen oder biogenen Amine, z. B. Tyramin, Histamin, Serotonin, die lokale Gewebshormone bzw. Bausteine von Coenzymen darstellen. [16]

Tryptophan: zykl., nur in geringer Menge in den meisten Proteinen auftretende Aminosäure = β-Indolyl-α-aminopropionsäure; Mais (Zein), Elastin, Kollagen, Gelatine sind tryptophanfrei; gehört zu den essentiellen ↑Aminosäuren, ist biochem. in Nikotinsäure (Antipellagravitamin) überführbar; bei der Hydrolyse von Eiweiß mit Alkali, bes. mit Säure, wird das T. weitgehend zerstört. Durch Dekarboxylierung entsteht das ↑Tryptamin; der biolog. Abbau (Darmbakterien) liefert ↑Skatol u. ↑Indol. [16]

Tryptophanoxygenase: (EC 1.13.1.12) Tryptophan wird im Zwischenstoffwechsel hauptsächlich oxydativ abgebaut, wobei der erste Schritt die Aufspaltung des Pyrrolkerns durch die T. zum Formylkynurenin ist. [8]

Tryptophanpyrrolase ↑Tryptophanoxygenase. [8]

Tscherenkow, Paul Alexejewitsch (* 1904), Physiker, Moskau. Entdeckte 1934 die nach ihm benannte Strahlung, Nobelpreis 1958.

T' Strahlung (1934): Lichtemission, wenn geladene Teilchen mit einer größeren Geschwindigkeit als die im Medium mögliche Lichtgeschwindigkeit dieses opt. dichte Medium durchqueren. [54]

Tscherning' Gläser: Graugläser, die in logarithm. Abstufung jeweils 9/10 des Lichtes absorbieren. [36]

T-Schleife ↑Vektorkardiogramm. [7]

Tsetsefliegen: die die Erreger der ↑Schlafkrankheit u. der ↑Naganaseuche übertragenden Fliegenarten der Gattung Glossina (z. B. G. palpalis u. G. morsitans). [58]

TSH: *Abk* für Thyreoidea-stimulierendes

Hormon des ↑ Hypophysenvorderlappens; Syn. thyretropes Hormon, Thyreotropin. [8]

TSR *Abk* für ↑ Trizepssehnenreflex. [33]

Tsuchiya-Mehring' Probe: quantitative Eiweißprobe mit Phosphorwolframsäure; Schnellprobe. [47]

Tsutsugamushifieber ⟨*jap*⟩: Syn. Kedanikrankheit, japan. Flußfieber, Scrub Typhus; durch Milben (↑ Trombicula akamushi) übertragbare, fleckfieberähnliche, bes. in Japan entlang den Flußläufen auftretende Infektionskrankheit. Erreger *Rickettsia orientalis* (*R. tsutsugasmushi, R. akamushi*); ↑ Fleckfieber. [40]

T-System: transversaler Teil des ↑ Sarkoplasmaretikulums. Es stellt eine strukturelle Basis für die Kopplung von Erregungsvorgängen an der Muskelfasermembran u. den kontraktilen Eiweißen dar. Es leitet die an der Membran ablaufenden elektr. Vorgänge zu den Fibrillen der Muskelfaser. [6, 7]

TTC: *Abk* für ↑ Triphenyltetrazoliumchlorid. [42]

TTH *Abk* für thyreotropes Hormon des ↑ Hypophysenvorderlappens. [12]

T-Typ (Tetanietyp): tetan. Anfälle bei leicht reizbaren, asthen. Menschen mit spasmophiler Konstitution, livider Hautverfärbung der Extremitäten, Magerkeit u. Neigung zu Gefäßspasmen u. Migräne. [12]

Tuba ⟨*lat*⟩ *f:* Tube, Trompete, Röhre. *Adj* tubalis zur Tube gehörend.

T. auditiva (BNA, PNA) = T. Eustachii = T. pharyngotympanica (JNA) ↑ Ohrtrompete.

T. uterina = T. Faloppii ↑ Eileiter. [1]

Tubacurarin ↑ Muskelrelaxanzien. [27]

Tubar|abort: Ausstoßung einer in der Ampulle eingenisteten Eileiterschwangerschaft in die Bauchhöhle, die allerdings meist nicht komplett gelingt u. mit Blutung einhergeht. Führt zu typ. Symptomen; ↑ Tubenruptur.

~gravidität: Eileiterschwangerschaft; häufigster Sitz der ↑ Extrauteringravidität. Ungestörtes Austragen des Kindes nicht möglich, meist gestörte T. durch sog. inneren Fruchtkapselaufbruch (↑ Tubarabort) oder äußeren Fruchtkapselaufbruch (↑ Tubenruptur). [29]

Tube: eingedeutschte Kurzform für Tuba uterina. [29]

Tuben|durchblasung ↑ Pertubation. [29]

~mandel = Tonsilla tubaris: eng umschriebene Ansammlung lymphat. Gewebes dort, wo die Ohrtrompete in die Pars nasalis des Pharynx mündet. [1]

~ruptur: Platzen des Eileiters bei ↑ Tubargravidität infolge Zermürbung der Eileiterwand durch eingewachsene Chorionzotten. Klin. Zeichen: Akutes Abdomen (Schock, Abwehrspannung). Verblutungsgefahr, wenn nicht sofort operiert wird.

~sterilisation: Unterbindung oder Durchtrennung beider Eileiter zum Zwecke der Unfruchtbarmachung. Verhinderung des Zusammentreffens zwischen Ei u. Samenfaden. [29]

Tuber ⟨*lat*⟩ *n:* Knollen; (anatom.) Höcker, Vorsprung.

T. calcanei: Fersenhöcker.

T. cinereum: vegetativer Zentralregulierungsherd für Blutzellen; ↑ Zwischenhirn.

T. frontale: Stirnhöcker.

T. ischiadicum: Sitzbeinhöcker, Sitzbeinknorren.

T. maxillae: höckerartige Vorwölbung der hinteren Fläche des Corpus maxillae.

T. omentale hepatis: Vorwölbung am re. unteren Ende des li. Leberlappens.

T. omentale pancreatis: der auf der Höhe der Wirbelsäule in die Bauchhöhle vorspringende Teil des ↑ Pankreas.

T. parietale: Scheitelhöcker.

T. vermis: Teil des ↑ Kleinhirns. [1]

Tubera ⟨*lat*⟩ *n, Pl:* Wurzelknollen.

T. Aconiti: Wurzelknollen von Aconitum napellus, enthalten das Alkaloid ↑ Akonitum; Höchstgehalt im Winter, niedrigster Gehalt im Sommer; Abnahme des Alkaloidgehaltes mit zunehmender Knollengröße.

T. Jalapae: Wurzelknollen von Exogonium purga, enthalten als purgierende Wirkstoffe zwei höhermolekulare ↑ Glykoside Convolvulin u. Jalapin im alkohol. Auszug. Nach Entfernen des Lösungsmittels hinterbleibt das sog. Jalapenharz (Resina Jalapae DAB 7), das eine drast. Abführwirkung besitzt u. Bestandteil des Extract. Rhei comp. ist.

T. Salep: Wurzelknollen mitteleuropäischer u. vorderasiat. Orchideen aus der Gruppe der Ophrydee; ↑ Salep. [44]

Tuberculum ⟨*lat*⟩ *n:* Höckerchen, kleiner Vorsprung; (klin.) Knötchen.

T. corniculatum (Santorini): kleine Erhebung hinten medial auf der Plica aryepiglottica, hervorgerufen durch die Cartilago corniculata.

T. costae: Rippenhöcker hinter dem Rippenhals; ist bei den zehn ersten Rippen mit einer Gelenkfläche versehen (Gelenkbildung mit dem Querfortsatz des Brustwirbels).

T. cuneiforme (Wrisbergi): kleine Erhebung vorn medial auf der Plica aryepiglottica, hervorgerufen durch die Cartilago cuneiformis.

T. epiglotticum: hügelartige, durch den Petiolus epiglottidis bewirkte Vorwölbung im Bereich des Vestibulum laryngis.

T. ilicum (JNA) ↑ Spina iliaca anterior inferior (BNA, PNA).

T. nuclei cuneati: Vorwölbung der dorsalen Seite der Medulla oblongata, bedingt durch den lateralen Hinterstrangskern.

T. nuclei gracilis: Vorwölbung der dorsalen

Seite der Medulla oblongata, bedingt durch den medialen Hinterstrangkern. [1]

Tubergelenkwinkel: ein im. seitlichen Röntgenbild am Fersenbein zu bestimmender Winkel. Er wird von zwei Geraden eingeschlossen, die eine zieht vom höchsten Punkt des Fersenbeinhöckers nach vorn u. ansteigend zum Rand der hinteren Gelenkfläche des Fersenbeins u. die andere von diesem Punkt zur vorderen Kante der Gelenkfläche. Der nach hinten offene Winkel beträgt normalerweise etwa 40 Grad. Er wird bei Fersenbeinkompressionsbrüchen kleiner u. kann in schwersten Fällen negativ werden. [23]

Tuberin: Globulin des Kartoffelproteins, biolog. hochwertig. [16]

Tuberkel *m* ✳ **Tuberculum** ⟨*lat*⟩ *n*: Knötchen; bei der Auseinandersetzung zwischen Tuberkulosebakterien u. Organismus entstehen bestimmte, für die Tuberkulose spezif. Veränderungen des Gewebes in Form von kleinsten, z.T. auch zusammenfließenden Knötchen, die einen typ. Aufbau besitzen. Der T. ist gekennzeichnet durch eine Anhäufung von ↑Epitheloidzellen, ↑Langhans) Riesenzellen, um ein Gebiet zentraler Verkäsung. Umgeben sind diese von einem Lymphozytenwall. Der T. ist relativ gefäßarm. [15]

Tuberkelbakterien ↑Tuberkulosebakterien. [40]

Tuberkulide: recht gutartige Formen tuberkulöser Hauterkrankungen. Oft als Ausdruck einer hämatogenen Aussaat der Erreger bei hypererg. Abwehrlage des Körpers angesehen; jedoch niemals sicher Tuberkulosebakterien nachgewiesen. Tuberkulostatika erfolglos. Es werden folgende Formen unterschieden: 1. Tuberculosis cutis indurativa = Erythema induratum (noduläre Vaskulitiden); a) Typ Bazin; in der Subkutis liegende blaurote, derbe Knoten, die keine Beschwerden verursachen; entweder Abheilung mit bräunlich pigmentierten Narben oder Erweichung u. Entstehen von Geschwüren, die äußerst hartnäckig sein können. Sitz hauptsächlich an den Unterschenkeln, bevorzugt sind junge Mädchen; b) Typ Darier-Roussy; ähnlich dem Typ a). Auftreten gruppenweise u. häufig symmetr., bevorzugt am Schulterblatt, in der Rippengegend, dem unteren Teil des Bauches u. der Vorderseite der Oberschenkel; 2. Tuberculosis cutis lichenoides = Lichen scrophulosorum; hauptsächlich am Stamm auftretende, stecknadelkopfgroße, blaßrote, meist gruppenförmig angeordnete Knötchen, die Schüppchen oder auch Pusteln tragen u. am Haarbalg sitzen. Beschwerden fehlen, meist spontane Abheilung. Häufig werden Kinder u. Jugendliche mit Organtuberkulose befallen. 3. Tuberculosis cutis lupoides miliaris disseminata = Lupus miliaris faciei; vorwiegend bei Männern im Gesicht schubweise auftretende bräunliche oder blaurötliche Knötchen, die auf Glasspateldruck deutliche apfelgeleefarbene Infiltrate erkennen lassen. Allgemeinbefinden nicht gestört. 4. Tuberculosis cutis papulo-necrotica acneiformis = papulo-nekrot. Tuberkulid; hauptsächlich an den Streckseiten der Gliedmaßen, aber auch an anderen Körperstellen auftretende zunächst stecknadelkopfgroße schrotkornähnliche Knötchen in der Subkutis, die höher rücken u. sich schließlich als blaurote Papeln mit zentraler Nekrosenbildung über die Haut erheben. Narbige Abheilung mit bräunlicher Pigmentierung. 5. Tuberculosis cutis papulonecrotica rosaceiformis: ausschließl. im Gesicht schubweise auftretende hellrote Knötchen, die von einem Schüppchen bedeckt sind oder eine kleine zentrale Pustel aufweisen. Im weiteren Verlauf Ausbildung typ. durch Glasspateldruck nachweisbarer „apfelgeleefarbener" Infiltrate; hartnäckiger Verlauf. [43]

Tuberkulin: Stoffwechselprodukte der ↑Tuberkulosebakterien, auch nach ihrer mechan. Zertrümmerung aufgeschlossene Bakterienleiber, die bei Einbringung in einen tuberkulös infizierten Organismus eine entzündliche Reaktion (Tuberkulinreaktion) erzeugen. Es gibt verschiedene Arten von Tuberkulinen. Das erste war das von R. Koch hergestellte Alt-Tuberkulin (AT). Das albumosenfreie Tuberkulin enthält in klarer Lösung die Stoffwechselprodukte u. löslichen Extrakte humaner TB, die auf eiweißfreier Salzlösung gezüchtet u. auf 1/10 des Volumens eingeengt sind. Das Neu-Tuberkulin ist eine homogene Aufschwemmung durch mechan. Zertrümmerung aufgeschlossener TB in physiolog. Kochsalzlösung. Das ↑Bovotuberkulin wird aus bovinen TB gewonnen. Die Partialantigene enthalten bestimmte Extrakte der aufgeschlossenen TB (Eiweißgruppe A, Fettsäuren + Lipide F u. Neutralfett + Wachsalkohol N). Das „Gereinigte Tuberkulin" *Abk* GT, dem amerikan. ↑PPD u. dem RT 23 der WHO entsprechend, ist ein von Ballaststoffen weitgehend befreites Tuberkuloseprotein. In dem von der WHO empfohlenen RT 23 + 0,05% Tween 80 ist das Tuberkulin mit einer oberflächenaktiven Substanz gelöst. Dadurch werden Absorptionen des Tuberkulins an die Glaswand verringert u. erhält die Reaktion ein ausgeprägteres Bild. Die Tuberkuline werden standardisiert: 1/100 000 (10^{-5}) g Standard-Alt-Tuberkulin = 0,1 ml einer Tuberkulinverdünnung von 1 : 10 000, entspricht einer Tuberkulineinheit; 0,00001 mg PPD hat die gleiche Wirkung wie 1 Tuberkulineinheit. [15]

~arthritis: Aufflackern einer bestehenden

oder Wiederkehr einer abgelaufenen Arthritis nach einer Tuberkulin-Einspritzung; es gibt auch T. in vorher nicht erkrankten Gelenken. Ähnlich entstehen Arthritiden bei Verwendung von Vakzinen. [13]

~diagnostik: Verwendung des Tuberkulins für diagnost. Zwecke; ↑Tuberkulinreaktion.

~kataster: Untersuchung der gesamten Bevölkerung oder großer Bevölkerungsgruppen mit Tuberkulin zur Feststellung der Tbk-Durchseuchung. Erforderlich bei der Tbk-Schutzimpfung.

~konversion: Umschlag von tuberkulinunempfindlich (normergisch) zu tuberkulinempfindlich (allergisch); ist ein Hinweis auf ablaufende oder abgelaufene Infektionen, meist nicht auf den aktuellen Krankheitsverlauf. [40]

~reaktion: 1. Allerg. Haut- bzw. Gewebsreaktion nach Berührung mit dem spezif. zellgebundenen Antigen (Allergen). Nach Antransport lymphozytenständiger Antikörper kommt es innerhalb von 24–48 h zur Hautreaktion (Spätreaktionstyp, Tuberkulintyp) mit Entzündung u. einem zelligen Infiltrat; ↑Frühreaktion. 2. T. wird zur Tbk-Diagnostik eingesetzt. Sie ist für den mit Tuberkulosebakterien nichtinfizierten Organismus selbst in relativ großen Mengen prakt. ungiftig. Dagegen erzeugt es im tuberkulös infizierten Organismus oft bei kleinsten Mengen heftige entzündliche Reaktionen, 1. als Lokalreaktion an der Einführungsstelle, 2. als Allgemeinreaktion mit Fieber u. Abgeschlagenheit u. 3. als Herdreaktion am Ort der tuberkulösen Veränderungen. Für die Tbk-Diagnostik ist nur die Lokalreaktion erwünscht. Die Tuberkulinprobe kann entweder perkutan (Moro-Probe, Pflasterprobe), perkutan (Pirquet-Bohrung, Skarifikationsproben u. intrakutan (Mendel–Mantoux) durchgeführt werden. Sie besagt, ob die betreffende Person eine tuberkulöse Infektion durchgemacht hat (pos. Tuberkulinprobe) oder nicht (neg. Tuberkulinprobe). Alle mit ↑BCG erfolgreich geimpften Personen sind tuberkulinpositiv. [15, 40]

~salbe: 1. Tuberkulinsalbe (Moro) zur diagnost. Verwendung; Mischung von humanem u. bovinem Tuberkulin, das auf die doppelte Konzentration eingeengt u. mit ↑Lanolin anhydricum 2:1 vermengt ist; 2. Tuberkulinsalbe (Moro) zur therapeut. Verwendung; 3. Perkutan-Tuberkulinsalbe (Hamburger) forte: eine mit Alttuberkulin, das bis zur Gewichtskonstanz eingedickt ist, bereitete Salbe; 4. Perkutan-Tuberkulinsalbe (Hamburger) mite: 20fach verdünnte Perkutan-Tuberkulinsalbe forte. [32]

~schnellreaktion: nicht zuverlässige, deshalb unbrauchbare Tuberkulinreaktion. Nach intrakutaner Injektion von Tuberkulin entsteht nach 10–15 min eine Hautrötung. [15]

Tuberkulom ⟨*lat*⟩ *n:* bis apfelgroßer tuberkulöser Herd, bei dem eine dünne Schicht epitheloidzelligen Granulationsgewebes oder nur ein Bindegewebsmantel die ausgedehnte zentrale Nekrose umschließt; Vorkommen in Lunge (sog. Rundherd), Gehirn, Leber u. Milz. [5]

tuberkulös: durch das ↑Tuberkulosebakterium bedingt. [15]

Tuberkulose ∗ **Tuberculosis** ⟨*lat*⟩: *Abk* Tbk; durch das ↑Tuberkulosebakterium hervorgerufene Erkrankung, welche durch das Vorhandensein von ↑Tuberkeln gekennzeichnet ist. Als Krankheitsbegriff von Schönlein eingeführt. Ausbreitung der T. von der Erstinfektion (Primärkomplex), ↑Lungentuberkulose; teils auf dem Blutweg (hämatogen) teils unmittelbar fortgeleitet (intrakanalikulär), z. B. über die Bronchien innerhalb der Lungen oder über die Harnwege bei der Tuberkulose des Harn- u. Genitaltrakts. [15]

T. der Haut ∗ **Tuberculosis cutis:** Hautkrankheit, die durch Tuberkulosebakterien (meist *Mycobacterium hominis,* seltener *Mycobacterium bovis*) hervorgerufen wird. Hauttuberkulose entsteht selten prim. (ausgenommen die BCG-Impfung), sondern meist auf dem Blut- oder Lymphweg bei vorhandener Organtuberkulose; manchmal Superinfektion (z. B. Tuberculosis cutis verrucosa) mit eigenen oder fremden Tuberkulosebakterien. Einteilung: 1. Anergie = Tuberculosis ulcerosa cutis et mucosae: unregelmäßig begrenzte Geschwüre mit lividrotem unterminiertem Rand u. meist schmierigem Grund. Auftreten a) bei noch nicht vorhandener Abwehrbereitschaft des Körpers (Säuglinge) am Ort des erstmaligen Eindringens von Tuberkulosebakterien. Durch Miterkrankung der regionären Lymphknoten meist Ausbildung eines tuberkulösen Primärkomplexes u. im weiteren Verlauf bei Ausbleiben ausreichender Antikörperbildung Übergang in eine tödliche allgemeine Miliartuberkulose, b) bei erloschener Abwehrkraft, z. B. bei schweren innneren Tuberkulosen. Hier finden sich die gleichen, meist schmerzhaften Geschwüre vorwiegend an Körperöffnungen, wo sie durch Implantation der in den jeweils dort vorhandenen Sekreten enthaltenen Tuberkulosebakterien entstehen. Meist schlechte Prognose; 2. Normergie = a) Tuberculosis cutis luposa = Lupus vulgaris: verhältnismäßig häufige Form der Hauttuberkulose. Meist im Gesicht, aber auch an Extremitäten braunrote, ziemlich scharf begrenzte papulöse Herde, die sich langsam peripherwärts ausbreiten u. im Zentrum Abheilung erkennen lassen; jahre- bis jahrzehntelanger Verlauf. Durch Zerstörung der Hautstruktur narbige Abheilung. Ergriffen werden auch Schleimhaut u. Knorpel (Nase, Ohren), dadurch Mutilationen. Ausgedehnte Narben führen zu schweren Entstellungen, oft unter Ausbildung eines Karzinoms (Ca. in lupo). In den Narben immer wieder frische Knötchen. Hämatogene Entstehung. Diagnose: Diaskopie, Sondenversuch, Histologie Erregernachweis. Therapie mit Tuberkulostatika, b) Lymphadenitis tuberculosa (↑Lymphknotentuberkulose). Fistelnde Lymphknoten als Tuberculosis cutis colliquativa (Skrophuloderm). Röhrenförmige Abszesse am Hals. Unter Hinterlassung häßlicher Narben Abheilung. Ursache der „Etagentuberkulose" (Tuberkulose der Halslymphknoten, der Subkutis u. der Haut), c) Tuberculosis cutis verrucosa: Form der Hauttuberkulose, die durch Infektion von außen entsteht, z.B. als Berufsinfektion bei Abdeckern, Tierärzten, Fleischern usw. oder durch Selbstinfektion bei Kranken mit offener Lungentbk. durch Aussaugen einer Wunde. Warzenförmige Wucherung mit bläulichrotem Rand, aus der sich auf Druck multiple Mikroabszesse siebartig entleeren. Oft Neigung zu zentraler Rückbildung bei peripherem Fortschreiten; 3. Hyperergie = Lupus tumidus: mit überschießender Gewebsreaktion einhergehende Tuberculosis cutis luposa im Gesichtsbereich.

T. cutis indurativa ↑Tuberkulide.

T. cutis lichenoides ↑Tuberkulide.

T. cutis lupoides miliaris disseminata ↑Tuberkulide.

T. cutis papulo-necrotica acneiformis ↑Tuberkulide.

T. cutis papulo-necrotica rosaceiformis ↑Tuberkulide. [43]

T. des Harn- u. Genitaltraktes = Tuberculosis urogenitalis: immer Organmanifestation im Gesamtverlauf einer Tuberkuloseerkrankung. 1. Uro-Tuberkulose manifest in Nieren u. ableitenden Harnorganen; 2. Genital-Tuberkulose manifestiert in (männlichen) Geschlechtsorganen. ad 1. Auf dem Blutweg werden vom (meist in Lungen sitzenden) Primärherd Tuberkulosebakterien in die Nieren eingeschwemmt, die nach Durchtritt durch die Glomerulumschlingen im Nierenparenchym spezif. Herde setzen; Nieren-Tuberkulose (oft erst 4–6–10 Jahre nach Primär-Tbk). Von da aus intratubulär (intrakanalikulär), lymphogen oder interstitiell die mittelbare Umgebung befallend, entstehen Zerstörungsherde an den Kelchenden der Papille. (Röntgen: Pinselform). Durch Ulzeration (klin. Hämaturie) u. fibrot. Prozesse Kelchhalsstenose u. schließlich (narbige) Abschnürung. Abgekapselte Hohlraum-Markkaverne. (Röntgen: abgeschnürter Hohlraum oder Margeritenform, mit ↑Urogramm oder ↑Infusionsurogramm besser zu sehen als mit retrogradem Pyelogramm); Einschmelzung zur stummen Nierenkaverne. Tuberkulosebakterien können im Urin fehlen. (Röntgen: stummer Bezirk, auch bei Angiographie, Buckelbildung an der Konvexität.) Erfolgt die narbige Abschnürung weiter distal, z.B. Ureterabgang oder tiefer am Ureter, Harnleiter-Tuberkulose (klin. Druck, Schmerzen bis Koliken möglich). Die ganze Niere wird nach u. nach zur (verkäsenden) tuberkulösen Pyonephrose, „Kittniere", bei stärkerer Verkalkung zur „Mörtelniere". Infolge der totalen Obliteration kein Anschluß an das ableitende Harnsystem, völlige Funktionslosigkeit, (fälschlich) als „Autonephrektomie" bezeichnet. Deszendiert aber die Tbk-Infektion, ohne Stenosierung zu verursachen, in Richtung Blase durch a) Abschwimmen der Erreger mit dem Harnstrom, b) Fortschreiten in Nierenbecken- u. Harnleiterwand (u. den begleitenden Lymphgefäßen), entsteht Blasen-Tuberkulose. Typ. Knötchen unterhalb des Ostiums u. am beweglichen Blasenteil, also Vorderwand u. Scheitel; Ausbildung von Geschwüren (klin. ↑Pollakisurie, ↑Strangurie) bis zur (narbigen) tuberkulösen ↑Schrumpfblase. Durch ↑Ostiuminsuffizienz mit ↑Reflux Befall der Gegenniere (wobei die interstitielle oder lymphogene Aszension sicherlich häufiger ist). Diagnose der Uro-Tuberkulose: a) Bakteriennachweis im Urin (Kultur), der aber manchmal (s.o.!) negativ verläuft, b) Röntgen: Urographie, Infusionsurogramm, Renovasographie, Isotopennephrogramm, Szintigramm (retrograde Pyelographie wegen möglicher Keimverschleppung gefährlich u. heute meist vermeidbar), c) Zystoskopie zur Klärung von Blutungen (Quelle?) u. zur Fahndung nach Tbk-Blasenveränderungen. Therapie der Uro-Tbk: Tuberkulostatika. Operativ: (erst nach tuberkulostat. Vorbehandlung u. Abschirmung) a) Nieren: Kavernotomie oder Teilresektion, bei Tbk-Pyonephrose, Kittniere etc. Nephrektomie (ehe die andere Seite auf o.a. Weise befallen wird!), b) Harnleiter: bei tiefen Stenosen ↑Harnleiterneostomie (falls Niere konservativ geheilt ist), c) Blase: bei Tbk-Schrumpfblase ↑Scheele' Plastik, ↑Ersatzblase oder Harnableitung in den Darm. ad 2. Genital-Tbk (beim Manne): Teilgeschehen im Gesamtablauf einer Tuberkuloseerkrankung, nur als Genitalorgan-Tbk, aber auch als kombinierte Uro-Genital-Tbk vorkommend, wobei nicht oder nur selten dem intrakanalikulären Infektionsweg, sondern dem hämatogenen, lymphogenen oder dem Kontinuitätsweg die Hauptbedeutung zukommt. Meist einseitig im Nebenhoden beginnend; testifugale Ausbreitung, so daß Samenblasen u. Prostata bei Stellung der Diagnose oft schon mitbefallen sind (genitoprimärer Herd). Klin. Epididymitis, ↑Hämospermie, Übergreifen auf die andere Seite durch kontinuierliches Fortschreiten im Prostatagewebe u. testipetaler Verlauf. Auch Einbruch von Tbk des Nebenhodens in Hoden. Infektion erfolgt per continuitatem, nicht durch Lymphgefäße, da Lymphkapillaren nur in Hodenkapsel vorhanden sind. Diagnose: Fahndung nach Tuberkulosebakterien im Urin, Exprimat u. Ejakulat (kann neg. sein!). Palpationsbefund: Nebenhodenverdickung, (höckrig), derb, holzhart, Samenleiterverdickung (perlschnurartig). Rektal: harte Infiltrate, Stränge, feine bis erbsgroße Knoten (ggf. Abszeßfluktuation einseitig!). Verwechslung mit Prostatakarzinom u. Prostatasteinen möglich. Bei begründetem Verdacht auf Nebenhoden-Tbk evtl. Probefreilegung, Probeexzision, histolog. Untersuchung; bei Prostata-Tbk-Verdacht: Probepunktion zur Biospie oder Probeelektroresektion; bei Samenblasen-Tbk-Verdacht: ↑Spermatozystographie. Therapie: Tuberkulostatika; operativ (nach ausreichend langer tuberkulostat. Vorbehandlung) a) Nebenhodenresektion (mit gleichzeitiger ↑Spermatozystographie, ggf. Vasektomie der Gegenseite; b) (bei forgeschrittenen Fällen u. hohem Alter) ↑Semikastration; c) Spermatozystektomie. Alle Kranken mit pos. Bakteriennachweis im Urin, Exprimat oder Sperma sind infektiös. Alle Formen der Urogenital-Tbk unterliegen der Meldepflicht. [24]

T. des weiblichen Genitalapparates: meist sind die Adnexe oder das Endometrium erkrankt. In seltenen Fällen auch Tuberkulose der Portio. Die Infektion erfolgt vorwiegend hämatogen oder lymphogen deszendierend. Häufige Ursache für Sterilität. Die Schwierigkeit liegt bei der Adnextuberkulose in der Diagnosestellung u. Abgrenzung gegen andere Affektionen der Adnexe. Konservative Behandlung wird bevorzugt. [29]

Tuberkulosebakterien: Ordnung *Actinomycetales,* Familie *Mycobacteriaceae* (Bergey, 1957). *Mycobacterium tuberculosis* (Robert Koch, 1882), Erreger der Tuberkulose Grampos., schlankes, leicht gekrümmtes, unbewegliches, aerob wachsendes Stäbchen, 0,5–4 μm lang. Sehr widerstandsfähig gegen Säuren, Laugen u. Alkohol. Nachweis aus Sputum, Urin, Stuhl, Punktionsflüssigkeiten, Fisteleiter u. Gewebe: 1. im mikroskop. Präparat durch Spezialfärbung (↑Ziehl–Neelsen u. a.); 2. kulturell auf Spezialnährböden (z. B. nach ↑Gottsacker u. a.); 3. Tierversuch (Meerschweinchen). Mehrere Typen: *M. tuberculosis* (Erreger der Menschen-Tbk), *M. bovis* (Erreger der Rinder-Tbk, z. T. auch Menschen-Tbk), *M. avium* (Erreger der Geflügel-Tbk, für Menschen vereinzelt pathogen). Fluoreszenzfärbung mit Auramin nach Hagemann. [43]

Tuberkulose|gefährdung: alle, die der Ansteckung mit Tuberkulosebakterien unmittelbar ausgesetzt sind, sind tuberkulosegefährdet. Das sind in erster Linie Personen, die in der Umgebung von offenen Tuberkulösen leben oder arbeiten, u. solche, die mit Tuberkulosekranken oder Tuberkulosebakterien umgehen müssen (Ärzte, Schwestern, Laboranten, Reinigungspersonal in Tbk-Einrichtungen).

~schutzimpfung: Verfahren zur Erzeugung eines Schutzes gegen eine virulente Tbk-Infektion. Beruht auf der Beobachtung von R. Koch (Koch' Grundversuch), daß nach einer ersten Infektion mit TB u. eingetretener Allergie der Organismus auf eine zweite Infektion schnell reagiert u. sie gewöhnlich überwindet. Benutzt werden die virulenzgeminderten ↑BCG, aber auch der ↑Vole-Bazillus. Die Keime können peroral oder durch intrakutane Injektion zugeführt werden. Die intrakutane Impfung schafft einen wesentlich zuverlässigeren Schutz u. wird deshalb bevorzugt. Die Lebensfähigkeit der BCG im Organismus u. die erzeugte Immunität sind begrenzt. Deshalb muß die Impfung im Falle eines neg. ↑BCG-Testes nach mehreren Jahren wiederholt werden (Revakzination), um den Schutz aufrechtzuerhalten; ↑Impfkalender. [15]

Tuberkulosilikose ↑Silikotuberkulose. [49]

Tuberkulostatikum: Chemotherapeutikum oder Antibiotikum, das die Tuberkulosebakterien an der Vermehrung hindert [Thiosemikarbazone, p-Aminosalizylsäure (PAS), Isonikotinsäurehydrazid (JNH), Streptomyzin u. a.]. [42]

Tuberositas ⟨*lat*⟩ *f:* Rauhigkeit, höckrige Stelle; Höcker mit rauher Oberfläche.

T. deltoidea: große, längliche Rauhigkeit am Mittelstück des ↑Humerus, durch den Ansatz des Deltamuskels hervorgerufen.

T. glutaea: breite Rauhigkeit am oberen Ende des Labium laterale der ↑Linea aspera des ↑Femur, durch den Ansatz des großen Gesäßmuskels hervorgerufen.

T. masseterica: Rauhigkeit an der Außenseite des Unterkieferwinkels, durch den Ansatz des M. masseter hervorgerufen.

T. phalangis distalis: der auf der Palmar- bzw. Plantarfläche des distalen Endes der Endphalangen der Finger bzw. Zehen hervorspringende rauhe Höcker.

T. tibiae: kräftige, rauhe Erhebung vorn am oberen Ende des Schienbeinschaftes, dient der Endsehne des M. quadriceps femoris zum Ansatz.

T. ulnae: Rauhigkeit dicht unterhalb des

Processus coronoideus ulnae, dient der Endsehne des M. brachialis zum Ansatz. [1]

tuberosus ⟨*lat*⟩: höckerig, reich an Höckern. [1]

Tubokurarin ↑Kurarine. [44]

Tuboovarialzyste ⟨*lat, griech*⟩: zyst. Umwandlung von Eierstock u. Eileiter mit gemeinsamer Zystenhöhle. Die häufigste Ursache stellt eine frühere Entzündung von Eileiter u. Eierstock dar. [29]

tubulär ⟨*lat*⟩: tubulös; röhrenförmig oder schlauchförmig, z. B. tubulöse Drüsen. [2]

Tubuläres Syndrom, distales: kommt vor bei Pyelonephritis, interstitieller Nephritis, Intoxikationen mit Schädigung des distalen Tubulusapparates u. hereditär. Durch das Unvermögen, einen sauren Harn zu produzieren, kommt es zur Azidose, Hyperkalzurie, Hypokaliämie. Typ. ist auch Hyperchlorämie. Klin. Nephrokalzinose, Osteoporose, Polyurie, Polydipsie, Schwäche, Gangstörungen. [9]

Tubulisation ⟨*lat*⟩: bei der Behandlung traumat. Nervendurchtrennung wird auf eine direkte Nervenvereinigung durch Naht verzichtet u. die Distanz mit einem Röhrchen (Kalbsarterie, Gelatineröhrchen, Vene) in der Vorstellung der späteren Vereinigung überbrückt. [20]

Tubulonephrose: degenerative Veränderungen der Epithelien der Nierentubuli (↑Niere, mikroskop. Anatomie) unter dem Einfluß der verschiedensten Schädlichkeiten; ↑Nephrose. [5]

Tubulorrhexis ⟨*lat, griech*⟩ *f:* Zerreißen der Basalmembran der Epithelzellen der Nierentubuli mit nachfolgender Nekrose; ↑Chromoproteinniere, ↑Schockniere, ↑Nephrose, ↑lower nephron nephrosis. [24]

Tubulus ⟨*lat*⟩ *m:* das Röhrchen; Harnkanälchen, Drüsenschlauch. [1]

T-i mitochondrales: in den ↑Mitochondrien bestimmter Zellarten, z. B. endokriner Organe vorhandene Innenstrukturen, die einen tubulären Charakter haben. [6]

T-i ossei: die von Knochenmark erfüllten Lücken zwischen den Knochenbälkchen der Substantia spongiosa.

T. renalis (contortus u. rectus): (gewundenes u. gerades) Nierenkanälchen; ↑Nephron.

T. seminiferus (contortus u. rectus): (gewundenes u. gerades) ↑Hodenkanälchen. [1]

Tubulusnekrose ↑Chromoproteinniere, ↑Schockniere. [24]

Tubus ⟨*lat*⟩ *m:* Röhre, ein hoher zylinderförmiger Körper. [1]

Tularämie (Tulare, Gebiet in Kalifornien): Hasenpest; enzoot.-epizoot., durch Kontakt oder Nahrungsmittel, gelegentlich auch durch Zecken von Tieren (Hasen, Wildkaninchen, Ratten) auf Menschen übertragbare, anzeigepflichtige Infektionskrankheit. Erreger ↑Tularämiebakterien (*Pasteurella tularensis*), Inkubation 2–5 Tage. Neben den lokalen äußeren Formen (Geschwür mit Lymphknotenschwellung, sog. ulzeroglandulärer oder okuloglandulärer Typ) hochfieberhafte innere Formen (typhöser Typ). Letalität bis zu 5%. Überstehen hinterläßt langjährige Immunität. Bakteriolog. Diagnose durch Erregernachweis (mikroskop., Tierversuch u. Kultur) aus Lymphdrüsenpunktat, Blut, Sputum; Antikörperbestimmung im Tularämie-Widal (Agglutinationsprobe), Behandlung mit Streptomyzin, Tetrazyklinen, Vorbeugung durch Ausmerzung des Erregerreservoirs, Zeckenvertilgung; Desinfektion; aktive Immunisierung gefährdeter Personengruppen mit ↑Galski-Elbert-Vakzine. [40]

~bakterien: Ordnung *Eubacteriales,* Familie *Brucellaceae,* Gattung *Pasteurella* (Bergey 1957). *Pasteurella tularensis,* Erreger der ↑Tularämie. Kleine, pleomorphe, unbegeißelte, unbewegliche, gramneg. Stäbchen; Wachstum nur auf Blut, Serum oder Ei enthaltenden Nährböden. Pathogen für Nagetiere, Katzen, Hunde, Füchse, Wildgeflügel, Affen, Menschen. Seltener Infektionen bei Pferd, Rindern, Schafen durch Insektenstiche oder Zeckenbefall. [41]

Tularin-Reaktion: Intrakutantest mit abgetöteten Tularämiebakterien. 0,1 ml einer 1–2 Millionen Keime enthaltenden Suspension werden intrakutan injiziert. Ist etwa ab 1. Krankheitswoche pos. u. bleibt auch nach Überstehen der Erkrankung noch jahrelang (10–15 Jahre) pos. Innerhalb von 48 h nach der Injektion an der Volarseite des Unterarms bildet sich im pos. Fall eine papulo-erythematöse Reaktion. [39]

Tumbufliege = Cordylobia anthropophaga: afrikan. Fliegenart, legt Eier in den Sand ab; Larven bohren sich in die Haut von Menschen u. Säugetieren (bes. Ratten, Hunde) ein, erzeugen furunkelartige Schwellungen, die sie nach 12–15 Tagen verlassen und sich dann im Boden verpuppen. [58]

Tumenolammonium: Teerprodukt aus bituminösem Schiefer; wird noch zur Ekzembehandlung wegen seiner entzündungswidrigen, juckstillenden u. antisept. Wirkung genommen. [43]

Tumeszenz ⟨*lat*⟩: diffuse Anschwellung im Gegensatz zu dem abgegrenzten Tumor. [18]

tumidus ⟨*lat*⟩: geschwollen. [43]

Tumor ⟨*lat*⟩ *m:* Schwellung (entzündlicher u. anderer Natur), Geschwulst. [4]

T. albus: alte Bezeichnung der tuberkulösen Kniegelenksentzündung mit spindelförmiger Schwellung des Gelenks u. blasser Hautfarbe. [15]

T. salivalis: dauernde oder vorübergehende

Schwellung der Speicheldrüsen, vorwiegend der G. submandibularis bei Verlegung des Ausführungsganges durch Steine. [28]

T., brauner: geschwulstartiger riesenzellhaltiger Knochenherd, dessen braune Farbe auf abgebautes Blut (↑Hämosiderin) zurückzuführen ist; im Gegensatz zum Riesenzellentumor des Knochens kein echter Tumor, sondern ↑Granulationsgeschwulst; Vorkommen bes. bei ↑Osteodystrophia fibrosa generalisata (v. Recklinghausen).

T., entzündlicher, des Bauches: Anschwellung im Bauchbereich, hervorgerufen durch Eiteransammlung in einzelnen Hohlorganen oder in deren Umgebung (Gallenblase, Eileiter, Blinddarm).

T., fibroepithelialer: gutartige organoide Gewächse, aus Epithel u. Bindegewebe bestehend (z. B. Papillome).

T., maligner: bösartige Geschwulst, ↑Neoplasma.

T., perityphlitischer: entzündliche Darmverklebungen um den vereiterten Wurmfortsatz (= Konglomerattumor). [18]

T., hypernephroider: epitheliale Geschwülste der Nieren, deren Farbe u. histolog. Struktur an Nebennierenrindengewebe erinnern u. die deshalb früher von versprengten Nebennierenrindenkeimen abgeleitet wurden (Grawitz-Tumoren). Heute gelten die Hypernephrome als niereneigene Tumoren u. werden, je nach Reifegrad u. Verhalten, als h. Adenome (gutartig) oder h. Karzinome (bösartig) bezeichnet. Verfettung der epithelialen Geschwulstzellen, Kapillar- u. Bindegewebsreichtum sowie Blutungen verleihen den Hypernephromen ein charakterist. buntes Aussehen. Bei den Karzinomen Einbruch in das Nierenbecken u. die Nierenvene häufig. Metastasen bevorzugt in Lunge u. Knochen. [5]

T., odontogener: Gewächs, das vom Zahn ausgeht, wie Adamantinom, Odontom, Zysten, Epulis. [37]

Tumoraffine Stoffe: Stoffe, z. B. bestimmte Anilinfarben, aber auch Mepacrin® u. bestimmte Fluoreszin-Derivate, die sich intra vitam in bösartigen Geschwülsten anreichern. [25]

Tumorviren: sind in Größe, Nukleinsäureart, Feinstruktur bzw. Antigenität sehr heterogene Viren. Virusätiologie, entsprechend den Henle–Koch' Postulaten bei folgenden Viren gesichert: Rous-Viren (bei Hühnern u. a. Sarkome), Hühnerleukämieviren, Mammakarzinomviren der Maus (Bittner–Fechter), Mäuseleukämieviren, Polyomavirus (Mäusekarzinome u. a.), SV-40-Virus (Sarkome, Ependymone bei Ratten u. Hamstern), Shope-Papillom-Virus (Kaninchenpapillome u. Karzinome), Adenoviren (Sarkome bei Nagetieren), Shope-Fibrom-Virus (Kaninchenfibrome u. Sarkome); Warzenvirus (Hautwarzen des Menschen), Molluscum contagiosum-Virus (gutart. Hautgeschwüre beim Menschen). [50]

Tunga penetrans: Sandfloh, ↑Flöhe. [58]

Tungiasis: papulöse Hauterscheinungen nach Einbohren eines Sandflohweibchens in die Haut; bleibt dort bis zur Eiablage. [43]

Tungöl: chines. Holzöl; Samenöl des Ölfirnisbaumes (Euphorbiaceae), ein viel verwendetes techn. Öl (Lackindustrie); für Speisezwecke nicht brauchbar, ruft Brechreiz u. Durchfälle hervor; Vergiftungsfälle sind bekannt. [16]

Tunica ⟨*lat*⟩ *f:* das Unterkleid, Hemd; in der Anatomie gebraucht für Gewebsschicht.

T. conjunctiva: die Bindehaut des Auges; ↑Konjunktiva.

T. dartos: Muskelhaut des Hodensackes.

T. mucosa ↑Schleimhaut.

T. muscularis: Muskelschicht in den Hohlorganen, z. B. Ring- bzw. Längsmuskelschicht von Darm oder Bronchien.

T. muscularis mucosae: Schicht von glatten Muskelzellen, die unterhalb der Schleimhaut des Darms gelagert sind. Sie spielt beim Schutz der Schleimhaut u. der Wand des Darmrohrs ganz allgemein gegenüber spitzen Gegenständen (Knochensplittern, Nadeln) eine wichtige Rolle.

T. propria: Bindegewebsschicht unter dem Epithel der Schleimhaut.

T. serosa: seröse Haut, Auskleidung der serösen Höhlen.

T. submucosa: Bindegewebsschicht unter der Muscularis mucosae. [1]

T. vaginalis testis: das den Hoden u. Nebenhoden als Lamina visceralis (Epiorchium) überziehende, sich am Nebenhoden in einem kurzen breiten Mesorchium in die Lamina parietalis (Periorchium) umschlagende Bauchfell. Der kapillare Hohlraum zwischen den beiden Bauchfellblättern wird als Cavum serosum scroti bezeichnet. Die ursprünglich vorhandene schlauchförmige Verbindung zum Bauchfellraum oblitieriert nach dem Descensus testis. Ihr bindegewebiger Rest wird als Vestigium processus vaginalis bezeichnet. [1]

Tunicin: eine tier. Zellulose, die im Mantel der Tunicaten vorkommt. [8]

Tunnelarbeiteranämie: bei den Arbeitern im großen Gotthardtunnel beobachtet u. zunächst als Anaemia montana, Blutarmut der Bergleute, aufgefaßt, durch Perroncito aber als schwere Ankylostoma-Anämie aufgeklärt u. durch strenge Hygiene beseitigt; ↑Ankylostomiasis. [11]

Tüpfelnägel: bei der Psoriasis auftretende Nagelveränderung, bei der sich an der Oberfläche der Nagelplatte zahlreiche feine Vertiefungen finden. [43]

Tupfpräparat: durch reihenweises vorsichtiges Abtupfen der frischen Schnittfläche eines etwa bohnengroßen Gewebsstückes auf einem Objektträger hergestelltes Präparat, das wie ein Blutausstrich weiter verarbeitet wird. Die Methode erlaubt eine schnelle u. genaue zytolog. Differenzierung gegenüber der zeitraubenden, aber für manche Zwecke unentbehrlichen histolog. Schnittmethode. [11]

Turban, Karl (1856–1935), Tuberkulosearzt, Davos.

T. Stadien der Tbk: Einteilung der Tuberkulose nach der Ausdehnung der mittels Perkussion u. Auskultation festgestellten Veränderungen. Wurde zu einer Zeit geschaffen, als das Röntgenverfahren zur Diagnose u. Beurteilung der Tbk noch nicht zur Verfügung stand. Von Gerhardt abgeändert u. von Braeuning u. v. Romberg zur Anwendung auf den Röntgenbefund weiter entwikkelt. Wichtiges Einteilungsprinzip, das sich in den letzten Jahren wieder durchgesetzt hat: 1. Stadium, Spitzenherde (im Röntgenbild über dem Schlüsselbein) oder sonst bis zur Breite eines Interkostalraumes + einer vorderen Rippe ausgedehnt; 2. Stadium, bei apikokaudaler Erkrankung bis zur 3. Rippe reichend oder sonst bis zur Breite von drei Interkostalräumen + Rippen ausgedehnt; 3. Stadium, alle über 2. hinausgehenden Prozesse. Das 1. Stadium entspricht etwa der wenig ausgedehnten Tbk, das 2. Stadium etwa der ausgedehnten Tbk, das 3. Stadium etwa der sehr ausgedehnten Tbk. [15]

Turban-Tumoren: Geschwülste der Kopfschwarte, die Kindskopfgröße erreichen können u. oft multipel sind; histolog. meist ↑ Spiegler' Tumoren. [20]

turbinalis, turbinatus ⟨*lat*⟩: gewunden. [4]

Turbulenz ↑ Laminarströmung. [7]

Türck, Ludwig (1810–1868), Neurologe, Wien.

T' Bündel (Bahn) = Fasciculus Türcki: das laterale Bündel des ↑ Pedunculus cerebri. Auch Syn. für die temporale Brückenbahn, die den Schläfenlappen des Großhirns mit der Brücke verbindet. [1]

Türflügelschnitt: bei Amputationen: bes. Lappenschnittführung zur späteren Stumpfdeckung nach Art von Türflügeln gebildet. [18]

Turgeszenz ⟨*lat*⟩: Schwellungszustand des Gewebes durch abnormen Flüssigkeits- bzw. Blutgehalt. [18]

Turgor ⟨*lat*⟩ *m:* Spannungszustand der Gewebe als Ausdruck des Wasser- u. Elektrolythaushaltes im Körper. [18]

Türk, Wilhelm (1871–1916), Internist, Wien.

T' Lösung: sie wird zur Verdünnung des Blutes zwecks Zählung der Leukozyten verwendet. Die Erythrozyten werden dabei zerstört (Wirkung des H-Ions), die farblosen Leukozyten werden angefärbt. Sie besteht aus 300 ml destilliertem Wasser, 3 ml Eisessig u. 3 ml einer 1%igen Gentianaviolettlösung.

T' Reizformen: Zellen von der Größe der Monozyten mit tiefblauem Protoplasma u. locker strukturierten Kernen, von Türk als Fieberzellen bezeichnet, im kindlichen Blut wesentlich häufiger, vermehrt bei infektiöser Mononukleose u. bei retikulären Reizungen. Die echten Reizformen sind als Vorformen der Plasmazellen bes. anzusehen, doch kommen ähnliche, sehr junge Formen auch im Knochenmark u. Milzsystem vor. [11]

Türkensattel ↑ Sella turcica. [1]

Turmschädel = Turrizephalie, Pyrgozephalie: Schädeldeformierung mit Erhöhung des Scheitels, Verkürzung des Längsdurchmessers u. steilem Abfall von Stirn u. Hinterkopf. [5]

Turner, Henry, H., zeitgen. amerikan. Endokrinologe.

T' Syndrom = Morgagni-Turner-Albright' S.: Syn. Ullrich-Turner-S.; Ovarialagenesie. Multiple Abartung mit Agenesie oder Dysontogenese der Gonaden, Pterygium colli bilateralis u. allen übrigen Symptomen des ↑ Pterygium-Syndroms; tiefer nuchaler Haaransatz, dissoziierter Infantilismus, prim. Amenorrhoe, proportionierter Minder- u. Zwergwuchs, multiple Skelettmißbildung. Außerdem kommen Anomalien der Sinnesorgane (angeborene Taubheit, Ptose, Katarakte, Exophthalmie, Pigmentanomalien der Netzhaut) u. solche des Gefäßsystems vor; ↑ Gonadendysgenesie. [32]

Turpin, Raymond (*1895), Pädiater u. Humangenetiker, Paris.

T' Syndrom: Kombination von Mißbildungen des Bronchialbaumes mit solchen der Trachea, des Ösophagus u. des Thoraxskeletts. Kongenitale Bronchiektasie, Megaösophagus, tracheoösophageale Fistel, Wirbelmißbildungen, Spaltbildungen, Rippenmißbildungen, Heterotopie des Ductus thoracicus. [32]

Turrizephalie ⟨*lat, griech*⟩ *f* ↑ Turmschädel. [5]

Turville, Eduard, engl. Optometrist, entwickelte 1937 die TIB-Methode (T' Infinity-balance) zur Prüfung des Refraktionsgleichgewichts, des Muskelgleichgewichtes, der Zyklophorie u. der Aniseikonie. Die Untersuchung wird an einem Spiegel mit einem 32 mm breiten Trenner (der Eindrücke beider Augen) u. entsprechenden Optotypen ausgeführt. Eine Fülle von Modifikationen u. Konstruktionen neuer Trenner folgte, doch ist ihr klin. Wert wohl zunächst überschätzt worden. [36]

Turyn' Zeichen: dient zur Erkennung einer Ischiadikusirritation (Bandscheibenprolaps, Entzündung). Das im Knie gestreckte Bein wird in der Hüfte gebeugt, bis der Kranke Schmerzen im Ischiadikusbereich angibt (= Lasègue' Dehnungsschmerz). Durch folgende passive Dorsalflexion der Großzehe wird Ischiadikusschmerz verstärkt. [23]

Tuscheausstrich ↑Burri' Tuscheverfahren. [43]

Tussiculatio ⟨*lat*⟩ *f:* Hüsteln. [9]

Tussis ⟨*lat*⟩ *f:* Husten, Symptom bei Reizung der Bronchialschleimhaut.

T. convulsiva ↑Keuchhusten.

T. hepatica: Hustenanfälle bei ↑Chilaiditi' Syndrom. [18]

T. nervosa: heftiger trockener Husten auf nervöser Grundlage. [9]

Tutor ⟨*lat*⟩ *m:* Schutzmanschette aus formbarem Werkstoff für Gelenke, bes. das Kniegelenk. [23]

Tween: Polyoxyäthylenderivate des ringförmigen Sorbitans (Monoanhydrosorbit), wo Hydroxylgruppen meist mit einer oder auch mehreren höheren Fettsäuren verestert u. andere Hydroxylgruppen mit Oxyäthylengruppen verbunden sind. Es gibt T. 20, 40, 80 bis 200; die Zahl nach T. gibt die ungefähre Zahl der Oxyäthylengruppen an. Tween 40 ist ein Polyoxyäthylensorbitan-monopalmitat, Tween 80 Polyoxyäthylen-sorbitanmonooleat usw. Die T. 20 bis 80 sind in Wasser u. Alkohol lösliche ölige Flüssigkeiten, die als indifferente Emulgatoren, Netzmittel, Lösungsvermittler für Bakteriennährböden, zur Erleichterung der Fettverdauung, bei der Gewinnung von Naturstoffen u. Aufarbeitung von Zellpräparaten verwandt werden. [8]

Twort, Frederick William (1877–1950), Bakteriologe, London.

T' Phänomen: Auflösung von Bakterienkolonien vom Rande her durch ein aktives, fortzüchtbares Prinzip, das von den Bakterien selbst gebildet wird. Von d'Hérelle als Bakterioklasie bezeichnet; heute als ↑Bakteriophagenwirkung erkannt. [41]

Tyloma ✱ **Tylosis** ⟨*griech*⟩ ↑Schwiele. [43]

Tylositas symmetrica pollicis ↑Melkerschwielen. [43]

tympanicus ⟨*griech*⟩: Trommel-, Pauken-; zur Paukenhöhle, zum Trommelfell oder zum Os tympanicum gehörend; tympanicus wird in Zusammensetzungen zu tympano- abgekürzt. [1]

Tympanie ✱ **Tympania** ⟨*griech*⟩: Blähung des Abdomens durch starke Gasbildung; auch für tympanit. ↑Perkussionsschall gebraucht.

T. uteri ↑Uterusgasbrand, tympanit. Perkussionsschall über dem Uterus bei ↑Physometra. [41]

Tympano|phonie ↑Autophonie.

~plastik: operative Wiederherstellung des Schalleitungsapparates im Mittelohr. Technik der Operation ausgearbeitet von Wullstein u. Zöllner. Im wesentlichen Bildung einer neuen Möglichkeit zur Schalldrucktransformation zum ovalen Fenster, teils unter Benutzung evtl. noch vorhandener Teile der Gehörknöchelchenkette u. Schaffung einer Schalldruckdifferenz an beiden Fenstern durch Schalldruckprotektion (Abdeckung) des runden Fensters. Anwendung bei chron. Otitis media mit Destruktion im natürlichen Schalleitungsapparat, bei Verwachsungen im Mittelohr. [28]

Tympanum ⟨*griech*⟩ *n:* die Trommel, das Tamburin. [1]

Tyndall, John (1820–1895), Physiker, London.

T' Phänomen = T' Effekt: beruht auf der Eigenschaft der Kolloide, daß die kolloidal gelösten Teilchen ein durchfallendes Lichtbündel durch opt. Inhomogenität beugen. Dieses gebeugte Licht läßt die Spur des durch die Flüssigkeit fallenden Lichtstrahles erkennen. In der Augenheilkunde bei Untersuchung der Vorderkammer wichtig. Man spricht von pos. Tyndall, wenn im Kammerwasser das beschriebene Phänomen auftritt. Es wurde auch ein Gerät zur quantitativen Messung angegeben. Häufig bei Entzündungen u. kleinen Blutungen oder Resten davon. [36]

Tyndallisation: fraktionierte ↑Sterilisation. [42]

Typ ✱ **Typus** ⟨*griech*⟩ *m:* Musterbild, charakterist. Gepräge, Eigenart.

T., androider: leichte organ. u. psych. Maskulinisierung der Frau bei endokriner Mitbeteiligung. Führende Symptome: angedeutete Vermännlichung, Veränderung der Stimme, Abnahme der Libido sexualis, Defemination in den Hüften, Mammaschwund, Oligomenorrhoe. [12]

Typen|differenzierung von Bakterien: Feststellung des Typs einer Bakterienart unter Anwendung verschiedener Methoden; z. B. Pneumokokken durch Neufeld' Kapselquellungsreaktion oder ↑Agglutinationsprobe, Tuberkulosebakterien kulturell u. durch Tierversuche, Streptokokken serolog. mit einer ↑Präzipitationsmethode, Salmonellen u. Shigellen serolog. durch Agglutination, Typhusbakterien durch ↑Lysotypie. [41]

~exemplar: bei neuen Tierarten dasjenige eine Individuum, das für die Wiedererkennung der Art als maßgebend gilt. [58]

~wechsel: Umwandlung eines Bakterientyps in einen anderen; bisher weder in der künstlichen Kultur noch im lebenden Organismus mit Sicherheit beobachtet. Lediglich unter bes. experimentellen Bedingungen gelang es, bei Pneumokokken (Griffith, 1928) u. später auch bei anderen Bakterien (Koli-Bakterien, Bazillen der Subtilisgruppe) einen Typenwechsel herbeizuführen, wobei der betreffende Bakterienkultur abgetötete Bakterien eines anderen Typs hinzugefügt wurden u. die lebenden Keime die antigenen Eigenschaften der toten Bakterien angenommen haben. Es handelt sich hierbei um Erbfaktorenaustausch im Sinne der Transformation. [41]

Typhlatonie ⟨*griech*⟩ *f:* Erschlaffung des Blinddarms, erkennbar röntgenolog. durch langes Verharren des Darminhaltes in diesem Darmabschnitt. [18]

Typhlektasie ⟨*griech*⟩ *f:* Erweiterung des Blinddarms, anlagemäßig bedingt oder durch Kotrückstauung bei chron. Verstopfung. [18]

Thyphlitis ⟨*griech*⟩ *f:* Entzündung des Wurmfortsatzes vom Blinddarm, heute mit Appendizitis bezeichnet.

T. stercoralis: Entzündung des Blinddarms u. des Wurmfortsatzes durch Kotstauung u. Kotsteine. [18]

Typhlon ⟨*griech*⟩ *n* = Intestinum caecum ⟨*lat*⟩ *n:* Blinddarm. [1]

Typhlotomie ⟨*griech*⟩: operative Schnitteröffnung zur Entfernung des Wurmfortsatzes; heute mit ↑ Appendektomie bezeichnet. [18]

Typhlotransversostomie: Anlage einer Anastomose zwischen Blinddarm u. Colon transversum. [18]

Typhobazillose Landouzy ↑ Sepsis tuberculosa. [4]

Typhoid ⟨*griech*⟩ *n:* typhusähnliche Erkrankung, z. B. ↑ Choleratyphoid. Das T. ist wahrscheinlich das Ergebnis der Koinzidenz von Sekundärinfektion u. Urämie. [9]

Typhoid fever ⟨*engl*⟩ ↑ Typhus. [40]

Typhoral® *n:* abgetötetes Typhus- u. Paratyphusbakterien enthaltende Dragées zur oralen aktiven Immunisierung. [39]

typhös ⟨*griech*⟩: typhusartig, zum Typhus gehörig.

Typhotoxin: Endotoxin der Typhusbakterien. [39]

Typhus abdominalis ⟨*griech, lat*⟩: Abdominaltyphus, Bauch-, Unterleibstyphus; endem.-epidem., fäkal-oral von Mensch zu Mensch, auch durch Lebensmittel übertragbare, anzeigepflichtige- u. hospitalisierungspflichtige Infektionskrankheit. Erreger Typhusbakterien (*Salmonella typhosa,* zahlreiche ↑ Lysotypen). Inkubation 2–3 Wochen. Klin. charakterist. Fieberverlauf mit Treppenkurvenanstieg, Kontinua u. amphibolem Abfall, Milzschwellung u. Bradykardie, Roseolen u. Darmerscheinungen (Durchfall, häufiger Verstopfungen, Erbsenbreistuhl); typ. patholog. Veränderungen der Peyer' Plaques (markige Schwellung-Geschwürsbildung-Abheilung). Bes. Verlaufsformen Meningotyphus, Pneumotyphus, Knochenmarktyphus, ambulante grippenartige Verläufe vor allem bei Kindern. Lebensgefährlich sind Darmblutungen u. -perforationen. Letalität unbehandelt 10% u. höher. Überstehen hinterläßt jahrzehntelange Immunität. Bakteriolog. Diagnose durch kulturellen Erregernachweis, in der 1. Krankheitswoche aus Blut, ggf. Sternalpunktat, ab 2. Krankheitswoche Urin u. Stuhl, evtl. Duodenalgalle; serolog. Identifizierung, ggf. Lysotypenbestimmung; Antikörpernachweis ab 10. Krankheitstag mit Typhus-Widal (↑ Agglutinationsprobe). Therapie mit Chloramphenikol. Vorbeugung durch Isolierung, Desinfektion, Fliegenbekämpfung, Körper- u. Toilettenhygiene, Nahrungs- u. Trinkwasserhygiene, Überwachung der Dauerausscheider. Aktive Immunisierung gefährdeter Personengruppen mit ↑ Typhus-Vakzine.

T. exanthematicus ↑ Fleckfieber. [40]

Typhus|agglutinationstiter: Serumverdünnung, in der noch eine Agglutination der zugesetzten Typhusbakterien bei der ↑ Gruber–Widal' Reaktion auftritt. O-Agglutinationstiter ab 1 : 100 u. H-Agglutinationstiter ab 1 : 200 (Serum 1 : 100 bzw. 1 : 200 verdünnt) gelten, wenn sie im Lauf der folgenden Tage ansteigen als beweisend für das Bestehen einer Typhusinfektion. [39]

~bakterien: Familie *Enterobacteriaceae* (Bergey, 1957). Gattung *Salmonella typhosa* oder *Eberthella typhi* (Eberth, 1880), Erreger des Typhus abdominalis. Plumpe, gramneg. bewegliche Stäbchen. Züchtung auf Spezialnährböden z. B. nach Endo, Gassner, Wilson–Blair u. a. Anreicherung der Keime in Selenit-Laktose-Brühe oder Tetrathionatbouillon nach Kauffmann u. Preuss. Differenzierung durch ↑ Lysotypie. Nachweis der Bakterien im Blut erste Krankheitswoche, aus Urin zweite u. dritte Krankheitswoche, im Stuhl ab erster Krankheitswoche. [41]

~granulom („Typhom"): für Typhus abdominalis spezif. Granulom, das die ↑ Typhuszellen (Rindfleisch' Zellen) enthält. Die Granulome finden sich vor allen in den geschwollenen Peyer' Plaques (u. Solitärfollikeln) des Dünndarms, in den mesenterialen Lymphknoten, in der Milz, der Leber u. der Gallenblasenschleimhaut. [4]

Typhus-Paratyphus-Enteritis-Gruppe: *Abk* TPE-Gruppe; heute unter dem Gattungsnamen *Salmonella* zusammengefaßte Gruppe gramneg., begeißelter, pathogener Bakterien, die Traubenzucker unter Säure- u. Gasbildung zerlegen; prim. Standort der Typhus-Paratyphusbakterien ist der Mensch, der Enteritisbakterien dagegen das Tier. Letztere werden auch als spezif. Lebensmittelvergifter bezeichnet, da sie mit tier. Nahrungsmitteln

(Fleisch, Milch, Eier) vom Menschen aufgenommen werden. [40]

Typhus|-Schutzimpfung: aktive Immunisierung gegen Typhus (↑Typhus-Vakzine); wird meistens mit der Impfung gegen Paratyphus A u. B kombiniert (↑TAB-Impfstoff). Ist bes. wichtig in Epidemiezeiten u. bei erhöhter Exposition, z. B. bei Reisen in Länder, in denen Typhus u. Paratyphus endem. sind. Für die Erstimmunisierung sind 2–3 Subkutaninjektionen erforderlich. Wiederholungsimpfung nach 1 Jahr erfolgt durch 1 Injektion; auch orale Immunisierung möglich. [39]

T.-Vakzine (Pfeiffer u. Kolle, 1896): hitzeabgetötete, phenolkonservierte Aufschwemmung von frischisolierten Vi-antigenhaltigen Typhusbakterien der epidemiehäufigsten ↑Lysotypen gegen ↑Typhus abdominalis. [40]

T.-Zellen: Rindfleisch' Zellen; gewucherte u. geschwollene Zellen des RHS, die in ihrem Plasma häufig Kerntrümmer von phagozytierten Lymphozyten enthalten. Vorkommen in ↑Typhusgranulomen, vor allem im Bereich der Peyer' Plaques des Dünndarmes, in den mesenterialen Lymphknoten, in Milz, Leber u. Gallenblasenschleimhaut. [4]

Typus bovinus ↑*Mycobacterium bovis.*

T. gallinaceus ↑*Mycobacterium avium.*

T. humanus ↑*Mycobacterium tuberculosis.* [15]

T. inversus: umgekehrter Verlauf eines Fiebers, morgens höher als abends. [9]

Tyr: *Abk* für ↑Tyrosin. [8]

Tyramin ⟨*griech*⟩ *n:* biogenes Amin, das durch die zwar quantitativ wenig, aber qualitativ bedeutsame prim. Dekarboxylierung der aromat. Aminosäure ↑Tyrosin entsteht. Funktionell wirkt es als lokales Gewebshormon. T. wirkt blutdrucksteigernd, blutzuckererhöhend, uteruskontrahierend, bronchokonstriktor., erhöht das Schlagvolumen. [8]

Tyrode, Maurice Vejux (1878–1930), französ. Pharmakologe, Cambridge, Massachusetts (USA).

T.-Lösung: Salzlösung, die in ihrer Zusammensetzung weitgehend den physiolog. Verhätnissen im Serum entspricht. Enthält: 0,8 NaCl, 0,02 KCl, 0,02 $CaCl_2$, 0,01 $MgCl_2$, 0,005 NaH_2PO_4, 0,1 $NaHCO_3$, 0,1 Glukose in 100 Teilen Wasser. [41]

Tyroglyphus farinae: Mehlmilbe; ↑Futtermilbe. [58]

Tyrosin: eine zykl., nicht essentielle, erstmals aus Käse (tyros = Käse) isolierte Aminosäure (p-Hydroxyphenylalanin, $HO{\cdot}C_6H_4{\cdot}CH_2{\cdot}CH(NH_2){\cdot}COOH$); in den meisten Proteinen enthalten (2–6%). T. ist die Vorstufe z. B. für ↑Adrenalin, für die unter der Wirkung von Phenoloxydasen (Schwermetalle) gebildeten tief dunkel bis schwarz gefärbten Pigmente (↑Melanine; Verfärbung von Lebensmitteln), für ↑Jodgorgosäure; durch Dekarboxylierung entsteht daraus das biogene Amin ↑Tyramin. [16]

Tyrosinase: Enzym, durch das tier. u. pflanzliche Flüssigkeiten u. Gewebe an der Luft nachdunkeln; jetzt empfohlener Name o-Diphenoloxydase (EC 1.10.3.1), die o-Chinone, aber auch Monophenole wie Tyrosin durch Luft-O_2 über die o-Diphenole zu den o-Chinonen oxydiert, die sich dann in schwarze Pigmente (Melanine) umwandeln. Das Enzym ist ein Cu-Proteid. [8]

Tyrosol: der nach oxydativer Desaminierung des Tyrosins zur α-Ketosäure u. dessen Dekarboxylierung sowie Hydrierung gebildete Alkohol ($HO{\cdot}C_6H_4{\cdot}CH_2{\cdot}CH_2OH$); findet sich in gegorenen Flüssigkeiten (Bier, Reiswein u. a.). [16]

Tyrothrixbazillen ⟨*griech*⟩ *f* (Duclaux, 1887): Käsereifungsbakterien. [42]

Tyrothrizin: antibiot. Substanz aus *Bacillus brevis;* Gemisch aus ↑Gramizidin u. ↑Tyrozidin. [42]

Tyrozidin: Antibiotikum aus *Bacillus brevis* mit begrenzter Wirkung gegen grampos. u. gramneg. Bakterien. [42]

Tyson, Edwin (1650–1708), Anatom, London.

T' Drüsen = Glandulae sebaceae glandis et praeputii: kleine Talgdrüsen, die ausnahmsweise im Bereich der Eichel (Glans penis) bzw. der Vorhaut (Präputium, inneres Blatt) vorkommen können. [2]

Tysonitis: Entzündung der Tyson' Drüsen des inneren Vorhautblattes u. des Eichelrandes. [24]

T-Zacke: Terminalzacke oder besser Endzacke des ↑Elektrokardiogramms, deren Ende den Abschluß der elektr. Herzaktion (Beendigung des Erregungsrückganges) anzeigt. [10]

Tzanck, zeitgen. Hämatologe, Paris. Verdient um das Bluttransfusionswesen in Frankreich.

T' Test: zytolog. Test auf Vorliegen eines ↑Pemphigus vulgaris. Die abgeschabten Zellen (Epithelzellen des Blasengrundes) zeigen bei Pemphigus vulgaris plakatförmiges Zusammenliegen, verwaschene Kernstrukturen u. aufgelockertes Protoplasma mit Vakuolen. [43]

T-Zellen ↑Thymus. [40]

U

U: 1. chem. Symbol für ↑Uran; 2. in den Ribonukleosiden der Polynukleotide *Abk* für Uridin bzw. deU 2-Desoxyuridin. [8]

u.a.f.: in der Rezep. *Abk* für ut aliquid fiat, damit etwas geschieht, abwartende Therapie ohne bestimmte Wirkung. [44]

Überbehaarung ↑Hypertrichosis. [43]

Überbein ↑Ganglion. [23]

Überbelastungshemmung: in der Physiologie der höheren Nerventätigkeit gebräuchlicher Begriff. Er bezeichnet das auf starke u. langdauernde bedingt- u. unbedingtreflektor. Reizungen eintretende Verschwinden der Antwortfähigkeit auf diese u. andere Reizungen. Dieses Verschwinden ist nicht ident. mit dem bei wiederholter Nichtbekräftigung eines bedingten Reizes auftretenden ↑Erlöschen des betreffenden bedingten Reflexes. Der U. wird eine Schutzfunktion für die Nervenzelltätigkeit bes. in der Großhirnrinde zugeschrieben. [7]

Überbiß: Vorbiß, ↑Psalidodontie. [37]

Überbrückungsmieder: orthopäd. Mieder zur Fixation u. Stützung der Lendenwirbelsäule. [23]

Überdruck|beatmung, intermittierende: gebräuchlichste Methode zur künstlichen Beatmung Atemgelähmter. Die Lungen werden durch rhythm. Einblasung eines Gasgemisches mit einem Überdruck von 10–20 cm H_2O inspirator. gebläht u. kehren nach Beendigung der Einblasung dank ihrer elast. Eigenschaften von selbst in die exspirator. Ruhelage zurück.

~verfahren (Brauer, 1904): Spontanatmung gegen einen konstanten exspirator. Widerstand von ca. 10 cm H_2O zur Verhütung des Lungenkollaps bei intrathorakalen Operationen, ↑Druckdifferenzverfahren. [27]

Überempfindlichkeit ↑Allergie, ↑Anaphylaxie. [39]

Übererregbarkeit: Veränderung der Erregbarkeit gegenüber der Norm; ↑Myotonie, ↑Neurasthenie, ↑Spasmophilie, ↑Tetanie. [7]

Übererregbarkeitsepilepsie: Anfallsleiden auf dem Boden einer Tetanie; ↑Epilepsie. [33]

Übererregbarkeits-Syndrom des Neugeborenen (Prechtl): zusammenfassende, weitgefaßte Bezeichnung für die klin. Symptome einer bestimmten Gruppe von Neugeborenen mit prä- oder postnataler Schädigung des ZNS (meist als Folge von Hypoxieschäden). Sympt.: erhöhte Reizbarkeit, erniedrigte Reizschwelle (bes. für den Moro' Reflex, der durch geringe Erschütterung der Unterlage des Kindes bereits ausgelöst werden kann). Grobschlägiger Tremor, häufig Hypertonie der Muskulatur, schrilles Schreien, Krampfanfälle. [32]

Überfütterungsdyspepsie: Durchfallserkrankung, die ihre Ursache in einer Überfütterung (Toleranzüberschreitung) oder in der Gabe einseitig angereicherter Nahrung (zuviel Zucker, Fettanreicherung) hat. [32]

Übergangs|epithel: bes. Form des mehrschichtigen Plattenepithels mit sog. harnsicheren Zellen. Vorkommen in Nierenbekken, Harnleiter u. Harnblase; ↑Epithelgewebe. [2]

~formen (Ehrlich): die großen gelappt- oder polymorphkernigen Mononukleären, von denen man anfänglich glaubte, daß sie sich über diese Kernformen in die Segmentkernigen weiterentwickeln. Von Pappenheim mit der rundkernigen Gruppe der größeren rundkernigen Mononukleären zur Zellklasse Monozyten vereint. [11]

~geld: wird vom Rentenversicherungsträger während der Durchführung von Maßnahmen der Heilbehandlung und der Berufsförderung gezahlt; dient der wirtschaftlichen Sicherstellung des Versicherten während der medizinischen und beruflichen Rehabilitation (§ 1237 RVO).

~milch: die Milch der zweiten 5 Tage nach der Entbindung; sie unterscheidet sich von der der ersten 5 Tage (dem ↑Kolostrum) entscheidend dadurch, daß sie beim Kochen nicht mehr gerinnt; der Eiweißgehalt ist bei starken individuellen Schwankungen von im Mittel 2,7% im Kolostrum auf 1,6% in der Ü. abgesunken u. fällt in der reifen Milch weiter auf 1,2% ab. Auch der Gehalt an Mineralien sinkt (Asche 0,33–0,24–0,22%), während der Gehalt an Laktose u. Fett ansteigt (5,3–6,6–7,0% bzw. 2,9–3,6–3,8%). [8]

~phasen zwischen Wachsein u. Schlaf ↑Phasen. [35]

~stühle: innerhalb weniger Tage nach der Geburt wird das Kindspech (↑Mekonium) nach Entleerung einiger grünlicher „Übergangsstühle" durch den goldgelben Frauenmilchstuhl verdrängt. [32]

~wirbel: Vorhandensein eines 6. Lendenwirbels dann, wenn der 1. Kreuzbeinwirbel nicht mit zum Os sacrum verschmolzen ist. [1]

Überkreuzimmunität: durch in differenten Antigenen vorkommende gleiche Partialantigene bedingte Überkreuzreaktion von Antigenen u. Antikörpern. [40]

Überlagerung, psychogene: organ. Störungen (z.B. nach Schädel-Hirn-Trauma) „überlagert" von psychoreaktiven Erscheinungen (z. B. hypochrondr. Verstimmungszustand). Genaugenommen handelt es sich zunächst um eine kaum differenzierbare Vermischung, so daß organ. Resterscheinungen meist vasovegetativer Symptomatik im vorliegenden Fall durch hypochrondr. Befürchtungen fixiert u. neurot. verstärkt werden; ↑Unfallreaktion. Selten entwickeln sich daraus hyster. Bilder; ↑Hysterie. [34]

Überlastungsschaden: tritt auf bei zeitlicher Überbeanspruchung eines normalen Gewebes (Knochen; Sehnen) oder bei Herabsetzung der Widerstandsfähigkeit des Gewebes infolge einer allgemeinen oder lokalen Erkrankung bei normaler Beanspruchung. [23]

Überlaufblase ↑Prostatahypertrophie, ↑Ischuria paradoxa. [24]

Überleitungs|störungen: Verlängerung der physiolog. ↑Überleitungszeit des Herzens über 0,20 s hinaus (atrioventrikuläre Leitungsstörung), wird als atrioventrikulärer Block I. Grades bezeichnet. Beim atrioventrikulären Block II. Grades werden einmal oder mehrmals Vorhofserregungen nicht zur Kammer geleitet, so daß an diesen Stellen die Systole ausfällt u. Formen partieller atrioventrikulärer Blockierung entstehen. Unter diesen ist die ↑Wenckebach' Periodik hervorzuheben, bei der die Dauer der Überleitungszeit period. zunimmt, wobei die Vorhofserregungen zunächst noch übergeleitet werden, bis zu einer Grenze, ab der keine Überleitung mehr eintritt. Im Anschluß an diesen Systolenausfall ist die Überleitungszeit zunächst normal u. verlängert sich dann wieder periodisch. Eine maximale Überleitungsstörung stellt der totale ↑Block (atrioventrikuläre Dissoziation) dar, bei dem die Vorhöfe u. Kammern nur entsprechend ihrer Eigenfrequenz schlagen, da keine Erregungen mehr übergeleitet werden. Kommt es dennoch gelegentlich zur Überleitung, so spricht man von ↑Interferenzdissoziation. [10]

~stück: Teil des Tubulus renalis, der sich an die Pars recta des Hauptstückes anschließt u. früher als dünner Teil der Henle' Schleife bezeichnet wurde; ↑Nieren. [2]

~zeit: die Zeit vom Beginn der Tätigkeit des Vorhofs bis zum Einsetzen der gleichseitigen Kammerkontraktion. Im Ekg entspricht sie der Zeit vom Beginn der P- bis zum Beginn der Q-Zacke. [7]

Übermangansaures Kalium ↑Kalium permanganicum. [44]

Übermikroskop↑Elektronenmikroskop. [54]

Überschußpotential: Teil des fortgeleiteten ↑Aktionspotentials an der Nerven- u. Muskelfaser. Bei Auslösung einer solchen fortgeleiteten Erregung wird das ↑Ruhepotential der Membran, das im Faserinneren −70 bis −90 mV gegenüber dem äußeren beträgt, depolarisiert bzw. umpolarisiert (Negativität von etwa 30 mV an der Membranaußernseite = Ü.). [7]

Überschwängerung↑Superfecundatio. [29]

Übersichtigkeit = Hyper(metr)opie↑Refraktionsfehler. [36]

Überstreckbarkeit der Gelenke: meist Zeichen einer Bindegewebsschwäche oder Systemkrankheit (z. B. Arachnodaktylie = Spinnenfingrigkeit). [23]

Überträgerstoffe, humorale: Mediatoren, Stoffe, die beim Übergang der Erregung von einem irritablen Gewebe auf ein anderes eine Rolle spielen. Als Überträgerstoff innerhalb der Synapsen des ZNS u. in den Endigungen der motor. Nerven (Übergang in den Muskel) dient das ↑Azetylcholin. Ebenso spielt es bei den Synapsen des vegetativen Nervensystems u. in den parasympath. Nervenendigungen eine Rolle. Bei den peripheren Endausläufern des sympath. Nervensystems u. in bestimmten Nervenzentren, bes. im Bereich der Formatio reticularis, tritt als Überträgerstoff ein adrenalinähnlicher Körper auf. Eine Ausnahme von dieser Regel bilden die Nerven der Schweißdrüsen u. einige sympath. Vasodilatatoren. [7]

Überventilationstetanie: Auftreten von tetan. Symptomen bei starker Überbeatmung, wie bei einem Ausfall der Epithelkörperchen, nur fehlt der Kalziumsturz im Blut. Infolge zu starker Abatmung von Kohlendioxid ist eine Vermehrung der Alkalireserve festzustellen. Durch diese ↑Hypokapnie (↑Alkalose) wird die Krampfbereitschaft erhöht. [7]

Überwärmung ↑Hyperthermie. [45]

Überwärmungsbad ↑Schlenz' Bad. [45]

Überwindungsphase: biolog. Leukozytenkurve. [14]

Ubi pus ibi evacua ⟨*lat*⟩: alter Grundsatz der Chirurgie: „Wo Eiter ist, dort öffne"! [18]

ubiquitär ⟨*lat*⟩: überall vorkommend. [41]

Übungsbehandlung, kompensatorische ↑Frenkel' Übungstherapie. [33]

Uebermuth, Herbert (*1901), Chirurg, Leipzig. Nationalpreisträger.

Ue' Blase: Rektumblase; nach endständigem Anus praeter werden die Harnleiter in das (abgeschaltete) Rektum implantiert, wodurch die bei der normalen Coffey' Operation drohende aszendierende Infektion vermieden wird (ursprünglich Mauclaire, P., 1895). [24]

Uferzelle: biolog. aktive, phagozytierende ↑Retikulumzelle, die die Wandung der Marksinus im Knochenmark bildet. [2]

Uffelmann, Julius (1837–1894), Hygieniker, Rostock.

U' Reagens: dient zum Nachweis von freier Milchsäure im Magensaft. [8]

Uhlenhut, Paul (1870–1957), Hygieniker u. Bakteriologe, Freiburg.

U' Antiforminverfahren ↑Antiforminverfahren. [15]

U' Verfahren: spez. Verfahren zur Unterscheidung von menschlichem u. tier. Eiweiß durch ↑Präzipitation. [39]

Uhr, zirkadiane: Syn. zirkadianer Rhythmus biologische Uhr; 1960 eingeführter Begriff, der die tägl. (24-Stunden-)Rhythmen umfaßt, wie Temperatur, Wachen u. Schlafen, im Stoffwechsel z.B. die Ausscheidung, im Harn bezüglich Menge von K, Cl, Ca, von Kortikoiden, Ketosteroiden u.a. Die z.U. ist z.T. endogen bedingt, wird aber entscheidend durch exogene Faktoren wie Licht u. Dunkelheit, Geräusche mit beeinflußt. Durch Umstellung der z.U. durch schnelle Reisen im Flugzeug längs eines Breitengrades treten bei etwa 2/3 der Befragten Störungen (hauptsächlich Schlaf- u. Verdauungsstörungen) auf. Bei schnellen Flügen um z.B. 150 Längengrade wird bei nur 1/2tägigem Aufenthalt nach der Rückkehr zumeist noch keine Umstellung gefunden, bei z.B. 5tägigem Aufenthalt dauert es aber nach der Rückkehr etwa 5 Tage, bis sich der Ausscheidungsrhythmus wieder der Lokalzeit angepaßt hat. Subjektive Störungen halten 1–2 Tage an. Diese Umstellungen sind auch bei Nacht- u. Schichtarbeitern zu beachten. Die z.U. ist bei vielen Pflanzen bes. stark ausgeprägt; sie ist auch bei Einzellern beobachtet worden. [8]

Uhrglasnägel: übermäßige Krümmung der Finger- u. Zehennägel in ihrem Längs- u. Querdurchmesser bei längerem Bestehen einer beträchtlichen O_2-Untersättigung des Blutes (vorwiegend bei angeborenen Herzfehlern); ↑Trommelschlegelfinger. [4]

UKG: *Abk* f. ↑Ultraschallkardiogramm. [54]

Ule ⟨*griech*⟩: Narbe. [18]

Ulegyrie ⟨*griech*⟩ *f:* durch Kreislaufstörungen bedingte gliöse Narbe im Bereich einzelner oder mehrerer Hirnwindungen. [5]

Ulektomie ⟨*griech*⟩ *f* ↑Gingivektomie. [18]

Ulerythema ⟨*griech*⟩ *n* (Unna): Bezeichnung für erythematöse Hautkrankheiten, die ohne vorhergehende Zerstörung der Epidermis oder des Papillarkörpers in narbige Atrophie übergehen.

U. akneiforme ↑U. sycosiforme.

U. centrifugum ↑Erythematodes.

U. ophryogenes = Keratosis pilaris rubra atrophicans faciei: im Bereich der Augenbrauen – bes. im äußeren Drittel – sowie in den darüberliegenden Partien der Stirn auftretende diffuse Rötung mit feinen follikulären Hornkegelchen, die zum Verlust der seitlichen Augenbrauen u. grübchenförmiger Atrophie der Follikel führt.

U. pilare ↑Lichen pilaris.

U. sycosiforme: gruppierte follikuläre Pusteln in der Wangen- u. Bartgegend, die unter Narbenbildung abheilen. [43]

Uletomie ⟨*griech*⟩ *f:* Einschnitt in eine Narbe. [18]

Ulitis ⟨*griech*⟩ *f:* veralteter Ausdruck für ↑Gingivitis. [37]

Ulkus ∗ **Ulcus** ⟨*lat*⟩ *n:* Geschwür; örtlicher tief reichender Substanzverlust an der Haut oder Schleimhaut; ↑Effloreszenz. [43]

U. callosum ↑Ulcus ventriculi. [9]

U. corneae serpens: kriechendes eitriges Hornhautgeschwür, das zunächst ohne Vaskularisation mit einem „progressiven Rand" in die Hornhaut vorwärts kriecht u. die Hornhaut zerstört. Ursache: Infektion eines Defektes, der unbemerkt geblieben sein kann, mit Eitererregern, vor allem Pneumokokken, Streptokokken u. hämolyt. Staphylokokken u.a., bes. gefährlich Pyocyaneus. Diagnost. wichtig das asept. Hypopyon, das durch Chemotaxis der Leukozyten entsteht. Oft liegt eine eitrige Dakryozystitis vor, von der die Keime herrühren. Seit der modernen antiinfektiösen Therapie seltener u. weniger gefährlich. Früher bei Landarbeitern sehr häufig. [36]

U. cruris: Unterschenkelgeschwür; außerordentlich verbreitetes Leiden. Disposition: erblicher Faktor, Bindegewebsschwäche. Ursache: 1. Varizen (↑Varikosis). Infolge fehlerhafter Blutzirkulation (auch Aussackung der Kapillaren), Ernährungsstörungen der Haut, dadurch Bildung von Geschwüren im Bereich der unteren Unterschenkel. Geschwüre in verschiedener Größe u. Tiefenausdehnung; gelegentlich schmerzhaft. Sachgemäße Behandlung der Ursache; 2. Hypertonie (Ulcus hypertonicum s. arterioskleroticum). Im Bereich der Knöchel oder der Füße sehr schmerzhafte (bes. bei Hochlagerung) Geschwüre. Keine oder nur geringe Varizen. Folgeerscheinungen eines Ulkusleidens sind rezidivierende Ekzeme; ↑Variköser Symptomenkomplex. [43]

U. duodeni: Zwölffingerdarmgeschwür: Nüchtern- u. Nachtschmerz; bei häufigen Rezidiven kann es durch Schrumpfungsvorgänge der Darmwand zur Behinderung oder Verlegung der Magen-Darm-Passage kommen; im übrigen ↑Ulcus ventriculi. [9]

U. durum = Ulcus syphiliticum ↑Syphilis. [43]

U. mixtum: Mischgeschwür, chancre mixte (*französ.*), entsteht bei gleichzeitiger Infektion mit *Treponema pallidum* u. *Haemophilus ducreyi*.

U. molle (venereum) = Streptobacillosis venerea: weicher Schanker; behandlungspflichtige, endem., durch Geschlechtsverkehr übertragbare Lokalinfektion. Durch Infektion mit *Haemophilus ducreyi* kommt es zur Bildung scharf geschnittener, unregelmäßig begrenzter, meist in der Mehrzahl auftretender schmerzhafter Geschwüre mit weichen unterminierten Rändern am Genitale, selten extragenitale Schwellung u. Druckempfindlichkeit der regionären Lymphknoten, die verbacken, vereitern u. durch die Haut durchbrechen können. Inkubation 2–3 Tage, bei Frauen auch viele Wochen. Bei gleichzeitiger Infektion mit *Treponema pallidum* entsteht das ↑Ulcus mixtum. [43]

U. neuroparalyticum = Ulcus trophicum ↑Malum perforans pedis. [33]

U. penetrans: Einbruch eines Geschwürs meist des Magens oder Zwölffingerdarmes (↑Ulcus ventriculi, ↑Ulcus duodeni) durch fortschreitende geschwürige Entzündung in die Nachbarorgane wie Leber, Bauchspeicheldrüse u. Dickdarm, ohne daß es dank abschirmender Verwachsungen zum Durchbruch in die freie Bauchhöhle kommt.

U. pepticum jejuni: Geschwür im oberen Dünndarmbereich (Jejunum), meist als Geschwür an der Anastomose nach der Gastroenterostomie oder Magenresektion nach Billroth II durch Andauung der Dünndarmschleimhaut durch Magensaft.

U. perforans: Magen- oder Darmgeschwür (↑Ulcus ventriculi et duodeni), das in die freie Bauchhöhle durchgebrochen ist. Durch operativen Verschluß mittels Übernähung innerhalb von 8–10 h kann die sonst tödliche Peritonitis verhindert werden. [18]

U. phagedaenicum: durch fuso-spirilläre Infektion unter bes. Bedingungen auftretendes, rasch zerfallendes u. fortschreitendes Geschwür am Penis. Ähnlich dem ↑Noma. [43]

U. radiologicum vesicae: infolge Strahleneinwirkung (Röntgen-, Radium-, Isotopen-, Megavolt-Bestrahlung von Genital- oder Blasenkrebs) entstandenes, sehr schmerzhaftes u. außerordentlich therapieresistentes Blasengeschwür, das meist inkrustiert, blutet, zur radiogenen ↑Schrumpfblase führen u. manchmal auch perforieren kann (↑Blasenscheidenfistel, ↑Blasendarmfistel). (Vorstufe oder Begleiterkrankung: Strahlen- oder radiogene ↑Zystitis). [24]

U. rodens: fressendes Geschwür; eine Form des ↑Basalioms, das sich flach ausbreitet u. zu geschwürigem Zerfall neigt. [43]

U. septi perforans: Syn. Ulcus rotundum: rundliches Geschwür im vorderen Anteil der knorpligen Nasenscheidewand, führt zu einer Perforation des Septums. Ursachen sind ↑Rhinitis sicca anterior, Trauma (bohrender Finger), gelegentlich auch infolge von Tuberkulose. [20]

U. simplex vesicae (Fenwick, H., 1896, Hunner, G. L., 1918): auch unspezif. Blasengeschwür, elusived ulcer ⟨*engl*⟩, Ulcus filtrans circumscriptum ulcerosum genannt. Unspezif. (nicht tuberkulöses!) umschriebenes Geschwür von Stecknadelkopf- bis Kaffeebohnengröße in der sonst völlig gesunden Blase, dessen Genese noch unklar ist, das hochgradige Beschwerden verursacht, weitgehend therapieresistent ist u. auch nach ausgiebiger Exzision oder Blasenwandresektion weit im Gesunden sehr bald rezidiviert. Es durchsetzt die Blasenwand keilförmig, so daß zystoskop. nur ein kleiner Defekt zu sehen ist (deshalb oft schwer zu finden, daher der Name „elusived ulcer", d. h. „ausweichend, nicht zu fassen"), während der Prozeß die gesamte Muskularis durchsetzend, sich immer weiter verbreitet. Anschluß an das Lymphgefäßsystem der Blase, deshalb nicht selten in der Blase wandernd„ [24]

U. syphiliticum: Ulcus durum, ↑Syphilis.

U. terebrans: durch mehrere Gewebsschichten penetrierendes ↑Basaliom; 2. ↑Ekthyma gangraenosum. [43]

U. trophicum ↑Malum perforans pedis. [18]

U. tropicum ↑Orientbeule. [40]

U. varicosum ↑Ulcus cruris. [43]

U. ventriculi: Magengeschwür; sitzt fast ausschließlich an der kleinen Kurvatur u. am Pylorus. Frische Ulzera bilden zunächst einen oberflächlichen Schleimhautdefekt (Ulcus simplex), ältere dringen unter Zerstörung der Muskularis bis zur Serosa vor (↑Ulcus penetrans) u. können in die Bauchhöhle oder benachbarte Organe perforieren. Ältere Ulzera haben zuweilen einen verdickten, derben Wall (Ulcus callosum); Entartung zu Krebs bei chron. Bestehen kommt vor, ist aber selten. Die Bezeichnung Ulcus ventriculi pepticum ist nicht zweckmäßig, da die Andauung der Magenwand pathogenet. ein sekundärer Mechanismus ist. Nur ein Teil der Geschwürskrankheiten zeigt hyperazide Säurewerte; eine Anazidität schließt das Entstehen eines Ulkus keineswegs aus. Die z. Z. beste, aber noch umstrittene Erklärung für die Entstehung des Magengeschwürs ist die neurogene oder spasmogene Theorie von G. v. Bergmann. Nach dieser handelt es sich um Gefäßkrämpfe in der Magenwand mit umschriebener Ernährungsstörung der Mukosa, wodurch es zu pept. Andauung u. Ulzeration kommt. Ulkusträger sind sehr oft vegetativ stigmatisierte, nervöse u. überlastete Menschen (↑Ulkuskonstitution). Oft geht eine ↑Gastritis voraus. Die hauptsächlichen Beschwerden sind Druck- u. Völlegefühl nach dem Essen, Aufstoßen, Schmerzen, Übelkeit, Erbrechen, Verstopfung. Oft findet sich eine umschriebene druckschmerzhafte Stelle im Epigastrium oder in der Nähe des Nabels, ferner ein Druckpunkt li. neben der Wirbelsäule zwischen dem 10. u. 12. Brustwirbel (Boas). Der exakte Nachweis eines Ulkus erfolgt mittels röntgenolog. Kontrastdarstellung des Magens. An Komplikationen sind zu erwähnen: die Blutung (Bluterbrechen, Teerstuhl oder pos. Benzidinprobe im Stuhl) die Perforation in benachbarte Organe oder in die Bauchhöhle (Ulcus perforans, Peritonitis!) u. bei chron. rezidivierendem Verlauf die Einschürung des Magens durch Narbenzug (↑Sanduhrmagen). Bei pylorusnahem Sitz kann es hierdurch zu ↑Pylorusstenose mit ↑Gastrektasie kommen. [9]

Ulkus|gefäßtheorie (Virchow, 1853): die Ursache des Magengeschwürs sei eine Erkrankung u. Verlegung der Magenarterien; ↑Ulcus ventriculi. [9]

~karzinom: 1. aus einem ↑Ulcus ventriculi (seltener Ulcus duodeni oder Ulcus pepticum jejuni) hervorgegangenes Karzinom; 2. aus einem chron. rezidivierenden Ulcus cruris oder einem Verbrennungsgeschwür hervorgegangenes Karzinom. [4]

~konstitution: die bes. Bereitschaft, an ↑Ulcus ventriculi bzw. ↑Ulcus duodeni zu erkranken. Es handelt sich um reizbare, vegetativ vagoton. stigmatisierte oft beruflich u. nervenmäßig überlastete Menschen, die viel rauchen.

~krankheit: Zusammenfassung der als einheitliches Krankheitsbild imponierenden Symptomatik von ↑Ulcus ventriculi u. ↑Ulcus duodeni. Bereits von G. v. Bergmann vorgeschlagen u. jetzt in der sowjetischen Literatur sehr verbreitet. [9]

~nische (Haudek) ↑Haudek' Nische. [26]

Ullrich, Otto (1894–1957), Pädiater, Bonn.

U.-Feichtiger' Syndrom: Syn. Dyskraniopygo-Phalangie; Sympt.: typ. Fazies, starrer maskenhafter Blick mit engen Lidspalten; eingesunkene Nasenwurzel, vorspringende Stirn, großer, häßlicher Mund, präaurikuläre Ohranhängsel; Mikrogenie, Wolfsrachen; Mikrophthalmus, Iriskolobome, Hornhauttrübungen; Taubheit; Polydaktylie; Disgenitalismus. Normale geistige u. stat. Entwicklung.

U.-Fremery-Dohna' Syndrom: Dyszephalie mit Katarakt u. Hypotrichose; Formenkreis: Dyszephalie-Syndrom. Sympt.: Trigonozephalus, Mikrogenie, Mikrostomie „Vogelgesicht", Cataracta congenita u. andere Augenmißbildungen, Hypotrichose, Alopecia areata. Sklerot.-atroph. Hautveränderungen im Bereich des ventralen Kopfsegmentes, Leucoderma areatum; Minderwuchs.

U.-Turner' Syndrom: ↑Morgagni-Turner-Albright' Syndrom; ovarieller Zwergwuchs – Ovarialagenesie – Gonadendysgenesie – pterygonuchaler Infantilismus. Multiple Abartung: Kombination von Gonadendys- oder -agenesie mit dem ↑Bonnevie-Ullrich' Syndrom. [32]

Ulna ⟨*lat*⟩ *f:* Elle; der an der Kleinfingerseite des Unterarms liegende Röhrenknochen. Bildet die Grundlage für das alte Längenmaß, die Elle. *Adj* ulnaris, zur Ulna gehörend. [1]

Ulnaris|lähmung: Lähmung des ↑Nervus ulnaris, Bei vollständiger Lähmung sind betroffen der M. flexor carpi ulnaris, der ulnare Anteil des M. flexor digitorum profundus, die Muskeln des Kleinfingerballens, der M. adductor pollicis, der tiefe Kopf des M. flexor pollicis brevis, die Mm, interossei u. Mm. lumbricales 3. u. 4. Bes. charakterist. ist das durch Atrophie der Mm. interossei bedingte Einsinken der Zwischenknochenräume am Handrücken u. die Krallenhand. Die Sensibilitätsstörungen entsprechen dem anatom. Ausbreitungsgebiet der Hautäste der Nerven.

~zeichen (Froment): das Festhalten eines Gegenstandes (z.B. des Perkussionshammers) zwischen Daumen u. Zeigefinger ist erschwert u. nur durch maximale Beugung des Daumenendgliedes (M. flexor pollic. long.) möglich. [33]

Uloglossitis ⟨*griech*⟩ *f:* Entzündung von Zahnfleisch u. Zunge (ungebräuchlich); ↑Gingivitis, ↑Stomatitis. [37]

Ulokarzinom ⟨*griech*⟩ *n:* Zahnfleischkrebs, ulzerierender Tumor mit früher Knochenbeteiligung u. Ausstoßung der in Nähe befindlichen Zähne. Kontaktbehandlung mit Radium = oder Kobaltnadeln in Moulagen; perkutane Tiefenbestrahlung; chirurg.-radiolog. Kombination. [37]

Ulosis ⟨*griech*⟩ *n:* Narbenbildung. [1]

Ulotriche ⟨*griech*⟩ *m, Pl:* 1. Menschen mit starker Wollhaarbildung; 2. Kraushaar. [43]

Ultima ratio ⟨*lat*⟩ *f:* letzte Maßnahme, von der noch ein therapeut. Effekt zu erhoffen ist; ↑Ultimum refugium. [18]

Ultimum moriens ⟨*lat*⟩ *n:* der zuletzt absterbende Teil eines Individuums. In der alten Medizin wurde in diesem Sinne der re. Vorhof angesehen. Das ausgeschnittene Herz schlägt noch eine Zeitlang weiter. Als erstes setzt die Kammertätigkeit aus. Die Vorhöfe schlagen aber dann schwach weiter, bis der li. u. auch der re. Vorhof ihre spontane Tätigkeit einstellen. [4]

Ultimum refugium ⟨*lat*⟩ *n:* letzte Zuflucht, letztes, oft riskantes Behandlungsmittel. [18]

Ultrabrachyzephalie ⟨*lat, griech*⟩ *f:* bes. stark ausgeprägte ↑Brachyzephalie. [5]

Ultradolichozephalie ⟨*lat, griech*⟩ *f:* bes. stark ausgeprägter Langschädel, ↑Dolichozephalus. [5]

Ultrafilter: tier. (z.B. getrocknete Blase), vegetabil. u. bes. künstliche Membranen (z.B. Kollodium- oder Zellophanmembranen u.a.), die zur Abtrennung kolloidal gelöster Stoffe sowie auch von Bakterien u. Viren dienen. Die U. wirken im wesentlichen als „kolloide Siebe", die je nach der Porenweite Kolloidteilchen verschiedener Größe durchlassen können; es spielen auch Adsorptionserscheinungen sowie ferner die elektr. Aufladung eine Rolle. Künstliche U. können mit bestimmter Porenweite hergestellt werden; sie haben sich in der Druck- sowie auch Vakuumultrafiltration zur Trennung von Eiweißen, Enzymen von verschiedener Molekulargröße bewährt. Berkefeld-Filter aus gebrannter Kieselgur, die neben der Siebwirkung auch adsorptive Wirkung ausüben, dienen in großem Umfange zum Entkeimen von Trinkwasser u. anderen Flüssigkeiten. [8]

Ultrafiltrat: der durch Druckfiltration in den Nierenglomerula (↑Glomerulum) gebildete Primärharn, der alle im Blutplasma gelösten Teilchen bis zu einem Molekulargewicht von etwa 70000 in gleicher Konzentration enthält. Im Blut zurückgehalten werden nur die hochmolekularen Plasmaeiweißkörper (Albumin, Globulin). Der Filtrationsdruck beträgt effektiv, d.h. unter Abzug des kolloidosmot. Druckes der Plasmaeiweißkörper u. des Gewebsgegendruckes der Niere vom Blutdruck in den Glomerulum-Kapillaren, 30–40 Torr (mm Hg), Die Tagesmenge des U. beträgt etwa 180 l. Davon werden also bis zur Bildung des fertigen Harnes im Tubulusapparat 178–179 l rückresorbiert. Eine Ultrafiltration findet auch statt beim Flüssigkeitsaustausch in allen Geweben des Körpers (z.B. Lymphbildung aus den arteriellen Kapillaren). [7]

Ultrakurzwellen: Hochfrequenzschwingungen im Bereich von 40–300 MHz (Wellenlänge 10–1 m). Für Kurz- u. Ultrakurzwellentherapiegeräte sind durch das Hochfrequenzgesetz vom 1.8.1949 bestimmte Frequenzen vorgeschrieben (13,56 MHz, 27,12 MHz u. 40,68 MHz). [54]

~therapie: Anwendung hochfrequenter Wechselströme im 69-cm-Bereich (= 433 MHz) für therapeut. Zwecke. Die Ultrakurzwellen zeichnen sich durch hohe Eindringtiefe u. gleichmäßige Erwärmung der Gewebe aus. [46]

Ultramikroanalysensystem: unter „Mikroliteranalyse" faßt man Methoden zusammen, bei denen Probenmengen in der Größenordnung von einigen Mikrolitern (1 μl = 1 mm³) benötigt werden, im Gegensatz zu den gebräuchlichen Methoden, die zwischen 100 μl u. einigen Millilitern erfordern (Milliliteranalyse). Die Bezeichnung Ultramikroanalyse an Stelle von Mikroliter ist unzweckmäßig u. sollte besser nicht verwendet werden. Die Ausführung klin.-chem. Analysen im Mikrolitermaßstab ist für die Pädiatrie von entscheidender Bedeutung (geringe Blutmengen, Rationalisierungsmöglichkeiten im Routinebetrieb). [32]

Ultramikroskop: Gerät zur Erkennung von Objekten, deren Größe unterhalb des Auflösungsvermögens des normalen Lichtmikroskopes liegt, durch Erzeugung von Beugungsbildern bei Dunkelfeldbeleuchtung; ↑Elektronenmikroskop. [54]

Ultramikrotom: Gerät zur Herstellung ultradünner, weniger als 50 nm dicker Gewebeschnitte für elektronenmikroskop. Untersuchungen. Das mit Schwermetallen fixierte u. gleichzeitig kontrastierte (gefärbte), entwässerte u. in Epoxidharze eingebettete Gewebe wird mit Glas- oder Diamantmessern geschnitten. Der minimale Vorschub des Gerätes erfolgt je nach Konstruktionsprinzip auf therm. oder mechan. Weg. Die wenige 10 nm dicken Schnitte werden auf einer dem Messer anliegenden, flüssigkeitshaltigen Wanne gesammelt u. dann auf Kupfernetzen o.ä. aufgefangen. Auf diesen Objektträgern werden die Gewebeschnitte im ↑Elektronenmikroskop untersucht. [6]

Ultrarot ↑Infrarot.

~star ↑Glasbläserstar. [49]

Ultraschall: Schallwellen jenseits der Hörbarkeitsgrenze des Menschen (Frequenz über 20 kHz). Erzeugung durch Anregung resonanzfähiger mechan. Schwinger mit hochfrequenten elektr. Schwingungen. Für Frequenzen im Bereich von 20 bis 100 kHz verwendet man magnet. angeregte Nickelschwinger (Ausnutzung des magnetostriktiven Effektes), bei den therapeut. meist gebrauchten Frequenzen von 800 kHz bis 5 MHz dagegen Quarzplatten oder neuerdings keram. Bariumtitanatplatten (piezoelektr. Prinzip). Das schwingende System wird gewöhnlich in einem „Schallkopf" untergebracht, der durch ein Kabel mit dem Generator verbunden ist. Die Ultraschallwirkung setzt sich zusammen aus Wärmeeffekten (bes. Temperatursteigerung an den Grenzflächen), mechan. Wirkungen (Frottierung, Fragmentation, Druckschwankungen, Kavitation), chem. Effekten (bes. Oxydationen) u. sek. elektr. Erscheinungen (Potentialbildung bei der Kavitation), Flüssigkeiten können durch Ultraschall bes. fein u. gleichmäßig vernebelt werden (Anwendung in der Aerosoltherapie); ↑ Ultraschalltherapie. Auch techn. Anwendung bei der Reinigung ärztlicher Instrumente. [54]

~diagnostik: Untersuchungstechnik mit einer Schallintensität, die 1/1000 bis 1/2000 der Therapieintensität beträgt u. daher als ungefährlich angesehen wird. Anwendung von impulsabhängigen u. impulsfreien Echoverfahren. Sende- u. Empfangsvorrichtung befinden sich meist im gleichen Schallkopf. Impulsabhängige Verfahren sind als A- u. B-Bild bekannt. Das A-Bild-Verfahren gestattet genaues Ausmessen von Entfernungen zwischen reflektierenden Medien, das B-Bild-Verfahren speichert die A-Bild-Impulse u. bringt zweidimensionale Bilder. Das impulsfreie Verfahren wird unter Ausnutzung des Doppler-Effektes eingesetzt. Das Prinzip besteht in einer Frequenzänderung des reflektierenden Strahls bei Auftreffen auf bewegte Grenzflächen. Anwendungsgebiete der U. u. a. in der Neurologie (zur Feststellung intrakranieller Prozesse), der Ophthalmologie, Kardiologie, Gynäkologie u. Geburtshilfe sowie Gastroenterologie. Doppler-Verfahren zur Diagnostik von embol. oder thrombot. Gefäßverschlüssen, Blutströmungsmessungen u. Erkennung sowie Überwachung der fetalen Herzaktionen. [38]

~kardiographie: Aufnahme der Bewegungen des Herzens durch Ultraschallechos analog dem Elektrokardiogramm. [54]

~therapie: Anwendung hochfrequenten Ultraschalls (175–800 kHz) bei apparativ festgelegter Leistung (im allgemeinen 1–5 Watt) zu Heilzwecken im Sinne einer Mikromassage. Konstruktion der Ultraschallgeräte vorwiegend nach dem Prinzip des umgekehrten piezoelektr. Effektes. Unter Verwendung von Koppelflüssigkeiten, Öl, Paraffin werden die entstehenden Schwingungen auf eine Membran u. von dort auf den zu behandelnden Körperteil übertragen. Mechan., therm. u. chem. Wirkungen. Übliche Behandlungsdauer zwischen 3 u. 15 min Anwendung bei Bechterew' Krankheit, Arthrosis deformans, Periarthritis humeroscapularis, peripheren Neuralgien bzw. Neuritiden, Ulcus cruris. [46]

Ultrasonoskop ↑ Echographie. [36]

Ultraviolett: *Abk* UV, ↑ Ultraviolettstrahlung.

~glas: Syn. Uviolglas, Ultravitglas, Ultraviolglas; sind Gläser mit erhöhter UV-Durchlässigkeit, die bis 260 nm reichen kann.

~mikrophotographie: die Beleuchtung mikroskop. Objekte mit UV-Licht u. Verwendung von Quarzlinsensystemen ermöglicht etwa das doppelte Auflösungsvermögen gegenüber dem sichtbaren Licht, d. h., Strukturen, die beim sichtbaren Licht nicht mehr aufgelöst werden, lassen sich hiermit noch photograph. registrieren.

~strahlung: *Abk* UV; chem. u. biolog. wirksame Strahlung, die sich im Spektrum an das violette Ende anschließt. Das Wellenlängengebiet reicht von etwa 400 nm bis zu den langwelligen Röntgenstrahlen. In der Bioklimatologie unterscheidet man: UVA = Wellenlängen 400 bis 320 nm; UVB = Wellenlängen von 320 bis 280 nm; UVC = Wellenlängen unter 280 nm. Das UVB wird auch Dorno-Strahlung genannt; in ihr liegt auch der antirachit. am stärksten wirksame UV-Bereich. In der Haut wird diese Strahlung von Sterinen ganz bestimmter chem. Natur aufgenommen, die die Industrie seit über 20 Jahren als sog. Vitamin D auch künstlich herstellt. Durch kurze UV-Bestrahlung von Milch werden in ihr Stoffe dieser Art ebenfalls aktiviert. UVC bewirkt Keimverminderung (Bazillen- u. Pilzsporen werden nicht sicher abgetötet) u. wird daher zur Desinfektion von Trinkwasser u. Nahrungsmitteln sowie zur Luftdesinfektion in Operationssälen, Infektionsabteilungen, asept. Laboratorien, usw. benutzt. Hierzu werden Quecksilberniederdruckstrahler aus Quarz (sog. Sterillampen) verwendet. Nur ein begrenzter Wirkbereich, Abnahme mit dem Quadrat der Entfernung), keine Tiefenwirkung u. keine Beeinflussung der im Lichtschatten liegenden Gegenstände. Durch die Jahresschwankungen des UV mit starker Verminderung im Winter werden eine ganze Reihe biolog. Vorgänge angeregt. Hohe Intensität beim Elektroschweißen aus dem Lichtbogen führt zu Verbrennungen der Haut u. der Hornhaut bei ungeschütztem Auge. [54]

~zystoskopie ↑ Zystoskop, ↑ Fluoreszenzzystoskopie. [24]

ultravisibel ⟨*lat*⟩: über die opt. Leistung eines Mikroskopes hinausgehend, daher im normalen Mikroskop nicht mehr sichtbar. [54]

Ultrazentrifuge: schnellaufende Zentrifugen, die eine konvektionsfreie Sedimentation von Eiweiß-, Polysaccharid- u. a. kolloiden Lösungen erlauben, also für quantitative Messungen geeignet sind. Das wird erreicht durch eine große Konstanz der Drehzahl bis auf 1‰ u. eine genaue Regelung der Temperatur auf etwa 0,1 grd. Handelsübliche U. entwickeln bei einer Drehzahl von 60 000 min etwa 260 000 g (das 260 000fache der Schwerkraft), Spezialgeräte bis zu 10^6 g. Der Rotor der U. läuft zur Verminderung der Reibung u. zur Erzielung eines guten Temperaturausgleichs in einer H_2-Atmosphäre von etwa 10 Torr; er ist an einem biegsamen

Stahldraht aufgehängt u. läuft auf einem Luftpolster. Mit der U. können das Mol.-Gew. von Kolloiden bestimmt u. Aussagen über die Einheitlichkeit bzw. bei Gemischen über die einzelnen Komponenten sowie über die Form der Teilchen gemacht werden. Die U. hat klin. Bedeutung für die Untersuchung von Serum auf Anwesenheit hochmolekularer Eiweißkörper. [8]

Ultzmann, Robert (1842–1889), Urologe, Wien.

U' Katheter: Spezialkatheter mit vielen kleinen Löchern im Schnabel zu Harnröhrenspülungen.

U' Schema: Untersuchungsgang zur qualitativen Schnelluntersuchung von Harnsteinen.

U' Trichtergriff: Eindrücken des (blinden) ↑Lithotriptors in die Hinterwand der Blase, so daß eine trichterartige Höhlung entsteht, in die der Stein hineinfällt u. zwischen die Branchen des Steinknackers rollt. [24]

Ulzeration ✳ **Ulceratio** ⟨*lat*⟩ *f:* der an der Deckschicht, - Haut oder Schleimhaut - entstandene, nicht ausheilende Gewebsdefekt; das Geschwür bleibt ohne Heilungsneigung, weil frische Granulationsbildung fehlt. [18]

Umaminierung (Umamidierung): enzymat. Übertragung einer NH_2-Gruppe von einer Aminosäure auf eine organ. Säure (α-Ketosäure) durch die Transaminasen. [42]

Umbau|gastritis: chron. Gastritis, bei der es zu einem Umbau der Magenmukosa in eine ortsfremde, an das Duodenum oder auch an tiefere Abschnitte des Darmschlauches erinnernde Schleimhaut kommt. Die Umbaugastritis kann zu den sog. Präkanzerosen gerechnet werden. [4]

~zone ↑Looser' Umbauzonen. [5]

Umber, Friedrich (1871–1946), Internist, Berlin.

U' Kostgerüst: von Umber aufgestelltes Diätschema für Entfettungskuren, bei denen eine sättigende, aber sehr kalorienarme Nahrung von 1000 kcal je Tag zugrunde gelegt wird. [16]

Umbilicus ⟨*lat*⟩ *m:* Nabel; *Adj* umbilicalis zum Nabel gehörend. [1]

Umblickfeld: von Comberg eingeführte Bezeichnung für den Bereich, der nicht nur bei Bewegung der Augen, sondern auch des Halses u. Rumpfes mit dem Blick erreicht wird. Wichtig in der Verkehrsmedizin, z. B. für Kraftfahrer; wird mit dem Alter immer kleiner. [36]

Umbo ⟨*lat*⟩ *m:* Schildbuckel, früher auch für den Nabel gebraucht.

U. membranae tympani: Nabel = Mittelpunkt des Trommelfells. [1]

Umbralgläser ⟨*lat*⟩: vom VEB Carl Zeiss produziertes Lichtdämpfungsglas mit verschiedenen Absorptionsstufen. Haben sie zugleich eine opt. Wirkung, wobei die lichtdämpfende Schicht aufgetragen wird, so werden sie als Überfanggläser bezeichnet. [36]

Umgebungs|reaktion: alle in der Umgebung eines Krankheitsherdes auftretenden reaktiven Veränderungen des Organismus, z. B. in der Umgebung einer Entzündung auftretende Reaktionen, wie Hyperämie, Exsudation, Zellinfiltration. [5]

~untersuchung: bei Auftreten bestimmter Infektionskrankheiten, z. B. Typhus, Ruhr, Diphtherie bzw. bei Verdacht auf solche, werden die Personen, die mit dem Kranken oder Krankheitsverdächtigen unmittelbare Berührung hatten (Wohnungskontakt, gemeinsamer Schulbesuch, Essengemeinschaft usw.) einer ein- oder mehrmaligen Untersuchung unterzogen. [39]

Umgehungs|anastomose: auch „Kurzschlußanastomose", zur Umgehung eines operativ nicht zu entfernenden Hindernisses des Magen-Darm-Traktes, um die Passage wiederherzustellen (Palliativoperation). [28]

~kreislauf ↑Kollateralkreislauf; kollateral. [5]

Umkehr-Phänomen ↑Rebound-Phänomen. [12]

Umklammerungsreflex: Moro' Reflex (Erstbeschr. 1918), Umklammerungseffekt; Auseinanderfahren der Arme, als ob das Kind etwas umklammern wolle. Durch verschiedenartige Reize beim Neugeborenen u. jungen Säugling auslösbarer Reflex, der gewöhnlich nach dem 4. Lebensmonat erlischt u. dessen Zustandekommen auf die Unreife des Gehirns zurückgeführt wird. Bei Schwachsinnigen bleibt er länger bestehen. Moro löste den Reflex dadurch aus, daß er mit beiden Händen auf das Kopfkissen schlug. Auslösung auch durch jede kräftige Erschütterung der Unterlage, Abwärtsbewegung des Kindes im Liegen oder Zurücklegen aus der sitzenden in die liegende Stellung. [32]

Umlagerungsosteotomie (Pauwels): intertrochantere Keilosteotomie aus dem proximalen Femurende zur Beseitigung eines zu steilen Schenkelhalsschaftwinkels oder zur Schmerzbeseitigung bei einer Arthrosis deformans des Hüftgelenkes. [23]

Umlauf: volkstümliche Bezeichnung für ↑Panaritium. [18]

Ummethylierung: enzymat. Übertragung einer Methylgruppe von einer Verbindung auf eine andere. [42]

Umphosphorylierung: enzymat. Übertragung der Phosphorsäure durch Transphosphorylasen. [42]

Umschläge: Wickel; Umhüllung einzelner

Körperteile in ihrem ganzen Umfang, im allgemeinen mit einem groben feuchten Leinentuch, trockenen Leinentuch u. Wolldecken oder dicken Flanelltuch zur lokalen Einwirkung auf die Haut u. reflektor. Beeinflussen tiefergelegener Organe. Feuchtkalte Wickel, heiße Wickel, gegebenenfalls mit bes. Wirkstoffzusätzen: Heublumenabkochung, Kamille-, Zinnkrauttee, Senfmehl, Sole, (Salz usw.). Gebräuchlich sind Halswickel, Brustwickel, Kreuzwickel, Rumpfwickel, Leibwickel, Wadenwickel, Gelenkwickel; ↑Einpackung. Feuchte U. als entzündungswidrige Maßnahme bei akuten Dermatosen. Ausnutzen der Verdunstungskälte. [46]

Umschlagspunkt: diejenige *p*H-Stufe, bei der ein Indikator zur Hälfte dissoziiert ist, bei der also die Farbe umschlägt (Halbwertsstufe, auch Säureexponent des Indikators genannt). [42]

Umstechung: bes. sichere Form der ↑Blutstillung; 1. wenn der blutende Gefäßstumpf nicht isoliert gefaßt werden kann, wird das umgebende Gewebe durch kreuz- oder Z-förmige Naht zusammengezogen u. damit das Gefäß verschlossen; 2. um das Abrutschen der Ligatur von einer kräftig pulsierenden Arterie zu vermeiden, wird der Faden erst durch das umgebende Gewebe ein- oder zweimal durchgeführt, die freien Enden ligiert (geknotet). [18]

Umstimmung: ursprünglich psycholog. Begriff, in seiner Bedeutung für das plötzliche Umschlagen einer reizinduzierten Stimmung in das Gegenteil verwandt. Durch die physikal. Therapie (Goldscheider) wurde der Begriff in die moderne Medizin eingeführt, auf die unspezif. Reiztherapie übernommen. U. bedeutet allgemein: Änderung der Reizbarkeit des Organismus. Umstimmende Therapie u. unspezif. Therapie werden oft als Synonyma gebraucht. [46]

Umwandlungszone (Hinselmann): *Abk* U-Zone; Vorhandensein von neuprofiliertem Plattenepithel als typ. Regenerationsepithel auf der Portio vag. ut. nach einer Pseudoerosion oder Ektopie, ↑Kolposkopie. [29]

Umwelt: alles, was auf einen Organismus einwirkt; abiot. Faktoren (Klima, Boden, Medium, Substrat) u. biot. Faktoren (die anderen Organismen als Partner, Feinde, Parasiten, Nahrung). [58] Für den menschlichen Organismus erhalten die gesellschaftlichen Wechselbeziehungen (soziales Milieu) entsprechend seiner Eigenschaft, ein gesellschaftliches Lebewesen (mit entwickelter Widerspiegelung des sozialen Seins im Bewußtsein) zu sein, bedeutendes Gewicht; ↑Milieu. [35]

Unbewußt: nach Pawlow subjektive Bezeichnung für die automat. stereotyp verlaufende Tätigkeit in Abschnitten der Großhirnhemisphären, die sich, dieser Tätigkeit entsprechend nicht im Zustand ihrer optimalen Erregbarkeit, sondern in dem einer mehr oder weniger herabgesetzten befinden. [35]

Uncinatusanfall = „uncinate fits" (Steward): paroxysmal auftretende Geruchs- u. Geschmackshalluzinationen, begleitet von Schnüffel- u. Schmatzbewegungen, auch von eigenartigen Zuständen traumhafter Bewußtseinsveränderung, in denen die Gegenstände manchmal in die Ferne gerückt erscheinen oder die Umgebung als merkwürdig vertraut erlebt wird (dreamy states, Jackson, evtl. mit ↑Déjà-vu-Erlebnis). Sie begegnen als Äquivalent oder Aura eines epilept. Anfalles bei Herden im Schläfenlappen. Heute als Symptom der ↑Temporallappenepilepsie aufgefaßt. [33]

Uncus ⟨*lat*⟩ *m:* Haken.

U. gyri parahippocampalis: das vordere hakenförmig umgebogene Ende des an der basalen Fläche des Schläfenlappens des Gehirns gelegenen Gyrus parahippocampalis. Es verbindet diesen mit dem Hippocampus. [1]

undifferenziert ⟨*lat*⟩: unreif; Eigenschaft von Gewächsen. Die Herkunft des Ausgangsgewebes kann nicht mehr bestimmt werden, der Vergleich mit entwicklungsgeschichtlichen Vorstufen ihrer Matrix ist aber noch möglich. Fehlt jede strukturelle Bezugsmöglichkeit, so spricht man von ↑Anaplasie. [4]

undulierend ⟨*lat*⟩: wellenförmig, bewegt, wogend, z. B. undulierende Membran der ↑Trypanosomen. [58]

Unempfänglichkeit: (immunolog.) angeborene, unspezif. ↑Resistenz gegen Infektionserreger u. deren Gifte. [40]

Unfall: ein plötzlich von außen auf den menschlichen Körper einwirkendes Ereignis, das zu einer unfreiwillig erlittenen Gesundheitsschädigung führt; ↑Trauma, ↑Verletzung. [49]

~neurose ↑Rentenneurose. [33]

~psychosen ↑Kontusionspsychosen, abnorme ↑Erlebnisreaktion. [34]

~reaktion: psych. u. vegetative Störungen, die sich nach einem Unfall zeigen u. wenige Tage später abklingen; bleiben sie auch in der Folgezeit (u. sind nicht durch einen bes. schweren Unfall, z. B. Contusio cerebri, erklärt) so sind sie Ausdruck einer neurot. Verarbeitung des Unfallerlebnisses. [34]

~verhütungsvorschriften (Abk. UVV): werden von den ↑Berufsgenossenschaften erlassen und betreffen z. B. Einstellungs- und Überwachungsuntersuchungen, das Verhalten

der Beschäftigten im Betrieb (soweit es der Unfallverhütung dient), Schutzvorrichtungen an Maschinen usw. Den U. entsprechen in der DDR die Arbeitsschutzbestimmungen.
~versicherung: die gesetzliche U. ist den ↑Berufsgenossenschaften übertragen. Private Versicherungsgesellschaften bieten U. mit (wählbaren) differenzierten Leistungen entsprechend der Höhe der Beiträge und dem Grad der Unfallfolgen an.

Unfruchtbarkeit ↑Sterilität. [29]

Unfruchtbarmachung ↑Sterilisation. [29]

Ungermann' Lösung: Serumnährlösung zur Spirochätenzüchtung. [41]

Ungiftigkeit: Begriff bei der Beurteilung von Impfstoffen das Freisein von giftigen Substanzen; ↑Unschädlichkeit. [40]

Unguentum ⟨*lat*⟩ *n: Abk* Ung(t), in der Rezeptur ↑Salbe. [44]

Unguiculus ⟨*lat*⟩ *m:* kleiner Nagel; *Adj* unguicularis zum Nagel gehörend. [1]

Unguis ⟨*lat*⟩ *m:* Nagel (auch Kralle oder Huf). [1]
U. hippocraticus ↑Uhrglasnagel.
U. incarnatus: Zehen- oder Fingernagel, der seitlich in das Nagelbett eingewachsen ist. [43]

Unheimlichkeitsgefühl: eine angstvolle Stimmungslage im Sinne der Ratlosigkeit als Reaktion erhaltener Persönlichkeitsanteile auf Wahnerlebnisse u. Sinnestäuschungen; Symptom der ↑Ich-Störungen bei Schizophrenie; häufige Begleiterscheinung einer ↑Paraperzeption. [34]

unicornis ⟨*lat*⟩: einhörnig, in der Gynäkologie für eine bestimmte Form der ↑Uterusmißbildung gebraucht. [29]

Uniformitätsgesetz ↑Mendelismus. [3]

unilateralis ⟨*lat*⟩: einseitig. [1]

unilocularis ⟨*lat*⟩: einfächerig. [1]

unipennatus ⟨*lat*⟩: einfach gefiedert (z.B. Muskel). [1]

unipolar ⟨*lat*⟩: einpolig, z.B. unipolare Nervenzelle; unipolare Ableitung des ↑EEG, des ↑Ekg. [2]

Unit membrane ⟨*engl*⟩ *f* ↑Elementarmembran. [6]

Unitarismus ⟨*lat*⟩: 1. (allg.) Unitätslehre; Lehre von der Einheit verschiedener Erscheinungs- bzw. Erkrankungsformen. 2. (hämatolog.). Ältere Abstammungstheorie der Leukozyten, die die Entwicklung von einer Stammzelle annahm (Ehrlich, Maximow, Pappenheim u.a.) Später abgelöst durch den ↑Dualismus (Naegeli), der zwei determinierte Stammzellreihen für Granulo- u. Lymphozyten postulierte, heute unter Hinzunahme der anfänglich wenig beachteten retikulärhistiozytären Zellinie, des monozytären Systems, zum Trialismus (Schilling, Aschoff-Kiyono) erweitert. [9, 11]

Universaldosimeter: dient der Messung der Dosis u. der Dosisleistung in der Strahlenkunde. [26]

Universalempfänger: für die Bluttransfusionspraxis nicht empfehlenswerte Möglichkeit, einem Empfänger der Blutgruppe AB auf der Grundlage der Landsteiner' Regel Blut der Blutgruppe A, B u. 0 gefahrlos übertragen zu können, da die Antikörper Anti-A u. Anti-B im AB-Blut nicht nachweisbar sind. Nur noch von theoret. Interesse, da irreguläre Antikörper u. andere Blutgruppensysteme bei der Transfusion Beachtung finden müssen. [11]

Universalität des genetischen Kodes: ident. Codons kodieren bei artverschiedenen Lebewesen (Bakterien, Säugetierzellen) ident. Aminosäuren; ↑Kode, genetischer. [40]

Universalspender: Blutspender der Blutgruppe 0 rh negativ, deren Anti-A- u. Anti-B-Antikörper einen niedrigen Titer zeigen u. im kolloidalen Milieu bei 37°C als imkomplette Antikörper keine Reaktion aufweisen. Das Serum darf insbes. keine Hämolysine gegen A- u. B-Erythrozyten enthalten. [11]

Unktion ✱ **Unctio** ⟨*lat*⟩ *f:* Einreibung. [46]

Unna, Paul Gerson (1856–1929), Dermatologe, Hamburg.
U' Krankheit ↑Seborrhoe. [43]
U' Syndrom = Hypotrichosis congenita hereditaria Typ Unna: kongenitale, dominant erbliche ↑Hypotrichose. Das bei der Geburt meist nur spärlich vorhandene Haar entwickelt sich ebenso wie die Sekundärbehaarung spät u. fällt frühzeitig aus. Oft totale Alopezie. [32]
U.-Pappenhemm' Färbung: Methylgrün-Pyronin, bes. für Hautschnitte u. Gewebe geeignet zur Darstellung der lebhaft gelbrot gefärbten Plasmazellen u. der deutlich strukturierten Kerne, Mitosen grün. [11]
U.-Thost' Syndrom = Keratosis palmoplantaris circumscripta: dominant vererbbare ↑Keratose, die bereits in der Kindheit beginnt u. zu dicken Hornauflagerungen an Handtellern u. Fußsohlen führt. [43]

Unreife: Fehlen der ↑Reifezeichen der Neugeborenen. [32]

Unruhe der Extremitäten: in Ruhe (zumal Bettruhe) auftretende u. durch Bewegung (Umherlaufen) zu bessernde Zustände von Parästhesien u. Bewegungsdrang vorwiegend in den Beinen. [33]

Unschädlichkeit: in der Impflehre Sammelbezeichnung für zu fordernde Eigenschaften eines ↑Impfstoffs oder ↑Heilserums; im weiteren Sinne zu beziehen auf das Freisein von lebenden Fremd- bzw. virulenten Vakzinekeimen (↑Sterilität), ihren Zerfallsstoffen (↑Pyrogenität), das Freisein von giftigen Substanzen (↑Toxizität) u. störenden

Begleitstoffen (Protein, Myelin). Die Identität der Vakzine mit den Ausgangsstämmen muß garantiert sein; Virusimpfstoffe dürfen keine onkogenen Viren enthalten, beigefügte Konservierungsmittel müssen verträglich sein. [40]

unspezifisch ⟨*lat*⟩: uncharakteristisch; von Entzündungen ohne charakterist., auf einen bestimmten Erreger zurückzuführende Gewebsreaktion; von Bakterien, die keine für den bestimmten Erreger charakterist. spezif. Entzündung auslösen. (z. B. Eitererreger wie Strepto-Staphylokokken usw.); unspezifische Aktivierung ↑Formatio reticularis. [40]

Unsterblichkeit, potentielle: Erhaltenbleiben von Protozoenkulturen über Tausende von Generationen durch Fernhalten von Schädigungen, Schaffen optimaler Lebensbedingungen. [58]

Unterarm = Antebrachium: anatom Teil des Armes, der von einer Linie drei Querfinger unterhalb der Epikondylen des Humerus bis zur Verbindungslinie des Processus styloideus radii mit dem Processus styloideus ulnae reicht. [1]

Unterberger' Schnitt: bogenförmiger Hautschnitt, der vom Ohransatz der einen Seite über die Scheitelhöhe bis zu dem der Gegenseite reicht.

U' Tretversuch: Ataxieprüfung, bei der der Pat. aufgefordert wird, mit geschlossenen Augen u. vorgestreckten Armen auf der Stelle zu treten. [20]

Unterbewußtsein: veraltete Bezeichnung aus früheren psycholog. Vorstellungen, bei denen ein Gegensatz zum ↑Oberbewußtsein gesehen wurde; ↑Bewußtsein. [34]

Unterbringung ↑Anstaltsunterbringung.

U., zwangsweise ↑Sicherungsmaßnahmen, gerichtliche. [34]

Unterdruck|akapnie ⟨*griech*⟩ *f:* verminderter Kohlensäuregehalt des Blutes im Zusammenhang mit einer Senkung des atmosphär. Druckes. Bei Aufenthalt in einer Unterdruckkammer ändert sich infolge des geringen Atmosphärendruckes die gesamte Art der Atmung. Zahl u. Tiefe der Atemzüge sind vermehrt. Die Verstärkung der Atmung bewirkt eine Erhöhung der Sauerstoffspannung in der Alveolarluft, also eine bessere O_2-Anreicherung des Lungenblutes. Im Zusammenhang damit steigt zwangsläufig die CO_2-Abgabe an. Die Erregbarkeit des Atemzentrums sinkt, wodurch leichte Erscheinungen von ↑Cheyne-Stokes' Atmung zum Durchbruch kommen; ↑Akapnie.

~atmung ↑Unterdruckakapnie, ↑Höhenkrankheit. [7]

Unterdruck|kammer: geschlossener Raum, in dem durch kontinuierliche Gasabsaugung ein geringer subatmosphär. Druck aufrechterhalten wird; ↑Druckdifferenzverfahren.

~verfahren (Sauerbruch, 1904): Druckdifferenzverfahren, Methodik zur Verhütung des Lungenkollaps bei intrathorakalen Eingriffen, bei der sich der Körper des Kranken u. die Operationsmannschaft in einer ↑Unterdruckkammer befinden, während der Kopf u. die Luftwege des Kranken außerhalb der Kammer atmosphär. Druck ausgesetzt sind. [27]

Unterernährung: bei kalor. unzureichender Nahrungszufuhr, wenn der Bedarf des Organismus an Nahrungsstoffen nicht mehr gedeckt ist; die U. ist zumeist mit einer Fehl- u. ↑Mangelernährung verbunden, vor allem einer zu geringen Versorgung an Eiweiß, aber auch an vielen Vitaminen u. von den Mineralien bes. an Ca u. Fe. Bei der chron. U. sind die Fettdepots weitgehend eingeschmolzen, das Körpergewicht durch Einschmelzung des Eiweißes (mit negativer N-Bilanz) so weit reduziert, wie der Nahrungszufuhr von etwa 30 kcal pro kg Körpergewicht entspricht. Bei der U. ist die Entwicklung verlangsamt, Vitalität, Leistungsfähigkeit u. körperliche sowie psych. Widerstandskraft u. Lebenserwartung sind gegenüber einer Bevölkerung mit optimaler Ernährung verringert. Nach statist. Angaben sind von der Weltbevölkerung nur 20–25% optimal (z. T. maximal mit kalor. Überernährung) ernährt, 10–15% sind partiell u. 60–70% unterernährt. [8]

Unterhaut ↑Subkutis. [43]

~fettgewebe: Bezeichnung für das Fett, das sich unter der Haut im Unterhautzellgewebe (Tela subcutanea) findet, das in allmählichem Übergang die Verbindung mit den die Hautunterlage bildenden Gewebsteilen (Knochen, Knorpel, Muskel, Faszie) herstellt; es ist durch die lamellöse Lockerung des Bindegewebes mit Einlagerung von Fettzellen charakterisiert. Diese Fettzellen sind in Form kleiner u. größerer Läppchen miteinander verbunden u. bilden den in seiner Stärke individuell nach Körperregion, Ernährungszustand, Alter verschieden stark ausgebildeten Panniculus adiposus. Das U. ist Depotfett; es dient dem Wärmeschutz u. schützt ferner mechan. oberflächlich liegende Nerven u. Gefäße. Das größeren Drücken ausgesetzte U. der Fußsohlen, des Gesäßes u. der Hohlhand ist in einem bes. festen Bindegewebe eingelagert. [8]

Unterkiefer ↑Mandibula.

~klonus: Klonus der Kaumuskeln bei Auslösung des ↑Unterkieferreflexes. [33]

~nekrose: häufig bei bestehenden Zahnwunden, wenn bei der Arbeit Gefährdung durch gelben Phosphor besteht. Jede

Kieferneuralgie oder Kieferperiostitis bei Phosphorarbeitern muß den Verdacht auf beginnende Kiefernekrose lenken. Bei Erkrankungen durch Phosphor oder seine Verbindungen als melde- u. entschädigungspflichtige Berufskrankheit anerkannt; ↑Phosphorvergiftung. [49]

~reflex: Unterkieferzeichen; Eigenreflex der großen Kaumuskeln (M. masseter u. M. temporalis). Wird durch Reflexhammerschlag gegen den Unterkiefer (untere Zahnreihe oder Kinn) von oben (d.h. kurze Dehnung der genannten Muskeln) ausgelöst. [33]

Unterleibstyphus ↑Typhus abdominalis. [40]

Unterscheidungsschwelle ↑Weber-Fechner' Gesetz. [7]

Unterschenkel|geschwür ↑Ulcus cruris. [18]

~glatze: fehlende Behaarung der Unterschenkel, Zeichen einer peripheren Durchblutungsstörung. [23]

Unterstützungszuckung: Kontraktionsform des Herzmuskels bei seiner natürlichen Tätigkeit. Besteht aus einer isovolumetr. Anfangs- u. einer auxoton. Endphase. Je nach dem Verhältnis der in beiden Phasen geleisteten Arbeit kann vom Herzmuskel - von einem bestimmten Punkt auf der Ruhedehnungskurve ausgehend - ein bestimmtes Maximum der U. erreicht werden. Alle Unterstützungsmaxima sind im Druck-Volumen-Diagramm des Herzens zwischen den möglichen Maxima isometr. u. isoton. Kontraktionen zu finden. Eine Veränderung dieser Maxima ist Ausdruck einer Kontraktilitätsänderung des Herzmuskels. [7]

Untersuchung, kombinierte: eingeführt in die Frauenheilkunde von B.S. Schultze, Jena 1869. Bimanuelle Untersuchung der Unterleibsorgane, indem diese mit den Fingern der einen Hand von der Scheide oder dem Rektum aus u. mit der anderen von der Bauchdecke aus getastet werden. [29]

Untersuchungspflicht: im Bundes-Seuchengesetz sind duldungspflichtige Untersuchungen bei Verdacht auf anzeigepflichtige ansteck. Krankheiten vorgeschrieben. [40]

Unterteilungsverfahren: Methode der Keimzahlbestimmung, bei der jede Verdünnungsstufe in eine Reihe gleicher Kulturen, unterteilt wird. [42]

Untertemperatur ↑Hypothermie. [32]

Unterwasser|darmbad ↑Darmbad.

~druckstrahlbehandlung: Massageverfahren, bei dem im temperaturindifferenten bis warmen Vollbad mit Hilfe eines dosierbaren Wasserdruckstrahls (1–3 atü) eine Massage bei fast völlig entspannter Muskulatur durchgeführt wird.

~gymnastik: Methode der Krankengymnastik im temperaturindifferenten Vollbad. Infolge des Auftriebes des Wassers werden bei nur noch gering erhaltener Bewegungsfähigkeit (Lähmungen) Geh- u. Schwimmübungen ermöglicht.

~massage: Behandlung des Körpers bzw. von Körperteilen unter Wasser mit manuellen Massagegriffen. Anwendung bei der Nachbehandlung von Frakturen, Gelenkversteifungen, Arthrosis deformans, chron. Lymphstauungen usw. [46]

Unterzungendrüse ↑Glandula sublingualis. [1]

Unverricht, Heinrich (1853–1912), Internist, Dorpat, Marburg.

U' Fistel: künstlich angelegte Thoraxfistel zur Ausheilung eines tuberkulösen Pneumothorax mit Bronchialfistel. Heute verlassene Methode, weil erfolglos. [18]

U' Krankheit ↑Myoklonusepilepsie. [33]

Uperisation (Ultra-Pasteurisierung): ein in der Schweiz entwickeltes Verfahren zur Sterilisierung der Milch; es stellt eine Ultrakurzzeit-Erhitzung dar, darauf beruhend, daß die Milch durch Injektion von überhitztem Wasserdampf während 0,75 s auf 150 °C erhitzt wird. Die so behandelte Milch ist weitgehend keimfrei, sehr gut haltbar u. behält prakt. ihren Charakter als Rohmilch (kein Kochgeschmack). Diese Milch wird im Einzelhandel als H-Milch angeboten. [16]

Urachus ⟨*griech*⟩ *m:* Harngang; leitet sich vom Allantoisgang vor seiner Ausweitung zur Harnblase ab. Der U. verkümmert beim Menschen vor dem Ende des fetalen Lebens. Aus ihm u. dem umgebenden Bindegewebe entsteht ein Strang, die Chorda urachi bzw. das Ligamentum umbilicale medianum, der den Scheitel der Blase mit dem Nabel verbindet. Bei Persistenz des Lumens des U. kann eine Nabelhernie (Darmschlingenhernie) vorgetäuscht werden. [3]

~divertikel: nicht völlig zurückgebildetes kaudales Ende des Harnstranges (Urachus), das sackartig erweitert ist u. durch einen Hals mit der Harnblase in Verbindung steht. Divertikeleingang immer im Blasenscheitel.

~fistel ↑Vesikoumbilikalfistel. [24]

Urämie ✱ **Uraemia** ⟨*griech*⟩ *f:* Harnvergiftung; liegt bei der echten, chron. oder stillen U. vor, die durch Niereninsuffizienz bedingt ist (Schrumpfniere, seltener bei akuter Glomerulonephritis oder als Crush-Syndrom bei Verbrennung). Es bestehen Kopfschmerzen, Dyspepsie, Erbrechen, Hautjucken, Benommenheit, Hautblutungen, Nasenbluten, anfallweise Atemnot (Asthma uraemicum), Anämie, urinöser Geruch der Atmungsluft, schließlich Koma; häufig uräm.

Entzündung von Perikard, Pleura, Peritoneum. Es finden sich erhöhte Werte von Reststickstoff, Harnstoff, Indikan u. aromat. Körpern (Xanthoproteinreaktion) im Blut. Behandlung besteht in Hunger- u. Durstkur, Blutdialyse mit künstlicher Niere, kochsalz- u. eiweißarmer Diät oder spez. Diät (z. B. Kartoffel-Ei-Diät u. a.), pflanzlichen Abführmitteln, Kreislaufstützung. Ein der U. ähnliches Bild kann auch infolge von Kochsalzverarmung (z. B. Chlorverluste durch gehäuftes Erbrechen u. starkes Schwitzen) entstehen u. wird als hypochloräm. U. bezeichnet; sie ist leicht durch die stark verringerte Kochsalzausscheidung im Harn zu erkennen. Die akute oder eklampt. (Pseudo-) Urämie kommt bei schwerer akuter Nephritis, aber auch bei Schrumpfniere vor. Sie ist nicht durch Retention harnpflichtiger Substanzen, sondern durch Hirnödem mit erhöhtem Hirndruck bedingt. Es treten ton.-klon. Krämpfe vom Typ der Eklampsie, Seh- u. Hörstörungen, Lähmungen u. Erbrechen auf. Die Sehnenreflexe können ein- oder beidseitig gesteigert, das Kernig' Zeichen u. der Babinski' Reflex können pos. sein. – Die Formen der eklampt. u. stillen U. können kombiniert auftreten. [9]

Uraminosäuren: Syn. N-Karbamylaminosäuren HOOC–CH(R)–NH–CO·NH_2, entstehen biolog. aus Karbamylphosphat (mit ener-

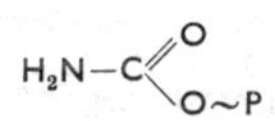

giereichem Phosphat) u. Aminosäuren. Mit spezif. Transkarbamylasen wird z. B. mit Ornithin das Zitrullin gebildet, das im Harnstoffzyklus wieder in Ornithin u. Harnstoff zerfällt, mit Asparaginsäure das Karbamylaspartat, aus dem die Pyrimidine aufgebaut werden. [8]

Urämosepsis ⟨*griech*⟩ *f* ↑ Urosepsis. [24]

Uran: chem. Symbol U; radioaktives Metall; Atomgewicht 238,07 spezif. Gewicht 18,7; Vorkommen in ↑ Uranpechblende. Alle Uranverbindungen sind radioaktiv, soweit löslich, stark giftig. Das natürlich vorkommende U besteht zu 99,27% aus dem Uranisotop $^{238}_{92}U$, zu 0,72% aus $^{235}_{92}U$ u. zu 0,0055% aus $^{234}_{92}U$. ^{238}U (Halbwertszeit $4{,}5 \cdot 10^9$ a) ist die Ausgangssubstanz für die Uran-Radium-Zerfallsreihe, die über 18 Zwischenprodukte (darunter Radium u. Polonium) zum stabilen Uranblei $^{206}_{82}Pb$ führt. Das ^{235}U (Aktinouran) gibt die Kernkettenreaktion, da es durch Neutronen gespalten wird; es zerfällt in der Aktinium-Zerfallsreihe spontan über 15 Zwischenprodukte in das stabile Aktiniumblei $^{207}_{82}Pb$; ↑ Thorium. U. ist in kleinsten Mengen in Pflanzen u. Tieren verbreitet; reichert sich bei Zufuhr in Knochen u. Nieren an.

Uranismus (nach Uranos) *m:* Homosexualität zwischen männlichen Individuen ↑ Homosexualität. [35]

Uranitis plasmacellularis: chron. Entzündung der Gaumenschleimhaut. [43]

Uranmeiler ⟨*engl* Pile⟩: ältere Bezeichnung für ↑ Kernreaktor. [59]

Urano|kolobom ⟨*griech*⟩ *n* ↑ Gaumenspalte.

~plastik: operativer Verschluß eines Gaumendefektes, bes. einer angeborenen ↑ Gaumenspalte. [37]

~skopie *f:* starke Lordose der Halswirbelsäule, dadurch auffallende Rückenbeugung des Schädels bei schweren Kopfmißbildungen (z. B. ↑ Notenzephalus, ↑ Anenzephalus). [4]

Uran|pechblende = Uranpecherz: hauptsächliches Uranmineral, Verbindung aus Urandioxid u. Urantrioxid, U_3O_8; bekannte reiche Vorkommen in USA, Katanga, Kanada u. der CSSR.

~standard: Strahlungsstandard für dosimetr. Zwecke, bestehend aus zwei gegeneinander isolierten Platten, die auf gegenüberliegenden Flächen mit Uranoxid belegt sind. [8]

Uranylazetat: $UO_2(CH_3-COO)_2 \cdot 2H_2O$; das schwach komplexe Ion $[UO_2(CH_3 \cdot COO)_3]^-$ ist als NaMg-U. ein Reagens auf Natrium. [8]

Urate ⟨*griech*⟩ *n, Pl:* harnsaure Salze, vorzugsweise saures harnsaures Natrium bzw. Kalium. Hauptbestandteile des ↑ Ziegelmehlsediments, das aus dem frisch entleerten Harn beim Sehenlassen u. Abkühlen ausgeschieden wird. Die U. sind in Wasser schwer löslich; ↑ Harnsediment. [8]

Uratgicht ↑ Gicht. [5]

Uratohistechie ⟨*griech*⟩ *f:* Zurückhaltung von Harnsäure im Körpergewebe. [9]

Uratstein: harter, braunroter Stein aus Harnsäure oder harnsauren Salzen. Vorkommen in den ableitenden Harnwegen ↑ Konkrementbildung der Harnorgane. [5]

~litholyse: Auflösung von Uratsteinen; nach Einstellen des *p*H des Urins auf 6,5 bis 7,2 durch perorale Verabreichung von Zitronen oder Eisenberg' oder Müller' Lösung über längere Zeit zerfallen Uratnierensteine u. gehen als Uratsand ab. [24]

Uraturie ⟨*griech*⟩ *f:* im stark sauren Harn (*p*H 5,5 u. weniger), der trüb aussieht (oder beim Stehen in der Kälte trüb wird), finden sich bei mikroskop. Betrachtung des Sediments massenhaft Urate; charakterist. „Ziegelmehlsediment". Bei Erwärmung auf über 55 °C wird der Urin klar (desgleichen bei Zugabe von Lauge), weil die Uratsalze wieder in Lösung gehen; stoffwechsel- u. ernährungsbedingt. [24]

Urazil: Derivat des ↑ Pyrimidins = 2,6-Dihydroxy-pyrimidin; in der Regel nur in der RNS vorkommende Nukleobase.

~dimerisierung: durch UV-Strahlung (bes. mit λ = 285 nm) induzierte Dimerisierung von 2 in einer Polynukleotidkette benachbarten Urazilen. Durch Bestrahlung mit λ = 245 nm lassen sich die Dimeren partiell wieder in die Monomeren spalten. Durch diese Dimerisierung entsteht in der Nukleinsäure ein Schaden mit genet. Auswirkung. Die U. kann wahrscheinlich ähnlich wie beim dimerisierten Thymin der DNS durch zelleigene Enzyme repariert werden. [8]

Urban, Erich (1893–1946), österreich.-amerikan. Dermatologe.

U.-Withe' Syndrom ↑ Lipidproteinose. [5]

Urbanisierungstrauma ⟨*lat, griech*⟩ *n:* nach Bennholdt-Thomsen zusammenfassender Begriff für die Einflüsse, die sich aus dem Pferchungsschaden, der Lärmhäufung in der Stadt, der Dichte u. Schnelligkeit des Verkehrs, der Änderung der Tagesrhythmik (Beleuchtung!), der sexuellen Aufklärung usw. in der Stadt auf die körperliche Entwicklung von Kindern u. Jugendlichen im Sinne der ↑ Akzeleration ergeben sollen. Die Bezeichnung Trauma läßt erkennen, daß Bennholdt-Thomsen die Akzeleration als ein patholog. Geschehen wertete. Diese Auffassung gilt infolge neuer wissenschaftlicher Erkenntnisse als überholt, die Charakterisierung des Geschehens als negativ zu wertende Entwicklung ist verlassen. [48]

Urdarm: die bei der ↑ Gastrulation sich bildende Darmleibeshöhle (Gastrocoelon oder Coelenteron). [3]

Urea ⟨*griech*⟩ *f* Harnstoff [8]

Urease: Enzym (EC 3.5.1.5) spaltet hydrolyt. Harnstoff in CO_2 u. 2 NH_3. U. ist das erste kristallin dargestellte Enzym (Sumner, 1926); Molekulargewicht 473 000; *p*H-Optimum [8, 0]. Vorkommen bes. in der Sojabohne, verschiedenen Bakterien, ferner in Krebsen, Meeresmuscheln usw. U. wird durch Ag^+, Hg^{2+}, Cu^{2+}, H_2S, H_2O_2 u. andere Substanzen gehemmt. [8]

Ureide: Harnstoffderivate, bei denen Wasserstoffatome durch Säurereste ersetzt sind. Zu den einfachen Fettsäure-U. gehören einige Schlafmittel sowie Kunstharze; kompliziertere U. sind die Barbitursäure u. ihre Derivate. [8]

Urese ⟨*griech*⟩ *f:* Harnen, ↑ Diurese. [24]

Ureter ⟨*griech*⟩ *m:* Harnleiter; muskulöser Verbindungsschlauch vom Nierenbecken bis zur Blase ziehend. Länge bei Erwachsenen je nach Körpergröße 24–27 cm. Durchmesser stark variierend von Stricknadel- bis Bleistiftdicke, bei chron. Abflußhindernissen kleinfinger- bis daumendick (als angeborener Megaureter bis unterarmdick). Ureter verläuft außerhalb des Bauchfells, retroperitoneal.

U. bifidus = Ureter fissus, Ureter duplex: Harnleiterverdoppelung; angeborene Mißbildung; auf einer Seite (seltener beidseits) sind 2 Nierenbecken mit 2 abführenden Harnleitern vorhanden (Doppelniere mit Harnleiterverdoppelung). Die beiden Harnleiter können sich 1. kurz unterhalb der Niere (dichotome Niere); 2. oberhalb der Harnblase vereinigen; 3. getrennt in die Blase einmünden (2 Ostien, falls doppelseitig, 4 Ostien). Das untere Ostium gehört stets zur oberen Niere (Meyer-Weigert' Regel); 4. ein Harnleiter kann außerhalb des Schließmuskels in die Harnröhre (oder die Scheide) münden, wodurch Inkontinenz vorgetäuscht wird.

U. duplex ↑ Ureter bifidus.

U. fissus: gefiederter Harnleiter, ↑ Ureter bifidus.

U. triplex: Ureterverdreifachung = U. trifidus = Tripelureter (sehr seltene Mißbildung). Von einer Langniere mit 3 Nierenbecken (Tripelniere) ziehen 3 Harnleiter blasenwärts u. vereinigen sich entweder unterwegs oder münden in 1, 2 oder 3 Ostien. [24]

Ureter|durchgangsdivertikel: 1. ↑ Blasendivertikel, die sich an der dünnsten Stelle der Harnblasenwand entwickeln, nämlich dort, wo die Harnleiter schräg durch die Wand ziehen, also oberhalb der Ostien; 2. Harnleiterdivertikel im Ostiumgebiet, sog. Uretermündungsdivertikel (Staehler): ein oder beide Harnleiter münden in divertikelartige Aussackungen (der Blase). Ostium liegt stets auf dem Divertikelboden, Interureterenleiste setzt sich bis in das Divertikel fort. [24]

Ureterenkatheter ⟨*griech*⟩ *m:* auch Ureterkatheter, *Abk* UK; Harnleiterkatheter aus lackiertem Seidengespinstschlauch, im allgemeinen in Zentimetereinteilung rotschwarz mit silberweißen Markierungen von 5 zu 5 cm (neuerdings aus auskochbarem Kunststoff, meist grau, jedoch auch in anderen Farben) in den Stärken 3–12 Charr., Länge (45) – 75 cm zum retrograden Sondieren der Harnleiter u. Nierenbecken mittels Zystoskop. Zweck: 1. Auffangen von getrennten Nierenurinen zur Untersuchung, 2. Anfertigung von (retrograden) ↑ Pyelogrammen, 3. Urinableitung (temporär) bei Hindernissen oder nach Operationen (↑ Schienenkatheter). Die U. sollen röntgenfähig sein, d. h. sich im Röntgenbild darstellen. Spezial-UK: ↑ Chevassu-Katheter, ↑ Pflaumer-Katheter, ↑ Woodruff-Katheter, ↑ Zeiß-Schlingenkatheter. [24]

Ureteritis ⟨*griech*⟩ *f:* Harnleiterentzündung

(Schleimhaut, Wand, evtl. auch periureterales Gewebe).

U. cystica: Bildung multipler kleiner (stecknadelkopfgroßer) Zysten oder polypöser Wucherungen der Harnleiter- u. Nierenbeckenschleimhaut als Folge chron. Infektion. Typ. Röntgenbilder, Folge: Harnstauungsnieren. [24]

Ureter|katheterismus: besser Harnleiter-„Katheterung"; Einführen von Ureterkatheter mit Zystoskop unter Sicht in eine oder beide Harnleitermündungen, wobei die Ureterkatheter nur wenig („Pyelogramm von unten") oder bis in die Nierenbecken hochgeschoben werden (nicht ungefährlich, strengste Indikation, bes. wenn doppelseitig!); ↑ Ureterenkatheter. [24]

~knotung: zur Ausschaltung einer Niere wegen operativer Läsion des Harnleiters. Die Niere verfällt danach der Schrumpfung (bei Jugendlichen ↑ Hydronephrose). [18]

~kutaneostomie *f:* Anlegen einer Harnleiter-Hautfistel.

~neozystostomie: Neueinpflanzung des Harnleiters in die Blase. [24]

Uretero|lithotomie ⟨*griech*⟩ *f:* Entfernung eines Uretersteins durch offene Operation mit (Längs)Inzision des Harnleiters. Zugang a) retroperitoneal, b) transperitoneal, c) vaginal, d) transvesikal.

~lyse: operative Auslösung des im Narbengewebe eingescheideten (u. abgedrosselten) oder (durch Verwachsungen oder Gefäße) abgeknickten Harnleiters.

~sigmoideostomie: Umpflanzung der Harnleiter in das Sigma = Harnleiter-Darm-Anastomose (HDA) ↑ Coffey-Mayo' Operation.

~stomie: Fistelung des Harnleiters a) temporär (U. mit Schlauch), b) endständiger Ureterokutaneostomie = Harnleiterhautfistel.

~tomie: operat. Eröffn. des Harnleiters.

~vaginalfistel: Harnleiterscheidenfistel.

~zele: zystenartige, kugelige erbs- bis hühnereigroße Vorbuckelung der Schleimhaut des Harnleiterdaches in das Lumen der Blase hinein infolge zu engen Ostiums. Folgen: Einflußstauung mit sek. Erweiterung des unteren Harnleiterabschnittes, Stauungsharnleiter u. Harnstauungsniere. Röntgen: „Schlangenkopfbild" bei Ausscheidungsurographie, manchmal doppelseitig. Zystoskopie: kugelige, blasig-pralle Vorwölbung in der Gegend des Ostiums, die sich rhythm. vergrößert (füllt) u. verkleinert (entleert), wobei durch winzig feine Öffnung auf der Oberfläche der Halbkugel (verengtes Ostium) der Urin (Blau i. v. spritzen!) in dünnem Strahl herausspritzt. Therapie: Operation; entweder transurethral mit Elektrotomie oder offen durch Sectio alta (bes. bei Kindern!). [24]

Ureter|steine: Harnleitersteine; fast ausschließlich in den Nieren gebildete Steine, die in den Harnleiter hineinrutschen u. dort festklemmen (eingeklemmte U.), jedoch meist weiterrutschen (wandernde U.). U. werden nach ihrem jeweiligen Sitz eingeteilt in Ureterabgangssteine (Übergang vom Nierenbecken in den Harnleiter), hohe U. (im oberen lumbalen Harnleiterdrittel), mittlere U. (oberhalb der Kreuzung des Harnleiters mit der A. iliaca), tiefe – iliakale oder pelvine – U. (unterhalb der Iliaca-Kreuzung), prävesikale – juxtavesikal – U. (dicht vor der Blase sitzend), intramurale U. (in der Blasenwand – Durchtrittsstelle des Harnleiters – befindliche Steine). Je nach Sitz des Steines wird bei operativem Eingreifen eine obere oder untere, ggf. vaginale oder transvesikale ↑ Ureterolithotomie gemacht oder eine „hohe" oder „tiefe" ↑ Zeiß-Schlinge gelegt.

~zyste ↑ Ureterozele. [24]

Urethan: Karbamidsäureester, von Paterson, Haddow, Thomas u. Watkinson 1946 in die Leukämietherapie eingeführt u. als Äthylurethan bei chron. Myelosen am besten bewährt, weniger gut bei lymphat. Leukämien, Lymphogranulom, Myelom, Retikulosen, Polyzythämien, Blastom. Dauerheilungen bisher nicht erreicht. Narkotikum für experimentelle Tieroperationen. [11]

Urethra ⟨*griech*⟩ *f:* Harnröhre; schlauchartiger Ausführungsgang der Harnblase. Bei der Frau 3–5 cm lang, beim Manne 20–25 cm mit folgenden Abschnitten: 1. Pars prostatica (prostat. Harnröhre) vom inneren Blasenmund bis zum Colliculus seminalis bzw. äußeren Sphinkter; 2. Pars membranacea (Durchtritt durch das Diaphragma pelvis, deshalb auch Pars diaphragmatica oder Pars perinealis genannt); 3. Pars cavernosa (der vom Schwellkörper begleitete Harnröhrenabschnitt); 4. Pars pendulans (der im beweglichen Teil des Penis befindliche Harnröhrenabschnitt; 5. Fossa navicularis (Erweiterung der Harnröhre dicht vor der äußeren Mündung); 6. Meatus urethrae externus (äußere Harnröhrenmündung). [24]

Urethral|fieber ↑ Katheterfieber.

~steine: in der Harnröhre befindliche Steine (meist steckengebliebene Steine aus den oberen Harnwegen oder der Blase). [24]

urethralis ⟨*griech*⟩: zur Harnröhre gehörend. [1]

Urethritis ⟨*griech*⟩: Harnröhrenentzündung.

U. gonorrhoica ↑ Gonorrhoe.

U. simplex: Reizerscheinungen der Urethralschleimhaut, die zur Sekretion eines dünnen schleimigen Ausflusses führen. Brennen oder Kitzelgefühl bei der Miktion kann vorhanden sein. Im Ausstrich meist nur Leukozyten. Ursache: meist ungeklärt (Erkältung, Alkoholika, Herpes simplex, Viren, Einschlußkörperchen, Trichomonaden. [13]

Urethro|dynie ⟨*griech*⟩ *f:* Harnröhrenschmerzen.

~gramm: Röntgenkontrastdarstellung der Harnröhre, entweder durch Einspritzen von Kontrastmittel von der Harnröhrenmündung her (retrograde Urethrographie) oder durch Röntgenaufnahme während des Wasserlassens nach Kontrastierung des Urins (z.B. durch ↑Urogramm) als ↑„Miktionsurogramm". Diagnose von Harnröhrenstrikturen, -tumoren, -divertikeln u. bestimmten Formen der ↑Inkontinenz u.ä.

~graphie *f:* Anfertigung eines ↑Urethrogramms. [24]

Urethro-konjunktivo-synoviales Syndrom ↑Reiter' Krankheit. [13]

Urethroplastik ⟨*griech*⟩ *f:* plast. Operation an der Harnröhre, z.B. Fistelverschluß, Neubildung einer Harnröhre bei Hypospadie, plast. Korrektur einer Striktur o.ä. [24]

Urethrorrhoe ⟨*griech*⟩ *f:* Harnröhrenausfluß aus den Littré' u. Cowper' Drüsen; physiolog. bei sexueller Erregung, patholog. bei spezif. (gonorrhoischer), aber auch bei unspezif. Entzündung. [24]

Urethroskop ⟨*griech*⟩ *n:* Endoskop zur Besichtigung der Harnröhre. Operations-U. (Fischer, K.S.) mit Dauerspülvorrichtung, bestehend aus dem geraden Schaft mit Füllstab u. Arbeitseinheit, die aus Leitrohr, Lichtquelle u. opt. System zusammengesetzt ist, zur Untersuchung, Striktur- oder Samenausführungsgangssondierung, Koagulation u. Elektrotomie. Moderne U. mit Kaltlichtbeleuchtung; ↑Glasfaserlichtübertragung. [24]

Urethrotomia externa ⟨*griech, lat*⟩ *f:* operative Eröffnung der Harnröhre durch Schnitt von außen.

U. interna: innerer Harnröhrenschnitt, Spaltung der (narbig verengten) Harnröhre, entweder „blind" nach Tastgefühl vom Harnröhrenlumen aus mit Spezialmesser nach ↑Maisonneuve (1879), ↑Albarran, ↑Kollmann oder mittels Operationsurethroskop u. Elektrotomie unter Sicht (gefährlicher Eingriff!). [24]

Urethrozystoskop ⟨*griech*⟩: Endoskop, mit dem es möglich ist, durch Austauschen der Optiken (ohne den Schaft wechseln zu müssen) sowohl die Blase (Blasenoptik mit rechtwinkligem Strahlengang, sog. 90°- oder 110°-Optik, Weitwinkeloptik = Panoroptik, Rückblickoptik) als auch die hintere Harnröhre mit der Prostata u. Colliculus seminalis u. die übrige Harnröhre (Geradeausoptik, sog. 180°-Optik) zu betrachten. [24]

Urgeschlechtszellen: undifferenzierte Keimzellen, sind beim Menschen als große helle Zellen in den Keimdrüsenanlagen bereits in etwa 4 mm langen Embryonen erkenntlich; ↑Zeugungsorgane. [3]

Urhidrosis ⟨*griech*⟩: Ausscheidung von harnpflichtigen Substanzen mit dem Schweiß. [9]

Uricase: Enzym (EC 1.7.3.3) Syn. Uratoxydase; katalysiert die Reaktion: Harnsäure + O_2 + $2H_2O$ → Allantoin + H_2O_2 + CO_2; Molekulargewicht 122000; *p*H-Optimum 9,5. U. wird durch Thioharnstoff u. Phenanthrolin aktiviert, durch Schwermetallionen u. Zyanid gehemmt. U. findet sich außer beim Menschen u. den Hominiden bei allen Säugetieren, lokalisiert in den Microbodies. Die U. ermöglicht bei den höheren Tieren den Abbau der wenig löslichen Harnsäure (u. ihrer sauren Salze) in das leicht lösliche Allantoin. [8]

Uridylsäure ↑Ribonukleosidmonophosphate. [8]

Urikämie ⟨*griech*⟩ *f:* Vermehrung der Harnsäure im Blut (normal 3–5 mg%) bei Gicht, Leukämie, Tumor, Zellzerfall bei Chemotherapie, schweren Infektionen, Frühzeichen einer Niereninsuffizienz. [11]

Urikolyse ⟨*griech*⟩: Übergang der Harnsäure in ↑Allantoin unter Mitwirkung der ↑Urikase, wie er beim Eiweißstoffwechsel vieler Tiere zu verzeichnen ist. [7]

Urikosom ⟨*griech*⟩ *n:* Bezeichnung für ↑Microbody mit hohem Uricase-Gehalt. [6]

Urin ✱ **Urina** ⟨*lat*⟩ ↑Harn.

U. jumentosa: Pferdeharn, von iumentum = Zugtier; trüber, alkal. Urin, wie ihn Pflanzenfresser auszuscheiden pflegen.

U. spastica: ursprünglich empir. Beobachtung, daß oft nach hyster. Anfällen massenhaft wasserheller Harn entleert wird. Zentralnervöse (Zwischenhirn-)Fehlsteuerung des Wasserhaushaltes. Zustände von Harnflut wechseln mit Diuresehemmung. Im Zusammenhang mit Migräne, paroxysmaler Tachykardie, vasomotor. Stenokardie, starker psych. Erregung. Ähnliche Erscheinungen nach Commotio cerebri oder Infektionskrankheiten. [24]

Urinal ⟨*frz*⟩ *n:* wörtlich Uringlas; klin. Bezeichnung für Auffangbeutel aus Gummi oder Kunststoff, die den bei Inkontinenz oder den aus Dauerkatheter der Blase oder Niere sowie aus Harnleiterhautanastomose oder Ersatzblase (↑Dünndarmblase) abfließenden Urin auffangen. [24]

urinalis, urinarius ⟨*lat*⟩: zum Harn gehörend, den Harn betreffend. [24]

Urin|infiltration ↑Harninfiltration. [24]

~phlegmone: nach Verletzungen u. wandzerstörenden Prozessen der ableitenden Harnwege auftretende Urininfiltration mit phlegmonöser Entzündung, lebensbedrohend. [5]

~verfärbung ↑Harnverfärbung. [24]

Urkeimzellen ↑Oogonien u. ↑Spermatogonien; ↑Oogenese, ↑Spermiogenese. [2]

Urlinde: Bezeichnung für weibliche Homosexuelle; ↑Homosexualität. [35]

Urlymphräume: bei menschlichen Keimlingen von 25–30 mm Länge entstehen die später mit Venen sich verbindenden Lymphsäcke wahrscheinlich aus den Urlymphräumen, einem Lückensystem im lockeren Bindegewebe, das von abgeplatteten Zellen ausgekleidet wird. [3]

Urmeristemzellen: in der Botanik aus der Keimzelle durch Teilung hervorgegangene Zellen embryonalen Charakters. Aus U. bestehen: der ganze pflanzliche Embryo, die Spitzen der Sprosse u. Wurzeln (Vegetationspunkte), die ganz jungen Blattanlagen (Primordien) sowie die basalen Abschnitte der Stengelglieder vieler Einkeimblättrigen, z. B. Gräser). [56]

Urmund = Blastoporus: Öffnung der ↑Gastrula bzw. des ↑Urdarms nach außen. Nur bei einer Anzahl von niederen Tieren, den Protostomata, wird der Urmund zum späteren Mund, d. h. zum Darmeingang. Bei den Deuterostomata, zu denen die Wirbeltiere gehören, wird der Urmund zum After oder schließt sich ganz. Die endgültigen Mund- u. Afteröffnungen bilden sich neu aus. [3]

Urniere = Mesonephros: funktionierende Niere der Knorpelfische u. Amphibien. Bei den Amnioten (Reptilien, Vögel, Säuger) wird sie nur embryonal mehr oder weniger weit entwickelt u. durch die Nachniere (bleibende Niere) funktionell ersetzt. Reste der U. bleiben im Nebenhoden u. Beihoden bzw. im Ep- u. Parophoron erhalten. [3]

Urnierengang: Wolff' Gang; entspricht in seinem vorderen Ende der ↑Vorniere. Sammelgang der Vor- u. Urnierenkanälchen der Wirbeltiere. Bilateral ausgebildet. Beim männlichen Geschlecht wird er zum Ausführungsgang der Hoden, beim weiblichen Geschlecht degeneriert er u. wird zum rudimentären ↑Gärtner' Gang zurückgebildet. [3]

Urning: Bezeichnung für männlichen Homosexuellen, ↑Uranismus. [35]

Urobilin: vielfach werden im klin. Sprachgebrauch unter „Urobilin(ogen)“ die im Harn bzw. Kot ausgeschiedenen Hydrierungsprodukte des ↑Bilirubins ($C_{33}H_{36}O_6N_4$) verstanden, u. zwar die farblosen Chromogene Urobilinogen (Syn. Mesobilirubinogen) $C_{33}H_{44}O_6N_4$ bzw. Sterkobilinogen $C_{33}H_{48}O_6N_4$ sowie ihre gefärbten Oxydationsprodukte Urobilin ($C_{33}H_{42}O_6N_4$) bzw. Sterkobilin ($C_{33}H_{46}O_6N_4$). Die Benennung dieser chem. wohl definierten Verbindungen nach der Ausscheidung im Harn (Uro-) bzw. im Kot (Sterko-) war unzutreffend, da diese Substanzen nebeneinander vorkommen können u. im normalen Harn nur Sterkobilinogen (in geringen Mengen) gefunden wird, das das Urobilinogen immer ganz erheblich, bis um das 10fache u. mehr übertrifft. – Urobilinogen entsteht über das Mesobilirubin $C_{33}H_{40}O_6N_4$ durch enzymat. Hydrierung in der Leber u. in der Galle, wo es in der Galle der Gallenblase etwa 10% des Bilirubins ausmacht. Es wird im Dünndarm resorbiert, findet sich also normal im Kot allenfalls nur in Spuren. Das resorbierte Urobilinogen wird in der gesunden Leber abgebaut, so daß es normal auch nicht im Harn vorkommt, soweit dieser Abbau bei einer Lebererkrankung nicht gestört ist oder durch Freiwerden von z. B. gestauter Galle ein übermäßiges Angebot vorliegt, das auch von der gesunden Leber nicht verarbeitet werden kann. – Das Sterkobilinogen entsteht aus Bilirubin ausschließlich enzymat. durch anaerobe Bakterien der Darmflora im Dickdarm. Es wird hauptsächlich im Kot ausgeschieden; ein geringer Teil, der über den Plexus haemorrhoidalis resorbiert wird, gelangt über den großen Blutkreislauf unter Umgehung der Leber durch die Nieren in den Harn, wo beim Gesunden die Reaktion jedoch nur schwach pos. ausfällt. – Der Nachweis von Urobilinogen u. Sterkobilinogen ergibt im frischen(!) Harn mit dem Ehrlich' Reagens (Dimethylaminoazobenzol in salzsaurer Lösung) eine Rotfärbung; tritt diese bereits in der Kälte auf, so sind die Chromogene vermehrt, Rotfärbung nach dem Erwärmen zeigt normalen Gehalt an, keine Rotfärbung nach dem Erhitzen zeigt Verminderung oder Fehlen an. Der Nachweis von Urobilin u. Sterkobilin erfolgt mit dem Schlesinger Reagens (alkohol. Zinkazetat-Suspension), wobei das Filtrat eine grüne Fluoreszenz zeigt. – Bei den Proben sind Störungen durch Medikamente u. a. zu beachten. – Für den Nachweis des Sterko- u. evtl. Urobilinogens muß immer frischer Harn bzw. Kot verwendet werden, da diese Chromogene leicht schon durch den Luft-O_2 zu Sterkobilin bzw. Urobilin dehydriert werden; ↑Urobilinogenurie, Urobilinurie. [8]

Urobilinogen ↑Urobilin.

Urobilin(ogen)urie: eine „Urobilinogen“urie ist eines der frühesten Symptome einer Leberschädigung, die bei allen Lebererkrankungen auftritt, so bei Stauungsleber, Leberzirrhose, katarrhal. Ikterus, bei Karzinomen, bei Vergiftungen, die sich auf die Leber auswirken, wie mit Phosphor, Kohlenmonoxid, Blei, Chloroform u. a. Eine erhöhte „Urobilin(ogen)“urie tritt auch bei Erkrankungen auf, die einen erhöhten Zerfall von Erythrozyten zur Folge haben, bei denen z. T. eine pleiochrome Galle entsteht, die zu einer intensiven Sterkobilinogen-Bildung im Darm führt, wie bei hämolyt. Ikterus, Malaria, Scharlach, Typhus, perniziöser Anämie, Blutergüssen in das Gewebe, sowie auch bei Darmerkrankungen, wenn die Resorption stark erhöht ist. Eine „Urobilin(ogen)"urie fehlt bei völligem Verschluß des Ductus choledochus u. gänzlichem Fehlen des Bilirubins im Darm. Sie ist auch vermindert oder fehlt beim Ausbleiben der Reduktionsvorgänge im Darm, wie beim Neugeborenen oder beim Abtöten der Darmflora durch Sulfonamide oder Antibiotika. [8]

Urobilinquotient: nach Heilmeyer Maßstab für die Leberfunktion; Quotient der Urobilin- bzw. Sterkobilinkörperausscheidung in Stuhl u. Urin. Bei erhöhtem Blutzerfall steigt die Ausscheidung im Stuhl viel mehr als im Urin an (1/10–1/80). [47]

Urochezie ⟨*griech*⟩ *f:* Harnabgang aus dem After. [24]

Uro|chrom ⟨*griech*⟩ *n:* Harnfarbstoff, der neben Uroerythrin die normale Harnfarbe bedingt; daran sind beteiligt das mit Ammonsulfat fällbare Urochrom-B zu 50–75% u. das mit Ammonsulfat nicht fällbare Urochrom-A zu 25–50%. Nachweis mit Kaliumpermanganat Urochrom-A-Reaktion pflegt schon im Frühstadium des Fleckfiebers pos. auszufallen. Urochrom-B steht nach Whipple, Heilmeyer u. Gitter in Beziehung zum Blutfarbstoff, da es bei vermehrtem Blutzerfall auch in größeren Mengen auftritt.

~erythrin: Harnfarbstoff, der die Rotfärbung der Urate im Uratsediment („Ziegelmehlsediment") bedingt. Ohne klin. Bedeutung.

~hämatin: Harnfarbstoff, mit Skatolrot, Giacosas Farbstoff, Kunkels Farbstoff mehr oder weniger ident. u. ohne klin. Bedeutung.

~melanin: Harnfarbstoff, der wie seine Vorstufe Melanogen nur in patholog. Urinen (Melanozytoblastom) vorkommt. Melaninhaltige Harne sind schon bei Entleerung dunkel, melanogene Harne werden erst bei längerem Stehen durch Oxydation an der Luft undurchsichtig tiefschwarz. Nachweise nach Jaksch, nach Thormälen u. mikroskop. (Melaninkörperchen). [8]

Urodynie ⟨*griech*⟩ *f:* schmerzhaftes Wasserlassen. [24]

urogenital ⚹ **urogenitalis** ⟨*griech, lat*⟩: die Harn- u. Geschlechtsorgane betreffend. [1]

Urogenital|rinne = Sulcus urethralis oder urogenitalis; entsteht bei der Ausbildung der weiblichen äußeren Geschlechtsorgane durch Verwachsung des vordersten Abschnittes der ↑Urogenitalspalte. Es bleibt nur eine an der unteren Seite der Klitoris verlaufende Rinne übrig.

~spalte = Fissura urogenitalis: entsteht durch das Einreißen der Urogenitalmembran u. entspricht der Mündung des Sinus urogenitalis nach außen; ↑Urogenitalrinne.

~system: Harn u. Geschlechtssystem; als Ausführungsgänge der Geschlechtsprodukte werden bei den Wirbeltieren (Ausnahme Knochenfische) die Reste der sonst zurückgebildeten Urnierenanlagen (↑Urniere) benutzt. [3]

Urogenitaltuberkulose: Tbk der Harn- u. Geschlechtsorgane; ↑Tuberkulose des Harn- u. Genitaltraktes. [15]

Urogramm ⟨*griech*⟩ *n* oder Urographie: auch „intravenöses Pyelogramm" oder „i.v. Pyelographie" (v. Lichtenberg, A., u. Swick, M., 1929, Vorgänger: Volkmann 1923, Roseno 1928). Prinzip: jodhaltiges Kontrastmittel, intravenös appliziert, wird über die proximalen Tubuli von der gesunden Niere in kürzester Frist ausgeschieden, vermengt sich mit dem im Nierenbecken-Kelchsystem befindlichen Urin, fließt mit ihm durch die Harnleiter in die Blase ab u. bringt auf zeitgerecht angefertigten Röntgenbildern die ableitenden Harnwege physiolog. kontrastgefüllt zur Darstellung. Bei Funktionsstörung einer Seite erfolgt die Kontrastdarstellung verspätet oder gar nicht. Bei akutem Verschluß (Steinkolik) spricht man von „Nierenblockade", die nach Lösung des Spasmus oder Entfernung oder Abgang des Steines wieder aufgehoben wird, bei (vorerst) nicht reversiblem Ausfall einer Seite von „funktionsloser Niere". Ausscheidungsurographie ist kontraindiziert bei Niereninsuffizienz mit Präurämie u. Urämie (Grenzwert: Blutharnstoff bis 60 mg-%), kann in Form des ↑Infusionsurogramms noch bis 100 mg-% Harnstoff toleriert werden u. ist zu unterlassen bei echter Anurie. Die modernen trijodierten Kontrastmittel u. die ↑Infusionsurographie machen die (gefährlichere) retrograde ↑Pyelographie weitgehend entbehrlich. Mit Spätaufnahmen der Blase können Divertikel, Tumoren, Prostatavergrößerungen u. (nach Wasserlassen) Restharnmengen, u. durch Miktionsurogramme Blasenabfluß u. Harnröhre sichtbar gemacht werden. [24]

Uro|lagnie ⟨*griech*⟩ *f:* Zusehen beim Urinieren anderer aus geschlechtlicher Perversion; auch Trinken des Urins des geliebten Menschen. [52]

~lith *m:* Harnstein; ↑Konkrementbildung der Harnorgane.

~loge *m:* Facharzt für Erkrankungen der Harnorgane.

~logie *f:* Lehre von den Erkrankungen der Harnorgane. [24]

Urometer ⟨*griech*⟩ *n:* Aräometer, das der Bestimmung des spezif. Gewichts des Harns dient. [8]

Uromukoide ↑Konkrementbildung der Harnorgane. [24]

Uronephrose ↑Hydronephrose. [24]

Uronsäuren: kettenförmige Aldehydkarbonsäuren, die durch einseitige Oxydation von ↑Aldosen an der prim. Alkoholgruppe entstehen; so bildet die Glukose

$$CH_2(OH) \cdot (CHOH)_4 \cdot C\begin{smallmatrix} \diagup\!\!\diagup O \\ \diagdown H \end{smallmatrix}$$

die Glukuronsäure

$$HOOC \cdot (CHOH)_4 \cdot C\begin{smallmatrix} \diagup\!\!\diagup O \\ \diagdown H \end{smallmatrix},$$

die Galaktose die Galakturon-, die Mannose die Mannuron-, die Gulose die Guluronsäure usw. Uronsäuren sind am Aufbau gewisser Polysaccharide u. polysaccharidähnlicher Verbindungen (z. B. ↑Pektine, Pflanzenschleime, Glykoside, Saponine, Kapselsubstanz von Pneumokokken usw.) beteiligt u. weit verbreitet. Der Organismus benutzt die Glukuronsäure zu „Entgiftungsreaktionen"; stoffwechselschädliche Produkte (Phenole, Alkohole, Karbonsäuren) werden gebunden („gepaart") u. als gepaarte Glukuronsäure (Glukuronide) im Harn ausgeschieden. [16]

Uro|penie ⟨*griech*⟩ *f:* Absonderung nur geringer Harnmengen.

~phobie: Angst vor dem Wasserlassen, a) Angst vor Schmerz bei der Miktion, z. B. bei Kindern mit ↑Zystitis, ↑Balanitis oder ↑Posthitis, b) nervöse Angst, in ungeeigneten Momenten (oder in Gegenwart anderer Personen) Wasser lassen zu müssen.

~phthise ↑Tuberkulose des Harn- u. Genitaltraktes.

~poese: Vorbereitung der Harnbereitung. [24]

uropoeticus ⟨*griech, lat*⟩: harnbereitend. [24]

Urorosein ⟨*griech*⟩ *n:* Harnfarbstoff, der beim Versetzen der Harnprobe mit konzentrierter Salpetersäure den Harn rot färbt. Der Farbstoff ist mit Amylalkohol extrahierbar. Auftreten bei Niereninsuffizienz, insbes. bei Schrumpfniere. [8]

Urosepsis ⟨*griech*⟩ *f:* früher Sammelbegriff für sept. Harnfieber, das meist zum Tode führt. Präzise Definition (Staehler 1959): 1. Urotoxikose: a) aseptische: Abwehrreaktion des Gesamtorganismus gegen Intoxikation, die durch Resorption von asept. Urin (z. B. ↑Harninfiltration) ausgelöst wird. Klin.: Übelkeit, hoher Puls, bald Kachexie. Keine Urämie, kein Fieber, b) septische: entsteht aus a) durch bakterielle Infektion (Harnphlegmone); tox. Produkte gelangen in die Blutbahn. Klin.: wie a) u. Fieber (bei Instrumentenperforation, bei Elektroresektion u. ä. zusätzlich Schocksymptome!); 2. eigentliche Urosepsis: sept. Harnfieber. (Infekt prim., keine Urämie). Ausgangsherd entweder Zystitis, Harnröhrenkatheterung, instrumentelle Eingriffe, Prostataoperation u. ä. oder Niere, z. B. nach Steinoperation. Klin.: sept. Fieber, Schüttelfröste, pyäm. Metastasen in anderen Organen. Formen: a) generalisiert: Befall des ganzen Harnsystem, b) ableitende Harnwege: als Thrombophlebitis urinaria septica nach Katheterung u. Instrumentation sowie Operationen an Blase u. Prostata → Beckenvenenthrombose, → paravesikale Phlegmone → schubweise verlaufende Embolien; bes. gefährdet sind neurogen-atonische Harnwege, c) Nieren: einseitig, prim. sept. (perakute) ↑Pyelonephritis, nicht selten bei Harnleiterblockierung u. Abflußstörung (durch Steine o. ä.) infolge Sekundärinfektion (manchmal iatrogen provoziert durch Harnleiterkatheterung!) → schwere interstitielle eitrige abszedierende Nephritis mit Thrombose der kleineren Nierenvenen, sog. Thrombophlebitis renalis (Chemotherapie allein nicht ausreichend, bei rechtzeitiger operativer Beseitigung der Harnstauung, z. B. ↑Nephrostomie, Niere mitunter noch zu retten); als „sept. Niere": (oft wenn zuviel u. zu lange an einer Niere operiert wird); klin. sept. Fieberverlauf, trotz gezielter Chemotherapie Schüttelfröste, noch kein tox. Verfall; als „toxische Niere" durch Toxineinschwemmung in den Organismus; klin.: allgemeine Vergiftungserscheinungen, hohe Leukozytenwerte im Blut, hoher Puls, Schüttelfröste möglich; durch Toxinwirkung (Nephrotoxine) kann akutes tubuläres Nierenversagen der Gegenseite eintreten (↑Schockniere, ↑Chromoproteinniere, ↑Anurie). Bei sept. Niere baldige, bei tox. Niere sofortige Nephrektomie zur Erhaltung des Lebens; 3. Urämosepsis = sept. Harnvergiftungsfieber. Infekt primär, Urämie sekundär: durch fortschreitende Infektion in beiden Nieren kommt es zur abszedierenden phlegmonösen Destruktion des Nierenparenchyms, Funktionseinschränkung, Urämie, Intoxikation. Mit zunehmender Urämie werden die stürm. Abwehrreaktionen (Fieber, Schüttelfröste) matter, Puls steigt, Somnolenz, Kachexie, Exitus (durch Nephrektomie keine Rettung, da doppelseitig); 4. Septikourämie = sept. Harnvergiftung: prim. Harnstauung u. Urämie, Infekt sek. aufgepfropft (meist durch Katheterung, instrumentelle Eingriffe u. Operationen). Klin.: Harnstauung, hohe Blutharnstoffwerte, Schüttelfröste, sept. Fieber, Pulsbeschleunigung, Appetitlosigkeit, Übelkeit, Singultus (Azidose!), Apathie, Kachexie, Verwirrtheit, Unruhe, Exitus. Mit hochdosierter, gezielter

Chemotherapie u. ausreichender Harnableitung (Fistel) ggf. extrakorporale Dialyse (künstliche Niere) manchmal noch Rettung möglich.

Uro|skopie: Harnschau, Harnuntersuchung.

~steine ↑Konkrementbildung der Harnorgane. [24]

~sympathin: Gemisch von blutdrucksteigernden Aminen, deren tägliche Ausscheidung im Harn beim Gesunden etwa 2–3 mg Oxytyramin bzw. 100 bis 150 µg Adrenalin oder Noradrenalin entspricht. Die Menge dieser Stoffe kann nach körperlicher Arbeitsleistung auch bei essentieller Hypertonie, auf den dreifachen Wert hinaufgehen. [7]

Urothion: orangeroter Harnfarbstoff $C_{11}H_{13}O_3N_5S_2$; Pteridinderivat. [8]

Urotoxine ⟨*griech*⟩ *n, Pl:* giftige Stoffe im Harn; quantitativ bestimmt durch Ermittlung der Menge, die i.v. Versuchstiere pro kg tötet. [8]

Urotoxikose ⟨*griech*⟩ *f* ↑Urosepsis. [24]

Urpilze ↑Archimycetes. [42]

Ursegmentstiel: Mittelplatte, Gononephrotom, verbindet die Ursegmente mit dem ventralen unsegmentierten Mesoderm. Ist der Mutterboden für das ↑Nephrotom, d.h. für die Kanälchen der ↑Vor- u. Urniere u. für die Keimdrüsen. [3]

Ursol: Paraphenylendiamin, dient vor allem zum Färben von Pelzen. Bei der Verarbeitung u. im Gebrauch Auftreten von allerg. Erkrankungen (Dermatitis, Asthma).

~asthma: allerg. Reaktion auf Ursoleinwirkung. [49]

Ursprungskegel: von ↑Nissl-Schollen freie Abgangsstelle des ↑Neuriten bei multipolaren Nervenzellen. [2]

Urteilsschwäche: Kritiklosigkeit, Intelligenzstörung; bei ↑Debilität u. ↑Demenz. [34]

Urtiere ↑Protozoen. [58]

Urtika ⚹ **Urtica** ⟨*lat*⟩ *f:* Quaddel; flach erhabene, beetartige ↑Effloreszenz mit rotem Hof als Ausdruck eines akuten Ödems der Haut. Einzelne Quaddeln durch Insektenstiche oder Brennessel (Urtica urens oder dioica) zahlreiche Quaddeln bei der ↑Urtikaria. [43]

Urtikaria ⚹ **Urticaria** ⟨*lat*⟩: 1. akut.: exanthemat. Erscheinungen unter Bildung mehr oder weniger zahlreicher auch zu großen Beeten konfluierten Quaddeln, oft mit Fieber einhergehend. Meist Ausdruck einer Arzneimittelallergie (urtikarielles ↑Exanthem). Starker Juckreiz kann durch Mitbeteiligung der Glottis zu ernsten Komplikationen führen (Schock-Symptome); 2. chron.: bei der chron. U. nur einzelne Quaddeln in wechselnder Stärke. Hartnäckiges Leiden. Ursache meist unbekannt (chron. Arzneieinnahme, Magen-Darm-Störungen, Leberleiden usw.). Auch die Wärme- oder Kälteurtikaria gehören hierher (Schock oder Tod bei plötzlichem Sprung ins kalte Wasser).

U. factitia: Dermographismus mit Quaddelbildung.

U. gangraenosa: multiple neurot. Hautgangrän; häufig bei ↑Hysterie.

U. infantum papulosa ↑Strophulus.

U. pigmentosa ↑Mastozytose der Haut. [43]

U. rheumatica = Erythème marginé en plaques discoïdes ⟨*frz*⟩: bei rheumat. Fieber manchmal zu sehender Hautprozeß ähnlich dem Erythema anulare Leiner, aber das Hautniveau überragend. [13]

Urwaldgeschwür: Hautdiphtherie in den Tropen. [43]

Urzeugung = Abiogenesis: Hypothese über die Entstehung der Organismen. Diskutiert wird heute die Entwicklung des Lebens aus anorgan. Materie im Urozean aus der Uratmosphäre, die im Gegensatz zu der heutigen Atmosphäre O_2-frei war u. im wesentlichen aus N_2, Ammoniak u. Kohlenwasserstoffen (Methan) bestand. Unter dem Einfluß ionisierender Strahlung entstanden organ. Verbindungen wie Aminosäuren u.a., aus denen nach Oparin Eiweiße aufgebaut wurden, die über Koazervate sich zu Organismen mit Stoffwechsel u. Reduplikation entwickelten. [3]

Usher, C. H., zeitgen. brit. Ophthalmologe.

U' Syndrom: erbliche Kombination von Taubstummheit mit Retinitis pigmentosa. Sympt.: Angeborene Taubstummheit; postfetal auftretender Visusverfall (Pigmentdegeneration der Netzhaut), psychomotor. Entwicklungsrückständigkeit. Auf einem polyphenen, rezessiven Gen beruhendes Erbleiden; kombinierte Hypoplasie der Sinnesorgane. [32]

Usninsäure: eine Flechtensäure mit starker antibiot. Wirksamkeit. Gelegentlich zur Lokaltherapie verwendet. [42]

Usur, Usurierung ⟨*lat*⟩ *f:* Abnutzung, Schwund; z.B. Knorpel- u. Knochenschwund an Stellen mechan. Beanspruchung, meist durch Druck. [4]

Usus ⟨*lat*⟩ *m:* Gebrauch. [44]

ut aliquid fiat; ut aliquid fieri videatur ⟨*lat*⟩: damit etwas geschieht; damit etwas zu geschehen scheint. Gemeint ist eine Behandlungsmaßnahme, die der Beruhigung des Kranken bei unheilbarem Leiden dient; ↑Placebo-Therapie. [18]

Uta-Geschwür, amerikanisches ↑Espundia. [40]

Uteralgie ⟨*lat, griech*⟩ *f:* Gebärmutterschmerz. [29]

uterin ⚹ **uterinus** ⟨*lat*⟩: zur Gebärmutter gehörend. [1]

Uterin|geräusch: über der schwangeren Gebärmutter vom 4. bis 5. Monat an selten hörbares Geräusch, das durch Strömen des mütterlichen Blutes in den durch Schwangerschaft erweiterten Gefäßen entsteht u. mit dem mütterlichen Puls synchron ist.

~segment, unteres: Isthmus uteri – der zwischen Korpus u. Zervix gelegene Abschnitt des Uterus; er ist mit Korpusschleimhaut ausgekleidet, funktionell aber der Cervix uteri zugehörig u. wird ab 3. Schwangerschaftsmonat (Stieve) in den Brutraum mit einbezogen. [29]

Utero|graphie = Hysterographie: röntgenologische Darstellung der Gebärmutterhöhle durch schattengebende Kontrastmittel. [29]

~rektalfistel: abnorme gang- oder lochartige Verbindung zwischen Gebärmutter u. Mastdarm. Ursache ist meist ein fortgeschrittenes zerfallendes Karzinom der Gebärmutter, seltener des Mastdarmes. [5]

~tonika ↑ Wehenmittel. [29]

~vesikalfistel: abnorme gang- oder lochartige Verbindung zwischen Gebärmutter u. Harnblase. Ursache ist meist ein ausgedehntes zerfallendes Karzinom der Gebärmutter, seltener der Harnblase. [5]

Uterus ⟨*lat*⟩ ↑ Gebärmutter.

U. arcuatus: Entwicklungsmißbildung des Uterus; geringer Grad der mangelhaften Aneinanderlagerung der ↑ Müller' Gänge. Die Gebärmutterhöhle ist im Fundus bogenförmig nach innen vorgewölbt.

U. bicornis bicollis: nur teilweise Verschmelzung der ↑ Müller' Gänge in den unteren Abschnitten der Gebärmutter, wobei die Trennungswand bestehen geblieben ist. Korpus u. Kollum sind völlig getrennt.

U. bicornis unicollis.

U. bipartitus: in den oberen Partien zweigeteilte Gebärmutter.

U. didelphys: völlige Trennung der Müller' Gänge bei beiderseits richtiger Ausbildung einer Gebärmutter.

U. duplex: Aneinanderlegung der Müller' Gänge ohne Verschmelzung ihrer Lumina.

U. infantilis: auf kindlicher Stufe unterentwickelte Gebärmutter. Ursache meist vegetative Ovarialinsuffizienz.

U. septus: Verschmelzung der Müller' Gänge mit Erhaltenbleiben einer dünnen Scheidewand. [29]

Uterus|apoplexie ⟨*lat, griech*⟩: 1. bei alten Frauen durch Sklerosierung der Gefäße entstandene Hämorrhagien in der Korpusschleimhaut; 2. bei vorzeitiger Lösung der Plazenta kommt es zu Blutungen in die Gebärmutterwandmuskulatur (uteroplazentare Apoplexie). Das äußerst gefährliche Krankheitsbild kann unter Umständen die sofortige operative Entfernung der schwangeren Gebärmutter notwendig machen. [29]

~gasbrand: Infektion der Uterusschleimhaut mit ↑ *Clostridium welchii,* meist nach artefiziellen Aborten. Es kommt zur ↑ Tympania uteri u. nach Überschreiten der Schleimhaut zur ↑ Physometra, der unmittelbar die Sepsis folgt. [41]

~karzinom ↑ Gebärmutterkrebs.

~mißbildungen: sind entwicklungsgeschichtlich bedingt. Durch ausbleibende oder unvollständige Vereinigung der Müller' Gänge entstehen Uterus didelphys, U. bicornis bicollis, U. bicornis unicollis, U. arcuatus, U. septus, U. subseptus, U. duplex.

~myom: Myom der Gebärmutter: 1. submuköser Sitz, unmittelbar unter der Schleimhaut; 2. intramuraler oder interstitieller Sitz in der Gebärmutterwand; 3. subseröser Sitz unmittelbar unter dem Bauchfell. Die intramuralen Myome verhindern die Kontraktion des Uterus bei der Menstruation. Sie sind deshalb häufig der Grund für eine verlängerte, verstärkte u. auch schmerzhafte Regelblutung. Die submukösen Myome verursachen dagegen häufiger Zwischenblutungen.

~polyp: drüsige, gutartige Wucherung aus der Basalisschicht der Korpusschleimhaut (Korpuspolyp) u. der Zervixschleimhaut (Zervixpolyp). Die Polypen verursachen häufig Blutungen.

~ruptur: Zerreißung der Wandmuskulatur der schwangeren Gebärmutter (insbes. des dünnen, gedehnten, unteren Uterinsegmentes). Häufigste Ursachen sind enges mütterliches Becken, geburtsunmögliche Lage u. Einstellungen des Kindes (insbes. unbehandelte, verschleppte Querlagen), abnorm großer Kopf (Hydrozephalus), im Becken eingekeilte Tumoren, Mißbrauch von Wehenmitteln, Mißbildungen des Uterus; ferner artefizielle traumat. Uterusruptur. Bei nicht sofortigem chirurg. Eingriff Gefahr des Verblutungstodes der Frau u. Absterben des Kindes.

~tamponade: feste Ausstopfung des nach der Geburt oder Fehlgeburt aton. Uterus mit mehreren Metern steriler Gazestreifen, um den Uterus zur Kontraktion anzuregen u. dadurch eine Verblutung zu verhindern.

~vorfall ↑ Prolapsus uteri. [29]

Utilisationskoeffizient des Sauerstoffs: Maßzahl für die Aufnahme von Sauerstoff aus dem arteriellen Blut durch die Gewebe. Er errechnet sich durch Division der Differenz des Sauerstoffgehaltes zwischen dem einfließenden u. dem abfließenden Blut mit dem Sauerstoffgehalt des arteriellen Blutes. Durch Multiplikation mit 100 erhält man diesen Quotienten als Prozentwert.

Danach beträgt der U. im Durchschnitt 25% vom Gesamtsauerstoffgehalt des arteriellen Blutes, also 5 ml O_2/100 ml durchflossenen Blutes. Bei sehr hohem Sauerstoffbedarf des Gewebes, z. B. bei starker Muskelarbeit, kann er auf 100% steigen, was eine totale Sauerstoffausschöpfung des Blutes bedeutet. [7]

utricularis ⟨*lat*⟩: zu einem ↑Utrikulus gehörend. [1]

Utrikulus ✱ **Utriculus** ⟨*lat*⟩ *m* kleiner Schlauch; das größere der beiden Vorhofsäckchen des häut. ↑Labyrinths, der Teil, aus dem die Ductus semicirculares hervorgehen.

U. prostaticus: bis zu 1 cm tiefer Blindsack zwischen den Einmündungsstellen der beiden Ductus ejaculatorii in die Harnröhre; entspricht der weiblichen Scheide. [1]

Utrikuluszyste ⟨*lat, griech*⟩ *f:* Zysten des Müller' Ganges, retrovesikal (retroprostat. oder intraprostat.) von Kirschgröße bis 7 Liter Inhalt (!) beschrieben, führen zur Harnretention, Schmerzen u. Impotenz. Therapie: operative Exstirpation. [24]

UV: *Abk* für ↑Ultraviolett. [54]

UV-Dosimeter: einfaches Meßgerät für UV-Strahlung, mit dem in genügender Genauigkeit eine Orientierung über den UV-Gehalt der Strahlung, z. B. an einem klimat. Kurort, möglich ist. [13]

Uvea ⟨*lat*⟩ *f:* Sammelbegriff für Chorioidea, Corpus ciliare u. Iris. [36]

Uveitis ⟨*lat*⟩ *f:* Entzündung der gesamten Uvea, oft ungenau synonym mit Iridozyklitis gebraucht. Richtig unterscheidet man U. anterior u. posterior. Die schleichende Form der U. ist eine der wichtigsten Erblindungsursachen. Komplikationen Sekundärglaukom, Cataracta complicata, Netzhautablösungen, Phthisis bulbi. Ätiologie meist nicht zu sichern (Tuberkulose, Herdinfektionen, Rheuma, viele andere Infekte). [36]

Uviolglas ↑Ultraviolettglas. [54]

Uviolmilch: Milch, die nach genormter Technik unter Luftausschluß mit ultravioletten Strahlen zur Erhöhung des Gehaltes an Vitamin D behandelt worden ist. [16]

UV-Strahlung ↑Ultraviolettstrahlung. [54]

Uvula ⟨*lat*⟩ *f:* Gaumenzäpfchen.

U. bifida: zweigeteiltes Gaumenzäpfchen. [28]

U. cerebelli: Teil des Kleinhirnunterwurmes. [20]

U. vesicae ↑Prostataadenom. [24]

Uvulotomie ⟨*lat, griech*⟩ *f:* operative Abtragung der ↑Uvula. [28]

Uzara: die Wurzeln verschiedener ↑Gomphocarpus-Arten (Südafrika). In den Tropen als Ruhrmittel verwendet. Glykoside Uzarin u. Uzaren haben in höheren Dosen digitalisähnliche Wirkung. In niedrigen Dosen wird die glatte Muskulatur erregt, in höheren gelähmt. Uzarin ist ein Cardenolid (Uzara®-Präparate). [44]

U-Zone: *Abk* für ↑Umwandlungszone. [29]

V

V. 1. (chem.) Symbol für Vanadin; 2. (physikal.) *Abk* für Volt; 3. (anatom.) *Abk* für Vena; 4. (ophthalmolog.) *Abk* für Visus. [0]

V.a. in der Rez. *Abk* für Vitrum album, weißes Glas, oder für Vitrum allatum, mitgebrachtes Glas. [44]

Vaccina ⟨*lat*⟩ *f:* Impfblatter, die sich nach der Pockenschutzimpfung an der Impfstelle entwickelt; ↑Impfpocken.

V. bullosa: sehr starke, zur Blasenbildung führende Reaktion an der nach der Pockenschutzimpfung sich entwickelnden Impfpustel.

V. generalisata: allgemeine Pustelaussaat über den Körper des Impflings, die auf hämatogenem Wege erfolgt u. am 7.–10. Tage p.v. einsetzt. Ursache scheint ein verzögerter Eintritt der vakzinalen Allergie zu sein. Ein Impfling auf ca. 100000 Impflinge; Letalität 30%. Abheilung meist ohne Narben.

V. inoculata = V. translata: Impfkomplikation nach der Pockenschutzimpfung, entsteht durch Übertragung von Pustelinhalt eines Impflings auf eine noch nicht geimpfte oder nicht mehr immune Person.

V. secundaria: Impfkomplikation nach der Pockenschutzimpfung, entsteht durch Verschleppung von Pustelinhalt auf die verletzte Haut des Impflings selbst.

V. serpiginosa: Nebenpocken durch Zusammenfließen der Impfpusteln u. anderer in weiterer Umgebung des Impffeldes auftretender akzessor. Vakzinebläschen, die nur oberflächlich sind u. keine Narben hinterlassen. [39]

Vacciniaviren: Impfpockenviren, Poxvirus officinale, Vakzineviren; sind die z.Z. in aller Welt benutzten (lebenden) Impfviren gegen Menschenpocken; ↑Pockenimpfung. [40]

Vaccinolae ⟨*lat*⟩ *f:* Nebenpöckchen, die sich gelegentlich nach der Pockenschutzimpfung in der Umgebung der durch den Impfschnitt bedingten Hautpustel entwickeln. [39]

Vagina ⟨*lat*⟩ *f:* Scheide, insbes. die weibliche Scheide.

V. bulbi (PNA) = Fascia bulbi (JNA) = Capsula bulbi (BNA) ↑Tenon' Kapsel.

V. carotica: bes. Teil der Lamina praetrachealis der Fascia cervicalis, der eine Scheide um die großen Halsgefäße bildet.

V. fibrosa digitorum manus (pedis) (PNA): Bänder, die die Sehnenscheiden der Finger bzw. der Zehen verstärken.

V. musculi recti abdominis ↑Rektusscheide.

V. processus styloidei: Knochenmanschette, die den basalen Teil des Griffelfortsatzes des Schläfenbeins mehr oder minder vollständig umfaßt.

V. septa: durch eine Längswand in zwei Hälften geteilte weibliche Scheide; entsteht durch unvollkommene Verschmelzung der Müller' Gänge.

V. synovialis intertubercularis: röhrenförmige Aussackung der Synovialschicht der Schultergelenkkapsel; umscheidet die Ursprungssehne des langen Bizepskopfes.

V. synovialis tendinis: Sehnenscheide. [1]

vaginal ∗ **vaginalis** ⟨*lat*⟩: die Scheide betreffend. [29]

Vaginal|abstrich: Entnahme von Sekret (smear) aus der weiblichen Scheide zur bakteriellen oder zytolog. Untersuchung.

~flora, physiologische ↑Reinheitsgrade, ↑Bakterienflora.

~steine: in die Scheide durchgebrochene ↑Kotsteine oder durch Kalk inkrustierte Fremdkörper. [29]

Vaginismus ⟨*lat*⟩: Überempfindlichkeit der Scheide bei Einführen des Penis, des Fingers oder irgendwelcher Gegenstände. Die Folge ist ein Krampf des M. bulbocavernosus u. von Teilen der Beckenbodenmuskulatur. Die Überempfindlichkeit ist teils durch frühere schmerzhafte Verletzung des Hymens, teils psych. bedingt (männliche Impotenz). [29]

Vaginitis ⟨*lat*⟩ *f:* Syn. Kolpitis; Entzündung der Scheidenschleimhaut. Ursachen sind 1. bakterielle Verunreinigung; 2. intravaginale Anwendung differenter chem. Mittel; 3. vegetative ↑Ovarialinsuffizienz. Sek. V., absteigend von der Zervix u. ansteigend von der Vulva aus. Symptome sind Fluor, Jucken, Brennen u. zuweilen Schmerzen beim Geschlechtsverkehr. [29]

Vagino|fixatio uteri ⟨*lat*⟩: Fixierung der Gebärmutter an die vordere Scheidenwand nach Eröffnung des Bauches von der vorderen Scheidenwand aus. Lagekorrektur bei Gebärmutterknickung.

~rektalfistel: Scheidenmastdarmfistel; Entleerung von Stuhl u. Winden durch die Scheide. Ursache sind meist vorangegangene plast. Operationen wegen Senkung oder Vorfall, ferner fortgeschrittenes ↑Kollumkarzinom mit Durchbruch nach dem Mastdarm oder intensive Radium- u. Röntgenbestrahlung wegen Kollumkarzinoms.

~skopie ↑Kolposkopie.

~vesikalfistel ↑Blasenscheidenfistel. [29]

Vagitus uterinus ⟨*lat*⟩: Schrei des Fetus innerhalb der Gebärmutter. Höchst seltenes Ereignis, das ein Eindringen von Luft in die Gebärmutterhöhle voraussetzt. [29]

Vagotomie ⟨*lat, griech*⟩ *f:* operative Durchtrennung des X. Hirnnerven (N. vagus) im distalen Ösophagusbereich, bes. zur Behandlung des Magen-Zwölffingerdarm-Geschwürs. Nach jüngsten Erfahrungen aber keine Dauererfolge, daher überwiegend Ablehnung; ↑Vagusdurchschneidung. [18]

Vagotonie ⟨*lat, griech*⟩ *f* ↑Parasympathikotonie. [9]

vagotrop ⟨*lat, griech*⟩: auf den N. vagus, d.h. den ganzen ↑Parasympathikus, einwirkend. [8]

Vagus ⟨*lat*⟩ *m:* der Umherschweifende; Kurzbezeichnung für N. vagus (X. Hirnnerv), weil er als Hauptvertreter des ↑Parasympathikus sehr viele Organe versorgt u. daher weit umherschweift. [1]

~druckversuch: bei einem Druck auf die A. carotis am Halse kommt es zu einer Verlangsamung der Herztätigkeit. Man nahm ursprünglich an, daß sich der Druck auf den N. vagus fortpflanzt u. hier Erregungen schafft, die unmittelbar zu einer Verlangsamung der Herztätigkeit führen. In Wirklichkeit wird aber nicht der N. vagus gereizt, sondern der ↑Sinus caroticus. Die Herzschlagverlangsamung wird auf reflektor. Wege herbeigeführt, indem Erregungen vom Karotissinus ausgehen, die über dessen Nerven zum Vaguszentrum im verlängerten Mark geleitet werden u. dieses in Erregungszustand versetzen. Auf diese Weise wird eine Abnahme der Pulsfrequenz erzielt. [7]

~durchschneidung: 1. beidseitige Durchschneidung des N. vagus im Halsbereich bewirkt einen Fortfall der reflektor. Selbststeuerung der Lungen bei der Atmung. Es erfolgen dann nur noch sehr langsame, tiefe Atembewegungen unter übermäßiger unzweckmäßiger Anstrengung, sog. Vagusdyspnoe. Auch kommt es regelmäßig zu einer Lungenentzündung. 2. Durchschneidung subdiaphragmal beidseits der Kardia u. des proximalen Magenanteils zur Ausheilung des gastroduodenalen Ulkus vorgeschlagen. Überwiegende Ablehnung wegen fehlender Dauererfolge; ↑Vagotomie. [18]

~dyspnoe: bei der Vagotomie auftretende Dyspnoe.

~kern: Ganglienzellenanhäufungen im verlängerten Mark; die motor. Fasern des N. vagus haben ihre Ausgangsstätte im ventralen Vaguskern (Nucleus ambiguus), die parasympath. Fasern des N. vagus gehen aus dem dorsalen Vaguskern hervor. Sie dienen der Versorgung der Eingeweide. Dazu kommt noch ein Nucleus vagi sensibilis, der die sensiblen Impulse aufnimmt u. reflektor. Antriebe überträgt. [7]

~lähmung: kommt durch Gifte (Blei, Arsen), Infektionskrankheiten (Diphtherie), Geschwülste oder Verletzungen zustande u. hat je nach dem Sitz eine einseitige Lähmung von Gaumen u. Schlundmuskulatur, des Kehlkopfes und/oder Herzbeschleunigung zur Folge. [33]

~neurosen: durch verstärkte Vagusimpulse bedingte Erkrankungen; z.B. verschiedene Herz-, Magen- u. Darmneurosen.

~pneumonie: Aspirationspneumonie durch mangelhaften Stimmritzenverschluß infolge Vaguslähmung. [9]

~puls: der auf Vagusreiz bradykard werdende Puls; tritt auf bei 1. ↑Parasympathikotonie (z.B. bei Ulkuskranken); 2. erhöhtem ↑Hirndruck. [10]

Vahlquist-Gasser' Syndrom: Syn. chron.-benigne Granulozytopenie (Vahlquist), essentielle-chron. Granulozytopenie (Gasser); chron. konstitutionelle Neutropenie mit Lymphozytose des Kleinkindes. Erkrankungsmanifestation bei Säuglingen u. Kleinkindern (bis zu 3 Jahren) mit allerg., degenerativer oder sog. dyskranialer Konstitution, die eine auffällige Infektanfälligkeit aufweisen (Luftwege). Rezidivierende Fieberschübe, Anorexie, Splenomegalie, Mikropolyadenie, chron. Neutropenie, relative u. meist auch absolute Lymphozytose; Prognose gutartig. Spontanheilung gewöhnlich im Alter zwischen 2–4 Jahren. [32]

Vakatwucherung ⟨*lat*⟩: Fettgewebswucherung als Ersatz für den Schwund anderer Gewebe, z.B. am Hilus von Schrumpfnieren, bei Atrophie der Speicheldrüsen, im Bereich des Thymusrestkörpers u.a. [5]

Vakuole ⟨*lat*⟩ *f:* ovalärer oder kugelförmiger, meist scharf abgegrenzter Hohlraum im Zytoplasma oder Kern von Zellen; Inhalt wäßrig oder dickflüssig (Eiweißlösungen, Glykogen, Fett u.a.). V. sind teils physiolog. (Exkretions- u.a. Vakuolen der Einzeller), teils patholog. Natur (Folge verschiedener Schädigungen, wie Sauerstoffmangel bei erhöhtem Kapillardruck, Kohlenmonoxidvergiftung, Angebot hypoton. Lösungen u.ä.). [4]

V., autophagozytäre ↑Zytolysomen. [6]

Vakuum ⁎ **Vacuum** ⟨*lat*⟩ *n:* luftverdünnter Raum. [42]

~extraktor: ein aus Saugglocke, Kette u. Pumpe bestehendes Gerät. Mit Hilfe der Saugglocke kann ein Zug am kindlichen Schädel ausgeübt werden; dadurch Beschleunigung der Geburt. [29]

~trocknung: Trocknung einer Substanz oder eines Präparates im Vakuum, auch nach Einfrieren; ↑Gefriertrocknung. [42]

Vakzination, Vakzinierung ⟨*lat*⟩ ↑Pockenimpfung, auch allgemein für ↑Impfung. [39]

Vakzine ⟨*lat*⟩ *f:* Kuhpockenlymphe; bei der Pockenimpfung verwendeter Impfstoff. Heute allgemein für ↑Impfstoff. [39]

~antigen nach Herrlich: formalininaktiviertes Vakzinevirus, das bei überalterten Erstimpflingen vor der Impfung mit aktivem Vakzinevirus appliziert wird. Die dadurch erzielte Teilimmunität verhindert das Auftreten einer postvakzinalen Enzephalitis. [39]

~arthritis ↑Tuberkulinarthritis. [13]

~therapie: Behandlung chron. Infektionen durch parenterale Injektion abgetöteter Erreger in das gesunde Gewebe. Wirkt sowohl als spezif. Antigenreiz (Antikörperbildung) als unspezif. Reiz (Leukozytose). Im allgemeinen wird die V. als Autovakzinetherapie angewendet. Aus dem Pat. selbst wird der Stamm, mit dem die Vakzine hergestellt wird, gezüchtet. Wichtig ist eine vorsichtige Dosierung. Man beginnt mit einer schwachen Dosis u. steigert von Injektion zu Injektion, aber erst dann, wenn die einzelnen Reaktionen jeweils abgeklungen sind.

~virus: Poxvirus officinale; zur Pockenschutzimpfung verwendetes Virus von quaderförmiger Gestalt in der Größenordnung von etwa 200 nm Durchmesser; ist noch lichtopt. nachweisbar. Vom Pockenvirus, Kuhpockenvirus u. Geflügelpockenvirus, mit denen es in eine Gruppe gehört, ist es virolog. abgrenzbar; ↑Pox-Viren. [39]

Valenz ⟨*lat*⟩ *f:* Wertigkeit. Die Hauptgruppenelemente des Periodischen Systems haben Wertigkeit entsprechend der Gruppennummer. 0. Gruppe (Edelgase) 0wertig; I. Gruppe (Alkalien) 1wertig; II. Gruppe (Erdalkalien) 2wertig; III. Gruppe (metallische Erden) 3wertig; IV. Gruppe 4wertig; V. Gruppe 3- u. 5wertig; VI. Gruppe (Chalkogene) 2-, 4- u. 6wertig; VII. Gruppe (Halogene) 1-, 3-, 5- u. 7wertig. Die Nebengruppenelemente haben meist wechselnde Wertigkeit; der Begriff Wertigkeit wird heute besser durch den Ausdruck Ladungswert ersetzt. [8]

~wechsel: Änderung in der Wertigkeit eines Elements durch Abgabe bzw. Aufnahme von Elektronen. Ein neutrales Atom enthält in seinem Kern ebenso viele pos. wie neg. Ladungen (Elektronen) in seiner Hülle. Durch Abgabe neg. Elektronen wird die pos. Ladung vermehrt (↑Oxydation), durch Aufnahme von Elektronen vermindert (↑Reduktion). [8]

Valeriana officinalis: Baldrianwurzel, mehrjährige Pflanze; die kleinen weißen Blüten sind in Trugdolden angeordnet. Der Wurzelstock ist walzenförmig, kurz, mit vielen Wurzeln. Verwendung finden die Rhizome. Kulturdauer beträgt zwei Jahre; ↑Radix Valerianae. [44]

Valeriansäure: $CH_3 \cdot (CH_2)_3 \cdot COOH$; gesättigte Fettsäure; die Isovaleriansäure findet sich frei u. verestert in der Baldrianwurzel. [8]

valgus ⟨*lat*⟩: krumm; damit wird im allgemeinen eine Knickbildung in der Gliedmaßenachse mit nach außen offenem Winkel bezeichnet (z. B. Genu valgum = X-Bein). [23]

L-(+)-Valin: *Abk* Val, α-Amino-isovaleriansäure; essentielle Aminosäure, die als Baustein in vielen Eiweißstoffen vorkommt. Beim Fehlen kommt es zu Hyperästhesie, Ataxie u. Drehkrämpfen bzw. Störungen in der Muskelkoordination. [8]

vallatus ⟨*lat*⟩: mit einem Wall umgeben. [1]

Vallecula ⟨*lat*⟩ *f:* kleines Tal, kleine Einbuchtung.

V. cerebelli: flache breite Spalte an der unteren Fläche des Kleinhirns, welche die beiden Hemisphären voneinander trennt. Sie entspricht dem Verlauf des Vermis; ↑Kleinhirn.

V. epiglottica: Vertiefung beiderseits u. oberhalb des Kehlkopfes zwischen der ↑Plica glossoepiglottica mediana u. den ↑Plicae glosso-epiglotticae laterales. [1]

Valleix, François Louis Isidore (1807–1853), Arzt, Paris.

V' Druckpunkte: auf Druck empfindliche Punkte des Hüftnerven u. seiner Äste, wo er dem Knochen anliegt. Prakt. werden bei ↑Ischias 4–5 dieser Punkte aufgesucht: 1. in der Mitte der Gesäßfalte, 2. in der Mitte der Kniekehle, 3. hinter dem Wadenbeinköpfchen, 4. hinter dem äußeren Fußknöchel u. 5. zwischen den Basen des 1. u. 2. Mittelfußknochens. [13]

Valli, Eusebio (1726–1816), Physiologe, Toscana, Mailand, Havanna.

V' Gesetz ↑Ritter-Valli' Gesetz. [7]

Valsalva, Antonio Maria (1666–1723), Anatom u. Chirurg, Bologna.

V' Versuch: 1. starkes Pressen nach tiefer Inspiration führt zu einer Druckerhöhung im Thorax u. zu einer Einflußbehinderung in das re. Herz. Das hat eine röntgenolog. erkennbare Verkleinerung des Herzens zur Folge. Bleibt sie aus oder ist sie mangelhaft, so spricht das für einen patholog. Befund. [15] 2. Bei geschlossenem Mund u. geschlossenen Nasenöffnungen wird nach einer tiefen Inspiration Luft durch Pressen durch den Tubenkanal in die Paukenhöhle eingeblasen. Ersatz für das Politzer-Verfahren. [28]

Valva ⟨*lat*⟩ *f:* Klappe. [1]

valvär, valvulär ⟨*lat*⟩: die Herz- oder Gefäßklappen betreffend. [10]

Valvula ⟨*lat*⟩ *f:* kleine Klappe; Herzklappen, Gefäßklappen.

V-ae anales: ein oder mehrere fixe Schleimhautquerfalten im Analkanal, von denen die

konstant rechtsseitig gelegene größte als Kohlrausch' Falte bekannt ist. [1]
V-ae atrioventriculares ↑Atrioventrikularklappen.
V. Bauhini ↑Ileozökalklappe. [10]
V. bicuspidalis ↑Atrioventrikularklappen. [10]
V. Eustachii ↑Eustachio.
V. foraminis ovalis = Falx septi: sie verhütet beim embryonalen Herzen den Rückfluß des Blutes aus dem li. in den re. Vorhof. Zwischen beiden Abteilungen ist wegen des offenen Foramen ovale ein Übergang des Blutes möglich, allerdings nur in der Richtung vom re. zum li. Vorhof.
V. ileocoecalis = V. coli: unter normalen Verhältnissen wird durch das Eingreifen der V. coli u. des M. sphincter ileocolicus der Dickdarm vom Dünndarm abgesperrt. Es geschieht dies in der Weise, daß in den Dickdarm beförderte Massen im allgemeinen nicht wieder in den Dünndarm zurückgelangen. Die Klappe öffnet sich aktiv schubweise. Der M. sphincter ileocolicus wird vom N. splanchnicus (zum Sympathikus gehörig) motor. versorgt. Er zieht sich auf sympath. Reizung hin zusammen, während die übrige Darmmuskulatur vom Sympathikus gehemmt wird. Nach Durchschneidung des N. splanchnicus erweist sich der Sphinkter dauernd gelähmt; Dünn- u. Dickdarm stehen jetzt in offener Verbindung miteinander. Eine anhaltende Schädigung der Verdauung scheint aber dadurch nicht herbeigeführt zu werden. [7]
V. lymphatica: Lymphgefäßklappe. [1]
V-ae mitrales ↑Atrioventrikularklappen.
V-ae semilunares ↑Semilunarklappen. [10]
V. sinus coronarii = Thebesius' Klappe: Falte an der Einmündungsstelle des Sinus coronarius in den re. Vorhof.
V. spiralis (BNA, JNA) = Plica spiralis (PNA) ↑Heister' Klappe. [1]
V. Thebesii ↑Valvula sinus coronarii. [4]
V. tricuspidalis ↑Atrioventrikularklappen. [10]
V. venae cavae inferioris ↑Eustachio.
V. venosa ↑Venenklappen. [1]

valvulär ⟨*lat*⟩: die Herz- oder Gefäßklappen betreffend. [10]

Valvulotom: Schneideinstrument zum Durchtrennen miteinander verwachsener Herzklappen (Valvulae). [21]

Valvulotomie: Operationsverfahren zur Durchtrennung narbig verwachsener Herzklappenränder. [21]

Vanadin: chem. Symbol V; Schwermetall; Legierungsmetall für Hartstähle. Weit verbreitet in Pflanzen u. Tieren. Lebensnotwendig nur für Aszidien, in deren Blutfarbstoff V. als O_2-Überträger wirkt, vielleicht lebensnotwendig auch für einige Bakterien, Pilze u. Algen. Sehr giftig für Säugetiere bei i.v. Injektion; hemmt hier die Biosynthese von Cholesterin. Ein künstliches Radionuklid ist der β-, K-, γ-Strahler $^{48}_{23}V$ (0,7 bzw. 1,32 MeV; Halbwertszeit 16 d). [8]
~verbindungen: Aufnahme in den Körper am Arbeitsplatz durch Einatmung staubförmiger Vanadinverbindungen; bes. Vanadinpentoxid stellt einen ausgesprochenen Reizstoff für die Schleimhäute dar, nennenswerte resorptive Giftwirkung besteht nicht. [49]

Vanillin: Monomethyläther des Protokatechualdehyds von der Formel $C_6H_3(OH)\cdot(OCH_3)\cdot(COH)$; wichtiger Riech- u. Gewürzstoff; im Pflanzenreich in sehr geringer Konzentration weit verbreitet; Aromaträger der Vanillinschote. Neben V. darf zur Aromatisierung der Lebensmittel auch das Äthylvanillin (Bourbonal, Vanirom, Vanillose) benutzt werden. [16]

Vankomyzin: Antibiotikum aus Streptomyces orientalis; Wirkung gegen grampos. Bakterien, stark bakterizid; Toxizität gering, Resistenzentwicklung langsam. [42]

V-Antigen: Antigene der Virushülle, die immer mit dem Viruspartikel verbunden sind. V-Antigene stehen mit mindestens zwei weiteren Komponenten der Influenzaviren in Zusammenhang, dem Hämagglutinin u. der Neuraminidase. Sie haben Beziehungen zur Virusinfektiosität u. zur Freisetzung der reifen Viruspartikel. Hinsichtlich Spezifität unterscheiden sich die V-Antigene (viral) vom S-Antigen (solubile) durch die serolog. Tennung in Subtypen u. Virusstämme. [50]

Vanzetti, Tito (1809–1888), Chirurg, Padua.
V' Zeichen: Skoliose bei Ischias als Entlastungshaltung. [13]

Vapor ⟨*lat*⟩: Dampf. [46]

Vaporisation ⟨*lat*⟩: Syn. Atmokausis; Einbringen von strömendem Wasserdampf in die Gebärmutterhöhle zur Verkochung der Gebärmutterschleimhaut. Die Methode wird bei jüngeren noch geschlechtsreifen Frauen bei starken, schwer stillbaren Blutungen aus der Gebärmutterhöhle – selten – angewandt. [29]

Vaquez, Henri Louis (1860–1931), Internist, Paris.
V' Krankheit ↑Polyzythämie. [11]

Var.: *Abk* für ↑Varietät. [41]

Varianten ⟨*lat*⟩ *f; Pl:* bei genet. gleichwertigem Material zeigen die einzelnen Individuen Abweichungen vom Mittelwert. Diese werden, je nachdem sie größer oder kleiner als der Mittelwert sind, als Plus- bzw. Minusvarianten bezeichnet. [42]

Variation: Gesamtheit der Unterschiede im Erscheinungsbild gleichartiger Organismen. Die Unterschiede können durch ↑Modifikationen oder durch ↑Mutationen hervorgerufen werden. Zustand der Verschiedenheit in einer Gruppe gleichartiger Organismen sowie der Vorgang der Abänderung, entweder vereinzelt oder sprunghaft oder mit allmählichen Übergängen (fluktuierende V.). Die mendelist. Biologie betrachtet nur die sprunghaften, ungerichteten u. sofort erblichen Variationen (Mutationen) als Grundlage der Rassen- u. Artveränderungen, dagegen die durch Umweltreize hervorgerufenen Abänderungen als individuell beschränkt u. nicht erblich (↑Modifikationen). Dieser einseitigen Auffassung muß die Tatsache entgegengestellt werden, daß die V. eine Grundeigenschaft der lebenden Organismen in ständiger Wechselwirkung mit der Umwelt ist u. damit auch die Grundlage der Abänderung in der Stammesgeschichte darstellt. [3]

Variationsbreite ⟨*lat*⟩: 1. Breite der Veränderlichkeit bestimmter Merkmale bei Pflanzen- u. Tierarten, z.B. Größe, Form, Behaarung, Färbung; 2. in der Humanmedizin Begriff, der die Abweichungsmöglichkeiten von der Norm umfaßt, z. B. V. der Symptomatologie einer Krankheit, des feingeweblichen Bildes einer Geschwulst oder V. der normalen Gestalt über Varietäten bis zur Mißbildung. [5]

Varicella ⟨*lat*⟩ *f* ↑Windpocken. [40]

~-Zoster-Viren: DNS-Viren; zur ↑Herpesgruppe gehörende Erreger der Varizellen u. des Zosters. Züchtung in Zellkulturen von menschlichen embryonalen Haut-Muskel-Geweben u. Lungenfibroblasten, kindlicher Vorhaut, menschlicher Amnionhaut sowie auf Affennierenzellen. [41]

Varietät ⟨*lat*⟩ *f:* Spielart, Abart; geringe Abweichung vom durchschnittlichen Normaltyp, bes. anatom. gebraucht. [5]

varikös ⟨*lat*⟩: krampfadrig. [18]

Variköser Symptomenkomplex: durch ↑Varikosis bedingte Zirkulationsstörung des Blutes, dadurch Mangelversorgung der Haut. Ausbildung von ↑Ulcus cruris, ↑Dermoepidermitis u. ↑Ekzemen, die auch an anderen Körperstellen auftreten können. [43]

Varikosis ⟨*lat*⟩ = Krampfaderleiden: sehr häufig bei beiden Geschlechtern, oft bereits in der Jugend beginnend. Disponierende Faktoren: erbliche Bindegewebsschwäche, Hochwuchs, Fettleibigkeit. Ursächliche Faktoren: Abflußbehinderungen im kleinen Bekken (Gravidität, Fettleibigkeit, Verwachsungen). Dadurch Aussacken der Venenwand (meist V. saphena magna), Schlußunfähigkeit der Venenklappen. Weitgehende Verlangsamung des Blutrückflusses; Neigung zur ↑Thrombophlebitis; ↑Variköser Symptomenkomplex. [43]

Varikosität ⟨*lat*⟩: Anhäufung von Krampfadern an einem Bein, so daß ein Geflecht von Varizen entsteht; ↑Varix. [18]

Varikozele ⟨*lat, griech*⟩ *f:* Krampfaderbruch; hochgradige Erweiterung u. Schlängelung des Venengeflechtes des Plexus pampiniformis. Das Skrotum ist dabei oft sehr lang, li. öfter als re., wahrscheinlich weil li. die Vena spermatica nicht direkt in die Cava abfließt, sondern in die li. Nierenvene. Bei schneller Entwicklung einer V. hochgradiger Verdacht auf Nierentumor (bes. links!). [24]

Variluxgläser: bei diesen Zweistärkenbrillengläsern ist nicht, wie es ursprünglich von Franklin angegeben wurde, der eine Teil (Fernteil) gegen den anderen (Naheteil) scharf abgesetzt, sondern der Übergang ist fließend. Der scharfe Bildsprung, der oftmals stört, fällt also fort. Gewisse Nachteile in der Bildschärfe stehen dem gegenüber. [36]

Variograph ⟨*lat, griech*⟩ *m:* selbstschreibendes ↑Variometer. [13]

Variola ⟨*lat*⟩ *f* ↑Pocken.

V. major ↑Pocken.

V. minor ↑Alastrim.

V. vaccina ↑Kuhpocken. [40]

Variola|vakzine: Pockenimpfstoff, der durch Verimpfung echter Menschenpockenpusteln auf Rinder gewonnen wurde; ↑Pokkenlymphe. [39]

~virus: Poxvirus variolae; 200–300 nm große, ätherresistente, quaderförmige DNS-viren mit mehreren Außenhüllen. Erreger der ↑Pokken; vorwiegend durch aerogene Tröpfcheninfektion übertragen. [40]

Variolation ↑Inokulation. [39]

Variolois ⟨*lat*⟩: anzeige- u. hospitalisierungspflichtige, aerogen übertragbare, infolge Teilimmunität nach zurückliegender Pockenimpfung mild verlaufende Infektionskrankheit. Erreger Pockenviren (Poxvirus variolae), Inkubation 8–18 Tage, Letalität bis 5%. [40]

Variometer: meteorolog. Gerät zur Messung der Luftdruckänderung, bes. der kurzfristigen Schwankungen. [13]

Varix ⟨*lat*⟩ *m, f,* Varizen *Pl:* Venenknoten, Krampfadern, Erweiterung u. Stauung einer Vene durch Wand- u. Venenklappenschwäche meist an Ober- u. Unterschenkel. [18]

Varizellen ✳ **Varicella** ⟨*lat*⟩ *f, Pl* ↑Windpocken. [40]

V. syphilitica: syphilit. Hauterscheinungen von windpockenähnlichem Aussehen. [43]

Varizen ⟨*lat*⟩ *f, Pl:* Pluralbildung von ↑Varix. [18]

varus ⟨*lat*⟩: im allgemeinen wird damit eine O-förmige Krümmung (Verbiegung an den Gliedmaßen bezeichnet (z.B. Genu varum = O-Bein). Am Fuß bezeichnet varus die Supinationsstellung (↑Klumpfuß), am Schenkelhals die Verkleinerung des Schenkelhalswinkels (↑Coxa vara). [23]

Vas ⟨*lat*⟩ *n*, vasa *Pl:* Gefäß, insbes. ↑Blutgefäße. [1]

V-a aberrantia: abirrende, d.h. atyp. verlaufende Gefäße.

V-a afferentia: zuführende Gefäße.

V-a centralia retinae ↑A. u. V. centralis retinae.

V. deferens: herabführendes Gefäß; Bezeichnung für den ↑Ductus deferens.

V-a efferentia: abführende Gefäße.

V. lymphaticum: Lymphgefäß.

V. spirale: größeres Gefäß in der tympanalen Belegschicht des ↑Lig. spirale cochleae, das wahrscheinlich mit der Bildung der ↑Perilymphe zu tun hat.

V-a vasorum: kleinere Gefäße, die in der Wand größerer Arterien verlaufen, um diese von außen her zu ernähren. [1]

Vasculitis rheumatica: typ. rheumat. Veränderungen am Gefäßsystem mit spezif. Granulomen in der Adventitia der Aorta, der A. pulmonalis, aber auch der mittleren u. kleineren Arterien. Der Pathologe findet sie fast ausnahmslos bei der Sektion von Leichen, die im akuten Stadium der rheumat. Krankheit verstorben waren. Die klin. Anzeichen gehen gewöhnlich in der Symptomatik des kardialen Rheumatismus unter. Bei oberflächlich gelegenen Venen ist eine Phlebitis rheumatica mit größerer Sicherheit schon klin. zu diagnostizieren. [13]

vasculosus ⟨*lat*⟩: gefäßreich. [1]

Vasculum ⟨*lat*⟩ *n:* kleines Gefäß. [1]

Vasektomie ⟨*lat, griech*⟩ *f:* operative Freilegung des Samenleiters u. Resektion eines 1–5 cm langen Stückes. Folge: Unterbrechung des Samenflusses von Hoden nach Samenblasen u. Samenausführungsgängen; falls doppelseitig, Sterilität. Als vorbeugende Maßnahme zur Verhütung von Entzündungsausbreitung a) in testifugaler Richtung, z.B. bei Epididymitis, vor allem spezif., b) in zentrifugaler Richtung bei ↑Dauerkatheterbehandlung, wie sie im Rahmen von Blasen- u. Prostataoperationen nötig wird; deshalb als „Voroperation" vor ↑Prostatektomien u. ↑Elektroresektionen. [24]

Vaseline ✻ **Vaselinum** *n:* Gemisch gereinigter Kohlenwasserstoffe, gewonnen aus Rückständen der Erdöldestillation. Gelbe Vaseline = Vaselinum flavum DAB 7, weiße Vaseline (gebleicht) = Vaselinum album DAB 7, Anwendung als Salbengrundlage. Verhindert die ↑Perspiratio insensibilis einerseits u. die Wasseraufnahme der mit der Vaseline abgedeckten Fläche andererseits. [44]

Vaselinoderma: durch langdauernde Anwendung von Vaseline als Hautpflegemittel hervorgerufene Dunkelfärbung der Haut ohne Entzündungserscheinungen. Auftreten als plane oder verruköse Form, vorwiegend im Gesicht, selten an anderen Körperstellen; ähnlich oder ident. mit der ↑Melanodermitis toxica. [43]

Vaselinom ↑Paraffinom. [8]

Vaskularisation ⟨*lat*⟩: Gefäßneubildung in Geweben, meist im Rahmen einer patholog. Organisation durch Granulationsgewebe. [5]

V., oberflächliche: Eindringen von Blutgefäßen vom Rande her in die an sich gefäßlose Hornhaut; ↑Kornea. Die Gefäße kommen aus der Bindehaut. „Tiefe" V. Einwandern nur in die Parenchymschichten unter Aussparung der Epithelschicht. Die Gefäße stammen aus der Sklera. Vaskularisationstyp ermöglicht oft die ätiolog. Differentialdiagnose ↑Pannus. [36]

Vaskulopathien ⟨*lat, griech*⟩: prim. Schädigung der Gefäßwände; ↑Thrombopathien. [43]

Vasodilatation ⟨*lat*⟩: Gefäßerweiterung; 1. passiv bei Blutüberfüllung sowohl im arteriellen als auch im venösen Schenkel des Gefäßsystems oder als Folge einer Elastizitätsminderung des Gefäßrohres (infolge Gefäßsklerose); 2. aktiv durch Eingreifen des ↑Vasomotorenzentrums, führt zur Durchblutungssteigerung im tätigen Organ; patholog. bei zentral ausgelöster Lähmung der Vasomotoren; 3. durch ↑Gewebshormone (Histamin), z.B., im Gefolge einer ↑Entzündung. [10]

Vasodilatatoren: Nerven, bei deren Erregung eine Gefäßerweiterung eintritt. Nur in einigen Gefäßgebieten vorhanden, da im allgemeinen eine Vasodilatation auf Nachlassen des sympath. Vasokonstriktorentonus beruht. Einteilung der vasodilatator. Fasern in 3 Gruppen: 1. parasympath. cholinerge Fasern vorwiegend aus den Gehirnnerven VII, IX, X u. aus dem Sakralmark für die Gefäße der Speicheldrüsen, der äußeren Genitalien u. der Lunge; 2. sympath. cholinerge Fasern vorwiegend zu Gefäßen der Skelettmuskulatur; 3. kollaterale afferente somat. Fasern, die über einen Axonreflex vasomotor. Wirkung entfalten, wenn im zugehörigen Hautareal Schmerzreize wirksam werden. [7]

Vasographie: röntgenolog. Darstellung von Gefäßen nach Injektion eines Kontrastmittels; ↑Phlebographie. [26]

Vasokonstriktion ⟨*lat*⟩: Gefäßzusammenziehung durch Kontraktion der muskulären Elemente der arteriellen Gefäße unter dem Einfluß des ↑Vasomotorenzentrums bei

Regulation der Blutverteilung (Vasokonstriktion in untätigen bei ↑Vasodilatation in tätigen Organen). Auch auf einen chem.-entzündlichen Reiz können sich die Gefäße zusammenziehen. [10]

V., barinogene: an verschiedenen Gefäßbezirken unterschiedlich auffällige Grundeigenschaft der muskulären Gefäße, sich auf Erhöhung des Innendrucks zu verengen. Ist von der Innervation des Gefäßes unabhängig; bes. ausgeprägt bei Nierenarterien, auch als Bayliss' Effekt bezeichnet.

V., kollaterale ↑Gefäßverengerung, Arbeitshyperämie. [7]

Vasokonstriktoren ⟨*lat*⟩ *m, Pl* ↑Vasomotoren. [7]

Vasomotoren ⟨*lat*⟩ *m, Pl:* Nerven, die den Tonus der Gefäßmuskularis verändern (1852 von Claude Bernard entdeckt). Vasodilatator. Nerven (↑Vasodilatatoren) u. vasokonstriktor. sind zu unterscheiden. Letztere gehören ausschließlich dem sympath. Nervensystem an. Der größte Teil aller Gefäße steht dauernd unter dem Einfluß der vasokonstriktor. Nerven, wobei der Kontraktionszustand der Gefäßmuskulatur durch Variation der Erregungsimpulsdichte (Höchstwert 10–20 Impulse/s) in beiden Richtungen variiert wird. Gefäßerweiterung in einzelnen Bezirken auch durch Erregung vasodilatator. Nerven möglich; ↑Vasodilatatoren. [7]

~kollaps: Vasomotorenlähmung mit generalisierter ↑Vasodilatation u. infolge dessen plötzliches Absinken des Blutdruckes infolge Intoxikation, traumat. Schock, Allergie. [18]

~zentrum: Kerngebiet in der ↑Medulla oblongata, von dem aus die Regulation des Gefäßsystems (Vasokonstriktion u. -dilatation) u. dementsprechend der Blutverteilung erfolgt; ↑Kreislaufzentrum. [7]

Vasoneurosen ⟨*lat, griech*⟩: funktionelle Erkrankungen der Gefäße, z.B. Akroparästhesie, manche Formen der Angina pectoris, Morbus Raynaud, manche Formen der Dysbasie. [9]

Vasoneurotische Zeichengruppe (Hamburger, 1919): krankhafte Reaktionsweise der Gefäße mit bes. Neigung zu Kollaps, Herzklopfen, Kopfschmerzen, Fieber, Nesselsucht, Dermographismus. [9]

Vasoplegie ⟨*lat, griech*⟩: Funktionslosigkeit u. Tonusverlust der Gefäße durch Lähmung der Vasomotoren, z.B. bei Vergiftungen, Verbrennung. [9]

Vasopressin: Hormon, das im Hypothalamus gebildet, in den Hypophysenhinterlappen geleitet u. dort gespeichert wird. Vasopressin u. Adiuretin sind identisch. Neben den Mineralokortikoiden ist es das wichtigste Hormon für den Wasser- u. Elektrolytstoffwechsel im Organismus. Es ist für die Wasserresorption in den Nierentubuli von entscheidender Bedeutung. Bei Mangel oder Fehlen kommt es zur Harnflut (Diurese, Polyurie), durch Vasopressingaben wird diese wieder gehemmt; ↑Diabetes insipidus. [31]

Vasoresektion ⟨*lat*⟩ *f* ↑Vasektomie. [24]

Vasotomie ⟨*lat, griech*⟩ *f:* Durchschneidung der Samenleiter; ↑Vasektomie. [24]

Vasozentrum ↑Vasomotorenzentrum. [18]

V_2A-Strahl: Spezialstahl, nicht rostend, zur Knochennagelung benutzt. [18]

vastus ⟨*lat*⟩: sehr groß. [1]

Vater, Abraham (1684–1751), Anatom u. Botaniker, Wittenberg.

V' Papille = Papilla duodeni major: etwa 10 cm vom Pylorus entfernt gelegene, warzenförmige Schleimhauterhebung mit der entweder gemeinsamen oder getrennten Öffnung des Ductus pancreaticus major (Ausführungsgang der Bauchspeicheldrüse) u. des Ductus choledochus (Gallengang). Unter der Schleimhaut der Papilla duodeni befindet sich ein komplizierter Muskelapparat (M. sphincter Oddi), der das Einströmen der Sekrete in das Duodenum reguliert.

V.-Pacini' Körperchen ↑Corpuscula lamellosa. [2]

Vaterschaftsfeststellung: ein pos. Beweis für die Vaterschaft kann nach dem heutigen Stande der medizin. Wissenschaft nur mit mehr oder weniger Wahrscheinlichkeit erbracht werden, z.B. durch das morpholog. Ähnlichkeitsgutachten (sog. erbbiolog. Gutachten) oder biostatist. Gutachten, vor allem beim Vorliegen seltener Blutgruppenmerkmale. Durch Untersuchung auf Zeugungsfähigkeit, Tragzeitgutachten u. Blutgruppengutachten besteht im allgemeinen nur eine Ausschlußmöglichkeit. Die drei letzteren Untersuchungen müssen daher dem Ähnlichkeitsgutachten vorausgehen. Bei Berücksichtigung aller heute anwendbaren erblichen Blutkörperchen- u. Serummerkmale ergibt sich eine Ausschlußchance von etwa 85–90% für den zu Unrecht beschuldigten Mann. [52]

v. c. ep.: (Rez.) *Abk* für Vitrum cum epistomio vitreo, Flasche mit Glasstöpsel. [44]

VDRL-Test: *Abk* für Veneral Disease Research-Laboratories-Test ⟨*engl*⟩: Mikro-(Objektträger-)Flockungsreaktion mit Kardiolipin als Antigen, in angelsächs. Ländern viel zur Syphilisdiagnostik gebraucht. [43]

VE: *Abk* für ↑Voegtlin-Einheiten. [39]

Vegetabilien ⟨*lat*⟩ *n, Pl:* Gesamtheit der Lebensmittel pflanzlicher Herkunft. [16]

Vegetarier ⟨*lat*⟩ *m:* Vertreter des ↑Vegetarismus, der seine Ernährung mehr oder minder streng auf pflanzliche Lebensmittel einstellt. [16]

Vegetarismus ⟨*lat*⟩: Lehre bzw. das Bestreben, die normale Ernährung ausschließlich bzw. vorwiegend auf pflanzliche Lebensmittel im rohen bzw. zubereiteten Zustand einzustellen; bei gewissen Krankheitszuständen verabfolgt man vegetabile Kostformen (Saft- u. Obsttage, Rohkost usw.). [16]

Vegetationen ⟨*lat*⟩: 1. (botan.) Pflanzenwuchs, Pflanzenwelt; 2. (klin.) Wucherungen.

V., adenoide: geschwulstartige Wucherungen der Rachenmandel, die sich physiologischerweise nach der Pubertät zurückbilden. Ihre Vergrößerung verursacht je nach Ausdehnung Behinderung der Nasenatmung, meist mit einer näselnden Sprechweise einhergehend (Rhinolalia clausa posterior); Entzündung der Rachenmandel (Angina retronasalis). Häufig, namentlich bei Kindern, begleitet von Lymphknotenschwellungen. Als Komplikationen von seiten des Ohres Tubenkatarrh, Tubenmittelohrkatarrh, Otitis media. Wegen der nachteiligen Wirkung der adenoiden V. auf die körperliche u. geistige Entwicklung zeitige operative Entfernung, bes. vor der Einschulung, angezeigt. Untersuchungsmethode Rhinoscopia posterior; Palpation mit dem Finger weniger geeignet, da psych. von schlechter Wirkung. [28]

V., globulöse: zwischen den Trabekeln des Herzmuskels oder auf den Herzklappen sitzende, kugelige, oberflächlich glatte oder auch geriffelte Thromben, bes. bei ↑ Myomalacia cordis oder ↑ Endokarditis. [4]

vegetativ ⟨*lat*⟩: 1. (botan.) auf Vegetationen, auf Pflanzliches bezüglich; 2. (klin.) auf die vegetativen Funktionen (Verdauung, Atmung, Stoffwechsel usw.) des tier. Organismus bezüglich; vegetatives ↑ Nervensystem; Gegensatz ↑ animal. [33]

Vehikel ⁎ **Vehiculum** ⟨*lat*⟩: unwirksame oder gering wirksame Trägersubstanz für ein Arzneimittel in fester, salbenartiger oder flüssiger Form. [44]

Veillon, Adrien (*1864), Bakteriologe, Paris.

Veillonellen: Gattung obligat anaerober, gramneg. sporenloser, unbeweglicher Diplokokken (Bergey, 1957). Vorkommen parasitär bei Mensch u. Tier, jedoch auch bei fötiden gangränösen Eiterungen u. eitrigen Prozessen des Urogenitalsystems. [41]

Veit, Gustav Al. C. v. (1824–1903), Gynäkologe, Bonn.

V.-Smellie' Handgriff: in der Geburtshilfe Methode der Entwicklung des nachfolgenden Kopfes bei ↑ Beckenendlage. Das Kind „reitet" mit dem Bauch auf dem Vorderarm des Geburtshelfers. Der 2. Finger wird in den Mund gesteckt u. beugt den Kopf des Kindes. Die andere Geburtshelferhand umfaßt hakenförmig vom Nacken her die kindlichen Schultern u. zieht erst abwärts. Wenn sich die Nackenhaargrenze am Unterrand der Symphyse anstemmt, wird der Kopf unter gleichzeitigem Dammschutz um diese herumgehebelt. Der Handgriff wurde erstmals 1668 von Mauriceau angegeben u. später von Levret (1753) u. Veit (1863) verbessert. [29]

Veitstanz: ungewollte (krankhafte) Bewegungsunruhe; ↑ Chorea. [34]

Vektor ⟨*lat*⟩ *m:* 1. (physikal.) Rechengröße, die durch Angriffspunkt, Richtung u. Betrag bestimmt ist; 2. (mikrobiolog.) Bezeichnung eines Krankheitserreger übertragenden, in der Regel blutsaugenden Insekts (oder sonstigen Gliedertieres); in der Anwendung „Vektorschnecken" auch für Trematoden übertragende Schnecken gebräuchlich. [58]

Vektorkardiogramm ⟨*lat, griech*⟩: *Abk* Vkg; auf Schellong u. Heller zurückgehendes Verfahren, die elektr. Projektion der Integralvektoren des Herzens als Summe aller zu einem Zeitpunkt im Herzen vorhandenen, durch den Erregungszustand der Herzmuskelzellen hervorgerufenen Einzeldipole auf die drei Ebenen des Raumes aufzunehmen. Beruht auf den vereinfachenden Annahmen, daß alle momentanen Einzelvektoren zu einem einzigen Integralvektor mit festem Nullpunkt zusammenfaßbar seien, das Medium, in dem sich dessen elektr. Feld ausbreitet, homogen u. frei von unterschiedlichen Dielektrizitätseigenschaften sowie geometr. gleichförmig begrenzt oder unendlich sei. Als Voraussetzung dieses Verfahrens gilt, daß alle verwendeten Ableitelektroden gleich weit (mindestens 5facher Herzdurchmesser) vom fiktiven Integralvektornullpunkt entfernt angeordnet sind. Werden zueinander orthogonal angeordnete Ableitlinien benutzt, können Katodenstrahloszillographen mit senkrecht zueinander stehenden Ablenkplatten als Registrierinstrumente zum Einsatz kommen. Die registrierten Schleifen stellen Hüllkurven aller während einer elektr. Herzaktion nacheinander auftretenden Integralvektoren dar u. werden P-Schleife (Erregungsausbreitung in den Vorhöfen), QRS-Schleife (Erregungsausbreitung in den Kammern) u. T-Schleife (Erregungsrückgang in den Ventrikeln) genannt. Aus den Schleifen zweier unterschiedlicher Ebenen des Raumes läßt sich der räumliche Verlauf des Integralvektors konstruieren oder mit geeigneten Geräten (Stereovektorkardiograph) optisch darstellen. [7]

Velamentum ⟨*lat*⟩: Umhüllung, Hülle; *Adj* velamentosus schleierartig, häutig. [4]

Velpeau, A. A. Louis Marie (1795–1867), Chirurg, Paris.

V' Schulterverband: der Arm der verletzten Seite (Schlüsselbeinbruch) liegt mit stark gebeugtem Ellenbogengelenk so vor der Brust, daß die Hand zur gesunden Schulter greift. In dieser Haltung wird der Arm durch bestimmte Bindentouren so fixiert, daß die verletzte Schulter nach außen, oben u. hinten gedrängt wird. [18]

Velum ⟨*lat*⟩ *n:* Segel.

V. medullare anterius u. posterius: vorderes u. hinteres Marksegel des Kleinhirns.

V. palatinum ↑Gaumensegel.

V. semilunare (JNA) = Valvula semilunaris (BNA, PNA): halbmondförmige Klappe; ↑Semilunarklappen. [1]

Vene ✱ **Vena** ⟨*lat*⟩ *f, venae Pl: Abk* V.; *Pl* Vv; Blutader. (Mikroskop. Anatomie) Blutgefäße mit zum Herzen führender Strömungsrichtung des Blutes. Die Wand der Venen besteht aus 3 Schichten: Tunica intima, Tunica media, Tunica adventitia. Im Gegensatz zu den ↑Arterien ist die Begrenzung der Schichten undeutlich. Die Tunica elastica interna ist schwach entwickelt, die Tunica elastica externa fehlt. Die Tunica media enthält wenige locker angeordnete Bündel glatter Muskelzellen. [2]

Vv. adumbilicales (JNA) ↑Vv. paraumbilicales (PNA).

V. angularis: im Winkel zwischen Nasenrücken u. Orbita; Anfang der Gesichtsvene (V. facialis), steht in Verbindung mit dem vorderen Ende der V. ophthalmica superior.

Vv. anonymae dextra und sinistra (BNA) ↑Vv. brachiocephalicae (JNA, PNA).

Vv. arciformes (JNA) ↑Vv. arcuatae (PNA).

Vv. arcuatae: Arkadenvenen der Nieren; nehmen das Blut aus den Vv. interlobulares auf u. münden in die Vv. interlobares ein.

Vv. articulares mandibulae: kommen von einem um das Kiefergelenk herum gelegenen Venennetz, das noch die Vv. tympanicae aufnimmt; sind Äste der V. retromandibularis.

V. auricularis posterior: kommt aus dem oberflächlichen Venengeflecht hinter dem Ohr, nimmt öfters noch die Vene des ↑Emissarium mastoideum auf. Durch Vereinigung der V. auricularis posterior mit der V. occipitalis entsteht die V. jugularis externa.

V. axillaris: Achselblutader; liegt medial von der A. axillaris, zieht vom kaudalen Rand des M. pectoralis major zur 1. Rippe, nimmt das Blut der gesamten oberen Extremität u. der seitlichen Brustwand auf.

V. azygos (PNA) = V. thoracica longitudinalis dextra (JNA): zieht auf der re. Ventralseite der Wirbelkörper kranialwärts, meist schon aus der Lendengegend von der V. lumbalis ascendens kommend, wendet sich am 4. oder 5. Brustwirbel nach re. u. dorsal, reitet auf dem re. Bronchus nach ventralwärts u. mündet in die V. cava superior ein, nimmt während ihres Verlaufes viele segmentale u. viszerale Äste auf.

Vv. basales: nehmen das Blut aus dem Nucleus lentiformis u. dem Tuber cinereum auf, beginnen an der unteren Fläche des Gehirns, schlingen sich um die Pedunculi cerebri herum u. münden in die Vv. cerebri internae ein.

V. basilica (eigentlich die königliche Vene): Hautvene an der ulnaren Seite des Unterarms; nimmt die V. mediana cubiti auf, folgt dann als stärkste Vene dem Sulcus M. bicipitis brachii medialis; durchbricht in der Mitte des Oberarms die Fascia brachii u. mündet in die ulnare der beiden Vv. brachiales ein.

Vv. basivertebrales: Wirbelkörpervenen; weite, im Innern der Wirbelkörper vorhandene Gefäße, die gleich den Vv. diploicae in Kanälen der spongiösen Substanz verlaufen.

Vv. brachiales (BNA) ↑Vv. comitantes arteriae brachialis, (PNA).

Vv. brachiocephalicae dextra u. sinistra: Arm- u. Kopfblutadern; sammeln das Blut aus dem Kopf, Hals u. Arm u. sind klappenlos. Sie entstehen hinter dem Sternoklavikulargelenk durch Vereinigung von V. jugularis interna u. V. subclavia; beide Vv. brachiocephalicae vereinigen sich am medialen Ende u. kaudalen Rand des re. 1. Rippenknorpels zur V. cava superior. V. brachiocephalica dextra ist kurz, liegt dem Pleurasack u. der Spitze der re. Lunge an. Die V. brachiocephalica sinistra ist dreimal so lang wie die re., liegt dorsal vom kranialen Teil der Brustbeinhandgriffes u. den Ästen des Aortenbogens u. diesem selbst unmittelbar auf.

Vv. bronchiales (dorsales): viszerale Venenäste der beiden Längsadern während ihres aufsteigenden Verlaufes durch die Brusthöhle; Vv. bronchiales sind die Hauptvenen der Bronchien.

Vv. bronchiales (ventrales): münden z.T. in die Vv. brachiocephalicae; mindestens zwei kleine Vv. bronchiales münden jederseits an der Lungenpforte in die Lungenvenen.

V. bulbi penis (sive vestibuli): Vene neben der gleichnamigen Arterie.

V. canaliculi cochleae: hat den gleichen Verlauf wie der ↑Canaliculus cochleae, mündet in den Bulbus venae jugularis superior, enthält Blut aus der 1. Schneckenwindung.

V. canaliculi vestibuli: leitet das Blut aus der inneren Mündung des Canaliculus vestibuli durch diesen hindurch in den Sinus petrosus inf.

Vv. canalis pterygoidei: kleine Venen im

Canalis pterygoideus, die in die Vv. pharyngeae einmünden.

V. cava cranialis (JNA) ↑ V. cava superior (PNA).

V. cava caudalis (JNA) ↑ V. cava inferior (PNA). [1]

V. cava cranialis sinistra persistens: persistierende li. obere Hohlvene (*embryol:* V. cardinalis cranialis sin.), wird teils allein (Spiegelbild zur Norm), teils kombiniert mit der normalen re. oberen Hohlvene gefunden (dann keine V. brachiocephalica oder nur ganz dünne Anastomose zwischen den beiden Hohlvenen). [4]

V. cava inferior: untere Hohlvene; sammelt das Blut der unteren Extremitäten, der Eingeweide der Becken- u. Bauchhöhle, der Wandungen dieser Höhlen, des kaudalen Teils des Rückenmarkes u. seiner Häute. Sie beginnt am Zusammenfluß der beiden Vv. iliacae communes re. neben dem 4.–5. Lendenwirbel, re. u. dorsal von der A. iliaca communis dextra, steigt re. von der Bauchaorta aufwärts bis zum Zwerchfell, durch das Foramen venae cavae des Zwerchfells u. mündet unmittelbar darauf in den re. Vorhof des Herzens.

V. cava superior: obere Hohlvene; beginnt kaudal u. dorsal vom Knorpel der re. 1. Rippe neben dem re. Rand des Brustbeins. Sie beginnt am Zusammenfluß der beiden Vv. brachiocephalicae. Sie zieht an der re. Seite des Sternums re. von der Aorta zur Herzbasis u. mündet in den re. Vorhof, entsprechend der Höhe des kaudalen Randes des re. 3. Sternokostalgelenkes. Sie hat keine Klappen. Wurzeln: Gebiete des Kopfes, Halses, der Brust u. der oberen Extremität.

Vv. centrales: die in der Achse eines jeden Leberläppchens liegende Zentralvene, in die die Kapillaren des Läppchens direkt einmünden. Mehrere Vv. centrales münden in größere Sammelvenen.

V. centralis retinae: bringt das venöse Blut von der Netzhaut, liegt mit der A. centralis retinae im Sehnerven u. mündet in die V. ophthalmica sup.

V. cephalica: entsteht als Hautvene aus oberflächlichen Venengeflechten der Hand u. des Unterarms, zieht auf der Beugeseite des Unterarms nahe seinem radialen Rand aufwärts, verbindet sich in der Ellenbeuge auf verschiedene Weise mit der V. mediana antebrachii bzw. cubiti, liegt am radialen Rand des Bizeps, durchsetzt die oberflächliche Faszie u. liegt zwischen M. deltoideus u. pectoralis major, durchbricht die Fascia clavipectoralis, mündet zwischen Processus coracoideus u. Klavikula in die V. axillaris.

V. cephalica accessoria: entsteht aus den Venen des Handrückens, verläuft auf der Dorsalfläche des Unterarms, mündet in die V. cephalica.

Vv. cerebelli inferiores: kommen von der unteren Fläche des Kleinhirns, wenden sich nach lateral zum Sinus transversus, sigmoideus u. petrosus inf.

Vv. cerebelli superiores: ziehen von der oberen Fläche des Kleinhirns medianwärts zum Sinus rectus, ein Teil zieht zur V. cerebri interna.

Vv. cerebri: Gehirnvenen: ihre Wurzeln entstehen aus der grauen u. weißen Gehirnsubstanz u. senken sich, indem sie die Dura mater schräg durchbohren, in die Sinus, sie besitzen größtenteils keine Klappen. Es sind dies die Vv. cerebri superiores, media superficialis, inferiores. Die inneren Gehirnvenen führen das Blut aus dem Innern des Großhirns zurück; wichtig V. cerebri magna (*Galeni*), sie entsteht aus den Vv. cerebri internae, liegt zwischen Balken u. Vierhügelplatte u. mündet in den Sinus rectus; ↑ Venae cerebelli (Kleinhirnvenen).

Vv. cerebri inferiores: kommen von der unteren Fläche des Gehirns u. den unteren Teilen der Seitenflächen; münden in die Sinus transversus, petrosus sup. u. cavernosus.

Vv. cerebri internae: entstehen durch Zusammenfluß der V. thalamostriata (die die V. septi pellucidi aufnimmt) mit der V. chorioidea; sie liegen innerhalb der Tela choriodea ventriculi III u. führen das Blut aus den großen Ganglien des Gehirns zurück. Sie vereinigen sich zur V. cerebri magna.

Vv. cerebri magna (*Galeni*): große Gehirnvene; entsteht durch Vereinigung der beiden Vv. cerebri internae; etwa 1 cm lang, liegt sie zwischen unterer Balkenfläche u. Oberfläche der Vierhügelplatte u. mündet in den Sinus rectus ein.

V. cerebri media profunda: liegt im Sulcus cerebri lateralis, mündet in den Sinus cavernosus oder sphenoparietalis, seltener in den Sinus petrosus superior.

V. cerebri media superficialis: liegt über dem Ramus posterior des Sulcus lateralis u. mündet in den Sinus sagittalis superior.

Vv. cerebri superiores: verlaufen an der Facies convexa des Gehirns hauptsächlich zur Fissura longitudinalis cerebri, verbinden sich mit den V. der Facies medialis u. münden schräg in den Sinus sagittalis sup.

V. cervicalis profunda: die tiefe Nackenvene verläuft unter dem M. semispinalis capitis auf den tiefen Nackenmuskeln, verbindet sich mit der V. vertebralis oder mündet selbständig in die V. brachiocephalica.

V. chorioidea: leitet das venöse Blut der Plexus chorioidei der Seitenventrikel in die V. cerebri interna ab.

Vv. chorioideae oculi ↑ Vv. corticosae.
Vv. ciliares (posteriores): leiten das Blut aus der Tunica vasculosa bulbi in die V. ophthalmica superior.
Vv. ciliares (anteriores): erhalten innerhalb des Augapfels nur Zweige aus dem M. ciliaris, in der Sklera nehmen sie die Verbindungsgefäße des Sinus venosus selerae auf, außerhalb der Sklera Äste aus dem episkleralen Gefäßnetz u. aus der Conjunctiva bulbi; sie münden in die Venen der geraden Augenmuskeln.
Vv. colicae dextrae: Venen im Gekröse des ↑ Colon ascendens, münden in die V. mesenterica superior.
V. colica media: kommt vom ↑ Querkolon, mündet in die V. mesenterica superior.
Vv. colicae sinistrae: kommen vom ↑ Colon descendens, münden in die V. mesenterica inferior ein.
V. comitans: Begleitvene; nur die größeren Schlagadern haben eine Begleitvene, die kleineren Schlagadern haben zwei Vv. comitantes.
V. comitans n. hypoglossi: starke Begleitvene des N. hypoglossus, mündet in die V. sublingualis.
Vv. comitantes arteriae brachialis (PNA) = Venae brachiales (BNA): 2 Begleitvenen der A. brachialis; verlaufen wie diese.
Vv. comitantes arteriae ulnaris (PNA): die beiden Begleitvenen der A. ulnaris.
Vv. conjunctivales: Venen der Bindehaut des Auges, münden in die V. ophthalmica superior.
Vv. cordis: Herzvenen; Sinus coronarius mit der V. cordis magna, media u. parva nebst ihren Ästen, den Vv. cordis anteriores u. minimae. Das Hauptabflußrohr des ernährenden Kreislaufs des Herzens ist der Sinus coronarius mit seinen Zuflüssen. Daneben gibt es eine Reihe kleiner Venen, die, aus der Herzwand kommend, direkt in den Vorhof einmünden, die Vv. cordis anteriores, kleine Venen aus der Wand des Conus arteriosus, die direkt in den re. Vorhof einmünden; Vv. cordis minimae (Thebesii) heißen kleine Venen in der Wand des re. u. li. Vorhofes, die ebenfalls selbständig in den re. Vorhof einmünden.
V. cordis media (PNA) = V. interventricularis dorsalis cordis (JNA); zieht in der hinteren Längsfurche der Kammern aufwärts zum ↑ Sinus coronarius.
V. coronaria ventriculi: Kranzvene des Magens an der kleinen Kurvatur, Wurzel der V. portae; nimmt die Venen der Kardia auf.
Vv. corticales radiatae (JNA) ↑ Vv. interlobulares (renis) (PNA).
Vv. costo-axillares: kommen aus den Interkostalräumen 1–6 (7), hängen mit den Interkostalvenen zusammen u. münden in die Vv. axillares ein.
V. cutanea: Hautvene.
Vv. diploicae: Blutadern der Schädelknochen, verlaufen in der Diploë der Schädelknochen, hängen mit den Venen des äußeren u. inneren Periosts zusammen, endigen teils in den Venen der äußeren Schädeloberfläche, teils in den Bluträumen der harten Hirnhaut.
V. diploica frontalis: nahe der Mittellinie der Stirn, mündet in die Vv. supratrochleares u. in den Sinus sagittalis superior (↑ Hirnsinus).
V. diploica occipitalis: mündet in V. occipitalis u. Sinus transversus oder durch das ↑ Emissarium occipitale in die V. occipitalis u. den ↑ Confluens sinuum.
Vv. diploicae temporales (anterior u. posterior): erstere mündet in eine V. temporalis profunda u. in den Sinus sphenoparietalis, letztere durch das Emissarium mastoideum in die Venen der hinteren Ohrgegend u. den Sinus transversus.
V. dorsalis clitoridis: Rückenvene der Klitoris, zieht zum Plexus venosus pudendus.
Vv. dorsales linguae: gehen aus dem Venennetz des Zungenrückens hervor, ziehen zur V. retromandibularis.
V. dorsalis penis: liegt in der dorsalen Mittelfurche der Corpora cavernosa penis unter der Faszie zwischen der re. u. li. A. dorsalis penis, zieht unter dem Lig. arcuatum pubis zum Plexus venosus pudendus.
Vv. dorsales penis (sive **clitoridis**) superficiales: oberflächliche Venen des Penis- bzw. Klitorisrückens, münden in das proximale Ende der V. femoralis.
Vv. duodenales: Venen des Duodenums; münden z. T. in die V. mesenterica superior, z. T. in die V. lienalis ein.
Vv. epigastricae inferiores: Begleitvenen der gleichnamigen Arterien, die in die V. iliaca externa am Leistenband münden.
V. epigastrica superficialis: oberflächliche Bauchdeckenvene; zieht über das Lig. inguinale zur V. saphena magna oder zur V. femoralis.
V. epigastrica superior: entsteht aus den Bauchdeckenvenen, Vv. subcutaneae abdominis, liegt neben der gleichnamigen Arterie, mündet in die V. thoracica interna.
Vv. episclerales: Venen von der Oberfläche der Sklera; münden in die V. ophthalmica superior.
V. ethmoidalis anterior u. posterior: die vordere u. hintere Siebbeinvene, die das Siebbein durch die gleichnamigen Öffnungen verlassen u. in die V. ophthalmica superior einmünden.
V. facialis: Gesichtsblutader, entsteht am

medialen Augenwinkel als V. angularis durch Zusammenfluß der Vv. supratrochleares u. der V. supraorbitalis, anastomosiert mit der V. ophthalmica superior, verläuft schräg über die Seitenfläche des Gesichts zum vorderen Rand der M. masseter, liegt auf der Kapsel der Glandula submandibularis u. nimmt die V. retromandibularis auf; mündet kurz danach in die V. jugularis interna. Folgende Äste bilden die V. facialis: Vv. supratrochleares, V. supraorbitalis, V. angularis, Vv. palpebrales sup., Vv. nasales externae, Vv. palpebrales inf., V. labialis superior, V. faciei profunda, Vv. labiales inferiores, V. submentalis, V. palatina externa, Rami parotidei u. V. retromandibularis.

V. femoralis: Oberschenkelvene; vom Hiatus tendineus bis zum Lig. inguinale, dort Übergang in die V. iliaca externa; entsteht aus der V. poplitea, liegt anfangs fibular, dann tibial von der A. femoralis; Wurzeln der V. femoralis sind: Vv. perforantes u. profundae femoris, Vv. circumflexae femoris mediales u. laterales, V. saphena magna, Vv. dorsales penis (vel clitoridis) superficiales, Vv. pudendae externae, V. epigastrica superficialis u. V. circumflexa ilium superficialis.

V. femoropoplitea: Ast der V. saphena parva; verläuft an der hinteren Fläche des Oberschenkels teils über, teils unter der Faszie.

Vv. frontales (JNA) ↑Vv. supratrochleares (PNA).

Vv. gastricae breves: kurze Magenvenen vom Fundus ventriculi; münden in die V. lienalis.

V. gastro-epiploica dextra: re. Magen-Netz-Vene; liegt an der großen Kurvatur des Magens, zieht zur V. mesenterica superior oder lienalis.

V. gastroepiploica sinistra: linke Magen-Netz-Vene; zieht von der großen Kurvatur des Magens zur V. lienalis.

V. hemiazygos (PNA) = thoracica longitudinalis sinistra (JNA): li. Längsader des Brustkorbes; hat im kaudalen Teil einen ähnlichen Verlauf wie die re.; steigt nur bis zum 9. bis 10. Brustwirbel auf, zieht, dicht auf der Wirbelsäule liegend, nach re. u. mündet in die V. thoracica longitudinalis dextra (azygos).

V. hemiazygos accessoria (PNA) = V. thoracica longitudinalis sinistra accessoria (JNA): die kranialen, dem 2.–5. Brustsegment entsprechenden Venen bilden ein Längsstämmchen auf der li. Seite, die V. th. l. s. a., die eine Verbindung mit der V. thoracica longitudinalis dextra (azygos) eingeht.

Vv. hepaticae: Lebervenen; meist münden drei kurze, starke Äste unmittelbar aus dem Lebergewebe in die untere Hohlvene, da, wo diese in die Leber eingebettet liegt, dicht unter dem Zwerchfell.

V. iliaca communis: gemeinsame Hüftblutader; entsteht durch Zusammenfluß der V. iliaca externa u. interna; erstreckt sich von der Articulatio sacro-iliaca bis zur Bandscheibe des 4. u. 5. Lendenwirbels, an deren re. Seite beide zur Bildung der V. cava inferior zusammentreten; Äste wie die entsprechende Arterie.

V. iliaca externa: äußere Hüftblutader, Fortsetzung der V. femoralis von der Lacuna vasorum bis zur Articulatio sacro-iliaca, liegt medial von der Arterie; nimmt die V. epigastrica inferior u. die V. circumflexa ilium profunda auf.

V. iliaca interna: Beckenvene, innere Hüftblutader; ist ein kurzer, dicker Stamm ventral vor der Articulatio sacro-iliaca, dorsal von der zugehörigen Arterie. Wurzeln der V. i. i. entsprechen den Ästen der Beckenarterie.

V. ileocolica: Vene des Krumm- u. Blinddarms; entspricht der gleichnamigen Arterie.

Vv. intercostales (IV–XI): Zwischenrippenvenen; münden re. in die V. azygos ein; li. münden die 4–6 letzten in die V. hemiazygos, die mittleren 2–3 ziehen zur V. azygos; die kranialen sammeln sich zu einem Stamm, der entweder mit der V. brachiocephalica sinistra oder der V. hemiazygos eine Verbindung eingeht u. als V. hemiazygos accessoria bezeichnet wird.

V. intercostalis suprema: die re. nimmt das venöse Blut vom 1., evtl. bis 3. Interkostalraum auf, mündet in die V. brachiocephalica dextra oder in die V. cava superior; die li. nimmt meist die 3–4 oberen Segmentalvenen der Brust auf, mündet in die V. brachiocephalica sinistra, nimmt vorher die li. Bronchialvene auf.

Vv. interlobares: Interlobarvenen der Nieren; kommen aus den Vv. arcuatae (neben den gleichnamigen Arterien) u. sammeln sich innerhalb des Sinus renalis zu den Vv. renis.

Vv. interlobulares (hepatis): feinste Äste der Pfortader; liegen außerhalb des Leberläppchens im Bindegewebe zusammen mit den Aa. interlobulares, den Ductuli interlobulares (Gallengängen), Nerven u. Lymphgefäßen.

Vv. interlobulares (renis): entwickeln sich aus dem Kapillarnetz der Nierenrinde, liegen neben den gleichnamigen Arterien, münden in arkadenförmige Venen (↑Vv. arcuatae) an der Grenze von Mark u. Rinde ein.

V. interventricularis dorsalis cordis (JNA): zieht in der dorsalen Längsfurche der Herzkammern zum Sinus coronarius oder mündet selbständig in den re. Vorhof.

Vv. intervertebrales: leiten das Blut aus den

venösen Netzwerken des Rückenmarkes u. der Rückenmarkhäute durch die Foramina intervertebralia ab in die außerhalb der Wirbelsäule liegenden großen Blutadern.

Vv. jejunales et ilei (intestinales): Dünndarmblutadern, Äste der V. mesenterica superior.

Vv. jugulares superficiales (JNA) ↑V. jugularis externa u. anterior (PNA).

V. jugularis anterior: ventrale oberflächliche Drosselvene; entsteht aus mehreren Hautvenen der Unterkinngegend, zieht am ventralen Rand des M. sternocleidomastoideus, mündet hinter diesem Muskel in die V. jugularis externa. Falls ein gemeinsamer Stamm der re. u. li. V. j. anterior vorhanden ist: V. mediana colli; beide Vv. jugulares anteriores sind durch queren Venenbogen verbunden: Arcus venosus juguli.

V. jugularis externa: dorsale oberflächliche Drosselader; entsteht hinter der Ohrmuschel durch Vereinigung der V. occipitalis u. V. auricularis posterior; zieht zwischen Platysma u. Lamina superficialis der Fascia cervicalis abwärts, mündet in die V. brachiocephalica, manchmal in die V. jugularis interna oder in die V. subclavia.

V. jugularis interna: innere Drosselvene, führt die Hauptmasse des Blutes aus der Schädelhöhle ab, ist die Fortsetzung des Sinus sigmoideus, beginnt am hinteren Teil des Foramen jugulare mit einer trichterförmigen Erweiterung, dem Bulbus v. jugularis superior, zieht an der lateralen Wand des Pharynx abwärts, anfangs hinter der A. carotis interna, dann lateralwärts von dieser nach der A. carotis communis. Vereinigt sich dorsalwärts vom Sternoklavikulargelenk mit der V. subclavia, bildet an der Mündungsstelle den Bulbus v. jugularis inferior. Außer dem Blut der Schädelhöhle u. von der V. facialis nimmt die V. j. i. noch Blut von Schlund, Zunge, Kehlkopf u. evtl. Schilddrüse auf.

Vv. labiales inferiores: dringen, von der Unterlippe kommend, unterhalb des Mundwinkels in den Stamm der V. facialis.

V. labialis superior: die Vene der Oberlippe; zieht zur V. facialis.

Vv. labyrinthi: Gehörgangblutadern, 3–4 kleine Venen leiten durch den Meatus acusticus internus das Venenblut aus der Schnecke zum Sinus petrosus inferior.

V. lacrimalis: sammelt das Blut aus der Tränendrüse u. den lateralen Augenmuskeln, mündet in die V. ophthalmica superior.

V. laryngea inferior: untere Kehlkopfvene; mündet in den Plexus thyreoideus impar.

V. laryngea superior: obere Kehlkopfvene; sammelt das Blut aus dem Innern des Kehlkopfes, durchbricht die Membrana thyreohyoidea u. mündet in die V. thyreoidea superior ein, evtl. direkte Einmündung in die V. jugularis interna.

V. lienalis: Milzvene; ist eine der Wurzeln der V. portae, führt das Blut von Milz, Magen, Pankreas, Duodenum, Colon descendens u. Rektum (durch Vermittlung der V. mesenterica inferior) der Pfortader zu.

Vv. linguales: die Zungenvenen entsprechen im allgemeinen der Verbreitung der A. lingualis; a) Vv. dorsales linguae, b) V. sublingualis, c) V. profunda linguae.

Vv. lumbales: Lendenvenen; 1 u. 2 münden in die V. lumbalis ascendens, 3. u. 4 in die V. cava inferior.

V. lumbalis ascendens: ventral von den Querfortsätzen der Lendenwirbel findet sich die längs verlaufende Anastomosenkette der V. lumbalis ascendens, die die Vv. lumbales 1–2 unter sich u. auch mit der V. azygos verbindet.

Vv. massetericae (BNA, JNA): kommen vom M. masseter, münden unterhalb des Mundwinkels in die V. facialis, Rami masseterici gehen zum Plexus pterygoideus.

V. mediana antebrachii: mittlerer Hautvenenstamm am Vorderarm, zieht zwischen V. basilica u. V. cephalica zur Ellenbeuge.

V. mediana basilica: der ulnare Teilungsarm der V. mediana antebrachii in der Ellenbeuge.

V. mediana cephalica: der radiale Teilungsarm der V. mediana antebrachii, der in der Ellenbeuge dieses Gefäß mit der V. cephalica verbindet.

V. mediana colli: mittlere Hautvene des Halses; der gemeinsame Stamm der re. u. li. V. jugularis anterior, dem ein Venennetz das Blut der ventralen Halsgegend zuführt.

V. mediana cubiti: Verbindung zwischen V. basilica u. V. cephalica in der Ellenbeuge.

Vv. mediastinales: die vorderen Mittelfellvenen; kommen von der oberen Fläche des Diaphragmas, münden in die V. brachiocephalica.

Vv. meningeae: Blutadern der harten Hirnhaut.

Vv. meningeae mediae: die beiden Begleitvenen der A. meningea media, die durch das Foramen spinosum zu den Venenplexus der Unterschläfengrube gelangen.

V. mesenterica inferior: kaudale Gekröseblutader; entspricht der gleichnamigen Arterie. Kaudal steht sie durch die V. rectalis superior mit dem Plexus venosus rectalis in Verbindung. Hinter der Bauchspeicheldrüse verbindet sie sich mit der V. lienalis, manchmal mündet sie direkt in die Pfortader ein.

V. mesenterica superior: kraniale Gekröseblutader; ihr Stamm liegt re. von der A.

mesenterica superior, ihre Wurzeln stimmen in bezug auf Verbreitungsgebiet u. Verlauf mit den Ästen der Arterie überein; eine der Wurzeln der Pfortader.

Vv. metacarpeae dorsales: an der Mittelhand verbindet sich je eine radiale u. ulnare dorsale Kollateralvene der einander zugewendeten Fingerränder zu einem proximalwärts ziehenden Venenstamm: V. metacarpea dorsalis.

Vv. metacarpeae palmares: die palmaren Mittelhandvenen; Äste der Vv. comitantes arteriae brachialis.

Vv. metatarseae dorsales pedis: verhalten sich am Mittelfuß wie die Vv. metacarpeae dorsales an der Hand.

Vv. metatarseae plantares: die plantaren Mittelfußvenen; Äste der V. saphena parva.

Vv. musculares: Muskelvenen.

Vv. musculophrenicae: kommen vom vorderen lateralen Rande des Zwerchfells, münden in die V. thoracica interna.

Vv. nasales externae: von der Nase kommend, münden sie in die mediale Seite der V. facialis.

Vv. nasales internae (JNA): die inneren Nasenvenen münden in den Plexus pterygoideus.

V. nasofrontalis: liegt neben der A. supratrochlearis in der Incisura frontalis, mündet in die V. ophthalmica superior.

V. obliqua atrii sinistri: kleine Vene, die schräg von li. nach re. über die hintere Wand des li. Vorhofs verläuft u. in den Sinus coronarius einmündet.

Vv. obturatoriae: Hüftbeinlochvenen, Äste der V. iliaca interna.

V. occipitalis: Hinterhauptvene: ihr Verlauf entspricht der gleichnamigen Arterie, mündet in die V. jugularis externa.

Vv. oesophageae: Speiseröhrenvenen; kommen vom Ösophagus u. ziehen entweder zur V. brachiocephalica oder zur V. azygos.

V. ophthalmica inferior: untere Augenhöhlenblutader; liegt im lateralen Teil des Augenhöhlenbodens zwischen dem unteren u. dem temporalen geraden Augenmuskel. Sie geht durch die Fissura orbitalis inferior eine starke Verbindung durch Vermittlung der V. faciei profunda mit dem Plexus pterygoideus ein; sie mündet entweder in den Stamm der oberen Augenvene oder in den Sinus cavernosus.

V. ophthalmica superior: obere Augenhöhlenblutader; zunächst liegt sie an der oberen medialen Seite des Augapfels; im hinteren Teil der Orbita zieht sie über den Sehnerven lateralwärts, tritt durch die Fissura orbitalis superior u. mündet in den Sinus cavernosus.

V. ophthalmomeningea: eine untere Gehirnvene; mündet in die V. ophthalmica superior (selten in die inferior) oder in den Sinus petrosus inferior ein. Sie stellt eine Kommunikation zwischen Gehirnvenen u. Venen der Augenhöhle her.

V. ovarica: Eierstockvene; liegt neben der A. ovarica, zieht, von Bauchfell bedeckt, auf dem M. psoas kranialwärts. Die re. V. ovarica mündet in die V. cava inferior, die li. V. ovarica in die li. V. renalis.

V. palatina externa: Gaumenvene; führt das Blut aus der Umgebung der Tonsillen u. des weichen Gaumens von der Seite des Schlundes her zur V. facialis.

Vv. palpebrales: Augenlidvenen.

Vv. palpebrales inferiores: kommen vom unteren Augenlid u. ziehen medianwärts u. abwärts zur V. facialis.

Vv. palpebrales superiores: kommen vom oberen Augenlid u. münden in den Anfangsteil der V. angularis.

Vv. pancreaticae: Bauchspeicheldrüsenvenen; leiten das Blut aus der Bauchspeicheldrüse ab u. münden in die V. mesenterica superior.

Vv. pancreaticoduodenales: Venen von Duodenum u. Pankreas; münden in die V. mesenterica superior.

Vv. parotideae: Ohrspeicheldrüsenvenen, Äste der V. retromandibularis.

Vv. paraumbilicales (*Sappeyi*), (PNA) = Vv. adumbilicales (JNA): kleine Venen der vorderen Bauchwand um den Nabel, die in den Restkanal der V. umbilicalis im Lig. teres hepatis einmünden. Bei krankhafter Stauung der Pfortader Erweiterung dieser Venen (Caput Medusae).

Vv. perforantes (femoris): durchbohrende Oberschenkelvenen, Äste der Vv. profundae femoris.

Vv. pericardiacae: Herzbeutelvenen; münden in die Vv. brachiocephalicae oder direkt in die V. cava superior.

Vv. pericardiacophrenicae: obere Zwerchfellvenen; kommen von der oberen Fläche des Zwerchfells, erhalten Zuflüsse vom Herzbeutel u. gehen in die Vv. brachiocephalicae.

Vv. pharyngeae: Schlundkopfvenen; gehen an der dorsalen u. lateralen Seite des Schlundes aus dem Plexus pharyngeus hervor. Sie dringen in den Stamm der V. jugularis interna ein.

V. portae: Pfortader; der Stamm ist 6–8 cm lang, beginnt mit der Vereinigung der Vv. mesenterica superior u. lienalis dorsal vom Kopf der Bauchspeicheldrüse u. läuft schräg nach re. u. kranial zur Leberpforte. Die Wurzeln der Pfortader kommen vom Magen, vom gesamten Darm (mit Ausnahme des Canalis analis), von der Bauchspeicheldrüse u. von der Milz. Im Gegensatz zu diesen äußeren Wurzeln der Pfortader bezeichnet man den venösen Zufluß aus dem Stromgebiet der A. hepatica als innere Wurzel der Pfortader. Sie verästelt sich innerhalb der Leber zu einem die ganze Leber einnehmenden Kapillarsystem, aus dem die Lebervenen hervorgehen; dadurch unterscheidet sich die Pfortader von sämtlichen anderen Venen.

V. posterior ventriculi sinistri: auf der hinteren Fläche der li. Herzkammer, mündet in den Anfangsteil des Sinus coronarius.

Vv. praeauriculares: kommen von den vorderen Abschnitten der Ohrmuschel u. vom äußeren Gehörgang u. sind Äste der V. retromandibularis.

Vv. profundae clitoridis: die tiefen Venen der Klitoris; vereinigen sich mit der V. dorsalis clitoridis u. münden dadurch in die V. pudenda interna (Plexus vesicalis).

Vv. profundae femoris: tiefe Oberschenkelvenen, Äste der V. femoralis.

Vv. profundae penis: treten an der medialen u. kranialen Seite der Crura penis aus u. ziehen zur V. pudenda interna (Plexus venosus prostaticus).

Vv. pulmonales: Lungenvenen; 4 kurze Stämme, 2 etwas längere Vv. pulmonales dextrae (superior et inferior), dorsal von der A. pulmonalis dextra u. von der V. cava superior; die beiden Vv. pulmonales sinistrae (superior et inferior) gelangen ventral von der Aorta thoracica zum linken Vorhof. Alle 4 treten aus dem Hilus der betr. Lunge aus u. münden in den li. Vorhof.

Vv. rectales mediae et inferiores: Abflüsse des in der Gegend des Afters befindlichen Plexus venosus rectalis; fließen in die V. pudenda interna.

V. rectalis superior: die obere Rektumvene; steht mit dem ausgedehnten venösen Plexus des Mastdarms in Verbindung, leitet das Blut in die V. mesenterica inferior.

Vv. renales: Nierenvenen.

V. retroauricularis (JNA) ↑V. auricularis posterior (PNA).

V. retromandibularis: sie verläuft vor der Ohrmuschel kaudalwärts gegen den Unterkieferwinkel, mündet in die V. facialis.

V. sacralis mediana: die mittlere Kreuzbeinblutader; hilft den Plexus venosus sacralis bilden. Kaudal häufig doppelt, kranial einfach, begleitet sie die A. sacralis mediana u. mündet in die V. iliaca communis sinistra oder direkt in die V. cava inferior.

V. saphena accessoria: sammelt die Hautvenen von der tibialen u. ventralen Fläche des Oberschenkels u. mündet innerhalb des Hiatus saphenus in die V. saphena magna ein.

V. saphena magna: große Rosenvene; bildet sich am inneren Fußrand u. gelangt vor dem medialen Knöchel an die Innenseite des Unterschenkels, zieht schräg über die Innenfläche des Oberschenkels aufwärts zum Hiatus saphenus, mündet hier in die V. femoralis.

V. saphena parva: kleine Rosenvene; bildet sich am äußeren Fußrand u. gelangt um den lateralen Knöchel herum auf die Rückseite des Unterschenkels. Kurz unterhalb der Kniekehle durchbricht sie die Faszie u. mündet in die V. poplitea.

Vv. scrotales (vel labiales) anteriores: die vorderen Hodensack- (bzw. Schamlippen-) venen; verlaufen mit den gleichnamigen Arterienästen.

Vv. scrotales (vel labiales) posteriores: die hinteren Hodensack- (bzw. Schamlippen-) venen; Äste des Plexus venosus pudendalis.

V. septi pellucidi: leitet das Blut aus dem Septum pellucidum zur V. thalamostriata.

Vv. sigmoideae: leiten das venöse Blut vom Colon sigmoideum zur V. mesenterica inferior.

Vv. spermaticae (JNA) ↑Vv. testiculares (PNA).

Vv. spinales (PNA) = Vv. spinales externae et internae (BNA) ↑Plexus venosi vertebrales externi et interni (PNA).

Vv. spinales externae anteriores (BNA): die äußeren ventralen Rückenmarkvenen; kleine Venen, die die A. spinalis anterior begleiten, münden in die Vv. intervertebrales.

Vv. spinales externae posteriores (BNA): die äußeren dorsalen Rückenmarkvenen; verbreiten sich innerhalb des Durasackes an der Pia mater u. an der Rückenmarksubstanz, entsprechend den Aa. spinales posteriores, münden in die Vv. intervertebrales.

Vv. spinales internae anteriores et posteriores (BNA): in der Substanz des Rückenmarkes; stehen mit den Vv. intervertebrales in Verbindung.

V. spiralis modioli: kleine Vene im ↑Modiolus der Schnecke.

Vv. stellatae (Verheynii), (JNA) ↑Venulae stellatae (Verheynii), (PNA).

V. sternocleidomastoidea: verläuft wie die gleichnamige Arterie, mündet in die V. jugularis int.

V. stylomastoidea: Griffelvene; kommt aus dem Foramen stylomastoideum u. mündet in die V. retromandibularis.

V. subclavia: Schlüsselbeinvene; ist die unmittelbare Fortsetzung der V. axillaris, nimmt alle oberflächlichen u. tiefen Venen des Armes u. die Venen der Schulter auf, mündet in die V. brachiocephalica.

V. subcostalis: segmentale Vene unter der 12. Rippe, verhält sich wie die Vv. intercostales.

Vv. subcutaneae abdominis: Bauchdeckenvenen; werden von der V. epigastrica superior aufgenommen.

V. sublingualis: Unterzungenvene; ein starkes Gefäß, läuft an der lateralen Fläche des M. hyoglossus dorsalwärts, erhält Äste von den Geflechten der Speicheldrüsen u. des Ductus submandibularis u. mündet in die V. facialis.

V. submentalis: Unterkinnvene; nimmt Äste von der Mundbodenmuskulatur u. von der G. sublingualis, oft auch von der G. submandibularis auf, mündet am unteren Rand des Unterkiefers in die V. facialis.

V. supraorbitalis: Oberaugenhöhlenvene, Ast der V. facialis.

V. suprarenalis dextra: re. Nebennierenvene; mündet in die V. cava inferior.

V. suprarenalis sinistra: li. Nebennierenvene; mündet in die li. Nierenvene.

V. suprascapularis: gewöhnlich 2 Gefäße, die sich wie die gleichnamige Arterie verhalten, münden als ein Stamm in die V. jugularis externa oder in die V. subclavia.

Vv. supratrochleares (PNA) = Vv. frontales (JNA): mediale Stirnvenen vom Vorderkopf schräg absteigend zur Nasenwurzel; im oberen Abschnitt Verbindung mit der Schläfenvene; nimmt Zweige auf von der Augenbrauengegend, vom Nasenrücken u. vom oberen Augenlid. Die laterale verbindet sich mit den Vv. temporales superficiales.

V. temporalis media: mittlere Schläfenvene; verläuft subfaszial von der Augenbrauengegend im M. temp. zum Jochbogen, mündet in die V. temp. superficialis.

Vv. temporales profundae: die tiefen Schläfenvenen (3–4); kommen aus dem M. temporalis, ziehen zu den Vv. maxillares.

Vv. temporales superficiales: oberflächliche Schläfenvenen; beginnen am oberen Teil der Seitenfläche des Schädels, ziehen auf der Fascia temporalis vor der Ohrmuschel zur V. retromandibularis.

Vv. testiculares: die Hodenblutadern; entspringen dem Plexus pampiniformis des Samenstranges, ziehen auf dem M. psoas major bedeckt von Bauchfell re. zur V. cava inferior, li. zur V. renalis.

V. thalamostriata: verläuft längs der Stria terminalis zwischen Nucleus caudatus u. Thalamus, nimmt das Blut der großen Ganglien auf u. mündet in die V. cerebri interna.

V. thoracica interna: innere Brustkorbvene; begleitet die gleichnamige Arterie, beginnt mit der V. epigastrica superior u. den Vv. musculophrenicae u. mündet in die V. brachiocephalica.

V. thoracica longitudinalis dextra (JNA) ↑V. azygos (PNA).

V. thoracica longitudinalis sinistra (JNA) ↑V. hemiazygos (PNA).

V. thoracica longitudinalis sinistra accessoria (JNA) ↑V. hemiazygos accessoria (PNA).

V. thoracoacromialis: Brust-Schultervene, Ast der V. subclavia.

Vv. thoraco-epigastricae: Äste der V. axillaris von der Bauch- u. seitlichen Brustwand.

Vv. thymicae: Thymusvenen; gehen in die Vv. brachiocephalicae, die meisten davon in die li.

V. thyreoidea ima: die untere Schilddrüsenvene; beginnt am Isthmus der Schilddrüse u. mündet in die V. brachiocephalica sinistra.

Vv. thyreoideae inferiores: kommen vom Plexus thyreoideus impar, die re. V. th. i. mündet in die re. V. brachiocephalica; die li. V. th. i. u. die V. thyreoidea ima münden in die li. V. brachiocephalica.

Vv. thyreoideae superiores: obere Schilddrüsenvenen, kommen vom kranialen Teil der Schilddrüse u. laufen quer lateralwärts zur V. jugularis interna.

Vv. tracheales: die Luftröhrenvenen; gehen zu den Vv. brachiocephalicae.

Vv. transversae colli: quere Halsvenen, Äste der V. jugularis externa oder V. subclavia.

V. transversa faciei: quere Gesichtsvene; kommt aus der seitlichen Gesichtsgegend unterhalb des Jochbogens, mündet in die V. retromandibularis.

Vv. tympanicae: durch die Fissura petrotympanica, münden in die Vv. articulares mandibulae, leiten das Blut von der Paukenhöhle u. dem Trommelfell ab.

V. umbilicalis: Nabelvene; bringt das Blut von der Plazenta durch die Nabelschnur über den Ductus venosus u. die V. portae zum Fetus zurück.

Vv. uterinae: Gebärmuttervenen; verlaufen wie die gleichnamigen Arterien, münden in die Vv. iliacae internae.

V. vertebralis: Wirbelvene; beginnt am Hinterhauptbein, begleitet die A. vertebralis durch die 6–7 Foramina transversaria, mündet in die V. brachiocephalica, steht mit dem Plexus venosus suboccipitalis in Verbindung.

Vv. vestibulares: Vestibularvenen; kommen von den Bogengängen, münden in die Vv. labyrinthi.

Vv. vorticosae: Strudelvenen, Wirbelvenen; 4 im Äquator des Augapfels je um 90° voneinander abstehende Venen, die sternförmige Zuflüsse von Chorioidea, Corpus ciliare u. Iris erhalten, durchsetzen schräg die Sklera u. münden in die Vv. ophthalmicae superiores ein. [1]

Vena-cava-superior-Syndrom: durch extra- oder intravasale Strombehinderung verursachte Stauung im Abschlußbereich der V. cava superior. Klin. mit Zyanose u. Schwellung im Bereich der oberen Körperhälfte einhergehend. [10]

Venae sectio ⟨*lat*⟩: operative Freilegung u. Eröffnung einer subkutan liegenden Vene, um nach Einbinden einer Kanüle eine Dauerinfusion anzuschließen. Die gleiche Technik kann auch zur Durchführung eines Aderlasses oder einer Bluttransfusion bei schwer punktierbaren Venen angewandt werden. [18]

Veneficium ⟨*lat*⟩: Giftmord. [52]

Venektasie ⟨*lat, griech*⟩ ↑ Phlebektasien. [4]

Venen|anästhesie ⟨*lat, griech*⟩ (Bier, 1918): örtliche Betäubung von Extremitätenabschnitten durch Injektion des Anästhetikums in eine oberflächliche Vene dieses Gebietes. Das Glied muß dabei kranialwärts von der Injektionsstelle abgeschnürt sein u. vorher blutleer gemacht werden. Anästhesie tritt innerhalb von 5 min ein durch Diffusion der Anästhesielösung in das perivasale Gewebe (terminale Anästhesie). Nach 10–15 min entsteht auch eine Leitungsanästhesie infolge Durchtränkung der größeren Nerven mit Anästhetikum. Je nach Umfang des zu betäubenden Abschnittes werden 40–100 ml Anästhesielösung gebraucht. [27]

~druckmessung (Moritz u. Tabora): Methode mit Hilfe eines mit physiolog. Kochsalzlösung gefüllten Rohrmanometers, das über eine in die Armvene eingestochene Kanüle angeschlossen wird. Die Messung dient zur Erkennung von Rechtsherzinsuffizienzen. Der Venendruck liegt beim Gesunden zwischen 40 u. 100 mm Wasser. Bei Rechtsinsuffizienz steigt der Druck über diese Werte an. Erhöhungen findet man auch beim Lungenemphysem. Einseitige Druckerhöhungen sprechen für raumbeengende Prozesse im zugehörigen Venenabflußgebiet. [21]

~entzündung ↑ Phlebitis. [18]

~klappen: taschenförmige Klappen, vor allem in den Venen der oberen u. unteren Extremitäten, die den Rückfluß des Blutes nach peripherwärts hemmen. [1]

~knoten ↑ Varix. [1]

~naht: nur an der großen Körperhohlvene anwendbare Gefäßnaht. Sonst werden Venen unterbunden, da durch den trägen Blutstrom an der Nahtstelle besondere Neigung zur Thrombosierung der Anastomose besteht. [18]

~puls: die Kontraktion des Herzens während der Systole bewirkt einen leichten Sog in den herznahen Venen, wodurch ein sog. neg. V. bzw. systol. Venenkollaps zustande kommt. Bei Trikuspidalinsuffizienz sowie Cor pulmonale entsteht hingegen gleich zu Beginn der Systole eine Volumenzunahme in den herznahen Venen (pos. V.), oft mit sog. Insuffizienzwelle im Phlebogramm oder mit Lebervenenpuls (so bei der Trikuspidalinsuffizienz) einhergehend. Grundsätzlich handelt es sich beim V. um einen Volumenpuls im Gegensatz zum Druckpuls beim arteriellen Puls.
Penetrierender V. wird beobachtet, wenn sich die arterielle Pulswelle durch das Kapillargebiet bis in die Venen fortsetzt. Tritt bei Erweiterung der Kapillaren aus verschiedenen Ursachen auf. [10]

~sperre, ~stau, axilläre: durch bes. anatom. Verhältnisse wie Halsrippe, Faszienstränge, Enge der Skalenuslücke, wahrscheinlich auch durch segmentäre Gefäßspasmen kommt es zur Abflußbehinderung der V. axillaris u. V. subclavia nach anstrengenden inkoordinierten Bewegungen, Heben u. Zerrungen des Schultergelenks. Sekundäre Thrombosierung. [18]

~stauung bei akutem Glaukom ↑ Caput Medusae. [36]

~stein ↑ Phlebolith, verkalkter Venenthrombus. [5]

Venenum ⟨*lat*⟩ *n,* **venena** *Pl:* Gift. [52]

Venerie ⟨*lat*⟩ *f:* venerische Krankheit, ↑ Geschlechtskrankheit. [43]

Venerologie ⟨*lat, griech*⟩: die Lehre von den Geschlechtskrankheiten. [43]

Venolyse: Auslösen von Venen aus narbiger Umwachsung u. Umschnürung. [18]

venös ⁎ **venosus** ⟨*lat*⟩: zu den Venen gehörend; im Gegensatz zu arteriell; auch venenreich. [10]

Venter ⟨*lat*⟩ *m:* Bauch.

V. anterior u. posterior musculi digastrici: vorderer u. hinterer Bauch des M. digastricus.

V. inferior u. superior musculi omohyoidei: unterer u. oberer Bauch des M. omohyoideus.

V. musculi: Muskelbauch. [1]

V. propendens: Bezeichnung für Hängebauch, der nach zahlreichen Schwangerschaften oder durch Fettleibigkeit bei Erschlaffung der Flankenmuskulatur u. der Faszien entsteht. [12]

Ventilation (allgemein): Transport des Sauerstoffes von der Umwelt bis an die Gas-Blut-Grenze der Alveolen (umgekehrt mit Kohlensäure). Wird durch die Atemmuskeln bewerkstelligt, die den von Brustwand u. Zwerchfell gebildeten Hohlraum erweitern u. verengen, so daß durch die Druckschwankungen die Luft aus- u. einströmt, (Exspiration u. Inspiration). Die V. wird in l/min gemessen, ohne Rücksicht auf Ausnutzung u. Veränderung des Gases im Ablauf des Atemzyklus; ↑ Atemvolumen, ↑ Atemminutenvolumen. [15]

V., alveoläre: Gesamtventilation abzüglich ↑Totraumventilation; etwa 2/3 der Gesamtventilation bei Ruheatmung.

V., spezifische: Verhältnis von ↑Atemminutenvolumen zu Sauerstoffverbrauch, Normwert 28 ± 3. [7]

Ventilations|koeffizient: Maßzahl für den Grad der Durchmischung der in den Gesamtatemwegen enthaltenen Luft, der funktionellen Residualkapazität (↑Lungenvolumina), mit der neu hinzukommenden Einatmungsluft (Atemvolumen) unter Berücksichtigung des Totraumes (Volumen der zuführenden Atemwege, die nicht am Gasaustausch teilnehmen: 150 ml). VK = (Atemvolumen u. Totraum) ↑Residualkapazität, funktionelle. [7]

~leistungsquotient: (air velocity index Gaensler) Verhältnis von ↑Atemgrenzwert als Prozentwert des Soll-Atemgrenzwertes zur ↑Vitalkapazität (als Prozentwert der Soll-VK angegeben).

$$VLQ = \frac{\text{Ist AGW} \cdot \text{Soll VK}}{\text{Soll AGW} \cdot \text{Ist VK}}$$

Ist vergrößert bei Verlust an beatembarem Lungenparenchym, verkleinert bei Bronchusstenose u. Verlust der Lungenelastizität.

~störung, restriktive: Einengung des Luftaufnahmevermögens auf Grund intra- oder extrapulmonaler Ursachen bei ↑Lungenfibrose, ↑Atelektasen, ↑Stauungslunge, nach einengenden Lungenoperationen, durch ↑Pleuraergüsse u. -schwarten. [15]

Ventil|ebene des Herzens: Ebene, die durch die Kammerbasis gelegt wird u. auch als Ebene der Atrioventrikularklappen bezeichnet wird. Bei Ventrikelkontraktion bewegt sich die V. bei geschlossenen Atrioventrikularklappen herzspitzenwärts, wodurch beim re. Herzen ein Sog auf das einströmende venöse Blut ausgeübt wird; ↑Venenpuls. [7]

~pneumothorax: meist spontan entstandener Pneumothorax mit einer ventilartig wirkenden Fistel zu den Bronchien, die derart wirkt, daß mit der Einatmung Luft in die Pneumothoraxhöhle einströmt, ihr aber der Weg zurück durch ventilartigen Verschluß der Fistel vollkommen oder teilweise verlegt wird. Mit jedem Atemzug strömt immer mehr Luft in die Höhle ein, so daß die Lunge komprimiert u. nach der anderen Seite verdrängt wird. Mit dem Druckanstieg in der Pneumothoraxhöhle u. durch die Kompression der Lungen, des Herzens u. der Gefäße kann ein lebensbedrohlicher Zustand entstehen; ↑Spannungspneumothorax. [15]

~röhre: Glühventilröhren werden Röntgenröhren als Gleichrichter vorgeschaltet. Das Glühventil ist eine Hochvakuumröhre wie die Röntgenröhre. Sie hat nur einen geringen inneren Widerstand, da die Glühkatode als große Heizfläche ausgebildet ist, die eine hohe Elektronenemission gibt. Bei genügender Heizung bewegt sich die ausgedehnte Elektronenwolke mit relativ geringer Geschwindigkeit zur Anode. Das Ventil hat keinen Brennfleck. Ein Kühlsystem erübrigt sich. Röntgenröhren sind selbst Gleichrichter, werden jedoch durch vorgeschaltete Ventilröhren entlastet. [26]

ventral ⚹ **ventralis** ⟨*lat*⟩: bauchwärts, bauchseitig, zum Bauch gehörig. [1]

ventricularis ⟨*lat*⟩: zum Ventrikel gehörig; ↑Ventrikel. [1]

Ventrifixatio uteri ⟨*lat*⟩ = Ventrofixatio uteri: operative Fixierung der Gebärmutter an den Bauchdecken bei Knickung. Nur nach der Geschlechtsreife anzuwenden oder mit gleichzeitiger Sterilisierung, da in dem so fixierten Uterus eine Schwangerschaft nicht ausgetragen werden kann. Veraltete Methode. [29]

Ventrikel ⚹ **Ventriculus** ⟨*lat*⟩ *m:* kleiner Magen.

V. cerebri sive encephali ↑Hirnkammer.

V. cordis: Herzkammer.

V. laryngis: seitliche Ausbuchtung des Kehlkopfraumes zwischen den Taschen- u. den Stimmfalten. [1]

V., fünfter: Syn. ↑Septum-pellucidum-Zyste. [20]

Ventrikel|apertur ⟨*lat*⟩ *f:* Schaffung einer direkten Verbindung zwischen innerem (Ventrikelsystem) u. äußerem (subarachnoidalem) Liquorraum aus liquordynam. Gründen (z. B. bei Porenzephalie, posttraumat. zerebralen Krampfanfällen u. a.). [20]

~blutung: Austritt von Blut in die ↑Hirnkammern; lebensgefährliche Komplikation vorwiegend bei ↑Apoplexie, Hirnverletzungen u. Hirntumoren. [33]

~drainage: operativer Eingriff bei Störung der Liquorzirkulation (Aquäduktstenose oder -verklebung, angeboren, entzündlich; inoperable Tumoren). Operationsmethoden: 1. Einführen eines Katheters in den Aquädukt vom 4. Ventrikel aus (Leksell, Olivecrona, Sjöqvist); 2. Eröffnung des 3. Ventrikels zur Schaffung einer Kommunikation hinter der Sehnervenkreuzung (Scarff); 3. Umgehungsoperation nach ↑Torkildsen. Die V. hat ferner als präoperative Maßnahme Bedeutung, da sie bei Ableitung des Liquors nach außen nach Punktion des Seitenventrikels eine allmähliche, kontrollierte Senkung des Schädelinnendruckes erlaubt u. lebensbedrohliche Massenverschiebungen des Hirns verhindert.

~kollaps: durch zu schnelle Entlastung des unter Druck stehenden Ventrikelsystems (z.B. durch Ventrikelpunktion) kann bei hochgradigem Hydrozephalus ein Zusammenfallen des Hirnsaumes auftreten. Meist tödlicher Ausgang.

~punktion: Punktion der Hirnkammern zur Entlastung bei raumfordernden intrakraniellen Prozessen (prä- oder postoperativ) oder aus diagnost. Gründen. [20]

~septumdefekt: 1. angeborener Defekt der Kammerscheidewand des Herzens (Roger' Krankheit) verschiedenen Ausmaßes; meist im Bereich der Pars membranacea septi ventriculorum (subaortaler oder hoch sitzender Septumdefekt); selten tiefer im Bereich des muskulären Septums (tief sitzender Septumdefekt); 2. selten erworbener Defekt infolge Septumruptur nach Myokardinfarkt u. Myomalazie im Bereich der Kammerscheidewand; klin. Diagnose aus dem ↑Preßstrahlgeräusch über der Sternummitte; bis zur Shuntumkehr keine Zyanose. [5]

~tumoren: Hirntumoren, die sich prim. in einer Hirnkammer entwickeln oder sek. in den Ventrikel einwachsen. [20]

ventrikulär ⁎ **ventricularis** ⟨*lat*⟩: zum ↑Ventrikel gehörig, Ventrikel. [1]

Ventrikulographie ⟨*lat, griech*⟩: Methode zur röntgenolog. Kontrastdarstellung der Hirnkammern, wobei im Unterschied zur ↑Pneumenzephalographie das Ventrikelsystem direkt (über Vorder- oder Hinterhorn) punktiert wird. Die liquorführenden Räume an der Hirnoberfläche kommen bei Anwendung dieser Methode nicht zur Darstellung. Nur noch selten angewandt. [33]

Ventrikulozisternostomie ⟨*lat, griech*⟩ *f* ↑Torkildsen' Drainage. [20]

Ventrofixation ↑Ventrifixatio uteri. [29]

Venula ⟨*lat*⟩ *f* (*Dimin* von Vena): kleine Vene.

V-ae rectae: versorgen das Nierenmark; gehen größtenteils aus den efferenten Arteriolen der dem Mark benachbart liegenden Glomerula hervor.

V-ae stellatae (Verheynii): die sternförmig angeordneten Anfänge der Kapselvenen an den äußeren Oberflächen der Niere. [1]

Venülen: mit feinen Kanülen luftleer gepumpte, kurze Glasbehälter. Durch Einstich in die Vene u. leichte Abbiegung wird ein im Gummistopfen steckendes Glasröhrchen frei, so daß das Blut durch den neg. Druck automat. u. absolut steril in das Glasgefäß gesogen wird. Wichtig für Untersuchung der Blutbakterien; evtl. Vorfüllung mit Antigerinnungsmitteln, flüssigen Nährböden u.a. je nach Verwendungszweck. [11]

Venusberg ↑Mons pubis. [29]

Verarmungsgedanke: aus einer schweren Depression kommender wahnhafter Einfall, nichts mehr zu besitzen, verhungern zu müssen. [34]

Veraschung v. Gewebsschnitten ↑Aschenbild. [2]

Veratmungspyelogramm: Röntgenaufnahme der kontrastgefüllten Nieren in Ein- u. Ausatmung auf einem Film; ↑Paranephritis. [24]

Veratrin: aus Sabadilla officin.; Gemisch aus den Steroidalkaloiden Tevadin (bis 3/4) u. Veratridin (bis 1/4).

~vergiftung: 10–20 mg Veratrin verursachen nach schmerzhafter Initialphase mit Erbrechen, Diarrhoen, Krämpfen, spast.-atakt. Zuständen einen systol. Herzstillstand. [44]

Veratrum album: weiße Nieswurz, enthält die Hauptalkaloide Protoveratrin A u. B., Germerin u. zahlreiche Nebenalkaloide. Anwendung des Protoveratrins als Antihypertonikum, zur Ungezieferbekämpfung im Hause. Anwendung der Gesamtalkaloide wegen ihrer Reizwirkung lokal bei Rheumatismus u. Neuralgien u. als Antihypertonikum. [44]

Verätzung: im Berufsleben häufig durch Säure- oder Laugenspritzer auf die Haut u. ins Auge. Laugenverätzungen haben im Gegensatz zu Säureverätzungen oft penetrierenden Charakter; meist unfallartiges Ereignis. [49]

Verazid□: 1-Isonicotinoyl-2-veratrylidenhydrazin, ↑Tuberkulostatikum. [44]

Verbalsuggestion ⟨*lat*⟩: suggestive Beeinflussung durch Worte; ↑Suggestion. [35]

Verbandtrommel ↑Schimmelbusch' Trommel. [18]

Verbigeration ⟨*lat*⟩ ↑Iteration, ↑Perseveration. [34]

Verbindungen, aromatische: ursprünglich aromat. riechende Verbindungen, jetzt Benzolabkömmlinge im weitesten Sinne.

V., chemische: Stoffe, die sich durch chem. Reaktionen in Elemente zerlegen lassen. Die kleinsten Teilchen, die noch den Charakter der Verbindung haben, sind Moleküle.

V., heterozyklische: sind zykl. (Ring-) Verbindungen in deren Ring oder Ringen neben C andere Atome wie N, O, S eingebaut sind; z.B. Pyran, Pyrrol, Pyridin, Akridin, Furan, einige Vitamine, Antibiotika usw.

V., hydroaromatische: vom Benzol (C_6H_6) sich ableitende 6gliedrige Ringe u. Ringsysteme, deren 3 Doppelbindungen völlig (Zyklohexan) oder teilweise (Zyklohexene) abgesättigt sind. Vom Zyklohexan (C_6H_{12}) leiten sich viele Naturstoffe ab: Steroide, einige Karotinoide (Vitamin A_1), Terpene u.a. [8]

V., zeitweilige: Assoziation zweier oder mehrerer Reizantworten bei der Bildung bedingter ↑Reflexe, so daß auf einen Signalreiz (bedingter Reiz) eine Antwort erfolgt, die vorher nur auf den entsprechenden unbedingten Reiz eintrat. Hierbei gehen die von den Reizeinwirkungen beeinflußten Hirngebiete eine Funktionsverbindung ein. An der Bildung der zeitweiligen V. ist die Großhirnrinde wesentlich beteiligt. [7]

Verblödung ↑Demenz. [34]

Verblutung: Tod durch Verlust der Hälfte (= 1½–2½ l) der normalen Blutmenge (5 bis 6,5 l) des organgesunden Menschen. Bei Herz- u. Blutkrankheiten kann der Tod schon bei geringerem Blutverlust eintreten. Eigentliche Todesursache ist immer die Hirnanoxämie! 1. Äußere V.: nach äußerer Verletzung großer Gefäße meist der Arterien, durch Blutsturz bei Kavernenblutung; 2. Innere V.: in eine Körperhöhle u. in den Magen-Darm-Kanal durch Krankheiten: Tubargraviditäts-Ruptur, Aneurysma-Ruptur, Aufbruch eines Magendarmgeschwürs oder von Speiseröhrenvarizen, oder durch Trauma: Leber-Milz-Rupturen, Darmabriß, Gefäßrupturen; 3. V. in das Gefäßsystem (intravasale Verblutung) durch Vorgänge des Schocks: Verbleiben einer größeren Blutmenge in den durch Lähmung der Nn. splanchnici weitgestellten Gefäße der Baucheingeweide, so daß sie dem Blutumlauf entzogen wird (Blutvolumenmangel). Hierdurch kommt es zu tödlicher Hirnanoxämie. [18]

Verbrennung: 1. (chem.) Vereinigung von Elementen oder Verbindungen mit Sauerstoff unter Wärmeentwicklung (exotherme Reaktion) ↑Oxydation; 2. (klin.) ↑Combustio. [49]

Verbrennungswärme: Energieinhalt eines Stoffes, der bei vollständiger Oxydation in Form von Wärmeenergie entbunden wird. Da nach dem I. Hauptsatz der Thermodynamik die freigesetzte Energie bei gegebenen Ausgangs- u. Endprodukten immer gleich ist, ist es gleichgültig, unter welchen physikal.-chem. Bedingungen u. in wieviel Teilreaktionen die Verbrennungsreaktion abläuft. Deshalb bestimmt man die V. der Stoffe außerhalb ihres üblichen Reaktionsortes (Ofen, Organismus) unter exakt definierten Bedingungen im ↑Kalorimeter. Während man im techn. Bereich den Heizwert eines Brennstoffes in kcal/kp (Braunkohlenbrikett 4600 kcal/kp; Spiritus 5500 kcal/kp), oder bei gasförmigen Brennstoffen in kcal/m³ (Leuchtgas 5190 kcal/m³) angibt, bezieht man im biolog. Bereich die Brennwerte der Nahrungsstoffe (Kohlenhydrat, Fett, Eiweiß) in kcal/g.

Bei den Brennwerten der Nahrungsstoffe wird ein physikal. Brennwert von einem physiolog. Brennwert unterschieden, wobei man unter physikal. Brennwert den im Kalorimeter bestimmten Energieinhalt, unter physiolog. Brennwert den Energieanfall bei Abbau der Nahrungsstoffe im Organismus versteht. Die physiolog. u. physikal. Brennwerte für Fette u. Kohlenhydrate sind prinzipiell gleich, da sie in jedem Fall zu CO_2 u. H_2O verbrannt werden. Ihre Werte unterscheiden sich deshalb, weil im Organismus niemals reine, sondern immer gemischte Kohlenhydrate u. Fette verbrannt werden. Die physiolog. Brennwerte von Fett u. Kohlenhydrat sind daher gewogene Mittelwerte. Bei Eiweißen liegt der physiolog. Brennwert deutlich unter dem physikal., weil der Organismus Eiweiße energet. nicht vollständig abbaut; der durch die Nieren ausgeschiedene Harnstoff enthält z.B. noch 2,53 kcal/g. Außerdem müssen die Resorptionsverluste der Eiweißverdauung berücksichtigt werden. [7]

Verbrühung: Verbrennung mit heißen Flüssigkeiten; ↑Combustio. [5]

Verdampfer (Verdunster): Vorrichtung zur Verdampfung flüssiger Narkotika. Einfachster Typ: Schimmelbusch-Maske; moderne V. sind kalibriert, thermo- u. druckkompensiert. [27]

Verdauung: Gesamtheit der physikal., chem. sowie enzymat. Vorgänge, die sich im Verdauungskanal abspielen u. die darauf hinauslaufen, die aufgenommene Nahrung in den zur Resorption geeigneten Zustand umzuformen. Proteine werden im Verdauungstrakt bis zu den Aminosäuren, Kohlenhydrate prakt. bis zu den Monosacchariden abgebaut, die Fette erleiden eine nur partielle Hydrolyse, z.T. wahrscheinlich wird ein erheblicher Teil als Monoglyzeride resorbiert. Orte der Verdauung sind Mund, Magen, Dünndarm. [16]

Verdauungs|enzyme: die bei der ↑Verdauung wirksam werdenden Enzyme; es handelt sich um hydrolysierende Enzyme (↑Hydrolasen) aus den Gruppen der ↑Karbohydrasen (Amylasen, (Ptyalin), Glukosidasen, Galaktosidasen), der ↑Proteasen (Pepsin, Trypsin, Chymotrypsin, Kathepsin, Exopeptidasen) u. der Lipasen. [16]

~kanal: Gesamtheit aller der Verdauung dienenden Organe von der Mundhöhle bis zum Mastdarm. [5]

~leukozytose: physiolog. Vermehrung der Leukozytenzahl im peripheren Blut kurz nach reichlicher Mahlzeit, meist durch ↑Verteilungsleukozytose bedingt. Es wird deshalb die Blutuntersuchung im nüchternen Zustand empfohlen, die aber bei patholog. veränderten Blutbildern nicht notwendig ist. [11]

~säfte: zusammenfassende Bezeichnung

der Sekrete aller Drüsen, die mit der Verarbeitung der aufgenommenen Nahrung etwas zu tun haben (Speichel, Magen- u. Darmsaft, Bauchspeichel, Galle). [9]

~trakt ↑Verdauungskanal. [5]

Verderben der Lebensmittel: Gesamtheit der chem., physikal.-chem. bzw. mikrobiolog. bedingten stofflichen Veränderungen beim Aufbewahren der Lebensmittel, wodurch die Genußfähigkeit eingeschränkt bzw. ausgeschlossen wird; einflußhemmende Faktoren sind vor allem Luftsauerstoff u. -feuchtigkeit, Licht (Sonnenlicht), Wärme, Metallspuren (Eisen, Kupfer usw.), lebensmitteleigene Enzyme (Autolyse) Mikroorganismen (Hefen, Bakterien, Schimmelpilze usw.): die beeinträchtigenden Auswirkungen erstrecken sich auf sinnesphysiolog. Veränderungen (Farbe, Geruch, Geschmack, Gefüge usw.) sowie auf chem. Bildung von Stoffen, die zu Unverträglichkeit bis zu Giftigkeit führen können. [16]

Verdochromogene: Syn. grüne Hämine; entstehen wie das Verdoglobin aus Hämochromogenen wie dem Pyridinhämochromogen durch Oxydation mit O_2 in Gegenwart eines Reduktionsmittels. [8]

Verdoglobin ⟨*lat*⟩ *n:* Syn. Choleglobin; das erste (grün gefärbte) Zwischenprodukt beim biolog. wie auch chem. Abbau des ↑Hämoglobins zum ↑Biliverdin. Es entsteht durch oxydative Aufspaltung des Porphyrinringsystems des Hb unter Verlust der α-Methinbrücke zwischen Ring I u. II. Das V. besteht also aus dem aufgespaltenen Porphyrinringsystem, dem Globin sowie Fe^{3+}. Dieser Abbau erfolgt vorwiegend in der Leber aber auch in Blutergüssen, wo Hämoglobin außerhalb des Gefäßsystems auftritt; ↑Verdochromogene. [8]

~ämie: ähnlich der Methämoglobinämie, aber wegen der unlöslichen Schwefel-Hb-Verbindung (Sulfhämoglobin) mit bleibender Zyanose durch schwere Atembeeinträchtigung. [11]

Verdoperoxydase: beschrieben als grüngefärbtes Enzym, dessen prosthet. Gruppe ein eisenhaltiges Porphyrin zu sein scheint. [8]

Verdopplungswachstum (der Kerne) ↑Jakobj' Gesetz. [4]

Verdünnungs|prinzip: angewendet bei der Bestimmung der Flüssigkeitsräume des Organismus (extrazelluläre u. intrazelluläre Flüssigkeitsräume). Injektion bestimmter Mengen von Indikatoren, z.B. Farbstoffen, markierten Substanzen, schwerem Wasser, u. Bestimmung ihrer Konzentration nach Verteilung in den entsprechenden Flüssigkeitsräumen. Bei den Indikatoren muß es sich um solche Substanzen handeln, die im intermediären Stoffwechsel nicht verändert werden u. die nicht sofort wieder durch die Niere ausgeschieden werden bzw. bei denen sich ein Gleichgewicht zw. Eingabe u. Abgabe kontrollierbar herstellen läßt. [7]

Verdünnungs|reihe: biolog. Testmethode zur Bestimmung von Antibiotika, Vitaminen, Antikörpertitern u.ä. Es werden mehrere Röhrchen oder Platten mit Nährboden bereitgestellt, die fallende Konzentrationen des Antibiotikums bzw. des Vitamins enthalten. Alle Röhrchen bzw. Platten werden mit einem für die zu testende Substanz empfindlichen Keim beimpft. Nach Vergleich mit einer parallel laufenden Standardreihe kann aus der Hemmung bzw. Förderung des Keimwachstums die Konzentration u. daraus der Gehalt der zu testenden Probe ermittelt werden. [42]

~speichel: Speichel, der in reichlichen Mengen in die Mundhöhle ergossen wird, wenn in diese Säure eingebracht wird (Pawlow). [8]

~verfahren: Methode der Keimzahlbestimmung, bei der die zu untersuchende Bakteriensuspension in mehreren Stufen verdünnt wird u. diese Stufen – meist nach dem Unterteilungsverfahren – untersucht werden. [42]

~versuch ↑Volhard' Wasser- u. Konzentrationsversuch. [24]

Verdunstungskühlung: bei Verdampfung von 1 g Wasser werden dem verdampfenden Körper 580 cal Wärme entzogen. Dies spielt eine große Rolle bei der Wärmeabgabe des Organismus an die trockene oder mäßig mit Wasserdampf gesättigte Umgebungsluft; ↑Temperaturregulation. [7]

Vereisung: örtliche (Oberflächen-)Anästhesie durch Gefrierung des Gewebes mit Kohlensäureschnee, Chloräthylspray u. flüssigem Stickstoff; ↑Lokalanästhesie. [28]

Vererbung ↑Genetik.

V., geschlechtsbegrenzte: Vererbung von Merkmalen, deren Manifestation nur in einem Geschlecht möglich ist (sek. Geschlechtsmerkmale z.B. Milchleistung bei Kühen), die aber auch durch das andere Geschlecht übertragen werden.

V., geschlechtsgebundene: Übertragung von Erbfaktoren durch Heterochromosomen; ↑Chromosomen. Die im X-Chromosom lokalisierten Faktoren beim Menschen z.B. Hämophilie, Farbenblindheit usw.) werden als rezessive Merkmale vorwiegend im heterogameten männlichen Geschlecht manifest, während das homogamete weibliche Geschlecht die Merkmale überträgt (Konduktorin). Bei Kopplung an das Y-Chromosom wird das Merkmal nur im heterogameten Geschlecht vererbt.

V., kryptomere: Vererbung eines Merkmales, das von mehreren Genen abhängt.

V., plasmatische: Übertragung von Merkmalen, die an Plasmakonstituenten gebunden sind. Nachgewiesen bei Pflanzen durch Verdrängung des mütterlichen Genoms mit Hilfe von Rückkreuzungen, wodurch das väterliche Genom einer Art oder Rasse im mütterlichen Plasmon zur Realisation kommen muß. Die dann noch erhalt. mütterl. Eigenschaften sind plasmabedingt.

V., quantitative: quantitative Eigenschaften können durch mendelnde Gene bedingt sein u. werden auf die gleiche Weise vererbt wie qualitative Eigenschaften. Da quantitative Eigenschaften meist polyfaktoriell bestimmt werden u. umweltslabil sind, resultieren fließende Übergänge im Gegensatz zur alternativen Vererbung. [3]

Veresterung: Verbindung einer organ. Säure mit einer organ. hydroxylhaltigen Verbindung unter Austritt von Wasser; es bilden sich ↑Ester (organ. Salze). [16]

Verfärbung: Farbveränderungen der Haut als Berufsstigma. Bleibende Einsprengungen von Metall- u. Steinsplittern, Sand usw. Auch Echtfärbung der Haut beim Umgang mit Nitroverbindungen der aromat. Reihe. Pigmentierungen auf resorptivem Wege, z. B. berufliche Argyrie infolge Verschluckens von Silberlösung. [49]

Verfettung: patholog. Vorkommen von morpholog. erkennbaren Fetttropfen in Zellen. Grenze zum physiolog. Fettgehalt oft schwer zu ziehen, wobei dem gleichzeitigen Phosphatidgehalt eine wesentliche Bedeutung zukommt. Die Verfettung von Leber-, Nierenepithelien, Herzmuskelfasern u. a. ist Folge entweder eines erhöhten Fettangebotes von außen (sog. ↑Fettinfiltration, z. B. bei Lipämie), einer Störung der Fettverarbeitung (sog. ↑Fettretention, z. B. Sauerstoffmangel oder Fehlen sog. lipotroper Faktoren) oder einer tox. Enzymschädigung der Zelle (sog. regressive Verfettung, früher degenerative Verfettung genannt, z. B. nach Phosphor- oder Arsenvergiftung, bei Chloroformnarkose, bei Alkoholikern). [4]

Verfolgungsgedanke: Zeichen eines ↑paranoiden Syndroms, als abnorme Erlebnisreaktion, auch bei Depression, Schizophrenie. [34]

Verfolgungswahn: eine nicht ableitbare krankhafte Überzeugung des Verfolgtwerdens bei Schizophrenie (Paraphrenie), Depression; auch bei Intoxikationen (z. B. Alkohol), im epilept. Dämmerzustand.

V., präseniler: paranoides Syndrom in der Involution. Die Kranken sind übertrieben mißtrauisch, meinen, ständig betrogen, bestohlen zu werden usw. [34]

vergällen: ungenießbar machen; z. B. wird der Alkohol bei Verwendung für techn. Zwecke durch schlecht schmeckende u. riechende oder hochtox. Zusätze wie Pyridin, Toluol u. a. ungenießbar gemacht. [44]

Vergärung: anaerober Abbau von Kohlenhydraten durch Bakterien oder Hefen. [4]

Vergewaltigung = Stuprum: nach § 177 StGB wird bestraft, wer eine Frau mit Gewalt oder durch Drohung mit gegenwärtiger Gefahr für Leib oder Leben zum außerehelichen Geschlechtsverkehr zwingt oder eine zu diesem Zweck in willenlosen oder bewußtlosen Zustand versetzte Frau zum außerehelichen Geschlechtsverkehr mißbraucht. [52]

Vergiftung: Erkrankung oder Zugrundegehen eines Organismus durch Einführung von ↑Giften oder Bakterien u. deren Stoffwechselprodukten. Im Berufsleben häufig Ursache für Entstehung einer melde- u. entschädigungspflichtigen Berufskrankheit, wenn über den Atemweg, die Verdauung oder durch die Haut tox. Substanzen auf den Organismus einwirken. [8, 49]

Verhältnisschwachsinn: bes. Form der ↑Debilität mit Urteilsschwäche bei genügender Merkfähigkeit u. Auffassung. Der Intelligenzdefekt wird mit leeren Redensarten u. guter Verhaltensfassade überdeckt. [34]

Verhornung: Keratinisation, Hornbildung; Fähigkeit der Epithelien, sich durch bestimmte, im einzelnen noch nicht erforschte chem. Umbauvorgänge in Horn umzuwandeln, wobei die Zellen wohl absterben, aber noch fest aneinander haften (↑Keratose). Im Tierreich als eigentliche Hornbildung geläufig, bei Menschen manchmal als ↑Cornu cutaneum; ↑Hyperkeratose. [43]

Veritol®-Test: Test zur Prüfung der Leistungsfähigkeit von Herz- u. Kreislauffunktion. Nach Injektion von 0,02 g Veritol® (Pholedrin□) werden Blutdruck u. Frequenz beobachtet. Normal: Erhöhung des Blutdrukkes mit Vergrößerung der Amplitude; Abnahme der Pulsfrequenz. Kreislaufgefährdung: keine Blutdruckerhöhung; unter Umständen geringe Amplitudenvergrößerung; starkes Ansteigen der Pulsfrequenz. Hochgradige Kreislaufgefährdung: weder Druck noch Frequenz zeigen eine Veränderung. [21]

Verjüngung: Versuch, mit Hormonen, Organextrakten oder Vitaminen den Alternsprozeß rückgängig zu machen. Man geht dabei von der irrigen Vorstellung aus, daß eine Involution bestimmter Organsysteme für den Alternsprozeß verantwortlich ist. (↑Alternstheorien). Die molekularbiolog. Forschung hat bereits erste Ergebnisse gezeitigt, die eines Tages bei der Verlangsamung des Alterns wirksam werden können (z. B. Verhinderung von Inaktivierung aktiver SH-Gruppen an Enzymen usw.). [17]

Verkalkung: 1. physiolog. im Knochengewebe; 2. patholog. Verkalkung im nekrot. Gewebe als sog. dystroph. Verkalkung (tuberkulöser ↑Käse, Skelett- u. Herzmuskulatur, Harnkanälchenepithelien bei Sublimatvergiftung, Fettgewebsnekrosen, ↑Lithopädion, abgestorbene Parasiten). Verkalkung bei herabgesetztem Stoffwechsel von Geweben (Arterienwandung, Kehlkopf- u. Rippenknorpel im Alter, ↑Psammomkörper). Selten systematisierte Kalkablagerung in Lunge, Niere, Magen u. Herz bei der sog. Kalkmetastase (Virchow) oder Kalkgicht (M. B. Schmidt). Bei der Calcinosis universalis knotige Kalkablagerungen in Gelenknähe, in Kutis u. Subkutis (Kalkspeicherungskrankheit). Schließlich gibt es die ↑Kalziphylaxie. [4]

Verkäsung: bes. Form der Nekrose (steht zwischen Koagulations- u. Kolliquationsnekrose); Entstehung einer streichkäseartigen Masse von zäher, trockener, gelblicher Beschaffenheit; am häufigsten bei Tuberkulose, seltener bei Syphilis. [4]

Verkleisterung: Quellung von Stärke (Voraussetzung für Verdauung) unter Verlust ihrer Struktur beim Erwärmen in Gegenwart von Wasser; Kleisterbildung. Die unterschiedliche Temperatur der Verkleisterung wird zur Unterscheidung von Stärken benutzt, z. B. von Roggen- u. Weizenstärke. [16]

Verknöcherung: 1. physiolog. Knochenbildung a) primäre, endesmale oder direkte Verknöcherung, b) indirekte oder Ersatzknochenbildung; 2. patholog. V. im Muskel als ossifizierende ↑Myositis (↑Reitknochen), in Nekrosen oft im Bereich älterer Verkalkungen (tuberkulöse Käseherde, Pleura- u. Perikardschwarten). [4]

Verkohlung: Schwärzung beim Erhitzen von organ. Substanzen durch Abscheidung von Kohlenstoff; wird analyt. benutzt. Verbrennung 4. Grades ↑Combustio. [16]

Verkreidung: bes. Form der Kalkablagerung; Entstehung bröckliger, kreideartiger Massen, bes. in tuberkulösen Primär- u. Reinfektionsherden. [4]

Verkürzungswärme: Anteil der Gesamtwärmebildung des Muskels, der Beziehungen zum mechan. Kontraktionsvorgang besitzt. Sie ist von der Längenänderung des Muskels bei der Kontraktion abhängig, nicht aber von der dabei entwickelten Muskelspannung. Der V. geht die Phase der Aktivierungswärme, die schon in der mechan. Latenzzeit ihr Maximum erreicht, voraus. Der V. folgt die verzögerte oder Erholungswärme. [7]

Verkürzungsosteotomie: operative Verkürzung eines Knochens, z. B. am gesunden Oberschenkel zum Ausgleich einer Beinverkürzung der anderen Seite, am Oberarmknochen für eine Nervennaht bei einem großen Defekt, an den Unterarmknochen bei einer ischäm. Kontraktur, an den Mittelfußknochen bei schmerzhaftem Spreizfuß, am Oberschenkel bei einer hochstehenden angeborenen Hüftluxation zur Ausschaltung des Muskelwiderstandes bei Reposition des Hüftkopfes. [23]

Verlagerung der Linse ↑Ektopie, ↑Luxation. [36]

Verlangsamung: Hemmung des Denkens, Handelns u. der gesamten Motorik bei zerebralen Abbauprozessen, bei Epilepsie, traumat. Wesensveränderungen, auch bei gehemmter Depression; ↑Denkhemmung. [34]

Verletzung: im Berufsleben meist unfallartiges Ereignis, häufig durch Maschinen, Antriebe (Motoren) u. Übertragungsvorrichtungen (Riemen, Wellen), sowie Verkehrsunfälle. Verletzungen aller Körperteile sind möglich, Knochenbrüche in jeder Form, auch Abreißen von Gliedmaßen, vollständige Skalpierungen können auftreten sowie Organverletzungen verschied. Art; ↑Trauma. [49]

Verletzungspotential: elektr. Potentialdifferenz zwischen der Oberfläche einer erregbaren Zelle oder Faser (Nervenfaser, Muskelfaser) u. einer Verletzungsstelle z. B. einer Durchtrennungsstelle, wo die Gegenelektrode aufgesetzt oder eingeführt wird; ↑Ruhepotential. [7]

Vermännlichung = Virilisierung: Umwandlung von Weibchen in Tiere mit männlichen Geschlechtsmerkmalen u. männlichen Eigenschaften. Dazu muß das Weibchen vorher kastriert u. ihm dann ein Hoden eingepflanzt bzw. dauernd männliches Keimdrüsenhormon zugeführt werden. [8]

Vermis ⟨*lat*⟩ *m:* Wurm.

V. cerebelli ↑Kleinhirnwurm. [20]

vermiformis ⟨*lat*⟩: wurmförmig. [1]

verminosus ⟨*lat*⟩: von Eingeweidewürmern herrührend. [58]

Vermizida ⁎ **Vermicida remedia** ⟨*lat*⟩ *n, Pl:* Vermifuga remedia; wurmabtreibende Mittel. [44]

Vernet, Mauriac (*1887), französ. Neurologe.

V' Syndrom: homolaterale Lähmung der Hirnnerven IX, X u. XI u. kontralaterale Hemiparese bei Herd im latero-kaudalen Gebiet der Medulla oblongata. [20]

Vernichtungsgefühl: Vorkommen bei ↑Angina pectoris u. ↑Myokardinfarkt durch Irritation des gesamten vegetativen Systems. [9]

Vernix caseosa ⟨*lat*⟩ *f* ↑Fruchtschmiere. [29]

Verocay' Tumor ↑ Neurinom. [4]

Verquellung, fibrinoide, rheumatische: initialer rheumat. Gewebsschaden. Neben einem „schleimigen" Ödem mit deutlicher Basophilie u. dadurch blaßvioletter Färbung bei Hämatoxylineosin-Färbung sieht man eine eigentümliche „fibrinoide Verquellung" des Bindegewebes, die an umschriebener Stelle die Fibrillenbündel ergreift, während die ödematöse Durchtränkung des Gewebes ausgedehnter ist u. unscharf verläuft. Bei van Gieson-Färbung sind diese Stellen gelb getönt; fast stets findet sich eine zarte Fibrinreaktion (↑ Frühschaden, rheumat.); später Übergang der V. in das rheumat. Granulom u. die rheumat. Narbe; ↑ Aschoff-Geipel' Knötchen. [13]

Verreibungen: Mischen eines sehr feinen gepulverten Arzneimittels mit Milchzucker in einem bestimmten Gewichtsverhältnis. [44]

Verrenkung ↑ Luxation. [18]

Verriegelung der Pseudarthrose nach Lexer: Operationsverfahren zur Behandlung einer Pseudarthrose, bes. am Unterschenkel. Nach Resektion der Pseudarthrose mit Eröffnung der Schienbeinmarkhöhle wird an dem gleichseitigen Schienbein ein Knochenspan entnommen u. zur Verriegelung über den Knochendefekt verschoben. Heute durch die Operation nach Phemister, in letzter Zeit durch Methoden der stabilen Osteosynthese (SAO) verdrängt. [18]

Verruca ⟨*lat*⟩ *f:* Warze, kleine umschriebene hyperkeratot. Wucherung des Epithels; *Adj* verrucosus warzig. Man unterscheidet: 1. Virusbedingte V. a) V. plana juvenilis: stecknadelkopfgroße, flache Papel mit glatter Oberfläche (Farbe ist oft auffallend weiß bis hellbraun). Sie überragt nur wenig das Hautniveau. Meist zahlreiche Exemplare mit Neigung zur Konfluenz. Lokalisation Hände u. Gesicht, b) V. vulgaris: bis erbsgroße, flache oder kugelige Knoten, fühlen sich hart u. trocken an u. haben eine zerklüftete, stark verhornte Oberfläche; Farbe gelbbraun bis schwarz, Sitz gewöhnlich Hände, bes. an den Fingern; sehr hartnäckig. Sonderform die V. plantaris: Fußsohlenwarze; Warzen an den Fußsohlen, sitzen vornehmlich auf den Zehenballen u. der Ferse entsprechend den Hühneraugen, mit denen sie leicht verwechselt werden. Gegenüber den Warzen an anderen Körperstellen sind sie flacher u. breiter, reichen aber sehr tief ins Gewebe, c) Condyloma acuminatum; 2. Bartonellenbedingt: V. peruviana (↑ Oroya-Fieber). Durch ↑ *Bartonella bacilliformis* hervorgerufene Krankheit, die an der Haut bis erbsgroße papillomatöse blutende Knötchen hervorruft; 3. Tuberkulosebakterienbedingt: V. necrogenica = Leichentuberkel = ↑ Tuberculosis cutis verrucosa; 4. Unbekannte Ursache: V. senilis s. seborrhoica: flache, wenig erhabene Auflagerungen mit leicht zerklüfteter Oberfläche von schmutzigbrauner Farbe. Sie fühlen sich fettig an u. lassen sich leicht schichtweise entfernen. Vorkommen immer erst nach dem 50. Lebensjahr. Lokalisation meist Rücken, Oberarme u. Gesicht. [43]

Verrücktheit: Bezeichnung für bestimmte Formen psych. Störung, Verlagerung, „Verrückung des Standpunktes" gegenüber der Umwelt; ↑ paranoides Syndrom, ↑ Wahn. [34]

Verruga-Peruana ↑ Carrion disease; ↑ Oroya-Fieber. [5]

verrukös ⁎ **verrucosus** ⟨*lat*⟩: warzenförmig, warzenreich. [43]

Versandungseffekt: (Silting-Effekt *engl*) entsteht durch Persorption korpuskulärer Partikel (z. B. Stärkekörner, Metall- u. Quarzpartikel) u. Ablagerung im Kapillarsystem des Organismus. Es kommt dabei zu vorübergehender Verstopfung von Kapillaren. Summation dieses Effektes im Lebensablauf kann zu irreversiblen Veränderungen führen. [17]

Verschiebung, prismatische: Ablenkung eines Strahlenbüschels bei exzentr. Durchtritt durch ein Brillenglas. Nach dem Prentice' Gesetz hat jede konvexe u. konkave Linse in einem Abstand von 1 cm von der Achse eine prismat. Kraft von soviel Prismendioptrien, wie sie selbst Linsendioptrien hat. [36]

Verschiebungstyp ↑ Förster' Verschiebungstyp. [36]

Verschlackung: sek. Einlagerung von Stoffwechselschlacken in das alternde Protoplasma, das durch Protoplasmahysteresis eine zunehmende Verfestigung erfährt. Bürger versteht unter Schlackenstoffen ein dem Stoffwechsel entzogenes organ. u. anorgan. Material (Cholesterin, Kalzium, Natrium, Alterspigmente, senile zerebrale Plaques, Corpora amylacea im Gehirn usw.); ↑ Transmineralisation. [17]

Verschleppungszeit: Zeit zwischen Auftreten der ersten Symptome eines bösartigen Tumors u. Beginn der Behandlung. Die V. setzt sich zusammen 1. aus der Zeit, die vergeht, bis der Kranke zum Arzt geht; 2. aus der Zeit, die vergeht, bis der erstaufgesuchte Arzt den Tumor erkennt; 3. aus der Zeit, die gebraucht wird, um die Tumordiagnose zu sichern u. die Behandlung einzuleiten. [25]

Verschlußdruck, kritischer: minimal notwendiger Gefäßinnendruck für die Aufrechterhaltung einer Blutströmung. Ist infolge des Gefäßumgebungsdruckes u. des Tonus der glatten Gefäßmuskulatur größer als Null. [7]

Verschluß|ikterus ↑ Okklusionsikterus; ↑ Ikterus. [9]

~zeit des Herzens ↑Anspannungszeit. [10]

Verschmelzungs|frequenz: ↑Flimmerverschmelzungsfrequenz; bei elektr. Reizung eines Muskels diejenige Frequenz der einzelnen Reizimpulse, bei der die je Impuls hervorgerufenen Einzelzuckungen des Muskels sich summieren u. eine glatte Dauerkontraktion ergeben (50–150/s^{-1}); ↑Muskelgeräusch.

~niere ↑Nierendystopie, ↑Kuchenniere, ↑Hufeisenniere. [24]

Verschnitt: Ausdruck für ein Gemisch, bes. bei Spirituosen angewendet, z.B. Rum-, Arrak-, Weinbrandverschnitt, wobei der betr. Edelbranntwein mit Spiritus u. Wasser „verdünnt" wird. Bei Wein kann Weiß- mit Weißwein, Rot- mit Rotwein, Dessert- mit Dessertwein verschnitten werden. [16]

Verschrobenheit: unnatürliche, mit absonderlichen Einfällen durchsetzte Denk- u. Verhaltensweisen bei affektiv-emotionaler Indifferenz; geschraubte Sprachäußerungen. „Stelzensprache" (häufig im schizophrenen Defekt, auch bei schizoider Psychopathie). [34]

Verseifung: 1. allgemeine Bezeichnung für die Spaltung (↑Hydrolyse) eines ↑Esters unter Wasseranlagerung in Säure u. Alkohol; 2. Hydrolyse der Fette (Alkalihydroxid, Lipasen) unter Freisetzung von Glyzerin u. Fettsäuren bzw. Bildung der Alkalisalze der Fettsäuren (Seife). [16]

Verseifungszahl: mg KOH, die zur Neutralisation der in 1,0 g Fett oder fettem Öl enthaltenen freien u. gebundenen Fettsäuren gebraucht werden.
Die V. gibt einen Anhaltspunkt für die durchschnittliche Molekülgröße der am Fettaufbau beteiligten Fettsäuren. Butterfett, das viele niedrige Fettsäuren enthält, hat also eine hohe V. [8]

Versilberungstechnik: histolog. Methode zur Darstellung von Nervenzellen, Gliazellen einschließlich der Fortsätze u. Bindegewebsfasern (↑Retikulin). Die erste Versilberungstechnik wurde von Golgi angegeben u. wesentlich von Ramon y Cajal verbessert. Weitere brauchbare Versilberungstechniken sind u.a. von Bielschowsky, Ranson, Bodian, Lawrentjew, O. Schultze u. Jabonero angegeben worden. Alle Versilberungstechniken beruhen darauf, daß bestimmte Zellen, Zellfortsätze oder Fasern eine bes. Affinität zu Silberverbindungen aufweisen (↑Argyrophilie). Die von diesen Zellen, Zellbestandteilen u. Fasern aufgenommenen Silberverbindungen werden durch bes. Reduktionsmittel zu Silber reduziert, welches sich in Form von Körnchen auf den betreffenden Gewebsteilen niederschlägt, wodurch die argyrophilen Bestandteile dunkel im Präparat erscheinen u. so gut sichtbar sind. Die Versilberungstechniken sind nicht spezif. im Hinblick auf die Darstellbarkeit der nervösen Substanz. Bes. bei der Methode von Bielschowsky werden neben den nervösen Bestandteilen auch Bindegewebsfasern (Retikulin) dargestellt, wodurch häufig Verwechslungen zwischen beiden Elementen vorgekommen sind (↑Terminalretikulum). [2]

Versio ⟨*lat*⟩ *f:* Beugung, Wendung, Neigung.

V. uteri: Neigung der Gebärmutter im kleinen Becken. Die Neigung wird bestimmt durch den Winkel, den die Gebärmutter mit der gedachten Verlängerung der Scheidenachse bildet. [29]

Versorgungsverwaltung: der Versorgungsverwaltung obliegt die Durchführung der Versorgung der Kriegs- u. Wehrdienstopfer (Beschädigte, Witwen, Eltern, Waisen). Seit 1971 sind der Versorgungsverwaltung auch Heilbehandlung u. Entschädigung von Impfschäden (nach gesetzlich angeordneten u. öffentlich empfohlenen Impfungen) übertragen.

Verspätung, Verspätungshemmung: wurde ein bedingter Reflex zunächst bei einem Abstand von wenigen Sekunden zwischen dem Einsatz des bedingten u. des unbedingten Reizes gebildet u. vergrößert man den Abstand dann bis auf Minutendauer unter Fortdauer des bedingten Reizes bis zum Einsatz des unbedingten (Abrücken des unbedingten Reizes), so verschwindet die ursprüngliche Wirkung, d.h., der bedingte Reflex tritt nicht in Erscheinung. Bei Fortsetzung des Experiments erscheint der bedingte Effekt jedoch von neuem, aber nicht dem alten Abstand entsprechend, sondern später als bei den ersten Versuchen. Pawlow erklärte das Phänomen dadurch, daß durch das Abrücken des unbedingten Reizes der bedingte Reiz, solange er unbekräftigt bleibt, hemmend wirkt (Verspätungshemmung). [7]

Verstärker|folien: in der röntgendiagnost. Aufnahmetechnik beträgt die Absorption in der Bromsilberschicht der Röntgenfilme bei den gebräuchlichen Strahlenqualitäten nur wenige Prozent. Nur absorbierte Strahlung bewirkt Schwärzung. Daher werden im allgemeinen V. verwendet; sie tragen auf Karton oder elast. Kunststoffunterlage (Plastikfolie) eine Leuchtschicht von Kalziumwolframat, die beim Auftreffen von Röntgenstrahlen aufleuchtet. Das Lumineszenzlicht von Kalziumwolframat liegt in dem Spektralbereich, in dem die Bromsilberschicht ihre größte Empfindlichkeit hat. Da Röntgenfilme (in der Regel) auf beiden Seiten eine Emulsionsschicht haben, werden aufeinander abgestimmte Folienkombinationen verwendet; 3. Gruppen von Folientypen: 1. Feinstrukturfolien mit bestmöglicher Zeichenschärfe auf Kosten der Verstärkungswirkung; 2. Kurzzeit- oder Hartstrahlfolien mit möglichst hoher Verstärkungswirkung bei geringerer Zeichenschärfe; bes. für harte Strahlung; 3. Universalfolien mit hoher Verstärkungswirkung u. guter Zeichenschärfe stellen einen Kompromiß zur universellen Verwendung dar. Folien können einige Minuten nachleuchten; ↑Kassette. [26]

~technik: techn. Verfahren, sehr kleine elektr. Ströme oder Spannungen (Potentialdifferenzen) meßbar zu machen. Es beruht darauf, daß diese Potentialdifferenzen auf dem Gitter einer Elektronenröhre (Triode) Ladungen erzeugen, die die gut meßbare Anodenspannung der Röhre verändern. Je nachdem, ob rasche oder langsame Potentialschwankungen zur Darstellung gebracht werden sollen, unterscheidet man Wechsel- u. Gleichspannungsverstärker. Auf der V. ist die gesamte moderne Elektrophysiologie aufgebaut. Elektrokardio-, Elektroenzephalo- u. Elektromyographen sind Geräte mit Wechselspannungsverstärkern. Aber auch zur Registrierung langsamer physiolog. Vorgänge (Atmung, Gefäßreaktionen, Hauttemperaturmessungen) verwendet man thermoelektr., photoelektr. u. sonstige Abnehmer, die sehr schwache Ströme erzeugen, die in der Regel durch Gleichspannungsverstärker meßbar gemacht werden. Statt der Elektronenröhre verwendet man heute in starkem Maße Halbleiter. So gibt es volltransistorierte EEG-Kleingeräte. [7]

Verstauchung ↑Distorsion. [23]

Verstimmung: fortdauernde Abweichung in der Stimmungslage, z. B. nach der gehobenen (man.) oder gedrückten (depressiven), auch gereizten, zornmütigen (explosiblen) Seite; kann reaktiv entstehen oder konstitutionell bei Psychopathie oder symptomat. auf dem Boden organ. Erkrankung (bes. Hirnerkrankung). Weniger stabil gegenüber Außeneinflüssen als die Stimmungsalterationen bei manisch-depressiver Erkrankung. [34]

Verstopfung ↑Obstipation. [9]

Versündigungsgedanke: wahnartiger Einfall bei schweren Depressionen, bezieht sich auf geringfügige Verfehlungen, führt zu schweren Selbstvorwürfen mannigfaltiger Art. [34]

Vertebra ⟨*lat*⟩ *f:* der Wirbel, ursprünglich das Gelenk. Der Mensch hat 7 Halswirbel (Vertebrae cervicales). Davon wird der 1. Halswirbel als Atlas, der 2. als Axis (Epistropheus) bezeichnet. Der 7. Halswirbel heißt V. prominens, weil er einen bes. stark hervorspringenden Dornfortsatz hat. Dann folgen 12 Brustwirbel (Vertebrae thoracicae), 5 Lendenwirbel (Vertebrae lumbales), 5 Kreuzbeinwirbel (Vertebrae sacrales), die zum Kreuzbein verschmolzen sind, u. 4–5 Steißwirbel (Vertebrae coccygeae oder caudales), die immer rudimentär u. oft miteinander verschmolzen sind. [1]

V. plana: Wirbel, dessen Wirbelkörper abgeplattet ist; 1. angeboren bei Wirbelmißbildungen, Chondrodystrophie, bei polytopen subchondralen, enchondralen Dyspatosen, Dysostosen; 2. erworben bei Systemerkrankungen (z. B. nach Schüller-Christian' Krankheit) werden evtl. mehrere Wirbel deformiert. Einzelne erworbene Plattwirbel bei unversehrten Bandscheiben findet man im Rö.-Bild bei Kindern u. Jugendlichen als Folge einer asept. Nekrose des Knochenkerns des Wirbelkörpers (Calvé). Die im Röntgenbild sich darstellende Abplattung bei der Calvé' Erkrankung ist anfangs wenigstens nur durch das Zusammensintern des Knochenkerns bedingt. Der Wirbelkörper ist meist noch normal geformt. [23]

vertebral ⁎ **vertebralis** ⟨*lat*⟩: zum Wirbel oder zur Wirbelsäule gehörend. [1]

Vertebralganglien: Summe der Ganglienzellanhäufungen des ↑Grenzstranges, die der Wirbelsäule vorgelagert sind. [7]

Vertebralisangiographie ↑Hirnarteriographie. [33]

Vertebralissyndrom, lumbales: ischialgieforme Schmerzen durch Bandscheibendegeneration u. spondylarthrit. oder spondarthrot. Veränderungen an der unteren Lendenwirbelsäule.

V., zervikales: Reizsyndrom des Halssympathikus als Folge degenerativer Halswirbelsäulenveränderung, wofür das Zusammentreffen vegetativer u. vasaler pathogenet. Momente angeschuldigt wird. Die Krisen können anfallsartig auftreten. Klin. Zeichen: migraine cervicale, Lichtempfindlichkeit, Schwindelgefühl, Hyperästhesien der gleichseitigen Gesichtshälfte. Geräuschempfindlichkeit, psych. Unlustgefühl. [23]

Vertebraten ⁎ **Vertebrata** ⟨*lat*⟩ *n, Pl:* Wirbeltiere. [58]

Verteilungs|insuffizienz ↑Partialinsuffizienz. [15]

~leukozytose: eine lediglich durch Verteilungsänderungen zwischen Geweben (Leukozytendepots?) u. Blutstrom bedingte Vermehrung der Leukozytenzahl im peripheren Blut im Gegensatz zur üblichen markbedingten ↑Leukozytose mit Linksverschiebung. [11]

Vertex ⟨*lat*⟩ *m:* der Scheitel, die Spitze; eigentl. der Wirbel, der Haarwirbel; auch Vortex ist gebräuchlich.

V. corneae: der Hornhautscheitel; gemeint

ist der am weitesten vorspringende Teil der Hornhaut, etwa ihrem Mittelpunkt entsprechend.
V. vesicae (BNA, JNA) ↑ Apex vesicae urinariae (PNA). [1]

vertiginosus ⟨*lat*⟩: vertiginös; auf Schwindelzustände bzw. Schwindelgefühl (↑ Vertigo) bezüglich. [33]

Vertigo ⟨*lat*⟩ *f:* Schwindel; meist kurzdauernde Störung des Gleichgewichts bzw. seiner subjektiven Wahrnehmung vor allem bei 1. kurzdauernden allgemeinen Hirndurchblutungsstörungen („Schwarzwerden vor den Augen") mit flüchtiger Bewußtseinsbeeinträchtigung, 2. umschriebenen Herden im Gehirn (vor allem Hirnstamm u. Kleinhirn) u. im Gleichgewichts- (↑ Vestibular-)Apparat. Letztere erzeugen Drehschwindel, Kleinhirnschäden, Schwankschwindel (Torkeln). [33]
V. auricularis: Ohrschwindel; ↑ Schwindel. [28]
V. epileptica: wenig gebräuchliche Bezeichnung für epilept. ↑ Äquivalent (↑ Epilepsie), das sich als anfallsartiges Schwindelgefühl zeigt u. zur ↑ Absence oder zum ↑ Petit mal zu rechnen ist. [34]
V. ocularis: Schwindel infolge von Augenerkrankungen; meist liegt eine Augenmuskellähmung mit Doppelbildern oder ein erworbener Nystagmus zugrunde. Auch falsche Brillengläser, vor allem mit prismat. Wirkung u. Angewöhnungsschwierigkeiten an neuverordnete stärkere Gläser, z. B. bei Aphakie kommen in Betracht. [36]

vertikal ⚹ **verticalis** ⟨*lat*⟩: senkrecht, scheitelrecht. [1]

Vertikal|fraktur nach Malgaigne: doppelseitig symmetr. Bruch des Beckenringes, vertikal vorn neben der Symphyse durch die Schambeinäste u. hinten in oder neben der Kreuzdarmbeinfuge verlaufend. [18]
~nystagmus ↑ Nystagmus. [20]
~schielen ↑ Höhenschielen, ↑ Strabismus. [36]
~strom: der luftelektr. V. fließt ständig, da in der Atmosphäre stets ein luftelektr. Potentialgefälle u. eine gewisse Leitfähigkeit besteht. Die Stärke des V. erreicht $2-3\cdot10^{-16}$ Amp/cm². [13]

Verwahrlosung: fehlende soziale Einordnung (bes. Form geschlechtliche V.), häufig in der Pubertät bei ungünstigen sozialen Einflüssen, bei ungenügender Erziehung (Milieuschaden), wird begünstigt durch konstitutionelle Faktoren, wie abnorme Triebhaftigkeit, Haltlosigkeit, intellektuelle Mängel. [34]

Verweildauer, durchschnittliche: durchschnittliche Aufenthaltsdauer einer Gruppe von Pat. (Diagnose, Alter, Fachabteilung u. a.) oder aller Pat. im ↑ Krankenhaus für einen bestimmten Zeitraum. [48]

Verweil|katheter ↑ Dauerkatheter. [24]
~sonde: dünner Katheter, den man in den Magen einführt u. der dort längere Zeit liegenbleibt, um durch wiederholte Entnahme von Proben die Verdauungstätigkeit zu prüfen. [7]

Verwesung: zundriger Zerfall der Weichteile einer Leiche; sie tritt im allgemeinen nach Ablauf der Fäulnisvorgänge in den Vordergrund (chem. Oxydationsprozeß). [52]

Verwirrtheit ↑ Bewußtseinsstörung, Delirium. [34]

Verwitterung: (biolog.) V. von Gesteinen durch säurebildende Pflanzen u. Mikroorganismen. [42]

Verzerrtsehen ↑ Metamorphopsie. [36]

Verzerrung, anamorphotische: sie entsteht in opt. Systemen, die in zwei senkrecht aufeinanderstehende Meridianen in verschiedenem Grade vergrößern. Solche Systeme sind Augen, die mit Zylindergläsern korrigiert sind. Die Abbildung ist nicht unscharf, aber verzerrt. Die Erscheinung spielt nur bei schräger Achsenlage eine Rolle. [36]

Verzögerungswärme ↑ Verkürzungswärme. [7]

Verzuckerung: Hydrolyse der Stärke durch Amylasen. [42]

Verzweigungsblock: bei Erkrankungen der Ausläufer des Erregungsleitungssystems des Herzens der Purkinje' Fasern, kommt es zum V. Dieser äußert sich elektrokardiograph. in einer Verbreiterung von QRS bei gleichzeitiger Abnahme der Amplitude (Ausschlaghöhe) von R; ↑ Elektrokardiogramm. [10]

Vesalius (= Wesele, da die Familie aus Wesel stammte), Andreas (1514–1564), Professor der Anatomie in Padua, Pisa, Leuwen, Bologna, Basel.
V' Knochen I: Sesambein in der Ursprungssehne des lateralen Kopfes des M. gastrocnemius.
V' Knochen II: Sesambein am lateralen Fußrand zwischen Os cuboideum u. Os metatarsale V. [1]

Vesania ⟨*lat*⟩ *f:* Geisteskrankheit; *Adj* vesanus wahnsinnig, geisteskrank. [34]

Vésanie diabétique ⟨*frz*⟩ *f:* manisch-depressives Irresein bei Diabetikern; identisch mit „Délire de ruine". [12]

Vesica ⟨*lat*⟩ *f:* die Blase. [1]
V. fellea: die Gallenblase. [1]
V. urinaria: Harnblase, Harnreservoir. Muskulöser häutiger Sack, innen mit Schleimhaut überzogen, nur im oberen Teil mit der Bauchfellumschlagfalte verwachsen. Fassungsvermögen 300–500 ml. Man unterscheidet Corpus – Körper, Vertex – Scheitel, Fundus – Blasengrund mit dem ↑ Trigonum vesicae u. Collum – Blasenhals. [24]

Vesicantia, Vesicatoria remedia ⟨*lat*⟩ *n, Pl:* blasenziehende Mittel, ↑Phlogistika. [44]

Vesicula ⟨*lat*⟩ *f:* Bläschen, kleine bis erbsgroße, über das Hautniveau sich erhebende prim. ↑Effloreszenz, die einen Hohlraum einschließt, der mit Flüssigkeit gefüllt ist. Sitz intra- oder subepidermal. [43]

V. germinativa: Keimbläschen; ältere Bezeichnung für den Kern der ↑Eizelle. [3]

V. ophthalmica: Augenbläschen; eine Ausstülpung des Zwischenhirns, aus der Netzhaut, Pigmentepithel, N. opticus u. Glaskörper hervorgehen. Vorher entsteht aus dem Augenbläschen erst noch die doppelwandige sek. Augenblase oder der Augenbecher (Caliculus ophthalmicus).

V. seminalis (BNA, PNA) = G. vesiculosa (JNA): Samenbläschen (Bläschendrüse); paarig, liegt beiderseits dem Grund der Harnblase an. Jedes besteht aus einem blinden Schlauch, der in Windungen gelegt ist u. von einer bindegewebigen Hülle umgeben wird. Sondert eine zähe Flüssigkeit ab, die dem Sperma bei der Ejakulation beigemischt wird. [1]

vesiculosus ⟨*lat*⟩: bläschenreich. [43]

vesikal ∗ **vesicalis** ⟨*lat*⟩: zur Blase gehörend. [1]

Vesikel ⟨*lat*⟩ *f:* kleine, unter verschiedenen Bedingungen in der Zelle zu findende Bläschen. [6]

Vesiko|rektalfistel: Blasen-Mastdarmfistel, angeboren oder nach Durchbruch eines Rektum- oder Blasenkarzinoms.

~umbilikalfistel: Mißbildung; beiderseits nicht vollständig geschlossener Urachus, so daß Blasenurin durch den offengebliebenen Urachusgang zum Nabel heraustropft. [24]

~vaginalfistel ↑Blasenscheidenfistel. [29]

vesikulär ∗ **vesicularis** ⟨*lat*⟩: zum Bläschen (vesicula) gehörig. [43]

Vesikuläratmen ↑Atemgeräusche. [9]

Vesikulardrüsentest ↑Samenblasentest. [8]

Vesikulase: enzymartiger Körper im Prostatasekret von Nagetieren, vor allem von Meerschweinchen, der das Fibrinogen aus der Absonderung der Samenblase zur Gerinnung bringt. Dadurch entsteht in der Scheide ein fester Pfropf, der das Ausfließen des Spermas verhindert. [8]

Vesikulographie ⟨*griech*⟩ *f:* Röntgendarstellung der Samenblasen; ↑Spermatozystographie. [24]

Vesine: veraltete Bezeichnung für männliche Keimdrüsenhormone. [8]

vestibulär ∗ **vestibularis** ⟨*lat*⟩: zum Vorhof bzw. zum Vestibularapparat gehörend. [28]

Vestibularapparat: Vorhofbogengangs-, Gleichgewichtsapparat; umfaßt die Gesamtheit der Sinnesendstellen im Labyrinthvorhof (Utriculus u. Sacculus mit den Maculae) u. in den ↑Bogengängen (Ampullae mit den Cupulae), dient den stat. Funktionen; ↑Labyrinthreflexe. [28]

Vestibulorektalfistel ⟨*lat*⟩: durch unvollständige Entwicklung der Kloakenmembran bedingte Verbindung zwischen dem Sinus urogenitalis u. Mastdarm. [5]

Vestibulum ⟨*lat*⟩ *n:* Vorhof, Vorraum, Vorplatz.

V. bursae omentalis: der Vorraum des Netzbeutels; gleich hinter dem Foramen epiploicum.

V. labyrinthi ossei: Vorhof, mittlerer Abschnitt des knöchernen Labyrinths.

V. laryngis: Vorhof des Kehlkopfes, Teil der Kehlkopfhöhle vom freien Rand der Epiglottis bis zu den Taschenfalten.

V. nasi: Vorhof der Nase; wird von äußerer Haut ausgekleidet u. trägt die Vibrissae.

V. oris: Vorraum des Mundes, zwischen Lippen- u. Wangenschleimhaut einerseits u. den Zahnreihen andererseits.

V. vaginae: Vorhof der Scheide, wird begrenzt von den kleinen Schamlippen. [1]

Vestigium ⟨*lat*⟩ *n:* Spur, Merkmal, Kennzeichen.

V. processus vaginalis: bindegewebiger Rest des obliterierten Abschnitts des ↑Processus vaginalis peritonei. [1]

Vesuvin: Bismarckbraun; bas. Farbstoff zur Bakterienfärbung, auch zur Kontrastfärbung nach Gram gebraucht. [42]

Via falsa ⟨*lat*⟩ *f:* falscher Weg; z. B. bei gewaltsamem Einführen von starren Instrumenten in die Harnröhre kann nach Perforation der Harnröhrenwand das Instrument eine via falsa bohren. [24]

Via naturalis: der natürliche Weg. [29]

Vi-Antigen ↑Virulenzantigen. [42]

Vibices ⟨*lat*⟩ *f, Pl:* streifenförmige Blutungen in die Haut. [43]

Vibration ⟨*lat*⟩: Schwingung, Grundgriff der Massage (Erschütterung), der vor allem eine lockernde, krampflösende Wirkung besitzt. Ausführung durch die massierende Hand oder elektr. Massagegerät mit unterschiedlicher Frequenz der Erschütterungen. [46]

Vibrationsempfindung ↑Pallästhesie. [33]

Vibrio, Vibrionen: Gattung der Familie *Spirillaceae* (Bergey, 1957); kommaartig gekrümmte (Teil einer Schraubenwindung), gramneg., sporenlose, polar begeißelte Keime, zuweilen in schraubenartigen Verbänden aneinanderhängend. Aerobe, fakultativ anaerobe u. anaerobe Species bekannt. Saprophytäre Arten in Wasser u. Boden weit verbreitet. Für den Menschen pathogen, ↑Choleravibrionen.

V. septique ↑Pararauschbrandbazillus. [41]

Vibrissae ⟨*lat*⟩ *f, Pl:* Haare am Naseneingang. [43]

Vico d'Azyr, Felix (1748–1794), Anatom, Paris.

V. d'A' Streifen: im Stratum granulosum internum (4. Schicht) der Area striata der ↑Großhirnrinde (Sehrinde) stark ausgebildete, tangential verlaufende, markhaltige Nervenfaserschicht; ↑Gennari' Streifen. [2]

Vieleckbein, großes u. kleines ↑Os trapezium u. ↑Os trapezoideum; zwei Handwurzelknochen. [1]

Vierfeld-Mäander-Methode (V. Schilling): wegen der bekannten ungleichen Verteilung der Leukozyten im Ausstrich wird empfohlen, an beiden Rändern vorn u. hinten ein längliches Zählfeld anzunehmen u. in diesem mäanderförmig mit dem Objektiv vom Rande her zur Seite u. wieder hinauszugehen. In jedem Feld sind 25, bei wichtigeren Auszählungen 50 Zellen zu differenzieren, so daß am Schluß 100 bzw. 200 Zellen an verschiedenster Stelle des Anfangs u. Endes des äußersten Randes u. der Schichten etwa berücksichtigt sind; ↑Hämogramm. [11]

Vierhügel ↑Corpora quadrigemina. [1]

V.-Syndrom: neurolog. Symptomenkomplex bei Läsion der ↑Corpora quadrigemina mit Augenmuskellähmungen, vertikaler Blicklähmung usw. (↑Parinaud' Syndrom). Oft durch Epiphysentumoren verursacht, dann nicht selten mit ↑Pubertas praecox gepaart. [33]

Viertetagsfieber: ungenauer Viertagefieber, ↑Malaria quartana. [40]

Videorecorder↑Röntgenbildbandgerät.[26]

Vigilanz ⟨*lat*⟩: Wachheit; die Regulierung der V. ist eine Funktion der ↑Formatio reticularis des Hirnstammes. [33]

Vigouroux, A. (19. Jh.), Neurologe, Paris.

V' Zeichen: Herabsetzung des elektr. Leitwiderstandes der Haut, wie man dies z. B. bei der Basedow' Krankheit leicht beobachten kann. [7]

Viktoriablaufärbung: färber. Darstellung lichtmikroskop. sichtbarer Virusarten mit zitronensaurer Viktoriablaulösung ohne vorherige Fixierung in schonender u. charakterist. Weise. V. ist jedoch nicht zur Darstellung aller lichtmikroskop. sichtbaren Virusarten gleich gut geeignet. Elementarkörperchen haben annähernd immer dieselbe Größe, nehmen auch immer denselben Farbton an; dagegen verhalten sich die Erreger verschiedener Viruskrankheiten in Größe, Farbton u. Schnelligkeit der Farbaufnahme anders. V. nach Herzberg bes. bewährt zum Nachweis von Variola-, Vakzine u. Herpes-Viren. [41]

Villikinin: im Dünndarm bei Einwirkung des Nahrungsbreies entstehendes, die Motorik der Darmzotten (↑Villi intestinales) anregendes Gewebshormon. Es unterstützt die Wirkung des Parasympathikus auf die Muskulatur der Darmzotten. [7]

villös ⟨*lat*⟩, **villi** *Pl:* Zotte.

Villus ⟨*lat*⟩ *m,* **villi** *Pl:* Zotte.

V-i articulares: feine, stark vaskularisierte Zotten im Bereiche der Gelenkinnenhaut.

V-i intestinales: Darmzotten; im Bereiche des gesamten Dünndarmes vorkommende, fingerförmige Erhebungen, die von einem einschichtigen hochprismat. Epithel überzogen sind u. in der Mitte ein zentrales Chylusgefäß (Zottensinus) enthalten. Zwischen dem Zottenepithel u. dem zentralen Chylusgefäß befindet sich das Blutgefäßnetz, welches bei starker Füllung der Zotte erigiert u. dabei vielleicht das zentrale Chylusgefäß erweitert. Die von der Lamina muscularis mucosae in die Zotte hinein verlaufenden glatten Muskelfasern bedingen die Kontraktion der Zotte u. damit die Entleerung des Zottensinus. Die etwa 4 Millionen im Dünndarm vorhandenen 0,2–1,2 mm langen Zotten dienen der Resorption von Nahrungsbestandteilen. Im Duodenum u. Jejunum sind die Zotten am längsten, sie nehmen ileumwärts an Länge u. Zahl ab. [2]

V-i placentae: Mutterkuchenzotten; baumartige Verzweigungen der fetalen Nabelschnurgefäße in der Plazenta, überkleidet von einem Trophoblastüberzug. Die große Oberfläche der überaus feinverästelten Zottenäste bringt das mütterliche Blut, das in den intervillösen Räumen vorbeiströmt in großflächigem Kontakt mit den fetalen Blutgefäßen, so daß Stoffe aller Art ausgetauscht werden können. Das Prinzip der Zotten ist ähnlich wie bei den Kiemen des Fisches, wo ebenfalls durch Verästelung von Gefäßen u. innigem Kontakt mit der umgebenden Flüssigkeit ein rascher Austausch ermöglicht wird. [29]

Vinblastinum□ (Velbe®): Onkolytikum, ↑Vinca-Alkaloide. [44]

Vinca-Alkaloide: die Alkaloide Vincristin, ↑Vinblastin, Vinleurosin, Vinrosidin sind enthalten in Vinca rosea. Chem. Struktur: Indolabkömmlinge $C_{46}H_{56}O_9N_4$. Anwendung zur Therapie der Hodgkin' Erkrankung des Lymphosarkoms, der Leukämie, der Mykosis fungoides. [44]

Vincent, Clovis (1879–1947), Neurologe u. Neurochirurg, Paris.

V' Zeichen: bei somnolenten Kranken findet man Speisereste im Mund noch Stunden nach der Mahlzeit. Ausdruck einer allgemeinen hochgradigen Verlangsamung. [20]

Vincent, Heinrich (1862–1900), Epidemiologe, Paris. Die Namen Maladie de Vincent

↑Angina Plaut-Vincenti, Spirochaeta Vincenti bezeichnen seine Leistungen für die Erkenntnis dieser Erkrankung. [53]

Vinculum ⟨*lat*⟩ *n:* Band, Fessel; z. B. Vincula tendinum die Sehnenfesseln. [1]

Vinum ⟨*lat*⟩ ↑Wein.

Viomyzin□: Antibiotikum aus einer Streptomyces-Art. Wirksam gegen Tuberkulosebakterien, wirkt aber auch als Allergen u. ist toxisch. [42]

Viocin® ↑Viomyzin. [42]

Viraginität ⟨*lat*⟩: dem männlichen Geschlechtsempfinden ähnliche Liebesneigungen u. Liebesäußerungen bei einer weiblichen Person. [35]

Virale Steigerung = enhancement ⟨*engl*⟩: Antithese zur Virusinterferenz. Eine Steigerung oder Erhöhung der Virusvermehrung ist durch ein anderes Virus oder Virusprodukte möglich. Sie kann entweder durch eine Hemmung der Interferonsynthese nach Simultaninfektion u. der damit in Zusammenhang stehenden fehlenden Interferonwirkung, die nun eine relative Steigerung der Vermehrung des zweiten Virus ermöglicht, bedingt sein oder durch eine Steigerung der Unempfindlichkeit gegen die Wirkung des exogenen Interferons. [50]

Virämie ⟨*lat, griech*⟩ *f:* Bezeichnung für diejenige Phase einer zykl. Virusinfektion, die mit der Ansiedlung, Vermehrung u. Verbreitung der Viren auf dem Blutwege einhergeht. Die während der Inkubation ablaufende primäre V. bleibt meist unerkannt. Erst die Organlokalisation der Viren ruft meist typ. Erscheinungsbilder hervor. [40]

Virchow, Rudolf (1821–1902), Pathologe, Sozialhygieniker, Politiker, Anthropologe, Ethnologe u. Urgeschichtler, Würzburg, Berlin. Gründete 1847 mit Reinhardt die Zeitschrift „Archiv für pathologische Anatomie, Physiologie u. für klinische Medizin"; Begründer der ↑Zellularpathologie. 1848 Herausgabe der sozialkritischen Zeitschrift „Medizinische Reform" mit R. Leubuscher. Klass. Schriften der Sozialhygiene: 1848 „Mittheilungen über die in Oberschlesien herrschende Typhus-Epidemie", 1852 „Die Noth im Spessart". Seit 1859 Mitglied der Stadtverordnetenversammlung Berlins, seit 1862 Mitglied des preuß. Abgeordnetenhauses. 1861 Mitbegründer der Deutschen Fortschrittspartei. Mitarbeit in zahlreichen Kommissionen zur Verbesserung der Hygiene (z. B. Fäkalienbeseitigung, Müllabfuhr, Kanalisation, Wasserversorgung, Umwandlung der Armenschulen in Volksschulen mit Verbesserung der schulhygien. Zustände, Einrichtung von Seuchenlazaretten, Reformierung des Krankenhauswesens, Gründung von Altersasylen u. Markthallen, Fleischbeschau, Tierarzneiwesen). Mitbegründer der modernen wissenschaftlichen Anthropologie, Ethnologie u. Urgeschichte. [4]

V' Drüse: tastbare Lymphknotenmetastase oberhalb des li. Schlüsselbeines (supraklavikuläre Lymphknoten) bei Karzinomen der Bauchhöhle, bes. des Magens, durch Geschwulstausbreitung über den Ductus thoracicus oder die thorakalen Lymphknoten.

V.-Hassal' Körperchen: in der Marksubstanz des ↑Thymus gelegene Körperchen aus konzentr. geschichteten Zellen. [5]

V.-Robin' Raum: der um die in der Substanz des Zentralnervensystems verlaufenden Gefäße vorhandene, mit Liquor cerebrospinalis angefüllte Raum zwischen der Gefäßwand u. der von Astrozytenfasern gebildeten Membrana gliae limitans perivascularis. Ein Übertritt von Stoffen aus dem Blut in den perivaskulären Liquor u. dann in die Substanz des Zentralnervensystems ist nur möglich, wenn zwei biolog. wirksame Schranken durchbrochen werden (Blut-Liquor-Schranke u. Liquor-Gehirn-Schranke. [2]

Viren: verdeutschter *Pl* von ↑Virus. [50]

Virginität ⟨*lat*⟩ *f:* Jungfräulichkeit. [29]

Virgo ⟨*lat*⟩ *f:* Jungfrau; Mädchen, das noch keinen Geschlechtsverkehr gehabt hat; erkennbar am unverletzten Hymen (Hymen intactus). [29]

viridans ⟨*lat*⟩ ↑Endokarditis lenta, ↑Streptokokken. [42]

Viridanssepsis ⟨*lat, griech*⟩ ↑Sepsis lenta, ↑Endocarditis lenta. [40]

virilis ⟨*lat*⟩: männlich. [1]

Virilisierung ⟨*lat*⟩: Vorgang der Vermännlichung weiblicher Individuen, hormonell bedingt, z. B. bei Nebennierentumoren. [5]

Virilismus ⟨*lat*⟩ *m:* männliche Prägung weiblicher Individuen in phys. u. psych. Hinsicht, hormonell bedingt. [5]

Virilität ⟨*lat*⟩ *f:* Mannbarkeit. [12]

Virion ⟨*lat*⟩ *n:* komplettes, reifes, vollinfektiöses Viruspartikel. [50]

Virologie ⟨*lat, griech*⟩: Lehre von den Viren u. den durch sie verursachten Krankheiten. [50]

Viroplasma: Bereich der Virusmontage in der Wirtszelle; ↑factory, ↑compartiment. [50]

Virosen: Viruskrankheiten. [50]

Virozyten: im amerikan. Schrifttum Bezeichnung für die bei Viruskrankheiten auftretenden histiozytären Reizformen u. Plasmazellen, die bei Erwachsenen im peripheren Blute selten sind (etwas häufiger bei Kindern). [11]

virulent ⟨*lat*⟩: ansteckend, giftig; Eigenschaft pathogener Keime, ↑Virulenz. [41]

Virulenz ⟨*lat*⟩: in der Mikrobiologie

Bezeichnung für den Grad der quantitativen Stärke krankmachender Eigenschaften eines Stammes gegenüber einem bestimmten Wirt. Sie wird bestimmt von der Anzahl der Mikroben (Infektionsdosis), ihrer Haftfähigkeit (Kontagiosität, Tenazität), Eindringungsfähigkeit (Infektiosität) u. Giftigkeit (Toxizität); ↑ Pathogenität. [40]

V.-Antigen: *Abk* Vi-Antigen; Kapselantigen, Hüllantigen, ein thermolabiles Antigen. Vorkommen bei Typhus-Paratyphus-Coli-Bakterien u. koliformen Arten. Impfstoffe sollen möglichst keine Vi-Antigene enthalten. Nachweis durch Agglutination (körniger Agglutinationstyp); Bedeutung der Vi-Agglutination zur Auffindung von Typhusdauerausscheidern (bei 85% der Typhusdauerausscheider pos.). Vi-Antigen kann die O-Agglutination hindern. [42]

Virus ⟨*lat*⟩ *n:* verdeutschter *Pl* Viren; Komplex aus Makromolekülen, der bestimmte Bedingungen erfüllen muß: 1. prinzipiell gleichartiger Bau (Kern, der nur einen Typ einer Nukleinsäure enthält u. durch eine spezif. Proteinhülle, das Kapsid, eingeschlossen ist); 2. gleichmäßiger Ablauf der Vermehrung (Replikationszyklus); 3. absoluter Zellparasitismus.

V. fixe: 1. durch fortlaufende Kaninchenpassagen modifiziertes Tollwutvirus (↑ Straßenvirus) mit unveränderlicher Minimalinkubationszeit; erstes Impfvirus gegen Tollwut (Pasteur, 1881/85); 2. der Begriff ist auch auf andere stabile Virusmutanten in der Impfpraxis anwendbar.

V., defektives: ein Virus, das nur mit Hilfe eines Helfervirus zur Replikation befähigt wird.

V., filamentöses: fadenförmiges Virus, häufig auftretende Gestalt bei Myxoviren, filamentöse Formen besitzen meist keinen Innenkörper u. sind dann nicht infektiös.

V., hepatotropes: Viren, die patholog.-anatom. Veränderungen in der Leber hervorrufen, z. B. Viren der infektiösen u. serogenen ↑ Hepatitis, ↑ Gelbfiebervirus, bestimmte ↑ Coxsackie-Virustypen.

V., inkomplettes: unvollständiges Virus, v. Magnus-Phänomen, gekennzeichnet durch reduzierten Nukleinsäuregehalt u. fehlende Infektiosität.

V., maskiertes: auch okkultes, latentes Virus; Zustand, bei dem kein Virus gefunden wird; Phänomen der persistenten, chron. u. latenten Infektion in vivo sowie des carrier status in vitro.

V. onkogenes ↑ Tumorviren.

V., pantropes: Viren, die in ihrem Zellparasitismus nicht an eine bestimmte Gewebeart gebunden sind. [50]

Virus|bakteriensymbiose: gemeinsames Vorkommen von Viren u. Bakterien, z. B. bei Schweineinfluenza (Schweineinfluenza-Virus u. *Haemophilus suis*). [41]

~enzephalitis: übertragbare Gehirnentzündung, zahlreiche Synonyma Frühsommer-Meningoenzephalitis, Sibirische Enzephalitis, Japanische (B) Enzephalitis, St.-Louis-Enzephalitis, Murray-Tal-Enzephalitis, Venezuela-Enzephalitis. Endem.-epidem., häufiger in warmen Ländern vorkommende, von Tieren auf Menschen durch Arthropoden (Mücken, Zecken) übertragbare, anzeigepflichtige Infektionskrankheit. Erreger Arboviren (serolog. Gruppen A u. B mit verschiedenen Serotypen). Inkubation wenige Tage bis Wochen. Klin. hochfieberhafter, meist biphas. Verlauf mit Zeichen der Gehirnentzündung (Reiz- u. Ausfallserscheinungen wie Schlafsucht-Krämpfe-Lähmungen) sowie postenzephalit. Dauerfolgen. Übergreifende Immunität innerhalb der Gruppe B. Letalität ausgeprägter Krankheitsformen bis zu 30% u. höher. Virolog. Liquordiagnostik (Virusisolierung u. -identifizierung), Antikörpernachweis (Hämagglutinations-Hemmungstest, Komplementbindungs- u. Virus-Neutralisationsreaktion). Therapieversuch mit Kortikoiden. Prophylaxe durch Mücken- u. Zeckenbekämpfung, aktive Immunisierung gefährdeter Berufsgruppen mit formolinaktivierten Zellkultur-Vakzinen, ggf. passive Immunisierung mit Rekonvaleszenten-Human-Gammaglobulin, Tragen von hohen Siefeln in zeckenbefallenen Naturherdgebieten. [40]

~grippe: durch das Grippevirus verursachte echte Grippe im Gegensatz zum ätiolog. uneinheitlichen sog. grippalen Infekt; ↑ Influenza. [41]

~hämagglutination ↑ Hirst-Test. [40]

~hepatitis: Hepatitis infectiosa, übertragbare Leberentzündung; endem.-epidem.-pandem., von Mensch zu Mensch (fäkal-oral, auch durch Lebensmittel, oder parenteral bei ärztlichen Eingriffen) übertragbare, anzeige- u. hospitalisierungspflichtige Infektionskrankheit. Erreger: Hepatitisvirus. Es lassen sich bisher zwei Typen bzw. Varianten von Hepatitisviren (Hepatitisvirus A u. B, Stamn MS 1 u. MS 2 nach Krugman) unterscheiden, die sowohl oral-enteral als auch parenteral übertragen werden u. das gleiche Krankheitsbild beim Menschen auslösen, allerdings in Abhängigkeit des Infektionsmodus unterschiedliche Inkubationszeiten aufweisen (orale Infektion bis 50 Tage; parenterale Infektion 50 bis 150 Tage). Die ätiopathogenet. Forschung der V. ist noch nicht abgeschlossen. Das Krankheitsbild nach oraler Infektion zeigt häufig einen plötzlichen Beginn mit fieberhaftem, bizyklischem Verlauf, uncharakterist. Magen-Darm-Erscheinungen, dann Zeichen der Leberentzündung mit oder ohne (!) Ikterus. Das Krankheitsbild nach parenteraler Infektion (Serumhepatitis, Transfusionshepatitis; Hämodialysepatienten u. Patienten, die am extrakorporalen Kreislauf operiert werden, sind bes. gefährdet) hat häufig einen schleichenden Beginn mit durchschnittlich schlechterer Prognose. Gefahren bei beiden Formen: akute Lebernekrose (sehr selten), Übergang in chron. Hepatitis (etwa 1–3%) mit der Möglichkeit einer Leberzirrhose, transplazentare Infektion des Embryos (Embryopathie) bzw. Feten (Fetopathie, evtl. als angeborene Leberzirrhose). Überstehen einer Virushepatitis soll jahrzehntelange Immunität hinterlassen; die verschiedenen Hepatitisviren besitzen keine Kreuzimmunität. Bis jetzt gibt es keine spezif. Virusdiagnostik. Nachweis eines Hepatitis-assoziierten Antigens (Syn. Australia (Au)-Antigen, Serumhepatitis (SH)-Antigen) in einem hohen Prozentsatz bei der Serumhepatitis (bis 100%) u. auch bei anderen Formen der V. (Häufigkeit in Abhängigkeit der Verlaufsform, des Krankheitsstadiums u. der Nachweismethodik). Es handelt sich bei diesem Antigen um sphär. (19–21 nm bzw. 42–48 nm Durchmesser) oder längsovale (50–230 nm) Strukturen, die elektronenoptisch in Körperflüssigkeiten u. in Zellen nachweisbar sind. Sie bestehen aus Eiweiß, Lipiden u. Nukleinsäuren, so daß ihre virale Herkunft u. damit eine Beziehung zum Hepatitiserreger vermutet wird. Die übliche Labordiagnostik beruht auf Serumenzymerhöhungen (Transaminasen), auf Serumbilirubinerhöhungen (fehlen bei den anikter. Erkrankungen). Typ. Laboruntersuchungen zur Beurteilung des Krankheitsverlaufs sind Serumeiweißrelationen (quantitative Immunglobulin-, Gammaglobulin-Bestimmung, Thymoltest), Leberfunktionsproben u. histolog. Untersuchungen nach Leberbiopsie. Therapie symptomat. (Bettruhe, Diät). Prophylaxe: Humangammaglobulin (mindestens 0,02 ml eines 16%igen Präparates pro kg Körpergewicht i. m.) bietet relativen Schutz vor der Erkrankung über etwa 3 Monate. Mit verzögerten Inkubationen u. abgeschwächten Hepatitiserkrankungen nach dieser Prophylaxe muß gerechnet werden. [40]

~infektion: die Fähigkeit eines Virus, sein genet. Material in eine Zelle einzuführen, den Syntheseapparat der Wirtszelle auf die Bildung von Nachkommenviren umzustellen u. die Kontrolle über den Zellstoffwechsel in verschiedenen Phasen der normalen Biosynthese auszuüben. Viren verwenden zur Synthese des viruseigenen Proteins die Ribosomen der jeweiligen Wirtszelle, sind somit absolute Zellparasiten.

~interferenz: Phänomen bei Doppelinfektion mit heterologen oder homologen Viruspaaren, wobei das superinfizierende Virus in seiner Replikation behindert wird. Demzufolge Unterscheidung zwischen heterologer u. homologer Interferenz, wobei die Interferonbildung als bedeutendster u. möglicherweise auch einziger Faktor der heterologen Interferenz gilt; ↑ Interferon.

~isolierung: Anzüchtung eines Virus aus Untersuchungsmaterial infizierter Organismen bzw. Zellsubstrate als erster Schritt für eine Identifikation u. Typisierung. [50]

~meningitis: Syn. Meningitis serosa, „aseptische Meningitis", abakterielle Meningitis. In Gruppenerkrankungen auftretende, je nach Erregern fäkal-oral von Mensch zu Mensch (z. B. Enteroviren), durch Kontakt von Tieren auf Menschen (z. B. Arthropoden: Arboviren) oder aerogen (z. B. Choriomeningitisviren) übertragbare, anzeigepflichtige Hirnhautentzündung; Inkubation wenige Tage bis Wochen. Akuter hochfieberhafter, meist bizykl. Verlauf mit Nacken-Rückenstarre, bohrendem Kopfschmerz, Bewußtseinstrübung, beim Befall des ZNS Meningo-Myelo-Enzephalitis; ↑ Virusenzephalitis. Virolog. Diagnose durch Virusisolierung u. -identifizierung (Liquor, Blut, gegebenenfalls Stuhl), ferner durch Antikörpernachweis (Virus-Neutralisations-, Hämagglutinationshemmungs- oder Komplementbindungsreaktion). Symptomat. Therapie. Vorbeugung je nach Erregerart aktive Immunisierung (z. B. Poliomyelitis-, Sabin- u. Salk-Vakzine), Isolierung, Desinfektion; Mäusevertilgung, Lebensmittelhygiene. [40]

~modifikation, wirtsinduzierte: nach Passage des Virus in einem bestimmten Vermehrungssystem durch Veränderung der Eigenschaften der Virusoberfläche entstehende Modifikation, ist nicht genet., sondern phänotyp. Natur. [50]

~neutralisation: neutralisierende Antikörper verhindern spezif. die Bindung des Virus an Zellen (z. B. bei Versuchsmäusen); die Versuchstiere bleiben im Gegensatz zu den erkrankten oder gestorbenen Kontrolltieren mit antikörperfreien Serum plus Virussuspension gesund.

~pneumonie: Sammelbegriff für abakterielle ätiolog. mannigfaltige, epidemiolog. unterscheidbare Infektionen der Lunge. Erreger Coxiellen (↑ Q-Fieber), Mykoplasmen (↑ Pneumonie, prim. atyp.), große Viren (↑ Psittakose, ↑ Ornithose), Myxoviren (↑ Influenza), Parainfluenzaviren, Adenoviren u. a. Klin. mehrtägiges hohes Fieber ohne Schüttelfrost, Reizhusten ohne oder mit wenig Auswurf, meist fehlende physikal. bei ausgeprägten röntgenolog. Befunden (Lungeninfiltrate,

Herdpneumonien), häufig relative Leukopenie mit Lymphozytose. Verdachtsdiagnose durch neg. bakteriolog. Sputumbefund bei Sulfonamid- u. Penizillinresistenz. Therapie der Rickettsien- u. Mykoplasmenpneumonien sowie Psittakose-Ornithose durch Breitbandantibiotika, bei allen übrigen Formen chemotherapeut. Beeinflussung der häufigen bakteriellen Mischinfektion, vor allem bei Säuglingen, Kleinkindern u. im hohen Alter. [40]

~pneumonitis: ↑Pneumozystose; von Adams (1940) beschriebene, epidem. bei Neugeborenen u. jungen Säuglingen auftretende Pneumonieform mit hoher Letalität. [32]

~proteine: Proteine, die ein außerordentlich hohes Molekulargewicht haben, das bis an 20 Millionen herankommt. Der Größenordnung nach stehen diese Proteine zwischen den kleinsten Mikroben u. den größten chem. Molekülen vom Typ der Proteine. Sie sind die auslösende Ursache bestimmter unter ihrem Einfluß auftretender Krankheiten (Viruskrankheiten). Sie werden von einem Organismus auf den anderen übertragen u. vermehren sich im Zusammenhang mit lebendigen Zellen. Ihre Aktivität ist offenbar an ihren Tyrosingehalt geknüpft; ↑Virus.

~replikation: Gesamtvorgang der Virusvermehrung innerhalb der Wirtszelle. Für die verschiedenen Virusgruppen bestehen mannigfaltige Unterschiede, doch sind die allgemeingültigen Phasen Adsorption, Penetration, Eklipse, Assembly, Maturation u. Liberation zu unterscheiden. [50]

~schnupfen: Syn. Rhinitis (Rhinopharyngitis) acuta, Koryza, abakterielle Pharyngitis, Pharyngokonjunktivalfieber, „Erkältungskrankheiten". Endem., in der kalten Jahreszeit meist epidem., aerogen, seltener durch Kontakt von Mensch zu Mensch übertragbare Infektionskrankheit. Erreger „Erkältungsviren" (untereinander nicht verwandte Gruppen mit zahllosen Serotypen, z.B. Parainfluenzaviren, Rhinoviren, Adenoviren). Inkubation wenige Stunden bis Tage, gelegentlich leicht fieberhafter, akuter Verlauf mit Nasen-Rachenkatarrh, auch Bindehautentzündung, Gefahren bakterieller Sekundärinfektionen u. der ↑Fokalinfektion. Symptomat. Therapie; bakterielle Mischinfektionen chemotherapeut., Fokalsanierung. Prophylaxe durch Husten-Sprechen-Niesen-Disziplin, Schutz vor Unterkühlung, Abhärtung. [40]

~-Struktureinheiten: kleinste Baueinheiten des Kapsids, bestehend aus einer einzigen Polypeptidkette oder einem Aggregat ident. oder unterschiedlicher Polypeptidketten, die in einer äquivalenten oder einer quasiäquivalenten Form angeordnet sind. [50]

~theorie der Krebsentstehung: die Beobachtung, daß bestimmte Gewächse bei Vögeln, kleinen Säugetieren u. Kaltblütern durch Viren ausgelöst werden, hat zu der heute weitgehend widerlegten Theorie geführt, daß sämtliche tier. u. menschlichen Gewächse virogenen Ursprungs seien. Die bekanntesten virogen bedingten Gewächse sind das Rous-Sarkom des Huhnes (1910), das Shope-Papillom des Wildkaninchens (1933), das Mammakarzinom der Maus (Bittner, 1936), das Adenokarzinom des Leopardfrosches (Fawzett, 1956), die Myxomatose des Kaninchens (Plötz, 1957). Auch virogen bedingte Leukämien sind bekannt (1908, Ellermann u. Bang: Erythromyeloleukämie beim Huhn; 1954, Graffi u. Mitarb.: Leukämie der Maus). Meessen u. Schultz (1957) konnten elektronenmikroskop. beim Kehlkopfpapillom des Menschen Virus-Einschlüsse nachweisen; neuerdings Viruspartikelnachweis in Frauenmilch; ↑Tumorviren. [4]

Vis ⟨*lat*⟩ *f:* Kraft, vis a tergo heißt soviel wie die Kraft, die sich von hinten, vis a ventre (oder vis a fronte) eine solche, die sich von vorn geltend macht. So kommt es z.B. zur Einfüllung des Herzens unter dem Einfluß des Druckes, der sich von den arteriellen Gefäßen über die Kapillaren nach den Venen fortpflanzt u. das Herz erreicht (vis a tergo). Es kann die Einfüllung der Vorhöfe aber auch dadurch erleichtert werden, daß bei Kontraktion der Kammern u. Bewegung der ↑Ventilebene herzspitzenwärts der re. Vorhof erweitert wird, was einen Sog bedingt (vis a ventre). [7]

Viscera ⟨*lat*⟩ *n: Pl* von Viscus, Eingeweide, *Adj* ↑viszeral. Die im Innern von Körperhöhlen (Schädel-, Brust-, Bauch u. Beckenhöhle) gelegenen Organe. [1]

Viscotoxin: Peptid mit 11 Aminosäuren, isoliert von Samuelsson aus ↑Viscum album LD_{50} i.p. 1,1 μg/g Maus. [44]

Viscum album ⟨*lat*⟩ *n:* Mistel; enthält ein blutdrucksenkendes Viscotoxingemisch sowie Cholin u. Azetylcholin (Ursache der schnell eintretenden Blutdrucksenkung); ↑Viscotoxin. [44]

Viscus ⟨*lat*⟩ *n* ↑Viscera. [1]

Visier|lappenplastik (Morgan): eine unterhalb des Kinnes oder parallel mit dem Kinn verlaufende Hautbrücke wird in der Mitte von der Unterlage abgelöst, so daß sie doppelt gestielt bleibt u. zur Unter- u. Oberlippenbildung benutzt wird. Das Verfahren kann im Prinzip an jeder Körperstelle zur Deckung von Hautdefekten benutzt werden; aus dem Unterschenkel zur Fersen- oder Fußstumpfdeckung, aus der Fingerbeugeseite zur Deckung querabgetrennter Fingerkuppen (Klapp). [18]

~linie: die Verbindungslinie zweier Punkte, die bei einer gegebenen Augenstellung genau hintereinanderliegen. [36]

Vision ⟨*lat*⟩: Erscheinung, Trugbild; ↑Wachträumerei. [34]

Viskosität ⟨*lat*⟩ *f:* 1. physiolog. V. (Symbol η); Zähigkeit einer Flüssigkeit d. h. der durch innere Reibung hervorgerufene Widerstand, den die Teilchen einer Flüssigkeit ausüben, wenn sie gegeneinander verschoben werden oder wenn man einen festen Körper in der Flüssigkeit bewegt. Als Maßeinheit der V. dient das Poise (genannt nach ↑Poiseuille); das ist diejenige innere Reibung, zu deren Überwindung es einer Kraft von 1 dyn bedarf, wenn zwei Flüssigkeitsschichten von je 1 cm^2 Querschnitt im Abstand von 1 cm mit der Geschwindigkeit von 1 cm/s laminar, d. h. ohne Wirbelbildung, verschoben werden sollen. So definiert ist die absolute V. Sie beträgt z. B. für reines Wasser bei 20°C 0,01005 Poise bzw. 1,005 Centipoise (cP) u. verkleinert sich mit steigender Temperatur je Grad um etwa 2% (Temperaturabhängigkeit der V.!). Unter gleichen Bedingungen beträgt die V. von Erdöl etwa das 10-, von mittlerem Motorenöl das 100-, von Glyzin das 1500- u. von Melasse das 100000fache der V. des Wassers. Oft gibt man die relative V. einer Lösung an, wobei man die V. des Lösungsmittels als Bezugsflüssigkeit gleich 1 setzt. Die relative V. ist eine dimensionslose Verhältniszahl u. stets größer als

$$1 \cdot \eta_{rd.} = \frac{\eta\,\text{Lösg}}{\eta\,H_2O}.$$

Die spezif. V. (η_{sp}) ist durch die Beziehung $\eta_{sp} = \eta_{rd.}{}^{-1}$ definiert, also ebenfalls dimensionslos. Die V. kolloidaler Lösungen erlaubt Rückschlüsse auf die Form der gelösten Teilchen, was von großem Interesse für die Erforschung hochpolymerer Naturstoffe, vor allem der Eiweiße, Nukleinsäuren u. Polysaccharide ist. Von der V. der Körperflüssigkeiten hat nur die des Blutes gewisse klin.-diagnost. Bedeutung. So hat normales Blutserum bei 17°C eine relative V. von 1,6–2,0 (Plasmawerte bis 25% höher!); höhere Werte sind stets patholog. (Hyperproteinämie oder Dysproteinämie). Die Serumviskosität hängt vom Serumeiweißgehalt u. dem Verhältnis der Proteinfraktionen zueinander ab; denn von den Serumproteinen besitzen die Albumine die niedrigste, die Gammaglobuline die höchste Viskosität. Bei normalem Albumin-Globulin-Quotienten ist die V. dem Serumeiweißgehalt proportional. Die V. des Vollblutes hängt prim. vom Hämatokritwert ab, etwa 2/3 der Gesamtviskosität des Blutes entfallen auf die Erythrozyten. Die Bestimmung der absoluten V. des Blutes ist mitunter von Interesse für hämodynam. Berechnungen. [7] 2. (psych.) psychische V., „Zähflüssigkeit", fehlende Wendigkeit u. Elastizität, „Klebrigkeit", Grundzug des epilept. Wesens. [34]

visuell ⟨*lat*⟩: das Sehen betreffend, Wahrnehmungen mittels des Gesichtssinnes betreffend. [36]

Visus ⟨*lat*⟩ *m:* international allgemein gebrauchter Ausdruck für Sehschärfe, geschrieben V. Unter dem nicht allgemein anerkannten Ausdruck „V. naturalis" wird verstanden der V. ohne ausgleichende Sehhilfe = V. s. c. (sine correctione), unter V. c. c. (cum correctione) der V. mit korrigierendem Brillenglas. Bei Verdeutschung wird statt V. S. gesetzt. Zur Unterscheidung bezeichnet man ausführlich mit „Sehleistung" das ohne Korrektion (s. c.) erzielte Sehvermögen u. unter „Sehschärfe" das mit bestmöglicher Korrektion (c. c.) erreichte Sehvermögen. [36]

Visuskop: von Cüppers angegebenes Ophthalmoskop, das durch Vorschaltblenden u. -figuren erlaubt, die Makulaumgebung auszublenden u. das foveale Sehen zu üben sowie den Netzhautort zu bestimmen, mit dem der Pat. fixiert, u. Messungen vorzunehmen. [36]

viszeral ✱ **visceralis** ⟨*lat*⟩: zu den Eingeweiden gehörend; ↑Viscera. [1]

Viszeral|epilepsie ⟨*lat, griech*⟩ *f:* Sonderform der Schläfenlappenepilepsie, die zu paroxysmalen Schmerzzuständen führt (Leib- u. Kopfschmerzen). [20]

~gehirn: umfaßt jene Gebiete des Großhirns, die an der Steuerung u. Regelung der Tätigkeit innerer Organe beteiligt sind, z. B. ↑Hypothalamus, ↑Hippokampus, kleine Anteile der Großhirnrinde. [7]

~neuralgie: Neuralgie mit Lokalisation des Schmerzes im Eingeweidebereich. Am bekanntesten sind die Krisen bei ↑Tabes dorsalis. Ursächlich muß stets an eine Organerkrankung, evtl. auch am Nervensystem, gedacht werden. [33]

~spalten ↑Kiemenspalten. [1]

Viszeroptose ⟨*lat, griech*⟩ *f:* Senkung der Bauchhöhleneingeweide nach starker Abmagerung oder konstitutionell bedingter Erschlaffung der Aufhängebänder. [18]

Vita ⟨*lat*⟩ *f:* Leben. [1]

V. maxima (Bauer): maximale Leistungsfähigkeit des Organismus unter der größten Belastung. Sie findet ihre Grenze in pulmonalen oder kardialen Faktoren u. kann mit der ↑Spiroergometrie durch die maximale Sauerstoffaufnahme gemessen werden. [15]

V. minima: ein Minimum an Lebens-(Stoffwechsel-)Vorgängen, das in äußerlich als leblos anmutenden Gebilden, wie pflanzlichen Samen, Sporen u. a. erhalten bleibt u.

eine Lebenserhaltung unter sehr ungünstigen Umweltbedingungen (Erhitzen von Sporen auf hohe, sonst mit dem Leben nicht zu vereinbarende Temperaturen, Gefrieren auf sehr tiefe Temperaturen) ermöglicht. [8]

V. sexualis: das Geschlechtsleben. [43]

vital ✻ **vitalis** ⟨*lat*⟩: lebendig als Ausdruck der Lebensleistung, in Zusammensetzungen Lebens-. [1]

vitale Reaktion: erlaubt die Feststellung, daß eine Verletzung an einer Leiche während des Lebens u. nicht nach dem Tode (durch Transport usw.) entstanden ist; z. B. sog. Hautvertrocknung (Abschürfung der Oberhaut) mit Blutung ins Unterhautfettgewebe beweist, daß die Verletzung im Leben entstanden sein muß. Vorsicht im Gebiet der Hypostase (Blutsenkung nach dem Tode). [52]

Vital|färbung: besser ↑Supravitalfärbung. [11]

~indikation: zwingende Anzeige, eine Behandlungsmaßnahme zu ergreifen, um den Kranken am Leben zu erhalten. [9]

~kapazität: *Abk* VK; die Summe aus dem Atemvolumen (Normwert 500–800 ml), dem Inspirator. Reservevolumen (Normwert 1500–2000 ml) u. dem exspirator. Reservevolumen (Normwert 800–1500 ml). Der Normwert der VK beträgt beim gesunden Erwachsenen etwa 3500–5000 ml, das sind etwa 70% der Totalkapazität der Lunge. Die restlichen 30% entfallen auf das Residualvolumen. Verminderung der VK, wobei im wesentlichen das inspirator. Reservevolumen abnimmt, findet sich bei Herzerkrankungen, Thoraxstarre, Entzündungen im Brust- u. Bauchraum, Rippenbrüchen, Pleuritis exsudativa, Pneumothorax u. anderen Verdrängungserscheinungen, Lungenerkrankungen (Bronchitis, Asthma bronchiale, Emphysem, Pneumonie, Tuberkulose, Pneumokoniosen) usw.; ↑Lungenvolumina. [21]

Vitamine: das Wort ist von Kasimir Funk (1911) aus Vita (Leben) u. Amin (eine NH_2-Gruppe enthaltende organ. Verbindung) gebildet worden. Nur wenige V., z. B. Vitamin B_1, sind chem. als Amine zu bezeichnen; die meisten V. gehören vielmehr anderen Verbindungsklassen der organ. Chemie an. Der Vitaminbegriff hat sich in der Geschichte der Wissenschaft gewandelt; Verbindungen, die für den Menschen V. darstellen, z. B. Vitamin C, sind für die meisten Tiere, für die Pflanzen sowie für niedrige Lebewesen Produkte der eigenen Biosynthese, so daß der Vitaminbegriff entfällt; solche Überlegungen gelten auch für andere Vitamine. Man versteht unter V. lebensnotwendige, d. h. essentielle organ. Verbindungen, die in meist kleiner bis sehr kleiner Menge funktionell auf verschiedene Weise in den Stoffwechsel eingreifen, vom menschlichen Organismus aber nicht synthetisiert werden können; sie müssen mit der Nahrung zugeführt werden: exogene Wirkstoffe. Vollständiges oder partielles Fehlen von V. in der Nahrung führt zu Wachstumsstillstand bzw. zu mannigfachen, oft komplexen Krankheitserscheinungen (Mangelkrankheiten oder ↑Avitaminosen) u. schließlich zum Tod. Die V. greifen in teilweise noch nicht schlüssig aufgeklärter Weise in die ana- u. katabol. Stoffwechselvorgänge ein (Elektronentransport, Oxydations-/Reduktionsvorgänge). Vor allem von den wasserlöslichen V. ist bekannt, daß sie Bestandteile von Enzymen (↑Coenzyme) sind, also die prosthet. Gruppe derselben darstellen. Der hierarch. geordnete Stoffwechsel mit seinem harmon. Zusammenspiel aller Funktionen des Körpers setzt die Versorgung mit untereinander abgestimmten Mengen der verschiedenen V. voraus. Aufgrund ihrer Löslichkeit teilt man die V. formal in 2 Gruppen ein, in die fettlöslichen Vertreter (A, D, E, K, Q) sowie in die wasserlöslichen Vertreter (B_1-, B_2-Komplex [↑Riboflavin, Niacin, Folsäure, Pantothensäure], B_6, B_{12}, C, H); hierzu tritt die Gruppe der partiellen u. fraglichen Vertreter (↑Inosit, Cholin, Vitamin P). In die Gruppe der fettlöslichen Vertreter ordnet man vielfach das Vitamin F (essentielle Fettsäuren) ein.

Vitamin A: Axerophthol, früher auch als Antixerophthalmisches Vitamin, Epithelschutzvitamin, Wachstumsvitamin, antiinfektiöses Vitamin bezeichnet; die Synthese wird im techn. Ausmaß durchgeführt. Vitamin A ist ein primärer, zu den Isoprenoid-Lipiden gehörender Polyenalkohol, der sich vom β-Karotin ableitet u. den charakterist. β-Iononring sowie eine aus Isoprenresten aufgebaute Seitenkette mit Doppelbindungen enthält. Im Körper kann es aus ↑Provitaminen, den Karotinen (α-, β-, γ-Karotin), ↑Kryptoxanthin u. einigen anderen Karotinoiden gebildet werden; aus dem symmetr. gebauten β-Karotin z. B. entstehen 2 Moleküle Vitamin A. Man kennt 2 Vitamine A, das Vitamin A_1 ($C_{20}H_{29}OH$) u. das Vitamin A_2 ($C_{20}H_{27}OH$). Diese Vitamin-Alkohole sind im Organismus dehydrierbar u. führen zum entsprechenden Aldehyd, der als Vitamin-A_1-Aldehyd (↑Retinin) an der Biochemie des Sehvorganges integrierend beteiligt ist; auch die natürlich nicht auftretende Vitamin-A-Säure ist physiolog. wirksam. Die Vitamin-A-Alkohole kommen in der Natur hauptsächlich als Fettsäure-Ester vor; das Azetat u. Palmitat liegen meist den pharmakolog. Präparaten zugrunde. Maßeinheit: 1 IE Vitamin A = 0,3 μg Vitamin-A_1-Alkohol oder 0,344 μg Vitamin-A_1-Azetat.

1 IE Karotin = 0,6 μg β-Karotin. 1 g Vitamin A_1 entspricht 3,333 Millionen IE. Bestimmungsmethoden: a) (chem.) Reaktion nach ↑Carr-Price; spektrophotometr. Messung bei 328 nm, b) (biolog.) Wachstumstest an jungen Ratten, c) (klin.) Ermittlung des Hemeralopiegrades mit dem Adapto- oder Biophotometer. Natürliches Vorkommen: Die Vitamine A sind nur in tier. Produkten vorhanden; als Fettsäureester in Fischlebertran, Säugetierleber u. Organen (Muskulatur wenig, Eingeweide viel, Netzhaut viel), Milch, Rahm, Butter, Eigelb, Frauenmilch. Die Verteilung in den einzelnen tier. Organen ist sehr unterschiedlich. Speicherung der Vitamine A in den Fettgeweben des Körpers; wichtig für alle weiblichen Säugetiere für Fortpflanzung u. Stillperiode; im Pflanzenreich nur in Form der Provitamine vorhanden. Vitamin A ist unerläßlich für den ungestörten Abiauf der Stoffwechselvorgänge (Leber, Schilddrüse), Aufbau, Funktionieren u. Resistenz aller epithelialen Gewebe (Haut, Schleimhäute, bes. des Atmungs-, Verdauungs- u. des Urogenitaltraktes). Eine bes. Rolle spielt das Vitamin A in der Aldehydform beim Sehvorgang. Der Sehpurpur (↑Rhodopsin) ist eine Verbindung des Vitamin-A_1-Aldehyds mit einem Eiweißkörper; sie zerfällt bei Belichtung in Retinin u. Opsinin u. wird im Dunkeln regeneriert. Auftretende Mangelsymptome sind am Auge die ↑Hemeralopie, Einschränkung des Gesichtsfeldes für Farben, Xerose der Augenhäute, Trockenheit des ganzen Auges, häufige Chalazien, Lichtscheu usw. Der Tagesbedarf an Vitamin A wird unter Berücksichtigung der spez. Gegebenheiten (Alter, Schwangerschaft, Stillzeit) mit 1500–8000 IE angegeben. Präparate: Arovit®, Vogan®.

Vitamin B_1: Aneurin, Thiamin, auch Antineuritisches Vitamin, Antiberiberi-Vitamin genannt, ist eines der hinsichtlich der biolog. Funktion am längsten (Eijkman, 1896) bekannten Vitamine. Der Name Thiamin (Windaus, 1932) weist auf seinen Schwefelgehalt hin; Vitamin B_1 ist sehr konstitutionsspezif. u. enthält 2 heterozykl. Ringe (den Pyrimidin- u. den Thiazolring), die über ein quartäres Stickstoffatom miteinander verbunden sind. Das synthet. Produkt gelangt in den Verkehr als Thiaminhydrochlorid. Die weiße bis leicht gelbliche, kristallisierte Substanz ist wasserlöslich, unlöslich in Äther, fetten Ölen, hitzeempfindlich; in Lösungen von neutraler u. alkal. Reaktion erfolgt Zersetzung unter Dunkelfärbung, durch Oxydationsmittel u. Schwermetalle (Kupfer) leicht zerstörbar. Thiamin ist an sich weit verbreitet in pflanzlichen u. tier. Geweben, aber meist nur in geringer Konzentration. Beste Quellen sind Hefe, Perikarp u. Keimanlage der Gramineen (Getreide, Reis, Brot, Kleie), ferner Gemüse, Früchte, Kartoffeln. Vitaminhaltige Organe sind Leber, Nieren, Hirn, Nerven, Herz u. Blut; auch in Milch u. Eigelb enthalten. Im Körper tritt Vitamin B_1 – aus dem Dünndarm in dieser Form resorbiert – im wesentlichen als Thiaminpyrophosphat auf, an dessen Bildung die Thiaminkinase beteiligt ist; es stellt das Coenzym der Carboxylase (besser Decarboxylase) dar. Dieses Enzym steuert unter Mitwirkung der α-Lipoinsäure (α-Liponsäure) die metabol. Prozesse der einfachen bzw. der oxydativen Dekarboxylierung von α-Ketosäuren (↑Brenztraubensäure, α-Ketoglutarsäure usw.) von α-Aminosäuren (Bildung von Aminen; Glutaminsäure → γ-Aminobuttersäure, Asparaginsäure → β-Alanin) sowie die der Transketolase; damit greift es in den Kohlenhydratstoffwechsel u. in den Zitratzyklus ein, was eine biolog. Funktion erklärt. Fehlt Vitamin B_1, so werden Kohlenhydrate nicht normal metabolisiert; im Blut u. in Geweben kommt es zu einer Zunahme an Brenztraubensäure, bes. im Zentralnervensystem (Hirn, Stammganglien). Die klass. Vitamin-B_1-Avitaminose (↑Beriberi) tritt heute noch in Gegenden auf, wo das Hauptnahrungsmittel polierter Reis ist. Weiter verbreitet ist das Symptomenbild der Vitamin-B_1-Hypovitaminosen; dabei stehen im Vordergrund nervöse u. vegetative Beschwerden (Kopfschmerzen, Müdigkeit, Schlaflosigkeit, Parästhesien, Untertemperatur, Herabsetzung der Sehnenreflexe, Depressionszustände); ferner gastrointestinale Symptome (Appetitlosigkeit, Verstopfung, Erbrechen, Resorptionsstörungen); muskuläre Symptome (Asthenie, Wadenkrämpfe, Schmerzen in Fuß- u. Handgelenken), kardiovaskuläre Symptome (Herzbeschwerden, Tachykardie, Ekg-Veränderungen im Sinne von Überleitungsstörungen); Störungen des Wasserhaushalts. Bei Vögeln können ähnliche Mangelerscheinungen (Polyneuritis) experimentell hervorgerufen werden. Fische, bes. Süßwasserfische, aber auch Warmblüter, gewisse Pflanzen enthalten das Enzym Thiaminase, die durch chem. Umsatz die Vitamin-B_1-Wirkung ausschaltet u. zu Mangelzuständen führt. Der internationale Standard 1 IE = 3 μg Thiamin. Der Tagesbedarf wird zu 1,5–2 mg angegeben; diese Werte sind nur orientierend, da der Bedarf von Art u. Menge der Nahrung, insbes. der Zufuhr an Kohlenhydrat abhängt. Man rechnet auf 1000 kcal (Nichtfettanteil) etwa 1 mg Thiamin; körperliche Tätigkeit erhöht den Bedarf; ob das im Darm bakteriell gebildete Thiamin resorbiert, also zur Deckung des Bedarfes herangezogen wird, steht in lebhafter Diskussion. Vitamin-B_1-Bedarf: von Art u. Menge der aufgenommenen Nahrung abhängig; er ist um so größer, je mehr Kohlenhydrate alimentär zugeführt werden. Man berechnet den Bedarf nach der Formel:

$$\frac{\text{Tägliche Zufuhr an Vitamin } B_1}{\text{Tagesverbrauch an Kohlenhydrat bzw. „Nichtfettkalorien"}} > 0{,}3.$$

Bei ausgeglichener Ernährung ergeben sich in Abhängigkeit von Alter, Geschlecht, Körperzustand usw. mittlere Mengen von 0,5 bis 1,2 mg (Kinder), 1,2–2,0 mg für Erwachsene, Schwangerschaft 1,8 mg, Stillzeit 2 mg. Präparate: Betabion®, Betaxin®, Benerva®.

Vitamin B_2 (R. Kuhn u. György): Riboflavin, Laktoflavin, stellt ein 6,7-Dimethyl-9 (1'-d-ribityl-)-isoalloxazin dar u. gehört in die Gruppe der ↑Flavine. Die synthet. zugängliche, wirkspezif. Verbindung – orangegelbe, verfilzte Kristalle – ist wenig wasserlöslich, von bitterem Geschmack, relativ unempfindlich gegen Erhitzen, Oxydationsmittel u. Mineralsäuren; sie wird in alkal. Lösung durch Licht u. ultraviolette Strahlen – in Abhängigkeit vom *p*H – in Lumiflavin oder Lumichrom umgewandelt; saure Lösungen sind stabil. Vitamin B_2 findet sich in allen pflanzlichen u. tier. Zellen; reichlich in manchen Bakterien, Hefe- u. Pilzarten; ferner in Milch, Käse, Eiern, Fisch, in Leber, Nieren, Nebennieren, Herz. Das mit der Nahrung aufgenommene, meist an Eiweiß gebundene Vitamin B_2 (Flavoprotein) wird durch Verdauung frei gemacht (freies Laktoflavin in größerer Menge in der Netzhaut) u. im Dünndarm resorbiert; dabei erfolgt Veresterung mit Phosphorsäure zu Riboflavin-5-Phosphat (↑Flavinmononukleotid; Flavinadenindinukleotid), das die eigentliche Wirkform von Vitamin B_2 darstellt, das Coenzym der gelben Oxydationsenzyme (Dehydrogenasen), die als Wasserstoffüberträger bei der Atmung wirksam werden. Mangelsymptome beim Tierexperiment sind Wachstumsstillstand, Hautschäden, Anämie, Krämpfe. Beim Menschen ist isolierter Mangel an Riboflavin (Ariboflavinose) selten; er tritt aber in Begleitung von Niazinmangel, von Eiweißmangel auf; es werden Haut u. Nerven betroffen (Stomatitis, Glossitis, Cheilosis, Hornhautentzündung). Ein internationaler Standard ist nicht festgelegt. Der Bedarf wird in Abhängigkeit von Alter, Geschlecht, besonderen Körperzuständen mit 1,5–2 mg/Tag angegeben. Er wird bei richtiger gemischter Ernährung reichlich gedeckt; überschüssig aufgenommenes Riboflavin wird im Harn ausgeschieden, der gelb gefärbt ist. Präparat: Beflavin®.

Vitamin-B-Gruppe: nicht mehr übliche Bezeichnung für ↑Vitamin-B-Komplex, aber ohne Vitamin B_1.

Vitamin-B_6-Gruppe: Adermin, eine Gruppe von nahe verwandten, konstitutionsspezif. Verbindungen, die im Organismus des Menschen ineinander überführt werden können. Grundsubstanz ist das ↑Pyridin. Biolog. wirksam sind das Pyridoxin (Pyridoxol) (2-Methyl-3-hydroxy-4,5-di(hydroxymethyl-)-pyridin), das Pyridoxal (2-Methyl-3-hyroxy-4-formyl-5-hydroxymethyl-pyridin) u. das Pyridoxamin (2-Methyl-3-hydroxy-4-methylamin-5-hydroxy-methyl-pyridin); es sind analoge Verbindungen mit Antivitaminwirkung bekannt, z. B. das Desoxypyridoxin; auch das Isonikotinsäurehydrazid (INH) entfaltet beträchtliche Antipyridoxinwirkung. Die Vitamine der B_6-Gruppe sind wasserlösliche, der Synthese zugängliche Verbindungen, die gegen Wärme u. Sauerstoff recht unempfindlich sind; reichlich vorhanden – meist an Eiweiß gebunden – in Hefe, Körnerfrüchten (Weizenkeimen), Obst, grünen Gemüsen, Trockengemüse, in Milch, Ei, Muskulatur; in Leber, Nieren, ferner in Bakterien (Darmbakterien). Das Pyridoxal-5-Phosphat wird als Coenzym des Aminosäurestoffwechsels bezeichnet. In dieser Eigenschaft ist es beteiligt an den Prozessen der ↑Transaminierung (Transaminase), der Aminosäure-Dekarboxylierung (Aminosäure-Dekarboxylase), des ↑Tryptophanstoffwechsels, der Aufnahme von Aminosäuren in die Zelle. Als metabol. Ausscheidungsprodukt erscheint Vitamin B_6 im Harn als Pyridoxinsäure. Eine echte, prim. Vitamin-B_6-Avitaminose ist beim Menschen nicht bekannt, da unter normalen Umständen der Vitamin-B_6-Bedarf durch enterale Synthese gedeckt wird. Eine gewisse Bedeutung hat das Pyridoxin als Zusatzfaktor bei der Heilung der ↑Pellagra u. des ↑Plummer-Vinson' Syndroms. Bei der Ratte zeigt sich die B_6-Avitaminose außer den Wachstumsstörungen u. Hautschäden in Störungen der Funktion des Zentralnervensystems, was sich in Ataxie u. epilept. Krämpfen äußert. Ein internationaler Standard ist noch nicht festgelegt; der tägliche Bedarf wird mit 2–4 mg angegeben; er steht im Zusammenhang mit der Eiweißzufuhr u. steigt bei körperlicher Beanspruchung an; für die Therapie ist Entscheidung von Fall zu Fall zu treffen. Präparate: Benadon®, Hexobion®.

Vitamin-B_{12}-Gruppe: Kobalamin, Antiperniziosa-Faktor, Extrinsic Factor, Animal Protein Factor (APF). Es handelt sich um eine Gruppe sehr komplizierter strukturierter Verbindungen, deren Grundskelett eine Art des modifizierten ↑Porphyrinringes darstellt u. in die Kobalt (etwa 4,5%) fest eingebaut ist. Es liegt eine gewisse Verwandtschaft zum ↑Häminsystem vor. Die verschiedenen vitaminwirksamen Substanzen unterscheiden sich im nukleotidartig gebundenen Basenanteil u. im Kobalt-Liganden (CN^-, OH^-, Cl^- usw.). Man unterscheidet Vitamin B_{12} (Zyanokobalamin), Vitamin B_{12a} (Reduktionsprodukt von B_{12}), Vitamin B_{12b} (Hydroxykobalamin), Vitamin B_{12c} (Nitritokobalamin usw. Vorkommen: Leber, Darminhalt u. Fäzes von Mensch u. Tier (Kuhmist), Faulschlamm, Fischpreßwässer; wichtiges Vorkommen in Kulturflüssigkeiten verschiedener Strahlenpilze, die als Ausgangsmaterial für die Großproduktion dienen: Streptomyces-Arten, insbes. S. griseus aurefaciens u. a., ferner andere Mikroorganismen: L. arabinosus, Bac. subtilis, Mycobact. smegmatis u. a. Die Forschung über die biochem. Funktion der Kobalamine ist noch im Fluß; es spielt wohl eine Rolle im Stoffwechsel der Methylgruppe (Umwandlung von Methylmalonyl-Coenzym A in die entsprechende Verbindung der Bernsteinsäure) sowie bei den Vorgängen der Karboxylierung. Es dürfte auch beteiligt sein bei der Synthese von ↑Methionin u. ↑Thymin; es bestehen Beziehungen zum ↑Folsäuresystem. Vitamin B_{12} ist für die normale Erythrozytenbildung unentbehrlich; fehlt es, so bleibt diese auf embryonaler Stufe stehen; es kommt zur Bildung von Zellen des megalozytären Typs; unentbehrlich für die normale Funktion der Nervenzellen. Vitamin B_{12} (Extrinsic Factor) bedarf zu seiner Resorption durch die Darmschleimhaut des von der Magenschleimhaut gebildeten ↑„Intrinsic Factor"; es wirkt wachstumsfördernd bei Küken u. Ferkeln bei Fütterung mit pflanzlichem Eiweiß. Man erzielt in der Tierfütterung durch Zugabe kleiner Mengen von Vitamin B_{12} zu vorwiegend pflanzlichen Rationen wirtschaftliche Erfolge. Mangelerscheinungen: Vitamin-B_{12}-Mangel führt zum Auftreten der perniziösen Anämie; die wesentliche Störung besteht darin, daß die Blutbildung auf früher Stufe im Knochenmark abwegig verläuft (Bildung von ↑Megaloblasten, die verlangsamt zu ↑Megalozyten ausreifen). Es besteht regelmäßig (durch Atrophie der Magenschleimhaut) eine histaminrefraktäre Achylie; Zufuhr von Vitamin B_{12} wirkt bes. günstig in Verbindung mit Folsäure; die Anämie kommt zur Abheilung, die zentralnervösen Erscheinungen zum Stillstand. Ein internationaler Standard ist noch nicht festgelegt. Kobalamine werden nur von Mikroorganismen synthetisiert, so daß Mensch u. Tier auf mikrobielle Quellen angewiesen sind. Das natürliche Kobalamin liegt meist in Bindung an Eiweiß vor. Tagesbedarf ca. 0,5–1 µg. Es ist zweifelhaft, ob der Mensch Kobalamin aus dem Kolon aufnehmen kann, so daß Zufuhr mit der Nahrung angezeigt ist. Präparate: Cytobion®, Aquo-Cytobion®.

Vitamin-B-Komplex: aus dem von C. Funk (1911) geprägten Begriff Vitamin B hat sich auf Grund der Forschung, die dessen Uneinheitlichkeit gelehrt hat, der Begriff Vitamin-B-Komplex herausgebildet. Man faßt darunter eine Gruppe wasserlöslicher, konstitutionsspezif. Vitamine zusammen, die in der Natur, z. B. in der Hefe, häufig vergesellschaftet vorkommen u. eine funktionelle Einheit darstellen. Eine Avitaminose, durch das Fehlen eines einzelnen bestimmten B-Vitamins hervorgerufen, ist deshalb relativ selten; meist handelt es sich um Mischformen des Mangels an verschiedenen B-Vitaminen. Die dieser Gruppe angehörenden Vitamine werden vielfach als ↑Coenzyme von Stoffwechselenzymen wirksam; der Vitamin-B-Komplex findet deshalb – neben dem Einsatz einzelner B-Vitamine – oft therapeut. Verwendung. Zum Vitamin-B-Komplex gehören die Vitamine B_1, B_2, B_6 u. B_{12} sowie die Vitamin-B-Faktoren Biotin, Nikotinsäure u. ihr Amid, sowie Pantothensäure. Die im Schrifttum sich gelegentlich noch vorfindenden Bezeichnungen B_3, B_4, B_5, B_7, B_{13}, B_{14} sind zu streichen. Präparate: BVK-Roche, Polybion®.

Vitamin C (Axel Holst u. Frölich, 1912; Szent-György u. King, 1932): L-Askorbinsäure, auch als Antiskorbutisches Vitamin, als Hexuronsäure bezeichnet. Es handelt sich um das synthetisierbare Lakton der 2-Keto-L-Gulonsäure, die eine En-diol-Gruppierung enthält. Wirksam ist auch die um 2 Wasserstoffatome ärmere L-Dehydroaskorbinsäure. Vitamin C, eine farblose, sauer schmeckende, leicht wasserlösliche, leicht oxydierbare Verbindung, die bei Sauerstoffausschluß recht unempfindlich gegen Erhitzen ist; überaus empfindlich gegenüber Oxydationsmitteln; in Gegenwart von gewissen Schwermetallen, vor allem von Kupfer, wird sie sehr schnell oxydiert; in absterbenden pflanzlichen Geweben wird diese Zerstörung durch vorhandene Askorbinsäureoxydase, ein kupferhaltiges Enzym, beschleunigt. L-Askorbinsäure zeichnet sich durch starkes Reduktionsvermögen aus u. bildet die Dehydro-L-Askorbinsäure, die mit Hilfe von Reduktionsmitteln (Schwefelwasserstoff usw.) reversibel zu L-Askorbinsäure reduziert werden kann. Wird die L-Dehydroaskorbinsäure weiter oxydiert, so entsteht die 2,3-Diketo-L-gulonsäure, die sich nicht mehr zu Vitamin C zurückbilden läßt. Die biolog. Funktion von Vitamin C, prakt. in jeder Zelle vorhanden u. als universeller Aktivator des Zellstoffwechsels betrachtet, besteht wohl in seiner Eigenschaft als Redoxkatalysator; es nimmt von dieser Seite her auf viele metabol. Prozesse Einfluß. Vitamin-C-Quellen für den Menschen sind in erster Linie frische Gemüse, Obst, Zitronen u. Kartoffeln. Von tier. Organen sind am reichsten Nebennieren, Corpus luteum, Hypophysenvorderlappen, Leber. Ein Teil des Vitamin C liegt in der Natur in gebundener Form vor (Askorbigen). Die meisten Tiere bauen Askorbinsäure in ihrem Organismus aus Kohlenhydrat auf; für sie ist Askorbinsäure kein Vitamin. Mensch, Affe, Meerschweinchen aber sind auf exogene Zufuhr angewiesen. Die physiolog. Funktionen sind überaus vielseitig u. noch nicht schlüssig erkannt. Die meisten Erscheinungen des Mangels an Askorbinsäure lassen sich auf die Beeinflussung des Bindegewebes zurückführen. So scheint die Neigung zu Blutungen vor allem auf einer unzureichenden Bildung von Zementsubstanz im Kapillarendothel zu beruhen, ebenso die mangelnde Bildung von Zahn- u. Knochensubstanz, die Beeinträchtigung der Wundheilung u. die Lockerung der Zähne. In Fibroblastenkulturen hemmt Mangel an Askorbinsäure die Bildung von Kollagen, Vitamin C nimmt Einfluß auf die Aktivität gewisser Enzyme, teils im pos., teils im neg. Sinne. Es stärkt die Resistenz gegen Infektionskrankheiten u. steigert die Abwehrmechanismen. Die klass. C-Avitaminose ist der Skorbut des Erwachsenen u. des Kleinkindes (↑Möller-Barlow' Krankheit). Die C-Hypovitaminose ruft präskorbut. Zustände hervor: Frühjahrsmüdigkeit, rasche Ermüdbarkeit, Appetitlosigkeit, Atemnot, Herzbeschwerden, vermehrte Anfälligkeit für Infektionen, Blutungsneigung, Trägheit der Magen- u. Darmfunktionen. Internationaler Standard: 1 IE = 0,05 mg krist. Askorbinsäure. Der Tagesbedarf wird für den Erwachsenen mit 50–100 mg/Tag angegeben, also etwa 1 mg/1 kg Körpergewicht; um Skorbut zu verhindern, werden schon 20 mg/Tag als ausreichend angesehen. Für die optimale Versorgung Erwachsener schlug Scheunert 125 mg/Tag vor. Erhöhter Bedarf stellt sich ein bei einer Reihe von Erkrankungen (Erkältungen, Fieber, Rheuma, Grippe, Pneumonie, Angina usw.), bei Knochenbrüchen (Knochen- u. Knorpelbildung), in der Geburtshilfe u. Gynäkologie, in der Stomatologie; für die therapeut. Dosierung ist die Entscheidung von Fall zu Fall zu treffen. Präparate: Cebion®, Cedoxon®.

Vitamin-C-Einheit: 1 internat. Einheit (IE) = 0,05 mg kristal. L-Askorbinsäure.

Vitamin-D-Einheit: eine internationale Einheit (IE) entspricht 0,025 μg reinem Vitamin D_2 (Ratte) bzw. 0,025 μg reinem Vitamin D_3 (Hühnchen); 1 klin. Einheit entspricht 100 IE.

Vitamin-D-Gruppe: Antirachitische Vitamine; Kalziferole. Diese Gruppe von chem. verwandten Verbindungen gehört – ebenso wie ihre Vorstufen (Provitamine) – zur Klasse der ↑Sterine. Durch Bestrahlung dieser Provitamine (Δ 5,7-ungesättigte Sterine) mit ultraviolettem Licht (photochem. Reaktion) entstehen unter Ringöffnung (Auftreten einer neuen Lückenbildung) die eigentlichen Vitamine von unterschiedlicher biolog. Aktivität. Aus ↑Ergosterin wird auf diese Weise das Vitamin D_2 (Ergokalziferol) gebildet, als Δ 7-Dehydrocholesterin das Vitamin D_3 (Cholekalziferol); es stellt das bei Mensch u. Tier natürlich vorkommende Vitamin D dar; aus Δ 22,23-Dihydroergosterin entsteht Vitamin D_4, aus 7-Dehydrositosterin das Vitamin D_5. Das Vitamin D_1 ist eine molekulare Verbindung von Vitamin D_2 mit dem Bestrahlungsprodukt ↑Lumisterin. Ohne prakt. Bedeutung sind Vitamin D_4 u. D_5. Die Vitamine D sind fettlöslich, wasserunlöslich, in öliger Lösung relativ stabil gegenüber Hitze, Luftsauerstoff u. Alkalien, dagegen empfindlich gegenüber Licht. Hauptquellen sind Butter, Milch, Eigelb, Körper- u. Leberöle von Seefischen (Thunfisch). Über die biochem. Wirkung ist wenig bekannt. Es fördert die Resorption von Ca in Ionenform u. beeinflußt den Knochenstoffwechsel (Verknöcherung); Vitamin-D-Mangel führt zum Krankheitsbild der Rachitis, stört den normalen Kalzium- u. Phosphatstoffwechsel. Provitamin D_3 wird im Körper unter ultravioletter Bestrahlung gebildet u. in erster Linie in der Haut abgelagert; es tritt weiterhin in Leber, Nieren, Nebennieren u. Gehirn auf. Vitamin D_3 ist beim Menschen etwas stärker wirksam als Vitamin D_2. Mangelsymptome: beim kindlichen Organismus ↑Rachitis, beim Erwachsenen stehen ↑Osteomalazie u. ↑Osteoporose im Vordergrund. Von Bedeutung ist, daß Vitamin D in Gehirn u. Nebennieren, Thymus, Leber, Nieren u. Haut in erheblicher Menge gespeichert werden kann. Nach Überdosierung, vor allem auf längere Zeit, können tox. Wirkungen (Hypervitaminose) auftreten, nämlich Kalkablagerungen in verschiedenen Geweben (Nieren, Myokard, Lungen, Nebenschilddrüsen, Lymphknoten, Arterien usw.); leichtere Folgen sind Appetitverlust, Erbrechen, Diarrhoe, Polyurie, Kopfschmerz, Benommenheit usw. Überdosierung kann aber auch zu einer patholog. Mobilisierung des Ca aus den Knochen führen. Der internationale Standard ist: 1 IE = 0,025 μg reines Vitamin D_2 (Ratte) oder Vitamin D_3 (Hühnchen). 1 klin. Einheit = 100 IE; der tägliche Bedarf wird angegeben für Kinder u. Erwachsene zu 400 bis 800 IE, während der Schwangerschaft u. Stillzeit zu 800–1000 IE. Die therapeut. Dosis (Stoßtherapie) ist von Fall zu Fall festzulegen. Cholecalciferol-Präparate: Vigantol®, Vigorsan®.

Vitamin-E-Gruppe (Evans u. Bishop, 1922): Tokopherole, frühere Bezeichnung Antisterilitätsvitamin. Es sind, in der Natur weit verbreitet, 7 Verbindungen von definierter Struktur mit biolog. unterschiedlicher Vitamin-E-Wirkung bekannt, nämlich α-, β-, γ-, δ-, ϵ-, ζ- u. η-Tokopherol. Ihnen liegt zugrunde das Chroman, aus dem die verschiedenen Tokopherole hervorgehen, die sich chem. durch die Zahl u. Stellung der substituierenden Methylgruppen voneinander unterscheiden. Kennzeichnend ist ferner die Gegenwart einer isoprenoiden Seitenkette, des Phytols. Für die Vitaminwirkung sind der Chromanring sowie das Vorhandensein mindestens einer Methyl- u. der Hydroxylgruppe am Ring von Bedeutung. Die Vitamine E sind fettlöslich, in Wasser unlöslich, gegen Erhitzen relativ beständig; sie werden durch ultraviolettes Licht, Alkalien, Sauerstoff der Luft, starke Oxydationsmittel, z. B. durch die bei der Autoxydation von Fetten u. Ölen gebildeten Hydroperoxide, zerstört. Im Pflanzenreich, vor allem in Ölen weit verbreitet, meist nur in kleiner Menge; reich an Vitaminen E sind Getreidekeimlinge u. deren Öl, insbes. das Unverseifbare, grüne Gemüse u. Salate; auch in Eidotter, Milch, Butter vorhanden. Die E-Vitamine werden als „Biologische Antioxydanzien" bezeichnet. Mit ihren Redoxeigenschaften greifen sie in alle damit in Zusammenhang stehende Stoffwechselprozesse ein, indem sie die Autoxydation von biolog. wichtigen ungesättigten Verbindungen hintanhalten (Karotin, Vitamin A, ungesättigte Fettsäuren usw.). Braune Verfärbung des Körperfettes, Ödeme, Gehirnerweichungen, degenerative Erscheinungen am Hoden lassen sich damit in Zusammenhang bringen. Weitere metabol. Funktionen bestehen in der Herabsetzung der Kreatinurie, der Beeinflussung des Fett- u. des Kohlenhydratstoffwechsels sowie des Wasserhaushalts, der Funktion der Hypophyse in Richtung der Aufrechterhaltung der Funktionstüchtigkeit der Fortpflanzungsorgane; diese Vitamingruppe sichert ferner die normale Entwicklung der glatten u. der quergestreiften Muskulatur (Herzmuskel). Schlüssige Klarheit über die biochem. Funktion der Tokopherole besteht noch nicht; eine typ. Vitamin-E-Avitaminose beim Menschen ist nicht bekannt. Man kennt aber bei einigen Erkrankungen der Genitalorgane günstige Wirkungen, z. B. bei habituellem u. drohendem Abort, bei Neigung zu Früh- u. Totgeburten, bei klimakter. Beschwerden, bei Nerven- u. Muskelschäden (Dystrophien), bei Schädigungen des Bindegewebes. Der internationale Standard (IE) entspricht 1 mg DL-α-Tokopherolazetat; 1 Ratteneinheit umfaßt 3 mg α-, 8 mg β- bzw. 8–10 mg γ-Tokopherol. Der Bedarf der Ratte wird auf etwa 3 mg/100 g Futter geschätzt. Um das „Antioxygene Potential" des menschlichen Körpers nicht zu überfordern, schlägt M. K. Horwitt die tägliche Zufuhr von 5 mg Tokopherol bei normaler Ernährungsweise vor; bei an Polyenfettsäuren reicher Kost (Ölküche) kann nach ihm der tägliche Bedarf 30 mg u. mehr betragen. Als pharmazeut. Präparate spielen (wasserlöslich, relativ stabil) vor allem α-Tokopherolazetat u. -sukzinat eine Rolle (Ephynal®, Evion®).

Vitamin F: nicht mehr gebräuchliche Bezeichnung für die essentiellen Fettsäuren, vor allem Linol-, Arachidon- u. strukturell verwandte Polyenfettsäuren (↑ Polyene), die wie die Linolsäure, weit verbreitet in der pflanzlichen Natur auftreten, im menschlichen u. tier. Körper aber nicht synthetisierbar sind; wohl aber kann die Linolsäure daselbst in die biolog. stärker aktive Arachidonsäure umgeformt werden. Diese essentiellen Fettsäuren sind infolge ihres ungesättigten Charakters stark oxydationsanfällig. Mangel an essentiellen Fettsäuren verursacht vor allem bei wachsenden jungen Tieren (Ratten) patholog. Veränderungen der Haut, am Schwanz (Nekrose), an Organen (Nieren, Hoden, Ovarien), des Wachstums, der Leber, des Wasserhaushalts usw. Beim Menschen hat man schlüssige Mangelerscheinungen nicht festgestellt, wohl aber bringt man Ekzeme des Säuglings damit in Zusammenhang; Angaben über den Bedarf an essentiellen Fettsäuren können mit Sicherheit nicht gemacht werden. E. Dam schlägt vor, dem Organismus 7–8 mg Linolsäure/Tag zuzuführen, wenn man je 1 kg Körpergewicht 1 g sichtbares u. unsichtbares Fett – je Hälfte tier. u. pflanzlichen (Öl) Ursprungs zugrunde legt; der Bedarf an Vitamin E ist dabei sicherzustellen.

Vitamin G (G-Faktor): frühere, heute nicht mehr übliche Bezeichnung für die thermostabile, wasserlösliche Fraktion des Vitamin B-Komplexes.

Vitamin H: Biotin, auch Bios (Wildiers), Coenzym R, Hautfaktor genannt. Die Struktur ist aufgeklärt; es handelt sich um das 3,4(2′-Ketoimidazolido)-2-(ω-Carboxybutyl)-Thiophan; es wurde aus Lebertran (Du Vigneaud u. a.), aus Eigelb (Kögl u. a.) isoliert u. kann synthet. gewonnen werden. Man kennt ferner ein Konjugat, das Biozytin, bei dem die Karboxylgruppe des Biotins mit der ϵ-Aminogruppe des ↑ Lysins peptidartig verbunden ist. Biotin, mit dem entsprechenden Protein verknüpft, stellt ein Enzym dar, das das Kohlendioxid (CO_2) an einem seiner Stickstoffatome bindet u. auf diese Weise die aktive, d. h. reaktionsbereite Form des Kohlendioxids bildet (in Form des Methylesters von

Lynen u.a. synthetisiert). Das Coenzym Biotin greift in alle metabol. Vorgänge ein, bei denen es sich um die Transferierung von CO_2 handelt (Fettstoffwechsel, Bildung der Oxalessigsäure aus Brenztraubensäure nach der ↑Wood-Werkman' Reaktion). Biotin – lange, farblose Nadeln aus Wasser kristallisiert – ist löslich in Wasser mit saurer Reaktion, hitzestabil, aber empfindlich gegenüber Sauerstoff u. UV-Strahlen; weit verbreitet in der Natur (Hefe, Reiskleie, Gemüse, Melasse, Hafer, Molke, Eigelb), in Organen (Leber, Niere, Gehirn), in Kompost, Jauche, Bakterien usw. Mit der Nahrung aufgenommenes, an Eiweiß gebundenes Biotin wird im Darmtrakt proteolyt. gespalten. Mangelerscheinungen werden unter normalen Verhältnissen beim Menschen kaum beobachtet, da einmal die Nahrung, zum anderen die Darmflora Zufuhr leisten. Rohes Eiklar provoziert Biotinmangel, indem das im nativen Eiklar vorhandene ↑Avidin das Biotin zu einem Komplex bindet, der im Magen-Darm-Trakt nicht gespalten wird u. nicht resorbierbar ist; 1 g reines Avidin bindet 7 mg Biotin. Als Folgen des Vitamin-Mangels treten auf Schuppung der Haut, Dermatitis, Appetitlosigkeit, Müdigkeit, Muskelschmerzen; hervorstechend ist die Beeinträchtigung der körpereigenen Fettsäure-Synthese. Einen internationalen Standard gibt es noch nicht; der Tagesbedarf wird auf 0,01 mg geschätzt; therapeut. (Blutkrankheiten, achyl. Chlorose, perniziöse Anämie usw.) werden Dosen von täglich 5 bis 10 mg eingesetzt.

Vitamin I: es soll sich um ein nach Eigenschaften u. Konstitution noch unbekanntes Vitamin handeln, das bei bronchopneumon. Prozessen pos. wirksam wird; angeblich in Zitronen, Apfelsinen, Holunderbeeren, Vogelbeeren nachgewiesen. Die Bezeichnung Vitamin I ist obsolet.

Vitamin-K-Gruppe (Dam, 1929): frühere Bezeichnung Koagulations- oder Antihämorrhagisches Vitamin. Es ist eine Anzahl von Verbindungen mit Vitamin-K-Wirksamkeit bekannt. Grundskelett der natürlich vorkommenden Vitamine K ist das 2-Methyl-1,4-Naphthochinon, das selbst biolog. wirksam ist – vermutlich wird es im Körper in Vitamin K_2 umgesetzt – u. als Vitamin K_3 bzw. als Menadion bezeichnet. Ist das Menadion mit dem Rest des Phytols verknüpft, so liegt das Vitamin K_1 vor (Phytomenadion$^{□}$ = Konakion®), bei Verknüpfung mit dem Rest des Squalens entsteht das Vitamin K_2 (β-Phyllochinon). Man kennt als wirksam das Vitamin K_4 (2-Methyl-1,4-Naphthohydrochinon), das Vitamin K_5 (2-Methyl-1-Hydroxy-4-Aminonaphthalin), das Vitamin K_6 (2-Methyl-1,4-Diaminonaphthalin); auch das Phthiokol (2-Methyl-3-Hydroxy-1,4-Naphthochinon) ist wirksam. Pharmazeut. wichtig sind das öllösliche Menadion, der wasserlösliche Dibernsteinsäureester des Vitamin K_4. Natürlich finden sich Vitamin K_1 in grünen Pflanzen (Gemüse, Brennessel, Luzerne), in Früchten (Tomate, Erdbeeren, Hagebutten usw.), im Leberfett von Schwein u. Küken; Vitamin K_2 in Bakterien (Coli-Bakterien), Fäzes, faulenden Fischen (Fischmehl). Vitamine K_1 u. K_2 sind gut öllöslich, schwer löslich in Äthanol, unlöslich in Wasser; sie sind lichtempfindlich u. unbeständig gegen Alkali, starke Säuren u. Oxydationsmittel. Der Vitamin-K-Mangel manifestiert sich vor allem in der Neigung zu Blutgerinnungsstörungen, zu Blutungen; von den Gerinnungsfaktoren ist hauptsächlich das ↑Prothrombin betroffen, das bei Vitamin-K-Mangel in der Leber nicht in ausreichender Menge gebildet wird. Häufigste Ursache eines Mangels sind Resorptionsstörungen (Hepatitis, Gallenfisteln, Pylorusstenose, akute Gastroenteritis usw.). Die Darmflora stellt viel Vitamin K zur Verfügung u. trägt normalerweise entscheidend zur Deckung des Bedarfs bei. Bei Mangel treten auf Hypoprothrombinämien, hämorrhag. Diathese (bei Neugeborenen). Durch Verabfolgung der erwähnten wasserlöslichen Präparate gelingt es, den Prothrombinspiegel des Blutes zu erhöhen. Ein internationaler Standard ist noch nicht bestimmt; man rechnet mit der Dam-Einheit = etwa 0,083 μg Vitamin K_1, 0,14 μg Vitamin K_2 bzw. 0,04 μg Vitamin K_3. Vermutlich spielt die Nahrung für die Vitamin-K-Zufuhr keine entscheidende Rolle; deshalb ist es schwierig, einen Tagesbedarf anzugeben; man gibt 2–4 mg/Tag an; Überdosierung kann zu Hämolyse führen.

Vitamin M (Day, Langston, 1938): ungebräuchliche Bezeichnung für ↑Folsäure.

Vitamin-P-Gruppe: Permeabilitätsvitamin; eine uneinheitliche Gruppe von Verbindungen mit gefäßverdichtender Wirkung; Bezeichnung Vitamin P ist nicht mehr gebräuchlich. Wirksame Substanzen sind Verbindungen der ↑Flavonglykoside, z.B. das Hesperidin (Hesperidin-Rutinose), das Eriozitrin (Eriodiktyol-Rutinose), das weit verbreitete Rutin (Querzetin-Rutinose). Reichliches Vorkommen in Zitronen, Apfelsinen, Paprika, Hagebutten, Johannisbeeren, Blüten, Blättern, Wurzeln. Das von Szent-György 1936 aus Paprika isolierte Zitrin ist ein Gemisch aus Hesperidin u. Eriozitrin. Physiologie: die gefäßverdichtende Wirkung macht sich vor allem in Kombination mit Vitamin [illegible] tend; auf diese Weise wird ei[illegible] wirkung des Skorbuts err[illegible] Askorbinsäure allein. Die w[illegible] stanzen, vor allem Rutin, viel[illegible]

licher Begleiter der Askorbinsäure, werden mit Erfolg bei erhöhter Kapillardurchlässigkeit verwendet (Birutan®, Rutinion®).

Vitamin Q: Ubichinon, ein in der Natur weitverbreitetes, substituiertes ↑Chinon mit einer variierten polyisoprenoiden Seitenkette, das wohl eine wesentliche Bedeutung in der Atmungskette besitzt. Ubichinon findet sich in relativ großer Menge in den ↑Mitochondrien. Die Vitaminnatur des Ubichinon ist noch umstritten. Mangelerscheinungen sind noch nicht bekannt (sehr weite Verbreitung!). Man bezeichnet das Ubichinon als Coenzym Q.

Vitamin T (Goetsch): undefiniertes Gemisch aus verschiedenen Vitaminen des B-Komplexes, Aminosäuren, Purinsubstanzen u. anderen z.T. noch unbekannten Stoffen. Aus verschiedenen Insekten (Termiten), Hefen, niederen Pilzen wurden Extrakte gewonnen, die die Assimilation von Nahrungsstoffen steigern, zu verbesserter Ausnutzung der Nahrung u. zu vermehrtem Wachstum führen. Die Bezeichnung Vitamin T ist zu streichen, da es sich dabei um ein nicht definiertes Stoffgemisch handelt.

Vitamin, antihämorrhagisches ↑Vitamin K.

V., antineuritisches: ältere, nicht mehr gebräuchliche Bezeichnung für ↑Vitamin B_1, ↑Aneurin, ↑Thiamin.

V., antirächitisches ↑Vitamin D.

V., antiseborrhoisches: ältere, nicht mehr gebräuchliche Bezeichnung für ↑Vitamin H, ↑Biotin.

V., antiskorbutisches: ältere, nicht mehr gebräuchliche Bezeichnung für ↑Vitamin C.

V., antixerophthalmisches: Xerophthalmie verhinderndes Vitamin; ältere Bezeichnung für ↑Vitamin A, ↑Axerophthol. [16]

Vitellin: phosphathaltiges Vorratseiweiß im Dotter des Hühnereis. P-Gehalt etwa 1%; die Phosphorsäure ist wie im Kasein am Serin gebunden. Neben dem V. findet sich im Eidotter noch das Phosphovitin mit 10%. P. [8]

Vitiligo ⟨*lat*⟩ *f:* scharf umgrenzte, depigmentierte Hautstelle. Sitz vielfach symmetr. an Handrücken, Vorderarmen, Gesicht, Hals u. Genitale. Haare an den betroffenen Stellen ebenfalls depigmentiert. Ursache unbekannt, vielleicht Schwäche der Nebennierenrinde.

V. perinaevica ↑Naevus leukopigmentosus. [43]

Vitium ⟨*lat*⟩ *n:* Fehler; hiermit ist in der Regel ein Vitium cordis ↑Herzklappenfehler gemeint. [10]

V. cordis congenitum: angeborener Herzfehler. [4]

maculae: kaum noch verwendete Bezeichnung für Schädigung des Gebietes der Macula bei Myopie. Es handelt sich um atroph. Dehnungsprozesse in der Aderhaut, Blutungen in diesem Bereich u. um den sog. Fuchs' Fleck. [36]

vitreus ⟨*lat*⟩: gläsern, glasartig. [1]

Vitriolquellen ↑Heilwässer. [45]

Vitrum guttatorium: (Rez.) ↑Tropfglas.

V. patentatum: (Rez.) ↑Tropfglas. [44]

Vivifikation ⟨*lat*⟩: Belebung. [17]

Vivisektion ⟨*lat*⟩ *f:* operativer Eingriff an lebenden Tieren zu wissenschaftlichen Zwekken unter Ausschaltung von Tierquälerei. [5]

vocalis ⟨*lat*⟩: auf die Stimme bezüglich. [28]

Voegtlin, Carl (*1879), Pharmakologe, Washington.

V.-Einheit: *Abk* VE; Standardtesteinheit für Hormone des Hypophysenhinterlappens, wird am herausgeschnittenen Uterus des Meerschweinchens bestimmt. Eine Einheit ist die Menge, die in einem standardisierten Pulver von 0,5 mg enthalten ist u. dieselbe Wirkung wie dieses am Uterushorn eines Meerschweinchens bzw. am Blutdruck hervorruft. [12]

Vogelaugeneinschlüsse: homogene, eosinophile protoplasmat. Einschlüsse in Karzinomzellen. Die V. wurden früher als Erreger des Karzinoms evtl. als Virus angesehen, stellen jedoch nur Degenerationsprodukte dar. [4]

Vogel|gesicht ↑Opisthognathie, ↑Mikrogenie, ↑Robin' Syndrom. [37]

~kopf ↑Aztekenschädel. [5]

~krankheit ↑Ornithose, ↑Psittakose. [40]

Voges-Proskauer-Reaktion: Nachweis der Bildung von Azetylmethylkarbinol durch *Aerobacter aerogenes (Bact. lactis aerogenes)* zur Differenzierung gegen *Escherichia coli.* In einer Traubenzucker-Bouillon-Kultur tritt nach Zusatz von Eisenchlorid u. Kalilauge bei Anwesenheit von *A. aerogenes* eine rötliche Färbung auf, die durch *E. coli* allein nicht hervorgerufen wird. [42]

Vogt, Alfred, zeitgen. schweizer. Ophthalmologe. Bes. bekannt durch seinen Spaltlampenatlas, der die klin. Bedeutung der Gullstrand' Leuchte bekannt gemacht hat.

V' Syndrom: dystroph. erbliche Altererkrankung der Hornhaut, auch Cornea guttata genannt. Von anderen Formen der Hornhautdystrophie schwer abzugrenzen.

V' Zyklodiathermie-Operation: diatherm. Verödung des Ziliarkörpers zwecks Senkung des intraokularen Druckes, durch Verminderung der Kammerwasserproduktion; vielfach modifiziert; ↑Glaukomoperation.

V.-Koyanagi' Erkrankung ↑Koyanagi' Erkrankung. [36]

Vogt, Cécile (1875–1962), Neuropathologin.

Vogt, Oskar (1870–1959), Neuropathologe, bedeutendes Forscherehepaar, Berlin-Buch, Neustadt/Schwarzwald. Vertreter der neuroanatomie u. Neuropathologie, insbes. der architekton. Hirnforschung. C. u. O. Vogt veröffentlichten bahnbrechende Arbeiten über das striäre System, über die Zyto- u. Myeloarchitektonik einschließlich Reizphysiologie der Großhirnrinde u. der Architektonik des Thalamus. Grundlegende Arbeiten zur Lebensgeschichte (Bioklise) des Neurons u. zur Pathoarchitektonik des Gehirns führten zur Begründung der ↑ Pathoklisenlehre. [2]

V' Krankheiten: sehr seltene, anlagebedingte Erkrankungen des extrapyramidalen Systems mit bestimmter anatom. Charakteristik (Status marmoratus im Striatum, Status dysmyelinisatus im Pallidum) u. klin. Symptomatik (hyper- bzw. dyskinet., hypokinet. Erscheinungen. [33]

Voigt' Grenzlinien: Grenzlinien der Hautinnervation (Dermatome). [43]

Voit, Carl v. (1831–1908), Physiologe, München.

V' Kostmaß ↑ Kostmaß nach Voit. [16]

Vola (manus) ⟨*lat*⟩ *f:* Hohlhand, Handteller. [23]

Volämie ⟨*lat, griech*⟩ *f:* Kennzeichnung für die Gesamtblutmenge, die sich unter physiolog. (Wachstum, Schwangerschaft) u. patholog. Bedingungen ändern kann (Hypo- oder Hypervolämie); normal etwa 74 ml Blut je kg/Körpergewicht (Normovolämie). Bestimmung mit Hilfe verschiedener Methoden (Farbstoffe, Fremdgase, radioaktive Isotope) bei unterschiedlich großer Fehlerbreite. Neben Änderungen der V. sind noch Verschiebungen im Verhältnis von Plasma zum Blutkörperchenvolumen (↑ Hämatokrit) zu beachten, z. B. oligozythäm. (Normo-)Volämie mit relativer Plasmavermehrung u. gleichzeitiger Abnahme des Blutkörperchenvolumens bei den meisten ↑ Anämien. [11]

volar ⁎ **volaris** ⟨*lat*⟩ ↑ palmaris. [1]

Volarflexion ↑ Palmarflexion. [1]

Vole-Bazillus: von Welsh bei Springmäusen entdecktes *Mycobact. tuberculosis* (Typus murinus) das für Menschen apathogen ist, aber nach Impfung eine Allergie u. Immunität erzeugt. Wird deshalb auch zur Tbk-Schutzimpfung verwandt. [15]

Volhard, Franz (1872–1950), Internist, Halle u. Frankfurt a. M.

V' Wassertrinkversuch: Pat. läßt morgens Harn, bleibt nüchtern, trinkt 1500 ml (oder nach modifizierter Methode 1000 ml) Wasser oder dünnen Tee u. läßt alle halbe Stunden Urin. Innerhalb von 4 h wird beim Gesunden diese Menge oder mindestens 2/3 von ihr ausgeschieden, das spezif. Gewicht sinkt auf 1001. Dann wird der Konzentrationsversuch angeschlossen, der Kranke erhält für weitere 20 h nur Trockenkost u. läßt alle 2 h Urin, in dem jeweils das spezif. Gewicht bestimmt wird. Es steigt normalerweise bis mindestens 1026. Mit dieser Methode kann bei Nierenerkrankungen eine Ausscheidungs-, eine Verdünnungs- u. eine Konzentrationsschwäche der Niere festgestellt werden. Der Versuch ist kontraindiziert bei akuter Nierenentzündung, akuter Herzschwäche, sehr stark erhöhtem Blutdruck u. bei Neigung zu eklampt. Pseudourämie. Das Ergebnis kann durch extrarenale Faktoren (Ödematose, Lebererkrankungen, endokrine Störungen, Stoffwechselerkrankungen) gestört werden. [9]

Volhard, Jakob (1834–1910), Chemiker, Vater von Franz V. Methode zur quantitativen Chlorbestimmung im Urin. [9]

Volkmann, Alfred Wilhelm (1800–1877), Physiologe, Halle.

V' Kanäle: im Lamellenknochen (Knochengewebe) vorhandene, nicht konzentr. Lamellen umgebene, sondern diese schräg oder senkrecht durchbrechende, also perforierende Kanäle, die Gefäße enthalten, welche, vom Periost oder Knochenmark kommend, die innere oder äußere Generallamelle durchbrechen u. so Verbindung mit dem System der Havers' Kanäle der Substantia compacta des Knochenmarks aufnehmen. [2]

Volkmann, Richard v. (1830–1889), Chirurg, Halle.

V' Beckenstütze: Bänkchen zur Auflage der Kreuzbeingegend bei Anlage eines Beckengipsverbandes. [18]

V' Deformität: durch Fibuladefekt entstandener schwerer Knickfuß. [23]

V' Dreieck ↑ Knöchelbruch.

V' Löffel: scharfrandiger Löffel zur Auskratzung von chron. eiternden Wundhöhlen oder Fisteln.

V' Muskelkontraktur ↑ Muskelkontraktur, ischämische.

V' Schiene: dachrinnenähnliche starre Schiene mit senkrechtem Fußblatt zur Lagerung bei gestrecktem Knie. [18]

Volksmedizin: volkstümliche, gemeinverständliche Aufklärung über gesunde Lebensweise u. Krankheitsverhütung sowie Anwendung einfacher Mittel ohne die Grundlage medizin.-wissenschaftlicher Kenntnisse. [48]

Vollmondgesicht = Facies lunata: rundes Puppengesicht mit ödematöser Auftreibung der Wangen u. karmesinroter Gesichtsrötung = „Tomatengesicht". Es erlaubt oft, auf den ersten Blick die Vermutungsdiagnose Cushing' Krankheit zu stellen. [12]

Vollpipetten: P., die nicht unterteilt sind u. nur ein Volumen zu messen gestatten. [42]

Volltrunkenheit: Zustand schweren Alkoholrausches mit Unfähigkeit zu geordneten Denk- u. Handlungsabläufen; ↑ Alkoholvergiftung. [34]

Volumen ⟨*lat*⟩ *n:* Umfang, im Sinne von Rauminhalt.

V. pulmonum auctum: vermehrter Luftgehalt der Lunge bei akuter Lungenblähung. [9]

Volumen|elastizität: Symbol *E'*; in der Kreislaufphysiologie übliche Einheit zur Charakterisierung des elast. Verhaltens von Hohlkörpern (Gefäße). Sie gibt die Druckänderung (Δp) an, die für das Erreichen einer bestimmten Volumenänderung (ΔV) nötig ist.

$$E' = \frac{\Delta p}{\Delta V}.$$

~puls: pulsator. Volumenschwankung einer Gefäßeinheit. Kann mit dem Plethysmographen als rhythm. Änderung der Gefäßfüllung, z. B. einer Extremität gemessen werden.

~regulation des Kreislaufes: spielt sich in dem etwa 85% des Gesamtblutvolumens enthaltenden Niederdrucksystem des Kreislaufes ab. Die auf Grund der hohen Dehnbarkeit geringen Druckänderungen reichen aus, um bei Volumenänderung 1. den Kapillardruck u. damit die Filtration in den extravasalen Raum zu verändern u. 2. Dehnungsrezeptoren des Herzens in den Vorhöfen u. den Hohlvenen zu erregen. Letzteres führt wahrscheinlich über den Hypothalamus zur Variation der Ausschüttung des antidiuret. Hormons (ADH) aus dem Hypophysenhinterlappen ins Blut u. damit der Harnausscheidung. Langfristige Änderung des Blutvolumens durch Schwankung der Osmolarität des Blutes u. seines Ionengehaltes möglich. Hierbei spielen Osmorezeptoren im Hypothalamus eine Rolle. Als Effektoren dienen die Ausscheidungsfunktion der Niere, die äußere Atmung, das Resorptionsverhalten des Magen-Darm-Kanales u. die exkretor. Drüsen. Durch druckschwache Dehnung im Verbreitungsgebiet der venös-vasalen Dehnungsrezeptoren, wie sie bei Zunahme des extrazellulären Flüssigkeitsraumes infolge von Natrium- u. Wasserretention auftreten kann, geht die Abgabe von ↑Aldosteron zurück, wodurch von den Nieren mehr Natrium ausgeschieden wird. Da in diesem Falle auch die Ausschüttung von ↑Vasopressin (ADH) zurückgeht (verminderte Reizung der Osmorezeptoren) erhöht sich auch die Wasserabgabe mit der Niere, so daß das normale Volumen der Flüssigkeitsräume, insbes. auch das Blutvolumen, wiederhergestellt wird. [7]

Volumeter: auch „Spirometer" oder „Respirometer"; Gerät zur Kontrolle des Atemvolumens. V. finden in der Narkosetechnik u. der postoperativen Krankenüberwachung Verwendung. [27]

Volutin: phosphorhaltiger Reserveeiweißkörper bei Bakterien, Aktinomyzeten, Pilzen u. Algen. [42]

~körnchen ↑Babes-Ernst' Körperchen. [40]

Volvulus ⟨*lat*⟩ *m:* bes. Form des Darmverschlusses durch Achsenumdrehung einer lang gekrösten Darmschlinge, bes. für das Colon sigmoideum zutreffend; ↑Kolon. [32]

Vomer ⟨*lat*⟩ *m:* die Pflugschar; das Pflugscharbein (bildet den hinteren unteren Teil der Nasenscheidewand). [1]

Vomitio ⟨*lat*⟩ *f:* Erbrechen. [9]

Vomitivum remedium ⟨*lat*⟩: Brechmittel. [44]

Vomitus ⟨*lat*⟩ *m:* Erbrechen. [9]

V. biliosus: Galleerbrechen.

V. cruentus: Bluterbrechen.

V. faeculentus: Koterbrechen. [18]

V. gravidarum = Emesis gravidarum: Schwangerschaftserbrechen, bei Frühschwangeren häufig, so daß es als (unsicheres) Schwangerschaftszeichen gilt; in Grenzen auftretend harmlos u. nicht behandlungsbedürftig. [29]

V. marinus: Seekrankheit.

V. matutinus: das morgendliche Erbrechen schleimiger Massen der Trinker, bedingt durch chron. Gastritis oder ausgelöst durch Rachenkatarrh. [9]

Vondran' Apparat: Desinfektions- bzw. Desinsektionsapparat, bes. für wertvolle, zur Dampfdesinfektion bzw. Dampfdesinsektion ungeeignete Gegenstände. Arbeitet mit trokkener Hitze bei 80°C; Heißluft wird durch Gebläse bewegt, dadurch Erhöhung der Desinfektionswirkung u. Verkürzung der Einwirkungszeit: Desinfektion 24 h, Desinsektion 90 min. [41]

Voracitas ⟨*lat*⟩ *f:* Gefräßigkeit, Heißhunger. [34]

Vorbeireden ↑Parologie. [34]

Vorbeizeigen ↑Zeigeversuch. [33]

Vorderarmzeichen ↑Léri' Zeichen. [33]

Vorderhauptslage: Deflexionslage des Kindes unter der Geburt, wobei im Gegensatz zur normalen Hinterhauptslage nicht die kleine, sondern die große ↑Fontanelle führt u. der Rücken hinten liegt. Es muß ein größerer Kopfumfang den Beckenausgang passieren, wobei es zur Geburtsverlangsamung, Dammrißgefahr, erhöhter Operationsfrequenz u. Kindersterblichkeit kommt. Ursache nicht selten in der bes. Form von mütterlichem Becken oder kindlichem Kopf. [29]

Vorderhörner des Rückenmarks = Vordersäulen (Columnae anteriores): die nach vorn ventralwärts gelegenen Teile der grauen Masse des Rückenmarks, aus denen die vorderen Wurzeln mit den motor. Nervenfasern heraustreten. [1]

Vorderkammer|blutung ↑Hyphaema.

~linsen: meist aus Kunststoff, zuweilen auch aus Silikatglas hergestellte Linsen, die zum Ausgleich von Brechungsfehlern, insbes. bei Aphakie in die Vorderkammer eingepflanzt werden. Opt. ausgezeichnete Wirkung. Da aber sehr viele i.o. Linsen nach kurzer oder längerer Zeit schwere dystroph. Hornhautschäden hervorrufen, die auch durch Herausnahme der Linse nicht zu beheben sind, sind sie zugunsten der schwimmenden ↑Hornhautlinsen fast völlig aufgegeben worden. [36]

Vordersäulen = Columnae anteriores ↑Vorderhörner des Rückenmarks. [1]

Vorderscheitelbeineinstellung: vorderer ↑Asynklitismus. [29]

Vorderseitenstrang|bahn = Funiculus anterolateralis (Fasciculus ventrolateralis) des Rückenmarks: führt vorwiegend Fasern für Temperatur u. Schmerz; verläuft im Rückenmark gekreuzt; besteht aus dem Tractus spinoreticularis, spinotectalis u. spinothalamicus. [1]

~durchtrennung ↑Chordotomie. [20]

Vorfall ↑Prolaps. [29]

Vorflutgefäße: im engeren Sinne die mit ↑Polkissen umgebenen Gefäße, z.B. in der Milz; im weiteren Sinne alle Blutspeicher, z.B. in der Leber, Lunge, Milz, den subpapillären Plexus der Hand. [10]

Vorfühlen von Wetterereignissen: Tatsache, daß Menschen, vor allem solche mit chron. Gelenkbeschwerden, Narben, Amputationsstümpfen usw. geraume Zeit vor Eintritt schlechten Wetters über Reißen, Ziehen u.ä. klagen. Mehrfach lassen die Beschwerden mit „Fallen des ersten Regentropfens" nach. Streng meteorolog. besteht ein V. gar nicht, da um diese Zeit sich in der Höhe auch meteorolog. bereits erste Anzeichen eines Frontendurchganges nachweisen lassen. [13]

Vorhaut = Praeputium ⟨*lat*⟩ *n:* die die Eichel des männlichen Gliedes bzw. der Klitoris überziehende Haut. [1]

Vorhof = Atrium: Bestandteil des ↑Herzens; Syn. ↑Vestibulum. [10]

~aneurysma: umschriebene Erweiterung einer Vorhofwand durch Dilatation eines Bereiches der Vorhofwand. [21]

~bogengangsapparat ↑Vestibularapparat. [28]

~dilatation: übermäßige Erweiterung eines Vorhofs. Die Ursache ist meistens eine Druckerhöhung, die entweder durch Verengerungen der Atrioventrikularklappen oder durch eine myogene Insuffizienz des nachgeschalteten Ventrikels hervorgerufen wird. Ein wesentlicher Faktor der Vorhofdruckerhöhung ist die Dehnung durch zurückfließendes Blut aus dem Ventrikel während der Systole bei Segelklappeninsuffizienz. Auch Vorhofseptumdefekte führen zu erheblichen Dilatationen des re. Vorhofs. Bei erworbenen Herzfehlern findet man die Dilatation des li. Vorhofs bes. ausgeprägt bei der Mitralstenose, des re. Vorhofs bei der Trikuspidalstenose. [21]

~drüsen: Drüsen des Vestibulum vaginae (Scheidenvorhof); 1. Glandulae vestibulares Maiores, große Vorhofdrüsen (↑Bartholin'Drüsen); 2. Glandulae vestibulares minores, kleine Vorhofdrüsen. Gruppe kleiner, rein muköser Schleimdrüsen im Bereich des gesamten Umfanges des Scheideneingangs. [2]

~extrasystole ↑Extrasystole. [10]

~fenster = Fenestra vestibuli ovalis: ovales Fenster an der medialen Paukenhöhlenwand oberhalb des Promontoriums, führt von der Paukenhöhle zum Vorhof des Labyrinths, wird durch die Fußplatte des Steigbügels verschlossen. [28]

~flattern: bei erheblichen Vorhoftachykardien - über etwa 200 Schläge in der Minute - kann Vorhofflattern eintreten, das seinerseits wieder in ↑Vorhofflimmern übergehen kann. Das Auftreten von V. wird durch die gleichen Faktoren wie das Vorhofflimmern begünstigt. Da beim V. meist nicht jede Vorhoferregung zu den Kammern übergeleitet wird, spricht man von einem 2:1, 3:1 usw. Vorhofflattern, je nachdem, wie viele Vorhofflatterwellen auf eine Kammererregung entfallen. Wird ausnahmsweise jede Erregung vom V. übergeleitet, so handelt es sich um ein 1:1 Vorhofflattern = deblockiertes Vorhofflattern, das bei gleichzeitiger intravesikulärer Leitungsstörung als Kammerflimmern in Erscheinung tritt.

~flimmern: eine unkoordinierte, sehr frequente Vorhoftätigkeit mit einer Vorhoffrequenz von über 300 Schlägen in der Minute bei der nur noch vereinzelt Erregungen zu den Kammern durchgeleitet werden. Kann aus tox.-entzündlichen Ursachen, bei akuter Überlastung der Vorhöfe oder Sklerose des Herzens auftreten. Da sich bei einer derart hohen Frequenz die Vorhöfe kaum kontrahieren, ist die Gefahr wandständiger Thromben, bes. in den Herzohren, gegeben. [10]

~infarkt: extrem seltene Form des Verschlusses einer Herzkranzarterie mit Versorgung des Vorhofbereiches. [21]

~kammerblock ↑Überleitungsstörungen; AV-Block.

~knoten ↑Erregungsleitungssystem.

~pfropfung: man unterscheidet eine elektr. von einer hämodynam. Vorhofpfropfung. Bei der elektr. V. kommt es infolge erheblicher Verlängerung der ↑Überleitungszeit (PQ-Dauer des Ekg) zu einer rückläufigen Verschmelzung mit der T-Zacke, insbes. bei verlängerter QT-Dauer u. gleichzeitiger ↑Tachykardie; die hämodynam. V. kann bereits physiologischerweise, u. zwar ebenfalls bei

Tachykardien, auftreten, indem die Vorhofkontraktion einsetzt, bevor die Ventrikelentleerung des vorausgegangenen Schlages beendet ist. [10]

~säckchen ↑Utriculus u. ↑Sacculus; gehören zum häutigen Labyrinth. [28]

~septumdefekt: angeborener Defekt in der Scheidewand zwischen dem re. u. li. Vorhof. In der Herzentwicklung gibt es ein Septum primum u. ein Septum secundum. Je nach dem Zeitpunkt der Entwicklungsstörung entsteht ein Septum-primum- oder ein Septum-secundum-Defekt. Bei einer Defektbildung infolge Störung in der Entwicklung des Septum primum findet sich der Defekt direkt über dem Grat zwischen der Mitral- u. Trikuspidalisklappe, medial vom Sinus coronarius. Seine hintere u. untere Begrenzung wird vom Atrioventrikularknoten u. dem Hauptstamm des His' Bündels gebildet. In vielen Fällen besteht eine Spaltbildung im aortalen Mitral- u. im septalen Trikuspidalsegel. Der Sekundumdefekt liegt immer lateral vom Sinus coronarius u. besitzt nach den Atrioventrikularklappen hin stets einen Septumsaum. Er kann hoch als Cava-cranialis-Defekt, in der Mitte oder auch tief als Cava-caudalis-Defekt gefunden werden. Es besteht zunächst ein Kurzschluß von li. nach re. u. damit ein Rezirkulationsherz, das meistens eine operative Korrektur erforderlich macht. [21]

~systole: Zusammenziehung der Herzvorhöfe am Ende der Diastole der Herzkammern. Es wird dabei während etwa 0,1 s eine geringe Menge von Blut unter leichtem Druckanstieg noch in die Kammern befördert. Die V. ist hämodynam. von geringer Bedeutung, da die Blutförderleistung des Herzens bei Ausfall der V. kaum gestört ist. [7]

~tachykardie ↑Tachykardie, ↑Vorhofflattern.

~zacke: P-Zacke des ↑Elektrokardiogramms. [10]

Vorkern: der im Ei nach der Richtungskörperbildung verbleibende haploide Kern ist der weibliche V. Der männliche V. entwickelt sich aus dem Kopf des eingedrungenen Samenfadens. Sie vereinigen sich zum diploiden Furchungskern; ↑Reduktionsteilung. [3]

Vormilch ↑Kolostrum. [29]

Vorniere = Pronephros: 1. zuerst entstehendes Nierenorgan der Wirbeltiere. Beim Menschen nur embryonal u. rudimentär angelegt. Beste Ausbildung bei Keimlingen von 4–5 cm. Der ausführende Vornierengang wird zum Urnierengang (Wolff' Gang) weitergebildet; 2. unter diesem Namen faßte Volhard die sog. Depotfunktion der Gewebe zusammen. Er stand auf dem Standpunkt, daß harnfähige Substanzen vor ihrer Ausscheidung vorübergehend in den Geweben abgelagert würden. Dies kann in wechselnden Mengen geschehen, vor allem im Zusammenhang mit dem Wassergehalt des Organismus. [7]

Vorprobe, biologische ↑Oehlecker; biologische Vorprobe. [11]

Vorsteherdrüse ↑Prostata. [24]

Vorstellung: während Empfindungen u. Wahrnehmungen unmittelbare Widerspiegelungen der Wirklichkeit sind, die während der Dauer der Einwirkung der entsprechenden opt., akust., kinästhet. usw. einfachen bzw. komplexen Reize zustande kommen, entstehen Vorstellungen durch Erregungs- u. Hemmungsvorgänge, bei denen Spuren voraufgegangener Reize eine entscheidende Rolle spielen. Vorstellungen sind nachträgliche Widerspiegelungen der Wirklichkeit, Abbilder von Gegenständen oder Verhältnissen, die im betreffenden Augenblick selbst nicht wahrgenommen werden. [35]

Vorstellungen, überwertige: Gedanken, Sorgen, Befürchtungen, die infolge starker Gefühlsbetonung ein Übergewicht bekommen, so daß sie das ganze Denken, Handeln, Wahrnehmen u. Erinnern beherrschen. Eine sichere Abgrenzung zu Wahngedanken ist nicht immer möglich. [34]

Vortex ⟨*lat*⟩ *m:* Wirbel, Strudel; ↑Vertex.

V. cordis: der Herzwirbel; kommt dadurch zustande, daß an der Herzspitze die äußeren Schräg- in die inneren Längsmuskelfasern unmittelbar umbiegen. [1]

V. purulentus: Hornhautvereiterung. [43]

Vortices pilorum: die Haarwirbel (auf dem Scheitel u. in den Achselhöhlen). [1]

vorticosus; verticosus ⟨*lat*⟩: strudelreich, voller Wasserwirbel. [1]

Vorwasser: Fruchtwasser, welches sich während der Geburt im unteren Eipol vor dem kindlichen Kopf befindet u. beim Blasensprung abfließt. Das oberhalb des Kopfes sitzende Hauptwasser fließt während der Wehen nicht ab, weil der Kopf normalerweise gut abdichtet. Bei Querlagen fehlt das Vorwasser also. [29]

Vorwehen: nicht selten schmerzhafte Gebärmutterkontraktionen am Ende der Schwangerschaft, die den Muttermund nicht wesentlich eröffnen u. nicht zur Geburt führen. Unterscheidung von echten Eröffnungswehen bzw. Differentialdiagnose zur prim. Wehenschwäche schwierig. Klärung manchmal durch Gabe von Spasmolytika möglich, welche die Vorwehen vertreiben, echte Wehen erfolgreich weitergehen lassen. [29]

Vossius' Ringtrübung: bei Prellung des Augapfels von vorn kann der Pupillenrand so auf die Linse gedrückt werden, daß dort eine ringförmige Ablagerung von Pupillarsaumpigment entsteht u. lange liegenbleibt. [36]

Voussure ⟨*frz*⟩ *f:* Buckel; im engeren Sinne die Buckelbildung, die an der Vorderseite des Thorax über dem Herzen bei sehr früh erworbenen oder angeborenen Herzfehlern auftreten kann, indem die damit verbundene Herzhypertrophie bzw. vermehrte Herzaktion bei nachgiebigem Thorax (insbes. bei Rachitis) zu einer örtl. Vorwölbung führt. [10]

Vox ⟨*lat*⟩ *f:* Stimme.

V. senilis: Altersstimme. [28]

V-Phlegmone: Sehnenscheidenphlegmone der Hohlhand, die durch die Sehnenscheiden des Daumens oder der kommunizierenden Kleinfingerbeuger fortgeleitet wird. Die Sehnenscheiden der 2.–4. Fingerbeuger bleiben im Hohlhandbereich frei, weil deren Fingersehnenscheiden etwa in Höhe der Grundgelenke jede für sich abgeschlossen sind, weshalb ein Infekt von dem ursächlichen Panaritium nur bis dahin, aber nicht in die Hohlhand weitergeleitet werden kann. [18]

V.P.R.: *Abk* für Voges–Proskauer-Reaktion. [42]

de Vries, André, zeitgen. Pädiater, Israel.

de Vries' Syndrom: familiär, bei beiden Geschlechtern auftretende ↑Parahämophilie A in Kombination mit Syndaktylie. [11]

Vrolik, William (1801–1863), Anatom, Groningen.

V' Syndrom: Syn. Osteogenesis imperfecta letalis Vrolik, Osteogenesis imperfecta congenita (von Vrolik 1849 beschrieben); prognost. ungünstige Form erblicher Knochenbrüchigkeit. Symptome: schon bei Geburt zahlreiche mobile oder geheilte Frakturen, kurze deformierte Gliedmaßen, die oft stummelförmig erscheinen ↑Caput membranaceum, Minderwuchs, üppige Lanugobehaarung, oft blaue Skleren, selten Schwerhörigkeit; röntgenolog. schwere ↑Osteoporose. Die Kinder sterben meist schon in den ersten Lebensmonaten an interkurrenten Erkrankungen. [32]

Vulnerabilität ⟨*lat*⟩: Verletzbarkeit, z.B. oberflächlich gelegener Nerven, Gefäße oder Organe (Hoden). [18]

Vulnus ⟨*lat*⟩ *m* ↑Wunde. [18]

Vulpian, Edme Felix Alfred (1826–1887), Neurologe, Paris.

V.–Philipeaux' Phänomen: nach Durchschneidung des motor. Nerven machen sich im degenerierenden Muskel rasche fibrilläre Zuckungen bemerkbar. Diese Zusammenziehungen sind am deutlichsten an der Oberfläche der Zunge nach Durchschneidung des N. hypoglossus. Durch Reizung des zugehörigen sensiblen Nerven werden die fibrillären Zuckungen noch verstärkt. Reizt man die sensiblen Fasern stark, so kommt es zu einer trägen, anhaltenden Zusammenziehung des ganzen Muskels. [7]

Vulva ⟨*lat*⟩ *f* ↑Pudenda feminae. [29]

Vulvismus ⟨*lat*⟩ ↑Vaginismus. [29]

Vulvitis ⟨*lat*⟩: Entzündung des äußeren weiblichen Genitales. [29]

vulvovaginal ⟨*lat*⟩: äußeres Genitale u. Scheide betreffend. [29]

Vulvovaginitis: Entzündung der äußeren Geschlechtsteile u. der Scheide. [29]

V. gonorrhoica infantum: Entzündung der Vulva u. Vagina durch Übertragung gonokokkenhaltigen Materials (Badeschwämme, Handtücher, selten direkte Infektion) auf die äußeren Genitalorgane noch nicht geschlechtsreifer Mädchen. Komplikationen selten. Differentialdiagnose: Wurmbefall, Infektionen mit harmlosen Diplokokken. [43]

V. herpetica: Primärinfektion der Vulva u. Vagina durch ↑Herpesviren. [40]

Vv.: *Abk* für Venae, *Pl* von Vena. [1]

W

W: 1. (chem.) Symbol ↑Wolfram; 2. (physikal.) *Abk* für ↑Watt. [8]

Waaler-Rose' Reaktion: Differential-Agglutinations-Test (*Abk* D.A.T.); von dem norweg. Forscher Waaler u. dem Amerikaner Rose angegebene Agglutinationsreaktion in der Rheumaserologie. Das Prinzip der Reaktion beruht darauf, daß dem inaktivierten u. in Verdünnung von 1:4 bis 1:1024 bereitgehaltenen Patientenserum gleiche Mengen einer durch Sensibilisierung mit von Kaninchen gewonnenen Anti-Schafblutkörperchenserum vorbehandelten Hammelerythrozyten-Aufschwemmung hinzugefügt werden. Die ursprüngliche W.-R' Reaktion weist den Gesamtbestand an Agglutininen nach, also auch den unspezif. Anteil an Heteroagglutininen. Der pathogene Anteil, der prakt. allein interessiert, wird durch die Modifikation von Svartz-Schlossmann ermittelt. [13]

Waardenburg, P. Johannes v., zeitgen. holländischer Ophthalmologe, Arnheim.
v. W' Syndrom: Komplex multipler Mißbildungen; Kombination des ↑Crouzon' Syndroms mit dem ↑Apert' Syndrom. [5]

Waben|lunge ↑Zystenlunge. [5]
~schädel: röntgenolog. Zeichen bei der Dystosis craniofacialis. [23]
~struktur am Knochen: röntgenolog. Zeichen bei verschiedenen Knochenerkrankungen, Retikulosarkom, Plasmozytom, Karzinommetastasen. [23]

Wachanfälle ↑Narkolepsie. [33]

Wacholder|beere = Fructus juniperi: die kugelige, fleischige (getrocknete) Frucht (Scheinbeere, Beerenzapfen) des Wacholders (Juniperus communis), auch Machandel, Kranewit oder Kaddig genannt; immergrüner Baum oder Strauch aus der Nadelholzgattung. Die zweijährigen blauschwarzen bis violetten Beerenzapfen („Beeren"), die auf Grund ihres würzigen Geruches u. Geschmakkes als Küchengewürz (z.B. für Sauerkraut) u. zur Herstellung von Wacholderbranntwein Verwendung finden, enthalten Harz, Fett, Säuren, Traubenzucker, Bitterstoff u. äther. Wacholderöl (etwa 1%). Medizin. Verwendung als harntreibendes, schweißtreibendes sowie als schleimlösendes Mittel, ferner als Bäderzusatz.
~branntwein: Branntwein mit feinem Wacholderaroma, der aus vergorener Wacholdermaische gewonnen wird.
~öl = Oleum juniperi: äther. Öl der Wacholderbeeren. Hauptbestandteile: d-α-Pinen, Cadinen, Camphen, Junipen, Junen. Diuret. Wirkung vorwiegend durch Junen ($C_{10}H_{16}$). Verursacht Nierenreizung, bei Nierenerkrankungen bereits in therapeut. Dosen schädigend. [44]

Wachs = Cera: glyzerinfreies Gemisch aus Estern von einbas. höhermolekularen Fettsäuren mit meist einwertigen höheren Alkoholen sowie aus variablen Mengen an freien Fettsäuren, Kohlenwasserstoff, Sterinestern usw. Man unterscheidet natürliche Wachse (Bienenwachs, Spermazetöl [Walrat], Schellackwachs, Karnaubawachs, Kandelillawachs, Zuckerrohrwachs), chem. veränderte, teilsynthet. u. vollsynthet. Wachse. Wachse werden biolog. als Oberflächenschutz eingesetzt. Das dem Mineralreich entstammende Erdwachs (Ozokerit, Zeresin) ist ein Gemisch aus höheren Kohlenwasserstoffen. Verwendung in der Pharmazie (Salben usw.), ferner als Schuhkrem, Bohnerwachs, Kerzen, Wachspapier usw. [16]

Wachs|leber ↑Speckleber; wachsartige Beschaffenheit einer blutarmen Leber bei ↑Amyloidose.
~milz ↑Speckmilz; wachsartige Beschaffenheit einer blutarmen Milz bei Amyloidose. [5]

Wachstum ↑Körpergewicht.
W., appositionelles: Wachstumsvorgang, bei dem die Massenzunahme eines Organs von außen erfolgt; z.B. beim Knorpel durch Entwicklung neuer Knorpelsubstanz vom Perichondrium her, indem die Bindegewebszellen des Perichondriums zu Knorpelzellen. werden. [2]
W., infiltrierendes: invasive Ausbreitungsform vor allem der bösartigen Neubildungen mit wurzelförmigem Eindringen der Geschwulst in das umgebende Gewebe. Im Gegensatz dazu steht das expansive, verdrängende Wachstum gutartiger Geschwülste. Erstere sind operativ leicht, letztere schwer zu entfernen. [5]
W., interstitielles: Wachstumsvorgang, bei dem die Massenzunahme eines Organs von innen heraus erfolgt; z.B. beim hyalinen Knorpel durch Zunahme der Interzellularsubstanz in den zentralen Bezirken des Knorpels. [2]
W., invasives ↑Wachstum, infiltrierendes. [5]

Wachstums|beschleunigung ↑Akzeleration. [32]
~faktoren: wenig gut definierte Bezeichnung für die das Wachstum fördernden Faktoren. 1. Allgemein: alle Stoffe, die für den Aufbau der Gewebe u. Zellen notwendig sind; dazu gehören bei kalor. quantitativ ausreichender

Ernährung neben den Mineralien vor allem die essentiellen Nährstoffe (alle essentiellen Aminosäuren u. essentielle Fettsäuren). 2. Speziell: das ↑Wachstumshormon sowie die Vitamine, insbes. A, B_1, B_2 u. a., bei deren Fehlen oder ungenügender Zufuhr auch das Wachstum stärker geschädigt ist. Zu den W. können auch die nach Verletzungen die Regeneration fördernden Substanzen gerechnet werden. [8]

~hormon: Syn. STH, Somatotropin, Hormon des Vorderlappens der Hypophyse. Als Bildungsstätte nimmt man die eosinophilen Zellen an. Es steigert sowohl bei normalen Tieren als auch bei hypophysektomierten das Wachstum. Bei Fehlen entsteht Zwergwuchs, Überproduktion führt zu Riesenwuchs. Normale Werte im Blutplasma 0–40 µg/ml, bei Akromegalen: 41–61 µg/ml. Zur Testung dient u. a. der Tibiaknorpeltest (Evans). 100 Ratteneinheiten = 1 Evans-Einheit. 1 IE = 1 USP.E = 1 mg eines Standardpräparates. [12]

~keulen, ~kugeln, ~kolben: die bei dem Vorgang der Nervenfaserregeneration am zentralen Achsenzylinderstumpf auftretenden kugel- oder birnenförmigen Verdickungen. Die W. zeigen eine starke ↑Argyrophilie. Bei elektronenmikroskop. Untersuchungen lassen sich in den W. zahlreiche Vesikel u. Mitochondrien nachweisen. [2]

~kontrolle: Maßnahme zur Kontrolle der Leistung u. evtl. Hemmwirkung des verwendeten Nährsubstrates bei der Prüfung von biolog. Materialien, z. B. Impfstoffen auf Sterilität; ↑Sterilitätsprüfung. [40]

~perioden: Perioden wechselnden Längen- u. Massenwachstums bei Kindern u. Jugendlichen. 1.–4. Lebensjahr Massenwachstum (1. Fülle) 5.–7. Lebensjahr Längenwachstum (1. Streckung), 8.–10. Lebensjahr Massenwachstum (2. Fülle), 11.–15. Lebensjahr Längenwachstum (2. Streckung), 15.–20. Lebensjahr Reifung (Längen- u. Massenwachstum gleichzeitig, bei Mädchen früher als bei Knaben). [32]

Wachszylinder ↑Harnzylinder. [8]

Wächterpunkte: Punkte der Hirnrinde, die beim Schlaf trotz der allgemeinen Ausbreitung der Hemmung erregbar bleiben u. dadurch eine partielle Verbindung (z. B. gewisse akustische Reize betreffend) mit der Umwelt aufrechterhalten. [35]

Wachträumerei: „exzessives realitätsfernes Phantasieren", Erlebnisbildung bei etwas eingeengtem Bewußtsein, „Entrücktsein", in dem sich „Pseudohalluzinationen" mit realen Wahrnehmungen vermischen; im Halbschlaf u. bei konstitutioneller Bewußtseinslabilität. [34]

Wackelgelenk: 1. ↑Amphiarthrose; 2. nicht sehr ausgeprägtes ↑Schlottergelenk. [18]

Waden|bein ↑Fibula.

~krampf: schmerzhafter Krampf der Wadenmuskulatur, wie er z. B. bei Krampfadern, bei Wasserverarmung des Körpers, bes. bei arteriellen Durchblutungsstörungen u. Dysbasia angiosclerotica auftritt; ↑Krampus.

~reflex ↑Gordon' Zehenzeichen. [33]

Wagener' Schüttelversuch: zur Ausschaltung des nicht geprüften Ohres bei der Gehörprüfung mit der Flüstersprache. Der Gehörgang wird mit leicht angefeuchtetem Wattebausch verstopft u. dieser unter festem Druck der Zeigefingerkuppe geschüttelt. [28]

Wagner, Ernst Leberecht (1829–1888), Kliniker, Leipzig.

W.-Unverricht' Syndrom: Syn. Polymyositis (Wagner); Krankheitsbild der nicht seltenen generalisierten, genuinen ↑Dermatomyositis. [32]

Wagner, Rudolf (1805–1864), Physiologe, Göttingen. Entdeckte 1835 den „Keimfleck" (das Kernkörperchen der Eizelle) u. 1852 das Tastkörperchen (zusammen mit Meissner). [53]

Wagner-Jauregg, Julius (1857–1940), Psychiater, Graz, Wien. Veröffentlichte 1918 nach vierundzwanzigjähriger Forschung die ersten Erfolge der Behandlung von Psychosen durch Aufimpfung von Malaria. Nobelpreis 1927. [53]

Wahl, Eduard v. (1833–1890), Chirurg, Dorpat.

W' Symptom bei Ileus: Darmsteifungen, d. h. durch die Bauchdecken sichtbar werdende, sich aufbäumende Darmschlingen, die durch Darmkrämpfe (Koliken) zur Überwindung eines Passagestopps beim mechan. Darmverschluß zustande kommen. [18]

Wahlhandlung: vom Intellekt geleitete, vom Willen kontrollierte Handlung, im Gegensatz zur ↑Primitivreaktion, ↑Kurzschlußhandlung. [34]

Wahn: eine für Gesunde unverständliche irrige Überzeugung, an der trotz aller log. Einwände festgehalten wird, die nicht unterdrückbar ist u. die der Erkrankte häufig (nicht immer) durchzusetzen versucht. Unterschieden wird 1. Wahnwahrnehmung: wirklichen Wahrnehmungen zufälliger Vorkommnisse wird eine symbol. Bedeutung beigelegt, meist im Sinne der Eigenbeziehung (harmlose Worte, Gebärden sieht der Kranke als bedeutungsvoll an, er bezieht sie auf sich); 2. Wahneinfall: eine plötzlich auftretende Gewißheit, die der Kranke nicht weiter begründen kann. Einteilung weiter nach dem ↑Wahninhalt. Nicht immer gelingt die Abgrenzung zur wahnartigen Reaktion (Erklärungswahn), die aus Halluzinationen hervorgeht (z. B. Geschmackshalluzinationen können bei dem Erkrankten die Überzeugung hervorrufen, daß er vergiftet werden soll). [34]

W., hypochondrischer: eigenartiger Ausbau hypochondr. Ideen. [34]

Wahn|arbeit: Gestaltung des Wahns (Denkleistung des Kranken); unter Einbeziehung anderer Erlebnisse wird ein Wahnsystem geformt.

~bewußtsein: das aufkommende Bewußtsein eines Wahninhaltes (z. B. einer Erleuchtung, eines Missionsauftrages), gleichbedeutend mit Wahneinfall (im Gegensatz zu Wahnwahrnehmung).

~bildung: charakterist. für Schizophrenie; wahnartige Bildungen, z. T. Reaktionen, sind davon klin. nicht immer sicher zu unterscheiden; finden sich nicht nur bei Schizophrenie, sondern auch bei Epilepsie (im epilept. Dämmerzustand häufig religiöser Wahn), bei der Alkoholhalluzination (Eifersuchtswahn), bei zerebraler Arteriosklerose, seniler Demenz (z. B. hypochondr. Wahn), bei progressiver Paralyse („Größenwahn" mit völliger Kritiklosigkeit); wahnartige Bildungen auch bei den manischdepressiven Psychosen (Versündigung, Verarmung) auf Grund der abnormen Stimmungslage. Wahnartige Bildungen auch bei Formen der abnormen Erlebnisreaktion; ↑paranoide Reaktion (auf Grund abnormer Konstitution, sensitiver, aber auch hyperthymer Veranlagung).

~inhalt: ist von der Wahnform (Wahnwahrnehmung u. Wahneinfall) zu unterscheiden. Einteilung des Wahns nach dem Inhalt, z. B. Verfolgungswahn, Eifersuchtswahn, Liebeswahn, Prophetenwahn, Erfinderwahn. Der W. kann grotesk, bizarr sein, er kann aber auch der Wirklichkeit durchaus angepaßt, „richtig", auch „möglich" u. dennoch Wahngedanke sein.

~sinn: der Nachweis eines Wahnes (als Wahneinfall oder Wahnwahrnehmung) ist gleichbedeutend mit Geisteskrankheit, Verrücktheit.

~stimmung: eine bes. Stimmungslage geht dem Erlebnis der Wahnwahrnehmung (bei Schizophrenen) voraus; die Umwelt erscheint unheimlich, verändert, fremd (↑Entfremdungserlebnis), hieraus bildet sich eine ängstliche Ratlosigkeit, in der schließlich alltäglichen Vorkommnissen eine bes. Bedeutung beigelegt wird; ↑Wahn.

~system: einem Wahneinfall oder einer Wahnwahrnehmung werden „natürliche" Erlebnisse systemat. eingeordnet, aufeinander bezogen, bei Paraphrenie, bei Paranoia. [34]

Wahrnehmungen: zum Bewußtsein gelangende Zuflüsse von Informationen aus den Extero- u. Interozeptoren, wobei die Großhirnrinde aktiviert sein muß (Wachheitszustand). Bei partieller Aktivität, wie sie im Traum vorkommt (↑REM-Schlaf), kommt es zu ähnlichen, aber flüchtigen Bewußtseinserscheinungen, sog. Traumwahrnehmungen. [7]

W., entoptische: opt. Wahrnehmungen, die durch gewisse Bedingungen im Auge selbst hervorgerufen werden. Durch bestimmte Beleuchtungsapparate (↑Entoptoskop) u. Bedingungen (graublauer Himmel, Durchleuchtung der Sklera) können die Aderhautgefäße oder die in den Kapillaren zirkulierenden Blutkörperchen sowie das Zapfenmosaik der Makula (Chagrin) sichtbar gemacht werden. Auch Trübungen im Glaskörper oder der Linse können wahrgenommen u. irrtümlich nach außen verlegt werden. Bekannt sind die „Mouches volantes", fliegende Mücken. Unter bestimmten Bedingungen können auch der Pupillenrand, Linsentrübungen u. Hornhauttrübungen vom Kranken wahrnehmbar gemacht werden. [36]

Wahrnehmungs|feld ↑Rindenzentrum.

~störung: Über- u. Unempfindlichkeit gegen Sinneseindrücke, Erlebnis der Fremdheit (↑Entfremdungserlebnis), ↑Illusionen, ↑Halluzinationen, ↑Paraperzeption. Wichtiges Symptom der Schizophrenie (Sinnesorgane, Leitungsbahnen u. die entsprechenden Rindenfelder sind ohne nachweisbar organ. Veränderungen). [34]

Waisenviren: im Darm des Menschen lebende, zytopath. Viren; ↑Echo-Viren. [40]

Waksman, Selman, Abraham (*1888), Agrikulturbakteriologe, New Brunswick (New Jersey). 1952 Nobelpreis für die Entdeckung des Streptomycins. [53]

Walcher, Gustaf Adolf (1856–1935), Gynäkologe, Stuttgart.

W' Hängelage: Lagerung im ↑Querbett, so daß das Gesäß die Bettkante überragt u. die Beine frei herabhängen. Hierdurch soll die Conjugata vera etwas für das Eintreten des kindlichen Kopfes ins mütterliche Becken bei Mißverhältnis zwischen beiden erweitert werden. Heute verlassene Methode. [29]

Waldenström' Makroglobulinämie ↑Makroglobulinämie Waldenström. [11]

Waldeyer-Hartz, Heinrich Wilhelm, v. (1836 bis 1921), Anatom, Berlin.

W' Kontinuitätstheorie: heute allgemein anerkannte Theorie von dem Zusammenhang der Neuronen. Die Ganglienzellen mit allen ihren Fortsätzen (Neurit u. Dendriten) sind als eine zelluläre Einheit (als Neuron) aufzufassen. Die einzelnen Neuronen, die das Nervensystem aufbauen, sind aber nach Waldeyers Theorie überall streng voneinander geschieden. Sie treten nur dadurch in Berührung, daß sich die Endausläufer der Neuriten (Telodendrien) eng an eine andere Ganglienzelle oder an die Endigungen ihrer Protoplasmaausläufer anlegen; ↑ Synapse, ↑ Kontinuitätstheorie. [7]

W' Rachenring: lymphat. Rachenring, der sich aus den Gaumenmandeln u. der Zungenmandel einerseits u. der Rachenmandel u. den beiden Tubenmandeln andererseits zusammensetzt. Von diesem Schutzapparat um den Eingang des Schlundes geht die wichtige Ausscheidung von ↑ Speichelkörperchen aus. [11]

Wald|klima: Klima des Stammraums in einem Wald. Neuerdings versteht man darunter außerdem das Klima des Kronenraums u. des Waldbodens. Bioklimat. bietet das W. Windschutz, Strahlenschutz bei mäßiger Senkung der Lufttemperatur, Festhalten einer gewissen Feuchte in Boden u. Luft, Staubfreiheit. Das Mittelgebirgsklima verdankt nicht zuletzt die Heilkraft seinen Wäldern. [13]

~virus: unter Wildtieren, vor allem Karnivoren, fluktuierendes Tollwutvirus, das gelegentlich auf Haus- u. Nutztiere (z. B. Hunde, ↑ Straßenvirus), auch auf Menschen übertragen werden kann; ↑ Tollwut. [40]

Walker-Karzinom: transplantabler, d. h. übertragbarer bösartiger Tumor der Ratte. [5]

Wallendorf, Adolf (1862–1949), Arzt u. Hirnanatom.

W' Syndrom: charakterist. neurolog. Symptomenkomplex bei Erweichungsherden im ponto-bulbären Übergangsgebiet (im Versorgungsbereich der A. cerebelli inf. post.) mit zerebellarer Hemiataxie (auf der Herdseite), Schluck- u. Phonationsstörungen, Sensibilitätsstörungen im Trigeminusgebiet der Herdseite sowie im Rumpf-Extremitätenbereich der Gegenseite; ↑ Oblongatasyndrome. [33]

Waller, Augustus Volney (1816–1870), Physiologe, Bonn, Birmingham.

W' Degeneration: Zerfall von Nervenzellfortsätzen, die nicht mehr mit dem Nervenzellkörper zusammenhängen, z. B. nach experimenteller Nervendurchtrennung; ↑ Degeneration. [7]

Wallgren' Virusmeningitis: durch verschiedene Virusarten verursachte Meningitis mit lymphozytärer Reaktion im Liquor u. guter Prognose; ↑ Virusmeningitis. [40]

Wallungen: „Hitzewallungen" „aufsteigende Hitzewellen"; unangenehme Sensationen bei Frauen in den ↑ Wechseljahren. [29]

Walrat ↑ Spermazet. [44]

Walthard' Zellinseln: in der Rindenschicht des Eierstocks vorkommende Epithelzellgruppen (niedriges bis hochprismat. Epithel), die als verlagerte Zellnester gedeutet wurden. Wahrscheinlich handelt es sich um Abkömmlinge des Keimepithels des Eierstocks. Man nimmt an, daß sich die sog. ↑ Brenner-Tumoren von den W' Zellinseln ableiten. [2]

Walther' Differenzkurve: die Differenz zwischen dem täglich im Urin erreichten höchsten u. niedrigsten spezif. Gewicht der Einzelharnportionen wird auf der Temperaturkurve eingetragen. Die über längere Zeit geführte Kurve läßt Rückschlüsse auf den Funktionszustand der Niere zu, ist jedoch stark von extrarenalen Faktoren abhängig. Beim Gesunden liegen die Differenzwerte zwischen 12 u. 25, bei Niereninsuffizienz unter 10. Bei Isosthenurie ist der Wert 0. [47]

Wander|blinddarm: bei sehr lang entwickeltem Gekröse des Wurmfortsatzes ist eine Verlagerung im Bauchraum häufig anzutreffen. [18]

~drang ↑ Poriomanie. [34]

~erysipel ↑ Erysipelas migrans. [43]

~fieber ↑ Feldfieber. [4]

~herz ↑ Cor mobile. [10]

~lappen: Form der gestielten Lappenplastik; ist der zu deckende Hautdefekt von der günstigen Lappenentnahmestelle weit entfernt, so erfolgt die Zwischeneinpflanzung eines Lappenfußes. Heute wird meist bei diesem Verfahren der Rollappen nach Filatow angewandt. [18]

~milz: abnorm bewegliche u. tief gelegene Milz. [5]

~niere = Ren mobilis: auch Nierensenkung oder Senkniere (Nephroptosis) genannt. Durch (konstitutionelle) Schwäche des Fixationsmechanismus (Fascia renalis, Fettkapsel) rutscht die Niere infolge ihres Eigengewichtes im Stehen herab u. pendelt nur an ihrem Gefäßstiel (Pendelniere), wobei sie nach medial abkippen kann (Kippniere). Infolgedessen werden durch den Zug am Gefäßstiel Schmerzen, evtl. stärkere venöse Stauung, dadurch Blutungen ausgelöst. Ist ein den Harnleiterabgang oder das Nierenbecken kreuzendes Gefäß vorhanden, kann es zur temporären Abflußbehinderung mit Harnstauung kommen. Klin. Nierenschmerzen bei längerem Stehen, Sitzen oder Laufen, die im Liegen sofort verschwinden; bei bimanueller Palpation im Liegen oder Sitzen ist die übernormal bewegliche Niere zu tasten. Häufig vergesellschaftet mit allgemeiner Organptose (Magen u. Colon transversum hängen im Stehen tief herab), nicht selten beidseitig. Therapie: Nierenbefestigung ↑ Nephropexie. [24]

Wandernlassen des Löffels: geburtshilfliche Maßnahme. Bei der Zangenoperation ist bei nicht gerade stehendem Kopf ein schräges Anlegen der Zange notwendig. Die Zangenlöffel können nur in die Kreuzbeinhöhle eingeführt werden, so daß der nach vorn bestimmte Löffel aus der Kreuzbeinhöhle heraus um den Umfang des Kopfes herum symphysenwärts „wandern" muß, bis die Löffel biparietal am kindlichen Schädel liegen. [29]

Wander|phlyktäne ↑Phlyktäne, ↑Skrofulose. [36]

~pneumonie ↑Pneumonie. [9]

~trieb ↑Poriomanie. [34]

Wanderwellentheorie des Hörens: durch die schallfrequenzgetreuen Schwingungen des Steigbügels im ovalen Fenster werden die vom Trommelfell erzeugten Schwingungen der Gehörknöchel auf das schallharte Medium des Innenohrs übertragen. Dabei laufen Druck- u. Schlauchwellen in die ↑Scala vestibuli der Schnecke mit einer bestimmten frequenzabhängigen Geschwindigkeit, bei tiefen Frequenzen bis zum ↑Helicotrema. Bei hohen Frequenzen werden sie schon eher ausgelöscht, so daß die ↑Basilarmembran an unterschiedlichen Stellen ausgelenkt werden kann; ↑Hörtheorie. [7]

Wanderzellen: dem Retikulum zugehörige, beim Erwachsenen in der Umgebung der Gefäße liegende Zellen (Adventitia), meist als Histiozyten bezeichnet, die sich an entzündlichen Stellen amöboid sammeln u. wichtige Funktionen für die Schutzkörperbildung u. die bindegewebige Narbenbildung haben. [11]

Wangen|brand ↑Noma. [37]

~fettpfropf ↑Bichat' Fettpfropf. [5]

~phänomen (Brudzinski): Druck auf beide Wangen unterhalb der Jochbeine bewirkt reflektor. Hebung der Oberarme u. Beugung im Ellenbogengelenk bei Meningitis. [9]

~plastik: chirurg. Rekonstruktion eines Wangendefektes nach Blastomen, Furunkeln, Noma usw.

~spalte: schräge Gesichtsspalte; ↑Meloschisis; ↑Gesichtsspalten. [37]

Wanner, Friedrich (*1870), Otologe, München.

W' Symptom (1900): Verkürzung der Kopfknochenleitung bei normalem Gehör, normaler oberer Tongrenze sowie Fehlen von Labyrintherscheinungen. Vorkommen bei organ. Veränderungen im Schädelinnern oder im Bereich der Schädeldecke. [28]

Wanzen: Heteroptera; Ordnung der Insekten, Mundwerkzeuge stechend, als gegliederter „Schnabel" entwickelt, Körper meist abgeflacht, vielfach mit Stinkdrüsen. Als Blutsauger wichtig die Bettwanze (↑Cimex) u. die südamerikan. Kegelnase (↑Triatoma). [58]

WaR: *Abk* für ↑Wasserman' Reaktion. [43]

Warburg, Otto Heinrich (1883–1970), international bedeutender Biochemiker, Heidelberg, Berlin. Nobelpreis 1931. Entdeckung u. grundlegende Forschungen über die eisenhaltigen Atmungsenzyme, Untersuchungen über die Flavinenzyme u. Isolierung des NADP; Bestimmung des Energieumsatzes bei der CO_2-Assimilation. Entwicklung der manometr. Meßapparatur zur Bestimmung kleinster Gasmengen u. fixer Säuren (wie z.B. der bei der Glykolyse gebildeten Milchsäure); Entwicklung der opt. Bestimmung der Dehydrogenasen u.a. ↑Warburg' Krebstheorie; ↑Warburg' Zellatmungstheorie.

W' Atmungsferment ↑Warburg' Zellatmungstheorie. [8]

W' Krebstheorie: W. entdeckte innerhalb des Tumorstoffwechsels eine verstärkte Glykolyse, die er als den Kernpunkt des autonomen u. zerstörenden Wachstums bezeichnete. Die Gärung wird aber nach der heutigen Kenntnis auch bei anderen Formen unspezif. Zellschädigung gefunden. Neuere Erkenntnisse über bestimmte Enzymanomalien deuten darauf hin, daß jedoch Unterschiede zwischen normalen glykolyt. Vorgängen u. der Glykolyse in Krebszellen bestehen. [25]

W' Zellatmungstheorie: theoret. Vorstellungen über die Verbrennung von Stoffen im Zellstoffwechsel. Die Atmung ist danach eine Eisenkatalyse. Sie wird durch eine Substanz vermittelt, die die Atmungsvorgänge der Zellen ermöglicht, die als „Atmungsferment" bezeichnet wurde. Es ist ein hochmolekularer, in der Struktur der Zellen verankerter Körper, dessen Wirkungsgruppe ein Hämin ist. Bei der Sauerstoffatmung durch Vermittlung des Atmungsenzyms kommt nicht eine Übertragung des Sauerstoffs auf die Substanzen, die zu oxydieren sind, oder auf das Eisen des Atmungsenzyms in Frage, sondern es handelt sich um die Oxydation des Enzymeisens von der zwei- in die dreiwertige Stufe, der ein Elektronenaustausch zugrunde liegt. Die Umwandlung des Enzymhäms (Fe^{++}) durch molekularen Sauerstoff in Enzymhämin (Fe^{+++}) ist die Grundlage der katalyt. Funktion des Atmungsenzyms. Das oxydierte Atmungsenzym ist ein sehr viel reaktionsfähigeres Oxydationsmittel als der molekulare Sauerstoff. Ein Stoff, der sich in Gegenwart von Luftsauerstoff beständig verhält, kann auf die Weise oxydiert werden, daß er das Enzymhämin reduziert. Darin liegt die Bedeutung des sauerstoffübertragenden Enzyms für die Zellatmung; ↑Wasserstoffaktivierung. [8]

Warmblüter ↑homoiotherme Tiere. [42]

Wärme, spezifische: jene Wärmemenge, die notwendig ist, um die Temperatur von 1 kg eines Stoffes um 1 grd zu erhöhen. Für Wasser von 15 °C ist dieser Wert = 1; Abweichungen geringen Grades ergeben sich bei anderen Temperaturgraden. Die spezif. W. des menschlichen Körpers läßt sich auf etwa 0,8 schätzen. Für den kompakten Knochen beträgt sie 0,3, für den spongiösen 0,71, ebensoviel für das Fettgewebe; für das Blut ist dieser Wert 0,93. Für die übrigen Anteile des Körpers bewegt sich die spezif. W. zwischen 0,82 u. 0,95.

~abgabe: Abgabe der im Organismus durch exotherme Stoffwechselreaktionen entbundenen Wärmeenergie vom Körperinnern an die Körperoberfläche (innerer Wärmestrom) u. von dort an die Umgebung (äußerer Wärmestrom), wobei beide Anteile gleich groß sind. Der innere Wärmestrom erfolgt überwiegend durch Konvektion des Blutkreislaufs, weniger durch Konduktion im Gewebe. Der äußere Wärmestrom setzt sich aus ↑ Radiation, ↑ Konduktion, ↑ Konvektion u. ↑ Evaporation zusammen. Für den homoiothermen Organismus ist die Wärmeabgabe ein wesentliches Stellglied zur Aufrechterhaltung der Körpertemperatur (physikal. ↑ Temperaturregulation).

~äquivalent der Arbeit: 1 kcal entspricht der Arbeit von 427 mkg.

~bildung: aus exothermen chem. Reaktionen freigesetzte Wärmeenergie, über die der warmblütige Organismus u. a. als Stellglied zur Konstanterhaltung der Körperkerntemperatur verfügt. Da alle Lebensäußerungen mit Stoffwechsel verbunden sind, kann der Organismus diese jedoch nicht unbegrenzt einsetzen. Bei extremer Hitze- u. Arbeitsbelastung wird die W. zu einer Störgröße, die durch andere temperaturregulator. Stellglieder der ↑ Wärmeabgabe kompensiert werden muß. Die W. ist bei ↑ Indifferenztemperatur sowie innerer u. äußerer Ruhe mit dem ↑ Grundumsatz identisch. Bei sinkenden Außentemperaturen kann die W. bis auf den 10fachen Grundumsatzwert ansteigen.

~durchgangszahl: („effectiv conductivity index", „heat transfer coefficient", „thermal conductance") gibt an, wieviel Wärme vom Körperkern zur Körperoberfläche bei einem Temperaturgefälle von 1 grd pro Zeit- u. Flächeneinheit fließt. Dimension: $cal/cm^2 \cdot min \cdot °C$. Da die ↑ Konduktion vergleichsweise zur ↑ Konvektion gering ist, die Konvektion mit der Durchblutung steigt, ist die physiolog. Regulation der Durchblutungsgröße gleichzeitig eine Regulation des Wärmedurchgangs.

~dyspnoe ↑ Wärmepolypnoe.

~empfindung: bei Reizung von Temperaturrezeptoren in der Haut infolge Wärmezufuhr von außen oder auch von innen bei erhöhter Bluttemperatur, kommt es zum Wärme- oder Hitzegefühl.

~fasern: periphere afferente Nervenfasern vor allem aus der Haut u. einigen Schleimhautpartien, z. B. der Zunge, die bei Wärmereizung ihres rezeptiven Feldes Impulse zum ZNS weiterleiten. Das rezeptive Feld einer W. braucht nicht mit einem spezif. Rezeptor (Warmrezeptor) ident. zu sein.

~haushalt ↑ Temperaturregulation.

~konvektion ↑ Konvektion.

~leitzahl: gibt den konduktiven Wärmetransport im Gewebe an. Dimension: $10^{-3} cal/mm \cdot s \cdot °C$. Sie ist vorrangig vom Wassergehalt des Gewebes abhängig; ↑ Konduktion.

~polypnoe: bei Anstieg der Körpertemperatur in sehr warmer Umgebung oder im Fieber sind die Atembewegungen beschleunigt; ↑ Tachypnoe.

~regulation ↑ Temperaturregulation. [7]

~stauung: meist in hochtemperierter feuchter Raumluft oder bei atmosphär. Schwüle. Bes. betroffen sind adipöse oder anäm. Personen sowie Hypotoniker. Die Folgen sind Verminderung der Leistungsfähigkeit, Ohnmachtsanfälle, Hitzschlag, Hitzekrämpfe. [49]

~stich: bei Einführung einer Nadel in das Gehirn, etwa in Höhe der großen Fontanelle bis in die Nähe der Schädelbasis, kommt es zu fieberähnlichem Anstieg der Körpertemperatur; ↑ Temperaturregulationszentrum.

~strahlung ↑ Radiation.

~strom ↑ Wärmeabgabe.

~tönung ↑ Wärmeabgabe.

~übergangszahl α: gibt an, wieviel Wärme durch Konvektion u. Konduktion von der Körperoberfläche an die umgebende Luft abgegeben wird. Dimension: $cal/cm^2 \cdot s \cdot °C$. Die W. α ist u. a. von der Oberflächenkrümmung u. der Quadratwurzel der Windgeschwindigkeit abhängig, da diese die Mächtigkeit der der Haut anlagernden ruhenden Luftschicht bestimmen, durch die kein konvektiver Wärmetransport möglich ist. Damit erklärt sich, warum z. B. langsamer Wind (Zugluft) dem Organismus unverhältnismäßig viel Wärme entzieht.

~wert: kalor. Äquivalent; 1 cal = 4,1868 Joule (J).

~widerstand: Wärmeisolation, reziproker Wert des Wärmedurchgangs. In der Bekleidungsindustrie ist es üblich, die Wärmeisolation der Kleidung (*engl.* clothing) in Clo-Einheiten anzugeben. $1\ clo = 0{,}18\ °C \cdot m^2 \cdot h \cdot kcal^{-1}$; z. B. Straßenanzug 1 clo, Polaranzug 5 clo, Fettschicht von 1 cm Dicke 0,8 clo. [7]

Warm|front ↑ Kaltfront; ↑ Aufgleitfront.

~luft ↑ Luftmasse. [13]

Wartegg' Zeichentest: physiolog. Testverfahren; Gestaltungstest, der in 8 Feldern verschiedene Zeichnungsansätze bietet, die zur Fortführung einer Zeichnung anregen sollen. Ausgewertet wird die inhaltliche Darstellung, die formale Ausführung u. die unterschiedliche Erfassung der vorgegebenen Anfänge. Wird zur charakterolog. Beurteilung herangezogen. [34]

Wartenberg, Robert (1887–1956), Neurologe, San Franzisko.

W' Daumenzeichen: läßt man einen Hemiplegiker die vier ulnaren Finger der befallenen Seite gegen Widerstand beugen, so geht der Daumen in Oppositionsstellung. [33]

Wartewirt: ein in der Regel für die Entwicklung des Parasiten unnötiger, aber möglicherweise in seinen Entwicklungskreislauf eingeschalteter, meist 3. Zwischenwirt; in diesem entwickelt sich der Parasit nicht weiter, sondern „wartet" nur darauf, daß der Wartewirt vom ↑Endwirt gefressen wird. [58]

Warthin-Finkeldey' Riesenzellen ↑Masernriesenzellen. [4]

Warze ↑Verruca. [49]

Warzenfortsatz = Processus mastoideus: Teil des Schläfenbeins; hinter der Ohrmuschel tastbar. [1]

~zellen = Cellulae mastoideae: im Warzenfortsatz vorhandene, untereinander in Verbindung stehende, lufthaltige Kammern von unterschiedlicher Größe. Die Cellulae mastoideae stehen ferner mit der Paukenhöhle (= Cavum tympani) in Verbindung. [2]

Warzen-Virus = Molitor verrucae: zur Papovavirus-Gruppe gehörender durch direkten Kontakt (auch Autoinfektion) übertragbarer Erreger der gewöhnlichen Warzen (Verrucae vulgares), der spitzen Feigwarzen (Condylomata acuminata) u. der flachen jugendlichen Warzen (Verrucae juveniles). [41]

Wäschedesinfektion: kann erfolgen durch chemische, thermische oder thermo-chemische Desinfektionsverfahren oder (im Haushalt) behelfsmäßig durch Einweichen u. Kochen, jeweils 30 min lang; ↑Desinfektionsmittel, ↑Feindesinfektion.

Wasch|mittel ↑Seifen. [8]

~zwang: Symptom bei Zwangsneurosen. [34]

Wasser: in gasförmiger Form (Wasserdampf) als H_2O bzw. in flüssiger oder fester (Eis, Schnee) Form als $(H_2O)_x$ ist das Wasser in der Natur ubiquitär verbreitet; es stellt die wichtigste chem. Verbindung überhaupt dar u. bedeckt als Meerwasser 71% der Erdoberfläche. Wasser ist eine recht stabile Verbindung u. als indifferentes Lösungs- u. Transportmittel für Stoffe aller Art geeignet. Leben ist ohne Wasser nicht möglich; alle chem. Reaktionen in den Lebewesen verlaufen in Gegenwart bzw. unter Mitwirkung von Wasser. Nach dem natürlichen Vorkommen unterscheidet man: atmosphär. Wasser (Regen, Schnee, Tau, Reif), Quellwasser, Grundwasser, Oberflächenwasser (Bach-, Fluß-, See-, Meerwasser). Gemäß der Verwendung spricht man von Trink-, Brauch- (in der Industrie) u. Abwasser. Der natürliche Gehalt an bes. gelösten Stoffen macht das Wasser zum Mineralwasser bzw. zum Heil- oder Tafelwasser (Säuerlinge, alkal. Wässer, Bitter-, Kochsalz-, Eisen-, Arsen-, Jod-, Schwefel-, Radiumquellen usw.). Über die Bezeichnung u. Anforderungen bei natürlichen u. künstlichen Heilwässern sowie bei natürlichen u. künstlichen Mineralwässern (Tafelwässer) liegen gesetzliche bzw. vereinbarungsgemäße Regelungen vor. Chem. reines Wasser findet sich prakt. in der Natur nicht; relativ einheitlich ist das atmosphär. Wasser. Für bes. Zwecke stellt man reines Wasser durch Destillation (destilliertes Wasser; Aqua dest., Aqua bidest.), aber auch mittels Elektrophorese oder Ionenaustauschstoffen (Aqua demineralisata DAB 7) her. Für die Verwendung als Trinkwasser erfolgt vielfach eine Aufbereitung (Klärung, Entkeimung, Enteisenung, Entmanganung); zur Kariesprophylaxe (Caries dentium) wird an gewissen Orten Natriumfluorid (Fluoridierung) zugesetzt; 1 mg Fluor auf 1 l Wasser. Für die Aufbereitung von Brauchwasser (Industriewasser) werden spez. Verfahren angewendet. Zunehmende Bedeutung gewinnt, um die Verschmutzung unserer als Vorfluter dienenden Wasserläufe zu begrenzen bzw. hinanzuhalten, die Beseitigung der Haushalts- u. der Industrieabwässer (Kläranlagen, Rieselfelder; biolog. Abwasserreinigung usw.). [16]

W., destilliertes = Aqua destillata: durch Erhitzen verdampftes u. anschließend durch Kühlen wieder kondensiertes Wasser. Die Wiederholung führt zu einem sehr reinen Wasser: Aqua bidestillata. Um bakteriolog. reines u. pyrogenfreies d. W. zu erhalten, sind bes. Filtermaßnahmen erforderlich. [44]

W., schweres: Deuteriumoxid D_2O oder ^2H_2O; leitet sich vom Wasserstoffisotop mit der Massenzahl 2 ab. D_2O unterscheidet sich in seinen chem. u. physikal. Eigenschaften vom H_2O merklich (D 1,0150 bis 20 °C; Fp 3,82 °C; Kp 101,42 °C), so daß die Trennung beider Verbindungen, wenn auch mit beträchtlichem techn. Aufwand, möglich ist. Der Preis des früher sehr kostbaren D_2O ist in den letzten 20 Jahren auf weniger als eine M je Gramm gesunken. In Gemischen von H_2O u. D_2O liegt vorwiegend DHO vor. Wasser mit 10% D_2O beeinflußt die Lebensvorgänge noch nicht. Erst bei höherer Konzentration vermindert es die Schlagzahl u. die Kraft der Zusammenziehung des überlebenden Herzens. Auch setzt es die Erregbarkeit der Muskeln herab. Auf die Nerven scheint es keinen Einfluß auszuüben. Wasser mit 100% D_2O ist mit der Aufrechterhaltung des Lebens nicht mehr vereinbar. [59]

Wasser|abgabe ↑Wasserhaushalt.

~bedarf des Organismus ↑Wasserhaushalt. [8]

~belastungsversuch: Testung zentral-vegetativer Regulationen durch Beobachtung des Wasser- u. Mineralhaushaltes. 1. Test nach Robinson, Power u. Keppler: dient zur kombinierten Prüfung des Wasser- u. Mineralstoffwechsels. Die Methode besteht in a) einer Wasserbelastung u. b) je nach dem Ergebnis der Wasserbelastung in der Durchführung einer Harnstoff- u. Chlorbestimmung im Blut u. Urin; 2. Test nach Cutler, Power, Wilder: Funktionsprobe der Nebennieren zwecks analyt. Nachweises von Natrium u. Kalium. Unter gewissen Versuchsbedingungen nimmt die Urinkonzentration an Chlor u. Kochsalz bis zum 3. Tag infolge verringerten Salzangebotes gleichmäßig ab. Bei Nebennierenrindeninsuffizienz besteht deutliche Anpassungsschwäche der Nieren, wobei sich die Ausgangswerte nur wenig oder überhaupt nicht verändern. [12]

~bestand ↑ Wasserhaushalt. [8]

~bett: bei großflächigen, schwer verunreinigten u. eiternden Wunden (meist nach Verbrennungen) wird der Kranke auf einem Laken in ein Dauerbad von 37–40 °C gelegt, in dem er mehrere Tage belassen wird. [18]

~bilanz: Messung der Urinausscheidung eines Pat. unter folgenden Gesichtspunkten: der Proband erhält bei Vollkost einen Liter Flüssigkeit zu trinken, nach 12stündiger Bettruhe u. nach weiteren 12 h wird die Ausscheidung während beider Zeiträume gemessen u. verglichen. Normalerweise ist die 12 h-Tagesportion größer u. von geringerem spezif. Gewicht als die Nachtportion. Liegen umgekehrte Verhältnisse vor, bestehen latente Ödeme. Diese Form der Bilanz ist nur dann durchführbar, wenn der Proband vor der Untersuchung nicht bettlägerig war u. nicht unter der Einwirkung von Glykosiden u. Diuretika stand. [21]

~bruch ↑ Hydrozele. [24]

~diurese: Mehrausscheidung von Wasser über dem zur Ausfuhr der harnpflichtigen Substanzen benötigten Wasservolumen. Die W. tritt auf bei übermäßiger Zufuhr von reinem Wasser in den Körper. Gibt man große Mengen einer isoton. NaCl-Lösung intravenös u. erzeugt so eine osmot. Expansion des extrazellulären Flüssigkeitsraumes, so kommt es zu osmot. ↑ Diurese. [7]

~epidemie: durch Genuß von infiziertem Trinkwasser (z. B. Typhus- u. Ruhrbakterien, Choleravibrionen, Hepatitisviren) entstandene Seuche mit explosionsartigem Verlauf. [40]

~fieber: Feldfieber, eine ↑ Leptospirose. [40]

~gas: enthält etwa 40 Vol.% Kohlenmonoxid u. 50 Vol.% Wasserstoff; entsteht durch Überleiten von Wasserdampf über glühende Kohlen unter Wärmeverbrauch; das Gas hat, ähnlich wie Leuchtgas, großen Heizwert, giftig durch den hohen Kohlenmonoxidgehalt. [8]

~glas: Na_2SiO_3 (Natron-W.) u. K_2SiO_3 (Kali-W.); durch Einwirken von Säuren wird SiO_2 als Gel frei. Zur Herstellung von mikrobiolog. Nährböden u. zur Konservierung von Eiern. [42]

~haushalt: beim gesunden Menschen entfallen 3/5 des Körpergewichtes auf das Wasser. Die Knochen enthalten 20%, die Muskulatur 75%, der Liquor cerebrospinalis 99% Wasser. Das Fettgewebe hat nur einen geringen Wasseranteil von 10–30%. Darum zeigen Fett- u. Wassergehalt des Organismus ein reziprokes Verhalten. Im Durchschnitt enthält die fettfreie Körpermasse 73% Wasser. Die Konstanz des Wasserbestandes wird durch die Regelung von Aufnahme u. Abgabe gesichert. Der Körper gibt über Lunge u. Haut ständig Wasserdampf ab. Außerdem werden Salze u. Stoffwechselprodukte mit dem Urin in wäßriger Lösung ausgeschieden. Wasser geht mit dem Kot verloren u. wird im Dienste der Temperaturregulation als Schweiß abgesondert. Die Wasserverluste werden durch entsprechende Aufnahme ausgeglichen; ↑ Durst. Wasserüberschuß wird mit dem Urin ausgeschieden. Für die Regelung des W. spielt die Verteilung des Wassers auf die ↑ Flüssigkeitsräume des Organismus eine Rolle. Die Zufuhr von Wasser erfolgt durch Trinken u. mit der festen Nahrung. Mageres Fleisch enthält 60%, Gemüse 90% Wasser. Beim Abbau der ↑ Nährstoffe wird außerdem Oxydationswasser frei, u. zwar bilden sich für 100 g Stärke, Fett oder Eiweiß 56 bzw. 107 oder 40 ml Wasser. Der Erwachsene nimmt tägl. 40 ml Wasser pro kg Körpergewicht auf. Das Kind benötigt die doppelte, der Säugling die dreifache Menge. Bei starker Eiweiß- oder Mineralienzufuhr ist der Wasserbedarf wegen der vergrößerten Harnstoff- u. Salzausscheidung erhöht. Der tägliche Wasserumsatz des Erwachsenen beträgt etwa 2500 ml

Aufnahme		Abgabe	
Flüssigkeit	1200	Urin	1500
Nahrungswasser	1000	Haut	600
Oxydationswasser	300	Lunge	300
		Kot	100

[7]

~hormon: Hormon der Nebennierenrinde; bei Fehlen kommt es zu Störungen des Mineralhaushaltes u. dadurch zu einer Verminderung des Blutvolumens bis zu 40–50%. Als eigentliche Mineralokortikoide werden heute das Desoxykortikosteron u. das Aldosteron angesehen, die den Elektrolytstoffwechsel u. den Wasserhaushalt regulieren, indem sie die Rückresorption von Natrium u. Chlor in den Tubuli fördern u. stickstoffhaltige Stoffwechselprodukte im Austausch gegen Kochsalz ausscheiden. [12]

~intoxikation: Krankheitsbild durch übermäßige Wasserzufuhr. [33]

~kopf ↑Hydrozephalus. [32]

~krebs ↑Noma. [37]

~kur ↑Hydrotherapie. [46]

Wassermann, August v. [1866–1925), Bakteriologe, Berlin.

W.-positiv Pneumonie: Syn. Fanconi-Hegglin' Syndrom, Wassermann-positiv-Lungeninfiltrat; pseudoluische subakute, hilifugale Bronchopneumonie des dystroph. heruntergekommenen Kindes (Fanconi); röntgenolog. ausgedehnte fokale, pseudolobäre Unterlappenpneumonie mit strahliger, hilifugaler, fleckig-streifiger Infiltrierung der Hili. Klin.: Anamnest. allerg. Diathese, katarrhal. Anfälligkeit, rezidivierende Bronchitiden. Vorstadium: wochenlang Husten, schlechtes Allgemeinbefinden, subfebrile Temperaturen. Hauptstadium: keine Dyspnoe, subfebrile Temperaturen, blaßgraue Haut, unterkühlte, subzyanot. Extremitäten. Physikal. geringer Befund im Vergleich zur röntgenolog. nachweisbaren Ausdehnung der Infiltration; bisweilen Milzschwellung. Die anfangs pos. WaR wird später wieder neg. [32]

W' Reaktion: *Abk* WaR; die Reaktion dient dem indirekten Nachweis einer syphilit. Infektion; etwa von der 5.–6. Woche p.i. wird sie positiv. Erdacht wurde die Reaktion von Wassermann, nachdem Bordet eine im Prinzip gleichartige Reaktion bei Typhusbakterien erarbeitet hatte. Verständlich wird die WaR durch das Modellbild der ↑Ehrlich' Seitenkettentheorie. Ursprünglich wurde als Antigen ein Extrakt aus syphilit. Lebern benutzt, die Antikörper finden sich im Serum des Kranken. Die Antigen-Antikörperbindung kann nur unter Mitwirkung eines im frischen Serum vorkommenden Stoffes, des Komplementes, zustande kommen. Diese Reaktion ist unsichtbar. Deshalb war es nötig, neben diesem „syphilitischen System“ (Antigen u. Antikörper) als Indikator noch ein zweites System, das „hämolytische System“ in der Reaktion mitlaufen zu lassen. Als Antigen dient hier eine 2%ige Schafblutkörperchenaufschwemmung in physiolog.-NaCl-Lösung u. als Antikörper (oder Ambozeptor) ein Lysin, das die Schafblutkörperchen bei Anwesenheit von Komplement zu lösen vermag. Bringt man jetzt den Syphilisleberextrakt mit Patientenserum u. Komplement in genau derselben Menge zusammen, so tritt unter Vermittlung des Komplementes die Bindung des Extraktes mit den Antikörpern ein. Nachträglich hinzugefügtes hämolyt. System kann nicht mehr gelöst werden, da das Komplement verbraucht ist. Die WaR ist pos. Liegt keine Syphilis vor, wird das Komplement nicht verbraucht, es tritt jetzt zum hämolyt. System, u. die Schafblutkörperchen werden aufgelöst. Die Reaktion ist neg. Die WaR mit derartigen Antigenen ist aber nicht als spezif. Antigen-Antikörperreaktion aufzufassen, da auch alkohol. Extrakte aus Menschen- u. Rinderherzen sowie reine Lipide, wie sie im Kardiolipin u. Sitolipin (aus Weizenkeimlingen) vorliegen, pos. Ergebnisse zeigen. Man spricht deshalb hierbei heute nicht mehr von Syphilisantikörpern, sondern von Reaginen. Pos. Reaktion kann bei Malaria, Lepra u. Tuberkulose u.a. mit Gewebszerfall einhergehenden konsumierenden Erkrankungen auftreten. [39]

Wasser|pocken = Varizellen↑Windpocken. [40]

~sackniere ↑Hydronephrose. [24]

~scheu ↑Hydrophobie. [40]

~speiergesicht: Fratzengesicht, typ. für Dysostosis multiplex. [23]

Wasserstoff = Hydrogenium: chem. Symbol H, gasförmiges Element, einwertig, Reduktionsmittel. Verbrennt mit Sauerstoff nach $H_2 + 1/2O_2 = H_2O + 57$ kcal (Knallgasreaktion). Im menschlichen Körper beträgt der Gehalt (hauptsächlich im Wasser) 10%. Bildet in homöopolarer Bindung mit Kohlenstoff fast alle organ. Verbindungen. Die biolog. Verbrennung der Nährstoffe erfolgt in einer vielstufigen Oxydation des Wasserstoffs als Energiequelle mit schrittweiser Abgabe der Energie, während der Kohlenstoff zumeist zur Karboxylgruppe $-CO_2H$ oxydiert, aus der CO_2 ohne nennenswerte Wärmetönung abgespalten wird. Die bei der schrittweisen Verbrennung des W. frei werdende Energie ist mit einer Energieübertragung auf energiereiche Verbindungen (ATP, ↑Adenosintriphosphat) verknüpft. Wenn der W. auch streng einwertig ist, bildet er doch vielfach Wasserstoffbrücken, wie sie im gewöhnlichen Wasser vorliegen (u. dadurch die ungewöhnlichen Eigenschaften des Wassers bedingen), in den Eiweißen, in Polysacchariden usw. Chem. Darstellung des W. meist aus Metall u. Säure, techn. aus glühender Kohle u. Wasser, durch Elektrolyse von Wasser, aus Erdgas usw., biolog. durch einige Bakterien (Gehalt von W. in Darmgasen). Der natürliche W. besteht aus 99,985% ${}^1_1H$, zu 0,015% ${}^2_1H$ (↑D = Deuterium) u. sehr geringen Spuren ${}^3_1H$ (T = Tritium), das durch kosm. Höhenstrahlen aus Stickstoff gebildet wird u. ein sehr weicher β-Strahler ist (${}^{14}_7N + {}^1_0n = {}^{12}_6C + {}^3_1H$; 0,02 MeV; Halbwertszeit 12,5a), das wie ${}^{14}C$ u. das stabile ${}^{15}N$ für biochem. Untersuchungen zur Markierung organ. Verbindungen verwendet wird. [8]

W., leichter: ^1_1H, ist das in der Natur weitaus häufigste Wasserstoffisotop.

W., radioaktiver = Tritium: ^3_1H oder T; kommt in geringen Mengen in der Atmosphäre vor; ↑Tritium.

W., schwerer: Deuterium, Symbol ^2_1D; kommt in der Natur zu 0,015 Atom-% im normalen Wasserstoff vor. Deuterium bildet mit Sauerstoff schweres Wasser; Deuterium hat Bedeutung in der Kerntechnik. [59]

W., naszierender: Wasserstoff im Augenblick des Entstehens (in statu nascendi), d. h. der Molekülbildung (2H → H_2), z. B. aus Zink u. Salzsäure (Zn + 2HCl → $ZnCl_2$ + 2H), hat bes. gute Reduktionswirkung, da im Augenblick des Entstehens der Wasserstoff atomar vorliegt. [8]

Wasserstoff|aktivierung; ↑Wieland' Theorie. Während ursprünglich von Warburg angenommen wurde, daß bei der oxydativen Atmung der Sauerstoff der Luft durch geeignete eisenhaltige Enzyme so aktiviert würde, daß er die biolog. Substrate oxydieren könnte, wurde von H. Wieland die Ansicht vertreten, daß in den Substraten der Wasserstoff von geeigneten Enzymen so aktiviert würde, daß er vom O_2 der Luft zu Wasser verbrannt werden könnte. Die weitere Forschung in den letzten 40 Jahren hat dann erwiesen, daß beide Vorgänge am oxydativen Abbau beteiligt sind: Der Wasserstoff der Substrate wird zunächst vom NAD sowie NADP als Coenzymen der Dehydrogenasen übernommen, die ihn (als Hauptweg) an die Flavine der Flavoproteide weitergeben, die nun mit dem Fe^{3+} der verschiedenen Zytochrome reagieren, die dabei zum Fe^{2+} reduziert u. durch den O_2 der Luft wieder zum Fe^{3+} oxydiert werden. Dies ist der Hauptweg des oxydativen Abbaus, neben dem noch zahlreiche andere Wege bestehen (z. B. Phenoloxydasen u. a.), die mengenmäßig zurücktreten, u. die wohl nicht nur reine Nebenwege sind, sondern z. T. speziellen Funktionen dienen; ↑Warburg' Zellatmungstheorie. [8]

~aktivität: der zahlenmäßige Ausdruck für jenen Teil der in einer wäßrigen Lösung vorhandenen Wasserstoffionen, der wirksam („aktiv") in Erscheinung tritt. [16]

~akzeptor: eine chem. Substanz, die von einem Substrat Wasserstoff zu übernehmen vermag. Der Akzeptor wird dabei durch Aufnahme von H reduziert, während das Substrat durch Abgabe von H oxydiert wird. [8]

~bakterien: Knallgasbakterien; Bakterien, die Energie durch Oxydation von Wasserstoff gewinnen, z. B. *Bacillus pycnoticus*. [42]

~bindung = hydrogen bond ⟨*engl*⟩: eine durch („einsame") Elektronen, z. B. zwischen dem Peptidwasserstoff (↑Peptide) des Aminogruppenrestes bzw. der enolisierten Ketogruppe u. dem Sauerstoff bzw. dem Stickstoff der benachbarten Peptidgruppe, zustande kommende Wechselwirkung; wichtig für den Zusammenschluß von Peptidketten zu den hochmolekularen Proteinen; die Bindung ist viel schwächer als eine Hauptvalenz (etwa 1/10 der Bindungsenergie). Man symbolisiert die Wasserstoffbindung durch eine punktierte Linie: >C=O....N–H<; der Abstand zwischen O u. N darf nicht größer als etwa 28 nm sein.

~donatoren: Substanzen, die aus ihrem Molekül Wasserstoff – meist unter enzymat. Wirkung – an eine andere Verbindung (↑Wasserstoffakzeptor) abgeben; der Akzeptor wird reduziert, der Donator oxydiert. Wasserstoffdonator u. -akzeptor sind durch die ↑Oxydoreduktion miteinander gekoppelt. [16]

~exponent, reduzierter: ist die Wasserstoffionenkonzentration des Blutes (*p*H), bezogen auf den mittleren CO_2-Partialdruck der Alveolarluft von 40 mm Hg: normal *p*H 7,36. [8]

~ionenkonzentration: Symbol $[H^+]$; ist die Konzentration an Wasserstoffionen (in Wirklichkeit auch Hydroniumionen H_3O^+) in Wasser oder wäßrigen Lösungen. Da die H^+ stärker als alle anderen Ionen chem., insbes. enzymat. Reaktionen beeinflussen, sind sie für Physiologie u. Chemie von ganz besonderer Bedeutung. – Reines Wasser (H_2O) ist in sehr geringerem Maße in H^+ u. OH^- dissoziiert. Nach dem Massenwirkungsgesetz ist $\frac{[H^+]\cdot[OH^-]}{H_2O}$ = eine Konstante k, oder $[H^+]\cdot[OH^-]$ gleich einer Konstante Kw, da die Konzentration an Wasser prakt. unverändert bleibt. Bei 22 °C ist Kw = 10^{-14}. Da in reinem Wasser die Konzentration an H^+ gleich der an OH^- ist, gilt bei 22 °C $[H^+]^2 = 10^{-14}$ oder $[H^+] = \sqrt{10^{-14}} = 10^{-7}$ g OH-Ionen pro l Wasser u. entsprechend $17\cdot10^{-7}$ g OH-Ionen pro l Wasser. (In reinem Wasser ist also im Durchschnitt von 555 Millionen Molekülen Wasser nur eines in Ionen gespalten.) In Säuren sind die H^+ vermehrt, in Laugen die OH^-. Da nach dem Massenwirkungsgesetz das Produkt der $[H^+]$ u. $[OH^-]$ stets konstant gleich 10^{-14} ist (bei 22 °C), sind auch in einer sauren Lösung immer OH^- u. in einer bas. Lösung auch immer H^+ vorhanden. Von Sörensen wurde 1909 als *p*H der negative dekad. Logarithmus eingeführt, der Rechenoperationen sehr erleichtert. In reinem Wasser ist also bei $[H^+] = 10^{-7}$ der negative dekad. Logarithmus $-\log 10^{-7}$ = *p*H 7. Eine Säure mit 10^{-3} g H^+ im Liter hat also den *p*H-Wert 3; sie enthält gleichzeitig 10^{-11} g OH^- (gleich *p*H 11), da der

Kw-Wert immer 10^{-14} bzw. *p*H 14 sein muß. Eine Säure mit 1 g H^+ im Liter hat *p*H = 0. Eine m/10-Lösung der starken zu etwa 92% dissoziierten Salzsäure hat den *p*H 1,092, eine m/10-Lösung der schwachen nur zu 1,3% dissoziierten Essigsäure *p*H 2,86; *p*H des Zitronensaftes 2,3 (etwa wie eine m/10-Zitronensäure); *p*H Magensaft 0,9–1,5; saure Milch *p*H 4,4; Blutplasma *p*H 7,36; Darmsaft *p*H 8,3; m/100-NaOH *p*H 11,94. – Bestimmung der $[H^+]$: Am sichersten u. genauesten ist die (method. aufwendigere) elektrometr. Messung mit der Wasserstoffelektrode, die zur Eichung aller übrigen Verfahren dient, von denen im biolog. Bereich (*p*H 1–10) bes. die Glaselektrode (sehr genau), ferner die Chinhydron- u. Antimonelektrode verwendet werden. Am einfachsten ist die kolorimetr. Bestimmung mit Farbindikatoren wie Lackmus, Phenolphthalein u.a., deren Genauigkeit aber nur *p*H 0,1–0,3 beträgt. [8]

~isotope: 3 Kernarten mit der Ordnungszahl 1 u. den Massenzahlen 1 (Wasserstoff, ^1_1H), 2 (↑Deuterium, ^2_1D) u. 3 (↑Tritium, ^3_1H) sind bekannt. Die beiden ersten sind stabil, die 3. ist radioaktiv; ↑Wasserstoff. [59]

~peroxid, ~superoxid: H_2O_2; wegen Abgabe von (atomarem) Sauerstoff, bes. leicht in neutraler oder alkal. Lösung, Oxydations- u. Bleichmittel, offizinell in 3- u. 30%iger Lösung.

~zahl ↑Wasserstoffionenkonzentration. [8]

Wasser|stoß (F. Volhard): therapeut. Anwendung des Wasserversuchs, um die Ausschwemmung von Ödemen in Gang zu bringen u. den Blutdruck zu senken; ↑Volhard' Wassertrinkversuch.

~sucht: Ödeme u. Flüssigkeitsansammlung in Körperhöhlen, bei Herzinsuffizienz, Nephritis, Nephrose, Hungerdystrophie. [9]

~versuch ↑Volhard' Wassertrinkversuch. [24]

~zahl: die Menge Wasser in Prozent, die in eine Salbengrundlage eingearbeitet werden kann. [43]

~zentrum: ein im seitlichen u. vorderen Hypothalamus (Zwischenhirn) gelegenes Nervenzellgebiet, auch als Durstmotivationszentrum bezeichnet, bei dessen experimenteller Zerstörung im Tierversuch es zum Absinken der Wasseraufnahme kommt. Es steht in engem Zusammenhang mit anderen vegetativen Zentren im Hypothalamus, z.B. dem Temperaturregelungszentrum u. dem Nahrungszentrum. Zusammen mit dem Hypophysenhinterlappen ist es Bestandteil eines nerval-humoralen Systems zur Steuerung der Wasserabgabe durch die Nieren; ↑Adiuretin, ↑Vasopressin. [7]

Wassiljew-Weil' Krankheit: in der sowjet. Literatur verwendetes Syn. für ↑Weil' Krankheit. [4]

Waterhouse, Sir Herbert (1864–1931), Arzt, Edinburgh, London.

W.-Friedrichsen' Syndrom: Syn. Marchand-Waterhouse-Friedrichsen' Syndrom, Nebennierenapoplexie; meist durch Meningokokken verursachte, foudroyant verlaufende perakute Sepsis mit sog. Nebennierenapoplexie (ausgedehnte NN-Blutungen) oder funktionellem Nebennierenversagen. Symptome: plötzlicher perakuter Beginn mit hohen Temperaturen, heftigen Kopf- u. Bauchschmerzen, schwerem Erbrechen, Durchfällen, mit Blässe, wechselnder Zyanose ohne Dyspnoe, Bewußtseinstrübung, Purpura, intra vitam auftretenden ausgedehnten Blutsugillationen sowie leichenfleckenartigen Hautverfärbungen u. plötzlichem starken Blutdruckabfall. [32]

Watschelgang: Gangstörung infolge Insuffizienz der Glutäalmuskulatur. Das Becken sinkt auf der Seite des Spielbeines herunter, da es auf dem Standbein nicht (durch M. glutaeus med. u. min.) fixiert werden kann. Sehr häufig bei ↑Dystrophia musculorum progressiva, aber auch bei doppelseitiger ↑Hüftgelenksluxation u.a. [33]

Watson, James Dewey (*1928), Biologe, Cambridge (USA). 1962 Nobelpreis (mit Crick, Harry Compton u. Wilkins, Hugh Frederick) für die Entdeckung auf dem Gebiet des molekularen Aufbaus der Nukleinsäuren u. seiner Bedeutung für die Erforschung des lebenden Organismus. [53]

W.-Crick' Modell: Doppelspiral-(helix)-Modell des räumlichen Aufbaues (Sekundärstruktur) der Desoxyribonukleinsäuren. Semikristalline B-Konfiguration: Ganghöhe der Wendel 340 nm mit 10 Nukleotiden; Ringabstand der Basen im Inneren der Doppelhelix 34 nm, ihr Neigungswinkel zur Längsachse des Moleküls 90°; Durchmesser der Doppelhelix 200 nm; Abstand der beiden, mit gegenläuf. Polarität im Molekül helikal angeordn. Polydesoxyribonukleotidsträngen etwa 110 nm. [8]

Watt, James (1736–1819), schott. Ingenieur. Nach ihm benannt: Watt: *Abk* W; Maßeinheit für Leistung 1 W = 1 Joule pro s = 10^7 erg · s^{-1} (oder 10^7 erg/s). [7]

Watte: locker gezupfte Masse aus Baumwollfasern; zur Polsterung in der Verbandtechnik verwandt. [18]

W., blutstillende: Eisenchloridwatte, mit Eisen-III-chloridlösung getränkte u. getrocknete Watte zur lokalen Anwendung bei kapillaren Blutungen. Wirkt blutstillend durch Eiweißfällung. [44]

Wattefilter: dichtgepackte Watte; Verwendung bei der Luftfiltration. [40]

Wattkrankheit ↑Perniones. [43]

WBE: *Abk* für Weißbroteinheit oder schlechthin ↑Broteinheit. [16]

Weber, Ernst Heinrich (1795–1878), Physiologe, Leipzig.

W' Versuch (1834): eine tönende Stimmgabel c^1 bzw. a^1 wird auf den Scheitel gesetzt; bei Mittelohrerkrankungen (Schalleitungsstörung) wird der Ton auf dem erkrankten Ohr infolge besserer Knochenleitung stärker u. länger gehört (W. ins kranke Ohr lateralisiert), bei Innenohrschädigungen dagegen auf dem normal hörenden (W. ins gesunde Ohr lateralisiert). Diagnost. Bedeutung für die Beurteilung des Verlaufes einer Mittelohrentzündung. [28]

W.-Fechner' Gesetz: nach Weber ist der Quotient aus jener Intensität eines Reizes, die gerade die Empfindung einer Differenz zur Intensitätsempfindung eines vorherigen, schwächeren Reizes hervorruft, konstant. Fechner beschrieb diesen Zusammenhang umfassender so, daß die Empfindungsstärke proportional dem Logarithmus der Reizstärke zunimmt. $E = a \cdot \lg I + b$, wobei *a* u. *b* Konstanten sind, die von der Art des Reizes u. der Art des Rezeptors bestimmt werden. [7]

Weber, Frederic Parkes (1863–1962), Arzt, London.

W.-Christian' Krankheit ↑Pfeifer-Weber-Christian' Krankheit. [5]

Weber, Hermann (*1865), Internist, Berlin.

W.-van Deen' Blutprobe ↑Guajakprobe. [47]

Weber, Hermann David (1823–1918), Arzt, London.

W' Syndrom ↑Hemiplegia alterna oculomotoria. [33]

W.-Ramstedt' Operation ↑Pyloromyotomie. [32]

Weber|husten: gelegentlich in Baumwollwebereien als anaphylakt. Erscheinung zu beobachten. Bedingt durch Resorption eingeatmeter artfremder Eiweißkörper, herrührend von der Pflanze selbst oder von den den Fasern reichlich anhaftenden Bakterien. [49]

~krampf = twisters cramp ⟨*engl*⟩: nach Überanstrengung beim Kettenfädenanknüpfen; davon betroffen werden bes. die Muskeln des li. Vorderarmes, auch Daumen u. Zeigefinger. Erste Zeichen äußern sich in ungewöhnlichen Zuckungen im Daumenballen. [49]

Wechselbadprobe: Teilbäder mit unterschiedlicher Wassertemperatur zur Diagnostik verschiedener Blutgefäßerkrankungen. [23]

Wechseldruckbeatmung: künstliche Beatmung mit pos. in- u. neg. exspirator. Drükken, so daß der mittlere Beatmungsdruck gleich Null wird (Sonderform der Druck-Sog-Beatmung). [27]

Wechsel|fieber: bezeichnet in der älteren Klinik lediglich wechselnde Fieberrhythmen, unabhängig von der noch unbekannten Ätiologie; heute wird W. fast nur noch für ↑Malaria gebraucht. [11]

~jahre ↑Klimakterium. [29]

~kost: Diät, die durch gesteuerten Wechsel in der Nahrung nach Art u. Menge der herangezogenen Lebensmittel u. ihrer Zubereitung spez. therapeut. Effekte anstrebt. [16]

~schnitt: zur Entfernung des entzündeten Wurmfortsatzes vom Blinddarm verwendeter Bauchdeckenschnitt, der entsprechend der Faserrichtung der Bauchdeckenmuskulatur in wechselnder Richtung die einzelnen Bauchdeckenschichten durchdringt. [18]

Weckamine: Stoffe mit stark zentralerregender Wirkung aus der Adrenalingruppe. Die bekanntesten sind Amphetamin© u. Pervitin®. Anwendung: als zentrale Analeptika, zum Doping; wegen der Gefahr des Mißbrauchs unter Betäubungsmittelverordnung gestellt. [44]

Wedenski, Nikolai Jewgenjewitsch (1852 bis 1922), Physiologe, Leningrad. Er hat u. a. die Erscheinungen der ↑Nervenparabiose festgestellt; ↑Optimum der Reizung. [7]

Weeks, John Elmer (1853–1949), Ophthalmologe, New York.

W.-Bazillen = Koch-Weeks' Bazillen: Konjunktivitiserreger aus der Gruppe der hämophilen Bakterien (*Haemophilus conjunctivitidis*). [41]

Wegbleiben der Kinder: meist als Ausdruck einer Trotzreaktion nach Schmerzreizen o. ä., infolge Stimmritzenkrampfes zu Atemstillstand mit Zyanose u. Bewußtlosigkeit führender Zustand. Bevorzugt bei Kindern im 2. u. 3. Lebensjahr zu beobachten. Auch Stimmritzenkrampf bei Tetanie, epilept. Äquivalente. [32]

Wegener, Friedrich (*1907), Pathologe, Berlin, Breslau, Lübeck.

W' Granulomatose (1936): hypererg. Gefäßerkrankung, die häufig mit Nekrosen im Bereich der Nase u. des Nasen-Rachen-Raumes beginnt u. regelmäßig zu ausgedehnten Nekrosen in Lunge, Nieren, Milz u. Leber, seltener auch anderen Organen führt. Vergleichbar der ↑Periarteriitis nodosa. [5]

Wegner, Friedrich R. G. (*1843), Pathologe, Berlin.

W' Krankheit ↑Parrot' Lähmung.

W' Zeichen: unregelmäßig verbreiterter u. gezackter Verlauf der präparator. Verkalkungszone (Grenzlinie) zwischen Epi- u. Diaphyse bei Osteochondritis syphilitica. [5]

Wehen = Labores uteri ⟨*lat*⟩: rhythm. Kontraktionen der Gebärmutter. Schwangerschaftswehen (Senkwehen, Vorwehen) leisten keine Geburtsarbeit. Eröffnungswehen: Verkürzung der Hohlmuskulatur des Corpus uteri, wobei sich der Muttermund eröffnet.

Austreibungs- oder Preßwehen: nach Eröffnung des Muttermundes wird reflektor. die Bauchpresse mit eingesetzt, um das Kind aus der Gebärmutter hinauszutreiben. Nachgeburtswehen: Kontraktionen in der Nachgeburtsperiode zur Lösung u. Ausstoßung der Plazenta. Nachwehen: schmerzhafte Kontraktionen im Wochenbett, vor allem bei Mehrgebärenden; häufig beim Stillen verstärkt. Krampfwehen ↑Tetanus uteri.

~schwäche (prim. u. sek.): zum Teil echte Schwäche der Kontraktion, zum Teil unharmon. Zusammenspiel zwischen Kontraktion u. Eröffnungsmechanismus (Dystokie).

~mittel: Extrakte aus dem Hypophysenhinterlappen (HHL), die die rhythm. Kontraktion des Uterus fördern; zur Wehenanregung oder -verstärkung unter der Geburt oder in der Nachgeburtsperiode. Zu unterscheiden von Dauerkontraktion der Gebärmutter auslösenden Mitteln (Mutterkornpräparate, Secale cornutum), verwendet bei Blutungen nach der Geburt oder Fehlgeburt; bei zu starker Menstruation u. Endometritis; meist injiziert. [29]

Weiberknoten: besteht aus zwei im gleichen Sinne geschürzten Knoten, wobei nur das eine Fadenende zweimal zur gleichen Knotenwindung gebraucht wird. Dagegen wird beim ↑Schifferknoten so geknotet, daß die Fadenenden beim Vorwärts- u. Rückwärtsführen entweder jedesmal unter oder jedesmal über den anderen Faden geführt werden (Knotung einmal re., einmal li.). Dieser Knoten liegt deshalb fester als der Weiberknoten. [18]

Weichbrodt, Raphael (*1886), Neurologe, Frankfurt a. M.

W' Reaktion: orientierende Methode zum Nachweis von Globulinen im Liquor cerebrospinalis; da aber auch andere Eiweißkörper mitgefällt werden, wird die W' Reaktion als Globulingrenzreaktion betrachtet. Beurteilung wie bei der ↑Nonne-Apelt-Schumm' u. der ↑Pandy' Reaktion. [33]

Weichen: seitliche Gegend der Bauchwand zwischen Brustkorb u. Becken.

~bein ↑Os ilium. [1]

Weichmacher: Stoffe, die durch Beimischung harte Plaste elast. (weich) machen, z. B. Phthalsäure- u. Zitronensäurederivate, Trikresylphosphate. Von den letzteren ist das o-Trikresylphosphat toxisch. (Lähmungen), daher heute nicht mehr gebräuchlich. [42]

Weichselbaum, Anton (1845–1920), Pathologe, Wien. Bekannt durch Arbeiten über die Ätiologie verschiedener Infektionskrankheiten (*Diplococcus pneumoniae Fraenkel-Weichselbaum, Meningococcus Weichselbaum*). Nachweis von Tuberkulosebakterien im Leichenblut an Miliartuberkulose verstorbener Kranken, Beiträge zur Geschwulstlehre, zur Gelenk- u. Knorpelpathologie u. zum Diabetes mellitus. [41]

Weichteil-Rheumatismus: zusammenfassender Begriff für die rheumat. u. rheumaähnlichen Vorgänge in Muskeln, Nervengewebe, Unterhautfettgewebe (↑Fibrositis, ↑Muskelrheumatismus, ↑Panniculitis). [13]

Weigert, Karl (1845–1904), Pathologe, Leipzig, Frankfurt a. M. Führte 1875 Methoden des Nachweises von Bakterien im Gewebe mit Anilinfarben ein. [53]

W' Fibrinfärbung: nicht spezif. Färbemethode zur Darstellung des Fibrin.

W' Markscheidenfärbung: bekannte vielfach modifizierte Methode zur Markscheidendarstellung mittels Eisenhämatoxylin. Färbeerfolg: weiße Substanz des Zentralnervensystems (Markscheiden) schwarz bis blauschwarz; graue Substanz hellgelb. [2]

W.-Meyer' Gesetz ↑Ureter bifidus, ↑Doppelniere. [24]

Weigl-Vakzine: (Weigl, deutscher Fleckfieberforscher) inaktivierter Fleckfieberimpfstoff aus künstlich infizierten Läusedärmen. [40]

Weil, Adolf (1848–1916), Kliniker, Wiesbaden.

W' Krankheit: Morbus Weil, Leptospirosis icterohaemorrhagica; maligne Form der ↑Leptospirose, unbehandelt mit mehr als 10% Letalität. Erreger *Leptospira icterohaemorrhagica,* meist durch Rattenurin kontaminierte Gewässer, seltener durch direkten Kontakt mit infizierten Tieren (Wanderratte als Hauptwirt; Hunde, Rinder, Pferde, Schweine, Geflügel als Nebenwirte) übertragen. Die Leptospiren dringen aktiv durch die verletzte Haut bzw. unverletzte Schleimhaut des Menschen. Akutes zweigipfliges Fieber mit Meningismus u. hepatorenalem Syndrom. Diagnose durch Erregernachweis (in der 1. Krankheitswoche) bzw. durch Leptospirenwidal (Titer 1:400 verdächtig, Titerdynamik beweisend). Prophylakt. aktive Immunisierung gefährdeter Berufe; Rattenbekämpfung. [40]

W' Probe: Methode zum qualitativen Nachweis von Kreatinin im Harn mit verdünntem Nitroprussidnatrium in schwach alkal. Lösung. Die burgunderrote Färbung verschwindet bald; sie geht mit Essigsäure rasch in Gelb über. Azeton, das eine ähnliche Reaktion gibt, muß vorher durch Kochen des Harns entfernt werden. [8]

Weil, Edmund (1880–1922), Hygieniker, Prag.

W.-Felix' Reaktion: ermöglicht serolog. die Diagnose Fleckfieber. Stamm Proteus OX 19 wird, obwohl nicht der Erreger, durch Serum von Fleckfieberkranken agglutiniert.

Reaktion beruht auf Rezeptorengemeinschaft von Proteus OX 19 u. der *Rickettsia prowazeki.* [41]

W.-Kafka' Hämolysin-Reaktion: i.v. Injektion von ↑Ambozeptor; gelingt dessen Nachweis im Liquor, besteht eine erhöhte Permeabilität der Meningen; zur Diagnose der progressiven Paralyse u. Meningitis. [39]

Wein = Vinum: das aus dem Saft frischer Weintrauben durch alkohol. Gärung u. gesteuerte Kellerbehandlung hergestellte Getränk in sehr großer sinnesphysiolog. Variabilität. Einteilung der Traubenweine nach Herkunft (deutsche, französ., ungar. Weine usw., Rheinweine, Moselweine, Südweine usw.), nach der Farbe (Weiß-, Rot- u. Schillerweine) usw. Kräuterweine: mittels würzender Kräuter hergestellte weinhaltige Getränke. Wermutwein: ein Wein, dem Wermutextrakt u. Zucker zugesetzt sind. Schaumweine sind Weine, die Kohlensäure (durch Gärung gebildet, evtl. imprägniert) enthalten. Weinähnliche Getränke: Produkte aus den vergorenen Säften von Stein-, Kern- u. Beerenobst (Äpfel, Kirschen, Johannisbeeren), Hagebutten, Schlehen, Rhabarberstengeln, Malz, Honig usw., oft unter Verwendung von Zucker hergestellt. Weinhaltige Getränke: Erzeugnisse, bei deren Herstellung Wein im Sinne des Weingesetzes Verwendung gefunden hat, z.B. Wermut-, Kräuter-, Maiwein, Weinpunsch, Glühwein, Gewürzwein usw. [16]

Weinberg, M. (1868–1940), französ. Pathologe.

W.-Ghedini' Reaktion: Komplementbindungs-Reaktion – analog der Wassermann' Reaktion – zum serolog. Nachweis einer Echinokokkeninfektion. [39]

Wein|essig: Gärungsessig (Essigbakterien, *Mycoderma aceti*), ausschließlich aus Wein hergestellt, oft nach dem alten Orleans-Verfahren; 20%iger Weinessig ist z.B. ein Gärungsessig, dessen Maische 20% Wein enthalten hat. Die verschiedenen Arten von Weinessig enthalten je 100 ml 5–10 g Essigsäure.

~geist: triviales Synonym für Alkohol bzw. Branntwein; damit wird Äthylalkohol (Äthanol) bezeichnet, d.h. die aus Wein (u. anderen alkoholhaltigen Flüssigkeiten) durch Destillation abtreibbare Flüssigkeit.

~hefen ↑Saccaromyces. [16]

Weinflaschenform der Knochenenden: röntgenolog. Zeichen bei der metaphysären Dysplasie, der Marmorknochenkrankheit u. dem Morbus Gaucher. [23]

Wein|säure = Acidum tartaricum: weitverbreitete, zweibas. Pflanzensäure [HOOC·OH(OH)·CH(OH)·COOH] in 4 stereoisomeren Formen vorkommend; in der Lebensmittelindustrie vielfach verwendet (Obstzubereitungen usw.), als Säureträger verwendet in der Süßwasserindustrie, bei Limonaden, Brauselimonaden. W. gilt als gesundheitlich unbedenklich.

~stein = Cremor tartari: saures Kaliumsalz der Weinsäure [HOOC·CH(OH)·CH(OH)·COOK]; bei der Weingärung mit zunehmendem Alkoholgehalt sich als „Faßgeläger" abscheidend, durch Umkristallisation gereinigt; in Wasser schwer löslich; vor allem als Säureträger zu Backpulver verwendet. – Brechweinstein = Kaliumantimonyltartrat $K[C_4H_2O_6Sb(OH)_2]\cdot 1/2H_2O$ fand früher als Expektorans bzw. Emetikum medizin. Verwendung. [16]

Weir-Mitchell, Selas (1829–1914), Neurologe, Philadelphia (USA).

W.-M.-Syndrom ↑Erythromelalgie. [33]

Weisheitszahn = Dens serotinus: dritter Mahlzahn. Der Form nach der variabelste aller Zähne, unregelmäßige Falten u. Höcker auf der Kaufläche, vielfältige Wurzeläste. Anlage im 4.–5. Lebensjahr, Durchbruch nach dem 16. Jahr, erfolgt oft unter erheblichen Entzündungen; ↑Dentitio difficilis, ↑Mahlzähne. [37]

Weismann-Netter' Syndrom: Syn. tibiale u. fibuläre diaphysäre Dysmorphie; kongenitale Dysostose der Unterschenkelknochen. Sympt.: verspätetes Laufenlernen (zwischen dem 2. bis 4. Lebensjahr). Symmetr., bilaterale, antero-posteriore Verbiegung u. diaphysäre Verdickung der Kortikalis der Tibia u. Fibula. Disproportionierter Zwerg- oder Minderwuchs mit kurzer Taille, kurzen Oberarmen. Knochenkernentwicklung normal, keine Beschwerden beim Laufen. Familiäres wie auch sporad. Auftreten ist beobachtet. [32]

Weismann' Zelldeterminante: Theorie für die Umwandlung der Körperzelle in eine Krebszelle. Hierbei nimmt W. als Angriffspunkt bestimmte Zelldeterminanten an. Diese Theorie kann zum Teil als Vorläufer der Mutationstheorie von K.H. Bauer gelten. [25]

Weißblütigkeit ↑Leukämie. [11]

Weißbrot-Einheit ↑Brot-Einheit. [14]

Weissenberg' Gesetz: die erreichte Endhöhe eines Menschen ist im allgemeinen um so größer, je später die geschlechtliche Reife erfolgt. [34]

Weißfluß = Fluor albus: flüssige, nicht blutige Absonderung aus der Scheide u. den höhergelegenen Genitalabschnitten. [29]

Weißschwielen ↑Leukoplakie. [43]

Weitsichtigkeit ↑Hyperopie. [36]

Weitwinkelglaukom: neuerdings im angloamerikan. Schrifttum viel gebrauchtes Einteilungsprinzip beim Glaukom; ↑Engwinkelglaukom. [36]

Weizenkeimöl: enthält reichl. Vitamin E. [42]

Welch, William Henry (1850–1934), Pathologe, Baltimore.

W.-Fraenkel' Bazillus = *Clostridium welchii* ↑*Clostridium perfringens.* [41]

Wellen|fieber ↑Brucellose. [40]

~schnitt: von Kehr angegebener Zugangsschnitt bei Gallenblasenoperationen; er wird neben dem Schwertfortsatz beginnend zuerst in Mittellinie u. Längsrichtung nach unten geführt, biegt dann nach lateral ab, um den M. rectus quer zu durchtrennen, u. verläuft dann wieder längs u. lateral des M. rectus. [18]

Weller, Thomas Huckle (*1915), Epidemiologe, Tropenmediziner, Boston (USA). 1954 Nobelpreis (mit Enders, John Franklin u. Robbins, Frederick Chapman) für die Entdeckung, daß in Gewebskulturen verschiedener Art Poliomyelitis-Viren gezüchtet werden können. [53]

Welsh-Zellen: oxyphile, spärlich vorhandene Zellen der Epithelkörperchen mit kleinem zentralem Kern u. grobkörnigem Protoplasma. Nehmen im Alter zahlenmäßig zu, werden als Degenerationsformen der Hauptzellen aufgefaßt. [12]

Weltgesundheitsorganisation: *Abk* WGO; World Health Organization (WHO) ⟨*engl*⟩, Organisation Mondiale de la Santé (OMS) ⟨*frz*⟩; eine Einrichtung der Vereinten Nationen (UN). 1948 gegründete Weltföderation von Staaten zur internationalen Zusammenarbeit insbes. auf dem Gebiet der Organisation des Gesundheitsschutzes, der Seuchenbekämpfung, Impfstoffherstellung; Koordinierung der Forschung, Weiterentwicklung; einer dazu notwendigen internationalen Nomenklatur der Krankheiten u. Todesursachen. Unterstützung beim Aufbau nationaler Gesundheitsdienste in jungen Nationalstaaten, insbes. durch Ausbildung medizin. Personals. [48]

Weltmann, Oskar (1885–1934), Internist, Wien.

W' Koagulationsband ↑Koagulationsband nach Weltmann. [11]

Weltmann-Barrenscheen, Hermann (*1887), Physiologe, Wien.

W.-B.' Reaktion: dient zur schnellen Orientierung, ob der Rest-N. erhöht ist. 3 bis 4 ml Serum werden mit Trichloressigsäure enteiweißt u. filtriert. Zu 2 ml gibt man 4 Tropfen Ehrlichs Reagens. Pos. Ausfall bei hochgradiger Rest-N-Erhöhung zeigt sich in einer gelbgrünen Verfärbung. [8]

Weltraummyopie: Myopie geringeren Grades, die wohl ähnlich wie die Nachtmyopie zu erklären ist. [36]

Weltuntergangserlebnis: Wahnidee, daß eine gewaltige Umwälzung, das Ende der Welt, bevorstehe (nihilistischer Wahn); ↑Nihilismus. Häufiger Inhalt des schizophrenen, auch des epilept. depressiven Wahns; ↑Wahn. [34]

Wenckebach, Karl Friedrich (1864–1940), Internist, Wien.

W' Periode: genauer Wenckebach' Periodik genannt; ↑Überleitungsstörungen. [10]

Wendung: geburtshilfliche Operation mit dem Ziel, die Lage des Kindes für die Geburt günstiger zu gestalten. Äußere W.: durch die Bauchdecken hindurch wird versucht, dem Kind die entsprechende Lage zu geben. Kombinierte oder innere W.: hierbei wird das Kind mit einer in die Gebärmutterhöhle eingeführten Hand gefaßt, während die andere Hand durch die Bauchdecken hindurch die innere Hand unterstützt. 2-Finger-W. (Braxton-Hix): innere W. bei noch nicht vollständig eröffnetem Muttermund. Die moderne Geburtshilfe hat viele Wendungsoperationen zugunsten der Schnittentbindung aufgegeben, weil sie eine erhöhte Gefahr für Mutter u. Kind darstellen. [29]

Werdnig, Guido, österreich. Neurologe, Graz.

W.-Hoffmann' Krankheit (1891); infantile hereditäre Form der spinalen progressiven Muskelatrophie, die gewöhnlich gegen Ende der Säuglingszeit zunächst an der Oberschenkelmuskulatur beginnt u. über die Bekken- u. Rückenmuskulatur zu den Muskeln des Schultergürtels aufsteigt u. von der schließlich nur das Gesicht nicht befallen ist. Die Reflexe sind abgeschwächt oder erloschen, die Muskulatur zeigt bei der elektr. Prüfung eine partielle oder totale ↑Entartungsreaktion. Im Spätstadium gelegentlich bulbäre Symptome. Patholog.-anatom. Degeneration der Vorderhornganglienzellen. [32]

v.-Werdt-Tumor: nach dem Erstbeschreiber (1914) benannter ↑Granulosazelltumor des Ovars. [5]

Werksarzt ↑Betriebsarzt.

Werkstatt, beschützende: Institution, in der Behinderte unter Aufsicht tätig sind, ohne den Belastungen des allgemeinen Erwerbslebens ausgesetzt zu sein; die Tätigkeit kann mit Entgelt verbunden sein.

Werlhof, Paul (1699–1767), Arzt, Hannover.

W' Krankheit ↑Purpura. [11]

Wermut: das getrocknete Kraut von Artemisia absynthium; das daraus gewonnene äther. Öl entfaltet eine gesundheitsschädliche Wirkung, die auf seinen Gehalt vor allem an Thujon zurückzuführen ist; benutzt zur Herstellung von Wermutwein, der gesetzlicher Kennzeichnung unterliegt (Vermouth di Torino, Vino Vermouth usw.). Absinth, ein Branntwein mit den aromat. Bestandteilen des Wermutkrautes u. anderen aromat. Pflanzenextrakten, ist in vielen Staaten wegen seiner Bedenklichkeit verboten. [16]

~öl = Oleum Absynthii: äther. Öl aus dem bitteren Beifuß (Artemisia absynthium), Hauptbestandteil ist das α- u. β-Thujon, ein starkes zentrales Krampfgift. Wermut u. Wermutlikör sind frei von Thujon u. enthalten nur den unschädlichen Bitterstoff (Absinthin). [44]

Werner-His' Krankheit ↑Fünftagefieber. [40]

Werner' Syndrom: im Erwachsenen-Alter beginnende vorzeitige Vergreisung mit Atrophie der Haut (Ulzerationen), u. a. bes. hormonalen Störungen. [43]

Wernicke, Karl (1848–1905), Psychiater u. Neurologe, Breslau, Halle.

W' Aphasie ↑Aphasie.

W' Krankheit: Polioencephalitis haemorrhagica, eine „Entzündung" des Mittelhirns (richtiger eine Gefäßwanderkrankung, die zu Blutungen ins Gewebe führt, also eine „Pseudoenzephalitis") auf der Grundlage des schweren Alkoholismus (fast nur bei Schnapstrinkern), auch ganz selten bei Fleischvergiftung. Bei vorwiegend kranialer Lokalisation (Augenmuskelkerne) spricht man von Polioencephalitis haemorrhagica superior, bei mehr kaudaler (Bulbärmuskelkerne) von P. h. inferior. Die seltene Erkrankung geht mit Schlafsucht, Schwindel, Erbrechen u. deliranten Erscheinungen einher u. führt in der Regel in stürm. Verlauf zum Exitus.

W' Zentrum: sensorisches ↑Sprachzentrum; ↑Aphasie.

W.-Mann' Prädilektionsparese: Prädilektionstyp der Pyramidenbahnlähmung; nach Pyramidenbahnläsionen (insbes. bei Kapselherden) zeigen sich in den späteren Stadien (nach Überwindung der akuten Schockerscheinungen) an den unteren Extremitäten vornehmlich die Verkürzer (Hüft- u. Kniebeuger, Dorsalflexoren des Fußes), an den oberen die Verlängerer (Strecker des Ellbogengelenks, des Handgelenkes u. der Fingergelenke) betroffen, woraus sich die charakterist. Haltungsanomalien (evtl. Kontrakturen) u. motor. Ausfälle erklären. Die „funktionelle" Verlängerung des Beines führt zu der für den Hemiplegikergang bezeichnenden ↑Zirkumduktion. [33]

Wert, kalorischer: 1. von Sauerstoff oder CO_2; ↑Äquivalent, kalorisches; 2. der Nahrungsmittel, Wärmemenge, die bei Oxydation von 1 g Nährstoff im Organismus entsteht: 1 g Eiweiß = 4,1 kcal, 1 g Fett = 9,3 kcal, 1 g Kohlenhydrat = 4,1 kcal. Der kalor. W. des Eiweißes ist niedriger als bei Oxydation außerhalb des Organismus, da es im Organismus oxydativ nicht völlig abgebaut, sondern in Form noch energiehaltiger Schlackenstoffe (Harnstoff, Harnsäure) ausgeschieden wird. [7]

Werth, Richard (1850–1918), Gynäkologe, Kiel.

W' Handgriff: schnupftuchartige Zusammenbiegung des Kindes, so daß die Knie bis an die Nase kommen, u. anschließendes Strekken mit dem Ziel, auf diese Weise asphykt. Neugeborene künstlich zu beatmen; heute zugunsten moderner Beatmungsverfahren aufgegeben. [29]

Wertheim, Ernst (1864–1920), Gynäkologe, Wien.

W' Klemme: lange, gebogene Klemme zum Abklemmen des parametranen Gewebes u. der Scheide bei der Wertheim' Operation.

W' Operation: abdominale Operationsmethode beim Muttermundskrebs; Entfernung des Uterus, des parametranen Gewebes (Freilegen des Harnleiters) u. des muttermundnahen Scheidenteils. [29]

Wertigkeit ↑Valenz.

W., biologische: von Thomas eingeführter Begriff zur Kennzeichnung des Nahrungseiweißes hinsichtlich seiner qualitativen u. quantitativen Zusammensetzung aus essentiellen Aminosäuren u. damit seiner Fähigkeit, Körpereiweiß zu ersetzen. Die biolog. W. kann somit auch als die Menge Körpereiweiß definiert werden, die durch 100 g des zugeführten Nahrungseiweißes ersetzt werden, z. B. Fleisch- u. Milcheiweiß annähernd 100, Kasein 70, Proteine in Kartoffeln 79, in Weizenmehl 40, in Erbsen 56, in Mais 30. [7]

Wespen: den Bienen verwandte, schwarzgelb gestreifte Hautflügler, die durch Stichwirkung (nicht ungefährlich!) u. Keimverschleppung (beschmutzte Nahrungsmittel mit pathogenen Keimen!) als Gesundheitsschädlinge des Menschen auftreten. Bekämpfung durch Fallen u. Pyrethrum-Präparate, ursächlich nur durch Vernichtung der Nester mit Pestiziden. [58]

Wessely' Keratometer ↑Keratometer. [36]

West, W. D., zeitgen. brit. Pädiater, Turnbridge.

W' Syndrom: Syn. Blitz-Nick-Salaam-Krämpfe; Krankheitsbild der Blitz-, Nick- u. Gruß-Krämpfe, sog. Propulsiv-Petit mal des Kleinkindesalters. [32]

West' Operation: Dakryozystorhinostomie nach West. Auf endonasalem Wege (Gegensatz zur Toti' Operation) ausgeführter Eingriff, um eine neue Verbindung zw. Tränensack u. Nase bei undurchgäng. Tränennasenkanal (Dakryostenose) zu schaffen. [36]

Westergren, Alfred (* 1891), Internist, Stockholm.

W' Methode ↑Blutkörperchensenkungsreaktion. [11]

Westphal, Alexander Karl Otto (1863–1941), Psychiater, Bonn.

W.-Piltz' Pupillenphänomen: paradoxes Pupillenphänomen, Lidschlußreaktion, Orbikularisphänomen. Versucht man die durch Fingerdruck offengehaltenen Lider gegen den Widerstand zu schließen, so kommt es erst zu einer Verengerung u. dann zu einer Erweiterung der Pupille. [36]

Westphal, Carl (1833–1900), Psychiater u. Neurologe, Berlin.

W' Syndrom ↑Extremitätenlähmung, periodische. [33]

W.-Edinger' Kern: unterer akzessor. Kern des N. oculomotorius. [20]

W.-Strümpell' Pseudosklerose ↑Degeneratio hepatolenticularis. [33]

Wetter|empfindlichkeit: wetterreagierend ist jeder Mensch in seiner physiolog. Antwort auf die atmosphär. Umweltreize. Wetterempfindlich kann der Mensch im Laufe des Lebens werden, wenn durch Krankheiten, Leiden, Verletzungen ein bleibender Gewebsschaden an einer Körperstelle oder einem Organ entsteht. Hier erhöhte Reizbeantwortung. Wetterfühlig sind bes. Menschen mit erhöhter Ansprechbarkeit ihres vegetativen Systems. Hierher gehören z.T. auch die Menschen mit Wetterschmerzen. Das Wettervorfühlen ist ein Sonderfall der verschiedenen Gruppen, vielleicht schon der ersten im physiolog. Bereich, worauf auch Beobachtungen an Tieren weisen.

~lage, pathogene: Wettersituation, deren Auftreten eine biotrope Reizquelle darstellt bzw. darstellen kann. In der Hauptsache gilt das für die meteorolog. Fronten, Kaltfront, Warmfront, Okklusion. Die Zahl der in einem Jahr beobachteten pathogenen Wettervorgänge ist größer als die Zahl der Tage des Jahres. [13]

Wetzsteinkristalle im Harn ↑Harnsäure, ↑Harnsediment. [8]

Weyers, Helmut, zeitgen. Pädiater, Bonn.

W' Syndrom: Dysostosis acrofacialis; zum Formenkreis der kranio-mandibulo-fazialen Syndrome gehörende mesektodermale Entwicklungsstörung. Sympt.: Hexadaktylie, Synostose der Mittelhandknochen, Unterkieferspaltenbildung, Zahnanomalien, unechtes Diastema mediale; unregelmäßig-dominante Erbkrankheit. [32]

Wharton, Thomas (1614–1673), Anatom, London.

W' Gang: Ausführungsgang der ↑G. submandibularis. [1]

W' Sulze: gallertiges Bindegewebe. [2]

Whewellit: Kalziumoxalat-monohydrat.

~steine ↑Konkrementbildung der Harnorgane.

~sediment: Hantelform. [24]

Whiplash-Verletzung ↑Peitschenhiebverletzung. [33]

Whipple, Georg Hoyt (*1878), Pathologe, Rochester. 1934 Nobelpreis (mit Minot, George Richard, Cambridge u. Murphy, William Parry, Cambridge (USA)) für die Entdeckung der Leberbehandlung gegen Anämien. [53]

W' Krankheit: intestinale Lipodystrophie; chron. Darmerkrankung mit Verdauungsstörungen (↑Malabsorptions-Syndrom), bes. Fettresorptionsstörung als Folge einer Infektion mit *Corynebakterium anaerobium* (Prévôt) (grampos. Stäbchen); klin. nach uncharakterist. Vorstadium mit rheumatoiden Erscheinungen, Durchfällen, Steatorrhoe, Kachexie u. Anämie; patholog.-anatom. fleckförmige Fett- u. Lipidablagerungen in der Dünndarmschleimhaut u. den mesenterialen Lymphknoten u. Ausbildung granulomatöser, später vernarbender Herde. [5]

Whitehead' Operation: bei ausgedehnten Hämorrhoidalknoten, oft mit Prolaps der Rektumschleimhaut, wird die Schleimhaut zirkulär an der Hautgrenze des Afters umschnitten u. darauf in einer Ausdehnung von etwa 6 cm von der Darmwand mit den Hämorrhoiden abpräpariert u. abgetragen, so daß die erweiterten Venen u. die überschüssige Schleimhaut wegfallen. Der neue Schleimhautrand wird mit dem Hautrand wieder vernäht. Das Verfahren kann trotz sorgfältiger Technik zur Inkontinenz führen. Es wird deshalb heute nur noch selten angewandt, da Verfahren ohne derartige Komplikation zur Verfügung stehen. [18]

White spot disease ⟨*engl*⟩ ↑Lichen sclerosus. [43]

White-Tubus: Doppellumen-Tubus zur rechtsseit. endobronchialen Intubation. [27]

Whitemore' Bakterien = *Malleomyces pseudomallei:* ↑Pseudobakterien, *Actinobacillus pseudomallei, Flavobacterium pseudomallei.* Kurze, gramneg. Stäbchen mit abgerundeten Enden; Erreger der Melioidosis, einer in Südostasien unter den Nagetieren vorkommenden u. durch Nahrungsmittel oder Kontakt auf den Menschen übertragbare rotzähnliche Seuche. Erreger von Whitemore (1912) bei menschlichen Erkrankungsfällen erstmalig isoliert u. von Stanton u. Fletcher (1921) nach Whitemore bezeichnet. [41]

WHO: *Abk* für World Health Organization, ↑Weltgesundheitsorganisation. [48]

Wichte ↑Dichte. [8]

Wickham' Streifen: diagnost. Zeichen beim Lichen ruber; durch Aufbringen eines Tropfens Zedernholzöl sieht man auf dem Lichenknötchen bläulichweiße Streifchen u. Ringe mit bloßem Auge. Diese Zeichen entsprechen den netzartig angeordneten vermehrten Granularzellen in der Epidermis der Haut u. Schleimhaut. [43]

Widal, Ferdinand (1862–1929), Internist, Paris.

W' hämoklasische Krise: Leberprobe, Leuko-Widal; eine angeblich auf Leberschädigung hinweisende klin. Probe. [11]

W' Reaktion: zum Nachweis spezif. Antikörper im Patientenserum, ↑Agglutination. Verwandt werden u.a. bekannte Bakterien der TPE-Gruppe sowie *Bruc. abortus* (Bang). Pos. Resultat ab 2. Krankheitswoche. Anstieg des Agglutiningehaltes im Verlaufe einer Erkrankung ist beweisend für die Infektion. Schutzimpfung gegen Typhus hat meist zur Erhöhung der H-Agglutinine zur Folge. [41]

Widerspiegelung: die außerhalb u. unabhängig vom erkennenden Subjekt existierende objektive Realität wird durch die Tätigkeit des Gehirns erfaßt, widergespiegelt. Sie ist die Voraussetzung für die Anpassung an die natürliche u. gesellschaftliche Umwelt sowie für deren gezielte, das Leben des einzelnen u. der Gesellschaft sichernde Beeinflussung u. Veränderung. [7]

Widmann-Neumann' Operation: radikalchirurg. Operation der Parodontitis marg. chron., bestehend in Abtragung der krankhaft veränderten Alveolarteile, Exkochleation des Granulationsgewebes u. Deckung der Knochenwunde mit gingivalen Weichteillappen. Heute nur noch selten im Gebrauch. [37]

Widmark, Eric Matho Prochet (*1889), Physiologe, Lund.

W' Alkoholbestimmung: Bestimmung des Äthanolgehaltes im Blut zur Feststellung des Trunkenheitsgrades (Verkehrsunfälle). Der Alkohol wird in einem verschlossenen Glaskolben aus der gewogenen Blutprobe durch Erwärmen verdampft u. in einer Lösung von konzentrierter Schwefelsäure u. Kaliumdichromat bei 50–60 °C zu Essigsäure oxydiert. Das überschüssige Kaliumdichromat wird jodometr. bestimmt u. aus dem Verbrauch an Dichromat der Alkoholgehalt berechnet. Blut enthält normalerweise etwa 0,03‰ oxydierbare flüchtige Substanzen, berechnet als Alkohol; Fehlerquellen können sein Azeton (Diabetiker) im Blut, Äther u. Chloroform (Narkose). Zur Ausschaltung solcher Fehler wird zunehmend die enzymat. „ADH-Methode" zur Alkoholbestimmung benutzt; sie bedient sich der spezif. wirkenden Alkoholdehydrogenase, die Äthanol zu Azetaldehyd oxydiert, wobei der Wasserstoff auf das Coenzym NAD (Nikotinsäureamid-Adenin-Dinukleotid) übertragen wird, aus dessen veränderter Lichtabsorption bei 340 bzw. 366 nm der Gehalt an Alkohol berechnet werden kann (Eichkurve). [16]

Wiedemann, Hans Rudolf (*1915), Pädiater, Kiel.

W' Syndrom: Syn. Wiedemann' Dysmelie-Syndrom, Thalidomid-Embryopathie; charakterist. kombinierte embryopath. Mißbildung mit schweren Extremitätendeformitäten vom Typ der Dysmelie (Formenkreis: ↑Thalidomid-Syndrom). Sympt.: meist multiple Extremitätenmißbildungen verschiedener Art u. Gradstärke: Agenesie oder Hypogenesie langer Röhrenknochen; Mißbildungen innerer Organe (Herz, große Gefäße), Nierenagenesie. [32]

Wiederbelebung = Reanimation: Maßnahmen zur Bekämpfung akuter Lebensbedrohung, wie z.B. im Schock nach schweren Schädelverletzungen, Verblutungen, nach Ertrinken, bei Vergiftungen (durch Gase oder Schlafmittel), bei Narkose- u. Operationszwischenfällen mit Hirnanoxämie. Zuerst für zweckmäßige Lagerung u. für freie Atemwege sorgen. Durch Intubation oder Saugkatheter Absaugen von Schleim aus dem Bronchialbaum. Künstliche Mund-zu-Mund-Beatmung oder im klin. Milieu Sauerstoffgaben durch den Trachealtubus. Bei Darniederliegen des Kreislaufs oder Herzstillstand transthorakale Herzmassage u. gegebenenfalls intraarterielle Transfusion bis Wiederkehr regelmäßiger Herzaktion. Die früher viel verwendeten analept. Pharmaka sind bis auf intrakardiale Adrenalininjektion heute ohne Bedeutung u. werden erst im Dauertropf angewandt. [18]

Wiederherstellungschirurgie: plastische Chirurgie, Operationsverfahren für die Wiederherstellung verlorener Funktionen, traumat. oder krankheitsbedingter Lähmungen (z.B. spinale Kinderlähmung), Defektbildungen (Gaumenspalten), Beseitigung von Narbenbrüchen, Fisteln u. von angeborenen Mißbildungen. Davon zu trennen ist die kosmet. oder ästhet. Chirurgie, die vor allem Entstellungen im Gesicht u. am Hals sowie Alternserscheinungen korrigiert. Es bestehen zwischen beiden Arbeitsbereichen weite Übergänge. [18]

Wiederimpfung: Maßnahme zur spezif. Erhöhung einer Grundimmunität; ↑Booster-Effekt. [40]

Wiederkäuen = Rumination: Motilitätsneurose des Magens. Wiederkauen von Speisen, die einige Zeit nach dem Verschlukken ohne Brechreiz wieder in die Mundhöhle gebracht, erneut durchgekaut u. wieder verschluckt werden. Ein Teil der Nahrung geht durch Herauslaufen verloren, so daß Kinder infolge einer sich entwickelnden schweren Atrophie sogar in Lebensgefahr kommen können. [32]

Wieland, Heinrich (1877–1957), Chemiker, München. Nobelpreis 1927. Bes. bekannt durch seine Theorie der ↑Wasserstoffaktivierung; grundlegende Untersuchungen über das Lobelin (Konstitutionsermittlung), Morphin, die Sterine, Pterine, das Curare u. a. [8]

Wieland (1867–1948), schweiz. Pädiater, Basel.

W' Weichschädel ↑Kuppenweichheit. [32]

Wiener, Alexander (*1907), Serologe, New York. Entdeckte zusammen mit Landsteiner das Rh/rh-System; ↑Blutkörpercheneigenschaften, ↑Blutgruppen-Rhesus-System. [11]

Wiesengrasdermatose ↑Dermatitis pratensis. [43]

Wieting, Julius (1868–1922), deutscher Chirurg in der Türkei.

W' Operation: Überleitung des arteriellen Blutes in die venöse Gefäßbahn bei Durchblutungsstörungen, insbes. bei Arteriosklerose, durch Seit-zu-Seit-Anastomose von Arterie u. Vene im Bereich des Oberschenkels. Auf diese Weise soll bei Undurchgängigkeit der Arterie die Versorgung des Gewebes mit arteriellem Blut retrograd über das Venensystem erfolgen. Der Eingriff ist ohne Dauererfolge u. heute verlassen. [18]

Wigand, Justus Heinrich (1769–1817), Gynäkologe, Mannheim.

W.–Martin–Winckel' Handgriff: geburtshilfliche Maßnahme, wird bei Beckenendlagen angewandt, wenn der nachfolgende Kopf nicht in das Becken eintritt. Dabei wird der Mittelfinger der Innenhand des Geburtshelfers in den Mund des Kindes eingeführt. 2. bis 4. Finger der gleichen Hand liegen an den Jochbeinen. Das Köpfchen wird gebeugt u. die Pfeilnaht im Beckeneingang quergestellt. Unter Zug an Kopf u. Schultern wird der Kopf bei gleichzeitigem ↑Kristeller' Handgriff von oben durch die Beckenenge gebracht u. dann nach Veit–Smellie entwickelt. [29]

Wildbäder ↑Akratothermen. [46]

Wilde' Schnitt (1855): Inzision hinter dem Ohr parallel dem Ohrmuschelansatz durch das Periost bis auf den Knochen bei Mastoiditis mit subperiostalem Abszeß zur Schaffung des Eiterabflusses. Verfahren allgemein verlassen, da gefährlich. [28]

Wilkins, Maurice Hugh Frederick (* 1916), Molekularbiologe, London. 1962 Nobelpreis (mit Watson, James Dewey u. Crick, Harry Compton) für die Entdeckung auf dem Gebiet des molekularen Aufbaus der Nukleinsäuren u. seiner Bedeutung für die Erforschung des lebenden Organismus. [53]

Wilkinson' Syndrom, achrestische ↑Anämie. [11]

Willebrand, E., A. v. (1870–1949), Arzt, Helsinki.

v.-W.–Jürgens' Syndrom ↑Thrombopathie, konstitutionelle. [5]

Willenshemmung: Hemmung der Willensvorgänge (im Gegensatz zur Sperrung bei ↑Schizophrenie); wird subjektiv erlebt in der gehemmten Depression, auch in der Erschöpfung, Intoxikation; ↑Verlangsamung. [34]

Williams, Anna Wessels (*1863), Bakteriologin, New York.

W' Zahl: empir. gefundenes Maß des Bedarfs an ↑Vitamin B_1, der von der Art der Ernährung abhängt. Die W' Zahl ergibt sich aus dem Quotienten

$$\frac{\text{tägliche Aneurinaufnahme in Mikrogramm}}{\text{Tagesverbrauch an Nichtfettkalorien}}$$

Bei ausreichender Zufuhr an Aneurin entspricht sie 0,3. Die W' Zahl ist bei ausreichender Versorgung = 1. [8]

Willkürmotorik: durch Innervationsimpulse aus den sensomotor. Feldern (motor. Analysator) der Großhirnrinde entstehende komplexe Bewegungsakte mehrerer oder vieler Muskelgruppen. Dem subjektiven Eindruck des Wollens zur Ausführung gezielter Bewegungen unterliegt nur der Startvorgang des jeweiligen Bewegungsaktes. Infolge Zusammenwirkens mit dem ↑Extrapyramidalen System werden dann die gestarteten Bewegungsabläufe organisiert. [7]

Wills-Faktor = Leberstoff III; ein zum ↑Vitamin-B-Komplex gehöriger, aus Leber u. Hefe gewonnener Faktor, der bei den leberrefraktären trop. Megalozytosen heilend wirkt. [11]

Wilms, Max (1867–1918), Chirurg, Heidelberg.

W' Höcker ↑Kopfhöcker. [5]

W' Sehnenplastik am Amputationsstumpf (1910/18): tendoplast. Amputationsstumpfversorgung; der Knochenstumpf wird mit einer länger belassenen kräftigen Sehne gedeckt, z. B. am Oberschenkel mit der Quadrizepssehne. Der Markhöhlenverschluß kann aber auch, z. B. am Finger, durch freie Faszienplastik erfolgen. [18]

W' Tumor: bösartiger dysontogenet. Mischtumor, sog. Adenosarkom, der Niere, der neben drüsigen Strukturen u. sarkomatösem Stroma auch Muskulatur u. Knorpel bzw. Schleimgewebe enthalten kann. Vorkommen bes. in frühem Kindesalter. [5]

Wilson, Clifford (*1906), engl. Internist. Diabetische ↑Glomerulosklerose Kimmelstiel–Wilson. [4]

Wilson, F. N. zeitgen. amerikan. Elektrophysiologe.

W' Block: eine häufige Form des Rechts-Schenkelblocks. Die Fortleitung des Aktionspotentials im re. Schenkel des His' Bündels zum re. Ventrikel ist gestört. Im Ekg findet sich ein schlankes überwiegendes R_I, ein breites u. plumpes S_I sowie ein pos. T. in Abl. I u. in den Brustwandableitungen über dem li. Herzen ($V_{5,6}$). Die QRS-Gruppe ist in typ. Fällen auf über 0,12″ verbreitert. [21]

W.-Elektrode: die Spannung einer Elektrode wird auf annähernd Null reduziert u. damit indifferent. Die andere Elektrode wird damit „different". Es wird eine „unipolare" Ableitung erzielt, die dem Herzen möglichst nahe angelegt wird. Die Abgreifpunkte der W.-Elektrode liegen in der Brustwand (Brustwandableitung V 1–V 6). Die Elektrode wandert vom 4. ICR re. parasternal nach li. parasternal u. dann halbkreisförmig im 5. ICR nach hinten. [10]

Wilson, James (1765–1821), Chirurg, London.

W' Muskel ↑M. sphincter urethrae diaphragmaticae. [18]

Wilson, Samuel Alexander Kinnier (1878 bis 1936), Neurologe, London.

W' Krankheit ↑Degeneratio hepatolenticularis. [33]

Wilson, William, James Erasmus (1809 bis 1884), Dermatologe, London.

W.-Brocq' Krankheit: Erythrodermia exfoliativa generalisata; ↑Erythrodermie. [43]

Wimberger' Symptom: röntgenolog. nachweisbare kortikale Ausfransung im Bereich des medialen oberen Drittels des Schienbeines bei Syphilis connata. [43]

Wimpern|larve ↑Mirazidium.

~tierchen ↑Ziliaten. [58]

Wimplinger' Probe: Probe zum Nachweis von ↑Pentdyopent. [47]

Winckel, Franz v. (1837–1911), Gynäkologe, München. ↑Wigand-Martin-W.' Handgriff.

W' Krankheit: „Säuglingssepsis"; bes. Verlaufsform der Neugeborenensepsis. Das Krankheitsbild wird heute nur noch selten beobachtet. Es ist fraglich, ob es überhaupt eine Krankheitseinheit darstellt.

W' Zeichen: Lösungszeichen der Plazenta, auch nach O. Küstner benannt. Die ungelöste Plazenta mitsamt der Nabelschnur wandert mit dem Corpus uteri nach oben, wenn man dieses durch Eindrücken oberhalb der Symphyse in den oberen Bauchraum verschiebt. Bei gelöster Plazenta wird der Uterus verschoben, die Nabelschnur zieht sich aber nicht zurück; ↑Lösungszeichen der Plazenta. [29]

Windaus, Adolf (1876–1959), Chemiker, Innsbruck, Göttingen. 1907 synthet. Darstellung des Histamins (mit W. Vogt). Chem. Untersuchungen über Gallensäuren u. Sterine. 1927 Bekanntgabe der Entdeckung des Vitamin D (mit Hess). Nobelpreis 1928. [53]

Winddorn ↑Spina ventosa. [15]

Windei: entartete Schwangerschaft mit verkümmerter oder überhaupt nicht feststellbarer Fruchtanlage. [30]

Windkesselfunktion der Gefäße: analog der bei techn. Pumpen zur Druckwellenglättung verwendeten Einrichtung nehmen die arteriellen Gefäße auf Grund ihrer Elastizität während der Systole des li. Ventrikels ein bestimmtes Blutvolumen unter Zunahme ihrer Wandspannung auf, um es während der Ventrikeldiastole wieder in den Blutstrom einzuspeisen. Aufnahmefähigkeit, also Größe u. Elastizität des Windkessels, sind für die Kontinuität u. infolge der damit verringerten Beschleunigungsarbeit für die Ökonomie der Blutströmung von erheblicher Bedeutung. Die Größe des Windkesselvolumens ist vom Volumen- oder Querschnittspuls (↑Puls) u. der ↑Pulswellengeschwindigkeit sowie der Herzfrequenz abhängig. [7]

Windpocken = Syn. Varicella: Syn. Varizellen, Spitzpocken, Schaf- oder Wasserpocken, Chickenpox; endem.- epidem. aerogen übertragbare Infektionskrankheit. Erreger Windpockenvirus (Varizellen-Zoster-Virus). Inkubation 2–3 Wochen. Leicht fieberhaft verlaufende, papulo-vesikulös-exanthemat. Erkrankung vor allem des Kindesalters. Abheilung ohne Narben mit meist lebenslanger Immunität. Teilimmunität Erwachsener erklärt lokalrezidivierenden Zoster. Gefahren bakterieller Sekundärinfektionen, der (selteneren) Meningoenzephalitis, der perplazentaren Infektion (Windpockenembryopathie). Letalität unter 1%. Virolog. Diagnose durch mikroskop.-züchter. Erregernachweis, ↑Pocken. Symptomat. Therapie, bakterielle Mischinfektion durch Chemotherapie. Prophylakt. Isolierung u. passive Immunisierung mit Gammaglobulin, z. B. bei Schwangeren in den ersten drei Monaten. [40]

Winiwarter, Alexander (1848–1911), Chirurg, Wien, Lüttich.

W' Krankheit = Buerger' Krankheit, ↑Endangiitis obliterans. [9]

Winkelminute: in der physiolog. Optik bei der Sehschärfenbestimmung wichtige Größe. Der Bogen eines Winkels von 1' mißt

$$\frac{2\pi}{360 \cdot 60} = 0{,}000\,290\,8$$

u. wird jeweils in dem der Rechnung zugrunde liegendem Maß ausgedrückt. [36]

Winkeloptik: Vorrichtung zur Ablenkung des Lichtstrahls bei Photoapparaten in Verbindung mit Prismen. [59]

Winkler-Schultze' Reaktion ↑Oxydasereaktion. [11]

Winslow, Jacob Benignus (1669–1760), Anatom, Paris.

W' Loch ↑Foramen epiploicum. [1]

Winter, Georg (1856–1946), Gynäkologe, Königsberg.

W' Abortzange: kornzangenähnliches Gerät mit verbreiterten löffelartigen Faßgriffen u. leichter innerer Krümmung. [29]

Winterkurklima: ein Klima mit folgenden

Eigenschaften: mittlere Januartemperatur unter −2 °C, mindestens 60 Tage mit Schneedecke, monatliche Sonnenscheindauer über 70 h, sehr reine Luft u. ausgesprochener Windschutz. [13]

Winterschlaf, künstlicher: richtiger „kontrollierte Hypothermie"; Kombination von tiefer potenzierter Narkose mit allgemeiner Unterkühlung. Analogien zum natürlichen Winterschlaf: Herabsetzung der Atem- u. Herzfrequenz, Blutdruckabfall, Stoffwechsel- u. Temperatursenkung; Einschränkung von Sekretion u. hormoneller Tätigkeit. Die durch diesen Zustand hervorgerufene Hemmung des Vegetativums soll eine erleichterte Wiederherstellung des physiolog. Gleichgewichtes des Organismus auch bei schweren Läsionen, wie großen chirurg. Eingriffen u. Verletzungen, bewirken. [27]

W., natürlicher: Schlafzustand, der bei manchen Tieren zur Herbstzeit eintritt u. durch Monate andauert. Bei Eintritt der Kälte u. infolge Nahrungsmangels im Herbst sinkt die Körpertemperatur durch Verminderung der Wärmebildung auf die Temperatur der Umgebung ab, zuerst schnell, dann immer langsamer. Bei einer Raumtemperatur unter 0 °C können die Winterschläfer ihre Eigenwärme auf weniger als ± 1 grd aufrechterhalten. Es handelt sich um einen Dauerschlaf, der zeitweise unterbrochen wird. Die Tiere nehmen dann die Nahrung, die sie in ihren Behausungen gestapelt haben, zu sich. Infolge des Abbaues vom körpereigenen Fett sinkt der respirator. Quotient von etwa 0,85 (in der Sommerperiode) auf 0,7 ab. Der Blutdruck ist stark herabgesetzt, Herzschlag u. Atmung weisen eine niedrige Frequenz auf. Die Bewegungen der quergestreiften Muskulatur sind auf das äußerste eingeschränkt, auch die Tätigkeit der Atemmuskulatur. [7]

Wintrich, Anton (1812–1882), Internist, Erlangen.

W' Schallwechsel: der tympanit. Klopfschall über Kavernen, die mit einem Bronchus in Verbindung stehen, klingt beim Öffnen des Mundes verkürzt. [9]

Winzerkrebs: Haut- u. Bronchialkrebs bei Winzern, verursacht durch die früher im Weinbau benutzten arsenhaltigen Schädlingsbekämpfungsmittel. [25]

Wirbel ↑ Vertebra. [1]

Wirbel|ankylose: knöcherne Versteifung von Wirbelgelenken, z. B. bei der ↑ Spondylarthritis ankylopoetica. [23]

~bogenresektion: operative, teilweise Entfernung des Wirbelbogens bei der ↑ Laminektomie. [20]

~entzündung ↑ Spondylitis.

~gleiten ↑ Spondylolisthesis. [23]

~karies ↑ Wirbelsäulentuberkulose. [15]

Wirbelsäule: Rückgrat; aus 7 Hals-, 12 Brust-, 5 Lendenwirbeln, Kreuz- u. Steißbein sowie 23 Zwischenwirbelscheiben aufgebaut; ↑ Vertebra. [1]

Wirbelsäulen|rheumatismus, versteifender ↑ Spondylitis rheumatica ankylosans, ↑ Spondylarthritis ankylopoetica; Morbus Fagge–Strümpell–Marie–Bechterew. [13]

~tuberkulose: eine der häufigsten Formen der Skelett-Tuberkulose bes. des Kindesalters. Entwicklung in der Spongiosa der Wirbelkörper, seltener in den Zwischenwirbelscheiben u. den Wirbelbogen. Mehrfacher Befall u. Ausdehnung über untere Wirbel ist häufig. Bei Einschmelzung Bildung von Senkungsabszessen u. Entstehen von Wirbelkompressionen mit Buckelbildung u. Querschnittslähmung möglich. Behandlung mit Chemotherapie, Ruhigstellung im Gipsbett u. operative Herdausräumung. [15]

~verkrümmung ↑ Skoliose, ↑ Kyphose, ↑ Lordose. [23]

Wirbelspalt: Hemmungsmißbildung der Wirbelbögen; ↑ Spina bifida. [5]

Wirklichkeitsbewußtsein: das Bewußtsein von dem, was wir wahrnehmen; gestört im ↑ Entfremdungserlebnis der ↑ Schizophrenen; der Schizophrene bezweifelt in manchen Fällen, ob er lebt, ob die Welt besteht (fehlendes Realitätsbewußtsein, fehlendes Seinsbewußtsein), oder die Umwelt (Dinge, Situationen) hat bes. symbolhafte Bedeutung für ihn: Bedeutungsbewußtsein, Symbolerleben. Daraus entsteht eine Ratlosigkeit, „Wahnstimmung", der Boden für Wahneinfälle u. Wahnwahrnehmungen. [34]

Wirksamkeit: in der Immunitätslehre die Bezeichnung der schützenden Wirkung eines Impfstoffes oder Serums, die im Vergleich mit einem Standardpräparat mittels passiven oder aktiven Schutzversuchs am Tier in Schutzeinheiten pro Milliliter Serum oder Impfstoff bestimmbar ist. [40]

Wirkstoffe: Ergine, sind organ. Substanzen, die in kleinsten Mengen die Funktionen des Organismus regulieren, z. B. Hormone, Vitamine, Wuchsstoffe der Pflanzen. [44]

Wirkung, additive: einfache Wirkungssummation der Bestandteile einer Arzneimittelkombination, zum Unterschied von der potenzierten Wirkung, bei der die Gesamtwirkung der Kombination größer ist als die Summe der Wirkungen der Einzelbestandteile. [44]

W., spezifisch-dynamische ↑ Spezifisch-dynamische Wirkung. [7]

Wirkungs|dosis (WD): Einfalldosis (ED) u. Streuzusatzdosis (SZD) ergeben die Wirkungsdosis, die an der Oberfläche als Oberflächendosis (OD) bezeichnet wird. [26]

~grad der Muskelarbeit: Verhältnis von geleisteter mechan. Arbeit zu Gesamtwärmebildung bzw. während u. (in der Erholungsphase) nach der Arbeit aufgenommenem Sauerstoff. Er beträgt im Durchschnitt 20%, kann durch Training u. in Abhängigkeit von der Bewegungsart bis auf 35% gesteigert werden, was dem Wirkungsgrad z. B. eines modernen Dieselmotors entspricht. [7]

~quantum ↑Planck' Wirkungsquantum. [59]

~spektrum eines Antibiotikums: diejenigen Gruppen der Mikroorganismen, auf die das Antibiotikum hemmend wirkt, z. B. Penizillin auf Kokken u. grampos. Stäbchen (enges W.); Chlortetrazyklin auf fast alle Bakterien, Rickettsien u. a. (breites W.). [42]

~umkehr: bei hoher Erregbarkeit im vegetativen Nervensystem kann beobachtet werden, daß Reize, die diese Erregbarkeit noch steigern müßten, zu einer gegenteiligen Wirkung führen, z. B. bei hoher Erregbarkeit im System des Sympathikus zu einem Parasympathikuseffekt. Die Beobachtung solcher anscheinend paradoxen Reaktionen, hat einige Forscher dazu geführt, eine bes. Gesetzmäßigkeit anzunehmen. Diese Auffassung wird jedoch nicht allgemein geteilt; ↑Ausgangsgesetz von Wilder. [7]

Wirsüng (auch Wirsing), Johann Georg (1600–1643), Arzt, Padua, Augsburg.

W' Gang ↑Ductus pancreaticus (Wirsingianus). [18]

Wirt: Organismus, der einen Schmarotzer beherbergt bzw. von ihm bewohnt wird. [58]

Wirtswechsel: Wechsel des Wirtes durch einen Parasiten im Verlauf seiner Entwicklung, z. B. Rinderbandwurm (Taenia saginata): Rind–Mensch; Getreiderost (Puccinia graminis): Berberitze-Getreide. Der W. kann obligat oder fakultativ sein; ↑Zwischenwirt. [42]

Wiskott, A., zeitgen. Pädiater, München.

W.-Aldrich' Syndrom: Syn.: Aldrich' Symptom; im Neugeborenenalter manifest werdendes, erbliches, meist letal endendes, septiformes Krankheitsbild ungeklärter Ätiologie u. Pathologie. Erste klin. Manifestation: ausgeprägte Melaena mit petechialer Purpura, später allerg. (atop.) Dermatitis im Gesicht u. an den Extremitäten. Dermatitis ist kompliziert durch Abszesse, Pneumonien, Otitis med. purpulenta; chron. Thrombopenie, zuweilen blutige Durchfälle. Normale Antikörperbildung. Erhöhte Infektionsneigung. Ätiologie-Pathologie: ungeklärte Störung des RES? [32]

Wismut ↑Bismutum. [8]

~behandlung: äußerlich als Bismutum subnitricum, Bismutum subgallicum zur Wunddesinfektion, früher zur Syphilisbehandlung benutzt (Salvarsan®-Wismut-Kuren). [43]

Wissler-Fanconi' Syndrom = Subsepsis hyperergica: zu den Kollagenosen gerechnete, meist im Kleinkindesalter auftretende, chron.-sept.-hypererg. Allgemeinerkrankung (von W. als bes. Verlaufsform des chron. Rheumatismus beschrieben). Leitsymptom: monatelang anhaltendes Fieber, rezidivierende allerg. Hauterscheinungen in Form flüchtiger Exantheme, subkutaner Knoten u. rheumatoider Weichteilschwellungen; zuweilen Lymphknoten- u. Milzvergrößerung. Negative Blutkultur. [32]

Witterungsklimatologie: im Gegensatz zur (stat.) Mittelwertsklimatologie eine Lehre vom Klima, die die einzelnen dynam. Wettertypen erfaßt, bearbeitet u. zur Klimabeschreibung verwertet. [13]

Witzel, Oskar (1856–1925), Chirurg, Düsseldorf.

W' Fistel (1923/24): Anlage einer Fistelverbindung zwischen Magen bzw. einer Darmschlinge u. der darüberliegenden Bauchdecke. Die Fistel dient der künstlichen Ernährung. [18]

Witzelsucht (Oppenheim) ↑Moria. [34]

Wochenbett = Puerperium: Kindbett; Frühwochenbett umfaßt die ersten 10 Tage nach der Entbindung. Spätwochenbett bis 6 Wochen nach der Entbindung, innerhalb dessen die Rückbildungsvorgänge am Genitale der Frau abgeschlossen werden.

~fieber ↑Puerperalfieber. [29]

~psychose ↑Puerperalpsychose. [34]

Wochen|fluß ↑Lochia.

~hilfe: in der DDR gesetzlich geregelte finanzielle Unterstützung der Gebärenden u. Wöchnerin. In der BRD entspricht der W. etwa die ↑Mutterschaftshilfe. [29]

Wöchnerin: Frau in der Zeit des Wochenbettes. [29]

Wogen der Muskulatur: Zeichen einer Vorderhornerkrankung des Rückenmarks. [23]

Wöhler, Friedrich (1800–1882), Chemiker, Göttingen. Entdeckte 1824 die Synthese von Oxalsäure aus Zyan u. 1828 die des Harnstoffs als erste synthet. aus anorgan. Substanz (Ammoniumzyanat) hergestellte organ. Verbindung; hierdurch wurde der Vitalismus, die Lehre einer besonderen vis vitalis, entscheidend erschüttert. Weitere Untersuchungen in biochem. Richtung von W. betrafen das Amygdalin, Harnsäurederivate, das Hydrochinon, die Verwendung von Metalloxiden als Katalysatoren u. v. a. [8]

Wohlfartia: Fliegengattung, deren Larven in Säugetieren u. bei Menschen schmarotzen. [58]

Wohlgemuth, Julius (*1874), Internist, Berlin.

W' Diastaseprobe ↑Diastaseprobe. [47]

Wöhlk' Probe: Farbreaktion zum Nachweis von Laktose u. ↑Maltose im Harn. Rotfärbung zeigt Laktose u. Maltose an, Gelbbraunfärbung Glukose u. Fruktose. Andere Zucker geben praktisch keine Färbung. [16]

Wohnungshygiene: die Summe aller das phys. u. psych. Wohlbefinden in einer Wohnung bedingenden Faktoren. Hierzu gehören sowohl die Hygiene der Heizung, Lüftung u. Beleuchtung wie die Trockenheit, Raumakustik, Schalldämpfung, Staubfreiheit als auch das Freisein einer Wohnung von Schmutz, Krankheitskeimen, Ungeziefer u. Giftstoffen. [38]

Wolf: volkstümliche Bezeichnung für ↑Intertrigo. [43]

Wolff, Caspar Friedrich (1733–1794), Anatom, Physiologe, Berlin, Petersburg. Begründete 1759 die Lehre von der ↑Epigenese.

W' Gang ↑Urnierengang.

W' Körper ↑Urniere. [53]

Wolffhügel, Gustav (1845–1899), Hygieniker, Göttingen.

W' Zählplatte: mit quadrat. Einteilung versehene Glasplatte, die zum Auszählen von Bakterienkolonien dient (z. B. Bestimmung der Keimzahl bei Trinkwasseruntersuchungen (u. a.). [41]

Wolff, Louis, zeitgen. amerikan. Arzt, Boston.

W.-Parkinson-White' Syndrom: das Syndrom wurde von Wolff, Parkinson u. White 1930 erstmals beschrieben. Es wird kurz WPW-Syndrom genannt. Elektrokardiograph. ist es gekennzeichnet durch einen verbreiterten QRS-Komplex mit trägem Anstieg der Anfangsschwankung („Δ-Welle") u. unterschiedlich stark deformiertem ST-T-Abschnitt sowie durch ein abnorm kurzes A-V-Intervall. Die Summe der PQ- u. QRS-Intervalle bleibt stets gleich. Das Ekg-Bild kann sich wandeln. Verschiedene Abarten, unvollständige u. fragliche Antesystoliebilder werden differenziert. Da das abnorme Evg (Elektroventrikulogramm) zu früh auftritt, wird teilweise die Bezeichnung Antesystolie gebraucht. 2/3 der Kranken neigen zu paroxysmalen Tachykardien. Angeborene Anomalien werden von erworbenen Dysfunktionen unterschieden. 2 Entstehungsmöglichkeiten werden hauptsächlich diskutiert: 1. Das Vorhandensein einer abnormen muskulären Leitung zwischen Vorhöfen u. Kammern (Paladino-Kent' Bündel), die den AV-Knoten umgeht u. 2. das Bestehen eines Ortes abnormer Reizbarkeit in basalen Kammerpartien, die durch die Vorhofaktion mechan. oder elektr.-induktiv in Aktion versetzt würde. [21]

Wölfler, Anton (1850–1917), Chirurg, Prag.

W' Operation ↑Gastroenterostomie. [18]

Wolfram: chem. Symbol W, meist 6wertig. Verwendung als Glühdraht in Glühlampen u. Elektronenröhren, Legierungsbestandteil in Hartstählen; Natriumwolframat Na_2WO_4 wird oft zum Fällen von Eiweiß aus eiweißhaltigen Lösungen nach Ansäuern benutzt. Weit verbreitet in Pflanzen u. Tieren; nicht lebensnotwendig. [8]

Wolfsrachen ↑Gaumenspalte, ↑Cheilognathopalatoschisis. [37]

Wolhynisches Fieber ↑Fünftagefieber. [40]

Wolkenschädel: patholog. vermehrte Impressiones digitatae im Kalottenbereich; diese sind als Schattenaufhellungen („Wolken") im Röntgenbild des Schädels zu sehen; Ausdruck eines chron. Hirndruckzustandes. [20]

Wollhaare ↑Lanugohaare. [43]

Wollustkörperchen ↑Genitalkörperchen. [2]

Woodbridge-Tubus: mit eingearbeiteter Drahtspirale ausgestatteter, sehr flexibler Endotracheal- bzw. Endobronchialtubus aus Latexgummi, spez. für abnorme Kopfhaltung geeignet. [27]

Wood-Licht: ultraviolettes Licht zur Erzeugung der ↑Fluoreszenz. [43]

Wood' Metall: bei etwa 60 °C schmelzende Wismutlegierung (50% Wismut, 25% Blei, 12,5% Zinn u. 12,5% Kadmium), die zur Herstellung anatom. Korrosionspräparate benutzt wird. [1]

Woodruf' Katheter (1928): kon. zulaufender, halbstarrer, röntgenpos. Harnleiterkatheter aus Seidengespinst oder Kunststoff mit schräg zulaufender Spitze u. zentraler Öffnung (Flötenschnabel), der am vorderen Ende etwa 5 Charr. dick ist u. sich auf ca. 7–10 cm Länge dann verdickt auf 8–9 Charr.; Gesamtlänge 50 cm; als Garceau-Katheter 8–12 Charr., Länge 75 cm, Spezialkatheter zur retrograden Harnleiterdarstellung. [24]

Wood-Werkman-Reaktion: der enzymat. gesteuerte, endergon. Einbau (Karboxylierung) von Kohlendioxid in ↑Brenztraubensäure: $CH_3{\cdot}CO{\cdot}COOH + CO_2 \rightleftharpoons HOOC{\cdot}CH_2{\cdot}CO{\cdot}COOH$. Dieser durch Propionsäurebakterien katalysierte, zuerst im Pflanzenreich aufgedeckte Prozeß ist generell auch im Tierreich von Bedeutung; hier erfolgt nach Ochoa u. a. die Karboxylierung der Brenztraubensäure mittels des Malat-Enzyms prim. zu ↑Apfelsäure, die sek. zu ↑Oxalessigsäure oxydiert wird: $CH_3{\cdot}CO{\cdot}COOH + CO_2 + NADPH_2 \rightarrow HOOC{\cdot}CH_2{\cdot}CH(OH){\cdot}COOH + NADP$; $HOOC{\cdot}CH_2{\cdot}CH(OH){\cdot}COOH + NAD \rightleftharpoons HOOC{\cdot}CH_2{\cdot}CO{\cdot}COOH + NADH_2$. Es sei auch erwähnt, daß CO_2 im HCO_3^- bei der Fettsäuresynthese im Tierkörper assimiliert werden kann. [8]

Woringer' Syndrom: lipidogene Dyshepatie; vorwiegend im Kindesalter zu beobachtende, nach oraler Fettzufuhr auftretende Leberfunktionsstörung. [32]

Wortblindheit ↑Alexie.

W., kongenitale ↑Legasthenie. [33]

Wort|neubildung: neue, z.T. unverständliche Worte (aus Teilen mehrerer Worte zusammengesetzt) in der Sprache der ↑Schizophrenen, vielleicht ein Versuch des Kranken, die neuartige Erlebniswelt in bes. Worten auszudrücken (z.B. „Urkraftwirkmaschine").
~salat: unverständliche sprachliche Ausdrucksweise, höchster Grad der ↑Denkzerfahrenheit bei ↑Schizophrenie; Worte, Neologismen (↑Wortneubildung) werden sinnlos aneinandergereiht, ohne grammat. Ordnung.
~stummheit: motorische ↑Aphasie.
~taubheit: sensorische ↑Aphasie.
~zwang ↑Namenszwang. [34]

WPW-Syndrom: *Abk* für ↑Wolff-Parkinson-White' Syndrom. [10]

Wright, Almeroth Edwin (1861–1947), Pathologe, London.
W' Blutplättchentheorie: Entstehung der Blutplättchen aus dem zerfallenen Plasma der Megakaryozyten (Knochenmarkriesenzellen); ↑Thrombozyten. [11]

Wrisberg, Heinrich August (1739–1808), Anatom, Göttingen.
W' Knorpel ↑Cartilago cuneiformis. [28]

WS: *Abk* für ↑Wirbelsäule. [1]

Wucher|beule ↑Granuloma venereum.
~flechte ↑Mycosis fungoides. [43]

Wuchereria bancrofti = **Filaria bancrofti:** gehört zu den Filarien. Parasit. Wurm in den Lymphgefäßen des Menschen, Männchen 4cm, Weibchen 10cm lang, 0,3cm dick, lebend geborene Larven im Gefäßsystem. Larve Mikrofilaria nocturna nur nachts im peripheren Blut nachweisbar. Zwischenwirt u. Überträger sind Anopheles- u. Culexarten. Reifung der Larven bes. in der quergestreiften Flugmuskulatur. Folgen der Infektion Stauung im Lymphgefäßsystem, chron. Entzündung, Elephantiasis; Vorkommen in Tropen u. Subtropen. [41]

Wucherschwären ↑Pyodermia chronica papillaris et exulcerans. [43]

Wuchsstoffe: als W. bezeichnet man im allgemeinen die das Wachstum in Pflanzen u. Mikroorganismen fördernden Stoffe. Die Auxine sind wichtig für das Längenwachstum in höheren Pflanzen (Auxin a u. Auxin b sind höhere Pentenderivate, das Heteroauxin ist Indolyl-3-essigsäure). Die Bios-Wuchsstoffe regulieren das plasmat. Wachstum der Zellen u. sind als solche für das Wachstum der Mikroorganismen von größter Bedeutung. Hierzu gehören das Myo-Inosit, das Biotin u. die Pantothensäure, sowie für viele Bakterien u. Pilze Thiamin, p-Aminobenzoesäure, Pyrimidin, Riboflavin, Nikotinsäureamid u. v.a.; sie sind die „Vitamine der Mikroorganismen". [8]

Wullstein, August Ludwig Karl (1864–1930), Chirurg, Bochum, Essen.
W' Redressionsapparat: Apparat mit Vorrichtung zur Extension in Glisson' Schlinge; findet Verwendung in der Skoliosebehandlung. [23]

Wunddiphtherie: Infektion von Verletzungs- u. Operationswunden (häufig Tracheotomiewunden) mit Diphtheriebakterien. Die Wundfläche zeigt zunächst schmutzige, graurötliche, schwer abzulösende Auflagerungen, später jauchig zerfallendes Gewebe mit Unterminierung der Wundränder. Heute seltene Erkrankung, in der vorasept. Zeit relativ häufig bes. in Kinderhospitälern. Seltener als bei der Schleimhautdiphtherie kann es zu Allgemeinerscheinungen, mitunter auch zu Lähmungen kommen; ↑Diphtherie. [40]

Wunde: entsteht durch einen Defekt des schützenden Deckgewebes wie Haut oder Schleimhaut, meist infolge einer Verletzung. Je nach dem Verletzungshergang unterscheidet man Schnitt-, Stich-, Quetsch- (Riß- u. Biß-) u. Schußwunden. Von diesen gehen die beiden letzten Arten mit ausgedehnten Gewebszertrümmerungen einher, die für die Infektion einen guten Nährboden darstellen. [18]

Wundergeschwulst ↑Teratom. [5]

Wundernetz, arterielles: Rete mirabile; feinste Aufteilung einer kleinen Arterie in zahlreiche Gefäße in Form eines Gefäßknäuels (Glomerulus). Alle Knäuelgefäße vereinigen sich wieder zu einem einzigen abführenden Gefäß. [2]

Wund|exzision: Wundausschneidung; von P.L. Friedrich entwickeltes Verfahren, um die durch die Verletzung mit Keimen beladenen Wundränder zu entfernen u. dadurch eine Wundeiterung zu vermeiden. Ist die W. innerhalb von 8h nach der Verletzung möglich, kann eine prim. Naht angeschlossen werden. Sonst muß die Wunde in der Regel offen u. der Sekundärheilung überlassen bleiben.
~haken: zum Spreizen der Wunde, um die Tiefe übersehen zu können, in verschiedenen Formen u. Größen. Für die oberflächlichen Schichten benutzt man scharfe, für die tiefen Schichten stumpfe Wundhaken.
~heilung: 1. prim. Wundheilung: die Wundränder verkleben miteinander. Durch Ausbildung einer schmalen Narbe von Bindegewebe kommt es ohne Eiterung zum festen Wundverschluß in 5–8 Tagen; 2. sek. Wundheilung: durch Infektion setzt erst eine Eiterung ein, unter welcher abgestorbene Gewebsteile teils abgestoßen, teils verflüssigt werden. Nach abgeschlossener Reinigung folgt die Ausfüllung der Wundhöhle mit Granulationsgewebe. Gleichzeitig ziehen sich die Wund-

ränder zusammen (Wundkinetik), u. es beginnt vom Rand her die Epithelisierung des Defektes. [18]

~hormone: Syn. Nekrohormone, Traumatin; an den Wundflächen von zugrunde gehenden Zellen gebildete Stoffe, die in den umliegenden Geweben Zellteilungen anregen. [42]

~infektion: 1. durch das Eindringen unspezif. pathogener Keime in die Wunde (Streptokokken Staphylokokken u. a.); 2. prim. spezif. Wundinfektion durch das Eindringen von Tollwut-, Tetanus- oder Gasbranderregern; 3. sek. spezif. Wundinfektion. Hierzu gehören Diphtherie, Scharlach u. Tuberkulose, deren Erreger im Wundabstrich nachweisbar sind u. die die Heilung komplizieren u. verzögern.

~klammern ↑ Herff u. ↑ Michel. [18]

~liegen ↑ Dekubitus.

~rose ↑ Erysipel. [43]

~scharlach: Scharlach, der von einer Wunde (meist Verbrennung) ausgeht.

~schmerz: kommt vor durch die Verletzungseinwirkung, Freilegung von Nervenendigungen. Der sek. auftretende Schmerz dagegen ist vor allem durch die infolge des Wundödems einsetzende erhöhte Gewebsspannung bes. bei angehender Infektion bedingt.

~schock: Schock infolge schwerer heftiger Verletzungen. [18]

Wundstarrkrampf ↑ Tetanus. [40]

Wundstupor: Gewebeschock; Unempfindlichkeit der Wunde, Ausbleiben des Wundschmerzes nach starker Quetschung infolge Lähmung der betr. peripheren Nerven im Wundbereich. [18]

Würfelminute: eine auf ein photograph. Meßverfahren bezogene Einheit der Dosis der Radiumstrahlung. W. ist diejenige Strahlendosis, die der photograph. Film in der Standardanordnung nach Holthusen u. Hamann während einer Minute erhält. Diese Standardanordnung sieht vor, daß ein Radiumpräparat von 13,3 mg Ra-Element mit 1 mm Pt-Filterung auf der oberen Fläche eines Buchenholzwürfels von 5 cm Kantenlänge liegt, während sich der Film (6 × 6 cm) zwischen der unteren Fläche des Würfels u. einem darunterliegenden Buchenholzbrett befindet. Ionometr. Messungen u. Berechnungen ergaben, daß in der Filmebene eine Dosisleitung von 0,045 R/min (Röntgen je min) vorliegt. [59]

Würge|male: oberflächliche Hautabschürfungen, die durch die würgende Hand des Täters (Fingernägel) hervorgerufen werden. Typ. Halbmond- oder Kommaform, aber auch unregelmäßige Kratzeffekte. [52]

~reflex: Würgen bei Berührung der Rachenhinterwand. [28]

Würmer = Vermes: zusammenfassende Bezeichnung für vielfach nicht miteinander verwandte Tiegruppen von wurmförmiger Gestalt, z. B. die selbständigen Tierstämme Plathelminthen (Trematoden u. Zestoden), Nematoden, Akanthozephalen u. Anneliden. [58]

Wurm|fortsatz ↑ Appendix. [1]

~ileus: Verlegung der Darmlichtung durch Wurmkonglomerate, z. B. ↑ Askariden, ↑ Bandwürmer. [5]

Wurmkrankheit: weltweit verbreitete Krankheiten, die durch Infektion mit Würmern (Vermes) hervorgerufen werden. Die W. kann auf den Darm lokalisiert sein oder zur Allgemeinerkrankung (↑ Trichinose) werden. Folgende Infektionsmöglichkeiten sind bekannt: 1. oral durch Schmutz- u. Schmierinfektion, z. B. Ascaris lumbricoides (Spulwurm), Enterobius vermicularis (Madenwurm), Trichuris trichiura (Peitschenwurm), Hymenolepis nana (Zwergbandwurm), Fasciola hepatica (großer Leberegel), Fasciolopsis buskii (großer Darmegel); 2. durch Nahrungsmittelinfektionen, d. h. durch Verzehren von rohem oder ungenügend gekochtem Fleisch, z. B. Trichinella spiralis (Trichine), Taenia solium (Schweinefinnenbandwurm), Taenia saginata (Rinderfinnenbandwurm) oder infiziertem Fischfleisch, wie z. B. Diphyllobothrium latum (Fischbandwurm), Opisthorchis felineus (Katzenleberegel); Clonorchis sinensis (chines. Leberegel) oder schließlich durch Genuß von infiziertem Krabben- oder Krebsfleisch, wie z. B. Paragonismus westermani (Lungenegel), Dracunculus medinensis (Medinawurm); 3. durch aktive perkutane Invasion der Würmer, wie z. B. bei Strongyloides stercoralis (Zwergfadenwurm), Ancylostoma duodenale (Haken- oder Grubenwurm), Schistosomaarten (Pärchenegel) bzw. durch Insektenstich – z. B. bei den Filarien; 4. durch orale Aufnahme der Wurmeier wie z. B. beim Echinococcus granulosis (Hundebandwurm), Cysticercus cellulosae (Larvenstadium des Schweinefinnenbandwurmes). Bei der letzten Infektionsmöglichkeit fungiert der Mensch als Zwischenwirt. [38]

W. der Bergleute: verursacht durch Ancylostoma duodenale oder Anguillula intestinalis; im Bergbau als melde- u. entschädigungspflichtige Berufskrankheit anerkannt; spielt heute in Mitteleuropa keine nennenswerte Rolle mehr. [49]

Wurmsamenöl ↑ Oleum chenopodii anthelminthici. [44]

Wurmspinnen ↑ Zungenwürmer. [58]

Wurst: Fleischzubereitungen von verschiedener Zusammensetzung. Es werden verwendet zerkleinertes Muskelfleisch, Fett, Blut, Innereien (z. B. Leber, Lunge, Herz, Milz, Nieren, Bauchspeicheldrüse, Magen),

Hirn, Euter, Schwarten usw. der Schlachttiere (Rind, Kalb, Schwein, Schaf) unter Zusatz von Salz, Gewürzen, Zucker, Salpeter, Pökelsalz, Wasser, Milch, Bier, Wein, Eier, Zwiebeln, Knoblauch, Sardellen, Trüffeln usw. Wurst kommt roh u. geräuchert, gekocht oder gebrüht, in natürlichen Därmen, in künstlichen Wursthüllen oder in Dosen in den Handel. Je nach Art der Wurst unterscheidet man Roh-, Koch-, Brüh- u. Bratwurst sowie geräucherte Wurst. Pferde- u. Ziegenwürste sind eindeutig zu deklarieren. [16]

~vergiftung ↑Botulismus, ↑Fleischvergiftung, bakt. ↑Lebensmittelvergiftung. [40]

Wurzel|durchschneidung ↑Rhizotomia posterior. [20]

~erkrankung ↑Parodontitis, ↑Peridontitis.

~füllung: bakterien- u. speicheldichter Verschluß von Zahnwurzelkanälen nach Pulpitisbehandlung mittels einzementierter Metall- oder Kunststoffstifte.

~granulom: chron. Primäraffekt um die Wurzelspitze eines pulpentoten Zahnes; pathohistolog. eine chron. granulierende Ostitis im Umfang einer Erbse oder Bohne; im Röntgenbild als umschriebene Aufhellung um die Wurzelspitze erkennbar; häufig mit Fistel im Mundvorhof; akutes Aufflammen führt zur ↑Parulis u. ↑Fokalinfektion.

~haut ↑Periodontium. [37]

Wurzel der Rückenmarknerven ↑Rückenmarkwurzeln. [1]

Wurzel|neuralgie: Neuralgie, die im Ausbreitungsgebiet eines Nervensegmentes lokalisiert ist, z. B. beim Zoster (Zosterneuralgie) oder bei Kompression einer Nervenwurzel durch Prozesse an der Wirbelsäule. So ist die Ischias meist eine Neuralgie der Wurzel L 5 oder S 1 durch den Druck eines ↑Bandscheibenvorfalls. [33]

~scheiden (Haar): Teile des epithelialen Haarbalges im Bereiche der Haarwurzel. Man unterscheidet eine innere u. äußere Wurzelschicht; ↑Haar. [2]

~spitzenresektion: richtiger Wurzelspitzenamputation; ↑Apikotomie. [37]

Wüsten|klima: ausgezeichnet durch hohe Lufttemperaturen am Tage mit erheblichen Schwankungen zu kalten Nächten, Wolkenarmut, ja Wolkenfreiheit, enorme Lufttrockenheit, Keimfreiheit der Luft, Staubstürme (Samum), vor allem im Frühjahr. Zu Heilzwecken wird das W. in günstig gelegenen Stationen bei Lungentuberkulose, Nierenleiden, chron. Gelenkleiden benutzt.

~rheumatismus ↑Kokzidioidomykose. [13]

Wutkrankheit ↑Toilwut. [40]

X

X_{19}: Proteusstamm, der im Harn Fleckfieberkranker gelegentlich gefunden wurde. Abgekürzte Bezeichnung für OX_{19}, eine geißellose Variante des Proteusstammes X_{19}, der für die ↑Weil–Felix' Reaktion diagnost. Verwendung findet. [40]

x-Achse: im Koordinatensystem die waagerecht verlaufende Grundlinie (Abszisse); waagerecht verlaufende Lichtlinie auf dem Schirm des ↑Katodenstrahloszillographen. [7]

Xanthelasma palpebrarum ⟨*griech, lat*⟩ *n:* degenerative Einlagerung von Lipiden in den Lidern, meist im innern Winkel. Oft in der Menopause. [36]

Xantheloid ⟨*griech*⟩ *n:* Sarkoma gigantocellulare xanthomatodes, Riesenzellsarkom. Zellen besitzen, wie beim Xanthom, die Fähigkeit, Lipide zu speichern. Dieser bösartige Tumor hat keine Beziehung zum ↑Xanthom. [43]

Xanthin: 2,6-Dihydroxypurin; Abbauprodukt der Purinbasen, Desaminierungsprodukt des Guanins, Oxydationsprodukt des Hypoxanthins; wird weiter durch die Xanthinoxydase zu 2,6,8-Trihydroxypurin = Harnsäure oxydiert.

~oxydase: (EC 1.2.3.2) ist ein Metallflavoproteid, das Molybdän u. Eisen enthält. Es reagiert auch mit Hypoxanthin, anderen Purinen, Pteridinen u. Aldehyden. Xanthin + $H_2O + O_2 \rightarrow$ Harnsäure = H_2O_2. [8]

~steine: graugelbe bis rötlich-braune Nieren- oder Blasensteine von glatter Oberfläche, die röntgennegativ sind (sehr selten).

~urie: übermäßige, beschleunigte, tubuläre Exkretion von Xanthin in den Harn, wahrscheinlich durch Tubulusdefekt, dabei Xanthinspiegel im Blut sehr niedrig; gleichzeitig Fehlen von Harnsäure im Urin. [24]

Xanthochromie ⟨*griech*⟩ *f:* gelbliche Verfärbung des Liquor cerebrospinalis, verursacht durch Beimengung von Blutfarbstoffen nach älteren Blutungen (z. B. nach Hirn- oder Rückenmarktraumen, Subarachnoidalblutungen usw.). [33]

Xanthodermie * **Xanthodermia** ⟨*griech*⟩: gelbliche Farbstoffablagerung in der Haut (Imbibitionsdermatose). Als Formen kommen vor: X. lipochromica, nach überreicher Aufnahme karotinhaltiger Nahrungsmittel; Prädilektionsstellen z. B. an den Händen (X. palmaris, X. diabetica); ↑Xanthom; Xanthoerythrodermia perstans (R. Crocker)↑Parapsoriasis en plaques. [43]

Xanthodontie ⟨*griech*⟩: gelbliche Schmelzverfärbung der Milchzähne, die nach Tetrazyklinmedikation in den ersten Lebenswochen u. bei der mit Tetrazyklinen behandelten zyst. ↑Pankreasfibrose beobachtet wird. Für die differentialdiagnost. Abgrenzung gegenüber anderen Dyschromien der Zähne kann in diesen Fällen eine gelbliche Fluoreszenz im UV-Licht beobachtet u. der Nachweis eines spektrophotometr. Maximums bei 270 μm herangezogen werden. [32]

Xanthofibroma thecocellulare ↑Thekazelltumor. [5]

Xanthom * **Xanthoma** ⟨*griech*⟩ *n:* Xanthomatose; gelbe bis braune Knötchen, Knoten u. Papeln, flächenhafte Verfärbung der Haut u. Organveränderungen durch Cholesterin- u. Lipidspeicherung. Bildung charakterist. Xanthom- oder Schaumzellen, in denen Lipide nachweisbar sind. Folgende Formen: 1. prim. oder essentielle Hypercholesterinämie (Hypercholesterinaemia essentialis xanthomatosa familiaris), familiäre Krankheit dominant vererbt; im Serum hohe Cholesterin- u. Phospholipidwerte bei normalen Neutralfettwerten. Flache oder leicht erhabene sog. Xanthelasmen an den Augenlidern (Xanthelasma palpebrarum) u. tuberöse Xanthome an den Ellenbogen, Knien u. Gesäß, Achillessehnen, Patellarsehnen u. Strecksehnen der Hände. Allgemeine kardiovaskuläre Veränderungen. Xanthomatöse Ablagerungen in den Koronarien sind bes. gefürchtet; 2. idiopath. Hyperlipämie, gewöhnlich nicht familiär, bereits im Kindesalter auftretend; bei dieser Form auch Neutralfett im Serum vermehrt (milchiges Serum). An der Haut wie unter 1. Organveränderungen: Hepatosplenomegalie, sek. Pankreatitis, selten auch Koronarverschluß. Die Kombination Hyperlipämie mit Hepatosplenomegalie wird auch Bürger–Grütz' Krankheit genannt; 3. sek. Hyperlipämie, diffuse Gelbfärbung bei schwerem Diabetes mellitus, Xanthoma diabeticorum, Xanthodermia diabetica. Tuberöse Xanthome können vorkommen bei Nephrose u. Glykogenspeicherung (v. Gierke' Krankheit). Bei der biliären Zirrhose (Cholangitis, angeborene Hypoplasie der Gallengänge) sind Xanthelasma palpebrarum u. tuberöse Xanthome zu beobachten. Als lokalisierte Lipoidose ist das Xanthelasma palpebrarum außerdem zu finden. [43]

Xanthomatose ⟨*griech*⟩ *f* ↑Xanthom, ↑Xanthodermie. [43]

Xanthomzellen: große Zellen mit wabigem Protoplasma u. feinkörnig verteilten Fetten oder Lipiden. [5]

Xanthophylle ⟨*griech*⟩ *n:* eine Gruppe der zu den ↑Karotinoiden gehörigen ungesättigten, hydroxylhaltigen pflanzlichen Verbindungen (Isoprenabkömmlinge), die der Mensch alimentär aufnimmt; hierher gehören das gelbe, das Chlorophyll begleitende, im Eidotter enthaltene Blattxanthophyll Lutein (Dihydroxy-α-Karotin), der Maisfarbstoff Zeaxanthin (leitet sich vom β-Karotin ab), das bei vielen Krustazeen vorkommende Astaxanthin (rote Farbe des gekochten Hummers; es liegt daselbst als dunkelgrünes Chromoproteid vor). [16]

Xanthoproteine ↑Xanthoproteinprobe. [8]

Xanthoprotein|ämie: normal 15–25 Einheiten nach Becher, vermehrt bei Niereninsuffizienz. [11]

~probe: beim Aufkochen mit Salpetersäure werden tyrosin- u. tryptophanhaltige Eiweiße durch Nitrierung gelb gefärbt. Diese „Xanthoproteine" werden durch eiweißspaltende Enzyme etwa in demselben Umfang wie die nicht nitrierten Eiweiße gespalten. [8]

Xanthopsie ⟨*griech*⟩ *f:* Sehstörung, bei der alles gelb gesehen wird, z. B. bei Pikrinsäure- u. Santoninvergiftung. [5]

Xanthopterin (Uropterin) ⟨*griech*⟩ *n:* in die Gruppe der ↑Pterine gehöriges, seiner Struktur nach (Wieland u. Schöpf, 1940) aufgeklärtes, gelbes Pigment, zuerst aus den Flügeln des Zitronenfalters isoliert; auch in der Wespe enthalten, in Geweben von Säugetieren nachgewiesen. Der Mensch scheidet im Harn täglich etwa 1 mg aus. Es dürften Beziehungen zu den Vitaminen der ↑Folsäuregruppe bestehen. X. geht unter Sauerstoffaufnahme in Leukopterin über. [16]

Xanthydrol: ein Dibenzpyranderivat, das mit Harnstoff einen schwer löslichen Niederschlag von Dixanthylharnstoff bildet. X. dient zur quantitativen Bestimmung des Harnstoffs u. auch zu dessen histochem. Nachweis. [8]

X-Bein = Genu valgum: seitliches Abbiegen der Unterschenkel ab Knie, so daß Ober- u. Unterschenkel die Form eines X annehmen. Es kann angeboren oder erworben sein; ↑Genu. [23]

X-Chromosom: Geschlechtschromosom; ↑Chromosomen. [3]

X-Einheit: Zeichen XE; Längeneinheit für Röntgenstrahlen. 1 XE = $1{,}00203 \cdot 10^{-13}$m. [54]

Xenoantigene: in der Transplantationslehre Bezeichnung für Spenderantigene einer artfremden Spezies. [40]

Xenodiagnostik ⟨*griech*⟩: Methode zum Nachweis einer menschlichen Infektion unter Nutzung blutsaugender Insekten. Nach der entweder durch Saugenlassen an erkrankten Personen erfolgten oder künstlich gesetzten Infektion reichern die Insekten die Parasiten in ihrem Körper an u. ermöglichen so den Nachweis. [58]

xenogen ⟨*griech*⟩: Spender-Empfänger-Beziehungen bei Individuen verschiedener Arten, früher heterolog. [40]

Xenon: chem. Symbol Xe, Edelgas; Ep111,8 °C; Kp107,1 °C. Die Luft enthält $8{,}7 \cdot 16^{-6}$ Vol.% Xe. Xe ruft mit 20% O_2 nach wenigen Minuten eine tiefe Narkose hervor. Vielfache Verwendung in Glühlampen (mit Krypton), in Gasentladungslampen wie ↑Xenonhöchstdrucklampen, Blitzlichtlampen, Füllgas für Geigerzählrohre, Wilson' Blasenkammern. – Bartlett entdeckte 1962, daß das Edelgas Xe echte chem. Verbindungen zu bilden vermag, von denen die Fluoride XeF_2, XeF_4, XeF_6 sowie einige Xenate wie Cs_2XeF_8 sehr temperaturbeständig sind (bis über 400 °C), während das Oxid XeO_4 schon bei −40 °C explosiv ist. Wie von Xe sind auch von Radon u. Krypton chem. Verbindungen hergestellt, dagegen nicht von den anderen Edelgasen. [8]

~(höchstdruck)lampe: Gasentladungslampe mit Xenonfüllung; Spektrum sonnenähnlich mit größter Leuchtdichte. Anwendung z. B. im ↑Lichtkoagulator. [54]

Xenopsylla cheopis: Pestfloh; ↑Flöhe. [58]

Xerasie ⟨*griech*⟩: trockene, atroph. Rhinitis bei Tuberkulösen, neben anderen tuberkulösen Veränderungen auftretend. [12]

Xeroderma ⟨*griech*⟩ *n:* Pergamenthaut; 1. das X. pigmentosum u. 2. die Xerodermie, eine milde Form der ↑Ichthyosis.

X. pigmentosum = Melanosis lenticularis progressiva: rezessiv erbliche Krankheit, bei der es durch Sonneneinwirkung an unbedeckten Körperstellen zu einer Entzündung der Haut u. nach deren Abklingen zur Entwicklung dunkelbrauner Pigmentflecke, Teleangiektasien u. weißen, atroph., fleckförmigen Herden kommt. Im späteren Stadium kommt es zur Entstehung warziger Gebilde, die allmählich in Spinaliome oder Sarkome übergehen. Bei Beginn in frühester Kindheit – wie in den meisten Fällen – ist die Prognose quoad vitam außerordentlich ungünstig. [43]

Xerodermie ⟨*griech*⟩ *f:* Trockenheit der Haut. [43]

xerophil ⟨*griech*⟩: Trockenheit liebend. [42]

Xerophthalmie ⟨*griech*⟩ *f:* Syn. Xerosis conjunctivae; Eintrocknung der Hornhaut u. Bindehaut infolge von Vitamin-A-Mangel in der Nahrung oder Störung der Aufnahme u. Verarbeitung im Darm u. in der Leber. Der Ausdruck wird gleichbedeutend mit ↑Keratomalazie verwendet, vor allem für das Frühstadium. Zuweilen liegen Folgen von Trachom oder Pemphigus vor, die ätiolog. ganz anders geartet sind. Im Abstrich oft massenhaft Xerosebazillen (Pseudodiphtherie), die aber nur diagnost., nicht ursächliche Bedeutung haben. [36]

Xerosalgie ⟨*griech*⟩ *f:* Trockenschmerz; Teilerscheinung der ↑Kausalgie, brennende Schmerzempfindung bei trockener Haut. [33]

Xerose ✱ **Xerosis** ⟨*griech*⟩ *f:* 1. (laryngolog.) Trockenheit u. Atrophie der Schleimhaut der oberen Luftwege, auch der Bronchien, mitunter vergesellschaftet mit der Schleimhautatrophie der Bauchhöhle. Als Ursache wird angeborene oder erworbene Syphilis angenommen; 2. (ophthalmolog.) X. conjunctivae ↑Keratomalazie. [28]

~bakterien (Begold, 1874): Keim der Gattung ↑*Corynebacterium* (*Corynebacterium xerosis*); saprophytäres Vorkommen auf der Augenbindehaut u. Nasenschleimhaut. Früher irrtümlich als Erreger der Keratomalazie angesehen. Morpholog. Ähnlichkeit mit Diphtheriebakterien, keine Toxinbildung. [41]

~flecken ↑Bitot' Flecken. [36]

Xerostomie ⟨*griech*⟩ *f:* Austrocknung der Mundhöhle infolge Herabsetzung oder Versiegens der Speichelsekretion. Nach Zuckerprobe fließt kein Speichel. Kau- u. Schluckschwierigkeiten; 1/3 aller Kranken mit X. gehört zum ↑Gougerot–Sjøgren' Syndrom. Schleimhaut der Mundhöhle, der Augen u. Gelenke können betroffen sein. [28]

xerotisch ⟨*griech*⟩: trocken, eingetrocknet. [43]

X-Faktor: Stoff aus Hoden u. Harn von noch nicht ermittelter Struktur, der für sich unwirksam ist, jedoch die Wirksamkeit des Testosterons, Dehydroandrosterons u. anderer verwandter Substanzen auf die Vesikulardrüsen, aber nicht auf den Kapaunenkamm steigert. [8]

X-Fuß: Syn. Pes valgus, Pes abductus; sehr häufig zusammen mit Plattfußbildung; Rückfuß stark proniert, Vorspringen des inneren Knöchels, Fersenbein lateral verlagert, Vorfuß abduziert u. oft proniert. Gelegentlich angeboren, meist erworben, z.B. als stat. Ausgleich bei O-Beinen u.a.; ↑Knickfuß. [23]

X-Hormon ↑X-Faktor. [8]

X-Hüfte ↑Coxa valga. [23]

xiphoides ✱ **xiphoideus** ⟨*griech*⟩: schwertartig. [1]

Xiphopagus ⟨*griech*⟩ *m:* symmetr. Doppelmißbildung mit Verwachsung der beiden Individuen am Schwertfortsatz. [5]

X-Strahlen: Bezeichnung für ↑Röntgenstrahlen, bes. im angelsächs. Schrifttum benutzt. Röntgen selbst nannte die von ihm entdeckten Strahlen X-Strahlen. [26]

Xylan: aus D-Xylose aufgebautes Polysaccharid, das zusammen mit anderen ↑Pentosanen u. ↑Hexosanen vor allem in inkrustierten (verholzten) Zellmembranen vorkommt, z.B. in Holz, Stroh, Maiskolben, Haferhülsen, Baumwollsamenschalen; letztere dienen zur Gewinnung von Xylose. [16]

L-(+)-Xyloketose = L-Xylulose: Pentose, findet sich im Harn bei Pentosurie; reduziert stark; wird durch Hefe nicht vergoren. [8]

Xylol: Dimethylbenzole von der Formel $C_6H_4(CH_3)_2$; 3 Isomere, die als o-, m- u. p-Xylol unterschieden werden; wichtige Lösungsmittel. [16]

Xylose: Aldopentose; kommt in der Natur hauptsächlich als Baustein des Polysaccharides Xylan, im Holzgummi u. in gewissen Glykosiden (Primverose) vor; gelegentlich tritt als Folge alimentärer Zufuhr Xylose im Harn auf (Pentosurie); bei essentieller Pentosurie ist mit dem Auftreten von ↑Xylulose zu rechnen, die auf eine Stoffwechselabnormität zurückzuführen sein dürfte. [16]

Xylulose: eine Ketopentose – Analogon zur Aldopentose Xylose – spielt als Xylulose-5-Phosphat bei der pflanzlichen Photosynthese (Kohlendioxid-Assimilation) als Zwischenprodukt eine Rolle; gelegentliches Auftreten im Harn (Pentosurie). [16]

X-Zehe: Abweichung der Großzehe nach kleinzehenwärts; ↑Hallux valgus. [23]

X-Zone ↑Zone X. [12]

Y

Y: chem. Symbol für Yttrium. [8]

y-Achse: im Koordinatensystem die senkrecht verlaufende Linie (Ordinate); Auslenkungsrichtung des Elektronenstrahls senkrecht zur Horizontalen. [7]

Yatren° ↑Chiniofon°. [44]

Yaws ⟨*engl*⟩ *f* ↑Frambösie. [43]

Y-Chromosom: Geschlechtschromosom, ↑Chromosomen. [3]

Yellow fever ⟨*engl*⟩ ↑Gelbfieber. [40]

Yoghurt ↑Joghurt. [16]

Yohimbin(um) ⟨*afrik*⟩ *n:* Alkaloid aus Pausinystalia yohimba, der Rinde von Corynanthe yohimbe u. Aspidosperma quebracho blanco, Indolabkömmling, α-adrenerger Blocker, wirkt antidiuret., wahrscheinlich über das antidiuret. Hormon. Aphrodisierende Wirkung durch Erweiterung der Penisgefäße (experimentell nur in tox. Dosen) u. Erregbarkeitssteigerung im Sakralmark. Anwendung als Antihypertonikum, Aphrodisiakum. [44]

Yoshida-Sarkom ⟨*griech*⟩ *n:* transplantables Aszitessarkom der Ratte; Virustumor, durch zellfreien Aszites übertragbar; 1953 von Yoshida beschrieben. [5]

Young, H. H., zeitgen. amerikan. Urologe.

Y' Zange: zystoskop. Zangengerät mit Spülmöglichkeit zur Probeexzision u. zum Zerknabbern von kleineren Blasensteinen. [24]

Young, Thomas (1773–1829), Arzt u. Physiker, London.

Y.-Helmholtz' Farbentheorie ↑Farbensinn. [36]

Yttrium: chem. Symbol Y, Seltenerden, Dichte 4,34 g/cm³; Fp 1,500 °C, Kp 2,500 °C, 3wertig; ubiquitär verbreitet ohne biolog. Bedeutung; ↑Seltenerden. [8]

Z

Zacherl, Hans (*1889), Gynäkologe, Graz, Innsbruck, Wien.

Z' Bouillon: Traubenzucker-Glyzerin-Pyronin-Methylgrün-Bouillon zur Differenzierung von ↑Gasödembazillen. [41]

Z' Reaktion: zur quantitativen ↑Indikanbestimmung in Harn modifizierte Reaktion nach Obermeyer; die Messung erfolgt kolorimetrisch. [47]

Zahl, phagozytische: aus der Wright' Opsonintechnik stammende Indexzahl. Sie bezeichnet die Menge der von den Leukozyten eines Kranken phagozytierten Erreger, dividiert durch die Zahl der Leukozyten eines Gesunden. Werte von 0,8 bis 1,2 schließen den betreffenden Erreger als Ursache aus. [11]

Zahlenzwang: zwangshafte Furcht vor Zahlen (z. B. 13), steht dem Aberglauben nahe. [34]

Zähl|fenster: Einlage im ↑Okular; rundes Pappscheibchen mit zentraler quadrat. Öffnung von etwa 5 mm Seitenlänge mit Haarkreuz oder mit aufgeklebtem Deckgläschen, das ein Kreuzchen trägt (nach V. Schilling); Zählung in den vier Quadraten (Selbstanfertigung). [11]

~kammer: Glasplatte mit definierter Netzteilung, die das Zählen von Zellen, Bakterien u. a. in einem bestimmten Flüssigkeitsvolumen gestattet. In der Hämatologie gebräuchliche Z. mit einer Netzfläche von 1 mm² u. einer Kammertiefe von 0,1 mm zur Zählung von Erythrozyten, Leukozyten u. a., in der Bakteriologie gebräuchliche Z. mit einer Kammertiefe von 0,02 mm; Netzeinteilung nach Thoma, Türk, Neubauer, Schilling, Bürker u. a. [40]

~okular nach Ehrlich: Mikroskopokular mit in vier Stufen verstellbarer quadrat. Gesichtsblende. Es wird gebraucht zur Bestimmung des Zahlenverhältnisses von Thrombo- u. Retikulozyten zu den Erythrozyten. [47]

Zählzwang: häufige Form des Zwangsgeschehens, unwiderstehliches Zählen von Menschen, Lampen, Fenstern usw.; ↑Anankasmus. [34]

Zahn, Friedrich Wilhelm (1845–1904), Pathologe, Genf.

Z' Furchen ↑Zwerchfellfurchen. [4]

Z' Infarkt: roter Infarkt der Leber; der Verschluß von Pfortaderästen führt bei Kreislaufschwäche gelegentlich zur Ausbildung keilförmiger dunkelroter Herde im Leberparenchym, die durch Rückströmen des Lebervenenblutes in das durch den Pfortaderverschluß blutarm gewordene Lebergewebe entstehen.

Z' Insuffizienzzeichen: bei Aorteninsuffizienz können sich klappenartige fibröse Leisten mit aortenwärts offener Aushöhlung am Endokard der Kammerscheidenwand entwickeln; mechan. durch den Blutrückfluß bedingt (Mikroklappen). [5]

Z' Linien: zarte, quere, oberflächliche Riffelung an Thromben; wichtig zur Unterscheidung der intravital entstandenen Agglutinations- u. Koagulationsthromben von Leichengerinnseln.

Z' Taschen: hämodynam. bedingte Endokardtaschenbildungen bei Herzklappenfehlern. „Z' Tasche nach der Regel" (regelrechte Z' Tasche) – Öffnung sieht in die Blutrichtung (z. B. bei Aorteninsuffizienz). „Z' Tasche gegen die Regel" (regelwidrige Z' Tasche) – Öffnung ist dem Blutstrom entgegengerichtet (z. B. bei Aortenstenose). [4]

Zahn ↑Dens.

Zahn|alter: Vergleich des Dentitionszustandes zum kalendar. Alter des Kindes, bes. hinsichtlich seiner Knochenentwicklung, gemessen am Röntgenbild der Handwurzelknochen. [37]

~anomalien: angeborene Zähne, die in Einoder Mehrzahl meist in der Unterkiefermitte durchbrechen. Dentes natales = bereits bei der Geburt vorhanden, Dentes neonatales = vom 1.–30. Tag der postnatalen Entwicklung in Erscheinung tretend. [32]

~ausfall, spontaner: nach Totalschwund der Alveole als Endausgang einer Parodontitis u. Parodontose, im Gefolge von Diabetes u. progressiver Paralyse.

~bein ↑Dentin.

~deformitäten: Mißbildung von Zähnen während der Keimperiode oder durch Vererbung. Die Verkrüppelung kann Krone u. Wurzel oder beide betreffen, Schmelz, Dentin oder Zement oder alle zusammen. Die Dysplasien können solitär auftreten, oft auch syndromat. mit anderen Fehlbildungen; ↑Hutchinson' u. Turner' Zähne. [37]

Zähneknirschen, nächtliches: bei kleinen Kindern, Jugendlichen, aber auch bisweilen bei Erwachsenen auftretendes Knirschen, das durch Aufeinanderpressen u. Mahlen der Kiefer entsteht. Voraussetzung ist eine Aufrauhung der Schmelzoberfläche der Zähne durch Säure (z. B. Magensäure oder Milchsäure, die durch bakterielle Zersetzung von Kohlenhydratresten im Mund entsteht); ohne patholog. Bedeutung. Das Z. ist meist durch gute abendliche Zahnpflege zu beseitigen. [32]

Zahnen ↑Dentition. [37]

Zahn|entwicklung: erbliche Störungen; Schmelzhypoplasie (Amelogenesis hypoplastica hereditaria (erbliche braune Zähne)) u. Dentinogenesis hypoplastica hereditaria. Die erbliche Dentinhypoplasie ist durch einen einfachen dominanten Erbgang gekennzeichnet u. befällt Mädchen wie Knaben in gleicher Häufigkeit. Der Zahnschmelz zeigt eine eigentümliche Transparenz u. splittert unter der Kaubelastung zunehmend ab (Glaszähne), bis ein schmutzigbrauner Dentinstumpf übrigbleibt. [32]

~fäule ↑ Caries dentium. [37]

~fieber: nicht den modernen Erkenntnissen der Kinderheilkunde entsprechende Vorstellung, daß Säuglinge beim Durchbruch der Milchzähne fiebern. Fast stets kann eine Krankheit als Ursache des Fiebers nachgewiesen werden. [32]

Zahnfleisch ↑ Gingiva.

~tuberkulose: primäre Z. selten im Vergleich zur sekundären Infektion. Hauptsitz das bukkale Zahnfleisch. Klin. Formen ↑ Lupus vulgaris u. ↑ Tuberculosis ulcerosa (Tuberkulose der Haut). Farbe der Lupusknötchen grauweiß bis rötlich; schneller Zerfall in kleine schmerzhafte Geschwüre. Umgebung rot bis blaurot mit sagoartiger Körnelung; Geschwürsränder unregelmäßig scharf begrenzt. Abheilung unter starker Atrophie, so daß die Zahnhälse der Nachbarzähne entblößt werden. Geschwüre der ulzerösen Form sind flach mit zerfressenen unterminierten Rändern u. äußerst schmerzhaft. Beim prim. Verlauf günstige Heilungsaussichten.

~polyp: knoten- oder lappenförmig wuchernde chron. Entzündung des Zahnfleisches durch scharfe, reizende Zahnhöhlenränder, Prothesenklammern usw. [37]

Zahn|formel ↑ Dens, ↑ Gebiß.

~füllung: kleine Epithese aus Edelmetall oder Metallegierung, Zementen oder Kunststoff, mit denen die präparierten Karieshöhlen verschlossen werden.

~granulom ↑ Wurzelgranulom.

~karies ↑ Caries dentium.

~pulpa ↑ Pulpa. [37]

Zahnradphänomen: ↑ Rigor; bei passiver Bewegung eines Gelenkes (meist am Arm) erfolgt ein stufenweises Nachgeben; wertvolles diagnost. Zeichen bei Parkinsonismus. [33]

Zahn|schäden: im Berufsleben überwiegend bei Einwirkung von Mineralsäuren; hierbei werden meist zunächst die Schneidezähne betroffen. Brüchigwerden der Zähne durch Entkalkung des Schmelzes. Säurenekrosen der Zähne werden als melde- u. entschädigungspflichtige Berufskrankheit anerkannt. Auch Zuckernekrosen sind infolge Einwirkung von Mehl- oder Zuckerstaub bei Anwesenheit organischer Säuren in der Mundhöhle bei Müllern, Bäckern, Konditoren usw. im Berufsleben zu beobachten (↑ Zuckerbäckerkaries). Sie gelten in entsprechenden Fällen ebenfalls als Berufskrankheit. Abbrüche, Abschliffe, Einkerbungen (Usuren) u. Zahnlücken (z. T. kreisrunde bei Mundglasbläsern) infolge mechan. Schädigung; Zahnverfärbungen durch Auflagerung oder Imprägnierungen. [49]

~stein = Calculus dentalis: chem. Gemenge von Kalziumphosphaten u. -karbonaten (Apatit, Aragonit, Kalkspat), Kalium- u. Natriumsalzen, Spuren von Eisen u. Mangan. Verhältnis der Ca-Phosphate zu Ca-Karbonaten 7:1. Ausfällung der Kalksalze aus der kolloidalen Speichelflüssigkeit bei zunehmendem Ammoniakgehalt des Speichels u. durch den Stoffwechsel von Fadenbakterien im Munde. Organ. Grundstock des Z. ist ein Koagulum aus Bakterienrasen, Speisebrei u. abgestoßenen Epithelien. Durch Inkrustation mit oben genannten Ca-Salzen bildet sich der Z. 2 klin. Formen: 1. Supragingivaler Z., von gelblicher Farbe, strukturlos u. weicher als 2., subgingivaler Z., sehr hart, graugrün u. manchmal von lamellärer Struktur. Dieser entsteht aus dem Sekret entzündeter Zahnfleischtaschen (Serumstein). Ausmaß u. Zeit der Zahnsteinablagerung sind verschieden u. dispositionell wechselnd, auch abhängig vom Gebrauch der Zahnbürste. Vorzugsweise an der Rückseite der unteren Frontzähne u. der Außenseite der oberen Mahlzähne, weil dort die Ausführungsgänge der Speicheldrüsen liegen. Zahnsteinentfernung ist wichtig bei Gingivitiden u. Parodontitiden.

~typen: entsprechen bei Wirbeltieren den physiolog. Funktionen (Ergreifen, Zerkleinern der Nahrung, Waffe): lang, kegelförmig, gerade, gekrümmt, hakig, spitz, meißelförmig, zackig, stumpfhöckrig; abweichend hiervon die Zähne fossiler Fische. Bei rezenten Vertebraten derselben Tierart sind meist zugleich verschiedene Formen in Gruppen aufeinanderfolgend (↑ Heterodontie), in den niederen Stämmen Einförmigkeit, ↑ Homodontie, ↑ Gebiß. Phylogenet. Theorien: Differenzierung des einspitzigen Typs nach Cope–Osborn, Höckerkonkreszenz u. Verschmelzung nach Kükenthal u. Verschmelzung von zwei parallelen, ungleich alten, dreihöckrigen Zahnreihen (Dimertheorie nach Bolk). Der größere Teil der Fachleute neigt zur Differenzierung.

~wechsel ↑ Dentition.

~zement ↑ Zement.

~zysten ↑ Kieferzysten. [37]

Zahorsky' Syndrom ↑ Herpangina. [32]

Zäkum = Zökum ⟨*lat*⟩ ↑ Blinddarm. [1]

Zander, Gustav (1835–1920), Orthopäde, Stockholm.

Z' Apparat: medikomechan. Apparat zur Korrektur von Wirbelsäulenverkrümmungen, Nachbehandlung von chirurg. Gelenkerkrankungen, für aktive u. passive Bewegungen, für mechan. Einwirkungen (Erschütterungen, Hackungen usw.); ↑Mechanotherapie, Medikomechanik. [46]

Zange: geburtshilfliches Instrument; ↑Forceps.

Z., hohe: gefährliche Zangenoperation, bei der der Kopf des Kindes mit seinem größten Durchmesser noch nicht die Beckeneingangsebene passiert hat. Für Mutter u. Kind heute riskanter als Schnittentbindung u. daher mit Recht durch diese verdrängt. [29]

Zange, Johannes (*1880), Otorhinolaryngologe, Jena.

Z.-Kindler' Syndrom: Syn. Zisternenblock-Syndrom; das klin. Bild entspricht der Hirnstammeinklemmung am Foramen occipitale magnum: Kopfschmerzen, Opisthotonus, Atemstörungen, „trockene Zisterne", Bewußtseinsverlust, Krampfanfälle. [20]

Zangemeister, Wilhelm (1871–1930), Gynäkologe, Königsberg.

Z' Handgriff: (vorwiegend von R. Schröder modifiziert u. zu einem wichtigen Untersuchungshandgriff unter der Geburt entwickelt). Ergänzung zum 4. ↑Leopold' Handgriff mit dem Ziel, ein Mißverhältnis zwischen kindlichem Kopf u. mütterlichem Becken zu erkennen. Die Hand des Geburtshelfers liegt so parallel zum oberen Schoßfugenrand, daß 4. u. 5. Finger auf dem Schambein, 2. u. 3. Finger auf dem kindlichen Kopf liegen. Bei Mißverhältnis überragt der Kopf den Oberrand der Symphyse nach vorn, 2. u. 3. Finger stehen also höher als 4. u. 5. Finger. Bei glatten Verhältnissen steht der Kopf zurück, 4. u. 5. Finger stehen höher als 2. u. 3. Finger. Bei Gleichstand ist die Situation zweifelhaft. Kann auch mit dem jeweils 2. u. 3. Finger beider Hände ausgeführt werden. [29]

Zänogenese ⟨*griech*⟩ *f:* Entwicklung durch Anpassung; ↑Palingenese. [5]

Zäpfchen: (anatom.) ↑Uvula; (Rez.) ↑Suppositorium. [18]

Zapfen der Netzhaut ↑Rezeptoren der Netzhaut. [7]

~adaptation *f:* Anpassung der Zapfen der Netzhaut des Auges an wechselnde Beleuchtung. Wenn sie auch weniger ausgiebig ist als die Stäbchenadaptation, die vor allem in der Dämmerung wirksam ist, so ist sie doch im helleren Bereich vor dem „Knick" der Adaptationskurve von größter prakt. Bedeutung; ↑Duplizitätstheorie, ↑Adaptation der Netzhaut, ↑Nyktometer. [36]

~mosaik: auf Flachschnitten der Netzhaut zeigt sich eine mosaikartige Figur, die durch quergeschnittene Zapfen entsteht u. auch entopt. wahrnehmbar ist. [36]

~zellen: flaschenförmige Sinneszellen der ↑Retina mit dickem sog. Innenglied u. schlankem Außenglied. Die Fovea centralis enthält nur Zapfenzellen. Diese sind für Farbsehen, Tagessehen u. Scharfsehen verantwortlich. Die submikroskop. Organisation der Z. stimmt im Grundsätzlichen mit der Zytomorphologie der ↑Stäbchenzellen überein. [2]

Zappert, Julius (*1867), Pädiater, Wien.

Z' Syndrom: akuter zerebraler Tremor; infektiöstox. ↑Enzephalitis (wahrscheinlich relativ streng im Hirnstamm lokalisiert) mit meist guter Prognose. Leitsymptom: grob- bis mittelschlägiger Tremor des Kopfes u. der Gliedmaßen, der durch Erregung gesteigert wird u. im Schlaf nicht immer aufhört; betroffen vorwiegend Knaben im Kleinkindesalter. [32]

Zaufal, Emanuel (1837–1910), Otologe, Prag.

Z' Operation: Radikaloperation des Mittelohres. Durch fortschreitende Abmeißelung der hinteren oberen Gehörgangswand wird das Antrum freigelegt u. von dort aus nach vorn gehend der Kuppelraum; ↑Stacke' Operation, ↑Radikaloperation. [28]

Zebozephalie ⟨*griech*⟩ *f* ↑Kebozephalie. [5]

Zecken: Ixodoidea, Überfamilie der ↑Milbentiere, Blutsauger, z.T. wichtige Krankheitsüberträger. Die Lederzecken (Argasidae) leben nach Wanzenart in Wandfugen usw. von Häusern u. Ställen, die Schildzecken (Ixodidae) leben meist im Wald u. auf der Wiese u. befallen als temporäre Parasiten vorüberstreifende Tiere; ↑Boophilus, ↑Holzbock, ↑Rhipicephalus. [58]

~enzephalitis: durch Zecken auf den Menschen übertragbare ↑Virusenzephalitis.

~fieber: Bezeichnung für Infektionen, die durch Zeckenbiß übertragen werden, unter anderem Abarten von ↑Rückfallfieber u. ↑Fleckfieber der warmen Länder, ferner abgeschwächt verlaufende Infektionen der Zecken-Virusenzephalitis-Gruppe.

~fleckfieber: durch Zecken übertragbares ↑Fleckfieber in warmen Ländern. [40]

~lähmung = Zeckenparalyse: Lähmungserscheinungen durch Toxine einer in Kopf- oder Wirbelsäulennähe sitzenden ↑Zecke, verschwinden nach Entfernen der Zecke (↑Ixodes ricinus). [58]

~virusenzephalitis ↑Virusenzephalitis. [40]

Zedernholzöl: Öl von Juniperus virginiana, das wegen seiner Lichtbrechung u. Dispersion bes. als Immersionsöl geeignet ist. [54]

Zehenreflex ↑Babinski', ↑Rossolimo' Reflex. [33]

Zehr|finnen: Tuberculosis lichenoides, Lichen scrophulosorum, Acne scrophulosum; ↑Tuberkulide.

~flechte: Tuberculosis cutis luposa, Lupus vulgaris; ↑Tuberkulose der Haut.

~grind ↑Impetigo herpetiformis.

~rose ↑Erythematodes. [43]

Zeigeversuch ↑Bárány' Zeigeversuch. [33]

Zein ⟨*lat*⟩: Sphäroproteine aus Mais; gehört zu den ↑Prolaminen; ↑Getreideeiweiße. [8]

Zeis, Eduard (1807–1868), Chirurg, Dresden.

Z' Drüsen: Balgdrüsen an den Wimpern. Zu unterscheiden von den ↑Moll' Schweißdrüsen u. den ↑Meibom' Drüsen der Lidfaserplatte, die modifizierte Talgdrüsen darstellen. [1]

Zeiss, Ludwig (1900–1958), Urologe, Bad Wildungen.

Z' Schlinge: Spezialkatheter zur Entfernung von Harnleitersteinen, in Ausnahmefällen auch von kleineren Nierensteinen. Harnleiterkatheter mit einem an der Spitze befestigten Kunststoffaden, der 3–7 cm unterhalb der Spitze in das Katheterlumen eintritt u. am äußeren Katheterende heraushängt. Bei Zug am Fadenende wird der Anfangsteil des Katheters zu einer Schlinge formiert, so daß der vorher passierte Stein damit eingefangen werden kann. [24]

Zeißler' Topf: Anaerobiergefäß; dient der Kultivierung anaerober Organismen im Vakuum oder im indifferenten sauerstoffarmen bzw. -freien Gasmilieu. [42]

Zeit|bewußtseinsstörung: Störung des Zeitbegriffes; die Kranken meinen, die Zeit gehe langsamer oder schneller als früher oder bleibe stehen; bei ↑Schizophrenie, auch in der ↑Hypnose. [34]

~muster: quantitativ charakterisierbare Aufeinanderfolge der Impulse (Spitzenaktionspotentiale), die in einer Nervenfaser geleitet oder von einer Nervenzelle gebildet werden; ↑Impulsmuster. [7]

~reserve bei Sauerstoffmangel: diejenige Zeit, die einen Menschen nach Eindringen in eine Atmosphäre mit geringem Sauerstoffdruck für ein normales sicheres Handeln noch zur Verfügung bleibt; ↑Höhenkrankheit, Höhenwirkungen. Diese Z. beträgt in 7000 bis 8000 m Höhe mehrere Minuten, in 9000 m Höhe kaum eine Minute.

~schwelle: kleinster Zeitunterschied von zwei Reizen, der es gestattet, sie wahrnehmungsmäßig von einander zu trennen. Die Z. beträgt beim Auge etwa 1/60 s (↑Flimmerverschmelzungsfrequenz des Auges bei helladaptierter Netzhaut), während sie beim Ohr auf etwa 1/500 s heruntergehen kann. [7]

~volumen (B. Kisch): entspricht derjenigen Blutmenge, die in Litern pro Minute von der li. Herzkammer in die Aorta ausgeworfen wird (↑Schlagvolumen) oder durch den Querschnitt einer Gefäßbahn fließt (Stromzeitvolumen) als Maß die Durchblutung eines Organs. [10]

Zellatmung: Prozeß der enzymat. Verbrennung oxydierbarer Substrate unter Energiegewinn u. Bildung von Wasser in den Mitochondrien der einzelnen Zellen. Aus Substraten, die der Zelle mit dem Blutstrom zugeführt werden, im einfachsten Falle Glukose, werden im Zwischenstoffwechsel (Glykolyse, Zitronensäurezyklus) Verbindungen hergestellt, aus denen Wasserstoff mittels der Dehydrogenasen abgespalten werden kann. Damit beginnt die Zellatmung. Der Wasserstoff wird auf die Pyridinnukleotide Nikotinsäureamidadenindinukleotid (NAD) oder Nikotinsäureamidadenindinukleotidphosphat (NADP), die die Rolle von Coenzymen spielen, übertragen. Von hier übernehmen Flavinenzyme den Wasserstoff u. zerlegen ihn in zwei Protonen u. zwei Elektronen. Bei einigen Substraten wird der Wasserstoff unter Umgehung der Pyridinnukleotidenzyme gleich von den Flavinenzymen übernommen. Während die Protonen frei werden, reagieren die Elektronen mit den Zytochromen. Von diesen werden sie schließlich an die Cytochromoxydase, das Warburg' Atmungsferment, die auch das Häm als Wirkungsgruppe enthält, weitergegeben. Dieses Enzym ist autoxydabel u. überträgt die Elektronen auf den Sauerstoff, der ebenfalls mit dem Blutstrom zur Zelle gelangt ist. Das so entstandene Sauerstoffion reagiert mit den Protonen zu Wasser. Bei dieser Reaktionsfolge der Atmungskette wird der Energiegehalt der Glieder von Schritt zu Schritt kleiner. Die frei werdende Energie wird z. T. durch die Atmungskettenphosphorylierung zum Aufbau von ATP aus ADP u. anorgan. Phosphat benutzt, z. T. wird sie als Wärme frei. Das ATP stellt den unmittelbaren Energielieferanten für alle Stoffwechselreaktionen dar, die Energie zu ihrem Ablauf benötigen. Sein dauernder Aufbau ist der eigentliche biolog. Zweck der Atmung. Je Mol oxydierten Wasserstoffs entstehen 3 Mole ATP. Das in den Zellen frei werdende Kohlendioxid ist kein Produkt der Atmung selbst, sondern wird bei den genannten Reaktionen frei, die dehydrierbare Verbindungen schaffen. Die Atmungshemmung durch Gifte wie Kohlenmonoxid oder Blausäure beruht auf der Blockade einzelner Enzyme der Atmungskette, wobei CO mit dem Fe^{2+} der Zytochrome reagiert, HCN mit dem Fe^{3+}. [8]

Zellatypie ⟨*griech*⟩ *f:* Abweichung der Zelle u. des Kernes von der Norm hinsichtlich der Größe, Form, Färbbarkeit u. Kernplasmarelation; von Bedeutung für die histolog. Geschwulstdiagnostik. [5]

Zelle: die Zelle stellt die kleinste lebensfähige Einheit des Tier- u. Pflanzenreiches dar. Die Erstbeschreibung erfolgte durch Schleiden (1838) u. Schwann (1839). Die Zelle ist ein kybernet., sich selbst regulierendes System, in dem einzelne Bestandteile sich wechselseitig beeinflussen. Für ihre genet. Kontinuität ist der ↑Kern mit seinem DNS-Gehalt verantwortlich. Das ↑Zytoplasma ist in zahlreiche Kompartimente aufgeteilt, die meist in Form der ↑Organellen vorliegen. Die wichtigsten Organellen sind die ↑Mitochondrien, das endoplasmat. ↑Retikulum, das ↑Golgi-Feld, die ↑Lysosomen, das ↑Zentralkörperchen u. die ↑Zellmembran. Zwischen den Organellen liegt das ↑Grundplasma, das z.B. das Glykogen enthält. Spezialisierte Zellen besitzen außerdem bes. Bestandteile, wie Myofibrillen, Sekrettropfen u.ä. Die morpholog. nachweisbaren Hauptbausteine der Zelle u. ihrer Organellen sowie des Kerns sind granuläre, filamentöse u. membranöse Makromoleküle oder -aggregate. Die Vermehrung der Zellen erfolgt durch ↑Mitose oder ↑Amitose. [6]

α-Zellen, β-Zellen, γ-Zellen des Hypophysenvorderlappens: azidophile (α), basophile (β), chromophile (γ) Zellen; α-Zellen des Pankreas = A-Zellen der ↑Langerhans' Inseln; β-Zellen des Pankreas = B-Zellen. [1]

Z., amakrine (Ramon y Cajal): verschieden gestaltete Nervenzellen mit kurzen Fortsätzen in der inneren Körnerschicht der Netzhaut des Auges. Die Bedeutung dieser Zellen ist unbekannt.

Z., azidophile: eosinophile Zellen.

Z., basal-gekörnte: auch gelbe Zellen, enterochromaffine Zellen; Vorkommen im Magenepithel u. in den Krypten der Darmschleimhaut (Gg. intestinales). Die Zellen liegen der Basalmembran breitbasig auf, bestizen einen chromatinarmen Kern u. basal liegende kleine Granula von blaßgelber Farbe, die im fluoreszierenden Licht goldgelb aufleuchten. Die Funktion der basalgekörnten Zellen ist noch nicht eindeutig geklärt. Es wird entweder eine exokrine oder eine endokrine Funktion angenommen.

Z., delomorphe: Bezeichnung für Belegzellen im Bereiche der Magendrüsen (Gg. gastricae); ↑Belegzellen.

Z., diploide: normale Körperzellen vielzelliger Organismen mit doppelter Chromosomengarnitur im Gegensatz zu den haploiden Keimzellen, die jeweils nur einen Chromosomensatz enthalten.

Z., enterochromaffine: im Epithel der Magenschleimhaut vorkommende, bei Färbung mit Chromsalzen gelb granulierte sog. „enterochromaffine" oder auch „gelbe" Zellen mit wahrscheinl. exokrin. Sekretion (Hamperl).

Z., interstitielle: von Cajal entdeckte, noch heute hinsichtlich ihrer Bedeutung umstrittene Bestandteile des peripheren vegetativen Nervensystems. Die interstitiellen Zellen werden z.T. für nervöse (Cajal, Boeke, Jabonero), z.T. für bindegewebige (Dogiel, Kölliker) u. z.T. für gliöse (Lawrentjew) Elemente gehalten. [2]

Z., lichtelektrische: dient der Messung der verschiedenen Spektralbereiche des Sonnenlichts. Verwandt werden luftleer gepumpte Glas- oder Quarzgefäße, die innen mit Schichten von Kalium, Natrium, Zäsium, Kadmium belegt sind. Diese senden unter Strahlungseinfluß Elektronen aus. Der entstehende Photostrom kann gemessen werden u. ermöglicht es, die relative Intensität verschiedener Spektralbereiche, bes. im kurzwelligen Licht zu bestimmen. [13]

Z., neurohormonale: nach Sunder–Plassmann angeblich wesentlicher Bestandteil des sog. präterminalen nervösen Netzwerkes (Teil des ↑Terminalretikulums), welcher für die Bereitung der Inkrete in innersekretor. Drüsen u. außerdem für den Zusammenschluß mit dem vegetativen System verantwortlich sein soll. Auf Grund moderner Untersuchungen muß festgestellt werden, daß es weder die von Sunder–Plassmann beschriebenen neurohormonalen Zellen noch ein Terminalretikulum gibt. [2]

Z., neurosekretorische ↑Zellen, neurohormonale, ↑Neurokrinie.

Z., zentroazinäre: innerhalb der Drüsenendstücke (Acinus) des exkretor. Anteils des ↑Pankreas vorkommende platte Zellen, die als in den Azinus vorgeschobene Schaltstückzellen aufzufassen sind. [2]

Zell|einschlüsse: Produkte der Zell-Virus-Reaktion nach Virusinfektion u. Virusvermehrung, ↑Negri' Einschlüsse bei Tollwut, ↑Guanieri' Einschlußkörper bei Pocken, ↑v. Prowazek–Halberstaedter' Einschlußkörper bei Trachom. [40]

~embolie: Verschleppung von Zellen auf dem Blutweg, bes. in die Lungen, z.B. Plazentarriesenzellembolie in die Lunge am Ende der Schwangerschaft oder Leberzellenembolie in die Lungen nach Lebertraumen. – Eine Geschwulstzellenembolie kann den Keim für eine hämatogene Metastase bilden. [5]

~lehre: von Schleiden (1838) u. Schwann (1839) begründete Auffassung, wonach der tier. u. pflanzliche Organismus aus einer Vielzahl anatom. begrenzbarer Zellen besteht, die als kleinste lebendige Einheiten gedeutet wurden. Die Haupteinwände gegen die Gültigkeit der Zellenlehre betrafen folgende Teilgebiete der Gesamtproblematik: 1. die Zellen sind zu einem großen Teil morpholog.

nicht begrenzbar, sondern bilden Synzytien; 2. die Zelle ist nicht die kleinste lebende Einheit des Organismus, sondern es gibt in der Größenordnung darunterstehende Teilkörper; 3. die Zellenlehre vernachlässigt das Problem der Ganzheit. Das „Ganze" sei mehr als die Summe seiner Teile. Auf Grund der modernen Forschung ergibt sich zu diesen Einwänden: 1. mit Ausnahme des Synzytiotrophoblasten der menschlichen Plazenta gibt es im tier. u. menschlichen Organismus keine Synzytien, sondern durch Zytoplasmamembranen begrenzbare Zellen; 2. die Zelle ist die kleinste, alle Erscheinungen des Lebendigen aufweisende Einheit des Organismus (autonome Vermehrungsfähigkeit, Stoffwechsel, Selbststeuerungs- u. Regulationsvorgänge); 3. die Zellentheorie vernachlässigt nicht die „Ganzheit" des Organismus. Schon Schwann hat ausdrücklich betont, daß die Zellen nicht als ein „bloßes Aggregat" nebeneinander stehen, sondern sie wirken „auf eine uns unbekannte Weise in der Art zusammen, daß daraus ein harmon. Ganzes entsteht". Die moderne Zellforschung hat gezeigt, daß durch die Zytoplasmamembranen das harmon. Zusammenwirken durch die Aktivität solcher Membranen gewährleistet wird. Die neuere Forschung hat damit die Argumente der Gegner der Zellenlehre eindeutig widerlegt; ↑Zellularpathologie. [2]

Zeller' Hautläppchen: bei Syndaktylie-Operationen wird durch Gabelung des Hautschnittes volar u. dorsal zwischen den Fingern je ein dreieckiges Hautläppchen gebildet. Sie dienen bei der operativen Beseitigung der Syndaktylie zur Deckung des Defektes an der Kommissur. [23]

Zellformen: die ursprünglich kugelförmige tier. Zelle erfährt mit fortschreitender Differenzierung u. Zusammenlagerung zu Geweben eine erhebliche Formveränderung, so daß neben kugel-, scheiben-, pyramiden- u. sternförmigen Zellen auch säulenförmige u. ellipsoid. Zellen entstanden sind. [2]

Zellgewebsentzündung ↑Phlegmone. [18]

Zell|grenzen ↑Zellmembran. [6]

~größen: der mittlere Durchmesser der verschieden geformten Zellen liegt bei etwa 18 bis 20 µm. Die geringsten Durchmesser werden bei Blutzellen (lymphoide Zellen) beobachtet (etwa 4 µm), die größten Durchmesser bes. bei tier. Eizellen u. ferner bei Nervenzellen, deren Achsenzylinder eine Länge bis zu einem Meter erreichen kann.

~hämine ↑Zytochrome. [8]

~kern ↑Nukleus. [2]

~kultur: in der Virologie u. Zellphysiologie gebräuchl. Verfahren zur Kultivierung u. Vermehrung von Zellen außerhalb des Organismus; ↑Eikultur, ↑Gewebekultur. [40]

~linie: permanente Zellkultur unterschiedlicher Herkunft. [50]

~membran: die jede tier. Zelle umgebende Membran, die je nach Funktion des Oberflächenareals unterschiedlich differenziert ist. Das zeigt sich an einem differenten Gehalt an Enzymen sowie an spez. Ausbildungen wie ↑Mikrovilli, Einfaltungen oder dem ↑Schlußleistenkomplex. [6]

Zellobiose: Disaccharid, das bei der Hydrolyse in zwei Moleküle Glukose zerfällt. Z. entsteht bei dem Abbau der Zellulose u. reduziert Fehling' Lösung. [42]

Zelloidin: Kollodiumwolle, die in Ätheralkohol gelöst als Einbettungsmedium (↑Einbettung) benutzt wird (2%ige, 4%ige u. 8%ige) Lösung (Alkohol-Zelloidinmethode nach Apáthy)! [2]

Zellophan *n:* aus reiner Zellulose hergestellte durchsichtige Folie. Außer als Verpackungs- u. Umhüllungsmaterial auch bei der Dialyse als Membran verwandt. [9]

Zell|parasitismus: Fähigkeit von Mikroorganismen, ihre eigenen Lebensvorgänge mit Hilfe des Stoffwechsels einer anderen (Wirts-)Zelle aufrechtzuerhalten. Obligater Z. bei Viren: Vermehrung innerhalb lebender Zellen, vollständige Umstellung des Stoffwechsels auf Virussynthese. Fakultativer Z. bei Bakterien: Vermehrung außerhalb lebender Zellen möglich. [41]

~populationskinetik: Bestimmung der dynam. Vorgänge bei der Zunahme, Erhaltung oder Abnahme der Größe einer Zellpopulation in Abhängigkeit von 1. der Zyklusdauer der proliferierenden Zellen, 2. dem Anteil der proliferierenden Zellen, 3. dem Anteil der absterbenden Zellen in der Gesamtpopulation. Mit Hilfe autoradiograph., zellbiolog. u. genet. Methoden lassen sich die genannten Parameter quantitativ analysieren. [40]

~rezeptoren: vorwiegend der Ernährung dienende Protoplasmabestandteile (Nutrirezeptoren); binden nach ↑Ehrlich Seitenkettentheorie auf Grund zufälliger chem. Verwandtschaften Antigene u. reagieren mit Neu- bzw. Überschußbildungen (Seitenketten). Sessile Seitenketten vermitteln Giftwirkung des Antigens, von der Zelle abgestoßene werden zu Antikörpern. Unterscheidung von 3 Antikörperarten: Antikörper I. Ordnung mit einer haptophoren (Haft-)Gruppe (Antitoxine); Antikörper II. Ordnung mit spezif. Haft- u. unspezif. zymophorer (Funktions-) Gruppe (Agglutinine u. Präzipitine); Antikörper III. Ordnung mit einer spezif. zytophilen u. unspezif. komplementophilen Haftgruppe zur Bindung von ↑Antigen u. ↑Komplement (↑Ambozeptor). [41]

~stamm: (virolog.) standardisierter, diploider Z. unterschiedlicher Herkunft. [50]

Zellstoff: aus Zellulose bestehender Stoff mit großer Saugkraft; vorwiegend für Verbände verwendet. [18]

Zellstoffwechsel ↑Stoffwechsel, intermediärer. [8]

Zellteilung: die mit einer indirekten Kernteilung, die typ. (mitotisch) oder atyp. (meiotisch) sein kann, verbundene Teilung pflanzlicher u. tier. Zellen; ↑Mitose, ↑Meiose.

Z., Rhythmus: das Wachstum durch Zellteilungen erfolgt nicht gleichmäßig, sondern je nach Art, Organ oder Entwicklungsstand bevorzugt zu bestimmten Tageszeiten, während es zu anderen Zeiten mitunter völlig ruht. [56]

Zelltod, partieller ↑Zytolysomen. [6]

Zellularpathologie ⟨*lat, griech*⟩: die von Virchow begründete Lehre faßt den menschlichen Organismus als eine Gesamtheit von Zellen auf. Die Krankheiten gehen auf Störungen der einzelnen Zelle zurück, die sich nur aus ihresgleichen durch Teilung neu bilden kann (omnis cullula e cellula). 1858 Vorlesungen vor Berliner Ärzten, die noch im selben Jahr unter dem Titel „Die Cellularpathologie in ihrer Begründung auf physiologische u. pathologische Gewebelehre" erschienen sind. [4]

Zellulartherapie ↑Niehans' Frischzellentherapie. [18]

Zellulase: biochem. ↑Cellulase. [8]

zellulipetal ⟨*lat*⟩: zur Zelle hinleitend. [2]

Zellulose: Polysaccharid $(C_6H_{10}O_5)_x$, die häufigste organ. Verbindung; dient den Pflanzen, in deren Zellwände sie eingebaut ist, als Gerüststoff; im Holz ist sie mit Lignin u. anderen Begleitsubstanzen „verkrustet". Bei Tieren findet sie sich nur im Mantel der Tunikaten. Z. ist aus Glukosemolekülen aufgebaut, die β-glukosid. am Sauerstoffatom 4 kettenförmig miteinander verbunden sind. Ihr kleinstes Strukturelement ist die ↑Zellobiose. Sehr reine Z. liegt in der Baumwolle vor, die aus etwa 5000 Glukosemolekülen besteht. Z. kann durch Enzyme, die Cellulasen, die bes. in vielen Mikroorganismen vorkommen, u. durch Säuren bis zur Glukose aufgespalten werden. [8]

Zellzählung ↑Zählverfahren. [11]

Zeltblutleiter = Sinus rectus: von der harten Hirnhaut (Dura mater) gebildeter, an der Verbindungsstelle zwischen ↑Falx cerebri u. Tentorium cerebelli gelegener venöser Kanal, der die V. cerebri magna u. den Sinus sagittalis inf. aufnimmt u. zum Confluens sinuum führt. [2]

Zement ⁎ **Cementum** ⟨*lat*⟩ *n:* (anatom.) Substantia ossea, dünne Schicht Knochengewebe, welche die Zahnwurzel von der Wurzelspitze bis zur Schmelzgrenze überzieht. [2]

Zementkrätze ↑Berufsekzem. [43]

Zenker, Friedrich Albert v. (1825–1898), Pathologe, Erlangen.

Z' Divertikel ↑Ösophagusdivertikel.

Z' Muskeldegeneration: wachsige ↑Entartung. [5]

Zentralarterie: kleine, oft exzentr. gelegene Arterie im ↑Malpighi' Körperchen der Milz. [2]

Zentralfibrillen: im Achsenfaden des ↑Spermiums vorhandenes Fibrillenpaar. [2]

Zentralfurche = Sulcus centralis: bildet die Grenze zwischen Stirn- u. Scheitellappen des Gehirns. [1]

Zentralganglien des Gehirns ↑Stammganglien. [2]

Zentralkörperchen ↑Zentriole. [6]

Zentralnervensystem: *Abk* ZNS; der im Schädel u. im Wirbelkanal befindliche, zentralisierte Teil des Gesamtnervensystems. Mit seinen in Zentren u. Kerngruppen organisierten u. durch Nervenbahnen miteinander verbundenen Neuronenverbänden (Nervenzellnetzwerken) stellt es ein kompliziert vermaschtes, biolog. Informationsverarbeitungssystem dar. Das ZNS besitzt nicht nur die Fähigkeit der Aufnahme (von Rezeptoren u. Sinnesorganen) u. Weiterleitung von Informationen aus den afferenten Nervenbahnen des peripheren somat. u. vegetativen Nervensystems, sondern auch die Fähigkeit zur kurzfristigen oder langfristigen Speicherung dieser Information (↑Gedächtnis). Durch das Zusammenwirken von Zentren der allgemeinen Aktivierung der Großhirnrinde (↑Formatio reticularis), der spezif. afferenten Projektionssysteme (↑Thalamus), der ↑Motivation u. Emotion kommt es zu einer ↑Afferenzsynthese, der eine Art inneres Modell der Vorgänge außerhalb des ZNS (im übrigen Organismus, in der Umwelt des Organismus) darstellt. Mit der Afferenzsynthese ist die Formierung von Tätigkeits- oder Verhaltensentwürfen (Afferenzprogramm) verbunden, die unter Vermittlung des efferenten peripheren somat. u. vegetativen Nervensystems verwirklicht werden (Muskelbewegungen, Verhaltensakte einschließlich Schreiben u. Sprechen beim Menschen, Drüsentätigkeit usw.). Bes. wichtige Elementartätigkeiten des ZNS sind die unbedingten u. bedingten Reflexe (↑Nerventätigkeit), wobei letztere die Funktionstüchtigkeit der Großhirnrinde zur Voraussetzung haben. Durch die Verbindung zum Hormonsystem (über das ↑Hypothalamus-Hypophysensystem) stellt das ZNS auch die übergeordnete Integrationsstation für das Endokrinium dar. [7]

Zentralskotom ↑Skotom. [36]

Zentralstrahl = Hauptstrahl: ist der vom Mittelpunkt des Brennflecks einer Röntgenröhre senkrecht zur Röhrenachse ausgehende Strahl. Mit Rücksicht auf die perspekt. Verkürzung des Brennflecks in Richtung des Hauptstrahls (wirksamer Brennfleck) wird in der Röntgenographie nur mit dem Hauptstrahl bzw. dem ihn umhüllenden Strahlenkegel gearbeitet. [26]

Zentralvene: die in der Achse eines Leberläppchens (Lobulus hepatis) verlaufende kleine Vene, welche die Leberblutkapillaren aufnimmt. [2]

Zentralwindungen: vor u. hinter der ↑Zentralfurche einer jeden Großhirnhemisphäre gelegene Hirnwindungen. [1]

Zentren: Funktionseinheiten von Nervenzellen in einem anatom. umschriebenen Gebiet des ZNS oder in mehreren solchen Gebieten im Sinne einer Zentrenkonstellation. Die Funktionseinheiten sind dadurch gekennzeichnet, daß sie bestimmte afferente Erregungszuflüsse verarbeiten u. efferente Erregungsmuster organisieren, die über die efferenten, zentrifugalen Nerven bestimmten Organen oder Organsystemen zufließen u. deren Tätigkeit steuern. Im einfachsten Falle solcher Z. handelt es sich um Schalt- u. Integrationsgebiete für unbedingte Reflexe, z.B. für die Eigen- u. Fremdreflexe der Muskulatur des Rumpfes u. der Extremitäten in den einzelnen Segmenten des Rückenmarkes. Z. auf höherer Ebene sind z.B. die Atmungs- u. Kreislaufzentren des Rautenhirns u. der Medulla oblongata. Noch komplexer aufgebaute Z. finden sich in den höheren Hirngebieten (Zwischenhirn, Basalganglien, Großhirnrinde). [7]

zentrifugal ⟨*lat*⟩: vom Zentrum (Mittelpunkt) hinwegführend, z.B. zentrifugale Nerven: Nervenfasern, die die Erregung vom Zentralnervensystem zur Peripherie (z.B. motor. Endplatte, Drüsen) leiten (motor. bzw. sekretomotor. Nervenfasern). [2]

Zentrifugalmassage: eine bei vegetativ bedingten Schulter- oder Armschmerzen in zentrifugaler Richtung ausgeführte Spezialmassage. [23]

Zentrifuge: wird vor allem in der physiolog. Chemie u. der Biochemie benutzt, zur Trennung von Zellfrakturen zwecks biochem. Analyse. Bes. hochtourige Spezialzentrifugen, Ultrazentrifugen, werden in der Bakteriologie u. Serologie benutzt. [47]

Zentrifugenmilch ↑Magermilch. [8]

Zentriole ⟨*lat*⟩ *f:* auch Zentriol, Zentralkörperchen; autoreduplikative Organzelle, die meist innerhalb des Golgi-Feldes liegt. Sie baut sich aus 9 zirkulär angeordneten Filamenten oder Tubuli auf, die einen Hohlzylinder mit einem Durchmesser von 150 nm bilden. Die Länge beträgt etwa 500 nm. Der Z. liegen hantelförmige Auswüchse (Satelliten) an. Während der ↑Mitose gehen die ↑Spindelfasern von den Z. oder ihren Satelliten zu den Chromosomen. Die Struktur der Z. ist der den ↑Basalkörperchen ähnlich. In Spermatiden dient ein Zentriol als Ursprung für den auswachsenden Schwanz. [6]

zentripetal ⟨*lat*⟩: zum Zentrum (Mittelpunkt) hinführend, z.B. zentripetale Nerven: Bündel von Nervenfasern, die die Erregung von den Rezeptoren in der Peripherie zum Zentralnervensystem leiten (sensible, sensor. Nerven). [2]

Zentriskop: Gerät zur Prüfung der Zentrierung der Gläser in einer Brille auf opt. Wege. [36]

Zentromer: Spindelfaseransatzstelle am ↑Chromosomen. [3]

Zentrosom ⟨*griech*⟩ *n:* der aus ↑Zentriolen bestehende Körper. [6]

Z. der Erythrozyten ↑Zentriol, ↑Chromatinkörperchen. [11]

Zentrosphäre ⟨*griech*⟩: das in der Umgebung des ↑Zentriols vorhandene bes. Plasma (↑Archoplasma) mit der dazugehörigen starken radiären Protoplasmastrahlung. [2]

Zentrum, optisches ↑Sehzentrum, ↑Sehsphäre. [36]

Zerealien ⟨*lat*⟩ *f, Pl:* Sammelname für die Getreidearten (Roggen, Weizen, Mais, Reis, Gerste, Hafer, Hirse); Samen sind wichtige Kohlenhydratquellen für die tier. u. die menschliche Ernährung (Brot, Backwaren, Teigwaren, Pudding usw.). Durchschnittliche Zusammensetzung der Samen: 60–70% Stärke, 8–13% Eiweiß, 1–12% Zellulose, 1–6% Fett, 10–16% Wasser, geringe Mengen Zukker, Dextrin, Mineralstoffe u. Vitamine (vor allem Vitamin B_1). [16]

zerebral ✳ **cerebralis** ⟨*lat*⟩: das Gehirn betreffend. [1]

Zerebral|sklerose ↑Gehirnarteriosklerose. [33]

~typhus: Typhusablauf unter bes. Beteiligung des Zentralnervensystems, wobei die zerebralen Erscheinungen im Vordergrund stehen. [40]

Zerebrolyse ↑Kortikolyse. [20]

Zerebron: Syn. Phrenosin; ↑Zerebrosid des Gehirns, aufgebaut aus Sphingosin, Zerebronsäure u. D-Galaktose.

~säure: 2-Hydroxy-n-Tetracosansäure; $CH_3-(CH_2)_{21}-CHOH-COOH$ Baustein der ↑Zerebroside. [8]

Zerebroside: phosphatfreie zuckerhaltige Sphingolipide; Vorkommen im Gehirn, ferner in der Leber, Niere, in Erythrozyten, wohl in fast allen Zellen. Aufgebaut aus einem Zucker, meist D-Galaktose, Sphingosin u. einer Fettsäure. 1. Zerebron (Phrenosin) besteht aus D-Galaktose, Sphingosin, Zerebronsäure; 2. Kerasin besteht aus D-Galaktose, Sphingosin, Lignozerinsäure; 3. Nervon besteht aus D-Galaktose, Sphingosin, Nervonsäure; 4. Zerebroglukoside enthalten D-Glukose statt D-Galaktose, als Säure Behensäure u. Lignozerinsäure; Vorkommen in Milz u. Leber bei der Hepatosplenomegalie Typ Gaucher. Ein Teil der Z. liegt wahrscheinlich als Schwefelsäureester vor; ↑Ganglioside. [8]

Zerebrosidspeicherkrankheit ↑Kerasin, ↑Morbus Gaucher, ↑Lipide. [32]

Zerebrospinalmeningitis ⟨*lat, griech*⟩ *f:* Entzündung der weichen Hirn- u. Rückenmarkhaut. [5]

Zerfahrenheit ↑Denkzerfahrenheit. [34]

Zerkarie ⟨*griech*⟩ *f:* Larvenform des ↑Leberegels, sowie der Schistosomen. [58]

Zerkariendermatitis: stark juckende Erytheme u. Papeln an Stellen, an denen Zerkarien (Bilharzien) in die Haut eindringen. Epidem. an bestimmten Seen; ↑Bilharziose. [43]

Zeroide: wachsähnliche Verbindungen, die sich in vivo bilden, wenn Tiere (Ratte, Schwein, Nerz) im Zustand des Mangels an Vitamin E mit stark ungesättigten Fetten gefüttert werden. Es erfolgen Ablagerungen gefärbter Produkte in der Leber, im Depotfett (↑Gelbfett-Erkrankung; Yellow fat disease). Die Neubildungen zeigen ähnliches Verhalten wie bei der Autoxydation z.B. von Lebertran in vitro gebildeten Autoxy-Polymerisierungsprodukte; ihre Entstehung wird in vivo durch Sicherung des Vitamin-E-Bedarfes hintangehalten. [16]

Zeroidpigment: Hämoglobinabbauprodukt, besitzt gelbbraune Farbe, zeigt Eigenfluoreszenz, ist in Alkohol nicht löslich u. mit Fettfarbstoffen färbbar. Vorkommen: a) physiolog. in geringer Menge in Sternzellen der Leber, Histiozyten der Periportalfelder; b) patholog. vermehrt bei Virushepatitis, Tuberkulose, Ernährungsstörungen, Hämochromatose. [4]

Zerreißblutung: Blutung infolge Gefäßzerreißung; ↑Rhexis. [5]

Zerstreuung: diffuse Z. ist der Vorgang, daß ein Teil des einfallenden Sonnenlichtes von den kleinsten Teilchen der Atmosphäre regellos vom geraden Wege abgelenkt wird, ohne daß dessen Strahlenenergie in eine andere Energieform umgewandelt wird. Die Z. bildet die Grundlage für das blaue Himmelslicht u. allgemein für die Himmelsstrahlung. [13]

Zerstreuungslinsen: Minuslinsen = Negativlinsen = Konkavlinsen = optische Linsen mit konkaven sphär. oder asphär. Grenzflächen. Der bildseitige Brennpunkt liegt vor der Linse, dem Lichte zugekehrt, ist also virtuell d.h. nur in der geometr. Konstruktion zu finden. Parallel einfallende Lichtstrahlen werden so zerstreut, als kämen sie vom bildseitigen Brennpunkt her. Das Bild ist aufrecht u. immer kleiner als das Objekt. Befindet sich dieses im Linsenscheitel, so sind Objekt- u. Bildgröße einander gleich. Wandert das Objekt zwischen Unendlich u. dem Linsenscheitel, so wandert das Bild nur zwischen dem bildseitigen Brennpunkt u. dem Linsenscheitel. Wird das Objekt jedoch durch das Bild einer Sammellinse dargestellt, so kann es auch über den Scheitel hinaus nach re. wandern, u. es entsteht die sog. Telewirkung der Negativlinse. Liegt z.B. das Bild der Positivlinse zwischen Scheitel u. objektivseitigem Brennpunkt der Negativlinse, so ist das Bild durch die Negativlinse reell, aufrecht u. vergrößert u. liegt re. vom Linsenscheitel. [36]

Zertation ⟨*lat*⟩: „Spermienwettbewerb", bei dem infolge besserer Beweglichkeit die kleineren Y-Spermien die Eizelle leichter erreichen als die größeren X-Spermien. Bestimmung des Geschlechts im Augenblick der Befruchtung. [12]

Zeruloplasmin: eine Kupfer-α_2-Globulin-Verbindung, die zur Synthese des Hämoglobins erforderlich ist. Ein Mangel an kupferbildendem α_2-Globulin im Blut wird als wesentliche Ursache der hepatolentikulären Degeneration (↑Wilson' Krankheit) angegeben. [32]

Zerumen ⁎ **Cerumen** ⟨*lat*⟩ *n:* Ohrschmalz, Absonderung der Talg- u. Schmalzdrüsen des äußeren Gehörganges; Ansammlung von Z. im Gehörgang führt zur Bildung von Zeruminalpfröpfen, häufige Ursache der Schwerhörigkeit. [28]

Zeruminal|drüsen = Glandulae ceruminosae: zur Gruppe der großen Schweißdrüsen gehörige, apokrin absondernde, im Bereiche des äußeren Gehörganges liegende große Schweißdrüsen; ↑Zerumen. [2]

~pfropf: Ohrschmalzpfropf; ↑Zerumen. [28]

zervikal ⁎ **cervicalis** ⟨*lat*⟩: zum Halse (Cervix) gehörig. [1]

Zervikalganglion ↑Ganglion cervicale.

Z. des Uterus ↑Frankenhäuser' Ganglion. [1]

Zervikal|kanal ⟨*lat*⟩: Gebärmutterhalskanal; wird begrenzt nach der Scheide durch den äußeren ↑Muttermund, nach der Gebärmutterhöhle durch den inneren Muttermund. Auskleidung mit Zylinderepithel.

~schleimpfropf ↑Kristeller' Pfropf. [29]

Zervikobrachial-Syndrom: findet sich bei Spondylosen der Halswirbelsäule, Tendoperiostiden der Nackengegend, insbes. der Querfortsätze u. der Dornfortsätze, Pannikulitis der Oberarme u. zervikalen Diskushernien. Schmerzen myalg. im Nacken u. im Schulterblatt, neuralg. in den Arm ausstrahlend, häufig kombiniert mit bes. gegen Morgen zunehmendem „Ameisenlaufen" in den Fingern u. Schweregefühl der Arme; ↑Brachialgia paraesthetica nocturna, ↑Schulter-Arm-Syndrom. [13]

Zervikokephale Syndrome: Kombinationen eines zerviko-vertebralen Lokalsyndroms mit kephalen u. zerebralen Fernsymptomen; ↑ Migraine cervicale. [13]

Zervix|höhlenkarzinom: kraterförmige Veränderung des Muttermundes bei Krebs. [29]

~karzinom *n:* von der Cervix uteri, dem Gebärmutterhals, ausgehender Krebs, der häufig nicht vom Portiokarzinom, dem Muttermundkrebs, abgrenzbar ist u. deshalb mit diesem als ↑ Kollumkarzinom zusammengefaßt wird. [5]

~katarrh: Entzündung des Zylinderepithels des Gebärmutterhalskanals u. des darunterliegenden Bindegewebes, oft chron.

~konisation: konusartige Ausschneidung des Zervikalkanals als Probeexzision zur Karzinomdiagnose; von einigen Autoren bei Carcinoma in situ als ausreichende Therapie angesehen.

~plazenta ↑ Placenta praevia, die bis in den Zervikalkanal gewachsen ist. Selten!

~polyp ↑ Uteruspolyp.

~riß: meist lateral vorkommender Einriß des Muttermundes, der bis in den ↑ Isthmus uteri gehen kann u. dann größere Gefäße, Parametrien u. evtl. das Peritoneum eröffnet. Vorkommen bei Geburten, vor allem bei entbindenden Operationen, wenn fälschlich bei noch nicht vollständig eröffnetem Muttermund operiert worden ist. Auch bei brüsker Dilatation mit Dilatatoren zur Durchführung einer Kürettage. [29]

Zestoden ⟨*griech*⟩ *m, Pl:* Klasse der Plattwürmer; ↑ Bandwürmer. [58]

Zeugung ↑ Befruchtung. [29]

Zeugungs|organe: (anatom.) Geschlechtsorgane, Organa genitalia – generationis – sexualia, liegen in der Beckenhöhle u. am vorderen Teile des Beckenausganges u. sind bei beiden Geschlechtern wesentlich verschieden. Entwickeln sich aus indifferenten, für beide Geschlechter gleichartigen Anlagen, u. zwar werden die Gonaden (indifferente Keimdrüsen) an der medialen Seite der Urniere durch eine Verdickung des Zölomepithels als Genitalleiste bei 4 mm langen, 4–5 Wochen alten Keimlingen angelegt. In die Genitalleiste wandern die Urkeimzellen ein. Die Unterscheidung von Hoden- u. Ovaranlagen ist bei 13–15 mm langen, etwa 6 Wochen alten Embryonen möglich. Auch die ableitenden Geschlechtsorgane lassen sich auf indifferente Ausgangsformen zurückführen. Es leiten sich ab:
Von der Urniere: Nebenhoden u. Paradidymis bzw. Ep- u. Paroophoron. – Vom Wolff' Gang: der Ductus deferens (♂) u. der rudimentäre Gärtner' Gang (♀). Vom Müller' Gang: die Hydatide des Hodens u. Tube, Uterus, Vagina. [3]

~schwäche ↑ Impotentia coeundi oder generandi oder beides zusammen. [24]

Zickzackschnitt ↑ Wechselschnitt. [18]

Ziegelmehlsediment ↑ Sedimentum lateritium. [47]

Ziegenmilch ↑ Milch. [16]

~anämie: eine bei jüngeren Kindern durch einseitige Ziegenmilchernährung auftretende Blutarmut, die bald hyperchrom, bald hypochrom verläuft u. unter Umständen sprueartige Darmerscheinungen macht. Während bei letzterer Form bakterielle Darmstörungen vermutet werden, wird heute allgemein eine Vitaminmangeltheorie angenommen. Hefeextrakte u. Folsäure wirken geradezu spezif., bei megalozytären Anämien auch Vitamin B_{12}. [11]

Ziegenpeter ↑ Parotitis epidemica. [32]

Ziegler' Lymphknotentuberkulose ↑ Schüppel' Lymphom. [4]

Ziehen, Georg Theodor (1862–1950), Psychiater, Halle.

Z.-Oppenheim' Krankheit ↑ Dysbasia lordotica progressiva. [33]

Ziehl, Franz (1857–1926), Neurologe, Lübeck.

Z.-Neelsen' Färbung: Spezialfärbung zur Darstellung der säure- u. alkoholfesten ↑ Mykobakterien. Mykobakterien werden rot, Begleitbakterien blau angefärbt. [41]

Zieve-Syndrom: 1958 von dem amerikan. Kliniker L. Zieve beschriebenes Syndrom, das sich aus einer alkoholinduzierten Leberparenchymschädigung, Hyperlipämie, u. einer hämolyt. Anämie, oft noch kombiniert mit einer intrahepat. Cholostase, zusammensetzt. Die Pathogenese u. die Zusammenhänge dieses Krankheitsbildes sind noch nicht geklärt. [11]

Ziffernrechenmaschine ↑ Rechenautomat. [60]

Ziliarkörper ⟨*lat*⟩ ↑ Corpus ciliare. [2]

~entzündung ↑ Zyklitis. [36]

Ziliar|muskel = Müller-Brücke' Muskel: der Muskel des Corpus ciliare, der zusammen mit der Iris u. der Chorioidea die Uvea bildet. Der Z. besteht aus 2 Teilen, dem Brücke' Muskel u. dem Müller' Muskel; ↑ Akkommodation. [36]

~nerven = Nn. ciliares: die 3–6 Nn. ciliares breves ziehen vom Ganglion ciliare zum hinteren Pol des Augapfels, durchsetzen die Sklera u. ziehen zum Corpus ciliare, versorgen die Processus ciliares, den Akkommodationsmuskel, die Regenbogenhaut u. die Hornhaut u. führen sensible, sympath. u. parasympath. Fasern. Die beiden Nn. ciliares longi sind zwei dünne Nervenfäden, die vom N. nasociliaris zum hinteren Pol des Augapfels ziehen. [1]

~neuralgie: Neuralgie, die auf eine Reizung

oder Schädigung des Ganglion ciliare zurückgeführt wird.

~staphylom ↑ Staphylom. [36]

Ziliaten ⟨*lat*⟩ *n, Pl:* zu den ↑ Protozoen gehörende Tierklasse mit Zilien (Wimpern), meist freilebend, parasitisch; z. B. Balantidium coli, im Dickdarm des Schweines, auch im Menschen (Darmkatarrh). Viele Arten für die Beurteilung von Abwässern wichtig; ↑ Aufgußtierchen. [58]

Zilien ⟨*lat*⟩ *f, Pl:* bis zu 8 μm lange, 0,3 μm dicke Zellfortsätze mit Längsfilamenten im Inneren. In der Peripherie liegen 9 Doppelfilamente, im Zentrum 2 einzelne. Die peripheren Filamente entspringen aus dem ↑ Basalkörper, der im apikalen Zytoplasma liegt. Die kontraktilen Filamente bewirken den Zilienschlag, der durch den Basalkörper kontrolliert wird. [6]

Zimmerklima: ausgezeichnet durch am Boden niedrigere, an der Decke höhere Temperatur. Ausbildung einer Zirkulation der von Öfen u. Heizkörpern abgestrahlten Warmluft. Bei Fußbodenheizung überaus gleichmäßige Temperatur. Z. ist stets ein ausgesprochenes Schonklima. Die Luftbewegung im Z. äußert sich leicht als Zugluft. Die relative Feuchte ist im Z. im allgemeinen niedrig. Lüften unterbricht die gleichmäßigen Faktoren des Z. [13]

Zimt|aldehyd: ungesättigter Aldehyd von der Formel

$$C_6H_5CH{=}CH \cdot C\begin{matrix} \diagup O \\ \diagdown H \end{matrix} ;$$

prakt. wichtiger Riech- u. Gewürzstoff; wertgebender Stoff vieler äther. Öle, wie Zimtöl, Kassiaöl, Patschuliöl; findet sich im Gewürz Zimt; Zimtöl besteht zu 70% aus dem Aldehyd. [16]

~öl ↑ Oleum cinnamomi.

~rinden: Cortex Cinnamomi chinensis, chines. Zimt; Cortex Cinnamomi ceylonici, Ceylonzimt. Anwendung: Geruchs- u. Geschmackskorrigens. [44]

Zingiber officinale: Ingwer, in trop. Ländern kultivierte Gewürzpflanze; ↑ Rhizoma zingiberis. [44]

Zingulektomie ⟨*lat, griech*⟩ *f:* Operationsmethode zur Behandlung der Epilepsie. Entfernung des Gyrus cinguli des Gyrus fornicatus. [20]

Zink: chem. Symbol Zn; Schwermetall; 2wertig; amphoter; lebensnotwendiges Spurenelement für alle Lebewesen; es ist ein Bestandteil der Carboanhydrase, Carboxypeptidase, Alkohol-Dehydrogenase, Phosphoglycerinaldehyd-Dehydrogenase. Der Gehalt im erwachsenen Menschen beträgt etwa 5 g, die notwendige Tageszufuhr 10 bis 15 mg. Mangelerscheinungen führen zu Wachstumsstörungen u. Haarausfall. Das künstliche Radionuklid $^{65}_{30}Zn$ ist ein β- u. γ-Strahler mit 0,32 bzw. 1,1 MeV; Halbwertszeit 250 d, ↑ Spurenelemente. Z.-Salze u. -präparate finden vielfache Anwendung. [8]

~fieber: allerg. Reaktion bei Einwirkung von Zinkdämpfen; ↑ Metalldampffieber. [49]

~insulin ↑ Protamin-Zink-Insulin. [44]

~leim: wasserlösliche, in warmem Zustand weiche Masse, die bei Erkalten fest, aber nicht hart wird. Zusammensetzung: Zinkoxid 100,0, Gelatine 200,0, Glyzerin 400,0, Aqua 300,0. Wird bei Blutstauungen u. wassersüchtigen Schwellungen an den Weichteilen von Unter- u. Oberschenkel als der Schwellung entgegenwirkender Verband verwendet. [18]

Zinksulfattest: da Schwermetalle Globuline leichter ausflocken als Albumine u. von Globulinen stärker die grobdisperseren, kann durch Zusatz von Zinksulfat eine Globulinzunahme, ähnlich wie beim ↑ Kadmiumsulfattest erkannt werden. Quantitative Messungen der hierbei entstehenden Trübungen können den nur orientierenden Charakter des Testes kaum verbessern. [47]

Zinkverbindungen: z. B. Zinksalze wie Zinkchlorid, -sulfat, -stearat haben keine spezif. Systemwirkung. Anwendung vorwiegend als Adstringenzien, leichte Antiseptika u. bei Diplokokken-Konjunktivitis als Lösung, Puder u. Salben. Zinkoxid wirkt adstringierend u. antisept. durch Bildung von löslichen Zinkverbindungen mit den Wundsekreten. [44]

Zinn: chem. Symbol Sn (Stannum), Schwermetall; amphoter; früher Gebrauchsmetall für Teller u. Krüge; heute hauptsächlich für Weißblech (verzinntes Eisenblech für Konservendosen). Verbreitetes Element, das oft in Pflanzen u. Tieren gefunden ist, biolog. Bedeutung bisher nicht bekannt. Das ^{113}Sn ist ein γ-Strahler mit 0,39 MeV u. Halbwertszeit von 118 d. [8]

Zinn, Johann Gottfried (1727–1759), Anatom, Arzt u. Botaniker, Göttingen.

Z' Gefäßkranz: Circulus arteriosus n. optici; aus der A. ophthalmica treten 2 Hauptäste an den Bulbus heran, einer temporal u. einer nasal vom Sehnerven, die sich in mehrere Äste aufteilen. Die am weitesten nasal u. temporal verlaufenden Äste bilden die hinteren langen Ziliararterien (Aa. cil. post. long.). Zwischen diesen beiden Gefäßen u. dem Sehnerven treten die hinteren kurzen Ziliararterien (Aa. cil. post. brev.) an den Bulbus heran; es sind 6–10 oder auch bis zu 20 u. mehr. Die hinteren kurzen Arterien, die dem Sehnerven am nächsten liegen, bilden den Z' Gefäßkranz. Aus ihm ziehen einmal Äste zur Aderhaut, zum anderen werden von hier die zilioretinalen Arterien abgegeben.

Z' Zone ↑Zonula ciliaris (Zinni). [36]

Zinnkrautbad ↑Kräuterbäder. [45]

Zinnober: Hydrargyrum sulfuratum rubrum = rotes Quecksilbersulfid. Seine therapeut. Wirkung ist wegen seiner geringen Löslichkeit unbedeutend. Anwendung als Salbenbestandteil (Zinkzinnoberschwefelpaste) in der Dermatologie. [44]

Zipperlein: volkstümliche Bezeichnung für ↑Podagra. [9]

Zirbel, Zirbeldrüse = Epiphyse: zapfenförmige, zum Zwischenhirn gehörige innersekretor. Drüse, bei deren Ausfall vorzeitige Geschlechtsreife eintritt. [1]

Zirbeldrüsentumor ↑Pinealom. [25]

Zirkelschnitt: kreisförmiger Weichteilschnitt zur Amputation von Gliedmaßen. Hat heute nur noch bei Notoperationen, z. B. unter Kriegsverhältnissen, im Zustand schwerer Infektionen wie Sepsis oder Gasbrand seine Berechtigung, da sich der Weichteilmantel zurückzieht u. der Weichteilstumpf später nachoperiert werden muß. Zirkelschnitte mit prim. Naht ergeben ungünstige Stumpfverhältnisse, da die Narbe in die Mitte der Stumpffläche zu liegen kommt. [18]

Zirkeltour: Kreistour einer Binde; Anfang u. Schluß der meisten Bindenverbände. [18]

Zirkulationsstörungen ↑Kreislaufregulationsstörungen. [10]

Zirkumduktion ⟨*lat*⟩: kreisende Bewegungsform in einem Gelenk, z. B. Armrollen oder -kreisen im Schultergelenk. Auch bogenförmiges Herumführen der Fußspitze bei spast. Lähmung der unteren Extremität, charakterist. für den Gang bei ↑Hemiplegie. [33]

zirkumskript ⟨*lat*⟩: umschrieben, eng begrenzt. [4]

Zirkumzision ⋇ **Circumcisio** ⟨*lat*⟩: 1. Umschneidung, z. B. eines Unterschenkelgeschwüres; 2. ↑Beschneidung. [18]

Zirrhose ⋇ **Cirrhosis** ⟨*griech*⟩ *f:* ursprünglich von Laennec zur Kennzeichnung von verfettetem u. daher gelb (kirros ⟨*griech*⟩ = gelb) gefärbtem Restparenchym in geschrumpften Lebern eingeführte Bezeichnung. Unter Wandlung des Begriffes eingebürgert als Bezeichnung für narbige Leberschrumpfungen, ↑Leberzirrhose; heute benutzt auch zur Kennzeichnung narbiger Schrumpfungen anderer Organe, z. B. ↑Lungenzirrhose, ↑Pankreaszirrhose. [5]

Zisterne ⟨*lat*⟩ ↑Cisterna. [1]

Zisternen ⟨*lat*⟩ *f, Pl:* mäßige Erweiterung des Spaltraumes zwischen den beiden Membranen des endoplasmat. ↑Retikulums unter funktionellen oder patholog. Bedingungen; auch im Bereich der Kernmembranen als „perinukleäre Zisterne". [6]

Zisternen|hernie: Vorwölbung des Hirns in die Cisterna ambiens bei raumfordernden intrakraniellen Prozessen; ↑Druckkonus. [20]

~punktion ↑Subokzipitalpunktion. [33]

~ring: ringförmig um das Mittelhirn verlaufende Zisternen (Cisterna ambiens, C. foveae interpeduncularis, C. quadrigeminalis, C. venae cerebri magnae). [20]

Zisternographie ⟨*lat, griech*⟩ *f:* spez. Methode der ↑Enzephalographie zur Luftfüllung der basalen Zisternen. [20]

Zitratblut: durch Natriumzitrat ungerinnbar gemachtes Blut. Auch in den verschiedenen Stabilisatoren (ACD-Stabilisatoren) gleichartiges gerinnungshemmendes Prinzip. Zur ↑Blutsenkungsreaktion (BSR) kommt 3,8%ige Natriumzitratlösung im Verhältnis 0,4 ml auf 2,0 ml Blut zur Anwendung. [11]

Zitratsynthase: (EC 4.1.3.7) Syn. condensing enzyme, katalysiert die Kondensation von Oxalazetat u. Azetyl-Coenzym A zum Zitrat. [8]

Zitretten: Zitronensäure in Tablettenform zur Herstellung der Zitronenmilch. [32]

Zitrin: ein von Szent-Györgyi aus Paprika isoliertes Gemisch von 2 Flavonglykosiden, dem Hesperidin u. dem Eriodiktoylglykosid; besitzt kapillarverdichtende Eigenschaften; früher als ein Vertreter der heute wohl obsoleten Vitamin-P-Gruppe bezeichnet. [16]

Zitromyzeten ⟨*lat, griech*⟩ *m, Pl:* Schimmelpilze, die Kohlenhydrate (Traubenzucker, Malzzucker u. Dextrine) bis zu 50% in Zitronensäure umzuwandeln vermögen. [8]

Zitronen|milch: mit Zitronensäure angesäuerte Milch; dient in der Säuglingsernährung zur Verbesserung der Gerinnung des Milcheiweißes u. vermindert gleichzeitig den ungünstigen Einfluß des hohen Mineralstoffgehaltes der Kuhmilch auf die Verdauung im Magen. [32]

~öl ↑Oleum citri. [44]

Zitronensäure: 2-Hydroxy-1,2,3-propantrikarbonsäure, $HOOC{\cdot}CH_2{\cdot}C(OH){\cdot}(COOH){\cdot}CH_2{\cdot}COOH$, eine der verbreitetsten Pflanzensäuren; Gewinnung aus unreifen Zitronen und auch enzymatisch aus Kohlenhydraten durch die Schimmelpilze Zitromyzeten u. a.; sie stammt überwiegend aus dem endogenen Stoffwechsel. Mit der Nahrung aufgenommene Z. wird abgebaut; die tägliche Ausscheidung im Harn schwankt zwischen 0,2 u. 1,0 g; durch Alkalizufuhr wird sie erhöht. Bei Störungen des Säuren-Basen-Gleichgewichts, die mit einer Azidose einhergehen, kann die Z. im Harn völlig fehlen. Die Z. ist ein regelmäßiger Bestandteil vieler Gewebe im Körper. Ihr Betrag nimmt bei Steigerung der Verbrennungsvorgänge deutlich zu. Im Zitratzyklus entsteht Z. aus der aktiven Essigsäure des Azetyl-Coenzyms A mit Oxalazetat. [8]

~zyklus = Krebs-Zyklus: eine im Organismus unter enzymat. Steuerung ablaufende Folge von Reaktionen, in die die Prozesse des Protein-, Fett- u. Kohlenhydratstoffwechsels einmünden. Prim. wird aus ↑Azetyl-Coenzym A der Azetylrest mit Oxalessigsäure zu Zitronensäure kondensiert, die im weiteren Umsatz über zahlreiche Zwischenprodukte umgesetzt wird, welche letztere einmal als Bausteine zur Biosynthese vieler körpereigener Stoffe herangezogen werden, die zum anderen dem weiteren Abbau unter Energiegewinn anheimfallen; als Endprodukt verbleibt Oxalessigsäure, die mit Azetyl-Coenzym A erneut zu Zitronensäure kondensiert wird, so daß der Zyklus wieder beginnen kann. [16]

Zitrullin: α-Amino-δ-Karbamidovaleriansäure (Ureidovaleriansäure) von der Formel $H_2N{\cdot}CO{\cdot}NH(CH_2)_3{\cdot}CH(NH_2){\cdot}COOH$, ist wichtiges Intermediärprodukt bei der Harnstoffbildung im Körper; Z., in der Leber nachweisbar, ist kein normaler Eiweißbaustein. [16]

Zitterfeld bei Nystagmus: der Teil des Blickfeldes, in dem Nystagmus besteht. [36]

Zitterlähmung ↑Paralysis agitans. [33]

Zittern ↑Tremor.

Z., fibrilläres ↑fibrillieren. [33]

Zivilisationsseuchen, akute (de Rudder): sind übertragbare Krankheiten mit akutem Verlauf, die überwiegend durch Tröpfcheninfektion übertragen werden u. bei hoher Wohn- u. Bevölkerungsdichte vor allem das Kindesalter befallen; z. B. Diphtherie, Masern, Scharlach u. Keuchhusten. [40]

Z-Linie: im elektronenmikroskop. Bild darstellbare, quer zur Längsrichtung der Myofibrillen der Skelettmuskelfaser gelegene dunkle Zone, welche die helle Isotopiesubstanz (I-Stoffen) in zwei Hälften teilt. Die zwischen zwei Z-Linien liegende Struktur wird als ↑Sarkomer bezeichnet. [6]

Zn: chem. Symbol für ↑Zink. [8]

ZNS: *Abk* für ↑Zentralnervensystem. [7]

Zoanthropie ⟨*griech*⟩ ↑Zooanthropie. [34]

Zöko|pexie ⟨*lat, griech*⟩ *f:* operative Fixierung der Wand des ↑Zökums mittels Naht an der hinteren Bauchwand zur Behebung von abnormer Beweglichkeit dieses Darmteils.

~plikation: heute nicht mehr übliche operative Darmwandraffung bei krankhafter Erweiterung des ↑Zökums.

~rrhaphie ↑Zökoplikation.

~stomie: operative Anlage einer Darmfistel durch Vernähung des ↑Zökums an die Bauchwand zur Darmentlastung von Gasen u. Darminhalt bei Darmverschluß oder bei frischer Dickdarmnaht; ↑Ileus.

~tomie: operative Schnitteröffnung des ↑Zökums. [18]

Zökum ✱ **Coecum** = **Caecum** ⟨*lat*⟩ ↑Blinddarm. [1]

Zöliakie ⟨*griech*⟩: Heubner-Herter' Krankheit, intestinaler Infantilismus (beschrieben von Sam. Gee, 1888; Herter, 1908; Heubner, 1909). Schwere chron., der endem. ↑Sprue in den Symptomen ähnelnde Verdauungsinsuffizienz des Kleinkindesalters, die wahrscheinlich infolge einer Unverträglichkeit (Allergie?) vor allem in Weizen, Roggen u. Hafer vorkommender ↑Kleberproteine (spez. ↑Gliadine) entsteht u. seit Einführung der modernen Therapie mit glutenfreier Ernährung selten ins Alter der Schulkinder u. Jugendlichen hineinreicht. Symptome: chron. Durchfälle mit voluminösen weißlichglänzenden, übelriechenden Stühlen, großer Bauch, schwere allgemeine Dystrophie oder Atrophie, Muskelhypotonie, Hydrolabilität, Stimmungslabilität, Minderwuchs, sek. Anämie, u. a. [32]

Zollinger, Robert, M., zeitgen. amerikan. Arzt.

Z.-Ellison-Syndrom: nichtinsulinproduzierender Inselzelltumor des Pankreas in Verbindung mit rezidivierenden Ulzera des Magen-Darm-Traktes u. exzessiver Sekretion hochaziden Magensaftes. Vermutlich bildet der Inselzelltumor einen die Magensaftsekretion fördernden u. die Geschwürsentstehung begünstigenden spezif. Stoff. [5]

Zona ⟨*griech*⟩ *f:* umschriebener Bezirk, auch Gürtel; ↑Zoster. [1]

Z. compacta: die oberste schmale Zone der Sekretionsphase des Endometriums. Wegen der dichten Lagerung großleibiger Stromazellen so genannt. [30]

Z. fasciculata: größter Abschnitt der Nebennierenrinde, bestehend aus radiär zum Nebennierenmark angeordneten Epithelsträngen u. dazwischenliegenden Kapillaren. Die epithelialen Zellen der Z. fasciculata enthalten Cholesterin u. Cholesterinester. In den üblichen histolog. Schnitten sind die Lipide meist herausgelöst, weshalb das Zytoplasma der Zellen vakuoläre Strukturen aufweist. [2]

Z. fusca der Nebennieren ↑Zona pigmentosa. [4]

Z. glomerulosa: äußerste Schicht der Nebennierenrinde, bestehend aus unterschiedlich gestalteten epitheloiden Zellknäulen. Die Glomerulosazellen sind durch einen chromatinreichen Kern u. zarte Protoplasmagranulierung ausgezeichnet. [2]

Z. haemorrhoidalis: Gebiet der Schleimhaut des Analkanals in Höhe der in den ↑Columnae anales gelegenen Venenkränzen (Plexus venosus rectalis) zur Verstärkung des muskulösen Verschlusses.

Z. intermedia = Pars intermedia: Zwischenzone oder Zwischenlappen der Hypophyse.

Z. orbicularis: verstärkende Ringfaserzüge in der Kapsel des Hüftgelenks. [1]

Z. pellucida: stark lichtbrechende Membran zwischen der Oberfläche der ↑Eizelle u. der ↑Corona radiata. [2]

Z. pigmentosa der Nebenniere: die durch Ablagerung von Abnutzungspigment braun gefärbte ↑Zona reticularis. [4]

Z. reticularis: an der Grenze zur Marksubstanz gelegene Schicht der Nebennierenrinde, deren epitheloide, netzartig angeordnete Zellen durch Anwesenheit von Pigmentkörnchen (Lipofuszin) ausgezeichnet sind.

Z. spongiosa = Substantia spongiosa: schmale, lockere Schicht aus Gliazellen, die dorsal von der Substantia gelatinosa dorsalis im Rückenmark liegt.

Z. terminalis: schmaler Bezirk weißer Substanz in Verlängerung der Hintersäule des Rückenmarks, bestehend aus feinsten markhaltigen Nervenfasern. [2]

zonal ⚹ **zonalis** ⟨*griech*⟩: gürtelförmig. [1]

Zonästhesie ⟨*griech*⟩: Gürtelgefühl. [9]

Zondek, Bernhard (*1891), Gynäkologe, Jerusalem. Bekannt durch die von ihm u. Aschheim ausgearbeitete biolog. Probe zur Frühdiagnose einer Schwangerschaft; ↑Schwangerschaftsreaktion. [29]

Zone X: Zellschicht zwischen Nebennierenrinde u. Marksubstanz, die in enger Beziehung zur Produktion von androgenen Wirkstoffen steht, deshalb auch androgene Zone genannt, ist bes. beim Embryo stark entwickelt. Durch Kastration männlicher Mäuse bleibt die sonst nach 5 bis 6 Wochen verschwindende X-Zone erhalten. [12]

Zonen, erogene: Abschnitte des Körpers mit gesteigerter Empfindlichkeit für die Erregung von Wollustgefühlen, die Geschlechtsorgane u. die Körperoberfläche in ihrer unmittelbaren Nachbarschaft, daneben vor allem die Eingangs- u. Ausgangspforten des Verdauungssystems u. ein Teil der sek. Geschlechtsorgane, z. B. die Brustwarzen. [35]

Z., perinukleäre: um den Zellkern herumliegende klare, nicht blaufärbbare Schicht, charakterist. für Lymphozyten. [11]

Zonenphänomen ⟨*griech*⟩ *n* ↑Prozonaphänomen. [41]

Zonula ⟨*griech, latinis*⟩ *f:* kleiner Bezirk, kleiner Gürtel. [1]

Z. ciliaris (Zinni): Aufhängeapparat der Linse, der aus vielen feinen Fasern besteht, die den Äquator mit den Ziliarfortsätzen verbinden. [36]

Z. adhaerens: Bestandteil des ↑Schlußleistenkomplexes. [6]

Z. occludens: Bestandteil des ↑Schlußleistenkomplexes. [6]

Z. styloidea (radii): der stumpf-pyramidale Fortsatz an der Daumenseite des unteren (distalen) Endes der Speiche. [1]

Zooanthropie ⟨*griech*⟩ *f:* Wahn, in ein Tier verwandelt zu sein. [34]

Zooanthroponose ⟨*griech*⟩: auf den Menschen übertragbare Tierkrankheit. [38]

Zoochorie ⟨*griech*⟩ *f:* Verbreitung von Bakterien, Sporen, Samen, Tieren usw. durch Tiere. [42]

Zooerastie ⟨*griech*⟩ *f* ↑Zoophilia erotica. [52]

Zoogloea ⟨*griech*⟩ *f:* 1. Schleimige Interzellularsubstanz, die von Mukosus- oder Schleimbakterien durch die Zellmembran ausgeschieden wird u. die Bakterien in einer zusammenfließenden, gallertartigen Hülle umschließt. 2. Gattung der Familie Pseudomonadaceae der Ordnung Pseudomonales, Bergey, 1957. Sehr kleine, in eine gallertartige transparente Masse eingelagerte Stäbchenbakterien. Species: Z. ramigera u. Z. filipendula. Vorkommen in Wässern mit pflanzlichen Abbauprodukten. [41]

Zoologie, medizinische: Grenzgebiet der Zoologie, das sich hauptsächlich mit den Beziehungen der Tiere zur menschlichen Gesundheit beschäftigt, so z. B. als Gifttiere (Giftschlangen) oder Seuchenreservoire (Naturherdlehre u. Keimverbreiter) (Möwen als Salmonellenverbreiter!). Die eigentliche Parasitologie wird heute meist der medizin. Zoologie zur Seite gestellt (medizin. Entomologie). [50]

Zoophilia erotica ⟨*griech*⟩ *f:* Zooerastie, geschlechtliche Zuneigung zu Tieren; Perversität. [52]

Zoospermie ⟨*griech*⟩ *f:* Anwesenheit von lebendigen Samenfäden im ↑Ejakulat. [24]

Zoosporen ⟨*griech*⟩ ↑Sporen. [42]

Zoosterine ⟨*griech*⟩: ↑Sterine, die als metabol. Produkte im tier. u. menschlichen Körper vorkommen; hierher gehören: Cholesterin, Isocholesterin, Dihydrocholesterin, Dehydrocholesterin, Koprosterin. [16]

Zootomie ⟨*griech*⟩ *f:* Anatomie der Tiere, Tierzergliederung. [58]

Zootoxine ⟨*griech*⟩: Sammelbegriff für tier. Gifte von verschiedener chem. Art; von gewissen Tieren unter normalen Bedingungen regelmäßig gebildet; starke pharmakolog. Wirksamkeit; Schlangen-, Skorpion-, Bienen-, Spinnen-, Krötengifte u. a. Verwendung in der Therapie. [58]

Zootrophotoxismus ⟨*griech*⟩: Vergiftung

durch Nahrungsmittel tier. Herkunft. [16]

Zoster ⟨*griech*⟩ *m* = Herpes zoster: Gürtelrose; durch ↑Varizellen-Zoster-Viren verursachtes Lokalrezidiv nach unvollständiger Windpockenimmunität. Unter neuralg. Schmerzen streng halbseitig auftretende Bläschengruppen im Verlaufe eines Hautnerven u. dessen Ästen infolge Entzündung eines Ganglions. Narben, Pigmentierungen u. Neuralgien können zurückbleiben.

Z. bullosus: Auftreten mit sehr großen Blasen. [43]

Z. ophthalmicus: im Bereich des N. trigeminus I; es können auch die Hornhaut u. Iris ergriffen werden. Intraokulare Komplikationen: Sekundärglaukom, Iritis, Phthisis bulbi. [36]

Z. gangraenosus: bes. schwere Verlaufsform des Z. mit nekrot. Veränderungen am Blasengrund u. tiefgreifenden Ulzera. Abheilung mit Narbenbildung.

Z. generalisatus: über den ganzen Körper verstreute Bläschen.

Z. haemorrhagicus: Austritt von Blut in den Blaseninhalt. [43]

Zoster|neuralgie: nach überstandenem Zoster im befallenen Segment auftretende hartnäckige Neuralgien. [33]

~virus: ↑Varizellen-Zoster-Virus. [41]

Zotten: fingerförmige Gewebsausstülpungen, die zur Vergrößerung der Oberfläche beitragen. Es gibt im wesentlichen zwei Arten von Zotten: 1. die Chorionzotten; sie wachsen in Richtung zu den Gefäßräumen der Decidua basalis u. stellen einen wesentlichen Bestandteil der menschlichen ↑Plazenta dar; 2. Zotten der Darmschleimhaut, ↑Villi intestinales. [2]

~gelenk: Wucherung u. Vergrößerung der Synovialzotten eines arthrot. erkrankten Gelenkes. [23]

~geschwulst ↑Papillom.

~haut ↑Chorion. [29]

~herz ↑Cor villosum. [10]

~krebs: papillomatöser, blumenkohlartiger Krebs an Hohlorganen, Portio. [25]

~motorik: rhythm. Verlängerungen u. Verkürzungen der Zotten der Darmschleimhaut, die der Förderung der mit resorbierten Nährstoffen angereichterten Lymphflüssigkeit dienen. [7]

Zsigmondy' Filter: aus einer Membran von Zellulose oder Nitrozellulose bestehender bakteriendichter ↑Filter. [42]

Zucker: ↑Kohlenhydrate. Mit Z. meint man allgemein nur den Rohr- oder Rübenzucker, in der Lebensmittelkunde alle süßschmeckenden u. direkt oder indirekt vergärbaren Kohlenhydrate wie Traubenzucker, Fruchtzucker, Milchzucker, Rohrzucker, Malzzucker usw. Chem. sind sie Karbonyl- oder Oxoverbindungen mehrwertiger, mindestens 3wertiger aliphat. Alkohole. Der süßeste Z. ist die D-Fruktose. [8]

~ausscheidung im Harn ↑Glukosurie. [14]

Zuckerbäckerkaries ↑Säurenekrose, ↑Zahnschäden. [49]

Zuckerguß|darm: durch chron. entzündliche Vorgänge herbeigeführte zuckergußartige Auflagerung auf Darmschlingen u. Bauchfell. [18]

~leber: zuckergußartige grau-weiße Verdickung u. Verfärbung der Leberkapsel als Ausdruck einer chron. bzw. abgelaufenen Perihepatitis mit Hyalinisierung des Bindegewebes.

~milz: zuckergußartige grau-weiße Verdickung u. Verfärbung der Milzkapsel als Ausdruck einer chron. bzw. abgelaufenen Entzündung mit Hyalinisierung des Bindegewebes. [5]

Zuckerharnruhr ↑Diabetes mellitus. [14]

Zuckerhaushalt: das Blut des Erwachsenen enthält weitgehend konstant etwa 3–4 g Glukose (60–80 mg% im Nüchternblut), obwohl mit der Nahrung stoßweise täglich 300–500 g Kohlenhydrate zugeführt werden. Diese Konstanz wird dadurch gewährleistet, daß ein beständiges Wechselspiel regulator. durch Hormone zwischen einer polymeren Form als Glykogen mit der monomeren Transport- u. Substratform als Glukose u. deren Auf- u. Abbau erfolgt. In der Leber finden sich etwa 150–200 g Glykogen, in der Muskulatur etwa 200–225 g, im Blut u. in der gesamten interstitiellen Flüssigkeit 15–20 g Glukose. Da der Glykogenvorrat energet. kaum für 1 Tag ausreicht, muß im Hunger eine dauernde Glukoneogenese aus den glukoplast. ↑Aminosäuren u. den Fetten stattfinden. An der Regulation des Z. sind die folgenden Hormone beteiligt, bei denen vielfach nicht nur antagonist., sondern auch je nach Organ synergist. Beziehungen bestehen. Beteiligt sind Insulin, Adrenalin, Glukagon, Kortikoide u. Hypophysenvorderlappen. 1. Insulin ist das einzige Hormon, das eine Blutzuckersenkung bewirkt; hemmt in der Leber die Glykogenolyse u. die Neubildung des Glykogens; hemmt den Fettsäureabbau u. steigert die Fettsäuresynthese, hemmt den Aminosäurestoffwechsel. Im Muskel erhöht Insulin die Glukoseaufnahme, die Glukoseoxydation u. Glykogenbildung; 2. Adrenalin erhöht in Leber u. Muskulatur die Glykogenolyse, wobei in der Leber mehr Glukose abgegeben wird (Erhöhung des Blutzuckerspiegels), in der Muskulatur Erhöhung der Glukoseverwertung durch Atmung u. Glykolyse. Adrenalin spielt keine wesentliche Rolle beim Diabetes mellitus; 3. Glukagon wirkt wie Adrenalin, aber nur auf Leber, nicht auf die Peripherie; 4. Kortikoide, Antagonisten zum Insulin, steigern in der Leber die Glukoneogenese aus Aminosäuren, wirken eiweißkatabol., erhöhen also den Gehalt an Leberglykogen; in der Muskulatur wird die Verwertung der Glukose herabgesetzt, so daß Kortikoidgaben einen Diabetes herbeiführen können; 5. Der HVL wirkt indirekt durch das adrenokortikotrope Hormon (ACTH) durch Ausschüttung der Kortikoide, direkt durch das somatotrophe Hormon (STH); das STH fördert den Fettabbau, spart Kohlenhydrate u. Aminosäuren ein, so daß ein Diabetes entstehen u. das Pankreas an Insulin verarmen kann. Jede Erhöhung des Blutzuckerspiegels durch Glukosezufuhr, Adrenalin oder Glukagon führt zu einer gegenregulator. Insulinausschüttung. Ein Ausfall der Insulinfunktion führt zur Hyperglykämie, der des HVL oder der Nebennieren zur Hypoglykämie; die gleichzeitige Ausschaltung von Inselapparat u. HVL (oder auch der Nebennieren) bedingt eine labile Normallage des Blutzuckers, die durch die jetzt vorliegende Störung der Glukoneogenese u. der Glukoseverwertung zustande kommt. [8]

Zuckerkandl, Richard (1849–1910), Anatom, Wien.

Z' Organ: chromaffines, um den Ursprung der A. mesenterica inferior gelegenes, bes. beim Keimling u. Kleinkind gut entwickeltes ↑Paraganglion. [2]

Zuckerkrankheit ↑Diabetes mellitus. [14]

Zuckermangelkrankheit: ein Krankheitsbild sui generis, das sich bei echten Adenomen der Langerhann' Inseln (Wilder) oder auch bei Hypertrophien des Inselapparates im Pankreas einstellt. Geht mit Hypoglykämie bzw. hypoglykäm. Anfällen, epileptiformen Krämpfen u. Lähmungserscheinungen einher. Für schwere Formen schlägt Katsch die Bezeichnung „perniziöser Insulinismus“ vor. Operative Entfernung der Adenome bzw. Tumoren der Inselzellen kann Heilung herbeiführen. Bei der Z. im weiteren Sinne berührt die Hypoglykämie auf einer Störung der Regulation u. Gegenregulation der Insulinproduktion (Morbus Addison), HVL-Insuffizienz, zerebrale Affektionen, Hirnschußverletzungen u. a. Prognose richtet sich nach dem Grundleiden. [12]

Zuckernährböden: wird als Nachweis der Vergärung bestimmter Kohlenhydrate durch Bakterien verwandt (Säure- u. Gasbildung).

Zucker|proben: im Blut ↑Hagedorn-Jensen, ↑Crecelius-Seifert; enzymat. Bestimmungen u. a. im Urin ↑Reduktionsproben, ↑Polarimeter. [47]

~rohrfieber: eine ↑Leptospirose. [40]

~säure: Dikarbonsäuren, die durch beiderseitig endständige Oxydation aus ↑Aldosen entstehen, Glukodikarbonsäure, Galaktodikarbonsäure (Schleimsäure). [16]

~schwelle: höchste Blutzuckerkonzentration, bei der es noch zu keiner Ausscheidung mit dem Harn kommt. Sie liegt bei 150 mg% u. wird durch das tubuläre Transportmaximum für Glukose von 350 mg/min bedingt. [8]

~spiegel ↑Blutzucker. [16]

~stich = piqûre ⟨*frz*⟩ (Claude Bernard, 1855): Einstich in den Boden des vierten Gehirnventrikels verursacht einen vermehrten Abbau des Glykogens u. eine vermehrte Zuckerausschüttung durch die Leber. Der Blutzuckerspiegel steigt bis auf 700 mg% an. Dieser Hyperglykämie folgt eine Glukosurie. Claude Bernard nahm an, daß auf diese Weise er ein Zuckerzentrum im verlängerten Mark entdeckt habe. Es handelt sich aber um eine Reizung von Nervenbahnen, die, wie sich neuerdings gezeigt hat, vom Zwischenhirn bzw. dem Höhlengrau des dritten Gehirnventrikels stammen u. von dort zum Rückenmark nach abwärts ziehen. Die Wirkung des Z. kommt vorzugsweise durch die Verstärkung der Adrenalinausschüttung aus dem Nebennierenmark zustande. [7]

Zuckmücken: Chironomidae; Familie der Mücken, ohne Stechrüssel, sonst habituell an Stechmücken erinnernd. Larven in Hallenbädern durch Massenentwicklung lästig, zeigen Wasserverunreinigung an; stören durch Gespinste, die die Schlammpartikel festlegen, zuweilen die Wirksamkeit von Kläranlagen. [58]

Zuckungen, faszikuläre ↑faszikulieren.

Z., fibrilläre ↑fibrillieren. [33]

Zuckungs|formel ↑Pflüger' Zuckungsgesetz.

~gesetz der Elektrotherapeuten: Anwendung des galvan. Stromes zur Prüfung der Leistungsfähigkeit von Nerven bzw. Muskeln in situ. Es ist zu berücksichtigen, daß die physik. Elektroden der Oberfläche der Haut anliegen, während die maßgeblichen physiolog. Elektroden in der Tiefe gelagert sind. Die kleinflächige Elektrode wird jeweils dem irritablen Gewebe, die großflächige der Brust aufgesetzt. Ist die kleinflächige Elektrode die Katode, so spricht man von absteigendem, ist sie die Anode, so spricht man von aufsteigendem Strom. Entscheidend ist dann die Stromdichte u. die Stromschwankung. Bei der Schließung u. Öffnung des aufsteigenden Stromes kommt es zu einer schwachen Zuckung, während bei der Schließung des absteigenden Stromes die Zuckung erheblich verstärkt ist. Diese steigert sich bei der Schließung des absteigenden starken Stromes zu einem Tetanus. Bei der Öffnung des absteigenden Stromes, wobei Stromdichte u. Stromschwankung ungünstig sind, gibt es nur eine schwache Zuckung. Es läßt sich also das Zuckungsgesetz der Elektrotherapeuten mit dem ↑Pflüger' Zuckungsgesetz völlig in Einklang bringen.

~kurve: Aufzeichnungen einer einzelnen Kontraktion des isolierten Muskels mit Hilfe einer Hebelmechanik oder nach Wandlung des mechan. Vorganges in einen elektr. auf Registriermaterial, z.B. Registrierpapierstreifen oder Rußtrommel; ↑Kymographion. [7]

Zuelzer' Gabelklemme: Metallkralle, die das Olekranon-Fragmentende umgreift u. mit dem Klammerende an den Ellenschaft angeschraubt wird. Hierdurch werden die Fragmente nach Reposition unverrückbar aneinander fixiert. Die Gabelklemme findet auch erfolgreiche Verwendung beim medialen Knöchelbruch, wenn das Knöchelfragment nicht unblutig in regelrechter Stellung gehalten werden kann. [18]

Zuelzer-Kaplan-Syndrom I + II: von zeitgen. amerikan. Autoren beschriebene Erkrankungen: I. familiäre, nicht sphärozytäre hämolyt. ↑Anämie mit Hepatosplenomegalie, Knochenveränderungen, normaler osmot. Resistenz u. stark verkürzter Lebensdauer der wahrscheinlich durch einen angeborenen intrakorpuskulären Defekt geschädigten Erythrozyten. II. = hemoglobin C-thalassemia disease; chron. mikrozytär-hypochrome ↑Anämie, bes. in Afrika beobachtet, die durch Koppelung der von den Eltern vererbten Gene für ↑Hämoglobin C u. für die ↑Thalassämie zustande kommt. [11]

Zug-Druck-Linien: die bei der Belastung eines Körpers entstehenden Linien des größten Zuges u. Druckes werden als Trajektorien oder Hauptspannungslinien bezeichnet. Die Spongiosastruktur z.B. des proximalen Oberschenkelknochens zeigt keine wahllose Anordnung der Spongiosabälkchen, sondern die Ausbildung der Spongiosastrukturen erfolgt bei Belastung des Knochens entsprechend den Hauptspannungslinien. [2]

Zug|luft: eine leichte Luftbewegung, vor allem in geschlossenen Räumen. Durch Messungen nachgewiesen, daß diese schwachen Luftbewegungen von 6 bis zu 50 cm/s, je nachdem das Fenster geschlossen oder offen ist eine stärkere Abkühlungswirkung haben als größere Windgeschwindigkeiten. Bei Z. setzt die natürliche Abwehr des Körpers gegen Abkühlung noch nicht ein; Möglichkeit der Erkältung. [13]

~pflaster: Pflaster, die aus hautreizenden Stoffen bestehen u. früher zur Erzeugung einer Hyperämie tiefergelegener Gewebe u. Organe verwendet wurden, z.B. Emplastrum cantharidium, E. capsicum (Kapsaizinpflaster). [44]

~verband ↑Extensionsverband. [18]

Zunge ↑Lingua.

Z., schwarze: schwarze ↑Haarzunge. [8]

Zungen|abszeß: hervorgerufen durch eingedrungene Fremdkörper wie Fischgräten oder Getreidegrannen. Auch übergreifend von benachbarter Entzündung wie Tonsillitis, Mundbodenphlegmone; bes. gefährlich wegen der begleitenden Ödembildung im Glottisbereich mit Erstickungsgefahr!

~aktinomykose ↑Aktinomykose der Zunge, meist gemeinsam auftretend mit Wangen-, Kiefer- oder Halsaktinomykose. [18]

~bändchen = Frenulum linguae: verbindet als muskulöser von Schleimhaut überzogener Stiel (Ausläufer des M. genioglossus) in der Mitte die untere Zungenfläche mit dem Boden der Mundhöhle. [28]

~bein = Os hyoideum: unpaarer, spangenförmiger Knochen, der frei zwischen Muskeln u. Bändern am Hals aufgehängt ist.

~binnenmuskulatur: Gesamtheit der im Zungenkörper verlaufenden Muskelbündel; verlaufen längs als M. longitudinalis superior u. inferior, quer als M. transversus u. senkrecht als M. verticalis linguae. [1]

~biß: Zeichen (auch als Narbe) eines überstandenen epilept. Anfalles (die krampfende Zunge gerät zwischen die zuckenden Kiefer); ↑Epilepsie. [34]

~brennen: hervorgerufen durch Atrophie u. kleine Erosionsbildung; ↑Hunter' Zunge, ↑Plummer-Vinson' Syndrom. [11]

Zungengrund|schilddrüse: Insel von versprengtem Schilddrüsengewebe am Zungengrund in der Umgebung des ↑Foramen caecum, das die obliterierte Ausmündung des embryonalen Schilddrüsenganges (Ductus thyreoglossus) darstellt. [28]

~zysten: mit Flimmerepithel ausgezeichnete Restzustände des Ductus thyreoglossus. [18]

Zungen|krampf ↑Glossospasmus.

~lähmung ↑Glossoplegie. [28]

~mandel = Tonsilla lingualis: Gesamtheit der Zungenbälge = Folliculi linguales; ↑Follikel. [1]

~phänomen: umschriebene Dellen- u. Wulstbildung der Zungenoberfläche bei Beklopfen derselben mit dem Reflexhammer; pos. bei ↑Myotonie. [33]

~struma: Vergrößerung der ↑Zungengrundschilddrüse; ↑Struma baseos linguae. [5]

~würmer: Linguatuliden oder Pentastomiden; wegen ihrer Gestalt früher zu den Bandwürmern gestellt, zählen sie heute zu den Spinnentieren u. werden auch Wurmspinnen genannt. Pentastomum taenioides findet sich ganz ausnahmsweise in Nasen- u. Stirnhöhle des Menschen. [58]

~zange: modifizierte Kugelzange zum Fassen der Zunge bei Narkose zur Verhütung der Verlegung der Luftwege durch Zurückfallen auf den Pharynx.

~zysten: gutartige Geschwülste im Bereich der Zunge; 1. ↑Ranula; 2. ↑Zungengrundzysten. [18]

Zuppinger' Schienen bei Frakturen: zur Lagerung von gebrochenen Gliedmaßen in Semiflexionsstellung der Gelenke. Das Prinzip wird z.B. am Bein verwirklicht durch die Lagerung auf der ↑Braun' Schiene, die Zuppinger modifiziert hat. [18]

Zurechnungsfähigkeit (im strafrechtlichen Sinn): eine gegen die gesetzlichen Bestimmungen verstoßende Tat wird dann nicht bestraft, wenn der Täter zur Zeit der Tat wegen Bewußtseinsstörungen, krankhafter Störung der Geistestätigkeit oder Geistesschwäche unfähig war, das Unerlaubte der Tat einzusehen oder nach dieser Einsicht zu handeln (§51 Abs. 1 StGB). Die Strafe kann (nach den Vorschriften über den Versuch) gemildert werden, wenn die Fähigkeit, das Unerlaubte der Tat einzusehen oder nach dieser Einsicht zu handeln, zur Zeit der Tat aus einem der genannten Gründe erheblich vermindert war (§51 Abs. 2 StGB).

Zusatzhandgriff: Handgriff in der Geburtshilfe zur Ergänzung der äußeren Schwangerschaftsdiagnose. Von Zangelmeister eingeführt; dient neben den 4 ↑Leopold' Handgriffen zur Feststellung, ob ein Mißverhältnis zwischen kindlichem Kopf u. mütterlichem Becken u. damit eine Geburtskomplikation besteht. [29]

Zwangs|antrieb: willensmäßig nicht verdrängbarer, nach außen oft (nicht immer) unterdrückbarer Antrieb zu sinnlosen Handlungen; ↑Drang, ↑Anankasmus.

~befürchtung ↑Phobie. [34]

~einweisung: zur Verhütung der Weiterverbreitung übertragbarer Krankheiten kann auf Grund des Bundes-Seuchengesetzes eine Krankenhauseinweisung angeordnet werden; im übrigen ↑Anstaltsunterbringung. [48]

~erscheinung: besonderer Bewußtseinsinhalt, meist angstbetont, dessen Vorherrschaft als unsinnig beurteilt wird, aber doch nicht endgültig zu verdrängen ist; Unterdrücken der Z. führt zu angstvoll dysphor. Stimmung, bisweilen zu schweren Verstimmungs- u. Unruhezuständen (leichte Formen der Z. erlebt der Gesunde in der Übermüdung). – Verschiedene Formen: Zwangsdenken als Frage- oder Grübelzwang; Zwangsgefühle (z.B. Lachzwang in trauriger Umgebung); Zwangsvorstellungen, Zwangsbefürchtungen (↑Phobie); die Furcht z.B. vor Bakterien kann zu Zwangsantrieben führen (z.B. Waschzwang). Bei Psychopathie (Selbstunsicherheit), bei verschiedenen Hirnerkrankungen (z.B. Enzephalitis); bei anankast. gefärbter Neurose (alte Bezeichnung Zwangsneurose), bei Depression, auch im Beginn einer Schizophrenie; ↑Anankasmus.

~gedanke ↑Zwangserscheinung. [34]

~greifen: bei Berühren der Hohlhand oder der Volarfläche der Finger kommt es zu einem zwangsmäßigen, festen, willkürlich kaum durchbrechbaren Umgreifen der Finger des Untersuchers oder des sonstigen reizauslösenden Gegenstandes ähnlich dem Nachgreifen u. den oralen Automatismen. Symptom einer schweren Hirnschädigung, bes. Stirnhirn.

~haltungen: meist dauerhafte abnorme Stellungen des Körpers oder einzelner Glieder (oft auch des Kopfes) die unwillkürlich eingenommen werden, ohne daß grobmechan. Ursachen (etwa Kontrakturen) oder Lähmungen vorliegen. Ursächlich kommen in Frage: Vermeidung von Schmerzen (algogene Z.) oder weiterer Schädigungen (z.B. Einklemmungen) sowie hirnorgan. Prozesse, vor allem im extrapyramidalen System.

~lachen: nicht affektbedingtes, sondern als Enthemmungsphänomen (entsprechend den Pyramidenbahnzeichen) aufzufassendes Lachen bei Herden im Hirnstamm durch Pseudobulbärparalyse, multiple Sklerose, u.a. [33]

~lage: bestimmte, oft pathognomon. Körperhaltung eines Kranken, die ihm durch die Art seiner Beschwerden aufgezwungen wird. [29]

~neurotiker ↑Anankasmus. [34]

~polyurie *f:* vermehrte, aber nur schwach konzentrierte Harnausscheidung als (erzwungener) Versuch des Organismus, die harnpflichtigen Stoffe auszuscheiden; ↑Schockniere, ↑Chromoproteinniere. [24]

~reaktion: Form der abnormen Erlebnisreaktion nach Angsterlebnissen, Unfall u. dgl. (alte Bezeichnung für hyster. Reaktion, ↑Hysterie), zeigt psychogene Symptomatik (z.B. Lähmungen, Aphonie, grobes Händezittern, psychogene Anfälle), wird hervorgerufen u. unterhalten durch Rentenbegehren oder Wunsch nach Erleichterungen z.B. in der Haft. [34]

~weinen: aus gleicher Ursache wie ↑Zwangslachen. [33]

Zweidrittelresektion nach Brandes: Operation zur Beseitigung einer Versteifung im Großzehengrundgelenk bzw. eines Hallux valgus. Hierbei werden die proximalen 2/3 des Großzehengrundgliedes reseziert. [23]

Zweifel, Erwin (*1885), Gynäkologe, München.

Z' Zange: geburtshilfliche Zange fast ohne Deckenkrümmung mit feststellbarem Schloß u. Achsenzug, gedacht für die Zangenoperation bei noch nicht auf Beckenboden stehendem Kopf, gelegentlich auch für die (heute kaum noch durchgeführte) hohe ↑Zange; diese wird aber – wenn überhaupt – mit der ↑Kjelland-Zange ausgeführt. [29]

Zweifel, Paul (1848–1927), Gynäkologe, Leipzig.

Z' Nadelhalter: eine der zahlreichen Nadelhalter-Modifikationen, bes. zweckmäßig für gynäkolog. Operationen ausgerichtet. Die heute meist verwendete Form ist der Nadelhalter nach Mathieu. [18]

Zweifingerwendung ↑Braxton-Hicks-Wendung; ↑Wendung. [29]

Zweigläserprobe: grob orientierende Untersuchungsmethode zur Lokalisation von entzündlichen Prozessen oder Blutungen der ableitenden Harnwege, bes. der Harnröhre. Technik: Pat. läßt Wasser in 2 Gläser (in erstes wenig, in zweites den Rest). a) 1. Glas trüb (blutig), 2. klar oder fast klar, Herkunftsort: Harnröhre, b) 1. Glas klar, 2. trüb (oder blutig), Herkunftsort: Prostata-Samenblasengebiet. c) 1. Glas trüb (oder blutig), 2. Glas genauso, Herkunftsort: Blase (oder höher). Anschließend ggf. Spülprobe: Läßt sich Blase schnell klarspülen, Herkunftsort höher (Harnleiter – Niere), wenn nicht, Herkunftsort: Blase (Divertikel, Tumor o.ä.). [24]

Zweiphasentheorie: Theorie, die nach Bordet zwei Stufen im Reaktionsablauf einer Seroreaktion unterscheidet: 1. Stufe: spezif. Bindung zwischen Antigen (z.B. Bakterien) u. Antikörper (Antiserum); 2. Stufe: unspezif. Zusammenklumpung bzw. Ausflockung der gebildeten Antigen-Antikörper-Aggregate durch Milieubedingungen (Elektrolyte, Temperatur-, Zeitfaktoren, mechan. Einflüsse). [40]

Zweistärkenbrillen ↑Bifokalglas. [36]

Zweistufentest ↑Herztoleranztest. [9]

Zwerchfell = Diaphragma: dünne Muskelplatte zwischen Brust- u. Bauchhöhle mit zwei kuppelartigen Vorwölbungen (li. u. re. Zwerchfellkuppel); entspringt von der Umrahmung der Apertura thoracis inf. u. Lendenwirbelsäule. In der Mitte liegt eine zentrale kleeblattförmige Sehne (Centrum tendineum). Das Zwerchfell wird vom N. phrenicus innerviert. [1]

~atmung: unterstützt die thorakale durch Rippenhebung u. -senkung bewirkte Atmung in der Weise, daß bei Einatmung der Thoraxraum durch Absteigen der Zwerchfellkuppel in Richtung Abdomen zusätzlich erweitert wird. Dabei kontrahiert sich das Zwerchfell. Die Z. kann überwiegen. Man spricht dann vom abdominalen Typ der Atmung. Er ist häufig bei männlichen Individuen zu finden. [7]

~bewegung, paradoxe: Hochsteigen des Zwerchfells bei der Einatmung, Senkung bei der Ausatmung. Kommt bei Seropneumothorax, Enteroptose, vegetativer Dystonie u. Phrenikuslähmung vor. [9]

~bruch ↑Hernia diaphragmatica. [18]

~furchen der Leber: Syn. Zahn' Furchen; sagittale Furchen auf der Kuppe des re. Leberlappens, die durch Druck hypertroph. Zwerchfellzacken bei erschwerter Atmung entstehen. [5]

~hernie ↑Hernia diaphragmatica.

~lähmung: 1. angeboren, meist nur einzelner Abschnitte oder einer Seite. Hieraus entwickelt sich im Laufe des Lebens die ↑Relaxatio diaphragmatica; 2. künstlich durch operative Entfernung oder Quetschung des N. phrenicus im Halsbereich, ↑Phrenikusexhairese. [18]

~reflex: Kontraktion des Zwerchfells mit Einziehung des Schwertfortsatzes bei Reizung der Brustwarze. [33]

~spalten: angeborene Spalten des Zwerchfells, 1. durch Lücken zwischen den Zwerchfellursprüngen; zwischen kostalem u. lumbalem Zwerchfellansatz am ↑Trigonum Bochdaleki; zwischen sternalem u. kostalem Ansatz der ↑Larrey' Spalte; 2. an den Durchtrittsstellen der Nerven, Gefäße u. des Ösophagus.

~zeichen ↑Litten' Phänomen. [18]

Zwerchsack|dermoide: ↑Dermoide im Bereich der Sehnenscheiden an Hand, Vorderarm oder Fuß. [18]

~hygrom: ist durch eine tuberkulöse Sehnenscheidenentzündung der Fingerbeuger bedingt. Klin. ist die dabei auftretende Schwellung am Unterarm u. in der Hohlhand durch das Lig. carpi transversum taillenförmig eingeschürt. [23]

~tumor: sanduhrförmige Geschwulst, die z.T. im Wirbelkanal, z.T. extravertebral entwickelt ist. Der Tumor zieht dabei durch das Foramen intervertebrale. [20]

Zwerg|bandwurm = Rodentolepsis nana: auch kleiner Bandwurm genannt, schmarotzt meist in Kindern u. erreicht nur eine Größe von 4,5 cm. Er kann jedoch durch massenhaftes Auftreten große Beschwerden hervorrufen. Am Kopf hat er vier rundliche Saugnäpfe u. einen einfachen Kranz von 24–28 sehr kleinen Häkchen.

~fadenwurm ↑Strongyloides stercoralis. [58]

~flechte ↑Erythrasma. [43]

~kretin: ein nicht sehr gebräuchlicher Ausdruck für Kretin, bei dem Zwergwuchs ein Symptom ist; ↑Kretinismus. Charakterisiert durch stumpfes, etwas verschmitztes Gesicht, kleine Statur, watschelnden Gang, rauhe Sprache, geistige Defekte. Man unterscheidet Vollkretin, Halbkretin u. Kretinöse mit u. ohne Kropf. [12]

~niere: angeborene Mißbildung; infolge Unterbrechung der Fertigdifferenzierung der Nierenanlage. Gesamtgewicht einer hypoplast. Niere 1 bis 60g. Fehlende oder herabgesetzte Funktion; bei weiblichen Individuen öfter als bei männlichen. Wenn doppelseitig, muß 1/6 des normalen Nierenparenchyms funktionstüchtig sein (400000 Nephrone), erkrankt ein Viertel davon, dann kommt es zur Urämie. Z. sind bes. anfällig für Entzündungen (pyelonephrit. Zwerg-Schrumpfniere). Setzt diese plötzlich ein, kann Bluthochdruck entstehen, der durch rechtzeitige Ektomie der Miniaturniere reversibel sein kann. Bei noch funktionierenden, nicht infizierten Kleinnieren Nephrektomieindikation genau prüfen. [24]

Zwergwuchs: stark zurückgebliebenes Längenwachstum. In unserer Breite nimmt man für gewöhnlich 150cm als Grenze an. Die Ursachen des Zurückbleibens des Wachstums sind sehr verschieden. Sie können hypophysärer, thyreogener, ovarieller Natur sein. Beim hypophysär bedingten Z. bleiben die Proportionen zwischen den verschiedenen Körperteilen bestehen („proportionierte Zwerge"), was bei den anderen Formen nicht der Fall ist.

Z., hypophysärer: häufig erblich; ↑Chondrodystrophie. [12]

Zwergwuchs-Syndrom ↑Rachitis renalis. [32]

Zwielicht|blindheit: Sehstörung in der beginnenden Dämmerung, die nach Pock-Steen nicht durch Vitamin A, sondern durch Laktoflavin gebessert wird; ↑Hemeralopie.

~sehen: Syn. mesopisches Sehen; das Sehen unter Übergangsbedingungen der Dämmerung, bei denen Tages- u. Dämmerungsapparat (Zapfen u. Stäbchen) zugleich benutzt werden; ↑Duplizitätstheorie, ↑Adaptation. [36]

Zwiemilchernährung: Ernährung des Säuglings mit Muttermilch u. Tiermilchmischungen. [32]

Zwillinge = Gemini, Gemelli: in einer Schwangerschaft getragene u. kurz nacheinander geborene Geschwister. Auf etwa 80–90 Geburten fallen einmal Zwillinge. Gefahren: vermehrte Toxikosen der Mutter, häufiger notwendige geburtshilfliche Operationen, vor allem zur Rettung des zweiten Zwillings, vielfach Frühgeburten. Intensive Betreuung der Schwangeren wichtig, daher Frühdiagnose erwünscht (evtl. Röntgen). Zweieiige Z. sind zufällig gleichzeitig getragene Geschwister verschiedener Erbanlagen, nicht selten Zwillingspärchen. Eineiige Z.: erbgleiche, durch Keimspaltung entstandene geschlechtsgleiche Kinder. [29]

Z., siamesische: bekanntestes Beispiel einer lebensfähigen Doppelmißbildung, u. zwar männliche ↑Xiphopagen (1811–1874). [5]

Zwillings|forschung: Methode menschlicher Erbforschung bes. an eineiigen Zwillingen. Sie ermöglicht die Entscheidung darüber, ob u. wieweit die Ausbildung eines Merkmales erblich oder umweltbedingt ist. Die Konkordanz u. Diskordanz der Merkmale wird untersucht. [3]

~irresein: induziertes ↑Irresein. [34]

~methode: die Methode, die, unterstützt durch die Ähnlichkeitsdiagnose, zu bestimmen sucht, ob bei gleichgeschlechtl. Zwillingen Ein- oder Zweieiigkeit vorliegt. [29]

Zwillings-Transfusions-Syndrom: Syn. Transfusions-Syndrom bei Zwillingen; bei eineiigen, monochorischen Zwillingen durch intrauterine Blutverschiebungen entstehendes Krankheitsbild. Sympt.: schwere oligäm. hypochrome Anämie mit Retikulozytose u. Erythroblastose bei einem Zwilling (evtl. posthämorrhag. Schock) bei dem einen, Plethora mit Polyglobulie (Hyperbilirubinämie – Kernikterus!) beim anderen Zwilling. Entstehung durch Abfluß von Blut aus dem einen Zwilling durch bestehende Plazentagefäßanastomosen in den anderen Zwilling. [32]

Zwillingszellen: auffallend große Blutzellen (Riesenneutrophile), oft mehrkernig oder mit verstärkter Lappungs- oder Segmentierungstendenz, bei patholog. Ablauf der normalerweise synchronen Kernplasmaentwicklung infolge Störung der Karyokinese oder der Zytoplasmareifung. Die Z. können sich höchstens noch homoplast., nicht aber mehr multiplikativ teilen. Vorkommen bei echten Blutkrankheiten. [11]

Zwischenenzym (Zwischenferment) ↑Glucose-6-phosphat-Dehydrogenase. [8]

Zwischenhirn = Dienzephalon: zwischen End- u. Mittelhirn gelegener Hirnabschnitt. Man unterscheidet eine basale Abteilung, den ↑Hypothalamus, u. eine dorsale Abteilung, das ↑Thalamenzephalon. – Lebenswichtiger Gehirnteil, da komplizierter Zentralapparat für zahlreiche wichtigste Lebensvorgänge wie Temperaturregulation, Steuerung der Nahrungs- u. Wasseraufnahme, Sexualverhalten; enthält vegetative Zentren zur Steuerung aller bedeutenden Stoffwechselvorgänge u. dient der zentralnervösen Regulierung des Vasomotorenapparates, der blutbildenden Organe, der Schweißabsonderung u.a. [1]

Zwischenhirn-Hypophysen-System: widerspiegelt den engen funktionell-anatom. Zusammenhang zwischen der basalen Abteilung des Zwischenhirns, dem Hypothalamus, u. der Hypophyse. Die Richtung der funktionellen Kopplung dieses neuro-humoralen Zentrums geht hauptsächlich vom Hypothalamus zur Hypophyse. Für die Freisetzung der im Vorderlappen der Hypophyse gebildeten, periphere endokrine Drüsen steuernden Hormone gibt der Hypothalamus Freisetzungsfaktoren ab (releasing factors), die teils auf dem Nervenweg, teils auf dem Blutweg dem Vorderlappen direkt zugeführt werden. Die infolge der freigesetzten Hormone des Hypophysenvorderlappens angestiegenen Blutspiegelwerte der Hormone peripherer Drüsen (Nebennierenrinde, Schilddrüse, Gonaden) können die weitere Bildung von Freisetzungsfaktoren im Hypothalamus hemmen, so daß auf Grund dieser negativen Rückkopplung auf einen bestimmten Blutspiegelsollwert der Hormone eingeregelt wird. Enge, rein nervale Verbindungen gibt es zwischen Hypothalamus u. Hypophysenhinterlappen, was die Bildung der Hormone ↑Vasopressin u. ↑Oxytozin betrifft. [7]

Zwischenhirn-Syndrom: Komplex mannigfacher vegetativer Symptome bei einer Läsion im Zwischenhirn (z. B. durch Tumoren, Blutungen, Hydrops des 3. Ventrikels): Störungen des Wärmehaushaltes (Hyperthermie, seltener Hypothermie), des Wasserhaushaltes (Polyurie oder Oligurie), des Kohlenhydratstoffwechsels (Hyperglykämie, evtl. Glukosurie), des Blutdrucks (Hyper- oder Hypotension), des Blutbildes (Leukozyten), der Sexualfunktionen usw. [35]

Zwischenkatalysatoren: sind die Enzyme des Zwischenstoffwechsels oder Intermediärstoffwechsels; sie sind an den chem. Umwandlungen der Nährstoffe wie auch der Zellbausteine der Zellen beteiligt, u. zwar hauptsächlich die ↑Oxydoreduktasen (Dehydrogenasen) u. die ↑Zytochrome. [8]

Zwischenkiefer ↑Intermaxillarknochen. [1]

Zwischenkörper ↑Intermediärkörper. [6]

Zwischenstoffwechsel: Intermediärer Stoffwechsel; ↑Zwischenkatalysatoren. [8]

Zwischenträger: ein Individuum, das, ohne selbst erkrankt zu sein, einen Krankheitserreger beherbergt u. andere infizieren kann; ↑Keimträger. [42]

Zwischenwirbelscheibe ↑Bandscheibe. [2]

Zwischenwirbelscheiben-Vorfall ↑Bandscheibenvorfall. [33]

Zwischenwirte: Tiere (mitunter auch Mensch), die Parasiten nach deren Vermehrung bzw. Reifung u. Generationswechsel weiterverbreiten; z. B. bei Bandwurmerkrankungen: Rind, Schwein, Fisch, Schaf, seltener der Mensch. [41]

Zwischenzellen ↑Hodenzwischenzellen. [2]

~adenom seltenes gutartiges Gewächs des Hodens. Wird von Leydig' Zellen abgeleitet u. ist im allgemeinen durch hohe androgene Hormonaktivität ausgezeichnet (↑Pubertas praecox). Bösartige Variante ist als maligner Zwischenzelltumor bekannt. [4]

Zwitter: Pflanzen oder Tiere, die weibliche u. männliche Keimzellen produzieren, entweder in einer zwittrigen Geschlechtsdrüse oder in gesonderten weiblichen u. männlichen Fortpflanzungsorganen. Im medizin. Sprachgebrauch = Hermaphrodit; Hermaphroditismus. [3]

Zwitterion ↑Dipolionen. [8]

Zwölffingerdarm ↑Duodenum. [1]

~geschwür = Ulcus duodeni ↑Ulkus. [9]

Zyan: Gas, ist dimolar $(CN)_2$, daher richtiger Dizyan, sehr giftiges, brennbares Gas ähnlich den Halogenen.

~amid: 2 tautomere Formen $H_2N{\cdot}C{\equiv}N$ bzw. $HN{=}C{=}NH$; Amid der ↑Blausäure. Bedeutung hat bes. das Kalziumzyanamid als Stickstoff- u. Kalkdünger, da es im Ackerboden über Harnstoff zu Ammoniak u. Kalk hydrolysiert wird.

~hämoglobin ↑Verdoglobin. [8]

Zyanide: Salze der ↑Blausäure. [8]

Zyanidvergiftung: verursacht durch Zyanwasserstoff u. wasserlösliche Zyanide. Wirkung; die intrazelluläre Zellatmung wird durch Blockade der Ferricytochromoxydase gehemmt. Die tödliche Dosis HCN beträgt ca. 1 mg/kg Körpergewicht. Der Verlauf der Vergiftung ist abhängig von der Dosis; nach hohen Dosen Bewußtlosigkeit, tachykarder, unregelmäßiger Puls, Auftreten von Krämpfen, maximale Pupillenerweiterung, quälende Atemnot, Exitus; bei niedrigen Dosen ist der Verlauf protrahiert, Reizung der Schleimhäute, Kopfschmerzen, Schwindel, Tränen- u. Speichelfluß, Erbrechen, Atemnot, evtl. Krämpfe. Charakterist. Merkmale der Vergiftung sind der Geruch nach bitteren Mandeln u. die rosige Hautfarbe. Therapie mit Methämoglobinbildnern wie Amylnitrit, Natriumnitrit, Natriumthiosulfat, Methylenblau, da das Zyanwasserstoffion große Affinität zum Methämoglobin hat u. das Zyan-Methämoglobin durch Sulfhydrilgruppen zu Thiozyanat entgiftet wird. Weitere therapeut. Maßnahmen sind bei peroraler Aufnahme die sofortige Magenspülung mit 2‰ Kaliumpermanganatlösung, ferner Sauerstoff-Überdruckbeatmung. [44]

Zyankalium: Kaliumzyanid (KCN), Salz der ↑Blausäure, sehr giftig, da es durch Säuren, auch schon durch das Kohlendioxid der Luft, zersetzt wird. [8]

Zyanokobalamin ↑Vitamin B_{12}. [42]

Zyanopsie ⟨*griech*⟩ *f:* Blausehen, ↑Chromatopsie. [36]

Zyanose ✱ **Cyanosis** ⟨*griech*⟩ *f:* Blauverfärbung vor allem der Lippen u. der Fingernägel, aber auch in der Gesichtshaut erkennbar infolge fehlender Sauerstoffsättigung des Blutes; verursacht durch Kreislaufstörungen (Herzinsuffizienz) u. Störungen im Gasaustausch der Lungen. Bei angeborenen Herzfehlern spricht man von ↑Blausucht. [18]

Z., gelbe ↑Mitralinsuffizienz. [10]

Zyan|säure: HO–C≡N unbeständig, polymerisiert oberhalb 0°C zu Zyanursäure; die Salze heißen Zyanate. [8]

~vergiftung: meist bedingt durch Blausäuredämpfe oder durch Einnahme von wasserlöslichen Zyaniden. Durch Blockierung der Hämenzyme kommt es zu einer Hemmung der inneren Atmung u. Erstickung. Der Verlauf der Vergiftung ist von der Dosis abhängig. Größere Mengen können zu einem apoplektiformen Vergiftungsbild führen. Meist kommt die Therapie (Methylenblau, Thionin, Natriumthiosulfat i. v.) zu spät. [44]

~wasserstoffsäure ↑Blausäure. [8]

Zygoma ⟨*griech*⟩ *n:* Jochbogen; ↑Jochbein. [1]

Zygomatitis ⟨*griech*⟩: entzündlicher Prozeß des ↑Jochbogens, der sich in einer auffallenden Schwellung der Schläfengegend äußert. Kommt isoliert u. nach Durchbruch eines subperiostalen Abszesses bei ↑Mastoiditis vor. [32]

Zygomyzeten ✱ **Zygomycetes** ⟨*griech*⟩ *m, Pl:* Jochpilze; charakterist. für die Z. ist die Bildung von (sexuellen) Zygosporen (Jochsporen, ↑Sporen); von zwei Hyphen wachsen Fortsätze aufeinander zu, die nach Berührung ihrer Spitzen zwei Zellen abgrenzen, die nach Auflösung der trennenden Wand unter Kernverschmelzung eine Zygospore bilden. Bei manchen Arten sind zwei morpholog. gleiche Geschlechter vorhanden (+ u. –); bei diesen Arten muß ein + u. ein – Myzel zur Bildung der Zygospore zusammentreffen. [42]

Zygospore ⟨*griech*⟩: Spore der ↑Zygomyzeten. [42]

Zygote ⟨*griech*⟩ *f:* die Zelle, die aus der Vereinigung von zwei Keimzellen (↑Gameten) entsteht, z. B. die befruchtete ↑Eizelle. [3]

Zyklite: vom Zyklohexan (C_6H_{12}) sich herleitende zykl. Alkohole von der Formel $C_6H_6(OH)_6$; verbreitet in der tier. u. pflanzlichen Natur, z. B. als ↑Szyllit (Haifisch, Rochen; Eicheln, Kokospalme); bekanntester Vertreter der ↑Inosit (in Pflanzen; bei Tieren in Muskulatur, Leber, Gehirn, als Baustein von ↑Phosphatiden usw.). Der Meso-Inosit, ein Wachstumsfaktor bei vielen Mikroorganismen, ist auch für Tier u. Mensch unentbehrlich; er ist wie ↑Biotin ein Bestandteil von ↑Bios. Inosit rechnet man zu den ↑Vitaminen; er entfaltet zusätzlich lipotrope Wirkung. Der Hexaphosphorsäureester des Inosits ist als Kalziumsalz (↑Phytin) im Pflanzenreich weit verbreitet. [16]

Zyklitis ⟨*griech*⟩ *f:* Entzündung des Strahlenkörpers des Auges; ↑Iridozyklitis. [36]

Zyklodialyse ⟨*griech*⟩: Operation zur Druckentlastung beim ↑Glaukom mittels Lederhautschnitt; ↑Trepanationszyklodialyse. [36]

Zyklodiathermiepunktur: von Vogt angegebene Operation zur Therapie des ↑Glaukoms. [36]

Zykloid ⟨*griech*⟩ *m:* wird meist als patholog. Steigerung der zyklothymen Eigenschaft nach Kretschmer verstanden, ↑Zyklothymie. [34]

Zyklon: ist flüssige Blausäure, vermischt mit stark riechendem (daher den Menschen warnenden) Chlorkohlensäuremethylester, beides von Kieselgur oder Zellstoffscheiben aufgesogen; dient als Schädlingsbekämpfungsmittel in geschlossenen Räumen, wie Gewächshäuser, Schiffsräume, Mühlen, Silos usw. Nach der Zusammensetzung kann man Zyklon A u. B unterscheiden. Im nationalsozialistischen Deutschland wurde Zyklon B bestialisch zur Massenvernichtung von Menschen angewendet; ↑Blausäure. [38]

Zyklone ⟨*griech*⟩: Wirbelstürme, die über den trop. Ozeanen im Breitengürtel von zumeist 5–25° entstehen, u. zwar dort, wo Wasserdampfgehalt u. Temperatur der Luft hoch sind. Die Z. werden als Hurrikane (Atlantik) bzw. Taifune (Pazifik) bezeichnet; ↑Zyklonosen. [13]

Zyklonose ⟨*griech*⟩: Witterungsneurose; älterer Ausdruck für Wetterempfindlichkeit. [13]

Zyklopen|auge: der Ausdruck von Helmholtz ist der homerischen Sage von dem Riesen Polyphem, der nur ein Auge in der Mitte der Stirn hatte, entnommen. Kommt bei nicht lebensfähigen Mißgeburten vor (↑Zyklozephalie). In der Sinnesphysiologie arbeitet man theoret. mit einem Z., das zur Vereinfachung die Leistungen beider Augen zusammenfaßt. Nach Velhagen ist das Z. auch bei Kleinkindern die ursprüngliche Empfindung, da sie ihre Zweiäugigkeit noch nicht verstanden haben; ↑Doppelauge. [36]

~ventrikel: Vorderhörner u. Cellae mediae der Seitenventrikel bilden einen unpaaren Hohlraum, während Trigona u. Unterhörner meist paarig angelegt sind. Ursache ist eine

Störung der Riechhirnbildung. [20]

Zyklophorie ⟨*griech*⟩ *f:* Störung in der Stellung der Augäpfel, die durch Lähmung oder Spasmus rotierend wirkender Muskel hervorgerufen wird. Das Auge ist also um seine Achse gedreht. [36]

Zyklopie ⟨*griech*⟩ *f* ↑Zyklozephalie. [5]

Zykloplegie ⟨*griech*⟩ *f:* Lähmung des Ziliarmuskels durch Medikamente, die den Parasympathikus lähmen, also vor allem Stoffe aus der Atropingruppe. Z. dient zur genauen Refraktionsbestimmung, die z.B. bei Schielen bes. wichtig ist. Da es keine Mittel gibt, die nur den Ziliarkörper u. nicht auch den M. sphincter pupillae lähmen, handelt es sich um die sog. Mydiniatika. [36]

Zyklopropan: Trimethylen, $(CH_2)_3$; farbloses Gas mit angenehmem benzinähnlichen Geruch (in Stahlflaschen im Handel). Stark wirkendes Inhalationsnarkotikum, explosibel, verursacht bei hoher Dosierung Herzunregelmäßigkeiten, hohe Herstellungskosten.

~schock: markanter Blutdruckabfall am Ende einer Zyklopropan-Narkose nach Absetzen des Narkotikums. Ursache meist CO_2-Retention infolge Atmungdepression während der Z.-Narkose, dadurch Blutdruckerhöhung. Nach Absetzen des Narkotikums schnelle CO_2-Abatmung u. Blutdruckabfall. [27]

Zykloserinᴰ**:** Antibiotikum aus Streptomyces orchidaceus u. Str. garyphalus, α-4-Amino-3-isooxazolidin (Cycloserin, Kabi, Roche, Wander). Wirksam gegen grampos. u. gramneg. Bakterien; gute Wirkung gegen Lungentuberkulose; wenig toxisch. Bei guter Wirkung in vivo ist die Wirksamkeit in vitro oft gering. [42]

Zyklothyme ⟨*griech*⟩ *m, Pl:* Menschen, bei denen die normalen Beziehungen zwischen Erregungs- u. Hemmungsprozessen in der bes. Weise abgewandelt sind, daß period. Schwankungen in der höheren Nerventätigkeit (zeitweise verlangsamte, zeitweise beschleunigte Tätigkeit) zustande kommen. Noch dem Bereich der Gesunden zugehörige Personen mit auffällig deutlichem period. Wechsel der Stimmungslage vom Heiteren zum Traurigen u. umgekehrt. [35]

Zyklothymie ⟨*griech*⟩ *f:* verschieden interpretierter Begriff, als normalpsycholog. Temperamentskreis, für den die manisch-depressiven Gemütskrankheiten der krankhafte Repräsentant sind (E. Kretschmer), als leichteste Form der manisch-depressiven Erkrankung (Gruhle) oder als m.-d. Erkrankung insgesamt (K. Schneider). [34]

Zyklotron ⟨*griech*⟩ *n:* Gerät zur Beschleunigung von Ionen, die auf einer Spiralbahn umlaufen u. als Ionenstrahl austreten; ↑Elektronenschleuder. [59]

Zyklozephalie ⟨*griech*⟩ *f:* Syn. Zyklopie (Synophthalmus); Mißbildung mit defekten u. untereinander verwachsenen Augäpfeln, fehlendem Riechhirn u. gemeinsamer Orbita, die eine Einäugigkeit vortäuscht. Daneben Störungen der Gesichts- u. Gehirnbildung unterschiedlichen Ausmaßes. [5]

Zyklus, anovulatorischer: monophas., ohne Follikelsprung ablaufender, unfruchtbarer Zyklus. Er findet sich bes. bei jungen Mädchen u. bei klimakter. Frauen. Es handelt sich in jedem Fall um eine generative Ovarialinsuffizienz. Der a. Z. ist Ursache einer Sterilität. Die kurz vor der Menstruation durchgeführte Strichkürettage ergibt statt Sekretionsschleimhaut eine Schleimhaut mit den Zeichen der Proliferation.

Z., monatlicher: period. Heranreifen eines ↑Follikels, Platzen desselben u. Corpus-luteum-Bildung im Eierstock der geschlechtsreifen Frau. Sichtbares Zeichen dieses Geschehens stellt die monatliche Blutung der Frau dar; ↑Menstruation. Regulationsmechanismen zwischen Ovar u. Hypophyse steuern den Zyklus.

Z., mono|phasischer ↑Zyklus, anovulatorischer. [29]

Zylinder im Harn ↑Harnzylinder.

Z., granulierte: Harnzylinder, welche eine gekörnte Oberfläche besitzen, die ihnen ein dunkles Aussehen verleiht. Sie bestehen aus Eiweiß- oder Fettkörnchen (doppelbrechende Lipide!) u. entstehen wahrscheinlich aus stark veränderten Epithelzylindern der Niere. Sie sind für schwere Nierenerkrankungen kennzeichnend. [47]

Z., hyaline: lange u. schmale Zylinder im Harnsediment, die völlig homogen u. glashell sind u. bei vielen Nierenerkrankungen gefunden werden. Sie lassen sich am besten durch geringen Zusatz von Jodlösung zum Präparat feststellen; ↑Harnzylinder. [8]

Zylinder|epithel ⟨*griech*⟩ ↑Epithelgewebe. [2]

~gläser: Zylinderlinsen; sie sind nicht von der Kugel, sondern von der Walze abgeleitet u. dienen dem Ausgleich des Astigmatismus. Es gibt konkave (Minus-) u. konvexe (Plus-)Zylinder. In der Richtung der „Achse" haben sie keine u. senkrecht dazu die angegebene Brechkraft. Sie werden auch in Kombination mit sphär. Gläsern getragen; ↑Kreuzzylinder. [36]

~test: benutzt zur Ermittlung der Empfindlichkeit von Mikroorganismen gegen wachstumshemmende Verbindungen (z.B. Antibiotika). Auf den beimpften Nährboden werden kleine Glaszylinder aufgesetzt u. mit dem zu testenden Antibiotikum gefüllt. Die Auswertung der um die Zylinder entstehenden Hemmhöfe erfolgt in gleicher Weise wie beim ↑Lochtest; ↑Diffusionstest. [39]

Zylindrom ⟨*griech*⟩ *n:* von Billroth geprägter Sammelname für gallertartige Geschwülste aller Art, die Hyalinzylinder enthalten. Von Hamperl eingeengt auf eine bes. Adenomform der großen u. kleinen Speicheldrüsen, einen semimalignen Tumor von siebförmiger Struktur. Dieses echte Z. ist zu unterscheiden von zylindromatösen Strukturen in anderen Tumoren, z. B. Basaliom vom Typ Spiegler „Turban-Tumor", auf dem behaarten Kopf sitzende, meist zahlreiche, verschieden große Tumoren, gewöhnlich mit dem ↑Epithelioma adenoides cysticum zusammen vorkommend. [5, 43]

Zylindrurie ⟨*griech*⟩ *f:* Anwesenheit von ↑Harnzylindern im Urinsediment. [24]

Zylofuraminum: D-threo-N-äthyl-α-benzyltetrahydrofurfurylamin, Psychoanaleptikum. [44]

Zymarin: Cardenolid, enthalten in Herba Adonidis vernalis u. Apocynum cannabium (amerikan. Hanf) u. im Strophanthus kombé durch Abbau des k-Strophanthins; herzwirksames Glykosid. [44]

Zymase ⟨*griech*⟩ *f:* stellt das nicht dialysierbare Enzymsystem des Hefepreßsaftes dar, das die Enzyme der alkohol. Gärung enthält. [8]

Zymogene: Proenzyme, aus denen die wirksamen Enzyme hervorgehen. [11]

Zymogenkörnchen ⟨*griech*⟩: azidophile, große Prosekretgranula in den Drüsenzellen des exkretor. Abschnittes des Pankreas. [2]

Zymophore Gruppe: die spezif. Gruppe der Rezeptoren 2. Ordnung nach Ehrlich (↑Seitenkettentheorie), die außer einer ↑Haptophren Gruppe auch eine enzymat. wirkende zymophore Gruppe besitzen. [11]

Zymosterin: ein zu den Phytosterinen gehöriges Sterin, das vor allem in Pilzen (↑Mykosterine), z. B. neben Ergosterin u. Kryptosterin in der Hefe auftritt. [16]

Zynorexie ⟨*griech*⟩ *f:* Heißhunger. [34]

Zystadenom ⟨*griech*⟩: auch Cyst- oder Kystadenom; Adenom mit stärkerer Erweiterung der drüsigen Lumina. Sie finden sich uni- oder multilokulär bes. an Ovarien, Mamma, Nieren, Leber, Lungen u. Hoden. Bis auf die papilläre Form sind sie meist gutartig. [25]

Zystalgie ⟨*griech*⟩ *f:* Blasenschmerz; auch zur Bezeichnung eines selbständigen Krankheitsbildes verwandt, das durch funktionelle Blasenhalsstörungen bei normalem Urinbefund starke Blasenschmerzen verursacht; ↑Blasentenesmen. [18]

Zystathionin: bei der metabol. Transmethylierung entsteht aus Methionin das Homozystein, das sich mit Serin zum Zwischenprodukt des Zystathionins umsetzt [HOOC·CH(NH_2)·CH_2·CH_2·S·CH_2·CH(NH_2)·COOH]; daraus entstehen durch Hydrolyse Homoserin u. Zystein. [16]

Zyste ⟨*griech*⟩ *f:* Blasen, ein- oder mehrkammriger sack- oder geschwulstartiger Hohlraum mit flüssigem oder breiigem Inhalt; 1. echte Z.: von Epithel oder Endothel ausgekleidet; a) Retentionszyste, z. B. Galaktozele, Spermatozele, Chyluszyste, b) Exsudations- u. Extravasationszyste: bei Exsudation oder Blutung in präformierte Hohlräume, z. B. Hydrozele, Hämatozele auch Zysten des Kleinhirnes; 2. falsche Z.: nur von einer bindegewebigen Membran umgeben; a) Erweiterungszyste: bei umschriebener Gewebserweichung u. -verflüssigung, z. B. nach Gehirnerweichung, b) parasitäre Z.: im Entwicklungszyklus von Parasiten, z. B. Echinokokkus, Zystizerken u. a. [5]

Zysteamin: β-Merkaptoäthylamin, HS·CH_2·CH_2·NH_2 Strahlenschutzmittel; Vorkommen im Coenzym A. Durch Oxydation, z. B. mit H_2O_2, entsteht das Disulfid Zystamin $C_4H_{12}N_2S_2$. [8]

Zystektasie ✱ **Cystectasia** ⟨*griech*⟩ *f:* Blasenerweiterung; spez. z. B. der Harn- oder Gallenblase durch Abflußbehinderung. [28]

Zystektomie ✱ **Cystectomia** ⟨*griech*⟩: 1. Herausschneiden einer Zyste (Blase); 2. (urolog.) operative Entfernung der Harnblase, vornehmlich bei Krebsleiden u. Mißbildung. Die Harnleiter werden vorher in den Mastdarm eingepflanzt; ↑Coffey-Mayo' Operation. [18]

Zystein: α-Amino-β-thiopropionsäure, HS·CH_2·CH(NH_2)·COOH; die dem ↑Serin entsprechende schwefelhaltige Aminosäure, durch Oxydation (Autoxydation) leicht in ↑Zystin übergehend. Der Schwefelgehalt der Eiweißstoffe (pos. Bleiprobe) beruht im wesentlichen auf der Gegenwart von Z. bzw. von Zystin; ein Abbauprodukt des Zysteins ist das ↑Taurin. Z. ist Baustein des biolog. wichtigen Tripeptids ↑Glutathion (γ-Glutaminyl-Zysteinyl-Glykokoll). [16]

Zysten der Haut: mit einer bindegewebigen Kapsel umgebene Hohlräume in der Haut, die Flüssigkeiten oder feste Substanzen enthalten, wie ↑Milium, ↑Atherom, ↑Dermoidzyste, ↑Hidradenom. [43]

Z. des Kleinhirnbrückenwinkels: Arachnoidalzysten (kongenital, entzündlich) im Kleinhirnbrückenwinkel, die bei entsprechender Größe als raumfordernder Prozeß wirken. Klin. Syndrom des ↑Kleinhirnbrückenwinkels. [20]

Zysten|hygrom des Halses ⟨*griech*⟩ *n* ↑Hygroma cysticum colli congenitum.
~kropf: Durchsetzung eines Kropfes mit zahlreichen Zysten als Folge regressiver Umwandlungen.
~leber: Durchsetzung der Leber mit zahlreichen verschieden großen Zysten als Folge einer Entwicklungsstörung der Gallengänge; häufig kombiniert mit ↑Zystennieren u. ↑Zystenpankreas. [5]
~lunge: Mißbildung der Lunge durch Störungen in der Entwicklung der Bronchien mit blasigen Hohlräumen, die mit den Bronchien in Verbindung stehen können (offene Zystenlunge) oder keine Verbindung mit ihr haben (geschlossene Zystenlunge). [15]
~mamma ↑Mastopathia fibrosa cystica. [5]
~nieren: polyzyst. Degeneration der Nieren (fast immer doppelseitig); Durchsetzung des gesamten Nierenparenchyms mit multiplen erbs-, weinbeeren- bis pflaumengroßen Zysten (Niere sieht wie große reife Weintraube aus), nicht selten vergesellschaftet mit Zystenbildung in anderen Organen, z.B. Leber, Pankreas, Milz; familiäre Häufungen (vererblich?). Formen: a) kleinzyst. Degeneration = Schwammniere oder Honigwabenniere bei Neugeborenen (die nicht lebensfähig sind), b) großblasige Z. bei Erwachsenen, die im mittleren Lebensalter zu Niereninsuffizienz führen (Größerwerden des Zystendrucks auf Nierenparenchym – Abflußbehinderung) oder bis ans Lebensende unbemerkt bleiben können, c) einzelne große Nierenzysten (Solitärzysten) an sonst gesunden Nieren. Klin. bedeutungsvoll: durch operative Eröffnung möglichst vieler Zysten (Ignipunktur) kann (nicht immer!) der Tod an Niereninsuffizienz für Jahre hinausgeschoben werden; postoperativ, evtl. zur Überbrückung, ↑künstliche Niere, die auch bei Nichtoperierten, wiederholt angewandt, das Leben verlängern kann. Cave Nephrektomie bei plötzlich (Unfalloperation o.ä.) entdeckter Zystenniere, da (fast ausnahmslos) doppelseitig. [24]
~pankreas: Durchsetzung der Bauchspeicheldrüse mit zahlreichen Zysten; seltene Entwicklungsstörung; häufiger sind einzelne epitheliale Zysten; zu unterscheiden von ↑Retentionszysten infolge Sekretstauung u. Pseudozysten als Ausheilungszustand einer umschriebenen Pankreasnekrose. [5]

Zystikotomie ⟨*griech*⟩ *f:* operative Eröffnung des Ductus cysticus (↑Gallengänge). [18]

Zystikus: Kurzform für Ductus cysticus.
~steine: Steine im Gallenblasongang; ↑Gallengänge. [9]

Zystin: Bis (β-amino-β-carboxy-aethyl)-disulfid, HOOC·CH(NH₂)·CH₂·S·S·CH₂·CH(NH₂)·COOH; eine schwefelhaltige Diaminokarbonsäure, die sich durch Reduktion leicht in 2 Moleküle Zystein aufspaltet; Z. wirkt als Redoxsystem bei biolog. Prozessen mit u. ist an der Aktivierung gewisser Enzyme beteiligt (↑Proteasen); durch hohen Gehalt an Z. sind die ↑Keratine (Nägel, Haare, Wolle usw.) ausgezeichnet; bei Zystinurie (kongenitaler Defekt der Nierenfunktion) im Harn in vermehrter Menge auftretend, in Blasen- u. Nierensteinen evtl. vorhanden. Eine angeborene schwere Störung des Zystein/Zystinstoffwechsels ist die ↑Zystinose (Fanconi' Syndrom), wobei in Geweben u. Organen Zystin abgelagert wird.
~diathese: krankhafte Störung des Zystinstoffwechsels. [8]

Zystinose oder **Zystinspeicherkrankheit:** Syn. Kaufmann–Abderhalden–De Lignac' od. Abderhalden-Fanconi' Krankheit; autosomal-rezessiv vererbbare Zystinstoffwechselstörung. 2 Typen: a) subakute Form, Kinder sterben vor dem 3. Lebensjahr, b) beim chron. Typ steht die „rachitoide Osteopathie" im Vordergrund. Pathogenese: prim. enzymat. bedingte Hemmung des Abbaus von ↑Zystin. Es kommt zur Ablagerung von hexagonalen u. prismenförmigen doppelbrechenden Zystinkristallen im RHS von Milz, Leber, Lymphknoten u. Knochenmark; weniger stark werden Kristalle auch in das interstitielle Bindegewebe in prakt. alle Organe (mit Ausnahme der Muskeln, Nerven u. Haut) eingelagert. Oft Niereninsuffizienz als Folge einer interstitiellen Nephritis; im Knochensystem Fibrose der Knochenbälkchen neben enchondralen u. periossalen Ossifikationsanomalien. [4]

Zystin|speicherkrankheit ↑Zystinose. [4]
~steine: gelbe, eiförmige, weiche Harnsteine (röntgennegativ!) infolge Zystinausfällung im sauren Milieu bei ↑Zystinurie entstehend, deshalb häufig rezidivierend.
~urie: Syn. De Toni–Debré–Fanconi' Syndrom: erhöhte Zystinausscheidung im Harn (0,75 bis 1,0 g/24 h statt normalerweise 300 mg), gleichzeitig erhöhte Lysin-, Arginin- u. Ornithinausscheidung infolge defekter tubulärer Reabsorption; vererblich. Nicht zu verwechseln mit Zystinose; fehlt Zystinspeicherung im Gewebe. [24]

Zystitis ∗ **Cystitis** ⟨*griech*⟩ *f:* Harnblasenentzündung, fast ausschließlich bakterielle Infektion infolge lokaler Abwehrschwäche (Erkältung o.ä.) oder Verletzung (Katheter!) der Blasenschleimhaut. Infektionsweg: a) aszendierend urethrogen (durch die Harnröhre), nicht selten nach Einführen von Kathetern u. Instrumenten, b) deszendierend von der Niere durch Harnleiter fortgeleitet (z.B. Pyelonephritis, Pyonephrose, bes. auch Tuberkulose), c) hämatogen, d) lymphogen oder per continuitatem bei Adnexitis, Prostatitis u. ä., e) durch Fremdkörper (Steine, zu masturbator. Zwecken eingeführte Fremdkörper usw.). Sonderformen: a) ↑Strahlenzystitis, ↑Ulcus radiologicum, b) ↑Ulcus simplex. Kin.: 1. ↑Pollakisurie, 2. (terminale) ↑Strangurie, 3. ↑Pyurie, 4. ↑Hämaturie. Man unterscheidet a) Blasenkatarrh - katarrhalische Zystitis: diffuse (gleichmäßige) Rötung u. Schwellung der Schleimhaut, manchmal auch fleckförmig oder herdförmig mit Blutungsneigung, sog. hämorrhag. Zystitis (nur Schleimhaut befallen), b) eitrige Zystitis (Cystitis purulenta); schwere eitrige bis phlegmonöse Durchsetzung der Schleimhaut, manchmal mit Ausbildung von Geschwüren (Cystitis ulcerosa, bei Inkrustation: Ulcus incrustatum oder Cystitis incrustata); Mitbefall der inneren Schichten der muskulären Blasenwand, c) nekrotisierende (Uro)Zystitis mit Durchsetzung der ganzen Blasenwand, auch Cystitis phlegmonosa oder Cystitis gangraenescens oder Cystitis gangraenosa genannt, wobei sich Teile der Schleimhaut u. auch Teile der Muskularis als Membranfetzen abstoßen können (Cystitis membranosa oder Cystitis membranacea). Folgen: a) meist defektlos ausheilend, b) defektlose Ausheilung möglich, aber nicht immer, c) häufig durch bindegewebigen Ersatz u. Narbenschrumpfung ↑Schrumpfblasenentstehung. Verlaufsformen: entweder akut, dann meist bald Heilung, oder chron., dann jahrelang weiterbestehend u. in schweren Fällen erst funktionelle, später anatom. ↑Schrumpfblase. Diagnose: Harnsediment u. Erregerresistenz-Bestimmung u. (nur wenn nötig u. nicht bei frischen, akuten Fällen als „Routineuntersuchung") Zystoskopie. Aber: jede Blasenentzündung, die auf normale Therapie nicht anspricht u. weiterbesteht, unbedingt zystoskopieren u. Ursache ermitteln. [24]

Zystitom ⟨*griech*⟩ *n:* Instrument zur Eröffnung der Linsenkapsel bei der extrakapsulären Staroperation. [36]

Zystizerken *Pl* von **Zystizerkus** ⟨*griech*⟩: Finnen, Entwicklungsstadium vieler ↑Bandwürmer. [58]

Zystizerkoid ⟨*griech*⟩: Entwicklungsstadium der Finne bei niederen ↑Bandwürmern.

Zystizerkose ✻ **Cysticercosis** ⟨*griech*⟩ *f:* Erkrankung durch Zystizerken des Schweinebandwurmes. Diese können sich prakt. in allen Organen, aber mit unterschiedlicher Häufigkeit, ansiedeln u. nach Jahren durch Verkalkung röntgenolog. nachweisbar werden. Die Z. kann beim Menschen bei der nicht seltenen Absiedlung im Gehirn, im Auge u. a. lebensgefährliche Komplikationen hervorrufen. [58]

Zystogramm ⟨*griech*⟩ *n:* Röntgendarstellung der Harnblase durch Auffüllen mit 1. Kontrastmittel zur Darstellung von Divertikeln; 2. Luft u. Kontrastmittel zur Darstellung von Tumoren u. Steinen (↑Kneise-Schober-Pfütze u. Polyzystographie); 3. Kontrastmittel in mehreren Füllungsstufen, „Stufenzystographie" zur Überprüfung der Beweglichkeit der Harnblasenwand bei Blasentumoren. [24]

Zystoide der Ureteren ⟨*griech*⟩ *n, Pl:* zystisch-spindelförmige Auftreibungen (hypotoner Abschnitt) zwischen enggestellten Abschnitten (hypertoner Abschnitt) des Harnleiters entsprechend der funktionellen Segmentierung beim Harntransport von Niere zur Blase (Harnleiterperistaltik). [24]

Zystokarzinom ⟨*griech*⟩ *n:* ein Krebs, der eine größere mit freiem Auge erkennbare und /oder zahlreiche kleinere mikroskop. wahrnehmbare Zysten bildet, die aus Erweiterungen drüsenartiger Schläuche entstanden sind; Vorkommen im Ovar, Brustdrüse u. a. [5]

Zystom ⟨*griech*⟩ ↑Zystadenom. [25]

Zysto|pyelitis ⟨*griech*⟩ *f:* gleichzeitige Entzündung der Blase u. des Nierenbeckens (aszendierende Infektion); nach neuerer Anschauung besser von vornherein als Zystopyelonephritis anzusprechen (Nierenparenchym ist prakt. immer mitbeteiligt; ↑Pyelonephritis). [24]

~skop *n:* (Nitze, 1879 in Wien erste erfolgreiche Zystoskopie am Menschen) erstes brauchbares Instrument zur Besichtigung des wassergefüllten Blasenhohlraumes nach Einführen durch die Harnröhre mit elektr. Beleuchtung am blasenwärtigen Ende (Schnabel) u. opt. System (Optik), Vorläufer aller modernen ↑Endoskope. Verbesserungen durch a) Spülvorrichtung (Nitze, 1887), sog. Spülzystoskop, b) Anbau eines Katheterschiebers zum Steuern der Harnleiterkatheter (Casper, 1896), c) Katheterhebel (Albarran, 1898), d) Ventilverschlüsse (Kollmann' Schiebeverschluß 1900, Ringleb' Kugelventil, 1906), e) leistungsfähigere Optiken (Kollmorgen u. Zeiss, 1906, Ringleb, 1910), f) Dauerspüleinrichtung (Ringleb, 1906). In den letzten Jahren fundamentale Neuerung der Licht- u. der Bildübertragung durch Glasfiberlicht (12fache Helligkeit) u. Fiberoptiken (↑Fiberendoskope), wobei neuerdings mittels Quarzfibern u. ultraviolettem Licht ↑Fluoreszenzzystoskopie zur Karzinomdiagnose erfunden wurde. Zahlreiche Zystoskopmodelle: 1. einfache Untersuchungs- u. Spülzystoskope zur Blasendiagnostik; 2. Ureterenzystoskope zur einseitigen (oder doppelseitigen) Harnleiterkatheterung; 3. Operationszystoskope, durch die mit flexiblen Instrumenten bis 10 Charrière in der Blase operiert werden kann; 4. ↑Urethrozystoskope; 5. Resektoskope (↑Prostataresektion, ↑Elektroresektion), 6. zystoskop. Zangen- u. Knackgeräte ↑Lithotriptor, ↑Lithoklast, ↑Young' Zange; 7. zystoskop. Absauginstrumente (Evakuator), ↑Litholapaxie; 8. schwachkalibrige Zystoskope für Kinder u. Säuglinge, Foto-, Film- u. Fernsehzystoskope u. v. a. Voraussetzung für jede Zystoskopie: a) Harnröhre muß passierbar sein, b) Blase muß auffüllbar sein, c) Blase muß klarzuspülen sein.

~stomie *f:* Fistelung der Harnblase (↑Trokarfistel der Harnblase).

~stomose: angelegte Blasenfistel.

~tomie *f:* Blasenschnitt, operative Eröffnung der Harnblase. [24]

Zystozele *f:* Einstülpung des Harnblasenbodens in die vordere Vaginalwand, z. B. bei Gebärmuttervorfall u. starker Retroflexio uteri. Folge sind Harnabflußstörungen. [5]

Zystagenin: nach Heinemann u. Seydenheim ein in den Erythrozyten vorhand. Faktor, der die auch im menschl. Blut nachweisbare ↑Organismenstrahlung verstärkt. [11]

Zytidin: Zytosinribosid; ↑Ribonukleoside, ↑Desoxyzytidin.

~monophosphat, ~diphosphat, ~triphosphat: die Phosphorylierung des Zytidinmonophosphat (CMP) zu den energiereichen Zytidindiphosphat (CDP) u. Zytidintriphosphat (CTP) erfolgt mit ATP. ATP, CDP u. CTP sind an der Synthese der komplexen Lipide, Lezithine, Kephaline, Phosphatidyl-Ionosite, Sphingomyeline, Sphingosine u. a. beteiligt, da für die Synthese die einzubauenden Alkohole in eine reaktionsfähige „aktive" Form gebracht werden müssen, z. B. wird für die Synthese des Lezithins der Alkohol Cholin vermittels einer spezif. Kinase durch ATP zum Cholinphosphat phosphoryliert; dies reagiert mit CTP unter Bildung von CDP-Cholin u. Abspaltung von Pyrophosphat. Das aktivierte Cholin im CDP-Cholin reagiert nun mit einem Diglyzerid unter Bildung von Lezithin u. Freisetzung von CMP, das durch ATP zum CTP phosphoryliert wird. [8]

Zytidylsäure: das Nukleotid Zytidinmonophosphat (3 Isomere 2′, 3′, 5′); ↑Ribonukleinmonophosphat. [8]

Zytoarchitektonik ⟨*griech*⟩ *f:* bes. räumliche Verteilung der verschieden großen u. verschieden gestalteten Nervenzellen im Bereich der Großhirnrinde. Aufstellung von sog. zytoarchitekton. Hirnrindenkarten (Brodmann, C., u. O. Vogt, v. Economo u. Koskinas); ↑Großhirnrinde. [2]

Zytoblastom ⟨*griech*⟩ *n* ↑Meristom. [5]

Zytisin: Alkaloid aus dem Goldregen (Cytisus laburnum) mit nikotinartiger Wirkung auf die sympath. Ganglien; enthalten in allen Pflanzenteilen. [44]

Zytodiagnostik ⟨*griech*⟩: Zytoskopie; mikroskop. Untersuchung von Zellen, gewonnen durch Abstriche, Organpunktionen u. aus Körperflüssigkeiten, Sekreten u. Exkreten. Bewertet wird vor allem die Struktur der Einzelzelle; die Z. ist deshalb weniger sicher als die histolog. Diagnostik, bedeutungsvoll aber als Voruntersuchung, bes. für die Pathologie des Kollumkarzinoms. [5]

Zytokarzinolytische Reaktion ↑Freund–Kaminer' Reaktion. [4]

Zytokrinie ⟨*griech*⟩ *f:* Überführung von Pigmentkörpern in andere Zellen aus eingestülpten Zellfortsätzen pigmentbildender Zellen. [6]

Zytologie ⟨*griech*⟩: ↑Zellenlehre. [2]

Zytolyse ⟨*griech*⟩ *f:* eine Form des Unterganges von Zellen, die durch eine Auflösung der Zellorganellen u. Zerfall der Zellmembran mit Austritt der Zellbestandteile in die Umgebung charakterisiert ist. Der Prozeß wird wahrscheinlich durch die Einwirkung hydrolyt. Enzyme bedingt. [6]

Zytolysine: 1. in der Immunologie: zellauflösende Antikörper, die meist nur in Gegenwart von ↑Komplement lysierend wirken; 2. Zellen auflösende Giftstoffe (z. B. Schlangentoxin, Streptolysin). [39]

Zytolysomen ⟨*griech*⟩ *n, Pl:* Syn. Zytosegresomen: autophagozytäre Vakuolen, partieller Zelltod; unter verschiedenen Bedingungen auftretender herdförmiger Untergang von Zytoplasmaarealen mit den dort liegenden Organellen wie Mitochondrien u. endoplasmat. Retikulum. Die Bezirke werden von einer Membran umgeben u. sind aus dem normalen Stoffwechselgeschehen ausgeschaltet. Unter der Mitwirkung von lytisch wirkenden Enzymen bes. aus den Lysosomen werden die Bestandteile abgebaut. Als Rest bleibt eine Vakuole, ein „dense body" oder ein Pigmentkörper, z. B. Lipofuszin zurück. Das Endstadium wird als ↑Telolysom bezeichnet. [6]

Zytomegalie ✱ **Cytomegalia infantum** ⟨*griech, lat*⟩: Einschlußkörperchenkrankheit. Speicheldrüsenviruskrankheit mit protozoenähnlichen u. a. Zellen. Frühkindliche, virusbedingte Krankheit (↑Zytomegalieviren), deren Einschlußkörperchen sich in Kern u. Plasma befinden. Anatom. am häufigsten Speicheldrüsen befallen. Klin. Diagnose wegen Vielgestaltigkeit des Krankheitsbildes nur per exclusionem möglich. Evtl. Zellnachweis im Harnsediment u. im Speichel, Differentialdiagnose gegenüber Toxoplasmose, Syphilis, Erythroblastose, fetalen u. frühkindlichen Infektionen erforderlich. [5]

~viren: Speicheldrüsenviren, 100–200 nm große, ätherempfindliche Viren der Herpesgruppe. Überwiegender Befall der Speicheldrüsen von Mensch u. Tier (↑Zytomegalie). Nachweis durch Erregerisolierung (zytopath. Effekt in menschlichen Fibroblastenkulturen), durch Antikörperbestimmung mit KBR u. Virusneutralisationsreaktion bzw. Nachweis der zytoplasmat. Einschlußkörper in Speichel, Liquor, Urin u. Leberbiopsiematerial. [40]

Zytomembranen ⟨*griech, lat*⟩ *f, Pl:* ↑Membran; vereinzelt als α, β, γ-Zytomembranen gebrauchte Unterteilung der intrazellulären Membranen, α-Zytomembranen = endoplastisches Retikulum, β-Zytomembranen = Einfaltungen der Zellmembran, γ-Zytomembranen = Membranen des Golgi-Feldes. [6]

Zytometrie ⟨*griech*⟩: Zellmessung mit Hilfe des Mikroskops. [29]

Zytonukleoproteine ⟨*griech, lat*⟩ *n, Pl:* postulierte Nukleoproteide, die vom Zytoplasma zum Kern zur Informationsübertragung wandern sollen. [6]

Zytopathischer Effekt: durch bestimmte Viren hervorgerufene Infektion der Zellkultur, der makroskop. als Plaquebildung u. mikroskop. als Zelldegeneration in Erscheinung tritt. [40]

Zytophagen ⟨*griech*⟩ *m, Pl:* wörtlich Zellfresser; Syn. ↑Makrophagen. [11]

Zytopempsis ⟨*griech*⟩ *f:* Aufnahme von wäßrigen Bestandteilen in Bläschen in eine Zelle u. Transport durch die Zelle ohne Veränderung mit nachfolgender Abgabe an der Zellbasis, z. B. in Endothelzellen. Der Vorgang wird auch als „transmission by cell" bezeichnet. [6]

Zytoplasma ⟨*griech*⟩: neben dem Kern wesentlicher Bestandteil der ↑Zelle. Das Z. läßt sich heute in verschiedene ↑Organellen differenzieren, die im ↑Grundplasma liegen. Teilweise wird der Begriff nur für das Grundplasma zwischen den Organellen benutzt. An der Oberfläche sind oftmals Fortsätze zu sehen. [6]

~fortsätze: kurze oder lange, mehr oder weniger verzweigte Zellfortsätze, die z. B. bei Fibrozyten u. Retikulumzellen vorkommen. Bes. gut entwickelte u. sehr stark dichotomisch verzweigte Zytoplasmafortsätze sind bei Nervenzellen ausgebildet. Sie werden ↑Dendriten bezeichnet.

~membran: Oberflächendifferenzierung der tier. u. pflanzlichen Zellen. Auf Grund lichtmikroskop. Untersuchungen war man bisher der Meinung, daß viele Zellen keine echten Zellmembranen besitzen. Diese im Elektronenmikroskop jedoch bei allen Zellen nachgewiesenen meist dreischichtig erscheinenden Zytoplasmamembranen grenzen nicht nur den Zellbezirk nach außen ab, sondern haben auch erhebliche fuktionelle Bedeutung (Zellstoffwechsel, Aufrechterhaltung des Ionengleichgewichtes, Enzymnachweis, ↑Pinozytose). [2]

Zytosegresom ⟨*griech*⟩ ↑Zytolysomen. [6]

Zytosin: Derivat des Pyrimidins = 2-Hydroxy-6-aminopyrimidin in DNS u. RNS vorkommende ↑Nukleobase. [8]

Zytoskelett ⟨*griech*⟩ *n:* die im Zytoplasma der Zelle vorhandenen ↑Mikrotubuli sollen ein stützendes Skelett bilden. [6]

Zytoskopie ⟨*griech*⟩ ↑Zytodiagnostik. [5]

Zytosom ⟨*griech*⟩ *n:* membranumgebender Zellkörper, z. T. mit ↑Microbodies oder ↑Lysosomen gleichzusetzen. [6]

Zytostatika ⟨*griech*⟩ *n, Pl:* zytostat. Substanzen, die tumorhemmend oder tumorabtötend wirken. Karzinotox. Pharmaka, die auch als Immunsuppressiva zur Anwendung kommen. Mit diesen Stoffen bahnt sich ein Weg der chemotherapeut. Beeinflussung des Krebses an, z. B. Pentamidin, Thiourazil, Urethan, Lost, Phosphorsäureesterverbindungen des Stickstofflostes; Äthyleniminogruppen verbunden mit Triazin- u. Chinongrundkörpern usw. Antimetaboliten, synthetisiert durch mäßige chem. Veränderung von ↑Purinen u. ↑Pyrimidinen, z. B. Folsäure-Antagonisten. [5]

zytotoxisch ⟨*griech*⟩: allgemeine Bezeichnung für die zellschädigende Wirkung zahlreicher anorgan. u. organ. Stoffe, die neben anderen Gewebsschäden im Blut eine tox. Anämie hervorrufen können. [11]

Zytotoxizitätstest: viel benutztes Verfahren der Transplantations- u. Tumorimmunologie, das der in-vitro-Untersuchung zellulärer und/oder humoraler Immunmechanismen gegen die Zellen bestimmter Gewebe, Organe oder experimenteller u. menschlicher Tumoren dient. Die zu testende Zellsuspension wird mit Immunzellen (Lymphozyten) und/oder Immunantikörpern (Immunserum + Komplement) zusammengemischt u. bestimmte Zeit inkubiert. Die Lebens- bzw. Vermehrungsfähigkeit der zu testenden Zellsysteme wird durch verschieden empfindliche Farbindikator-Methoden oder in der Zellkultur geprüft. Im weiteren Sinne gehören alle bakteriolog./virolog./serolog. Systeme hierher, die die Immunbakterizidie oder -bakteriolyse untersuchen, einschließlich der Methoden, die zur Erkennung des Reaktionsablaufs ein immunhämolyt. System u. ä. benötigen; ↑Komplementbindungsreaktion, ↑Nelson-Test, ↑Virusneutralisationstest. [40]

Zytotropismus: Sammelbezeichnung für die Eigenschaft, z. B. der zytotropen Viren, sich nur in lebenden Zellen zu vermehren. [50]

Zytotubuli ⟨*griech, lat*⟩ *m, Pl* ↑Mikrotubuli. [6]

Zytozym ↑Thrombokinase. [11]

ANHANG

Die lateinischen Grundzahlen von 1–1000

1	I	unus (una, unum)
2	II	duo (duae, duo)
3	III	tres (tria)
4	IIII (IV)	quattuor
5	V	quinque
6	VI	sex
7	VII	septem
8	VIII	octo
9	VIIII (IX)	novem
10	X	decem
11	XI	undecim
19	XVIIII (XIX)	undeviginti
20	XX	viginti
30	XXX	triginta
40	XXXX (XL)	quadraginta
50	L	quinquaginta
60	LX	sexaginta
70	LXX	septuaginta
80	LXXX	octoginta
90	LXXXX (XC)	nonaginta
100	C	centum
101	CI	centum unus
200	CC	ducenti, ae, a
300	CCC	trecenti, ae, a
400	CD	quadringenti, ae, a
500	D	quingenti, ae, a
600	DC	sescenti, ae, a
700	DCC	septingenti, ae, a
800	DCCC	octingenti, ae, a
900	CM	nongenti, ae, a
1000	M	mille

Mathematische Konstanten

$\pi = 3{,}141\,592\,653\,6$ | $\log e\,\pi = 1{,}144\,729\,885\,8$ | $\text{Log}_{10}\,\pi = 0{,}497\,149\,872\,7$

	Zahl	Logarithmus
π	3,1415927	0,4971
2π	6,2831853	0,7982
3π	9,4247780	0,9743
4π	12,5663706	1,0992
8π	25,1327412	1,4002
$\pi/2$	1,5707963	0,1961
$\pi/3$	1,0471976	0,0200
$\pi/4$	0,7853982	9,8951–10
$\pi 6$	0,5235988	9,7190–10
$\pi 8$	0,3926991	9,5940–10
$2\pi/3$	2,0943951	0,3210
$4\pi/3$	4,1887902	0,6221
$1/\pi$	0,3183099	9,5028–10
$2/\pi$	0,6366198	9,8039–10
$4/\pi$	1,2732395	0,1049
$1/(2\pi)$	0,1591549	9,2018–10
$1/(4\pi)$	0,0795775	8,9008–10
$1/(6\pi)$	0,0530516	8,7247–10
$1/(8\pi)$	0,0397887	8,5998–10
π^2	9,8696044	0,9943
$2\pi^2$	19,7392088	1,2953
$4\pi^2$	39,4784176	1,5963

	Zahl	Logarithmus
$1\pi^2$	0,1013212	9,0057–10
$1/(2\pi^2)$	0,0506606	8,7047–10
$1/(4\pi^2)$	0,0253303	8,4036–10
$\sqrt{\pi}$	1,7724539	0,2486
$\sqrt{\pi/4}$ oder $\sqrt{\pi}/2$	0,8862269	9,9475–10
$\sqrt{\pi/4}$	0,4431135	9,6465–10
$\sqrt{\pi/2}$	1,2533141	0,0980
$\sqrt{2/\pi}$	0,7978846	9,9019–10
π^3	31,0062767	1,4914
$\sqrt[3]{\pi}$	1,4645919	0,1657
$1/\sqrt[3]{\pi}$	0,6827841	9,8343–10
$\sqrt[3]{\pi^2}$	2,1450294	0,3314
$1/\sqrt{\pi}$	0,5641896	9,7514–10
$2/\sqrt{\pi}$ oder $\sqrt{4/\pi}$	1,1283792	0,0524

$e = 2{,}7182818285$ | $1/e = 0{,}3678794412$

Bezeichnungen und Symbole von Vielfachen und Teilen

Symbol	Bezeichnung	Umrechnung	
T	Tera-	10^{12}	1 000 000 000 000
G	Giga-	10^{9}	1 000 000 000
M	Mega-	10^{6}	1 000 000
k	Kilo-	10^{3}	1 000
h	Hekto-	10^{2}	100
da* dk**	Deka-	10^{1}	10
d	Dezi-	10^{-1}	0,1
c	Zenti-	10^{-2}	0,01
m	Milli-	10^{-3}	0,001
μ	Micro-	10^{-6}	0,000 001
n	Nano-	10^{-9}	0,000 000 001
p	Pico-	10^{-12}	0,000 000 000 001

* Schweiz, Frankreich, Belgien ** England

Mittelwert und Streuung

Die wichtigsten Größen einer Gruppe von Beobachtungsdaten (eines statistischen Kollektivs) sind der *Mittelwert* und die mittlere quadratische Abweichung (*Standardabweichung*) bzw. deren Quadrat (*Streuung* oder *Varianz*).
Der Mittelwert x einer Stichprobe ist das arithmetische Mittel der Einzelwerte x_i:

$$x = \frac{\Sigma x_i}{N} \tag{1}$$

wobei N die Anzahl der Einzelwerte bezeichnet.
Die Standardabweichung s bzw. Streuung s^2 ist ein Maß dafür, wie stark die Einzelwerte vom Mittelwert abweichen. Sie berechnet sich nach der Formel:

$$s = \sqrt{\frac{\Sigma (x_i - x)^2}{N - 1}} \tag{2a}$$

Praktisch sind folgende Formeln:

$$s = \sqrt{\frac{\Sigma x_i^2 - x \Sigma x}{N - 1}} \tag{2b}$$

oder

$$s = \sqrt{\frac{\Sigma x_i^2}{N - 1} - \frac{(\Sigma x_i)^2}{N(N - 1)}} \tag{2c}$$

Chemische Bezugseinheiten

Masse/Masse

Bezeichnung	Symbol	Definition
		Feste Stoffe
Masseprozent	% (Gew.-%)	Gramm des Stoffes in 100 Gramm Gesamtmasse
Milligrammprozent	mg-%	Milligramm des Stoffes in 100 Gramm Gesamtmasse
Molprozent	mol-%	Vor allem bei Angaben isomorpher Mischungen, Schmelzen usw.
		Lösungen
Masseprozent	% (Gew.-%)	Gramm des gelösten Stoffes in 100 Gramm Lösung
	g/100 g Lm.	Gramm des gelösten Stoffes in 100 Gramm Lösungsmittel
	mg-%	Milligramm des gelösten Stoffes in 100 Gramm Lösung
	mol/100 g Lösung g-atom/100 g Lösung val/100 g Lösung usw.	Mol bzw. g-atom bzw. val des gelösten Stoffes auf 100 g Lösung usw.
	mol/100 g Lm. g-atom/100 g Lm. val/100 g Lm. usw.	Mol bzw. g-atom bzw. val des gelösten Stoffes auf 100 Gramm Lösungsmittel usw.
Molverhältnis	mol-%	Mol des gelösten Stoffes auf 100 Mol Lösung
	mol-‰	mmol des gelösten Stoffes auf 1 mol, bzw. mol des gelösten Stoffes auf 1000 mol Lösung
	mol/100 ml Lm.	Mol des gelösten Stoffes auf 100 mol Lösungsmittel
	mol/1000 mol Lm.	Mol des gelösten Stoffes auf 1000 mol Lösungsmittel
Verdünnung	g Lm./1 g gel.	Gramm Lösungsmittel auf 1 Gramm gelösten Stoff
	mol Lm./1 mol gel.	Mol Lösungsmittel auf 1 mol gelösten Stoff
		Gase
Masseprozent	% (Gew.-%)	Gramm des betrachteten Gases in 100 g der Gasmischung
Molprozent	mol-%	Mol des betrachteten Gases in 10 mol aller Komponenten
Molal	mol/1000 g Lm.	mol / g-atom } des betrachteten Stoffes in 1000 g Lösungsmittel

Masse/Volumen		
		Lösungen
	g/100 ml Lösung	Gramm des gelösten Stoffes in 100 ml Lösung
	mg-%	Milligramm des gelösten Stoffes in 100 ml Lösung
	g/l	Gramm des gelösten Stoffes in 1 Liter Lösung
	g/100 ml	Gramm des gelösten Stoffes in 100 ml Lösung
	g/100 ml Lm.	Gramm des gelösten Stoffes in 100 ml Lösungsmittel
Molar	mol/l	mol } des betrachteten Stoffes in 1 Liter Lösung
	g-atom/l	g-atom } des betrachteten Stoffes in 1 Liter Lösung
Normal	n (engl. N) val/l	Grammäquivalent des gelösten Stoffes in 1 Liter Lösung (0,1 n, 0,01 n usw.)
Volumen/Volumen		
Volumenprozent	Vol.-%	1 ml gelösten Stoffes in 100 ml Lösung oder 1 ml Gas in 100 ml Lösung oder 1 ml Gas in 100 ml Gasmischung

Spurenelemente in mg pro 100 g Trockengewicht (mg%)

Element	Säugetiere	Blut (frisch)	Gehirn	Leber	Lunge	Niere	Muskel	Herz	Haut	Knochen	Haar	Bedarf des Menschen in mg/Tag
Co	0,003	0,000033	0,0006	0,02	0,006	0,005	0,0016	0,005	<0,003	0,09	1,5	0,0002
Cu	0,24	0,11	2,2	1,9	0,58	1,2	0,31	1,4	0,17	0,1	8,0	2–5
Fe	16	47,5	20	52	130	29	14	19	2,9	20	13	12–15
J	0,04	0,006	0,04	0,00015	0,0001	0,009	0,012		0,17	0,05		0,2
Mn	0,02	0,0026	0,11	0,27	0,08	0,38	0,021	0,08	0,02	0,02	0,1	3–9
Mo	<0,01	0,0004	<0,2	0,28	<0,02	0,14	<0,02	0,02	<0,007	0,02		(0,7)
Zn	16	0,65	4,6	13	6,2	21	18	11	1,3	12	1,7	10–15
Mg	100	4,1	5,5	48	41	55	63	64	15	170		200–400

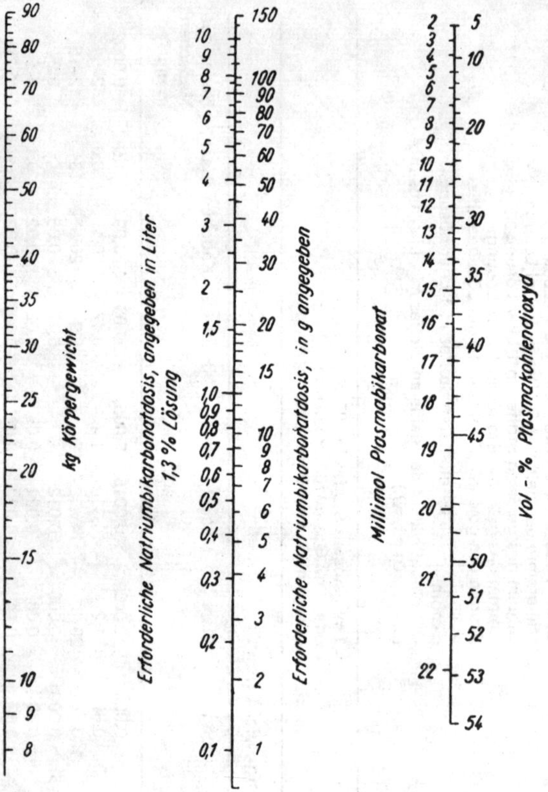

Nomogramm zur Berechnung der Bikarbonatmenge bei Azidose

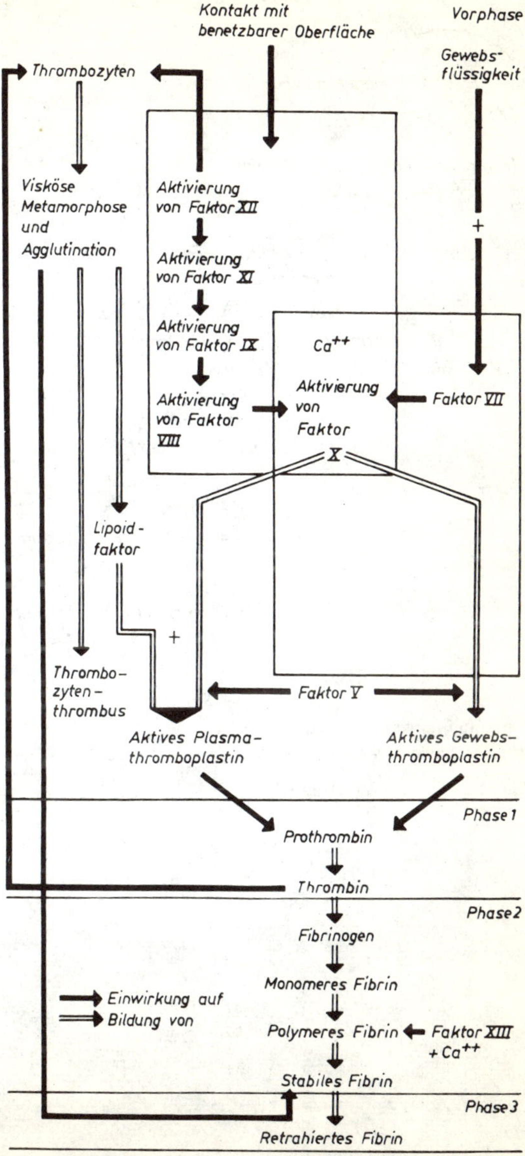

Vorgänge bei der Blutgerinnung (Wissenschaftl. Tab. Geigy, 7. Aufl. 1969)

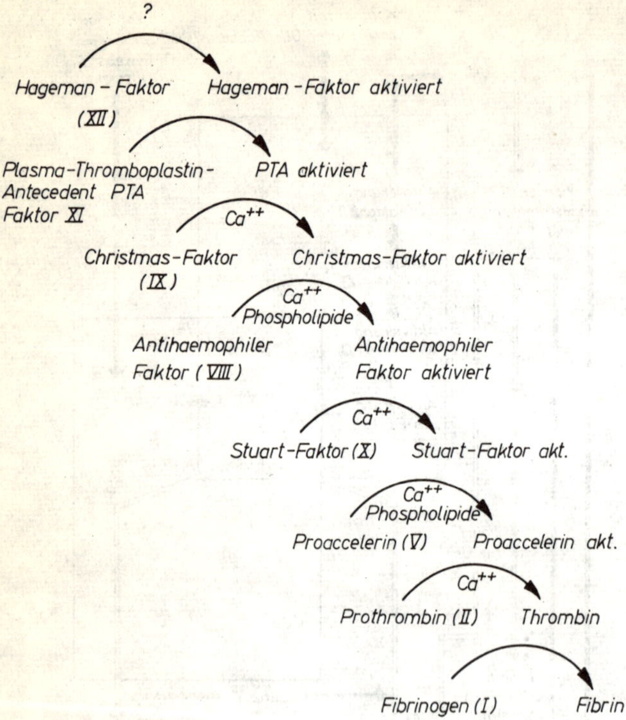

Kaskadentheorie der Blutgerinnung
nach Ratnoff u. Davie sowie Macfarlane

Periodensystem der Elemente (nach F. A. Cotten und G. Wilkinson)

Periode / Außenschale	I a	II a	III a	IV a	V a	VI a	VII a	VIII			I b	II b	III b	IV b	V b	VI b	VII b	O
1 1_s	1 H																1 H	2 He
2 2s2p	3 Li	4 Be											5 B	6 C	7 N	8 O	9 F	10 Ne
3 3s3p	11 Na	12 Mg											13 Al	14 Si	15 P	16 S	17 Cl	18 Ar
4 4s3d 4p	19 K	20 Ca	21 Sc	22 Ti	23 V	24 Cr	25 Mn	26 Fe	27 Co	28 Ni	29 Cu	30 Zn	31 Ga	32 Ge	33 As	34 Se	35 Br	36 Kr
5 5s4d 5p	37 Rb	38 Sr	39 Y	40 Zr	41 Nb	42 Mo	43 Tc	44 Ru	45 Rh	46 Pd	47 Ag	48 Cd	49 In	50 Sn	51 Sb	52 Te	53 J	54 Xe
6 6s (4f) 5d 6p	55 Cs	56 Ba	57* La	72 Hf	73 Ta	74 W	75 Re	76 Os	77 Ir	78 Pt	79 Au	80 Hg	81 Tl	82 Pb	83 Bi	84 Po	85 At	86 Rn
7 7s (5f) 6d	87 Fr	88 Ra	89** Ac	104 Ku														

*Lanthaniden-Reihe 4f	58 Ce	59 Pr	60 Nd	61 Pm	62 Sm	63 Eu	64 Gd	65 Tb	66 Dy	67 Ho	68 Er	69 Tm	70 Yb	71 Lu
**Actiniden-Reihe 5f	90 Th	91 Pa	92 U	93 Np	94 Pu	95 Am	96 Cm	97 Bk	98 Cf	99 Es	100 Fm	101 Md	102 (No)	103 Lw

Radionuklide, die in der Diagnostik und/oder Therapie als offene Präparate angewendet werden

Beta- und Beta-Gamma-Strahler

Nuklid	Halbwertzeit	max. Energie der emittierten Betateilchen $E_{\beta\,max}$ [MeV]	Gammalinien MeV in () % emittierten Quanten	spezifische Gammastrahlen-konstante Γ [R · m²/h · Ci]
^{3}H	12,262 a	0,0186	–	–
^{14}C	5730 a	0,156	–	–
^{24}Na	15 h	1,389	2,754(100); 1,369(100)	1,828
^{32}P	14 h	1,710	–	–
^{42}K	12,44 h	3,52	1,524(18)	0,136
^{59}Fe	44,9 d	0,475	1,095(53; 1,292(45)	0,627
^{60}Co	5,26 a	0,314	1,17(100); 1,33(100)	1,298
^{64}Cu	12,8 h	0,573 β^+ = 0,656(19%) E.C.(43%)	0,511(38);	0,116
^{74}As	17,9 h	1,36(32%) β^+ = 1,54(3%) β^+ = 0,95(26%) E.C.(38%)	0,511(59); 0,596(61) 0,635(14)	0,435
^{82}Br	35,34 h	0,444	0,554(66); 0,619(41); 0,698(27) 0,777(83); 0,828(25); 1,044(29) 1,317(26); 1,475(17)	1,411
^{85}Kr	10,15 a	0,67	0,514(0,41)	0,0012
^{86}Rb	18,7 d	1,78	1,078(8,8)	0,0504

^{87m}Sr	2,84	h	–	0,388(80)	0,179
^{90}Y	64	h	2,27	–	–
^{95}Nb	35,2	d	0,160	0,765(100)	0,435
^{99m}Tc	6,02	h	–	0,140(90)	0,0608
^{113m}In	102	m	–	0,393(64)	0,145
^{111m}In	4,5	h	–	0,335(50)	0,0949
^{131}J	8,07	d	0,606	0,364(82)	0,212
^{132}Te	78	h	0,22	0,23(90); 0,053(17)	0,117
^{132}J	2,35	h	2,12	0,52(20); 0,67(144); 0,773(89) 0,955(22); 1,4(14)	1,333
^{133}Xe	5,36	d	0,346	0,081(37)	0,0142
^{198}Au	2,7	d	0,96	0,412(95); 0,676(1)	0,231
^{203}Hg	47,13	d	0,214	0,279(77)	0,119

Positronen- und K-Strahler

Nuklid	Halbwertszeit	$E_{\beta^+ max}$ [MeV]	Gammalinien MeV in () % emittierten Quanten	spezifische Gammastrahlenkonstante Γ[R · m²/h · Ci]
^{11}C	20,33 m	1,0	0,511(200)	0,591
^{13}N	10,00 m	1,2	0,511(200)	0,591
^{18}F	109,8 m	0,6	0,511(194)	0,573
^{51}Cr	27,8 d		VK, 5 keV; 0,32(9)	0,016*)
^{57}Co	269 d		Fe K, 6,4 keV; 0,122(87); 0,136(11)	0,097
^{58}Co	71,4 d		Fe K, 6,4 keV; 0,511(30); 0,81(99)	0,551
^{67}Ga	78,4 h		Zn K, 8,7 keV; 0,093(40); 0,184(24); 0,296(22); 0,388(7)	0,0917
^{68}Ga	68,2 m	1,90	Zn K, 8,7 keV; 0,511(176); 1,078(3,5)	0,544
^{75}Se	122 d		As K, 10,6 keV; 0,136(57); 0,265(60); 0,280(25)	0,202
^{85}Sr	64,7 d		Rb K, 13,4 keV; 0,514(100)	0,297
^{123}J	13,1 h		Te K, 27,4 keV; 0,159(83) Tm K, 51 keV; Tm L, 7,6 keV (56)	0,0652
^{125}J	59,2 d		Te K, 27,4 keV; 0,035(7)	0,044
^{131}Ba	11,7 d		Cs K, 31 keV; 0,496(48); 0,124(28); 0,216(19) 0,373(13)	
^{169}Yb	31,8 d		0,063(45); 0,110(18); 0,131(11) 0,177(22); 0,198(35); 0,308(10)	
^{197}Hg	65 h		Au K, 69 keV; 0,077(18); 0,191(2)	0,0089

Zerfallsenergien nach Lederer, Hollander, Perlmann: Table of Isotopes, Sixth Edition 1967, John Wiley & Sons, Inc., New York, London, Sydney.
Γ-Werte nach B. Nachtigall: Tabelle spezifischer Gammastrahlenkonstanten, Verlag Thiemig KG, München 1969.

* Werte nach Bergmann und Norrby (1969). Inst. of. Physics, University of Upsala, UUJP–637, March 69

Atomgewichte (bezogen auf C = 12,000)

Element	Symbol	Ordnungszahl	Atomgewicht
Actinium	Ac	89	227
Aluminium	Al	13	26,98
Americium	Am	95	(243)
Antimon	Sb	51	121,75
Argon	Ar	18	39,948
Arsen	As	33	74,92
Astatium	At	85	(210)
Barium	Ba	56	137,34
Berkelium	Bk	97	(249)
Beryllium	Be	4	9,102
Blei	Pb	82	207,19
Bor	B	5	10,81
Brom	Br	35	79,909
Cadmium	Cd	48	112,40
Caesium	Cs	55	132,91
Calcium	Ca	20	40,08
Californium	Cf	98	(251)
Cer	Ce	58	140,12
Chlor	Cl	17	35,453
Chrom	Cr	24	52,00
Curium	Cm	96	(247)
Dysprosium	Dy	66	162,50
Einsteinium	Es	99	(254)
Eisen	Fe	26	55,85
Erbium	Er	68	167,26
Europium	Eu	63	151,96
Fermium	Fm	100	(253)
Fluor	F	9	19,00
Francium	Fr	87	(223)
Gadolinium	Gd	64	157,25
Gallium	Ga	31	69,72
Germanium	Ge	32	72,59
Gold	Au	79	196,97
Hafnium	Hf	72	178,49
Helium	He	2	4,003
Holmium	Ho	67	164,93
Indium	In	49	114,82
Iridium	Ir	77	192,2
Jod	J	53	126,90
Kalium	K	19	39,102
Kobalt	Co	27	58,93
Kohlenstoff	C	6	12,011
Krypton	Kr	36	83,80
Kupfer	Cu	29	63,54
Kurtschatovium	Ku	104	(260)
Lanthan	La	57	138,91
Lawrencium	Lw	103	...
Lithium	Li	3	6,939
Lutetium	Lu	71	174,97
Magnesium	Mg	12	24,312
Mangan	Mn	25	54,94
Mendelevium	Md	101	(256)

Element	Symbol	Ordnungszahl	Atomgewicht
Molybdän	Mo	42	95,94
Natrium	Na	11	22,9898
Neodym	Nd	60	144,24
Neon	Ne	10	20,183
Neptunium	Np	93	(237)
Nickel	Ni	28	58,71
Niob	Nb	41	92,91
Nobelium	No	102	...
Osmium	Os	76	190,2
Palladium	Pd	46	106,4
Phosphor	P	15	30,974
Platin	Pt	78	195,09
Plutonium	Pu	94	(242)
Polonium	Po	84	(210)
Praseodym	Pr	59	140,91
Promethium	Pm	61	(147)
Protactinium	Pa	91	(231)
Quecksilber	Hg	80	200,59
Radium	Ra	88	(226)
Radon	Rn	86	(222)
Rhenium	Re	75	186,23
Rhodium	Rh	45	102,91
Rubidium	Rb	37	85,47
Ruthenium	Ru	44	101,1
Samarium	Sm	62	150,35
Sauerstoff	O	8	15,9994
Scandium	Sc	21	44,96
Schwefel	S	16	32,064
Selen	Se	34	78,96
Silber	Ag	47	107,870
Silicium	Si	14	28,09
Stickstoff	N	7	14,007
Strontium	Sr	38	87,62
Tantal	Ta	73	180,95
Technetium	Tc	43	(99)
Tellur	Te	52	127,60
Terbium	Tb	65	158,92
Thallium	Tl	81	204,37
Thorium	Th	90	232,04
Thulium	Tm	69	168,93
Titan	Ti	22	47,90
Uran	U	92	238,03
Vanadium	V	23	50,94
Wasserstoff	H	1	1,0080
Wismut	Bi	83	208,98
Wolfram	W	74	183,85
Xenon	Xe	54	131,30
Ytterbium	Yb	70	173,04
Yttrium	Y	39	88,91
Zink	Zn	30	65,37
Zinn	Sn	50	118,69
Zirkon	Zr	40	91,22

Einheiten des radioaktiven Zerfalls

Internationale Einheit: Curie (Ci) = 10^3 Millicurie (mCi) = 10^6 Mikrocurie (μCi). Eine Curie (Ci) ist die Menge eines radioaktiven Nuklids, die eine Aktivität von $3{,}700 \cdot 10^{10}$ Zerfallsakten je Sekunde aufweist.

Dosimetrische Definitionen und Einheiten

Die Energiedosis *D* einer ionisierenden Strahlung ist der Quotient aus der Energie *dW*, die einem kleinen Körperelement von der Masse *dm* durch die Strahlung unmittelbar oder mittelbar zugeführt wird, und der Masse *dm:*

$$D = \frac{dW}{dm}$$

Die Einheit der Energiedosis ist das rad.

$$1\,\text{rad} = \frac{10^{-2}\,\text{Wattsekunde}}{\text{Kilogramm}} \left(\frac{\text{Ws}}{\text{kg}}\right) = \frac{100\,\text{erg}}{\text{g}}$$

Die Definition der Energiedosis gilt nicht nur für konventionelle Röntgenstrahlung, sondern für alle ionisierende Strahlenarten, einschließlich der Korpuskularstrahlung, und für alle Strahlenenergien. Die in der Medizin normalerweise benutzten Dosen gestatten es infolge ihrer geringen Energiedichte im allgemeinen nicht, die Energiedosis direkt zu messen. In der Praxis ist es allgemein üblich, diese aus der Ionendosis indirekt zu ermitteln.
Die Ionendosis *J* einer ionisierenden Strahlung ist der Quotient aus der elektrischen Ladung *dQ* eines Vorzeichens der Ionenpaare, die in einem kleinen Luftelement von der Masse *dm* durch die Strahlung unmittelbar oder mittelbar erzeugt werden, und der Masse *dm*

$$J = \frac{dQ}{dm}.$$

Die Einheit der Ionendosis ist das Röntgen:

$$1\,\text{R} = 2{,}58 \cdot 10^{-4} \frac{\text{Coulomb}}{\text{Kilogramm}} \left(\frac{\text{C}}{\text{kg}}\right)$$

$$\text{oder} \quad \frac{\text{Amperesekunde}}{\text{Kilogramm}} \left(\frac{\text{As}}{\text{kg}}\right) \triangleq \frac{1\,\text{esE}}{1{,}293\,\text{mg}}$$

Diese Definition der Ionendosis gilt für alle ionisierenden Strahlenarten und für alle Strahlenenergien. Sie gilt jedoch im Gegensatz zur Energiedosis nicht in einem beliebigen Stoff, sondern ausschließlich in Luft. Der wertmäßige Unterschied der hier definierten Einheit Röntgen ergibt sich aus der Festsetzung, daß nur zwei Stellen nach dem Komma berücksichtigt werden.
In der klassischen Röntgendosimetrie wird die Ionendosis mit einer Luftwandkammer bei Elektronengleichgewicht ermittelt. Elektronengleichgewicht bedeutet, daß die Energie, die durch Röntgenstrahlen in einer abgeschlossenen Luftmenge an sekundäre Elektronen übertragen wird, gleich der Energie ist, die in derselben Luftmenge von Elektronen an die Luft übergeben wird. Die Ionendosis bei Elektronengleichgewicht wird Standardionendosis J_s genannt.
In der Strahlentherapie werden spezielle Dosisbegriffe gebraucht.

a) Die Einfalldosis (J_E) ist die im Zentralstrahl im Fokus-Hautabstand durch eine in Luft ermittelte Standardionendosis der von der Strahlenquelle einschließlich Schutzgehäuse, Filter und Tubus ausgehenden Strahlung.
b) Die Oberflächendosis (I_O) ist die Ionendosis auf der Strahleneintrittsseite an der Oberfläche des bestrahlten Körpers.
c) Die Tiefendosis (I_T) ist die Ionendosis in einer anzugebenden Tiefe des bestrahlten Körpers. Die relative Tiefendosis ist das Verhältnis der Tiefendosis zur Oberflächendosis.
d) Der Röntgenwert gibt die Ionendosisleistung in 50 cm Abstand von der Strahlenquelle (bei Röntgenröhren vom Brennfleck) unter anzugebenden Betriebs- und Meßbedingungen an. Bei Röntgenstrahlung bis etwa 3 MV und bei Gammastrahlung ist als Röntgenwert die Standardionendosis frei in Luft anzugeben. Bei Röntgenstrahlung über 3 MV ist als Röntgenwert der maximale Wert der Ionendosisleistung anzugeben, der sich bei Einbettung der Ionisationskammer in Wasser ergibt. Im Übergangsgebiet von 1 bis 3 MV ergeben beide Methoden ähnliche Werte.
e) Die relative biologische Wirksamkeit einer ionisierenden Strahlung ist der Quotient aus der zur Erzielung eines bestimmten anzugebenden biologischen Effekts erforderlichen Energiedosis mittelharter Röntgenstrahlen und der Energiedosis, die bei der betrachteten Strahlenart den gleichen biologischen Effekt erzeugt.

$$\text{RBW} = \frac{\text{Energiedosis mittelh. Röntgenstrahlen (rad)}}{\text{Energiedosis der betrachteten Strahlenart (rad)}}$$

Die relative biologische Wirksamkeit ist außer von der Strahlenart von zahlreichen physikalischen und biologischen Faktoren abhängig und ist daher kein allgemein anwendbarer Begriff. Trotzdem wird häufig der Begriff RBW-Dosis (darunter ist die Energiedosis multipliziert mit einem vereinbarten RBW-Faktor verstanden) und die Einheit der RBW-Dosis, das rem, benutzt. In der praktischen Anwendung muß die relative biologische Wirksamkeit bei Kobalt-Gamma-Strahlung und hochenergetischer Elektronenstrahlung sowie ultraharter Röntgenstrahlung beachtet werden. Für fraktionierte Verabfolgung beträgt der RBW-Faktor bei Kobalt-Gamma-Strahlung und ultraharter Röntgenstrahlung bis 17 MV etwa 0,85 bis 0,9 bei hochenergetischen Elektronen etwa 0,75 bis 0,8. Besondere Bedeutung besitzt die Frage der relativen biologischen Wirksamkeit von Neutronen. In Abhängigkeit von der Neutronenenergie schwankt diese zwischen dem RBW-Faktor 3 für thermische Neutronen und dem RBW-Faktor 10,5 für Neutronen mit einer Energie von 1 MeV.

Dosiskonstante von Gammastrahlen

Die Dosiskonstante I_γ eines Gammastrahlers ist das Produkt aus der Standardionendosisleistung, welche die Strahlung ohne Berücksichtigung der Schwächung in Luft in einem gegen die linearen Abmessungen des Strahlers großen Abstand b vom Strahler bewirkt, und dem Quadrat des Abstandes b, dividiert durch die Aktivität A_γ des Strahlers:

$$I_\gamma = \frac{j_{st}{}^{b2}}{A}$$

Die Dosiskonstante wird für ungefilterte Strahlung angegeben, mit Ausnahme des Radiums, dessen Dosiskonstante für 0,5 mm Platinfilter gilt.
Die Einheit der Dosiskonstanten ist das

$$\frac{\text{Röntgen}}{\text{Stunde}} \cdot \frac{\text{Quadratmeter}}{\text{Curie}} \qquad \frac{\text{R}}{\text{h}} \cdot \frac{\text{m}^2}{\text{Ci}}.$$

Nachfolgend die derzeitig wahrscheinlichsten Werte der Dosiskonstanten von einigen für die Therapie wichtigen Gammastrahlen: Ra = $0{,}8_3$, Co^{60} = $1{,}3_5$, J^{131} = $0{,}2_3$, Cs^{137} = $0{,}3_4$, Ta^{182} = $0{,}6_1$, Ir^{192} = $0{,}5_1$, Au^{198} = $0{,}2_4$.

Stichwortverzeichnis

Die nachstehend alphabetisch zusammengestellten Listen enthalten Stichwörter, die in ihren Definitionen von der DDR-Ausgabe abweichen bzw. vom Deutschen Taschenbuch Verlag neu aufgenommen oder gestrichen wurden.

Liste der gegenüber der DDR-Ausgabe in der BRD-Ausgabe veränderten Stichwörter

Theobrominum natrium salicylicum
Theophyllin
Thiamazol
Thioacetazone
Thiocarlide
Thiosemikarbazone
Thorotrast
Thymoleptika
Tolazolin
Toleranzdosis der Röntgenstrahlen
Tollwut
Tonerde
Totgeburt
Totschlag
Training, autogenes
Tranquil(l)izer
Transfusionshepatitis
Trauma, psychisches
Triäthylenmelanin
Trichloräthylen
Trichomonas vaginalis
Trichomyzin
Trimetyphancamphersulfonat
Trimethadion
Trimetozinum
Tropfentabelle
Tuberkulide
Tuberkuloseschutzimpfung

Unfallverhütungsvorschriften
Untersuchungspflicht
Uperisation
Uranpechblende
Urosepsissympathin
Uviolmilch
Uzara

Vergewaltigung
Verweildauer, durchschnittliche
Virushepatitis
Virusschnupfen
Vitamin A
Vitamin B_1
Vitamin B_2
Vitamin-B_6-Gruppe
Vitamin-B_{12}-Gruppe
Vitamin-B-Komplex
Vitamin C
Vitamin-D-Gruppe
Vitamin-E-Gruppe
Vitamin-K-Gruppe
Vitamin-P-Gruppe

Widmark' Alkoholbestimmung
Winkel' Zeichen
Windpocken
Wochenhilfe

Zahnschäden
Zinkleim
Zykloeserin

Liste der für die BRD-Ausgabe neu aufgenommenen Stichwörter

Acetazolamid
Acidum flufenamicum
~ iotalamicum
~ nalidixicum
~ tranexamicum
Aethyli biscoumacetas
Allopathie-purinol
Amantadin
Aminophyllin
Amitriptylin
Ampicillin
Anstaltsunterbringung
Anzeigepflicht
Arbeitsunfähigkeit
Arbeitsunfall
Äthylurethan
Aussageverweigerung
Azathioprin

Badekur
Bamipin
Berufsgenossenschaften
Berufskunde, ärztliche
Berufsverbot
Betamethason
Buformin
Bundesapothekenkammer
Bundesärztekammer
Bundesausschuß der Ärzte und Krankenkassen
Bundesbahn-Versicherungsanstalt
Bundesgesundheitsamt
Bundes-Seuchengesetz
Bundessozialgericht
Bundesversicherungsanstalt für Angestellte
Bundesversorgungsgesetz

Carbenicillin
Carbenoxolon
Carbutamid
Cetobemidon
Chlorambucil
Chlorolincomycin
Chloroquin
Chlorothiazid

Chlorprothixen
Chlortalidon
Chlortestosteionacetat
Clofibrat
Clomipramin
Colistin
Contergan

Daraprim
Demethylchlortetracyclin
Dextromoramid
Diazepam
Dihydroergotoxin
Dimenhydrinat
Dioxyphenylisatin
Dipyridamol
Durchgangsarzt
Dysmelie

Echoenzephalographie
Eheberatung
Erwerbsfähigkeit
Erwerbsminderung
Erwerbsunfähigkeit
Etacrynsäure

Facharzt
Facharztanerkennung
Fachzahnarzt
Fluocinolonacetonid
Fluorourazil
Fluphenazin
Furosemid

Gemeindeschwester
Geschwulstkrankheiten
Gesundheitsaufseher
Gesundheitszeugnis
Gewerbearzt
Gewerbeaufsichtsamt
Gewerbeordnung
Glibenciamid
Glycodiazin
Graue Salbe

Heilpraktiker
Hexetidin
Hydrochlorothiazid

Imipramin
Impfpistole
Indometacin
Inkubator
Intrauterinpessar
Isoprenalin

Jugendarbeitsschutzgesetz

Kanamyzin
Kardioversion
Krankengymnastik
Krankheiten, absonderungspflichtige
Kriegsopferversorgung

Landesversicherungsanstalt
Lebendgeburt
Letaldosis
Levallorphan
Levodopa
Lincomycin

MdE
Meldepflicht
Mestranol
Metenolon
Methamphetamin
Methyldopa
Methylprednisolon
Meticillin
Metronidazol
Minderung der Erwerbsfähigkeit
Mitopodozid
Mongolismus
Mutterschaftshilfe

Nachtklinik
Naphazolin
Natriumcyclamat
Neostigmin
Niederlassung
Nitrofurantoin
Norethisteron
Norgestrel

Orciprenalin
Ovulationshemmer
Oxacillin

Penicillamin
Phenformin
Phenoxymethylpenicillin
Phenoprocoumon
Phentermin
Phytomenadion
Profenamin
Promazin
Propicillin
Propranolol

Reichsversicherungsordnung
Rente
Rentenneurosen
Reserpin
Resinate
Rifampicin
Rolitetracyclin

Sceno-Test
Schaben
Sectio legalis
Sehbehindertenschulen
Sozialfürsorge

Sozialgerichtsbarkeit
Sozialversicherung
Spironolacton
Strahlenschutz-Verordnung
Sulfametoxydiazin
Synephrin

Tagesklinik
Tolbutamid
Tolbutamidtest
Trapanal
Triamcinolon
Trimethoprim

Übergangsgeld
Unfallversicherung
Unterbringung

Versorgungsverwaltung

Wäschedesinfektion
Werkarzt
Werkstatt, geschützte

Zurechnungsfähigkeit
Zwangseinweisung

Liste der in der BRD-Ausgabe gegenüber der DDR-Ausgabe gestrichenen Stichwörter

Acesal
Actidion
Actol liquidum
Adeps benzoatus
AH_3
Ahypnon
Aklonin
Albamyzin
Albucid
Albutest
Aldarsone
Algamon
Alkalysol
Allercur
Allethrin
Alluval
Alvestin
Alypin
Amidon
6-Amino-2-methyl-2-heptanol
Amytal
Anthallan
Antidipsin
Antifebrin
Antrypol
Apisarthron
Aqua aurantii floris
~ borica
~ carbobilisata
~ chlorata
~ chloroformici
~ cinnamomi
~ cresolica
~ petroselini
~ phenolata
Arztbereich
Arzthelfer
Arztpraxis
Arztvertrag
Ärzteberatungskommission
Ascorvit

Athrombon
Äthylalkohol zur Desinfektion
Äthylkrotylbarbitursäure
Äthylmerkaptan
Atophan
Avertin
Avertinnarkose
Azoman

Bereichsarzt
Berufsbeschränkung
Beschneidungstuberkulose
Biomyzin

C4
Chinolinkarbonsäure
Chloronitrin

Dauerimpfstelle
Dehacodin
Dehydasal
Dekacuran
Depressan
Deumacard
Diabenyl
Dialektik
Diamonal
Dibenamin
Dienstvertrag
Dihytamin
Dilminal
Dimitan
Disalunil
Dissoziation von Vorhofs- u. Kammerrhythmus
Dolcontral
Dormutil
Dulzin

Essigsaure Tonerde

Fachzahnarztausbildung
Fehlgeborenes
Fersenbeinschaden
Fesia-form
Fesia-mon
Fesia-per-Konzentrat
Fesia-pin
Fesia-sept-Konzentrat
Flores Kose
Fortran
Fructus rhamni catharicae
~ tamarindi

Gelonida
Gemeindeschwesternstation
Gemeindepflegestation
Gesundheitsschädlinge des Menschen

Halan
Hepatogramm
Hexa-Präparate
Hydraform

Imagozid
Imidin
Impfgesetz
Inhalationsimpfung

Jodipin
Jugendarzt
Jugendgesundheitsschutz

Kardelmycin
Khellinorm
Komplex
Krisomerlat

Lävomyzetin
Lebendgeborenes
Lebensdauer, wahrscheinliche
Leistungsziffer
Levomyzetin
Lukomski, I.J.
Luotest

Malthus
Malthusianismus
Marophen
Medicain
Meleusol
Mephytal
Metapyrin
Methimazol
Mycostatin
Mydocalm
Myeleukom
Myocuran

Narbomyzin
Neo-Arsoluin
Nicodan
Niederlassungserlaubnis
Niveau, psychophysisches
Nomenklatur nach Stecher

Ödipuskomplex
Od-Lehre
Offen-negativ-Syndrom bei Lungentuberkulose
Oleum cinereum
Olobintin
Opium concentratum AWD
Optal
Optochin

Pelentan
Penduran
Petroselinum sativum
Propaphenin
Prothazin
Psychose, rheumatische

Radix-Pimpinellae
Rahmen-Krankenhausordnung
Recolon
Redergam
Reifgeborenes
Rheumatismus, psychogener
Rigenicid
Rodipal
Röntgenkataster
Röte, hektische
Rutabion

Schonarbeitsplatz
Septygeen
Sirup cinnamomi
~ ferri jodati
~ ipecacuanhae
~ menthae
~ senegae
~ sennae
Species aromaticae
~ emollientes
Spiritus rectificatissimus
~ russicus
~ saponis kalini
Splenogramm
Sputasept
Stannotaen
Streptonivizin
Szintitest

Tachmalin
Tanvo
Tebethion
Thiantan
Thymopsyche
Tiefenpsychologie
Tonephin
Tosylchloramid-Natrium